国家出版基金项目
NATIONAL PUBLICATION FOUNDATION

梅新林　俞樟华　钟晨音　王　锐　潘德宝　撰

中国现代学术编年

第五卷　（1930—1932）

华东师范大学出版社·上海

华东师范大学出版社六点分社　策划

浙江省哲学社会科学重点研究基地"浙江工业大学浙江学术文化研究中心"重大项目

华东师范大学出版社六点分社　策划

目　录

凡　　例

一、《中国现代学术编年》（以下简称《编年》）是一部以编年体著录中国现代学术发展历程与成果的集成性之作，同时兼具工具书的检索功能。

二、《编年》起于 1911 年，迄于 1949 年，在时间上与《中国学术编年》相衔接和贯通。

三、《编年》共分 12 卷，约 1800 万字，收录 10 万余位学者，8 万余部学术著作，5 万余篇学术论文。

四、《编年》具有自己独特而鲜明的学术追求，重点关注本时段学术主流特色与学术发展趋势两个方面，重在揭示以下四大规律：

1. 注重中国学术史的宏观发展演变历程，以见各代学术盛衰规律；

2. 注重学术流派的源起、形成、鼎盛及至解体历程，以见学术流派的兴替规律；

3. 注重学术群体的区域流向、移位、承变历程，以见学术中心的迁移规律；

4. 注重中外学术的冲突、交流与融合历程，以见跨文化的学术传通规律。

五、《编年》综合吸取历代史书与各种学术编年之长而加以融通之，率先采用一种新的编撰体例，由学术背景、学术活动、学术论文、学术著作、学者生卒、学术评述六大栏目构成，同时在各栏目适当处加按语，合之为七大板块。若遇跨类，则以"互见法"于相应栏目分录之。

六、《编年》中的"学术背景"栏目以事件进程为序著录，着重反映深刻影响中国学术史发展进程的重大文化政策以及政治、经济、军事、外交诸方面的重大事件，重点突显中西交融与新旧转型的时空特征，以考察学术演变的特定时代背景及其对学术思潮、治学风尚的影响。

七、《编年》中的"学术活动"栏目以人物兴替为序著录，着重记述学者治学经历、师承关系和学术交流活动，以明学术渊源之所自、学术创见之所成、学术流派之脉络以及不同流派之间的争鸣、兴替轨迹。其中学者仕历与学术思想和学术活动之演变关系密切，故多予著录。人物兴替以空间流向为板块，以学坛领袖为中心，以学术大师为主角，以代际交替为序列，有时遇相关或相近活动则一并著录之。

八、《编年》中的"学术论文"栏目以论文刊载时间为序著录，着重记述具有代表性的学术论文，兼录奏疏、序跋、书信以及译文等等。鉴于 5 万余篇学术论文的海量文献，故而按照学术论文发表的刊物为序编排。

九、《编年》中的"学术著作"栏目以著述类型为序著录，着重记述具有代表性的学术著作，包括纂辑、校勘、评点、注释、考证、译著等等。鉴于 8 万余部学术著作的海量文献，故而分为往代著述、时人自著、译著以及编译四种类型,其中往代著述以时代为序,时人自著以类别为序,译著以国别为序,编译以未署名的著作列于最后。

十、《编年》中的"学者生卒"栏目以卒年生年为序著录,又分卒年、生年两小栏。其中卒年栏著录学者姓名、生年、字号、籍贯以及代表性的重要著述,凡特别重要人物,略述其一生主要成就、贡献与地位、传记资料及后人的简单评价。

十一、《编年》中的"学术评述"栏目,以上述文献著录为基础,再就每年的学术活动与成果以及发展趋势加以简要归纳和揭示,犹如揭示各代学术发展的"纲目",以此与以上各栏目的"按语"组合起来,即相当于一部简明学术史。

十二、《编年》采用正文加按语的形式著录。按语的主要内容是:

1. 价值评判。即对学术价值以及对学术之影响进行评价,直接评价或引用前人成说皆可。

2. 原委概述。对其缘起、过程、流变、结果、影响诸方面作一概要论述。

3. 补充说明。即对其具体内容以及相关背景材料再作扼要说明。

4. 史料存真。即录下比较珍贵的史料或略为可取的异说,裨人参考。

5. 考辨论断。对于异说或有争论者,略加考辨并尽量作出断论,或择取其中一说。

"按语"犹如揭示各代学术发展的"纲目",更具学术史评述的容量与特点。

十三、《编年》采用公元纪年,配之以民国与干支年号。凡因农历与公历差异产生年份出入问题,以公历为准。鉴于公元纪年始于 1912 年,此前的 1911 年以两者兼录作为过渡。无法确切考定月、日者,用"是年""是月"标之。凡在系年上有分歧而难以断定者,取一通行说法著录之,另以按语录以他说。

十四、《编年》所涉及的地名,以民国行政区划为据,一般不注今地名。

十五、《编年》以文集、目录(图书与报刊目录)、年谱、年鉴、传记、日记、笔记、回忆录等为主要材料依据,同时也重点参考了相关学案、编年以及学术史论著。所录文献,引文标注所出,以示征信;其他材料,限于体例,未能一一注明所出。

十六、《编年》充分借鉴和吸取了学界前辈同仁的诸多学术成果,包括文集、目录、索引、年谱、年鉴、传记、日记、笔记、回忆录、评述、学案、编年以及相关学术史论著等,除了部分见于《前言》以及有关条目"按语"之外,主要载于最后所列"征引与参考文献",包括著作与论文两个方面。征引与参考文献的著录顺序:先著作,后论文,按拼音先后排序。

十七、《编年》根据一以贯之的统一要求与体例格式进行编写,但根据学术发展演变的实际情况或有变通处理,力求达到规范与变通的有机结合。

1930 年　民国十九年　庚午

一、学术背景

1月1日,鲁迅主编的《萌芽》月刊在上海创刊;周震鳞等负责的《坦途》周刊在天津创刊。

是日,故宫博物院上书国民政府,列举《清史稿》存在的问题,请查封停止发行。

1月5日,毛泽东在古田就时局和红军的行动问题给红四军第一纵队司令员林彪复信(即《星星之火,可以燎原》),对党内和红军内的悲观思想作了批评,同时指明中国革命的发展前途。标志着毛泽东关于"以农村包围城市,最后夺取城市"的革命理论基本形成。

按:《星星之火,可以燎原》,是毛泽东给林彪的一封信,是为答复林彪散发的一封对红军前途究竟应该如何估计的征求意见的信。毛泽东在这封信中批评了当时党内一些同志对时局估量的一种悲观思想。1948年林彪向中央提出,希望公开刊行这封信时不要提他的姓名。毛泽东同意了这个意见。在收入本书第一版的时候,这封信改题为《星星之火,可以燎原》,指名批评林彪的地方作了删改。

1月6日,考试院成立,负责除政务官以外的文官法官、外交官及其他公务员专门技术人员的考选和铨叙事宜。

是日,国民党中央执委会常务会议决议定名为国民党中央党史史料编纂委员会,并推定蒋介石、吴稚晖、王宠惠、胡汉民、邓泽如、古应芬、戴季陶、邵元冲、叶楚伧、林森、张继等11人为委员。

按:1929年年底国民党中央决定成立党史编纂机关,1930年1月6日,国民党中央党史史料编纂委员会正式成立,蒋介石、吴稚晖、王宠惠、胡汉民、邓泽如、古应芬、戴季陶、邵元冲、叶楚伧、林森、张继等11人为委员。2月13日,又聘请陈少白、萧佛成、张静江为名誉委员。该会初期设常务委员5人(胡汉民、林森、戴季陶、叶楚伧、邵元冲),下设总务、编辑、征集、史料档案库、史料陈列室(后又得名中央党史史料陈列馆)等机构。该会成立后,开展了国民党史料征集等活动,编纂了《总理年谱长编》《总理史迹简编稿》等书籍。(参见王学典《20世纪史学编年(1900—1949)》,商务印书馆2014年版)

1月8日,国民政府教育部训令各省市教育厅局:积极推广民众学校。

1月10日,教育部与蒙藏委员会拟定蒙藏教育实施方案要目。

是日,蒋光慈、钱杏邨主编的《拓荒者》月刊在上海创刊。

1月15日,中共中央军委主办的《军事通讯》在上海创刊。

1月23日,国民政府教育部召集编审会议,讨论编审三民主义千字课。

1月25日,教育部通令禁止小学再采用文言教科书,各小学严厉推行部颁之国语课程暂行标准,各师范学校、高中师范科历行国语教育,养成师资。

1月30日,国民政府颁布《学生团体组织原则》和《学生自治会组织大纲》,规定学生团体的活动范围只限于在校内的自治生活;学生团体必须呈请当地高级党部核准,并呈报主管部门备案。

是月,吴稚晖主持的国语统一筹备委员会第一届年会在北平召开,提出普及注音字母宜试行强迫传习,可先就南京、北平、上海、无锡四处为试验区。

是月,国立中央研究院自然历史博物馆正式成立,钱天鹤为主任,李四光、秉志、钱崇澍、李济、王家楫为顾问。

是月,《中学生》杂志在上海创刊,由夏丏尊、叶圣陶等编辑,撰稿者多为各个学科的进步专家、学者。创刊后,在青年学生中影响很大。

2月2日,国民政府教育部公布《实施义务教育初步计划草案》。

2月7日,在毛泽东主持下,红四军前委、赣西特委和红五、六军军委在江西吉安召开联席会议,亦称"二七会议"。会后建立了江西工农兵苏维埃政府。

按:2月14日,"二七"会议主席团毛泽东、曾山、刘士奇署名发布《关于占领吉安建立江西苏维埃政府》的通告。通告要求红军第四、五、六军作出行动部署。(参见秦淑贞、盛继红编《中国共产党大事记》,中国人民大学出版社1991年版;中共中央文献研究室编撰、逄先知主编《毛泽东年谱(1893—1949)》,人民出版社、中央文献出版社1993年版)

2月8日,中国社会学社在上海成立,选举孙本文、许仕廉、吴泽霖、杨开道、钱振亚、吴景超、陶孟和等7人为理事,应成一、王际昌、游嘉德、胡鉴民、吴文藻等5人为候补理事。

是日,国民政府教育部训令公布教育部、财政部共同拟定之《教育用品免税章程》8条,自8月1日起实行。

是日,国民政府教育部训令规定:每年3月12日总理逝世纪念日举行植树式及造林运动。

2月9日,中华职业教育社在上海南翔举行第五届专家会议,议决职业教育上精神训练的标准和方法及职业指导、补习教育等案。

2月11日,国民政府教育部通令各省市:此后派遣公费留学生,对于留学国语言、文字务须严加考试,以阅读、写作、会话及听讲均无窒碍为及格,庶免补习费时,徒耗公费。

是日,国民政府教育部颁行《查察教会学校应行注意各点》,令各省市教育厅局对已立案及未立案之教会学校,随时查考,发现指定各情事,应即随时取缔。

按:教育部规定严密查察之点为:一、对于党义教育是否实施?所有党义教员及训育主任是否曾受检定合格?二、中等以上学校是否已遵章不以宗教科目为必修科?其有设选修科者,有无强迫选修等情弊?三、小学是否尚有以选修为名而令儿童修习宗教科目之实?四、课外有无强迫学生参加宗教仪式情事?(参见中央教育科学研究所编《中国现代教育大事记1919—1949》,教育科学出版社1988年版)

2月15日,郁达夫、鲁迅、柔石、潘汉年、冯雪峰、田汉、郑伯奇、夏衍、彭康、邓初民、王学文、王任叔等51人在上海发起成立中国自由运动大同盟,借公共租界的汉口路圣公会教堂召开成立大会,通过《中国自由运动大同盟宣言》,号召要争取言论、出版、结社、集会等自由,反对南京国民政府统治,指出"不自由,毋宁死",并出版机关刊物《自由运动》。

按:《宣言》说:"自由是人类的第二生命,不自由,毋宁死!我们处在现在统治之下,竟毫无自由之可言!查禁书报,思想不能自由。检查新闻,言语不能自由。封闭学校,教育读书不能自由。一切群众组织,未经委派整理,便遭封禁,集会结社不能自由。至于一切政治运动与劳苦群众争求改进自己生活的罢工抗租的行动,更遭绝对禁止。甚至任意拘捕,偶语弃市,身体生命,全无保障。不自由之痛苦,真达于极点! 我们组织自由运动大同盟,坚决为自由而斗争。感受不自由痛苦的人民团结起来,团结到自由运动大同盟旗帜之下来共同奋斗!"(叶再生《中国现代近代出版通史》第二卷,华文出版社 2002 年版)

按:中国自由运动大同盟是中共领导的外围革命群众团体,自成立之日起,就遭国民政府压制。该组织在上海成立后,南京、汉口、天津等地相继设立分会 50 多个,吸收了许多学校、文艺团体和工人组织参加。6 月,在上海召开会议,决定建立全国总同盟。选举鲁迅、周全平、郑伯奇、潘汉年、田汉等为执行委员。1931 年 2 月,大同盟主席龙大道在上海龙华牺牲后,遂自行解散。

按:关于"中国自由运动大同盟"举行成立大会的时间说法各异,有 2 月 12 日、13 日、15 日等不同说法,冯雪峰《鲁迅日记》所记的 2 月 13 日,此系据本年 4 月 15 日《新思潮》第 5 期和 7 月 10 日《自由运动》第 1 期刊登的该盟《宣言》所署的日期;关于地点,冯雪峰《鲁迅日记》所记的是法教堂。(参见鲁迅博物馆、鲁迅研究室编《鲁迅年谱》,人民文学出版社 1981 年版)

2 月 17 日,国民政府为中央研究院发掘安阳县殷代故址,训令河南省政府对该院工作加意保护。

是日,国民政府教育部通令各省市:以后编辑初中教科书,除"国文"得兼用文言语体外,一律须用语体文编辑。

2 月 19 日,国民政府以"清史稿纰缪百出",训令行政院转饬所属禁售,并将故宫博物院现存之该项史稿悉数运京,永禁流传。

2 月 22 日,教育部令停闭上海私立东亚大学。

2 月 23 日,阎锡山、冯玉祥、李宗仁等军事将领在山西太原召开军事会议,决定出兵进攻平汉、津浦两线,联合反蒋。

是月,国民政府教育部勒令私立上海艺术大学、新民大学、建设大学、华国大学、光明大学、文法学院等 6 校停办。

按:教育部勒令停办之理由分别为:"办理不合规程""编制不合""设备简陋""搜出反动书籍"等。(参见中央教育科学研究所编《中国现代教育大事记 1919—1949》,教育科学出版社 1988 年版)

是月,闽西龙岩县第二次工农代表大会通过《关于文化教育问题的决议案》。

按:《决议案》对健全县区苏维埃政府文化教育委员会的组织、恢复并建立一切学校、确定教育经费、划一教员薪金、编辑良好课本、进行识字运动等问题作出了规定。(参见中央教育科学研究所编《中国现代教育大事记 1919—1949》,教育科学出版社 1988 年版)

是月,闽西永定县第二次工农兵代表大会通过《文化和建设问题决议案》。

按:该决议规定:城区学校由该区自行整理,县区组织文化建设委员会,每区最少开办高级劳动小学校一所,每乡或城市至少办一初级劳动小学校并附设工农补习学校一所,城市设工人、贫民补习学校一所,全县举行识字运动,各区乡须组织各种研究会,如农业、教育、共产主义研究会等。(参见中央教育科学研究所编《中国现代教育大事记 1919—1949》,教育科学出版社 1988 年版)

3 月 1 日,中国国民党第三届中央执行委员第三次全体会议在南京开幕。

是日,"无产者社"机关报《无产者》月刊创刊,陈独秀任主编,并撰《本报发刊词》,称"本报的责任就在团聚中国无产阶级的先进分子,在国际布尔什维克列宁派(反对派)领导之下,彻头彻尾地扫除现在国际及中国共产党领导机关之机会主义的路线,盲动主义的策略及官僚主义的党制"。

按:陈独秀同时发表《我们在现阶段政治斗争的策略问题》,论述当时中国革命形势和策略。(参见唐宝林、林茂生《陈独秀年谱》,上海人民出版社 1988 年版)

是日,《民国日报》载,寰球中国学生会调查本年我国在美留学生共 1280 人,分布在 48 所大学。

按：其中哥伦比亚大学 144 人,居第一位。50 人以上的学校有:密歇根大学 84 人,加利福尼亚大学 58 人,波士顿大学 58 人,芝加哥大学 54 人,40 人以上的学校有:哈佛大学 47 人,本雪文尼大学 42 人,加省工科大学仅 4 人。(参见中央教育科学研究所编《中国现代教育大事记 1919—1949》,教育科学出版社 1988 年版)

3 月 2 日,由鲁迅、沈端先(夏衍)、冯乃超、田汉、潘汉年、阳翰笙、冯雪峰、郁达夫等 50 余人发起,中国左翼作家联盟(简称左联)在上海成立,到会 40 余人,鲁迅、钱杏邨、沈端先(夏衍)为主席团。冯乃超、郑伯奇报告筹备经过,自由大同盟代表讲话,鲁迅、彭康、田汉、华汉(阳翰笙)等演说。大会通过左联理论纲领和行动纲领要点。选举沈端先、冯乃超、钱杏邨、鲁迅、田汉、郑伯奇、洪灵菲 7 人为常务委员。周全平、蒋光慈 2 人为候补委员。左联下设组织部、宣传部、编辑部、出版部、创作委员会、大众文艺委员会、国际联络委员会。先后主办的刊物有《萌芽月刊》《拓荒者》(以上两刊系接办)、《巴尔底山》《世界文化》《前哨》《文学导报》《北斗》《十字街头》《文学》《文学月报》《文学新地》等。“左联”的成立,标志着革命文学跨入了一个新的发展阶段,表明国民党统治区的文艺阵地,大部分被进步文艺占领,为反帝反封建的文化革命和无产阶级文学运动的深入发展,作出巨大贡献。

按：左联是中国共产党领导的革命文艺团体,其中心任务是联合一切进步力量,反对国民党的文化“围剿”,推动革命文学的发展。在成立大会上,通过了左联的理论纲领、行动纲领和工作方针。鲁迅在会上作了《对于左翼作家联盟的意见》的演讲。“左联”的成立,标志着革命文学跨入了一个新的发展阶段,表明国民党统治区的文艺阵地,大部分被进步文艺占领。左翼作家联盟成立后,又在北平和日本东京设有分盟,在广州、天津、武汉、南京等地成立小组,吸引了大批左翼文艺青年。与此同时,左翼社会科学家联盟、戏剧家联盟、新闻记者联盟、美术家联盟、教育家联盟、语言学家联盟和音乐家联盟也相继成立,当时号称“八大联”。1936 年初,左翼作家联盟宣布解散。

3 月 11 日,国民政府教育部通令各公私立学校,自本学期起,原有学生会遵照《学生自治会组织大纲》进行改组。

是日,《民国日报》载,寰球中国学生会调查本年我国在日留学生共 2485 人,分布在 8 所学校。

按：其中东亚预备学校 350 人,明治大学 334 人,陆军士官学校 219 人,早稻田大学 174 人。留日学生中学科在百人以上者有军事、铁道、法律、政经、文科、理科。留日学生中有 2/3 为国内中等学校毕业生。(参见中央教育科学研究所编《中国现代教育大事记 1919—1949》,教育科学出版社 1988 年版)

3 月 15 日,由冯、阎、李 3 个集团的 57 名将领联名发出反蒋通电,一致拥护阎锡山为“中华民国陆海空军总司令”,冯玉祥、李宗仁、张学良为副总司令。

3 月 18 日,阎锡山部查封国民党在北平所办《华北日报》和中央通讯社北平分社,接收陆海空军总司令北平行营。

3 月 19 日,由艺术剧团和摩登剧社发起,上海戏剧运动联合会成立。旋改名为左翼剧团联盟。

3 月 23 日,国民政府公布《修正省政府组织法》,规定教育厅掌理各级学校事项,社会教育事项,教育及学术团体事项,图书馆、博物馆、公共体育场等事项,以及其他教育行政事项。

3 月 24 日,国民政府教育部公布《修正学校学年学期及休假日期规程》,自 8 月 1 日起施行。

3 月 25 日,中国佛教会第二次全国代表大会在上海召开,圆瑛法师再次当选为会长。

是日,闽西第一次工农兵代表大会通过20余项文化问题决议案。

按:其中包括:闽西苏维埃各级政府组织文化委员会,计划各种文化教育工作之进行。开办各种高级学校,造就人才。开办各种工作人员训练班,造就干部。各县应开办全县最高级的学校一所,招收男女学生读书,免收学杂费及书籍费。各区乡应普遍开办高级、初级劳动学校,招收男女学生读书,除膳费外一律免费。各乡区应普遍开设补习学校及夜校,俾失学男女有求学机会。并规定6岁以上14岁以下之男女应入学校读书,父母不得阻止。各县教育经费至少要占全县收入20%,教员要规定最低限度薪金。切实进行识字运动。编制新课本。(参见中央教育科学研究所编《中国现代教育大事记1919—1949》,教育科学出版社1988年版)

3月28日,国民政府教育部颁布《新出图书呈缴规程》。

按:第一条 凡图书新出时,其出版者须自发行之日起两个月内,将该项图书四份,呈送出版者所在地之省教育厅或特别市教育局。前项图书之呈缴,应由各省教育厅及各特别市教育局负责督促。第二条 各省教育厅及各特别市教育局收到出版者所缴图书后,除留存一份外,应将其余三份转送教育部。第三条 凡呈缴之图书,经教育部核收后,发交教育部图书馆、中央教育馆、中央图书馆各一份,分别保存。(中央教育馆及中央图书馆未成立前,暂行教育部图书馆代为保存。)并将书名及出版者姓名及出版年月登载教育部公报。第四条 凡图书改版时,须依照本规程第一条办理,但仅重印而未改订者,不在此限。第五条 出版者如不遵缴所出图书时,教育部得禁止该图书之发行。第六条 本规程自公布日施行(国民政府教育部编《现行中央教育法规汇编》)。

是月,红军控制闽西、赣南十余县,建立江西及闽西苏维埃政府,成为中央苏区。

是月,国民政府决定废除道制,定地方制度为省县两级。

是月,国民政府制定《修正指导党报条例》,规定各党报应按期呈送刊物全份于中央宣传部及其主管党部宣传部审查,如认为有应须纠正之处须绝对服从。

是月,教育部制定《艺术保障办法》,共9条,规定艺术保障的范围是字画、雕塑、织绣、音乐等,对于研究这些艺术的国民,符合一定条件者由艺术保障委员会发给保障书。

按:其条件规定为:一、曾在国内外艺术专科以上学校毕业,成绩优良,经艺术保障委员会审查合格者;二、于艺术上有特别研究、能提出艺术作品、经艺术保障委员会审查认为有价值者;三、曾经本国或外国政府举行之艺术展览会嘉奖、得有特别奖状者。(中国第二历史档案馆编《中华民国史档案资料汇编》第五辑第一编教育[一、二],档案出版社1994年版)

是月,美国纽约天产博物院中亚调查团要求今夏赴蒙古采掘古动物标本,中国古物保管委员会北平分会主任马衡与该团团长安德思在北平团城签订协定,规定所得学术资料,凡与以前所采相同者,统留在中国;与以前所采不同,必须运往美国研究者,研究毕后须将原物运还中国。

4月1日,阎锡山宣布就任"中华民国陆海空总司令",冯玉祥、李宗仁任副总司令。

是日,第四届全国运动会在杭州梅东高桥大营盘操场举行。

4月5日,蒋介石以总司令名义发表《为讨伐阎冯两逆告将士书》,通电全国将士讨伐阎锡山、冯玉祥。

4月12日,国民政府教育部通令全国各学校于体育课程内酌量增授国术,以"锻炼青年体魄,增进国民健康"。

是日,南京国民党政府首都卫戍司令部布告,宣称"军事时期,后方治安尤极重要,反动分子时图乘机扰乱",令各团体学校机关停止集会结社。

4月15—25日,第二次全国教育会议在南京召开,教育厅局长、大学校长、专家,以及国民政府有关部会代表共106人出席,蒋梦麟为大会会长。会议通过《改进全国教育方案》10

章,作为今后20年内努力之方向。

按:《第二次全国教育会议宣言》曰:自从第一次全国教育会议确定以三民主义为教育宗旨,我们全部的教育,已有了一致的方向。及至北伐完成,训政开始,大家一方面欢欣鼓舞地感到一种更始振作的新机,一方面更深切地认识关系民族文化根本的教育,有顺应着这个新机加紧推进的必要。中国国民党第三次全国代表大会,既确定了中华民国教育宗旨及其实施的方针;第二次中央全体会议,又议决于十九年春间,召集第二次全国教育会议;并且规定在会议召集前,由教育部组织教育方案编制委员会,制成实行整顿及发展全国教育之方案。由此我们可以很明显地看出这一次会议,是和训政建国的工作相符应,也就应当和训政建国的步骤相一致。会议中所要讨论的,不是广泛的方针和原则,而是分期分项的实施方案。换言之,不仅是讨论应当如何做,而是研究怎样做、做得通,这便是第二次全国教育会议的性质和召集的由来。现在我们已遵照中央的决议自四月十五日起至二十三日止,在首都举行了九天的会议,到会会员一百零六人,把教育部延聘专家详细制定的改进全国教育方案,共计十章,逐一加以讨论和议决。关于实施党义教育的计划,也请中央另行审拟。此外还决议了几件的要案,也都和方案直接间接有关。这次会议的结果,待中央核定以后,就可作为今后二十年内我们一致努力的方向。

现在会议结束,敬将方案的精神和本会议认为实施这个方案的条件,向全国同胞作一个概括的陈述,上一个恳切的祈愿。

这次会议的方案,分看虽有十章,但合起来是整个的。方案的编制是就全国教育,作一个通盘的打算,力矫各不相谋的弊病,所以各章各节,完全是互相关联,所有的精神也是全体一贯,我们在议决全方案时,有两点要特别注意:一是依据事实需要,定分时期步骤。二是根据教育宗旨力求实现三民主义。关于第一点,方案的精神,是在根据现在和将来的需要,分定出先后缓急,尤其在训政六年期内,我们深切感到全国有百分之八十以上不识字的民众和大多数没有受教育机会的儿童,是推行训政和建设的障碍,也就是推进民族文化的大阻力。所以在训政六年期内对于义务教育和成年补习教育,主尽量推进;而对于中等教育和高等教育,主整理充实,先求质量的提高,不遽作数量的增进。固然为应目前最迫切的需要,应该以大部分物质精神的力量,集中在义务教育和成年补习教育上面;但为提高文化的程度,中等教育和高等教育,在目前也确实有整理充实的必要。所以这两方面,并不相反而实相成。关于第二点,我们为求民生的发展,所以在各级各类的教育内,都注重科学实验,培养生产能力,养成职业技能,我们为求民权的普遍,所以在社会教育和成年补习教育计划内注重公民训练,而在各级学校教育内,也注重规律,和团体协作习惯的养成,以植运用四权的基础。我们为完全达到民族的独立,所以在社会教育和学校教育内,注重民族独立的精神,并规定初等教育不应让外国人士来代劳。尤其为实现民族主义,牢固国家主权,对于华侨教育和蒙藏教育,主张用国家力量来扶助和推进。

我们更为顾到整个的三民主义教育的实现,必须以大多数人民为对象,所以对于社会教育的设施,有分期扩充的规定,并且议决了推行注音识字运动的方案,请教育当局加以积极的提倡。

以上约略地把本会议决定方案的主要精神和注重点叙述了。我们认为这一个二十年期的方案是一个根据事实而定的最低限度的方案,但在我国经济落后人才缺乏的最低限度的状况下,要实施这一部方案,确是一件十分艰重的工作,必须要教育者大家有责任的自觉,党国政府用全力来领导督促。全国同胞,确认为百年大计而一致协作,才有按期实施的希望。因此我们希望全国的教育者,应当确认牺牲是我们的本分,教育是一种靖献国家的事业而不仅仅是一种职业,必须知此才能提起教育界的精神,克服一切的障碍和困难,从辛苦艰难中,使方案整个的实现。我们希望政府能不辞任何艰难,就本方案所定的预算内筹足必需的经费,并且实行保证经费的独立,使得现有的整理和逐期的改进,都不受丝毫的影响。我们更希望政府订定并实施教育人员保障的办法,使实施方案时,不致因人员更迭而遇到停顿和更变,也不使教育界再发生校长跟着主管行政人员更动教员跟着校长更动的现象,必须如此才有安心负责实行各级各段计划的人,也才有必要限度内充足的费用。我们又希望全国的同胞认定教育的责任并不是办教育者所独有,在我国目前状况下,教育确实比任何事业都要重要;古人说教养兼施,我们的情形是不教将无以为养,在常人或以为先富后教,我们的国情,是不能容许教育事业再有片刻的延缓和等待。所以又必须全国人人引教育为自身的责任,而后中国才有教育可谈。

我们这一次会议中,党国先进和中央当局,都从百忙中亲临会议,对我们有恳切详尽的指导,当局对于教育的重视,使我们十分的感奋兴起。我们一方面对所有的指导表示极诚恳的接受,同时我们更确认教育是建设国家推进文化的根本,不仅要有方案,也要有适应空间时间的特具的精神。我们教育上从前放任因循的惯习,人自为政的风气,已使国家民族受很显著的影响,今后对于学生生活指导,无疑地,应取积极负责的态度,尽诱导扶掖的努力,而不当无计划无方法的让其自由发展。我们在这样的国家环境之下,唯有以冲锋陷阵的气概,摧毁过去一切弊害,确立刻苦严谨的规律生活,养成发皇蓬勃的向上精神。我们以为要实现救国建国的道途在此,要增进国家民族在文化上的地位,也不外乎此。谨此宣言。(朱经农《第二次全国教育会议》,《时事年刊》1930年第1期)

4月16日,中央研究院召集的全国气象会议在南京举行,会议决定国内各气象台天气预报一律采用上海徐家汇气象台所定的天气旗号。

4月18日,中英两国正式签订《收回威海卫专约》,收回此租借地。刘公岛由英国续租。

是日,广东省教育厅公布第366公函,通令"小学不准用文言教科书,初中入学考试不考文言文,初中教科书多用语体文,师范学校注重标准国语,市辖各校改用国语讲授,若教育不懂国语应先行设法练习"(《改用国语教授》,《广州市政日报》1930年4月18日)。

4月21日,国民党中央第88次常务会议通过吴敬恒等提出的《改定注音字母名称为注音符号,以免歧误而利推行案》。

4月28日,中国国民党中央执行委员会党史史料编纂委员会成立。

是日,国民党上海市公安局抄封艺术剧社,逮捕社员多人。"左联"发表反对查封艺术剧社宣言。

是月,中华盲哑教育社成立,该社"以研究盲哑教育,并促进其发展为宗旨"。社址在江苏安亭镇。

是春,奉系军阀、热河省主席汤玉麟儿子汤佐荣发掘辽永庆陵,出土庆陵哀册,对辽史研究产生了重要推动作用。

5月1日,蒋介石在南京举行讨伐阎、冯的誓师大会。

5月4日,上海市教育局为收回租界教育权发表宣言,吁请上海市党部、租界华人纳税会协助收回租界教育权。

5月6日,国民政府公布《商标法》。

5月10日,国民政府教育部颁布《各省市县中等以下学校校长及社会教育机关主任人员任免办法》。

是日,国民政府教育部颁布《图书馆规程》,废止1927年12月20日大学院颁布之《图书馆条例》。

按:前大学院所公布之图书馆条例,现经南京教育部酌加修正,并改称为《图书馆规程》,已于五月九日公布,全文如左:第一条 各省及各特别市应设图书馆储集各种图书供公众之阅览,各市县得视地方情形设置之。第二条 私法人或私人得依本规程之规定设立图书馆。第三条 各省市县所设之图书馆称公立图书馆,私法人或私人所设者称私立图书馆。省立或特别市立图书馆,以省或特别市教育行政机关为主管机关。市县立图书馆,以市县教育行政机关为主管机关。私立图书馆,以该图书馆所在地之教育行政机关为主管机关。第四条 省立或特别市立图书馆设置时,应由主管机关呈报教育部备案。市县立图书馆设置时,应由主管机关呈报教育厅备案。呈报时应开具左列各款:一、名称。二、地址。三、经费(分临时费与经常费二项并须注明其来源)。四、现有书籍册数。五、建筑图式及其说明。六、章程及规则。七、开馆日期。八、馆长及馆员学历经历职务薪给等。私立图书馆由董事会开具前项所列各款及经费管理人之姓名履历,呈请主管机关核明立案,并由主管机关转呈上级教育行政机关备案。图书馆之名称、地址、经费、建筑、章程、馆长、保管人等如有变更时,应照本条之规定分别呈报。第五条　公立图书馆停办时,须由主管机关呈报上级教育行政机关备案。私立图书馆停办时,须经主管机关核准,并由主管机关转呈上级教育行政机关备案。第六条　公立图书馆除搜集中外各书籍外,应负责收集保存本地已刊未刊各种有价值之者作品。第七条　图书馆为便利阅览起见,得设分馆巡回书库及代办处,并得与就近之学校订特别协助之约。第八条　图书馆得设馆长一人,馆员若干人。馆长应具左列资格之一:一、国内外图书馆专科毕业者。二、在图书馆服务三年以上而有成绩者。三、对于图书馆事务有相当学识及经验者。第九条　图书馆职员每年三月底应将办理情形报告于主管机关。第十条　省市县立图书馆及私立图书馆之概况,每年六月底由省教育厅或特别市教育局汇案转报教育部一次。第十一条　私立图书馆以董事会设立者之代表负经营图书馆之全责。私立图书馆董事会有处分财产、推选馆长、监督用人、行政议决、预算决算之权。私立图书馆董事会之董事,第一任由创办人延聘,以后由该会自行推选。第十二条　私立图书馆董事会应于成立时开具左列各款,呈请主管机关核明立案,并由主管机关转呈上级教育行政机关备案。一、名称。二、目的。三、事务所之地址。四、关于董事会之组织及职权之规定。五、关于资产或资金或其他收入之规定。六、董事姓名籍贯职业及住址。以上各款如有变更,须随时呈报主管机关。第十三条　私人以资财设立或捐助图书馆者,得由主管机关遵照捐资兴学褒奖条例呈报教育部核明给奖。第十四条　本规程自公布日施行。(宁夏回族自治区图书馆学会编《图书馆业务资料汇编》,宁夏回族自治区图书馆学会1982年版)

5月11日,蒋介石下达总攻击令,蒋介石与冯玉祥、阎锡山中原大战爆发。

5月15日,教育部通令取消私立中等以上学校名誉校长。

5月17日,教育部派赵元任、郭有守、吴研因、吴稚晖等9人,为注音符号推行委员会委员。

是日,上海各校为收回租界教育权发表宣言。

按:当时上海市各级私立学校共1227所,其中596所设在租界,约占半数。租界当局为华人设立的学校甚少,多学外国文字,"完全把殖民地的教育施诸华人"。(参见中央教育科学研究所编《中国现代教育大事记1919—1949》,教育科学出版社1988年版)

5月18日,《记者周报》《图书周刊》在上海创刊,《民主日报》在北平创刊。

5月20日,中国社会科学家联盟在上海成立,邓初民、吴黎平、林伯修、朱镜我、王学文、蔡咏裳等40余人出席,推举宁敦伍为主席。在《世界文化》创刊号上发表《中国社会科学家联盟纲领》一文,并刊行《新思潮》《社会科学战线》等。

按:中国社会科学家联盟是中国共产党在上海建立的传播马克思主义的文化理论团体,简称"社联"。是第二次国内革命战争时期中国共产党领导的重要的革命文化团体之一。《中国社会科学家联盟纲领》宣布其任务为:(1)以马克思主义理论促进中国革命;(2)普及马克思主义理论;(3)批驳一切非马克思主义思想;(4)领导新兴社会科学运动沿着正确的方向发展;(5)参加无产阶级解放运动的实际斗争。

5月21日,教育部通令《改称注音符号并推行注音符号令》,颁布《教育部注音符号推行委员会规程》11条,并组设"注音符号推行委员会",以吴稚晖等11人为委员。

按:该委员会的任务是研究注音符号;编辑有关注音符号的必要的书籍;拟定推行注音符号的方案;协助国民政府所属各院、部、会、处练习注音符号;督促指导全国各地方推行注音符号。

5月24日,国民政府查封中华艺术大学。

5月26日,美国学者安德思率中亚调查团离开北平赴蒙古考察。

是月,全国国语教育促进会把《推行国语教育办法及注意点》函发全国各教育行政机关,提出以南京、广州、武昌、北平为中心,将全国划分为四个国语学区。之后,广东开始全面推行国语运动。

是月，托洛茨基领导俄、法、德、西、比、美、奥、意等国托派首领组成托派国际——"共产主义反对派临时国际"（即"第四国际"前身），指导各国托派运动。

是月，国民政府教育部令上海市教育局从速拟具收回租界教育权办法。

6月2日，南京国民政府公布《古物保存法》，对古物的范围、性质、归属权、发掘权、保存、流通等方面都作出规定，是为民国第一部保护文物的根本法，是制定其他文物保护法规的基础。

按：第一条　本法所称古物，指与考古学、历史学、古生物学及其他文化有关之一切古物而言。前项古物之范围及种类，由中央古物保管委员会定之。第二条　古物除私有者外，应由中央古物保管委员会责成保存处所保存之。第三条　保存于左列处所之古物，应由保存者制成可垂久远之照片，分存教育部、内政部、中央古物保管委员会及原保存处所：一、直辖于中央之机关；二、省市县或其他地方机关；三、寺庙或古迹所在地。第四条　古物保存处所每年应将古物填具表册，呈报教育部、内政部、中央古物保管委员会及地方主管行政官署；前项表册格式由中央古物保管委员会定之。第五条　私有之重要古物，应向地方主管行政官署登记，并由该官署汇报教育部、内政部及中央古物保管委员会；前项重要古物之标准，由中央古物保管委员会定之。第六条　前条应登记之私有古物，不得移转于外人，违者没收其古物，不能没收者追缴其价额。第七条　埋藏地下，及由地下暴露地面之古物，概归国有；前项古物发现时，发现人应立即报告当地主管行政官署，呈由上级机关咨明教育、内部两部及中央古物保管委员会，收存其古物，并酌给相当奖金；其有不报而隐匿者，以窃盗论。第八条　采掘古物，应由中央或地方政府直辖之学术机关为之；前项学术机关采掘古物，应呈请中央古物保管委员会审核，转请教育、内政两部，会同发给采掘执照；无前项执照而采掘古物者，以窃盗论。第九条　中央古物保管委员会由行政院聘请古物专家六人至十一人、教育部、内政部代表各二人，国立各研究院、国立各博物院代表各一人为委员组织之；中央古物保管委员会之组织条例另定之。第十条　中央或地方政府直辖之学术机关，采掘古物有须外国学术团体或专门人才参加协助之必要时，应先呈请中央古物保管委员会核准。第十一条　采掘古物，应由中央古物保管委员会派员监察。第十二条　采掘所得之古物，得由中央或地方政府直辖之学术机关呈请中央古物保管委员会核准，于一定期内负责保存，以供学术上之研究。第十三条　古物之流通，以国内为限；但中央或地方政府直辖之学术机关因研究之必要须派员携往国外研究时，应呈经中央古物保管委员会核准，转请教育、内政两部，会同发给出境护照；携往国外之古物，至迟须于二年内归还原保存处所；前两项之规定于应登记之私有古物适用之。第十四条　本法施行日期以命令定之。（刘进宝编著《藏经洞之谜——敦煌文物流散记》，甘肃人民出版社2000年版）

6月4日，教育部通令废止大学预科，各大学自1930年度起一律不得再招收预科生。

6月6日，国民政府教育部奉令停止劳动大学招生，决定改组该大学。随后，劳动大学教职员开全体大会，反对教育部令，并发表宣言。

6月7日，国民政府教育部通令各省市教育厅局：初级中学除外国语数本外应一律采用中文本教科书，不得再用外国文原本。

6月11日，中共中央政治局会议在上海召开，中央政治局常委兼宣传部长李立三主持会议，通过《新的革命高潮与一省或几省的首先胜利》的决议，对于中国革命形势、性质和任务等问题提出一整套"左"倾错误主张，随后制定以武汉为中心的全国总暴动和集中红军进攻中心城市的计划，因红军伤亡惨重而最终失败。

6月14日，国民政府教育部公告已准立案及令停办之私立大学及学院名单。已令停办者为上海的东亚大学、建设大学等9校，已准立案者14校。

按：已准立案者14校如下（括号内为批准立案年月）：厦门大学（1928年3月），金陵大学（1928年9

月),大同大学(1928年9月),复旦大学(1928年10月),沪江大学(1929年3月),光华大学(1929年5月),大夏大学(1929年5月),燕京大学(1929年6月),南开大学(1929年6月),东吴大学(1929年7月),武昌中华大学(1929年12月),协和医学院(1930年5月),上海法政学院(1930年6月),中国公学(1930年6月)。(参见中央教育科学研究所编《中国现代教育大事记1919—1949》,教育科学出版社1988年版)

6月17日,国民政府行政院指令教育部:"查租界教育权,自应设法收回。"令该部会商外交部妥为办理。

6月18日,教育部为推行国语注音,组织国语注音推广会,聘吴敬恒为常委,并指定该部司、处各派若干人为委员。

6月21日,蒋介石以国民政府名义任命张学良为陆海空军副司令,并专程派张群将委任状及大印送到沈阳,劝张学良立即出兵入关,但张学良以"德薄才庸"为由拒绝。

6月23日,教育部令燕京大学撤销招收新生广告中关于宗教事业与社会服务专修科一节,因"该项科目显有宣传宗教作用,碍难准予开办"。

6月29日,中国工商管理协会在上海成立,会章规定该会以研究科学管理方法,增进工商业生产效率,实现民生主义为宗旨。

6月30日,国民政府公布《土地法》,对土地定义、土地私有权、国有土地范围等都作了明确规定。

是月,国民党中央执行委员会第98次常务会议,通过《推行国历办法》。

按:《推行国历办法》主要有两项规定:一是各地民众应将旧历新年放假日数及旧历新年前后的贺年、团拜、祀祖、春宴、观灯、贴春联等各种传统礼仪,一律移置于国历新年前后举行,而旧历新年则不许放假;二是各地集镇墟市以及庙会等日期,一律遵照国历日期举行,严禁沿用废历。

是月,行政院令内政部转各省查禁《公民日报》《自救晚报》《世界日报》《华北晚报》《小小日报》《木铎余音》《国民公报》等报纸。

是月,天津特别市改为天津市,直属南京国民政府行政院管辖。

7月1日,国民政府教育部通令各省市教育厅局:查禁教会学校图书馆陈列之宗教书报及画片。

是日,实业部中央工业试验所在南京成立,徐善祥任所长。

7月2日,中华教育文化基金董事会在南京召开第六次年会。

7月5日,周恩来应邀在联共第十六次代表大会上作《中国革命新高潮与中国共产党》的报告。

7月10—11日,中华儿童教育社在无锡举行第一届年会。陈鹤琴、李清悚、尚仲长、董任坚、胡叔异等62人参加。讨论小学课程等提案,议决下届年会之讨论中心为儿童中心教育。

7月12日,《民国日报》载,国民政府教育部草拟八项办法,为大学毕业生谋出路。

7月13日,北平扩大会议召开。汪精卫等的改组派联合西山会议派等发起国民党第二届中央扩大会议,会议发表了由汪精卫起草的《党务联名宣言》。

7月14日,中国度量衡学会在南京成立,以"联络同志,研究应用学术,共图推进中国度量衡新制"为宗旨。

7月17日,林献堂等发起组织台湾地方自治同盟。

7月20日,中华职业教育社在上海举行第十一届年会,同时举行全国职业教育机关联合会第八届年会,并附办职业教育成绩展览会。

7月21日,教育部准私立岭南大学立案。

7月23日,教育部制定《各省市县推行注音符号办法》,令各省市县教育厅局遵照办理。

7月27日,中国工农红军第三军团攻占湖南长沙。

7月31日,汪精卫、阎锡山、冯玉祥等组织的国民党第二届中央执行委员会扩大会议在北平发表"反共驱蒋"宣言。

是月,上海特别市改称上海市。

是月,教育部令北平市教育局查禁燕京大学宣传宗教。

是月,中国左翼美术家联盟在上海成立。

是月,中国左翼文化总同盟在上海成立。该同盟由左翼作家联盟、社会科学家同盟、社会科学研究会、新闻记者联盟、世界语者联盟、电影演员联盟、话剧演员及美术工作人员等联盟组成。

是月,国民政府发布《财政部核定古籍出国范围呈并行政院训令》,核定了准许出国的古物的种类。

是月,教育部制定《各省市县推行注音符号办法》25项,咨行各省市政府积极推行,教育部注音符号推行委员会决定开办注音符号传习所。之后,中国国民党中央执行委员会宣传部公布《推行注音符号宣传要点》6条。

8月1日,中国左翼戏剧家联盟在上海成立,由左翼剧团联盟改组而成。田汉任执行委员会主任。后陆续在北平、南京、武汉、南通、广州、太原、青岛、杭州等地建立分盟或小组。

是日,闽西苏维埃政府制定《目前文化工作总计划》。

按:《计划》提出的"目前教育方针"包括:"养成在革命环境中所需要的革命工作的干部人才。""社会教育:普遍而深入的提高群众的阶级觉悟,政治水平,文化程度。""凡6岁至11岁的儿童,有必须受小学教育的权利和义务。""施教的方法,以养成智力和劳力作均衡的发展为原则。""土地税收入的20%充教育经费。""励行减少文盲运动。"(参见中央教育科学研究所编《中国现代教育大事记 1919—1949》,教育科学出版社 1988 年版)

是日下午,广东省注音符号推行委员会在教育厅举行成立典礼。

8月7日,北平扩大会议召集第一次会议,决定起草约法,筹备召开国民会议,组织国民政府。

8月9日,中国国民党临时行动委员会在上海秘密成立,邓演达为总干事,主张建立平民政权。

8月15日,中共中央机关报《红旗日报》创刊。

是日,《文化斗争》在上海创刊。

8月23日,中国工农红军第一军团和第三军团组成第一方面军,朱德任总司令,毛泽东为总政委。

是日,国民党政府立法院秘密会议通过《处置共产党条例》,决定对共产党人"加重治罪,格杀勿论"。

是月,中国革命军事委员会颁布《苏维埃土地法》。

9月1日,中华职业指导机关联合会在上海成立。

9月9日,北平国民政府成立,以阎锡山为主席,汪精卫、冯玉祥、谢持等为国民政府委员,与南京政府对抗。

9月10日,国民党中央执行委员会秘书长陈立夫签发致国民政府公函,密令淞沪警备司令部及上海市政府会同该市党部宣传部严密侦察中国社会科学家联盟、左翼作家联盟、上海青年反帝大同盟、普罗诗社、无产阶级文艺俱乐部、中国革命互济会、革命学生会等革命组织和已经呈请取缔的自由运动大同盟,"一律予以取缔""缉拿其主谋份子,归案究办",并附各组织人员名单。(参见鲁迅博物馆、鲁迅研究室编《鲁迅年谱》,人民文学出版社1981年版)

9月12日,第一次全国苏维埃代表大会中央准备委员会会议在上海召开。

9月15日,中国社会科学家联盟机关刊物《社会科学战线》创刊。

9月18日,张学良通电明确表示支持南京国民政府,出兵华北,武装调停中原大战。

9月20日,李善邦主持的北平鹫峰地震台投入工作,并在此日记录下第一场地震。

9月22日,国民政府教育部公布《推行华侨社会教育办法》;教育部颁布《华侨商会倡办民众图书馆或附设民众书报阅览处办法》。

9月23日,张学良率兵进关,占领京津,北平国民政府即告结束。

是日,中国经济学社召开第七届年会,会议决定凡无经济著作或经济事业上无贡献者,不得入社。

9月24日,中国共产党在上海召开六届三中全会,瞿秋白、周恩来主持会议,根据共产国际指示,会议批评了李立三的"左"倾错误,并停止了李立三等组织全国总起义和集中全国红军进攻中心城市的冒险行动,从而结束了李立三"左"倾冒险主义错误的统治。

9月30日,国民党秘书长陈立夫签发取缔左翼作家联盟、中国自由运动大同盟和中国革命互济会的命令。

是月,教育部颁布《各省市县推行注音符号办法》。

是月,中华教育文化基金董事会新设编译委员会,以胡适为委员长。

是月,暨南大学南洋文化事业部改为南洋美洲文化事业部。

10月2日,为商讨外国人来华科学考察之事,中央研究院、内政、外交、军政、教育各部专门召开联席会议,决定针对当时众多要求来华进行科学考察的外国考察团,区别不同情况给予不同的处理。

　　按:对不许入境考察的就给予暂缓前往的答复;对准许其入境的,则制订相应的条款进行约束,其条件由中央研究院与教育部会商决定;外国考察团在入境之前,须经中国外交部门准许等。

10月7日,在吉安城中山广场召开的10万人庆祝吉安暴动胜利大会上,通过江西省苏维埃政府委员名单,宣告江西省苏维埃政府成立,内设秘书处和军事、财政、土地、教育、内务、外交、劳动、建设、司法等部,曾山任省苏维埃政府主席。

　　按:曾山、方志敏、陈正人、毛泽东、朱德、陈毅等53人为执行委员,方志敏、张国焘、毛泽东、郭贞、李文林、刘仁、彭德怀、王怀、朱昌偕、金万邦、朱德、王申选、曾山13人为常务委员。

10月16日,教育部颁布《私立图书馆立案办法》。

是日,《佛学》半月刊在上海创刊,由佛学书局出版。

10月17日,中共中央政治局会议决定:由项英、毛泽东、周恩来、任弼时、朱德等9人组成苏区中央局,由项英、毛泽东、任弼时、朱德、彭德怀、贺龙、黄公略、叶剑英、邓中夏、曾中生、邓小平、刘伯承、周恩来、恽代英、李富春等25人组成苏区军委。

　　按:同日,毛泽东主持召开中共红一方面军总前委全体会议。会议讨论时局估量、行动问题、土地问题、资本问题,并均有决议。(中共中央文献研究室编撰、逄先知主编《毛泽东年谱(1893—1949)》,人民出

版社、中央文献出版社 1993 年版）

10 月 25 日，台湾文化 300 年纪念会在台南召开。

10 月 28 日，蒋介石任命江西省政府主席鲁涤平兼任第九路军总指挥，部署对中央革命根据地进行第一次"围剿"。

是月，中国西部科学院在重庆北碚成立，卢作孚任院长；国民政府发布取缔"左联"、通缉鲁迅等人的命令。

是月，吕振羽等发起的东方问题研究会在北平成立，以"研究东方各种问题，努力东方民族解放，促进世界人类平等"为宗旨。

是月，教育部编行注音符号传习小册。

11 月 1 日，国民政府工商部在南京召开全国工商会议。

是日，《苏报》在江苏镇江创刊。

11 月 3 日，国民政府公布修正《电影检查法》16 条，规定电影检查由教育部、内政部派人组织电影检查委员会办理，并应请中央宣传部派员参加指导。

按：该法规定："凡电影片无论本国制或外国制非依本法经检查核准后不得映演。"并规定：电影片有下列情形之一者不得核准：一、有损中华民族之尊严者；二、违反三民主义者；三、妨害善良风俗或公共秩序者；四、提倡迷信邪说者。

11 月 7 日，国民党中宣部规定，此后新闻报道一律用白话。

11 月 4 日，阎锡山、冯玉祥二人通电下野，中原大战以蒋介石的完胜而结束。

11 月 15 日，国民政府教育部通令各省市教育厅局，严令取缔各宗教团体设立之学校宣传教义。

11 月 24 日，国民政府公布《中华民国国民政府组织法》。

是月，蔡元培、吴敬恒、李煜瀛、戴传贤、朱家骅等在国民党四中全会上提出发行一千万元教育文化建设公债案。

按：议案规定该公债以英庚款利息，俄庚款余额担保，专充补助国立大学及研究院购置图书仪器及建筑屋馆之用。三年内清偿本息。（参见中央教育科学研究所编《中国现代教育大事记 1919—1949》，教育科学出版社 1988 年版）

11 月 27 日，蒋梦麟因中央大学易长及劳动大学停办两事而受到吴稚晖指责，断然辞去教育部长之职。

是月，因河北省省会由北平迁至天津，天津市改为省辖市。

12 月 1 日，中国发行一套 4 枚共 25000 张面值分别为 1 分、4 分、5 分、10 分的西北科学考查团纪念邮票。

12 月 4 日，国民政府任命高鲁为教育部长，高鲁未到任。

12 月 6 日，国民政府明令由行政院院长蒋介石兼理教育部长职务，当日发布《整顿学风令》。

按：《整顿学风令》责令学生"一意力学，涵养身心""不得干涉行政"，如有违者，政府"执法以绳，以治反动派者治之，决不稍事姑息"。（参见中央教育科学研究所编《中国现代教育大事记 1919—1949》，教育科学出版社 1988 年版）

12 月 11 日，蒋介石以国民政府行政院令发表《告诫全国学生书》，宣称严禁"破坏法纪之学潮"。

按：《告诫全国学生书》宣称："近年以来，中正见闻所及，深觉于国家前途，具有莫大危机，而引为隐患者,莫过于各地学校学风之败坏,与学潮之蜂起。""破坏法纪之学潮,自与反革命无异,政府自当严厉禁止,如法惩处。"同日,行政院训令称:学生如再有甘受利用,恣行越轨者,"惟有执法严绳,以治反动派者治之,不稍事姑息""而至全校解散亦所弗惜"。国民政府教育部发出通令:奉行政院训令整顿学风。(参见中央教育科学研究所编《中国现代教育大事记1919—1949》,教育科学出版社1988年版)

12月16日,中共中央遵照共产国际指示,撤销李立三职务。

是日,国民政府公布《出版法》44条。

按:第一章　总则

第一条　本法称出版品者,谓用机械或化学之方法所印制,而供出售或散布之文书、图画。

第二条　出版品分左列三种:一、新闻纸:指用一定名称,每日或隔六日以下之期间继续发行者而言。二、杂志:指用一定名称,每星期或隔三月以下之期间继续发行者而言。三、书籍及其他出版品:凡前二款以外之一切出版品属之。新闻纸或杂志之号外或增刊,视为新闻纸或杂志。

第三条　本法称发行人者,谓主管发售或散布出版品之人。

第四条　本法称著作人者,谓著述或制作文书图画之人。笔记他人之演述、登载于出版品或令人登载之者,其笔记人视为著作人。但演述人对于其登载特予承诺者,应同负著作人之责任。

关于著作物之编纂,其编纂人视为著作人。但原著作人对其编纂特予承诺者,应同负著作人之责任。

关于著作物之翻译,其翻译人视为著作人。

关于用学校、公司、会所或其他团体名义著作之出版品,其学校、公司、会所或其他团体之代表人,视为著作人。

第五条　本法称编辑人者,谓掌管编辑新闻纸或杂志之人。

第六条　出版品由官署发行者,应以二份送中央党部宣传部及内政部。

第二章　新闻纸及杂志

第七条　为新闻纸或杂志之发行者,应于首次发行期十五日前,以书面陈明左列各款事项,呈由发行所所在地所属省政府或隶属于行政院之市政府,转内政部声请登记。一、新闻纸或杂志之名称。二、有无关于党义党务或政治事项之登载。三、刊期。四、首次发行之年月日。五、发行所及印刷所之名称及所在地。六、发行人及编辑人之姓名、年龄及住所,其各版之编辑人互异者,并各该版编辑人之姓名、年龄、及住所。

新闻纸或杂志在本法施行前已开始发行者,应于本法施行后两个月内,声请为前项之登记。

新闻纸或杂志有关于党义或党务事项之登载者,并应经由省党部或等于省党部之党部,向中央党部宣传部声请登记。

第八条　前条所定应声请登记之事项,有变更者,应于变更后七日内,为变更登记之声请。

第九条　前二条登记,不收费用。

第十条　左列各款之人,不得为新闻纸或杂志之发行人或编辑人:一、在国内无住所者。二、禁治产者。三、被处徒刑或一月以上之拘役,在执行中者。四、褫夺公权尚未复权者。

第十一条　新闻纸或杂志废止发行者,原发行人应按照登记时之程序,声请注销登记。新闻纸逾所定刊期已满两个月,杂志逾所定刊期已满四个月,尚未发行者,视为发行之废止。

第十二条　新闻纸或杂志应记载发行人及编辑人之姓名、发行年月日、发行所、印刷所之名称及所在地。

第十三条　新闻纸或杂志之发行人,应于发行时以二份寄送内政部,一份寄送发行所所在地所属省政府或市政府,一份寄送发行所所在地之检察署。

新闻纸或杂志有关于党义、党务事项之登载者,并应以一份寄送省党部或等于省党部之党部,一份寄送中央党部宣传部。

第十四条　新闻纸或杂志登载之事项,本人或直接关系人请求更正或登载辩驳书者,在日刊之新闻纸,应于接到请求后三日内依照更正,或登载辩驳书之全部。在其他新闻纸或杂志,应于接到请求后第二次发行前为之。但其更正或辩驳之内容,显违法令,或未记明请求人之姓名、住所,或自原登载之日起,逾六个月而始行请求者,不在此限。

更正或辩驳书之登载,其地位及字之大小,应与原文所登载者相当。

第三章　书籍及其他出版品

第十五条　为书籍或其他出版品之发行者,应于发行时以二份寄送内政部,改订增删原有之出版品而为发行者,亦同。前项出版品,其内容涉及党义或党务者,并应以一份寄送中央党部宣传部。

第十六条　书籍或其他出版品,应于其末幅记载发行人之姓名、住所、发行年月日、发行所及印刷所之名称及所在地。

第十七条　通知书、章程、营业报告书、目录、传单、广告、戏单、秩序单、各种表格、证书、证券及照片,不适用前二条之规定。

第十八条　有关政治之传单或标语,非经该管警察机关许可,不得印刷或发行。

第四章　出版品登载事项之限制

第十九条　出版品不得为左列各款之记载:一、意图破坏中国国民党或三民主义者。二、意图颠覆国民政府或损害中华民国之利益者。三、意图破坏公共秩序者。四、妨害善良风俗者。

第二十条　出版品不得登载禁止公开诉讼事件之辩论。

第二十一条　战时或遇有变乱及其他特殊必要时,得依国民政府命令之所定,禁止或限制出版品关于军事或外交事项之登载。

第五章　行政处分

第二十二条　不为第七条或第八条之声请登记,或就应登记之事项为不实之陈述而发行新闻纸或杂志者,省政府或市政府得于其为合法之声请登记前,停止该新闻纸或杂志之发行。

第二十三条　内政部认出版品载有第十九条各款所列事项之一,或违背第二十一条所定禁止或限制之事项者,得指明该事项禁止出版品之出售及散布,并得于必要时扣押之。

依前项规定扣押之出版品,如经发行人之请求,得于除去该事项后返还之。

第一项所定,其情节轻微者,得由内政部予以纠正或警告。

第二十四条　国外发行之新闻纸或杂志,受前条第一项处分者,内政部得禁止其进口。

依前项规定禁止进口之新闻纸或杂志,省政府或市政府得于其进口时扣押之。

第二十五条　违背第四十一条第一项之禁止而发行新闻纸或杂志者,省政府或市政府得扣押之。

第二十六条　扣押书籍或其他出版品时,如认为必要者,得并扣押其底版。

依前项规定扣押之底版,准用第二十三条第二项之规定。

第六章　罚则

第二十七条　不为第七条或第八条之声请登记而发行新闻纸或杂志者,处二百圆以下之罚金。

第二十八条　第十条各款所列之人发行或编辑新闻纸或杂志者,处二百圆以下之罚金。

第二十九条　发行人违反第十一条第一项之规定者,处百圆以下之罚金。

第三十条　出版品无第十二条或第十六条所定之记载,或记载不实者,处发行人以二百圆以下之罚金。

第三十一条　发行人违反第十三条之规定,不寄送新闻纸或杂志者,处百圆以下之罚金。

第三十二条　编辑人违反第十四条之规定者,处二百圆以下之罚金。

第三十三条　发行人违反第十五条之规定,不寄送书籍或其他出版品者,处百圆以下之罚金。

第三十四条　印刷人或发行人违反第十八条之规定者,处百圆以下之罚金。

第三十五条　违反第十九条之规定者,处发行人、编辑人、著作人及印刷人一年以下有期徒刑、拘役或一千圆以下之罚金。但其他法律规定有较重之处罚者,依其规定。

第三十六条　违背第二十一条所定之禁止或限制者,处发行人、编辑人、著作人及印刷人一年以下有期徒刑、拘役或一千圆以下之罚金。

第三十七条　出版品为新闻纸或杂志时,著作人受第三十五条之处罚者,以对于其事项之登载署名负责者为限,受第三十六条之处罚之著作人,亦同。

第三十八条　违背第二十二条所定之停止发行命令,发行新闻纸或杂志者,处二百圆以下之罚金。

第三十九条　发行人违背第二十三条所定之禁止者,处一年以下有期徒刑、拘役或千圆以下之罚金,其知情而出售或散布该项出版品者,处六月以下有期徒刑、拘役或五百圆以下之罚金。违背第二十四条第一项所定之禁止,及知情而输入、出售或散布该项出版品者,准用前项规定,分别处罚。

第四十条　妨害第二十三条第一项、第二十四条第二项、第二十五条或第二十六条所定扣押处分之执行者,处六月以下有期徒刑、拘役或五百圆以下之罚金。

第四十一条　因新闻纸或杂志所载事项,依第三十五条所定之处罚而其情节重大者,得禁止其新闻纸或杂志之发行。

发行人违背前项所定之禁止者,处一年以下有期徒刑、拘役或千圆以下之罚金,其知情而出售或散布该项新闻纸或杂志者,处六月以下有期徒刑、拘役或五百圆以下之罚金。

第四十二条　本法所定各罪,不适用刑法累犯及并合论罪之规定。

第四十三条　本法所定各罪之起诉权,逾一年而不行使者,因时效而消灭。第三十五条、第三十六条之罪,其起诉权之时效期限,自发行日起算。

第七章　附则

第四十四条　本法自公布日施行。(叶再生《中国近代现代出版通史》第二卷,华文出版社 2002 年版)

按:是年,国民政府颁布《出版法》《出版法实施细则》《宣传品审查标准》《图书杂志审查办法》等。从 1927 年至抗日战争前,国民党政府制定了一整套新闻法制。主要有:《出版法》《出版条例原则》《出版法施行细则》《日报登记办法》《危害民国紧急治罪法》《检查新闻办法大纲》《重要都市新闻检查办法》《密查书店办法》《宣传品审查标准》《宣传品审查条例》《全国重要都市邮件检查办法》《各省市新闻检查所新闻检查规程》《各省市新闻检查所新闻检查违检惩罚暂行办法》《新闻检查标准》《修正重要都市新闻检查办法》《各县市邮电检查办法》《查禁反动刊物令》《取缔刊登军事新闻及广告暂行办法》《取缔发售业经查禁出版品办法》《取缔印刷业规则》《新闻报纸在检查期间不服检查之处分办法》《新闻记者随军规则》《海外党报管理规则》《海外党报登记规则》《华侨发行新闻纸杂志申请登记办法》《取缔不良小报暂行办法》《关于法院制裁新闻纸杂志社编辑人和发行人》《关于报社及通讯社违反固定刊期出刊之处分》《新闻电报规则》《国内华文密语新闻电报暂行办法》《民营广播无线电台暂行取缔规则》《指导全国广播电台播送节目办法》等。

12 月 29 日,中国社会学社在南京中央大学科学馆举行第一次年会,孙本文主席,吴景超报告学社组织情况。

12 月 30 日,中央苏区在毛泽东、朱德指挥下,采取诱敌深入的方针,击破了蒋介石的第一次"围剿"。

按:10 月下旬,蒋、冯、阎战争刚结束,蒋介石部署对中央革命根据地进行第一次"围剿"。28 日,蒋介石任命江西省政府主席鲁涤平兼任第九路军总指挥。11 月 2 日,鲁涤平将已到江西境内的七个师二十一个旅编成三路纵队,限于五日前集中于袁水两岸的指定区域,企图消灭红一方面军于清江(今临江)至分宜段的袁水两岸地区。至 12 月 30 日,蒋介石对中央苏区的第一次"围剿"失败。

是月,国产有声电影问世。上映的第一部发音的影片为《雨过天晴》。

是月,西北科学考查团在内蒙古额济纳流域发现居延汉简。

按:居延汉简是 20 世纪中国文明四大发现(其他三项是殷墟、甲骨文、敦煌遗书)之一,是敦煌汉简之后发现的最重要的汉代边塞屯戍文书。在内容和数量上都大大超过了敦煌汉简,为汉代历史的研究开辟了一个新的领域。居延汉简是居延烽燧遗址出土的简牍,时代约在自汉武帝末年(公元前 3 世纪初)至东汉中叶(公元 12 世纪初)。对其共进行了 4 次考古调查和发掘,分别在 1930—1931、1972—1976、1986

和1999—2002年。1930年,前西北科学考查团在今内蒙古自治区的额济纳河(弱水)流域曾作过考古调查和试掘。沿弱水两岸,北起宗间阿玛,南至毛目(今鼎新)约250公里之间以及在布肯托尼与博罗松治约60公里之间,发现有汉代的塞墙和鄣堡亭燧,并在其遗址中总计约发现10200枚左右竹简。这些竹简现藏台湾省"中央研究院"。其经过详载于《内蒙古额济纳河流域考古报告》一书。这次出简较多的地点,有宗间阿玛、破城子、瓦因托尼、博罗松治、布肯托尼、查科尔贴、金关、地湾、大湾等。(学习委员主编《考古探谜》,吉林电子出版社2006年版)

是年,国民政府任命一批大学校长。其中有:李石曾、易培基(北平师范大学)、杨振声(青岛大学)、陈大齐(北京大学代理校长)、黎照寰(交通大学)、朱家骅(中央大学、中山大学)、金曾橙(中山大学)、蒋梦麟(北京大学)、王景岐(劳动大学)等。(《第一次中国教育年鉴》戊编)

是年,南京政府考选委员会、教育部制定《建国奖学委员会条例》,设立"建国奖学金",奖励"论文考课经评定后认为优良者"和"学术著述及发明经审定后认为确有价值者"。

是年,中国纺织学会、中国社会学社成立。

是年,《哲学》杂志第1期刊登《哲学社简章》。

按:第一条,本社定名为哲学社。第二条,本社以共同研究哲学为宗旨。第三条,凡有相当学力愿与本社共同研究哲学者经本社社员介绍,干事会通过得为本社社员。第四条,凡赞成本社宗旨并愿协助本社进行,者经本社社员介绍,干事会通过,得为本赞助员,与本社社员享同等权利。第五条,凡非本社社员而热心研究哲学,欲来本社听讲者,得为本社听讲员,其章程另订之。第六条,凡有相当学力,欲以通信与本社共同研究哲学者,经本社干事会通过,得为本社通信社员。第七条,本社设总干事1人,庶务干事2人,文牍干事2人,会计干事2人,交际干事5人,出版干事5人。第八条,本社设普通讲演会、特别讲演会、哲学谈话会、哲学讨论会、哲学辩论会、哲学读书会及事务会等,其规则另定之。第九条,本社刊行《哲学》杂志,其章程另定之。第十条,本社经费分入社金(每人一元)、常年金(每人每年三元,分三期缴纳)、特别费(有特别需要时临时筹集)及自由捐(无论社内外人,皆可自由捐助)。第十一条,本社社员有违背本社宗旨,损害本社名誉者,本社得令其出社。第十二条,本章程有不适当时,得提议修改之。第十三条,本简章自公布日实行。

是年,中华书局出版聚珍仿宋版二十四史;商务印书馆影印出版百衲本二十四史。

是年,《红旗日报》《道声》《琼崖红旗》《我们的教训》《山东红旗》《灯塔》《无产青年》《萌芽月刊》《拓荒者》《巴尔底山》《文化斗争》《世界文化》《工农报》《支部生活》《红日报》《政治通讯》《鄂西通讯》《东路红旗》《东河通讯》《新浏阳》《组织通讯》《暴动》《赤潮》《剑锋报》《闽西红报》《湘赣简报》《红色华中》《湖南决战周报》《苏维埃三日刊》《闽西列宁青年》《闽西画报》《红潮周报》《消息汇报》《冲锋》《工人旬刊》《前进》《团的建设》《赤塔周刊》《北委通讯》《北路青年》《红色先锋》《广州国民日报》《苏报》《文哲学报》《俄罗斯研究》《社会科学杂志》《社会科学季刊》《浙江医药月刊》《中学生》《民权》《艺浪》《骆驼草》《协大消息》《民主日报》《市民日报》《广东国民大学校刊》《中华法学杂志》《云南新商报》《四海月刊》《辽宁教育公报》《教育新刊》《满洲红旗》《东北蒙旗师范学校校刊》《奉天市商会月刊》《时言报》《回教周报》《机联》《法令周刊》《电工》《社友》《学艺通讯》《电业季刊》《黄埔》《金陵大学校刊》《艺林(月刊)》《观海艺刊》《艺浪》《美艺(杂志)》《蜜蜂》《墨印》《墨海潮(美术月刊)》《白鹅艺术半月刊》《艺友》《艺潮》《中国美术号》(特刊)等报刊创刊。

二、学术活动

蔡元培1月1日在《中央周报》第83—84合刊上发表《中央研究院过去工作之回顾与今

后努力之标准》。首述"本院已设机关:在首都者,为总办事处,天文、气象两研究所及自然历史博物馆;在上海者,为驻沪办事处,物理、化学、工程、地质及社会科学五研究所;在北平者,为历史语言及心理两研究所,与历史博物馆、天文陈列馆。院中人员皆由院长聘任,总办事处设总干事一人,处主任三人,职员十八人;各研究所设所长、秘书各一人,研究员、助理员若干人"。"至于本院今后努力之标准,仍分三大期进行:曰完成筹备期,曰集中建筑期,曰扩充事业期。其纲目则依事实上之便利,分配实施。……其关于总计划者:(一)充实现有之研究所及各机关之房屋、图书、仪器及人才;(二)总理物质建设计划研究委员会之设立;(三)评议会之成立;(四)全国研究会议之召集;(五)教育研究所及图书馆之增设等。其关各所者,亦分别列举其继续进行与着重进行的各种研究项目。""总之,本院就名义言,既为全国最高学术研究机关,就职责言,又兼学术之研究、发表、奖励诸务,实综合先进国之中央研究院、国家学会及全国研究会议各种意义而成,使命重大,深自兢兢,努力加鞭,不敢稍懈,以期不负党国之付托,此则同人等所自勉者也。"

按:根据1929年12月24日的统计,全院研究人员共193人,其中专任研究员、技师、编辑员、常务委员52人;兼任研究员5人;特约研究员、编辑员、外国通讯员、计划、筹备委员54人;助理员、调查员、技术员82人。

蔡元培1月4日主持在驻沪办事处召开的中央研究院第九次院务会议,到各所长或秘书、各处主任。首由杨杏佛总干事报告院舍建筑情况及提请各所注意经费超支问题,继由文书处、会计处、出版品国际交换处主任报告各处事务。讨论事项:修正通过本院出版委员会规则;由地质调查所起草抚恤赵予仁的办法;推徐韦曼、王云五、王敬礼等起草规定职工之工资划一办法;由出版委员会统一本院刊物的名称;国联卫生部长拉西曼建议本院编印中国科学研究概况,推王琎、钱天鹤、周仁、杨肇廉等组织委员会,商议进行。1月8日,国民党中央政治会议举行第二一一次会议,到戴季陶、叶楚伧、林森、胡汉民等,谭延闿主席。讨论事项:"(四)决议,函国民政府,令中央研究院,一切建筑,应在首都。"中研院收到国民政府训令后呈复,除说明无地无款无法集中建院于南京的情况之后,以美国为案例据理力争,谓"美国之研究院,其总机关固在华盛顿,而有关工艺之部分,则设在纽约……中央大学固设在首都,而其医学院、商学院则设在上海;财政部固在首都,而所辖之中央银行,则设在上海,未闻有议其不合者。……职院在首都之大建筑计划……务恳钧府迅予分令南京特别市政府及财政部,将所需地、款分别交拨,俾可克期开始,在大建筑未能实现以前,在上海之理化工程研究所小建筑,仍拟照原定计划进行"。

蔡元培1月18日晚间6时出席中国科学社上海社友会假座一品香西餐馆举行的新年同乐会,到社员及来宾150余人。由曹惠群主席,杨炳勋国音速记。蔡元培、褚民谊、胡适相继演说。19日,蔡元培为《中国大观》撰序。22日,在蒋介石主持国民党中央政治会议第二一三次会议,决议:"中央研究院在上海之各研究所,应移至南京,所有在沪一切建筑,即日停止,其所有已着手之各项设备,限本年四月以前一律移至南京。"后经蔡元培和杨杏佛多方疏通,中研院理化工程实验馆还是在沪西白利南路建造完成,物理、化学、工程三个研究所仍然设在上海。

按:据《胡适日记》1930年2月1日载,国民"政府中有人近来很和中央研究院为难。……借研究院来报复蔡先生不合作的态度"。此"指蔡元培自十七年八月十七日辞去大学院长后,即避居沪上,远离南京,表示消极;现在强令研究院集中于南京,意即逼蔡到'天子脚下'"。

蔡元培2月8日出席中国社会学社假上海四川路基督教青年会礼堂举行的成立大会,

到燕京、清华、北大、中大、厦门、复旦、沪江、大夏各大学代表150余人。公推孙本文为主席,杨炳勋国音速记。蔡元培发表《社会学与民族学之关系》演说。2月9日,蔡元培在上海主持召开中华教育文化基金董事会第四次常会,蒋梦麟、李石曾、翁文灏、顾临、贝克、孙科、赵元任、胡适、任鸿隽等出席会。会议原则通过"联合国内各文化基金团体补助保存北平古物建筑"的议案。2月11日,上海特别市教育局、寰球中国学生会、交通大学、暨南大学、同济大学、劳动大学、复旦大学、中国科学社、中国评论周报社、商务印书馆、中华书局等21个团体,假静安寺路华安八楼举行欢送国民党中央考派留学党员的茶会,到宾主及来宾100余人。由市教育局长陈德征致欢送词,继请蔡元培讲演,再请胡庶华、朱少屏、王克仁、冷隽演说,末由留学党员代表曹立瀛致答词。

蔡元培2月18日在上海主持召开中央研究社会科学研究所第九次所务会议。20日,根据蔡元培院长的呈报,国民政府训令河南省政府保护中央研究院在安阳的殷墟发掘工作。3月,蔡元培撰《秋瑾纪念碑记》;为日本研究社题词。4月7日,蔡元培与李石曾同往中华职业教育社所办的徐公桥农村改进区。9日,蔡元培在杭州,参观全国运动会。晚间7时,出席浙江省政府及国民党浙江省党部在西湖博览会大礼堂举行的招待全运会选手的大会,到7000余人。由张静江主席,蔡元培和蒋梦麟均发表演说,末有电影及游艺。11日,蔡元培与蒋梦麟同乘午间车离杭赴上海,蒋当夜乘快车回南京。12日,蔡元培主持中央研究院社会科学研究所举行第十次所务会议,各研究员均出席。4月16日,蔡元培由沪到京,出席第二次全国教育会议的第一日大会,席次被排为第四号,分入高等教育组,任审查委员。同日,全国气象会议,假南京中国科学社图书馆开会,到各地代表50余人。由蔡院长主席,致开会词,次由杨杏佛致欢迎词。即推举竺可桢为大会主席,沈鸣雕、吕炯为大会秘书,继分组讨论议案,正式提案及临时动议共64起。17日,出席第二次全国教育会议的第二日大会。中午,以来宾资格赴鼓楼饭店,参与中国气象学会招待全国气象会议各地代表的宴会。晚间6时,中央研究院假鸡鸣寺设宴招待第二次全国教育会议全体会员,到宾主100余人,蔡元培院长致欢迎词,广东代表金曾澄答词。同日,蔡元培与吴稚晖、李石曾、邵力子、蒋介石等为增加国语效率以普及于全国起见,定于本月21日向第八十八次国民党中央常务会议提出改定注音字母名称为注音符号的提案。4月18日晚间7时半,考试院设宴招待第二次全国教育会议全体会员。席终,戴季陶起立,致欢迎词,会员公推金曾澄致答谢,末请蔡元培演说。

蔡元培与王正廷、李石曾、许世英同乘4月18日夜快车离宁。19日晨,抵沪。21日,蔡元培向第八十八次国民党中央常务会议提出改定注音字母名称为注音符号的提案,获得通过。28日上午10时,国民党上海市党部执行、监察委员在该党部礼堂举行就职典礼,国民党中央特派蔡元培监誓。主席陈德征报告、全体执监委宣誓后,中央代表训词,市长张群及叶惠钧、谭毅公等演说,潘公展致答词。4月28日下午2时,蔡元培主持中央研究院在上海举行的第十次院务会议,到各处主任、各所所长或秘书。听取杨总干事及会计、庶务、文书等主任的各项工作报告。同月,蔡元培致南京的五洲公园、第一公园、中央大学艺术学院、上海的大同乐会、南国剧社、神州国光社、有正书局、文明书局、国立音乐专科学校、上海美科专科学校、北平的光社、北海公园、中央公园、故宫博物院、古物陈列所、北平大学艺术学院函,谓"鄙人受寰球中国学生会委托,作《二十五年来中国之美育》一篇,备印入该会二十五周年纪念册中。拟叙及贵校、会成立时期、经过情形及现在状况,并于必要时附以照片。敬希赐寄概略,并求于本月二十三日以前寄下为荷"。又撰全国国语教育促进会所讲《三民主义与国语》演说词,谓"要达到三民主义,必定要人人工作;信仰三民主义的人,也应该信仰国语"。5月17日,蔡元培为中国公学校长问题撰发通告,谓"批准胡校长五月三日的辞职书,推马君武先生为校长"。20日,蔡元培主持中央研究院社会科学研究所举行的第十一次所务会议。同日,为胡鉴民译比利时布鲁塞尔大学教授齐尔(M. Gille)所著《自由哲学》作序。同月,蔡元培为《普通测量学》教本撰序。

蔡元培6月14日出席大夏大学创校六周年及本届毕业典礼,到来宾及师生2000余人。校长王伯群致开会词、副校长欧元怀报告创校经过后,请蔡元培演讲,继请该校校董赵晋卿、杨杏佛演说。6月16日,在国立劳动大学所讲《劳动大学的意义及劳大学生的责任》演说词刊于《中央周报》第106期。6月21日,应沪江大学校长刘湛恩之请,到杨树浦该大学讲演《大学生当于假期中尽力民众教育》。6月28日,蔡元培与张静江同乘夜快车由沪赴宁。6月29日下午3时,国民党中央监察委员会举行第三次全体会议,蔡元培、张静江、吴稚晖、李石曾、王宠惠、林森、古应芬、恩克巴图等到会。同月,撰《甪直保圣寺古物馆记》。7月1日,蔡元培主持中央研究院在南京总办事处召开的第一届院务年会,院长、总干事、各处主任、各研究所所长及研究员代表共24人到会。第一日由蔡元培院长主席,致开会词,次总干事及各处主任报告,次分三组:研究计划组、事务组、经济组,指定各组审查委员,上午及下午,讨论提案。第二日,由杨杏佛总干事主席,上午,审查报告及讨论提案、下午、宣读论文及各研究所学术报告。同日下午2时,中央研究院全体职员在自然历史博物馆补行宣誓,国民政府主席指定蔡院长监誓。

蔡元培7月2日出席并主持中华教育文化基金董事会假南京教育部会议室举行的第六次董事年会,胡适、翁文灏、孙科、李石曾、顾临、蒋梦麟、任鸿隽、赵元任等董事到会,教育部代表孙本文、外交部代表徐谟列席旁听。会议通过名誉秘书、名誉会计、干事长的报告,通过该会自办、合办事业本年度支出款项,并通过本年度补助武汉、中山、同济等大学及中国地学会等机构的款项。旋通过聘任胡适为编译委员会委员长。末选举董事,李石曾、伍朝枢及贝克三董事任满,皆被举连任。翁文源因专力学术研究,坚决请辞董事之职,恳留无效,改选金绍基(叔初)继翁为该会董事。3日,蔡元培乘夜快车由宁赴沪。15日,蔡元培为(美)鲍特所著《近代教育学说》作序。19日,蔡元培主持中央研究院社会科学研究所举行的第十二次所务会议,杨杏佛、朱祖晦、徐公肃、胡纪常、陈翰笙、林惠祥等研究员到会。20日,蔡元培、李石曾、卫中、郑通和、吴宗濂、高践四、江学珠、胡庶华、刘湛恩、何玉书、沈怡、汪懋祖、黄警顽等600余人出席在上海龙华路法国小学举行的中华职业教育社第十一届年会及全国职业教育机关联合会第七届年会。上午9时,蔡元培主席致开会词,马相伯、钮永建、顾树森、杨杏佛、林康侯等先后演说。12时,群集于中华职业教育社新建成之社所门首,举行启钥典礼,由钱新之以手启钥,全体社员及来宾由蔡元培主席及钮永建导引入内。下午起,分组讨论各项议案。同日,蔡元培与胡适等同往爱国女学,与校董、校长、教务、总务等主任,商议该校以江湾尘园为校舍,以及迁入后学校内部革新等问题。25日,蔡元培为《美国市政之革新》作序。同月,蔡元培为《教育大辞书》撰写《大学教育》《美育》条目。夏,蔡元培撰《徐宝璜行状》。

蔡元培与南京、广州、上海的社员竺可桢、秉志、钱崇澍、周仁、胡刚复、杨允中、颜任光、杨杏佛、陈宗南等20余人8月9日乘日轮"大连丸"离开上海,前往青岛,出席中国科学社第十五次年会。8月12日下午3时，蔡元培主持中国科学社假国立青岛大学大礼堂举行的年会开幕典礼，并致开会词，继由葛敬恩、何思源、张道藩、萨福均、杨振声、刘鸿生、任鸿隽等演说。社员及来宾100余人到会。13日下午5时，中国科学社假青岛大学举行公开讲演，敦请蔡元培讲述《实验的美学》。同月，蔡元培为杨端六、侯厚培合编《六十五年来中国国际贸易统计专刊》撰序。9月，撰《明清史料档案甲集》序。同月19日，国务会议第九十四次会议决议："国立北京大学校长蔡元培辞职，照准。遗缺以陈大齐代理。"22日，蔡元培与李石曾同乘日轮"长春丸"由青岛返抵上海，在提篮桥黄浦码头登陆。各报记者前往采访，蔡元培发表谈话。28日下午2时，上海教育界及地方各公团假中华职业学校举行袁希涛（观澜）追悼会，到朱经农、钱新之、阮介藩、史量才、赵晋卿、朱吟江、李拔可、严独鹤、汪懋祖、褚辅成、廖世承等及各团体代表1000余人。主席蔡元培致开会词，次潘仰尧读祭文，贾季英报告袁的事略，张一麐、郑立三、胡庶华、王云五、狄膺、黄炎培等致悼词，袁之子师粉答词，奏哀乐散会。

　　按：蔡先生的开会词，略谓："先生任普通教育司长，继任次长，先后十年，所任教育部之行政，能一线相承。先生为人切实，诚能动人。后往西洋考察教育，勤求西洋教育之精神。归国后，致力于义务教育，笃信力行，至老如一日。先生习矿学，好美术，尝派学生徐悲鸿留学西洋，今且成名矣。袁先生以治科学，好美术，故一生不为物诱。不幸与世长辞。最要之纪念，即在继续袁先生之志愿及事业而扩大之。此到会诸君所共有之感想，而亦今日开会之本旨也。"

　　蔡元培、李石曾、易培基、萧瑜、李宗侗等故宫博物院理事10月2日在福开森路世界社开谈话会，并邀青岛市长胡若愚参加。会后，蔡元培向新声通讯社记者发表谈话：故宫博物院在北平。今日以到会理事不足法定人数，改开谈话会，商议结果，下次在京举行理事会议。张学良亦理事，故特邀胡若愚参加，传达意见。古物保管委员会为另一组织，会所在北平，分会在苏州。10月10日，上海市各界在市总商会举行庆祝国庆的大会，各界代表1000余人到会。主席团成员潘公展致开会词后，即请蔡元培演说。12日，蔡元培与吴稚晖、易培基、刘瑞恒等同乘夜快车由沪赴宁。17日，蔡元培与李石曾、易培基、竺可桢、陈绍宽、蒋梦麟、杨杏佛、宋春舫等出席在南京中央研究院总办事处举行的中国海洋研究所筹备会议。21日晨，蔡元培由宁乘夜快车到达上海。25日，中国科学社在新建成的明复图书馆内举行建社十五周年纪念大会，在沪社员100余人到会。由上海社友会会长曹惠群致开会词，继请蔡元培演讲，次由杨杏佛、王琎等演说。28日，蔡元培主持中央研究院社会科学研究所举行的第十三次所务会议，杨杏佛、朱祖晦、陈翰笙、徐公肃、凌纯声等研究员到会。30日晚间6时，蔡元培董事长主持中国公学校董会假一品香西餐馆召开的临时会议，校董十余人到会，议决，准马君武辞校长职，选于右任继任校长。同日，中国公学校董会正式布告："兹因马校长辞意坚决，特由本会于本月三十日会议，推选于校董右任先生为校长。此布。董事长蔡元培。"同月，毛泽东之妻杨开慧被长沙警备司令部逮，杨开慧六十岁的老母和她的哥哥杨开智、嫂嫂李崇德在上海找到蔡元培，蔡元培立即联合了几位社会知名人士联名打电报给湖南省政府主席何键，要求保释杨开慧，何键得电后，竟决定立即枪杀开慧同志，然后复电，推说电报来迟。是月，蔡元培撰《全国气象会议特刊》序；为蒋炳然《近十年中国之气候》作序；应大东书局总编辑孟寿椿为该书局创刊《现代学生》杂志之请，发表《怎样才配做一个现代学生》一文。

　　按：此文由孟代撰、经蔡元培审阅、署名付印，认为至少要具备下列三个条件，才被称做现代学生：（一）狮子样的体力。（二）猴子样的敏捷。（三）骆驼样的精神。"除开上述三种基本条件而外，再加以'崇好美术的素养'和'自爱''爱人'的美德,便配称做现代学生而无愧了。"

蔡元培11月2日下午3时应上海基督教青年会之请,在四川路该会礼堂讲演《以美育代宗教》。3日,蔡元培往访于右任,敦劝于右任早日就任中国公学大学部的校长。6日,蔡元培为于右任就中公校长职撰发布告。9日,蔡元培与吴稚晖、刘湛恩、欧元怀、陈鹤琴、何炳松等发起组织的注音符号促进会,发布宣言及简章。11日上午9时,国民党三届四中全会行开幕式,出席中央执行委员胡汉民、蒋介石、孙科、于右任、何应钦等,中央监察委员蔡元培、吴稚晖、张静江、林森、王宠惠等共56人。12日,蔡元培出席国民党中央举行的孙中山诞辰纪念大会,中央执监委员与张学良及中央党部职员共六百余人到会。13日上午8时,蔡元培出席国民党三届四中全会的预备会。9时,出席第一次大会,被派参加教育组,审查提案。14日,《申报》刊载蔡元培、吴稚晖、李石曾、戴季陶、朱家骅联名向三届四中全会提出的发行一千万元教育文化建设公债案。其要点是该公债以英国庚款利息及俄国庚款余额担保,专作补助国立大学及研究院购置图书仪器及建筑屋馆之用。同日下午2时至5时半,蔡元培主持中央研究院在南京总办事处举行的第十一次院务会议,总干事、各处主任、各所所长或代表到会。院长主席。议决各研究所于一个月内订出三年间分年进行计划,送总干事汇拟办法,交建筑师绘图,分期实现。15日上午8时,蔡元培出席国民党三届四中全会的第三次大会。

蔡元培11月16日出席"中国笔会"成立大会,由蔡元培、胡适、曾孟朴、叶恭绰、杨杏佛、林语堂、邵洵美、郑振铎、戈公振、徐志摩、谢寿康、宗白华、唐腴庐、郭有守等人发起。大会选举蔡元培、叶恭绰、徐志摩、郑振铎、邵洵美、戈公振、郭有守等7人为理事,蔡元培为理事长,戈公振为书记,邵洵美为会计。参加会议的尚有宋春舫、杨度、赵景深、罗隆基、章克标、李青崖、吴经熊、王国华等。会后,发表该会创设缘起及会章。18日下午5时,蔡元培出席国民党三届四中全会闭幕式。19日下午6时,蒋介石在励志社宴请国民党全体中央执、监委员,蔡元培前往与宴。同日,蔡元培乘夜快车离开南京,次日晨到达上海。20日,蔡元培在亚洲学会发表《中华民族与中庸之道》演说。21日,蔡元培赴昆明路,访晤马君武,就解决中国公学风潮事进行商议。28日,上海美术专门学校举行创立十九周年典礼及师生作品展览会。代理校长王远勃致开会词后,蔡先元培与徐志摩、戈公振等相继演说。12月13日,陈寅恪、赵元任、李济、陈垣、朱希祖、林语堂、刘半农、傅斯年联名发起"编著蔡孑民先生六十五岁纪念论文集",以肯定蔡元培在中国学术上的地位,表示对蔡元培人格学业的敬崇。

蔡元培12月14日主持中国科学社将于明年元旦起举行中国书版展览会的筹备会议,柳诒徵、汤中、狄楚青、吴湖帆等十余人到会,议决事项:(一)拟定会场陈列程序;(二)除本日到会者外,尚推定董康、瞿良士、张菊生、刘翰怡、王云五等负责征集展品;(三)分送陈列品的书签,请送品人填写;(四)推定杨允中、路敏行负收发保管之责;(五)编行版本研究一小册,备观众参考;(六)印制入场券,函索即寄发。16日,蔡元培到达杭州,为新任浙江省政府主席张难先及委员张乃燕等宣誓就职监,500余人到会。宣誓毕,中央党部代表蔡元培、行政院代表郑文礼致训词,来宾叶溯中致词,张难先答词。同日,蔡元培当夜由杭返沪。28日,蔡元培赴上海市推行国历演讲大会,作长篇演说,详述历代使用阴历,直至民国元年,孙中山主张改用阳历的经过。同月,蔡元培为《现代学生》杂志撰《以美育代宗教》一文,提出:一、美育是自由的,而宗教是强制的;二、美育是进步的,而宗教是保守的;三、美育是普及的,而宗教是有界的。"故不能以宗教充美育,而止能以美育代宗教。"又为张季信编著之《中国教育行政大纲》撰序,略述教育行政的范围之后。是年,蔡元培为中央研究院历史语言研究所编《明清史料档案甲集》作序。(以上参见高平叔编著《蔡元培年谱长编》,人民教育出版社1996年版)

杨杏佛继续任中央研究院副院长。2月11日,蔡元培复杨杏佛、许寿裳函,略谓:"杏佛先生八日函(申甫(丁燮林)携来)、季黻先生十日函,敬悉。院事,准依吴(稚晖)先生所嘱,持冷静态度。孟真来一电,原电留此,抄一份奉上,请即照办。国府文官处公函,拟复函大意,如以不复为妥,则置之亦可。"8月9日,以邓演达为首的国民党左派在上海成立中国国民党临时行动委员会(即第三党),会上通过邓演达起草的纲领性文件《我们的政治主张》。杨杏佛秘密参加了第三党,并与郑太朴、谢树英等人负责该委员会中央直属区工作,主要任务为争取蔡元培、于右任等上层人士和教育、科技界知识分子。8月12—17日,杨杏佛与竺可桢、秉志、钱崇澍、周仁、胡刚复、杨允中、颜任光、杨杏佛、陈宗南等出席在青岛大学举行的中国科学社第十五次年会。会间组织了面向社会的公开演讲,杨杏佛演讲有关婚姻问题。10月28日,杨杏佛、朱祖晦、陈翰笙、徐公肃、凌纯声等出席中央研究院社会科学研究所第十三次所务会议。11月27日,国民政府教育部长蒋梦麟因平息学潮不力被免职。蒋梦麟欲从教育学术界知名人士中选择继任者,先后征询于杨杏佛、翁文灏、胡适,均遭拒绝,不得不由蒋自己兼任一段时间教育部长。(参见许为民《杨杏佛年谱》,《中国科技史料》1991年第2期;高平叔编著《蔡元培年谱长编》,人民教育出版社1996年版)

许寿裳继续任中央研究院秘书长。1月11日,蔡元培复许寿裳函,略谓:"青岛(大学)图书馆(现由宋春舫君主任)函询应最先购置何种书籍,自应答复;但极不易开列,先生能代拟一部分否(如国学及教育学一类)?""本院建筑,大计划本在首都。此项提案者的用意,据梦麟冗见告者,似颇复杂;然杏佛兄在别方探听,则以为颇简单。现国府命令尚未发,姑以冷静态度对之。"18日,蔡元培致许寿裳函,略谓:"今日日本农学博士雨宫育作(东京帝国大学教授)偕地与三吉(东方事业委员会干事)及郑贞文君来,为答谢慰唁(代表岸上一家),并言将为岸上氏完成工作,缮具报告,并以一部分标本赠与研究院作为纪念云云。弟告以岸上所得标本,非经本院审查,不可运出,此为本院与岸上协定之条件,务希注意云云。彼允到宁后,向(日本驻宁)总领事接洽,并言明日将赴宁,星期一或星期二当来总办事处与先生接洽,并愿一见秉农山君也。"2月,许寿裳任江苏义务教育委员会委员。4月1日,出席江苏中小学课程标准草案研究会。6月19日,许寿裳至教育部开会,讨论江苏义务教育师资问题。12月15日,向院部报告文书处工作情形:一、总报告及概况,已付印;二、斯坦因在新疆自由行动已由院呈国府;三、山东龙山发掘经过。下旬,蔡元培复许寿裳函,略谓:"本院同人宣誓,拟在七月一日举行,应如何请国府派员监督,请照一定手续办理。至弟曾于大学院院长兼研究院长时宣誓,此次只须在誓词上补行签名盖章而已,请预为声明。"

许寿裳7月25日接蔡元培复函,谈及"史禄国(S. M. Shirokogorov,俄国人,留学法国,曾任俄国皇家科学院研究员。后在中国东北调查通古斯族,任清华大学、中山大学教授)所赠关于通古斯族书两部,已寄社会科学研究所否?"8月28日,蔡元培致许寿裳函,略谓:"又接驻法高公使函,亦寄奉,请知会各研究所,凡专刊、集刊等,均可随时寄赠巴黎中国图书馆一份;又如有用法文印刷者,并可送巴黎图书展览会一份。"30日,蔡元培致许寿裳函,谓比利时工人党首领、比利时政府司法大臣及外交大臣樊迪文(Emile Vandervelder,曾为律师、教授，参与订立《凡尔赛条约》《洛迦诺公约》）夫妇来华讲演事；美国约克罗伯森往新疆考察科学事；南京古物保存所提议与美国博物院合作，发掘山西汾阴后土祠案。9 月 30 日，蔡元培致许寿裳函，略谓："十月二日教部商办外人请求入境考查事宜，请先生到会，其中条件，可与杏佛先生就近酌定。"12 月 17 日，蔡元培复许寿裳函，略谓："民族学组，自颜复礼君回国后，函告不能再来，因函商旧日来比锡大学旧同学但采尔君（Dr. Danzel），近得复函，允于明年九月间来华，并拟于最近十个月间为本院搜集美、非、澳三洲土人物品，埃及、巴比伦、亚西利亚等各种图表，欧洲古代物品及民族图表，人种统计图表等，于来华时带来。……此于民族学之建设，裨益匪浅。彼要求月薪八百元，往还两人（渠及其夫人）头等川资，亦不能不允之。请预备一聘书寄至上海……拟封入复函中寄去也。"（参见倪墨炎、陈九英编《许寿裳文集》下及附录二《许寿裳先生年谱》，百花出版社 2003 年版；高平叔编著《蔡元培年谱长编》，人民教育出版社 1996 年版）

　　林语堂继续在中央研究院任职。1 月 1 日，所撰《英文语音辨微（一）》载《中学生》第 1 期（"创刊号"）。4 日晚上 7 时，林语堂受邀到寰球中国学生会（World's Chinese Students Federation）为上海十多所大学的学生演讲，其讲题为"The Function of Criticism at the Present Time"（《论现代批评的职务》）。6 日，《申报》第 14 版刊登《林语堂讲现代批评的职务》一文。10 日，林惠元译、林语堂校英国塞夫顿·德尔默（F. Sefton Delmer）教授原著《英国文学史》由北新书局出版，同年 3 月 10 日再版，列为"世界文学史丛书之一"。23 日，林语堂所译"The Function of Criticism at the Present Time"（《论现代批评的职务》）刊于《中国评论周报》第 3 卷第 4 期的"专论"栏目。同月，林语堂辑译的《新的文评》由上海北新书局出版，列为"文艺论述"丛书第一种。2 月 6 日，林语堂所撰英文文章"The Origin of the Modern Chinese Dialects"（《现代中国方言之渊源》）载《中国评论周报》第 3 卷第 6 期的"专论"栏目。27 日，林语堂所撰英文文章"Miss Hsieh Ping-ing：A Study in Contemporary Idealism"（《谢冰莹女士：当代理想主义研究》）载《中国评论周报》第 3 卷第 9 期的"专论"栏目。4 月 22 日，林语堂所撰《大学的大师》载《南开大学周刊》第 83 期。

　　林语堂 5 月 12 日参与蔡元培、胡适、徐志摩、郑振铎等在华安大厦召开笔社发起人会议。先由胡适说明发起经过，然后通过了徐志摩拟定的章程，定名为"笔会"，会址暂设在亚尔培路 203 号。8 月 1 日，林语堂所编《英文文学读本》（Stories from English Literature）由开明书店出版；所编英文版《开明英文文法》（Kaiming English Grammar）由开明书店分上、下两卷出版发行。8 月，林语堂所撰《支脂之三部古读考》载《国立中央研究院历史语言研究所集刊》第二本第二分（Vol. Ⅱ，Part Ⅱ）英文目录题名为"On the Ancient Pronunciation of the Rimes'Chih'"。9 月 1 日，林语堂所撰《旧文法之推翻与新文法之建造》载《中学生》第 8 期。9 月 22 日，林语堂在上海基督教青年会发表题为"Chinese Realism and Humour"（《中国的现实主义与幽默》）的演讲。这份演讲稿后又发表于 1930 年 9 月 25 日出版的《中国评论周报》第 3 卷第 39 期的"小评论"专栏。11 月 23 日下午 2 时，应上海市商会商业夜校学生自治会的邀请，林语堂在上海市商会大礼堂演讲《研究英文的方法》。25 日夜间 9 时 15 分，林语堂应邀到上海外国基督教青年会（Foreign Y. M. C. A）发表题为"Confucius as I Know Him"（"思孔子"）的演讲。是年，经林语堂介绍，国立中央研究院历史语言研究所出版了一部《延平王户官杨英辑造先王实录手钞本》，由该所史学家朱希祖先生加以考证，作长达二万余言之序文，并将书名，改为《延平王户官杨英从征实录》，翌年春发行，并寄各国

著名图书馆皮藏。（参见郑锦怀《林语堂学术年谱》，厦门大学出版社2018年版）

竺可桢1月4日赴上海出席中央研究院第九次院务会议，会议议决"本院评议会组织章程草案"等议案。17日，蔡元培来函，嘱协助为青岛大学图书馆开列国文著作、译作及英、法、德、日等原文书志目录。18日，气象所开始高空测候。24日，出席总理逝世纪念植树式。29日，为《测候须知》作序。本书为气象所所开设的气象练习班的气象实验讲义，因各处测候所纷纷函索，故编辑成书印行出版。本书多取材自英国气象局出版的《测候指南》，为测候人员必读之作。同月，竺可桢致函中国学术团体协会西北科学考查团理事会，告之已为西北科学考查团气象组组长德国郝德博士交来之一箱气象记录检验完毕，另一箱系由德国石美曼带至上海国立中央研究院检视。2月9日，竺可桢上海主持中国科学社理事会。介绍德国冯·卡门来函情况，据告德政府拟请中国科学家1—4人赴德参观。26日，派黄逢昌赴北平测候风沙。3月6日，请蔡元培致函交通部，要求取缔外国人在上海设立的无线电台，并要求交通部所设各处无线电台内附设立气象测候所，以利测候，而挽主权。17日，赴上海主持中国科学社理事会。提出为已故名誉社员张謇永久纪念案。

竺可桢4月1日主持中国气象学会理事会，讨论召开全国气象会议的有关事宜。4月16—17日，第一次全国气象会议在南京召开。中央研究院院长蔡元培任开幕式主席并致开会词，总干事杨铨致欢迎词。其后推举竺可桢为主席，主持第一次全国气象会议。会议议决全国增设测候机关等案。24日，派沈孝凰出席远东气象会议。26日，主持中国科学社理事会。决定本年年会在青岛举行。28日，赴上海出席中央研究院第十次院务会议。29日，远东气象台台长会议开会时，由于东沙岛气象台对于追踪中国海台风往来踪迹，非常重要，要求中国于其相近地点及西沙岛各设一测候所。春，竺可桢委托中央研究院物理研究所陈宗器出发视察西北科学考查团新疆、宁夏测候所。5月3日，竺可桢主持气象所所务会议。决定派吴持柔赴北平担任北平气象台主任，并调该台职员来所训练；决定南通军山气象台仍归南通农专管理，所有记录，交气象所印行；仪器方面，由气象所酌量拨给。

竺可桢7月1—3日出席中央研究院补行宣誓典礼及第一届院务年会。由主席蔡元培指定为事务组委员；被推定筹设动物园建筑委员；由主席指定为职员薪俸标准及加薪办法起草人之一。8日，竺可桢派测候员陆鸿图赴德国学习。26日，竺可桢任上海学生甄别试卷委员会委员。同月，竺可桢致函前任气象所测候员现任清华大学气象台主任黄厦千，委派其赴军山观象台详细考察；由中华教育文化基金会聘为编辑委员会委员；所撰"中国科学社"及"地理教学法"两词条刊于《教育大辞书》。8月1日主持气象所所务会议。讨论建筑和仪器问题，要求对各种仪器，切勿随意使用，务须留心。12—17日，竺可桢赴出席中国科学社第15次年会，任年会会程委员会委员。竺可桢在开幕式上致谢辞，宣读论文《近90年北平之气候》，又与同仁发表《对于解决青岛观象台日本职员悬案之宣言》。15日，在青岛出席中华教育文化基金会科学教育顾问委员会会议。

按：竺可桢与部分社员参观青岛观象台时听取了蒋丙然台长关于该台接收经过的报告，悉日本职员盘据台上之悬案未能解决，众当场议决以年会到会同仁署名，发表《对于解决青岛观象台日本职员悬案之宣言》。遂公推蒋丙然、竺可桢、杨铨三人起草宣言。

竺可桢9月2日主持气象所所务会议，报告建筑、仪器、造林问题，决定从10月起于每周五继续举行学术讨论会。4日，竺可桢到国民党中央党部广播无线电台演讲《科学对于物质文明的三大贡献》，后发表于《科学》。10月，气象所印行的《全国气象会议特刊》出版,邀蔡元培为该书题签书名。10月16、17日,竺可桢出席中央研究院召开的海洋研究所筹备委员会。此系由蔡元培、李石曾发起,中央研究院邀请有关机关如农矿、工商、海军各部长及气象所所长参加讨论。共同筹备所址拟暂设于青岛。10月17日,竺可桢到中央政治学校为蒙藏训练班演讲《现代科学与发明》,后发表于《科学》杂志。当时竺可桢兼任中央政治学校教员。12月1日,竺可桢亲自厘定全国各地测候所无线电号码。21日,竺可桢主持中国气象学会第六届年会并致开幕词,继续当选会长。会议公推高鲁、蔡元培、李石曾、任鸿隽4人为董事会董事。31日,竺可桢由世界学会执行委员会聘为丛书审查委员会委员。是年,竺可桢发表文章还有《第四次太平洋科学会议概况》《近年气象学进步概况》《第七次国际气象台台长会议纪略》《南京一年来之飚》《国际气象管理会章程》(译文)。(参见李玉海编《竺可桢年谱简编》,气象出版社2010年版;高平叔编著《蔡元培年谱长编》,人民教育出版社1996年版)

　　钱天鹤任中央研究院自然历史博物馆筹备处常务委员。1月,筹备大致就绪,中央研究院自然历史博物馆于南京正式成立,于是取消筹备处,由院长聘钱天鹤为主任,李四光、秉志、钱崇澍、李济、王家楫为顾问。全馆由研究、事务、顾问三部分组成,研究部分设动物组、植物组,每组由技师一人总其成。动物组技师方炳文,植物组技师秦仁昌。

　　戴季陶1月6日于考试院及所属考选委员会、铨叙部正式成立之际,与副院长孙科等宣誓就职。同日,任新成立的国民党中央党史史料编纂委员会委员,并与胡汉民、林森、叶楚伧、邵元冲5人为常务委员。8日,出席国民党中央政治会议第二一一次会议,戴季陶提议:"查中央研究院为我国文化学术最高机关,前经相定清凉山一带地方作为该院院址,该院所有一切建筑,自应就首都所在循序举办,……兹闻该院近忽在上海购买地皮,且将投标开始建筑房屋,此种办法,似稍嫌不合,应请交国民政府迅予纠正。"国民党中央政治会议决议:"令中央研究院,一切建筑,应在首都。"14日—2月3日,戴季陶赴穗料理中山大学校务。4月1日,戴季陶任第一届全国运动会会长,赴杭州主持大会。18日晚间7时半,考试院设宴招待第二次全国教育会议全体会员。席终,戴季陶起立,致欢迎词,会员公推金曾澄致答谢,末请蔡元培演说。5月,戴季陶被中央常委会继续推为中央政治会议委员。8月21日—9月5日,戴季陶与刘纪文赴前方慰劳参加陇海路战役的将士。10月,戴季陶辞去中山大学校长职。不久中山大学成立董事会,任董事长。12月,戴季陶辞去训练部主任,并请辞考选委员会委员长职。(参见桑兵、朱凤林编《中国近代思想家文库·戴季陶卷》及附录《戴季陶年谱简编》,中国人民大学出版社2015年版;高平叔编著《蔡元培年谱长编》,人民教育出版社1996年版)

　　吴稚晖1月6日任新成立的国民党党史史料编纂委员会委员。同月,吴稚晖主持在北平召开国语统一筹备会第一次年会,在会上商议将注音字母改为"注音符号",可先就南京、北平、上海、无锡四处为试验区。13日,蔡元培致吴稚晖函,略谓:"得杏佛兄函,言拉西曼已来沪,颇欲一见先生,商出席国联文化会事,未知先生曾与晤谈否?弟拟明晚往南京,为院中同人欲举行同乐会一往,以凑热闹耳。"2月,阎锡山通电约蒋介石共同下野,吴稚晖赴山西劝说阎锡山以国家大局为重,寻求妥协。4月15—25日,吴稚晖赴北平出席第二次全国教育会议,发表名为《怎样应用注音符号》的演讲。17日,吴稚晖与蔡元培、李石曾、邵力子、蒋介石等为增加国语效率以普及于全国起见,定于本月21日向第88次国民党中央常务会议提出改定注音字母名称为注音符号的提案。其办法:(一)令行各级党部一律采用;(二)知照国府令行各机关人员一律熟记;(三)由教育部令行各级教育机关师生皆应传习,协力以助民众练习,以促国语教育之容易推行。21日,国民党中央第88次常务会议通过吴稚晖等提出的"改定注音字母名称,改称'注音符号',以免歧误而利推行,请求公决案"。会议认为,"注音之方法,实识字运动最犀利之工具,亟应尽力推行",并决定推行办法三项。29日,国民政府训令行政院及直辖机关饬属一律采用注音符号,由教育部负责推广。5月3日,全国国语教育促进会将《推行国语教育办法及注意点》函发全国教育行政机关,提出全国划分成南京、广州、武昌、北平为中心的四个国语学区,在一年半内由教育部、省市、县的国语注音符号讲习所训练国语推导员及中小学国语教员。15日,国民政府教育部国语统一委员会主办之国语讲习所开学,学生百余人。17日,教育部派赵元任、郭有守、吴研因、吴稚晖等9人,为注音符号推行委员会委员。6月,教育部编成《注音符号传习》小册子;令各省市教育厅局召集小学教员利用暑假熟习注音符号。教育部还制定了《各省市县推行注音符号办法》25项。11月9日,吴稚晖与蔡元培、刘湛恩、欧元怀、陈鹤琴、何炳松等发起组织的注音符号促进会,发布宣言及简章。其简章规定:"以研究注音、推行注音符号为宗旨。"会员2人以上之介绍得为会员。设执行委员9人,推3人为常务委员,得聘干事助理会务。14日,《申报》载吴敬恒与蔡元培、李石曾、戴传贤、朱家骅等在国民党四中全会上提出发行一千万元教育文化建设公债案。议案规定该公债以英庚款利息,俄庚款余额担保,专充补助国立大学及研究院购置图书仪器及建筑屋馆之用。(参见金以林、马思宇《中国近代思想家文库·吴稚晖卷》之《导言》及附录《吴稚晖年谱简编》,中国人民大学出版社2015年版;高平叔编著《蔡元培年谱长编》,人民教育出版社1996年版;中央教育科学研究所编《中国现代教育大事记(1919—1949)》,教育科学出版社1988年版)

胡汉民仍任立法院院长。1月6日,任新成立的国民党党史史料编纂委员会委员,并与林森、戴季陶、叶楚伧、邵元冲5人为常务委员。2月,胡汉民编孙中山《总理全集》由民智书局出版。4月18日中午,立法院设宴招待第二次全国教育会议全体会员,席间,胡汉民致欢迎词,并提出三个问题,蔡先生与吴稚晖、李石曾、张默君等以幽默口吻回答。10月,中原大战一结束,蒋介石就从河南前线致电国民党中央,提出立即召集国民议会制订约法的主张,当即遭到立法院院长胡汉民的公开反对,指责蒋介石违背孙中山遗教,蒋介石反唇相讥。11月12日,在国民党三届四中全会上致开幕词。蒋介石在会上提出召开国民会议,制定约法提案,再次遭到胡汉民的坚决反对。胡汉民主张有条件地召开国民会议,反对制定约法。是年,谭廷闿、胡汉民、陈立夫、焦易堂等人于国民党中央执行委员会政治会议上,提出成立中央国医馆的提案,获得批准。22日,胡汉民在《民国日报》(上海)上发表其在立法院纪念周的讲演,题为《谈所谓言论自由》,指责说:"最近见到中国一位切求自由的所谓哲学博士,在伦敦《泰晤士报》上发表一篇长长的论文,认为废除不平等条约不是中国急切的要求。"骂此人是"取得帝国主义者的赞助和荣宠",其"居心之险恶,行为之卑劣,真可以'不与共中国'了"。此文是指骂胡适,为当时人所共喻。11月25日、12月10日,胡适先后写信给胡汉民,质问其攻击的根据何在,要求他把他提到的那一份报纸剪下来做证。(参见陈红民、方勇编《中国近代思想家文库·胡汉民卷》及附录《胡汉民年谱简编》,中国人民大学出版社2015年版;高平叔编著《蔡元培年谱长编》,人民教育出版社1996年版;耿云志编《胡适年谱》,福建教育出版社2012年版;吴永贵《民国图书出版史编年:1912—1949》中册,社会科学文献出版2018年版)

焦易堂3月25日出席立法院第82次会议,会同马寅初堂等提呈《省区铨叙委员会组织条例(草案)》案。4月5日,出席立法院第83次会议。会同马寅初等提议救济限制用盐行销区域草拟《盐制物品条例》提请公决案。议决:付财政委员会会同经济委员会审查由财政委员会召集。10月，焦易堂为首席委员的三五法学社在南京成立，下设总务、文书、宣传、会计、编辑等股。该社以"根据三民主义五权宪法研究法学"为宗旨。刊行有《法学季刊》。12月27日，焦易堂担任立法院盐法起草委员会令遵事。《国民政府立法院训令》第842号："令本院委员焦易堂、庄崧甫、陈长蘅、邓召荫、罗鼎、林彬、马寅初、刘盥训、方觉慧、王用宾、卫挺生、曾杰、楼桐孙、孙镜业、陈英为令遵事。查《盐法》亟待制定。兹派焦易堂、庄崧甫、陈长蘅、邓召荫、罗鼎、林彬、马寅初、刘盥训、方觉慧、于用宾、卫挺生、曾杰、楼桐孙、孙镜亚、陈肇英起草，由焦委员召集，除分令外，合行令仰遵照。此令。"是年，焦易堂兼任考试院考选委员会委员，并被选为国民党中央候补执行委员。谭廷闿、胡汉民、陈立夫、焦易堂等提议中央国医馆成立后，焦易堂任馆长。（参见徐斌、马大成编著《马寅初年谱长编》，商务印书馆2012年版）

王宠惠1月6日任新成立的国民党党史史料编纂委员会委员。是年，任国民政府内外债整理委员会委员长。又被国际联合会选为海牙国际法庭正式法官，任期为1931年至1936年。曾主审"北欧各国之海事争议事件"及"温布勒顿（Wimbledon）轮船案"等著名案件。王宠惠系胡汉民派系的重要分子，正好借出任国际法庭法官之机，得以暂避政治纷争。（参见王宠惠著、张仁善编《王宠惠法学文集》附录《王宠惠先生年谱》，法律出版社2008年版；高平叔编著《蔡元培年谱长编》，人民教育出版社1996年版）

陈立夫、陈果夫6月召集傅彦长、王平陵等发起"民族主义文艺运动"。7月，国民党中宣部主办，王平陵、钟天心主持的中国文艺社在南京成立，鼓吹三民主义文艺。受国民党组织部津贴的开展文艺社、线路社、流露社成立，鼓吹民族主义文学。他们先后创办了《开展》半月刊、《文艺》月刊、《线路》《流露》《橄榄》《矛盾》等刊物。（参见唐金海、张晓云《巴金年谱》，四川文艺出版社1989年版；章恒忠、王亚夫主编《中国学术界大事记（1919—1985）》，上海社会科学院出版社1988年版）

蒋梦麟继续任教育部长。2月3日，教育部通令全国中小学励行国语教育，禁止采用文言文教科书。9日，中华教育文化基金董事会假上海礼查饭店举行第四次常会，蒋梦麟、李石曾、翁文灏、顾临、贝克、孙科、赵元任、胡适、任鸿隽等出席。13日，蒋梦麟作《划一教育机关公文格式办法序》，谓"在国民政府统治之下，公文革命的呼声常常可以听到。这因为旧式的公文实在太僵腐了，不能和现在革命的时代相适应，当然有改革的必要。但是这种改革似乎还不曾能够完全实现。公文应该改革的，大概有程式、形式（用纸式样）、格式、作法、套语、文腔等等"。4月9日，蒋梦麟在杭州出席全国运动会。晚间7时，出席浙江省政府及国民党浙江省党部在西湖博览会大礼堂举行的招待全运会选手的大会，到七千余人。由张静江主席，蔡元培和蒋梦麟均发表演说。11日，蒋梦麟与蔡元培同乘午间车离杭赴上海，蒋梦麟当夜乘快车回南京。4月15—25日，第二次全国教育会议在南京召开，教育厅局长、大学校长、专家，国民政府有关部会代表共106人出席，蒋梦麟为大会会长。会议分组审议并通过了教育部制定的《改进全国教育方案》，分义务教育、成年补习教育、师资训练、初等教育、中等教育、高等教育、社会教育、华侨教育、蒙藏教育、教育经费等10章，作为今后20年内努力之方向。6月3日，蔡元培致蒋梦麟函，略谓："顷接黄离明兄来函，嘱弟偕兄向中华教育文化基金董事会提议，岁拨补助费若干，交由教育部分配各省，为充实高中及公共科学实验馆设备之资；并言湖北公共科学实验馆，已筹备就绪云云。离明兄用意甚善，且与全教会议宣言及吾兄平时意见，均无不合，闻已直接有函，谅荷台洽；弟亦表赞同。惟究应如何提议，还希察裁示及为荷。"6日，教育部奉令停止国立劳动大学招生，决定改组该大学。随后劳动大学师生反对教育部令，并发表宣言，学潮渐起。14日，教育部布告：将已准立案及命令停闭之私立大学及学院名称开列,希各地学生慎重投考。24日,蔡元培致蒋梦麟函,略谓:"顷接驻法国高(鲁)公使来电:'据学生报告,来法华生,须经中法合组考试,业经教育部同意;此间同学甚为忧虑。希设法勿令实现'云云。此事弟未悉内容,贵部办法究属如何?甚望示悉为荷。"

蒋梦麟7月12日辞兼任的国立浙江大学校长职。22日,蔡元培致蒋梦麟函,略谓:"中国艺术专科学校,为郑曼青、马孟容、黄宾虹诸君所组织,注重国粹的书画与文学,教员多尽义务,与普通私立艺术学校不同;招考时选择较严,学风亦较为纯洁,将来甚有希望。惟经费甚为支绌,如蒙贵部拨款补助,俾得支持,徐图发展,曷胜感荷。"31日,蒋梦麟作《推行注音符号的目的》,开篇即云:"推行注音符号,已经由第二次全国教育会议议决,同时中央第八十八次常会也有一个决议案,中央还定了三项推行的办法:(一)令行各级党部,使党部人员一体采用,以增宣传党义上之便利;(二)知照国民政府令行各机关人员,应一律熟记,借以周察失学民众疾痛之助;(三)饬教育部令行各级教育机关,师生皆应传习,协力以助民众补习教育容易进行。现在教育部已公布了一个注音符号推行委员会组织规程,先由部组织一个注音符号推行委员会,并且通令各地教育行政机关也组织注音符号推行委员会,以为专事推行注音符号的干部,教育部奉了国民政府的命令之后,又着手编辑一本注音符号传习的小册子,把学习注音符号的程序和方法,编成一本教科书,供给人们做学习的材料。将来这本传习小册编成后,拟再请对注音很有研究,发音又正确的专家,来灌注音符号的留声机片,大家只凭留声机片就可发音,于学习上便利得多了。"又特别强调"推行注音符号的主要目的不是统一国语而是普及识字,所以教育部于制定国音符号以外,还要就各地方音,制定方音的润母符号"。9月24日,国民政府免去国立劳动大学校长易培基的职务,同日准国立北京大学校长蔡元培辞职,任命陈大齐代理。10月21日,国立中央大学校长张乃燕因校内纠纷辞职。27日,中央大学学生驱逐总务长。11月20日,蒋梦麟作《北大三十二周年纪念》。

按:《北大三十二周年纪念》全文如下:

得翟永坤君信,以北大三十二周年,嘱为文纪念。这在我是一件谊不容辞而且是欢喜做的事。至于北大本身,当然是非常值得纪念的。

真是"岁月如飞",北大已有了三十二年的生命。就是我,离开北大,离开如手如足的北大同人,离开像故乡一样的北平,也已经有四年多了。惭愧的是四年多来,这边两年那边两年的,多少计划都不能如愿实现。即使已经实现的也没有多少成绩,只是周身的创伤。而北大,这几年来,虽曾受了多少的磨折,但因同人们的努力和维持,还依然矗立,还不失为一个中心。则我之于北大,于北大同人,又岂止是怀念呢!

我们可以毋须顾忌地说:北大不仅是一个文化中心,同时也是一个北方革命策源地。曾牺牲了多少同人的生命和热血,曾牺牲了多少同人的光阴。我们请愿,我们宣传,我们奋斗,我们到沙场上和野兽去斗,个个都负了伤回来,我们却不因此消失我们的勇气,我们继续着牺牲。直到现在,才有个眉目,才有点成绩。一定的,在革命的前线去扫荡军阀,是要武装同志的热血。可是在后方,那是无疑的要我们的热血了。现在呢,依然如总理所说的"革命尚未功成",当然我们还有我们的责任。我们先要准备,要观察,要仔细观察,要看清我们残余的敌人,要认明我们的使命,要保持我们北大已往的精神。

可是,诸同人以往的牺牲,不能算少了,尤其是青年的光阴,我们晓得比什么也该宝贵。现在统一告成,政府方面,正将从事于物质与文化的建设。我们就可乘此时机来做准备的工夫了。只要我们不要忘记还有我们的敌人残留着,只要明白了我们的使命是什么,你就准备罢。等充实了之后,再到战场上去树奇勋。然而如何准备呢?这准备便是我们乘这时机且安心读书。

也是近年来的事,我们感到一般先进的不可凭信,或者只靠几个先进的力量太单弱,没有法子,还没有培养够的青年便不得不来参加来协助了。几年来相习成风,来就学的诸位,几乎每个人都把最显明的一件事忽略了。也许因为太显明了,所以忽略。这事便是诸位之来是为"就学"的,因不得已才放下书包,去参加我们可不必参加的事,去协助不定要我们去协助的人。实际上,这参加在诸位本身是一件意外的损失。果然,这几年来因为军事的影响,尤其在北平的更感到杌惶,同人们虽欲安心而不得,也可不必讳言。但是今后该与以前不同了。统一告成,诸般应较先前安定,我们且安心读书,——这便是我们最稳妥的准备。准备充实了,我们可以毫不顾忌地来肃清残余的敌人,完成我们的使命。那就不只是保持北大已往的精神。北大将因我们多方面的努力而更荣誉。

蒋梦麟因中大易长、劳大停办等一系列事件引起国民党元老不满。11月25日,国民政府行政院会议通过:调任朱家骅为国立中央大学校长。26日,吴稚晖突然来到教育部兴师问罪,为两校抱不平,以为教育部部长为当朝大臣,应该多管大事,少管学校小事,严厉指责蒋梦麟"无古大臣之风"。蒋梦麟毕恭毕敬地站起来回答说:"先生坐,何至于是,我知罪矣。"27日,蒋梦麟鉴于吴稚晖的批评,断然辞职。其任教育部长前后历时两年。12月4日,蒋梦麟受命担任北京大学校长。同日,国民政府任命高鲁为教育部长,高鲁未到任。6日,国民政府明令由行政院院长蒋介石兼理教育部长职务。15日,李书华任教育部政务次长,实际主持教育部工作。(以上参见马勇、黄令坦编《中国近代思想家文库·蒋梦麟卷》及附录《蒋梦麟年谱简编》,中国人民大学出版社2015年版;马勇《蒋梦麟传》,河南文艺出版社1999年版;高平叔编著《蔡元培年谱长编》,人民教育出版社1996年版;中央教育科学研究所编《中国现代教育大事记(1919—1949)》,教育科学出版社1988年版)

张乃燕继续任中央大学校长。3月18日,张乃燕与朱家骅、陈布雷、马寅初、雷啸岑、郭心崧任浙江省政府县长考试、典试委员。同月,张乃燕校长筹款兴建大礼堂,后因经费问题停工。因学生呈请校长,要求行政机构缩减开支,裁汰冗员,以此来提高教授待遇,减轻学生负担,张乃燕开始改革行政机构,但却又遭受到教授们的反对,教授们认为改变学校组织这种重大事宜应当由有教授代表组成的校务会议来表决通过,而不应该由校长一人决定。校务整理因此陷入困顿之中,受到学生与教授双方压力的张乃燕向蒋介石请辞,但没有得到批准。其间,中央大学时有学潮发生,导致蒋介石大为不满。10月21日,张乃燕坚辞中央大学校长职。(参见宁路霞、张文嘉《民国才子张乃燕》,上海科学技术文献出版社2011年版)

朱家骅继续任浙江民政厅厅长。3月18日,国民政府命令:派朱家骅、陈布雷、马寅初、张乃燕、雷啸岑、郭心崧为浙江省政府县长考试、典试委员,张人杰为委员长。4月1日,朱家骅与张静江、王正廷、吴稚晖、褚民谊、陈果夫、穆藕初等各界要员在杭州梅东高桥大营盘运动场出席全国运动会开幕典礼,组委会会长戴季陶及蒋介石、朱家骅等讲话。9月,朱家骅辞去浙江民政厅厅长之职。同月20日,就任中山大学校长。11月,朱家骅到南京出席中央全体委员会大会,提请中央设立"国立编译馆"的提案,临时要求蔡元培、吴稚晖两人领衔,顺利通过,交行政院办理。11月,朱家骅与蔡元培、吴敬恒、李石曾、戴传贤等在国民党四中全会上提出发行一千万元教育文化建设公债案。同月25日,国民政府行政院会议通过:调任朱家骅为国立中央大学校长。12月,朱家骅到任后,有传言称汪东、黄侃等教授将辞职,学生向新任校长请愿,朱家骅答谓外界传言不可信,并登门拜访黄侃以示挽留之诚意,黄侃表示同意留任。

按:常任侠《忆黄侃师》(《常任侠文集》卷六,安徽教育出版社2002年版)云:"最后一次,我来到量守庐,那时朱家骅来接任中大校长。黄师有言,朱来我即辞职,绝不与之合作。中国文学系同学会当即推我前去挽留。师说你不应留我,你应随我同去,我到哪里,你跟我到哪里。我解释说:'中大国文系集中了许多著名的国学大师,有优良的传统,学生各有专攻,也希望兼采众长,因此同学们不愿诸师分散。我是代表学生会来的,恳求老师不要离去。'我的话未说完,忽传新校长朱家骅已经到门拜候,黄师要我到内书室稍候。我听到朱校长诚意挽留,黄师表示可以继续任教,这才放了心,即回去告慰同学。"(参见胡颂平《朱家骅先生年谱》,台北传记文学社1969年版;徐斌、马大成编著《马寅初年谱长编》,商务印书馆2012年版;司马朝军、王文晖合撰《黄侃年谱》,湖北人民出版社2005年版)

马寅初1月7日在上海交通大学演讲《日本的金解禁问题》,详述日本政府实行拖延数年之"金解禁"政策对经济、贸易巨大影响,以及日元解除金禁、恢复金本位后之前景。1月11日,出席立法院第70次会议。14日上午,出席立法院第71次会议。下午,在大夏大学演讲《日本的金解禁问题》。晚,在上海交通大学演讲《日本的金解禁问题(续)》。15日,主持中国经济学社第七届理事会第三次会议。18日,出席立法院第72次会议。23日,出席经济、财政、土地法起草委员会第1次联席会议。审议国道建设费预算标准案、《建筑国道筹款计划大纲》案、《建筑国道征用民工通则》案、修改《土地征收法》案。25日,出席立法院第73次会议。同月,在《统计月报》第2卷第1期发表《论金贵银贱之救济》(又名《金贵银贱之救济方法》)。2月8日,马寅初出席立法院第75次会议。12日,马寅初主持中国经济学社第七届理事会第四次会议,向理事会汇报募捐情况。13日,发表《日本金解禁之由来与结果》。19日出席立法院第76次会议。20日,在《市政月刊》第3卷第2期发表《德国之土地增价税》(又名《平均地权》)。21日,马寅初在上海交通大学演讲《金贵银贱与关税征金问题》(又名《金贵银贱与关税征金》),后刊于《交大月刊》第2卷第3期。22日,马寅初出席立法院第77次会议,审议行政院咨请颁布银钱公会单行法规案,议决:付商法起草委员会审查。26日,马寅初出席立法院经济委员会第10次会议。会议:(一)审查《电气事业法(草案)》;(二)审查《国道暂行条例》案;(三)审议《建筑国道征用民工通则》案,议决:不成立。

马寅初2月27日出任中央大学经济学系主任。28日,马寅初出席立法院第78次会议。3月8日,出席立法院第79次会议,领衔商法起草委员会诸委员提呈《海商法》《保险法》施行日期案审查报告。13日,出席立法院经济委员会第11次会议,审议通过修正《电气事业条例(草案)》案。14日,主持商法起草委员会会议,修正《商标条例》案。晚,主持中国经济学社第七届理事会第五次会议。15日,出席立法院第80次会议。同日,在《东三省官银号经济月刊》发表《银价跌落救济问题》。18日,马寅初与朱家骅、陈布雷、张乃燕、雷啸岑、郭心崧任浙江省政府县长考试、典试委员。22日,出席立法院第81次会议。25日,出席立法院第82次会议,会同焦易堂等提呈《省区铨叙委员会组织条例(草案)》案。27日,出席立法院财政、经济委员会第5次联席会议。同月,就中国经济学社年会安排致中国经济学社公开信;在《中央大学法学院季刊》第1卷第1期发表《新颁布之交易新法》。

马寅初4月5日出席立法院第83次会议。会同焦易堂等提议救济限制用盐行销区域草拟《盐制物品条例》提请公决案。议决:付财政委员会会同经济委员会审查由财政委员会召集。10日,为上海特别市社会局编《上海特别市罢工停业统计(民国十八年)》作序。12日,出席立法院第84次会议。法制委员会提交审查《交通部航政局组织条例(草案)》案。议决:再付法制委员会会同委员马寅初、卫挺生等审查。14日,主持商法起草委员会会议,审议修正《商标条例》案。4月15日,在《东三省官银号经济月刊》发表《银价跌落与人民生活之关系》(又名《银价低落与人民生活之关系》)。26日,出席立法院第86次会议,会审:(一)《备荒基金法(草案)》,议决:付财政委员会审查。(二)《商品检验条例(草案)》,议决:付法制委员会会同经济委员会、商法起草委员会审查。(三)领衔商法起草委员会诸委员及审查委员魏怀提呈《商标条例》案审查报告，议决：修正通过。30 日，马寅初与诸同仁发起成立国民经济合作社。总社设于南京，下设法制、编撰、宣传、会计、征集、事务、文书、妇女、青年等组，再于各商埠设分社。同月，所著《中国关税问题》由商务印书馆重版；陈其鹿著、马寅初校之《资本主义发展史》由上海商务印书馆出版；在《经济学季刊》第 1 卷第 1 期发表《中国租佃制度之研究》。5 月 1 日，鲁迅主编《萌芽月刊》发表署名致平的文章《马克思——马如克思——马寅初》。

> 按：1928 年《马寅初演讲集》出版后风靡全国，尤为青年学子所喜，引起某些当政者不满。1929 年年底至 1930 年年初，济南警察搜缴该书，书店停售，并拘留持有《马寅初演讲集》的青年。《北洋画报》1930 年第 1148 期以《难兄难弟——马克斯与马寅初》为题转载该事件，谓原为上海西报报道。《马克思——马如克思——马寅初》以与北洋军阀当年搜缴"马克思书籍"相联系评曰："马克思——马如克思——马寅初，这个方式表示着甚么呢？这并不是表示别的！这是表示在历史上有数千年文化的中国近数年来发生的一种事实！"即"这种思想，因为他是真实地深刻地认识社会解剖社会的东西，对于中国的统治阶级成为危害其社会的存在的一种危险思想"，标示着"统治阶级和其代理人的头脑，还在低能的程度"。

马寅初 5 月 4 日在上海青年会演讲《现银进口应否征税》。7 日，在《中央日报》副刊"大道"发表《银税问题》。10 日，出席立法院第 88 次会议，会审《矿业法（草案）》《农矿部组织法》案及《中日关税协定》。12 日上午，出席立法院第 89 次会议，讨论《中日关税协定》案，外交部长王正廷到会陈述。下午，出席立法院法制、经济、外交、财政、军事委员会联席会议，审查临时会议决议。同日，国产丝绸展览会成立研究委员会，聘马寅初、陈郁、何玉书等 24 人为委员。13 日，出席立法院第 90 次会议。16 日，出席立法院法制、商法起草、经济委员会联席会议，讨论《商品检验条例（草案）》，议决：付马寅初、孙镜亚、张志韩三委员共同初步审查。17 日，出席立法院第 91 次会议，领衔商法起草委员会诸委员提呈解释《工商同业公会法》第一条意义案审查报告。议决：审查通过。24 日，出席立法院第 92 次会议，代表财政委员会会同经济委员会报告《审查盐制物品条例（草案）》案。议决：照审查报告通过。会议指定委员焦易堂、楼桐孙、马寅初等为《盐法》起草委员。25 日，在《东三省官银号经济月刊》第 2 卷第 5 期发表《购买力平价》。同日，与中央大学经济系全体师生集会合影。31 日，出席立法院第 93 次会议。同月，为《世界经济丛书》作序；为朱彬元《世界金融状况》作序；为杨哲明《世界交通状况》作序。

> 按：《世界经济丛书》于 1930 年 6 月由上海大东书局出版，马寅初《世界经济丛书·序》精辟阐述了解世界经济之要："盖经济组织，纯然超国界而以世界为一体矣。盛衰隆替，息息相关，利害祸福，缘之以生，趋利避害，人情所同，究有何道以致之平？必也明其大势。知其原因，务使真相毕露，洞若观火，然后可以言防患救弊，否则其不为天演公例所淘汰者几希。"

马寅初 6 月 3 日出席立法院第 94 次会议。5 日，就"标金飞涨"发表记者谈话。14 日出席立法院第 95 次会议。21 日，出席立法院第 97 次会议，领衔商法起草委员会诸委员报告审查《〈票据法〉施行法（草案）》案。议决：修正通过。25 日，在江苏镇江教育厅演讲《金贵银贱问题》。同日，在《东三省官银号经济月刊》第 2 卷第 6 期发表《印度之改用金块本位制》。28 日，出席立法院第 98 次会议。29 日，在上海香港路 4 号出席中国工商管理协会成立大会，该会由银行公会主办。6 月 29 日至 7 月 1 日，出席上海交通大学第三十届毕业典礼及新建筑落成仪式并演讲。同月，马寅初请辞中央大学经济系主任。中央大学经济系极力挽留；在《中央大学法学院季刊》第 1 卷第 2 期发表《新颁布之〈商标法〉》；在《中央大学半月刊》第 2 卷第 7 期发表《中国田赋制度之现状》、在《交大月刊》第 2 卷第 3 期发表《关于印度币制之变迁》；为朱彬元著《货币银行学》作序。

马寅初7月1日在《银行周报》第14卷第24期发表《救济银慌非亟采虚金本位不可》。同日，在《经济学季刊》第1卷第2期发表《关税征金与改革币制》。7月4日至9月底，马寅初总汇各大银行关于《储蓄银行法》之意见，著文《关于〈储蓄银行法〉之各种意见》。5日出席立法院第99次会议。10日，出席《渔会法》《渔业法》起草委员第3次审查会，审查《鱼市场法（草案）》案。12日，出席立法院第100次会议。19日，出席立法院第101次会议，会同委员蔡璀等提呈《鱼市场法（草案）》审查报告案。议决：照审查、修正通过。25日，在《东三省官银号经济月刊》第2卷第7—8期发表《读财政部甘末尔计划书后（及续）》（又名《读财政部甘末尔设计委员会改革币制计划书后》）。26日，出席立法院第102次会议。同月，在上海交通大学演讲《租佃制》，刊于7月《交大月刊》第2卷第3期。8月2日，出席立法院第103次会议，领衔商法起草委员会诸委员提呈《工商同业公会法》对于一区域以上之同业组织联合会并无规定可否另订条例或将该法酌予修正案审查报告案。5日，在上海交通大学演讲《金贵银贱于中国是否有利》。9日，出席立法院第104次会议。23日，出席立法院第106次会议。26日，在镇江教育厅演讲《金贵银贱问题》。30日，出席立法院第107次会议。领衔商法起草委员会诸委员提呈：（一）修正《商会法》第四十二条改组期限为一年六个月及《同业公会法》改组期限一并修正案；（二）《工商同业公会法》中既设有一会仍可否准用《商会法》第五条，但书之规定于县属繁盛区镇分设同业公会，又可否准用《商会法》第八条第二项规定许工商同业公会设置分事务所案审查报告案。

马寅初9月12日召集商法起草委员会会议，审议工商部提呈，"按《商会法》第二条第四款拟设立公断处之意见"案。13日，出席立法院第109次会议。20日，马寅初出席立法院举行第110次会议，代表商法起草委员会会同法制、军事委员会提呈《船舶登记法（草案）》及《船舶法（草案）》审查报告。议决：重行审查。同日，中国经济学社第七届年会于无锡商会大礼堂开幕，马寅初代表学社作总报告，许师慎笔记。继由戴季陶（史维焕代读）、邵元冲演讲。22日，马寅初在无锡县大礼堂主持年会大会。会议选举马寅初、刘大钧、朱彬元、李权时、卫挺生、潘序伦、金国宝、钱永铭、盛俊、戴蔼芦、陈长蘅、徐寄庼、刘秉麟、邵元冲、何德奎、唐庆增、李馥荪为理事。讨论通过社长所提交恢复上海分社案、确定本社总社地址并设分社办法案、确定第八届年会开会地点案。23日，马寅初出席中国经济学社第八届理事会，当选第八届经济学社社长，并演讲。下午，年会闭会。27日，出席立法院第111次会议。会议：（一）商法起草委员会提交对工商提出设立公断处审查报告案，认为没有必要再设公断处。（二）代表商法起草委员会会同法制、军事委员会提交《船舶法（草案）》审查报告，议决：重行审查。10月3日，马寅初应上海交大经济学会邀请演讲《田赋状况》。4日，出席立法院第112次会议。11日，出席立法院第113次会议。16日，出席立法院经济、军事委员会第2次联席会议，会审实行移民实边以救失业人民而固国防案。议决：推王用宾、马寅初等5委员初步起草《移民实顾边法》。18日，出席立法院第114次会议。23日，应上海交大演讲委员会邀请演讲《营业税问题》。25日，出席立法院第115次会议。28日，第四届太平洋国交讨论会拟定1931年于中国召开，大会筹备会广延国中领袖，讨论中国方面提案，冀收集思广益之效。大纲暂定三种：（一）中国经济建设与国际提携问题；（二）满、蒙之国际关系；（三）太平洋上之种族与文化接触问题。以上三项总题，业经函请马寅初、徐淑希、胡适之三君，分任专责，切实研究。同月，在《交大经济周刊》第21期发表《今日中国之田赋问题》；为贾士毅《民国财政简史》作序。

马寅初11月1日出席立法院第116次会议。同日，全国工商会议于南京炮标（现为中山东路钟山宾馆所在地）励志社大礼堂召开，到会176人。马寅初当选审查委员会主席团成员，并任审查委员会第一组召集人，成员有邵元冲、虞洽卿、卫挺生、李权时、楼桐生等43人。8日，出席立法院第117次会议。（一）代表财政委员会报告审查《国民政府主计处组织法（草案）》案，议决：修正通过。（二）代表商法起草委员会会同法制、军事委员会提呈《船舶法（草案）》案重行审查报告案。（三）领衔商法起草委员会诸委员提交《〈海商法〉施行法（草案）》起草报告案，议决：重行审查。22日，出席立法院第118次会议，代表商法起草委员会会同法制委员会提呈《〈海商法〉施行法》审查报告案。议决：照修正通过。该法案自1931年1月1日起正式施行。25日，在《东三省官银号经济月刊》第2卷第11期发表《新颁布之〈票据法〉施行法》。26日，出席立法院法制委员会第100次会议。法制委员会会同审查委员马寅初、吴尚鹰审查修正《航政局组织条例（草案）》初步审查报告案。28日，出席立法院法制、经济委员会第15次联席会议。修正通过《森林法（草案）》初步审查报告。29日，出席立法院第119次会议。12月2日，马寅初出席立法院第120次会议。4日，出席立法院第121次会议。5日，主持中国经济学社第八届第三次理事会。

马寅初12月19日出任立法院经济委员会委员长。《国民政府立法院训令》第825号："本院经济委员会委员长马寅初，本院经济委员会委员吴尚鹰、张志韩、史尚宽、马超俊、冯兆异、方觉慧、史维焕、张默君为令遵事，兹派马寅初为本院经济委员会委员长，吴尚鹰、张志韩、史尚宽、马超俊、冯兆异、方觉慧、史维焕、张默君为本院经济委员会委员，除分令外，合行令仰遵照。此令。"23日，出席立法院第122次会议。25日，在《东三省官银号经济月刊》第2卷第12期发表《营业税之模范》。同日，马寅初担任立法院土地法起草委员会令遵事。《国民政府立法院训令》第833号："今本院土地法起草委员会委员吴尚鹰、王用宾、邓召荫、陈肇英、马寅初为令遵事，兹派吴尚鹰、王用宾、邓召荫、陈肇英、马寅初为本院土地法起草委员会委员，由吴尚鹰召集，除分令外，合行令仰遵照。此令。"同日，担任立法院商法起草委员会令遵事。《国民政府立法院训令》第839号："令本院商法起草委员会委员马寅初、戴修骏、卫挺生、楼桐孙、罗鼎、黄右昌、史维焕为令遵事，兹派马寅初、戴修骏、卫挺生、楼桐孙、罗鼎、黄右昌、史维焕为本院商法起草委员会委员，由马寅初召集，除分令外，合行令仰遵照。此令。"26日，马寅初主持立法院法制、经济委员会第16次联席会议，会审《实业部组织法（草案）》，议决：付马寅初等初步审查，由马寅初召集。27日，出席立法院第123次会议，代表经济委员会会同法制委员会提交《农会法（草案）》审查报告案，议决：照审查修正通过。同日，担任立法院盐法起草委员会令遵事。29日，应上海交通大学邀请演讲《中国之盐税改革问题》。同月，为《经济学原理》作序；为费保彦《整理国债计划全编》作序。（以上参见徐斌、马大成编著《马寅初年谱长编》，商务印书馆2012年版）

汪东3月22日偕黄侃、王伯沉、汪辟疆等"上巳诗社"雅集，泛舟玄武湖，以"天下兵虽满，春光日自浓"为韵作诗，分韵得"光"字。4月1日，因事将赴杭，晚候车于下关旅社，与黄侃夜谈达旦。14日，汪东自上海归，偕黄侃至中央饭店访法国汉学家马古烈，并约同游栖霞。16日，汪东偕吴梅、黄侃、胡小石、潘重规等出游。此行本拟陪同马古烈，马古烈因事未到。17日，章太炎有《与汪旭初书》，谓"鄙人所说《左氏春秋》，近复加十余条，自谓精审，惜乎士燮《长经》今已不传，未知比之何如也。览彭尺木《二林居集》，有《答袁蕙让书》，袁作

《春秋论》,谓《春秋》不经孔子笔削,直是鲁史之书。其言虽过,然向来素王制法之障蔀,可以一扫而空。原论未见。其人与尺木友,恐是苏人,未知苏州有袁文集否? 愿为访求,幸甚"。5月26日,汪东兄汪荣宝(衮甫)至中央大学演说古音歌、戈归麻说,与章太炎观点稍异。黄侃即责汪东:"汝从师乎? 从兄乎?"颇有争执。同月,文学院院长谢寿康奉命出任比利时公使,汪东代理文学院院长。

按:据《南京大学大事记》载,5月,汪东代理文学院院长。《国立中央大学文学院沿革及概况》:"本院于民国十六年八月,由前东南大学文科改组成立。其时军事甫定,百端草创,院长谢次彭先生尚在西欧,院务由梅迪生先生代理,……十九年夏,谢院长奉命任驻比利时公使,由中国文学系主任汪旭初先生代理院长职务。……二十年夏,谢院长归国,汪先生坚辞代理职务,而谢先生亦不愿复职,校中改聘张歆海先生代理院长,……二十一年春,沪变骤起,校务停顿。四月复课,张先生适奉外交部命赴北平,不克兼理院务,校中因改聘汪旭初先生为院长。二十一年夏,本校奉部令解散,整理委员会裁决将本院社会学系并入哲学系为社会学组。代理校长李四光先生及罗校长均先后敦聘汪旭初先生为院长。"(《中央大学二二级毕业纪念刊》)

汪东10月23日参加中央大学第二十一次校务会议,讨论各院经费独立等问题,会上被推为训育委员会委员。12月,有传言称汪东、黄侃等教授将辞职,学生除直接挽留外,另向新任校长朱家骅请愿,朱家骅答谓外界传言不可信。12月21日《申报》第十二版刊载《中大新校长朱家骅昨接事 勉励学生安心求学》:"中大新校长于昨晨到校接事,开会演说。谓负指导学生学业及学校行政之责,劝勉学生安心求学。中大国文系主任汪旭初、教授黄季刚等辞职。该校学生代表蔡明堂等二十往谒新校长朱家骅,请代恳切挽留。朱答谓本人到校当尽力为同学谋研究学术之便利,决不使同学读书方面发生任何影响,外间传闻,纯属不准。"(以上参见薛玉坤《汪东年谱》,河南文艺出版社2016年版;见司马朝军、王文晖合撰《黄侃年谱》,湖北人民出版社2005年版)

黄侃2月19日作《象形指事会意字古韵表》。11日撰《咫闻题辞》。16日,观《时事月报》二期日本田中义一奏章,所陈日本侵略满、蒙之术,内有满、蒙非支那领土一条。论"满洲"乃清人矫诬之语:"满洲非国名、非种名、非地名,乃清人矫诬之语,我国人不可随便称关东为满洲,中倭奴之计。由今观之,岂不信然?"2月1日,论孙诒让《名原》:"真纰缪之书也。"2日,拟撰《义贯》一书。11日,论《太玄阐秘》:"附会太甚。"18日,论孙诒让《尚书骈枝》:"所说亦多凭臆专辄,未为懿也。"24日,论时文大要:"夜读'思以一毫挫于人'薛球时文,悟此体大要。盖全有题必须阐发言中之理,不全句题必须论明言中之界,用心宜细,用笔宜灵,撷传注、义疏之菁英,以经、传、子、史为根柢,亦非尽人所能为。以为取士之具,诚可不必耳。"3月22日,论高本汉、朱芳圃之音学未密:"珂、朱二君似于音学尚未为缔密也。"

按:《东方杂志》第26卷第21号载朱芳圃所撰《珂罗倔伦谐声原则与中国学者研究古声母之结论》一文,于黄侃之说颇有撼掎。陈寅恪曾将朱芳圃之文推荐给容庚,见《陈寅恪书信集》。珂罗倔伦(Klas Bernhard Johannes Karlgren1889—1978),即著名汉学家高本汉,其《中国音韵学研究》一书在中国引起极大反响。

黄侃3月24日论《吕氏春秋·必已篇》:"醇醇乎其有味也。"27日,潘重规送来全祖望撰《年华录》二册,疑非绍衣所为。4月4日,章太炎有《答黄季刚书》,论《春秋》义例。14日,汪东自沪持来章太炎书信四纸,述著《春秋疑义》之心得与宗旨。19日,黄侃致章太炎信,论《春秋左传》,又述治经学之旨趣:"熟诵注疏,推寻汉诂,正为今之臆说穿凿者太众,思欲遏止其流。"24日,嘱潘重规买《支那学论丛》,以其中有铃木氏《敦煌本文心雕龙校勘记》。28日,黄侃收到章太炎来信,仍论《春秋》立武宫事。5月14日,汪辟疆以其所编集《唐人小说》装订成册见赠。16日,作《四月八日立夏集湖上何奎垣寓斋分韵得犹亦二字》。26日,汪荣宝来访,黄侃陪同至中央大学,又听其演讲古音歌、戈归麻说,称其"持之有故、言之成理"。

按:章太炎与汪荣宝观点相左,其《与汪东书》云:"前闻足下述衮父语,以为歌、戈鱼模古韵皆作长音,略有辨难。今见衮父原著,惜其未探音理也。"

黄侃7月7日接待日本学者仓石武四郎来访。24日,收到赵少咸来信,与"元同谈、添有别之说"合,惜于《诗》《骚》难求根据耳。8月6日,论《夏仲子集》为邪诐之辞:"此书与《汉学商兑》一种肺肝,其无忌惮之精神与今世邪诐之辞正等,惜其不迟生百年也。"《汉学商兑》《夏仲子集》的基本观点均是宗宋学、反汉学,极力诋毁考据之学。9日,蒙文通来访。9月4日,作《秋晓简辟疆》。12日,与潘重规、黄念容书,论《古文尚书》作伪者迄不能确定。10月24日,与潘重规、黄念容书,谈治经学之心得与苦乐。25日,论钱宝琮《古算考源》:"近人书如此者稀矣!"28日,方觉慧以禁书《清史稿》一部见赠。31日,作当涂陈克勤族谱序。11月17日,吴梅以诸家校本《经典释文》见借。同月,与李根源同访章太炎。12月,黄侃因不愿与朱家骅合作,准备辞职。经朱家骅挽留,才表示留任。是年,黄侃在中央大学讲《三礼通论》。钱玄来问三礼之学;殷孟伦始从问学。(以上参见司马朝军、王文晖合撰《黄侃年谱》,湖北人民出版社2005年版)

孙本文继续任中央大学社会学系教授、系主任,在1928年9月成立的东南社会学会的基础上筹建中国社会学社,以"研究社会理论、社会问题及社会行政"为宗旨。2月8日,中国社会学社假上海四川路基督教青年会礼堂举行成立大会,中央大学、北大、清华、燕京、中大、厦门、复旦、沪江、大夏各大学代表一百五十余人出席。公推孙本文为主席,杨炳勋国音速记。请蔡元培先生作学术演讲,题为《社会学与民族学》,认为应将民族学和社会学科结合起来研究古代社会。会议选举孙本文、许仕廉、吴泽霖、吴景超、陈达、陶孟和、潘光旦、游嘉德、钱振亚、柯象峰等为第一届理事,孙本文为理事长,许仕廉为副理事长,吴景超为书记。孙本文又主编《社会学刊》。(王学典《20世纪史学编年(1900—1949)》,商务印书馆2014年版)

雷海宗继续任中央大学历史学系主任。12月,《评汉译〈世界史纲〉》在中央大学历史学系主办的《史学》创刊号上转载。雷海宗在附言中解释再刊原因——"无论普通的读者或中学大学的学生仍多以此书为有权威的世界史。所以现在将原评转登在《史学》上,盼望国人将来能少走不通的路。"《史学》同期刊出雷海宗译作《克罗奇的史学论——历史与记事》。此译作为意大利哲学家克罗奇的名著《史学的理论与实际》的第一章"历史与记事",雷海宗在说明中强调,"克氏的议论虽不免有过度处,但以大体言之,他的学说颇足以调剂我们中国传统史学偏于'记事'的弊病",可以"促进中国史学的发展"。是年,雷海宗与张景茀结婚。张景茀是雷海宗清华学校及芝加哥大学校友、植物学家张景钺的胞妹。(参见马瑞洁、江沛《雷海宗年谱简编》,载王京州编《河北近现代学者年谱辑要》,国家图书馆出版社2017年版)

孟森继续任教于南京中央大学,将原《心史史料》第一册增入《太祖纪》作为清史课讲义,为其《清史讲义》之上编。全书分纲领、女真纪第一、建州纪第二、建州左卫前纪第三、肇祖纪第四、褚宴充善纪第五、妥罗纪第六、兴祖纪第七、景祖纪第八、显祖纪第九、附王杲纪等11篇,名为《清朝前纪》。2月,《清朝前纪》由商务印书馆出版。此书先详部族,后叙世系,以编年大事记的体例,对建州女真、努尔哈赤之先世及其与明朝的关系,努尔哈赤时期统一女真各部、与明交战等重要史事作了考证勾稽,于清朝先世事迹发明最夥,被誉为"有

关满清祖先史实的开山之作"。(参见何龄修《孟森的生平和学术:孟心史学记》,生活·读书·新知
三联书店 2008 年版;王学典《20 世纪史学编年(1900—1949)》,商务印书馆 2014 年版)

柳诒徵 3 月 1 日在《史学杂志》第 2 卷第 1 期发表《论文化事业之争执》《南朝太学考》
《经略复国要编跋》《元明杂剧跋》。5 月 1 日,柳诒徵《南朝太学考(续)》刊于《史学杂志》
第 2 卷第 2 期。9 月 1 日,柳诒徵在《史学杂志》第 2 卷第 3—4 期合刊发表《江苏各地千六
百年间之米价》《南朝太学考(续完)》。前文指出:江苏人以谷为生,"故衡生计,以米价为
主",以此可知,此文虽以考辨江苏一千六百年间米价变迁,实际亦是探究江苏人一千六百
年间生活之难易。文中有《光绪中江宁布政使司所属各府厅米价表》《光绪中苏州布政使
司所属各府厅州县米价表》、民国《苏州米价表》等。同期还刊载了蒙文通《经学抉原处违
论》《三代文化论》,柳诒徵《南监史谈》。张尔田《真造跋》,钱穆《先秦诸子系年考辨略钞》,
李光季《三史考》,汤用彤《读慧皎〈高僧传〉札记》,缪凤林《中国民族史叙论》,李济《现代考
古学与殷墟发掘》,董作宾《甲骨文研究的扩大》等文。12 月 14 日,柳诒徵、汤中、狄楚青、
吴湖帆等十余人出席中国科学社将于明年元旦起举行的中国书版展览会筹备会议,由蔡
元培主席。议决事项:(一)拟定会场陈列程序;(二)除本日到会者外,尚推定董康、瞿良
士、张菊生、刘翰怡、王云五等负责征集展品;(三)分送陈列品的书签,请送品人填写;(四)
推定杨允中、路敏行负收发保管之责;(五)编行版本研究一小册,备观众参考;(六)印制入
场券,函索即寄发。(参见孙文阁、张笑川编《中国近代思想家文库·张尔田、柳诒徵卷》及附录《柳诒
徵年谱简编》,中国人民大学出版社 2015 年版;沈卫威《学衡派编年文事》,南京大学出版社 2015 年版;
高平叔编著《蔡元培年谱长编》,人民教育出版社 1996 年版;王学典《20 世纪史学编年(1900—1949)》,
商务印书馆 2014 年版)

蒙文通上半年仍任教于中央大学,友人常以经学事为问,亦有邮书致辩者,遂整理旧
文,分别题为《论秦焚书与古文佚经》《周初统治之法先后异术远近异制考》《经学抉原处违
论》,并刊登在《中央大学半月刊》和《史学杂志》上。其间,蒙文通师谢无量受于右任邀请,
于年初出任监察院监察委员。但谢无量从挂职起,从未理监察事务,还是潜心于古典诗词
和哲学,蒙文通曾以廖平、刘师培学之异同就教于谢无量。2 月,蒙文通途经重庆,遇吴芳
吉。约在四月前后,刘咸忻致函蒙文通,请代觅手录费枢《廉吏传》寄蜀。14 日,蒙文通在南
京所购图书寄回。5 月 9 日,刘咸忻致函蒙文通,谓"两函及《廉吏传》钞本先后接到,披览析
畅,无异面谈,惟奖饰语,多令人颜热耳。所谓唯识、般若之本末,晦翁、阳明之得失,此在今
日殆如阳春白雪之歌,佩甚佩甚"。约在 6 月前后,蒙文通辞中央大学教职。(参见王承军《蒙
文通先生年谱长编》,中华书局 2012 年版;王学典《20 世纪史学编年(1900—1949)》,商务印书馆 2014 年
版)

郑鹤声 3 月 1 日在《史学杂志》第 2 卷第 1 期发表《古史官考略》。文章下标"本篇为中
国史学史之一章",主要内容有"古代史官之精神""唐虞以前史官""夏商史官""周官""周
秦史官"等。7 月,郑鹤声《中国近世史》2 册由南京中央政治学校出版。此书最初是作者在
中央政治学校和中央大学的讲义,约 80 万字,共 8 章,梳理了西方殖民之发轫、中西通商、
基督教与西洋学术的传入、满清的崛起及文字狱等问题。自序中对"上古中世"与"近世"作
了明确区分:"中国近世之历史,与上古中世之区别有三:一则东方之文化无特殊之进步,仅
能维持继续为保守之事业,而西方之宗教学术物质思想逐渐输入,别开一新局面也;一则从
前之国家虽与四裔交通频繁,而中国常屹立于诸国之上,其历史虽兼及各国,纯为一国之历
史,自元明以来,始与西方诸国有对等之交际,而中国历史亦植身于世界各国之列也;一则

因前二种之关系,而大陆之历史变而为海洋之历史也。三者之中,以海洋交通,为最大之关键。故中国近世史之开端,当自新航路之发现始。"讲义在两校分别铅印和油印后,一时洛阳纸贵。

　　按:《中国近世史》的核心观点是:"中国近世史之开端,当自新航路之发现始。"因为自新航路开辟以后,随着西方国家的海外扩张,已使中国开始了与世界其他国家相互联系和相互影响的历史进程。自后中西关系的演变、民族思想的发展、近世革命运动的产生,都发源于此。郑鹤声曾明确地反对以鸦片战争作为中国近史的开端,认为是"截其中流而未探渊源也"。但因作者认为这部讲义还只是急就章,于是又向各地书肆购买有关史料书籍,全面修订《中国近世史》。当时收藏家们和各图书馆都以搜罗宋元版本为贵,而作者却较早地把目光投向不为人们注意和重视的中国近代史料,所以一时所获甚丰,多为罕见的海内孤本和稿本。当其费数年之力将书稿修订完毕时,不料日本侵华战争爆发,南京沦陷,书稿毁于战火。1944年,郑鹤声将讲义稿交南方印书馆出版。

　　按:顾颉刚在《当代中国史学》中指出:近代史著作众多且各有长处,"其最完善的为郑鹤声先生的《中国近世史》。民国十八九年,郑在南京中央政治学校教授中国近世史,曾编有讲义,共二十八章,起自明季,至民国年止。此书即系根据讲义改编而成;全书体大思精,甚为赅备,惜迄今仅出二册"。

　　郑鹤声继续任职教育部编审处,从事历史教科书的编审工作,兼任中央大学教授。8月,所著《史汉研究》由商务印书馆出版。该书共3章,第一、二章分从传略、组织、源流、系列、制作等方面研究《史记》《汉书》,第三章将二书从体例、叙事等方面作比较。11月,郑鹤声、郑鹤春《中国文献学概要》由商务印书馆出版。该书共7章,分别探讨了"中国文献之渊源与价值""中国文献之世界化"以及文献的结集、审订、翻译、编纂、刻印等问题。12月,郑鹤声编著《中国史部目录学》由商务印书馆出版。全书分10章,第一章介绍我国史书渊源,第二、三章介绍史部位置、源流,第四、五、六章介绍史目流别,第七章介绍刘知几以下诸家的史部分类,第八、九章介绍史料与史体的分类法,第十章为结论。(参见王学典《20世纪史学编年(1900—1949)》,商务印书馆2014年版)

　　胡焕庸继续任教于中央大学地学系。2月,中央大学分成地理系和地质系,胡焕庸任地理系主任,与张其昀以及留美学者黄国璋构成地理系的三驾马车,建立齐整的学科体系,培养民国第三代地理人才,诸如徐近之、李旭旦和任美锷等。胡焕庸最器重的是此年考入中央大学地理系的李旭旦,将其视为传人有意栽培。李旭旦在校就读期间与任美锷合译《人地学原理》,由钟山书店出版。

　　缪凤林3月1日在《史学杂志》第2卷第1期发表《洪范五行传出伏生辨》。4月4日,缪凤林致函吴宓,表示自己在中央大学所办的《史学杂志》甚有价值,不愿与吴宓合作,也无力兼顾《学衡》杂志。5月1日,缪凤林在《史学杂志》第2卷第2期发表《中国民族由来论》,第3、4期合刊连载。文中指出:"近世以还,西人研究地质、古生物、人类、人种及考古诸学者日繁。史家承其余波。论述一民族之历史。莫不先之以此民族所隶属之种族",及"此民族之由来"。17世纪中叶以后西方传教士来华传教,始创中国人种西来说,并提出十种不同来源,清末以后最为中国人相信的为巴比伦说,"迄今日而称述之者不衰"。然后从地理、人种、年代、文物等方面主要对此观点进行了驳斥。《史学杂志》第2卷第3—4期合刊又刊有缪凤林《中国民族史叙论》。(参见沈卫威《学衡派编年文事》,南京大学出版社2015年版;王学典《20世纪史学编年(1900—1949)》,商务印书馆2014年版)

　　汤用彤1月17日于《中央大学日刊》发表一篇讲演,论述熊十力《新唯识论》及其思想的关键性转变。2月,汤用彤请欧阳竟无题诗两首于《颐园老人生日燕游图》,第一首写道:

"吾岂昔人吾犹昔,此心息息画工师。何妨幻住重留幻,楼阁如今尽孝思",题署"宜黄欧阳渐"。9月,汤用彤在《史学杂志》第2卷第3—4期合刊发表第一篇中国佛教史专文《读慧皎〈高僧传〉札记》,《国立中央大学半月刊》第8期转载。(参见汤一介、赵建永编《中国近代思想家文库·汤用彤卷》及附录《汤用彤年谱简编》,中国人民大学出版社2015年版;沈卫威《学衡派编年文事》,南京大学出版社2015年版)

宗白华因汤用彤转任北京大学而兼中央大学哲学系主任。所著《形上学(中西哲学之比较)》《形而上学提纲》,从中西哲学路线之异点、中西法象之不同、西洋的概念世界与中国的象征世界等方面,论述中西哲学的特点。又著《孔子形上学》,从孔子论志学、孔子形上学对象与方法、孔子论"道"之精神、孔子论"道"与"仁"之关系等诸方面,研究孔子的本体论。又著《论格物》,研究宋明理学的重要认识论。(参见林同华《宗白华生平及著述年表》,《宗白华全集》第4卷附录,安徽教育出版社1994年版)

杭立武辞母校金陵大学研究教授,接受中央大学的聘请,担任政治系教授兼系主任。又因杨杏佛的推荐,由中央研究院蔡元培院长聘为中央研究院社会科学研究所特约研究员。(参见刘思祥《杭立武传略》,《江淮文史》2001年第1期)

黄文山5月在东南社会学会(后为中国社会学会)主编的《社会学刊》第1卷第3期上,发表《史则研究发端》,论述了自己对于历史法则的认识。秋,由孙本文邀请,到南京任中央大学社会学系教授兼主任。旋去职隐居杭州西湖,从事译述。所译素罗金著《当代社会学说》,由上海北新书局出版。该书分别介绍了西方各种流派的社会学理论。黄文山为此书作长篇序言。(参见赵立彬编《中国近代思想家文库·黄文山卷》及附录《黄文山年谱简编》,中国人民大学出版社2013年版)

吴梅仍在南京中央大学任教,欲辞上海光华大学课,被校方挽留。1月,应任中敏请,作《散曲丛刊·序》。5月,作《俞宗海家传》一文。夏,作《高子勉题情国香曲》一折,并集前作《香山老出放杨枝伎》一折、《湖州守乾作风月司》二折、《陆务观寄怨钗凤词》一折,总名曰《惆怅爨》。应商务印书馆万有文库邀,作《辽金元文学史》。8月,作《词林摘艳·跋》。9月,作《惆怅爨·自序》。11月14日,复夏承焘一书,答姜白石旁谱之法。12月,《曲选》(又名《百嘉室曲选》)由商务印书馆出版。是年,为蔡嵩云作《词源疏证·序》。(参见《吴梅全集·日记卷上》及附录王卫民《吴梅年谱》,河北教育出版社2002年版)

徐悲鸿任国立中央大学艺术专修科美术教授,历时3年完成震惊中国画坛的历史题材巨作《田横五百士》。夏,在江西南昌走访民间木雕艺人范振华。是年,在《国立中央大学半月刊》发表《艺院建设计划》一文;在《国立中央大学半月刊》第2卷第4期发表文艺创作《客串集》一篇。(参见土豆宝宝《徐悲鸿年谱》,《大观(收藏)》2019年第3期)

朱智贤毕业于中央大学教育系。5月,在《中华教育界》第18卷第5期发表《中国学校教育的新生命》。文中在论述中国学校教育的现状及症结时指出:"中国的学校教育,到了现在,已成了资产阶级的专利品,而且只能造就一些只消费而不生产的寄生虫,设施上既不经济,又乏真正的教育的人才与理论。因此社会贫乏而不安。这种症结的由来,当非一朝一夕之故,主要的原因是生产事业的落后,封建思想的盘据,和腐败社会的延续。有了这些根源,影响中国的学校教育,于是中国学校教育宣告完全失败。"作者提出了改造中国学校教育的四个目标:民主化(教育机会均等);行动化(注重劳动);生产化(增加生产能力);革命化(铲除封建思想)。(参见中央教育科学研究所编《中国现代教育大事记1919—1949》,教育科学出版社1988年版)

陈梦家就读于南京中央大学外文系，年仅 19 岁。年初，写下《秦淮河的鬼哭》一诗，描绘了国民党政府的"首都"南京城的恐怖阴森的画面。1 月，陈梦家在《国立中央大学半月刊》第 1 卷第 7 期上发表诗论《诗的装饰和灵魂》，宣告了指导他诗歌创作的完整的艺术主张。同月，陈梦家的第一部诗集《梦家诗集》由新月书店出版，书很快销售一空。1931 年 7 月，《梦家诗集》增选后再版发行。（参见子仪《陈梦家先生编年事辑》，中华书局 2017 年版）

徐则陵是春任新创办的金陵大学中国文化研究所所长。该所的设立，旨在研究并阐明本国文化之意义，培养研究本国文化之专门人才，且协助该校文学院发展文史课程，鼓励师生研究本国文化，经费为霍尔基金资助的 30 万元。分设史学、考古学、目录学、东方学四门，徐则陵任主任（后李小缘继任），王钟麟、吕凤子、商承祚、李小缘、徐益堂、吕叔湘等任专职研究员，吴景超、黄云眉、贝德士、雷海宗、陈登原、刘国钧、刘继宣等任兼职研究员。先后开展的课题有商承祚的《商周文化》《甲骨文字及金文研究》《商辞》（与徐则陵合作），陈登原的《周季迄秦代文化》《颜习斋哲学思想》，徐则陵（养秋）的《两汉文化》《本国史学家之史学方法》，贝德士的《中国统一政治之形成》《欧美学者研究中国学术概观》，徐益棠的《中国外来民族之文化》《西南民族史》《本国历史地理》《中国考古学史》，刘继宣的《蒙古史研究》，吴白卸的《宋辽金交涉史》，李小缘的《本国史学参考书目》《欧美东方学杂志论文索引》《考古学名词辞典》（青铜部分，与徐益堂合作），陈恭禄的《本国史研究》，刘国钧的《六朝著述目录》《六朝思想史》，王钟麟的《日本学者研究中国学术概观》《日本史学家关于中国史学之研究》等。（参见王学典《20 世纪史学编年（1900—1949）》，商务印书馆 2014 年版）

陶行知 1 月 16 日至 2 月 7 日在晓庄主持召开全国乡村教师讨论会，邀请各地乡村教师和地方教育行政人员 130 余人参加，研究乡村教育问题。在会上系统简述"生活即教育""社会即学校""教学做合一"的理论。2 月 1 日，《乡村教师》周刊创刊，发表《乡村教师宣言》，指出乡村教师的力量可以推动历史车轮向前转动。"乡村教育运动只是一出历史剧，全世界的乡村教师同是这一出戏中的演员。"3 月 15 日，《晓庄三岁敬告同志书》发表于《乡村教师》第 7 期。15—17 日，陶行知主持晓庄学校成立三周年纪念活动。29 日，《乡村教师》刊登陶知行在 1929 年冬举行的乡村教师讨论会上的讲话稿《生活即教育》，阐述了"生活即教育""社会即学校"与杜威所提倡的"教育即生活""学校即社会"之不同，提出："生活教育，是供给人生需要的教育，不是作假的教育。"人生需要什么，我们就教什么。"社会即学校"，是"整个社会的活动，就是我们的教育的范围，不消谈什么联络而它的血脉是自然流通的。"

按：《生活即教育》又提出，要实现"生活即教育"与"社会即学校"的主张，不可避免地要与中国几千年来的传统教育所支配的许多传统思想开仗，要与外国传进来的各种思潮冲突。作者希望，乡村教师要"办今日之学校，使小学生过今日之生活，受今日之教育"，强调"没有生活做中心的教育是死教育。没有生活做中心的学校是死学校。没有生活做中心的书本是死书本。在死教育、死学校、死书本里鬼混的人是死人——先生是先死，学生是学死！先死与学死所造成的国是死国，死国所造成的世界是死世界"。

陶行知 4 月 1 日支持晓庄各中心小学师生 200 余人的栖霞山旅游斗争，要求当局"拟定小学生免费旅行条例"，为儿童考察、游览创造条件。5 日，针对南京英商和记洋行华工被殴事件，陶行知同情和支持晓庄师生参加全市学生示威游行。7 日，蒋介石密令停办晓庄学校。陶行知与师生及附近农民组成"晓庄护校委员会"，以示抗议。8 日，陶行知教育部派人接管晓庄学校。12 日，晓庄学校被国民党武装军警强行解散和封闭，当时及以后被捕者 30 余人。陶行知遭国民政府以"勾结叛逆，阴谋不轨"等罪名通缉，被迫离开南京走避上海，匿居在上海静安寺路友人程霖生家中整理书稿出版。5月,陶行知隐居苏州河北里弄内,翻译世界名著,以所得稿费资助晓庄同志。在极端困难的情况下,陶行知汇款给新安小学的同志,并勉励他们要"捧着一颗心来,不带半根草去"。

陶行知是夏在上海公共租界梦渊旅馆召集避难师友,检讨晓庄四年来工作,辩论中国革命问题,赞成同志们提出的晓庄师范是"站在教育岗位反帝反封建"。10月17日,陶行知为晓庄学校被国民党查封特写《护校宣言》,文中揭露当局断然以迅雷不及掩耳的手段停办晓庄学校远因近因虽多,"归总起来只是因为我们不肯拿人民的公器,做少数人的工具,不肯做文刽子手,去摧残现代青年之革命性。我们认清了教师之职务是教人学做主人",号召"晓庄的同志,晓庄的朋友,大家一致起来爱护晓庄,爱护人权,爱护百折不回的和平奋斗,爱护教人做主人的革命教育,爱护向前向上进之时代革命,爱护自由平等的中华民国之创造,爱护人人有工做,人人有饭吃,人人有水仙花看的理想社会之实现"。中旬,因特务追捕日迫,陶行知在内山书店经理内山完造的帮助下东渡日本避难。在日本期间常设法到文教机关参观,访问结识进步朋友,进出于东京上野帝国图书馆等处,阅读大量书籍。国际知名人士杜威、爱因斯坦、甘地、罗素、罗曼·罗兰等联名致电蒋介石,要求撤销通缉令。(以上参见江苏省陶行知研究会、南京晓庄师范学校编《陶行知文集》及附录《陶行知生平年表》,江苏教育出版社2008年版;余子侠编《中国近代思想家文库·陶行知卷》附录《陶行知年谱简编》,中国人民大学出版社2015年版;中央教育科学研究所编《中国现代教育大事记1919—1949》,教育科学出版社1988年版)

卫聚贤继续兼任南京古物保存所所长。3月,在南京栖霞山车站西北五里甘夏镇西岗头上及土地庙旁并甘夏镇东北张家库、高家山、焦尾巴洞发现石器、砖红色粗陶片及鼎腿若干。聚贤疑其为石器时代物品,但共同工作的人认为长江下游向无石器遗址发现,多不信。继得一完整磨光石器6件,始定次新石器时代遗址。同年被派往山西。8月30日,蔡元培致函许寿裳,论及"南京古物保存所提议与美国博物院合作,发掘山西汾阴后土祠案,仍是毕士博氏(北京政府时期,曾任教育部历史博物馆的顾问)之作用;其人与历史语言研究所不欢而散,非卫聚贤所能应付;俟杨先生回沪后办理,甚善"。10月30日至11月8日,卫聚贤与董光忠、张蔚然以山西公立图书馆名义在万泉西杜村发掘汉汾阴后土祠遗址,获五铢钱、陶器、瓦当等遗物,确定汉汾阴后土祠的确切地址,解决了困扰多年的历史谜题。是年,卫聚贤所撰《古史研究第二集自序》刊于《国立中山大学语言历史研究所周刊》第10集第117期;《梁墓考序》刊于《国立中山大学语言历史研究所周刊》第10集第118期。(参见赵换《卫聚贤学术研究》,华东师范大学硕士学位论文,2010年;高平叔编著《蔡元培年谱长编》,人民教育出版社1996年版)

杨家洛正式从事出版工作,并创办中国辞典馆和中国学术百科全书编辑馆,任馆长。后因南京馆舍及资料不足,又在上海、北平设立中国辞典馆分馆。

王云五、方显廷、朱彬元、江祖岱、李权时、邵元冲、何廉、周典、胡庶华、马寅初、陈介、陈端、徐永祚、徐佩璜、奚玉书、杨铨、杨汝梅、盛俊、刘大钧、刘错、蔡正雅、潘序伦、楼桐孙、卫挺生、钱承绪、谢霖、钟伟成、戴蔼庐、陈达、周诒春等中国经济学社社员11月1—8日以专家会员的身份在南京参加全国工商会议。

按:在全国工商会议上,出席的中国经济学社社员提交了多项提案,如刘大钧"取缔专利以节制外国资本主义之侵略案""改造金融组织以发展工商业案";卫挺生"政府应奖励指导工商同业作全国联合组织以谋改进工商事业案";陈达"解决劳资纠纷意见书";潘序伦"请求政府迅行颁订专利权法案";何廉、方显廷"设立临时专门委员会调查全国主要出口物品,以谋增加产量改良品质发展对外贸易案""设立海外商务参赞促进国际贸易案";徐陈冕"确立资方雇工加资之主权,酌定盈余分配制度以期劳资互利救济工商业案"等等。以上各案均被大会通过。

茅以升、王晓籁、王一亭、尹任先、吴在章、林康侯、周作民、金润泉、胡筠、胡孟嘉、陈行、陈辉德、徐陈冕、唐炳源、秦祖泽、张迥伯、刘鸿生、谈荔孙、钱永铭、苏民生、张公权、李铭、吴鼎昌、胡博渊、朱懋澄、汪汉滔、祝世康、陈钟声、赵锡恩、寿景伟、奚东曙等中国经济学社社员11月1—8日以机关和商界的身份在南京参加全国工商会议。

陈去病是春任上海持志大学国文系主任。5月2日,苏曼殊十二周年忌辰,陈去病和柳亚子作《感赋》七律一首,回顾与苏曼殊的交谊,并作出对他的评价。6月1日,孙中山奉安周年纪念,陈去病率馆内职员赴中山陵园行礼,并谒梓官。5日,因公赴镇江,并转道杭州,致祭鉴湖女侠秋瑾墓。15—18日,陈去病向嘉兴方于笥征集到旧藏《革命问答》及章炳麟《驳康有为书》多册。又向汕头梅县启化图书馆征集到《民报》第3号一本,《天讨》一本。7月5日,陈去病复柳亚子书,谓"通志清一朝人物,已渐将材料搜集矣,属稿则未见"。认为此编之完成,必须假以时日。秋,应王德锜之请,陈去病为其胞兄王德钟《风雨闭门斋遗稿》撰《王玄穆传》。冬,于先人之墓侧营建"笃守庐",以为终老守墓之所,义取孔子笃信好学守死善道之意。是年,任国民党中央党史编纂委员会委员、内政部参事、考试院考选委员会专门委员。编辑出版《江苏革命博物馆月刊》第6期到第7期,发表诗文甚夥,其中有《革命闲话》与《巢南诗话》(连载),该刊至翌年1月,共出18期。

刘大钧等人3月9日在南京发起成立中国统计学社,以"研究统计学理论与方法及促进统计事业之发展"为宗旨。出版《统计论丛》《统计学报》《统计与行政》等。

唐君毅返南京复学。在《国立中央大学半月刊》发表《孟子言性新论》《嘉陵江畔的哀歌》《柏格森与倭铿哲学之比较》及《研究中国哲学应注意之一点——说中国哲学名词之歧义》。(参见单波编《中国近代思想家文库·唐君毅卷》及附录《唐君毅年谱简编》,中国人民大学出版社2014年版)

王伯沆、汪国垣、何鲁、黄侃、胡光炜(小石)、王易、汪东(旭初)等6月1日参加的"上巳社诗钞"和"褉社诗钞"活动。

按:《国立中央大学半月刊》第1卷第15期载"学衡派"成员参加的"上巳社诗钞"和"褉社诗钞"活动。(参见沈卫威《学衡派编年文事》,南京大学出版社2015年版)

汪书城、丁春芝等为董事的全国民营电业联合会9月在南京成立,创办《电业汇刊》等。

关赓麟在南京创立青溪诗社,社员有宗威、曹经沅、杨圻、黄孝平、程学恂、林鹍翔、夏仁虎、戴正诚、靳志、廖恩焘、冒广生、蔡可权、陆增炜、张祖铭、张焘、翁廉等人,刊行《青溪诗社诗钞》。

章伯钧8月参与建立中国国民党临时行动委员会,任中央干部会干事,从事反蒋活动。

经亨颐参加反蒋的国民党中央党部扩大会议,任组织部委员,旋被开除党籍。

彭泽民与邓演达等组织中国国民党临时行动委员会,任中央干部会干事,并在香港组织南方干事会。

包惠僧参加发起成立第三党(中国国民党临时行动委员会),后脱离第三党恢复国民党党籍。

朱元懋为理事长的中国边疆问题研究会在金陵大学成立,以"调查边疆实况,研究边疆建设,提倡边疆生产,促进边疆文化,研习边疆文字"为宗旨。

顾树森任国民政府教育部普通教育司司长兼蒙藏教育司司长。

姜立夫任中华教育文化基金董事会委员。

李剑华被推选为中国社会学社编辑委员。

徐善祥任中央工业实验所所长。

吴醒汉任国民党党史编纂委员会编纂。

邹永成任国民党党史编纂委员会撰修委员。

萨孟武任中央政治学校大学部行政系专任教授兼中央大学政治学教授。

陈训慈任中央大学讲师,讲授中国近代史。

马大浦转入中央大学农学院森林系,师承李寅恭、张海秋等教授。

贾玉铭任金陵女子神学院院长。

曾昭燏转入南京大学国文系

傅斯年继续在中央研究院主持史语所所务,并在北大兼课。历史语言研究所调查广东少数民族语言、河北方言。1月17日,蔡元培致函傅斯年,谓"关于历史、语言、考古三类……除分别函托陈、赵、李三主任外,并请就近主持云云"。2月10日,蔡元培致函傅斯年,略谓:"顷接朝鲜人李达河君来函称:'朝鲜属中国,自洪武至清光绪,前后五百年,章奏表笺,为数甚多。现藏何处? 意欲一视原本,能见许否'等语。本院移存明清档案,有否是类章奏? 若欲观览,是否便利? 李君之请,可容纳否? 特为函询,诸希示复为荷。"5月,《论所谓五等爵》《姜原》《大东小东说——兼论鲁、燕、齐初封在成周东南后乃东迁》载《国立中央研究院历史语言研究所集刊》第2本第1分。6月在《国立中央研究院历史语言研究所集刊》第1本第2分发表《战国文籍中之篇式书体——一个短记》。9月,《史学杂志》第2卷第4期刊载《中央研究院历史语言研究所傅斯年君来函》。同月,《明清史料发刊例言》收入《明清史料》甲编第1册。

傅斯年10月27日因中央研究院历史语言研究所在山东临淄及历城县发现史前遗物,为了便于发掘研究,经中央研究院历史语言研究所与山东教育厅长何思源切磋后,以中央研究院名义,致函山东省教育厅,提议由中央研究院与山东省教育厅合组山东古迹研究会,中央研究院负"科学的指导之责",山东省政府负"保护之责",经费共同负担,"以龙山及临淄为试办区"。11月4日,山东古迹研究会成立。随后,决定由李济、董作宾、梁思永、吴金鼎等组成考古工作队对济南龙山镇城子崖遗址进行第一次发掘。12月,傅斯年所撰《考古学的新方法》一文刊于《史学》第1期;《本所发掘安阳殷墟之经过》《新获卜辞写本后记跋》刊于《国立中央研究院历史语言研究所安阳发掘报告》第2期。同2日,蔡元培致函傅斯年,略谓:"去年十一月间,驻南京英国总领事许立德君,曾赠本院以记载义和拳事实之《京报》五十三本。是项京报,现查不在沪院图书馆,社会科学研究所图书馆亦无之。是否当时寄交贵所存储? 或系由弟面交? 希为查明函复为盼。"13日,傅斯年与陈寅恪、赵元任、李济、陈垣、朱希祖、林语堂、刘半农联名发起"编著蔡孑民先生六十五岁纪念论文集",以肯定蔡元培在中国学术上的地位,表示对蔡元培人格学业的敬崇。

按:《蔡孑民先生六十五岁纪念文集》通告略谓:"吾等此举,实含下列三层意义:(一)就蔡孑民先生在中国学术上之地位论,理宜有此纪念,以表吾等对蔡先生人格学业上之敬崇。……(二)本所创置,实由蔡先生提倡。若后来此学在中国发达,宜不忘此泉原,此举正所以记之。(三)吾等建设此所之始意,岂不日将使汉学各面之正统,不在巴黎,不在西京,而在中国? 上以补前修之所不及,而求后来居上,旁以寻往者未曾致力之方面,而愿有所凿空。……是则纪念册不啻为本所作创立两年之实录也。有此三义,所务会议决定,请所中同事努力完成此意。公谊私情,不尽感荷。"(以上参见韩复智编《傅斯年先生年谱》,《台大历史学报》1996年第20期;欧阳哲生编《中国近代思想家文库·傅斯年卷》及附录《傅斯年年谱简编》,中国人民大学出版社2015年版;高平叔编著《蔡元培年谱长编》,人民教育出版社1996年版;王学典《20世纪史学编年(1900—1949)》,商务印书馆2014年版)

　　陈寅恪2月20日访吴宓。3月,陈寅恪在《国学论丛》第2卷第2号发表《敦煌本唐梵翻对字音般若波罗密多心经跋》,同期还载有裴学海《〈孟子正义〉补正》、颜虚心《编钟编磬二八十六枚在一虡解》《三乐说》、刘盼遂《释九锡》、黄淬伯《慧琳一切经音义反切考韵表》,以及王国维讲授、刘盼遂笔记的《观堂学书记》《说文练习笔记》。同月,陈寅恪的《灵州宁夏榆林三城译名考》(蒙古源流研究之一)、《大乘义章书后》和《敦煌劫余录序》刊于《中央研究院历史语言研究所集刊》第1本第2分。《敦煌劫余录序》系陈寅恪为陈垣《敦煌劫余录》所作的序,首次提出"敦煌学"的学术概念,指出:"一时代之学术,必有其新材料与新问题。取用此材料,以研求问题,则为此时代学术之新潮流。治学之士,得预于此潮流者,谓之预流(借用佛教初果之名)。其未得预者,谓之未入流。此古今学术史之痛义,非彼闭门造车之徒所能同喻者也"。他还断定"敦煌学者,今日世界学术之新潮流也"。5月,陈寅恪《敦煌本维摩诘经文殊师利问疾品演义跋》《吐蕃彝泰赞普名号年代考》(蒙古源流研究之二),载《国立中央研究院历史语言研究所集刊》第2本第1分。

　　按:傅斯年在《史料论略》中以《吐蕃彝泰赞普名号年代考》作为"直接间接史料之互相为用"的经典例证,谓"我的朋友陈寅恪先生,在汉学上的素养不下钱晓徵,更能通习西方古今语言若干种。尤精梵藏经典。近著《叶蕃彝泰赞普名号年代考》一文,以长庆唐蕃会盟碑为根据,'千年旧史之误书,异国译音之读,皆赖以订'。此种异国古文之史料至不多,而能使用此项史料者更属至少,苟其有之,诚学术中之快事也"。

　　陈寅恪6月11日作《冯友兰〈中国哲学史〉审查报告》一篇,刊于7月21日天津《大公报·文学副刊》第132期。《报告》颇有见地地提出了研究中国哲学史的方法,其中说:"凡著中国古代哲学史者,其对于古人之学说,应具了解之同情,方可下笔。盖古人著书立说,皆有所为而发;故其所处之环境,所受之背景,非完全明瞭,则其学说不易评论。而古代哲学家去今数千年,其时代之真相,极难推知。吾人今日可依据之材料,仅为当时所遗存最小之一部;欲藉此残余断片,以窥测其全部结构,必须备艺术家欣赏古代绘画雕刻之眼光及精神,然后古人立说之用意与对象,始可以真了解。"此篇是为《中国哲学史》上册所作,后又为下册作《审查报告》一篇。陈寅恪审查报告还针对胡适在《中国哲学史大纲》上册"导言"中所提出的治学宗旨、方法和材料运用,对胡氏所标榜的"评判的态度""系统的整理""审定史料的真伪",一一加以针砭。

　　按:冯友兰后来也坦承:陈寅恪对他这部书的审查报告,和当时另一位审查者金岳霖一样,都是与胡适那一本著作比较的。

　　陈寅恪《〈三国志·曹冲华佗传〉与印度故事》、R. Winter(温德)"Moliere's Tartuffe"6月刊于《清华学报》第6卷第1期。夏,罗香林为所撰《客家源流》一文,至姚家胡同谒陈寅恪。8月,陈寅恪《〈西游记〉玄奘弟子故事之演变》刊于《中央研究院历史语言研究所集刊》第2本第2分。文中以《西游记》玄奘弟子故事为例,概括出"故事演变之公例"。9月,陈寅恪被中华教育文化基金董事会聘为该会编译委员会委员。同月19日,陈寅恪致信陈垣,推荐画家汤定之为辅仁大学艺术系教师。12月13日,陈寅恪与中央研究院历史语言研究所同仁陈垣、赵元任、刘半农、傅斯年等联名发起编著《蔡孑民先生六十五岁纪念文集》。是年，陈寅恪被清华大学中文系和历史系合聘为教授。（参见卞僧慧纂《陈寅恪先生年谱》，中华书局 2010 年版；高平叔编著《蔡元培年谱长编》，人民教育出版社 1996 年版；齐家莹编《清华人文学科年谱》，清华大学出版社 1999 年版；沈卫威《学衡派编年文事》，南京大学出版社 2015 年版；王学典《20 世纪史学编年（1900—1949）》，商务印书馆 2014 年版）

赵元任继续主持中研院史语所语言组的工作，并继续在清华大学和艺专兼课。又与孙科、蔡元培、蒋梦麟、徐谟、翁文灏、任鸿隽、胡适、孙本文等出任中华教育文化基金董事会董事。从 1 月起，赵元任继续整理和研究广西瑶歌记音，并编写出版《广西瑶歌记音》。在序言中说："所记的瑶歌，严格说起来，其实不是瑶歌，乃是瑶人唱的汉歌。这些汉歌的派别很近乎两粤的有些民歌，他的读音大部分也是汉音，但不是等于任何现在咱们所知道的广东或广西的某处方音。他简直是自成一种方言（属于粤语系的）。"1 月到 4 月，继续跟于道泉合作出版《第六代达赖喇嘛仓洋嘉措情歌》，赵元任记音，编写藏文记音说明和藏音英文说明；于道泉注释，并加汉、英译文。上半年设计并出版《方言调查表格》。在吴语、粤语方言调查工作的基础上，将方言调查字表整理完善，并由中研院史语所正式出版。该字表共收方音调查例字 3567 个。2 月 2—12 日，赵元任在上海参加中华教育基金会会议。2 月 9 日，中基会第四次董事常会翁文灏、李石曾、蔡元培、蒋梦麟、孙科、贝克、任鸿隽、顾临、胡适和赵元任出席并合影。在上海期间，赵元任拜访了胡适、杨杏佛、周仁、林语堂等朋友。赵元任在日记中提到杨杏佛请他看有声电影"talkies"。当时有声电影的出现是一件新鲜事物，每看一次在日记中都要记下"看 talkies"。在上海为语言组订购扩音机和扩大器器件（microphone and amplifier outfit）。

赵元任 3 月 11—12 日为 Le Maitre Phonétique 杂志撰写"A System of Tone letters"，创造了一套标调的字母，刊于该刊第 45 期。赵元任为了考察这套标调字母的科学性，先朗读 62 首藏文民歌，并用录音机录下来，然后边听边运用标调法记录下来。若干天后，又按记录下的标音朗读，并录音，最后将两次录音同时放并进行对比，其相似的程度超出了本人所料。此为记录和研究汉语（以及其他有字调的语言）的声调提供了准确、方便的工具。后来很多人用这套标调的字母。50 年后，《方言》季刊重新发表了这篇文章，同时改用英文拼法。2 月至 5 月底，赵元任译完《走到镜子里》正文，10 月，完成国语罗马字版本稿。注解及说明等，则于 1931 年完成。5 月 2—4 日，赵元任谱清华大学校歌（四部合唱）。5 月 17 日，教育部派赵元任、郭有守、吴研因、吴稚晖等 9 人，为注音符号推行委员会委员。6 月 14 日至 7 月 12 日，赵元任去上海参加中国科学社理事会。开会期间，继续写关于反切语文章，整理《走到镜子里》的样稿，弄国音字母，修改南京音系论文等。8 月，赵元任写完《反切语八种》，1931 年刊登在《中研院史语所集刊》上。9 月，赵元任开始研究及试验利用倒说话来作语音分析，先用英文来示范。

按：赵元任先用录音机把一句话录下来，再倒转着放出来。他模仿这种倒话，再用录音机录下来。之后，让录音机反转放出来，如此应当又听到正常的话。后来他撰写了一篇"Transcribing Reversed English"（听写倒英语）文章，刊于《中研院历史语言所集刊》第 2 卷第 2 期。

赵元任、钱玄同等人拟定的《注音符号总表》9 月 7 日经国语统一筹备委员会（简称国语委员会）第七次常委会通过，议决在国音常用字汇校竣前，以该会出版的元任所编《国音常用学表》暂行代用（参见黎锦熙《国语周刊》139 期）。以上工作均在 1930 年内完成，并由国语委员会刊发（《国音常用字表》1930 年刊发，《注音符号总表》1932 年刊发）。《注音符号总表》由钱玄同等人主稿,赵元任等校订。1932 年由教育部公布后,正式指定以北平音为标准。9 月 28—30 日,赵元任为陈衡哲(Sophia H. Chen Zen)编辑的 Symposium on Chinese Culture 撰写"Chinese Music"(《中国音乐》)一文。11—12 月,赵元任参加"北平小剧院"活动。中国现代戏剧家熊佛西和余上沅于 1929 年一同组织了"北平小剧院",熊佛西任副院长,赵元任兼北平小剧院董事会董事,主要从推广国语及研究语调的兴趣出发,经常参加剧院活动。11 月上半月,赵元任用英文撰写"On Using b,d,g(with bars inside) for Unaspirated Voiceless Plosives",在 1931 年《中研院史语所集刊》发表。11 月 24 日,读高本汉的"Études sur la phonologie chinoise"(《中国音韵学研究》),并着手翻译工作。12 月 17 日,好友胡适 40 岁生日,赵元任写了一首祝贺词。15 日,赵元任请毛子水书写,并裱在屏上,送给胡适。

> 按:祝贺词全文如下:
> 胡适说不要过生日
> 生日偏偏到了
> 我们一班爱起哄的
> 又来跟你闹了
> 今年你有四十岁了都
> 我们有的要叫你老前辈了都
> 天天儿听见你提倡这样那样
> 觉得你真是有点儿对了都
> 你是提倡物质文明的咯
> 所以我们就来吃你的面
> 你是提倡整理国故的咯
> 所以我们就都进了研究院
> 你是提倡白话文学咯
> 我们就罗罗嗦嗦的写上了一大片
> 我们且别说带笑带吵的话
> 我们也别说胡闹胡搞的话
> 我们并不会说很妙很巧的话
> 我们更不会说"倚少卖老"的话
> 但说些祝颂你们健康美好的话
> 这就是送你们一大家大大小小的话
> 适之老大哥嫂夫人　　四十双寿
> 拜寿的是谁呢?
> 一个叫刘复　　　一个叫李济
> 一个叫容庚　　　一个叫赵元任
> 一个叫徐中舒　　一个叫赵万里
> 一个叫顾颉刚　　一个叫毛子水
> 一个叫丁山　　　一个叫裘善元
> 一个叫商承祚　　一个叫陈寅恪
> 一个叫傅斯年　　一个叫罗莘田
> 一个叫唐擘黄　　一个叫李方桂

　　赵元任是年出版"A Critical List of Errata for Bernhard Karlgren's Études sur la phonologie chinoise";所著《国语罗马字常用字表》由国语统一筹备委员会发刊,北平文化学社印行;《关于臻栉韵的讨论》刊于《中研院史语所集刊》第 1 本;译 Bernhard Karlgren 著"Problems in Archaic Chinese"(《上古中国音当中的几个问题》)刊于《中研院史语所集刊》第 1 本第 3 分。(参见赵新那、黄培云编《赵元任年谱》,商务印书馆 1998 年版;高平叔编著《蔡元培年谱长编》,人民教育出版社 1996 年版;齐家莹编《清华人文学科年谱》,清华大学出版社 1999 年版;中央教育科学研究所编《中国现代教育大事记(1919—1949)》,教育科学出版社 1988 年版)

李济之演讲词《安阳发掘的经过》刊于 3 月 7 日《国立清华大学校刊》。9 月 1 日,李济《现代考古学与殷墟发掘》刊于《史学杂志》第 2 卷第 3—4 期合刊。10 月 17 日,李济又开始在小屯的发掘工作,先后共 33 天,获得空前的收获,除大量甲骨、陶器、铜器以外,还有两大兽头刻辞、大龟 4 版、彩陶 1 片。这片 11 月 21 日发掘出的彩陶具有非常的意义,因为安阳发掘前后 15 次记录出土陶片近 25 万片,但这片彩陶为唯一的 1 片。李济对于这一发现,撰写了《小屯与仰韶》一文。李济后来在《中国古器物学的新基础》中(台湾大学《文史哲学报》1950 年第 1 期)指出其历史意义:"在开始这一(殷墟发掘)工作时,参加的人员就怀抱一个希望,希望能把中国有文字记录历史的最早一段与那国际间甚注意的中国史前文化联贯起来。""这一希望,在第三次安阳发掘时,由于在有文学的甲骨层中一块仰韶式彩陶的发现,大加增高。现在事隔二十年了,回想这一片彩陶的发现,真可算得一件历史的幸事。""有了这一发现,我们就大胆地开始比较仰韶文化与殷商文化,并讨论它们的相对年代。"

按:李济与董作宾等人于 1929 年 3 月 7 日开始在安阳小屯工作,时间长达 2 个月零 4 天,发掘出有字甲骨 684 片及大宗陶器与若干件铜器。至是年 10 月 17 日,李济又开始在小屯的发掘工作,先后共 33 天,终于获得重大成果。张光直在《李济(1896—1979)》一文(载于《李济与清华》,清华大学出版社 1994 版)中说:"毫无疑问,李济对中国考古学的最重要贡献,是他对 1928 至 1937 年安阳殷墟发掘的领导,以及对随后的殷墟资料的研究和出版的领导。这批资料不仅为中国古代史奠定了基础,而且还为古代史向史前的延伸,也就是为科学的中国民族及其文明史奠定了基础。"

李济主持的考古工作队 11 月按照中央研究院与山东省政府合组山东古迹研究会的协议,对济南龙山镇城子崖遗址进行发掘,考古工作队成员有董作宾、梁思永、吴金鼎、郭宝钧等,城子崖遗址的发掘"在中国考古学史上具有开创性的意义,它是由中国考古学者发现和发掘的第一处新石器时代遗址,由此揭示出来的龙山文化,对于认识和研究中国的新石器时代文化起了重大推动作用"。12 月,《中研院历史语言研究所安阳发掘报告》第 2 期出版,报告刊载了李济《十八年秋工作之经过及其重要发现》《现代考古学与殷墟发掘》《小屯与仰韶》,董作宾《获"白麟"解》,傅斯年《本所发掘殷墟之经过》等文。是年,郭宝钧调入中央研究院历史研究所工作,从此终生投身于中国的考古事业。

按:1931 年李济所撰《发掘龙山城子崖的理由及成绩》一文指出,选择城子崖遗址进行发掘有两个重要的原因,一是希望为"中国新史学最大的公案就是中国文化的原始问题"选择"一个若明若暗的时期作一个起发点";第二是为了探索"中国东北大平原"是否也有石器时代,如果有的话,"是否也有带彩的陶器"。发掘发现此遗址共有两层,此上层为东周时代遗址,下层首次发现一种以磨光黑陶为显著特征的新石器时代遗存,最初称为"黑陶文化",后以该遗址名命名为"龙山文化"。李济认为:"与殷墟的成绩相比,城子崖虽比较简单,却是同等的重要。"次年 10 月对此遗址进行了第二次发掘,由梁思永主持。(参见岱峻《李济传》,江苏文艺出版社 2009 年版;中国大百科全书总编辑委员会《中国大百科全书·考古学》,中国大百科全书出版社 2002 年版;齐家莹编《清华人文学科年谱》,清华大学出版社 1999 年版;王学典《20世纪史学编年(1900—1949)》,商务印书馆 2014 年版)

董作宾4月根据1928年被中央研究院派遣到安阳调查殷墟,并筹备科学发掘,以及根据和小屯村民的走访谈话所积累的大量关于殷墟和甲骨文的资料,撰写《殷墟沿革》,主要详于介绍当地情况。7月1日,又将从甲骨文发现到1930年4月间有关甲骨文的发现、收集和研究的情况,按时间先后顺序排列,撰成《甲骨年表》。两文同刊于8月《历史语言研究所集刊》第2本第2分。据李济言,《甲骨年表》系董作宾给历史语言研究所的报告书。

按:1937年,董氏在胡厚宣帮助下,又出版《甲骨年表》增订版。(参见中国大百科全书总编辑委员会《中国大百科全书·考古学》,中国大百科全书出版社2002年版;王学典《20世纪史学编年(1900—1949)》,商务印书馆2014年版)

吴金鼎是秋受史语所委派,前往山东东部距龙山60里的临淄进行考古调查,发现一些石器和黑陶碎片,与龙山出土的同属相同类型,并论证黑陶的发现并不仅限于龙山一处。10月18日,与李济视察龙山遗址,从此后"黑陶文化"被学术界广为重视。11月7日至12月7日间,吴金鼎与傅斯年、李济、董作宾、郭宝钧、李光宇和王湘等人展开了龙山镇城子崖的第1次发掘工作,出土大批黑陶及占卜用的兽骨。是年,吴金鼎在《国立中央研究院历史语言研究集刊》第1本上发表《平陵访古记》一文,记录了1928—1929年间,他6次探查龙山遗址的经过和重要的考古发现。同时也在《国闻周报》第7卷33期中发表了《斯坦因敦煌盗经事略》一文,揭露斯坦因(Aurel Stein)于1906—1908年间第2次来华将甘肃敦煌石室藏经篡取而去一事,文中向国人揭示了斯坦因所宣称为着考古和地理等目的而来,只是一种虚伪和自欺欺人的说法。(参见中国大百科全书总编辑委员会《中国大百科全书·考古学》,中国大百科全书出版社2002年版)

梁思永从美国哈佛大学学成回国,到中央研究院史语所考古组工作。他以《山西西阴村史前遗址之新石器时代之陶器》一文获得哈佛大学研究院考古专业硕士学位,成为受过正规现代考古学训练的第一位中国人。回国后,前往东北调查试掘昂昂溪史前遗址,又去西喇木伦河和老哈河流域进行考古调查,并参与了河南安阳殷墟等一系列考古发掘活动,成为中国田野考古的奠基人之一。9月30日,梁思永主持在黑龙江昂昂溪进行考古发掘后,撰成五万字的《昂昂溪史前遗址》。11月4日,中央研究院与山东省政府合组山东古迹研究会,由李济、董作宾、梁思永、吴金鼎等组成考古工作队对济南龙山镇城子崖遗址进行发掘,对龙山文化的内涵有了初步认识。此次发掘之收获,后由梁思永主持编写为《城子崖》(1934),这是中国第一部大型田野考古报告。(参见中国大百科全书总编辑委员会《中国大百科全书·考古学》,中国大百科全书出版社2002年版;王学典《20世纪史学编年(1900—1949)》,商务印书馆2014年版)

容庚与郭沫若频繁书信往来讨论甲骨学研究。2月1日,郭沫若作《中国古代社会研究》,其中《殷墟之发掘》,称容庚以董作宾《新获卜辞写本》见假,始知其1928年冬从事殷墟发掘,"足为中国考古学上之一新纪元"。又得容庚来信,李济发掘殷墟,"深望此次之发掘或较董君前次更有进境"。同日,郭沫若致信容庚:"惠书奉悉。蒙教示各节,甚谢。惟《古史新证》迄今未到,将无邮失耶?望查核。""安阳第二次发掘复有所获,闻之雀跃,将来如有报告书汇出世,极欲早读。尺二大龟契字是否仍系卜辞,此等古物,弟意急宜从速推广,然如《卜辞写本》之问世法,却嫌草率。"5日,郭沫若收到容庚寄来王国维著《古史新证》。6日,郭沫若致信容庚。告以"兹将《甲骨文释》余稿奉上……凡有可商处请即于眉端剔出可也。又沪友知弟有此著,屡次来函欲为印行,弟因属稿未定,又因兄前次来书言燕大有代印之意,均已谢绝。今复得敝友来书(原函奉阅),似神州国光社之意颇挚,弟今已将全稿奉上,虽尚未能写定,然大体已可见,不识贵校究有意否? 又如敝友所述一节,亦不识有当否? 望便中示及,以便答复前途也。"又致信容庚:"拙著蒙为介绍出版处,甚慰。更名事本无足轻重,特仆之别著《中国古代社会研究》一书不日即将出版,该书于《甲骨文释》屡有征引。该书系用本名。此书复事审改。则徒贻世人以掩耳盗铃之诮耳。近日之官家粟亦雅不愿食。"4月6日,郭沫若致信容庚,谓"武英殿古器复将由兄整理成书,甚欣慰。体例依《宝蕴楼》亦甚善"。8日,郭沫若将《新郑古器之一二考核》一文寄容庚。同月,郭沫若为容庚母亲邓太夫人作挽联。

容庚与董作宾7月往旅顺访罗振玉,借《秦汉金文拓本》,编纂《秦汉金文录》。同月20日,郭沫若致信容庚,告以"近撰《殷周青铜器铭文研究》一书,行将草成",急需小盂鼎等四器拓片做参考。"兄处如有珍藏,能暂假须臾,是所渴望。"8月26日,郭沫若致信容庚:"顷阅日报载:冯焕章搜罗洛阳古刹所藏铜器、陶器共四十件,在天津日本租界拍卖。此等古器,其中或有名贵者,不识兄曾寓目否? 拍卖即便无法阻止,能设法摄影保存,亦我辈考古者之一急务也。北平学界不识知此消息否?"9月6日,郭沫若致信容庚,讨论臣辰盉铭文。8月,郭沫若致信容庚,谓"《殷周青铜器铭文研究》及《甲骨文字研究》二稿已寄沪,前稿由十六种考释所集成,乃两三年来研究古器之心得也"。26日,郭沫若致信容庚,谓"臣辰盉铭弟日前曾为考释一篇,今呈阅,如便发表,发表之;不便,希掷还。……古文字之学,最是系心事之一,惟惜资料过少,恨无用力之地也"。27日,郭沫若致信容庚,谓"今复费一日之力草成《韵读补遗》,如尚有遗漏处,请增补"。29日,致信容庚,请为《金文韵读补遗》一文"订正数事"。30日,致信容庚,告以《金文韵读补遗》"尚有错处",请为改正。11月25日,郭沫若致信容庚,谓"新郑二记及拙稿二种均先后收到。近复治金文,得文十余篇,拟辑为一册以问世,不识于平津两地兄能为谋出版处否?"12月4日,郭沫若致信容庚,谓"贵校甲骨由足下担任考释,善莫如之(所拟办法亦至妥当)"。24日,郭沫若致信容庚,感谢"承示拓影数事",并讨论臣辰盉铭文事。并感叹"近来古文字之学日有进步,作伪日渐高明,大有人造真珠之慨矣!"(参见东莞市政协编《容庚容肇祖学记》,广东人民出版社2004年版;林甘泉、蔡震主编《郭沫若年谱长编》,中国社会科学出版社2017年版)

徐中舒任中央研究院历史语言研究所研究员。5月,徐中舒在《历史语言研究所集刊》第2本第1分发表《耒耜考》,文章由"文字上的耒""耒的形制""文字上的耜及其形制""耒耜通行的区域""耒耜名称的混淆""古代耕作状况""牛耕的兴起与耒耜的遗存"等节构成。作者不仅从甲骨文、金文、典籍文献中梳理出大量有关耒、耜的字形、记载,还将古钱币、现存实物等引为论据,对耒耜的起源、形制、发展等进行了周密的考证,认为中国的社会,与许多民族一样,遵循由狩猎游牧演进到农业社会的步骤,故试图"从一两件农具上面试探农业演进的消息",并指出"虽是一两件农具的演进,有时影响所及,也足以改变全社会的经济状况,解决历史上的困难问题"。

按:此文发表后立即被学界关注,被研究者认为是徐中舒的成名作。日本学者关野雄后作《新耒耜考》。徐中舒后来又将此文中涉及的牛耕问题拓展为《论东亚大陆牛耕的起原》一文。(王学典《20世纪史学编年(1900—1949)》,商务印书馆2014年版)

罗常培继续在中央研究院历史语言研究所任专职研究员,致力于音韵学和现代汉语方言的研究。所著《厦门音系》由中央研究院历史语言研究所出版;《耶稣会士在音韵学上的贡献》刊于《国立中央研究院历史语言研究所集刊》第1本第3分;《〈声韵同然集〉残稿跋》

刊于《国立中央研究院历史语言研究所集刊》第 1 本第 3 分。（参见《罗常培文集》编委会编《罗常培文集》第 10 卷及附录《罗常培年表》，山东教育出版社 2000 年版）

唐钺继续任中央研究院心理研究所所长，任上海商务印书馆哲学教育部主任编辑。7月，唐钺、朱经农、高觉敷编纂之《教育大辞书》由商务印书馆出版。范寿康等 14 人任常任编辑，蔡元培、胡适、孟宪承、陈鹤琴，陶知行、陆志韦、黄炎培、黎锦熙等 75 人任特约编辑、撰稿人。此书自 1922 年春开始编撰，1928 年初编成。全书近 300 万字，收词包括教育原理、教育史、教学法、教育制度、教育行政、教育心理学、教育统计、著名教育学术机关或团体，以及哲学、论理学、伦理学、美学、社会学、生物学、人类学、生理学等重要条目。8 月，心理研究所购东城芳嘉园一号房屋为所址，遂由先前所租东城新开路民房搬迁至此新址。（参见樊洪业《中央研究院机构沿革大事记》，《中国科技史料》1985 年第 2 期；中央教育科学研究所编《中国现代教育大事记 1919—1949》，教育科学出版社 1988 年版；吴永贵《民国图书出版史编年：1912—1949》中册，社会科学文献出版 2018 年版）

顾颉刚任燕京大学国学研究所研究员及学术会议委员，研究《尧典》《禹贡》之著作时代问题，《周易》经传之著作年代问题，三皇五帝之系统问题。又任《燕京学报》编辑委员会主任，主编此刊第 7—8 期。仍授"中国上古史研究"课，续编讲义，并就讲义所论"帝系考"扩展，写成《五德终始说下的政治和历史》，专门研究王莽时代的五帝说，揭露古史体系层累构成的经过。1 月 3 日，顾颉刚作《中国上古史研究课第一学期讲义序目》，谓本讲义初想分作三编：甲编——旧系统的古史；乙编——新旧史料的评论；丙编——新系统的古史。5 日，讲义《易传》一章编毕。7 日，与钱南扬合写《关于祝英台故事的戏曲》。9 日，作《五记杨惠之塑像》，说明因看到范成大《吴郡志》，遂又到北平图书馆"把苏州，昆山和吴县的志书统翻一遍，从中总结出杨惠之在慧聚、保里两寺中塑像的传说的演变经过"。同月，应燕大《睿湖》邀，作《启与太康》，未毕。

顾颉刚 1—7 月编《古史辨》第 2 册毕。2 月初，接胡适、钱玄同二函，对《上古史研究讲义》之《易传》一章进行评论。两人的态度完全不同，钱玄同认为"精确不刊"，胡适则反对，说观象制器是易学中的重要学说，不该推翻。此乃顾颉刚与胡适在学术上"发生分歧的开始"。21 日，为《诗疑》作序。23 日，为《古今伪书考》作序。26 日，顾颉刚在《国立中山大学语言历史学研究所周刊》第 120 期发表《毛诗序之背景与旨趣》。同月，新学期开学，燕京大学学生李镜池、韩叔信、齐思和、葛启扬、曹诗成、朱士嘉、赵丰田、杨寔、徐文珊等 24 人从顾颉刚学习。3 月 21 日，将李镜池标点的《周易经传》复看一遍，即作书与之讨论。4 月至年末，鲁迅编校《书序辨》《诗辨妄》《左氏春秋考证》等书，备入《辨伪丛刊》。4 月 2 日，在本校学术会议上宣读《泰皇、泰帝、泰一考》文。14 日，因《燕大月刊》索稿，即将讲义《周易》一章题为《论〈易系辞传〉中观象制器的故事》及胡适、钱玄同二信交其发表，并说明接胡适信后，"有无数话要说，可是直到现在尚没有找到时间作答"。

顾颉刚 4 月 30 日作《研究员顾颉刚工作报告》，总结自去年 9 月到国学研究所以来所任工作：研究《尚书》中《尧典》《皋陶谟》《禹贡》三篇之著作时代问题。同月，任《燕京学报》编辑委员会主任，主持学报编务，直到 1934 年底。春，顾颉刚所著《诗疑》《古今伪书考》由朴社出版。又校钱穆《刘向歆父子年谱》入《燕京学报》。5 月 10 日，顾颉刚在《清华学报》第 6 卷第 1 期发表《五德终始说下的政治与历史》。此文为《上古史研究讲义》所论"帝系考"之扩展，主要讨论了五行学说的起源、从邹衍到刘歆五行学说的演变、古史系统的递变、王莽的改制等，认为刘歆所造世纪、改造古史系统，目的在于为王莽称帝寻找历史根据，正是对

"层累地造成的中国古史"所作的一次精细的解剖。顾颉刚本人以为"这是我第一次所作的有系统的研究文字""很有可喜的发见"。此文发表后,在学界同时受到好评与批评,由此引发今古文学派的又一轮争论。

　　按:陈槃 5 月 20 日称赞"《五德终始说下的政治和历史》是顾先生思深体大、成一家言的著作;同时也是近年来中国史学界研究五行学说的第一部著作。书中分析阴阳五行的源流影响和检举刘歆之窜乱古籍,处处深切著明,发前人之所未发"。至 1934 年 10 月 6 日,童书业撰《五行说起源的讨论——评顾颉刚先生五德终始说下的政治和历史》,更是认为"这篇文章,是当代古史学界一篇最伟大的作品,他把从战国到新代因现实政治造成的各种伪古史系统,和由伪古史说造成的现实政治,整盘清理了一下,详细地说明它发生和经过的情形,其搜证的严密,论断的精确,在在足以表见作者头脑的清晰和目光的锐利"。但对于顾颉刚所坚持的刘歆造伪说,学者多有批评。钱穆在刊于 1931 年《大公报·文学副刊》第 170 期的《评顾颉刚〈五德终始说下的政治和历史〉》一文认为:"顾先生传说演进的古史观,一时新起,自不免有几许罅漏,自不免要招几许怀疑和批评。顾先生在此上,对晚清今文学家那种辨伪疑古的态度和精神,自不免要引为知己同调。所以古史辨和今文学,虽则尽不妨分为两事,而在一般的见解,常认其为一流;而顾先生也时时不免根据今文学派的态度和议论来为自己的古史观张目。这一点,似乎在《古史辨》发展的途程上,要横添许多无谓的不必的迂回和歧迷。"顾颉刚为钱穆这篇评论作跋语道:"我对于清代的今文家的话,并非无条件的信仰,也不是相信他们的微言大义,乃是相信他们的历史考证。"曾参与古史辨运动的杨向奎也认为,无论是"层累地造成的古史说"(顾颉刚),还是"古史的分化演进说"(童书业),"在方法论上都受有清代经今文学派的影响,他们都是反对古文经的健者"。汤志钧也指出顾颉刚攻击刘歆造伪,"仍然是今文学派的方法,多少重复过去的老路""有时还没有完全脱离经学家的圈子"。

　　顾颉刚 6 月 5 日作《中国上古史研究课第二学期讲义序目》,谓上学期讲完了"子学时代"有关三皇五帝问题的材料,这学期接讲"经学时代"有关此问题的材料,主要研究汉代王莽的五德说。这是"我们的古史中的一个最大的症结"。6 月,顾颉刚推荐钱穆任燕京大学讲师。7 月 26 日,作《〈层累地造成的传经系统〉小叙》,说明欲由文籍订考学来研究古史,并欲以今古文问题为研究的中心。8 月 10 日,作《〈古史辨〉(第二册)自序》。夏末,顾颉刚与容庚等筹备古迹古物调查事。9 月 8 日,《古史辨》第 2 册由朴社出版。系承继第 1 册所做的研究,其上编讨论古史问题,收有顾颉刚 1926 年所作《秦汉统一的由来和战国人对世界的想象》,主张夏、商、周三代国境只在黄河流域,周是氐羌中的一种。中编讨论孔子的政治思想及其在中国历史上的地位,收有周予同《经今古文学》等。下编是各方面对第 1 册的评论。同月,顾颉刚推荐吴晗在燕京大学图书馆中日文编考部任馆员。10 月,顾颉刚任燕京大学图书馆中文国学书籍审购委员会委员,该委员会还有陈垣、马鉴、容庚等。同月 9 日,顾颉刚出席燕京大学历史学会年会。同日,为雪如女士《北平歌谣续集》作序。

　　顾颉刚与徐炳昶、徐森玉、李书华、马廉、魏建功、常惠、庄严 10 月 25—28 日游房山。11 月 7 日,徐炳昶来告:北平研究院聘顾颉刚为史学研究会会员兼北平志编辑委员。15 日,史襄哉来访,长谈结集民俗学会事。17 日,作《中国民俗学会发起宣言》,送史襄哉处。18 日,为《北平聋哑学校特刊》作序。20 日,冯友兰主持召开清华大学聘任委员会会议,聘任顾颉刚为名誉导师。同月,以康有为遗稿多政治性文件,非学术文字,乃交赵丰田整理。此前,顾颉刚已点校《新学伪经考》。赵丰田以半年之力,成《康长素先生年谱稿》为其毕业论文。11—12 月,编校《古史辨》第 3 册;作答胡适 2 月初来书,草万余言,因病未毕。12 月 16 日,应清华大学历史学会史邀请,讲演《中国史学界之将来》。19 日,离北平南归探亲。21 日,抵苏。25 日,离苏抵沪,到商务印书馆访诸友,到亚东图书馆访汪孟邹。27 日,离沪抵杭。同月,编就《燕京学报》第 8 期;致函陈垣,辞学报编委会主任。是年,顾颉刚始与徐文珊合作整理《史记》。记笔记《遂初室笔记》一、二册,《郊居杂记》第 1 册。(以上参见顾潮编著《顾颉刚年谱》,中国社会科学出版社 1993 年版;顾潮编《中国近代思想家文库·顾颉刚卷》及附录《顾颉刚年谱简编》,中国人民大学出版社 2015 年版;王学典《20 世纪史学编年(1900—1949)》,商务印书馆 2014 年版)

陈垣年初接罗香林来函,拟请教客家调查事。1 月 7 日,傅增湘来函,称陈垣考证“无坚不摧”。同月,在《东方杂志》第 27 卷第 2 号“中国美术专号下”上发表《吴渔山与王石谷书跋》。是月撰写完成《大唐西域记撰人辩机》。根据僧传及史书中之零星记载,对辩机出家、译经、与高阳公主来往,以及被杀之年代作了全面分析和考证,纠正了王鸣盛不相信辩机是《大唐西域记》作者的谬误。3 月 9 日,余嘉锡来函,并归还《弘明集》和《大唐内典录》。17 日,梁启超藏书四万二千余册由家属捐赠北平图书馆。21 日,陈垣著成《敦煌劫余录》,并作自序,陈寅恪为之作序。

按:《敦煌劫余录》于 1931 年 3 月由中央研究院历史语言研究所印行。陈垣《敦煌劫余录自序》曰:“敦煌自汉至唐为中西交通要道,人文极盛,外来宗教如佛、如祆、如景、如摩尼,皆先后集其间。是时雕版尚未大兴,书皆缮写,周、隋而后,造像之风寝杀,信佛者又以写经为功德,故佛经写本之传布特多。宋王明清《挥麈录》载,雍熙初王延德使高昌,见佛寺五十余区,皆唐所赐额,寺有《大藏经》《唐韵》《玉篇》《经音》等,又有敕书楼,藏唐太宗御札敕,缄锁甚谨。复有摩尼寺,波斯僧各持其法。知高昌、沙州诸地,宋初蕴藏文物尚富,且不止释典一门。《通考》载大中祥符末,沙州归义军节度使曹贤顺犹表乞金字藏经,景祐至皇祐中朝贡不绝。知此等经洞之封闭,大约在皇祐以后。清光绪二十六年四月,洞中佛龛坍塌,故书遗画暴露,稍稍流布。时人不甚措意。三十三年,匈人斯坦因、法人伯希和,相继至敦煌,载遗书遗器而西,国人始大骇悟。宣统二年,学部咨甘肃有司:将洞中残卷悉数运京,移藏部立京师图书馆,即今所著录者是也。”

按:陈寅恪《敦煌劫余录序》说:“一时代之学术,必有其新材料与新问题。取用此材料,以研求问题,则为此时代学术之新潮流。治学之士得预此潮流者,谓之预流(借用佛教初果之名)。其未得预者,谓之未入流。此古今学术史之通义,非彼闭门造车之徒所能同喻者也。敦煌学者,今日世界学术之新潮流也。自发见以来,二十余年间,东起日本,西迄法英诸国学人,各就其治学范围,先后咸有所贡献。吾国学者,其撰述得列于世界敦煌学著作之林者,仅三数人而已。夫敦煌在吾国境内,所出经典又以中文为多。吾国敦煌学著作,较之他国转独少者,固因国人治学,罕具通识,然亦未始非以敦煌所出经典,涵括至广,散佚至众,迄无详备之目录,不易检校其内容,学者纵欲有所致力,而凭借未由也。新会陈援庵先生垣,往岁尝取敦煌所出《摩尼教经》,以考证宗教名。其书精博,世皆读而知之矣。今复应中央研究院历史语言研究所之请,就北平图书馆所藏敦煌写本八千余轴,分别部居,稽核同异,编为目录,号曰《敦煌劫余录》,诚治敦煌学者不可缺之工具也。……国人获此凭借,宜益能取用材料以研究问题,勉作敦煌学之预流。庶几内可以不负此历劫仅存之国宝,外有以裹进世界之学术于将来,斯则寅恪受命缀词所不胜大愿者也。”(《国立中央研究院历史语言研究所集刊》第 1 本第 2 分)

按:白化文说:“从敦煌学发展史的角度来观察,《敦煌劫余录》是世界上公布的第一个馆藏敦煌汉文文书目录,是一个创举。从图书馆学的角度来观察,它也是世界上公布的第一个敦煌汉文文书的分类目录。”(白化文《简评〈敦煌劫余录〉和〈敦煌遗书总目索引〉》,《社会科学战线》1989 年第 1 期)

陈垣 4 月 3 日与马裕藻、马衡联名致电南京中央研究院院长蔡元培,请求拨付北平图书馆补助经费。5 日,陈寅恪来函,请代查唐人王端章、陈元弘、左承珍的资料。5 月 19 日,陈垣开始用故宫藏元刻本《元典章》与涵芬楼藏旧钞本及所藏其他版本对校。同月,陈垣拟《致新会旅平同乡公启》稿,讨论北平新会会馆补办印契事宜;所撰《大唐西域记撰人辩机》刊于《中央研究院历史语言研究所集刊》第 2 本第 1 分上;张星烺《中西交通史料汇编》经陈垣介绍在辅仁大学印行,为《辅仁大学丛书》第一种。陈垣为之题词云:"不通西文者,既不能引西以证中,而不通中文者,又不能引中以证西,均为遗憾。张君合一炉而冶之,故能成其大。"6月21日,傅增湘来函,为陈垣借阅涵芬楼藏影元本《元典章》。6月28日,叶恭绰来函,谈广东教育文化现状,希望得到支持。同月,《明末清初教士译著现存目录》刊于《中华公教青年会季刊》第2卷第2期。7月9日,傅增湘来函,并送来刚刚从上海寄到的涵芬楼藏影元本《元典章》四函。10日,瞿宣颖来函,告知广州学海书院恳请陈垣前往讲学。31日,顾颉刚来函,为沈勤庐、刘朝阳求职。

陈垣8月17日致台静农函,谓"全上古六朝文姓氏通检稿本在兄处否?顷有人欲借阅,最好连兄所编者一并交来一阅为幸"。9月7日,就北平图书馆欲购买寿县出土古器事发表意见,认为不应该购买。19日,陈寅恪来函,推荐画家汤定之为辅仁大学艺术系教师。31日,陈寅恪来函,告知伯希和在巴黎的住址。10月19日,陈寅恪来函,告知有两种西文书可供参考。同月,北平图书馆委员会开改选会,陈垣再次被选为委员长。11月6日,陈垣致柳诒徵函,请代查丁本《元典章》的有关内容。9日,陈寅恪来函,发现所作《土蕃彝泰赞普名号年代考》误检年表。12日,柳诒徵来函,答复11月6日关于丁本《元典章》的询问,告知馆藏只有董刻,无丁本。23日,陈垣作《寿尹文书札跋》,赠尹炎武。12月13日,陈垣与中央研究院历史语言研究所同仁陈寅恪、赵元任、李济、朱希祖、林语堂、刘半农、傅斯年等联名发起"编著蔡孑民先生六十五岁纪念论文集"。同月,陈垣所撰《耶律楚材之生卒年》刊于《燕京学报》第8期;《大唐西域记撰人辩机》收入本月出版的《桑原博工还历记念东洋史论丛》,由日本引文堂印行。此为陈垣陈为祝贺桑原骘藏六十寿辰而提交的论文。是年,陈垣受聘为北京大学名誉教授。(以上参见刘乃和、周少川、王明泽《陈垣年谱配图长编》,辽海出版社2000年版;王学典《20世纪史学编年(1900—1949)》,商务印书馆2014年版)

李石曾继续任国立北平研究院院长。2月9日,李石曾与蒋梦麟、李石曾、翁文灏、顾临、贝克、孙科、赵元任、胡适、任鸿隽出席中华教育文化基金董事会在上海礼查饭店举行的第四次常会,议决"赞成建筑生物调查所及社会调查所房屋,其建筑费以十八万元为度"等事。同日,胡适在日记中写下了这样的话:"此人毫无常识,毫无思想,而居然有人尊信,岂非一大怪事!⋯⋯十年以来,无有一次看得起此人的。蔡先生费大力引他入北大,终使北大坏在他手里,真是引狼入室。"文中"此人",指的是李石曾。同月,国民政府任命他为北平师范大学校长,在其未到任前,派李蒸代理。同月,师大学生会开会议决,致电李石曾,欢迎其任校长。3月,李煜瀛致函教育部长蒋梦麟,因学校已有负责人,请辞校长职。4月7日,李石曾与蔡元培同往中华职业教育社所办的徐公桥农村改进区,清晨到该处时,农民早市尚未散。至农场、公园及合作碾米厂、农具陈列室、民众茶园、养鸡场、鱼池等处,视察一周,返至该区办事处,展阅各种图表簿册,与主管人员接谈其久,旋各挥写评语及单条,至11时30分方离该处。17日,李石曾与蔡元培、吴稚晖、邵力子、蒋介石等为增加国语效率以普及于全国起见,定于本月21日向第八十八次国民党中央常务会议提出改定注音字母名称为注音符号的提案。5月31日下午4时,李石曾与蔡元培、朱少屏等假亚尔培路中央研究院驻沪办事处招待法国教育部特派考察高等教育专员马古烈博士。6月25日,李石曾与蔡元培、褚民谊、王孝赍(晓籁)、郑觐文联名以大同乐会执行委员名义呈请教育部拨给古物保存所存储旧木料制造古今乐器。6月29日下午3时,李石曾与蔡元培、张静江、吴稚晖、王宠惠、林森、古应芬、恩克巴图等出席国民党中央监察委员会举行第三次全体会议。

　　李石曾与胡适、翁文灏、孙科、顾临、蒋梦麟、任鸿隽、赵元任等董事7月2日出席中华教育文化基金董事会假南京教育部会议室举行第六次董事年会,李石曾、伍朝枢及贝克三董事任满,皆被举连任。20日,李石曾与卫中、郑通和、吴宗濂、高践四、江学珠、胡庶华、刘湛恩、何玉书、沈怡、汪懋祖、黄警顽等六百余人出席在上海华龙路法国小学举行的中华职业教育社第十一届年会及全国职业教育机关联合会第七届年会。10月2日,李石曾与蔡元培、李石曾、易培基、萧瑜、李宗侗等故宫博物院理事出席在福开森路世界社召开的谈话会。17日,李石曾与蔡元培、易培基、竺可桢、陈绍宽、蒋梦麟、杨杏佛、宋春舫等出席在南京中央研究院总办事处举行的中国海洋研究所筹备会。11月14日,《申报》刊载李石曾、蔡元培、吴稚晖、戴季陶、朱家骅联名向三届四中全会提出的发行一千万元教育文化建设公债案。12月5日,李石曾与蔡元培等发起为上海美专教授汪亚尘、荣君立夫妇在中社举行画展开幕。蔡、李到场观赏,对各画均作适当评语。同月,学校办学经费紧张。师大校长李石曾辞职,国民政府任命易培基为校长。学生自治会决议,内容为:致电教育部,敦请易培基就职;派代表见李石曾,请代为劝驾;在易未到任前,请学校切实维持校务等。(参见高平叔编著《蔡元培年谱长编》,人民教育出版社1996年版)

　　丁文江继续组织实施西南地质大调查。1月24日,率领调查队伍离贵阳,前往广西。31日,丁文江复函张元济,谈贵州县志的不易搜集;谈及赵亚曾被害,"乃生平所遭最大之打击,意兴遂乃索然"。同月,丁文江担任中国地质学会"赵亚曾先生研究补助金"管理委员会委员。3月,丁文江一行由贵阳经遵义、桐梓返重庆。旋从重庆东下,5月抵上海。7月26日,丁文江致函胡适,谈为赵亚曾遗属募捐事。8月15日,胡适与任鸿隽、张子高商谈编译委员会事,决定分两组,丁文江被分在甲组。25日,丁文江致函胡适,谈到为赵亚曾募集到的4.5万元抚恤金的使用办法。26日,丁文江在地质调查所翁文灏主持的第一次讲学会讲演"野外工作的经验"。8月,丁文江通过梁思永向中研院史语所建议调查热河林西县的一处新石器时代遗址,此议为史语所采纳,但因鼠疫流行,未果行。鉴于此,丁文江又建议梁思永前往齐齐哈尔的昂昂溪调查新发现的一处新石器时代的遗址。此议亦得史语所傅斯年、李济的同意,史语所还要求丁文江帮助居间接洽。9月,王星拱著《科学概论》由商务印书馆出版,书前有丁文江作的序。10月25日,中国科学社北平社友会,承地质调查所招待,在该所召开科学社第十五周年纪念庆祝会,到会者有丁文江、陈衡哲、任鸿隽、杨步伟、赵元任、秉志、胡先骕、章元善、翁文灏等60余人,颇极一时之盛。秋,《申报》老板史量才最终采纳丁文江的建议:为纪念《申报》创刊60周年,编制"全国精图"。史量才诚邀丁文江主持此事,亦得丁文江慨允。11月11日,丁文江致函张元济,请张再寄涵芬楼所藏县志目录。(参见宋广波编《中国近代思想家文库·丁文江卷》及附录《丁文江年谱》,中国人民大学出版社2014年版;胡宗刚《胡先骕先生年谱长编》,江西教育出版社2007年版)

　　翁文灏1月19日出席在欧美同学会举行的中基会第23次执委会和财委会联席会议。会议通过了对中国科学社及中央大学等单位拨款补助事项。20日,出席中国地质学会评议会,并被推举为赵亚曾纪念基金及研究补助金管理委员会委员和执行委员。同月,翁文灏与丁文江、章鸿钊、李四光、朱家骅、叶良辅、谢家荣、孙云铸共8人(中国地质学会评议会成员,即理事)联名写信给葛利普,祝贺其六十寿辰。2月9日,翁文灏出席中华教育文化基金董事会假上海礼查饭店举行的第四次常会,由蔡元培董事长主席。下午,翁文灏出席中国科学社在上海杭州饭庄召开的第85次理事会。翁文灏在会上提出设立考古学奖三条办法。会议通过此办法,并议决推举翁文灏、丁文江、章鸿钊3人为考古学奖金委员会委员。18日,翁文灏出席在中基会会所举行的中基会第25次执行会和财委会联席会议。会议通过翁文灏拟订的管理中基会拨赠赵亚曾遗孤教育费3000元详细办法,还通过了加拨中国科学社生物研究所等机构补助费议案。3月16日,翁文灏被中国地学会选举为该会干事、评议员和编辑委员会委员。18日,北平研究院函请担任该院地质矿产研究奖金审查委员会委员。该委员会委员有翁文灏、李书华(北平研究院),杨公兆、虞和寅(农矿部),章鸿钊、杨钟健(地质调查所)。23日,北平研究院地质学研究所成立,翁文灏任主任(后改称所长)。

按:南京政府成立后,在北平成立了国立北平研究院。本年2月25日,北平研究院向农矿部提出,由该院成立地质学研究所附设于农矿部地质调查所的建议,并于3月9日提出两所理事会组织大纲。农矿部14日函北平研究院,对该院建议表示同意。18日,翁文灏将其拟订的两所合作办事细则送院,并告北平研究院所发聘函及图章均收到。22日,翁文灏又提出地质学研究所职员名单报院,请予加聘。23日,两所理事会第1次会议召开,标志北平研究院地质学研究所成立。翁文灏任主任,章鸿钊为副主任。该所实际与地质调查所为同一实体。通过这种形式,地质调查所获得了部分经费支持。当时地质学研究所有研究员:刘季辰、周赞衡、葛利普、谭锡畴、孙云铸、杨钟健、王恒升。图书馆主任钱声骏,陈列馆主任徐光熙。助理员:王绍文、黄汲清、侯德封、裴文中、李春昱、王曰伦、孙健初、王庆昌、王炳章、朱焕文、梁冠宇等。陈列馆有各种标本3万种;图书馆有专业杂志25000卷,参考书5000余册,中外地图1万张。时设古生物研究室、矿物岩石研究室和仪器室。当时正在从事野外地质调查的有谭锡畴、李春昱川边西康调查组,黄汲清、王曰伦分别率领的四川贵州两个调查组和孙健初在多伦一带的调查。室内研究的有杨钟健、裴文中等进行的周口店猿人及其化石研究,葛利普、孙云铸、俞建章、王庆昌等人的无脊椎动物化石研究,胡先骕、张景钺进行的植物化石研究,王恒升、王炳章的岩石矿床学研究和侯德封、梁冠宇等人的煤质研究。

翁文灏3月28日出席地质矿产奖金审查委员会谈话会,参与起草了该委员会细则。29—31日,翁文灏出席在地质调查所举行的中国地质学会第7届年会,继续当选为学会评议员和编辑主任。在本日上午的开幕式上作题为《十五年来中国地质工作》的会长演说,下午主持学术报告会。3月30日至4月3日,地质调查所在该所地质陈列馆举办公开展览,展出该所发掘的中国猿人化石全部标本及采自周口店的其他古生物标本。该展览在当时引起轰动,参观者达2000余人。31日上午,翁文灏继续主持中国地质学会年会学术报告会,并作题为《蒙古及山西新出黄玉结晶之晶面研究及晶片测量》的学术报告。因时间关系,另一篇论文《中国河流侵蚀之速力》未及宣读。4月26日,翁文灏被中国科学社第87次理事会推举为本届年会论文委员会委员。5月23日,翁文灏出席中基会第26次执委会和财委会联席会议。会议通过拨款3.2万元于北平图书馆等事项。同月,翁文灏将近年所做通俗易读之地学著作结集为《锥指集》,由地质调查所出版。集内收入地质学、地震学、矿床学、古生物学及考古学、地理学等论文共27篇。该书为翁前半生著作之荟萃,出版后流传海内外,影响甚广。

翁文灏5月在《清华周刊》地学专号发表《回头看与向前看》。这是翁文灏"应地理系学生所要求而做的"一篇杂感。6月24日,翁文灏出席在上海举行的中国科学社第88次理事会。7月2日,翁文灏出席在南京教育部召开的中华教育文化基金董事会第6次年会。翁文灏在会上报告了"本年度财务状况,并将基金会及代管各户资产负债投资等各表详细说明"。会上,翁文灏还以"欲专力于学术研究"为由,提请辞去中基会董事。3日,翁文灏出席在南京中央饭店举行的中国科学社第89次理事会。8月12—17日,翁文灏出席在青岛大学举行的中国科学社第15次年会。翁文灏是本次年会论文委员会委员,并在会上再次当选为《科学》杂志编辑。25日,翁文灏因鉴于地质调查所内人员平日分类研究,互相研讨机会极少,发起成立讲学会,并拟定讲学会缘起及章程,规定讲学会由所长主持,每周举行一次。9月25日,翁文灏出席中国地质学会为欢迎英国皇家学会前会长、伦敦大学人类学家史密斯在地质调查所举行的特别会议,并发表学术讲演,介绍了周口店中国猿人发现和研究经过。同月,翁文灏为专心从事科学研究工作,在接受中基会的科学研究教席后,辞去了清华大学地理学系教授和农矿部技监的职务;在《地学杂志》第18卷第3期上发表《清初测绘地图考》一文。

　　按:翁文灏根据中外文献著述,详细考证了清初康熙年间康熙聘用西方传教士编绘《大清一统舆图》的经过和主要成果,特别对其测绘地图的尺度、测绘地图之次序和范围、所根据的经纬度等,进行了详细系统的考证。翁文灏认为:"清初测量地图,不但奠定了中国地理之基础,亦实为世界地理之一大贡献。"翁文灏的工作,成为后来他与丁文江、曾世英编制申报馆地图的基础。该文被认为是"一篇十分重要的历史地理学著作"和中国科学史的优秀著作。

　　翁文灏10月7日下午到北京大学听史密斯讲演。10日,地质调查所展览周口店发掘的猿人头骨及同时代动物化石,胡适等到所参观。20日,翁文灏与胡适、金绍基、周诒春、颜惠庆等协和医学院董事及丁文江等在地质调查所商谈协和医学院事。25日,翁文灏等60余人在地质调查所出席中国科学社北平社友会。同月,翁文灏辞去清华大学地理学系主任职,任名誉系主任及名誉教授。11月12日,翁文灏自南京下关乘"洛阳丸"赴四川考察地质,同行入川的有任鸿隽、孙学悟等,时称"三学者入川"。28日抵重庆后,翁文灏得知,地质调查所技师王恒升11月17日在黑龙江省胪滨县(满洲里)调查地质之时,被苏联边防军骑兵以越界勘查之名逮捕。立刻与南京政府有关部门联系,经驻俄大使与苏联外长加拉罕当面交涉,王恒升12月2日被释,3日返回胪滨。翁文灏6日接北平电,知其已被释。12月,因南京政府农矿、工商二部合并为实业部,故地质调查所亦改称为实业部地质调查所。是年,地质调查所受中基会委托成立土壤研究室,从事中国土壤调查与研究。翁文灏聘请美国土壤学家潘德顿(Pendleton)来华指导工作;地质调查所地震研究室正式成立。自海原地震后,翁文灏开始着手地震研究工作,并决定建立一个现代地震观测台。又在《北京大学自然科学季刊》第1卷第2期发表《中国金属矿床生成之时代》;在《北京大学月刊》发表《北京猿人学术上的意义》;在《北京大学自然科学季刊》2卷第1期发表与王绍文合著《蒙古山西及江苏黄玉结晶之研究》。(以上参见李学通《翁文灏年谱》,山东教育出版社2005年版;潘云唐《翁文灏年谱》,《中国科技史料》1989年第4期;高平叔编著《蔡元培年谱长编》,人民教育出版社1996年版;中国大百科全书总编辑委员会《中国大百科全书·考古学》,中国大百科全书出版社2002年版;胡宗刚《胡先骕先生年谱长编》,江西教育出版社2007年版)

　　谢家荣是年春在德国完成了长篇论文"A Preliminary Report on the Microstructure of Chinese Coal"(《华煤显微结构的初步研究报告》),并有107幅插图。英文文稿存全国地质资料馆和北京大学档案馆。其主要内容一部分于1931年2月以《国产煤之显微镜研究》为题发表在《矿冶》第4卷第15期,另一部分则于1932年12月以《华煤中之植物组织及其在地质上之意义》为题发表在《中国地质学会志》第11卷第3期。此文是谢家荣自1928年由中日赔偿基金会派遣留学欧洲以来的代表性成果,具有开创中国矿相学与奠基中国煤岩学的重要意义。2月4日,谢家荣夫妇(谢家荣夫人于1929年4月从国内抵达柏林)离开弗莱堡并于当晚抵达巴黎。在停留巴黎的这三个多月里,除读法文外,谢家荣还曾到巴黎的矿物研究所和实验室工作,结识了法国矿物学家奥赛尔(J. Orcel)等人。5月17日,谢家荣夫妇离开巴黎,次日抵达柏林并踏上归国旅程。5月20日抵达莫斯科,后取道西伯利亚,经伊尔库茨克(5月25日),于5月27日回到国内。任著名实业家金沁园捐款所建的实业部地质调查所技正兼沁园燃料研究室名誉主任,专门从事煤炭、石油及有关地球化学等方面的研究。10月,谢家荣在德国的煤岩学主要研究成果发表在《中国地质学会志》第9卷第3期,即"A Preliminary Petrographical Study of the Peipiao Coals"(《北票煤之煤岩学初步研究》)和"A Some New Methods in Coal Petrography"(《煤岩学研究之新方法》)两篇文章,其中《煤岩学研究之新方法》的发表震动了国际煤岩学界,是谢家荣对世界煤岩学的重要贡献,煤岩学的几位先驱人物纷纷致信谢家荣盛赞,正是这篇文章以及他的其他煤岩学研究成果,奠定了他作为国际煤岩学先驱之一的地位。(参见张立生《谢家荣:成就辉煌的访学之旅》,《中国科学报》2019年9月20日)

杨钟健继续任地质调查所新生代研究室副主任。与北京师范大学历史系学生王国桢女士结婚,婚后第九天,即参加由美国自然历史博物馆组织的中亚考察团,去张家口一带作地质调查。所著《周口店鸡骨山哺乳类化石》,列入《中国古生物志》丙种第7号第1册,由地质调查所印行;《中国东部及蒙古地质之比较》(与德日进合著)、《周口店之变态骨化石》二文刊于《中国地质学会志》第9.卷第2期。(参见王仰之《杨钟健年谱》,《西北大学学报》1983年第2期)

胡先骕3月初派遣唐进、汪发缵赴四川进行植物标本采集。入川未久,唐进患病,返江苏吴江休养;汪发缵返北平。此行采集收获无多。同月28日,秦仁昌得中华文化教育基金董事会之资助,将赴丹麦京城大学学术访问,临行之前自南京致函胡先骕。4月,静生所委员会第五次会议召开,会议主席任鸿隽。胡先骕列席会议,报告所务。同月,胡先骕编纂《植物学小史》,并作自序,收入《万有文库》第1集,由商务印书馆出版。是书为编译之作,原著按年代叙述,此按学科分节,如植物形态解剖学、植物分类学、植物生理学、植物遗传学及植物生态学等,为中文植物学史最早的著作。

按:胡先骕自序云:"是书之编纂,十九取材于英国哈维吉布生教授(Prof. R. J. Harvey-Gibson)所著之《植物学史纲要》(Outlines of the History of Botany)。是书纠正萨格斯所著《植物学史》之谬误甚多,较之他人之作简明而详尽。然为初学计,仍微嫌其过详,且将各门植物科学混合而按时代以叙述之,初学读之不易明晰。故略加删节而将其所述之史料分纳于各门植物学中而叙述之。同时关于隐花植物与显花植物分类学则较原书颇有所增益,而于最近所研究之原始叶绿素与光合作用各问题,亦为原书所未及而增入者也。"

胡先骕收到秦仁昌6月6日发自丹麦的信函,告知旅途情况、拜见克利斯登先生经过和预计研究之工作,并建议胡先骕向中基会申请一笔特别经费,用于在欧洲各植物标本馆摄制模式标本照片。7月15日,秦仁昌自丹麦来函,报告其工作进展,并再次请胡先骕为摄制中国植物模式标本照片筹措经费。8月2日,秦仁昌在伦敦致函胡先骕,告知其对丘园标本馆之印象及将要开展的工作。同月,经陈望道推荐,蔡希陶入静生所,任植物部助理;第五届国际植物学会议(The Fifth International Botanical Congress)在英国剑桥大学召开,陈焕镛、秦仁昌等5位中国代表与会。会议选举陈焕镛、胡先骕为国际植物命名法规委员会委员,是为我国植物学家加入国际植物学会及其命名法规委员会之开端;胡先骕校阅张我军译著《人类学泛论》一书,由神州国光社出版。

按:张我军《译者赘言》曰:胡先骕博士之校阅本书,不是"挂名"的,他不但与我以许多有益的注意和指导，使我自已修改一遍；并且费了两三个月的工夫，把我的译稿细阅一遍，改了不少专门用语，而不妥的字句，也经他修改。他这种负责的校阅，自是学者纯正的态度。惟挂名校阅盛行的今日，这种忠于职责的学者，实在不可多得，所以不独译者，便是读者也应该感谢的。本书第五章第三节《人类化石》之系列中之七的北京人，之十的半猿人，为原书所没有，经胡博士所补的。而本节最末一段补语，也是胡博士所补的，为的不消说是要使本书成为更其完全的人类学的入门书。

胡先骕 9 月上旬在胡适所拟定的中基会编译委员会组成人员名单中，被列为中基会编译委员会委员。10 日，任鸿隽主持召开中基会第二十九次执行、财政委员联席会议，议决胡先骕所请拨付美金二千元予静生生物调查所，用于秦仁昌在欧洲各博物馆摄制所藏中国植物模式标本图像。秦仁昌来到丘园之后，即开始此项拍摄工作。28 日，在美国留学之李良庆来函问学，欲与国内植物学界建立广泛的联系，始与胡先骕相过从。同月，在《东方杂志》第 27 卷第 9 期发表《斯末资将军之全化论》一文。10 月 13 日，静生生物调查所委员会在欧美同学会召开第六次会议，胡先骕列席会议，并报告植物部之工作。10 月 25 日，10 月 25 日，胡先骕等六十余人在地质调查所出席中国科学社北平社友会。是年，胡先骕之于植物学研究，除继续中国植物系统学研究外，还从事古植物学研究，研究地质调查所在绥远所采集的植物化石。（参见胡宗刚《胡先骕先生年谱长编》，江西教育出版社 2007 年版）

任鸿隽 2 月 9 日出席中华教育文化基金董事会假上海礼查饭店举行第四次常会。4 月，任鸿隽主持静生所委员会第五次会议。7 月 2 日，任鸿隽出席在南京举行的中基会第六次董事年会，报告本年度各项事业进展情况；决定改组科学教育顾问委员会为编译委员会，聘胡适为委员长；改订设立科学研究教授章程。8 月 12—17 日，任鸿隽出席在青岛大学举行的科学社第十五次年会。9 月 10 日，任鸿隽主持召开中基会第二十九次执行、财政委员联席会议，议决胡先骕所请拨付美金二千元予静生生物调查所，用于秦仁昌在欧洲各博物馆摄制所藏中国植物模式标本图像，并由任鸿隽决定此照片存于静生所。秦仁昌来到丘园之后，即开始此项拍摄工作。10 月 25 日，任鸿隽等六十余人在地质调查所出席中国科学社北平社友会。（参见樊洪业、潘涛、王勇忠编《中国近代思想家文库·任鸿隽卷》及附录《任鸿隽年谱简编》，中国人民大学出版社 2015 年版；胡宗刚《胡先骕先生年谱长编》，江西教育出版社 2007 年版）

陶孟和继续任北平社会调查所所长。2 月 8 日，中国社会学社在上海成立，陶孟和与孙本文、吴景超、潘光旦等人为理事。3 月，北平社会调查所创办《社会科学杂志》，陶孟和与曾炳钧任主编。该刊以阐明社会科学原理，介绍社会实际状况为宗旨，登载社会科学方面的专题研究和社会调查，对国内外出版的有关社会科学方面的书籍给予评论和介绍，后来还刊登了很多调查报告。6 月，陶孟和在北京大学《社会科学季刊》第 5 卷第 1、2 号合刊发表《社会研究的困难》。是年，陶孟和著《北平生活费之分析》由上海社会调查所刊行，此书为中国第一部采用记账法调查研究城市工人家庭生活的著作。（参见智效民《中国社会学的奠基者——陶孟和》，《文史月刊》2015 年第 10 期；王学典《20 世纪史学编年（1900—1949）》，商务印书馆 2014 年版）

汤象龙自上年清华大学毕业后留任罗家伦特别研究生一年，专攻中国近代经济史，选定"鸦片战争的经济背景"作为研究课题，一年后写出了《道光时期的银贵问题》。7 月，汤象龙离开清华大学，应聘到北平社会调查所，继续从事中国近代经济史的研究。9 月，汤象龙《道光时期的银贵问题》一文刊于社会调查所《社会科学杂志》第 1 卷第 3 期，文中利用大量清代档案论证了道光时期由于鸦片大量输入，中国白银大量输出，清政府因此严格禁烟，外国侵略者为了维护其掠夺的既得利益而诉诸武力，最终导致鸦片战争爆发，这是当时学术上的一个创见。此为汤象龙学术生涯中的第一篇论文,也是我国第一篇从经济角度研究鸦片战争发生背景的专题论文,为汤象龙的近代经济史研究奠定了基础。时年21岁的汤象龙深受所长陶孟和的赏识,此后在北平社会调查所和中央研究院社会科学研究所任职长达13年。是年至1937年,汤象龙带领北平社会调查所的工作队伍,共抄录12万件关于清代经济的原始档案。这批抄录的档案至今仍然是中国社会科学院经济研究所的"镇所之宝"。(参见杨祖义、赵德馨《特殊的贡献,特殊的地位——纪念汤象龙先生100周年诞辰》,汤象龙研究室编《中国经济史学科的主要奠基人:汤象龙先生百年诞辰文集》;庚向芳《汤象龙经济史学思想探析》,杨共乐《史学理论与史学史学刊》2020年上卷,社会科学文献出版社2020年版;参见王学典《20世纪史学编年(1900—1949)》,商务印书馆2014年版)

　　王士达在北平社会调查所《社会科学杂志》第1卷第3期发表《近代中国人口的估计》,第1卷第4期、第2卷第1期连载。此文较为系统地梳理了近代中国人口的数量及其变化,并对相关原因等加以探索,不仅为相关研究提供了较方便可靠的数据,也有益于深入了解近代中国。(参见王学典《20世纪史学编年(1900—1949)》,商务印书馆2014年版)

　　朱启钤筹建的中国营造学社2月在北平正式创立,以天安门内旧朝房为办公地点,朱启钤自任社长。中国营造学社发轫于中国建筑学者在美国庚款资助下于1929年开始的关于《营造法式》的系列主题讲座。后来渐成气候,从松散的个人的学术讲座发展成有组织的学术团体。学社从事古代建筑实例的调查、研究和测绘,以及文献资料搜集、整理和研究,编辑出版《中国营造学社汇刊》,为中国古代建筑史研究作出重大贡献。

　　易培基继续任国民政府行政院农矿部长兼国立劳动大学校长、北京故宫博物院院长。6月1日,故宫博物院创办《史料旬刊》,由单士元主编,专门刊载故宫博物院所藏清代文献"可供考征者",其中"珍贵材料不少",如雍正安南勘界案、乾隆二十四年英吉利通商案、乾隆朝外洋通商案、嘉庆诛和珅案、俄罗斯国喇嘛学生案、咸丰十年英法兵入京焚毁圆明园案、道光十一年查禁鸦片烟案、道光朝留中密奏等。这些清代政治、外交、宗教等方面的珍贵档案公诸于世,对研究清代历史产生了深远影响。6月6日,国民政府教育部奉令停止国立劳动大学招生,决定改组该大学。随后,劳动大学教职员开会,反对教育部令,并发表宣言。6月14日,蔡元培致农矿部长易培基及江苏省农矿厅长何玉书函,略谓:"顷据新中国农学会执行委员会主席谭熙鸿君函称:'本会常年大会,定七月十五日在苏州举行。惟此项经费尚未筹定,拟请执事代向农矿部、江苏农矿厅要求津贴若干,以资应用'云云。查新中国农学会开办以来,尚著成绩;公家对于各学会开会时酌予津贴,亦有先例;重以台端爱护学术,当蒙赞许。特为函达,还希俯允量为补助,俾得届时开会,不胜企盼。"9月24日,国民政府免去国立劳动大学校长易培基的职务。10月2日,故宫博物院理事蔡元培、李石曾、易培基、萧瑜、李宗侗等在福开森路世界社开谈话会,并邀青岛市长胡若愚参加。会后,新声通讯社记者叩询蔡先生,蔡元培谈:故宫博物院在北平。今日以到会理事不足法定人数,改开谈话会,商议结果,下次在京举行理事会议。张学良亦理事,故特邀胡若愚参加,传达意见。古物保管委员会为另一组织,会所在北平,分会在苏州。12日,易培基与吴稚晖、刘瑞恒等同乘夜快车由沪赴宁。17日,易培基与蔡元培、李石曾、竺可桢、陈绍宽、蒋梦麟、杨杏佛、宋春舫等出席在南京中央研究院总办事处举行的中国海洋研究所筹备会。11月,农矿、工商两部合并为实业部,由孔祥熙任部长,易培基的农矿部长职务亦被相应免去,易遂北上专理故宫博物院事务。12月4日,易培基被国民政府任命为北平师范大学校长。(参见高平叔编著《蔡元培年谱长编》,人民教育出版社1996年版;马勇《蒋梦麟传》,河南文艺出版社1999年版;王

学典《20世纪史学编年（1900—1949）》，商务印书馆2014年版）

　　傅增湘继续任故宫博物院图书馆馆长。2月1日，傅增湘于香山松云别墅撰《朝鲜刊本纂图互注周礼跋》。15日，观元刊本《新刊琼琯白先生玉隆集六卷》，此为朱希祖见示，曾为日本人所藏。4月7日，《国闻周报》第13期出版，开始连载傅增湘之《静嘉堂文库观书记》，直到第18期。14日，于藏园长春室撰《宋衢州本居士集跋》，宋刊本《居士集》29卷，经详考细勘，参之《郡目》，证以《考异》，断为衢州本，并叙与此本之渊源。下旬，彦德、周学渊、邵继全、杨熊祥、陆衷、张恂、王玉霖、张文祁和朱文钧，同宴藏园，拜观宋衢州本《居士集》；暮春，樊增祥、高树、柯劭忞、孙雄、杭邵章、冒广生、涂凤书和朱益藩同观此书。6月2日，《国闻周报》第21期出版，开始连载傅增湘所著《东西京诸家观书记》，直到25期。7月20日，撰《宋刊本魏书跋》，忆及以善价收此书，与宋本《南齐书》成为双鉴楼中"眉山双璧"，上海涵芬楼藉此书补完宋刊《魏书》全卷，进行重印。夏，陈垣欲故宫博物院所藏《元典章》和自己所有，详校一次，傅增湘给以大力帮助。9月，开始在清华授课，讲版本目录校勘，每周两次，四小时。8月8日，撰《明本管窥外编跋》，将明人郑瑗对此书的评价录于后，待他人论定。秋，傅增湘在清华大学研究院主讲，适见何义门校宋本《李长吉诗集》，盛称其佳，刘叔雅以重金购得，并请傅为其撰跋，故傅撰《题何义门校宋本李长吉诗集》，述其源流，考其真迹。再游日本，于东京内野五郎家见宋刻《宛陵先生文集》，记其行格于册。12月13日，傅增湘与胡适会晤。23日，撰《黄荛圃校本对床夜话跋》，以此本校《学海》本，大体不同有数端，花两日而毕，共补订588字，可谓"明人刻书陋习，往往改易旧观，于是并省卷数，删落标题，而参订之人亦咸加刊削，字句之间更妄行节略，所谓传播之功不敌其妄改之罪也"。冬，撰《明钞本邵氏闻见录跋》，此本与钱磬室本佳妙相侔，互有补益。年末，自刊《双鉴楼藏书续记》两卷。是年，撰《元本韩鲁齐三家诗考跋》，以浙刊本勘之，作者认为不及《玉海》本，驳斥杨协卿盛称此书版本为佳的观点；获海源阁遗书元刊本《南史八十卷》《北史一百卷》；以二千金收宋刊元修明印本《魏书一百十四卷》，为徐梧生遗书；收宋刊本《文苑英华一千卷》之卷二百五十一至二百六十，一册。（参见孙爱《傅增湘年谱》，河北大学硕士学位论文，2012年；张光润《袁同礼研究（1895—1949）》，华东师范大学博士学位论文，2018年）

　　袁同礼1月5日以主席身份在西长安街忠信堂主持北平图书馆协会新年聚会，报告会务近况，选举新任职员。执委会7人：袁同礼、洪有丰、刘国钧、钱稻孙、蒋复璁、罗静轩、汪长炳；监察委员5人：严文郁等。21日，教育部复平馆委员会，原则同意平馆"接受呈缴图书"之事，1月23日。李拔可致胡适函，谈商务印书馆藏文正藏（102包）事，即去年移存平馆之藏文《大宝积经论》事，非仅一书而已。函中谈到"承台端与袁、钢二君一再函商移存北平图书馆，藉供学者公共参考，较得实益"。24日，梁启超家属请平馆到津点收梁启超"口头遗嘱"所寄存之全部书籍，并声明寄存事项四条。同月，教育部将平馆《合组办法》及《委员会组织大纲》呈请邢哲源鉴核备案，旋奉指令准予备案。至此，平馆管理结构正式成立，平馆实行委员会馆长制，第一届委员会由教育部聘任，嗣后即由委员会自行推补，以期"图书馆行政避免政潮"影响，"国立图书馆虽系行政系统，但其事业实属专门科学。既为学术机关，自应与政治脱离关系"，故特在馆长之上，设委员会，馆长之下设编纂委员会（主持出版事项）和八部若干组（进行日常馆务）。袁同礼为平馆委员会当然委员、书记，副馆长代理馆长，并兼期刊部主任。同时，委员会下设购书委员会、建筑委员会，协助馆长，袁同礼为建筑委员会委员。2月1日，平馆《合组办法》及平馆委员会《组织大纲》，经行政院（第231号指令)核准备案,本日由教育部训令转知。

袁同礼4月10日与张元济、任鸿隽、江翰、朱希祖、李煜瀛、胡适、傅斯年、傅增湘、福开森、蒋梦麟、罗家伦等30人联署刊发《国立北平图书馆刊行珍本经籍招股章程》7条。5月17日,教育部函平馆委员会,认可平馆十八年下半年成绩,"端绪繁难,观成匪易。该馆在短期内竟能有此成绩,具征办事努力,良深嘉慰",惟已编纂出版之《国立北平图书馆概况》等,尚未"呈部备查","嗣后如有出版书籍,并请转知一律查照办理"。5月,袁同礼撰《北平故宫博物院图书馆概况》,次月刊出。6月,《国立北平图书馆馆刊》出版"西夏文专号",刊载罗福苌《宋史夏国传集注》、向达《斯坦因黑水获古记略》等文,聚焦于西夏相关史料、图像、释文以及相关文献的研究。同月,袁同礼在《图书馆学季刊》第4卷第2期发表《北平故宫博物院图书馆概况》。7月7日,平馆函聘法国学者伯希和、美国学者劳佛担任通讯员。8月,平馆派馆员严文郁赴美国哥伦比亚大学图书馆,"由该校聘为交换馆员",为期二年,期满另由平馆举荐他人前往。严文郁之后,又有汪长炳、岳良木被派赴哥大。9月,袁同礼派馆员岳良木等去咸安宫,协同朱启钤清点穆麟德(Paul Georgevon Möllendorff)藏书。10月13日,致傅斯年函,查询借出《大正藏》事项。10月25日,朱启钤来函,谈图书寄存德人穆麟德藏书事。11月13日,袁同礼致胡适函,提议借Hall Estate之力景印《四库》。11月25日,平馆委员会函教育部和中基会,报告五次会议(十八年八月三十一日至本年六月三十日,共十阅月)议决案主要内容。12月16日,傅斯年复函,答所借《大正藏》册卷之数。是年,在《北大图书部月刊》1930年第2卷第1—2合期发表《委苑别藏现存书目》。(参见张光润《袁同礼研究(1895—1949)》,华东师范大学博士学位论文,2018年)

向达任北平图书馆编纂委员会委员,着重于敦煌俗文学写卷和中西文化交流等领域的研究,完成力著《唐代长安与西域文明》。1月10日,向达《明清之际中国美术所受西洋之影响》刊于《东方杂志》第27卷第1号"中国美术专号"上。9月,(英)Charles Bell著,宫廷璋译述,竺可桢、向达校订《西藏史》由商务印书馆出版。此书为"史地小丛书"一种,介绍了西藏的地理、历史、政治、宗教、英国对西藏的"远征"等情况。同月,又被商务印书馆以《西藏之过去与现在》为题收入"地理丛书"中出版。12月,向达在《国立北平图书馆馆刊》第4卷第6号发表《汉唐间西域及海南诸国古地理书叙录》,同月,(美)班兹著、向达译《史学》由商务印书馆出版。该书翻译自1925年出版的The History and Prospects of The Social Sciences第一篇。全书共分三章:史学之性质及其目的、史著进展中之几种重要现象、新史学或综合史学。

按:班兹(又译巴恩斯)是20世纪初美国"新史学"倡导者鲁宾逊的弟子,受其《新史学》一书影响很大。全书以"新史学"派的理论方法,评价过去传统史学的发展及其特征,阐述了"新史学"派若干年来历取得的成就及其发展趋势。本书是我国30年代译介的"新史学"派理论著作中较有影响的一部。1934年收入何炳松、刘秉麟主编《社会科学小丛书》,改题《史学史》。1940年又列为《社会科学史纲》第1册《史学》出版。1931年北平文化学社印行雷震译《西洋史学进化概论》,是《史学》同文异译本。雷震翻译过程中曾得到与鲁宾逊学派颇有渊源的黄文山、陆懋德、黄哲公的多方指点。(参见王学典《20世纪史学编年(1900—1949)》,商务印书馆2014年版)

谢国桢继续任职于国立北平图书馆。2月,在《国立北平图书馆馆刊》第4卷第1号发表《晚明流寇史籍考》,第2、4号连载。同月9日,于国立北平图书馆撰成论文《清初东南沿海迁界考》,后刊于12月北京大学《国学季刊》第2卷第4号。9月,谢国桢为编纂《晚明史籍考》,除利用北平图书馆的丰富藏书外,得傅增湘帮助,启程赴江浙访书。此在谢国桢的学术生涯中极为关键,不仅为编纂《晚明史籍考》丰富了内容,同时也使他结识了像张元济这样乐于提携后进的前辈,且对江浙一带的丰富藏书有了具体感受,开启了他以后兴趣盎然地屡屡赴江浙访书的端绪。19日,谢国桢启程南下。22日抵沪,在上海访书。傅增湘为之致信上海商务印书馆的张元济,要他为谢国桢提供帮助。11月1日,谢国桢自上海到南京访书,于南京龙蟠里的国学图书馆(原钵山精舍)始识馆长柳诒徵(翼谋),且得其助在馆中住读。其间见到旧友刘国钧(衡如),并结识了胡小石、缪凤林、李小缘等。故在稍后到南京中央大学任教时多得缪、李的帮助。7日,由南京到苏州访书。10日,由苏州到浙江湖州南浔刘氏嘉业堂访书。16日,由南浔到浙江平湖葛氏传朴堂访书。12月,所著《顾宁人先生学谱》出版。(参见牛建强《谢国桢先生年谱》,《明史研究》2010年第1期;王学典《20世纪史学编年(1900—1949)》,商务印书馆2014年版)

王重民任北平图书馆编纂委员会委员兼索引组组长。拟编《清代文集篇目分类索引》,乃留意清人文集的编纂,先编出《越缦堂文集》12卷出版,后编有《杏花香雪斋诗》二集10卷及《越缦堂文集补遗》若干卷。可惜后两种稿本已散佚。又辑录有关清代人掠美的著作若干种,拟编为《清代掠美集》,但尚未出版,稿本散失,仅有《清代掠美集发题》一文刊于是年《中华图书馆协会会报》第5卷第6期。

按:因王重民在1934年曾被派到法国国家图书馆工作,直至1947年才回国,他的藏书和旧稿稿本均藏于北平亲友家,回国后,稿本散佚很多。(参见刘修业《王重民教授生平及学术活动编年》,载王京州编《河北近现代学者年谱辑要》,国家图书馆出版社2017年版)

陈大齐继续任北京大学代理校长。3月8日,《北京大学日刊》报道,教育部训令国立北京大学:案准中央检定党义教师委员会来函,敝会依据中央第三十三次常务会议决议,业由戴传贤、蒋梦麟、叶楚伧、何应钦、刘芦隐、陈立夫、桂崇基等七委员组织成立,即日在中央党部内开始办公。敬请贵部通令教育行政机关、各大学、及专门学校,转令现任或有志于大学及高等专门学校党义教师者,务须遵照敝会所订各种规章,克日前来检定。附发:中央检定党义教师委员会章程,受检定者须知,检定各级学校党义教师条例,中央检定党义教师委员会常务委员会组织及办事规则各一件。28日,本届教务长改选,何基鸿当选。5月4日,国立各大学校院长陈大齐、李燕、段憩棠、徐炳昶、刘复等,联合致电教育部长蒋梦麟,说明欠费将及半年,催索毫无结果,请准辞职。6月1日,《北大学生》创刊号载《北大学生》发刊辞略谓:联合全校各系同学自动的组织一公共刊物,来研究学术,交换知识,那便要推这次《北大学生》为嚆矢。7月25日,代理校长陈大齐三次向教育部呈辞职书。8月4日,代理校长陈大齐电教部辞职。5日,教育部电陈大齐请维持校务,万勿固辞。7日,代理校长陈大齐复电教育部,万祈速简贤能,俾免校务中断。10月7日,北大学生会电教育部请转呈国府收回准蔡元培辞北大校长职之成命,并代催蔡公速即莅校主持。13日,本届评议员选举开票结果:王烈、何基鸿、马裕藻、刘复、沈兼士、樊际昌、胡适、朱希祖、朱锡龄、王仁辅、贺之才、马衡、夏元瑮13人当选。15日,校评议会议决通过组织、财务、聘任、仪器、庶务、学生事业各委员会委员名单。21日,《北京大学日刊》载北大蔡校长辞职后,陈代校长现又决意辞职,以此无校长情形恐影响求学前途,学生会为此决定今日召开全体同学大会,讨论校长问题。12月4日,国民政府令,任命蒋梦麟为国立北京大学校长。代理国立北京大学校长陈大齐著毋庸代理。(参见王学珍等编《北京大学纪事(1898—1997)》,北京大学出版社1998年版)

蒋梦麟11月27日向国民政府辞去了教育部长的职务。因在是日前夜,国民党元老吴稚晖突然来到教育部,用指头一点蒋梦麟说道:"你真是无古大臣之风。"刘半农得知此事之后,曾赠蒋梦麟一方闲章,文曰:"无大臣之风。"12月4日,蒋梦麟受命担任北京大学校长。10日,教育部令北京大学:学生应凛古人思不出位之训诫,奉总理三民主义为依归,不得干预教育行政。如有越规者,惟有执法严绳,决不稍事姑息。令仰该校布告全校一体凛遵。17日,《北大学生周刊》第1卷第2期刊载傅振伦的《北大研究所考古学会在学术上之贡献》一文。文章从资料搜集、古迹调查、边疆探检、遗迹发掘、古物形象的流传、审订与编次诸方面,总结了从1922年设立考古学研究室及陈列室以来的工作成绩。22日,学生代表夏次叔等8人赴蒋宅欢迎蒋梦麟任北大校长。23日,蒋梦麟就任北京大学校长,原代校长陈大齐回南京后任考试院秘书长。全校开大会欢迎,蒋梦麟发表演说,表明不歌高调要切实办学。刘半农在北大欢迎新校长蒋梦麟的大会上讲话。27日午间,周作人、温源宁、杨丙辰等在德国饭店共宴蒋梦麟、陈大齐等北大同人共21人。此后直到抗战胜利,15年间,蒋梦麟始终是北大的行政负责人,是北大历史上掌校时间最长的一位校长。(参见王学珍等编《北京大学纪事(1898—1997)》,北京大学出版社1998年版;马勇、黄令坦编《中国近代思想家文库·蒋梦麟卷》及附录《蒋梦麟年谱简编》,中国人民大学出版社2015年版;马勇《蒋梦麟传》,河南文艺出版社1999年版;徐瑞岳编《刘半农年谱》,中国矿业大学出版社1989年版;张菊香、张铁荣主编《周作人年谱》,南开大学出版社1985年版;高平叔编著《蔡元培年谱长编》,人民教育出版社1996年版)

马衡1月17日致北京大学代校长陈大齐函,辞图书部主任职。同日陈大齐复函挽留。19日,马衡再次致函陈大齐代校长,婉拒留任劝勉。同日,马衡出席《国学季刊》委员会第二次会议。21日,王文弼自迪化致函沈兼士、马衡,述此次西北科学考查团之行的艰苦历程。2月,马衡以评议员身份加入朱启钤创建的中国营造学社。3月6日,马衡以北大考古学会主席的身份,主持召开了考古发掘燕下都的讨论会。9日,马衡与常惠出面在北平东华门大街东兴楼宴请直隶第八中学校长王观光,中国农工银行总经理、易县原县长常朗斋,易县望族陈云诰,河北教育厅厅长沈尹默,北大校长陈大齐,北平研究院副院长李书华,北平研究院中国史学会研究员李宗侗及中央研究院历史语言研究所主任李济等人,商议燕下都考古发掘事宜。4月,由北京大学考古学会与北平研究院及古物保管委员会合组"燕下都考古团",马衡为团长,团员包括傅振伦、孟桂良、常惠、王庆昌、庄严、王宪章等人。同月7日,马衡在北大第二院大讲堂讲演《燕下都调查及发掘计划》。23日,马衡率"燕下都考古团"由北海团城出发,乘汽车奔赴易县。27日,"燕下都考古团"在河北易县首先对燕下都故城老姆台进行发掘,马衡与来宾一起举行开掘礼。此为北大考古学会自成立以来开展的最大一次考古活动,同时标志着燕下都科学考古发掘的开始。29日,易县城角村发生了针对考古团的哄抢事件。31日,燕下都考古发掘工作仅持续月余就不得不提前中止。此次考古发掘历时35日,考古团收获了包括瓦当、陶器、铜器在内的大量文物,共出土历代古物201袋又26箱,包括陶器、石器、铁器、瓷器、钱币、兵器、砖瓦、瓮棺等,其中以燕国者为最多,而建筑品又居其大半。傅振伦、常惠等发掘亲历者陆续发表了燕下都的相关研究成果。包括常惠的《燕下都故址调查报告》《易县燕下都考古团发掘报告》,傅振伦的《燕下都考古记》《燕下都城址内外土台之考究》《燕下都遗迹考》等,为学者研究燕国乃至先秦时期的政治、经济、社会、文化等提供了宝贵的实物资料,并为日后燕下都遗址的全面发掘和保护打下了基础。燕下都遗址后于1961年被国务院公布为第一批全国重点文物保护单位,又在2001年被评选为"中国20世纪100项考古大发现"之一。

　　按:燕下都故城位于今河北省易县城东南,为战国时期燕国都城,是目前已发现的战国都城中最大的一座。燕下都遗址保存有丰富的物质文化遗存,故城内外历年皆有古物出土,因而引起中外学者的关注和文物贩子的觊觎。1929年,为了阻止私人盗掘,马衡与时任河北省教育厅厅长的沈尹默商议,将河北作为北大考古学会的考古基地,并于当年11月偕傅振伦、常惠对燕下都遗址进行实地调查。根据本次调查以及周密部署,"燕下都考古团"决定首先对燕下都故城老姆台进行发掘。老姆台台基占地二十亩,高八米余。台上墙垣痕迹尚存,西北隅缺口,似为门迹。中央土阜直立,高约二米,下周十米,其上平正,整体为截头圆锥体形,似为某种古代建筑,当地人呼之曰塔。台之南面分为三级,高二至三米、宽二至五米不等。其他诸面层坡颇不整齐。发掘活动初分台上为四区进行,东北部为第一区,东南部为第二区,西南部为第三区,西北部为第四区。后又开掘台下北面苇塘东部之地,为外一区,复于台东三百余米之东岗上开掘数处,为外二区。发掘工作自4月27日起至5月31日止,共计三十五日,每日雇工多至四十余人,少则十余人不等,每有一物出土必详记其情形。其间于5月29日因遭到孙殿英勾结当地地痞的威胁与破坏,易县城角村发生了针对考古团的哄抢事件,使得发掘工作仅持续月余就不得不提前中止。事情的起因缘于1928年军阀孙殿英东陵盗墓引起文化界声讨。当时马衡力主严惩,为孙殿英所忌恨,曾扬言报复马衡,此次哄抢案孙殿英恣意所为。考虑到马衡人身安全,考古团决定终止这次发掘,马衡先期离开易县,辗转上海、杭州避难,考古团其余人员于6月16日返回北平。同时将出土古物先交由易县文化事业同志会,后于1931年由庄尚严和傅振伦先生运回北平北海团城保存。此后,燕下都遗址经历次考古发掘,累计出土文物数万件,并于1961年被国务院公布为第一批全国重点文物保护单位,又在2001年被评选为"中国20世纪100项考古大发现"之一。

马衡于5月31日提前中止燕下都考古发掘工作后,离开易县南下。6月14日,马衡由胡适陪同,走运河南下通州经上海辗转抵达杭州避难。10月13日,马衡当选为北京大学1930—1931学年年度评议会评议员。19日,马衡由上海返回北平。秋,汉司徒袁安碑在河南偃师县城南辛家村被发现,马衡得此碑拓,作释跋,并将末字补足。11月12日,马衡赴北平研究院出席《北平志》编定委员会。同月,《北平志》编定委员会聘定陈垣、马衡、朱希祖、徐旭生、顾颉刚、李宗侗、翁文灏7人为委员。12月17日,马衡为挽救国宝、巩固国防事,草拟签发古物保管委员会致南京政府公开函。18日,马衡任北京大学古器物学、金石学导师。同月,马衡为方介堪著《古玉印汇》作序。是年,马衡整理易县考古发掘资料,与傅振伦合作编写《本会与北平研究院、北京大学考古学会合组燕下都考古团赴易县发掘至始末》。(以上参见马思猛《马衡年谱》,故宫出版社2021年版;方遥《马衡:中国近代考古学奠基人》,《中国社会科学报》2021年3月10日第2122期)

刘半农1月12日出席国语统一筹备委员会会议。会议讨论拟设国语运动文献馆、开办国语传习机构等提案。16日,刘半农在《北新》半月刊第4卷第1—2期上发表杂文《北旧》。此文1929年12月作于北京,系应李小峰之约,为《北新》要出"特号"而撰写的,所谓"北旧"乃是对"北新"而言。他认为"现在的北平,比以前萧条得多了",车少人稀、商店倒闭、饭局清淡,并建议"把北平所有的文物机关归一个总,然后按着性质,重新分类,重新定出一个有系统的,合于科学规律的办法出来"。接着,他对安得思为团长的美国"中亚考古团"来华盗窃古物的事件详加披露并抨击了美国纽约天产博物院院长欧司本、美国国务卿史汀生,以及当时中国驻美大使、外长等人。19日晚,刘半农在外交大楼为瑞典学者斯文赫定65岁诞辰举行祝寿会。出席者有刘半农、张继、罗家伦、李书华、陈大齐、徐炳昶等人。同月,刘半农主编《辅仁学志》的第2卷第1期。

刘半农2月15日在《辅大校刊》第4号上发表《教务长刘复致署名新生书》。2月,译作《比较语音学概要》作为中华教育文化基金董事会编委会主编大学丛书之一,由上海商务印书馆出版。署名法国保尔巴西著、刘复译,赵元任作序。同月,与李家瑞合编《宋元以来俗字谱》,作为国立中央研究院历史语言研究所单刊之三,由中央研究院历语言研究所刊印出版,成为简体字运动中的重要著述之一。4月17日《北大学生》月刊编委会召开第6次会议,决定聘请刘半农为顾问。28日,南京政府教育部任命其为国立北平大学女子文理学院院长。同月,刘半农作《辅仁大学的现在和将来》于北京,此系作者与辅仁大学学生谈话的记录稿。5月4日,刘半农答北京《世界日报》记者问,就整顿北平大学女子文理学院诸事宜,发表了自己的看法。5日上午,刘半农就任国立北平大学女子文理学院院长职。办理接收手续,并分别向教职员和学生发表讲话。同日,刘半农作《与女院学生谈话》。20日,刘半农出席北大研究所国学门委员会,讨论研究所组织法及规章制度等问题。23日,刘半农担任中法大学《中法教育界》编辑委员会常务委员。25,出席北大校务会议。由于第四届校务会议主席和常委任期已满,女子文理学院院长刘半农继任第五届校务会议主席。俄文法政学院院长段憩棠、女子师范学院院长徐炳旭继任常委。31日,刘半农主持北大第39次校务会议,讨论向教育部催索积欠经费等问题。

刘半农6月1日下午出席北大女子文理学院欢迎新院长和欢送毕业生的全体大会,并在会上致答辞。3日,与白涤洲、魏建功、敖士英等人,将在北大语音乐律实验室中历时年余记录的70余种方言,编成《调查中国方音用标音符号表》。6日,率女子文理学院应届毕业生,参观北大语音乐律实验室。7日中午12时,与陈大齐、何基鸿等人在"云兴楼"设席宴请胡适。14日上午,在北大办公处,接待索取欠薪的北大教职员工会委员。同日,12时半,主持北大第41次校务会议,讨论向教育部催索积欠经费问题。会后,与北大教工代表去银行商借教育经费。17日中午,主持北大临时紧急会议,讨论筹措经费问题。下午,再次赴银行商借教育经费。21日中午,主持北大校务会议。会议进行期间,为解决工学院风潮,接见该院代表;又接见了索取欠薪的女附中教职员。女附中教职代与女子师范学院院长徐炳昶发生冲突,徐炳昶被殴打。24日,刘半农就女附中教职员代表与女子师范学院院长徐炳昶发生冲突事,答"时闻社"记者问。27日上午,刘半农赴北平地方法院,向该院检察处首席检察官陈述女附中教职员代表与女子师范学院院长徐炳昶发生冲突的事件经过。28日,做《六月二十一日北平大学办公处不幸事件刘复的目证录》,函寄北平地方法院参证。同月,在《北大学生》第1卷第1期发表论文《"四声模拟器"之创制》,该文1929年12月15日"书于北京寓庐"。

刘半农7月1日主持北大临时校务会议;接待女子师范学院代表;商谈女附中问题。2日,在《世界日报·教育界》上发表《六月二十一日北平大学办公处不幸事件刘复的目证录》。12日,主持北大校务会议,讨论女子师范学院院长徐炳昶辞职等事宜。20日,主持北大第44次校务会议。因校务会议五届主席及常委任期已满,改任为第六届校务会议常务委员。夏,测试故宫所藏乐器的音律,单钟磬两项,就鉴定了500多件。应北新书局之约,利用余暇,为高中学生编写《中国文法讲话》。9月,在国立北京大学《国学季刊》2卷3号发表论文《明沈宠绥在语音学上的贡献》,该文系1929年6月23日在北大国文学会上的演讲稿。10月1日上午,在辅仁大学开学典礼上致词。15日,出席北大第51次校务会议,再次讨论向教育部催索积欠经费问题。同日,出席北大评议会,被推选为北大评议会书记,兼北大聘任委员会委员。同日,因蔡元培在9月份辞去北大校长职务,代理校长陈大齐也请求辞职,故被北大教授会推举为代表之一,拟赴南京挽蔡元培先生留任。19日,刘半农作为北大教授会代表,赴宁前,就北大校长问题答记者问。

刘半农10月27日离京赴津,转车南下。14日,自宁返京。当日晚,出席北大评议会为其举行的公宴,报告南下接洽经过。17日上午,向北大师生报告南下接洽经过。12月5日,作《刘教务长致各教授函》,刊于10日辅仁大学《辅大校刊》,函请各教授察核新课程表。13日,刘半农与陈垣、陈寅恪、赵元任、李济、朱希祖、林语堂、傅斯年等联名发起"编著蔡子民先生六十五岁纪念论文集"。17日,在北大32周年校庆纪念会上发表讲演。同日,胡适40岁生日,刘半农与赵元任等人联名送贺诗。晚,出席胡适为庆祝40岁生日而举行的家庭宴会。23日,在北大欢迎新校长蒋梦麟的大会上讲话。同月,刘半农兼任辅仁大学附中高中部主任。是年,刘半农将1925年创制的"普高推断尺"改进为"最简音高推算尺";将"刘氏音鼓甲种"改进为"刘氏普鼓乙种";在《国立中央研究院历史语言研究所集刊》第1本第2分册上发表论文《声调之推断及"声调推断尺"之制造与用法》。(以上参见徐瑞岳编《刘半农年谱》,中国矿业大学出版社1989年版;曹波、万兵《刘半农小说著译学术年谱(1913—1920)》,《广西社会科学》2020年第1期)

周作人1月5日作致胡适信,信中说:"近一年来在北京毫无善状可以奉告,文章简直不曾做,不过偷闲读一点杂书,稍广见闻而已。"8日,往北大二院赴图书委员会会议。21日,往扶桑馆访日本作家志贺、里见二人。23日,在家招宴志贺、里见二人、钱稻孙、徐祖正、松村亦来。2月1日,作致胡适信,信中说:"近六七年在北京,觉得世故渐深,将成'明哲',一九二九年几乎全不把笔,即以前所做亦多暮气,偶尔重阅,不禁怃然。"2日,作《关于〈古希腊恋歌〉——质李金发先生》,刊于3月《开明》第21号。8日,作致俞平伯信。23—28日,翻译日本松本文三郎的《从小乘戒到大乘戒》,连载于3月5、6、7、10日《益世报·副刊》第79—82期。18日,得北新书局寄《过去的生命》诗集20册。23日,梁遇春来访。3月4日羽太信子的父母羽太石之助夫妇自日本来北平。11日作致废名信。18日,在《益世报·副刊》第88期发表《中年》,文章中说:"少年时代是浪漫的,中年是理智的时代""然而中国凡事是颠倒错乱的,往往少年老成,摆出道学家超人志士的模样,中年以来重新来秋冬行春令,大讲其恋爱等等。"25日,代寄给郁达夫北京大学、北京师范大学聘书二件。31日,作《金鱼》,刊于4月17日《益世报·副刊》第107期,以及1931年3月10日《青年界》第1卷创刊号,以奚落的口气讽刺、攻击左翼文艺运动。

　　按:左翼作家联盟成立以后,周作人写了大量影射攻击左翼文艺运动的文章。如,他攻击一些转向左翼的作家,是跟着青年跑,是投机趋时;他不加分析地把当时宣传革命思想反映革命要求的文学视为"载道文学""专讲某一种套话"的"八股""策论""应制文";他反对文艺上一切必要的斗争,大力宣传无是非观念,把一切文步上的思想斗争,都说成是"缺少绅士态度"的"我骂他或他骂我";他配合林语堂等起劲地鼓吹"抒写性灵"的"闲适小品",并抗拒鲁迅等左翼作家对他们的批评。固然,在当时左翼文艺运动的初兴时期,一些左翼作家在理论斗争或创作实践中也确有某些简单化或标语口号化的错误或倾向,但周作人对左翼文艺运动的立场和态度,从总体上说是错误的。如在这篇赋写"金鱼"的闲适文字的最后,作者又以奚落的口气讽刺说:"几个月没有写文章,天下的形势似乎已经大变了,有志要做新文学的人,非多讲某一套话不容易出色。"又说:"文学上永久有两种潮流,言志与载道。二者之中,则载道易而言志难。我写这篇赋得金鱼,原是有题目的文章,与帖括有点相似,盖已少言志而多载道欤。我虽未敢自附于新文学之末,但自己觉得颇有新的意味,故附记于此,以志作风之转变云耳。"

周作人4月3日作《半封回信·致锦明》,刊于4月7日《新晨报·副刊》第56号。信中说:"文学没有什么煽动能力",不过是"表现情意之具"。4日,往女子学院赴图书委员会会议。5月2日,往北平大学访陈百年,共商研究所民俗学会事。9日,为成达中学同学录写序文,交朱文讳。12 日,周作人主持的散文周刊《骆驼草》出刊,废名所撰《发刊词》谓"我们开张这个刊物,倒也没有什么新的旗鼓可以整得起来,反正一晌都是于有闲之暇,多少做点事儿",并标榜该刊"不谈国事""不为无益之事""文艺方面,思想方面;或而至于讲闲话,玩古董,都是料不到的,笑骂由你笑骂,好文章我自为之,不好亦知其丑,如斯而已,如斯而已"。该刊实际上负责编辑和发稿校对者是废名和冯至,主要撰稿人有:周作人、废名、俞平伯、徐祖正、梁遇春、徐玉诺等。19 日,在《骆驼草》第 2 期发表《论八股文》。21 日,周作人往女子学院,赴图书委员会会议。6 月 1 日,为当时北京大学俄文系教员柏刻伟编译的《蒙古故事集》作序,刊于 6 月 9 日《骆驼草》第 5 期。6 日,拟北平大学开办法、德、日、俄文高中特班议案。9 日,林徽因来访,赠所编《绿》月刊。23 日,在《骆驼草》第 7 期发表《介绍政治工作》,文中介绍并推荐了何容著的《政治工作大纲》。26 日,康嗣群来访。

周作人 7 月 5 日接待杨晦、冯文炳、徐祖正、冯至、陈翔鹤来访,共商维持《骆驼草》周刊事。11 日,沈尹默、沈兼士、陈百年、马裕藻、张子秀、藤江等人来参加中日学院之会议。28 日,往女子学院,赴院务会议。30 日,作致俞平伯信。8 月起,周作人在燕京大学休假一年。21 日,为沈启无编选的明清时代的小品文集《冰雪小品选》作序,刊于 9 月 29 日《骆驼草》第 21 期,序谓"小品文是文学发达的极致,它的兴盛必须在王纲解纽的时代"。又说"古今文艺的变迁曾有两个大时期,一是集团的,一是个人的""小品文则在个人的文学之尖端,是言志的散文,它集合叙事说理抒情的分子,都浸在自己的性情里,用了适宜的手法调理起来,所以是近代文学的一个潮头,它站在前头,假如碰了壁时自然也首先碰壁"。10 月 6 日,作致俞平伯信。又作《草木虫鱼·小引》,刊于 10 月 13 日《骆驼草》第 23 期及 1931 年 3 月 10 日《青年界》第 1 卷创刊号。

按:《小引》云:"我个人却的确是相信文学无用论的。我觉得文学好像是一个香炉,他的两旁边还有一对蜡烛台,左派和右派,无论哪一边是左是右,都没有什么关系,这总之有两位,即是禅宗与密宗。""文学无用,而这左右两位是有用有能力的。"又说:"我想文学的要素是诚与达,然而诚有障害,达不容易,那么留下来的,试问还有些什么? 老实说,禅的文学做不出,咒的文学不想做,普通的文学克复不下文字的纠缠的可做可不做,总结起来与'无一可言'这句话岂不很有同意么?""我在此刻还觉得有许多事不想说,或是不好说,只可挑选一下再说,现在便姑且择定了草木虫鱼,为什么呢? 第一,这是我所喜欢;第二,他们也是生物,与我们很有关系,但又到底是异类,由得我们说话。"

周作人 18 日乘车往天津。19 日参加中日学校十周年纪念会并接待了沈启无、朱肇洛、李霁野的来访。当日返北平。21 日,往燕京大学讲演。24 日,徐霞村、戴望舒来访。25 日,沈兼士、张子秀、沈尹默、陈百年、马裕藻、大内藤江来开会,共议中日学院事。30 日,作《艺术与生活·序二》,寄上海群益出版社,序中说:"我本来是无信仰的,不过以前还凭了少年的客气,有时候要高谈阔论地讲话,亦无非是自骗自罢了,近几年来却有了进步,知道自己的真相,由信仰而归于怀疑,这是我的'转变方向'了。"作致俞平伯信。11 月 3 日,在《骆驼草》第 26 期发表《骂人论》,文中宣传无是非观念,谓"口诛笔伐"之事,"在我看来总很缺少绅士态度了"。7 日,与俞平伯同往天津。8 日上午,在女师学院讲演《关于新文学》。下午,在南开大学讲演《日本与中国文学》。9 日,返北平。28 日,乘车赴保定,下午在河北大学讲演。29 日,在保定第二女子师范、保定第二师范学校讲演。30 日,返回北平。12 月 1 日,往北平大学,在北平大学二院讲演。11 日,作《北大的支路》,收《苦竹杂记》。文中引原北京大学校长蔡元培的话"读书不忘救国,救国不忘读书"说:"救国、革命是北大的干路""读书就算作支路""只就读书来讲,他的趋向总可以说是不错的。北大的学风仿佛有点迂阔似的,有些明其道不计其功的气概,肯冒点险却并不想获益"。并说"我希望北大的这种精神能够继续发挥下去""北大的学风宁可迁阔一点,不要太漂亮,太聪明"。20 日,作致俞平伯信。27 日午间,往德国饭店,同温源宁、杨丙辰等共宴蒋梦麟、陈百年等北大同人共 21 人。约1929、1930 年北平大学请了一位日本教授原田淑人讲考古学,实际上他讲的是中日文化交流史,由周作人担任翻译。两三次后换钱稻孙担任。(以上参见张菊香、张铁荣主编《周作人年谱》,南开大学出版社 1985 年版)

钱玄同致书魏建功提出《广韵》四十六母,以及使用略加改变形状的注音字母按照国际音标标音的办法。四十六字母:即除陈澧四十一声类外,又增"纪"纽("见"三等),"起"纽("溪"三等),"玉"纽("疑"三等),"休"纽("晓"三等);"林"纽("来"三等)五声纽。钱玄同另有《广韵四十六母标音》一篇,刊于《国语旬刊》第 9 期。又有《章草考序》刊于《师大国学从刊》第 1 卷第 1 期;《论观象制器的故事出〈京氏易〉书》刊于《燕大月刊》第 6 卷第 3 期,并载《古史辨》第三册上编。是年,单不广去世。钱玄同在追悼会上以讲述单不广的治学经验为悼词,发表了长篇演说,由何士骥先生记录、整理,刊于 4 月 21 日《大公报·文学副刊》,题为《亡友单不庵先生》。另作《单不广传》。单不广是单士厘的堂弟,是钱玄同早年的挚友,曾在北京大学、师范大学讲授"宋元明思想",钱很佩服单不广为人治学的"健实"精神。

按:钱玄同致书魏建功信载魏建功藏《先师吴兴钱玄同先生手札》影印本,所见钱玄同的《广韵》四十六母说,可与 1931 年发表的白涤洲的《广韵声纽韵类之统计》(见《女师大学术季刊》第 2 卷第 1 期)一文中所见的白氏的四十七声类说互看。(参见曹述敬《钱玄同先生年谱(上、中、下)》,《北京师范大学学报》1982 年第 5—6 期,1983 年第 1 期;曹述敬《钱玄同先生年谱》,齐鲁书社 1986 年版)

沈兼士兼任北京大学、辅仁大学教授。3 月 30 日,与北大同人陈大齐、马裕藻、马衡、钱玄同等,共同参加在北京大学第三院举行的已故北京大学教授单不庵先生追悼会。上半年,北平辅仁大学辅仁社公布本年夏令讲习会讲题、演讲者及演讲日期。沈兼士演讲的题目为《研究文字学之新趋势》。8 月 21 日,被私立北平辅仁大学聘请为该校教授。9 月 21 日,参加北京大学研究所国学门考古学会举行的赴西北科学考察人员归来欢迎会,并在会上发言。10 月 13 日,被选为北京大学评议会评议员。12 月 18 日,北京大学公布研究所国学门招收研究生通告,其中沈兼士指导科目为文字学。(参见郦千明、汪素梅《沈兼士年谱简编》,《湖州师范学院学报》2021 年第 3 期)

朱希祖 3 月 17 日在北京大学改选各系主任中,继续当选为历史系主任。20 日,与陈大齐、沈兼士、沈尹默、钱玄同、傅斯年等在《北京大学日刊》上发布《萧山单不庵先生追悼会启》。30 日,参加单不庵追悼会,出席者为北京大学及北平教育界人士,共 50 余人,陈大齐、钱稻孙、钱玄同、马裕藻、林损、杨树达等发表演说。4 月 16 日,《北京大学日刊》改为《北大学生月刊》,朱希祖、刘半农、周作人、马裕藻等人被聘为顾问。20 日,朱希祖与周作人、马裕藻在忠信堂宴日本学者原田淑人,并邀陈百年、徐旭生、刘半农、马衡、陈垣、钱稻孙、沈兼士与宴。同月,受故宫博物院文献馆副馆长沈兼士之托,审定乾隆内府铜版地图,并作《乾隆内府铜版地图序》。6 月 24 日,周作人来访。

朱希祖 9 月在《国学季刊》第 2 卷第 3 号发表《汉十二世著纪考》,认为汉之"十二著纪",即为"汉之起居注"。10 月 13 日,北京大学选举 1930—1931 学年年度评议会评议员,朱希祖当选。15 日,评议会决定朱希祖任本学年度财务委员。16 日,公布《史学系课程指导书》。11 月,朱希祖被聘为国立北平研究院史学研究会《北平志》编定委员会委员。12 月,朱希祖在《国学季刊》第 2 卷第 4 号发表《汉唐宋起居注考》。此文与《汉十二世著纪考》一文梳理了"起居注"的发生和发展,是中国古代史学史研究的重要成果之一。同月 6 日,朱希祖出席中央研究院历史语言研究所十九年度上届第一次所务会议。当时朱希祖被聘为中央研究院历史语言研究所特约研究员。7 日,北大出现学生匿名传单《北京大学史学系全体学生驱逐主任朱希祖宣言》。同日,学生匿名致信朱希祖,迫其辞职。8 日,朱希祖致函北大代校长陈大齐,坚请辞职。同日,朱希祖作《辩驳〈北京大学史学系全体学生驱逐主任朱希祖宣言〉》,对学生匿名传单中所列条款逐一反驳。8 日或 9 日,朱希祖访昔日弟子、现任中央研究院历史语言研究所所长傅斯年,表示愿为中央研究院历史语言研究所专任研究员。10 日,代校长陈大齐来函慰留。11 日,朱希祖再致函陈大齐,坚请辞职。13 日,朱希祖与陈垣、陈寅恪、赵元任、李济、刘半农、林语堂、傅斯年等联名发起"编著蔡孑民先生六十五岁纪念论文集"。17 日,胡适四十岁生日,朱希祖致函祝贺。18 日,北京大学研究所国学门发表招收研究生通告,朱希祖指导科目为明清史。21 日,朱希祖致函傅斯年,对傅斯年在此次"驱逐事件"中的"仗义执言"表示感谢,并谈辞职后打算。年末,朱希祖被聘为中央研究院历史语言研究所专任研究员,与傅斯年有数次交谈。

　　按:从年底开始,北京大学史学系发生了要求学校罢免系主任朱希祖,改革课程设置的罢课学潮。这次学潮一直僵持到 6 月,最后由校史学会议决出甲、乙、丙、丁四项议案,作为复课条件向"蒋校长(梦麟)交涉"。其中包括聘请陈翰笙、陶希圣担任教授,以及开设"一中国社会史、二唯物史观研究、三历史哲学、四中国文化史、五西洋文化史、六考古学"等课程。支持朱希祖的代理校长陈大齐调任考试院考选委员会副委员长,校长由蒋梦麟接任,并暂代史学系主任之职。与蒋梦麟关系甚密的傅斯年实则幕后掌控史学系,1931 年 10 月陈受颐接替蒋梦麟担任系主任,情形仍是如此。(以上参见朱元曙、朱乐川《朱希祖先生年谱长编》,中华书局 2013 年版;齐家莹编《清华人文学科年谱》,清华大学出版社 1999 年版;王学典《20 世纪史学编年(1900—1949)》,商务印书馆 2014 年版)

　　黄文弼自 1927 年偕瑞典探险家斯文·赫定(Sven Anders Hedin)参加西北考查团,赴内蒙古、新疆考察。是年入罗布泊地区采集。9 月,历时三载的西北科学考查团结束,获得大量器物运回北京大学。此次考察不仅成果丰硕,尤其是居延汉简的发现,给汉代历史研究开辟新的史料来源和领域,而且对此后的西北考古产生了深远影响。12 月,黄文弼在《女师大学术季刊》第 1 卷第 4 期发表《居延海考》。(参见黄文弼遗著、黄烈整理《黄文弼蒙新考察日记(1927—1930)》,文物出版社 1990 年版;王学典《20 世纪史学编年(1900—1949)》,商务印书馆 2014 年版)

　　陈启修(豹隐)归国后任北京大学教授,并任北京大学马克思学说研究会资本论研究组的导师。3 月,陈启修根据德文版原著,并参照日本学者河上肇的日文译本翻译了《资本论》第一卷第一分册,由昆仑书店出版,此为《资本论》的首个中译本,是马克思传播史上的重大事件。8 月,陈启修在上海参加中国国民党临时行动委员会(农工党前身)成立会议,并成为中央干事会成员。(参见刘会军《陈豹隐传》,吉林大学出版社 2009 年版)

　　范文澜继续在北京大学任教。9 月,阎锡山派兵查抄范文澜住宅,搜出《红旗》等书报文件,指为共产党而被捕入狱。经人营救获释。出狱后,为北平大学女子文理学院国文系主任。11 月,周树人(鲁迅)至北京,在范文澜家中与左联等团体的代表会谈。冬,北大的进步学生创办《北大学生周刊》,聘范文澜为首席顾问。(参见范文澜《中国通史简编》下及附录《范文澜先生学术年表》,商务印书馆 2010 年版)

　　魏建功 1 月在《辅仁学志》第 2 卷第 1 期发表《释午》。是年,任北大《国学季刊》编辑委员会主任,主编《国学季刊》(至 1937 年)。兼燕京大学中文系讲师、女师大研究所研究员。

论文《阴阳入三声考》刊于《国立北京大学国学季刊》第 2 卷第 4 号；《阴阳桥》发表于《北大学生》第 1 期。（参见曹达《魏建功年谱》，《文教资料》1996 年第 4 期）

陈衡哲重任北京大学历史系教授。4 月，陈衡哲写信给胡适，商量编辑《中国文化论文集》并约胡适写一篇宗教方面的文章。同月，陈衡哲所著《欧洲文艺复兴小史》由上海商务印书馆出版，列入王云五主编万有文库第一集 951 种。（参见杨同生《陈衡哲年谱》，《中国文学研究》1991 年第 3 期）

张申府继续在中国大学与北京大学任教。秋，开始兼任清华大学文学院哲学系讲师，所教都是罗素哲学或逻辑。（参见雷颐编《中国近代思想家文库·张申府卷》及附录《张申府年谱简编》，中国人民大学出版社 2015 年版）

冯至继续在北京孔德学校教国文，兼任母校北大德文系助教。春，废名与冯至商量办一小型文艺刊物，废名提议为"骆驼草"、刊头题字是沈尹默。5 月，冯至与当时任北大助教的梁遇春开始交往。12 日，《骆驼草》周刊第 1 期出版。7、8 月间，留学之事有了确切的消息，准备出国。（参见周棉《冯至年谱》，载王京州编《河北近现代学者年谱辑要》，国家图书馆出版社 2017 年版）

胡厚宣是年秋从北京大学预科升入史学系本科。在史学系一年级，所学课程除了两门外语之外，尚有三门必修课，即陶孟和所授《社会学》、浦薛凤所授《政治学》和陈启修所授《经济学》。史学系陆续开设有《中国通史》和断代史、《世界通史》和断代史、《史学原理》和专门史等课程，任教主要有胡适、陈垣、马衡、孟森、钱穆、顾颉刚、邓之诚等名师。胡厚宣为配合着课程修习，自行研读了大量的朴学论著及梁启超、罗振玉、王国维、郭沫若等名家名著，可谓畅游史海，为此后一生的学术生涯奠定了坚实基础。（参见何林英《胡厚宣年谱》；林大志《詹瑛先生年谱》，载王京州编《河北近现代学者年谱辑要》，国家图书馆出版社 2017 年版）

罗家伦继续任清华大学校长。5 月 20 日，清华大学学生代表大会通过驱逐罗家伦校长方案。罗家伦为五四运动的学生领袖人物之一，如今却因压制教授自治和学生运动而被清华师生赶走。21 日，蔡元培致罗家伦函，略谓："昨接上海《密勒氏评论报》社函，谓该社欲得贵校毕业生姓名录，已函致注册处，而未得复。此事未知可否？嘱为函询。特为代达，如蒙允诺，还希径寄为荷。"23 日，罗家伦以"学风凌替"再递辞呈，请辞去清华大学校长职务。26 日，教育部致电慰留："整理校务，端资毅力，务望本其夙志，勉荷艰辛，勿萌去志为幸。"又致电清华大学校务会议，谓"罗校长辞职，已专电慰留；尚望共同挽劝。在罗校长未继续任事以前，一切校务请暂维持为荷"。31 日，教务长吴之椿代理清华大学校务。6 月 7 日，罗家伦离开北平南下。27 日，在罗家伦辞职之后，阎锡山决定插手清华校务，任命乔万选接任清华校长，清华教授会发表宣言反对。7 月，罗家伦偕戴传贤至柳河前线劳军。10 月 3 日，罗家伦再呈教育部，坚辞清华大学校长职。上旬，罗家伦抵达武汉，受聘武汉大学历史系教授，讲授并研究中国近代史。同月，罗家伦所著《中山先生伦敦被难史料考订》由上海商务印书馆出版。12 月 27 日，罗家伦上蒋介石主席书，拟具清华大学整顿办法三条。（参见刘维开《罗家伦先生年谱》，中国国民党中央委员会党史委员会 1996 版；张晓京编《中国近代思想家文库·罗家伦卷》及附录《罗家伦年谱简编》，中国人民大学出版社 2015 年版；高平叔编著《蔡元培年谱长编》，人民教育出版社 1996 年版；齐家莹编《清华人文学科年谱》，清华大学出版社 1999 年版；沈卫威《学衡派编年文事》，南京大学出版社 2015 年版）

冯友兰 1 月 8 日访吴宓。2 月 7 日，在天津《益世报·副刊》发表《中国古代哲学之政治社会的影响》，2 月 10 日连载。3 月 13 日，清华大学召开第 7 次评议会，冯友兰担任书记。

会议审议并通过了《清华大学研究院规程》,其中规定:除物理与外国语文学系外,下学期政治、经济、化学、中国文学、历史五系设研究所。25 日,冯友兰在本学期第 6 次纪念周上讲演《哲学与人生的关系》。次日《校刊》报道:"讲时极饶风趣,听者忘倦。"讲稿经学生张大东记录,刊于 3 月 31 日《国立清华大学校刊》。同月,冯友兰《孟子哲学》刊于《哲学评论》第 3 卷第 2 期。6 月 28 日,清华大学第 5 次教授会选举冯友兰为候补代理文学院院长。同月,冯友兰《〈大学〉为荀学说》刊于《燕京学报》第 7 期。后收入《古史辨》第 4 册。同月,冯友兰《公孙龙哲学》、I. A. Richards(瑞恰慈)《The meaning of "The meaning of meaning"》刊于《清华学报》第 6 卷第 1 期。7 月 7 日,召开清华大学第 19 次校务会议,冯友兰为书记。作出请冯友兰自 7 月 10 日起批行清华例行公事、请朱自清代理中国文学系主任等决议。8 月 7 日,召开第 25 次校务会议,由冯友兰主持。会议决定聘史禄国为社会人类学系教授。

　　冯友兰 8 月 15 日作《中国哲学史》上卷自序。9 月 16 日,冯友兰主持召开第 34 次校务会议,决定聘请商承祚为中国文学系讲师,顾颉刚为历史研究所名誉导师。同月,《古史辨》第 2 册出版,内收冯友兰《孔子在中国历史中之地位》《儒家对于婚丧祭礼之理论》和《致〈文学副刊〉记者书》3 篇文章。10 月 13 日,冯友兰主持第 4 次纪念周会议,请黄文弼讲演,题为"罗布淖尔之汉简与僵尸",讲演词载 10 月 20 日《校刊》。10 月 20 日,由冯友兰主持第 5 次纪念周会议并报告校务;由孙国华演讲,内容为社会进化的方面及人类超越其他动物之原因,讲演词载 10 月 29 日《校刊》。同日,清华大学召开出版委员会会议,会议选举冯友兰为出版委员会主席,决定改学报社为出版事务所。11 月 3 日,冯友兰主持第 7 次纪念周会议,社会人类学系教授史禄国讲演《三民主义之人种学之意义》。20 日,冯友兰主持召开清华大学聘任委员会会议,会议追认校务会议暑期所聘教授讲师及导师名单。其中有中国文学系讲师罗常培、徐祖正、商承祚;外国文学系教授苏冰心、葛其婉,讲师陈作福;哲学系讲师林宰平、许地山、张崧年;历史学系讲师瞿宣颖、吴其昌、刘朝阳、李济;社会人类学系史禄国、傅尚霖;研究院导师傅增湘、名誉导师顾颉刚。(以上参见蔡仲德编撰《冯友兰先生年谱长编》,中华书局 2014 年版;齐家莹编《清华人文学科年谱》,清华大学出版社 1999 年版)

　　金岳霖 3 月在《哲学评论》第 3 卷第 2 期发表《知觉现象》。6 月,《清华学报》编委会改组,被选为编委会成员。"Internal and External Relations"(《内在和外在关系》)刊于《清华学报》第 6 卷第 1 期。同月 26 日,金岳霖作《冯友兰〈中国哲学史〉一书审查报告》。8 月,金岳霖《A. E. I. O 的直接推论》刊于《哲学评论》第 3 卷第 3 期。是年,清华哲学系设研究所,金岳霖为其开设洛克、休谟、布莱德雷专题课程。(参见王中江编《中国近代思想家文库·金岳霖卷》及附录《金岳霖年谱简编》,中国人民大学出版社 2014 年版;齐家莹编《清华人文学科年谱》,清华大学出版社 1999 年版)

　　吴宓 1 月 3 日收到郭斌龢来函。6 日,吴宓收到新出版的《学衡》杂志第 68 期。9 日,叶公超、浦江清访吴宓。12 日,吴宓访黄节。17 日,吴宓访黄节。20 日,叶公超访吴宓。21 日,黄节访吴宓。吴宓宴请叶公超、毕树棠、朱自清、浦江清,谈新文学。22 日,潘式访吴宓。26 日,吴宓到交通大学与《学衡》作者曹经沅等聚会。27 日,顾随、浦江清访吴宓。2 月 2 日,吴宓收到新月书店赠寄的 10 部《白璧德与人文主义》。同日,钱锺书、顾敦吉访吴宓。5 日,浦江清访吴宓。8 日,南京中央大学副校长戴超访吴宓。9 日,浦江清访吴宓。10 日,萧纯锦访吴宓。19 日,温源宁、黄节访吴宓。21 日,吴宓访朱自清。22 日,吴宓访浦江清,吴自己要游学欧洲,有意将《文学副刊》交浦代办。23 日,吴宓访叶公超。24 日,瞿兑之拜访吴宓，说在天津见到章士钊，愿代募小款，捐助《学衡》杂志。吴宓请瞿再与章商兑。26 日，吴宓陪同黄节访叶公超。28 日，吴宓到琉璃厂中华书局分部取《学衡》杂志第 68 期 100 册。3 月 2 日，吴宓访温德、浦江清。5 日，吴宓陪同黄节访叶公超。吴宓致函汪兆璠，推荐熊正瑾到东北大学任教。7 日，北京大学学生易峻访吴宓，投稿一篇，后刊于《学衡》杂志第 79 期。8 日，吴宓访浦江清。14 日，吴宓让人力车夫送发《学衡》杂志。15 日，吴宓访陈寅恪。18 日，吴宓、叶公超访溥侗、杨振声。24 日，吴宓访王文显，言休假一年，推荐郭斌龢、陈逵为代课人选。28 日，吴宓偕陶煦民访潘式于交通大学，并见方障川。4 月 1 日，吴宓与《学衡》作者杨增荦相识。9 日，吴宓访叶公超、蒋廷黻。10 日，吴宓送《学衡》杂志给吴廷清。

吴宓 4 月 22 日宴请朱以书、顾随、郑骞、浦江清、毕树棠、朱自清、叶公超，谈文学。23 日，吴宓访浦江清。27 日，吴宓访陈垣。30 日，黄节访吴宓。5 月 1 日，杨宗翰向吴宓表示，在他到欧洲时，可代吴办理《学衡》杂志。4 日，吴宓访陈寅恪。5 日，黄节、温源宁、叶公超访吴宓。9 日，吴宓访潘式。16 日，吴宓访黄节。17 日，张季鸾到北平，约吴宓访谈《文学副刊》。吴宓访黄节。19 日，瞿兑之访吴宓。26 日，黄节访吴宓。28 日，瞿国眷访吴宓，说原清华学校毕业生、留学美国的乔万选欲为清华大学校长，以教务长许吴宓。6 月 2 日，冯友兰访吴宓，为挽留罗家伦校长事。吴宓赴朱自清宴，为即将赴任青岛大学校长的杨振声饯行。13 日，吴宓访黄节。8 月 5 日，吴宓访瞿兑之，谈及拟另出一周刊，推行《学衡》杂志的主张及理想，以求浅近通俗。12 日，中华书局致函吴宓，答应续办《学衡》杂志一年（73—78 期）。13 日，吴宓发出杂志《学衡》第 73—74 期全稿。在 7—8 两个月中，吴宓共编成《学衡》杂志第 69—74 期稿件，全都寄发中华书局。自第 75 期始，因吴宓到欧洲游学，改由南京的胡稷咸编辑。14 日，吴宓处理《学衡》杂志的移交事。15 日，吴宓访黄节。22 日，吴宓访赵元任，托赵作函介绍他拜见罗素。24 日，浦江清访吴宓。9 月 1 日，吴宓访瞿国眷，留登有其父亲瞿方梅《史记三家注补正》的《学衡》杂志一套。2 日，吴宓访黄节。10 日，吴宓访冯友兰、吴之椿。11 日，叶公超、吴其昌、朱自清、浦江清访吴宓。（参见沈卫威《学衡派编年文事》，南京大学出版社 2015 年版；齐家莹编《清华人文学科年谱》，清华大学出版社 1999 年版）

俞平伯与黄子通、冯友兰，熊佛西、郭绍虞，许地山、陈逵等 1 月 19 日午应邀赴周作人与徐耀辰在同和居的宴会。2 月 12 日，收到周作人 11 日来信，代董鲁安邀请俞平伯至师大附中文学会讲演，即复信。2 月 23 日复周作人信，感谢他赠送新诗集《过去的生命》。24 日收到周作人 23 日来信，信中称《过去的生命》是"分行写之文耳，不是赋比兴之诗也"。3 月 2 日午，俞平伯往会贤堂，应熊佛西、许地山招宴。周作人、马仕廉、冯友兰、陈逵等在座。3 月上旬，应董鲁安邀请，至师大附中演讲《贤明的——聪明的父母》。4 月 6 日午，俞平伯往会贤堂参加凡社聚餐，周作人、熊佛西、许地山、马仕廉、黄子通、郭绍虞出席。19 日下午，俞平伯与江绍原、徐耀辰、朱自清、沈启无、陈逵应邀至苦雨斋聚会，以此纪念去年此日被围困参议院事件。26 日左右，收到周作人 24 日来信，为废名等创办的《骆驼草》周刊征稿。

俞平伯 5 月 9 日作《〈三国志演义〉与毛氏父子》，发表在本年 5 月 19 日《骆驼草》周刊第 2 期，文章指出郑振铎在《〈三国志演义〉的演化》一文中将评《三国》的毛氏父子的名和号混为一人的小错误。12 日，废名主编的《骆驼草》周刊在北平创刊。至 1930 年 11 月 3 日终刊，共出版 26 期。俞平伯成为该刊的主要撰稿人。25 日午，往北海仿膳饭庄赴凡社之会，周作人、熊佛西、许地山、陈逵、徐耀辰出席。6 月 12 日晚，周作人在苦雨斋宴请胡适，俞平伯与马隅卿、江绍原、徐耀辰、马幼渔、钱玄同、刘半农等应邀作陪。13 日，俞平伯作《又是没落》一文,发表在本年 6 月 23 日《骆驼草》周刊第 7 期,这是有感于普罗文学家于 6 月 3 日发表文章,批评《骆驼草》的撰稿者。同月,线装诗文集《燕知草》由上海开明书店出版,分上、下两册。有《自序》、朱自清《序》和周作人的《跋》。

按:朱自清在序中说:"这本书有诗、有谣、有曲、有散文,可称五光十色。一个人在一个题目上,这样用了各体的文字抒写,怕还是第一遭吧?"周作人的跋说:"我平常称平伯为近来的第三派新散文的代表,是最有文学意味的一种,这类文章在《燕知草》中特别地多。""平伯这部小集是现今散文一派的代表。"俞平伯在自序中解释为何取《燕知草》一名:"此书作者亦逢人说梦之辈。自愧童心将泯,遂目'燕知'云尔,一草草书也,亦曰'燕知草'云耳。"

俞平伯 6 月下旬致周作人信,谈成达教昆曲之事。7 月 3 日,俞平伯收到周作人 7 月 2 日两封来信,并转来沈启无所拟明清小品文选目录。4 日下午,俞平伯至苦雨斋访周作人。晚,同往北海仿膳饭庄参加凡社聚餐,徐耀辰、郭绍卢、黄子通、冯友兰、熊佛西出席,8 月 1 日收到周作人 7 月 30 日来信并附赠日本友人在山口荻及久津两处拍摄的传说为杨贵妃墓的照片四张。即复信,表示对日本关于杨贵妃的传说很感兴趣,希望能从日本友人处得到更详尽的介绍。上旬,收到周作人 8 月 5 日、6 日和 8 日的三封来信。其中第二封信详告关于日本人对杨贵妃的传说,即复信。12 日左右,收到周作人 11 日回信,同意将他谈有关杨贵妃传说的信发表,只是希望俞平伯"能为之加上一顶帽或一双靴,斯更善耳"。8 月 16 日晚,俞平伯在时昌食堂宴请周作人和朱自清。9 月,《杂拌儿》由上海开明书店第三次印刷出版。同月 3 日晚,周作人与徐耀辰在苦雨斋为即将赴德国留学的冯至饯行,俞平伯与废名、梁遇春、杨晦以及陈遘应邀作陪。9 月 5 日,作《从王渔洋讲到杨贵妃的坟》,发表在本年 9 月 15 日《骆驼草》第 19 期。

按:文章分析了杨贵妃在日本的种种传说,揣测:当时白居易"会不会以听了这种谣言,才去写《长恨歌》。所谓海山蓬莱,就隐隐约约指了日本? 或者是《长恨歌》既传诵海外,有日本的俞平伯之流猜出《长恨歌》的夹缝文章而后造出该项流言来? 这两个假定都有点可能。无论你采用何种,对于鄙说的估价总不无小补"。

俞平伯 9 月 13 日应嘱为沈启无编的《冰雪小品》作跋,发表在本年 9 月 22 日《骆驼草》周刊第 20 期。后收入《杂拌儿之二》时,题目为《〈近代散文钞〉跋》,此文"要为小品文争得一个公正的席位"。27 日午,至熊佛西处参加凡社聚会,周作人、许地山、徐耀辰、冯友兰、黄子通、马仕廉出席。30 日,作论文《"标语"》,发表在本年 10 月 13 日《骆驼草》周刊第 23 期,此文可作《〈近代散文钞〉跋》的续篇,因"前跋殊有未尽之意,引而申之"。10 月底,俞平伯移家清华园南院 7 号,居东屋;其南有窗者一室,室名为"秋荔亭",此后成为清华昆曲爱好者的活动场所。11 月 7 日,俞平伯应天津女子学院沈启无邀请,与周作人同车赴天津。8 日上午,应邀与周作人在天津女子学院作讲演。下午,受南开大学文学院文学研究会邀请,陪周作人往南开大学大礼堂作公开演说。25 日,俞平伯致周作人信,谈拟写说梦之文,询问有关的书籍,并向周作人征集"佳梦"。12 月 30 日晚,俞平伯与朱自清、浦江清、叶石荪、邹湘乔等一起出席叶公超邀宴。31 日中午,俞平伯与朱自清借清华园西客厅宴客、共度新历除夕。年底北京大学学生创办《北大学生周刊》,俞平伯与郑振铎、范文澜、许地山、李四光、马叙伦、张奚若、许德珩被聘为顾问。是年,俞平伯在北京大学教共同必修课"中国诗名著选";继续在清华大学讲"词选"课,并与朱自清、杨振声合开"高级作文"课,俞平伯专授"词"习作课;继续在女子学院任教。(以上参见齐家莹编《清华人文学科年谱》,清华大学出版社 1999 年版)

朱自清 1 月 1 日访吴宓。29 日,作旧诗《除夕书感》二首,诗中流露了人到中年的复杂感受。2月11日,清华大学1929年度第二学期开学。本学期朱自清开设"古今诗选""中国新文学研究""高级作文"以及"大一国文"课等。5月28日与叶石荪、蒋廷黻等6人当选为清华大学本届四年级学生成绩审查委员会委员。6月,在《清华年刊》发表《余冠英小传》。6月25日下午,朱自清出席清华教授会,受推与冯友兰、蒋廷黻、张奚若、吴之椿、周炳琳、张子高代表教授会全权起草关于反对校长乔万选的教授会会议宣言并直接发表。7月7日,因杨振声就任青岛大学校长,由朱自清代理中国文学系主任。10日,于"天津丸"津沪航班中作散文《南行通信(一)》,刊于7月28日《骆驼草》第12期,文中通过论述北京"大""深""闲"的三大好处,表达了对北京深深的眷念之情。同月,作散文《我所见的叶圣陶》,文中回忆了与叶圣陶相识定交的往事,着重刻划了叶圣陶质朴、平易、天真的形象。又作评论《叶圣陶的短篇小说》,文中勾勒了叶圣陶小说从"爱与自由的理想"到"现实主义手法的完成"的创作道路和在艺术上的特色。同月,朱自清回扬州探家,并赴上海、白马湖等地与老友叶圣陶、夏丏尊等晤面。约于此前后作旧诗《白马湖》,表达了与老友夏丏尊等人相见的喜悦。

朱自清8月上旬乘"天津丸"号津沪航班由沪返北平。途经青岛时下船与杨振声、王统照等人晤面,并游览汇泉海滨浴场。9月28日,作杂论《论中国文学选本与专籍》,刊于11月1日《中学生》第10号。同月,朱自清应燕京大学中文系主任郭绍虞之邀,前往该系兼课,讲授中国新文学研究。秋,由溥西园与叶公超介绍,结识陈竹隐,开始与她交往。10月23日,朱自清、蒋廷黻、吴有训、浦薛凤被清华大学评议会推举为起草清华研究院详细章程规则的委员会委员。11月18日,清华大学召开第46次校务会议,议决准朱自清辞中国文学系代理主任职。12月31日午,朱自清与俞平伯假浦江清家西客厅宴客。晚,朱自清赴大礼堂观看新年晚会,节目有国乐、国技、昆曲、京剧和电影等。陈竹隐参加演出,扮昆曲《游园》中的春香。约本年作旧诗《盛年》:"盛年今已尽蹉跎,游骑无归可奈何! 转眼行看四十至,无闻还畏后生多。前尘项背遥难望,当世权衡苦太苛。剩欲向人贾余勇,漫将顽石自磋磨。"表达了一种人到中年的复杂感喟。(以上参见姜建、吴为公编《朱自清年谱》,安徽教育出版社1996年版;齐家莹编《清华人文学科年谱》,清华大学出版社1999年版)

刘文典6月27日积极参与清华教授会活动,并联合发表宣言反对阎锡山任命乔万选接任清华校长。9月14日,刘文典应陆侃如夫妇之邀,与顾颉刚、冯友兰、沈兼士、黄晦闻、刘叔雅、冯友兰、许守白、陈援庵、徐旭生夫妇等同餐于蓉园。9月,季羡林考入清华大学西洋文学系,刘文典担任其"大一国文"课程。10月20日,刘文典宴请胡适,谈论《西厢记》。22日,清华中国文学会改选,刘文典负责学术事项。(参见章玉政编著《刘文典年谱》,安徽大学出版社2011年版)

钱端升3月在《武汉大学社会科学季刊》第1卷第1号上发表《德谟克拉西的危机及将来》一文,肯定平民政治优于独裁政治。秋,回清华大学任政治学系教授,同时在北京大学兼课。11月,所著《法国的政治组织》一书由商务印书馆出版。(参见孙宏云编《中国近代思想家文库·钱端升卷》及附录《钱端升简谱》,中国人民大学出版社2014年版)

蒋廷黻演讲词《东三省之铁路外交》1月8日刊于《国立清华大学校刊》。10月16日,历史学会召开本学期首次大会,到会者有蒋廷黻、刘崇鋐及新聘教师顾颉刚、吴其昌。蒋廷黻致开会辞并报告会务,姚薇元致欢迎词,介绍新聘教师钱稻孙、顾颉刚、瞿宣颖、刘朝阳、吴其昌。会议进行了改选职员等项议程。(参见齐家莹编《清华人文学科年谱》,清华大学出版社

1999年版）

杨树达6月在《清华学报》第6卷第1期发表《国文中之倒装宾语》。同月，杨树达所著《高等国文法》由商务印书馆出版。作者《高等国文法序例》谓此书"多修正马书之处""酌采欧西文法之规律，而要以保存国文本来面目为期"，为马氏以后讲文言文法的重要著作。（参见齐家莹编《清华人文学科年谱》，清华大学出版社1999年版）

王庸仍在清华大学任教。2月3日，陈寅恪致陈垣信，略谓："顷清华教员王君以中（王庸）来言，尊处藏有《殊域周咨录》一份，不知能允许借钞否？王君为李君济之助教，专攻东西交通史，故亟欲得此书一观也。"9月间，王庸参加南京古物保存所在栖霞山的考古发掘，与卫聚贤、张凤等发现一处新石器时代遗址。（以上参见刘乃和、周少川、王明泽《陈垣年谱配图长编》，辽海出版社2000年版）

钱穆继续任教于苏州中学，秋季赴北平任燕京大学教职。年前顾颉刚推荐他至广州中山大学任教，因故不果。即嘱为《燕京学报》撰文。钱穆前读康有为《新学伪经考》，心有所疑，遂撰《刘向歆父子年谱》一文与之，辨康说之非。3月，钱穆撰《刘向歆父子年谱自序》，刊于南京《史学杂志》第2卷第1期。春，顾颉刚校钱穆《刘向歆父子年谱》入《燕京学报》。6月，钱穆《刘向歆父子年谱》刊于《燕京学报》第7期。本文主要就康有为谓古文经乃刘歆伪造以媚王莽而助篡之说细加考辨，在体例上仿王国维《太史公行年考》的体例，以年谱的著作形式具体排列了刘向、刘歆父子生卒、任事年月及新莽朝政，用具体史事揭橥《新学伪经考》之不可通者，凡康文曲解史实、抹杀证据之处皆一加以指明。此文发表后，在北平学术界造成了很大震动，钱穆一举成名。同月，顾颉刚推荐钱穆任燕京大学讲师。秋，钱穆到北平燕京大学任教，为其任教大学之始。

按：《刘向歆父子年谱自序》曰："主今文学者率谓《六经》传自孔氏，历秦火而不残，西汉十四博士皆有师传，道一风同，得圣人之旨。此三者，皆无以自坚其说。然治经学者犹信今文，疑古文，则以古文争立自刘歆，推行自王莽，莽、歆为人贱厌，谓歆伪诸经以媚莽而助篡，人易取信，不复察也。南海康氏《新学伪经考》，持其说最备，余详按之皆虚。要而述之，其不可通者二十有八端。""余读康氏书，深疾其抵牾，欲为疏通证明，因先编《刘向歆父子年谱》，著其实事。实事既列，虚说自消。元、成、哀、平、新莽之际，学术风尚之趋变，政治法度之因革，其迹可以观。凡近世经生纷纷为今古文分家，又伸今文，抑古文，甚斥歆、莽，遍疑史实，皆可以返。循是而上溯之晚周、先秦，知今古分家之不实，十四博士之无根，《六籍》之不尽传于孔门而多残于秦火，庶乎可以脱经学之樊笼，发古人之真能矣；而此书其嚆矢也。至于整统旧史，归之条贯，读者自得之。"

按：钱穆《师友杂忆》（岳麓书社1986年版）中述及此事："（余）读康有为《新学伪经考》而心疑，又因颉刚方主讲康有为，乃特草《刘向歆父子年谱》一文与之。然此文不啻特与颉刚争议，颉刚不介意，既刊余文，又特推荐余至燕京任教。此种胸怀，尤为余特所欣赏。固非专为余私人之感知遇而已。"

按：王学典《20世纪史学编年（1900—1949）》（商务印书馆2014年版）曰："钱氏采用以史治经的方法，'全据历史记载，就于史学立场，而为经学显真是'。何佑森指出：'《刘向歆父子年谱》解决了近代学术史上的一大疑案，而这部书根据的仅仅是一部《汉书》。很多非有新资料不能著书立说的人，一定认为这是一件不可思议的事。……现代一般治经学的，通常不讲史学；治史学的人，通常不讲经学。钱先生认为，经学上的问题，亦即是史学上的问题。《向歆年谱》依据《汉书》谈《周官》《左传》，他所持的就是这个观点。'钱穆撰《年谱》的目的是'撤藩篱而破壁垒'，破除学术界汉宋藩篱、今古门户的成见。晚清以来，今文学派垄断学坛，刘歆造伪之说，几成定论。钱穆《刘向歆父子年谱》的刊出，一扫清末民初风靡学术界的刘歆伪造群经说的不白之冤，破除了经学家的门户之见，在近代经学史上有划时代的贡献。青松《评〈刘向歆父子年谱〉》称：钱文'列举康氏之说不可通者二十八端，皆甚允当'，'是学术界上大快事'。孙次舟在

《左传国语原非一书证》一文中说：'刘歆并无遍窜群籍之事，此自钱宾四先生刊布其《刘向歆父子年谱》已大白于世'，其文'颇足关康有为辈之口。'缪凤林盛赞钱文为'近人的一篇杰作'。"钱文刊出后，在北平学术界造成了很大震动。原北平各大学原本都开有经学史及经学通论之类的课程，皆于康有为今文家言。此文出，各校经学课多在秋后停开。有人认为钱著使晚清以来经学上的今古文之争顿告平息。1933 年 6 月，钱氏又发表《周官著作年代考》（《燕京学报》第 11 期）一文续申前说。

按：有关《刘向歆父子年谱》的评价再列举如下：严耕望在《国史拟传》第五辑《钱穆传》中说："《刘向歆父子年谱》刊于民国十九年（一九三〇年）《燕京学报》第七卷。清末康有为承袭刘逢禄之论旨，作《新学伪经考》，谓《左传》等书为刘歆伪作。康书自颜曰考，其实全属臆说，毫无考证气息，本不足道。而当时学人震于康之盛名，群相附从，几若定论，今文学派亦极盛一时。穆撰此文，列二十八事，以明康说之妄，证稿理壮，学林推服。故胡适谓'钱谱为一大著作'。自此康说顿息。"汪学群在其《钱穆学术思想评传》第三章中说："经学中的今古文问题是钱穆经学研究的重点，可以说他对经学研究的贡献在此。他追溯了今古文之争的由来及特点，运用史料证明刘歆绝无伪造古文经之说，以史学立场破除今古文经之间的门户之见。钱穆以客观史实来解决今古文之争，摧陷廓清道、咸以来常州学派今文经学家散布的某些学术迷雾。《刘向歆父子年谱》撰写的动机在于洗清刘歆伪造《左传》《毛诗》《古文尚书》《逸礼》诸经的不白之冤，平息经学家的门户之见，这对结束晚清以来经学上的今古之争有一定的积极作用。……钱穆处理晚清学术史上的刘歆伪造古文经一案，其根据是一部《汉书》。《汉书》人人都能读，未必都会读。囿于今古之争的门户之见的学者跳不出经学的框子，很难从史学出发，把经学上的问题还原于史学问题。钱穆则是史学家，他认为，经学上的问题，也即是史学上的问题。《刘向歆父子年谱》依据《汉书》谈《周官》《左传》，就是这一观点的实际应用。"单周尧、许子滨在《钱宾四先生〈刘向歆父子年谱〉与〈左传〉真伪问题研究》一文之摘要中说："清代的今文学者刘逢禄和康有为，认为《左传》为汉代刘歆所伪作。一九三〇年，钱宾四先生发表《刘向歆父子年谱》，列举二十八条问题，质疑康有为的说法；又'以年谱的形式，排列了刘向、刘歆、王莽的生平活动……证明刘歆造伪助莽在时间上是不可能的，在情理上是说不通的'。钱先生这篇文章，对中国学术作了巨大的贡献，广受学者推崇。"（见台大中文系编印《纪念钱穆先生逝世十周年国际学术研讨会论文集》，2001 年）

钱穆到燕京大学后，教授大一、大二国文。课余，撰成《先秦诸子系年》，遇燕大藏书有未见者，续为增修，并特制《通表》4 卷，半年始毕。后于 1935 年由商务印书馆印行。此书考论博洽精审，使战国旧史诸多改观，深为学林推服。

按：钱穆《先秦诸子系年》曰："盖昔人考论诸子年世，率不免于三病。各治一家，未能通贯，一也。详其著显，略其晦沉，二也。依据史籍，不加细勘，三也。惟其各治一家，未能通贯，故治《墨》者不能通于《孟》，治《孟》者不能通于《荀》。自为起讫，差若可据，比而观之，乖戾自见。余之此书，上溯孔子生年。下逮李斯卒岁。前后二百年，排比联络，一以贯之。如常山之蛇，击其首则尾应，击其尾则首应，击其中则首尾皆应。以诸子之年证成一子，一子有错，诸子皆摇。用力较勤，所得较实。此差胜于昔人者一也。惟其详于著显，略于晦沉，故于孔墨孟荀则考论不厌其密，于其他诸子则推求每嫌其疏。不悟疏者不实，则实者皆虚。余之此书，一反其弊。凡先秦学人，无不一一详考。若魏文之诸贤，稷下之学士，一时风会之所聚，与夫隐沦假托，其名姓在若存若亡之间者，无不为之缉逸证坠，辨伪发覆。参伍错综，曲畅旁达，而后其生平出处师友渊源学术流变之迹，无不粲然条贯，秩然就绪。着眼较广，用智较真。此差胜于昔人者二也。而其精力所注，尤在最后一事。前人为诸子论年，每多依据《史记·六国表》，而即以诸子年世事实系之。如据《魏世家》《六国表》魏文称侯之年推子夏年寿，据《宋世家》及《六国表》宋偃称王之年定孟子游宋，是也。然《史记》实多错误，未可尽据。余之此书，于先秦列国世系，多所考核。别为《通表》，明其先后。前史之误，颇有纠正。而后诸子年世，亦若网在纲、条贯秩如矣。寻源探本，自无踵误袭谬之弊。此差胜于昔人者三也。"

按：严耕望在《钱穆传》（见国史馆《国史拟传》第五辑，1995 年版）中评曰："此书不但为先秦学术史之一伟著,亦为政治史之一杰作,无疑为穆前期论著中功力最深、组织最密之代表作。是以一经问世,学林推重,如陈寅恪云,此书'极精湛,心得极多,至可佩服'。"余英时在《一生为故国招魂》中说:"钱先生《先秦诸子系年》一书则为诸子学与战国史开一新纪元,贡献之大与涉及方面之广尤为考证史上所仅见。根据古本《竹书纪年》改订《史记》之失更是久为学界所激赏。在这样大规模的考证中,由于资料不足和推断偶误,自然不免有可以改正之处。他自己在再版时便增订了两百多条。最近考古发现当然又提供了足以补充此书的新材料,如《孙膑兵法》的出现即是一例。但全书大体决不因此等小节而动摇。这是一部考证之作,但卷首自序的文章则写得掷地有声。序末论战国世局三变与学术四期一节更是考证、义理、辞章融化一体的极致。一九七八年我到大陆访问,遇见一位中年的先秦史专家,他对这一节文字居然已熟读成诵。这一点最使我惊异不已。"又余英时《犹记风吹水上鳞——钱穆与现代中国学术》(台北三民书局1991年版)说:"钱穆先生的《先秦诸子系年》是近代中国史学界的一部杰出的著作。它不仅对先秦诸子的学术渊源与生卒年代有了全盘的交代,同时也把幽晦了两千年的战国史的真相发掘出来了。……我们必须了解这几点,然后始能真正认识这部书的价值所在;又必须了解钱先生在这一方面的研究所花费的惊人精力,然后才能知道此书中的每一项结论都是经过极大的困难而获致的。……一九四九年以前的中国学术界对《系年》的评价大致可以陈寅恪和杨树达的私下议论为代表。"汪学群在《钱穆学术思想评传》第二章"先秦诸子学研究"(北京图书馆出版社1998年版)说:"早在二十年代,钱穆就开始研究先秦诸子学。几十年来,他发表了大量诸子学研究方面的文章与专著。他治诸子涉及的问题非常广泛,对诸子的产生、发展与流变、主要学派及其地位,以及诸子统一等问题,都进行了详细研究,建立了一套诸子学体系。"汪学群《钱穆学术思想评传》又说:"顾颉刚评道:'《先秦诸子系年考辨》,虽名为先秦诸子的年代考辨,而其中对古本《竹书纪年》的研究,于战国史的贡献特大。'"杨树达一九三四年五月十六日日记写道:"出席清华历史系研究生姚薇元口试会。散后,偕陈寅恪至其家。寅恪言钱宾四(穆)《诸子系年》极精湛。时代全据《纪年》订《史记》之误,心得极多,至可佩服。"郑吉雄在《〈先秦诸子系年〉与晚清诸子学思潮》(见台大中文系编《纪念钱穆先生逝世十周年国际学术研讨会论文集》)一文的结论中说:"宾四先生在古史辨诸君子博辨先秦诸子问题时,企图以《系年》一书,一举将所有诸子的年代、事迹、文献、关系等相关问题全盘通贯地考证,冀使古史从可疑的历史变为信史。这种以一个人的力量,和整个思潮对抗的惊人气魄,已足以垂范后世。而《系年》藉由逐条考证先秦诸子,实实在在地将考证的过程中,何者当疑、何者当信的取材方法及资料判别的方法昭示出来。这些比较和分析古籍资料的方法,仍然值得今天的古史研究者重视和学习。"

钱穆所著《王守仁》一书10月由上海商务印书馆出版印行,编入该馆《万有文库》。12月,所撰《关于老子成书年代之一种考察》刊于《燕京学报》第8期,初收入1932年上海大华书店出版《老子辨》一书中。此文的学术理路是:"大凡一学说之兴起,必有此一学说之若干思想中心,而此若干思想中心,决非骤然突起。盖有对其最近较前有力之思想,或为承袭而阐发,或为反抗而排击,此则必有文字上之迹象可求。《老子》一书,开宗明义,所论曰'道'与'名',此为《老子》书中二大观念。就先秦思想史之系统,而探求此二大观念之所由来,并及其承前启后递嬗转变之线索,亦未始不足以为考察其成书年代之一助。且一思想之表达与传布,又必有所藉以表达与传布之工具。如其书中所用之主要术语,与其著书之体裁与作风,皆是也。此等亦皆不能逃脱时代背景之影响与牢笼,则亦足为考定书籍出世年代之一助也。"其结论是:"以思想史之进程言,《老子》书已断当出孔、墨之后。至庄子论道,实为孔、老中间之过渡。故谓老出庄后,其说顺;谓老居庄先,其义逆。即此以观,《老子》成书年代,其较庄尤晚出,已居然可见。"这一观点与冯友兰《中国哲学史》相近,而与胡适《中国哲学史》及是年3月17日所作《与钱穆先生论老子问题书》不同。年假期间,钱穆返苏。新年中撰《周官著作时代考》一文。是年,钱穆所著《墨子》由上海商务印书馆出版。(以上参见韩复智编著《钱穆先生学术年谱》,中央编译出版社2012年版;顾潮编著《顾颉刚年谱》,中国社会科学出版社1993年版;王学典《20世纪史学编年(1900—1949)》,商务印书馆2014年版)

洪业 9 月从美国回国，任燕大历史系教授、哈佛燕京学社执行干事。同月，北平燕京大学引得编纂处成立，洪业任引得编纂处主任。洪业研究学问，尤重治学方法和学术工具书的编纂。自 1928 年秋在美国哈佛大学讲学的洪业深感查检中国古籍十分困难，萌发编纂古籍索引的设想后，遂于 1930 年向哈佛燕京学社年会提交计划并获得通过，在学社资助下组成引得（英语 index 的音译）编纂处。该编纂处有管理人员和印刷工人 30 人，其中有史学家聂崇岐和管理学家李书春。是年开始编纂中国古代典籍引得，并创制《中国字庋法》。由于分工明确和重视培训考核，索引编制的周期短，索引质量较高，可与中华书局、商务印书馆的出版物相媲美。

按：哈佛燕京学社引得编纂处自 1930 年 9 月正式成立后，1941 年 12 月至 1945 年秋曾一度中断工作，至 1950 年停办为止，在短短十几年内，先后编纂出版了经、史、子、集各种引得（即汉学引得丛刊）合计 64 种 81 册，主要集中在经、史和子部，编纂方法或索引一书，或多种书籍合并，或索引人名，或索引语句。这些引得系哈佛燕京学社国学研究的标志性成果之一，亦是民国整理国故的最大成果之一。此外，还出版了索引理论的专著、专论。该处索引编纂工作采用洪业提出的"简而备，疏而不漏"的编纂原则，选题广及群经诸子、前四史、佛道子目、宋辽金元明清传记、类书、诗文和现代期刊，兼及专书、引书、刊误、书目、专题及期刊论文。标引深度达到逐词、逐条、兼及作者、人名。对各种不同类型的引得的著录都详加规定，参照方法也较为完备。为了方便读者检索，被索引的文献都采用了当时通行的版本，并编印了一批附有被索引文献的全文的"引得特刊"。为方便对比通行本的页数，该编纂处还发明了一种通行本页数的换算法。每种索引的正文都用"中国字庋法"排列（见汉字排检法），书后附笔划和拼音检字表。哈佛燕京学社引得编纂处是我国第一所正式成立的索引编纂机构，为学者研究中国古籍大开方便之门，在我国索引编纂史上有里程碑式的意义。它的一些成功与不足的索引编纂经验至今仍有借鉴的意义，对后世的索引编纂事业产生了深远影响。（参见郑康邮《洪业与引得编纂处研究》福建师范大学硕士学位论文，2013 年；张玮瑛、王百强、钱辛波主编《燕京大学史稿》，人民中国出版社 2000 年版；吴永贵《民国图书出版史编年：1912—1949》中册，社会科学文献出版 2018 年版）

张东荪是年秋应燕京大学校长司徒雷登之邀，赴北平就任燕京大学哲学系教授，兄长张尔田同时受聘于该校，教授中国历史。张东荪到燕京大学哲学系任教后，与在北平的研究系骨干胡石青、王敬芳、汤芗铭等人酝酿发起中国宪政党。11 月 20 日，张东荪在《哲学月刊》3 卷 1 期上发表《哲学不是什么》一文，批评胡适因推崇科学而提出的"取消哲学"的意见，由此引发哲学理论界就"哲学消灭与否"的论争。张东荪这个演讲首先是在协和小礼堂演讲，后又于 11 月 1 日在北京逸仙堂演讲。刘仲礼对这次演讲作了详细笔记，后经张东荪审阅成文，刊于《哲学月刊》。张东荪声明，胡适讲哲学是什么，是从正面说的，自己今天讲哲学不是什么，并非与他争论，乃是要从反面解释哲学。此文最后指出："一方面高呼打倒哲学，他方面宣传科学方法，实在是一种矛盾。总之我的话，不是替哲学辩护，果真哲学要寿终，我一个也无能为力。我乃是希望你们听众，各人都须有一个分析的头脑，对于张东荪所说的哲学不倒，你们也须得分析一下，不要完全相信；对于胡适之所说的哲学要死，也须得分析一下，不要完全信他的话！"12 月，张东荪在《大公报·社会科学》专栏发表《哲学与科学》一文，继续阐述哲学与科学的关系，捍卫"纯粹哲学"的生存。（参见左玉河编《张东荪年谱》，群言出版社 2014 年版；左玉河编《中国近代思想家文库·张东荪卷》及附录《张东荪年谱简编》，中国人民大学出版社 2015 年版）

张尔田是年秋与弟张东荪同时北上任教燕京大学。张尔田教授中国历史，为历史系学生开设《史微》一课，燕大学生瞿同祖曾听过此课。冬，夏敬观与黄孝纾于家宅倡立同人词社——沤社，先后加入者 29 人。《沤社词钞》后附《同人姓字籍齿录》12 人，张尔田列名其中。又《与大公报文学副刊编者书》(之七"论李义山恋爱事迹")刊于《学衡》第 74 期;《真诰跋》刊登于《史学杂志》1930 年 9 月第 2 卷第 3—4 期。(参见孙文阁、张笑天编《中国近代思想家文库·张尔田、柳诒徵卷》及附录《张尔田年谱简编》,中国人民大学出版社 2015 年版)

郭绍虞所撰《文笔与诗笔》刊于《睿湖》第 2 期。《中国文学批评史上文与道的问题》刊于《武汉大学文哲季刊》第 1 卷第 1 期。

按:《睿湖》月刊,燕大国文学会创办,专载小说、戏剧、诗歌等创作,文学论著不多。出两期以后辍刊,改为《文学年报》。至 1941 年 6 月第 7 期后停刊。《文学年报》旨在发表研究中国文学、文字学之论文。(参见何旺生《郭绍虞学术年表》,《中国韵文学刊》2008 年第 1 期)

顾随继续任教于燕京大学。去年年底至今年年初,身体一直不好,吐血。1 月 23 日,赴清华访浦江清,畅谈约 3 小时。27 日,与浦江清拜访吴宓。2 月 1 日,冯至来校与他畅谈。3 月,编成第三部词集《荒原词》,请卢伯屏作序。萌生"弃词而作诗"的念头。并反省自己的诗歌创作:"平生喜唐诗,乃自家作来,总落宋人窠臼。"4 月,与卢继韶合译的(日)小泉八云著《英文诗中的恋爱观》,刊于河北省立女子师范学院出版的《朝华》月刊第 1 卷第 3—4 期。4 月 22 日,吴宓宴请顾随、朱以书、郑骞、浦江清、毕树堂、朱自清、叶公超,漫谈文学。冬,所著词集《荒原词》刊行,收词 81 首,始自 1928 年夏,迄至 1930 年秋。也是宣纸线装,装帧设计与《无病词》相同。扉页题词"往事织成连夜梦,归云闪出满天星"。后附"弃余词"12 首。(参见闵军《顾随年谱新编》,载王京州编《河北近现代学者年谱辑要》,国家图书馆出版社 2017 年版)

赵紫宸仍任燕京大学宗教学院院长。所著《打鱼》由上海广学会出版,为其自 1922 年便开始写作的白话诗集。发表"Religious Situation in China"、《五年运动者应有的觉悟》《青年基督徒的个人运动》等文章。(参见赵晓阳编《中国近代思想家文库·赵紫宸卷》及附录《赵紫宸年谱简编》,中国人民大学出版社 2014 年版)

费孝通转入燕京大学社会学系读书,遇到对其一生学术路向产生重要影响的吴文藻教授。吴文藻探索社会学中国化的途径,倾向于以人类学的方法改进社会调查方法,提出有别于通行的"社会调查"的"社会学调查"。这种路径,以及他对于功能主义人类学的偏好,都极大地影响了费孝通的学术道路。是年,费孝通参加北平学生反对日本侵占我国东三省的游行示威活动。

按:费孝通大学毕业后进入清华大学研究院师从俄裔人类学家史禄国(Sergei Mikhailovich Shirokogorov)学习体质人类学,清华大学研究院毕业后进入英国伦敦政治经济学院师从人类学功能学派大师马林诺斯基教授(Bronislaw Malinowski)学习社会人类学,都是吴文藻有针对性的安排和联络的结果;费孝通英国留学归来担任云南大学社会学系教职,也是由于当时吴文藻离开燕京大学至云南大学创办社会学系的缘故。(参见吕文浩编《中国近代思想家文库·费孝通卷》及附录《费孝通年谱简编》,中国人民大学出版社 2015 年版)

吴晗第一次写信给胡适,谈他对《佛国记》的研究。同年上半年撰写了《西汉的经济状况》一文,受到胡适的赏识。6 月 29 日,写信给胡适,讨论《红楼梦》,同时表示下半年要转学到燕京大学读书。8 月,吴晗到北平,住沙滩公寓,因英文成绩不好,未能入燕京大学,在北京图书馆读书。9 月,由燕京大学教授顾颉刚介绍,到燕京大学图书馆中日文编考部作馆员。(参见苏双碧、王宏志《吴晗传》及附录《吴晗生平活动简表》,上海人民出版社 1998 年版)

余嘉锡是年起在北平辅仁大学、北平师范大学、民国大学等校讲授目录学,所用的讲义未曾出版。周祖谟根据余氏晚年增订本校正标点,予以刊行。后被中华书局等出版社刊印,称名《目录学发微》,当时有辅仁大学、北平师范大学、民国大学等校的铅印本流传。《发微》分为十章,内容包括四方面:目录学的意义及功用、目录书的体制、目录学的源流、目录类例的沿革。《发微》全面总结了前人的研究成果,在发扬"辨章学术,考镜源流"目录学传统的基础上,形成余嘉锡自己的目录学思想体系。4月,余嘉锡在《国立北平图书馆馆刊》第4卷第2期发表《目录要籍解题》。11月,在《师大国学丛刊》第1卷第1期发表《古籍解题》。(参见王语欢《余嘉锡学术年谱》,黑龙江大学硕士学位论文,2013年;王学典《20世纪史学编年(1900—1949)》,商务印书馆2014年版)

李蒸2月任北京师范大学代理校长。同月,师大学生会开会议决,派程陶勋、李绍膺为学生会代表,持欢迎函赴津,迎接李蒸到校担任代理校长。赴津学生会代表谒见李蒸,希望他尽早到校主持工作。李蒸表示代理校长责任重大,本人能力薄弱,学校事宜必须与李石曾面谈。李蒸致电李石曾,要求面谈学校事宜,李石曾复电请李蒸不要南下,早日到职。李蒸又致电教育部、李石曾,致函教职员,呈报就任代理校长职。李蒸到校就职,与各科主任谈话,并决定待学校正式上课后,即赴沪会晤李石曾,磋商学校发展方针。李蒸在就职欢迎会上发表关于学校发展计划的演说,称自己回到母校担任代理校长的目标有两个:一是为学校谋发展;二是为同学谋求学的便利。他提出今后的三个工作方针:一是事务方面要有效率,要节流,要公开;二是提倡学生学习的自动性;三是整个师大全体同仁分工合作,共同促进校务的发展。王桐龄代表教职员致欢迎词。3月,李蒸赴南京、上海,与校长李石曾商议改进校务办法,并亲自到国民政府有关部门争取经费。教育部部长蒋梦麟曾表示同意考虑每月向师大增加经费6万余元。6月,学校举行第18届毕业典礼,李蒸、陈宝泉、钱玄同等致辞。8月,李蒸致电教育部、李石曾,请求辞代校长职。同月,李蒸致电教育部,二次辞代校长职。教育部复电挽留。学生自治会派代表持函挽留,请维持校务。教育系主任邱椿致函李蒸,请求辞职。11月,建校22周年纪念大会举行,代理校长李蒸报告学校历史及现状,3000余人参加了大会。12月,校长李石曾、代理校长李蒸辞职。教育部令总务长徐金淥偕同校务会议维持校务。同月,学校第三次校务会议听取李蒸就政府任命易培基为师大校长后,致电敦促易就职的经过,会议通过与附小联络办法等决议。李蒸致电教育部,遵令解职,申明校务暂由校务会议维持。又致电易培基,请派员接洽校务。学校第四次校务会议讨论校务维持办法,决议电教育部,报告李蒸解职经过,说明校务会议不敢接受委托,请示办法;致电易培基请其速到学校;致函代校长李蒸,请暂行维持校务。(参见北京师范大学校史编写组编《北京师范大学校史》,北京师范大学出版社1982年版;《北京师范大学纪事(1902—2011)》,北京师范大学出版社2012年版)

徐旭生继续任国立北平大学女子师范学院院长。1月,《女师大学术季刊》创刊,徐旭生为刊物撰写卷头语,并说明刊物名称以"约定俗成"而定。3月,女师院院务会议决议成立研究所,院长徐旭生兼任所长,组织研究所筹委会,购买校园附近的石驸马大街乙90号,原镶红旗都督署作为研究所办公地点,并于11月迁入办公。同月,《女师大学术季刊》创刊,徐旭生撰写《卷头语》,称该季刊研究的范围"是对于我国旧有的文化,就我们力之所能及,分门别类的研究",一是"于工具一方面的工作,尤要特别努力",一方面于"新输进的学术,要努力于介绍、翻译、批评以进于高深的研究"。徐旭生校长还指出,季刊"头一两期比较多整理国故的工作,也是现在学术界普遍的,无可奈何的一种现象"。创刊号刊载徐旭生《阻卜非鞑靼辨》、高步瀛《史记太史公笺证》、嵇文甫《老庄思想与小农社会》、刘盼遂《甲骨中殷商庙制征》、陈子怡《洛阳石经考》等文。6月4日,徐旭生出席国立北平大学女子师范学院研究所成立大会,与黎锦熙分别介绍研究所筹备经过和组成情况。研究所宗旨为"提高本院毕业生之程度，及增进对于学术界、教育界之贡献"。徐旭生兼任国立北平大学第二师范学院研究所所长。研究所成立后，召开第一次全体研究会议，通过《研究所分组研究细则》。

按《研究所分组研究细则》暂依下列八组"进行研究事业"：(1)工具之学；(2)语言文字学；(3)史学；(4)地学；(5)哲学；(6)教育学；(7)文学；(8)民俗学。各组之下又分若干细目，如语言文字学下分形音义、文法、语根、国语、土语、学史、译语、词典、译述等，教育学下分目的及原理、学制、学校、课程、教学法、学生生活、关于儿童的研究、译述等。该研究所先后开展的研究工作有编纂《廿四史人地书名索引》《金文汇编》《历代外国传研究》《石器时代的年代推测工作》《汉晋学术编年》《五代以前道教变迁考》《编辑方志叙录》《塞氏文明史译述》《中国学制变迁史研究》《古代文学史研究》等。21日，北大女附中教职员索取欠薪代表和女子师范学院院长徐炳昶发生冲突，徐炳昶被殴打。

徐旭生校长6月出席女师院学生军发奖仪式，并发表演说，表彰受训学生坚忍不拔的精神。受奖学生共24人。7月12日，刘半农主持北大校务会议，讨论女子师范学院院长徐旭生辞职等事宜。30日，蔡元培复函徐旭生，略谓："蒋梦麟兄亦来，知部中对于女师院与女附中之纠葛，已有办法；且对于先生竭诚挽留。务请本维持教育之热心，继续进行，而倾消极，为祷。"同月，教育部致电女师院，拨给女附中经费。徐旭生认为教育部对院校权限划分办法对解决女附中隶属问题无补，是非不分，请教育部批准其辞女师院院长职。女师院教职员致电教育部，对拨给女附中经费问题表示异议。女师院举行毕业典礼，毕业生为23人。徐旭生在致辞中希望毕业生们努力为社会服务。是年，徐旭生著《徐旭生西游日记》由中国学术团体协会西北科学考察团理事会刊行。（参见齐家莹编《清华人文学科年谱》，清华大学出版社1999年版；王学典《20世纪史学编年(1900—1949)》，商务印书馆2014年版；《北京师范大学纪事(1902—2011)》，北京师范大学出版社2012年版）

黎锦熙仍任职于北平师范大学，继续投身注音字母"宣传周"和讲习所运动，当时注音字母"宣传周"和讲习所遍及全国，形成宣传热潮。5月，女师院聘国文系主任黎锦熙、高步瀛，史地系主任王桐龄，外文系主任王文培，教育系主任杨荫庆为研究所委员会委员，所长为徐炳昶，副所长为黎锦熙。是年，中国大辞典编察处议定组织大纲，黎锦熙继续领导这项工作，并发表《审音通说》专论。（参见黎泽渝《黎锦熙先生年谱》，《汉字文化》1995年第2期；刁晏斌主编《黎锦熙先生诞辰120周年纪念暨学术思想研讨会论文集》，中华书局2011年版；《北京师范大学纪事(1902—2011)》，北京师范大学出版社2012年版）

吴承仕任北师大教授，兼任中国大学国学系主任。6—9月，撰写《程易畴仪礼经注疑直辑本》《布帛名物》《三礼名物略例》等手稿。是年，开始接受马列主义新思想。初由范文澜介绍他读《共产党宣言》；继而又在进步学生齐燕铭、张致祥等人的帮助下阅读了大量的马列主义著作，如《资本论》《哲学的贫困》《反杜林论》《辩证唯物主义教程》《自然辩证法》《德意志意识形态》《政治经济学批判导言》《唯物主义和经验批判主义》《谈谈辩证法》等，努力去寻求真理，从中接受新的思想，汲取力量的源泉。（参见庄华峰编纂《吴承仕研究资料集》，黄山书社1990年版；姚奠中、董国炎《章太炎学术年谱》，山西古籍出版社1996年版）

高步瀛2月7日与许宝蘅会面。师大代理校长李书华兼领二院院长职务，任命高步瀛以秘书名义代为处理该院日常事务，摄行院长职。10月，学生王重民等人为高步瀛饯行。在《东北丛刊》第11期发表《选学纲领》。本文是萃升书院讲义《选学举要》的节选，包含"《文选》之作""《文选》之由来""李善《文选》注""五臣《文选》注""《文选》诸家注""诸家评李注及五臣注之优绌"六部分。在《女师大学术季刊》第1卷第1期发表《史记太史公自序笺证》《曾浩然转语释补序》。其中前文是对《太史公自序》的笺证，旁征博引，介绍了《自序》的源流,大意所在,又综合运用《郑语》《楚世家》《大戴礼记》《山海经》《国语》等书佐证《自序》。后文是高步瀛为其好友曾广源新作《戴东原转语释补》作的序言。文中简要介绍了曾广源的性格学识,《戴东原转语释补》的成书经过以及此书内容和价值等等。(参见赵成杰《高步瀛学术年谱简编》,载王京州编《河北近现代学者年谱辑要》,国家图书馆出版社 2017 年版)

余家菊 1 月 1 日在北平被捕入狱。21 日,在段祺瑞、傅增湘等人的竭力相救下被释放。余家菊应段祺瑞之邀赴天津。2 月,余家菊在天津创办健行中学。秋,余家菊应北平师范大学教育系主任邱椿之邀,到该校任教,兼任北京大学讲师及北平大学农学院讲师。是年,余家菊任教北京期间,翻译芬赖所著《教育社会哲学》。所著《伦理学浅说》一书由商务印书馆出版发行。(参见余子侠、郑刚编《中国近代思想家文库·余家菊卷》及附录《余家菊年谱简编》,中国人民大学出版社 2013 年版)

孙楷第继续在北平师范大学任助教,与王重民等几位师大同学自筹资金创办《学文》刊物,并在刊物上首次正式发表了自己的学术论文《宋朝说话人的家数问题》。孙楷第写信给胡适,赞扬、肯定胡适对于古典小说研究的开创之功。信中说:"吾国小说俗文素被摒斥,收藏家不掇拾,史学家不著录,考证家不过问,使七八百年以来有才之士抱冤屈而不得伸。独先生于五四之际,毅然提倡,不仅为破坏工作,兼从事于积极整理,为小说抬高身价,使风气稍稍转移,今之读书人犹肯从事于此,实渊源于先生,可谓豪杰之士先天下之忧乐者也。"是年起,孙楷第大量阅读北平公私所藏古典小说。当时,北平图书馆、孔德学校、北平大学图书馆都收藏有不少小说,马廉(字隅卿)私人所集亦富。孙楷第采取边读边记边考辨的方法,从版本目录学入手,建立了自己的研究体系。五六十年间,发表了几十篇论文。这一年是孙楷第开创中国古典小说的目录学的起点。(参见于飞《孙楷第先生年谱简编》,载王京州编《河北近现代学者年谱辑要》,国家图书馆出版社 2017 年版)

张恒寿继续就读于北平师范大学,以越如之名在《三民半月刊》第 4 卷第 11 期发表《罗素论转形期中的家庭与国家》,此文为译作,翻译自罗素名著《婚姻与道德》中的一篇,原名《家庭与国家》。(参见杜志勇《张恒寿先生年谱》,载王京州编《河北近现代学者年谱辑要》,国家图书馆出版社 2017 年版)

刘盼遂在女子师范大学历史语言研究所任研究员。曾兼任河北大学中文系教授一学期。1 月,《高邮王氏父子著述考》刊于《北平图书馆月刊》第 4 卷第 1 期,又载《河南中山大学文科季刊》本年第 1 期。3 月,《古小学书辑佚表》刊于《北大图书部月刊》第 2 卷第 1—2期合刊。同月,《甲骨中殷商庙制徵》刊于《女师大学术季刊》第 1 卷第 1 期。6 月,《〈颜氏家训〉校笺》(据抱经堂补注本)刊于《女师大学术季刊》第 1 卷第 2 期。9 月,《王石渠先生年谱(附伯申先生年谱)》刊于《女师大学术季刊》第 1 卷第 3 期。11 月,《学文》创刊(不定期出版)。刘盼遂所撰《嫦娥考》《说文重文疏序》《〈穆天子传〉古文考》三文刊于《学文》第 1 期。12 月,《释九锡》、《观堂学书记》(笔录王国维讲授)、《说文练习笔记》(笔录王国维讲授)发表于清华学校研究院《国学论丛》第 2 卷第 2 号。同月,《李唐为蕃姓考》《唐代白氏为蕃姓之史料二事》发表于《女师大学术季刊》第 1 卷第 4 期。是年,应陈鸿畴聘,修订张蔚蓝原纂之《长葛县志》,数月后订为十卷本,由开封新时代印书局铅印出版。(参见之远、章增安《刘盼遂先生学术年谱简编》,《华北水利水电学院学报》2011 年第 6 期)

吕振羽 1 月在北京与杜则尧、郑侃、杨刚、刘思慕、宋斐如、夏次叔、穆雨君、谭丕模、邓梅羹、管亚强、(即张致祥)等及方觉慧旧属方济生酝酿成立东方问题研究会,创办《新东方》月刊,由方觉慧、居正等提供经费。《新东方》月刊创刊号《本刊使命》呼吁东方民族振奋精神

"勇往直前来共同奋斗,杀出一条血路来!""我们应该觉悟,忍受目前的一切痛苦来创造一个新东方。"吕振羽任《新东方》编审部主任兼编辑部副主任。主要成员郑侃、刘思慕、谭丕模、杨刚等,都是一批热血青年,他们还共同筹备建立了"东方问题研究会",试图探索东方弱小民族解放的道路,谋求民族独立自强。自此,吕振羽参加中国社会性质和社会史问题论战。

按:《新东方》杂志从它一诞生,即肩负"三大使命":1."先从诊察痛处下手","以绝对客观的态度,应用归纳法把东方所有的问题,调查描写出来,以便创造一个独立平等的新东方";2."团结融合东方各被压迫民族,以共筹解决整个东方问题的方略";3."共同研究怎样来接受西方同情我们的好意,和怎样来提醒或铲除东方内部的蟊贼"(《本刊使命》,《新东方》第1卷第1期)。它的终极目的,"在于求出东方各民族的共同出路,以解决东方整个的问题,完成世界的和平"。《新东方》第1卷第1—4期由新亚洲书局编辑部编辑出版,从第5—7合刊开始,即由"东方问题研究会筹备会"编辑出版。(参见戴开柱《吕振羽早期思想与实践研究》,湖南师范大学出版社1999年版)

按:《新东方创刊词》(本刊使命)说:从原始共产社会到实行奴隶制度的古代社会,从古代社会到中世的封建社会,再从封建社会转入现在的资本主义社会,并且资本主义社会也快要转变成为别种的未来社会:这样,人类社会永久是在不断的进化过程中,人类社会这种不断的进化,是东西各社会所共通的历程。不过,因为交通的阻碍,地理环境以及其他经济关系的不同,而各社会的进化略有迟早快慢之差罢了。例如在这西方资本主义社会发达到极度,已将没落的前夜,东方的封建社会始渐有崩溃的倾向。所以近世东方社会的进化,特别迟缓,封建社会的寿命特别延长,因而愈显露着单纯的畸形情状。

然而东方的社会,无论如何还是照例在不断的进化过程中;封建社会的寿命,迟早是要终了的。事实上,东方的封建社会也已开始崩溃,未来的新社会也已略具雏形了。在这新旧社会交替的过程中,社会上就呈现一种紊乱的现象。重以世界全体的进化,已由国民经济时期入于世界经济时期,而社会的结构也就更加错综复杂了。这种复杂错综的现象,就是东方问题纠纷的所在。于此,东方问题实有特别研究的必要。

东方的社会,从前各处闭关自守,以继续其自给自足的经济生活。中国自中国,日本自日本,印度自印度……诸民族间的经济生活绝少密切的关系。和世界其他的部分的交往,更是谈不到。这也是那时的经济关系使然的。盖因那时各民族都没觉得有经济往来的必要。东西的各民族就在这种经济阶段中,经过了很长的时期不相接触。可是,社会的进化,在质的方面愈向理想的前程改进,在量的方面愈向四方扩大发展。并且各小社会内部的经济关系,自然需求这种横的发展。东西各社会首先在其本部内互相联系打成一片,后来更往外发展,终于造成东西的接触面,东方的社会也就是从此入于世界的漩涡中。现在不但锁闭的状态已被破坏,且除日本外,在形式上,实质上,大都沦而为殖民地或半殖民地,分隶于各资本主义国家,处于帝国主义铁蹄之下,备受践踏和剥削。无论自人类的立场,抑自民族的立场着想,这种践踏和剥削,是要挣扎解脱的。我们要谋解脱这种践踏和剥削,就非研究东方问题不可。

十九年前,欧洲发生了亘古未有的世界大战。其总结算,死者有九百万,伤者达二千万,耗费金钱在四千亿元以上。人类的伤亡,不算不惨!金钱的亏损,不算不大!但是我们大多数的东方人,在这次大战却没有多大的感觉,也没有受到多大的影响,未免太逍遥自在了!不过这也只是时间的问题,时机未到来的缘故。换句话说,那时世界问题的重心,在于西方,而不在东方。

然自第一次大战终熄后,世界的情势就大变于前:乍发横财的美国,势必寻觅资本的出路;本国资源枯竭的日本,急于向外发展;日益危殆的英国,汲汲于改地经营……。可是除东方而外,世界别部分的市场和资源均已分割净尽,欧洲各国的经济国家主义的障壁又极坚固。于是列强惟一的方针,惟有群来争夺东方这块肥肉,世界问题的重心,就由西方移到东方,这种变化,并不是我们东方的祥兆,而是一种临头的危机。在最近的将来,或许中了一般人的预料,爆发了第二次世界大战。那时我们东方人要受灾害,是不消说的。或许帝国主义者鉴于第一次世界大战的亏损,放弃肉搏的兽斗,改用协调的手段,暗制我们东方人的死命。这样一来,我们的创痛更不能堪。

我们现在如果没有相当的准备,那时总必逃不了受害的运命。当此第二次大战的前夕,东方民族存亡所系之秋,我们应该急起共谋解决这种切身的问题。现在东方各民族,除了日本而外,没有一个不处于被压迫和剥削的境地。但是因为环境逼促的关系,东方民族迟早是要转变的,无论如何,新东方是要产生的。未来的新东方,必定是得到解放与世界各民族并肩齐立的。我们虽然不敢太过于乐观,我们却敢断言:东方民族的地位绝不能永如现状,不得到解放,则必更沦而至于灭种。新东方将来怎样变化,全看我们的研究和努力如何而定。所以我们实负有两重重担,东方民族的存亡实系于我们的肩上。我们东方人,应该振刷精神,勇往直前来共同奋斗,杀出一条血路来!

但是在东方人之中,研究这种切身问题的,实在太少了,几乎可以说没有。这或许是因为东方问题太复杂的缘故吧!东方因为地理和历史的关系,的确具有的好几种的复杂性。第一,东方社会正在封建社会将崩而新社会将成的过渡期。第二,东方各民族几乎全部处于殖民地的地位,备受资本主义国家的压迫和剥削,尤其中国更处于国际帝国主义的次殖民地地位,充当他们竞逐之鹿。第三,又值资本主义的没落期,而资产阶级和无产阶级的对立和仇视愈尖锐化。东方社会因有这些种种的特殊情状,所以它的复杂繁难,较之西方,实在倍蓰以上。并且东方各民族,无论明暗总各分隶于帝国主义之下,言论和结社等自由,几被剥削净尽,所以,即有少数先觉出而倡议研究,共谋解决的方略,而其结果每归于失败,消于泡影。这是何等惨酷可悲的命运啊!

然而我们不能因为我们的压迫者凶恶,我们的运命惨酷,就推卸了我们所应尽的责任,我们应该觉悟,忍受目前的一切的痛苦,来创造一个新东方。我们应该奋起,决意来做这种有代价而且必要的牺牲!不过我们只知道东方的病根在于"只觉得遍身疼痛,而不知痛在何处"。不知痛在何处,自然无从医治。所以要医治东方的病,必须先从诊察痛处下手。并且要治好东方的这样重症,绝不是"头痛医头,脚痛医脚"的方法所能奏效的,必须从全身的诊法下手。要达到这个目的,绝不是凭着主观,或玄想所能办到的。必须先以绝对客观的态度,就东方各民族的社会,政治,经济,文化等问题,加以审慎周密的认识而后始可。

因此,先以绝对客观的态度,应用归纳法把东方所有的问题,调查描写出来,以便创造出一个独立平等的新东方,就是本刊的第一个使命。人口约占世界人口四分之三的东方民族所共通的问题,不消说,是一个非常重大的问题。这种重大的问题,自非各民族单独行动所能解决的,必须各被压迫民族团结联合起来,共谋整个解决的方略。

因此,怎样团结融合东方各被压迫民族,以共筹解决整个东方问题的方略,就是本刊的第二个使命。我们再细心想来,压迫东方民族的西方帝国主义国中,同情我们的必大有人在。这种好意,不消说,我们是要接受的,反过来说,东方民族中,也必有欺负自家人的蟊贼存在,这种蟊贼,我们先要提醒他们,希望他们站在共同的战线上同我们合作。如果他们执迷不悟,永作侵略的迷梦,我们自然也要铲除他们。

因此,共同研究怎样来接受西方同情我们的好意,和怎样来提醒或铲除东方内部的蟊贼,又是本刊的第三个使命。我们抱着十二分热诚和决心,想来完成这三大使命。然而我们的志愿过大,我们的力量却很小。因此,我们初步的办法,只是藉本刊来团结东方的健儿,把本刊的篇幅供献给大家聊当绘画的素笺。请大家毫无客气地尽量发挥,共同研究出一条出路。东方的健儿啊!请大家齐集这新东方的旗帜之下,我们是有代价的奋斗!我们是死境中寻生路!(《本刊使命》,《新东方》第1卷第1期)

吕振羽1月16日在《三民半月刊》第3卷第9—10期合刊发表《变态的封建社会与中国社会思想》;又在《村治月刊》第1卷11期发表《中国农业经济的前途》。2—3月,《障碍问题》刊于《新东方》第1卷第2—3期。6月19日,出席东方问题研究会第一次筹备会议。7月13日,出席东方问题研究会第二次筹备会议;《殖民地与半殖民地》刊于《新东方》第1卷第5—7期《殖民问题》专号。8月25日至9月6日,《东方社会与东方革命》连续刊于《北平日报》。9月,《答罗青》(长信)刊于《新东方》1日第1卷第9期。同月12日,出席东方问题研究会第四次筹备会议;《新东方》被国民党中央宣传部以"宣传共产嫌疑"罪名定为"反动"

刊物,通令"扣留"。10月2日,东方问题研究会宣布成立,宗旨为"研究、探索解放东方弱小民族,谋求独立自强"。同时在西单北大街租有铺面,创办新亚洲书局,吕振羽任理事。同日,《中国国民经济趋势之推测》刊于《三民半月刊》16日第5卷第3—4期合刊。11月,《中国国民经济的三条路线》刊于《三民半月刊》1日第5卷第5期。12月,《中国社会之史的发展诸阶段》刊于天津《益世报》;译文《加拿大与大英帝国》刊于《三民半月刊》16日第5卷第8期。(参见吕坚《吕振羽生平著述活动年表》,《吕振羽全集》第十卷,人民出版社2014年版)

翦伯赞7月13日开始,应覃振的安排,以山西省代表名义在北平参加"中国国民党中央党部扩大会议"。此会议为国民党各派反蒋势力联合召开的。10月,在中原大战中阎、冯军事失败,扩大会议自行解散。11月16日,吕振羽在北平《三民半月刊》第5卷第6期公开发表《中国农村社会之本质及其历史的发展阶段之划分》,积极参加"中国社会性质和社会历史论战"。12月1日、16日、1931年2月1日,在北平《三民半月刊》第5卷第7、8、11期连续发表《前封建时期之中国农村社会》(上、中、下)。翦伯赞认为,有关中国农村社会是"亚细亚的生产形态"之说是"似是而非"的,不符合中国农村的实际情况。中国的农村社会的本质,实在不是一个独特的或是亚细亚的生产方法,而是封建的生产方法"。由于资本、帝国主义的入侵,中国的农村社会已到了"转变的时期",即逐步沦为列强的殖民地,这种社会性质和社会状况,决定了中国反帝反封建民主革命斗争的必然性。这标志着翦伯赞开始投身中国社会史论战。(参见张传玺《翦伯赞传》及附录张怡青《翦伯赞大事年表》,北京大学出版社1998年版;王学典《20世纪史学编年(1900—1949)》,商务印书馆2014年版)

潘训(潘漠华)、孙席珍等筹组北方左联。12月16日,北方左联正式成立,潘训(潘漠华)、孙席珍、台静农、刘尊棋、杨刚5人为常委,共有盟员30余人。(参见章恒忠、王亚夫主编《中国学术界大事记(1919—1985)》,上海社会科学院出版社1988年版)

罗尔纲6月上海中国公学文学系毕业。7月至1931年9月在中国公学校长胡适家协助胡适整理其父胡传的文稿。

　　按:胡适《师门辱教记序》说:"我的朋友罗尔纲先生曾在我家里住过几年,帮助我做了许多事,其中最繁重的一件工作是抄写整理我父亲铁花先生的遗著。他绝对不肯收受报酬,每年还从他家中寄钱来借给他零用。他是我的助手,又是孩子们的家庭教师,但他总觉得他是在我家里做'徒弟',除吃饭住房之外,不应该再受报酬了。……如果我有什么帮助他的地方,我不过随时唤醒他特别注意:这种不苟且的习惯是需要自觉的监督的。偶然一点不留意,偶然松懈一点,就会出漏洞,就会闹笑话。我要他知道,所谓科学方法,不过是不苟且的工作习惯,加上自觉的批评与督责。良师益友的用处也不过是随时指点出这种松懈的地方,帮助我们自己做点批评督责的功夫。尔纲对于我批评他的话,不但不怪我,还特别感谢我。我的批评,无论是口头,是书面,尔纲都记录下来。有些话是颇严厉的,他也很虚心的接受。有他那样一点一划不敢苟且的精神,加上虚心,加上他那无比的勤劳,无论在什么地方,他都会有良好的学术成绩。"(罗尔纲《师门辱教记》,北京三联书店1998年版)

王树枏在奉天萃草书院讲授《左氏春秋经传》,因自为注以示诸生。6月3日,好友黄维翰卒,年六十四。国变后与树枏事国史馆,善为诗古文辞,尤长于舆地之学,因为之撰《墓志铭》。8月,肠溃大病,几死,愈后又跌伤右腿。回京医治,始终不良于行。闭户著书,以消遣岁月。为《八十自寿》诗五古五篇,一时和者甚众。(参见江合友《王树枏先生年谱简编》,载王京州编《河北近现代学者年谱辑要》,国家图书馆出版社2017年版)

华罗庚在《科学》上发表关于代数方程式解法的文章,被邀到清华大学工作,开始数论的研究。

施今墨与萧龙友、孔伯华等名医创办北平国医学院,任副院长。

张知本赴北平参加国民党改组派反对蒋介石的活动,任"中央扩大委员会"委员。

焦菊隐为校长的中华戏曲专科学校 8 月成立于北平。

尹述贤任北平美术学院院长。

谷正纲、邓飞黄、李平衡等人为编委的《民主日报》在北平创刊。

张谔、许幸之、陈烟桥等 2 月在北京发起成立时代美术社。

韩儒林北京大学本科毕业,任北京女子师范大学教师。

余逊毕业于北京大学历史系,留校任助教。

罗香林毕业于清华大学。

胡乔木在北平清华大学读书时加入中国共产主义青年团,曾任北平团市委委员、宣传部长。

季羡林考入清华大学西洋系,师从吴宓、叶公超,学东西诗比较、英文、梵文;选修陈寅恪的佛经翻译文学、朱光潜的文艺心理学、俞平伯的唐宋诗词、朱自清的陶渊明诗。

曹禺 9 月与孙毓棠等 8 位南开大学同学转入清华大学,曹禺插入西洋文学系二年级,系主任是王文显,主讲戏剧课。

梁方仲免试入清华研究院攻读经济学专业硕士。

林庚从清华大学物理系转入中文系,曾参与创办《文学月刊》。

吴恩裕考入清华大学哲学系。

吴组缃在清华大学中国文学系读书,作为教师的赵元任却向他学习安徽方言。

萧乾考入北平辅仁大学。

周一良考入北平燕京大学国文专修科。

费孝通到北平入燕京大学社会学系学习,师从中国人类学家吴文藻。

金克木在北平求学,曾到北京大学旁听,学习英文、法文、德文和世界语。

俞振飞赴北平拜京剧小生程继先为师。

太虚 6 月遣法舫赴上海,谒大师于净业社。太虚命其到北平去筹备世界佛学苑(华英文系)的柏林教理院(设于北平柏秘寺内)。9 月,柏林教理院成立,世苑筹备处也由武昌迁到北平柏林寺。柏林教理院由柏林住持台源和常惺任院长,胡子笏主财务,法舫任书记兼教理院监学。柏林教理院办了一年多,1931 年"九一八"事变,时局紧张,就宣告停办,法舫又奉太虚大师之命,回到武昌,恢复武院的工作。

按:太虚本年度的行程频繁,重要活动有:1 月 19 日编成《太虚大师寰游记》,作跋,付大东书局印行。其"杂观"中,有"宗教观""社会观""国俗观",据以可见西游之观感。其"宗教观",随顺西人之说,改易前义。而视马克思之共产主义,孙文之三民主义为宗教。2 月 18 日,太虚开始为闽院学众作课外讲学。太虚以丛林之精神尽失,而政府未能扶助佛教。佛教会亦难得改善,觉得"非从一般佛徒中,吸取一部分真正于佛法有修学,而且具有宏法愿行者为重新之建设,不能振兴佛教于今后"。乃重新议订建僧计划,讲题为《建设现代中国僧制大纲》,简称《建僧大纲》。4 月 1 日,太虚以任满,辞南普陀寺住持。经大众恳留,允为连任。8 日,佛诞纪念,大师讲《纪念释迦牟尼佛》。同月,太虚创议为"华文佛学分科研究编辑",由佛学书局印行。太虚留闽期间,应世界书局之约,改编《佛学概论》为《佛学 ABC》以行世。11 日,大师离厦回沪。6 月,太虚择定北平北海内小西天寺为世界佛学苑苑址。25 日,太虚在上海出席中国佛教会第二届执行委员会第二次常务会议。11 月,太虚在渝在蓉,颇望能就川省施行"建立中国现代佛教住持僧",与刘自乾、刘甫澄、蒋特生、赵伯福、李哲生等均有论及,然卒无成。(参见释印顺编著《太虚法师年

谱》，宗教文化出版社1995年版）

　　章炳麟仍潜居上海。2月24日《申报》头版头条为《武昌革命真史广告》，所列书中"有关系之人"，有黄兴、宋教仁及章炳麟等。4月4日，章炳麟有《答黄季刚书》，论《春秋疑义》一书，谓此书："虽与旧说多异，然恐实事正是如此。顷有人赠宋叶水心《习学记言序目》一书，其论《春秋》谓一切凡属书法，皆是史官旧文，唯天王狩河阳、侨如逆女、齐豹三叛四事，为孔子所书，传有明文。又谓《春秋》因诸侯之史，录史变，述霸政，所谓其事则齐桓、晋文者，此《春秋》之桢干也。至于凡例条章，或常或变，区区众人之所事者，乃史家之常，《春秋》之细尔。其论与鄙见甚合。宋儒说《春秋》多务刻深，唯永嘉诸子颇为平允，而水心特为卓荦，乃知公道自在人心。唯天王狩河阳事，据《史记》尚是旧日史所书，孔子特因之而已。而赵鞅书叛。据《史记》乃是孔子特笔，则水心考之未尽。盖水心非徒不信传，并太史公亦不尽信，此则未知《春秋》大旨，全由太史公而传，其间时有羼杂《公羊》者，则芟薙未尽尔。宋儒终是粗疏，于刘、贾以前古文诸师传授之事，绝未寻究。今之所作，则异于此矣。足下再审杜著，评其得失，何如？"

　　章炳麟夏季撰《释秦量》一文。7月2日，以田桐（梓琴）在上海去世作挽联二，其一为："李少卿有报汉心，赋命乃不如苏武；王仲淹献太平策，识时犹似后房高。"其二为："姚崇、宋璟亦事则天，俟天下之清君未逮耳；王溥、范质不死柴氏，当五代之乱，此何讥焉。"11月公祭时，"灵堂前"悬蒋介石、胡汉民、李烈钧、张群、居正和章太炎等挽联。秋，章炳麟撰《三界重建水阁记》。又撰《谢君马夫人六十寿序》，载《制言》第42期。此文议论男女平等问题，而非一般寿序文字。11月，黄侃、李根源来访，李根源"示以《曲石丛书》，黄侃以《吴郡西山访古记》为所最敬服"。是年，作《与加初论史记书》。（以上参见姚奠中、董国炎《章太炎学术年谱》，山西古籍出版社1996年版；汤志钧编《章太炎年谱长编（增订本）》，中华书局2013年版）

　　胡适、罗隆基、梁实秋三人1月将有关人权问题的文章结集为《人权论集》交新月书店刊行。同月3日，作《跋〈南宗定是非论〉残卷》。6日，作《跋〈顿悟无生般若颂〉》。7日，作《坛经》考之——跋《曹溪大师别传》。15日，姚名达致信，谓《章实斋年谱》版税手续已经办妥，感谢其"嘉惠后学的好意"。29日，胡适致信黄忏华，谈立法院法制委员会委员长焦易堂提出人权法案一事。说，"此案本身尚不能叫我们满意，但却是一大进步"。18日晚间6时，胡适出席中国科学社上海社友会假座一品香西餐馆举行的新年同乐会，并与蔡元培、褚民谊相继演说。21日，蔡元培复胡适函，谓"Smedly（史沫特莱）女士之约，弟可以往（杏佛尚在宁，明日来沪否，未定），愿与先生同去，临时请先生关照为幸"。2月1日，致信顾颉刚，讨论顾的《〈周易〉卦爻辞中的故事》，此文后来改题《论观象制器的学说与颉刚书》，收入《古史辨》第三册（上）。2月5日，国民党上海特别市执委会宣传部给新月书店发下公函，称奉中央宣传部密令，将发表《新文化运动与国民党》的《新月》第2卷第6、7期"设法没收焚毁"。要求该店"勿为代售，致干禁令"。7日，张孝若致信胡适，告《南通张季直先生传记》已由中华印出，并谓胡序中在举出人物名字时，原将孙中山置最后；为避党人纠缠，在付排时，将孙名移前，请其谅解。3月20日，胡适致信冯友兰，讨论老子问题，不赞成其将老子认作战国时人。26日，胡适为《张菊生先生七十寿纪念集》作《述陆贾的思想》，此为其《中古思想史长编》中第三章的一部分。是月起，胡适撰写《中古思想史长编》，至8月写成第七章《儒家的有为主义》。约2至3月间，胡适在上海基督教青年会讲演《从新文艺观察今日中国的思潮》。

按:演讲词后刊于《上海青年》第30卷第11期,文中指出:"近世的思想,从左至右,都是皮毛的,看不出真正的思想。"又说:"近世中国思想最大的毛病,(一)用笼统抽象的名辞来包括一切,打倒一切。(二)盲从,无论什么即容易相信,不去细想。(三)成见太深。"在谈到戊戌维新运动时说:"康梁变法的时候,只是空洞地吸收外国的文化,不知道紧要的是什么。学堂是造人才的地方,学堂不能代替考试的制度;用学校代替考试,是盲目的改革。结果造成中国二十五年来用人行政没有客观的公开的用人标准。"

胡适收到陈衡哲4月4日函,商量编辑《中国文化论文集》(英文)的事,希望胡适写一篇关于宗教方面的文章。后来胡适作了两篇文字载入此书:1. "Religion and Philosophy in Chinese History"; 2. "The Literary Renaissance"。此书英文名为 Symposium on Chinese Culture,1931年在上海出版。6日,任鸿隽致函胡适商量在中基会下设立编译委员会事。10日,胡适撰写《神会和尚遗集》序。同日,又作《我们走那条路》一文毕,刊于《新月》第2卷第10号。文中提出"要铲除打倒的是贫穷、疾病、愚昧、贪污、扰乱五大仇敌",而这五个大敌"都不是用暴力的革命所能打倒的"。

按:4月13日胡适所作《缘起》曰:

我们几个朋友在这一两年之中常常聚谈中国的问题,各人随他的专门研究,选定一个问题,提出论文,供大家的讨论。去年我们讨论的总题是"中国的现状",讨论的文字也有在《新月》上发表的。如潘光旦先生的"论才丁两旺"(《新月》二卷四号),如罗隆基先生的"论人权"(《新月》二卷五号),都是用讨论的文字改作的。

今年我们讨论的总题是:"我们怎样解决中国的问题?"分了许多子目,如政治,经济,教育,等等,由各人分任。但在分配题目的时候,就有人提议说:"在讨论分题之前,我们应该先想想我们对于这些各个问题有没有一个根本的态度。究竟我们用什么态度来看中国的问题?"几位朋友都赞成有这一篇概括的引论,并且推我提出这篇引论。

这篇文字是四月十二夜提出讨论的。当晚讨论的兴趣的浓厚鼓励我把这篇文字发表出来,供全国人的讨论批评。以后别位朋友讨论政治、经济等各个问题的文字也会陆续发表。

按:《我们走那条路》主张中国真正的敌人既不是帝国主义,也不是封建主义,"我们的真正敌人是贫穷,是疾病,是愚昧,是贪污,是扰乱"。而这五个大敌"都不是用暴力的革命所能打倒的。打倒这五大敌人的真革命只有一条路",就是"只有用自觉的努力作不断的改革"。这是一条同中国共产党的革命纲领相对立的资产阶级政治路线。其文曰:

我们今日要想研究怎样解决中国的许多问题,不可不先审查我们对于这些问题根本上抱着什么态度。这个根本态度的决定,便是我们走的方向的决定。古人说得好:

今夫盲者行于道,人谓之左则左,谓之右则右。遇君子则得其平易,遇小人则蹈于沟壑。(《淮南·氾论训》,文字依《意林》引。)

这正是我们中国人今日的状态。我们平日都不肯彻底想想究竟我们要一个怎样的社会国家,也不肯彻底想想究竟我们应该走那一条路才能达到我们的目的地。事到临头,人家叫我们向左走,我们便撑着旗,喊着向左走;人家叫我们向右走,我们也便撑着旗,喊着向右走。如果我们的领导者是真真睁开眼睛看过世界的人,如果他们确是睁着眼睛领导我们,那么,我们也许可以跟着他们走上平阳大路上去。但是,万一我们的领导者也都是瞎子,也在那儿被别人牵着鼻子走,那么,我们真有"盲人骑瞎马,夜半临深池"的大危险了。

我们不愿意被一群瞎子牵着鼻子走的人,在这个时候应该睁开眼睛看看面前有几个岔路,看看那一条路引我们到那儿去,看看我们自己可以并且应该走那一条路。

我们的观察和判断自然难保没有错误,但我们深信自觉的探路总胜于闭了眼睛让人牵着鼻子走。我们并且希望公开的讨论我们自己探路的结果可以使我们得着更正确的途径。

在我们探路之前,应该先决定我们要到什么地方去,——我们的目的地。这个问题是我们的先决问题,因为如果我们不想到那儿去,又何必探路呢?

现时对于这个目的地,至少有这三种说法:

(1)中国国民党的总理孙中山说,国民革命的"目的在于求中国之自由平等"。

(2)中国青年党(国家主义者)说,国家主义的运动"就是要国家能够独立,人民能够自由,而在国际上能够站得住的种种运动"。

(3)中国共产党现在分化之后,理论颇不一致;但我们除去他们内部的所谓史大林—托洛斯基之争,可以说他们还有一个共同目的地,就是"巩固苏联无产阶级专政,拥护中国无产阶级革命"。

我们现在的任务不在讨论这三个目的地,因为这种讨论徒然引起无益的意气,而且不是一千零一夜打得了的笔墨官司。

我们的任务只在于充分用我们的知识,客观的观察中国今日的实际需要,决定我们的目标。我们第一要问,我们要铲除的是什么?这是消极的目标。第二要问,我们要建立的是什么?这是积极的目标。

我们要铲除打倒的是什么?我们的答案是。

我们要打倒五个大仇敌:

第一大敌是贫穷。

第二大敌是疾病。

第三大敌是愚昧。

第四大敌是贪污。

第五大敌是扰乱。

这五大仇敌之中,资本主义不在内,因为我们还没有资格谈资本主义。资产阶级也不在内,因为我们至多有几个小富人,那有资产阶级?封建势力也不在内,因为封建制度早已在二千年前崩坏了。帝国主义也不在内,因为帝国主义不能侵害那五鬼不入之国。帝国主义为什么不能侵害美国和日本?为什么偏爱光顾我们的国家?岂不是因为我们受了这五大恶魔的毁坏,遂没有抵抗的能力了吗?故即为抵抗帝国主义起见,也应该先铲除这五大敌人。

胡适是年春在中国公学运动会开幕式上讲话,说运动会"不但是体育,还是德育;不单是体格上的训练,又是道德上的训练"。4月16日,张元济致函胡适,谈读过其《中古哲学史》第三、四章稿之后的感想,"觉得那李斯一节说来最透彻,最和平"。大概他也看出稿中有作者浇自家块垒的味道,所以特引稿中一段话谓:"革命成功之后,统一专制之局面又来了。学术思想的自由仍旧无望。"29日,杨杏佛致信胡适,解释不久前他在南京市党部演说中批评"知难行亦不易"时有些话记录有误,希望胡适能够释然。30日,胡适复信给杨杏佛,信末表示"决不会因此介意"。

按:胡适的回复挺有意思,首先谈起往年与周豫才兄弟谈《西游记》的第八十一难应改写的意思,说:"应该这样改作;唐僧取了经回到通天河边,梦见黄风大王等等妖魔问他索命。唐僧醒来,叫三个徒弟驾云把经卷送回唐土去讫。他自己却念动真言,把当日想吃唐僧一块肉延寿三千年的一切冤魂都召请来。他自己动手,把身上的肉割下来布施给他们吃。一切冤魂吃了唐僧的肉,都得超生极乐世界。唐僧的肉布施完了,他也成了正果。如此结束,最合佛教的精神。"接着说:"我受了十余年的骂,从来不怨恨骂我的人。有时他们骂的不中肯,我反替他们着急,有时他们骂的太过火了,反损骂者自己的人格,我更替他们不安。如果骂我而使骂者有益,便是我间接于他有恩了,我自然很情愿挨骂。如果有人说。吃胡适一块肉可以延寿一年半年,我也一定情愿自己割下来送给他,并且祝福他。"从中可见胡适还是话中有话,并没有接受杨杏佛的解释。

胡适《人权论集》交新月书店刊行后,于5月被国民党政府查禁。5月3日,国民党上海特别市第四区执委会发出训令,称"奉中央宣传部密令",查禁新月书店所出《人权论集》一书。12日,胡适出席国际笔会中国分会发起人会,并说明发起经过。同日,胡适作《统一帝国的宗教》。15日,蔡元培代表中国公学校董会同意胡适辞校长职,而以马君武继任,19日,完成交接。自本年1月起,胡适即屡次提出辞职,其动机大约是为了回北平教书和著书。28日,胡适在北上的海轮上,为汤尔和译的《到田间去》一书写序。《序》中重提十年前的问题与主义之争,提倡改良,反对革命,谓:"我在十年前便提出'多研究问题,少谈主义'的意见,希望引起一班爱谈大道理的人的觉悟。十年以来,谈主义的人更多了,而具体的问题仍旧没有人过问。""尔和先生说过,他译这本书的用意是要劝人'少讲空谱,多知道事实'。我要替他加上几句解释:'少谈主义,多研究一点有用的科学,带了科学知识作工具,然后回到田间去,睁开眼睛看看民众的真痛苦、真问题。然后放出你的本事来,帮他们减除痛苦,解决问题。'""改良得一种豆,或一种棉花,或一种蚕子,胜似一万万吨谈主义的文章。发明一个治牛瘟、猪瘟的方子,介绍一个除蝗除害虫的法子,胜似一万万张宣传主义的标语。"

胡适到北平后,先后在北大、北师大等处讲演。停留15天后返沪。其间已定下返回北平的计划,并托人觅屋。5月2日,周谷城致信胡适,刊于《教育杂志》第22卷第3期。文中就中国社会中封建主义是否存在的问题反驳胡适在《我们走那条路》一文中的观点。6月3日,梁漱溟作致胡适之的长篇公开信,刊于同月16日《村治》月刊第1卷第2期,就胡适刊于《新月》杂志第2卷第10号的《我们走那条路》一文的主要观点提出反诘与批评。26日,胡适写成《我的母亲的订婚》。此为其用文学笔法撰写《四十自述》的序幕,以后各章未能循此体例。7月2日,胡适到南京出席中基会董事会第六次年会。会上决定设立编译委员会,由胡适任主任委员,负责组织机构和主持编译工作。20日,胡适与蔡元培等同往爱国女学,与校董、校长、教务、总务等主任,商议该校以江湾尘园为校舍,以及迁入后学校内部革新等问题。21日,在美国留学的江泽涵写信告诉胡适自己同学中的情况:"还有一位郭斌龢君,他是同我同车到美国的。他的言论性情最与梅光迪先生相近,学问或者还高些。他当然是最痛恨你们。他回国后主办《学衡》杂志,并在东北教书。他在哈佛学拉丁文与希腊文,从白璧德学。他也许不去见你们(这里的东南大学的学生很有几位,很奇怪的是他们都反对白话文)。"29日,胡适复信给梁漱溟,就梁漱溟刊于6月16日《村治》月刊第2号给胡适长信就其《我们走那条路》提出的质问作出回复。同日,胡适又有致《教育杂志》编者的信。该杂志第22卷第3号上刊登周谷城、胡适《封建制度与封建国家之辩难》。编者在登载此函同时并加附言,谓胡适为两个名词之争竟动了"盛气"。

　　按:胡适复函梁漱溟说:"革命论的文字也曾看过不少,但终觉其太缺乏历史事实的根据。""如说'贫穷则直接由于帝国主义的经济侵略',则难道八十年前的中国果真不贫穷吗? 如说'扰乱则间接由于帝国主义之操纵军阀',试问张献忠、洪秀全又是受了何国的操纵? 今日冯、阎、蒋之战又是受了何国的操纵?"又说:"鸦片固是从外国进来,……何以世界的有长进民族都不蒙此害,而此害独钟于我神州民族? 而今日满田满地的罂粟,难道都是外国的帝国主义者强迫我们种下的吗?"又说:"帝国主义之叩日本之关门,而日本在六十年之中便一跃而为世界三大强国之一。何以我堂堂神州民族便一蹶不振如此? 此中'症结'究竟在什么地方? 岂是把全副责任都推在洋鬼子身上便可了事?"至于军阀,胡适说他把它包括在"扰乱"之内,解决军阀的问题"只有充分养成文治势力"。现在文治势力不足以制约军人,是文治势力自身走狗化,故不配担起澄清政治镇压军人的重任。他表明自己的根本主张"只是责己而不责人,要自觉的改革,而不要盲目的革命"。

　　按:胡适致《教育杂志》编者的信在引用周君的文字时,"并不曾指出他的姓名,因为我当时注意在就事论事,并不在攻击个人。我自信当时不曾动什么意气"。但接着又说:"这个问题并不是很简单的。一班浑人专爱用几个名词来变把戏,来欺骗世人。这不是小事,故我忍不住要指出他们的荒谬。"信中还说:"周君压根儿就不懂得什么是封建制度和封建国家。他把'中央集权制度'认作封建国家,便是根本错误。"他表明自己的意见说:"'封建的形式'诚然是秦始皇时才完全毁坏,但'封建的实质'在秦始皇以前早已崩坏了。七国时代的社会早已失掉封建社会的性质了。政权早已归于各个国家,土地已是人民私产,人民除了奴婢之外,已是自由人。因为实质早已崩坏了,故汉以后虽有列爵封土的形式,结果只是诸侯衣租食税而已,终不能恢复古代的封建社会了。"

胡适8月30日写信给《字林西报》,就蒋、桂、冯、阎的大战发表评论,提出立即和平的建议。同月,胡适作《司马迁替商人辩护》。9月上旬,胡适拟定中基会编译委员会组成人员名单,有丁文江、赵元任、傅斯年、陈寅恪、梁实秋、陈源、闻一多、姜立夫、丁西林、王琎、胡先骕、胡经甫、竺可桢等13人,均经中基会批准。是月在北平首次集会。11日,胡适致函胡近仁,谈中国人口问题。26日,胡适写信给夏蕴兰,回答他提出的有关"人格的修养""学术的选择"等问题。同月,《胡适文存》三集出版,扉页上题有"纪念四位最近失掉的朋友:李大钊先生、王国维先生、梁启超先生、单不庵先生"。10月2日,任鸿隽致信胡适,请其速来北平主持编译委员会的会议。大约10月上旬,胡适到北平,寓任鸿隽家中。8日,清末维新志士王小航(原名照)到任鸿隽宅访胡适。值外出,留下一大包文稿并附一字条。24日,钱玄同致信,因知胡适北来,欲邀其到北京师大作"稍微较长"之讲演。信中又请胡适开示:1.前人谈小说文学之文;2.《袁中郎集》中的好文章;3.从宋代到《尝试集》有哪些有价值的、可买的、应该研究的诗集?11月6日,张学良致函胡适。此前,胡适有信给张学良,对他公私生活各方面有所谏议。所以张学良信中一再表示感谢。11月13日,为同乡胡寄凡的《上海小志》作序。

按:胡适批评前人拘于所谓"贤者识其大者,不贤者识其小者"的传统谬见,谓著史志而不屑记载人民生活细碎。以致"汗牛充栋的省府县志都不能供给我们一些真正可信的文化史料"。主张史家要有"识小"的眼光与胆量,去做"贤者所不屑为"的小题目,以便勾出人民生活变迁的真相来。

胡适11月前后曾出面调停中国公学发生风潮。胡适去职后,由马君武继任。取萧规曹随的方针,故仍为当局所不满,马君武坚辞校长之职。10月30日晚间6时,蔡元培董事长主持中国公学校董会临时会议,议决:准马君武辞校长职,选于右任继任校长。同日,中国公学校董会正式布告:"兹因马校长辞意坚决,特由本会于本月三十日会议,推选于校董右任先生为校长。此布。董事长蔡元培。"但学生反对,群起罢课,要求马君武返任,拒绝于右任到校。31日,蔡元培以中国公学校董会名义致上海各报函,云:"顷见贵报所登《中公校董临时会决免马君武校长职》新闻,内有马君武干犯党怒,致起学校纠纷,着即免职一节,查与事实不符。本会议决案,实系因马校长辞意坚决,故不得已准其辞职,另推于右任先生为校长。应请查照更正为幸。"胡适出面调停的基本态度是支持马君武继续任校长,但反对学生罢课。11月12日,胡适发来一长函致蔡元培,详述中国公学学生本月10日、11日罢课的情况,末谓:"(于)右任先生既已宣言不做校长,(马)君武又因尊重校董会议案,不肯到校,此时解决校事的责任全在校董会。……故我与(王)云五、(刘)南陔均盼先生能早日召集校董会。……在京若见张(群)市长,千万请先生托他电释(学生代表)张耀先。党部如此横行,毁坏全党的地位与信用,真是自杀。"15日,上海报纸登出国民党上海特别市执委会宣传部为中国公学风潮所发的宣言,极力攻击胡适、马君武。

胡适11月16日下午4时主持假上海华安八楼召开的中国笔会成立会。该会为蔡元培、胡适、曾孟朴、叶恭绰、徐志摩、戈公振、林语堂、谢寿康、邵洵美、郑振铎、宗白华、杨杏佛、唐腴庐、郭有守等所发起,本日到会者,除在沪各发起人外,尚有宋春舫、杨度、赵景深、罗隆基、章克标、李青崖、吴经熊、王国华等。公推胡适主席,报告筹备经过,并说世界笔会本年在波兰开会,"与蔡孑民诸先生商定,请郭子雄君就近出席,……应请会中追认"。次宣读章程,稍加修改通过。次选举蔡元培、叶恭绰、徐志摩、郑振铎、邵洵美、戈公振、郭有守7人为理事,并推选蔡元培为理事长,戈公振为书记,邵洵美为会计。会后,发表该会创设缘起及会章。

按:兹先将会章录下:

(一)定名,本会定名为笔会。

(二)目的,本会目的有二,在国内则为各地作家的一种友谊结合。在国外则与世界各国的"笔会"联络为文艺的友谊的协助。

(三)会员,凡诗人、戏剧家、小说家、散文作家、翻译家愿加入本会者,经会员二人的介绍,理事会的通过,皆得为本会会员。

(四)组织,本会设理事会管理全会事务。理事七人,其中三人任期一年,四人任期二年,由会员于每年大会时投票选举。理事选出后,互选理事长一人,秘书一人,会计一人。

(五)会费,本会会员每年纳会费四元,于每年十二月一日以前交纳。其一次交会费五十元者,则为永久会员,以后不再纳会费。

(六)会期,本会于每月的第一星期日聚餐一次,餐费由会员自备。每会员得携带一客,但须先期通知秘书。每次聚餐后如有应讨论解决之会务,得开会务会,但以半点钟为限。遇必要时理事会得变更会期。或召集临时聚餐会。每年一月之聚餐会为大会。会期改选理事及报告上年度会务,以及其他重要会务,皆于聚餐后举行。本会会员不得假借本会集会为政治活动,或营业性质之宣传。

(七)退出与除名。凡会员皆得自由退出本会,但须以书面通知秘书。凡一年不纳会费之会员,经会计二次催问无效,得由理事会取消其会员资格。

(八)开会人数,理事会以满三人为开会法定人数,大会及会务会以居住本地之会员十人为开会法定人数。

(九)修正会章程,得由理事会提出修正案,或会员五人以上之连署提出修正案,经会务会或大会出席人数三分之二以上之表决修正之。章程之修正案均须于开会前一个月印刷分送各会员。

(十)规则,本会设在上海,各地有会员十人以上亦得成立分会。

胡适收到姚名达11月17日来函,告以拟研究史学史的计划。信中提出希望开示求学、著作活动的重要年月日,则似有为胡适编写年谱的打算。同日,胡适致函蔡元培,认为中国公学"校董会在当时实不明真相,为少数人所蒙蔽""取紧急措施,殊为失当,故引起风潮"。当时将离沪任北大文学院长,行期已定是月26日,故谓"以后更不能与闻中公事了"。21日,胡适撰《九年的家乡教育》毕,为《四十自述》的第一章,刊于《新月》第3卷第3期。22日,胡汉民在《民国日报》(上海)上发表其在立法院纪念周的讲演,题为《谈所谓言论自由》,指责胡适。11月25日、12月10日,胡适先后写信给胡汉民,质问其攻击的根据何在,要求他把他提到的那一份报纸剪下来做证。

按:胡适又于12月21日致信胡政之,因曾见其在《国闻周报》上发表的《新都印象记》(二)。其中记载胡汉民对他的一段谈话。亦提及所谓"哲学博士"云云。胡适问他,当日谈话时,胡汉民是否曾提了自己的名字。胡政之12月25日回信答复说,当日胡汉民确曾提到胡适之名,还告诉胡适,他的信曾被当局检查过。

胡适11月27日写定《介绍我自己的思想》,此为《胡适文选》所作之序。文中首先介绍了书中所收几组文章的内容要点,在介绍其思想方法一组文章时说:"我的思想受两个人的影响最大:一个是赫胥黎,一个是杜威先生。赫胥黎教我怎样怀疑,教我不信任一切没有充分证据的东西。杜威先生教我怎样思想,教我处处顾到当前的问题,教我把一切学说理想都看作待证的假设,教我处处顾到思想的结果。"藉此可知胡适学术思想的两大渊源。在介绍有关中西文化的一组文章中继续倡导全盘西化论。

按:胡适说:"我们必须承认我们自己百事不如人,不但物质机械上不如人,不但政治制度不如人,并且道德不如人,知识不如人,文学不如人,音乐不如人,艺术不如人,身体不如人。"因此他主张要"死心塌地地去学人家,不要怕模仿。因为模仿是创造的必要预备工夫。不要怕丧失我们自己的民族文化,因为绝大多数人的惰性已尽够保守那旧文化了。用不着你们少年人去担心。你们的职务在进取,不在保守"。他再次批评那种将西方文明嘲笑为物质的,只有东方文明才是精神的说法。他说,这种说法是"有夸大狂的妄人捏造出来的谣言,用来遮掩我们的羞脸的。其实一切文明都有物质和精神的两部分,材料都是物质的,而运用材料的心思才智都是精神的。……器物越完备、复杂,精神的因子越多。我们不能自坐在触板船上自夸精神文明,而嘲笑五万吨大汽船是物质文明"。最后他强调说:"从前禅宗和尚曾说:'菩提达摩东来只要寻一个不受人惑的人。'我这里千言万语也只是要教人一个不受人惑的方法。被孔丘、朱熹牵着鼻子走,固然不算高明,被马克思、列宁、斯大林牵着鼻子走,也算不得好汉。我自己决不想牵着谁的鼻子走。我只希望尽我的微薄的能力,教我的少年朋友们学一点防身的本领,努力做一个不受人惑的人。"

胡适 11 月 28 日携眷北上,在北平后门内米粮库 4 号租定新宅。12 月 20 日,写信给钱玄同,讨论《春秋》的性质问题。胡适认为,《春秋》是孔子仿史官"书法"记史事,开了私家学者作历史的风气。因为要记些真实的史事,所以不免为当局者所注意,孔门后人没有承继作史的遗风,反向其中求取微言大义,于是怪论迭出。24 日,蔡元培复胡适函,略谓:"别后奉惠书,敬论阃第安宁为慰。中公目前马先生业已积极维持,无待校董会正式委托。董事长如未得校董会同意,个人亦无正式表示之权。尊嘱弟未敢遵行,云五、南咳两兄亦同此观察,尚希鉴谅。至此校解决方法,拟俟大驾到沪后,召集校董会推诚商讨而后定。梦麟兄想已到北平,北大事当与先生商及,希望有一永久之计划,循序渐进,以造成理想中之北大也。"25 日,撰成《从拜神到无神》,这是《四十自述》的第二章,发表于次年 6 月出版的《新月》第 3 卷第 4 期。是月,《胡适文选》及《神会和尚遗集》,均由亚东图书馆出版。是年,胡适又撰《陆贾〈新语〉考》,刊于《北平图书馆月刊》第 4 卷第 1 期;《整理安徽文献之我见——复陈馆长东原书》刊于《学风》第 1 卷第 1 期。(以上参见耿云志编《胡适年谱》,福建教育出版社 2012 年版;胡颂平编著《胡适之先生年谱长编初稿》,台湾联经出版公司 1984 年版;高平叔编著《蔡元培年谱长编》,人民教育出版社 1996 年版;沈卫威《学衡派编年文事》,南京大学出版社 2015 年版)。

罗隆基与胡适、梁实秋三人 1 月将有关人权问题的文章结集为《人权论集》交新月书店刊行。秋,因光华大学发生学潮,教育部次长陈布雷以部令停止罗隆基在该校教授之聘,为中国私立大学史上奉部令开除教授的首开记录。原在光华大学授课的张东荪、潘光旦亦辞职,以示抗议。11 月 5 日下午 1 时,罗隆基在吴淞中国公学被捕,即解送公安局,旋即有蔡元培、宋子文、张寿镛等具保,市长张群亦电令释放,遂于 6 时释出。随后在《新月》第 3 卷第 3 号发表《我的被捕的经过与反感》。此时的罗隆基既不满于国民党的法西斯统治,又反对共产党的主张,倡导用一点一滴的改良主义代替共产党领导的武装斗争、暴力革命。12 月,罗隆基在《新月》第 3 卷第 10 号上发表《论中国的共产——为共产问题忠告国民党》的长篇文章,"忠告"国民党当政者,对于共产主义思想不能"压迫"而要采取"代替"的方法,"以思想代替思想的方法""这种剿共铲共的策略,是最根本最敏捷最聪明的方法"。表明罗隆基当时还是站在维护国民党反动统治和积极反共的立场，庶几扮演国民党谋士的角色。（参见耿云志编《胡适年谱》，福建教育出版社 2012 年版；高平叔编著《蔡元培年谱长编》，人民教育出版社 1996 年版；左玉河编《张东荪年谱》，群言出版社 2014 年版；陈福康《郑振铎年谱》，三晋出版社 2008 年版）

徐志摩任中华文化基金委员会委员，被选为英国诗社社员。5 月 12 日，徐志摩邀请郑振铎出席国际笔会中国分会发起人会。13 日，《申报·本埠新闻》报道《笔社发起人会》：蔡孑民、胡适、叶玉虎、杨杏佛、谢寿康、徐志摩、林语堂、邵洵美、郑振铎、郭有守、唐腴庐、戈公振等君，昨在华安大厦开笔社发起人会。缘发起人中人多数系海外笔会会员，故在国内亦拟有此组织。席间由胡适之博士说明发起经过，次通过章程。会址暂设亚尔培路二百零三号。缘起由徐志摩君拟就。同月，徐志摩带 A. 史沫特莱与茅盾会见。徐说，她是德国《法兰克福日报》的驻北京记者，从北平来。在北平被认为是共产党，所以只好来到上海；希望送给她一本《蚀》。7 月 24、25 日《申报·自由谈》连载徐志摩起草的《笔会缘起》，强调"借此我们的作家可以与全世界的作家有一个友谊的联线，并且享到因此得来的种种利便""或许可以造成一个中性的调剂的势力"。

按：《笔会缘起》曰："'笔会'是我们给 PEN 在中国的译名，PEN 是一九二一年道生司各德夫人（Mrs Dawsonscoti）在伦敦发起的一个作家聚餐会。但在这几年内它已经扩大成为一个国际作家的联合会……我们现在发起组织中国笔会的一个显明的意思，当然是借此我们的作家可以与全世界的作家有一个友谊的联线，并且享到因此得来的种种利便。但我们同时还有一个也许更深切一些的意思，那就是我们看了近年来国内文学界的分裂又分裂，乃至相与敌对、相与寻仇的现象，觉得有些寒心。这笔会的组织，或许可以造成一个中性的调剂的势力。所谓各系各派间的成见与误解，或许可以由此消灭。更正确的文学的任务，或许可以由此提醒。我们但须一看各地笔会的会员录，以及笔会的报告，即可以知道笔会的功用。在他的会席上不仅坐的一个显明的意思。在他的会席上不仅坐着德奥与法比的作家（在欧战嫌隙尚未消解时），同时欣然相聚首的有在主张上绝不一致的作家。亨利巴比塞不是颇左的一位作家吗？他是笔会的会员。高尔基不是年老而不'落伍'的一个作家吗？他是笔会的会员。在英国萧伯纳与威尔思不是在时代思想的前面站着的吗？他们和保守的或'右'翼的作家一样欣欣地加入笔会的活动。这些例子应得使我们所谓各派的作家放宽一些度量。让我们至少在这一件事上彼此不时有一个友谊的聚晤的机会。至少在这一件事上因此可以把一切的'不同'和'差异'暂时放在一边。这样也许可以节省许多在彼此无谓的斗争中的一些精力，移向更近人情的事业不更好吗？……我们这些日子只感觉到在我们周围黑暗与恐怖一天浓密似一天。这前途尽着去能有光亮吗？难道真的非得一切都陷入了黑暗才能省悟光亮的可贵吗？非得到仇恨与怨毒像剑戟似的插满了人道的营垒才能发生彼此原是同根的觉悟吗？那时候是太迟了！现在，我们下面列名的发起笔会的中国分会，谦卑的、诚恳的邀请国内的作家加入。蔡元培、杨杏佛、胡适之、曾孟朴、叶恭绰、宗白华、徐志摩、戈公振、谢寿康、林语堂、郑振铎、邵洵美、唐腴庐、郭有守。"

徐志摩 8 月为姚华所译《五言飞鸟集》作序，谓"郑振铎先生从泰谷尔先生的几本英译诗集里采译了三百多首，书名就叫《飞鸟集》"。9 月 24 日，徐志摩在上海筹办《诗刊》，写信给梁实秋，云："《诗刊》广告，想已瞥及，一兄（闻一多）与秋郎（梁实秋）不可不挥毫以长声势，不拘短长，定期出席。"10 月底，徐志摩为《诗刊》组稿事，写信给梁实秋，请其代为催促闻一多帮忙。信云："一多非得帮忙，近年新诗，多公影响最著，且尽有佳者，多公不当过于韬晦，《诗刊》始业，焉可无多？即四行一首，亦在必得。乞为转白：多诗不到，刊即不发，多公奈何以一人而失众望？兄在左右，并希持鞭以策之，况本非驽，特懒怠耳，稍一振蹶，行见长空万里也。"11 月 16 日下午 4 时，徐志摩出席假上海华安八楼召开的中国笔会成立会，徐志摩与蔡元培、叶恭绰、郑振铎、邵洵美、戈公振、郭有守等 7 人被选为理事。冬，离沪北上，到北京大学与北京女子大学任教。(以上参见陈从周《徐志摩年谱》,上海书店出版社 2008 年版;陈福康《郑振铎年谱》,三晋出版社 2008 年版;唐金海、刘长鼎主编《茅盾年谱》,山西高校联合出版社 1996 年版;闻黎明、侯菊坤《闻一多年谱长编》(增订版),上海交通大学出版社 2014 年版)

张东荪 3 月在《哲学评论》第 3 卷第 2 号上发表《将来之哲学》,对哲学的生存问题进行探讨,批评胡适提出的哲学消灭论。该文是张东荪在上海大同大学的讲演稿基础上修改而成。胡适此前在上海大同大学演讲《哲学之将来》,后还在苏州青年会讲演过一次。为了反驳胡适的观点,张东荪以《将来之哲学》为题作演讲。8 月,张东荪的《西洋哲学史 ABC》由上海世界书局出版。张东荪曾为该书写下一段《例言》说:"我撰此书有几点堪以自信的:一、叙述各思想家之学说完全根据其原著,无原著的则根据其零星语录,绝对不依靠任何哲学史。如有错误,自愿任咎。二、体裁之编制亦完全出于著者之特创。三、专讲各人对于人类思想之堆积上有所新贡献。这样的着眼点亦为向来史家所无。四、其中译语多有著者按中国习用的言语为之,力避抄袭日本人所译的不通名词。我虽则仍以人或学派为单位,而其背后思想之大流却是一贯而不断。"秋,因光华大学发生学潮,教育部次长陈布雷以部令停止罗隆基在该校教授之聘。原在光华大学授课的张东荪、潘光旦亦辞职,以示抗议。(参见左玉河编《张东荪年谱》,群言出版社 2014 年版;左玉河编《中国近代思想家文库·张东荪卷》及附录《张东荪年谱简编》,中国人民大学出版社 2015 年版)

李石岑年底由德国回到上海,先后在中国公学、大夏大学、暨南大学等校任教,并从事著述。是年,思想界围绕哲学是否即将消灭、本体论与认识论的关系和唯物辩证法的实质等问题展开了一场大论战。处在思想大转变过程中的李石岑,不顾当局和一些唯心主义者利用其私生活方面的感情纠纷所进行的非难与中伤,带病参加论战。论战促进了他自身的转化过程。(参见田伏隆《我国近代哲学家李石岑》,《求索》1985 年第 2 期)

周谷城在上海创办《正理报》周刊,著文批判买办哲学。4 月,所著《中国社会之结构》由新生命书局出版。此书和周谷城所著《中国社会之变化》(1931)、《中国社会之现状》(1933)一起构成一个系列,是早期中国社会史和制度史研究的重要著作。周谷城在这些书中,运用"辩证唯物论"和"历史唯物论"的视角和方法分析了中国社会的结构、历史和现状,揭示了中国社会转变的原因,以图改造中国社会。4 月,因胡适《我们走那条路》点到周谷城刊于《教育杂志》论及封建主义问题的文章,并作了引文与批评,周谷城遂于 5 月 2 日致信胡适,就中国社会中封建主义是否存在的问题反驳胡适在《我们走那条路》一文中的观点。同月,周谷城再次致函胡适提出辩难。随后,《教育杂志》以周谷城、胡适《封建制度与封建国家之辩难》刊于第 22 卷第 3 期。7 月 29 日,胡适致信《教育杂志》编者,再予以反驳。编者在登载此函同时并加附言,谓胡适为两个名词之争竟动了"盛气"。8 月 3 日,周谷城又作书回应胡适给《教育杂志》的信,继续予以反驳。秋,周谷城任中山大学教授兼社会学系主任。

按:据耿云志编:《胡适遗稿及秘藏书信》第 29 册收录了 1930 年 5 月周谷城致胡适书信两通:周谷城:《五四时期的北京高师》(见北师大校史资料室编《五四运动与北京高师》,北京师范大学出版社 1984 年版)则提到胡适接信后曾有过回信。7 月 29 日,胡适致书《教育杂志》编者,直接针对《周谷城君来函》附编者按语中的揶揄之词发难,重申己说(见《胡适遗稿及秘藏书信》第 20 册),此举对商务印书馆中何炳松、周予同等人的压力,自不难想见。8 月 3 日,周谷城又作书回应胡适给《教育杂志》的信。周谷城 8 月 3 日信见曹伯言整理:《胡适日记全编》第 5 册,安徽教育出版社 2001 年版。(参见耿云志编《胡适年谱》,福建教育出版社 2012 年版;胡颂平编著《胡适之先生年谱长编初稿》,台湾联经出版公司 1984 年版;成棣《周予同先生年谱》,《传统中国研究集刊》第 20 辑,上海社会科学院出版社 2019 年版;王学典《20 世纪史

学编年(1900—1949)》,商务印书馆 2014 年版)

　　陈翰笙、蔡元培、杨铨、胡纪常、朱祖晦、吴定良、凌纯声为中央研究院社会科学研究所专任研究员,蔡元培兼任所长。2 月 18 日,蔡元培主持中央研究院社会科学研究所在该所上海图书室举行的第九次所务会议,杨杏佛、陈翰笙、王云五、胡纪常、凌纯声、王际昌等出席。会议讨论并通过所员因公外出报告手续;本所出版品的名称(分专刊、集刊、丛刊三种)及对外流通、保管的办法;以及为已编成的《六十年来中国国际贸易统计》一书组织审查委员会、推定盛灼山、凌纯声、胡纪常为委员等案。4 月 12 日,蔡元培主持中央研究院社会科学研究所举行的第十次所务会议,各研究员均出席。会议讨论并通过民族学组(蔡元培兼组主任)派往东北调查通古斯族的调查费及标本费为三千五百元,并通过订立本所图书馆章程及改善图书庋藏方法等案。东北通古斯族的调查,由民族学组研究员凌纯声、编辑员商承祚担任。5—8 月,凌纯声、商承祚开始对松花江下游的赫哲族进行了近代中国的第一次民族学田野调查,后著成《松花江下游的赫哲族》。5—8 月,陈翰笙组织包括钱俊瑞、张稼夫、王寅生、张锡昌等 66 人的调查团,对河北省保定(旧称清苑县)进行规模巨大的农村经济调查。重点调查 11 个村的 1773 个农户。同时对 6 个农村市场、78 个村庄做了概况考察。

　　按:调查结束后,张培刚根据调查资料,写成《清苑农家经济》上中下三册,分别于 1936 年 3 月、5 月和 1937 年 3 月发表在中央研究院社会科学研究所创办的《社会科学杂志》上。(参见陈洪进《陈翰笙传略》,《晋阳学刊》1987 年第 5 期)

　　胡纪常、杨杏佛、徐传镳、林惠祥、王际昌等研究员 5 月 20 日出席中央研究院社会科学研究所举行的第十一次所务会议,中央研究院院长兼社会科学研究所所长蔡元培主持会议,通过本所刊物赠送及交换办法等案。又徐传保交来所著《先秦国际法之遗迹》一书,请求本所代为出版,议决:先请孟森、柳诒徵、胡适三君审查后再定。7 月 19 日,蔡元培主持中央研究院社会科学研究所举行的第十二次所务会议,杨杏佛、朱祖晦、徐公肃、胡纪常、陈翰笙、林惠祥等研究员出席。会议讨论并通过:经费减缩期间本所各组预算裁减办法;寄一百英镑予吴定良在英购置统计图书;向本所函索刊物各机关,除审定赠送者外,一律请其购买等案。10 月 28 日,蔡元培主持中央研究院社会科学研究所举行的第十三次所务会议,杨杏佛、朱祖晦、陈翰笙、徐公肃、凌纯声等研究员出席。会议决议:在南京建筑本所房屋,照计划通过;本所迁京,现租上海房屋,俟新建筑何时落成,再行退租;特约研究员胡长清所著《陪审制度论》,先请王世杰审查民族学组的标本,俟迁京后,再行整理。是年,社会科学研究所承担的重点项目主要有:胡长清主持的《陪审制度》,杨端六主持的《上海租界制度犯罪调查》,蔡元培主持的《世界各民族之结绳纪事与原始文字之比较的研究》,凌纯声主持的《松花江下游赫哲民族之研究》《世界民族名词汇之编纂》,德人史图博主持的《敕木山畲民之研究》,林惠祥主持的《川东獠猓标本之研究》。其他尚有:《六十五年来中国国际贸易统计》《杨树浦工人住宅调查》《完成本所统计书目》《统计学名词汇》《编纂中国古代经济名词考》《中国国际贸易研究》《中国国际贸易统计之改进问题》《所得税问题》《中国农村调查材料之整理》。(参见樊洪业《中央研究院机构沿革大事记》,《中国科技史料》1985 年第 2 期;姚润泽《中央研究院在上海》,上海社会科学院硕士学位论文,2018 年;王学典《20 世纪史学编年(1900—1949)》,商务印书馆 2014 年版)

　　李四光继续任中央研究院地质研究所所长,该所专任研究员有李四光、徐渊摩、叶良辅、李捷、孟宪民、吴筱朋、王恭睦、李毓尧。1 月 17 日,蔡元培致李四光等函,略谓:"顷接青岛大学图书馆函称：'本大学图书馆,拟先置备三种图书；（一）普通参考图书（如字典、年鉴、百科全书等）；（二）各科学生参考时所不可少之书；（三）各种杂志期刊。兹请开列书名赐掷,以便采办'等语。该大学设立图书馆,正在筹备期间,我辈自宜有相当之匡助。"是年,地质研究所所承担的重点项目主要有：李捷主持的《镇江孟河间地质概况》,朱森、刘祖彝主持的《栖霞山及龙潭地质考察记略》,李毓光主持的《江西北部地层摘要》,孟宪民、张更主持的《安徽铜陵县叶山附近之地质该要》,孟宪民、张更主持的《苏湖繁昌两县地质矿产略报》,李毓尧主持的《皖南地质志略》,朱森、刘祖彝主持的《皖南贵池地质考察记略》,孟宪民、张更主持的《安徽宜城县水东附近之逆断层》,田奇瑪主持的《中国南部三叠纪之研究》,俞建章主持的《中国下石炭纪之研究》,许杰主持的《长江下游各省笔石化石之初步研究》,斯行健主持的《古植物之研究》,孟宪民、张更主持的《安徽铜陵县铜官山铁矿储量之新估计》,孟宪民、张更主持的《浙江昌化矿产调查简报》,孟宪民、张更主持的《浙江昌化县泥鳅垄之间锰矿》,田奇瑪主持的《湘南金属矿产之调查》,叶良辅、喻德渊主持的《山东海岸变迁之初步观察及青岛一带火成岩之研究》,何作霖主持的《中国东南部侏罗以后之火山作用》,喻德渊主持的《南京镇江间火成岩之研究》,李璜主持的《化验室报告》。（参见樊洪业《中央研究院机构沿革大事记》,《中国科技史料》1985年第2期；姚润泽《中央研究院在上海》,上海社会科学院硕士学位论文,2018年；高平叔编著《蔡元培年谱长编》,人民教育出版社1996年版）

　　李立三3月3日因周恩来离开国内,中共中央政治局决定改由其参加组织局。同月,李立三在中国共产党机关刊物《布尔什维克》发表《中国革命根本问题》,参与中国社会性质论争,批驳了托派的观点,论述了中国半殖民地半封建社会的特点,阐明中国共产党的主张。4月2日,李立三在《布尔塞维克》发表《怎样准备夺取一省与几省政权胜利的条件》一文,提出："加紧准备夺取一省与几省政权,建立全国革命政权,已成为党的目前的总战略。"批评"想'以乡村包围城市''单凭红军夺取中心城市'都只是一种幻想,一种绝对错误的观念"。9日,李立三在《红旗》第91期发表《回答托洛茨基的问题》,驳斥托洛茨基在《中国发生了什么事情》一文中对中国红军运动的诬蔑。《红旗》同期发表问友的《托洛茨基之取消中国革命的理论》,批驳托洛茨基的中国问题大纲《中国政治状况和布尔什维克列宁派（反对派）的任务》。5月15日,李立三在《布尔塞维克》第3卷第14期发表《新的革命高潮前面的诸问题》,批判陈独秀等取消派的"现在丝毫没有革命高潮的象征,只是统治阶级稳定,革命低落时期"的说法,是"帮统治阶级宣传的无耻的勾当"。6月11日,中共中央政治局会议在李立三主持下,通过了由李立三起草的《目前政治任务的决议——新的革命高潮与一省或几省的首先胜利》,认为已经具备了全国各地大规模武装起义的条件,制定了以武汉为中心的全国总暴动和集中红军进攻中心城市的计划,自此第二次左倾路线统治中央。8月15日,中共中央机关报《红旗日报》创刊,发刊词《我们的任务》中指出："本报是中国共产党的机关报,同时在目前革命阶段理必然要成为全国广大工农群众之反帝国主义与反国民党的喉舌。"9月24日,中共中央六届三中全会在上海召开,在瞿秋白、周恩来主持下,批评了李立三左倾冒险主义的错误,停止了全国总起义和集中全国红军进攻中心城市的行动,恢复党、团、工会的独立组织和经常性工作。从而结束了李立三左倾冒险主义对全党的统治。12月,共产国际执委会主席团听取和讨论东方部提交的《关于中国党三中全会与李立三同志的错误的报告》。（参见唐宝林、林茂生《陈独秀年谱》,上海人民出版社1988年版；李永春编著《蔡和森年谱》,湘潭大学出版社2008年版；中央文献研究室《周恩来年谱1898—1976》,中央文献出版社1998

年版;李江《冯乃超年谱》,载李伟江编《冯乃超研究资料》,陕西人民出版社1992年版)

　　瞿秋白1月10日起草中共代表团给共产国际执委会的信,批评中山大学支部局官僚作风。16日,致函中共中央政治局,说去年12月至今大病,无法工作。19日,撰写《〈共产国际〉中文版发刊词》,参加该刊编辑委员会。23日,参加共产国际东方书记处会议。向库西宁建议李立三来莫斯科,讨论解决中共中央李立三与远东局意见分歧问题。同月,撰写《清校问题》,起草中共代表团《告中大学生书草案》。月底,瞿秋白旧病复发,住院治疗至3月中旬。2月9日,米夫致函瞿秋白,谈革命形势问题。3月19日,瞿秋白致函共产国际东方书记处,请求查明中山大学支部局对中共代表团的无端指责。25日,瞿秋白致函共产国际执委会书记皮亚特尼茨基:"我很了解刘少奇同志",可通过联共(布)哈尔滨组织与他联系。4月2日,瞿秋白致函中共中央政治局。4月17日,张国焘致函共产国际,无端指责瞿秋白,表白"正确立场"。6月6日,瞿秋白与周恩来、张国焘、库西宁、米夫等出席共产国际政治书记处会议,因中山大学派别斗争问题受到严厉指责。28日,共产国际正式决定,"更新"中共代表团成员,解除瞿秋白代表团团长职务。7月23日,针对中共中央李立三"左"倾冒险错误,共产国际政治书记处召开紧急会议,通过"七月决议",决定派瞿秋白、周恩来回国纠正李立三错误。

　　瞿秋白7月下旬离莫斯科经欧洲回国。8月1日,瞿秋白途经德国柏林,参加失业工人示威大会,参观德共中央机关,与党报编辑交流。8月26日,回到上海。9月6日,瞿秋白参加中共中央总行委主席团会议,决定早日召开六届三中全会。15日,瞿秋白与周恩来同远东局成员商议召开六届三中全会事宜。24—28日,瞿秋白与周恩来共同主持中共六届三中全会。作《政治讨论的结论》报告。会议通过瞿秋白起草的《关于政治状况和党的总任务决议案》,结束了李立三盲动冒险错误。会后,由瞿秋白主持中央工作。10月,共产国际执委会发出《关于立三路线问题给中共中央的信》,即"十月来信",谴责立三路线同时,竟说六届三中全会有"调和主义"错误。11月16日,瞿秋白、周恩来收见此信前,王明一伙已知,并在党内传播,批评六届三中全会,制造混乱。18日,瞿秋白与周恩来、向忠发参加中央政治局紧急会议,讨论"十月来信"时指出,三中全会"没有表现出调和主义倾向""来信的某些部分与事实不符,必须予以纠正"。22日,瞿秋白参加中央政治局扩大会议,继续讨论"十月来信",作自我批评,同时指斥王明等活动"不是帮助中央,而是进攻中央"。

　　瞿秋白11月25日参加中央政治局会议。会议决定完全接受"十月来信"的批评,承认三中全会是"调和态度"。27日,王明、博古、陈原道秘密成立临时小组,反对三中全会,集中攻击瞿秋白等。29日,瞿秋白致函共产国际东方书记处,报告三中全会已批准苏区土地分配和经济政策。12月2日,米夫在上海致函共产国际执委会,贬斥瞿秋白、周恩来等,颂扬王明等人。9日,瞿秋白主持中央政治局会议,明确承认六届三中全会的"调和主义"——为李立三路线"辩护"。10日,瞿秋白、米夫起草以远东局名义给中共中央信,明确指责中共三中全会决议案,提出"紧急召开为期一天的党代表会议",提拔"新干部"到领导岗位。上旬,共产国际执委会在莫斯科举行会议,讨论李立三错误问题。李立三、库丘莫夫、马札亚尔、张国焘、萨发洛夫、蔡和森、曼努意斯基、白腊昆、库西宁、黄平、皮亚特尼茨基等,异口同声,捏造事实,批评瞿秋白,吹捧王明等人。18日,共产国际执委会政治书记处密电远东局,指示召开六届四中全会,"鉴于斯特拉霍夫的调和主义和两面派行为,应该把他赶出政治局"。

(以上参见陈铁健编《中国近代思想家文库·瞿秋白卷》及附录《瞿秋白年谱简编》,中国人民大学出版社

2015年版;中央文献研究室《周恩来年谱1898—1976》,中央文献出版社1998年)

周恩来1月6日出席中共中央政治局会议,报告所起草的中共中央接受共产国际关于国民党改组派和中共任务的指示信的决议。15日,在周恩来主持下,中共中央军委主办的机关刊物《军事通讯》创刊,创刊号全文刊登陈毅写的《关于红四军历史及其情况的报告》。20日,出席中共中央政治局会议。会议根据共产国际的提议,决定召开全国苏维埃区域代表大会,先在上海开准备会,然后到苏区开正式会,由周恩来起草通告。2月3日,出席中共中央政治局会议,讨论筹备召开苏维埃区域代表大会问题。4日,中共中央发出周恩来起草的《中央通告第六十八号——关于召集全国苏维埃区域代表大会》。7日,出席苏维埃区域代表会筹委会会议,并作报告,对会议日期、代表名额分配、会议议程和决议草案等作了说明,指出:苏维埃区域发展的配合与深入,实行土地革命,扩大红军,建立苏维埃政权,改良雇农生活等问题,是这次会议的中心议题。17日,出席中共中央政治局会议,讨论蒋、冯、阎军阀大战即将爆发前的国内政治形势。3月2日,周恩来一直关心的上海左翼作家联盟正式成立。第一届执行委员为鲁迅、夏衍、冯乃超、钱杏邨、田汉、阳翰笙(华汉)、郑伯奇、洪灵菲。

按:在1928年中共六大前,周恩来已发现上海进步文化阵营出现某些裂痕,创造社、太阳社和鲁迅之间发生论战。回国后从潘汉年和冯雪峰处了解到矛盾有新发展,决心解决这一问题。这是中共中央抓文艺工作的开始。中共中央向文艺界有关代表人物提出"停止内战,加强团结",并决定成立左翼作家联盟。周恩来将夏衍(沈端先)从闸北街道支部调出,在中央文委领导下于1929年冬开始筹组。

周恩来3月初根据中共中央政治局的决定,离开上海,途经欧洲前往莫斯科,以中共中央代表身份,向共产国际报告中共自六大以来的工作以及解决与共产国际远东局的争论等问题。行前编写《中国红军的数目与区域》和《中国赤色工会数目》。3日,中共中央政治局因周恩来离开国内,决定改由李立三参加组织局。4月27日,周恩来途经德国时,在德共《红旗报》以化名陈广(译音)发表《写在中华苏维埃第一次代表大会召开之前》一文。5月,周恩来到达莫斯科。在莫斯科期间,代表中共中央向共产国际报告工作,参加讨论中国革命问题,解决中共中央同共产国际远东局的争论,并处理中共代表团因解决中山大学派别斗争问题而与共产国际发生的分歧,以及留学生等其他工作事务。7月5日,周恩来应邀出席在莫斯科召开的联共第十六次代表大会,代表中国共产党向联共代表大会祝贺,并在会上作《中国革命新高潮与中国共产党》的报告。16日,周恩来出席共产国际政治委员会会议,在会上作《中国革命新高潮的特点与目前党的中心任务》的报告。下旬前后,周恩来会见斯大林,介绍中国革命特别是红军的显著发展情况。斯大林建议把红军问题放在中国革命问题的第一位。30日,共产国际电复中共中央政治局,批评"中国党的目下路线是盲动精神"。

周恩来和瞿秋白8月上旬根据共产国际指示,先后动身回国,纠正中共中央6月11日决议的错误。19日,周恩来回到上海,即参加总行委主席团会议,在发言中针对停止中共中央政治局、组织局的正常工作,成立中央总行委的问题,说关于现在的组织方式必须向共产国际解释清楚,并提议所有中央政治局委员都应加入总行委。会议决定扩大总行委和主席团,周恩来、瞿秋白等加入总行委和主席团。9月24—28日,瞿秋白、周恩来主持召开中共扩大的六届三中全会。周恩来在会上先后作《传达国际决议的报告》和《组织报告》。报告批评李立三对形势的错误估计,论述中国革命发展不平衡的原因和表现。30日,周恩来主持召开中共中央军委扩大会议。在会上作《目前红军的中心任务及其几个根本问题》的报告和结论。10月17日,周恩来出席中共中央临时政治局会议。会议最终确定由项英、毛泽东、周恩来、任弼时、朱德、吴振鹏、余飞，再加上当地二人，组成苏区中央局，周恩来为书记，由项英暂时代理。会议并根据周恩来的提议，决定由项英、毛泽东、任弼时、朱德、彭德怀、贺龙、黄公略、周逸群、叶剑英、张云逸、邓中夏、曾中生、邓发、邓小平、黄粱、袁国平、刘伯承、周恩来、关向应、恽代英、李富春等25人组成苏区军委。12月16日，周恩来出席中共中央政治局会议。会议决定撤销李立三中央政治局委员职务，并通过周恩来起草的《中央政治局关于何孟雄同志问题的决议》。20日，周恩来在《军事通讯》第4期发表《目前红军的中心任务及其几个根本问题》的报告和结论，并在文后加了说明，指出：这一报告是在三中全会的调和精神之下做的。（以上参见中央文献研究室《周恩来年谱1898—1976》，中央文献出版社1998年版）

　　恽代英是年春赴闽西根据地视察。3月12、26日，分别在《红旗》杂志第83、87期上发表《请看闽西农民造反的成绩——福建通信》《闽西苏维埃的过去和将来》两文，热情歌颂朱德、毛泽东领导的红军和苏维埃政权，认为"只有苏维埃政权是工农群众自己的政权。全中国工农群众都应当起来为苏维埃政权奋斗"。4月，回到上海，受到李立三的指责，旋即被扣上机会主义的帽子，调离中央工作，先调任沪中区行动委员会书记，不久又调任沪东区行委书记。5月6日，在上海杨树浦老怡和纱厂（现上海第五毛纺织厂）门口等候工人代表前来联系工作时，不幸被捕。起初，敌人并不知其真实身份。5月，周恩来从莫斯科回国后，提出不惜一切代价营救恽代英出狱。（参见刘辉编《中国近代思想家文库·恽代英卷》及附录《恽代英年谱简编》，中国人民大学出版社2015年版）

　　陈望道2月参与编辑由鲁迅主编的《文艺研究季刊》出版，仅出一期即被禁。3月2日，中国左翼作家联盟在他主持工作的中华艺术大学正式成立。5月11日，针对陈望道及《东方杂志》等收到假冒左联之名的恐吓信，左联发出了致《巴尔底山》编者的信。24日，中华艺大被国民党查封。同日，陈望道、洪深、叶圣陶、郑振铎、谢六逸、傅东华、冯沅君等复旦大学教授接到假冒左联名义的恐吓信。9月16日，与蔡葵女士在浙江东阳蔡宅举行婚礼。21日，携夫人蔡葵女士回义乌，在义乌县立初级中学作《东义二县风俗的批评》演讲。10月，所著《因明学》在世界书局出版。这是我国第一本用白话文讲解因明学的著作。12月，译著《苏俄文艺理论》《艺术社会学》在大江书铺出版；所编《艺术理论丛书》在大江书铺出版。是年，还在《文艺研究》第1卷发表《自然主义文学底理论的体系》译文，另外还发表了《果戈理和杜思退益夫斯基》《断截美学底一提言》等译文。（参见上海鲁迅纪念馆编《陈望道先生纪念集》，复旦大学出版社2006年版）

　　李达1月所译日本河西太一郎著《农业问题之理论》由上海昆仑书店出版；又将马克思著《政治经济学批判》译为《政治经济学批评》由上海昆仑书店出版。此书为《政治经济学批判》最早的中译本。4月，所译米哈列夫斯基著《经济学入门》由上海乐华图书公司出版。6月，与王静、张粟原、钱铁如、熊得山、宁敦午合译河上肇著《马克思主义经济学基础理论》，由上海昆仑书店出版。暑假后，到上海政法大学任教授，兼任社会学系主任。秋，应聘到暨南大学任教授。10月，所译卢波尔著《理论与实践的社会科学根本问题》由上海心弘书社出版；与陈家瓒合译河田嗣郎著《土地经济论》由商务印书馆出版。是年，又译日本高畠素之著《社会问题总览》，由上海中华书局刊行。上述译著的出版，有助于中国广大群众学习马克思主义特别是学习唯物辩证法，更好地认识中国革命。（参见宋俭、宋景明编《中国近代思想家文库·李达卷》附录《李达年谱简编》，中国人民大学出版社2015年版）

　　华冈受命将1888年恩格斯亲校的英文版《共产党宣言》重译，还译出了《1872年序言》

《1883 年序言》《1890 年序言》3 篇德文版序言。华岗参照了陈望道译本,正文第一次使用中英文双语对照,由上海中外社会科学研究社刊行。这是继陈望道之后出版的《共产党宣言》的第二个全译本,也是中国共产党成立后的第一个全译本。译文质量有较大提高,最后一句由原译"万国劳动者团结起来啊!"第一次准确改译成"全世界无产阶级联合起来!"(参见邱少明《民国马克思主义经典著作翻译史(1912 至 1949 年)》,南京航空航天大学博士学位论文,2011 年)

　　陈独秀 2 月 8 日经由中共中央转来共产国际电报,邀请他前去参加国际"政治书记部审查中国共产党中央开除你的党籍的决定的会议",并要陈独秀于一星期内给以书面答复。2 月 27 日,陈独秀复函共产国际,断然拒绝共产国际的邀请,斥是"官僚的办法",抨击共产国际五六年来指导中国革命"是站在官僚机会主义的路线上""将革命失败单独归咎于中共中央或'陈独秀的机会主义'",并赞颂托洛茨基预言正确。3 月 1 日,陈独秀、彭述之、何资深等在上海创办《无产者》,陈独秀撰写《发刊宣言》,称"本报的责任就在团聚中国无产阶级的先进分子,在国际布尔什维克列宁派(反对派)领导之下,彻头彻尾地扫除现在国际及中国共产党领导机关之机会主义的路线、盲动主义的策略及官僚主义的党制"。同时发表《我们在现阶段政治斗争的策略问题》,论述当时中国革命形势和策略,攻击中共中央从左的方面"消极抵制"国民会议;刘仁静等人则从右的方面"歌颂资产阶级民主政制""助长工人群众的幻想"。以该刊为名形成中国托派中的"无产者社派"。

　　陈独秀 8 月 9 日以"中国共产党左派反对派"的名义,发表致中央委员会转全党同志的信,刊于 10 月 10 日《无产者》第 3 期。信中抨击中央 6 月 11 日决议,认为"立三路线"的错误是"把党的中心工作更进一步地转入农村,希图在农村中另行组织一种力量,以闯入城市"。同时攻击党在大革命失败后坚持的农村武装斗争,是"企图拿乡村来领导城市,拿'红军'来作攻打城市的救世军,这不是领导革命,这只是随在农民意识的尾巴后面去作军事冒险"。要求党接受托派的国民会议主张,注重城市公开的民主斗争;呼吁全体党员自动起来向领导机关"抗议""要求它立刻停止一切军事投机的冒险举动"。11 月 10 日,陈独秀发表《十月革命与"不断革命论"》,就十月革命十三周年纪念,抨击斯大林在列宁死后对内对外采用的"机会主义政策",大声疾呼"十月革命已处在危险之中,苏维埃社会主义联邦已接近一个危机的时期,应该加紧一切努力以重新树立十月革命的进程!""首先就是要改换苏联共产党及整个共产国际之现在领导的路线……"。12 月陈独秀以"中国共产党左派反对派"名义,在《无产者》第 7 期发表《为国民会议运动告民众书》。下半年,陈独秀搬进熙华德路一幢石库门房子里,结识潘兰珍,旋同居。(以上参见唐宝林、林茂生《陈独秀年谱》,上海人民出版社 1988 年版)

　　刘仁静、王文元、宋逢春、董汝斌、陆梦衣、紫亮、廖麟、黄焦桐、黎白曼、周庆崇 10 人 1 月发表《告同志书》。1 月 25 日,刘仁静致函托洛茨基,抨击陈独秀仍然坚持"工农民主专政"等机会主义立场,汇报他们与之决裂的经过,及他们与"我们的话派"的争论,请示是非。2 月 21 日,刘仁静致函托洛茨基,批判陈独秀等 81 人发表的"政治意见书"。4 月 2 日,托洛茨基致函中国托派,批评各派对于"国民会议"的争论"渗入了太多的玄学和甚至有点学院主义",说国民会议能否实现,谁实现它和怎样实现它,"只能做种种假定";指示托派用全力提出"国民会议口号,为它进行勇敢与坚决的斗争",以此来"暴露"共产国际与中共中央"政策必然破产",使托派"成为中国无产阶级中的主要力量"和"首领"。4 月 3 日,托洛茨基答复刘仁静 2 月 21 日的信(并附 4 月 2 日致中国全体托派的信),要刘把陈独秀等 81 人的意见书"忠实地翻译出来,寄给我。此事很重要,我请您翻译得尽可能地完美确切";还催促"十月社"与"我们的话派"实行统一。10 月,根据托洛茨基的指示,"我们的话派""无产者社""十月社"和"战斗社"派代表组成协议委员会,商定协委工作（一）起草统一政纲;（二）筹备统一大会。王文元为协委起草了《中国左派共产主义反对派政纲草案》。声称"第三次革命一开始就是社会主义的性质""一切未解决的民主任务,只有在无产阶级社会主义革命的初期中附带地完成""要严厉地批评含义模糊的口号——无产阶级与贫农的专政"。但这些都遭到"无产者社"的反对。12 月 28 日,刘仁静撰《反对派统一运动之过去与未来》,总结一年来托派统一运动。(参见唐宝林、林茂生《陈独秀年谱》,上海人民出版社 1988 年版)

李季因去年 12 月 15 日参加陈独秀组织的 81 人签名并发表《我们的意见书》,同月 20 日经中共江苏省委宣布批准上海沪东、沪西、沪南、闸北各区委支部开除其党籍的决定,在政治上遭受挫折后对自己的行为有所反省,于是年冬开始动笔写作《我的生平》,自述其半生经历及对社会诸多问题看法。其中三分之一内容是对胡适《中国哲学史大纲》的批判。当时李季认定其价值观体系的论敌,在中国有最重要的两位人物——梁启超与胡适。鉴于梁启超已"逐渐成为过去人物",于是转向对只比他大一岁的胡适进行"聚精会神,施行大包抄的总攻击"。12 月,李季先将《我的生平》对胡适《中国哲学史大纲》的批判内容抽出来,以单行本《胡适中国哲学史大纲批判》由神州国光社出版。这是一部特别的"反胡适"著作,重点批判胡适《中国哲学史大纲》一书的实验主义方法。对于胡著中的某些论述,如春秋战国的时代性及其产业发展的情形,中国哲学发生时代的时势和思潮,诸子哲学勃兴的原因,老子、杨朱、庄子、孔子、孟子、荀子、墨子、别墨、法家及前三世纪的哲学思潮,古代哲学中绝的原因等问题,均提出了不同意见。

按:《读书杂志》刊登的广告称:"本书以唯物史观作批评的工具。"(参见肖伊绯《李季自传"我的生平":三分之一内容是"反胡适"》,《人民政协报》2013 年 12 月 19 日;王学典《20 世纪史学编年(1900—1949)》,商务印书馆 2014 年版)

陶希圣重返商务印书馆,任总经理中文秘书。1 月,在《新生命》第 3 卷第 1 期发表《中国前代之革命》,开宗明义提出"中国前代之革命何以不能变更经济组织及政治制度? 本篇要解答这个问题"。同月,陶希圣所著《革命论之基础知识》由新生命书局出版,包括前资本主义社会之革命、资本主义社会之革命、中国之革命等章节,不仅叙述革命事实,还注重阐明不同时期革命的特点及其共同点。2 月,在《新生命》第 3 卷第 2 期发表《中国之商人资本及地主与农民》,再次提出"中国社会到底是什么社会"的问题,认为"这个问题一年来引起剧烈的论争。在一般出版界中,讨论中国问题的人没有不说到中国社会构造的。综观各方对中国社会构造的认识,详言之,可分为六七种;略言之,可分为二大类:即认中国社会之支配的势力为封建制度残余之一类,及认中国社会之支配的势力已经不是封建制残余而是商人资本,或竟认中国社会已经是资本主义社会之一类"。

按:此文"结语"得出如下四点结论:(一)在世界金融资本主义及中国商人资本之下,中国农民问题是资本问题之一面。中国农民所受于金融资本及商业资本的剥削,实为可惊。(二)金融资本及商业资本虽大量蓄积,而中国的生产方法不能从农业手工劳动转化为资本主义生产制。故农业仍然是中国的主要生产,而对农民的剥削,是中国的主要剥削制度。其中主要方法是地租的收夺。所以中国社会仍然是地主阶级支配的社会。(三)中国地主是商业资本发达之后的地主,故其支配方法与封建领主不同。政治支配的官僚与经济支配的地主,相与分离,而又相与联络。地主为了独占官僚地位,遂独占各种补充官僚地位的门径。因此地主阶级转化并表现为独占知识的士大夫阶级。(四)因此,中国社会是金融商业资本之下的地主阶级支配的社会,而不是封建制度的社会。

陶希圣5月编辑讨论中国社会性质问题的《中国问题之回顾与展望》由新生命书局出版,为对此前有关中国社会性质问题讨论与争鸣学术成果的一次小结。6月,在陶希圣《学生杂志》第17卷第6期发表《外国语言之崇拜》。7月、11月,在《新生命》第3卷第7、11期连载《流寇之发展及其前途》。8月,在《教育杂志》第22卷第8期发表《教育与官僚主义》。同月,所著《中国社会现象拾零》由新生命书局出版。此书由本年的一些论文辑成,继续申明关于士大夫阶级、游民无产阶级及中国社会性质等问题的看法。10月,在《中学生》第9期发表《英雄与社会环境——对中国作如是观之五》。11月22日,在《社会与教育》第2期发表《怎样对付学校的风潮》。12月20日,在《社会与教育》第6期发表《关于整顿学风——几个问题》。是年,陶希圣为商务印书馆编写《五权宪法》,国民党中央宣传部审查时被禁止出版。(参见陈峰编《中国近代思想家文库·陶希圣卷》及附录《陶希圣年谱简编》,中国人民大学出版社2015年版)

周佛海12月1日在《新生命》第3卷第12期发表《三年来之本刊》略谓:"中国社会探究,是本刊的第三个特色。国内各大杂志,在三十六期中包含中国社会专攻的论文,没有比本刊再多的。这种研究在第一年中可以说是中国社会论争的急先锋。自第二年以后,国内各公开秘密刊物,对于本刊这类论文的主旨,不加反对,便须接受。"同期刊登的《新生命月刊编辑部启事》公告:"本刊于三卷十二号以后即行结束。"《新生命》至此停刊。(王学典《20世纪史学编年(1900—1949)》,商务印书馆2014年版)

朱伯康继续就读于上海劳动大学。因深受授课教师陶希圣的影响,喜读把辩证法、唯物论应用到历史方面的书,开始介入由陶希圣等人掀起的中国社会史论战。所撰第一篇论战文章《中国封建制度之史的考察》连载于陶希圣主持的《新生命》月刊。文中运用《诗经》等书的史料,论证中国的封建制度起源于西周,秦以后中国封建社会的形态与早期领主分封制不同,是中央集权的大一统的地主土地所有制和小农佃耕制。因此文与陶希圣的观点比较接近,引起了陶希圣的重视。10月27日,朱伯康撰《现代中国经济的剖析》。12月1日,朱伯康撰《中国社会之分析》(参见严鹏《在历史与经济之间——朱伯康民国时期的思想理路及其现代价值》,《河北经贸大学学报》2016年第5期)

严灵峰、任曙等托派骨干7月15日在上海新创办的《动力》杂志上发表《中国史资本主义经济,还是封建制度的经济》《再论中国经济问题》等文章,主张中国经济属于资本主义范畴,中国社会是资本主义社会,认为中国毫无疑问的是资本主义关系占领导地位,对王学文等在《新思潮》发表的文章中认为封建的半封建的经济在中国经济占支配地位的观点,提出批评,与"新思潮派"形成中国社会性质的论战。此后严灵峰在《布尔塞维克》《读者月刊》《读书杂志》《学艺》等陆续发表文章展开论战。该派在中国社会史论战中以《动力》杂志文阵地,形成"动力学派",主要代表人物有严灵峰、任曙、李季、王宜昌、刘仁静等。9月,上海《动力》月刊第1卷第2期发表畏之翻译的恩格斯著作《辩证唯物论的宇宙观与近代自然科学之发展》(即《自然辩证法》一书的摘译)。

按:十年内战时期,马克思主义的学者与中国托派、新生命派在思想战线上发生一场论战。中国托派认为"中国1925年至1927年的革命,主要是资产阶级取得了胜利,国民党的政权是以资产阶级为领导的政权,中国社会性质不是半殖民地半封建社会,而是资本主义社会"。结论是中国民主革命已终结,中国共产党只有等待将来的社会主义革命。此观点一出台即遭到以王学文为代表的马克思主义学者的驳斥。他们认为中国社会性质仍是半殖民地半封建社会,帝国主义在华势力还很强大,封建主义依旧占统治地位,中国革命仍是民主革命,从而反驳了托派等派别歪曲中国社会性质的观点,为中国革命指明了道路和方向。1937年生活书店曾出版何干之的《中国社会性质问题的论战》。1984年3月人民出版社出版高军编的《中国社会性质问题论战》,收集了这些论争的论文。(张宪文、方庆秋、黄美真主编《中华民国史大辞典》,江苏古籍出版社2002年版)

　　按:任曙、严灵峰之间也互相争执,经常彼此攻击。严骂任是"侦探先生";任骂严是"叛徒""机会主义"者;严骂任是"叛徒理论家""下流的经济研究家""过左专家""小家伙";任又讥笑严是"东抄西袭";严也讥笑任是"创造大家""经济通",所说的是"先天理论"。从本质上看,他们的根本立场是一致的。严灵峰说帝国主义要破坏封建势力,任曙也认为中外资本不分彼此。尽管一个主张内在论,一个主张外铄论,他们都认为中国经济已经是"资本主义经济,中国社会已经是资本主义社会"。所以。何干之说,任、严"他们所抱的见解与客观事实不相符。他们的方法论和见解,非常机械,所以我赠给他们一个名衔叫'机械派'"。

　　按:1932年8月,杜畏之的译本《自然辩证法》一书,由上海神州国光社出版,1949年6月,已由该社五版发行。(参见唐宝林、林茂生《陈独秀年谱》,上海人民出版社1988年版;王学典《20世纪史学编年(1900—1949)》,商务印书馆2014年版;章恒忠、王亚夫主编《中国学术界大事记(1919—1985)》,上海社会科学院出版社1988年版)

　　王学文继续任创造社《新思潮》月刊主编,撰稿人有李一氓、朱镜我、吴黎平、彭康、孔德、王学文等。该刊以《新思潮》为主要阵地,重在介绍马克思主义和苏联的情况,在1930年的中国社会性质论战中,发挥了重要的作用,被称为"新思潮派",代表人物中既有李立三、瞿秋白、张闻天等中共领导,也包括一些马克思主义的社会科学工作者及左翼学者,成为中国社会性质问题论战中马克思主义阵营的代表。3月,李立三在中国共产党机关刊物《布尔什维克》发表《中国革命根本问题》,批驳了托派的观点,论述了中国半殖民地半封建社会的特点,阐明中国共产党的主张。4月15日,根据中共的指示,在《新思潮》月刊第5期出版"中国经济研究专号",发起关于中国社会性质问题的论战,集中批驳托派的错误观点。"专号"刊载了潘东周《中国经济的性质》、吴黎平《中国土地问题》、向省吾《帝国主义与中国经济》和《中国的商业资本》、王学文《中国资本主义在中国经济中的地位及其前途》、李一氓《中国劳动问题》等文,集中讨论中国社会经济的性质,其中潘东周和王学文的文章是代表作。诸文着重从帝国主义和中国经济的关系、民族资本在中国经济中的地位、农村土地关系等方面,分析了中国经济的性质,指出"帝国主义利用其雄厚的财政资本主义的势力,加紧的向中国整个经济进攻。帝国主义与中国封建关系勾结着。他用尽一切力量阻碍着中国民族资本主义的发展"。同时开始论证中国是半殖民地半封建社会,驳斥托派、"新生命"派等的观点。这些文章阐明了或接近于中国共产党对中国社会性质问题的见解。5月,吴黎平(吴亮平)《社会主义史》由南强书局出版。(参见李勇《"中国社会史论战"对于唯物史观的传播》,《史学月刊》2004年第12期;李娟《中国社会史大论战的来龙去脉》,《中国社会科学报》2017年2月21日;王学典《20世纪史学编年(1900—1949)》,商务印书馆2014年版)

　　鲁迅1月1日与冯雪峰等合编的《萌芽》月刊在上海创刊,鲁迅绘制封面,由光华书局发行。创刊号《编者附记》声明本刊主要登载"翻译和介绍,创作,评论"。该刊在翻译方面着重介绍苏联的优秀作家及其他国家的倾向比较好的作品;选载创作的标准较宽;评论方面则专限于有关"科学的"艺术论的论著、论述各国新兴文艺的文章及国内的社会批评和文艺批评等。又开辟"社会杂观"栏,发表针砭时弊的杂感。自第1卷第3期起,《萌芽》月刊成为中国左翼作家联盟机关刊物之一。第3期为"三月纪念号",纪念马克思、恩格斯和巴黎公社,刊登恩格斯《在马克思墓前的讲话》和马、恩、列的《巴黎公社论》。第5期为"五月各节纪念号",纪念"五一"和"五卅"。该刊出至第5期为国民党当局禁止,第6期改名《新地》月刊,只出一期又被查禁。鲁迅在《萌芽》月刊创刊号发表《流氓的变迁》《新月社批评家的任务》。后文继续与新月派开展论战。

按:上年4月以后,《新月》月刊刊登了胡适等作的几篇对蒋介石集团似有针砭,实为献策的政论文字,梁实秋也连续发表《论思想统一》《论批评的态度》和《"不满于现状",便怎样呢?》等文章,一方面高喊"我们反对思想统一,我们要求思想自由",一方面又竭力攻击鲁迅等左翼作家的杂感和左翼文艺运动。国民党中央执行委员会仍按《宣传审查条例》的规定,决议由教育部对胡适加以警诫,批评他作的《知难,行亦不易》《人权与约法》等文章触犯了党讳。鲁迅在本文中深刻地揭露了新月派文人所尽的反动的义务和奴才的面目,指出他们不过是国民党新军阀的"挥泪以维持治安"的"刽子手和皂隶",辛辣地讽刺说:"现在新月社的批评家这样尽力地维持了治安,所要的却不过是'思想自由',想想而已,决不实现的思想。而不料遇到了别一种维持治安法,竟连想也不准想了。从此以后。恐怕要不满于两种现状了罢。"

鲁迅1月1日所译苏联法捷耶夫长篇小说《毁灭》第一、二部,连载于《萌芽》月刊第1期,第2—6期连载。《萌芽》第1期《编者附记》指出,这部作品"虽无一句革命的煽动的话,而仍使我们受到深强的感动"。16日,鲁迅译完日本岩崎·昶的论文《现代电影与有产阶级》,并作《译者附记》,刊于3月1日《萌芽》月刊第1卷第3期。22日,鲁迅所主持的朝花社"社事告终"。24日,鲁迅作《"硬译"与"文学的阶级性"》,刊于3月1日《萌芽》月刊第1卷第3期,批判梁实秋在《新月》月刊第2卷第6—7期合刊发表的《文学是有阶级性的吗?》和《论鲁迅先生的"硬译"》的人性论。

按:此文用马克思主义的阶级和阶级斗争观点,进行有力的批驳,重在揭露梁实秋等仇视马克思主义文艺理论的反动阶级立场及其鼓吹的"人性论"的虚伪性。鲁迅以充分的论据指出:"文学不借人,也无以表示'性',一用人,而且还在阶级社会里,即断不能免掉所属的阶级性,无需加以'束缚',实乃出于必然。自然,'喜怒哀乐,人之情也',然而穷人决无开交易所折本的懊恼,煤油大王那会知道北京捡煤渣老婆子身受的酸辛,饥区的灾民,大约总不去种兰花,像阔人的老太爷一样,贾府上的焦大,也不爱林妹妹的。"还指出,梁实秋对标语口号式作品的攻击,跟另一些"革命文学家"对这类作品的辩护一样,都是对无产文学的"有意的或无意的曲解",因为这种标语口号式的作品"毫不足作无产文学之新兴的反证的"。文中针对梁实秋所谓可以给无产阶级文学一个位置的说法,指出,"无产者文学是为了以自己们之力,来解放本阶级并及一切阶级而斗争的一翼,所要的是全般,不是一角的地位"。鲁迅驳斥了梁实秋对"硬译"的攻击,申明了自己翻译马克思主义文艺理论的目的:"我从别国里窃得火来,本意却在煮自己的肉的,以为倘能味道较好,庶几在咬嚼者那一面也得到较多的好处,我也不枉费了身躯。""我自信并无故意的曲译,打着我所不佩服的批评家的伤处了的时候我就一笑,打着我的伤处了的时候我就忍疼,却决不肯有所增减,这也是始终'硬译'的一个原因。"文章最后以新月派新近的表现为例,揭露他们甘心充当国民党的"诤友"和反革命文化"围剿"急先锋的可憎面目。

鲁迅2月1日在《萌芽》月刊第1卷第2期发表《书籍和财色》。3日,鲁迅译日本本庄可宗所作论文《艺术与哲学,伦理》前半篇毕,刊于4月10日《文艺讲座》第一册。8日,鲁迅作《〈文艺研究〉例言》,刊于本月15日《文艺研究》第1卷第1本(实际出版日期延期)。又作《文艺的大众化》,刊于3月1日《大众文艺》第2卷第3期;作《〈毁灭〉第二部一至三章译者附记》,刊于4月1日《萌芽》月刊第1卷第4期。2月15日,鲁迅主编的《文艺研究》季刊在上海创刊,专刊文艺理论。鲁迅在创刊号发表译苏联普列汉诺夫所作《车勒芮绥夫斯基的文学观》第一章,但仅出一期即被禁止。同日,鲁迅出席秘密举行的中国自由运动大同盟成立大会,并作为主要发起人之一,在《中国自由运动大同盟宣言》上签名,后又被选为执行委员。大会通过《中国自由运动大同盟宣言》,号召要争取言论、出版、结社、集会等自由,并决定出版《自由运动》刊物。

按:正如鲁迅所预料的那样,"中国自由运动大同盟"成立不久即遭到国民党的严重压迫。据鲁迅《且介亭杂文·关于中国的两三件事》载:"那时的上海教育局长陈德征氏勃然大怒道,在三民主义的统治之下,还觉得不满么? 那可连现在所给予着的一点自由也要收起了。而且,真的是收起了的。"国民党政府颁令上海各学校禁止自由人同盟公开派人来演讲,并勾结帝国主义巡捕房,解散分会,秘密逮捕委员,又在反动报判上制造谣言,国民党浙江省党部则"呈请通缉堕落文人鲁迅等五十一人"。在白色恐怖下,整个组织处于自行解散状态。鲁迅在3月21日致章廷谦信中说:"自由运动大同盟,确有这个东西,也列有我的名字,原是在下面的,不知怎地,印成传单时,却升为第二名了(第一是达夫)。近来且往学校的文艺团体演说几回,关于文学的。我本不知'运动'的人,所以凡所讲演,多与该同盟格格不入,然而有些人已以为大出风头,有些人则以为十分可恶,谣逐谤骂,又复纷纭起来。半生以来,所负的全是挨骂的命运,一切听之而已,即使反将残剩的自由失去,也天下之常事也。"

鲁迅2月16日同柔石、冯雪峰至公啡咖啡馆参加为成立中国左翼作家联盟而秘密举行的筹备会议,到会者有冯乃超等12人。21日,鲁迅应邀往中华艺术大学演讲《绘画杂论》。22日,作《张资平氏的"小说学"》,刊于4月1日《萌芽月刊》第1卷第4期。文中揭露资产阶级文人张资平打着"方向转换"和"最进步"的"无产阶级作家"的招牌,兜售三角恋爱小说,讲授所谓"小说学"等毒害青年的行径,最后以"人"符号形象地概括了张资平的作品及其"小说学"的丑恶特征和本质。24日,鲁迅接待冯乃超来访,冯乃超携带左联的《宣言》等文件征求鲁迅意见,当时鲁迅赞成纲领中提出的"无产阶级革命文学"口号。26日,鲁迅编《艺苑朝华》第1期第5辑《新俄画选》稿毕。同月,钟宪民译《阿Q正传》世界语版由上海出版合作社出版。3月1日,鲁迅在《萌芽》月刊第1卷第3期发表《习惯与改革》《非革命的急进革命论者》。

按:自从鲁迅作序的叶永蓁《小小十年》出版后,报刊上出现了来自不同方面的批评,他们都以主人公不是彻底的革命而否定作品。鲁迅在该文中指出:"这言论,初看固然是很正当,彻底似的,然而这是不可能的难题,是空洞的高谈,是毒害革命的甜药。"文中联系中国的实际情况,总结革命队伍形成的规律。"每一革命部队的突起,战士大抵不过是反抗现状这一种意思,大略相同,终极目的是极为歧异的",但都能增加革命军的战斗力;自然,也"因为终极目的的不同,在行进时,也时时有人退伍,有人落荒,有人颓唐,有人叛变,然而只要无碍于进行,则愈到后来,这队伍也就愈成为纯粹,精锐的队伍了"。鲁迅说明自己先前为《小小十年》作序,以为主人公已经为社会尽了些力量,正是鉴于革命有同路人这样的事实。文中还着重揭露右派报纸对《小小十年》所作的"更严厉,更彻底的批评",一针见血地指出:那些"貌似彻底的革命者,而其实是极不革命或有害革命的个人主义的论客",他们玩弄两面手法,一面对小说创作"要求彻底革命的主角",而另一面对马列主义"社会科学的翻译,是加以刻毒的冷嘲",从而提示人们注意,右派批评家也会戴上"彻底革命"的假面来"围剿"革命的文化。

鲁迅3月2日往中华艺术大学出席中国左翼作家联盟(简称左联)成立大会。由鲁迅、郭沫若、冯雪峰、潘汉年、沈端先(夏衍)、钱杏邨(阿英)、田汉、郑伯奇、洪灵菲、蒋光慈、夏衍、冯乃超、郁达夫等50余人发起,冯乃超、华汉(阳翰笙)、龚冰庐、孟超、莞尔、邱韵铎、沈端先(夏衍)、潘汉年、王尧山、周全平、洪灵菲、戴平万、钱杏邨(阿英)、鲁迅、画室(冯雪峰)、黄素、郑伯奇、田汉、蒋光慈、郁达夫、陶晶孙、李初梨、彭康、徐殷夫、朱镜我、柔石、林伯修(杜国庠)、王一榴、沈叶沉、冯宪章、许幸之等40余人到会。鲁迅、钱杏邨、沈端先(夏衍)为主席团成员。冯乃超、郑伯奇报告筹备经过,自由大同盟代表讲话,鲁迅、彭康、田汉、华汉(阳翰笙)等演说,鲁迅在会上所作《对于左翼作家联盟的意见》的演讲,以丰富的革命实践的经验和辩证唯物主义的观点,从政治上、思想上和组织上总结无产阶级革命文学运动的历史,针对当时左翼文艺队伍中存在的个人主义、宗派主义、盲动主义等问题,指明了革命文学运动发展的正确方向。后刊于4月1日《萌芽》月刊第1卷第4期,题为《对于左翼作家联盟的意见——在左翼作家联盟成立大会上的演说》。大会通过了左联的理论纲领和行动纲领和工作方针,确定"目的在求新兴阶级的解放""反对一切对我们运动的压迫"。大会选举沈端先、冯乃超、钱杏邨、鲁迅、田汉、郑伯奇、洪灵菲7人为常务委员,周全平、蒋光慈两人为候补委员。大会还通过了关于成立马克思主义文艺理论研究会、国际文化研究会、文艺大众化研究会以及漫画研究会等4个研究会,建立左翼文艺的国际联系,创办联盟机关杂志等17项提案。

按:鲁迅《对于左翼作家联盟的意见》说:有许多事情,有人在先已经讲得很详细了,我不必再说。我以为在现在,"左翼"作家是很容易成为"右翼"作家的。为什么呢?第一,倘若不和实际的社会斗争接触,单关在玻璃窗内做文章,研究问题,那是无论怎样的激烈,"左",都是容易办到的;然而一碰到实际,便即刻要撞碎了。关在房子里,最容易高谈彻底的主义,然而也最容易"右倾"。西洋的叫做"Salon的社会主义者",便是指这而言。"Salon"是客厅的意思,坐在客厅里谈谈社会主义,高雅得很,漂亮得很,然而并不想到实行的。这种社会主义者,毫不足靠。并且在现在,不带点广义的社会主义的思想的作家或艺术家,就是说工农大众应该做奴隶,应该被虐杀,被剥削的这样的作家或艺术家,是差不多没有了,除非墨索里尼,但墨索里尼并没有写过文艺作品。(当然,这样的作家,也还不能说完全没有,例如中国的新月派诸文学家,以及所说的墨索里尼所宠爱的邓南遮便是。)

第二,倘不明白革命的实际情形,也容易变成"右翼"。革命是痛苦,其中也必然混有污秽和血,绝不是如诗人所想象的那般有趣,那般完美;革命尤其是现实的事,需要各种卑贱的,麻烦的工作,决不如诗人所想象的那般浪漫;革命当然有破坏,然而更需要建设,破坏是痛快的,但建设却是麻烦的事。所以对于革命抱着浪漫谛克的幻想的人,一和革命接近,一到革命进行,便容易失望。听说俄国的诗人叶遂宁,当初也非常欢迎十月革命,当时他叫道,"万岁,天上和地上的革命!"又说"我是一个布尔塞维克了!"然而一到革命后,实际上的情形,完全不是他所想象的那么一回事,终于失望,颓废。叶遂宁后来是自杀了的,听说这失望是他的自杀的原因之一。又如毕力涅克和爱伦堡,也都是例子。在我们辛亥革命时也有同样的例,那时有许多文人,例如属于"南社"的人们,开初大抵是很革命的,但他们抱着一种幻想,以为只要将满洲人赶出去,便一切都恢复了"汉官威仪",人们都穿大袖的衣服,峨冠博带,大步地在街上走。谁知赶走满清皇帝以后,民国成立,情形却全不同,所以他们便失望,以后有些人甚至成为新的运动的反动者。但是,我们如果不明白革命的实际情形,也容易和他们一样的。还有,以为诗人或文学家高于一切人,他底工作比一切工作都高贵,也是不正确的观念。举例说,从前海涅以为诗人最高贵,而上帝最公平,诗人在死后,便到上帝那里去,围着上帝坐着,上帝请他吃糖果。在现在,上帝请吃糖果的事,是当然无人相信的了,但以为诗人或文学家,现在为劳动大众革命,将来革命成功,劳动阶级一定从丰报酬,特别优待,请他坐特等车,吃特等饭,或者劳动者捧着牛油面包来献他,说:"我们的诗人,请用吧!"这也是不正确的;因为实际上绝不会有这种事,恐怕那时比现在还要苦,不但没有牛油面包,连黑面包都没有也说不定,俄国革命后一二年的情形便是例子。如果不明白这情形,也容易变成"右翼"。事实上,劳动者大众,只要不是梁实秋所说"有出息"者,也绝不会特别看重知识阶级者的,如我所译的《溃灭》中的美谛克(知识阶级出身),反而常被矿工等所嘲笑。不待说,知识阶级有知识阶级的事要做,不应特别看轻,然而劳动阶级决无特别例外地优待诗人或文学家的义务。

现在,我说一说我们今后应注意的几点。

第一,对于旧社会和旧势力的斗争,必须坚决,持久不断,而且注重实力。旧社会的根柢原是非常坚固的,新运动非有更大的力不能动摇它什么。并且旧社会还有它使新势力妥协的好办法,但它自己是决不妥协的。在中国也有过许多新的运动了,却每次都是新的敌不过旧的,那原因大抵是在新的一面没有坚决的广大的目的,要求很小,容易满足。譬如白话文运动,当初旧社会是死力抵抗的,但不久便容许白话文底存在,给它一点可怜地位,在报纸的角头等地方可以看见用白话写的文章了,这是因为在旧社会看来,新的东西并没有什么,并不可怕,所以就让它存在,而新的一面也就满足,以为白话文已得到存在权了。又如一二年来的无产文学运动,也差不多一样,旧社会也容许无产文学,因为无产文学并不厉害,反而他们也来弄无产文学,拿去做装饰,仿佛在客厅里放着许多古董瓷器以外,放一个工人用的粗碗,也很别致;而无产文学者呢,他已经在文坛上有个小地位,稿子已经卖得出去了,不必再斗争,批评家也唱着凯旋歌:"无产文学胜利!"但除了个人的胜利,即以无产文学而论,究竟胜利了多少?况且无产文学,是无产阶级解放斗争底一翼,它跟着无产阶级的社会的势力的成长而成长,在无产阶级的社会地位很低的时候,无产文学的文坛地位反而很高,这只是证明无产文学者离开了无产阶级,回到旧社会去罢了。

第二,我以为战线应该扩大。在前年和去年,文学上的战争是有的,但那范围实在太小,一切旧文学旧思想都不为新派的人所注意,反而弄成了在一角里新文学者和新文学者的斗争,旧派的人倒能够闲舒地在旁边观战。

第三,我们应当造出大群的新的战士。因为现在人手实在太少了,譬如我们有好几种杂志,单行本的书也出版得不少,但做文章的总同是这几个人,所以内容就不能不单薄。一个人做事不专,这样弄一点,那样弄一点,既要翻译,又要做小说,还要做批评,并且也要做诗,这怎么弄得好呢?这都因为人太少的缘故,如果人多了,则翻译的可以专翻译,创作的可以专创作,批评的专批评;对敌人应战,也军势雄厚,容易克服。关于这点,我可带便地说一件事。前年创造社和太阳社向我进攻的时候,那力量实在单薄,到后来连我都觉得有点无聊,没有意思反攻了,因为我后来看出了敌军在演"空城计"。那时候我的敌军是专事于吹擂,不务于招兵练将的;攻击我的文章当然很多,然而一看就知道都是化名,骂来骂去都是同样的几句话。我那时就等待有一个能操马克斯主义批评的枪法的人来狙击我的,然而他终于没有出现。在我倒是一向就注意新的青年战士底养成的,曾经弄过好几个文学团体,不过效果也很小。但我们今后却必须注意这点。

我们急于要造出大群的新的战士,但同时,在文学战线上的人还要"韧"。所谓韧,就是不要像前清做八股文的"敲门砖"似的办法。前清的八股文,原是"进学"做官的工具,只要能做"起承转合",借以进了"秀才举人",便可丢掉八股文,一生中再也用不到它了,所以叫做"敲门砖",犹之用一块砖敲门,门一敲进,砖就可抛弃了,不必再将它带在身边。这种办法,直到现在,也还有许多人在使用,我们常常看见有些人出了一二本诗集或小说集以后,他们便永远不见了,到哪里去了呢?是因为出了一本或二本书,有了一点小名或大名,得到了教授或别的什么位置,功成名遂,不必再写诗写小说了,所以永远不见了。这样,所以在中国无论文学或科学都没有东西,然而在我们是要有东西的,因为这于我们有用。(卢那卡尔斯基甚至主张保存俄国的农民美术,因为可以造出来卖给外国人,在经济上有帮助。我以为如果我们文学或科学上有东西拿得出去给别人,则甚至于脱离帝国主义的压迫的政治运动上也有帮助。)但要在文化上有成绩,则非韧不可。

最后,我以为联合战线是以有共同目的为必要条件的。我记得好像曾听到过这样一句话:"反动派且已经有联合战线了,而我们还没有团结起来!"其实他们也并未有有意地联合战线,只因为他们的目的相同,所以行动就一致,在我们看来就好像联合战线。而我们战线不能统一,就证明我们的目的不能一致,或者只为了小团体,或者还其实只为了个人,如果目的都在工农大众,那当然战线也就统一了。(1930年4月1日《萌芽》月刊第1卷第4期)

鲁迅3月9日往中华艺术大学讲演一小时,讲题是《革命文学》。鲁迅用粉笔在黑板上画了一个人,一只脚站在一个写着"革命"二字的葫芦上,一只脚站在一个写着"文学"二字的葫芦上,批评创造社的诗人,后来变成托派的王独清。鲁迅最后鼓励听讲的青年,不要一只脚站在革命上,一只脚站在文学上,希望大家两只脚站在革命上,做一个"革命人""则无论写的是什么事件,用的是什么材料,则都是革命文学。从喷泉里出来的都是水,从血管里出来的都是血……"同日,"左联"秘书处召开扩大会议,通过《关于左联目前具体工作的决议》等5项决议。其中包括出版理论性机关刊物《文学》及创办《工农小报》两项。13日,鲁迅参加中国自由运动大同盟组织的活动,往大夏大学乐天文艺社演讲《象牙塔和蜗牛庐》,文中通过分析 1927 年第一次大革命失败后中国文艺界的现状,预言正在兴起的无产阶级革命文学将要受到国民党的日益严重的压迫的趋势。17 日,鲁迅参与"左联"机关刊物之一《世界文化》月刊的筹办和编辑事务。19 日,鲁迅参加中国自由运动大同盟组织的活动,往中国公学分院演讲《美的认识》。同日,鲁迅避居北四川路底施高塔路内山书店的假三层楼上。20 晚,鲁迅、柔石、冯雪峰夫妇同往饭馆夜餐,遇盯梢者。至 4 月 19 日"夜回寓"(4 月 1 日至 5 日曾回家暂宿),此为鲁迅在上海的第一次避难。

按:针对鲁迅 13 日演讲《象牙塔和蜗牛庐》,官方报纸立即组织文章反扑。18 日,国民党上海市党部的机关报《民国日报》副刊《觉悟》,以《呜呼"自由运动"竟是一群骗人的勾当》为题,刊载了署名"敌天"的"大夏来稿",攻击鲁迅 13 日演讲《象牙塔和蜗牛庐》"公然作反动的宣传,在事实上既无此勇气,竟借了文艺演讲的美名而来提倡所谓'中国自由大同盟'的组织,态度不光明,行动不磊落,这也算是真正革命的志士么?"

按:针对鲁迅 19 日演讲《美的认识》,4 月 1 日《民国日报》副刊《觉悟》,即刊登了甲辰生的《鲁迅卖狗皮膏药》一文,攻击鲁迅的演讲是为共产党和自由大同盟作"口头宣传"。

鲁迅 3 月 27 日致章廷谦信,谈到为培养青年"有作梯子之险"。势又不得不有作梯子之险,但还怕他们尚未必能爬梯子也。又说:"果然,有几种报章,又对我大施攻击,自然是人身攻击,和前两年'革命文学家'攻击我之方法并同,不过这回是罪孽深重,祸延孩子,计海婴生后只半岁,而南北报章,加以嘲骂者已有六七次了。如此敌人,不足介意,所以我仍要从事译作,再做一年。"谈到北京时还说,"昔之称为战士者,今已蓄意险仄,或则气息奄奄,甚至举止言语,皆非常庸鄙可笑,与为伍则难堪,与战斗则不得,归根结蒂,令人如陷泥坑中。"4 月 1 日,鲁迅在《萌芽》月刊第 1 卷第 4 期发表《我们要批评家》,及时地批评了革命文艺队伍中残存的宗派主义、关门主义的倾向,再次强调了马克思主义文艺批评的重要性。5 日,鲁迅接待刚从日本回国的茅盾,以及陪同前来的叶圣陶。后得知茅盾已由冯乃超联系加入"左联"。11 日,左联李一氓等创办的《巴尔底山》旬刊创刊,鲁迅列名为基本成员,鲁迅手书《巴尔底山》刊名。同日,鲁迅收到为神州国光社编辑《现代文艺丛书》合同。12 日,鲁迅从日本外村史郎和藏原惟人的日译本转译的苏联文艺政策论文集《文艺政策》译毕,并作《后记》。至 6 月,由水沫书店出版,为《科学的艺术论丛书》之一。

鲁迅 4 月 17 日作《"好政府主义"》,刊于 5 月 1 日《萌芽月刊》第 1 卷第 5 期,批判新月派的某些人重弹胡适的"好政府主义"老调,献策于国民党当局,指出梁实秋对杂感的责难,是凭空捏造罪状,抹杀了政治思想文化战线上阶级斗争的实质和是非界限,并揭露新月派所鼓吹的"好政府主义"只是一副空洞无物,却又专横地不准别人批评的药方,是维护反动统治的骗术。说:"杂感之无穷无尽,正因为这样的'现状'太多的缘故。"19 日,鲁迅作《"丧家的""资本家的乏走狗"》,刊于 5 月 1 日《萌芽月刊》第 1 卷第 5 期,针对梁实秋反诬左翼作家为苏联卢布所"收买",鲁迅在文中对梁实秋的言行作了精确而深刻的剖析,不但指出了梁实秋等人"遇见所有阔人都驯良,遇见所有穷人都狂吠",是"属于所有资本家"的走狗,而且勾画出他们在旧主人北洋军阀倒台之后,一时还未得到新主人的赏识,陷入"无人豢养"的"丧家狗"的窘境,同时还进而指出:他们为了取媚于新军阀,对左翼文艺家使用了"下贱"的诬陷、告密等手段,"以济其'文艺批评'之穷",所以"还得在'走狗'之上,加上一个形容字'乏'"。20 日,鲁迅致郁达夫信,抄寄日译本高尔基全集的"内容,价目,出版所",希望和郁达夫各"认翻两本"。29 日,鲁迅得上海邮务管理局信,称寄章廷谦的《萌芽》第三本,业被驻杭州局检查员扣留。

　　鲁迅5月5日为周建人辑译的生物学论文集《进化和退化》作《〈进化和退化〉小引》。7日晚，鲁迅往爵禄饭店，应邀与中共中央宣传部长李立三秘密会见，李立三的目的是希望鲁迅发个宣言，以拥护他的"左"倾机会主义那一套政治主张。鲁迅没有同意。8日，鲁迅校完去年10月12日翻译的普列汉诺夫《艺术论》，并作《序言》，7月由光华书局出版，为《科学的艺术论丛书》之一。鲁迅在《序言》中着重评价普列汉诺夫的艺术论，指出它"虽然还未能俨然成一个体系，但所遗留的含有方法和成果的著作，却不只作为后人研究的对象，也不愧称为建立马克思主义艺术理论，社会学底美学的古典底文献的了"。16日，鲁迅应外国友人邀请，作《鲁迅自传》。29日，鲁迅往华安大厦银行公会俱乐部参加"左联"第二次全体大会，并发表演说。此次会议是为次日"'五卅'纪念示威和批判联盟过去工作"而召开的。同月，鲁迅所编的美术丛刊《艺苑朝华》第1期第5辑《新俄画选》由光华书局出版。本辑收苏联克林斯基等6位画家的绘画和木刻作品十二帖，为我国第一本介绍苏联版画的画集。6月16日，鲁迅作《〈浮士德与城〉后记》，载9月神州国光社出版的《浮士德与城》，《后记》批判了当时文化界在对待文化遗产方面存在的虚无主义和复古主义两种倾向。同月，鲁迅所译苏联文艺政策论文集《文艺政策》，由水沫书店出版，为《科学的艺术论丛书》之一。

　　鲁迅7月13日接待挚友许寿裳及其长子许世瑛来访。许寿裳赠三十年前在东京时与鲁迅及邵明之、陈公侠合影的复制照片一枚。同月，鲁迅所译苏联普列汉诺夫《艺术论》，由光华书局出版，为《科学的艺术论丛书》之一。8月2日国民党查禁《萌芽月刊》。6日，鲁迅往夏期文艺讲习会讲演《美术上的写实主义问题》。同日，出席内山完造举办的漫谈会。9月10日，鲁迅参加编辑的左联机关刊物之一《世界文化》月刊创刊于上海。该刊是以宣传马克思主义文艺理论，报道国内外革命文化动态为主要内容的综合性杂志，编辑、出版、发行均署世界文化月刊社，仅出一期即被查禁。鲁迅在《世界文化》创刊号发表所译匈牙利安多·加保的论文《无产阶级革命文学论》。16日，鲁迅校完《静静的顿河》，并作《后记》。17日晚，鲁迅与广平携海婴同往法租界吕班路（今重庆南路）50号荷兰西餐室出席50岁生日祝寿会，席中共22人。据本月21日中共中央机关报《红旗日报》报道，这次纪念会由柔石、冯雪峰、冯乃超、蔡咏裳、董绍明、许广平等发起，参加者除左联、社联、美联、剧联代表外，还有叶绍钧、傅东华、茅盾、田汉、史沫特莱等30余人。首由柔石致开会辞，接着是各左翼文化团体代表讲话。继由史沫特莱演讲，末由鲁迅致答辞。史沫特莱为鲁迅摄影，刊于次年1月出版的美国《新群众》第6卷第8期。

　　按：晚宴过后，宾主作了热烈、恳切的祝词。发言的代表有的报告国民党的监狱摧残革命者的情况，有的报告革命根据地的成长和"秋收暴动"的经过。一位青年女作家，情不自禁地向鲁迅呼吁，希望他做左翼作家联盟及左翼艺术家联盟的保护者和盟主。鲁迅自始至终专心地倾听着，最后他在答谢讲话中回顾了自己五十年来所走过的道路，谈到现在被人要求出来领导普罗文学运动，并且还有一些年轻的朋友坚决请求他作一个普罗作家时，鲁迅表示，"他若真装做一个普罗作家的话，那将是非常幼稚可笑的事……他也不相信中国的青年知识分子，没有经验过工人和农民的生活、希望和痛苦，便能产生普罗文学。创作只能从经验中跃出来，并不是从理论中产生出来的"。"可是不管这一切，他将继续把西洋文学及艺术中最优秀的作品搬置到中国青年的面前。他是愿意去帮助和领导中国的青年的，或是，正象旁人所请求的那样，作他们的盟主。可是，保护他们呢？即使是最温和的社会文学也被当作罪恶，在这种统治下，谁还能保护他人呢？作为一个盟主，他督促青年知识分子去和工人农民共享他们的生活，从他们的生活中提取材料，从西洋的文学和艺术中学取形式。"

鲁迅10月4日与日本友人内山完造同办世界版画展览会于上海北四川路狄思威路（今溧阳路812号）日侨"购买组合"（即供销合作社）第一店二楼，共展出两天，此为鲁迅第一次举办版画展览。同月，国民党政府下令取缔"左联"，通缉鲁迅等"左联"成员。11月9日，鲁迅致崔真吾信，谓"今年是'民族主义文学'家大活动，凡不和他们一致的，几乎都称为'反动'，有不给活在中国之概，所以我的译作是无处发表，书报当然更不出了"。信中愤慨地揭露了"民族主义文学运动"充当国民党反革命文化"围剿"急先锋的狰狞面目。25日，鲁迅修订《中国小说史略》毕，并作《题记》。26日，译完《毁灭》第三部。是年，英国米尔斯用英文重译敬隐渔于1929年编译的法文本《中国当代短篇小说家作品选》，其中收有鲁迅所作短篇小说《阿Q正传》《孔乙己》和《故乡》，改书名为《阿Q的悲剧及其他当代中国短篇小说》，作为《金龙丛书》之一，由乔治·劳特利奇书局出版。次年又由美国的戴尔书局出版，书名改为《中国新作家集》。（以上参见鲁迅博物馆、鲁迅研究室编《鲁迅年谱》，人民文学出版社1981年版；陈福康《郑振铎年谱》，三晋出版社2008年版；唐金海、刘长鼎主编《茅盾年谱》，山西高校联合出版社1996年版；吴永贵《民国图书出版史编年：1912—1949》中册，社会科学文献出版社2018年版；章恒忠、王亚夫主编《中国学术界大事记（1919—1985）》，上海社会科学院出版社1988年版）

潘汉年继续任中共中央宣传部文化工作委员会书记。2月10日，潘汉年在《拓荒者》发表《普罗文学运动与自我批判》。文中指出马克思主义者自我批判的目的与手段，绝不允许从个人利害关系或私人感情出发，用小资产阶级的理论和态度去攻击别人。中国无产阶级文学发展到现在，自我批判的工作是很不够的。为此，"我们应当马上开始中国普罗文学运动的自我批判"，要求从事左翼革命文学的同志通过认真开展批评与自我批评，克服思想上的障碍，巩固我们的阵线，整齐我们的步伐，以促进左翼文学运动健康发展。此与去年10月15日在《现代小说》发表《文艺通信——普罗文学题材问题》对扭转当时党内在文艺工作方面的不正确倾向起了一定作用。同在2月，潘汉年受党委派数次与鲁迅商谈发起成立中国自由运动大同盟。同月15日，郁达夫、鲁迅、柔石、潘汉年、冯雪峰、田汉、郑伯奇、夏衍、彭康、邓初民、王学文、王任叔等51人在上海发起成立"中国自由运动大同盟"，借公共租界的汉口路圣公会教堂召开成立大会，通过《中国自由运动大同盟宣言》，号召要争取言论、出版、结社、集会等自由，反对南京国民政府统治，指出"不自由，毋宁死"。随后，上海，南京，哈尔滨和厦门等地纷纷成立分会，领导了援助南京"四三惨案"、上海"四八惨案"以及哈尔滨摧毁反动报馆等斗争，并组织加盟的左翼作家四处演说。3月2日，经过近半年的筹组工作，"左联"成立大会在中华艺术大学召开，冯乃超报告了大会筹备经过，郑伯奇对左联纲领作了简要说明，鲁迅发表了《对于左翼作家联盟的意见》的著名演讲，潘汉年则代表党中央出席会议并作了题为《左翼作家联盟的意义及其任务》重要讲话，后刊于是年3月10日的《拓荒者》，讲话指出：左联的当务之急是团结全体左翼作家行动，反对一切宗派主义、个人主义。潘汉年批评了文艺界存在的小集团主义、个人主义、缺乏用科学的方法进行文艺批评、单纯地为文学而文学、不以文学推进政治运动等错误倾向，并阐明了左联成立的意义，在于"有目的有计划去领导发展中国的无产阶级文学运动，加紧思想的斗争，透过文学艺术，实行宣传与鼓动而争取广大群众走向无产阶级斗争的营垒"。这篇讲话是党指导左翼文艺运动的重要文献，对30年代左联的发展壮大具有深远的影响，此后左翼各团体的活动皆在这一指导思想下开展。

按：太阳社、创造社作家在倡导无产阶级革命文学运动的同时，把批判的矛头指向了鲁迅、茅盾等。

中共中央负责人之一的周恩来和李富春(时任中共江苏省委宣传部长)先后批评了他们的错误做法,要求他们停止论争,团结鲁迅。上海文化支部召集各方面负责人开会,决定:创造社、太阳社的所有刊物,一律停止对鲁迅的批评。派冯雪峰、夏衍、冯乃超三人去和鲁迅谈一次话。这之后,左翼文化工作者都有一种组织起来,统一行动的要求。1929年秋,中央文化工作委员会成立,文委书记潘汉年派冯雪峰去同鲁迅商谈成立一个左翼文学团体的问题,说明党中央希望创造社、太阳社和鲁迅及其影响下的人们联合起来,以这三方面的人为基础,成立一个革命文学团体,团体名称拟定为"中国左翼作家联盟"。"左翼"两个字用不用,取决于鲁迅的意见。商谈后,鲁迅完全同意成立这样一个革命文学团体,并认为"左翼"二字还是用好,旗帜可以鲜明一点。经过几次商议,产生了由鲁迅、冯乃超、冯雪峰、夏衍、潘汉年等12个发起人和筹备人。至3月2日,"左联"正式宣告成立。

潘汉年在"中国自由运动大同盟"成立后曾经陪同鲁迅等在大学里进行宣传讲演。3月13日下午,在上海大夏大学乐天文艺研究社的主办下于该校的大礼堂进行演讲,约有1000余名听讲者,鲁迅演讲《象牙塔和蜗牛庐》,潘汉年演讲《文学与自由》,郑伯奇也进行了讲演。潘汉年和郑伯奇讲演的大意,"除了在演讲前五分钟略为说些关于文艺方面所谓敷衍门面外,其余可以说都是讨论自由运动大同盟的问题"。5月20日,中国社会科学家联盟(简称社联)在上海成立。自年初开始,党的文化工作委员会研究社会科学界的组织问题,决定成立社联。经潘汉年等短期筹备,由何思敬、邓初民、李一氓、吴黎平、熊得山等发起,在上海举行中国社会科学家联盟成立大会,潘汉年出席并代表文委作了筹备工作及社联今后的工作计划的报告,要求"社联"通过出版刊物、书籍、组织研讨会,以马克思主义的观点分析国内外政治经济形势,研究介绍马克思主义理论,驳斥非马克思主义思潮,促进中国革命运动。会议通过了社联纲领(用中、英、德三种文字发表),设置了相应的工作机构"联盟执行委员会",下设中国政治委员会、国际政治经济委员会、书报审查委员会、编辑出版委员会、基金筹募委员会、青年问题委员会等。此后,"社联"成为团结广大进步知识分子,领导中国进步的社会科学运动,组织革命文化新军的重要力量。6月,"中国自由运动大同盟"在上海召开会议,决定建立全国总同盟。选举鲁迅、周全平、郑伯奇、潘汉年、田汉等为执行委员。7月10日,"中国自由运动大同盟"出版机关刊物《自由运动》。8月1日,中国左翼剧团联盟正式成立后,经过潘汉年与中央文委的讨论决定,将中国左翼剧团联盟改名为中国左翼戏剧家联盟(简称"剧联")。

潘汉年8月15日任由"社联"创办的《文化斗争》月刊主编,该刊除进行理论宣传外也是各左翼文化团体间互通情报的刊物,潘汉年撰写《本刊出版的意义及其使命》刊于《文化斗争》月刊创刊号,其中指出:"本刊的具体工作是:(一)发扬马克思列宁主义的理论;(二)加紧与一切非马克思主义、假马克思主义的斗争;(三)苏维埃文化运动的理论与实际。"文中对当时左翼刊物遭到国民党严厉查禁的紧张政治形势以及经济拮据、印刷困难的文化斗争条件进行分析介绍,并提出"要我们一切努力马克思主义斗争化的同志们,共同负担起克服的决心!不容许我们稍稍忽视这一工作的表现!"同期刊载"左联"执委会在《无产阶级文学运动新的情势及我们的任务》的决议,驳斥了《民族主义文艺运动宣言》的攻击。9月10日,国民党秘书长陈立夫签发"取缔"中国社会科学家联盟、左翼作家联盟、上海青年反帝大同盟、普罗诗社、无产阶级文艺俱乐部、中国革命互济会、自由运动大同盟等组织,并"缉拿其主谋分子"的命令。鉴于文化界各个系统的左翼文化团体的成立,党中央决定由左翼作家联盟、社会科学家联盟、社会科学研究会、新闻记者联盟、电影演员联盟、世界语联盟、话剧演员及美术工作者联盟等"八大盟"在上海组成中国左翼文化界总同盟(简称"文总"),来统一领导这些革命团体。同日,"左联"机关刊物《世界文化》创刊,主要内容是分析国内外文化界的思想情况、阐述"左联"的任务并介绍苏联的文化建设。创刊号上发表了《中国社会科学家联盟纲领》,指出在"中国革命巨浪正在高涨之际,革命理论的研究与发挥,遂成为每个进步的社会思想家的切身任务",必须"研究并介绍马克思主义理论,使它普及于一般";"严厉的驳斥一切非马克思主义的思想——如民族改良主义、自由主义,及假马克思主义的理论——如社会民主主义、托洛茨基主义及机会主义"。同期还刊登了鲁迅翻译的《无产阶级革命文学论》以及谷荫(朱镜我)《中国目前思想界底解剖》、梁平《中国社会科学运动的意义》,对新月派、新生命派等的观点进行批判。该刊只出版了一期就遭国民党政府查禁。15日,社联机关刊物《社会科学战线》创刊,《发刊词》中提出其任务是:"以反驳非马克思主义及假马克思主义如取消派等的理论为中心,并发表中国社会科学运动底指导理论。"只出一期即停刊。

潘汉年9月筹备成立左翼文化总同盟。同月18日,左翼文化总同盟召开成立准备会,参加者有左联、社联、美联、剧联等团体代表20余人。会议讨论左翼文化力量统一的问题,决定该同盟包括的范围有社会科学团体、文艺团体,教育家联盟及自然科学家联盟。10月,中国左翼文化界总同盟在上海正式成立。潘汉年作为中央文委的第一任书记,担任了文总的党团书记,中央文委的成员同时也是文总的成员。文总的成立,标志着中国共产党在文化战线上已经建立起了一个从中央文委到文总再到各个系统左翼文化团体的垂直的组织系统。在党的领导下,这支左翼文化新军积极从事马克思主义宣传和革命文艺创作等活动,形成了左翼文化运动。冬,中国社会科学研究会(简称"社研")成立,潘汉年与王学文、彭康等人出席了成立大会,并对"社研"的工作时常予以关心和指导。下半年,因潘汉年等工作变动,文委成员调整,朱镜我为书记,委员有李一氓、杜国庠、冯乃超、潘梓年。(以上参见鲁迅博物馆、鲁迅研究室编《鲁迅年谱》,人民文学出版社1981年版;林甘泉、蔡震主编《郭沫若年谱长编》,中国社会科学出版社2017年版;李江《冯乃超年谱》,载李伟江编《冯乃超研究资料》,陕西人民出版社1992年版;阳翰笙《中国左翼作家联盟成立的经过》,《文学评论》1980年第2期;陶柏康《潘汉年同志在"左联"成立前后的革命活动》,《上海大学学报(社会科学版)》1986年第2期;武在平《潘汉年与中国左翼作家联盟》,《新文学史料》1991年第4期;凌彤《潘汉年领导上海左翼文化运动》,《世纪风采》2020年第9期;王艺霏、王佩军《潘汉年与"左联"、左翼文化运动关系辨析(上、下)》,《虹口报》2020年9月17日;王学典《20世纪史学编年(1900—1949)》,商务印书馆2014年版;章恒忠、王亚夫主编《中国学术界大事记(1919—1985)》,上海社会科学院出版社1988年版)

朱镜我3月2日往中华艺术大学出席中国左翼作家联盟(简称"左联")成立大会。4月11日,李一氓等在上海创办《巴尔底山》,为"左联"机关刊物之一,朱镜我列名为基本成员。5月20日,中国社会科学家联盟(简称"社联")成立大会,发起人朱镜我、李一氓、熊得山、邓初民、吴黎平(吴亮平)、林伯修(原名杜国庠,又名吴念慈)和王学文等,朱镜我任第一任党团书记。"社联"的上一级行政组织是文化总同盟(简称"文总"),由上海各左翼文化团体社联、左联、剧联、教联等共同组成。社联内的党团则归党的文化委员会(简称"文委")领导,而"文委"由中央宣传部直接领导。"社联"的性质是中共掌控下的担负政治使命、发挥政治功能的文化斗争机构。《中国社会科学家联盟纲领》提出"社联"的主要任务是:一、以马克思主义的观点,分析中国及国际政治经济,促进中国革命。二、研究并介绍马克思主义理论,使它普及于一般。三、严厉驳斥一切非马克思主义的思想——如民族改良主义、自由主义,以及假马克思主义的理论——如社会民主主义、托洛茨基主义及机会主义。四、有系统地领导中国的新兴社会科学运动的发展,扩大正确的马克思主义的宣传。五、革命的马克思主义者决不是限于理论的研究,无疑地应该努力参加中国无产阶级解放运动的实际斗争。其中开展中国社会性质论战是社联活动的一项重要内容,据当时参与其事者回忆说,"社联"进行的理论斗争主要是同中国的托派关于中国社会性质的论战。9月10日,"社联"机关刊物《世界文化》在上海创刊,创刊号上刊载谷荫(朱镜我)《中国目前思想界底解剖》与梁平《中国社会科学运动的意义》,对新月派、新生命派等的观点进行批判。梁平在《中国社会科学运动的意义》一文中指出:马克思主义在科学上拥有至高无上的地位。"整个科学只有依据于马克思主义之上,方能得着稳固的基础,社会科学无庸说,即自然科学也是如此。马克思主义是人类思想发展上最伟大最具体的结晶物。近代历史的发展以及科学的进步,完全证明了马克思主义的正确,马克思主义之所以有力,正因为他是正确的。马克思主义不仅仅是斗争的理论而且还是科学上唯一正确的理论。"此后又创办了机关报《新文化》。《社会科学战线》只出了一期,改以《新思潮》为机关刊物。《新思潮》由朱镜我担任主编,王学文等担任编委。社联还创办了许多学术文化刊物,如《新思想》月刊、《文化斗争》月刊、《研究》月刊、《社会现象》周刊等等,前后独办和合办的刊物达30余种。下半年,因潘汉年等工作变动,朱镜我接替潘汉年为文委书记。冬,为组织青年学生学习和研究马克思主义,"社联"着手建立外围组织——中国社会科学研究会(简称"社研")。

　　按:5月20日"社联"成立不久,又先后在北平、广州等地设立分部,并展开了一系列的活动。此外,"社联"还在日本的东京设立了东京分部。1933年,由于白色恐怖的严重和党内所谓左倾路线的干扰,"社联"组织遭到很大破坏,遂于当年6月与"社研"合并,改称中国社会科学者联盟,仍简称"社联"。1936年春,随着日本对华侵略的加紧,"社联"停止活动,大部分成员转入各界救国会的工作中,走向抗日前线。(参见唐金海、刘长鼎主编《茅盾年谱》,山西高校联合出版社1996年版;王学典《20世纪史学编年(1900—1949)》,商务印书馆2014年版)

　　冯雪峰与鲁迅主编的《萌芽》月刊1月1日在上海创刊。主要撰稿人有鲁迅、冯雪峰、冯乃超、沈端先、柔石等。出至第5期被查禁。同日,所译苏联萧里契原著之《艺术社会学之任务及诸问题》(此文在第2期续完)、苏联克慈涅错夫原著之《一九一九年五月一日》、日本藏原惟人原著之《艺术学者萧理契之事》《艺术形成之社会的前提条件——〈经济学批判〉之文断片》,以及他写的《〈萌芽〉启事》《编者附记》刊于《萌芽》月刊创刊号。2月1日,冯雪峰所译日本藏原惟人原著之《法兑耶夫底小说》以及所撰《编者附记》刊于《萌芽月刊》第1卷第2期。10日,所译列宁的《论新兴文学》(后来曾译为《党的组织和党的文学》)刊于《拓荒者》第1卷第2期。此时前后,冯雪峰奉命联系鲁迅,发起成立中国自由运动大同盟。13日,冯雪峰与郁达夫、鲁迅、柔石、潘汉年、田汉、郑伯奇、夏衍、彭康、邓初民、王学文、王任叔等51人在上海发起成立中国自由运动大同盟,借公共租界的汉口路圣公会教堂召开成立大会,通过《中国自由运动大同盟宣言》,号召要争取言论、出版、结社、集会等自由,反对南京国民政府统治,指出"不自由,毋宁死"。随后,上海,南京,哈尔滨和厦门等地纷纷成立分会,领导了援助南京"四三惨案"、上海"四八惨案"以及哈尔滨摧毁反动报馆等斗争,并组织加盟的左翼作家四处演说。

　　按:据冯雪峰《党给鲁迅以力量》(1951年《文艺报》第4卷第5期)回忆:当时"在上海的党中央希望鲁迅先生也做'中国自由运动大同盟'的发起人,派人来告诉我,要我先征求鲁迅先生的意见;我去和鲁迅先生谈了,记得他当时的表示是不大同意这种方式,认为一成立就会马上被解散了,可是他又依然立刻答应参加并为发起人之一。以后是先由我介绍,党又派人(我记得是派潘汉年)和他直接谈过几次"。该盟发起人共51名,其中文学家居多数。"同盟"成立后,鲁迅等也去学校等处演讲。

　　按:中国自由运动大同盟成立大会时间,鲁迅博物馆、鲁迅研究室编《鲁迅年谱》(人民文学出版社1981年版)所系为2月15日,包子衍著《雪峰年谱》(上海文艺出版社1985年版)、陈其强《郁达夫年谱》(浙江大学出版社1989年版)、张向华编《田汉年谱》(中国戏剧出版社1992年版)等所系皆为2月13日。

　　冯雪峰所译匈牙利玛察原著之《现代欧洲无产阶级文学底路》、日本冈泽秀虎原著之《关于在文学史上的社会学的方法》、德国梅林格原著之《资本主义与艺术》2月15日刊于《文艺研究》第1卷第1期。16日,冯雪峰、冯乃超、夏衍等约鲁迅等12人至公啡咖啡馆参加为成立中国左翼作家联盟而秘密举行的筹备会议(又称"上海新文学运动者底讨论会")。24日,冯雪峰、冯乃超等参阅苏联几个文学团体如"拉普""十月"的宣言,起草了"左联"纲领,初稿由夏衍和冯乃超两人去征求过鲁迅的意见。3月1日,所译苏联莆里契原著之《巴黎公社的艺术政策》、匈牙利L.加沙克原作之诗歌《劳苦者》《苏联国立出版协会的十年》,以及他写的《上海新文学运动者底讨论会》《编辑后记并前期更正》刊于《萌芽月刊》第1卷第3期。

　　按:3月1日《萌芽》月刊第1卷第3期"国内外文坛消息"栏,以《上海新文学运动者底讨论会》为题报道该会的内容,以"清算过去"和"确定目前文学运动底任务"为讨论题目,认为过去的文艺运动"有重要的四点应当指摘:(一)小集团主义及至个人主义,(二)批判不正确,即未能应用科学的文艺批评的方法及态度,(三)过于不注意真正的敌人,即反动的思想集团以及普遍全国的遗老遗少,(四)独将文学提高,而忘却文学底助进政治运动的任务,成为为文学的文学运动。其次对于目前文学运动的任务,认为最重要者有三点:(一)旧社会及其一切思想的表现底严厉的破坏,(二)新社会底理想底宣传及促进新社会底产生,(三)新文艺理论的建立"。大家还一致认识到"有将国内左翼作家团结起来,共同运动的必要。在讨论会上已成立了这较广大的团体组织的筹备委员会"。

　　冯雪峰3月2日往中华艺术大学出席中国左翼作家联盟成立大会,潘汉年代表党先讲话,鲁迅在会上所作《对于左翼作家联盟的意见》的演讲,由冯雪峰记录。后题为《对于左翼作家联盟的意见——在左翼作家联盟成立大会上的演说》,刊于4月1日《萌芽月刊》第1卷第4期。14日,冯雪峰与鲁迅、柔石等应泰东图书局之邀往万云楼赴宴。席间该局主持人向鲁迅约稿,并请"左联"编辑一个刊物给该局出版。三天后鲁迅等决定将这个刊物定名为《世界文化》,于9月10日出版,仅出1期。15日,所译匈牙利玛察原著之《新演剧领域上的实验》刊于《新文艺》月刊第2卷第1号。19日,鲁迅因参加中国自由运动大同盟被国民党政府通缉,避居内山完造家中。其间,冯雪峰和柔石仍照常往访。同月,冯雪峰开始协助鲁迅等筹办《巴尔底山》旬刊。4月1日,所作《常识与阶级性》及《左翼作家联盟底成立》《编辑后记》刊于《萌芽月刊》第1卷第4期。5日,第一次见到从日本回到上海的茅盾,向茅盾介绍"左联"成立情况。10日,所译日本冈泽秀虎原著之《以理论为中心的俄国无产阶级文学发达史》及苏联戈理基原著之《劳动阶级应当养成文化的工作者》刊于《文艺讲座》第1册。同月,协助鲁迅与神州国光社联系编印《现代文艺丛书》问题。11日取得合同。这套丛书共收苏联文艺名著10种,译者有鲁迅、柔石、曹靖华、冯雪峰(成文英)等。出版4种后因国民党政府的压迫,书店废约而停止。

　　冯雪峰5月1日在《萌芽月刊》第1卷第5期上发表所译《苏联文化建设底五年计划》《共产学院文化批评班本年底研究题目》,苏联鲁特勒夫、阿连斯原著之《苏联农村社会主义建设上的技术底任务》《太平洋劳动组合在反战反帝斗争上的任务——1929年8月泛太平洋劳动组合会议底决议》《马克思论出版的自由与检阅》以及他写的论文《讽刺文学与社会改革》和《李守常〈"五一"运动史〉编者附语》《编辑后记》。7日,陪同鲁迅往爵禄饭店与当时党的领导人李立三见面。12日,鲁迅移寓北四川路拉摩斯公寓A三楼4号,不久雪峰也携眷迁居该公寓地下室,他们往来更多,感情更密切。同月,冯雪峰与茅盾交谈"左联"的事情。茅盾刚参加"左联",就发现郑振铎、叶圣陶没有参加,心中纳闷。后来问冯雪峰,冯雪峰说因为多数人不赞成,郁达夫是鲁迅介绍的,所以大家才同意。茅盾表示不赞成这种"关门"的做法。冯雪峰说,鲁迅也反对这样做。6月1日,在《新地月刊》第1卷第1期(即《萌芽月刊》第1卷第6期改名)上发表所译《共产学院艺术部本年底研究题目》以及他写的《致陈正道先生》《编辑室杂函》《编辑后记》。同月,鲁迅所译之《文艺政策》由上海水沫书店出版,列为《科学的艺术论丛书》之十三。冯雪峰对此书曾作了几处订正,并将所译日本冈泽秀虎的《以理论为中心的俄国无产阶级文学发达史》附在卷末。7月,冯雪峰同王学文一起主持由"左联"和"社联"合办的暑期补习班。9月17日晚,冯雪峰与冯乃超、柔石等往法租界吕班路50号荷兰西餐室出席鲁迅50寿辰纪念会,并在会上讲了话。同月,冯雪峰受"左联""社联"委托与王学文创办现代学艺讲习所。是年,冯雪峰所译匈牙利玛察原著之《现代欧洲的艺术》收入《文艺理论丛书》,由上海大江书铺出版。此书又于1947年2月由生活书店出版订正版,冯雪峰1946年12月11日写的《现代欧洲的艺术·订正版译者序记》印入书中。鲁迅编辑的《戈理基文录》由光华书局出版,内收冯雪峰译文二篇,一为《工人阶级当养成文化工作者》,一为《给苏联机械的市民们》。（以上参见包子衍《雪峰年谱》,上海文艺出版社1985年版;鲁迅博物馆、鲁迅研究室编《鲁迅年谱》,人民文学出版社1981年版;唐金海、刘长鼎主编《茅盾年谱》,山西高校联合出版社1996年版）

　　冯乃超迁居上海赫德路福德坊,与李一氓为邻。上半年在陈望道任校长的中华艺术大学兼课,讲授"文艺概论"。后该校被查封。1月10日,在《拓荒者》月刊第1卷第1期发表《文艺理论讲座》第一回:《文艺和经济的基础》。15日,在《现代小说》月刊第3卷第4期发表《本志十月号、十一月号作品批评》。2月10日,在《拓荒者》月刊第1卷第2期发表《文艺理论讲座》第二回:《阶级社会的艺术》,除介绍马列主义文艺理论的基本观点外,还批判了梁实秋《文学是有阶级性的吗?》一文中的谬论,指出"对于这样的说教人,我们要送'资本家的走狗'这样的称号的"。同日,在《萌芽月刊》第1卷第2期发表《人类的与阶级的——给向培良先生的"人类底艺术"的意见》。在《拓荒者》第1卷第2期发表《作品与生活——本报第一期的批判》。16日下午,与鲁迅、冯雪峰、柔石、沈端先、华汉、郑伯奇、彭康、钱杏邨、蒋光慈、洪灵菲、戴平万等12人,在上海北四川路公啡咖啡店召开"左联"筹备会(又称"上海新文学运动者底讨论会"),研究成立大会的议程、报告、人选等,会议重点内容是"清算过去"和"确定目前文学运动底任务"。随后,与冯雪峰参考了苏联几个文学团体的宣言,草成《中国左翼作家联盟底理论纲领》。初春,冯乃超第二次到景云里拜访鲁迅,同行者有冯雪峰、柔石、潘汉年、姚蓬子、韩侍桁、李初梨等七八人。主要是商议成立"左联"事宜。鲁迅给他们讲述了"金扁担"和"吃柿饼"两个故事。2月24日,冯乃超第三次到景云里拜访鲁迅,征求他对"左联"《理论纲领》的意见。夏衍同往。鲁迅赞成这个纲领中提出"无产阶级革命文学"口号。3月1日,《大众文艺》月刊第2卷第3期"新兴文学专号"上册出版,发表该刊编辑部上月召开的文艺大众化问题座谈会记录,冯乃超提出"当注意到工农兵,穷民,学生等的生活描写"。还发表专文《大众化的问题》。

　　冯乃超3月2日出席中国左翼作家联盟在中华艺术大学举行的成立大会。大会推定鲁迅、沈端先（夏衍）、钱杏邨3人组成主席团。冯乃超、郑伯奇报告筹备经过。中国自由运动大同盟代表潘漠华讲演，鲁迅、彭康、田汉、华汉等相继演说。大会通过筹委会拟定的纲领，通过17项提案。沈端先、冯乃超、钱杏邨、鲁迅、田汉、郑伯奇、洪灵菲7人当为常务委员，周全平、蒋光慈2人为候补委员。29日，出席《大众文艺》编辑部召开的第二次文艺大众化座谈会，主要讨论如何使少年儿童文学读物大众化。至5月1日，该刊第2卷第4期"新兴文学专号"下册还发表了应征文章《我希望于大众文艺的》。4月10日，冯乃超主编的《文艺讲座》第1册由神州国光社刊行，主要介绍马列主义文艺理论，评述无产阶级革命文学运动，收入鲁迅、郭沫若、冯雪峰、沈端先等人的文章，内有冯乃超的论文《艺术概论》（第一章），翻译傅利采的《艺术家托尔斯泰》，评介《马克思主义艺术理论的文献》《日本马克思主义艺术理论书籍》。原定出六册，仅出一册即被查禁。同月下旬，经杨贤江建议，冯乃超在杨家会见4月5日刚从日本回到上海、暂住法租界杨贤江家中的茅盾，邀请茅盾参加"左联"。

冯乃超4月29日出席并主持在福州路一幢大厦里举行的"左联"第一次代表大会。因通知不周，只有三分之二会员到会，另有自由大同盟代表、南国社社员2人、同文书院日籍学生2人出席。冯乃超作政治报告，分析国内外形势，总结两个月来"左联"的工作，准备迎接五月的各个节日，号召"革命的文学家在这个革命高潮到来的前夜，应该不迟疑地加入这艰苦的行动中去，即使把文学家的工作地位抛去，也是毫不足惜的"。会议通过了纪念"五一"的宣言，以及委派柔石、胡也频、冯铿参加中国苏维埃区域代表大会等10项决议。5月1日，由《文艺讲座》《拓荒者》《萌芽月刊》《现代小说》《新文艺》《社会科学讲座》《新思潮》《环球旬刊》《巴尔底山》《南国月刊》《艺术月刊》《大众文艺》《新妇女杂志》等13种刊物编委联合出版《五一特刊》，实为冯乃超编辑，同时发表冯起草的《左翼作家联盟"五一"纪念宣言》。同日，鲁迅在《萌芽》月刊第1卷第5期发表《"丧家的""资本家的乏走狗"》，这是针对梁实秋在《新月》月刊第2卷第9期所刊《答鲁迅先生》及《"资本家的走狗"》而作的。梁实秋对冯乃超送给他"资本家的走狗"的称号表示"我不生气"，并说"是那一个资本家的，还是所有的资本家？还不知道我的主子是谁，我若知道，我一定要带着几分杂志去到主子面前表功，或者还许得到几个金镑或卢布的赏赉呢"，以此反诬左翼作家为苏联卢布所"收买"。鲁迅看了梁实秋的这篇文章，愉快地说："有趣！还没有怎样打中了他的命脉就这么叫了起来，可见是一只没有什么用的走狗！"同时从冯乃超的文章中，又觉得"乃超这人真是忠厚人"。因此决定自己来作《"丧家的""资本家的乏走狗"》，当鲁迅写好这篇杂文交给《萌芽月刊》的时候，他自己高兴得笑起来说："你看，比起乃超来，我真要'刻薄'得多了。"接着又说，"可是，对付梁实秋这类人，就得这样。……我帮乃超一手，以助他之不足"。当时所有的"同志都很喜欢这篇杂文，称之为'奇文'"。

冯乃超5月10日在《拓荒者》月刊第1卷第4—5期合刊发表《社会时评》五则。同期发表郭沫若的《"眼中钉"》，说明"创造社的几个人对于鲁迅先生是并没有什么成见"，并不曾"将语丝派的几个人看成眼中钉"。更重要的是"我们现在都同达到了一个阶段，同立在了一个立场"。11日，在《巴尔底山》旬刊第1卷第4号发表评论《胡适之底乌托邦》。下旬，全国苏维埃区域代表大会在上海召开，"左联"派柔石、胡也频、冯铿参加，并发表了《左联致全国苏区代表大会祝词》。29日，冯乃超主持"左联"在静安寺路白克路附近华安大厦召开第二次全体大会，这次大会是为"五卅"纪念示威和总结"左联"过去工作而开的。会议有各部各研究会报告,"五卅筹备会"出席代表报告,社会科学家联盟代表报告,出席苏维埃区域代表大会的代表报告等。会议通过决议:全体盟员一致参加"五卅"示威纪念和中华艺术大学自行启封的行动。大会听取了出席全国苏维埃区域代表大会的代表柔石的报告,宣读了《中华土地法大纲》(草案),并对"左联"过去的工作进行了热烈的讨论,最后通过了联盟改组及干部改选的提案。6月1日,冯乃超《大众文艺》月刊第2卷第5—6期合刊发表《我的文艺生活》,回顾自己走上文学道路和思想发展的简单过程。同日,又在《新地月刊》创刊号即《萌芽月刊》第1卷第6期发表《中国无产阶级文学运动及左联产生之历史的意义》,强调"左联""在中国的地位不能不是中国无产阶级的文学运动的全国性的统一机关。它不是某几个人或几个团体的'拉拢'",同时驳斥了周毓英《中国普罗文学运动的危机》的种种谰言。月初,"左联"在中心跑马地附近的金门饭店召开第三次全体大会,庆祝全国苏维埃区域代表大会的成功,并由出席代表大会的"左联"代表作详细报告,柔石介绍了《中国土地法大纲》(草案)。同月,冯乃超在《沙仑》月刊上译载了卢那卡尔斯基关于苏联电影制片道路的重要文章,着重阐述了列宁对电影的意见。这是艺术刊物中较早译介的有关苏联电影的理论文章;朱镜我等编辑的《社会科学讲座》第一卷由光华书局发行,冯乃超为编撰者,并发表翻译卢柏尔的论文《社会方法论的问题》。

　　冯乃超下半年按潘汉年要求写了一份关于立三路线的书面意见,主要内容是说立三路线夸大了当时的革命主观力量,在客观条件不成熟的情况下轻易地提出罢工、罢市、罢课、罢操、罢岗的口号,并将过多的文化工作干部调去作实际工作干部,削弱了文化工作。8月4日,"左联"执行委员会通过带有左倾的《无产阶级文学运动新的情势及我们的任务》的决议,指出组织基础的重心要移到青年群众身上,渐次移到工农身上。要求"左联"盟员克服个人主义残余。15日,中国左翼作家联盟和中国社会科学家联盟的机关刊物《文化斗争》创刊于上海,发表论文《左联成立的意义和它的任务》,进一步从理论上阐明无产阶级革命文学运动产生的原因和"左联"成立的意义。9月17日晚,冯乃超与柔石、冯雪峰等出席鲁迅50岁生日祝寿会,由美国进步作家史沫特莱出面租荷兰西餐室为会场。18日,左联、社联、美联、剧联等左翼文化团体代表20余人举行会议,讨论左翼文化团体力量统一问题,决定成立左翼文化总同盟,规定目下的具体工作之一为:一、起草纲领宣言;二、发刊机关杂志;三、建立革命文化出版所等。10月,经过9月中旬各左翼文化团体开会研究并着手筹备统一组织后,中国左翼文化总同盟于本月在上海正式成立。这是中国共产党领导下的各左翼文化团体的总机构,简称"文总",先后参加的有:中国左翼作家联盟、中国社会科学家联盟、中国左翼戏剧家联盟、中国左翼新闻记者联盟以及教育、音乐、美术、世界语小组等8个团体。11月16日,左翼作家联盟召开第四次全体大会,到会盟员30余人,还有左翼文化总同盟、全国苏维埃大会中央准备委员会及日本战旗社的代表参加。首由主席作政治报告,继有日本战旗社代表、文化总同盟代表、中准会代表报告,旋由常委报告,检讨和批评盟员脱离群众,坐在亭子间创作,不参加组织生活等问题,最后讨论各提案,决议:(一)派代表参加纪念广东暴动代表大会并加紧对该暴动的宣传。(二)动员全体盟员参加实际工作。(三)扩大工农兵通信运动。(四)争取公开出版运动。(五)建立农村通信机关。(六)肃清一切投机和反动分子——并当场表决开除郁达夫等。还选出赴苏维埃区考察代表1人,补选左联执行委员3人。(以上参见冯乃超《左联成立前后的一些情况》,《鲁迅研究资料》第六辑;李江《冯乃超年谱》,载李伟江编《冯乃超研究资料》,陕西人民出版社1992年版;鲁迅博物馆、鲁迅研究室编《鲁迅年谱》,人民文学出版社 1981 年版;唐金海、刘长鼎主编《茅盾年谱》,山西高校联合出版社 1996 年版;吴永贵《民国图书出版史编年:1912—1949》中册,社会科学文献出版 2018 年版;章恒忠、王亚夫主编《中国学术界大事记(1919—1985)》,上海社会科学院出版社 1988 年版)

茅盾 1 月 1 日在《中学生》创刊号发表所译西班牙阿苏阿加(FPi Arsuaga)原作《公道》。2 月 1 日,作《〈虹〉跋》。3 月,茅盾作《〈蚀〉题词》;小说《虹》由开明书店出版。4 月 5 日,茅盾从日本回到上海。为了避人耳目,初住旅馆,数日后暂住杨贤江家中。同日,第一次见到冯雪峰,"从雪峰的口中,我知道鲁迅和创造社、太阳社的朋友们联合了,并且在不久前成立了'左翼作家联盟'";看望叶圣陶,又与叶圣陶一道拜访了鲁迅,"鲁迅问了不少日本的情形(可惜我所知不多),也回忆了他在日本上学时的生活;他还告诉我他正在编译法捷耶夫的《毁灭》。但他没有谈到'左联',我也没有问"。20 日前后,茅盾经杨贤江建议,在杨家会见创造社后期成员冯乃超,加入"左联"。同月,茅盾与郑振铎晤面,获悉"左联""没有吸收他参加,甚感纳闷",对"左联""关门"的做法不理解;茅盾在福州路的一幢大厦里出席"左联"的全体大会,到会有二十多人,鲁迅未去。会议是为了迎接"五一"而召开的,冯乃超作政治报告,认为"革命高潮就要到来"。会议通过了纪念"五一"的宣言,提出今年的"五一"是血光的"五一",要大家游行示威贴标语,撒传单。鲁迅、茅盾、郁达夫都没有上街头。

茅盾 5 月底参加了另一次"左联"全体大会,这次会议是为准备第二天的"五卅"纪念示威而召开的,会上除了通过全体盟员一致参加"五卅"示威游行的决议,并把人员编成小队等外,还有出席苏维埃区域代表大会的代表的报告,和对"左联"工作的批评。这些批评都是指责盟员不关心政治斗争,不积极参加政治活动的。鲁迅参加了这次会议,还讲了话,大意是:国民党报纸对"左联"的攻击,这都没有什么大了不起的,主要是"左联"的每个成员思想上要坚定。他说,我们有些人恐怕现在从左边来,将来要从右边下去的。茅盾认为这话很尖锐,给他的印象很深。在这次会上,茅盾认识了胡也频。同月,徐志摩带 A. 史沫特莱与茅盾会见。徐志摩说,她是德国《法兰克福日报》的驻北京记者,从北平来。在北平被认为是共产党,所以只好来到上海。她希望送她一本《蚀》。茅盾把《蚀》送给她,并在扉页上签了名。这是茅盾第一次会见 A. 史沫特莱。自此以后,茅盾常与史沫特莱一起去鲁迅家,总是先在某条马路拐角相会,然后仔细观察鲁迅所住的那条马路,再走进鲁迅家,畅叙一个晚上;茅盾与冯雪峰交谈"左联"的事情。茅盾因郑振铎、叶圣陶没有参加"左联",心中纳闷,表示不赞成这种"关门"的做法。冯雪峰说,鲁迅也反对这样做。至此,茅盾才恍然明白,为什么他从日本回来的那一天由圣陶陪伴去看望鲁迅时,鲁迅对"左联"的事一字不提,原来是有这个缘故;茅盾小说《幻灭》《动摇》《追求》作为《蚀》的三个独立部分,由开明书店出单行本。

茅盾 7 月在《东方杂志》第 17 卷 6—7 号发表《近代文学的反响》《爱尔兰的新文学》。8 月,所著《西洋文学通论》,列入文化科学丛书,由世界书局出版。同月,茅盾拜访瞿秋白夫妇。当时瞿秋白夫妇从莫斯科回到上海,听说茅盾已从日本回来了,就用暗号写信给开明书店转茅盾收,约茅盾去看他们。瞿秋白向茅盾概略介绍了当时的革命形势。茅盾则告诉他,自日本回国后,一直过着地下生活,不可能也不想找到公开职业,只好当专业作家了。瞿秋白支持茅盾写小说;茅盾对"左联"的一些做法不赞成,在参加了两次全体会议后,茅盾感觉"左联"说它是文学团体,不如说更像个政党。尤其在看到了 8 月 4 日"左联"执委会通过的决议《无产阶级文学运动新的情势及我们的任务》以后,又得到了加强。而且这个决议公布之时,正值立三路线的全盛时期。从这个决议可以看出,初期的"左联"受左倾路线的影响不小。除了要求"左联"成员去参加游行集会等政治运动之外,从它对文学运动和作家作用的看法来看,也是相当"左"的。比如根本不提作家的创作活动,对作家的创作热情和愿望扣上"作品主义"的帽子;把工农兵通信员运动的意义极端化,蔑视小资产阶级出身的作家,实在是组织上的狭窄观念。

　　按:茅盾《我走过的道路》(中)谈道:"上述种种,我也不是一下子就认识清楚的,开始多半是直觉的不赞成,在理论上彻底弄清楚还在两三年之后;相反,当时的极左思潮对我也有很大影响,使我受害不浅。""关于'左联'前期存在的这些问题,我也与鲁迅谈到,鲁迅大概出于对党的尊重,只是笑一笑说:'所以我总声明不会做他们这种工作的,我还是写我的文章。'"

　　茅盾9月中旬参加柔石、冯雪峰、冯乃超发起的"鲁迅五十生辰纪念会",同时参加者有叶圣陶、傅东华、田汉、史沫特莱女士等30余人。会后茅盾与与会者每人三元集资,设宴为鲁迅祝寿。17日,茅盾到法租界吕班路50号荷兰西餐室,参加上海左翼文化界人士为鲁迅50寿辰举行的庆祝会。许广平和海婴也在场。参加祝寿会的还有叶绍钧、田汉、傅东华等人。柔石致开会辞,史沫特莱演讲,鲁迅致答辞。10月,所著《北欧神话ABC》上下册由世界书局出版。11月初,沈泽民和琴秋从苏联回国,数次来到茅盾家。11月23日,作《我的中学时代及其后》,刊于《中学生》第11期,文中谓"我的中学生时代是灰色的,平凡的""书不读秦汉以下,骈文是文章的正宗;诗要学建安七子;写信拟六朝人的小札;举止要风流潇洒;气度要清华疏旷"。是秋,茅盾因眼疾、胃病、神经衰弱并作,不能创作,于是与朋友往来,在社会中调查访问,为《子夜》的创作积累了丰富的资料。是冬,茅盾为《子夜》的创作,开始整理材料,写下详细提纲,又据此提纲写出了约有若干册的详细的分章大纲。(以上参见唐金海、刘长鼎主编《茅盾年谱》,山西高校联合出版社1996年版)

　　柔石与鲁迅、冯雪峰、冯乃超等2月16日同至公啡咖啡馆参加为成立中国左翼作家联盟而秘密举行的筹备会议。3月2日,往中华艺术大学出席中国左翼作家联盟(简称左联)成立大会。20日晚,柔石与留学、冯雪峰夫妇同往饭馆夜餐,遇盯梢者。4月11日,左联《巴尔底山》旬刊创刊,柔石列名为基本成员。29日,"左联"召开第一次代表大会,会议通过委派柔石、胡也频、冯铿参加中国苏维埃区域代表大会的决议。柔石、胡也频、冯铿出席了在上海召开的全国苏维埃区域代表大会,会后他们创作了一批反映革命根据地军事斗争生活的作品。5月29日,"左联"召开第二次全体大会,大会听取了出席全国苏维埃区域代表大会的代表柔石的报告,宣读了《中华土地法大纲》(草案),并对"左联"过去的工作进行了热烈的讨论。6月16日,鲁迅作《〈浮士德与城〉后记》毕。《浮士德与城》系苏联卢那察尔斯基的剧本,由柔石从英国马格纳斯和沃尔特的译本转译,为鲁迅编校的《现代文艺丛书》之一。(参见鲁迅博物馆、鲁迅研究室编《鲁迅年谱》,人民文学出版社1981年版)

　　潘梓年兼任中共中央主办的《红旗日报》上海地区总采访。又任社会科学家联盟的负责人,后调任左翼文化总同盟书记兼文化工作委员会的领导人。5月,杜国庠与潘梓年、邓初民等发起组织中国社会科学家联盟,并参与社联党团的领导工作。同月,李平心重回上海,先后在中共地下党上海市法兰区区委和全国苏维埃代表大会准备委员会(简称"苏准会",时设于上海)任职。是年,周扬到上海,加入中国左翼戏剧家联盟,稍后,加入中国左翼作家联盟。又在《摩登月刊》上发表《约翰李特俱乐部之组织(美国无产文坛进讯)》和《美国无产作家论》;王任叔在上海参与发起中国自由运动大同盟,参加中国左翼作家联盟,一度担任中共曹家渡区委负责人,领导大夏大学党支部;邓拓参加左翼社会科学家联盟,同年加入中国共产党；魏金枝参加左翼作家联盟，助编左联刊物《萌芽》，参与《新辞林》《文坛》的编辑工作；洪深、丁玲、姚蓬子、戴望舒、杜衡、应修人参加中国左翼作家联盟；沈西苓与许幸之、王一榴等发起组织左翼美术团体时代美术社。同年，参与"左联"的筹备工作；江丰加入左翼美术家联盟。（参见冯乃超《左联成立前后的一些情况》，北京鲁迅博物馆鲁迅研究室编《鲁迅研究资料》第六辑，天津人民出版社 1980 年版）

杜国庠 5 月 20 日与潘梓年、邓初民等发起组织了"社会科学者联盟"（简称"社联"）。以后，"社联"与"左联""教联""剧联""美联"等合组为"文总"，统一领导。为了吸收青年知识分子，又组织了"社研""教研"等团体，置于"文总"领导之下。"文总"成立党团，杜国庠是党团领导成员之一。由于"文总"所属的各个"联"，均受到敌人注意，乃转而成立"苏联之友社"，其分支组织遍及各界。章乃器、李公朴，柳湜等都是该社成员。杜国庠、钱亦石参加了"苏联之友社"的领导。潘汉年、冯雪峰、朱镜我等先后代表党来领导"文总"及其所属各个"联"的工作。在"文总"、各个"联"及"苏联之友社"的积极工作下，团结了文化科学界的广大爱国进步分子。左翼文化队伍更加壮大，中国共产党的政治影响日益扩大。在"文总"期间，杜国庠曾对"左联"领导指出："必须尊重鲁迅对于文艺的意见，必须善于同鲁迅合作。"这一正确意见，为党所接受。当时杜国庠与柯柏年、许涤新等研究社会科学，组成了"我们社"，并从事文艺理论的探讨。杜国庠还曾调中央宣传部工作，参加《红旗日报》的编辑。（参见邱汉生《杜国庠传略》，《史学史研究》1984 年第 3 期）

杨贤江（署名柳岛生）1 月在《新思潮》第 1 期上发表《中国教育状况的批评》第一部分。2 月 8 日，杨贤江在《新思潮》发表《评"学生团体组织原则"》一文，对 1 月 30 日国民政府转发的"学生团体组织原则"逐条剖析批判。20 日，杨贤江（署名李浩吾）所著《新教育大纲》一书由上海南强书局出版。此书为我国第一部系统阐述马列主义教育学说的专著。同月，在《新思潮》第 2 期上发表《中国教育状况的批评》第二部分。3 月，杨贤江参与筹建的"中国左翼作家联盟"成立。又参加组建"中国社会科学家联盟"，并重点负责"社联"的编辑出版委员会的工作。同月，在《新思潮》第 3 期上发表《中国教育状况的批评》最后部分，文中批评了当时国民党统治下的教育现状。5 月，杨贤江介绍自日本回到上海的沈雁冰参加"左联"的活动。8 月 20 日，在《教育杂志》第 22 卷第 6 号上发表《美国都市教育的特种设施》。9 月 20 日，在《教育杂志》第 22 卷第 9 号上发表译作《苏联最近教育制度之改革与批评》。11 月，杨贤江为译著《新兴俄国教育》作《译者序》。（参见杜学元、吴吉惠等《杨贤江年谱长编》，光明日报出版社 2005 年版；中央教育科学研究所编《中国现代教育大事记 1919—1949》，教育科学出版社 1988 年版）

夏衍经夏丏尊、方光焘介绍到立达学园、劳动大学任教，维持生计。1 月上旬与 3 月下旬，夏衍组织并参加上海艺术剧社的第一、第二次公演，结识史沫特莱。2 月，"中国自由运动大同盟"在上海成立，发起人郁达夫、鲁迅、郑伯奇、沈端先（夏衍）、冯雪峰等 51 人在宣言上签名。同月 16 日，夏衍与鲁迅、柔石、华汉（阳翰笙）、画室（冯雪峰）等 12 人举行"左联"筹备会。24 日，夏衍、冯乃超等再次访问鲁迅，讨论"左联"成立事宜。3 月 2 日下午 2 时，在上海北四川路窦乐安路（今多伦路）的中华艺术大学内，"左联"成立大会秘密召开，夏衍与鲁迅、钱杏邨被推举为主席团成员，当选为"左联"执行委员。15 日，出版《艺术》月刊，夏衍主编，发表了第一篇关于电影的文章《有声电影的前途》。仅出 1 卷 1 期即遭国民党当局查禁。4 月，夏衍与蔡淑馨女士结婚。4 月底。上海工部局查封艺术剧社，同时查抄中华艺术大学；夏衍译高尔基的《奸细》（后改名《没用人的一生》），由上海北新书局 1930 年 5 月出版。6月16日,出版《沙仑》月刊,仍由夏衍主编,仅出1期又遭查禁。8月,夏衍与田汉等人成立"中国左翼剧团联盟"(后改为"中国左翼戏剧家联盟",即"剧联")。同月,鲁迅编辑的《戈里基文录》由光华书局出版,收高尔基的自传、小说、论文、书信、回忆录等8篇,分别由鲁迅、柔石、冯雪峰、夏衍翻译。1932年再版时改名为《高尔基文集》。9月,经潘汉年介绍,夏衍结识杨度(皙子),做其中共秘密党员身份的联络人。是年,杨度为中共中央地下报纸《红旗日报》题写报头,继续秘密为中共提供情报。潘汉年离开上海后,由夏衍与他单线联系。(参见夏衍《夏衍全集》附录《夏衍年表》,浙江文艺出版社2005年版)

钱杏邨1月10日在《拓荒者》第1卷第1期创刊号特大号发表《中国新兴文学中的几个具体的问题》,批评茅盾《从牯岭到东京》和《读〈倪焕之〉》文章的一些观点。指责茅盾对"普罗文艺"中"标语口号文学"等的批评。2月16日下午,"左联"筹备小组鲁迅、冯雪峰、柔石、郑伯奇、冯乃超、彭康、阳翰笙、夏衍、蒋光慈、洪灵菲、钱杏邨、沈起予等12人,在公啡咖啡馆又召开筹备会,研究成立大会的议程、报告、人选等。下旬,钱杏邨参加文艺大众化座谈会,到会有陶晶孙、鲁迅、冯雪峰、郁达夫、冯乃超、潘汉年、柔石及日本进步记者白川次郎(尾崎秀实)、林守仁(山上正义)等。3月2日下午,钱杏邨在窦乐安路中华艺术大学出席中国左翼作家联盟成立大会。鲁迅、钱杏邨、沈端先(夏衍)为主席团。大会通过左联理论纲领和行动纲领要点。选举沈端先、冯乃超、钱杏邨、鲁迅、田汉、郑伯奇、洪灵菲等7人为常务委员。10日,钱杏邨在《拓荒者》第1卷第3期发表《大众文艺与文艺大众化》。29日,钱杏邨参加第二次文艺大众化座谈会,发表谈话,刊于5月1日《大众文艺》第2卷第4期"新兴文学专号"(下),题为《我希望于大众文艺的》。

钱杏邨所著《现代中国文学作家》(第二卷)及《怎样研究新兴文学》3月出版。4月10日,左联刊物《文艺讲座》创刊,仅出1期,钱杏邨在创刊号发表《中国新兴文学论》。5月15日,所著《文艺批评集》出版。8月2日,《拓荒者》被国民党当局查禁。9月20日,鲁迅写信给远在苏联的友人曹靖华,信中肯定了创造社、太阳社提出无产阶级革命文学口号的历史功绩"是不可没的"。30日,国民党秘书长、特务头子陈立夫签发取缔左翼作家联盟、自由运动大同盟、中国革命互济会等组织,并通缉鲁迅等人的反动命令。秋,钱杏邨迁往吕班路(现重庆南路)万宜坊,和蒋光慈合租居住。10月,钱杏邨被选为中国左翼文艺界总同盟常委。是年,所著《力的文艺》及新出版的《文艺与社会倾向》《现代文学读本》被查禁。(参见钱厚祥整理《阿英年谱(上)》,《新文学史料》2005年第4期;唐金海、刘长鼎主编《茅盾年谱》,山西高校联合出版社1996年版)

蒋光慈1月10日将原由其主编的太阳社《新流》月报改名《拓荒者》月刊,由现代书局发行。重点刊登革命文学作品和马克思主义文艺理论,主要撰稿人有钱杏邨、冯乃超、潘汉年、洪灵菲、蒋光慈、沈端先等。2月10日,《拓荒者》第1卷第2期发表成文英(即冯雪峰)所译列宁的《论新兴文学》(后来曾译为《党的组织和党的文学》)、沈端先(夏衍)所译的《伊里几的艺术观》(按伊里几即列宁)。16日下午,蒋光慈等12人至公啡咖啡馆秘密出席中国左翼作家联盟筹备会议。3月10日,《拓荒者》第1卷第3期报导"左联"成立概况。20日,在"左联"领导下,开展文艺大众化的第一次讨论,《拓荒者》也相继发表讨论文章。5月,《拓荒者》出版第4—5期合刊,成为中国左翼作家联盟机关刊物之一。8月2日,国民党查禁《拓荒者》。随后即将该期一部分的封面改名《海燕》,署"拓荒者月刊社印行"。(参见冯乃超《左联成立前后的一些情况》,北京鲁迅博物馆鲁迅研究室编《鲁迅研究资料》第六辑;鲁迅博物馆、鲁迅研究室编《鲁迅年谱》，人民文学出版社 1981 年版；唐金海、刘长鼎主编《茅盾年谱》，山西高校联合出版社 1996 年版)

　　田汉 1 月初与洪深、应云卫等观看上海艺术剧社公演彩排后，予以鼓励，赞扬"他们搞得比我们好"。2 月 13 晚，田汉出席在上海汉口路"圣公会"秘密举行的"中国自由运动大同盟"成立大会。会上首次见到鲁迅，并一起当选为该团体执行委员。15 日，田汉与鲁迅、郁达夫、郑伯奇等 100 人联名签署《中国自由运动大同盟宣言》。22 日，田汉支持洪深为抗议美国辱华影片《不怕死》(又名《上海快车》)前往大光明电影院发表演讲。1、2 月间，田汉应召与郑伯奇去见李立三，接受党对文艺工作的指示。李立三鼓励他们要"继续斗争"。3 月 2 日下午，田汉出席在上海窦乐安路中华艺术大学举行的"中国左翼作家联盟"成立大会，并发表演说。会上，田汉与鲁迅、沈端先(夏衍)、冯乃超，钱杏邨，郑伯奇、洪灵菲等 7 人当选为"左联"常务委员。15 日，田汉在上海《民国日报》副刊《戏剧周刊》第 38 期发表《上海戏剧运动联合会宣言》，指出："中国戏剧运动，已经到了新的开展的时期了。在这时期，我们知道它必然地要渐渐跳出了唯美的圈子，同时起而代之的更无须怀疑的是有它的时代的使命，有它的社会的责任""对于时代的社会的群众的戏剧运动的宣扬，对于扶植新兴戏剧的成长，对于妨害戏剧运动的一切暴力的反抗，我们极愿以组织的力量，坚决地负起这些任务。"19 日，由辛酉剧社、剧艺社、南国社、摩登社、艺术剧社、复旦剧社、大夏剧社、交大剧社、青鸟剧社、新艺剧社等十团体发起，戏剧协社、紫歌剧队等戏剧团体参加的"上海戏剧运动联合会"(也称"上海剧团联合会")正式成立。艺术剧社、摩登社，剧艺社、南国社、辛酉剧社为执行委员；青鸟剧社、戏剧协社、紫歌剧队为监察委员。29 日晚，田汉出席《大众文艺》编辑部召开的讨论儿童文学创作问题的第二次座谈会，作发言。座谈会记录载 5 月上海《大众文艺》第 2 卷第 4 期。同月，田汉作《Bourgeois realism 与 proletarian realism(资产阶级现实主义与无产阶级现实主义)》一文，谓"南国的美术青年们的思想倾向是一致站在或想站在无产阶级一边的"，希望他们能"知道艺术底思想与样式的变迁是紧跟着该社会底生产手段之转化的"。

　　田汉 4 月 4 日撰成长篇论文《我们的自己批判——〈我们的艺术运动之理论与实际〉上篇》，刊于《南国月刊》第 2 卷第 1 期，文中详述自己从事南国运动的历史，回顾南国社六年来走过的历程，系统清理了自己头脑中的小资产阶级文艺思想。15 日，田汉为《南国月刊》第 2 卷第 1 期撰《编辑后记》，对本期刊物以全部篇幅刊载的《我们的自己批判》作说明：本文"是三部曲式的论文《中国新兴艺术运动之理论与实际》底上篇；中篇，约二十万字；下篇达十五万字；共达五十万言"，并说南国社希望"转换一个新的方向，走上一个新的阶段"，然而这也并不"那样容易"。28 日，上海工部局查封艺术剧社，为此，田汉与应云卫等发起，以上海戏剧运动联合会的名义，发表《为艺术剧社被封告国人书》，表示："以满腔的同情与正义，反抗当局对文化运动之虐杀！"提出："我们要得到文化运动的自由！我们要得到戏剧运动的自由！"29 日，三位南国社代表出席"左联"第一次全体大会，并作演说。同月，田汉编定《田汉戏曲集》第五集，并作《自序》。春，田汉与从南洋回国的林维中结婚。5 月 1 日，田汉发表《从银色的梦里醒转来》一文，清理自己以前由于受日本谷崎润一郎电影观的影响而持的"电影是梦"的错误观点，初步运用马克思主义阶级分析的观点，阐述了他对电影的新认识。20 日，田汉代表"左联"出席"中国左翼社会科学家联盟"成立大会，并发表演说。6 月 1 日，《田汉戏曲集》第五集由上海现代书局出版，内收《自序》和《古潭里的声音》《颤栗》《南归《第五号病室》《火之跳舞》五个话剧剧本。11日，南国社在上海中央大戏院公演话剧《卡门》。上演三天后，因内容富有反抗色彩，被当局禁演。15日，在"中国自由运动大同盟"扩大会议上举行的改选中，田汉与鲁迅等21人当选为执行委员，并与鲁迅、郑伯奇等执委共同负责宣传部工作。

田汉5月20日发表著名长篇论文《我们的自己批判》，总结了"南国运动"及从1921年创刊《南国半月刊》开始，经历了《南国特刊》、南国电影剧社、南国艺术学院至南国社，直到参加"左联"这八年多的艺术活动的历史教训。此文表明了田汉转向无产阶级，也标志了南国社的政治方向和艺术方向的转变。月底，田汉在大西洋西菜馆召集"新文艺界同志"座谈《卡门》，听取"严格的批评"。7月6日，田汉为《南国月刊》第2卷第4期"苏联电影专号"撰写《卷头语》。17日，为《南国月刊》第2卷第3期撰写《编辑后记》，表示接受上月底《卡门》座谈会上听到的那些批评意见。但对有人写文章指责剧中女主角"我死也爱他"的台词为唯心立场表示"不敢受"。20日，《南国》月刊第2卷第4期出"苏联电影专辑"，这是我国最早的一本苏联电影专刊。发表了田汉所译《苏联电影艺术发展底教训与我国电影运动底前途》以及美、日、德等国艺术工作者介绍苏联电影和苏联电影事业情况的文章。7、8月间，由于"成立以来依然没有一点工作表现"，各成员也"没有一定的主张，对社会的态度没有一致，因此上海戏剧运动联合会内部痛感着有改组的需要"，产生了"联合对社会事业有彻底意见的同时对于革命有十分的同情和理解的几个剧社组织左翼戏剧联盟"的要求。经潘汉年召集田汉、夏衍、郑伯奇、冯雪峰和余怀等几人开会研究后，决定"主动解散戏剧运动联合会，把立场坚定的剧团重新组织起来，名正言顺地改称'左翼剧团联盟'"。会后，由田汉和夏衍去征得了洪深、朱穰丞、左明等的同意，并由田汉出面，约集了郑伯奇、洪深、朱穰丞、郑君里、刘业等十来个人，在一家茶室聚会，一致同意了不公开声明地让戏剧联合会解体，组成"中国左翼剧团联盟"。

田汉8月6日与鲁迅、郁达夫、欧阳予倩、郑伯奇等及日本友人内山完造、山崎百治、神田喜一郎、石井政吉、升屋治三郎等聚会于功德林素菜馆，举行"漫谈会"，并合影留念。23日，"中国左翼剧团联盟"举行成立大会，参加者为艺术、辛酉、南国、青鸟、光明、摩登、大夏等七剧团，到者50余人，有作联、美联、社联等代表热烈的演说。会议通过戏剧运动纲领与该联盟章程，选举执行委员15人。又互选7人为常委，分秘书处、编辑、组织、指导、宣传各部门，并议决以移动剧场为目前中心工作，但不放弃大规模的定期公演。26日，南国社代表出席"左联"发起召开的各革命文化团体代表大会。会上决定"通过发表宣言，反对国民党摧残文化、封禁胁迫书店、封闭学校、禁止上演、恐吓作家等白色恐怖政策"，并与"互济会"联合在9月上旬发起"反对国民党摧残压迫文化运动周"，在此期间，"形成中国无产阶级革命文化运动总同盟"。9月17日，田汉与茅盾、叶绍钧、傅东华等，国际友人史沫特莱、内山完造等，以及"左联""社联""美联""剧联"的代表共30多人出席由柔石、冯乃超、许广平等发起在法租界荷兰西菜馆举办的鲁迅50诞辰寿庆宴会。会上，田汉从鲁迅处得知自己已被国民党反动当局列入黑名单。10月4日，田汉致信鲁迅，请其代转译稿和信给郑振铎。鲁迅当夜即办妥此事。5日，中国左翼戏剧家联盟会员宗晖被国民党反动当局杀害于南京雨花台。秋冬间，中国左翼戏剧家联盟（简称"剧联"）成立后，田汉担任"剧联"的领导工作。是年，"剧联"成立下属的"剧评小组"，后又扩大成为"影评小组"。田汉为该组织成员，并参与领导工作。（以上参见张向华编《田汉年谱》，中国戏剧出版社1992年版；鲁迅博物馆、鲁迅研究室编

《鲁迅年谱》，人民文学出版社1981年版；章恒忠、王亚夫主编《中国学术界大事记(1919—1985)》，上海社会科学院出版社1988年版)

　　陶晶孙继续主编《大众文艺》。3月1日，《大众文艺》第2卷第3期刊出"新兴文学"专号，陶晶孙在《卷头琐语》中提出四点意见，亦即办刊方针，强调《大众文艺》"最重要的是利用一切表现方法的启蒙工作。其次要提倡完善的普罗列塔利亚写实主义作品，再其次是建设正确的马克思主义的批评"，"在短时间内要进一步向半识字分子里面去，再进一步才向工农大众前进，这是《大众文艺》终极的工作"。本期专号重点设立"各国新兴文学概况"，依次刊载了沈端先《俄：革命十年间的苏俄文学》、陶晶孙《德：德国新兴文学(中野重治)》、余慕陶《美：美国新兴文学作家介绍》、沈端先《日：一九二九年日本文坛》。又在"理论"栏目中刊载了何大白《中国新兴文学的意义》与祝秀侠《新兴文学批评观的一斑》。然后在"重要文章"栏目中刊载了叶沉《关于新戏剧运动的几个问题》与"文艺大众化的诸问题"的笔谈及"文艺大众化座谈会"信息，其中"笔谈"刊载了沈端先(夏衍)《所谓大众化的问题》、郭沫若《新兴大众文艺的认识》、陶晶孙《大众化文艺》、冯乃超《大众化的问题》、郑伯奇《关于文学大众化的问题》、鲁迅《文艺的大众化》、王独清《要制作大众文艺》。陶晶孙在《大众化文艺》一文中首先指出"大众"是无产阶级内的大多数人，是"被支配阶级和被榨取者的一大群"，然后又指明"文艺大众化"的本质在于讨究大众所受的压迫和榨取、暴露大众所受的骗诈，是在大众之前而不是跟在大众之后以找寻大众的趣味为能事的，认为大众文艺的工作是"从大众里找寻一个最受压迫的，受它的教"。同月2日，在中国左翼作家联盟(简称左联)成立大会上通过了关于成立马克思主义文艺理论研究会、国际文化研究会、文艺大众化研究会以及漫画研究会等4个研究会在内的17项提案，由此可见文艺大众化在左联运动中的重要地位。自此之后，《大众文艺》作为左联机关刊物，成为传播无产阶级革命文学思想、推动大众文艺与"普罗文学"融合发展的又一重要阵地。5月1日，《大众文艺》第2卷第4期继续刊出"新兴文学"专号，专门设立了"我希望于大众文艺的"专栏，刊载郭沫若、郁达夫、柔石、冯乃超、潘汉年、戴平万、洪灵菲、王一榴、余慕陶、孟超、高飞、由稚吾、周绍仪、吴秋枫、冯润章、李洛兆华、刘岬、石练顽、甘永柏、周全平、华汉(阳翰笙)、钱杏邨、画室(冯雪峰)、穆木天、沈端先(夏衍)等对于文艺大众化的意见与建议。另在"杂要"栏目还载有李无文的《"大众文艺化"批评——评前期的"大众化"问题》及《大众文艺第二次座谈会》信息。其中李无文的《"大众文艺化"批评——评前期的"大众化"问题》具有论争小结的意义。以上两期专号集中讨论了如何使文艺通俗化等问题，有力推动了文艺大众化问题讨论的兴起与深化。

　　按：《大众文艺》创刊于1928年9月20日，上海现代书局印刷发行，由郁达夫、夏莱蒂主编，从1929年11月至1930年6月1日，由陶晶孙主编。陶晶孙接任《大众文艺》主编后，旨在通过对刊物进行重新定位，明确办刊宗旨及具体任务，使《大众文艺》的内容更为丰富，更适应国内外文坛的动态发展，与"大众"的现实生活更为密切相关，引导着国内对"文艺大众化"问题的热烈探讨，进一步凸显了左翼文学的主导倾向与大众化特征，尤其对文艺大众化的推进作出了杰出的贡献。尤其在"左联"成立之后，以陶晶孙主编《大众文艺》为主要阵地，在鲁迅、郭沫若、瞿秋白等倡导与推动下展开文艺大众化的讨论，至1934年年底先后共讨论过三次，始告一段落。(参见刘峥《陶晶孙与〈大众文艺〉》，《牡丹》2018年第3期；牛巧红《陶晶孙与〈大众文艺〉的定位与转型》，《编辑学刊》2018年第3期)

　　郁达夫1月4日为祝贺鲁迅长子海婴诞生百日，在川味饭店招饮鲁迅夫妇以及日本汉学家今关天彭、内山完造等人。5日，郁达夫与王映霞同访鲁迅。10日，日记谓"对于同时代的人对自己的笑话""时间是最好的裁判者",只能把希望"寄托在即将到来的时代上"。16日,郁达夫在《北新半月刊》第4卷第1、2特大号发表所译书简《超人的一面——尼采给Madame O. Luise 的七封信》,文后有译者附记。20日,《达夫代表作》改版由上海现代书局出版,此书删去原序和钱杏邨的《后序》,增加《改版自序》。26日下午,郁达夫访鲁迅,赠以《达夫代表作》改版一册。2月13日,参与发起的中国自由大同盟在上海成立,并在《宣言》上领衔签名。《宣言》说:"我们组织自由大同盟坚决为自由而斗争,感受不自由痛苦的人们团结起来,团结到自由运动大同盟旗帜之下来共同奋斗。"20晚,郁达夫接北大来电,催其动身赴京任教。同月鲁迅提名为中国左翼作家联盟发起人。

郁达夫3月3日下午访鲁迅,鲁迅向其介绍左联成立大会概况。7日,郁达夫得北大马裕藻挂号信,催其速往。郁达夫即复回信,说"五月底一定到北平"。15日,郁达夫应《大众文艺》征求其意见而作答《我希望于〈大众文艺〉的》,刊于5月1日《大众文艺》第2卷第4期。文中希望,第一,"文艺是必须要带着普遍的大众性的";第二,"文艺的大众化并不是文艺的卑劣化","专为迎合一种社会的变态浅薄的心理,以文艺来作做官发财的阶梯是不对的"。17日,郁达夫致函周作人,告之原已决定北上。事后因发生结核性痔漏,不能前往。19日,因发起组织中国自由运动大同盟,受到国民党浙江省党部警告,离开上海,暂避富阳。鲁迅则以"堕落文人"的罪名,受到通缉。同月,《大众文艺》被禁。4月1日,郁达夫所译小说集《小家之伍》由上海北新书局出版。3日,作随感《我的文艺生活》,刊于6月1日《大众文艺》第2卷第5、6期合刊。中旬初,郁达夫返回上海。17日下午,郁达夫与王映霞同访鲁迅。同月,得鲁迅信,谓《高尔基全集》翻入中国"也是一件事情",并要郁达夫与其每人翻译两本。5月21日,郁达夫致函周作人,谓"沪上文学家,百鬼夜行,无恶不作,弟与鲁迅,空被利用一场,倒受了一层无形的损失,然现在已经事过境迁,那一批野鬼又向别处弄钱觅食去了"。30日,为了纪念五年前被英帝国主义者在南京路惨杀的中国人民,郁达夫"一天不出门"。

郁达夫6月15日应邀出席内山完造在觉林馆举行的晚宴,鲁迅、郑伯奇等人亦出席,同席者有日本新闻工作者室伏高信、太田字之助,日本中国文学研究者山县初男、藤井元一和高久。23日,郁达夫致函周作人,揭露史济行借普罗以营私的丑行,并说:"鲁迅先生,近来被普罗包围得厉害,大约日后总也得尝尝这一种斗争的苦味。"7月15日上午,郁达夫访鲁迅。22日,郁达夫与王映霞同访鲁迅。8月6日,郁达夫应内山完造之邀,与鲁迅出席上海漫谈会在功德林举行的晚宴,宴毕合影留念。同月,收读鲁迅托内山书店寄赠的《戈里文集》一册。秋,郁达夫由沪去杭,在西湖觉园小住,专事翻译、创作。9月中旬,郁达夫离杭去沪。17日,"左联"为鲁迅庆祝50寿辰,举行纪念会。18日上午,郁达夫访鲁迅。10月9日上午,郁达夫访鲁迅。11月6日,郁达夫翻译法卢骚著《一个孤独漫步者的沉思·第一漫步》。28日上午,郁达夫访鲁迅。同月,郁达夫作《薇蕨集》序。同月,郁达夫便致函左联负责人,要求退出左联。左翼文化总同盟为此开会投票表决,决定开除其出左联。

> 按:郁达夫在信中说:"自己是小资产阶级的人,不适合做实际工作,更不能做分传单这一类工作,倘为勉强被迫了去,反而只会贻害了大众,就所谓成事不足,败事有余了。"并说:"小资产阶级者,似乎只有当教员当公务员这条路可走!……"信中要求左联把"郁达夫"这名字除掉。左翼文化总同盟为此开会投票表决,决定开除其出左联。鲁迅得知消息,表示不同意文总的决定,认为人手多一个好一个。据郁风说,经夏衍同志证实:"郁达夫确实参加左联发起人,而且并无退出之事。"

郁达夫12月作论文《学文学的人》,后刊于1931年1月1日《读书月刊》第1卷第3—4期合刊。文中强调学文学的人首先应当重视"本于天性的一种基础";其次,"要有牺牲的精神"。并对学文学的年轻人提出几个要求,即精通文字;熟读汉魏以后的文言文及韵文;多读外国作品;读书须有系统;要有主见。同日,郁达夫作评论《读刘大杰的〈昨日之花〉》,后刊于1931年8月10日《青年界》月刊第1卷第1号"书评"栏,文中认为"作者是一位新时代的作家,是适合于写问题小说、宣传小说的",但是"描写细腻的心理,却不是他的特长"。即便如此,他还是一位"有未来希望的作家"。同月,郁达夫翻译《两位日本作家的感想》,刊于1931年1月1日《新学生》月刊创刊号;所著《薇蕨集》(《达夫全集》第6卷)由上海北新书局初版。(以上参见陈其强《郁达夫年谱》,浙江大学出版社1989年版)

郑振铎1月10日在《小说月报》第21卷第1期上发表《杂剧的转变》,为所著《中国文学史》近代卷第一章;开始连载译述的《希腊罗马神话与传说中的英雄传说》与《元曲叙录》,并开始连载洛生(恽雨棠)翻译的《苏俄文艺概论》。又在《学生杂志》第17卷第1期发表论文《中国小说的分类及其演化的趋势》。2月1日,上海《申报》等报刊出光明大学招生广告,宣布校长郭泰祺,副校长李金发,校董易培基、褚民谊、彭襄等,郑振铎任文学院院长。该大学创办未久,即于19日被国民党政府教育部以"办理未合规程、内容极其腐败简陋"为名勒令关闭。同日,《萌芽月刊》第1卷第2期发表"连柱"的《学术和时髦》,不点名指责郑振铎打算系统翻译介绍俄国文学是所谓"赶时髦"。3月1日,郑振铎为所著《中国文学史(中世卷第三篇上)》作《后记》,该书于5月由商务印书馆出版。2日,中国左翼作家联盟在上海成立。郑振铎虽然曾是左联的前身组织中国著作者协会的主要发起人和执行委员,但因各种原因(主要是左联早期的"左"倾关门主义)而没能参加左联,但他后来一直支持左联的革命文学运动,并不计较一些左联年轻同志的偏激的攻击,在斗争中与左联作家结成深厚的战斗友谊。同月,郑振铎自费影印的明万历初年毗陵蒋孝三径草堂本《新编南九宫词》作为"西谛景印元明本散曲"之一由北京大学出版组印行(实际出版当是5月以后)。4月1日,左联刊物《萌芽月刊》第1卷第4期发表"穆如"的《大学潮》,不点名地攻击郑振铎担任光明大学文学院长一事。4月4日,沈雁冰(茅盾)由日本返抵上海。不久,即参加左联。对左联不吸收郑振铎等人参加感到纳闷,并表示不赞成这种"关门"的做法。茅盾回国后,郑振铎即向他说起神秘的革命者"洛生",经茅盾设法打听了解,郑振铎才知道他就是以前商务印书馆同事、共产党员恽雨棠。

郑振铎4月10日在《小说月报》第21卷第4期上发表《传奇的繁兴(上)》。11日,左联刊物《巴尔底山》第1卷第1期发表"王泉"的《悼"光明大学"》,点名嘲讽郑振铎。22日夜,郑振铎拟成《中国文学史草目》,计划分古代卷、中世卷、近代卷三大卷,计18册。同月,郑振铎所著《近百年古城古墓发掘史》由商务印书馆出版。为"万有文库"的第1集第906种;洛生(恽雨棠)访问郑振铎,征询他对无产阶级革命文学的看法,并希望《小说月报》能积极参加革命文学运动。12日,郑振铎应徐志摩之邀,出席国际笔会中国分会发起人会。席间由胡适之博士说明发起经过,次通过章程。会址暂设亚尔培路203号。5月21日,左联刊物《巴尔底山》第1卷第5期发表"狐尾"的《安全的一份》,批评郑振铎在《小说月报》第17卷号外《中国文学研究(上)》中说的"我们是在研究室里,我们是在做我们的工作,而室内却是安全的"(其实,郑振铎这句话本是充满对黑暗专制激愤的反话)。认为这"超然于现代的社会斗争的漩涡,岂不是比从前提倡血与泪的文学,或起草什么人权宣言,格外来得聪明了么?"同期,发表"戎一"的《笔社与聚餐》,攻击郑振铎"是资本家豢养的'货色'","把他划入在'中间阶级'的一类中去"也仍"是把他们估量得太高了","其实,他们根本是现在统治者的帮手"。同时,还发表5月11日《左联给复旦大学文学系诸教授的信》和《左联给〈巴尔底山〉编者的信》,揭露反动派冒充左联对郑振铎等人寄恐吓信的卑鄙行径(此事正反映了敌人妄图利用左联前期的"左"倾关门主义错误来间离郑振铎等人与左联的关系)。

郑振铎所著《中国文学史(中世卷第三篇上)》5月由商务印书馆出版。6月14日,上海《草野》周刊《文坛小消息》栏载《郑振铎辞职》:"《小说月报》编辑郑振铎氏现以某种原因中途辞去复旦大学中国文学系教授。经陈望道主任及该系执委会再三挽留亦不愿重来。据说郑氏正积极整理所编著《中国文学史》,共计三百万字,实为国内空前巨著。据说在复旦所担任的中国文学史一课,已暂请陆侃如先生教授。同时辞职者,尚有担任历代文选的叶绍钧先生,这课亦请孙俍工先生暂为代授。"7月2日,中华学艺社出版《中华学艺社报》第2号载《新入社社员录》,共三名:杨鄂联、贺昌群、郑振铎。表格中职业填:中国公学教授、《小说月报》总编辑。24、25日,《申报·自由谈》连载郑振铎参与署名的《笔会缘起》。27日,《申报·教育消息》载《教部聘定甄试委员会委员》:教育部聘任并派定上海市内未立案及已停闭之私立专科以上学校毕业生肄业生甄别试验委员会委员如下:(上海部分)法学院(法学)谢冠生、刘世芳,(政治)童冠贤、梅思平、刘镇中、张慰慈,(经济)马寅初、刘大钧、金国宝、刘秉麟、杨端六、刘振东,(商学)潘叙伦、程振基、杨荫溥、张治夫、李权时,([国]文学院)胡适之、陈望道、郑振铎、杨鸿烈、陆侃如、谢六逸……同月,北平图书馆善本部考订组组长赵万里来沪,到郑振铎寓所看书,见到明嘉靖年间四川嘉定九峰书院刻本元遗山《中州乐府》,赞叹不已。8月,赵万里在《国立北平图书馆馆刊》第4卷第4号发表《记长乐郑氏影印明刻新编南九宫词》。

郑振铎11月16日出席在上海华安大厦正式举行的国际笔会中国分会成立大会。推胡适为临时主席,通过章程。推选蔡元培、叶誉虎、徐志摩、郑振铎、邵洵美、戈公振、郭有守7人为理事,蔡为理事长,戈为书记,邵为会计。约定每月第一个星期日聚餐一次。12月18日,郑振铎为清代石韫玉《花间九奏杂剧》9种作跋。19日,郑振铎为清代张韬《续四声猿杂剧》4种作跋,谓:"综观韬之四作,除《戴院长神行蓟州道》为纯粹之故事剧外,他皆鸣其不平之作,如韬所自叙者。韬诗文皆佳,填词亦足名家,杂剧尤为当行。续青藤之《四声》,隽艳奔放,无让徐、沈,而意境之高妙,似尤出其上。青藤、君庸诸作,间杂以嘲戏,韬作则精洁严谨,无愧为纯正之文人剧。清剧作家,似当以韬与吴伟业为之先河。然三百年来,韬名独晦。生既坎坷,没亦无闻。论叙清剧者,宜有以表章之矣。"后载《清人杂剧初集》第6册。同日,郑振铎为清代严廷中《秋声谱杂剧》3种作跋,指出:"三剧情文虽胥为团圆之结局,而纸背上却隐隐透露出凄凉来。诚哉其为《秋声谱》也!"后载《清人杂剧初集》第10册。同月,郑振铎为所编《清人杂剧初集》作《例言》,载《清人杂剧初集》第1册卷首。约是年,郑振铎"经过几个月的考虑,制定了《世界短篇小说大系》的规划,分别邀请适当的人选担任编译"。(以上参见陈福康《郑振铎年谱》,三晋出版社2008年版)

叶圣陶任商务印书馆国文部编辑。在复旦大学讲授《历代文选》。1月,《中学生》杂志创刊,夏丏尊、章锡琛、刘大白、叶绍钧、周予同、林语堂、舒新城、丰子恺、顾均正等9人为中学生劝学奖金委员会委员,发布了《中学生劝学奖金章程》(刊《中学生》创刊号)。3月2日,在中国共产党的领导下,以鲁迅为首的中国左翼作家联盟在上海成立,冯雪峰事前劝告叶圣陶和郑振铎不要加入,认为这样做对工作更为有利。4月4日,茅盾从日本回到上海,叶圣陶到埠头迎接。5日,叶圣陶陪茅盾夫妇访鲁迅。夏,《妇女》杂志主编杜就田辞职。叶圣陶受商务印书馆当局的委派主编《妇女》杂志，自第16卷7月号起革新，编至第17卷3月号，辞交杨润余主编。7—8月间，叶圣陶两次致书赵景深，请为《妇女》杂志作《现代女文学家概述》一文。9月17日因鲁迅50生辰，柔石、冯雪峰、冯乃超发起召开"鲁迅五十生辰纪念会"，参加有"左联""社联""美联""剧联"诸代表和叶圣陶、傅东华、茅盾、田汉、史沫特莱女士等30余人。会后，叶圣陶与与会者每人三元集资，设宴为鲁迅祝寿。年底，叶圣陶辞去商务印书馆职务，应章锡琛邀请，任开明书店编辑，主编《中学生》，后任开明书店编辑主任。（参见商金林编《叶圣陶年谱》，江苏教育出版社1986年版；陈福康《郑振铎年谱》，三晋出版社2008年版）

　　夏丏尊、章锡琛、丰子恺、顾均正4人主编的《中学生杂志》1月1日在上海创刊，每年出版10期。编排阅稿等日常事务，由顾均正负责；丰子恺一边在松江女子中学教书，一边兼做插图、封面等设计装帧。由夏丏尊撰写创刊词，全面阐述了《中学生》杂志的宗旨。同日，《中学生》杂志设立中学生劝学奖金委员会，即由书店提供一笔款项，鼓励学生勤奋读书。夏丏尊、章锡琛、刘大白、叶圣陶、周予同、林语堂、舒新城、丰子恺、顾均正9人为委员，发布了《中学生劝学奖金章程》。年初，弘一法师在厦门致信夏丏尊。这是弘一法师在收到夏丏尊寄去的信、纸、字典后所写的回信。2月，夏丏尊作《〈续爱的教育〉译者序》。3月16日，夏丏尊与章雪村在人安里宴请友人，赴宴者叶圣陶、周予同、王伯祥、顾均正、张纪隆。同月，夏丏尊译著《续爱的教育》由开明书店出版。该书是《爱的教育》的姐妹篇。书中叙述中学生安利柯因体弱休学后，跟随舅父去乡下的生活经历。

　　按：夏丏尊在《〈续爱的教育〉译者序》中说：这书以安利柯的舅父白契为主人公，所描写的是自然教育。亚米契斯的《爱的教育》是感情教育，软教育，而这书所写的却是意志教育，硬教育。《爱的教育》中含有多量的感伤性，而这书却含有多量的兴奋性。爱读《爱的教育》的诸君，读了这书，可以得着一种的调剂。学校教育本来不是教育的全体，古今中外，尽有幼时无力受完全的学校教育而身心能力都优越的人。我希望国内整千万无福升学的少年们能从这本书获得一种慰藉，发出一种勇敢的自信来。

　　夏丏尊4月1日在《中学生》杂志第4号发表《爱教育与爱教材》一文。6月15日，夏丏尊44周岁生日，邀经亨颐、弘一法师到平屋吃素餐。经亨颐赠画一幅，上题"清风长寿，淡泊神仙"，弘一法师于画上题跋并书《仁王般若经》"苦""空"二偈。6月21日晚，夏丏尊赴傅东华新雅之约，坐客陆侃如、冯沅君、叶圣陶、章雪村、郑振铎、徐调孚、周予同、陈望道、谢六逸、王伯祥等。7月1日，夏丏尊在《中学生》第6号发表《列宁与未来主义》。5日，时弘一法师居晚晴山房，夏丏尊去信索生平资料，欲为之立传。遭法师婉言谢绝。同日，沈雁冰、王伯祥、叶圣陶会于功德林。上旬，弘一法师移居上虞法界寺，致信夏丏尊，请人把存于泉州的行李带至上海江南银行。中下旬，弘一法师在上虞法界寺致信夏丏尊，托其向南京金陵刻经处汇资费若干。26日，朱自清自扬州至沪。叶圣陶陪其往晤周予同、王伯祥、夏丏尊、章雪村、吴仲盐、张同光，夜共饮于豫丰泰。8月1日，《中学生劝学奖金委员会启事》刊《中学生》第7号。截至4月20日，设劝学奖金额8名。

　　夏丏尊8月16日晚赴徐调孚觉林之宴，到者有叶圣陶、沈雁冰、章雪村、王伯祥、傅东华、李青崖、赵景源、周予同、陈望道，9时许散。30日傍晚，夏丏尊赴郑振铎所应王伯祥之宴，到者有叶圣陶、章雪村、沈雁冰、谢六逸、陈望道、郑振铎、周予同、徐调孚、傅东华等。9月13日傍晚，夏丏尊赴郑振铎、章雪村之招宴，到者有叶圣陶、沈雁冰、陈望道、谢六逸、周予同、徐调孚、傅东华、孙春苔、赵景深等。27日夜，夏丏尊赴郑振铎所应沈雁冰宴，到者有叶圣陶、陈望道、王伯祥、樊仲云、陶希圣、谢六逸、周予同、徐调孚、傅东华等14人。10月1

日,夏丏尊翻译日本荻原朔太郎著《妇女解放论的原理》刊于《妇女杂志》第16卷第10号。10日下午,夏丏尊致信中华书局舒新城,替茅盾联系翻译工作。27日,夏丏尊再次致信舒新城,继续为茅盾落实翻译工作,并替学生投稿。11月1日,《中学生劝学奖金第一届得奖人姓名发表》刊《中学生》第10号。得奖中学生8名,候补2名,分别来自河北、浙江、广东、湖北、安徽、江苏、河南、福建8个省份。2日,弘一法师在上虞白马湖致信夏丏尊,托其将存于开明发行所的《五戒相经》《有部毗奈耶》及南京请来的佛经等,于农历九月二十日前带至白马湖。30日,夏丏尊在功德林宴日本一灯园创建人西田天香,叶圣陶、王伯祥等作陪。饭后,西田氏演讲其生活大概,"颇近佛之苦行而又不弃现实生者"。同月,夏丏尊与编译所同仁商议次年《中学生》新年号的选题。(参见葛晓燕、何家炜编著《夏丏尊年谱》,中国文史出版社2012年版)

　　巴金继续任上海自由书店责任编辑。1月上旬,作《〈我底自传〉译本代序》,载4月上海启明书店初版《我底自传》。同月,作《世界语创作文坛概况》(评论),载2—3月《绿光》第7卷第1—2期合刊和第3期,此文系参考《世界语史》及有关材料写成,概述学习世界语及其发展简况,论述世界语的特点及其用世界语创作对"事业"的意义。3月29日,代表上海世界语学会热情接待日本著名世界语学者长崎。30日,出席上海世界语学会第五次会员大会,当选为执行委员。4月中旬,在《开明》第22期发表《〈灭亡〉作者底自白》。同月,《俄罗斯十女杰》由上海太平洋书店初版;译〔俄〕克鲁泡特金著回忆录《一个革命者的回忆(上、下集)》,由上海自由书店出版。7月,在《绿光》第7卷第7—8期和第9—10期合刊发表《世界语文学论》。同月,《从资本主义到安那其主义》由上海自由书店出版,同年8月又由美国三藩市平社出版。8月中旬,巴金与友人卫惠林、卢剑波、郑佩刚等十余人游杭州西湖,并商谈宣传无政府主义事宜。商议由巴金与卫惠林化名李一切和卫仁山,创办《时代前》杂志。初议《时代前》杂志社设在上海嵩山路李梅路和平坊143号。下旬,巴金接泉州北门黎明高中校长吴克刚信,决定南下,经厦门赴泉州度暑假。9月上旬,赴闽途中经厦门,在鼓浪屿一家靠海的旅馆内结识作家王鲁彦。同月,巴金为上海世界语学会编辑了俄国盲诗人爱罗先珂的童话集《幸福的船》。该集收有鲁迅、夏丏尊、胡愈之、觉农、希可、卫惠林等人分别据日文、世界语和俄文翻译的作品16篇。又在《〈幸福的船〉序》后作"附言":感谢鲁迅等人把译文的版权赠上海世界语协会;在泉州翻译了蒲鲁东的著作《何为财产》的下半部;因友人吴克刚住院,巴金不久也离晋江返沪。(参见唐金海、张晓云《巴金年谱》,四川文艺出版社1989年版)

　　张资平5月在《洛甫》创刊号发表《答黄棘君》,对鲁迅刊于4月1日《萌芽月刊》第1卷第4期的《张资平氏的"小说学"》进行反批评,并对鲁迅进行人身攻击。是年,张资平著《欧洲文艺史大纲》由上海联合书店刊行;所译左拉著《实验小说论》由上海新文化书局刊行。

　　按:后鲁迅在1933年7月14日致黎烈文信中指出:"此公实已道尽途穷,此后非带些吧儿与无赖气息,殊不足以再有刊物上(刊物上耳,非文学上也)的生命。"(参见鲁迅博物馆、鲁迅研究室编《鲁迅年谱》,人民文学出版社1981年版)

　　潘公展时任上海市教育局长。6月1日,在国民党操纵下,民族主义文艺运动者集会于上海,组织"前锋社",主要成员有上海市教育局长潘公展、淞沪警备司令部侦缉队长兼军法处长范争波、上海市区党部委员朱应鹏,以及王平陵、黄震遐等学者。22日,创刊《前锋周报》,李锦轩主编。该刊共出26期,1931年2月停刊。下旬,《前锋周报》第2—3期刊出《民族主义文学运动宣言》。《宣言》引入法国学者泰纳的文艺三要素理论,并以从古埃及的金字塔人面兽一直到现代欧洲的表现主义等艺术流派为例,说明任何艺术都是所属的民族意识的产物,标榜"文艺的最高意义,就是民族主义",从而发起"民族主义文学"运动,旨在抵制和抹杀马克思主义关于阶级和阶级斗争的学说和进步作家的作品,攻击无产阶级文学运动,使中国文坛"深深地陷入于畸形的病态的发展过程中",造成"中国文艺的危机",企图用国民党的"民族主义"统治文坛,作为中心意识建立起来的"民族意识"是"忠孝仁爱信义和平"等封建阶级的伦理观念。这个"宣言"还从法国资产阶级学者泰纳的文艺三要素理论中剽窃了文艺决定于"人种"的论点,并以从古埃及的金字塔人面兽一直到现代欧洲的表现主义等艺术流派为例,说明任何艺术都是所属的民族意识底产物,"文艺的最高意义,就是民族主义"。此后《前锋周报》连续发表潘公展《从三民主义的立场观察民族主义的文艺运动》、朱大心《民族主义文艺运动的使命》、叶秋原《民族主义文艺之理论的基础》等文,继续"民族主义文学"运动,同时还大量散布反苏媚日,歌颂希特勒、墨索里尼等法西斯头子的言论,其实都不过是"宣言"宗旨的演绎以及"民族主义"本质的注脚,是与蒋介石对苏区军事"围剿"相互配合的文化"围剿"。10月10日,"民族主义文学"运动者在上海创办《前锋月刊》,傅彦长、朱应鹏等主编,现代书局发行,共出7期,1931年4月停刊。民族主义文艺运动受到左翼文艺队伍的严厉反击,不到一年即宣告破产。（参见鲁迅博物馆、鲁迅研究室编《鲁迅年谱》,人民文学出版社1981年版;章恒忠、王亚夫主编《中国学术界大事记(1919—1985)》,上海社会科学院出版社1988年版）

马相伯5月4日90寿诞,震旦、复旦、北大等校门人及中国拒毒会等团体,假震旦大学礼堂治觞公祝。到叶恭绰、王景岐、金问泗、项骧、朱炎之、何尚平、法国驻沪领事、达理律师及各报记者300余人。中央研究院特制寿瓶寿碗,沪上各书画名家均有作品恭祝。蔡元培、于右任等举觞上寿,继以演说,极善颂善祷之致;寿翁精神矍铄,演说二三小时之久。是年,作《江苏省〈通志〉局宗教一门嘱拟之稿》。（参见李天纲编《中国近代思想家文库·马相伯卷》及附录《马相伯年谱简编》,中国人民大学出版社2015年版;高平叔编著《蔡元培年谱长编》,人民教育出版社1996年版）

高一涵继续担任中国公学社会科学院院长兼任本科教授,从事学院的管理与教学工作。1月4日,晚郁达夫来访,谈到10点。1月12日,经中国公学校董会通过,胡适辞去中国公学校长职,由马君武续任。2月14日,高一涵请辞中国公学社会科学院院长职,胡适两次去挽留他。同月,胡适所著《政治学纲要》由神州国光社出版,当年即多次再版:3月再版,4月三版,5月四版。次年8月六版。8月14日,为"中公"事,胡适和马君武专访高一涵与游伯麓。10月30日,中国公学校董会正式布告:"兹因马校长辞意坚决,特由本会于本月三十日会议,推选于校董右任为校长。此布。董事长蔡元培。"此前,高一涵曾致信胡适表达去意已决:"中公是非真多。上学期已得兄允许,准我辞卸一切职务,马校长处请代为助一臂之力。我实不愿受此无期徒刑。教书已够生厌了。教书外更受莫须有之冤。"9月15日,国民党中央党部扩大会议约法起草委员会在北京举行成立会,推汪精卫等7位中央委员以及另聘法学专家罗文干、吕复、高一涵、梁式堂、郭泰祺、周鲠生6人为约法起草委员会,共同起草约法草案。11月4日,中国公学政治经济系主任罗隆基在中公上课,忽遭警察逮捕。高一涵、凌舒谟等均去胡适处商议。经胡适、蔡元培、宋子文、张群等出面,得以获释。20日,高一涵为中公事,致信胡适:"适之兄:亮功来信托我劝劝你不必管中公风潮,此事你我皆在局中,我之不能劝你。亦犹你之不能劝我。然旁观者的意见,究竟不能抹煞,故特将原书奉陈兄一阅。书架子已教人来取,不知兄廿六日能成行否?余候面谈,即颂著安。"28日,胡适离沪走北京。高一涵因中国公学事与胡适与胡话闹僵,友谊几乎破裂,故未去送行。

是年，在《吴淞月刊》第4期发表《公民的直接罢免权（附表）》。（参见高大同《高一涵先生年谱》，上海文化出版社2011年版；耿云志《胡适年谱》，四川人民出版社1989年版）

姜亮夫1月读《全上古三代汉魏两晋南北朝文》，补写《百三家集》笔记，至5月毕。2月，以莫尔干、穆勒利尔、罗维诸家之说论证《尚书》，为《尚书新证》。3月，《经典释文反切》卡片抄录完毕。知黄侃有精校，访于白下大石桥，知所录卡片必不可用。与陶秋英交往日深，因其《中国妇女与文学》一书影响，撰《班昭年谱》初稿。4月，与龙志舟论越南政治局势。6月，邀请鲁迅至大夏大学演讲，开罪学校，愤而辞职。陶秋英《中国妇女与文学》一书完成，介绍于北新书局出版。读丁福保《全上古三代汉魏两晋南北朝诗》，至10月而毕，作有笔记4册。夏历端午节前3日，纪念王国维先生逝世3周年，欲编王国维、梁启超先生年谱、全集。9月，送陶秋英应聘苏州女中教员，留3日返上海。月底，从上海移住苏州干将坊。10月，受聘中国公学大学部主讲文学史、诸子等课，遂又移返上海，住在俭德储蓄会，始为《经籍纂音》《近百年学术年表》。写定《中国音韵学》，后于1932年由世界书局精印出版。（参见林家骊《姜亮夫先生年谱简编》，《职大学报》2012年第4期）

李登辉继续任私立复旦大学校长。1月18日，主持第四次校务会议，提议重新整顿合作银行董事会，组织合作银行委员会加以监督。决定推李权时、安绍芸、钱祖龄为合作银行委员会委员。4月5日，出席在南京举行的全国教育大会。6月10日，《复旦五日刊》刊登李登辉为1930级毕业纪念刊而作的序言《成功的意义——勖毕业同学》。指出企求成功是人类生活的原动力。成功的手段关系世道人心，许多号称革命领袖的人物只是投机专家。只有以牺牲、博爱换来的成功才是不朽的，如古今中外的贤哲基督、孔子、释迦、华盛顿、林肯、孙中山、甘地等。6月11日，复旦向市政府申请再购土地70亩。30日，举行校务会议，讨论庆祝校庆25周年有关事项。鉴于英年早逝的复旦大学教务长、合作事业导师薛仙舟的重要贡献，由章益教授提议、孙寒冰教授附议：将新近增添两翼的图书馆，命名为"仙舟图书馆"，以志纪念，获校务会议一致通过。

李登辉8月起因汤夫人病重，请金通尹秘书长代替出席校务会议。10月12日，李登辉提议，本学期因事不能按期到校办公，校务会议暂设常务委员，共理校政。本日召开的第十二次校务会议决定，由章益、钱祖龄、余楠秋、林继庸、温崇信五人组成校务会议常务委员，协同秘书长金通尹襄助李登辉办理校务。17日，复旦在体育馆举行庆祝建校二十五周年大会。马相伯、李登辉、于右任、邵力子、刘湛恩等先后讲话。李登辉授予于右任、邵力子、钱新之三人名誉法学博士学位。11月22日，由于李登辉向董事会提出辞职，邵力子主持召开校董会议。出席者钱新之、张廷灏、王正廷、劳敬修、邵力子、江一平。章益、钱祖龄、余楠秋、林继庸、温崇信列席会议。董事会议决："李校长对于本校，经营缔造，阙功甚伟，道德学问，久孚众望。辞职万难照准。应即致函挽留，并推举张廷灏、江一平二校董代表本会面达诚意。"是年，李登辉《文化英文读本》第1—3册修订版、第4册初版在商务印书馆出版。《文化英文读本》在抗日战争时期复旦大学上海补习部作为大学部英文补习教材。（参见钱益民《李登辉传》及附录四《李登辉年谱简编》，复旦大学出版社2005年版；《复旦大学百年志》编纂委员会编《复旦大学百年志（1905—2005）》，复旦大学出版社2005年版）

李权时继续任复旦大学商学院院长。4月，《经济学季刊》在上海创刊，由成立于1923年夏的"中国经济学社"出版，李权时任主编，所撰《发刊词》刊于《经济学季刊》第1卷第1期，谈到"六七年来，本社关于出版方面之成绩为（一）社刊三册——即关税问题专刊，中国经济问题，及经济建设；（二）本社经济丛书八册——即《马寅初演讲集》四册，马寅初社员著

《中国银行论》一册，王建祖社员译《基特经济学》一册，陈长蘅社员译《美国今日之经济革命》一册，及陈达社员著《中国劳工问题》一册。""丛书系社员个人方面之努力，社刊为本社团体方面之奋斗"。由于中国经济学社成立六七年间，出版的社刊只有三册，"本社同人所深引为惭愧"，所以中国经济学社第六届年会大会决议扩充年刊为季刊，因此就有了《经济学季刊》这一学术刊物的诞生。同期刊载李权时《介绍曲兰脱著逃税论》。此后，李权时《从银价暴落说到币制建设》刊于《经济学季刊》第1卷第2期"币制建设号"；《金本位之由来》刊于《经济学季刊》第1卷第2期"币制建设号"；《从唯物史观到新唯心史观》《英国的预决算制度》刊于《经济学季刊》第1卷第4期。是年，出版《现行商税》《货币价值论》《国地财政划分问题》《李权时经济论文集》。（参见《经济学季刊》1930年4月至1937年5月29期）

> 按：李权时为哥伦比亚大学毕业博士，时任复旦大学商学院院长，他在该刊《发刊辞》中说："丛书系社员个人方面之努力，社刊为本社团体方面之奋斗。社员个人之努力，固属必要，而社员团体之奋斗，尤为必要，而六七年来，本社社刊之与世相见者，仅有此三册，此本社同人所深引为惭愧，亦即本社第六届年会大会议决扩充年刊为季刊之理由一也。""纵观最近五六十年来德、英、美、法、意等国经济学者之努力史，国内之经济学者能无所动心乎？此本刊同人所深引为惭愧，亦即本社第六届年会大会议决扩充年刊为季刊之理由二也。""权时不敏，……尚祈本社同人及国内外经济学者有以进而教之，则庶几中国之经济学刊物，或可以登世界学术之林矣。""至本刊之内容，拟分著述与书报评论二大目，著述固所欢迎，评论亦宜鼓励。"（权时《发刊辞》，《经济学季刊》第1卷第1期）1936年9月27日《中央日报》社评说：中国经济学社"所主办之《经济学季刊》，已为全国学人公推为经济界之权威读物"（《中国经济学社年会开会》，《中央日报》1936年9月27日第一张，第3版）。

蔡尚思经蔡元培介绍来复旦大学任教始，著有《中国学术史大纲》一编。9月25日，蔡元培致中华书局总经理陆费逵（伯鸿）函，略谓："蔡君尚思著有《中国学术史大纲》一编，内容丰富，且有新见解，欲让版权于贵局。如蒙许可，一切条件请与尚思兄接洽为幸。"是年，蔡尚思著《老墨哲学之人生观》由上海启智书局刊行；所著《中国三大思想之比观》由上海启智书局刊行。又著《孔子哲学之真面目》由上海启智书局刊行。是书分3个部分：孔子人生哲学，京中师友商榷录，周易哲学。其中京中师友商榷录部分叙述作者与陈焕章、梅光羲、李翊灼、江瀚、陈大齐等人关于《孔子人生哲学》一文的论争文章，包括《否认陈焕章先生之论调》《梅光羲先生之谈话及通信》《与李翊灼先生之商榷》《摘录江瀚先生著〈孔子学发微〉并加按语》《因陈大齐先生及罗湘元君之谈话而作仁之意义补说》。（参见高平叔编著《蔡元培年谱长编》，人民教育出版社1996年版）

赵景深始任复旦大学教授。脱离开明，兼任北新书局总编辑，又主编《现代文学》《青年界》。北新书局先后出版了大量鲁迅著作。然因赵景深把经营重点从力推新文学作家转向童书，曾引起鲁迅不满。是年，赵景深著《现代文学杂论》由光明书局初版；所著《现代世界文坛鸟瞰》由上海现代书局刊行；所著《一九二九年的世界文学》由上海神州国光社刊行。（参见赵易林《赵景深的学术道路》，山西古籍出版社2004年版）

梁园东继续任大夏大学任历史系教授兼系主任。11月在《东方杂志》第27卷第23、24号发表长文《古史辨的史学方法商榷》，在研究历史的方法上，对顾颉刚代表的"疑古派"进行了细致的分析、批判。文中认为《古史辨》在史学方法上完全是错误的，"简直走到一条绝路上去"了，指出顾颉刚走的是清儒崔东壁的老路，所以顾氏的"辨伪"和崔氏的"考信"，竟是"殊途同归"！先生认为顾氏最大的错误是迷信了"真书"与"伪书"的分别，就把"真史伪史"和"真书伪书"发生了连带关系，这不惟要失败，而且是极谬误的！总而言之，顾氏这种

"层累地造成的中国古史"的观念，不是用正确的方法发见，也没有正面的确当理由，先生看来完全是一种"臆测"，一种"捉摸"。是年，梁园东还在《新生命》第2卷第13号发表《现代中国的北方与南方》，同时编著有《初中本国历史教本》（大东书局）以及《五代十国史》《中国文学史》《爪哇史》等著作。（参见朱晓凤《梁园东史学成就述论》，兰州大学硕士学位论文，2018年）

戈公振是年前后在上海的大夏、复旦和南京的中央等大学讲授新闻学。在杭州举办暑期报学讲习所，并被推为杭州报学讲习所所长，经常邀请新闻界专家20余人去杭州讲学。1月3日，中国公学大学部校长胡适致戈公振邀请书，邀请其前去讲学。6日，戈公振日记载："阴冷，早起匆匆赴馆，写《致史先生建议》。晚赴吴淞中国公学讲演《研究报学之一得》。"《致史先生建议》写道："过去之一年，为我国新闻史上最光荣之一页。缘收回《新闻报》外人股权，使中国报纸之精神，渐跻于独立之域，而同时先生十余年来关心孤诣，为改进中国报纸而努力之成绩，与世人共见也。自乐观方面言，我国报纸由官家独占及党派利用，而递嬗至经济独立，不可谓非一大进步。然以之与世界新闻事业相比较，精神上及物质上之建设，均觉非常幼稚。故在国际上为无地位可言，殊不许吾人自满！"

戈公振《新闻电费率与新闻检查法——在万国报界会议演说》《华文报纸第一种》等文3月载于黄天鹏编著《新闻学刊全集》。5月18日，《申报》馆开始出版大张影写版《申报图画周刊》，戈公振担任主编。逢周日出版，随报附送。该刊无论在思想内容、编排技术，还是在印刷质量上都超过《图画时报》。7月初，应杭州新闻学研究社之邀，至杭州作《报纸之过去、现在与将来》等报告。20、27日，在《国闻周报》发表《伦敦泰晤士报社参观记》。26日，邹韬奋在《生活》周刊发表《读〈中国报学史〉》一文，称赞"此书关于此四时期内搜得之重要报纸样张颇丰富，最饶兴趣，为此书材料最可宝贵的部分"。11月22日，邹韬奋拟办《生活》五周年纪念画报，撰文向广大读者介绍戈公振。（参见洪惟杰编著《戈公振年谱》，江苏人民出版社1990年版）

郑洪年继续任暨南大学校长。增设法学院、外交领事专科、化学系。历史社会学系分为历史学系和社会学系两个系。高中开始分设普通科、商科、农科、师范科。初中不分科。可以容纳1500人的大礼堂"致远堂"落成。南洋文化教育事业部研究的对象扩展到美洲，故改名为"南洋美洲文化事业部"。（参见张晓辉、夏泉主编《暨南大学史（1906—2016）》，暨南大学出版社2016年版）

陈中凡仍在暨大文学院任教。1月6日，《民国日报》教育专栏报道："暨南大礼堂开幕盛况，堂名'致远'，责任重大，陈钟凡'有使全堂为之粲然'之希望"。11日，《民国日报》续载：《暨大文学院院务整饬，现在教职员五十四人》。云："文学院向由院长陈钟凡氏一手主持，严订课程，罗致硕学，院务极见整饬。现设有中国语文学系，外国文学系，历史学系，社会学系，政治学系，经济学系。闻将来尚须添哲学系、音乐系，新闻学系，则益臻完善。系主任如陈柱尊、梁实秋、刘英士、许楚生等，教授、讲师如杨公达、李权时、余楠秋、俞颂华、王家吉、张天方、傅东华、陶希圣、马哲民、洪深、蒯淑平、马崇淦、刘平山、龙榆生、李冰若、苏秀梁等及西人客本、高冈等，皆一时知名人士。该院现有教职员五十四人。男生二百六十名，女生二十八名，都二百八十八名。"春，应聘兼任大夏大学国学教授。与蔡尚思相识。6月，作为中华学艺社第七次学术视察团的成员，陈中凡东渡日本考察教育，历时1月，撰有《日本教育考察记》，洋洋三万余言。对于日本教育制度的沿革，当时教学实施之各种利弊得失，经深入考察，详加陈述，以资借鉴。考察期间，曾与著名汉学家如狩野喜直、盐谷温等人晤面,堪称幸会。调查之余,兼及文艺,撰成《日本近代文艺思潮》一文,并在《日光山游记》中,于领略东邻旖丽风光的同时,深切表达了眷恋祖国大好河山的赤子心怀,激情感人。7月,应无锡国专唐文治校长函聘,兼任该校特别讲师。年底,赴南京参加中华学艺社第四次年会,摄影留念。(参见姚柯夫编著《陈中凡年谱》,书目文献出版社1989年版)

陈柱3月在暨南大学著成《诸子概论》。4月,《尚书论略》由上海商务印书馆出版。5月,《清儒学术讨论集》第一集由上海商务印书馆出版,收录陈柱四文:《姚际恒诗经通论述平》《戴东原遗札真迹考证》《赵瓯北诗之哲学》《洪北江之哲学》。7月16日,陈柱为暨南大学及大夏大学两校讲授《中庸》,同时作《中庸注参》自序,谓"近为暨南大学及大夏大学两校讲《中庸》,乃以己意略注之,其别无新意者则仍采郑注,并略录各家之说,以备参考。而于近代戴震、康有为、马其昶及业师唐蔚之先生之说,录之尤众"。又云:"昔讲学南洋大学时,曾著《中庸通义》,久已刊布,今匆匆十余年矣。虽不敢谓学有寸进,然治学之方,今则大异于昔。欲举而弃之,又有所不忍,别再版行世,以觇今吾故我之异焉。"8月,《公孙龙子集解》即将出版,作《例略》云:"集解成后将刊行,散失于一二八之役,近始恢复旧观。寻得友人钱子泉教授《公孙龙子校读记》一卷,校订注文,足补严氏所未备。后又得老友谭戒甫教授《形名发微》十卷,又以李源澄君之介,得伍非百教授《公孙龙子发微》豪本。二君于公孙子之学,最为阐幽抉微,爰采入吾书。"11月,所著《白石道人词笺平》由上海商务印书馆出版。(参见张京华、王玉清《陈柱学术年谱》,《广西社会科学》2007年第2期)

曹聚仁家迁至真如暨大校舍。6月,所著《中国史学ABC》由上海世界书局出版。9月19日,曹聚仁首次致信周作人,谓"近二三年来,陷在黑城域的四围中,尽是矛盾彷徨,找不到一些出路。每当凄然之感袭入中怀,总想对于所信仰的人陈诉一番;假使不自惧太冒昧,早就写信给先生了!"接着,他述说了对普罗文学运动和社会政治形势的看法,谈到自己的彷徨,希望得到周作人的指导。是年,编辑《书信甲选》由上海群众图书公司出版;编辑《小品文甲选》由上海群众图书公司出版。(参见曹雷《曹聚仁年谱》,《曹聚仁先生纪念集》,上海文史资料编辑部2000年版;张菊香、张铁荣主编《周作人年谱》,南开大学出版社1985年版)

潘光旦4月出版《日本德意志民族性之比较的研究》一书。此书从服从心理、悲观哲学、自杀倾向等几个方面的表现论述德意志和日本民族特性的相似,并将其原因归结为种族特质上较为鲜明的杂种性。9月,潘光旦任光华大学文学院院长。12月15日,潘光旦在《人文月刊》第1卷第10期发表《画家的分布、移植与遗传》,第2卷第1期连载。同月,潘光旦参加中国社会学社第一次年会,宣读论文《家谱与宗法》。(参见吕文浩编《中国近代思想家文库·潘光旦卷》及附录《潘光旦年谱简编》,中国人民大学出版社2015年;王学典《20世纪史学编年(1900—1949)》,商务印书馆2014年版)

吕思勉5月应光华大学语文学会创办《小雅》杂志编者之请,代撰《小雅发刊词》,刊于《小雅》第1期。11月14日,光华大学举行级际国语辩论赛,吕思勉担任评判。是年,吕思勉在光华大学任教时,开设过一门《史学研究法》,并编有讲义,现存有油印讲稿一份,已收入上海古籍出版社出版的《史学与史籍七种》,其中第六节有论"史家宗旨今昔异同",谓"古人作史之宗旨,不同于今人者,大端有三":"偏重政治,偏重英雄,偏重军事。三者弊亦相因,以政治军事,古多合而为一。而握有此权者,苟遭际时会,恒易有所成就,而为世人目为英雄也。此盖往史最大之弊。"又吕思勉偶与旧时同学马精武会晤,受马君影响,乃多读马克思的著述。吕思勉自谓此年开始服膺马列主义,其思想有三大变,此为第三期思想。

按:吕思勉《三反及思想改造学习总结》曰:"马列主义初入中国,予即略有接触,但未深究。年四十七,偶与在苏州时之旧同学马精武君会晤,马君劝予读马列主义之书,余乃读之稍多。于此主义,深为服膺,盖予夙抱大同之愿,然于其可致之道,及其致之之途,未有明确见解,至此乃如获指针也。予之将马列主义与予旧见解相结合融化,其重要之点如下:(一)旧说皆以为智巧日开,则诈欺愈甚。智巧不开,无以战胜自然,诈欺日甚,亦将无法防治,此为旧日言大同终可致者根本上最难解决之问题。得今社会学家之说,乃知诈欺之甚,实由于社会组织之变坏,非由于智识之进步;而智识之进步,且于社会之改善,大有裨益;将根本之难题解决。(二)超阶级之观点,希望有一个或一群贤明之人,其人不可必得;即得之,而以少数人统治多数人,两力相持,其所能改革者,亦终有一定之限度;此限度且甚小,只及于表面之一层;即其本意所求者,亦不过两阶级可以勉强相安,非真能彻底改革,求底于平;而即此区区,仍有人亡政息之惧。今知社会改进之关键,在于阶级斗争,则只要有此觉悟,善之力量,随时具足;且其改革可以彻底,世界乃真能走向大同。(三)国家民族之危机,非全体动员,不能挽救,而阶级矛盾存在,即无从全体动员。(四)目前非爱国爱民族不可,而旧时之见解,爱国爱民族,易与大同之义相龃龉。得马列主义,乃可以并行而不悖。(五)求诸中国历史,则自王巨公以前,言政治者本重改革制度。尔时政治,所包甚广,改革政治,亦即改革社会也。自巨公失败后,言改革者,不敢作根本之图,乃皆欲从改良个人入手,玄学时代已然,承之以佛学而益甚。宋儒虽辟佛,于此见解,亦未改变。然历史事实证明此路实为绝路。故今日之社会主义,实使人类之行动,转变一新方向也。"(参见李永圻、张耕华编撰《吕思勉先生年谱长编》,上海古籍出版社2012年版)

沈钧儒继续任教于上海法科大学。奉教育部通令,上海法科大学更名为上海私立法学院。仍为教务长。秋,偕褚辅成同访刚自美国归来的潘大逵,勉励他继承其兄潘大道遗志,坚留其担任上海法学院政治课教授兼政治系主任,期望当时尚不足30岁的潘大逵成为接班人。支持与"中国社会科学家联盟"("社联")有密切联系的"上海法学院社会科学社"的组成,并批准予以登记。"上海法学院社会科学社"前身是"上海法学院新兴社会科学研究会",因受当局多方刁难,乃改头换面另立此"学社"。11月,经沈钧儒多次奔走上海法学院终于得到教育部批准立案。该校在沈钧儒等的苦心经营下,学生人数自1927年秋的500余人增加到900人。上海法学院刘著兰、余敢两同学先后被捕。经沈钧儒营救并亲自出面保释,月余后得以释放。(参见沈谱、沈人骅编《沈钧儒年谱》,中国文史出版社1990年版)

常乃惪1月在《中华教育界》第18卷第1期发表《印象主义的历史观》。同月,所著《中国财政制度史》作为"经济学丛书"之一由世界书局出版。2月,在《中华教育界》第18卷第2期发表《教育观点上的历史科学》。3月,在《中华教育界》第18卷第3期发表译作《罗素论科学的未来》。春,常乃惪偕夫人北经大同,循平绥路至北平。留平月余,再赴天津。4月,常乃惪所著《中国思想小史》由中华书局出版。5月,常乃惪偕夫人由海道南下上海,在知行学院讲授欧洲近代史及国文。后因经费困难,青年党在年内停办知行学院。6月15日,在《中华教育界》第18卷第6期发表《唯物主义与中国的新教育》。8月,出席中国青年党第五次全国代表大会。会后返回北平。是年,撰写《生物史观与社会》,于1933年由上海大陆书局出版,为常乃惪最为人知的理论建树。(参见查晓英编《中国近代思想家文库·常乃惪卷》,中国人民大学出版社2014年版;顾友谷《常乃德学术思想述评》,云南大学出版社2013年版;王学典《20世纪史学编年(1900—1949)》,商务印书馆2014年版)

蒋百里受唐生智反蒋介石牵连,被软禁,在狱中潜心研究西方哲学、佛学、历史及文学。佺蒋复璁来探望,慰以"能受天磨真铁汉,不遭人忌是庸才"。稍后,与蒋介石达成和解,被释出狱。(参见皮明勇、侯昂好编《中国近代思想家文库·蒋百里、杨杰卷》,中国人民大学出版社2014年版)

黄炎培1月10日陪同中华文化基金董事会董事任鸿隽、周炳琳及顾临(美国人),参观昆山徐公桥农村改进区。3月24日，黄炎培写成《职业教育机关唯一的生命是怎么》一文，刊于《教育与职业》第113期。7月31日，黄炎培应商务印书馆王云五之约，为《万有文库》写《中国教育史要》成，约四万言，费时约25个月。10月8日，中华职业教育社举行第八次学术讲演，黄炎培应邀讲演，题为《人生哲学》。11月22日，黄炎培在中华职业教育社举行的第十次学术讲演上，续讲《人生哲学》。（参见余子侠编《中国近代思想家文库·黄炎培卷》附录《黄炎培年谱简编》，中国人民大学出版社2015年版）

邹韬奋任职教社《生活》周刊社社长兼主编，主持社务工作。1月上旬，沪江大学校长、老友刘湛恩来访，晤谈间，韬奋甚敬佩刘校长为积极提倡有志青年之努力自助，一洗寻常读书人轻视劳工的恶习，毅然将自己的头颅给"清寒好学"的一位学生作试验理发。5月19日，黄炎培与江问渔、杨卫玉、邹恩润商量"生活"的问题。7月6日，周刊社迁至华龙路（今雁荡路）80号中华职业教育社新址办公。同日，《现有教育制度的罪恶》刊于《生活》周刊第5卷第30期。文中指出："中国的穷是大家知道的，但是中国现有的教育却是养成善于养尊处优而没有实际工作和生产能力的惰民——也就是所谓高等游民。这也不能徒怪莘莘学子，现有的教育制度不合中国的经济能力，不合中国的社会需要，根本不对。因此徒然造成许多只能消费而不能生产的高等游民，由许多的高等游民再造成更多的高等游民，递相制造，若不再想法从根本上改革一下，恐怕要把大中华民国变成'高等游民国'。"13日，《教育革命的彻底主张》刊于《生活》周刊第5卷第31期。11月3日，《生活》周刊特约撰稿人李公朴由美国取道欧洲回国，是日下午一时乘白山丸日轮到达上海。邹韬奋代表周刊，相约上海职业指导所潘仰尧、国立工业学校吴天倪同赴码头欢迎。作文《记欢迎李公朴君回国》。11月4日，《生活》周刊社设宴招待李公朴夫妇。（参见邹嘉骊编著《邹韬奋年谱长编》，上海交通大学出版社2015年版）

赵演1月在《教育杂志》第1号发文介绍苏联教育，引苏联年鉴材料写的《苏俄最近教育之鸟瞰》一文，介绍了苏联的教育系统，包括教育委员会、普通教育、专门教育、成人学校、劳工及大学教育等方面的概况。同期刊载金溟若翻译日本学者仲宗根源和著《苏俄新教育》一书的首章，介绍马克思的教育论。是年，所著《天才心理与教育》由商务印书馆出版。（参见中央教育科学研究所编《中国现代教育大事记1919—1949》，教育科学出版社1988年版）

张元济1月10日致书胡适，谓："昨承示《新月》一册。展读大著并罗（隆基）君压迫言论、黄君苏俄统治两文，真所谓有关世道人心之作。国人遍饮狂泉，安得以此药而醒之。"23日，张元济赴银行俱乐部主持商务印书馆董事会第369次会议，讨论总经理人选。张元济报告自去岁鲍咸昌去世后与各董事会商结果，拟推王云五出任总经理职。25日，张元济受董事会委托，与叶景葵访王云五，面送总经理聘函。王云五允2月7日到公司就职。2月初，商务印书馆重印《四部丛刊》第四期书出版，凡83种、490册附全书书录1册，全书再版完竣。同月，撰《〈公牍通论〉序》。3月1日，张元济赴银行俱乐部主持商务印书馆董事会第370次会议，报告与叶景葵访王云五送聘函情形。同日，张元济撰《影印〈百衲本二十四史〉缘起》。22日晚，张元济在家宴请诸桥辙次，在座有日本大阪《每日新闻》上海特派员泽村幸夫、蔡元培、伍光建、胡适、马宗荣、郑贞文和黄炎培。27日，胡适致张元济书，谓"《廿四史》百衲本样本，今早细看。欢喜赞叹不能自已。此书之出，嘉惠学史者真不可计量！惟先生的校勘记，功力最勤，功用最大，千万不可不早日发刊。若能以每种校勘记附刊于每一史之后，则此书之功用可以增加不止百倍。盖普通学者很少能得殿本者，即有之亦很少能细细用此百衲本互校。校勘之学是专门事业,非人人所能为。专家以其所得嘉惠学者,则一人之功力可供无穷人之用,然后可望后来学者能超过校史的工作而作进一步的事业。此意曾向先生陈述过,今读样本,更感觉此事之重要,故于道谢之余,重申此说。"同月,《百衲本二十四史样本》出版。全书包括:《影印〈百衲本二十四史〉缘起》(张元济)、《百衲本二十四史版本述要》《样张》《优惠定户简章》《定单》及《重价征募薛居正〈旧五代史〉原书》《访求宋元旧刊诸史阙卷》等。又胡适撰陆贾《新语》跋文,送张元济过目。又撰《述陆贾的思想》一文,以为陆贾"圣人不空话,贤者不虚生"之人生观,最近于张元济处世之精神。

张元济是年春跋宋绍熙刊《礼记正义》残28卷。4月7日晨致胡适书,谓"前日承惠《中古哲学史》稿,竭二小时之力,展读一遍,'大月分牌'一段,揭出吾国二千余年政治上之精髓,真千古不磨之论,不胜倾倒。第三章起何时可以脱稿?尤以先睹为快"。10日,张元济与任鸿隽、江翰、朱希祖、李煜瀛、胡适、傅斯年、傅增湘、福开森、蔡元培、蒋梦麟、罗家伦、袁同礼等30人联署刊发《国立北平图书馆刊行珍本经籍招股章程》共7条。4月14日,张元济致郭沫若书,谓"前岁偕心南东渡,获瞻丰采,畅聆教益,甚慰饥渴。别来晌已一年有半,碌碌未通音问,然未见君子,固无时不思念也。闻先生治商代古文,日益精进。著作盈帙,不胜企仰。前奉告天津王氏有书专论殷墟龟甲文者,曾约归后寄呈,乃遍检不得,或已遗失,亦未可定。久未践约,思之赧然。顷见中央研究院印有安阳发掘报告,其中新获龟甲文字甚多,且经多人整治,于此学多所发明。谨以一册寄呈台阅,稍偿宿愿,藉赎前愆"。

张元济4月16日张元济致胡适书。谓昨天下午收到先生的《中古哲学史》第三、四章的大稿,觉得那李斯一节说来最透彻、最和平,真是有价值的。5月1日,《申报》载商务印书馆与美国麦美伦图书公司合作。5月3日,张元济致胡适书,谓"前日领到大著《神会大师遗集》,显微阐幽,读之令人意远。续又承赐《新月》一册,大作一首,真人人之所欲言而不能言者。当日连读两过,家中妇孺亦非终卷不能释手。苦口婆心的是有功世道文章,安得世人日书万卷,读万遍也。复谢"。6日,张元济致傅增湘书,谓"《衲本廿四史》经营二十年,全赖友朋之赞助,幸得观成"。8日,张元济将4月28日汪兆镛来信批转商务印书馆总务处,属严查汪著《岭南画征略》印制被耽搁一事。25日,张元济赴北河南路上海商人团体整理委员会出席商务印书馆民国十八年度股东年会。会议选举高凤池、王云五、丁榕、李拔可、叶景葵、杨端六、高梦旦、张元济、吴麟书、夏鹏、刘湛恩、鲍庆林、盛同孙等13人为新一届董事,黄汉樑、徐寄顾、周辛伯等3人为监察人。同月,张元济跋珂珞版《曼殊留影》。31日,商务董事会第373次会议,议定张元济、高凤池、丁榕、王云五、盛同孙组成修改公司章程委员会。同月,张元济跋《中华学艺社辑印古书》之二《东莱先生诗集》;跋《中华学艺社辑印古书》之三《平斋文集》。6月24日,张元济于上海极司非而路寓所接待日本汉学家仓石武四郎来访。29日晚,董康、胡适于胡宅宴仓石武四郎,张元济与陆侃如、冯沅君、陈乃乾等同席。

张元济与蔡元培、胡适、董康7月6日赴瞿启甲寓所参观藏书。8日,修改公司章程起草委员会成立。同月,张元济向无锡国学专修学校校长唐文治要几名毕业生参加商务校史工作。唐文治推荐王绍曾、钱钟夏、赵荣长三人,并将其毕业论文寄先生审阅,得到张元济首肯。8月初,商务印书馆于张元济寓所附近地丰路设立校史处,直接归张元济领导,汪诒年、蒋仲茀为正副主任,负责辑印《百衲本二十四史》;王绍曾、钱钟夏、赵荣长抵沪拜谒张元济,张元济问每个人的年龄、籍贯和家世,并说:"《百衲本二十四史》校勘工作正在进行,任务十分艰巨,也很有意义。"同月 4 日,胡适来访,在张元济处看见四册《永乐大典》,其中杭字一册有《武林旧事》《都城纪胜》及《都城繁胜录》。胡适此前不曾见过《繁胜录》。同月,撰《百衲本二十四史·汉书》跋;撰《汉书校勘记》手稿四册。10 月,张元济得内藤虎次郎重录钞本《溃痈流毒》;跋《中华学艺社辑印古书》之四《群经音辨》;跋《中华学艺社辑印古书》之五《饮膳正要》。11 月 16 日,张元济复胡适书,谓"前晚奉手教,为杨君购买《四部丛刊》事,遵即转商敝公司,俟得覆再上闻。今日阅报,知有人为中国公学事于公又为桀犬之吠。世人多无是非皂白之分,此等胡言最好置诸不理。本思趋前面陈,因病不果,故以函达,尚祈鉴纳"。同月,撰《吴君麟书行状》。12 月 1 日,中国科学社中国书版展览会筹备委员会致张元济书,言该社定于翌年元旦起,乘社中新建明复图书馆开幕之时,举行中国书版展览会,向张元济征集参展展品。9 日,复中国书版展览会筹备委员会书,谓"届时倘获痊愈,定当检送"。同月,张元济于《图书馆学季刊》第 4 卷第 3—4 期合刊发表《南齐书跋》。(以上参见张人凤、柳和城编著《张元济年谱长编》,上海交通大学出版社 2011 年版;吴永贵《民国图书出版史编年:1912—1949》中册,社会科学文献出版 2018 年版)

王云五 1 月 23 日经张元济主持商务印书馆董事会第 369 次会议讨论决定被聘为商务印书馆总经理人选。25 日,张元济受董事会委托,与叶景葵访王云五,面送总经理聘函。2月 7 日,王云五就职商务印书馆总经理。直到 1946 年 4 月才辞去商务印书馆总经理职。3月 7 日,王云五离沪赴日本、欧美各地考察。张元济为其出具致汪荣宝、山本条太郎等介绍信多封。

按:3 月 8 日《申报》对此有报道,曰:"商务书馆新总经理王云五君出洋考察:王云五君,久任商务印书馆编译所所长。学识丰富,夙为国人所知。其近年最大之贡献,一为发明四角号码检字法,于两年之内国内外采用者,不下百万人;一为创编《万有文库》,于数月之内,使国内各地,因此新设之小图书馆多至数千所。王君去年夏间,因劳苦过甚,力辞商务印书馆编译所所长职务,改任国立中央研究院社会科学研究所法制组主任。对于我国犯罪问题,正从事大规模的彻底研究。乃去年冬间,因商务印书馆总经理鲍咸昌君作古,该公司董事会,遂推举王君继任。数月以来。王君固辞不获,乃允暂负名义,先往欧美日本各国考察一切,为期约半年,再行回国就任商务印书馆总经理之职。王君业于昨日(七日)乘大来公司麦迪生总统号启行云。"

王云五 5 月 25 日赴北河南路上海商人团体整理委员会出席商务印书馆民国十八年度股东年会,与高凤池、丁榕、李拔可、叶景葵,杨端六、高梦旦、张元济、吴麟书、夏鹏、刘湛恩、鲍庆林、盛同孙等 13 人被选为新一届董事。6 月 25 日,《申报》载商务印书馆暑期开办四角检字编制索引实习所。9 月 12 日,张元济赴银行俱乐部主持商务印书馆董事会第 376 次会议,并报告王云五出洋考察已于本月 9 日归国抵沪,请王云五将本公司改革计划大纲简略说明。王云五提出科学管理方法计划。经讨论,董事会决定予以接受,并请王拟具改良总务处组织草案。张元济提议自本月份起,仍由公司致送王云五公费 300 元,致送李拔可、夏鹏二经理各公费 200 元。议决照办。27 日,张元济赴银行俱乐部主持商务印书馆董事会第377 次会议。王云五提出修订总务试行章程案,逐条讨论通过。11 月 12 日,因中国公学校长风潮,胡适与王云五作为中公校董到校调解。12 月,王云五公布编译所各项组织大纲,废除原有各部,激起轩然大波。

按:商务印书馆是现代中国出版界的先锋,它不仅在数量上出版了不计其数的书籍,更重要的是,它编印了许多适合时代需要的各级学校教科书;翻译出版了许多外国名著,整理出版了许多有价值的古籍,编印了适合各种水平读者的参考书籍。在王云五的主持下,商务印书馆印制了许多创造性的出版物,对学术界和教育界,有不可磨灭的功绩。这其中著名的出版物有:1.《四部丛刊》。它至今仍然是研究中国文、史、哲的学者不可缺少的参考丛书;2.《万有文库》。本文库收集的书籍文理各科兼备,为全国建立了许多的小图书馆,对传播文化事业有极大贡献;3.《大学丛书》。商务印书馆自1921年来即首先约请各大学合作,搜集出版各著名教授的著作,对学术与教育有极大推进;4.《中国文化史丛书》。本丛书内容十分博大,鉴于专史著作的缺乏,云五先生首先提倡拟定80个专题题目,分别约请学者专家撰写。虽然只出版了40种便停止了,但它开创了有系统地研究中国文化的先河;5.《四库珍本》。《四库全书》是清代编撰的巨著,为国内外广泛瞩目,但由于印刷成本可观,国内无任何出版机构敢于负责重印,《四库全书》有失散之虞。1934年,云五先生大胆择其精要予以重印,名为《四库珍本》,它对保存古迹与弘扬中华文化有较大贡献;6.《云五社会科学大辞典》。这是我国第一部社会科学辞典;7.《中山自然科学大辞典》。商务印书馆出版物极多,为中华民族的文化建设有极大的开拓性作用。(张岂之主编《民国学案》第五卷《王云五学案》,湖南教育出版社2005年版)(参见张人凤、柳和城编著《张元济年谱长编》,上海交通大学出版社2011年版;鑫亮《忠信笃敬:何炳松传》,浙江人民出版社2006年版;吴永贵《民国图书出版史编年:1912—1949》中册,社会科学文献出版2018年版)

何炳松5月至6月在《东方杂志》第27卷第9—12号上连载《程朱辨异》。5月13日,张元济致何炳松书(今佚),批评出版物挖版过多。同日,何炳松复张元济书,言"诸承指示,不胜感愧。查挖版工作应视为不得已之举动,确系不易之论,自当铭诸座右"。并告去年春日主持《万有文库》国学部分之人已辞职,"此后当不至再有此种非常现象矣"。22日,何炳松等发起组织注音符号促进会,是日假上海青年会开会,到20余人。蔡元培、吴稚晖"两先生皆有重要演讲,并选举筹备委员,当推蔡、吴两先生及方毅、刘湛恩、陈立廷三君"积极筹备。何炳松《通史新义》由商务印书馆出版,此书前曾由华通书局出版。全书分为两编,上编共分10章,专论社会史料研究法;下编共分11章,专论社会史研究法。

> 按:何炳松编写此书的目的,重在阐明通史观念:"吾国旧日之所谓通史,《史记》一书实为嚆矢,其难满今日吾辈之意固不待言。至于章学诚通史观念之明确,固远驾西洋史学;然亦终以时代关系,未能以切实之方诏示后世。……西洋史家通史义例之或能稍补章学诚辈之缺憾者,其可不稍负介绍之责乎? 此著者所以不揣固陋有本书之纂述也。"同时,又不可独重通史。许多人以为现代理想的史学著述应以通史为正宗,其他文献均可付之一炬。何炳松提出在历史研究上"实不能只重通史之论著",还要重视其他史书编写体例,特别应当"多花心力于史料的收集与研究上"。又说:"本书所述之原理,十九采自法国名史塞诺波所著《应用于社会科学上之历史研究法》(Ch Seignobos: La Methode Historique Appliquée aux Sciences Sociales)一书。著作虽略有疏通证明之功,终未敢掩袭他山之美。"而《应用于社会上之历史研究法》,实为《史学原论》一书之"撮要节本"。本书提出了三点意见:(1)史料和著作应该分开,而后通史的观念方明。(2)现在我国流行的通史义例似是而非。(3)"通史不宜独尊也"。

何炳松应朱经农等之约,撰写了《教育大辞书》部分辞条。7月,唐钺、朱经农等主编的《教育大辞书》由商务印书馆出版。同月,何炳松主编的"中国历史丛书"和"中国史学丛书"开始由商务印书馆出版。11月9日,蔡元培与吴稚晖、刘湛恩、欧元怀、陈鹤琴、何炳松等发起组织的注音符号促进会发布宣言及简章。其简章规定:"以研究注音、推行注音符号为宗旨。"会员二人以上之介绍得为会员。设执行委员九人,推三人为常务委员。得聘干事助理会务。12月5日,蔡元培致何炳松函,谓"韦君丛芜,最近译成英国Edmund Gosse所著《近代英国文学史》,因其插图甚多,印费过巨,非由国内大书局出版推销,不能行远。未知贵馆欲收购其稿否? 书分四册,兹将已印成之一册奉上,希察阅。倘荷收受,韦君希望稿价,约在两千余元之谱。又韦君尚欲译托尔斯泰之《战争与和平》一书,愿计字售稿,按月分寄。谨为一并介绍,统望裁度示复"。同月,何炳松出席在南京举行的中华学艺社第四届年会,任讲演股职员。（以上参见鑫亮《忠信笃敬：何炳松传》，浙江人民出版社 2006 年版；高平叔编著《蔡元培年谱长编》，人民教育出版社 1996 年版；张人凤、柳和城编著《张元济年谱长编》，上海交通大学出版社 2011 年版；王学典《20 世纪史学编年（1900—1949）》，商务印书馆 2014 年版）

周予同 1 月 11 日《关于"甲骨学"》脱稿，刊于《学生杂志》第 17 卷第 2 期。自 1929 年底至 1930 年中旬，周谷城与胡适就"封建"概念发生论争。何炳松对此感到压力，不让周予同继续使用周谷城的稿件。2 月，周予同在《学生杂志》第 2 期发表《关于甲骨学》，首次提出"甲骨学"的概念。3 月，周予同校阅《开明地理教本》上册。5 月，周予同《过去了的"五四"》刊于《中学生》；将所编开明教本交给王伯祥，请后者校阅。8 月，所撰《僵尸的出祟》《孝与生殖器崇拜》《经今古文学》（摘录三章）于《古史辨》第 2 册重新发表。9 月，《关于"甲骨学"》之续篇《最近安阳殷墟之发掘与研究》刊于《中学生》第 9 期。《斯坦因氏与敦煌石室》连载于《学生杂志》第 17 卷第 9、10 期。秋，上海良友图书印刷公司计划出版"中国现代史丛书"，郑振铎向主编孙师毅介绍周予同编著《中国现代教育史》。12 月 10 日，周予同在功德林出席立达学会召开的年会。王伯祥缺席，托为代表。冬，国民政府颁布《出版法》，要求编辑者注册姓名、年龄、籍贯、住址，以批评现状为务的《教育杂志》评论栏因此受限，被迫停办。此后，约在 1930—1931 年，周予同曾组织教育学会，终因不能忍受此辈借小集团势力攫取地盘的"龌龊"，愤然退出。（参见成棣《周予同先生年谱》，《传统中国研究集刊》第 20 辑，上海社会科学院出版社 2019 年版；王学典《20 世纪史学编年（1900—1949）》，商务印书馆 2014 年版）

杜其堡继续任商务印书馆编译所理化博物部编辑。11 月，杜其堡主编的《地质矿物学大辞典》由商务印书馆出版，翁文灏作序。1933 年 6 月出缩本发行。本书辞目按中文笔画顺序排列，内容包括地质学、矿物学、岩石学、结晶学以及与地质学有密切关系的地文学、古生物学等。对于上述各种的名词、术语、学说及学者的传记，均有专条记载。书前有若干图版，书末附有英文名词索引和德文名词索引。（参见吴永贵《民国图书出版史编年：1912—1949》中册，社会科学文献出版 2018 年版）

陆费逵继续任中华书局总经理。3 月，中华书局发行中华英语留声机片，全套十五张三十课，连课本一册，马润卿、周开甲编辑，司密斯夫人发音。6 月 29 日，《申报》载，南京国民政府以中华书局出版之《武昌革命真史》，内容诸多失实，已令行政院通令各省府转饬所属一体禁售。7 月 9 日，《申报》载，中华书局监制最新地球仪。8 月 14 日，中华书局登报，悬赏二千元，证明世界书局新版《初中本国史》"历史的回顾"一节，与中华书局 1923 年《新中学初级本国史》"结论"一章十同其九等事。于此，两书局在《申报》上有相关通告发布，分别见 8 月 14 日、8 月 17 日、8 月 30 日、8 月 31 日、9 月 14 日《申报》。9 月 11 日，中华书局总经理陆费逵、编辑所长舒新城、印刷所长王谨士及钱歌川赴日本考察印刷厂及出版事业。逗留 40 余日，带回新四号、新五号字模。嗣后中学教科书、《中华百科丛书》等即改用新四号排印，节省篇幅而无损目力。应同人要求于 10 月 26 日（星期日）午前 9 时在总厂报告见闻，放映舒新城所拍电影，惟工厂方面不易得主人许可，故所摄以风景、学校为多，工厂较少。9 月 25 日，《申报》广告，中华书局发行最近新制人体生理及动物模型。（参见吴永贵《民国图书出版史编年：1912—1949》中册，社会科学文献出版 2018 年版）

舒新城 1 月赴上海，任中华书局编辑所所长，兼图书馆长及函授学校校长，定期五年。3 月，舒新城主编《中华百科辞典》由中华书局出版。包括社会科学、文艺、数理、化学、博物等各种学科术语一万余条，二百万字，附有中国历代纪元、世界大事年表、中国省市区县名表、中国商埠表等十余种。12 月 5 日，舒新城在中央大学教育学院作《我与教育》的演讲，后刊于《中华教育界》第 19 卷第 2 期。文中认为中国兴办新教育是整个的"搬",与中国社会是否相适应,成功不成功,无人知道。中国现在的教育制度乃是一种工业社会的产物,是西洋工业革命以后产生的,而中国仍是农业社会,小农制度,因此中国社会与新教育制度完全不相合,不能适应,要中国教育有办法,须根本从经济建设、政治建设着手。他提出的理想的教育设施,就是普遍设立三馆(图书馆、科学馆、体育馆),作为教育的公开场所,馆内人员有教育全责,同时厉行考试制度,无论什么人只要及格便是各界用人的标准。(参见中央教育科学研究所编《中国现代教育大事记 1919—1949》,教育科学出版社 1988 年版;吴永贵《民国图书出版史编年:1912—1949》中册,社会科学文献出版社 2018 年版)

沈知方任世界书局总经理。4 月 21 日,《申报》广告,世界书局出版"纪念总理读物",有《孙中山生活》《孙中山年谱》《孙中山全传》《孙中山轶事》《中山嘉言钞》《中山外集》。7 月 26 日,开明书店委托律师致函世界书局,声称世界书局的《标准英语读本》,系模仿剽袭《开明英文读本》而成,两家互打笔墨官司。《申报》本年度 8 月 26 日、8 月 27 日、8 月 31 日、9 月 13 日、9 月 15 日、9 月 16 日、9 月 24 日、10 月 6 日、11 月 21 日对此有相关告示及消息。(参见吴永贵《民国图书出版史编年:1912—1949》中册,社会科学文献出版 2018 年版)

张光宇、张振宇、叶浅予、鲁少飞 4 人 1 月 5 日创办美术刊行社,以供献为怀,期望中国出版界文艺界树一盛大之新潮,是后当更尽心力,从事扩充,以符社会之望。聘任张光宇为总理兼美术供应部主任,张振宇为协理兼营业主任及《时代画报》主编,叶浅予为编辑主任兼上海漫画主编,鲁少飞君为教务主任。同日,在《申报》刊登《中国美术刊行社启事》。(参见吴永贵《民国图书出版史编年:1912—1949》中册,社会科学文献出版 2018 年版)

黄肇平、陆伯盛、沈质存等鉴于我国印刷寡败,毫无进步,特集合印刷专门人才,创办人文印书馆,以努力改良印刷,其为出版界所欢迎者有六:(一)字体全新;(二)版式新颖;(三)代校无误;(四)印刷清晰;(五)交货迅速;(六)取价低廉。开办以来,营业颇为发达。吴稚晖、丁芸轩、司徒博、丁福保、黄星若亦均愿为介绍。1 月 5 日,人文印书馆于山海关路 229 号正式开幕。(参见吴永贵《民国图书出版史编年:1912—1949》中册,社会科学文献出版 2018 年版)

叶青应友人之邀,赴上海加入辛垦书店,从事编辑和著译,任总编辑。当时辛垦书店的几个发起人得知"青锋"(即叶青)曾是中共叛徒时,都表示反对,但杨伯恺却解释说"青锋"来沪一事,是经中共四川省委同意的,辛垦书店的几个发起人才勉强答应。叶青加入辛垦书店后,在住处整天伏案写作,很快交出所译普列汉诺夫《无政府主义与社会主义》及其他论著。此后辛垦书店相继出版了一批进步书籍,在社会上也有了一些名声。(参见吴福辉《沙汀传》,北京十月文艺出版社 1990 年版)

刘大杰从日本回国,初任职上海大东书局编辑,负责新创刊的《现代学生》杂志的外国文学和翻译作品的审稿。主要撰稿人有胡适、陈望道、沈从文、郁达夫、徐志摩等。(唐金海、刘长鼎主编《茅盾年谱》,山西高校联合出版社 1996 年版)

王松亮时任扫叶山房书局协理。8 月 18 日,发起书业同乐会,计到会员有世界书局王锦南、张子谦,百新公司徐鹤龄,鸿宝斋尹仲卿,萃英书局高温和,共和印局周楚材,校经山房王淡如,海左书局陈杏生、浦凤来等 10 人,即席通过章程,选举职员毕,开始缴纳储蓄款每人 10 元。该会以联络同业感情、提倡储蓄为宗旨,会期每逢 2 日 17 日举行,会员每月各缴储金 20 元,定期十年,分存六家银行,节无谓消耗之费,储成总数,预料闻风兴起者当不乏人。(参见吴永贵《民国图书出版史编年:1912—1949》中册,社会科学文献出版社 2018 年版)

叶恭绰自 1928 年开始筹办的中国文艺学院至是年春成立,原址设在上海建国西路的建业里,教授有叶恭绰、吴待秋、余绍宋、徐悲鸿、方介堪、马公愚、郑午昌、张善孖等。叶恭绰兼任责任董事教授。不久,遵教育部令,中国文艺学院改名中国文艺专科学校。1月14日,梅兰芳受北平戏剧学院的委托将从上海启程赴美考察西方戏剧艺术,上海各界人士在大华饭店开欢送宴会,赴会并演说。同月,叶恭绰约集上海词流,建议设立《全清词钞》编纂处,印发征求所有清代词集启事,发起人定为25人,包括聘请外地知名词家若干人。又鉴于近年中国画坛画家麕集,画展、画会此起彼伏,深感书画家有必要联合起来,成立一个全国范围的书画团体的必要,叶恭绰与黄宾虹商议成立中国画会。商议,嘱陆丹林起草宣言。5月4日,叶恭绰赴马良90寿宴。6月16日,比利时独立百年纪念国际展览会开幕。叶恭绰于是年之前即开始"征集国内名家绘画180余幅,随工商、教育、农业出品共180余箱,1930年初由褚民谊带往比利时。开幕之际,囿于会场面积不足陈列绘画,乃于10月5日假座比利时黎业斯美术会举办中国美术展览会"。

叶恭绰7月6日与朱祖谋、陈宝琛(伯潜)、郑孝胥、李根源(印泉)、樊增祥(樊山)、王震、张仲仁、程颂万、冯开(君木)、陈布雷(彦及)、赵叔孺(时桐)为况维琦(又韩)定润例。同月,陆丹林将此草稿以《国画家亟应联合》为题发表在蜜蜂画会主办的《蜜蜂画刊》第13、14期。8月,叶恭绰为陈衡恪遗诗作序。同月中旬,叶恭绰与王震、叶尔恺(柏皋)、闻汉章(兰亭)、关炯(炯之)、狄平子一同充当强定斋书画润例的介绍人。9月,中华佛教徒旅行团道经上海,叶恭绰为题"牢笼天地,弹压山川"。10月4日,蔡元培致信叶恭绰,请其协助组织国立音乐专科学校基金委员会,谓"国立音乐专科学校自十六年倡办,迄今三载,成绩卓卓,翕然为社会人士所称许。元培虽以事冗,中途离校,而精神所注,仍复一致。现值国内战事,财政竭蹶,该校一切建筑设备,均待扩张。而竟以费绌不能进行,殊为可惜。兹与该校同人商洽,佥拟组织国立音乐专科学校基金委员会,主持该校筹募基金一切事宜。素仰先生热心音乐教育,敬恳鼎力襄助进行,无任同感"。11月15日,叶恭绰与王震等为俞剑华个人书画展览会期间观众定件登报广告。22日,蔡元培致信叶恭绰,谈栖霞塔工程事。略云:"五日赐函,并《清代学者象传》一部。拜领,谢谢。知公专意摄卫,谢绝酬应,未敢渎访。承示栖霞塔工,对于雕刻人物,不加修补,石质松脆,决用注药,甚佩。如有误会者,弟必详为解释,希勿念。"(参见杨雨瑶《叶恭绰先生艺文年谱》(上),《艺术工作》2019年第1期;高平叔编著《蔡元培年谱长编》,人民教育出版社1996年版)

黄宾虹为叶恭绰创办的中国文艺学院推为院长。2月2日,开始招生。蔡元培在中国文艺学院开学典礼上讲演文艺教育之宗旨与方法。未久,黄宾虹辞去院长职,专任教授,并兼昌明艺术专科学校国画理论课。春,与叶恭绰商议成立全国范围的书画团体,嘱陆丹林起草宣言;林散之来沪,随侍左右习画,襄助编纂《画史编年表》。3月11日,蜜蜂画会会刊《蜜蜂》创刊。12日,蜜蜂画会第一届古今名画展览会在西藏路巴黎舞场开幕,早期会员多为中国文艺学院师生。5月24日,黄宾虹与江小鹣、王一亭、张善孖、杨清磬等一起参加艺术界欢送王济远欧游茶话会。27日,江晴来书,请黄宾虹就《安徽通志》艺文四部中分任一二类搜集编纂工作。6月4日,法国马古烈博士参观了中国艺术专科学校(由中国文艺学院改名)师生作品展览会后,来校演说,有云"欧洲今日之艺术渐趋中国化"。秋,新华艺专聘为国画教授。22日,中国艺术专科学举行第一届毕业典礼,黄宾虹与蔡元培、刘穗九、刘贞晦、马孟容、郑午昌、马公愚先后发表演说。10月5日,作品参加比利时独立100周年纪念国际博览会,获最优秀奖。12月,汪亚尘伉俪举办欧游画展,宴请海上艺术界,与徐志摩等

50 余人与会。(参见王中秀编著《黄宾虹年谱》,上海书画出版社 2005 年版)

张大千 5 月与兄张善孖合作《十二金钗》。秋,参加"天马会"第八次美展。张大千《大风堂原藏石涛和尚山水集》由中华书局出版。是年,许世英为桑梓效力,发起开发建设黄山,张大千及善孖、黄宾虹、郎静山等均被聘为委员,发起组织"黄社"。各社友皆以绘画、摄影、诗词、文章等为黄山作大规模宣传;张大千知友陆丹林在《逸经》第 22 期发表《画家张善孖、张大千兄弟》一文,曰:"大千临摹古画的功夫,真是腕中有鬼! ……尤其是仿作石涛,最负盛名。不特画的笔墨神韵和画的真迹一样,题字图章,印泥纸质,也无一不弄到丝毫逼肖,天衣无缝。但是他当作游戏的工作,在好友前,绝没有一点隐讳。"(参见李永翘《张大千年谱》,四川省社会科学院出版社 1987 年版)

夏敬观、黄孝纾等在上海与同仁发起词社,公推朱祖谋为社长,因朱氏有别号"沤尹",故社名沤社。每月一集,集必填词。作者依齿序为朱祖谋、潘飞声、周庆云、程颂万、洪汝闿、林鹍翔、谢抡元、林葆恒、杨玉衔、姚景之、许崇熙、冒广生、刘肇隅、夏敬观、高毓浵、袁思亮、叶恭绰、郭则沄、梁鸿志、王蕴章、徐桢立、陈祖壬、吴湖帆、陈方恪、彭醇士、赵尊岳、黄孝纾、龙沐勋、袁荣法等 29 人,前后集会 20 次,填词 284 首。刊行《沤社词钞》,1938 年后罢社。(参见陈谊《夏敬观年谱》,黄山书社 2007 年版)

郑孝胥、狄平子、吴湖帆、杨杏佛、王一亭、冯君木、徐志摩、李毅士、况又韩、管一得等在上海共同发起观海艺社。该社以研究国画、西画、书法、篆刻、诗文、词章为宗旨。(参见陈谊《夏敬观年谱》,黄山书社 2007 年版)

孙冶方从苏联回国,在上海从事工人运动和左翼文化运动,组织中国农村经济研究会,主编《中国农村》杂志。

朱仙舫、傅道伸等 4 月在上海发起成立中国纺织学会,以"联络纺织界科技工作者研究和应用科学技术,促进国内纺织工业的不断发展"为宗旨。编辑出版《纺织周刊》等。

木公为社长,亦我为副社长的青社成立。

施蛰存主编的《现代》杂志引进现代主义思潮,推崇现代意识的文学创作,在当时影响广泛。

李求实等编辑的《红旗日报》8 月 15 日在上海创刊,由《红旗》与《上海报》合并而成。

邓演达主编的《革命行动》半月刊 9 月 1 日在上海创刊,是中国国民党临时行动委员会机关刊物。

陈蝶仙创办《机联会刊》,宣传提倡国货。

鲁迅编辑的《文艺研究》季刊于 2 月发行,仅出 1 期,皆为译文。

沙千里等将青年之友社扩组为蚁社,任执行委员。参与创办《蚁社》杂志。

青主编的《乐艺》季刊 4 月创刊。

周瘦鹃 6 月因《紫罗兰》半月刊出满 4 年,改刊名为《新家庭》月刊,撰写《发刊辞》。9 月与严独鹤、胡伯翔、郎静山合作主编《中华》图画杂志月刊。

刘奎龄携子刘继卣结识爱新觉罗·溥仪、爱新觉罗·溥儒、爱新觉罗·溥杰。作《仿郎世宁牧马图扇》《母子情深图》《关山行旅图》《伺机出动图》《双雉栖枝图》《花鸟四屏》等。

庞薰琹回国,系统研究中国画论、画史,参加旭光画会、苔蒙画会,成为当时有进步倾向的新兴美术启蒙运动组织者之一。

吴子深发起组织桃坞画社。

黄均拜溥心畬为师,学北宗山水画和书法。

金焰加入创建中的联华公司,主演《野草闲花》《恋爱与义务》等影片。

朱石麟写成电影剧本《故都春梦》,并由此成为专业编导。

沙千里、许德良、李伯龙、杨修范等 12 月在上海发起成立蚂蚁社,以联络感情,增进友谊,从事文化运动为宗旨。

郭泰祺 2 月任上海光明大学校长,李金发任副校长,易培基、褚民谊、彭襄等任校董,郑振铎任文学院院长。但创办不久,就被教育部以办理未合规程为名勒令关闭。

王造时经苏联回国,同年受聘担任上海光华大学文学院院长兼政治系主任。

陈高佣从日本回国,任教于上海劳动大学。创办《世界与中国》月刊。

王蘧常任大夏大学国文系教授,后又兼任高等师范科国文系主任。

蒋兆和任上海美术专科学校素描教授,并参加临时青年爱国宣传队绘抗日宣传画。

章次公与陆渊雷、徐衡云合力创办上海国医学院,聘请章炳麟任院长。

俞剑华兼任上海美术专科学校教授。

沙孟海在上海《东方杂志》第 27 卷第 2 号上发表《近三百年的书学》,对历代书法学史作了系统梳理。

李何林所编《鲁迅论》4 月由北新书局出版。

寒光译《马克思给库格曼的信》一文刊载于上海《动力》月刊。

谭其骧毕业于上海暨南大学历史系。

黄敬在上海参加左联文艺团体南国社,从事进步文化活动。

林淡秋在上海开始从事专门写作。

聂耳在上海参加上海反帝大同盟。

陈田鹤考入上海国立音乐专科学校,师从黄自学习理论作曲。

周立波因散发传单被上海江湾劳动大学开除。不久返乡,开始从事文学写作和翻译。

吕骥考入上海音乐专科学校学习。

范古农、余了翁等主编的《佛学半月刊》10 月 16 日在上海创刊。范古农时为上海佛学书局总编辑。

唐文治继续任职于无锡国专。1 月 18 日,无锡国专呈文教育部,称将奉部令,改名私立无锡国学专修学校,一切当参照大学规程关于专修科之规定办理,以符定制。此为无锡国专第三次改名。同月,无锡国专召开校董会会议,出席者有高阳、蔡其标(陆景周代)、陆仁寿、唐保谦(唐星海代)、钱基博、孙家复、蔡兼三等人。因人数不足,改为谈话会,报告图书馆成立经过及部令学校改名等事。2 月 18 日,无锡国专行开校礼。唐文治本学期教授《论语》及《礼记》诸经。同月,依据教育部令,利用无锡文庙余屋作为教育产业之用,并修茸文昌阁及其他余屋扩充校舍,并在无锡县教育局备案;教授单镇辞职,聘邓揖继任,又聘陈兆蘅为教育学教授;昆山闵采臣等来访,唐文治撰文以赠。约 3 月,辑《阳明学术发微》7 卷成,分为:一,讲学事迹;二,圣学宗传;三,阳明学四大问题;四,良知经学;五、六,通贯朱学;七,龙溪述学髓。《茹经先生自订年谱》记:荟萃菁英,钩元提要,实功利派之要也。

唐文治《孟子心性学》刊于 4 月 1 日《群雅》第 1 卷第 1 号。5 月 14 日,唐文治致函张元济,称"旋接商务馆寄来《传习录》一册""调查《四部丛刊》订购年月事,已托人向贵馆径洽

矣"。同月，倪铁如、钱殷之和国学馆毕业生许岱云在无锡南市桥筹建江南中学，自建教室
13 间，办公室、宿舍 5 间。由钱基博之侄钱殷之任校长，倪铁如任教务主任，许岱云任训育
主任。聘唐文治、钱基博、杨荫溥、钱孙卿、薛天汉、虞炳烈、薛臻黔、周肇甫等组成校董会。
6 月 14 日，召开校董会会议，出席者有唐保谦、荣德生、蔡兼三、华绎之、顾述之、高阳（孙家
复代）、陆仁寿、蔡其标、孙家复、钱基博、丁彦章（荣德生代）、俞复（蔡兼三代）等人。30 日，
上海交通大学举行第三十届毕业典礼，应校长孙科、副校长黎照寰之请，唐文治莅会并作训
辞。6 月，举行第五班第五届学生毕业礼，朱星元、王绍曾等 29 人毕业。7 月 21 日，唐文治
致函陈中凡，邀请开设特别讲座，每月到校讲座两次。8 月，教授朱文熊、邓揖、陈兆蘅辞职，
聘叶长青、陈邦怀继任。叶长青主要讲授韵文、《文心雕龙》《诗品》等课程，陈邦怀讲授中国
韵文选、《诗品》《文心雕龙》等课程。同月招收第九班学生 80 人，第一学年分甲乙两班教
授，并决定以后一年级学生人数如超过 50 人，均分班教授。9 月 5 日，唐文治致函陈中凡，
告知新学期开学，前接讲授科目大纲，询"何日莅锡"。24 日，时任中国经济学社社长马寅初
应无锡国专之邀请，来校演讲《中国田赋》。9 月，唐文治辞却无锡中学校长职，由钱孙卿代
理校务。约 9 月，辑《紫阳学术发微》12 卷成。

　　按：据《茹经先生自订年谱》记：初，于教授《性理大义》中，对朱子诸篇不能挈其纲要，后读王白田、朱
止泉、秦定叟诸先生书，略事分门纂述，粗有成书。本年购得夏弢甫先生《述朱质疑》，更觉秩然有条理，于
是仿其意，编辑是书，后附陆桴亭、顾亭林诸先生之评论之学，得九家为九贤。朱子学说，颇足发明朱学
源流。

　　唐文治、蒋梦麟、刘海粟、汪亚尘、俞寄凡、王济远、潘良玉、朱古民、潘光旦等是秋为《朱
岷瞻画集》作序，蔡元培题签，由艺苑赏真社发行。11 月 22 日，唐文治应无锡县立初中校长
之邀请，前往该校演讲《读文法》，无锡国专学生 80 人随行旁听。11 月，无锡国专学生自治
会成立。是年，张公权、韦增复、王叔言、孙宇晴、沈志开、张松亭、胡端行、张廷金、裴维裕、
陈柱、陆景周、崔龙、朱诵韩等十余人发起刊刻《茹经堂文集》三编。《三编》共 8 卷，陈衍、冯
振作序，朱诵韩作跋，有文 170 篇；因唐文治计划辑咸、同、光、宣四朝实录，朱诵韩寄赠《十
二朝东华录》。不久，唐文治又购得李垣编《国朝耆献类编》一部，共 400 册；作《与高吹万
书》，指出读书作文须专一，曰："若力追秦汉，恐为未能，不如专读湘乡文，字字若履危石而
下，而其气则翱翔于虚无之表，庶不失其至大至刚之气。"又据汪叔子《文廷式庚子日本行》
记，向汪曾武询文廷式行状，汪转询文氏九弟文龢，文龢仅示以文氏著作目录，汪"乃就所知
者，杂缀成篇，以报蔚芝"。相关序跋尚有：为无锡国专国术教授侯敬舆所著《国术进化概
论》一书作序；为无锡秦毓钧所辑《锡山秦氏文钞》作序；为王蘧常所撰《沈子培先生年谱》作
序；为杨锺钰所著《礼记撷要》作序；为内弟郁宗钦遗作《拙尊诗稿》和朱诵韩《勤补斋杂著》
作序；为描绘施襄臣陕西赈灾情况的《函关秋赈图》作序；为所藏先师王祖畬的手迹作跋；为
吴汝纶所遗书稿作跋；又作《周易探原序》，但该文在《茹经堂文集》无目无文。（以上参见陆阳
《唐文治年谱》，上海三联书店 2013 年版）

　　秦毓钧选取宋元明清至民国 123 位秦氏人士的 493 篇文章，辑成《锡山秦氏文钞》，唐
文治作序，称："其著作之富，麟麟炳炳，蔚成巨观，综其数达百有二十余人。呜呼！何其伙
也。然从未有以家族之著述汇为鸿编者，即有之，亦不过三五人或十数人而止……庶几读
是编者，本孝弟礼义之义，推至于宗族，推至于乡邑，推至于社会，更推至于民胞，物与之中
邦，俾不知不识之生生，皆熏其德而善良焉，则我国之政治风俗其有瘳，夫吾国之文化其弗
坠矣夫。"（参见陆阳《唐文治年谱》，上海三联书店 2013 年版）

　　钱基博与唐文治、杨荫溥、钱孙卿、薛天汉、虞炳烈、薛臻黔、周肇甫等5月被聘为江南中学校董。6月14日，钱基博与唐保谦、荣德生、蔡兼三、华绎之、顾述之、高阳（孙家复代）、陆仁寿、蔡其标、孙家复、丁彦章（荣德生代）、俞复（蔡兼三代）等人出席校董会会议。是年，所著《版本通义》由商务印书馆出版。（参见王玉德《钱基博学术年谱简编》，载舒大刚主编《儒藏论坛》第3辑，四川大学出版社2009年版；陆阳《唐文治年谱》，上海三联书店2013年版）

　　胡朴安应叶楚伧之邀赴镇江，出任江苏省民政厅长之职。10月11日，蔡元培致函胡扑安，谓"卢君子侨，为北京大学毕业生。曾由弟介绍于钮惕生先生。钮先生本欲以县长存记，而不久离江苏省政府，不及安排；然以为卢君之才，于县长最为相宜，特为专函介绍于左右。弟所见正与钮先生同，亦为一言。如蒙酌行委任，不胜同感"。（参见高平叔编著《蔡元培年谱长编》，人民教育出版社1996年版）

　　俞庆棠、刘季洪、高践四、李云亭、韩寿晋、刘绍桢、刘云谷7人1月受江苏省教育厅委托为筹备委员，刘季洪为主任，负责筹办江苏省立镇江民教馆。9月14日，省立镇江民教馆正式开馆，原省党部的祁锡勇奉命担任馆长。该馆设总务、推广、展览、教导、编辑五部，由朱芸生、徐朗秋、刘之常、冯国华、顾仁铸分任主任。

　　孙晓楼、冯晓钟、张文伯等在江苏无锡发起成立锡钟社，以讲求学术、发扬文化为宗旨。

　　巨赞父病去世。国民党江苏省党部通缉令下，逃至苏州、常熟、上海。为照顾家人，隐姓埋名于江阴青阳中学代课。（参见黄夏年编《中国近代思想家文库·巨赞卷》及附录《巨赞年谱简编》，中国人民大学出版社2015年版）

　　高阳任江苏省立教育学院院长兼教授。

　　滑田友参加江苏甪直唐塑罗汉修复工作。

　　范烟桥因苏州世界书局设编译所，受约任局外编辑。

　　孙起孟毕业于苏州东吴大学政治学系。

　　张静江继续任浙江省政府主席。1月，张静江、李石曾、吴敬恒、蔡元培等人为理事的中国建设协会在上海成立，以"秉承总理遗教研究及宣传一切物质及精神之建设，并促进其发展"为宗旨。1月1日在上海创刊《中国建设》，曾养甫、李心庄、赵松寿、蓝田、陈国钧等为主要撰稿，16日，蔡元培致张静江函，略谓："顷由西湖博物馆陈馆长寄到贵政府公函，承聘为该馆历史文化部专门委员，祗敬领悉。台端恢宏大度，系念民生，前次博览会，既极一时观摩之盛；继以博物馆，又开两部研究之资，本省文化，利赖实深。谨当本其所知，随时贡献，冀以仰裨治理。先此奉复，诸维荃照。"同日，蔡元培复浙江省立西湖博物馆馆长陈屺怀一函，内容与致张静江函大致相同。4月9日，蔡元培在杭州参观全国运动会。晚间7时，出席浙江省政府及国民党浙江省党部在西湖博览会大礼堂举行的招待全运会选手的大会，到七千余人。由张静江主席，蔡元培和蒋梦麟均发表演说。末有电影及游艺，还有各种物品及杭州特产分送各选手。6月28日，蔡元培与张静江同乘夜快车由沪赴宁。12月9日，蔡元培致马叙伦、沈士远、胡适、马衡函，谓"顷接浙江教育厅长陈布雷先生来函，略谓：'前承函嘱保存单不厂先生遗书。查是项书籍，共五十三箱，于本年五月间存入省立图书馆，并附书目一本；经点收保管，由该馆长缮就收据，交原代理人潘尊行君收执。相应函复'等语。特此转达，即希察照"。是年，张静江与蒋介石因双方对建国之后在国家如何发展的问题而产生分歧，张静江因始终遵循孙中山"实业救国"的遗训，致力于国计民生，以极大的热情和精力投入到国家的建设事业中，与一心一意"剿共"，进而武力"统一全国"，确立自己在全国的统治地位的蒋介石矛盾日深，又因与蒋介石亲信陈果夫、黄郛等人冲突而被免职，逐步退出国民党中央权力中心。年底，张静江免去浙江省政府主席，由张难先继任。12月16日，蔡元培到达杭州，为新任浙江省政府主席张难先及委员张乃燕等宣誓就职监誓。到五百余人，宣誓毕，中央党部代表蔡元培、行政院代表判郑文礼致训词，来宾叶溯中致词，张难先答词。蔡元培训词略谓："浙省过去因受军事直接影响很少，且前主席张静江先生……建设计划丕大，并有勇气实行，所以浙省建设事业，比各省进步。张义痴同志从前在粤、鄂二省时，亦颇著成绩，此次国府派其来浙，预料于最短期间，必有长足进步。"（参见高平叔编著《蔡元培年谱长编》，人民教育出版社1996年版）

马叙伦仍居杭州。1月10日与东皋雅集同人纪念苏轼诞辰。2月1日，访晤余绍宋。3日，余绍宋回访未值。19日，访晤余绍宋。余绍宋为马作画，并回访。25日，访晤余绍宋。28日，为余绍宋代向南京图书馆借方辅《隶八分辨》。3月1日，余绍宋来访不值。2日，东皋社友雅集。3日，宴请陈叔通，约余绍宋作陪。10日，访晤余绍宋。余绍宋应邀为其绘《嚼梅咀雪庵图》。18日，两访余绍宋。3月，北大集会悼念教授单不庵。5月14日，余绍宋来访未遇。15日，回访余绍宋未值。17日，访晤余绍宋。6月10日，黄晦闻与余绍宋书，谈蔡元培曾托马叙伦约其到北大任教事。11日，访晤余绍宋。同月，吴县唐塑修整竣工，书蔡元培撰《甪直保圣寺古物馆记》，落款：中华民国十九年六月，蔡元培撰，马叙伦书。碑左下角注"古吴黄慰萱刻"，立于甪直保圣寺古物馆内。8月1日，访晤余绍宋。25日，余绍宋来函。9月8日，访晤余绍宋。13日，致函余绍宋。10月2日，余绍宋来访，坐谈半时许。3日，马叙伦以《庄子义证》持赠余绍宋。同日，函复吴士鉴，并回赠《庄子义证》一部。10月7日，马叙伦接吴士鉴信札，即复。

马叙伦10月与蔡元培、马衡、沈士远、邵裴子、胡适联名致函浙江教育厅，要求妥善保存萧山单不庵遗留藏书。约11月，马叙伦藏书转让北平辅仁大学。伦明《辛亥以来藏书纪事诗》（1935年《正风》半月刊）谈及马卖书辅仁事："数年前，君以所藏，全归辅仁大学，凡两万余册。近代人词集多至数百册。君不善词，而好收词集。数年前谭篆青家设选会，多资之。"12月9日，蔡元培致马叙伦、沈士远、胡适、马衡函，称据浙江教育厅长陈布雷复函，单不庵遗书53箱已由省立图书馆点收。12月31日，余绍宋来访。是年，脱离国民党。

按：马叙伦《国民的责任应该说话》（1945年12月1日《民主》周刊第8期）："我未到'弱冠之年'已有中国式的社会主义思想，过了二十，便加入同盟会外围的南社，也曾做过国民党北京特别党部（引者按：作者记忆略有偏差，当为北京执行部）的宣传部长，也曾踏过血迹而尝过小小流血的味道，也曾在国民党党治下努力过政治工作，虽然从十九年起不让我再占国民党党籍了，但我不曾再加入任何党籍。"卢礼阳《马叙伦年谱》（浙江古籍出版社2021年版）以为此言"不让我再占党籍"，十有八九被党部除名，并非主动退党。背景如何，此文隐约其辞，《我在六十岁以前》亦避而不谈。然而马不再是国民党党员，在其政治、学术生涯中无疑是个转折点，标志着他与国民党主流派的决裂，真正具备"一锤定音"的意味。（参见卢礼阳《马叙伦年谱》，浙江古籍出版社2021年版）

熊十力所著《唯识论》由公孚印刷所印制。这一稿本较1923年《唯识学概论》有了根本变化，较1926年《唯识学概论》亦变化了十之三四。高赞非记录整理的熊十力1924—1928年论学语录和信札，经张立民删定并序，编为《尊闻录》，于10月自印行世，分赠友好。熊十力仍住西湖孤山广化寺，与理学大师马一浮结交。（参见郭齐勇编《中国近代思想家文库·熊十力卷》及附录《熊十力年谱简编》，中国人民大学出版社2014年版）

马一浮1月15日致书熊十力，嘱其以静养为上。4月5日清明节，丰子恺访马一浮于延定巷,代弘一法师送两块印石。7月13日,马一浮致书北京大学陈大齐,因陈大齐请马一浮北上,欲聘其为研究院备员导师,马一浮认为"方今学子,务求多闻,则义理非所尚;急于世用,则心性非所先……平生粗究终始,未尽玄微。耻为一往之谈,贵通天下之志",故辞其请。12月28日,马一浮致书陈大齐,将聘书退回,说明自己尚无讲学之意,无法鼓舞学者。并向陈大齐举荐居西湖养病的熊十力,赞曰"或徒以其善唯识,实未足以尽熊君",且随信附熊十力近期语录一册供陈百年阅读。31日,致书熊十力,马一浮告知已向陈大齐举荐他之事,熊十力亦坚辞。因得读熊十力《尊闻录》,特举"成能""明智"二义加以讨论。(参见张雨晴《马一浮学术年谱整理(1911—1949)及其儒学践履活动研究》,贵州大学硕士学位论文,2019年;郭齐勇编《中国近代思想家文库·熊十力卷》及附录《熊十力年谱简编》,中国人民大学出版社2014年版)

丰子恺1月在上海任开明书店创办的《中学生》艺术编辑。同月10日,在《东方杂志》第27卷第1号"中国美术专号"上发表《中国绘画思想》《东洋画六法的理论的研究》。3月,所著《西洋画派十二讲》由上海开明书店刊行。秋,丰子恺回到浙江桐乡,修建"缘缘堂"。后来著名的《缘缘堂随笔》就是以他的书斋为名。是年,所著《近世十大音乐家》由上海开明书店刊行;《音乐初步》由上海北新书局刊行;《近代二大乐圣的生涯与艺术》由上海亚东图书馆刊行。(参见陈星《丰子恺年谱长编》,中国社会科学出版社2017年版)

施存统(复亮)所著《社会科学之基础知识》作为"社会科学常识丛书"第十种由新生命书局出版。2月9日,所译日本福本和夫著《社会进化论——社会底构成及变革进程》由上海大江书铺刊行。3月,所译日本上田茂树著《世界社会史》由昆仑书店再版。春,施存统返回金华老家居住,旨在专心著述,历时一年半。9月20日,与钟复光合译日本田中九一著《苏联经济政策及社会政策》由新生命书局出版。是年,施存统所著《社会科学的研究》由上海宏远书店刊行;所译日本高畠素之著《资本论大纲》由上海大江书铺刊行;与陈豹隐合译的《社会科学经济概论》由上海书林书局出版;所译日本上田茂树著《世界史纲》由大江书铺出版;与钟复光合译的日本山川均著《工会运动底理论与实践》由上海大江书铺刊行;与周白棣合译的日本高桥龟吉著《实用经济学》由上海春秋书局刊行;与周白棣合译的日本石滨知行著《美国资本主义发达史》由上海春秋书店刊行;又译苏联波格达若夫著《经济学大纲》,由大江书铺出版。(参见何民胜编著《施复亮年谱》,商务印书馆2019年版)

陈万里从本年前后开始,在浙江一些地方进行古代越窑和龙泉窑遗址的调查。(参见中国大百科全书总编辑委员会《中国大百科全书·考古学》,中国大百科全书出版社2002年版)

江绍原、钟敬文、娄子匡、钱南扬等在杭州西子湖畔成立中国民俗学会,学会以搜集、研究各地、各民族风俗、习惯、信仰、传说、故事、歌谣、谚语等为宗旨。出版刊物有《民俗》周刊。学会除杭州总会外,在浙江绍兴、宁波、吴兴、永嘉等县,以及广东、福建、安徽、四川等地先后建立了分会。

夏承焘由浙江省立第九中学(即浙江省严州中学)转之江大学任教。

李元庆入杭州国立艺术专科学校学习钢琴、大提琴。

李笠在浙江瑞安县城建立藏书楼"横经室",藏书达5万余册。

李苦禅应林风眠之聘,任国立西湖艺术院中国画教授,与潘天寿同事。在杭州期间,结识张大千和京剧大师盖叫天。

周宝奎进浙江嵊县崇仁镇高升舞台科班,与筱丹桂、贾灵凤、裘大官等同科学戏。

商芳臣入浙江嵊县崇仁镇高升舞台科班,师从喻传海、应方义等,工老生,与筱丹桂同科。

夏震武在灵峰精舍创办刊物《翼道丛刊》,其宗旨为卫圣倡道,"以正人心,息邪说,扫荡百家而定一尊"。5月1日,逝于故里。(参见王波编《中国近代思想家文库·夏震武卷》,中国人民大学出版社2014年版)

静权在浙江天台国清寺设天台宗研究社。

毛泽东1月5日在古田给第一纵队司令林彪写回信,以党内通信形式印发给部队干部,对广大指战员进行形势与任务的教育。毛泽东在这封信中对国际国内的基本矛盾作了科学的分析,说明了中国革命高潮快要到来、星星之火可以燎原的道理,批评了党内一些同志对时局估量的一种悲观思想。信中总结两年多的革命实践经验,发展了"工农武装割据"的思想,基本上形成了"农村包围城市、武装夺取政权"的理论。此信后编入《毛泽东选集》时,题为《星星之火,可以燎原》。30日为农历正月初一,毛泽东将由闽西进入赣南的一路情景吟成一首词《如梦令·元旦》。2月,鉴于红军第四、第五、第六军均缺干部,共同前委决定创办随军的红军学校,招收学员六百人,由毛泽东任校长。同月,毛泽东行军途中,在"马背上哼成"了《减字木兰花·广昌路上》词一首。5月,毛泽东撰写《调查工作》一文,此为毛泽东多年调查研究活动的理论总结,文中主张马克思主义"必须同我国的实际情况相结合",批评理论脱离实际的作风,提出"没有调查,就没有发言权"的著名论断,提出"中国革命斗争的胜利要靠中国同志了解中国情况"的科学论断。这篇文章初步形成了毛泽东思想活的灵魂的三个基本点,即"实事求是、群众路线、独立自主"的思想。此文后编入《毛泽东著作选读》甲种本时,题为《反对本本主义》。

毛泽东6月中、下旬主持召开中共红四军前委和闽西特委联席会议。会议通过了经毛泽东审改的《富农问题》和《流氓问题》两个决议。7月,毛泽东在进军途中作《蝶恋花·从汀州向长沙》词。9月24—28日,中共六届三中全会在上海举行,会议由瞿秋白、周恩来主持,根据共产国际的指示,指出李立三的错误,决定停止组织全国总暴动和集中全国红军进攻中心城市的行动,恢复党、团、工会的组织和正常工作,从而结束了李立三"左"倾冒险主义在中央的统治。毛泽东未出席会议,被补选为中央政治局候补委员。10月17日,中共中央政治局会议决定:由项英、毛泽东、周恩来、任弼时、朱德等9人组成苏区中央局,由项英、毛泽东、任弼时、朱德、彭德怀、贺龙、黄公略、叶剑英、邓中夏、曾中生、邓小平、刘伯承、周恩来、恽代英、李富春等25人组成苏区军委。10月下旬,蒋、冯、阎战争刚结束,蒋介石部署对中央革命根据地进行第一次"围剿"。毛泽东在罗坊期间,从兴国县出来当红军的农民中找了8个人,开了一个星期的调查会,深入调查8户农民家庭的详细情况,主要调查了解土地斗争后农村的经济和政治状况。此即著名的"兴国调查"。次年1月,毛泽东把调查得到的材料,经分析整理写成《兴国调查》。11月14日,杨开慧在长沙浏阳门外识字岭英勇就义。12月下旬,在小布镇主持召开苏区军民歼敌誓师大会。毛泽东为大会题写了表达反"围剿"战略指导思想的大字对联:"敌进我退,敌驻我扰,敌疲我打,敌退我追,游击战里操胜算;大步进退,诱敌深入,集中兵力,各个击破,运动战中歼敌人。"(以上参见中共中央文献研究室编撰、逢先知主编《毛泽东年谱(1893—1949)》人民出版社、中央文献出版社1993年版)

徐特立8月从莫斯科中山大学特别班毕业,学校也于这一期学员毕业后解散。9月,党的六届三中全会后,中央决定在赣西南建立苏维埃中心区,中央临时政府建立在此区。12月,徐特立回到上海,根据党组织安排,由秘密交通陪同,前往中央苏区。经"香港—汕头—

潮安—大埔"中共地下秘密交通线，到达闽西苏区。12月30日，抵达中央红军驻地宁都小布，指挥第一次反"围剿"的毛泽东、朱德热情地迎接了徐特立。（参见《徐特立年谱》编纂委员会编《徐特立年谱》，人民出版社2017年版）

李叔同2月5日在福建南安致信夏丏尊。言近来患神经衰弱甚剧。拟即在彼静养，不再它往。3月14日，李叔同在泉州致信夏丏尊，告知将于旧历三月初赴温州，下半年至白马湖。12月26日，李叔同在慈溪金仙寺致信夏丏尊。因天气冷寒，拟往温州过年。春暖之后再返法界寺。（参见葛晓燕、何家炜编著《夏丏尊年谱》，中国文史出版社2012年版）

王世杰继续任武汉大学校长。4月，武汉大学主办的《国立武汉大学文哲季刊》创刊，王世杰撰写《创刊弁言》，指出学术期刊可视为一个国家"文化的质量检验器"，中国学术期刊无论是质还是量，都是"贫乏不可名状"。王世杰还指出，学术期刊是学术鉴赏、批评的媒介，从事同一学问的学者以学术期刊为媒介，将"鉴赏者或批评者的见地立为新的研究基础，以企图新的结果"，学术研究才能成为"集合的研究"，并取得发展。创刊号刊载了谭戒甫《论晚周形名家》、胡适《坛经考之一———跋〈曹溪大师别传〉》、郭绍虞《中国文学批评史上文与道德问题》、游国恩《五言诗成立的时代问题》、朱东润《陆机年表》、闻一多《少陵先生年谱会笺》（第2—4期连载）、叶德辉《元私本考》（第2—4期连载）等文。

按：按：王世杰在《创刊弁言》中，对学术期刊与一国学术的关系作了详尽的论述，"学术期刊可以看作一国文化的质量测验器"。类似《国立武汉大学文哲季刊》的刊物对一国的文化具有重要意义，"从此类刊物的内容，我们可以窥见一国文化的质素，从此类刊物的种数或其行销数额，我们可以窥见一国文化在量的方面已经达到的程度"。而"学术的进展，其条件诚不一而足；然众多条件之中鉴赏与批评可以说是基本的条件。学术期刊就是鉴赏与批评的媒介。学术期刊的存在可使从事于某种学问之人以其创作或创见，陈诸从事于同一学问者之前，而供鉴赏或批评。而凡从事于同一学问者，并得采取鉴赏者或批评者之见地，立为新的研究基础，以企图新的结束。由是，一切学术上的研究，乃必然地成为一种'集合的研究'；其进展之度自非单纯的个人研究所能比拟"。（王学典《20世纪史学编年（1900—1949）》，商务印书馆2014年版）

闻一多继续任教于武汉大学。4月，所撰《杜少陵年谱会笺》刊于武汉大学《文哲季刊》第1卷第1期，至第4期载完。后收入《闻一多全集》时题作《少陵先生年谱会笺》。同月10日，沈从文在《新月》第3卷第2号发表《论闻一多的〈死水〉》，认为他的诗集《死水》"以一个'老成懂事'的风度，为人所注意"。文中说《死水》"在文字和组织上所达到的纯粹处，那摆脱《草莽集》（朱湘的诗集）为词所支配的气息，而另外重新为中国建立一种新诗完整风格的成就处，实较之国内任何诗人皆多"。6月上旬，辞武汉大学文学院院长职。当时武大起了学潮，攻击闻一多。闻一多就贴了一张布告，说对于自己的职位，如"剜雏之视腐鼠"，并声明辞职离校。后来学校挽留，到底没有留住。

按：王世杰校长在事后的一次报告中，专门谈到此次风潮及闻一多辞职的影响。报告说："关于文学院风潮的事，前几天文学院同学组织了一个文学院课程改讲会，那个会成立之后，即向学校书面提出，辞退闻院长；同时，对闻院长本人书面提出要他辞职。不但如此，课程改进会在本校揭示处出了一二次揭帖，主张闻先生离职。本来，按照中央的规定，学生的任何团体是要避免干涉学校行政的。就令文学院同学觉得这种规定不能遵守，也应认清这种直接的行动，是不利于文学院前途或全校前途的行动。尤其是在这个学年将告终结的时候，因为许多在校的教员，下学期愿意留校与否，正在这个时候决定，许多本校拟聘而未聘就的教员，下学年究竟愿来与否，也正在这个时候决定。这种直接行动，可使在校的全体教员感觉着教员的身份没有保障，不免愤慨或灰心；可使本校拟聘而未聘定的教员，感觉本校学风的恶劣，不愿接受本校聘约，至于对闻先生，在道理上讲，你们当然不应有此侮辱。所以这几天，教务长，各院院长及我个人均感到一种前此未有的困难。今天特在此处报告,希望文学院同学及其他同学了解这回事影响的严重,并都觉悟到爱护学校不是教职员一方面的努力所能生效的,而是教职员和学生共同的责任。"

按:6 月 16 日武汉大学校务会议,在讨论《文学院学生通函揭帖排斥文学院院长案》时,亦议决给这次风潮的两个为首学生严厉处分。会议通过的决议为:"查此事关涉本校纪律至巨,曾经议决查明真相再行处置。兹根据本会查察结果,应将鼓动滋事学生冯名元、汪守宗两生按照本校学则第十七条开除学籍,并令其即日离校。"

按:闻一多辞职还有着深层原因,即传统国学与新文学两种学派的矛盾。由于历史原因,传统国学在武汉大学文科占有极大优势,尚在一九二五年武昌师范大学改为武昌大学时,校长石瑛新聘的郁达夫就因对某些旧派不满,到校九个月便提出辞职。而石瑛欲聘请郭沫若为文科学长,亦遭到旧派的抵制,以致其任校长仅一年也辞职离去。武汉大学成立后,情况虽有变化,但重古轻今的习惯势力仍然存在。先生离开武汉大学后,陈源接任文学院长,音韵、训诂学家刘赜不久担任中文系主任,这可视作派系关系的调整和平衡。(以上参见闻黎明、侯菊坤《闻一多年谱长编》(增订版),上海交通大学 2014 年版)

游国恩除授课、编讲义外,在武汉大学《文哲季刊》第 1 卷第 1 期发表论文《五言诗成立的时代问题》,是年,闻一多离开武大暂住家乡浠水,游国恩和闻一多常有书信来往,讨论学问。(参见游宝谅《游国恩先生年谱》,《淮阴师范学院学报》2002 年第 1 期)

杨端六受聘于国立武汉大学,曾任法学院院长、教务长、教授兼经济系主任、文科研究所经济学部主任。

李剑农担任武汉大学教授,讲授"中国近代政治史"课程。不久,任文法学院教授兼史学系主任。

张奚若在武汉《社会科学季刊》发表《法国人权宣言的来源问题》,被人称为"中国的拉斯基"。

孙大雨从美国回国,任教于武汉大学。

钱亚新回武昌华中大学工作。

查光佛任国民党汉口市党部宣传部长。

左基忠主持的《红军日报》7 月 29 日在湖南长沙创刊。

戴季陶继续任国立中山大学校长。2 月,编印《国立中山大学法规集》,其中所载《大学规程》规定中山大学校长制的大致情况如下:校长:设正、副校长各一人,由国民政府任命。校长总理校务,副校长辅助校长处理校务。校长室设秘书一人,必要时再添助理秘书。设有评议会、教授会议及教务会议、事务会议、事务管理处以及图书馆、庶务、出版等特种委员会。设教务主任、事务主任、图书馆主任各一名,由校长聘任或在教授中聘请兼任。教务会议由教务主任、事务管理处主任、各科主任、各系主任、图书馆主任及注册部主任组织,以教务主任为主席。教务会议议决事项有:①学生入学及考试;②学术进演及出版;③学系增废;④其他不专属于任何一科的教务事务。又设有特种委员会:为协助校长规划事务,设庶务委员会(规划庶务及建筑的修理和保管,庶务部主任为当然委员)、图书馆委员会(规划图书馆的扩张和建设,图书馆主任为当然委员)、出版委员会(规划本校的出版事项,审查出版的稿件,出版部主任为当然委员)等 3 个特种委员会及各临时委员会。各委员会委员以 3—7 人为限,当然委员之外的委员,由校长于教授及重要职员中选定,提交评议会同意后,聘请兼任。除临时委员及特殊情况外,委员任期均为一年。10 月,国民政府任命朱家骅为校长。12 月中旬,朱家骅调任国立中央大学校长,又任命金曾澄为校长,金到任前,由学校评议会协助事务管理处主任沈鹏飞教授主持校务。金曾澄出任校长的消息一公布,即发生拒金风潮,仍以朱家骅挂名校长,校务由沈鹏飞代理。(参见吴定宇主编《中山大学校史(1924—2004)》,中山大学出版社 2006 年版)

陈受颐继续任教于岭南大学。6月,在《岭南学报》第1卷第3期发表《鲁滨孙的中国文化观》,文中对《鲁滨孙漂流记》的作者丹尼尔·笛福的中国文化观进行了剖析,认为他对中国文化的攻击和鄙夷,"是他自己的思想和性情的表征,不是受任何人的驱使,或任何人的暗示",且自1705年后15年未变。笛福之所以会对中国文化不满,是由于其宗教信仰、爱国热情、商业兴趣等原因。文章还对笛福同时代的多位英国作家、牧师等人之中国文化观进行了分析。(参见王学典《20世纪史学编年(1900—1949)》,商务印书馆 2014 年版)

容肇祖是年春离开中山大学,受聘到岭南大学任国文副教授。9月,容肇祖在《岭南学报》第1卷第4期发表《阎若璩的考证学》。(参见东莞市政协编《容庚容肇祖学记》,广东人民出版社 2004 年版)

杨成志3月23日结束长达20个月的云南民族调查工作,回到中山大学。5月1日应岭南大学钟荣光、李应林两校长的邀请,前往岭大发表题为《西南民族概论》的演讲。

陆幼刚任广州市教育局局长。

温丹铭任广东通志馆总纂。

林柏生创办《华南日报》,任社长。

赵少昂在广州创办岭南艺苑,以绘画设席授徒,同年作品《白孔雀》入选比利时"万国博览会",获金牌奖。

马彦祥参加广东省立戏剧研究所,主编《戏剧》双月刊。

陈树人在广州参加国民党非常会议。是冬赴桂林旅行写生。所作《岭南春色》在比利时万国博览会上获奖。

张澜7月出席成都大学第一届学生毕业典礼,并发表讲话,勉以团结奋斗,改革社会。希望大家不忘"中国学生的出路",要无愧于前贤往哲。作堂堂正正的人,要富贵不能淫,贫贱不能移,威武不能屈。8月,张澜为筹措学校经费,离校返南充,后又转赴重庆找刘湘支持。校长一职,由文、理、法三学院院长轮流,每人代理一学期。是年,在政治和经济的双重压迫下,张澜决心辞职归里,并作诗《梦南溪山庄竹盛长》,反映了他当时的心情。(参见谢增寿编著《张澜年谱》,群言出版社 2013 年版;王承军《蒙文通先生年谱长编》,中华书局 2012 年版)

蒙文通约在6月前后辞中央大学教职,往湖南。8月9日,访黄侃。15日,至上海,晤陈柱,并读所著《待焚诗草》。9月1日,蒙文通在《史学杂志》第2卷第3—4期合刊发表《中国古代北方气候考略》,认为"三古之世,黄河流域之气候如今日之长江。古代长江流域之气候,如今日之珠江",中国文化随气候变迁逐渐由北向南发展,而"展大于三河"。此文与竺可桢《中国历史上气候之变迁》等文一起对中国历史气候进行了开创性研究,而且对中华文化生成与气候的关系也进行了探讨。10月,蒙文通应聘任教成都大学。11月,范希曾在南京国学图书馆编印的《国学图书馆第三年刊》上发表《书目答问补正(经部)》。蒙文通据此加了若干按语,以订正原稿之失。13日,蒙文通于文庙后街教员院宴吴虞、卢前、刘衡如等。22日,晤吴虞。12月11日,蒙文通与吴虞被诬指为共产党。12日,蒙文通晤吴虞,"云密告八人皆成大教授"。23日,蒙文通和吴虞为共产党事水落石出。(参见王承军《蒙文通先生年谱长编》,中华书局 2012 年版;王学典《20世纪史学编年(1900—1949)》,商务印书馆 2014 年版)

吴虞2月21日令过继子吴机读《世界读本》第一册。5月6日,李劼人将开餐馆,吴虞为拟名曰"小雅轩"。8月14日,向仙樵送来中国文学院诸子学教授聘书。8月22日,建国中学校长姚勤如送来请任考试委员公函及请帖。10月12日，省一师校长何叔钧送来聘书，吴虞应允每星期五三至四时讲荀子文。10月13日，三女来信，言已移居南京成贤街。11月16日，三女来信，言现在金陵女大旁，自建住宅一所，年底可竣工。（参见朱玉、孙文周《吴虞年谱简编》，《吴虞诗词研究与整理》附录一，河南文艺出版社2016年版）

　　卢作孚1月发表《四川人的大梦其醒》和《乡村建设》两篇重要文章。2月，北碚农村银行改组成立，卢作孚任执行委员长。3—8月，携民生公司、北碚峡防局、北川铁路公司有关人员7人，出川到华东、华北、东北，历时5月有余，一面参观考察学习，一面宣传峡防局。归来出版《东北游记》，揭露了日本帝国主义对我国东北进行的经济、政治、军事侵略野心。9月，中国西部科学院在北碚成立，卢作孚任院长，下设设立地质、生物、理化、农林4个研究所，博物、图书两馆，以及兼善中小学校。主要从事地质调查、地图汇制、气象观测、化学分析、标本采集、品种改良等活动。出版《质地丛刊》《气象月刊》《四川产业索引》《中国西部科学院年度报告》等。10月，福川公司第一个与民生轮船公司联合，民生开始大规模合并川江轮船公司。10月，峡防局工务股正式改组成为三峡染织工厂，化兵为工。（参见王果编《中国近代思想家文库·卢作孚卷》及附录《卢作孚简编》，中国人民大学出版社2015年版）

　　何超腾任重庆合川天健体育专科学校校长，杨佳因任副校长兼教务主任。

　　宋育仁任总裁的《四川通志》初稿草成，共300余册。自1924年重修四川通志局成立，宋育仁受命任总裁，陈钟信为助手，张森楷、周翔等人为编纂，主修《四川通志》，至此历经六年而成。（参见王东杰、陈阳编《中国近代思想家文库·宋育仁卷》及附录，中国人民大学出版社2014年版）

　　董泽继续任私立东陆大学校长。由于大学内容逐渐扩充，校经费不济，云南省政府为谋教育系统之调整，教育事业之联络，及大学本身之发展计，议决将私立东陆大学改组为省立东陆大学，经费由省款支给。大学原有基金，另组织基金委员会保管，由云南省政府委员会财政厅厅长陆崇仁、教育厅厅长龚自知及大学校长为委员，陆崇仁兼委员长。董泽校长辞职，云南省政府令委副校长华秀升代理校长。本次改组虽然拖延了时间，影响了校务的推进。但通过改组，使东陆大学的设施与全国其他省立大学渐趋一致，为尔后的由省立东陆大学改为省立云南大学，又由省立云南大学改为国立云南大学创造了有利条件。（参见《云南大学志》编审委员会《云南大学志》第2卷《大事记（1915年—1993年）》，云南大学出版社1993年版）

　　林文庆继续任厦门大学校长。2月，遵照国民政府教育部令，将"科"改为"学院"，并重新修订《厦门大学组织大纲》，全校设文、理、教育、法、商五学院。6月，充实教学机构，全校共设21学系，其中：文学院设中国文学、外国语文、哲学、社会、历史等五学系；理学院设数学、物理、化学、动物、植物、天文等六学系；法学院设法律、政治、经济等三学系；教育学院设教育原理、教育心理、教育行政、教育方法等四学系；商学院设银行、会计、工商管理等三学系；构成多科性的教学体制。7月14日至8月23日，与中华教育文化基金会联合举办"暑期生物研究会"，全国共有14所大学22名生物学教授参加，取得丰硕成果。研究会结束时宣布成立"中华海产物学会"，并在厦大设立海洋生物研究场。（参见洪永宏编著《厦门大学校史》（第一卷），厦门大学出版社1990年版）

　　王鲁彦9月上旬经巴金介绍，为华侨办的《民钟日报》编副刊，同时在厦门大学兼课，教授《中国文学》。（参见唐金海、张晓云《巴金年谱》，四川文艺出版社1989年版）

　　陈东原2月在安庆任安徽省立图书馆馆长，主办《学风》杂志。

张慰慈赴青岛特别市政府代理参事,后因胃病辞职休养。病愈后受聘安徽大学法学院。是年,安徽大学聘任杨亮功为校长,上任后立即在文学院、法学院、理学院延聘各领域专家学者任职,其中法学院就包括张慰慈等知名学者。张慰慈在安徽大学期间还曾担任该校图书馆馆长,并整理出版了他的三部最重要的政治学著作:《政治学大纲》《宪法》和《政治制度浅说》,系统地对比和阐述了西方政体的优劣,并希望借此有助于国民政府的政权建设。(参见李源编《中国近代思想家文库·张慰慈卷》及附录《张慰慈年谱简编》,中国人民大学出版社2015年版)

杨振声 3 月 26 日经蔡元培举荐,受南京政府教育部指派,负责筹备国立青岛大学,并内定为校长。6 月中旬,杨振声到青岛,旋赴上海延揽教员。杨振声一见闻一多,便请他去青岛大学主持中文系工作,并请编辑《新月》。又请在吴淞中国公学、真如暨南大学兼课的梁实秋去主持外文系。9 月 21 日,国立青岛大学正式成立并开学,校长杨振声宣誓就职。杨振声自筹备青岛大学以来,先后邀请闻一多、梁实秋、张煦、洪深、李达、老舍、游国恩、沈从文、吴伯箫、萧涤非、丁西林、童第周、王普、博鹰、王恒守、任之恭、王淦昌、王统照等知名学者到青岛大学任教。

按:9 月《山东教育行政周报》载:"国立青岛大学校长杨振声,自到任以来,积极筹备开学事宜,修理房舍、招考新生、聘请教授、购置图书仪器。各寄宿舍大礼堂、教室饭厅、沐浴室已修理完竣,今年补习班升入正科者,及新招学生共一百五十人,多已到校,二次在青、济两处续招新生,投考者约百余人,尚未榜示,新聘各科教授,多系国内名流,闻教务长为中委张道藩,总务长陈启超,中国文学系主任闻一多,外国语文系主任梁实秋,教育系主任沈履,数学系主任黄任初,化学系主任汤汉鼎,物理系主任胡敦复,生物系主任潘光旦,暨讲师、助教二十余位,多已到校。新购西文书籍,价值四万余元,中文书籍一万余元,中外杂志报章,多至百余种,理化仪器,新自沪购到者,价值一万元。刻校内布告,定于本月二十日行开学典礼。闻杨校长已函请监察院长、本校筹备委员蔡元培氏来校致词,届时必有一番盛况。"

杨振声与闻一多、赵太侔 10 月 27 日晤来访之山东省立图书馆馆长王献唐。11 月,青岛大学爆发全校性罢课。原因是开学后,学校发现有些学生用假文凭报考,便宣布褫夺这些学生的学籍。这引起许多人不满,认为既然能考取,就证明够得上入学资格,不必用文凭来卡学生。12 月 4 日,青岛大学第一次校务会议议决:一、全体同学即行上课,在未恢复上课之前,任何要求不予置议;二、宣布学生自治会不合法,其议决案无效。5 日,青岛大学当局组织护校团,由赞成昨日校务会议的学生组成。护校团在教学楼下为上课事与罢课纠察队发生争执,教务长张道藩打电话调来警察保安队包围校舍。学校当局布告开除学生 60 多名(第一期全校学生共 126 名),学生罢课失败。(参见季培刚编著《杨振声编年事辑初稿》,黄河出版社 2007 年版;齐家莹编《清华人文学科年谱》,清华大学出版社 1999 年版;闻黎明、侯菊坤《闻一多年谱长编》(增订版),上海交通大学 2014 年版;高平叔编著《蔡元培年谱长编》,人民教育出版社 1996 年版)

闻一多 6 月离开武汉大学,受聘于国立青岛大学,任文学院院长兼国文系主任。在上海,遇清华大学文学院院长杨振声,格外欢欣。杨振声请他去青岛大学主持中文系工作,并请编辑《新月》。初,闻一多有些犹豫,杨振声力言青岛胜地,景物宜人,恰梁实秋正准备回北平省亲。于是,闻一多与梁相偕乘船去青岛,一觇究竟。游青岛之后,杨振声设宴款待他与梁实秋。闻一多就在宴席上答应接受青岛大学聘书。7 月 2 日,中华教育文化基金董事会第六次年会在南京召开,秘书长为胡适,会议决定改科学教育顾问委员会为编译委员会,聘胡适为委员长、张准为副委员长。胡适遂提出编译委员会委员名单 13 人,闻一多为其一。7 月 14 日,清华大学校务委员会会议议决提请聘请闻一多为中国文学系专任教授,月薪拟定为320元。8月18日,《清华大学校刊》第196号之《新聘教师初志》中报道此事。但北平局势在阎锡山控制中,属南京系统的清华大学校长罗家伦难有作为,已于5月辞职。闻一多大约考虑到清华校局不稳,同时梁实秋也决定就任青岛大学教职,故放弃回清华执教的机会。

　　闻一多8月初携眷至青岛。8日中午,胡适乘船至青岛,宿福山路新一号宋春舫宅。因饮食泻肚,诊断可能是盲肠炎,医生不准起床见客。13日,闻一多与梁实秋、赵太侔探望病中的胡适。15日,胡适与任鸿隽、张子高商谈编译委员会人选,决定请闻一多和梁实秋参加。编译委员会委员拟分二组:甲组丁在君、赵元任、陈寅恪、傅孟真、陈通伯、闻一多、梁实秋;乙组王季梁、胡经甫、胡步曾、竺藕舫、丁西林、姜立夫。16日,胡适访青岛大学,与闻一多、梁实秋等人相见。9月10日,中华教育文化基金董事会召开第二十九次执行、财政委员会联席会,根据胡适、张子高提名,议决聘任丁文江、赵元任、傅斯年、陈寅恪、梁实秋、陈源、闻一多、丁西林、姜立夫、胡先骕、王琎、胡经甫、竺可桢等为编译委员会委员。编译委员会工作分历史部、世界名著部、科学教本部三部。闻一多等参加世界名著部工作,其职责为"选择在世界文化史上曾发生重大影响之科学、哲学、文学等名著,聘请能手次第翻译出版"及"审查收受之书稿"。9月21日,国立青岛大学正式成立并开学,校长杨振声宣誓就职,闻一多被正式聘为该校教授,兼文学院院长、中国文学系主任。时文学院设中国文学系、外国文学系、教育学系三系,聘请教授有梁实秋(兼图书馆馆长、外文系主任)、赵太侔、杜光埙、谭葆慎,讲师有黄粹泊、王士瑈等。

　　闻一多9月开学后在中文系讲授"中国文学史""唐诗""名著选读"。同时又给外文系学生开设英诗课。特批臧克家从外文系转入中文系。10月19日,胡适邀请中华教育文化基金会编译委员会全体委员在欧美同学会聚会,闻一多与梁实秋出席。会上,胡适出示关于世界名著翻译计划和历史教材拟译书目,决定分组进行。会议期间,闻一多与梁实秋曾去燕京大学看望一年前结婚的吴文藻、冰心。27日,闻一多与杨振声、赵太侔晤来访之山东省立图书馆馆长王献唐。月底,徐志摩为《诗刊》组稿事,写信给梁实秋,请其代为催促闻一多帮忙。闻一多的诗《奇迹》便是在这种催促下写成的。11月,青岛大学爆发全校性罢课。因学校发现有些学生用假文凭报考,便宣布褫夺这些学生的学籍,结果引起许多人不满。闻一多则站在学校当局的立场上。12月10日,闻一多致朱湘、饶孟侃信,提到近来诗坛又热闹起来的事,很是兴奋。29日,闻一多致陈梦家信。后以《论〈悔与回〉》为题,发表于上海《新月》第3卷第5—6号合刊。《悔与回》为陈梦家、方玮德合著的一本诗集,闻一多在信中说它的出版"自然是本年诗坛最可纪念的一件事。我曾经给志摩写信说:我在捏着把汗夸奖你们——我的两个学生;因为我知道自己决写不出那样惊心动魄的诗来,即使有了你们那哀艳凄馨的材料"。同时也提出了自己的几点看法。是年,闻一多为日本人无理殴打一中国学生而愤怒。(以上参见闻黎明、侯菊坤《闻一多年谱长编》(增订版),上海交通大学2014年版)

　　梁实秋6月中旬应杨振声之邀,与闻一多乘船去青岛。游青岛之后,杨振声设宴款待闻一多与梁实秋。两人应聘青岛大学执教。8月8日,胡适抵青岛,为参加中华文化基金会科学教育顾问委员会会议,并与梁实秋、闻一多商量编译委员会事。13日,梁实秋与闻一多、赵太侔探望病中的胡适。15日,胡适与任鸿隽、张子高商谈编译委员会人选,决定请闻一多和梁实秋参加。9月10日,中华教育文化基金董事会召开第二十九次执行、财政委员会联席会,根据胡适、张子高提名,议决聘任丁文江、赵元任、傅斯年、陈寅恪、梁实秋、陈源、闻一多、丁西林、姜立夫、胡先骕、王琎、胡经甫、竺可桢为编译委员会委员。21日,国立青岛大学正式成立并开学,正式聘请梁实秋任青岛大学外文系主任,兼图书馆馆长。24日,徐志摩在上海筹办《诗刊》,写信给梁实秋,云:"《诗刊》广告,想已瞥及,一兄(闻一多)与秋郎(梁实秋)不可不挥毫以长声势,不拘短长,定期出席。"10月底,徐志摩为《诗刊》组稿事,写信给梁实秋,请其代为催促闻一多帮忙。梁实秋在青岛四年除任教,还从事翻译、文学批评工作,开始翻译莎士比亚全集工作,原定每年2本,20年译完莎作。还抽空译《织工马南传》《西塞罗文录》。主编天津《益世报》的一个文艺周刊。是年,梁实秋《所谓"文艺政策"者》《主与奴》《资本家与艺术品》刊于《新月》第3卷第3号;《什么是"诗人的生活"》刊于《新月》第3卷第11号。(参见万直纯《梁实秋年谱》,《阜阳教育学院学报》1994年第3—4期;闻黎明、侯菊坤《闻一多年谱长编》(增订版),上海交通大学2014年版)

王献唐在济南任山东省立图书馆(山东金石保存所)馆长。1月,图书馆向社会开放阅览。任山东省名胜古迹古物保存委员会委员。2月,任重修《山东通志》筹备委员会筹备主任。3月,任山东图书馆协会常务委员。4月,任山东全省图书委员会常务委员。5月,滕县新出土汉画像18石,运存馆中。6月26日,省政府移青岛,晋军入济南,王献唐去职。8月,得黄丕烈手校《穆天子传》、顾广圻手校《说文系传》,均海源阁故物,颜其书室为"顾黄书寮"。同月20日,晋军离济,王献唐复奉命接收图书馆。9月,至青岛并回故里。10月,为图书馆收得历城马国翰玉函山房藏泉共1229品。10月27日,王献唐与丁惟汾同往礼贤书院访刘铨法,参观其图书室;又访问青岛大学,与杨振声、闻一多、赵太侔会晤。11月6日,王献唐赴青岛大学筹备处,访傅斯年、李济、董作宾、吴金鼎、杨振声诸人,均已往龙山发掘。路过西门,见新掘出之元碑,请其移送图书馆。同月,王献唐任山东古迹研究会委员兼秘书,参与龙山城子崖发掘。撰成《古代货币甄微》四卷;撰成印行《关于图书学之一部》《聊城杨氏海源阁之过去现在》;撰《藏书十咏》《一年来本馆工作之回顾》《海源阁藏书之损失与善后处置》等文;记《守书日记》《顾黄书寮日记》。是年,王献唐向山东省立图书馆自捐书籍《丁守存编年自记》《魏王显贵造像拓本附考释》《韵字鉴》,与栾调甫合赠《钞本书经直解》。(参加张书学、李勇慧《王献唐年谱长编》,华东师范大学出版社2017年版)

老舍2月底离新加坡回国。3月到达上海,在郑振铎家住了半月。每日埋头写作,完成了《小坡的生日》的最后两万字。4月4—9日,由上海出发回北平,与曾在法国读文学的友人"贾君"同船。6月11日,到青年会讲演《论滑稽》。12日,致陈逸飞信,谈到关于才子佳人小说,认为"才子佳人小说未必不好,惜写者不高明耳。其实欧西名著,多数是佳人才子的事儿,只看写法怎样耳"。7月7日上午应邀到琉璃厂北师大作题为《论创作》的报告。同月,应齐鲁大学之聘,赴济南任教。据1930年10月3日出版的《齐大月刊》第1卷第1期"新职员之介绍",老舍任该校国学研究所文学主任兼任文学院文学教授。9月1日起,被聘为齐鲁大学文学院1930级顾问。10月上旬,齐鲁大学学术刊物《齐大月刊》筹备完毕,老舍出任编辑部主任。该刊的一些《编后记》出自老舍手笔。10日,所撰《发刊词》刊于《齐大月刊》第1卷第1期,该文为齐鲁大学校刊《齐大月刊》创刊而写。文中表明了办刊态度:"不是以这小小刊物来满足自己,也不是炫示学校的成绩",而是要发扬"求知无已"的精神,通过"忠实的读书,大胆的发表"引起一些"研究与批评的兴趣"。同日,《论创作》刊于《齐大月刊》第1卷第1期。文中把汉语和外国语,中国文学与外国文学相对照,进行了比较研究,在文学语言与文学创作方面作了精辟论述,"要求创作"不要浮浅,不要投机,不计利害。活的文学,以生命为根,真实作干,开着爱美之花。是年,老舍加入齐鲁大学的文学研究会。从1930年至1934年,老舍在齐鲁大学文学院任教时曾讲授过"文学概论"和"小说作法"等课程。其中文学概论课的讲稿《文学概论讲义》,曾由齐鲁大学内部出版。(参见甘海岚编《老舍年谱》,书目文献出版社1989年版)

栾调甫任私立齐鲁大学文学院教授。秋,栾调甫倡议创办国学研究所,得到代理校长林济青支持,栾调甫为该所主任,齐鲁大学一时成为国学研究重地。聘王献唐等为该所名誉讲师。11月4日,栾调甫访王献唐,"赠所著书三种,以《墨子》最精"。(参见张书学、李勇慧《王献唐年谱长编》,华东师范大学出版社2017年版)

王廷榥应王献唐请求,将日照出土汉大吉昌砖两块并拓片捐赠给山东省立图书馆。

刘咸为巴黎国际人类学院院士,回国后任青岛大学生物系教授兼系主任。

梁漱溟1月在河南创办的村治学院开学,讲授乡村自治组织等课程。春,由百泉移居辉县城内,读书多卷。在《勉仁斋读书录》中有"得见鲁迅先生《壁下译丛》,其中有厨川白村《东西之自然诗观》,读之大喜",又谓"厨川白村所论,亦弥与愚后说相合"。6月,因王鸿一病逝而接办《村治月刊》,并撰有《主编本刊之自白》。6、7月间,作《中国民族自救运动之最后觉悟》一文,连载于《村治月刊》第2—4期。全文计九段:一、觉悟时机到了;二、所谓近世的西洋人及西洋文化;三、中世的西洋社会和他们的文明程度;四、由中世到近世的转折关键何在;五、中国人则怎样;六、解一解中国的谜;七、我们一向的错误;八、我们今后的新趋向;九、附志。

按:梁漱溟在"觉悟时机到了"一段说明了经过几年的烦闷而得开悟,文中详述西洋文化与中国文化的发展过程与发展趋向的不同之后,承认在科学与民主两大问题上,中国落后于西方,认为"现在之中国问题并不是其社会内部自己爆发的问题,而是受西洋文化的势力(欧美并日本在内)压迫打击,引起文化上相形见绌之注意,而急求自救的问题"。又就《东西文化及其哲学》一书中提出人类文化分三个发展时期的理论:第一期人对物;第二期人对人;第三期人对自己,并谓"一民族真生命之所寄,寄于其根本精神;抛开了自家根本精神,便断送了自家前途。自家前途,自家新生命,全在循固有精神而奋斗,离开不得这里一步"。在"我们今后的新趋向"一段中,谓"所谓从民族自觉而有的新趋向,其大异于前者,乃在向世界未来文化之开辟以趋而超脱乎一民族生命保存问题""西洋文化之撞进门来,虽加我重创,乃适以启我超出绝境之机;其为惠于吾族者大矣!凡今日一切问题皆若不得解决者,正以见问题之深且大,意义不寻常,而亟勉吾人之为更大努力,以开此人类文化之新局也。"

梁漱溟7月在月刊《村治》第2号上发表致胡适之的长篇公开信,就胡适刊于《新月》杂志的《我们走那条路》一文说"我们真正的敌人,是贫穷、疾病、愚昧、贪污、扰乱"提出质问:"怎能置帝国主义与军阀于不问?"梁漱溟说:"在三数年来的革命激流中,大家所认为第一大仇敌是国际的资本帝国主义,其次是国内的封建军阀。先生无取于是,而别提出贫穷、疾病、愚昧、贪污、扰乱五大仇敌之说。帝国主义者和军阀,何以不是我们的敌人?"

按:梁漱溟在这封信中,曾提及民国十一年(1922)十七人联名发表《好政府主义的时局宣言》中说:"回忆民国十一年直奉战争后,我与守常(李大钊先生字)同访蔡(孑民)先生,意欲就此倡起裁兵运动。其后约期在蔡家聚会,由先生提出《好政府主义的时局宣言》十七人签名发表。我们平日都不肯彻底想想究竟我们走哪一条路才能达到我们目的地。守常先生向来是肯想这问题的,竟自因此作了中国共产党的先进。我虽百不行,亦颇肯想这问题。类如我民国七年写的《吾曹不出如苍生何》,极荷蔡先生的同情与注意;类如我在北大独与守常相好,亦为蔡先生所知。然我则没有和守常走一条路的决心与信力,更没有拦阻他走那条路的勇气与先见。现在旧日朋友多为这问题洒血牺牲而去(守常而外,还有守常介绍给我的高仁山、安体诚先生);留得我们后死者,担负这问题了。"梁漱溟怀念故人李守常的深情溢于字里行间。

梁漱溟7月在《村治月刊》第1卷第3期连载发表《我们政治上的第一个不通的路——欧洲近代民主政治的路》。10月,在《村治月刊》第1卷第8期发表《中国问题之解决》。燕京大学、北京大学先后邀请梁漱溟演讲,梁漱溟均以这个题目"粗陈意见"。自然还是"乡治论"的一部分。10月,蒋介石、阎锡山、冯玉祥中原大战爆发,村治学院成立未满周年,即以蒋军入主开封而被迫关闭,学生三百余人结业散去,其中有以精神感召始终不失联系者数人,为孟宪光、赵道一(德庆)、李健三、常泰和等。同月,梁漱溟应韩复榘的邀请,与梁仲华等到济南商议成立山东乡村建设研究院事宜。11月16日,在《村治月刊》发表《山东乡村建设研究院设立旨趣及办法概要》。(以上参见李渊庭、阎秉华编著《梁漱溟年谱》,商务印书馆2018年版)

张伯苓2月2日与宁恩承谈话,就其被张学良任命代理东北大学校长事,谈处世之道:"不是为自己而是为人承担责任,为人解决问题。张汉卿既然有了困难,咱应存心良善,努力做去,不可顾虑自己。"同日,张伯苓乘津浦车南下,经济南,由青岛转海道赴上海出席中华全国体育协进会、北平协和医院董事会及中华基督教女青年会董事会等会议。14日,张伯苓以中华基督教女青年会全国协会研究委员会主席名义致函胡适,请其以中国的宗教背景撰文"研究现在中国之概况,以为将来改造之张本"。同月,在《日本研究》著文谈日本研究问题。3月3日,接受教育部聘为全国教育会议委员。15日,赴南京,向国民政府教育部请求由俄国庚子赔款项下年拨24万元补助南开学校经费之不足。19日,返回天津,与《南大周刊》记者谈学校发展:教育当局亦认本校为私立学校中之成绩卓著者。20日,天津警备司令傅作义到南开大学拜会张伯苓,对其办学表示钦敬,并商洽帮助学校发展,拟将天津南郊小站营田交由南开大学经营,挹注办学用费。31日,接待国民政府教育部专员戴应观偕冯友兰、宋君复、陈岱孙等来南开大学视察,陪同参观大学及男女两中学、小学各部。张伯苓对戴氏等表示:"南开在十年内,大学生决不扩张至五百名以上,庶良好之校风易于培养,而基础可以稳固也。"

张伯苓4月4日主持南开小学校舍动工典礼,并在范孙楼开工典礼上称,"严先生既系本校创办人,南开之精神,即是严先生的精神"。5日,商洽将海光寺大钟移置南开大学,用昭珍重而壮观瞻。14日,宴请南开大学教授职员,席间提出"以对师生之间合作问题与同学联络最为注意"。15日偕颜惠庆参加徐世昌葬礼。后与颜氏讨论北京协和医学院情况。同日,向教育部长蒋梦麟函述不能参加全国教育会议缘由。20日,1931年全国运动大会筹备委员会召开第一次会议,王正廷、林森、张伯苓、沈嗣良、马约翰、郝更生、张之江、高锡威、董明道9人为竞赛委员会委员。22日,与南开大学全体同学谈今后教育目标,强调注重:(一)造成量大、眼光远之青年;(二)造成真正之领袖人才;(三)养成勇敢、果断、有远见有魄力之国民。5月6日,接待美国哥伦比亚大学教授斯德文特(Sturtevant)女士来访,亲导校内各处参观。5月上旬,为刊印《南开大学向导专号》,应大学秘书长黄钰生呈询谈南开教育方针,谓"南开之方针尽宣于其三十年来之历史,读南开之历史者,即知其方针之所指,且方针易谈,实事难做,事实有成,其昭信之程度远过于事前之健谈也"。11日,乘"奉天"轮抵沪,即赴中华全国体育协进会商议率队去日参加第九届远东运动会事宜。13日,上海市教育局、交大、同济、暨南、复旦、两江女校、精武会、申报、商务印书馆、中华书局等28个团体举行欢送会,为我国远东运动会代表饯行。张伯苓及选手出席。来宾马相伯、吴蕴瑞、刘半农等致辞。15 日,中华全国体育协进会会长、中华队总代表张伯苓及中华全国体育协进会主任干事、中华队总领队郝伯阳,总教练马约翰,副总教练兼篮球队教练董守义等率中国远东运动会代表团一行 136 人搭乘"大洋丸"赴日。24 日,第九届远东运动会开幕,500 余名运动员参加。岸清一博士致开会辞,滨口首相致欢迎词,嘉纳治五郎述大会精神。张伯苓答词切望本届运动会竞技精神与敦睦友交之念,益加发挥。

张伯苓及中国运动员 6 月 2 日由日本乘"龙田丸"轮回国。在船上,张伯苓多次与《申报》特派记者长谈,深感"日本百事之进步,殊令人可钦可畏",提出改进体育协会等设想,以促进中国体育发展。5 日,张伯苓与体育协进会同人在船上开会讨论促进体育问题,提议治本与治标两种办法。6 日,抵达上海。7 日晚,张伯苓即赴南京,会见蒋梦麟,正式向教育部建议,自小学迄大学增加体育必修课。6 月 12 日,张伯苓回到天津,在校长办公室与记者谈我国体育改进的设想。一为治本,即日令全国中小学实行强迫体育之教育。二为治标,开展经常性体育比赛,包括国际性比赛,以此增进经验。18 日,致函与张学良谈此次赴日比赛观感:"彼人比较进步尤速,故我此行不甚得志。但经一番挫折,增一番训练,卧薪尝胆,有志竟成。"19 日,远东运动会中国的惨败,使张伯苓常自研究日本何以强,我国何以弱。7 月 19 日,张伯苓接待民生实业公司总经理兼川江航务管理处处长、北碚峡防局局长卢作孚及所率民生公司、峡防局、北川铁路公司组成的考察团参观南开大学、中学、女中,并介绍组织东北研究会及赴东北考察情况。8 月,聘美国芝加哥大学博士梅汝璈为政治学系教授。其于抗日战争胜利后出任远东国际军事法庭中国法官,参与审判日本战犯。

张伯苓 9 月 1 日在南开中学开学式上嘱告国内各处来校的考生,"在南开服务或求学,应本着'抬起头来观察世界之大势,低下头去脚踏实地工作'的目标,勇往前进"。9 月 10 日,为缓解教职员因时局纷乱带来的烦闷,接受美国方面的建议,成立社交中心,联络感情,欣赏游艺,研究学术。14 日,主持比利时首相万德威尔在南开大学演讲《三民主义与社会主义之比较》,并合影。17 日,为提高学生思想训练,激励学生自动研究之兴趣,成立学术观摩会,张伯苓莅会并讲话。10 月 3 日,辽宁教育会会长姬振铎向张伯苓转达张学良意愿:欢迎华北运动会在沈阳举行。17 日,在南开学校二十六周年纪念会致开会辞。19 日,举行范孙楼落成典礼,王占元、张伯苓、颜惠庆、严慈约发表献词。25 日,赴颜惠庆宴,出席的还有高守仁、林芳以及圣约翰大学校友等。29 日,明月歌剧社社长黎锦晖赴南开大学拜会张伯苓,共同讨论儿童文艺及小学试验教育等内容。11 月 11 日,召集南开大学全体大会,张伯苓谈现代学生应具备之条件。15 日,张伯苓在天津基督教青年会第三十五周年纪念会指出,天津青年会至今不息,因其精神为人服务,替大众牺牲,为社会服务。24 日,张伯苓赴天津市长宴,王占元、颜惠庆等 140 人出席。12 月初,日本东京出版协会将日本同文堂、三首堂出版的日文图书两大箱,即四百余册,捐赠南开大学图书馆。张伯苓命图书馆对此项书籍另谋陈列方法。5 日,张伯苓致函张学良并吉林、黑龙江、山东、河南、山西、河北、辽宁各省主席,希望为华北运动会提供支持。16 日,海陆空军副司令张学良偕夫人于凤至来南开大学视察。全校师生举行欢迎会,张伯苓致欢迎词。24 日,赴南京拜见国民政府主席蒋介石等军政要人。蒋介石"垂询北方学务甚详",对张伯苓三十年如一日的办学精神尤为钦佩,答应将设法补助南开。同日,邀请张学良过津时,"务请贵临并赐训词",南开大学师生开会欢迎。11 月,张伯苓派黄钰生、伉乃如等赴北平考察清华、燕京、北大、师大、辅仁、中法、中国

等大学的行政管理。(以上参见龚克主编《张伯苓全集》第十卷附编《张伯苓年谱》,南开大学出版社2015年版)

方显廷组织调查组对天津地毯工业进行调查,调查结束后,先后出版、发表了《天津地毯工业》《天津地毯工业劳资之组织》《天津地毯工业衰落之原因及其改良之建议》等专项调查报告、研究著作及论文。

唐兰继续在天津主编《商报·文学周刊》,并发表论文7篇。1月,《读〈论衡〉》刊于《商报·文学周刊》第16期。2月,《程易畴果嬴转语跋》刊于《商报·文学周刊》第20期;《〈切韵〉中所见隋唐以前韵母考》刊于《商报·文学周刊》第20—29期。3月,发表《跋"矢彝考释"质疑》刊于《商报·文学周刊》第21期;《矢彝之又一考释》刊于《商报·文学周刊》第24期。4月,作《〈山海经〉的研究》刊于《商报·文学周刊》第28—30期。(参见韩军《唐兰的金文研究》附录二《唐兰先生学术年谱简编》,山东大学博士学位论文,2009年)

沈尹默1月6日下午主持召开河北省立师范学校校长会议并讲话。此次会议为改良师范教育,讨论教育训育课程及经费等问题。8日,沈尹默担任河北省师范学校校长联席会议第二次全体大会主席。13日,沈尹默担任河北省师范学校校长联席会议第四次全体大会主席,并作报告。16日,沈尹默在东兴楼宴请周作人等。27日,沈尹默代表河北省教育厅向省政府提出第二师范学校风潮善后办法的报告。3月6日,河北省教育厅公布义务教育暂行办法。16日,钱玄同来访。22日,《大公报》刊登消息,称河北省教育厅收到国民政府教育部指令嘉奖,因该厅注重民众教育,颇著成效。4月28日,沈尹默出席在河北省教育厅四照堂开幕的全省高等教育行政会议,并任会议主席。7月12日,沈尹默与陈大齐、马裕藻在东兴楼宴日本人藤江及周作人、沈兼士等。

沈尹默9月16日晚赴北平中法大学,出席该校宴请法国驻华公使、中法大学名誉董事长韦礼德。10月9日,国民政府行政院发布指令,令教育部转呈嘉奖河北省教育厅长沈尹默。10月13日,沈尹默与新任河北省教育厅长张见庵办理移交手续。24日,国民政府行政院发布制令,决议嘉奖河北省教育厅长沈尹默。25日,沈尹默访周作人,与沈兼士、陈大齐、周作人等及日本人大内、藤江开会讨论中日学院事。12月17日,北京大学发布通告,决定举行学校三十二周年纪念会各项仪式,沈尹默等共10人进行演讲。18日,北京大学发布研究所国学门招收研究生通告,确定沈尹默等为研究生导师。同日,被北京大学研究所国学门公布为第二次月讲演讲人。(以上参见郦千明《沈尹默年谱》,上海书画出版社2018年版)

晏阳初继续在河北定县实施乡村改造运动。3月,晏阳初与姚寻源一起邀约国民政府行政院卫生署长刘瑞恒、北平助产学校杨校长、北平卫生保健中心李主任、协和医学院院长顾临(Roger S. Greene)及格兰特(J. B. Grant)教授等在"平教总会"卫生教育部技术顾问埃德加·西登斯特利克(Dr. Edgar Sydenstricker)的带领下集议如何从定县卫生教育研究实验中探索中国各地农村的卫生保健制度。4月24日,全国基督教识字运动研究会在定县举行,全国11省91名代表参加会议,其中美国传教士11人,会期两周。与平教同仁分别讲述平教会实验情况。第一周讲述内容注重识字运动推行方法及《千字课》教学法。第二周讲述内容以平民教育为重点。对于社会调查人才的训练及实地调查方法特别注意。晏阳初在会上讲演,并与"平教总会"同仁每天上午分别讲述3小时。会后各地代表返回分区组织识字运动研究会。

晏阳初7月与"平教总会"同仁制订十年计划。分作三期:第一期三年,注意文字教育与县单位的教育系统;第二期三年,注重农业改进与生计教育;第三期四年,注重公民教育与地方自治。卫生教育则贯穿于十年间,在全县分设三个实施中心村同时进行。后因东三省战事,该十年计划改为六年进行,每期各二年。秋,晏阳初与"总会"同仁根据华北试验区三四年来的探索,发现农民有"愚、穷、弱、私"四种基本缺点,为找到从教育上改造这些缺点的方向,决定集中全会力量迁移到定县来作一彻底的、集中的、整个的县单位实验。"平教总会"设在定县城内宋代建筑的贡院处。从此,"总会"与"华北试验区"工作合并一体。在新调整机构后,仍任干事长主持全会工作。与各同仁认识到以定县为县单位的集中实验区,一切实验研究工作,必须顾及农民整个生活,四大教育联环进行。同时注意实际的要求,确定工作进行的步骤。8月,晏阳初接待中国平民教育美国合作委员会秘书费尔德参观定县实验并商讨双方合作的有关事宜。是年,《农民》周刊第6卷第18期刊载晏阳初撰写的《定县展览会上的演说话》。(参见杜学元、郭明蓉、彭雪明《晏阳初年谱长编》,上海交通大学出版社2017年版;宋恩荣编《中国近代思想家文库·晏阳初卷》附《晏阳初年谱简编》,中国人民大学出版社2015年版;中央教育科学研究所编《中国现代教育大事记1919—1949》,教育科学出版社1988年版)

李景汉仍任中华平民教育促进会定县实验区调查部主任。是年,兼任北京大学农学院教授,开始对河北定县进行调查。

缪钺8月前仍任保定私立培德中学国文教员,兼保定私立志存中学国文教员。8月,经薛声震先生介绍,河南大学校长张广舆破格聘请缪钺为该校中文系教授。缪钺遂至开封,在河南大学任教,讲授"六朝文""六朝诗""杜诗""词选"诸课。他利用图书馆藏书,昼夜辛劳,编写讲义,颇得教学相长之益。时刘节(子植)亦在中文系任教,与缪钺同住一楼,两人常常讨论,深得切磋之益。是年,缪钺任教于保定已有6年,在此期间,时相过往论学唱和者有张效直、梁国常、高苏垣、薛声震等。(参见缪元朗《缪钺先生生平编年(1904年—1978年)》,《魏晋南北朝史论文集》,四川巴蜀书社2006年版)

罗根泽1月在《河南大学文学院季刊》第1期发表《五言诗起源说评录》。3月,所撰《庄子哲学》刊于《哲学评论》第3卷第3期;《〈新序〉〈说苑〉〈列女传〉不作始于刘向考》刊于《图书馆学季刊》第4卷第1期。19日,在河南中山大学任国学教授,增删《管子探源》以印授学生,进而撰成《管子探源·叙目》。同月,北平大学女子师范学院院务会议议决设立研究所,聘请当时国文系主任黎锦熙教授为副所长,黎锦熙邀请罗根泽加入。所撰《战国策作者考》刊于《河南中山大学周刊》第12期。此文后改题《"战国策"作始蒯通考》,刊发于1931年《学文》第1卷第4期。5月5日,在河南开封中山大学著《乐府文学史》脱稿。

罗根泽5月至河北保定,任教于河北大学。7月30日,访顾颉刚。8月13日,在北平南城未英胡同一号,改毕《乐府文学史》。30日,访顾颉刚。秋,应天津女子师范学院聘。9月19日,在天津女子师范学院完成《乐府文学史·自序》。30日,在天津女子师范学院,作《乐府文学史·自序》。同月,《孟荀论性新释》一文刊于《哲学评论》第3卷第4期。11月,《陆贾〈新语〉考证》刊于《学文》第1期。同月,《〈胡笳十八拍〉作于刘商考》刊于《朝华》第2卷第1—2期。12月,《〈木兰诗〉作于韦元甫考》刊于《朝华》第2卷第3期。(参见马强才《罗根泽先生年谱简编》,载王京州编《河北近现代学者年谱辑要》,国家图书馆出版社2017年版)

李剑晨受冯玉祥委托,筹建河南省美术馆并兼任馆长。

潘漠华在河南、河北等地中学教书,并做党的地下工作。

王树枏在奉天萃草书院,讲授《左氏春秋经传》,因自为注以示诸生。6月3日,好友黄维翰卒,年六十四。国变后与树枏同事国史馆,善为诗古文辞,尤长于舆地之学。为撰《墓志铭》。8月，肠溃大病，几死，愈后又跌伤右腿。回京医治，始终不良于行。闭户著书，以消遣岁月。为《八十自寿》诗五古五篇，一时和者甚众。（参见江合友《王树枏先生年谱简编》，载王京州编《河北近现代学者年谱辑要》，国家图书馆出版社2017年版）

罗振玉是春应旅大中日文化协会以讲考古学为请，前往讲演《清朝学术源流概略》；金州士绅复请讲学于文庙明伦堂，为讲《论语》义，月二集，凡三阅月，以事中止。6月30日，罗振玉《本朝学术源流概略》由大连中日文化协会出版。全书分"古今学术之递变""本朝学术之渊源""本朝学术流派""本朝学者之研究方法""本朝学术之得失"五章。夏，罗振玉作《上虞罗氏枝分谱》。冬，辑三十余年来所储金文墨本后出未经著录者逾千器，命五子福颐编次，并释其文，为《贞松堂集古遗文》16卷，并作自序。是年，罗继祖协助祖父罗振玉作《朱笥河年谱》并刊行。（参见罗继祖《永丰乡人行年录（罗振玉年谱）》，江苏人民出版社1980年版；齐家莹编《清华人文学科年谱》，清华大学出版社1999年版；王学典《20世纪史学编年（1900—1949）》，商务印书馆2014年版）

金毓黻等人元旦正式成立东北学社，以发扬东北文化，倡导学术之研究为主旨，同时创办《东北丛刊》，每月一期，作为同仁切磋学问、发表成果的重要平台。学人推举金毓黻、卞宗孟及王孝渔3人为干事。同时着手编辑《东北丛书》。该丛书10集87种418卷，收录了诸多关于东北的珍贵文献，如《辽小史》《金小史》《辽方镇年表》《金方镇年表》《渤海国记》等，其中不少是家藏本和传抄本。此书的辑印出版，不仅保存了众多东北文献，也对此后的东北史地研究意义重大。3月，金毓黻任辽宁省政府秘书长，又兼东北大学史地教授。

按：在东北学社的带动下，东北地区先后成立的团体有东北青年学社、东北行健学会、东方快报社、北强学社、四维学社、东北前锋社、东北论坛社、东北问题研究社、东北研究社等。1931年，金毓黻将《东北丛书》改为《辽海丛书》，由辽海书局开始出版排印本，至1934年出毕。（参见牟哥《金毓黻先生著述考》，东北师范大学硕士学位论文，2017年；王学典《20世纪史学编年（1900—1949）》，商务印书馆2014年版）

殷再为任日日新闻社总社长，筹设沈阳分社，希望得到张学良的支持。9月3日，蔡元培致张学良函，谓"日日新闻社总社长殷再为君，服务新闻界有年。鉴于我国新闻事业之落后，现在国基初奠，外交方殷，国际间之宣传，尤关重要，爰于囊年纠集同志，组织日日新闻社，采详确之消息，分布中外各报，为党国谋正确广大之宣传；其终极目的，希望在国际间占一重要地位。现在南京、上海、北平、汉口、杭州、福州等地及日本东京，业已成立分社；沈阳、广州两社，正在积极筹备；其他如日内瓦暨其他国外重要都会，亦在计划之中。殷君以该社创办以来，备尝艰难，虽幸得各方之赞助，迅速进展；而欲促成根本计划，则仍须仰赖大力者之提倡。兹殷君特来筹设沈阳分社，弟嘉其志行，特为函介左右，尚乞拨冗赐见，鼎力援助，俾遂其愿。他日事业有成，皆吾公之赐矣。东北各当道，并希分别作函介绍"。（参见高平叔编著《蔡元培年谱长编》，人民教育出版社1996年版）

章士钊继续任教于东北大学。2月10日，章士钊在《东方杂志》第37卷第3号上，发表了《也毋考》一文。10月16日，吴虞读了《东方杂志》第26卷第13号上章士钊的《五常解》，认为《五常解》与《也毋考》均奇文也。是年，章士钊翻译的《弗洛依德叙传》《情为语变之理》两书在上海出版。（参见郭双林编《中国近代思想家文库·章士钊卷》及附录《章士钊年谱简编》，中国人民大学出版社2015年版）

梁思成继续任教于东北大学建筑系，任系主任。是年，完成"中国雕塑史"讲课提纲，并在东北大学初次讲授。与陈植、童寯、蔡方荫合作设计吉林省立大学校舍并与林徽因共同设计辽宁锦州交通大学分校（毁于战争）。林徽因结核病复发,到北京香山养病。（参见林洙、楼庆西、王军《梁思成年谱》,《建筑史学刊》2021 年第 2 期"梁思成及营造学社前辈纪念专刊"）

高亨在沈阳东北大学任教。秋,蓝文徵因清华大学研究院复办无望,也应东北大学之聘,来到沈阳北陵,与高亨等几个国学院同学成为同仁。

胡庶华、华南圭、凌鸿勋、夏光宇、徐佩璜、韦以黻、唐在贤、薛次莘、王绳善 9 人具名正式提出将中国工程学会与中华工程师学会合并意见书,中国工程学会决定在沈阳举行两会联合年会,以讨论决定,但未果。

杨云楼主编的《国民新报》4 月在辽宁抚顺创刊。

蒋天枢任教于辽宁省第三高级中学。

楚图南 1 月因曲阜当局要抓捕他,在校友张郁光的掩护下离开二师,到济南省立第一高中任教。5 月,在济南省立第一高中五四运动十一周年纪念会上,作了题为《五四运动、十月革命对我们的影响》的讲演。在 5 月 7 日国耻纪念日时,以《在中国反帝反封建反军阀割据的任务》为题作了讲演。两次讲演惊动了国民党山东当局,遭到通缉,在校长张默生的帮助下,离开济南。中旬,到达哈尔滨,在特区女一中教授国文和历史。11 月 5 日上午 10 时,因受学潮牵连,遭军阀当局逮捕,两天后,被械押投进吉林省第一监狱。10 日夜,吉林临时军法会审处审讯,逼问是否共产党员,要他供出共产党组织和其他成员,他拒不承认真实身份,保护了党组织,保护了同志和朋友,写下了凛然正气的供状。12 月,当局在没有拿到和共产党有关的任何口供和证据的情况下,以"宣传与三民主义不相容主义"为罪名,判处他 9 年 11 个月的徒刑。（参见麻星甫编著《楚图南年谱》,群言出版社 2008 年版）

侯外庐是年春因经济困难而无法维持在法国的生活,被迫经柏林、莫斯科回国。从巴黎到柏林后,考虑到译稿有被边境检查没收的危险,成仿吾建议把译稿留下,再委托可靠的同志带到莫斯科或带回国。侯外庐在莫斯科住了一周,见张闻天后要求留在莫斯科完成《资本论》的翻译。张闻天转达中共驻莫斯科代表团负责人张国焘的意见,拒绝了这一要求,嘱回国后自行寻找组织关系。5 月 15 日,侯外庐所作《最近国际金融关系之动态》刊于《中东经济月刊》1930 年第 6 卷第 4、5 合号。约 5 月,侯外庐回国后,不久担任哈尔滨法政大学教授,开设"中国经济思想史"等课程,着重于马克思主义经济学的来源和主要内容,此为侯外庐研究史学之始。同时重新开始翻译《资本论》,并写了一部研究性的讲义,其中"中国古代社会与老子"一章曾由学生高锐语译成俄文。7 月 15 日,侯外庐在《中东经济月刊》第 6 卷第 7 号发表《我之金贵银贱观——自现今货币论上研究》。8 月 15 日,《中东经济月刊》第 6 卷第 8 号发表《转折期之一九三〇年世界经济界》《中国产业之出路问题——读山阳先生〈东北人力资本之缺乏与东南之过胜〉一文有感而作》。9 月 15 日,在《中东经济月刊》1930 年第 6 卷第 9 号发表《本年世界农业与金融之关系及其救济策》。10 月 19 日,在《中东经济月刊》1930 年 5 月 15 日第 7 卷第 4—5 合号发表《景气变动史概观及去年世界景气之观察》。11 月 8 日,作《金银在世界经济上之意义与中国》之初稿。（参见杜运辉《侯外庐先生学谱》,中国社会科学出版社 2013 年版;王学典《20 世纪史学编年（1900—1949）》,商务印书馆 2014 年版）

朱子桥在西北赈灾,于西安城内卧龙寺及开元寺中,发现了宋代碛砂版的藏经。《碛砂藏》系宋理宗绍定四年（1231 年）,平江府碛砂延圣院比丘尼弘愿断臂募化,刻版刊印经律论全藏,至元武宗至大二年（1309 年）始全部完成,故《碛砂藏》在宋版藏经中最负盛名。朱子桥无意中发现此宋代珍藏,欣喜不已,回到上海后,邀约佛门缁素释范成、叶恭绰、狄荷贤、丁福保、蒋维乔、李经纬、黄翊昌、李圆净等会商,与会者咸认为《碛砂藏》为佛教瑰宝,今幸发现,即应影印流通。于是乃成立影印宋版藏经会,推动影印工作。印经会委请范成法师赴西安检查藏经卷数,核对是否齐全。

按:1932年,范成法师带了一批技术人员。到西安将藏经制成玻璃版四十箱,运抵上海,于1935年影印出版500部,这是近代佛教史上的一件大事,亦是朱子桥居士对佛教贡献之一。(参见于凌波《中国近现代佛教人物志·护持西北佛教的朱子桥》,宗教文化出版社1995年版)

蔡振德退出托派,赴陕西省主席杨虎城处,任《西京日报》社社长。

冯国瑞任青海省通志馆馆长。

金树仁创办《天山日报》于新疆迪化。

沈孝凤代表气象研究所所长竺可桢,出席在香港召开的远东气象台台长会议。

林柏生为社长的《南华日报》2月在香港创刊。

郭沫若继续留学日本。1月12日,作《普罗文艺的大众化》,刊于《艺术月刊》3月创刊号,提出:“我现在提出这个极寻常的口号,叫着:无产文艺的大众化。”“我们现在要把无产文艺的使命——教导大众的使命——真正扛举起来,总非得使我们的文艺能与大众接近不可。”“从来的文人有种怪癖,便是怕一个‘俗’字。无产运动中的文人们也依然是这样。文学的内容总力求‘脱俗’,文学的形式也力求‘脱俗’‘脱俗’就是脱离大众!”15日,所著《女神及叛逆的女性》由上海新兴书店出版。26日,作《文学革命之回顾》,刊于上海神州国光社4月出版《文艺讲座》第1册,文中回顾总结了近代以来,文学革命所经历的过程,同时对于创造社进行了自我批判。3月1日,在上海《大众文艺》月刊第2卷第3期“新兴文学专号”发表《新兴大众文艺的认识》。此文作于去年12月20日,文中针对国内文坛从日本引入“大众文艺”的概念,指出“它的外貌虽很冠冕堂皇,然而内容却是反动的勾当”“不过日本的大众文艺近来和改良马种一样又大大换了新的气象了。有一派无产文艺的作家进展到大众文艺的舞台上来,在不知不觉之间正在表演着‘改梁换柱’‘金蝉脱壳’的一套把戏。这不是大众文艺的进展,这是无产文艺的进展。换句话说,就是无产文艺的通俗化!”“我所希望的新的大众文艺,就是无产文艺的通俗化!”

按:从1929年初到“左联”成立前后,无产阶级革命文学运动兴起后,文艺的大众化问题开始引起左翼作家的关注,于是在左翼文坛展开了第一次关于大众文艺的讨论。从“革命文学”到“大众文艺”的讨论与争鸣,意味着一场新的论战的即将到来。

郭沫若《中国古代社会研究》1月20日由上海联合书店出版。此书初稿成于1929年,至1930年又不断补充了一些对中国古史的专题性的考释内容作为该书附录。此书主要汇集1928—1929年作者在流亡日本期间所撰论文,如《中国社会之历史的发展阶段》《卜辞中的古代社会》《诗书时代的社会变革与其思想上之反映》《周金中的社会史观》《周易时代的社会生活》等,作者自诩为《家庭、私有制和国家的起源》之续篇。书中根据唯物史观的基本原理和社会经济发展阶段学说,并结合大量传说材料、历史文献、甲骨卜辞和青铜铭文等史料,对中国社会的发展过程、特点,进行了初步的分析和概括,并对中国社会历史发展的基本阶段,进行了开创性的划分和界说,被称为中国马克思主义唯物史观派史学的开山之作。

按:郭沫若此书的矛头所向是胡适,谓“胡适的《中国哲学史大纲》,在中国的新学界上也支配了几年,但那对于中国古代的实际情形,几曾摸着了些几边际? 社会的来源既未认清,思想的发生自无从说起。所以我们对于他所'整理'过的一些过程，全部都有重'批判'的必要""我们的'批判'有异于他们的'整理''整理'的究极目标是在'实事求是'，我们的'批判'精神是要在'实事之中求其所以是'。'整理'的方法所能做到的是'知其然'，我们的'批评'精神是要'知其所以然'。""谈'国故'的夫子们哟！你们除饱读戴东原、王念孙、章学诚之外，也应该知道还有马克思、恩格斯的著作，没有辩证唯物论的观念，连'国故'都不好让你们轻谈。"

　　按：郭沫若《中国古代社会研究》作为中国马克思主义唯物史观派史学的开山之作，受到学界的高度评价。侯外庐谈到此书对他的影响，"这本内容丰富而新颖的著作很快吸引了我。尤其是他在掌握大量史料的基础上运用历史唯物主义的观点和方法，第一次提出并论证了中国古代同样存在奴隶制社会，从而证明了马克思主义关于人类社会史一般历史规律的普遍意义。他这个大胆的科学发现，使我感到兴奋。中国历史几千年，史书可谓汗牛充栋，似是从来没有一本书像郭沫若的书这样对中国古史作出难能可贵的科学解释来"，郭氏的研究"开阔了我的眼界，启发了我的思考，唤起了我对古史研究的兴趣"。吕振羽也说："当时在这个史学斗争的过程中，郭沫若是起了一定程度的旗手作用的。他是最先应用历史唯物论来系统研究殷周社会的。我们都是后起者，追随他上去的。"顾颉刚在《当代中国史学》一书中认为此书"是一部极有价值的伟著，书中虽不免有些宣传的意味，但富有精深独到的见解"。李麦麦称此书是"近几年来最时髦最出风头的一本著作"。董作宾则谓："唯物史观派是郭沫若的《中国古代社会研究》领导起来的。他把《诗》《书》《易》里面的纸上材料，把甲骨卜辞、周金文里面的地下材料，熔冶于一炉，制造出来一个唯物史观的中国古代文化体系。"

　　郭沫若 2 月 1 日作《中国古代社会研究》之《追论及补遗》3 篇毕。其中《殷墟之发掘》，称容庚以董作宾《新获卜辞写本》见假，始知其 1928 年冬从事殷墟发掘，"足为中国考古学上之一新纪元"。又得容庚来信，李济发掘殷墟，"深望此次之发掘或较董君前次更有进境"。4 日，作《中国古代社会研究》"再追记"。写道："今天友人寄来顾颉刚编著的《古史辨》第一册，偶翻到 77 页钱玄同《答顾颉刚先生书》中有论易的几句话。如'原始的易卦是生殖器崇拜时代底东西；乾坤二卦即是两性底生殖器底记号'。又如'卦辞爻辞，这正和现在底谶诗一般'，于鄙见不谋而合。然钱说已先我而发者五年，合志此以示不敢掠美。"5 日，收到容庚寄来王国维著《古史新证》。6 日，致信容庚，告以"兹将《甲骨文释》余稿奉上……凡有可商处请即于眉端剔出可也"。

　　按：《甲骨文释》，即《甲骨文字研究》。指中央研究院傅斯年同意出版《甲骨文字研究》，但提出不用郭沫若本名而改署笔名。《甲骨文释》原稿寄容庚看后，容庚还给其他一些人看过。顾颉刚在 1929 年 12 月 22 日日记中写道："在希白处见郭沫若所著之《鼎堂甲骨文考释》，极多创见。此君自是聪明人。彼与茅盾二人皆以不能作政治活动而于学术文艺有成就者。"

　　郭沫若 2 月 7 日作《中国古代社会研究·再版书后》毕。10 日，在上海《拓荒者》月刊第 1 卷第 2 期发表《我们的文化》，宣称："我们同声地高呼：我们要创造一个世界的文化，我们要创造一个文化的世界！"同月，《中国古代社会研究》由上海联合书店出版发行。收录《自序》《解题》《导论：中国社会之历史的发展阶段》，正论四篇：《周易的时代背景与精神生产》《诗书时代的社会变革与其思想上的反映》《卜辞中之古代社会》《周金中的社会史观》《余论》《追论及补遗》几部分。3 月 2 日，中国左翼作家联盟在上海成立，郭沫若列名为"左联"盟员。在筹组"左联"期间，郭沫若致信钱杏邨表示支持，并捐出《少年维特之烦恼》的版税作为"左联"的基金。3 月 20 日，郭沫若《中国古代社会研究》第 2 版由上海联合书店出版。同月，郭沫若在东京晤见杨贤江，交谈学术和理论研究问题。4 月 3 日，作《关于文艺的不朽性》。下旬，接张元济信，并所寄安阳发掘报告。

　　郭沫若 5 月 1 日以《我希望于大众文艺的》为题，与郁达夫、柔石、冯乃超等 26 人在《大众文艺》作笔谈,刊于上海《大众文艺》第 2 卷第 4 期。5 日,译《经济学方法论》,附题作《马克思:政治经济学批判导论》,并作《译者附白》。后收入社会科学讲座社 6 月编辑出版的《社会科学讲座》第 1 卷,由上海光华书局印行。10 日,在上海《拓荒者》月刊第 1 卷第 4、5 期合刊发表《"眼中钉"》,针对鲁迅在《我和"语丝"的始终》一文中指创造社"将'语丝派'中的几个人看作眼中钉",辩解说:前期创造社与语丝派所发生过的文字关系,"始终是一些旧式的'文人相轻'的封建遗习在那儿作怪"。而最近两三年来"创造社式的'革命文学家'的围攻",情形则完全是两样的。"他们批判的对象是文化的整体""创造社的几个人并不曾'将语丝派的几个人看成眼中钉'"。文中呼吁:"我们现在都同达到了一个阶段,同立在了一个立场。……以往的流水账我们把它打消了吧。"20 日,《中国古代社会研究》由上海联合书店出版第 3 版。25 日,中国社会科学家联盟正式成立,为 30 年代最重要的左翼文化团体,成立伊始,即推出《社会科学讲座》,主要是介绍马克思主义,著译者有郭沫若、朱镜我、吴黎平、林伯修、王学文、冯乃超、李德谟等 11 人。同月,《中国社会之历史的发展阶段》(《支那社会历史的发展阶段》)由赖贵富翻译,刊载于岩波书店《思想》第 97 号。

郭沫若 7 月著《殷周青铜器铭文研究》成,手书书名,并作序。8 月 10 日,《沫若诗集》第四版由上海现代书局出版。同月,经修订的《文艺论集》由上海光华书局以第 5 版出版。9 月 1 日,复作《甲骨文字研究》"一年后之自跋"。8 日,郭沫若致信容庚:"《殷周青铜器铭文研究》及《甲骨文字研究》二稿已寄沪,前稿由十六种考释所集成,乃两三年来研究古器之心得也。"15 日,《黑猫与塔》由上海仙岛书店出版。27 日,所著《金文韵读补遗》初稿成并作序。30 日,作《甲骨文字研究》后记。初秋,郭沫若往东京拜访来日本治病的王礼锡。这是郭沫若与王礼锡初次见面。王礼锡此时已被陈铭枢聘为"神州国光社"总编辑,因向郭沫若约稿。郭沫若说,本来有一个雄心想译马克思的《资本论》,但考虑出版有问题,终未动手。现在想先把马克思的《政治经济学批判》译出,也有出版的问题。王礼锡当即向他约下这部书的译稿,于是郭沫若译成《政治经济学批判》。

郭沫若 10 月 1 日作《谥法之起源》初稿。同月,《沫若小说戏曲集》由上海光华书局出版。11 月 20 日,郭沫若为拟续编的《青铜器铭文研究》作序,谓"余致力于殷周古器物文字之研究,志在探讨中国社会之古代,年来虽略有所述录,业固尚未竟也。传世古器物,其年代多无可征,入周以后之器尤甚,漫然曰周,而周之存续将亘千年,不细为之别遽据以论史,则史迹之进展终无可寻。故于古器定年之事不容稍缓也"。25 日,《谥法之起源》完稿,后刊于日本《中国学》(日文《支那学》)1932 年 1 月第 6 卷第 1 号。同日,郭沫若作《毛公鼎之年代》脱稿。26 日,作《殷周青铜器铭文研究》"追记四则"。同月,郭沫若致信并在东京约见来日本的光华书局沈松泉,又邀请沈松泉到千叶寓所做客并留宿家中。郭沫若建议:光华应当像日本的岩波书店那样,出版的书不求量多而求精,每出一本书,都要求在学术上能站得住,有独到的见解。12 月 12 日,作《美术考古发现史》译者序。

按:《美术考古发现史》译者序涉及考古学相关问题,曰:去年年初我在研究中国的古代社会的时候,我感觉到要处理这个问题,关于考古学上的准备智识是不可缺少,我便选读了这部书。但我所读的是日本滨田青陵博士的译本。滨田博士是斯道的专家,他所移译的书我相信一定是很有价值。结果和所预期的相符,我由这部书得到的教益真是不少,适逢其会我从前的一位友人新开了一家书铺,他写信来要我的稿件,我便起心翻译这部书。因为一时买不出德文原本,我在便宜上便从日译本来重译了。

但这书的价值是怎样呢?我相信凡是认真读过本书的人,他自有公平的批评,决不是出版家之畅销与否的标准所能判断的,照我自己来说,我实在感受了莫大的兴味。考古学本是很朴素的一种学问,本书把它由美术的视野来观照,来叙述,把这一个分科就如像造成了一个万花镜一样。美术或美术史在它本来是富有华丽性的关系上,其叙述便不免容易蹈空,而成为一种非科学的成品,本书却由考古学的地盘上来处理美术,使我们读去,觉得古代散佚了的美术作品其由土中露出,就好像园地里开出鲜花,这是本书所以引人入胜的地方。说到它的功利性来,它除掉把一部新的美术史用别种形式来提供了给我们,授予了我们极丰富的有机的美术上的智识与学术上的智识之外,它在我们——在我们中国的读者——尤有一种特殊的效用。

我们中国,整个落后的国家,别的且不论,单从学问上说来,无论在任何科目的分野,可说都是一个未经垦辟的少女地,因而有许多学问上的问题留待中国来解决的真是不少。关于考古学这一个分科,这个现象尤其显著。考古学虽是前世纪新产生的一种年轻的学问,但它是以怎样的长足而进步着,我们读了这一部书的人自会明瞭。欧美各国在短时期之内,无论是地上的考查,地底的发掘,几乎把所有的领域都踏遍了。旧大陆的西半部就好像行过了开腹手术一样,已经把五腑六脏都阐明无遗,学者的征箭自然是不能不集注在这东半部的少女地——我们的所谓"赤县神州"了。近时西欧各国有所谓"支那学"(Si-nolog)的勃兴,各国政府或财团不断地派遣学术探险队来踏查中国,所道的便是这个消息。新起的日本,新起的日本考古学界,也正急起直追,他们除在本国各地踏查之外,其足迹已经达到了满蒙山东等地去了。由庚子赔款所成立的"对支文化事业"以及前几年由中日两国的学者所成立的"东亚考古学会"(中枢在日本),尤足以表见他们的雄心。受着这些外来的刺激,中国内部也有一部分的有志者起来从事于考古学的检讨了。如像一两年来的殷墟发掘,便是这个例证。

这种学术上的趋势在中国正是方兴未艾的。中国在不久的时期之内会有一个考古学上的黄金时代到来,由这儿可以解决得无数的问题。这是国内的有识者所期望的事,同时也是寰球的学术界所期望的事。中国落后,自然一切都很幼稚,但落后者也有它的便宜,便是可以借鉴于他人,采取最妥当最捷便的道路,而免得作种种暗中摸索与种种无意识的错误与迂回,政治上的道路是这样,学问上的道路也是这样。我们把先进者的最新的方法采用过来,我们所得的利益不仅是事半而功倍。就在这个意义上,我相信把这部考古学上的良好的著作介绍到中国来,对于我们中国的读者一定有特殊的效用。我在这样的意义上把本书移译了出来,也在这样的意义上我现在要来负责介绍,来出此改订的第二版。(以上参见林甘泉、蔡震主编《郭沫若年谱长编》,中国社会科学出版社2017年版;王学典《20世纪史学编年(1900—1949)》,商务印书馆2014年版)

王礼锡赴日本筹办《读书杂志》。12月初,在东京与留日青年交游,首先想到在早稻田大学研读马恩全集和西方文化哲学的胡秋原,并与留学生朱云影、贺扬灵、王亚南、汪洪法、梅龚彬等商讨,决定将研究中国社会的性质、寻求中国社会的前途作为《读书杂志》一个重要目标,并强调要"以唯物的辩证法做武器"。在中国社会性质论战中,王礼锡曾在神州国光社为托派发行《动力》杂志,与中共接受斯大林的观点,认为"中国是封建社会,所以要实行土地革命"的观点展开论争。胡秋原认为王礼锡对中国社会性质问题的认识"多少受托派影响",对于"中国社会史应如何分析,他还没有确定意见"。鸦片战争以前的社会并不是封建社会,而是专制主义社会。中国将来会走向社会主义,但社会主义不可无自由,社会民主主义是理想前途。其主张赢得了对马克思主义和实际政治运动都感兴趣的王礼锡的共鸣。

按:关于中国社会史问题,据王礼锡《中国著述界消息》(《读书杂志》1931年第1卷第2期)回忆:"从前和很多人讨论过,总得不到相同的意见,不料秋原却早有和我相同的见解,因此我们决定再长期地下一番精审的研究,去充实我们的见解。"(参见霍贺《1930年代初"第三种人"对中国出路的探索——以胡秋原与神州国光社为中心的考察》,《江汉论坛》2014年第2期)

杨东莼继续在日本留学。在日本期间,先后翻译了恩格斯的《费尔巴哈论》,约·狄慈根的哲学著作《人脑活动的本质》(又名《辩证法的唯物观》)《论逻辑书简》《一个社会主义者在认识论领域中的漫游》《哲学的成果》，摩尔根的《古代社会》。其间的著述成果有：《世界之现状》《本国文化史大纲》《中国学术史讲话》。3月，在《教育杂志》第22卷第3期发表文章《最近各国教育之趋势》。4月10日，在上海商务印书馆《东方杂志》第27卷第7期发表论文《产业合理化》。11月，在《北新》杂志第4卷第21—22期发表文章《学潮与苦闷中的学生》和译作《评托尔斯泰主义》。同月3日，在上海旅途中写成《评中国十九年来的妇女运动》。12月，杨东莼从日本归国。是年，与张栗原合译摩尔根的著作《古代社会》，由上海昆仑书店出版。（参见周洪宇等著《杨东莼大传》之《杨东莼生平年表》，华中师范大学出版社2014年版）

艾思奇第二次到日本留学，原先学习冶金系采矿专业，因参加中共东京支部组织的"社会主义学习小组"的活动，对马克思主义产生浓厚的兴趣，刻苦研读许多马列主义经典著作，逐步掌握马克思主义世界观和人生观的真理。

王亚南继续居于东京，开始翻译芬兰爱德华·韦斯特马克的《人类婚姻史》、英国大卫·李嘉图的《经济学及赋税之原理》（与郭大力合作）及日本高畠素之的《地租思想史》等著作。7月，所译爱德华·韦斯特马克的《人类婚姻史》由上海神州国光社刊行。（参见夏明方、杨双利编《中国近代思想家文库·王亚南卷》及附录《王亚南年谱简编》，中国人民大学出版社2015年版）

胡风在东京奥平定世私立补习学校的"日语补习班"学日语，同时在该校的"支那语补习班"教汉语。又由奥平介绍，在横滨一个私立商业专门学校教每周两小时的汉语。所译苏联早期的科幻小说《在彼得格勒的美国鬼子》，改名《洋鬼》，由上海心弦书店出版。此时，认识了一些日本普罗文化的领导者大竹博吉、江口涣、秋田雨雀、小林多喜二、池田寿夫等，进一步接受了马列主义和左翼文化运动的影响。（参见晓风《胡风年表简编》，《新文学史料》1986年第4期）

朱谦之继续在日本留学，搜罗历史哲学的资料，读外语补习学校学习日语和法语。（参见黄夏年编《中国近代思想家文库·朱谦之卷》及附录《朱谦之年谱简编》，中国人民大学出版社2015年版）

贺昌群东渡日本考察，潜心阅读了"东洋文库"的丰富藏书，同时对日本的汉学界做了深入的了解。此后将西北史地、中西交通史、敦煌学作为研究的主攻方向。

张友渔赴日本留学，兼为北平报纸撰写旅日通讯。

蔡和森1—2月在马林诺疗养院治疗，同时坚持学习理论知识，曾多次向陪同他的施益生讲述参加过的一些革命斗争的经历，施益生由此受到活生生的革命教育。3月中旬，蔡和森基本恢复健康，回到莫斯科，和瞿秋白等中共代表团成员一起工作。同月，蔡和森在莫斯科撰写了《一九二五——一九二七年中国大革命史》的小册子，赠送给中山大学研究部作为藏书。应莫斯科国际土地问题研究院的邀请，担任该院的顾问，并为该院作了关于中国土地问题和农村阶级关系的两次报告。6月，蔡和森被开除政治局委员职务后，共产国际远东局不断向中共中央施压，要求让蔡和森重返中央政治局，但遭到向忠发等人的拒绝。12月，蔡和森与张闻天、张国焘、郭绍棠等人一起商量，向共产国际提出回国工作的要求。（参见李永春编著《蔡和森年谱》，湘潭大学出版社2008年版）

张闻天1月31日按照共产国际东方部中国科指定的研究课题"中国党在纪念时举行示威和游行集会的问题"，写成《中国共产党的群众行动》一文。文章用俄文写成，译成中文约七千字。5月19日，撰成论文《论两条路线的斗争》。因寄回国内迁延时日，发表时已是1931年初，连载于1月5日、1月17日、2月2日中共中央出版的党内刊物《实话》第5、6、8

期。文章着重提出的一个论点是："各国共产党内的斗争，是两条战线的斗争，是要反对右倾与反对'左'倾的斗争。"认为反对右倾是各国党的主要任务，但是强调也要反对左倾。夏，张闻天被国际列宁学校列入其教员名单。7月16日，列席共产国际政治秘书处扩大会议，听取周恩来作《中国革命新高潮的特点与目前党的中心任务》报告。其间，张闻天常与周恩来交谈，并将所写《关于实际工作中的机会主义》《中国革命的性质与动力》两文交周恩来。后者针对中共党内同托派的争论而作，周恩来看后表示满意，寄回中国供《红旗》选用。7月23日，张闻天致函周恩来转中共中央，要求在《布尔什维克》发表其同日所写《中国富农问题》，以答复瞿秋白刊于5月15日《布尔什维克》第3卷第4、5期的《中国革命和农民运动的策略》一文中对他的指摘。9月15日，张闻天出席红色教授学院东方系三年级历史、苏维埃建设和法学教研组会议。会议讨论1930—1931学年教研组的计划，决定张闻天个人的研究题目为"中国的危机"。另外张闻天还同崔舍努和特鲁巴乔夫组成小组，研究中国、日本、蒙古的革命问题，由马基亚尔领导。同月，国际列宁学校聘请张闻天为该校民族部教员，在应聘的教职员名单中，张闻天列为副教授第一名，教授的课程为"中国社会经济状况与土地问题"。10月1日，被国际土地问题研究所录用为东方和殖民地部中国问题高级研究员，月薪190卢布。11月25日，张闻天出席国际土地问题研究所东方和殖民地部讨论计划完成情况的工作人员会议。12月，张闻天与蔡和森、张国焘、郭绍棠商量，向共产国际提出要求回国工作。（参见张培森主编《张闻天年谱》，中共党史出版社2000版）

　　邓中夏1月25日与瞿秋白、蔡和森、张国焘、鲍罗廷、魏金斯基等参加苏联中国问题研究院召开的"陈独秀主义的历史根源"学术讨论会。这个学术讨论会断断续续开了三天，2月6日结束。春，在《劳动》第24期发表《苏兆征传》。3月18日，邓中夏与瞿秋白等出席中山大学举行的清党大会，他与瞿秋白先后在会上发表演说。4月9日，邓中夏与瞿秋白联名签署以中共驻共产国际执委会代表团的名义，向共产国际执委会、联共（布）中央和中共中央分别呈递关于中山大学问题的正式报告《我们对中国劳动者共产主义大学的看法》。4月23日至25日与瞿秋白、周恩来、张国焘、蔡和森、陆定一、余飞等出席中共代表团举行的会议，讨论关于中国劳动者共产主义大学的有关问题。同月，中共中央代表周恩来经德国到达莫斯科，就中共代表团问题与共产国际执委主席团协商，决定解除瞿秋白、邓中夏等人中共代表团成员身份，陆续调回国内工作。6月19日，邓中夏将已经脱稿的著作《中国职工运动简史》前13章送联共（布）中央出版局出版，并作《著者申明》，说明本书原定30章，从原始的职工运动一直写到第五次全国劳动大会止。7月初，邓中夏与余飞、陈修良、陆定一等4人奉命秘密回国。（参见冯资荣、何培香编著《邓中夏年谱》，中国文史出版社2014年版）

　　董必武继续在列宁学院学习，联系中国革命的实际，系统地学习了马克思列宁主义，特别精心地研读了《社会民主党在民主革命中的两种策略》《帝国主义是资本主义的最高阶段》《国家与革命》等著作。对"左"右倾机会主义路线给革命造成的严重损失，有了更加深刻的认识。假期曾赴工厂、农村参加实习调查。在巴库田和列宁格勒工厂，与工人一起生活劳动后，写出的总结报告，得到学校很高的评价，被誉为理论和实际相结合的优秀作品，并在全校展出。（参见《董必武年谱》编辑组编《董必武年谱》，中央文献出版社1991年版）

　　吴玉章6月与林伯渠共同编就《拉丁化中国字初学教材》，并着手准备教学试验。7月，历时11个月的中山大学清党结束，对吴玉章的结论是"清过了，以后要到群众中多作群众工作"。8月，吴玉章从中山大学特别班毕业，学校也于这一期学员毕业后宣布解散。10

月,吴玉章被派往远东工作。接替董必武担任伯力共产主义大学中国部主任。同去远东工作的有林伯渠、江浩、李唐彬等 12 人。(参见刘文耀、杨世元《吴玉章年谱》,四川人民出版社 1998 年版)

萧三 11 月 6 日代表"左联"出席国际革命文学事务局在苏联哈尔可夫召集世界革命作家第二次会议,并作了关于中国无产阶级革命文学运动的报告。会上通过了中国问题的决议案,决定成立中国支部。会后成立"国际革命作家同盟"。萧三为中国"左联"的代表,并被选为该盟干部会会员。次年 1 月 9 日,萧三向"左联"函告有关这次会议的情况,载 1931 年 8 月 20 日《文学导报》第 1 卷第 3 期,题为《出席哈尔可夫世界革命文学大会中国代表的报告》。(参见鲁迅博物馆、鲁迅研究室编《鲁迅年谱》,人民文学出版社 1981 年版)

杨明斋秘密越境赴苏联,直到同年秋一直在哈巴夫斯克扫盲站当中文教员,后到符拉迪沃,并在当地报社和无线电台工作。

王光祈 1 月在《教育与民众》第 1 卷第 6 号发表《德国成人教育》(二)。2 月,在《教育与民众》第 1 卷第 7 号发表《德国成人教育》(三)。3 月,在《教育与民众》第 1 卷第 8 号发表《德国民众图书馆》。3 月 16 日,撰成《中西音乐之异同》,载是年 6 月《留德学志》第 1 期。4 月,在《教育与民众》第 1 卷第 9 号发表《柏林国立各博物馆之组织》。文中详尽地介绍了柏林各博物馆组织,计有美术博物馆 9 种,学术博物馆 19 种,故宫博物馆 2 种。文章最后一章说:"吾国不欲进为现代世界文明强国则已,如其欲之,则对于设置博物馆一事,万不可缓。盖博物馆之利益,不仅是促进科学、美术,辅助国民教育而已;尤其是可以藉此减除一般市民之下等娱乐,并可以由此培养国民好学风气。"并感叹现在吾国"只有好财风气""没有好学风气",以"愚蠢脸皮"和"乞怜眼睛"与人相见,丧尽了"黄帝祖宗与夫历代先哲之德"。同月,在北平《晨报》发表《伦敦海军会议之成绩》一文。5 月 19 日,在柏林图书馆译完《库伦条约之始末》一书,于 11 月由上海中华书局出版。俄国驻华公使廓索维慈后来撰写的《从成吉斯汗到苏维埃共和国》一书中,详尽地记载了当年前往库伦谈判签约的经过情形。王光祈将该书德文版之第十二、第十三、第十四、第十五、第十六、第十八诸篇译成中文,故名《库仑条约之始末》。王光祈在序言中说:"外蒙问题至今为中俄两国主要纠纷之所在,推原祸始,实以库伦条约一役为起点。凡留心蒙古问题者,对于此种最有关系之史料,万不可漠然置之也。"

王光祈 5 月在《教育与民众》第 1 卷第 10 号发表《德国民众剧院》。6 月 26 日,在北平《晨报》发表《德国金融事业之今昔观》。7 月 21 日,在柏林图书馆完成《英、德、法读音之比较》一书,次年由上海中华书局出版。9 月 14 日,在上海《生活周刊》第 5 卷第 40 期发表《西洋人与中国戏》(一)。9 月 21 日,在上海《生活周刊》第 5 卷第 41 期发表《西洋人与中国戏》(二)。11 月 10 日,在柏林图书馆音乐部完成《西洋音乐史纲要》一书。卷首《提纲挈领》中说:"我们无论研究任何学问,均应以九牛二虎之力从事,始能稍有收获。大凡素不研究学问之人,根本不知道有所谓问题,若研究学问而不深,则亦不知道问题有如许之多。西洋学者研究学问,往往对于一个极小之问题,不惜以毕生之精力从事。在旁观者观之,固属极为可笑,但西洋学术之进步,即全在于此。"至 1937 年 12 月由中华书局出版。是年,在国外用德文发表的文章计有:《关于席德迈尔的德国歌剧(先莫扎特时代)的研究》,刊于柏林大学音乐史学院研究报告书;《论中国诗学》,刊于《法兰克福科学导报》。(参见四川音乐学院、成都市温江区人民政府编《王光祈文集》,巴蜀书社 2009 年版)

张君劢年初经倭伊铿介绍,在德国耶纳大学做客座教授,讲授中国哲学,并用功于康德哲学的研究。6 月 14 日,邀颜惠庆与斯怀尔先生会晤。10 月,译著(署名张士林)《政治典范》列入万有文库丛书,由商务印书馆出版发行。因迫于国民党高压统治,不得已以张士林的名义出版,"士林"二字各取"嘉森"二字的上下部分。此书六册凡 818 页近 50 万字。《译者序》曰:"赖氏书之所以译,所以示英人以政治思想名于世,而后起学者致力之勤如此,非吾国人所当取法者耶。"《译者例言》曰:"本书每章译成,请内子释因先读,认为文义不显豁者,即加笔削。赖氏于序中声明得其夫人之助,我亦云然……本书上卷每日以译千字为常课,历六月而后成,修改工亦费月余。"12 月 25 日,张君劢在《东方杂志》第 27 卷第 24 期上发表《德国新宪起草者柏吕斯之国家观念及其在德国政治学说史上之地位》。此文写作于德国。是年,张君劢在福兰克福中国学社的《中国》(Sinica)杂志第 5 卷第 2 期上发表《卫礼贤——世界公民》一文。(参见李贵忠《张君劢年谱长编》,中国社会科学出版社 2016 年版;贺翁凯编《中国近代思想家文库·张君劢卷》附录《张君劢年谱简编》,中国人民大学出版社 2015 年版)

贺麟担任东方学生会主席。是夏,为真正掌握黑格尔哲学的精髓,贺麟谢绝乌尔夫教授要他继续攻读博士学位的挽留,离开美国赴德国柏林大学专攻德国古典哲学。8 月,完成其学说生涯中具有里程碑意义的论文《朱熹与黑格尔太极说之比较观》。

按:该文后刊于《大公报·文学副刊》第 149 期(1930 年 11 月 6 日),后又作为附录收入《黑格尔学述》一书(1936 年)。贺麟说:"我是想从对勘比较朱熹的太极和黑格尔的绝对理念的异同,来阐发两家的学说。这篇文章表现了我的一个研究方向或特点,就是要走中西哲学比较参证、融会贯通的道路。"(参见高全喜编《中国近代思想家文库·贺麟卷》及附录《贺麟年谱简编》,中国人民大学出版社 2014 年版)

成仿吾仍在德国留学。4 月 20 日,周恩来到莫斯科参加共产国际执委会,途经柏林时,在成仿吾寓所会见了中国语言支部的成员,做了两三个小时的谈话,介绍了国内形势。此次谈话经成仿吾校对,刊在德共党报《赤旗》上。夏,瞿秋白、杨之华从莫斯科回国,在柏林停留期间,成仿吾负责接待安排。他们留下的书籍及其他物件也由他负责寄回国内。(参见张傲卉、宋彬玉《成仿吾年谱》,《东北师大学报》1985 年第 5 期)

陈序经继续留学德国。5 月 1 日,在《岭南学报》第 1 卷第 2 期发表《孔夫子与孙先生——欧游杂感之一》。是文 1929 年冬作于柏林,文中从多方面分析了孙中山与孔子的思想异同,并认为"若孔子而为中国数千年来的文化代表,则孙先生可以说是近数十年来所谓中学为体西学为用的代表"。9 月 29 日至 10 月 1 日,在德国基尔大学世界经济研究院学习期间,与夫人一道参加由柏林高商学校举办的德国社会学会第 7 次会议。到会约 400 人,德国社会学家柏林大学的菲尔坎特(Sombat Vierkaudt)、基尔大学的滕尼斯(Tonnies)、科隆大学的维泽(Wiese)、海德堡大学的布林克曼(Briukmann)等出席。东方人到会者除陈氏夫妇,尚有日本新明正道。会议主题为新闻纸及公共意见,分议题有社会学的方法、美术社会学、统计社会学。(参见田彤编《中国近代思想家文库·陈序经卷》及附录《陈序经年谱简编》,中国人民大学出版社 2014 年版;中山大学图书馆《陈序经图录》附录一《陈序经先生年表简编》,中山大学出版社 2014 年版;王学典《20 世纪史学编年(1900—1949)》,商务印书馆 2014 年版)

朱偰继续在德国,入柏林大学攻经济,兼修历史、哲学。6 月,在北京大学《社会科学季刊》第 5 卷第 1、2 号合刊发表《南洋之过去与将来——中国民族向南洋之发展与西力东渐后中西势力之消长》。文中内容主要有"中西史料之分类与西人寻求中国史料之热烈""中国民族向南洋之发展""西力东渐"等。是年,朱偰《战后各国关税政策之趋势与最近欧洲关税休战会议》刊于《东方杂志》第 27 卷第 7 号。(参见王学典《20 世纪史学编年(1900—1949)》,商

务印书馆 2014 年版）

　　冯至 9 月 12 日晚由北平乘火车起程赴德国,与清华大学教授吴宓、清华毕业高材生陶
煜民、河北省公费留学生王庆昌结伴同行,姚可昆和冯至的几个朋友为之送行。行前,冯至
把《沉钟》半月刊包好,存放友人处。在途经西伯利亚时,作散文《赤塔以西》。后经莫斯科、
柏林,于月底抵达德国海德堡大学(冯至译为海德贝格)。这是德国一所最古老的大学,学
习的内容:正科:德语文学;副科:哲学、美术史。在此,经常诵读荷尔德林的作品,并以极大
的热情阅读里尔克的诗、书简、小说、戏剧,主要的教师有著名文学家宫多尔夫教授,存在主
义哲学大师雅斯贝尔斯,著名文学教授阿莱文、布克,古德语教授潘采尔,美术史教授戈利
塞巴赫。课后,常在夕阳西下时坐在海德堡的涅卡河畔的长椅上观赏、思考。12 月 14 日,
致信杨晦、陈翔鹤:开始学习拉丁文。（参见周棉《冯至年谱》,载王京州编《河北近现代学者年谱辑
要》,国家图书馆出版社 2017 年版）

　　欧阳翥赴德国入柏林大学学习,获博士学位。

　　胡愈之 2 月 10 日在《东方杂志》第 27 卷第 3 号上发表《伦敦会议与帝国主义海上势力
的消长(巴黎通讯)》一文。3 月 25 日,在《东方杂志》第 27 卷第 6 号上发表《欧陆短简(一)
(巴黎通讯)》一文。10 月 10 日、25 日,在《东方杂志》第 27 卷第 19—20 号上发表译作《社会
主义的一个新学派——亨利窦满(法国詹美斯著)》一文。11 月 10 日,在《东方杂志》第 27
卷第 21 号上发表《德国选举的经过及其国际的反响(巴黎通讯)》一文。1928 年 1 月至 1931
年初留法期间,曾利用假期到英国、比利时、瑞士等地进行实地考察。同时,系统地学习了
《资本论》等马列著作,开始由民主主义者转变为马克思主义者。（参见朱顺佐、金普森《胡愈之
传》,杭州大学出版社 1991 年版）

　　秦宣夫在法国巴黎美术学院学习油画,同时在卢弗尔学校、巴黎大学艺术考古研究所
学习西方美术史。

　　唐一禾赴法国留学,入巴黎美术学院从劳伦斯学习油画。

　　马思聪赴法国学习作曲。

　　杨堃回到里昂,获得里昂大学文科博士学位。

　　郭斌龢在英国留学。5 月 15 日,吴宓接到郭斌龢的长函,郭斌龢表示回国后将出力出
钱协助吴宓办《学衡》杂志,但对他的离婚大为痛愤。10 月 5 日,郭斌龢到伦敦看望吴宓。6
日,郭斌龢表示学成归国后仍到东北大学任教,以此为根据地,与吴宓相互声援。对于《学
衡》杂志的事业,郭有极大的热情,并表示愿意负担津贴的一半。19 日,郭斌龢与吴宓在牛
津万灵学院聚会。23 日,刘咸、费巩陪同吴宓游览。25 日,郭斌龢、费巩陪同吴宓游莎士比
亚故居。12 月 20 日,郭斌龢回国,费巩赴伦敦,吴宓离开牛津,赴爱丁堡。（参见沈卫威《学衡
派编年文事》,南京大学出版社 2015 年版）

　　吴宓 9 月 12 自北平乘火车赴欧洲,一方面是游学,另一方面是为了和在美国留学的毛
彦文相聚于法国巴黎,并结婚,然终未成。27 日,吴宓到达法国巴黎,清华毕业留学法国的
吴达元等与之相见。10 月 13 日,吴宓在牛津大学学习,同学中有刘咸、郭斌龢。11 日,吴
宓访问牛津,并游览牛津尖塔。（参见沈卫威《学衡派编年文事》,南京大学出版社 2015 年版）

　　戴爱莲赴英国伦敦学习舞蹈,曾先后师从著名舞蹈家安东·道林、鲁道夫·拉班等,后
来又投奔现代舞大师玛丽·魏格曼。

　　陈焕镛、秦仁昌等人 8 月出席在英国剑桥大学召开的第五届国际植物学会议。会议选
举陈焕镛、胡先骕为国际植物命名法规委员会委员,是为我国植物学家加入国际植物学会

及其命名法规委员会之开端。

滕白也被英国皇家美学院选为名誉会员。

朱光潜往返于伦敦巴黎之间。3月在《中学生》第3期发表译文《歌德评〈最后的晚餐〉》。4月,所著《变态心理学派别》由上海开明书店出版。8月,在《中学生》第7期发表《谈出洋留学》。是年前后,还著有《符号的逻辑》。(宛小平《朱光潜年谱长编》,安徽大学出版社2019年版)

刘海粟6月1日晨抵达意大利罗马。夏,偕张韵士、傅雷、张弦往访巴黎美术学院院长阿尔贝·贝纳尔。7月28日,被比利时政府聘为比利时独立百年纪念展览会美术馆审查委员,其国画作品《九溪十八涧》获荣誉奖,并出版画册《海粟油画》。刘海粟居巴黎时,与法国大师阿尔贝·贝纳尔、阿芒·让、莫里斯·德尼、朗特斯基等十余人,以及教育部美术司司长保罗·莱昂、国家美术院院长台若诃亚等,讨论刘海粟在法国举行中国现代绘画展览会,当蒙一致赞助。即会同驻法公使高鲁,与主管人国家美术院院长台若诃亚,定于1933年冬季在巴黎龚古尔广场亦特巴姆美术馆举行。(参见袁志煌、陈祖恩《刘海粟年谱》,上海人民出版社1992年版)

江亢虎辞去在美国的工作,前往加拿大,应聘担任蒙特利尔的麦吉尔大学中国文学院院长和汉学系主任教授,直至1934年夏回国。1月,发布《宪治促成会宣言》。宣言揭示了"宪治"的基本含义和实行宪治的必要性,呼吁"尊重宪法,实行宪治,尤贵政府当局能以诚意率先倡道之"。2月,撰写《〈作新篇〉序》,推出自己关于社会制度改造方面"新个人主义"和"新国际主义"主张。新个人主义包括"个性解放""家制废除"和"群治训练"三项内容;新国际主义则有"民籍大同""内政自决"和"外交公断"三个要点。此前,关于"新民主主义"和"新社会主义",已多有说明。7月,时值"蒋冯阎大战"之际,再次在美洲写信给蒋介石,认为当时中国"根本大计,惟在速立民宪而已";希望蒋"乘此千载一时,恪遵总理遗嘱,立开国民会议,制定民国宪法,召集正式国会,取消一党专政,实行政党政治"。10月,应旧金山《孔教》月刊纪念孔子诞辰之稿约,撰写《大哉孔子》。文章颂扬孔子"实为圣师,坊表人伦"。指出"孔子不专立一宗教,所以能兼容各宗教""孔子视他教主无非常可喜之言行""孔子不遇于当时,乃后世儒道之幸事""孔子不因历代当道之褒贬而加损""孔子乃中国文化理想之结晶""孔子增进吾人世界上之地位与历史上之光荣"。(参见江佩伟编《中国近代思想家文库·江亢虎卷》及附录《江亢虎年谱简编》,中国人民大学出版社2015年版)

张洪沅、沈镇南、吴承洛、杜长明、林继庸等为常务理事的中国化学工程学会2月在波士顿正式成立,以"提倡化学工程,介绍欧美学识,以为国内化学工业发展之辅助"为宗旨。

陈达1月赴檀香山夏威夷大学讲学,内容为"中国社会劳工问题",同时在该地国际联合会演讲国际劳工局之组织与工作概况。6月赴日本考察高丽各地劳工情形,8月底返清华学校。(参见田彩凤《陈达先生年谱》,《清华大学学报》1995年第2期)

柳无忌留学美国,从耶鲁大学德文系主任处了解到德国大诗人歌德曾对中国明人小说《玉娇梨》"颇加称道",便函求鲁迅代为查考该书作者生平和写作时间,并希望将信公开,引起大众的兴趣。鲁迅将此信在《语丝》上公开发表,并作按语,"希望得有关于《玉娇梨》的资料的读者,惠给有益的文字"。2月19日,鲁迅作《通信(柳无忌来信按语)》,刊于本应1月20日《语丝》周刊第5卷第45期(实际出版日期延迟)。(参见鲁迅博物馆、鲁迅研究室编《鲁迅年谱》,人民文学出版社1981年版)

倪征燠任美国霍普金斯大学法学研究所荣誉研究员。

梁思庄获麦吉尔大学的文学学士学位。

梅兰芳2月16日首次在美国演出京剧,征服美国观众。张彭春作为艺术指导参加梅兰芳剧团访问美国。

成舍我随《中央日报》社长程沧波去英美访问。

高剑父到印度、斯里兰卡、尼泊尔及南洋群岛等地考察,并举办个人画展、宣讲中国美术。

苏联维经斯基1—2月在设在莫斯科的中国问题研究所召开"关于陈独秀主义的历史根源"讨论会上作了长篇发言,系统总结了中国大革命的历史经验,探讨了陈独秀错误思想的发展,检讨了自己的错误和责任,批驳了托派的观点。后来以此整理成《关于中国共产党在1925—1927年革命中的错误问题》一文,刊于同年《中国问题》(俄文杂志)第4—5期。

> 按:该刊编辑部在文后附言指出,维经斯基检讨错误的发言,"提出了一些不正确的观点,后来,在讨论过程中,他修正了这些错误,承认同志们批评他的不彻底性是正确的。编辑部认为,维经斯基同志按照党的要求,改正了自己过去的错误"。同时对鲍罗廷批评说:"他在当时犯的决非是小错误,后来他又多方掩饰这些错误,因而,编辑部对于鲍罗廷同志的沉默,表示惊讶。……作为一个党员,他的义务是,应当记得作自我批评的必要性。"(参见唐宝林、林茂生《陈独秀年谱》,上海人民出版社1988年版)

美国人司徒雷登继续任燕京大学校务长。4月25日,燕京大学社会科学院特改名为法学院,系美国普林斯顿大学驻北平之服务委员会与燕大合办之教育事业。据普林斯顿大学《校友》周刊载:"普林斯顿校友在平服务委员会(Trustees of Princeton in Peking)于2月25日一致议决将该机关之名号易为Princeton-Yenching Foundation并将其与燕大合办之教育事业,即目下该机关之主要工作易为Princeton-Yenching School of Public Affairs,该社在燕京大学所维持之学院现设有下列三系:1. 政治学系;2. 经济学系;3. 社会学系。其目的在栽培学生使其能参加政治、经济及社会各方面之改造与建设事业。该院现在特别注意国际关系,与如何使最古之国家吸收西洋文化之问题。1月间,普林斯顿大学董事会议决向普林斯顿大学校友在北平服务委员会建议将该学院改称为Princeton-Yenching School of Public Affairs。当日尝指明,关于普林斯顿大学新设立之'政治学院'(College of Public and International Affairs)与燕大交换教授学生之可能。所以本校校友坦康博士(Dr. Duncan)即将于本年8月东渡,在燕大担任教授三年。至关于保送校友赴燕大担任一年讲席一节,经济学方面本年应可派人,不日即可宣布;政治学方面派送的基金,数周内亦可望筹到。"(参见张玮瑛、王百强、钱辛波主编《燕京大学史稿》,北京人民中国出版社2000年版)

美国哥伦比亚大学教授、堪称历史学权威的时任卡内基国际和平基金会(Carnegie Endowment for International Peace)主席肖特韦尔(James T. Shotwell)1月12日在《纽约先驱论坛报》(New York Herald Tribune)发表《教育中国平民》(Educating China's Masses),对晏阳初领导的中国乡村改造运动有如下评价:"这场农村改革在方法上与一些农业院校进行的,由更富实践头脑、更高效的传教运动领袖的工作非常相似。但是,平民教育运动认为提高中国农业的产量,从长远看,不如让农民受到更好的教育、学会自己负责更重要。这是平民教育运动与中国其他改革运动的区别所在。它试图通过应对日常琐事以保障民主。与把希望寄托在别人身上的想法不同,如果平民教育运动成功的话,定县的农民可以自己独立解决问题。……定县实验虽然独立开展,但是,这里的工作多多少少已被中国其他地区仿效,它的各方面影响正在增强。……然而它拒绝任何肤浅的活动,而被其他实验所吸引，因为平民教育运动的基本理念是，人们自己做并为此负责，以便它在国民生活中有一个永久的基础，而不是依赖于少数教育改革家们的热情。"（参见杜学元、郭明蓉、彭雪明《晏阳初年谱长编》，上海交通大学出版社2017年版）

美国弗雷德里克·菲尔德（Frederick Vanderbilt Field）时任中国平民教育美国合作委员会秘书。8月，菲尔德参观定县实验并商讨双方合作的有关事宜。9月4日，晏阳初综合同仁意见后向费尔德提出9条建议，希望"中国平教美国合作委员会"予以帮助：①"平教总会"需要特殊领域的专家，从事如园艺学、家畜管理等；②青年工作人员应于一二年后赴美国或他处进修，以增加学识经验；③有一小组负责收集有关美国教育及农业的新书寄往定县，"平教总会"工作更能合乎世界新发展；④定县将建一图书馆，希望美国能有一小组担任顾问，使在有限预算下，选择应备书籍、期刊、图片；⑤希望美国教育专家随时前来定县考察，提出批评和建议；⑥"平教总会"将自国外输入农业机械，以试验在中国农村环境适应的可能性；⑦拟在定县设立一非营利性的平民印刷厂，以便廉价印制课本供全国需要；⑧"平教总会"拟于定县社会调查完成后，将这一应用现代科学方法调查编制的中国农业地区资料，释译英文印刷供西方世界人士阅读了解；⑨为使"中国平民教育美国合作会"有直接而迅速的了解，拟随时编印详细报告，多出成果。（参见杜学元、郭明蓉、彭雪明《晏阳初年谱长编》，上海交通大学出版社2017年版）

美国纽约天产博物院中亚调查团团长安德思3月要求今夏赴蒙古采掘古动物标本，中国古物保管委员会北平分会主任马衡与该团团长安德思在北平团城签订协定，规定所得学术资料，凡与以前所采相同者，统留在中国；与以前所采不同，必须运往美国研究者，研究毕后须将原物运还中国。（参见马思猛《马衡年谱》，故宫出版社2021年版；方遥《马衡：中国近代考古学奠基人》，《中国社会科学报》2021年3月10日第2122期）

美国弗里尔美术馆与山西公立图书馆合作，发掘山西万泉县阎子屹塔汉汾阴后土祠遗址。（参见中国大百科全书总编辑委员会《中国大百科全书·考古学》，中国大百科全书出版社2002年版）

伦敦大学R. H.陶内（Tawney）受太平洋国际学会及国联的委托，考察中国社会，提出中国传统社会长期停滞的观点。在其发表的调查报告中，关于中国社会的结论是："一直到昨日为止，中国是在中国自己的轨道上行动，既未影响西洋，也未受西洋的影响。一部分因为中国之长期孤立，一部分因为中国自己的文明基础异常安定，另一部分是由于西洋在十九世纪继承了科学和技术的新财产之结果，所以，中国最近的历史之景色显得缩短了。当西洋还不知道那些根本的生活技术的时候，中国已经精通了某些根本的生活技术。当西洋用木犁耕作的时候，中国的农民已经用铁犁耕作，而当西洋已经用钢犁耕作的时候，他们还是继续用铁犁耕作——中国，好象这种情形一个样，早已把经济制度和社会组织之一种型式达于一种高的水平线了，可是不会感悟到去改良它或是去革除它之需要。"

按：陶内的观点代表了20世纪30年代西方世界对中国的认识，也波及西方史家关于中国的历史叙述。从马士（H. B. Morse）到费正清，都把中国社会视为停滞、落后的"传统社会"，有待于西方的"冲击"与改变。（王学典《20世纪史学编年（1900—1949）》，商务印书馆2014年版）

比利时工人党首领、比利时政府司法大臣及外交大臣樊迪文（Emile Vandervelder）夫妇应邀来华讲学。10月4日，比利时驻华公使华洛思夫妇于本日晚间假华懋饭店招待中国外交部长王正廷夫妇，到樊迪文夫妇、蔡元培夫妇、李石曾、王景岐、王晓籁、林语堂、汪伯奇，以及日本驻华代理公使重光葵、土耳其代表福德培等。席间华洛思致欢迎词，王正廷致答词。10 月 5 日下午 4 时,樊迪文应邀在上海市总商会公开演讲《世界和平问题》,由杨公达翻译,听讲者数百人,以学生居多。首由蔡元培致介绍词,继之樊迪文讲演。10 月 12 日,中央大学授予樊迪文(比利时人)、林百克(美国人)博士学位。

　　按:樊迪文曾任律师、教授,曾参与订立《凡尔赛条约》《洛迦诺公约》。10 月 5 日下午 4 时樊迪文公开演讲《世界和平问题》前,蔡元培致介绍词略谓"樊氏学说,兼采德国马克思、恩格尔,法国圣西门、蒲鲁东两派。其经济观念,以取消资本制度及私有财产为对象,以提倡职工组合为方法,以暂时容许小工商及小地主存在为过渡,以公共生产及公共消费为归宿。其政治观念,以主张普通选举为取得政权之途径,以多立社会法制为实行改革之先导。一八九六年在伦敦、一九〇〇年在巴黎举行之国际社会党大会,樊氏已为该党最重要领袖之一。会中对如何维持国际和平之问题,〈认为〉至为紧要。欧战后,樊氏尤努力于国际和平之恢复,积极维护国际联盟,参赞国际劳工局。……今日所讲者,为和平的组织,必有至关重要之意义,昭示吾人"。(参见高平叔编著《蔡元培年谱长编》,人民教育出版社 1996 年版)

　　瑞典学者 F. 贝格曼为西北科学考查团成员。4 月 20 日,F. 贝格曼在额济纳河流域,调查发掘汉代烽燧遗址,和中国采集员靳士贵在居延发现汉简,共获简牍 10200 枚,是此次挖掘的重大收获。居延汉简运抵北京后,由劳幹、贺昌群、向达、马衡、余逊等分工合作,对汉简作了部分整理、考释工作。居延汉简虽较敦煌汉简晚出,但在量上却较之多出数倍,其中有文书、簿录、信札、经籍等,被认为是 20 世纪汉代史料的最大发现。居延汉简的发现不仅对汉代历史特别是汉代西北边郡历史的研究具有重大意义,而且对汉代语言、汉代艺术等领域也产生了影响。其考古报告于 1956—1958 年在瑞典出版。

　　按:汉简出土地点有 30 处,其内容绝大部分为汉代边塞上的屯戍档案,一小部分是书籍、历谱和私人信件等。居延汉简对研究汉朝的文书档案制度、政治制度具有极高的史料价值,史誉其为 20 世纪中国档案界的"四大发现"之一。1936 年,劳幹、余逊的部分考释用晒蓝纸印刷成册出版,世称"晒蓝本",所考释的汉简约占总数的三分之一,此为最早的居延汉简释文稿本。抗战爆发后,原藏北京大学文科研究所的居延汉简由沈仲章、徐森玉秘运至香港,并拍摄成照片,拟交商务印书馆影印,但在制版过程中香港沦陷,书版毁于战火。所幸在香港沦陷前夕,傅斯年与时任驻美大使的胡适联系,于 1941 年将居延汉简运往美国,暂存国会图书馆,逃过一劫。1965 年,这批珍贵文物被运回台湾,由中央研究院历史语言研究所收藏。新中国成立以后,经 1972—1976 年和 1986 年考古工作者两次发掘,又得汉简两万余枚。这两万余枚汉简又称"居延新简",现藏甘肃博物馆。相关著作有中国科学院考古研究所于 1959 由科学出版社出版的《居延汉简甲编》,以及《居延汉简图版之部》(1957)、《居延汉简释文之部》(1975)和《居延汉简甲乙编》(1982)等。(参见中国大百科全书总编辑委员会《中国大百科全书·考古学》,中国大百科全书出版社 2002 年版;王学典《20 世纪史学编年(1900—1949)》,商务印书馆 2014 年版)

三、学术论文

陈寅恪《敦煌本唐梵翻对字音般若波罗蜜多心经跋》刊于《国学丛论》第 2 卷第 2 号。

裴学海《孟子正义补正》刊于《国学丛论》第 2 卷第 2 号。

颜虚心《编钟编磬二八十六枚在一虡解》刊于《国学丛论》第 2 卷第 2 号。

颜虚心《三乐说》刊于《国学丛论》第 2 卷第 2 号。

刘盼遂《释九锡》刊于《国学论丛》第 2 卷第 2 号。

黄淬伯《慧琳一切经音义反切考韵表》刊于《国学丛论》第 2 卷第 2 号。

王静安先生讲授，刘盼遂记《观堂学书记》刊于《国学丛论》第 2 卷第 2 号。

王静安先生讲授，刘盼遂记《说文练习笔记》刊于《国学丛论》第 2 卷第 2 号。

朱希祖《汉十二世著纪考》刊于《国立北京大学国学季刊》第 2 卷第 3 号。

刘复《明沈宠绥在语音学上的贡献》刊于《国立北京大学国学季刊》第 2 卷第 3 号。

姚从吾《欧洲学者对于匈奴的研究》刊于《国立北京大学国学季刊》第 2 卷第 3 号。

朱偰《明季南应社考》刊于《国立北京大学国学季刊》第 2 卷第 3 号。

敖士英《关于研究古音的一个商榷》刊于《国立北京大学国学季刊》第 2 卷第 3 号。

黄文弼《蒙新旅行之经过及发现》刊于《国立北京大学国学季刊》第 2 卷第 3 号。

朱希祖《汉唐宋起居注考》刊于《国立北京大学国学季刊》第 2 卷第 4 号。

魏建功《阴阳入三声考》刊于《国立北京大学国学季刊》第 2 卷第 4 号。

方壮猷《匈奴语言考》刊于《国立北京大学国学季刊》第 2 卷第 4 号。

张任政《纳兰性德年谱》刊于《国立北京大学国学季刊》第 2 卷第 4 号。

敖士英《汉初正朔考》刊于《国立北京大学国学季刊》第 2 卷第 4 号。

谢国桢《清初东南沿海迁界考》刊于《国立北京大学国学季刊》第 2 卷第 4 号。

陈寅恪《大乘义章书后》刊于《历史语言研究所集刊》第一本第二分。

陈寅恪《灵州宁夏榆林三城译名考》刊于《历史语言研究所集刊》第一本第二分。

刘复《声调之推断及"声调推断尺"之制造与用法》刊于《历史语言研究所集刊》第一本第二分。

黄淬伯《慧琳一切经音义反切声类考》刊于《历史语言研究所集刊》第一本第二分。

史禄国《记猓猡音》刊于《历史语言研究所集刊》第一本第二分。

傅斯年《战国文籍中之篇式书体——一个短记》刊于《历史语言研究所集刊》第一本第二分。

陈寅恪《敦煌劫余录序》刊于《历史语言研究所集刊》第一本第二分。

朱偰《明季桐城中江社考》刊于《历史语言研究所集刊》第一本第二分。

罗常培《耶稣会士在音韵学上的贡献》刊于《历史语言研究所集刊》第一本第三分。

罗常培《声韵同然集残稿跋》刊于《历史语言研究所集刊》第一本第三分。

高本汉著，赵元任译《上古中国音当中的几个问题》刊于《历史语言研究所集刊》第一本第三分。

王静如《跋高本汉的上古中国音当中几个问题并论冬蒸两部》刊于《历史语言研究所集刊》第一本第三分。

李方桂《广西凌云猺语》刊于《历史语言研究所集刊》第一本第四分。

刘文锦《类音跋》刊于《历史语言研究所集刊》第一本第四分。

徐中舒《剥字解》刊于《历史语言研究所集刊》第一本第四分。

赵邦彦《调查云冈造像小记》刊于《历史语言研究所集刊》第一本第四分。

陶燠民《闽音研究》刊于《历史语言研究所集刊》第一本第四分。

吴金鼎《关于臻栉韵的讨论》刊于《历史语言研究所集刊》第一本第四分。

陈寅恪《吐蕃彝泰赞普名号年代考（蒙古源流研究之二）》刊于《历史语言研究所集刊》第二本第一分。

陈寅恪《敦煌本维摩诘经文殊师利问疾品演义跋》刊于《历史语言研究所集刊》第二本

第一分。

徐中舒《耒耜考》刊于《历史语言研究所集刊》第二本第一分。

徐中舒《殷人服象及象之南迁》刊于《历史语言研究所集刊》第二本第一分。

陈垣《大唐西域记撰人辨机》刊于《历史语言研究所集刊》第二本第一分。

丁山《召穆公传》刊于《历史语言研究所集刊》第二本第一分。

傅斯年《大东小东说》刊于《历史语言研究所集刊》第二本第一分。

傅斯年《论所谓"五等爵"》刊于《历史语言研究所集刊》第二本第一分。

傅斯年《姜原》刊于《历史语言研究所集刊》第二本第一分。

林语堂《支脂之三部古读考》刊于《历史语言研究所集刊》第二本第二分。

朱希祖《钞本甲乙事案跋》刊于《历史语言研究所集刊》第二本第二分。

陈寅恪《西游记玄奘弟子故事之演变》刊于《历史语言研究所集刊》第二本第二分。

徐中舒《宋拓石本历代钟鼎彝器款识法帖残叶跋》刊于《历史语言研究所集刊》第二本第二分。

王静如《西夏文汉藏译音释略》刊于《历史语言研究所集刊》第二本第二分。

高本汉著,王静如译《中国古音(切韵)之系统及其演变》刊于《历史语言研究所集刊》第二本第二分。

赵元任《听写倒英文》刊于《历史语言研究所集刊》第二本第二分。

董作宾《殷墟沿革》刊于《历史语言研究所集刊》第二本第二分。

董作宾《甲骨年表》刊于《历史语言研究所集刊》第二本第二分。

冯友兰《公孙龙哲学》刊于《清华学报》第 6 卷第 1 期。

陈寅恪《三国志曹冲华佗传与印度故事》刊于《清华学报》第 6 卷第 1 期。

顾颉刚《五德终始说下的政治和历史》刊于《清华学报》第 6 卷第 1 期。

杨树达《国文中之倒装宾语》刊于《清华学报》第 6 卷第 1 期。

张煦《校读文章一贯后记》刊于《清华学报》第 6 卷第 1 期。

季廉(马全鳌)《中国学术研究之转机》刊于《清华周刊》第 34 卷第 1 期。

按:文章说:"归纳起来说,研究学术,实在是不愁吃不愁穿有闲阶级的玩艺。尤其是在目前兵匪遍野,百业凋散,经济破产,生活不易的中国社会。要提倡学术研究,最低限度,要津贴一个人一年求学用费。然后研究的人,才能专心致志,清华研究院之没有发展,即在津贴研究生过少。清华以前每年不惜以数千元大洋供给一个留学生,而今竟吝啬如此只以二百二十元供给一个研究生,甚矣哉,国货提倡之难矣。作者之所以不惮烦言者,盖认定创立研究院,为中国学术研究之转机,清华大学,财力雄厚,环境优美,为全国最有希望最能发展之大学。提倡独立自由高深之研究,建设中国新兴之文化学术,责无旁贷。清华当局,应明了本身的使命与地位,勿吝惜小费,慨然规定津贴研究生每名每年五百元,按月发给。一方面研究的人,得以安心研究,另一方面,扩充设备,延聘硕学宿儒,从事研讨,行见中国学术界,结一硕果,放一异彩,斯不特全国人之幸,亦清华之荣。当仁不让,愿清华急起图之。"

刘朝阳《从天文历法推测尧典之编成年代》刊于《燕京学报》第 7 期。

钱穆《刘向歆父子年谱》刊于《燕京学报》第 7 期。

冯友兰《大学为荀学说》刊于《燕京学报》第 7 期。

瞿兑之《释巫》刊于《燕京学报》第 7 期。

何观洲《山海经在科学上之批判及作者之时代考》刊于《燕京学报》第 7 期。

钱南扬《宋元南戏考》刊于《燕京学报》第 7 期。

方壮猷《匈奴王号考》刊于《燕京学报》第 8 期。

方壮猷《鲜卑语言考》刊于《燕京学报》第 8 期。

陈垣《耶律楚材之生卒年》刊于《燕京学报》第 8 期。

张星烺《斐律宾史上"李马奔"Lima hong 之真人考》刊于《燕京学报》第 8 期。

颜希深《莽量函率考》刊于《燕京学报》第 8 期。

黎锦熙《三百篇之"之"》刊于《燕京学报》第 8 期。

吴世昌《释诗书之"诞"》刊于《燕京学报》第 8 期。

钱穆《关于老子成书时代之一种考察》刊于《燕京学报》第 8 期。

刘盼遂《高邮王氏父子著述考》发表于《北平图书馆月刊》第 4 卷第 1 期。

刘盼遂《古小学书辑佚表》发表于《北大图书部月刊》第 2 卷 1—2 期合刊。

刘盼遂《甲骨中殷商庙制徵》发表于《女师大学术季刊》第 1 卷第 1 期。

刘盼遂《〈颜氏家训〉校笺》（据抱经堂补注本）发表于《女师大学术季刊》第 1 卷第 2 期。

刘盼遂《王石渠先生年谱（附伯申先生年谱）》发表于《女师大学术季刊》第 1 卷第 3 期。

刘盼遂《李唐为蕃姓考》刊于《女师大学术季刊》第 1 卷第 4 期。

刘盼遂《唐代白氏为蕃姓之史料二事》刊于《女师大学术季刊》第 1 卷第 4 期。

胡吉宜《释蔡杀》刊于《国立中山大学语言历史研究所周刊》第 10 集第 114 期。

曹松叶《宋元明清书院概况（续）》刊于《国立中山大学语言历史研究所周刊》第 10 集第 114 期。

夏定域译《一四九二年以前之美洲文化》刊于《国立中山大学语言历史研究所周刊》第 10 集第 115 期。

曹松叶《宋元明清书院概况（续完）》刊于《国立中山大学语言历史研究所周刊》第 10 集第 115 期。

明朝《毛公鼎铭考》刊于《国立中山大学语言历史研究所周刊》第 10 集第 115 期。

赵肖甫《本所整理档案之过去及将来》刊于《国立中山大学语言历史研究所周刊》第 10 集第 116 期。

邵履常《释丙》刊于《国立中山大学语言历史研究所周刊》第 10 集第 117 期。

卫聚贤《古史研究第二集自序》刊于《国立中山大学语言历史研究所周刊》第 10 集第 117 期。

顾颉刚《四记杨惠之塑像》刊于《国立中山大学语言历史研究所周刊》第 10 集第 117 期。

顾颉刚《五记杨惠之塑像》刊于《国立中山大学语言历史研究所周刊》第 10 集第 118 期。

李孟楚《墨学传布考》刊于《国立中山大学语言历史研究所周刊》第 10 集第 118 期。

杨成志《单骑调查西南民族述略》刊于《国立中山大学语言历史研究所周刊》第 10 集第 118 期。

卫聚贤《梁墓考序》刊于《国立中山大学语言历史研究所周刊》第 10 集第 118 期。

黄仲琴《宋神霄玉清万寿宫碑》刊于《国立中山大学语言历史研究所周刊》第 10 集第 118 期。

曹松叶《战国秦汉三国人口述略》刊于《国立中山大学语言历史研究所周刊》第 10 集第

119 期。

张灵瑞《汤征之始地考》刊于《国立中山大学语言历史研究所周刊》第 10 集第 119 期。

夏定域《本所藏本"周秦名字解故"校录》刊于《国立中山大学语言历史研究所周刊》第 10 集第 119 期。

李孟楚《敦煌石室老子义疏残卷本刘进喜疏证》刊于《国立中山大学语言历史研究所周刊》第 10 集第 120 期。

黄仲琴《再谈阙特勤碑》刊于《国立中山大学语言历史研究所周刊》第 10 集第 120 期。

夏定域《长兴学记校印后记》刊于《国立中山大学语言历史研究所周刊》第 10 集第 120 期。

顾颉刚《毛诗序之背景与旨趣》刊于《国立中山大学语言历史研究所周刊》第 10 集第 120 期。

夏定域《五代史书目》刊于《国立中山大学语言历史研究所周刊》第 10 集第 120 期。

蒋径三《历史之智识论的研究》刊于《国立中山大学语言历史学研究所周刊》第 11 集第 122 期。

商承祚《宋宣和博古图录》刊于《国立中山大学语言历史学研究所周刊》第 11 集第 122 期。

顾颉刚《天问》刊于《国立中山大学语言历史学研究所周刊》第 11 集第 122 期。

张凤《中国史前之币制》刊于《国立中山大学语言历史学研究所周刊》第 11 集第 123—124 期。

顾颉刚《论康有为辨伪之成绩》刊于《国立中山大学语言历史学研究所周刊》第 11 集第 123—124 期。

李孟楚《诗经语词表》刊于《国立中山大学语言历史学研究所周刊》第 11 集第 123—124 期。

[英]罗素著,王师韫译《何为西方文明?》刊于《国立中山大学语言历史学研究所周刊》第 11 集第 123—124 期。

闻宥《甲骨文字中乂文之研究》刊于《国立中山大学语言历史学研究所周刊》第 11 集第 125—128 期。

王师韫《中国古文字里所见的人形》刊于《国立中山大学语言历史学研究所周刊》第 11 集第 125—128 期。

商承祚的《立字质疑》刊于《国立中山大学语言历史学研究所周刊》第 11 集第 125—128 期。

明朝《关于汉字汉音之日籍目录》刊于《国立中山大学语言历史学研究所周刊》第 11 集第 125—128 期。

叶玉森《芝加哥博物院殷契摄影记》刊于《国立中山大学语言历史学研究所周刊》第 11 集第 125—128 期。

杨成志《罗罗文的起源及其内容一般》刊于《国立中山大学语言历史学研究所周刊》第 11 集第 125—128 期。

闻宥《中国文字之本质的研究》刊于《国立中山大学语言历史学研究所周刊》第 11 集第 125—128 期。

沙孟海《隶草书的渊源及其变化》刊于《国立中山大学语言历史学研究所周刊》第11集第125—128期。

商承祚《殷虚文字用点之研究》刊于《国立中山大学语言历史学研究所周刊》第11集第125—128期。

王世杰《创刊弁言》刊于《国立武汉大学文哲季刊》第1卷第1号。

按:王世杰在《创刊弁言》中,对学术期刊与一国学术的关系作了详尽的论述:"学术期刊可以看作一国文化的质量测验器"。认为类似《国立武汉大学文哲季刊》的刊物对一国的文化具有重要意义,"从此类刊物的内容,我们可以窥见一国文化的质素,从此类刊物的种数或其行销数额,我们可以窥见一国文化在量的方面已经达到的程度"。而"学术的进展,其条件诚不一而足;然众多条件之中鉴赏与批评可以说是基本的条件。学术期刊就是鉴赏与批评的媒介。学术期刊的存在可使从事于某种学问之人以其创作或创见,陈诸从事于同一学问者之前,而供鉴赏或批评。而凡从事于同一学问者,并得采取鉴赏者或批评者之见地,立为新的研究基础,以企图新的结束。由是,一切学术上的研究,乃必然地成为一种'集合的研究';其进展之度自非单纯的个人研究所能比拟。"

谭戒甫《论晚周形名家》刊于《国立武汉大学文哲季刊》第1卷第1号。

高翰《心物并论法》刊于《国立武汉大学文哲季刊》第1卷第1—2号。

胡适《坛经考——跋曹溪大师别传》刊于《国立武汉大学文哲季刊》第1卷第1号。

陈西滢《易卜生的戏剧艺术》刊于《国立武汉大学文哲季刊》第1卷第1号。

郭绍虞《中国文学史上文与道的问题》刊于《国立武汉大学文哲季刊》第1卷第1号。

游国恩《五言诗成立的时代问题》刊于《国立武汉大学文哲季刊》第1卷第1号。

李笠《史记订补之余》刊于《国立武汉大学文哲季刊》第1卷第1号。

刘赜《楚语拾遗》刊于《国立武汉大学文哲季刊》第1卷第1号。

朱东润《陆机年表》刊于《国立武汉大学文哲季刊》第1卷第1号。

闻一多《少陵先生年谱会笺》刊于《国立武汉大学文哲季刊》第1卷第1—4号。

叶德辉《元私本考(四库版本考之一)》刊于《国立武汉大学文哲季刊》第1卷第1—4号。

周贞亮《建唐文选楼议》刊于《国立武汉大学文哲季刊》第1卷第1号。

刘掞藜《汉代之婚姻奇象》刊于《国立武汉大学文哲季刊》第1卷第2号。

[日]桑原隲藏著,杨筠如译《由历史上观察的中国南北文化》刊于《国立武汉大学文哲季刊》第1卷第2号。

谭戒甫《论形名家之流别》刊于《国立武汉大学文哲季刊》第1卷第2号。

陈剑脩《人类行为的几种性质底研究》刊于《国立武汉大学文哲季刊》第1卷第2号。

胡适《三年丧服的逐渐推行》刊于《国立武汉大学文哲季刊》第1卷第2号。

李笠《论编制中国目录学史之重要及困难》刊于《国立武汉大学文哲季刊》第1卷第2号。

按:中国目录学,始于刘向、刘歆父子,导源虽远,但发展殊缓。在李笠先生看来,其主要直接和间接原因为:就其直接原因而言,"(1)图书馆之事业不发达。(2)图书之产量不闳";间接原因为:"(1)学者不能专业:因书库之不发达,目录遂入史家之掌握,此业之不专者一。因图书之产量不闳,故人以编目为易事,魏晋以降,专门目录,大抵出于文士之手,此业之不专者二。(2)时代观念之固蔽:因目录之学不专业,故编目录之旨趣亦乏独立之精神;唐长孙无忌之序隋《经籍志》云:'文义浅俗,无益教理者,并删去之;……辞义可采,有所宏益者,咸附入之。'有云:'约文绪义,凡五十篇。'前者就选择图书而言,关于目录之对象;后者就序述图书而言,关于目录之本身;目录之对象与本身,既俱以文义为重,则目录之学受辞章家之洗礼亦可知矣,此观念之固蔽者二。"

屠孝寔《宗教之种类及其发达概况》刊于《国立武汉大学文哲季刊》第1卷第3号。

按:对于宗教及宗教研究的态度,"自命开通"的人士,"大都不喜讨论",其主要原因是,对于宗教及宗教的价值缺乏了解,往往持有"一切宗教,莫非迷信"的片面认识。而在屠孝寔先生看来,"宗教之存在,乃宇宙一大事实。无论其对于人类之福祉,为利为害,宗教在文化史中,固曾占重要地位;即在今日,各种宗教亦仍流行于文野诸民族间。既属事实,即有可以研究之价值","宗教在文化史中,其功罪如何? 将来之社会,在心灵之安慰方面,是否尚须要宗教? 宗教生活,可否以艺术生活代之? 是诸问题,皆属于价值之批判。其性质虽重要,然在事实尚未充分明了以前,殊未易遽下最后断语"。故该文主要是以事实研究为主,概述世界宗教之种类,并依据史实,考察世界宗教进化发展之路径。

雪林女士《清代男女两大词人恋史的研究》刊于《国立武汉大学文哲季刊》第1卷第3—4号。

游国恩《屈赋考源》刊于《国立武汉大学文哲季刊》第1卷第3—4号。

朱东润《何景明批评论述评》刊于《国立武汉大学文哲季刊》第1卷第3号。

谭戒甫《十字说》刊于《国立武汉大学文哲季刊》第1卷第3号。

陈剑脩《光觉与色觉相关的变化》刊于《国立武汉大学文哲季刊》第1卷第3号。

费鉴照《"古典的"与"浪漫的"》刊于《国立武汉大学文哲季刊》第1卷第3号。

柳诒徵《论文化事业之争执》刊于《史学杂志》第2卷第1期。

蒙文通《古史甄微(续)》刊于《史学杂志》第2卷第1期。

钱穆《刘向刘歆王莽年谱自序》刊于《史学杂志》第2卷第1期。

郑鹤声《古史官考略》刊于《史学杂志》第2卷第1期。

陈直进《列国币考》刊于《史学杂志》第2卷第1期。

缪凤林《洪范五行传出伏生辨》刊于《史学杂志》第2卷第1期。

柳诒徵《南朝太学考(续)》刊于《史学杂志》第2卷第1期。

范希曾《书目答问史部目补正(续完)》刊于《史学杂志》第2卷第1期。

陈训慈《太平天国之宗教政治(续完)》刊于《史学杂志》第2卷第1期。

陈裕菁译《含摩拉比法典全文》刊于《史学杂志》第2卷第1期。

赵鸿谦《贞元石斋读书录》刊于《史学杂志》第2卷第1期。

柳诒徵《元明杂剧跋》刊于《史学杂志》第2卷第1期。

柳诒徵《经略复国要编跋》刊于《史学杂志》第2卷第1期。

赵曾俦《月霸论(古历衡论之三)》刊于《史学杂志》第2卷第2期。

缪凤林《中华民族由来论》刊于《史学杂志》第2卷第2期。

景昌极《历史哲学》刊于《史学杂志》第2卷第2期。

蒙文通《古史甄微(续前期)》刊于《史学杂志》第2卷第2期。

钱穆《诸子系年考略》刊于《史学杂志》第2卷第2期。

郑鹤声《史汉研究诸言》刊于《史学杂志》第2卷第2期。

柳诒徵《南朝太学考(续第二卷第一期)》刊于《史学杂志》第2卷第2期。

陈裕菁《中法战事文件汇辑(二)》刊于《史学杂志》第2卷第2期。

柳诒徵《江苏各地千六百年间之米价》刊于《史学杂志》第2卷第3—4期合刊。

缪凤林《中国民族由来论(续完)》刊于《史学杂志》第2卷第3—4期合刊。

蒙文通《经学抉原处违论》刊于《史学杂志》第 2 卷第 3—4 期合刊。

蒙文通《南监史谈》刊于《史学杂志》第 2 卷第 3—4 期合刊。

景昌极《历史哲学(续完)》刊于《史学杂志》第 2 卷第 3—4 期合刊。

张尔田《真诰跋》刊于《史学杂志》第 2 卷第 3—4 期合刊。

钱穆《先秦诸子系年考辨略钞》刊于《史学杂志》第 2 卷第 3—4 期合刊。

李光季《三史考》刊于《史学杂志》第 2 卷第 3—4 期合刊。

柳诒徵《南朝太学考(续完)》刊于《史学杂志》第 2 卷第 3—4 期合刊。

蒙文通《中国古代北方气候考略》刊于《史学杂志》第 2 卷第 3—4 期合刊。

汤用彤《续慧皎高僧传札记》刊于《史学杂志》第 2 卷第 3—4 期合刊。

张其昀《首都之新气象》刊于《史学杂志》第 2 卷第 3—4 期合刊。

陈汉章《史通补释补正(续)》刊于《史学杂志》第 2 卷第 3—4 期合刊。

张崟《古史甄微质疑》刊于《史学杂志》第 2 卷第 3—4 期合刊。

缪凤林《中国民族史叙论》刊于《史学杂志》第 2 卷第 3—4 期合刊。

李济《现代考古学与殷墟发掘》刊于《史学杂志》第 2 卷第 3—4 期合刊。

董作宝《甲骨文研究的扩大》刊于《史学杂志》第 2 卷第 3—4 期合刊。

敬言《许叔重事略》刊于《东吴》第 1 卷第 1 期。

汪葆熙《江浙当铺状况》刊于《东吴》第 1 卷第 1 期。

薛选衡《废两改元之商榷》刊于《东吴》第 1 卷第 1 期。

李蔚之《中国历代货币沿革史》刊于《东吴》第 1 卷第 1 期。

黄焕文《离骚文字板本异同之比较及纠缪》刊于《东吴》第 1 卷第 1 期。

佘贻泽《我国今日农村经济破产的实例》刊于《东吴》第 1 卷第 1 期。

张树声《无锡去后,推原中国丝业之失败与落伍》刊于《东吴》第 1 卷第 1 期。

程元溱《谈民法亲族篇中之婚约问题》刊于《东吴》第 1 卷第 1 期。

[美]Louis Fischer 著,凌康源译《托罗斯基的世界革命》刊于《东吴》第 1 卷第 1 期。

按:"托洛斯基是苏俄反干部派的首领。虽然是在被放逐中,他的言论还足轻重一时。这篇文章中,将托洛斯基与史丹林对于世界革命不同之处,说得很明白。读了,我们至少可以明了现在苏俄对于国外的社会革命,抱什么态度。"——译者

沈起炜《东北的韩侨与中国》刊于《东吴》第 1 卷第 1 期。

陶恩瑞《二个心理测验》刊于《东吴》第 1 卷第 1 期。

宋汉英《罗马拼音法》刊于《东吴》第 1 卷第 1 期。

吴笑生《甪直归来纪》(附唐塑罗汉图)刊于《东吴》第 1 卷第 1 期。

杨永清《提倡国货之要点》刊于《东吴》第 1 卷第 2 期。

[美]C. K. Leith 著,缪廷辅译《世界矿产与世界政治》刊于《东吴》第 1 卷第 2 期。

李蔚之《发展我国农工银行之刍议》刊于《东吴》第 1 卷第 2 期。

佘贻泽《李顿报告书评论》刊于《东吴》第 1 卷第 2 期。

吴笑生《因果律之我见》刊于《东吴》第 1 卷第 2 期。

戴晨《墨经集说》刊于《东吴》第 1 卷第 2 期。

徐景韩《飞行小史》刊于《东吴》第 1 卷第 3 期。

陈明斋译《物质变异之真诠》刊于《东吴》第 1 卷第 3 期。

汪葆熙《中国黄丝之危机》刊于《东吴》第 1 卷第 3 期。

庞啸龙译《价值论》刊于《东吴》第 1 卷第 3 期。

汪葆熙《参观中央造币厂记》刊于《东吴》第 1 卷第 3 期。

庞鼎勋《造纸工程概要》刊于《东吴》第 1 卷第 3 期。

庞啸龙译《国联大会中日争论报告书》刊于《东吴》第 1 卷第 3 期。

吴芷芳译《国际戏剧之一幕》刊于《东吴》第 1 卷第 3 期。

［美］Manley O. Hudson 著,佘贻泽译《日本政府的行政组织》刊于《东吴》第 1 卷第 3 期。

沈维宁《西北与中国之前途》刊于《东吴》第 1 卷第 4 期。

［美］Paul H. Douglas 著,庞啸龙译《经济学者目光中之贤良政府》刊于《东吴》第 1 卷第 4 期。

按:此文为美国芝加哥大学经济学教授道格拉斯(Paul H. Douglas)所著,其大意全在说明现阶段自由竞争经济制度的弊害,并以经济学的目光指示贤良政府应有的功能。

汪葆楫、汪葆熙《钱业浅说》刊于《东吴》第 1 卷第 4 期。

按:是文以中国钱庄为研究对象,对"钱庄之沿革、钱庄之种类、钱庄之组织与管理、钱庄之业务、钱庄内部关系、钱庄对外沟通"进行了系统的介绍。从中可以看到钱庄注重信用、营业时间长、注重本地人脉、经营谨慎且富有弹性等特点。作为合伙性质之商业,钱庄在中国经济发展史上及金融市场上具有独特价值。

佘贻泽《世界经济会议之经过》刊于《东吴》第 1 卷第 4 期。

李蔚之《中国女工问题之研究》刊于《东吴》第 1 卷第 4 期。

李龙晋《统税经济与中国》刊于《东吴》第 1 卷第 4 期。

沈起炜《风靡世界的经济国家主义及前途》刊于《东吴》第 1 卷第 4 期。

黄文望《所得税的研究》刊于《东吴》第 1 卷第 4 期。

汪葆熙《中国旧式集资法》刊于《东吴》第 1 卷第 4 期。

褚思玉《中国之天然富源》刊于《东吴》第 1 卷第 4 期。

严庆祥讲,张华琏录《出席国际劳动等会及游历感言》刊于《东吴》第 1 卷第 4 期。

鲁迅《对于左翼作家联盟的意见》刊于《萌芽月刊》第 1 卷第 4 期。

按:此文是鲁迅三月二日在左翼作家联盟成立大会上的讲话,鲁迅 1930 年出席左联成立大会,被选为执行委员。是文曰:"有我以为在现在,'左翼'作家是很容易成为'右翼'作家的。为什么呢? 第一,倘若不和实际的社会斗争接触,在玻璃窗内做文章,研究问题,那是无论怎样的激烈,'左',都是容易办到的;然而一碰到实际,便即刻要撞碎了。关在房子里,最容易高谈彻底的主义,然而也最容易'右倾'。……第二,倘不明白革命的实际情形,也容易变成'右翼'。革命是痛苦,其中也必然混有污秽和血,决不是如诗人所想像的那般有趣,那般完美;革命尤其是现实的事,需要各种卑贱的,麻烦的工作,决不如诗人所想像的那般浪漫;革命当然有破坏,然而更需要建设,破坏是痛快的,但建设却是麻烦的事。所以对于革命抱着浪漫谛克的幻想的人,一和革命接近,一到革命进行,便容易失望。……还有,以为诗人或文学家高于一切人,他底工作比一切工作都高贵,也是不正确的观念。"是文进而指出了左联今后应注意的几点:"第一,对于旧社会和旧势力的斗争,必须坚决,持久不断,而且注重实力";"第二,我以为战线应该扩大";"第三,我们应当造出大群的新的战士。……同时,在文学战线上的人还要'韧'""最后,我以为联合战线是以有共同目的为必要条件的"。

胡秋原《无产阶级文学运动新的情势及我们的任务》刊于《文化斗争》第 1 卷第 1 期。

谢扶雅《新康德哲学三派之比较》刊于《岭南学报》第 1 卷第 2 期。

周信铭《新实在主义的认识论》刊于《岭南学报》第 1 卷第 2 期。

阮真《中国国文课程之商榷》刊于《岭南学报》第 1 卷第 2 期。

阮真《初中国文教材程度的比较研究》刊于《岭南学报》第 1 卷第 2 期。

赖义辉《岑参年谱》刊于《岭南学报》第 1 卷第 2 期。

陈受颐《鲁宾孙的中国文化观》刊于《岭南学报》第 1 卷第 3 期。

王博之《崇拜科学文明之一瞥》刊于《岭南学报》第 1 卷第 3 期。

王善佺《中国之棉作》刊于《岭南学报》第 1 卷第 3 期。

阮真《近五年来中学作文题目之统计》刊于《岭南学报》第 1 卷第 3 期。

谢扶雅《现存老子道德经注释书目考略》刊于《岭南学报》第 1 卷第 3 期。

周信铭《怀特黑的哲学》刊于《岭南学报》第 1 卷第 3 期。

杨成志《罗罗说略》刊于《岭南学报》第 1 卷第 3 期。

谢扶雅《道与逻各斯》刊于《岭南学报》第 1 卷第 4 期。

崔载扬《现代著名新式小学之介绍》刊于《岭南学报》第 1 卷第 4 期。

容肇祖《阎若璩的考证学》刊于《岭南学报》第 1 卷第 4 期。

童振藻《牂牁江考》刊于《岭南学报》第 1 卷第 4 期。

钱南扬《南曲谱研究》刊于《岭南学报》第 1 卷第 4 期。

陈受颐《〈好逑传〉之最早的欧译》刊于《岭南学报》第 1 卷第 4 期。

中华民国律师协会常务委员会《发刊词》刊于《法学丛刊》创刊号。

按：《法学丛刊》由中华民国律师协会常务委员会主办出版，这则发刊词重点阐述了刊物的宗旨："其一曰阐扬法制真义"，"其二曰树立中华法系"，除"上述二端外，若法权之运动收回、法律制度之运动改良及宣传民众、诱起其对法律之兴趣、便宪政时期复决权创制权之行使，是皆本刊重要之使命"。

李次山《法权完整与审判权归一》刊于《法学丛刊》创刊号。

刘陆民《所有权包含义务论》刊于《法学丛刊》创刊号。

张正学《债权之对世力》刊于《法学丛刊》创刊号。

赵琛《合理的与错误的法律理念》刊于《法学丛刊》创刊号。

李蔚岩《中国历代审判制度沿革考》刊于《法学丛刊》创刊号。

劲节《评最高法院"父债子还"的解释》刊于《法学丛刊》创刊号。

李次山《世界法系中之中华法系》刊于《法学丛刊》第 1 卷第 2 期。

赵韵逸《我国刑罚沿革之一斑》刊于《法学丛刊》第 1 卷第 2 期。

刘陆民《对于"所谓民法特点"之研究》刊于《法学丛刊》第 1 卷第 2 期。

张正学《新民法研究——物之意义与分类》刊于《法学丛刊》第 1 卷第 2 期。

李蔚岩《中国历代救贫制度考》刊于《法学丛刊》第 1 卷第 2 期。

游弥怪《成定法进化的指导原理》刊于《法学丛刊》第 1 卷第 2 期。

萧步云《五权宪法之根本问题》刊于《法学丛刊》第 1 卷第 2 期。

李次山《世界法系中之中华法系（续）》刊于《法学丛刊》第 1 卷第 3 期。

赵琛《死刑存废之问题》刊于《法学丛刊》第 1 卷第 3 期。

郭卫《新刑法与刑事政策》刊于《法学丛刊》第 1 卷第 3 期。

张正学《新民法研究——物之意义与分类》刊于《法学丛刊》第 1 卷第 3 期。

李蔚岩《中国历代土地与人口》刊于《法学丛刊》第 1 卷第 3 期。

琼石《评司法院窃盗罪解释案》刊于《法学丛刊》第 1 卷第 3 期。

罗文干《法院编制改良刍议》刊于《法学丛刊》第 1 卷第 3 期。

李时蕊《法院组织制度大纲题案》刊于《法学丛刊》第 1 卷第 3 期。

李次山《世界法系中之中华法系(续)》刊于《法学丛刊》第 1 卷第 4 期。

刘陆民《对于亲属继承编先决问题之研究》刊于《法学丛刊》第 1 卷第 4 期。

郭卫《论流刑为有效罚之刑》刊于《法学丛刊》第 1 卷第 4 期。

李次山《自欺欺人之撤废领事裁判权》刊于《法学丛刊》第 1 卷第 4 期。

李蔚岩《历代冠婚制度考》刊于《法学丛刊》第 1 卷第 4 期。

蒋骏开《儒家与法律》刊于《法学丛刊》第 1 卷第 4 期。

李次山《法院组织法原则之商榷》刊于《法学丛刊》第 1 卷第 4 期。

刘陆民《中华民法之沿革与精神》刊于《法学丛刊》第 1 卷第 5 期。

赵韵逸《唐虞时代刑罚思想之一斑》刊于《法学丛刊》第 1 卷第 5 期。

周敦礼《罕摩拉比法典之研究》刊于《法学丛刊》第 1 卷第 5 期。

萧步云《五权宪法之根本问题》刊于《法学丛刊》第 1 卷第 5 期。

李蔚岩《历代冠婚制度考》刊于《法学丛刊》第 1 卷第 5 期。

谭比辉《日本视察谈陪审制多摩少年院东京市社会设施》刊于《法学丛刊》第 1 卷第 5 期。

李次山《上海治安计划大纲草案》刊于《法学丛刊》第 1 卷第 5 期。

李权时《发刊词》刊于《经济学季刊》第 1 卷第 1 期。

按:《经济学季刊》由"中国经济学社"出版,该学社成立于 1923 年夏,中国经济学社章程第二条明确了学社的宗旨:"本社宗旨在联络同志(一)提倡经济学精深之研究,(二)讨论现代经济问题,(三)编译各种经济书籍,(四)赞助中国经济界之发展及改进。"所以编译经济学方面的学术书籍,应该是中国经济学社责无旁贷的职责。从这则《发刊辞》内容可知:"六七年来,本社关于出版方面之成绩为(一)社刊三册——即关税问题专刊,中国经济问题,及经济建设;(二)本社经济丛书八册——即《马寅初演讲集》四册,马寅初社员著《中国银行论》一册,王建祖社员译《基特经济学》一册,陈长蘅社员译《美国今日之经济革命》一册,及陈达社员著《中国劳工问题》一册。""丛书系社员个人方面之努力,社刊为本社团体方面之奋斗"。由于中国经济学社成立六七年间,出版的社刊只有三册,"本社同人所深引为惭愧",所以中国经济学社第六届年会大会决议扩充年刊为季刊,因此就有了《经济学季刊》这一学术刊物的诞生。

刘鸿生《从实业方面观察教育的重要》刊于《经济学季刊》第 1 卷第 1 期。

马寅初《中国租佃制度之研究》刊于《经济学季刊》第 1 卷第 1 期。

潘序伦《有限公司会计公开问题》刊于《经济学季刊》第 1 卷第 1 期。

穆湘玥《劳资协调与生产》刊于《经济学季刊》第 1 卷第 1 期。

祝世康《制定劳工法规时应注意之事项》刊于《经济学季刊》第 1 卷第 1 期。

贾士毅《公债与金融之关系》刊于《经济学季刊》第 1 卷第 1 期。

李权时《一九二一年的美国预决算制度》刊于《经济学季刊》第 1 卷第 1 期。

唐庆增《清季陈炽之劳工学说》刊于《经济学季刊》第 1 卷第 1 期。

朱通九《经济学的科学方法》刊于《经济学季刊》第 1 卷第 1 期。

芮宝公《物价指数论》刊于《经济学季刊》第 1 卷第 1 期。

朱通九《评李权时著经济学原理》刊于《经济学季刊》第 1 卷第 1 期。

李权时《介绍曲兰脱著逃税论》刊于《经济学季刊》第1卷第1期。

李权时《从银价暴落说到币制建设》刊于《经济学季刊》第1卷第2期"币制建设号"。

马寅初《关税征金与改革币制》刊于《经济学季刊》第1卷第2期"币制建设号"。

贾士毅《金贵银贱中之币制改革问题》刊于《经济学季刊》第1卷第2期"币制建设号"。

俞寰澄《十年来金银问题》刊于《经济学季刊》第1卷第2期"币制建设号"。

寿勉成《从金价问题说到钱币革命》刊于《经济学季刊》第1卷第2期"币制建设号"。

寿勉成《我国经济改造声中的货币问题》刊于《经济学季刊》第1卷第2期"币制建设号"。

刘振东《中国币制改造的径途》刊于《经济学季刊》第1卷第2期"币制建设号"。

刘振东《有限银本位制》刊于《经济学季刊》第1卷第2期"币制建设号"。

金国宝《怎样发展工商业》刊于《经济学季刊》第1卷第2期"币制建设号"。

李权时《金本位之由来》刊于《经济学季刊》第1卷第2期"币制建设号"。

黄玉珂《中国今日之铜辅币问题》刊于《经济学季刊》第1卷第2期"币制建设号"。

刘秉麟《中国税制之研究》刊于《经济学季刊》第1卷第3期。

孙拯《银价之研究》刊于《经济学季刊》第1卷第3期。

李权时《一九二一年后的美国预决算制度》刊于《经济学季刊》第1卷第3期。

安绍芸《现金检查》刊于《经济学季刊》第1卷第3期。

姚庆三《法兰西现代经济思想鸟瞰》刊于《经济学季刊》第1卷第3期。

高家栋《各国纸币问题之史的观察》刊于《经济学季刊》第1卷第3期。

魏颂唐《浙江社会经济地理上之鸟瞰》刊于《经济学季刊》第1卷第3期。

孙寒冰《合作的工业制度》刊于《经济学季刊》第1卷第3期。

李权时《从唯物史观到新唯心史观》刊于《经济学季刊》第1卷第4期。

岑德彰译《租税归宿论导言》刊于《经济学季刊》第1卷第4期。

鲍慷志《从各国关税制度说到中国新关税政策》刊于《经济学季刊》第1卷第4期。

李权时《英国的预决算制度》刊于《经济学季刊》第1卷第4期。

吴德培《新工厂法中之童女工问题》刊于《经济学季刊》第1卷第4期。

史国彬《德国最近赋税制度述要》刊于《经济学季刊》第1卷第4期。

袁际唐《经营投资信托公司者应有之认识》刊于《经济学季刊》第1卷第4期。

周贻困《会计学研究》刊于《经济学季刊》第1卷第4期。

婴行《中国美术在现代艺术上的胜利》刊于《东方杂志》第27卷第1号"中国美术专号上"。

向达《明清之际中国美术所受西洋之影响》刊于《东方杂志》第27卷第1号"中国美术专号上"。

陈之佛《中国佛教艺术与印度艺术之关系》刊于《东方杂志》第27卷第1号"中国美术专号上"。

蒋锡曾《中国画之解剖》刊于《东方杂志》第27卷第1号"中国美术专号上"。

丰子恺《中国绘画思想》刊于《东方杂志》第27卷第1号"中国美术专号上"。

丰子恺《东洋画六法的理论的研究》刊于《东方杂志》第27卷第1号"中国美术专号上"。

郑午昌《中国壁画历史的研究》刊于《东方杂志》第 27 卷第 1 号"中国美术专号上"。

姚大荣《董北苑画法表徵》刊于《东方杂志》第 27 卷第 1 号"中国美术专号上"。

小蝶《树石谱》刊于《东方杂志》第 27 卷第 1 号"中国美术专号上"。

黄宾虹《近数十年画者评》刊于《东方杂志》第 27 卷第 1 号"中国美术专号上"。

沈珊若《近代画家概论》刊于《东方杂志》第 27 卷第 1 号"中国美术专号上"。

王守梧《柳波舫随笔》刊于《东方杂志》第 27 卷第 1 号"中国美术专号上"。

沙孟海《近三百年的书学》刊于《东方杂志》第 27 卷第 2 号"中国美术专号下"。

黄鸿图《稺棠论书杂著》刊于《东方杂志》第 27 卷第 2 号"中国美术专号下"。

朱大可《论书斥包慎伯康长素》刊于《东方杂志》第 27 卷第 2 号"中国美术专号下"。

章嶔《百联楼纪事》刊于《东方杂志》第 27 卷第 2 号"中国美术专号下"。

鲍鼎《金文略例》刊于《东方杂志》第 27 卷第 2 号"中国美术专号下"。

黄葆戉《散盘今释》刊于《东方杂志》第 27 卷第 2 号"中国美术专号下"。

王维朴《东武王氏商盉堂金石丛话》刊于《东方杂志》第 27 卷第 2 号"中国美术专号下"。

于右任《鸳鸯七志斋藏石目录》刊于《东方杂志》第 27 卷第 2 号"中国美术专号下"。

黄宾虹《古印概论》刊于《东方杂志》第 27 卷第 2 号"中国美术专号下"。

沙孟海《印学概论》刊于《东方杂志》第 27 卷第 2 号"中国美术专号下"。

婴行《云冈石窟》刊于《东方杂志》第 27 卷第 2 号"中国美术专号下"。

莫天一《塑述》刊于《东方杂志》第 27 卷第 2 号"中国美术专号下"。

熊适逸《甪直观塑记》刊于《东方杂志》第 27 卷第 2 号"中国美术专号下"。

刘既漂《中国美术建筑之过去与未来》刊于《东方杂志》第 27 卷第 2 号"中国美术专号下"。

权伯华《古瓷考略》刊于《东方杂志》第 27 卷第 2 号"中国美术专号下"。

莆廷《明青与康青之比较》刊于《东方杂志》第 27 卷第 2 号"中国美术专号下"。

孙福熙《中国瓷业之过去与未来》刊于《东方杂志》第 27 卷第 2 号"中国美术专号下"。

邹竹崖《刺绣源流述略》刊于《东方杂志》第 27 卷第 2 号"中国美术专号下"。

明养《国联十周年纪念与美俄加入问题》刊于《东方杂志》第 27 卷第 3 号。

颂华《朝鲜民众的革命运动》刊于《东方杂志》第 27 卷第 3 号。

愈之《伦敦会议与帝国主义海上势力的消长》刊于《东方杂志》第 27 卷第 3 号。

袁钊《牵动世界经济的日本金解禁政策》刊于《东方杂志》第 27 卷第 3 号。

谭云山《一九二九年的印度国民大会》刊于《东方杂志》第 27 卷第 3 号。

〔日〕稻原胜治作,刘委常译《一九三〇年国际关系之观察》刊于《东方杂志》第 27 卷第 3 号。

杨荫溥《经济新闻之读法》刊于《东方杂志》第 27 卷第 3 号。

云山《安居罗斯谈甘地之改造印度》刊于《东方杂志》第 27 卷第 3 号。

明养《波兰政潮与各国社会党之反对皮尔苏斯基》刊于《东方杂志》第 27 卷第 4 号。

明养《死灰复燃的近东问题》刊于《东方杂志》第 27 卷第 4 号。

李惟果《美国对苏俄的基本外交政策》刊于《东方杂志》第 27 卷第 4 号。

袁道丰《第二次海牙会议与欧洲之新风云》刊于《东方杂志》第 27 卷第 4 号。

陶希圣《民国十八年之中国社会》刊于《东方杂志》第 27 卷第 4 号。

[日]古垣铁郎作,刘委常译《欧洲政局与国际联盟之将来》刊于《东方杂志》第 27 卷第 4 号。

M. Farbwan《新俄国家主义的复活》刊于《东方杂志》第 27 卷第 4 号。

[意]慕沙里尼《意大利与海》刊于《东方杂志》第 27 卷第 4 号。

刘虎如译《世界法律地图》刊于《东方杂志》第 27 卷第 4 号。

吕炯《人类之发源地》刊于《东方杂志》第 27 卷第 4 号。

颂华《中俄最近的国际关系与中俄会议》刊于《东方杂志》第 27 卷第 5 号。

育干《越南独立运动之悲剧》刊于《东方杂志》第 27 卷第 5 号。

程方《各国公民直接立法制之比较研究》刊于《东方杂志》第 27 卷第 5 号。

傅坚白《伦敦海军会议述评》刊于《东方杂志》第 27 卷第 5 号。

樊仲云《太平洋中心的列强资本》刊于《东方杂志》第 27 卷第 5 号。

米田实《将来中亚新形势的观测》刊于《东方杂志》第 27 卷第 5 号。

F. Nitti《法西斯蒂统治下的经济现状》刊于《东方杂志》第 27 卷第 5 号。

Cowley《英人对于废除领判权之公论》刊于《东方杂志》第 27 卷第 5 号。

张东荪《新有鬼论与新无鬼论》刊于《东方杂志》第 27 卷第 5 号。

顾实《穆天子传西征年历》刊于《东方杂志》第 27 卷第 5 号。

良辅《罗素谈美国人的类似性》刊于《东方杂志》第 27 卷第 5 号。

颂华《英俄经济政策的变动及其最近的概况》刊于《东方杂志》第 27 卷第 6 号。

育干《菲律宾最近的独立运动》刊于《东方杂志》第 27 卷第 6 号。

蒋星德《蒙藏问题与蒙藏会议》刊于《东方杂志》第 27 卷第 6 号。

朱偰译《中国殖民之地理的方式》刊于《东方杂志》第 27 卷第 6 号。

George H. Ceplland《苏俄所谓五年计划及其目前的成就》刊于《东方杂志》第 27 卷第 6 号。

[日]高桥清吾著,刘杰敖译《现代政治之正确的理解》刊于《东方杂志》第 27 卷第 6 号。

潘光旦《江苏通志增辑族望志议》刊于《东方杂志》第 27 卷第 6 号。

吴寿彭《逗留于农村经济时代的徐海各属》刊于《东方杂志》第 27 卷第 6 号。

世杰《印度自治运动中的甘地》刊于《东方杂志》第 27 卷第 6 号。

镜远《国际改良日历运动》刊于《东方杂志》第 27 卷第 6 号。

育干《现代失业问题的普遍形势》刊于《东方杂志》第 27 卷第 7 号。

朱偰《战后各国关税政策之趋势与最近欧洲关税休战会议》刊于《东方杂志》第 27 卷第 7 号。

周宪文《康载尔之研究》刊于《东方杂志》第 27 卷第 7 号。

杨东蓴《产业合理化》刊于《东方杂志》第 27 卷第 7 号。

黄绍绪《美国新兴之桐油业》刊于《东方杂志》第 27 卷第 7 号。

育干《收回威海卫问题》刊于《东方杂志》第 27 卷第 8 号。

蒋星德《中俄会议的前夜》刊于《东方杂志》第 27 卷第 8 号。

吴成章《中东铁路电权问题》刊于《东方杂志》第 27 卷第 8 号。

袁道丰《世界妇女参政运动之进展》刊于《东方杂志》第 27 卷第 8 号。

H. P. James《中国的工业观》刊于《东方杂志》第 27 卷第 8 号。

N. Rasseches《苏联的新外交政策》刊于《东方杂志》第 27 卷第 8 号。

陈登元《西学来华时国人之武断态度》刊于《东方杂志》第 27 卷第 8 号。

王景春《国音电报新法》刊于《东方杂志》第 27 卷第 8 号。

良辅《欧洲的政治讽刺画》刊于《东方杂志》第 27 卷第 8 号。

哲生《对于大学生的快乐心理之测验》刊于《东方杂志》第 27 卷第 8 号。

育干《中日新关税协定》刊于《东方杂志》第 27 卷第 9 号。

幼雄《最近英埃交涉的破裂》刊于《东方杂志》第 27 卷第 9 号。

明养《惊动世界的苏联反宗教事件》刊于《东方杂志》第 27 卷第 9 号。

李惟国《战后英俄国交的起落》刊于《东方杂志》第 27 卷第 9 号。

盛成《埃及游记》刊于《东方杂志》第 27 卷第 9 号。

杨汝梅《各国审计制度与吾国审计制度之比较》刊于《东方杂志》第 27 卷第 9 号。

B. Russell《什么是西方文明》刊于《东方杂志》第 27 卷第 9 号。

［日］茂森唯士《缔约五年来之日俄关系》刊于《东方杂志》第 27 卷第 9 号。

［日］大藏公望《苏维埃联邦之实相》刊于《东方杂志》第 27 卷第 9 号。

何炳松《程朱辨异（一）》刊于《东方杂志》第 27 卷第 9 号。

胡先骕《斯末资将军之全化论》刊于《东方杂志》第 27 卷第 9 号。

良辅《连接黑海北海的运河》刊于《东方杂志》第 27 卷第 9 号。

补拙《非洲萨哈拉沙漠的交通问题》刊于《东方杂志》第 27 卷第 9 号。

明养《中亚铁路之完成及其重要》刊于《东方杂志》第 27 卷第 10 号。

李惟国《苏俄的五年大计划》刊于《东方杂志》第 27 卷第 10 号。

汤德衡《俄国粮食不足之根本原因及其前途之推测》刊于《东方杂志》第 27 卷第 10 号。

章渊若《英国之社会问题与社会立法》刊于《东方杂志》第 27 卷第 10 号。

杨绰之《现代德国社会学鸟瞰》刊于《东方杂志》第 27 卷第 10 号。

良辅《历史上的欧洲合众国》刊于《东方杂志》第 27 卷第 10 号。

良辅《古人之言国际和平》刊于《东方杂志》第 27 卷第 10 号。

哲生《俞尔凡尔纳的二十五年忌》刊于《东方杂志》第 27 卷第 10 号。

颂华《苏联农民的反抗左倾农业政策》刊于《东方杂志》第 27 卷第 11 号。

王宗旦《收回上海法租界会审公廨之研究》刊于《东方杂志》第 27 卷第 11 号。

谭云山《印度加尔各答之华侨》刊于《东方杂志》第 27 卷第 11 号。

袁道丰《比国的语言战争与其国家的运命》刊于《东方杂志》第 27 卷第 11 号。

［日］矢内原忠雄著，文叔译《殖民地民族运动和英帝国的将来》刊于《东方杂志》第 27 卷第 11 号。

Margowlies《亚洲文化的变迁和他的特点》刊于《东方杂志》第 27 卷第 11 号。

梁抚《影片中的民族精神》刊于《东方杂志》第 27 卷第 11 号。

梁抚《印度的童婚制》刊于《东方杂志》第 27 卷第 11 号。

微知《滑稽与爱滑稽的心理》刊于《东方杂志》第 27 卷第 11 号。

育干《最近世界经济不安的形势》刊于《东方杂志》第 27 卷第 12 号。

傅坚白《伦敦海军会议之经过及新海军条约对于各方之影响》刊于《东方杂志》第 27 卷

第12号。

　　陆为震《近年来我国交通之进展及其计划》刊于《东方杂志》第27卷第12号。

　　周建人《习得性果能遗传么》刊于《东方杂志》第27卷第12号。

　　良辅《英国的贫民窟》刊于《东方杂志》第27卷第12号。

　　良辅《英国贵族阶级的末落》刊于《东方杂志》第27卷第12号。

　　明养《西班牙共和运动的急进》刊于《东方杂志》第27卷第13号。

　　诸青来《维持银价与制止投机》刊于《东方杂志》第27卷第13号。

　　谭云山《印度独立运动之近局》刊于《东方杂志》第27卷第13号。

　　孙晓村《英美两国的报纸概观》刊于《东方杂志》第27卷第13号。

　　Grabau《中国科学的前途》刊于《东方杂志》第27卷第13号。

　　R. A. Milikan《二十世纪物理学的进步》刊于《东方杂志》第27卷第13号。

　　李石岑《费尔巴哈的思想系统》刊于《东方杂志》第27卷第13号。

　　周惠久《电视及其新进步》刊于《东方杂志》第27卷第13号。

　　梁抚《麦士斐——英国的新桂冠诗人》刊于《东方杂志》第27卷第13号。

　　梁抚《讽刺画展览院与讽刺画的历史》刊于《东方杂志》第27卷第13号。

　　世杰《宇宙的新分类与人类的地位》刊于《东方杂志》第27卷第13号。

　　陆为震《新六省之鸟瞰与西北之边防》刊于《东方杂志》第27卷第14号。

　　袁道丰《法人眼中的萨尔》刊于《东方杂志》第27卷第14号。

　　董之学《英帝国制定关税的方法》刊于《东方杂志》第27卷第14号。

　　G. H. Harding《历法改革的问题》刊于《东方杂志》第27卷第14号。

　　Leone Maeshall《欧美文化的渊源》刊于《东方杂志》第27卷第14号。

　　陈登之《薛氏旧五代史之冥求》刊于《东方杂志》第27卷第14号。

　　良辅《各国之国际政治研究学校》刊于《东方杂志》第27卷第14号。

　　育干《中法越南专约的签定》刊于《东方杂志》第27卷第15号。

　　颂华《东三省日俄韩侨问题的复杂》刊于《东方杂志》第27卷第15号。

　　育干《美国修正排日移民法运动》刊于《东方杂志》第27卷第15号。

　　明养《各国对欧联计划的舆论与复文》刊于《东方杂志》第27卷第15号。

　　李惟果《欧洲联邦论的理想与事实》刊于《东方杂志》第27卷第15号。

　　朱偰《德国与欧洲合众国运动》刊于《东方杂志》第27卷第15号。

　　金问泗《英舰非法炮击万县案经过情形之回顾》刊于《东方杂志》第27卷第15号。

　　[日]平尾弥五郎著,刘委常译《欧洲联邦计划及其经济的背景》刊于《东方杂志》第27卷第15号。

　　章渊若《近代公法学之改造》刊于《东方杂志》第27卷第15号。

　　熊佛西《论悲剧》刊于《东方杂志》第27卷第15号。

　　颂华《日俄间渔业问题的纠纷》刊于《东方杂志》第27卷第16号。

　　杨荫溥《甘末尔币制法草案批评》刊于《东方杂志》第27卷第16号。

　　[日]大山卯次郎著,宗文译《日人心目中之伦敦条约与中国问题》刊于《东方杂志》第27卷第16号。

　　[日]末广重雄《日本学者论海军协定与满蒙问题》刊于《东方杂志》第27卷第16号。

Bernbardi《海军协定后之未来太平洋战争》刊于《东方杂志》第 27 卷第 16 号。

孙寒冰《近代国家的解剖》刊于《东方杂志》第 27 卷第 16 号。

熊佛西《论喜剧》刊于《东方杂志》第 27 卷第 16 号。

梁抚《二次世界大战的战术谈》刊于《东方杂志》第 27 卷第 16 号。

梁抚《新旧世界中的社会》刊于《东方杂志》第 27 卷第 16 号。

育干《苏联党政前途的新动向》刊于《东方杂志》第 27 卷第 17 号。

明养《印度独立运动之世界展望》刊于《东方杂志》第 27 卷第 17 号。

楼桐孙《论中法越南专约》刊于《东方杂志》第 27 卷第 17 号。

朱偰《世界经济恐慌与德国政局之变迁》刊于《东方杂志》第 27 卷第 17 号。

师勤《欧洲农地改革的昨日和今日》刊于《东方杂志》第 27 卷第 17 号。

A. Siogfried《欧洲文化与美洲文化》刊于《东方杂志》第 27 卷第 17 号。

K. Timiryazeff《达尔文与马克思》刊于《东方杂志》第 27 卷第 17 号。

冯承钧《唐代华化蕃胡考》刊于《东方杂志》第 27 卷第 17 号。

明养《法国举行占领北非百年纪念》刊于《东方杂志》第 27 卷第 18 号。

熊应祚《苏俄新筑成之突西铁路与中国西北之边防》刊于《东方杂志》第 27 卷第 18 号。

郭涤正《俄国东攻策略的研究》刊于《东方杂志》第 27 卷第 18 号。

赵镜之《瑞典的经济状况》刊于《东方杂志》第 27 卷第 18 号。

那须皓《日本的农业及其经济概况》刊于《东方杂志》第 27 卷第 18 号。

梁抚《与众不同的苏联电影艺术》刊于《东方杂志》第 27 卷第 18 号。

萤石《泽恩斯与盖弗瑞斯的地球年龄论》刊于《东方杂志》第 27 卷第 18 号。

育干《列强侵略中国市场的急进》刊于《东方杂志》第 27 卷第 19 号。

颂华《英工党内阁救济失业的方策与成绩》刊于《东方杂志》第 27 卷第 19 号。

幼雄《中南美的革命潮》刊于《东方杂志》第 27 卷第 19 号。

金士宣《东北铁路现势及我国铁路政策》刊于《东方杂志》第 27 卷第 19 号。

朱偰《德国租税制度与社会政策》刊于《东方杂志》第 27 卷第 19 号。

杨锡球《法国航空的建设》刊于《东方杂志》第 27 卷第 19 号。

Lucien Laurat《法国经济学家之世界市场观》刊于《东方杂志》第 27 卷第 19 号。

化鲁译《社会主义的一个新学派——亨利窦满》(法国詹美斯著)刊于《东方杂志》第 27 卷第 19 号。

哲生《太戈尔与爱因斯坦共谈真理问题》刊于《东方杂志》第 27 卷第 19 号。

大宇《关于地震的一些统计》刊于《东方杂志》第 27 卷第 19 号。

颂华《日人在我东北的暴行》刊于《东方杂志》第 27 卷第 20 号。

杨荫溥《中国之证券市场》刊于《东方杂志》第 27 卷第 20 号。

华《美国的红印第安人》刊于《东方杂志》第 27 卷第 20 号。

袁道丰《意法冲突与欧洲和平》刊于《东方杂志》第 27 卷第 20 号。

A. P. Dennis《美国的经济政策》刊于《东方杂志》第 27 卷第 20 号。

良甫《印度民族运动中的阿福利提人》刊于《东方杂志》第 27 卷第 20 号。

颂华《南非及美国对中日移民的差别待遇》刊于《东方杂志》第 27 卷第 21 号。

明养《东欧各国的经济联合及其影响》刊于《东方杂志》第 27 卷第 21 号。

愈之《德国选举的经过及其国际的反响》刊于《东方杂志》第 27 卷第 21 号。

朱偰《德国国会选举之结果及欧美报纸之评论》刊于《东方杂志》第 27 卷第 21 号。

鲁学瀛《大不列颠与其自治殖民地之关系》刊于《东方杂志》第 27 卷第 21 号。

周宪文《经济学本质论》刊于《东方杂志》第 27 卷第 21 号。

哲《吾人的情绪生活和心脏病》刊于《东方杂志》第 27 卷第 21 号。

潘光旦《家谱与宗法》刊于《东方杂志》第 27 卷第 21 号。

梁抚《儿童对于战争心理的测验》刊于《东方杂志》第 27 卷第 21 号。

育干《苏俄扰乱世界市场的计划和影响》刊于《东方杂志》第 27 卷第 22 号。

幼雄《巴西革命》刊于《东方杂志》第 27 卷第 22 号。

明养《联盟之联盟及国际上的联邦趋势》刊于《东方杂志》第 27 卷第 22 号。

江启泰《多数选举制与比例代表制之比较与批评》刊于《东方杂志》第 27 卷第 22 号。

G. Bernhard《德国经济复苏的努力》刊于《东方杂志》第 27 卷第 22 号。

梁园东《古史辨的史学方法商榷》刊于《东方杂志》第 27 卷第 22 号。

高梦旦《规定新货币之重量直径推行度量衡案》刊于《东方杂志》第 27 卷第 22 号。

良甫《英帝国会议中谈统而不治的各自治殖民地》刊于《东方杂志》第 27 卷第 22 号。

幼雄《台湾番变》刊于《东方杂志》第 27 卷第 23 号。

杨春芳《产业合理化运动》刊于《东方杂志》第 27 卷第 23 号。

黄宗海《产业合理化与资本主义当前的各种问题》刊于《东方杂志》第 27 卷第 23 号。

李宗文《德国之产业合理化运动》刊于《东方杂志》第 27 卷第 23 号。

李均《日本之产业合理化运动》刊于《东方杂志》第 27 卷第 23 号。

国际劳工局《国际劳工组织的目的及其历年成绩》刊于《东方杂志》第 27 卷第 23 号。

育干《现代关税政策的特质与我国新税则》刊于《东方杂志》第 27 卷第 24 号。

颂华《欧美日本失业问题对于中国的影响》刊于《东方杂志》第 27 卷第 24 号。

明养《最近欧洲的新均势局面》刊于《东方杂志》第 27 卷第 24 号。

朱偰《资本主义经济之危机与俄国之"探併"政策》刊于《东方杂志》第 27 卷第 24 号。

朱介民《最近世界经济恐慌之发展》刊于《东方杂志》第 27 卷第 24 号。

仲英《最近世界经济大势与美国》刊于《东方杂志》第 27 卷第 24 号。

N. S. Fine《泛世界的失业问题》刊于《东方杂志》第 27 卷第 24 号。

君劢《德国新宪起草者柏吕斯之国家观念及其在德国政治学说史上之地位》刊于《东方杂志》第 27 卷第 24 号。

微知《国际的间谍网》刊于《东方杂志》第 27 卷第 24 号。

梁抚《历史上的沧桑——海岛的突起与沉没》刊于《东方杂志》第 27 卷第 24 号。

胡国钰《庄子哲学管窥》刊于《朝华月刊》第 1 卷第 2 期。

北秋译《托尔斯泰论艺术》刊于《朝华月刊》第 1 卷第 2 期。

怡墅《喜剧泛论》刊于《朝华月刊》第 1 卷第 2 期。

汉译《人类的历史》刊于《朝华月刊》第 1 卷第 2 期。

刘汉玺译《迷藏戏》刊于《朝华月刊》第 1 卷第 2 期。

于鹤年《仪式与艺术》刊于《朝华月刊》第 1 卷第 3 期。

卢季韶、顾羡季译《英文诗中之恋爱观》刊于《朝华月刊》第 1 卷第 3 期。

冯日昌《程朱陆王"格物致和"说之反动》刊于《朝华月刊》第 1 卷第 3 期。

觉生译《道德与自然——规范与法则》刊于《朝华月刊》第 1 卷第 3 期。

于鹤年《仪式与艺术(第 3 章)》刊于《朝华月刊》第 1 卷第 4 期。

卢季韶、顾羡季译《英文诗中之恋爱观(续完)》刊于《朝华月刊》第 1 卷第 4 期。

觉生译《道德与自然——规范与法则(续完)》刊于《朝华月刊》第 1 卷第 4 期。

卢孙《新俄诗人》刊于《朝华月刊》第 1 卷第 4 期。

思明《古代西洋之奴隶文明》刊于《朝华月刊》第 1 卷第 5 期。

冯日昌《王阳明论"良知"》刊于《朝华月刊》第 1 卷第 5 期。

于鹤年《仪式与艺术》刊于《朝华月刊》第 1 卷第 5 期。

李霁野译《社会变迁与感伤的喜剧》刊于《朝华月刊》第 2 卷第 1—2 期合刊。

觉生重译《遗传与环境》刊于《朝华月刊》第 2 卷第 1—2 期合刊。

孟薛《社会研究》刊于《朝华月刊》第 2 卷第 1—2 期合刊。

于鹤年《仪式与艺术》刊于《朝华月刊》第 2 卷第 1—2 期合刊。

罗根泽《胡笳十八拍作于刘商考》刊于《朝华月刊》第 2 卷第 1—2 期合刊。

汪秀英《先秦时代学术思想发达之原因》刊于《朝华月刊》第 2 卷第 1—2 期合刊。

殷淑慧《我国民族之转移及混化》刊于《朝华月刊》第 2 卷第 1—2 期合刊。

李霁野《社会变迁与感伤的喜剧(完)》刊于《朝华月刊》第 2 卷第 3 期。

于鹤年《仪式与艺术序》刊于《朝华月刊》第 2 卷第 3 期。

于鹤年《仪式与艺术序(完)》刊于《朝华月刊》第 2 卷第 3 期。

罗根泽《木兰诗作于韦元甫考》刊于《朝华月刊》第 2 卷第 3 期。

苑邦志《日美在太平洋之冲突及与中国之关系》刊于《朝华月刊》第 2 卷第 3 期。

任秀卿《不平等条约加于我国之影响》刊于《朝华月刊》第 2 卷第 3 期。

沈慧儒《论语论学通释》刊于《朝华月刊》第 2 卷第 3 期。

姚秀龄《论儒墨言爱之异同》刊于《朝华月刊》第 2 卷第 3 期。

潘光旦《姓,婚姻,家庭的存废问题》刊于《新月月刊》第 2 卷第 11 号。

费鉴照《现代英国桂冠诗人——白理基士》刊于《新月月刊》第 2 卷第 11 号。

罗隆基《我们要什么样的政治制度》刊于《新月月刊》第 2 卷第 12 号。

刘杰敖《政治气象学》刊于《新月月刊》第 2 卷第 12 号。

郑放翁《制度与民性》刊于《新月月刊》第 2 卷第 12 号。

罗隆基《论共产主义》刊于《新月月刊》第 3 卷第 1 号。

青松《怎样解决中国的财政问题》刊于《新月月刊》第 3 卷第 1 号。

刘英士《关于中国人口问题的一篇外论》刊于《新月月刊》第 3 卷第 1 号。

董任坚《大学的学术自由》刊于《新月月刊》第 3 卷第 1 号。

　　按:是文对大学的学术自由的论述中,引用了蔡元培先生商务书馆出版《教育大辞典》中大学教育章节的一段观点:"大学以思想自由为原则。在中古时代,大学教科,受教会干涉,教员不得以违禁书籍授学生。近代思想之公例,既被公认,能完全实现之者,厥惟大学。大学教员所发表之思想,不但不受任何宗教或政党之拘束,亦不受任何著名学者之牵掣。苟其确有所见而言之成理,则虽在一校中,两相反对之学说,不妨同行并行,而一任学生之比较而选择,此大学之所以为大也。"是文对大学学术自由的看法,与蔡元培先生的观点颇为接近。

　　是文认为:"大学的学术自由(Academic Freedom)应该包括 Lehrfreiheit and Lernfreiheit,即教学两

方面的自由;而在教授方面的自由,至少应有下列三种:(一)研究学术的自由。大学对于教员的研究探讨,除因此而与其指定之教授时间发生冲突外,不得加以任何的限制。(二)在大学教授的自由。大学对于教员在课室讲述其教授的学科,除为初级学生,在教授的范围与性质上有限制外,不得加以任何的干涉;惟教员在课室亦不得讨论其教授学科范围外之各种争辩的问题,更不得利用其地位,讨论绝不相关的问题,以遂其宣传鼓动之目的。(三)在校外言论行动的自由。大学须承认教员在校外即对于其教授学科范围之各种问题,有发表言论的权利,其自由和责任应与一般的人民一样享有负担。如教员在校外所发表的言论,与其在大学的地位发生了冲突,应提出该教员所属之大学教授会,由该会组织相当的委员会审查处置之。总之,学校对于教员所发表的言论,不负责任,而教员在必要时,应特别表明其所发表者,系一种个人的意见。"

是文认为,要深入理解大学的学术自由,须了解:(一)大学的功用,(二)学术研究的性质,(三)大学治权的基础。"(一)大学的功用。学术自由的重要,可从大学的功用上看出。大学的功用,举其大者有三:即研究高深学术,教授学生,养成各种专材是也";"(二)学术研究的性质。要是我们不相信教育是建设社会的基础,科学的进步是现在文明的要素,那便不必谈到学术,更不必注意研究。……学者的任务。就是利用了他们专门的训练,专攻学术,给他们自己和同僚考究的结果,有一种大无畏的精神,不偏私的情意去传授学生,宣告大众。……在此,我们更可明白地看出那学术的研究,是绝对应该独立的";"(三)大学治权的基础。大学不外乎私立官立。私立之治权,在校董会及其代表之校长,官立之治权,在一国或一省之教育行政机关及其代表人校长。……大学之治权,或源于私人之主有,或源于社会之托付,其性质迥然不同。如教会或宗教的团体,捐资创设大学,作教义之宣传,而校董会与校长,遂不得不根据于此目的以设施一切,是一主有性之大学也。如富者或经济的团体,为巩固其特别的权利,而在大学立学院设讲座,以图达到其目的,亦一主有性之大学也。更如一党一派之假学校以广播一种主义而贯彻一种政策,是亦不免于主有。要之'主有性学校',均在乎发展一人一派或一种关系,非欲求学术之进步而因以提倡研究,讨论,教授,实不过恃金钱之补助而欲流传意见或偏见而已。……至于官立大学,经费取诸人民,系膺社会之托付,所以为社会全体谋福利,更不当以少数者的主张而牺牲学术自由,作宗教或政治或商业的宣传工具。"

陈翊林《社会标准与控制》刊于《新月月刊》第 3 卷第 1 号。

余楠秋《罗伯斯庇尔》刊于《新月月刊》第 3 卷第 1 号。

费鉴照《新任桂冠诗人——梅士斐尔特》刊于《新月月刊》第 3 卷第 1 号。

胡适《读书杂记》刊于《新月月刊》第 3 卷第 1 号。

潘光旦《人文选择与中华民族》刊于《新月月刊》第 3 卷第 2 号。

罗隆基《我们要财政管理权》刊于《新月月刊》第 3 卷第 2 号。

沈有乾《我的教育——何君自传的一章》刊于《新月月刊》第 3 卷第 2 号。

沈从文《论闻一多的〈死水〉》刊于《新月月刊》第 3 卷第 2 号。

钱九威《英国内阁制成立的研究》刊于《新月月刊》第 3 卷第 2 号。

胡适《九年的家乡教育》刊于《新月月刊》第 3 卷第 3 号。

全增嘏《宗教与革命》刊于《新月月刊》第 3 卷第 3 号。

罗隆基《我的被捕的经过与反感》刊于《新月月刊》第 3 卷第 3 号。

吴景超《中国农民的生活程度与农场》刊于《新月月刊》第 3 卷第 3 号。

邢鹏举《莎士比亚恋爱的面面观》刊于《新月月刊》第 3 卷第 3 号。

梁实秋《所谓"文艺政策"者》刊于《新月月刊》第 3 卷第 3 号。

梁实秋《主与奴》刊于《新月月刊》第 3 卷第 3 号。

梁实秋《资本家与艺术品》刊于《新月月刊》第 3 卷第 3 号。

胡适《从拜神到无神》刊于《新月月刊》第 3 卷第 4 号。

王造时《中国问题的物质背景》刊于《新月月刊》第 3 卷第 4 号。

徐志摩《自传小记》刊于《新月月刊》第 3 卷第 4 号。

郑若谷《教育社会学专论》刊于《新月月刊》第 3 卷第 4 号。

觉之译《恋爱的过去与将来》刊于《新月月刊》第 3 卷第 4 号。

王苏译《英国内阁制成立的研究(续)》刊于《新月月刊》第 3 卷第 4 号。

胡适《介绍我自己的思想》刊于《新月月刊》第 3 卷第 4 号。

潘光旦《一本有趣的年谱》刊于《新月月刊》第 3 卷第 5—6 号合刊。

王造时《中国社会原来如此》刊于《新月月刊》第 3 卷第 5—6 号合刊。

余上沅《翻译莎士比亚》刊于《新月月刊》第 3 卷第 5—6 号合刊。

沈有乾《关于心理学和不关心理学的杂记》刊于《新月月刊》第 3 卷第 5—6 号合刊。

彭基相《文化精神》刊于《新月月刊》第 3 卷第 5—6 号合刊。

闻一多《论〈悔与回〉》刊于《新月月刊》第 3 卷第 5—6 号合刊。

胡适《评〈梦家诗集〉》刊于《新月月刊》第 3 卷第 5—6 号合刊。

闻一多《谈商籁体》刊于《新月月刊》第 3 卷第 5—6 号合刊。

鲁参《约法与宪法》刊于《新月月刊》第 3 卷第 5—6 号合刊。

鲁参《政治家的态度》刊于《新月月刊》第 3 卷第 5—6 号合刊。

胡适《在上海》刊于《新月月刊》第 3 卷第 7 号。

罗隆基译《平等的呼吁》刊于《新月月刊》第 3 卷第 7 号。

周骄子译《奇人史文朋》刊于《新月月刊》第 3 卷第 7 号。

努生《人权不能留在约法里》刊于《新月月刊》第 3 卷第 7 号。

努生《总统问题》刊于《新月月刊》第 3 卷第 7 号。

努生《民会选举原来如此》刊于《新月月刊》第 3 卷第 7 号。

沈有乾《脑筋和智慧》刊于《新月月刊》第 3 卷第 7 号。

全增嘏《道德哲学》刊于《新月月刊》第 3 卷第 7 号。

罗隆基《对训政时期约法的批评》刊于《新月月刊》第 3 卷第 8 号。

王造时《中国的传统思想》刊于《新月月刊》第 3 卷第 8 号。

邵洵美《谈自传》刊于《新月月刊》第 3 卷第 8 号。

沈从文《道德与智慧》刊于《新月月刊》第 3 卷第 8 号。

罗隆基《美国官吏的分级》刊于《新月月刊》第 3 卷第 8 号。

吴世昌《辛弃疾》刊于《新月月刊》第 3 卷第 8 号。

努生《我们不主张天赋人权》刊于《新月月刊》第 3 卷第 8 号。

浩文《小说与故事》刊于《新月月刊》第 3 卷第 8 号。

余楠秋《实验演说学纲要》刊于《新月月刊》第 3 卷第 8 号。

鹵《现代国家的文官制度》刊于《新月月刊》第 3 卷第 8 号。

鹵《现代文明里的世界政治》刊于《新月月刊》第 3 卷第 8 号。

潘光旦《优生婚姻与法律》刊于《新月月刊》第 3 卷第 9 号。

王造时《昨日中国的政治》刊于《新月月刊》第 3 卷第 9 号。

阮子蔚译《世界十大思想家》刊于《新月月刊》第 3 卷第 9 号。

吴世昌《辛弃疾》刊于《新月月刊》第 3 卷第 9 号。

胡适《佛法与科学》刊于《新月月刊》第 3 卷第 9 号。

光旦《崔东壁年谱》刊于《新月月刊》第 3 卷第 9 号。

光旦《爱的人生观》刊于《新月月刊》第 3 卷第 9 号。

傅东华译《英国文学史绪论(法国 H. A. Taine 作)》刊于《文艺研究》第 1 卷。

陈望道译《自然主义文学底理论的体系(日本平林初之辅作)》刊于《文艺研究》第 1 卷。

鲁迅译《车勒芮绥夫斯基的文学观(俄国 G. V. Plekhanov 作)》刊于《文艺研究》第 1 卷。

雪峰译《现代欧洲无产阶级文学底路(匈牙利 I. Matsa 作)》刊于《文艺研究》第 1 卷。

洛扬译《关于在文学史上的社会学的方法(日本冈泽秀虎作)》刊于《文艺研究》第 1 卷。

侍桁译《芥川龙之介在思想史上的位置(日本唐木顺三作)》刊于《文艺研究》第 1 卷。

雪峰译《资本主义与艺术(德国 F. Mehring 作)》刊于《文艺研究》第 1 卷。

萧友梅《古今中西音阶概说》刊于《乐艺》第 1 期。

黄自《音乐的欣赏》刊于《乐艺》第 1 期。

易韦斋《"歌"的零碎的商榷》刊于《乐艺》第 1 期。

胡周淑安《声乐问题的随感录》刊于《乐艺》第 1 期。

易韦斋《"声""韵"是歌之美》刊于《乐艺》第 1 期。

刘盼遂《嫦娥考》刊于《学文》第 1 期。

刘盼遂《说文重文疏序》刊于《学文》第 1 期。

刘盼遂《〈穆天子传〉古文考》刊于《学文》第 1 期。

郑振铎《杂剧的转变》刊于《小说月报》第 21 卷第 1 号。

郑振铎《关汉卿绯衣梦的发现》刊于《小说月报》第 21 卷第 1 号。

何廉、方显廷《中国工业化之程度及其影响》刊于《工商半月刊》第 2 卷第 2—3 号。

陈清华《中央银行与商业银行及金融市场之关系》刊于《工商半月刊》第 2 卷第 6 号。

潘序伦《修改现行商标法之意见》刊于《工商半月刊》第 2 卷第 6 号。

寿毅成《从出入口贸易观察吾国之国民经济》刊于《工商半月刊》第 2 卷第 7 号。

陈达《夏威夷群岛中华侨商概况》刊于《工商半月刊》第 2 卷 11 号。

孔庸之《二十五年来之中国工商》刊于《工商半月刊》第 2 卷第 12 号。

李景汉《住在农村从事社会调查所得的印象》刊于《社会学界》第 4 卷。

许仕廉《社会生活的心理基础》刊于《社会学界》第 4 卷。

严景耀《北平监狱教诲与教育》刊于《社会学界》第 4 卷。

瞿世英《荀子之社会的教育论》刊于《社会学界》第 4 卷。

张世文《上海消费合作社调查》刊于《社会学界》第 4 卷。

高君哲《社会学的生物学派》刊于《社会学界》第 4 卷。

于恩德《北平工会调查》刊于《社会学界》第 4 卷。

吴高梓《福州蜑民调查》刊于《社会学界》第 4 卷。

黄公度《对于无产阶级社会态度的一个小小测验》刊于《社会学界》第 4 卷。

万树庸《沪宁道上农工新村考察记略》刊于《社会学界》第 4 卷。

吴榆珍《宣传及其影响于中国社会变化的讨论》刊于《社会学界》第 4 卷。

葛家栋《燕大男生对于婚姻态度之调查》刊于《社会学界》第 4 卷。

于恩德《燕京大学社会学系概况》刊于《社会学界》第4卷。

钱鹤《评教育部设立华侨设计委员会》刊于《南洋研究》第3卷第1号。

陈宗山《南洋华侨对于革命中之努力》刊于《南洋研究》第3卷第1号。

卢建业《印度支那南部企业的现在和将来》刊于《南洋研究》第3卷第1号。

宋英仇《日本统治下之南洋群岛》刊于《南洋研究》第3卷第1号。

张汉宗译《史汀逊督治下的菲律宾》刊于《南洋研究》第3卷第1号。

王旦华译《荷属东印度之树胶》刊于《南洋研究》第3卷第1号。

郭后觉《北婆罗洲概况》刊于《南洋研究》第3卷第1号。

陈文亨《缅甸概况》刊于《南洋研究》第3卷第1号。

顾因明、王旦华译《槟榔屿开辟史（续第2卷第4号）》刊于《南洋研究》第3卷第1号。

李长傅《南洋地理志略（续第2卷第4号）》刊于《南洋研究》第3卷第1号。

陈谷川《中华民国与南洋群岛的面积比较图说》刊于《南洋研究》第3卷第1号。

李长傅《诃陵阇婆今地考》刊于《南洋研究》第3卷第1号。

刘仁航《大中华侨胞到自由之新路》刊于《南洋研究》第3卷第2期。

陈子实《南洋文化建设论》刊于《南洋研究》第3卷第2期。

谷川《大南洋主义？南洋文化？》刊于《南洋研究》第3卷第2期。

刘士木《胸中雪亮之南洋侵略谈》刊于《南洋研究》第3卷第2期。

张明慈《日人南进的勉词》刊于《南洋研究》第3卷第2期。

谷川编《亚非利加洲华侨概况》刊于《南洋研究》第3卷第2期。

朱苎《华侨在南洋之经济势力》刊于《南洋研究》第3卷第2期。

孙莲汀《荷属东印度一瞥》刊于《南洋研究》第3卷第2期。

吕仁一《纽西兰之毛黎族》刊于《南洋研究》第3卷第2期。

蔡世英《暹罗交通概况》刊于《南洋研究》第3卷第2期。

钱鹤《苏岛上的交通事业》刊于《南洋研究》第3卷第2期。

顾因明、王旦华译《槟榔屿开辟史（续第3卷第1号）》刊于《南洋研究》第3卷第2期。

李长傅《南洋地理志略（续第3卷第1号）》刊于《南洋研究》第3卷第2期。

钱鹤《荷印华侨之危机与对策》刊于《南洋研究》第3卷第3期。

陈福璿《荷属东印度荷华教育之比较观》刊于《南洋研究》第3卷第3期。

陈谷川编《荷属东印度之现势》刊于《南洋研究》第3卷第3期。

朱中诠译《东印度群岛的荷兰政治》刊于《南洋研究》第3卷第3期。

叶时修译《荷印政府法律上平等待遇华侨问题》刊于《南洋研究》第3卷第3期。

刘士木译《荷属东印度之立法制度》刊于《南洋研究》第3卷第3期。

林方奄译《荷属东印度之经济概况》刊于《南洋研究》第3卷第3期。

李耀商译《日本对荷属东印度商业发展之策略》刊于《南洋研究》第3卷第3期。

顾因明、姚枬译《荷属东印度之交通近况》刊于《南洋研究》第3卷第3期。

姚枬译《荷属东印度之教育》刊于《南洋研究》第3卷第3期。

彭康《新文化运动与人权运动》刊于《新思潮》第4期。

潘东周《中国经济的性质》刊于《新思潮》第5期。

向省吾《帝国主义与中国经济》刊于《新思潮》第5期。

王学文《中国资本主义在中国经济中的地位其发展及其前途》刊于《新思潮》第5期。

按:是文对于中国资本主义在中国经济中的地位有这样的表述:“中国的主要经济形态是一个封建的半封建的经济。……除此以外,还有资本主义经济的存在。……中国经济除去原始的幼稚的自给自足经济以外,主要地是维持着封建的半封建的经济。这封建的半封建的经济,是在中国经济占支配的地位,广泛存在的经济形态。至于资本主义经济,资本家的生产方式,除去沿海大都市或少数地方外,我们在广大的中国土地中,很难看见。虽然有许多地方,已经有手工的工场工业的存在,并且已经相当地发展,又有些地方资本家的生产方式之农业经营已经存在,已经有多少程度的发达;但是,这种资本家的生产方式多是资本家的生产成立初期时代的形态,和沿海大都市或少数特殊地方比较起来,更形幼稚,仅仅只能说是资本主义的小小萌芽。沿海大都市和少数地方,的确有中国资本主义经济的存在,并且有相当程度的发展。但是,更具体地说来,中国资本主义经济的发展究竟怎样呢?就地域的面积说来,不过少数大都市和少数地方;就发展的程度说来,所谓中国的资本主义经济,所谓中国的民族工业,还只限于资本主义的工业初期时代的轻工业。这种资本主义经济在广大的中国经济区域中,就是在广大的中国封建的半封建的经济区域中,只不过发展初期的萌芽形态,并不能占得主要的地位。我们的确认识这种资本主义经济所占的区域虽小,而却比较地有力。资本主义经济和封建的半封建的经济,就同一大小的区域比较起来,资本主义经济确比较地有较大的力量,就生产力言之,就生产的数量言之,就资本的支配力言之,资本家的生产都大于封建的半封建的经济,资本家的生产确比封建的生产是较高级进步的生产。但是,比较地有力只限于比较地有力。上面所说的,只限于在一定条件下的比较,事实上,中国资本主义经济并没有占得大的区域,在中国经济中并没有压倒的势力,并不是代表中国经济的主要特征。同时,我们也并未否认,中国资本主义经济的发展。中国资本主义经济,虽然还在其发展的初期阶级段,但是,也有一定的发展与相当的变化。我们现在对于中国资本主义经济的发展过程,不要详细地介绍,试就中国资本主义经济的发生和现在的情形比较起来,在这多少年间确有了不少的进步。例如,工厂的设立,生产的规模,生产的数量等等,的确有了发展。我们再进一步地,中国资本主义经济的发展究竟怎样?在中国资本主义经济的发生和现在比较起来,如前所述,的确有了不少的发展。但是,这种发展并不是简单的发展过程而是经过了许多的迂回曲折,并且其发展有一定的限度,达到一定的限度即停止难以向前进行。因为这个原故,中国资本主义经济虽然有数十年间长期发展的历史,而终停顿于一定状态之下,在中国整个经济依然不得不居于次要的地位,不能形成主要的支配的经济形态。中国学者有的以为中国经济已经资本主义化了,或者说,中国资本主义经济已经在中国经济占得支配的地位,这种见解,我们不能不说他是盲目,不能认识中国经济现状是甚么。”

黎平《军阀混战的社会基础》刊于《新思潮》第6期。

谷荫译《工人政党土地纲要的修正》刊于《新思潮》第6期。

家铭《苏联文化事业的概况》刊于《新思潮》第7期。

赖田《中国经济的现状及其前途》刊于《新思潮》第7期。

邱祖铭《英国教育制度之一瞥》刊于《留英学报》第5期。

李蔚唐《二十世纪之政治》刊于《留英学报》第5期。

李季谷《历史学与历史学上之问题》刊于《留英学报》第5期。

汪一鹗《剑桥大学》刊于《留英学报》第6期。

海《伦敦大学》刊于《留英学报》第6期。

周煦良《爱丁堡大学》刊于《留英学报》第6期。

蜀《格纳斯哥大学》刊于《留英学报》第6期。

龚明安、傅瑞瑗《里子大学》刊于《留英学报》第6期。

薛鉠会《孟却斯德大学》刊于《留英学报》第6期。

郭明章《英国大学入学考试》刊于《留英学报》第 6 期。

常乃德《教育观点上的历史学科》刊于《中华教育界》第 18 卷第 2 期。

陈翊林《社会学研究的困难与方法》刊于《中华教育界》第 18 卷第 2 期。

阮真《中学生国文课外阅读书籍选目及研究计划》刊于《中华教育界》第 18 卷第 2 期。

刘思训《艺术家的艺术论》刊于《中华教育界》第 18 卷第 2 期。

刘孟晋《教师怎样指导级会活动》刊于《中华教育界》第 18 卷第 2 期。

乔一乾《小学校的性教育问题》刊于《中华教育界》第 18 卷第 2 期。

朱智贤《师范生参观问题》刊于《中华教育界》第 18 卷第 2 期。

朱智贤《儿童自治的组织与指导》刊于《中华教育界》第 18 卷第 2 期。

朱若圣、陈其械《无锡中学实验小学儿童中心教育实验级最近的三个活动事业进行计划》刊于《中华教育界》第 18 卷第 2 期。

徐阶平《小学读书教学实际问题》刊于《中华教育界》第 18 卷第 2 期。

刘百川《怎样处理儿童的作文错字》刊于《中华教育界》第 18 卷第 2 期。

潘履逊《吴江盛泽小学校中级组的洪雄声先生设计报告》刊于《中华教育界》第 18 卷第 2 期。

燕生译《罗素论科学的将来》刊于《中华教育界》第 18 卷第 3 期。

陈翊林《中国新教育行政制度小史》刊于《中华教育界》第 18 卷第 3 期。

王化周《自然教育》刊于《中华教育界》第 18 卷第 3 期。

祝苏如《教育自然科的几个实际问题》刊于《中华教育界》第 18 卷第 3 期。

朱智贤《儿童字典的研究》刊于《中华教育界》第 18 卷第 3 期。

王穆清《乡村小学的工艺教材》刊于《中华教育界》第 18 卷第 3 期。

王穆清《小学校里教室生活上的实际问题(续)》刊于《中华教育界》第 18 卷第 3 期。

承炳锡《常识科课程选择的一个试验》刊于《中华教育界》第 18 卷第 3 期。

龚均如《太中实小试行整个教育后的成绩考查法》刊于《中华教育界》第 18 卷第 3 期。

董任坚《大学课程还不应改造吗》刊于《中华教育界》第 18 卷第 4 期。

陈翊林《近代中国教育总评》刊于《中华教育界》第 18 卷第 4 期。

未艾《十年来苏俄教育底新建设》刊于《中华教育界》第 18 卷第 4 期。

江问渔讲，王穆清、王沂清记《乡村教育》刊于《中华教育界》第 18 卷第 4 期。

刘询牧《文艺题材与教育》刊于《中华教育界》第 18 卷第 4 期。

陶仲真《小学教师之呼声》刊于《中华教育界》第 18 卷第 4 期。

吴奕光《初中英语教学法纲要》刊于《中华教育界》第 18 卷第 4 期。

徐阶平《小学校的读文教学》刊于《中华教育界》第 18 卷第 4 期。

徐阶平《小学校的语言教学》刊于《中华教育界》第 18 卷第 4 期。

袁漱瀛《乡村小学之训育》刊于《中华教育界》第 18 卷第 4 期。

王穆清《小学校里教室生活上的实际问题(续)》刊于《中华教育界》第 18 卷第 4 期。

陆旭哉《学校教育与民众教育》刊于《中华教育界》第 18 卷第 5 期。

郑宗海《杜威博士治学的精神及其教育学说的影响》刊于《中华教育界》第 18 卷第 5 期。

汤鸿羲《学科心理学导言》刊于《中华教育界》第 18 卷第 5 期。

朱智贤《中国学校教育的新生命》刊于《中华教育界》第 18 卷第 5 期。

胡文傅《中学训育问题》刊于《中华教育界》第 18 卷第 5 期。

郑通和讲，王穆清记《小学教育上的几个问题》刊于《中华教育界》第 18 卷第 5 期。

王穆清《小学校里的错误》刊于《中华教育界》第 18 卷第 5 期。

张竹汀《作文订正问题提》刊于《中华教育界》第 18 卷第 5 期。

张达善《小学算学教育》刊于《中华教育界》第 18 卷第 5 期。

赵欲仁《小学写字教材的研究》刊于《中华教育界》第 18 卷第 5 期。

李邦权《学徒教育论》刊于《中华教育界》第 18 卷第 5 期。

杜定友《公共图书馆问题》刊于《中华教育界》第 18 卷第 5 期。

邰爽秋《教师之权利与义务》刊于《中华教育界》第 18 卷第 5 期。

马宗荣《教育之为物》刊于《中华教育界》第 18 卷第 6 期。

常乃德《唯物主义与中国的新教育》刊于《中华教育界》第 18 卷第 6 期。

刘天予《学科与教育》刊于《中华教育界》第 18 卷第 6 期。

马宗荣《教育本质与国家法律》刊于《中华教育界》第 18 卷第 6 期。

汤鸿羲《小学学科心理与应用律》刊于《中华教育界》第 18 卷第 6 期。

姜旭东，张耿西《儿童课外阅读的一个实际探讨》刊于《中华教育界》第 18 卷第 6 期。

杨拔英《中小学沟通问题研究报告》刊于《中华教育界》第 18 卷第 6 期。

龚启昌《小学能力分组制的商榷》刊于《中华教育界》第 18 卷第 6 期。

龙德渊《六个年单级新教学法实验报告》刊于《中华教育界》第 18 卷第 6 期。

蔡挺生《民众教育中识字训练的问题》刊于《中华教育界》第 18 卷第 6 期。

赵冀良《推行乡村民众教育之困难与方法》刊于《中华教育界》第 18 卷第 6 期。

沈灌群《今后中国的新教育和中国的教育者》刊于《中华教育界》第 18 卷第 7 期。

刘询牧《明日之中国女子教育》刊于《中华教育界》第 18 卷第 7 期。

刘天予《心里生活的社会性质》刊于《中华教育界》第 18 卷第 7 期。

吴英《小学教员之呼声(一)》刊于《中华教育界》第 18 卷第 7 期。

汤鸿羲《联念律与满足律》刊于《中华教育界》第 18 卷第 7 期。

邰爽秋《编制教育调查表格之原理及方法》刊于《中华教育界》第 18 卷第 7 期。

朱复钧《南洋中学与兴筑科学馆》刊于《中华教育界》第 18 卷第 7 期。

环家珍《最近美国中等教育的几个新趋势》刊于《中华教育界》第 18 卷第 7 期。

龚启昌《小学工作单元的选择标准》刊于《中华教育界》第 18 卷第 7 期。

李宗莲《小学教员之呼声(二)》刊于《中华教育界》第 18 卷第 7 期。

马世才《低级一个洋娃娃设计教学的报告》刊于《中华教育界》第 18 卷第 7 期。

孙蓉仙，秦宝萱《幼稚园常识测验》刊于《中华教育界》第 18 卷第 7 期。

陈造风《民众学校的留生问题》刊于《中华教育界》第 18 卷第 7 期。

傅葆琛《我国乡村教学家应有的认识》刊于《中华教育界》第 18 卷第 7 期。

张绳祖《高级中学师范科课程标准研究》刊于《中华教育界》第 18 卷第 7 期。

顾克彬《学校视察的三种方式》刊于《中华教育界》第 18 卷第 8 期。

朱复钧《我们需要着劳农教育》刊于《中华教育界》第 18 卷第 8 期。

刘梦衡《英德两国的学风》刊于《中华教育界》第 18 卷第 8 期。

铁民《从统计表上所见到的我国国力》刊于《中华教育界》第 18 卷第 8 期。

高芝生《重估心理学的意义及其和教育的关系》刊于《中华教育界》第 18 卷第 8 期。

高芝生《教育心理学之行为主义的基础》刊于《中华教育界》第 18 卷第 8 期。

胡文傅《现代心理学之四大潮流及其对于教育之影响》刊于《中华教育界》第 18 卷第 8 期。

鲁止渊《教会学校果何为耶》刊于《中华教育界》第 18 卷第 8 期。

张达善《怎样适应初中学生生理和心理的变化》刊于《中华教育界》第 18 卷第 8 期。

可培《诺贝尔科学奖金得奖国别之分析》刊于《中华教育界》第 18 卷第 8 期。

钱维东译《文乃德卡学校》刊于《中华教育界》第 18 卷第 8 期。

邹翊风《设计法与单元历》刊于《中华教育界》第 18 卷第 8 期。

陈表《复兴丹麦的民众高等教育》刊于《中华教育界》第 18 卷第 8 期。

田康《农村教育的责任》刊于《中华教育界》第 18 卷第 8 期。

汪懋祖、黄炎培、沈恩孚《袁观澜先生事略》刊于《中华教育界》第 18 卷第 8 期。

舒新城《考试与文凭》刊于《中华教育界》第 18 卷第 9 期。

潘菽《改进中国教育的几个简简单单的问题》刊于《中华教育界》第 18 卷第 9 期。

〔日〕山下德治著,祝康译《新兴教育的根本原理(一)》刊于《中华教育界》第 18 卷第 9 期。

张文昌《对于部分中小学课程暂行标准的意见》刊于《中华教育界》第 18 卷第 9 期。

周希儒《愚钝儿童的教育》刊于《中华教育界》第 18 卷第 9 期。

汤鸿翥《小学算学心理》刊于《中华教育界》第 18 卷第 9 期。

金晓晚《露天婴儿教养学校》刊于《中华教育界》第 18 卷第 9 期。

徐允昭《民生主义自然教学实施法》刊于《中华教育界》第 18 卷第 9 期。

杜威《科学与民生》刊于《中华教育界》第 18 卷第 9 期。

葛承训《中高级阅读诊断测验》刊于《中华教育界》第 18 卷第 9 期。

鲁士清《识字教育》刊于《中华教育界》第 18 卷第 9 期。

陈表《丹麦民众高等学校与各国》刊于《中华教育界》第 18 卷第 9 期。

王秀南《晓庄学校与中心小学》刊于《中华教育界》第 18 卷第 9 期。

江问渔《关于师范教育的几个重要问题》刊于《中华教育界》第 18 卷第 9 期。

蔡元培《怎样才配做现代学生》刊于《中华教育界》第 18 卷第 9 期。

马志超《小学低年级国语科的设计教学与教材》刊于《中华教育界》第 18 卷第 9 期。

常导之《今后教育研究努力的方向》刊于《中华教育界》第 18 卷第 10 期。

〔日〕山下德治著,祝康译《新兴教育之根本原理(二)(三)》刊于《中华教育界》第 18 卷第 10 期。

〔日〕小西重直著,刘梦衡译《母性与教育》刊于《中华教育界》第 18 卷第 10 期。

汤鸿翥《小学算学与练习律》刊于《中华教育界》第 18 卷第 10 期。

杜定友《汉字形位排检法大要》刊于《中华教育界》第 18 卷第 10 期。

〔日〕田制佐重著,郑诚译《学校教育之社会化》刊于《中华教育界》第 18 卷第 10 期。

刘百川《儿童家庭生活的指导》刊于《中华教育界》第 18 卷第 10 期。

徐子龄《九九数的游戏》刊于《中华教育界》第 18 卷第 10 期。

傅葆琛《乡村教育在大学组织系统中的地位和训练乡村教育人才的计划》刊于《中华教育界》第 18 卷第 10 期。

樊兆庚《怎样获得管理上的正当态度》刊于《中华教育界》第 18 卷第 10 期。

古梅《中山大学暨附校学生用费的调查》刊于《中华教育界》第 18 卷第 10 期。

熊正德《帝国主义最近的文化侵略》刊于《中华教育界》第 18 卷第 11 期。

[日]小西重直著,刘梦衡译《教育与文化》刊于《中华教育界》第 18 卷第 11 期。

雷澹天《儿童中心教育概要》刊于《中华教育界》第 18 卷第 11 期。

[日]小西重直著,刘梦衡译《儿童教育与自由发展》刊于《中华教育界》第 18 卷第 11 期。

张耀翔《鲁鱼豕亥问题》刊于《中华教育界》第 18 卷第 11 期。

汤鸿焘《小学算学与练习律(续完)》刊于《中华教育界》第 18 卷第 11 期。

陆景模《延长教育全部时间与延长教育及于成年时代之比较》刊于《中华教育界》第 18 卷第 11 期。

刘百川,徐阶平《一个训练的具体方案——废除惩罚的训育法》刊于《中华教育界》第 18 卷第 11 期。

葛承训《苏俄的儿童集团》刊于《中华教育界》第 18 卷第 11 期。

陈表《中学生读书问题之实际探讨》刊于《中华教育界》第 18 卷第 11 期。

张兆林《乡村小学教师应该怎样对待儿童》刊于《中华教育界》第 18 卷第 11 期。

古梅《中山大学暨附校学生用费的调查(续完)》刊于《中华教育界》第 18 卷第 11 期。

葛承训《苏俄的小学课程》刊于《中华教育界》第 18 卷第 12 期。

陈六宗《双十节大单元设计实施报告》刊于《中华教育界》第 18 卷第 12 期。

赵欲仁《小学国语科教学的三种新趋势》刊于《中华教育界》第 18 卷第 12 期。

杨效春《成都市学校调查后一个简短的报告》刊于《中华教育界》第 18 卷第 12 期。

周容《中国教育之根本改造》刊于《中华教育界》第 18 卷第 12 期。

祝康《贫苦儿童的知能问题》刊于《中华教育界》第 18 卷第 12 期。

刘天予《教学法概论》刊于《中华教育界》第 18 卷第 12 期。

徐则敏《汉字笔画统计报告》刊于《中华教育界》第 18 卷第 12 期。

王锡良《中国的教育新转机》刊于《教育新刊》第 1 卷第 1 期。

馨华《教育的建设谈》刊于《教育新刊》第 1 卷第 1 期。

李树柏《谈谈教学时间的分配》刊于《教育新刊》第 1 卷第 1 期。

馨华《新时代青年立身的方针》刊于《教育新刊》第 1 卷第 1 期。

绥中县李兆春《幼稚教育的我见》刊于《教育新刊》第 1 卷第 1 期。

王德忱《训练模范学生的标准》刊于《教育新刊》第 1 卷第 1 期。

刘宗祥《参观的重要》刊于《教育新刊》第 1 卷第 1 期。

宽甸赵梓《今后中国应有的教育》刊于《教育新刊》第 1 卷第 1 期。

张景秀《江浙教育和辽宁教育的面面观》刊于《教育新刊》第 1 卷第 2 期。

郭树人《教育与中国》刊于《教育新刊》第 1 卷第 2 期。

馨华《现在中国教育之缺点》刊于《教育新刊》第 1 卷第 2 期。

王庆云《中国现在环境下的小学校》刊于《教育新刊》第 1 卷第 2 期。

高博明《今后中国教育应走的途径》刊于《教育新刊》第 1 卷第 2 期。

李兆春《幼稚教育的我见(续)》刊于《教育新刊》第 1 卷第 2 期。

馨华《教育上三个问题的研究——非系统的》刊于《教育新刊》第 1 卷第 2 期。

刘宗祥《一个乡村教育的任务谈》刊于《教育新刊》第 1 卷第 2 期。

洪墨林《怎样办"乡村教育"呢?》刊于《教育新刊》第 1 卷第 2 期。

徐庆霖《参观江浙教育后对于吾省教育的片片意见》刊于《教育新刊》第 1 卷第 2 期。

赵梓《改良小学教育的三个重要条件》刊于《教育新刊》第 1 卷第 2 期。

傅育人《做学教合一的理论和实际》刊于《教育新刊》第 1 卷第 2 期。

王德忱《关于民众教育的几点意见》刊于《教育新刊》第 1 卷第 2 期。

徐庆霖《辽宁省立一师附小校为教育研究班示教记录》刊于《教育新刊》第 1 卷第 2 期。

张永科《改进中国教育的几点商榷》刊于《教育新刊》第 1 卷第 3 期。

周卢实《小学训育问题的几个原则》刊于《教育新刊》第 1 卷第 3 期。

张泰和《三民主义下的教育者的修养》刊于《教育新刊》第 1 卷第 3 期。

李鸿祺《乡村教师对于改造社会的一个任务——婚姻》刊于《教育新刊》第 1 卷第 3 期。

郭树人《乡下人为什么不信仰学校》刊于《教育新刊》第 1 卷第 3 期。

傅贵顺《个人对于教授小学算术的几种方法》刊于《教育新刊》第 1 卷第 3 期。

金汝济《做学教合一与人生的关系》刊于《教育新刊》第 1 卷第 3 期。

杨傅《小学教师的苦乐问题》刊于《教育新刊》第 1 卷第 3 期。

于振庭《能力分组制的优点》刊于《教育新刊》第 1 卷第 3 期。

镇东业桂《我对蒙辽教育之小言》刊于《教育新刊》第 1 卷第 3 期。

王清溪《乡村小学的几个根本问题》刊于《教育新刊》第 1 卷第 3 期。

宋佐周《怎样处理儿童的作文错字》刊于《教育新刊》第 1 卷第 3 期。

张本植《儿童教育应注意之点》刊于《教育新刊》第 1 卷第 3 期。

王佐天《介绍几种小学算游教具》刊于《教育新刊》第 1 卷第 3 期。

李雪鹰《乡村学校设施的我见》刊于《教育新刊》第 1 卷第 3 期。

杨友萸《我的乡村教育观》刊于《教育新刊》第 1 卷第 3 期。

倪恒俊《对于民众体育的我见》刊于《教育新刊》第 1 卷第 3 期。

张遇三《介绍训育周实施大纲》刊于《教育新刊》第 1 卷第 3 期。

刘新三《今后中国教育应走的路》刊于《教育新刊》第 1 卷第 3 期。

郭树人《小学校的行政规程》刊于《教育新刊》第 1 卷第 3 期。

张锡镇《中国教育普及的难关》刊于《教育新刊》第 1 卷第 3 期。

郭子阳《提倡小学教育应注意的几件事》刊于《教育新刊》第 1 卷第 3 期。

程光普《谈谈乡村教师的趣味》刊于《教育新刊》第 1 卷第 3 期。

张景芳《乡村教育》刊于《教育新刊》第 1 卷第 3 期。

王兴华《小学教师对儿童的态度》刊于《教育新刊》第 1 卷第 3 期。

孙昌来《学校图书馆的重要》刊于《教育新刊》第 1 卷第 3 期。

吴翰《国语科教材的研究》刊于《教育新刊》第 1 卷第 3 期。

张遇三《我国小学教育今后应注意的点》刊于《教育新刊》第 1 卷第 4 期。

王恩德《理想的教师》刊于《教育新刊》第 1 卷第 4 期。

崔馨村《乡村教育》刊于《教育新刊》第 1 卷第 4 期。

王奉先《朝会和级会的实施法》刊于《教育新刊》第 1 卷第 4 期。

赵国翰《图书馆对于民众教育之价值》刊于《教育新刊》第 1 卷第 4 期。

于有洛《谈谈奖惩滥施的弊害》刊于《教育新刊》第 1 卷第 4 期。

于振庭《公园是普及社会教育的机关》刊于《教育新刊》第 1 卷第 4 期。

李荣田《教育之建议》刊于《教育新刊》第 1 卷第 4 期。

于作则《"社会化"教育的一点意见》刊于《教育新刊》第 1 卷第 4 期。

孔昭《教学法的变迁和设计法的产生》刊于《教育新刊》第 1 卷第 5 期。

刘宗祥《设计式各科协动教学过程》刊于《教育新刊》第 1 卷第 5 期。

宋佐周、程光普《地理科教学案五年级用》刊于《教育新刊》第 1 卷第 5 期。

李馨华《设计教学法教案》刊于《教育新刊》第 1 卷第 5 期。

严星樵、贺雨时《幼稚级捉蝴蝶设计报告》刊于《教育新刊》第 1 卷第 5 期。

李兆春、李荣田《辽宁省小学教育研究班实习教学录》刊于《教育新刊》第 1 卷第 5 期。

郭树人《实习高级国语科教学案大单位》刊于《教育新刊》第 1 卷第 5 期。

王德恩、崔馨村《复式教学过程》刊于《教育新刊》第 1 卷第 5 期。

张本植、杨富《工用艺术科教案》刊于《教育新刊》第 1 卷第 5 期。

张泰和《体操教学实例》刊于《教育新刊》第 1 卷第 5 期。

石秉衡、杨海春《形象艺术科教案》刊于《教育新刊》第 1 卷第 5 期。

于有洛《自然科教学法》刊于《教育新刊》第 1 卷第 5 期。

吴墨池、王锡良《二年级联络设计教学的实例》刊于《教育新刊》第 1 卷第 5 期。

张永科《算术科教案》刊于《教育新刊》第 1 卷第 5 期。

傅育人作《国语科教案》刊于《教育新刊》第 1 卷第 5 期。

高博明《书法教学做的指导案和历程——初高各级》刊于《教育新刊》第 1 卷第 5 期。

刘宗祥《国语科普法教案（大单元）》刊于《教育新刊》第 1 卷第 5 期。

姜喜存、王恩厚《高级第二学年一学期国语科设计大单元》刊于《教育新刊》第 1 卷第 5 期。

于振庭《国语科教学案》刊于《教育新刊》第 1 卷第 5 期。

黑山学员李泮桥《初小二年级国语科普法教学案》刊于《教育新刊》第 1 卷第 5 期。

刘树柏《常识科教案》刊于《教育新刊》第 1 卷第 5 期。

刘铭璋《混和设计教学法的实例》刊于《教育新刊》第 1 卷第 5 期。

李友杜、王德忱《历史科教学实例》刊于《教育新刊》第 1 卷第 5 期。

徐庆霖《辽宁小学教育研究所实习教学案》刊于《教育新刊》第 1 卷第 5 期。

李鸿祺《自然科教案（设计法）》刊于《教育新刊》第 1 卷第 5 期。

张遇三《算术教学过程》刊于《教育新刊》第 1 卷第 5 期。

赵梓、严桂《三民的设计教案》刊于《教育新刊》第 1 卷第 5 期。

赵梓、严桂《三民主义教案》刊于《教育新刊》第 1 卷第 5 期。

倪恒俊、王佐天《实习初级国语科教学案（三年级）》刊于《教育新刊》第 1 卷第 5 期。

郭子扬、周卢实《国语教学案》刊于《教育新刊》第 1 卷第 5 期。

赵国翰《国语科教授案（三年级）》刊于《教育新刊》第 1 卷第 5 期。

王庆云《高二年级国语科教学案(大单元)》刊于《教育新刊》第 1 卷第 5 期。

洪文翰《国语教案》刊于《教育新刊》第 1 卷第 5 期。

张遇三《自然科教案》刊于《教育新刊》第 1 卷第 5 期。

王清溪、孙昌保《自然科做学教草案》刊于《教育新刊》第 1 卷第 5 期。

傅贵顺、张景芳《国语科诗歌体教学案》刊于《教育新刊》第 1 卷第 5 期。

杨友萸《国游算教学群案》刊于《教育新刊》第 1 卷第 5 期。

张景秀、于作则《算术科教案》刊于《教育新刊》第 1 卷第 5 期。

张锡镇、康敦寅《设计教学法教案》刊于《教育新刊》第 1 卷第 5 期。

刘德润《联络设计教学案(滑冰国语相联络三四年级或五六年级均可适用)》刊于《教育新刊》第 1 卷第 5 期。

王清溪《故事式的美术教法》刊于《教育新刊》第 1 卷第 5 期。

郭人全《新中国建设中之农村教育》刊于《教育杂志》第 22 卷第 1 期。

张安国《教育社会学的思潮》刊于《教育杂志》第 22 卷第 1 期。

蒋径三《劳动教育学者凯善斯泰拉的思想》刊于《教育杂志》第 22 卷第 1 期。

李石岑《五十年来新唯心论之发展》刊于《教育杂志》第 22 卷第 1 期。

徐允昭《怎样指导小学低年级自然科学的研究》刊于《教育杂志》第 22 卷第 1 期。

吴增芥《几个增进小学生阅读兴趣的具体方法》刊于《教育杂志》第 22 卷第 1 期。

张雪门《我国手指游戏在教育上的价值》刊于《教育杂志》第 22 卷第 1 期。

赵演《苏俄最近教育之鸟瞰》刊于《教育杂志》第 22 卷第 1 期。

金溟若《日本学者之苏俄新教育理论的探讨》刊于《教育杂志》第 22 卷第 1 期。

杜佐周《横直行排列之科学的研究》刊于《教育杂志》第 22 卷第 1 期。

李仁民《苏俄之学校教师与学生》刊于《教育杂志》第 22 卷第 1 期。

杨人梗《从智识阶级的剩余来分析现代中国教育》刊于《教育杂志》第 22 卷第 1 期。

丰子恺《贫乏的大画家》刊于《教育杂志》第 22 卷第 1 期。

丘学训《中国农村教育的危机》刊于《教育杂志》第 22 卷第 2 期。

蒋径三《行动学校论》刊于《教育杂志》第 22 卷第 2 期。

李石岑《五十年来新唯心论之发展(续)》刊于《教育杂志》第 22 卷第 2 期。

高杰《小学生偷窥行为之研究》刊于《教育杂志》第 22 卷第 2 期。

王秀南《师范生实习制度之商榷》刊于《教育杂志》第 22 卷第 2 期。

E. F. Herdbreder 著,赵涵川译《儿童与成人思想活动之比较研究》刊于《教育杂志》第 22 卷第 2 期。

金溟若《苏俄对于儿童保护之设施(日仲宗根源程序和著)》刊于《教育杂志》第 22 卷第 2 期。

Genevieve Lyford 著,林仲达译《苏俄之婴儿学校著》刊于《教育杂志》第 22 卷第 2 期。

柳其伟《苏维埃共和国的新教育》刊于《教育杂志》第 22 卷第 2 期。

丰子恺《说诳的画与真实的画》刊于《教育杂志》第 22 卷第 2 期。

王西征《〈今日之教育〉底前页》刊于《教育杂志》第 22 卷第 3 期。

高觉敷《心理学与自然科学》刊于《教育杂志》第 22 卷第 3 期。

谢循初《威斯的心理学》刊于《教育杂志》第 22 卷第 3 期。

李清悚《校舍建筑问题之理论与实际》刊于《教育杂志》第 22 卷第 3 期。

杜佐周《关于新课程标准实验方法的意见》刊于《教育杂志》第 22 卷第 3 期。

邰爽秋《小学教学出席簿之改良》刊于《教育杂志》第 22 卷第 3 期。

A. P. Weiss 著，赵涵川译《幼儿行为的新研究》刊于《教育杂志》第 22 卷第 3 期。

杨东莼《最近各国教育之趋势》刊于《教育杂志》第 22 卷第 3 期。

姚宝贤《日本劳动教育发达之概况》刊于《教育杂志》第 22 卷第 3 期。

刘薰宇《法兰西中等教育之一瞥》刊于《教育杂志》第 22 卷第 3 期。

周谷城、胡适《封建制度与封建国家之辩难》刊于《教育杂志》第 22 卷第 3 期。

雷宾南《中国教育之新要求》刊于《教育杂志》第 22 卷第 4 期。

李石岑《哲学史上的三个体系》刊于《教育杂志》第 22 卷第 4 期。

李谊《教育之本质及其变质》刊于《教育杂志》第 22 卷第 4 期。

邰爽秋《创办儿童生活园之倡议》刊于《教育杂志》第 22 卷第 4 期。

杜佐周《杜威与现代小学教育》刊于《教育杂志》第 22 卷第 4 期。

刘孟晋《小学训育具体标准编订与使用之研究》刊于《教育杂志》第 22 卷第 4 期。

金慕音译《德国产业组合的教育运动（美浓口时次郎著）》刊于《教育杂志》第 22 卷第 4 期。

陈榕亮《菲亚霍泊的有机学校》刊于《教育杂志》第 22 卷第 4 期。

陈竺同、金律夫《吾国留日学生之最近概况》刊于《教育杂志》第 22 卷第 4 期。

柳其伟《德意志共和国的新教育》刊于《教育杂志》第 22 卷第 4 期。

丰子恺《宝贵的美术家》刊于《教育杂志》第 22 卷第 4 期。

郭秀勋《今日中国为什么没有科学教育与民主教育》刊于《教育杂志》第 22 卷第 5 期。

陈礼江《改造中国教育的几个先决问题》刊于《教育杂志》第 22 卷第 5 期。

李石岑《哲学史上的三个体系（续）》刊于《教育杂志》第 22 卷第 5 期。

J. H. Newlon 著，邰振甫译《杜威对于现代学校之影响》刊于《教育杂志》第 22 卷第 5 期。

杜佐周《班级编制的补救法》刊于《教育杂志》第 22 卷第 5 期。

朱若圣《假期作业的理论和实际》刊于《教育杂志》第 22 卷第 5 期。

葛承训《儿童本位教育的理论与实施》刊于《教育杂志》第 22 卷第 5 期。

樊从予《日本青年学生之思想问题》刊于《教育杂志》第 22 卷第 5 期。

陈表《日本劳动学校运动的进展》刊于《教育杂志》第 22 卷第 5 期。

赵轶尘《柏尔谋氏新教学法》刊于《教育杂志》第 22 卷第 5 期。

陈子明《克拉普氏等教育入门》刊于《教育杂志》第 22 卷第 5 期。

郭人全《由创办一个农村小学所获得的教育的认识》刊于《教育杂志》第 22 卷第 5 期。

丰子恺《身边带镜子的画家》刊于《教育杂志》第 22 卷第 5 期。

雷宾南《欧美最近教育进步综观》刊于《教育杂志》第 22 卷第 6 期"现代世界教育专号上"。

曾毅夫《美国教育进展之史的考察》刊于《教育杂志》第 22 卷第 6 期"现代世界教育专号上"。

林仲达《十年来美国蒙养学校运动》刊于《教育杂志》第 22 卷第 6 期"现代世界教育专

号上"。

赵演《美国小学教育之理论与实际》刊于《教育杂志》第 22 卷第 6 期"现代世界教育专号上"。

傅任敢《美国教师专业概观》刊于《教育杂志》第 22 卷第 6 期"现代世界教育专号上"。

郑冠兆《美国女子教育机会之理论与实际》刊于《教育杂志》第 22 卷第 6 期"现代世界教育专号上"。

康德一《美国都市教育之组织及其示例》刊于《教育杂志》第 22 卷第 6 期"现代世界教育专号上"。

叶公朴《美国都市教育的特种设施》刊于《教育杂志》第 22 卷第 6 期"现代世界教育专号上"。

贺颖笙《夏威夷教育之革新》刊于《教育杂志》第 22 卷第 6 期"现代世界教育专号上"。

杨人梗《英国教育之进展》刊于《教育杂志》第 22 卷第 6 期"现代世界教育专号上"。

李宏君《英国工党的教育政策》刊于《教育杂志》第 22 卷第 6 期"现代世界教育专号上"。

傅任敢《英国中等教育之鸟瞰》刊于《教育杂志》第 22 卷第 6 期"现代世界教育专号上"。

李仁民《英国的六个新学校》刊于《教育杂志》第 22 卷第 6 期"现代世界教育专号上"。

于涤心《法国教育集权与自由之精神》刊于《教育杂志》第 22 卷第 6 期"现代世界教育专号上"。

常导之《法国初等教育概况》刊于《教育杂志》第 22 卷第 6 期"现代世界教育专号上"。

傅任敢《法国中等教育之演化》刊于《教育杂志》第 22 卷第 6 期"现代世界教育专号上"。

丰子恺《发明油画的兄弟画家》刊于《教育杂志》第 22 卷第 6 期"现代世界教育专号上"。

常导之《法国中等教育之近况》刊于《教育杂志》第 22 卷第 6 期"现代世界教育专号上"。

雷宾南《德国教育的新趋势》刊于《教育杂志》第 22 卷 7 期"现代世界教育专号下"。

林仲达《德国之新教育实验运动》刊于《教育杂志》第 22 卷 7 期"现代世界教育专号下"。

杨人梗《新德意志之教育思潮与制度》刊于《教育杂志》第 22 卷 7 期"现代世界教育专号下"。

常导之《德国中等教育概况》刊于《教育杂志》第 22 卷 7 期"现代世界教育专号下"。

李宏君《德比两国之新学校》刊于《教育杂志》第 22 卷 7 期"现代世界教育专号下"。

金子实《法西斯蒂治下之意大利教育》刊于《教育杂志》第 22 卷 7 期"现代世界教育专号下"。

丘学训《意大利的教育改革》刊于《教育杂志》第 22 卷 7 期"现代世界教育专号下"。

邬振甫《西班牙教育之近况》刊于《教育杂志》第 22 卷 7 期"现代世界教育专号下"。

雷宾南《瑞典教育制度概观》刊于《教育杂志》第 22 卷 7 期"现代世界教育专号下"。

王国新《瑞典之新教育》刊于《教育杂志》第 22 卷 7 期"现代世界教育专号下"。

金嵘轩《最近日本教育上的几个实际问题》刊于《教育杂志》第 22 卷 7 期"现代世界教育专号下"。

金嵘轩《现代日本教育思想的变迁和派别》刊于《教育杂志》第 22 卷 7 期"现代世界教育专号下"。

郑冠兆《新土耳其的教育》刊于《教育杂志》第 22 卷 7 期"现代世界教育专号下"。

于涤心《土耳其教育之革新》刊于《教育杂志》第 22 卷 7 期"现代世界教育专号下"。

谭云山《印度教育之概况》刊于《教育杂志》第 22 卷 7 期"现代世界教育专号下"。

朱冷夫《印度教育最近改进之一瞥》刊于《教育杂志》第 22 卷 7 期"现代世界教育专号下"。

朱冷夫《印度两所著名的教育机关——国际大学和真理学院》刊于《教育杂志》第 22 卷 7 期"现代世界教育专号下"。

丰子恺《五年画成的笑颜》刊于《教育杂志》第 22 卷 7 期"现代世界教育专号下"。

陶希圣《教育与官僚主义》刊于《教育杂志》第 22 卷第 8 期。

张安国《劳动主义教育的思潮》刊于《教育杂志》第 22 卷第 8 期。

邰爽秋《教育指导之三大问题》刊于《教育杂志》第 22 卷第 8 期。

史美煊《编造智力测验之技术与理论》刊于《教育杂志》第 22 卷第 8 期。

孙伯才《小学校的科学环境的设计》刊于《教育杂志》第 22 卷第 8 期。

沈百英《小学算术故事的研究》刊于《教育杂志》第 22 卷第 8 期。

A. P. Pinkevitch 著,李谊译《苏联新兴教育之一般理论》刊于《教育杂志》第 22 卷第 8 期。

朱琛《苏俄单一劳动学校的教法与教材》刊于《教育杂志》第 22 卷第 8 期。

陆国香《杭州劳动教育的考察》刊于《教育杂志》第 22 卷第 8 期。

邬颖川《宾纳氏的教育心理学》刊于《教育杂志》第 22 卷第 8 期。

丰子恺《文艺复兴三杰的争雄》刊于《教育杂志》第 22 卷第 8 期。

简冠三《由经济的立场观察中国的近代教育》刊于《教育杂志》第 22 卷第 10 期。

李石岑《基尔克哥德的体验哲学》刊于《教育杂志》第 22 卷第 10 期。

EbbeckeYFJ 讲,郭一岑译《内分泌研究对于心理学之关系》刊于《教育杂志》第 22 卷第 10 期。

刘以祥《学校卫生与沙眼问题》刊于《教育杂志》第 22 卷第 10 期。

王秀南《中国实验学校的病徵》刊于《教育杂志》第 22 卷第 10 期。

马精武《儿童自治中的人选问题及其解决办法》刊于《教育杂志》第 22 卷第 10 期。

斯曲兰著,袁哲译《婴儿第一年间之生理与心理的发展》刊于《教育杂志》第 22 卷第 10 期。

[日]山下德治著,赵德明译《俄国新兴教育之根本原理》刊于《教育杂志》第 22 卷第 10 期。

姚宝贤《教育劳动者之国际运动》刊于《教育杂志》第 22 卷第 10 期。

张安国《小学中心之农村改造实例》刊于《教育杂志》第 22 卷第 10 期。

柳其伟《奥国的新教育》刊于《教育杂志》第 22 卷第 10 期。

丰子恺《模糊的名画》刊于《教育杂志》第 22 卷第 10 期。

杨鄂联《日本职业教育之一般》刊于《教育与职业》第111期。

杨鄂联《日本之职业指导》刊于《教育与职业》第111期。

黄炎培《职业教育机关唯一的生命是怎么?》刊于《教育与职业》第113期。

风波《最近之中华职业学校》刊于《教育与职业》第113期。

储劲《参观黄墟农村改进试验区以后的感想》刊于《教育与职业》第113期。

[日]宫本圭三著,吴友孝译《美国教育的职业化运动》刊于《教育与职业》第113期。

汪畏之《提倡自制教具以谋改进我国现代小学教育之计划》刊于《教育与职业》第113期。

杨鄂联《女子职业教育的我见》刊于《教育与职业》第114期。

潮声《私立江苏女子职业中学校近况》刊于《教育与职业》第114期。

陈选善《廖氏团体智力测验德式机械智力测验及学校成绩的相互关系》刊于《教育与职业》第115期。

钟道赞《兴趣与职业》刊于《教育与职业》第115期。

刘寿祺《教育与政治》刊于《湖南教育》第15期。

李旦冀《小学教育实际问题之商榷(四)》刊于《湖南教育》第15期。

左天锡《文学与教育》刊于《湖南教育》第15期。

樊成章《乡村师范应该怎么样》刊于《湖南教育》第15期。

刘茂华《沪宁教育参观报告》刊于《湖南教育》第15期。

解尧卿《南京女子中学校最近状况》刊于《湖南教育》第15期。

龚群钰《临湘县地方教育状况报告概要书》刊于《湖南教育》第15期。

吴晦华《中等学校地理科之设备问题》刊于《湖南教育》第16期。

李云杭《六年单级小学》刊于《湖南教育》第16期。

姜缦郎《精神薄弱儿童的教养》刊于《湖南教育》第16期。

左天锡《文学与教育》刊于《湖南教育》第16期。

张善安《儿童发育之研究》刊于《湖南教育》第16期。

余露沙《上海特别市及县教育近况》刊于《湖南教育》第16期。

龚群钰《岳阳地方教育状况报告概要》刊于《湖南教育》第16期。

刘寿祺《再论教育与政治》刊于《湖南教育》第17期。

李云杭《单级教育的新趋势》刊于《湖南教育》第17期。

姜缦郎《精神薄弱儿童的教养》刊于《湖南教育》第17期。

解尧卿《省立女子师范学校应设幼稚师范科》刊于《湖南教育》第17期。

越亲《小学改文法讨论》刊于《湖南教育》第17期。

左天锡《文学与教育》刊于《湖南教育》第17期。

余露沙《上海特别市及县教育近况》刊于《湖南教育》第17—18期。

李云杭《南京燕子矶实验小学》刊于《湖南教育》第17—18期。

龚群钰《岳阳地方教育状况报告概要》刊于《湖南教育》第17期。

廖六如《杜威对于美国学校之影响》刊于《湖南教育》第18期。

杨达真《新疆开发与新疆教育》刊于《湖南教育》第18期。

周冬阳《参观长沙市各校学生学术讲演比赛会以后》刊于《湖南教育》第18期。

［日］堂东傅著,欧阳彰译《理科教育研究态度之养成》刊于《湖南教育》第18期。

曾毅夫《对中学暂行课程标准之意见》刊于《湖南教育》第18期。

龚群钰《浏阳地方教育状况报告概要》刊于《湖南教育》第18期。

姜缦郎《美术馆之建设》刊于《湖南教育》第19期。

黄志尚《讲台与舞台》刊于《湖南教育》第19期。

安仁《学校戏剧之理论与实行》刊于《湖南教育》第19期。

龚必正《风景画的研究》刊于《湖南教育》第19期。

叶圣陶《中学生发刊词》刊于《中学生》第1号。

按:发刊词说:青年朋友们,你们在这种读物饥荒的时期中,没有人无条件地,无所为地,专为你们预备读物——优良的读物,富于维他命而无毒质的读物,以致你们精神上营养不足,甚至于慢性的中毒! 这是多么可怕的一种景象。试看一看,所有青年可读的读物,除几本干[枯]燥无味的教科书外,再无单纯以青年的生活或教育为对象的读物,坊间最流行的出版品,大部分是以营利为目的之迎合低级趣味的软性读物,自私的成年人们,为生活所压迫,整日的追逐着自己的目的,哪有功夫顾到青年。但是青年期为人生最重要的一个阶段,这一个时期所特有的问题,最多且最不易解决,而且这些问题的解决与个人一生的幸福,与社会国家的前途都有莫大的影响,文化较高的国家莫不有许多专家对于这些问题,分别地作着有系统的研究,有些问题已经列入中学教育的课程中,我们到今天还在让青年们在暗中摸索,兹举数例,以示其严重性:

现在的教育与生活脱节,所学的无用,需要的未学,受教育的年限愈久,与生活的隔离愈远,最好的结果是成了一个不适于生活的书呆子,故发展生活教育实为今日当务之急。

年来学校供不应求,每班人数过多,教师指导不周,学生的学习方法既未尽善,学习的习惯尤多不良,学习效率自无可言,故指导学习方法以辅学校教育之不及亦属切要之图。

职业的选择为青年的终身大事之一。选择得当,事业与才具配合,相得愈益彰,事业愈成功,人格亦随之愈充实,个人与社会两有裨益,反之,其害亦如是,故职业指导实为青年最需要之帮助。

婚姻问题与一生的幸福有关,精神的健康,事业的效率皆以婚姻的问题得到正当的解决与否为转移,故婚姻的选择尤需有相当的指导。

青年与成人的思想不协调,学校中与家庭间到处可见青年与成人的思想在尖锐的对立着,因此削弱了教育的力量,搅乱了家庭的和平,此种现实,决不应听其自然而必须予以调整。

其他如交友的问题,升学的问题,青年期卫生的问题,善用休闲时间的问题等等,都非用科学的方法以求合理的解决不可。

青年期的生活确是一段不平凡的生活,为个人,为国家都应该万分的珍惜,绝不应听其在尝试错误的历程中去碰命运,本刊特以所有篇幅,贡献给全国的青年并邀集各方面的专家领导研究和讨论,利用所有的理论帮助青年们处理一切的问题,愿青年的朋友们善用这一块园地。

周予同《过去了的"五四"》刊于《中学生》第5号。

陶希圣《社会周期病之诊视》刊于《中学生》第5号。

谢似颜《从全国运动会谈到远东运动会》刊于《中学生》第5号。

文宙《我们生活中的主观性》刊于《中学生》第5号。

桑洛卿《研究地理之兴趣》刊于《中学生》第5号。

丰子恺《"画得像"和"画得好"》刊于《中学生》第5号。

觉明《中国四大发明考之一》刊于《中学生》第5号。

李凉星《今后我对于前途的努力》刊于《中学生》第5号。

方志龙《谈谈自由选题》刊于《中学生》第5号。

放士《食的文化》刊于《中学生》第 5 号。

姚中明《中国现在中学生的出路一》刊于《中学生》第 6 号。

李自强《中国现在中学生的出路二》刊于《中学生》第 6 号。

何适《中国现在中学生的出路三》刊于《中学生》第 6 号。

龙笑云《中国现在中学生的出路四》刊于《中学生》第 6 号。

沈炳彪《中国现在中学生的出路五》刊于《中学生》第 6 号。

刘芷芳《中国现在中学生的出路六》刊于《中学生》第 6 号。

董竹庵《中国现在中学生的出路七》刊于《中学生》第 6 号。

林语堂《读书阶级的吃饭问题》刊于《中学生》第 6 号。

倪文宙《中学生将何往》刊于《中学生》第 6 号。

郁达夫《中学生向那里走》刊于《中学生》第 6 号。

孟实《唯心哲学浅释》刊于《中学生》第 6 号。

觉庐《中国的贫穷》刊于《中学生》第 6 号。

尢墨君《中学生自述的"作文难"》刊于《中学生》第 6 号。

林语堂《我所得益的一部英文字典》刊于《中学生》第 6 号。

泰伦《略谈世界语》刊于《中学生》第 6 号。

默之《列宁与未来主义》刊于《中学生》第 6 号。

郑贞文《中国化学史的一瞥》刊于《中学生》第 6 号。

小有《改变欧非二洲地图之大计划》刊于《中学生》第 6 号。

秋子《法国女子中学生的生活》刊于《中学生》第 6 号。

李宗武《剑桥琐记》刊于《中学生》第 6 号。

振之《左手的感觉能力》刊于《中学生》第 6 号。

赵元任《读林语堂著开明英文读本(专载)》刊于《中学生》第 6 号。

王先献《批评和出版》刊于《中学生》第 6 号。

季叔《巴尔萨克的幼年》刊于《中学生》第 6 号。

朱光潜《谈出洋留学》刊于《中学生》第 7 号。

陶希圣《官僚主义之种种》刊于《中学生》第 7 号。

赵景深《短篇小说的人物》刊于《中学生》第 7 号。

安之《欧洲的三十三个国家》刊于《中学生》第 7 号。

小有《音乐中所含的危险》刊于《中学生》第 7 号。

唐崐源《人类进化的观察》刊于《中学生》第 7 号。

王祖俦《虚无主义者的李白》刊于《中学生》第 7 号。

顾均正《安徒生的童话的生活》刊于《中学生》第 7 号。

丰子恺《文学中的远近法》刊于《中学生》第 8 号。

林语堂《旧文法之推翻与新文法之建造》刊于《中学生》第 8 号。

刘叔琴《先史遗物》刊于《中学生》第 8 号。

唐锦《科学的读书法》刊于《中学生》第 8 号。

王剑生《反"唯心哲学浅谈"》刊于《中学生》第 8 号。

夏丏尊《李息翁临古法书跋》刊于《中学生》第 8 号。

何如《讲童话给小孩子的经验》刊于《中学生》第 8 号。

平白《读了〈孩子们的音乐〉》刊于《中学生》第 8 号。

止敬《青年苦闷的分析》刊于《中学生》第 9 号。

陶希圣《英雄与社会环境》刊于《中学生》第 9 号。

张梓生《十八年来双十节的回顾》刊于《中学生》第 9 号。

觉敷《过失心理学》刊于《中学生》第 9 号。

周予同《最近安阳殷墟之发掘与研究》刊于《中学生》第 9 号。

臻郊《谈曲阜》刊于《中学生》第 9 号。

郑宏述《艺术与科学》刊于《中学生》第 9 号。

梁灵光《中学生课外作业的我见》刊于《中学生》第 9 号。

谢六逸《论描写》刊于《中学生》第 9 号。

金忍《书法四论》刊于《中学生》第 9 号。

章石承《批评与作品》刊于《中学生》第 9 号。

莫芷痕《读茅盾的〈虹〉》刊于《中学生》第 9 号。

史济行《关于镇海的文艺界》刊于《中学生》第 9 号。

月祺《一个关于升学问题的指针》刊于《中学生》第 10 号。

胡行之《中学生出路与中国教育制度》刊于《中学生》第 10 号。

李宗武《海军竞争与世界危机》刊于《中学生》第 10 号。

佩弦《论中国文学选本与专籍》刊于《中学生》第 10 号。

丰子恺《秋景与野外写生》刊于《中学生》第 10 号。

堤柳《从临毕业谈到就职业》刊于《中学生》第 10 号。

陈之佛《图案概说》刊于《中学生》第 10 号。

李宗武《比利时游记》刊于《中学生》第 10 号。

祝雨人《谈自由》刊于《中学生》第 10 号。

张淇沃《战争期间的学校》刊于《中学生》第 10 号。

陈三寿《中国民歌的价值（上）》刊于《中学生》第 10 号。

夏丏尊《关于国文》刊于《中学生》第 10 号。

林语堂《读书的艺术》刊于《中学生》第 10 号。

马客谈《实施儿童自治的几个原则》刊于《小学教育》第 1 卷第 1 期。

朱智贤《儿童自治问题》刊于《小学教育》第 1 卷第 1 期。

马精武《今后的儿童自治》刊于《小学教育》第 1 卷第 1 期。

盛朗西《吾校对于儿童自治的主张》刊于《小学教育》第 1 卷第 1 期。

龚家骊、赵仲圯《试行整个教育概要》刊于《小学教育》第 1 卷第 1 期。

杜康侯《预备宪政中儿童应有之活动》刊于《小学教育》第 1 卷第 1 期。

吴增芥《儿童自治的研究报告》刊于《小学教育》第 1 卷第 1 期。

苏女中实小《儿童自治指导的一个实验》刊于《小学教育》第 1 卷第 1 期。

黄坚白《实验的课外特班课程》刊于《小学教育》第 1 卷第 1 期。

李质之《儿童课外活动一斑》刊于《小学教育》第 1 卷第 1 期。

中央大学实验学校《儿童自治及小学训育参考书目索引》刊于《小学教育》第 1 卷第

1 期。

石楚青《学习经济与儿童睡眠》刊于《小学教育》第 1 卷第 2 期。

苏州中学实验小学《党义科课程的商榷》刊于《小学教育》第 1 卷第 2 期。

李邦和《从总理逝世纪念大设计推论新旧课程之异点》刊于《小学教育》第 1 卷第 2 期。

张心弼《高级小学社会科新课程实施法的理论与实际之商榷》刊于《小学教育》第 1 卷第 2 期。

姚虚谷、叶效宜《小学校工作生活中的农事指导大纲》刊于《小学教育》第 1 卷第 2 期。

杨拔英《分数教材排列采用圆周法与直进法的比较实验报告》刊于《小学教育》第 1 卷第 2 期。

虞娟秀、金润青《小学毛笔书法练习的比较试验》刊于《小学教育》第 1 卷第 2 期。

程旭清、刘乐渔《作文批改问题比较报告》刊于《小学教育》第 1 卷第 2 期。

马精武《尚公小学校第二十届仁级毕业生升学就业指导报告》刊于《小学教育》第 1 卷第 2 期。

胡叔昇《小学学级编制方法》刊于《小学教育》第 1 卷第 2 期。

刘百川《怎样训练顽劣的儿童》刊于《小学教育》第 1 卷第 2 期。

陈六宗《儿童图书馆研究大纲》刊于《小学教育》第 1 卷第 2 期。

朱智贤《小学生表演的指导》刊于《小学教育》第 1 卷第 2 期。

仲华《绥远女子的苦况》刊于《妇女杂志》第 16 卷第 1 号。

闻砧《时事史中的女人物》刊于《妇女杂志》第 16 卷第 1 号。

朱秉国《环境改造论》刊于《妇女杂志》第 16 卷第 1 号。

方乔《优种学与择婚》刊于《妇女杂志》第 16 卷第 1 号。

仲融《比利时妇女的地位》刊于《妇女杂志》第 16 卷第 1 号。

仲华《我国北方女子的缠足风》刊于《妇女杂志》第 16 卷第 1 号。

葆荪《结婚与幸福》刊于《妇女杂志》第 16 卷第 1 号。

霜葵《童话与妇女》刊于《妇女杂志》第 16 卷第 1 号。

徐亚生《论我国女子的三大训练》刊于《妇女杂志》第 16 卷第 1 号。

程瀚章《医事卫生顾问》刊于《妇女杂志》第 16 卷第 1 号。

杜就田《摄影术顾问》刊于《妇女杂志》第 16 卷第 1 号。

梁得所《五十年之回顾》刊于《妇女杂志》第 16 卷第 1 号。

金仲华《一九二九年世界妇女运动进展的鸟瞰》刊于《妇女杂志》第 16 卷第 2 号。

邢知寒《女性的职业》刊于《妇女杂志》第 16 卷第 2 号。

伍瑞锴《论女子财产继承权问题》刊于《妇女杂志》第 16 卷第 2 号。

虞汀灵《由妇女运动讲到禁娼问题》刊于《妇女杂志》第 16 卷第 2 号。

陈伯吹《中国家庭改善问题》刊于《妇女杂志》第 16 卷第 2 号。

陈竺同《元曲本关汉卿之反抗时代的代表作》刊于《妇女杂志》第 16 卷第 2 号。

仲华《男女自杀数率的比较》刊于《妇女杂志》第 16 卷第 2 号。

杜就田《摄影术顾问》刊于《妇女杂志》第 16 卷第 2 号。

梁得所《五十年之回顾》刊于《妇女杂志》第 16 卷第 2 号。

徐亚生《离婚论略》刊于《妇女杂志》第 16 卷第 3 号。

王中任《结婚的年龄问题》刊于《妇女杂志》第 16 卷第 3 号。

冯全祺《从爱的背景谈到爱的生命》刊于《妇女杂志》第 16 卷第 3 号。

周大年《畸形婚姻下的妾制》刊于《妇女杂志》第 16 卷第 3 号。

仲华《伴侣婚姻与林西》刊于《妇女杂志》第 16 卷第 3 号。

陈济芸《女子劳动问题》刊于《妇女杂志》第 16 卷第 3 号。

冯国栋译《苏俄的两性问题》刊于《妇女杂志》第 16 卷第 3 号。

徐景贤《白乐天的妇女文学——从白乐天谈到唐代妇女问题》刊于《妇女杂志》第 16 卷第 3 号。

杜就田《摄影术顾问》刊于《妇女杂志》第 16 卷第 3 号。

梁得所《五十年之回顾》刊于《妇女杂志》第 16 卷第 3 号。

李百达《妇女民众教育亟应实施的理由》刊于《妇女杂志》第 16 卷第 4 号。

吴耀西《现今女子思想上应有的改进》刊于《妇女杂志》第 16 卷第 4 号。

陈南邠《我国农村妇女特性的研究》刊于《妇女杂志》第 16 卷第 4 号。

赵镜元《太平军中妇女地位观》刊于《妇女杂志》第 16 卷第 4 号。

杨絮《诸暨的风俗杂谈》刊于《妇女杂志》第 16 卷第 4 号。

杜就田《摄影术顾问》刊于《妇女杂志》第 16 卷第 4 号。

梁得所《五十年之回顾》刊于《妇女杂志》第 16 卷第 4 号。

徐亚生《训政与妇女》刊于《妇女杂志》第 16 卷第 5 号。

心然《怎能高尚与快乐》刊于《妇女杂志》第 16 卷第 5 号。

陆德音《美国大学女生的生活》刊于《妇女杂志》第 16 卷第 5 号。

慧茜《天津市工业上的妇女》刊于《妇女杂志》第 16 卷第 5 号。

周兰英《从笔迹上鉴别夫妇间的幸福》刊于《妇女杂志》第 16 卷第 5 号。

瓞生《夫妇的问题》刊于《妇女杂志》第 16 卷第 5 号。

忻介六《妇女的性生活和内分泌》刊于《妇女杂志》第 16 卷第 5 号。

杜就田《摄影术顾问》刊于《妇女杂志》第 16 卷第 5 号。

梁得所《五十年之回顾》刊于《妇女杂志》第 16 卷第 5 号。

徐亚生《我国家庭的经济问题》刊于《妇女杂志》第 16 卷第 6 号。

叶曾骏《妇女的健康》刊于《妇女杂志》第 16 卷第 6 号。

徐亚生《娼妓与社会》刊于《妇女杂志》第 16 卷第 6 号。

俞采之《世间事物的原则》刊于《妇女杂志》第 16 卷第 6 号。

胡忠彪《妇女思想的推测》刊于《妇女杂志》第 16 卷第 6 号。

钟竹友《进步的原动力》刊于《妇女杂志》第 16 卷第 6 号。

陈忠颐《改恶德为美德》刊于《妇女杂志》第 16 卷第 6 号。

杜就田《摄影术顾问》刊于《妇女杂志》第 16 卷第 6 号。

梁得所《五十年之回顾》刊于《妇女杂志》第 16 卷第 6 号。

陈望道《妇女问题底经纬》刊于《妇女杂志》第 16 卷第 7 号。

毅真《几位当代中国女小说家》刊于《妇女杂志》第 16 卷第 7 号。

钱君匋《先史时代与希腊埃及罗马的美术》刊于《妇女杂志》第 16 卷第 7 号。

李谊《苏联对于学龄前儿童的教养》刊于《妇女杂志》第 16 卷第 7 号。

谢宏徒《日本劳动妇女的现状》刊于《妇女杂志》第 16 卷第 7 号。

章锡琛《倍倍尔的"妇人与社会主义"》刊于《妇女杂志》第 16 卷第 7 号。

喆《妇女问题之杂谈》刊于《妇女杂志》第 16 卷第 7 号。

喆《印度最近之禁止童婚的立法》刊于《妇女杂志》第 16 卷第 7 号。

黄石《七夕考》刊于《妇女杂志》第 16 卷第 7 号。

李谷诒《京班戏》刊于《妇女杂志》第 16 卷第 7 号。

黄石《桃花女的传说与民间的婚俗》刊于《妇女杂志》第 16 卷第 7 号。

贺昌群《日本的一般社会和妇女生活》刊于《妇女杂志》第 16 卷第 7 号。

毛秋白《电影的魔术》刊于《妇女杂志》第 16 卷第 7 号。

金仲华《世界妇女奴隶现状》刊于《妇女杂志》第 16 卷第 8 号。

钱君匋《基督教与异教美术的交替及文艺复兴》刊于《妇女杂志》第 16 卷第 8 号。

[芬兰]惠斯德马克著,建人译《婚姻伦》刊于《妇女杂志》第 16 卷第 8 号。

[苏]高尔基著,李谊译《妇女与宗教》刊于《妇女杂志》第 16 卷第 8 号。

[法]鲁多诺(Ch. Letourneau)著,卫惠林译《男女关系的进化》刊于《妇女杂志》第 16 卷第 8 号。

仲华《印度妇女的将来》刊于《妇女杂志》第 16 卷第 8 号。

闻砧《一些极现代的家庭观》刊于《妇女杂志》第 16 卷第 8 号。

仲华《大战前后美国家庭消费情形的比较》刊于《妇女杂志》第 16 卷第 8 号。

仲华《美国职业妇女的年龄限制》刊于《妇女杂志》第 16 卷第 8 号。

闻砧《战前后的法兰西的姑娘们》刊于《妇女杂志》第 16 卷第 8 号。

黄石《接吻的种种式式》刊于《妇女杂志》第 16 卷第 8 号。

谢宏徒《性爱与痛苦》刊于《妇女杂志》第 16 卷第 8 号。

陶希圣《妇女不平衡的发展(一)》刊于《妇女杂志》第 16 卷第 9 号。

华君《蒙养教育的第一个女博士》刊于《妇女杂志》第 16 卷第 9 号。

钱君匋《文艺复兴期的西洋美术》刊于《妇女杂志》第 16 卷第 9 号。

朱秉国《儿童幸福展览会之理论与实施》刊于《妇女杂志》第 16 卷第 9 号。

[芬兰]惠斯德马克著,建人译《婚姻伦》刊于《妇女杂志》第 16 卷第 9 号。

黄石《从掠夺婚姻到买卖婚姻的过渡》刊于《妇女杂志》第 16 卷第 9 号。

[埃及]Madama May Ziade 著,仲华译《埃及妇女觉悟史》刊于《妇女杂志》第 16 卷第 9 号。

仲华《印度民族运动中的女杰奈都夫人》刊于《妇女杂志》第 16 卷第 9 号。

仲华《近代各国的妇女警察设施问题》刊于《妇女杂志》第 16 卷第 9 号。

仲华《历史中妇女战斗本能的表现》刊于《妇女杂志》第 16 卷第 9 号。

华君《德国妇女运动领袖逝世》刊于《妇女杂志》第 16 卷第 9 号。

牟鸿彝、陈保勤《女性结婚后的生理变化》刊于《妇女杂志》第 16 卷第 9 号。

[美]M. A. Bigelow 著,林仲达译《父母性教育上之男女性教育》刊于《妇女杂志》第 16 卷第 9 号。

谢宏徒《性爱与痛苦》刊于《妇女杂志》第 16 卷第 9 号。

华君《山格夫人提倡节育的近著》刊于《妇女杂志》第 16 卷第 9 号。

陶希圣《妇女不平衡的发展(二)》刊于《妇女杂志》第16卷第10号。

[日]荻原朔太郎著,默之译《妇女解放论的原理》刊于《妇女杂志》第16卷第10号。

钱君匋《近古西洋美术一瞥》刊于《妇女杂志》第16卷第10号。

[芬兰]惠斯德马克著,建人译《婚姻伦》刊于《妇女杂志》第16卷第10号。

周容《社会主义与资本主义——为知识妇女作》刊于《妇女杂志》第16卷第10号。

仲华《投身蛮荒的美国女子梅特博士》刊于《妇女杂志》第16卷第10号。

仲华《美国已嫁妇女工资属权的争执》刊于《妇女杂志》第16卷第10号。

仲华《现代日本的私生子及其母》刊于《妇女杂志》第16卷第10号。

仲华《亲子关系的辨认法》刊于《妇女杂志》第16卷第10号。

YS《妊娠期中妇女应知之常识及其卫生》刊于《妇女杂志》第16卷第10号。

黄石《关于产育的迷信于风俗》刊于《妇女杂志》第16卷第10号。

程瀚章《医事卫生顾问》刊于《妇女杂志》第16卷第10号。

林仲华《对新中国青年妇女谈儿童教养问题》刊于《妇女杂志》第16卷第11号。

仲华《罗素的"婚姻与道德"》刊于《妇女杂志》第16卷第11号。

钱君匋《近世的西洋美术》刊于《妇女杂志》第16卷第11号。

黄石《苗人的婚俗》刊于《妇女杂志》第16卷第11号。

[芬兰]惠斯德马克著,建人译《婚姻伦》刊于《妇女杂志》第16卷第11号。

闻砧《苏俄最近的性清净主义》刊于《妇女杂志》第16卷第11号。

闻砧《世界上几个出名的儿童》刊于《妇女杂志》第16卷第11号。

闻砧《苏俄妇女的军事化》刊于《妇女杂志》第16卷第11号。

闻砧《再谈土耳其妇女》刊于《妇女杂志》第16卷第11号。

程瀚章《医事卫生顾问》刊于《妇女杂志》第16卷第11号。

华君《目前中国的妇孺救济事业》刊于《妇女杂志》第16卷第11号。

华君《萧伯纳夫人》刊于《妇女杂志》第16卷第11号。

林仲达《对新中国青年妇女谈儿童教养问题》刊于《妇女杂志》第16卷第12号。

湛泉《现代社会的女性》刊于《妇女杂志》第16卷第12号。

钱君匋《现代欧洲的绘画》刊于《妇女杂志》第16卷第12号。

黄石《接吻的意义及其起源》刊于《妇女杂志》第16卷第12号。

仲华《英国科学改进会开放女禁》刊于《妇女杂志》第16卷第12号。

仲华《妇女与航空》刊于《妇女杂志》第16卷第12号。

仲华《日本妇女的法律地位》刊于《妇女杂志》第16卷第12号。

仲华《现代妇女的时装热》刊于《妇女杂志》第16卷第12号。

钱鑫鑫《英日美帝国主义在太平洋上》刊于《北新》第4卷第1—2期合刊。

儒海《二十世纪之独裁政治》刊于《北新》第4卷第1—2期合刊。

刘穆《中国工业化的几种考察》刊于《北新》第4卷第1—2期合刊。

袁文彰《日本金解禁的意义和其影响》刊于《北新》第4卷第1—2期合刊。

郭子坚《由上海的黯淡面反映出来》刊于《北新》第4卷第1—2期合刊。

周建人《显微镜术和健康》刊于《北新》第4卷第1—2期合刊。

希伦(Hirn)著,汪馥泉译《历史的艺术》刊于《北新》第4卷第1—2期合刊。

〔日〕北泽新次郎作，小竹译《辛克莱的美国教育观》刊于《北新》第 4 卷第 1—2 期合刊。

〔美〕William Henry Chamberlin 著，陈清晨译《俄罗斯知识阶级的悲哀》刊于《北新》第 4 卷第 1—2 期合刊。

〔日〕茂森唯士著，秋原译《革命后十二年来之苏俄文学》刊于《北新》第 4 卷第 1—2 期合刊。

倪贻德《塞尚以及其后》刊于《北新》第 4 卷第 1—2 期合刊。

〔日〕小泉八云演讲，石民译《论创作》刊于《北新》第 4 卷第 1—2 期合刊。

〔日〕厨川白村著，刘大杰译《杰克·伦敦的小说》刊于《北新》第 4 卷第 1—2 期合刊。

袁文彰《伦敦会议的重要问题》刊于《北新》第 4 卷第 3 期。

〔日〕小岛精一著，丘曙光《太平洋沿岸列强投资的角逐》刊于《北新》第 4 卷第 3 期。

陈清晨译《莫索里尼独裁之七年》刊于《北新》第 4 卷第 3 期。

古有成译《哥尔基的出头——俄国小说家当选为苏俄中央执行委员》刊于《北新》第 4 卷第 3 期。

〔日〕宫岛新三郎著，钱歌川译《文艺批评的新基准》刊于《北新》第 4 卷第 3 期。

石民译《论创作（续前）》刊于《北新》第 4 卷第 3 期。

高滔译《悲剧中的喜剧（俄国希什克夫作）》刊于《北新》第 4 卷第 3 期。

胡川如《谈谈“独自赔偿国债”的巴士德》刊于《北新》第 4 卷第 3 期。

袁文彰《印度革命运动的发展》刊于《北新》第 4 卷第 4 期。

秋原《帝国主义现阶段之第三期》刊于《北新》第 4 卷第 4 期。

刘越《中国农村经济关系之研究》刊于《北新》第 4 卷第 4 期。

何公超译《苏联的宣传剧场》刊于《北新》第 4 卷第 4 期。

袁文彰《日本总选的结果和今后政局的推测》刊于《北新》第 4 卷第 5 期。

侍桁译《死刑之阶级性》刊于《北新》第 4 卷第 5 期。

若宾《说思想》刊于《北新》第 4 卷第 5 期。

何公超译《苏联的宣传剧场（续完）》刊于《北新》第 4 卷第 5 期。

黄人岚《革命艺术家杜弥爱（续完）》刊于《北新》第 4 卷第 5 期。

郑伯《英美德三国乃至全资本主义世界之失业情势》刊于《北新》第 4 卷第 6 期。

钱鑫鑫《布尔乔亚氾及其文明》刊于《北新》第 4 卷第 6 期。

杨骚译《阿尔志巴绥夫的结婚论》刊于《北新》第 4 卷第 6 期。

黄石《初夜权的起源》刊于《北新》第 4 卷第 6 期。

胡行之译《日本无产阶级作家论》刊于《北新》第 4 卷第 6 期。

汪馥泉《资本主义最后的阶段的帝国主义》刊于《北新》第 4 卷第 6 期。

光落《“仁”“义”“烈士”》刊于《北新》第 4 卷第 6 期。

何孝怡《最近美国的经济情形和国际地位》刊于《北新》第 4 卷第 7 期。

杜光埙《英美冲突的根本原因》刊于《北新》第 4 卷第 7 期。

〔日〕河上肇著，粟剑超译《唯物史观的要领》刊于《北新》第 4 卷第 7 期。

侯朴译《蒙古的贵族及其婚姻》刊于《北新》第 4 卷第 7 期。

赵世铭译《近代英文学的主潮及其背景》刊于《北新》第 4 卷第 7 期。

石民《关于“屠格涅夫散文诗”》刊于《北新》第 4 卷第 7 期。

漆坼笙《苏俄货币制度及通货政策的现状》刊于《北新》第 4 卷第 8 期。

刘曼《帝国主义底基本特征》刊于《北新》第 4 卷第 8 期。

汪馥泉译《女性社会史考（石滨知行著）》刊于《北新》第 4 卷第 8 期。

周建人译《生物的进化（英国麦克勃赖特原著）》刊于《北新》第 4 卷第 8 期。

史俊宣译《哥德的浮士德（山岸光宣作）》刊于《北新》第 4 卷第 8 期。

扶云《外人在华之投资》刊于《北新》第 4 卷第 9 期。

薛文蔚《现代文化的发展》刊于《北新》第 4 卷第 9 期。

周建人译《生物的进化（续）》刊于《北新》第 4 卷第 9 期。

钱歌川译《艺术是怎样产生的》刊于《北新》第 4 卷第 9 期。

华宾《野兽派的绘画》刊于《北新》第 4 卷第 9 期。

士璋译《〈惊动全球的十日〉的作者约翰·里德》刊于《北新》第 4 卷第 9 期。

小白《海军会议以后各国内部的政潮》刊于《北新》第 4 卷第 10 期。

小白《英日失业问题日趋严重》刊于《北新》第 4 卷第 10 期。

小白《安南人民解放运动》刊于《北新》第 4 卷第 10 期。

荣福《战争影响于全国的交通情形》刊于《北新》第 4 卷第 10 期。

袁文彰《世界的恐慌时代之来临》刊于《北新》第 4 卷第 10 期。

侯模译《苏俄对于科学家的待遇》刊于《北新》第 4 卷第 10 期。

周建人译《生物的进化（续完）》刊于《北新》第 4 卷第 10 期。

钱歌川译《观念形论（日本藏原惟人作）》刊于《北新》第 4 卷第 10 期。

行之《关于高尔基》刊于《北新》第 4 卷第 10 期。

小白《继涨增高的印度革命》刊于《北新》第 4 卷第 11 期。

小白《印度革命浪潮中日英美在印的经济冲突》刊于《北新》第 4 卷第 11 期。

小白《安南民族革命运动之蔓延》刊于《北新》第 4 卷第 11 期。

小白《德国发生严重罢工》刊于《北新》第 4 卷第 11 期。

小白《金价暴涨与世界经济的关系》刊于《北新》第 4 卷第 11 期。

小白《帝国主义诸国的备战》刊于《北新》第 4 卷第 11 期。

荣福《一月来国内灾民之流亡》刊于《北新》第 4 卷第 11 期。

袁文彰《欧洲合众国与对美关系》刊于《北新》第 4 卷第 11 期。

漆琪笙《印度采用金本位制度的沿革》刊于《北新》第 4 卷第 11 期。

黄石《关于性的迷信与风俗》刊于《北新》第 4 卷第 11 期。

光人《日本诗人生田春月底自杀》刊于《北新》第 4 卷第 11 期。

小白《美国股票狂跌之严重的意义》刊于《北新》第 4 卷第 12 期。

小白《意大利产业界的现状》刊于《北新》第 4 卷第 12 期。

小白《印度革命仍在发展》刊于《北新》第 4 卷第 12 期。

王书《内战中伤兵的滋事》刊于《北新》第 4 卷第 12 期。

王书《金银潮与商业》刊于《北新》第 4 卷第 12 期。

李建新译《欧洲联盟与意法冲突》刊于《北新》第 4 卷第 12 期。

陈克山译《日本经济之飞跃的发展与其美国底对立》刊于《北新》第 4 卷第 12 期。

陈清晨译《土耳其的改造》刊于《北新》第 4 卷第 12 期。

杨人楩《克鲁泡特金的法国大革命史序》刊于《北新》第 4 卷第 12 期。

穆天树译《论音乐艺术的阶级性》刊于《北新》第 4 卷第 12 期。

郁达夫《纸币的跳跃》刊于《北新》第 4 卷第 12 期。

伟森《建立出版界的水平——为低能的穷苦读者请愿》刊于《北新》第 4 卷第 12 期。

小白《美国新税则之实行及其反响》刊于《北新》第 4 卷第 13 期。

袁文彰《德国的经济恐慌及其社会的结果》刊于《北新》第 4 卷第 13 期。

杨昌溪《苏联废教运动之过去及其现在》刊于《北新》第 4 卷第 13 期。

陈清晨译《托洛斯基的生平》刊于《北新》第 4 卷第 13 期。

黄石《为什么要避讳》刊于《北新》第 4 卷第 13 期。

袁文彰《世界的恐慌声中之法国经济状态》刊于《北新》第 4 卷第 14 期。

漆琪生《五年计划实施后苏俄之贸易政策及其贸易现状》刊于《北新》第 4 卷第 14 期。

徐碧晖译《殖民地民族运动与英帝国的将来》刊于《北新》第 4 卷第 14 期。

季尺译《都会对农村关系之辩证法的发展》刊于《北新》第 4 卷第 14 期。

刘穆译《艺术的起源》刊于《北新》第 4 卷第 14 期。

光人译《马耶珂夫斯基》刊于《北新》第 4 卷第 14 期。

清晨《战后欧洲东南各小国之政治经济状况》刊于《北新》第 4 卷第 15 期。

汪馥泉译《中国农业上的资本主义底发展样式》刊于《北新》第 4 卷第 15 期。

蓬洲译《苏俄的性道德》刊于《北新》第 4 卷第 15 期。

侍桁译《托尔斯泰的讲话》刊于《北新》第 4 卷第 15 期。

拙生《李达编〈中国产业革命概观〉一个错误》刊于《北新》第 4 卷第 15 期。

路生《黑龙江流域的农民与地主》刊于《北新》第 4 卷第 15 期。

乔平《美国资本主义与中国》刊于《北新》第 4 卷第 20—21 期。

漆琪生《德意志的失业问题与失业保险》刊于《北新》第 4 卷第 20—21 期。

杨东莼《学潮与苦闷中的学生》刊于《北新》第 4 卷第 20—21 期。

杨人楩《读史与做人》刊于《北新》第 4 卷第 20—21 期。

傅立策讲演,杨东莼译《评托尔斯泰主义》刊于《北新》第 4 卷第 20—21 期。

罗振乾《郭著〈中国社会之历史的发展阶段〉的一点质疑》刊于《北新》第 4 卷第 20—21 期。

疾公《名人讲演纪略》刊于《北新》第 4 卷第 20—21 期。

陈之泰《国民性》刊于《北新》第 4 卷第 20—21 期。

朱启钤《中国营造学社缘起》刊于《中国营造学社汇刊》第 1 卷第 1 期。

按:1930 年 2 月,"营造学会"更名为"中国营造学社",朱启钤任社长,梁思成、刘敦桢分别担任法式、文献组的主任。学社从事古代建筑实例的调查、研究和测绘,以及文献资料搜集、整理和研究,编辑出版《中国营造学社汇刊》。是文曰:"中国之营造学,在历史上,在美术上,皆有历劫不磨之价值。启钤自刊行宋李明仲营造法式,而海内同志,始有致力之途辙。年来东西学者,项背相望,发皇国粹,靡然从风。方今世界大同,物质演进,兹事体大,非依科学的之眼光,作有系统之研究,不能与世界学术名家,公开讨论。启钤无似,年事日增,深惧文物沦丧,传述渐替,爰发起中国营造学社,纠合同志若干人,相与商略义例,分别部居,庶几绝学大昌,群材致用。"

朱启钤《中国营造学社开会演词》刊于《中国营造学社汇刊》第 1 卷第 1 期。

按:是文曰:"本社命名之初,本拟为中国建筑学社,顾以建筑本身。虽为吾人所欲研究者,最重要之一端。然若专限于建筑本身,则其于全部文化之关系仍不能彰显,故打破此范围,而名以营造学社,则凡属实质的艺术,无不包括。由是以言,凡彩绘、雕塑、染织、髹漆、铸冶、抟埴、一切考工之事,皆本社所有之事。推而极之,凡信仰传说仪文乐歌,一切无形之思想背景,属于民俗学家之事,亦皆本社所应旁搜远绍者""今更重言以申明之,曰中国营造学社者,全人类之学术,非吾一民族所私有。吾东邻之友,幸为我保存古代文物。并与吾人工作方向相同。吾西邻之友,贻我以科学方法,且时以其新解,予我以策励。此皆吾人所铭佩不忘,且日祝其先我而成功者也。且东方人士,近多致力于南部诸国之考索者;西方人士,多致力于中亚细亚之考索者;吾人试由中国本部,同时努力前进,三面会合,而后豁然贯通,其结果或有不负所期者,启钤向固言之。学问固无止境,如此造端宏大之学术工作,更不知何日观成,启钤终身不获见焉,固其所矣。即诸君穷日孳孳,亦未敢即保其收获,至何程度。然费一分气力,即深一层发现,但务耕耘,不计收获,愿以此与同人互勉焉耳。"

《李明仲八百二十周忌之纪念》刊于《中国营造学社汇刊》第1卷第1期。

《李明仲先生墓志铭》刊于《中国营造学社汇刊》第1卷第1期。

《李明仲先生补传》刊于《中国营造学社汇刊》第1卷第1期。

《英叶慈博士营造法式之评论》刊于《中国营造学社汇刊》第1卷第1期。

《英叶慈博士论中国建筑》刊于《中国营造学社汇刊》第1卷第1期。

《仿宋重刊营造法式校记》刊于《中国营造学社汇刊》第1卷第1期。

《征求营造佚存图籍启事》刊于《中国营造学社汇刊》第1卷第1期。

《营造法式印行消息》刊于《中国营造学社汇刊》第1卷第1期。

《社事纪要》刊于《中国营造学社汇刊》第1卷第1期。

《绍兴重刊营造法式者之历史与旁证》刊于《中国营造学社汇刊》第1卷第2期。

《元大都宫苑图考》刊于《中国营造学社汇刊》第1卷第2期。

《日本伊东忠太博士讲演〈支那建筑之研究〉》刊于《中国营造学社汇刊》第1卷第2期。

《建筑中国式宫殿之则例》刊于《中国营造学社汇刊》第1卷第2期。

唐大圆《佛的认识论》刊于《佛化周刊》第139期。

寄居《劝人念佛说》刊于《佛化周刊》第142期。

黄健六《拿学理来研究迷信捐》刊于《佛化周刊》第142期。

黄健六《拿学理来研究迷信捐(续)》刊于《佛化周刊》第143期。

幽溪法师《净土法语》刊于《佛化周刊》第144期。

唐大圆《真正佛学家当为世界大劳动家》刊于《佛化周刊》第145期。

黄健六《拿学理来研究迷信捐(续)》刊于《佛化周刊》第145期。

刘显亮《烟酒害(续)》刊于《佛化周刊》第145期。

袁宏道《西方合论》刊于《佛化周刊》第147期。

西莲《唯识性相谈》刊于《佛化周刊》第147期。

刘显亮《烟酒害(续)》刊于《佛化周刊》第147期。

太虚《纪念释迦牟尼佛》刊于《佛化周刊》第148期。

寄居《袁文纯居士传赞》刊于《佛化周刊》第148期。

刘显亮《烟酒害(续)》刊于《佛化周刊》第148期。

太虚《研究佛学之目的及方法》刊于《佛化周刊》第149期。

刘显亮《烟酒害(续)》刊于《佛化周刊》第149期。

太虚《佛学的人生观》刊于《佛化周刊》第150期。

刘显亮《烟酒害(续)》刊于《佛化周刊》第 150 期。

蒋特生《观世音菩萨大悲经咒科本》刊于《佛化周刊》第 151 期。

江谦《读楞伽经制断肉章作忏悔吟》刊于《佛化周刊》第 151 期。

刘显亮《烟酒害(续)》刊于《佛化周刊》第 151 期。

蒋特生《观世音菩萨大悲经咒科本(续)》刊于《佛化周刊》第 152 期。

妙香《法云庵诸师出家因缘记》刊于《佛化周刊》第 152 期。

蒋特生《观世音菩萨大悲经咒科本(续)》刊于《佛化周刊》第 153 期。

妙空《法云庵诸师出家因缘记(续)》刊于《佛化周刊》第 153 期。

刘显亮《烟酒害(续)》刊于《佛化周刊》第 153 期。

蒋特生《观世音菩萨大悲经咒科本(续)》刊于《佛化周刊》第 154 期。

妙空《法云庵诸师出家因缘记(续)》刊于《佛化周刊》第 154 期。

刘显亮《烟酒害(续)》刊于《佛化周刊》第 154 期。

蒋特生《观世音菩萨大悲经咒科本(续)》刊于《佛化周刊》第 155 期。

妙空《法云庵诸师出家因缘记(续)》刊于《佛化周刊》第 155 期。

刘显亮《烟酒害(续)》刊于《佛化周刊》第 155 期。

达明《蕴处界总摄诸法义》刊于《佛化周刊》第 156 期。

妙空《法云庵诸师出家因缘记(续)》刊于《佛化周刊》第 156 期。

显宗《报告兴学发刊之大意》刊于《弘慈佛学院》第 3 班第 2 期。

圣庆《说阿赖耶识》刊于《弘慈佛学院》第 3 班第 2 期。

宝兴《世间圣教各说我法如何差别其相又何以皆是假说又依何假说试明其义》刊于《弘慈佛学院》第 3 班第 2 期。

圣庆《第二能变有几门分别试略言之并述其义》刊于《弘慈佛学院》第 3 班第 2 期。

保贤《第七何故唯执第八见分为我非余》刊于《弘慈佛学院》第 3 班第 2 期。

宝兴《五位无心试举其名并述其义》刊于《弘慈佛学院》第 3 班第 2 期。

净朗《色声香味触各有几种各以几因建立》刊于《弘慈佛学院》第 3 班第 2 期。

敏悟《云何四大种云何所造色又大种与所造之关系若何》刊于《弘慈佛学院》第 3 班第 2 期。

俊荫《五见如何差别》刊于《弘慈佛学院》第 3 班第 2 期。

敏悟《蕴唯有五界唯十八处唯十二各由何因如是废立》刊于《弘慈佛学院》第 3 班第 2 期。

圣庆《断何障证何真如入何地试一一配属并略述其义》刊于《弘慈佛学院》第 3 班第 2 期。

敏悟《云何六十二见》刊于《弘慈佛学院》第 3 班第 2 期。

圣庆《云何但空二取不名见道》刊于《弘慈佛学院》第 3 班第 2 期。

宝兴《论桐城阳湖两派承传之学》刊于《弘慈佛学院》第 3 班第 2 期。

宝兴《曾文正论忧乐试明其用意之所在》刊于《弘慈佛学院》第 3 班第 2 期。

净朗《曾公五箴书后》刊于《弘慈佛学院》第 3 班第 2 期。

宝兴《论求道当知行合一》刊于《弘慈佛学院》第 3 班第 2 期。

宝兴《凡事预则立试说明之》刊于《弘慈佛学院》第 3 班第 2 期。

灵悟《论圣凡在我》刊于《弘慈佛学院》第 3 班第 2 期。

净朗《儿宽带经论》刊于《弘慈佛学院》第 3 班第 2 期。

宝兴《论天择物竞之要义》刊于《弘慈佛学院》第 3 班第 2 期。

净朗《为善获报说》刊于《弘慈佛学院》第 3 班第 2 期。

圣庆《论风俗之所由成》刊于《弘慈佛学院》第 3 班第 2 期。

行宽《论求佛救劫当发诚恳心》刊于《弘慈佛学院》第 3 班第 2 期。

俊荫《人当立志说》刊于《弘慈佛学院》第 3 班第 2 期。

俊荫《合群说》刊于《弘慈佛学院》第 3 班第 2 期。

正定《卫生说》刊于《弘慈佛学院》第 3 班第 2 期。

灵悟《论学佛宜具信心》刊于《弘慈佛学院》第 3 班第 2 期。

项悟源《诵大悲神咒宜先注重两种心》刊于《弘慈佛学院》第 3 班第 2 期。

现明《劝人受戒持戒浅说》刊于《弘慈佛学院》第 3 班第 2 期。

灵悟《持戒说》刊于《弘慈佛学院》第 3 班第 2 期。

灵悟《论生死事大》刊于《弘慈佛学院》第 3 班第 2 期。

修证《生死说》刊于《弘慈佛学院》第 3 班第 2 期。

灵悟《论弘经之方法》刊于《弘慈佛学院》第 3 班第 2 期。

寄遥《现在怎样宏扬佛法》刊于《佛化随刊》第 16 号。

中谷《对陕省佛教会的希望》刊于《佛化随刊》第 16 号。

释妙阔《因明撮要(续)》刊于《佛化随刊》第 16 号。

李圆净《地藏感应录》刊于《佛化随刊》第 16 号。

寄遥《圆觉随笔》刊于《佛化随刊》第 16 号。

景莘农《大悲心咒略释》刊于《佛化随刊》第 16 号。

印智《正觉月刊发刊辞》刊于《正觉杂志》第 1 期。

忏叟《感应事鉴》刊于《正觉杂志》第 1 期。

海澄《佛教与迷信》刊于《正觉杂志》第 2 期。

刘显亮《提议以新的方法纂修中国佛教史》刊于《正觉杂志》第 2 期。

印智《般若波罗密多心经浅说》刊于《正觉杂志》第 2 期。

寂公《佛教之益于今世者维何》刊于《正觉杂志》第 3 期。

刘显亮《科学家淘汰宗教之原因》刊于《正觉杂志》第 3 期。

前人《保教之工具》刊于《正觉杂志》第 3 期。

叶心齐《迷信与正信之差别》刊于《正觉杂志》第 4 期。

兰那居士《佛学价值之我见》刊于《正觉杂志》第 4 期。

果田《经济压迫与生死生活问题之提议》刊于《正觉杂志》第 4 期。

赖一鸣《儒释道三教之比较》刊于《正觉杂志》第 4 期。

刘显亮《僧校课程当以汉文为根据》刊于《正觉杂志》第 4 期。

贺嗣章《研究佛学之理由》刊于《正觉杂志》第 4 期。

印智《般若波罗密多心经浅说》刊于《正觉杂志》第 4 期。

圆瑛《中国佛教现在与将来》刊于《正觉杂志》第 4 期。

圆瑛《佛儒教理同归一辙》刊于《正觉杂志》第 4 期。

刘显亮《劝佛徒宜发展平民化的佛教》刊于《正觉杂志》第 5 期。

前人《请大众维持佛教行政机关》刊于《正觉杂志》第 5 期。

演定《佛教与吾人之关系》刊于《正觉杂志》第 5 期。

剑仙《试言青年僧徒之修道》刊于《正觉杂志》第 5 期。

印智《般若波罗密多心经浅说(续)》刊于《正觉杂志》第 5 期。

圆瑛《佛教与社会人心之关系》刊于《正觉杂志》第 5 期。

当悟录《印智法师驳辩毁佛者所举三项之谬误(续)》刊于《正觉杂志》第 5 期。

贵宗《生佛同一体》刊于《正觉杂志》第 6 期。

谈玄《佛教的生物学》刊于《正觉杂志》第 6 期。

刘显亮《保教计划为当今之要务》刊于《正觉杂志》第 6 期。

吕碧城译《马鸣菩萨说》刊于《正觉杂志》第 6 期。

印光《临终切要》刊于《正觉杂志》第 6 期。

［日］羽溪了谛《阿育王之出世与佛教之传播》刊于《威音》第 13 期。

［日］渡边海旭著《维摩诘所说经解题》刊于《威音》第 23 期。

［日］渡边海旭著《维摩诘所说经解题(续)》刊于《威音》第 24 期。

可端《大佛学报发刊之真谛的言论》刊于《大佛学报》第 2 期。

月慧《游学三江参江都佛教传习所见闻讲习记》刊于《大佛学报》第 2 期。

仁山《论佛法为破除一切迷信之利器》刊于《法海波澜》第 5 期。

块然《论观心与兴学》刊于《法海波澜》第 5 期。

明真《论佛教为革命之先进》刊于《法海波澜》第 5 期。

苇庵《论佛出现于世唯以一大事因缘》刊于《法海波澜》第 5 期。

觉安《论学佛与为人》刊于《法海波澜》第 5 期。

萧志佛《佛教大同之真义》刊于《法海波澜》第 5 期。

隐尘《焦山定慧寺听经之感想》刊于《法海波澜》第 5 期。

智光《月霞法师略传》刊于《法海波澜》第 5 期。

邓西亭《江浦狮子领兜率寺记》刊于《法海波澜》第 5 期。

明真《我所以闭关之表示》刊于《法海波澜》第 5 期。

惟性《智林比丘尼出家记》刊于《法海波澜》第 5 期。

竺舫《朗润禅师鼠受其化遗骸不坏记》刊于《法海波澜》第 5 期。

仁山《题东台药师庵鼠受佛化全身不坏记》刊于《法海波澜》第 5 期。

明真《题鼠身不坏记》刊于《法海波澜》第 5 期。

能净《高邮放生寺四宏学院记》刊于《法海波澜》第 5 期。

顿开《天台学院放年假之感想》刊于《法海波澜》第 5 期。

块然《焦山恒政师圆寂记》刊于《法海波澜》第 5 期。

湘亭《楞严经辩伪》刊于《法海波澜》第 5 期。

墨真《二十二根略说》刊于《山西佛教月刊》第 2 年第 3 期。

宏汉《三性义》刊于《山西佛教月刊》第 2 年第 3 期。

历弘《时世吟》刊于《山西佛教月刊》第 2 年第 3 期。

昌谅《赠历弘上人》刊于《山西佛教月刊》第 2 年第 3 期。

宝静《释迦佛诞之本迹谈》刊于《弘法社刊》第 15 期。

信法《大乘与世法之比较》刊于《弘法社刊》第 15 期。

徐西圆《劝修净业刍言》刊于《弘法社刊》第 15 期。

演西《圣人与凡夫》刊于《弘法社刊》第 15 期。

宝静《摩诃止观述记》刊于《弘法社刊》第 15 期。

谛闲《答奉天如如居士疑问》刊于《弘法社刊》第 15 期。

慧聪《则恒沙法藏其理安在》刊于《弘法社刊》第 15 期。

王济通《述早晨之思想以释我》刊于《弘法社刊》第 15 期。

灵修录《观宗学社义校全体庆祝佛诞纪念宝静法师演说辞》刊于《弘法社刊》第 15 期。

昌莲《重建大悲忏坛记》刊于《弘法社刊》第 15 期。

钟镜《重建大悲忏坛记》刊于《弘法社刊》第 15 期。

柏庵《重建大悲忏坛记》刊于《弘法社刊》第 15 期。

本光《重建大悲忏坛记》刊于《弘法社刊》第 15 期。

白光《重建大悲忏坛记》刊于《弘法社刊》第 15 期。

源道《重建大悲忏坛记》刊于《弘法社刊》第 15 期。

功才《重建大悲忏坛记》刊于《弘法社刊》第 15 期。

印光《五台山碧山寺由广济茅篷接法成就永为十方常住碑记》刊于《弘法社刊》第 15 期。

张鸿翼《佛教五戒诗序》刊于《弘法社刊》第 15 期。

式昌《天台山募化补助各茅蓬斋粮疏》刊于《弘法社刊》第 15 期。

式昌《湖北武昌大东门外洪山宝通寺建立长香禅堂缘起》刊于《弘法社刊》第 15 期。

张鸿翼《一戒杀生十首》刊于《弘法社刊》第 15 期。

圣一《己巳冬日由宝静法师介绍皈依谛老法师口占二律》刊于《弘法社刊》第 15 期。

圣一《酒仙邀往慈湖道清观七叠前韵》刊于《弘法社刊》第 15 期。

慧聪《学佛与佛学》刊于《弘法社刊》第 15 期。

正安《学佛与佛学》刊于《弘法社刊》第 15 期。

宏仁《学佛与佛学》刊于《弘法社刊》第 15 期。

钟镜《学佛与佛学》刊于《弘法社刊》第 15 期。

全德《学佛与佛学》刊于《弘法社刊》第 15 期。

本光《学佛与佛学》刊于《弘法社刊》第 15 期。

寂峰《学佛与佛学》刊于《弘法社刊》第 15 期。

正济《学佛与佛学》刊于《弘法社刊》第 15 期。

通怀《佛诞日放生说》刊于《弘法社刊》第 15 期。

普照《佛诞日放生说》刊于《弘法社刊》第 15 期。

正济《佛诞日放生记》刊于《弘法社刊》第 15 期。

源道《佛诞日放生说》刊于《弘法社刊》第 15 期。

悟道《八相成道》刊于《弘法社刊》第 15 期。

明真《端阳节之感言》刊于《弘法社刊》第 15 期。

宏台《圣莲法师生西事略》刊于《弘法社刊》第 15 期。

李智圆《李启沅居士事略》刊于《弘法社刊》第 15 期。

宝静《梦游南洋仰光礼金塔记》刊于《弘法社刊》第 15 期。

广明《朝五台礼文殊菩萨感应记(续)》刊于《弘法社刊》第 15 期。

何慧照《佛七之应验》刊于《弘法社刊》第 15 期。

邓次松《毁蔑佛法之显报》刊于《弘法社刊》第 15 期。

张国威《记催生螺之灵效》刊于《弘法社刊》第 15 期。

王济通《乐清朱妇复活记》刊于《弘法社刊》第 15 期。

谛闲《一心法门论》刊于《弘法社刊》第 17 期。

邓次松《破破除迷信论》刊于《弘法社刊》第 17 期。

浣垢《佛法与世法关系论》刊于《弘法社刊》第 17 期。

项兢《佛》刊于《弘法社刊》第 17 期。

张国威《佛法与法律》刊于《弘法社刊》第 17 期。

项兢《杀生与放生》刊于《弘法社刊》第 17 期。

郁华《人寿保险论》刊于《弘法社刊》第 17 期。

脱尘《世界人类欲尚平等自由非采用佛教不足以资进化论》刊于《弘法社刊》第 17 期。

郁华《学佛问答》刊于《弘法社刊》第 17 期。

全德《三身略解》刊于《弘法社刊》第 17 期。

月祥《八忍八智略解》刊于《弘法社刊》第 17 期。

心宗《四三昧略解》刊于《弘法社刊》第 17 期。

法印《略述四性推检之原理并举例以证》刊于《弘法社刊》第 17 期。

黄健六《拿学理来研究迷信捐》刊于《弘法社刊》第 17 期。

宗道录《印光法师手谕摘要录》刊于《弘法社刊》第 17 期。

野鹤《记空谷和尚》刊于《弘法社刊》第 17 期。

宝静《正信堂记》刊于《弘法社刊》第 17 期。

周钟岳《云南碧鸡山华亭峰云棲禅寺同戒录序》刊于《弘法社刊》第 17 期。

圣一《招宝山宝陀寺增建佛学研究社缘起》刊于《弘法社刊》第 17 期。

瑞生《丹徒会音律寺说戒自序》刊于《弘法社刊》第 17 期。

郁华《如皋观音庵启建莲社缘起》刊于《弘法社刊》第 17 期。

现明《北平广济寺修建大悲救劫道场启》刊于《弘法社刊》第 17 期。

瑞生《维扬万寿戒幢律寺戒台落成记》刊于《弘法社刊》第 17 期。

项兢《劝人修行脱离八苦白话歌》刊于《弘法社刊》第 17 期。

性徹《远行篇》刊于《弘法社刊》第 17 期。

江谦《讚谛公讲圆觉经》刊于《弘法社刊》第 17 期。

月祥《说空》刊于《弘法社刊》第 17 期。

式海《利自利他说》刊于《弘法社刊》第 17 期。

张国威《半生怀抱尽陈述》刊于《弘法社刊》第 17 期。

宽静《求学之本愿》刊于《弘法社刊》第 17 期。

宝静《梦游南洋仰光礼金塔记》刊于《弘法社刊》第 17 期。

宝静《游东瓯雁荡山略记并便览摘录》刊于《弘法社刊》第 17 期。

蒋特生《观音灵感述》刊于《弘法社刊》第 17 期。

太虚《评监督寺庙条例》刊于《海潮音》第 11 年第 1 期。

太虚《美术与佛学》刊于《海潮音》第 11 年第 1 期。

唐大圆《开正见论》刊于《海潮音》第 11 年第 1 期。

太虚《大乘法苑义林唯识章讲录》刊于《海潮音》第 11 年第 1 期。

慈海《参拜大勇法师道场记》刊于《海潮音》第 11 年第 1 期。

达如《对中国佛教会第三次执委会会议之提案》刊于《海潮音》第 11 年第 1 期。

陈慧照《星洲光明山普觉寺弥陀法会纪念》刊于《海潮音》第 11 年第 1 期。

佛因《湖南佛教通讯》刊于《海潮音》第 11 年第 1 期。

罙月《湖南宁乡县佛教会成立记》刊于《海潮音》第 11 年第 1 期。

李一超《香海法缘记》刊于《海潮音》第 11 年第 1 期。

唐大圆《学佛要问》刊于《海潮音》第 11 年第 1 期。

范古农《上海莲社华严法会缘起》刊于《海潮音》第 11 年第 1 期。

唐大圆《佛典文学叙论》刊于《海潮音》第 11 年第 1 期。

唐大圆《印度哲学叙论》刊于《海潮音》第 11 年第 1 期。

唐大圆《世界佛学院阿弥陀圣诞祈祷和平回向文》刊于《海潮音》第 11 年第 1 期。

太虚《西洋中国印度哲学的概观》刊于《海潮音》第 11 年第 2 期。

太虚《现实主义(续)》刊于《海潮音》第 11 年第 2 期。

常惺《佛家思想的起源及其变迁》刊于《海潮音》第 11 年第 2 期。

太虚《大乘法苑义林唯识章讲录(续)》刊于《海潮音》第 11 年第 2 期。

吕碧城《佛教在欧洲之发展》刊于《海潮音》第 11 年第 2 期。

吕碧城《伦敦蔬食会近讯》刊于《海潮音》第 11 年第 2 期。

绍兲《湘省何主席请太虚大师弘法始末记》刊于《海潮音》第 11 年第 2 期。

闲鹤《孙总理之佛学谈》刊于《海潮音》第 11 年第 2 期。

吕碧城译《马鸣菩萨说法》刊于《海潮音》第 11 年第 2 期。

太虚《僧教育建筑在僧律仪之上》刊于《海潮音》第 11 年第 3 期。

太虚《佛学的人生观》刊于《海潮音》第 11 年第 3 期。

岫庐记《太虚法师对于闽南佛学院训词》刊于《海潮音》第 11 年第 3 期。

常惺《佛家的忏悔主义》刊于《海潮音》第 11 年第 3 期。

太虚《大乘法苑义林唯识章讲录(续)》刊于《海潮音》第 11 年第 3 期。

吕碧城《维也纳琐记》刊于《海潮音》第 11 年第 3 期。

吕碧城《德奥瑞士医团反对活剖之宣言》刊于《海潮音》第 11 年第 3 期。

叻报《宝静法师考察南洋佛教现状》刊于《海潮音》第 11 年第 3 期。

谈玄《佛陀以前文化及其哲学》刊于《海潮音》第 11 年第 3 期。

太虚《评善之研究》刊于《海潮音》第 11 年第 3 期。

虚云《鼓山涌泉寺重订安单规则》刊于《海潮音》第 11 年第 3 期。

臧贯禅《山东诸城佛教会呈请立案文》刊于《海潮音》第 11 年第 3 期。

曹衲安《湖南湘潭县佛教会宣言》刊于《海潮音》第 11 年第 3 期。

谈玄《佛陀以前的印度文化及其哲学》刊于《海潮音》第 11 年第 3 期。

寄尘《法味》刊于《海潮音》第 11 年第 3 期。

印光《文钞摘要序》刊于《海潮音》第 11 年第 3 期。

智光《月霞法师略传》刊于《海潮音》第 11 年第 3 期。

许崇叔《范谈女居士往生记》刊于《海潮音》第 11 年第 3 期。

寄尘《优婆夷许心修事略》刊于《海潮音》第 11 年第 3 期。

寄尘《优婆夷方金德生西记》刊于《海潮音》第 11 年第 3 期。

刘述庭《为上海世界居士林颂润禅老和尚七旬寿言》刊于《海潮音》第 11 年第 3 期。

沛山《唯识六偈》刊于《海潮音》第 11 年第 3 期。

太虚《佛学在今后人世之意义》刊于《海潮音》第 11 年第 4 期。

太虚《从无我唯心的宇宙观到平等自由的人生观》刊于《海潮音》第 11 年第 4 期。

太虚《告青年苾刍之还俗者》刊于《海潮音》第 11 年第 4 期。

绍奘《佛法救世的两个特点》刊于《海潮音》第 11 年第 4 期。

太虚《大乘法苑艺林唯识章讲录》刊于《海潮音》第 11 年第 4 期。

太虚《附从译本里研究古禅法及禅学古史考之后》刊于《海潮音》第 11 年第 4 期。

龚叔钦《大圆居士净宗论书后》刊于《海潮音》第 11 年第 4 期。

净严《开封市佛教会议案》刊于《海潮音》第 11 年第 4 期。

容虚《日本佛教各宗派之梗概及其兴替》刊于《海潮音》第 11 年第 4 期。

太虚《宋板编年解题目录序》刊于《海潮音》第 11 年第 4 期。

唐大圆《拟编世间解季刊宣言》刊于《海潮音》第 11 年第 4 期。

孙厚在《大勇阿阇黎传》刊于《海潮音》第 11 年第 4 期。

虚云《云南西山靖国云栖禅寺募捐启》刊于《海潮音》第 11 年第 4 期。

太虚《纪念释迦牟尼佛》刊于《海潮音》第 11 年第 5 期。

太虚《人生的自由问题》刊于《海潮音》第 11 年第 5 期。

太虚《国家观在宇宙观上的根据》刊于《海潮音》第 11 年第 5 期。

胡继欧记《太虚法师在华北居士林讲演词》刊于《海潮音》第 11 年第 5 期。

绍奘记《太虚法师在长沙第一军官讲习所演说词》刊于《海潮音》第 11 年第 5 期。

罗普悟《唯识问答》刊于《海潮音》第 11 年第 5 期。

客星《巴黎佛会一夕记》刊于《海潮音》第 11 年第 5 期。

克明《日本法相宗木村泰贤博士逝世》刊于《海潮音》第 11 年第 5 期。

刘显亮《北平佛教徒欢迎太虚法师志盛》刊于《海潮音》第 11 年第 5 期。

陈应庄译《善导大师与日本》刊于《海潮音》第 11 年第 5 期。

太虚《木村泰贤逝世之悼言》刊于《海潮音》第 11 年第 5 期。

太虚《灵隐慧明照和尚行述》刊于《海潮音》第 11 年第 5 期。

杨万春等《请太虚大师讲普贤行愿品疏》刊于《海潮音》第 11 年第 5 期。

守培代撰《祭莲花庵主印根师文》刊于《海潮音》第 11 年第 5 期。

陈铭枢《云南西山靖国云楼禅寺募捐启》刊于《海潮音》第 11 年第 5 期。

臧贯禅《孙子明居士往生石碣诗序》刊于《海潮音》第 11 年第 5 期。

太虚《现实主义（续）》刊于《海潮音》第 11 年第 6 期。

常惺《佛法是消极的吗》刊于《海潮音》第 11 年第 6 期。

法舫《对于三宝应有的认识》刊于《海潮音》第 11 年第 6 期。

嵇觐《欧人对佛教之信仰》刊于《海潮音》第 11 年第 6 期。

梁启超《佛教心理学浅测》刊于《海潮音》第 11 年第 6 期。

陈应庄译《善导大师与日本（续）》刊于《海潮音》第 11 年第 6 期。

太虚《建僧大纲》刊于《海潮音》第 11 年第 7 期。

太虚《现实主义（续）》刊于《海潮音》第 11 年第 7 期。

芝峰记《太虚法师在泉州小雪峰寺开示语录》刊于《海潮音》第 11 年第 7 期。

宁墨公《泛太平洋佛教青年会之评议》刊于《海潮音》第 11 年第 7 期。

舍我《欧游通信之一页》刊于《海潮音》第 11 年第 7 期。

容虚《大九华山东崖寺助道资粮记》刊于《海潮音》第 11 年第 7 期。

谈玄《杭州昭庆寺慧明老法师追悼会略记》刊于《海潮音》第 11 年第 7 期。

陈应庄译《善导大师与日本》刊于《海潮音》第 11 年第 7 期。

法舫《太虚法师解行之特点》刊于《海潮音》第 11 年第 7 期。

顿开《盂兰胜会缘起》刊于《海潮音》第 11 年第 7 期。

太虚《略述西藏之佛教序》刊于《海潮音》第 11 年第 7 期。

太虚《重纂保国寺志序》刊于《海潮音》第 11 年第 7 期。

印光《五台山碧山寺碑记》刊于《海潮音》第 11 年第 7 期。

黄庆澜《观宗寺放生池碑记》刊于《海潮音》第 11 年第 7 期。

秋笙《最近政府对于私立学校注意各点》刊于《中华基督教教育季刊》第 6 卷第 1 期。

毕范宇《基督教中学校宗教教育的研究（续五卷四期）》刊于《中华基督教教育季刊》第 6 卷第 1 期。

秋笙《第二次全国教育会议》刊于《中华基督教教育季刊》第 6 卷第 2 期。

蔡孑民《教育应重个性》刊于《中华基督教教育季刊》第 6 卷第 2 期。

吴贻芳《基督教教育之特殊贡献》刊于《中华基督教教育季刊》第 6 卷第 2 期。

杨惠庆《基督教教育之方针》刊于《中华基督教教育季刊》第 6 卷第 2 期。

顾惠人《中学教师的借镜》刊于《中华基督教教育季刊》第 6 卷第 2 期。

缪维章《大学教师的借镜》刊于《中华基督教教育季刊》第 6 卷第 2 期。

霍桑《人格教育中的几个原则》刊于《中华基督教教育季刊》第 6 卷第 2 期。

于化龙《美国人格教育研究之最近趋势》刊于《中华基督教教育季刊》第 6 卷第 2 期。

戚正成《赴日考察教育后之管见》刊于《中华基督教教育季刊》第 6 卷第 2 期。

杨寿昌《大学国文学教学意见书》刊于《中华基督教教育季刊》第 6 卷第 2 期。

杨开道《农村社会学在中国大学的讲授》刊于《中华基督教教育季刊》第 6 卷第 2 期。

秋笙《对于本刊专号说几句话》刊于《中华基督教教育季刊》第 6 卷第 3 期。

曾宝荪《基督教与国性》刊于《中华基督教教育季刊》第 6 卷第 3 期。

王冶心《基督教教育与国民性》刊于《中华基督教教育季刊》第 6 卷第 3 期。

黄溥《基督教教育与国性》刊于《中华基督教教育季刊》第 6 卷第 3 期。

袁伯樵《基督教教育是反国性的吗》刊于《中华基督教教育季刊》第 6 卷第 3 期。

彭善彰《宗教教育的特性与中国民族性的比较》刊于《中华基督教教育季刊》第 6 卷第 3 期。

夏晋麟《读教育部严防教会学校宣传宗教后之感想》刊于《中华基督教教育季刊》第 6 卷第 3 期。

陈筠《宗教教育与国性的关系》刊于《中华基督教教育季刊》第 6 卷第 3 期。

曾杰华《基督教教育是摧残国性的教育么》刊于《中华基督教教育季刊》第 6 卷第 3 期。

谢扶雅《对于"基督教教育与国性"之各项意见》刊于《中华基督教教育季刊》第 6 卷第 3 期。

李培恩《我对于基督教教育关于国性的小小意见》刊于《中华基督教教育季刊》第 6 卷第 3 期。

秋笙《从失业问题想到职业教育问题》刊于《中华基督教教育季刊》第 6 卷第 4 期。

谢扶雅《教会学校要关门吗?》刊于《中华基督教教育季刊》第 6 卷第 4 期。

倬云《怎样才算是一个基督化的学校》刊于《中华基督教教育季刊》第 6 卷第 4 期。

曾克熙《一篇对于大学毕业生的送别词》刊于《中华基督教教育季刊》第 6 卷第 4 期。

盛承裕《文字排列法》刊于《中华基督教教育季刊》第 6 卷第 4 期。

四、学术著作

(汉)司马迁著《史记》(1—20 册)由上海商务印书馆刊行。

(唐)孟棨著《本事诗》由上海文艺小丛书社刊行。

(唐)刘知几著,(清)浦起龙释《史通通释》由上海商务印书馆刊行。

(宋)陈抟秘传,(明)袁忠彻订,秦慎安校勘《神相全编》由上海文明书局刊行。

(宋)朱熹、吕祖谦辑,(清)江永集注《近思录集注》由上海商务印书馆刊行。

(宋)袁枢著《通鉴纪事本末》由上海商务印书馆刊行。

(宋)王柏著,顾颉刚校点《诗疑》由北平景山书社刊行。

(明)蕅益编《净土十要》(1—5 册)由江苏苏州弘化社刊行。

(清)黄宗羲著《明儒学案》由上海商务印书馆刊行。

(清)戴望著《颜氏学记》由上海商务印书馆刊行。

(清)焦循著《孟子正义》由上海商务印书馆刊行。

(清)姚配中著《周易姚氏学》由上海商务印书馆刊行。

(清)王先慎著《韩非子集解》由上海商务印书馆刊行。

(清)张道等著,六艺书局辑《建炎复辟记·临安旬制纪》由杭州六艺书局刊行。

(清)许宗彦编《鉴止水斋藏书目》刊行。

(清)黄宗羲著《明儒学案》由上海商务印书馆刊行。

(清)段玉裁注《说文解字注》由上海商务印书馆刊行。

(清)张玉书等编《康熙字典》由上海商务印书馆刊行。

按:此书共 42 卷。清张玉书等奉诏编。康熙五十五年印行。依据《字汇》《正字通》加以增订而成。载古文以溯其字源,列俗体以著其变迁。末附《补遗》,收冷僻字,又列《备考》,收有音无义或音义全无之字。共 47035 字。本字典后人影印、重排的版本较多,有的还增附了四角号码检字表等。

(清)王引之著《经传释词》(万有文库,国学基本丛书)由上海商务印书馆刊行。

(清)冯武编《书法正传》(上下册)由上海商务印书馆刊行。

（清）王先谦注释《庄子集解》由上海商务印书馆刊行。

（清）刘宝楠著《论语正义》由上海商务印书馆刊行。

（清）王虁立编《觉后编》（上下册）由上海世界佛教居士林刊行。

（清）悟开编辑，恩西重订《莲宗正传》由上海佛教净业社刊行。

洪北平编《国学研究法》由北平民智书局刊行。

按：是书分国学方法论、经学通论、子学通论、史学通论等4卷，采集古今名家17篇论著，每篇加以注释及说明。

顾荩丞编著《国学研究》（第1册经部）由上海世界书局刊行。

顾荩丞编著《国学研究》（第2册史部）由上海世界书局刊行。

金受申著《稷下派之研究》由上海商务印书馆刊行。

按：是书第一篇稷下学者的师授，第二篇稷下学者学说的研究，第三篇结论。附录：稷下学者著述存亡版本考。

陈柱等著《清儒学术讨论集》（第1集）由上海商务印书馆刊行。

罗振玉著《本朝学术源流概略》由大连中日文化协会刊行。

按：皮学军《民国学人的学术史研究》说，作者"以清朝遗老的身份扼要地总结了清代学术渊源、流派、研究方法以及学术得失，重点整理了清朝'御撰''钦定'及坊间出版的书目，与其说是学术史，倒不如说是'图书史'，其'学术'则指著述、思想与教化，甚至还包括官方延揽人才等内容，其外延之广，令人无法苟同。所以，学术价值并不很高"（《南京社会科学》2013年第8期）。

陈廷杰著《经学概论》由上海商务印书馆刊行。

按：是书介绍诸经的源流、编纂、作者以及篇目，并阐述汉代至清代经学研究的发展和派别。

张文治编《经传治要》由上海文明书局刊行。

按：是书分三卷，第一卷选《周易》《尚书》等经、传10种，第二卷选卜商《诗序》、孔安国《尚书序》等经传序论26篇，第三卷收许慎《说文解字叙》等小学著述序论14篇。书前有编者"国学治要总纲"。

朱剑芒编《经学提要》由上海世界书局刊行。

姚明辉注《（姚氏注解）汉书艺文志》由上海大中书局刊行。

钱穆著《关于老子成书年代之一种考察》由北平燕京大学刊行。

许啸天注解《老子》由上海群学社刊行。

蔡尚思著《孔子哲学之真面目》由上海启智书局刊行。

按：是书分3个部分：孔子人生哲学，京中师友商榷录，周易哲学。孔子人生哲学部分又分序论、概论、主要、补遗4篇，论述孔子的人道观、人伦观、天命观、正名论、人格标准，解决人生问题的方法，孔子的生活态度、目的，以及研究儒、墨、道三家哲学的方法等；京中师友商榷录部分叙述作者与陈焕章、梅光羲、李翊灼、江瀚、陈大齐等人关于《孔子人生哲学》一文的论争文章，有《否认陈焕章先生之论调》《梅光羲先生之谈话及通信》《与李翊灼先生之商榷》《摘录江瀚先生著〈孔子学发微〉并加按语》《因陈大齐先生及罗湘元君之谈话而作仁之意义补说》。周易哲学部分包括宇宙观、人生观、占与易象辞四者乃一部易经之根本观念等篇，以为《孔子人生哲学》之论述的补充。

温裕民著《论语研究》由上海商务印书馆刊行。

蔡尚思编《老墨哲学之人生观》由上海启智书局刊行。

按：是书分《老子哲学之人生观》和《墨子哲学之人生观》两部分。

钱穆著《墨子》由上海商务印书馆刊行。

　　陈此生著《杨朱》由上海商务印书馆刊行。

　　按：是书作者剖析了杨朱学说的根本观念——"我"的涵义，认为杨朱的"为我"与他反对"侵物"联系在一起；由于杨朱主张与历代君主统治不谐，故渐泯灭。全书分6章：第1章为总论，阐述《列子·杨朱》篇产生的时代，杨朱其人及其学说渊源和先秦诸子对杨朱学说的批评。第2至第6章依次阐述杨朱的根本思想、人生哲学、名实论、政治思想，以及杨朱学说绝灭的原因。书末附录：《杨朱言行集》。

　　马叙伦著《庄子义证》由上海商务印书馆刊行。

　　钱基博著《读庄子天下篇疏记》由上海商务印书馆刊行。

　　施章著《庄子新探》由江苏南京国立中央大学出版部刊行。

　　王恺銮校正《邓析子校正》由上海商务印书馆刊行。

　　王治奉总校《孙子十家注》由上海商务印书馆刊行。

　　许笃仁著《周易新论》由上海商务印书馆刊行。

　　汪震著《大学古本集训》刊行。

　　陈柱著《诸子概论》由上海商务印书馆刊行。

　　按：是书分儒、道、阴阳、法、名、墨六家，叙述各家的学术渊源、流派和著述，分别介绍孔子、晏子、孟子、荀子、老子、庄子、驺衍、韩非子、公孙龙子、惠子、墨子等人的生平和学说，还论述了各家的异同。

　　张文治编《诸子治要》由上海文明书局刊行。

　　按：是书分两卷，卷一为诸子17种，收《荀子》《春秋繁露》《法言》《中说》《老子》等。卷二为隋唐以前诸子论学名著，收集鬻熊、吕尚、邓析、尹喜、文子、尸子等人的论著若干篇。

　　高维昌著《周秦诸子概论》由上海商务印书馆刊行。

　　兰自我著《孔门一贯哲学概论》由上海商务印书馆刊行。

　　王文治编《理学治要》由上海文明书局刊行。

　　唐文治著《紫阳学术发微》由著者刊行。

　　胡哲敷著《陆王哲学辨微》由上海中华书局刊行，有自序。

　　按：是书分导言、陆王传述、陆王哲学源流、陆王宇宙观、陆王论心、陆王论学、陆王论工夫、结论等8章。

　　贾丰臻著《阳明学》由上海商务印书馆刊行。

　　钱穆著《王守仁》由上海商务印书馆刊行，有自序。

　　谢国桢编《顾宁人先生学谱》由上海商务印书馆刊行。

　　徐宗泽编《哲学史纲》由上海圣教杂志社刊行。

　　按：是书简述从古希腊至19世纪欧洲哲学发展的主要系统和流派。全书分为上古、中古和古代3编，共15章。由于作者系教会人士，故对中世纪哲学介绍较多。

　　李石岑著《哲学浅说》由上海商务印书馆刊行。

　　按：是书内分5章，简述哲学的本质和研究方法，哲学史上的各种派别，如多元主义（包括笛卡儿、霍布斯、莱布尼茨、贝克莱、休谟）、一元主义（包括斯宾诺莎、费希特、谢林、叔本华、黑格尔）及现代实证主义、生命哲学等。

　　景昌极著《哲学论文集》（上下册）由上海中华书局刊行。

　　瞿世英著《西洋哲学之发展》由上海神州国光社刊行。

　　范寿康著《哲学及其根本问题》由上海开明书店刊行。

　　刘锦标著《易理中正论》由辽宁沈阳关东印书馆刊行。

　　刘强编《哲学阶梯》由上海商务印书馆刊行。

沈文华编《哲学提要》由上海世界书局刊行。

范祥善编《现代哲学评论集》由上海世界书局刊行。

安若定著《社交哲学》(大侠魂论卷下)由江苏南京铸魂学社刊行。

蔡尚思著《中国三大思想之比观》由上海启智书局刊行。

按:是书三大思想家是指老子、孔子和墨子,作者从天与人、人与物、人与己、身与身外物、积极与消极、乐观与悲观、个人与社会、精神与物质、托始的先王、道理的名称、理想的人世、三家与三方等12个方面对他们的思想进行了比较研究。

常乃德著《中国思想小史》由上海中华书局刊行。

丁方镇编《(图绘)经商献曝录》由浙江甬东寿世草堂刊行。

范寿康著《亚里斯多德》由上海商务印书馆刊行。

符书勋著《创化真理》由广东广州培英印务公司刊行。

高承元著《孙文主义之唯物的哲学基础》由北平平民书局刊行,有自序。

杨周熙著《孙文主义的哲学系统》由江苏南京大陆印书馆刊行,有自序。

张东荪著《西洋哲学 ABC》(上下册)由上海世界书局刊行。

张如心著《苏俄哲学潮流概论》由上海光华书局刊行。

张如心著《无产阶级底哲学》由上海光华书局刊行。

朱公振编著《希腊三哲》由上海世界书局刊行。

范寿康著《亚里士多德》由上海商务印书馆刊行。

张如心著《辩证法学说概论》由上海江南书店刊行。

高语罕著《理论与实践》(从辩证法唯物论的立场出发,书信体)由上海亚东图书馆刊行。

郭湛波著《辩证法研究》由北平景山书社刊行。

韩觉初著《世界进化指南》由上海南书局刊行。

华汉著《唯物史观研究》(上下册)由上海现代书局刊行。

朱明著《唯物辩证法入门》由上海文艺书局刊行。

卢信著《不彻底之意义》由上海商务印书馆刊行。

按:是书作者认为不彻底原理,是自然界、人类社会和个人的最普遍的原理。因为宇宙变化日新月异,人类社会也经常变化,个人理智能力有限,所以都不能彻底,全书分为12章,从人生问题,时间、空间问题,哲学与宗教的起源,人类心理的变迁等方面论证不彻底原理。

罗敦伟著《马克思主义评论之评论》由上海大东书局刊行。

马哲民著《精神科学概论——马克思主义"精神生活"及"精神产生"过程之研究》由上海新生命书局刊行。

张振之著《知难行易说绎义》由上海民智书局刊行,有自序;书后附有谭延闿著《革命史上知难行易的例证》。

王章焕编《论理学大全》由上海商务印书馆刊行。

章沦清编著《论理学问答》由上海大东书局刊行。

徐澄编《私德浅说》由上海中华书局刊行。

徐澄著《公德浅说》由上海中华书局刊行。

胡贻毂著《告青年》由上海青年协会书局刊行。

林众可著《爱的人生观》由上海华通书局刊行。

刘锦标著《说中》由关东印书馆刊行。

潘文安著《服务道德》(一名《青年与服务》)由上海商务印书馆刊行。

彭兆良著《谁是英雄》由上海世界书局刊行。

万宗一著《性评》由著者刊行。

杨冠雄著《性教育法》由上海黎明书局刊行。

叶青著《科学与真理》刊行。

恽铁樵著《人生意味》(卷一)由著者刊行。

张文穆著《大学之系统的研究》由北平东方学社刊行。

郑拔驾著《两性贞操论》由上海新宇宙书店刊行。

宗教哲学研究社编《人生指南》由编者刊行。

胡国钰编《心理学》由天津百城书局刊行。

毛起鹇编著《心理学问答》由上海大东书局刊行。

许宗泽编著《心理学概论》由上海圣教杂志社刊行。

按:是书以宗教观点论述心理学诸问题。全书分为 4 编:总论生命,论觉生生命,论灵生生命,论灵魂。

朱光潜著《变态心理学派别》由上海开明书店刊行,有高觉敷序。

蒋维乔著《佛教概论》由上海中华书局刊行。

冯宝瑛编《佛法要论》由上海佛学书局刊行。

慈忍室主人编,太虚审定《道德学》由上海佛学书局刊行。

慈忍室主人编,太虚审定《国学》由上海佛学书局刊行。

慈忍室主人编,太虚审定《教育学》由上海佛学书局刊行。

慈忍室主人编,太虚审定《进化论》由上海佛学书局刊行。

慈忍室主人编,太虚审定《科学》由上海佛学书局刊行。

慈忍室主人编,太虚审定《论理学》由上海佛学书局刊行。

慈忍室主人编,太虚审定《人生》由上海佛学书局刊行。

慈忍室主人编,太虚审定《社会学》由上海佛学书局刊行。

慈忍室主人编,太虚审定《文化》由上海佛学书局刊行。

慈忍室主人编,太虚审定《哲学》由上海佛学书局刊行。

慈忍室主人编,太虚审定《政治》由上海佛学书局刊行。

慈忍室主人编,太虚审定《宗教》由上海佛学书局刊行。

秦慎安校勘《神相水镜集》(上下册)由上海文明书局刊行。

安徽省佛教会编《浩劫中之祥殃问答》由安徽编者刊行。

白多玛著《四终略意》由上海土山湾印书馆刊行。

抱道堂编《四害图说(童蒙须知)》由香港编者刊行。

北新书局编《北新书局与回教之纠纷真相》由上海编者刊行。

蔡慎鸣著《心筏》由涅槃学社刊行。

策群著《宅运新案》(上下卷)由上海宅运顾问社刊行。

常惺讲演智严笔记《大乘起信论亲闻记》由北平华北居士林刊行。

陈金镛编《传道一隅》由上海广学会刊行。

陈金镛编《祷范讲义》由上海广学会刊行。

陈晋贤著《人宜求识元本》由上海土山湾印书馆刊行。

诚质怡著《新约导论》由北平中华圣公会书籍委办刊行。

戴怀仁著《圣道讲台》(卷 3)由中华信义会书报部刊行。

戴锐著《救人奇乐》由上海广学会刊行。

谛闲述疏《观世音菩萨普门品讲义》由上海佛学书局刊行。

谛闲述疏《念佛三昧宝王论义疏》由上海佛学书局刊行。

范古农集《大乘空义集要》由上海佛学书局刊行。

范古农著《生(范古农生日纪念辑)》由上海佛学书局刊行。

佛教正觉月刊社编《正觉》(第 2 期)由北平编者刊行。

佛学书局编《释迦佛应世的始末》由上海佛学书局刊行。

高费奈化著《圣日宣讲》(1—5 册)由天主堂印书局刊行。

韩宁镐著《问答释义(第 4 卷)(圣体)》由兖州天主堂印书馆刊行。

寒世子编《观音起信编》由上海明善书局刊行。

和温编《路德基督徒要学语录》由湖北汉口中华信义会书报部刊行。

胡适辑《神会和尚遗集》由上海东亚图书馆刊行。

贾玉铭著《新辨惑》由江苏南京灵感报社刊行。

贾玉铭著《宣道法》由灵光报社刊行。

苦行编《广长舌》(上下册)由上海世界佛教居士林刊行。

李博明编《圣方济各第三会规》由山东济南无染原罪堂刊行。

李翊灼著《佛说摩诃般若波罗蜜多心经蜜义述》由上海中华书局刊行。

李圆净编《饬终津梁》由上海国光印书局刊行。

李圆净著《护生痛言》由上海佛学书局刊行。

利玛窦著《畸人十篇》由天主堂印书局刊行。

刘士安编《普劝学佛谭》由上海佛学书局刊行。

罗司铎编著《圣母小日课注解》由山东兖州府天主堂印书馆刊行。

罗司铎著《每日恭敬圣若瑟经》由山东兖州府天主堂印书馆刊行。

罗司铎著《圣教礼仪》由山东兖州府天主堂印书馆刊行。

马伯援辑《中华留日基督教青年会最近三年成绩报告》由中华留日基督教青年会刊行。

缪秋笙、毕范宇著《基督教中学校宗教教育的研究》由中华基督教教育会刊行。

穆士林社编辑部编《穆士林》由编者刊行。

聂其杰著《学佛篇》由上海聂氏家言旬刊社刊行。

钱诚善编,太虚审定,范古农校订《海潮音文库》由上海佛学书局刊行。

秦慎安校勘《柳庄相法》(上下册)由上海文明书局刊行。

秦慎安校勘《麻衣相法》(上下册)由上海文明书局刊行。

秦慎安校勘《神骨冰鉴·白鹤仙数(合刊)》由上海文明书局刊行。

秦慎安校勘《相理衡真》(4 册)由上海文明书局刊行。

秦慎安校勘《照胆经》由上海文明书局刊行。

瞿兑之著《释巫》由北平燕京大学刊行。

善因编著《中等佛学教科书》（第 1 册）由上海佛学书局刊行。

上海基督教青年会编《上海基督教青年会十九年度会务报告》由上海编者刊行。

上海青年会编《民国十九年的上海青年会》由上海编者刊行。

上海时兆报馆编《道学初阶》由上海编者刊行。

沈则宽编著《古史参箴》（1—4 卷）由上海土山湾印书馆刊行。

圣教会审定《大本宣讲录（第 2 组）》刊行。

圣母小昆仲会士编《耶稣圣心月》由山东兖州府天主堂印书馆刊行。

水子立编《世界回教史略》由北平牛街清真书报社刊行。

苏州中华基督教青年会编《略知门径》由江苏苏州编者刊行。

孙楷第著《评明季滇黔佛教考》由国立北平图书馆刊行。

太虚讲，克全、真量等记《太虚法师西来讲演集》刊行。

太虚讲，如如记《唯识三十论纪闻》由上海佛学书局刊行。

太虚讲，岫庐记《唯识三十论讲要》由上海国光印书局刊行。

太虚著，满智编《太虚大师环游记》由上海大东书局刊行。

太虚著《佛学 ABC》由 ABC 丛书社刊行。

太虚著《太虚大师在泉州讲演之一》由湖北汉口佛教正信会刊行。

太虚著《组织佛教正信会为在家众之统一团体》由湖北汉口佛教正信会刊行。

唐大定著，唐大圆编《般若行集》由上海佛学书局刊行。

唐大圆著，太虚鉴定《唯识三字经释论》由上海佛学书局刊行。

天纯著《内蒙黄教调查记》由江苏南京德昌印书馆刊行。

王博谦辑述，印光鉴订《学佛浅说》由上海世界佛教居士林刊行。

王弘愿编《般若心经梵本汉译大全集》由震旦密教重兴会刊行。

王凯等编《进教初学》由上海广学会刊行。

王兆熊编《佛学之面面观》由上海佛学书局刊行。

王震东主编《烟台中华基督教青年会青年图书馆开幕暨第十五届征友大会纪念册》由山东烟台中华基督教青年会青年图书馆刊行。

王作光著《头头是道》由上海广学会刊行。

韦廉臣等编《二约释义丛书》由上海广学会刊行。

喜渥恩、吕绍端著《基督教教育学》由湖北汉口中华行义会书报部刊行。

咸牧师、殷雅各牧师合著《使徒行传新注释》由上海广学会刊行。

谢颂羔著《耶稣生活》由上海世界书局刊行。

谢源淳著《谢世宝圣名依聂斯升天历史》由济宁天主堂刊行。

区声白著《宗教之真面目》由三藩市平社刊行。

徐宗泽编著《圣宠论》由上海圣教杂志社刊行。

徐宗泽编著《天主造物论·四末论》由上海圣教杂志社刊行。

亚康节著《子平实验录》由亚康节命社刊行。

烟台耶稣教查经处编《提摩太前书考详》由山东烟台编者刊行。

杨道荣编《传道经验谭》（第 2 集）由中华信义会书报部刊行。

寅畏室主录《寅畏室笔录》由上海佛学书局刊行。

尤雪行编《法味》由上海佛学书局刊行。

尤雪行编《谈因》由上海佛教净业社刊行。

袁天纲选,秦慎安校勘《演禽三世相法》由上海文明书局刊行。

张巴拿巴著《宗教反正》刊行。

张亦镜编《关于朱执信"耶稣是什么东西"的杂评》由上海中华浸会书局刊行。

张亦镜著《道源一勺》由上海中华浸会书局刊行。

张志铨编《佛门之孝经》由上海国光书局刊行。

《中国致命真福传略》由上海土山湾印书馆刊行。

中华公教学友联合会学术部编《中华公教学友联合会纪念刊》由北平公记印书局刊行。

中华基督教女青年会全国会务研究会编《中华基督教女青年会全国会务研究会报告书(简本)》由上海中华基督教女青年会全国协会编辑部刊行。

朱执信著《耶稣是什么东西》由中国国民党江苏省党务整理委员会宣传部刊行。

高希圣、郭真著《社会科学大纲》由上海平凡书局刊行。

胡一贯著《社会科学概论》由江苏南京中央陆军军官学校政治训练处刊行。

柯柏年著《怎样研究新兴社会科学》由上海南强书局刊行。

施存统著《社会科学的研究》由上海宏远书店刊行。

郭真、高圮书著《社会科学的基础知识》由上海乐华图书公司刊行。

顾凤城著《社会科学问答》由上海文艺书局刊行。

社会科学讲座社著《社会科学讲座》(第一卷)由上海编者刊行。

常乃德编《社会学要旨》由上海中华书局刊行。

茅仲复著《现代社会学概要》刊行。

蔡毓骢著《社会学研究法》由上海黎明书局刊行。

李圣悦(李平心)著《现代社会学理论大纲——唯物史观的社会学的基础理论》由上海光华书局刊行。

按:是书包括社会的性质、构造、社会发展进程、阶级、国家与家族等 6 章。对社会学的性质、对象、范围等问题提出了自己独到的见解。1930 年经恽代英推荐,参加了全国苏维埃代表大学《土地改革法》《教育改革法》《苏维埃选举法》等文件的起草工作。

陈翊林著《社会学概论》由上海中华书局刊行。

按:是书包括绪论、社会生活的基础、社会生活的形态、社会生活的进化等 4 编 13 章。

刘延陵著《社会论》由上海商务印书馆刊行。

吴景超著《社会的生物基础》由上海世界书局刊行。

匡亚明著《社会之解剖》由上海光华书局刊行。

黄国璋著《社会的地理基础》由上海世界书局刊行。

杨开道著《社会研究法》由上海世界书局刊行。

李剑华著《社会学史纲》由上海世界书局刊行。

按:是书包括社会学的来历,社会学史的意义及其问题,横亘社会学史上的两大思潮,社会学史上的人物,概观社会学的世界 5 章。

崔载阳著《近世六大家社会学》由上海民智书局刊行。

按:是书介绍孔德、斯宾基、华尔德、甘朴域斯、涂尔干六位社会学家的社会学学术研究成果。书后有六家社会学提要。

郭真著《中国社会思想概观》由上海光华书局刊行。

孙晓村著《社会组织与社会革命》由上海联合书店刊行。

吴泽霖著《社会约制》由上海世界书局刊行。

按:是书包括社会约制的意义,社会约制的需要,社会约制的工具,社会约制的方法,社会约制的组织5章。卷首有孙本文社会学丛书序和著者自序。

潘菽著《社会的心理基础》由上海世界书局刊行。

按:是书包括社会成立的心理基础,心理的人格及其发展,社会行为的性质和形式,社会的刺激、个人反应的同化和异化,几种主要的社会现象的心理解释6章。卷首有孙本文社会学丛书序及著者序言,后附参考书举要。

孙本文著《文化与社会》由上海东南书店刊行。

施存统(原题伏亮)著《社会问题之基础知识》由上海新生命书局刊行。

郭真著《社会问题大纲》(上下册)由上海平凡书局刊行。

柯柏年编《社会问题大纲》由上海南强书局刊行。

张琴抚讲授,郭逸樵笔记《社会问题大纲》由上海乐华图书公司刊行。

刘炳藜编《社会问题纲要》由上海中华书局刊行。

茅仲复编《中国社会五大原理》刊行。

周谷城著《中国社会之结构》由上海新生命书局刊行。

范祥善编《现代社会问题评论集》由上海世界书局刊行。

朱荣泉著《现代中国论文选》由上海沪江大学刊行。

安徽省政府教育厅编译处著《学术讲演稿》由安徽合肥编者刊行。

曾仲鸣著《中国与法国》由上海未央书店刊行。

何伟业著《统计学》由陆军大学刊行。

河北省政府秘书处编《河北省政统计概要》由河北编者刊行。

按:是书包括绪论、社会生活的基础、社会生活的形态、社会生活的进化等4编。书中所持观点是反马克思主义的。

沈仲俊编《本来面目》由上海人种学研究社刊行。

张安世著《各国民族性》由上海华通书局刊行。

按:是书论述民族的起源,德国、英国、美国、俄国、日本、印度等国的民族性,包括绪论、兴盛的民族性、堕落的民族性、结论等4篇。

潘光旦著《日本德意志民族性之比较的研究》由上海新月书店刊行。

管又新编《宜俗新编》(上下册)由广东梅县启新书局刊行。

杨睿聪编《潮州的习惯》由潮州支那印社刊行。

罗雨凡著《重订家礼类纂》由新宁启新书局刊行。

魏觉钟著《南荒蛮族(第一、二卷)巴布亚岛底"吃人生番"苏门答腊岛底"鏊齿国"合编》由上海著者刊行。

杨开道著《农村社会》由上海世界书局刊行。

杨开道著《农村问题》由上海世界书局刊行。

杨开道著《农村领袖》由上海世界书局刊行。

杨开道著《农村组织》由上海世界书局刊行。

杨开道著《农村政策》由上海世界书局刊行。

杨开道著《新村建设》由上海世界书局刊行。

赵仲夫、盛莘夫译《农村问题及其对策》由上海新学会社刊行。

葛耀良编《工友常识》由上海商务印书馆刊行。

李敬穆著《贫穷论》由北平光华书局刊行。

郑婴编《恋爱教育之研究》由上海商务印书馆刊行。

卢寿笺著《婚姻训》由上海中华书局刊行。

林仲达、朱然藜编《结婚新论》由上海开明书店刊行。

教宗比约十一著《婚姻通牒》由公教教育联合会刊行。

金满城著《情人制的思想》由上海新宇宙书店刊行。

宋家钊、费保彦译《结婚论》由上海中华书局刊行。

张虚白编《婚姻的向导》由上海广益书局刊行。

麦惠庭著《中国家庭改造问题》由上海商务印书馆刊行。

吴兴钮氏塘支编审委员会编《三民主义下之宗族组织》由上海吴兴钮氏族务所刊行。

林众可著《色的社会问题》由上海华通书局刊行。

中华职业教育社编《书业概况》（研究职业分析之一）由上海编者刊行。

潘文安著《职业指导ABC》由上海ABC丛书社刊行。

潘文安、孙祖城编《女子职业指导》由上海商务印书馆刊行。

孔忱译述《堕落的妇女》由上海北新书局刊行。

天津市社会局编《天津市妓户妓女调查报告》由天津编者刊行。

石涵泽著《自杀问题》由上海通华书局刊行。

杨开道著《农村调查》由上海世界书局刊行。

郭真著《社会政策ABC》由上海ABC丛书社刊行。

刘剑横著《人口问题新论》由上海泰东图书局刊行。

陈天表著《人口问题研究》由上海黎明书局刊行。

侯厚吉编《世界人口状况》由上海大东书局刊行。

陈长蘅著《三民主义与人口政策》由上海商务印书馆刊行。

按：作者在《自序》中说："本书属稿，内子王俊英女士赞助颇多。并承陈华寅先生、朱仲梁先生、朱景文先生、孙公度先生、陈其鹿先生、童季龄先生、胡适之先生、乔启明先生及卜凯先生借给一部分参考资料；黄松奄先生、陈慰农先生、蔡退长先生分任校对。书成，复蒙吴稚晖先生、胡展堂先生、戴季陶先生、邵翼如先生、焦易堂先生、刘月如先生、马寅初先生、刘季陶先生、叶元龙先生，亲为题署或赐序，付印之时李伯嘉先生、刘南陔先生、何柏丞先生，亦有所协助。谨志于此，以表谢忱。"

按：叶元龙《三民主义与人口政策序》认为中国经济问题说到底只有一个人口问题。他说："一个健全的社会经济既是以剩余劳力为关键，而剩余劳力又以人口适当与否为关键。所以我常常感觉得经济问题，说到底只有一个人口问题。我自从有了上面结论以后，就感觉要救中国，非从人口方面着手不可。以我们现在的生产力而养这样许多的人口，实在不够。不然，中国何以变为这样地穷困呢？我十年来遇着同意的朋友也不少，但是不明了我的理论的实在很多。我的朋友陈长蘅先生，近来把他的著作给我看，他的意见是与我大同小异。我得了一个同志，是非常欢喜的，陈先生花了好几年的功夫，完成这部著作，他有了健全的理论，复充分地佐以事实的证明，我大胆说，在这一类中，他的书是首屈一指的了。"

许仕廉著《中国人口问题》（中国社会问题之一）由上海商务印书馆刊行。

王后哲编《公文研究法》由上海三民书店刊行。

陈和祥编《实用书记指导全书》（上下册）由上海普益书局刊行。

高希圣《新政治学大纲》（下册）由上海平凡书局刊行。

高希圣著《政治思想史 ABC》由上海 ABC 丛书社刊行。

张慰慈编《政治制度浅说》由上海神州国光社刊行。

高一涵著《政治学纲要》由上海神州国光社刊行。

吴美继著《新政治学原理》由上海三民书店刊行。

严复纂述《政治讲义》由上海金马书堂刊行。

杨公达著《政治科学概论》由上海神州国光社刊行。

张慰慈编《政治学大纲》由上海商务印书馆刊行。

朱采真著《政治学通论》由上海世界书局刊行。

按：是书分 11 章。论述政治学的意义、性质和研究方法，国家的起源、生存要素、体制、目的，政府的体制、机能和政权的适用，宪法，三权分立说及五权分立说等问题。

孙慕迦编《革命原理》由中央陆军军官学校政治训练处刊行。

陶希圣著《革命之基础知识》由上海新生命书局刊行。

范祥善编辑《现代政治评论集》由上海世界书局刊行。

杨筠如著《九品中正与六朝门阀》由上海商务印书馆刊行。

按：是书论述当时九品中正选人制产生的原因、内容及利弊，六朝时代重门阀风气的原因、历史情况、历史影响，隋以后选举制度被科举制度取代等。

方志超编著《全民政治》由杭州新新印刷公司刊行。

金祖懋编《政治训练大纲》由上海民智书局刊行。

黄迪勋著《现代政治论丛》由南新书局刊行。

张琴抚编《最近国际政治概况》由上海乐华图书公司刊行，有编者序。

周鲠生著《国际政治概论》由上海神州国光社刊行，有著者序言。

按：是书共 12 章，前两章综述国际政治学的相关概念、近 50 年变迁和发展趋势，然后分别叙述近年来国际政治上的重大事件、重要组织，以及裁军问题，最后分析国际战争的原因，并对狭隘的民族主义进行反思。

文圣举等著《世界政治论丛》由中央陆军军官学校政治训练处刊行。

钱端升著《法国的政治组织》由上海商务印书馆刊行。

樊仲云著《最近之国际政治续编》由上海新生命书局刊行，有自序。

董霖著《帝国主义与中华民族》由上海光明书局刊行。

陈宗山著《南洋华侨革命史略》由上海国立暨南大学南洋美洲文化事业部刊行。

黄竞初著《南洋华侨》由上海商务印书馆刊行，有著者序。

李长傅编《南洋华侨概况》由上海国立暨南大学南洋美洲文化事业部刊行。

南海县政府编辑处编《出巡纪事》由南海编者刊行。

张筱门主编《四川巴县地方自治讲习所办理经过之报告》由巴县自治讲习所刊行。

杨在春编《汉口市政府社会局十九年度施政计划大纲》由湖北汉口市社会局刊行。

江省执行委员会秘书处编《中国国民党浙江第三次全省代表大会会议记录》由杭州编者刊行。

中国国民党广东省执行委员会秘书处编《重要文件汇编》由编者刊行。

中国国民党湖南省党务指导委员会宣传部编《宣言汇刊》由编者刊行。

中国国民党浙江省第二届执行委员会编《中国国民党浙江省第二届执行委员会工作报告》由编者刊行。

中国国民党浙江省执行委员会秘书处编《党务统计》由编者刊行。

中国国民党中央执行委员会秘书处编《中国国民党现行党务法规辑要》由江苏南京编者刊行。

中央党史史料编筹委员会编《中央党史史料陈列馆落成纪念特刊》由编者刊行。

中央统计处编《中国国民党各下级党部组织现状统计》由编者刊行。

陈立廷等著《第三届太平洋国交讨论会报告》刊行。

陈体荣著《西移计划》由江苏南京编者刊行。

陈翰笙等著《难民的东北流亡》上海国立中央研究院社会科学研究所刊行。

丁立三著《国际现势与中国革命》由上海大东书局刊行,有贾士毅、缪斌、程天放等序。

范祥善编辑《现代外交评论集》由上海世界书局刊行。

冯巽著《三民主义下之地方自治》由江苏南京书店刊行。

行政院县政计叙委员会编《总理地方自治遗教》由正中书局刊行。

吴拯寰编著,瞿世镇校阅《地方自治概要》由上海三民公司刊行。

河南省赈务会编《十八年豫灾纪实》由编者刊行。

胡汉民著《地方自治浅说》由地方自治研究会刊行。

陆军大学校编《国家总动员》由编者刊行。

普益书局编《县政大全》由上海普益书局刊行。

国民政府外交部编《国民政府外交部告蒙藏同胞书》刊行。

蒙藏委员会编《蒙古会议汇编》由编者刊行。

华企云著《西藏问题》由上海大东书局刊行。

王勤堉著,竺可桢校《蒙古问题》由上海商务印书馆刊行。

按:是书分7章:国际背景,蒙中关系,中俄势力在蒙的消去,蒙古独立,蒙古的现在与将来等。

王志明著《地方自治要览》由江苏无锡慎安书局刊行。

阎馥著,李石仓校阅《县政建设》由湖南长沙湖南图书消费合作社刊行。

余天休著《殖边问题之研究》由陕西西安中山大学出版部刊行。

张宏业编著《训政时期地方自治论》由上海中华自治学社刊行。

赈务委员会总务组编《赈灾委员会报告》由编者刊行。

中国国民党南京特别市执行委员会民众训练委员会编《民众训练方案法规汇编》由编者刊行。

中国国民党浙江省执行委员会宣传部编《浙江省移民东北宣传大纲》由编者刊行。

中国国民党中央执行委员会训练部编《中国国民党中央执行委员会训练部法规汇刊》刊行。

上海民新书店《日本并吞满蒙秘密会议》刊行。

申仲铭著《太平洋会议与东北问题》由哈尔滨广盛印书局刊行。

中华民国国民政府外交部编《中日协定》由江苏南京编者刊行。

中央训练部编《民众训练方案汇编》由江苏南京编者刊行。

曹无逸编著《警察学问答》由上海大东书局刊行。

黄士方编述《消防警察讲义》由浙江省警官学校刊行。

山西省民政厅编《警士须知》由编者刊行。

陈旭著《政党论》由上海华通书局刊行。

按：是书分 9 章。论述政党研究的必要，政党产生的原因、意义及要素，并介绍美、英、法、德、苏联等国政党之概况。附录：《英国十九世纪以来的内阁及其所属党别》等 3 篇。

樊仲云著《政党论之基础知识》由上海新生命书局刊行。

丁留余编著《市政学问答》由上海大东书局刊行。

《市行政学选读》（1—3 辑）刊行。

杨哲明著《市政组织 ABC》由上海世界书局刊行。

刘光华著《殖民政策》由上海商务印书馆刊行

唐杰编《民族革命原理》由上海华兴书局刊行。

高希圣著《国际运动发达史》由上海光华书局刊行。

张云伏著《国际运动史》由上海神州国光社刊行。

按：是书介绍国际社会主义运动之概略。分社会主义的发端、第一国际、第二国际、第二半国际及新国际、战后各国社会主义运动、第三国际、俄国共产主义运动、职工国际等 12 章。

高希圣、邦真著《各国社会党史纲》由上海金马书堂刊行。

董之学著《各国民权运动史》由上海商务印书馆刊行。

按：是书分 8 章介绍英、美、法、德、俄、日、中七国的民权运动发展简史。

李剑农著《最近三十年中国政治史》由上海太平洋书店刊行。

杜冰波著《中华民族革命史》由上海北新书局刊行。

按：是书共 3 编：1.太平军革命始末；2.辛亥以前革命运动屡次失败之情形；3.民国成立后之革命波折。所记从 1850 年金田村起义至 1925 年中山先生逝世止。

知行丛书社编辑部著《帝国主义侵略中国史》由辽宁知行丛书社刊行。

蒋坚忍著《日本帝国主义侵略中国史》由上海联合书店、上海现代书局、汉口奋斗报社刊行。

陈功甫著，蔡元培校《中国革命史》由上海商务印书馆刊行。

曹亚伯著《武昌革命真史》（上中下册）由上海中华书局刊行。

按：是书前编叙述辛亥革命前孙中山等人的革命活动和武昌起义的准备；正编详述 1911 年 10 月 10 日武昌起义到孙中山辞去大总统职的历史史实。

李则刚编《革命大事年表》由上海爱知学社刊行。

吴黎平（吴亮平）编《社会主义史》由上海南强书局刊行。

朱新繁著《社会革命之思想与运动的发展（上）》由上海联合书店刊行。

孙嘉会著《华北革命史》由北平素友学社刊行。

李泰棻著《国民军史稿》刊行。

严锦秀著《各国革命史》由中央陆军军官学校武汉分校刊行。

高晶斋著《欧洲革命史》由江苏南京拔提书店刊行。

独威、陆临斯编著《欧洲革命史纲》由上海华新书店刊行。

金兆梓著《俄国革命史》由上海商务印书馆刊行。

马宗融著《法国革命史》由上海商务印书馆刊行。

周曙山编著《日本社会运动史》由上海民智书局刊行。

巴金著《从资本主义到安那其主义》由平社刊行。

杨开道著《农民运动》由上海世界书局刊行。

杨西孟著《上海工人生活程度的一个研究》由北平社会调查所刊行。

柏格森著《中国劳动运动的现状》由上海乐山书店刊行。

文虎编《一九二九至三〇年中国职工运动状况》由编者刊行。

胡毅著《劳动组合与劳动争议》由上海三民书店刊行。

林颂河著《塘沽工人调查》由北平北平社会调查所刊行。

陈德征编著《人权论及其他》由上海特别市党部宣传部刊行。

胡适等著《人权论集》由上海新月书店刊行。

黄埔军官学校政训处编辑《五月革命纪念特刊》由编者刊行。

林浯著《中国国民革命概论》刊行。

汪精卫著《汪精卫先生最近言论集》由民主书店刊行。

南华日报社编辑部编《汪精卫先生最近言论集》由香港南华日报社刊行。

张务源著《思潮》由江苏南京新河南杂志社刊行。

张泽善编《一九三〇年伦敦海军会议》由上海海军部海军编译处刊行。

中国国民党天津特别市党务整理委员会宣传部编《巩固统一与确保和平》由编者刊行。

朱新繁著《中国革命与中国社会各阶级》由上海联合书店刊行。

邹鲁著《邹鲁文存》由北平北华书局刊行。

曹无逸编著《民权初步问答》由上海大东书局刊行。

陈既明著《革命的妇女问题》由上海三民书店刊行。

段隽原编《妇女生活》由上海世界书局刊行。

范祥善编《现代妇女评论集》由上海世界书局刊行。

杨幼炯编著《三民主义建设之原理》由上海民智书局刊行。

钟公任著《三民主义理论的研究》由上海启智书局刊行。

按：孙中山关于三民主义的书稿在民国11年陈炯明的部队进攻广州大总统府时失落，目前可以看到的印行材料，最早的是1905年的《同盟会宣言》(即《民报》发刊词)，最晚近的是他在1924年以"三民主义"为题所作的16次讲演的纪录。

胡汉民编《总理全集》(1—4集)由上海民智书局刊行。

中国国民党津浦铁路特别党部执行委员会宣传科编《总理遗嘱释义》由编者刊行。

中国国民党中央执行委员会宣传部编《总理演讲新编》由编者刊行。

邓文仪编《蒋介石先生言论之三》由江苏南京拔提书店刊行。

中国国民党浙江省执行委员会训练部编《童子军服装与用品》由编者刊行。

中国国民党中央执委会训练部编《中国童子军初级课程》由江苏南京编者刊行。

孙移新编《童子军本级课程》由上海中学童子军团刊行。

韩修德著《政治轨道建议图》由个人刊行。

国际劳工局中国分局编《国际劳工组织之概要》由编者刊行。

华林一、陆人骧撰述，何炳松校阅《近东问题》由上海商务印书馆刊行。

汤梦吾编《日本铁蹄下之朝鲜》由上海浦东星报社刊行。

中国国民党浙江省执行委员会训练部编《东方被压迫民族解放问题》由编者刊行。

按：是书论述民族主义，从政治、经济、社会等方面分析东方被压迫民族，包括中国、朝鲜、印度、越南、菲律宾、土耳其、伊朗等国家的情况，以及被压迫民族革命的方法和步骤等。有序言。

李伟森编《俄国农民与革命》由上海泰东图书局刊行。

按：是书共13章。叙述十月革命前的农奴制度，农奴暴动及农奴解放，十月革命农民问题的解决，以及苏联农业状况等。有编者序，附录大事记。

丁云孙编《英国政府大纲》由上海商务印书馆刊行。

按：是书叙述英国政治的起源，介绍英国宪法的类别、性质，英国中央及地方政府的组织机构，以及政党概况等。有自序及贝德士序。

张慰慈编《英国政府纲要》由上海商务印书馆刊行。

钱端升著《法国的政府》由上海商务印书馆刊行。

廖德珍编著《外交学概论》由上海大东书局刊行。

按：是书共4编。阐述外交的意义、目的，介绍世界外交主义、列强外交政策、外交礼仪和外交文书等。

朱采真著《法律学通论》由上海世界书局刊行。

钱番稻编《法学通论问答》由上海三民图书公司刊行。

朱方编著《法学通论》由上海法政学社刊行。

按：是书根据日本中村进午的《法学通论》及其他中外著述编著：分总论和各论。前者概述法学和法律，包括法律的分类、渊源、效力、解释，法律的执行法律上的权利义务；后者分别论述宪法、法院、行政法、刑法、民法、商法、诉讼法、国际公法和私法。

黄遵礼编《新编法学通论》由上海会文堂新记书局刊行。

上海法学院法学研究会编《法学论丛》由上海编者刊行。

金鸣盛著《五权宪法创作论及拟案》由上海开明书店刊行。

黄右昌著《罗马法与现代》由北平京华印书局刊行。

江苏省民政厅编《法令辑要》由江苏省民政厅第一科刊行。

中华印书局编《现行法令辑要》由北平中华印书局刊行。

白鹏飞编《宪法及宪政》由上海华通书局刊行。

张慰慈著《宪法》由上海商务印书馆刊行。

周青雁编《五权宪法通论》由上海三民书店刊行。

程树德著《比较宪法》由上海华通书局刊行。

丁元普著《比较宪法》由上海法学编译社刊行。

工商部工商访问局编《商会法诠解》由江苏南京编者刊行。

赵志嘉编著《现行警察法集解》由上海警察学社刊行。

内政部警政司编《出版法》由江苏南京编者刊行。

法学研究会编《民法》由编者刊行。

陈瑾昆著《民法通义总则》由北平朝阳大学出版部刊行。

朱采真著《民法总则新论》由上海世界书局刊行。

胡长清编《民法总则》由上海商务印书馆刊行。

王去非著《民法物权论》由上海法学编译社刊行。

彭棨编《物权法要论》由上海华通书局刊行。

屠景山著《民法物权原论》由上海世界书局刊行。

谭延闿编《民法债物编》由江苏南京民生书店刊行。

高伯时编《商法浅说》由上海中华书局刊行。

按：是书讲述商法的沿革、我国的商法、商业使用人及代理商、商号和商业注册、公司法、票据法、海商法及其他等有关商法的问题。

谢菊曾著《票据法概论》由上海世界书局刊行。

王效文著《中国票据法论》由上海法学编译社刊行。

王效文著《中国海上法论》由上海法学编译社刊行。

王效文著《中国保险法论》由上海中华书局刊行。

按：是书分两论，绪论包括保险、保险法、保险契约等 3 章；本论包括总则、损害保险、人身保险及海上保险等 4 章。

赵琛著《新刑法原理》由上海中华书局刊行。

王日叟编著《指纹学研究》由上海世界书局刊行。

青年书社编《国际公法》由上海青年书社刊行。

梁敬錞著《在华领事裁判权论》由上海商务印书馆刊行。

青岛特别市党务指导委员会民训会编《民训法规方案汇刊》由山东青岛编者刊行。

丁元普著《中国法制史》由上海法学编译社刊行。

按：是书除绪论概述法制史的意义、法制与礼制的区分、法制史研究纲要等外，分法律之起源及其沿革、古代宪政之创始、地方自治制度、家族社会制度、经济制度之变迁、法典之编纂及刑法之变迁、教育制度、职官制度、兵制等 9 章，叙述我国历代法制之兴废变迁。

杨鸿烈编著《中国法律发达史》由上海商务印书馆刊行。

按：是书共分 27 章。从殷周、春秋、战国、秦汉、晋、南北朝、隋唐、宋明清至民国，用历史的和比较的方法叙述其法律史。后有中国历代法律篇目表。

张陈卿著《韩非的法治思想》由北平文化学社刊行。

徐朝阳著《中国亲属法溯源》由上海商务印书馆刊行。

广东省政府编《地方自治法令汇编》由广东广州编者刊行。

山东省政府秘书处编《山东省现行法规类编》由济南编者刊行。

杭州市政府秘书处编《杭州市政府现行法规汇刊》由杭州编者刊行。

贵州省政府秘书处编《贵州省现行条规类编》由贵州编者刊行。

关靖著《关注孙子学说之问题》由辽宁东北军事月刊社刊行。

余乃仁编著《大战后欧陆军务之一瞥》由上海大东书局刊行。

白雄远编著《军事教育概要》由北平北京大学售书处刊行。

周亚卫著《新国防论》刊行。

文公直著《最近三十年中国军事史》由上海太平洋书店刊行。

按：是书共 3 编。上编为 1、2 编，第 1 编：军制(6 章，讲述中国陆军军制的沿革、清代新式陆军的创造、北洋新军的编练、民国陆军军制、国民革命军军制、编遣后的陆军军制)；第 2 编：军史(11 章，分别介绍北洋军军史及东三省、陕陇青夏疆、晋燕察绥热、鲁豫、浙苏、闽皖赣、鄂等地方军军史及国民革命军军史)。下册为第 3 编：战史(32 章，介绍中日战争、辛亥革命战争直至北伐完成的诸次战争)。

森教官编《民国十九年度陆军大学校自动车输运》由陆军大学刊行。

陆海空军总司令部宪警教导队编译《未来战争之唐克车》。

冯鹏翥纂述，玉蔚文辑录《治军语录》由北平文岚簃古宋印书局刊行。

军政部军需署编《军需会议汇编》由江苏南京总司令部经理处刊行。

郭克兴辑《国有铁路军运沿革略》由陆军大学校刊行。

陈尔修著《改良军国辎重管见》刊行。

训练总监部编《辎重兵操典草案》由江苏南京军用图书社刊行。

陆军大学编《兵站勤务》由陆军大学刊行。

胡三杰编订《军队教育各级计划表范例》由南京军用图书社刊行。

郑爰诹编《陆海空军刑法释义》由上海世界书局刊行。

东北文化社情报部编《苏俄最近军备之概况》由辽宁沈阳东北文化社刊行。

黄懋编《陆海空军联合战术》由江苏南京中央军校军官研究班刊行。

胡逸民编述《中央陆海空军监狱训练班讲义》由大陆印书馆刊行。

谢力虎编述，黄懋增编《昼夜间野外战斗笔记》由江苏南京共和书局刊行。

迈一尔讲授，胡序荃编述《野外演习笔记》由江苏南京共和书局刊行。

训练总监部编《步兵操典草案》由上海军学印书馆刊行。

训练总监部发布《劈刺教范草案》由江苏南京军用图书社刊行。

训练总监部发布《骑兵操典草案》由江苏南京军用图书社刊行。

训练总监部编《野战炮兵操典草案》由江苏南京军用图书社刊行。

训练总监部编《工兵操典草案》由江苏南京军用图书社刊行。

毋本敏著《战地电气交通》由江苏南京军政部兵工署刊行。

训练总建部秘书室编《国民革命军东路军战史纪略》由武汉印书馆刊行。

训练总监部编《交通教范草案》由江苏南京军用图书社刊行。

训练总监部公布《野战筑城教范草案》由江苏南京军用图书社刊行。

宗明杰著《三十节枪全书》由湖北汉口民声日报社刊行。

训练总监部公布《骑兵机关枪操典草案》由江苏南京军用图书社刊行。

日本步兵学校纂订、训练总监部译《步兵射击》由江苏南京军用图书社刊行。

李权时著《经济学》由上海黎明书局刊行。

李权时著《经济学新论》（上下册）由上海商务印书馆刊行。

邹敬芳著《经济学原论》由上海法学编译社刊行。

张之杰著《经济学原论》由北平三民学社刊行。

周佛海编《经济理论值基础知识》由上海新生命书局刊行。

按：是书分经济化的概况、生产、交换、货币、分配 5 编。内容多取材于日本河上肇在京都帝国大学的授课讲义。

钱释云编《经济学问答》由上海三民图书公司刊行。

毛起鹬编著《经济学问答》由上海大东书局刊行。

杨汝梅著《民生主义经济学》由上海中华书局刊行。

朱通九著《经济学研究法》由上海黎明书局刊行。

张韶舞编《世界经济论丛》由中央陆军军官学校政治训练处刊行。

李干著《现代经济新论》上册由上海交通大学刊行。

江世义编《世界经济概况》由上海法正学社刊行。

柳克编《世界政治经济概要》由上海商务印书馆刊行。

苏继顗著，朱经农校《世界经济地理》由上海商务印书馆刊行。

按：是书内分"绪论""亚洲各国""欧洲各国""非洲各国""大洋洲各国""美洲各国"5编，叙述各国的经济地理情况。

黄醒初编《最近各国经济之趋势》由上海大中书局刊行。

张之杰著《经济学说史》由太原晋新书社刊行。

邹敬芳编《西洋经济思想史》由上海法学社刊行。

王学文著《近世欧洲经济思想史》由上海乐华图书公司刊行。

朱通九著《战后经济学之趋势》由上海黎明书局刊行。

侯厚培著《战后欧洲之经济》（上下册）由上海世界书局刊行。

张云伏著《欧战后各国经济问题概论》由上海法学院刊行。

唐庆增著《西洋五大经济学家》由上海黎明书局刊行。

按：是书据作者授课讲义修订。内容分6章。首章论述经济思想的性质、研究方法及各种经济学派的划分；此后各章分别介绍亚当·斯密、穆勒、马克思、庞巴维克、杰文斯5位经济学家的经济思想、传略、主要著作及其所代表的学派，并比较其主张的异同。

唐庆增著《唐庆增经济论文集》由上海商务印书馆刊行。

陈其鹿著，马寅初校阅《资本主义发展史》由上海商务印书馆刊行。

按：是书论述资本主义之发端与发展，卷末述及"中国资本制度之已往及将来"一章，卷首有著者序。

吴贯因著《中国经济史概论》由上海联合书店刊行。

熊梦著《晚周诸子经济思想史》由上海商务印书馆刊行。

按：是书分导论、诸子思想之考原及其勃兴之原故、道家思想、儒家思想、墨家思想、法家思想、晚周思想补遗等7章。

马君武著《中国历代生计政策批评》由上海中华书局刊行。

吴美继著《民生主义的合作制度》由上海三民书店刊行。

孙寒冰著《金威廉的合作思想》由上海中国合作学社刊行。

陈仲明著《欧洲合作事业考察记》由上海中国合作学社刊行。

林光瑞编述《合作社浅说》由南京江苏省立民众教育馆编辑部刊行。

邵天挺著《合作论》由浙江兰溪商科职业学校刊行。

侯哲莽著《合作主义原论》由上海太平洋书店刊行。

文公直编著《合作制度》由上海时还书局刊行。

唐启宇著《合作概论》由上海民智书局刊行。

曾同春著《生产合作浅说》由南京中国合作学社刊行。

刘梅庵编著《合作与农民》由上海卿云图书公司刊行。

王世颖著《合作事业》由上海黎明书局刊行。

江苏省会宣传委员会编《合作运动专刊》由编者刊行。

马伯援著《对于合作运动的几点贡献》由著者刊行。

建设委员会编《建设委员会工作计划概要》由南京编者刊行。

上海市社会局编《劳工统计工作和计划》由编者刊行。

杨笃因编《稽核账目研究》由上海世界书局刊行。

杨笃因编《成本会计学研究》由编者刊行。

国立暨南商科大学会计学会编《簿记与会计》由上海民智书局刊行。

高伯时编《簿记浅说》由上海中华书局刊行。

卓定谋著《学生簿记》由北平大慈商店刊行。

嵇储英著《记账须知》由上海商务印书馆刊行。

杨汝梅著《论审计制度》由军需学校刊行。

江世义著《劳动法》由上海法政学社刊行。

张廷灏著《中国国民党劳工政策的研究》由上海大东书局刊行。

丁同力编《世界劳动状况》由上海大东书局刊行。

施穆编《工资计算法浅说》由上海中华书局刊行。

蒋学楷著《最低工资立法的研究》由上海黎明书局刊行。

陶孟和著《北平生活费之分析》由上海社会调查所刊行。

按：是书系中国第一部采用记账法调查研究城市工人家庭生活的著作。书中以精确翔实的第一手资料，采用对比的方法，将生活贫困的工人与中等阶层的生活以及同一时期外国工人的生活作比较，清晰、客观地反映出当时手工业工人生活的贫困程度和处于中等阶层的教员的生活状况，为其后各地生活费的调查提供了蓝本，在社会调查方法的探索中作出了开创性贡献。该书的不足之处是仅将调查结果如实呈现出来，缺乏理论分析，结论尚欠明了（《民国学案》第五卷《陶孟和学案》）。

朱清华著《繁荣北平市计划书提纲案》由北平市筹备自治委员会刊行。

广东建设厅编《五年来之广东建设》由编者刊行。

欧阳瀚存著《英美日产业问题》由上海中华书局刊行。

范祥善编《现代财政经济评论集》由上海世界书局刊行。

孙科著《中国革命后的新建设》由上海新宇宙书店刊行。

吴晦华著《实业计划之理论与实际》由上海新世纪书局刊行。

曹无逸编著《实业计划问答》由上海大东书局刊行。

陈遵楷编《实业计划水道要论》由上海商务印书馆刊行。

工商部编《工商法规汇编》由编者刊行。

王云五讲演，黄孝先速记《科学管理法的原则》由上海中国工商管理协会刊行。

丁达著《中国农村经济的崩溃》由上海联合书店刊行。

朱新繁著《中国农村经济关系及其特质》由上海新生命书局刊行。

王志莘编著《印度农村合作运动》由上海中国合作学社刊行。

岳渔著《苏联发展之新阶段》由世界科学研究学会刊行。

褚藜照编《农场管理》由上海中华书局刊行。

按：是书讲述有关农场管理、经营计划、劳力分配和监督、农产物贩卖等问题。

河南大学农业推广部编《开封县各乡农业概况调查纪要》由编者刊行。

吴觉农编《世界农业状况》由上海大东书局刊行。

董之学编《世界农业史》由上海昆仑书店刊行。

按：是书分8章。从罗马、中世纪的农业史谈到英、法、德、俄、美及东南欧各国的农业发展史。

陈翰笙著《封建社会的农村生产关系》由上海国立中央研究院社会科学研究所刊行。

国立浙江大学编《浙江八县农村调查报告》由编者刊行。

张幼鸣编《说说农产比赛会》由广州中山大学农业推广部刊行。

章植著《土地经济学》由上海黎明书局刊行。

按:是书分15章。论述土地经济问题、土地经济学原理、土地的特点及其分类、土地利用、地权、地租、地价、土地信用、地税、土地政策等问题。附录:土地法原则及参考书总目。

潘楚基著《中国土地政策》由上海黎明书局刊行。

聂国青著《中国土地问题之史的发展》由上海华通书局刊行。

黄通编《土地问题》由上海中华书局刊行。

按:是书分别论述土地问题的意义、土地制度的沿革、土地问题的理论、土地问题的对策、平均地权论等。

立法院秘书处编《土地法》由上海民智书局刊行。

国民政府文官处印铸局编《中国政府土地法》由编者刊行。

郭元觉辑校《中华民国土地法》由上海法学编译社刊行。

浙江省民政厅第六科编《土地法规》由编者刊行。

章渊若著《中国土地问题》由上海泰东图书局刊行。

湖北省民政厅编《整理湖北全省土地计划书》由编者刊行。

朱执信等著《井田制度有无之研究》由上海华通书局刊行。

刘大方著《中国农村合作之理论与实施》由南京京华印书馆刊行。

苏州市政府土地科编《苏州地价调查及统计》由编者刊行。

浙江省民政厅编辑《土地陈报特刊》由编者刊行。

黄越川著《东三省水田志》由上海开明书店刊行。

南运河工程局编《西北垦殖计划》由北平香山慈幼院刊行。

姚传法著《林业教育刍议》由南京首都造林运动委员会刊行。

陈嵘著《世界林业之沿革及其趋势》由南京首都造林运动委员会刊行。

江苏省教育林编《江苏省教育林十八年报告书》由编者刊行。

皮作琼著《关于中国林业问题的商榷》由南京首都造林运动委员会刊行。

江苏农矿厅编《森林有限合作社模范章程》由编者刊行。

广东建设厅农林局林业系编《林业合作社章程范本》由广东建设厅农林局推广课刊行。

中央模范林区管理局编《中央模范林区管理局之过去、现在、将来》由编者刊行。

农矿部林政司编《最近德国林业行政及其设施》由南京编者刊行。

叶元鼎等编《中国棉业状况》由工商部上海商品检验局。

赵诵轩等著《中国三大产物丝蚕豆》由上海中华书局刊行。

金晏澜编《浙江蚕业概况》由编者刊行。

黎德昭著《江苏省、浙江省蚕业调查报告》由北京东亚文化协议会刊行。

浙江省工商访问处编《浙江之丝茧》由编者刊行。

江苏省农矿厅编《江苏省十七年度蚕业状况》由编者刊行。

李安著《发展安徽蚕业计划》由安徽省建设厅编译处刊行。

工商部技术厅编《首都丝织业调查记》由江苏南京工商部技术厅编辑科刊行。

黄炎、杨允鸿、赵诵轩编《棉织业之现状》由上海中华书局刊行。

按:是书概述中国棉织业略史及其现状。

高事恒著《救济国产绸缎问题》由上海美亚织绸厂刊行。

黄越川著《东三省畜产志》由上海开明书店刊行。

农矿部编《渔业登记规则及施行细则》由编者刊行。

浙江省政府农矿处编《渔业法规》由编者刊行。

王禹图著《工业经济学 ABC》由上海 ABC 丛书社刊行。

彭维基、阮湘著《工业经济》由上海商务印书馆刊行。

浙江省政府农矿处编《矿业法》由编者刊行。

浙江省政府农矿处编《矿业法及矿产法施行细则》由编者刊行。

农矿部编《矿业法施行细则》由南京编者刊行。

叶辅良等著《质矿产》由地质研究所刊行。

叶辅良等著《浙江平阳县之明矾石》由地质研究所刊行。

王禹图著《工业经济学 ABC》由上海 ABC 丛书社刊行。

施穆编《工厂管理浅说》由上海中华书局刊行。

按：是书为民众工业丛书之一。

施穆编《工业会计概要》由上海中华书局刊行。

施穆编《工业簿记概要》由上海中华书局刊行。

黄通编《工业政策纲要》由上海中华书局刊行。

按：是书论述工业管理有关之组织形式、形态、经营、保护与奖励以及工业劳动者之保护等问题。

侯厚培、李承绪编《世界工业状况》由上海大东书局刊行。

施穆编《工业法规要义》由上海中华书局刊行。

按：是书简释企业、有限公司、劳动立法、健康保险法及国际劳动立法运动的意义。

朱采真编，朱鸿达校阅《工厂法释义》由上海世界书局刊行。

何廉、方显廷著《中国工业化之程度及其影响》由工商部工商访问局刊行。

按：介绍我国棉纺、缫丝、面粉、榨油、火柴、电气各业及工程规模、各业工人的分配情况，说明我国工业化程度以及对工程制度、劳动问题、国外贸易与贸易政策等的影响。

上海市特别社会局编《厂规汇编》由上海大东书局刊行。

浙江省矿产调查所编《矿商须知》由浙江省政府建设厅刊行。

农矿部编《农矿部全国矿业概要图表》由编者刊行。

农矿部编《农矿部矿业建设实施方案》由编者刊行。

王恒升著《矿业救省》刊行。

河北省矿务整理委员会编《河北矿务会刊》由编者刊行。

李保龄著《国内金矿业及今后开发管见》由北平中国矿冶工程学会出版部刊行。

程天斗编述《石油蟊酌》由广东中山工商炼油公司刊行。

东北造船所编《东北造船所汇刊》由编者刊行。

张斐然编《江西陶瓷沿革》由江西省建设厅刊行。

浙江设计委员会统计部编《浙江之纸业》由编者刊行。

方显廷著《天津地毯工业》由南开大学社会经济研究委员会刊行。

鲁荡平主编《天津工商业》由天津特别市社会局刊行。

上海特别市社会局编《上海之工业》由上海中华书局刊行。

上海特别市社会局编《怎样救济主要工业》由编者刊行。

李云良讲《被侵略之中国航权》刊行。

杨哲明著《世界交通状况》由上海大东书局刊行。

赵诵轩、黄炎、杨允鸿编《交通与经济》由上海中华书局刊行。

高伯时编《运输浅说》由上海中华书局刊行。

按：是书乃民众商业丛书之一，简述运输的意义、特质、种类以及我国及在华各国的运输事业状况等。

聂肇灵著《铁路通论》由上海商务印书馆刊行。

杨隽时编《交通管理 ABC》由上海世界书局刊行。

按：是书为 ABC 丛书之一，叙述中国及美、德、日等铁路管理之制度与组织情况。

陈汝善著《全国铁路概要》由上海交通大学经济学会刊行。

孙科著《二十五年来之铁路》由铁道部刊行。

祁仍奚编《东北铁路要览》由上海商务印书馆刊行。

李德周、吴香椿著《东北铁路大观》由北宁铁路运输处计核课庶务股刊行。

祁仍奚著《满铁问题》由上海商务印书馆刊行。

吴英华编著《二十年来的南满洲铁路株式会社》由上海商务印书馆刊行。

林同济著《日本对东三省之铁路侵略》由上海华通书局刊行。

平绥铁路管理局编《平绥铁路会计年报》由编者刊行。

郭寿生著《各国航业政策实况与收回航权问题》由上海华通书局刊行。

王洸著《航业与航权》由上海学术研究会刊行。

张心澂著《帝国主义者在华航业发展史》由上海日新舆地学社刊行。

张寿增编《黑龙江十年航政报告书》由黑河道尹公署刊行。

邢契莘编《松黑两江船政刍言》由东北造船所刊行。

陶叔渊编《中国之航空》由中华航空协进会驻沪办事处刊行。

交通、铁道部交通史编撰委员会编《交通史航空编》由编者刊行。

交通、铁道部交通编纂委员会编《交通史邮政编》由编者刊行。

按：是书为交通史 6 编，包括邮政、航空、航政、路政、电政、总务。所收资料年限起自清光绪二年(1876 年)试办邮政时至民国政府成立前。内容分为总务、业务、邮政储金、财政、涉外事项 5 章。卷末附有中西文名词对照表及参考书一览表。

铁鸣著《全国邮运航空实施计划书》由编者刊行。

高伯时编《商业浅说》由上海中华书局刊行。

按：是书主要叙述商业的沿革、意义、种类、组织、经营等知识。

高伯时编《贸易术浅说》由上海中华书局刊行。

按：是书为民众商业丛书之一。

上海南星书店编辑所编辑，梁凤楼主编，林隐民校订《商业新知识全书》由上海南星书店刊行。

唐庆增著《国际商业政策史》由上海商务印书馆刊行。

按：是书为新时代史地丛书之一。

吴东初著《零售业》(商业概要第一卷)由上海商务印书馆刊行。

按：是书为万有文库之一。

吴东初著《进货术》由上海商务印书馆刊行。

高伯时编《陈列浅说》由上海中华书局刊行。

按：是书为民众商业丛书之一。主要介绍商品的陈列方法，包括陈列分类、陈列设计、陈列和时令、位置、色调及光线、零卖和陈列等。

吴云高编《商业管理概论》由上海中华书局刊行。

按：是书为民众商业丛书之一，主要讲述有关商业管理之意义、计划、组织、管理人职务等问题。

沙为楷著《中国买办制》由上海商务印书馆刊行。

按：是书为商业小丛书之一。

叶元鼎等编《中国棉花贸易情形》由上海工商部上海商品检验局刊行。

狼吞虎咽客编《上海的吃》由上海流金书店刊行。

侯哲荮著《消费合作经营论》由上海太平洋书店刊行。

北平特别市社会局编《消费合作浅说》由编者刊行。

章鼎峙著《消费合作社发票制度之研究》由上海中国合作学社刊行。

中国国民党浙江省执行委员会宣传部编《消费合作》由编者刊行。

河南中山大学农业推广部编辑股编《农民消费合作浅说》由编者刊行。

赵诵轩、黄炎、杨允鸿编《提倡国货浅说》由上海中华书局刊行。

国民党浙江省执行委员会宣传部编《提倡国货》由编者刊行。

浙江省党务指导委员会宣传部编《提倡国货的理论与方法》由编者刊行。

中国国民党广州特别市党部宣传组编《提倡国货与节约运动》由编者刊行。

北平各界提倡国货运动大会编《提倡国货运动宣传大纲》由编者刊行。

中国国民党北平特别市党务指导委员会宣传部编《提倡国货宣传大纲》由编者刊行。

贾士毅著《关税与国权补遗》由上海商务印书馆刊行。

北京银行月刊社编《中国关税问题》由编者刊行。

马寅初著《中国关税问题》由上海商务印书馆刊行。

黄炎、杨允鸿、赵诵轩编《中外贸易浅说》由上海中华书局刊行。

按：是书内容包括总论、中外贸易起源及其趋势、中外贸易的失败、最近五十年的中外贸易、结论等5部分。

侯厚培编《世界贸易状况》由上海大东书局刊行，卷首有马寅初、贾士毅序。

按：是书为世界经济丛书之一。共分18章，首编概述世界贸易的变迁，并从质和量两方面观察世界贸易的发展趋势，从人口比例和情形分析世界各国的商业平衡问题；次编分论英、德、法、易、意、比利时、苏、美、加拿大、阿根廷、印度和中国的贸易状况。

赵诵轩、黄炎、杨允鸿编著《关税自主浅说》由上海中华书局刊行。

按：是书于1932年再刊，是民众聚集丛书之一。

陈重民著《中国进口贸易》由上海商务印书馆刊行。

赵诵轩、黄炎、杨允鸿编著《中日贸易略史》由上海中华书局刊行。

赵诵轩等编《毛织物之输入》由上海中华书局刊行。

陈其鹿著《英国对华商业》由上海商务印书馆刊行。

丁留余编著《财政学问答》由上海大东书局刊行。

奚楚明编《中国最近经济问题》由上海民生书局刊行。

赵诵轩、黄炎、杨允鸿编《中国财政略说》由上海中华书局刊行。

按：是书为民众聚集丛书之一。

李权时著《现行商税》由上海商务印书馆刊行。

按:是书为商学小丛书之一。

徐祖绳著《比较租税》由上海商务印书馆刊行。

按:是书为经济丛书之一。

财政部盐务署编《盐务法令汇编》由编者刊行。

林振翰编辑《中国盐政纪要》(上下册)由上海商务印书馆刊行。

贾士毅著,蔡允、陆鸿吉校阅《国债与金融》由上海商务印书馆刊行。

按:是书为中国经济学社丛书之一。

大陆银行编《内国债券调查录》由编者刊行。

朱彬元著《货币银行学》由上海黎明书局刊行。

按:是书为黎明商业丛书之一。全书包括"货币论"与"银行论"2 编。分别论述货币与银行的起源、沿革、作用、定义、种类,货币的价值与本位,银行业务与实况等。增订版对"货币论"增补较多,特别是"货币价值"一章,讨论了银价与我国币制问题。对"银行篇"亦略有扩充。增加了信托业及各国银行制度的比较等内容。附录有关法规 16 种、统计图表 18 种,以及《旧事重提之白银问题》一文。

叶作舟、郭真著《货币新论》由上海太平洋书店刊行。

按:是书分 11 章。述及货币起因与变化,货币的职能、种类,货币制度、流通、价值及纸币等。末附专论中国货币问题。

李权时著《货币价值论》由上海世界书局刊行。

按:是书为经济学丛书之一。全书分绪论、货币价值的理论、货币价值之衡量、货币价值之稳定 4 章,介绍世界上各派货币学说。

彭学沛著《中外货币政策》由上海神州国光社刊行。

李大年编《金涨银落问题及其救济》由上海启智书局刊行。

夏赓英编《金贵银贱问题之研究》由上海北新书局刊行。

资耀华编《金贵银贱之根本的研究》由上海华通书局刊行。

徐钓溪编著《最新银行论》由上海中华书局刊行。

按:是书为大学教材。主要介绍钞票之发行、存款、放款、汇兑等。

赵诵轩、黄炎、杨允鸿编《银行与金融》由上海中华书局刊行。

按:是书为民众经济丛书之一。主要概述银行的种类、业务、与金融上的关系,以及我国银行在金融界的地位,我国金融制度的缺陷等。

王澹如著《汇兑学 ABC》由上海 ABC 丛书社刊行。

唐庆增著《国外汇兑》由上海商务印书馆刊行。

按:是书为商业小丛书之一。

朱彬元编《世界金融状况》由上海大东书局刊行。

按:是书分国际贸易、世界金银产量移动及其比价、库存现金与纸币流通额之增减及其影响、各国中央银行状况 4 章。

张辑颜著,臧启芳校订《中国金融论》由上海商务印书馆刊行。

曲殿元著《中国之金融与汇兑》由上海大东书局刊行。

唐奇著《各种有奖储蓄会之研究》由江苏南京苏民周报社刊行。

张镜予编《中国农村信用合作运动》由上海商务印书馆刊行。

杨荫溥著《中国交易所论》由上海商务印书馆刊行。

杨荫溥著《上海金融组织概要》由上海商务印书馆刊行。

陈掖神著《保险业》由上海商务印书馆刊行。

陈安仁著《中国文化复兴之基本问题》由上海国立暨南大学刊行。

按：是书分7章，论述文化的意义、环境、遗传对于文化的影响，经济演进与文化演进的相互关系，帝国主义的文化影响及其颓衰的趋势，中国文化的特点与中国文化复兴的基本问题等。

毛起鹓著《世界文化史问答》由上海大东书局刊行。

郑寿麟著《中西文化之关系》由上海中华书局刊行。

按：是书阐明中西文化的关系、特点与差异。

杭苏编《欧洲文化变迁小史》由上海中华书局刊行。

陈兼善著《气候与文化》由上海商务印书馆刊行。

叶法无著《文化与文明》由上海黎明书局刊行。

人文类辑社编《人文类辑社民国十八年度报告》由编者刊行。

按：人文类辑社即人文社。其主要工作是收集各种图书杂志报纸，分类庋藏；将辛亥革命以来报纸所载有价值资料剪贴成片，分别类目；将重要杂志依照所订类目制成索引。

谦弟著《自然科学与社会科学》由重庆书店刊行，有自序。

上海正谊社宣传部编《正谊社七周纪念特刊》由编者刊行。

徐宝璜著《新闻学纲要》由上海联合书店刊行。

陶良鹤著《（最新应用）新闻学》由复旦大学新闻学会刊行，有谢六逸及黄天鹏的序。

黄天鹏著《中国新闻事业》由上海联合书店刊行，有罗翼群的序及自序。

黄天鹏著《新闻文学概论》由上海光华书局刊行，有新序、旧序。

黄天鹏编《新闻学刊全集》由上海光华书局刊行，有徐宝璜、吴贯因等人的序。

黄天鹏编《新闻学论文集》由上海光华书局刊行，有编者序。

《上海之报界》由上海中华书局刊行。

吴定九著《新闻事业经营法》由上海联合书店刊行。

按：是书分4编，介绍编辑部、营业部、印刷部等部门的经营管理。

天庐主人著《天庐谈报》由上海光华书局刊行。

张静庐著《中国的新闻记者与新闻纸》由上海光华书局刊行。

项士元编《浙江新闻史》由杭州之江日报社刊行。

舒新城编《现代教育方法》（师范丛书）由上海商务印书馆刊行。

按：是书分三部分：1.叙述现代教育方法的意义、范围及其背景；2.列举蒙台梭利法、葛雷制、设计教学法、道尔顿制、哈沃特制、德可乐利教育法、学级编制法，以及英、德、美三国的各种教育法；3.论述创造中国新教育方法的途径。

曹无逸编著《教育学问答》由上海大东书局刊行。

李浩吾编《新教育大纲》（新兴社会科学丛书）由上海南强书局刊行，有编者序。

按：是书著者为杨贤江，署名李浩吾，此书为我国第一部系统阐述马列主义教育学说的专著。作者论述了教育与革命的关系，提出了中国教育发展的社会主义方向。书出版后，在中国共产党领导的革命根据地被用作师范学校教科书。

程其保编《教育原理》（师范小丛书）由上海商务印书馆刊行，有编者序。

范寿康著《个性教育》（师范小丛书）由上海商务印书馆刊行。

孙逸园编《都市教育纲要》（师范小丛书）由上海商务印书馆刊行。

按:是书分都市教育理论和都市教育设施2编。论述都市生活对于儿童的普通影响、特殊影响及根本缺点,提出都市教育应有的各种设施。

宋禀钦等编辑《教育研究》(第2集)由上海大夏大学高等师范科编辑委员会刊行。

常导之编著《比较教育》(教育丛书)由上海中华书局刊行,有编者弁言。

按:是书介绍俄国、意大利、奥地利、丹麦、土耳其、日本、瑞士、比利时等8国的教育状况。

郑次川编《教育思潮概说》(百科小丛书)由上海商务印书馆刊行。

高卓著《现代教育思潮》(新时代史地丛书)由上海商务印书馆刊行。

王璧如编《现代教育概观》由上海北新书局刊行。

黄炎培著《中国教育史要》(百科小丛书、万有文库)由上海商务印书馆刊行。

陈翊林著《最近三十年中国教育史》由上海太平洋书店刊行。

薛文蔚著《自然主义与教育》(师范小丛书)由上海商务印书馆刊行。

中学校教务处编《教育学程纲要》(学程纲要之六)由上海编者刊行。

常导之编《德法英美四国教育概观》(师范丛书)由上海商务印书馆刊行。

王海初著《西洋教育小史》(百科小丛书)由上海商务印书馆刊行。

卢绍稷著《三民主义与教育》(师范小丛书)由上海商务印书馆刊行。

中国国民党中央执行委员会训练部编《教育要义》(总理关于教育之遗教)由编者刊行。

庄泽宣编《(英汉对照)教育学小词典》由上海民智书局刊行。

孙钰著《兴味与教育》由北平文化学社刊行,有韩定生序。

常导之编《教育行政大纲》(上下册)(教育丛书)由上海中华书局刊行。

按:是书被国内大学及师范学校广泛采用为教材或主要参考书。主要内容有行政组织、学校系统、教职人员、视导制度、教育经费等。

常导之编著《(增订)教育行政大纲》由上海中华书局刊行。

杜佐周著《教育与学校行政原理》(厦门大学教育学院丛书)由上海商务印书馆刊行。

罗廷光编《普通教学法》由上海商务印书馆刊行。

程其保编《学务调查》(师范丛书)由上海商务印书馆刊行。

夏承枫编《教育调查参考资料》由中央政治学校刊行。

中华函授学校编《学校管理法讲义》由上海编者刊行。

温仲良、陈时文编《教室管理》由广东广州蔚兴印刷厂印。

程瀚章著《学校卫生论》(师范小丛书)由上海商务印书馆刊行。

程瀚章编《学校卫生行政》由上海商务印书馆刊行。

上官悟尘著《学校卫生》(医学小丛书)由上海商务印书馆刊行。

李廷安著《学校卫生概要》由上海商务印书馆刊行。

姜琦编《知难行易与教育》由上海华通书局刊行。

江苏各县筹备义务教育联合办事处编《义务教育特刊汇编》(1)由编者刊行。

河北省教育厅编《义务教育宣传纲要》由编者刊行。

赵麟编著《教书生活》(生活丛书)由上海世界书局刊行。

程湘帆著《中国教育行政》(师范丛书)由上海商务印书馆刊行,有著者及黄炎培序。

教育部编制《画一教育机关公文格式办法》由上海中华书局刊行。

教育部编《教育部民国十九年八月份工作报告表》由编者刊行。

教育部编《教育部工作报告》（10月份）由编者刊行。

教育部参事处编《现行重要教育法令汇编》由编者刊行。

《现行教育法令大全》由上海世界书局刊行。

汪懋祖等著，延陵缪辑录《第二次全国教育会议始末记》由上海江东书局刊行。

教育部教育方案编制委员会编《改进全国教育方案》（第二次全国教育会议修正通过）由编者刊行。

中华教育文化基金董事会编《统计学上机率与机误的实验研究》（国立中央大学教育心理讲座研究报告）由江苏南京编者刊行。

中华教育文化基金董会编《统计学上均差之研究》（国立中央大学教育心理讲座研究报告）由江苏南京编者刊行。

河北省教育厅编《河北省教育统计概要》（自十八年八月至十九年七月）由编者刊行。

程本海著《在晓庄》由上海中华书局刊行，有陶行知和李楚材序。

姚枝碧著《儿童研究概要》由上海新亚书店刊行。

儿童教育社编《儿童教育社概况》由广西南宁编者刊行。

曾绣香编《儿童游戏》（燕京大学教育系幼稚师范教育丛书）由北平燕大教育系幼稚园刊行。

张雪门著《幼稚园研究集》由北平香山慈幼院刊行。

张若楠主编《低年级教学实验的记录》（首都教育丛刊）由江苏南京特别市立西区实验学校刊行，有俞子夷、张曼和序。

徐松石编《实用小学教学法》由上海中华书局刊行。

按：是书论述教育原理和教授方法。

谢恩皋编《小学普通教学法》由上海中华书局刊行。

按：是书分教学思潮、教学原理、教授方法等8章。

陈雏士著《一个社会教学的经过》（首都教育丛刊）由江苏南京特别市立西区实验学校刊行。

上海中学实验小学编《低级日本研究教学大纲》（地方教育第五分区研究会丛刊）由上海编者刊行。

上海中学实验小学编《中级日本研究教学大纲》（地方教育第五分区研究会丛刊）由上海编者刊行。

盛朗西编《革命纪念日教学大纲集》由上海中学师范科、上海中学实验小学刊行。

赵欲仁编著《小学国语科教学法》（万有文库、师范小丛书）由上海商务印书馆刊行。

王文新编《小学分级字汇研究》（小学国语课程研究报告之一）（国立中山大学教育学研究所丛书）由上海民智书局刊行，有庄泽宣序。

朱智贤编《小学历史科教学法》由上海商务印书馆刊行。

江苏省立南京实验小学编译股编《最低限度小学校务实施法》由江苏省立南京实验小学出版股刊行。

山西省教育厅编《山西省教育法令辑览》由编者刊行。

山西省长公署统计处编《山西省第十次教育统计》（民国十四年度）由编者刊行。

东省特别区教育厅编《东省特别区教育厅督学视导学校报告书》（中华民国十九年度上

学期)由编者刊行。

李云杭著《考察江浙教育纪要》由湖南长沙个人刊行。

广东省立第一女子师范学校第二届高中师范科编《江浙教育考察报告》由广东广州编者刊行。

上海特别市教育局编《上海特别市教育局业务报告》(十八年七月至十二月)由上海编者刊行。

山东省政府教育厅编《山东省政府教育厅视察报告》(第1集)由编者刊行,有何思源序。

山东省政府教育厅编《山东全省教育局长第二次会议报告》由编者刊行。

江苏省教育厅编《江苏最近教育概况》由编者刊行。

江苏各县筹备义务教育联合办事处编《江苏各县筹备义务教育联合办事处一年来之工作》由编者刊行。

江苏各县筹备义务教育联合办事处编《江苏各县筹备义务教育联合办事处附设师资训练函授部概况》由编者刊行。

江苏各县筹备义务教育联合办事处编《中泠新村丛刊》(第1种普及教育实验区实验纲要)由编者刊行。

江苏各县筹备义务教育联合办事处编《中泠新村丛刊》(第2种普及教育实验区调查报告)由编者刊行。

南京市教育局编《南京市教育概况统计》(十八年度)由江苏南京编者刊行。

南京特别市教育局编《南京特别市教育事业概览》由江苏南京编者刊行。

江苏无锡县教育局编《二年来的无锡教育》由无锡编者刊行。

上海县教育局编《上海县教育周十七年度年报》由上海编者刊行。

上海奉贤县教育局编《奉贤教育》(十八年度年刊)由江苏奉贤编者刊行。

蔡黼光编《灌云教育年刊》由江苏灌云县教育局刊行。

安徽省教育厅编《安徽现行教育法规汇编》由编者刊行。

安徽第二届全省教育局长会议大会编辑股编《安徽第二届全省教育局长会议特刊》由安徽安庆编者刊行。

安徽省教育厅编《安徽第二届全省教育局长会议录》由编者刊行。

安徽省教育厅编《一年来之安徽教育》由编者刊行。

安徽省教育厅编《安徽省教育统计图表》(第1辑)由编者刊行。

杭州市政府教育科编《杭州市教育计划纲要》由杭州编者刊行。

衢县教育局编《衢县县政府教育局工作概况》(十八年一月至十二月)由浙江衢县编者刊行。

浙江嘉兴县王店区教育办公处编《嘉兴县王店区教育概况》(十八年度)由浙江嘉兴编者刊行。

浙江鄞县教育局编《鄞县十九年度教育实施计划及经费预算》由浙江鄞县编者刊行。

河南省教育厅编《河南省教育厅二十年度行政计划大编》由编者刊行。

湖北省教育厅编《湖北教育现状》(中华民国十八年至十九年三月)由编者刊行。

湖南邵阳县教育局编《邵阳教育行政汇刊》由湖南邵阳编者刊行。

贵州省政府编《贵州省国民教育实施计划》由编者刊行。

袁哲编《世界各国小学教育概观》由上海儿童书局刊行。

辽宁省第一届小学教育研究班编《小学教育参观汇编》由辽宁汉卿教育基金董事会刊行，有张学良等人题词。

南京特别市教育局编《南京特别市市立小学校最低限度暂行行政标准》由江苏南京编者刊行。

安徽教育厅省会小学管理处编《安庆市小学教育概况》（自民国十八年四月起至民国十九年六月止）由安徽安庆编者刊行。

寰球中国学生会日校编《光明之路》（寰球中国学生会日校毕业纪念册）由上海编者刊行。

江苏省立苏州中学实验小学编《江苏省立苏州中学实验小学概况》由江苏苏州编者刊行。

江苏镇江丹徒镇养正小学编《镇江丹徒镇养正小学十周年纪念刊》由江苏镇江编者刊行。

浙江省立高级中学附属小学编《浙江省立高级中学附属小学一周年》由杭州编者刊行。

福建省立龙溪实验小学编《龙溪实小概况》由福建龙溪编者刊行。

国立中山大学编《国立中山大学附属小学儿童阅读指导和书目》由编者刊行。

元甲学生周刊社编《元甲学生汇刊》（第 1—2 卷合编）由广东佛山元甲小学校刊行。

李相勖著《中学课外作业》由上海浦东中学刊行。

吴梦非编《中学新歌曲》由上海中华书局刊行。

王传中等编《（投考必携）各科常识答问（下册）》由湖北武昌文化书局刊行。

国立北平师范大学附属中学校编《国立北平师范大学附属中学校校友会会刊》（第 12 期）由北平编者刊行。

艺文中学校编《北平艺文中学校五周纪念刊》由北平编者刊行。

北平私立两级女子中学校编《北平私立两级女子中学校学则及校章》由北平编者刊行。

崇德学校初中毕业班纪念册筹备委员会编《崇德学校初中毕业班纪念册》（一九三零）由北平编者刊行。

北平安徽中学编《革新后之北平安中》由北平编者刊行。

潞河年刊编辑委员会编《潞河年刊》由河北通县私立潞河中学刊行。

辽宁省立第一高中校刊编辑部编《辽宁省立第一高中校二十五周年纪念号》由辽宁沈阳编者刊行。

同泽学校出版部编《同泽学校教育实施统计概况》由辽宁编者刊行。

上海浦东中学编《浦东毕业纪念刊》由上海编者刊行。

上海南洋中学庚午级纪念刊编辑部编《南洋中学庚午年刊》由上海编者刊行。

上海中西女校编《墨梯年刊》（中华民国十九年）由上海编者刊行。

上海澄衷中学编《私立澄衷中学校章程》由上海编者刊行。

上海澄衷中学学生自治会编《澄衷半年刊》由上海编者刊行。

上海市立务本女子中学校编《上海市立务本女子中学校概况》（民国十九年十二月）由上海编者刊行。

沪江大学附中编《沪江大学附属中学校章程》(民国十八年至十九年)由上海编者刊行。

上海私立东吴二中学籍社编《学籍》(春季号)由上海编者刊行。

江苏省立上海中学校教务处编《商科概况》由编者刊行。

江苏省立上海中学校教务处编《师范科概况》由上海编者刊行。

上海法学院附属中学编《上海法学院附属中学概览》由上海编者刊行。

上海圣约翰大学编《圣约翰大学附属高中章程摘要》由上海编者刊行。

张旦初著《职业教育纲要》(考试丛书)由上海法学社刊行。

陈选善、吴友孝编《性能检查法》由上海中华职业教育社刊行。

陈表著《各国劳动教育概观》由上海新世界书局刊行,有郑若谷、马师儒、周谷城序。

孟普庆编《近代英国成人劳动教育运动史》由江苏南京国立中央大学新声社推广部刊行。

江苏省立教育学院研究实验部编《成人教育通论》(第1辑)(民众教育丛书)由无锡江苏省立教育学院刊行,有周德之序。

按:是书收《为什么要提倡成人教育》(童润之),《成人教育将来的地位》(郑晓沧),《成年生活的需要与教育》(孟宪承),《和勒殿的成人教育思想》(雷宾南)等8篇。

江苏省立民众教育院等编《民众教育名著提要》(第1辑)由无锡中华印局刊行。

江苏省立教育学院研究实验部编《民众教育新论》(民众教育丛书)由无锡江苏省立教育学院刊行。有傅葆琛的"民众教育丛书编辑旨趣"和周德之序。

戴洪恒编《新时代民众学校中国地理课本教授法》由上海商务印书馆刊行。

董涤尘编《新时代民众学校笔算课本教授法》(1、2册)由上海商务印书馆刊行。

费赞九编《新时代民众学校三民主义课本教授法》由上海商务印书馆刊行。

计志中编《新时代民众学校卫生课本教授法》由上海商务印书馆刊行。

吴仁杰编《新时代民众学校农业课本教授法》由上海商务印书馆刊行。

吴克勤编《民众识字课本教授书》(初级1—3册)由上海中华书局刊行。

赵水澄编《街上的小孩》(平民读物)由河北定县中华平民教育促进会刊行。

古梅著《乡村教育新论》(国立中山大学教育学研究所丛书)由上海民智书局刊行。

傅葆琛讲《乡村民众教育概论》由无锡江苏省立教育学院研究实验部刊行。

江苏省立教育学院研究实验部编《乡村民众教育问题的研究》(第1辑)(民众教育丛书)由无锡江苏省立教育学院刊行,有傅葆琛的"丛著编辑旨趣"和周德之序。

傅葆琛著《乡村生活与乡村教育》由无锡江苏省立教育学院研究实验部刊行。

顾兆文编《乡村教育实施法》由上海三民公司刊行。

李开甲著《平市、定县民众教育考察记》由个人刊行,有赵松筠序。

中华平民教育促进会编《农民千字课》由编者刊行。

江苏省立教育学院工人教育实验区编《工人教育实验之发端》由无锡江苏省立教育学院刊行。

浙江识字运动宣传委员会编《演讲材料集》(宣传刊物之二)由浙江省识字运动委员会刊行。

浙江省识字运动宣传委员会编《浙江省识字运动年报》(十八年度)由浙江编者刊行。

倪德刚编《视察工人学校报告书》(社会教育业务报告)由湖北汉口市政府教育局刊行。

盐城农民教育馆编《盐城农民》由编者刊行。

赵演著《天才心理与教育》由上海商务印书馆刊行。

罗继伦著《林间学校》(师范小丛书)由上海商务印书馆刊行。

欧阳祖经著《欧美女子教育史》(师范小丛书)由上海商务印书馆刊行。

浙江省教育厅第三科编《浙江的社会教育》由浙江编者刊行,有陈布雷的卷头语。

汉口市政府教育局编《社会教育计划汇编》由湖北汉口编者刊行。

谢颂羔著《家庭教育的研究》由上海广学会刊行。

章沦清著《青年自修指导》由上海大东书局刊行。

潘光旦著《读书问题》由上海新月书店刊行。

胡适之等讲《读书法入门》由上海中华书局刊行。

吴蕴瑞著《运动学》由上海商务印书馆刊行,有著者序、引言。

佟振家编著《体育组织与实施》由天津百城书局刊行,有黄金鳌、金复庆序及编著者序。

丁潜庵编《运动》由上海医学书局刊行。

宋如海编《"我能比呀"世界运动会丛录》由上海商务印书馆刊行。

陈掌谔著《菲律宾体育与华侨》由菲律宾体育编纂社刊行。

张钟英编《小学最低限度体育设备法》(首都教育丛刊)由江苏南京京中区实验学校刊行,有张子含序。

林放东编《乐华南征史》由新时代书社刊行。

黄柏年编《写真掌械教范》(写真尚武丛书)由上海世界书局刊行。

吴志青《科学化的国术》(尚武楼丛书)由上海大东书局刊行,有沈恩孚等5人序。

唐范生著《少林武当考》(中央国术馆国术丛书)由江苏南京中央国术馆刊行。

按:是书书前有蒋介石、蒋梦麟等人的题词,张之江、张人杰等人的序及作者自序,书后有朱国福的跋。

金一明编著《拳术初步》由上海沪江国术出版社刊行。

薛巩初编《技击准绳》由上海精武体育会刊行,有编者自序。

唐范方著《太极拳与内家拳》由上海武学会刊行。

姜容樵、姚馥春编《太极拳》由上海武学书局刊行,有李景林、姜容樵等7人序。

金一明著《三十二势长拳》由上海中华书局刊行。

姜容樵编《写真形意母拳》(写真尚武丛书)由上海世界书局刊行。

姜容樵编《形意杂式捶八式拳合刊》(尚武进德会国会丛书)由上海武学书局刊行。

朱霞天著《罗汉拳图形》由上海中华书局刊行。

朱霞天著《少林护山子门罗汉拳图影》由上海中华书局刊行。

黄柏年编《龙形八卦掌》(尚武进德会国术丛书)由上海武学书局刊行。

金一明著《武当拳术秘诀》由上海中华书局刊行,有郭庆等3人序。

姜容樵编《写真秘宗拳》(写真尚武丛书)由上海世界书局刊行,有王子平等人序及自序。

金一明、郭粹亚著《三义刀图说》由上海大东书局刊行,书前有郭粹亚序、金一明序。

姜容樵编《写真八卦奇门枪》由上海世界书局刊行,有陈微明等人序及自序。

赵连和、陈铁生编著《达摩剑》(万有文库、体育小丛书)由上海商务印书馆刊行。

姜容樵编《写真青萍剑》(写真尚武丛书)由上海世界书局刊行。

姜容樵、刘俊龄编《写真昆吾剑》由上海世界书局刊行。

姜容樵编《写真少林棍法》(写真尚武丛书)由上海世界书局刊行,有韩慕侠等人序及编者自序。

姜容樵编《写真太师虎尾鞭》(写真尚武丛书)由上海世界书局刊行,有蒋介石等人题词,李显谟等人序。

姜容樵编《写真太师水磨鞭》(写真尚武丛书)由上海世界书局刊行,有李蠡等人序。

姜容樵编《写真鞭枪大战》(写真尚武丛书)由上海世界书局刊行,有张占魁等人的序及编者自序。

青年协会书报部编《游戏法》由上海青年协会书局刊行,有胡贻穀弁言。

董作宾著《甲骨文研究之扩大》由中央研究院历史语言研究所刊行。

马叙伦著《读金器刻词》由学林杂志社刊行。

张世禄著《中国古音学》由上海商务印书馆刊行。

按:此书共20章。除论述古音学溯源、叶韵说外,分别对吴棫、郑庠、顾炎武、江永、段玉裁、戴震、钱大昕、孔广森、章炳麟诸家古音学说,以及近世古读之考证作了介绍。文言体。附参考书目。

程树德著《说文稽古篇》(上下卷)由上海商务印书馆刊行。

赵元任编《国语罗马字与威妥玛式拼法对照表》由北平国语统一筹备委员会刊行。

按:汉字注音系统里曾有一种系统叫威玛氏音标源。它是1867年开始的,由英国人T. F.威妥玛与人合编的注音规则,叫"威氏拼音",是中国清末至1958年汉语拼音方案公布前,中国和国际上流行的中文拼音方案。这个方案被普遍用来拼写中国的人名、地名等。

赵元任编《国语罗马字常用字表》由北平国语统一筹备委员会刊行。

孙东生编著《中国文字学》由北平景山书社刊行。

江恒源编著《中国文字学大意》由上海大东书局刊行。

按:是书论述中国文字学的定义、字形、字音、字义等。

王古鲁著《言语学通论》由上海世界书局刊行。

按:是书据日本安藤正次的《言语学概论》编著。内容分序说、世界的言语、言语之音声、言语之本质、言语之发达及其变迁等5章

张万华编《国语信号》由上海世界书局刊行。

徐昂著《音学四种》由南通翰墨林书局刊行。

赵元任著《广西瑶歌记音》由北平国立中央研究院历史语言研究所刊行。

赵元任制《方音调查表格(1.例字表)》由国立中央研究院历史语言研究所刊行。

王静如著《西夏文汉藏译音释略》由中央研究院历史语言研究所刊行。

彭淑珍编,陆衣言校订《注音符号发音法》由上海世界书局刊行。

马青著《新的作文法》(社会主义文库)由上海平凡书局刊行。

马俊如编,陆衣言校订《注音符号发音原理》由上海世界书局刊行。

马国英编《国语会话》(国语注音符号丛书)由上海世界书局刊行。

吕思勉著《章句论》(万有文库;国学小丛书)由上海商务印书馆刊行。

按:是书讲述文言语法和修辞。

罗常培著《厦门音系》(国立中央研究院历史语言研究所单刊甲种4)由北平国立中央研究院历史语言研究所刊行。

蒋镜芙编辑《国音》由上海中华书局刊行。

蒋镜芙编《国语注音符号新教本》由上海中华书局刊行。

齐铁恨编《国语罗马字》由上海商务印书馆刊行。

黎维岳编《国语罗马字》由上海世界书局刊行。

陆衣言编《国语注音符号使用法》（标准国音丛书）由上海中华书局刊行。

陆衣言编《国语注音符号讲习课本》（标准国音丛书）由上海中华书局刊行。

陆衣言编《国语注音符号发音图指导书》由上海世界书局刊行。

陆衣言编《国语注音符号发音法》由上海中华书局刊行。

陆衣言编《国语罗马字使用法》由上海中华书局刊行。

陆向梅编《注音符号课本》由上海世界书局刊行。

张漱六编《注音符号问答》由上海世界书局刊行。

陆向梅编，陆衣言校订《注音符号书法体式》由上海世界书局刊行。

方宾观编《注音符号传习小册》由上海商务印书馆刊行。

教育部编审处编《注音符号传习小册》由上海中华书局刊行。

江仲琼编《注音符号小史》由上海世界书局刊行。

刘复著《从五音六律说到三百六十律》刊行。

刘复著《声调之推断及"声调推断尺"之制造与用法》由国立中央研究院历史语言研究所刊行。

刘复、李家瑞编著《宋元以来俗字谱》由北平国立中央研究院历史语言研究所刊行。

吴瀛编《中国国文法》由上海商务印书馆刊行。

按：是书分论字、释句、辨文 3 卷。

汪震编著《国语文法》由北平文化学社刊行。

杨树达著《高等国文法》由上海商务印书馆刊行。

按：是书分总论、名词、代名词、动词、形容词、副词、介词、连词、助词、叹词等 10 章，对《马氏文通》一书有所修正。

平民大学编《（讲义）国文粹选》由编者刊行。

王易著《修辞学通诠》由上海神州国光社刊行。

按：是书分绪论、本论两编。绪论讲述修辞学的定义和研究法、辞的要素和思想、修辞目的及效果；本论讲述修辞的组织、辞藻的内容和外形及文体等。

杜定友著《校雠新义》由上海中华书局刊行。

张咏春、程旭清编《农工商尺牍教本》由上海中华书局刊行。

张文治编《中学国文教师手册》由上海中华书局刊行。

张匡编著《小朋友书信》由上海北新书局刊行。

张邦永著《邦永速记术》由上海邦永速记学社刊行。

于霁评纂《新时代文衡》（1—6 册）由上海中原书局刊行。

叶盖尘著《（言文对照）僧伽尺牍》由上海佛学书局刊行。

杨德辉著《现代书信》由上海明月书局刊行。

许慕羲著《（最新各界）白话尺牍大观》由上海广益书局刊行。

周侯于编纂《作文述要》由上海商务印书馆刊行。

章衣萍著《作文讲话》由上海北新书局刊行。

阮真著《中学作文题目研究》由上海民智书局刊行。

钱谦吾(阿英)编《新文艺描写辞典》由上海南强书局刊行。

钱谦吾(阿英)编《新文艺描写辞典续编》由上海南强书局刊行。

中国国民党汉口特别市党部临时整理委员会宣传部编《革新楹联集》由编者刊行。

徐安之编著《语文作法讲话》由上海开明出版部刊行。

吴世昌著《释书诗之"诞"》由北平燕京大学刊行。

李定夷著《女子交际尺牍》由上海国华新记书局刊行。

韦月侣著《新妇女书信》由上海广益书局刊行。

陶秋英编《现代女子书信》由上海世界书局刊行。

唐芸洲编《新辑写信必读分韵撮要合璧》由广东广州华兴书局刊行。

上海商务印书馆编《辞源》续编刊行。

王云五编《王云五大辞典》由上海商务印书馆刊行。

舒新城主编《中华百科辞典》由上海中华书局刊行。

按:此书收各科名词术语,约二百万言。按部首索引。书末附中国历代纪元世界大事年表、中国省市区县名表、中国商埠表等。

李杕编选《古文拾级》由上海土山湾印书馆刊行。

劳春华著《儿童实用书信》由上海儿童书局刊行。

胡寄尘编著《实用写信法》由上海广益书局刊行。

精诚书店编《国民政府军用函牍》由上海精诚书店刊行。

江南文艺社编辑《现代中国散文甲选》(上下册)由上海亚细亚书局刊行。

江南文艺社编《现代中国散文选》(上下册)由上海江南文艺社刊行。

黄洁如著《文法与作文》由上海开明书店刊行。

何应钦提案《对于教育部蒋部长意见讨论书》刊行。

韩悦轩编《(附汉文释义)实用短篇论文》由辽宁成城中学校刊行。

孙寒冰、伍蠡甫编《西洋文学名著选》由上海黎明书局刊行。

后觉著《世界语概论》由上海商务印书馆刊行。

一工著《世界语问题》由湖南长沙岳云中学刊行。

张锦源编《世界语捷径》由广东广州文思英文补习学校刊行。

施云卿编《蒙古语会话篇》由北平蒙文书社刊行。

施云卿编《蒙古语会话》由北平蒙文书社刊行。

陆费执、严独鹤主编《中华汉英大辞典》由上海中华书局刊行。

周开甲、马润卿编著《中华英语留声片课本》由上海中华书局刊行。

张鹏云编《(最新增订)(正编)汉英大辞典》由上海新中国印书馆刊行。

苏为光著《英文翻译 ABC》(活用英文 ABC 丛书)由上海世界书局刊行。

钱歌川编《日文典纲要》(正、续编)由上海中华书局刊行。

蒋君辉著《现代日语》(上卷)由上海中华书局刊行。

林汉达编著《英文文法 ABC》(上下册)(活用英文 ABC 丛书)由上海世界书局刊行。

龚质彬编《英文分类名著评解》(上下册)由上海中华书局刊行。

高殿澍编辑《写景丽言》由辽宁太古书房刊行。

方壮猷著《鲜卑语言考》由北平燕京大学刊行。

方光源编著《翻译实习指导书》由上海世界书局刊行。

饭河道雄著《（京音旁注）速修日语会话》由奉天东方印书馆刊行。

樊兆庚、高启永编注《（附国文释义）葛氏神仙掌故录》（初级英文丛书第9种）由上海中华书局刊行。

程豫生著《实用标准英文翻译法》（上册）由上海南京书店刊行。

陈思选《小品文甲选》（中学文学读本，听涛社主编）由上海群众图书公司刊行。

陈德芸编《德芸字典》由上海良友图书印刷公司刊行。

按：此书收字近一万个。以《学生字典》（民国初年，商务版）所收字为依据。按横、直、点、撇、曲、捺、趯等7种笔形次序编排并检字。

《辣丁文规》（第1—4册）由北京西什库天主堂印书馆刊行。

姜亮夫讲述《文学概论讲述》（第1卷）由上海北新书局刊行。

按：是书共两卷，分通论、各论、分论、赏鉴4篇，本册为第1卷第1篇：通论之部，介绍文学的定义、内质、形式等基本原理。

钱歌川著《文学概论》由上海中华书局刊行。

钱歌川编著《文艺概论》由上海中华书局刊行。

按：是书分艺术概论、文学概论、美术概论、音乐概论等4章，分别论述艺术、文学、美术、音乐的本质、特点、内容、效果、分类等问题。

张世禄著《中国文艺变迁论》由上海商务印书馆刊行。

按：是书系统地论述中国历代文艺的变迁。依据文艺变迁的时代顺序，分别论述《诗经》以前的文学、《诗经》《楚辞》、汉赋、汉魏隋唐间的诗与乐府、宋词、元曲，以及明清小说。

陈穆如编《文学理论》由上海启智书局刊行。

李幼泉、洪北平编《文学概论》由上海民智书局刊行。

王森然著《文学新论》由上海光华书局刊行。

按：是书分两卷，上卷是文学通论，论述文学与时代、社会、经济以及中国文学与世界文学的关系；下卷是文学本论，论述文学的定义、要素、起源、途径等问题。

赵景深著《现代文学杂论》由上海光明书局刊行。

胡怀琛著《中国文学评价》由上海华通书局刊行。

按：是书分关于批评自身的话，批评文学当先解决的问题，人生文学论者之批评中国文学，纯文学论者之批评中国文学，旧式文学作者的误点，旧式文学批评之误点等6章。

范祥善编《现代文艺评论集》由上海世界书局刊行。

马仲殊著《文学概论》由上海现代书局刊行。

郭沫若著《文艺论集》由上海光华书局刊行。

顾凤城著《新兴文学概论》由上海光华书局刊行。

胡寄尘著《中国文学评论》由上海华通书局刊行。

张崇玖著《文学通论》由上海乐华图书公司刊行，有潘文安序。

按：是书分文学的本质、文学的对象、文学与其他的分别及关系、文学的革新、新文学之反动等6章。

保尔著《现代文艺杂论》由上海光华书局刊行。

按：是书分3卷，收《最近的法国小说界》《现代佛兰德文学》《哈登论德国文坛》《辛克莱小传》《莫泊桑的死因》《乔治桑德五十周年纪念》《一个神秘诗人的百年祭》《巴黎圣母寺》《巴特莱小记》《沈从文的〈鸭子〉》《李健吾的〈西山之云〉》《银铃》《一条出路》等13篇评论中外作家、作品的文章。

前锋社编辑《民族主义文艺论》由上海光明出版部刊行。

冯乃超等著《文艺讲座》(第1册)由上海神州国光社刊行。

孙俍工(原题俍工)编著《新文艺评论》由上海民智书局刊行。

阿英(原题钱杏邨)著《文艺批评集》由上海神州国光社刊行。

阿英著《现代文学读本》由上海现代书局刊行。

阿英(原题钱杏邨)著《文艺与社会倾向》由上海泰东图书馆刊行。

章克标、方光焘著《文学入门》由上海开明书店刊行。

按:是书介绍文学的起源、种类、批评、流派以及无产阶级文学和革命俄罗斯的文学。

周毓英著《新兴文艺论集》由上海胜利书局刊行。

郑振铎著《中国文学史》(中世卷第三篇上)由上海商务印书馆刊行。

欧阳溥存编《中国文学史纲》由上海商务印书馆刊行。

按:是书分上古、中古、近古和近世等四个时期叙述中国文学史。

钱释云编,邹弢校《中国文学问答》由上海三民图书公司刊行。

卢冀野编著《何谓文学》由上海大东书局刊行。

按:是书分两部分,各5章,通论部分陈述文学的起源、特性;分论部分说明各文体的发展、源流及读作方法。

施章著《新兴文学论丛》由江苏南京国立中央大学出版组发行部刊行。

巴宁著《现代中国文艺界》由上海文艺批判社刊行。

周作人著《艺术与生活》由上海群益书社刊行。

按:是书收《平民的文学》《日本的诗歌》《中国戏剧的三条路》《论左拉》《人的文学》《新文学的要求》《儿童的文学》《圣书与中国文学》《国语改造的意见》《国语文学谈》等21篇文章。

王羽编《中国文学提要》由上海世界书局刊行。

胡小石著《中国文学史》由上海人文社股份有限公司刊行。

穆济波编著《中国文学史》(上册)由上海乐群书店刊行。

郑宾于著《中国文学流变史》由上海北新书局刊行。

杨启高著《中国文学体例谈》由江苏南京书店刊行。

王浣溪著《中国文学精要书目》由北平建设图书馆刊行。

陈子展(原题陈炳堃)著《最近三十年中国文学史》由上海太平洋书店刊行。

卢冀野讲,柳升祺等记《近代中国文学讲话》由上海会文堂新记书局刊行。

阿英(原题钱杏邨)著《现代中国文学作家》(第2卷)由上海泰东图书局刊行。

阿英(原题钱谦吾)编《怎样研究新兴文学》由上海南强书局刊行。

楚丝著《中国新文学运动一瞥》由上海爱光书店刊行。

成仿吾著《文艺论集》由上海创造社刊行。

向培良著《人类的艺术》(培良论文集)由江苏南京拔提书店刊行。

李初梨著《怎样建设革命文学》由上海江南书店刊行。

傅斯年著《大东小东说》由上海国立中央研究院历史语言研究所刊行。

钟敬文著《楚辞中的神话和传说》由广东广州国立中山大学语言历史研究所刊行。

范况著《中国诗学通论》由上海商务印书馆刊行。

胡云翼著《唐诗研究》由上海商务印书馆刊行。

胡云翼著《宋诗研究》由上海商务印书馆刊行。

张友鸾著《汤显祖及其牡丹亭》由上海光华书局刊行。

张宗祥著《清代文学》由上海商务印书馆刊行。

吴闿生编《吴门弟子集》成，并作序。

姜文阁著《桐城文派评述》由上海商务印书馆刊行。

按：自是年上海商务印书馆刊行后，至1933年又编入《万有文库》，流传颇广。作者自序说："《中国文学史》到现在还没有一本比较完全的著作出现，至于专论一派的，更不可得了。桐城派从康熙年间到民国初元，占据中国文学界二百余年，对于我们学术上的影响——自然是坏的方面多——非常之大；但是关于它的缘起，传衍，发展，递变和衰落的情形，却找不到一本纪述批评的专书，甚至连一篇都没有，实在是可惜的。这本书便是著者对于这方面小小的贡献。普通人的心理，凡大家所鄙弃的东西，便绝口不谈，其实那是错误的。大家鄙弃的东西，也未尝不可以研究；而治学术的，尤其不应该于此有所分别。治史祇论事物的实在情形，不论它'好''不好'，或'对''不对'。譬如论汉族势力发展的历史，绝不能把蒙古元和满清两时代丢掉不管，或者还要把这等时代特别加详来说，治学术史也是一样。桐城派几与满清相始终，事件既然如此其久，势力又遍于全国，所以它的历史，与有清一代全部文学史都有关系。研究中国的文学史——尤其是近代的——是不能把它忽略的。本篇一大半叙述它的史实，一小部批评它的内容。所有材料，杂采各家文集，颇费经营。以引用语句甚多，为行文便利起见，故用文言，并非如'桐城余孽'左袒古文，看我的批评便晓得了。关于这一方面的著述，据我所知道的，拙著还是第一本专书。草创之举，内容或有不完备的处所；但自信我已经在可能范围内，尽了我的力量，使它比较的满意。因为我们的学术机关不发达，所以供给我们研究的资料，也处处感觉缺乏。关于本书内容及批评，读者诸君如有新发现或新意见，尚乞直接通讯讨论，以便将来增改，那是很感激的。一九二八年十月姜书阁识于北平清华大学。"

朱星元著《中国近代诗学之过渡时代论略》由著者刊行。

丘玉麟编著《白话诗作法讲话》由上海开明出版部刊行。

按：是书分10章，从诗的引论、流派、体裁、炼字、节律、韵脚等方面，讲述新诗的做法。

陈柱著《说诗文丛》（第1集）由上海暨南大学刊行。

胡寄尘（原题胡怀琛）编著《陆放翁生活》由上海世界书局刊行。

胡云翼编《词学 ABC》由上海世界书局刊行。

任中敏著《新曲苑》由中华书局刊行。

陈柱著《白石道人词笺平》由上海商务印书馆刊行。

禹亭著《小说十讲》由北平明天社刊行。

陈子展著《孔子与戏剧》由上海太平洋书店刊行。

贺昌群著《元曲概论》由上海商务印书馆刊行。

按：是书所论虽未跳出前人所论范围，但其从外国乐舞而探究宋元戏曲的渊源，却为多数研究宋元戏曲之学者所不及（《民国学案》第二卷《贺昌群学案》）。

艺术剧社编《戏剧论文集》由上海神州国光社刊行。

张雪门编《儿童文学讲义》（上中下编）由北平香山慈幼院刊行。

杨荫深著《中国民间文学概说》由上海华通书局刊行。

赵景深著《民间故事丛话》由广东广州国立中山大学语言历史研究所刊行。

钱南扬编，民俗学会编审《祝英台故事集》由广东广州国立中山大学语言历史学研究所刊行。

谢刚主著《民间歌谣的研究》由中华平民教育促进会刊行。

陈光垚编《谜语研究》由上海商务印书馆刊行。

按:是书讲述谜语的定义、起源与历史、产生与演进、性质与分类,谜语组合的元素,谜语与他语的比较、与文学的关系,谜语的功能与影响等问题。

胡寄尘(原题胡怀琛)著《中国寓言研究》由上海商务印书馆刊行。

谭正璧编《中国女性的文学生活》由上海光明书局刊行。

按:是书介绍自汉晋至明清的女作家。分叙论、汉晋诗赋、六朝乐府、隋唐五代诗人、两宋词人、明清曲家、通俗小说与弹词等 7 章。再版本附有 2、4、5、6、7 章的补正。

梁漱溟著《漱溟卅后文录》由上海商务印书馆刊行。

梁启超著《饮冰室文集全编》(1—4 册)由新民书局刊行。

许啸天著《梁任公语粹》由群学书社刊行。

汪精卫著,恂如编《汪精卫集》由上海光明书局刊行。

胡适著《胡适文存》三集由上海亚东图书馆刊行。

李何林编《鲁迅论》由上海北新书局刊行。

郁达夫著《薇蕨集》《小家之伍》由上海北新书局刊行。

方璧著《西洋文学通论》由上海世界书局刊行。

于化龙编《西洋文学提要》由上海世界书局刊行。

张资平著《欧洲文艺史大纲》由上海联合书店刊行。

陈衡哲著《欧洲文艺复兴小史》由上海商务印书馆刊行。

赵景深著《现代世界文坛鸟瞰》由上海现代书局刊行。

张竞生著《浪漫派概论》由上海世界书局刊行。

按:是书对欧洲浪漫派文学艺术予以系统介绍和大力倡导,认为"凡言美善的文艺者,当以浪漫派为宗",希望以此帮助一代新青年"发挥个性与自由""求得种种解放与建设"。

赵景深著《一九二九年的世界文学》由上海神州国光社刊行。

方璧著《北欧神话 ABC》由上海 ABC 丛书社刊行。

方璧著《希腊文学 ABC》由上海 ABC 丛书社刊行。

徐霞村编著《法国文学史》由上海北新书局刊行。

按:是书包括中世纪的文学、十六世纪的诗歌和戏曲、十六世纪的散文、十七世纪的诗歌、十七世纪的戏曲、十七世纪的散文、十七世纪的小说、十八世纪的散文、十八世纪的诗歌戏曲小说、十九世纪初的散文、十九世纪初的诗歌、十九世纪初的戏曲和小说、十九世纪末的历史和批评、十九世纪末的诗歌、十九世纪末的戏曲、十九世纪的小说、二十世纪初的诗歌和戏曲、二十世纪初的小说和批评等 18 章。

杨润馀著《莫里哀》由上海商务印书馆刊行。

余祥森著《德意志文学》由上海商务印书馆刊行。

傅绍先著《意大利文学 ABC》由上海 ABC 丛书社刊行。

许地山著《印度文学》由上海商务印书馆刊行。

曾仲鸣著《艺术与科学》由上海嘤嘤书屋刊行。

李朴园著《艺术论集》由上海光华书局刊行。

范祥善编《现代艺术评论集》由上海世界书局刊行。

施德之编《中国美术》由编者刊行。

姜丹书著《艺用解剖学》由上海商务印书馆刊行。

丰子恺著《西洋画派十二讲》由上海开明书店刊行。

王济远、倪贻德编《西洋画法纲要》由上海中华书局刊行。

按：是书介绍西洋美术中素描、水彩画、油画等的技法。

刘思训编《现代英国绘画史略》由上海中华书局刊行。

刘光鲁著《南洋漫画录》由北平文化学社刊行。

陈之佛著《图案法 ABC》由上海 ABC 丛书社刊行。

黄涵秋编《透视画法》由上海开明书店刊行。

黄憩园著《山水画法类丛》由著者刊行，有张须序和作者自序。

黄瀛豹编《（现代）台湾书画大观》由台湾新竹现代台湾书画大观刊行会刊行，有编者自序。

吴霞如作《霞如之画》由江苏苏州小说林书社刊行，有顾寅等人的序及作者自序。

滕固著《关于院体画和文人画之史的考察》由北平辅仁大学刊行。

屠哲隐摄《哲隐摄影集》由上海文华美术图书印刷公司刊行，有徐悲鸿的序及摄影者自序。

舒新城摄《美术照相习作集》由上海中华书局刊行，有徐悲鸿的序。

许之衡著《中国音乐小史》由上海商务印书馆刊行。

俞寄凡著《西洋音乐小史》由上海商务印书馆刊行。

柯政和著《音乐通论》（附音乐辞典）由北平中华乐社刊行，有著者序。

按：是书分绪论、音乐理论、音的知识、乐谱的发达、音符及休止符、音名、拍子、音阶、音程、和声、音型法、对位法、乐式、人声与声乐、歌剧、圣剧、乐器、管弦乐、大器乐曲、小器乐曲、舞蹈音乐、标题音乐、札兹音乐、音乐的派别等 33 章。

黎青主著《音乐通论》由上海商务印书馆刊行。

黎青主著《乐话》由上海商务印书馆刊行，有萧友梅的序。

按：作者在书中说："我是要把音乐当作是新的爱的宗教，最适合用来纠正中国人那种残忍好杀的野性。只有音乐的和音才可以消除中国人的内界生活里面种种的矛盾；只有和醇的乐调，才可以使中国人领略人生的美。"

缪天瑞著，傅彦长校阅《简易看谱法》由上海三民公司刊行。

缪天瑞编《简易风琴钢琴合用谱》由上海三民图书公司刊行。

萧友梅著《新霓裳羽衣曲》第 39 编由上海商务印书馆刊行，有易韦斋序、著者序。

谢绍雄著《非非歌曲集》上下编由无锡锡成公司出版部刊行。

柯政和编《简易钢琴曲集》由北平中华乐社刊行。

复旦附中摄影学会编《复中影集》（1930）由编者刊行。

李树化著《树化歌曲集》由上海三民公司刊行。

齐嘉笨辑《京调工尺秘诀续编》由北京中华印书局刊行。

丰子恺编《音乐初步》由上海北新书局刊行。

丰子恺著《近世十大音乐家》由上海开明书店刊行。

丰子恺著《近代二大乐圣的生涯与艺术》由上海亚东图书馆刊行。

邱望湘、钱君匋编《金梦》由上海开明书店刊行。

何元编，叶绍钧校订《唱歌课本》由上海商务印书馆刊行。

易韦斋作词，萧友梅作曲《杨花歌谱》由上海商务印书馆刊行。

罗守愚著《刀味集》由四川泸县星期日周报刊行。

舒新城摄《晨曦》由上海中华书局刊行。

郑剑西编《二黄寻声谱续集》由上海大东书局刊行,有屠方等人的序及编者自序。

赵景深著《小朋友歌舞曲》由上海北新书局刊行。

吴敏志编著《(现代)交际舞术》由上海普球图书公司刊行,有自序。

汉口市政府教育局第三科民众教材股编《审查京剧本之准备》由编者刊行。

汉口市政府教育局第三科民众教育股编《戏剧演员登记之经过》由编者刊行。

实事白话报编辑部编《戏场闲话》第 2 集由北平实事白话报社刊行。

江苏省立镇江民众教育馆编《饮水卫生影片教学方案》由编者刊行。

刘剑横著《历史学 ABC》由上海 ABC 丛书社刊行。

按:是书分史学渊源、史学范围及其分类、历史研究法、谈史料、史的法则及其在史学上的重要等 6 章。

吴贯因著《史之梯》由上海联合书店刊行。

按:是书分史学与其他科学之关系、历史进化之历程、史家地位之变迁、史学与史料、读史与论史等 6 章。

卢绍稷著,傅运森校《史学概要》由上海商务印书馆刊行。

按:是书分中国史学界之回顾、西洋史学之回顾、现代史学之发达、史学与科学、历史研究法、历史教学法等 7 章。后附何炳松《中国史学演化之陈迹》一文。

何炳松著《通史新义》由上海商务印书馆刊行。

按:是书上篇 10 章,专论社会史资料研究法,对史料考订与事实编比的理论及应用均加以讨论;下篇 11 章,专论社会史研究法,对社会通史的著作及其与他种历史的关系加以说明。

梁启超著《中国历史研究法》由上海商务印书馆刊行。

张文治编《史书治要》由上海文明书局刊行。

曹聚仁编《中国史学 ABC》由上海 ABC 丛书社刊行。

李兆洛著《历代纪元编》由上海商务印书馆刊行。

张震南著《国史通略》由上海中华书局刊行。

按:是书分上下两卷,简述自上古至民国初年的中国历史。

徐澄编《本国史略》由上海中华书局刊行。

按:是书介绍禹治大水、孔子、佛教东来、文字文具的进化、唐代的国势和文化、印刷术罗盘针火药的发明、太平天国等历史知识。

王坚壁著《社会主义中国史》(上册)上海平凡书局刊行。

按:是书分 3 章。一、太古氏族共产时代,二、封建时代,三、商业资本时代。内容侧重于经济制度的发展,并不依朝代叙史。

王坚壁著《中国史》(上册)由上海平凡书局刊行。

谢英伯著《中国玉器时代文化史纲》由中华考古学会刊行。

郭沫若著《中国古代社会研究》由上海联合书店、上海中亚书局、上海新新书店、上海现代书局、上海益群出版社刊行。

按:郭沫若用恩格斯《家庭、私有制和国家的起源》和摩根《古代社会》两书的研究方法为指导,来研究中国古代历史,提出"殷代是中国历史之开幕时期",西周是奴隶社会的说法。该书被学术界誉为运用马克思主义唯物史观来研究中国古代社会的首创,推动了当时对中国社会性质问题的探讨。该书出版后，引起了一场关于中国古代社会性质的大论战。

顾颉刚编《古史辨》（第2册）由北平朴社刊行。

傅斯年著《姜原》北平刊行。

傅斯年著《论所谓"五等爵"》由国立中央研究院历史语言研究所刊行。

张延华选辑，沈熔注释《战国策精华》（下册）由上海大东书局刊行。

臧励龢选注《战国策》由上海商务印书馆刊行。

孙希旦注《礼记集解》（上下册）由上海商务印书馆刊行。

郑鹤声著《史汉研究》由上海商务印书馆刊行。

孟森著《清朝前纪》（中央大学清史讲义）由上海商务印书馆刊行。

国立故宫博物院编《雍正硃批谕旨不录奏折总目》由北平国立故宫博物院刊行。

梁廷灿编《历代名人生卒年表》由上海商务印书馆刊行。

郑鹤声编《中国近世史》由江苏南京中央政治学校、重庆南方印书馆刊行。

按：是书乃当时中国近代史研究的代表作之一，郑鹤声也是我国近代史研究的开拓者之一。

魏野畴著《中国近世史》由上海开明书店刊行。

陈怀、孟冲著《中国近百年史要》由上海中华书局刊行。

徐澄编《中国近百年史》由上海中华书局刊行。

郑振铎《近百年古城古墓发掘史》由上海商务印书馆出版。

李一尘著《太平天国革命运动史》由上海光华书局、上海大光书局刊行。

王钟麟撰述《中日战争》由上海商务印书馆刊行。

陈捷著，何炳松校《义和团运动史》由上海商务印书馆刊行。

陈功甫著《义和团运动与辛丑和约》由上海商务印书馆刊行。

中华民国国民政府外交部编《解决中英庚款换文》（欧美第6号）由江苏南京编者刊行。

贾逸君著《中华民国史》由北平文化学社刊行。

马震东著《袁氏当国史》由北平中华印书局刊行。

洪钧培编著《国民政府外交史》由上海华通书局刊行。

按：是书共16章。分类记述民国以来重大涉外事件。有沙基惨案、关税会议之抗议、收回租界的交涉、撤销俄领承认案、加入非战公约、缔结通商条约与关税条约、中东路事件等。

江苏评论社编《中国国民党左派ABC》由编者刊行。

中国国民党汉口特别市党部临时整理委员会宣传部编《讨汪专刊》由湖北汉口编者刊行。

中国国民党北平特别市党务指导委员会编《改组派之总检查》由编者刊行。

平社编《党国大事讨论集》由太原德和信刊行。

邹鲁著《扩大会议》由中国国民党扩大会议刊行。

不同著《所谓扩大会议》由天津二著者刊行。

高良佐著《中东铁路与远东问题》由上海太平洋书店刊行。

李剑翁主编《凶俄暴行记》由上海军事出版社刊行。

东北文化社编《中俄战役期内本社工作报告》由辽宁沈阳编者刊行。

廖民公著《日俄侵略东省小史》由辽宁沈阳北陵新华印书局刊行。

朱偰著《日本侵略满蒙之研究》由上海商务印书馆刊行。

许兴凯著《日帝国主义与东三省》由上海崑仑书店刊行。

黎孤岛编著《俄人东侵史》由哈尔滨商务印书局刊行。

华企云著《满洲问题》由上海黎明书局刊行。

白眉初编《外蒙始末纪要》由北平建设图书馆刊行。

杨成志著《云南民族调查报告》由广东广州国立中山大学语言历史学研究所刊行。

林惠祥编《台湾番族之原始文化》由上海国立中央研究院社会科学研究所刊行。

按:是为系统研究台湾高山族原始文化的第一部著作,它对于高山族的生活状况、社会组织、馘首风俗与战争、宗教、艺术、语言、知识等进行了深入研究,为人类学、民族学、民俗学的研究提供了鲜活、丰富的第一手材料(《民国学案》第五卷《林惠祥学案》)。

胡惠生著《参观台湾番族生活品标本后》由著者刊行。

陈德征等撰《征求编纂上海市通志意见书缘启》由上海通志馆筹备委员会刊行。

瞿宣颖著《方志考稿》由天春书社刊行。

从化县政府编《从化县志》由编者刊行。

陈铭枢总纂,黄强等纂《海南岛志》由上海神州国光社刊行。

白眉初编《西藏始末纪要》(四卷)由北平建设图书馆刊行。

尹扶一、杨耀卿编《西藏纪要》由江苏南京蒙藏委员会编译室刊行。

按:是书共18章,介绍西藏之起源及与中国历代关系概况,清代于西藏之关系,西藏之境界广袤及人口区分,西藏的政体、兵制、贸易、物产、风俗、宗教,民国初年边藏之乱等,有阎锡山、郑宝善序及自序。

陈其可、朱翊新编《世界史》由上海世界书局刊行。

谢康编《西洋史提要》由上海世界书局刊行。

陆一远编《社会进化史大纲》由上海光明书局刊行。

周传儒著《意大利现代史》由上海商务印书馆刊行。

徐澄编《世界近代史略》由上海中华书局刊行。

查良鉴著《俄国现代史》由上海商务印书馆刊行。

徐澄编《外国史略》由上海中华书局刊行。

按:是书介绍印度、埃及、希腊、罗马的文化发达、文艺复兴、美国独立、法国大革命、世界大战、俄国革命等外国历史。

徐守桢《现代科学进化史》由商务印书馆出版。

张星烺著《中西交通史料汇篇》(第1—6册)由北平辅仁大学图书馆刊行。

梁廷灿编《历代名人生卒年表》由上海商务印书馆刊行。

陈其可编著《班超生活》由上海世界书局刊行。

胡怀琛著《陶渊明生活》由世界书局刊行。

章衣萍编著《杜甫》由上海儿童书局刊行。

王礼锡著《李长吉评传》由上海神州国光社刊行。

郑行巽著《王安石生活》由上海世界书局刊行。

郑鹤声著《袁枢年谱》由上海商务印书馆刊行。

胡怀琛著《陆放翁生活》由上海世界书局刊行。

陈垣著《耶律楚材之生卒年》由北平燕京大学刊行。

王勉山著《王阳明生活》由上海世界书局刊行。

谢无量著《罗贯中与马致远》由上海商务印书馆刊行。

张友鸾著《汤显祖及其〈牡丹亭〉》由上海光华书局刊行。

胡寄尘著《归有光》由上海文艺小丛书社刊行。

胡寄尘著《描写人生断片之归有光》由上海广益书局刊行。

郑行巽著《黄梨洲生活》由上海世界书局刊行。

谢国桢编《顾宁人先生学谱》由上海商务印书馆刊行。

郑行巽著《顾亭林生活》由上海世界书局刊行。

姚名达著《邵念鲁年谱》由上海商务印书馆刊行。

蒋天枢编著《全谢山先生年谱》由上海商务印书馆刊行。

章衣萍著《黄仲则评传》由上海北新书局刊行。

方树梅著《滇贤生卒考》由晋宁方氏盘龙山人丛书本刊行。

方树梅著《滇贤像传初集》由晋宁方氏盘龙山人丛书本刊行。

叶恭绰编《清代学者像传》由上海商务印书馆刊行。

李浚之著《清画家诗史》10卷由宁津李氏刊行。

蒋镜寰著《吴中藏书先哲考略》由苏州图书馆刊行。

彭子仪编《李秀成亲供》由上海国民书店刊行。

金兆丰著《晏海澄先生年谱》由晏氏家刻刊行。

宗亮寰编《孙中山先生革命史实》由上海商务印书馆刊行。

德礼贤著《孙中山先生对于基督教的态度》由香港圣类斯实业学校刊行。

中央执行委员会宣传部编《总理广州救难纪念》由编者刊行。

罗家伦著《中山先生伦敦蒙难史料考订》由上海商务印书馆刊行。

黄惠龙叙述，陈铁生润辞《中山先生亲征录》由上海商务印书馆刊行。

中央执行委员会宣传部编《总理广州蒙难纪念》由编者刊行。

江苏省党务整理委员会宣传部编《总理年谱》由编者刊行。

国民党贵州省党务指导委员会宣传部编《总理诞辰纪念册》由编者刊行。

中国国民党浙江省执行委员会训练部编《总理纪念周浅说》由编者刊行。

谢刚主编著《郑芝龙》由中华平民教育促进会刊行。

贵州各界追悼谭组庵先生大会编《追悼谭延闿先生纪念册》由贵州贵阳编者刊行。

朱肇干编《湖南各界追悼谭院长大会汇刊》由编者刊行。

中国国民党广州特别市党部宣传部编《朱执信先生殉国十周年纪念专刊》由编者刊行。

范文澜著《大丈夫》由上海开明书店刊行。

按：是书收录张骞、卫青、霍去病、李广、苏武、赵充国、马援、班超、刘琨、玄奘、宗泽、岳飞、戚继光、史可法等25人的传记。

宋景祁等编《中国图书馆名人录》由上海图书馆协会刊行。

海上名人传编辑部编《海上名人传》由上海文明书局刊行。

按：是书收录民国成立以来到1930年上海著名人物王一亭、毛子坚、杜月笙、何东、周作民等100位名人小传。

唐卢锋、朱翊新编著《世界名人传》由上海世界书局刊行。

按：是书收46名世界名人。其中包括苏格拉底、柏拉图、亚里斯多德、培根、笛卡尔、马克思等哲学家11人；哥白尼、牛顿、瓦特、司梯芬逊、达尔文等科学家6人；荷马、但丁、莎士比亚、伏尔泰、哥德、雨果等文学家 11 人；斐司塔洛齐、福禄培尔等教育家 2 人；彼得大帝、华盛顿、林肯等政治家 8 人；凯撒、纳尔逊、毛奇等军事家 6 人；探险家哥伦布 1 人；释伽牟尼、耶稣、穆罕默德等宗教家 4 人。

巴金著《俄罗斯十女杰》由上海太平洋书店刊行。

朱公振编著《科学界三杰》由上海世界书局刊行。

按：是书介绍富兰克林、瓦特、司梯芬森 3 人科学生活、研究精神和伟大贡献。编者在《例言》中说："本书内容，特点有三：（甲）描写科学界三杰的科学生活，引起读者科学工作的动机。（乙）发挥科学界三杰的研究精神，激动读者研究科学的兴味。（丙）阐明科学界三杰的伟大功绩，鼓励读者发明事物的努力。"

刘麟生编著《墨索里尼生活》由上海世界书局刊行。

丘景尼编著《福特生活》由上海世界书局刊行。

黎青主著《歌德》由上海商务印书馆刊行。

刘秉麟著《李士特》由上海商务印书馆刊行。

丰子恺著《近代二大乐圣的生涯与艺术》由上海亚东图书馆刊行。

丰子恺著《近世十大音乐家》由上海开明书店刊行。

钱用和著《欧风美雨》由上海新纪元书店刊行。

徐澄编《外国地理志略》（上下册）由上海中华书局刊行。

按：是书介绍印度、日本、苏联、北欧诸国、南欧诸国、英国、南美及中国等世界各国的地理志略。

徐澄编《本国地理志略》（上下册）由上海中华书局刊行。

按：是书介绍我国古代的大工程：运河和长城、东三省的富源、西康的现状、割地的统计、租界地的现状、我国的首都以及黄河流域的富源等。

刘钧仁著《中国地名大辞典》由国立北平研究院出版部刊行。

臧励和等编《中国古今地名大辞典》由上海商务印书馆刊行。

立法院统计处编《县号县名对照表》由编者刊行。

吴拯寰编《中国人文地理》由上海三民图书公司刊行。

邬翰芳编《最新中国人文地理》由上海北新书局刊行。

按：是书分实业、交通、政治、人种、人口、语言、宗教、教育 8 章。书中许多资料取自燕京大学的调查报告。

张资平著《人文地理》由上海商务印书馆刊行。

按：是书分人类地理学、经济地理学、政治地理学三编。

贾逸君著《中国国耻地理》由北平文化学社刊行。

按：是书分租借地、割让地、不割让地、占领地、独立地、遗失地、外国行政地、蒙古问题、满洲问题、西藏问题 10 章。书前有编辑大意及中国国耻地图。书后附表 4 幅，并有中外关系史大纲。

冯承钧编《西域地名》由西北科学考查团刊行。

谢国桢著《清初东南沿海迁界考》刊行。

中华平民教育促进会编《定县须知》由编者刊行。

邹尚友、朱枕薪同编《呼伦贝尔概要》由北平东北文化社刊行。

陈彬龢编《日本研究读本》由上海日本研究月社刊行。

陈枚安编著《南洋生活》由上海世界书局刊行。

黄警顽、李郑栋编《南洋服务须知》由上海职业指导所附设海外职业介绍部刊行。

江亢虎著《江亢虎南游回想记》由上海中华书局刊行。

刘熏宇著《南洋游记》由上海开明书店刊行。

宋蕴璞著《南洋英属海峡殖民地志略》由北平蕴兴商行刊行。

黄泽苍编《荷属马来西亚》由上海商务印书馆刊行。

黄泽苍编《印度概观》由上海民智书局刊行。

征夫和吟著《关于印度》由上海新人合作社刊行。

邱怀瑾著《欧洲环游纪事》由上海春泥书星刊行。

邱怀瑾编著《上海生活》由上海世界书局刊行。

胡寄凡著《上海小志》由上海来青阁书庄刊行。

郑逸梅编《苏州游览指南》由上海大东书局刊行。

柳肇嘉编《江苏人文地理》由上海大东书局刊行。

乔增祥主纂,梅成分纂《吴县》由江苏吴县县政府社会调查处刊行。

京沪沪杭甬铁路管理局编《游览青阳港》由京沪沪杭甬铁路管理局刊行。

翁之藏编《西康之实况》由上海民智书局刊行。

丁詧盦编,葛绥成重订《新中华中等世界地图》由上海中华书局刊行。

丁詧盦著《新中华中等本国地图》由上海中华书局刊行。

洪懋熙著《最新世界形势一览图》由上海东方舆地学社刊行。

中华书局绘制《南京最新地图》由编者刊行。

张凤编《考古学》由上海国立暨南大学文学院刊行。

按:是书分前论、古物的范围、发掘、研究、后论等5编,介绍考古学的定义、考古学的范围、考古学研究的手段、学术著作的编写、古物的保存及展览等问题。

张国淦《历代石经考》由燕京大学国学研究所出版。

按:此书分二编,上编考源流,下编考文字。作者于"每一石经考之前冠以提纲一篇,使读者先得明了之概念。卷末附历代石经一览表以年代为纲,分著其原流变迁,尤便检寻,治经学者必备之要籍"。(参见王学典《20世纪史学编年(1900—1949)》,商务印书馆2014年版)

章鸿钊著《从宝石所得古代东西交通观》刊行。

傅斯年、李济等编《国立中央研究院历史语言研究所发掘安阳殷墟之经过》由编者刊行。

按:张光直在《李济(1896—1979)》一文中说:"毫无疑问,李济对中国考古学的最重要贡献,是他对1928至1937年安阳殷墟发掘的领导,以及对随后的殷墟资料的研究和出版的领导。这批资料不仅为中国古代史奠定了基础,而且还为古代史向史前的延伸,也就是为科学的中国民族及其文明史奠定了基础。"(《李济与清华》,清华大学出版社1994年版)

傅斯年著《本所发掘殷墟之经过》由北平中央研究院历史语言研究所刊行。

傅斯年著《新获卜辞写本后记跋》由中央研究院历史语言研究所刊行。

徐旭生著《徐旭生西游日记》由中国学术团体协会西北科学考查团理事会刊行。

黄仲琴著《嵩园文稿之八》刊行。

郑鹤声、郑鹤春编纂《中国文献学概要》由上海商务印书馆刊行,有自序。

按:此书共七章,分别探讨了"中国文献之渊源与价值"、"中国文献之世界化"、文献的结集、审订、翻译、编纂、刻印等问题。1933年3月再版。(参见王学典《20世纪史学编年(1900—1949)》,商务印书馆2014年版)

刘纪泽著《书目举要补正》由广东广州暨南大学刊行。

按：是书收藏书目、史志书目、题跋书目、考订书目、品类书目、通志之属、知见之属、征禁之属、释道书目。

张文治编《书目治要》由上海文明书局刊行。

郑鹤声著《中国史部目录学》由上海商务印书馆刊行。

按：是书分十章，第一章介绍我国史书渊源。二、三章介绍史部位置、源流。四、五、六章介绍史目流别。七章介绍刘知几以下诸家的史部分类。八、九章介绍史料与史体、分类法。十章结论。

故宫博物院编《故宫已佚古物目录二种》由北平编者刊行。

姚梦埙著《时出丛书》由上海尊经会刊行，有陈宝壹、曹仁忠序。

傅增湘著《东西京诸家观书记》由国闻周报社刊行。

傅增湘著《静嘉堂文库观书记》由著者刊行。

伦明著《续书楼藏书记》刊行。

董坚志编《各科应用测验》由上海中西书局刊行。

吴培元编《民众图书馆设施法》由宜兴县立图书馆刊行，有自序。

钱亚新著《索引和索引法》由上海商务印书馆刊行，有杜定友序及自序。

按：是书的出版，标志着中国现代索引理论的正式确立。

王献唐编述《聊城杨氏海源阁藏书之过去与现在》由山东省立图书馆刊行。

国立北京大学图书馆编《国立北京大学图书部藏书草目》由编者刊行。

北平故宫博物院图书馆编《北平故宫博物院图书馆概况》由编者刊行。

中央统计处编《中央征集各地刊物统计》由江苏南京编者刊行。

朱希祖著《钞本甲乙事案跋》由国立中央研究院历史语言研究所刊行。

国学图书馆编《国学图书馆第三年刊》由编者刊行。

安徽省立图书馆编《安徽省立图书馆中文书目》（第1册）由编者刊行。

广州图书消费合作社编《图书消费合作运动》由编者刊行。

广州市市立中山图书馆编《广州市市立中山图书馆特刊》由编者刊行，有林云陔的序。

吴谨心编《广州特别市立第三小学校儿童图书馆六周年纪念特刊》由广东广州特别市立第三小学校儿童图书馆刊行。

辽宁省立图书馆编《辽宁省立图书馆馆刊》由编者刊行。

安徽省立图书馆编《安徽省立图书馆概况》由编者刊行。

陈子彝编《江苏省立苏州图书馆馆刊》第二号由江苏省立苏州图书馆刊行。

建瓯县公立图书馆编《福建建瓯县公立图书馆十周年纪念刊》由编者刊行。

湖北省立图书馆编《湖北省立图书馆概况》由编者刊行。

南京特别市市立图书馆编《南京特别市市立图书馆图书目录》由编者刊行。

万县公立图书馆编《万县公立图书馆概要》由编者刊行。

浙江省政府秘书处图书室编《浙江省政府秘书处图书室图书目录》由编者刊行。

裴开明编《美国哈佛大学哈佛燕京学社汉和图书馆汉籍分类目录（历史科学类）》由燕京大学哈佛燕京学社刊行。

萨士武辑《福建学院图书馆图书目录》（第1期）由福建学院图书馆刊行。

澄衷中学图书馆编《私立澄衷中学校图书馆图书目录》（第1册）由编者刊行。

徐景贤编《辅仁社课》由辅仁社刊行。

中华书局编《中华书局图书目录》由编者刊行。

西泠印社编《西泠印社第二十八期书目》由编者刊行。

锦文堂书庄编《锦文堂旧书目》(第1期)由编者刊行。

乔啸农编《留园思补楼藏书目录》由留园管理处刊行。

抱经堂书局编《杭州抱经堂书局第十二期临时书目》由编者刊行。

绍兴民国日报社编《绍兴民国日报元旦特刊》由编者刊行。

[苏]布哈林著,刘伯英译《历史的唯物论》由上海现代书局刊行。

[苏]布哈林著,梅根、依凡译《历史的唯物论》由上海普益出版社刊行。

[苏]布哈林著,梅根、依凡译《唯物史观大纲》由上海社会经济学社刊行。

[苏]布哈林著,陶伯译《唯物史观》(上中下册)由上海泰东图书局刊行。

[苏]德波林著,任白戈译《伊里奇底辩证法》由上海辛垦书店刊行。

[苏]德波林著,林伯修译《辩证法的唯物论入门》由上海南强书局刊行。

[苏]德波林著,韦慎译《辩证的唯物论者——乌里亚诺夫》由上海秋阳书店刊行。

[苏]德波林著,张斯伟译《哲学与马克思主义》由上海乐群书店刊行。

[苏]伏尔佛逊著,林超真译《辩证法的唯物论》由上海沪滨书局刊行。

[苏]哥列夫著,屈章译《唯物史观的哲学》由上海明日书店刊行。

[苏]塞姆柯甫士基编,刘沁仪译《史的唯物论》(上下册)由上海春秋书店刊行。

[苏]普列汉诺夫著,李麦麦译《马克思主义的基本问题》由上海社会科学研究会刊行。

[苏]普列汉诺夫著,王凡西译《从唯心论到唯物论》由上海沪滨书局刊行。

[苏]普列汉诺夫(原题普赖汉诺夫)著,王若水译《近代唯物论史》由上海泰东图书局刊行。

[苏]普列汉诺夫著,章子健译《马克思主义的哲学问题》由上海乐群书店刊行。

[俄]萨可夫斯基著,彭桂秋译《马克思世界观》由上海平凡书局刊行。

[俄]萨可夫斯基著,叶作舟等译《史的唯物论》(上下册)由上海平凡书局刊行。

[苏]普列汉诺夫著,刘侃元译《唯物史观的根本问题》由上海春秋书店刊行。

[苏]普列汉诺夫著,成嵩译《马克思主义的基本问题》由上海泰东图书局刊行。

[苏]普列汉诺夫著,杜畏之译《战斗的唯物论》由上海神州国光社刊行。

[苏]普列汉诺夫著,高晶斋译《由唯心论到唯物论》由上海新生命书局刊行。

[俄]普列汉诺夫著,彭康译《马克思主义的根本问题》由上海江南书店刊行。

[苏]布哈林著,高希圣、郭真译《社会主义大纲》由上海平凡书局刊行,有译者后语。

[苏]塞姆柯甫士基编,刘沁仪译《社会主义的必然》由上海春秋书店刊行。

[苏]布哈林著,邝光沫、许平合译《社会主义之路》由上海辛垦书店刊行。

按:是书原名为《社会主义之路与工农联合》,有布哈林原序。

[俄]布哈林著,许楚生译《唯物史观与社会学》由上海社会问题研究社刊行。

[苏]波格丹诺夫(原题波格达诺夫)著,陈望道、施存统同译《社会意识学大纲》由上海春秋书店刊行。

[俄]赛姆甫士基著,刘沁仪译《社会科学教科书》由上海春秋书店刊行。

[苏]盖利曼著,干香译《革命与性生活》由上海启智书局刊行。

[苏]斯大林著,晓红、铁红译《政治问题讲话》(《斯大林在联共第十六次大会所作的报告》)由上海新生活书店刊行。

[苏]斯大林著,李文枝译《论列宁主义基础》(《列宁》)由上海华兴书店刊行。

[俄]蒲列哈诺夫著,青锐译《无政府主义与社会主义》由上海辛垦书店刊行。

[苏]列宁著,彭苇秋、杜畏之译《俄国资本主义的发展》上册由上海春秋书店刊行。

[苏]列宁著,陈文达译《二月革命到十月革命》由上海华兴书店刊行。

[苏]斯大林著,瞿秋白译《中国革命之前途》刊行。

[苏]波波夫著,章子健《马克思昂格思农工同盟论》由上海乐群书店刊行。

[苏]托洛斯基著,乐三、叶元新译《极左派与马克思主义》由国际研究会刊行。

[苏]托洛茨基著,无产者社译《保卫苏联与反对派》由上海群育书店刊行。

[苏]列宁著,吴凉译《左派幼稚病》由中国社会科学研究学会刊行。

[苏]斯徒乔夫著,丁奇夫译《战术与策略》由上海社会科学研究会刊行,有著者序。

[苏]雅·鲁道义、依利齐著,徐包天译《到社会主义之路》由北平东方书店刊行。

[苏]米哈列夫斯基著,李达译《经济学入门》由上海乐华图书公司刊行。

按:是书分上下册。上册"实际之部",论述资本主义生产发展的历史、生产方式、劳动、资本家和垄断资本的形成、货币与信贷、商业贸易等;下册"理论之部",论述价值与剩余价值、货币、利润、生产价格、工资、资本积累、经济危机等。

[苏]史威特罗夫、伯尔德罗尼罗夫著,高希圣、郭真译《政治经济大纲》由上海北新书局刊行。

[苏]普列汉诺夫著,李麦麦译《现代经济的基本问题》由上海社会科学研究会刊行。

[苏]布哈林著,向省吾译《转型期经济学》由上海乐华图书公司刊行。

[苏]布哈林著,潘怀素译《转型期的经济学》由上海北新书局刊行。

[苏]布哈林著,郑侃译《有闲阶级的经济理论》由上海水沫书店刊行。

[苏]布哈林著,刘曼译《有闲阶级经济学批判》由上海乐群书店刊行。

[苏]杜洛斯基著,瞿秋白译《现代经济政策之趋势》由上海南华书店刊行。

[苏]史蒂班诺夫主讲,陆一远译《什么是政治经济学》由上海乐群书店刊行。

按:是书为史蒂班诺夫关于政治经济学问题的讲话及布哈林、奥森斯基等14人就该问题与主讲人的辩论。

[苏]马扎亚尔著,宗华译《中国农村经济之特性》由上海北新书局刊行。

[苏]托洛茨基著,梁鉴舜译《苏俄之前途》由新宇宙书店刊行。

[苏]米留金著,蒯君榮译《社会主义的农业理论》由上海联合书店刊行。

[苏]马扎亚尔著,陈代清、彭桂秋译《中国农村经济研究》由上海神州国光社刊行。

[苏]萨普诺夫著,丁奇夫译《苏维埃宪法浅说》由上海华兴书局刊行。

[苏]卢那查尔斯基著,何成嵩译《西方底文化和苏联底文化》由上海江南书店刊行。

[苏]弗理契著,刘呐鸥(原题天行)译《艺术社会学》由上海水沫书店刊行。

[苏]弗理契著,雪峰译《艺术社会学底任务及问题》由上海大江书铺刊行。

按:是书为著者在1926年出版的《艺术社会学》的概要,据藏原惟人日译本重译。书前有译者序志。

[苏]吴索福、郑爱堂合编《华俄合璧》由哈尔滨秋林洋行刊行。

[俄]加尔洵著,梁遇春译注《红花》(英文小丛书)由上海北新书局刊行。

［苏］耶考芜莱夫著，何畏译《文学方法论者普列哈诺夫》由上海春秋书店刊行。

［苏］普列汉诺夫（原题蒲力汗诺夫）著，鲁迅译《艺术论》由上海光华书局刊行。

［苏］倍·柯根著，沈端先译《伟大的十年间文学》（新兴文学论续编）由上海南强书局刊行。

［苏］伏洛夫斯基著，画室（冯雪峰）译《社会的作家论》由上海光华书局刊行。

［俄］陀思妥耶夫斯基夫人著，韦丛芜译《回忆陀思妥夫斯基》由上海现代书局刊行。

［俄］克鲁泡特金著，韩侍桁译《俄国文学史》由上海北新书局刊行。

［俄］戈理基著，柔石等译，鲁迅编《戈理基文录》由上海光华书局刊行。

［俄］A. V. 卢那卡尔斯基著，柔石译《浮士德与城》由上海神州国光社刊行。

［俄］阿尔志绥夫著，乔懋中译《战争》由上海大光书局刊行。

［俄］A. N. Tolstoj 著，巴金译《丹东之死》由上海开明书店刊行。

［俄］台米陀伊基著，沈端先译《乱婚裁判》由上海水沫书店刊行。

［俄］勒梦托夫著，杨晦译《当代英雄》由上海北新书局刊行。

［俄］屠格涅夫著，袁嘉华译《难忘的爱侣》由上海北新书局刊行。

［俄］屠格涅夫著，刘大杰译《两朋友》由上海亚东图书馆刊行。

［俄］屠格涅夫著，陈西滢译《父与子》由上海商务印书馆刊行。

［俄］陀思妥夫斯基著，韦丛芜译《罪与罚》由北平未名社刊行部刊行。

［俄］托尔斯泰著，刘大杰译《高加索的囚人》由上海中华书局刊行。

［俄］托尔斯泰著，顾绥昌译《伊凡伊列乙奇之死》由上海北新书局刊行。

［俄］柴霍甫著，赵景深译《香槟酒》由上海开明书店刊行。

［俄］柴霍甫著，赵景深译《女人的王国》由上海开明书店刊行。

［俄］柴霍甫著，赵景深译《黑衣僧》由上海开明书店刊行。

［俄］柴霍甫著，赵景深译《快乐的结局》由上海开明书店刊行。

［俄］柴霍甫著，赵景深译《孩子们》由上海开明书店刊行。

［俄］柴霍甫著，赵景深译《妖妇》由上海开明书店刊行。

［俄］柴霍甫著，赵景深译《审判》由上海开明书店刊行。

［俄］柴霍甫著，赵景深译《老年》由上海开明书店刊行。

［俄］契诃夫著，徐培仁译《厌倦的故事》由上海红叶书店刊行。

［俄］绥拉菲摩维支著，杨骚译《铁流》由上海南强书局刊行。

［苏］高尔基著，惟夫译《高尔基短篇小说集》由北平文成书庄刊行。

［苏］高尔基著，沈端先译《奸细》由上海北新书局刊行。

［苏］高尔基著，蓬子译《我的童年》由上海光华书局刊行。

［苏］高尔基著，林曼青译《我的童年》由上海亚东书馆刊行。

［俄］安特列夫著，梅川译《红的笑》由上海商务印书馆刊行。

［俄］柯伦泰著，李兰译《伟大的恋爱》由上海现代书局刊行。

［俄］柯伦泰著，周起应译《伟大的恋爱》由上海水沫书店刊行。

［俄］阿戚巴瑟夫著，伍光建译《山宁》由上海华通书局刊行。

［俄］阿尔志跋绥夫著，潘训译《沙宁》由上海光华书局刊行。

［俄］阿尔志跋绥夫著，郑振铎译《沙宁》由上海商务印书馆刊行。

〔俄〕罗曼诺夫著,蓬子译《没有樱花》由上海联合书店刊行。

〔俄〕涅维诺夫著,穆木天译《丰饶的城塔什干》由上海北新书局刊行。

〔俄〕雅科列夫著,杨骚译《十月》由上海南强书局刊行。

〔俄〕孚尔玛诺夫著,瞿然译《克服》由上海心弦书社刊行。

〔俄〕里别进斯基著,蒋光慈译《一周内》由上海北新书局刊行。

〔苏〕波克罗夫斯基(原题布克洛夫斯基)著,李麦麦译《一九〇五》由上海历史研究会刊行。

〔俄〕波克罗夫斯基(原题博克老夫斯基)、〔日〕石川一郎著,潘既闲译《俄国革命全史》由上海心弦书社刊行。

〔俄〕克鲁泡特金著,杨人楩译《法国大革命史》(上下卷)由上海北新书局刊行。

〔苏〕里亚札诺夫著,刘侃元译《马克斯与恩格斯》由上海春秋书店刊行。

〔苏〕托洛茨基著,石越译《托洛茨基自传》由上海新生命书局刊行。

按:是书《序言》说:"我们这时代又充斥了回忆的作品,也许比以前任何时代还要多些。这因为时代使然,有那么许多事物足以供人讲述的缘故。时代愈戏剧化,愈富于变化,则人们对于现时史的兴趣也愈热烈。撒哈拉沙漠中,决不会发生风景画的艺术。像我们那样'转变的'时代,才发生一种要求去用那时代的积极参加者的眼睛,返顾昨日或甚之过去已久的日子。大战后回忆文学之大为发展,其解释即在于此。而本书之问世,或许也可以在这里找到辩解吧!"

〔苏〕Kropotkln(克鲁泡特金)著,巴金译《我底自传》由上海启明书店刊行。

〔德〕卡尔·马克思著,杜竹君译《哲学之贫困》由上海水沫书店刊行。

〔德〕马克思等著,程始仁等编译《辩证法经典》由上海亚东图书馆刊行。

〔德〕恩格斯著,向省吾译《费尔巴哈与德国古典哲学底终末》由上海江南书店刊行。

〔德〕恩格斯著,钱铁如译《反杜林论》(上册)由上海昆仑书店刊行。

〔德〕柯诺著,朱应祺、朱应会译《马克思哲学唯物论历史理论》由上海泰东图书局刊行。

〔德〕波洽特著,汪馥泉译《史的唯物论概说》由上海神州国光社刊行。

按:是书介绍马克思主义的唯物史观。分7章:1.什么是历史——有产者的(精神的)史观;2.物质的欲望与"经济状态"——这及于历史的事件的外表上的影响——对于这见解的否认;3.我们在历史上可说明什么——就原因和结果;4.社会的变革底概念;5.史的唯物论如何地说明社会的变革;6.经济和思想的关系;7.结论——马克思自己的关于史的唯物论的叙述。

〔德〕波洽特著,汪馥泉译《史的唯物论新读本》(原名《史的唯物论概说》)由上海言行出版社刊行。

〔德〕波洽特著,铎梅译《史的唯物论入门》由上海社会科学研究社刊行。

〔德〕马丁路德著,福音道路德会翻译委办译《马丁路德小问答略解》由湖北汉口福音道路德会刊行。

〔德〕马丁路德著《基督徒要学》由湖北汉口中华信义会书报部刊行。

〔德〕马克思著,李一氓译《马克思论文选译》由社会科学研究会刊行。

〔德〕马克思、恩格斯合著,华岗译《共产党宣言》由上海中外社会科学研究社刊行。

按:华岗于1930年受命将1888年恩格斯亲校的英文版《共产党宣言》重译。该译本华岗是参照陈望道译本,正文第一次使用中英文双语对照,由上海华兴书局刊行。这是中国共产党成立后的第一个全译本。早于1928年秋,华岗就开始对照原文,逐字逐句地研读和琢磨,反复推敲和比对。1930年出版时署名"华岗译",时年他27岁。该书当时初版时采取伪装本技巧,书名删去"共产党"3字,仅剩"宣言"2

字,出版社署名是"上海中外社会科学研究社",封面一律使用汉语。该书迅速重印2次,至1932年已出了第三版。《共产党宣言》的首句话1930年华岗译本是:"有一个怪物正在欧洲徘徊着——这怪物就是共产主义。"华岗还将《共产党宣言》最后一句由"万国劳动者团结起来啊!"改译成"全世界无产阶级联合起来!"(邱少明《民国马克思主义经典著作翻译史(1912至1949年)》,南京航空航天大学博士学位论文,2011年)

　　[德]马克思著,德特里希编,巴克译《社会主义的基础》由上海山城书店刊行。

　　[德]达马斯基著,付英伟译《马克思主义与土地改革》由江苏南京中德书局刊行。

　　[德]考茨基著,桂秋译《科学社会主义的历史来源》由上海沪滨书局刊行。

　　[德]柯诺著,朱应祺、朱应会译《马克思的阶级斗争理论》由上海泰东图书局刊行。

　　[德]柯诺著,朱应祺、朱应会译《马克斯国家发展过程》由上海泰东图书局刊行。

　　[德]芦波尔著,李达译《理论与实践的社会科学根本问题》由上海心弦书社刊行。

　　[德]格尔拉哈著,邓绍光译《德意志新社会政策》由上海华通书局刊行。

　　[德]沙尔·费勒克著,许楚生译《家族进化论》由上海大东书局刊行。

　　[德]马克思著,吴西岑译《德国农民问题》由上海春秋书店刊行。

　　[德]恩格斯著,成嵩译《从猿到人》由上海泰东图书局刊行。

　　[德]桑巴特著,刘侃元译《社会主义与社会运动》由上海春潮书局刊行。

　　[德]马克斯·卑尔著,胡庆育译《独裁制研究》由上海太平洋书店刊行。

　　[德]马克思著,唐杰译编《民族革命原理》(《中国革命与欧洲革命》)由上海华兴书局刊行。

　　[德]马克思著,刘曼译《经济学批判》由上海乐群书店刊行。

　　按:即《政治经济学批判》,是书卷首有译者序及英译者序。末附《经济学批判绪言》(即马克思《〈政治经济学批判〉导言》),书内有注释。

　　[德]马克思著,李达译《经济学批评》由上海昆仑书店刊行。

　　[德]马克思著,陈启修译《资本论》第1卷第1分册由上海昆仑书店刊行。

　　按:是书包括《资本论》第1卷第1篇和第1版序言、第2版跋。书前有译者例言及《〈资本论〉旁释》(包括考茨基著《马克思经济学说在思想史上的地位》)、河上肇著《〈资本论〉在马克思经济学说上的地位》、《〈资本论〉第一篇在〈资本论〉上的地位》3篇文章及考茨基国民版序。译自德文"考茨基国民版"第8版(1928年)。

　　[德]考茨基著,[日]石川准十郎改编,洪涛译《资本论概要》由上海神州国光社刊行。

　　[德]科因著,陈宝骅、邢墨卿译《马克思主义经济学方法论》由北平新生命书局刊行。

　　按:是书系研究马克思主义经济学方法论的专著,内容也涉及资产阶级各经济学派的经济理论与方法论。全书分4章:理论经济学的对象、抽象的科学之理论经济学、经济学上的唯物论、马克思主义经济学是辩证的科学。

　　[德]考茨基著,汪馥泉译《马克思底经济学说》由上海神州国光社刊行。

　　[德]考茨基著,陈溥贤译《马克思经济学说》由上海商务印书馆刊行。

　　[德]柏洽德著,严灵峰译《经济学的基本概念》由上海春秋书店刊行。

　　[德]马克思著,邹钟隐译《自由贸易问题》(《关于自由贸易的演说》)由上海联合书店刊行。

　　[德]桑特尔著,刘沁仪译《新帝国主义论》由上海春秋书店刊行。

　　[德]考茨基著,章子建译《农业问题论》由上海神州国光社刊行。

[德]考茨基著,章子建译《农业问题论》由上海神州国光社刊行。

[德]福尔倍著,钱稻孙译《造型美术》由上海商务印书馆刊行。

[德]斯托姆著,张友松译注《茵梦湖》(世界文学名著)由上海北新书局刊行。

[德]师辟伯著,章士钊译《情为语变之原论》由上海商务印书馆刊行。

　　按:此书又名《情文相生论》,主要论述情感、语言和文字相生演变的理论。据19版译。书前有译者序和著者原序。书末附译名对照表。

[德]歌德著,张竞生译《哥德自传》由上海世界书局刊行。

[德]苏德曼著,李瑾译《故乡》由上海基督教女青年全国协会编辑部刊行。

[德]霍普德曼著,钟国仁译《寂寞的人们》由上海商务印书馆刊行。

[德]步耳革著,魏以新译《闵豪生奇游记》由上海华通书局刊行。

[德]歌德著,郭沫若译《少年维特之烦恼》由上海联合书店刊行。

[德]施笃姆著,钟宪民译《白马底骑者》由上海光华书局刊行。

[德]苏德曼著,成绍宗译《猫路》由上海支那书店刊行。

[德]霍布门著,王实味译《珊拿的邪教徒》由上海中华书局刊行。

[德]佛兰克著,绮纹译《特棱克》由上海商务印书馆刊行。

[德]路易·棱著,魏以新译《战争》由上海华通书局刊行。

[德]雷恩著,麦耶夫译《战争》由上海华东书局刊行。

[德]雷马克著,洪深、马彦祥译《西线无战事》由上海现代书店刊行。

[德]格莱赛著,施蛰存译《一九〇二年级》由上海东华书局刊行。

[德]格列姆著,谢颂羔编译《跳舞的公主》由上海文华美术图书印刷刊行。

[德]恩格斯等著,刘济闽译《社会进化的原理》由上海春秋书店刊行。

[德]柯诺著,朱应祺、朱应会译《马克斯家族发展过程》由上海泰东图书局刊行。

[德]毕尔著,叶启芳译《社会斗争通史(第一卷:古代社会斗争史)》由上海神州国光社刊行。

[德]毕尔著,叶启芳译《社会斗争通史》(第二卷:中世纪社会斗争史)由上海神州国光社刊行。

[德]毕尔著,叶启芳译《社会斗争通史》(第三卷:近代农民斗争及乌托邦社会主义)由上海神州国光社刊行。

[德]毕尔著,叶启芳译《社会斗争通史》(第四卷:近代社会斗争与社会思想)由上海神州国光社刊行。

[德]柯劳斯著,从吾译《蒙古史发凡》刊行。

[德]F.恩格斯著,刘镜园译《革命与反革命》(又名《1848年的德国》)由上海新生命书局刊行。

[德]马克思著,陈仲涛译《路易·波拿巴的雾月十八日》(《拿破仑第三政变记》)由上海江南书店刊行。

[德]考茨基著,刘隐译《法国革命与阶级斗争》由上海新生命书局刊行。

[德]贝尔著,易桢译《马克思传及其学说》由社会科学研究会刊行。

[德]歌德著,张竞生译《歌德自传》由上海世界书局刊行。

[日]朝永三十郎著,任白涛译《从思想和平主义到思想问题》由上海启智书局刊行。

〔日〕金子马治著,彭信威译《哲学概论》由上海神州国光社刊行。

〔日〕河上肇著,巴克译《唯物史观的基础》由上海明日书店刊行。

〔日〕河上肇著,郑里镇著《唯物史观研究》由上海文化书店刊行。

〔日〕河上肇著,周拱生译《唯物论纲要》由上海乐华图书公司刊行。

按:是书简述从16世纪17世纪开始的欧洲近代哲学,19世纪德国古典哲学,以及马克思主义哲学;总结了唯物论的出发点和根据,思维与存在的关系等问题。全书分11章。

〔日〕佐野学著,徐韫知译《唯物论的哲学》由上海乐华图书公司刊行。

〔日〕古屋铁石著,中国心灵研究会译《古屋氏催眠术》由上海编者刊行。

〔日〕久保良英著,张显之译《近代心理学》由上海民智书局刊行,书前有著者自序,译者序;书末附有《内省与客观的观察》《乐与苦》《动的心理学》《作用心理学》《精神发达的问题》《人格心理学》。

〔日〕岛地墨雷、生田得能著,听云、海秋译《三国佛教略史》由上海佛学书局刊行。

〔日〕佐野学著,邓毅译《唯物论与宗教》由上海秋阳书店刊行。

按:是书为日本《马克思主义讲座》第一卷中的一部分,用唯物论的观点阐述宗教的起源、发展和作用。

〔日〕河上肇著,江半庵译《马克思主义批判者之批评》由上海申江书店刊行。

〔日〕加田哲二著,刘叔琴译《社会学概论》由上海开明书店刊行。

按:是书包括社会学对于现代的意义、社会学的名称及意义、近世社会学的成立、社会学的诸潮流、社会的本质、社会的构成、社会的种类、基本社会和环境、基本社会的发达等13章。

〔日〕高田保马著,杜季光译述《社会学总论》由上海商务印书馆刊行。

〔日〕波多野鼎著,刘侃元译《社会政策原理》由上海大江书铺刊行。

按:是书分社会政策学的课题、社会政策的必然性、社会政策的本质3章。

〔日〕生田长江、本间久雄著,周佛海译《社会问题概观》由上海中华书局刊行。

〔日〕高畠素之著,李达译《社会问题总览》由上海中华书局刊行。

〔日〕加田哲二著,杨逸棠、张资平合译《近世社会学成立史》由上海乐群书店刊行。

〔日〕波多野鼎著,张定译《社会思想史概论》由上海启智书局刊行。

〔日〕新明正道著,雷通群译《群集社会学》由上海新宇宙书店刊行。

〔日〕关荣吉著,张资平、杨逸棠合译《文化社会学》由上海乐群书店刊行。

〔日〕杉山荣著,温盛光译《社会科学十二讲》由上海乐华图书公司刊行。

按:是书包括科学是什么呢、社会科学的方法、唯物的认识、社会构成之前提、社会之发达过程等12讲。书后附马克思年谱。

〔日〕山川均著,杨冲屿译《现代社会讲话》由新新书店刊行。

按:是书原名为《无产者讲话》《无产者运动》经译者改为现书名。分社会,资本主义社会,阶级,阶级斗争,劳动组合,资本主义下的农民和无产阶级的政党等7种。

〔日〕长野朗著,朱家清译《中国社会组织》由上海光明书局刊行。

〔日〕羽太锐治著,陆祖才译述《初夜的智识》由上海开业书局刊行。

〔日〕福潭谕吉著,张肇桐译《男女交际论》由上海文明书局刊行。

〔日〕那须浩著,刘钧译《农村问题与社会理想》由上海神州国光社刊行。

〔日〕矢内原忠雄著,杨开渠译《人口问题概论》由上海开明书店刊行。

〔日〕日本内阁统计局编,翁擢秀译《各国统计一览》由上海商务印书馆刊行。

[日]高桥清吾著,姜蕴刚译《政治思想之变迁》由上海真美善书店刊行。

按:是书分18章。概述古代各种启蒙政治思想,及近世的功利主义、社会主义、无政府主义、社会政策主义、独裁主义、国家主义等政治思想的产生发展过程。附译名对照表。

[日]市村今朝骥著,盛沛东译《政治思想史》由上海华通书局刊行。

[日]山川均著,宋蕉农译《台湾民众的悲哀》由北平新亚洲书局刊行,有许地山序、译者序、纲要。

[日]蜡山政道著,罗超彦译《行政学总论》由上海新生命书局刊行,有著者原序。

[日]赤松编,许秋冈译《日本劳动运动发达史》由上海现代书局刊行。

[日]田中九一著,陈叔时译《国际通史》由上海光华书局刊行。

[日]山川均著,施复亮、钟复光译《工会运动底理论与实践》由上海大江书铺刊行。

[日]山川菊荣编,高希圣译《妇女自觉史》由上海泰东图书局刊行。

[日]北泽直吉著,梁大鹏译《日本政府》由上海民智书局刊行。

按:是书包括日本民族及其政治生活,日本宪法、天皇、内阁及其他行政机关,贵族院、众议院、帝国议会权限,司法机关,地方政府及政党等。有陈安仁序、杨哲明序及著者序。附录日本宪法及参考书目。

[日]三潴信三著,邓公杰译《近世法学通论》由上海民智书局刊行。

[日]平野义太郎著,萨孟武译《法律与阶级斗争》由上海新生命书局刊行。

[日]穗积重远著,欧阳谿译《法理学大纲》由上海会文堂新记书局刊行。

[日]穗积重远著,萨孟武、陶汇曾译《法律进化论》第二册由上海商务印书馆刊行。

[日]泉哲著,彭学沛译《国际法概论》由上海神州国光社刊行。

[日]国防研究会编,王梦云译《新制战斗纲要图表解》由江苏南京共和书局刊行。

[日]樱井著《兵站勤务》由陆军大学刊行。

[日]榎本宫著,训练总监部军学编译处译《实战的步兵操典之研究》由江苏南京军用图书社刊行。

[日]田中久讲,方日中口译,赖恺元汇辑《军及大军之统帅》由陆军大学校印刷所刊行。

[日]小泉信三著,霜晓译《资本论》由北平青春书店刊行。

[日]山川均著,傅烈译《资本论大纲》由上海辛垦书店刊行。

[日]高畠素之著,施复亮译《资本论大纲》由上海大江书铺刊行。

[日]山川均著,陆志青译《马克斯资本论大纲》由上海未明社刊行。

[日]河上肇著,李达等译《马克思主义经济学基础理论》由上海昆仑书店刊行。

[日]高畠素之著,萨孟武、陈宝骅、邢墨卿译《马克思十二讲》由上海新生命书局刊行。

[日]河上肇著,钱铁如译《新经济学之任务》由上海昆仑书店刊行。

[日]高桥龟吉著,巴克译《经济学的实际智识》由上海联合书店刊行。

[日]高桥龟吉著,高乔平译《应用经济学》由上海世界书局刊行。

[日]高桥龟吉著,施复亮、周白棣译《实用经济学》由上海春秋书局刊行。

按:是书分生产底机构、交换配给及分配底机构、财富底积蓄及利用底机构3编。以日本经济为背景,阐述商品生产、资本与劳动、物价、市场、财政干预与金融政策、私有制与财富积累等理论问题。

[日]福田德三著,陈家瓒译《经济学原理》卷上由上海晓星书店刊行。

[日]石滨知行著,施复亮、周白棣译《美国资本主义发达史》由上海春秋书店刊行。

[日]孙田秀春著,林众可、盛沛东译《劳动法总论》由上海华通书局刊行。

〔日〕福田德三著,金奎光译《日本经济史论》由上海华通书局刊行。

〔日〕伊藤武雄著,黄逸群译《中国产业组织和资本主义的发展》由上海乐群书店刊行。

〔日〕河西太一郎著,李达译《农业问题之理论》由上海昆仑书局刊行。

〔日〕末弘严太郎著,邓日译《农村法律问题》由国民政府立法院编译处刊行。

〔日〕河田嗣郎著,李达、陈家瓒译《土地经济论》由上海商务印书馆刊行。

〔日〕神田孝一著,余怀清译《工厂管理》由上海商务印书馆刊行。

〔日〕增井幸雄著,邹敬芳译《交通政策》由上海启智书局刊行。

按:是书综述交通部门与国家及群众的关系,并述及经营制度、机构设置与营业等。卷首有译者序。

〔日〕山村乔著,刘侃元译《消费合作论》由上海大江书铺刊行。

〔日〕阿部贤一著,邹敬芳译《财政学史》由上海神州国光社刊行。

按:是书叙述 18 世纪以来,欧洲各经济学派财政学说的历史和发展。内分近代新兴资产阶级财政思想的发生、基于个人的自由主义之财政思想、社会政策的财政学理论、经济学的财政学、社会学的财政学——葛德雪的财政学说、社会主义的财政学说的发展 6 章。

〔日〕阿部贤一著,王长公译《财政政策论》由上海华通书局刊行。

〔日〕阿部贤一著,邹敬芳译《财政政策论》由上海明月书局刊行。

〔日〕后藤武男著,俞康德译述《新闻纸研究》由上海光华书局刊行,有著者原序及黄天鹏的序。

〔日〕杉村广太邨著,王文萱译述《新闻概论》由上海联合书店刊行。

〔日〕门马直卫著,丰子恺译《音乐的听法》由上海大江书铺刊行,有译者序。

〔日〕大濑甚太郎著,刘亮译《欧美教育史》由上海民智书局刊行。

〔日〕仲宗根源和著,金溟若译《苏俄新教育之研究》由上海神州国光社刊行。

〔日〕三田谷启著,戴建新译《儿童教养法》(新知识丛书)由上海商务印书馆刊行。

〔日〕小仓金之助著,颜筠译《算学教育的根本问题》由上海商务印书馆刊行。

〔日〕中泽苏伯、小胁国秀著,吴瑞书编译《护身术精义》(武道正宗)由上海中西书局刊行。

〔日〕小泉八云著,石民译注《文艺谭》(自修英文丛刊)由上海北新书局刊行。

〔日〕宫岛新三郎著,高明译《文艺批评史》由上海开明书社刊行。

〔日〕本间久雄著,章锡琛译《文学概论》由上海开明书店刊行。

〔日〕铃木虎雄著,汪馥泉译《中国文学论集》由上海神州国光社刊行。

〔日〕儿岛献吉郎著,胡行之译《中国文学概论》由上海北新书局刊行。

〔日〕大宅壮一著,毛含戈译《文学的战术论》由上海联合书店刊行。

〔日〕小泉八云著,杨开渠译《文学入门》由上海现代书局刊行。

〔日〕田中湖月著,孙俍工译《文学赏鉴论》由上海中华书局刊行。

〔日〕儿岛献吉郎著,张铭慈译《中国文学概论》由上海商务印书馆刊行。

〔日〕青野季吉等著,冯宪章译《新兴艺术概论》由上海现代书局刊行。

〔日〕藏原惟人著,吴之本译《新写实主义论文集》由上海现代书局刊行。

按:是书原著《支那文学杂考》共 10 章,本书选译其中 7 章:毛诗考、楚辞考、诗仙李白考、诗圣杜甫考、诗佛王维考、从乐府里所见到的中国诗人的军事思想、从乐府里所见到的中国诗人的恋爱思想。

〔日〕伊达源一郎著,张闻天、汪馥泉译《近代文学》由上海商务印书馆刊行。

〔日〕森泰次郎著,张铭慈译《作诗法讲话》由上海商务印书馆刊行。

〔日〕木村毅著,高明译《小说研究十六讲》由上海北新书局刊行。

〔日〕芦谷重常著,黄源译《世界童话研究》由上海华通书局刊行。

〔日〕盐谷温等著,汪馥泉译《中国文学研究译丛》由上海北新书店刊行。

〔日〕遍照金刚著,储皖峰校《文二十八种病》由上海中国述学社刊行部刊行。

〔日〕千叶龟雄等著,张我军译《现代世界文学大纲》由上海神州国光社刊行。

按:是书介绍第一次世界大战前夜及大战期间的文学,现代法国、英国、美国、意大利、西班牙、葡萄牙、希腊、巴尔干半岛和现代犹太文学。

〔日〕相马御风著,汪馥泉译《欧洲近代文学思潮》由上海中华书局刊行。

〔日〕宫岛新三郎著,张我军译《现代日本文学评论》由上海开明书店刊行。

〔日〕秋田雨雀著,一切译《骷髅的跳舞》由上海开明书店刊行。

〔日〕夏目漱石著,郭沫若译《草枕》由上海美丽书店刊行。

〔日〕武者小路实笃著,崔万秋译《忠厚老实人》由上海真美善书店刊行。

〔日〕谷崎润一郎著,查士元译《恶魔》由上海华通书局刊行。

〔日〕谷崎润一郎著,章克标译《杀艳》由上海水沫书店刊行。

〔日〕江口涣著,钱歌川译《恋爱与牢狱》由上海北新书局刊行。

〔日〕叶山嘉树著,冯宪章译《叶山嘉树选集》由上海现代书局刊行。

〔日〕叶山嘉树著,张我军译《卖淫妇》由上海北新书局刊行。

〔日〕德永直著,何鸣心译《没有太阳的街》由上海现代书局刊行。

〔日〕小林多喜二著,潘念之译《蟹工船》由上海大江书铺刊行。

〔日〕秋田雨雀著,文莎诃译《新俄游记》由上海明月书局刊行。

〔日〕藏原、外村著,鲁迅重译《文艺政策》由上海水沫书店刊行。

〔日〕尾濑敬止著,雷通群译《苏俄新艺术概观》由上海新宇宙书店刊行。

〔日〕冈泽秀虎著,陈雪帆译《苏俄文学理论》由上海大江书铺刊行。

〔日〕福本和夫著,施复亮译《社会进化论—社会底构成及变革进程》由上海大江书铺刊行。

〔日〕上田茂树著,柳岛生译《世界史纲》由上海百衲书店刊行。

〔日〕石川三四郎讲,黄源笔记《西洋社会运动史六讲》由上海华通书局刊行。

〔日〕石川三四郎著,大西伍一编《社会运动史》由北平青春书店刊行。

〔日〕大盐龟雄著,葛绥成译述,刘传亮校订《最新世界殖民史》由上海商务印书馆刊行。

按:另有王锡纶编译另一译本《近代世界殖民史略》。

〔日〕坂口昂著,王璧如译《希腊文明之潮流》由上海神州国光社刊行。

〔日〕桑原骘藏著,冯攸译《唐宋元代中西通商史》由上海商务印书馆刊行。

按:另一译名为《中国阿拉伯海上交通史》。

〔日〕园田一龟著《前清历代皇帝之东巡》由辽宁沈阳盛京时报社刊行。

〔日〕坂口昂著,王璧如译《希腊文明之潮流》由上海神州国光社刊行。

〔日〕园田一龟著,黄惠泉、刁英华译《新中国人物志》由上海良友图书印刷公司出版。

按:是书分省记述民国以来近20年间中国各方面(侧重军政界)著名人物近300人的主要事略。

〔日〕守田有秋著,杨骚译《世界革命妇女列传》由上海北新书局刊行。

按:是书内分俄国、英国、法国、美国、意大利、德国6部分。介绍碧列茜科斯加亚、苏斐亚·碧罗斯加严、维拉·查斯莉矶、克鲁普斯卡娅(以上为俄国人)、爱玛林·潘卡斯特(英国)、路易斯·蜜兹雪尔(法国)、爱玛·哥尔朵蔓(美国)、安玑爱·里加·巴拉巴诺瓦(意大利)、克拉拉·蔡特金、敏娜·科爱尔(以上为德国人)等14名妇女的生平事迹。卷首有"译者的几句话"。

[日]藤山雷太著,冯攸译《南洋丛谈》由上海商务印书馆刊行。

[美]布赖特曼著,杨枝嵘、黄毅仁译《哲学导论》由上海商务印书馆刊行。

[美]杜兰著,杨荫鸿、杨荫渭译《古今大哲学家之生活与思想》由上海商务印书馆刊行。书前有译者序、吴敬恒序。

[美]马尔文著,傅子东译《欧洲哲学史》由上海神州国光社刊行。

按:是书从文明出现至20世纪实证主义、实用主义、社会民主主义等为止,对欧洲哲学作了系统的论述。分为3编:第1编绪论,除讲述一般定义外,对人类文明造成的人类心理变化,以及从原始时代到科学的发展作了概述;第2编为古代哲学,包括古希腊、罗马;第3编为近代哲学,包括中世纪起至现代,共28章。

[美]罗伊斯(原题罗易斯)著,唐钺(原题唐擎黄)译《逻辑底原理》由上海商务印书馆刊行。

[美]沃尔登著,郭豫清译《动物心理学小史》由上海商务印书馆刊行,有郭任远序。

[美]詹姆斯(原题詹姆士)著,伍况甫译《心理学简编》由上海商务印书馆刊行。

[美]艾迪著,青年协会书报部译《公义与人道》由上海青年协会书局刊行。

[美]卡耐基著,谢铎编译《处世教育》由上海竞文书店刊行。

[美]柯伊布士著《成人学概论》由上海建国印务公司刊行。

[美]Grace Saxe著,狄珍珠等译《大先知》由上海美华浸会印书馆刊行。

[美]艾迪著,青年协会书报部译《近代名哲的宗教观》由上海青年协会书报部刊行。

[美]艾迪著,青年协会书报部译《现代的新信仰》由上海青年协会书报部刊行。

[美]艾迪著,青年协会书报部译《宗教与社会正义》由上海青年协会书报部刊行。

[美]富司迪著,应元道、袁芳赍译《完人的模范》由上海青年会全国协会刊行。

[美]哈金著,胡贻穀译述《心理学与宗教》由上海青年协会书局刊行。

[美]赫士著《教义神学》上册由上海广学会刊行。

[美]孟高美芮著,[美]高乐月编,刘美丽译《耶路撒冷今昔观》由上海广学会刊行。

[美]孟高美芮夫人著《耶稣史略》(四友所述的)由上海广学会刊行。

[美]斯密司、贝尔顿等著,张坊译《救法论》由上海广学会刊行。

[美]王尔斌、郭爱理编《培进生活课程(第2集·上)》由上海广学会刊行。

[美]爱尔乌德著,钟兆麟译述《文化进化论》由上海世界书局刊行。

按:是书分上下2编:上编包括社会进化与文化进化、文化发展中的阶段、文化进化的性质与顺序、文化进化原因的学说、初民概念与文化模式的起源等9章;下编包括衣服和身体装饰的发展、房屋的发展、美术的发展、教育和科学的发展、文化的回顾和预期等10章。

[美]桑戴克著,陈廷璠译《世界文化史》由重庆书店刊行。

[美]波定著,余慕陶译《科学社会主义底理论体系》由上海金马书堂刊行。

按:是书分11章。包括卡尔·马克斯及其近时的批评家,唯物史观与阶级斗争,价值与剩余价值,劳动价值说及其批评家,经济矛盾和资本主义之消灭等。

[美]杨格著,高觉敷译《社会心理学史》由上海商务印书馆刊行。

[美]布来克马、姬灵著,马明达译《社会病理学》由上海商务印书馆刊行。

按:是书包括社会病理学的性质、贫穷论、贫穷之原因及其救济法、慈善事业及慈善团体、社会退化论等6章,简述离婚、人口、都市、贫穷、犯罪及社会退化等问题。

[美]素罗金著,黄文山译《当代社会学学说》由上海社会问题研究社刊行。

[美]毅利伍著,童克圣译《人类社会的究竟》由上海广学会刊行。

[美]留伊斯(原题蓝维斯)著,汪馥泉译《社会主义社会学》由上海神州国光社刊行。

[美]留伊斯(原题勒维思)著,高维翰译《社会学入门》由上海水沫书店刊行。

[美]Sana Swain著,徐海萍译《恋爱生理术》由上海新民图书馆兄弟公司刊行。

[美]蓝麦根著,徐培仁译《恋爱信的作法》由上海独流社刊行。

[美]韩金斯著,C. T译《婚姻与家庭》由上海利国印刷社印刷。

[美]格特尔著,戴克光译《政治思想史》由上海神州国光社刊行。

[美]格特尔著,李圣越译《政治思想史大纲》(上下册)由上海启智书局刊行,有译者序。

[美]麦利恒、鲍尔思等著,张虹君译《近世政治思想史》由上海商务印书馆刊行。

[美]格特尔著,陆国香、冯和法译,孙寒冰校《近代政治思想史》由上海黎明书局刊行。

[美]海士著,蒋廷黻译《族国主义论丛》由上海新月书店刊行。

[美]希尔葵著,周佛海译《社会主义的理论与实际》由上海中华书局刊行。

[美]潘琦著,青年协会书报部译《战争》由上海青年协会书局刊行。

[美]潘琦著,青年协会书报部译《战争问题的答辩》由上海青年协会书报部刊行。

[美]皮蔼尔著,叶秋原译《民族的国际斗争》由上海真美善书店刊行,有译者序。

[美]斯特龙著,叶鸿译《苏联农民与妇女》由上海秋阳书店刊行。

[美]斯密司著,蔡咏裳、萤绍明译《苏俄的妇女》由上海中华书局刊行。

[美]庞德著,雷沛鸿译《法学肄言》由上海商务印书馆刊行。

[美]庞德著,陆鼎揆译《社会法理学论略》由上海商务印书馆刊行。

[美]James M. Lewis编,海军部海军编译处译《海军通信辑要》刊行。

[美]E. Untermann著,刘曼译《马克斯主义经济学》由上海乐群书店刊行。

[美]安格尔著,黄菩生译《德国经济之复兴》由上海民智书局刊行。

[美]Herman Cohn著,洪涛译《近世经济发展之研究》由上海泰东书局刊行。

按:是书论述货币的起源与智能、信用组织、产业资本的循环与产业的集中、金融资本的发展与政策等内容。

[美]吉曼著,徐永祚译《决算表之分析观察法》由上海徐永祚会计师事务所刊行。

[美]康司门、安拙司著,国民政府财政部驻沪调查货价处译《劳动法原理》由上海卿云图书公司刊行。

[美]博尔戴斯著,陈泽生译《苏俄农村生活》由上海联合书店刊行。

[美]绮斯门著,许复七译《最近美国农业之进步》由上海民智书局刊行。

[美]博尔戴斯著,易鸿译《苏维埃的乡村生活》由上海启智书局刊行。

[美]波特著,孟宪承译《现代教育学说》(大学丛书)由上海商务印书馆刊行,有著者序、巴格莱引言、译者附言。

[美]波特著,马复、李溶译《近代教育学说》上海世界书局刊行,有蔡元培序。

[美]杜威著,张铭鼎译《德育原理》由上海商务印书馆刊行。

〔美〕察忞斯著，吴增芥译《理想的培育法》由上海商务印书馆刊行。

〔美〕克伯雷著，夏承枫译《城市教育行政及其问题》由江苏南京书店刊行。

〔美〕麦克牟利著，杨廉译《设计教学法》（师范小丛书）由上海商务印书馆刊行。

〔美〕华虚朋、斯端氏著，唐现之译《欧洲新学校》（教育丛书）由上海中华书局刊行，有华虚朋小传。

〔美〕威尔逊著，易鸿译《苏俄新学校》由上海联合书店刊行。

〔美〕华生著，徐侍峰译《行为主义的儿童心理》由上海新世纪书局刊行。

〔美〕华生著，章益、潘硌基译《行为主义的幼稚教育》由上海黎明书局刊行。

〔美〕白克等著，甘师禹译《幼稚园与初小学一年级课程指导书》由北平香山慈幼院刊行，有白蒂等的导言。

〔美〕弗兰克·爱地普著，吕鹏搏译《新世纪家庭教育谈》由江苏镇江江南印书局刊行。

〔美〕S. C. Staley 著，王毅诚、金兆均编译《个人与团体之竞技运动》由上海人文印书馆刊行。有著者序。

〔美〕郝理思特著，刘奇编译《演说学》由上海商务印书馆刊行。

〔美〕A. A. Milne 著，赵元任编译定谱《（国语罗马字对话戏戏谱）最后五分钟》由上海中华书局刊行。

〔美〕辛克莱著，钱歌川译《地狱》由上海开明书店刊行。

〔美〕奥尼尔著，古有成译《加力比斯之月》由上海商务印书馆刊行。

〔美〕辛克莱著，葛藤译《太平世界》由上海昭昭社刊行部刊行。

〔美〕辛克莱著，邱韵铎、吴贯忠译《实业领袖》由上海支那书店刊行。

〔美〕辛克莱著，易坎人译《煤油》由上海光华书局刊行。

〔美〕辛克莱著，陶晶孙译《密探》由上海北新书局刊行。

〔美〕辛克莱著，麦耶夫译《山城》由上海现代书局刊行。

〔美〕果尔特著，杨骚译《没钱的犹太人》由上海南强书局刊行。

〔美〕爱多温牧慈著，萧百新译《华特逊供状》由上海会文堂新记书局刊行。

〔美〕吉母·朵耳著，谷非译《洋鬼》由上海心弦书社刊行。

〔美〕贾克·伦敦著，邱韵铎译《革命论集》由上海光华书店刊行。

〔美〕辛克莱著，陈恩成译《拜金主义》由上海联合书店刊行。

〔美〕卡尔佛登著，傅东华译《文学之社会学的批评》由上海华通书局刊行。

〔美〕辛克莱著，陈恩成译《美国文艺界的怪状》由上海联合书店刊行。

〔美〕约翰雷特著，曾鸿译《震动世界之十日》由上海文林社刊行。

〔美〕朗费罗著，徐应旭译《喜亚窝塔的故事》由上海商务印书馆刊行。

〔美〕柏涅特著，刘大杰译《孩子的心》由上海北新书局刊行。

〔美〕欧文著，徐应旭译《吕柏大梦》由上海商务印书馆刊行。

〔美〕摩尔根著，张栗原、杨东尊译《古代社会》由上海昆仑书店刊行。

〔美〕班兹著，向达译，何炳松校订《史学》（又名《史学史》）由上海商务印书馆刊行。

〔美〕哥温著，陈彬龢译《日本历史大纲》由上海商务印书馆刊行。

〔美〕布渥尔著，谭健常译《欧洲战后十年史》由上海商务印书馆刊行。

〔美〕艾迪著，青年协会书报部译《八大伟人》由上海译者刊行。

按:是书介绍加里森、博克·华盛顿、马丁·路德、约翰·韦斯利、安东尼女士、威尔逊等8人的生平事迹。

[美]清洁理著《林肯传》由上海广学会刊行。

[美]克莱德著,张明炜译《国际竞争中之满洲》由上海华通书局刊行。

[英]拉波普特著,陈训炤译《哲学初桄》由上海商务印书馆刊行。

[英]休谟著,伍光建译《人之悟性论》由上海商务印书馆刊行。

按:是书分为12章:论各派哲学、观念的来源、联想及反对悟性之中的怀疑、怀疑的解决、必然观念、自由与必然性、怀疑派哲学等。本书附有补篇,选录《人性论》有关章节。

[英]费多马著,莫安仁、周云路译《恩典与宗教》由上海广学会刊行,莫安仁作序。

[英]莫安仁、穆迪著,周云路译《耶稣的目的》由上海广学会刊行,莫安仁作序。

[英]瓦忒豪斯著,傅方弼、梅立德译《基督教的人生观》由上海广学会刊行。

[英]韦更生著,张钦士译述《探险》由北平基督教青年会学生部刊行。

[英]林辅华著,夏明如译《(根据于历史的)以赛亚书释义》由上海广学会刊行。

[英]卫斯特马克著,王亚南译《人类婚姻史》由上海神州国光社刊行。

[英]罗素著,野庐译《婚姻革命》由上海世界学会刊行。

[英]司托浦司著,胡仲持译《结婚的爱》由上海开明书店刊行。

[英]拉斯基著,张士林译《政治典范》由上海商务印书馆刊行。

[英]贾德著,夏葵如译《现代政治思想》由上海北新书店刊行。

[英]贾德著,熊之孚译《现代政治思想概论》由上海大东书店刊行。

[英]贾德著,詹文浒译《现代政治哲学引论》由上海中山书局刊行。

[英]拉斯基著,黄肇年译《共产主义论》由上海新月书店刊行。

[英]柯尔著,程希孟译《英国劳动阶级运动史》由上海社会问题研究社刊行。

[英]穆勒著,严复译《群己权界论》由上海商务印书馆刊行。

[英]哈利斯著,王检译《各国地方自治大纲》由上海大东书局刊行。

[英]开洛尔著,胡荣铨译《新印度》由上海商务印书馆刊行。

[英]梅因·亨利著,方孝岳、钟建闳译《古代法》由上海商务印书馆刊行。

[英]戴雪著,雷冰南译《英宪精义》由上海商务印书馆刊行。

[英]黑德兰莫黎著,黄公觉译《欧洲新民主宪法的比较》由上海神州国光社刊行。

[英]谢利奇著,刘华式译述《英国大舰队》由辽宁东北海事编译局刊行。

[英]恩麦特著,程次敏译《马克斯资本论浅释》由上海北新书局刊行。

[英]麻克司泰著,巴克译《劳动者经济学》由上海乐华图书公司刊行。

[英]因格拉门著,胡泽、许炳汉译《经济学史》由上海商务印书馆刊行。

[英]凯恩斯著,杭立武译《放任主义告终论》由上海平凡书局刊行。

[英]雷斐德著,熊大经译《英国经济史》由上海商务印书馆刊行。

按:是书分述英国被诺曼底人征服以前、中古和都铎王朝时代,以及17至19世纪的经济发展简史。

[英]厄力斯·帕刻著,汤浩译《美国经济成功之秘密》由上海民智书局刊行。

[英]萧伯纳著,周容译《社会主义与资本主义》由上海开明书店刊行。

[英]霍布孙著,傅子东译《近代资本主义进化论》由上海商务印书馆刊行。

[英]爱·艾威林著,吴曲林译《学生底马克思》由上海联合书店刊行。

[英]柯尔著,汤浩译《英国最近之社会与经济政策》由上海民智书局刊行。

[英]孔荪著,李君素译《英国新工业政策》由上海三民书店刊行。

[英]坎南著,郑行巽译《货币学概论》由上海法学社刊行。

[英]威尔斯著,朱应会译《世界文化史纲》由上海昆仑书店刊行,

[英]贺益兰著,杨人楩译《世界文化史要略》由上海北新书局刊行。

按:是书分历史之起源、文化之意义:印度与中国,基督教及回教,希腊,罗马,中世纪,国家主义,国际主义,回到希腊与近代运动等9章。概述古代至20世纪20年代的世界文化史。对希腊文化的叙述尤为详细。

[英]塔尼著,叶启芳译《社会主义之教育政策》由上海神州国光社刊行,有原序及译者序。

[英]高尔斯华绥著,梁遇春译注《幽会》(英文小丛书)由上海北新书局刊行。

[英]W. H. White 著,梁遇春译注《厄斯忒哀史》(英文小丛书)由上海北新书局刊行。

[英]M. 兰姆、C. 兰姆改编,奚识之译注《(原文)(附译文注释)莎氏乐府本事》(华英对照标准英文文学读本)由上海春江书局刊行。

[英]韩德生著,宋桂煌译《小说的研究》由上海光华书局刊行。

[英]韩德生著,宋桂煌译《文学研究法》由上海光华书局刊行。

[英]法郎锡兰著,海鸥译《神与英雄》(希腊神话)由上海广义书局刊行。

[英]E. 葛斯著,韦丛芜译《英国文学:拜伦时代》由北平未名社刊行部刊行。

[英]拜伦著,张竞生译《多惹情歌》由上海世界书局刊行。

[英]莎士比亚著,梁实秋译《威尼斯商人》由上海商务印书馆刊行。

[英]莎士比亚著,张文亮译《墨克白丝与墨夫人》由广东广州清野书局刊行。

[英]莎士比亚著,戴望舒译《麦克倍斯》由上海金马书堂刊行。

[英]莎士比亚著,彭兆良译《第十二夜》由上海中华新教育社刊行。

[英]萧伯纳著,中暇译《英雄与美人》由上海商务印书馆刊行。

[英]巴里著,余上沅译《可钦佩的克来敦》由上海新月书店刊行。

[英]巴蕾著,熊适逸译《可敬的克莱登》由上海商务印书馆刊行。

[英]秀韦尔著,徐应昶译《黑美》由上海商务印书馆刊行。

[英]萨克莱著,顾均正译《玫瑰与指环》由上海开明书店刊行。

[英]吉布林著,张友松译《如此如此》由上海开明书店刊行。

[英]高尔斯华绥著,南开新剧团改译《争强》由天津南开新剧团刊行。

[英]哥尔斯卫狄著,朱复译《群众》(人生理想悲剧)由上海商务印书馆刊行。

[英]台维司著,朱端钧改译《寄生草》由上海光华书局刊行。

[英]B. R. Gibbs 著,伍蠡甫译《合作之胜利》(合作剧)由上海中国合作学社刊行。

[英]厄密力·布纶忒著,伍光建译《狭路冤家》由上海华通书局刊行。

[英]莫理思著,林微音译《虚无乡消息》由上海水沫书店刊行。

[英]哈代著,顾仲彝译《哈代短篇小说选》由上海开明书店刊行。

[英]梅立克著,陈西滢译《梅立克小说集》由上海商务印书馆刊行。

[英]白兰德(原题芭尔莱脱)著,沈能毅、朱枕薪译《东三省外交史略》由北平东北文化社刊行。

[英]柏尔编,王光祈译《西藏外交文件》由上海中华书局刊行。

[英]柏尔著,宫廷璋译,竺可桢、向达校订《西藏之过去与现在》由上海商务印书馆刊行。

[英]康德黎著,郑启中、陈鹤侣译《孙逸仙与新中国》由上海民智书局刊行。

[法]饶勒斯拉法格著,青锐译《在历史观中底唯心主义与唯物主义》由上海辛垦书店刊行。

[法]拉法格著,熊得山、张定夫译《宗教及正义·善的观念之起源》由上海昆仑书店刊行。

[法]拉法格著,刘初鸣译《经济决定论》由上海辛垦书店刊行。

[法]涂尔干著,崔载阳译《道德教育论》由上海民智书局刊行。

[法]莱维、孝阀纳著,冯承钧译《法住记及所记阿罗汉考》由商务印书馆刊行。

[法]普纪吕司基著,冯承钧译《佛学研究》由上海商务印书馆刊行。

[法]鲁妥努著,郭冠杰译《男女关系之进化》由上海乐群书店刊行。

[法]鲁妥努著,卫惠林译《男女关系的进化》由上海开明书店刊行。

[法]孟德斯鸠著,严复译《孟德斯鸠法意》由上海商务印书馆刊行。

[法]瑟诺博司著、张宗文译《社会科学与历史方法》由大东书局出版。

[法]季节特著,无刚译《现代经济学的基本知识》由上海光华书局刊行。

[法]蒙田著,雷通群编译《孟氏幼稚教育法》(师范小丛书)由上海商务印书馆刊行,有邱椿和编译者序。

[法]卢梭著,伍蠡甫译《新哀绿绮思》(英汉对照西洋文学名著译丛1)由上海黎明书局刊行。

[法]保尔·巴西著,刘复译《比较语音学概要》由上海商务印书馆刊行,赵元任作序。

按:本书用法语语音比较欧洲各重要语言的语音之异同,以便于欧洲人学习英、法、德三国语音。

[法]伊科维兹著,樊仲云译《唯物史观的文学论》由上海新生命书局刊行。

[法]伊可维支著,戴望舒译《唯物史观的文学论》由上海水沫书店刊行。

[法]左拉著,张资平译《实验小说论》由上海新文化书局刊行。

[法]波多莱尔著,邢鹏举译《波多莱尔散文诗》由上海中华书局刊行。

[法]莫里哀著,高真常译《悭吝人》由上海商务印书馆刊行。

[法]莫里哀著,唐鸣时译《史嘉本的诡计》由上海商务印书馆刊行。

[法]嚣俄著,东亚病夫译《项日乐》由上海真善美书店刊行。

[法]拉必士、马尔丹著,王寿山译《玻利松先生的旅行记》由北平未名社刊行。

[法]都德著,张志渊译《阿莱城的姑娘》由上海开明书店刊行。

[法]杜德著,罗玉君译《婀丽女郎》由上海商务印书馆刊行。

[法]美尔博著,曾仲鸣译《神圣的童年》由上海开明书店刊行。

[法]褚列尔著,肖石君译《圣女的反面》由上海中华书局刊行。

[法]罗曼·罗兰著,李琭、辛质译《孟德斯榜夫人》由上海商务印书馆刊行。

[法]马丁奈著,成绍宗译《夜》由上海沪滨书局刊行。

[法]斑拿著,袁昌英译《玛婷痛苦的灵魂》由上海商务印书馆刊行。

[法]玮里耶、弗朗士著,肖石君译《无上的恋爱》由上海中华书局刊行。

[法]沙陀布里昂著,沈起予译《两个野蛮人的恋爱》由上海红叶书店刊行。

[法]杜马著,魏易译《苏后马丽惨史》由上海商务印书馆刊行。

[法]戈恬著,昙华译《木乃伊恋史》由上海现代书局刊行。

[法]小仲马著,秦瘦鸥译《茶花女》由上海三民公司刊行。

[法]凡尔纳著,饮冰字、披发生译《十五小豪杰》由上海世界书局刊行。

[法]法郎士著,李青崖译《艺林外史》由上海商务印书馆刊行。

[法]法郎士著,顾维熊、华堂译《乔加斯突》由上海商务印书馆刊行。

[法]莫泊桑著,李青崖译《珍珠小姐集》由上海北新书局刊行。

[法]莫泊桑著,止室译《重逢》由上海商务印书馆刊行。

[法]洛蒂著,张人权译《我弟伊凡》由上海现代书局刊行。

[法]果尔梦著,蓬子译《妇人之梦》由上海光华书局刊行。

[法]伯地耶著,朱孟实译《愁斯丹和绮瑟的故事》由上海开明书店刊行。

[法]巴比塞著,成绍宗译《地狱》由上海光华书局刊行。

[法]比埃尔·路易著,鲍文蔚译《美的性生活》由上海北新书局刊行。

[法]边勒鲁意著,病夫、虚白译《肉与死》由上海真善美书店刊行。

[法]巴比塞著,敬隐渔译《光明》由上海现代书局刊行。

[法]罗霭伊著,索杨润余、以译《俊颜》由上海商务印书馆刊行。

[法]莫洛怀著,西滢译《少年哥德之创造》由上海新月书店刊行。

[法]罗丹讲,吉赛尔记,曾觉之译《美术论》由上海开明书店刊行。

[法]沙尔列·拉波播尔著,青锐译《作为进化科学底历史哲学》由上海辛垦书房刊行。

按:是书分什么是历史的法则、历史哲学的性质与可能、学理与方法、历史中支配因子的理论、个人在历史上的作用、主观的方法、政治思想的进化、马克思主义的哲学等8章。

[法]施亨利著,黎东方泽《历史之科学与哲学》由上海商务印书馆刊行。

按:是书除导言和结论外,内分历史哲学的起源、历史的玄学概念:黑格尔、实证派的概念:孔德、历史的批评概念:古尔诺、历史科学论、历史的比较方法、历史中的进化观念、我们能否有一种科学的历史哲学等3章。

[法]牟里著,冯承钧译《东蒙古辽代旧城探考记》由上海商务印书馆刊行。

[法]色伽兰著,冯承钧译《中国西部考古记》由上海商务印书馆刊行。

[法]白吕纳(原题白菱汉)著,张其昀译《人生地理学》由上海商务印书馆刊行。

[意]艾儒略著《方济各第三会规》由山西太原府天主堂印书馆刊行。

[意]托马斯·阿奎那著,[意]利类思译《超性学要》由公教教育联合会刊行。

[意]托马斯·阿奎那著,利类思译《论天神》由公教教育联合会刊行。

[意]托马斯·阿奎那著,利类思译《论天主》由公教教育联合会刊行。

[意]巴比尼著,贾立言、周云路译《基督传》由上海广学会刊行。

[意]薄伽丘著,黄石、胡簪云译《十日谈》由上海开明书店刊行。

[意]孟德格查著,夏丏尊译《续爱的教育》由上海开明书店刊行。

[丹麦]彼得等著,陈友生译《丹麦的农村教育与合作》由上海新世纪书局刊行。

[丹麦]安徒生著,桂裕译注《月亮所讲的故事》由上海商务印书馆刊行。

[丹麦]安徒生著,徐调孚译《母亲的故事》(安徒生童话集)由上海开明书店刊行。

［丹麦］安徒生著,顾均正译《小杉树》由上海开明书店刊行。

［丹麦］安徒生著,赵景深译《皇帝的新衣》由上海开明书店刊行。

［丹麦］安徒生著,徐培仁译《安徒生童话全集》由上海儿童书局刊行。

［丹麦］安徒生著,谢颂义译《雷后》由上海开明书店刊行。

［挪威］艾香德演讲,黄景仁译《宗教概论》由江苏南京风景山基督丛林刊行。

［挪威］哈利伯著,戴怀仁、王敬轩译《新旧神学辨异》由中华信义会刊行,有译者序。

［挪威］边孙著,郭智石译《破产者》由上海商务印书馆刊行。

［挪威］巨爱兰德等著,古有成译《挪威短篇小说集》由上海商务印书馆刊行。

［挪威］哈姆生著,章铁民译《饿》由上海水沫书店刊行。

［挪威］阿斯皮尔孙著,顾均正译《三公主》由上海开明书店刊行。

［瑞典］古斯特布·加塞尔著,王希夷译《世界货币问题》由上海精州国光社刊行。

［瑞典］高本汉著,赵元任译《上古中国音当中的几个问题》由北平国立中央研究院历史语言研究所刊行。

按:此书为国立中央研究院历史语言研究所集刊第1本第3分抽印本。收高本汉的《上古中国音当中的几个问题》《上古中国音当中的几个问题并论冬蒸两部》(王静如跋)两篇论文。

［瑞典］高本汉著,王静如译《中国古音(切韵)之系统及其演变》由国立中央研究院历史语言研究所刊行。

［葡］阳玛诺述《天主圣教十诫直诠》由上海土山湾印书馆刊行。

［葡］阳玛诺译《圣经直解》1—5集由山东兖州府天主堂印书局刊行,有译者序。

［波兰］第克石坦著,质生译《政治经济学ABC—人是靠着什么生活的》由上海光华书局刊行。

［波兰］廖抗夫著,巴金译《前夜》由上海启智书局刊行。

［波兰］普鲁士著,杜衡译《哨兵》由上海光华书局刊行。

［波兰］阿尔塞斯基著,钟心见、杨昌溪译《两个真诚的求爱者》由上海支那书店刊行。

［波兰］Malinowski著,林振镛译《蛮族社会之犯罪与风俗》由上海华通书局刊行。

［匈牙利］R. Markovits著,林疑今译《西伯利亚的戍地》由上海神州国光社刊行。

［匈］瓦尔加著,葛乔译《一九二九年世界经济及经济政策》由上海辛垦书店刊行。

［匈］瓦尔加著,王开化译《世界农民运动概况》由上海乐群书店刊行。

［奥地利］显尼志勒著,赵伯颜译《循环舞》由上海水沫书店刊行。

［奥地利］显尼志劳著,段可情译《死》由上海现代书局刊行。

［奥地利］缪莲著,黄岚译《真理的城》由上海北新书局刊行。

［奥］弗洛伊特著,高觉敷译《精神分析引论》由上海商务印书馆刊行。

［奥］萧罗乙德著,章士钊译《萧罗乙德叙传》由上海商务印书馆刊行。

［犹太］海胥倍因等著,赵铭彝译《在黑暗中》由上海现代书局刊行。

［瑞典］斯特林堡著,梁秋实译《结婚集》由上海中华书局刊行。

［西班牙］阿左林著,戴望舒、徐霞村译《西万提斯的未婚妻》由上海神州国光社刊行。

［印度］穆罕默德·阿黎著,追求学会译《和平的宗教》由北平清真书报社刊行。

［印度］穆罕默德·阿黎著,追求学会译《穆斯林的祈祷》由北平清真书报社刊行。

［印度］洛伊著,万武之译《印度的民族解放》由上海金马书堂刊行。

［印度］洛能斯何卜著，丘玉麟译《印度情诗》由开明出版部刊行。

［韩］李宁斋搜辑《华丽正义》由湖北汉口大同协会筹备处刊行。

D. H. Dolman 著，师雅各译《圣灵浅解》由上海中华浸会书局刊行。

Dora I Zimmerman 著，金炎青译《个人布道》由中华浸会书局刊行。

G. H. Knight 著，王明道译述《隐秘处的灵交》由北平灵食季刊社刊行。

Henry Eyster Jacobs 著，伍礼德译《教义神学》下册由中华信义会书报部刊行。

L. E. Browne 著，梅益盛译《友人论道记》刊行。

T. S. Helps and C. H. Chen 著，赫永襄译，陈启新笔述《人生指南》由湖北汉口中国基督圣教书会刊行。

G. M. Slekloff 著，吴树仁、张伯箴译《第一国际史》由上海神州国光社刊行。

E. Varga 著，章子健译《农民问题概论》由上海乐群书店刊行。

Scart Ncrriug 著，温盛光译《资本的霸权》由上海启智书局刊行。

F. S. Delmer 著，林惠元译、林语堂校《英国文学史》由上海北新书局刊行。

库斯聂著，高素明译《社会形式发展史大纲》（上下册）由上海神州国光社刊行。

按：另一译本为《社会形式发展史（上下册）》。

格白汀著，刘健译《归正的意义与实例》由湖北汉口中华信义会书报部刊行。

曼祖洛·义勒特著，遍求学会译《问答》由北平清真书报社刊行。

戴蒙光著，Miss W. N. Pan 译述《生命之粮》由上海广学会刊行。

赫刻著，甘大新译述《苏俄革命与宗教》由上海联合书店刊行。

按：是书记述苏联的宗教现状及苏联革命与宗教的最初交涉等。

爱尔德列基著，王斐荪译《社会组织论》由上海新生命书局刊行。

坎特尔著，董绍明译《女战士与社会考》由上海大江书铺刊行。

约瑟·伯尔拿著，刘君木译《民族论》由上海民智书局刊行。

按：是书从种族、语言、宗教、国土、传说、文学和共同生活的意志等方面探讨民族问题，主要研究民族历史的起源、全世界各主要民族、民族对国家、爱国主义、国际主义和战争的关系。

黑克特著，长青译《两千万失业工人》由上海光华书局刊行。

腓特烈蒙著，李锡周编译《丹麦的农民合作》由上海世界书局刊行。

瓦里夫松著，王季子译述《政治经济大纲》由上海联合书店刊行。

按：是书共 14 章，前 4 章介绍了资本主义经济制度的基本特征及人类社会发展的几种经济制度，其余各章分别讲解资本主义经济制度的货币问题、剩余价值、工资、资本、地租、生产的集中、市场与经济危机、信用借贷与银行等内容。

道图门兹著，卫惠林译《经济思想史》由上海民智书局刊行。

哈拉宾著，中外研究学会译《世界经济地理纲要》由上海华兴书局刊行。

雷森纳著，崔载阳编译《法德英美教育与建国》（国立中山大学教育学研究所丛书）由上海民智书局刊行，有泽宣序。

蔡斯著，黄澹哉译《资本主义的浪费》由上海新生命书局刊行。

荷马著，高歌译《奥特赛》（荷马史诗）由上海中华书局刊行。

史蒂文生著，顾均正译《宝岛》由上海开明书店刊行。

巴兰太因著，徐应昶译《珊瑚岛》由上海商务印书馆刊行。

里斯加波拉、川添利基著,郑心南译《电影艺术》由上海商务印书馆刊行。

沙尔卡尔著,铁铮译《史学与人类之希望》天兴印刷局刊行。

按:是书讨论历史学与人类的关系问题。全书分12章:史之问题、史之范围与职责、生命之科学、史学中之世界势力、国际政策与近世国家之进步与政府之形式、宗教运动对人类生活之关系、世界伟人、概观等。

鲁宾斯坦著,钟灵秀译《美帝国主义的前途》由上海明月书局刊行。

黎朋著,冯承钧译《世界之纷乱》由上海商务印书馆刊行。

范勒特著,蒋国炎译《近五十年来的经济帝国主义与国际关系》由上海新世纪书局刊行。

拉比杜斯著,王纯一译《地租论》由上海南强书局刊行。

汉斯·康著,刘君穆译《东方民族论》由上海民智书局刊行。

张璜著,李卓译《梁代陵墓考》由上海土山湾印书局刊行。

密登著,陈锦英译《伦敦一瞥》由上海商务印书馆刊行。

盎利白克著,吴续新译述《巴黎的妇人》由上海商务印书馆刊行。

瓦浪司基等著,屠夫二郎辑《时代文学新论集》由上海新兴文艺社刊行。

茄莱脱著,林微音译《爱的医治》由上海世界文艺书社刊行。

胡一贯、张文心译《唯物史观的改造》由上海新生命书局刊行。

按:是书分6章:唯物史观的根本观念,唯物史观之心理的起点,社会的发展动力的欲望,经济及社会生活,社会阶级与阶级斗争,资本主义经济崩坏。

程光译述《仰望耶稣》由湖北汉口中华信义会书报部刊行。

张栗原编译《社会科学理论之体系》由上海神州国光社刊行。

按:是书包括科学是什么、社会科学是什么、社会科学的方法论、唯物论、唯物论的认识论、唯物论的辩证法、唯物史观公式、社会构成的前提、社会之发展过程等10章。

光启社编译《社会律(汉法文对照)》由上海土山湾印书馆刊行。

余祥森等编译《欧美各国社会政策》由上海华通书局刊行。

许炳汉译《统计学方法概论》由上海北新书局刊行。

任白涛编译《改造中的欧美教育》由上海商务印书馆刊行。

按:是书分改造中的欧美教育、欧美教育之一般状况、现代教育思潮的批判观察、道德教育与劳作教育、理想主义与人文主义、苏俄的教育等15篇。

李清悚编译《校舍建筑法》由江苏南京京中区实验学校刊行,有编译者自序。

葛国章译《丹麦的农民教育》由上海新学会社刊行。

顾均正编译《公平的裁判》由上海开明书店刊行。

王子云编译《社会进化史》由上海昆仑书店刊行。

杨开渠译《日本帝国主义下之台湾》由上海神州国光社刊行。

张维城、季达编译《朝鲜华侨概况》由中华民国驻朝鲜总领事馆刊行。

福幼报社编译《牲畜罢工记》由上海广学会刊行。

刘士木译《南洋荷属东印度之教育制度》(南洋丛书)由上海国立暨南大学南洋美洲文化事业部刊行。

曹盛德译《大战前后欧洲之经济问题》由北平震东印书馆刊行。

谢菊曾编译《青年经济独立指导》由上海大东书局刊行。

康陶父编译《妇女与儿童》由上海神州国光社刊行。

夏维海、胡一贯译《地租思想史》由新使命出版社刊行。

沈端先辑译《败北》由上海神州国光社刊行。

张慰慈译《妇女论》由上海神州国光社刊行。

张忠仁译述《美国童子军总会组织之研究》由江苏南京童子军学术研究会刊行。

钱昌祚编译《军用飞行术》由上海中央陆军军官学校航空班刊行。

赵恩廊译《美国来复枪之研究》由军政部兵工署刊行。

训练总监部步兵监编译《步兵射击教范草案》由江苏南京共和书局刊行。

胡逵、胡远编译《军事化学》由江西南昌市富有斋刊行。

施复亮、钟复光译《苏联经济政策及社会政策》由上海春秋书店刊行。

刘侃元译述《苏俄的合作社》由上海太平洋书店刊行。

蒋学楷译《农工合作政策》由上海红叶书店刊行。

胡品芳、程芳译《意大利协作运动》由上海民智书局刊行。

郭成信译《大战后美国的经济》由上海世界学会刊行。

盛叙功编译，黄绍绪校订《农业地理》由上海商务印书馆刊行。

杨公兆译《苏联矿法》刊行。

汤尔和译述《满铁外交论》由上海商务印书馆刊行。

李泰初编译《广东丝业贸易概况》由中华编译社刊行。

傅英伟译《财政学》由中德书局刊行。

萨孟武编译《最新财政思想与财政政策》由上海新生命书局刊行。

陆宗贽编译《银行新论》由上海太平洋书店刊行。

徐霞村编译《现代南欧文学概观》由上海神州国光社刊行。

顾仲彝译注《独幕剧选》由上海北新书局刊行。

张友松译注《(中英文对照本)欧美小说选》(自修英文丛刊)由上海北新书局刊行。

张莘农注释《(附国文注释)尾引》(初级英文丛书第 11 种)由上海中华书局刊行。

石民译注《英国文人尺牍选》由上海北新书局刊行。

沈彬译注《(附国文注释)智婢灭盗记》(小本英文说苑第 13 种)由上海中华书局刊行。

梁遇春译注《英国诗歌选》(自修英文丛刊)由上海北新书局刊行。

李虞杰注释《(附国文注释)巨婴传》(小本英文说苑第 14 种)由上海中华书局刊行。

林语堂辑译《新的文评》由上海北新书局刊行。

樊仲云编译《新兴文艺论》由上海新生命书局刊行。

按：是书分研究方法论、文艺进化论、新兴文艺论三部分，论述文学与社会的关系、唯物史观与文学、无产阶级的文学艺术等问题。书中大部分内容为编者所译，余为编者自著。

成绍宗辑译《新俄短篇小说集》由上海支那书店刊行。

周作人辑译《两条血痕》(日本小说集)(增订本)由上海开明书店刊行。

查士元辑译《日本现代名家小说集》(第 1 辑)由上海中华书局刊行。

查士元辑译《日本现代名家小说集》(第 2 辑)由上海中华书局刊行。

清野编译《英吉利民间趣事集》由上海儿童书局刊行。

温梓川、陈毓泰译《南洋恋歌》由上海华通书局刊行。

升喀编,汪原放译《印度七十四故事》由上海亚东图书馆刊行。

樊仲云注释《杰克歼魔》(小本英文说苑第11种)由上海中华书局刊行。

程承祖注释《(附国文注释)无人殿》(小本英文说苑第12种)由上海中华书局刊行。

清野编译《波斯民间趣事集》由上海儿童书局刊行。

奚若译《天方夜谭》由上海商务印书馆刊行。

汪原放译《一千零一夜》由上海亚东图书馆刊行。

罗念生译《醉酒妇人诗歌》由上海光华书局刊行。

清野编译《罗马民间趣事集》由上海儿童书局刊行。

伍光建译《秘密结婚及其他短篇实事小说七篇》由上海金马书堂刊行。

清野编译《朝鲜传说》由上海儿童书局刊行。

吴曙天译《雅歌》由上海北新书局刊行。

缪天瑞译《作曲入门》由上海三民公司刊行,有译者序。

龚赍译《福音诗歌》由上海广协书局刊行。

吴梦非编译《和声学大纲》由上海开明书店刊行。

中华乐社编译部编《世界名歌选粹》1—5卷由北平中华乐社刊行,有编纂者序。

梅恩编译《马克斯传记》由上海三民公司刊行。

孙席珍编译《辛克莱评传》由上海神州国光社刊行。

徐能庸编译《图书馆九国名词对照表》(中、英、德、法、西、荷、瑞、丹)由上海商务印书馆刊行。

葛祖兰编译《日本现代语辞典》由上海商务印书馆刊行。

路大和等编译《新中俄大字典》由哈尔滨商务印书局刊行。

莫安仁、许善齐译述《著名基督徒》由上海广学会刊行。

孟省吾编《北京中华基督教会十周大事记》由北平中华基督教会刊行。

山西大同总大修道院译《神婴小路简编》由北平公教教育联合会刊行。

山西大同总大修道院译《耶稣婴孩圣女德肋撒心神篇》由香港纳匝肋静院刊行。

徐励编译《圣女婴孩耶稣德肋撒小史》由上海土山湾印书馆刊行。

安汝慈著《最高级的人生》(上中下卷)由上海广学会刊行。

《(重订)西方公据(副本莲图记数)》由江苏苏州弘化社刊行。

《(重订)西方公据》由江苏苏州弘化社刊行。

《案证真言续编》由上海大成书社刊行。

《礼节问题》由北平刊行。

《弥撒经文礼节讲义》由香港刊行。

《破除迷信歌》由浙江中国国民党浙江省执行委员会宣传部刊行。

《善与弥撒》由山东济南无染原罪堂刊行。

《圣道指引》由上海时兆报馆刊行。

《圣号经问题》刊行。

《圣女加大利纳小史》由北平刊行。

《圣女路济亚小史》由北平刊行。

《天主十诫》刊行。

《为什么喜欢迎太虚法师》由北平佛教会华北居士林刊行。

《西方确指》由上海佛学书局刊行。

《西方确指》由江苏苏州弘化社刊行。

《新史合编直讲》（上下卷）由上海土山湾印书馆刊行。

《学习大教师的教授法》由上海时兆报馆刊行。

《要经略解》刊行。

《一目了然》由救世堂刊行。

《真福高隆汴小传》由上海土山湾印书馆刊行。

《周年主日及大瞻礼圣经》刊行。

《周平瞻礼全集》刊行。

五、学者生卒

俞粟庐（1847—1930）。粟庐名宗海，江苏娄县人。光绪年间，署金山县守备，后改太湖水师营务处办事，移家苏州。曾就学于盛泽沈景修，通金石学，工书法，宗北碑，并精于书画鉴别。又从韩华卿习昆曲，并自成一派。人称"俞派唱法"，对江南、浙西一带的昆曲界影响很大。著有《度曲刍言》。其子俞振飞根据家学，辑成《粟庐曲谱》两册行世。

钱骏祥（1848—1930）。骏祥字新甫，号念爱，耐庵，晚号聤叟，浙江嘉兴人。曾任嘉兴府学堂总理。光绪进士，授检讨，升侍讲，转侍读。历充会典馆纂修，国史馆协修纂修，编书处总校。1894年任山西学政。1901年奉讳里居。任敷文书院山长。1905年书院改立中学堂，被举为监督。次年回京供职。著有《晋轺集》《杍影集》《微尘集》等。

寿镜吾（1849—1930）。镜吾名怀鉴，又字镜吾，晚号菊叟，浙江绍兴人。1869年中秀才，绝意仕进。在家中三味书屋设馆收徒，鲁迅于1892年2月入三味书屋受教，历时5年。鲁迅在《从百草园到三味书屋》中说他"极方正、质朴、博学"。

王甲荣（1850—1930）。甲荣原名厚培，字步云，一作部昀，号次逸，晚号冰镜老人，浙江嘉兴人。1889年举人，历任广西永淳、富川等县知县，兼署富川县教谕、钟山理苗通判，候补直隶州知州，知府衔。晚年在嘉兴参与地方自治，讲授诗词古文。1924年2月平湖葛稚威创办尊古讲会，应聘讲学。工书法，习钟、王；博学，著述甚多。著有《庚子京畿见闻录》《㑩僮洞苗述略》《行政纪要》2卷、《二欣室随笔》8卷、《景行札记》1卷、《二欣室诗存》6卷、《二欣室文存》4卷、《二欣室联语偶存》1卷、《二欣室词》1卷、《古今医术最录》3卷、《二欣室记事珠》1卷。有子王迈常、王蘧常、王蕴常。蕴常早逝，迈常、蘧常都以学术、书法知名。

吴淑娟（1853—1930）。淑娟，女，字杏芬，晚号杏芬老人，安徽歙县人。自幼随父吴鸿勋习画。同治年间随父寓居上海，开始定润卖画。山水、花卉，颇负时誉，其作画技法娴熟，画风老辣，李祖韩和李秋君兄妹曾师从她学画，是上海民国女性画家中资格最老、地位最高的一位。

陈伯陶（1854—1930）。伯陶号象华，一字子砺，晚年更名永焘，又号九龙真逸，广东东莞人。早年拜陈澧为师，后就读于罗浮山酥醪别院。1892年中进士，殿试获一甲第三名，授翰林院编修、文渊阁校理、武英殿协修。1895年出任云南、贵州、山东乡试副考官。后又任国史馆协修、总纂。1906年6月派往日本考察教育。回国后,在南京创办学习外国语文的方言学堂和创办暨南学堂,招华侨学生至南京攻读。1908年任江宁布政使。1910年5月弃官归里。次年任广东省教育总会长。革命军攻破广州后,逃往香港九龙。1913年2月移居九龙官富场,署所居曰"瓜庐",此后潜心著述。著有《孝经说》3卷、《东莞县志》98卷(附《沙田志》4卷)、《胜朝粤东遗民录》4卷、《宋东莞遗民录》2卷、《明季东莞五忠传》2卷、《增补陈琴轩罗浮志》15卷、《袁督师遗稿》3卷、《瓜庐文剩》4卷、《瓜庐诗剩》4卷等。

马其昶(1855—1930)。其昶字通伯,晚号抱润翁,安徽桐城人。少从父马起升学古文,后从同邑方宗诚、吴汝纶和武汉张裕钊学。曾游京师,交郑杲、柯凤荪等,学问大进。宣统年间,再游京师,授学部主事。辛亥革命后,任安徽高等学堂校长、参政院参政、清史馆总纂,并主讲庐江、潜川书院。是桐城派末期的代表人物,被称为桐城派殿军。著有《周易费氏学》8卷叙录1卷、《中庸篇义》1卷、《诗毛氏学》30卷、《礼记节本》6卷、《尚书谊诂》《孝经谊诂》1卷、《大学谊诂》1卷、《中庸谊诂》1卷、《金刚经次诂》1卷、《三经谊诂》3卷、《桐城耆旧传》19卷附列女传1卷、《左忠毅公年谱定本》2卷、《清史儒林传稿》《清史文苑传稿》《佩言录》《庄子故》8卷、《老子故》2卷、《桐城古文集略》12卷序目1卷、《屈赋微》2卷、《抱润轩文集》22卷、《抱润轩文续集》《存养诗钞》《抱润轩笔记》《抱润轩尺牍》《桐城文录》等。事迹见陈祖壬编《桐城马先生年谱》。

按:刘声木《桐城文学渊源考》卷一〇曰:"师事方宗诚、张裕钊、吴汝纶,受古文法。其为文思深辞婉,言虽简而意有余,幽怀微旨,感喟低回,深造自得。复精研经学,撰述数种。""马其昶,于宣统间以硕学通儒征,后任清史馆总纂,主讲潜川书院、桐城中学校、师范学堂、安徽高等学校、京师法政学校。治经尤邃于《易》《诗》《书》《孝经》《大学》《中庸》《老子》;《易》主费氏;《诗》宗毛氏,《书》宗《大传》,旁列众说,折衷去取,潜思而通其故,往往获创解,为前儒所未发。其文得方、姚真传,高洁纯懿、酝酿而出,其深造孤诣不逾乡先辈所传义法,然互名其家亦莫能掩。张、吴既卒,其昶以文学负盛名,遐迩慕向,无敢有异议者,实则文学造诣未深粹,远不及赵衡、李刚己、张宗瑛诸人。"

曾熙(1858—1930)。熙字季子,又字嗣元,更字子缉,号俟园、南宗,晚年自号农髯,湖南衡阳人。1903年进士,官兵部主事、提学使、弼德院顾问,先后主讲衡阳石鼓书院、汉寿龙池书院,任湖南教育会长。工诗文,擅书画。书法自称南宗,与李瑞清的北宗颉颃,世有"北李南曾"之说。1915年始于上海鬻字,并授门徒。著有《左氏问难》10卷、《春秋大事表》2卷、《历代帝王年表》2卷、《和陶诗》2卷及《书画谈艺录》《诗集》《文集》各若干卷。

陈澹然(1859—1930)。澹然字剑潭,亦字静潭,号老剑、晦堂,安徽桐城人。方东树弟子。1893年恩科举人。官中书科中书衔。好读史书,为文不拘守"桐城派"的家法,人称"野才""狂生"。应北京会试不中。因上万言,极论富国强兵之术。李鸿章奇其才,将招入幕,因受阻未成。后南下武昌,上书湖广总督张之洞和湖南巡抚陈宝箴,论行新政,用新人。后入湖南、江西学幕阅卷,搜集"湘军"史实,写成《江表忠略》,因与陈立三、陈衍、易鼎顺相识。后任袁世凯临时大总统府参议、黎元洪武昌新军掌书记、清史馆分纂、江苏通志局提调、安徽通志馆馆长。又受安徽大学聘请,讲授中国通史。著有《春秋集传》《礼经》《乐经》《删纂大学》1卷、《删纂中庸》1卷、《删纂管子》1卷、《删纂老子》1卷、《删纂贾子》2卷、《江表忠略》20卷、《江防臆略》1卷、《宋太祖本纪》1卷、《波兰遗史》4卷、《民国鉴》3卷、《万国公史议》2卷、《王文成年纪》1卷、《权制》8卷、《寤言》2卷、《塾言》1卷、《治原》2卷、《内治质言》4卷、《宪法治原》4卷、《原人》4卷、《静观一得》1卷、《晦堂疏牍》4卷、《晦堂纪闻》2卷、《晦堂丛记》4卷、《经微》2卷、《王文成全书》10卷、《文鉴》80卷例言1卷、《似园丛钞》12卷、《周武壮公遗书》8卷、《晦堂文稿》6卷、《晦堂诗稿》1卷等。

按：陈澹然曾对汪辟疆说："桐城文，寡妇之文也。寡妇目不敢斜视，耳不敢乱听，规行矩步，动辄恐人议其后。君等少年，宜从《左》《策》讨消息，千万勿走此路也。"（章士钊《论近代诗家绝句·陈剑潭》附汪辟疆注，载《江海学刊》1985年第4期）

按：刘声木《桐城文学渊源考》卷八曰："师事方宗诚，受古文法。为文不尽守桐城义法。""生平慕马、班之言。其文之至者权奇动宕，恣肆自喜，不尽守桐城义法。"

陈德霖（1862—1930）。德霖名鋆璋，字麓畊，号瘦云，又号漱云，北京人。满族。幼年入全福昆曲科班学昆旦，艺名金翠。后入四箴堂科班习京剧青衣和刀马旦。19岁出科，隶三庆、富寿各班。曾先后与王楞仙、俞菊笙、谭鑫培、龚云甫、杨小楼、王瑶卿、梅兰芳、余叔岩等合作演出。弟子有王惠芳、姜妙香、吴彩霞、王琴侬、姚玉芙、梅兰芳、韩世昌等。代表作有昆曲《思凡》《琴挑》《刺虎》《断桥》《出塞》和京剧《祭江》《三娘教子》《孝义节》《南天门》《战蒲关》《武昭关》《二进宫》《桑园会》《四郎探母》《雁门关》《金水桥》等。

蒋炳章（1864—1930）。炳章字季和，别号留庵，江苏吴县人。历任江苏高等学堂监督、江苏省教育会副会长、苏州市公所总董等职。

袁希涛（1866—1930）。希涛字观澜，又名鹤龄，江苏宝山人。清光绪举人。以诸生肄业上海龙门书院。1897年任沪广方言馆教习。1901年与同乡潘鸿鼎创办县学堂、蒙学堂。1903年创宝山县学堂，次年倡改上海龙门师范学堂，并赴日考察。在任宝山县学务公所总理的三年之间，增设四乡小学20多所。1905年上海龙门师范学堂创立，任校长，并筹设复旦公学、太仓州中学，历任以上各校教员、监督，兼江苏学务处议绅。辛亥革命后，与黄炎培一起参与江苏省教育设施事宜。1909年应直隶提学使蔡儒楷聘，任学署总务科长兼图书科长。1912年应教育总长蔡元培之邀约，赴北京任教育部普通教育司司长，主张高等师范学校国立，并赴各省视察。后改任教学部视学。1914年任北京政府教育部次长。1917年以次长代理部务。1919年代理教育总长。曾组织欧美教育参观团，出洋考察。1923年回国后被选为江苏省教育会会长、江苏义务教育期成会会长。晚年在人文社编审史料。著有《义务教育商榷》《义务教育》《新学制与各国学制比较》《欧美各国教育考察记》等。

按：谷杉杉《袁希涛与近代中国教育点滴》说："袁希涛是清季新式教育倡办以来最早的实践者之一。当时大多数知识分子都认同，救亡中国有赖于教育，教育的兴衰关系到国家的兴衰。袁希涛早年在对日本的研究中就认为日本的强盛要溯源于对教育普及的重视，初步奠定了他以教育救国，从普及基础教育着手的念头，于是身体力行从事教育普及事业。……后经过多年的潜心研究，1929年又出版了《义务教育》一书，在已有考察成果和著述的基础上系统阐述了普及义务教育的主张，从义务教育的年限、学龄到法律保证，都市与乡村教育的差异性，师资建设和教学设施分配到课程设置等方面事无巨细均有所探讨，建立起较为明确、完整的义务教育思想体系。"（《科教文汇》2008年第11期上旬刊）

康子林（1870—1930）。子林名学清，又名芷林，别号二蛮，四川邛崃县人。8岁学艺，10余岁入成都老庆华班学川剧，相继受业于名旦彭元子、名小生傅莱生、何心田。1912年初与杨素兰、臣、唐广体等发起成立川剧著名班社"三庆会"，自任会长。并成立研精社，致力于川剧改良工作。代表剧目有《三变化身》《情探》《三难新郎》《醉战雍州》《白蛇传》《红袍记》《彩楼记》《琵琶记》《刀笔误》《离燕哀》《情天侠》等。

丁传靖（1870—1930）。传靖字秀甫，号陶公，江苏镇江人。清副贡生。曾入江阴南菁书院深造。1910年由陈宝琛荐举为礼学馆纂修。民国后，任江苏督军冯国璋的幕僚。袁世凯称帝失败,随冯国璋到北京任总统府秘书,替总统撰写书札、联额、祭吊文、褒勋词及题画、序书等文字。1920年参加秭园诗社。著有《闇公文存》《闇公诗存》《沧桑艳》《清大学士年表》《督抚年表》《历代帝王世系宗亲谱》《清代名人齿录》《东林别传》《两朝人瑞录》《江乡渔话》《都下名人故宅考》《甲乙之际宫闱录》《红楼梦本事诗》《明事杂咏》《宋人轶事汇编》等。

丁麟年(1870—1930)。麟年字绂臣(亦称绂宸),号幼石,又号林,山东日照人。出身进士世家,幼受正规家学教育。1888年中举。1892年壬辰科进士,授户部郎中。后任陕西省兴安府知府。1912年春弃官归里。1920年2月就任山东省图书馆馆长,长达8年。著有《林馆吉金图录》《林馆丛书》《三代铭器文字拓片集录》《林馆钟鼎款识浅释》《日照丁氏藏器目》《殷周铭器考证》《出土文物分类集录》《山左乡贤书画甄录》等。另有《三代铜器鉴别考证要览》一书,未及付印,在战乱中散佚。

施愚(1875—1930)。愚字鹤雏,又作鹤初,号小山,四川涪陵人。光绪年间中进士。1898年起先后留学日本、法国、英国、美国、德国等国。回国后历任翰林院编修、宪政编查馆委员、法制院副使、弼德院参议等职。1905年为考察宪政大臣顾问,嗣任山东巡抚顾问。民国成立后任袁世凯大总统府秘书,后任筹备国会事务局委员长、政事堂法制局局长。1914年任约法会议副议长兼参政院参政。1915年任洪宪大典筹备处委员,拥戴袁世凯称帝。袁世凯死后,任江苏督军李纯的幕僚。1919年任南北议和北方代表之一。1925年8月被选聘为国宪起草委员会委员。1927年1月任安国军总司令部政治讨论委员会委员。

姚华(1876—1930)。华字重光,号茫父,别署莲花盦主、弗堂,贵州贵筑人。早年寓居北京莲花寺,爱好许慎所著之《说文解字》,收集金石文字,尤好篆、隶书法及绘画,善于诗、词、曲等创作。后留学日本东京法政学堂。光绪末年归国后,任邮传部船政司主事。民国建立以后,被选为参议院议员,历任朝阳大学、民国大学、北京高等师范学校教授。1914年任北京女子学校校长。1924年任京华美术学院第一任院长。与梁启超、陈师曾、梅兰芳、程砚秋等往来密切。著有《元刊杂剧三十种校正》《菉漪室曲话》《盲词考》《弗堂类稿》31卷、《莲花庵书画集》《贵阳姚华茫父颖拓》《姚茫父书画集》《金石系》《黔语》《书适》等。

田桐(1879—1930)。桐字梓琴,号恨海,别号玄玄居士,笔名江介散人,湖北蕲春人。1903年留学日本。1905年与宋教仁等在东京创办《二十世纪支那》杂志。在东京时,曾任孙中山秘书。1906年与高旭、柳亚子等创办《复报》。1907年被派往新加坡,与居正主持《中兴日报》。1911年在北京创办《国光新闻》和《国风日报》,倡导民主。1914年加入中华革命党,参与《民国》杂志的编辑工作。1916年任《民国日报》主要撰稿人。曾参加武昌起义和武装讨袁。蒋介石发动"四一二政变"后,退隐上海,专心著述。晚年在上海创办《太平杂志》,自任主编。著有《五权宪法草案》《人生问题》《革命闲话》《扶桑诗话》《太平策》《玄玄遗著》等。

魏易(1880—1930)。易字冲叔,浙江杭州人。1903年毕业于上海圣约翰书院。1904年至1911年分别担任北京语言学堂、经济学堂、法律学堂四所学校的教授。1911年曾一度应聘为大清银行总督秘书。1913年被委任为国务总理熊希龄的顾问,兼任出版局局长。1914年聘为国营煤油矿务局秘书。1917年任监务署秘书。1918年任直隶水利委员会秘书。1919年追加任命为大运河疏浚管理处行政主任。曾与林纾合作翻译《黑奴吁天录》等外国文学著作多部。

余寿颐（1883—1930）。寿颐字天遂，别署大颠、颠公、放鹤、廜阁、疢侬，江苏昆山人。曾为孙中山临时大总统府秘书，后又执笔政于《太平洋报》。北伐时，佐姚雨平戎幕。书法朴拙古茂。间画梅花，甚秀雅。精篆刻，造诣不凡。

吴鼎（1889—1930）。鼎字定九，上海嘉定人。早年就读于上海南洋公学，曾参加 1911 年的辛亥革命活动。后赴日本名古屋高等工业学校修土木工程学。1919 年回国，在北京市政公所任职。同时在邵飘萍主办的《京报》兼职。1923 年辞去公职，专职于《京报》的工作，具体负责该报经营管理事务。著有《新闻事业经营法》，是中国历史上关于近代报纸经营管理方面的第一部专著。

黄实（1890—1930）。实原名树滋，字秋士，号笃生，浙江苍南人。光绪末年赴杭州受试，遂留钱塘高等小学任教。次年应省立温州第十中学校长刘绍宽邀约，任监学兼国文习字科教员。曾加入中国同盟会，主办《上海史学报》与《杭州白活报》，鼓吹民主革命，并奔走江浙一带，联络同盟会员，策划起义。1911 年重回家乡，任平阳高等小学校长，组织同盟分会。1913 年进日本政法学校学习，加入孙中山改组的中华革命党，继续反袁斗争。1919 年被孙中山电召到大元帅府任机要秘书。1921 年任广东革命政府司法部次长及国民党党本部主任，辅佐孙氏筹划北伐。工书、工画，自成名家。

徐宝璜（1894—1930）。宝璜字伯轩，江西九江人。1912 年毕业于北京大学，后考取官费留美，于密歇根大学攻读经济学、新闻学。1916 年回国，先任北京《晨报》编辑，继任北京大学教授兼校长室秘书。1918 年与蔡元培发起成立北京大学新闻学研究会，被推为副会长、新闻学导师和会刊《新闻周刊》编辑主任，并代蔡元培负责处理日常事务。1920 年后，先后任教于北平、朝阳、中国、平民等四所大学，讲授新闻和经济方面的课程。著有《新闻学》《新闻事业》《保险学》《货币论》（译著）等。

按：双永青《试论徐宝璜的新闻思想》说：“徐宝璜是我国著名的新闻学家、新闻教育家，在我国新闻史和新闻学史上享有盛誉，被称为‘新闻界的开山祖’。他第一个在大学里讲授新闻学课程，第一个参与创办新闻学研究团体，第一个出版新闻专著。其新闻思想囊括了新闻理论、新闻实践及新闻事业的经营等全部内容，在当时产生了很大的影响，具有启蒙意义。”（《山西大学学报（哲学社会科学版）》2000 年第 2 期）

黄日葵（1899—1930）。日葵又名黄一葵、黄野葵、黄潮音，号宗阳，化名陈亦农，文质，广西桂平人。1916 年秋中学毕业后赴日本东京弘文书院留学。1918 年 5 月因反对中日签订二十一条，愤而罢课回国。同年秋考入北京大学文科预备班一年级英文丁班就读，直接受到李大钊、陈独秀的教育和影响。10 月参与组织《国民》杂志社，任特别编辑。1919 年 3 月与邓中夏、许德珩等人组织北京大学平民教育讲演团。参加五四爱国运动的游行示威，为营救被捕学生四处奔走。曾任《全国学生联合会日刊》编辑委员，加入中国少年学会，任评议员及《少年中国》杂志编辑副主任。1920 年 3 月与邓中夏、范鸿劼、何孟雄等 19 人发起成立北京大学马克思学说研究会。11 月与邓中夏、范鸿劼、张国焘、罗章龙、刘仁静、缪伯英、何孟雄等 40 余人成立北京社会主义青年团。1921 年加入中国共产党。1922 年 3 月当选为北京地方团组织出版部的执委。1923 年 12 月任北京团地委委员长。1924 年 5 月被选为北京团地委秘书长（即书记）。1925 年参加北京响应上海五卅运动的三次大规模群众爱国斗争。11 月被派到广州，任共青团广东区委学生运动委员会书记，并任国共合作的国民党中央党部青年部秘书。1926 年 1 月出席国民党二大，参与领导广东及全国青年运动。7 月任国民革命军第七军政治部副主任，同时任中共广东区委特派员，负责广西党的领导工作。1927年春任广西省委筹备组主要负责人。不久被调离广西到安徽第七军军部工作,参加北伐战争。四一二反革命政变后转移至汉口,任国民革命军第八军政治部主任,坚决反对国民党新军阀叛变革命。第一次大革命失败后,参加南昌起义,任革命委员会宣传委员会委员,随起义军南下沿途开展宣传教育。起义军失败后转经香港到上海,从事地下工作。1928年春与谭寿林等就广西党的组织及今后工作写了给中共中央的书面报告。不久被国民党反动当局逮捕,经党组织营救获释,同年秋离上海赴日本。1929年10月被日本当局逮捕。1930年被勒令出境,3月回到上海。在极端困难环境中,积极从事翻译和著作。同年12月24日在上海病逝。译有《俄国文学史》等。

> 按:江长仁《黄日葵》说:"黄日葵同志是'五四'运动时期北大学生中的先进分子,是我国最早的共产主义知识分子之一。'五四'后,他是马克思主义在中国传播运动中的活跃分子,是中国共产党的早期党员,也是早期广西党组织的主要领导人。……黄日葵为了祖国的复兴,民族的解放,勇于探求真理,艰苦奋斗,使自己从一个爱国主义者成长为一名无产阶级革命战士、优秀的共产党员,把自己壮丽的青春无私地献给了无产阶级革命事业。"(王效挺、江长仁等著《北大英烈》第一辑,北京大学出版社1992年版)

严凤英(—1968)、**李灏**(—1979)、**林涛**(—1986)、**朱宗之**(—1987)、**任庆和**(—1990)、**梅葆玥**(—2000)、**李仁堂**(—2002)、**徐苹芳**(—2011)、**周道鸾**(—2013)、**程荣斌**(—2013)、**田森**(—2014)、**汪永祥**(—2015)、**洛地**(—2015)、**阎肃**(—2016)、**罗家宝**(—2016)生。

六、学术评述

本年度是第二次国内革命战争时期(1927年8月至1937年7月)的第四年。其间的政治格局继续呈现为国共对立与战争,国民党政府重点在苏区与上海对共产党实施军事、政治、文化的全面围剿,而在共产党内部则由于上海本部与江西苏区的严重脱节,更由于执行李立三"左"倾冒险主义错误政治路线,而为本来很有起色的苏区革命事业带来了严重的危机。至12月30日,中央苏区在毛泽东、朱德指挥下,采取诱敌深入的方针,击破了蒋介石的第一次"围剿"。再就国民党内部而言,最为重要的事件是5月至10月蒋介石与阎锡山、冯玉祥、李宗仁等"中原大战"爆发以及南北多方的较量。至11月4日,阎锡山、冯玉祥二人通电下野,中原大战以蒋介石的完胜而结束。与对苏区的军事围剿相配合,国民党政府对上海、北平等地的共产党以及左翼学潮、刊物、思想的防控与围剿持续采取了一系列严酷的举措。1月30日,国民政府颁布《学生团体组织原则》和《学生自治会组织大纲》,规定学生团体的活动范围只限于在校内的自治生活;学生团体必须呈请当地高级党部核准,并呈报主管部门备案。4月12日,南京国民党政府首都卫戍司令部布告,宣称"军事时期,后方治安尤极重要,反动分子时图乘机扰乱",令各团体学校机关停止集会结社。6月,行政院令内政部转各省查禁《公民日报》《自救晚报》《世界日报》《华北晚报》《小小日报》《木铎余音》《国民公报》等报纸。8月23日,国民党政府立法院秘密会议通过《处置共产党条例》,决定对共产党人"加重治罪,格杀勿论"。9月10日,国民党中央执行委员会秘书长陈立夫签发致国民政府公函,密令淞沪警备司令部及上海市政府会同该市党部宣传部严密侦察中国社会科学家联盟、左翼作家联盟、上海青年反帝大同盟、普罗诗社、无产阶级文艺俱乐部、中国革命互济会、革命学生会等革命组织和已经呈请取缔的自由运动大同盟,"一律予以取缔""缉拿其主谋分子,归案究办",并附各组织人员名单。30日,国民党秘书长陈立夫签发取缔左翼作家联盟、中国自由运动大同盟和中国革命互济会的命令。10月,国民政府发布取缔

"左联"、通缉鲁迅等人的命令。11月3日,国民政府公布修正《电影检查法》16条,规定电影检查由教育部、内政部派人组织电影检查委员会办理,并应请中央宣传部派员参加指导。12月16日,国民政府公布《出版法》44条。所有这些,主要是出于文化围剿的需要。

在教育法规和政策导向方面,则主要有:1月25日,教育部通令禁止小学再采用文言教科书,各小学严厉推行部颁之国语课程暂行标准,各师范学校、高中师范科厉行国语教育,养成师资。2月,教育部勒令私立上海艺术大学、新民大学、建设大学、华国大学、光明大学、文法学院等6校停办。同月17日,教育部通令各省市:以后编辑初中教科书,除"国文"得兼用文言语体外,一律须用语体文编辑。4月15—25日,第二次全国教育会议在南京召开,教育厅局长、大学校长、专家、国民政府有关部会代表共106人出席,蒋梦麟为大会会长。会议通过《改进全国教育方案》10章,作为今后20年内努力之方向。此对当时及今后的学术影响也许更为深远。5月21日,教育部通令《改称注音符号并推行注音符号令》,颁布《教育部注音符号推行委员会规程》11条。6月14日,国民政府教育部公告已准立案及令停办之私立大学及学院名单。已令停办者为上海的东亚大学、建设大学等9校,已准立案者14校。12月6日,国民政府明令由行政院院长蒋介石兼理教育部长职务,当日发布《整顿学风令》。12月11日,蒋介石以国民政府行政院令发表《告诫全国学生书》,宣称严禁"破坏法纪之学潮"。是年,国民政府任命一批大学校长。其中有:李石曾、易培基(北平师范大学)、杨振声(青岛大学)、陈大齐(北京大学代理校长)、黎照寰(交通大学)、朱家骅(中央大学、中山大学)、金曾橙(中山大学)、蒋梦麟(北京大学)、王景岐(劳动大学)等。以上这些都对当时的政局与学术产生了重要影响。

在五大区域学术板块结构中,南京轴心依然以蔡元培为学坛领袖,以中央研究院为学术重镇。就在新年元旦之日,蔡元培在《中央周报》第83—84合刊上发表《中央研究院过去工作之回顾与今后努力之标准》,文中首述本院已设机关:在首都者,为总办事处,天文、气象两研究所及自然历史博物馆;在上海者,为驻沪办事处,物理、化学、工程、地质及社会科学五研究所;在北平者,为历史语言及心理两研究所,与历史博物馆、天文陈列馆。然后谈"本院今后努力之标准,仍分三大期进行:曰完成筹备期,曰集中建筑期,曰扩充事业期"。最后总结道:"总之,本院就名义言,既为全国最高学术研究机关,就职责言,又兼学术之研究、发表、奖励诸务,实综合先进国之中央研究院、国家学会及全国研究会议各种意义而成,使命重大,深自兢兢,努力加鞭,不敢稍懈,以期不负党国之付托,此则同人等所自勉者也。"这实际上是蔡元培对中央研究院的期许与定位。据1929年12月24日的统计,全院研究人员共193人,其中专任研究员、技师、编辑员、常务委员52人;兼任研究员5人;特约研究员、编辑员、外国通讯员、计划、筹备委员54人;助理员、调查员、技术员82人。此为中央研究院这一国家队的整体实力。值得一说的是,当时中央研究院各所设置地点出现争议。后经蔡元培和杨杏佛多方疏通,中研院理化工程实验馆还是在沪西白利南路建造完成,物理、化学、工程三个研究所仍然设在上海。12月13日,陈寅恪、赵元任、李济、陈垣、朱希祖、林语堂、刘半农、傅斯年联名发起"编著蔡子民先生六十五岁纪念论文集",以肯定蔡元培在中国学术上的地位,表示对蔡元培人格业学的敬崇。南京轴心另一重镇是南京中央大学。其中校长一职由少壮派朱家骅接替张乃燕。11月25日,朱家骅正式就任国立中央大学校长。当时在国立中央大学名师中,有汪东、黄侃、孟森、柳诒徵、雷海宗、蒙文通、郑鹤声、缪凤林、汤用彤、宗白华、黄文山、吴梅、徐悲鸿等。2月27日,又有马寅初出任中央大学经济学系主任。再如徐则陵是春任新创办的金陵大学中国文化研究所所长，卫聚贤继续兼任南京古物保存所所长，杨家洛创办中国辞典馆和中国学术百科全书编辑馆，等等，也为南京中心增添了多元化的平台。需要提及一下的是，全国工商会议 11 月 1—8 日在南京举行，茅以升、王晓籁、王一亭、尹任先、吴在章、林康侯、周作民、金润泉、胡筠、胡孟嘉、陈行、陈辉德、徐陈冕、唐炳源、秦祖泽、张迴伯、刘鸿生、谈荔孙、钱永铭、苏民生、张公权、李铭、吴鼎昌、胡博渊、朱懋澄、汪汉滔、祝世康、陈钟声、赵锡恩、寿景伟、奚东曙等中国经济学社社员以机关和商界的身份出席；王云五、方显廷、朱彬元、江祖岱、李权时、邵元冲、何廉、周典、胡庶华、马寅初、陈介、陈端、徐永祚、徐佩璜、奚玉书、杨杏佛、杨汝梅、盛俊、刘大钧、刘错、蔡正雅、潘序伦、楼桐孙、卫挺生、钱承绪、谢霖、钟伟成、戴蔼庐、陈达、周诒春等中国经济学社社员以专家会员的身份出席，可谓极一时之盛。

北平轴心依然以学术机构与高等院校为两大阵营。前者以中央研究院历史语言研究所为主力军。傅斯年继续在中央研究院主持史语所所务，并分别由陈寅恪、赵元任、李济主持历史、语言、考古三个方面，都取得了显著成果。尤为可喜的是，在安阳小屯殷墟继续发掘与在济南龙山镇城子崖遗址进行发掘，都取得了重大成果。张光直在《李济（1896—1979）》一文（《李济与清华》，清华大学出版社 1994 版）中说："毫无疑问，李济对中国考古学的最重要贡献，是他对 1928 至 1937 年安阳殷墟发掘的领导，以及对随后的殷墟资料的研究和出版的领导。这批资料不仅为中国古代史奠定了基础，而且还为古代史向史前的延伸，也就是为科学的中国民族及其文明史奠定了基础。"从事考古的重要学者尚有董作宾、梁思永、吴金鼎、郭宝钧等，日后多成长为著名学者，其中董作宾与罗振玉、王国维、郭沫若并称为甲骨学"四堂"。中央研究院历史语言研究所之外，尚有李石曾主持的国立北平研究院，其中的重镇是由丁文江、翁文灏创办的地质调查所以及是年 3 月 23 日成立、由翁文灏主持的北平研究院地质学研究所。另有胡先骕主持的静生生物调查所，陶孟和主持的北平社会调查所，以及易培基任院长的北京故宫博物院、袁同礼任副馆长的北平图书馆也汇聚了不少专业性的学者。北平轴心另一阵营的高等院校，以北大、清华为"双子星座"，并与燕京大学构成"三足鼎立"之势。教育部长蒋梦麟因得罪国民党元老而于 11 月 27 日向国民政府辞职。12 月 4 日，蒋梦麟回到曾经担任代理校长的北大，出任北京大学校长，从此开启了北大的"蒋梦麟时代"。当时的北大汇聚了马衡、刘半农、周作人、钱玄同、朱希祖、徐旭生、陈启修、范文澜、魏建功、陈衡哲等名师。马衡以北京大学考古学会、北平研究院史学研究会等单位合组燕下都考古团，进行燕下都遗址的调查发掘，取得了显著成果，并与傅振伦合作编写《本会与北平研究院、北京大学考古学会合组燕下都考古团赴易县发掘始末》。再看清华大学，本为五四运动的学生领袖人物之一的校长罗家伦却因压制教授自治和学生运动而被清华师生赶走。5 月 20 日，清华大学学生代表大会通过驱逐罗家伦校长方案，后者至年底辞清华大学校长，这一结局的确令人感慨不已。当时汇聚于清华大学的名师有冯友兰、金岳霖、吴宓、叶公超、朱自清、俞平伯、刘文典、钱端升、蒋廷黻、杨树达、浦江清等。与北大、清华相比，本年的燕京大学更具学术冲击力。一是顾颉刚重点研究《尧典》《禹贡》之著作时代问题，《周易》经传之著作年代问题，三皇五帝之系统问题，编辑《古史辨》第 2 册。5 月 10 日，顾颉刚在《清华学报》第 6 卷第 1 期发表《五德终始说下的政治与历史》，在学界同时受到好评与批评，由此引发今古文学派的又一轮争论。7 月 26 日，顾颉刚作《〈层累地造成的传经系统〉小叙》，说明欲由文籍订考学来研究古史，并欲以今古文问题为研究的中心，表明顾颉刚继续以"古史辨派"领袖引领学界前沿。二是任教于苏中的钱穆因顾颉刚推荐，于秋季赴北平任燕京大学教职。6月，钱穆《刘向歆父子年谱》刊于《燕京学报》第7期。此文发表后，在北平学术界造成了很大震动，钱穆一举成名。钱穆任教燕京大学后，课余撰成《先秦诸子系年》，半年始毕，以考论博洽精审，使战国旧史诸多改观，深为学林推服。由此奠定了钱穆杰出的学术地位。三是洪业9月从美国回国，任燕大历史系教授、哈佛燕京学社执行干事。同月，北平燕京大学引得编纂处成立，洪业任引得编纂处主任。随后开始编纂中国古代典籍引得，并创制《中国字庋法》。四是张东荪是年秋应燕京大学校长司徒雷登之邀，赴北平就任燕京大学哲学系教授，其兄张尔田同时受聘于该校，教授中国历史。11月20日，张东荪在《哲学月刊》3卷1期发表《哲学不是什么》，批评胡适因推崇科学而提出的"取消哲学"的意见，由此引发哲学理论界就"哲学消灭与否"的论争。还有值得一提的是燕京大学的"名生"资源，是年2月新学期开学，燕京大学学生李镜池、韩叔信、齐思和、葛启扬、曹诗成、朱士嘉、赵丰田、杨寔、徐文珊等24人师从顾颉刚学习，后来多成长为著名学者。此外，辅仁大学陈垣著成《敦煌劫余录》，陈寅恪应邀作《敦煌劫余录序》而首次提出"敦煌学"概念；余嘉锡在辅仁大学、北平师范大学、民国大学等校讲授《目录学发微》，在发扬"辨章学术，考镜源流"目录学传统的基础上，形成余嘉锡自己的目录学思想体；吕振羽离开《村治月刊》，与一批热血青年在北平创办《新东方》月刊，呼吁东方民族振奋精神，并共同筹备建立了"东方问题研究会"，试图探索东方弱小民族解放的道路，谋求民族独立自强；等等。

　　上海轴心依然是"红色大本营"之所在，李立三、瞿秋白、周恩来、恽代英、陈望道、李达、华岗等高层领导与理论家都继续潜居于上海，而且由此密切链接于以鲁迅为旗帜的庞大的左翼作家与学者群体，这是为南京、北平两大轴心所无法比拟的。但上海又是国民党对中共与左翼的严密布防重地，同时也是以胡适为代表的自由派，以陈独秀为代表的托派，以及以常乃惪为代表的国家派的活跃场所，彼此从不同方向对国民党的专制统治提出挑战，似与各路政治势力联合反蒋而导致的"中原大战"相呼应。由此构成了上海轴心五彩缤纷、别具一格的政治与学术版图。先就总体学术格局而论，上海轴心继续以章炳麟、胡适为两代学坛领袖，但彼此又有新旧、虚实之别。胡适是年的重要学术活动：一是继续提倡人权与学术自由；二是批评近世的思想都看不出真正的思想；三是继续倡导改良，反对革命；四是筹备与主持编译委员会；五是主持中国笔会成立大会；六是回顾自己的学术道路与思想渊源，继续倡导全盘西化。最后，还需关注一下胡适的行踪：11月前后辞去中国公学校长，并曾出面调停中国公学风潮；11月28日携眷北上，在北平后门内米粮库4号租定新宅，准备回归北京大学，此对京沪学术板块移动产生重要影响。与此同时，上海轴心依然发挥着"红色大本营"的功能。先就社科界而论，一方面是译介与建设马克思主义理论。其中典型案例之一是华岗受命将1888年恩格斯亲校的英文版《共产党宣言》重译，还译出了《1872年序言》《1883年序言》《1890年序言》3篇德文版序言。这是继陈望道之后出版的《共产党宣言》的第二个全译本，也是中国共产党成立后的第一个全译本，译文质量也有明显提高。案例之二是李达1月将马克思《政治经济学批判》译为《政治经济学批评》，由上海昆仑书店出版，此书为《政治经济学批判》最早的中译本。上述译著的出版，有助于中国广大群众学习马克思主义特别是唯物辩证法，更好地认识中国革命。另一方面是与国民党官方学派、托派开展学术论争。这集中体现在由中共中央宣传部领导的"新思潮派"与国民党旗下的"新生命派"以及代表托派立场的"动力派"之间展开有关中国社会性质的激烈论战,可以视为当时党内外对于中国社会性质不同立场、认知与定位的反应。再就文学界而论,最为重要的成果是共产党领导下的左翼作家学者群体联盟的组织化。其中具有标志性意义的有:一是2月15日郁达夫、鲁迅、柔石、潘汉年、冯雪峰、田汉、郑伯奇、夏衍、彭康、邓初民、王学文、王任叔等51人在上海发起成立"中国自由运动大同盟",借公共租界的汉口路圣公会教堂召开成立大会,通过《中国自由运动大同盟宣言》,号召争取言论、出版、结社、集会等自由,反对南京国民政府统治,指出"不自由,毋宁死",并出版机关刊物《自由运动》。二是由鲁迅、冯雪峰、柔石、沈端先、冯乃超、郑伯奇、彭康、华汉、钱杏邨、蒋光慈、洪灵菲、戴平万12位筹委会委员发起的中国左翼作家联盟(简称左联)3月2日正式成立,第一届执行委员为鲁迅、夏衍、冯乃超、钱杏邨、田汉、阳翰笙(华汉)、郑伯奇、洪灵飞。"左联"的成立,标志着革命文学跨入了一个新的发展阶段,表明国民党统治区的文艺阵地大部分被进步文艺占领,为反帝反封建的文化革命和无产阶级文学运动的深入发展作出巨大贡献。其中鲁迅始终发挥着左翼旗帜与灵魂的作用,这是共产党红色根系向文学界与学术界延伸的深化与强化。三是5月20日中国社会科学家联盟(简称"社联")在上海成立,邓初民、吴黎平、林伯修、朱镜我、王学文、蔡咏裳等40余人出席,在《世界文化》创刊号上发表《中国社会科学家联盟纲领》,宣布其任务为:(1)以马克思主义理论促进中国革命;(2)普及马克思主义理论;(3)批驳一切非马克思主义思想;(4)领导新兴社会科学运动沿着正确的方向发展;(5)参加无产阶级解放运动的实际斗争。四是7月中国左翼文化总同盟在上海成立。该同盟由左翼作家联盟、社会科学家同盟、社会科学研究会、新闻记者联盟、世界语者联盟、电影演员联盟、话剧演员及美术工作人员等联盟组成。五是8月1日中国左翼戏剧家联盟在上海成立,由左翼剧团联盟改组而成,田汉任执行委员会主任。后陆续在北平、南京、武汉、南通、广州、太原、青岛、杭州等地建立分盟或小组。此外,上海轴心还有高校与出版机构两支重要的学术队伍,后者不仅为学术成果出版提供了有力保障,而且出版社编辑多兼学者于一身,如商务印书馆何炳松主编的"中国历史丛书"和"中国史学丛书"开始由商务印书馆出版,其本人所著《通史新义》也由商务印书馆出版,又与蔡元培、吴稚晖等发起组织注音符号促进会,"以研究注音、推行注音符号为宗旨";周予同主持《教育杂志》,并在《学生杂志》第2号发表《关于甲骨学》,首次提出"甲骨学"的概念;唐钺、朱经农、高觉敷编纂之《教育大辞书》由商务印书馆出版,范寿康等14人任常任编辑,蔡元培、胡适、孟宪承、陈鹤琴,陶知行、陆志韦、黄炎培、黎锦熙等75人任特约编辑、撰稿人;中华书局舒新城主编《中华百科辞典》由中华书局出版,包括社会科学、文艺、数理、化学、博物等各种学科术语1万余条,200万字,附有中国历代纪元世界大事年表、中国省市区县名表、中国商埠表等十余种。以上两种辞书在当时产生重要影响。

诸省市板块中值得重点关注的区域,一是邻近首都南京的江浙两省。前者如陶行知所在的晓庄师范,唐文治、钱基博所在的无锡国专,依然是本板块的两大亮点所在。后者有马叙伦、熊十力、马一浮、丰子恺以及回乡专心著述的施存统等为浙江增加学术分量。二是武汉大学所在的湖北。时任武汉大学校长的王世杰创刊《国立武汉大学文哲季刊》,并撰写《创刊弁言》,指出学术期刊可视为一个国家"文化的质量检验器",中国学术期刊无论是质还是量,都是"贫乏不可名状"。此文还指出,学术期刊是学术鉴赏、批评的媒介,从事同一学问的学者以学术期刊为媒介,将"鉴赏者或批评者的见地立为新的研究基础,以企图新的结果",学术研究才能成为"集合的研究",并取得发展。当时的武汉大学汇聚了闻一多、游国恩、杨端六、李剑农、张奚若等著名学者。三是成都大学所在的四川。张澜时任成都大学校长,蒙文通约在6月前后辞中央大学教职,10月应聘任教成都大学。在此前的9月1日,蒙文通在《史学杂志》第2卷第3—4期合刊发表《中国古代北方气候考略》,认为"三古之世,黄河流域之气候如今日之长江。古代长江流域之气候,如今日之珠江",中国文化随气候变迁逐渐由北向南发展,而"展大于三河"。此文与竺可桢《中国历史上气候之变迁》等文一起对中国历史气候进行了开创性研究,而且对中华文化生成与气候的关系也进行了探讨。四川还有宋育仁、吴虞等著名学者。四是青岛大学所在的山东。杨振声任青岛大学校长,先后邀请闻一多、梁实秋、张煦、洪深、李达、老舍、游国恩、沈从文、吴伯箫、萧涤非、丁西林、童第周、王普、博鹰、王恒守、任之恭、王淦昌、王统照等知名学者到山东大学任教。10月,梁漱溟乡村自治运动也由河南转至山东。五是南开大学所在的天津。南开大学校长张伯苓致函张学良谈此次赴日比赛观感:"彼人比较进步尤速,故我此行不甚得志。但经一番挫折,增一番训练,卧薪尝胆,有志竟成。"实际上张伯苓即是以此精神创办和发展南开大学的。六是东北大学所在的辽宁。张伯苓被张学良任命代理东北大学校长,章士钊、梁思成、高亨等任教于东北大学。与此同时,金毓黻等人元旦正式成立东北学社,以发扬东北文化、倡导学术之研究为主旨,创办《东北丛刊》,每月一期,作为同仁切磋学问、发表成果的重要平台。同时着手编辑《东北丛书》,对此后的东北史地研究意义重大。3月,金毓黻任辽宁省政府秘书长,又兼东北大学史地教授。王树枏在奉天萃草书院讲授《左氏春秋经传》,罗振玉是春应旅大中日文化协会以讲考古学为请,前往讲演《清朝学术源流概略》,后由大连中日文化协会出版。此外,晏阳初、沈尹默、李景汉、罗根泽、缪钺等居于河北,也为其增添了学术分量。以上一同造就了东北辽宁学术之盛势。

海外板块中,"出"的方面,以郭沫若在日本的学术成果最为显著。1月20日,上海联合书店出版郭沫若的《中国古代社会研究》,主要汇集了1928—1929年作者在流亡日本期间所撰论文,被称为中国马克思主义唯物史观派史学的开山之作,受到学界的高度评价。当时在日本的还有艾思奇、王亚南、朱谦之、贺昌群、张友渔、王礼锡等。王礼锡赴日本筹办《读书杂志》,决定将研究中国社会的性质、寻求中国社会的前途作为《读书杂志》一个重要目标。居于苏联的有蔡和森、张闻天、邓中夏、董必武、吴玉章、萧三、杨明斋等。张闻天先是按照共产国际东方部中国科指定的研究课题"中国党在纪念时举行示威和飞行集会的问题",于5月19日撰成论文《论两条路线的斗争》,后又同崔舍努和特鲁巴乔夫组成小组,研究中国、日本、蒙古的革命问题,由马基亚尔领导,这些理论训练为日后张闻天快速成长为中国共产党的理论家乃至最高领导人奠定了坚实的基础。留学欧洲中以德国为多,包括王光祈、张君劢、贺麟、成仿吾、陈序经、朱偰、冯至、欧阳翥等。贺麟是夏为真正掌握黑格尔哲学的精髓,谢绝乌尔夫教授要他继续攻读博士学位的挽留,离开美国赴德国柏林大学专攻德国古典哲学,于8月完成其学说生涯中具有里程碑意义的论文《朱熹与黑格尔太极说之比较观》。胡愈之在留法期间,曾利用假期到英国、比利时、瑞士等地进行实地考察,同时系统地学习了《资本论》等马列著作,开始由民主主义者转变为马克思主义者。陈焕镛、秦仁昌等人8月出席在英国剑桥大学召开的第五届国际植物学会议。会议选举陈焕镛、胡先骕为国际植物命名法规委员会委员,是为我国植物学家加入国际植物学会及其命名法规委员会之开端。刘海粟被比利时政府聘为比利时独立百年纪念展览会美术馆审查委员。又在法国巴黎与法国大师阿尔贝·贝纳尔、阿芒·让、莫里斯·德尼、朗特斯基等十余人,以及教育部美术司司长保罗·莱昂、国家美术院院长台若诃亚等,讨论刘海粟在法国举行中国现代绘画展览会,订于1933年冬季在巴黎龚古尔广场亦特巴姆美术馆举行。"进"的方面,美国哥伦比亚大学教授肖特韦尔在《纽约先驱论坛报》发表《教育中国平民》,对晏阳初领导的中国乡村改造运动作了肯定性的评价;美国弗雷德里克·菲尔德时任中国平民教育美国合作委员会秘书,应邀参观定县实验并商讨双方合作的有关事宜,晏阳初综合同仁意见后向费尔德提出9条建议,希望"中国平教美国合作委员会"予以帮助;美国纽约天产博物院中亚调查团团长安德思要求今夏赴蒙古采掘古动物标本,中国古物保管委员会北平分会主任马衡与该团团长安德思在北平团城签订协定;伦敦大学R. H.陶内受太平洋国际学会及国联的委托,考察中国社会,提出中国传统社会长期停滞的观点;瑞典学者F.贝格曼为西北科学考查团成员,其在额济纳河流域调查发掘汉代烽燧遗址,和中国采集员靳士贵在居延发现汉简,共获简牍10200枚,是此次挖掘的重大收获。居延汉简运抵北京后,由劳幹、贺昌群、向达、马衡、余逊等分工合作,对汉简作了部分整理、考释工作。居延汉简虽较敦煌汉简晚出,但在量上却多出数倍,其中有文书、簿录、信札、经籍等,被认为是20世纪汉代史料的最大发现。居延汉简的发现不仅对汉代历史特别是汉代西北边郡历史的研究具有重大意义,而且对汉代语言、汉代艺术等领域也产生了影响。其考古报告于1956—1958年在瑞典出版。

本年度的学术论争主要发端于上海,然后向北平、南京以及海外日本辐射,大致围绕以下几个方面展开:

1. 关于"哲学消灭论"论争的延续。先是上年6月3日胡适在上海大同大学演讲《哲学的将来》,后又在苏州青年会再次讲演。两次演讲都主张彻底取消哲学。然后至本年3月,张东荪在《哲学评论》第3卷第2号发表《将来之哲学》,对哲学的生存问题进行探讨,批评胡适提出的哲学消灭论。张东荪得出的结论是:"一、科学与哲学自身都有变化:不过科学的变化似乎颇有接近于哲学的样子,而哲学的变化却始终未曾波及其中心。二、所以科学有方法,而哲学有立场。科学在方法上比较固定,而哲学在立场上比较不移。三、哲学在表面上好像亦趋近于科学了,但这乃是哲学有些采纳科学的方法,而与立场无关。四、所以我们可以说晚近以来科学之接近于哲学是由于概念有变化;哲学之接近于科学则是由于方法有变化。五、虽则哲学亦渐渐接近于科学,却决不是为科学所吞没。六、凡主张只须有科学而不须有哲学的人在我看来都是不明白晚近科学性质与哲学性质的人。"12月,张东荪在《大公报·社会科学》专栏发表《哲学与科学》一文,继续阐述哲学与科学的关系,捍卫"纯粹哲学"的生存。年底,李石岑由德国回到上海,先后在中国公学、大夏大学、暨南大学等校任教,并从事著述。面对当时思想界围绕哲学是否即将消灭、本体论与认识论的关系和唯物辩证法的实质等问题展开的一场大论战,处在思想大转变过程中的李石岑,不顾当局和一些唯心主义者利用其私生活方面的感情纠纷所进行的非难与中伤,抱病参加了这场论战,而论战也促进了他自身的转化过程。

2. 对胡适《中国哲学史大纲》的批评。其一是郭沫若所著《中国古代社会研究》1月20日由上海联合书店出版,此书根据唯物史观的基本原理和社会经济发展阶段学说,并结合大量传说材料、历史文献、甲骨卜辞和青铜铭文等史料,对中国社会的发展过程、特点,进行了初步的分析和概括,被称为中国马克思主义唯物史观派史学的开山之作。但郭沫若此书的矛头所向也是胡适,谓"胡适的《中国哲学史大纲》,在中国的新学界上也支配了几年,但那对于中国古代的实际情形,几曾摸着了些几边际？社会的来源既未认清,思想的发生自无从说起。所以我们对于他所'整理'过的一些过程,全部都有重'批判'的必要""我们的'批判'有异于他们的'整理','整理'的究极目标是在'实事求是',我们的'批判'精神是要在'实事之中求其所以是','整理'的方法所能做到的是'知其然',我们的'批评'精神是要'知其所以然'""谈'国故'的夫子们哟！你们除饱读戴东原、王念孙、章学诚之外,也应该知道还有马克思、恩格斯的著作,没有辩证唯物论的观念,连'国故'都不好让你们轻谈"。其二是李季因去年12月15日参加了托派活动而被中共江苏省委宣布批准开除其中共党籍,在政治上遭受挫折后对自己的行为有所反省,于是年冬开始动笔写作《我的生平》,自述其半生经历及对社会诸多问题看法。其中三分之一内容是对胡适《中国哲学史大纲》的批判。当时李季认定其价值观体系的论敌,在中国有最重要的两位人物——梁启超与胡适。鉴于梁启超已"逐渐成为过去人物",于是转向对只比他大一岁的胡适进行"聚精会神,施行大包抄的总攻击"。同年12月,李季先将《我的生平》对胡适《中国哲学史大纲》的批判内容抽出来,以单行本《胡适中国哲学史大纲批判》由神州国光社出版。这是一部特别的"反胡适"著作,重点批判胡适《中国哲学史大纲》一书的实验主义方法。对于胡著中的某些论述,如春秋战国的时代性及其产业发展的情形,中国哲学发生时代的时势和思潮,诸子哲学勃兴的原因,老子、杨朱、庄子、孔子、孟子、荀子、墨子、别墨、法家及前三世纪的哲学思潮,古代哲学中绝的原因等问题,均提出了不同意见。

3. 关于"人权"与"自由"论争的延续。当时胡适在上海继续提倡人权与学术自由。1月,胡适、罗隆基、梁实秋三人将有关人权问题的文章结集为《人权论集》交新月书店刊行。随后新月社及《新月》刊物被禁。5月3日,国民党上海特别市第四区执委会发出训令,称"奉中央宣传部密令",查禁新月书店所出《人权论集》一书。对于当时胡适的主张与心境,张元济在4月16日致胡适函中谈读过其《中古哲学史》第三、四章稿之后的感想,"觉得那李斯一节说来最透彻,最和平"。大概他也看出稿中有作者浇自家块垒的味道,所以特引稿中一段话谓:"革命成功之后,统一专制之局面又来了。学术思想的自由仍旧无望。"11月22日,胡汉民在《民国日报》(上海)上发表其在立法院纪念周的讲演,题为《谈所谓言论自由》,指责说:"最近见到中国一位切求自由的所谓哲学博士,在伦敦《泰晤士报》上发表一篇长长的论文,认为废除不平等条约不是中国急切的要求。"骂此人是"取得帝国主义者的赞助和荣宠""居心险恶、行为卑劣""真可以'不与共中国'了"。此文是指骂胡适,为当时人所共喻。11月25日、12月10日,胡适先后写信给胡汉民,质问其攻击的根据何在,要求他把他提到的那一份报纸剪下来作证。

4. 关于"我们走哪条路"的论争。胡适和他的"自由派"朋友罗隆基等先于1929年撰写了一些批评现状的文章,目的是期望国民党当局做一些改革。然后至是年,胡适等又要就"我们怎样解决中国的问题"分头撰文。4月13日,胡适撰成《我们走哪条路》一文,是作为这种讨论的引论,刊于《新月》杂志第2卷第10号。胡适在文中提出"五鬼闹中华"的论点,认为中国真正的敌人既不是帝国主义,也不是封建主义,中国社会问题的是"五大恶魔",即"贫穷、疾病、愚昧、贪污和扰乱,才是革命的真正对象"。而这五个大敌"都不是用暴力的革命所能打倒的。打倒这五大敌人的真革命只有一条路",就是"只有用自觉的努力作不断的改革"。此文发表后,引发梁漱溟、周谷城等学者的批评。由于胡适《我们走哪条路》点到周谷城刊于《教育杂志》论及封建主义问题的文章,并作了引文与批评,周谷城遂于 5 月 2 日致信胡适,就中国社会中封建主义是否存在的问题反驳胡适在《我们走哪条路》一文中的观点。随后,《教育杂志》以周谷城、胡适《封建制度与封建国家之辩难》刊于第 22 卷第 3 期。6 月 3 日,梁漱溟作致胡适之的长篇公开信,刊于同月 16 日《村治》月刊第 1 卷第 2 期,就胡适刊于《新月》杂志第 2 卷第 10 号的《我们走哪条路》一文说"我们真正的敌人,是贫穷、疾病、愚昧、贪污、扰乱"提出质问:"怎能置帝国主义与军阀于不问?""帝国主义者和军阀,何以不是我们的敌人?""然先生不加批评反驳,闭着眼只顾说自家的话,如何令人心服? ……帝国主义扼死了我产业开发的途路,不与他为敌,其将奈何?"7 月 29 日,胡适复信给梁漱溟,就梁漱溟的质疑提出辩驳。同日,胡适致信《教育杂志》编者,再予以反驳,信中在引用周谷城的文章时,"并不曾指出他的姓名,因为我当时注意在就事论事,并不在攻击个人。我自信当时不曾动什么意气"。但接着又说:"这个问题并不是很简单的。一班浑人专爱用几个名词来变把戏,来欺骗世人。这不是小事,故我忍不住要指出他们的荒谬。"信中还说:"周君压根儿就不懂得什么是封建制度和封建国家。他把'中央集权制度'认作封建国家,便是根本错误。"编者在登载此函同时并加附言,谓胡适为两个名词之争竟动了"盛气"。8 月 3 日,周谷城又作书回应胡适给《教育杂志》的信,继续予以反驳。当时《教育杂志》主编是周予同,因刊载与胡适的论争信函,受到商务印书馆编译所长何炳松的告诫。周予同气愤地对周谷城说:"岂有此理! 真是笑话,难道反封建都错了吗? 封建是要反的,一定要反。"

5.关于中国社会性质论争的延续。这场论争本由陶希圣于 1928 年发起,次年继续推进,至是年掀起新的高潮,主要在国民党旗下的"新生命派"、中共中央宣传部领导的"新思潮派"与代表托派立场的"动力派"之间展开激烈论战。因为分别以《新生命》《新思潮》与《动力》为三大阵地,所以据此分为"新生命派""新思潮派"与"动力派"。"新生命派"以陶希圣、周佛海等为代表。是年 1 月,陶希圣在《新生命》第 3 卷第 1 期发表《中国前代之革命》,开宗明义提出"中国前代之革命何以不能变更经济组织及政治制度? 本篇要解答这个问题"。同月,陶希圣所著《革命论之基础知识》由新生命书局出版,包括前资本主义社会之革命、资本主义社会之革命、中国之革命等章节,不仅叙述革命事实,还注重阐明不同时期革命的特点及其共同点。2 月,陶希圣在《新生命》第 3 卷第 2 期发表《中国之商人资本及地主与农民》,再次提出"中国社会到底是什么社会"的问题,认为"这个问题一年来引起剧烈的论争。综观各方对中国社会构造的认识,详言之,可分为六七种;略言之,可分为二大类:即认中国社会之支配的势力为封建制度残余之一类,及认中国社会之支配的势力已经不是封建制残余而是商人资本,或竟认中国社会已经是资本主义社会之一类"。5 月,陶希圣编辑讨论中国社会性质问题的《中国问题之回顾与展望》由新生命书局出版,对此前有关中国社会性质问题的讨论与争鸣学术成果作了一次小结。周佛海 12 月 1 日在《新生命》第 3 卷第 12 期发表《三年来之本刊》,略谓:"中国社会探究,是本刊的第三个特色。国内各大杂志,在三十六期中包含中国社会专攻的论文,没有比本刊再多的。这种研究在第一年中可以说是中国社会论争的急先锋。自第二年以后,国内各公开秘密刊物,对于本刊这类论文的主旨,不加反对,便须接受。""动力派"以严灵峰、任曙等托派骨干为代表。尽管《动力》于 7 月 15 日在上海创刊,但托派对于中国社会的认知与分析一直与中共对立。严灵峰、任曙等在《动力》杂志上发表《中国是资本主义经济,还是封建制度的经济》《再论中国经济问题》等文,主张中国经济属于资本主义范畴,中国社会是资本主义社会,认为中国毫无疑问是资本主义关系占领导地位,对中共王学文等在《新思潮》发表的文章中认为封建半封建的经济在中国占支配地位的观点提出尖锐批评,与"新思潮派"形成中国社会性质的论战。此后严灵峰在《布尔塞维克》《读者月刊》《读书杂志》《学艺》等陆续发表文章展开论战。因该派在中国社会史论战中以《动力》杂志为阵地,所以称为"动力学派",主要代表人物有严灵峰、任曙、李季、王宜昌、刘仁静等。"新思潮派"代表人物中既有李立三、瞿秋白、张闻天等中共领导,也包括王学文、李一氓、朱镜我、吴黎平、彭康、孔德等社会科学领域的马克思主义者及左翼学者,成为中国社会性质问题论战中马克思主义阵营的代表。王学文继续任《新思潮》月刊主编,以该刊为主要阵地,重在介绍马克思主义和苏联的情况,在本年的中国社会性质论战中,发挥了主阵地的作用。4月15日,根据中共的指示,《新思潮》月刊第5期出版"中国经济研究专号",发起关于中国社会性质问题的论战,集中批驳托派的错误观点。"专号"刊载了潘东周《中国经济的性质》、吴黎平《中国土地问题》、向省吾《帝国主义与中国经济》和《中国的商业资本》、王学文《中国资本主义在中国经济中的地位及其前途》、李一氓《中国劳动问题》等文,集中讨论中国社会经济的性质,诸文着重从帝国主义和中国经济的关系、民族资本在中国经济中的地位、农村土地关系等方面,分析了中国经济的性质。同时开始论证中国是半殖民地半封建社会,驳斥托派、"新生命"派等的观点。这些文章阐明了或接近于中国共产党对中国社会性质问题的见解。此外,翦伯赞、王礼锡、胡秋原等也参加有关中国社会性质和社会史问题的论战。要之,在这场论战中,不同政治立场的学者对中国古今社会性质与历史分期有不同结论,这背后体现着时人对于革命道路的不同理解,参与其中的"新思潮派"尝试运用历史唯物主义基本原理勾勒中国历史发展的一些基本面貌,形成了一套不同于之前史学风气的历史叙事,特别是强调社会经济在历史变迁中的重要性,很大程度上普及了马克思主义的基本概念,有助于辨析革命的道路问题,改变了不少年轻一代知识分子思考历史的方式,奠定了马克思主义史学的群众基础,因而在中国马克思主义史学发展史上具有重要意义。

6. 关于五四运动11周年的纪念与阐释。5月4日,《中央日报》刊登了国民党南京市党部宣传部的《五四运动十一周纪念告青年书》,说"凡我党治下的青年应以努力实现三民主义的精神来纪念五四运动",开始批评11年来有些学生的行为。其云:"今在本党指导之下……从无中心信仰的浪漫的心理中陶育三民主义的人生观,在这革命的过程中,思想庞杂,异说纷起,是必然的现象。我们革命的青年学生热血未定,学无素养,往往感于邪说,在不知不觉中违背五四的精神,大干其反革命的勾当,这是何等不幸的事啊,究其所以,实因没有中心思想(三民主义)所致。"同日,上海《民国日报》刊出社评《纪念"五四"》、陶愚川《纪念光荣伟大的五四运动》。后文在分析了五四运动的发生、影响及与学生的关系后表示:"我们要认清时代,现在不是五四运动的时代了,现在是我们专心求学,努力教育建设的时代了。"《民国日报》"上海党声"还专版刊出秋魂《五四运动在中国近代史上的地位》一文,作者以反省的口吻指出,五四运动一方面破坏太过,一方面又不及廓清封建势力,"'太过'与'不及'交织成了五四运动失败的象征,人们真不会相信这轰轰烈烈的五四运动,究其实,竟是失败了的运动"。作者认定:"中国社会始终是以政治问题为中心的,凡是抛开了政治的种种改革运动,必定不会成功的,几年前高唱着的'实业救国''教育救国''宗教救国'等等不是都已悲惨地失败了吗? 五四运动的所以失败,根本原因,也就是这一点。"可见当时国民党舆论阵地对于五四运动的评价逐步从正向走向负向,由此表明作为执政党的国民党已经渐渐地站到了五四运动的对象——北洋政府的立场上,所以其中透露的政策转向的信息是潜在的,也是微妙的。

7. 关于新旧中西文化论争的继续。胡适与陈序经依然是坚定的全盘西化论者。大约2至3月间,胡适在上海基督教青年会讲演《从新文艺观察今日中国的思潮》,后刊于《上海青年》第30卷第11期,文中谈到戊戌维新运动,说:"康梁变法的时候,只是空洞的吸收外国的文化,不知道紧要的是什么。学堂是造人才的地方,学堂不能代替考试的制度;用学校代替考试,是盲目的改革。结果造成中国二十五年来用人行政没有客观的公开的用人标准。"但胡适更具代表性的观点则见于11月27日所撰《介绍我自己的思想》,此文实乃为《胡适文选》所作之序。文中首先介绍了书中所收几组文章的内容要点以及作者的思想来源,说:"我的思想受两个人的影响最大:一个是赫胥黎,一个是杜威先生。赫胥黎教我怎样怀疑,教我不信任一切没有充分证据的东西。杜威先生教我怎样思想,教我处处顾到当前的问题,教我把一切学说理想都看作待证的假设,教我处处顾到思想的结果。"藉此可知胡适学术思想的两大渊源。然后他在介绍有关中西文化的一组文章时说:"我们必须承认我们自己百事不如人,不但物质机械上不如人,不但政治制度不如人,并且道德不如人,知识不如人,文学不如人,音乐不如人,艺术不如人,身体不如人。"因此主张要"死心塌地地去学人家,不要怕模仿。因为模仿是创造的必要预备工夫。不要怕丧失我们自己的民族文化,因为绝大多数人的惰性已尽够保守那旧文化了,用不着你们少年人去担心。你们的职务在进取,不在保守。"再次批评那种将西方文明嘲笑为物质的,只有东方文明才是精神的说法。陈序经《孔夫子与孙先生——欧洲杂感之一》刊于5月1日广州岭南大学《岭南学报》第1卷第2期,文中主要通过孔子与孙中山的对比讨论和总结孙中山的文化价值取向:(1)从文化的物质方面来看:孙先生主张全盘效法西方,而与孔子处于对峙的地位。(2)从文化的道德方面来看:孙先生和孔子是处在同一战线上。(3)从文化的政治方面来看:孙先生以为孔子的思想,并非有背于现代思潮,不过有其思想而无其制度,补救之方在于取资欧美之制度。概而言之,"孔子而为中国数千年来的文化代表,则孙先生可以说是近数十年来所谓'中学为体,西学为用'的代表"。本论题的相关著作还有陈安仁著《中国文化复兴之基本问题》、郑寿麟著《中西文化之关系》。陈安仁著《中国文化复兴之基本问题》论述了文化的意义、环境、遗传对于文化的影响,经济演进与文化演进的相互关系,帝国主义的文化影响及其颓丧的趋势,中国文化的特点与中国文化复兴的基本问题等。郑寿麟著《中西文化之关系》主要从中国传统学术的脉络来定位中西关系。此书与《中国文化复兴之基本问题》一样,不在意于学术争辩而重在学理研究。

8. 关于文学阶级性的论争。这是对上年以鲁迅为代表的左翼文学家群体与新月派之间关于"革命文学"大论战的深入推进。上年4月以后,《新月》月刊刊登了胡适等作的几篇对蒋介石集团似有针砭、实为献策的政论文字,梁实秋也连续发表《论思想统一》《论批评的态度》和《"不满于现状",便怎样呢?》等文,一方面主张"我们反对思想统一,我们要求思想自由",另一方面又竭力攻击鲁迅等左翼作家的杂感和左翼文艺运动。国民党中央执行委员会仍按《宣传审查条例》的规定,决议由教育部对胡适加以警诫,批评他作的《知难,行亦不易》《人权与约法》等文章触犯了党讳。有鉴于此,鲁迅在1月1日《萌芽》月刊创刊号发表《新月社批评家的任务》,继续与新月派开展论战,文中深刻地揭露了新月派文人所尽的反动的义务和奴才的面目,指出他们不过是国民党新军阀的"挥泪以维持治安"的"刽子手和皂隶",并辛辣地讽刺说:"现在新月社的批评家这样尽力地维持了治安,所要的却不过是'思想自由',想想而已,决不实现的思想。而不料遇到了别一种维持治安法,竟连想也不准想了。从此以后。恐怕要不满于两种现状了罢。"24日,鲁迅作《"硬译"与"文学的阶级性"》,刊于3月1日《萌芽》月刊第1卷第3期,文中批判梁实秋在《新月》月刊第2卷第6—7期合刊发表的《文学是有阶级性的吗?》和《论鲁迅先生的"硬译"》的人性论,用马克思主义的阶级和阶级斗争观点,重在揭露梁实秋等仇视马克思主义文艺理论的反动阶级立场及其鼓吹的"人性论"的虚伪性。文章最后以新月派新近的表现为例,揭露他们甘心充当国民党的"诤友"和反革命文化"围剿"急先锋的可憎面目。4月19日,鲁迅作《"丧家的""资本家的乏走狗"》,同刊于5月1日《萌芽月刊》第1卷第5期。针对梁实秋反诬左翼作家为苏联卢布所"收买",鲁迅在文中对梁实秋的言行作了精确而深刻的剖析,不但指出了梁实秋等人"遇见所有阔人都驯良,遇见所有穷人都狂吠",是"属于所有资本家"的走狗,而且勾画出他们在旧主人北洋军阀倒台之后,一时还未得到新主人的赏识,陷入"无人豢养"的"丧家狗"的窘境,同时还进而指出:他们为了取媚于新军阀,对左翼文艺家使用了"下贱"的诬陷、告密等手段,"以济其'文艺批评'之穷",所以"还得在'走狗'之上,加上一个形容字'乏'"。然后至9月10日,"左联"机关刊物《世界文化》在创刊号上发表了《中国社会科学家联盟纲领》,指出在"中国革命巨浪正在高涨之际,革命理论的研究与发挥,遂成为每个进步的社会思想家的切身任务",必须"研究并介绍马克思主义理论,使它普及于一般""严厉的驳斥一切非马克思主义的思想——如民族改良主义、自由主义,及假马克思主义的理论——如社会民主主义、托洛茨基主义及机会主义"。同期还刊登了鲁迅翻译的《无产阶级革命文学论》以及谷荫(朱镜我)《中国目前思想界底解剖》、梁平《中国社会科学运动的意义》,对新月派、新生命派等的观点进行批判。

9.关于"民族主义文艺运动"的论争。先是6月1日民族主义文艺运动者在国民党操纵下集会于上海,组织"前锋社",主要成员有上海市教育局长潘公展、淞沪警备司令部侦缉队长兼军法处长范争波、上海市区党部委员朱应鹏,以及王平陵、黄震遐等学者。22日,创刊《前锋周报》,李锦轩主编。下旬,《前锋周报》第2—3期刊出《民族主义文学运动宣言》,标榜"文艺的最高意义,就是民族主义",发起"民族主义文学"运动,旨在抵制和抹杀马克思主义关于阶级和阶级斗争的学说和进步作家的作品,攻击无产阶级文学运动使中国文坛"深深地陷入于畸形的病态的发展过程中",造成了"中国文艺的危机",企图用国民党的"民族主义"统治文坛,作为中心意识建立起来的"民族意识"是"忠孝仁爱信义和平"等封建阶级的伦理观念。此后该刊连续发表潘公展《从三民主义的立场观察民族主义的文艺运动》、朱大心《民族主义文艺运动的使命》、叶秋原《民族主义文艺之理论的基础》等文,继续"民族主义文学"运动,同时还大量散布反苏媚日,歌颂希特勒、墨索里尼等法西斯头子的言论,其实都不过是"宣言"宗旨的演绎以及"民族主义"本质的注脚,是与蒋介石对苏区军事"围剿"相互配合的文化"围剿"。同月,陈立夫、陈果夫又召集傅彦长、王平陵等在南京发起"民族主义文艺运动"。7月,国民党中宣部主办,王平陵、钟天心主持的中国文艺社在南京成立,鼓吹三民主义文艺。受国民党组织部津贴的开展文艺社、线路社、流露社等相继成立,也鼓吹民族主义文学。他们先后创办了《开展》半月刊、《文艺》月刊以及《线路》《流露》《橄榄》《矛盾》等刊物。10月10日,"民族主义文学"运动者在上海创办《前锋月刊》,傅彦长、朱应鹏等主编,现代书局发行。是年,前锋社将其主要成员参与论战的重要论文编为《民族主义文艺论》,由上海光明出版部刊行。对此,左翼文艺队伍对前锋社开始展开反击。8月15日,"左联"执委会在刊于《文化斗争》创刊号的《无产阶级文学运动新的情势及我们的任务》的决议中驳斥了他们的攻击。11月9日,鲁迅致崔真吾信,谓"今年是'民族主义文学'家大活动,凡不和他们一致的,几乎都称为'反动',有不给活在中国之概,所以我的译作是无处发表,书报当然更不出了"。信中愤慨地揭露了"民族主义文学运动"充当国民党反革命文化"围剿"急先锋的狰狞面目。再至次年下半年,鲁迅的《"民族主义文学"的任务和运命》、瞿秋白《屠夫文学》(后改名《狗样的英雄》)、茅盾(石萌)的《"民族主义文艺"的现形》等又相继发表,对他们展开全面彻底的批判,所谓的"民族主义文艺运动"不到一年就宣告破产。

10. 关于"大众文艺"的讨论。最先可以上溯至 1928 年 9 月 20 日郁达夫于上海创办《大众文艺》,由郁达夫、夏莱蒂主编,1929 年 2 月 20 日停刊,第 1 卷共出版 6 期。第 2 卷于 1929 年 11 月 1 日复刊,改由陶晶孙主编,至 1930 年 6 月被国民党当局查禁,共出版 6 期 5 册(第 5—6 期合刊)。郁达夫在《大众文艺》的创刊号中对"大众文艺"之名进行了阐释,指出文艺是大众的,认为文艺不能局限于某一个阶级而应该是为大众的、是关于大众的,说明"大众文艺"的内容以小说为主,旁及其他作品如戏剧影剧、散文、诗歌、杂文。同时郁达夫也指出,由于中国文艺与西方先进文艺有距离,所以介绍翻译也是"大众文艺"的重要内容,可见郁达夫在创刊之初即为《大众文艺》奠定了学术宗旨与方向。陶晶孙接任《大众文艺》主编后,通过对刊物进行重新定位,明确了办刊宗旨及具体任务,使《大众文艺》的内容更为丰富,更适应国内外文坛的动态发展,与"大众"的现实生活更为密切相关,引导着国内对"文艺大众化"问题的热烈探讨,进一步凸显了左翼文学的主导倾向与大众化特征,尤其对文艺大众化的推进作出了杰出的贡献。3月1日,就在"左联"成立前夕,《大众文艺》自第2卷第3期起即成为左联机关刊物,成为传播无产阶级革命文学思想、推动大众文艺与"普罗文学"融合发展的又一重要阵地。在此,需要特别提到当时身居日本的郭沫若发自异域的先声。1月12日,郭沫若作《普罗文艺的大众化》,刊于3月《艺术月刊》创刊号,提出"普罗文艺的大众化",即已先导性地提出了日后"左联""大众文艺"讨论与发展的新方向。然后至3月1日,《大众文艺》第2卷第3期刊出"新兴文学"专号,特别推出"文艺大众化的诸问题"的笔谈与"文艺大众化座谈会"信息,前者刊载了沈端先(夏衍)《所谓大众化的问题》、郭沫若《新兴大众文艺的认识》、陶晶孙《大众化文艺》、冯乃超《大众化的问题》、郑伯奇《关于文学大众化的问题》、鲁迅《文艺的大众化》、王独清《要制作大众文艺》。同月2日,中国左翼作家联盟(简称左联)成立大会通过了关于成立马克思主义文艺理论研究会、国际文化研究会、文艺大众化研究会以及漫画研究会四个研究会等17项提案,由此可见文艺大众化在左联运动中的重要地位。5月1日,《大众文艺》第2卷第4期继续刊出"新兴文学"专号,专门设立了"我希望于大众文艺的"专栏,刊载郭沫若、郁达夫、柔石、冯乃超、潘汉年、戴平万、洪灵菲、王一榴、余慕陶、孟超、高飞、由稚吾、周绍仪、吴秋枫、冯润章、李洛、兆华、刘衅、石练顽、甘永柏、周全平、华汉(阳翰笙)、钱杏邨、画室(冯雪峰)、穆木天、沈端先(夏衍)等对于文艺大众化的意见与建议。另在"杂要"栏目还载有李无文的《"大众文艺化"批评——评前期的"大众化"问题》及《大众文艺第二次座谈会》信息。其中前文具有论争小结的意义。以上两期专号集中讨论了如何使文艺通俗化等问题,有力推动了文艺大众化问题讨论兴起与深化。总之,从1929年初到"左联"成立前后,无产阶级革命文学运动兴起后,文艺的大众化问题开始引起左翼作家的关注,于是在左翼文坛展开了第一次关于大众文艺的讨论。从"革命文学"到"大众文艺"的讨论与争鸣,意味着一场新的论战已经拉开序幕,尤其在"左联"成立之后,以陶晶孙主编《大众文艺》为主要阵地,在鲁迅、郭沫若、瞿秋白等倡导与推动下展开文艺大众化的讨论,至1934年年底先后共讨论过三次始告一段落。

11.关于"古史辨派"论争的延续。顾颉刚编《古史辨》第2册承继第1册所作的研究,其上编讨论古史问题,收有顾颉刚1926年所作《秦汉统一的由来和战国人对世界的想象》,主张夏、商、周三代国境只在黄河流域,周是氏羌中的一种。中编讨论孔子的政治思想及其在中国历史上的地位,收有周予同《经今古文学》等。下编是各方面对第一册的评论。5月10日,顾颉刚又在《清华学报》第6卷第1期发表《五德终始说下的政治与历史》,在学术界产生重要影响。同月20日,陈槃撰文云:"《五德终始说下的政治和历史》是顾先生思深体大、成一家言的著作;同时也是近年来中国史学界研究五行学说的第一部著作。书中分析阴阳五行的源流影响和检举刘歆之窜乱古籍,处处深切著明,发前人之所未发。"然后至11月,梁园东则在《东方杂志》第22号发表《古史辨的史学方法商榷》,第24号连载。作者专门就顾颉刚疑辨古史的研究方法和"层累地造成的中国古史"观提出了批评意见,文中从两个方面作了阐述:第一,整理古史方法上传统的错误和古史辨;第二,层累地造成的中国古史质疑。上述两例也从一个侧面反映了胡适、顾颉刚作为学坛领袖之受到学界的高度关注及其学说本身所存在的缺陷。

与此同时,本年度也出现了一些学术专号,诸如《教育杂志》第22卷第6期"现代世界教育专号上"刊出雷宾南《欧美最近教育进步综观》、曾毅夫《美国教育进展之史的考察》、林仲达《十年来美国蒙养学校运动》、杨人楩《英国教育之进展》、雷宾南《德国教育的新趋势》、杨人楩《新德意志之教育思潮与制度》、金嵘轩《现代日本教育思想的变迁和派别》、朱冷夫《印度教育最近改进之一瞥》等文;《东方杂志》第27卷第2号"中国美术专号下"刊发刘既漂《中国美术建筑之过去与未来》等文,皆有专题讨论与研究之意义。

除了上述学术论争之外,本年度聚焦于重要学术论题的论著尚有:高希圣、郭真著《社会科学大纲》,胡一贯著《社会科学概论》,柯柏年著《怎样研究新兴社会科学》,施存统著《社会科学的研究》,顾凤城著《社会科学问答》,社会科学讲座社著《社会科学讲座》(第一卷),顾蔡丞编著《国学研究》,洪北平编《国学研究法》,金受申著《稷下派之研究》,范寿康著《哲学及其根本问题》,郭湛波著《辩证法研究》,华汉著《唯物史观研究》(上下册),蔡尚思著《中国三大思想之比观》,孙楷第著《评明季滇黔佛教考》,朱光潜著《变态心理学派别》,高希圣著《社会运动全史》,陶孟和著《北平生活费之分析》,潘光旦著《日本德意志民族性之比较的研究》,陈长蘅著《三民主义与人口政策》,吴泽霖著《社会约制》,匡亚明著《社会之解剖》,周谷城著《中国社会之结构》,林惠祥编《台湾番族之原始文化》,张星烺著《中西交通史料汇篇》(第1—6册),徐宝璜著《新闻学纲要》,舒新城编《现代教育方法》,李浩吾(杨贤江)编《新教育大纲》,高卓著《现代教育思潮》,黄炎培著《中国教育史要》,陈翊林著《最近三十年中国教育史》,欧阳祖经著《欧美女子教育史》,周予同著《关于"甲骨学"》,陈寅恪著《敦煌劫余录序》,马叙伦著《读金器刻词》,张世禄著《中国古音学》,赵元任著《广西瑶歌记音》,王静如著《西夏文汉藏译音释略》,吕思勉著《章句论》,罗常培著《厦门音系》,刘复(半农)著《声调之推断及"声调推断尺"之制造与用法》,刘复(半农)、李家瑞编著《宋元以来俗字谱》,郭绍虞《中国文学史上文与道的问题》,谭正璧编《中国女性的文学生活》,钟敬文著《楚辞中的神话和传说》,胡云翼编著《唐诗研究》《宋诗研究》,贺昌群著《元曲概论》,任中敏著《新曲苑》,姜文阁著《桐城文派评述》,朱星元著《中国近代诗学之过渡时代论略》,陈子展(原题陈炳堃)著《最近三十年中国文学史》,李何林编《鲁迅论》,杨荫深著《中国民间文学概说》,谢刚主著《民间歌谣的研究》,陈光垚编《谜语研究》,胡寄尘(原题胡怀琛)著《中国寓言研究》,赵景深著《民间故事丛话》,钱南扬编、民俗学会编审《祝英台故事集》,张资平著《欧洲文艺史大纲》《人文地理》,陈衡哲著《欧洲文艺复兴小史》,赵景深著《一九二九年的世界文学》,许地山著《印度文学》,张竞生著《浪漫派概论》,吴贯因著《史之梯》,何炳松著《通史新义》,谢英伯著《中国玉器时代文化史纲》,顾颉刚编《古史辨》(第2册),傅斯年著《大东小东说》《姜原》《论所谓"五等爵"》,郑鹤声著《史汉研究》《中国近世史》,孟森著《清朝前纪》,杨成志著《云南民族调查报告》,林惠祥编《台湾番族之原始文化》,叶恭绰编《清代学者像传》,徐守桢著《现代科学进化史》,郑寿麟著《中西文化之关系》,姜丹书著《艺用解剖学》,丰子恺著《西洋画派十二讲》《近世十大音乐家》,柯政和著《音乐通论》(附音乐辞典),黎青主著《音乐通论》,许之衡著《中国音乐小史》,俞寄凡著《西洋音乐小史》,贾逸君著《中国国耻地理》,谢国桢著《清初东南沿海迁界考》,臧励龢等编《中国古今地名大辞典》,张凤编《考古学》,张国淦《历代石经考》,章鸿钊著《从宝石所得古代东西交通观》,徐旭生著《徐旭生西游日记》,郑鹤声、郑鹤春编纂《中国文献学概要》《中国史部目录学》,钱亚新著《索引和索引法》,傅增湘著《东西京诸家观书记》,等等。金受申《稷下派之研究》第一篇为稷下学者的师授,第二篇为稷下学者学说的研究,第三篇为结论,附录为稷下学者著述存亡版本考。高希圣《社会运动全史》为当时社会运动史类著作的巨制,以近900页的篇幅介绍了国际运动史、革命运动史、政党运动史、劳动运动史、农民运动史、妇女运动史等内容。李剑农《最近三十年中国政治史》分析颇能切中要害,且书中披露了不少稀见史料,故出版后迅速赢得声誉,被认为是中国近代政治史研究的上乘之作。陶孟和《北平生活费之分析》为中国第一部采用记账法调查研究城市工人家庭生活的著作,在社会调查方法的探索中作出了开创性贡献。杨鸿烈《中国法律发达史》梳理了中国从上古至民国的法律发展的历程,并对中国古代法律的特点及其在世界文化史上的地位、中国古代法律研究的研究方法等问题进行了研究。此书的另一优点是将甲骨文、金文等资料引入中国法律史研究。有研究者认为,此书的出版标志着中国近代法律史学科的基本定型。周予同《关于"甲骨学"》首次提出"甲骨学"概念,或者说率先为"甲骨学"命名。陈寅恪《敦煌劫余录序》系为陈垣《敦煌劫余录》所作的序,首次提出"敦煌学"的学术概念,指出:"一时代之学术,必有其新材料与新问题。取用此材料,以研求问题,则为此时代学术之新潮流。治学之士,得预于此潮流者,谓之预流(借用佛教初果之名)。其未得预者,谓之未入流。此古今学术史之痛义,非彼闭门造车之徒所能同喻者也。"并断定"敦煌学者,今日世界学术之新潮流也。自发见以来,二十余年间,东起日本,西迄法英,诸国学人,各就其治学范围,先后咸有所贡献",但是"吾国学者,其撰述得列于世界敦煌学著作之林者,仅三数人而已",其原因一是由于"国人治学,罕具通识",二是由于"敦煌所出经典,涵括至广,散佚至众,迄无详备之目录,不易检讨其内容"。作者最后呼吁,国内学者应该借助陈垣《敦煌劫余录》的帮助,"益能取用材料以研求问题,勉作敦煌学之预流",以"内可以不负此历劫仅存之国宝,外有以襄进世界之学术于将来"。《敦煌劫余录序》虽是一篇序言,但是由于首提"敦煌学",以及指点如何运用敦煌文献等,影响深远,得到了学界的普遍认同,但对文中关于敦煌学是"世界学术之新潮流"的论断,也有一些学者陆续提出质疑。林惠祥编《台湾番族之原始文化》为系统研究台湾高山族原始文化的第一部著作，它对于高山族的生活状况、社会组织、馘首风俗与战争、宗教、艺术、语言、知识等进行了深入研究，为人类学、民族学、民俗学的研究提供了鲜活、丰富的第一手材料。张星烺著《中西交通史料汇篇》（第 1—6 册）为中西交通史料学巨著，作者花费 17 年时间，参考 274 种中文书籍和 42 种外文资料，其内容包括自上古到明代的中国与东起葱岭以西、印度，西到欧洲、非洲的广大地区各国交往的历史。此书自从出版以来一直受到国内外学者的关注，1954 年英国学者李约瑟在《中国科学技术史》"中国和欧洲之间传播科学思想与各种技术的情况"一章中指出，他使用的中文参考书首推《中西交通史料汇篇》。真可谓是人书互名，此书不仅为我国中外关系史的发展奠定了基础，而且张星烺亦因之成为我国中外关系学科的开创者之一。钱亚新《索引和索引法》有杜定友序及自序。是书的出版，标志着中国现代索引理论的正式确立。

关于聚焦于学术史论的论著：罗振玉是春应旅大中日文化协会以讲考古学为请，前往讲演《清朝学术源流概略》，后由大连中日文化协会出版。全书分"古今学术之递变""本朝学术之渊源""本朝学术流派""本朝学者之研究方法""本朝学术之得失"等五章。皮学军《民国学人的学术史研究》（《南京社会科学》2013 年第 8 期）谓此书"以清朝遗老的身份扼要地总结了清代学术渊源、流派、研究方法以及学术得失，重点整理了清朝'御撰''钦定'及坊间出版的书目，与其说是学术史，倒不如说是'图书史'，其'学术'则指著述、思想与教化，甚至还包括官方延揽人才等内容，其外延之广，令人无法苟同。所以，学术价值并不很高"。胡适 3 月起写作《中古思想史长编》，至 5 月写成六章：第一章，齐学；第二章，杂家；第三章，秦汉之间的思想；第四章，道家；第五章，淮南王书；第六章，统一帝国的宗教。至 8 月，写成第七章，儒家的有为主义。此外，尚有徐文珊《中国古代的历史观》、周予同《最近安阳殷墟之发掘与研究》、董作宾《殷墟沿革》《甲骨年表》、李济《安阳发掘报告》《现代考古学与殷墟发掘》、赵肖甫《本所整理档案之过去及将来》、沙孟海《近三百年的书学》、顾颉刚《论康有为辨伪之成绩》、君素《1929 年中国关于社会科学的翻译界》、姚从吾《欧洲学者对于匈奴的研究》等等。徐文珊《中国古代的历史观》分析从周朝起不同时代的历史观，得出如下结论：西周末东周初"人们心目中的历史，只是天道运行的表现"，代表性人物是孔子、孟子，道家不同于儒家，"把伦理化的历史推翻""拿历史作了发表学说的工具"，法家代表性人物韩非"心目中的历史，已经是人类进化的过程。并且本着'人类是进化的'这个原则，主张前进、反古"；西汉时期的司马迁将历史看作是"载道统的东西"，这种态度"是史学界的破天荒，而对于历史的本旨也比较近是了"，西汉末年"史学界有一次大破产"，就是刘歆利用历史为王莽篡汉制造根据，把历史"看成任何人可用的工具"；东汉班固"受了刘歆的余毒，戴着古文家的眼镜，作出一部《汉书》""虽不是要利用历史，发表什么学说，但是至少作了刘歆的功臣"。东汉以后，"中国的史学界，便慢慢入了轨道，态度则由盲从而转变为怀疑，工作则由创造而渐变为整理了"。董作宾先于 4 月根据自己亲历中央研究院安阳殷墟考古所积累的大量关于殷墟和甲骨文的资料撰写《殷墟沿革》。然后至 7 月 1 日又撰写《甲骨年表》，系董作宾给历史语言研究所的报告书。但作者将甲骨文从发现到 1930 年 4 月间有关甲骨文的发现、收集和研究的情况，按时间先后顺序排列，进而成为第一部甲骨文学术编年之作。《安阳发掘报告》第 2 期出版，报告刊载了李济《十八年秋工作之经过及其重要发现》《小屯与仰韶》、傅斯年《本所发掘殷墟之经过》等文。通过上述论文可以考察殷墟甲骨文的发现、发掘与研究进程,具有学术史之价值。君素《1929年中国关于社会科学的翻译界》是一篇关于1929年翻译论著的学术回顾之作,认为"1929年这一年的出版界,可以说是一个关于社会科学的出版物风行一时的年头"。据作者所开列的一个清单,共计150种以上,主要是经济学、经济史、唯物辩证法、社会主义、社会思想史革命史以及关于帝国主义和苏联革命方面的,可见当时翻译界之盛况以及诸多译者为此付出的不懈努力。文中总结这一年来新兴社会科学出版物的六个特点:第一,是新兴的社会科学抬头;第二,是关于方法论,尤其是唯物辩证法这一类书籍的流行;第三,是关于经济学的书籍占多数;第四,是关于苏联的研究的书籍和关于帝国主义的书籍,也占了不少的数目;第五,是关于历史方面,如经济史、革命史、经济学史及社会思想史等等,占了相当的数目;第六,就是这翻译之中,未免有些粗制滥造的缺点,但同时认为这是新兴社会科学运动初期必有的现象,只要新兴社会科学运动向前发展,关于这类书籍的批评就会建立起来。这种缺点,是会逐渐消灭的。此书是比较典型的学术史论之作。(以上参见本书"学术背景""学术活动""学术著作""学者生卒"栏所引文献与出处,以及章恒忠、王亚夫主编《中国学术界大事记(1919—1985)》,上海社会科学出版社1988年版;中央教育科学研究所编《中国现代教育大事记1919—1949》,教育科学出版社1988年版;王学典《20世纪史学编年(1900—1949)》,商务印书馆2014年版;付喜祥《20世纪前期中国文学史写作编年史》,北京师范大学出版社2013年版;中国大百科全书总编辑委员会编《中国大百科全书·考古学》,中国大百科全书出版社2002年版;王学珍等编《北京大学纪事(1898—1997)》,北京大学出版社1998年版;清华大学校史研究室编《清华大学一百年》,清华大学出版社2011年版;齐家莹编《清华人文学科年谱》,清华大学出版社1999年版;北京师范大学党委办公室、北京师范大学校长办公室《北京师范大学纪事》,北京师范大学出版社2012年版;南京大学高教研究所编《南京大学大事记(1902—1988)》,南京大学出版社1989年版;张玮瑛、王百强、钱辛波主编《燕京大学史稿》,人民中国出版社2000年版;沈卫威编《学衡派编年文事》,南京大学出版社2015年版;吴永贵《国民出版史编年:1912—1949》,社会科学文献出版社2018年版;张岂之主编《民国学案》,湖南教育出版社2011年版;文韬《"国故学"与"中国学术"的纠结——民国时期两种"国学"概念的争执及其语境》,《中山大学学报》2013年5期;张广海《革命文学论争与阶级文学理论的兴起》,北京大学博士学位论文,2011年;欧阳哲生《纪念"五四"的政治文化探幽——一九四九年以前各大党派报刊纪念五四运动的历史图景》,《中共党史研究》2019年第4期;商金林《几代人的"五四"(1919—1949)》,《新文学史料》2009年第3期;吴海勇《1928年至1948年〈中央日报〉对五四运动的评论》,《上海党史与党建》2009年第5期;杨倩倩、刘玲《1928—1948年〈中央日报〉对于五四运动的纪念话语》,《史海探迹》2019年第10期;章清《现代中国知识分子"代际意识"的萌生及其意义》,《第二届近代中国与世界国际学术研讨会》,2000年;汤艳萍《马克思主义史家李季初探》,山东大学硕士学位论文,2012年;贺渊《社会史论战的先声——〈新生命〉杂志对中国社会结构的探讨》,《南京大学学报(哲学·人文科学·社会科学)》2005年第3期;杨林《〈新思潮〉研究》,湘潭大学硕士学位论文,2019年;谢辉元《十年内战时期的京沪马克思主义史学家群体》,《2018年史学理论与史学史学术研讨会》,2018年;陈峰《社会史论战与现代中国史学》,山东大学博士学位论文,2005年;刘群《新月社研究》,复旦大学博士学位论文,2006年;成棣《周予同先生年谱》,《传统中国研究集刊》第20辑,上海社会科学院出版社2019年版)

1931 年　民国二十年　辛未

一、学术背景

1 月 7 日,中共中央第六届四中全会在上海召开,共产国际代表米夫扶持王明为中央政治局委员,从而取得了中央的领导地位,提出了一系列比李立三的冒险主义还要"左"的错误路线。

1 月 9 日,中华文化教育基金董事会在上海举行年会,董事长蔡元培与董事胡适、蒋梦麟、司徒雷登等 9 人出席。

1 月 11 日,中央苏区党的第一次代表大会通过《党的建设问题决议案》。

1 月 25 日,中共中央在上海创办《党的建设》杂志。

1 月 26 日,国民政府教育部规定推行社会教育之重要措施三项,通令各省实施。

1 月 27 日,国民政府公布《教育会法》,即日施行。

1 月 31 日,国民政府颁布《危害国民紧急治罪法》,规定"以文字图画或演说为叛国之宣传者""处死刑或无期徒刑"等,并规定由军事机关审判。上海寰球图书公司、北新书局、乐群书店、华通书店等遭到国民党特务搜查,被劫走进步图书多种。

是月,话剧剧团大道社在上海成立。主要演员有郑君里等。

2 月 7 日,胡也频、柔石、殷夫、冯铿、李伟森 5 位作家在上海龙华被国民党淞沪警备司令部秘密枪杀。

2 月 10 日,王明的《两条路线》(后改称《为中共更加布尔塞维克化而斗争》)小册子正式出版,成为以王明为代表的"左"倾冒险主义的总政治纲领。

按:翌年 3 月,王明在莫斯科对《两条路线》加以修补后刊行,广为散发。

2 月 15 日,《读书杂志》发表《发刊的一个告白》。

按:《读书杂志》这名称虽然很旧,但这"旧杯"用来再装一次"新酒"是很适宜的,所以就借用了。《读书杂志》名称的创用是王念孙、王引之父子,内容完全是发表王氏父子读书的心得,而且是偏于考据的。这名称的第一度发射它的光芒,一直到现在依然在学术界里闪耀,并且还会继续它的光芒以至于永久。第一度胡适之沿用这名称虽然仅仅附着《努力周报》作昙花一现,但在学术界尽了它的时代的任务。不过其内容也是胡适之和他的几个朋友发表研究的心得,而且也只限于国学。

现在是第二次沿用这名称。我们公开这园地给一切读书的人,公共耕种,公共收获,公共享用。我们的研究,不限于一个国度,不限于学术的一个门类,不限于几个人主观的兴趣,我们希望能够适应客观的需要的一切。因此,我们的内容包括三点:第一是讨论读书的门径,第二是发表读书的心得,第三是沟通海内外各方面读书者的个人与集体的联络。

读书的方法,或者作普泛的讨论,如读书的方法,翻译的方法等;或者作专门的讨论,如政治学的研究方法,经济学派提要等;或为读书生活的过去回忆或现在的琐记;或解书,校书,译书举例等。

中国古来的学者,往往仅将由石而点成金的成绩夸示于人,而不肯传授点石成金的"指",所以在学术界里往往望着某一家的学术如海市蜃楼一般的崇高华丽,也就如海市蜃楼一般的缥缈,找不着根基与路径。师必弟子而后传,且有师于弟子而亦未必传者。所以从来学有家教,且有绝学。毛奇龄有一次正接受他的朋友和弟子们对他饱学的称誉时,他的夫人出来奚落他,说他写文章全是"獭祭",他才说明抄书并非丢脸的事,平时看不多临时也无从搬起。但没有经他的夫人道破以前,大概毛奇龄抄书还躲着人呢!日本著作等身的汉学家冈岛冠山就是得着一部肉蒲团的益,这部书给他当做经典一般的朝夕讽诵,就给他读通了汉文,虽然一个学者的成就往往是高不可攀,但路总归是有的,不会是一跃登天。我们这个篇幅贡献给各种学术的研究的人,即许各人贡献的是很小的经验,积集起来,就成为洋洋大观了。

读书的心得,或为概括的与专门的研究,或为书籍的批评,皆目前非常重要的工作。而书籍的批评尤为切要,不但可以使读者得着选择的标准,并且可使译著者加意慎重从译著的量的增多,进至质的增进。所以这项工作在国外的出版界占很重要的地位。在英若 The Nation And Athenaeum 等,在美若 New Republic 等,在德若 Deutsche Literaturzeitung 等,在法若 Nouvelles Literaires 等,都有很好的书评,在著述界却发生不小的影响。书评的作用并且还可从相互的批评增加著作界与读者的活气。凡在思想突进的时代,在思想界必然有极激烈的争辨,批评是争辨的先驱,也就是争辨的表现。中国目前是思想极复杂的时代,不过缺少诱发的导线,我们无偏袒的发表各方面的批评,来做诱发思想争斗的导线。

对于沟通海内外各方面读书者的个人与集体的联络,我们亦努力在这里尽我们能尽的责任。一方面为海外的个人与集体的研究者开辟海外通信的园地,希望海外的读书的个人与集体在这里发表他们的生活和研究的情形,并且特聘海外的学者来担负这个工作。又在读者栏中特辟读者生活的园地,读者可以尽量的发表一切,无论对于读书的生活作满与不满的叙述,或有所疑难,在读者间征求解答,或希望本志的编者与特约撰述员解答,总期海内外不相闻问的读书的个人与全体像聚议一室似的愉快。从来不但国内与国外的从事学问的人很少声气的相通,就同在一个国度留学,常常隔省不相问,国内的学者要了解国外留学界的情形,自然非常不易。就像中国学生对于日本的观念吧,非从想像中或一两个夸张的留学生中把日本看成一个天堂,就从《留东外史》一类书中把日本看成一个淫薮。并且国内不少穷而有志的青年,想出国读书,不知道应当作怎样的准备,而在国外又确有不可生活的方便方法。为着这些都很需要一个沟通声气的杂志,我们希望能够担负这个责任。

本志的包容是非常的广阔,不过在各方面做一个引导与开端而已。随着读者的需要,无论在那一方面都可以由小邦而郁成大国的,好像关于社会科学可扩为读书杂志社会科学刊,文艺可扩为读书杂志文艺刊等,本志将来是不是能与意想中的结构相符,那全视读者的努力互助的程度而定,编者的能力是有限的。

我们不主观地标榜一个固定的主张,不确定一个呆板的公式去套住一切学问。资本主义的经济学说和社会主义的经济学说一般地忠实地介绍,革命文学作家的作品和趣味文学作家的作品一样的登载。我们这里的文学,尽管各篇各有其独立不倚的主张,但我们的文学不统一于一个主张之下;我们这里尽管有思想的斗争,但编者不偏袒争斗的那一方面以定其取舍。因为我们不是宣传主张的刊物,而是介绍主张的刊物;我们这里不树立一个目标,而为读者忠实地摆出许多人们已经走过,正在走着,或正想去走的许多途径。一九三一,二,十五编者。

2月21日,中央研究院历史语言研究所在南京开考古成绩展览会,展出河南安阳殷墟遗址及山东历城等处之出土文物。

2月21—22日,中华职业教育社在苏州举行第六届专家会议。会后蔡元培、胡庶华、刘湛恩等42人联名发表宣言。

按:《宣言》提出:教育应与内政、实业等联系,使培才与用才得相济之效;减少普通学校,增设职业学校,普通中学增设职业科;小学施行职业陶冶;各级教育应于训练上厉行劳动化;确立工商保护政策。(参见中央教育科学研究所编《中国现代教育大事记1919—1949》,教育科学出版社1988年版)

2月25日,国民政府教育部公布《华侨教育会暂行规程》28条。

2月27日,毛泽东依据2月8日中共苏区中央局通告第九号《土地问题与反富农策略》的精神,以中央革命军事委员会总政治部主任的名义致函江西省苏维埃政府,确定了土地改革后农民对土地的所有权。

按:《土地问题与反富农策略》提出:"目前正是争取全国苏维埃胜利斗争中,土地国有只是宣传口号,尚未到实行的阶段";农民参加土地革命的目的,"不仅要取得土地的使用权,主要的还要取得土地的所有权""必须使广大农民在革命中取得了他们唯一热望的土地所有权"。(参见中共中央文献研究室编撰、逄先知主编《毛泽东年谱(1893—1949)》,人民出版社、中央文献出版社1993年版)

2月28日,蒋介石扣押立法院院长胡汉民,政局骤然紧张。

是月,《红旗日报》改为中共中央和中共江苏省委机关报。

是月,北平"左联"正式成立。

3月1日,中国语言文字学会在上海成立,旨在研究中国语言及文字的种类,政府公布的国语罗马文字,提倡上海等处用罗马字注音和广用注音符号。

是日,中国经济学社上海分社成立。

3月4日,国民政府查封北新书局、群众书店、江南书店和乐群书店等。

3月9日,中共中央主办的《红旗周报》在上海创刊。

3月15日,明星影片公司的故事片《歌女红牡丹》在上海新光大戏院首映,为国内最早的有声影片。

3月17日,中央国医馆在南京成立。

3月20日,国民政府会议通过西北学术考察团计划大纲,决定由政府饬令各学术机关遴派专门人员组织西北学术考察团,对西北进行为期4年的地质、生物、人种等各项学术考察。

3月26日,教育部公布《修正专科学校规程》,作为《专科学校组织法》的补充文件,其对专科学校的设立、修业年限、入学资格等方面均按照《专科学校组织法》的基本规定执行。

是月,中华工程师学会推举韦以黻、夏光宇为代表,中国工程学会推举徐恩曾、张延祥(后改为恽震)为代表,双方经过六个月的讨论,提出合并的具体办法和新会章程草案。

4月1日,蒋介石调集十八个师另三个旅共二十万人的兵力,以军政部长何应钦为陆海空军总司令南昌行营主任,采取"稳扎稳打、步步为营"的作战方针,分四路对中央革命根据地进行第二次"围剿"。

是日,上海市通志馆筹备委员会成立,市长张群兼任委员长。

4月4日,管理中英庚款董事会在南京成立。

4月5日,亚洲文化协会第一次代表大会在南京召开。会议的主要任务是"宣扬亚洲文化,发展亚洲文化"。

4月9日,山东掖县海南寺所藏中国唯一完全本北藏版藏经被焚。

4月18日,教育部颁布《民众业余运动会办法大纲》。

4月21日,闽西苏维埃政府文化委员会通过《关于目前教育问题决议案》。

按:《决议案》指出:学校教育的实施方针是共产主义的教育与目前实际斗争的教育,两者要密切地联系起来。禁止强迫教育,使儿童自动来受教育。创造革命的教员,由工农分子比较识字的来当教员,并办教员训练班。教材除详细规定儿童必需的基本知识的课程外,一切课本都要采取实际教材。关于教育经费,应坚决做到从土地税中抽出 20%,用来做学校教育基金。学校校舍和设备要力求完备。(参见中央教育科学研究所编《中国现代教育大事记 1919—1949》,教育科学出版社 1988 年版)

同日,中国水利工程学会在南京成立。

4 月 22 日,国民政府教育部颁布《学位授予法》,对学士、硕士、博士三级学位的授予条件,作了具体说明。

5 月 1 日,中国托派在上海举行统一大会,成立中国共产党列宁主义者左翼反对派,陈独秀为大会主席,作关于起草《中国共产党左派反对派纲领》的政治报告。大会选举陈独秀、彭述之、罗汉、宋逢春、陈亦谋、郑超麟、王文元、濮德志等为中央委员,陈独秀任总书记。

5 月 5 日,国民会议在南京召开,会议通过《训政时期约法》。

5 月 9 日,国民政府行政院公布《地方教育经费保障办法》14 条。

5 月 14 日,国民会议第六次会议通过设国立编译馆案。

5 月 21 日,中国经济学社理事会通过《中国经济学社论文奖金章程》。

按:该章程内容如下:一、本社为提倡经济学术研究起见,特设论文竞赛奖金,以资鼓励。二、本奖金总额暂以国币五百元为限。三、本奖金分为四奖,头奖一名,三百元;二奖一名,一百元;三奖两名,各五十元。四、论文题目可自择,但以下列各范围为限:(甲)银价及币制问题;(乙)经济政策及经济设计;(丙)劳资协调。五、论文须为作者个人研究成绩,如引用他人意见或材料,均须签注参考书籍名目及册页数目。六、论文须用国文缮写,新式标点,文言语体不拘。七、论文字数无定额,但至少须满一万字。八、与赛人应于民国二十年八月十号以前,将姓名住址及题目送交本社理事部书记(立法院经济委员会朱彬元)转交。九、论文交卷限民国二十年十月三十日,过期作为无效。十、论文竞赛评判委员会由本社理事部敦请专家组织之。(《第八届理事会第八次常会纪录》,上海市档案馆,Q264—1—372)

5 月 27 日,宁粤分裂,广州的国民党中央执、监委员会非常会议召开。

5 月 28 日,广东国民政府成立,汪精卫、唐绍仪、孙科、许崇智、古应芬为常务委员,李宗仁、唐生智、许崇智、陈济棠为军委常委。

按:汪精卫等在广州召开国民党中央执监委员非常会议,成立了以日本帝国主义为背景的"国民政府",与以美英等帝国主义为背景的南京"国民政府"相对立。

5 月 31 日,中国工农红军在毛泽东、朱德指挥下,采取集中优势兵力,各个歼灭敌人的战略方针,取得了第二次反"围剿"胜利。

是月,全苏新字母中央委员会科学会议的主席团会议批准通过了《中国拉丁化字母方案》。会议决定建立直属于全苏新字母中央委员会的汉字拉丁化专门委员会,并决议在海参崴召开中国文字拉丁化的代表大会。

是月,国际儿童大会在上海召开,中国首次派代表参加。

6 月 1 日,国民会议通过《中华民国训政时期临时约法》8 章 89 条。

按:临时约法规定:"一、三民主义为中华民国教育之根本原则。二、学校应发挥最高学术机关之机能,俾克成为文化的中心。三、课程应视国家建设之需要为依归,以收为国储才之效。四、训育应以三民主义为中心,养成德、智、体、美兼备之人格。五、设备应力求充实,并与课程训育相关联。"《中华民国训政时期约法》的颁布与施行,确立了三民主义教育宗旨的法律地位,推动了三民主义教育立法体系的构建(王美《民国时期高等教育政策嬗变研究》,东北师范大学硕士学位论文,2013 年)。

6 月 6 日,南京、上海教育界人士 300 人在中央大学举行"教师节"首次庆祝仪式。

按:创议定 6 月 6 日为教师节的是教育家邰爽秋、程其保等人。他们在发起宣言中提出,定教师节的目标有三:改良教师待遇;保障教师地位;增进教师修养。

6月15日,世界反帝大同盟中国部在巴黎出版刊物《反帝》第1期,发刊宣言提出:"反帝国主义本是全世界被压迫民族和被压迫阶级的主要口号,被压迫民族摧毁了帝国主义的枷锁才能得到民族自由,才能走向社会解放。"

6月16日,国民政府教育部公布《省市督学规程》17条,废止1929年2月公布的规程。

6月19日,国民政府任命李书华为教育部部长。

6月21日,中国测验学会在南京成立。该会以"研究各种测验理论,推进测验方法,培植测验干部"为宗旨,并出版会刊《测验杂志》。常务理事有艾伟等。

6月22日,中国共产党总书记向忠发在上海法租界被上海警备司令部侦缉队逮捕,旋即叛变。24日,向忠发被就地枪杀。

6月25日,国立北平图书馆举行落成典礼,蔡元培、蒋梦麟等2000余人出席落成典礼。

按:据中华全国图书馆协会的调查材料,此时全国有图书馆1488所。其中:国立1所,省立47所,市县立及私立普通图书馆878所,学校图书馆387所,会社图书馆38所,机关图书馆36所,专门图书馆(儿童图书馆占多数)41所。(参见中央教育科学研究所编《中国现代教育大事记1919—1949》,教育科学出版社1988年版)

是月,国民政府颁布《蒙古喇嘛寺庙监督条例》,共18条,涉及范围包括蒙古各旗及北平、沈阳、承德、五台、长安、归绥、甘肃、青海、东陵等处的喇嘛寺庙。

7月1日,国立北平图书馆正式开馆,馆长为蔡元培。

7月3日,国民政府颁布《古物保存法实施细则》,对文物考古等方面做出细致规定。

按:第一条 《古物保存法》第三条所列举各保存处所除遵照本法第四条第一项每年填表呈报外,应于本法施行后两个月内由原保存者将所有古物造具清册并分别记明古物之种类、数目、现状暨所在地及在历史或学术上之关系,连同照片一并送请中央古物保管委员会登记(前项登记应设置登记簿由原登记官署永远保存之)。第二条 私有重要古物声请登记,其声请书内应记载左列事项:(一)古物之名称数目;(二)声请登记年月日;(三)登记官署;(四)古物之照片;(五)古物在历史或学术上之关系;(六)现状;(七)保管方法;(八)登记人之姓名、籍贯、年龄、住址、职业,声请人若为法人其名称及事务所。第三条 私有古物之登记,由该管官署依《古物保存法》第五条之规定汇报中央古物保管委员会时,须照录原声请书连同古物照片一并附送。第四条 已经登记之私有古物如有移转或让与等行为,应由原主会同取得人向原主管官署声请移转登记,违者其移转行为为无效。第五条 凡私有古物已经登记者,其所有权仍属之原主,但私有古物应登记而不登记者,得按其情节之轻重施以二百元以上一千元以下之罚款,并得责令古物所有人补行登记。第六条 凡经登记之古物如有已经残损,中央古物保管委员会认为有修整之必要时,得会同原主或该管官署分别酌量修整之。其经费除由原主或该管官署担任外,得由中央古物保管委员会补助之。第七条 凡经登记之古物,倘有因残损或他种原因须改变形式或移转地点,应由原主或该管官署先行报告中央古物保管委员会,非经该会核准不得处置。第八条 凡学术机关呈请发掘古物须具备声请书,应记载左列事项:(一)古物种类;(二)古物所在地;(三)发掘时期;(四)发掘古物之原因;(五)学术机关之名称;(六)预定发掘之计划。第九条 依《古物保存法》第七条,发现之古物应由中央古物保管委员会核定其保存办法,并呈报行政院备案。第十条 前条发现之古物经核定保存办法后,由中央古物保管委员会登记之。第十一条 监察采掘古物人员应将下列各事:(一)采掘古物之数量;(二)古物名称;(三)发掘年月日;(四)古物所在地;(五)采掘所得之古物现存何处;(六)已否采掘完毕,分别列表呈报中央古物保管委员会备核(前项表式由中央古物保管委员会定之)。第十二条 采掘古物不得损毁古代建筑物、雕刻、塑像、碑文及其他附属地面上之古物、遗物或减少其价值。第十三条 凡外国人民无论用何种名称,不得在中国境内采掘古物,但外国学术团体或私人对于中国学术机关发掘古物如有经济上之协助,该学术机关报告中央古物保管委员会核准后得承受之。第十四条 古物之流通以国内为限,如擅自输出国外,其情节系违反《古物保存法》第十三条之规定者,得按其情节之轻重,施以五百元以上三千元以下之罚款。第十五条 凡名胜古迹古物应永远保存之,但依土地征收法应征收时,由该管官署呈由内政部核办,并分报中央保管委员会备查。第十六条 违反本细则第一条第一项之规定,故意不依限登记原保存处所之保存者,应受相当之处分。第十七条 各省市县政府得酌地方情形组织古物保存委员会及其保护古物办法,报经中央古物保管委员会核准后施行。第十八条 关于古物之登记、保护、奖励、采掘各规则及登记簿册样由中央古物保管委员会定之。第十九条 本细则自公布之日施行。(徐玲《留学生与中国考古学》附录,南开大学出版社2009年版)

7月6日,国民政府公布《修正教育部组织法》。

7月8日,国民政府与美国政府在上海签订《美麦借款合同》。

同日,闽西苏维埃政府常委会通过《闽西各县、区文委联席会决议案》。

按:《决议案》提出:按农村实际情形,学校一年分三学期,要加紧宣传文化教育的重要性,提高学生学习兴趣,动员劳动人民子弟入学,反对无故缺课。每区一所高级劳动小学,大区应办两所。有初小学校的地方,即须开办夜校,指导员负责教授,夜校教法可以采取讨论研究方式。每区要建一个模范俱乐部。健全各级文委工作。(参见中央教育科学研究所编《中国现代教育大事记1919—1949》,教育科学出版社1988年版)

7月18日,国民政府教育部发出通令:为提倡道德,各校悬挂匾额,其文字为横列"忠孝仁爱信义和平"八字,一律蓝地白字,"以资启迪"。

7月20日,教育部颁布《民众学校常识教材要点》。

7月22日,国民政府教育部通令禁止学生干涉校政,攻讦学校当局。

按:令称:今后果于校中兴革事宜,有关学业者,确有所见,可向校长陈请,越级呈部,概不受理。(参见中央教育科学研究所编《中国现代教育大事记1919—1949》,教育科学出版社1988年版)

7月27日,国民政府教育部公布全国已立案之私立大学及学院名单,共22校。

7月30日,国民党中央常会通过《审查党义教师资格条例》,系统、全面地规定和说明了党义教育请求检定或者申请免查的流程、条件以及党义教师资格取消的相关内容。

是月,蒋介石调集30万兵力并亲任总司令,又对中央苏区发动了第三次"围剿"。

8月1日,国民政府颁布维护寺产训令,申明以后再有侵夺寺产者,依照法律办理。

8月1—2日,全国职业教育讨论会在镇江举行第九届年会,讨论职业教育设施标准及青年出路问题。

8月4日,国民党中央训练部检送《各级学校党义教师及训育主任工作大纲》,对专门以上学校的党义教师工作任务作了规定。

8月6日,陈独秀起草并发表《中国共产党左派反对派告民众书》,声讨国民党统治4年来的种种罪行。

8月11日,国民政府教育部发布《各级学校党义教师及训育主任工作大纲》及《党义教师及训育主任工作成绩考核办法》。

同日,教育部训令各地搜集边疆史地材料。

8月18日,国民政府教育部批准中华慈幼协济会3月7日所报请定4月4日为儿童节的呈文及该会所拟《儿童节纪念办法意见书》,本日通令各省市县教育厅局,明定4月4日为儿童节,并照附发《儿童节纪念办法》施行。

按:中华慈幼协济会请明定儿童节的旨意为:"鼓舞儿童兴趣,启发儿童爱群爱国爱家庭之心理,并唤起社会注意慈幼事业。"1932年4月4日,全国二十多个城市举行首届儿童节纪念活动。(参见中央教育科学研究所编《中国现代教育大事记1919—1949》,教育科学出版社1988年版)

8月27日,中华工程师学会(原中华工程师会)与中国工程学会在南京举行联合年会,决定两会合并为"中国工程师学会"。总会设于南京。韦以黻当选为会长,胡庶华为副会长。

按:会议议定以最初组织中华工程师学会的1912年为中国工程师学会创始之年,并拟定宣言:"今后本会同人,当一致努力,将以前两会固有之精神,发扬而光大之,务使本会成为中华民族工程技术之总集合,以适应训政及宪政时期物质建设之要需,并备我国政府与民众平时及非常时期之驱策。本会既负有如是重大之使命,故不仅在工程同志之联络,尤在研究与促进工程学术,使我国亦随世界之进化而具进。且不仅在适应我国环境,解决本身之一切物质建设问题,尤当对于世界上工程学术,有所贡献,以增进全世界人类之福利。旨趣既定,自当黾勉以赴,藉副全国同胞之期望,唯工程界同志,能完成其应尽之义务,固赖其自身之努力与团结,然亦多赖政府及社会之促进与扶助。凡一切关于工程事业重要问题之研究,均有赖于政府拨款或各界资助,以促成之。庶我国工程学术与事业,日益进展,而总理事业计划亦得于最短期间,以最经济之方法,见诸实施。"(《中国工程师学会宣言》,《中国工程师学会会务月刊》1931年第1期)

8月31日,国民政府教育部公布《教育部督学规程》17条。

是月,学术界关于中国社会性质的论战激烈,并发展为中国社会史的论战。

是月,《现代学术》创刊,发表《发刊词》。

按:发刊词说:我们承认学术是世界的公产,各民族虽然对此公产,可为特殊的贡献,但一经贡献出来之后,即成世界的公产,任何民族欲得此公产,只须相当的代价,即能将这公产搬到他自己的家里来。

我们不独承认学术是世界的公产,同时我们又承认一民族的文化的进步,与其仅仗自己的努力,不若吸收他人的贡献,来得收效速而成功大,稍治文化史的人,类能知道这条文化演进的铁则,依照这条铁则来论,无论什么民族的文化的进步,都靠着异种文化的接触与交益,唯在异种文化的接触与交益之中,一民族的文化,才能呈显其突飞猛进的速率;反之,则其文化,必呈显其停滞呆钝的状态。

中国的门户自从大辟之后,直到今日为止,思想界终受两个倾向的支配:(一)是前进的去吸取世界的学术文化,(二)是退守的自满于所谓中国的固有的文化,在今日中国最足以阻碍进步的,便是第二个倾向,其最大的谬误,便是承认抛弃固有的文化,即为危亡中国民族的行为;殊不知现代的知识告诉我们,任何一国民族的文化,莫不因有外来成分,同时一民族的生存,决不因吸收外来的文化而趋于灭亡,所以这种抱残守缺的态度,为我们所不取,我们以为中国除赓续不辍向前迈进,吸收世界学术文化之外,民族必日趋于萎靡不振之域。

当然,世界学术文化的输入,在中国也有相当的历史。可是与世界的水准作一比较,那我们中国已往的努力,还是沧海之一粟,我们敢于大胆地说,中国已往的努力,仅仅输入了"大纲"式"概论"性的一批课本,真正的学术,简直还说不上。

历史上的所谓名著,翻译的没有百分之几;现代学术界的著作,也只限于课本一流的书籍,总算译了一些。知识既只限于教科书知识,何怪中国人的缺乏批评眼光,与深刻识力;何怪中国人的不能成为民族国家的健全国民?我们的使命,是在使这中国历来输入世界文化的努力,变为更有意识的运动,(一)以加速其进行;(二)以使我们的要求深刻化,而不以"大纲"式,"概论"性的知识为满足;(三)以指示现代学术文化的新朝向;(四)以批判我国人因知识浅薄而致成的思想与生活方式的谬误;(五)以积极的态度,对于现代中国的政治、社会、经济、教育种种方面,尽其贡献之责。

所以我们这个刊物,虽纯粹是学术性质的,但绝不与整个的现实社会隔离,现实社会生活的主要支配者,是政治;欲与现实社会不隔离,在常人便以为必须参预实际政治的活动,可是我们的见解,恰恰和此相反。我们的不与现实隔离,并不即是投身到实际政治舞台上去,乃是欲在纯客观的立场上,做我们学术文化的探讨工作,然后间接地影响现实社会与实际政治的活动,我们以为真正学术运动,最好不参预现实政治的活动,唯于在这样有条件之下才能保持我们冷静的态度,审慎而爱真理的精神,实际的政治活动,让那些舞台上的角色去担任,我们只尽剧作家与导演的责任,他们所着重的是表演,我们着重的是思想和研究,所以我们的不和现实社会隔离,绝不是盲目的或感情的,或任意参预现实社会与实际政治活动,乃是凭我们学术探讨的结果,间接的去影响现实社会政治的活动。

因此我们的态度,是纯客观的;成见是我们所痛恶的,讨论是我们所爱好的,我们果然以指导现在中国的学术为其职责,但同时我们也希望中国的学术界给我们批判和指导,我们相信一切学术的进步,与真理的发见,皆以自由批评与讨论为法则。我们探讨的范围是很广的,不论政治、经济、法制、哲学、文化领域以内的种种问题,都是我们研究的对象,他如文化与经济上的种种建设,劳工生活,以及一切社会生活改善,也是我们所尽其贡献的方面。

我们自信能力有限,所以希望海内同志,给我们援助。

9月1日,中央航空学校在杭州成立。

9月2日,上海市通志馆筹委会在《申报》刊登启事,征集上海地方史料。

9月3日,国民党中央第157次常务会议通过《三民主义教育实施原则》,使三民主义教育方针更加具体化。

按:国民党第三届中央执行委员会通过的《三民主义教育实施原则》中提出的社会教育目标是:(1)提高民众知识,使具备现代都市及农村生活的常识。(2)增进民众职业知能,以改善家庭经济,并增加社会生产力。(3)训练民众熟悉四权,实行自治,并陶铸其忠孝仁爱信义和平之国民道德,以养成三民主义下的公民。(4)注重国民体育及公共娱乐,以养成其健全的身心。(5)培养社会教育的干部人才,以发展社会教育事业。

9月12日,中华全国道路建设协会在上海举办全国首次路市展览会,主要展出各种汽车及其他机械。

9月15日,中国工农红军在毛泽东、朱德指挥下,仍采取"诱敌深入""避敌主力,打其虚弱"的战略方针,粉碎了国民党军的第三次"围剿"。

按:毛泽东后来在《中国革命战争的战略问题》一文中总结说:"等到战胜敌人的第三次'围剿',于是全部红军作战的原则就形成了。"第三次反"围剿"胜利后,赣南、闽西两块革命根据地连成一片,中央革命根据地进一步扩大,包括二十一个县,二百五十万人口,进入了全盛时期。(参见中共中央文献研究室编撰、逄先知主编《毛泽东年谱(1893—1949)》,人民出版社、中央文献出版社1993年版)

同日,国民政府教育部公布《教育会法施行细则》。

9月中旬,因陈绍禹(王明)决定去莫斯科担任中共驻共产国际代表,周恩来将赴中央苏区工作,根据共产国际远东局的提议,由秦邦宪(博古)负总责的中共临时中央政治局在上海成立,得到共产国际批准。

按:临时中央政治局号召全党同下层小资产阶级群众结成抗日反蒋统一战线,开展抗日反蒋的武装斗争。但由于博古继续推行王明的"左"倾冒险主义政策,对当时的抗日民主运动未能给以正确的领导。(参见秦淑贞、盛继红编《中国共产党大事记》,中国人民大学出版社1991年版;中共中央文献研究室编撰、逄先知主编《毛泽东年谱(1893—1949)》,人民出版社、中央文献出版社1993年版)

9月18日,日本关东军制造"柳条湖事件","九一八"事变爆发。张学良东北军奉行蒋介石"不抵抗"命令,使日军很快占领辽宁、吉林、黑龙江三省。"九一八"事变激起全国人民抗日怒潮。

9月20日,中共中央发表《为日本帝国主义强暴占领东三省事件宣言》,揭露了日本帝国主义发动"九一八"事变的根源,表明了坚决反对日本帝国主义侵略的鲜明立场。同日,中华苏维埃共和国中央工农革命委员会发表了《关于反对日本帝国主义强占满洲的宣言》。

9月下旬,"九一八"事变发生后,全国各地教育界抗日救国运动风起云涌。

按:北平各大学召开紧急会议,致电国民政府要求"对日宣战",指责"不抵抗主义,洵属可耻",师生组织宣传队到工厂农村宣传抗日。上海大学校长发表谈话,大中学生纷纷成立抗日救国会等组织,派代表赴京请愿。南京学生冒雨赴国民党中央党部及外交部请愿。天津南开中学组织刻苦团,北京清华大学实行军营化,停课实施军事训练。(参见中央教育科学研究所编《中国现代教育大事记1919—1949》,教育科学出版社1988年版)

9月23日,湘鄂赣省工农苏维埃第一次代表大会通过《文化问题决议案》,明确规定苏区文化工作的任务和意义。

按:这个文件是指导苏区文化建设的重要文件,它是土地革命初期中国共产党文化建设理论的一个阶段性的成果,在中共的历史上,它第一次比较明确地提出了党进行文化建设的目的、指导方针及具体内容。《决议案》指出:第一,为使苏维埃政权得到巩固的社会基础,必须铲除旧社会遗留下来的一切旧道德、宗教、风俗、封建教育和礼教,建立工农阶级的各种文化事业。第二,文化工作具有重要的阶级斗争意义,在苏区进行马克思列宁主义及一切无产阶级革命理论的教育,提高群众的政治认识,加强群众的阶级意识,深入开展阶级斗争,发动人民起来与反动军阀和国民党的反动统治作斗争。第三,使人民群众享受文化娱乐,使人民知道和相信苏维埃政府是他们自己的政府,是为人民谋利益的,并培养大批干部到苏维埃政府来工作。第四,反对帝国主义的文化侵略,取消一切教会学校,收回教育权。第五,注意对苏联社会文化活动情形以及苏联文化建设的介绍,使苏区群众了解苏联人民实际生活的状况,在完成中国民权革命的任务之下,努力争取苏区文化向社会主义的道路上前进(周韬《南京国民政府文化建设研究(1927—1949)》,湖南师范大学博士论文,2008年)。

同日,教育部公布《教育部督学办事细则》16条。

9月24日,沈阳《四库全书》被日本人劫去。

同日,陈独秀为中国共产党左派反对派执行委员会起草并发表《为日本帝国主义侵占满洲告民众书》,谴责国民党政府的"不抵抗主义"。

9月25日,国民政府教育部规定学生救国运动要点七项。其中规定:"学生应努力学业不得罢课""力戒浪漫逸乐""学生一切行动应遵中央意旨,遵守中央及政府颁定法规"。

9月26日,中国文字拉丁化第一次代表大会在海参崴举行,参加会议的有来自远东地区和东西伯利亚边区各地的代表87人,其中工人27人、职员42人、学生17人、集体农庄庄员1人,代表了远东地区各种不同观点的中国劳动者阶层。林伯渠在开幕式上发言。大会通过了主要由瞿秋白拟定的《中国的拉丁化新文字方案》,还确立了名为《中国汉字拉丁化的原则和规则》的大会章程。

按:《中国拉丁化新文字的原则》:(一)大会认为中国汉字是古代与封建社会的产物,已变成了统治阶级压迫劳苦群众工具之一,实为广大人民识字的障碍,已不适合于现在的时代。(二)要根本废除象形文字,以纯粹的拼音文字来代替它。并反对用象形文字的笔画来拼音或注音。如日本的假名,高丽的拼音,中国的注音字母等等的改良办法。(三)要造成真正通俗化,劳动大众化的文字。(四)要采取合于现代科学要求的文字。(五)要注重国际化的意义。(六)大会认为要达到以上目的,只有采用拉丁字母,使汉字拉丁化,才有可能。也只有这样才能发展形式是民族的,而内容是国际社会主义的中国工人及劳动者的文化。(七)中国旧有的"文言",是中国统治阶级的言语,它和劳动群众的活泼言语是隔离的,学习文言的困难并不少于学习汉字本身。这种特权的言语,成了中国劳动群众普遍识字的"万里长城"。所以为实现中国汉字拉丁化的文字革命斗争,同时也是为接近于劳动群众,使劳动群众明白了解底新的言文一致的文学革命斗争。(八)代表大会反对那种对于拉丁化的自由派资产阶级的态度,说:拉丁化只是初级教育的工具,以后,仍是要教授汉字及文言文。大会认为拉丁化的中国文字和中国劳动群众的口头语,不仅有发表政治的、科学的、技术的思想之可能,而且也只有中国文字拉丁化,只有中国劳动群众口头语之书面的文字底形成,才能使他们的言文有发展的可能。(九)大会反对资产阶级的所谓"统一国语运动"。所以不能以某一个地方的口音作为全国标准音。中国各地的发音,大概可以分为五大种类:(1)北方口音,(2)广东口音,(3)福建口音,(4)江浙一部分的口音,(5)湖南及江西的一部分口音。这些地方的口音,都要使他们各有不同的拼法来发展各地的文化。因为现在住在苏联远东的中国工人,大多数是北方人,所以现在先用北方口音作标准来编辑教本和字典,以后再进行其他地方口音作标准的编辑工作。(十)大会认为有些不正确的说话,或翻译的意思不恰当,尤其是在苏联远东的中国工人,特别错误的厉害,而且有些腐旧的不好的意思。例如"合作社"叫做"官小铺";交会费叫做"打捐"等等。都必须在拉丁化的过程中,加以纠正和改进,来建设新的文字与文化。(十一)同时,大会认为只有拉丁化,才是国际革命的、政治的、科学的及技术的各种术语有机的灌输到中国言语中的一条容易的道路。大会在这方面反对两种倾向,即:反对不需要借用外国语的资产阶级民族主义的理论;同时反对那些认为即刻要把中国一切革命的、政治的、科学的及技术的术语,一律以国际的字来代替的"左"的主张。(十二)大会认为语言文字是随着社会的经济政治的发展而发展的。它当然要有人力的推动,但它也有必经的过程和步骤。因此实行新文字并不是立刻废除汉字,而是逐渐把新文字推行到大众生活中间去,到了适当的时候,才能取消汉字。所以那些认为中国文字的拉丁化一般的是不可能的,或者说在现在不可能的观点,及那些认为在拉丁化文字未深入到群众之前,应该即刻把汉字一律废除的观点,都是不正确的。(十三)因为拉丁化的出发点,在于根据劳动者生活的语言,所以研究中国方言的工作,在文化政治的意义上,有第一等的重要。大会认为在各方面来研究中国的方言,广大地来发展这个研究工作,是非常必要的。大会的代表们一致宣布为文化建设的突击队员,为中国文字革命而奋斗,为世界文化革命而奋斗。(刘福春、李广良编著《回读百年:20世纪中国社会人文论争》第2卷,大象出版社1999年版)

是日,我国留日学生代表在东京集会,议决全体回国参加抗日。

9月28日,南京学生向政府请愿,要求政府抗日,捣毁外交部,打伤外交部长王正廷。

9月29日,中国文字拉丁化第一次代表大会闭幕,选出由29名委员和10名候补委员组成的远东边区新字母委员会。

按:本次会议内容有全苏新字母中央委员会的报告,报告人M. M. 阿勃拉姆孙;有关于字母方案的报告,分别由龙果夫报告字母方案的原则,吴玉章报告正字法规则,史萍青报告拉丁化的汉语文学语言。大会对正字法作了修改,作出了《中国文字拉丁化的原则和规则》的规定。在闭幕会上,由萧三作了题为《在苏联的中国劳动者的文化革命问题》的报告。远东边区新字母委员会选举了王湘宝(刘长胜)为副主席和主席团中国部主席。委员会的骨干有王昌希(刘长胜回国后,继任主席团中国部主席)、李唐彬(沿海地区新字母委员会主席)、林伯渠、萧三、吴玉章、张成功(海参崴新字母委员会主席)、周松源(新字母教科书编辑者),以及几位苏联汉学家。这个委员会设在伯力。拉丁化新文字在中国文字拉丁化第一次代表大会上产生后,就由远东边区新字母委员会在侨苏的10万中国工人中推行,作为扫盲和普及教育的工具。由于新闻封锁,这些情况国内都不知道。报纸上曾登过一则外国通讯社的电讯,有一家杂志上也登过一段补白,只说在苏联出现了一种中国话的新的拼音方案,详情不得而知。(费锦昌编著《中国语文现代化百年记事(1892—1995)》,语文出版社1997年版)

9月30日,国民政府教育部令发《华侨教育基金募集办法》《华侨教育基金捐募奖励办法》及《华侨教育基金管理委员会组织条例》。

10月2日,上海邮务、出版、卷烟等百余工会决定召开抗日救国代表大会。

是日,中国社会科学研究会召开第三次代表大会,出席的分会有五十多个,中国文化总同盟及社会科学家联盟均有代表列席,并有详细政治报告。

按:所有重大议题,如拥护革命政权,扩大反帝运动,普及新兴社会科学,加强文化斗争等,均获讨论通过。并决定今后半年的工作计划,拟扩大组织至数千人。(参见鲁迅博物馆、鲁迅研究室编《鲁迅年谱》,人民文学出版社1981年版)

10月7日,内政部公布《出版法施行细则》。

按:《出版法施行细则》(一九三一年十月七日国民政府内政部公布)

第一条　内政部与中央党部宣传部,为依据出版法办理出版品之登记及审查,特订定本施行细则。

第二条　下列性质之文书、图书,均属有关党义、党务事项之出版品,适用出版法第七条、第十三条及第十五条之规定。一、引用或阐发中国国民党党义者;二、记载有关中国国民党党义、党务或党史者;三、所载未直接涉及中国国民党党义、党务、党史,但与中国国民党党义、党务、党史有理论上或实际上之关系者;四、涉及中国国民党主义或政纲、政策之实际推行者。

第三条　新闻纸或杂志发行人,依照出版法第七条之规定,声请登记时,应照规定格式填具声请书及各项登记表,呈由发行所所在地之省政府或隶属于行政院之市政府,向内政部声请登记。声请登记之新闻纸或杂志,并应依照同条第三项办理者,其发行人并应另具声请书及登记表各一份,呈由该省省党部或特别市党部,向中央党部宣传部声请登记。

第四条　各省政府或隶属于行政院之市政府,对于依照出版法第七条规定之声请事项,应于接到声请登记文件后五日内,拟具初审意见,转向内政部声请登记。声请登记之新闻纸或杂志,并应依照同条第三项之规定办理者,省党部或特别市党部与省政府或隶属于行政院之市政府,应先会同拟具初审意见,于接到声请登记文件七日内,分别转向中央党部宣传部及内政部声请登记。

第五条　各省政府或隶属于行政院之市政府与各省党部或特别市党部,对于依照出版法第七条第三项规定之声请事项,如审核时双方意见未能一致,应各将所拟意见及理由与根据,分呈内政部及中央党部宣传部。

第六条　内政部对于依照出版法第七条规定之声请事项,自行审核之。声请登记之新闻纸或杂志,并应依照同条第三项之规定办理者,应送中央党部宣传部并案审核之。

第七条　中央党部宣传部对于依照出版法第七条第三项规定之声请事项审核完竣后,除自行批复外,并将审核意见连同内政部所送并案审核之同项案件,送还内政部办理之。

第八条　内政部对于依照出版法第七条规定之声请事项,于核准后填发登记证。声请登记之新闻纸或杂志,并应依照出版法第七条第三项之规定办理者,其登记证由中央党部宣传部及内政部分别填制。中央党部宣传部填制之登记证,送由内政部合并发给之。

第九条　登记证如有遗失或损坏时,其发行人除应登报声明作废外,并呈请原发给机关补发之。

第十条　书籍之著作人或发行人,应以稿本呈送内政部声请许可出版,此项声请须以书面陈明下款事项。一、名称及内容概要;二、稿本页数及其附件;三、著作人或发行人之姓名、住所。书籍之有关党义、党务者,应以稿本依前项手续径向中央宣传部声请之。

第十一条　未经许可出版而擅行出版之书籍,概行扣押。若其内容有违反出版法第十九条或第二十一条之规定者,照出版法第三十五条或第三十六条处罚。

第十二条　凡经许可出版之书籍,于发行时仍应依照出版法第十五条及第十六条之规定办理之。

第十三条　凡经许可出版之书籍,如有所增补或修正,其著作人或发行人应向原许可机关陈明,经核准后方得印行。

第十四条　有关党义、党务出版品审核之标准,除依照出版法第四章各条规定者外,并适用中央关于出版品之各项决议。

第十五条　内政部依照出版法第二十三条之规定,对于有关党义、党务之出版品,执行警告、禁止、扣押或退还等行政处分之前,应送经中央党部宣传部审核。

第十六条　有关党义、党务出版品之应纠正者,由中央党部宣传部直接或转饬所属办理之。

第十七条　凡应经内政部纠正之书籍,应于修正后以二份寄送中央党部宣传部,一份寄送内政部备查。

第十八条　凡经许可出版之书籍,如出版后与核准之原稿不符,内政部得予以禁止或扣押之处分。

第十九条　新闻纸或杂志之发行人,不以新闻纸或杂志寄送于出版法第十三条所规定之任何一机关者,应以违反该条论,准用出版法第三十一条之规定处罚之。

第二十条　书籍或其他出版品之发行人,不以书籍或其他出版品寄送于出版法第十五条所规定之任何一机关者,应以违反该条之规定论,准用出版法第三十三条之规定处罚之。

第二十一条　有关党义、党务之出版品,其所载事项,如违反中央关于出版品各项决议时,准用出版法第三十四条及第二十五条规定之处分,分别处罚之。

第二十二条　出版品由各级党部发行者,准用出版法第六条之规定,以二份送中央党部宣传部及内政部。

第二十三条　有关政治之传单或标语,由各级党部或官署发行者,得免除出版法第十八条规定之手续。

第二十四条　本细则如有未尽事宜,由内政部与中央党部宣传部会同修正之。

第二十五条　本细则自公布日施行。(叶再生《中国近代现代出版通史》第二卷附录,华文出版社2002年版)

10月7日,国民政府教育部通令发布《中央告全国学生书》,一方面承认学生有"舍身为国之精神",另一方面恐吓学生不要罢课,称"若见于国家有害者,则职责所在,不容姑息"。

10月14日,因"九一八"事变,辽宁、吉林、黑龙江三省学生豁免、减免学杂费一学期。

10月16日,上海《申报》载,日本为侵占我国东三省,到"九一八"事变时,在东三省共设立了学校899所。

10月17日,国民政府教育部转发国民党中央执委会制定的《学生义勇军教育纲要》9条。

10月21日,第四次太平洋国际学会在上海召开,中国、澳大利亚、英国、日本等9个国家代表131人出席会议。

10月23日,中国新闻学研究会在上海成立。

是月,国民政府教育部令饬各级学校:为应目前需要,每周加临时课专讲日本帝国主义侵略中国史。

是月,2300百余名留日学生络绎归国。国民政府教育部令京沪各大学收容留日归国学生。

是月,东北抗日义勇军开始出现。

是月,教育部颁布《修正市县文献委员会组织大纲》。

11月1—5日,中央苏区第一次党代会在江西瑞金举行,会议强调要集中火力反右倾,并开始排挤毛泽东在中央苏区对红军的领导。

11月3日,全国学生抗日救国联合会代表大会在南京召开。

11月7—20日,中华苏维埃第一次全国代表大会在江西瑞金召开,通过《中华苏维埃共和国宪法大纲》《土地法》《劳动法》以及军事、财经、文教等决议,宣告中华苏维埃共和国临时中央政府成立,选举毛泽东、周恩来、朱德等63人组成中央执行委员会,毛泽东为主席,张国焘、项英为副主席,朱德为红军总司令。

按:《中华苏维埃共和国宪法大纲》中规定:"中国苏维埃政权承认中国境内少数民族的自决权……蒙、回、藏、苗、黎、高丽人等,凡是居住中国地域内的,他们有完全自决权:加入或脱离中国苏维埃联邦,或建立自己的自治区域。中国苏维埃政权在现在要努力帮助这些弱小民族脱离帝国主义、国民党、军阀、王公、喇嘛、土司等的压迫统治,而得到完全的自由自主。"(中共中央统战部编《民族问题文献汇编》,中共中

央党校出版社 1991 年版）

按：中华苏维埃工农兵第一次全国代表大会发表的《宣言》中提出："工农劳苦群众,不论男子和女子,在社会、经济、政治和教育上,完全享有同等的权利和义务。""一切工农劳苦群众及其子弟,有享受国家免费教育之权,教育事业之权归苏维埃掌管,取消一切麻醉人民的封建的、宗教的和国民党的三民主义的教育。"还规定"政权组织、教育机关与宗教事业绝对分离"。（参见中央教育科学研究所编《中国现代教育大事记 1919—1949》,教育科学出版社 1988 年版）

11 月 8 日,据国民政府教育部公报公布,民国 16 年以来三四年间,民众教育书刊、课本至本年已达 1040 种。

11 月 9 日,吴道南等发起成立中华民国国民救国会,以"对外反对侵略,对内促进民主政治"为宗旨。

11 月 12 日,中国国民党第四次全国代表大会分别在南京、广州、上海举行。

11 月 15 日,"左联"执委会通过《中国无产阶级革命文学的新任务》的决议,要求加强文学领域反帝、反封建、反国民党反动派的斗争。

按：中国无产阶级革命文学最重要的当前任务,在原则上可以归纳为下列的六项:1. 在文学的领域内,加紧反帝国主义的工作;加紧反对帝国主义战争,特别是进攻苏联与瓜分中国的帝国主义战争的工作。2. 在文学的领域内,加紧反对豪绅地主资产阶级军阀国民党的政权;反对军阀混战,特别是进攻苏维埃红军的战争。3. 在文学的领域内,宣传苏维埃革命以及煽动与组织为苏维埃政权的一切斗争。4. 组织工农兵通信员运动,壁报运动,及其他的工人农民的文化组织;并由此促成无产阶级出身的作家与指导者之产生,扩大无产阶级革命文学在工农大众间的影响。5. 参加苏维埃政权下以及非苏维埃区域内一切劳苦大众的文化教育工作,帮助工农劳苦大众日常经济的政治的斗争之文字上的宣传与鼓动。6. 反对民族主义,法西斯主义,取消派,以及一切反革命的思想和文学;反对统治阶级文化上的恐怖手段与欺骗政策。（《文学导报》1931 年第 1 卷第 8 期）

11 月 17 日,国民党第四次全国代表大会通过《依据训政时期约法关于国民教育之规定确定其实施方针案》,强调"确立三民主义之信仰,实救国救民之唯一根本"。

11 月 25 日,中华苏维埃共和国中央执行委员会任命朱德、王稼祥、彭德怀、周恩来、贺龙、毛泽东等 15 人为中央革命军事委员会(简称中革军委)委员,朱德为主席,王稼祥、彭德怀为副主席。

是日,中央军事政治学校在江西瑞金建立,叶剑英任校长,邓萍任教育长,刘畴西为政治部主任,左权、郭化若、冯达飞等人先后担任教官。

11 月 30 日,顾维钧就任国民党政府外交部长,举行宣誓,蒋介石发表演说,宣称"攘外必先安内,统一方能御侮"。

是月,日军派土肥原等劫持在天津的原清朝皇帝溥仪乘舰赴大连。

12 月 10 日,"国际联盟"派李顿(英人)为首的"调查团"来华,调查日军侵占我东北事件。

12 月 13 日,中国社会教育社在江苏无锡成立,以"研究社会教育学术,促进社会教育事业"为宗旨,发起人有俞庆棠、赵冕、甘豫源、李蒸、陈礼江、高阳、郑宗海、孟宪承、董润之等,常务理事有梁漱溟、俞庆棠、赵冕等。

按：《中国社会教育社社章》中规定该社的工作:(1)调查并报告社会教育之研究及推行状况;(2)研究社会教育之重要问题;(3)谋各处各项社会教育研究及试验工作之互相联络;(4)协助各机关团体或个人从事社会教育之研究及推行;(5)宣传社会教育之重要;(6)于推行事业之必要时,联络各地同志为一致之努力;(7)举办社会教育事业;(8)出版社会教育刊物;(9)介绍社会教育人才;(10)联络外国社会教育机

关团体及学者;(11)其他依照宗旨应进行之工作。(毛仲英编《俞庆棠教育论著选》,人民教育出版社1992年版)

12月15日,国民党中央执委会决议蒋介石第二次下野,被迫辞去国民政府主席及行政院长职务,林森任国民政府主席,孙科任行政院长。

12月17日,北平、天津、上海等地学生代表与南京学生共约3万多人,在南京举行联合大示威,要求国民政府对日宣战,抗议镇压学生爱国运动,遭到军警的逮捕和屠杀。

12月18日,国民政府又电令各地军政当局紧急处置请愿事件。

12月19日,上海文化界夏丏尊、周建人、胡愈之、丁玲、郁达夫等20余人发起成立文化界反帝抗日同盟,其任务是"团结全国文化界,作反帝抗日之文化运动及联络国际反帝组织"。

12月22日,国民党宁、沪(汪派)、粤三方在南京联合召开四届一中全会,宣告该党统一,并改组国民政府。选举林森为国民政府主席,孙科为行政院院长。

12月23日,国民政府教育部公布《教育部奖状规程》8条。

按:其中规定:教育部奖状分学术奖状、艺术奖状、教育奖状三种,分别授予对于学术、艺术有特殊贡献者和从事教育有确实成绩或特殊贡献者。(参见中央教育科学研究所编《中国现代教育大事记1919—1949》,教育科学出版社1988年版)

12月27日,国民政府考试院公布《高等考试教育行政人员考试条例》及《普通考试教育行政人员考试条例》各6条。

12月30日,国民政府任命朱家骅为教育部部长。

是月,国民政府教育部出版的《教育部公报》公布国立、省立、私立(已立案)大学及独立学院一览表。

按:计有:国立17校:中央大学、北平大学、北京大学、北平师范大学、清华大学、中山大学、浙江大学、武汉大学、劳动大学、暨南大学、同济大学、青岛大学、交通大学、北洋工学院、四川大学、广东法科学院、中法国立工学院。

省立20校:东北大学、安徽大学、湖南大学、山西大学、广西大学、东陆大学、河南大学、吉林大学、锦州交通大学、甘肃学院、河北法商学院、河北工业学院、河北女子师范学院、河北农学院、河北医学院、山西法学院、山西教育学院、江苏教育学院、湖北教育学院、新疆俄文法政学院。

私立31校:厦门大学(1928.3)、金陵大学(1928.9)、大同大学(1928.9)、复旦大学(1928.10)、沪江大学(1929.3)、光华大学(1929.5)、大夏大学(1929.5)、燕京大学(1929.6)、南开大学(1929.6)、东吴大学(1929.7)、武昌中华大学(1929.12)、协和医学院(1930.5)、中国公学(1930.6)、上海法政学院(1930.6)、岭南大学(1930.7)、南通学院(1930.8)、中国学院(1930.10)、朝阳学院(1930.11)、金陵女子文理学院(1930.12)、上海法学院(1930.12)、福建协和学院(1931.1)、广东国民大学(1931.6)、之江文理学院(1931.7)、持志学院(1931.7)、辅仁大学(1931.8)、民国学院(1931.8)、华北学院(1931.8)、中法大学(1931.12)、齐鲁大学(1931.12)、武昌华中大学(1931.12)、湘雅医学院(1931.12)。(参见中央教育科学研究所编《中国现代教育大事记1919—1949》,教育科学出版社1988年版)

是月,国民政府《教育部公报》公布国立、省立、私立(已立案)专科学校一览表。

按:计有,国立2校:杭州艺术专科学校、国立音乐专科学校。

省立13校:广东工业专科学校、山西农业专科学校、山西工业专科学校、山西商业专科学校、江西农艺专科学校、江西工业专科学校、江西医学专科学校、江西法政专门学校、察哈尔农业专科学校、广西公立法政专门学校、云南公立法政专门学校、浙江医药专科学校、河北水产专科学校。

私立7校:内为立案年月。无锡国学专修学校(1928.9)、武昌文华图书馆学专科学校(1929.8)、广州法政专门学校(1929.12)、武昌艺术专科学校(1930.7)、福建法政专门学校(1931.1)、东亚体育专科学校(1931.8)、上海美术专科学校(1931.12暂准)。

各部会设立类似专科性质者4校：北平盐务学校、北平税务学校、吴淞商船学校、北平警官高等学校。(参见中央教育科学研究所编《中国现代教育大事记1919—1949》，教育科学出版社1988年版)

是年，国民政府任命一批大学校长。其中有：沈尹默任国立北平大学校长，徐炳昶任国立北平师范大学校长，梅贻琦任国立清华大学校长。

是年，北京大学与中华教育文化基金会签订《北京大学与中华教育文化基金董事会合作研究特款办法》，由中华教育文化基金会向北京大学提供资助，提高学术研究人员的待遇，使其能专心致力于教学与科研。

是年，《现代学术》《红旗周报》《东江红旗》《大众》《直南红旗》《文艺新闻》《前哨》《北斗》《十字街头》《湘赣红旗》《青年实话》《列宁周报》《苏维埃》《瑞金红旗》《党的生活》《战线报》《大会日刊》《斗争先锋》《列宁之路》《赤报》《妇女生活》《中华书局图书月刊》《赣东北特区苏准会周刊》《战斗画刊》《红色赣东北》《大冶县苏维埃政府画报》《平江农村周报》《火炉》《政治消息》《战士》《武库》《挺进》《红军报》《健康》《党的工作》《红色战士》《组织通讯》《东委通讯》《团内生活》《列宁青年报》《宣传通讯》《扫荡报》《扬子江报》《(江苏)商报》《晚晚报》《广西大学周刊》《燕京大学图书馆报》《教育与民众》《社会科学月刊》《时事周报》《青年界》《新医药》《民主周刊》《反日特刊》《抗日周刊》《抗日救国》《抗日学生》《铁血旬刊》《醒民》《抗日》《抗日与救国》《抗日血钟》《抗日特刊》《学生抗日救国会旬刊》《抗日救国旬刊》《抗战半月刊》《武汉大学抗日救国会周刊》《御侮周报》《抗争》《广大抗日》《火把》《同仇御侮》《决心周刊》《国难特刊》《血钟》《西北文化日报》《中华自然科学社社闻》《青海民国日报》《满洲评论》《新北平报》《新少年》《东亚联盟》《华北体育月报》《世界与中国》《国讯》《纺织周刊》《同济医学季刊》《中央研究院地质研究所丛刊》《水利》《金大农学院通讯》《同济月报》《首都电厂月刊》《审计部分报》《福建文化》《巢县日报》《四川省政府公报》《边声》《河南省政府公报》《艺甄》《一八艺社1931年习作展览会画刊》《苏沪名人书画纨扇大会画报(特刊)》《河北博物院画刊》《墨海》《艺术丛刊》《亚丹娜》《艺术旬刊》《厦门美术学校特刊》《美术丛刊》《煤炕》等报刊创刊。

二、学术活动

蔡元培1月1日上午9时出席"中社"开幕典礼。该社为上海的律师、会计师、医师、建筑师、作家、大学教授、工商金融企业经理人员陈方之、徐永祚、潘光旦、王云五、何德奎、李孤帆、张澹如等所组织，为中产阶级者的业余俱乐部，社所在威海卫路，有举行讲演、座谈的礼堂、会议室、书报室、棋类、球类娱乐室、西餐厅、社员寄宿舍等设备。主席吴经熊报告该社旨趣后，即请蔡元培、褚民谊、杨杏佛、吴迈等演说。下午3时，中国科学社新建明复图书馆开幕典礼及中国版本展览会开览式，到社员及中西来宾二百余人，由蔡元培主席，致开会词，继请比利时驻沪总领事代表上海各国领事团致祝词，继请马相伯、吴稚晖演说。晚间7时，参加中国科学社上海社友会假座新新酒楼举行的新年同乐会，到社员及眷属一百数十人。9日，中华教育文化基金董事会假上海沧洲饭店举行第五次常会，孟禄、蒋梦麟、胡适、赵元任、顾临、司徒雷登、贝克、任鸿隽等到会，列席教育部代表孙本文。蔡元培董事长主席，听取并通过名誉秘书、名誉会计、干事长的报告。议决本会与国立北京大学合作设立研究及专任教席一案,原则通过。11日,中华职业教育社举行评议员春季会议,到会者有刘湛恩、胡庶华、何炳松、王志莘、黄炎培等。由蔡元培主席,听取江问渔等的社务报告。12日中午,蔡元培在上海主持中国笔会,到会的有狄楚青、杨度、杨亮功、沈从文、谢六逸、傅东华、陆侃如、张资平、李青崖、孙大雨、郑振铎、虞岫云等。胡适及盛成发表演说,均强调传记文学的重要。旋由邵洵美朗读他的新诗,书记戈公振报告会务。17日,蔡元培得实业部次长兼工商访问局长赵晋卿寄赠之《中华物产地图》及工商日记。18日,全国国语教育促进会为提倡注音符号起见,特拟订注音委员会规程及注音文件的办法,组成注音委员会,由蔡元培会长函聘齐铁恨、陆衣言、马国英、杜若虚、黎维岳、彭家农等为该委员会的常务委员。同日,到南京后,蔡元培应朱家骅在蜀峡饭店的晚宴,晤邵元冲、沈尹默诸人。

蔡元培1月21日出席国民党中央政治会议,通过承认巴拿马新政府等案。22日,列席第一二四次国民党中央常务会议,通过人民团体职员选举通则等案。23日,出席国民政府会议第七次会议,通过筹设国民会议选举总事务所及公布《教育会法》等案。同日,太平洋国际学会定于年10月在中国举行第四次大会。该会函聘蔡元培、蒋介石、唐绍仪、张学良为名誉赞助人。27日,蔡元培出席并主持国民党中央监察委员会第四次全体会议。28日晨,蔡元培由宁乘昨夜快车抵沪。29日,蔡元培为熊十力拟借住中央研究院南京总办事处养病一事,致杨杏佛、许寿裳函。31日,蔡元培出席并主持中央研究院社会科学研究所召开的第十五次所务会议,议决各组三年计划草案等。同月,蔡元培、蒋梦麟、陈大齐、胡适、徐炳昶、乌以锋、马裕藻、马衡、朱希祖、钱玄同、钱稻孙、张阆声、潘尊行等人在北京大学组成单不庵遗著编印会;蔡元培为《实用麦作学》撰序。

蔡元培董事长及校董王云五、高一涵、刘秉麟、杨杏佛、丁燮音2月2日晚间出席假沧洲饭店召开的吴淞中国公学校董会临时会,以吴淞中国公学大学部发生学潮,难以解决,一同提出辞职。3日,蔡元培董事长及王云五等董事联名将2月2日晚中国公学校董会临时会辞职决定具呈教育部。4日,蔡元培与吴稚晖、张静江、王宠惠、李石曾、邵元冲等联名具呈请予杨笃生特别抚恤。7日,教育部派顾树森、岑德彰、朱应鹏为临时接管委员,前往吴淞中国公学,将该校暂行接管,从事整理。8日,蔡元培继续在上海主持中国笔会,到会的有徐志摩、傅彦长、梁得所、张若谷、赵景深、米维基、曾今可、司徒博、虞岫云、邵洵美、郑振铎等,席间蔡元培与章士钊讨论东北文艺近况,程演生谈土耳其革命与其民族及宗教的关系,书记戈公振报告世界笔会将于今年6月在荷兰开会,已寄来修改章程,征求意见。13日,蔡元培致函河南省政府主席刘峙,谓"关于发掘安阳殷墟办法一节,前经面商台端,承慨允继续履行,具见关心考古,扶翼文明,至深钦佩。兹以敝院历史语言研究所拟于本年三月初旬,前往彰德筹备继续发掘事宜,依照(预)定办法,按序进行。除备正式公函外,相应函请查照前案,迅予派员参加,以竟全功,无任公感"。

按:刘峙复函曰:"顷奉函谕,祗悉种切,查发掘殷墟一案,敝府拟派关百益、王纮先、许敬参三人参加发掘,前曾函达在卷。兹奉前因,除令关百益等三人届时前往参加外,特派秘书谷重轮、科员马元材及安阳县长韦品方为事务招待,并饬安阳县妥为保护,谨此奉复。"

蔡元培2月14日致刘湘、刘文辉、龙云电,言美国公使介绍卫阁德等5人来华考察动物学及人种学之事。同日,中国公学校董会,由教育部接管委员召集谈话会,先由顾树森报告接管经过,旋正式开校董会议,由蔡董事长主席,决议:接受于右任辞校长职;选举邵力子为校长;加推陈果夫、邵力子、潘公展、朱应鹏、吴开先为校董。19日下午,蔡元培主持中国公学校董会会议,校董邵力子、潘公展、吴开先、朱应鹏、叶葵初、朱经农、王云五、刘秉麟等到会,议决:指定朱经农为校董会秘书,并聘朱经农为副校长,补推潘公展为常务校长,胡适等校董辞职,挽留。20日,蔡元培撰《近代法国文选》序。21日,蔡元培到苏州出席中华职业教育社在留园举行的专家会议,到会的有顾树森、冷御秋、汪懋祖、王志莘、潘吟阁、江问渔、黄炎培、沈有乾、陈选善、潘仰尧、姚惠泉、吴粹伦、贾佛如、杨卫玉、雷宾南、黄齐生、伍廷飓等,公推蔡元培、胡庶华、刘湛恩为主席团成员。会后,由蔡元培领衔发表《中华职业教育社专家会议宣言》,向政府提出14项建议,有42位专家在宣言上签名。26日,蔡元培到南京,出席国民党中央监察委员会第五十三次常会,讨论处分党员及解释处分手续各案十余件。同月,蔡元培撰《医学名词汇编》序。

　　蔡元培3月2日出席国民政府纪念周后,国民会议选举总事务所主任戴季陶、副主任孙科、总干事陈立夫,以及审计部长茹欲立举行宣誓就职典礼,由蔡元培监督。3月12日,蔡元培出席国民党中央党部举行的孙中山逝世六周年纪念大会,蒋介石、孙科、王宠惠、丁惟汾等及各院、部代表五百余人到会,由于右任主席,吴稚晖作报告。15日,蔡元培主持中央研究院社会科学研究所举行第十六次所务会议。同日,出席吴蕴初捐资建立的清寒教育基金的董事会会议,决定第一期招考资助免费学生14名。19日,上海大同大学在新建体育馆举行创校二十周年纪念大会,到全校师生及各机关学校代表三千余人。校长曹惠群报告校史,董事长马相伯、校董蔡元培致训词,欧元怀、胡庶华等演说。25日,出席国民党中央政治会议第二六七次会议,讨论财政、经济、教育、政治四组提出关于各国退还庚款之保息原则及拨用办法的审查报告,决议:照审查报告通过。27日,蔡元培出席国民政府第十六次会议,讨论事项中(五)行政院拟呈管理英国退还庚款董事会章程草案,请鉴核公布履行案,决议:照办。30日,蔡元培、戴季陶、吴稚晖、李石曾、陈布雷、翁文灏、竺可桢、李四光、朱家骅、秉志、傅斯年、杨杏佛、钱昌照、徐炳昶等奉国民政府特派,为西陲学术考察团理事,蔡元培为理事长。推定翁文灏为考察团团长。

　　按:该考察团的学术科目,为地理、地质、生物、人种、考古等5项;考察地方为内蒙古至新疆、青海全境,考察时间预定4年,考察团临时费8万元,经常费每年15万元。

　　蔡元培4月4日赴中华职业教育社举行的第十九次学术讲演,讲述《职业选择的标准》。15日,为赵药农《中国新本草图志》作序。21日,撰《法兰西学院四百周年祝词》。24日,蔡元培出席中华职业教育社评议员会议,被推为主席,听取该社办事部的工作报告。25日,出席沪、宁、苏、杭北京大学同学会在新新酒楼举行的春宴。席间,蔡元培与黄郛均有演说。26日,上海留法、留比同学王景岐、曾义、廖世功等90余人,假座新新酒楼开聚餐会,蔡元培应邀出席并演说。27日,蔡元培列席第一三八次国民党中央常务会议。决议案中:(五)依照第三次全体会议实施三民主义的乡村教育案原则,交中央政治学校筹设乡村教育系。同日,出席上海大东书局新厦落成开幕礼,发表《国化教科书问题》讲演,刊于本日《申报》第一张"大东书局(新址开幕)特刊"上。5月1日,蔡元培出席国民党中央执行、监察委员举行临时全体会议,会议修正通过了约法草案,并通过了向国民会议提案两件:(一)确定教育设施之趋向案;(二)实业建设程序案。同日,韦棣华女士(Mary Elizabeth Wood,1861—1931)去世。2日,蔡元培撰《韦棣华来华服务三十年纪念》一文,后刊于《文华图书科季刊》。4日,蔡元培以中央研究院公函答复教育部关于国务会议议决在文化基金项下拨款购买古籍、书画、金石等为中央历史博物院及美术院之用一事。5日上午7时30分,国民党中央党部举行孙中山就任非常大总统十周年纪念会,蒋介石、蔡元培、张静江、何应钦、宋子文、戴季陶、陈果夫等及党部职员 600 余人到会。由于右任主席,吴稚晖报告孙中山就任经过。9 时,国民会议行开幕典礼,蔡元培与李石曾、丁惟汾、张学良、孔祥熙、王正廷、张群、邵力子等中央执监委员、国民政府委员及各省市代表,以及各国公使、参赞等一千余人到会。8 日,蔡元培出席国民会议第一次大会,宣布各审查委员会委员名单:教育审查委员会 73 人,由蔡元培召集。9 日,蔡元培出席国民会议第二次大会,由张学良主席,讨论确定教育设施之趋向案,先请蔡元培就案内列举各要项,详加解说,然后王卓然、庄崧甫、张乃燕、陈布雷、龚增伟等依次登台发言毕,主席宣布,交教育审查委员会审查。10 日前后,中央研究院与中央大学联合举行招待国民会议代表的大会,由蔡元培致欢迎词,简述院与校的情况。

> 按:蔡元培最后说:"我们这两个机关,外瞻国际学术竞争的趋势,内应革命建设的需要,深深地觉得责任重大。所以,虽然处于经费艰难、设备简陋的时候,也不敢不积极进行,孜孜自勉。所幸国人对于学术研究,已经渐知注重,期望于本院与本大学者,有加无已。诸位先生是各界的中坚,全国的俊彦,众望所归,关怀文化。对于我们,应请不吝指教,与以策励与赞助,使我们能够实现总理的遗教,不负时代的使命,这是我们今天表示欢迎之中,所最恳切希望的。"

蔡元培 5 月 13 日出席国民会议第五次大会,提出教育审查报告。17 日上午 9 时,蔡元培出席国民会议闭幕典礼,到代表及中外来宾 1000 余人。22 日,电学专家石世磐自制有声电影,蔡元培由丁燮林、孟寿椿陪同前往石处观察,听取石世磐详陈研制经过,并朗读《总理遗嘱》,摄入影片,当即试映,音像颇为清晰。23 日,上海生物学会假沪江大学举行年会。中午 1 时入席,沪江大学校长刘湛恩致欢迎词后,请蔡元培发表演讲。同月,发表《二十五年来中国之美育》一文。6 月 2 日,蔡元培向《中央日报》记者谈《今后的教育方针》。15 日,所撰《三十五年来中国之新文化》刊出。23 日,蔡元培为北平图书馆原居仁堂房屋拟移归中研院史语所使用事,致北平特别市市长胡若愚电。24 日上午 11 时,蔡元培等车到北平前门东站,李石曾、吴铁城、胡若愚、鲍毓麟、蒋梦麟等均在站迎接。25 日上午 9 时,国立北平图书馆举行新厦落成典礼,各界中外人士到场参加者二千余人,主席蔡元培兼馆长报告创馆经过,继由教育部代表蒋梦麟、中华教育文化基金董事会代表任鸿隽、北平市党部委员董霖、市长胡若愚致词,来宾李石曾、顾临、陈衡哲演说,末由副馆长袁同礼答词。开放馆门,来宾蜂拥入内参观。同日,蔡元培所撰《国立北平图书馆记》镌刻于该馆的石碑。

> 按:《国立北平图书馆记》为蔡先生撰著,由钱玄同书写,刻于该馆院内西侧的石碑上。曰:"国立北平图书馆者,教育部原有之国立北平图书馆与中华教育文化基金董事会自办之北平北海图书馆合组而成者也。旧隶教育部之国立北平图书馆,初名京师图书馆,成立于民国纪元前二年,馆址就什刹海广化寺充之。民国二年,设分馆于宣武门外前青厂。未几,本馆停办,移贮图书于教育部。四年,部议以方家胡同前国子监南学房舍为馆址,筹备改组。六年一月开馆。十七年七月,更名曰国立北平图书馆。十八年一月,迁馆址于中海居仁堂。馆中藏有文津阁《四库全书》一部,唐人写经八千六百五十一卷,又有普通书十四万八千余册,善本书二万二千余册,明清舆图数百轴及金石墨本数千通,均希世之珍也。顾以馆址无定,灾损堪虞。民国十四年,中华教育文化基金董事会成立,即有与教育部合组国立京师图书馆之议,而牵于政局,未能实现。董事会遂独立购置御马圈地,绘图设计,筹建新馆;同时在北海赁屋,组织北京图书馆,于十五年三月成立,迁都后,更名曰北平北海图书馆。三年以来,规模略具;共购置中文书籍八万余册,西文书籍三万五千余册,分类编目与各种书籍、杂志索引之纂辑,均次第举行;出版事业亦已开始。此两馆未合并以前之略史也。新馆之建筑工程,实始于十八年三月,是年六月,董事会举行第五届年会,教育部重提两馆合组之议,经董事会通过,仍用国立北平图书馆之名,而权以第一馆、第二馆别之。今兹新

厦告成,乃合两者之所藏而萃于一馆焉。新馆之建筑,采用欧美最新材料与结构,书库可容书五十万册,阅览室可容二百余人,而形式则仿吾国官殿之旧,与北海之环境尤称。自兹以往,集两馆弘富之搜罗,鉴各国悠久之经验,逐渐进行,积久弥光,则所以便利学术研究而贡献于文化前途者,庸有既乎!爰志缘起,用勖将来。"

　　蔡元培6月26日上午9时出席中华教育文化基金董事会在北平南长街该会会所举行的第七次董事年会,李石曾、蒋梦麟、顾临、司徒雷登、贝克、金绍基、赵元任、胡适、任鸿隽等到会;列席者有教育部代表徐炳昶、美国公使代表安格脱。蔡元培董事长主席,由名誉秘书胡适、名誉会计顾临、干事长任鸿隽相继报告会务。讨论并通过该会自办与合办事业各项预算。29日,蔡元培赴故宫博物院之欢宴,蒋梦麟、胡适等作陪。30日上午10时,蔡元培到古物保管会。下午3时,赴钢和泰茶会。下午4时,北大全体学生开欢迎大会,蔡元培发表演说,希望维持北大固有特点。晚间,北大教职员及毕业校友假交通饭店欢宴蔡元培前校长。7月1日上午9时,蔡元培应国民党北平特别市党部之请,前往讲演《训政约法的重要意义》。下午4时,中华戏曲音乐院在崇文门外木厂胡同该院招待蔡元培,并邀请各界人士与会,胡若愚、周大文、熊希龄、郑毓秀、吴铁城、张继、铎尔孟、台克尼、余叔岩、程艳(砚)秋、朱启钤、张学铭、周作民、钱昌照、蒋梦麟、李麟玉、沈尹默、王树翰、章嘉活佛等出席。由李石曾、焦菊隐、郑颖孙、林素珊等招待,并由李石曾报告该院创设经过。7月2日下午5时15分,蔡元培乘平浦快车南下,狄磨同行,到站送行者有李石曾、吴铁城、王树翰、张学铭、周大文、蒋梦麟、胡适、董霖、陈石泉、周作民、袁同礼等三百余人。公安局并派乐队及保安队到站护送。4日上午11时,蔡元培返抵浦口,许寿裳等数十人过江欢迎。7月13日,国民政府纪念周后,新任教育部长李书华、次长陈布雷、钱昌照,警卫军长顾祝同,副师长赵启骧、李延年,在礼堂举行宣誓就职典礼,由蔡元培监誓,于右任主席。

　　按:蔡元培训词略谓:"教育为立国之本,教育部乃教育行政最高机关,地位重要。李部长为物理学家,曾办过大学,学识经验极丰富;陈、钱两次长亦谨慎细密,极有研究。希三位对已有的教育设施,设法提高其效率;应有而尚未成立的,极力建设起来。"

　　蔡元培会长7月20日被全国国语促进会推定为征求会员总队长,本日开始征求新会员。7月30日,蔡元培列席第一五二次国民党中央常务会议。会议通过审查党义教师资格条例及审查党义教师资格委员会组织通则修订案。同日,蔡元培为张之江的《东游感想录》撰序。8月1日,蔡元培由南京到镇江。全国职业教育讨论会于上午9时在镇江伯先公园举行开幕式,到十省三市代表及来宾二百余人。由蔡元培主席、致开会词,江问渔报告会务,教育部代表顾树森、江苏省党部代表胡朴安、江苏省政府代表金体乾致词,会员刘运筹、龚增纬、铁明等演说,冷御秋答词。8月7日,由宁返沪,主持中央研究院在上海白利南路所建理化工程实验馆的落成仪式。8月16日上午9时,全国国语教育促进会假座皇后大戏院举行该会1931年会员大会及全国国语教育讨论会的开幕式,由蔡元培会长主席,致开会词,继由陆衣言报告会务,上海市长代表徐佩璜、市党部代表童行白、教育部代表吴稚晖致词,张一麐、刘湛恩、方毅及福建、江西、湖北、山东、南京等省、市代表演说,末由蔡元培致谢词。20日,蔡元培列席第一五五次国民党中央常务会议。通过华侨教育基金募集办法、捐募奖励办法,及华侨教育基金管理委员会组织条例等案。21日,出席国民政府会议第九次会议。通过高等考试误算考分,对戴季陶、陈大齐等罚俸记过处分等案。8月22日,蔡元培由南京赴镇江。下午3时,中国科学社假镇江江苏省教育厅礼堂举行第十六届年会的开幕式,到社员及来宾一千余人,由蔡元培主席,致开会词,次请江苏省党政代表胡朴安致词,继由南京、上海、广东、沈阳、苏州等地社友会代表竺可桢、王琎、陈宗南、丁绪宝、汪懋祖报告各分会情形。8月31日下午3时,蔡元培与马寅初等由南京经杭州到达宁波。

蔡元培9月1日上午9时出席中国经济学社第八届年会假宁波总商会大礼堂举行的开幕式,到社员及来宾300余人。由社长马寅初主席,致开会词,即请蔡元培作《生产与分配》的学术讲演,继由浙江省财政厅长王漫莹报告浙省财经状况。中午,宁波商界公宴蔡先生和该社社员。2日上午,蔡元培与中国经济学社全体社员,由招待员谢凤鸣等陪往奉化雪窦寺游览,并在该寺宣读论文,讨论提案。15日,中央研究院社会科学研究所在南京钦天山东南麓的新大楼建成,该所已由上海福开森路378号旧址迁入南京新所舍,本日开始在首都办公。不久,取消原来的民族、社会、经济、法制四组的主任,而改以专任研究员为研究工作单位。蔡元培兼所长因事务繁忙,无暇兼顾所务,改由总干事杨杏佛兼任该所的所长。17日,蔡元培在中央研究院总办事处召集并主持太平洋科学会议的筹备会,讨论出席该会议的中国代表人数及人选,以及出国旅费、送会论文的审查等问题。9月中旬,蔡元培为杨肇廉撰《潼南杨氏族谱序》。9月25日,蔡元培与张继、陈铭枢,及陈之秘书许锡清,奉国民党中央命南下广州调解"宁粤对立"。"九一八"事变后,为应对日本人的全面入侵作准备,中研院在北平的心理研究所和史语所陆续南迁上海。10月上旬,蔡元培为《陈树人画集》作序。16日,作校阅纂图互注《荀子》书后。17日上午,蔡元培应香港大学之邀,前往该校演讲。10月21日,太平洋国际学会于本日上午9时假座上海静安寺路万国体育会举行第四次大会,蔡元培应邀撰写论文《中国之书画》。

　　按:此文以中文起草,由林语堂译为英文,太平洋学会中国分会印为单行本提交该第四次大会,书名为 PAINTING AND CALLIGRAPHY。此篇将中国书画进化分作三个时期来详加叙述。秦以前(西元前205年前)为古代,为萌芽时期;自汉至唐末(西元前204年至西元907年)为中古,为成熟时期;自五代至清末(西元908年至1911年)为近世,为特别发展时期。

蔡元培11月16日上午9时出席国民党四全大会第二次大会,通过各项审查委员会的名单,蔡元培、苗培成被指定为教育组召集人。同日,蔡元培提交教育组审查报告。17日,蔡元培主持国民党四全大会举行第三次大会,决议:关于国民生计案,除加入大会中补充及修改各点外,余照经济组审查修正案通过;关于国民教育,确定其实施方针案,照教育组审查修正案通过。11月20日,蔡元培主持国民党四全大会举行第六次大会,通过对日问题专门委员会的报告及决议;决定以大会名义奖慰海外侨胞,请本历来爱国精神,积极筹款,以救国难。21日,蔡元培出席国民党四全大会的第七次大会。会议通过国家建设初期方案等案。同月,蔡元培题《京师译学馆校友录》。12月2日,爱国女学举行创校三十周年纪念大会,到校董、校友、来宾及师生一千余人。首由上海市教育局长徐佩璜致词,继由蔡元培、蒋维乔报告当年创校的经过,即行义勇军宣誓礼,由王柏龄监督,并致训词,次由褚民谊、王孝英、郑通和演说,旋由毕业校友代表蔡夫人周养浩致词。

蔡元培12月9日上午8时赴中央政治会议。会议因应付学生等事,决定设立特种教育委员会,推定蔡元培、戴季陶、于右任、吴稚晖、叶楚伧等为委员,并指定蔡为委员长,杨杏佛为秘书长。11日,蔡元培以特种教育委员会委员长身份与委员戴季陶、于右任、邵元冲、李书华、陈布雷等在中央党部开第一次会议,决定每日开会一次。各地学生请愿事宜,由该委员会负责办理;其他教育重要设施,由该委员会决定原则,交教育部处理。同日,蔡元培等电促李石曾来京,筹划国难会议进行事宜。顷得李石曾电复,谓与粤方代表孙科等晤面后,即来。12 日，蔡元培主持特种教育委员会的第二次会议，戴季陶等二十余人到会。会议对各省市学生请愿如何指示、慰勉等事，详加讨论。并通过准许杨杏佛辞秘书长兼职，公推李书华继任。13 日，蔡元培致上海各大学校长电，谓"京中天气骤寒，在零点以下，居行皆感困难，务望即邀集各校校长、教授，设法劝阻诸同学来京，并希以接洽经过电告"。14 日上午 10 时，国民政府纪念周，于右任、朱培德、邵力子、贺耀祖等及国府职员四百余人到会，蔡元培报告特种教育委员会的任务。15 日上午 11 时 15 分，北平各学校学生示威团约二百人，到达中央党部，将大门封闭，并将岗警枪械缴下，至二门口，狂呼口号喊打，时中央临时常务会议正在举行，推蔡元培、陈铭枢两委员出见，"蔡氏甫发数语，该团学生即将蔡氏拖下殴打，并以木棍猛击陈氏头颅，陈氏当即昏厥倒地……并绑架蔡氏向门外冲出，中央党部警卫至此向天空开放空枪示威，并追出营救蔡氏，直至离中央党部荒田中近玄武里处始行救回。蔡年事已高，右臂为学生所强执，拖行半里，红肿异常，头部亦受击颇重"。蔡元培"受伤后，旋赴中央医院，由医士沈克非诊治，伤势无大碍。陈铭枢伤较重，在鼓楼医院用手术"。18 日，上海各大学教职员联合会筹备委员会发来慰问电，谓"此次首都群众运动，闻公受惊，同人等深以为念，谨电敬问起居"。20 日，徐志摩于上月 19 日乘飞机在济南遇难逝世，本日在上海静安寺开吊，礼堂满悬友好的唁词，蔡元培挽以两联。（以上参见高平叔编著《蔡元培年谱长编》，人民教育出版社 1996 年版；张光润《袁同礼研究（1895—1949）》，华东师范大学博士学位论文，2018年）

杨杏佛与许寿裳收到 1 月 29 日蔡元培函，言熊十力拟借住中央研究院南京总办事处养病一事。春，因脾气不合，杨杏佛与性格刚烈的夫人赵志道协议离婚，并拿出月薪一半负担杨小佛母子二人生活。离异后杨仍怀念夫人旧情，多次在他人面前谈及两人情义。31日，出席中央研究院社会科学研究所召开第十五次所务会议，议决各组三年计划草案等。3月 15 日，出席中央研究院社会科学研究所举行第十六次所务会议。6 月，杨杏佛随蒋介石前往江西，实地考察苏区红军现状。归后写成《赤祸与中国之存亡》一文，并译成英文，题为"The Communist Situation in China"。文中限于当时历史条件，使用了蒋介石政府对共产党和红军的词语，但就内容而言，却较为公正客观。《民国日报》连载时加按语指出："近年反共宣传文字虽多，然能兼顾理论事实，超然用客观之立场立论如杨氏者，盖不多见。"杨杏佛在文中尖锐批评道："过去漠视赤祸，不能独责人民之迟钝，政府与军队报告之不实，掩蔽真相，粉饰太平，亦不能辞其咎。此种不实之宣传，不特予人民以错误之观念，且常为军队剿赤失败之主因。"文章在最后提出："今日党内外之政见，无论如何不同，较之民族存亡问题，均为细节，应力谋沟通，避免内战，以促成全国之团结，共赴国难。"表现了以民族利益为重的思想，也是对蒋介石政府奉行"攘外必先安内"政策的公开批评。该文的英译本同时在上海《字林西报》刊登，引起美国记者斯诺高度重视和浓厚兴趣，在《西行漫记》中曾提到该文。赴江西时，杨杏佛还代表蔡元培到吉安，与当时任国民党"剿赤右翼集团军"总司令的陈铭枢密商反对蒋介石独裁统治、建立第三势力的计划。当时参与合作的还有邓演达。他们想借蔡元培的政治威望、邓演达的群众基础、陈铭枢的军事力量于一体，争取实行停止内战一致对外的主张。后因"九一八"事变发生和邓演达被捕而作罢。9 月 15 日，中央研究院社会科学研究所在南京钦天山东南麓的新大楼建成，蔡元培兼所长因事务繁忙，无暇兼顾所务，改由总干事杨杏佛兼任该所的所长。20 日，"九一八"事变后，杨杏佛接到陈铭枢电报，陪同蔡元培由沪赴宁，劝说南京政府与广州方面合作，共同对日。（参见许为民《杨杏佛年

谱》,《中国科技史料》1991年第2期;高平叔编著《蔡元培年谱长编》,人民教育出版社1996年版)

陈翰笙、蔡元培、杨铨、胡纪常、朱祖晦、吴定良、凌纯声、徐公肃为中央研究院社会科学研究所专任研究员,蔡元培兼所长。1月31日,蔡元培在上海主持中央研究院社会科学研究所召开的第十五次所务会议,陈翰笙、徐公肃、朱祖晦、凌纯声、胡纪常、杨杏佛等研究员出席。议决:各组三年计划草案,由秘书汇总商编,史图博所著《畲民调查》,请其将德文原稿送所审查;林惠祥所编《裸锣标本图说》,请其修改后再付印。3月15日,蔡元培主持中央研究院社会科学研究所举行的第十六次所务会议,凌纯声、朱祖晦、徐公肃、陈翰笙、杨杏佛、胡纪常等研究员出席,决议:《杨树浦之草棚》调查,已整理成书,请蔡正雅、杨杏佛、陈翰笙审查;请周其铺兼在南洋群岛搜集民族学标本,其购置费以一千元为度;同意前研究员陶孟和主持之杭嘉湖调查及前助理员樊弘所编工资理论,由北平社会调查所出版。9月15日,中央研究院社会科学研究所在南京钦天山东南麓的新大楼建成,该所已由上海福开森路378号旧址迁入南京新所舍,本日开始在首都办公。不久,取消原来的民族、社会、经济、法制四组的主任,而改以专任研究员为研究工作单位。蔡元培兼所长因事务繁忙,无暇兼顾所务,改由总干事杨杏佛兼任该所的所长。是年,社会科学研究所承担的重点研究项目主要有:史图博主持的《海南岛黎人之研究》,吴定良主持的《亚洲人种分类之研究》,凌纯声主持的《标本图表之整理陈列》。其他尚有《世界各民族之结绳记事》《松花江下游赫哲民族之研究》《上海工厂中包身制之调查》《宝山田产移转册之抄录》《无锡材料之继续整理》《湖北材料之整理(委托)》《宝山材料之整理》《兵差问题之分析》《参考资料之编译》《中国国际贸易统计之研究》《关于上海各项统计之汇编》《上海对外贸易进出口杂费之调查》《杨树浦调查材料之整理》《南京黑市之调查》《上海公共租界制度之研究》《租借地之研究国籍问题之研究》《上海事件之国际法的研究》。(参见樊洪业《中央研究院机构沿革大事记》,《中国科技史料》1985年第2期;姚润泽《中央研究院在上海》,上海社会科学院硕士学位论文,2018年;高平叔编著《蔡元培年谱长编》,人民教育出版社1996年版)

许寿裳接鲁迅1月21日信。自从柔石被捕之后,鲁迅遭到各种谣言的困扰。或云他同时被捕,或说他已遭荼害。大报虽无记载,小报却言之凿凿。为免亲友担忧,鲁迅不得不四处发信辟谣。本日寄给许寿裳的信,不加句读,避掉真名而用老友所熟知的"索士"和"令斐"两个名字,以换住医院隐指离家出走。3月2日,许寿裳出席国府文官处会议,又出席本院特殊奖励审查委员会会议。5月14日,许寿裳拟题阮成斋画轴诗。6月1日晨7时,许寿裳随蔡元培至陵园参加奉安纪念及约法告成典礼。7月4日上午11时,蔡元培返抵浦口,许寿裳等数十人过江欢迎。9月1日,许寿裳出席国语教育促进会五周年纪念。11月19日,许寿裳至中央广播电台讲演。(参见倪墨炎、陈九英编《许寿裳文集》下及附录二《许寿裳先生年谱》,百花出版社2003年版;鲁迅博物馆、鲁迅研究室编《鲁迅年谱》,人民文学出版社1981年版;高平叔编著《蔡元培年谱长编》,人民教育出版社1996年版)

林语堂任中研院西文编辑主任,及史语所兼任研究员。1月1日,林语堂在《中学生》第11期("新年号")发表《学风与教育》《汉字中之拼音字》。前文内含"求学之二事""论读书气味""所谓'整顿学风'""空气教育""所谓'学风不好'""学风何以不好"六小节。同日,《中国新闻周报》第4卷第1期的"专论"栏目发表"Confucius As I Know Him"(《思孔子》)以及"Zarathustra and the Jester"(《耶和华的学问》,此为后取文章题名)。2月1日,在《中学生》第12期发表《读书的艺术》。6日,《申报》广告,开明书店出版由教育部审定、林语堂编著的《开明英文读本》,并摘录了赵元任、江绍元、蒋梦麟、刘大钧、李登辉、杨杏佛、郁达夫、潘介全、《字林西报》等对该书的评论。23 日,林语堂在英国牛津大学发表题为"The Chinese Temper"(《中国人的性情》)的演讲。3 月,蔡元培、马君武、潘光旦、陈翰笙与林语堂等上海青年会青年读书会选书委员议定王星拱编的《科学大纲》为"一月份当选之书"。其评语如下:"科学界最重要的理论如相对论、电学论、进化论皆经述及,末复论科学与哲学美术论理关系,能以明白文字述高深理论,实为一般青年应读之书。"同月 12 日,在《中国评论周报》第 4 卷第 11 期的"小评论"专栏发表"What Liberalism Means"(《自由主义意味着什么》)。3 月 27 日,林语堂应邀在太平洋联会于上海华懋饭店雅各宾室举办的午餐会上发表题为"The Chinese People"(《中国人》)的演讲,后刊于 1931 年 4 月 9 日《中国评论周报》第 4 卷第 15 期的"专论"栏目,题目不变。

　　林语堂 4 月初与蔡元培、马君武、潘光旦、陈翰笙等上海青年会青年读书会选书委员议定夏承法与冯达夫编译的《经济地理学大纲》(开明书店,1931)为"二月份甲种当选之书"。其评语为:"关于经济地理的书籍,中国出版的原是很少。有的也只是翻译欧美人的著作,对于东亚方面的叙述就不甚周详。这书引用野口保市郎的《经济地理概论》,中国人和日本人特别可以作为参考。"16 日,所撰英文文章"What is Face?"(《脸与法治》)刊于《中国评论周报》第 4 卷第 16 期的"小评论"专栏。30 日,《中国评论周报》第 4 卷第 18 期刊登了一则《启事》("Notice!"),内称林语堂将赴国际联盟(League of Nations),所以"小评论"专栏将停刊一段时间。另,《中国评论周报》第 4 卷第 20 期(1931 年 5 月 14 日)起改由全增嘏主持,并且主要发表其署名文章。同月,林语堂所撰《复圆的镜光》载 1931 年出版的《青年友》第 11 卷第 3 期。5 月 2 日,蔡元培致函林语堂,谓"弟应商务印书馆之要求,作《中国三十五年来之新文化》一文。其科学一部分,拟以先生所预备之《中国科学事业概况》为蓝本,如蒙以各方面所得材料,借弟一检,非常感荷。弟一时未能来沪,如承寄京,尤感"。5 月初,蔡元培、马君武、潘光旦、陈翰笙与林语堂等上海青年会青年读书会选书委员议定周志骅编的《东三省概论》(商务印书馆,1931 年)为"三月份甲种当选之书"。其评语为:"是书分地理与历史、自然利源、制造业、国外贸易与辅助机关及南满铁道会社与其事业五编,罗列事实,使读者自然感于天产之丰富、主权之薄弱,不得不急图自救留意东三省现状,不可不读。"同月,林语堂自著自编的《语言学论丛》由开明书店出版。

　　按:该书收录了 32 篇语言学研究论文,分别是:《古有复辅音说》《前汉方音区域考》《古音中已遗失的声母》《支脂之三部古读考》《燕齐鲁卫阳声转变考》《周礼方音考》《左传真伪与上古方音》《汉字中之拼音字》《读汪荣宝歌戈鱼虞模古读考书后》《再论歌戈鱼虞模古读》《答马斯贝罗论切韵之音》《珂罗倔伦考订切韵母隋读表》《闽粤方言之来源》《关于中国方言的洋文论著目录》《印度支那语言书目》《研究方言应有的几个语言学观察点》《北大方言调查会方音字母草案》《方言字母与国语罗马字》《汉字索引制说明》《汉字号码索引法》《末笔检字法》《图书索引之一新法》《新韵建议》《新韵例言》《新韵杂话》《分类成语辞书编纂法》《编纂义典计划书》《论翻译》《关于译名统一的提议》《论注音字母及其他》(正文题为《谈注音字母及其他》);《国语罗马字拼音与科学方法》《辜恩的外国语教学》。

　　林语堂所译《卖花女》7 月由开明书店出版,为英汉对译版本。封面署名萧伯讷原著,林语堂译注。8 月,所编 Readings in Modern Journalistic Prose 由上海商务印书馆出版。10 月 21 日上午,太平洋国际学会第四届大会在上海静安寺路的万国体育会馆开幕,到会正式代表共计 140 人,包括中国 38 人、美国 26 人、英国 20 人、日本 19 人、加拿大 11 人、澳大利亚 9 人、新西兰 6 人、菲律宾 5 人、荷兰 1 人、国际联盟 2 人、国际劳工局 3 人。本次会议原定于 1931 年 10 月 21 日至 11 月 2 日在杭州举行。林语堂应邀撰写了《西洋对于中国文学之影响》一文。"九一八"事变爆发后，中国民族主义与国家主义高涨，各方排斥将会有日本代表与学者参加的本届大会。为减少民意压力，会址不得不改到租界林立的上海。是年，汤良礼选编、汪精卫点评的"China's Own Critics：A Selection of Essays by Hu Shih and Lin Yu-tang"（《中国自己的批评家：胡适与林语堂小品文选》）由联华书报社在天津与上海出版；太平洋国际学会中国分会共有105位会员，内含15位执行委员。林语堂为会员，胡适为执行委员会委员长。（以上参见郑锦怀《林语堂学术年谱》，厦门大学出版社2018年版；高平叔编《蔡元培年谱长编》，人民教育出版社1996年版；吴永贵《民国图书出版史编年：1912—1949》中册，社会科学文献出版2018年版）

竺可桢1月7日在南京举行的中国科学社理事会议上，与杨铨、钱崇澍被推定办理在南京社所附近购地事宜，以每方价15元为准立即收买。约1月下旬至2月初，中国气象学会呈函国民政府，呈请令饬外交部向日本交涉将青岛观象台留台日员迅予撤退。2月2日，竺可桢主持中国气象学会理事会。议决商请气象所酌拨房屋作为气象学会固定会所。16日，竺可桢派徐近之、胡振铎出发去北平，随同西北考查团赴甘肃、内蒙古进行气象实测。3月6日，竺可桢任各省市考选国外留学生复试委员会委员。26日，在上海出席中国科学社理事会，被推举为年会论文委员。27日，派测候员金咏深赴日留学。30日，由国民政府特派为西陲学术考察团理事。4月1日至12月26日，气象所举办第二期气象练习班。4月16日，竺可桢为《气象年报》第2卷撰写弁言。5月9日，竺可桢在气象所讨论会上作学术报告，题为《论新月令》，其后发表于《科学》。该文介绍了中外物候观测的历史，提出应订立各种物候观测标准，使物候观测客观化。认为"月令有时地之宜，不可墨守成法""二十四节气乃汉初所定，只适用于黄河流域"，主张以物候代替月令。同月，中英文对照本《国立中央研究院气象研究所概况》出版发行，由蔡元培题签封面书名。

竺可桢6月18日出席中国天文学会第八届第二次评议会，与张钰哲被推举为出席全国经度测量会议代表。6—7月，竺可桢出席内政部召开的全国气象观测规程会议。6月9日、19日及7月7日共举行三次会议，制定出《全国气象观测实施规程》。该《规程》以国难继起，延至1932年5月由内政部呈请行政院颁布施行。该《规程》含16条，主要内容包括各省省政府所在地应由该省政府设立一等、二等或三等测候所，各市市政府、各县县政府所在地应由各该市、该县政府至少设立一个四等测候所，各区区公所酌设雨量站；凡农林、水利、海洋、航空、教育等机关办理测候所之等级及设备由各该主管机关自行酌定。7月3—4日，竺可桢出席全国经度测量会议。决议设立全国经纬度测量委员会。6日，中央研究院函请外交部照会英美法日四国公使馆，请其转饬各该国在我国沿海一带军舰依照电告徐家汇天文台之气象报告，直接分电中央研究院气象研究所。8月1日，上海良友图书印刷公司出版的《当代中国名人录》收入《竺可桢小传》。5日，竺可桢由中央研究院聘为太平洋科学会议筹备委员会主席。8月22—26日，在镇江出席中国科学社第16次年会，在开幕典礼上以南京社友身份致词。任年会论文委员会委员，宣读论文会议主席，并当选《科学》编辑。作《7月份长江下游雨量特多之原因》之公开演讲，后署名竺可桢、刘治华以《长江流域30年未有之大雨量及其影响》为题刊于《时事月报》。

竺可桢9月11日出席中国天文学会第八届第三次评议会，被推举为修改章程起草委员。17日，竺可桢主持第五次太平洋科学会议筹备委员会。10月21日，竺可桢为《国际云图节略》一书作序。同月，气象所开始飞机测候。11月7日，竺可桢派朱允明、李兴西赴西宁、兰州筹设气象测候所。12月7日,竺可桢派黄逢昌赴长江上游,勘定筹设测候分所地址。9日,竺可桢派全文晟赴沿海各埠考察筹设测候分所地点及赴滇商洽筹设云南气象台。20日,竺可桢主持中国气象学会第七届年会并致开会词,继续当选为会长,并宣读论文《中国季风的高度》。是年,气象所接国际极年测候1931年委员长考尔博士函,邀请参加合作,担任中国部分之国际极年测候工作。遂决定筹设高山测候所两处,分别设于泰山玉皇顶及峨眉山千佛顶;在德国《地球物理学报》发表"Climatic Changes During Historic Time in China"(《中国历史时代之气候变迁》)。文中列出了公元100—1600年每百年的旱灾之比率。这一气候数值序列都是从史书中定性的气候描述整理出来的。这个方法成为以后整理气候史料的基本方法。其中文译文刊于《国风半月刊》。(以上参见李玉海编《竺可桢年谱简编》,气象出版社2010年版)

胡汉民1月13日就召集国民会议发表谈话,坚持不能制定约法。之后,与蒋介石等谈约法问题,不欢而散。2月28日,胡汉民应蒋介石约请赴宴,被拘禁并被迫提出辞职。是为"约法之争"。3月2日,胡汉民被国民党中常会免去国民政府委员、立法院长本兼各职。8日,胡汉民被软禁于南京原宅。5月4日,蒋介石来访,邀参加次日国民会议,拒之。6月15日,被三届五中全会选为中政会委员、国民政府委员,拒不就职。9月21日,了解"九一八"事变经过,提出与日本交涉等四条解决办法。10月13日,因粤方要求,获释。胡汉民与蒋介石等在中山陵见面,次日由宁抵沪,拒绝蒋介石"合作"要求。12月5日,胡汉民在粤四全大会致闭会词,被推为临时常务执委,领衔通电,促蒋介石下野并解除兵权。28日,胡汉民在国民党四届一中全会上被推选为中执会常会、中政会常务、国民政府委员。并决定设立中央党部西南执行部等机构,被推主持一切。同月,胡汉民严词拒绝日本特务土肥原贤二的拉拢。(参见陈红民、方勇编《中国近代思想家文库·胡汉民卷》及附录《胡汉民年谱简编》,中国人民大学出版社2015年版;高平叔编著《蔡元培年谱长编》,人民教育出版社1996年版)

戴季陶1月1—23日赴穗处理中山大学事务。23日,国民会议选举总事务所成立,任所主任。2月28日,参加蒋介石扣留胡汉民之宴会。3月2日,戴季陶出席国民政府纪念周,国民会议选举总事务所主任戴季陶、副主任孙科、总干事陈立夫,以及审计部长茹欲立举行宣誓就职典礼,由蔡元培监誓。5月5日,出席国民会议,主张特别注重经济建设与国民经济生活。5月17日上午9时,出席国民会议闭幕典礼,到代表及中外来宾一千余人,由周作民主席,于右任读大会宣言,戴季陶致闭会词,蒋介石演说。6月13日,出席国民党三届五中全会,继续任原职。16日出席中央党部举行的孙中山广州蒙难九周年大会,由张继主席,戴季陶、郑螺生演说。7月6日,任第一届全国高等考试主考官兼典试委员长。9月30日,因九一八事件,国民党中央决议成立特种外交委员会,专议对日事宜,出任委员长。11月16日,在南京宝华山隆昌寺修建仁王护国法会。同月,国民党第四次全国代表大会召开,戴季陶当选执行委员。28日,戴季陶于国民党四届一中全会上被选连任考试院院长。12月,戴季陶请免考试院院长职与辞特种外交委员会委员长,均被决议慰留。后再请辞,并声明院务交秘书长代行,径回浙江吴兴。同月,戴季陶为新亚细亚学会拟定学会纲领。是年,戴季陶发起编修《黄河志》,自任编纂会长。(参见桑兵、朱凤林编《中国近代思想家文库·戴季陶卷》及附录《戴季陶年谱简编》,中国人民大学出版社2015年版;高平叔编著《蔡元培年谱长编》,人民教育出版社1996年版)

吴稚晖1月26日与张静江、王宠惠、蔡元培、张继、林森、邵力子、恩克巴图、陈布雷、褚民谊等出席国民党中央监察委员会举行的第四次全体会议。3月,国民党中央通过《训政时期约法案》,当选约法起草委员会委员。5月,国民会议通过《中华民国训政时期约法》。同月16日,《申报》载:国民政府根据吴稚晖、蔡元培等以上呈文,训令行政院云:"查杨烈士守仁,一门忠烈,深堪钦悼。据呈前情,应准照办。除分令外,合行令仰该院转饬财政部按月照拨二百元,交本府文官处具领转发,此令。"6月15日上午9时,出席三届五中全会闭幕式,叶楚伧主席,吴稚晖致闭幕词。6月,吴稚晖撰《答客问》,抨击汪精卫等国民党内反对派不顾国家安危,假借国民党名义破坏团结。8月16日上午9时,全国国语教育促进会假座皇后大戏院举行该会1931年会员大会及全国国语教育讨论会的开幕式,由蔡元培会长主席,致开会词,吴稚晖代表教育部致词。(参见金以林、马思宇《中国近代思想家文库·吴稚晖卷》之《导言》及附录《吴稚晖年谱简编》,中国人民大学出版社2015年版;高平叔编著《蔡元培年谱长编》,人民教育出版社1996年版)

王宠惠1月26日出席国民党中央监察委员会举行的第四次全体会议。3月2日,王宠惠、吴敬恒、于右任等12人被国民党中央常委确定为《中华民国训政时期约法》起草委员,并与邵元冲、邵力子二人共同负责起草初稿。因王宠惠精通法律,事实上由其负责起草。经一再修改,提经国民会议通过颁行。该约法与宪法有别,内容简略,但除规定五权政制外,也确立了人民有选举、罢免、创制、复决四项政权。确定了权能区分的政治制度。这一约法,实为五权宪法的雏形。4月,王宠惠再赴海牙,正式担任国际法庭法官。被国民党中央五中全会选为国府委员,兼司法院院长,推为《中华民国训政时期约法》起草委员会委员,起草约法。王未回国就任。该约法4月起草完毕,5月12日国民会议通过了《中华民国训政时期约法》,6月1日公布实施,至1947年"行宪"之日止。(参见王宠惠著、张仁善编《王宠惠法学文集》附录《王宠惠先生年谱》,法律出版社2008年版;高平叔编著《蔡元培年谱长编》,人民教育出版社1996年版)

叶恭绰1月出席上海人士组织笔会之中国分会,蔡元培为理事长,叶恭绰与胡适、徐志摩、徐传琮(新)等7人被推为理事。同月,叶恭绰与黄宾虹、钱瘦铁(挂)、贺天健(骏)、郑昶等发起中国画会,并陆续编辑月刊,出版画集,举行画展,开办讲座,组织写生。3月28日,国民政府派叶恭绰等中方10人、休士(E. R. Hughes)等英人5人组成管理中英庚款董事会,以朱家骅、马锡尔(Sir R. C. Calder-Marshall)为正副董事长。4月6日,叶恭绰与朱家骅、李书华等15人为中英庚款董事会董事,同月,陈三立为叶恭绰《退庵诗》撰序。6月7日,叶恭绰与吴湖帆在周庆云家合宴沤社同人,做诗钟。吴湖帆认为梦坡处书画甚多,唯温体仁书《为朱相国寿序》甚佳。12月11日,何香凝发表主办救济国难书画展览会宣言,将昔年为办仲恺农工学校征集之作品及个人历年作品悉数出售,售款捐作抗日救伤之用,叶恭绰参与了此展览会,赴销券部开会,与王震、柳亚子(弃疾)、郑洪年等10余人当场认销券200张,计6000元。同月,叶恭绰任交通部长。(参见杨雨瑶《叶恭绰先生艺文年谱》(上),《艺术工作》2019年第1期)

陈立夫、吴大钧等10月在南京创办正中书局,叶楚伧任董事长。后相继出版《国防教育丛书》《时代丛书》《社会科学丛刊》《大学丛书》《中国文艺社丛书》《新生活丛书》《哲学丛书》等。(参见郭瑞佳《正中书局的历史变迁》,《出版参考》2013年第15期;张学继、张雅蕙《陈立夫大传》,团结出版社2004年版)

包惠僧9月借助曾与蒋介石在黄埔军校共事的关系,向蒋介石进言,任蒋介石的陆海空军总司令部的参议。"九一八"事变后,蒋介石出任军事委员会委员长,任命包惠僧为军委会秘书兼中央军校政治教官,军衔为中将,没有实权,只相当于幕僚的角色。(参见徐光寿

《包惠僧与陈独秀的终身友谊》,《党史纵横》2013年第4期)

高一涵任吴淞中国公学校董。2月2日,因吴淞中国公学大学部发生学潮,难以解决,校董会特于本日晚间假沧洲饭店开临时会,董事长蔡元培及校董王云五、高一涵、刘秉麟、杨杏佛、丁燮音一同提出辞职。年初,高一涵受国民政府监察院院长于右任邀请,赴南京出任监察院委员。2月16日,高一涵被正式任命监察院委员,由学界步入政界。夏,与杭立武等45位政治学者发起成立中国政治学会,参与学会章程起草及筹备工作。(参见高大同《高一涵先生年谱》,上海文化出版社2011年版;高平叔编著《蔡元培年谱长编》,人民教育出版社1996年版)

李书华继续任教育部政务次长,实际主持教育部工作。2月13日,蔡元培致函李书华,略谓:"贵部近来对于特约著作员江君绍原之月俸,是否按月致送?抑系比较迟发?敬希示及。因江君嘱为探询,用特函达,诸维察之。"3月9日,蔡元培致李书华、陈布雷函,谈艺术专校办学困难,请予支持,谓"顷接艺术专校林风眠先生函称:'敝校因经费竭蹶,设备简陋,亟须设法扩展,故于编造二十年度预算,酌量增加,计全年经费三十六万九千元;又因校舍不敷,拟增筑教室、宿舍、礼堂,请临时费九万一千余元;能否邀准,尚未可知。乞转函教育部,请其俯察困难情形,核准增加。又十七年度之积欠经费二万一千余元,及十九年十一、十二两月经费,并乞转函催请速发'等语。艺术专校,僻在西湖,附近无房屋可赁,不得不自谋建筑;其各种设备,因经费支绌,艰于设置;均属实情,谅荷赐察。所请增加经、临两项预算,还希俯予核准;其欠发各费,亦请与音乐专校一律待遇,设法筹拨。特代函达,诸维裁察施行,不胜感荷。"5月29日,蔡元培致李书华、陈布雷函,略谓:"此次艺术专科学校在首都民众教育馆举行展览会,成绩尚佳;惟因社会上艺术知识尚未普遍,售出画件甚少,展览会经费,极形拮据。据该校之意,拟援音乐专校例,请贵部给予补助费。如蒙给予二千元,当敷周转。想执事提倡艺术,当蒙允许。特为转达,还希裁酌施行,不胜感荷。"6月3日,蔡元培致李书华、陈布雷函,谓"武进陶氏涉园,出售所藏前代墓志铭石版,计五十九石;又精刻书板六种,五千九百余页,两面刻木,约三千五、六百块。两项共欲售洋约十二万圆。一时尚无人承购。此事关系保存故物,似宜由公家购存,以免展转流入外邦。倘政府欲购,价目尚可商减。特为函达,想荷关垂。还希酌量设法购入,不胜企盼"。6月10日,蔡元培致李书华、陈布雷函,谓"刘君开渠,在法国专习雕刻,向荷贵部津贴;惟自今年三月起,尚未接到是项津贴费,生活艰难,妨碍进修,据其来函,备述困状。刘君深沉好学,所著《西洋雕刻史》,已脱稿。雕刻术逐渐进步,亦经彼方教师证明。执事爱才若渴,还希继续给予津贴,将三月份至今应给之款,从速汇往巴黎,俾得维持,不胜感盼。特代函达,诸惟酌裁为幸"。

李书华6月19日经新一届国民政府会议的第一次会议特任为教育部长。22日,教育部次长钱昌照因调查清华大学风潮,与蔡元培同行,乘平浦特快车北上。7月11日,蔡元培致李书华函,略谓:"上海美专校长刘海粟君,本以贵部特约著作员津贴赴欧游学。刘君到欧后,历在法、意、德、瑞诸国展览讲演,备受欢迎,近有《雪景》一幅被选入鲁克爽堡美术馆,益令人注意。现刘君拟束装回国,而川费不敷,欲请贵部汇给法币壹万法郎。如蒙终始玉成,曷胜同感,专此奉商。"13日,国民政府纪念周后,新任教育部长李书华、次长陈布雷、钱昌照等在礼堂举行宣誓就职典礼,由蔡元培监誓。于右任主席,授印宣誓后,蔡元培训词。27日李书华与蔡元培、于右任、王伯群、朱培德、马福祥、茹欲立等二百余人出席国民政府纪念周活动。8月4日,蔡元培致李书华函,略谓:"福建林有壬先生,毕业于法国都鲁士大学(经济系),曾任侨务委员会科长、华侨教育设计委员会委员、南洋《泗滨日报》撰述主任,著有《南洋实地调查录》等书,于南洋侨务最为熟悉。贵部现有编审南洋华侨学校教材之举,如延揽林先生参加工作,必大所贡献。"8月11日,教育部训令各地搜集边疆史地材料。称奉政府主席令编纂边疆历史地图,请各地协助搜集材料。令文中指出"我国边疆各省历史文献,素感缺乏,非博采周咨,难臻完备",所以希望各地就近详细调查各该省历代人口统计、民族种别及分布、语言系统、官制军制沿革,文化教育发达状况,历代名人事迹及作品,风俗习惯特征,宗教派别及由来,僧侣教徒统计,寺庙教堂名称,建筑年月及所在地,物产种类分布及产额,货币种类及流通方法,山地田园开辟经过,地丁钱粮税收多寡,气候高低及雨量统计,交通机关及交通所用器具等项,制为图表,并加说明送部,以备应用。12月11日,特种教育委员会委员长蔡元培、委员戴季陶、于右任、邵元冲、李书华、陈布雷等本日在中央党部开第一次会议,决定每日开会一次。12月28日,中央政治会议决议免去李书华教育部部长职,由朱家骅继任。(以上参见高平叔编著《蔡元培年谱长编》,人民教育出版社1996年版;中央教育科学研究所编《中国现代教育大事记1919—1949》,教育科学出版社1988年版;王学典《20世纪史学编年(1900—1949)》,商务印书馆2014年版)

朱家骅1月18日在蜀峡饭店宴请蔡元培,邵元冲、沈尹默诸人在座。朱家骅接任中央大学校长后,发现前任校长张乃燕发起建筑的大礼堂早已停工,遂以国民会议的名义请求中央拨款51万银元,由建筑系教授罗毓骏教授主持,于4月底完工。4月6日,国民政府派朱家骅、叶恭绰、李书华等15人为中英庚款董事会董事,董事长为朱家骅。5月4日下午5时,蒋介石、张学良、吴稚晖、蔡元培、张继、邵元冲、吴铁城、叶楚伧等一同前往国民会议新建会场大礼堂,参观内部布置及全部工程。5日上午9时,国民会议在此举行开幕典礼,蔡元培、李石曾、丁惟汾、张学良、孔祥熙、王正廷、张群、何成濬、邵力子等中央执、监委员、国民政府委员及各省市代表,以及各国公使、参赞等一千余人出席。暑间,北京大学与中华教育文化基金董事会签订"合作研究特款办法",提高研究教授的待遇,将中央大学教授曾昭抡、汤用彤等聘至北大,于是中央大学到处罗致教授,逐渐聘到顾毓琇、郭任远、沈刚伯、徐佩琨、颜德庆、伍俶(叔傥)、萧一山等。又商请洛氏基金会捐赠一块价值四百万银元的地皮,以后即以此地的低价在枫林桥建成医学院。"九一八"事变之后,中央大学学生抗日爱国热情高涨,学潮兴起。10月底,南京请愿学生拥进中央大学,围困教务长,朱家骅愤而辞职,不再到校。12月,为促成政府抗日,千余中大学生围攻中央党部,又捣毁《中央日报》报馆。12月28日,中央政治会议决议朱家骅为教育部部长。当晚,朱家骅出京,并力辞。次年2月20日朱家骅到部就职,在此之前曾由次长段锡朋代理。(参见胡颂平《朱家骅先生年谱》,台北传记文学社1969年版;高平叔编著《蔡元培年谱长编》,人民教育出版社1996年版;中央教育科学研究所编《中国现代教育大事记1919—1949》,教育科学出版社1988年版;薛玉坤《汪东年谱》,河南文艺出版社2016年版)

马寅初1月1日在《国立中央大学半月刊》第2卷第7期(经济专号下)发表《中国田赋制度之现状——"中国田赋问题之研究"中之一节》,考察中国四种主要田赋——地丁、漕粮、屯租、租课之历史演变及现状。8日,出席立法院法制、经济委员会第17次联席会议。审议《实业部组织法(草案)》初步审查报告案。10日,出席立法院第125次会议,代表经济委员会会同法制委员会提交《实业部组织法(草案)》案审查报告。议决:照审查通过。17日,出席立法院第126次会议,领衔戴修骏、张默君诸委员提交《教育会法(草案)》起草报告案,议决:修正通过。19日,应邀出席浙江省营业税会议。23日,出席立法院法制、经济委员会第18次联席会,会审修正《建设委员会组织法(草案)》案。1月28日,在上海市党部发表演讲《裁厘后的营业税问题》。30 日,出席立法院法制、经济委员会第 19 次联席会议,修正《建设委员会组织法》案。同月,在《交大季刊》第 4 期发表《江浙两省筹备之营业税》;筹办经济图书馆。2 月 7 日,出席立法院第 130 次会议,代表经济委员会会同法制委员会提交《建设委员会组织法》案审查报告,议决:照审查修正通过。2 月 9 日,应浙江省张载阳主席邀请,于浙江省各区营业税征收局长及督征员宣誓就职大会演讲《营业税在税制上之地位》。2 月 23 日,应上海交大演讲委员会之邀演讲《中国之预算与决算》,丁长龄笔记,刊于《交大季刊》第 6 期(经济号)。20 日,在《交大经济周刊》第 33 期发表《中国之预算与决算》。25 日,在《东三省官银号经济月刊》第 3 卷第 2 期发表《外货倾销亟应取缔论》。同月,发表《〈公司法施行法〉之精意》。

马寅初 3 月 1 日出席中国经济学社上海分社成立大会,即席阐发沪上设立分社之趣旨。4 月 17 日,主持立法院法制、财政、经济委员会第 2 次联席会议,审议《铁道法(草案)》等案。18 日,出席立法院第 140 次会议,会审《全国经济委员会组织条例(草案)》案,议决:付法制委员会会同经济委员会、财政委员会审查。24 日,出席立法院法制、经济、财政委员会联席会议,会审《全国经济委员会组织条例(草案)》案。25 日,在《东三省官银号经济月刊》第 3 卷第 4、5 期发表《中国之盐税问题》。同月,为辜孝宽《浙江省禁烟史略》作序。5 月 15 日,在上海交大演讲《新公司法》。同日,在《东北新建设》第 3 卷第 4、5 合期发表《东三省的金融状况》。20 日,为《进步英语读本》(英文)作序。21 日,主持中国经济学社第八届第八次理事会。5 月 25 日上午,出席立法院财政、经济委员会第 14 次联席会议,商讨起草《营业税法(草案)》。下午,在立法院总理纪念周演讲《对于〈钱庄法〉之意见》。30 日,出席立法院第 144 次会议,代表经济委员会会同法制、财政委员会提呈《全国经济委员会组织条例(草案)》审查报告,议决:修正通过。同日,出席立法院法制、经济、财政委员会联席会议,审议《全国经济委员会组织条例》初步审查报告案。6 月 16 日,主持中国经济学社第八届第九次理事会,报告赴宁波接洽年会筹备事宜。29 日,出席上海交通大学第三十一届毕业典礼,并演讲。同月,在《经济学季刊》第 2 卷第 2 期发表《裁厘后的营业税问题》《营业税在税制上之地位》《德国之营业税》《浙江之营业税》。

马寅初 7 月 6 日发表《反对今日之鸦片公卖政策》(又名《反对鸦片公卖》)。11 日,出席立法院第 150 次会议,代表经济委员会会同法制委员会提呈《国际贸易局组织章程》案审查报告案。14 日,因禁烟事与政府意见不合,请辞立法院委员及禁烟委员会委员之职,表示今后拟就大学教席并从事著述。21 日,马寅初当选太平洋学会中国分会代表。同月,中国分会在上海举行年会,讨论会议人选及议案等问题。经反复讨论,确定金贵银贱、内河航权之收回、驳复费唐报告诸问题最值得注意。此外,决定特别派人对万宝山事件做精细之调查。各会员均认为本届杭州大会,在国际宣传上有最严重之关系,对于出席人选,非常注意。经研究决定出席名单为:颜惠庆、陈立夫、张伯苓、胡适、王世杰、丁文江、徐新六、马寅初、刘大钧、张公权、陈光甫、周作民、王云五、董显光、夏晋麟、陶孟和、吴经熊、曾宝荪、徐淑希、刘鸿生、陈衡哲、鲍明钤、吴大钧、林文庆、宁恩承、吴贻芳、蒋梦麟、刘湛恩、阎宝航、钟荣光、王卓然、苏上达、李纶三、何廉、王国秀、陈达、陈寄梅、刘竹君、杨杏佛、李熙谋。又在《中央大学法学院季刊》第 1 卷第 4 期发表《普通银行法草案具体说明》。8 月 29 日,主持中国经济学社上海分社选举大会,演讲《新经济思想与中国经济学社》,主张官民合作召集一次经济会议,以解决目前关于经济上之各项重要问题。同月,为赵烈《中国茶叶问题》作序。9 月 1

日，马寅初受聘上海交通大学经济研究所主任，月俸400元。同日，在宁波主持中国经济学社第八届年会，并演讲《资本主义欤共产主义欤》，贺君笔记。是文为其思想变化代表作。

　　按：马寅初自谓"本人向倾向于资本主义，但现在已觉极端资本主义不能施行于中国，极端共产主义亦不适用。我们应该舍短取长，采用第三途径。即一面做有计划之生产，一面保留私产制度"，"召集经济会议，令全国实业团体，各界各派代表，会议生产办法，先计划各种基本实业，至小生产则可从缓。俄国计划产业，完全取消盈利；中国应保持相当盈利，而由政府代表消费之人民以防生产者之操纵，成功后复以法律保障之"。年会讨论通过向国民政府提交《救济水灾意见书》。上海《申报》跟踪报道此届年会会况，配发评论。数月间，报刊多予转载。《东方杂志》评论，该演讲可"见马氏思想之变迁"，"马寅初教授向倾向于资本主义。近因鉴于世界经济之衰落，各国失业热慌之危机，对于资本主义深致怀疑，且主张中国今后宜采仿俄国有计划的生产，以促国民经济之进步"。

　　马寅初9月4日为朱通九《劳动经济学》作序。同月，在《银行周报》第15卷第33期发表《浙江公债之史的观察及今后举债之方针》。10月10日，为程联《世界信托考证》作序。11月21日，在《财政经济汇刊》第1卷第1期发表《租税的系统》。同月，为《交大抗日特刊》第1期撰写序文，主张："全国国民当以必死之心、必死之力、必死之情，为武力之抵抗，亦当以必死之力、必死之情，为经济绝交之维持，以武力抵抗为经济绝交之护卫，以经济绝交为武力抵抗之后盾，相辅而进，以挫强暴，以求生存！"12月8日，在《银行周报》第15卷第47期发表《商标与〈商标法〉》（续文《再论商标与〈商标法〉》）。21日，在《财政经济汇刊》第1卷第2期发表《英国停止金本位之前因后果——对于我国抵制日货之影响》。25日，在《东方杂志》第28卷第24号发表《资本主义欤共产主义欤》。（以上参见徐斌、马大成编著《马寅初年谱长编》，商务印书馆2012年版；彭华《马寅初年谱简编》，《淮阴师范学院学报》2005年第1期）

　　汪东6月27日接待黄侃来谈伍叔傥求职中央大学事。夏，谢寿康归国，汪东坚辞文学院代院长一职，中大遂改聘张歆海代理文学院院长。"九一八"事变前夕，东北局势危殆，时任驻日公使的汪荣宝曾书告日本将有事，当局以为妄。汪东代作《汪荣宝先生哀启》云："东三省变将作，日本先有布置，君烛其萌兆，上书告危，当官局者以为妄。君又请特派汤尔和先生至东京考察，命君所言，汤尔和归国，而万宝山案起，朝鲜暴动，杀华侨无算，政府借证调查，君亲历抚慰，尽得其实，方具草陈复，政府遽撤君归，未一月，日本兵进据辽沈。"12月，"九一八"事变之后，全国各地抗日爱国运动日渐高涨，中央大学学生多次组织游行示威。而为防止学生运动事态扩大。中央大学决定提前放假。汪东遂离宁往上海，旋归苏州休假。同月，汪东为王易《国学概论》题跋。（参见薛玉坤《汪东年谱》，河南文艺出版社2016年版）

　　黄侃继续任教于中央大学。1月21日，致金毓黻信，介绍曾望生。2月13日，黄侃上太炎先生书。18日，日本留学生吉川幸次郎来谒。22日，吉川幸次郎来访，黄侃留饭，又赠以一诗。吉川幸次郎为黄侃书扇，录《新宫铭》。拜访黄侃，给吉川幸次郎留下了深刻而美好的印象，而且"始觉中原存典型"，从黄侃那里得到了极大的启发，对其"中国之学不在于发现而在于发明"的观点高度认同，并对考证学作出了独到理解。同日，黄文弼来访，当时黄文弼刚从新疆考古归来，赠《张怀寂墓志》、自著书二本及古物影片12张。24日，黄侃收到章太炎来信，论大衍之数即平方根数。27日，晚听黄文弼说考古。28日，黄文弼来访，谈至子夜。3月1日，黄文弼来访，赠北魏写经影片。3日，发箧得刘师培遗稿《西汉周官师说考》一册，雨中持黄焯抄录。9日，收到金毓黻来信。17日，买董康《东游日记》，检所载敦煌本及日本旧写本《古文尚书》。4月5日，收到章太炎来信。6日，作《春秋左氏疑义答问后序》。7日，致章太炎信。10日，收到章太炎来信。11日，改作《春秋左氏疑义答问后序》。

以桓谭"左氏传于经,犹衣之表里,相待而成,经而无传,使圣人闭门,思之十年,不能知也"之言为治古文之圭臬。16日,收到章太炎来信,谓改作《后序》辞义允惬,不须修改一字。又论刘君左氏之学,其言甚长。25日,拟作《过吴门吊梁伯鸾》文。27日,章太炎有《与季刚论司马门书》。

黄侃5月1日撰《腾冲青齐李氏族谱序》成,即以快信寄李根源,并刊于《制言》第10期。4日,为居正之父撰墓表,极尽点缀,因同情居正被蒋介石幽禁。7日,应蒋鼎文之请,作《蒋子朗先生家传》。10日,论"未闻":"师说不传曰未闻,不知其详曰未闻,未敢专从曰未闻,记忆忽忘曰未闻,事理纰缪、逊辞不驳曰未闻。"20日,收到章太炎手书,并补《春秋左氏疑义答问》七条稿,命依次缮写补入。21日,竟日录章太炎稿,凡六纸,还寄章太炎,并写一信问候起居。30日,作《诗音上作平证》,次日脱稿。该文以《诗经》韵脚平上相押证明古无上声,实为其"古音两声说"的注脚。31日,收到章太炎30日来信,又补《春秋左氏疑义答问》五条。6月2日,抄《春秋左氏疑义答问又补》。3日,致章太炎信。6日,收到章太炎来信,以三体石经古文催、常二字见询。8日复章太炎信,论三体石经古文。12日,有《与王献唐书》。19日,收到王献唐来信,言杨以增家所藏叶林宗抄《经典释文》,为潘馨航(名复)以六百元买去。又收到献唐寄来拓本四种。20日,校《礼学略说》一通,以快信寄王献唐,索海原阁宋元秘本书目。28日,收到章太炎26日快信,为言《三体石经考》近亦毕工,附示新作《丁君墓表》,嘱转交丁惟汾。30日,致章太炎信。同日,录黄宗羲诗:"至文不过家书写,艺苑还从理学求。"黄侃甚爱此语。

黄侃7月6日收到章太炎7月4日手书,言《诗经·般》用韵,并详论研讨古文之法。9日,与潘重规论《公羊》文法。14日,收到章太炎13日来信。19日,抵沪,拜访章太炎,未能畅谈。20日,与章太炎交谈,又不获畅意。23日,金陵大学国学研究会两个学生来访,请求为其校刊《金声》题签,并作题辞。28日,致章太炎信,并寄《三体石经考》《太公家教》。30日,收到章太炎快信。8月2日,收到章太炎来信。3日,致章太炎信。8月5日,刘赜撰《声韵学表解》,求题签,不允。8日,收到章太炎快信。复章太炎信,并寄《石经考》。14日,致章太炎信。15日,收到章太炎11日来信,询以《鲁论》"可使治其传也"之说。16日,收到章太炎来信,以《汉书》《周礼》说"治傅"之义。23日,潘重规、黄念容辞赴鄂,以所购《续古逸丛书》本四开本宋刊《说文解字》一函相赠。黄侃云:"此书予所甚爱,付彼时殊郑重也。"24日,陆宗达寄来《青溪旧屋文集》《铁云藏龟释文》,复以一信。9月20日,获悉"九一八"事变消息,义愤填膺:"突闻十八夕十九晨辽东倭警,眦裂血沸,悲愤难宣。"作《闻警》诗。同日,收到章太炎、施则敬来信。21日,闻天津、青岛相继沦陷,黄侃正当进食,悲痛而罢。23日,胡小石、汪东来访。同日夜,与次子黄念田言今日之事。

按:黄侃认为当务之急有三:一、集全国人之力以救国,而不限于一部类,如军人或某学会或某反日会;二、国人自问己所为足以致亡者,皆宜反省;重者,宜自杀以谢天下;三、直接亡、间接致亡及临难苟免、及事后卸责,皆应由国人诛之,如辽东官吏、军人。面对山河破碎,强寇入侵,黄侃再三悲呼:"呜呼!六载以来,民气尽矣。以组系颈,衔枚于口,始刺其肤,不能呼!刺肤次骨,不能呼!割刃于腹,不能呼!剖心挖肝,亦不能呼矣!痛夫!"

黄侃9月28日至金陵大学,适逢其教职员开会,黄侃拍案而起,不禁忽发庄言以侵国民党执政者,当时有国民党徒起而讥笑黄侃,黄侃怒而呵斥之。10月4日,收到黄文弼快信。5日,致章太炎信。6日,黄文弼寄来《高昌砖集》。7日,致黄文弼信。黄文弼前以所得高昌冢中绢画影片见示,因不知其名,特来信求教。黄侃细观其图,定为"女娲炼石补天图",并以此回复黄文弼。13日,收到林尹来信,论陈澧《切韵考》。14日,复林尹信,认为"古人反切用字,本非严格拘拘于上下字,联贯之以为分类之据,终难密合"。11月6日,痰中有血,咳嗽甚剧。始看《宋元学案》。12日,论崔浩之经学:"崔浩威震宇内,其五经之注,学者尚之,至勒为石经。浩诛之后,无一人称道其说者,则前之所传者非经也。"13日,收到王献唐快信。同日,致潘重规信,谈编纂《通韵》《十五经人地名韵编》《玉篇广韵类编》及《经字考正》四书条例。17日,移录《经典释文》校语全书告成。同日,收到章太炎来信,云《广论语骈枝》又得四十余条。18日,致章太炎信。同日,论宋、清骈文不合于古:"宋世自鼎臣、大年、子京后,直谓无骈文可;清世自其年后,骈文愈自振矜,愈不合古。"

黄侃12月5日收到章太炎来信,此即《与黄季刚论理学书》。19日,论"主养和"。同日,论道学出于佛学:"大抵讲道学者出于佛,讳言佛,可谓升廪捐阶也已。"20日,论时政之弊:"倭又欲取锦州,而朔方亦危矣。国事坏烂至此,略有人心,能无愤痛?乃彼哉之徒,见敌则如犬羊之值屠伯,宛转畏避,冀延瞬息之命;而御民犹欲保其大风猭瘯之故常。且缪为恭敬,养祸于前,为阱国中,伺机而发。坐令莘莘学子,多化桓东少年。以讲舍为京观,以诸生为鲸鲵,国土外输,淫威内肆,神州将变蒿里,贤愚同穴。悲夫!"同日,马宗霍来访,示以《切韵表》《集韵声类表》,与谈音学甚多,且告以"予定古音廿八部所由来,非创说也"。21日,自述师法屈原、庄周与陶潜:"悟屈子《天问》之意,信哲人也。屈子、庄生、陶征士,吾之师也。"26日,武酉山来求书。录朱子语"旧学商量加邃密,新知培养转深沉"赠之,跋云:"晦翁此言,终为学问坦途,不可以支离为诮。酉山仁弟其深思熟体之!"同日,论日本汉学之"隔":"日本京都东方文化学院赠《东方学报》二册。日本之讲吾国学术,马非马,驴非驴,此龟兹王所谓骡也。"30日,王易转来胡步曾书,嘱寄《庐山诗稿》与陈三立,又索还其诗稿。是年,杨伯峻师从黄侃。(以上参见司马朝军、王文晖《黄侃年谱》,湖北人民出版社2005年版)

雷海宗为中央大学历史学系教授,受聘金陵女子大学中国文化研究所研究员。1月,雷海宗在《国立武汉大学文哲季刊》第2卷第1号发表《殷周年代考》一文,文中采用新的研究方法,吸取其他科学的研究成果,如"温带人类生理"的知识来推断殷周的年代,考证《竹书纪年》所记"周元"和盘庚迁殷的年代"当为可信之历史记载",即"周元"为公元前1027年、盘庚迁殷为前1300年,并认为即使有误差,"前后相差亦必无十年之多",而"商元"只能定位公元前1600年左右。这一论断在当时引起广泛关注,至今渐成学界共识,著名史学家何炳棣认为,应称之为"雷海宗的年代"。9月,雷海宗辞去中央大学历史学系教职,入武汉大学,为史学系与哲学教育系合聘教授,讲授欧洲通史和中国哲学史课程。

按:今存于武汉大学的《欧洲通史(二)》铅印授课提纲,经增补整理后逾20万字,共计五编五十一章,每章末开列相关外文文献,共计300余种。提纲体系完整、条目清晰,打破国别界限和王朝体系,抓住重大的社会政治变革和文化思想变迁,以宗教、哲学、科学、文学、市民社会之诞生等历史变革为主线,串联整个欧洲特别是西欧的历史,最后一节更由西洋文化普及全球,预言"人类命运之打成一片"。(参见江沛、刘忠良编《中国近代思想家文库·雷海宗、林同济卷》及附录《雷海宗年谱简编》,中国人民大学出版社2014年版)

郑鹤声继续任职教育部编审处,从事历史教科书的编审工作,兼任中央大学教授。9月,所著《司马迁年谱》由商务印书馆出版。此书以王国维《太史公纪年考略》为基础,从纷繁的书籍中搜集司马迁的史料,并编成年谱。该谱使此前不为人详知的司马迁生平得以呈现,推进了中国古代史学史研究。是年,郑鹤声、郑鹤春兄弟的《中国文献学概要》由商务印书馆出版,为第一部以"文献学"命名的专著。(参见王学典《20世纪史学编年(1900—1949)》,商务

印书馆 2014 年版）

柳诒徵继续任江苏省立国学图书馆馆长，兼任中央大学教授。1月，赴沪参加中国科学社上海明复图书馆开馆典礼。编写《中国版本略说》，由明复图书馆出版。8月，赴镇江参加中国科学社第十六届年会。是年，柳诒徵《论近人讲诸子之学者之失》刊于《学衡》第 73 期；《自由教学法》刊于《学衡》第 75 期；《江苏钱币志初稿》刊于《史学杂志》第 2 卷第 5—6 期合刊。另有《青山庄诗史》刊于《史学杂志》；《族谱研究举例》《明史稿校录》《江苏社会志》《江苏书院志》刊于《国学图书馆年刊》。（参见孙文阁、张笑川编《中国近代思想家文库·张尔田、柳诒徵卷》及附录《柳诒徵年谱简编》，中国人民大学出版社 2015 年版）

张其昀 1 月在《地理杂志》第 4 卷第 2 期上发表《怎样可以吃平米饭？》。3 月，在《时事月报》上发表《改革省区之基本原理》。暑假，张其昀为"深探日我形势之虚实"，组织东北地理考察团，一行 7 人，张其昀自任团长，成员有学生朱炳海、李鹿萍、杨昌业、李玉林等人。6月 27 日，考察团由南京起程，然后从上海坐船航行几千公里到东北，以南满为中心，东达安东（今丹东）凤城，北抵长春吉林的广大区域。在沈阳，应辽宁省教育厅长、史学家金毓黻的邀请，演讲"沈阳与新陪都的意义"。7 月 13 日，张其昀带领学生至安东，了解平壤排华惨案的情况，并赴归国侨胞收容所调查。回程中在葫芦岛乘北宁铁路火车到北平，继沿津浦线于 8 月 19 日返回南京，历时 55 日，回来后仅一个月就发生了"九·一八"事变。张其昀在后两年中陆续写成的《东北地理考察团经过情形》《东北之黄渤二海》《东北之葫芦岛筑港》《东北之海防》《榆关揽胜》等文章，就是这次东北考察的部分成果。（参见郑素燕《继承中国传统士大夫精神——记张其昀的生平及其言论》，华东师范大学硕士学位论文，2008 年）

胡小石仍在中央大学任教，并兼任金陵大学教授。秋，在中央大学讲授甲骨文及金文课程，倡导铜器上文字的变迁与花纹相适应之说，主张将文字、花纹作综合的研究。其时，曾昭燏作为听课的学生，开始认识胡小石，惊其引证之淹博，说理之致密，自是每课必往听，亦尝登门请益。（参见胡小石《胡小石文史论丛》附录《胡小石先生年表》，南京大学出版社 2008 年版）

缪凤林继续任中央大学文学院史学系教授。4 月 1 日，缪凤林在《史学杂志》第 2 卷第5—6 期合刊发表《汉胡混合之北统》《西汉诸帝与外戚之祸》。

杭立武继续任南京中央大学政治系教授、系主任，兼中央研究院特约研究员。4 月，中英庚款董事会正式成立，其性质与"中美教育文化基金会"相同，但属于半官方的民间组织。经杨杏佛和梅光迪推荐，中央大学校长兼董事长朱家骅聘用杭立武任董事会总干事。夏，杭立武开始筹备中国政治学会，初与中央大学"政治系同事陶希圣、吴颂皋、刘师舜、梅思平、杨公达诸君言，皆表赞同。会暑期各地友人过京者，如张奚若、周鲠生、高一涵、皮皓白诸君等，与谈此事，感乐观速成，促即正式发起。经即通函各地，征求发起人，未匝月而京沪平津武汉青岛广州各校络绎赞同者，五十余人。足征政治研究学者之组织学会，实久具此需要，偶经提倡，竟群谋脉同也。唯以同志散居各地，召集非易，当与高一涵君等先拟会章草案，即以通信方法，征询各同志同意，并请推选筹备委员，共策进行。以东北事起，继以沪案发生，迟滞数月"，至次年正式成立。（参见刘思祥《杭立武传略》，《江淮文史》2001 年第 1 期）

吴梅仍在南京中央大学文学院任教。秋前，仍兼上海光华大学课。4 月 20 日，为蔡振华作《元剧联套述例·序》。5、6 月间《南北词简谱》脱稿。6 月，返苏州居家。7 月 25 日复夏承焘一书。29 日，为郑振铎作《清人杂剧二集·序》。8 月 10 日，复夏承焘一书。20 日，为唐圭璋作《宋词三百首笺·序》，又为王古鲁译《中国近世戏曲史》作序。9 月 2 日，张元济复吴梅书,谓"奉读七月卅日手教,承以尊选《曲丛》三、四两集转催出版事见嘱,即经转询敝公司主管人员。据称三集业已印成,并已装订竣事,现正赶印四集。一俟出书,即与三集同时发售,云云"。9月上旬作《南北词简谱·序》。秋,辞光华大学聘。10月11日,始作《瞿安日记》。10月25日至11月9日,校《梦窗词》,并作《汇校梦窗词札记》。11月26日,作书二通,一复夏承焘,谈白石词旁谱,一复张钧孙(厚绳),论制谱之法。是年,所著《霜崖曲录》由商务印书馆出版。(参见《吴梅全集·日记卷上》及附录王卫民《吴梅年谱》,河北教育出版社2002年版;张人凤、柳和城编著《张元济年谱长编》,上海交通大学出版社2011年版)

汪辟疆继续任教于中央大学文学院中国文学系。所撰《唐人小说在文学上之地位》刊于《读书杂志》第1卷第3期;《南仓读书记》刊于《读书杂志》第1卷第6期。

赵敦荣任教于中央大学。7月,《中华教育界》发表中央大学赵敦荣《为小学教师生活问题告当代教育家》一文。文中说:小学教师生活"非常可怜,同时也很寒心"。江苏许多县欠小学教师薪俸三至五月不等,盐城竟欠薪9个月。苏州市立胥江小学教员孙信良、单鼎寰等"每日课后,习拉人力车,以维生活"。江都小学教师因欠薪已达8个月,个人不得一饱,自4月起集体停止工作。文章说:辛勤劳苦之小学教师"每日怀温饱之忧,终年为生计所迫,啼饥号寒,情同嗷嗷待哺之难民"。于是,小学教师不得已而改业,或兼差兼课,"小学教育之危机即深种于斯矣。"(参见中央教育科学研究所编《中国现代教育大事记1919—1949》,教育科学出版社1988年版)

徐悲鸿继续任中央大学艺术课教授。2月,撰《述学之一》,详述爱画动物的经过和学画的方法。3月,在《中华日报》发表《艺术? 空气!》。4月,所编《初伦杰作》(画册)一册由中华书局出版发行,该册分自叙,绘之部,镌之部,雕刊之部。5月15日,作品41件由友人谢寿康主持在比利时京城布鲁塞尔展出。6月,编辑《齐白石画册》,并作序。冬,完成巨幅中国画《九方皋》。是年,徐悲鸿自编《悲鸿描集》第四集。又有弟子张安治毕业于南京中央大学美术系,留校任助教。是年到1935年,张安治获特许入住徐悲鸿的画室5年,几乎日日亲身观摩徐悲鸿创作。(参见土豆宝宝《徐悲鸿年谱》,《大观(收藏)》2019年第3期)

孙本文继续任中央大学教授,并长期兼任社会学系主任。是年,孙本文著《社会学ABC》由上海ABC丛书社刊行;《社会学的领域》由上海世界书局刊行;《社会学大纲》(上下册)由上海世界书局刊行。

龚贤明时任中央大学教授。5月28日,代蔡元培为搜集的《江浙丝茧公债条例》由南京转寄到沪,蔡元培当即致函感谢。(参见高平叔编著《蔡元培年谱长编》,人民教育出版社1996年版)

萧一山应南京中央大学之聘,为清史教授,所著《清代学者生卒及著述表》由北平文史政治学院刊行。

邓深泽自日本回国后在南京中央大学社会学系任教,与雷震、徐逸樵、罗鸿诏、刘庆暄、曹希正、邓武等组织励进社,并创办行健中学,出版发行《人民晚报》《民鸣杂志》等。

罗家伦1月21日接任中央政治学校教务主任,兼代教育长。23日,呈教育部,再次请辞国立清华大学校长一职。26日,罗家伦在中央政治学校发表《从树立学风到树立政风》的演讲。2月9日,蔡元培致罗家伦函,谓"顷接中国合众蚕桑改良会南京制种场常君宗会函称:该场'去年在晓庄办有蚕业指导所,房屋器具,均由晓庄师范借用,及该校查封,经教育部仍许继续借用。今春方欲加倍推广,乃报载晓庄师范全部拨归中央政治学校办理乡村师范可否函托志希先生于原借校址仍予续借? 倘于乡村师范课程中,增设蚕桑一门,委托南京分场办理,收效必大'云云。该场对于蚕桑指导,颇具基础。特此代为函达,还希察酌情形,量予维持,倘蒙续借房屋,及采用其所陈办法,至为感荷。"3月17日,行政院国务会议批准罗家伦请辞清华大学校长,决定由吴南轩继任。同月,罗家伦在武汉大学《社会科学季刊》第2卷第1号发表《研究中国近代史的意义和方法》,文中认为"最近人事的历史,影响于人类或人类的某一部分——民族——也最大。要知人类或民族过去的来历和演进,现在的地位和环境,以及他将来的生存和发展,都非研究近代的历史不可",故"做近代的人必须研究近代史,做中国近代的人更须研究中国近代史"。虽然研究中国近代史是实际的需要也是知识的需要,"但是现在看重这种研究的很少——当然带营业性的中国近代史出版品也很多,学术界却不能认为研究"。作者还特别强调史料的收集与整理,指出"我所谓研究中国近代史的方法,主要的部分就是整理中国近代史料的方法",第一步是"放开眼光,扩大范围,随时随地和猎狗似的去寻材料",然后再在史料的整理翻译考订上下苦工,编成中国近代史料的丛书,最后"有这各部分的史料丛书几百种以后,才可以动手写科学的中国近代史"。罗家伦此文"可以说是提倡科学的中国近代史研究的标志,也是中国近代史研究纳入主流史学范畴的呼吁,作者对鸦片战争以来的中国近代史的历史意义和方法的论述,奠定了此后中国近代史研究的体系"。

罗家伦5月1日上蒋介石书,陈述对于实业建设程序案的意见。4日,罗家伦在南京五四运动纪念会上发表《新文化运动的时代和影响》的演讲,此为重评五四新文化运动的重要演讲。首先,罗家伦开宗明义地提出:"我们现在是处于国民革命时代。国民革命的产生,是由于一种思想的变化,一种思想的革命。思想的革命,差不多可以说是一切革命的先驱,因为人类感应得最快的是思想。思想有了变动,没有旁的力量可以压制他的。只有以正确的思想和主义才能领导。"其次,将1839—1842年第一次鸦片战争以来的思想的革命划分为四个时期。其中由第三时期到第四时期,在思想上便产生了五四新文化运动;在政治上,便推进了国民革命运动。"新文化运动以前,已有一种酝酿:就是大家感觉到有采取西洋文化精神和科学方法的必要。我们不能盲从西洋,我们也不能迷信中国。我们要用新的科学方法,来判断一切,来估定一切中国文化中国社会的本身价值。"再次,分析新文化运动的三种特质:(一)新标准估量旧文化;(二)新文学表现新人生;(三)新态度促进新社会。复次,略叙五四新文化运动经过与影响,并引录孙中山对于新文化运动正确的评价:"此种新文化运动,在我国今日,诚思想界空前之大变动。"今日来看,这个"思想界空前之大变动"所发生的影响至少有以下四种:第一是为中国树立一个新的学术风气,为学术界开阔广大肥沃的田畴;第二是为新文学打下了理论的基础,为近代中国人提出了一种表现近代人生的工具;第三是批评旧的社会组织和风俗习惯,引起了社会里许多观念和机构的合理化;第四是加速国民革命运动。最后,以五四新文化运动与西方文艺复兴与启蒙运动相比较:"有人以为新文化运动是中国的启明运动,等于欧洲十八世纪的启明运动(Enlightenment Movement)。这是很相似的。也可以说是新文化运动是欧洲文艺复兴运动(Renaissance)与启明运动合而为一的运动。就人本主义和对于古代文化重行评价一方面来说,则新文化运动颇似文艺复兴运动。就披荆斩棘,扫除思想和制度上的障碍,及其在政治社会上的影响来说,则颇似启明运动。有人说他当时破坏性的工作太重,也是当然的。没有伏台尔(Voltaire)、卢骚、第笛卢(Dideiot)、达能伯(D'Alembert)一班人的工作,哪有近代欧洲的文化和政制?德文称启明运动为廓清运动(Aufklarung),是一个很有意义的名词。不除荆棘,那有嘉禾?

收获的情形如何,却全看以后继续的努力了。"

按:罗家伦又强调:"新文化运动不过为近代中国做下了披草莱,斩荆棘的工作,开辟了一条思想的大路。至于整个的文化建设,决不能希望他于短促的期间完成。即如一般国民的新人生态度之确立,还得要有相当的时候。而且思想道路上的荆棘,是随时可以产生的,所以就以廓清工作而论,大家也还得继续努力!'不知时不能论世'。这是历史学上的名言。不知新文化运动产生的时代和环境,不能对新文化运动加以正确的批评。"

罗家伦 10 月 6 日再上蒋介石书,建议速定外交方针。同月,罗家伦译著《近代英文独幕名剧选》出版。11 月 12—23 日,罗家伦出席国民党第四次全国代表大会,被推为中央执监委员会党务报告审查委员会委员并为召集人,及大会宣言起草委员会委员。12 月 9 日,罗家伦任国民政府特种教育委员会委员,负责解决学生请愿风潮问题。是年,撰《整顿大学教育意见书》,呼吁政府彻底整顿学风。其"前言"谓"目前学风之坏,已现出大学教育之总崩溃时期,关心民族前途者,孰不深抱隐忧。十七年全国统一之时,本一整顿大学之良好机会,不意因元老之优容,政府中亦无多人关注及此,以致坐失时机,遗祸两年以上。此次复臻统一,如再不彻底整顿,则流毒不知伊与胡底"。至于根本上之问题,罗家伦提出如下意见:一、慎选大学校长,注重能切实领导青年之人;二、注重文化出版事业,以引导学生基本思想入于正轨;三、注重专门技术人才之训练,以免除目前大学毕业生反成为不良不莠毫无生活技能之高等流氓之流弊。并强调"此皆党国而领导全民族者之亟宜注意者也"。是年,罗家伦作《知难行易学说的科学基础》,重在探讨和阐释孙中山思想,包括以下 10 个问题:(一)哲学观念与人生;(二)"孙文学说"的背景;(三)科学态度之必需;(四)"知难行易"与"知行合一";(五)何谓"行为"及"知"与"行"之分别何在;(六)人类文化演进的三阶段;(七)从心理学证明"不知亦能行";(八)知的性质;(九)能知必能行;(十)求知的要诀。最后总结:(1)总理学说与现代科学之一致;(2)求真知贵力行。(以上参见刘维开《罗家伦先生年谱》,中国国民党中央委员会党史委员会 1996 版;张晓京编《中国近代思想家文库·罗家伦卷》及附录《罗家伦年谱简编》,中国人民大学出版社 2015 年版;高平叔编著《蔡元培年谱长编》,人民教育出版社 1996 年版;王学典《20 世纪史学编年(1900—1949)》,商务印书馆 2014 年版)

陈裕光时任金陵大学校长。5 月,《金陵学报》半年刊创刊,由金陵大学金陵学报编辑委员会编辑,金陵大学出版委员会出版,金陵大学编辑部发行,哈佛燕京学社提供经费支持,主编为著名图书馆学家李小缘,撰稿人主要为金陵大学师生,还有校外的著名人士如闻一多、王重民等也曾为其供稿。该刊为文理综合性刊物,设有篇目、特载、书评、附录等栏目,内容涉及文史、数理及农学等学科,首期为文理综合版,但初以文史哲论文为主而自然和应用科学的稿件较少,后各期多以专号形式出版,如"理科专号""文史哲专号"。目录后有"本期撰述人略历"对该期供稿人的学历及个人经历等进行简要介绍,有助于今人了解该刊的作者群体。

按:至 1937 年抗战爆发,出版至第 7 卷第 1 期。抗战期间,在李小缘、钱能训等人的努力下,《金陵学报》又出版至第 11 卷。(参见王学典《20 世纪史学编年(1900—1949)》,商务印书馆 2014 年版)

陶行知 1 月 16 日在日本上桃山谒明治陵,观察到一工人对天皇的态度冷漠。3 月 15 日,晓庄校庆日,陶行知在日本卧病多日,写诗《久病初愈》。3 月中下旬,陶行知自日本潜回上海,匿居北四川路,为商务印书馆翻译世界名著。受史量才聘,为《申报》总管理处顾问,对革新《申报》提出诸多建议。4 月,陶行知协助晓庄在沪同志创办小朋友书店。出版《儿童生活》《师范生》,用笔名"时雨"撰稿。7 月,陶行知用笔名"何日平"在《中华教育界》第 9 卷第 3

期发表《中华民族之出路与中国教育之出路》，指出中华民族与中国教育的三大出路为："教人少生小孩子；教人创造富的社会；教人建立平等互助的世界。"夏，陶行知在史量才资助下，与丁柱中、高士其、戴伯韬等共创自然学园，提倡"科学下嫁"运动。8月，陶行知《教学做合一下之教科书》发表于《中华教育界》第19卷第4期。9月2日，陶行知以笔名"不除庭草斋夫"在《申报》副刊《自由谈》上辟"不除庭草斋夫谈荟"专栏，发表时评和杂感。秋，陶行知作诗《三代》："行动是老子，知识是儿子，创造是孙子。"11月11日发表《思想的母亲》，指出"行动是思想的母亲"。（参见江苏省陶行知研究会、南京晓庄师范学校编《陶行知文集》及附录《陶行知生平年表》，江苏教育出版社2008年版；余子侠编《中国近代思想家文库·陶行知卷》附录《陶行知年谱简编》，中国人民大学出版社2015年版）

马饮冰、黄宇人、高柏桢等55名代表提议之《提高小学教员待遇，以增进教育效率案》5月17日在国民会议第8次会议通过。提案说："夫小学教员以终年矻矻，所得之资，仰不足以事，俯不足以蓄，甚且不能维持个人之生活，天下不平之事，莫甚于此。"提案人提议"按目前社会生活程度，提高小学教员待遇""实行年功加俸"。6月19日，教育部训令各省市订定提高小学教师待遇办法，其中包括年功加俸等办法。青岛市、绥远省等地相继提出了上述办法。（参见中央教育科学研究所编《中国现代教育大事记1919—1949》，教育科学出版社1988年版）

卫聚贤继续兼任南京古物保存所所长。1月，卫聚贤《元代演戏的舞台》刊于《清华文学月刊》第2卷第1期。4月1日至5月15日，卫聚贤与董光忠等人一起，联合山西国立图书馆、北平女子师范学院研究所和美国福利尔艺术陈列馆，在山西万泉县发掘山西万泉县荆村新石器仰韶文化遗址，出土了石器、骨器、粗陶器、彩陶、人骨等。卫聚贤发现了粟和有可能是高粱的壳皮，另外还有一件陶制的瓦管，上有数只小孔，他认为这是原始社会的瓦制乐器，名为"陶埙"，是中国现存最早的乐器，后为考古界、音乐界所公认。是年，卫聚贤著《历史统计学》由上海商务印书馆刊行。（参见赵换《卫聚贤学术研究》，华东师范大学硕士学位论文，2010年；中国大百科全书总编辑委员会《中国大百科全书·考古学》，中国大百科全书出版社2002年版）

黄绍美4月5日出席在南京中央大学致公堂召开的亚州文化协会第一次代表大会，印度、高丽、暹逻、安南、缅甸等亚洲各弱小民族代表400余人出席会议。中国代表黄绍美任主席团主席，并致开会词，称该会最近的任务是"宣扬亚洲文化，发展亚洲文化"，呼吁"应当一致的根据三民主义的原则，联合世界上以平等互助待遇的民族，组成民族的国际，复兴亚洲文化，完成世界大同"。会议决定以亚洲文化协会为"胚胎"，谋建"三民主义的民族国际"。

按：此次大会以半官方的形式回应了中国国民党人民族国际论的政治诉求，将"民族国际"与"三民主义国际"等同了起来，强调和体现了其中中国国民党的领导地位。（参见章恒忠、王亚夫主编《中国学术界大事记(1919—1985)》，上海社会科学院出版社1988年版；张文涛《"新天下三分策"：国民革命时期国民党人的"民族国际"论》，《宁夏社会科学》2008年第1期）

林兢5月10日出席在南京举行的新亚细亚学会成立会，会议选出林兢等10余人为该会理事，通过会章53条。（参见章恒忠、王亚夫主编《中国学术界大事记(1919—1985)》，上海社会科学院出版社1988年版）

王钟麟译日本学者田中萃一郎《西人研究中国学术之沿革》5月刊于《金陵学报》第1卷第1期；译日本学者武内义雄著《六国表订误及其商榷》由江苏南京金陵大学刊行。所著《三国史略》由上海商务印书馆刊行；《晋之统一与八王之乱》由上海商务印书馆刊行；《太平天国革命史》由上海商务印书馆刊行。卷末附录：官等表、诸王列侯表、大事年表及参考书

目。(参见王学典《20世纪史学编年(1900—1949)》,商务印书馆2014年版)

陆渊雷任中央国医馆学术整理委员。是年,张赞臣编、杨彦和增订、上海市中医师学术研究所审定《中国诊断学纲要》一册由千顷堂书局出版,对于学习医学诊断有着重要的意义。此书由陆渊雷题签,仙居朱寿朋序。

艾伟、萧孝嵘、易克樵、陈鹤琴等人6月21日在南京发起成立中国测验学会。编辑《测验》杂志。

> 按:中国测验学会系于民国二十年成立,其宗旨在研究测验理论,推行测验方法,并培植测验专门人才。首届负责人为艾伟、易克樵及陈鹤琴三先生。自民国二十四年至三十二年,由萧孝嵘、艾伟及易克樵三先生负责。民国二十六年,本会会址遭敌机炸毁。负责人随政府西迁。会址暂设于中央大学心理系内。自民国三十二年以来,本会会务系由萧孝嵘先生主持。最近理监事会改选结果,萧孝嵘、艾伟、沈有乾、吴南轩、蔡乐生、陈鹤琴、王书林、廖世承、易克樵、曹飞诸先生当选为理事,并选举萧孝嵘先生为理事长。陆志韦、朱君毅、陈大齐、常导之、陈创储诸先生当选为监事。本会研究工作集中于各种测验之编订。其主要者有下列各类:(一)智力测验。a.订正墨跋幼稚儿童量表(与中央大学心理系合作);b.订正古氏儿童智慧测验(与中央大学心理系合作);c.小学智慧测验两种(与中央大学心理系合作);d.中学智慧测验五种(与人事心理研究社合作);e.大学心理测验五种(与人事心理研究社合作);f.普通警察团体测验两种(与内政部合作);e.普通警察个别测验(与内政部合作);g.警官智慧测验十种(与内政部合作);h.军官智慧团体测验两种(与中央大学心理系合作);j.空军普通分类测验两种(与人事心理研究社合作)。(二)教育测验。小学各科测验(一部分与人事心理研究社合作)、初中英语测验(与中央大学心理系合作)、初中代数测量(与中央大学心理系合作)、中学英语拼字文法测量(与中央大学心理系合作)、高中英语默读测量(与中央大学心理系合作)、高中国文默读测验(与中央大学心理系合作)、算术能力诊断测验(与中央大学心圳系合作)。(三)品格测验。订正presseyx—〇试验(与中央大学心理系合作)、个人事实表格两种(与人事心理研究社合作)、订正马士通品格评定量表(与中央大学心理系合作)、订正勒氏品格评定量表(与人事心理研究社合作)、警察品格测验(与内政部合作)、领导品质测验十余种(与中央大学教育心理学部及心理系合作)。(四)职业测验。订正塞斯通职业指导测验(与中央大学心理系合作)、机械兴趣测验(与人事心理研究社合作)、护士能力倾向测验(与人事心理研究社合作)、交通警察测验(与内政部人事心理研究社合作)、刑事警察测验(与内政部人事心理研究社合作)、订正明内所他机械能力测验(与人事心理研究社合作)、订正德国各种机械能力测验(与人事心理研究社合作)、会计人员测验(与人事心理研究社合作)、小学教师能力倾向测验(与中央大学心理系合作)、大学生自由联想测验(与人事心理研究社合作)、中学生自由联想测验(与人事心理研究社合作)。(何志平、尹恭成、张小梅主编《中国科学技术团体》,上海科学普及出版社1990年版)

彭尔康、熊伯蘅、杨杏佛、张普逊、黄秋华、丁季明等为主要撰稿的《国民周刊》3月29日在南京创刊。

李仪祉4月在南京倡议成立中国水利工程学会,以"联络水利工程同志,研究水利学术,协力促中国水利建设"为宗旨。

仇埰、石凌汉、孙濬源、王孝煊等人在南京成立蓼辛词社,自春徂秋,未之或辍,计联57调,得令慢100余首。

柳子谷在南京与艺友周曙山等发起筹备首都白社,拟创办艺术刊物并被推为主编,但刊物未获有关部门批准。是年,在南京市书画研究社成立时当选为候补理事。

向培良任主编的《青春》月刊5月在南京创刊。

龚德柏在南京创办《救国晚报》《校园日报》。

陈梦家毕业于南京中央大学法律系。

周振甫考入江苏无锡国学专修学校,随钱基博学习。

欧阳竟无因"九一八"事变爆发,开始转入儒学的研究,此其学术之一大变。10月,编成《论语十一篇读》,并作叙文。(参见徐清祥《欧阳竟无评传》及附录一《欧阳渐学术行年简表》,百花洲文艺出版社 2010 年版;徐清祥编《欧阳竟无先生学术年表》,载欧阳竟无《欧阳竟无内外学》,商务印书馆 2017 年版)

太虚在 4 月 8 日中国佛教会召开的全国佛教徒代表大会上,被选为执行委员。是年,太虚在南京太平门外佛国寺创办世界佛学苑,以"研修佛学,发扬文化,增进人生福慧,造成世界安乐"为宗旨。(参见于凌波《中国近现代佛教人物志》上编《一代佛教领袖太虚大师》,宗教文化出版社 1995 年版)

胡适接钱玄同 1 月 1 日信,告称北大筹设单不庵遗著编印会,拟由蔡元培、蒋梦麟、陈大齐、胡适、徐炳昶、乌以锋、马裕藻、马衡、朱希祖、钱玄同等组成,以此征求胡适意见。5日,胡适复信说:"我极赞同,也愿附名发起。"同时建议发起人中添入钱稻孙、张阆声、潘尊行 3 人。同日,胡适起程赴沪。9 日,参加中基会第五次常会。会上决定由中基会与北大于今后五年内各提出 20 万元,作设立研究讲座、聘专任教授及购图书仪器之用。自此,北大又陆续请了一些有名的专家教授来校做研究和专题讲座。18 日,胡适致函蒋介石侍从室主任陈布雷,希望他稍稍浏览《新月》杂志所登谈论政治各文,然后"该'没收焚毁',或该坐监枪毙,我们都愿意负责任。但不读我们的文字而但凭无知党员的报告,便滥用政府的威力来压迫我们,终不能叫我心服的"。19 日,胡适代光华大学校长张寿镛草拟《上蒋介石呈》,拟请免予撤换罗隆基处分,以示包容。胡适南下期间,曾与罗家伦有过几次谈话,北上之前写信给他,希望他在国民政府内倡议和实行"一切命令、公文、法令、条约都须用国语,并须加标点、分段"。21 日,胡适致函王云五,谈中国公学风潮事,并告将乘轮北上。24 日,胡适在自上海至青岛的船上看到 20 日发行的徐志摩主编的《诗刊》创刊号,对相关诗人作出评论。

按:胡适在当天的日记中写道:"读《陈梦家的诗集》,这里面有许多好诗,小诗有很好的,长诗如《都市的颂歌》也算是很成功之作。""读昨日新出的《诗刊》第一号,其中也有绝可喜的诗。一多有一首《奇迹》,很用气力,成绩也很好。志摩有一篇四百行的长诗——《爱的灵感》——是近年的第一长诗,也是他的一篇杰作。""新诗到此时可算是成立了。我读了这几位新作者的诗,心里十分高兴,祝福他们的成功无限! 他们此时的成绩已超过我十四年前的最大期望了。我辟此荒地,自己不能努力种植,自己很惭愧。这几年来,一班新诗人努力种植,遂成灿烂的园地,我这个当年垦荒者来这里徘徊玩赏,看他们的收获就如同我自己收获丰盈一样,心里直高兴出来。"

胡适 1 月 25 日中午 12 时抵青岛,杨振声、闻一多、梁实秋、杜光埙、唐家珍(医生)到码头迎接,送至万国疗养院下榻后,即至顺兴楼午餐。晚,杨振声、闻一多、梁实秋、邓仲纯、秦素美、方令孺、陈季超、周钟麒、蒋右沧、谭声传等,复在顺兴楼举行欢迎胡适晚餐。27 日下午 4 时,胡适在青岛大学演讲《文化史上的山东》,大意说中国文化之源流,除佛教来自印度,儒、道皆起于山东,又论"齐文化"与"鲁文化"的区别,强调"齐学"的重要性。听者六百余人,挤满了礼堂。当晚,胡适离青岛赴济南,杨振声、闻一多、梁实秋、周钟麒、杜光埙、方令孺、秦素美、蒋右沧等至火车站送行。2 月初,胡适致函杨振声,谈北大文学院长的人选问题,谓陈大齐原为代校长,蒋梦麟接任校长后,首请他任文学院长,彼未允。蒋梦麟不得不暂时搁置。胡适表示希望杨振声来任院长。但傅斯年不肯让他离开青岛。大约不久,蒋梦麟就决定聘请胡适为文学院长。3日，胡适作《论〈诗经〉答刘大白》。2月13日，闻一多与梁实秋写信给胡适。信中附有梁实秋草拟的翻译莎士比亚著作之计划。25日，胡适自北平致函蔡元培，略谓："中公的事，先生煞费苦心，竭力维持……使我为公谊为私情，都感觉十分感谢。倘经农兄肯来维持，我可以暂时不辞校董。"又谓"北大积弊已深，非有根本改革，不能救济。此时必须得三个有力的院长，以分兼主任之权，使他们不能把持包办。但至今日，只有周梅荪（炳琳）肯任法学院，文、理二院均未得人。先生所谓'必无才难之叹'，恐非事实。"同日，胡适复闻一多、梁实秋信，主要谈及翻译莎士比亚著作的计划。3月12日，胡适作《明成祖御制〈佛曲〉残本跋》。15日，修订《跋〈西游记〉本的〈西游记传〉》。16日，作《论〈牟子理惑论〉——寄周叔迦先生书》。17日，胡适作《与钱穆先生论老子问题书》，对钱穆刊于1930年12月《燕京学报》第8期的《关于〈老子〉成书年代之一种考察》所论"《老子》书已断当出孔、墨之后"提出反驳。此文刊于次年5月7日《清华周刊》第37卷第9、10期"文史专号"。27日，罗隆基致信胡适，请胡适撰《人文主义》一文。同日，潘光旦致信谈太平洋国际学会请胡适撰写《中国人对于接受西洋文化之态度》一文，催请动笔。潘信中还提到预拟由新月出版《钝夫年谱》的事。同月，写胡适撰成《四十自述》的第三、四章《在上海》（一）、《在上海》（二）。

胡适4月21日致信钱穆，表示对钱穆与顾颉刚的"今古学"的讨论很有兴趣，谓"现在应该回到廖平的原来主张，看看他'创为今古学之分，以复西京之旧'的说法是否可以成立。不先决此大问题，便是日日讨论枝叶而忘却本根了。至于秦祠白帝之三畤，以民俗学眼光去看，绝无可疑"。24日，钱穆复信胡适，掇其《国学概论》（时尚未印行）之要点，大意不赞成廖平的说法。认为从汉初的尚百家言到董仲舒立五经博士才是真正意义上的今古文之争。信中还说不日将到府上面谈。5月4日，胡适作《赵万里辑校〈宋、金、元人词〉序》。5日，胡适为北大哲学系毕业学生作临别赠言，说："一个哲学系的目的应该不是教你们死读哲学书。也不是教你们接受某派某人的哲学。禅宗有个和尚曾说：'达摩东来，只是要寻一个不受人惑的人。'我想借用这句话来说：'哲学教授的目的也只是要造出几个不受人惑的人。'"又说："你们能够做个不受人惑的人吗？这个全凭自己的努力。如果你们不敢十分自信，我这里有一件小小法宝，送给你们带去做一件防身工具。这件小法宝只是四个字：'拿证据来！'"7日，再作《论〈牟子理惑论〉——寄周叔迦先生书》。8日，为《大公报》作《后生可畏》。31日，为王照的《小航文存》写序。文中对这位清末维新志士，一生坚持提倡普及教育的思想和为此奋斗不懈的精神表示很高的敬意。约在5至6月间，胡适致函徐志摩，谈他读过刚刚创刊的《诗刊》第1期的感想。6月8日，胡适作于上年3月20日夜的致冯友兰书刊于《大公报·文学副刊》第178期，此即《与冯友兰先生论老子问题书》。

按：《与冯友兰先生论老子问题书》缘起于冯友兰向胡适寄赠《中国哲学史讲义》，因为《中国哲学史讲义》将《老子》归为战国时的作品，这实际上就完全否定了胡适此前提出的观点，即老子其人及《老子》在孔子以前。所以胡适主要就书中《老子》的年代问题提出驳论，直言："你把《老子》归到战国时的作品，自有见地；然讲义中所举三项证据，则殊不足推翻旧说。"然后一一辩证如下：

第一，"孔子以前，无私人著述之事"，此通则有何根据？当孔子生三岁时，叔孙豹已有三不朽之论，其中"立言"已为三不朽之一了。他并且明说"鲁有先大夫曰臧文仲，既没，其立言"。难道其时的立言者都是口说传授吗？孔子自己所引，如周任之类，难道都是口说而已？至于邓析之书，虽不是今之传本，岂非私人所作？故我以为这一说殊不足用作根据。

第二，"《老子》非问答体，故应在《论语》《孟子》后。"此说更不能成立。岂一切非问答体之书，皆应在

《孟子》之后吗?《孟子》以前的《墨子》等书岂皆是后人假托的? 况且"非问答体之书应在问答体之书之后"一个通则又有什么根据? 以我所知,则世界文学史上均无此通则。《老子》之书韵语居多,若依韵语出现于散文之前一个世界通则言之,则《老子》正应在《论语》之前。《论语》《檀弓》一类鲁国文学始开纯粹散文的风气,故可说纯散文起于鲁文学,可也;说其前不应有《老子》式的过渡文体,则不可也。

第三,"《老子》之文为简明之'经'体,可见其为战国时之作品"。此条更不可解。什么样子的文字才是简明之"经"体? 是不是格言式的文体? 孔子自己的话是不是往往如此? 翻开《论语》一看,其问答之外,是否章章如此?"巧言,令色,鲜矣仁""道千乘之国,敬事而信,节用而爱人,使民以时""行夏之时,乘殷之辂,服周之冕",这是不是"简明之'经'体?"

胡适由上三点得出结论:"怀疑《老子》,我不敢反对;但你所举的三项,无一能使我心服,故不敢不为它一辩。推翻一个学术史上的重要人,似不是小事,不可不提出较有根据的理由。"随后,胡适又举张怡荪对梁启超的六条驳文,"说明我此时还不曾看见有把《老子》挪后的充分理由。至于你说,道家后起,故能采各家之长。此言甚是。但'道家'乃是秦以后的名词,司马谈所指乃是那集众家之长的道家。老子、庄子的时代并无人称他们为道家。故此言虽是,却不足推翻《老子》之早出"。

胡适接王世杰6月18日函,为武汉大学营建校舍请求庚款补助。7月7日,作《〈崔述的年谱〉后记》。14日,胡适作《〈软体动物〉的公演》,刊于7月19日《晨报》。同月,新月书店北平分店遭到当局干预,原因是《新月》第3卷第8期内又有讨论约法的文章触忌。8月6日至17日,胡适到秦皇岛避暑,与丁文江同住。29日,写信给陈寅恪,谈过所赠《支愍度学说考》,甚表赞许。9月5日,作《辨伪举例——蒲松龄的生年考》。12日,胡适写信给吴春晗(后改名吴晗)谈治学,谓"秦汉时代材料太少,许多地方须用大胆的假设,而证实甚难","晚代历史材料较多,初看去似甚难,其实较易整理。因为处处脚踏实地,但肯勤劳,自然有功。凡立一说,进一解,皆容易证实,最可以训练方法"。"九一八"事变后,胡适凑集一批朋友,想要对时局有所主张。据胡适《又大一岁了》(载《独立评论》第151号)回忆:"在'九一八'事件发生之后不久,我们一二十个朋友曾几次聚会,讨论东三省的问题。我们公推蒋廷黻先生起草一个方案,我个人也起了一个方案。廷黻的方案已够温和了,我的方案更温和。大家讨论了许久,两个方案都不能通过。又公推两位去整理我们的草案,想合并修正作一方案。结果是整理的方案始终没出现。"其时,胡适参与组织一个团体,叫做"自觉救国会",宣言反对对日作战,反对对日绝交,提倡所谓"曲突徙薪之谋",盛称"甘地精神"。宣称:"本会以联络各界觉悟爱国分子,组织团体,兴办实业,实行自救救国为宗旨。"其《宣言》《简章》内容均与蒋介石的不抵抗政策相吻合。发起此会的主要人物还有顾维钧夫人、颜惠庆夫人、康同璧等。10月21日至11月2日,胡适到上海出席太平洋国际学会,并充会议主席。会前,胡适与丁文江同往南京晋见蒋介石,自此胡适与国民党最高统治当局建立了直接联系,成为他政治态度变化的一大关键。

按:10月14日《申报》发布消息称:"丁文江、胡适来京谒蒋。此来系奉蒋召,对大局有所垂询。国府以丁、胡卓识硕学,拟聘为立法委员,俾展其所长,效力党国。将提十四日中政会简任。""简任"云云,未成事实。但从此,胡适与国民党最高统治当局建立了直接联系,成为他政治态度变化的一大关键。从前是站在"外边"批评当局,此后是处身幕内为当局者献纳意见。这种刚刚建立起来的新关系,胡适不很愿意公诸于世。这可从11月1日陈叔通致胡适的信中看出来。其信中说:"太平洋学会,公速北还,绝无痕迹之好机会,可以保留独立发言之地位。爱公或无如弟者,唯形迹稍疏耳。"

胡适11月15日作《〈楞伽师资记〉序》。19日,徐志摩因飞机失事遇难,胡适其为痛惜,撰写《追悼志摩》一文。文中说:"志摩走了,我们这个世界里被带走不少的云彩。他在我们这些朋友之中,真是一片最可爱的云彩,永远是温暖的颜色,永远是美的花样,永远是可爱。"徐志摩死后,胡适等徐氏生前的好友们都异常伤悼。他们频频通信商量纪念死友的办法。除《新月》出版纪念专号以外,他们还筹拟举办徐志摩纪念奖金和分工编辑徐氏的集子。胡适曾手拟《徐志摩纪念文学奖金募集办法》及《陆小曼给养办法》等文件。是月,胡适写信给宋子文,主张接受日本的五项原则,以为交涉的基础。当时胡适与他的一群英美派的朋友正在研究对日让步的问题。12月5日,土耳其的青年学者赖毅夫致信,表达他愿来中国学习汉语和中国文化,"以便将学成沟通两国的文化"。希望得到帮助。19日,胡适致信李石曾,恳其代辞拟议中的华北政务委员会委员的职务。信中说:"我从来不想参加实际的政治,这并非鄙薄实际政治,只是人各有能有不能。我自有我自己的工作,为己为人都比较有益,故不愿抛弃了我自己的工作来干实际的政治。"30日,胡适在北大中文系讲演《中国文学的过去与未来》。同月,所著《淮南王书》由新月书店出版。是年,胡适《中国文学史选例》卷一(古代)由北京大学出版部出版;《散文选萃》由上海亚洲印书馆出版;还出版了英文著作《我的信仰》。又有《王充的〈论衡〉》刊于《现代学生》第1卷第4、6、8、9期;《〈销释真空宝卷〉跋》刊于《北平图书馆馆刊》第5卷第3期;《与钱穆先生论老子问题》刊于《清华周刊》第31卷第9、10期。(以上参见耿云志编《胡适年谱》,福建教育出版社2012年版;张婷《"展缓判断"求真相:冯友兰与胡适对孔老先后之争的学术意义——兼对冯友兰复胡适信函时间考证》,《保定学院学报》2014年第2期)

顾颉刚上半年任燕京大学国学研究所研究员及学术会议委员。又任燕大历史学系教授,讲授"中国上古史研究"课。1月,朱士嘉、顾颉刚在《社会问题季刊》第1卷第4期发表《研究地方志的计划》,文中指出:"我们现在寻找材料,要转向社会方面去了;因为那里有露骨的风土人情,切实的国计民生。这条路,除了我们自己开辟之外,若要在旧材料里找,那只有叩地方志之门了。"同月,洪业在燕大图书馆破书堆中发现崔述《知非集》,持以交顾颉刚,顾颉刚日记载:"大快。从此东壁著作又多一种矣。"随后嘱赵贞信重作《崔东壁遗书》之《初刻本校勘记》。2月,修改朱士嘉《研究地方志的计划》。2—3月,校《左氏春秋考证》,又为《书序辨》作序,未毕。3月18日,顾颉刚给北京大学文学院院长胡适去信,极力推荐钱穆代替自己,到北大任教,胡适遂聘钱穆到北京大学历史系任教,但两人在学术上有分歧。19日,齐思和作《与顾颉刚师论〈易系辞〉观象制器书》求教。

顾颉刚4月3日为钱穆《评〈五德终始说下的政治和历史〉》作跋。同日,顾颉刚与燕京大学容庚、郑德坤、林悦明等人组成燕大考古旅行团,到河北、河南、陕西、山东四省调查古物古迹。洪业、吴文藻藉4月上旬学校放春假之机亦同行。其间,考古旅行团专去大名访问崔东壁故里。5月29日抵北平。6月,与考古旅行团同人编此行所拍照片目录,在校举办照片展览会。6月,审查赵丰田所作《康长素先生年谱稿》毕。6—7月,顾颉刚作此行报告《辛未访古日记》。其中大名一节,先与洪业合撰篇为《崔东壁先生故里访问记》,刊于《燕京学报》第9期。6月3日,顾颉刚作《(研究员顾颉刚)工作报告》,总结本学年工作。12日,应钟敬文、娄子匡邀,将吴立模作《苏州唱本叙录》略加修改,并作序,寄《民俗学集镌》发表。同日,顾颉刚致周予同信,论《尧典》之三种本子。7月10日,顾颉刚致周予同信,因彼嘱《古史辨》第三册尚需多找确证,故论提出问题与解决问题之事。8—11月,作《〈尧典〉著作时代考》。

顾颉刚下半年因燕大国学研究所所长陈垣辞职而结束,遂任哈佛燕京学社研究员,至1937年。9月,燕大新学年开学,顾颉刚为了预备作《王制考》,改开了《尚书研究》课,并开始编辑《尚书研究讲义》,将在燕京大学、北京大学《尚书学》一课的讲义及学生相关论文等编为《尚书研究讲义》,并由景山书社陆续出版。据《史学年报》第1集第5册所载此书广告。该讲义计划每年出 3 册,至 1933 年 8 月已出版 3 册。刘起釪在《顾颉刚先生与〈尚书〉研究》一文中指出,顾氏在燕京所编《尚书研究讲义》分甲、乙、丙、丁、戊五种,每种分册收集资料,作专题研究。此书被认为代表了当时《尚书》研究的最高水平。顾颉刚由授此课,进而编辑《尚书学》,先着手《尚书文字合编》《尚书通检》《尚书学讨论集》等。同月,顾颉刚始任北京大学史学系兼课讲师,授"尚书研究"课,学生有张福庆、杨向奎等。9 月 4 日,顾颉刚、俞平伯《论〈商颂〉的年代》作按语。9 月 18 日,日军占领沈阳,顾颉刚谓"别人都悲情填膺,我反心中暗喜。我以为如果没有这件事,二三十年之后,我们的国家是亡定了,我们的民族是灭定了","予念'若药弗瞑眩,厥疾弗瘳'之言,心知民族之转机至矣"。10 月 12 日,顾颉刚在容庚处召开抗日十人团第一团成立会,此乃容庚所发起,参加者有洪业、郭绍虞、吴文藻、黄子通、容媛、吴世昌等。其誓词曰:"在日本军队未离中国疆土,赔偿其所给予我国一切损失以前,凡我团员绝对不为日人利用,不应日人要求,不买卖日人货物。"13 日,顾颉刚参加燕大中国教职员集会,会上成立燕大中国教职员抗日会,选举容庚、洪业、黄子通、胡经甫、陈其田为委员。该会经费由会员薪水扣付。同月,顾颉刚被聘为北平图书馆购书委员会委员。

顾颉刚 10—11 月与谭其骧讨论汉代州制。谭其骧对顾颉刚讲义中认为《尧典》的十二州应是袭自汉武帝时的制度一说有异议。11 月 1 日,顾颉刚作《古史辨》第三册自序,认为:"我们的功力不但远逊于清代学者,亦且远逊于宋代学者。不过我们所处的时代太好,它给予我们以自由批评的勇气,也许我们比宋代学者作进一步的探索,——解除了道统的束缚;也许我们比清代学者作进一步的探索,——解除了学派的束缚。它又给予我们许多崭新的材料,使我们不仅看到书本,还有许多书本以外的东西,可以作种种比较的研究,可以开出想不到的新天地。"顾颉则还指出,《古史辨》只是一部汇集一时代人们的见解的材料书。他说:"就表面看,我诚然是专研究古书,诚然是只打倒伪史而不建设真史。但是,我岂不知古书之外的古史的种类正多着,范围正大着;又岂不知建设真史的事比打倒伪史为重要。我何尝不想研究人类学、社会学、唯物史观等等,走在建设的路上。……我不怕自己只能束身在一个小范围里做深入的工作,而且希望许多人也都能束身在一个小范围里做深入的工作。有了许多的专门研究,再有几个人出来承受其结论而会通之,自然可以补偏救弊,把后来的人引上一条大道。"同月,《古史辨》第三册由朴社出版。此书上编讨论《周易》,下编考辨《诗经》。中心思想是破坏《周易》的圣经地位,恢复其书卜筮的原貌;破坏《诗经》的圣经地位,恢复其乐歌的原貌。

按:李季《中国社会史论战批判》指出,从《古史辨》第一册到第二册出版的几年间,青年人对顾颉刚等,已经由热烈推崇迅速转变为极度的失望。李季说:"一般青年学子本来万分热烈地希望他们弄出一个头绪,建设一部信史来。……不意继《古史辨》第一册而出现于各种报章杂志上面的东西,仍旧是一些没有头绪的片段文字。迨《古史辨》第二册而于一九三〇年九月出版,人们已大失所望,而继此布刊的《古史辨》第三册两厚本,更少人过问,因为语其内容,每况愈下,越弄越枝节了。"到《古史辨》第三册出版后,顾颉刚等因未能符合青年人的想望,于是"整理国故派建设信史的权威,因事实上的表现和顾先生自己的宣言,完全没落"。这表明,古史辨派的影响力已呈下降之势。

顾颉刚 11 月 5 日与裴文中、傅斯年等游周口店"北京人"遗址。同月,得知张福庆因研究汉代思想史而有志整理谶纬,十分高兴,告彼曰:"这工作我也在做,而且已叫人分条抄出。但我事忙,说不定哪一天整理完工。你既有心做,我就把稿子交给你吧!"同月,顾颉刚作《〈管子集注〉序》,刊《图书馆学季刊》。12 月,顾颉刚为燕大附属学校《曙光季刊》作《祝词》。同月,作《贡献给今日的青年》,刊于《中学生》。是年,顾颉刚因忙而将《史记》本文之标点交徐文珊接任;另由赵澄任校勘,每月亦付赵澄15元。徐文珊同时仍抄点注解。记笔记《郊居杂记》第二至九册。(以上参见顾潮编著《顾颉刚年谱》,中国社会科学出版社1993年版;顾潮编《中国近代思想家文库·顾颉刚卷》及附录《顾颉刚年谱简编》,中国人民大学出版社2015年版;王学典《20世纪史学编年(1900—1949)》,商务印书馆2014年版)

　　陈垣2月向北平师范大学《史学丛刊》创刊号推荐《日本文学博士那珂通世传》并作序,序中历数那珂通世之学术成就,批评中国学界不注意东洋史学科之综合研究。同月,陈垣《〈元典章〉校补》由北京大学国学门出版。自去年5月起开始校勘《元典章》,经过9个月的艰苦工作,校勘工作结束,撰成《沈刻〈元典章〉校补》10卷,用木版刻印刊行。陈垣《沈刻〈元典章〉校补缘起》记述了校补《元典章》的起因和经过。该书正文10卷,另有《札记》6卷、《阙文》3卷、《表格》1卷。《元典章》是一部元代法令的汇编,因其文字芜杂,清代《四库全书》仅入存目,流传极少,清季沈家本将此书重新刊刻(实为董康刊,沈家本跋),始广行世。沈氏刊本虽写刻精良,但底本较差,错误百出,而且此本流传又广,对读者的贻误不浅。陈垣选取沈刻本为底本,根据故宫藏元刻本及四种旧抄本精心校勘,校出沈刻本讹误、衍脱、颠倒、妄改及行款,元代用字、用句、名物等错误。此书为校勘整理元代历史文献的一项重要成果,成为研究元史的案头必备书。《沈刻元典章校补》一出版,便受到国内外学者的极大欢迎。第一次印刷只印了50部,很快便脱销。3月,尹炎武来函,欲借《史潮》及东洋文库讲南北史。同月,陈垣所著《敦煌劫余录》由中央研究院历史语言研究所印行。陈寅恪在为该书撰写的序中指出,本书"诚治敦煌学者,不可缺之工具也",有"内可以不负此历劫仅存之国宝,外有以襄进世界之学术于将来"的功绩。

　　按:此书为一部目录学著作。书凡14卷,著录写经8679号,兼采中国传统目录与近代西方目录索引的编制方法进行编排,稽核同异,分门别类。首曰"总目",著录书名、译撰者、卷数、轴数、页次等;次曰"检目",将原轴编号即排架号按千字文顺序排列,以便查索;再次为各轴介绍,略仿赵明诚《金石录》前十卷体式,每轴著其原号、起止、纸数、行数及内容。每轴经卷著录之后,又有"附记",为各轴简要考证与说明。是书一经问世,便受到学术界的盛赞。胡适极为推崇:"敦煌石室所藏写本,凡数万卷,十三余年来分散各地,……巴黎的目录最先出,但很简略,伦敦的目录开始很早,到最近才有完成的消息。北平的目录,胡鸣盛先生主编,近年才编完,虽然没有印行。另有陈垣先生的《敦煌劫余录》流行于世,其考订之详,检查之便利,已远在巴黎、伦敦诸目之上。"

　　陈垣6月6日在《师大史学丛刊》创刊号发表《日本文学博士那珂通世传序》。《师大史学丛刊》为北平师范大学史学会主办,创刊号还刊载了黄公觉《新史学概要》,陆懋德《西方史学变迁述略》,(日)三宅米吉著、黄子献译《日本文学博士那珂通世传》,柴德赓《明季留都防乱诸人事迹考》(上),张鸿翔《南北朝史日蚀表》,王云渠《西汉徙民于诸陵考》,李树峻译《历史研究法》,Paul Cressey著、雷震译《科举制度在中国文化发展上之影响》等文。夏,陈垣在北平辅仁社夏令会上作《佛教能传布中国的原因》之讲演。

　　按:陈垣认为,佛教曾经深入中国社会中心,其原因有三:一、能利用文学。文学是与士大夫接近的唯一工具,借诗来交结士大夫,实中国佛家的秘诀;二、能利用美术。爱美为人类的天性,故美术亦传教一大工具,离开佛教来言中国美术,中国美术要去了一大半;三、能利用园林。帝王提倡则不在内。(《陈垣集》,中国社会科学出版社1995年版)陈垣将本次演讲的记录稿送给胡适,胡适于1933年1月31日复信认为:"承示讲演记录,受益不少。惟关于佛教史,鄙见稍有异同。佛教盛行之最大原因。一为老庄之学可以作初期解释佛教义的基础;二为其教义仪式确有为中国古宗教所无者,如轮回,如因果,如神像崇拜,如庄严构宇,皆可以震动世俗。三为帝王贵族之提倡;四为经济原因,包括募化制度,徭役赋税之免除,等等。先生所举三事,其中至少有二事为佛教盛行的结果而非其原因。文学之佛化与禅化乃是后期的事。……美术亦是如此……鄙见如此,亦是为魔作辩护否?"

陈垣7月著《元典章校补释例》成。《沈刻元典章校补》刊行后,陈垣从校勘沈刻本《元典章》所发现的1万余条错误中选出一千余条,归纳为42种误例,即古籍在刊刻、传钞过程中发生错误的42种原因。其中有"一代语言特例",也有"古籍窜乱通弊",从中总结出校勘学的基本方法"校法四例",成《元典章校补释例》一书,并作《〈元典章校本补释例〉序》。

按:陈垣《〈元典章校补释例〉序》:"乃复籀其十之一以为之例,而疏释之,将以通于元代诸书及其他诸史,非仅为纠弹沈刻而作也。且沈刻之误,不尽由于沈刻,其所据之本已如此,今统归其误于沈刻者,特假以立言耳。""《元典章》为考究元代政教风俗语言文字必不可少之书,而沈刻雕版之精,舛误之多。从未经人整理,亦为他书所未有。今幸发见元本,利用此以为校勘学之资,可于此得一代语言特例,并古籍窜乱通弊,以较彭叔夏之《文苑英华辨证》尚欲更进一层也。"

按:陈垣在《元典章校补释例》卷六的"校法四例"一章中,对传统的校勘学方法进行了科学的总结,归纳为四法:"一为对校法。即以同书之祖本或别本对读,遇不同之处,则注于其旁。""二为本校法。本校法者,以本书前后互证,而抉摘其异同,则知其中之误。""三为他校法。他校法者,以他书校本书。凡其书有采自前人者,可以前人之书校之。有为后人所引用者,可以后人之书校之,其史料有为同时之书所并载者,可以同时之书校之。此等校法,范围较广,用力校劳,而有时非此不能证明其讹误。""四为理校法。段玉裁曰:'校书之难,非照本改字不讹不漏之难,定其是非之难。'所谓理校法也。遇无古本可据,或数本互异,而无所适从之时,则须用此法。此法须通识为之,否则卤莽灭裂,以不误为误,而纠纷愈甚矣。故最高妙者此法,最危险者亦此法。"

按:中华书局1959年重印本书、改名为《校勘学释例》,陈垣撰后记曰:"《校勘学释例》本名《〈元典章〉校补释例》。余昔为同学讲校勘学,要举例说明,欲广引群书,则检对不易,欲单引一书,则例子不多。例子多就是错误多,错误多未必是好书,未必是重要的书,要找一本好而又重要又错误多的书,莫如沈刻《元典章》。"

按:《元典章校补释例》出版后,受到学界高度评价。胡适在《校勘学方法论——序陈垣先生的〈元典章校补释例〉》中,对该书在中国校勘学上的贡献作出很高的评价:"陈援庵先生校《元典章》的工作,可以说是中国校勘学的第一伟大工作,也可以说是中国校勘学第一次走上科学的路。前乎此者,只有周必大、彭叔夏的校勘《文苑英华》差可比拟。我要指出援庵先生的《元典章校补》及《释例》有可以永久作为校勘学的模范者三事:第一,他先搜求善本,最后得了元刻本,然后用元人的刻本来校元人的书:他拼得用极笨的死功夫,所以能有绝大的成绩。第二,他先用最古刻本对校,标出了所有的异文,然后用诸本互校,广求证据,定其是非,使我们得一个最好的、最近于祖本的定本。第三,他先求得了古本的根据,然后推求今本所以致误之由,作为'误例'四十二条,所以他的例都是已证实的通例:是校后归纳所得的说明,不是校前所假定的依据。此三事都足以前无古人,而下开来者。"

按:许冠三《新史学九十年》曰:"(陈垣)在各学科之中、成就最杰出的数校勘学,代表作即是今名《校勘学释例》的《元典章校补释例》。它既是总结前贤心血结晶的承先之书,也是旁通西方近代文献鉴定学的启后之作,胡适赞它'是土法校书的最大成功,也就是新的中国校勘学的最大成功'断非虚美。《释例》的精义在《校法四例》一章。在本章中,他将传统的校勘之道归纳为四类,既明其界说、根源,又辨其利弊、优劣。"

陈垣下半年辞去燕京大学国学研究所所长职务,离开燕京大学,国学所停办。8月1日陈垣,因个人著述亟待整理,报请教育局准假一年,由董事沈兼士代理校长职务,于是日开始到校任事。8月22日,北平市教育局训令:私立北平辅仁大学暨附属中学准予立案。10月,撰写《康熙与罗马使节关系文书影印本叙录》。是年,陈垣任哈佛燕京社研究员;范文澜经北京大学国文系教授黄节介绍来见陈垣，二人见面谈得很投机。不久，陈垣介绍范文澜到辅仁大学史学系教书，讲授"正史概论"等课。（以上参见刘乃和、周少川、王明泽《陈垣年谱配图长编》，辽海出版社 2000 年版；王学典《20 世纪史学编年（1900—1949）》，商务印书馆 2014 年版）

傅斯年主持史语所所务，兼任北京大学教授。3 月 8 日，蔡元培复傅斯年、赵元任、陈寅恪、李济等人函，略谓："奉惠函，对于杏佛先生辞总干事之提议，诚恳挽留，实获我心。杏佛先生曾正式提出辞状，弟竭诚挽劝，将辞状退回，并由周子竞先生等敦劝，杨先生已取消辞意，照常服务矣。请勿念。"21 日，中央研究院历史语言研究所开始对安阳殷墟进行第 4 次发掘。傅斯年曾自北平赴安阳小屯，检查殷墟发掘情形。30 日，西陲学术考察团成立，以蔡元培、李石曾、陈布雷、翁文灏、傅斯年、徐炳昶等为理事，蔡元培为理事长。同月，陈垣《敦煌劫余录》由中央研究院历史语言研究所刊印。4 月 16 日，中央研究院历史语言研究所对安阳后岗遗址进行第 1 次发掘。同月，陈寅恪、傅斯年、徐中舒等编审《明清史料》甲编 10 册由中央研究院历史语言研究所出版。傅斯年在发刊例言中云：此所刊布，皆整理中随时检出，以为值得流通世间者。最完美之办法为俟整理完事，再将一切认为可以刊印之篇，详加别择，以类相从，附以考定而刊行之。如此可为一个整个之制作。然似此事业，完工不可期之于十年之内。国内学人近年已甚注意档案一类之直接史料，不早刊布，无以答同祈求者之望。且校订考证之业，参加者多，成功益美。若先将"生材料"按月刊布之，则据以工作者不限吾等，凭作参考者不分地域。于是不待整理完工，先分期刊行之。非敢草率将事，正以求其友声云尔。

按：1935、1936 年分别编印乙、丙两编各 10 册，1948 年编定丁编 10 册，1951 年由中国科学院出版，后来台北中研院史语所根据运往台湾的明清档案，又将《明清史料》出至癸编（1953 年戊编、1957 年己编、1960 年庚编、1962 年辛编、1967 年壬编、1975 年癸编）。总计 10 编 100 册，1000 多万字。1985 年中华书局又影印该书。

傅斯年 9 月 18 日"九一八"事变之后与胡适成为北大蒋梦麟校长的参谋，事无大小，蒋梦麟校长都与二位商议。其间，傅斯年与胡适为北大请到了好多位国内著名的教授，蒋梦麟称"北大在北伐成功以后之复兴，他们两位的功劳，实在是太大了。在那个是无莽撞的行动。还有一个特定使我永远不能忘记的，他心里想说什么就说什么。他说一就是一，说二便是二，其中毫无夹带别的意思，但有时因此会得罪人"。秋，"九一八"事变后，为应对日本人的全面入侵作准备，中研院在北平的历史语言研究所与心理研究所陆续南迁。11 月 7 日，中央研究院历史语言研究所对安阳殷墟进行第 5 次发掘。10 日，中央研究院历史语言研究所对安阳后岗遗址进行第 2 次科学发掘。（以上参见韩复智编《傅斯年先生年谱》，《台大历史学报》1996 年第 20 期；欧阳哲生编《中国近代思想家文库·傅斯年卷》及附录《傅斯年年谱简编》，中国人民大学出版社 2015 年版；高平叔编著《蔡元培年谱长编》，人民教育出版社 1996 年版；岱峻《李济传》，江苏文艺出版社 2009 年版；王学典《20 世纪史学编年（1900—1949）》，商务印书馆 2014 年版）

赵元任继续在中研院史语所主持语言组工作，并在清华大学和艺术学院兼课。1 月，撰写两篇文章《"E" for Midle》和《A Note on "Let's"》投 Le Maître Phonétique（《语言学教师》）杂志。同月 7 日，赵元任将 Lewis Carroll 著作 Through the Looking Glass（中文译名：《走到镜子里》）全部译完，并送商务印书馆出版。除了正文，还写了注解、说明和译者序。又将全书写成国语罗马字本，既可以做学习国语罗马字的课本，又可以做学习中文的课本。这部书自 1929 年开始翻译，据统计共花了约 250 小时。5 月 11 日，开始校对商务印书馆送来的校样。年初继续进行方言调查，但没去外地，只是在熟人和亲友中寻找家乡话有代表性的人做发音人。1月20—30日，赵元任请老同学章元善与陈颂平做发音人，调查苏州音。2月至5月，赵元任请唐璧黄夫妇做发音人，系统调查福州音。年内还找机会记厦门音、民家音和安徽的泾县音。3月1日，参加国语委员会常委会，担任主席。会议决定大辞典编纂处所编《国音普通字典》的版税，将来作推行注音符号及国语速记之用。同月，开始翻译 H. H. Davies 著剧本 The Mollusc，名为《软体动物》，5月底译完。再次与熊佛西合作导演，6月下旬开始排练，7月10日公演。

赵元任7月16日与9月8日，两次参加中华教育文化基金会执委会会议。9月18日，日本侵略中国东北。许多在东北大学任教的朋友，如郝更生夫妇，丁绪宝一家，这时纷纷逃难到北平。26日晚，赵元任亲自到车站接东北大学逃来的难民，有三家住在赵元任家，走道成了"餐厅"，加上来探望他们的亲友，有时开四桌饭，全靠夫人想法安排，如此一个半月。10月20日，国际联盟会教育调查团来到北平，由中华教育文化基金会招待，请赵元任作陪。11月，北平局势紧张，赵元任日记有载："史语所所务会议讨论万一有乱子怎么办""这几天因为天津闹乱子，北平戒严早"。年底，梅贻琦由美国回国接任清华大学校长，清华大学希望赵元任接替梅贻琦担任清华留美学生监督处主任的工作。傅斯年所长开始因史语所刚成立不久，需要赵元任主持语言组的工作，经过反复研究，最终准假，但希望赵元任在美期间访问美国语言学界专家，并为建立语音研究实验室订购仪器。12月，赵元任准备有关语调（Intonation）方面材料并开始撰写文章。是年，赵元任自主持语言组工作以来，花了很大的精力在录音设备上，亲自订购仪器、安装、调试和修理。到本年已购到放大器（amplifier）、录音电话机（dictaphone）、扩音机（public address system）、电容微音机（condensor microphone）、振荡器（oscillator）等。他经常跟清华大学物理系萨本栋教授一块儿实验，有时把仪器搬到清华大学，有时又把清华大学某些仪器的器件搬到史语所来调试比较。所撰《反切语八种》，载《中央研究院历史语言研究所集刊》第2卷第2期；《On lising b, d, g (with bars inside) for Unaspirated Woiceless Plosives》（用 b, d, g 当不吐气清破裂音），载《中央研究院历史语言研究所集刊》第2卷第3期；《A Note on "let's"》《"E" for Midle》载 Le Maître Phonétique 第46期。（以上参见赵新那、黄培云编《赵元任年谱》，商务印书馆1998年版；齐家莹编《清华人文学科年谱》，清华大学出版社1999年版）

陈寅恪3月8日接中央研究院院长蔡元培函，意在挽留中央研究院总干事杨杏佛。4月，陈寅恪、傅斯年、徐中舒等编审《明清史料》甲编10册由中央研究院历史语言研究所出版。此书刊布了从明隆庆元年（1567）至清乾隆三十一年（1766）近二百年间形成的10300余件官方档案史料，其中包括明天启、崇祯、清顺治、康熙等朝的敕、诏书、诰命、谕、题本、奏稿、塘报、揭帖、图、单，以及内阁各项档案、外交文书等。其内容多是关于明末辽东战争、农民战争，清初社会各阶层的抗清斗争以及有关郑成功的史料，其中前两种资料尤能补其他史书之缺漏。此书为研究明清之际的历史提供了珍贵的原始资料。同月，陈寅恪《〈几何原本〉满文译本跋》、《彰所知论与〈蒙古源流〉》（蒙古源流研究之三）、《〈蒙古源流〉作者世系考》（蒙古源流研究之四）等四文，均载《中央研究院历史语言研究所集刊》第2本第3分。5月3日，胡适谓清华同学朱延丰译书事复函陈寅恪。同月，陈寅恪在《清华大学20周年纪念特刊》发表《吾国学术之现状及清华之职责》，为陈寅恪振兴中国学术至重要主张，文中再次呼吁"学术独立"，开篇即以强烈的语气指出："吾国大学之职责，在求本国学术之独立，此今日之公论也。"陈氏接着从自然科学谈起，一直谈到人文学科的发展现状，一一痛下针砭。

对史学文学思想艺术史的研究状况,多有批评,特别不满于全国大学在国文方面,"皆不求通解及剖析吾民族所承受文化之内容,为一种人文主义之教育,虽有贤者,势不能不以创造文学为旨归。殊不知外国大学之治其国文者,趋向固有异于是也"。作者还表达了面对西方汉学突飞猛进的危机感。陈寅恪说:"东洲邻国以三十年来学术锐进之故,其关于吾国历史之著作,非复国人所能追步。今日国虽幸存,而国史已失其正统,若起先民于地下,其感慨如何?"8 月,陈寅恪在《历史语言研究所集刊》第 3 本第 1 分发表《李唐氏族之推测》,文中认为李唐为后魏拓跋氏弘农太守李初古拔之后裔,但李唐自称西凉王李暠孙李重耳后裔,由此引发有关李唐氏族的论争。

按:刘盼遂依据陈寅恪之说,在《女师大学术季刊》第 1 卷第 4 期、第 2 卷第 1 期发表《李唐为蕃姓考》。其后,陈寅恪又在《历史语言研究所集刊》第 3 本第 4 分发表《李唐氏族之推测后记》。日本学者金井之忠发表《李唐源流出于夷狄考》。1935 年,陈寅恪复以《三论李唐氏族问题》,刊于《历史语言研究所集刊》第 5 本第 2 分,改变原有看法,谓李唐先世本为汉姓,驳斥金井之说。1936 年 8 月 1 日,朱希祖针对陈寅恪提出的李唐可能是非汉族的观点,在《东方杂志》第 33 卷第 15 号发表《驳李唐为胡姓说》一文予以驳斥,提出:一、李唐先世李虎赐姓大野氏,实则赐姓与鲜卑拓跋部九十九姓不同,不可混淆;二、李昞娶独孤氏,李渊娶窦氏,李世民娶长孙氏,三世皆娶鲜卑胡种,其子孙自不免与胡人有相似处,然面貌言语风俗与母族相近,并不能武断其为外国人;三、李重耳不是李初古拔。朱希祖对这一问题的辩难,流露出民族主义情绪和"夷夏之防"观念,有其现实诉求。朱氏指出,说李唐出于胡姓,"与指明成祖为元顺帝子,同其谬误。若依此等说,则自唐以来,惟最弱之宋,尚未有疑为外族者,其余若唐若明,皆与元清同为外族入居中夏,中夏之人,久已无建国能力,何堪承袭疆土,循其结果,暗示国人量力退婴,明招强敌加力进取"。后陈寅恪又在《历史语言研究所集刊》第 6 本第 4 分发表《李唐武周先世事迹杂考》,坚持李唐祖先出于李初古拔及赵郡冒陇西说。朱希祖遂在 1937 年 5 月《东方杂志》第 34 卷第 9 号发表《再驳李唐氏族出于李初古拔及赵郡说》,继续讨论李唐的姓氏及种族问题。

陈寅恪夏秋间省亲庐山,并在五老峰上侍散原老人摄影,同照者共 10 人。8 月 29 日,胡适读陈寅恪《支愍度学说考》稿后,致函陈寅恪,甚表赞许。谓"尊著之最大贡献:一、在明叙'心无义'之历史;二、在发现'格义'之确解;三、在叙述'合本'之渊源。此三事皆极重要"。但指出,其谓"心无"是误读经文,恐非是。胡适认为"心无"即是"无心"。12 月 22 日,陈寅恪在清华遇杨树达,谓杨树达近撰《汉俗史》及《汉碑考证》,见者如吴其昌、浦江清等皆极加称许。劝杨树达兼在历史系授课,以避国文系纠纷,杨树达亦甚然其说。(以上参见卞僧慧纂《陈寅恪先生年谱》,中华书局 2010 年版;高平叔编著《蔡元培年谱长编》,人民教育出版社 1996 年版耿云志编《胡适年谱》,福建教育出版社 2012 年版;齐家莹编《清华人文学科年谱》,清华大学出版社 1999 年版;王学典《20 世纪史学编年(1900—1949)》,商务印书馆 2014 年版)

李济 3 月 21 日主持中央研究院历史语言研究所对安阳殷墟进行第 4 次发掘。参加者有董作宾、梁思永、郭宝钧、吴金鼎、王湘、石璋如、尹达(刘燿)等。此次发掘至 5 月 12 日止,共发现有字甲骨 781 版,梁思永在后岗发现字骨版一片,这是首次在小屯以外地区发现甲骨文字。李济《安阳》(河北教育出版社 2000 年版)认为:"第四次发掘一开始,我们就在1929 年测量的遗址上分五个区","采用'卷地毯'的方法全面发掘小屯遗址",发掘者"确信已找到了关键所在,通过绘制夯土地区图的方法,可以寻找出殷墟中殷商王朝的建筑基础"。李济《安阳最近发掘报告及六次工作之总估计》(《安阳发掘报告》第 4 期,1933 年)又谓"版筑的存在证实后,我们对于商朝建筑的研究,又鼓起新的兴趣来。这是我们发掘殷墟的历史中一个极重要的转点",也是自第四次发掘开始,发掘者提出了"要了解小屯,必须兼探四境"的思想,发掘范围扩展到四盘磨、后岗等地点,后来又扩展到了洹河以北的侯家庄等地。唐际根《殷墟早期田野工作的思路与技术得失》认为此次发掘被认为开启了殷墟发掘的新阶段，"是殷墟发掘史上一次具有重大革新意义的发掘"。"这反映了殷墟发掘者开始有了初级的'聚落考古'意识"。尹达后又参加安阳侯家庄南地遗址和侯家庄商王陵区、浚县辛村卫国墓地和大赉店遗址以及日照两城镇遗址等项重要的考古发掘。6月，《安阳发掘报告》第3期出版，刊有李济《俯生葬》等文。（参见岱峻《李济传》，江苏文艺出版社2009年版；唐际根《殷墟早期田野工作的思路与技术得失》，《甲骨学110年：回顾与展望——王宇信教授师友国际学术研讨会论文集》，中国社会科学出版社2009年版；王学典《20世纪史学编年（1900—1949）》，商务印书馆2014年版）

梁思永4月16日主持中央研究院历史语言研究所对安阳后岗遗址进行第一次发掘，吴金鼎、刘燿参加。第一次从地层上判定仰韶文化、龙山文化和商代文化的相对年代。梁思永撰写《小屯龙山与仰韶》和《后冈发掘小记》进行论证。这是中国史前时代考古研究科学化的重要标志。因"地方上忽然发生了军事行动"，此次发掘至5月12日匆忙结束，但已基本解决了龙山文化和小屯文化的年代关系。6月，《安阳发掘报告》第3期出版。此期刊载了董作宾发现"贞人"的《大龟四版考释》及《卜辞中所见之殷历》、李济《俯生葬》、徐中舒《再论小屯与仰韶》、秉志《河南安阳之龟壳》等文。徐中舒《再论小屯与仰韶》第一次将古史传说与田野考古成果相结合，提出了仰韶文化可能即是夏文化的推想，从此揭开了夏文化研究的序幕；董作宾《大龟四版考释》提出了"贞人说"，对甲骨文断代有重要的意义。10月6日，吴金鼎、梁思永等拜访山东图书馆馆长王献唐，参观古物。8日，梁思永主持山东古迹研究会第二次城子崖遗址发掘。

按：此次挖掘历时共51天，共开探沟约90条，合计发掘面积1900余平方米。上层为东周遗存，下层为新石器时代遗存，始以"黑陶文化"为特征的新石器时代遗存称"黑陶文化"，后以发现地龙山镇更名为"龙山文化"，是继"仰韶文化"之后发现的又一重要远古文化。

梁思永11月10日主持中央研究院历史语言研究所对安阳后岗遗址进行第二次科学发掘，刘燿、张善参加。这次发掘至12月4日结束，揭示了小屯、龙山、仰韶文化的层位关系，即上层为小屯文化，中层为龙山文化，下层为仰韶文化。这一发现为认识中原史前文化的相对年代提供了关键依据。这在中国考古学史上第一次解决了新石器时代各文化间的相对年代问题。后冈的三迭层被誉为"打开中国史前年代序列的钥匙"。此外，梁思永还参加了李济、董作宾分别主持的殷墟第四、五次发掘，发掘方法有较大的改进，开始在小屯辨识夯土建筑基址。（参见中国大百科全书总编辑委员会《中国大百科全书·考古学》，中国大百科全书出版社2002年版；张书学、李勇慧《王献唐年谱长编》，华东师范大学出版社2017年版；王学典《20世纪史学编年（1900—1949）》，商务印书馆2014年版）

董作宾《大龟四版考释》刊于6月出版的《安阳发掘报告》第3期，文中从对大龟四版第四版卜旬之辞的研究，论定卜贞二字之间的"某"是人名，而非地名或官名，从而否定了此前所有学者的论断。这一"贞人说"，对甲骨文断代有重要的意义。11月7日至12月19日主持中央研究院历史语言研究所对安阳殷墟进行第五次发掘，参加者有梁思永、郭宝钧、王湘、石璋如、刘燿等。此次发掘至12月19日止，共发现有字甲骨381片，并发现了殷代建筑遗址和殷人居住之圆洞穴及储藏物品之地窖，甲骨文字散见其中。证明"甲骨原在地显系堆积而非漂移"，从而纠正了第一至第三次发掘所假定的"殷墟为洪水湮没说"。（参见《安阳发掘报告》第三期，中央研究院史语所1931年版；中国大百科全书总编辑委员会《中国大百科全书·考古学》，中国大百科全书出版社2002年版；王学典《20世纪史学编年（1900—1949）》，商务印书馆2014年版）

　　容庚接郭沫若1月14日信并"外附录一则，请补臣辰盉释文后"。2月16日，郭沫若致信容庚，略谓："七日信接到。《金文韵读》已早改就，因稿寄兄时未置可否，疑视之无足重轻，故未敢奉累，置之案头久之，已为日友索去矣。顷草成《汤盘孔鼎之扬榷》一文就正。如可用，请揭载之。"又告以正编撰《两周金文辞通纂》一书，已略有眉目，并以《金文编》器目中数事请教。同月，容庚编《武英殿彝器图录》，7月编成。3月20日，郭沫若致信容庚，告知"《金文辞通纂》大体已就，分上下二编：上编录西周文，以列王为顺；下编录东周文，以列国为顺。上编仿《尚书》，在求历史系统；下编仿《周诗》，在求文化范围。辞加标点，字加解释，末附以杂纂及殷文——全书之大体如是。上编颇难，亦颇有创获处，惟所见有限，待兄援手之处甚多"。4—8月，容庚与顾颉刚、洪煨莲、吴文藻、郑德坤、林悦明等人作冀豫鲁三省之考古考察。19日，郭沫若致信容庚，谓"《毁考》如有发表处，请发表之。鱼匕铭乃有韵之文，饶有雅趣"。6月25日，郭沫若致信容庚，告知所作《毛公鼎之年代》《殷周青铜器铭文》《金文中所见之南方文化》《庄周之生涯及其思想》诸文。12月，所著《秦汉金文录》由中央研究院历史语言研究所出版。该书收录秦器86件，汉晋器749件，为当时秦汉金文之总汇。（参见林甘泉、蔡震主编《郭沫若年谱长编》，中国社会科学出版社2017年版；王学典《20世纪史学编年（1900—1949）》，商务印书馆2014年版）

　　徐中舒4月在《历史语言研究所集刊》第2本第3分发表《殷周文化之蠡测》，文中对《从古书中推测之殷周民族》提出的殷周似属两种民族的观点继续深化论证，并认为周迁岐后，"以新兴的民族而承受殷人的文化，兴革制作，遂得为极度的发展"，殷周在文字、生活习俗、器物货币等"全趋于一致"，但姓氏、历法、亲族等有不同，乃是由于民族习惯不同所致。最后作者认为"中国文化在殷周之际，很少受到西方（周）文化的影响。周人的勃兴，恰好做了中国文化的大护法与传播者。后来所谓先秦的灿烂文化，在殷文化来源未明以前，我们是可以肯定的说这都孕育于殷商一代"。同月，陈寅恪、傅斯年、徐中舒等编审《明清史料》甲编10册由中央研究院历史语言研究所出版。6月，徐中舒《再论小屯与仰韶》刊于《安阳发掘报告》第3期，文中第一次将古史传说与田野考古成果相结合，提出了仰韶文化可能即是夏文化的推想，从此揭开了夏文化研究的序幕。（参见王学典《20世纪史学编年（1900—1949）》，商务印书馆2014年版）

　　罗常培《〈切韵〉鱼虞的音值及其所据方音考》（高本汉《切韵》音读商榷之一）刊于《中央研究院历史语言研究所集刊》第2本第3分。《知彻澄娘音值考》（高本汉《切韵》音读商榷之二）刊于《中央研究院历史语言研究所集刊》第3本第1分。《梵文颚音五母的藏汉对音研究》刊于《中央研究院历史语言研究所集刊》第3本第2分。《敦煌写本守温韵学残卷跋》刊于《中央研究院历史语言研究所集刊》第3本第2分。《厦门音系序》刊于《清华中国文学会月刊》第1卷第2期。（参见《罗常培文集》编委会编《罗常培文集》第10卷附录《罗常培年表》，山东教育出版社2000年版）

　　朱希祖因北大史学系学生"驱逐事件"提出辞职，转任中央研究院历史语言研究所专任研究员。1月25日，中央研究院史语言研究所召开十九年度下届第一次所务会议，朱希祖未出席。会上陈寅恪提交议案：《建议于院长改聘朱希祖君为本所专任研究员》，决议通过，并以本院最高级薪俸（每月500元）待遇。同月，北大蒋梦麟校长同意朱希祖辞职。2月10日，北京大学史学系全体学生致函朱希祖，对"驱逐事件"深表歉意。12日，朱希祖致函史学系全体学生，接受道歉。朱希祖接学生道歉函后，又致函北大校长蒋梦麟，请改辞职为请假，并请傅斯年与蒋梦麟协商。18日，北京大学发布《校长布告》，对史学系学生加以训诫。3月初，接到中央研究院历史语言研究所专任研究员正式聘书。15日，撰成《编纂南明史计划》。

朱希祖4月为保存北平古炮事，与陈寅恪联名致书中央研究院院长蔡元培、总干事杨杏佛，同时移书北平市政府。同月1日，朱希祖接北大蒋梦麟校长来信，谓北大评议会同意请假一年。7日，朱希祖致函北大校长蒋梦麟，提出销假复聘的请求。15日左右，朱希祖至傅斯年寓，面陈取消销假复聘之意，且允辞去北大教授。23日，接傅斯年来信，此信实为逐客书。25日，朱希祖致函傅斯年，为自己的所为作出解释，并承认自己的举措有不当之处。27日，接傅斯年一短笺，谓已与史语所同人数位略讨论此事，还须与陈寅恪先生详商之，并说明待星期四与陈寅恪先生谈后再详陈一切。28日，致函傅斯年，回应傅斯年逐客之意。30日，朱希祖与陈寅恪面谈。5月，朱希祖受傅斯年之托，为中研院史语所影印旧抄本《延平王户官杨英从征实录》作序。同月24日，再晤陈寅恪。25日，傅斯年致函陈寅恪，请其将史语所决定以朱希祖之专任研究员改为特约研究员转于朱希祖。朱希祖自此离开中央研究院。6月18日，为谢国桢《晚明史籍考》作序。9月13日，作《永乐大典本相地书六种序录》。12月，朱希祖在《燕京学报》第10期发表《整理升平署档案记》。是年，朱希祖尚有《复社研究计划书》。（以上参见朱元曙、朱乐川《朱希祖先生年谱长编》，中华书局2013年版；王学典《20世纪史学编年（1900—1949）》，商务印书馆2014年版）

李石曾继续任北平研究院院长。2月4日，李石曾与吴稚晖、张静江、王宠惠、邵元冲等联名具呈请予杨笃生特别抚恤。3月3日，李石曾与蔡元培、王宠惠等出席国民党中央监察委员会第五十四次常会。30日，李石曾与蔡元培、戴季陶、吴稚晖、陈布雷、翁文灏、竺可桢、李四光、朱家骅、秉志、傅斯年、杨杏佛、钱昌照、徐炳昶被国民政府特派为西陲学术考察团理事，蔡元培为理事长。5月5日上午9时，李石曾与蔡元培、丁惟汾、张学良、孔祥熙、王正廷、张群、何成清、邵力子等中央执、监委员、国民政府委员及各省市代表，以及各国公使、参赞等一千余人出席国民会议行开幕典礼。6月24日上午11时，蔡元培车到北平前门东站，李石曾、吴铁城、胡若愚、鲍毓麟、蒋梦麟等均在站迎接。25日上午9时，国立北平图书馆举行新厦落成典礼，各界中外人士到场参加者2000余人，来宾李石曾、顾临、陈衡哲演说。26日上午9时，李石曾与蔡元培、蒋梦麟、顾临、司徒雷登、贝克、金绍基、赵元任、胡适、任鸿隽等出席中华教育文化基金董事会在北平南长街该会会所举行的第七次董事年会。28日，李石曾与吴铁城陪同蔡元培游北平西山。7月2日下午5时15分，蔡元培乘平浦快车南下，李石曾、吴铁城、王树翰、张学铭、周大文、蒋梦麟、胡适、董霖、陈石泉、周作民、袁同礼等300余人到站送行。（参见陈纪滢《一代振奇人——李石曾传》，近代中国出版社1982年版；高平叔编著《蔡元培年谱长编》，人民教育出版社1996年版）

陶孟和继续任北平社会调查所所长，为将北平社会调查所的工作推向国际，陶孟和与林颂河撰写了"Industry and Labour in China"（《中国之工业与劳工》）一文提交在荷兰海牙召开的世界社会经济会议。是年，陶孟和又撰写了"Standard of Living among Chinese Workers"（《中国劳工生活程度》）一文送交在上海举行的太平洋国际学会第四次会议。以后此项国际学术交流，继续不断，于是使社会调查所的成就蜚声海外。（参见原蓓蓓《陶孟和思想述评》，东北师范大学硕士学位论文，2007年）

汤象龙继续任职于北平社会调查所。12月，汤象龙在社会调查所《社会科学杂志》第2卷第4期发表《道光朝的捐监统计》，文主要内容有"捐监制度的起源""清代捐监制度略述""道光朝捐监之统计""道光朝捐监之分配"等。此文系作者利用清宫档案资料研究近代经济史的第二篇成果。作者在分析了两千件清宫档案的基础上,对相关现象进行了认真统计,绘制了《道光元年至三十年各省每年所收捐监银数总表》等,并对清中期财政困难时期以卖官鬻爵为措施来弥补政府收入的现象进行了深入的研究。此文发表后,先被南开经济研究所翻译为英文发表,后由日本杂志翻译为日文发表,影响及于国外的中国史研究。（参见王学典《20世纪史学编年(1900—1949)》,商务印书馆2014年版）

　　丁文江3月15日在北京大学讲演《中国地质学者的责任》。春,丁文江曾为族叔丁廷楣的求职提出意见,并对黄桥中学寄予厚望。5月,清华大学发生驱逐校长吴南轩的风潮,丁文江与陶孟和向处理此事的钱昌照推荐翁文灏继任。7月18日,太平洋国际学会中国分会研究决定:由颜惠庆、陈立廷、丁文江等40人参加。同月,丁文江在英文《中国社会及政治学报》(The Chinese Social and Political Science Review)第15卷第2期发表《评葛兰言教授〈中国上古文明论〉》,就法国学者葛兰言出版于1929年的《中国上古文明论》之于中国史学界的批评予以尖锐的反批评。

　　按:法国学者葛兰言的《中国上古文明论》批评"一般旧派的史学家或中国学家,不是仅以考证为能事,就是虽有解释而仍是以主观的心理的意见为主,故貌似科学而实极不正确,极不彻底,故远不如杜氏所倡的社会学分析法为高明"。因此,他倡行将社会学分析法引入中国研究领域,撰写了《中国古代节令与歌谣》《中国人之宗教》《中国古代舞蹈与传说》《中国古代之婚姻范畴》等著作,开创了西方汉学的社会学派。丁文江对葛兰言进行了尖锐批评。后来傅斯年称赞道:"凡外国人抹杀了中国的事实而加菲薄,他总奋起抵抗,……论学如他评葛兰内的文,都是很有精彩的。"直到1939年,杨堃才在英文《燕京社会学界》(Yenching Journal of Social Studies)撰文介绍葛氏的学历、师承和方法,并对丁文江的批评有所回应。40年代,杨堃又在北京的《社会科学季刊》连载《葛兰言研究导论》。杨堃指出,葛兰言《中国古代舞蹈与传说》的绪论中所提出的方法,是"他向整个中国学界一种革命的宣言"(《杨堃社会学民俗学论集》,四川民族出版社,1997年)。1943年,王静如在北京中法汉学研究所演讲《二十世纪之法国汉学及其对于中国学术之影响》(《华北编译馆馆刊》第2卷第8期,1943年8月),也重点介绍了葛兰言的学术方法。但是这些正面介绍评价的诸文所产生的影响有限。

　　丁文江是年夏携眷在北戴河度假。其间,曾邀胡适来同住10天。8月5日,北大中基会合作研究特别顾问委员会召开第一次会议,决议聘请丁文江等15人为研究教授。9月23日,丁文江当选为北京大学校务会议代表。9月25日,丁文江与颜惠庆、陶孟和、胡适、陈衡哲、徐淑希6人致电太平洋国际学会中国分会:本次太平洋会议是个极好的机会,可以提出中国事件供讨论。同月,丁文江在北京大学地质系共承担一年级"地质学"每周3小时、"地质测量"实习每周一次,四年级"中国矿业"每周2小时。10月4日,北京大学演说辩论会举行会议,决意增聘丁文江为国语导师。12月13日,丁文江应邀到国立北平师范大学演讲《中国人种之由来》。是年,丁文江在《中国地质学会志》第10卷发表《论丰宁系地层》。（以上参见宋广波编《中国近代思想家文库·丁文江卷》及附录《丁文江年谱》,中国人民大学出版社2014年版;胡宗刚《胡先骕先生年谱长编》,江西教育出版社2007年版;王学典《20世纪史学编年(1900—1949)》,商务印书馆2014年版）

　　翁文灏1月29日出席北平研究院地质矿产奖金审查委员会第3次会议。31日继续开会审议参评论文。年初,因日本报载,西康宁静地区经英人发现石油大矿,可供全世界300年之需用,并拟攫取独占权。蒋介石即令行政院行文实业部予以注意。翁文灏即命正在四川调查地质的谭锡畴前往查明。后据谭锡畴报告,宁静地区久为西藏地方军队占据,近日又进占甘孜,逼近巴理,拒绝汉人前往,故未能实地调查。2月16日,翁文灏被实业部派为国营煤矿事业筹备委员。其他委员有胡庶华、吴健、严庄、胡博渊、王宠佑。3月5日,翁文灏与胡适、蒋梦麟、任鸿隽、傅斯年等在中基会会所"商量北大问题"。12日,翁文灏与胡适、任鸿隽、傅斯年商改胡适起草的《北大与中基会合作计划》。22日,出席在北海团城召开的中国地学会第1次常会,并当选为该会干事、评议员和编辑委员会委员。30日,翁文灏被国民政府特派为西陲学术考察理事会理事,不久被任命为考察团团长。国民政府会议于本月20日通过组织西北学术考察团的决议,"令饬各学术机关遴派专门人员,酌给旅费,组织西北学术考察团,实地考察西北地理、地质、生物、古物、人种各项学术"。本日国民政府特派蔡元培、戴传贤、吴敬恒、李煜瀛、陈布雷、翁文灏、竺可桢、李四光、朱家骅、秉志、傅斯年、杨铨、钱昌照、徐炳昶组成西陲学术考察团理事会,并指定蔡元培为理事长。不久,蔡元培在南京主持理事会第1次会议,通过章程,并推定翁文灏、秉志、傅斯年分别拟定考察团各组工作计划。同时推举翁文灏为考察团团长。

翁文灏3月31日接北平研究院函,请其代表该院参加在越南河内召开的史前事迹学者大会。4月3日翁复函同意,但1932年1月18日教育部函北平研究院,告因国内形势,中国不派代表出席,故翁文源未能成行,但寄去了中国出版的有关学术刊物。同月,翁文灏所起草的《全国地质调查组织大纲》由实业部呈报行政院。该大纲提出将全国地质调查工作统由实业部监督指挥,以地质调查所为全国地质调查总机关。将全国分为若干区,各地区地质调查所分工合作,由地质调查总机关考核督促,召集各所负责人员讨论调查研究进行方法等。行政院将此大纲函转中央研究院,征询意见。3月17日,中央研究院以"本院未便参加意见"函复行政院,婉言拒绝。同月,翁文灏在《国立清华大学二十周年纪念刊》上发表《中国大学教育之一问题》,就"中国大学毕业的资格问题",针对中国办大学30余年,而社会上似乎对于国内大学还是不大信仰的现象,就"留学生是否一定比本国毕业的能力好",和"本国大学毕业生的能力是否够用"二层意思,做出"不一定好,虽然确有很好的"和"不一定够用,但往往也很有可用的"结论。

按:翁文灏认为,"不论是外国或本国毕业,总是要继续努力,从事于本行的工作,才能成材。文凭上写的是中文,或是洋字,在实际工作上不一定会有绝对分别的""我们要学外国的方法,我以为除了平常留学以外还有两个:头一个方法,是中国研究学术的人无论曾否留学都要常常与世界学术有接触。不要关门自大,终必至进步全无""现在中国学术界似乎与外国学者往来甚少。只见每年大队的青年,整批的到外国去上学听讲,刚刚听完了讲,有些工作的能力了,便回到国内被迫的来教他刚才听完的讲,往往功课的繁重使他少有功夫自己研究。久而久之世界的进步追上他的前头,连讲义都老了""要减少青年无目的地往外国大学从头读书拿文凭,而增加在中国已有经验已有成绩的成年专门家往外国去学特别的专门,与做国内实在不能做的研究"。翁文灏认为,中国的大学教育已有的进步,已经过了那种求学问非往外国留学不可的时代。"但实在做事的时候无论是做一种科学的学理研究,或是办一个近代新式的机器工厂,甚至组织一个特别性质的行政机关,我们往往感觉缺乏若干特别经验,这种经验不能不向外国去学。但是要知道这种缺乏,要能够领受这种特别训练,当然非在国内已有充足教育及相当经验是不行的"。最后,翁文灏表示,还把本国大学当作外国大学预备学校的传统观念应该矫一矫了。

翁文灏5月2—4日在南京出席中国地质学会第八届年会。2日上午,翁文灏在会议上报告了会志的编辑出版情况,下午宣读了学术论文。3日,参加了会议组织的赴栖霞山地质旅行。28日,实业部令地质调查所为全国地质调查总机关。该部在整理全国地质调查工作中,规定各省区地质调查所的地质工作统由实业部监督指挥,并指定以北平地质调查所为全国地质调查总机关。6月28日,翁文灏出席北平研究院为欢迎蔡元培先生举行的宴会。

30 日,行政院决定派翁文灏代理清华大学校长。由于南京政府所派清华大学校长吴南轩实行个人专权的治校手段,5 月底清华大学爆发驱吴学潮,吴南轩被迫称病离校。6 月 24 日教育部次长钱昌照到北平调查清华学潮,听取各方意见。南京政府遂决定派翁文灏暂代清华校务。7 月 3 日,署理教育部部长李书华正式令翁文灏"暂行代理清华大学校务","即便到校视事具报"。翁文灏到校之后,先以私人名义征求教授对于聘任各学院院长的意见,聘定教务长及秘书长,旋即参考教授意见,斟酌事实情形,聘定了三个学院的院长。在其努力下,教授会自动修改了议事规则,规定以校长为该会当然主席。然后,翁文灏按照规程召集了校务会议及评议会,商定教授待遇标准,商同各院院长延聘教授。各项工作迅速恢复并走上正轨。15 日,致函教育部常务次长钱昌照,报告清华情形,并请速派正式校长接任。16 日,翁文灏呈文教育部,报告整顿清华校务进行情况。

按:翁文灏表示校务繁重,百端待理,而地质调查所的职务又不便轻离,故再次请求迅令正式校长从速到校,以策进行而重教育。

翁文灏 7 月 29 日以实业部据河南地质调查所所请,认为"地质调查事在实地工作,非富有经验及湛深学理者相助为理不易奏功",要求地质调查所照 1924 年和 1925 年旧案,派学术优长之技师至豫协助该所工作。实业部又令翁文灏对陕西省地质调查所规程及预算书进行审定,并令陕西省地质调查所关于调查人员、调查步骤以及一切必要设备等事项,均要与翁切实接洽,妥定办法。8 月 5 日,翁文灏出席"北大中基会合作研究特款顾问委员会"会议。其他出席者有胡适、蒋梦麟、任鸿隽、陶孟和、傅斯年、孙洪芬等。20 日,翁文灏接胡适 19 日函,告由中国公学转来的学生吴春晗(后改名吴晗)成绩很好,但家境甚贫,请翁文灏"特别留意此人,给他一个工读的机会",并找教授阅览一下吴晗所做《胡应麟年谱》。翁文灏即请秘书长张子高与文学院院长冯友兰及历史系主任蒋廷黻联系阅看了吴的文稿,并给他安排了勤工俭学的机会,使其得以在清华求学。29 日,翁文灏再次呈文教育部,报告暂代清华校务经过和学校目前情形请求准予辞职。

翁文灏 9 月 15 日致电教育部,告即日因事赴南京,清华校务交理学院院长叶企孙暂代。24 日教育部复电,准翁文灏请假,同意清华校务由叶企孙暂代。30 日,翁文灏出席北平研究院与中法大学为欢迎法国汉学家赖鲁雅(L. Laloy)来华联合举行的茶会。赖鲁雅是法国国家剧院的主任干事兼巴黎大学教授,此次来华考察中国的文化事业。10 月 2 日所拟《各区地质调查工作标准》获实业部核准。由实业部长孔祥熙以部令分咨各省政府,转饬主管厅所遵照。同日,翁文灏致函钱昌照,请任命叶企孙代理清华大学校长。10 月 1 日,叶企孙致电教育部,以"国难方殷,校务繁剧",请催令翁文灏即日销假视事。翁文灏本日函告钱昌照,梅贻琦欲由欧返国,已去电敦促,驻美监督一缺赵元任愿意担任,待梅返国之后再正式推荐梅任清华校长。在梅到校之前,请任命叶企孙正式代理校长一职。10 月 13 日,教育部 1710 号训令称:奉行政院第 5139 号训令,拟以梅贻琦继任清华大学校长,在未到任以前仍由翁文灏代理校务。15 日,翁文灏出席北平研究院为法国物理学家朗之万(Langevin)来华举行的学术演讲会。朗之万是作为国联国际考察团团员来华考察中国教育状况的,于 12 日抵北平,并被聘为北平研究院名誉研究员。

翁文灏 11 月 3 日出席中国地质学会在地质调查所举行的特别会,代表中国地质学会将中国地质学界的最高奖章"葛利普奖章",授予李四光(1927 年度,丁文江代领)、步达生(1929 年度)。11 月 12 日,翁文灏出席北平研究院为法国地质学家步林(Abbe. Breuil)举行的学术演讲会及宴会。步林是著名古生物学家,应北平研究院之邀到地质学研究所(地质调查所)从事古生物与古人类研究工作,本月抵华。11 月 24 日,地质调查所 10 月份工作报告获部令嘉许。实业部长孔祥熙以部令,称地质调查所所呈 10 月份工作报告中,"各项工作尚称努力,殊堪嘉许"。12 月 3 日上午 11 时,翁文灏出席清华全体学生集会,介绍新校长梅贻琦到任并发表告别演讲。翁文灏称:"本人于今日临行之际,有两种善意的希望,愿意贡献给清华。一种是希望清华以后要保持安静的空气,一种是希望清华要具有进步的精神。总而言之,希望清华以后在安静的空气中求进步。"21 日,将地质调查所赵亚曾、黄汲清所著《秦岭及四川地质书报图考》呈报实业部,本日获部令嘉许。实业部长孔祥熙以部令,称:"查秦岭及四川地质虽迭经外人调查,而未及经过之地段及未能解决之问题尚多。该员等不避艰险,重加探讨,克补前人之未备,对于已往疑问并多实地证明,足征努力工作,深堪嘉许。"是年,翁文灏将担任清华大学代理校长应得薪金 1800 元原璧退还,捐作清华大学学生的奖学金;在《中国地质学会志》第 10 卷发表了《中国北方河流的沉积物及其地质意义》(英文)一文。文中主要讨论了黄河的沉积物、沉积作用和沉积速率,华北各大河流沉积物之来源与上游侵蚀作用的关系,黄河、永定河的迁徙作用,黄河三角洲之形成和整个华北平原形成的经过和方式,三角洲的改变,平原的沉降以及海岸的变化。黄汲清称赞这篇文章"是一篇研究华北平原沉积作用的杰作,即在今天它还有参考价值",为翁从政前最后一篇颇具分量的地质学与地理学论文。(以上参见李学通《翁文灏年谱》,山东教育出版社 2005 年版;潘云唐《翁文灏年谱》,《中国科技史料》1989 第 4 期)

杨钟健继续任职于地质调查所新生代研究室,参加中法科学考察,经内蒙古、宁夏而至新疆,然后经苏联返回北平。所著《西北的剖面》一书出版。书中不仅剖析了许多地质问题,还洋溢着不受屈辱的中国人民的凛然正气。与德日进合著的《中国北部新生代后期之哺乳类化石》,列入《中国古生物志》丙种第 9 号第 1 册,由地质调查所印行。在《中国地质学会志》第 10 卷发表《中国啮齿类化石地层及古生物上的意见》;在《北京大学自然科季刊》第 2 卷第 2 期发表《新生代研究之回顾》;在《北京大学地质学会会刊》第 5 期发表《在地史过程中动物演变的概要》;在《科学》15 卷第 9 期发表《中国猿人与人类进化问题》。(参见王仰之《杨钟健年谱》,《四北大学学报》1983 年第 2 期)

裴文中继续任职于北京地质调查所。主持发掘周口店遗址的"鸽子堂"洞穴,首次发现大批人工打制的石英制品,又发现人类用火的痕迹,从而确认北京人文化遗存的存在,为周口店古人类遗址提供了考古学重要依据。贾兰坡从此次发掘开始加入对周口店遗址的发掘工作。(参见中国大百科全书总编辑委员会《中国大百科全书·考古学》,中国大百科全书出版社 2002 年版)

任鸿隽 1 月 9 日与蔡元培、孟禄、蒋梦麟、胡适、赵元任、顾临、司徒雷登、贝克、任鸿隽出席中华教育文化基金董事会假上海沧洲饭店举行的第五次常会,听取并通过名誉秘书、名誉会计、干事长的报告,原则通过本会与国立北京大学合作设立研究及专任教席一案。2月,任鸿隽出席静生生物调查所和社会调查所新建大楼落成典礼(北平文津街 3 号),两所于 4 月迁入新址。5 月 1 日,任鸿隽出席国立北平图书馆文津街新馆落成典礼。6 月,任鸿隽率领由中基会组织的教育考察团赴四川考察。其间,曾在成都大学发表演说,提出创造"新文化"的两个最重要条件,一是要建立相信人类会进步的新信仰;二是要用科学方法获得自然和社会的新知识。8 月,任鸿隽当选为黄海化学工业研究社董事会董事长。(参见樊洪业、潘涛、王勇忠编《中国近代思想家文库·任鸿隽卷》及附录《任鸿隽年谱简编》，中国人民大学出版社2015年版；高平叔编著《蔡元培年谱长编》，人民教育出版社1996年版）

胡先骕继续任静生生物所代所长。1月，陈封怀入静生所，任植物部研究员，先后在河北、吉林等地采集标本，发表有关镜泊湖植物生态和河北省菊科植物分类的论文。2月15日，胡先骕与蒋梦麟、胡适之、赵元任、丁文江、任鸿隽、杨步伟、沈性仁、林徽因、陶孟和等40余人出席中国科学社北平社友会在欧美同学会开的迎春大会，由地质调查所黄汲清演讲《四川山脉河流及地层之构造》，孙学悟与董时进讲演四川工业情形，任鸿隽报告四川最近教育之状况。同月，胡先骕再派汪发缵赴四川进行植物标本采集，汪发缵请其同乡程以人偕行；为周岸登刊印词集《蜀雅》作序。3月10日，胡先骕与寿振黄一同察看即将竣工的文津街新所大厦，就未尽建筑装修事项，致函北平图书馆建筑委员会，请予完善。4月，胡先骕列席静生生物调查所委员会第七次会议，报告植物部工作。春，静生所自石驸马大街83号迁至文津街3号新厦，与北平图书馆毗邻。新厦为二层钢筋水泥框架结构，连同附设建筑，共有房屋百余间，由中基会斥资兴建。此幢建筑由静生所与中基会另一机构陶孟和主持的社会调查所合用。后社会所与中研院社会所合并，迁往南京，此幢建筑则全归静生所一家使用。5月19日，汪发缵自四川发来一函，报告在外采集情形。

胡先骕6月17日于静生所搬入新厦之后，拟在新厦内悬挂世界著名生物学家的照片，开始征集。29日，复函陆文郁，称其所编《植物名汇》甚为重要，允为校订。7—8月，胡先骕应《庐山志》编委会之邀请，往庐山调查该山植物资源月余，为撰写《庐山志》中之物产植物部分。8月，在庐山，拜谒陈三立，曾谈晚近赣之学人。8月15日，随汪发缵在四川采集之程以人发来一函，报告近况，并呈在旅途之中所写《凉山杂诗》十余首，请为吟正。中旬，胡先骕就清东陵树木屡遭砍伐，致函北平研究院史学研究会徐旭生、马叔平，请设法保护。10月9日，秦仁昌自英国丘园来函，禀告摄制中国植物标照片进展情况。10月21日至11月2日，第四次太平洋国际学会在上海举行。此前中国太平洋关系研究所出版介绍中国学术材料（英文），秉志与胡先骕合写其中第十二章《生物科学》，文中简略总结中国生物学历史，着重介绍中国生物学研究状况。11月1日，由范旭东捐资，将石驸马大街83号范静生故居，改造为通俗博物馆，由张东寅主持，是日正式对市民开放。12月，王易转胡先骕手札与黄侃，嘱其寄《庐山诗稿》与陈三立，并索还自己诗作。冬，静生所设印刷部，购石印机两架，由冯澄如主其事，专司本所生物学著作和期刊之印刷。年末，由秦仁昌在英国丘园拍摄之中国植物模式标本照片陆续寄到静生所。是年，熊式辉主持江西省政，胡先骕曾致函言说政务，始相交往，与国民党始有关系；四川西部科学院与静生所合作采集与研究四川植物，胡先骕派俞德浚赴川主其事，预计至峨边、马边、建昌、会理、盐源、盐边等地采集。

按：《静生所第三次年报》："本所鉴于模式标本之重要，遂请得中华教育文化基金会补助，委托秦仁昌君在欧洲各大标本室中影照中国植物标本。今已摄得运到本所者，计有一万七千多幅，英国丘皇家植物园及英国博物馆皆予以特许及便利，秦君明春在赴欧洲其他标本室添摄以前未摄者。此等中国标本之摄影，对于吾人之研究为益实大，本所将来并预备将该图放至原大，则尤便于研究矣。"（参见胡宗刚《胡先骕先生年谱长编》，江西教育出版社2007年版）

梁思成6月离开东北大学到北京，在北京北总布胡同三号安家。当时朱启钤创办的中国营造学社设文献和法式两部，分别聘请梁思成、刘敦桢，前者重资料收集，后者重事物测量和法式整理。9月，梁思成任中国营造学社法式部主任。是年，徐志摩向梁家引见了金岳霖，从此金与梁氏夫妇结成了深厚的友谊，直至逝世。（参见林洙、楼庆西、王军《梁思成年谱》，

《建筑史学刊》2021年第2期"梁思成及营造学社前辈纪念专刊"）

刘敦桢为中央大学建筑系教授,应朱启钤之聘,任学社文献部主任,主要负责搜集、校勘和编辑中国历代的建筑史籍,偏重文献研究。

易培基2月3日经国民政府行政院召开国务会议决定批准同意其辞国立北平师范大学校长职。自此,易培基专任故宫博物院院长。3月10日,故宫印刷所成立。3月20日,易培基到任故宫博物院。4月8日,易培基出席故宫博物院专门委员会第八次会议,出席者还有江翰、袁同礼、卢弼、赵万里、张允亮、朱希祖、朱师辙、马衡。5月,北平故宫博物院文献馆编辑《清代文字狱档》第1辑由北平国立研究院出版。至1934年共出版9辑,系雍正、乾隆两朝65起文字狱原始档案的汇编,具有重要史料价值,又因注明出处、相关档案缺失情况等,较便利用。6月5日,易培基院长签发故宫博物院函,通知各馆处负责人召开会议会商处理有关文化用品事宜。25日,中华教育文化基金会、中法教育基金会捐款建设延禧宫文物库房。同月,设立裱画室。12月3日,特设临时警务处,合并内外廷统筹防务。是年,易培基又兼古物馆馆长;故宫博物院出版《乾隆舆地全图》。（参见马思猛《马衡年谱》,故宫出版社2021年版;郦千明《沈尹默年谱》,上海书画出版社2018年版;王学典《20世纪史学编年（1900—1949）》,商务印书馆2014年版）

傅增湘1月6日撰《黄荛圃校宋本刘子注跋》,此本出于《道藏》本,经黄荛圃以宋本、明活字本、《子汇》本、《道藏》本重校,甚为可贵。2月10日,为《双鉴楼藏书续目》撰写序言,此书两卷,记《双鉴楼善本书目》之后一年所收之书。4月6日,以1600元收宋本《淮南子》。春,南游时,从海虞瞿氏借宋刻残本上卷《林和靖集》,重校一过。6月1日,以宋本校勘清郭氏《谢宣城》本,改讹夺共333字。3日,撰《宋本谢宣城集跋》,记此本之版式体例,并略述内府宋刊本、汲古阁影宋本、明影宋本、何义门校宋本、武功本、宁国本、《六朝诗集》本、宣城本、《汉魏二十一家集》本、《七十二家集》本和清宣城本之大略。6月26日,傅增湘致函蔡元培、袁同礼,赠送国立北平图书馆《正统道藏》,谓子民、守和先生阁下:"昨日新馆落成,获观盛典,私衷抃颂,莫可名言。兹检奉《正统道藏》本书箱四种送呈,聊表祝贺之忱。伏惟哂纳是幸。专此。敬候台祺。傅增湘拜启,六月二十六日。"7月18日,撰《旧日钞本溵南集跋》。8月2日,撰《雪山集残本跋》。10月1日,撰《跋崇祯本澹生堂全集》。11月3日,撰《士礼居钞本吴梅村诗笺注跋》,12月2日,致信张元济,求补配《历代名臣奏议》缺卷,并列详目。是年,傅增湘在邃雅堂见宋刊《汉隶字源》,为金石之书稀见者,寄书袁同礼,袁同礼斥重金购得;于上海见宋元间刊本《新刊淮南鸿烈解二十一卷》,为海内孤本,收之;收徐梧生日藏宋刊本《六臣注文选六十卷》,价六千金;为清钞本《三孔先生清江文集四十卷》撰跋。（参见孙爱《傅增湘年谱》,河北大学硕士学位论文,2012年;张光润《袁同礼研究（1895—1949）》,华东师范大学博士学位论文,2018年）

袁同礼继续任北平图书馆副馆长,主持北平图书馆工作。3月24日,平馆委员会函教育部（第三次）,商请平馆接受"呈缴图书"事。3—4月间,袁同礼接英伦博物院东方图书部主任翟博士（Dr. Lionel Giles）来函。翟氏在英伦访得《永乐大典》4册,C. H. Brewitt-Taylor收藏3册,E. D. Edwards女士收藏1册。E. D. Edwards女士之藏,存于伦敦大学东方语言学校（School of Oriental Studies）。又在《国立北平图书馆馆刊》第4卷第2期发表《〈永乐大典〉现存卷数表再补》。4月8日,教育部复平馆委员会第三次函请"呈缴图书"事。自1929年10月起,三年来,平馆委员会年函教部一次,请求平馆接受"呈缴图书"一事,总算取得相应成果。5月18日,袁同礼被聘为北平市市政设计委员会委员。同日,平馆第二馆（北海)门前养蜂夹道南口改名文津街。因平馆以馆藏文津《四库》之故,拟为文津街。

袁同礼5月20日函请教育部派员参加6月25日新馆落成典礼。6月6日,袁同礼在平出席平馆委员会会议,与会者有傅斯年、周诒春、刘复、任鸿隽、陈垣。12日,傅斯年来函,介绍史语所同事到故宫图书馆查看《字学元元》。25日,国立北平图书馆举行新馆落成典礼。馆长蔡元培主持落典礼,致开幕词,并撰《国立北平图书馆记》,文字扼要,内容赅备,后勒碑于该馆院内西侧。袁同礼以副馆长身份致答词。当日天气炎热,参加落成典礼之"中外人士二千余人""均鹄立于炎日之下,挥汗如雨"。另有教育部代表蒋梦麟、中基会代表任鸿隽、市整委董霖、市长胡若先后致词,来宾演说有中委李石曾、协和医学校长顾临、陈衡哲女士等,出席典礼者还有吴铁城、吴雷川、荆有岩、周学昌、娄学熙等。但与会人员未列陈垣前平馆筹备委员等。26日,傅增湘致函蔡元培、袁同礼,赠送国立北平图书馆《正统道藏》。同月,美国英格利斯(Inglis)夫妇向平馆捐赠《永乐大典》1册3卷(卷8091—8093),庚韵城字。

> 按:据中图协称,应氏夫妇为传教士,"在中国传教多年,现住美国丹佛休养。应氏庚子在平被围,于乱中获得《永乐》卷八〇九一—九三,韵十九庚。现经北平长老会希克司(Mr. Hicks)夫人之介绍,愿将该书赠国立北平图书馆"。平馆《读书月刊》云,该册"于古地理学甚关重要","近以北平图书馆新馆落成,特行寄赠"。

袁同礼6月撰《国立北平图书馆概况》,刊于本月出版的《图书馆学季刊》。同月,在《中华图书馆协会会报》第6卷第6期发表《国立北平图书馆之使命》。7—8月,在《国立北平图书馆馆刊》第4卷第4期发表《〈永乐大典〉现存卷数表三补》。9月4日,顾颉刚拟致函袁同礼:"编《古史辨》第三册下编。写何定生、蒋廷黻、袁守和、黄仲良、蒋崇年信。写房兆颖信。"10月8日,袁同礼与夫人同徐志摩、温源宁在北平图书馆设晚宴,请法国友人及梁思成、梅兰芳等人聚会。9日,袁同礼、任鸿隽、傅斯年、孙洪芬、刘半农、周诒春等出席平馆委员会会议,任鸿隽任会议临时主席。会议议决改组购书委员会,分中文、西文二组,各设书记一人,均以馆内职员担任,两组分组开会,必要时可召开"联席会议"。中文组委员7人:陈垣、胡适、顾颉刚、陈寅恪、傅斯年、徐鸿宝、赵万里(书记);西文组委员:7人:丁文江、胡先骕、陈寅恪、傅斯年、孙洪芬、王守竞、顾子刚(书记)。12月19日,《密勒氏评论报》报道了国立北平图书馆概况和袁同礼学习经历简介。袁同礼以副馆长主持馆务,则译作国立北平图书馆执行主管(Acting-director of the National Library of Peiping)。(以上参见张光润《袁同礼研究(1895—1949)》,华东师范大学博士学位论文,2018年)

谢国桢1月所撰《清开国史料考》印行,藏书家傅增湘题签。书前有"辛未元月刊成"题记,该书凡例2页,满文老档和文谕照片3页,正文共6卷,内容分别为:卷一为叙论,卷二为清初之档册,卷三、四为明代之记载,卷五为清代官修及近人纂辑之书,卷六为朝鲜及日本之记载。书中辑录从明建州卫设置至清兵入关前的历史资料230余种,共四类:清初之档册、明人对于清代之记载、清代官纂和近代追述之书、朝鲜日本等国之相关记载。凡当时所能见到的书籍及其有关篇章几乎全部网罗,对同一书籍的不同版本也比较其优劣,是清史研究中第一部系统考证资料来源的著作,较系统地概述了清入关前成长过程中明、清和邻近国家各方面之载籍,并兼及学者的有关研究成果,具有研究指南的性质。此书后来多次再版。谢国桢《叙论》开首说:"余既辑清开国史料竟,乃为之叙曰"云云;叙末署时为"民国十九年大除夕草成于国立北平图书馆"。可见此书所有部分的完成在1930年底,而关于史籍内容介绍和版本说明的主体工作的进行当在此前数年。实则为谢国桢《晚明史籍考》的组成部分,应是和《史籍考》同时编纂的。只是该书有它自己的独立性,遂单独以专题书目的形式另行。12月5日,谢国桢撰成论文《张南垣父子事辑》,后经修改收入《明清笔记谈丛》。17日,撰成《明清之际党社运动考》一书初稿。(参见牛建强《谢国桢先生年谱》,《明史研究》2010年第1期;王学典《20世纪史学编年(1900—1949)》,商务印书馆2014年版)

孙楷第上半年正式调到北平图书馆(今国家图书馆)任编辑、写经组组长,同时仍兼任国立北平师范大学、私立辅仁大学、国立北京大学等校的讲师。当时堪称是孙楷第读书的黄金时期,广泛阅览正史、佛经、高僧传、清人别集、笔记等,为以后研究打下了很好的基础,并开始着力于编纂中国通俗小说书目。所撰《三言二拍源流考》刊于《北平图书馆馆刊》第5卷第2号,为其得益于自己书目基础的第一篇论文。孙楷第想转换学术研究方向,但最初并没有一个明确的思路,黎锦熙以学者眼光敏锐地感觉到小说研究的价值,认为孙楷第有这方面的基础,就有意识地让他做小说研究,并为他创造条件。此时,日本学者长泽规矩也正好到北平,谈及日本藏有很多中国古代小说,愿意帮助孙楷第到日本去访书。去日本访书前,孙楷第还多次向恩师杨树达请教。这为日本访书做了充分的准备。(参见于飞《孙楷第先生年谱简编》,载王京州编《河北近现代学者年谱辑要》,国家图书馆出版社2017年版)

王重民继续任北平图书馆编纂委员会委员兼索引组组长。北平图书馆各部迁入北海西侧文津街新址后,索引组仍留中海居仁堂西四所,直至1934年王重民被派赴法,才合并到新馆中。索引组在王重民领导下,开始编《清代篇目分类索引》,他要求参加工作的人员细读梁启超《清代学术概论》《书目答问》和《四库全书总目提要》著录的清人文集之部,了解清人文集全貌,以及各种版本的价值,作充分的准备工作,对推动索引学的发展作出了重要贡献。在清代学者中,王重民最推崇章学诚之校勘学,使他以后到国外访书及撰写《中国善本书提要》的工作有一明确的指导思想。(参见刘修业《王重民教授生平及学术活动编年》,载王京州编《河北近现代学者年谱辑要》,国家图书馆出版社2017年版)

蒋梦麟同意出任北京大学校长,重点依托胡适与傅斯年为参谋。1月9日,蒋梦麟在上海沧州饭店出席中华教育文化基金董事会第五次常会,到会还有孟禄、蒋梦麟、胡适、赵元任、顾临、司徒雷登、贝克、任鸿隽等,列席者为教育部代表孙本文,蔡元培董事长主席。会议议决中华教育文化基金会与北京大学每年各提出20万元,以五年为期,双方共提出200万元作为合作的特别款项,专作设立研究讲座与专任教授及购置图书仪器之用。经董事们认真讨论,这个方案原则上予以通过,会后由中基会执行委员会与北京大学拟定详细办法及契约条文,提交下届年会正式决定。中基会的这项援助计划使蒋梦麟的信心大增。会后,蒋梦麟便同意回北平就任北京大学校长,只因时在寒假期中,蒋梦麟此时表示要用两个月的时间来观察情况,来发现问题。1月11日,国民政府教育部规定北京大学、北平大学、北平师范大学校务方面应进行多项改革,计有:一、增加各校设备经费;二、限制教员兼课;三、严厉实行考查学生之上课;四、严格执行学生之各种试验;五、切实整顿各校校务。3月11日至12日,胡适代表中基会执行委员会与北京大学两单位草拟成《北京大学与中华教育文化基金董事会合作研究特款办法》。4月9日,北京大学召开会议,讨论《北京大学与中华教育文化基金董事会合作研究特款办法》。在这次会上,胡适提议再增加"研究教授得往国外研究"一条。傅斯年等认为研究教授月薪太高,遂将最高额750元降至600元,最低额400元不变。其余条款未作修改,一致通过。4月24日,中华教育文化基金董事会举行第36次执行、财政两委员联席会议。通过了《北京大学与中华教育文化基金董事会合作研究特款办法》,并决定由北京大学校长蒋梦麟与中基会干事长任鸿隽,以及北大与中基会合聘的胡适、翁文灏、傅斯年、陶孟和、孙洪芬为顾问委员会委员。负责议决研究教授之人选及各项经费之分配。此于蒋梦麟校长旨在复兴北大尤为重要。

按：《北京大学与中华教育文化基金董事会合作研究特款办法》全文如下：

一、中华教育文化基金董事会（以下简称"中基会"）与国立北京大学（以下简称"北大"）为提倡学术研见，自民国二十年度起，止二十四年度止，每年双出国币 20 万元，作为合作研究特款（以下简称"合款"），专作下列各项之用：1. 设立北大研究教授；2. 扩书仪器及他种相应的设备；3. 设立北大助学金及奖学金。

二、北大与中基会会同组织"合作研究特款顾问委会"，委员定为五人至七人，其任务为筹划及决定上列各项用途之实施及预算。顾问委员不限于北大教职员及中基会董事。

三、研究教授之人选，以对所治学术有所贡献，见于著述为标准，经顾问委员会审定，由北大校长聘任。研究教授之年俸，自 4800 元至 9000 元不等。此外，每一教授应有 1500 元以内之设备费。如有研究上需用之贵重设备，由各教授提出详细预算，请北大提出，顾问委员会议决购置。研究教授每周至少上课六时，并担任学术研究及指导学生之研究工作。研究教授不得担任校外教务或事务。研究教授之名额暂定三十五人，但不必同时聘足。

四、助学金名额暂定全校十五名，每名每年 200 元，为帮助成绩优良学生之用。奖学金分两种：甲种两名，为资送有研究成绩之学生往国外继续研究之用，其每年金额依留学生之需要规定之；乙种十五名。每名每年 600 元，为津贴各系有研究成绩之学生在本校继续研究之用。助学金与奖学金实施细则，由北大校长组织"北大奖学金与助学金委员会"规定。

五、本项合款每年 40 万元，由北大与中基会分八期缴清，每期各缴 25000 元，由中基会会计部存放保管，随时由北大校长签署支付协定之各项用途。中基会会计部每年度应将合款之收支详数及剩余款项作为文支详数及剩余款项作为详细报告，交与北大及中基会审核。

六、每年度之末，合款若有剩余，均列为标准金，其途由顾问委员会决定。北大经费有困难时，得由顾问委员会之议决，将准备金之部分借与北大为发给教职员薪俸之用，但北大续领到经费时，应将此种借款尽先还清。

七、本项合款暂定以五年为期，在五年之中，如有一方拖欠至三次以上，则对方可暂时停止付款，俟欠款付足时方继续付款。如北大发生故障，使合作计划不能顺利进行，中基会得通告北大，于六个月之后停止合款。停止付款时，一切契约未了之责任与手续，由双方协议办理结束。

按：根据北大与中基会议定的原则，顾问委员会于 8 月 5 日召开第一次正式会议，通过聘请汪敬熙（心理学）、王守竞（物理学）、曾昭抡（化学）、冯祖荀（数学）、许骧（生物学）、丁文江（地质学）、李四光（地质学）、刘志易（法律学）、赵乃抟（经济学）、周作人（中国文学）、刘复（中国文学）、徐志摩（外国文学）、陈受颐（历史学）、汤用彤（哲学）为研究教授。其后，又续聘梁实秋（外国文学）、张颐（哲学）、叶公超（外国文学）、江泽涵（数学）、萨本栋（物理学）、谢家荣（地质学）、张景钺（生物学）、饶毓泰（物理学）、朱物华（物理学）、张君发（政治学）、吴定良（统计学）、葛利普（地质学）、斯伯纳（数学）、奥斯谷（数学）等为研究教授。显然，上述诸人都是国内外各学科的第一流专家，由他们加盟北京大学，必将使已经中衰的北大重新焕发新的活力。

蒋梦麟 1 月聘任胡适为北大文学院院长兼中国文学系主任，胡适初不肯就任，但经不住蒋梦麟等人多次商请，最后义不容辞，允其所请，但因其主持中华教育文化基金会编译委员会的工作，故虽在北大任职，但不受北大的薪俸。2 月 7 日，胡适致函蒋梦麟，谢绝两点钟的中古思想史课的薪俸："一来是因为我在文化基金会是专任的，不应另受薪俸；二来是北大为两点钟而送我教授半薪，殊属浪费，此例殊不可开，即有此例，我也不愿受。"胡适就任北大文学院院长后，蒋梦麟明确要求胡适等新任院长大胆改革，中兴北大，对各位院长表示："辞退旧人，我去做；选聘新人，你们去做。"这让胡适等人很感动，以为"有理想，有魄力，有担当"。

按：胡适在《沈宗中年自述序》中提到："孟邻先生受了政府的新任命，回到北京大学去做校长，那时他有中兴北大的决心，又得到中华教育文化基金的援助，他放手做改革的事业，向全国去挑选教授与研究的人才，在八个月的筹备时间，居然做到北大的中兴，我曾在《北大五十周年》一文里略述他在那六年的作风：'他是一个理想的校长，有魄力，有担当，他对我们三个院长说：辞退旧人，我去做；选聘新人，你们去做。'"蒋梦麟后来在《新潮》中回忆出任北大校长时的情况说："在职之年，但谨知守蔡校长余绪，把学术自由的风气，维持不堕。"

蒋梦麟与胡适等人相互配合，遵照国民政府1929年7月颁布的《大学组织法》，对北京大学的行政和教学制度作了较大的变更，拟定了北大长期发展计划。7月，蒋梦麟明确提出"教授治学，学生求学，职员治事，校长治校"的方针，并以此方针改变了学校原来的一些制度。至次年6月，正式公布了《国立北京大学组织大纲》。同月，《中华教育界》发表研究1930年我国大学学潮之署名文章。该文列举当年的大学学潮12起，其中有牵涉教育部部长蒋梦麟者，有市党部直接干预者，有师生涉讼，法院调解者。文章认为，发生学潮之原因有五：一、党派之斗争；二、经济的影响；三、教师不学无术；四、师生无感情；五、学生毕业无出路。9月23日，北京大学第一次校务会议正式组成，其成员分为当然会员和教授代表两种。学校除设立校务会议之外，按照组织大纲的规定还另行设立有校行政会议。由校长、各院院长、秘书长、课业长组成，校长为主席。在教学方面，专门设立学校教务会议，由校长、各院院长、各系主任、课业长组成，校长为主席，计划学校的教学事宜。在学校的组织系统方面，蒋梦麟通过这次改革，三科为文法理三个学院，实行学院制，全校共设十四个学系。各学院设院务会议，以院长和系主任组成，院长为主席，计划本院教学事项，审议本院一切教务进行事宜。文学院、法学院和理学院分别由胡适、周炳琳、刘树杞担任院长。蒋梦麟一方面争取外界的财力支持，另一方面则切实整顿学校的教育纪律，从是年起严格实行教授专任制度，规定北大教授以专任为原则，在他校兼课者，则薪金较专任者少；在他校兼课较多者，则改任讲师；专任教授的待遇略有提高，同时改变过去教授第一年续聘后即无任期限制的办法，规定新教授初聘订约一年，续聘订约二年，在聘约有效期内不得中途他去。北大这次革新的要点在于教师的挑选，蒋梦麟的一个基本想法是对教师只看学术上的贡献，以期将最理想的阵容摆在北大，从而使北大的面貌焕然一新。经过蒋梦麟校长和他的同事们整整八个月的筹备和革新，至9月开学，北大建立起了一个新北大的底子，新阵容确可以"旌旗变色"，全国教育界也颇注意北大的中兴。9月17日，蒋梦麟主持北大开学典礼，宣布北大中兴方案，特聘理学院丁文江、李四光、王守竞、汪敬熙、曾昭抡、刘树杞、冯祖荀、许骧与文学院周作人、汤用彤、陈受颐、刘半农、徐志摩以及法学院刘志易、赵乃抟15人为研究教授。9月18日，"九一八"事变爆发，北平进入多事之秋，北平各大学即发起组织平津学术团体对日联合会。20日下午5时，举行平津学术团体对日联合会成立大会，推举蒋梦麟为主席，议定北平国立四大学、北平研究院、北平图书馆、南开、燕京及中国大学之负责当局为常务委员，并代表学术团体方面讨论应付此次事变之方案。（以上参见马勇、黄令坦编《中国近代思想家文库·蒋梦麟卷》及附录《蒋梦麟年谱简编》，中国人民大学出版社2015年版；马勇《蒋梦麟传》，河南文艺出版社1999年版；高平叔编著《蔡元培年谱长编》，人民教育出版社1996年版；蔡仲德编撰《冯友兰先生年谱长编》，中华书局2014年版；郦千明《沈尹默年谱》，上海书画出版社2018年版；中央教育科学研究所编《中国现代教育大事记(1919—1949)》，教育科学出版社1988年版）

徐志摩1月4日来北平，赞成翻译莎士比亚著作。20日，徐志摩等筹划的《诗刊》在上海创刊，由新月书局发行。这是我国现代文学史上继朱自清等创办《诗》、闻一多等创办《晨报·诗镌》以后的第三个专门发表诗作的刊物。徐志摩任主编、陈梦家担负实际编辑工作，撰稿人除闻一多、徐志摩、饶孟侃、梁镇、沈祖牟等前期新月诗人和南京诗人群成员外，还有林徽因、卞之琳、孙毓棠、曹葆华等新加入的北京青年诗人，标志后期新月诗派的正式形成。徐志摩在《诗刊·序》中说"我们要说的奇迹是一多'三年不鸣，一鸣惊人'的奇迹"，指的即此诗。《诗刊》的撰稿人，多为徐志摩的同仁、朋友。2 月 8 日中午，假雪园举行笔会餐会，徐志摩、傅彦长、梁得所、张若谷、赵景深、米维基、曾今可、司徒博、虞岫云、邵洵美、郑振铎等出席，由蔡元培理事长主席。3 月 22 日，徐志摩言："新近有胡先骕者又在攻击新诗，他们都要我出来辩护，我已答应，大约月初去讲。"同月，新月书店有谋扩大招股的计划。据徐志摩给胡适的一封信（残稿，未署日期）说，打算另招 3 万元的股，分 15 组经招。北方一组即请胡适与叶公超担任召集。4 月 20 日，《诗刊》第 2 期刊发徐志摩所撰《前言》。此前，已在北京大学任教的徐志摩将卞之琳诗稿一束带回上海与沈从文共赏后，选出《群鸦》《噩梦》《魔鬼的小夜曲》和《寒夜》等四首径自刊登在《诗刊》第 2 期上，并代为决定编成一集，取名《群鸦集》准备出版。沈从文还为该书撰写《附记》，发表在南京的《创作月刊》上。5 月 20 日，罗隆基在给徐志摩信中，谓"月刊内容非大家负责不可。半年来，一多、实秋、英士、子离、上沅、公超、西滢、叔华等先生都没有稿来，你的稿亦可说太少。《新月》内容的退步，大家都要负责任的"。约 5 至 6 月间，胡适写信给徐志摩，谈他读过刚刚创刊的《诗刊》第 1 期的感想。信中说："我觉得前途大可乐观，因为《诗刊》的各位诗人都抱着试验的态度。这正是我十五年前妄想提倡的一点态度。只有不断的试验才可以给中国的新诗开无数的新路，创无数的新形式，建立无数的新风格。"信中批评了梁实秋认为"新诗实际就是中文写的外国诗"的看法，谓"我至今还继续希望的是用现代中国语言来表现现代中国人的生活、思想、情感的诗。这是我理想中'新诗'的意义"。这封信没有写完，也没有寄出。直到徐志摩因飞机失事身亡时，才将此未完信稿付《诗刊》发表，作为对亡友的纪念。

　　徐志摩 6 月 30 日致信赵家璧说明不能南下重到光华大学任教的原因，信中说曾约先生与杨振声、梁实秋到北京大当任教，但闻一多等未去。信云："此来后北大方面又起恐慌，因为原定杨今甫来长文学院，青岛梁、闻诸先生都可以同来，那这边自不愁人手缺少。不想结果青岛一个都不能来……"7 月 10 日，作《醒世姻缘序》。8 月，徐志摩的诗集《猛虎集》出版，闻一多为其绘制了封面。封面很简练，在黄底上横画出粗墨痕，极似一张平铺的虎皮。同月 22 日，徐志摩致时在欧洲的刘海粟函，略谓："老蔡见过，对展览会表示赞同，然于研究院花钱一层，则似乎为难。"暑后，宴诸多名人于上海，极一时之盛。11 月 19 日，徐志摩乘飞机自南京飞北平，在济南白马山附近飞机触山，机毁人亡。徐志摩遇难后，胡适及徐氏生前的好友们都异常伤悼，他们频频通信商量纪念亡友的办法。除《新月》出版纪念专号以外，他们还筹拟举办徐志摩纪念奖金和分工编辑徐氏的集子。12 月 3 日，胡适撰写《追悼志摩》一文，谓"志摩走了，我们这个世界里被带走不少的云彩。他在我们这些朋友之中，真是一片最可爱的云彩，永远是温暖的颜色，永远是美的花样，永远是可爱"。胡适还手拟《徐志摩纪念文学奖金募集办法》及《陆小曼给养办法》等文件。5 日，罗隆基致信胡适，告《新月》第 4 卷第 1 期出志摩纪念专号，希望朋友们每人撰一篇《我认识的志摩》。6 日，北平文化界举行徐志摩追悼会，周作人、胡适、凌叔华、陈衡哲等 250 余人参加。13 日，周作人作《志摩纪念》，刊于《新月》1932 年 3 月第 4 卷第 1 期，认为徐志摩的诗文以及小说戏剧，在新文学史上"已经很够不朽"，他的逝世，是"中国文学的一大损失"。20 日，徐志摩逝世纪念会在上海静安寺开吊,礼堂满悬友好的唁词,蔡元培挽以两联:其一:"言语是诗,举动是诗,毕生行径均是诗,诗的意味渗透了,到处都有乐地;乘车可死,坐船可死,静卧室中也可死,死于飞机偶然耳,不必视为畏途。"其二:"活得风流,死得火速,不愧文学家态度;逝者目瞑,存者魂销,仍是历史上臼科。"次年,《新月》月刊第4卷第1期、第5期和《诗刊》第4卷出特大号定名为《志摩纪念号》专刊。计有陆小曼、胡适、周作人、郁达夫、梁实秋、杨振声、韩湘君、方令孺、储安平、何家槐、赵景深、张若谷、陈梦家、方玮德、梁镇、朱湘、程鼎鑫、虞岫云、陆费逵、舒新城等发表悼念文章、哀辞挽联,继后还出版了徐志摩文选、评传以及专著等,以不同方式纪念"新月派"人物徐志摩。(以上参见陈从周《徐志摩年谱》,上海书店出版社2008年版;陈福康《郑振铎年谱》,三晋出版社2008年版;唐金海、刘长鼎主编《茅盾年谱》,山西高校联合出版社1996年版;闻黎明、侯菊坤《闻一多年谱长编》(增订版),上海交通大学2014年版;高平叔编著《蔡元培年谱长编》,人民教育出版社1996年版;胡宗刚《胡先骕先生年谱长编》,江西教育出版社2007年版)

周作人所著《艺术与生活》2月由上海群益出版社出版,收1918年至1925年所写有关艺术和人生方面的文章共21篇。3月1日,周作人在《新学生》杂志第1卷第3期"著作家生活之页"栏内发表答问,有:1. 我志愿的学术:希腊神话学;2. 我今年拟着手的著译:希腊神话;3. 我最爱好的著作:文化人类与民俗学的著作:……7日,发表《蔷薇颊的故事》,文中对方璧(即茅盾)的《西洋文学通论》中关于希腊女诗人莎孚(Sappho)的轶事作了一些辨析。6月18日,周作人作《〈文学论〉译本序》。《文学论》为日本夏目漱石著关于讲文学原理的书,张我军翻译,1931年出版。周作人在序中说:"夏目的文章是我素所喜欢的,我的读日本文书也可以说是从夏目起手。"并介绍了夏目写此书的目的。7月5日,周作人为废名的两部小说集作《枣和桥的序》。

按:序中云:"我觉得废名君的著作在现代中国小说界有他独特的价值者,其第一的原因是其文章之美。"序中论述了近来废名文章趋向于"晦涩""奇僻生辣"的原因是:"现代的文学悉本于'诗言志'的主张,所谓'信腕信口皆成律度'的标准原是一样,但庸熟之极不能不趋于变,简洁生辣的文章之兴起,正是当然的事……散文的这个趋势我以为是很对的,同是新文学而公安之后继以竟陵,犹言志派新文学之后总有载道派的反动,此正是运命的必然,无所逃于天壤之间。"

周作人7月7日为陈介白编《修辞学》作《〈修辞学〉序》,序中认为希腊亚里士多德"辩学著作",即"后世修辞学的始基",并说"中国没有欧洲的所谓修辞学,要知道这种修辞学不得不往西洋那方面去找罢了"。9日,为江绍原翻译的英国民俗学著作《英吉利谣俗》作《〈英吉利谣俗〉序》,序中就民俗学的价值与特质做了一些阐述。8月,周作人辞去在其他各校的兼职,专任北京大学研究教授。23日,北京大学组成第一次校务会议,其成员分当然会员和教授代表两种。周作人与刘复(刘半农)、马叙伦、马衡、汤用彤等被任命为文学院的教授代表。10日,在《学生杂志》第18卷第10号发表《现代青年的失业问题与出路问题》。20日,为刘半农女儿刘小惠从法文译出的朝鲜童话书《朝鲜童话集》作《〈朝鲜童话集〉序》,序中称赞集中的朝鲜童话"给儿童看可以消遣,大人看了可以从其中得到好些研究比较的资料"。27日,周作人应北京大学学生会抗日救国会之邀,在北京大学讲演《关于征兵》,讲演中说"辽宁事件之发生""错在日本","但在中国方面没有错么? 我想是有的","近来中国不知道从哪里得来了一种谬误思想,迷信'公理战',与原有的怯弱、取巧等等劣根性相结合,这是一个大错"。又说"承认了这个错,随后再回过头去另寻出路","修武备,这是现在中国最要紧的事,而其中最要紧的事则是征兵"。12月6日,参加北平文化界举行的徐志摩追悼会,参加者有胡适、凌叔华、陈衡哲等250余人。13日,作《志摩纪念》,载1932年3月《新月》月刊第4卷第1期。这是一篇悼念徐志摩的文字,文中说:"志摩的诗、文,以及小说戏剧在新文学上的位置与价值","笼统地回顾一下","已经很够不朽","而在这壮年,尤其是在这艺术地'复活'的时期中途凋丧,更是中国文学的一大损失了"。是年,张我军译夏目漱石作《文学论》由神州国光社出版,内收周作人所作序文。(以上参见张菊香、张铁荣主编《周作人年谱》,南开大学出版社1985年版)

钱玄同书写蔡元培所撰《国立北平图书馆记》。5月25日上午9时,国立北平图书馆举行新厦落成典礼。同日,《国立北平图书馆记》镌刻于该馆的石碑。当时瞿秋白在苏联曾积极地创立汉语拉丁化新文字。他所提出的方案在莫斯科与列宁格勒的中国革命同志及苏联汉学家中讨论过多次。9月26日,中国文字拉丁化第一次代表大会在海参崴举行,大会通过了主要由瞿秋白拟定的《中国的拉丁化新文字方案》,还确立了名为《中国汉字拉丁化的原则和规则》的大会章程。钱玄同对"拉丁化新文字"的问题保持沉默,实际上是不赞成。原因之一是这次代表大会上通过的开展"拉丁化"运动的四大原则中有一条是"反对国语统一运动"。是年,北平师范大学成立研究院,钱玄同主张其中"历史科学门"应该配备干部对于钟鼎彝器铭文大规模地做一次"索引式的整理",最好是剪贴原著成一《金文汇编》。在其指导下,何士骥拟具了《编纂金文汇编计划书》,搜集了宋清两代及近时的专书62种。对于甲骨文的研究,钱玄同说当习"四堂"的书,即指罗雪堂(振玉)、王观堂(国维)、郭鼎堂(沫若)、董彦堂(作宾)。钱玄同作《刘逢禄左氏春秋考证书后》刊于《古史辨》第五册上编及《师大国学丛刊》第1卷第2期;《重论经今古文问题》刊于《古史辨》第五册上编及北京大学《国学季刊》第3卷第2期;《十八年来注音符号变迁的说明》刊于《国语周刊》(《世界日报》)第1、2期;《各省名称的罗马字写法》刊于《国语周刊》第8期。(参见曹述敬《钱玄同先生年谱(上、中、下)》,《北京师范大学学报》1982年第5—6期、1983年第1期;曹述敬《钱玄同先生年谱》,齐鲁书社1986年版)

刘半农1月5日于北京作《中国文法讲话序》。同月,在辅仁大学《辅仁学志》第2卷第1期上发表论文《从五音六律说到三百六十律》,该文系1927年4月5日在北大研究所国学门演讲稿。2月9日,为北大女子文理学院发布《禁止女生入公共跳舞场布告》。4月1日,在《世界日报》上发表谈话《跳舞与密斯——刘对其主张之解释》。18日,为办理辅仁大学立案事宜,离京南下。是日抵杭州。20日,与章川岛同游西湖净慈寺、虎跑泉、石屋洞、水乐洞、烟霞洞、龙井寺、九溪十八涧、理安寺等地。与陈万里聚谈于"楼外楼"上。21日,抵上海。22日,从上海寄书《致辅仁大学全体同学函》。23日,抵苏州。24日抵无锡,旋转道回江阴扫墓,后去南京。春,刘半农将1925年所拟的《中国辞典编写办法》的27条原稿交给黎锦熙。经黎锦熙修改以后,定名为《编辑大学辞典办法》。中国大辞典编纂处的纂著部,下设"大学辞典股",拟编内容、体裁略相当于法国的拉罗斯小辞典和英国的韦勃司脱大学辞典。刘半农任该股主任。

刘半农5月20日上午向辅仁大学全体学生报告办理该校立案的经过。27日,在辅仁大学《辅大校刊》第2卷第16期发表《刘教务长致全体同学函》。6月13日,刘半农被北平市教育局聘请为甄别考试委员会的委员。17日上午,刘半农出席北平市教育局甄别考试委员会第一次会议。19日,刘半农出席古物保管委员会紧急会议,讨论"中法学术考察团"法方团长卜安殴打中国团员事。20日,刘半农在北京《晨报·教育界》发表书信《致尹默》,函致教育部及北平大学校长沈尹默,主动要求辞去女子文理学院院长职。22日,致函法驻华大使馆,就法方歪曲事实真相,质问法使馆参赞韩德威。23日。此函发表在《世界日报·教育新闻》,题为《刘复函法使馆,质问韩德威》。初收在《半农杂文》2集时改题为《质问法使馆参赞韩德威先生》。7月6日,刘半农出席北平市教育局甄别考试委员会会议,评定与试人员的分数。下旬,刘半农为北平教育局举办的"注音符号讲习班"讲演了数次。8月8日,刘半农在《世界日报·教育界》上发表《介绍黄种巡察团》。30日上午,在北大欢迎前任校长蔡元培的大会上,刘半农代表全体教职员致欢迎辞。31日,于北京作杂文《五年以来》。该文是应成舍我之约,就《世界日报·副刊》将于9月1日继续出刊而撰写的。

刘半农9月以北大实行教授专任制度,与周作人、汤用彤、陈受颐、徐志摩5人被聘为文学院"研究教授"。9月16日,北大公布文学院1930年度课程大纲。刘半农担任语音学(单位二)及语音学实验(单位三)的教学工作。9月18日"九一八"事变后不久,刘半农对内侄朱穆之说:"榆关失守了,国民党不抵抗,再这样下去,我就去投共产党。"20日下午,刘半农出席北京教职员对日委员会执委会第二次会议。23日,北大评议会改名为北大校务会议,刘半农被推选为出席校务会议的文学院教授代表。24日,刘半农出席北大教职员工大会,讨论反对日本帝国主义侵略诸问题。26日,刘半农出席北大第一次校务会议,会议议决:为制定《北大组织大纲》,设立起草委员会。刘半农被推选为《北大组织大纲》起草委员会委员,兼任北大图书委员会委员、北大财务委员会委员。29日,刘半农于北京作《反日救国的一条正路》。该文初收在《半农杂文》2集。作者在"附注"中说:"这篇文章里有好几点是采取胡适之、何海秋、陈寅恪三位先生的谈话,特此声明。"文中抨击国民党当局的不抵抗政策,对一些人寄希望于"国际联盟"也提出了自己的不同看法,但不赞成在"国难临头"的情况下,群众"开大会,派职员,打电报,发宣言,游行,示威,演讲,贴标语,叫口号,缠黑纱,甚至于写血书……"10月24日,于北京撰《朝鲜民间故事校后语》。11月10日,邀好友数人于郑颖苏家,为徐志摩南下饯行。12月19日,在《世界日报·国语周刊》第16期上发表论文《释"吃"》,系"习俗笔记外篇之一"。25日,在《世界日报·世界琐闻》上发表杂文《致北平市长周大文》。

刘半农是年审阅李家瑞编《北平俗曲略》;被聘为《国立北京大学志》编纂处主纂。所著《敦煌掇琐》上集作为"中央研究院历史语言研究所专刊之二"出版。书前蔡元培序:"读是编所录一部分的白话文与白话文五言诗,我们才见到当时通俗文词的真相。就中如孟姜女、五更转等小唱,尤可以看出现今通行的小唱,来源独古。"又说"就中如家宅图,可以见居室的布置;舞谱,可以见舞蹈的形式;各种借券,可以见借贷实物与罚去利息的习惯"。并肯定该书辑佚钩沉,网罗甚富,确为辑录敦煌遗书的重要专书。此书按写本性质分类排比,自行编号,编为上中下三集,上集是文学史的材料,中集是社会史的材料,下集是语言文字的材料。上集包括小说、杂文、小唱、诗、经典演绎、艺术等;中集收入有关家宅田地、社会契约、讼诉、官事、婚事、教育、宗教、历书、迷信、杂事等方面的材料;下集收有《刊谬补缺切韵》《字书》《字宝碎金》《俗务要名林》等。凡所辑录,都保持写本原貌,俗字也照样描出。《敦煌掇琐》是20世纪30年代以前敦煌文献收集的集大成者,"标志着我国敦煌文献辑佚整理工作进入一个新的阶段"。

按:1925年10月28日,《北京大学国学门周刊》第1卷第3期刊发了《敦煌掇琐叙目》一文。该书中辑出版在1932年,下辑在1934年。1957年,中国科学院考古研究所编辑室重行补版刊刻1部6册,并附有校勘记1卷。(以上参见徐瑞岳编《刘半农年谱》,中国矿业大学出版社1989年版;曹波、万兵《刘半农小说著译学术年谱(1913—1920)》,《广西社会科学》2020年第1期;王学典《20世纪史学编年(1900—

1949)》,商务印书馆 2014 年版)

马衡 1 月 15 日再次向北京大学请辞图书部主任。蒋梦麟校长遂将图书部改为北京大学图书馆,聘史学系教授毛准为馆长。25 日,马衡与马廉、徐炳旭、白眉初、李石曾、萧瑜、陈垣等 16 人参加北平市文化展览筹备工作。31 日,马衡在北海晤傅斯年、李济、董作宾、李宗侗、仲舒、光明、顾颉刚。2 月 1 日,钱玄同来访,与马衡、徐森玉共同整理汉石经残石。4 日,马衡、马裕藻、马廉兄弟三人与钱玄同在东亚春宴请北大音韵学日本留学生吉川幸次郎。8 日,西北考察团历经三年考察返回北平,马衡与朱希祖、魏建功、傅斯年、黄文弼招北大同仁宴。18 日,马衡定期在北大讲演。20 晚,马衡赴北大研究所讲演《从实验上窥见汉石经之一斑》。3 月 26 日,北京大学评议会开会通过《大学组织法》及《大学规程》,马衡因病未出席。4 月 3 日晚,马衡约钱玄同共同考订《汉石经》。7 日,马衡呈教育部,请明令禁止各地方非法发掘,以保护古迹。8 日,出席故宫博物院专门委员会第八次会议。9 日,马衡参加处理中法考察团纠葛。5 月,马衡作《记古师龚父器》一文,广征天下好古器物者共鉴师龚父器。6 月 30 日,古物保管委员会召集临时联席会,决定取消中法学术考察团。7 月 31 日,北大组织校务会。马衡继续担任北大历史系教授。8 月,马衡在整理居延汉简过程中,撰写《居延汉简考释两种》。10 月,马衡将石鼓影印成集,并将 1923 年刊于《北大季刊》创刊号的《石鼓为秦石刻考》纳入《石鼓影印》再版,特作序铭其与石鼓之缘。(参见马思猛《马衡年谱》,故官出版社 2021 年版;方遥《马衡:中国近代考古学奠基人》,《中国社会科学报》2021 年 3 月 10 日第 2122 期)

黄文弼参加西北考察团赴内蒙古、新疆考察至此已历经三年,获得大量器物运回北京大学。2 月 8 日,黄文弼宴请北大同仁,马衡、朱希祖、马裕藻、魏建功、胡文玉、马叙伦、傅斯年、冯芝生、常惠、卢木斋、商锡永、田培林、董作宾、李济、刘半农、沈兼士等约 50 人出席。是年,黄文弼所著《高昌》(第一分本)由西北科学考查团出版。5 月,又出版《高昌》(专集),皆系黄文弼对所发现高昌遗址的考古报告和对相关文物的研究成果。8 月 1 日,黄文弼在《史学年报》第 1 卷第 3 期发表《楼兰之位置及其与汉代之关系》。(参见马思猛《马衡年谱》,故官出版社 2021 年版;王学典《20 世纪史学编年(1900—1949)》,商务印书馆 2014 年版)

傅振伦参与北大教授马衡、刘复两位先生研究额济纳河畔西汉烽燧出土的竹木简牍文献的登记、整理。在《史学年报》第 1 卷第 3 期发表《清史稿之评论》,第 4 期连载。作者曾参与国民政府组织的审查《清史稿》工作,此文既是在此工作基础上完成,"按正史体例,首述其得失,而通分论其内容之利弊焉"。9 月,傅振伦《刘知几之史学》由景山书社出版。(参见王学典《20 世纪史学编年(1900—1949)》,商务印书馆 2014 年版)

马叙伦 1 月 2 日宴请余绍宋。21 日,陪日本客人游龙井。22 日,应约赴新新旅馆招待日本客人。31 日,即将北上执教,与余绍宋话别。2 月,北大哲学系各班代表"通告",敦请"马叙伦先生来校授课"。回校讲"宋明理学"。同月 1 日,东皋社友在马家雅集。2 日,余绍宋来送别。3 日,起程赴北平任教。8 日,马叙伦应约赴黄仲良宴,与朱希祖、马裕藻、董作宾、李济、刘半农、傅斯年、冯友兰、顾颉刚、卢木斋诸人同席。12 日,汤尔和设家宴,与胡适、黄节、刘崧生、陈任中等同席。3 月 30 日,在《北京大学日刊》发表《马叙伦启事》,答复著述未刻已刻目录,共 19 种,不外乎文字学、哲学和读史札记三类,包括公开出版的《说文解字研究法》《读两汉书记》《庄子义证》等 6 种,自费刊行的《修辞九论》《天马山房文存》等数种,其余为散篇论著及未刊稿。4 月 10 日,返杭期间访晤余绍宋。25 日,向余绍宋辞行。5 月,作五律《四十六岁初度》书赠常州王春渠,感叹"百年还未半,门齿却将残。薄产愁租重,多男授职难"。

马叙伦讲演稿《大学》(署名马叙伦先生讲演/焦步青笔记)6月初刊于《北大学生周刊》第1卷第10期,谈论关于《大学》的版本与意义两方面的问题。是时,马叙伦任《北大学生周刊》顾问。7月6日,余绍宋来函。8月26日,暑假回杭,访晤余绍宋。下榻葛荫山庄。28日,余绍宋回访。叶浩吾来访。30日,东皋社友雅集于葛荫山庄。9月,沈阳"九一八"事变发生,从此旧体诗渐渐多写。12月13日,复五子马龙翔长信,略称:"汝年已二十,于世界大势亦略有知,于国家近状亦复能了。请愿示威之举,泄一时之愤慨,表方寸之悃诚,余诚亦不汝止。余以为此类之举,可一二见而不必有普遍之象。汝然余言,则后此当持正义以导同学,弗以惧违众议而自缩也。……近年科学救国之论,诚箴时之至策,青年之福向,汝侪不可忽也。政府过去之无成绩,社会现在之不进步,其因虽众,而无真实完美之人才,足以抗大责、当大任,要为一重因也。"进而表示:"余年将五十,又为生事所累,不能复乘长风赴万里求邃密吾学,是以拳拳于汝侪。以余拳拳于汝侪之意,诚欲及于汝侪之曹偶,故观于今日青年之举动,有不能已于言矣。"下半年,马叙伦开"老庄哲学"课,仅5名学生选修,其中两名系外国籍。(以上参见卢礼阳《马叙伦年谱》,浙江古籍出版社2021年版)

陶希圣1月应聘南京中央大学法学院教授,在政治系讲授中国政治思想史,在法律系讲授中国法律思想史。同月10日,在《东方杂志》第28卷第1期发表《中国经济及其复兴问题》。2月,庄心在著、陶希圣校《中国政治思想与政治制度》由上海卿云书局出版。3月,在《中学生》第13期发表《中国文化与火烧红莲寺》,收入陶希圣《中国社会现象拾零》一书。4月11日,在《社会与教育》第22期发表《过去中国之教育与行政》。6月,所著《辩士与游侠》由商务印书馆出版。此书考察东周时代士(文)与侠(武)的兴起,分六章:古代的僧侣与奴隶、封建束缚下之贵族与农奴、封建束缚之解体、辩士的活跃、游侠的行径、辩士游侠之潜伏再兴与转变。8月25日,陶希圣著《中国社会现象拾零》由新生命书局出版,作者作自序。同月,陶希圣应聘为北京大学法学院政治系教授,所著《西汉经济史》由商务印书馆出版。内容包括西汉以前及初期的经济,商业发达与土地集中的状况,社会革命与农民革命的爆发等几个部分。此后,在师范大学史学系、北平大学法学院政治系、燕京大学社会学系、清华大学政治系兼课,致力于法制社会史及政治思想史的教学与研究。

陶希圣于"九一八"事变发生后在北大、师大演讲,提出"全民抗战"的口号。10月3日,在《社会与教育》第2卷第21期发表《日帝国主义与中国》。10日,在《东方杂志》第28卷第19期发表《辛亥革命的意义》。14日,在《社会与教育》反日运动特刊发表《亡国之路》,激烈抨击当局的不抵抗政策是一条"亡国之路","不在日本军队的炮火,乃在民众活动的钳制——民众要组织及言论之完全自由——民众要民权主义的政治——日本军队的炮火威力不足以亡中国。中国如为求得自由平等而战,纵被帝国主义的炮火迫击到最后的一片土最后的一个人,中国是不亡的。中国的亡国之路乃别有所在。亡国的路在那里?政府当局继续与日本帝国主义外务省及驻华大使相周旋,其结果必达到丧失国权的协定,依于此种协定,日本在中国及东省之特权,未经订在条约者,乃明白订于条约,未经中国民众承认者,乃再以条约承认。这是亡国的一条路"。是年,陶希圣在新生命书局出版的《社会与教育》周刊连续发表《旧小说新诠》,以社会的历史的方法解说《红楼梦》等中国旧小说。并在此刊发表批评时政和教育政策,由于言论尖锐,被上海市党部检举为反动分子,教育部次长陈布雷、宣传部部长刘芦隐等帮忙陈言开脱,后经陈果夫、陈立夫调协消弭此事。同年,翻译梅因《古代法》由商务印书馆出版。

按:陶希圣晚年在《夏虫语冰录》中回忆说:"民国二十年至二十六年(1931—1937),我在北京大学讲课及演说,又往天津、济南、太原、南京、武昌讲课及演说,全是以社会史观为研究古代历史及考察现代问题之论点与方法。在正统历史学者心目中,我是旁门左道。正统历史学可以说是考据学,亦即由清代考据与美国实证主义之结晶。我所持社会史观可以说是社会观点、历史观点与唯物观点之合体。两者格格不入。"他又说:"我虽持唯物观点,仍与唯物史观不同。我自称为社会史观,而反对公式主义及教条主义。我主编《食货半月刊》,讲究方法论,同时注重资料,必须从资料中再产生之方法,才是正确的方法。《食货半月刊》出版两年半,自成一种学风。"(参见陈峰编《中国近代思想家文库·陶希圣卷》及附录《陶希圣年谱简编》,中国人民大学出版社2015年版;杜运辉《侯外庐先生学谱》,中国社会科学出版社2013年版;王学典《20世纪史学编年(1900—1949)》,商务印书馆2014年版)

钱穆因不适应燕大辞去燕大教职后,即返回苏州家居。顾颉刚荐其至北大任教。1月,所著《周公》由上海商务印书馆印行。3月,著于1929年的《墨子》由上海商务印书馆出版。4月13日,钱穆在《大公报·文学副刊》第170期发表《评顾颉刚〈五德终始说下的政治和历史〉》一文,认为:"顾先生传说演进的古史观,一时新起,自不免有几许罅漏,自不免要招几许怀疑和批评。顾先生在此上,对晚清今文学家那种辨伪疑古的态度和精神,自不免要引为知己同调。所以古史辨和今文学,虽则尽不妨分为两事,而在一般的见解,常认其为一流;而顾先生也时时不免根据今文学派的态度和议论来为自己的古史观张目。这一点,似乎在《古史辨》发展的途程上,要横添许多无谓的不必的迂回和歧迷"。顾颉刚为钱穆这篇评论作跋语道:"我对于清代的今文家的话,并非无条件的信仰,也不是相信他们的微言大义,乃是相信他们的历史考证。"

按:钱穆在评论顾颉刚《五德终始说下的政治和历史》先引用了胡适的《古史讨论的读后感》(《古史辨》第一集)作为讨论的前提:其文曰:"顾先生的层累地造成的古史观的见解,真是今日史学界一大贡献。顾先生自己说:'层累地造成的古史有三个意思:(一)可以说明时代愈后,传说的古史愈长。(二)可以说明时代愈后,传说的中心人物愈放愈大。(三)我们在这里,即不能知道某一件事的真确状况,也可以知道某一件事在传说中的最早状况。'这三层意思,都是治古史的重要工具。顾先生这个见解,我想叫他剥皮主义,这个见解起于崔述。崔述剥古史的皮,仅剥到'经'为止,还不算彻底;顾先生还要进一步,不但剥的更深,并且还要研究那一层一层的皮是怎样的堆砌起来的。他说:'我们看史迹的整理还轻,而看传说的经历却重。凡是一件史事,应该看他最先是怎样,以后逐步的变迁是怎样。'这种见解,重在每一种传说的经历和演进,这是用历史演进的见解来观察历史上的传说;这是顾先生这次讨论古史的根本见解,也就是他的根本方法。"

钱穆《儒家哲学》一文刊于5月《南开周刊》第111期。同月,所著《国学概论》由商务印书馆出版。全书分从"孔子与六经""先秦诸子""嬴秦之焚书坑儒""两汉经生经今古文之争""晚汉之新思想""魏晋清谈""南北朝隋唐志经学注疏及佛典翻译""宋明理学""清代考据学""最近期之学术思想"等10个方面来梳理国学,最后做一总结:"如风之郁而动,如食之积而消。先秦之际,诸子争兴,是为学术之始变。秦人一炬,古籍皆烬,至于汉室,国力既盈。又得为结集综整之事。至晚汉、三国、两晋以往,则又学术之一变也。隋唐盛世,上媲周、汉,则又为结集综整之期。至于十国扰攘,宋人积弱,迄于元明,则又学术之一变也。满清入主,康雍乾嘉之际,又一结集综整之期。至于今世变日亟,国难方殷,则又学术将变之候也。而其为变之兆,有已得而见者。余尝论先秦诸子为'阶级之觉醒',魏晋清谈为'个人之发现',宋明理学为'大我之寻证',则自此以往,学术思想之所趋,亦曰'民族精神之发扬',与'物质科学之认识'是已。此二者,盖非背道而驰,不可许进之说也。至于融通会合,发扬光大，以蔚成一时代之学风，则正有俟乎今后之努力耳。夫古人往矣，其是非得失之迹，与夫可镜可鉴之资，则昭然具在。后生可畏，来者难诬，继自今发皇蹈厉，披荆棘，开康庄，释回增美，以跻吾民族于无疆之休，正吾历古先民灵爽之所托凭也。学术不熄，则民族不亡。凡我华胄，尚其勉旃！"

按：钱穆《国学概论》"最近期之学术思想"之总结最近十七年学术思想史，颇有参考价值与启示意义，其曰：

凡一时代学术思潮之变迁，其作始也简，其将毕也巨。从其后而论之，莫不有其递遭转移之迹，与夫盛衰兴替之所以然。若有大力挟之而趋，一时学者特入乎其括，循乎其机，随逐推迁，不能自主，有不知其然而然者。顾当其未变之先，与夫方变之际，则虽有大智，亦不能测其所将届。而其可变者，固若百其途而靡已也。今将论最近期之学术思潮，则革命以还，为时不及二十年，萌蘖仅生，干体未立，固若无可为说。惟其承先启后之迹，则亦有可得而微指者。较而论之，不越两途；一则汲旧传之余波，一则兴未有之新澜。鼓荡回激，汇为一趋。此历代学术之移步换形，莫不如此，正不独最近一期为然也。言其承接旧传之部，则有诸子学之发明，龟甲文之考释，与古史之怀疑。三者，盖皆承清儒穷经考古之遗，而稍变其面目者也。清儒研治群经，于诸子即多所董理，校勘训诂，卓著成绩。

至于最近学者，转治西人哲学，反以证说古籍，而子学遂大白。最先为余杭章炳麟，以佛理及西说阐发诸子，于墨、庄、荀、韩诸家皆有创见。绩溪胡适、新会梁启超，继之，而子学遂风靡一世。群经训诂名物之琐琐，则几于熄焉。此其一也。清儒治经，首本字义，《说文》遂为必治之书。余波流衍，及于钟鼎古籀。

最近殷虚书契出，罗、王二氏为之考释，而龟甲古文之学，遂掩《说文》而上之。据此以考古礼古史，有非清儒穷经之所能到者。此又一途也。清儒以尊经崇圣，而发疑古辨伪之思，在晚近今文家而大盛。

今则百尺竿头，更进一步，去其崇圣尊经之见，而专为古史之探讨。若胡适之、顾颉刚、钱玄同诸家，虽建立未遑，而破弃陈说，驳击旧传，确有见地。此又一途也。此三者，皆已自清儒开其端，而稍变其途径以益进焉者也。然以言夫最近学术思想之轩然大波，以特异于前人者，则尚不在此。盖自前清道、咸以来，外侮日逼。当时士大夫鉴于国势之不振，已渐有求通洋务之说。其先特注意于船炮之仿造，以谓西人之胜我者，坚甲利兵则已耳。

其次则翻译格致实学。甲午败后，康、梁乃言变法，则以《公羊春秋》孔子改制之说为缘饰。戊戌政变，康、梁逃亡，志士一趋于革命，则以宋、明遗民为鼓吹。洎夫民国创建，而政象杌陧，国运依然，乃进而谋社会文化思想道德之革新，以蕲夫一切之改造；始专意为西方思想之输入。此则民五以来所谓"新文化运动"者是也。

新文化运动，倡自胡适之、陈独秀，以文学革命为旗帜，以社会道德思想一般之改进为目的，以西洋之科学与民治为趋向之标准，以实验主义的态度，为下手之方法。至于民八"五四"之学生运动，而新文化运动之趋势遂达于最高潮。自此以下，一般青年之误解新文化运动的意义，而转趋于堕落放纵的生活者，既日繁有徒，而新文化运动之自身，亦自改进社会、文化、思想、道德方面，仍转而入于政治之途。于是青年之激进者，相率加入政治革命上实际之活动，而率流于过激。其退婴者，则避入于文艺之途，而率流于浪漫颓废。

而所谓新文化运动者，遂不得不为功成之身退矣。又当新文化运动进行方锐之际，对于本国旧有文化、思想、道德，每不免为颇当之抨击，笃旧者已不能无反感。欧战以后，彼中之自讼其短者，时亦称道东方以寄慨。由是而东西文化之争论遂起。其最先发为有力的议论者，为梁启超之《欧游心影录》，次之有梁漱溟之《东西文化及其哲学》，皆于新文化运动有补偏救弊之意。然于西方之科学、民治，则根本皆无所反对。其所谓东西文化者，亦不能有严正之区分。

盖其言论之影响于时代思潮之进程者，舍为新文化运动补偏救弊之外，亦不能有若何积极的强有力之意味也。同时稍后有《学衡杂志》，为美国"人文主义"之介绍。有张君劢、丁文江等为科学与人生观之论战，虽各引依西说，仍不脱以前东西文化争论之意义，特为其余波旁澜而已。于此而有深闳博大之思，足以鼓动全国,以开未来学术思想之新机运者,则为孙中山先生之"三民主义"。

先生本革命活动之经验,而创"行易知难"之说,又定"三民主义"以为救国之方针,其于恢复民族固有道德智识能力,以恢复民族固有之精神者,尤言之深切而著明。

盖尝论之:自清季以还,外侮日逼,国人之不自安而思变以图存者亦日切。至于最近之十余年,则凡文字、学术思想,家国社会伦常日用,无一不有急激求变之意。而独有一迟回瞻顾而不忍变者,则吾民族文化之自信是已。盖吾国自古以来,常以一族孤立,独创其文化;而外族之环我而处者,其文化程度皆下我远甚。虽亦屡受外患之侵凌,而屈于武力者,常伸于文教,曾不足以摇撼吾文化之自信于万一也。其间惟印度佛教之来,若足以与我固有文化相抗衡,而转移吾人之视听。然歆其说者,不必畏其力,犹得有从容承受消化之余地。吾族所遇劲敌,固未有若今日之甚者。彼一方盛炫其声明文物之光昌美盛,若诚有胜于吾历古相传之所自夸而自满者;而一方又肆其暴噬恶攫之能事,使吾望之而深畏焉,思之而有余憾焉,若又感其与吾历古相传之所自夸而自足者,为根本之不相入焉。于是当吾民族消沉、国家危亡之秋,徘徊瞻顾,以歆以惜。吾历古相传之文化,为吾先民之所郑重宝爱以相授受者,固犹有可以兴国而保种之效乎? 抑将沉沦不复,求自存于天地之间者,惟舍此而他图乎? 又彼之为我所既歆羡焉而且畏憾之者,固与吾之所固有,为若是之不同类乎? 固犹有承受消化以转为吾物之地乎? 凡此皆最近学者困心衡虑所日夜以讲、纷纭而争者,亦固吾全民族之所迷惘不安,朝夕在念,以求一切实之解决者也。盖凡此数十年来之以为变者,一言以蔽之,曰求"救国保重"而已。凡此数十年来之以为争者,亦一言以蔽之,曰求"救国保种"而已。其明昧得失有不同,而其归宿于救国保种之意则一也。然而有以救国保种之心,而循至于一切欲尽变其国种之故常,以谓凡吾国种之所有,皆不足以复存于天地之间者。复因此而对其国种转生不甚爱惜之念,又转而为深恶痛疾之意,而惟求一变故常以为快者。

夫至对于国种生不甚爱惜之念与深恶痛疾之意,而惟求一变以为快,则其救国保种之热忱既失,而所以为变者,亦不可问矣。"三民主义"之精神,始终在于救国,而尤以"民族主义"为之纲领。民权、民生,皆为吾中华民族而言。使民族精神既失,则民权、民生,皆无可附丽以自存。所谓民有、民治、民享者,亦惟为吾民族自身而要求,亦惟在吾民族自身之努力。舍吾中华民族自身之意识,则一切无可言者。此中山先生革命精神之所在,不可不深切认明者也。其于中山学说为透辟的发挥者,有戴季陶氏。

戴氏极言中国国民自信力之消失,人的意义与做人的根本之忘却,而谓"三民主义"之原始的目的,在于恢复民族的自信力。惟有复兴中国民族文化的自信,然后可以复兴中国之民族。亦惟中国文化之复兴,然后世界人类才能得真正的和平。

戴氏又谓今中国之乱源,静的方面,在于物质文明之不兴;动的方面,在于道德之堕落。故求达三民主义之目的,第一在恢复民族的道德,第二在努力学西洋的科学。而民族的结合,则有赖于一种意识的力量与信仰,而不能单靠理智。至于最近数年间思想知识界之成绩,只是不明确的精神、物质之争,无气力的东西洋哲学之辨,盲目的守旧,失心的趋新而已。此戴氏持论之大旨也。

要而言之,则此十七年之学术思想,有可以一言尽者曰:出于"救国保种"是已。故救国保种者,十七年学术思想之出发点,亦即十七年学术思想之归宿处也。而言夫其所争,则多有所不必争者。学固不患夫多门,而保种救国之道亦不尽于一途也。舍其所以为争者而观之,则今日学问界所共趋而齐赴者,亦可以一言尽之,夫亦曰:"吾民族以前之回顾与认识者为何如",与夫"吾民族此后所希望与努力者将何如"而已。

尝试论之:皇古以还,吾民族文化真相,今犹无得而详矣。要之成周以降,则中国古代文化学术一结集综整之期也。

钱穆是夏接北京大学聘书,即北上赴聘。8月,所著《惠施公孙龙》由上海商务印书馆印行。秋,钱穆开始任教于北京大学,又兼职于清华大学历史系。此皆出自顾颉刚预先为之接洽安排。钱穆任教北大历史系,第一年开课三门,"中国上古史"与"秦汉史",皆为学校指定之必修课程,是为其在大学讲授历史课程之开始。另一门选修课,自定为"近三百年学术史"，此一课程，梁启超曾在清华研究所讲授，编有讲义，钱穆曾在杂志上阅览过。梁启超卒后，北平书肆遂印其书，钱穆购得后，以意见相异，故在北大特开此课，且亦自编讲义，后成《中国近三百年学术史》这一学术名著。钱穆讲授上古史，未几，有人投书谓"君不通龟甲文，奈何腼颜讲上古史"。钱穆即以此书于课堂上，出示同学说：余不通龟甲文。故在此堂上将不讲及。但除此之外，上古史要讲的正多呢！学校指定为必修课，虽道必修龟甲文不成？当时史学界疑古之风甚炽，如钱玄同、顾颉刚之辈，钱玄同且改姓疑古。恰巧钱玄同之子亦在班上听课，故有人警告，讲授时须谨慎，勿惹是非。钱穆坦然谓：我任上古史课，若亦疑古，上古史有何可言？后于某次教授宴席上，钱穆与钱玄同比肩同坐，钱玄同告以其子所作笔记，曾一一过目，逐字不遗。笑谓：小子甚信师言，不遵吾说。钱穆唯诺诺以应，恐生误会，不欲多言。

　　按：从是年起至1937年，钱穆在清华大学历史学系兼课，讲授"中国近三百年学术史""战国秦汉史""东汉史"等课程；1937年至1940年在西南联大任教。其间出版的著作有《国学概论》（上、下）、《惠施公孙龙》《周公》（译著）以及《先秦诸子系年》《中国近三百年学术史》《国学大纲》《老子辨》等。

　　钱穆12月在《燕京学报》第10期发表《周初地理考》，"总说"谓"言周初地理者，无弗谓后稷封邰在武功，公刘居豳在邠县，太王迁岐在岐山，皆在今陕西西部泾、渭上流。至文王、武王乃始邑于毕、程、丰、镐。周人势力自西东渐。实始于此。此二千年来公认之说。未有疑其为不然者。然吾尝读《书》之《禹贡》，《诗·大雅》之《绵》《公刘》诸篇，及于梁、岐、漆、沮、周初地望、众说纷纭，莫衷一是，何其乱而难理也。又尝会之于《左氏》《纪年》《孟子》《史记》，凡古籍之称及周初行迹者，众说綦淆，一贯之要难。积疑既久，而后知二千年公认之说，亦未见其固可据也"。此文分别从姜氏、后稷、公刘、太王、王季、文王几个方面对周初地理进行考辨。钱穆在文中提出了"周人起于晋，而旧误以为在秦"与"古史地名皆由民族迁徙"造成的两个观点。（参见韩复智编著《钱穆先生学术年谱》，中央编译出版社2012年版；顾潮编著《顾颉刚年谱》，中国社会科学出版社1993年版；齐家莹编《清华人文学科年谱》，清华大学出版社1999年版；王学典《20世纪史学编年（1900—1949）》，商务印书馆2014年版）

　　黄文弼所著《高昌》（第一分本）2月由西北科学考查团出版。5月，出版《高昌》（专集），皆系黄文弼对所发现高昌遗址的考古报告和对相关文物的研究成果。7月19日，黄文弼向胡适汇报发现佉沙文的信以及自己的推断。随后，黄文弼又专门请教了俄国梵文学者钢和泰（Baron A. von Stael-Holstein），并请他研究这件文书。钢和泰明确指出，黄文弼发现的这种语言文字，与当时欧洲人所发现的中亚语言都不相同。经过钢和泰的鉴定，黄文弼也兴奋地认为这是他在中亚考古方面的新发现。与此同时，黄文弼亦曾请在北京的德国学者葛玛丽帮忙解读其在吐鲁番拓得的回鹘文《土都木萨里修寺碑》。8月1日，黄文弼在《史学年报》第1卷第3期发表《楼兰之位置及其与汉代之关系》。12月22日，葛玛丽专门写信将其考释成果寄给了黄文弼。是年，黄文弼《新疆发现古物概要》刊于《东方杂志》第28卷第5号。

　　按：黄文弼致胡适信全文如下：

　　适之先生：

　　日前谒先生，所陈西域语文字，有一种出于疏勒东之托和沙赖。形体同于印度文系，而规则稍异。拟本玄奘（奘，原文误作"装"，下同）之说（《大唐西域记》），按其出土地点，订为佉沙文（即疏勒文）。此见解弼在中央大学讲演词中曾提及，然在当时不过为一种假定。日昨钢和泰先生过我，证明此种文字与于阗文大同小异，于阗与疏勒接壤，或即为玄奘所述之疏勒文。并云欧洲人尚未发现此种，然则在中亚细亚为一新发矣。现拟请钢和泰研究,其结果在北大《国学季刊》发表。又吐火罗文 AB 之说,立于法人,弼当时颇不信其说,然不敢断定其非,故讲词中仍沿用吐货罗 AB,而加一种佉沙文为吐货罗 C,仍说将来要打破。今日钢和泰同弼言,亦不主吐火罗 AB 之说,已有论文发表,但弼未见钢先生原文,其立说如何,弼不知。但以各种相关系之事实考之,亦有足言者,盖西域语文完全由印度系文脱胎而来,由字体之本源,与玄奘葱岭以东四大语系之叙述,已可证明,再以佛教传入之路线,及佛教美术之作品,亦可互相发明。现在新疆各地所掘现之泥塑像,及壁画,斯坦因博士在其报告书中,订为乾陀罗式,由印度北部传来,其文字之传入,当与之同时,其漫延之区域,当亦与之相同。故其文字与美术,及传入之路线,皆有相互之关系。既美术与佛教皆来自印度,则文字决不能独异。不过既至西域,各国各有顺情改变耳。至吐货逻国,玄奘所述有二,一在葱岭西,一在于阗东。在于阗东之吐货逻国,玄奘时已亡,有无文字,尚难证明。在葱岭西之吐货逻国,据《大唐西域记》所述云,"语言去就,稍异诸国,字源二十五言,转而相生,书以横读,自左向右,文记渐多,逾广宰利"。是玄奘已指明吐货逻文为宰利语系,今里西亚文、伊兰文、土耳其文,皆属此语系。其书写皆自左至右,与梵文以四十七言转变而成者,迥然不同。其书写,为自右向左。今此两种文字俱在,不难比较而知也。故弼于西域语文,与其用法人吐货逻 AB 之说为不确定,不如用玄奘焉耆语、龟兹语、于阗语、佉沙语之较有根据也。未知先生以为然否。知先生注此,故特走函请教。

现《高昌第二分本》校记已付印,旬日后全书可出。拟再继续工作《匋集》《壁画》。今年拟出书两种,但不知能如愿否。此祝撰安。文弼敬上,七月十九日

按:刘子凡《黄文弼〈塔里木盆地考古记〉中的"托和沙赖"文书》(《理论与史学》第 2 辑,中国社会科学出版社 2016 年版)曰:从信中的自述看,黄文弼认为这几件文书出土于古疏勒国地域,故根据玄奘《大唐西域记》的记载,将其推测为佉沙文(即疏勒文),认为这是中亚考古的新发现。同时,受西方学界流行的"吐火罗语"说的影响,黄文弼又曾一度将此种所谓佉沙文称作吐火罗 C。但他自己又否定了这种看法,认为不应当将西域语言称为"吐火罗语",而应该使用焉耆语、龟兹语、于阗语、佉沙语的称呼。为此,黄文弼专门请教了俄国梵文学者钢和泰(Baron A. von Stael-Holstein),并请他研究这件文书。钢和泰曾长期在北大任教,时任哈佛燕京学社所属中印研究所(北京)所长,是当时这一领域身在中国的最有权威的语言学家。钢和泰明确指出,黄文弼发现的这种语言文字,与当时欧洲人所发现的中亚语言都不相同。经过钢和泰的鉴定,黄文弼也兴奋地认为这是他在中亚考古方面的新发现。值得一提的是,大约在向钢和泰请教佉沙文的同时,黄文弼亦曾请在北京的德国学者葛玛丽帮忙解读其在吐鲁番拓得的回鹘文《土都木萨里修寺碑》。葛玛丽在 1931 年 12 月 22 日专门写信将其考释成果寄给了黄文弼(详见荣新江《黄文弼所获西域文献的学术价值》,载荣新江编《黄文弼所获西域文献论集》)。而当时受德国柏林科学院推荐在中国进行一年研究的葛玛丽,正是在利用钢和泰中印研究所的图书馆进行研究工作(王启龙《钢和泰学术评传》,北京大学出版社 2009 年版)。黄文弼也才借此机会向葛玛丽请教。可惜从现在的情况看,钢和泰没有如黄文弼所愿发表出与托和沙赖出土文书相关的研究成果。

最值得注意的是,信的末尾写有"附佉沙文影片两张"。表明黄文弼致信胡适时,是连同两张文书照片一同寄送的。这两张照片就成为了解决悬案的钥匙。只可惜此信在收入《胡适遗稿及秘藏书信》时,只刊出了书信的正文,并没有附"佉沙文影片"。高山杉敏锐地注意到,在信上所粘标签第三栏"页数"上写着"5+2",表明除 5 张信纸外,2 张照片很可能依然保存在收藏机构中国社科院近代史所中。

以此为线索,笔者专门赴社科院近代史所档案馆进行了查对,看到了这封信的清晰扫描版。幸运的是,这 2 张照片确实依然保存在馆中,附在信纸后面。由于版权问题,此处无法直接公布照片的原件,只能尽量描述其情况。所谓"佉沙文影片两张",每张照片上只有 1 件文书。也就是说,当时黄文弼请胡适鉴定的文书只有 2 件。这 2 件文书基本完整,其外观轮廓描摹如图。由于照片中没有比例尺,无法确定文书的长宽。第 1 件文书横向书写文字 13 行,第 2 件文书横向书写 10 行,均是用婆罗迷字母书写。从出土地点看,此或为据史德语文书(唐代据史德城一带行用之语言,当称为据史德语,见荣新江、段晴《据史德语考》,《中亚学刊》第 5 辑,中华书局 2000 年版)。但至于其内容的确定情形,尚需由专门学者进一步研究。(参见刘子凡《黄文弼〈塔里木盆地考古记〉中的"托和沙赖"文书》,《理论与史学》第 2 辑,中国社

会科学出版社 2016 年版；王学典《20 世纪史学编年(1900—1949)》，商务印书馆 2014 年版)

　　贺麟结识著名的斯宾诺莎专家犹太人格希哈特，被邀请到法兰克福附近的金溪村舍做客。由格希哈特介绍，加入了国际斯宾诺莎学会。7 月，贺麟为纪念黑格尔逝世 100 周年，撰写了《〈黑格尔学述〉译序》，后于 1933 年发表在《国风》半月刊第 2 卷第 5、6 号上。8 月，贺麟结束了五年的欧美求学生涯，自柏林出发经欧亚铁路回国，28 日抵达北京。同路回国的，有贺麟在清华时的老师吴宓教授。9 月，由杨振宁的父亲、数学家杨武之教授推荐，受聘为北京大学哲学系讲师，主讲"西洋哲学史""现代西洋哲学""黑格尔哲学"等课程。另外，在吴宓陪同下，拜访了时任清华大学文学院院长兼哲学系主任的冯友兰教授。冯友兰邀请他在清华大学开课，讲授"哲学概论""斯宾诺莎哲学"两门课程，每周四小时。"九一八"事变后，贺麟接受《大公报·文学副刊》编辑吴宓的邀请，作长篇论文《德国三大伟人处国难时之态度》，分 7 期连载于《大公报》，宣传爱国主义，鼓舞抗战士气。(参见高全喜编《中国近代思想家文库·贺麟卷》及附录《贺麟年谱简编》，中国人民大学出版社 2014 年版；沈卫威《学衡派编年文事》，南京大学出版社 2015 年版)

　　汤用彤 3 月在《学衡》第 75 期发表《唐太宗与佛教》，文中认为唐太宗并不信佛，虽很敬重玄奘，却劝其还俗从政，足见太宗对佛教的态度。夏，胡适请他至北大哲学系任教。《唐贤首国师墨宝跋》及《矢吹庆辉〈三阶教之研究〉跋》刊于《史学杂志》第 2 卷第 5 期。《矢吹庆辉〈三阶教之研究〉跋》文对矢氏采用材料失当，考订史实失察等问题，详加辩驳。是年，修改讲义《隋唐佛教史稿》第三稿，并由北京大学出版组成铅印。所撰《摄山之三论宗史略考》刊于《史学杂志》第 2 卷第 6 期。(参见汤一介、赵建永编《中国近代思想家文库·汤用彤卷》及附录《汤用彤年谱简编》，中国人民大学出版社 2015 年版；沈卫威《学衡派编年文事》，南京大学出版社 2015 年版)

　　孟森是年秋受聘国立北京大学历史系教授，先后开设"满洲开国史""明清史料择题研究""明清史"和"清史研究"等四门课程，并总负责整理北大所藏内阁大库档案。得益于北平丰富的图书资源和内阁大库档案，继之以汲汲钻研，此后七年成书数百万言，远迈于旧日之所作，有功于学术亦最宏。12 月，孟森在《国立北平图书馆馆刊》第 5 卷第 6 号发表《建文逊国事考》。(参见孟森《明清史讲义》下册附录贾浩《孟森先生学术年表》、商鸿逵《述孟森先生》，商务印书馆 2011 年版；王学典《20 世纪史学编年(1900—1949)》，商务印书馆 2014 年版)

　　范文澜所著《正史考略》1 月由北平文化学社出版。书前绪言引许慎、江永、吴大澂、王国维等人关于"史"字的解说，考论史书的由来，广泛评述《春秋》《史记》以下的史书及其作者，重在叙说中国史学的流变，分析著史得失。8 月 1 日，范文澜在《史学年报》第 1 卷第 3 期发表《与顾颉刚论五行说的起源》。是年，范文澜经北京大学图文系教授黄节介绍来见陈垣。陈垣因此介绍他到辅仁大学文学系教书，讲授"正史概论"等课。(参见范文澜《中国通史简编(上、下册)》附录《范文澜先生学术年表》，商务印书馆 2010 年版；王学典《20 世纪史学编年(1900—1949)》，商务印书馆 2014 年版)

　　陈衡哲《老柏与野蔷薇》发表在 9 月《北斗》创刊号。10 月，出席太平洋国际会议上海会议代表会议前，《中国文化论文集》由太平洋关系学会中国理事会联合在上海出版。这本由她主编的书，转发到各国代表手中，引起强烈反映。(参见杨同生《陈衡哲年谱》，《中国文学研究》1991 年第 3 期)

　　魏建功升任北京大学中文系副教授。论文《科斗说音》《释午》《关于"石"与"千"的讨论——答齐铁恨先生》发表于《女师大学术季刊》《国语周刊》等刊物上。(参见曹达《魏建功年

谱》,《文教资料》1996 年第 4 期)

胡厚宣升入北京大学史学系二年级,当时中央研究院历史语言研究所专家傅斯年、李济、梁思永、徐中舒、董作宾诸先生于北大兼课,以便物色合适的学生毕业后到史语所做研究人员。傅斯年讲授"中国上古史专题研究",李济、梁思永合开"考古学人类学导论",徐中舒开设"殷商史料考订",董作宾开设"甲骨文字研究",讲授内容均由史料结合考古发掘所得。胡厚宣对这些课程均予选修并产生浓厚兴趣,也是在此时接受了"二重证据法",并采用此种方法撰写习作。是年,胡厚宣在徐中舒课上所记笔记,后被借去供清华研究院的周传儒参考。周传儒据此写了《甲骨文字与殷商制度》一书,于 1934 年由光明书店出版。(参见何林英《胡厚宣年谱》,载王京州编《河北近现代学者年谱辑要》,国家图书馆出版社 2017 年版)

吴南轩时任国民党中央政治学校副教务主任。3 月 17 日,行政院国务会议批准罗家伦辞去清华大学校长,由吴南轩继任。同日,清华学生代表下午到南京见蒋介石,要求派周诒春、胡适为清华大学校长。蒋介石表示已决定派吴南轩为校长,同时告诉清华学生,政府是先征求周诒春的意见,但未得同意。胡适系反党,不能派。18 日,《大公报》登出蒋告清华学生代表吴南轩发表经过。20 日,《大公报》载消息说:清华大学新校长吴南轩,带教务长陈石孚、秘书长朱允到校就职。由于吴南轩任用私人为教务长、秘书长,拒不承认由教授会选举院长的惯例等引发师生驱吴风潮。5 月 28 日,清华大学教授会举行临时会议,通过议决案两项:(一)"新改国立清华大学规程,于学校前途,诸多危险,同人等应呈请教育部,斟酌清华特殊情形,重行筹划。至吴南轩校长到校以来,惟务大权独揽,不图发展学术,加以蔑视教授人格,视教授如雇员,同人等忍无可忍,为学校前途计,应并请教育部另简贤能,来长清华,以副国府尊重教育之至意"案。(二)"本会应推选七人委员会,根据上项议决案,负责起草并缮发呈文"案。本日有 48 名教授签名,发表了态度坚决之声明"倘此问题不能圆满解决,定于下学年与清华脱离关系"。

按:《四十八教授态度坚决之声明》载《清华大学史料选编》卷二上,全文如下:同人等因吴南轩蒙蔽教部,破坏清华,除一面呈请教育部另简校长,重议规程外,特此郑重声明,倘此问题不能圆满解决,定于下学年与清华脱离关系。签字者(以姓氏笔画多寡为次序):王化成 王裕光 王文显 王绳祖 艾克 孔繁需 石泰安 朱自清 吴有训 吴韫珍 吴之椿 李运华 李继侗 周先庚 周培源 金岳霖 施嘉炀 陈寅恪 陈锦涛 陈岱孙 孙光远 孙国华 浦薛凤 张奚若 张子高 张煦 高崇熙 黄子卿 斐鲁 傅尚霖 冯友兰 杨武之 杨遇夫 邓以蛰 熊庆来 叶崇智 叶摩 郑桐荪 刘文典 刘崇鋐 蔡可选 蒋廷黻 萨本铁 萨本栋 钟春雍 钱端升 钱稻孙 萧叔玉。据《清华大学史料选编》卷二上所载《四十八教授态度坚决之声明》,当时全校专任教授共 59 人,其中有外国教授 10 人,除上列签名声明者 48 人外闻尚有补签者。(参见齐家莹编《清华人文学科年谱》,清华大学出版社 1999 年版)

吴南轩 5 月 29 日携带清华大学的印信,只身逃往使馆区——东交民巷,竟在那里挂起了"国立清华大学临时办公处"的牌子。吴南轩既断绝了清华的经济来源,又策划武力解散清华,进而激起了全校师生更大的愤慨。6 月 1 日,学生会再度召开了紧急大会,一致决议组织护校委员会,"倘吴借武力到校,决武力护校,准备流血"。声讨吴南轩"以国府之命官,移居东交民巷,托庇外人势力,以图苟安,有辱教育界之清白及国家尊严,本会通电揭发其罪状"。与此同时,教授会也采取了相应的对策,成立校务维持会,并于 6 月 10 日选派教授代表 2 人,向南京教育部请愿。当时兼理教育部长蒋介石也认为,吴南轩如此狼狈不堪下台,有碍国民党政府的威信,旋派张群从中调解,企图先使吴南轩暂时回校再提出辞职。这一办法,又为学生护校委员会所"誓死拒绝"。7 月 2 日,吴南轩终于被迫离平南下。

梅贻琦仍在美国担任留学生监督。7月3日,南京教育部署理部长李书华发表第1128号训令:令北平地质调查所所长、著名地质学家翁文灏代理清华大学校长。但是翁文灏因问题棘手,以忙于南京地质调查所的事务为由,迭递辞呈,教育部又转派理学院长叶企孙先生转代,叶也不想卷入漩涡,屡次请辞。时任教育部长的李书华正值清华久无正式校长,为急于解决这个问题,经再三考虑,认为梅贻琦最为适当,于是去电请其回国掌理清华校务,终获梅贻琦应允。9月23日,李书华提出行政院国务会议通过,任命梅贻琦为国立清华大学校长。李书华旋即电促梅贻琦从速回国。10月14日,教育部颁布1716号训令,正式免除吴南轩虚位已久的国立清华大学校长之职,由梅贻琦接任。自此,国立清华大学的历史进入了梅贻琦时代。11月底,梅贻琦回到国内,在南京稍事停留,便于12月3日北上莅校就职。

按:李书华本人曾有两次回忆,一次是1940年在昆明梅校长任教母校二十五年公祝会上,他发言说:"民国十九年冬,我当着教育部长,那时清华大学校长罗志希先生坚决求去,梅先生在美国任清华留美学生监督,我去电请其回国掌理清华校务,他最后答应了,任职一直到现在。清华有今日的成绩和地位,他当然尽了不少的力,这可说是我在教育部长任上最满意的一件事。"另一次在梅校长逝世一周年时,他在台湾撰写纪念文章《悼梅月涵先生》(《梅贻琦先生纪念集》,吉林文史出版社1995年版),其中写道:"民国二十年下半年我任教育部长的时候,正值清华久无正式校长,我急于解决这个问题。当时我再三考虑,认为月涵最为适当,时月涵正在美国任留美学生监督,我电征其同意后,于民国二十年九月二十三日提出行政院国务会议通过,以月涵任国立清华大学校长。我旋即电促月涵从速回国。……回想我在教育部所做的事,令我满意的并不多,我为清华选择了这位校长,却是我最满意的一件事。"

按:梅贻琦决定回国出任清华校长,并不是不知道摆在他面前的困难。据其夫人韩咏华回忆,当时消息传到美国,许多美国朋友都劝他不要接任这个棘手的差事。他们说:"梅先生不是做官的人,最好继续留在美国。"梅贻琦虽一再请辞任命,终未获邀准,便满怀报效母校的热忱与责任心,回国就任了。他在就职典礼上说:"本人能够回到清华,当然是极高兴极愉快的事。可是想到责任之重大,诚恐不能胜任,所以一再请辞,无奈政府方面不能邀准,而且本人与清华已有十余年的关系,又享受到清华留学的利益,则为清华服务,乃是应尽的义务,所以只得勉力去做,但求能够尽自己的心力,为清华谋相当的发展,将来可能无罪于清华足矣。"

梅贻琦12月3日就任国立清华大学校长当天,在大礼堂召开全校大会,发表就职演说,谈了他的办学方针和施政纲领,比较充分地表露了他的教育思想的某些重要方面。归结起来有下列几条:1.办大学的目的,一是要研究学术,二是要造就人才。2.大学者,非谓有大楼之谓也,有大师之谓也。3.既要造就人才,更要利用人才。4.保持良好校风。5.经费使用力图撙节与经济。6.时刻不忘救国的责任。梅贻琦提出并力行的"所谓大学者,非有大楼之谓也,有大师之谓也"的办学方针,成为办好清华大学的秘密武器,也是为后学广泛引用的经典格言,富有警示和启示作用。清华大学由此进入了一个辉煌时期。

按:梅贻琦《就职演说》刊于12月4日《国立清华大学校刊》第341号,全文如下:

本人离开清华,已有三年多的时期。今天在场的诸位,恐怕只有很少数的人认识我罢。我今天看出诸位里面,有许多女同学,这是从前我在清华的时候所没有的。我还记得我从前在清华负责的时候,就有许多同学向我请求开放女禁,招收女生。我当时的回复说,招收女生这件事,在原则上我是赞成的,不过在事实上,我认为尚需有待。因为男女的性别不同,有许多方面,必须有特别的准备,所以必须经过相当的筹备,方能举成。现在,在我出国的三年内,当然准备齐全,所以今天有许多女同学在内,这是本人所深以为慰的。

本人能够回到清华,当然是极高兴、极快慰的事。可是想到责任之重大,诚恐不能胜任,所以一再请辞,无奈政府方面,不能邀准,而且本人与清华已有十余年的关系,又享受过清华留学的利益,则为清华服务,乃是应尽的义务,所以只得勉力去做,但求能够尽自己的心力,为清华谋相当的发展,将来可告无罪于清华足矣。

清华这些年来,在发展上可算已有了相当的规模。本人因为出国已逾三年,最近的情形,不很熟悉,所以现在也没有什么具体的意见可说。现在姑且把我对于今后的清华所抱的希望,略为说一说。

一、我先谈一谈清华的经济问题。清华的经济,在国内总算是特别的好,特别的幸运。如果拿外国大学的情形比起来,当然相差甚远,譬如哥伦比亚大学本年的预算,共有三千六百万美金,较之清华,相差不知多少。但比较国内的其他大学,清华的经济,总不能算少,而且比较稳定了。我们对于经济问题,有两个方针,就是基金的增加和保存。我们总希望清华的基金能够日渐增多,并且十分安全,不至动摇清华的前途。然而我们对于目前的必需,也不能因为求基金的增加而忽视,应当用的我们也还得要用,不过用的时候总要力图撙节与经济罢了。

二、我希望清华今后仍然保持它的特殊地位,不使堕落。我所谓特殊地位,并不是说清华要享受什么特殊的权利,我的意思是要清华在学术的研究上,应该有特殊的成就,我希望清华在学术方面应向高深专精的方面去。办学校,特别是办大学,应有两种目的:一是研究学术,二是造就人材。清华的经济和环境,很可以实现这两种目的,所以我们要向这方面努力。有人往往拿量的发展,来估定教育费的经济与否,这是很有商量的余地的。因为学术的造诣,是不能以数量计较的。我们要向高深研究的方向去做,必须有两个必备的条件,其一是设备,其二是教授。设备这一层,比较容易办到,我们只要有钱而且肯把钱用在这方面,就不难办到。可是教授就难了。一个大学之所以为大学,全在于有没有好教授。孟子说:"所谓故国者,非谓有乔木之谓也,有世臣之谓也。"我现在可以仿照说:"所谓大学者,非谓有大楼之谓也,有大师之谓也。"我们的智识,固有赖于教授的教导指点,就是我们的精神修养,亦全赖有教授的 inspiration。但是这样的好教授,决不是一朝一夕所可罗致的。我们只有随时随地留意延揽而已。同时对于在校的教授,我们应该尊敬,这也是招致的一法。

三、我们固然要造就人材,但是我们同时也要注意到利用人材。就拿清华说吧,清华的旧同学,其中有很多人材,而且还有不少的杰出人材,但是回国之后,很少能够适当利用的。多半是用非所学,甚且有学而不用的,这是多么浪费——人材浪费——的一件事。我们今后对于本校的毕业生,应该在这方面多加注意。

四、清华向来有一种俭朴好学的风气,这种良好的校风,我希望今后仍然保持着。清华从前在外间有一个贵族学校的名声,但是这是外界不明真相的结果,实际的清华,是非常俭朴的。从前清华的学生,只有少数的学生,是富家子弟,而大多数的学生,却都是非常俭朴的。平日在校,多是布衣布服,棉布鞋,毫无纨绔习气。我希望清华今后仍然保持这种良好的校风。

五、最后我不能不谈一谈国事。中国现在的确是到了紧急关头,凡是国民一分子,不能不关心的。不过我们要知道救国的方法极多,救国又不是一天的事。我们只要看日本对于图谋中国的情形,就可以知道了。日本田中的奏策,诸位都看过了,你看他们那种处心积虑的处在,就该知道我们救国事业的困难了。我们现在,只要紧记住国家这种危急的情势,刻刻不忘了救国的重责,各人在自己的地位上,尽自己的力,则若时期之后,自能达到救国的目的了。我们做教师做学生的,最好最切实的救国方法,就是致力学术,造成有用人材,将来为国家服务。

今天所说的,就只这几点,将来对于学校进行事项,日后再与诸君商榷。(以上参见黄延复、钟秀斌《一个时代的斯文:清华校长梅贻琦》,九州出版社2011年版;齐家莹编《清华人文学科年谱》,清华大学出版社1999年版;沈卫威《学衡派编年文事》,南京大学出版社2015年版)

冯友兰1月3日晚赴俞平伯招饮。同席有浦江清、杨武之、邹湘乔3人。席间俞平伯唱昆曲《下山》《惊梦》二折。15日主持召开第53次校务会议,会议决定聘请黄节(晦闻)为研究院中国文学部导师。16日,为经费事拟呈复教育部公文。又为校长问题拟呈教育部公文。20日,冯友兰主持召开第54次校务会议,会议决定聘冯友兰及吴之椿、陈岱孙、王力山、蒋廷黻、陈通夫、吴有训、张子高、陈席山、朱自清、施嘉炀、孙晓孟、黄海平、萧蘧、熊庆来、章晓初等人为二十年度招考委员会委员。22日下午4时,主持第八次评议会并报告建筑计划已经教育部核准。2月28日,冯友兰在《清华周刊》第35卷第1期发表《中国中古哲学与经学之关系》。此文认为西洋哲学史分为上古、中古、近古三时期,三时期各有特别精神、特殊面目;中国哲学史可分为自孔子至淮南王之子学、自董仲舒至康有为之经学两个时期,后一时期之思想皆依傍经学,空无依傍之近古哲学尚未见萌芽。又认为中国中古、近古之经学可分为今文家之经学、古文家之经学、清谈家之经学、理学家之经学、考据家之经学、经世家之经学六派。2月,冯友兰所著《中国哲学史》上卷作为"清华大学丛书"之一,由上海神州国光社出版。书后附陈寅恪1930年6月11日所作《审查报告》,金岳霖1930年6月26日作的《审查报告》,以及瞿世英《读冯著〈中国哲学史〉》。是为从胡适的《中国哲学史大纲》着重考据"转向重义理"研究的一部有影响的中哲史论著。

　　按:冯友兰《中国哲学史》上起先秦孔子,下迄清代经学,把中国古代哲学的演进历程划分为子学、经学两大时代,自孔子至淮南王为子学时代,自董仲舒至康有为经学时代。这是第一部用新的观点方法研究中国哲学的通史,并运用唯物史观的学理,揭示哲学发展的深层动因,从社会经济变动来解析思想变动。此前胡适《中国哲学史大纲》在材料真伪与文字考证上用力颇勤,而冯友兰《中国哲学史》更强调思想的挖掘与义理的阐发。冯友兰将此概括为"汉学"与"宋学"两种方法的不同。1934年由商务印书馆一并出版上下册。1953年,冯著在普林斯顿大学出版社出版英译本,译者为美国卜德(Derk Bodde)教授。该书至今仍是在西方影响最大的一部中国哲学史著作。

　　按:陈寅恪和金岳霖为本书作《冯友兰〈中国哲学史〉(上册)审查报告》。陈寅恪《审查报告》的核心观点是:"凡著中国古代哲学史者,其对于古人之学说,应具了解之同情,方可下笔。"以此充分肯定"冯君之书,其取用材料,亦具通识,请略言之:以中国今日之考据学,已足辨别古书之真伪;然真伪者,不过相对问题,而最要在能审定伪材料之时代及作者而利用之。盖伪材料亦有时与真材料同一可贵,如某种伪材料,若径认为其所依托之时代及作者之真产物,固不可也;但能考出其作伪时代及作者,即据以说明此时代及作者之思想,则变为一真材料矣。中国古代史之材料,如儒家及诸子等经典,皆非一时代一作者之产物。昔人笼统认为一人一时之作,其误固不俟论"。金岳霖的《审查报告》说:"写中国哲学史就有根本态度的问题,这根本的态度至少有两个:一个态度是把中国哲学当作中国国学中之一种特别学问,与普遍哲学不必发生异同的程度问题;另一态度是把中国哲学当作发现于中国的哲学。"金岳霖指出,"胡适之先生的《中国哲学史大纲》就是根据于一种哲学主张写出来的",这种哲学主张即实用主义。"所谓中国哲学史是中国哲学的史呢?还是在中国的哲学史呢?"胡著和冯著虽然都是"在中国的哲学史","是把欧洲的哲学问题当作普遍的哲学问题"来确认中国哲学的存在。但金岳霖肯定冯著所注重的"不仅是实质而且是形式",因而它避免了按某种西方哲学的成见来写中国哲学史。瞿世英《读冯著〈中国哲学史〉》,认为此书"最重要之点,就是这是一部哲学家著的哲学史而不是历史家(尤其不是所谓客观的历史家)著的哲学史",又指出此书"注意的是思想的脉络源流与独到的见解","论礼、乐、丧礼确有新意,论惠施公孙龙及其他辨者,更表明著者对于论理研究之有规律(discipline),这两段是特别精彩的地方",书中"与西洋哲学相比较的地方不少,用西洋哲学作比较解说的地方亦不少,并且真是理论上的比较"。

　　冯友兰3月18日主持召开聘任委员会第3次会议,会议决定:中文系改聘浦江清为专任讲师;哲学系下半年改聘张申府(崧年)为教授;历史学系下学期起聘Gaponovich(葛邦福)为教授。23日上午,冯友兰主持第十次纪念周活动并报告校务,略谓大家所注意的校长问题上星期已经解决。同日,与代理教务长萧蘧、代理理学院院长熊庆来、代理法学院院长陈岱孙一起草拟致教授会函,谓鉴于南京教育部已任命新校长,决定辞去各所代职务。24日下午4时,冯友兰主持第63次校务会议。会议决定呈请教育部转呈国民政府,请将圆明园地址划归清华大学。26 日，冯友兰主持召开清华大学第 11 次评议会，会议请教育部准许清华有授予硕士、博士学位权，又通过修正研究院规程。同月，所撰《清华二十周年纪念感言》刊于《国立清华大学二十周年纪念刊》。4 月 2 日下午 4 时，冯友兰主持第 65 次校务会议，通过扩充电话计划。是日又出席教授会。会议修正通过"教授会议事细则"，并讨论冯友兰等辞职案，决定接受冯友兰等辞去所代各职，但要求在新校长到校前仍旧维持校务，同时对冯友兰等过去维持校务劳绩诚恳致谢。20 日上午 10 时，冯友兰出席吴南轩宣誓就任清华校长仪式。29 日，撰成《中国哲学史中几个问题——答适之先生及素痴先生》。5 月 2 日全天参加清华大学二十周年纪念及新建筑落成典礼诸活动。下午一时半在体育馆后操场举行气象馆、生物馆、新宿舍落成典礼，冯友兰报告三大建筑建设之经过。同日，所撰《校史概略》刊于《清华周刊》第 35 卷第 8、9 合期，文中介绍了"游美学务处时期"和"清华学校时期"的概况；关于"国立清华大学时代"作者说"可谓本学校第二次扩张时期"，列举了"隶属系统之变更""基金得安全之保障""月费亦得安全保障""新建筑之增加"及"研究院之创办"等重大之事。7 日下午，冯友兰出席教授会，会议选举萧蘧为教授会主席，又议及各院院长问题。5 月 25 日、6 月 1 日，张荫麟在《大公报·文学副刊》第 176、177 期连载《评冯友兰〈中国哲学史〉上卷》，对冯友兰《中国哲学史》有所批评。

　　冯友兰 5 月 28 日出席教授会临时会议。会议由金岳霖、张奚若、萨本栋、周培源、吴有训、蒋廷黻等 15 人提议召开。教授会通过了《教授会上教育部呈文》。29 日，冯友兰在张奚若等起草之《四十八教授态度坚决之声明》上签名。同月，舒新城赠其所著《中国教育建设方针》。6 月 2 日，冯友兰出席教授会议，决定以对吴南轩校长于 5 月 30 日在《世界日报》《华北日报》登载"清华启事"攻击清华师生作出回击。6 月 3 日，冯友兰与张奚若、吴有训赴南京。8 日，冯友兰在《大公报·文学副刊》第 178 期发表《中国哲学史中几个问题——答适之先生及素痴先生》。同期一并刊出胡适撰于上年 3 月 20 日夜的《与冯友兰先生论老子问题书》，当有相互论辩的意味。后文因受到冯友兰寄赠所著的《中国哲学史讲义》而特就此书把《老子》年代问题提出质疑，直言"你把《老子》归到战国时的作品，自有见地；然讲义中所举三项证据，则殊不足推翻旧说"。冯友兰与张奚若、吴有训赴南京。冯友兰《中国哲学史中几个问题——答适之先生及素痴先生》就张荫麟（素痴即张荫麟）5 月 25 日和 6 月 1 日载《大公报·文学副刊》之《评冯友兰〈中国哲学史〉上卷》一文作出答复："有历史家的哲学史，有哲学家的哲学史。历史家的哲学史注重'谁是谁'。哲学家的哲学史注重'什么是什么'。我是哲学家不是，尚是问题，不过我确不是历史家，所以我在我书的序文上先有声明。素痴先生说我的书的'特长是哲学方面，惟关于历史方面，则未能同样令人满意'。这句话前半段是素痴先生的过奖，后半段所说实在是事实。"文章并就张荫麟提出的"直用原料的地方太多""没有分时期的提纲挈领""关于农奴制""关于孔子的中心见解""孔子以前，尚无私人著述之事""老子的年代问题"和"学说之解释"问题等与之进行了讨论。30 日，与张奚若、吴有训由南京回北平。同月，冯友兰《老子的年代问题》，收入《古史辨》第 4 册。

　　冯友兰 7 月 1 日出席教授会临时会议，先由其报告南下经过。张奚若、吴有训略有补充。报告后会议主席萧蘧谓"此次三位先生冒暑南下为校辛劳，同仁必皆感佩，表示谢忱者可请起立"，于是全体起立致谢。4 日，翁文灏受教育部委派来清华代理校务，即日起到校视事。是日，翁约集在校教授谈话，冯友兰出席，并与其他教授共同表示校事悉听翁主持。10 日，冯友兰出席教授会。会上蒋廷黻报告翁文灏表示愿依旧例行事，各院院长由教授会推选二人,再由校长聘任其中之一,教授由聘任委员会聘任。蒋廷黻报告后会议即选举各院院长候选人。冯友兰与蒋廷黻被选为文学院院长候选人,叶企孙、吴有训为理学院院长候选人,陈岱孙、张奚若为法学院院长候选人。11日,翁文灏聘冯友兰为文学院院长,叶企孙为理学院院长,陈岱孙为法学院院长。翁文灏同时聘冯友兰为哲学系主任、图书馆委员会委员。8月1日,冯友兰在《史学年报》第1卷第3期发表《与颉刚论五行说的起原》,文中归纳其与顾颉刚论五行说起原(原文作"原"而非"源")之不同:"颉刚以为五行说是起于邹衍,他以前没有五行说,凡古书所记关于五行的话,都可以怀疑。我的意见是无论什么学术思想或文学种种,一定有个来源,起始是很简单的,很平常的,到后来因由适宜的条件,它才发达起来。自A变B,自B变C,……每变一次,对于旧者要保留一部分,新的方面则增加一部分,跟着变下去,本来面目愈远,甚而至于完全不像,然其起原却不能完全抹杀,根据这个式子,所以我对于五行起原说是这样:A. 原始阴阳说(夏以前)。C. 神化阴阳说(分二期:殷周之际为开发期,孔子以下为光大期)。B. 原始五行说(分二期:夏为创始期,殷为扩充期)。D. 神化五行说(分二期:孟子为开发期,邹衍为光大期)。"9月14日下午1时半,冯友兰出席第九次校务会议。会上翁文灏提出辞职,在教育部批准前,校务暂请叶企孙代理。21日上午11时,在后工字厅主持教职员公会临时紧急会议,并报告北平各大学即发起组织平津学术团体对日联合会,本校教职员九十余人到会。大会议决:由冯友兰及张子高、蒋廷黻、钱端升、叶公超、陈岱孙、章晓初、吴有训、王文显、金松岑、马约翰、叶企孙、叶石荪、钱稻孙、叶公超、吴之椿、萧蘧共17人组成教职员公会对日委员会。冯友兰当晚九时在后工字厅出席对日委员会第一次会议,被选为该委员会主席。

冯友兰《庄子》内篇英译9月由商务印书馆出版。10月5日,冯友兰出席教职员公会大会。会上进行改选,叶企孙当选为会长。10月,冯友兰《儒家关于服丧、祭奠、结婚仪式的理论》刊于《中国社会学政治学评论》第15期。11月3日下午4时,冯友兰在科学馆会客厅出席校务会议成员与各系主任第一次联席会议,与会者还有陈岱孙、熊庆来、杨公兆、张子高、施嘉炀、叶企孙、孙国华、蒋廷黻。会议由叶企孙主持,讨论东北大学、冯庸大学学生借读事宜。16日,冯友兰主持对日委员会会议。23日,出席临时校务会议。因学生会仍决定南下请愿,校务会再次召集临时会议,讨论后决定准学生个别请假南下,留校学生照常上课。24日,召集并主持对日委员会,讨论本校吴其昌痛黑省失陷,全家绝食,赴京请愿,会议决定致电于吴其昌,劝其复食返校;致电国民政府,促其实现吴之主张。下旬某日,冯友兰出席出版委员会会议。会议决定出版清华大学丛书、清华大学理科报告、清华大学专著丛刊及学报。12月7日,出席第十八次评议会。8日出席梅贻琦就任清华大学校长宣誓仪式。(以上参见蔡仲德编撰《冯友兰先生年谱长编》,中华书局2014年版;齐家莹编《清华人文学科年谱》,清华大学出版社1999年版)

金岳霖等清华教授5月集体发起"驱吴运动"。5月28日,金岳霖、张奚若、萨本栋、周培源、吴有训、蒋廷黻等15人提议召开教授会临时会议,因新任吴南轩校长到校后"新改清华章程,规定院长不由教授中聘任,教授聘任取消聘任委员会,专由校长个人独揽大权,使教授毫无保障,对学校前途有莫大危险",故提请讨论并"追究何人负蒙蔽教部提请修改章程之责任"。与会教授一致要求恢复原条例精神,认为对吴南轩蒙蔽教育部,破坏清华传统精神应有坚决表示,最后以38票对两票通过决议:"吴南轩到校以来,惟务大权独揽,不图发展学术,加以蔑视教授人格,视教授如雇员,同人等忍无可忍。为学校前途计,应请教育部另简贤能来长清华,以副国府尊重教育之至意。"会议又推举张奚若、金岳霖、蒋廷黻、周炳琳、张子高、吴有训、萨本栋等 7 人代表教授会起草态度坚决之声明。教授会还通过了《教授会上教育部呈文》,要求撤换吴南轩,另简贤能。

　　按:《教授会上教育部呈文》刊于《国立清华大学校刊》第 302 期,全文如下:"呈为请本校规程统筹修正,并请另简贤能为本校校长事。窃本校规程系钧部参照本校情形特为规定,自十八年六月经钧部颁布以来,奉行至今,于各方面均甚适宜。即在过去一年之中,本校发生风潮,环境尤属恶劣,而校务不致停顿,各种计划仍照常发展。固有钧部指示得宜,而亦本校规程适用之效也。查本校规程之精神,在使校长、教授对于校务均负相当之责任,故校长虽有去留而校务仍可不致停顿。即国府十八年七月二十六日所颁布之大学组织法,亦将一大学最高之权付于校务会议。而校务会议由校长、院长、各系主任及教授所举之代表组成之,其精神及用意与本校规程亦正相同。今钧部一六三号指令,将本校规程修正三条,照新修正之规程则院长不可于教授中聘请,而原有之聘任委员会亦归取消,教授之进退由校长、院长决定。如此规定,固非本校规程原有之精神,即与大学组织法之立法用意似有径庭之处。钧部指谓俟各大学组织编制章程汇齐后,另有通盘计划,则本校规程如有应行修正之处亦应请钧部斟酌本校情形统筹修正。此本会所诚恳请求者一也。此次钧部对于本校规程之修正,其结果为无限扩大校长之权限,其时又适为吴南轩校长在首都向钧部报告之际,或钧部听吴校长片面之报告,故对于本校规程有此片面之修正。查吴校长自到校以来,首为院长问题引起纠纷。本校院长照原规程系由校长就教授中聘任之,自此规程颁布以后,教授与罗前校长商酌由教授会每院推荐二人,由校长择一聘任。于法律范围之中容纳教授之意见,其用意亦无非欲使学校不多受校长进退之影响,一切得以稳定进行而已。即在过去无校长时代,钧部已电令选举院长,行之甚久,有利无弊。乃吴校长到校以后,则首拟革除此项惯例,又不允召集教授会讨论此事,以致问题久悬未决。吴校长就教授中所聘之院长,遂亦不敢应聘。而吴校长适于此时赴京,蒙蔽钧部,修改规程,所谓院长问题之经过真相如此。吴校长治校大权独揽,自到校以来,除校务会议因院长问题未决,未能开会外,评议会亦未开一次,其自行聘请之院长不孚众望,发表之时全校惊愕。又因院长问题召集学生茶话会,攻击教授,危言耸听。对于发展学术绝无通盘计划,偶有发表,皆支离灭裂,不合学校实际情形。对于教授,一方面多方欺骗,一方面视为雇员。教授等虽欲竭诚协助,而莫由自达。前读国府整顿教育命令,教授等均欢欣鼓舞,以为清华必且因此益臻进境。而国府亦几经审慎,以发展本校重任托付吴校长。在吴校长初到校之际,教授等亦极欲共襄洪业。乃吴校长到校仅及月余,即将本校几经艰苦得来之良好基础,亦摧残之。是则吴校长固已危害清华,兼辜负国府付托之重,伤国府知人之明。此乃教授等愤慨之余尤所痛心者也。望钧部俯念本校有今日状况之不易,特请国府另简贤能,为本校校长。此本会所诚恳请求者二也。本校专任教授共五十九人,本日出席开会者四十五人,以三十八票对二之大多数通过。向钧部陈述本校确实情形,伏望钧部取适宜之处置。本校幸甚!中国高等教育幸甚!谨呈教育部兼部长蒋。国立清华大学教授会二十年五月二十八日。"

　　金岳霖、张奚若等 48 位教授 29 日在张奚若等起草之《四十八教授态度坚决之声明》上签名。声明亦刊于《国立清华大学校刊》第 302 期,谓"同人等因吴南轩蒙蔽教育部,破坏清华大学,除一面呈请教育部简校长、重议规程外,特此郑重声明,倘此问题不能圆满解决,定于下学年与清华脱离关系"。6 月,清华学生护校委员会决定组成护校团,誓死拒绝吴南轩到校。清华教授会宣布成立校务维持会,并选冯友兰、吴有训、张奚若为代表,向教育部请愿。7 月,金岳霖《论事实》刊于《哲学评论》第 4 卷第 1 期。11 月 19 日,徐志摩由南京搭乘中国航空公司的邮政班机返京,听林徽因关于中国建筑艺术的讲演。有大雾,飞机在济南党家庄附近撞山坠毁,不幸遇难。事后,金岳霖与梁思成、张奚若等前往济南参加遗体告别。是年,享受清华大学教授休假待遇,赴美国休假一年,利用此休假机会,到哈佛大学向谢非研习逻辑。(以上参见王中江编《中国近代思想家文库·金岳霖卷》及附录《金岳霖年谱简编》,中国人民大学出版社 2014 年版;蔡仲德编撰《冯友兰先生年谱长编》,中华书局 2014 年版;齐家莹编《清华

人文学科年谱》,清华大学出版社1999年版)

蒋廷黻时任历史学系主任。2月10日,第57次校务会议议决蒋廷黻任北平政治学会季刊编辑。9月,蒋廷黻劝吴晗专攻明史。"九一八"事变发生后,蒋廷黻在燕京大学发表演讲,支持政府划锦州为"中立区"的政策,遭到燕大师生通电反对。10月,蒋廷黻在《清华学报》第6卷第3期发表《琦善与鸦片战争》。作者一反民族主义的立场,对鸦片战争及此前被认为是卖国贼的琦善提出了新的看法,认为鸦片战争之前,中国的目的"全在禁烟",英国的目的"全在通商",所以战争爆发前"二国均未预抱一个必战之心",英国则"全无处心积虑以谋中国的事情",故鸦片战争"非两国所预谋",实乃是"因禁烟而起冲突,继则因冲突而起报复,终乃流为战争"。对于琦善,蒋廷黻认为他在鸦片战争中"军事方面,无可称赞,亦无可责备。在外交方面,他实在是远超时人,因为他审查外强中弱的形势和权衡利害的轻重,远在时人之上",而林则徐则"于中外的形势实不及琦善那样的明白"。

> 按:蒋廷黻此文发表不仅反响颇大,赞成者与反对者均有,而且影响深远。据余英时《费正清与中国》一文指出,费正清研究鸦片战争后条约体制在中国各通商口岸之建立的观点,即是受到此文影响。1949年后,此文被作为"资产阶级的反动历史观点"的代表屡被提及。

蒋廷黻《近代中国外交史资料辑要》上卷11月由商务印书馆印行,史料皆采自本国,主要辑要收录1822年(清道光二年)至1895年(光绪二十一年)中外交涉的重要文献共799篇。作者自序说:"外交史,虽然是外交史,仍是历史。研究外交史,不是做宣传,也不是办外交,是研究历史。历史学自有其纪律。这纪律的初步,就是注重历史的资料。""我编这本书的动机,不在说明外国如何欺压中国,不平等条约如何应当废除。我的动机全在要历史化中国外交史,学术化中国外交史。我更希望读者得此书后,能对中国外交史作一进步的研究。"《近代中国外交史资料辑要》是中国第一部不依靠外国蓝皮书等单方面文件而编成的外交史资料。这部史料式的外交史,只是平铺直叙地排比材料,呈现历史真相。蒋廷黻在每一章节前面都有一段引论,以此对史实做深入剖析。

> 按:此书上中两卷专论中日之战以前的历史。1934年11月出版中卷。学术界对这部外交史资料褒贬不一。洪煨莲认为此书,其按语准确、清楚而且引人入胜,他对中西在地名、人名及日历上的差异作了对比考订,使读者用起来特别方便,因此该书为以后类似著作树立了一个榜样。夏鼐则持批评立场,认为蒋氏以新不新为取材标准是不妥的,因为对于一部史料辑要而言,最重要的是一个"要"字,至于新不新则不必计较,因为即使没有新材料,而用了新眼光来编辑,旧日材料也会发生一种新的意义。又编者对于中日战争以前的史料,专采自中国方面也不妥,而应中外兼收。孟史东在《近代中国研究的开山先驱蒋廷黻》一文中评价道:"《近代中国外交中资料辑要》是一部巨著,是中国近代史研究的发展上一个纪念碑。资料排比的条理明晰,标题的新颖,剪裁去取的斟酌得体,犹其余事,重要的是蒋廷黻在每一章节前面长短不等的一段引论,这些引论提示了广博而深锐的剖析,往往有一针见血的精彩。"在评价蒋廷黻本书自序时说:"这篇不满一千四百字的短短序文,充满了这位史家的许多精辟的、成熟的基本的新观念。这些新的观念,是当时国内史学界所茫然而缺乏的。这是一篇重要的方法论的宣言。"(以上参见齐家莹编《清华人文学科年谱》,清华大学出版社1999年版;王学典《20世纪史学编年(1900—1949)》,商务印书馆2014年版)

张荫麟5月25日、6月1日,在《大公报·文学副刊》第176、177期发表《评冯友兰〈中国哲学史〉上卷》,文中认为《哲学史》负有两种任务:一是哲学的,二是历史的。"这两种工作,有同等重要。这部书的特长是在对于诸子,及大部分之经传,确曾下过一番搜绎贯穿的苦功,而不为成见所囿。他的重述比以前同类的著作精密得多,大体上是不容易摇撼的。惟关于历史方面,则未能同样令人满意。"认为"此书有两个普通的缺点:第一是直用原料的地方太多","第二书中既没有分时期的提纲挈领,而最可异者书中涉及诸人除孔子外,没有一个著明其生卒年代或约略年代(无论用西历或中国纪年),故此书的年历轮廓是模糊的,试拿此书与胡适的《中国哲学史大纲》和梁启超的《先秦政治思想史》或任一种西洋哲学史一比,便知道作者的'历史意识'之弱了"。文章还就有关"细节"与冯友兰进行了讨论。并说:"此外冯先生书有许多好处,未及详细指出,也是作者觉得抱歉的。"(参见齐家莹编《清华人文学科年谱》,清华大学出版社 1999 年版;沈卫威《学衡派编年文事》,南京大学出版社 2015 年版)

俞平伯 1 月 1 日上午踏雪访朱自清,未遇。中午,朱自清来访,饭后与其谈陈竹隐女士事。3 日晚,俞平伯在清华园寓所宴请浦江清、冯友兰、邹湘乔、杨武之等,并唱昆曲。俞平伯唱了《下山》及《惊梦》二折。7 日中午,在清华园寓所宴请来访的周作人和沈启无,邀请朱自清作陪。8 日晚,至清华园西客厅,与朱自清、叶公超、叶石荪、顾随、赵万里、钱稻孙、毕树棠等一起出席浦江清邀宴。席间,大家由词而谈到昆曲、皮簧、新剧和新文学。月 21 日左右,收到周作人 20 日晨来信,建议购买刘半农所辑《敦煌掇琐》一书。同月,俞平伯与蒋梦麟等 6 人被增聘为北大学生月刊委员会顾问。2 月 19 下午,俞平伯至米粮库胡同访傅斯年。晚,周作人在煅药庐宴请刚由欧洲归国的胡愈之,俞平伯与钱玄同、朱自清等应邀作陪。3 月 11 日至 12 日,整理《移棋相间法》旧稿。3 月 15 日,整理《呓语》原稿。25 日,作《〈东京梦华录〉所载说话人的姓名问题》,刊于 4 月 15 日《清华中国文学会月刊》第 1 卷第 1 期。26 日晚,开始节抄脂砚斋评在自己的《红楼梦》书上。28 日,续抄脂砚斋评《石头记》。同月,以联络感情研究学术为宗旨的北京大学国文学会成立。俞平伯为国文学会会员。4 月 15 日,《清华中国文学会月刊》创刊。自第 2 卷第 1 期起,改名为《文学月刊》。俞平伯与朱自清、浦江清、郑振铎、林庚、安文倬等先后任编辑。

俞平伯 5 月 7 日邀请周作人至清华大学,为国文学会作讲演。晚,应朱自清邀请,在叶公超处共进晚餐。5 月 31 日中午,俞平伯与钱玄同在清华园霄中宴请孙伏园。6 月 19 日,俞平伯应胡适之嘱,作《脂砚斋评〈石头记〉残本跋》,初收《燕郊集》,又收《〈红楼梦〉研究参考资料选辑》第 2 辑。9 月 10 日,收到周作人当日来信。信中谈到北京大学文学院长兼中国文学系主任胡适提议,在国文系中新添新文艺试作一项,拟请俞平伯担任散文甲班的课程。另聘请徐志摩、废名、余上沅分别讲授诗、小说和戏剧。即复信。19 日,复周作人信,谈近日正在写作《诗的秘密》一文,"脱稿尚需时日"。此文后改题目为《诗的神秘》。21 日上午,清华大学教职员公会召开临时紧急会议,推举教授 17 人组成"国立清华大学教职员公会对日委员会"。23 日下午,在北京大学第二院会议室选举校务会议的教授代表,文学院当选教授代表 7 人,俞平伯当选为候补代表。28 日,应马裕藻邀请,至北京大学参加座谈会,胡适、徐志摩等出席。9 月下旬,与胡适晤谈时事。30 日晚,致胡适信,述忧国忧民之心,以为知识分子救国之道唯有出普及本单行周刊,从精神上开发民智,抵御外侮。希望"平素得大众之信仰"的胡适主持和引导此事。10 月 14 日,长篇论文《诗的神秘》写讫,后刊于 1932 年 4 月《清华周刊》第 37 卷第 6 期。12 月 6 日,收到周作人 5 日回信,谈清华、北大、女大三校师生请愿之事。21 日,作随笔《救国成为问题的条件》,刊于 1932 年 1 月 16 日《大公报·现代思潮》第 17 期。(以上参见孙玉蓉编《俞平伯年谱》,天津人民出版社 2006 年版;齐家莹编《清华人文学科年谱》,清华大学出版社 1999 年版)

朱自清 1 月 8 日晚应浦江清邀宴。在座有顾随、赵万里、俞平伯、叶石荪、钱稻孙、叶公超、毕树棠等。14日晚,借浦江清、褚士荃、夏坚白等人进城赴北京饭店观德国剧团所演《浮士德》。1月20日,清华大学第54次校务会议聘朱自清、陈岱孙、冯友兰、蒋廷黻、吴有训、施嘉炀、孙国华、萧叔玉、熊庆来等16人为1931年度招考委员会委员。2月,清华大学1930年度第二学期开学,朱自清开设"中国新文学研究""古今诗选""高级作文"以及"大一国文"课等。3月19日,清华大学本学年第十次评议会议决同意朱自清照章休假一年。同月,作《论无话可说》一文,收入《你我》。作者自序谓"最中意的就是这篇文字",文中总结了自己十年来的文学生活:"十年前我写过诗;后来不写诗了,写散文;入中年以后,散文也不大写得出了——现在是,比散文还要'散'的无话可说!"并认为:"这是时代为之!"4月15日,清华大学国文系《中国文学会月刊》创刊号出版(从第2卷第1期起易名为《文学月刊》),朱自清与俞平伯、陈寅恪、徐祖正、浦江清、郭绍虞、黄晦闻、商承祚、张怡荪、冯友兰、杨遇夫、赵元任、赵万里、罗莘田、刘文典应邀担任顾问。5月1日,朱自清在《中学生》杂志第15号发表《论诗学门径》。5月28日,在清华大学《四十八教授态度坚决之声明》上签字。8月15日,朱自清《中国文学会月刊》第1卷第4期发表《论中国诗的出路》,文中分析了近代以来人们对中国诗出路的探索,指出现在我们应作多方面的努力,或旧瓶装新酒,或学习民间曲艺,或学习西洋诗,以建立新诗的格律和音节,而目前应当努力进行的"便是大规模地有系统地试译外国诗"。(参见姜建、吴为公编《朱自清年谱》,安徽教育出版社1996年版;齐家莹编《清华人文学科年谱》,清华大学出版社1999年版)

刘文典2月23日致函胡适,谈论《金瓶梅》及学生许骏斋的著作《吕览集解》(即《吕氏春秋集释》)。4月15日,清华大学国文系"中国文学会"会刊出版创刊号(从第2卷第1期起易名为《文学月刊》),刘文典应邀担任顾问。5月23日,刘文典再次致函恳请胡适帮忙推荐学生许骏斋的著作《吕览集解》。25日,刘文典致函胡适,推荐青年人安慕陶,希望胡适能帮其在中华文化教育基金会谋一职位。8月22日,因朱自清休假出国,刘文典任清华大学中国文学系代理主任。9月,钱穆北上,任北京大学历史系副教授,讲授中国上古史、秦汉史,同时在清华大学、燕京大学、北平师范大学兼课,与刘文典始有往来。10月8日,大藏书家傅增湘致函刘文典,谈转让桐城派散文创始人方苞(晚年号望溪)手札一事。(参见玉政编著《刘文典年谱》,安徽大学出版社2011年版)

张申府3月18日经清华大学聘任委员会第3次会议决定,被聘为下半年清华大学哲学系教授。讲授逻辑与西洋哲学史。当时,清华大学哲学系还有冯友兰、金岳霖、邓以蛰三位教授,几人颇相契合。5月2日,张申府在《清华周刊》第35卷第8—9合期发表《关于罗素》,文中写的是"关于罗素的零碎东西",即是美国《小评论》前年给世界上50个名流发出的10个问题之罗素给予的回答。是年,张申府的《所思》由神州国光社出版,后由大江书铺再版。

按:张申府是较早研究与介绍罗素的中国哲学家。美国韦斯利安大学教授舒衡哲在《回忆和历史创伤的愈合》一文中回忆与张申府的交往时说:"我们第一次见面,张申府就明确认为他自己是中国第一流的罗素研究专家。"舒衡哲认为张申府早"在'五四'运动期间把伯特兰·罗素的思想介绍给他的同胞"(张申府《所忆》,中国文史出版社1993年版)。张申府1920年前后曾在《新青年》第7卷第4号和第8卷第2号上发表《罗素与人口问题》《罗素》二篇文章;在《少年中国》第1卷7期、第2卷3期上发表翻译罗素的文章《国》(署名张赤);在《北京晨报》1919年12月1日发表《志罗素》;以及1926年在《中大季刊》第1卷第1号上发表《罗素先生之哲学》、译罗素所著《自然与人》;在《哲学月刊》第2卷译罗素著《量子力学与哲学》《人与其环境》、第3卷译罗素著《言语与意谓》;在《民铎》1927年9—10月第9卷第1号、第2号上发表译罗素著《科学是迷信的么》《意谓的意谓》等;在《哲学评论》第 2 期译罗素《哲学大纲》第 26 章《事与物与心》、第 3 卷上发表《罗素的演绎论》及译罗素文《言语与意谓》;在《东方杂志》1928 年第 25 卷上发表《罗素论原子新说》;在《世界》第 1 期译罗素著《相对论与哲学》、第 2 期译《什么是物质》;在《新生命》第 3 期发表《罗素自叙思想的发展》;在《师大教育丛刊》第 3 期上译罗素《行为主义与价值》等。

　　按:作者于 1933 年至 1934 年间陆续在《大公报·世界思潮》上刊出《续所思》,三联书店于 1986 年 12 月将《所思》与《大公报·世界思潮》上刊出的《续所思》编为一书,仍称《所思》再次出版。张岱年在《重印〈所思〉序》中说:"在《所思》和《续所思》中,作者谈论了对于许多哲学问题的看法,主要有四个方面:一是阐述了罗素哲学的要义,特别是罗素的'中立一元论'观点;二是谈论了二十年代自然科学的新学说对于哲学的影响;三是肯定了孔子的仁的学说,认为仁的要旨是通,仁是中国古代哲学的精华;四是阐述了唯物主义辩证法的要点。"张岱年认为"在三十年代的历史条件下,这样广泛论述当时世界的新思潮,是有重要意义的,反映了当时哲学界的进步趋向"。(参见郭一曲《现代中国新文化的探索——张申府思想研究》及附录一《张申府年谱简编》,广东人民出版社 2002 年版;雷颐编《中国近代思想家文库·张申府卷》及附录《张申府年谱简编》,中国人民大学出版社 2015 年版;齐家莹编《清华人文学科年谱》,清华大学出版社1999 年版)

　　钱端升 4 月应商务印书馆邀约,为王云五、何炳松、刘秉麟主编的"社会科学名著选读丛书"选注 4 种英文政治学经典著作,并撰写中文"编者导言"。本月出版亚里士多德的《政治学》。接着于 5、6、9 月陆续出版马基雅弗利的《霸术》、布赖斯的《近代平民政治》、孟德斯鸠的《法意》。5 月 28 日,钱端升与朱自清、张奚若等 48 位教授联名发表声明,坚拒吴南轩出任清华大学校长。在全校师生强烈反对下,吴南轩被迫于次日离校。6 月,当选为清华大学临时委员会委员。9 月,钱端升出席清华大学教职员公会临时紧急会议,讨论应对"九一八"事变之方策。会上被推举为国立清华大学教职员公会对日委员会常务委员。"九一八"事变后,蒋介石接受钱昌照的建议,创办国防设计委员会,延揽专家学者从事军事、国际关系、教育文化等多方面的调查研究工作。与周鲠生、徐淑希等被延揽负责国际关系方面的工作。11 月 26 日,钱端升在清华大学教授会上当选为第五届校务会议教授代表。(参见孙宏云编《中国近代思想家文库·钱端升卷》及附录《钱端升年谱简编》,中国人民大学出版社 2014 年版)

　　陈达 4 月到河北平西怀来一带作短期旅行后,发表观感认为,印象最深刻的是"人满为患",于是提出解决人口问题的有效方法,就是生育节制,指出:"子女的多少,要看一国人口的情形,一家的经济状况,社会地位与父母的健康等等。……施行生育节制,可以缩小家庭,给以子女以适当的教育,及社会福利;如果自小得不到发育的机会,等长大以后,恐怕只是劳力市场的资料,不是文化竞争的角色。"同月 18 日,在《清华周刊》第 35 卷第 7 期发表《我们应该提倡生育节制吗?》。文章由在乡村最深刻的印象"人满为患"谈起,列举了大量事实,提出了"要谋社会的幸福",就"应该提倡生育节制"。是年,由陈达编著的《我国工厂法的施行问题》由上海工商科学出版社出版。(参见田彩凤《陈达先生年谱》,《清华大学学报》(哲学社会科学版)1995 年第 2 期;齐家莹编《清华人文学科年谱》,清华大学出版社 1999 年版)

　　吴景超 5 月在《金陵学报》创刊号发表《两汉多妻的家庭》,认为研究这类问题,"从科学的眼光看去,用历史的方法来研究这个问题,当然不如用个案法的完善。但用个案法以研究这个问题,困难很多,在这些困难没有打破以前,历史法颇有一试的价值"。文章梳理了汉代多妻的情况,认为多妻制存在的主要原因是有钱有势的人想"御声色",多妻制也是导致诸多家庭问题的根源。9 月开学后,吴景超来清华大学任社会学系教授。11 月,吴景超在《金陵学报》第 1 卷第 2 期发表《一个内乱的分析——汉楚之争》,并出版抽印本。作者认为"在中国的各种社会问题中,有一个问题,与民众的幸福,最有密切的关系,那便是内乱问题""这篇文章的用意,并不在描写一个内乱,而在分析一个内乱"。然后总结内乱是有系统可循的,即:"政→人民不安→革命→现状推翻→群雄争权→统一完成→善政→和平恢复。"又说:"希望这个系统,可以作研究他种内乱的参考。假如他还能够给我们处乱世的一个观察时局的指针,那就已经超出我的希望之外了。"

按:这一时期吴景超对汉代社会史多有研究,成果有《两汉的人口移动与文化》(《社会学刊》第 2 卷第 4 期、第 3 卷第 2 期)、《两汉的寡妇再嫁之俗》(《清华周刊》第 37 卷第 536—537 号)等。(参见齐家莹编《清华人文学科年谱》,清华大学出版社 1999 年版;王学典《20 世纪史学编年(1900—1949)》,商务印书馆 2014 年版)

谢家荣兼任清华大学地学系教授,并曾代理系主任。2 月,谢家荣在德国的煤岩学主要研究成果以《国产煤之显微镜研究》为题发表在《矿冶》第 4 卷第 15 期。5 月 12 日,英国学者赛勒(C. A. Seyler)致信谢家荣,称煤岩学新方法的文章特别有意义,非常有价值。7 月 16 日,他又致信谢家荣说:"我正在学习你的《煤岩学研究的新方法》,已经证实了威尔士无烟煤的非均质性。"是年,谢家荣在国立北京大学《自然科学季刊》第 3 卷第 7 期上发表了题为《几年来显微镜研究不透明矿物之进步》的论文,全面、详尽地介绍了矿相学各个方面所取得的进展。(参见张立生《谢家荣:成就辉煌的访学之旅》,《中国科学报》2019 年 9 月 20 日)

吴晗 8 月中考入清华大学历史学系,在胡适的帮助下,得到一个工读生的位置。胡适向代校长翁文灏、教务长张子高推荐吴晗:"清华今年取了的转学生中,有一个吴春晗,是中国公学转来的,他是一个很有成绩的学生,中国旧日文史的根底很好。他有几种研究,都很可观,今年他在燕大图书馆做工,自己编成《胡应麟年谱》一部,功力判断都不弱。此人家境甚贫,本想半工半读,但他在清华无熟人,恐难急切得到工作的机会。所以我写这信恳求两兄特别留意此人,给他一个工读的机会,他若没有工作的机会,就不能入学了。"胡适还随信附上吴晗所作《胡应麟年谱》。并说:"他的稿本可否请清华史学系、中国文学系的教授一阅? 也许他们用得着这样的人作'助手'。"8 月 1 日,吴晗在《史学年报》第 1 卷第 3 期发表《山海经中的古代故事及其系统》。9 月,吴晗接受了清华大学历史系主任蒋廷黻劝其专攻明史的建议。胡适曾致函吴晗:"蒋先生期望你治明史,这是一个最好的劝告。""请你记得:治明史不是要你做一部新明史,只是要你训练自己做一个能整理明代史料的学者。"11 月 28 日,吴晗《〈清明上河图〉与〈金瓶梅〉的故事及其演变》刊于《清华周刊》第 36 卷第 4 期,连载该刊第 5 期。12 月 19 日,吴晗在《清华周刊》第 36 卷第 7 期发表《明嘉靖本〈甘泉先生文集〉考证》。(参见苏双碧、王宏志《吴晗传》及附录《吴晗生平活动简表》,上海人民出版社 1998 年版;齐家莹编《清华人文学科年谱》,清华大学出版社 1999 年版)

杨树达 4 月 4 日在《清华周刊》第 35 卷发表《汉代坐次尊卑问题一瞥》,载第 6 期。8 月 18 日,杨树达谓"读《大公报·文学副刊》,有张季同评日本人《先秦经籍考》一文,谓日本多学人,今中国学人,只有冯友兰之哲学,陈垣之史学,杨某之训诂学,足以抗衡日本云"。是年,杨树达的《积微居文录》由商务印书馆印行。这是作者北游后"时时自写其所见,而与同好商量旧学,研讨文史,到 1931 年冬,凡得文字三十余首,遂集为积微居文录三卷"(《增订积微居小学金石论丛自序》)。这是作者北上后的第一个论文集。(参见刘乃和、周少川、王明泽《陈垣年谱配图长编》,辽海出版社 2000 年版;齐家莹编《清华人文学科年谱》,清华大学出版社 1999 年版)

傅尚霖 10 月在《清华学报》第 6 卷第 3 期发表《中国家庭现存的复杂性的研究》。是年,傅尚霖就英国著名汉学家、剑桥大学中文教授翟理斯(Herbert Allen Giles,1845—1935)出版于 1901 年的英文版《中国文学史》作出分析，认为在英国汉语研究被作为一种受欢迎的话题而非整体的知识体系，这种状况与当时英国急切想要发展与中国的贸易关系的历史现实不无关系。换句话说，在当时的英国，外交官或教士们学习汉语都是为了现实的功利目的，而不认为中国文化和中国文学可能成为严肃的学术研究对象。在这种状况下，翟理斯必须选择一种大众化的著述方式来为自己赢得读者。翟理斯在全书的序言中，将此书视为引导英语读者进入广阔的中国文学领域的"导论"（introduction），而非集大成的"定论"。以普及为目标的写作取向，决定了《中国文学史》的通俗读本性质。

按：英文版《中国文学史》1901 年出版，于 1933 年、1958 年、1973 年等历经多次再版。1934 年，郑振铎曾著文，将翟理斯视为替中国数千年文学写史的"创始者"。翟理斯本人对于此书在学术方面的开创性亦充满自信，在全书序言开篇首句即道："这是用任何语言，包括中文在内，编写一部中国文学史的首次尝试。"虽然二十世纪末的历史钩沉发现，俄国人瓦西里耶夫（V. P. Vasiliev，汉名王西里）先于翟理斯，在 1880 年已经出版题为《中国文学史纲要》的著作，不过，翟理斯建构"中国文学史"的先行之举，亦功不可没。（参见齐家莹编《清华人文学科年谱》，清华大学出版社 1999 年版；李倩《翟理斯的〈中国文学史〉》，《古典文学知识》2006 年第 3 期）

陈铨 9 月 21 日在《大公报·文学副刊》发表《老子道德经译成西籍考》。11 月 23 日，在《大公报·文学副刊》发表《黑格尔哲学对于现代人的意义》。（参见齐家莹编《清华人文学科年谱》，清华大学出版社 1999 年版）

钱稻孙专任清华大学教授，兼图书馆馆长。5 月 17 日，致函陈垣，谓"《元典章校补》已接日本来购寄者十余部，一一作嘱松筠走领，据云已不能如数发。缘刷成仅 50 部，似亟须续刷也。日本方面至少即有二十许部，续来订购、将无以应之矣"。（参见刘乃和、周少川、王明泽《陈垣年谱配图长编》，辽海出版社 2000 年版）

浦薛凤 10 月在《清华学报》上发表《卢梭政治思想》，是当时国内最为系统地研究卢梭的论文。

钱钟书 3 月 7 日在《清华周刊》第 35 卷第 2 期发表"Pragmatism and Potterism"，署名 Dzien Tsoong-su，此为苏州桃坞中学按苏南口音规定之英文名字。5 月 2 日，钱钟书在《清华周刊》第 35 卷第 8—9 合期发表"A Book Note"。（参见齐家莹编《清华人文学科年谱》，清华大学出版社 1999 年版）

洪业继续主持燕京大学引得编纂处。2 月，《〈说苑〉引得》《〈读史年表〉附引得》由燕京大学图书馆出版。篇首有洪业序文，详言年表起于汉代及汉前纪年不易考订之故。燕京大学引得编纂处认为《说苑》一书"保存古代史料甚多""特就《四部丛刊》为本编引得，并举卢文弨《说苑》校勘记》中之异文所在，俾便检对。又就其他十二种版本与《四部丛刊》本对照。制就各版《说苑》页数推算表，以免根据一本所作之引得，不能适用于他们之弊"。《读史年表》共二十四张，始汉迄清，代为一表，详注公历年数与各帝王之年号、庙号、名讳、陵号，以及代讳诸字。并附有标年度尺一，中印甲子纪元，用以量各表两旁之尺格，则年数可不劳指算。表附有引得，其排列一依庋撷方法，颇易寻检。这两部工具书是洪业负责的燕京大学引得编纂处的第一批成果。6 月，燕京大学引得编纂处出版《〈白虎通〉引得》。编者在此引得序文中指出此书为东汉末三国初作品，而非班固所著。8 月，燕京大学引得编纂处出版《〈历代同姓名录〉引得》。此书为清代刘长华用三十余年精力编纂而成，汇史籍所有之同姓名者于一册，详尽有用，但"其排列方法以朝代为本，以皇室居先，迂拙错杂，检寻深感困难"，燕京大学引得编纂处乃采用洪业"新发明之庋撷法排列，拼音引得及笔画引得，以便对照"。同月1日，洪业在《史学年报》第1卷第3期发表《崔东壁书版本表》。(参见王学典《20世纪史学编年(1900—1949)》,商务印书馆2014年版)

张东荪1月以"层创进化论"为指导,综合和折中西方各种伦理学流派,对道德现象和道德问题进行了系统探讨,撰写了《道德哲学》一书,由上海中华书局出版,形成了独特的道德哲学体系。5月,张东荪将《哲学ABC》与《西洋哲学史ABC》两书合并,并且加以增补,著成《哲学》一书,由世界书局出版。夏,张东荪将自己在燕京大学讲授伦理学的讲义底稿整理成《伦理学纲要》。9月18日,张东荪在《大公报》副刊《现代思潮》上发表《我亦谈谈辩证法的唯物论》,挑起了30年代唯物辩证法论战(又称"哲学论战"),这一论战持续了两年多。其间,张东荪撰写了一系列文章批驳唯物辩证法。

按:张东荪此后在《再生》等杂志发表《辩证法的各种问题》《动的逻辑是可能的么?》以及《唯物辩证法之总检讨》等文章,宣传自己新哲学的观点,反对唯物论特别是辩证法。1934年10月,张东荪编《唯物辩证法论战》由北平民友书局出版。

按:根据王学典《20世纪史学编年(1900—1949)》(商务印书馆2014年版)的梳理,首先向张东荪等人发难的是叶青等人,他们利用《二十世纪》《研究与批判》作阵地,展开论战。叶青以"马克思主义者"自居,以捍卫新唯物论和辩证法自任。他反驳张东荪的主要论作有《张东荪哲学批判》《与再生记者谈谈哲学》《科学玄学的论战与唯物唯心的论战》等。1933年初,秀侠在《现代文化》第1卷第2期发表《张东荪的哲学——对所提出辩证法的各种问题的驳复》一文,逐一反驳张东荪对唯物辩证法的非议。正统马克思主义哲学家邓拓、艾思奇、陈伯达等实际上在两线同时作战,既与张东荪等辩论,又批判叶青。艾思奇先后发表《黑格尔哲学的"颠倒"》《关于形式逻辑与辩证逻辑》《关于内因论与外因论》等文参加争鸣,批驳叶青的观点。针对张东荪的《动的逻辑是可能的么?》一文,邓云特(邓拓)以《形式逻辑还是唯物辩证法》批驳他对辩证法的否定,指出唯物辩证法是认识事物运动变化的"唯一的科学方法"(《新中华》第1卷第23期,1933年)。陈伯达在《腐败哲学的没落》中,认为张东荪等在《唯物辩证法论战》中攻击唯物辩证法者企图"预立一个万古不变的正反合程式去套用任何事物",完全是故意曲解真理的无聊之诬赖(《读书生活》第4卷第1、2期合刊,1936年)。这场哲学领域的唯物辩证法论战,推动了马克思主义的广泛流行,进一步扩大了马克思主义在思想界和学术界的影响。

张东荪10月与张君劢发起筹备"再生社",重新关注现实政治,积极主张抗日救亡,反对国民党的独裁统治。10月16日,张东荪在《大公报》副刊《现代思潮》上发表《全国动员与学哲学的人们》。12月,张东荪在《哲学评论》第4卷第2—4期上发表《条理范畴与设准》一文,初步提出了"多元认识论"观点。(以上参见左玉河编《张东荪年谱》,群言出版社2014年版;左玉河编《中国近代思想家文库·张东荪卷》及附录《张东荪年谱简编》,中国人民大学出版社2015年版;王学典《20世纪史学编年(1900—1949)》,商务印书馆2014年版)

张尔田于饮席结识杨树达,此后两人长期通信论学。在京期间曾参加吴承仕等人组织的"思辨社"。4月,张尔田在《学衡》杂志第74期发表张《与〈大公报·文学副刊〉编者书》,正文有"其七论李义山恋爱事迹"附录:张荫麟《评〈李义山恋爱事迹考〉》。5月,词《虞美人》刊登于《国闻周报》第8卷第17期。(参见孙文阁、张笑天编《中国近代思想家文库·张尔田、柳诒徵卷》及附录《张尔田年谱简编》,中国人民大学出版社2015年版;沈卫威《学衡派编年文事》,南京大学出版社2015年版)

张君劢8月经张东荪介绍,燕京大学校务长司徒雷登致电邀请其回国任燕京大学黑格尔逻辑学教授。于是从耶纳启程返国。途经莫斯科,由莫德惠、蔡运辰招待,留作月余之观察。9月17日,张君劢返抵北平,次日即爆发震惊中外的"九一八"事变。此后不久,着手翻译德国思想家费希特在拿破仑占领德国时,不顾个人安危,对德意志国民发表的《告德意志人民书》之演讲摘要本。10月,张君劢与张东荪联络罗隆基、罗文干等在北平秘密筹建"国家社会党"。11月14日,为黑格尔逝世百周年之期,水森嘱张君劢为《北平晨报》作文,以资纪念。11月19日,在《北平晨报·北晨学园》第201期上发表《黑格尔之哲学系统与国家观》一文。12月18日,中华民国国难救济会在上海召开第一次大会,宣告成立。该会以"发扬民治,共济国难"为宗旨。张君劢是该会的会员。是年,在瞿菊农的倡导下,中国哲学界举办了一次纪念黑格尔逝世100周年的论文征集活动,征集到的论文在1933年7月《哲学评论》第5卷第1期(专刊)刊出。内收录有张君劢、贺麟、瞿菊农、朱光潜等当时中国黑格尔哲学研究者的文章。由于张君劢在第三次留德期间,除在耶纳大学教书外,还于教学之余研究过黑格尔哲学,回国后又任燕京大学主讲黑格尔哲学的教授,是当时国内屈指可数的黑格尔哲学专家,他因而也积极参加了这次活动,并为专刊写了篇《黑格尔之哲学系统及其国家哲学历史哲学》论文。是年,张君劢、倭伊铿合著《人生观问题》出版。(参见李贵忠《张君劢年谱长编》,中国社会科学出版社2016年版;贺翁凯编《中国近代思想家文库·张君劢卷》附录《张君劢年谱简编》,中国人民大学出版社2015年版)

　　郑振铎9月7日携夫人及幼女离沪赴北平,在浦口北上的火车上遇张恨水。时张所作《啼笑因缘》刚出版不久,郑振铎向他转述了茅盾对该书的评价,并表示了自己的意见。郑振铎先是向商务印书馆请假半年,此后实际便脱离了该馆,应老友、北平燕京大学国文系主任郭绍虞邀请去该校任教的。后任燕京大学和清华大学合聘教授,每周各授课六小时,主要教中国小说史、戏曲史及比较文学史等。郑振铎离开商务印书馆,也是想摆脱繁忙的编辑工作,可以有时间从事《中国文学史》等著作的撰写。郑振铎离沪后,《小说月报》编务由徐调孚担任。9月10日,郑振铎在《小说月报》第22卷第9期上续载《元曲叙录》。20日,郑振铎在丁玲主编的左联机关刊《北斗》创刊号上发表论文《论元刻全相平话五种》。25日,叶圣陶在《开展》杂志第9期发表《郑振铎有以语我来》。10月10日,郑振铎在《小说月报》第22卷第10期上续载《元曲叙录》,此为最后一次,后未续载。

　　郑振铎10月28日出席清华大学中文系中国文学会借后工字厅举行的该学期第一次常会,并作演讲。会上选举本届执行委员,郑振铎被选为学术委员(仅郑一人为教师,余皆为学生)。郑振铎热心关怀文学会的活动,指导同学们的创作、研究与办刊物。当时吴组缃、林庚等中国文学会委员会委员都得到过他的帮助。11月19日,徐志摩因飞机失事身亡。郑振铎闻讯后,深为惋惜。数星期前,他还曾在胡适家中与徐交谈过。同月,北平朴社出版顾颉刚编《古史辨》第3册,收入郑振铎的论文《读毛诗序》。12月3日,郑振铎作《纪念几位今年逝去的友人》(未完),沉痛悼念被国民党反动派杀害的共产党员胡也频、洛生(恽雨棠)同志,以及因飞机失事身亡的徐志摩。热烈称赞胡也频是"一位勇敢的时代的先锋""他的死是一个战士般的牺牲,是值得任何敌与友的致敬的"。后刊于12月15日清华大学《文学月刊》第2卷第1期,有关徐志摩部分,后以《悼志摩》题又载12月8日《北平晨报·北晨学园》。12月15日,清华大学《文学月刊》第2卷第1期出版,从本期起郑振铎担任该刊顾问。(以上参见陈福康《郑振铎年谱》,三晋出版社2008年版)

　　顾随在燕京大学,兼任北平大学课。授汉魏六朝诗、唐宋诗、词选、曲选。1月8日,晚7时赴清华大学浦江清宴。据浦江清《清华园日记(上)》记载:"晚七时在西客厅宴客,到者有顾羡季(随)、赵斐云(云)、俞平伯(衡)、叶石荪(麐)、钱稻孙、叶公超(崇智)、毕树堂、朱佩弦(自清)、刘廷藩,客共九人。湘乔及梁遇春二人邀而未至。席上多能词者,谈锋由词而昆

曲,而皮簧,而新剧,而新文学。"11日,浦江清将《荒原词》赠叶公超,此时叶公超之叔叶遐庵
正在收集现代人词集。23日,浦江清与叶公超一起拜访顾随。浦江清在《清华园日记(上)》
中记载:"下午同叶公超同访顾羡季(随)君于前吉祥胡同。顾君方挈其眷来。公超谈拜伦
在意大利之浪漫生活,羡季谈家庭生活之琐碎。"3月9日,作燕京大学一九三一班《校友年
刊》序言。春,"忽肆力为诗,摈词不作"(《留春词》自叙)。(参见闵军《顾随年谱新编》,载王京州
编《河北近现代学者年谱辑要》,国家图书馆出版社2017年版)

赵紫宸8月出席基督教学生运动在北京香山卧佛寺召开的会议,主领每日灵修。发表
"A Preface to the Moral and Social Problems of Chinese Youth"、《新时代宣教法的商榷》
《教会需要现代的青年么》《教会与现代青年》《基督徒对于日本侵占中国国土应持什么态
度》等文章。《祈向》(祷文集)由(上海)广学会出版。与燕京大学音乐教授范天祥合著的
《团契圣歌集》由燕大基督教团契1931年初版,燕大基督教团契1933年2月再版。收圣诗
124首,均为历代教会名歌,绝大部分为赵紫宸所译,范天祥配曲,1933年再版时增至155
首。被誉为由中国人编译的"最认真、最负责而文词又最美致"的赞美诗集。与燕京大学音
乐教授范天祥合著的《民众圣歌集》由燕大基督教团契初版,1934年由燕京印刷所再版。收
诗歌54首,全系赵氏一人创作,亦由范天祥配曲,所收的曲调皆中国民间曲调,配合四声,
这在当时的中国均属创举。(参见赵晓阳编《中国近代思想家文库·赵紫宸卷》及附录《赵紫宸年谱
简编》,中国人民大学出版社2014年版)

郭绍虞时任燕京大学国文系主任,为研究生开设《文史研究》《陶集之研究》课程。《文史
研究》系研究中国文学批评之书籍,《陶集之研究》研究陶渊明之个性、文辞与其渊源影响,两
门课程均为2学分。(参见何旺生《郭绍虞学术年表》,《中国韵文学刊》2008年第1期)

齐思和在《朝华》第2卷第4期发表《最近二年来之中国史学界》,文中对当时史学发展
现状进行评述,认为20年代末到30年代初,以胡适、顾颉刚和傅斯年为中心的史学流派迅
速壮大,取得了不菲的业绩。这使得以"古史研究"为中心的史学在人文学术各部门中异军
突起,并从"地下史料之发现"和"出版之史学书籍"两方面,总结、赞扬了以胡适、顾颉刚为
代表的"新史学"取得之成绩。6月,齐思和毕业于燕京大学历史系,获史学学士学位和金钥
匙奖。8月1日,齐思和在《史学年报》第1卷第3期发表《与顾颉刚师论易系辞传观象制器
故事书》。是年,齐思和获得哈佛燕京学社奖学金,作为燕大历史系首位送往哈佛大学的博
士学位研究生,进入历史系研究部攻读西洋史。主修美国史,选修英国史、世界中世纪史、
政治思想史、史学方法、国际关系史及西洋现代史等课程。

按:齐思和于1933年7月获得历史科文学硕士学位,1935年获得历史科哲学博士学位。1935年5
月,齐思和从哈佛大学研究部毕业后即返国,先受聘为北平师范大学历史系教授,同时在燕京大学、北京
大学、清华大学兼课,讲授的课程除史学概论外,还有商周史、西洋现代史、美国史。(参见王学典《20世
纪史学编年(1900—1949)》,商务印书馆2014年版)

徐旭生继续任国立北平大学女子师范学院院长。1月,《女师大旬刊》创刊,院长徐旭生
撰写《本刊的缘起》。2月,教育部决定北平师范大学与北平大学第二师范学院合组为国立
北平师范大学。国务会议批准易培基辞职,任命徐旭生为合组后的北平师范大学校长。同
月,学生自治会开会议决,内容为:致电欢迎校长徐炳昶,请其在京催拨经费;拟订本校教务
长标准为有高深教育研究,资望隆重,有做事能力及经验,有实际负责能力者;徐旭生考察
校务后,致电教育部,说明因学校积欠教职员薪金已达近40000元,而财政部仅拨3500元,
无法进行校务,请求辞职;徐旭生再电教育部,请求辞职。教育部专电徐旭生,同意每月增

拨经费5000元，请速就职。3月，徐旭生到校视事，定期就职。6月，学生自治会联席会议决，内容是：主张两部彻底合并，并建议史地系分为历史、地理两系，两部合并必须相同系合为一系，年级相同合为一班等。请校长尽快聘定三院院长，请将文学院设于二部校址，理学院设于一部校址，教育学院设在男附中或彰仪门二部校址等。校长徐旭生答复学生要求：两部彻底合并不成问题；划分三院问题，学校正在积极着手办理；如果经费有着，将豁免讲义费等各项费用；两部预备班无全班入本科学习的规定。7月，两校正式合并，大学之下分设教育学院、文学院、理学院。原二院设的研究所改为研究院，先设历史科学门与教育科学门。地址设在师大原址，聘请黎锦熙、钱玄同、李建勋、刘拓、李顺卿、程廼颐、傅铜、朱希祖等教授为研究委员会委员，研究院院长由校长兼任。原有两校的图书馆同时合并组建为一个馆，聘请陆华深为馆长，在教育学院和理学院校区内设总馆，文学院校区内设分馆。

徐旭生8月18日为《徐旭生西游日记》撰《叙言》，是书系徐旭生应鲁迅之邀由大北印书局出版，成为西北考察的经典之作。全书三卷：第一卷《自北平至额济纳河》，第二卷《由额济纳河至哈密》，第三卷《由哈密至回北平》。前有《叙言》，后有《附录》三则，主要记载了1927年5月到1928年1月上旬著者作为"西北科学考查团"中方团长到大西北考察途中的情况，对当年一些重大事件，如蒋冯阎之战、勒科克劫掠新疆文物、张作霖遇害皇姑屯等都有记载和分析。《叙言》谈到"我在新疆的时候，曾写较长的报告书一篇，因本团采集人庄永成等回内地的方便，托他带回来。不幸那时候南北初统一，东三省对于从新疆来的人颇有猜疑，该采集人等被捉处狱中数月，所以这篇报告书也遗失了。东归以后，《东方杂志》的编辑曾由我的朋友周鲁迅先生转请我将本团二十个月的经过及工作大略写出来，我当时答应了，可是迁延复迁延，直延到一年多，这篇东西还没有写出来；这是我十二分抱歉的。现在因我印行日记的方便，把这些东西补写出来，权当作日记的叙言，并且向鲁迅先生同《东方杂志》的编辑表示歉衷"。最后得出两点结论："第一，这一次的考查足以证明中国科学家对于工作的强固意志及丰富能力，并不像欧洲近视眼的外交家所说：'中国的人那里知道大沙漠是什么！他们将来走出包头不远，即将全体转回北京！'第二，这一次的考查足以证明我国人并无盲目排外的意思，如为夸大狂所蒙蔽之欧美人所宣传。这两件证明实已足在精神界中开一种新纪元。"同月，徐旭生校长聘请李顺卿、李建勋、刘拓、黎锦熙、钱玄同、高步瀛、陆懋德、朱希祖、邱椿、傅铜等人为研究院委员会委员，徐旭生兼任院长，黎锦熙担任副院长，李建勋担任教育科学门主任，钱玄同为历史科学门主任。所有委员皆为名誉职，副院长、门主任均不支薪，只是减免上课工作量2小时。

徐旭生9月出席学校开学典礼，并在典礼上说明校务进行情况，李石曾发表关于和平救灾的讲演，李建勋讲解教育为必修科目的学分情况及研究院的发展，黎锦熙说明师大与其他大学的区别，刘拓演说理学院的前景。同月，徐旭生会同北大校长蒋梦麟，邀集北平各大学校长召开紧急会议，商讨对日办法。徐旭生在校内召开各院长、系主任、教务长紧急会议，决议通电声讨日本侵略行径等8项。我校成立教职员对日外交交涉后援会。公布建设学校的五年计划，内容是：厘定课程标准、充实设备、整理校舍、扩充院系。11月，徐旭生校长因赴南京要求速拨经费无结果，愤而向教育部提出辞职，并致电教务长李顺卿，维持校务，表示返平后不返校。同月，因徐旭生校长请辞后返平不到校，校务会议召开紧急决议，挽留徐旭生校长，决议：派代表李建勋、刘拓、黎锦熙及李顺卿持函到徐宅慰问，恳请即到校；同时致电教育部速谋解决办法。教育部致电徐炳昶，表示即催拨经费，请其"毋得固辞为要"。900余学生参加学生自治会召开的全体学生大会,讨论校长辞职问题。决议致电教育部,请批准徐旭生校长辞职,并请派对经费有办法、在教育界和政界有声望、能发展师大、能容纳同学意见者到校任职,并提出易培基、经亨颐、张乃燕3人为候选人。学生自治会开会决议,内容是:请校长本爱护学校目的,坚请辞职;请教育部批准徐旭生校长辞职;就近探询教育部意见;调查研究院状况等。12月,徐旭生校长辞职,校务委托教务长及各院长负责维持。(参见《徐旭生生小传》,载徐旭生著、罗宏才注释《徐旭生陕西考古日记:1933年2月11日—1935年6月14日》,陕西师范大学出版社2017年版;《北京师范大学纪事(1902—2011)》,北京师范大学出版社2012年版)

黎锦熙继续任国立北平大学女子师范学院国文系主任。7月,国立北平师范大学正式合组,分设教育学院、文学院和理学院。李建勋、黎锦熙、刘拓分别担任三个学院的院长。同月,校长发布布告:聘定文学院院长为黎锦熙、理学院院长为刘拓、教育学院院长为李建勋。因教育系主任邱椿辞职,由李建勋兼教育系主任;化学系主任张贻同辞职,由刘拓兼化学系主任。8月,黎锦熙任研究院副院长。9月,社会学系主任由黎锦熙代理,许德珩协助,潘怀素任教授。12月,黎锦熙与李顺卿、李建勋、刘拓、孙廷莹、王士侃发告学生书、致教职员函、致各课系函,声明解除校务会议维持责任,等候教育部解决,同时以教授身份到校上课。(参见黎泽渝《黎锦熙先生年谱》,《汉字文化》1995年第2期;刁晏斌主编《黎锦熙先生诞辰120周年纪念暨学术思想研讨会论文集》,中华书局2011年版;《北京师范大学纪事(1902—2011)》,北京师范大学出版社2012年版)

吴承仕5月初撰写《公羊徐疏考》手稿。同月,中国大学《国学丛刊》创刊,由中国大学出版,吴承仕任编辑。吴承仕所撰《国学丛刊序例》写道:"此中所录,考订国故之文为多,有实事求是之诚,无专己守残之意。"因该刊与北平师范大学《国学丛刊》同名,故从第2期起,改名为《国学丛编》。6月,撰写《降服三品说》一书,论降服应分为尊降、殇降、出降三品,刊《国学丛刊》第1卷第1期。秋,担任北平师范大学教授联席会议主席,积极领导北师大文史两系的教授对日本侵略者口诛笔伐,还同袁敦礼、高步瀛等数十位教授联名通电全国,严厉要求国民党政府立即奋起抗日。是年,在《国学丛编》第1期第1—4册发表《亡莫无虑同词说》《〈程易畴与刘端临书一首〉跋文》《说龙首》《迂夫出示叶焕彬先生手礼属题》《冬日侵晨出行》以及札记《检斋读书记》。又应聘为北京女学师范大学国文系教授。(参见庄华峰编纂《吴承仕研究资料集》,黄山书社1990年版;姚奠中、董国炎《章太炎学术年谱》,山西古籍出版社1996年版)

邱椿继续任教北平师范大学。9月,在《中华教育界》发表《中国小学教育之过去的错误与今后的出路》一文,指出过去错误有三:一、不合中国经济情形。"以一个农业国家抄袭工业国家的教育"。二、不合社会需要。学校里只是读死书,造就"四体不勤,五谷不分"的人物。一切设施盲目抄袭外国。三、教材教法不合科学原则。今后出路在于:一、义务教育从四年改为二年(即整日入学一年,半日入学二年),入学年龄从六岁改为十岁。课程简化,设备简朴,照晓庄的办法,学生种田,学校免费并提供午饭、书籍、纸笔。二、课程切于实用,提倡劳动作业,一切实施多留地方申缩之余地。三、选最有用的教材,教法应注意经济的原则。是年,姜琦、邱椿著《欧战后之西洋教育》由上海商务印书馆刊行,有姜琦自序。(参见中央教育科学研究所编《中国现代教育大事记1919—1949》,教育科学出版社1988年版)

余家菊继续任教北平师范大学。夏,暑假期间编著《乡村教育通论》一书。9月21日,余家菊与胡适面谈,讨论中国的教育、政治问题。同月,由东南大学的讲稿改写而成《训育论》一书,由中华书局印行。10月,中国青年党的机关刊物《民声周报》创刊,为主要撰稿人之一。冬,南京国民政府设置国难会议,被邀为会员,应邀前往上海参加会议。是年,兼译亚丹母斯《教育哲学史》。(参见余子侠、郑刚编《中国近代思想家文库·余家菊卷》及附录《余家菊年谱简编》,中国人民大学出版社2013年版)

高步瀛9月19日退归北平,专任北平师范大学教授,主讲"文选学"。先后兼任中国大学、保定莲池书院讲师。任教期间,出版了中国大学讲义《选学举要》《周秦文举要笺证》《汉文举要笺证》《魏晋文举要笺证》《六朝文举要笺证》《明清文举要笺证甲编》《唐宋文举要甲编散文》《唐宋文举要乙编骈文》。是年,在《东北丛刊》1931年第15期发表《四库全书选印目录表》,为选引《四库全书》的目录表。文章首段金毓黻的题识,可知此文写于执教沈阳萃升书院时。文中涉及经部68种,483本;史部15种,195本;子部16种,131本;集部78种,443本。文末附有董众《选引文溯阁四库全书提议书》。在《师大国学丛刊》1931年第1卷第1期发表《读史偶识》,此为高先步瀛的读书札记,文中记录了他对《史记》一些问题的考证,如"鸿门霸上""九郡""楚汉相持""项羽亦重瞳子"等问题。考证甚繁,博引精详,对许多细节问题做了鞭辟入里的考证。在《国学从编》第1卷第4期发表《三礼学制郑义述》,此文是作者对三礼学制的笺释,述三礼所载学制,一以郑义为主,郑所未及明言者,以孔贾补之;孔贾间有未合者,以唐以前礼家之说济之。要旨折中于郑义,其虽附于郑,而实与郑相庋者,概从削去,以申一家之学也。(参见赵成杰《高步瀛学术年谱简编》,载王京州编《河北近现代学者年谱辑要》,国家图书馆出版社2017年版)

罗根泽年初继续任教于河北大学,下半年始任教于北平师范大学。除夕,在北京作成《〈墨子〉引经考》,刊于此年5、6月《北平图书馆月刊》第3号,后收入《诸子考索》,改题《由墨子引经推测儒墨两家与经书之关系》。1月10日,顾颉刚致函罗根泽。同月,所著《乐府文学史》由北平文化学社刊行,此为我国第一部研究乐府这一文体发展史的专著,作者声称此书"以类为经,以时为纬""以类为编,以时为章",这种著述体例相对于当时流行的"朝代为经、作家为纬",可更清晰地呈现文类的发展脉络,也避免了对文学史作"录鬼簿"式的简单介绍。

按:这种文学史创新体例可能始于盐谷温1919年出版的《支那文学概论讲话》,1929年5月出版的刘麟生《中国文学ABC》也是用此体例编写,罗根泽承此而加以总结提炼,但在实际运用中还是有所欠缺。(参见付祥喜《20世纪前期中国文学史写作编年研究》,北京师范大学出版社2013年版)

罗根泽1月在《学文》第1卷第4期发表《战国策作始蒯通考》。2月13日,顾颉刚致函罗根泽。同月,《从史记本书考史记本原》刊于《北平图书馆月刊》第4卷第2期。3月11日,顾颉刚自杭州致函罗根泽。24日,顾颉刚致函罗根泽,商谈编印《古史辨》第4册。25日,作《慎懋赏"慎子传"疏证》识语。27日,顾颉刚自杭州致函罗根泽。春,罗根泽返回北平,并与张曼漪女士完婚。4月12日,顾颉刚自杭州致函罗根泽。26日,顾颉刚自杭州致函罗根泽。同月,《荀子论礼通释》刊于《女师大学术季刊》第2卷第2期。

按:北平大学女子师范学院于1930年3月动议成立研究所并创办《学术季刊》。8月后,研究所开始正常工作,罗根泽即于此时任职于此。1931年2月,北平师范大学与北平大学第二师范学院合并组成国立北平师范大学,下分设教育学院、文学院、理学院。据《北京师范大学校史》,1931年7月师大和女师大两校合并,研究所更名为研究院,下设历史学门和教育科学门。1932年6月,研究院主要负责人均辞职。

罗根泽所著《管子探源》4月由中华书局初版,由顾颉刚题写书名。书后附录一为《战国前无私家著作说》,附录二为《古代经济学中之本农末商学说》,附录三为《古代政治学中之

"皇""帝""王""霸"》。同月,《〈邓析子〉之真伪及年代考》一文刊于河北大学《文学丛刊》第 5 期。后收入《诸子续考》,题为《邓析子探源》。6 月 13 日,顾颉刚偕夫人履安来访。7 月 2 日,访顾颉刚。秋,在燕京大学讲授"乐府及乐府史"。草成《何谓乐府及乐府的起源》与《乐府中的故事与作者》两文。前文刊于 1933 年《安徽大学月刊》第 2 卷第 1 期,后文刊于 1933 年《师大月刊》第 6 期。8 月 13 日,补充旧稿《诸子概论讲义》,并撰成《荀卿游历考》。9 月,《〈管子探源〉叙目》刊于《学文》第 4 期;《郭茂倩〈乐府诗集〉跋尾》刊于《国学丛编》第 1 卷第 3 期。11 月,《慎懋赏〈慎子传〉疏证》刊于《国学丛编》第 1 卷第 4 期。25 日,《七言诗之起源及其成熟》脱稿,后刊于 1932 年《师大月刊》第 2 期。12 月 22 日,罗根泽致信舒新城,云:"拙稿《管子探源》,以先生之力得在贵局印行,感激之至。"舒新城于次年 1 月 7 日收到。(参见马强才《罗根泽先生年谱简编》,载王京州编《河北近现代学者年谱辑要》,国家图书馆出版社 2017 年版)

马哲民任北平师范大学社会系和中国大学经济系主任。7 月,马哲民编著《社会经济概论》由大东书局出版。

张岱年就读于北平师范大学教育系。8 月 17 日,张岱年(张季同)在《大公报》发表《评〈先秦经籍考〉》。此文从北平师大毕业生渡日参观,"日某教授语一行云,再俟十年,贵国人研究古籍亦必须来此留学矣"谈起,认为"其对于吾国国学界可谓藐视取消之极矣。但实际情形足以语此言","综观二十多年来,足以抗衡日本学者,或且驾而上之者,惟有王国维、郭沫若之于甲骨(郭于质实方面稍不及王,于创见方面过之),陈寅恪、陈垣之于中亚语言历史,胡适、冯友兰之于哲学史(冯著尤为精湛,允称宏构),傅增湘之于目录,杨树达、奚侗之于注释(奚之《庄子补注》《老子集解》,卷帙不多而内容之佳,罕甚俦匹),数人而已。此外则顾颉刚之疑古精神,唐钺之谨严方法亦皆足称"。文中又将清代学人分为两派,一派能疑古而欠坚实,一派极其坚实精密而乏疑古精神,而民国国学界也正是沿袭了这两个路向"而罕有兼备二者之长者"。作者在文末指出,如果"后出之辈"若能学习"清代朴学之谨严方法而益之以怀疑精神",并能吸取"西洋之科学方法与辩证法","不矜奇务怪,不求速得结论",认真求学,切实下功夫,"则或能雪此最小亦最甚之国耻乎"。是年,张岱年在北平师范大学听长兄张申府开设的"现代哲学"课程,在课堂上认识历史系张恒寿,结为莫逆之交。

按:张岱年《怀念老友张恒寿同志》:"约在 1931 年,我在北平师范大学听吾兄申府讲'现代哲学'课程,在课后休息时间,有一位也在听讲的同学前来谈论,他就是历史系的张恒寿同志。因为在此以前他曾到我家访问吾兄申府,所以有些面熟。当时谈得很投契,从此定交,成为挚友。恒寿字越如,彼此以字相称。"(参见杜运辉《张岱年先生年谱简编》,载王京州编《河北近现代学者年谱辑要》,国家图书馆出版社 2017 年版;杜志勇《张恒寿先生年谱》,载王京州编《河北近现代学者年谱辑要》,国家图书馆出版社 2017 年版;王学典《20 世纪史学编年(1900—1949)》,商务印书馆 2014 年版)

张恒寿与张岱年结识于张申府"现代哲学"课上,彼此在思想、学问、性格、志趣等方面都很投契:都对现实不满,都不长于社会活动,而偏好理论思维,都喜读中国古代哲学中的先秦诸子和宋明理学,也旁及其他文史论著,都推尊唯物史观,也兼涉西方的其他思想,诸如罗素一些人的论著、实在论派的观点。由于共同的性情和爱好,二人投契最深,相交莫逆。"九一八"事变后,张恒寿与同乡甄华、郭绳武等发起组织"平定青年奋进社",举行演讲,创办杂志,成立通俗图书馆,在当时的太原城掀起一阵新文化和爱国主义的飓风。是年,发表《中国现状和中国青年》《论罗素哲学》《科学在自由教育中的地位》等文章。(参见杜志勇《张恒寿先生年谱》,载王京州编《河北近现代学者年谱辑要》,国家图书馆出版社 2017 年版)

刘盼遂春夏期间在女子师范大学历史语言研究所任研究员。1 月,《六书转注甄微》《由

〈埤雅〉右文证段借古义》刊于《学文》第 1 卷第 2 期。2 月,《严铁桥〈全上古三代秦汉文〉补目》刊于《北平图书馆馆刊》第 5 卷第 1 号。4 月,《〈颜氏家训校笺〉补正》《李唐为蕃姓考（续）》刊于《女师大学术季刊》第 2 卷第 1 期。5 月《中国古代父子祖孙同名考》刊于北平中国大学《国学丛编》第 1 期第 1 册。7 月,《冀州即中原说》刊于北平中国大学《国学丛编》第 1 期第 2 册。同月,《补〈齐书〉宗室系表》刊于《学文》第 1 卷第 3 号。9 月,《释因茵等十四文》刊于北平中国大学《国学丛编》第 1 期第 3 册（又见河南大学《励学》第 3 期）。11 月,《上黄季刚师论说文重文书》刊于《学文》第 1 卷第 4 期。秋,到清华大学国文系担任讲师。（参见之远、章增安《刘盼遂先生学术年谱简编》,《华北水利水电学院学报》2011 年第 6 期）

　　沈尹默 1 月 3 日赴北平中法大学,参加由该校和中法教育基金委员会举办的欢迎法国驻华公使韦礼德宴会,以共同庆祝新年。2 月 3 日,国民政府行政院召开国务会议,决定批准国立北平大学校长李石曾辞职,任命沈尹默为国立北平大学校长。4 日午前,沈尹默被蒋介石召见谈话,定本月 8 日回北平就任北平大学校长。19 日,沈尹默正式到北平大学办公后,对记者谈办学方针和目前急需办理的重大事务。3 月 5 日,赴东兴楼顾颉刚、司徒雷登、刘廷芳等宴席。4 月 3 日,《大公报》刊登消息,称中政会已通过北平文化指委会委员名单,沈尹默名列其中。6 日,《大公报》刊登消息,称沈尹默等已内定为日本对话文化事业协定委员。8 日,赴徐耀辰家晚宴,同席有沈兼士、马裕藻、周作人、钱玄同等。6 月 30 日,沈尹默与钱玄同等 11 人在撷英饭店宴请蔡元培、李石曾等人。7 月 26 日,沈尹默与徐炳昶、李宗侗、李石曾等在北海公园公宴朱家骅。8 月 6 日,《大公报》刊登周自睿《敬告北平大学当局》一文,就北平大学的治校方针提出看法和建议。20 日,赴北平大学法学院参加中华农学会第十四届年会,并发表演说。9 月 20 日下午 5 时,沈尹默出席平津学术团体对日联合会成立大会,大会主席为北京大学校长蒋梦麟。10 月 2 日,《申报》刊登消息,称蒋梦麟、胡适、徐炳旭、翁文灏等任抗日国际宣传委员会委员。11 月 21 日,《申报》刊登消息,称沈尹默等联名致电国民政府,主张组建一致对外的政府。12 月 6 日,出席北平市长周大文召集会议,商量学生请愿事。9 日,出席张学良召集的教育界领袖会议,商量青年救国投军实施办法。18 日,《申报》刊登消息,称沈尹默任华北政委会成员。（参见郦千明《沈尹默年谱》,上海书画出版社 2018 年版）

　　白鹏飞应北平大学校长沈尹默之邀,到北平大学任法商学院院长。"九一八"事变爆发后,白鹏飞在法商学院召开记者招待会,驳斥北师大一教授污蔑爱国学生的汉奸谬论,反对蒋介石"攘外必先安内"政策,支持爱国师生的抗日救亡运动。北京各报都在显著位置全文刊登了白鹏飞的讲话。是年,白鹏飞所著《法学通论》由民智书局出版;《比较劳动法学大纲》由好望书店出版。

　　侯外庐 4 月 10 日改定《金银在世界经济上之意义与中国》,刊于 6 月 15 日《中东经济月刊》第 7 卷第 6 号。文章论述"货币史上之金银""银之需要供给与银价"问题。7 月 15 日,所作《金银在世界经济上之意义与中国（续）》刊于《中东经济月刊》1931 年第 7 卷第 7 号,文中论述"银价暴落影响于产银国与我国（银本位国）""金价腾贵如何说明"问题。"九一八"事变后,侯外庐由大连经天津辗转入关,带着一家大小,回到了北平,在北平大学等学校继续讲授"中国经济思想史",当时正值中国社会史论战高涨,引起了侯外庐对古史的兴趣,但因忙于翻译《资本论》第 1 卷,并未参与这场讨论。是年,侯外庐开始与杜国庠通信。

　　按:侯外庐《我对中国社会史的研究》（《历史研究》1984 年第 3 期）自述:"'九一八'事变后,我回到北平。其时正值中国社会史论战高涨,这更加引起我对古史的兴趣。但我在此时,除了在北平大学等学校继续讲授'中国经济思想史'之外,并没有直接在报刊上参加论战。这是因为:其一,当时在繁重的教学之余,我和王思华同志正埋头于《资本论》第一卷的翻译和出版工作,忙得不可开交;后来又因参加抗日宣传被国民党抓去坐牢,来不及撰写中国古史研究文章。其二,自认为科学研究应取严肃谨慎态度,在未充分做好理论准备、掌握材料以及作严密思考之前,不可放言高论。我认为,这场论战有一个最大的缺点,就是对于马克思主义的基本理论没有很好消化、融会贯通,往往是以公式对公式、以教条对教条。我看了当时群起攻击郭沫若的文章,想到一个问题,即缺乏马克思主义的基本理论修养而高谈线装书里的社会性质,是跳不出梁启超、胡适'整理国故'的圈套的。而要提高理论修养,就应先把外文基础打好。从经典著作的原著中掌握观察问题的理论和方法。因此,我仿效鲁迅的翻译研究方法,把翻译《资本论》作为研究历史的必要的思想理论准备。此外,因为翻译《资本论》而涉及西方国家的各派经济学说,我又着手编著《经济学之成立及其发展》,作为研究经济思想史的参考书。论战的另一个缺点是,不少论者缺乏足以信征的史料作为基本的立足点,往往在材料的年代或真伪方面发生错误。因此,我认为对待历史材料应谨守科学的法则,善于汲取前人的考据成果,同时应有自己的鉴别,勇于创新。我之所以赞赏王国维考辨史料的谨严方法,钦佩郭沫若敢于撞破旧史学门墙而独辟蹊径的科学勇气,把他们当作自己的老师,原因便在于此。"

按:是年12月,苏联在列宁格勒召开亚细亚生产方式讨论会。李学勤《侯外庐先生对古代社会研究的贡献》(张岂之主编《中国思想史论集》第2辑,广西师范大学出版社2003年版)提到:"哥德斯做了报告,算是此问题讨论的终曲。这次讨论会有速记记录,日文版——据我所知——国内仅有两部,一部即为侯先生所藏。"(参见杜运辉《侯外庐先生学谱》,中国社会科学出版社2013年版;王学典《20世纪史学编年(1900—1949)》,商务印书馆2014年版)

沈兼士为辅仁大学董事。8月1日,陈垣因个人著述亟待整理,报请教育局准假一年,由沈兼士代理校长职务,于是日开始到校任事。9月18日,《申报》刊登广告,称上海北四川路良友图书印刷公司最新出版《当代中国名人录》,叙述中国最近党、政、学、商各界名人之事实等。沈兼士名列其中。9月20日,沈兼士代表私立北平辅仁大学参加平津学术团体对日联合会成立大会,大会主席为北京大学校长蒋梦麟,会议讨论该联合会名称、地点、经费、组织等事项。12月1日,辅仁大学举行始业典礼,代理校长沈兼士致开学训词,由辅仁大学在教育部立案谈及陈垣在学术界的贡献,谓"此次是本校立案后的第一次始业典礼。立案的经过是很繁艰难钜的,由陈校长刘前教务长及本校各位美国朋友的努力,始有今日的结果;这是很不容易的,由私人创办的辅仁社,一步一步进到了今日的大学,并且很快地立了案:这立案的成功,并非凭一二人的私情,乃是同人努力协作的结果"。最后谈到"中国的学术界倘要使世界注意,须要先有两种贡献:第一关于东洋史的研究,近年来本校校长陈援庵先生,及本校历史系主任张星烺先生皆各有极成功的著述,开吾国研究的风气。东邻的日人,及远处西洋的欧洲人,于此种学问,且早有独到的研究;我国本乡本土的事情,到远不如外人知道的详细,这岂不是羞辱! 且东洋史的研究,自然不能不以中国为中心,现在叫外人来代庖,立脚点就与中国人不同,其持论恐不免时有偏见,这一层是尤不可不注意的"。(参见郦千明、汪素梅《沈兼士年谱简编》,《湖州师范学院学报》2021年第3期;刘乃和、周少川、王明泽《陈垣年谱配图长编》,辽海出版社2000年版)

余嘉锡升任为辅仁大学教授,治学秉承"阙疑不妄,实事求是"的精神,于辨证史料的过程中,无不先搜证据,详实考校古书。因兼授北大课程,为北大师生所倾服。暑假,北京大学文学院院长胡适就聘任余嘉锡任北大史学系专职教授一事专访陈垣,无果。后来余嘉锡在写给张舜徽的信中谈及此事:"吾与援庵交谊甚深,共事已久,渠既不欲吾他适,义不得去此取彼。"余嘉锡于北平任教期间,余氏有更多机会至国立北平图书馆、国立故宫博物院图书馆翻查史料,其中尤多内府秘籍为纂修《四库全书》馆臣所未能窥见。再加上海内外文化交流,古籍写本流传域外的多可设法影印回国,而国内藏书家如罗振玉、傅增湘等,也与余嘉锡交流古籍珍本,余嘉锡凭借这些优厚的条件,更勤奋于《四库提要》的辨证工作。"九一八"事变爆发后,余嘉锡因惧怕所著《四库提要辨证》被破坏,将已著成果删改编次,先定史子两部。同月,在《辅仁学志》第 2 卷第 2 期发表《北周毁佛主谋者卫元嵩》,又名《卫元嵩事迹考》。余嘉锡师柯劭忞与杨树达本为旧识,自杨树达与余嘉锡交好后,两人与柯劭忞时有游访。11 月,两人共同宴请柯劭忞。12 月,作《晋辟雍碑考证》。(参见王语欢《余嘉锡学术年谱》,黑龙江大学硕士学位论文,2013 年)

吕振羽 1 月在《三民半月刊》16 日第 5 卷第 9—10 期合刊发表《资本主义没落期的东方革命的意义》。国民党中央宣传部为易于控制《新东方》杂志社,强令其迁往上海,遭到吕振羽、郑侃、穆雨君、杨刚、谭丕模、邓梅羹等人反对。吕起草《解散东方问题研究会宣言》,由郑侃、杨刚夫妇译成英文,以中英文发表。2 月,吕振羽与郑侃、杨刚、穆雨君、谭丕模、邓梅羹、管亚强等组织成立青年出版合作社,被推选为董事长。计划系列介绍、出版马克思主义及进步思想著作;并与莫斯科《国际通讯》社等建立联系,定期收到该刊。6 月,《农村自治问题论》刊于《三民半月刊》16 日第 6 卷第 7—8 期《地方自治》专刊。8 月,经何民魂介绍,赴广州参加反蒋会议。(参见吕坚《吕振羽生平著述活动年表》,《吕振羽全集》第十卷,人民出版社 2014 年版)

王树枏居京师,注《春秋经传》。辞奉天书院山长。感事不平,始填《金菊对芙蓉》《百字令》《水龙吟》三阕,以志悲愤。(参见江合友《王树枏先生年谱简编》,载王京州编《河北近现代学者年谱辑要》,国家图书馆出版社 2017 年版)

梁思成 6 月离开东北大学到北京,在北京北总布胡同三号安家。9 月,梁思成受聘于北平中国营造学社,任中国营造学社法式部主任。是年,徐志摩向梁家引见了金岳霖,从此金与梁氏夫妇结成了深厚的友谊,直至逝世。(参见林洙、楼庆西、王军《梁思成年谱》,《建筑史学刊》2021 年第 2 期"梁思成及营造学社前辈纪念专刊")

梁思庄到美国的哥伦比亚大学图书馆学院学习,并获得图书馆学士学位。学成归国后,先在北平图书馆工作。

陶孟和与林颂河撰写"Industry and Labour in China"(《中国之工业与劳工》)一文提交在荷兰海牙召开的世界社会经济会议。同年,陶孟和又撰写"Standard of Living among Chinese Workers"(《中国劳工生活程度》)一文送交在上海举行的太平洋国际学会第四次会议。

郑寿麟 10 月 10 日在北平创办德国研究所(后来叫中德学会),好友袁同礼在平馆为辟专室,作该所研究室兼通讯处,直至卫礼贤(Richard Wihelm,之子赫耳穆特(Helmut)接办,始行迁出馆外。郑寿麟在平馆办公前后 18 个月。后来,袁同礼与德国学者、辅仁大学图书馆馆长、中德学会会长 Dr. Ernst Schirlitz 等亦有友好交谊。(参见张光润《袁同礼研究(1895—1949)》,华东师范大学博士学位论文,2018 年)

贾兰坡以优异成绩被中国地质调查所录取,分配到地质调查所领导下的新生代研究室工作,被派往周口店协助裴文中进行"北京人"发掘工作。

郑德坤任哈佛燕京学社研究员,从事研究校读《山海经》和《水经注》,并研习古物鉴赏。

蒋天枢在"九一八"事变后,从沈阳逃到北京,先后在北京第一中学、师范学校、春明中学、平民中学教书。

胡乔木在"九一八"事变后,参与领导北平学生的抗日救亡运动。

张友渔回国,任《世界日报》主笔,兼燕京大学新闻系教授。

于省吾变卖家产,迁居北平。在京四处搜求甲骨、陶瓷、古玺、古钱币、青铜器等历史文物,其中包括吴王夫差剑、吴王光戈等珍贵文物 200 多件,使这些文物免于流失国外。

何澄一等编辑《故宫方志目》,收录明正德至民国初各地方志 1400 余种。

余叔岩与梅兰芳发起创立北平国剧学会,从事京剧理论研究和授徒工作。学会理事有齐如山、张伯驹、傅惜华、庄清逸等。学会还编辑出版《国剧画报》《戏剧丛刊》等。

徐凌霄、金悔庐、程砚秋、焦菊隐等主编的《剧学月刊》1 月在北京创刊。

王造时在"九一八"事变后,创办《主张与批评》半月刊,后又创办《自由论坛》杂志。

徐迟 9 月与同学杨一萍一起由东吴大学附中升入东吴大学。"九一八"事变发生,12 月参加学校爱国学生"援马团"北上,拟出关抗日,被滞留北平。

余冠英、霍世休等 8 人 3 月从清华大学中国文学系毕业;王信忠、姚薇元等 6 人从历史学系毕业;田德望、张骏祥、曹葆华等 7 人从外国语文系毕业。余冠英毕业于清华大学,留校任教。(参见齐家莹编《清华人文学科年谱》,清华大学出版社 1999 年版)

谢兴尧毕业于北京大学历史系,任职于北平女子第一中学。

刘修业毕业于燕京大学中文系。

牟中山继续在北京大学哲学系本科就读。9 月 7 日,在《北平晨报》发表《辩证法是真理吗?》。

刘锡永考入北京京华美术学院中国画系,师从齐白石、邱石冥、吴镜汀等绘画大师学习国画绘画艺术。

王铁崖从复旦大学政治系转入清华大学政治系。

李长之考入清华大学生物系。

高名凯考入北平燕京大学哲学系。

张维华考入燕京大学研究院学习,其间加入禹贡学会。

孙海波考入北平师范大学研究院,师从容庚,研究甲骨文、金文。

周一良考入北平辅仁大学历史系。

邓广铭考入私立的教会学校辅仁大学英语系。

章炳麟自 1927 年以来一直处于缄默。"九一八"事变后,本年仍处于缄默,但心情极愤怒。2 月 24 日,作《与黄季刚论大衍之数书》,此篇用算学勾股弦之理解《易·系辞》大衍之数。信中说"因作《大衍说》一首,自谓妙合自然"。4 月 5 日,章炳麟致函李根源,谓《安徽通志列传》中"苗沛霖一传,录《湘军志》居半,恐沛霖事迹,尚须有考索者"。4 月 27 日,作《与季刚论司马门书》。5 月 1 日,章炳麟《国学丛刊》由中国大学出版章氏弟子吴承仕编辑,因与师大所出刊物同名,改为《国学丛编》。第 1 期共出六册,章氏在该刊发表文章多篇。

按:有《与吴承仕论宋明道学利病书》二通(1917 年撰)、《南郭英贤题名记》(以上第一册);《栖霞寺印楞禅师塔铭》(第二册,1931 年 7 月出版);《崇明谢烈妇李氏表颂》(第三册,1931 年 9 月出版);《论古韵四事》(第四册,1931 年 11 月出版);《汉儒识古文考》上、《书十九路军御日本事》、《三界重建水阁记》(第五册,1932 年 3 月出版);《汉儒识古文考》下、《谢君马太夫人六十寿序》、《长夏纪事》诗。(另附:《致季刚旭初书》,第六册,1932 年 5 月出版。)

章炳麟 7 月作《与黄侃论韵书》二书,刊于《金陵学报》,又见《制言》第 4 期。8 月 3 日,章炳麟于上海同孚路寓所接待日人桥川时雄来访,章炳麟谓:"读《文选》欲知其训诂,须三五年功夫,至其文章,则更难学。大抵学诗尚易,学文则六朝文稍易,汉文则甚难模仿也。"
"近日当以黄侃为知选学者,然其学或不如李公(指李审言)之专。"又谓"《明实录》及明人公
私著述,与清建州初受封及中间变乱事,颇亦详实。然世系不能贯穿,此须从朝鲜史中得
之"。夏,孙思昉谒章炳麟于沪寓,章炳麟论文曰:"文求其工,则代不数人。人不数篇,大非
易事,但求入史,斯可矣。若梁启超辈,有一字入史耶?"或问及吴稚晖之作,曰:吴稚晖"何
足道哉,所谓苦块昏迷,语无伦次者尔"。又有《与孙思昉论学书》《与孙思昉论文书》,前文
谓"为学之要,若言精求经训,非自《说文》《尔雅》入手不可。足下疲于吏事,恐不能专意为
此,但明练经文,略记注义,亦自有用。诸子自老、庄而外,管、荀、吕、韩皆要;史自四史而
外,《通鉴》最要;诸家文集关涉政治者,陆宣公、范文正、司马温公、叶水心最要。文章之道,
亦本与学术相系,欲求其利,先去其病,凡与录语小说报纸相似之语,宜一切汰之。稍进则
场屋论文如东莱,台阁体如宋景濂,皆宜引为深戒者也"。

　　章炳麟9月为孙至诚所著《老子政治思想概论》作序。序文不长,却多提要阐微之言,
认为老子如大医,其术宜于治世。序中并流露了对国事的忧虑关注和治世之念。同月,为
邵潭秋《中国观人论》题辞:"朋党之势成,则贤愚之实乱,唐、宋、明之季是也。独清末党锢
成于上,清议不失于下,盖郭林宗、许子将品目人物之功。今之所谓朋党者,又去唐、宋、明
绝远,其人固以贵族自居,与昔之清流异撰矣。"此序《中国观人论题辞》《周易易解题辞》刊
于《制言》第11期。"九一八"事变后,通信中多次议论时事,对蒋介石、张学良拱手将奉、吉
让予日本不满,也不满粤方乘机倒蒋,以为蒋为秦桧,粤则石敬瑭。10月5日,作《与孙思昉
论时事书一》云:"东事之起,仆无一言,以为有此总司令、此副司令,欲奉、吉之不失,不能
也。东人脾睨辽东三十余年,经无数曲折,始下毒手,彼岂不欲骤得之哉,因伺衅而动耳!
欲使此畏葸怠玩者,起而与东人争,虽敝舌瘠口,焉能见听,所以默无一言也。今足下既发
此问.亦姑与足下言,奉、吉固不可恢复,而宣战不得不亟,虽知其必败,败而失之,较之双手
奉送,犹为有人格也。辽东虽失,而辽西、热河不可不守,虽处势危殆,要不得弃此屏障也。
然此二者,亦不值为当道言,姑与足下私言之耳。""若夫调停宁、粤,此乃适召汉奸,断绝国
交,而不能从事防御,则彼得随处侵轶,其祸又不止关东矣。"

　　章炳麟所撰《论古韵四事》11月刊于《国学丛编》第1期第4册,又刊于《制言》第5期,
题《韵学馀论》。同月13日,有《与吴承仕书》,概述近作《汉儒识古文考》大意,并论治《三
礼》名物之途径。《汉儒识古文考》分为上下,刊载于《国学丛编》第1期五册和六册,出版已
在1932年初。文中所论问题,关系到章炳麟对后人释铜器款识文字的看法。12月2日,章
炳麟撰《与吴承仕书》,又论治《三礼》途径。7日,章炳麟《致马宗霍书》有论时事,谓:"东事
起后,当局已不能禁人言论,而老子终无一言者,盖拥蒋非本心所愿,倒蒋非事势所宜,促蒋
出兵,必不见听,是以默尔而息也。逮今拟划锦州为中立区域.则放弃东三省之志已决。学
生群呼打倒卖国政府,亦奚足怪。但闻北来诸生,复垂意于粤人夫己氏者,斯可谓暗甚也。
陈友仁之东行,所谈何事,见诸东国报纸,无可掩饰。然则校论宁、粤两方,宁方则秦桧之,
粤方则石敬瑭也。秦固屈伏于敌,石则创意卖国者,去秦求石,其愚缪亦太甚矣。此事起
时,误在求联盟会,既不敢战。又不敢直接交涉,迁延时日,致敌之侵略愈广,而袁金铠辈汉
奸政府亦愈巩固。此后敌虽撤兵,汉奸政府可撤乎?彼以不侵中国领土为名,而假其权于
汉奸,乃施肇基辈绝未言及,亦可怪也。今日之势,使我辈处之,唯有一战,明知必败,然败
亦不过失东三省耳。战败而失之,与拱手而授之,有人格与无人格既异,则国家根本之兴废

亦异也。为当局自身计，亦唯有一战。战而败，败而死，亦足以赎往日罪状矣。然逆计其人，爱国家不如爱自身，爱自身之人格尤不如爱自身之性命，复何言哉！乃知四维不张，国乃灭亡，非虚言也。若夫委过前代，卸罪人民，一人之手，固不可尽掩天下之目矣。"

章炳麟12月28日有《与孙思昉论时事书二》，谓："东方事，鄙人仍守前议，以为辽西、热河必不可弃，弃则河北皆危。张学良始则失地，今幸固守锦州，亡羊补牢，可称晚悟。粤派必欲惩办张学良，此乃不顾锦州而为日本驱除，其心殊不可测，吴稚晖以卖国奴叱之，可谓直道。此公平日甚多荒缪，今能作此惊人之鸣，不可以人废言也。宁、粤两方，貌似和合，而恶气迎人，甚于戈矛。以今日外患之发嵩言之，蒋固有罪，究非如粤方之创意卖国者。譬之蒋为秦桧，粤则石敬瑭也。阎、冯诸君尚欲南来与会，若偏袒粤方，则是记私恨而忘公论矣。吾之于人，心无适莫，平日恶蒋殊甚，及外患猝起，则谓蒋之视粤，情罪犹有轻重，惜乎阎、冯不得闻吾言也。"是年，章炳麟"蛰居"上海，鬻书鬻文，亦为人谀墓，可见其生存之艰难。（以上参见汤志钧编《章太炎年谱长编（增订本）》，中华书局2013年版；司马朝军、王文晖合撰《黄侃年谱》，湖北人民出版社2005年版；姚奠中、董国炎《章太炎学术年谱》，山西古籍出版社1996年版）

李四光继续任中央研究院地质研究所所长，该所专任研究员有李四光、徐渊摩、叶良辅、李捷、孟宪民、李毓尧。3月30日，国民政府特派蔡元培、戴季陶、吴稚晖、李石曾、陈布雷、翁文灏、竺可桢、李四光、朱家骅、秉志、傅斯年、杨杏佛、钱昌照、徐炳昶为西陲学术考察团理事。是年，地质研究所承担的重点研究项目主要有：孟宪民主持的《矿物鉴定之研究》，李毓尧主持的《皖南之奥陶纪层》，许杰主持的《长江下游之奥陶纪笔石与含笔石层》和《高家边层之研究》，喻德渊主持的《浙江临安于潜武康等县之火成岩》，陈旭主持的《扬子江下游石炭纪二叠纪灰岩中蜓科化石之分部与重要化石带》。（参见樊洪业《中央研究院机构沿革大事记》，《中国科技史料》1985年第2期；姚润泽《中央研究院在上海》，上海社会科学院硕士学位论文，2018年；高平叔编著《蔡元培年谱长编》，人民教育出版社1996年版）

周恩来1月3日出席中共中央政治局常委会议，在发言中说：反对立三路线的斗争，必须深入到实际工作中，肃清立三路线的影响。1月7日，出席中共扩大的六届四中全会。会议通过共产国际代表米夫起草的《四中全会决议案》。会议改选了中央领导机构，王明在米夫的支持下进入中央政治局，以王明为代表的"左"倾教条主义开始在中共中央占统治地位。周恩来在会上检讨了调和主义的错误，并针对由于派别分歧而使党面临分裂的危机，着重强调了维护党的团结和在党内斗争中清除派别观念的重要性。10日，周恩来出席中共中央政治局会议。会议讨论政治局分工和中央常委人选等问题。会议决定：向忠发、周恩来、张国焘为中央常委，陈郁、卢福坦、徐锡根为候补常委。15日，根据中共六届三中全会后中央决定，苏区中央局正式成立，委员9人：周恩来、项英、毛泽东、朱德、任弼时、余飞、曾山，及湘赣边特委与共青团中央各1人。书记周恩来，在周恩来未到职前，由项英代理书记。同时成立中央革命军事委员会，项英为主席，朱德、毛泽东为副主席。30日，周恩来出席中共中央临时政治局会议。会议决定中央军委由周恩来、陈郁、聂荣臻、陈赓等7人组成，周恩来为书记，聂荣臻为参谋长。31日，周恩来出席中共中央政治局常委会议。会议讨论中央分工等问题，决定由周恩来负责军委和苏区工作。周恩来在会上报告了所主持建立的从上海—香港—汕头—大埔—永定—中央苏区的秘密交通线，已经打通。提出：现在必须迅速进去，交通线应保证继续畅通。

周恩来3月指示特科在上海开办华南通讯分社。以后特科通过这个公开的新闻机关进行活动,获得许多重要情报。4月24日,中共中央特科负责人顾顺章在汉口被捕叛变,对中共中央领导机关的安全造成极大威胁。中共中央在得到打入国民党中央组织部调查科的钱壮飞转报的这一情况后,委托周恩来全权处理这一紧急事变。周恩来在陈云等的协助下,果断采取紧急措施:(一)销毁大量机密文件,将党的主要负责人迅速转移,并采取严密的保卫措施;(二)将一切可以成为顾顺章侦察目标的干部,迅速转移到安全的地区或调离上海;(三)切断顾顺章在上海所能利用的所有重要关系;(四)废止顾顺章所知道的一切秘密工作方法。当夜,中共中央、江苏省委和共产国际远东局的机关全部安全转移,使国民党企图一举破坏中共中央指导机关的计划未能实现。6月22日,隐蔽在周恩来寓所的向忠发擅自外出过夜后被捕。周恩来闻讯,立即组织营救。获悉向忠发叛变,即亲往寓所附近观察暗号,查实后迅速隐蔽,同中共中央其他领导人停止联系。此后周恩来基本上停止工作,等候前往中央苏区。9月22日,中共临时中央发出《中央关于日本帝国主义强占满洲事变的决议》。决议提出党在目前的中心任务是加紧组织领导发展群众的反帝国主义运动,大胆地警醒民众的民族自觉,进行广大的反对日本帝国主义的暴行的运动。11月7日—20日,中华苏维埃第一次全国代表大会在江西瑞金召开,宣告中华苏维埃共和国临时中央政府成立。周恩来被选为中华苏维埃共和国中央执行委员会委员,并被委任为中央革命军事委员会委员。大会并通过了周恩来为中华苏维埃共和国起草的《宪法大纲》。12月上旬,周恩来离开上海,经广东汕头、大埔,从福建永定转往中央苏区。月底,周恩来到达中央苏区首府瑞金,就任中共苏区中央局书记。(参见中央文献研究室《周恩来年谱1898—1976》,中央文献出版社1998年版)

恽代英是年春被押送到南京国民党"中央军人监狱"。4月25日,由于顾顺章被捕后叛变,将恽代英已被关押在南京监狱的消息报告国民党,营救工作遂告失败。28日,蒋介石令人到狱中劝降,遭严厉拒绝后亲下手令,立即处决。29日中午,恽代英被敌人杀害,临终前高呼"打倒蒋介石""中国共产党万岁"等口号。(参见刘辉编《中国近代思想家文库·恽代英卷》及附录《恽代英年谱简编》,中国人民大学出版社2015年版)

张闻天1月离莫斯科回国。与杨尚昆结伴同行,取道西伯利亚,坐火车经双城子绥芬河边界,越境到达五站,再由哈尔滨至大连,改乘海轮赴上海。2月17日即农历正月初一到达上海,住进四马路(今福州路)上的一家客栈后即按规定的通讯办法与中央联系。二三天后,路遇陈昌浩,接上关系。秦邦宪(博古)即到客栈看望。中央的交通员也前来接线。张闻天回上海接上关系后,先任中共中央机关刊物《实话》编辑。随后接替调任鄂豫皖中央分局书记的沈泽民,担任中央宣传部部长。3月9日,中共中央机关报《红旗周报》创刊,由《红旗日报》改名而成,铅印秘密出版。张闻天任主编,以思美、斯勉、洛夫、洛甫、平江等化名在该报发表许多文章。当时协助编辑工作的为华少峰(即华岗),博古、凯丰、华岗、王稼祥、谢觉哉、吴亮、毛泽东等是主要撰稿人。31日,张闻天作《目前政治形势与我们的任务》,刊于《进攻》第1期。春,张闻天在上海兆丰公园会见丁玲。丁玲希望到苏区去。后经研究,要丁玲留在上海,主编左联的机关刊物《北斗》杂志。4月,张闻天作《是取消派取消中国革命,还是中国革命取消取消派?——评〈中国左派共产主义反对派政纲〉》,刊于5月10日《布尔什维克》第4卷第3期。文中比较系统地批驳了中国左派共产主义各反对派经过三个月争论得出的共同的"统一政纲",着重揭露他们一贯反对共产国际和中国共产党、一贯对中国革命取消失败的态度和反革命本质,捍卫了中共六大的正确路线。

张闻天5—6月间应茅盾之约,到茅盾家中同胡愈之会面,听胡愈之谈访问莫斯科的情况。当时胡愈之刚从国外归来,回国途中,他访问了莫斯科,有《莫斯科印象记》详记见闻。1930年访莫斯科期间胡愈之曾往访张闻天,未遇,由其弟张健尔接待。6月15日,撰成《中国经济之性质问题的研究——评任曙君的〈中国经济研究〉》一文。从上海寄往东京,托友人返寄上海王礼锡主编、神州国光社出版的《读书杂志》,文末故意标明写于"日本东京",以遮人耳目,刊于8月出版的该刊第1卷第4、5期合刊。全文共分七节,近四万字,主要以任曙的《中国经济研究绪论》一书为对象,用论辩的写法,批驳当时流行的认为中国经济是资本主义占优势,中国已是资本主义社会,从而取消当时党正领导进行的土地革命和武装斗争,否定反封建的革命任务的错误观点。

按:文章的重要内容有以下四点:

(一)关于帝国主义怎样统治着中国经济的问题,文章批驳任曙把帝国主义对中国经济的统治仅仅归结为对外贸易,并夸大为中国经济问题中小的错误观点,指出:这是混同了资本主义经济在独立国内和殖民地国家内的不同作用,掩盖了帝国主义凭借武力、特权,残酷压迫中国民族工业,扼杀中国经济出路的种种事实。文章分析了帝国主义如何同中国封建势力勾结对中国进行全面的侵略,指出任曙他们看不到在中国封建剥削占着优势,揭露任曙、严灵峰卖力地充当了"帝国主义的辩护士",地主资产阶级的拥护者。

(二)关于中国资本主义的发展问题,文章批驳任曙认为帝国主义的商品输入帮助了中国资本主义的独立发展,通过分析帝国主义在华投资与民族工业各部门的情况,一方面肯定帝国主义的入侵造成"资本主义在中国的相当发展",另一方面则列举事实,详细地论证了帝国主义如何"尽量的阻碍中国资本主义的独立发展",特别是如何在乡村中"维持着封建的剥削",造成"生产力的不发展",从而说明阻碍中国生产力发展的是帝国主义、封建主义,而不是资本主义。

(三)关于土地问题,文章批驳任曙认为中国农村土地问题现状是封建生产之破坏即资本主义关系之形成,指出中国的土地依然是集中在地主阶级的手里,现在的地主也并非民族资本家,他们没有资本主义化。文章具体分析了帝国主义、军阀、资本家怎样同地主勾结对中国农民进行剥削、压迫,从而指出农民起来进行土地革命的必然性。

(四)关于革命性质与非资本主义发展的前途,文章批驳任曙、严灵峰所谓中国革命是社会主义革命的谬论,认为中国革命是打倒帝国主义,消灭封建剥削的土地革命。这种在无产阶级领导之下的工农的革命,其性质还是资产阶级民主革命,但它建立的不是资产阶级政权,而是工农民主专政的政权。其发展前途也不是资本主义,而是社会主义。

文章捍卫了中共六大对中国革命基本问题的正确论断,但未能弥补没有区分民族资本家与买办资本家这一缺陷。后来1933年张闻天在中央苏区马克思共产主义学校讲授的《中国革命基本问题》的讲稿和1936年在陕北编著的《中国现代革命运动史》,都是在这篇文章经济分析基础上发展的。

张闻天9月2日作随感录《国家主义派与国民党》,刊于10月18日《红旗周报》第19期,针对国家主义派在《民声周报》第1期发表《我们的主张》,提出"国防政府"的主张,表示愿与国民党合作,"一致团结,共御外侮"。文章对此持严厉抨击态度,认为"这是国家主义者自己揭破自己假面具",是想"在这一政府中占几个肥满的位置"。9月下旬,以博古为首的中共临时中央政治局成立,张闻天任临时中央政治局委员、中央常委。出席第一次临时中央政治局会议。会上博古宣布共产国际来电批准成立"临时中央政治局",委员共9人:卢福坦、博古、洛甫、李竹声、陈云、康生、黄平、刘少奇、王云程。会上并成立中央常委会,成员有卢福坦、博古、洛甫、康生。会议讨论了"九一八"事变以后的形势和任务。张闻天在临时中央内担负的主要工作有:主编党中央机关报《红旗周报》和《斗争》,根据党的决议撰写社论、文章,主管宣传、鼓动工作,指导过江苏省委、湘鄂西苏区的工作,管理同共产国际联络的电台,同国际代表爱恒尔脱(德国人)联系,有一个短时间指导过共青团的工作。同时不再兼任中宣部长,由杨尚昆接任。秋,成仿吾由柏林回到上海,张闻天代表党中央派他去鄂豫皖苏区工作,同他谈话时说:"上海目前很紧张,你在上海熟人太多,不能久留,中央决定派你去鄂豫皖区担任省委宣传部长的工作。"同时派去的还有宋侃夫、徐以新和两个管电台的同志。成仿吾等于10月7日到达鄂豫皖苏区首府黄安。

张闻天10月18日在《红旗周报》第19期发表随感录《〈社会与教育〉的"强硬外交"》,针对《社会与教育》在"九一八"事变后的反日运动中提出"对日宣布断绝国交"的主张,认为"这完全是一种幻想",批评这种主张是用"左"的空话宣传三民主义的刊物;陶希圣、胡愈之、樊仲云是"国民党宣传员","强硬外交"的"绝交"论是一种花言巧语,"表示了它的特别的丑态"。文章对各中间派别的主张逐一介绍并点名予以严厉批评,包括:国家主义派、新月派(胡适之、罗隆基、王造时)、《社会与教育》派(胡愈之、樊仲云、陶希圣)及托陈取消派(陈独秀),认为他们把"宣战"与"国防政府"当作中心口号,"实际不是为了对付日本,而是为了对付革命民众",维持"整个地主资产阶级的统治"。对于"九一八"事变以后国民党内各派别主张召开"和平统一会议",成立"统一政府",也未能指出内部矛盾的发展变化,只是认为是"用这种新的方法来欺骗民众,来团结他们的内部,以镇压革命"。26日,张闻天作《满洲事变中各个反动派别怎样拥护着国民党的统治》,刊于11月20日《红旗周报》第23期,着重批判陈独秀《此次抗日救国运动的康庄大道》一文,但把当时中间派别出于对蒋介石不满而提出的民主要求完全看成是维护地主资产阶级统治的一种欺骗,是张闻天30年代犯"左"倾错误的一篇代表性文章。12月5日,张闻天作《为中国民族的独立与解放而斗争》,刊于12月《红旗周报》第26期,文中鲜明地提出"为中国民族的独立与解放而斗争"的口号,并在反对关门主义的同时,仍然将《社会与教育》派等中间派别看做"反革命派别",将民族资产阶级视为敌对力量。22日,作《取消派内部关于政权问题的争论与我们的主张》,刊于1932年1月25日《红旗周报》第29期,文章揭露托洛茨基主义者惧怕中国广大民众反帝的民族的与土地革命斗争之发展。同月,张闻天作《甘地与印度圆桌会议》,刊于1932年2月15日《红旗周报》第30期。(以上参见张培森主编《张闻天年谱》,中共党史出版社2000版;唐宝林、林茂生《陈独秀年谱》,上海人民出版社1988年版)

瞿秋白仍居上海。1月7日,共产国际代表团团长米夫在上海召开中共六届四中全会,否定三中全会,指责瞿秋白"调和主义",进行残酷斗争,解除其中共中央政治局委员职务,扶植王明等人上台。17日,瞿秋白向共产国际和中共中央写信,声明承担三中全会的责任。28日,根据中央要求,瞿秋白声明"完完全全拥护"开除罗章龙党籍。2月7日,致函郭质生,请邮寄拉丁化文字改革书刊。3月12日,致函郭质生,请邮寄俄国文学书籍及拉丁化字母草案。4月24日,茅盾夫妇来访。26日,茅盾夫妇再次来访。当晚瞿秋白夫妇往茅盾家避难。5月初,上海地下党某机关遭到破坏,瞿秋白继续避居茅盾家中,与冯雪峰见面。上旬,冯雪峰再次来访。中旬,共产国际执委会先后拟同意瞿秋白去莫斯科治病,出任中共中央驻共产国际代表。春夏之交,经冯雪峰安排,瞿秋白租房入住南市谢澹如家,从事文艺翻译和写作,参加左联的活动,与夏衍初次相见,又与鲁迅建立联系。受周恩来委托,起草《文件处置办法》。7月,瞿秋白拟被调任中共河北省委宣传部长。8月20日,瞿秋白在《文学导报》第1卷第3期发表《屠夫文学》(后改名《狗样的英雄》),文中以黄震遐小说《陇海线上》中的一段"参加讨伐阎冯军事的实际描写"为例:"每天晚上站在那闪烁的群星之下,手里执着马枪,耳中听着虫鸣。四周飞动着无数的蚊子,那样都使人想到法国'客军'在非洲沙漠里与阿拉伯人争斗流血的生活。"指出:"民族主义的战争文学的正面题材,却是《陇海线上》的'为民族而战的尚武精神'。军阀混战之中,两方面都要自己说是'为民族而战'。民族主义的文学,不过在那些四六电报宣言布告之外,替军阀添一种欧化文艺的宣传品,去歌颂这种中世纪式的战争,叫几声'亲爱的同志',唱几句'咨尔多士,为民前锋'","这是不打自招的供状。他们民族主义的文学家自己认为是'客军'",而把中国民众当作被征服的殖民地人民看待。9月13日,瞿秋白在《文学导报》第1卷第4期发表《青年的九月》,继续对"民族主义文学"开展批判。

　　按:1930年6月,国民党当局纠合潘公展、朱应鹏、黄震遐、王平陵、范争波、傅彦长等党棍、特务,军官和反动文人,策划所谓"民族主义文学运动",出版《前锋月刊》《前锋周报》等刊物,大肆宣扬反动的"民族主义"(实际上是法西斯主义),反对以鲁迅为首的左翼文艺运动,反对中国共产党和当时社会主义的苏联,受到"左联"的严厉批判,至本年夏又开始发起猛烈的攻击。

　　瞿秋白9月下旬化装到城隍庙观听民间艺人说唱,考察文艺大众化。同月,国民党当局通知各省市张贴布告,重金悬赏通缉瞿秋白、周恩来等人。同月,苏联科学院专家和部分中共党员联合组织,在海参崴召开了中国文字拉丁化第一次代表大会。这次大会不仅通过了主要由瞿秋白拟定的《中国的拉丁化新文字方案》,还确立了名为《中国汉字拉丁化的原则和规则》的大会章程。海参崴大会之后,汉字拉丁化在苏联和中共两方面的协同合作下在远东地区实际展开。10月25日,瞿秋白作《普罗大众文艺的现实问题》,文中开宗明义提出:"中国普罗大众文艺的问题,已经不是什么空谈的问题,而是现实的问题。"同月,瞿秋白应鲁迅邀请,为曹靖华译《铁流》一书赶译序言,并致函鲁迅、冯雪峰。秋,瞿秋白为中共中央文化工作委员会起草指导性文件《苏维埃的文化革命》。一度参与"文委"领导工作。10月7—20日,中华工农兵苏维埃第一次代表大会在江西瑞金举行,当选为中央执行委员会委员。11月,瞿秋白当选为中华苏维埃共和国临时中央政府教育人民委员;瞿秋白指导左联起草《中国无产阶级革命文学的新任务》决议。同月20日,鲁迅邀瞿秋白译《被解放的唐·吉诃德》。12月5日,瞿秋白以J.K的笔名给鲁迅写信,称"敬爱的同志","我们是这样亲密的人,没有见面的时候就这样亲密的人"。信中首先祝贺鲁译《毁灭》的出版,然后称赞鲁迅的译文忠实可信,批评严复和赵景深的翻译理论,并大谈中国现代语言贫乏、通过翻译创造白话文等问题,同时他也反对鲁迅"宁信而不顺"的主张,12月28日,鲁迅致函瞿秋白,也以"敬爱的同志"相称。是年,瞿秋白领导的中国新闻学研究会成立,主要由《申报》《新闻报》《时报》等报社的进步记者、上海民治新闻学院和复旦大学新闻系师生组成。(以上参见瞿秋白《关于翻译—给鲁迅的信》,载《翻译研究论文集(1894—1948)》;湛晓白《二十世纪三十年代汉字拉丁化运动勃兴考述》,《中共党史研究》2018年第2期;鲁迅博物馆、鲁迅研究室编《鲁迅年谱》,人民文学出版社1981年版;周云鹏《"民族主义文学"(1930—1937年)论》,复旦大学博士学位论文,2005年;秦弓《鲁迅对20世纪30年代民族主义文学的评价问题》,《南都学刊》2008年第3期)

　　冯雪峰2月在"左联"五烈士牺牲后,调任"左联"党团书记。党团成员有夏衍、阿英、阳翰笙等。4月20日下午,冯雪峰、楼适夷协助鲁迅等编好已经数月筹备的"左联"机关刊物《前哨》1期"纪念战死者专号",以纪念五烈士,以及另一位"剧联"盟员宗晖。鲁迅携眷邀请冯雪峰全家一起拍照,以资纪念。22日,"左联"常委会决议开除周全平,接着又于28日、5月2日开除叶灵凤和周毓英。4月25日,"左联"机关刊物《前哨》正式创刊,出版"纪念战死者专号”,冯雪峰在《前哨》创刊号上发表4月12日写的论文《我们同志的死和走狗们的卑劣》。5月上旬,冯雪峰在茅盾家中第一次见到瞿秋白。瞿秋白通过他的联系,后来与鲁迅和“左联”发生了密切的关系。下旬,冯雪峰约见茅盾,请其担任“左联”的行政书记。根据瞿秋白的指示,冯雪峰与鲁迅、茅盾研究了两次,决定把《前哨》改名《文学导报》继续出版,内容专登文艺理论研究,并且着重批判国民党鼓吹的民族主义文学。另办以登载文学作品为主的大型文学刊物《北斗》月刊。《前哨》自第2期起改名《文学导报》。

　　冯雪峰是夏将瞿秋白介绍给鲁迅,促使鲁迅和瞿秋白共同领导左翼文化运动。7月,帮助丁玲筹办《北斗》月刊。同月30日,冯雪峰、丁玲同访鲁迅,请求鲁迅把珍藏的版画交《北斗》刊用,并请他写稿。8月5日,《文学导报》第1卷第2期发表世界革命作家对于中国白色恐怖及帝国主义干涉的抗议,计有德国的路特威锡·棱,美国的密凯尔·果尔德,奥地利的翰斯·迈伊尔,英国的哈罗·海斯洛普,日本的永田宽。这是对于《前哨》“纪念战死者专号”刊出的有关文章的反响。本期还刊出左联常委会决议的《开除周全平、叶灵凤、周毓英的通告》。20日,《文学导报》第1卷第3期发表《革命作家国际联盟为国民党屠杀中国革命作家宣言》,表示“坚决的反抗国民党逮捕和屠杀我们的中国同志”,同时号召全世界一切革命文艺家共同起来反抗国民党对于我们同志的压迫,在《宣言》上签名的,有法捷耶夫、巴比塞、辛克莱等28位著名作家。9月28日,“左联”在《文学导报》第1卷第5期上发表《告国际无产阶级及劳动民众的文化组织书》,要求大家联合起来,“反对对于中国民众的屠杀和对于中国红军的进攻”,“反对帝国主义瓜分中国的战争”。

　　冯雪峰与茅盾等9月的一天下午在北四川路的某中学开完“左联”执委会后,一道走到街上,登上了回家的电车。车行了一二站,突然发觉隔着一道玻璃门的三等车厢内,有一个人盯着。冯雪峰叮嘱茅盾用换车的方法甩掉这尾巴。10月初,茅盾向冯雪峰提出辞去“左联”行政书记的职务,进行《子夜》的创作。冯雪峰不同意,但同意请长假。随后,冯雪峰约茅盾一道访问鲁迅。冯雪峰对茅盾说:“你既然交了差,我们也应该向鲁迅作一番交代,谈谈这半年来的工作情况,和今后的想法。于是就约定一个下午同去鲁迅家。”“鲁迅对于我的摆脱杂务专写小说十分赞同,他说:在夏天就听说你有一个规模庞大的长篇小说要写了。现在的左翼文艺,只靠发宣言是压不倒敌人的,要靠我们的作家写出点实实在在的东西来。”在谈话中,鲁迅还问到朱德、毛泽东的情况。15日,冯雪峰在鲁迅家中谈了正在起草的“左联”决议《中国无产阶级革命文学的新任务》的内容,当时冯雪峰在瞿秋白指导下起草这一决议。同日,“左联”执委会通过《告无产阶级革命作家及一切爱好文艺的青年》,抗议日本侵略,揭露国民党反动派的不抵抗政策,抨击“民族主义文学”主张,号召一切无产阶级作家、革命作家、青年、投入反侵略反压迫的斗争中去:“你们的笔锋,应当同着工人的盒子炮和红军的梭标枪炮,奋勇的前进!”后刊于10月23日《文学导报》第1卷第6—7期合刊。23日,冯雪峰所撰《统治阶级的“反日大众文艺”之检查》《关于革命的反帝大众文艺的工作》刊于《文学导报》半月刊第6—7期合刊。同月,东京“左联”支部停顿。11月10日,冯雪峰所译苏联法捷耶夫原著之《创作方法论》刊于《北斗》月刊第1卷第3期。同月,“左联”执委会通过《中国无产阶级革命文学的新任务》的决议,刊于11月25日《文学导报》半月刊第8期。决议分析国际和中国的革命形势,提出“左联”要在文学领域内“反对豪绅地主资产阶级军阀国民党的政权”,并据此对创作、理论批评和组织纪律问题作出一些规定。决议成为此后“左联”指导性文件。12月11日,冯雪峰与鲁迅共同编辑的“左联”机关刊物《十字街头》创刊。该刊为四开四版小报,头两期为半月刊,1932年1月5日出第3期署"十日刊",出版后即被查禁。(以上参见包子衍《雪峰年谱》,上海文艺出版社1985年版;鲁迅博物馆、鲁迅研究室编《鲁迅年谱》,人民文学出版社1981年版;唐金海、刘长鼎主编《茅盾年谱》,山西高校联合出版社1996年版)

　　鲁迅1月15日以Strong的China's Reise一书赠送殷夫。此书是安娜·路易斯·斯特朗的《中国纪行》的德文译本(书名有改动)。16日,将印书合同抄与柔石。明日书店拟印鲁迅的译著。17日,作《〈毁灭〉后记》。19日,作《关于〈唐三藏取经诗话〉的版本》,刊于2月《中学生》杂志第12号,原题为《关于〈唐三藏取经诗话〉》。20日,鲁迅携眷移居日本人开设的花园庄旅馆避难。鲁迅获悉柔石等人被捕之后,又听到国民党反动派要搜捕自己的消息,便烧掉朋友们的信札,在内山完造的帮助之下,开始了离寓避居的生活。避难期间,鲁迅见过柔石写给同乡王育和的两封信。第二封信中还请鲁迅找蔡元培设法营救。21日,鲁迅致许寿裳信报平安。23日,鲁迅致李小峰信,谓"众口铄金,危邦宜慎,所以我现在也不住在旧寓里了"。又谈到,昨天报纸"载搜索书店之事,而无现代及光华,可知此举正是'民族主义文学'运动之一,倘北新亦为他们出书,当有免于遭厄之望,但此辈有运动而无文学,则亦殊令出版者为难,盖官样文章,究不能令人自动购读也。"2月12日,鲁迅作《送O.E.君携兰归国》,诗中抒写了对柔石等战友被逮捕、屠杀的悲愤心境。27日,鲁迅收到山上正义信并《阿Q正传》日文译稿一本。2月28日,鲁迅返回旧寓。从1月20日全家避居花园庄旅馆至本日午后止,前后共39天。同月,鲁迅在避难期间的一个深夜里,站在花园庄的院子中,心情沉重,悲愤交加,吟七律一首:"惯于长夜度春时,挈妇将雏鬓有丝。梦里依稀慈母泪,城头变幻大王旗。眼看朋辈成新鬼,怒向刀边觅小诗。吟罢低眉无写处,月光如水照缁衣。"这是鲁迅听到柔石等24位革命者于2月7日被国民党反动派秘密活埋或枪杀于上海龙华警备司令部之后写成的。2—3月间,鲁迅作《黑暗中国的文艺界的现状》。3月18日,鲁迅将本文交给史沫特莱,原来拟送美国进步刊物《新群众》刊登。史沫特莱担心发表后危及鲁迅的安全,请鲁迅再慎重考虑一下。鲁迅毅然回答说:"这几句话,是必须说的。中国总得有人出来说话!"这是为了向世界人民揭露国民党残酷迫害左翼作家而作的。

　　按:文章指出,"属于统治阶级的所谓'文艺家',早已腐烂到连所谓'为艺术的艺术'以至颓废的作品也不能生产,现在来抵制左翼文艺的,只有诬蔑,压迫,囚禁和杀戮;来和左翼作家对立的,也只有流氓,侦探,走狗,刽子手了。"还指出:左翼文艺"好象压于大石之下的萌芽一样,在曲折地滋长","左翼文艺有革命的读者大众支持,'将来'正属于这一面"。

　　鲁迅3月3日午后校阅山上正义所译《阿Q正传》,校完即寄还译者,并附一信。4月1日,鲁迅校阅孙用所译匈牙利裴多菲的童话长诗《勇敢的约翰》毕,并作《校后记》。4月17日,鲁迅前往同文书院讲演一小时,题为《流氓与文学》。陪同前往者有日本友人增田涉等。20日,鲁迅编定《前哨》创刊号。柔石等牺牲后,鲁迅经受着悲痛的煎熬,有时因愤怒而终日无言。当编完这纪念烈士的专号后,鲁迅略感宽慰,乃于"下午携眷邀请冯雪峰全家一起拍照,以资纪念"。25日,鲁迅主持编辑的左联机关杂志《前哨》出版。该刊发表了鲁迅参与起草的《中国左翼作家联盟为国民党屠杀大批革命作家宣言》《为国民党屠杀同志致各国革命文学和文化团体及一切为人类进步而工作的著作家思想家书》(这个文件译成俄、英、日文发往国外,史沫特莱曾为此出过力)。还发表了鲁迅的《中国无产阶级革命文学和前驱的血》《柔石小传》,以及被难同志遗著。

　　按:这期刊物是在极端艰难的情况下出版的。因为没有印刷所敢于承印,便由几个革命的排字工人承担捡字,编辑人员守在旁边,排好一段校对一段。刊名《前哨》两个字是鲁迅亲笔写的,当时只好空着,等到天亮刊物印好拿出来后,再用木头刻的这两个字逐份印上去。六个烈士的照片,也设法在别处印好,以后再一份一份贴上去。为此用去不少时间,刊物不得不延期出版。

按:《中国无产阶级革命文学和前驱的血》指出:"中国的无产阶级革命文学在今天和明天之交发生,在诬蔑和压迫之中滋长,终于在最黑暗里,用我们的同志的鲜血写了第一篇文章。"指出,国民党反动派"用最末的手段"逮捕屠杀革命作家,"证明他们是在灭亡中的黑暗的动物","无产阶级革命文学却仍然滋长,因为这是属于革命的广大劳苦群众的,大众存在一日,壮大一日,无产阶级革命文学也就滋长一日"。文中号召革命人民要铭记烈士的战斗业绩,牢记敌人的凶暴,并进行不断的斗争。文章感情深厚,气势磅礴,充分表达了左联革命同志的心声。

鲁迅5月1日致韦丛芜信,声明退出未名社。22日,鲁迅作《一八艺社习作展览会小引》,刊于6月15日《文艺新闻》。6月11日,鲁迅赴上海日本人的妇女之友会讲演一小时,讲题佚。晚间,史沫特莱的秘书冯达和汉堡嘉夫人来访,赠以《士敏土之图》一本。6月,《阿Q正传》又一次获得国际声誉。15日,《文艺新闻》以《中国文艺在国际上的荣誉》为题,转载美国《纽约时报》消息:鲁迅的《阿Q正传》最近被日规出版部选入《中国新作家集》,获得美国批评界空前的赞美。7月17日下午,鲁迅为增田涉讲完《中国小说史略》。20日,鲁迅赴上海暑期学校,为社会科学研究会演讲《上海文艺之一瞥》,刊于本月27日和8月3日《文艺新闻》第20、21期。文中评述从清末到左联成立后三十年来上海文艺的变迁,着重总结革命文学运动的经验,阐明无产阶级革命文学健康发展的一些重要问题,同时批评"现在上海所出的文艺杂志都等于空虚,革命者的文艺固然被压迫了,而压迫者所办的文艺杂志上也没有什么文艺可见。然而,压迫者当真没有文艺么? 有是有的,不过并非这些,而是通电,告示,新闻,民族主义的'文学',法官的判词等。"可见当时鲁迅还认定民族主义文学只"有运动而无文学",因而仅仅保持着蔑视与愤怒,并无重拳出击。文中也曾以揶揄讽刺口吻谈及创造社的人和事以及对他们冠以的"才子加珂罗茨基"(即"才子加流氓"),引来次年1月居留日本的郭沫若的反击。

按:从2月起,《前锋月刊》上陆续发表了黄震遐《陇海线上》《黄人之血》与万国安《国门之战》等民族主义文学代表作,而且尽管《前锋月刊》与《前锋周报》先后于1931年4、5月终刊,但民族主义文学脉息未断,且有健旺的趋势。《开展》《现代文学评论》等也发表了一些不无价值的作品,其中还有左联成员叶灵凤、周毓英、彭家煌、穆木天的创作或译作。于是"左联"逐渐意识到民族主义文学挑战的严重性,开始组织力量反击。4月25日,文英在《前哨》第1卷第1期上发表《我们同志的死和走狗们的卑劣》,斥责"由刽子手、侦探、识字流氓而组织的民族主义文学"。8月5日,《文学导报》第1卷第2期刊出《开除周全平、叶灵凤、周毓英的通告》,其中叶灵凤与周毓英就是因为"参加反动民族主义文艺运动"。20日,瞿秋白在《文学导报》第1卷第3期发表《屠夫文学》(后改名《狗样的英雄》)。9月13日,瞿秋白、茅盾在《文学导报》第1卷第4期分别发表《青年的九月》《"民族主义文艺"的现形》。28日,茅盾又在《文学导报》第1卷第5期发表《〈黄人之血〉及其他》,连续对"民族主义文学"发起猛烈攻击,以进一步揭露民族主义文艺"创作"的反动实质。10月15日,"左联"执委会通过《告无产阶级作家革命作家及一切爱好文艺的青年》,抗议日本侵略,揭露国民党反动派的不抵抗政策,抨击"民族主义文学"主张,号召一切无产阶级作家、革命作家、青年,投入反侵略反压迫的斗争中去:"你们的笔锋,应当同着工人的盒子炮和红军的梭标枪炮,奋勇的前进!"后刊于23日《文学导报》第1卷第6—7期合刊。

鲁迅8月1日下午校订《铁流》译稿完毕。5日,发表所译德国路特威锡·棱的杂文《世界无产阶级革命作家对中国白色恐怖及帝国主义干涉的抗议》,刊于《文学导报》第1卷第2期;所译奥地利翰斯·迈伊尔的诗《中国起了火》刊于《文学导报》第1卷第2期。8月28日,鲁迅得胡愈之所赠《苏俄印象记》一本。31日,鲁迅回赠《士敏土之图》一本。9月12日夜,鲁迅开始校阅《朝花夕拾》第三版。20日,鲁迅为了纪念柔石,特地在本月创刊的《北斗》杂志上发表珂勒惠支的木刻连续画《战争》(共七幅)中的一幅《牺牲》。这是介绍到中国来的第一幅珂勒惠支版画。21日,鲁迅作《答文艺新闻社问》,刊于《文艺新闻》9月28日"日本占领东三省屠杀中国民众!!! 文化界的观察与意见"栏,同栏还刊登陈望道、胡愈之、郁达夫等人的短文。30日,鲁迅所译《毁灭》由大江书铺出版。10月10日,鲁迅作《〈铁流〉编校后记》。21日,鲁迅译完苏联戈庚《〈士敏土〉代序》。23日,鲁迅在《文学导报》第1卷第6—7期合刊发表《"民族主义文学"的任务和运命》,这是深刻揭露所谓"民族主义文学"的著名论文。

　　按:鲁迅的这篇文章,对"民族主义文学"运动及其作品进行了透彻的批判。首先指出帝国主义殖民政策是一定要保护和豢养这批流氓、宠犬的。他们"原是上海滩上久已沉沉浮浮的流尸……经风浪一吹,就漂集一处"。这种"流尸文学"与殖民地的流氓政治同在,"于帝国主义是有益的,这叫做'为王前驱'?"。鲁迅分析了黄震遐的《陇海线上》《黄人之血》和苏凤、邵冠华等的作品,揭露他们"根本上只同外国主子休戚相关",他们歌颂蒙古人拔都元帅的西征,目标就是对着现在的"无产者专政的第一个国度",所以"现在日本兵'东征'了东三省,正是'民族主义文学家'理想中的'西征'的第一步,'亚细亚勇士们张大吃人的血口'的开场。不过先得在中国咬一口"。这正好"实现了他们的理想境"。鲁迅不仅彻底揭露了他们反共卖国的阶级本质,而且严正宣判他们必将到来的历史命运,"他们将只尽些送丧的任务,永含着恋主的哀愁,须到无产阶级革命的风涛怒吼起来,刷洗山河的时候,这才能脱出这沉滞猥劣和腐烂的命运。"

　　鲁迅10月26日在《文艺新闻》第33号发表《鲁迅启事》,文中揭露"第三种人"苏汶等主办的现代书局利用广告编造的谎言,声明"我与现代书局毫无关系,更未曾为之选辑小说"。29日,作《沉滓的泛起》,刊于12月11日出版的《十字街头》第1期。11月5日,应译者冯余声的要求,作《〈野草〉英文译本序》。13日,鲁迅以涵芬楼影印宋本《六臣注文选》校《嵇康集》。30日,鲁迅在《文艺新闻》第38号发表《"日本研究"之外》。12月11日,鲁迅主编的左联刊物《十字街头》创刊,为文艺综合性小型报纸,原为双周刊,第3期改为旬刊。鲁迅在《十字街头》创刊号发表《知难行难》,本文用胡适先后被"宣统皇帝"和蒋介石召见的事实,说明"做皇帝做牢靠和做倒霉的时候,总要和文人学士扳一下相好""做牢靠的时候是'偃武修文',粉饰粉饰";做倒霉的时候是"病笃乱投医",以为他们真有"治国平天下"的大道。文中勾画了胡适的走狗嘴脸,同时还嘲讽新月派鼓吹"专家政治",急于投靠蒋介石的行径。12月20日,鲁迅在《北斗》第1卷第4期发表《几条"顺"的翻译》《风马牛》,均针对赵景深关于翻译的观点而发。《几条"顺"的翻译》批评赵景深师承梁实秋,攻击"硬译"的主张,通过对几则"顺而不信"的译文的分析,说明"译得'信而不顺'的至多不过看不懂,想一想也许能懂,译得'顺而不信'的却令人迷误,怎样想也不会懂,如果好象已经懂得,那么你正是入了迷途了"。同日,鲁迅作《"友邦惊诧"论》,刊于本月25日《十字街头》第2期,本文针对"九一八"事变后国民党当局投降卖国,残酷镇压学生爱国运动的罪行,驳斥了他们给南京请愿学生横加的罪名,怒斥所谓"友邦人士,莫名惊诧,长此以往,国将不国"的谬论。

　　鲁迅12月25日作《关于小说题材的通信》,刊于次年1月5日《十字街头》第3期,本文是对青年作者沙汀、艾芜的复信,强调了作家的阶级立场和世界观对创作的决定作用。27日,鲁迅作《答〈北斗〉杂志社问》,刊于次年1月20日《北斗》第2卷第1期的征文"创作不振之原因及其出路"栏。同在征文栏里发表文章的,还有茅盾、胡愈之等20多人。鲁迅就"创作要怎样才会好"的问题,总结了自己的创作经验,谈了8点意见。毛泽东在《反对党八股》中推荐这篇文章,号召广大干部向鲁迅学习。28日,鲁迅作《关于翻译的通信》,刊于次年6

月10日《文学月刊》，题为《论翻译》，这是为答复月《十字街头》第1、2期所载瞿秋白《论翻译》而作。鲁迅坚持辩证唯物主义的观点，总结翻译马列文艺理论和革命总结翻译马列文艺理论和革命文艺作品的经验，进一步批判赵景深等人的错误观点，同时也提出了翻译要"绝对的正确和绝对的中国白话文"的主张。（以上参见鲁迅博物馆、鲁迅研究室编《鲁迅年谱》，人民文学出版社1981年版；周云鹏《"民族主义文学"（1930—1937年）论》，复旦大学博士学位论文，2005年；秦弓《鲁迅对20世纪30年代民族主义文学的评价问题》，《南都学刊》2008年第3期）

茅盾2月8日完成中篇小说《路》的创作，小说以1930年武汉学生运动为背景，表现了学生们进行的反抗斗争。作品主要描写了大学生火薪传的生活道路，展现了他从对现实生活的怀疑、愤懑到追求革命的历程。3月16日，作《致文学青年》，刊于《中学生》第15期。4月19日，史沫特莱来寓所，带来一份鲁迅与她共同起草的宣言，内容是向西方各国的知识分子控诉中国当局对作家和美术家的屠杀（包括左联五烈士）。茅盾随即对宣言作了些修改，与史沫特莱一起将它翻译成英文。后来，这个《中国左翼作家联盟为国民党屠杀大批革命作家致各国革命文学和文化团体及一切为人类进步而工作的著作家、思想家的信》，发表在6月出版第7卷第1期的美国《新群众》上。同在4月，茅盾参加"左联"机关刊物《前哨》的编辑。经过几个月的筹备，《前哨》在4月编印好，由鲁迅、冯雪峰、茅盾编辑。在筹备中发生了柔石等五位青年被捕被杀的事件，于是临时又把第1期改为纪念五烈士的专号。月底，沈泽民和琴秋前来辞行，准备离开上海去鄂豫皖苏区；茅盾向瞿秋白同志征求对《子夜》前四章和大纲的意见。

茅盾5月下旬应冯雪峰要求担任"左联"的行政书记，当时行政书记与"左联"的宣传部主任、组织部主任共三人组成秘书处，秘书处下设马克思主义文艺理论研究会、国际文化研究会、文艺大众化研究会。其间，瞿秋白参加了"左联"的领导工作。茅盾担任行政书记不久，瞿秋白约去谈，建议把《前哨》坚持办下去，作为"左联"的理论指导刊物，另外再办一个文学刊物，专登创作。他还提出，要对"五四"以来的新文学运动，以及1928年以来的普罗运动进行研究和总结，吸取经验教训。建议写一两篇文章带个头。对瞿秋白的指示，茅盾与鲁迅、雪峰研究了两次。决定把《前哨》改名《文学导报》继续出版，内容专登文艺理论研究，并且着重批判国民党鼓吹的民族主义文学。另办一个以刊载文学作品为主的大型文学刊物《北斗》，并且公开发行。《北斗》9月创刊，由丁玲主编。《北斗》是"左联"为扩大左翼文化运动，克服关门主义和宗派主义而办的第一个刊物，或第一次重大的努力。在《北斗》创刊号上发表文章的不仅有"左联"的作家，也有冰心、叶圣陶、郑振铎、徐志摩等非"左联"的作家，这对于当时的国民党官办文艺有很大的震动。《北斗》共出了7期，很受青年的欢迎，在那时颇有影响。可惜第3期以后，丁玲忙别的了，刊物又"红"起来，那些"中间"老作家的文章也绝迹了，终于又遭查封。

茅盾约5、6月间约刚从苏联归来的胡愈之以及张闻天来寓所谈，了解胡愈之访问莫斯科的情况。7月20日在《文艺新闻》第19号发表《战争小说论》对战争文学作了分析，尤其剖析了"和平主义"的战争文学。8月5日，茅盾在《文学导报》第1卷第2期发表《"五四"运动的检讨——马克思主义文艺理论研究会报告》，此文是遵照瞿秋白建议写的探讨"五四"以来的文学运动和文学现象的文章之一。写作之前与瞿秋白交换过意见，其中有的观点就是他的观点，例如对"五四"文学运动的评价。9月13日，茅盾在《文学导报》第1卷第4期发表《"民族主义文艺"的现形》，文中驳斥国民党御用组织"民族主义文学"发表的《民族主义文艺运动宣言》的观点，并逐个地分析了民族主义文艺运动那篇宣言中所列举的中外艺术史上各个案例，指出：国民党维持其反动统治的手法，向来是两方面的：残酷的白色恐怖与无耻的麻醉欺骗，民族主义文艺运动属于后者。"民族主义文学"必将卸去其假面具而露出法西斯的本相。从他们的机关刊物上终于干脆鼓吹用机关枪和飞机、大炮来屠杀工农大众，屠杀普罗作家，就是明证。20日，在《北斗》创刊号发表《关于"创作"》。这是遵照瞿秋白的建议写的探讨"五四"以来的文学运动和文学现象的第二篇文章，全文纵论"五四"以来的文学现象和创作方法，是我试图总结"五四"以来文学创作发展道路的一个尝试。28日，为了揭露民族主义文艺"创作"的反动实质，茅盾在《文学导报》第1卷第5期发表《〈黄人之血〉及其他》，指出："进攻俄罗斯是国民党念念不忘的梦想"，《黄人之血》，就是"企图唤起'西征'俄罗斯的意识，以便再作第二次的进攻"。文章还对黄震遐的《陇海线上》，方国安的《国门之战》作了深刻的剖析。同月，茅盾由于担任"左联"行政书记，经常出入左翼人士的活动场所，引起了国民党特务的注意。

茅盾10月初向冯雪峰提出辞去"左联"行政书记的职务，进行《子夜》的创作。冯雪峰不同意，但同意请长假。23日，在《文学导报》第1卷第6、7期发表《评所谓"文艺救国"的新现象》，揭露国民党的"不抵抗政策"，指出，新近成立的所谓"反日会""抗日会""义勇军""上海文艺界救国会"等，是国民党"加紧欺骗民众和缓和革命高潮"的结果。同月某一天下午，茅盾与冯雪峰一道访问鲁迅。11月15日，茅盾在《文学导报》第1卷第8期发表《中国苏维埃革命与普罗文学之建设》，针对当时普罗文学作品中普遍存在的弊病，提出了作家要深入生活、深入火热的斗争中去挖掘真实的生动的题材等要求。同月，茅盾参加拟定左联执委会通过的《中国无产阶级革命文学的新任务的决议》；完成中篇小说《三人行》。12月17日，茅盾与鲁迅、郭沫若等被国际革命作家联盟机关刊物《国际文学》（原《世界文学》）邀请为特约撰稿人。是年，茅盾向瞿秋白提过恢复组织生活的问题，未果。（以上参见唐金海、刘长鼎主编《茅盾年谱》，山西高校联合出版社1996年版；周云鹏《"民族主义文学"（1930—1937年）论》，复旦大学博士学位论文，2005年；秦弓《鲁迅对20世纪30年代民族主义文学的评价问题》，《南都学刊》2008年第3期）

冯乃超1月17日上午出席"左联"在上海永安公司附近咖啡馆召开的执委会。下午，柔石、胡也频、殷夫，冯铿等在上海三马路东方旅社参加反对王明路线的会议，因叛徒告密而被捕。当天晚上，丁玲找冯乃超不着。18日晨，丁玲再找冯乃超，告知胡也频等被捕事件，并一同去冯雪峰家商量营救办法。同月，冯乃超接替朱镜我任"文委"书记，实际上也是"文总"书记。3月9日，中共中央机关报《红旗日报》改名《红旗周报》，罗绮园（易元）编辑。同月，因《红旗日报》《红旗周报》遭受严重破坏，冯乃超被调去从事恢复工作，负责技术编辑，收集日文、英文报纸和《国际劳动通讯》，担任校对，建立印刷所，从此离开"左联"和"文委"。3月15日，在《现代小说》月刊第3卷第5—6期合刊发表《本志十二月号创作月评》四则。7月，罗绮园被捕。冯乃超迁往法租界环龙路丁玲家暂住，赶译日本小说集《芥川龙之介集》，以解决经济之困。8月20日，撰成译者前言《芥川龙之介的作品作风和艺术观》，指出芥川作品的作风是"自然主义"，艺术观是"理性主义"。9月中旬，成仿吾从欧洲回上海，与冯乃超、朱镜我等会面。20日，冯乃超在《北斗》月刊创刊号发表《新人张天翼的作品》，由丁玲代署李易水，首次评论张天翼小说创作的成就和特点。12月20日，在《北斗》月刊第1卷第4期发表评论《〈欧洲大战与文学〉》，介绍沈雁冰的新著。（参见李江《冯乃超年谱》，载李伟

江编《冯乃超研究资料》，陕西人民出版社1992年版）

　　钱杏邨1月初遭遇国民党特务去他和蒋光慈的住处搜捕。钱杏邨机警地躲开，并通知看电影归来的蒋光慈、吴似鸿夫妇迅速离去。17日上午9点多钟，钱杏邨在永安公司附近小咖啡馆里召开"左联"执委会。10点多钟，胡也频来，见了最后一面。下午2时，钱杏邨在南京路王盛记木器店楼上的"文委"机关召开的党员大会。到场有戴平万、夏衍等40多人。文委书记潘汉年宣读了四中全会决议（即王明《为中共更加布尔什维克化而斗争》）。会议开了两个半小时。当晚，上海公共租界捕房与市警察局组成联合行动队，胡也频等5位左联革命作家被逮捕。同月，钱杏邨所著《安特列夫评传》出版。4月，为了纪念牺牲者，钱杏邨撰写了《殷夫小传》，发表在25日出版的左联刊物《前哨》创刊号上。8月31日，蒋光慈病逝。下午，钱杏邨与杨邨人、楼适夷等在江湾上海公墓为其送葬。为纪念蒋光慈，钱杏邨撰写了《在发展的浪潮中生长，在发展的浪潮中死亡》，刊于9月15日出版的《文艺新闻》追悼号上。受"文委"委托，钱杏邨组织三五人，为江西苏区试编战士读的启蒙《文化课本》，采取看图识字样式，编了五六本。12月，苏维埃中央政府在瑞金建立。钱杏邨叫丁玲一起上街游行，田汉同去。是年，钱杏邨认识贺绿汀，开始用笔名"阿英"。其《荒土》《作品论》以及与杨邨人、孟超编的《达夫代表作》因其写的"后序"，被查禁。（参见钱厚祥整理《阿英年谱（上）》，《新文学史料》2005年第4期）

　　夏衍是年夏结识中国共产党早期领导人瞿秋白。10月，撰写《劳勃生路——××棉日厂工场壁报第10号号外》，刊于10月《前哨·文学导报》第6—7期合刊。年底，搬入上海唐山路685弄（业广里）42号，这是为地下工作的便利而选择的住址。（参见夏衍《夏衍全集》附录《夏衍年表》，浙江文艺出版社2005年版）

　　柔石1月15日夜间受委托来问鲁迅版税的办法，鲁迅将自己和北新书局所订的合同，抄了一份交给他。17日上午，柔石、殷夫、胡也频、冯铿等到东方旅社出席第一次全国工农兵代表大会预备会议。下午1时40分，因叛徒告密而在旅社的31号房间被公共租界巡捕房逮捕。18日，另一左翼作家李伟森也于1月被捕。柔石被捕时，口袋里还藏着鲁迅给他的这份合同，敌人向柔石逼问鲁迅的住址，柔石拒不透露。据上海龙华烈士陵园的有关档案，从是日至21日，先后在东方旅社、中山旅社和沪东华德路等处被捕的共有20多人。2月7日深夜，上海龙华警备司令部秘密杀害柔石、殷夫、胡也频、冯铿、李伟森5位左翼作家和其他革命者共24人。还先后在汉口、青岛、天津、江苏、北平等省市捕杀由苏联返国的青年学生，不下五六十人。17日，国民党北平当局对外扬言："北平、天津共产党党员不多，此次几已将其干部一网打尽。"4月25日，冯雪峰与鲁迅、茅盾数月筹备的"左联"机关刊物《前哨》创刊，于是临时又把《前哨》第1期改为"纪念战死者专号"，以纪念五烈士。（参见鲁迅博物馆、鲁迅研究室编《鲁迅年谱》，人民文学出版社1981年版）

　　丁玲在1月17日丈夫胡也频等遭到逮捕后，四处设法营救。2月7日晚，胡也频与"左联"盟员柔石、殷夫、冯铿以及还有没有正式加入"左联"的李伟森5位左翼青年作家与24人一道被秘密杀害于国民党上海龙华淞沪警备司令部后院的龙华塔下，就地掩埋。人称"左联五烈士"。是年胡也频年仅28岁。7月30日，丁玲在冯雪峰陪同下拜访鲁迅。当时左联决定创刊《北斗》，由丁玲负责。她希望《北斗》能登载插图，冯雪峰告诉她可以请鲁迅帮助，于是两人便一道来访。鲁迅拿出许多版画，并逐幅解释。丁玲第一次看到珂勒惠支的版画，对这种风格不大理会。鲁迅着重介绍了几张，特别拿出《牺牲》来，并答应为这张画写说明。此画后来印入《北斗》创刊号。9月，左联的机关刊物《北斗》（文艺月刊）创刊，丁玲主编,姚蓬子、沈起予协助,上海湖风书局发行。第1卷出4期,第2卷亦出4期,此为左联第一个以发表创作为主的刊物。次年7月被国民党当局查封停刊。12月19日,丁玲与郁达夫、夏丏尊、胡愈之、周建人、傅东华等一起组织上海文化界反帝抗日联盟。

　　按:丁玲在1950年写的《一个真实人的一生——记胡也频》中这样写道:"也频却是一个坚定的人。他还不了解革命的时候,他就诅咒人生,讴歌爱情,但当他一接触革命思想的时候,他就毫不怀疑,勤勤恳恳去了解那些他从来也没有听到过的理论。他先读那些马克思主义的文艺理论,后来也涉及到一些社会科学书籍。"(参见鲁迅博物馆、鲁迅研究室编《鲁迅年谱》,人民文学出版社1981年版)

　　李达接待为营救胡也频的沈从文与丁玲,经商量,请胡适、徐志摩写信给蔡元培,设法让当局放人。3月,李达在《旅行杂志》第5卷第5号发表《自故都到英京》。秋,出任暨南大学社会历史系主任。(参见宋俭、宋景明编《中国近代思想家文库·李达卷》及附录《李达年谱简编》,中国人民大学出版社2015年版)

　　陈望道2月因保护左派学生,受国民党迫害离开复旦大学,蛰居在上海寓所,从事《修辞学发凡》的写作。9月28日,陈望道在《文艺新闻》之《日本占领东三省屠杀中国民众!!!文化界的观察与意见》栏发表《文化界的观察与意见》,就"九一八"事变抗议日本侵略我国。同期发表文章的还有鲁迅、夏丏尊、郁达夫、胡愈之、叶绍钧、郑伯奇等人士。是年,陈望道在蔡葵女士主编的《微音》月刊发表《格罗缓论妆饰》《帝国主义和艺术》等译文,以及《论双关》《修辞与修辞学》等文章。另译有《机械美底诞生》。(参见鲁迅博物馆、鲁迅研究室编《鲁迅年谱》,人民文学出版社1981年版)

　　郁达夫1月17日为营救因参加党的会议而被捕的创造社后期成员李初梨,四处奔波。27日,郁达夫应邀参加中华书局编辑部在上海举行的商议翻译世界文学百种名著目录会议。3月中旬,因五位左联作家被捕,处境危险,郁达夫被迫离沪,辗转浙江富阳。5月18日,郁达夫作论文《关于小说的话》,认为现在的小说"似乎也同议会政治、独裁政治一样,走进了一条前进不通的死弄了"。对于目前小说界酝酿的新的革命,其方向必须在形式和内容上进行"革新和变换"。下旬,返回上海。6月2日上午,郁达夫访鲁迅。同日,应邀参加内山完造为欢迎日本女作家柳原烨子(笔名白莲)及其丈夫宫崎龙介来沪在功德林举行的晚宴。同席者有日本中国文学研究者增田涉和女歌人山本初枝等人。7月,在《日本》第2卷第3—4期合刊发表所译日山本条太郎作论文《满州之经济的真价与日本》。8月31日下午,郁达夫与王映霞同访鲁迅。9月15日下午,郁达夫访鲁迅。28日,郁达夫在《文艺新闻》周刊第29号"文艺界的观察与意见"专栏发表答问《军阀的阴谋,消灭异己的政策》,认为"九一八"事变是国内军阀间的阴谋,乃利用外国的武力,以遂消灭异己的政策。

　　郁达夫10月20日在《现代文学评论》第2卷第3期、第3卷第1期合刊发表笔谈《歌德以后的德国文学举目》,此文根据中华书局洽议翻译世界文学百种名著目录会议精神而写。12月11日,郁达夫作散文《志摩在回忆里》。19日加《附注》,刊于1932年1月1日《新月》第4卷第1期"志摩纪念号",文中说:志摩虽死,"但是他的诗文是不死的,他的音容笑貌也是不死的,除非要等到认识他的人老老少少一个个都死完的时候为止"。18日,郁达夫作《挽志摩》一联:"两卷新诗,廿年旧友,相逢同是天涯,只为佳人难再得;一声何满,九点齐烟,化鹤重归华表,应愁高处不胜寒。"19日,郁达夫与夏丏尊、胡愈之、周建人、丁玲、傅东华等一起组织上海文化界反帝抗日联盟。中旬,郁达夫作《看联合公演后的感想》,刊于21日《文艺新闻》第41号,认为13日晚上演出的《血衣》《工场夜景》《双十节》以及《七个暴风雨中的女性》4个剧本"激起了中国人民的反抗帝国主义的感情"。同月,作政论《学生运动在中国》,文中以戊戌变法之后的中国近代学生运动为例,肯定学生运动在革命运动中的地位及其意义。又作杂文《中国近来文艺创作不振的原因》,刊于1932年1月20日《北斗》月刊第2卷第1期"创作不振之原因及其出路"专栏,文中分析了中国社会现状,认为"社会动荡和阶级压迫"是导致创作不振的主要原因。中国"将来若有新文学起来,怕就是亡命文学"。又作序文《忏余独白》,刊于30日《北斗》月刊第1卷第4期。文中回顾自己的生活经历、创作历程及其心路历程,并对小说《沉沦》的写作背景、创作心境作说明。本文后作《忏余集》代序。（以上参见陈其强《郁达夫年谱》,浙江大学出版社1989年版）

杨度9月17日因病不治在上海逝世,终年57岁。他自撰一副挽联,来表明自己充满功过毁誉的人生历程:"帝道真如,如今都成过去事。匡民救国,继起自有后来人。"（参见左玉河编《中国近代思想家文库·杨度卷》及附录《杨度年谱简编》,中国人民大学出版社2015年版）

翦伯赞5月27日开始,应覃振的安排,在广州参加中国国民党中央执监委员非常会议,此会议与"扩大会议"性质相同。"九一八"事变后,有人在"拥蒋"与"反蒋"两派间斡旋,以"共赴国难"为借口,推动蒋介石下野,"非常会议"产生的国民政府宣布撤销、改组南京政府,反蒋派主要人员入新政府,覃振任立法院代理院长。覃振邀请翦伯赞去南京,为他安排一个职位,翦伯赞婉然谢绝,并指出所谓"共赴国难"的欺骗性,表示要走"自己的路"。他只身回到上海,决心寻找共产党,走真正革命的道路。（参见张传玺《翦伯赞传》及附录张怡青《翦伯赞大事年表》,北京大学出版社1998年版）

华岗所著《一九二五——一九二七年中国大革命史》7月由上海春耕书局出版。作者旨在总结中国革命特别是大革命的经验教训,批判所谓机会主义和盲动主义。华岗说:"现在正是中国大革命失败之后,同时又是新的更深刻的革命浪潮将要兴起的时候,我们更须仔细研究过去的大革命各种重要流变的过程,学习过去大革命的经验,求得许多活的具体的历史辩证法的教训,以帮助推动我们当前的实际斗争任务,以保证我们将来的胜利。"作者完全改变了以往只叙述事件过程的做法,而注意分析历史事件产生的原因、社会基础和经验教训等各方面。此书资料丰富翔实,运用了大量文件、报刊及外文资料,是一部体系较完整的马克思主义大革命史研究作品,在学术界产生重要影响。对当时和以后的革命斗争起了很大鼓舞作用。

按:此书在鲁迅帮助下得以出版,后又被译为日文和俄文出版。此书学术影响较大。廖盖隆在该书1982年再版前言中指出,该书"仍然是详细论述中国第一次大革命历史的唯一一著作";蒋大椿认为此书"初步地建立了以马克思主义研究中国革命史的研究体系。较之恽代英的《中国民族革命运动史》,在内容叙述和理论深度上,都将中国革命史研究大大地向前推进了一步"。（参见王学典《20世纪史学编年（1900—1949）》,商务印书馆2014年版）

杨东莼于年初从日本回到上海,继续做些编译工作,同时寻找失联的地下党组织。8月,杨东莼成书于日本的《本国文化史大纲》由上海北新书局出版。此书是我国一部早期的唯物的文化史著作,以"文化就是生活,文化史乃是叙述人类生活各方面的纪录"为文化理念,运用马克思主义"社会形态论"进行文化史分期。作者打破传统的断代为史的做法,"而以一个个的事实做单元",将中国文化史分成"经济生活之部""社会政治生活之部""智慧生活之部"三大块,再作从古至今的系统分析。"凡属农业、商业、工业、交通、财政、土地制度以及赋税制度等,都归经济生活之部。凡属政制、刑制、教育、宗教、选举、家族、婚姻、丧葬等,都归社会政治生活之部。凡属哲学、文学、艺术等,都归智慧生活之部。"这种叙述方式成为后来中国通史著作的雏形。该书曾作为当时大专以上学校的教科书,因而每章之末都附有"问题提要"。年底,杨东莼外出时被抓捕入狱。这是他在五四运动时被军警抓去关了一晚之后的第二次被捕。后因一批友人的营救,得以释放。（参见杨慎之《杨东莼传略》（上）,《广西师范大学学报》1991年第3期；王学典《20世纪史学编年（1900—1949）》,商务印书馆2014年版）

胡愈之2月11日到达满洲里。途经北京时作短暂停留,参观名胜古迹。25日,在《东方杂志》第28卷第4号上发表《芬兰的总统选举》一文。月底,到达上海,仍回商务印书馆当编辑,开始在《东方杂志》上发表介绍欧洲各国政治经济状况的文章。3月,应樊仲云约稿,开始为《社会与教育》杂志撰写《莫斯科印象记》,每期连载。5月,在《中学生》总第15号上发表《我的旅行记》一文。6—12月,在《中学生》总第16—20号上连载《世界情报》一文。8月,所著《莫斯科印象记》单行本由新生命书店出版。9月26日,在《社会与教育》杂志上发表《尚欲维持中日邦交乎?》一文,提出断交宣战的抗日主张。同月,初次与邹韬奋在闸北宝山路东方图书馆交谈抗日形势,邹韬奋约胡愈之为《生活》周刊撰稿。"九一八"事变后,胡愈之联络在上海的乐嘉煊、陈世德、张企程、萧聪等成立中国左翼世界语者联盟,任书记,支持上虞抗日自卫会创办的《战鼓》周刊,并兼编委。9月下旬,因邀与夏丏尊、夏衍、叶圣陶、章锡琛、吴觉农、徐调孚、宋云彬等在开明书店聚餐,畅谈国内外形势。24日,在《生活》周刊国庆特刊上发表《一年来的国际》一文。25日,在《东方杂志》第28卷第24号上转载《一年来的国际》一文。12月19日,以左联作家为首的文艺界进步人士20余人在上海四川路青年会食堂举行谈话会,发起组织"文化界反帝抗日联盟"。到会者:夏丏尊、周建人、胡愈之、傅东华、叶绍钧、郁达夫、关初民、武堉干、方光焘、丁玲、楼适夷、何畏、姚蓬子、徐调孚、沈起予、穆木天、张栗原、袁殊、张天翼、郑伯奇、杨骚、章克标、陈高佣、周伯勋、顾凤城、李白英等。初次集会通过7项纲领,决定联盟的任务是"团结全国文化界,作反帝抗日之文化运动及联络国际反帝组织"。12月28日,上海文化界反帝抗日联盟举行第一届执行委员会会议,推举执行委员9人,候补执委2人,他们是胡愈之、傅东华、周建人、夏丏尊、丁玲、姚蓬子、楼适夷、沈起予、袁殊、邓初民、钱啸秋。（参见朱顺佐、金普森《胡愈之传》,杭州大学出版社出版1991年版；葛晓燕、何家炜编著《夏丏尊年谱》,中国文史出版社2012年版）

夏丏尊1月1日在《中学生》第11号发表《关于国文的学习》。9日,散馆后,夏丏尊约王伯祥、叶圣陶、郑振铎、徐调孚至世界酒家茶叙。17日,左联青年作家胡也频被捕,丁玲找到开明书店,请求设法营救。夏丏尊和叶圣陶即联名致信开明董事长邵力子,并在开明书店募钱。19日晚7时,叶圣陶与商务编译所同人在四马路（今福州路）一枝香饭店举行上海各界人士招待会。律师界、新闻界各工会、职工会代表及吴稚晖、潘公展、陈霆锐、朱隐青、邝富灼、谢福生、陈望道、夏丏尊等凡80余人出席。2月1日,叶圣陶辞去商务印书馆工作,由夏丏尊介绍,与妻子胡墨林一同进入开明书店工作,任开明书店编译所副主任、《中学生》杂志主编。23日,夏丏尊致信钱歌川,为蒋光慈说合为中华书局翻译俄文作品事。3月15日,在《当代文艺》第1卷第3期发表《中国文学论集》,文章对日本铃木虎雄著、神州国光社出版的《中国文学论集》作了介绍。17日,致中华书局舒新城信,举荐朋友为书局翻译外国文学作品。同月,夏丏尊与鲁迅等人合译的爱罗先珂童话集《幸福的船》由开明书店出版；夏丏尊担任《中学生》杂志社社长,叶圣陶出任主编；北新书局被封,夏丏尊访时在北新书局任职的好友赵景深,邀他再度出任开明书店编辑,赵虽婉辞谢绝,但对夏丏尊的盛意深为感激。4月,贾祖璋关于鸟类等动物方面的通俗文章编辑成册,在开明书店出版。夏丏尊为该书作序,并拟书名《鸟与文学》。

按:夏丏尊序中写道:"民族各以其常见的事物为对象,发为歌咏或编成传说,经过多人的歌咏和普遍的传说以后,那事物就在民族的血脉中,遗下某种情调,呈出一种特有的感观。这些情调和观感,足以长久地作为酵素,来温暖润泽民族的心情。日本人对于樱的情调,中国人对于鹤的趣味,都是他民族所不能翻译共喻的。事物的文学背景愈丰富,愈足以温暖润泽人的心情,反之,如果对于某事物毫不知道其往昔的文献或典故,就会兴味索然。故对于某事物关联地来灌输些文学上的文献或典故,使对于某事物得扩张其趣味,也是青年教育上一件要务。祖璋的《鸟与文学》,在这意义上,不失为有价值的书。"

夏丏尊5月3日夜赴郑振铎所应其招宴,同坐者有叶圣陶、章雪村、王伯祥、谢六逸等,谈至11时始散。同月,《中学生》杂志社取消《中学生劝学奖金章程》,新定《中学生劝学贷金章程》,每校以三名为限,贷金偿还期限为五年。同时,成立中学生劝学贷金委员会,委员为周予同、林语堂、夏丏尊、章锡琛、舒新城、叶圣陶、刘大白、丰子恺、顾均正。初夏,刘大白携《中诗外形律详说》手稿访夏丏尊,希望在开明书店出版。刘大白对于诗的声律素有研究,夏丏尊当即允诺。但后因制版上的问题,未能在刘大白生前出版。6月,贾祖璋在夏丏尊支持帮助下,利用业余时间编写的《中国植物图鉴》,没有完稿即分批发排。全书1600多页,随编随排,历经3年,在"八一三"事变前两个月出版。贾祖璋说:如果不是丏尊师和编辑部诸位先生的支持,这本书是难以出版的。8月,学生杨贤江因病去世,遗下3个孩子,身后十分萧条。夏丏尊与杨贤江的朋友们一起,发起筹募遗族教育基金。9月4日傍晚,与章雪村约友人至陶乐春小聚,客为郑振铎,陪宾沈雁冰、叶圣陶、周予同、王伯祥、方光焘、顾均正、胡愈之、宋云彬等。8时许,撤席,往惠中旅社开房间畅谈至11时许。"九一八"事变后,夏丏尊痛感"不抵抗"之丧权辱国,约同主张"抗日图存"的青年作家们在上海发行《新光》月刊,一面报道东北人民不愿做亡国奴而自行起来英勇抗日的事迹,一面唤醒关内同胞,认为只有"抗日"才有生路!

夏丏尊与鲁迅、陈望道、郑伯奇、胡愈之、郁达夫、叶圣陶等9月28日在上海《文艺新闻》第29号辟"日本占领东三省屠杀中国民众!!! 文化界的观察与意见"专栏刊登短文。夏丏尊所撰《其实何曾突然》一文,对日军的侵略行径进行揭露与抨击。12月19日,夏丏尊、周建人、胡愈之、傅东华、叶绍钧、郁达夫、关初民、武埒干、方光焘、丁玲、楼适夷、何畏、姚蓬子、徐调孚、沈起予、穆木天、张栗原、袁殊、张天翼、郑伯奇、杨骚、章克标、陈高佣、周伯勋、顾凤城、李白英等以左联作家为首的文艺界进步人士20余人在上海四川路青年会食堂举行谈话会,发起组织文化界反帝抗日联盟。26日,夏丏尊夜赴广西路采丰园聚餐,出席者有叶圣陶、王伯祥、胡愈之、章雪村、方光焘、谢六逸、周予同、徐调孚、樊仲云、傅东华、李青崖、章克标等。12月28日,上海文化界反帝抗日联盟举行第一届执行委员会会议,推举执行委员9人,候补执委2人,他们是胡愈之、傅东华、周建人、夏丏尊、丁玲、姚蓬子、楼适夷、沈起予、袁殊、邓初民、钱啸秋。创办机关刊物《文化通讯》,楼适夷、郁达夫、丁玲、夏丏尊、叶圣陶任编辑。同日,《文艺新闻》第42号以《反帝!!! 抗日!!! 在侵略加紧中,在外交屈辱中,文化人的大联盟》为题,对上海文化界反帝抗日联盟的成立作了报道。同月,夏丏尊与林语堂等著《中学各科学习法》,由开明书店出版。是年,楼适夷留学回国访夏丏尊。时值开明书店事业有较大发展,夏丏尊即留其为开明工作。楼适夷曾回忆,当时他刚到上海,连个定居的地方都没有,听到这温暖的声音,心头涌起一股热流。(以上参见葛晓燕、何家炜编著《夏丏尊年谱》,中国文史出版社2012年版)

叶圣陶任开明书店编辑,主编《中学生》,编选《开明古文选类编》和《开明语体文选类编》。1月,叶圣陶主编《妇女》杂志(编至3月号止)。3月起,主编《中学生》和《中学生文艺》(1935年起改为《中学生文艺季刊》)。时,《中学生》和《中学生文艺》所署编者为夏丏尊、叶绍钧、章锡琛、顾均正,而编辑工作主要由叶圣陶和胡墨林负责。9月18日,"九一八"事变后,叶圣陶与樊仲云等创办"反日运动特刊",附《社会与教育》杂志出版。叶圣陶对蒋介石事前向东北军发出了严禁抵抗的命令,表示极大的愤慨。12月19日,文艺界反帝抗日大联盟在沪成立,叶圣陶为发起人之一。(参见商金林编《叶圣陶年谱》,江苏教育出版社1986年版)

周予同1月7日与李青崖、叶圣陶约王伯祥赴中国公学任教,遭拒。同月,《开明本国史教本》由立达学园出版,开明书店发行。2月11日,商务印书馆编译所工会改组,所内职工普选,入选工会。2月14日,编译所工会开预备会,周予同与郑振铎任宣传委员,兼办刊物。20—24日,周予同与郑振铎、王伯祥、贺昌群同游南京。春,周予同受大江书铺之邀撰写中学教材。同月,《中国学校制度》由商务印书馆"万有文库"出版。4月,周予同《群经概论》被收入商务印书馆"万有文库"出版。此书由"导论"和"本论"组成。"导论"探讨了"经的定义""经的领域""经的次第""六经与孔子""经学的派别"等问题;"本论"分章探讨了《易经》《尚书》《诗经》《三礼》《春秋》《论语》《孝经》《尔雅》《孟子》诸"经"名称的来源、作者、篇目,以及经学的派别等问题,为了解经学史较好的入门书。5月16日,周予同在《社会与教育》第2卷第1期发表《学问赎罪论》。6月,在《中学生》1931年第16期发表《历史学习的途径与工具》。7月7日,完成《异哉所谓"中法学术考察团"》,刊于8月发表于《学生杂志》第18卷第8号,后转载于《社会与教育》第2卷第20、26期。暑期,陶希圣邀请赴北师大任教,未果。8月21日,周予同与孙伏园、孙福熙、王伯祥、陶希圣、徐调孚、郑振铎等人聚餐。9月2日,胡适来书。9月5日,作书答复,于书中论及经学研究问题。23日夜,完成《呜呼所谓"民族主义"》,刊于9月26日《社会与教育》反日运动特刊。28日,《文艺新闻》整版刊登"日本占领东三省屠杀中国民众!,文化界的观察与意见",收录短论《日本帝国主义之最后的挣扎、滑稽的买办阶级的经济绝交》。10月1日凌晨,完成《日本暴行中之中国劳动者的使命》,此文10月6日刊于《社会与教育》反日运动特刊第3号,旋转载于《编辑者》第3期。同月,在《民力》第1卷第2期发表《天与魔鬼》。11月,在《编辑者》第4期发表《劳动组合与劳动者教育》。是年,所著《群经概论》由商务印书馆出版。(以上参见成棣《周予同先生年谱》,《传统中国研究集刊》第20辑,上海社会科学院出版社2019年版;王学典《20世纪史学编年(1900—1949)》,商务印书馆2014年版)

田汉1月中国左翼戏剧家联盟("剧联")及其下属中心剧团大道剧社同时召开成立大会,并参与指导该剧团工作。2月16日,译成日本谷崎润一郎的小说《神与人之间》,收入译著《神与人之间》一书。3月,编著《欧洲三个时代的戏剧》一书由上海光华书局出版,内包括《希腊悲剧之发生》《莎士比亚剧演出的变迁》和《近代剧曲与社会改造运动》三部分。4月1日,《田汉戏曲集》第四集由上海现代书局出版。春,在上海明月歌舞团里结识聂紫艺(聂耳)。后介绍他参加"苏联之友社"音乐组,与吕骥、张曙、任光等一起从事左翼音乐活动。9月19日,田汉赴大道剧社,"与大家商谈立即要演出救亡戏剧的事",决定创作独幕话剧《乱钟》,并即刻动笔。该剧由大道剧社与暨大剧社联合排出后于28日起在暨南大学连演三天,"得到全校学生的欢迎与好评"。同月,"剧联"通过《最近行动纲领》,对现阶段国民党统治区的革命戏剧运动作出6条纲领性的"规定"。要求左翼戏剧工作者"深入都市无产阶级的群众当中,争取本联盟独立表演,辅助工友表演,或本联盟与工友联合表演三方式以领导无产阶级的演剧运动。其所采取的演剧形式,以工人群众的知识水准能够理解、欢迎为原则"。同时,"对于白色区域内广大的农民,本联盟当竭力充实主观力量予以文化影响"。还指出,对电影运动"有兼顾的必要"。载入《中国话剧运动五十年史料集》第1辑。10月初,"剧联"发表《对日本出兵东三省宣言》。冬,在蒋光慈等人影响下,申请加入中国共产党。是年,田汉担任"剧联"内部成立的"音乐小组"的领导工作。该组织成员有聂耳、张曙、任光、安娥、吕骥等。(参见张向华编《田汉年谱》,中国戏剧出版社1992年版)

袁殊等主编《文艺新闻》3月16日在上海创刊,为综合性的文艺周刊,发刊宗旨是要"以绝对的新闻的立场,与新闻之本身的功用,致力于文化之报告与批判"。为"左联"外围刊物,着重刊登上海左翼文化界消息,鲁迅、瞿秋白、郁达夫等常为此刊撰稿。第3期以《在地狱或人世的作家》为题,最早披露柔石等左联五烈士遇难消息,引起社会注意。初发行3000份,后增至1万份。

按:1932年6月20日停刊,共出60期。1932年"一·二八"事变后,从2月3日起,按日发行战时特刊《烽火》,共出13期。《文艺新闻》于1932年6月20日停刊。(参见鲁迅博物馆、鲁迅研究室编《鲁迅年谱》,人民文学出版社1981年版)

曹聚仁8月15日创办《涛声》周刊杂志,以"乌鸦"为标记,标榜"虚无主义",对时局作"赤膊打仗,拼死拼活"的呐喊。"九一八"后,曹聚仁为陈灵犀主编的《社会日报》撰写社论,每日一篇。因激主抗日,常被当局检查机关开天窗。是年,编辑《小说甲选》《散文甲选》由上海群众图书公司出版。《小说甲选》次年重版。范应元集注直解、曹聚仁增订《老子集注》由上海群学社出版。(参见曹雷《曹聚仁年谱》,载上海市政协文史资料委员会、上海鲁迅纪念馆编《曹聚仁先生纪念集》,上海市政协文史资料编辑部2000年版)

郑振铎1月1日在汪馥泉主编《新学生》月刊创刊号上发表论文《中国文艺批评的发端》,从孔子的文学观说到挚虞的《文章流别志论》,其间颇有创见。同日,在《中学生》月刊第11期上发表《宋人话本》。该文为郑振铎拟写的《宋元明小说的演进》一书中的一章。10日,在《小说月报》第22卷第1期上续载译述的《希腊罗马神话与传说中的英雄传说》和所撰《元曲叙录》。18日,为清代桂馥《后四声猿杂剧》四种作跋。胡也频于17日被国民党反动当局逮捕,郑振铎闻讯后极为焦虑,是日急托沈从文带二百元钱给丁玲,并带去他与陈望道署名写给邵力子的一封信,设法营救胡也频。同日,鲁迅写《关于〈唐三藏取经诗话〉的版本》,与郑振铎作学术上的商榷,后发表于1931年3月《中学生》月刊第12期。20日,郑振铎为清代嵇永仁《续离骚杂剧》四种作跋。25日,为所编《清人杂剧初集》作《序言》。30日,为清代曹锡瀚《四色石杂剧》四种作跋。2月7日,左联五作家及其他革命者共24人在龙华被国民党反动派秘密杀害。其中胡也频、恽雨棠(洛生)等是郑振铎熟识的。郑振铎闻讯后极为悲愤,后在年底写的《纪念几位今年逝去的友人》中表示沉痛哀悼。

郑振铎2月8日与蔡元培、章士钊、徐志摩、邵洵美、戈公振等出席笔会。10日,在《小说月报》第22卷第2期上续载所译述的《希腊罗马神话与传说中的英雄传说》和所撰《元曲叙录》。同日,为清代尤侗《读离骚》《吊琵琶》《桃花源》《黑白卫》《清平调》杂剧五种作跋。24日,商务印书馆编译所工会(被改名为"上海市出版业工会商务印书馆事务所编译处办事处",下同)开预备会,推定郑振铎与周予同任宣传委员兼办刊物。20日,郑振铎与周予同、贺昌群、王伯祥游南京,顺便参观北平历史语言研究所"田野工作成绩展览会"。21日,参观中央研究院之古物展览会。28日,郑振铎为清代吴伟业《临春阁》《通天台》杂剧二种作跋。3月4日,何炳松在家里与商务印书馆编译所诸同人宴请胡愈之,郑振铎出席。10日,在

《小说月报》第 22 卷第 3 期上续载所译述的《希腊罗马神话与传说中的英雄传说》和所撰《元曲叙录》。23 日，郑振铎为所编《清人杂剧初集》作跋。春，中国公学公布教职员名单，有郑振铎，教中国文学史。上海良友图书印刷公司编辑孙师毅拟主编一套《中国现代史丛书》，第 1 期共 8 卷。施复亮写经济史，孙师毅写政治史，张心征写交通史，李达写实业史，周予同写教育史，郑振铎写中国现代文学史，孙绍尧写法制史，李朴园、梁得所、甘乃光写美术史。每册约 20 万字。预约广告后刊于 6、7 月《文艺新闻》及 9 月号《良友画报》等报刊上，预告年底全部出齐。结果"九一八"事变发生，预告近乎落空，后来仅出版了现代中国经济史、交通史、教育史三本。

　　郑振铎 4 月 10 日在《小说月报》第 22 卷第 4 期上续载所译述的《希腊罗马神话与传说中的英雄传说》和所撰《元曲叙录》。29 日，为所编《元明杂剧辑逸》作《例言》。30 日，在《青年界》创刊号上发表《罗贯中》。所译印度泰戈尔诗集《新月集》由商务印书馆收入《万有文库》第一集再版。5 月 1 日，在《中学生》月刊第 15 期上发表《致文学青年》。6 日，作《论武侠小说与中国民族的将来》，刊于 5 月 16 日上海《社会与教育》周刊第 2 卷第 1 期。10 日，在《小说月报》第 22 卷第 5 期上续载所译述的《希腊罗马神话与传说中的英雄传说》和所撰《元曲叙录》。18 日，郑振铎作《钞本百种传奇的发现》，记述 11 日于苏州所购得之书，后刊于 6 月 15 日《编辑者》第 1 期。同在 5 月，郑振铎所编《清人杂剧初集》影印出版，为"西谛所刊杂剧传奇第一种"，收入清人杂剧共 9 家 40 种。书末附有《西谛景印元明清本散曲目录》《西谛所印杂剧传奇目录》。约在 5 月，郑振铎辞去中国公学兼职教授之职。6 月 10 日，在《小说月报》第 22 卷第 6 期上续载所译述的《希腊罗马神话与传说中的英雄传说》和所撰《元曲叙录》。15 日，郑振铎与周予同二人主编的《编辑者》月刊创刊，系"上海市出版业工会商务编译所办事处"内部刊物。郑振铎在创刊号上发表《发刊词》，并发表《钞本百种传奇的发现》。郑振铎在该期《编后》中说："这是我们的喉舌，希望大家继续努力作稿。"同月，郑振铎与叶圣陶、王伯祥、徐调孚等打算翻印《六十种曲》。

　　郑振铎 7 月 15 日作《〈明清二代的平话集〉跋》。主编《编辑者》月刊第 2 期出版，发表所作《编译方针与编译计划》，提到应有：一、一般的入门书籍的刊行，二、世界文学名著的翻译，三、专门名著的介绍，四、各科参考要籍的编辑，五、中国旧刊要籍与名著的整理与编印，六、秘籍的翻印与重要佚著的辑存。18 日，请张元济写致傅增湘、罗振玉、陶湘、王季烈等老先生的介绍信，欲去北平、大连等地拜访他们。30 日，郑振铎作长篇论文《元代的杂剧》，后在 8 月 10 日、9 月 10 日、10 月 10 日的《学生杂志》月刊第 18 卷第 8、9、10 期上连载。论述了元代各大剧作家及其作品。8 月 9 日，郑振铎出席在北京路邓脱摩西餐馆举行的中国笔会常会，并在部分理事改选中再次当选。10 日，郑振铎在《小说月报》第 22 卷第 8 期上续载长篇论文《明清二代的平话集》（下）及其《跋》与《再跋》。中旬，郑振铎与北平南下的赵万里，乘大汽车从杭州对岸西兴直开曹娥，再转火车去宁波访书。同月，郑振铎所著《近百年古城古墓发掘史》由商务印书馆收入《百科小丛书》中再版；吕天石撰述、郑振铎校阅的《欧洲近代文艺思潮》由商务印书馆出版，为《新时代史地丛书》之一。（以上参见陈福康《郑振铎年谱》，三晋出版社 2008 年版）

　　巴金 1 月 20 日化名李一切与卫惠林合编的《时代前》第 1 卷第 1 号出版，在创刊号上发表书评《批评与介绍——〈法国革命史〉》《蒲鲁东与〈何谓财产〉》《虚无主义论·上》。其中《批评与介绍——〈法国革命史〉》认为克鲁泡特金著、杨人楩译的《法国革命史》，"不宣传安那其主义""公平地记述着民众活动的历史"，在法国大革命史领域中，它是"公认的权威的作品"。《虚无主义论·上》认为虚无主义分新旧两种,前者是"恐怖主义",后者才是"真正的虚无主义"。约同月,巴金与从法国归来、中途顺访莫斯科的胡愈之晤面,甚欢。并获悉爱罗先珂还健康地活着。2月20日,在《时代前》第1卷第2号发表《十二月党人的故事》。同月,《从资本主义到安那其主义》被国民党政府以"宣传无政府主义"罪名通令查扣。3月20日,在《时代前》第1卷第3号发表《赫尔岑论》。4月13日,巴金出席上海世界语学会第六次会员大会,当选为执行委员。18日,《家》在《时报》第五版开始连载,当时名为《激流》。该报刊登大字标题,称作者为"新文坛巨子"。20日,在《时代前》第1卷第4期发表《巧尔里雪夫斯基(即车尔尼雪夫斯基)论》。同月,在索非家初次结识文学评论家贺玉波,谈及准备筹集稿费到欧洲去旅游。温和的态度、诚恳的谈话给贺玉波留下了深刻的印象。5月中旬,巴金与索非夫妇、毛一波等友人游苏州。看望友人杨人楩,并结识东吴大学学生朱雯和罗洪。同月,在《时代前》第1卷第5、6号合刊发表《虚无主义论·下》;与当时复旦大学国际贸易系学生章靳以初次见面。夏,应胡愈之之约,为《东方杂志》撰写连载小说。12月,应胡愈之之约,为《东方杂志》撰稿。是年,在泉州时曾与友人组织世界语学会,并继续研究克鲁泡特金学说。(参见唐金海、张晓云《巴金年谱》,四川文艺出版社1989年版)

郦崇业8月在《中国新书月报》第1卷第9期发表《巴金与其〈死去的太阳〉及其他》,认为文坛上"郭沫若渐渐消沉","代之而起的乃是巴金",他"把握着了一时代的一般青年的心";"创作的技巧方面","巴金是比郭沫若高明得多",但"缺乏了如郭沫若、蒋光慈等那种气魄"。《死去的太阳》比第一部《灭亡》"于意识方面,作者有了进展;而于技术方面却失败了"。巴金的短篇,"技巧等……是大大的成功了的……有其独特的风度"。(参见唐金海、张晓云《巴金年谱》,四川文艺出版社1989年版)

绎秋2月在《万人杂志》第2卷第4—5期发表《时代精种与茅盾的创作——评〈野蔷薇〉》,认为《野蔷薇》在作风上"还是以写三部曲时的手腕出之",但"描写的技巧,表现的意识"却有不同之处。"如果说三部曲的描写是现社会的整个形容时,那末,这几篇却是现社会的每一个原子的暴露了。所以当我们读完了那几篇时,便立刻可以发见那里有几个厌恶现实而又不能离开现实的青年女性在纸上活跃。"作品具有"艺术上的惊人的技巧","特别是对于少女的心理的指写"。他以为茅盾的创作,"是现代中国文坛上很能代表时代精神的一个"。(参见唐金海、刘长鼎主编《茅盾年谱》,山西高校联合出版社1996年版)

贺玉波3月16日作《茅盾创作的考察》,刊于《读书月报》第2卷第1期,指出:"他的作品的特点就是染有浓厚的时代色彩,专门借了恋爱的外衣而表现革命时代里的社会现象,以及当时中国的一般革命事实,革命后的幻灭,动摇,和悲哀"。"《幻灭》给我们的印象只是一个幻灭罢了。全篇只充盈了浓厚的灰色的悲哀。"而《动摇》,"作者能把他们的动摇心理明晰地分析在这篇里","不过作者所描写的只是一群犹豫的革命者,以及无数能革命但因被迫以至颓丧的青年"。在《追求》里,"悲观色彩过于浓厚了,作者好象在告诉我们一切世事尽是空虚的,是要走到幻灭的道路的"。"殊不知疏忽了人生光明这一面,把许多能使我们进前的希望完全抹煞了,免不掉要受一种相当的责难。"《野蔷薇》"几乎全是人物的心理,但是太含有旧写实主义的风味,使人有时感到不快"。在《虹》里,"作者便借梅女士的故事,把这个时代的思潮变迁以及民众运动的真实显示给我们了","作者把这个急流似的时代反映了给我们,而又把在这个时代中青年的思想的蜕变与其实际运动显出","《虹》是作者所有的小说中最成功的一篇,无论在那方面,比其他的都要好"。(参见唐金海、刘长鼎主编《茅盾

年谱》,山西高校联合出版社 1996 年版)

伏志英 10 月 30 日作《〈茅盾评传〉序》,谓"茅盾先生是一个富有时代性的作家","他技巧的纯熟,观察的深刻,确能把握住那一时代的核心,如小资产阶级对于革命的幻灭与动摇,女性的脆弱,投机分子的丑态,以及病态的青年男女,表现得都有相当的成就"。12 月,伏志英编《茅盾评传》由上海现代书局出版。其中有载徐蔚南《〈幻灭〉》,作者读完《幻灭》之后,"深深地感得著者的努力","比了那种即兴式的短篇小说,花前呀月下呀自不相同了"。认为"著者受着南欧自然主义文学的影响很多,但是没有牵强的情态"。又载克《〈野蔷薇〉》,谓"这集子里的五篇却使我们极不满意。就思想上说,这都是不健全的作品,就艺术上说,这也是很平淡的故事。作者的文笔也未脱尽章回体的意味,毫不曾获到新的技巧"。
(参见唐金海、刘长鼎主编《茅盾年谱》,山西高校联合出版社 1996 年版)

陈梦家接闻一多 2 月 19 日夜信,后以《谈商籁体》为题,发表于上海《新月》第 3 卷第 5—6 号合刊,后收入《闻一多全集》。当时陈梦家作了一首商籁体(即十四行诗)的《太湖之夜》,闻一多在信中提出批评意见。夏,陈梦家毕业于中央大学,获得律师执照,从南京小营移住市郊兰家庄。7 月,应徐志摩之邀赴上海,住天通庵,负责编选新月诗派的主要代表作——《新月诗选》。9 月,陈梦家选编的《新月诗选》由上海新月书店出版。该书共选闻一多与徐志摩、饶孟侃、孙大雨、朱湘、邵洵美、方令孺、林徽因、陈梦家、方玮德、梁镇、卞之琳、俞大纲、沈祖牟、沈从文、杨世恩、朱大坍、刘梦苇等 18 人的诗作 80 首。其中选入诗歌最多的是徐志摩,其次是闻一多。陈梦家在《新月诗选·序言》中提出:"诗,具有两重创造的涵义:在表现上,它所希求的是新的创造,是从锻炼中提选出的坚实的菁华,它是一个灵魂紧缩的躯壳。在诗的灵感上,需要那新的印象的获取(就是诗的内在是一着新的诗的发现)。所以写诗人的涵养是必不可少的。真实的感情是诗人最紧要的元素,如今用欺骗写诗的人到处是,他们受感情以外的事物的指示。其次,要从灵感所激动的诗写出来,他要忠实于自己。技巧乃是从印象到表现的过渡,要准确适当,不使橘树过了河成了枳棘。"《序言》评介闻一多时说:"影响于近时新诗形式的,当推闻一多和饶孟侃他们的贡献最多。中国文字是以单音组成的单字,但单字的音调可以别为平仄(或抑扬),所以字句的长度和排列常常是一首诗的节奏的基础。主张以字音节的谐和,句的均齐,和节的匀称,为诗的节奏所必须注意而与内容同样不容轻忽的。使听觉与视觉全能感应艺术的美(音乐的美,绘画的美,建筑的美),使意义音节(Rhythm)色调(Tone)成为美完的谐和的表现,而为对于建设新诗格律(Form)唯一的贡献,是他们最不容抹杀的努力。"又说:"苦炼是闻一多写诗的精神,他的诗是不断的锻炼不断的雕琢后成就的结晶。《死水》一首代表他的作风。《也许》《夜歌》同是技巧内容融为一体的完美。《你指着太阳起誓》是他最好一首诗,有如一团熔金的烈火。"同在 9 月,徐志摩将《诗刊》交予陈梦家主编。11 月 19 日,徐志摩亡故,陈梦家在徐志摩逝世后的第四天,创作了新诗《致一伤感者》。12 月 20 日,陈梦家给胡适信中云:"今日在静安寺公祭志摩,吊客尚不少。"又云:"《诗刊》决由一多先生主编,弟若在青岛,当为襄助。"同月,《中国新书月报》第 1 卷 12 期所载莲时《读〈新月诗选〉》在介绍这部诗选时,也认为闻一多的《死水》和《奇迹》,"不论在风格方面,艺术方面都可以说是达到了成熟的地步了"。是年,陈梦家所作的中篇小说《不开花的春天》,由上海良友图书印刷公司出版。

按:是年 9 月初,徐志摩编完《诗刊》第三期,即将编辑工作移交陈梦家、邵洵美负责。徐志摩失事后,《诗刊》无人主编,陈梦家欲以闻一多主持此刊,但闻一多后来并未接手。(参见子仪《陈梦家先生编年事辑》,中华书局2017年版;闻黎明、侯菊坤《闻一多年谱长编》(增订版),上海交通大学2014年版;耿云志编《胡适年谱》,福建教育出版社2012年版)

陈独秀1月20日主持"无产者社"执委会议,讨论托派国际去年9月12日来信,并重新确定"无产者社"对"统一工作"的根本态度,向其他三派发出《接受国际委员会来信之共同意见——无产者社的提案》。21日,陈独秀撰《国际路线与中国党》,就中共六届四中全会,激烈抨击共产国际和中共中央。3月15日,陈独秀发表《中国将来革命发展的前途》,声称与"我们的话派""十月社"在革命性质上的争论点,"不是否认中国将来第三次革命是社会主义性质"这一"定论",而是"引起将来革命的因素是什么""是否一开始就是社会主义性质""是否在最初阶段还会经过民主时期""在什么时候踏上社会主义政策的道路",等等。5月1—3日,陈独秀在上海大连湾路王芝槐家出席四个托派小组织的统一大会,成立中国共产党列宁主义者左翼反对派,陈独秀为大会主席,作关于起草《中国共产党左派反对派纲领》的政治报告。大会选举陈独秀、彭述之、罗汉、宋逢春、陈亦谋、郑超麟、王文元、濮德志等为中央委员,陈独秀任总书记。5月23日,因马玉夫向国民党龙华警备司令部告密,托派中央被破获,郑超麟、王文元、陈亦谋、何资深、楼国华、濮德志等13人被捕。唯陈独秀、彭述之因告密者不知地址而幸免。托派组织陷于瘫痪。

陈独秀8月6日起草并发表《中国共产党左派反对派告民众书》,声讨国民党统治四年来的种种罪行。9月5日,"中国共产党左派反对派"中央委员会理论机关报《火花》创刊。陈独秀在《火花》上发表《国民党与中国统一——统一是中国进步的必要条件》,指出国民党二十年来不断的内战和不能统一中国的原因是"帝国主义势力"和"军阀制度",只有工农"革命政权是中国统一的唯一前途"。13日,陈独秀撰《中国将往何处去》,批判戴季陶从分析中国社会经济出发,以"三民主义"代替或冒充"社会主义"的观点,认为"孙中山的三民主义根本是反动的";同时也批判托派中董曙说的"中国经济已发展到可以实行社会主义的革命"的见解。指出"二者根本错误的共同点,都是从纯经济观出发,而不是从政治斗争出发,都是从一个国家社会主义出发,而不是从不断革命论出发"。文章认为中国的出路是"无产阶级的民主主义运动"。24日,陈独秀为中国共产党左派反对派执行委员会起草并发表《为日本帝国主义侵占满洲告民众书》,谴责国民党政府的"不抵抗主义"。10月1日,陈独秀就国民党政府驻美大使颜惠庆讲话,撰《抗日救国与赤化》,抨击国民党对于日本侵略的"不抵抗"和"力持镇静"的政策,批评资产阶级妄想的中间道路。

陈独秀主编《热潮》周刊12月5日在上海创刊,他在发刊词中宣称:"二十世纪是两种热潮的世纪,一种是广大的劳苦饥寒奴隶向一班寄生虫算账的热潮,一种是几十种被压迫民族向帝国主义算账的热潮,……两种热潮之合流终要把全世界洗刷一新。"12月23日,撰《"一二一七"与改组派及国家主义派》,揭露汪精卫改组派政府的内外政策"仍然和蒋介石政府的主张一样","一面抵抗一面交涉","真意当然是交涉而不抵抗";标榜"民主政治",不是"对于人民的民主",而是"国民党内部各派军阀官僚的民主",即"均权共治"。批驳国家主义派所谓"反动为静"和"跃出漩涡"的"埋葬学生运动"和"埋葬反日运动"的主张,指出学生运动"要自觉的转换其方向,即是集中其时间、精力和热忱于工人、农民和兵士方面来,……才能使反日运动进到更高的阶段"。(参见唐宝林、林茂生《陈独秀年谱》,上海人民出版社是1988年版)

刘仁静(刘镜园)8月1日在《读书杂志》第1卷第4—5期合刊发表《评两本论中国经济

的著作》。文中批评任曙《中国经济研究绪论》否认帝国主义妨碍中国工业发展,否认中国问题的中心是民族解放与土地革命,因此得出一些安那其(无政府主义)的结论。他又指责严灵峰《中国经济问题研究》有两个错误:不注意指出中国现有的封建剥削形式;不甚注意帝国主义妨碍中国生产力之发展。此外,也不认识帝国主义侵略中国,一方面相当地发展中国工业,但也保存中国的落后关系。12月5日,《热潮》周刊在上海创刊,由陈独秀与刘仁静、彭述之共同主编。(参见唐宝林、林茂生《陈独秀年谱》,上海人民出版社1988年版;王学典《20世纪史学编年(1900—1949)》,商务印书馆2014年版)

任曙既为中国托派组织"无产者社"主将,又是"动力学派"的代表人物,继续参加社会学史论战。1月15日,任曙所著《中国经济研究绪论》由中国经济研究会出版。作者主张:"不管你对于中国历史上的商业资本主义如何的估价,总不能不承认近八十年来中国才有急剧的变动,而这一变动的原动力便是帝国主义经济的入侵,由此才有新的都市以及外与世界市场内与穷乡僻野相联系的新式商业、新式农业、新式工业,以及金融经济。"认为"近代资本主义经济在中国取得支配地位,以及在全部中国经济生活中起了决定意义,不是由于中国整个资本主义内在的发展,而是因为帝国主义向中国输入商品的关系"。列强的入侵,破坏了中国的自然经济,使封建的生产关系彻底解体。"中国资本主义发展到了代替封建经济而支配中国经济生活的地步。"强调指出:"撇开帝国主义,中国的经济性质实无从谈起","帝国主义在中国经济中占最重要的地位,我们研究中国经济时、应当把它放在第一位,不能有丝毫的忽视";"中国资本主义问题是要从帝国主义问题去求解决的","当我们研究中国资本主义时,绝对不应当把整个资本主义中给它划分一个界限,认为这是国货的资本主义,那是洋货的资本主义"。此书以对外贸易的发展证明中国已进入资本主义阶段,从而得出中国社会已经进入资本主义的结论。

按:此书在1930年12月写成,1932年出修订版。(参见李勇《"中国社会史论战"对于唯物史观的传播》,《史学月刊》2004年第12期;李娟《中国社会史大论战的来龙去脉》,《中国社会科学报》2017年2月21日;王学典《20世纪史学编年(1900—1949)》,商务印书馆2014年版)

严灵峰作为"动力学派"的代表人物,继续参加社会学史论战。6月30日,严灵峰所著《中国经济问题研究》由新生命书局出版。严灵峰将其在《动力》上的两篇代表作《中国是资本主义的经济,还是封建制度的经济?》和《再论中国经济问题》,又加了一篇《我们的反批评》及《序言》,编成此书。作者以马克思的经济观点来分析中国经济。严灵峰认为,在方法论上,"必要懂得辩证的科学方法之应用于实际的研究上,以及对于抽象的政治经济学基本知识的深刻了解"。8月1日,所撰《在"战场"上所发见的"行尸走肉"》刊于《读书杂志》第1卷第4—5期合刊。(参见李勇《"中国社会史论战"对于唯物史观的传播》,《史学月刊》2004年第12期;李娟《中国社会史大论战的来龙去脉》,《中国社会科学报》,2017年2月21日;王学典《20世纪史学编年(1900—1949)》,商务印书馆2014年版)

王礼锡从日本回沪。4月1日,王礼锡、陆晶清、胡秋原等筹划的《读书杂志》创刊于上海,由神州国光社出版。编辑者为王礼锡、陆晶清,自第3卷第5期起改由胡秋原编辑。创刊号《读书杂志发刊的一个告白》指出:"我们的内容包括三点:第一是讨论读书的门径,第二是发表读书的心得,第三是沟通海内外各方面读书者的个人与集体的联络。"并宣称:"我们不主观标榜一个固定的主张,不确定一个呆板的公式去套住一切学问。资本主义的经济学说和社会主义的经济学说,一般地忠实介绍;革命文艺作家的作品和趣味作家的作品一样登载。我们这里的文字不统一于一个主张之下。我们尽管有思想的斗争,但编者并不偏袒斗争的那一方面以定取舍。因为我们不是宣传主张的刊物,而是介绍主张的刊物。我们这里不树立一个目标,而是为读者提供出已走过、正在走着或者想走去的许多途径。"《读书杂志》为一种政治与文化理论综合性月刊,主要撰稿者有王礼锡、陆晶清、胡秋原、陶希圣、朱其华、王亚南、郭大力、周谷城、彭芳艸、贺扬灵、汪洪法、彭信威、朱云影、朱伯康、朱新繁、杨玉清、周绍凑等。所载内容广泛,辟有经济讲座、书籍的介绍与批评、物观文学史丛稿、新心理讲座、社会讲座、科学讲座、论文、文艺论战、文学讲座、艺术讲座、文艺时评、译文、世界文坛消息、国际讲座、国外生活、读者之页,以及中国社会史的论战、中国社会性质的论战等栏目。《读书杂志》创刊后,以此为阵地,继续倡导展开中国社会史的讨论,由此形成"读书杂志派"。在1931—1933年的社会史论战中,主要由《读书杂志》为引领。在此期间,《读书杂志》先后刊出4辑"中国社会史论战专号",将论战推向高潮,盛况空前。

　　按:《读书杂志》至1933年9月1日出版第3卷第7期后停刊。

　　王礼锡、陆晶清编《读书杂志》第1卷第4、5期合刊"中国社会史的论战"专号为《中国社会史的论战》第1辑,于8月1日由神州国光社出版。王礼锡为本辑撰写《序幕》,一是分析社会史论战兴起的原因,指出各阶级学者为"确定或辩护他自己的阶级的前途",回答中国经济性质及问题;二是与科玄论战比较,点明此次论战的特点:论战各方"都是以唯物的辩证法为武器";三是提供了一个研究指南,归纳研究中以几个需要解决的问题作为参考;四是提供了一个论著目录,列举37种书籍,收集数十篇散见于各期刊中的论文。王礼锡还提出分工合作的计划。《中国社会史的论战》第1辑所录陈邦国《中国历史发展的道路》一文对郭沫若提出批评。他说:《中国古代社会研究》"流行甚广",但"研究中国历史,不能够呆板地把西洋史译成中文,而只嵌上一些尧、舜、汤等人物名称,就可以塞责的。反之,他的发展是受着特殊的自然环境与社会条件所限制,与其他各国不尽相同"。陈邦国称郭沫若为"是矗立在龟甲兽骨丘积上的名人",他"误认封建社会是直接由奴隶制度推移来的,所以在《中国古代社会研究》中铸下了大错"。朱新繁《关于中国社会封建性的讨论》主要是批评陶希圣的封建制度崩坏论,对其指出的封建制度分解的五个征象一一进行批驳,他提出,中国封建制度的破坏,始于19世纪下半期,即西方列强入侵以后,但至今封建残余在社会经济结构中依然占主导作用。孙倬章《中国经济的分析》试图折衷调和"新思潮派"和任曙、严灵峰的主张,认为在中国社会的现阶段,经济上资本主义占优势,而政治上的支配者为封建势力,"经济基础已经完全是资本主义的了,上层建筑只保存着无关重要的封建残余"。他以为中国社会的这种特殊状态可用"下层基础已变而上层建筑未变"来解释。

　　按:1931年至1933年,王礼锡主编的《读书杂志》先后策划出版四期"中国社会史的论战"专号,刊载了1931年至1933年朱伯康、陶希圣、王礼锡、胡秋原、王宜昌、李季、陈邦国、杜畏之等人讨论中国古代社会性质的文章,中国社会史论战形成高潮。社会史论战主要集中于三个问题:第一,奴隶社会是不是人类必经的社会阶段,中国历史上是否存在奴隶社会?第二,中国封建社会始于何时,终于何时?有何特征?第三,马克思所说的亚细亚生产方式是什么?亚细亚生产方式在中国历史上是否出现过?这些问题既是历史问题,也是理论问题;既是学术问题,也包含政治指向,因此需要理论与史料的高度融合,才能给出令人信服的答案。各种观点的论辩错综复杂,如果没有专门研究或了解,大概很难搞清楚其中的来龙去脉、是非曲直。(参见唐红丽《"中国社会史大论战"再回眸——访北京师范大学历史学院教授张越》,《中国社会科学报》2015年2月4日)

　　周谷城是年秋在暨南大学任教授兼历史社会系主任,参与中国社会史的论战。是年,周谷城《破坏农村经济的商业资本》刊于《读书杂志》第1卷第1期。所著《中国社会之变化》（又名《现代中国社会变迁概论》）由上海新生命书局出版。书中从革命的视角观察近代中国的变化，认为帝国主义的侵略逼出了中国的产业革命，而产业革命则引起了中国社会的根本之变。

朱伯康继续就读于上海劳动大学经济系。5月，所撰《中国社会之分析》刊于《读书杂志》第1卷第2期。6月，朱伯康从劳动大学经济系毕业。8月1日，所撰《现代中国经济的剖析》刊于《读书杂志》第1卷第4、5期。前文论证中国历史上的某些结构如"士大夫阶级官僚政治的系统"一直延续到民国时代，使中国"目前的社会还依然是殖民地化过程中的前期资本社会"，然后从对中国社会的这一定性，自然引出了中国革命"根本是反帝国主义的""又必须是反封建的"这一结论；后文运用马克思政治经济学的理论，同样旨在伸张"打倒帝国主义与封建势力双重压迫"的革命诉求。朱伯康从劳动大学经济系毕业时，恰逢陶希圣受聘于北京大学，便接受陶希圣的邀请，赴京担任陶氏之助教。其后，朱伯康淡出了意识形态色彩浓烈的社会史论战，转而趋向更加学术化的社会经济史研究。然因与陶希圣"合不来"，未能取得北大的正式教职。（参见严鹏《在历史与经济之间——朱伯康民国时期的思想理路及其现代价值》，《河北经贸大学学报》2016年第5期）

胡秋原从日本回国后在拥有十九路军背景的神州国光社任职，社长为王礼锡。胡秋原连续在《读书杂志》发文。所撰《欧洲文化艺之源流》《最近世界各国文坛之主潮》刊于《读书杂志》第1卷第2期；《贫困的哲学》刊于《读书杂志》第1卷第3期；胡秋原《最近世界各国文坛之主潮（二）》刊于《读书杂志》第1卷第3期；《贫困的哲学》刊于《读书杂志》第1卷第6期；《资本主义之"第三期"与日本暴行之必然性》刊于《读书杂志》第1卷第7—8期合刊；《黑格尔的艺术哲学》刊于《读书杂志》第1卷第9期。"九一八"事变后，胡秋原毅然放弃官费留学生学业，留在上海以文学作刀枪力主抗日，任上海大学教授、翻译。12月25日，胡秋原在《文化评论》创刊号发表社评《真理之檄》与论文《阿狗文艺论——民族文艺理论之谬误》《为反帝国主义文化而斗争》。其中《真理之檄》称"文化界之混沌与乌烟瘴气，再也没有如今日之甚了"，因此"自由的智识阶级"们开始承担批判的责任，并表示"完全站在客观的立场说明一切批评一切。我们没有一定的党见，如果有，那便是爱护真理的信心"。《阿狗文艺论——民族文艺理论之谬误》有几句因为屡屡成为对手批判的靶子而载入史册的名言是："文学与艺术，至死也是自由的，民主的"，"将艺术堕落到一种政治的留声机，那是艺术的叛徒。艺术家虽然不是神圣，然而也决不是叭儿狗，以不三不四的理论，来强奸文学，是对于艺术尊严不可恕的冒渎"。因此，"只有人道主义的文学，没有狗道主义之文学"。胡秋原自称"自由人"，一方面批评"民族主义文学"，一方面则对当时"左联"所领导的革命文学运动进行攻击，认为"将艺术堕落到一种政治的留声机，那是艺术的叛徒"。从而引发了左翼作家对他的批判，双方为此展开了激烈的论战，胡秋原也因此成为当时文坛上赫赫有名的"自由人"。《为反帝国主义文化而斗争》甚至打出"拥护马克思主义文艺理论"的旗号，主张"一切真正的马克思主义者联合起来，强化统一马克思主义文化战线"，"克服马克思主义阵营一切左右偏曲倾向"。

按：应该说，胡秋原的议论本来是针对民族主义文学而发，以文艺创作的自由为中心，反抗国民党的"政治霸权"，在客观上起到了与"左联"共同抗衡文化"围剿"的作用。但同时胡秋原也否定文艺的阶级性，激烈声称，"艺术虽然不是'至上'，然而也决不是'至下'的东西。将艺术堕落到一种政治的留声机，那是艺术的叛徒"。其反对文艺为政治服务的立场也就把自己推向了"左联"的对立面，立即引起了左翼作家鲁迅、瞿秋白、冯雪峰等的反击和批判，于是于次年进而形成"文艺自由问题"的论争。（参见徐春夏

《"左联"时期的瞿秋白与文学论辩》，《党史文苑》2006年第2期；吴晓东《从苏汶的视角观照："文艺自由论辩"重释》，《文艺争鸣》2016年第8期）

李季所著《胡适中国哲学史大纲批判》10月再版。为此，李季又特意补撰了一篇短序，指出："近十几年来，中国著述界发见一部万人赞赏的'大著作'，即胡适博士的《中国哲学史大纲》。这部书的价值到底怎样，除梁启超一篇几千字的评论外，简直没有人作过有系统的详细的估计。所谓'万人赞赏'，不过像戏院中捧场的朋友们，提起嗓子，一唱百和地叫几声'好，好，好'罢了！中国的所谓学者，尤其是所谓哲学家，对于这样一部风行全国和影响最大的著作，仅止于简单的叫好，而无详尽的批评，这不独对不起一般读者，并且也对不起作者，不独会使一般读者发生盲从的倾向，并且也会使作者发生矜夸的倾向，于是学术因磨砺而愈益进步的现象从此消灭了。"《序》中把"胡适热"的现象描画得入木三分，更对这一现象所产生的社会影响忧心忡忡。同时直截了当地说明了"反胡适"的理由，也说明了这部十万字的书评有何意义。11月，李季自传《我的生平》完稿，于次年1月由亚东图书馆出版发行。《我的生平》一书是在民国时代不多见的，体系完整、论理清晰、价值观明确的自传。这部自传的三分之一内容是"反胡适"，与《胡适中国哲学史大纲批判》内容相同。

按：李季《胡适中国哲学史大纲批判》10月再版短序中强调其"不独对于胡博士的《哲学史》从头至尾，加以解剖，且处处提出我自己的见解，与之对抗。所以这不仅是一种消极的批评，并且还是一种积极的主张，尤其是对于春秋战国诸子的阶级性，都有一种明白的分析，使他们学说的背景显露无余，为中国著作界的创举，可以供全国人士的参考。故特将此章的开端略加修改，目录中的小题重行增订，先与世相见；并希望胡博士和读者不吝指教，共同起来作一番热烈的论战，则中国学术界的前途，也许能因此放一线光明了"。然后李季意气激昂地把他在德国留学期间学到的辩证唯物论的观点和辩证法的方法，用社会发展的观点和阶级分析的方法，兼以古籍考证的方式，逐章逐条批评胡适《中国哲学史大纲》。据此，形成了一个框架明确、巨细兼顾的批判总纲，以十一个章节的规模，搭建出"反胡适"体系，将胡适推上思想史的"手术台"，剖析胡适思想，剔除时代弊病——李季手持辩证唯物论的"手术刀"，完成了一次看似纯学术批评，实则价值观批判的"大手术"。手术效果如何，似乎"中国病人"们并未太多回应，至今都还少有人论及。但在唐德刚的《胡适杂忆》中称，胡适晚年曾提到"批评我的书，李季写的还比较好"。（参见肖伊绯《李季自传"我的生平"：三分之一内容是"反胡适"》，《人民政协报》2013年12月19日；王学典《20世纪史学编年（1900—1949）》，商务印书馆2014年版）

常乃惪是年春曾因党务赴汉口。"九一八"事变发生后，中国青年党中央呼吁政党之间休战，一致对外。常乃惪主张以中国青年党党员身份公开从事救国宣传。某日在中山公园讲演"野战抗日"，为宪警干涉，在听众支持下得以完成演讲。次年年初《醒狮周报》刊出演讲全文。是年，撰写《社会科学通论》一书，继续发挥其"生物史观"的观点，至1935年由中华书局出版。（参见查晓英编《中国近代思想家文库·常乃惪卷》，中国人民大学出版社2014年版；顾友谷著《常乃德学术思想述评》，云南大学出版社2013年版）

陈启天将胡林翼、曾国藩、左宗棠全集中有关镇压太平天国的内容摘录出来，先在《铲共半月刊》上发表，后汇编成册出版，书名为《胡曾左平乱要旨》，供"围剿"红军的国民党军队参考。10月3日，陈启天在上海创办《民声周报》，并在创刊号上发表《我们的主张》，批评国民党政府的不抵抗主义和依赖国联的错误，并提出欲救国难的三大主张：一、对日断绝国交，立即宣战；二、对内废除一党专政，组织国防政府；三、民众自由集会，实行救国运动。陈启天认为只有对日作战才可使中国起死回生，并列举了七大理由：第一，对日作战才可以保全国家领土；第二，对日作战才可以改造民族精神；第三，对日作战可以消弭国内战争；第四,对日作战才可以防止国贼卖国;第五,对日作战可以转移青年的趋向;第六,对日作战才可以贯彻经济绝交;第七,对日作战才可以造成国际问题。《我们的主张》提出"政党休战"与"国防政府"的主张,表示愿与国民党合作,"一致团结,共御外侮"。但他一面主张抗日,一面继续持反共反苏立场。所以此文发表后,立即遭到了张闻天的严厉批判。(参见肖海艳《陈启天新国家主义与九一八事变后陈启天的抗日救国主张》,《井冈山大学学报》2013年第5期)

张群时任上海市市长。2月5日、6日《民国日报》载:张群在2月4日教育局长宣誓就职典礼上致训辞时说,现在办教育有"六滥""四恶""三害"。"六滥"是:学校滥、办学人滥、师资滥、教材滥、招生滥、升学滥。"四恶"是:教育成为私人工具;教育的结果非但不能造就人才而且埋没人才;办理学校的结果,非但不能提高读书欲望,而且可以无须读书;为社会多造了些失业分利的人,使国家元气大大丧失。"三害"是:害个人,害社会,害国家。(参见中央教育科学研究所编《中国现代教育大事记1919—1949》,教育科学出版社1988年版)

马相伯作为震旦大学的创始人,年届92岁高龄。1月1日下午3时,马相伯出席中国科学社新建明复图书馆开幕典礼及中国版本展览会开览式,由蔡元培主席,致开会词。马相伯、吴稚晖发表演说。3月19日,上海大同大学在新建体育馆举行创校二十周年纪念大会,到全校师生及各机关学校代表三千余人。校长曹惠群报告校史,董事长马相伯、校董蔡元培致训词,欧元怀、胡庶华等演说,末由校友会代表致祝词,学生代表致颂词。仲春,马相伯作《历代军事分类诗选》叙。9月18日"九一八"事变爆发后,马相伯改变自八十后"厌闻时事"的态度,积极宣传抗日,出任上海支援东北抗日义勇军协会领袖。所作《劝国人慰劳东北抗日军队》曰:"中国睡狮,酷爱和平。马占山一爪耳,似醒觉,似发动。全体国民与国民政府何时醒,何时动,全球之注视与裁判亦将随之而转移。敢问全体国民与华封九二老人同意慰劳东北之好男儿否耶?"11月21日,上海青年会教育部举办"如何解决东北问题"大学生演讲比赛,马相伯担任首席评判。交通大学刘旋天、沪江大学刘良模、法政学院王善祥获前三名。(参见李天纲编《中国近代思想家文库·马相伯卷》及附录《马相伯年谱简编》,中国人民大学出版社2015年版;高平叔编著《蔡元培年谱长编》,人民教育出版社1996年版)

邵力子在南京辞去陆海空军总司令部秘书长职,去上海任中国公学校长、复旦实验学校校长。2月2日晚,吴淞中国公学大学部发生学潮,难以解决,校董会特假沧洲饭店开临时会,董事长蔡元培及校董王云五、高一涵、刘秉麟、杨杏佛、丁燮音一同提出辞职。7日,教育部派顾树森、岑德彰、朱应鹏为临时接管委员,本日前往吴淞中国公学,将该校暂行接管,从事整理。14日,中国公学校董会,由教育部接管委员召集谈话会,先由顾树森报告接管经过,旋正式开校董会议,由蔡董事长主席,决议:接受于右任辞校长职,选举邵力子为校长,加推陈果夫、邵力子、潘公展、朱应鹏、吴开先为校董。19日下午,中国公学校董会开会,校董邵力子、潘公展、吴开先、朱应鹏、叶蔡初、朱经农、王云五、刘秉麟等到会,由蔡元培董事长主席。议决:指定朱经农为校董会秘书,并聘朱为副校长,补推潘公展为常务校董,胡适等校董辞职,挽留。5月10日,朱经农致中国公学董事长胡适信:"此次文理科教授变动最多,文史系方面新请教员,大抵为文学研究会中人,如郑振铎、李石岑、孙假工、施蛰存等,也还过得去。"8月1日,《申报·教育消息》报道《中国公学新聘教职员》,其中文学系教授:林玉霖、傅东华、胡哲谋、郑业建、伍蠡甫、周由屋、张守白、余楠秋、汪馥泉、顾仲彝、顾君义、郑振铎、李青崖、陈竺同、傅彦长、张世禄、储皖峰。12月,次子邵志刚任"少共国际书记",出国去西欧留学,遭"蓝衣社"特务暗杀,葬于意大利罗马。(参见晨朵《邵力子生平大事纪要》,《浙江师范学院学报》1983年第1期;高平叔编著《蔡元培年谱长编》,人民教育出版社1996年版;陈福康《郑振铎年谱》,三晋出版社2008年版)

　　罗隆基年初发表《我的被捕的经过与反感》一文,国民党当局认为是挟愤诋毁,要求光华大学撤销罗氏教授职务。1月5日,胡适到沪后为此事奔走。18日,写信给蒋介石的侍从室主任陈布雷,希望他稍稍浏览《新月》杂志所登谈论政治各文。然后"该'没收焚毁',或该坐监枪毙,我们都愿意负责任。但不读我们的文字而但凭无知党员的报告,便滥用政府的威力来压迫我们,终不能叫我心服的"。19日,胡适代光华大学校长张寿镛草拟《上蒋介石呈》。呈文称:"今有一事上陈,即教育部饬令光华大学撤去罗隆基教员职务是也。罗隆基在《新月》杂志发表言论,意在主张人权,间有批评党治之语,其措词容有未当。惟其言论均由个人负责署名,纯粹以公民资格发抒意见,并非以光华教员资格教授学生。今自奉部电遵照公布后,教员群起恐慌,以为学术自由将从此打破;议论稍有不合,必将蹈此覆辙。人人自危,此非国家福也。钧座宽容为怀,提议赦免政治犯,本为咸与维新起见。夫因政治而著于行为者,尚且可以赦免,今罗隆基仅以文字发表意见。其事均在十九年十二月三十一日以前,略迹原心,意在匡阙失。言者有罪(原稿如此),闻者足戒。揆诸钧座爱惜士类之盛怀,似可稍予矜全。拟请免予撤换处分,以示包容。刍荛之见,是否有当,伏乞训示祗遵。"

　　罗隆基3月27日致信胡适,谈新月书店拟出版的《现代文化丛书》,须请胡适撰《人文主义》一文。4月22日,罗隆基致信胡适,谈到彭基相在《新月》第3卷第5—6号合刊上发表的《文化精神》(意大利现代哲学家真提耳[Giavanni Gentile]所著《教育改造》中一节)受到闻一多等人的反对。信上说:"彭基相稿是志摩所介绍的。彭基相为何如人,我素昧生平。月刊出版后,一多、实秋及先生都同声反对,我始知此人一点底细。原稿,志摩说已经看过,且力言可登,从前《新月》又曾屡次发表过彭的文章,于是我就将原稿发刊。编辑人不看过稿子,将文章发表,自是荒谬。这里,志摩亦连累人了!"5月20日,罗隆基给胡适信,抱怨闻一多不给《新月》投稿。信中说:"月刊内容,的确不是我一个人的力量可以改进的。一班旧朋友,除先生的文章照样寄来外,都不肯代《新月》做稿。志摩、实秋、一多、英士、公超、上沅、子离、西滢、叔华、从文这一般人都没有稿来。一多、实秋前次来上海,都答应马上寄稿来,如今又毫无音信。编辑人有什么办法?旧人对《新月》内容不甚满意,这责任的确应大家负担,先生意如何?"同日,罗隆基在给徐志摩信中亦云:"月刊内容非大家负责不可。半年来,一多、实秋、英士、子离、上沅、公超、西滢、叔华等先生都没有稿来,你的稿亦可说太少。《新月》内容的退步,大家都要负责任的。"7月6日,罗隆基致信胡适,告新月书店本月内拟出书三四种,请早将《淮南王书》稿寄下。并告。对胡适增加书店股款千元,上海同人均极高兴。仍敦请为《现代文化丛书》撰写《总论》。同月,新月书店北平分店遭到当局干预。原因是《新月》3卷8期内又有讨论约法的文章触忌。罗隆基于8月6日致信胡适,问"新月书店北平分店事结果如何"即指此事。该信中说:"约法明明载着保护言论自由的条文,这次检查讨论约法的文章,的确是作法人犯法,法制绝望。"信中还提到,邵洵美与徐志摩等"为维持月刊营业计,主张《新月》今后不谈政治"。对此,罗氏不以为然,觉得"向后转未免太快,……新月的立场,在争言论思想的自由。为营业而取消立场,实不应该"。12月5日,罗隆基致信,告《新月》4卷1期出志摩纪念专号,希望朋友们每人撰一篇《我认识的志摩》。(参见耿云志编《胡适年谱》,福建教育出版社2012年版;闻黎明、侯菊坤《闻一多年谱长编》(增订

版),上海交通大学 2014 年版)

　　章渊若 4 月 9 日在上海《时事新报》发表《约法刍议》,首先发起对《中华民国训政时期约法》立法的讨论,认为"人权"二字不应在《约法》中出现,而应以"民权"代替之。罗隆基看到章渊若的文章后,即以"努生"为名在《新月》杂志第 3 卷第 7 期发表《人权,不能留在约法里?》,批驳章渊若的观点。5 月 23 日,章渊若读到罗隆基的批驳文章以后,在《民国日报》上发表《论"人权"》一文,对罗氏的批驳作出了反驳。罗隆基读了章渊若的《论"人权"》一文后,感觉到要解决"民权"与"人权"之争,关键还在于对"人权"的理解,于是在《新月》第 3 卷第 10 期发表《"人权"释疑》一文进行回应。他主张人权的实质是人权先于国家、先于法律而存在,国家是保障人权得以实现的工具。8 月,章渊若在读了罗隆基对人权的辨析以后,在《中央日报》上发表《再论"人权"》一文,对罗隆基的人权的认识给予反驳。9 月,章渊若编《国立劳动大学劳动季刊》在上海创刊,亦题《劳动季刊》为国立华北编译馆馆刊,由国立劳动大学编辑委员会编辑,国立劳动大学出版社发行,王景岐撰写《发刊词》,以"发展劳动界教育,提供普及农人工人文化,从事农工社会事业的研究与实验,谋取劳动者之解放,树立民生主义基础"为宗旨,发表有关中国农村社会问题的调查报告、社会主义理论、现代宪法与民生主义、马克思思想方法及社会学的批评等,以发表的有关劳工生活的文章尤具特色。蔡正雅、王景岐、唐庆增、孙晓楼、李权时、章渊若、陈振鹭、蒋学楷等担任主要撰稿人,并主持创办了报告、评论等栏目。

　　按:王景岐《发刊词》撰于 6 月 15 日。12 月,该刊出至第 1 卷第 2 期停刊。(参见杨添翼《近代中国制宪中的民权与人权之争——以章渊若与罗隆基的一场论战为例》,《现代法学》2010 年第 2 期)

　　施存统(复亮)与周伯棣合译日本石滨知行著《经济史纲》由大江书铺出版。"九一八"事变后,施存统毅然走出书斋,投入抗日救亡运动,发表政治论文和公开演讲。10 月 5 日,作《大海淤地应否划充学田》,刊于《绥远旅平学会会刊》第 2 卷第 4 期。是年,译日本阿部贤一著《新财政学》由上海大江书铺刊行;译日本上田茂树著《世界史纲》由上海大江书铺刊行;与钟复光合译日本田中九一著《苏联经济政策及社会政策》由春秋书店出版。(参见何民胜编著《施复亮年谱》,商务印书馆 2019 年版)

　　李石岑继续任教中国公学,因信奉尼采超人哲学和柏格森主义,撰成《现代哲学小引》《超人哲学浅说》《希腊三大哲学家》和《西洋哲学史》。

　　陆凯如继续在中国公学任教授,并在复旦大学、暨南大学兼职。2 月,陆侃如、冯沅君《中国诗史》由上海大江书铺出版。全书分三卷,上卷为古代诗史,由中国诗的起源迄于汉代;中卷为中代诗史,由汉末至唐代,以五七言古近体为主;下卷为近代诗史,由唐末迄清代,以词及散曲为主。卷首"导论"略述本书的材料及分期等问题,卷末有"附论",略述现代白话诗及无产诗运动。此为继王国维《宋元戏曲史》、鲁迅《中国小说史略》之后的又一部具有开拓意义的中国古典文学专著,是中国第一部诗歌史专著,出版后在学术界产生广泛而深远的影响,曾被鲁迅指定为重要的参考文献。

　　按:《中国诗史》原稿均为两人在大学任教时的讲义。"导论"、上卷和中卷为陆侃如编写,下卷为冯沅君编写。陆侃如、冯沅君在 1955 年为《中国诗史》新版所作序言中说:"这书初稿是在 1925—1930 年间写成的。那时我们一方面受了五四运动右翼'整理国故'的影响,一方面也一知半解地浏览了一些 1927 年以后翻译出版的左翼文艺理论书籍。"(参见付祥喜《20 世纪前期中国文学史写作编年研究》,北京师范大学出版社 2013 年版;王学典《20 世纪史学编年(1900—1949)》,商务印书馆 2014 年版)

　　姜亮夫继续任教于上海中国公学。1 月,萌发浓厚的史学兴趣,编纂上古有关史制、史事、史学、史官等方面的遗文，欲成《史考》一书。5月，《音学考》一书粗就。9月，代课于暨南大学，后辞去。同月，陶秋英考入燕京大学研究院，月底护送其北上，并借以考察了解华北、东北局势。11月，陶秋英随学校请愿至南京。又送其北归，留住于郭绍虞家，始作《历代名人年里碑传综表》，后于1935年由商务印书馆初版。（参见林家骊《姜亮夫先生年谱简编》，《职大学报》2012年第4期）

潘光旦继续任光华大学文学院院长。3月27日，潘光旦致信胡适，谈太平洋国际学会，请胡适撰写《中国人对于接受西洋文化之态度》一文，催请动笔。潘信中还提到预拟由新月出版《钝夫年谱》的事。同月，潘光旦在《人文》第2卷第2、3期发表《人文史观与"人治""法治"的调和论》，提出"以人为出发点，以人为归宿"的人文史观。5月，潘光旦开始主编《优生》月刊。9月15日，在《优生》月刊第1卷第3期发表《妇女解放新论——介绍英人蒲士氏的学说》。此文为本年11月出版的刘英士译著《妇女解放新论》的序言。原著为英国学者蒲士（Meyrich Booth）的《妇女与社会》（Woman and Society）一书，全面系统地批评近代以来流行的妇女解放运动。潘光旦对此书"细玩内容，触处都是'实获我心'之论"，感叹"我若有此材料，有此笔墨，我的志愿之一也就是要写这样的一本书"。潘序对于蒲士原著内容有扼要的介绍，并就其不彻底的地方略作补正。以此为导火线，此文引发了潘光旦与《女声》半月刊多个回合的激烈辩论。1933年6月出版的《女青年》月刊还刊发文章与潘光旦继续辩论。（参见吕文浩编《中国近代思想家文库·潘光旦卷》及附录《潘光旦年谱简编》，中国人民大学出版社2015年；耿云志编《胡适年谱》，福建教育出版社2012年版；王学典《20世纪史学编年（1900—1949）》，商务印书馆2014年版）

吕思勉继续任光华大学教授。1月7日、2月6日、12月27日，吕思勉致函胡朴安。3月，所著《理学纲要》由上海商务印书馆初版，此书为吕思勉1926年在沪江大学的讲义，梳理了理学的源流、派别及其对社会风俗的影响，并专门论述了理学名家的思想。4月，所撰《说文解字文考自序、后序》刊于《小雅》第5期。同月，所撰《读史通》（即《史通评》之《六家第一》《本纪第四》《世家第五》《称谓》等评述之节录，刊于《小雅》第5期；《书观堂集林胡服考后》刊于《小雅》第5期。7月5日，作《伍博纯先生逝世廿周年纪念词》，刊于11月4日《武进商报》。8月，所著《宋代文学》列入"百科小丛书"由上海商务印书馆初版。10月1日，应无锡国专教务主任钱基博之邀请，吕思勉去无锡为国专学生作《中国积弱之原因及挽救方策》的演讲。是年，在光华大学抗日救国会宣传部《抗日旬报》第4期发表《所谓铁路附属地者》。（参见李永圻、张耕华编撰《吕思勉先生年谱长编》，上海古籍出版社2012年版；王学典《20世纪史学编年（1900—1949）》，商务印书馆2014年版）

李登辉继续任私立复旦大学校长。6月22日，李登辉重新出席校务会议，但仍要求组织常务委员会，代表校务会议辅助校长处理校务。经投票选举，章益、钱祖龄、余楠秋、温崇信、吴颂皋组成常务委员会。"九·一八"事变爆发后，复旦民族与民主运动掀起新的高潮。9月21日，复旦大学全校师生2000余人在大操场举行国难纪念周大会，李登辉校长、金通尹秘书长在会上发表了慷慨激昂的演说。会议决定，通电全国，抗议日本帝国主义侵占东北，要求政府与日本断绝外交关系，收复东北失地。李登辉校长又召开校务会议决定，复旦大学成立军训委员会，由林继庸任主任、注册主任温崇信任副主任，将全校学生编入三个大队，并组建女生救护队，同时报请国民政府指派军事专家来校担任教练。22日，复旦发起成立上海市各大学学生抗日救国联合会。24日，复旦学生1400余人组成16个宣传队进行抗日宣传。28日，复旦师生在南京游行，要求外交部与日本断绝外交关系。11月3日，复旦学生义勇军与其他 8 所学校联合举行首次大检阅。8 日,复旦大学文学院师生组织宣传队赴苏州一带农村宣传抗日。19 日,复旦学生百余人组成"援马抗日团"北上抗日,在上海北站被阻。21 日,"援马抗日团"在苏州闹市茶馆酒肆进行抗日宣传。23 日,复旦学生赴军政部请愿投笔从戎。24 日,复旦、同济、暨南等 43 所学校万余名学生,组成"督促政府出兵团"抵京请愿。12 月 14 日,上海大学生抗日救国联合会组织各大学 6000 余名学生第三次赴京请愿,复旦的抗日救国义勇军走在队伍最前列,要求政府出兵抗日,收复失地。是年,由于李登辉校长接连遭到不幸,子女及妻子相继去世,悲伤过度,于是请金通尹担任秘书长,总理学校教学、行政等各种事务。(参见钱益民《李登辉传》及附录四《李登辉年谱简编》,复旦大学出版社 2005 年版;《复旦大学百年志》编纂委员会编《复旦大学百年志(1905—2005)》,复旦大学出版社 2005 年版)

孙俍工继续任复旦大学中文系主任。2 月,所编《中国文艺辞典》(原名《文艺辞典续编》)由民智书局出版。这是一部研究中国古典文学艺术的大型工具书。全书登载有中国历代文学家、艺术家的小传,文艺流派简况,诗词、戏曲、小说、绘画、雕刻、建筑、工艺美术、装饰艺术、音乐等各门类作品的情况,共 6600 余条,约 60 万字;还刊载了历代著名文学家、艺术家画像和优秀作品真迹的照相插图近 500 幅。正文后附有自先秦至民国初年的《中国文艺年表》和"索引"。与夫人王梅痕再次东渡,因"九一八"事变旋即回国,到南京国立编译馆任人文组编译,两年后辞职。(参见吴永贵《民国图书出版史编年:1912—1949》中册,社会科学文献出版 2018 年版)

赵景深继续任教复旦大学。3 月,赵景深与李小峰编辑《青年界》在上海创刊。同月,赵景深在《读书月刊》第 1 卷第 6 期发表《论翻译》一文,主张"与其信而不顺,不如顺而不信"。又在 7 月 6 日《文艺新闻》第 17 号、8 月 17 日第 13 号先后发表《与摩顿谈翻译》《翻译论之再零碎》,继续为自己辩解,并附和梁实秋攻击鲁迅"硬译"的论调,受到鲁迅的严厉批评。是年,赵景深《文学的起源》刊于《读书杂志》第 1 卷第 6 期;所译《儿童的诗园》由北新书局出版,《柳下》由开明书店出版;所著《现代欧美作家》由良友图书印刷公司出版;《1930 年的世界文学》由神州国光社出版。(参见鲁迅博物馆、鲁迅研究室编《鲁迅年谱》,人民文学出版社 1981 年版;张菊香、张铁荣主编《周作人年谱》,南开大学出版社 1985 年版)

郑洪年继续任暨南大学校长。春,遵照国民党中央执行委员会第 126 次常务会议决议,暨大成立新的校董会,董事成员有陈立夫、孙科、郑洪年等国民党中央委员,取代了原来由社会名流与学者组成的校董会,即要把暨大办成"三民主义化的华侨最高学府"。(参见张晓辉、夏泉主编《暨南大学史(1906—2016)》,暨南大学出版社 2016 年版)

陈中凡仍在暨南大学文学院任教,春,由于院务及自身的教学研究工作繁忙,致"失眠症发,艰于动笔"。因暨大建校二十五年校庆征文,乃"勉惯一稿以应命"。夏,《国立暨南大学创校廿五周年、大学成立四周年纪念论文集》《国立暨南大学文学院集刊》第 1、2 集相继出版。陈中凡所撰《清代三百年思想的趋势》等 4 篇文章刊载于其中。秋,《汉魏六朝文学》及《清晖山馆散文集》出版。后者含游记、传记、序跋、书牍四卷,多为 20 年代之作,其与陈衍、孙益庵、蒙文通等论学辩难的主要内容,在诸子群经以及音韵小学诸方面。是年,接徐志摩一信,因将离沪北上而谢聘。(参见姚柯夫编著《陈中凡年谱》,书目文献出版社 1989 年版)

沈钧儒继续任上海私立法学院教务长。1 月 25 日,出席上海律师公会春季大会,被推举为"建筑大会堂设计委员会"委员,并在改选执行、监察委员时,当选为第四届执行委员。7 月 21 日,上海《申报》载:与查仲坚、虞仲咸、张申之、许达夫等在全浙公会董事会上,当选为常务委员。9月,"九·一八"事变后,沈钧儒鼓励、影响和支持上海法学院同学参加抗日救国工作。支持"上海法学院社会科学社"派代表出席上海19个大专院校学生发起组织的"上海大学生联合会"。10月25日,出席上海律师公会执监委员联席会议,与李时蕊被推举起草致国民党"宁粤和平会议"电文:对时局发表意见,主张一致对外。该电题为"中华民国律师协会代电报告"。27日,与沈谦一起在上海200余名各大学教授致国民党"宁粤和平会议"诸中委的电文上署名,陈述意见,要求准备对日作战,组织国防政府,尊重人民权利。11月8日,出席上海律师公会执监委员联席会议。与陈则民、谭毅公、单毓华、陆绍宗5委员被推定审查李时蕊所提议案:"请采印李蔚石著《日本侵华痛史》一案"。同月,全家迁居西摩路(今陕西北路)643弄6号。

沈钧儒12月13日出席上海律师公会执监委员联席会议。受各大学抗日救国会的委托,向会议提出临时动议:希望律师公会对逮捕北上学生事件表示意见。会议经过讨论,议决由常务委员起草函请陈司令铭枢秉公办理,希望各方同上法律轨道,免致社会秩序又起纠纷。19日,与褚辅成等旅沪浙人发起成立浙江省国难救济会,被选为理事。22日,致电南京国民党中央四届一中全会,斥责当局"军警不抵抗外侮,乃推其刃以向青年",制造一次次学生惨案,指出:"夫教育在国家行政中,宜著眼未来。青年尤系种族强盛命脉,岂应任意摧残。务请提议,力加纠正,并确定以后教育方针。"25日,出席浙江省国难救济会第一次理事会。与褚慧僧、殷铸夫、沈田莘、朱铎民、高子白、朱劫丞、屈文六、钱新之、张申之、姚泳白11人当选为常务理事。此次会议议决事项中有:为锦州事件电国民党一中全会及国民政府,要求政府严令各军出兵防卫,并电请全国各团体一致督促政府。是年,与"革命互济会"关系日益密切,极力参与营救被捕革命人士,力图减轻被捕者判刑期限或设法保释。(参见沈谱、沈人骅编《沈钧儒年谱》,中国文史出版社1990年版)

邓初民任中国社会科学家联盟主席。这期间,他在上海暨南大学、法政学院、艺术大学和中国公学等校任教,讲授政治学和社会发展史,积极参加抗日救亡活动。10月,邓初民《社会进化史纲》由神州国光社出版。此书在"绪论"中探讨了"社会进化史"的意义和编制系统,并运用唯物史观将整个人类历史分为六个阶段,即先史时代、原始共产社会、奴隶制的古代社会、农奴制的中世封建社会、近代资本主义社会、社会主义社会。邓初民认为每一个社会阶段的内容体现在经济、政治、精神三个方面,故在叙述各阶段时都是从这三方面展开的。

按:《社会进化史纲》出版后颇受欢迎,1932年9月再版,至1949年8月,已出版了4版。但是当时也有不少人批评该书,如李建芳在《图书评论》1934年第10期发表《邓初民著社会进化史纲》,批评该书"把社会分作三方面(经济、政治、精神)叙述,形式上虽是整齐划一,事实上却是牵强至极",且"取材以欧洲的史实为限,而未提及本国的显例,尤足证其缺乏创作能力,只能对于外人的著作公然抄袭"。(参见王学典《20世纪史学编年(1900—1949)》,商务印书馆2014年版)

朱谦之从日本回国暂居杭州为浙江省府就经济方面的问题提供意见,从而注意研究历史学派经济学。8月,应上海暨南大学教授之聘,教授"历史哲学""西洋史学史""史学概论""社会学史"等课程。课余应民智书局之约主编《历史哲学丛书》。10月,丛书之一《黑格尔主义与孔德主义》完成,书中主要为译文,有朱谦之的《黑格尔百年祭》和《黑格尔主义与孔德主义》等文,渐渐形成朱谦之的一家言。12月,在《现代学术》第1卷第3—4期合刊发表《日本思想的三时期》。(参见黄夏年编《中国近代思想家文库·朱谦之卷》及附录《朱谦之年谱简编》,中国人民大学出版社2015年版)

陈柱继续任交通大学教授。4月,所著《老子与庄子》由上海商务印书馆出版,此为陈柱关于《老子》的第四部著作。10月,陈柱所著《中庸注参》由上海商务印书馆出版。(参见张京华、王玉清《陈柱学术年谱》,《广西社会科学》2007年第2期)

刘海粟8月14日奉教育部电促,偕夫人及傅雷离巴黎乘轮归国。9月19日,自欧归国抵沪,蔡元培设宴于威海卫路为其洗尘,刘海粟与黄宾虹、陈独秀、许寿裳、张大千、朱屺瞻、王个簃(贤)等应邀列席。同月,刘海粟撰《东归后告国人书》,报告欧游考察情况,提出整理与建立博物院、设立国家美术院、改善美术学校学制等关于改善中国艺术设施之"刍献"。11月,所著《中国绘画上的六法论》由中华书局刊行。12月6日,何香凝为抗日发起主办救济国难书画展,刘海粟与叶恭绰、张善孖、李祖云(秋君)、钱瘦铁等纷纷响应。(参见袁志煌、陈祖恩编著《刘海粟年谱》,上海人民出版社1992年版;杨雨瑶《叶恭绰先生艺文年谱》(上),《艺术工作》2019年第1期)

傅雷是年春始译《贝多芬传》,后应上海《国际译报》编者之嘱,节录精要,改称《贝多芬评传》,刊于1934年《国际译报》第1期。去意大利二月,应罗马"意大利皇家地理学会"之请,讲演"国民军北伐与北洋军阀斗争之意义"。秋,回国,抵沪之日,适逢"九一八"事变。11月,与刘海粟合编《世界名画集》,并为第2集撰写题为《刘海粟》的序文。冬,受聘于上海美术专科学校,任校办公室主任,兼教美术史及法文。编写美术史讲义,一部分发表于《艺术旬刊》。译法国Paul Gsel《罗丹艺术论》一书,作为美术讲义,未正式出版,仅油印数百份。(参见傅敏、罗新璋《傅雷年谱》,《新文学史料》1984年第1期)

黄宾虹仍任中园艺术专科学校教授。1月1日,以藏品参加中国科学社举办之中国书版展览会。1月,广东黄般若北游,道出上海,昕夕过从,为作《桂林山水图卷》。3月,安徽丛书编印处成立,被推为编审会会员,兼搜集版本常务会员。4月2日,参加艺苑第二届美术展览。5月14日至6月3日,游览雁荡山,与蒋叔南聚于仰天窝。7月,脱离神州国光社社务。9月10日,参与湖北水灾急赈会书画筹赈,受聘为征求委员。19日,安徽水灾救济会招待书画界名流,被推为主席,呼吁赈灾。21日,再次宴请书画家,会上分任画件,任捐40件。下旬,参加蔡元培为归国之刘海粟、傅雷洗尘宴会,在座有叶恭绰、陈独秀、许寿裳、张大千、朱屺瞻等。同月,《安徽丛书》第1期全书18册出版。10月,参加虞澹涵、唐冠玉组织之古今书画助赈。(参见王中秀编著《黄宾虹年谱》,上海书画出版社2005版)

张大千2月遵循曾农髯遗志,扶曾师灵柩回湖南衡阳老家安葬。归途中,登南岳衡山,观苍茫大地,兵乱纷纷,感慨系之,作《南岳》七律一首。4月,张大千与兄善孖以及郑曼青等人被选为中国画展代表,同时赴日本为中国在日画展审定唐、宋、元、明作品。在日期间,张大千与中日画家王一亭、钱瘦铁、横山大观等聚于横滨矶子海岸偕乐园,与园主结下了友谊。是时,日本艺界宴请中国画家。席间有日本人以酒挑衅。张大千与郑曼青作代表,以大碗盛酒,提出要一口气喝干不能中断。张大千与郑连饮数碗,致使该日本人甘愿认输。次日日报遂以"酒王张大千、郑曼青"为大字标题,报道了两国画界盛会。夏,张大千由日返国。9月,张大千与兄张善孖、郑曼青等人同为赴日中国画展代表。又与张善孖及门生张旭明、吴子京、慕凌飞再上安徽黄山。是年,吴江柳亚子对张大千兄弟再游黄山赠诗曰:"蜀国双髯并世英,元方磊落季方清。世间蛮触关何事?一笑黄山顶上行。"(参见李永翘《张大千年谱》,四川省社会科学院出版社1987年版)

夏敬观1月为龙榆生《东坡乐府笺》作序。2月,《汉短箫铙歌注》铅印出版,黄孝纾为序。3月21日,夏敬观赴郑孝胥晚宴,同席有陈允民、朱祖谋、许鲁山、刘佐泉、罗子经、袁思亮、陈祖壬、彭醇士、黄孝纾等。4月15日,夏敬观与陈诗、刘锡之访郑孝胥,时郑方自北京返。4月20日,夏敬观与袁思亮、袁荣法邀宴于林葆恒家,至者有郑孝胥、潘飞声、陈方恪、陈祖壬等。4月29日,夏敬观与王冷斋、汤斐予访郑孝胥。晚春,龙榆生招饮张氏园,夏敬观与朱祖谋、林葆恒、黄孝纾等作沤社集,各赋《汉宫春》以记其盛。4月,夏敬观以新著《汉短箫铙歌注》一册赠夏承焘。5月19日上午10时,夏承焘与邵祖平(潭秋)访夏敬观于寓所。立夏日,夏敬观与许崇熙、徐绍周、黄孝纾、陈祖壬集于袁思亮家,作饯春酒会。8月,陈衍偕陈柱尊、龙榆生来访,与陈衍不见已七年。10月10日,偕林葆恒、梁鸿志、徐绍周、彭醇士、黄孝纾、袁荣法游檀园,作沤社第十二集。重九,夏敬观偕林葆恒、林谦宣、徐绍周、梁鸿志、黄孝纾游吴中诸园,登虎丘、天平二山。是年,夏敬观撰成《忍古楼画说》《清世说新语》。(参见陈谊《夏敬观年谱》,黄山书社2007年版)

朱祖谋11月病重,以遗稿和校词双砚授龙榆生,请夏敬观为画《上彊邨授砚图》。后相继有吴湖帆、徐悲鸿、方君璧、蒋慧为等人为其绘《受砚图》。12月30日,朱祖谋卒于上海,享年75。(参见陈谊《夏敬观年谱》,黄山书社2007年版)

章士钊2月8日在上海雪园参加由蔡元培主持的中国笔会常委会,席间章行严谈了东北文艺近况。4月上旬,张学良在学校管理上进行了改革。东北大学学校领导改为委员制,由11人组成,其成员如下:委员长:张学良;委员兼秘书长:宁恩承;委员:袁金铠、刘尚清、臧式毅、张伯苓、章士钊、刘佰钊、杨毓桢、王卓然。还有一名学生委员,由东北大学学生自治会主席担任。凡属东北大学重大兴革事宜,都必须经委员会认真讨论而后实行。"九一八"事变发生,东北大学从沈阳迁往北平。章士钊离开东北大学赴上海,开设了律师事务所。为在上海站住脚,与上海的杜月笙相过从,而杜以利用章氏的名望来抬高自己,待他为"上宾",并聘之为法律顾问。11月19日,现代诗人徐志摩由南京坐飞机返回北平途中因飞机失事遇难后,章士钊撰写了《挽联——悼徐志摩》:"器利国滋昏,事同无定河边,虾种横行,壮志奈何齐粉化。文章交有道,忆到南皮宴上,龙头先去,新诗至竟结缘难。"(参见袁景华《章士钊先生年谱》,吉林人民出版社2001年版;郭双林编《中国近代思想家文库·章士钊卷》及附录《章士钊年谱简编》,中国人民大学出版社2015年版)

柳亚子3月以沈长公刻《长公吟草》成,为撰叙文。6月,儿子无忌在美国耶鲁大学得博士学位。旋赴伦敦,继续研究。"九一八"事变发生,何香凝自巴黎返国,柳亚子迎于舟次。因其介绍,始谒孙夫人宋庆龄于法租界莫利爱路邸第。何香凝创国难救护队,谋出关援助东北义勇军,组织后方理事会,自任主席,柳亚子任副主席兼经济部长。12月,为《何香凝画集》第二辑撰叙,谓"廖夫人客巴黎三载矣。辽沈沦陷,仓皇归国,将尽鬻所写画,得钱供反日救伤之用"。是年,恽代英被杀,作诗五首哭之。又撰《新文坛杂咏》十首,赠鲁迅、郭沫若、沈雁冰、田汉、蒋光赤、阳翰笙(华汉)、叶绍钧诸人。(参见柳无忌编《柳亚子年谱》,中国社会科学出版社1983年版)

黄炎培1月11日与蔡元培、刘湛恩、胡庶华、何炳松、王志莘、黄炎培等举行中华职业教育社评议员春季会议,听取江问渔等的社务报告。24日,黄炎培偕江问渔等至镇江黄墟,出席黄墟乡村改进区一周年纪念会,并演讲。同月,人文社创办的《人文月刊》出版。2月21日,黄炎培到苏州出席中华职业教育社在留园举行的专家会。会后,由蔡元培领衔,42人署名,发表《中华职业教育社专家会议宣言》。3月,中华职业教育社江恒源、黄炎培、潘文安赴日本考察职业教育。《教育与职业》杂志第126期出版专号发表考察报告。4月2日,黄炎培第三次游朝鲜。同行有江问渔、潘文安。25日,中华职业教育社举行春季评议会,江、潘二君报告此次考察东北、朝鲜、日本经过；对日本近来注意职业教育，改革中学学制，普及职业指导于中小学及社会各点，尤为详尽。11月23日，所著《黄海环游记》由生活书店出版。因"九一八"事变已发生，东北沦于敌手，"序言"中希望全体国民打倒恐慌、消极心理，积极团结起来，信仰科学，提倡科学，研究科学，各在本职上努力。（参见余子侠编《中国近代思想家文库·黄炎培卷》附录《黄炎培年谱简编》，中国人民大学出版社 2015 年版；高平叔编著《蔡元培年谱长编》，人民教育出版社 1996 年版）

邹韬奋继续主持《生活》周刊社工作。1月17日，《万象更新中的决心》《〈中大易长潮及其内幕〉附言》刊于《生活》周刊第6卷第4期。3月13日，黄炎培偕邹恩润商量"生活"前途。6月12日晚，穆藕初假座觉林宴请，同席者有黄炎培、杜重远、陈彬龢、邹恩润、江问渔、杨卫玉等，共商东北青年团结事。7月5日，杜重远假座功德林宴请，同席者有黄炎培、江问渔、杨卫玉、潘仰尧、邹恩润、李公朴、王志莘、毕云程、陈彬龢。商量在此时局下如何克尽责任。6日晚，公家邀请昨日诸人为杜重远、李公朴饯行，继续商量昨天的议题。7日晚上，10人再会餐功德林，成立华社，通过简章八条。9月20日，营口、安东、长春均被日军占领。朱子桥等招待就餐一品香，成立抗日救国研究会，到 36 人，假宁波同乡会为机关，议至6时始散。9月26日，在《生活》周刊第6卷第40期上，发表书评《读〈莫斯科印象记〉》，评论胡愈之著《莫斯科印象记》。10月，《小言论》第一集由生活周刊社出版。（参见邹嘉骊编著《邹韬奋年谱长编》，上海交通大学出版社 2015 年版）

王亚南1月与郭大力合译的亚当·斯密《国富论》（上卷）由上海神州国光社初刊。6月，所译日本高畠素之《地租思想史》由上海神州国光社刊行。"九一八"事变后，王亚南于是年年底愤然回国，在上海以翻译和教书为业。是年，王亚南"世界经济名著讲座"系列文章相继在《读书杂志》上发表，其中所撰《世界经济名著讲座》刊于《读书杂志》第1卷第1期；《正统派经济学名著》刊于《读书杂志》第1卷第2期；《世界经济名著讲座（三）》刊于《读书杂志》第1卷第3期；《封建制度论》刊于《读书杂志》第1卷第4、5期合刊；《略论经济学之基础并答辛茹君》刊于《读书杂志》第1卷第6期；《正统派经济学名著》刊于《读书杂志》第1卷第9期。（参见夏明方、杨双利编《中国近代思想家文库·王亚南卷》及附录《王亚南年谱简编》，中国人民大学出版社 2015 年版）

杨东莼年初在上海继续从事编译工作。6月11日，在东京为《本国文化史大纲》撰写序言，指出了本书取材的标准和编著、叙述方法等。8月，在上海北新书局出版专著《本国文化史大纲》。1933年、1934年两次重印。12月，遭国民党迫害，被捕入狱，后经友人营救得以获释，出狱后开始从事革命教育工作。是年，在《妇女杂志》第 17 卷第 1 期、第 3 期、第 4 期发表论文《评中国十九年来的妇女运动》《产业合理化与妇女问题》《产业合理化与妇女问题（续）》；在上海三联书店《读书杂志》第 1 卷第 6 期发表文章《评所谓读书运动》；在《民铎》杂志第 11 卷第 1 期发表论文《唯物论的认识论》。（参见周洪宇等著《杨东莼大传》之《杨东莼生平年表》，华中师范大学出版社 2014 年版）

张元济1月1日撰《昭德先生郡斋读书志》跋。6日，赴亚尔培路 533 号中国科学社明复图书馆，参观中国书版展览会。10日，胡适来沪参加中华教育基金委员会董事会议，探望张元济。12日，作书向胡适致谢。3月3日，张元济参加的商务印书馆修改公司章程起草委员会议定修改公司草案，准备提交董事会与股东常会审定。13日，日本熊本医科大学校长山崎正薰来访，谈及文字改革等事。18日，傅增湘抵沪，寓张元济寓所。5月24日，张元济赴上海市商会议事厅出席商务印书馆股东常会。同月，张元济被聘为中华职业教育社永久社员。6 月 15 日,商务印书馆出版《最近三十五年之中国教育》,由蔡元培、朱经农、廖世承、何炳松、黄炎培、高践四、俞庆棠、汪亚尘、吴蕴瑞、黎锦熙、吴敬恒等分别撰文,概述 35 年来中国之小学教育、中学教育、职业教育、民众教育、女子教育、艺术教育、体育、教育行政、新文化、国语运动、音符运动等之发展情况,张元济为该书题签。25 日,交通大学校长黎照寰致张元济书,感谢为该校兴筑工业馆捐款。7 月 18 日,致罗振玉、傅增湘、陶湘、王季烈介绍函,略谓:"敝友郑君振铎为敝馆《小说月报》编辑主任,平素研究吾国旧籍兴趣颇浓,现在拟赴故都一行,藉广闻见,绕道大连(王、罗两君添此语),亟欲晋谒台阶,藉聆清诲,嘱弟一言为介,尚祈延纳为幸。郑君素仰邺架珍藏宏富,倘蒙发箧(王君函此语删),俾饱眼福,尤深感荷。"8 月,《百衲本二十四史》第二期书《后汉书》《三国志》《五代史记》《辽史》《金史》五种出版,张元济有跋《百衲本二十四史·后汉书》等。是年,张元济被聘为影印宋版藏经会名誉理事。据该会致张元济函云:"我国仅存亡宋版藏经,希世之宝,于艺术为国粹,在佛教为法典,保存流通,允宜并顾。爰特组织影印宋版藏经会,于本月 9 日在上海开筹备会,通过会章"云云。该会名誉理事 36 人,具名为弘一、于右任、林森、唐少川、张难先、傅沅叔、戴季陶、印光、王晓籁、易培基、庄思缄、黄炎培、蔡元培、谛闲、李石曾、张菊生、陈铭枢、叶楚伧等。(参见张人凤、柳和城编著《张元济年谱长编》,上海交通大学出版社 2011 年版)

王云五继续任商务印书馆总经理。1 月 1 日上午 9 时出席"中社"开幕典礼,该社为中产阶级者的业余俱乐部,王云五与陈方之、徐永祚、潘光旦、何德奎、李孤帆、张潧如等所发起组织。10 日,王云五公布所谓《编译所编译工作报酬标准施行章程》26 条,并宣布至 6 月底为试办时期。商务印书馆编译所职工会反对王云五科学管理计划,印刷、发行、总务三所(处)职工会响应。1 月 15 日,商务印书馆编译所职工会在《申报》等报纸上发表《商务印书馆编译所职工会宣言》,"全体反对所谓绝对不合科学方法的新标准"。王云五遂撤回原案,仅实施对事物与财务之科学管理。2 月 2 日晚,王云五、高一涵、刘秉麟、杨杏佛、丁燮音校董以及董事长蔡元培出席假沧洲饭店临时召开的董事会,因中国公学大学部发生学潮,难以解决,校董会一同提出辞职。3 日,蔡董事长及王云五等董事联名具呈教育部引咎辞职。3 月 14 日,《申报》广告,商务印书馆发行各学术团体丛书,分为《世界丛书》《尚志学会丛书》《共学社丛书》《学艺丛书》《学艺丛刊》《图书馆协会丛书》《社会研究丛刊》《文学研究会丛书》《经济学社丛书》《经济学社社刊》《经济丛书社丛书》《教育改进社丛书》《教育改进社丛刊》《职业教育丛书》《职业修养丛书》《国语丛书》《科学社丛书》《上海戏剧协社丛书》等 19 个类别,近两百种书。3 月 16 日,《申报》广告,商务印书馆出版各大学及专科学校丛书,分为《北京大学丛书》《国立中山大学政治训育丛书》《国立武汉大学丛书》《武昌高等师范学校丛书》《国立中央大学丛书》《东南大学丛书》《北京师范大学丛书》《燕京大学丛书》《南京高等师范学校丛书》《南京高等师范学校丛刊》《厦门大学教育学院丛书》《大同大学丛书》《国立音乐专科学校丛书》《上海美术专门学校丛书》14 类。4 月,商务印书馆出版《四库全书总目提要》40 册。9 月 8 日,商务印书馆在《申报》广告,商务印书馆发行新出版的麦美伦教科书的中国版本,列出了采用该书作为教科书的国内大学 30 所,其中包括国立北京大学、国立清华大学、复旦大学、国立武汉大学等知名学府。9 月,商务印书馆为纪念创业三十五周年,编印《最近三十五年之中国教育》,王云五作《导言》,庄百俞作《三十五年来之商务印书馆》。(参见张人凤、柳和城编著《张元济年谱长编》,上海交通大学出版社 2011 年版;高平叔编著《蔡元培年谱长编》,人民教育出版社 1996 年版;陈福康《郑振铎年谱》,三晋出版社 2008 年版;吴永贵《民国图

书出版史编年:1912—1949》中册,社会科学文献出版 2018 年版)

何炳松继续任职于商务印书馆。1月,商务印书馆编译所职员因反对王云五改变原有建制和"编译工作标准章程",或辞职,或回原部工作,任新职的人员也接连辞职。职工会会员大会要求何炳松保持所长职权,并召开上海各界人士招待会,吁请支持。经调解,王云五宣布撤回"标准章程",编译所恢复原来建制。4月,何炳松与程瀛章等共同编写的英汉对照本《百科名汇》由商务印书馆出版。9月,《最近三十五年之中国教育》由商务印书馆出版,内收何炳松《三十五年来中国之大学教育》一文。12月,在《东方杂志》第 28 卷第 24 号发表《东三省的国际关系》。(参见鑫亮《忠信笃敬:何炳松传》,浙江人民出版社 2006 年版)

臧励龢任商务印书馆编辑。5月,臧励龢主编《中国古今地名大辞典》由商务印书馆出版,所收地名,上自远古,下迄现代,历代疆域地志、经史子集所涉地名及现代新起重要埠镇,均加搜罗。于古则详其因革,于今则著其形要、物产等。全书收录古今省、府、州、郡、县、镇、堡、砦、山川、名城、要塞、铁路、商港、名胜、古迹、寺观、亭园等各类地名,凡四万余条,二百五十万言。前有笔画检字表,编首列检字表,编末附全国铁路表、全国商埠表、各县异名表、四角号码检字表等。(参见吴永贵《民国图书出版史编年:1912—1949》中册,社会科学文献出版 2018 年版)

杜亚泉仍任职商务印书馆。10月,绍兴七县旅沪同乡会召开会员大会,通过新章,改用委员制。杜亚泉当选监委。是年,杜亚泉与商务印书馆高层的分歧已经比较大,并想用其一部分退休金偿还办学时的债务,两次提出请辞,但是馆方出于养老金的考虑未允。(参见周月峰编《中国近代思想家文库·杜亚泉卷》及附录《杜亚泉年谱简编》,中国人民大学出版社 2014 年版)

陆费逵继续任中华书局总经理。1月 16 日,中华书局在《申报》刊登教科书征文启事,征集内容包括"甲、小学国语读本教材""乙、教科书改良意见""丙、某某省特殊教材"三部分。3月 8 日,《申报》广告,中华书局发行与英文课本配合的"中华英语留声机片",全套五十片,连课本一册,附赠新版英华双解词典一部。4月,陆费逵以上海书业同业公会主席致国民政府,请放宽教科参考图书审查处分。7月 17 日下午 3 时,上海书业同业公会在西藏路一品香开常年大会,出席代表三十余人,主席陆费逵。由市党部代表王立德,及市商会代表陆凤竹致训词,旋由主席报告一年来办事经过,并推定周掬忱、沈继先二君复查收支账目,张能良君报告,会中筹备出版《图书月报》,为同业所有内容健全之出版物宣传,正由执委会计划办法,又议翻版书及书籍同名两案,决议交执委会详加讨论办理。8月,《中华书局图书月刊》创刊,为中华书局专供本局同人阅读的内部刊物,1932 年 12 月停刊,总出 13 期。9月 12 日,中华书局举行二十周年庆祝会。9月 11 日,《申报》报道 9月 9 日晚间中华书局廿周年纪念盛大庆祝会,总经理陆费逵因病未能出席,请编辑所所长舒新城代表参加。席间公推程石生致祝词毕,即由舒君代表陆费逵总理演说。(参见吴永贵《民国图书出版史编年:1912—1949》中册,社会科学文献出版 2018 年版)

张静庐脱离上海光华书局,另立上海联合书店。4月 10 日,在《申报》刊登《张静庐脱离上海光华书局启事》:"鄙人前与沈君松泉合办上海光华书局,业经数载。兹因鄙人另立上海联合书店,职务繁忙,势难兼顾。自民国二十年四月一日起,将上海光华书局完全让归沈君松泉独办。所有以前由鄙人具名发出之上海光华书局股款、临时收据及一切文字契约,均由鄙人分别自行处理。与上海光华书局及沈君无涉。特此登报声明。"4月 10 日,沈松泉在《申报》刊登《上海光华书局沈松泉启事》:"鄙人前与张君静庐创办上海光华书局,业经数载。兹因张君另立上海联合书店,无暇兼顾敝局职务,业自民国二十年四月一日起,将上海光华书局完全让归鄙人独办。所有以前由张君具名发出之上海光华书局股款、临时收据及一切文字契约,均由张君分别处理,与上海光华书局及鄙人无涉。特此登报声明。"(参见吴永贵《民国图书出版史编年:1912—1949》中册,社会科学文献出版2018年版)

史量才在9月1日的上海《申报》上发表《本报六十周年纪念年宣言》,宣布对申报馆进行第二次改革。

按:《申报》改革的主要措施有:一是调整现有业务。改革《自由谈》、恢复"读者通讯"、改进报纸编排等。二是改革经营管理机构。1932年成立"总管理处",下设各科,分别负责报馆刊物的发行、服务、推广等业务;1933年成立服务部,替读者订购其他书报。三是出版纪念刊物。1932年创办大型综合杂志《申报月刊》;1933年出版《申报年鉴》《申报丛书》《图画周刊》《中华民国新地图》等一系列书刊。四是发展公共文化服务事业。1932年创立申报流通图书馆,以推进民众的文化教育;1933年成立申报业余补习学校、申报新闻函授学校,培养知识青年。(参见周芳《1932—1935年申报月刊研究》,辽宁大学硕士学位论文,2011年)

葛绥成、盛叙功、李长傅、丁绍桓、顾因明、董文、刘虎如等发起的中华地学会1月在北平正式成立,先后加入会员达80余人,以联合同志研究本国地学为宗旨,旁及世界各国,不涉范围以外之事。

按:《中国地理学会发起旨趣书》说:"晚近学术之趋势,崇尚专门,中国从前言地学者,本包有天时地利人和三方面,至今天时地利,各有专精,竞着先鞭,力争上游。测天之学者,已有中国气象学会之组织,括地之学者,已有中国地质学会之组织,则以天时地利为基础而重视人文之地理学者,亦不可不有完密之团体,俾与气象、地质鼎足而三,以共肩中国地学研究之大任,此本会发起之旨趣一也。学会之组织,重在连络各地研究斯学之同志,以及与斯学有关之教育及学术机关,以共同建设一以学科为单位之中心,庶内部贡献有所集中,而对外观听较为齐一。上举气象、地质两学会,即循此旨,他如工程、物理,亦均循此进行。地理一学所包者广,热心从事者不乏其人,各大学近多设有专系,人才辈出;而所有地学团体稍觉偏于局部,未能普及全国,各方同志咸苦未得有一共同努力及集中发表之组织。中国在国际地理学会中迄今未及参加,在世界地理学贡献中,中国尚少足以代表全国有严格标准之出版物。凡此种种,均使吾人深感中国地理学者有会集一堂相与讨论之必要,合共有之心力,作斯学之前驱,此本会发起之旨趣二也。夫学术研究,讳言功利,然成绩既著,亦诚难掩。内政,外交,民生,国防,凡所举措,无不赖有地理研究为其根柢,中国幅员广阔,民族物产亦极繁颐,地理研究尤极重要。方今内忧外患交迫而来,生聚教训,条理万千。地理学之内容,包有气候学,地文学,地图学,生物地理,人文地理诸部分,地理学家所应为之工作,实罄竹难书。而公私机关及民间有识之士,深悉此中关键,欲对此方兴之地理学,扶持而长育之,视为新邦建设之一动力者,当亦不乏其人。徒以才力无集中之地,成绩少表现之文,人亦爱莫能助。倘有相当之组织,应获多方之赞助,此本会发起之旨趣三也。凡一种专门学会,固不必限于一地,往往因应环境,著其特长。惟地理学科兼重人文,故新兴之地理学会,会员应网罗各方,而会址似宜设于首都。北平之中国地学会为张相文先生等所创办,成立于前清宣统元年,为中国近代各学会最早者之一,对于历史地理尤多贡献。北平为数百年来之旧京,政治中心虽已南迁,文化中心仍推巨擘。吾人对于北平地学会,深望承其先业,继长增高,故国乔木,蔚为荣观。金陵新都,文物日进,四方学者所萃,中外观瞻所系,亦宜及时树立,建设一网罗全国之地理学会,以与既存团体携手并进,此本会发起之旨趣四也。近年以来同人等时受各方同志督促,以发起中国地理学会相嘱,卒以各地已有类似团体,京平沪粤均有雏形,深虞骈指,未敢轻发,迟回瞻顾,数年于兹,乃迩来往复详商,仍觉种种需要有如前述,仍恐棉力难胜,事赖众擎,爰欲纠合海内地理学家及科学家著作家对于地理学有深切之关怀者,共同发起此会,特专函恳请先生加入为发起人,以资倡导。(下略)翁文灏、竺可桢、张其昀同敬启,二十二年三月□日。"(原载1933年4月1日《方志月刊》第6卷第4期)(何志平、尹恭成、张小梅主编《中国科学技术团体》,上海科学普及出版社1990年版)

董任坚、马客谈、陈鹤琴、杨卫玉、刘廷芳、郑晓沧等323人4月18日至20日出席中华儿童教育社在上海举行的第二届年会,讨论中心为"儿童中心教育"。(参见中央教育科学研究所编《中国现代教育大事记1919—1949》,教育科学出版社1988年版)

　　谢无量2月任国民政府监察院监察委员。"九一八"事变发生后,谢无量、阿英等在上海创办《国难月刊》。谢无量主张改组政府,坚持彻底抗日。(参见刘长荣、何兴明《谢无量年谱》,《文教资料》2001年第3期)

　　叶青主办《二十世纪》月刊1月1日在上海创刊。此为综合性理论刊物,以思想批判为特色。最主要的工作是宣扬科学理论、批判胡适。2月,叶青在《二十世纪》月刊第1卷第2期发表《怎样做"文化运动"?——评胡适博士底理论》。(参见王学典《20世纪史学编年(1900—1949)》,商务印书馆2014年版)

　　王既知3月在上海《二十世纪》杂志第1卷7期上发表《价值论概观》与《李权时经济学批判》,对李权时的"劳力价值论"进行猛烈的批判。

　　李世璋任总编辑的《革命行动日报》4月在上海创刊,是中国国民党临时行动委员会中央机关报。

　　杜绍文毕业于上海复旦大学新闻系,留校任教,旋转入新闻界,任浙江《东南日报》主笔。

　　庄希泉在上海积极投入抗日救亡运动,并在菲律宾与爱国华侨王雨亭创办《前驱日报》宣传抗日反蒋。

　　张雷澄主持的《救国通讯》12月23日在上海创刊。

　　贺衷寒在上海创办《前途》月刊,刘炳藜主编。

　　姚蓬子在上海主编《文艺生活》月刊。

　　梁梓华5月10日在上海创办《戏世界》的戏曲日报,赵啸岚、刘慕之主编,刘菊禅、齐如山、李白水、周信芳、俞振飞、陈去病、程君谋等主要撰稿。

　　施蛰存3月受吴淞中国公学新任国文系主任、文理科学长李青崖邀请,到中国公学兼职文预科国文课教员,至6月就结束教学任务,不再被聘用。年底,水沫书店停业,改办欲转变出版方向的东华书店,仍由施蛰存、戴望舒做编辑。

　　艾芜因参加缅甸共产主义小组反对英国殖民统治的活动被捕,是年被英国殖民当局驱逐回国到上海。11月29日与沙汀联名,由艾芜执笔,写信与鲁迅先生,请教有关小说题材问题。12月25日,鲁迅先生回了信。

　　朱东润任复旦大学中国文学批评及写作课程,并于武大《文哲季刊》发表有关中国文学批评之研究论文,改任中文系教授。

　　姜亮夫5月在上海《青年界》第1卷第3期上发表《研究国故应有的基本知识与应具备的工具书》,推荐书目包括文字学8种,书目16种,历表年表类4种,地理沿革工具书3种,人名工具书2种。

　　萧公权7月16日在《教育评论》第59号发表《如何整顿大学》,认为我们要办大学,同时必须奖进学术,包括物质的与精神的两方面。

　　史良在上海开始执行律师业务,曾任上海律师公会执行委员。

　　张天翼加入中国左翼作家联盟,协助编辑《十字街头》等刊物。

　　穆木天到上海,参加中国左翼作家联盟,同年与任钧等发起组织中国诗歌会。

　　章泯在上海参加中国左翼作家联盟。

黄伯樵时任中国工程学会上海分会会长,是年带领会员林凤歧、顾毓琇、鲍国宝、张行恒、王纯善、陆法曾等人参加在德国柏林举行的"世界动力协会会议"。

王震、叶增铭、王孝赉等44人发起组织上海中国道德总会。

经亨颐在国民党四大再次当选为中央执行委员。"九一八"事变后,与何香凝、柳亚子、张大千等在上海组织"寒之友社"。

余粟、方柏康、陈承曾、周念先、聂光坡等人9月19日在上海发起成立中国殖边社,主要从事边疆地区的研究与边疆开发。

张瑞芝为会长的中国养鸡学术研究会6月在上海成立。

何家槐发起组织白虹文艺社,聘请李青崖、徐志摩、郑振铎、赵景深、沈从文、邵洵美等6人为指导员。社员有王一心、刘宇、孙佳讯、傅润华等。

陈抱一和杨秋人发起组织油画团体——一艺社,为上海艺术专科内的小型绘画社团,社员均为油画系的学生。

庞薰琹在上海昌明美术学校、上海美专任教。与张弦、倪贻德发起成立美术社团"觉澜社"。

江丰参与创办上海一八艺社研究所,举办暑期木刻讲习会。

胡蛮发起组织世界艺术学会,成员后多加入"北平左翼美术家联盟"。

郑午昌、叶恭绰、孙雪泥、贺天健、陆丹林、谢公瞻、马孟容、黄宾虹等人发起组织中国画会。

曾熙、李瑞清之弟子所组织曾李同门会,会员有张善孖、江一平、马企周、姜丹书、张大千等。

杨荫浏任圣公会联合圣歌委员会委员、总干事。

黄士英、贾希彦、徐午同等发起组织中国漫画研究会。

黎锦晖10月至11月在上海《申报》连续发表他自作词曲的歌曲三首:《义勇军进行曲》《向前进攻》《悼被难同胞》,是我国最早出现的救亡歌曲。

邰爽秋、程其保等人5月联络京、沪教育界人士,拟定每年6月6日为"教师节",并发表"教师节宣言",但未经国民政府承认。

马思聪回国,继续从事音乐教育和演奏活动,同时进行音乐作品的创作。

聂耳加入明月歌剧社,开始音乐艺术生涯。

林树森被推选为上海伶界联合会执行委员会主席。

舒绣文进入天一影片公司教国语。

周瘦鹃4月因中国第一部国产有声影片《歌女红牡丹》摄制成功,出版《歌女红牡丹》特刊,发表《提倡国产的有声电影》一文。7月脱离《中华》图画杂志社,由胡伯洲任主编。

梅益经友人介绍,到中国大学做旁听生,结识陈伯达、齐燕铭、唐守愚等。

邓拓转入上海政法学院学习。

顾廷龙毕业于上海持志大学,获文学学士学位。

张爱玲就读上海圣玛利亚女校。

贺绿汀入上海国立音乐专科学校,从师黄自学习作曲。

吴耀宗"九一八"事变发生后,在思想上十分热衷于唯爱主义,任《唯爱》季刊中文版编辑,后将其改为《唯爱》双月刊,共出版17期(1931年6月至1935年3月)。是年,发表《唯爱的定义》《积极的唯爱》《唯爱主义：唯爱的信仰》等文章。（参见赵晓阳编《中国近代思想家文库·吴耀宗卷》及附录《吴耀宗年谱简编》，中国人民大学出版社2014年版）

唐文治继续任无锡国专校长。1月31日，无锡国专召开校董会会议，出席者有穆藕初、华绎之、蔡其标、唐保谦（唐星海代）、蔡兼三、钱孙卿、杨翰西（钱孙卿代）、顾述之、高阳、钱基博、荣德生（蔡兼三代）、孙家复、陆仁寿等人，讨论新生资格呈部问题及上年度决算、本年度预算等事。同月，唐文治撰无锡国专校歌，请沈庆鸿编谱，并定"作新民"三字为校训，请校董华绎之书匾；《私立无锡国学专修学校丛刊》的"学生丛刊之一"和"学生丛刊之二"出版。2月1日，举行无锡国专建校十周年纪念会暨第六班第六届学生毕业礼，毕业张锡君、毛鹏基、冯书耕等17人。3月1日，陈中凡为无锡国专学生作《求学与读书》的学术演讲。8日，无锡国专行开校礼。唐文治编《礼记大义》数篇。4月，举行国文全体竞赛，核计平均分数最多之班，给以锦标、奖旗，并定以后每学期举行一次。5月，学生自治会《无锡国专年刊》出版，唐文治作序。6月3日，柳诒徵在无锡国专大礼堂作《治史事之管见》的演讲。第二天继续作《治史学之方法》的演讲。

唐文治6月为《国专校友会集刊》（第一集）作序出版。同月，举行第七班第七届学生毕业礼，毕业魏守谟等29人。7月，荣德生出资印行高攀龙《朱子节要》，唐文治作序。8月，招收第十班学生74人。考入第十班的学生中有周振甫，未及在无锡国专毕业，便于第二年进入上海开明书店工作。后一生从事古籍校注工作，主要著作结集为十卷本《周振甫文集》。同月，由叶长青介绍其师、同光体诗体领袖陈衍为无锡国专特约讲师。陈衍在无锡国专为学生先后讲授过《资治通鉴》、宋诗、《要籍题解》等课程。9月18日，"九一八"事变发生后，无锡国专学生会请求学校停课三天，并组织宣传队在无锡城厢进行抗日宣传。唐文治在学校膳堂悬挂"膳堂铭"："世界龙战，我惧沦亡；卧薪尝胆，每饭不忘。"9月24日，无锡学生抗日救国会成立，由无锡国专、江苏省民众教育学院、私立无锡中学和江南中学等13校组成。唐文治说："学生出于爱国热忱之行动，由其自决。"10月1日，上海光华大学教授吕思勉为国专学生作《中国积弱之原及挽救方策》的演讲。2日上午，唐庆诒为国专学生作《中日问题》的演讲。下午，复由无锡国专教授叶长青、党义教授邱有珍相继演讲。

唐文治10月于南洋中学建校三十五周年之际，为《南洋中学建校三十五周年纪念册》作序。11月7日，唐庆增在无锡国专对学生作演讲《从经济方面剖析东北事件》。14日，国际联盟会教育考察团成员培根和伦希维来无锡国专考察参观并作演讲。同月，唐文治命高福前往太仓浏河、毛市等乡调查。12月24日，无锡1300余名学生赴南京请愿，要求政府出兵抗日，唐文治亲送赴南京请愿的国专学生至校门口，以示支持。25日，马相伯在徐家汇寓所设宴招待江苏省国难救济会全体理事及其友好，有陈陶遗、沈信卿、穆藕初、金侯城、朱德轩、蒋维乔、黄炎培等二十余人，唐文治以唐庆诒代为出席。同月，马相伯发起成立江苏省国难救济会。唐文治作《新六国论》一篇，并著《国鉴》1卷13篇，以《新六国论》冠于首，以"痛陈利害""警醒人心"。年底，江苏省国难救济会马相伯、赵凤昌、韩国钧、沈信卿、唐文治、庄蕴宽、张一廖、黄炎培、李根源、徐鼎康等署名致电国际联盟"九一八事件"调查团中方代表顾维钧。是年，唐保谦次子唐星海创办庆丰纺织养成所，培养纺织专门人才，邀请唐文治到所演讲；唐文治与钱基博、许国风等为钱氏好友徐彦宽（薇生）集资刊刻遗稿《念庐丛刻》；唐文治作《克己为治平之本论》《废孔为亡国之兆论》《中庸篇大义》和《儒行篇大义》。

又为太仓王晋蕃所著《读经志疑》作序；为太仓邹闻罄所著《史学钩玄》作序。（参见陆阳《唐文治年谱》，上海三联书店 2013 年版）

钱基博钱编《国学文选类纂》5 月由商务印书馆出版。作者在序中用"新汉学"来称呼整理国故派，指出"新汉学"在当时谈国学者心目中的地位及其所以盛行的原因。在"新汉学"横扫学界之际，独有"丹徒柳诒徵，不询众好，以为古人古书，不可轻疑；又得美国留学生胡先骕、梅光迪、吴宓辈以自辅，刊《学衡》杂志，成言人文教育，以排难胡适过重知识论之弊，一时之反北大派者归望焉"。但作者也承认，自《学衡》创刊以迄于今，以"议论失据"及"东大内畔"之故。目前以"新汉学"派处于上风。钱基博又用"古典主义"与"人文主义"来判别"北大派"与"东大派"，并力言"学衡派"的"人文主义"优于"北大派"的"古典主义"，提出："'古典主义'者，国学之歧途；而'人文主义'，则国学之正轨，未可以一时之盛衰得失为衡也！"但一般人仍认为"新汉学"才是"国学之正统"。钱基博最后感叹道："'古典主义'者，特国学歧出之途，……论者乃以国学之正统目之，慎矣！"（参见王玉德《钱基博学术年谱简编》，载舒大刚主编《儒藏论坛》第 3 辑，四川大学出版社 2009 年版；王学典《20 世纪史学编年（1900—1949）》，商务印书馆 2014 年版）

吕凤子、齐白石、徐悲鸿、秦仲文、张书旂、王东培、舒石父、龙铁岩、胡小石、张大千、肖方竣、柳子谷等将书画作品捐赠给江苏省民众教育馆举办的赈灾书画展。

顾彦平联合苏州部分画家重组"怡园画社"，社员每十日聚会一次，进行艺术交流。该社最早由吴大澂和顾鹤逸发起组织，地点在顾之寓所"怡园"。

许幸之、胡琴荪、胡筘筌、胡逸民发起组织苏州左翼美术家联盟。

王企华任会长的茉莉书画会成立，由江苏苏州美专国画系学生发起组织。

杨建侯发起组织白浪画会并任会长，以杨的笔名为"白浪"而作社名，社员多是江苏无锡美专的学生。

邓邦述、蔡宝善、吴曾源、陈任、杨俊、林黻桢、亢惟恭、张茂炯、顾建勋、吴梅、王謇、黄思履、吴翼燕、赵万里等 11 月 16 日在江苏吴县创立消寒词社。

徐北汀与吴野洲、仲绍骥、吴嘉行等人在江苏吴江盛泽镇发起创设白马画社。

俞庆棠、高践四、李云亭、赵光涛等 8 人为江苏省立徐州民教馆筹备委员，赵光涛为筹备主任。

范烟桥任苏州东吴大学附中国文教员。

张道藩时任浙江省教育厅长。2 月 10 日，蔡元培致函张道藩，请为自费留学德国的朱偰补助官费，谓"朱君偰，为朱遏先先生希祖之世兄，自费留学德国，在柏林大学习经济，刻苦勤学，时有撰述。近因金价暴涨，私费不易维持，曾持校中成绩证书，请蒋公使移文浙省，请补官费，未知已荷察洽否？朱君才学，其可造就，还希量为设法，俾得递补官费，遂其好学之志，无任感荷"。3 月 27 日，蔡元培致张道藩函，略谓："张君梁任，在德国柏林大学习经济学，已历三载，现正预备博士论文；因金价奇涨，私费不支，甚盼公家予以补助，援何思敬、陈行叔辈例，给以考察费，庶几得竟学业。特此代为函达，还希俯念寒酸，察酌施行，至为感幸。"（参见高平叔编著《蔡元培年谱长编》，人民教育出版社 1996 年版）

陈训慈因病由南京中央大学返浙江故里。在《史学杂志》第 2 卷第 5、6 期合刊发表《清代浙东之史学》，内容包括"浙东史学之渊源""清代浙东史学之统系""黄梨洲之史学""万季野与明史""万氏考礼之学""全谢山文献之学""章实斋之论史与方志学""邵二云之史学"

"定海黄氏父子对古史之贡献""浙东史学之特色"等。此文被认为是清代史学史研究领域的重要论著之一,自此文之后,"浙东史学"被作为一个学术范畴被学术界接受。是年,陈训慈《中国近世史》由美丰祥印书馆印行。此书系作者的讲义,"起自明季之中西通商,迄道光中叶",共有十章。作者在《编余附记》中指出,"惟粗举凡要,略寻统系,聊为进研之初恍,未足语通史之义例。惟取舍之间,稍有通则,因果得失,偶陈管见"。

按:1933 年,《清代浙东之史学》一文在中央大学《史学》杂志上发表时更名为《浙东史学管窥》(参见王学典《20 世纪史学编年(1900—1949)》,商务印书馆 2014 年版)

童振藻迁至浙江杭州定居。7 月,在《岭南学报》第 2 卷第 2 期发表《钱江九姓渔户考》。作者"征考旧籍,咨谭近事",对钱塘江流域长期存在的"九姓渔户"之来历、姓氏、人口、船舶、生计、习俗等问题进行了探讨。(参见王学典《20 世纪史学编年(1900—1949)》,商务印书馆 2014 年版)

唐庆增任国立浙江大学经济系教授。11 月 7 日,在无锡国专对学生作演讲,讲题为《从经济方面剖析东北事件》。12 月,在上海《经济学季刊》第 2 卷第 4 期上发表《马克思经济思想与中国》,认为"马克思主义在中国不可行"。是年,唐庆增将其专研经济学理论和中国经济思想史的系列论文编为《唐庆增经济论文集》一书,由上海商务印书馆出版,马寅初为该书作序,赞誉此书是研究经济学的一本指南书籍。(参见陆阳《唐文治年谱》,上海三联书店 2013 年版)

马一浮 1 月 24 日致书曹赤霞,与之论学。信中提到与熊十力谈东西文化的不同之处,认为:"十力好谈东西文化之异点,弟随顺其言,谓若克实而谈,有东有西,即非文化。圣凡心行差别,只是一由性,一由习而已。东土大哲之言,皆从性分流出。若欧洲哲学,不论古近,悉因习气安排。故无一字道著。"同月,应肇安大师请,题《昭庆〈同戒录〉书后》。2 月 28 日,致书熊十力,与之论学。3 月,与夏承焘相识于邵潭秋席上。8 月,应沈瓞民之请,为其父钱塘沈竹礽著《周易易解》撰跋。是年,浙江大学教授罗膺中、讲师戴君仁及杭高教师程发轫向先生请益,先生与之一起研读宋明理学。(参见张雨晴《马一浮学术年谱整理(1911—1949)及其儒学践履活动研究》,贵州大学硕士学位论文,2019 年)

熊十力仍住杭州,与湖北三怪张难先(义痴)、石瑛(蘅青)、严重(立三)砥砺廉洁。1 月 2 日,熊十力复书马一浮,信中云先生能特举"成能""明智"二义,"深获我心,而明智尤为根本"。2 月 28 日,致书熊十力,与之论学。(参见郭齐勇编《中国近代思想家文库·熊十力卷》及附录《熊十力年谱简编》,中国人民大学出版社 2014 年版;张雨晴《马一浮学术年谱整理(1911—1949)及其儒学践履活动研究》,贵州大学硕士学位论文,2019 年)

朱生豪在之江大学参加抗日救国会,当选为委员,担任文书股工作,积极投入抗日救国活动。

钟敬文等继续主持中国民俗学会。7 月,钟敬文、娄子匡编辑《民俗学集镌》出版第一辑。

许竹楼发起组织西泠书画社于浙江杭州。

李叔同自温州过宁波,旋赴白马湖横塘镇法界寺。发愿弃舍有部律,专学南山,从此由新律家变为旧律家。

巨赞 3 月至杭州,由太虚大师介绍,依灵隐寺却非老方丈出家,当年于宝华山隆昌寺受具足戒。住灵隐寺一年多,开始研究法相唯识学。(参见黄夏年编《中国近代思想家文库·巨赞卷》及附录《巨赞年谱简编》,中国人民大学出版社 2015 年版)

毛泽东1月7日在上海举行的中共扩大的六届四中全会被选为中共中央政治局候补委员,其本人未出席会议。26日,毛泽东所著《兴国调查》一文中记载了当时江西中央革命根据地兴国县的一些教育情况。2月10日,毛泽东出席红军第一期无线电台训练班的开学典礼,在讲话中要求学员学好本领,为战胜敌人服务。3月7日,红一方面军发布经毛泽东修改的关于地方武装开展游击战争、配合红军主力歼灭敌人的通令,对地方武装详细而具体地提出扰敌、堵敌、截敌、袭敌、诱敌、捉敌、疲敌、饿敌、盲敌等十项任务和十种办法。12日,毛泽东为中央革命军事委员会总政治部起草关于怎样办《时事简报》的小册子,叙述了举办《时事简报》的意义、《时事简报》的内容和它的编写方法。春,在第一次反"围剿"胜利之后,第二次反"围剿"之前,毛泽东作《渔家傲·反第一次大"围剿"》词一首。4月2日,毛泽东以中央革命军事委员会总政治部主任的名义,发出《总政治部关于调查人口和土地状况的通知》,提出"不做调查没有发言权,不做正确的调查同样没有发言权"的口号。17日,毛泽东与项英、朱德签发中央革命军事委员会通令,决定在军委参谋部成立编辑委员会,叶剑英为总编辑。工作内容是,搜集中国红军英勇斗争的历史材料,介绍国际尤其是苏联军事作家的著述,发行不定期出版的杂志等。秋,毛泽东为培养红军干部,决定创办红军干部学校。10月下旬,中共临时中央致电苏区中央局,提出中华苏维埃中央临时政府由毛泽东任主席。

毛泽东11月7—20日出席在瑞金召开的中华苏维埃第一次全国代表大会,代表中共苏区中央局向大会作报告。大会依据中共中央关于宪法原则要点制定了《中华苏维埃共和国宪法大纲》,通过了《中华苏维埃共和国土地法》《中华苏维埃共和国劳动法》《中华苏维埃共和国经济政策》等法令,选出毛泽东、周恩来、朱德等63人组成中央执行委员会,宣告中华苏维埃共和国成立。11月27日,毛泽东在中华苏维埃共和国中央执行委员会第一次会议上当选为主席,项英、张国焘当选为副主席。在中央执行委员会之下组织人民委员会,作为中华苏维埃共和国中央行政机关,毛泽东被选为人民委员会主席,项英、张国焘为副主席。宣告中华苏维埃共和国临时中央政府正式组成,即日开始工作。同月,毛泽东为掌握乡一级苏维埃政权工作的实际执行情况,先后到江西省兴国县长冈乡、福建省上杭县才溪乡开展实地调查,并撰写《长冈乡调查》和《才溪乡调查》的报告。12月11日,毛泽东与项英等发表中华苏维埃共和国临时中央政府《为国民党反动派政府出卖中华民族利益告全国劳动群众书》。(参见中共中央文献研究室编撰、逄先知主编《毛泽东年谱(1893—1949)》,人民出版社、中央文献出版社1993年版;中央教育科学研究所编《中国现代教育大事记1919—1949》,教育科学出版社1988年版)

王稼祥1月任中共中央党报委员会秘书长和《红旗》《实话》总编辑。4月,被派往中央革命根据地,后任中国工农红军总政治部主任。11月,在中华苏维埃共和国第一次全国代表大会上当选为中央执行委员会委员,任中华苏维埃共和国人民委员会外交人民委员、中央革命军事委员会副主席。

徐特立是年春受毛泽东、朱德委派,随红军做宣传工作。3月,在瑞金开办师资训练班,招收苏区各地选派来的旧式小学教师200余人,学制为一个月。因陋就简,亲自讲授政治、算术、理化等课程。9月初,徐特立应毛泽东之邀,起草适合苏区实际情况的教育方案,并参与兴国县的教育工作,以期从兴国县获取经验,指导整个中央苏区。10月,徐特立在瑞金城北开办列宁师范学校,招收各级苏维埃政府选送的学生400余人,学制4个月。徐特立担任校长,兼做教务及总务方面的工作。11月7—20日,中华苏维埃第一次全国代表大会在江西瑞金召开,徐特立当选为中央执行委员会委员。12月1日,中央执行委员会发布第一号《布告》,宣布中华苏维埃共和国成立。徐特立任中华苏维埃共和国临时中央政府教育人民委员部副部长、代部长。是年,徐特立深入到兴国县的长冈、江背和毗邻的于都县部分区、乡进行调查研究,把做好调查研究,掌握实际情况,看成是做好工作的基础。(参见《徐特立年谱》编纂委员会编《徐特立年谱》,人民出版社2017年版)

周以栗、王观澜、杨尚昆、李一氓、沙可夫、谢然之、瞿秋白、任质斌等先后主持的红色中华通讯社11月7日在江西瑞金创建,每日编印出版《参考消息》(别名《无线电材料》)《每日电讯》。1937年1月在陕北瓦窑堡改名为新华通讯社。

邓小平、陆定一等主编的《红星报》12月11日在江西瑞金创刊。

陈剑翛12月任江西省政府委员兼教育厅厅长。

陈序经1月1日因在德国阅孙本文《中国文化研究刍议》一文,有感而作《东西文化观》一文初稿。4月,因病离德返国。同月,在《社会学刊》第2卷第3期发表《东西文化观》,借用西方社会学、人类学等基本理论,剖析中西文化异同,明确提出"全盘西化"论。5月7日,在《独立评论》第49号发表《人的文化与物的文化》。6月初,经荷兰、比利时、西班牙、意大利、埃及、锡兰、马来亚、新加坡、菲律宾、香港抵广州,任教岭南大学社会学系。曾应神学院院长龚约翰(J. S. Kunle)之邀,为神学院学生讲授一个学期的中国文化史。11月,在《社会学刊》第2卷第3期发表《德国社会学会》一文,谈出席德国社会学会第7次会议观感。(参见田彤编《中国近代思想家文库·陈序经卷》及附录《陈序经年谱简编》,中国人民大学出版社2014年版)

林砺儒被解聘,离开北平师范大学,应国立中山大学校长许崇清的邀请,赴广州,任中山大学教授兼教务长,教师范教育、教学法等课。

容肇祖继续任岭南大学国文副教授。7月,在《岭南学报》第2卷第2期发表《明冯梦龙的生平及其著述》《陈亮的生平》。在《岭南学报》第2卷第3期发表《明冯梦龙生平及著作续考》。(参见王学典《20世纪史学编年(1900—1949)》,商务印书馆2014年版)

蔡和森1月初与张国焘、张闻天和郭绍棠一起"商量回国事宜,讨论我们未来的工作计划",并请中央尽量考虑各人愿望给予安排工作。其中蔡和森想去苏区,同时推荐黄平驻共产国际,由郭绍棠协助工作。中旬,蔡和森偕夫人李一纯从莫斯科回国后,马上向中央提出请求到瑞金中央苏区工作,理由是自己没有搞过农民运动和武装斗争,希望有机会去学习锻炼自己。但没有得到批准。2月19日,中共中央决定恢复蔡和森的中央政治局委员资格,任命蔡和森为江苏省委宣传部长。3月25日,根据蔡和森本人要求,中央决定派他担任两广省委书记,以加强对两广党的工作的领导。两广省委机关只好设在香港。5月初,蔡和森抵达香港,接替李富春担任两广省委书记。6月10日,蔡和森出席海员工会的一次重要会议。中午时分刚到海委机关会场,就被叛徒顾顺章带特别侦缉队梁子光会同港警逮捕,同时被捕入狱的还有王克全、施湿等5人。党组织得到蔡和森被捕消息后,派李少石通过社会团体等筹集巨款,同港英当局联系保释。6月12日,蔡和森被港英当局秘密引渡给广东军阀陈济棠,在狱中受尽了严刑拷打,但大义凛然,坚强不屈,从容镇定地与敌人展开针锋相对的斗争。8月4日,蔡和森在广州被国民党执行枪决。9月10日,蔡和森的《论陈独秀主义》刊于《布尔塞维克》第4卷第5期,文中认为陈独秀主义"是中国革命运动工人运动中的机会主义和孟塞维克路线之典型的代表"。(参见唐宝林、林茂生《陈独秀年谱》,上海人民出版

社1988年版;参见李永春编著《蔡和森年谱》,湘潭大学出版社2008年版)

凯丰年初任团中央巡视员,不久任团广东省委书记,化名"开封",按谐音写成"凯丰"。5月因叛徒告密不幸被捕。后经党组织的努力,终于被营救出狱,担任团中央宣传部长和《东方青年》主编。

胡文虎在广东汕头创办《星华日报》。

司徒乔回国后,入岭南大学教西洋画。

陈焕文任主编的《穆民》杂志广州创刊,主要刊登有穆民言论、穆民译著、翻译经典、穆民文艺、天方故事、教义研究、穆民金玉、穆民消息等栏目。

华秀升继续任东陆大学代理校长。"九一八"事变之后,全国掀起了声势浩大的抗日救亡的运动。东陆大学师生同仇敌忾,成立了抗日救国会,改《东大月刊》为《东大特刊·抗日问题专号》,先后出版8期,用大量事实揭露日本帝国主义侵略中国的种种罪行,唤醒民众,一致抗日救国,表现了东陆大学师生的爱国主义精神。是年,东陆大学改科为院,改文科为文学院,设政治经济、法律等系;改工科为工学院,设土木工程系、采矿冶金系。大学专办本科,预科结束。邓鸿藩任文学院院长,何瑶任工学院院长,袁丕佑任图书部主任,赵家通任理化室主任。改编辑部为编辑委员会,陈复光任编辑委员会委员长,邓鸿藩、范师武等9人为编辑委员会委员。(参见《云南大学志》编审委员会《云南大学志》第2卷《大事记(1915年—1993年)》,云南大学出版社1993年版)

周钟岳任新成立的云南通志馆馆长,悉心擘画云南地方通志重新编辑整理。

张澜1月坚辞成都大学校长,遂于同月29日回南充原籍。5月26日,张澜以代理成都大学校长名义,致四川省政府函,对三大学合并表示赞成,并强调合并后的国立大学经费问题。同日,张澜以成都大学代理校长名义,呈行政院文,恳请行政院"令饬四川省政府并令军政部转饬驻川各军长,将应拨之成都大学经费实行照案全数划出",并由财政部的基层组织财政稽核各分所直接拨给成都大学,"不使再与军费牵混,致有积欠或截提之事"。其次,呈文认为,国民政府前大学院虽准予立案成都大学为国立大学,但当前三大学合并之议,"教育部至今尚未明令定成都大学为国立大学,名称不定,因而办理时生滞碍"。只要"国立"身份确定,将来如两校必须合并于成都大学,"其事固甚易也"。6月4日,成都大学毕业同学会,分别致电教育部、四川省主席刘文辉、四川善后督办刘湘,以张澜为该校创始人,众望所归,请予挽留。成都大学在校学生亦于本日成立"成都大学全体学生留张大会",进行挽张工作。

张澜下半年新学期受南充教育界人士推举,复任南充(县立)中学校长。10月1日,刘文辉召集会议,宣布成立"四川省政府整理大学委员会",刘自任委员长,张铮任副委员长。向育仁为事务所(办公室)主任,立即着手合并三大学事宜。16日,刘文辉正式任命吴君毅为国立四川大学秘书长,向楚为文学院院长,熊晓岩为法学院院长,魏时珍为理学院院长,邓胥功为教育学院院长,令其先到职接事。10月26日,南京教育部复电四川省政府,同意"所拟国立四川大学校名,成大原有盐款移作国立川大经费应予备案。陈转咨财政部外,特复"。11月7日,张澜在南充致函刘文辉等,略谓:"三大学合并,省去骈冗,极所赞成。惟经费除成大旧案六十万元外,必须增加,且使确定,而能独立,方足兴起四川教育,发皇西南文化,此关百年大计。须使规模宏远,不宜因陋就简,仅顺目前,特此奉陈、敬希垂察。"11月9日,合并后国立四川大学在皇城致公堂举行开学典礼。(参见谢增寿编著《张澜年谱》,群言出版

社 2013 年版）

蒙文通上半年仍任教于成都大学。3 月 28 日，蒙文通携家属抵成都。4 月，盐亭县设立修志局（县城西门外陕西会馆），聘杜佩绅任总纂，蒙文通父亲蒙君弼任副总纂，杜连漪任编纂员兼庶务。6 月 4 日，成都大学毕业同学会以张澜为该校创始人，众望所归，特电告教育部、四川省主席刘文辉、四川善后督办刘湘，请予挽留。同日，成都大学在校学生也成立"成都大学全体学生留张大会"，进行挽张工作。9 月 19 日，日本侵占东三省。蒙文通生日为农历九月十八日，非同日。然自此之后，蒙文通常言自己生辰为甲午海战那年 9 月 18 日那天。10 月 1 日，四川省主席刘文辉召集会议，宣布成立"四川省政府整理大学委员会"。刘文辉自任委员长，教育厅长张铮任副委员长，邓锡侯、田颂尧、向传义、尹朝桢、赵椿熙、熊晓岩（成大）、宋绍曾（师大）、向楚（公立川大）、叶秉诚（成大）任委员，着手进行三大学合并事宜。16 日，四川省府接收、合并成都三大学的工作告成。28 日，国立四川大学文学院委员会召开会议。11 月 6 日，中文院改为国立四川大学文学院第一分院，向楚任川大中国文学院院长。9 日，国立成都大学、国立成都师范大学、公立四川大学正式合并为国立四川大学，并于是日上午 9 点在四川大学礼堂（皇城致公堂）举行开学典礼。13 日，蒙文通因不满四川军阀强制裁并成都大学、成都师范大学、四川大学而愤然离校。远赴开封，执教于河南大学。同至者有卢前、李源澄等。成大国文二小时无人教，成大预科主任张翕拟请吴虞任之。（参见王承军《蒙文通先生年谱长编》，中华书局 2012 年版）

吴虞 1 月 22 日接待宋斗文来访，约吴虞明春担任外文院荀子文四小时。27 日，胡素民来访，请吴虞任大同公学文学史。6 日，四川大学外国文学院送来聘书。2 月 28 日，大同公学教务任文楷送来聘书。3 月 1 日，中国文学院送来课程表。3 日，成大送来课表，建中姚勤如送来聘书，退大同公学聘书与胡素民。7 月 6 日，吴虞作《范午〈张皋闻词选注〉序》。10 月 4 日，与九女吴柚作《日新其德说》文一篇。10 月 22 日，川报载，成大、师大、川大合并后之国立四川大学将于 11 月 2 日开课。11 月 1 日，刘北荣送来关聘，云 9 开课。聘云：敦请吴又陵先生为国立四川大学文学院中文学系教授，每周讲授中国文学 12 小时。11 月 6 日，国立四川大学来帖，请吴虞于 11 月 9 日参加开学典礼。11 月 21 日，作《〈中国文学院文科七班毕业同学录〉序》。12 月 20 日，作《说梅》一篇。（参见朱玉、孙文周《吴虞年谱简编》，《吴虞诗词研究与整理》附录一，河南文艺出版社 2016 年版）

卢作孚 3 月在北碚火焰山建立火焰山公园，后改为平民公园。6 月，卢作孚联合重庆各界人士，促使刘湘、杨森、刘文辉在重庆举行旨在结束四川内战、实现川政统一的三军长联合会议，并为会议撰写《四川的问题》的小册子，全面论述四川的政治、军事、教育、经济、交通、边务等问题。9 月，"九一八"事变发生，卢作孚发起成立东北问题研究会，唤起民众认识日帝侵略危机，呼吁民族团结抗日。（参见王果编《中国近代思想家文库·卢作孚卷》及附录《卢作孚简编》，中国人民大学出版社 2015 年版）

吴佩孚 7 月 20 日受成都国学会会长宋芝子邀请为会员讲《易经》，以"天德、王道、圣功"为提纲，归结为以"礼教救国"。（参见章恒忠、王亚夫主编《中国学术界大事记（1919—1985）》，上海社会科学院出版社 1988 年版）

宋育仁作《刘光第传》，收入是年付印的《富顺县志》中。12 月初五日，病逝，葬于成都东山。门人私谥"文康"。（参见王东杰、陈阳编《中国近代思想家文库·宋育仁卷》及附录，中国人民大学出版社 2014 年版）

成仿吾 9 月初经香港到达上海，在张闻天领导下工作。9、10 月，在上海参加左翼社会科学家联盟的工作,从事革命文化活动,与楼适夷办《白话小报》。此间,同阳翰笙等人有来往。10月底,奉中央指示去鄂豫皖根据地工作,同行还有宋侃夫、徐以新、任丙黄(任弼时弟弟)等5人。路线是从上海乘火车至徐州,转车到开封省委转关系,又经郑州到信阳,由信阳徒步到苏区罗山。11月7日,由罗山又步行到了鄂豫皖根据地首府新集。这一天新集正在开大会庆祝苏联十月革命节。到鄂豫皖后,成仿吾任省委宣传部长、省苏维埃文化委员会主席、教育委员会主任,兼红安县委书记。此间主持起草了《鄂豫皖省苏维埃文化委员会决议案》(草案),此件于次年5月10日印发各县。决议案(草案)首先强调了整个文化教育工作的重要,指出工农群众在得到政治经济解放之后,必须实现文化上的完全解放。在学校教育问题上,强调了教师、教材和组织管理的重要,反映了成仿吾早期的教育主张。是年,成仿吾着手主编列宁小学课本。(参见中央教育科学研究所编《中国现代教育大事记1919—1949》,教育科学出版社1988年版)

蔡尚思是年起在武昌华中大学任教,与几位学生秘购马克思主义理论相关书籍约100种,互相借阅,也是在那时,他接受了马克思主义新理论新方法,治学水平上了一个新的台阶。1月,蔡尚思所著《中国学术大纲》由上海启智书局出版。此书分"首部""中部""后部"三部分;"首部"论"国学之定义及分类""至底限度之国学书籍及其研究次序","中部"论"中国文字学""中国文学""中国史学""中国哲学","下部"论"四学大家之分比及其总比""中国文化与世界文化""字文史哲四学之比观"。书末附有"学术革命"述评。

按:蔡元培曾评介说:"蔡君尚思精研国学,所著《中国学术大纲》一篇,内容丰富,且多新见解。"(参见王学典《20世纪史学编年(1900—1949)》,商务印书馆2014年版)

苏雪林接受安徽省立大学校长杨士亮之聘,赴安徽大学教授文化史课;同年受聘于武汉大学教授。

张慰慈继续任职于安徽大学。因其政治学著作影响颇大,于是以1930年出版的三部著作为基础删减而成简便读本《政治学》,由商务印书馆出版。是年,张慰慈译成英国政治学家詹姆斯·布赖斯的《现代民治政体》。(参见李源编《中国近代思想家文库·张慰慈卷》及附录《张慰慈年谱简编》,中国人民大学出版社2015年版)

康德、熊伯鹏、朱德龄、田意如4月1日在湖南长沙创办《晚晚报》。

黄士衡辞湖南教育厅长职,任湖南大学校长。

曹典球12月兼任湖南省政府教育厅厅长。

万籁声在湖南办国术训练所,任所长。

俞剑华在湖南、湖北发生水灾后,连续三次举办个人画展,将义卖的全部收入赈灾。

林文庆继续任厦门大学校长。6月23日,中华教育文化基金会董事会批准自1931年8月起,补助厦大理学院、教育学院每年3万元,以3年为期。7月6日,与中华教育文化基金会联合举办第二次"暑期生物研究会"。8月,因受世界经济危机的影响,陈嘉庚公司被迫接受债权银行的条件,改组为股份有限公司。公司对厦大、集美两校拨付的经费,每月限5000功币,折合国币7000余元,但陈嘉庚依然竭力支撑厦大校费。9月30日,"九一八"事变后教职员及学生分别组织的"抗日救国会"正式成立。11月12日,以厦大地下党组织为领导核心的"厦门学界反帝大同盟"正式成立,决定以"彻底打倒一切帝国主义,推翻一切帝国主义在华统治,求中国民族之独立"为宗旨。11月30日至12月30日,厦大学生先后组织"赴粤请愿团"及"赴京请愿团",在丁作韶教授率领下,赴广州、南京请愿,呼吁一致对外,团结

抗日。(参见洪永宏编著《厦门大学校史》(第一卷),厦门大学出版社 1990 年版)

林惠祥任福建厦门大学历史社会学系主任、教授。是年,卢作孚采集、林惠祥编述《猡猓标本图说》由江苏南京国立中央研究院社会科学研究所刊行。

朱君毅任教厦门大学,融合历史学与地理学并借助统计学进行中国历代人物之地理的分布研究,著成《中国历代人物之地理的分布》,厦大教育学院院长孙贵定博士列为教育学院研究丛刊之一,并拨用中华教育文化基金董事会补助费刊印多本,以资赠送。复承中华书局总编辑舒新城允由该局出版。此书《弁言》谓"在探求中国历代人物之地理分布及其移动之趋势,因而追寻数千年文化变迁之途径"。

梁漱溟年初在山东邹平。冯玉祥部将领韩复榘先为河南省政府主席,冯玉祥部西撤入关中时,韩复榘脱离冯而东进,蒋介石以中央政府名义任命其为山东省政府主席。河南村治学院结束后,原副院长梁仲华去济南向韩复榘作报告,韩复榘即面邀村院同人到山东来继续未竟之志,商定院址设在邹平。梁漱溟与村治学院一部分同人、学生到山东邹平,开始筹备工作。梁漱溟与梁仲华等同人商议,不沿用"村治"或"乡治"两词,提议用"乡村建设"一词,并改学院为研究院,此即"山东乡村建设研究院"名称的由来。为了把理论研究和具体实验有机地结合起来,院内分设研究部及乡村服务人员训练部,并以院址所在地之邹平县地区为实验区之一。推梁仲华先生为研究院院长,梁漱溟为研究部主任。实验县政府隶属研究院,县长人选由院方提名而省政府任命之。邹平县因此成为乡建实验区。6 月,山东乡村建设研究院正式成立,后又在菏泽建一分院,以菏泽为实验县。

梁漱溟 6 月撰写《山东乡村建设研究院设立旨趣及办法概要》,其中所设计的理想的新社会,应是:一、农业、工业依乎顺序适宜配合;二、乡村为本,都市为末;三、人为主体,人支配物而非物支配人;四、伦理本位合作组织,不落于个人、社会两极端;五、政治、经济、教育三者合一不分;六、理性代武力,教育居于最高领导地位。随后又撰《村学乡学须知》,谓"本县整个行政系统悉已教育机关化,应知以教育力量代行政力量"。8 月,撰《敬答严敬斋先生》。9 月,在《村治月刊》第 2 卷第 5 期发表《我们政治上第二个不通的路——俄国共产党的路》,这是继去年发表的《我们政治上第一个不通的路——欧洲近代民主政治的路》而写的政论文章,系统地阐明他当时对中国社会的认识和"第三条路"。10 月,在天津《大公报》发表《对于东省事件之感言》。(参见李渊庭、阎秉华编著《梁漱溟年谱》,商务印书馆 2018 年版)

杨振声继续任青岛大学校长。1 月,胡适应邀到青岛大学讲学,演讲的讲题是《山东在中国文化里的地位》,就地取材,实在高明之至,对于齐鲁文化的变迁,儒道思想的递嬗。2 月 24 日,杨振声主持校务会议。会上决定由赵太侔、梁实秋和陈命凡组成审查委员会,审查本年度预算;将教育学系扩充为教育学院,下设教育行政系和乡村教育系,黄敬思任教育学院院长兼教育行政系主任,谭书麟任乡村教育系主任。同日,由杨振声倡办的《国立青岛大学周刊》创刊,除报道学校重要活动和重大兴革外,有四版是图书专栏,及时介绍新书消息、内容和有关评价。5 月 4 日,召开师生员工大会,杨振声在会上发表讲话,对青岛大学办学方针、任务、发展方向及教学上存在的问题作了概括阐述。同日,国立青岛大学《图书馆增刊》创刊,梁实秋题写发刊词。学校现有中文图书三万余册,外文图书八千余册。并成立图书管理委员会,由教务长、各院院长、图书馆馆长、主任及教授若干人组成,图书馆馆长梁实秋担任主席。14 日,召开校务会议。会上提议修正学校组织规程和学生助学金规则,决定由赵太侔、黄际遇、刘本钊、谭天凯、梁实秋五人组成训育委员会。同月,设立奖学金制度并公布试行办法。

杨振声6月前往北平,在平期间晤徐志摩等文艺界友人。8月,接受胡适、徐志摩推荐,聘沈从文任讲师。沈于本年秋来青大,主讲"小说史"和"散文写作"。青岛虽地势起伏,但少高山峻岭,附近崂山为海滨一大名胜,杨振声同闻一多、梁实秋、沈从文等多次同往游览。9月18日,"九一八"事变引起全国震动。随政局动荡,此后校内矛盾重重,繁杂棘手。不久,平津学生纷纷罢课南下请愿,各地响应,国立青岛大学学生也大受影响。30日,国立青岛大学部分师生开展救国活动。但由于国民政府寄望国联,几天之内连失东三省,平津、华北也告危急。国联虽召开数次会议要求日本撤兵,但由于英、法、美、苏等国各出于自身利益考虑,致使国联决议毫无约束力。10月1日,国立青岛大学成立反日救国会,由教育学院学生李仲翔(后改名李林)任主席,选出15人组成执行委员会。校长杨振声等也被选为执行委员,统一组织开展抗日救国活动。

杨振声11月19日半夜接山东教育厅长何思源紧急电报:"志摩乘飞机在开山失事,速示其沪寓地址。"杨振声因不清楚徐志摩上海地址,遂写一函,派人送往梁实秋寓所。当晚,沈从文搭车赴济南。11月22日,日军向辽西重镇、东北边防军司令官公署所在地锦州发动进攻,侵略事态进一步扩大。国民党政府手足无措,于26日向国联提议将锦州划为"中立区",遭到全国强烈反对,各地学生纷纷到南京请愿。其时,南京教育部责令各校劝阻学生南下,杨振声作为国立青岛大学校长,不得不执行命令。30日,国立青岛大学学生反日救国会召开大会,决定组织青年学生179人赴南京请愿,人数占在校学生近八成,并联名请假。杨振声与学校几位领导也参加了本次学生大会,在会上说青岛环境特殊,爱国不应超出学校范围,因此前青岛《国闻》周刊刊登"九一八"事变消息后,报馆竟遭日本浪人纵火,国民党青岛市党部也被焚毁。梁实秋也说今非昔比,国联的仲裁定会使公理战胜强权,但均遭学生群起辩驳。同日,召开校务会议。会上,杨振声提出并批准13名东北籍学生离校投军的请求,同时保留其学籍,并决定拟去南京请愿的学生人数要在30人以内,届时须由教务处核准,并决定举行抗日救国周。12月1日,北大学生南下之后,青大学生也立即与平津学生采取统一行动,请愿团179名学生在未获准假的情况强行南下。2日晨,由杨翼心(杨希文)、魏少钊为领队的请愿团乘车抵济后转车南下。杨振声等学校领导劝阻无效。在此进退两难境地中,杨振声随即向教育部提出辞职。教育部电复挽留,辞职未准。17日,杨振声主持召开校务会议。以本校抗日救国组织赴南京请愿团不遵守校务会议决议为由,决定给该会常务委员五人以处分。随后贴出布告,引起学生强烈不满。(参见蓬莱市历史文化研究会主编、季培刚编注《杨振声编年事辑初稿》,黄河出版社2007年版)

闻一多接王献唐1月15日发自济南的来函。20日,徐志摩主编的《诗刊》创刊号在上海出版,其中发表了闻一多的诗《奇迹》。徐志摩在《诗刊·序》中说"我们要说的奇迹是一多'三年不鸣,一鸣惊人'的奇迹",指的即此诗。25日中午12时,胡适抵青岛,与杨振声、梁实秋、杜光埙、唐家珍(医生)到码头迎接,送至万国疗养院下榻后,即至顺兴楼午餐。晚,闻一多与杨振声、梁实秋及邓仲纯、秦素美、方令孺、陈季超、周钟麒、蒋右沧、谭声传等,复在顺兴楼举行欢迎胡适晚餐。胡适说:"我同一多从不曾深谈过,今天是第一次和他深谈,深爱其人。"胡适来青岛,除与闻一多、梁实秋商议翻译莎士比亚著作事,并应邀在青岛大学作中国文化里的地位的讲演。26日下午,闻一多与梁实秋访胡适。他们谈到《莎士比亚全集》翻译事时,胡适说:"他们都很热心",商谈结果"大致是决定用散文,但不妨用韵文试译几种，如'Tempesi'（《暴风雨》）之类。我提议邀几个人试译几百首英国诗，他们也赞成"。27日中午，闻一多等请胡适在顺兴楼吃饭。晚餐前，胡适与闻一多及杨振声、梁实秋谈，欲请他们到北京大学任教。当晚，胡适离青岛赴济南，闻一多与杨振声、梁实秋、周钟麒、杜光埙、方令孺、秦素美、蒋右沧等至火车站送行。

闻一多与梁实秋2月13日写信给胡适。信中附有梁实秋草拟的翻译莎士比亚著作之计划，这当是闻一多与梁实秋共同商定的。29日夜，闻一多致信陈梦家。后以《谈商籁体》为题，刊于上海《新月》第3卷第5—6号合刊。25日，为费鉴照论文集《现代英国诗人》作《现代英国诗人序》。同日，胡适复闻一多、梁实秋信，主要谈及翻译莎士比亚著作的计划。信中提出：拟请闻一多、梁实秋、陈通伯、叶公超、徐志摩五君组织翻译莎翁全集委员会，并拟请闻一多为主任。3月25日下午3时，闻一多与梁实秋、赵太侔、汤腾汉、皮品高等出席青岛大学图书委员会第一次会议。讨论内容有本学年购买图书经费及分配方法，决定购买图书需由本委员会审查决定后，方能进行。4月8日，费鉴照在武汉大学写定《现代英国诗人·自序》，文中介绍撰写过程中受到闻一多的鼓励和帮助。14日下午4时，闻一多与杨振声、梁实秋、黄际遇（任初）、汤腾汉、赵太侔、皮品高出席青岛大学图书委员会第三次会议。决议"审查检出旧存无价值之书籍免于陈列"。27日，邵冠华写定《评闻一多的〈死水〉》，刊于次月10日《现代文学评论》第1卷第2期。28日下午4时，闻一多出席青岛大学第十七次校务会议，决议闻一多与黄际遇、梁实秋负责起草出版委员会组织案。19日晚，杨振声在顺兴楼宴请到访之顾颉刚。闻一多与梁实秋、赵太侔、黄际遇、黄淬泊、邓仲纯、方令孺等11人作陪。晚9时席散后，闻一多与方令孺往顾颉刚下榻处略谈。5月20日，罗隆基给胡适信，抱怨闻一多不给《新月》投稿。

按：闻一多对《新月》投稿渐少，是因为对它有些看法，认为它文学艺术的成分少了，政治讨论的成分多了。臧克家在《我的先生闻一多》中写道："谈到《新月》创刊的情形和他个人的主张，他说，《新月》到后来的一些倾向，是和他的初衷距离很远的。"（《人民英烈》）《新月》创刊以来颇为坎坷，因连续刊登维护人权的文章，受到国民党当局多次指责。随着胡适、梁实秋、徐志摩先后离沪，光华大学教授罗隆基接手编辑工作，继续刊登有关人权与约法的文章，批评现状，当局曾查禁《新月》，并逮捕罗隆基，使该刊更为艰难。

闻一多5月21日出席青岛大学第十八次校务会议，推定闻一多和黄淬泊、丁伯弢共同起草组织古物采集委员会案。他们起草的《古物征集委员会规则》于28日经第十九次校务会议通过，6月1日公布于《青岛大学周刊》第6期。6月26日，中华教育文化基金董事会召开第七次年会，决定翻译莎士比亚全集，聘定闻一多、徐志摩等五君为委员，担任翻译及审查。现拟先行实地试译，以期决定体裁问题。预计五年至十年，可以全部完工。30日，徐志摩致赵家璧信中说曾约闻一多与杨振声、梁实秋到北京大学任教，但闻一多等未去。7月中旬，闻一多与梁实秋同赴济南参加山东省留学生考试委员会会议。9月7日，青岛大学开学。青岛大学文学院新聘讲师有赵少侯、游国恩、杨筠如、梁启勋、沈从文、费鉴照，兼任讲师有孙承谟、苏保志、孙方锡、张金梁、刘崇玑，教员有谭纫就。本学年，闻一多讲授"中国文学史""唐诗""英诗入门"。

按：闻一多在手稿中保存有一份草拟的《拟思唐宝聚著目录》，它反映了先生研究唐诗的计划和步骤。兹将目录抄出参考：《唐代文学年表》《唐两京城坊考续补》《唐代遗书目录标注》《唐人九种名著叙论》《全唐诗人补传》《全唐诗校刊记》《少陵先生年谱会笺》《少陵先生交游考略》《说杜丛抄》《全唐诗续补》《全唐诗人生卒年考》《岑嘉州系年考证》《岑嘉州交游事辑》《唐文别裁集》。

　　闻一多10月1日对青岛大学学生成立反日救国会持积极支持态度。7日,出席青岛大学第三十一次校务会议。决议酌量增加军事训练时间、组织青岛大学青年义勇军、从学生学宿费中拨款作为援助义勇军的费用。11月16日,青岛大学学生要求南下请愿,学校当局发布布告,劝阻南下。当时全国各主要城市的学生纷纷要求国民党政府抗日,为敦促政府表态,发动赴南京请愿活动。闻一多这时不赞成学生此举。19日,徐志摩乘飞机自南京飞北平,在济南白马山附近飞机触山,机毁人亡。闻一多等闻讯,即请沈从文去济南打探究竟。对徐志摩的突然逝去,闻一多十分震惊。但日后追悼徐志摩时,未见一篇哀文,许多人对此感到不解。25日,闻一多出席青岛大学第三十四次校务会议,批准李云东、华方等13名东北籍同学离校投军的请求,并保留他们的学籍。30日,青岛大学反日救国会召开大会,决议南下请愿。闻一多反对学生南下,主张开除为首的同学。(以上参见闻黎明、侯菊坤《闻一多年谱长编》(增订版),上海交通大学2014年版)

　　梁实秋接1月5日胡适发自北平的来信,说徐志摩昨日来北平,赞成翻译莎士比亚著作。信末祝梁实秋、闻一多、杨振声、赵太侔、宋春舫"诸友新年大吉"。25日中午12时,胡适抵青岛,梁实秋与闻一多、杨振声、杜光埙、唐家珍(医生)到码头迎接,送至万国疗养院下榻后。其间与胡适、闻一多商议翻译莎士比亚著作。27日当晚,胡适离青岛赴济南,梁实秋与闻一多、杨振声、周钟麒、杜光埙、方令孺、秦素美、蒋右沧等至火车站送行。2月13日,梁实秋与闻一多致函胡适。信中附有梁实秋草拟的翻译莎士比亚著作之计划。25日,胡适复闻一多、梁实秋信,拟出翻译莎士比亚著作的大致计划。6月21日,胡适给梁实秋信,说到翻译莎士比亚著作事,询及闻一多是否动手了。信云:"昨天与公超谈,他说你告诉他转问翻译莎翁的事,并问何时聚会商量。我本想邀各位早点开会,但我知道志摩为母丧奔走,公超为结婚事忙,都没有动手译书。公超说你也没有动手。一多怎样?如大家都没有试译,似不如等大家暑假中有点成绩时再定期开会。你们以为如何?请一问一多兄。"因当时闻一多等都没按照原计划进行,陈通伯不肯参加,徐志摩年底身亡,闻一多与叶公超志不在此,只有梁实秋历时多年,一人独自译成莎士比亚著作37种。7月中旬,梁实秋与闻一多同赴济南参加山东省留学生考试委员会会议。11月30日,青岛大学反日救国会召开大会。会上校长杨振声认为青岛环境特殊,同学们的爱国活动不应超出学校范围。梁实秋也认为公理终究会战胜强权,中国应听候国联的调查和仲裁。同学们群起反驳,决议南下请愿。次日,179名同学登上火车赴济南,于12月4日抵南京。(参见耿云志编《胡适年谱》,福建教育出版社2012年版;闻黎明、侯菊坤《闻一多年谱长编》(增订版),上海交通大学2014年版)

　　沈从文继续在国立青岛大学执教。1月17日,胡也频等遭到逮捕后,沈从文开始帮助寻找胡也频下落。18日晚,沈从文才得到胡也频托人带来的信,叫他请胡适、蔡元培设法取保。随后沈从文来到胡也频家,告诉胡也频的确被捕的消息。1月25日,沈从文为营救胡也频,到南京中央研究院总办事处,未晤及蔡元培,特留函一通,谓"从文今日由申来晋谒,适值先生外出。希望一二日内许一时间约谈数分钟,实为大幸。来此为朋友胡也频(被逮捕)事,欲得先生略加以援手,今将胡君之过去另纸呈览,余俟面陈"。蔡元培与沈从文面谈后,立即向上海特别市长张群商请开释。沈从文又与丁玲一道找到了中共元老李达夫妇,经商量,请胡适、徐志摩写信给蔡元培,设法让当局放人。接着,沈从文独自跑到南京,找邵力子想办法。邵力子写信给上海市长张群,请求斡旋。后来沈从文又陪同丁玲赶赴南京求助于中统头子陈立夫门下。最后证实,胡也频等人因属政治要犯,已经被国民党当局从公共租界引渡到位于龙华的国民党淞沪警备司令部。这是当时国民党政府在上海设立的最高军警机构,主要关押的就是共产党员。胡也频被转移到这里,使得营救的希望变得更加渺茫。2月7日晚,胡也频等左联五烈士被秘密杀害。同月20日,蔡元培致胡适函,略谓:"自京回沪,大驾已北上。……沈从文君到京,携有尊函,嘱营救胡也频君,弟曾为作两函,托张岳军设法,然至今尚未开释也。"胡适于2月25日由北平致函蔡元培说:"胡也频事,承营救,他的朋友都很感谢。但他已枪毙了。他当日不应用假名姓,致无法自白。"由于"案情重大",沈从文陪同丁玲营救胡也频未果,于是从诗人徐志摩处借的路费,以丈夫的名义,冒着风险护送丁玲母子回到湖南常德老家避险,以至延误了返校的日期,丢掉了赖以为生的教职。后沈从文作《胡也频》小说,以志缅怀。11月18日,蔡元培致夫人周养浩函,言及"《时报》中近有沈从文所作《胡也频》小说,所说穷文学家(夫妇均治文学)养小孩子之难,甚为感动,剪奉一览"。又谓"胡也频被捕时,沈从文要我营救,我曾为向张岳军设法,然无效。胡之夫人丁玲,亦曾求过一次"。

按:1932年,沈从文在胡也频牺牲一年后写下《记胡也频》一文,怀念自己在初涉文坛时,胡也频等人的无私帮助。他这样写道:"说到这里使我想起最初几个朋友给我的友谊,如何鼓励到我的精神,如何使我明白那些友谊的可贵。我那时的文章是没有人齿及的。我在北京等于一粒灰尘……只有在这种使人心上暗淡的回想里,我才觉得那时几个朋友的印象如何永远润泽到我的生活。满叔远、唐伯赓、项拙、胡也频,这几个名字,是值得那些注意到我文章的朋友们也注意到的名字。这些人在我刚开始写文章时,就成了我的朋友,由于他们的友谊,我似乎活到这世界上更坚实了一点。这些人,到现在已完全各在这世界一小片的地面上,静静的躺下,悄悄的腐烂,成泥成灰了。只有我还算是一个活人,能总括这些名字在这里,成为一束不能忘却的印象的。"

沈从文11月19日在徐志摩于济南白马山附近因飞机触山而机毁人亡后,受闻一多等委托去济南打探究竟。沈从文给赵家璧信云:"记得徐先生在山东遇难,得北京电告时,我正在杨金甫(振声)先生家中,和闻一多、梁实秋、赵太侔诸先生谈天,电文中只说'志摩乘飞机于济南时遭遇难,(张)奚若、(张)慰慈、龙荪(金岳霖)、(梁)思成等,拟乘×车于×日早可到济南,于齐鲁大学朱经农先生处会齐',使大家都十分惊愕,对电文措词不易理解。我当时表示拟乘晚车去济南看看,必可明白事情经过。大家同意,当晚八点左右上胶济路车,次日一早即到达。"(参见施晓宇《胡也频与丁玲的往事》,《中国文化报》2012年3月5日;高平叔编著《蔡元培年谱长编》,人民教育出版社1996年版;耿云志编《胡适年谱》,福建教育出版社2012年版;鲁迅博物馆、鲁迅研究室编《鲁迅年谱》,人民文学出版社1981年版)

游国恩在武汉大学《文哲季刊》第1卷第3—4期发表《屈赋考源》。8月,应青岛大学中文系主任闻一多邀请,去青岛大学任教,讲师名义、教授工资待遇。在青岛期间,讲授的课程有中国文学史、楚辞、唐宋以降文艺故事等。是年,游国恩和闻先生住校内的同一幢房子,两人常讨论学问至夜深,讨论最多的是《诗经》和《楚辞》。(参见游宝谅《游国恩先生年谱》,《淮阴师范学院学报》2002年第1期)

老舍年初寒假期间回北平。2月10日,在《齐大月刊》第1卷第4期发表《论文学的形式》,文中详细论述了什么是文学的形式和"文调",以及散文与韵文两种形式的区别。5月,为齐鲁大学附设神学院刊物《鲁铎》第3卷第2号封面题写书名。夏,长篇小说《大明湖》于暑假后脱稿,寄给《小说月报》。暑假,到北平与胡絜青结婚,在北平灯市口寰瀛饭店住半个月后,夫妻一起回济南,住南新街54号(现为58号)。在此处住了三年。10月10日,在《齐大月刊》第2卷第1期发表《小说里的景物》,文中论述了小说里景物描写的重要作用和怎样写景。对写景的目的、时间、地点及景物角度的选择,语言的运用,比拟手法和其它修辞手段的使用等等,都一一加以阐释。(参见甘海岚编《老舍年谱》,书目文献出版社1989年版)

王献唐在济南任山东省立图书馆(山东金石保存所)馆长、山东古迹研究会委员兼秘书。1月,为山东省立图书馆图书馆学研究会讲授《中国书籍之源流变迁》《版本之鉴定方法》。见《同文尚书》精抄本,拟抄录。3月,购《海源阁宋元秘本书目》,整理后印行。4月,应邀至齐鲁大学演讲,赴掖县查办焚《大藏经》事,并将掖县遭毁损后的《大藏经》运存于省馆。5月,《山东省立图书馆季刊》第1集第1期出版。因商洽海源阁书籍事,赴天津、北平。访傅增湘、傅斯年、杨敬夫等。6月,从日本商人手中截获山东潍县高氏上陶氏藏大批绝世秦汉砖瓦。7月,在山东省图书馆举行公开举行"砖瓦图书展览会",并编印《砖瓦图书为什么要举办展览》一书,免费向观众发放,书中扉页上醒目地标注:"献给中华民族的爱国同胞!"8至9月,王献唐陪丁惟汾游历,至南京、镇江、扬州、苏州、上海、青岛访书。11月,栾调甫推荐屈万里来馆服务。是年,撰《砖瓦图书——为甚么要开会展览》《罗泉楼记》《汪水云事辑》等,记《顾黄书察日记》。(参见张书学、李勇慧《王献唐年谱长编》,华东师范大学出版社2017年版)

屈万里自郁文学院辍学回乡,由齐鲁大学国学研究所所长栾调甫推荐给山东省立图书馆馆长王献唐,从图书馆员一直做到编藏部主任。

关友声与兄关颂平在山东济南共创国画学社与齐鲁画社。

刘朝阳是年起任青岛观象台研究员。12月,刘朝阳在《燕京学报》第10期发表《殷历质疑》,文中对董作宾在《卜辞中所见之殷历》中提出的殷历的平年十二月闰年十三月且月份已有大小的区别之观点提出质疑,认为殷朝曾通用过两种不同的历法,一种是前期通用的每月都是三十日,一种是后期通用的已有大小月之分。(参见王学典《20世纪史学编年(1900—1949)》,商务印书馆2014年版)

张伯苓1月6—7日在南京出席民国二十年全国运动会筹备会议,被聘为总裁判。9日,黄炎培到中央饭店访晤张伯苓。14日,由南京返回天津。同日,出席外交部部长王正廷和前南开政治学教授、外交部美欧司司长徐谟在南开大学的演讲会。王、徐演讲后,张伯苓谈将收回的比利时租界。会毕,复在木斋图书馆茶话,介绍学校教授与王、徐见面。15日,出席接收天津比利时租界地典礼,南开学校放假一日。16日,在南开大学理科学会致辞,认为最近中国政治颇有希望。同日,致函宋子文,请其来校参观演讲。2月3日,再函蒋介石"呈恳中央特别援手"南开,并表示"认定教育可以救国,故愿终身于南开学校而不稍易其志向"。5日,呈文行政院、教育部,历陈办学困难,恳请院、部维持南开。8日,电告外交部有关沃什伯恩博士(Dr. Washburne)南京行程。沃什伯恩博士在南开曾问张伯苓"教育之目的为何?"张答:"我之教育目的在以教育之力量,使我中国现代化,俾我中国民族能在世界上得到适当的地位,不致受淘汰。"16日,张伯苓接受北京市通俗教育馆董事一职。17日,作为东北大学校务委员会委员,赴沈阳出席校务会议。28日,赴南京筹集经费。与国民政府监察院委员田炯锦谈话,表示自己虽以专心办理教育为职志,但南开造就的学生应在政治上有所贡献。如果政治不良,一切事业均受其牵累。

张伯苓3月16日再赴沈阳出席东北大学校务讨论会,协助张学良规划东北大学。31日,《大公报》载北平实业博览会筹委会名单,张伯苓、顾维钧、熊希龄、颜惠庆、叶恭绰、朱启钤等为遴派委员。同日,邀请徐悲鸿到南开大学讲学,并在校内招待用餐,与徐谈天津风土人情。4月17日,设宴招待美国伊利诺斯大学前校长戴维·金利博士(Dr. DavidKinley)偕夫人一行。4月20日,东北大学发生校务纠纷,秘书长宁恩承自请辞职。张学良委托张伯苓即日赴辽,代为调查一切。21日,张伯苓启程赴沈阳,经斡旋"宁已允留"。电告张学良"风潮已告平息,请释廑念"。25日,呈报教育部,南开大学拟于本年暑假后将经济研究委员会与文学院经济系合并为一,增设一经济学院,藉收补偏救弊之效,请予立案。27日,经济学院董事会召开成立大会,胡适、任鸿隽、丁文江等特此由北平来津与会。董事有丁文江、王景春、任鸿隽、周诒春、周作民、吴鼎昌、金叔初、胡适、范旭东、陶孟和、张伯苓(当然董事)、张公权、穆藕初、刘鸿生、颜惠庆等。董事会决定何廉出任经济学院院长兼财政学与统计学教授。同日,函请钱昌照代呈致蒋介石函,请求英庚款款项支配关照南开。

张伯苓5月1日由津启程,出席南京全国运动会竞赛委员会会议、中央运动场奠基礼及实业部关于北平实业博览会筹备会议。3日,到达南京。10日,在南京出席中央运动场奠基礼,发表演说,赞扬政府重视开展体育运动,"此诚为我国体育界之良好现象"。6月20日,在南开大学第九次毕业典礼致辞,勉励毕业生要随机应付环境;无论对于任何事项,须抱乐观态度;处事接物须具大公无私之精神与忍耐之毅力。29日,分别致函英庚款各委员,请其在7月7日开会决定款项支配办法时,对南开学校特别关照。7月14日,与天津博物院院长严智怡及林墨青、刘庆澜等人,共同发起编辑《天津志略》工作。8月6日,南开航海旅行团返津。历时一个多月,参观沿海大连、旅顺、葫芦岛、秦皇岛、刘公岛、威海卫、石岛、青岛、烟台、塘沽等22个口岸,登上中、日、英、美、法五国军舰,参观海军实弹演习。东北海军总司令沈鸿烈一直陪同,并送每人一本《田中奏折》,以不忘日本侵略。张伯苓在旅行团总结会致辞,谓国家将来的希望,都在青年身上。肯对青年下功夫的人,乃是真的爱国的人。你们在各地都看见国人受外人的欺负,使你们精神上有长进。我在威海卫受一次刺激,一生不忘,使我在死前不能腐化。希望你们做大事业,改造国家。8月,南开大学英文系正式成立,聘陈逵教授为英文系主任。同月,南开大学增设化学工程系,聘张克忠教授为系主任。

张伯苓9月18日当晚就沈阳"九一八"事变发生,日本武装侵略东北,对天津市中小学教职员百余人演讲,谈"吾人之责任与自救之道"。9月21日,南开大学师生组织国难急救会,并决定立即加入天津中等以上学校抗日救国联合会,张伯苓被公推为主席。9月24日,张伯苓与张嘉璈、胡适、顾维钧、颜惠庆、郭秉文、刘湛恩、余日章、晏阳初、董显光、刘鸿生、史量才等二十余人发表《致美国政府及人民通电》,敦请美国政府和人民注意日军"九一八"事变的图谋,为世界和平主持公道。9月26日,太平洋国际学会总会卡蒂(Cartey)从北平致电张伯苓,请其推动能使太平洋国际学会大会如期举行。张伯苓即日复电卡蒂,说明中国分会昨天已经发表的严正意见,即"日本在满洲的侵略行为即侵略中国,除非日本军队立即撤出,中国代表团成员才能参加会议。否则,将建议推迟会议"。9月,张伯苓被收入良友图书印刷公司出版的《当代中国名人录》。10月4日,卢作孚为研究东北问题,函求张伯苓赐寄南开研究中日满蒙问题资料及校刊。7日,主持美国讲演家艾迪博士(Dr. George Sherwood Edy)以《现今世界大势对中国之关系》为题的演讲会。8日,陪同国际联盟教育考察团一行四人至南开大学参观,并下榻校内。同日,南开大学经济学院举行成立大会。张伯苓发表演讲,以"不腐""不私"四字相训勉。12日,"九一八"事变后,来津避难东北学生已达480余人。为救济全体学生计,张伯苓决定南开大学、中学各部加开夜班,即日入学上课。10月21日，第四届太平洋国际学会在上海举行。张伯苓作为太平洋国际学会中国分会执行委员出席。该执行委员会委员长为胡适，成员包括蔡元培、王云五、朱经农、黄炎培、黄郛、唐绍仪、林语堂、蒋梦麟、宋美龄、宋子文、孔祥熙、吴经熊、丁文江、潘光旦、陈光甫、陶孟和、刘鸿生、陈衡哲等。24日，为《体育丛书》撰写序言。下旬，藉出席第四届太平洋国际学会会议之际，受上海大夏大学校长欧元怀邀请，来校参观并演讲对于东北问题的感想。11月8日，日本军人在天津操纵便衣队举行暴乱，南开地近前线，首当其冲，断水断电，被迫停课。张伯苓坚守校内，一方面与各方联系，保护学校安全，一方面组织疏散学生。

　　张伯苓11月9日赴法租界维斯理堂演讲《我对时局的感想》。24日，青岛大学致电张伯苓：为谋加增抗日救国之效率起见，拟发起组织全国大学教职员联合会，共策进行。25日，张伯苓回电："敝校愿附骥尾，届期派代表与会。"12月4日，张伯苓允为中国社会教育社发起人之一。5日，在天津基督教男女青年会主办的讲演会演讲，谓"国人不应抱悲观，应从困苦中摸出路，勿存自私自利心，国事便可有为"。28日，张伯苓出席河北省教育厅高等教育会第一次会议。同日，回复黄炎培26日请其加入全国国难救济会的来电，表示愿意加入。中华民国国难救济会由各界著名人士熊希龄、马相伯、章炳麟、沈钧儒、左舜生、黄炎培等60余人组成，连续发表宣言，通电，要求"立即解除党禁，进行制宪"，"万不宜复袭训政之名，行专政之实"。29日，参加河北省高等教育会第二次会议。12月30日，赴北平出席华北政务委员会会议。是年，张伯苓与王文典、刘宸章、陆文郁、刘孟扬、邓庆澜、林墨青、李琴襄、严智怡等为友人宋蕴璞编撰《天津志略》，吁求同好鼎力赞助。（以上参见龚克主编《张伯苓全集》第十卷附编《张伯苓年谱》，南开大学出版社2015年版）

　　颜惠庆4月任天津南开大学经济学院董事会会长，吴鼎昌、吴达诠任副会长，范旭东（名誉秘书兼会计）、周寄梅（常委）、张伯苓（常委）、丁文江、周作民、穆藕初、王景春、陶孟和、刘鸿生、金叔初、任叔永、张公权、胡适为董事。何廉任经济学院院长。（参见龚克主编《张伯苓全集》第十卷附编《张伯苓年谱》，南开大学出版社2015年版）

　　何廉4月任天津南开大学商学院院长和文学院的经济系主任，并向张伯苓等提出"并院""教改"及"成立经济学院董事会"三项改革建议。张伯苓和校董事会接受并批准了该建议。9月，何廉将天津南开大学经济研究所师生先后分成11个小组，分别由他自己、方显廷、张纯明、叶谦吉、陈序经、李卓敏、张金鉴等人带队，分赴河北、天津、江苏、浙江、上海、山东、江西等省，对广大农村的土地、人口、地理环境、物产、水利、财政、金融、乡村工业等进行详细调查，并将调研成果整理发表在《大公报·经济周刊》的"调查通信"栏目及《大公报·华北经济特刊》。（参见龚克主编《张伯苓全集》第十卷附编《张伯苓年谱》，南开大学出版社2015年版）

　　方显廷、吴知、王药雨、毕相辉等天津南开社会经济研究委员会专家、教授率领杭蕴章、崔书樵等调查员分批分组深入高阳、宝坻、静海、清苑、任邱、蠡县、安新等地农民家庭、手工作坊、手工工场、行会、集镇、商埠等地，了解乡村工业的历史沿革、组织制度、资本运作、生产技术、销售渠道、成本利润、市场变化、原料供应等。

　　张纯明应南开大学校长张伯苓之邀，出任南开大学经济系教授、政治系主任，并任文学院院长。（参见龚克主编《张伯苓全集》第十卷附编《张伯苓年谱》，南开大学出版社2015年版）

　　贺昌群离开上海到天津河北女子师范大学任教，兼任北平图书馆工作，与马衡、余逊、劳榦等人对部分西北汉简进行了考释。9月10日，贺昌群在《东方杂志》第17号发表《敦煌佛教艺术之系统》，对六朝佛教艺术产生的原因、敦煌与云冈石窟的关系、敦煌开凿年代等问题进行论述,为此后的敦煌艺术研究开拓了新路。（参见王学典《20世纪史学编年（1900—1949）》,商务印书馆2014年版）

晏阳初2月特往南京拜见国民政府大学院院长蔡元培,协助筹备江苏省民众教育学院,并分别在南京、无锡、苏州等地演讲平教理论。同月,北返后又往沈阳,与张学良仔细讨论将沈阳划作实验区的计划。张学良派沈阳李法权市长6人往定县学习;同时在第一军中挑选优秀军官10人一同前往,学习在军中推行四大教育方法。春,应蒋介石之邀南下,先去奉化县溪口镇参观蒋氏故里乡村建设;后到南京与蒋氏夫妇会谈。蒋介石对定县实行四大教育极感兴趣,邀请对革命军人、遗族学校教职员、中央军校高级班、奉化五岭学校讲演。蒋介石决定派教官毛应章等组成参观团赴定县受训。3月20日左右,晏阳初到南京向国民政府汇报定县平民教育情形。随即促成国民政府选派中央军校教官5人,武岭、遗族二校教员各4人,共同组成“平民教育研究团”于4月16日起程北上赴定县实际考察。一周后张学良也派来13人一同考察。5月15日,在定县举办“四大教育”训练班。参加者有来自南京、溪口、东三省、河南等地选派的学员和定县各村村长、村副。

晏阳初是年夏在定县接待美国洛克菲勒基金会总裁、兼驻欧洲国际健康委员会及社会科学研究计划负责人之一塞斯卡·冈恩（Selskar M. Gunn）的参观来访。定县实验受到冈恩很高的评价。6月14日,晏阳初致中华教育文化基金会请款书,请中华教育文化基金会继续给予款项补助。8月25日,“平教总会”董事长、社会活动家朱其慧逝世。晏阳初亲书“景慧堂”三字悬于“平教总会”门口,以示纪念。9月21日,晏阳初在平教专科学校开学典礼上讲话,提出通过调研,一般人民最感困难的四个问题:一是愚,二是穷,三是弱,四是私。于是想出四种解决困难的方法:第一,用文艺教育攻愚,培养知识力。第二,用生计教育攻穷,培养生产力。第三,用卫生教育攻弱,培养强健力。第四,用公民教育攻私,培养团结力。这就是我们的四大教育,也就是平教运动的目标。第五,阐述平教运动是救国救民的唯一方法。最后,对平民运动“平”字含义进行了阐述:“本会这个‘平’字的精神,诸位也当深切地了解。‘平’字的意义,就是人格平等的平,机会平等的平。因为我们认为人人的人格平等,觉得人人都有无限的潜能,无穷的价值,应当给以平等的教育机会,使他们尽量发展,自由创造。但是现在世界不平之处很多,我们就当要平社会之不平,平天下之不平,而后才能平天下。这便是平教运动最后的目的,愿诸位共同努力!”12月,晏阳初在定县全城识字运动会上讲演。其后整理刊于《农民》旬刊第6卷第21期。是年,晏阳初用英文撰写《定县实验（1930—1931）》由北京中华平民教育促进会出版。（以上参见杜学元、郭明蓉、彭雪明《晏阳初年谱长编》,上海交通大学出版社2017年版）

孙伏园5月自巴黎回国,应中华平民教育促进会领导人晏阳初之邀,到河北定县从事平民教育,任平民文学部主任,编辑平民读物、《农民报》及平民学校课本《千字课》等。9月,开明书店出版孙伏园、孙福熙、曾仲鸣合著《三湖游记》。在河北定县从事平民教育,业余时间里,鼓励文艺爱好者李芳兰（中华平民教育促进会定县实验区保健院护士,湖南人,曾在长沙和陶玫君、易梦之等文艺爱好者创办文艺刊物《潇湘涟漪》）将《潇湘涟漪》移至定县继续出版,并时常指点他们如何编辑。还帮助请周作人题刊名,约请周作人、许寿裳等当时的名家在此刊上发表文章,孙伏园的《哭鲁迅先生》一文也刊发于此刊。刊物从1933年起连续出刊三年多。（吕晓英《孙伏园评传》,中国社会科学出版社2011年版）

杨堃毕业于法国里昂中法大学,并获文科博士学位,与妻子张若名回到北平,在河北大学农学院任教，主要讲授社会进化史、社会学、普通人类学和民族学诸课程。

陈宝泉时任河北省教育厅厅长。"九一八"事变后，打电报指责蒋介石的不抵抗政策，在教育界引起很大反响。

缪钺是年夏因河南大学校长张广舆辞职，新校长作人事调整，又回保定。8 月，经马殿元介绍，任保定河北省立第六中学高中国文教员，兼保定私立培德中学国文教员。是年，至北平谒见北京大学文学院张尔田。张尔田博学通识，兼采清学浙西、浙东两派之长，既专精又博通。缪钺以师事之，得以受其殷勤诲谕，以后经常通信请益。（参见缪元朗《缪钺先生生平编年（1904 年—1978 年）》，《魏晋南北朝史论文集——中国魏晋南北朝史学会第八届年会暨缪钺先生百年诞辰国际学术研讨会论文集》，巴蜀书社 2004 年）

许心武任河南大学校长，选取《礼记·大学》中的首句"明德，新民，止于至善"作为校训。又提出建河大大礼堂的动议，自是年 11 月 20 日破土动工至 1934 年 12 月 28 日落成，历时三载告竣。

张学良 3 月对东北大学的学校管理进行改革，学校领导改为委员制。同月 27 日，东北大学校务委员会闭会，张学良及全体委员均到会，"决定改进原则，经费不增，事务合理化，组织文、法、教育、理、工五专委会，推由章士钊、罗文干、张伯苓等各任主任委员"。30 日，东北大学委员会成立。张学良自任委员长。张伯苓、臧士毅、王维宙、章士钊、汤尔和、宁恩承等 11 人为委员。宁恩承兼秘书长。凡属东北大学重大兴革事宜，都必须经委员会认真讨论而后实行。12 月 16 日，国民政府令东北政务委员会移至北平，扩大为华北政务委员会，委员长为张学良，张伯苓、李石曾、张继、胡适、蒋梦麟、吴鼎昌、周作民、傅作义、商震等为委员。（参见龚克主编《张伯苓全集》第十卷附编《张伯苓年谱》，南开大学出版社 2015 年版）

金毓黻 3 月受聘为沈阳东北大学大学委员会委员。5 月，任辽宁省政府委员兼教育厅厅长。"九一八"事变爆发后，为日军拘捕，被迫出任伪职，先后担任伪奉天公署参事官、伪奉天图书馆馆长、奉天通志馆主纂。11 月 4 日，因读唐晏所撰《渤海国志》有感而始纂《渤海国志长编》。24 日，撰《渤海国志长编序》一篇。28 日，撰《渤海大事表》毕，接撰《宗臣列传》，拟于明日起撰《渤海国志考异》。29 日，考辨新、旧唐书《渤海传》异同。30 日，考辨东丹国及渤海遗裔诸事。12 月 1 日，撰《渤海宗臣列传》《诸臣列传》毕。接撰《属部列传》。2 日，撰《渤海属部列传》《嗣胤列传》俱毕。3 日，撰《渤海孑遗列传》，又撰《渤海国志长编凡例》。4 日，撰《渤海孑遗列传》毕。6—10 日，撰《渤海地理考》。11—13 日，撰《渤海职官考》。14 日，撰《渤海族俗考》。15—16 日，撰《渤海食货考》。19 日，撰《渤海文征》。（参见牟哥《金毓黻先生著述考》，东北师范大学硕士学位论文，2017 年）

唐兰年初赴沈阳，应金毓黻之邀，任东北年鉴处总修校，继任辽宁省教育厅编辑，并协助金毓黻编纂《东北丛书》。又任东北大学中文系讲师，讲授《尚书》。10 月，《白石道人歌曲旁谱考》刊于《东方杂志》第 28 卷第 20 期。10 月，因"九一八"事变，避乱返回北平。是年，辑《金文著录表》，但成钟鼎两类。编《商周古器物铭》，又作彝铭考释十余篇，为《古器物铭学》，均已付印，卒未成书。（参见韩军《唐兰的金文研究》附录二《唐兰先生学术年谱简编》，山东大学博士学位论文，2009 年）

罗振玉于寓舍后复赁地二亩，筑楼三层，专贮藏书。著成《贞松堂集古遗文补遗》3 卷，总得三百余器，以摹写不如影照之逼真，将来拟综著录者影照精印，汇为一编。又古器物中器小无文字难得主名者，遂历年注意考订，随笔记录，至是成帙，辑为《古器物识小录》一卷。文有《汉石经鲁诗唐风残字》《明重修得胜庙碑》跋。（参见罗继祖《永丰乡人行年录（罗振玉年

谱)》,江苏人民出版社 1980 年版)

楚图南通过狱外同志和朋友们疏通各种关系,争得生存的条件,开始有规律的生活:5点起床到室外锻炼身体,早饭后读书学习。朋友们探监时送进《泰晤士报》《莫斯科日报》,以及外国作家著作(英文版)。楚图南每天给青年学生黄受天讲授英语课,使其能阅读英文社会科学书刊。在监狱极端恐怖、残酷的景况下,楚图南通过探监朋友的帮助,阅读并翻译了德国哲学家尼采的格言体著作《查拉斯图拉如是说》和自传《看哪这人》,译完了《悲剧的人生》和《超越万恶之外》的一部分,并为前者撰写了译者题记。11 月 9 日,在中共党组织、社会各界人士及舆论界的营救和声援下,当局为他们减刑。楚图南减刑二分之一,减为四年三个月。开始翻译美国惠特曼的《草叶集》。(参见麻星甫编著《楚图南年谱》,群言出版社 2008年版)

郭象伋 8 月 20 日被正式成立的绥远通志馆聘为馆长,阎肃为副馆长,荣祥为主任编纂,李泰棻为总纂,白映星、王森然等为纂修,另外还聘请了蒙汉学者数十名到各地察访收集材料,以为修志之基。

按:由于修志工作量巨大,至 1936 年 6 月,十万经费用尽,但修志工作只进行一半,通志馆改组,李泰棻、王森然等离职,改由荣祥等负责编纂,至 1936 年志稿主体确立。同年绥远行政长官傅作义聘请傅增湘为总纂为之审定润色。傅增湘转聘吴廷燮、夏仁虎、谢国桢、史念祖、张国淦等人参与重修,"七七事变"后,重修中辍。1938 年傅增湘应日人要求,又请张星烺、孙楷第等人相助裁定该稿,于 1939 年 3 月完成。该稿分 6 志、36 门、70 子目、共 116 卷,约 200 万字,清稿眷就后送日本印刷,但毁于美军轰炸。此志虽屡经战乱,但主体尚在,2005 年残稿以《绥远通志稿》为名由内蒙古人民出版社出版。绥远在 1929 年才建省,1949 年后又裁撤,故该志是绥远第一部也是最后一部通志,其记录的各种材料对于研究此地区的史地具有不言而喻的价值。(参见王学典《20 世纪史学编年(1900—1949)》,商务印书馆 2014 年版)

李泰棻受聘为《绥远通志》总纂,后又主编《阳原县志》。

陈波儿组织和领导上海妇女儿童慰问团,到绥远前方慰劳抗日将士,演出《放下你的鞭子》等戏剧。

喜饶嘉措完成《大藏经》中的《甘珠尔》经卷的校编。《甘珠尔》出版后,达赖喇嘛授予其佛号喜饶嘉措·坚华杰肯罗哲。

郭沫若 1 月 14 日作《臣辰盉铭考释》补记(二),刊于《燕京学报》6 月第 9 期。2 月 15 日夜,作《汤盘孔鼎之扬榷》,刊于《燕京学报》6 月第 9 期。3 月 12 日,为翻译《生命之科学》一书,作《译者弁言》。同月,开始翻译《生命之科学》。4 月 8 日,作《史颂簋铭考释》。9 日,作《史颂簋铭考释》"补记"。5 月,郭沫若著《甲骨文字研究》由上海大东书局影印出版,线装,上下册。上卷收论文十六篇,即《释祖妣》《释臣宰》《释寇》《释攻》《释作》《释封》《释挚》《释版》《释耤》《释朋》《释五十》《释和言》《释南》《释岁》等;下卷收论文一篇,即《释支干》,另有《附录》《后记》。此书系作者近年来研究甲骨卜辞的论集,通过一批已识或未识的甲骨文字的考释,以阐述殷代的社会结构和意识形态。作者序云:"余之研究甲骨文字,志在探讨中国社会之起源,本非拘拘于文字史地之学。然识字乃一切探讨之第一步,故于此不能不有所注意。且文字乃社会文化之一要征,于社会之生产状况与组织关系略有所得,欲进而追求其文化之大凡,尤舍此而莫由。"由此开辟了用马克思主义观点进行甲骨文研究的新途径。同月 2 日,致信张元济。托李一氓持赠《甲骨文字研究》一部。14 日,托李民治持赠鲁迅一部《甲骨文字研究》。

按:1931年《燕京学报》第9期介绍此书时说:罗振玉、王国维于商代文字"未尝不有所阐发",但因"经典所束缚,虽知卜辞中有多父多母之事实,而必曲为之说,以免离经叛道之嫌。郭君治社会学,知家族进化之历史、血族群婚、亚血族群婚、乃婚姻之演进一定之过程,故直言无隐。此种新解识,于甲骨文字上实有相当之贡献"。

郭沫若6月25日致信容庚,写道:"《毛公鼎考释》已细读一过,弟有《毛公鼎之年代》论之甚详。前已寄沪,闻将于《东方杂志》七月份内登出,又《殷周青铜器铭文》亦有收入,惜尚未出版。弟之见解与诸家迥异,器乃宣王时器,决非成王。说长难尽。兹略将所得之数字述下,以供参考。……兄于《尚书》今古文两收,此事似当三思。古文之讹已成定谳,未便翻案也。""拟为《学报》作《金文中所见之南方文化》,作成即奉"。又"手中有《庄周之生涯及其思想》一文,约三四万字,如要,当寄上"。同月,所著《殷周青铜器铭文研究》由上海大东书局据手迹景印出版,线装,上下册。上卷收文6篇,所录为殷末周初之古文,下卷收文10篇,前六篇为春秋时代之文献。此系作者研究金文最早的论集。又有《汤盘孔鼎之扬榷·臣辰盉铭考释》由北平燕京大学出版,为《燕京学报》第9期抽印本。7月,在上海《东方杂志》第28卷第13期发表《"毛公鼎"之年代》。

郭沫若8月5日所译俄托尔斯泰原作《战争与和平》由上海文艺书局出版第一分册上。25日,《〈毛公鼎之研究〉追记》刊于上海《东方杂志》第28卷第16期。9月8日,作《两周金文辞大系》《索引》,收日本东京文求堂1932年1月初版《两周金文辞大系》。9日《两周金文辞大系》录成,并作《序文》。该书副题为"周代金文辞之历史系统与地方分类",系根据古今中外35种著录书,选取"金文辞中之菁华",共计251器。上编西周文字137器,"仿《尚书》体例,以列王为次",从武王至幽王的各个王世仅缺共和一代。下编列国文字114器(多属东周时期),"仿《国风》体例,以国别为次",计30国。所收器铭,采录释文,施以句读,再作简要注释。至于器铭拓本,则仅将未见和少见著录的13器选作插图。《序文》英译文本刊于《北平图书馆馆刊》第6卷第2号。又作《两周金文辞大系·解题》《周代彝铭进化观》。同月,所著《文艺论集续集》由上海光华书局出版,收书信1封,文艺论文10篇。12月20日,所著《中国古代社会研究》由藤枝丈夫翻译,日本内外社出版。译本中另有《译者序言》及对于郭沫若生平活动的介绍。同月,郭沫若自传《黑猫》由上海现代书局出版发行;译作马克思《政治经济学批判》由上海神州国光社出版。是年,翻译马克思、恩格斯著《德意志意识形态》,并作《译者弁言》;开始翻译歌德自传《文与质》;自传《反正前后》因国民党当局查禁,将内容修改后改名《划时代的转变》由上海现代书局出版。(以上参见中国大百科全书总编辑委员会《中国大百科全书·考古学》,中国大百科全书出版社2002年版)

胡风仍在日本。春,取得了日本庆应大学英文系本科学籍。夏,回国一次,到武汉想从湖北教育厅领到一名官费,未成。从武汉回上海时路过南京,住在韩起家里,因他认识了张天翼。返回东京,由英文科老教授畑的帮助,领到了庚子赔款的半费,每月45元。由朋友介绍,认识了郭沫若,有一些交往。入庆应大学后,与同班同学泉充关系密切,由他介绍加入了普罗文化联盟下的普罗科学研究所的艺术学研究会,化名中川。在普罗文化刊物上写了一些介绍中国左翼文化运动的文章,署名中村护、谷非。"九一八"事变发生后,愤而写了诗篇《仇敌的祭礼》。加入了日本反战同盟,与方翰、王达夫(王承志)成为一个中国人小组,同时也是日共《赤旗报》的读者小组,后又被批准为日共党员小组。组织了"新兴文化研究会"并负责下属的文学研究会。方翰、王承志负责社会科学研究会。参加者聂绀弩、周颖、邢桐华等。出版了油印刊物《新兴文化》两期。又参加了左联东京支部。(参见晓风《胡风年表

简编》,《新文学史料》1986年第4期)

　　杨贤江1月在《妇女杂志》第17卷第1号上发表《做了父亲》,本篇系应《妇女杂志》"做了父亲"的专题征文而作。文章主要从一个做父亲的人的角度,论及了为人父之艰难和种种复杂的滋味,文中还着重谈论了有关对子女的教育的一些看法。在论及俄国的义务普通教育之后,作者感叹道:"我们的儿童,几时得享受这种义务教育呢?""本不想做父亲,偏做了父亲。做了父亲,更其不想做父亲。"2月,由于工作繁重,生活困难,积劳成疾,经医院确诊患肾结核症。5月,在《妇女杂志》第17卷第5号上发表译作《苏俄的卖淫问题》,该文全面介绍了苏俄卖淫现象产生的根源、卖淫妇的人数、身份以及沙皇政府对卖淫现象的态度、采取的措施和取得的成绩。7月,病情恶化,出现血尿,由夫人姚韵漪陪同前往日本长崎就医。8月9日,杨贤江在日本医治无效,于长崎逝世。(参见杜学元、吴吉惠等《杨贤江年谱长编》,光明日报出版社2005年版)

　　孙楷第9月受北平图书馆委派东渡日本访书。同月19日,抵达东京。刚到住地,就得知"九一八"事变的消息,他"悲愤填膺,欲归复止"。在编成《日本东京所见小说书目》时,于序言中特意指出:"此次所阅者不过稗官野史之微,非世所急。知当国步艰难之日,听白山之钲鼓,惊沪上之烟尘,草玄注易,实际何补? 深唯古人'玩物丧志'之言,所以怳然自失。"孙楷第对"九一八"与"一·二八"的隐痛于此可见一斑。在日期间,孙楷第工作刻苦,一天工作近11个小时。当时长泽规矩也和著名汉学家盐谷温给了他不少帮助。孙楷第在长泽规矩也的引荐下还结识了其他一些日本学者如石田于之助、和田清、田中庆太郎、神山润次等人。孙楷第在日本仅用两个月的时间,调查、著录了东京公私所藏中国古典小说。由于着急回国,孙楷第放弃了京都的访书之行。他从东京火车站离开,听从长泽氏的建议,经马关回到大连。当时,长泽规矩也、盐谷温以及一些其他日本友人均往车站送行。长泽规矩也还专门写信介绍孙楷第到大连满铁图书馆看书,故而在大连期间,大连图书馆对他十分优待,还为他专门配备了桌椅,馆藏各类书籍任其翻检。由于每日工作时间长,孙楷第仅用5天时间就基本上把大连图书馆馆藏小说的版本翻阅一过,其中主要是日本人大谷光瑞的旧藏通俗小说。11月15日,孙楷第抵达北平,开始着手整理《日本东京所见小说书目》及《大连图书馆所见小说书目》,此二书为此行之最重要收获。(参见于飞《孙楷第先生年谱简编》,载王京州编《河北近现代学者年谱辑要》,国家图书馆出版社2017年版)

　　江恒源、黄炎培、潘文安代表中华职业教育社赴日本考察职业教育。《教育与职业》杂志第126期出版专号发表考察报告。(参见中央教育科学研究所编《中国现代教育大事记1919—1949》,教育科学出版社1988年版)

　　徐复观仍居日本。"九一八"事变后,中国学生集体退学,徐复观遭日本宪兵队单独拘留,在中国学生集体绝食抗议后,获释,返国。比正式修业时间少六个月。

　　聂绀弩在"九一八"事变后,因组织"文艺青年反日会"为当局不满,为避免被捕弃职逃亡日本,与在东京帝国大学留学的妻子周颖团聚。

　　谢冰莹赴日本留学。因坚拒出迎伪"满洲国"皇帝溥仪访日,而被日本特务逮捕。后被遣送回国。

　　王一亭、钱瘦铁、吴湖帆、孙雪泥、李秋君、郑午昌、李祖韩4月25日乘"上海丸"赴日,参加4月28日在日本上野举行的中日第四次绘画展览会。

　　吴玉章1月调往海参崴远东边疆苏兆征中国党校任教。春,与林伯渠倡议,在党校成立中国问题研究室。5月19日,吴玉章将《中国拉丁化字母》交全苏新字母中央委员会举行的学术会讨论通过。会议否定原持的在十六个拉丁字母以外制作加符号、带尾巴的新字母以表示中国特有语音的主张。同意吴玉章坚持的尽可能不造新字母，中国特有的有些语音用双字母表示的主张。会议同意"保留中文拉丁化方案中的双字母"。6 月，吴玉章与莫斯科派来的刘斌等人一道，在华工扫盲中，开始推行用拉丁字母拼音的汉学改革方案。7—8月，吴玉章把文字改革工作作为党的事业的一部分而热情投入。两次召开中国积极分子的拉丁化讨论会。应邀在海参崴市委作关于宣传和推行拉丁化新文字的报告。9 月，吴玉章与中共驻莫斯科代表团派来的萧三、苏联汉学家龙果夫等人，共同筹备"中国文字拉丁化第一次代表大会"。在《工人之路》报上发表关于中国文字拉丁化的报告提纲和同苏联汉学家史萍青合写的关于拉丁化拼音文字的说明。同月 26—29 日，吴玉章在海参崴主持召开中国文字拉丁化第一次代表大会，作新文字正字法则的专题报告。和林伯渠、萧三、王湘宝、龙果夫等人制定的《中国汉字拉丁化的原则和规划》经讨论通过。当选为远东边区新字母委员会 29 名委员之一。冬，吴玉章为了推行拉丁化新文字，一方面作理论研究，一方面到群众中进行试验；撰成《中国新文字的新文法》《中国文字的源流及其改革的方案》；被苏联科学院远东分院聘为中国部主任，并在苏联科学院远东分院作关于中国文字改革问题的报告。（参见刘文耀、杨世元《吴玉章年谱》，四川人民出版社 1998 年版）

曹靖华译苏联费定著《苫兰斯华尔》，因故中止，未译完。译苏联拉绥菲摩维支著《铁的奔流》（即《铁流》的最初稿译名），寄鲁迅。鲁迅请瞿秋白特地为《铁流》中译本补译了涅拉陀夫为《铁流》写的专序。10 月，鲁迅作《〈铁流〉编后记》，内附曹靖华致鲁迅四封信的部分内容。11 月，《铁流》由三闲书屋出版。译拉甫列涅夫著中篇小说《星花》，寄给鲁迅，因在反动政权下未能出版。译高尔基著《一月九日》，在苏联中央出版局出版后将印本寄给鲁迅。鲁迅收到后并作《〈一月九日〉小引》，不料在印刷厂竟被反动派没收，这唯一孤本散失了，致使几十年后才又得到一本。是年，曹靖华与鲁迅通信十几封，收鲁迅信件 12 封，遗失 9 封，现存 4 封。（参见冷柯［执笔］、毛粹《曹靖华年谱简编》，《河南大学学报》1984 年第 5 期）

董必武是年冬在列宁学院毕业。由于学习成绩优异，被留校从事研究工作，并在中文班教课。因国内工作需要，中共中央决定董必武回国工作。回国前曾表示愿到中央革命根据地工作。（参见《董必武年谱》编辑组编《董必武年谱》，中央文献出版社 1991 年版）

杨松是年至 1933 年任海参崴太平洋职工会中国部主任，并负责编辑《太平洋工人》杂志。后调到莫斯科职工国际东方部工作，主编《全民》杂志。

杨明斋被当作叛逃者流放到托姆斯克当勤杂工。

吴宓 1 月 14 日离开牛津赴伦敦，刘咸、费巩送行。吴宓在伦敦访朱光潜。15 日，吴宓访朱光潜。20 日，吴宓访诗人艾略特。25 日，吴宓访庄士敦。27 日，吴宓访朱光潜。28日，吴宓离开英国赴法国。2 月 14 日，吴宓在巴黎大学遇留学法国的王力。15 日，吴宓访张凤举。24 日，吴宓访法国汉学家伯希和。25 日，吴宓接到浦江清的信，知《学衡》杂志第69、70 期已经出版。8 日，吴宓致函汪兆璠，推荐在法国留学的凌其增为东北大学教授。吴宓致函在东北大学的郭斌龢，以《学衡》杂志的事业相托。3 月 27 日，吴宓复吕碧城函，劝她读《学衡》杂志，以了解他的为人，并消除误解。同月，《学衡》杂志第 72 期出版发行，发表吴宓译《白璧德论今后诗之趋势》《穆尔论自然主义与人文主义之文学》。13 日，吴宓在瑞士会晤叶企孙。14—16 日，吴宓与叶企孙同游瑞士。22 日，吴宓返回巴黎，从《大公报》上得知吴南轩为清华大学校长。同月，《学衡》杂志第 74 期出版发行，发表吴宓译自美国贝尔江

(Montgomery Belgion)的《班达论智识阶级之罪恶》与译自 Pierre Lasserre 的《拉塞尔论博格森之哲学》(原题为 Le Destin de Bergson),以及《路易斯论治术》《路易斯论西人与时间之观念》。5月9日,吴宓访在法国留学的刘海粟。16日,吴宓收到浦江清寄来新出版的《学衡》杂志第69—74期。吴宓与凌其圪等讨论新出版的《学衡》杂志。17日,刘海粟向吴宓借阅《学衡》杂志六册。27日,吴宓为庄士敦、叶慈订购《学衡》杂志。28日,吴宓将《学衡》杂志第71期一册寄与 Mering。6月6日,吴宓参观黎东方的博士口试。吴宓赠马古烈《学衡》杂志。7日,Mering 请吴宓为他所赠的《学衡》杂志签名。20日,吴宓得梅光迪3日自美国的来信,邀他到美国与白璧德一聚。24日,吴宓复梅光迪信,说暂时不来美国。7月4日,毛彦文自美国到巴黎与吴宓相会。9日,在德国留学的清华学生贺麟拜访吴宓,并陪同吴宓在德国境内游览。(参见沈卫威《学衡派编年文事》,南京大学出版社2015年版;齐家莹编《清华人文学科年谱》,清华大学出版社1999年版)

朱自清8月22日按清华大学条例休假一年,动身赴英国访学。所代理中文系主任职,由本系教授刘文典暂代。前往车站送行者有胡秋原、林庚、章晓初、陈竹隐等十余人。与朱自清同行者有自费赴法、英留学的李健吾和徐士瑚。8月25日晨,赴波兰领事馆和俄罗斯领事馆办手续。下午,偕徐士瑚游太阳岛、松花江。晚应清华校友公宴。26日下午离哈尔滨北行。28日,过贝加尔湖。30日,于西伯利亚车中致顾颉刚信,论述了作者对于新诗的三点看法。31日,在西伯利亚途中开始写《西行通讯》。9月2日晚,抵莫斯科。9月5日,抵巴黎,9月8日晨,辞李健吾,偕徐士瑚登车赴英。下午抵伦敦。朱自清去伦敦并无某一确切具体的打算,但有一个总体的设想,即全面考察英国文化和欧洲文化,重点了解小说、诗歌戏剧、音乐、绘画等文化艺术门类。9月11日晨,送徐士瑚赴爱丁堡。赴皇家学院和伦敦大学取章程。9月19日,阅《泰晤士报》,知"日本占领沈阳,东省之事日急矣"。9月21日,致妻子陈竹隐信,说:"阅报知东省事日急,在国外时时想到国家的事,但有什么法子呢?"9月29日,赴伦敦大学办理入学手续。10月5日晚,偕罗宾森赴友谊之家听非洲问题讲演。9日,开始在伦敦大学听课,读语言学及英国文学。10日上午,在查林路口忽遇柳无忌,大喜。17日下午,偕柳无忌赴留英学会。晚赴北大校友聚餐,并被推为北大校友会书记。11月9日晚,听甘地讲演。(参见姜建、吴为公编《朱自清年谱》安徽教育出版社1996年版;章玉政编著《刘文典年谱》,安徽大学出版社2011年版;齐家莹编《清华人文学科年谱》,清华大学出版社1999年版)

张景钺到英国利兹大学深造,在著名植物解剖学家 J. H. 普利斯特利指导下从事植物解剖学研究工作。同年又赴瑞士巴塞尔大学学习,在植物学教授薛卜指导下进行研究工作。

周培智留学英国,获爱丁堡大学哲学博士学位。

关广志留学于英国皇家美术学院。

胡愈之年初从巴黎动身经德国、波兰、苏联回国。经德国柏林时作短暂停留,曾去柏林《国际主义者》报(世界语)编辑部访问,并摄影留念。10日,在《东方杂志》第28卷第1号上发表《印度革命论(上)》一文。25日,在《东方杂志》第28卷第2号上发表《印度革命论(中)》一文。27日,到达莫斯科,通过苏联世界语者帮助,获得在莫斯科停留7天的准许。28日,参加莫斯科与列宁格勒两城旅馆业劳动者竞赛大会。29日上午,访问苏联对外文化协会总部,下午参观莫斯科市郊新工人住宅区、乡苏维埃和两处医院。晚上参观中央电报局,并参加近郊少年先驱(少先队)大会。30日上午,参观共产主义学院,拜会著名的经济学家瓦尔加教授和中国问题专家沃伊丁斯基教授,顺道参观中央图书馆。31日,上午参观"三山"纺织厂,下午参观谷麦托辣斯。2月1日,参观克里姆林宫,并拜谒列宁墓。晚上6时,到福全街联络工人俱乐部先参加家庭妇女举行的苏维埃代表选举会,后参加莫斯科世界语者为他举行的招待会。3日,参观莫斯科模范小学。薄暮乘火车离开莫斯科。途中访问莫斯科,撰写《莫斯科印象记》。(参见朱顺佐、金普森《胡愈之传》,杭州大学出版社1991年版)

王光祈2月26日在柏林图书馆完成《中国音乐史》一书。他在自序中说:"本书十之八九系余个人心得。""余留德十余年,皆系卖文为活……本书一点成绩,亦系十年来孤苦奋斗之结果。""余甚望国内同志能一洗此种奇耻大辱。"此书至1934年9月由中华书局出版。3月2日,在柏林撰成《德国对失学国民的救济》,后发表于上海《生活周刊》第6卷第16期。同日,撰成《留学与博士》,后刊于上海《生活周刊》第6卷第17期。7月21日,在柏林图书馆著成《西洋名曲解说》一书,1936年2月由中华书局出版。8月下旬,由于患胃溃疡和贫血病,呕吐晕昏以至卧床不起。后赴柏林国立大学医院诊治,卧病该院四旬。夏,周太玄自法归国过德时,在车站会晤王光祈。11月5日,在柏林写成《东北问题与国际形势》一文,后刊于上海《生活周刊》第6卷第51期。文中说:9月18日日军占领沈阳之时,"余卧病异邦,闻此噩耗,百感交集,殆难言喻","每日皆有一位卖报女郎,按时入院售报。同室各位德国病人,看了此项消息后,多围立余之床前询问,并互相讨论,一若第二次世界大战之终不可免也者"。12月29日,在柏林写成《柏林病院四旬记》,后刊于上海《生活周刊》第7卷第3、4、9、10期。(参见四川音乐学院、成都市温江区人民政府编《王光祈文集》,巴蜀书社2009年版)

冯至1月16日致信杨晦、废名:学习紧张,为里尔克的做人态度而震动。20日,致信杨晦,深刻地剖析自己。2月,致信杨晦,说沉醉于里尔克的诗文之中,称赞宫多尔夫教授。2、3月间,诗人梁宗岱来此,一起谈诗论文,受到启发。3月15日,致信杨晦,赞美里尔克的诗文。4月10日,致信杨晦,评述里尔克的诗文。在听宫多尔夫课期间,与F君相识,从他那里首次知道西方两个著名的论战家:丹麦的基尔克郭尔和奥地利的卡尔·克劳斯。前者后来对冯至产生很大影响。还认识了维利·鲍尔,后来成为好友。5、6月间,北大老师张定璜从法国来此小住。7月12日,宫多尔夫教授在课堂上猝然逝世,非常悲痛,致信维利·鲍尔,告知这一噩耗。25日,致信杨晦、陈翔鹤,为宫多尔夫的死而惋惜,决定转学到柏林大学。8月,冯至到柏林大学,受到在此学经济的北大同学朱偰和学图书馆学的蒋复璁的欢迎,并通过他们认识了研究美术的滕固,还认识了陈铨。在柏林,遇到了一位名麦耶尔的报纸专栏作家,谈雷马克的小说《西线平静无事》。9月27日,致信杨晦,谈《Duino哀歌》的翻译。10月13日,致信杨晦,打算从宗教与思想上研究俄国。12月19日,致信杨晦,谈庞大的学习研究计划。(参见周棉《冯至年谱》,载王京州编《河北近现代学者年谱辑要》,国家图书馆出版社2017年版)

刘海粟3月应德国佛兰克府大学中国学院的邀请演讲中国画学,并举行中国现代画展。4月24日,在巴黎腊丁区撰《中国绘画上的六法论·序言》。6月,中国现代画展又移海德堡展览。德人见之,赞赏不已。刘海粟欧游期间,曾与毕加索、马蒂斯等画家交游论艺。6月,巴黎美术学院院长贝纳尔在巴黎克莱蒙画院为他举办了个人画展,展出他在法国、瑞士、比利时、意大利、德国所作的画40幅,其中《卢森堡之雪》为法国政府购藏于特亦巴尔国家美术馆。7月25日,在《东方杂志》第28卷第14号发表《罗马西斯廷壁画》。(参见

袁志煌、陈祖恩编著《刘海粟年谱》,上海人民出版社1992年版)

朱偰继续在德国入柏林大学攻经济,兼修历史、哲学。2月10日,蔡元培致函浙江省教育厅长张道藩,谓"朱君偰,为朱遏先先生希祖之世兄,自费留学德国,在柏林大学习经济,刻苦勤学,时有撰述。近因金价暴涨,私费不易维持,曾持校中成绩证书,请蒋公使移文浙省,请补官费,未知已荷察洽否? 朱君才学,甚可造就,还希量为设法,俾得递补官费,遂其好学之志,无任感荷"。是年,朱偰所撰《日趋严重之国际失业问题》刊于《东方杂志》第28卷第6号;《德国实业联合会投资中国之计划及其批评》刊于《东方杂志》第28卷第12号;《德奥关税联盟之结局与欧洲经济合作问题》刊于《东方杂志》第28卷第23号。(参见高平叔编著《蔡元培年谱长编》,人民教育出版社1996年版)

张竞生继续在法国从事学术研究。所译弗鲁特著《心理分析纲要与梦的分析》刊于《读书杂志》第1卷第1期;译弗鲁特著《心理分析纲要》连载于《读书杂志》第1卷第2—3期;所撰《归国后到农村去的计划》刊于《读书杂志》第1卷第6期。

吕斯百于国立里昂美专毕业,获优等毕业生。入国立巴黎高等美术学校达方培斯画室学习。同时,在巴黎里昂油画研究院学习。

王临乙考入巴黎高等美术学院雕塑家Bauchard工作室学习。

曾竹韶考入巴黎高等美术学校雕塑系,在著名雕塑家布夏工作室学习雕塑。与常书鸿、刘开渠、王临乙等人发起成立"中国留法学生巴黎艺术学会"。

颜文梁留法回国,并带回近500尊石膏教具。

王正廷以国际奥委会"大使"的身份,出任中国国家奥委会"体协"董事长。

按:国际奥委会会议通过一项决议,承认"中华全国体育协进会"为中国的国家奥委会,中国开始成为国际奥委会大家庭中的一员。

江亢虎继续在加拿大蒙特利尔的麦吉尔大学任教。6月,应古巴中华总商会会长陈伯清来信之邀,为《古巴中华总商会年刊》写序。文章历数华工、华商一百年来在美洲的艰辛和做出的贡献,痛斥所谓"文明国家、资本制度""欺凌蹂躏我贫弱无告之华工、华商",实为一种"自杀政策"。9月,书写《励志社特刊题词》。此文是此前不久假期回国时,在南京,李公朴陪同访问励志社时该社的特刊约稿。10月,针对"九一八"事变,在加拿大以"加拿大大学汉学主任教授"个人的身份,写作《敬告日本政府与国民书》,交予日本驻加公使德川转达。书信痛斥日本军阀"更借口莫须有之事,占领满蒙,屠戮良懦,倒行逆施,于斯而极";指责日本"即使侥幸一时全胜",也是"不义之战,无名之师""不仁不智之甚";希望日本"亦有主持公理转移舆论之人,出而倡道正义和平运动……悬崖勒马,放下屠刀,抛弃武力政策,实行亲善主义";警告日本应"迅撤驻兵,立返侵地",否则"积不善者必有余殃"。11月,江亢虎就"九一八"事变中国应取的对策,写信给蒋介石献计:"当下治标之策,则以为两言可以定之:一曰绝交而不宣战,一曰死守而不进攻。"并表示应积极备战,包括:试行征兵制,征收青年,练习兵操,服务兵役;大力培养航空人才,赶紧制造并购买军用飞机;抓紧整顿海、陆军;尺寸之地,誓不再拱手让人。(参见江佩伟编《中国近代思想家文库·江亢虎卷》及附录《江亢虎年谱简编》,中国人民大学出版社2015年版)

傅启学任美国旧金山《少年中国晨报》主笔,同年秋就读于美国旧金山加州大学研究院。

冯汉骥赴美国先后入哈佛大学、宾夕法尼大学留学,获博士学位。

张彭春任教于美国芝加哥大学。

吴大猷赴美国留学，入密西根大学学习。

林徽因赴美国留学，就读于费城宾夕法尼亚大学建筑系。

马坚被选送埃及艾资哈尔大学和阿拉伯语文学院留学，在埃及出版以阿拉伯文著《中国回教概况》和《论语》译文。

美国教育家华虚朋(Carleton Washburne)博士 2 月 2 日来华访问。华虚朋博士系文纳特卡制创始者，他于 13 日抵沪后曾在复旦大学、沪江大学、中华慈幼协济会等处演讲。2 月 18 日离沪赴欧。

按：文纳特卡制为华氏于 1919 年起在芝加哥文纳特卡镇公立学校实验的一种提倡教学个别化、学校社会化的教学制度。(参见中央教育科学研究所编《中国现代教育大事记 1919—1949》，教育科学出版社 1988 年版)

美国洛克菲勒基金会总裁、兼驻欧洲国际健康委员会及社会科学研究计划负责人之一塞斯卡·冈恩(Selskar M. Gunn)是年夏访问定县，这是冈恩第一次在中国旅行。晏阳初在定县接待的冈恩参观来访。9 月 8 日，塞斯卡·冈恩在致洛克菲勒基金会主席马克思·曼圣(Max Mason)的报告中高度评价定县实验，认为是从没听过的感人至深的活动之一，"这一运动值得予以最大的注视。它可能获得对未来若干年中国问题的答案"，"在中国极少理想主义。我自己相信晏与同仁在走向成功"。(参见杜学元、郭明蓉、彭雪明《晏阳初年谱长编》，上海交通大学出版社 2017 年版)

美国《新群众》杂志第 7 卷第 1 期 6 月译载左联发表的《为国民党屠杀同志致各国革命文学和文化团体及一切为人类进步而工作的著作家思想家书》(原载《前哨》第 1 卷第 1 期)，题为《中国作家致全世界的呼吁书》。信的上方还刊登了 6 位被害者(包括宗晖)的照片和略传。(参见鲁迅博物馆、鲁迅研究室编《鲁迅年谱》，人民文学出版社 1981 年版)

美国"纽约工人文化同盟"大会 8 月召开，有 130 个团体的二百多名代表出席。鲁迅、高尔基、巴比塞等被选入名誉主席团。会议讨论了纽约的普罗文化工作和反对帝国主义斗争等问题。(参见鲁迅博物馆、鲁迅研究室编《鲁迅年谱》，人民文学出版社 1981 年版)

美国 104 名著名作家 11 月 22 日对中国当局捕杀李伟森等作家的暴行，特组织委员会联名向国民党驻美使馆提出抗议。(参见鲁迅博物馆、鲁迅研究室编《鲁迅年谱》，人民文学出版社 1981 年版)

法国物理学家朗之万受北京大学、清华大学和北平研究院的邀请来华讲学，与归国物理学家李书华、吴有训、萨本栋、叶企孙、王守竞等进行广泛的接触和交流，作了《科学思想之过程》《科学与文明》等 9 次报告。

法国"黄种巡察团"在 6 月 18 日"中国部分的团长"卜安的率领下，蒙着"学术考察团"的假面具来到中国，侦探情报，盗窃古物。后中国学术团体协会委托古物保管委员会再三为之磋商，始联合成立"中法学术考察团"，法方团长卜安，中方团长褚民谊。考察途中，法方团长卜安殴打中国团员，引起全国愤慨。19 日，出席古物保管委员会紧急会议，讨论"中法学术考察团"法方团长卜安殴打中国团员事。此后，刘半农发表《质问法使馆参赞韩德威》《介绍黄种巡察团》等文中予以揭露和抨击。(参见徐瑞岳编《刘半农年谱》，中国矿业大学出版社 1989 年版)

苏联法捷耶夫、法国巴比塞、美国辛克莱等 28 位著名作家 8 月 20 日联合签名在《文学导报》第 1 卷第 3 期发表《革命作家国际联盟为国民党屠杀中国革命作家宣言》，表示"坚决的反抗国民党逮捕和屠杀我们的中国同志"，同时号召全世界一切革命进步家共同起来反

抗国民党对于我们同志的压迫。(参见鲁迅博物馆、鲁迅研究室编《鲁迅年谱》,人民文学出版社1981年版)

苏联学者哥德斯等2月出席由共产主义学院列宁格勒东方学会和东方研究所共同召开的"亚细亚生产方式"研讨会。在本次在列宁格勒召开的一次讨论会上,"亚细亚生产方式说"被正式定为一种非马克思主义学术观点,马扎亚尔及其赞同者亦被明确视为托派代言人。共产国际官员约尔克明确说,没有必要再讨论"亚细亚生产方式"是否实际存在的问题,重要的是在政治上揭露这一理论的错误。作为联共官方代表的哥德斯在会上发表了一份长篇报告,尖锐批判马扎亚尔学派的观点,说马扎亚尔学派所拥护的亚细亚生产方式的理论,不仅歪曲了马克思主义在历史的根本问题上的方法论,也抹煞了现代东方的封建主义残余问题,强调"亚细亚生产方式"理论不单是一种研究东方国家土地制度的理论,也是具有明显的政治危害性的理论:一方面,往往会用来反对共产国际对殖民地革命性质的看法,成为滋生托洛茨基主义的土壤;另一方面,也有可能被东方民族主义分子利用,借口东方社会的特殊性而拒绝马列主义对东方社会发展的普遍适用性。此次会议并不是严肃的学术讨论会,而是带有浓厚的政治色彩,并充满着党内斗争的火药味,此后亦对中国学界有关"亚细亚生产方式"讨论产生重要影响。(参见涂成林《世界历史视野中的亚细亚生产方式——从普遍史观到特殊史观的关系问题》,《中国社会科学》2013年第6期)

按:季正矩《国内外学者关于"亚细亚生产方式"理论研究观点综述(二)》(《当代世界与社会主义》双月刊2008年第2期)就此问题梳理如下:1927年上半年,中国大革命走向失败,共产国际内部就中国社会性质和革命性质,展开了激烈争论。斯大林认为,中国正经历着既反对封建残余又反对帝国主义的土地革命,土地革命是中国资产阶级民主革命的基础和内容。反对派托洛茨基等人认为,在中国,封建残余不是没有就是微乎其微,没有什么重要意义,主要任务是反对资本主义。于是"亚细亚生产方式"理论被重新提出。1927年12月2—19日,联共(布)召开第十五次代表大会。联共(布)中央委员、共产国际主席团委员罗明纳兹在大会上作的关于中国社会性质和革命性质的报告提出,中国农村现存的那种社会关系为封建主义,但这种社会关系与中世纪欧洲的很少有共同之点。最恰当不过的是把中国这种独特的封建主义称为马克思所说的亚细亚生产方式。后任共产国际东方部负责人的马扎亚尔在制定中国共产党土地关系问题的决议时,明确阐述了中国社会的"亚细亚生产方式"性质,认为中国农业生产的特点使农村经济呈特殊的状态,整顿水利和人工灌溉十分重要,农耕必须耗费多量的徒手劳动。如此的农业生产方法,再加上商业重利资本的早期发展,防御游牧民族侵犯及水灾的巨大工程,应付天灾又须有种种救济组织,对于游牧民族的侵扰和征服,这些情况综合起来,便造成中国亚细亚生产方式制度。1928年9月1日,共产国际六大通过的《共产国际纲领》中的《争取世界无产阶级专政的斗争和革命的主要类型》一节中指出:"殖民地半殖民地国家(中国、印度等)以及一些独立国家(阿根廷、巴西等),其中有些国家工业还不发达,另外一些国家则工业相当发达,但大部分都缺乏独立进行社会主义建设的基础。中世纪的封建关系或'亚细亚生产方式'还在经济政治上层建筑中占着优势。"在共产国际六大第31次会议上,中共代表瞿秋白作了《关于殖民地半殖民地国家革命运动的总结报告》,其中虽然承认中国存在过"亚细亚生产方式",但中国正在进行的农民和地主之间的斗争证明,"在中国,旧式的亚细亚国家,即由集权政府、君主、皇帝统治的国家已经改变了。这种国家在中国已不复存在了。中国现在已经没有皇帝了,这是问题的政治方面。至于其经济方面,那么,中国早已存在土地私有制。"瞿秋白阐明了中国社会的性质,反驳了"亚细亚生产方式"论,但他在这个问题上的见解,未被大会所接受。1928年,马扎亚尔发表《中国农业经济》,指出中国农村占统治地位的,从整体来说,还不是资本主义的生产关系,而是前资本主义的生产关系。20世纪20年代的中国是由"亚细亚生产方式"向资本主义演变的过渡社会结构,也就是说,中国存在的前资本主义残余就是"亚细亚生产方式"。关于"亚细亚生产方式"的实质,他认为东方社会国家的形式是专制统治,不存在土地私有制。土地和河流——基本的生产条件——的最高所有者是国家。剥削的基本经济形式,是和地租相一致的赋税。统治阶级剥削社会,以赋税地租的形式征收剩余产品的经济形式,无疑使这种剥削方式接近于封建的剥削方式。不存在封建所有制和封建领主阶级,这点毕竟是东方社会和封建社会之间的原则性区别。1929年后,由于受当时苏联政治斗争的影响,"否定亚细亚生产方式"论者逐渐占据主要地位。同年,马扎亚尔宣布放弃他的中国存在"亚细亚生产方式"的观点,认为应该到遥远的过去寻找。

德国柏林大学教授、前普鲁士教育部长柏刻(C. H. Becker)等组成的国际联盟教育考察团应国民政府之请于9月30日到达上海。考察团成员还有:波兰教育部初等教育司长法尔斯基(M. Falski),法兰西大学教授郎吉梵(P. Langevin),伦敦大学政治经济学院教授叩尼(R. H. Tawney),并由国际联盟秘书长窝尔特兹(F. P. Walters)协助。该团到我国后,又有国际文化合作社社长波内(M. H. Bonnet)等二人参加。该团先后在我国上海、南京、天津、北平、河北定县、杭州、江苏无锡、苏州、镇江、广州等地考察教育。11月14日,国际联盟会教育考察团成员培根和伦希维来无锡国专考察参观并作演讲。培根在演讲中,强调指出:"在现今生存竞争的时代,凡一国家求生存于世界,固以研究科学为先;然研究科学,必当先使国民自觉。而国民自觉心之发动,惟有藉国学以发扬光大之,而后可以保持各国固有之民族精神,此尤须研究本国历史和固有文化。贵校为研究国学之最高学府,负有保存固有文化之责,与普通学校之使命不同。"12月中旬,考察工作结束。国际联盟教育考察团在杭州进行考察后,认为中国教育违背经济原则,其问题为:一、注意大学教育之发展,忘却中小学校之普及;二、中学教育程度太差;三、应即尽量提倡职业教育以裕民生;四、一般学生训育欠佳。1932年12月,该团之考察报告中文译本《中国教育之改进》由国立编译馆翻译发行。（参见中央教育科学研究所编《中国现代教育大事记1919—1949》,教育科学出版社1988年版;陆阳《唐文治年谱》,上海三联书店2013年版）

三、学术论文

刘盼遂《中国古代父子祖孙同名考》刊于《国学丛编》第1期第1册。

刘盼遂《冀州即中原说》刊于《国学丛编》第1期第2册。

刘盼遂《释因茵等十四文》刊于《国学丛编》第1期第3册。

徐中舒《殷周文化之蠡测》刊于《历史语言研究所集刊》第二本第三分。

陈寅恪《几何原本满文译本跋》刊于《历史语言研究所集刊》第二本第三分。

高本汉著,王静如译《论考证中国古书真伪之方法》刊于《历史语言研究所集刊》第二本第三分。

王静如《论阻卜与鞑靼》刊于《历史语言研究所集刊》第二本第三分。

陈寅恪《彰所知论与蒙古源流（蒙古源流研究之三）》刊于《历史语言研究所集刊》第二本第三分。

陈寅恪《蒙古源流作者世系考（蒙古源流研究之四）》刊于《历史语言研究所集刊》第二本第三分。

赵元任《反切语八种》刊于《历史语言研究所集刊》第二本第三分。

赵元任《用 b d g 当不吐气清破裂音》刊于《历史语言研究所集刊》第二本第三分。

罗常培《切韵鱼虞之音值及其所据方音考——高本汉切韵音读商榷之一》刊于《历史语

言研究所集刊》第二本第三分。

蒋廷黻《琦善与鸦片战争》刊于《清华学报》第 6 卷第 3 期。

方显庭《天津之针织工业》刊于《清华学报》第 6 卷第 3 期。

傅尚霖《中国家庭现存的复杂性的研究》刊于《清华学报》第 6 卷第 3 期。

浦薛凤《卢梭的政治思想》刊于《清华学报》第 6 卷第 3 期。

卫聚贤《元代演戏的舞台》刊于《清华文学月刊》第 2 卷第 1 期。

吴其昌《矢彝考释》刊于《燕京学报》第 9 期。

郭鼎堂《汤盘孔鼎之扬榷》刊于《燕京学报》第 9 期。

郭鼎堂《臣辰盉铭考释》刊于《燕京学报》第 9 期。

许地山《陈那以前中观派与瑜伽派之因明》刊于《燕京学报》第 9 期。

李长傅《〈斐律宾史上李马奔之真人考〉补遗》刊于《燕京学报》第 9 期。

顾颉刚、洪煨莲《崔东壁先生故里访问记》刊于《燕京学报》第 9 期。

钱穆《周初地理考》刊于《燕京学报》第 10 期。

刘朝阳《殷历质疑》刊于《燕京学报》第 10 期。

黎光明《〈斐律宾史上"李马奔"Lima hong 之真人考〉补正》刊于《燕京学报》第 10 期。

朱希祖《整理昇平署档案记》刊于《燕京学报》第 10 期。

李俨《珠算制度考》刊于《燕京学报》第 10 期。

冯承钧《大藏经录存佚考》刊于《燕京学报》第 10 期。

靳德峻《〈史记〉名称之由来及其体例之商榷》刊于《师大国学丛刊》第 1 卷第 1 期。

钱振东《建安诸子文学的通性》刊于《师大国学丛刊》第 1 卷第 1 期。

孙人和《沈括以霓裳为道调法曲辨》刊于《师大国学丛刊》第 1 卷第 1 期。

任维焜《古文家的文论》刊于《师大国学丛刊》第 1 卷第 1 期。

赵焕文《中国文字学之历史观及今后研究之新途径》刊于《师大国学丛刊》第 1 卷第 1 期。

吴其作《唐代词坛的鸟瞰》刊于《师大国学丛刊》第 1 卷第 1 期。

余嘉锡《古籍解题》刊于《师大国学丛刊》第 1 卷第 1 期。

访秋《东西洋文学中之恋爱观》刊于《师大国学丛刊》第 1 卷第 2 期。

钱振东《魏晋文学之时代背景》刊于《师大国学丛刊》第 1 卷第 2 期。

访秋《萧统与刘勰》刊于《师大国学丛刊》第 1 卷第 2 期。

易烈刚《书墨子兼爱后》刊于《师大国学丛刊》第 1 卷第 2 期。

钱玄同《重印刘逢禄〈左氏春秋考证〉书后》刊于《师大国学丛刊》第 1 卷第 2 期。

骆鸿凯《〈楚辞章句〉征引楚语考》刊于《师大国学丛刊》第 1 卷第 2 期。

靳德峻《〈史记释例〉自序》刊于《师大国学丛刊》第 1 卷第 2 期。

方国瑜《敦煌五代刻本唐广韵残叶跋》刊于《师大国学丛刊》第 1 卷第 2 期。

访秋《明代名士之重"趣"》刊于《师大国学丛刊》第 1 卷第 2 期。

余嘉锡《四库提要辨证——新语》刊于《师大国学丛刊》第 1 卷第 2 期。

易烈刚《文学与环境》刊于《师大国学丛刊》第 1 卷第 2 期。

刘盼遂《〈颜氏家训校笺〉补正》刊于《女师大学术季刊》第 2 卷第 1 期。

刘盼遂《李唐为蕃姓考(续)》刊于《女师大学术季刊》第 2 卷第 1 期。

刘汝霖《学术史料考证法》刊于《女师大学术季刊》第2卷第2期。

按:是文曰:"生在现代的人,要想知道古代的事情,既不能跑回几千年去直接观察古代的状况,又不能起古人于坟墓,向他问长问短。只好根据古人遗留下的陈迹,搜集在一起,整理出系统,以窥测古代的状况,这就是考证的学问。这种学问,好像侦探术而更难于侦探术。因为侦探所依据的材料,可以随人的努力,尽量搜集。这时候距事体发生的时代甚近。环境不会完全改变,按当代的眼光,考察当代的事情,人证物证,都没有完全消灭,精心研究,还可以有水落石出的日子。考证的学问,对此就发生困难,因为年代已远,环境改变,事情过去,人物死亡,用现代的眼光,观查古代的情形,自然有许多不合。况且古人的事迹,并不是全部传给我们的,有的根本就没有记载,有的中路失传了。即此残缺的史料之中,又是真伪参杂,必须下一番辨别的工夫,方能应用。现代发掘的方法,固然可以使古代的史料增多,但这种成功,是不敢预期的。况且发掘得到的史料,是片段的,不像书籍上的知识,是成系统的。"故是文所讲的考证的方法,"偏重于整理书籍所载的史料一方面",主要"专讲运用史料的方法",全文"共分四部分,第一第二两部分,专讲鉴别的方法,第三第四两部分,专讲整理的方法"。

刘盼遂《严铁桥〈全上古三代秦汉文〉补目》刊于《北平图书馆馆刊》第5卷第1号。

黎锦熙《元杂剧总集曲目表》刊于《图书馆学季刊》第5卷第1期。

[法]沙畹著,冯承钧译《纸发明前之中国书》刊于《图书馆学季刊》第5卷第1期。

向达《中国雕板印刷术之全盛时期》刊于《图书馆学季刊》第5卷第3—4期。

向达《1930年斯文海定楼兰所获缣素简牍文抄》刊于《国立北平图书馆馆刊》第5卷第4号。

钱穆《评顾颉刚〈五德终始说下的政治和历史〉》刊于《大公报·文学副刊》第170期。

谭戒甫《墨子"辞过"义例》刊于《国立武汉大学文哲季刊》第1卷第4号。

高重源《中国古史上禹治洪水的辩证》刊于《国立武汉大学文哲季刊》第1卷第4号。

刘揆黎《唐代藩镇之祸可谓为第三次异族乱华》刊于《国立武汉大学文哲季刊》第1卷第4号。

雷海宗《殷周年代考》刊于《国立武汉大学文哲季刊》第2卷第1号。

方重《十八世纪的英国文学与中国》刊于《国立武汉大学文哲季刊》第2卷第1号。

张沅长《近代英美戏剧上之道德革命》刊于《国立武汉大学文哲季刊》第2卷第1号。

谭戒甫《墨辩轨范》刊于《国立武汉大学文哲季刊》第2卷第1号。

高翰《练习律》刊于《国立武汉大学文哲季刊》第2卷第1号。

朱东润《述方回诗评》刊于《国立武汉大学文哲季刊》第2卷第1号。

南扬《张协戏文中的两桩重要材料》刊于《国立武汉大学文哲季刊》第2卷第1号。

按:宋元的戏文,"上结宋词,下开明曲之端",在戏曲史上占有重要地位。"然明人所刻的戏文,往往妄加删改,弄得面目全非,遂使后来研究曲学的,无从认识戏文的真相"。南扬先生从《永乐大典》中发现了《张协状元》等三种戏文,保持了原状,并未遭到删改。《张协状元》所包含的"南词的诸宫调"以及"断送"两桩材料,都是现在不易见到的研究我国戏剧的重要资料。

周贞亮《梁昭明太子年谱》刊于《国立武汉大学文哲季刊》第2卷第1号。

郭嵩焘《读管札记(续)》刊于《国立武汉大学文哲季刊》第2卷第1号。

赵邦彦《九子母考》刊于《历史语言研究所集刊》第二本第三分册。

吴宓译《薛尔曼评传》刊于《学衡》第73期。

柳诒徵《论近人讲诸子之学者之失》刊于《学衡》第73期。

钱理《论语杂说》刊于《学衡》第73期。

［法］勒朋著，冯承钧译《现代箴言》刊于《学衡》第 73 期。

乔友忠译《布朗乃尔与美国之新野蛮主义》刊于《学衡》第 74 期。

吴宓译《班达论智识阶级之罪恶》刊于《学衡》第 74 期。

张荫麟译《白璧德论班达与法国思想》刊于《学衡》第 74 期。

吴宓译《拉塞尔论柏格森之哲学》刊于《学衡》第 74 期。

吴宓译《路易斯论治术》刊于《学衡》第 74 期。

吴宓译《路易斯论西人与时间之观念》刊于《学衡》第 74 期。

郭悼莹《四部通讲卷二》刊于《学衡》第 74 期。

柳诒徵《自由教学法》刊于《学衡》第 75 期。

胡稷咸《批评态度的精神改造运动》刊于《学衡》第 75 期。

汤用彤《唐太宗与佛教》刊于《学衡》第 75 期。

景昌极《知识哲学》刊于《学衡》第 75 期。

柳诒徵《江苏钱币志初稿》刊于《史学杂志》第 2 卷第 5—6 期合刊。

赵曾伟《干支论(古力衡论之二)》刊于《史学杂志》第 2 卷第 5—6 期合刊。

汤用彤《摄山之三论宗史略考》刊于《史学杂志》第 2 卷第 5—6 期合刊。

缪凤林《汉胡混合之北统》刊于《史学杂志》第 2 卷第 5—6 期合刊。

陈训慈《清代浙东之史学》刊于《史学杂志》第 2 卷第 5—6 期合刊。

蒙文通《经学抉原处违论(续完)》刊于《史学杂志》第 2 卷第 5—6 期合刊。

缪凤林《西汉诸帝与外戚之礼》刊于《史学杂志》第 2 卷第 5—6 期合刊。

陈汝衡《评话研究》刊于《史学杂志》第 2 卷第 5—6 期合刊。

陈汉章《史通补释补正(续完)》刊于《史学杂志》第 2 卷第 5—6 期合刊。

缪凤林《象征之圣哲》刊于《史学杂志》第 2 卷第 5—6 期合刊。

汤用彤《唐贤首国师墨宝跋》刊于《史学杂志》第 2 卷第 5—6 期合刊。

汤用彤《矢吹庆辉阶教之研究跋》刊于《史学杂志》第 2 卷第 5—6 期合刊。

赵曾伟《埃及览古长句》刊于《史学杂志》第 2 卷第 5—6 期合刊。

赵曾伟《巴黎铁塔歌》刊于《史学杂志》第 2 卷第 5—6 期合刊。

洪业《崔东壁书版本表》刊于《史学年报》第 3 期。

韩叔信《虞初小说回目考释》刊于《史学年报》第 3 期。

范文澜《与顾颉刚论五行说的起原》刊于《史学年报》第 3 期。

徐文珊《儒家和五行的关系》刊于《史学年报》第 3 期。

齐思和《与顾颉刚师论易系辞传观象制器故事书》刊于《史学年报》第 3 期。

吴晗《山海经中的古代故事及其系统》刊于《史学年报》第 3 期。

赵澄《史记版本考》刊于《史学年报》第 3 期。

黄文弼《楼兰之位置及其与汉代之关系》刊于《史学年报》第 3 期。

［日］市村瓒次郎著，牟传楷译《元实录与经世大典》刊于《史学年报》第 3 期。

冯家升《太阳契丹考释》刊于《史学年报》第 3 期。

毛汶《女真文字之起源》刊于《史学年报》第 3 期。

白也《指画略传》刊于《史学年报》第 3 期。

关瑞梧《夷务始末外鸦片战后中英议和史料数件》刊于《史学年报》第 3 期。

傅振伦《清史稿之评论(上)》刊于《史学年报》第3期。

容肇祖《唐诗人李益的生平》刊于《岭南学报》第2卷第1期。

黄仲琴《杨雄的姓》刊于《岭南学报》第2卷第1期。

[日]后藤朝太郎著,闻宥译《中国入声之地理的研究》刊于《岭南学报》第2卷第1期。

陈受颐《十八世纪欧洲之中国园林》刊于《岭南学报》第2卷第1期。

容肇祖《公孙龙子集解自序》刊于《岭南学报》第2卷第1期。

邵尧年《广东木棉树》刊于《岭南学报》第2卷第1期。

黄仲琴《读庄初论》刊于《岭南学报》第2卷第1期。

邓尔雅《地支与十二禽》刊于《岭南学报》第2卷第1期。

冯日昌《二程"格物致知"论》刊于《岭南学报》第2卷第1期。

杨寿昌《孟子文学的艺术之管见》刊于《岭南学报》第2卷第1期。

邓尔雅《地古文作大说》刊于《岭南学报》第2卷第2期。

童振藻《钱江九姓渔户考》刊于《岭南学报》第2卷第2期。

黄仲琴《读庄再论》刊于《岭南学报》第2卷第2期。

容肇祖《明冯梦龙的生平及其著述》刊于《岭南学报》第2卷第2期。

何格恩《陈亮的生平》刊于《岭南学报》第2卷第2期。

张长弓《王昭君》刊于《岭南学报》第2卷第2期。

黄仲琴《重修粤东金石略议》刊于《岭南学报》第2卷第2期。

陈兰甫《陈兰甫先生澧遗稿》刊于《岭南学报》第2卷第2期。

王遵宪《与朗山论诗》刊于《岭南学报》第2卷第2期。

张凤《汉晋西陲木简二编急就二简校读》刊于《暨大文学院集刊》第2期。

左联执委会《中国无产阶级革命文学的新任务》刊于《文学导报》第1卷第8期。

按:《中国无产阶级革命文学的新任务》由冯雪峰在瞿秋白指导下起草。包子衍著《雪峰年谱》(上海文艺出版社1985年版)引录茅盾"左联"前期——回忆录(十二)》曰:

1931年10月15日在鲁迅家中"冯雪峰谈了正在起草的'左联'决议《中国无产阶级革命文学的新任务》的内容"。"11月,'左联'执委会通过了《中国无产阶级革命文学的新任务》的决议。决议是冯雪峰起草的,瞿秋白化了不少心血,执委会也研究了多次。这个决议可以说是'左联'成立以后第一个既有理论又有实际内容的文件,它是对于1930年8月那个左倾决议的反拨,它提出的一些根本原则,指导了'左联'后来相当长一段时期的活动。决议分析了形势,明确了任务,并就文艺大众化问题、创作问题、理论斗争与批评等问题,提出了自己的主张,特别是一反过去忽视创作的倾向,强调了创作问题的重要性,就题材、方法、形式等方面作了详细的论述。现在看来,虽然还有某些左倾的流毒(如在形势分析中提出特别要反右倾以及组织上的关门主义),但决议提出的在文学领域里的各种主张,基本上是正确的,是符合于当时历史条件的。我以为,这个决议在'左联'的历史上有十分重要的作用,它标志着一个旧阶段的结束和一个新阶段的开始。可以说,从'左联'成立到1931年11月是'左联'的前期,也是它从左倾错误路线影响下逐渐摆脱出来的阶段;从1931年11月起是'左联'的成熟期,它已基本上摆脱了'左'的桎梏,开始了蓬勃发展、四面出击的阶段。促成这个转变的,应该给瞿秋白记头功。"

按:《中国无产阶级革命文学的新任务》11月作为中国左翼作家联盟执行委员会的决议获得通过,在这个决议中,对新时期左联的地位和历史使命做了说明:"中国左翼作家联盟在目前不独是中国无产阶级革命文学的基本队伍,且又负起了中国无产阶级革命文学总的领导任务。中国无产阶级革命文学虽只有很短的历史,虽然本身尚十分幼稚,但是依据中国革命形势的突飞猛进,中国无产阶级革命文学在中国乃至世界革命中的任务却异常严重。中国左翼作家联盟确信:中国无产阶级革命文学在过去,虽然一方面完成了无产阶级革命文学运动中部分的历史使命,然而另一方面却是显然的落后,显然的未能负起主要的积极的任务;而所以然之故即在过去的屡屡陷于右倾机会主义与左倾空谈的错误!因此,在国际革命作家联盟第二次大会的根本精神与正确指导之下向新时期作第一步迈进的中国左翼作家联盟,首先必须严厉地检查自己的阵容,无情地对于右倾机会主义及左倾空谈作两条战线上的斗争,特别是对于右倾的斗争。这种斗争,虽然早经开始,但今后必须不断地努力加紧,然后可以保证中国无产阶级革命文学向新时期进展的胜利和成功”“然而中国无产阶级革命文学在此新时期的开始尚有一最主要的特征,即中国劳苦大众的文化要求的抬头,特别是在苏维埃区域内工农大众对于文化要求的急迫。……这也就是中国革命对于中国无产阶级革命文学者提出的巨大要求之一,而中国无产阶级革命文学一定得担负”“中国无产阶级革命文学最重要的当前任务,在原则上可以归纳为下列的六项:1.在文学的领域内,加紧反帝国主义的工作;加紧反对帝国主义战争,特别是进攻苏联与瓜分中国的帝国主义战争的工作。2.在文学的领域内,加紧反对豪绅地主资产阶级军阀国民党的政权;反对军阀混战,特别是进攻苏维埃红军的战争。3.在文学的领域内,宣传苏维埃革命以及煽动与组织为苏维埃政权的一切斗争。4.组织工农兵通信员运动,壁报运动,及其他的工人农民的文化组织;并由此促成无产阶级出身的作家与指导者之产生,扩大无产阶级革命文学在工农大众间的影响。5.参加苏维埃政权下以及非苏维埃区域内一切劳苦大众的文化教育工作,帮助工农劳苦大众日常经济的政治的斗争之文字上的宣传与鼓动。6.反对民族主义,法西斯主义,取消派,以及一切反革命的思想和文学;反对统治阶级文化上的恐怖手段与欺骗政策。”

这份决议还提出了一个重大的议题,“为完成当前迫切的任务,中国无产阶级革命文学必须确定新的路线。首先第一个重大的问题,就是文学的大众化”。认为今后的文学,必须以“属于大众,为大众所理解、所爱好为原则”,“文学大众化问题在目前意义的重大,尚不仅在它包含了中国无产阶级革命文学目前首重的一些任务,如工农兵通信员运动等等,而尤在此问题之解决实为完成一切新任务所必要的道路。在创作,批评,和目前其他诸问题,乃至组织问题,今后必须执行彻底的正确的大众化,而决不容许再停留在过去所提起的那种模糊忽视的意义中。只有通过大众化的路线,即实现了运动与组织的大众化,作品,批评以及其他一切的大众化,才能完成我们当前的反帝反国民党的苏维埃革命的任务,才能创造出真正的中国无产阶级革命文学。”明确规定“文学的大众化”是建设无产阶级革命文学的“第一个重大的问题”,大众化问题成为左翼文学理论的焦点之一。

徐秋生《传奇与杂剧之解释》刊于《戏剧月刊》第3卷第9期。

孙俍工译《诗与小说》刊于《现代文学评论》第1期特大号。

谢六逸《新感觉派》刊于《现代文学评论》第1期特大号。

赵景深《现代荷兰文学》刊于《现代文学评论》第1期特大号。

林疑今《现代美国文学评论》刊于《现代文学评论》第1期特大号。

叶灵凤《现代丹麦文艺新潮》刊于《现代文学评论》第1期特大号。

杨昌溪《匈牙利文学之今昔》刊于《现代文学评论》第1期特大号。

杨昌溪《雷马克与战争文学》刊于《现代文学评论》第1期特大号。

[德]巴特斯著,段可情译《德国短命女作家碧萝芙的小说》刊于《现代文学评论》第1期特大号。

范争波《中国文坛之回顾》刊于《现代文学评论》第1期特大号。

张季平《中国普罗文学的总结》刊于《现代文学评论》第1期特大号。

丁丁《中国新诗之过去及今后》刊于《现代文学评论》第1期特大号。

汪倜然《现代世界文坛新话》刊于《现代文学评论》第1期特大号。

谢六逸译《日本文学之特质》刊于《现代文学评论》第1卷第2期。

赵景深译《英美小说之过去与现在》刊于《现代文学评论》第1卷第2期。

叶灵凤译《现代挪威小说》刊于《现代文学评论》第 1 卷第 2 期。

杨昌溪译《土耳其新文学概论》刊于《现代文学评论》第 1 卷第 2 期。

钱歌川译《英国文坛四画像》刊于《现代文学评论》第 1 卷第 2 期。

易康《西线归来之创造》刊于《现代文学评论》第 1 卷第 2 期。

郑震《关于中国近世戏曲史》刊于《现代文学评论》第 1 卷第 2 期。

汪倜然《现代世界文坛新话》刊于《现代文学评论》第 1 卷第 2 期。

杨昌溪《现代世界文坛逸话》刊于《现代文学评论》第 1 卷第 2 期。

孙俍工译《叙事诗与抒情诗》刊于《现代文学评论》第 1 卷第 3 期。

刘大杰译《霍甫特曼的"热情之书"》刊于《现代文学评论》第 1 卷第 3 期。

汪倜然译《论路威士及其作品》刊于《现代文学评论》第 1 卷第 3 期。

杨昌溪译《一九三〇年龚枯尔文学奖金得者佛柯尼》刊于《现代文学评论》第 1 卷第 3 期。

贺玉波译《回忆戈斯的童年》刊于《现代文学评论》第 1 卷第 3 期。

赵景深译《英美小说之现在与将来》刊于《现代文学评论》第 1 卷第 3 期。

李则纲《新世纪欧洲文坛之转动》刊于《现代文学评论》第 1 卷第 3 期。

张平《评几篇历史小说》刊于《现代文学评论》第 1 卷第 3 期。

奚行《文学入门》刊于《现代文学评论》第 1 卷第 3 期。

奚行《潘彼得与巴利》刊于《现代文学评论》第 1 卷第 3 期。

郑震《曲学书目举要》刊于《现代文学评论》第 1 卷第 3 期。

汪倜然《现代世界文坛新话》刊于《现代文学评论》第 1 卷第 3 期。

杨昌溪《现代世界文坛逸话》刊于《现代文学评论》第 1 卷第 3 期。

德娟等《现代中国文坛杂讯》刊于《现代文学评论》第 1 卷第 3 期。

赵景深译《匈牙利大诗人裴都菲》刊于《现代文学评论》第 1 卷第 4 期。

段可情译《赫尔曼黑赛评传(德国威尔赫谟,孔辙著)》刊于《现代文学评论》第 1 卷第 4 期。

由稚吾译《雷马克晤谈记》刊于《现代文学评论》第 1 卷第 4 期。

韦丛芜译《文学史作法论(英国戈斯著)》刊于《现代文学评论》第 1 卷第 4 期。

孙俍工译《象征(荻原朔太郎著)》刊于《现代文学评论》第 1 卷第 4 期。

高明译《现代英国文艺思潮(横川有策作)》刊于《现代文学评论》第 1 卷第 4 期。

郑震译《中国历代佛教文学概观(小野玄川作)》刊于《现代文学评论》第 1 卷第 4 期。

杨昌溪《阿根廷的近代文学》刊于《现代文学评论》第 1 卷第 4 期。

周起应《巴西文学概观》刊于《现代文学评论》第 1 卷第 4 期。

马彦祥《各有所长》刊于《现代文学评论》第 1 卷第 4 期。

张一凡《未来派文学之鸟瞰》刊于《现代文学评论》第 1 卷第 4 期。

奚行《几本文学史的介绍》刊于《现代文学评论》第 1 卷第 4 期。

汤彬等《现代中国文坛杂讯》刊于《现代文学评论》第 1 卷第 4 期。

范争波《叶绍钧的未厌集》刊于《现代文学评论》第 2 卷第 1—2 期合刊。

赵景深译《大诗人裴都菲》刊于《现代文学评论》第 2 卷第 1—2 期合刊。

段可情译《赫尔曼黑赛评传》刊于《现代文学评论》第 2 卷第 1—2 期合刊。

李赞华译《班奈德》刊于《现代文学评论》第 2 卷第 1—2 期合刊。

由稚吾译《雷马克晤谈记》刊于《现代文学评论》第 2 卷第 1—2 期合刊。

韦丛芜译《文学史作法论》刊于《现代文学评论》第 2 卷第 1—2 期合刊。

孙俍工译《象征》刊于《现代文学评论》第 2 卷第 1—2 期合刊。

高明译《现代英国文艺思潮》刊于《现代文学评论》第 2 卷第 1—2 期合刊。

郑震译《中国历代佛教文学概观》刊于《现代文学评论》第 2 卷第 1—2 期合刊。

杨昌溪《阿根廷的近代文学》刊于《现代文学评论》第 2 卷第 1—2 期合刊。

周起应《巴西文学概观》刊于《现代文学评论》第 2 卷第 1—2 期合刊。

奚行《几本文学史的介绍》刊于《现代文学评论》第 2 卷第 1—2 期合刊。

张一凡《未来派文学之鸟瞰》刊于《现代文学评论》第 2 卷第 1—2 期合刊。

汪倜然《现代世界文坛新话》刊于《现代文学评论》第 2 卷第 1—2 期合刊。

杨昌溪《现代世界文坛逸话》刊于《现代文学评论》第 2 卷第 1—2 期合刊。

汤彬等《现代中国文坛杂讯》刊于《现代文学评论》第 2 卷第 1—2 期合刊。

马彦祥《现代中国戏剧》刊于《现代文学评论》第 2 卷第 3 期。

赵景深《现代中国诗歌》刊于《现代文学评论》第 2 卷第 3 期。

贺玉波《中国女作家》刊于《现代文学评论》第 2 卷第 3 期。

知诸《巴金的著译考察》刊于《现代文学评论》第 2 卷第 3 期。

杨昌溪《西人眼中的茅盾》刊于《现代文学评论》第 2 卷第 3 期。

陈子展《最近所见之敦煌俗文学材料》刊于《现代文学评论》第 2 卷第 3 期。

陈子展《九歌招魂大招皆为楚国王室所用巫歌考》刊于《现代文学评论》第 2 卷第 3 期。

郑震《宗教思想在中国文学上的影响》刊于《现代文学评论》第 2 卷第 3 期。

郁达夫《歌德以后的德国文学举目》刊于《现代文学评论》第 2 卷第 3 期。

高明译《现代英国文艺思潮》刊于《现代文学评论》第 2 卷第 3 期。

芳草译《大战以后的美国文学(科恩著)》刊于《现代文学评论》第 2 卷第 3 期。

汪倜然译《艺术家与世人》刊于《现代文学评论》第 2 卷第 3 期。

汪倜然《现代世界文坛新讯》刊于《现代文学评论》第 2 卷第 3 期。

杨昌溪《现代世界文坛逸话》刊于《现代文学评论》第 2 卷第 3 期。

刘盼遂《六书转注甄微》刊于《学文》第 1 卷第 2 期。

刘盼遂《由〈埤雅〉右文证假借古义》刊于《学文》第 1 卷第 2 期。

刘盼遂《补〈齐书〉宗室系表》刊于《学文》第 1 卷第 3 号。

刘盼遂《上黄季刚师论说文重文书》刊于《学文》第 1 卷第 4 期。

李次山《监察制度与监察院》刊于《法学丛刊》第 1 卷第 6 期。

高阳译《死刑与犯罪》刊于《法学丛刊》第 1 卷第 6 期。

李次山《请王司法院长改任国际法庭建议案》刊于《法学丛刊》第 1 卷第 6 期。

李次山《修改刑法刑名之建议》刊于《法学丛刊》第 1 卷第 6 期。

胡适《司马迁辩护资本主义》刊于《经济学季刊》第 2 卷第 1 期。

周贻困《会计科目论》刊于《经济学季刊》第 2 卷第 1 期。

顾翊群《外汇紧缩与通货膨胀》刊于《经济学季刊》第 2 卷第 1 期。

李权时《纯粹经济学上的几个重要问题》刊于《经济学季刊》第 2 卷第 1 期。

朱通九《经济学家的四大派别》刊于《经济学季刊》第 2 卷第 1 期。

董修甲《都市财政问题》刊于《经济学季刊》第2卷第1期。

李权时《中国目前营业税问题概观》刊于《经济学季刊》第2卷第2期。

马寅初《裁厘后的营业税问题》刊于《经济学季刊》第2卷第2期。

周贻困《会计上之营业税问题》刊于《经济学季刊》第2卷第2期。

贾士毅《财政部修正所得税条例草案要旨》刊于《经济学季刊》第2卷第2期。

金国宝《日本六大都市之财政》刊于《经济学季刊》第2卷第2期。

马寅初《营业税在税制上之地位》刊于《经济学季刊》第2卷第2期。

潘序伦《营业税的征收和资本额的计算》刊于《经济学季刊》第2卷第2期。

寿景伟《从营业税到营业收益税应有之准备》刊于《经济学季刊》第2卷第2期。

金国宝《日本之营业税》刊于《经济学季刊》第2卷第2期。

马寅初《德国之营业税》刊于《经济学季刊》第2卷第2期。

王潋莹《浙江之营业税》刊于《经济学季刊》第2卷第2期。

马寅初《浙江之营业税》刊于《经济学季刊》第2卷第2期。

魏颂唐《浙江省营业税筹备之经过》刊于《经济学季刊》第2卷第2期。

王宪煦《浙江营业税之面面观》刊于《经济学季刊》第2卷第2期。

徐懋来《营业税税率问题》刊于《经济学季刊》第2卷第2期。

侯厚培《营业税问题之研究》刊于《经济学季刊》第2卷第2期。

唐庆增《西洋经济思想最近之趋势》刊于《经济学季刊》第2卷第3期。

李培恩《人力经济与国富问题》刊于《经济学季刊》第2卷第3期。

王叔涵《两淮盐务与钱庄》刊于《经济学季刊》第2卷第3期。

杨荫溥《上海之金融及其变动情形》刊于《经济学季刊》第2卷第3期。

李权时《评杯第著价值的不变本位与权度》刊于《经济学季刊》第2卷第3期。

杨汝梅《铁路盈余之拨用与亏折之抵销》刊于《经济学季刊》第2卷第3期。

宗质俊《外籍银行在我国之势力》刊于《经济学季刊》第2卷第3期。

姚庆三《平均地权的理论和实行》刊于《经济学季刊》第2卷第3期。

杨荫溥《吾国合伙组织之研究》刊于《经济学季刊》第2卷第3期。

唐庆增《经济学自修指导》刊于《经济学季刊》第2卷第3期。

徐之潮《江苏之财政》刊于《经济学季刊》第2卷第3期。

唐庆增《马克思经济思想与中国》刊于《经济学季刊》第2卷第3期。

李权时《介绍魏治瓦特著遗产经济学》刊于《经济学季刊》第2卷第3期。

李权时《评狄白里著心理价值论》刊于《经济学季刊》第2卷第3期。

李权时《法国的预决算制度》刊于《经济学季刊》第2卷第3期。

朱通九《工会的技术》刊于《经济学季刊》第2卷第3期。

张原絜《中国投资问题》刊于《经济学季刊》第2卷第3期。

吴德培《论总理纪念币之铸造》刊于《经济学季刊》第2卷第3期。

邹枋《平均地权中的闲地立法》刊于《经济学季刊》第2卷第3期。

邹枋《侯朝宗土地利用论纲领》刊于《经济学季刊》第2卷第3期。

向达《圆明园遗物文献之展览》刊于《中国营造学社汇刊》第2卷第1期。

唐在复译《乾隆西洋画师王致诚述圆明园状况》刊于《中国营造学社汇刊》第2卷第

1 期。

阚铎《营造辞汇纂辑方式之先例》刊于《中国营造学社汇刊》第 2 卷第 1 期。

阚铎《任启连宫室考校记》刊于《中国营造学社汇刊》第 2 卷第 1 期。

王世瑧《仿建热河普陀宗乘寺诵经亭记》刊于《中国营造学社汇刊》第 2 卷第 2 期。

阚铎《参观日本现代常用建筑术语辞典编纂委员会纪事》刊于《中国营造学社汇刊》第 2 卷第 2 期。

唐在复译《法人德密那维尔评宋李明仲营造法式》刊于《中国营造学社汇刊》第 2 卷第 2 期。

瞿祖豫译《英人爱迪京中国建筑》刊于《中国营造学社汇刊》第 2 卷第 2 期。

《工段营造录(附扬州画航录涉及营造)》刊于《中国营造学社汇刊》第 2 卷第 3 期。

《营造算例》刊于《中国营造学社汇刊》第 2 卷第 3 期。

《建筑中国宫殿之则例(英国亚东社会日刊)(英文版)》刊于《中国营造学社汇刊》第 2 卷第 3 期。

《更正乾隆朝西洋画师王致诚述圆明园轶事(法文版)》刊于《中国营造学社汇刊》第 2 卷第 3 期。

杨幼炯《学术与政治》刊于《现代司法》第 1 卷第 1 期。

罗隆基《论中国的共产——为共产问题忠告国民党》刊于《新月月刊》第 3 卷第 10 号。

王造时《三千年来一大变局》刊于《新月月刊》第 3 卷第 10 号。

罗隆基《美国官吏的考试》刊于《新月月刊》第 3 卷第 10 号。

梁实秋《论诗的大小长短》刊于《新月月刊》第 3 卷第 10 号。

努生《"人权"释疑》刊于《新月月刊》第 3 卷第 10 号。

全增嘏《中国哲学史》刊于《新月月刊》第 3 卷第 10 号。

全增嘏《八大派人生哲学》刊于《新月月刊》第 3 卷第 10 号。

罗隆基《什么是法治》刊于《新月月刊》第 3 卷第 11 号。

王造时《由"真命天子"到"流氓皇帝"》刊于《新月月刊》第 3 卷第 11 号。

梁实秋《什么是"诗人的生活"》刊于《新月月刊》第 3 卷第 11 号。

罗隆基《告日本国民和中国的当局》刊于《新月月刊》第 3 卷第 12 号。

王造时《政党的分析》刊于《新月月刊》第 3 卷第 12 号。

潘光旦《优生的出路》刊于《新月月刊》第 4 卷第 1 号。

梁实秋译《艺术与宗教仪式》刊于《新月月刊》第 4 卷第 1 号。

任鸿隽《发明的天才——爱迪生》刊于《新月月刊》第 4 卷第 1 号。

胡适《辨伪举例》刊于《新月月刊》第 4 卷第 1 号。

叶公超《墙上一点痕迹(吴尔芙夫人作)》刊于《新月月刊》第 4 卷第 1 号。

李青崖译《一个卡司第人的意见(马玑丽德后作)》刊于《新月月刊》第 4 卷第 1 号。

余楠秋《大学精神》刊于《新月月刊》第 4 卷第 1 号。

顾仲彝《中国新剧运动的命运》刊于《新月月刊》第 4 卷第 1 号。

梅汝璈《现代法学的趋势》刊于《新月月刊》第 4 卷第 2 号。

刘英士译《离婚是一件必要之事》刊于《新月月刊》第 4 卷第 2 号。

潘光旦译《离婚是不近人情的》刊于《新月月刊》第 4 卷第 2 号。

潘光旦译《结婚与耐性》刊于《新月月刊》第 4 卷第 2 号。

造时《介绍关于研究东北问题的好书》刊于《新月月刊》第 4 卷第 2 号。

卓君庸《用笔九法》刊于《美术丛刊》第 1 期。

华南圭《美术化从何说起》刊于《美术丛刊》第 1 期。

王汉章《古代中国图案书考略》刊于《美术丛刊》第 1 期。

俞世吾《篆刻初步》刊于《美术丛刊》第 1 期。

龙门的《人体与雕刻》刊于《美术丛刊》第 1 期。

大观《欧洲书界的变迁》刊于《美术丛刊》第 1 期。

方药雨《古玉文字》刊于《美术丛刊》第 1 期。

王汉章《殷墟甲骨纪略》刊于《美术丛刊》第 1 期。

王汉章《敦煌石室纪略》刊于《美术丛刊》第 1 期。

乐嘉藻《中国苑囿园林考》刊于《美术丛刊》第 1 期。

大风《中国历代石刻概略》刊于《美术丛刊》第 1 期。

颂华《过去一年间的中国外交》刊于《东方杂志》第 28 卷第 1 号。

明养《日俄间鲜银事件的纠纷》刊于《东方杂志》第 28 卷第 1 号。

陶希圣《中国经济及其复兴问题》刊于《东方杂志》第 28 卷第 1 号。

樊仲云《一九三一年的中国与世界》刊于《东方杂志》第 28 卷第 1 号。

朱偰《经济恐慌下之欧洲》刊于《东方杂志》第 28 卷第 1 号。

愈之《印度革命论(上)》刊于《东方杂志》第 28 卷第 1 号。

蔡元培《中华民族与中庸之道》刊于《东方杂志》第 28 卷第 1 号。

潘公展《民生主义与财产自由》刊于《东方杂志》第 28 卷第 1 号。

潘光旦《文化的生物学观》刊于《东方杂志》第 28 卷第 1 号。

郑午昌《中国画之认识》刊于《东方杂志》第 28 卷第 1 号。

鸿图《国历考》刊于《东方杂志》第 28 卷第 1 号。

良甫《萧伯纳口中的八个宇宙发现者》刊于《东方杂志》第 28 卷第 1 号。

良甫《历史上的政治暗杀》刊于《东方杂志》第 28 卷第 1 号。

亦庵《睡眠姿态的研究》刊于《东方杂志》第 28 卷第 1 号。

哲生《德国的弹形火车》刊于《东方杂志》第 28 卷第 1 号。

楼桐孙《中国家制的过去与未来》刊于《东方杂志》第 28 卷第 2 号。

愈之《印度革命论(中)》刊于《东方杂志》第 28 卷第 2 号。

李执中《最近一年半中日本滨口内阁的内治外交》刊于《东方杂志》第 28 卷第 2 号。

唐隽《自然在艺术上的权力》刊于《东方杂志》第 28 卷第 2 号。

景菘《英国人的祖先》刊于《东方杂志》第 28 卷第 2 号。

梁抚《美洲最古的土人及其文化》刊于《东方杂志》第 28 卷第 2 号。

明养《俄土加入欧联及上西莱西亚问题》刊于《东方杂志》第 28 卷第 3 号。

颂华《苏俄农村经济组织的改革》刊于《东方杂志》第 28 卷第 3 号。

诸青来《土地分配问题》刊于《东方杂志》第 28 卷第 3 号。

张樑任《上西莱西亚地方事件与德波争执》刊于《东方杂志》第 28 卷第 3 号。

愈之《印度革命论(下)》刊于《东方杂志》第 28 卷第 3 号。

朱芳圃《晋代方言考》刊于《东方杂志》第 28 卷第 3 号。

罗登义《膳食指导论》刊于《东方杂志》第 28 卷第 3 号。

汪馥炎《外交上之政府执行权与议院监督权》刊于《东方杂志》第 28 卷第 4 号。

田树滋《奥国战后经济困况及其最近救济方策》刊于《东方杂志》第 28 卷第 4 号。

忻启三《国家之境界问题》刊于《东方杂志》第 28 卷第 4 号。

孟云峤《人生理想之模式》刊于《东方杂志》第 28 卷第 4 号。

冯柳堂《周代列国之民食政策及诸家之学说》刊于《东方杂志》第 28 卷第 4 号。

颂华《日人侵略吾东北的新政策》刊于《东方杂志》第 28 卷第 5 号。

晓岑《世界之金融问题与国联全代表会议》刊于《东方杂志》第 28 卷第 5 号。

汪馥炎《军令与军政》刊于《东方杂志》第 28 卷第 5 号。

黄文弼《新疆发现古物概要》刊于《东方杂志》第 28 卷第 5 号。

尚其煦《艺术建设发凡》刊于《东方杂志》第 28 卷第 5 号。

兑之《述社》刊于《东方杂志》第 28 卷第 5 号。

仲云《中东铁路外交秘闻》刊于《东方杂志》第 28 卷第 5 号。

黄文弼《新疆古物概要》刊于《东方杂志》第 28 卷第 5 期。

杜若《吉普赛人之曙光》刊于《东方杂志》第 28 卷第 5 号。

杜若《德俄商业关系的发展》刊于《东方杂志》第 28 卷第 6 号。

朱偰《日趋严重之国际失业问题》刊于《东方杂志》第 28 卷第 6 号。

陈方之《我国人口统计数字之商榷》刊于《东方杂志》第 28 卷第 6 号。

畏之《外蒙的见闻》刊于《东方杂志》第 28 卷第 6 号。

梁抚《非洲土人之奇异的问候方式》刊于《东方杂志》第 28 卷第 6 号。

明养《甘欧协定后的英印关系》刊于《东方杂志》第 28 卷第 7 号。

崔晓岑《研究银价后之观察》刊于《东方杂志》第 28 卷第 7 号。

王造时《裁军运动的历史》刊于《东方杂志》第 28 卷第 7 号。

孤魂《德美英法四国的商业航空》刊于《东方杂志》第 28 卷第 7 号。

郑师许《饕餮考》刊于《东方杂志》第 28 卷第 7 号。

德佑《古罗马城的劫运》刊于《东方杂志》第 28 卷第 7 号。

明养《不列颠推进南美贸易的企图》刊于《东方杂志》第 28 卷第 8 号。

田炯锦《英美政局平静之主因》刊于《东方杂志》第 28 卷第 8 号。

张培均《市经理问题之研究》刊于《东方杂志》第 28 卷第 8 号。

郑肇经《上海新商港地位之商榷》刊于《东方杂志》第 28 卷第 8 号。

陈俊德《上海西人居留区域界外马路扩张略史》刊于《东方杂志》第 28 卷第 8 号。

龙大均《法兰西现代经济学鸟瞰》刊于《东方杂志》第 28 卷第 8 号。

微知《商业航空的将来》刊于《东方杂志》第 28 卷第 8 号。

诸青来《盐法平议》刊于《东方杂志》第 28 卷第 9 号。

梁若尘《南洋树胶种植事业的恐慌及其前途》刊于《东方杂志》第 28 卷第 9 号。

［日］那须皓著，夏诒彬译《日本农业的特质》刊于《东方杂志》第 28 卷第 9 号。

吴震《速度之研究》刊于《东方杂志》第 28 卷第 9 号。

杜若《英雄与宗教——法西斯主义青年教育的骨干》刊于《东方杂志》第 28 卷第 9 号。

建人《近代科学对于寿命的研究》刊于《东方杂志》第 28 卷第 9 号。

斐丹《美洲史前遗迹的新发见》刊于《东方杂志》第 28 卷第 9 号。

化鲁《国际劳工局与失业问题》刊于《东方杂志》第 28 卷第 10 号。

萧铮《谭麦熙克对吾国土地法之批评及管见》刊于《东方杂志》第 28 卷第 10 号。

陆为震《中国商港建设之现在及将来》刊于《东方杂志》第 28 卷第 10 号。

章渊若《近代欧洲政治演进的基础》刊于《东方杂志》第 28 卷第 10 号。

刘阶平《杨氏海源阁藏书概略与劫后之保存》刊于《东方杂志》第 28 卷第 10 号。

方国瑜《数名原始》刊于《东方杂志》第 28 卷第 10 号。

明养《德政府最近的失业救济制度》刊于《东方杂志》第 28 卷第 11 号。

诸青来《银行法平议》刊于《东方杂志》第 28 卷第 11 号。

吴兆名《中国丝业的危机》刊于《东方杂志》第 28 卷第 11 号。

章元《世界第二次大战与殖民地革命》刊于《东方杂志》第 28 卷第 11 号。

邓定人《现代列强平时之兵力》刊于《东方杂志》第 28 卷第 11 号。

钱昌祚《列强各国之航空政策》刊于《东方杂志》第 28 卷第 11 号。

张作鑫《列强之新国防策》刊于《东方杂志》第 28 卷第 11 号。

刘福泰《建设与航空之关系》刊于《东方杂志》第 28 卷第 11 号。

［法］季特著，吴克刚译《罗去戴尔原则》刊于《东方杂志》第 28 卷第 11 号。

张世禄《中国音韵学史之鸟瞰》刊于《东方杂志》第 28 卷第 11 号。

微知《德国的裸体运动》刊于《东方杂志》第 28 卷第 11 号。

朱偰《德国实业联合会投资中国之计划及其批评》刊于《东方杂志》第 28 卷第 12 号。

李国干《新疆经济状况》刊于《东方杂志》第 28 卷第 12 号。

樊仲云《西班牙革命的经过》刊于《东方杂志》第 28 卷第 12 号。

陈之佛《古代墨西哥及秘鲁艺术》刊于《东方杂志》第 28 卷第 12 号。

贾祖璋《凤凰研究》刊于《东方杂志》第 28 卷第 12 号。

杜若《非洲动物保存方法》刊于《东方杂志》第 28 卷第 12 号。

陈照《神经学专家口中的天才》刊于《东方杂志》第 28 卷第 12 号。

幼雄《缅甸的民族运动》刊于《东方杂志》第 28 卷第 13 号。

严双《中国财政问题之考察》刊于《东方杂志》第 28 卷第 13 号。

张樑任《移民问题与中国》刊于《东方杂志》第 28 卷第 13 号。

周敦礼《各国虐待侨胞苛例之一斑和补救方策》刊于《东方杂志》第 28 卷第 13 号。

刘元亨《澳洲与中国》刊于《东方杂志》第 28 卷第 13 号。

鼎堂《毛公鼎之年代》刊于《东方杂志》第 28 卷第 13 号。

秉志《国内生物科学今年来之进展》刊于《东方杂志》第 28 卷第 13 号。

子岩《各国的出版检阅制度》刊于《东方杂志》第 28 卷第 13 号。

明养《国际救济银价问题》刊于《东方杂志》第 28 卷第 14 号。

曾好春《预算的政治性质》刊于《东方杂志》第 28 卷第 14 号。

陆为震《中国未来之水电建设》刊于《东方杂志》第 28 卷第 14 号。

龙三栗《现代世界各国的娼妓问题及其解决方法》刊于《东方杂志》第 28 卷第 14 号。

竺可桢《近代科学与发明》刊于《东方杂志》第 28 卷第 14 号。

R. L. Priestley《现代科学的精神》刊于《东方杂志》第 28 卷第 14 号。

陈桢《中国生物学研究的萌芽》刊于《东方杂志》第 28 卷第 14 号。

刘海华《天气预告之方法》刊于《东方杂志》第 28 卷第 14 号。

刘海粟《罗马西施庭的壁画》刊于《东方杂志》第 28 卷第 14 号。

H. D. Terra 著,贺昌群译《喜马拉雅山脉史前的先民住窟》刊于《东方杂志》第 28 卷第 14 号。

无灵《战债与赔偿问题的新发展》刊于《东方杂志》第 28 卷第 15 号。

颂华《国际商会大会对世界经济衰落的讨论》刊于《东方杂志》第 28 卷第 15 号。

刘驭万《第四届太平洋国交讨论会与中国之国际关系》刊于《东方杂志》第 28 卷第 15 号。

程瑞霖《苏联的不断工作周制度》刊于《东方杂志》第 28 卷第 15 号。

郭子钧《领事裁判权制度下之在华外国法院》刊于《东方杂志》第 28 卷第 15 号。

明炤《亚洲联邦问题》刊于《东方杂志》第 28 卷第 15 号。

曹华《动物文化之考察》刊于《东方杂志》第 28 卷第 15 号。

刘海粟《谢赫的六法论》刊于《东方杂志》第 28 卷第 15 号。

梁龙《银问题与世界经济恐慌》刊于《东方杂志》第 28 卷第 16 号。

王绍成《德奥关税同盟与德国新税则对于中国之影响》刊于《东方杂志》第 28 卷第 16 号。

仲英《国际新农业问题》刊于《东方杂志》第 28 卷第 16 号。

岑麒祥《世界语言的统计》刊于《东方杂志》第 28 卷第 16 号。

杜若《德国限制青年受大学教育》刊于《东方杂志》第 28 卷第 16 号。

东序《哥伦布是一四九二年发见美洲吗?》刊于《东方杂志》第 28 卷第 16 号。

明养《德国的金融恐慌及其救济》刊于《东方杂志》第 28 卷第 17 号。

杜若《菲律宾独立与美国舆论》刊于《东方杂志》第 28 卷第 17 号。

诸青来《关税自主的目的安在》刊于《东方杂志》第 28 卷第 17 号。

黎名郇《中国棉业问题》刊于《东方杂志》第 28 卷第 17 号。

陶希圣《所谓集居独立者》刊于《东方杂志》第 28 卷第 17 号。

按:《东方杂志》第 28 卷第 17 号专门设立了"中国家制问题争论"专栏,为此还特意编发了一个编者按加以说明:"自从本志本年第二号(《东方杂志》第 28 卷第 2 号)曾刊载了楼桐孙先生《中国家制的过去与未来》那篇文字以后,颇引起了一些反响。本志接得各方面来稿,讨论中国家制问题的甚多,惟为篇幅所限,只得选录数篇,并载如下。其中陶希望先生为《亲属法大纲》的著者,于中国宗法制度有湛深的研究,周建人先生对于婚姻及家族制度的著述,尤为丰富。他们对于家制问题的意见,应该特别值得注意。又塚寒先生文中声明'希望楼桐孙先生赐教',所以本社曾将塚寒先生文稿寄给楼桐孙先生,楼先生因无暇执笔,另请程方先生代为答辩,现在一并刊载于后。关于本问题的论争,从此结束,以省篇幅,读者谅之。"

周建人《关于集居独立的可能性》刊于《东方杂志》第 28 卷第 17 号。

塚寒《中国家制的过去与未来质疑》刊于《东方杂志》第 28 卷第 17 号。

程方《中国家制问题平议》刊于《东方杂志》第 28 卷第 17 号。

黄素封《南洋荷属东印度气象一瞥》刊于《东方杂志》第 28 卷第 17 号。

贺昌群《敦煌佛教艺术的系统》刊于《东方杂志》第 28 卷第 17 号。

林定喜《一九三〇年世界各国海陆空军备实力之比较》刊于《东方杂志》第 28 卷第 17 号。

查士元《谈日本之浮世绘》刊于《东方杂志》第 28 卷第 17 号。

幼雄《美国经济恐慌的深刻化》刊于《东方杂志》第 28 卷第 18 号。

杜若《英国的财政问题》刊于《东方杂志》第 28 卷第 18 号。

王造时《政党是福是祸乎?》刊于《东方杂志》第 28 卷第 18 号。

孙斯鸣《拉斯基的多元主权论》刊于《东方杂志》第 28 卷第 18 号。

张亮清《现今世界兵器之趋势》刊于《东方杂志》第 28 卷第 18 号。

古培迪《现代文明中之化学》刊于《东方杂志》第 28 卷第 18 号。

东序《在苏联的犹太人》刊于《东方杂志》第 28 卷第 18 号。

斐丹《世界古史的发掘》刊于《东方杂志》第 28 卷第 18 号。

《卷头语》刊于《东方杂志》第 28 卷第 19 号"辛亥革命二十年纪念号"。

按:《东方杂志》第 28 卷第 18 号为"辛亥革命二十年纪念号",卷首《卷头语》对辛亥革命二十年来中国的局势及历史经验做了精辟的总结。是文曰:"一九一一年十月十日革命军在武昌发难,各省纷纷响应,于先后一百二十六日间,迫清廷逊位,推翻数千年的君权政治,在南京建立临时共和政府。在当时以为革命既已成功,从此国家可入于改造及建设的时期。但在事实上君权虽被推翻,而一切依附旧制度以存在的种种反动势力,依然存在,为中国民族的深仇大敌的帝国主义,亦始终未曾退却一步。不但如此,时局稍定以后,帝国主义者,封建军阀,官僚,豪绅,各种潜伏的反革命势力,都联合起来,企图破坏一切革命的建设。因此中国政治革命虽从辛亥开始,而革命斗争的扩大与深刻化,则乃在民元以后。一次革命不足,继之二次革命。二次革命失败,复继之以民十五以后的革命军北伐战争。一切革命的历史,全是战争,丧乱,饥荒,恐怖的历史。尤其是这二十年来的中国革命,战争,丧乱,饥荒,恐怖都达到了最高度。这是无可讳言,而且也不必讳言。……但是说辛亥革命这伟大的历史事变,徒然使中国民族受了极大的牺牲,而未发生实际的效果,却又是大错特错了。"在是文看来:"辛亥革命及其所引起的二十年来的事变,已使中国革命完成了第一期的历史使命,便是显出中国改造的几个重要元素,而因以决定其将来的途径。换句话说,这二十年的艰苦的经验,至少已给予中国民族以许多实际的教训,有了这些教训做南针,中国民族方能向前迈进。"这二十年的历史经验即为:"第一、是民族的觉醒""第二、是国民经济的改造""第三、是国家权力的增加"。

陶希圣《辛亥革命的意义》刊于《东方杂志》第 28 卷第 19 号"辛亥革命二十年纪念号"。

诸青来《二十年来之国家财政》刊于《东方杂志》第 28 卷第 19 号"辛亥革命二十年纪念号"。

张明养《二十年来政治组织的演进》刊于《东方杂志》第 28 卷第 19 号"辛亥革命二十年纪念号"。

周逸云《二十年来中国制宪工作的回溯》刊于《东方杂志》第 28 卷第 19 号"辛亥革命二十年纪念号"。

樊仲云《二十年来中国的国际关系》刊于《东方杂志》第 28 卷第 19 号"辛亥革命二十年纪念号"。

雷宾南《就辛亥革命的意义审察中国之教育问题》刊于《东方杂志》第 28 卷第 19 号"辛亥革命二十年纪念号"。

王伯祥《辛亥革命的回顾》刊于《东方杂志》第 28 卷第 19 号"辛亥革命二十年纪念号"。

张梓生《二十年来中国之革命战争》刊于《东方杂志》第 28 卷第 19 号"辛亥革命二十年

纪念号"。

颂华《国际劳工局宣布的中国十年建设计划》刊于《东方杂志》第 28 卷第 20 号。

杜若《苏俄最近的西方外交》刊于《东方杂志》第 28 卷第 20 号。

朱偰《德国金融恐慌与巴黎伦敦会议》刊于《东方杂志》第 28 卷第 20 号。

［日］滨田峰太郎《日本两大政党的对华政策及其批评》刊于《东方杂志》第 28 卷第 20 号。

曾特《美国国籍法与华人》刊于《东方杂志》第 28 卷第 20 号。

H. G. Wells 著,范予译《现代人种的几种特性》刊于《东方杂志》第 28 卷第 20 号。

唐兰《白石道人歌曲旁谱考》刊于《东方杂志》第 28 卷第 20 号。

杜若《关于道斯退易夫斯基幼年的一部重要著作》刊于《东方杂志》第 28 卷第 20 号。

杜若《波麦克——斯卡夫民族中的回教徒》刊于《东方杂志》第 28 卷第 20 号。

德佑《大陆洲之飘流》刊于《东方杂志》第 28 卷第 20 号。

无灵《对日外交之国际观》刊于《东方杂志》第 28 卷第 21 号。

张良辅《英国工党内阁之崩溃及其后果》刊于《东方杂志》第 28 卷第 21 号。

俞宁颇《世界石油之供求现状与我国油矿的蕴藏》刊于《东方杂志》第 28 卷第 21 号。

黄澹哉《中国农村电化之先驱》刊于《东方杂志》第 28 卷第 21 号。

杨晋豪《欧洲各国退休制度之比较》刊于《东方杂志》第 28 卷第 21 号。

唐景升《清儒西北地理学述略》刊于《东方杂志》第 28 卷第 21 号。

东序《俄国的自学儿童》刊于《东方杂志》第 28 卷第 21 号。

哲生《各国的假期问题》刊于《东方杂志》第 28 卷第 21 号。

梓生《东北时间的最近趋势》刊于《东方杂志》第 28 卷第 22 号。

无灵《在动摇中的欧美金融资本主义》刊于《东方杂志》第 28 卷第 22 号。

于能模《外人在华享有内河航行与沿海贸易权之条约根据》刊于《东方杂志》第 28 卷第 22 号。

龙大均《法兰西合作运动之现势》刊于《东方杂志》第 28 卷第 22 号。

沈怡《水灾与中国今后之水利问题》刊于《东方杂志》第 28 卷第 22 号。

B. Lauter 著,觉民译《科仑布发见美洲与契丹传说之关系》刊于《东方杂志》第 28 卷第 22 号。

谭云山《印度佛教六大圣迹》刊于《东方杂志》第 28 卷第 22 号。

墨逸《白种人势力下的马赛民族》刊于《东方杂志》第 28 卷第 22 号。

朱偰《德奥关税联盟之结局与欧洲经济合作问题》刊于《东方杂志》第 28 卷第 23 号。

［日］田中九一著,幼雄译《满蒙之国际经济战》刊于《东方杂志》第 28 卷第 23 号。

李粲《现代航空之发展》刊于《东方杂志》第 28 卷第 23 号。

罗登义《蔬食论》刊于《东方杂志》第 28 卷第 23 号。

周无方《刻竹经验谈》刊于《东方杂志》第 28 卷第 23 号。

哲生《苏俄新建之一模范都市》刊于《东方杂志》第 28 卷第 23 号。

访西《战后欧洲各国地名的变易》刊于《东方杂志》第 28 卷第 23 号。

何炳松《东三省的国际关系》刊于《东方杂志》第 28 卷第 24 号。

朱偰《日本强占辽吉在欧美之反响》刊于《东方杂志》第 28 卷第 24 号。

娄立斋《南满洲铁道公司之特质及其史的发展》刊于《东方杂志》第 28 卷第 24 号。

张樧任《欧洲政治的新局面》刊于《东方杂志》第 28 卷第 24 号。

胡愈之《一年来的国际》刊于《东方杂志》第 28 卷第 24 号。

马寅初《资本主义欤共产主义欤》刊于《东方杂志》第 28 卷第 24 号。

张维桢《韩恒孝教授之社会主义观》刊于《东方杂志》第 28 卷第 24 号。

严双《中国之赋税问题》刊于《东方杂志》第 28 卷第 24 号。

王云五《十三月新历法》刊于《东方杂志》第 28 卷第 24 号。

杜若《柏林市的秘密集团》刊于《东方杂志》第 28 卷第 24 号。

哲生《面容与情绪》刊于《东方杂志》第 28 卷第 24 号。

涵川《手与进步》刊于《东方杂志》第 28 卷第 24 号。

涵川《人类拇指之获得》刊于《东方杂志》第 28 卷第 24 号。

礼锡《从青年的烦闷谈到苦学与深思》刊于《读书杂志》第 1 卷第 1 期。

王亚南《世界经济名著讲座》刊于《读书杂志》第 1 卷第 1 期。

周谷城《破坏农村经济的商业资本》刊于《读书杂志》第 1 卷第 1 期。

朱其华《关于中国的封建制度》刊于《读书杂志》第 1 卷第 1 期。

彭芳艸《国际政治的意义与研究方法》刊于《读书杂志》第 1 卷第 1 期。

浩徐《苏联五年计划述评》刊于《读书杂志》第 1 卷第 1 期。

张显之《一百年后的世界（伯金赫德伯爵著）》刊于《读书杂志》第 1 卷第 1 期。

朱云影《著述界消息（一）（日本女作家近况）》刊于《读书杂志》第 1 卷第 1 期。

贺扬灵《席上读书录》刊于《读书杂志》第 1 卷第 1 期。

彭芳艸《到死灭之路》刊于《读书杂志》第 1 卷第 1 期。

朱云影译《文艺上的诸主义（菊池宽作）》刊于《读书杂志》第 1 卷第 1 期。

彭信威《电影的产生及其价值》刊于《读书杂志》第 1 卷第 1 期。

锡《著述界消息（二）〈张竞生自叙传的轮廓及其近日生活〉》刊于《读书杂志》第 1 卷第 1 期。

王礼锡《物观文学史业稿（南北朝之部）》刊于《读书杂志》第 1 卷第 1 期。

张竞生译《心理分析纲要与梦的分析（弗鲁特著）》刊于《读书杂志》第 1 卷第 1 期。

汪洪法《关于古版经济书籍的几个考察》刊于《读书杂志》第 1 卷第 1 期。

王礼锡《解诗举例（一）》刊于《读书杂志》第 1 卷第 1 期。

朱伯康《学校生活（劳动大学的前前后后）》刊于《读书杂志》第 1 卷第 1 期。

王昭公《形式逻辑之崩溃与新科学的方法论之完成》刊于《读书杂志》第 1 卷第 2 期。

彭学沛《中国币制应速改用金单位制》刊于《读书杂志》第 1 卷第 2 期。

张竞生译《心理分析纲要（弗鲁特著）》刊于《读书杂志》第 1 卷第 2 期。

王礼锡《解诗举例》刊于《读书杂志》第 1 卷第 2 期。

贺扬灵《席上书录》刊于《读书杂志》第 1 卷第 2 期。

胡秋原《欧洲文化艺之源流》刊于《读书杂志》第 1 卷第 2 期。

王礼锡《北朝社会的形态与文学的演变》刊于《读书杂志》第 1 卷第 2 期。

胡秋原《最近世界各国文坛之主潮》刊于《读书杂志》第 1 卷第 2 期。

王亚南《正统派经济学名著》刊于《读书杂志》第 1 卷第 2 期。

朱伯康《中国社会史的论战(中国社会之分析)》刊于《读书杂志》第1卷第2期。

贺扬灵《客家的情歌》刊于《读书杂志》第1卷第2期。

彭芳艸《国际关系紊乱之原动力》刊于《读书杂志》第1卷第2期。

彭芳艸译《法英瓜分俄国的秘谋(斯拉哥夫司基著)》刊于《读书杂志》第1卷第2期。

锡《中国著述界消息〈郁达夫论翻译与侠客〉》刊于《读书杂志》第1卷第2期。

锡《王亚南郭沫若合译的两部名著》刊于《读书杂志》第1卷第2期。

锡《东洋史讲座》刊于《读书杂志》第1卷第2期。

锡《死不新鲜生更不新鲜》刊于《读书杂志》第1卷第2期。

锡《留美译述社将成立》刊于《读书杂志》第1卷第2期。

美《刘易士的〈大街〉中译》刊于《读书杂志》第1卷第2期。

张亮译述《伦敦大学的生活(马郡健次郎著)》刊于《读书杂志》第1卷第2期。

其梁《美国的学校及留美的生活》刊于《读书杂志》第1卷第2期。

敬伯《英国留学生的生活》刊于《读书杂志》第1卷第2期。

周绍凑《读书与环境》刊于《读书杂志》第1卷第2期。

胡秋原《贫困的哲学》刊于《读书杂志》第1卷第3期。

王礼锡《活文学史之死——胡适之白话文学史批判》刊于《读书杂志》第1卷第3期。

王亚南《世界经济名著讲座(三)》刊于《读书杂志》第1卷第3期。

陆晶清《东瀛杂碎》刊于《读书杂志》第1卷第3期。

胡秋原《最近世界各国文坛之主潮(二)》刊于《读书杂志》第1卷第3期。

汪辟疆《唐人小说在文学上之地位》刊于《读书杂志》第1卷第3期。

海波《慕索林尼拉拢泰歌尔失败》刊于《读书杂志》第1卷第3期。

云影《日本女作家发狂》刊于《读书杂志》第1卷第3期。

云影《日本文战派再分裂》刊于《读书杂志》第1卷第3期。

信威《柏讷特逝世》刊于《读书杂志》第1卷第3期。

信威《培根伸冤》刊于《读书杂志》第1卷第3期。

信威《威尔士的失业救济法》刊于《读书杂志》第1卷第3期。

信威《考尔德的战争剧》刊于《读书杂志》第1卷第3期。

方天白译《女性社会史考(石滨知行著)》刊于《读书杂志》第1卷第3期。

贺扬灵《客家的情歌》刊于《读书杂志》第1卷第3期。

张竞生译《心理分析纲要(弗鲁特著)》刊于《读书杂志》第1卷第3期。

秋原《刘院长之"密丝"论——烟余杂话之一》刊于《读书杂志》第1卷第3期。

郭大力《关于"经济学及赋税这原理"译本》刊于《读书杂志》第1卷第3期。

彭芳艸《帝国主义间的斗争(上)》刊于《读书杂志》第1卷第3期。

欧菊珊《"孙老头"真的归来了》刊于《读书杂志》第1卷第3期。

公孙无疆《由虚无主义到唯物史观》刊于《读书杂志》第1卷第3期。

柳法《汪洪法译英国社会主义史》刊于《读书杂志》第1卷第3期。

刘协《国际金融争霸战中文译本》刊于《读书杂志》第1卷第3期。

汪洪法《世界大思想家的生涯(卢梭的生涯)》刊于《读书杂志》第1卷第3期。

王礼锡《中国社会史论战序幕》刊于《读书杂志》第1卷第4—5期合刊。

朱新繁《关于中国社会之封建性的讨论》刊于《读书杂志》第 1 卷第 4—5 期合刊。

严灵峰《在"战场"上所发见的"行尸走肉"》刊于《读书杂志》第 1 卷第 4—5 期合刊。

孙倬章《中国经济的分析》刊于《读书杂志》第 1 卷第 4—5 期合刊。

镜园《评两本论中国经济的著作》刊于《读书杂志》第 1 卷第 4—5 期合刊。

陈邦国《中国历史发展的道路》刊于《读书杂志》第 1 卷第 4—5 期合刊。

刘梦云《中国经济之性质问题的研究——评任曙君的〈中国经济研究〉》刊于《读书杂志》第 1 卷第 4—5 期合刊。

熊得山《中国农民问题之史的叙述》刊于《读书杂志》第 1 卷第 4—5 期合刊。

朱伯康《现代中国经济的剖析》刊于《读书杂志》第 1 卷第 4—5 期合刊。

王宜昌《中国社会史短论》刊于《读书杂志》第 1 卷第 4—5 期合刊。

王亚南《封建制度论》刊于《读书杂志》第 1 卷第 4—5 期合刊。

戴行轺《中国官僚政治的殁落》刊于《读书杂志》第 1 卷第 4—5 期合刊。

周绍溱《对于〈诗书时代的社会变革及其思想的反映〉的质疑》刊于《读书杂志》第 1 卷第 4—5 期合刊。

杨东蓴《评所谓读书运动》刊于《读书杂志》第 1 卷第 6 期。

高承元《从华盛顿政策到莫斯科政策》刊于《读书杂志》第 1 卷第 6 期。

赵景深《文学的起源》刊于《读书杂志》第 1 卷第 6 期。

汪辟疆《南仓读书记》刊于《读书杂志》第 1 卷第 6 期。

王礼锡《解诗举例》刊于《读书杂志》第 1 卷第 6 期。

楸原《最近世界文坛之主潮（三）》刊于《读书杂志》第 1 卷第 6 期。

〔日〕泷本诚一作，建伯译述《重农学派之根本思想的探源——西洋近代经济学的渊源在于中国的学说》刊于《读书杂志》第 1 卷第 6 期。

王亚南《略论经济学之基础并答辛茹君》刊于《读书杂志》第 1 卷第 6 期。

彭芳艸《胡佛计划与国际局面》刊于《读书杂志》第 1 卷第 6 期。

朱云影《日本新兴艺术派批评》刊于《读书杂志》第 1 卷第 6 期。

秋《访问苏联之伯纳萧》刊于《读书杂志》第 1 卷第 6 期。

张竞生译《梦的分析（弗鲁特著）》刊于《读书杂志》第 1 卷第 6 期。

张竞生《归国后到农村去的计划》刊于《读书杂志》第 1 卷第 6 期。

孙福熙《菊画不是我的羞辱》刊于《读书杂志》第 1 卷第 6 期。

陈衡玉《托洛茨基自传》刊于《读书杂志》第 1 卷第 6 期。

王礼锡《中国诗史》刊于《读书杂志》第 1 卷第 6 期。

胡秋原《贫困的哲学》刊于《读书杂志》第 1 卷第 6 期。

胡秋原《资本主义之"第三期"与日本暴行之必然性》刊于《读书杂志》第 1 卷第 7—8 期合刊。

彭芳艸《九一八前的远东国际形势》刊于《读书杂志》第 1 卷第 7—8 期合刊。

刘镜园《沈阳事变之原因及其前途》刊于《读书杂志》第 1 卷第 7—8 期合刊。

石凡《满洲事变后之国际国内的形势和中华民族之出路》刊于《读书杂志》第 1 卷第 7—8 期合刊。

王秉燿《日本侵掠东省之经济的剖析》刊于《读书杂志》第 1 卷第 7—8 期合刊。

王礼锡《北大示威请愿团反动证据的揣测》刊于《读书杂志》第 1 卷第 7—8 期合刊。

高承元《对日外交策略一个提议》刊于《读书杂志》第 1 卷第 7—8 期合刊。

胡秋原《中国外交政策考》刊于《读书杂志》第 1 卷第 7—8 期合刊。

照藜《东北事变中之世界舆论》刊于《读书杂志》第 1 卷第 7—8 期合刊。

叔美《惨痛的三十九日》刊于《读书杂志》第 1 卷第 7—8 期合刊。

镜园《黑格尔的科学思想与中国》刊于《读书杂志》第 1 卷第 9 期。

胡秋原《黑格尔之艺术哲学》刊于《读书杂志》第 1 卷第 9 期。

彭芳艸译《黑格尔与资产阶级和无产阶级（Wittfogel 著）》刊于《读书杂志》第 1 卷第 9 期。

方天白译《黑格尔传略与黑格尔复兴》刊于《读书杂志》第 1 卷第 9 期。

秋原《东北事变为中心的国际情势之变化》刊于《读书杂志》第 1 卷第 9 期。

彭芳艸《帝国主义间的冲突（二）》刊于《读书杂志》第 1 卷第 9 期。

张显之译《一百年后的战争》刊于《读书杂志》第 1 卷第 9 期。

王亚南《正统派经济学名著》刊于《读书杂志》第 1 卷第 9 期。

贺扬灵《客家的情歌》刊于《读书杂志》第 1 卷第 9 期。

啸秋译《罗曼罗兰告法国知识分子书》刊于《读书杂志》第 1 卷第 9 期。

朱云影译《文学研究法》刊于《读书杂志》第 1 卷第 9 期。

张竞生《一种新的社会》刊于《读书杂志》第 1 卷第 9 期。

贺扬灵《席上读书录》刊于《读书杂志》第 1 卷第 9 期。

彭信威《艺术概论》刊于《读书杂志》第 1 卷第 9 期。

郁芬《最近德意志的文坛》刊于《读书杂志》第 1 卷第 9 期。

云影《日本评论家平林氏死去》刊于《读书杂志》第 1 卷第 9 期。

汪洪法《世界大思想家的生涯（亚当斯密的生涯）》刊于《读书杂志》第 1 卷第 9 期。

朱光圕《介绍一个新的最高学府——中央政治学校》刊于《读书杂志》第 1 卷第 9 期。

张亮译述《法国大学底形形色色》刊于《读书杂志》第 1 卷第 9 期。

齐思和《最近二年来之中国史学界》刊于《朝华月刊》第 2 卷第 4 期。

按：是文曰："自所谓'新文化运动'发生以来，中国学术进步最速者殆莫过于文学与史学。以言夫文学，已自文学革命，经自然主义，浪漫主义，进化至革命文学。西方之经六七百年始跻此境界者，吾国于区区十年之中，已与之并驾齐驱，虽以时间短促，其所成就，或不若西方之闳深，然试一回忆其改革之猛，演变之速，宁不令人咋舌耶？以言夫史学，当民十胡适之顾颉刚诸先生提倡新史学方法之时，举国哗然，目为狂悖，曾几何时，不惟胡顾诸先生所提倡者，一一为学者所承认，且或有更激烈于是者，此殆大势所趋，不能徒以口舌争者欤？原夫新文化运动之目标，本在提倡科学，然十年以来，我国科学无显著之进步，新文化运动之成就，反在文学与史学，种瓜得豆，殆非提倡诸公预料所及矣。窃尝潜思其故，久之始以为文学史学，夙为我国所擅长，文学革命，史学革命云者，不过改革旧日之观念，至其要素，初无二致，故其改革也甚易。至于科学，原非中国所有，其思想之程序，研究之方法，在在与吾人夙昔之习惯相径庭，加以书籍之缺乏，仪器之不备，进步云云，谈何容易？此岂近十年来中国学术惟史学文学特别发达之原因欤？"

寒灰《银价暴落时之中国对外贸易》刊于《朝华月刊》第 2 卷第 4 期。

灵均《研究经济学的几个主要认识和方法》刊于《朝华月刊》第 2 卷第 4 期。

王长青《教育的音乐之使命及其方法》刊于《朝华月刊》第 2 卷第 4 期。

黄炎逎《唯物辩证法研究》刊于《朝华月刊》第 2 卷第 4 期。

于鹤年《丧服通述》刊于《朝华月刊》第 2 卷第 4 期。

于鹤年《仪礼研究发端》刊于《朝华月刊》第 2 卷第 7—8 期合刊。

胡国钰《解皮尔生的关系系数之公式》刊于《朝华月刊》第 2 卷第 7—8 期合刊。

伍悌《大英帝国经济政策的转变——从自由贸易到保护贸易》刊于《朝华月刊》第 2 卷第 7—8 期合刊。

黄炎道《评李权时底新唯心史观》刊于《朝华月刊》第 2 卷第 7—8 期合刊。

致中《求是斋随笔》刊于《朝华月刊》第 2 卷第 7—8 期合刊。

罗家伦《研究中国近代史的意义和方法》刊于《社会科学季刊(武汉大学)》第 2 卷第 1 期。

按:此文为罗家伦先生多年来对于研究中国近代史的思考和经验所得,予以有系统的论述。正是他倡导有计划的研究中国近代史进一步的主张。此文的发表,距今虽有四十多年,仍不失为研讨如何研究中国近代史的最重要论著之一。

许仕廉《一个市镇调查的尝试》刊于《社会学界》第 5 卷。

杨开道《乡约制度的研究》刊于《社会学界》第 5 卷。

李景汉《五百一十五农村家庭之研究》刊于《社会学界》第 5 卷。

许仕廉《中国北部人口的结构研究举例》刊于《社会学界》第 5 卷。

赵承信《广东新会慈溪土地分配调查》刊于《社会学界》第 5 卷。

张折桂《定县大王耨村人口调查》刊于《社会学界》第 5 卷。

麦倩会《北平娼妓调查》刊于《社会学界》第 5 卷。

徐雍舜《东三省之移民与犯罪》刊于《社会学界》第 5 卷。

于恩德《英美劳动教育发展之概况》刊于《社会学界》第 5 卷。

张世文《美国社会学家对于社会力的主张》刊于《社会学界》第 5 卷。

子厚《燕大社会学系近况调查》刊于《社会学界》第 5 卷。

熊理《荷印华侨经济之危机》刊于《南洋研究》第 3 卷第 4 号。

陈谷川《华侨教育合理化》刊于《南洋研究》第 3 卷第 4 号。

李耀商译《荷属东印度之产业政策》刊于《南洋研究》第 3 卷第 4 号。

济阳《荷属华侨之国籍问题》刊于《南洋研究》第 3 卷第 4 号。

孙士杰《荷属设领与移民条例之沿革》刊于《南洋研究》第 3 卷第 4 号。

黎国昌《荷属东印度农业概况》刊于《南洋研究》第 3 卷第 4 号。

刘士木《荷属东印度之风俗习惯》刊于《南洋研究》第 3 卷第 4 号。

沈美镇《婆罗洲土人的风俗》刊于《南洋研究》第 3 卷第 4 号。

魏觉中《巴布亚岛加雅人的生活概况》刊于《南洋研究》第 3 卷第 4 号。

温雄飞《唐代阇婆非爪哇考》刊于《南洋研究》第 3 卷第 4 号。

李长傅《读阇婆非爪哇考》刊于《南洋研究》第 3 卷第 4 号。

熊理《南洋社会经济的分析》刊于《南洋研究》第 3 卷第 5 期。

陈福璿《南侨教育危机之分析与补救》刊于《南洋研究》第 3 卷第 5 期。

李耀商译《南洋之中国人》刊于《南洋研究》第 3 卷第 5 期。

黎国昌《荷属东印度之农业》刊于《南洋研究》第 3 卷第 5 期。

李耀商译《荷印农业之将来》刊于《南洋研究》第 3 卷第 5 期。

陈谷川《南洋十大植物谈》刊于《南洋研究》第 3 卷第 5 期。

仲衡《英属马来亚之英文教育概况》刊于《南洋研究》第 3 卷第 5 期。

蔡世英《马来半岛之航业》刊于《南洋研究》第 3 卷第 5 期。

郭后觉《疟疾之新治疗法》刊于《南洋研究》第 3 卷第 5 期。

刘士木译《荷属东印度之风俗习惯》刊于《南洋研究》第 3 卷第 5 期。

顾因明、王旦华译《槟榔屿开辟史(续第 3 卷第 2 期)》刊于《南洋研究》第 3 卷第 5 期。

李长傅《纽几尼亚岛志略》刊于《南洋研究》第 3 卷第 5 期。

陈福瑃《不景气打破南洋的安定》刊于《南洋研究》第 3 卷第 6 号。

陈谷川《完成实业计划与华侨》刊于《南洋研究》第 3 卷第 6 号。

沈厥成《荷印华侨之今昔》刊于《南洋研究》第 3 卷第 6 号。

刘士木译《日本人眼中之南洋华侨》刊于《南洋研究》第 3 卷第 6 号。

黎国昌《荷属东印度之农业(续第 3 卷第 5 期)》刊于《南洋研究》第 3 卷第 6 号。

李耀商译《暹罗国情》刊于《南洋研究》第 3 卷第 6 号。

陈谷川《南洋五大果子王》刊于《南洋研究》第 3 卷第 6 号。

姚枬译《菲律宾描东岸加米地二省述概》刊于《南洋研究》第 3 卷第 6 号。

李长傅《郑和小传及其航行南洋之概略》刊于《南洋研究》第 3 卷第 6 号。

李长傅《地理学上所见之南洋》刊于《南洋研究》第 3 卷第 6 号。

陈谷川《南洋之今昔》刊于《南洋研究》第 4 卷第 1 期。

陈福瑃《南洋华侨学生目前应有之觉悟》刊于《南洋研究》第 4 卷第 1 期。

谭超《一九三一年之南侨地位》刊于《南洋研究》第 4 卷第 1 期。

姚枬译《英属马来亚与荷属东印度彼此异同之点》刊于《南洋研究》第 4 卷第 1 期。

李耀商译《菲律宾群岛事情》刊于《南洋研究》第 4 卷第 1 期。

李耀商译《荷属东印度之企业》刊于《南洋研究》第 4 卷第 1 期。

史海夫《暹罗的人口与粮食》刊于《南洋研究》第 4 卷第 1 期。

刘士木、李耀商译《荷属东印度民法摘要》刊于《南洋研究》第 4 卷第 1 期。

陈希文《统计资料汇辑》刊于《南洋研究》第 4 卷第 1 期。

李东明译《日属南洋群岛概况》刊于《南洋研究》第 4 卷第 1 期。

李长傅译《法属印度支那概况》刊于《南洋研究》第 4 卷第 1 期。

李则纲《世界经济危机中之越南华侨》刊于《南洋研究》第 4 卷第 2 期。

陈福瑃《法国殖民政策与治下之越南》刊于《南洋研究》第 4 卷第 2 期。

温雄飞《安南米输入中国之史的研究》刊于《南洋研究》第 4 卷第 2 期。

王家聪《法领印度支那概况》刊于《南洋研究》第 4 卷第 2 期。

闭元璋《安南农业概况》刊于《南洋研究》第 4 卷第 2 期。

陈谷川《越南之教育》刊于《南洋研究》第 4 卷第 2 期。

李耀商译《法属安南入境及居留条例》刊于《南洋研究》第 4 卷第 2 期。

何仲华译《交趾支那名称起源考》刊于《南洋研究》第 4 卷第 2 期。

顾因明译《法属印度支那古代民族之策源地》刊于《南洋研究》第 4 卷第 2 期。

姚枬译《法属印度支那土民之生活》刊于《南洋研究》第 4 卷第 2 期。

王瑜《东京村民的一般习俗和情爱》刊于《南洋研究》第 4 卷第 2 期。

李长傅《安南史略》刊于《南洋研究》第4卷第2期。

卢冠六《问题与教学》刊于《中华教育界》第19卷第2期。

陈科美《西洋近代教育学术上之论战》刊于《教育周刊》第67期。

按：是文认为："西洋教育学术上之冲突在希腊时代即已发生，……降至近代，则冲突极为露骨"，大致可以分为三个时期。"第一时期——人性善恶之战。此时期之冲突当以十八世纪为起点，其焦点则在人性善恶问题，而其中心人物则为宗教教育当局与卢梭等"；"第二时期——兴趣与训练之战。兴趣与训练问题始尚抽象，与人性善恶问题淆杂，故双方冲突亦较含混。迨近代心理学发展，从事教育者多求助于心理学，而以心理学之解释为依归；心理学亦因儿童了解之需要，而有长足之进步；结果，昔日带宗教色彩哲学性质之教育问题乃成为心理学上之问题，兴趣与训练问题亦脱离人性善恶问题而成为心理之问题。换言之，宗教与哲学上之问题变为科学上之问题矣"；"第三时期——科学与哲学之战。教育学术上之冲突促教育学术本身之进步，而尤促心理学等之进步：盖教育问题，非俟较为基本之心理等问题解决后，不能处置；即如兴趣与训练问题可为明证也。故教育学术之发达实在心理学等发达之后；而心理学较之其他科学(如社会学)更为基本，故更先发展。此教育科学化之第一声即为裴斯托洛齐所高呼之教育心理化也。教育心理化运动，裴斯托洛齐发其端，海尔巴特继其后，其弟子更发挥光大之；经百余年之努力，始将教育确立于心理学基础之上。由是，昔日之抽象而空洞之教育学一变而为心理化上之教育学，教育之研究几同于心理之研究；甚者，谓心理学外无教育学，或谓教育学即应用心理学。此种极端之态度遂又引起教育学术上之大冲突，双方笔战，迄今已三十年，然犹方兴未艾，值得研究，育者特别注意也"。总之，"西洋近代教育学术之论战实明示吾人以西洋教育学术之演进——由神学之研究而进于科学之研究；而此学术之演进直接即示吾人西洋教育之演进——由宗教教育而进于科学教育，间接且示吾人以西洋生活之演进——由宗教生活而进于科学生活；哲学则周旋于此演进历程之中而督促之，一方反抗神学性恶之迷信，一方抵制科学垄断之偏狭，使教育学术之发展至于无限也"。

范云龙《今日研究教育者应有的觉悟和认识》刊于《中华教育界》第19卷第2期。

亦农《今后乡村小学努力的途径》刊于《中华教育界》第19卷第2期。

毛礼锐《中学生之校外活动问题》刊于《中华教育界》第19卷第2期。

邵鹤鸣《举行几种智力测验以后》刊于《中华教育界》第19卷第2期。

胡哲敷《历史的目的和教历史的目的》刊于《中华教育界》第19卷第2期。

吴鼎《乡村小学儿童缺席之探讨》刊于《中华教育界》第19卷第2期。

舒新城讲，朱智贤记《我与教育》刊于《中华教育界》第19卷第2期。

苛勒著，丏萍译《论行为主义的观点》刊于《中华教育界》第19卷第2期。

朱炳煦、姚绍华《汉晋隋唐学制表略》刊于《中华教育界》第19卷第2期。

曹刍千译《从基斯塔心理学观点关于学习的意见》刊于《中华教育界》第19卷第2期。

雷震清《小学校长自省纲要》刊于《中华教育界》第19卷第2期。

王穆清《怎样使儿童高兴练习演讲》刊于《中华教育界》第19卷第2期。

朱浩文《小学算术教具(上)》刊于《中华教育界》第19卷第2期。

钱用和《参观文纳特卡学校之报告及华虚朋博士到华后之感想》刊于《中华教育界》第19卷第2期。

舒新城《写在中国教育出路问题专号之前》刊于《中华教育界》第19卷第3期。

何日平《中华民族之出路与中国教育之出路》刊于《中华教育界》第19卷第3期。

常燕生《世界教育的新趋势与中国目前教育的出路》刊于《中华教育界》第19卷第3期。

杨卫玉《中国之民生与教育》刊于《中华教育界》第19卷第3期。

李权时《中国国民经济与教育》刊于《中华教育界》第 19 卷第 3 期。

殷锡琪《中国之财政与教育》刊于《中华教育界》第 19 卷第 3 期。

卫挺生《中国财政与教育基金》刊于《中华教育界》第 19 卷第 3 期。

李蒸《中国之农村社会与教育》刊于《中华教育界》第 19 卷第 3 期。

曹刍《从群众潜隐的形态中寻找中国教育之出路》刊于《中华教育界》第 19 卷第 3 期。

余菊《教育旨趣与学制系统》刊于《中华教育界》第 19 卷第 3 期。

庄泽宣《中国今后教育出路的我见》刊于《中华教育界》第 19 卷第 3 期。

韦悫《计划经费人才方法与今后中国教育之出路》刊于《中华教育界》第 19 卷第 3 期。

邱椿《中国小学教育之过去的错误与今后的出路》刊于《中华教育界》第 19 卷第 3 期。

郑宗海《教科书在教育上的地位》刊于《中华教育界》第 19 卷第 4 期。

何日平《教学做合一下之教科书》刊于《中华教育界》第 19 卷第 4 期。

黄玉笙《教科书和教材自编的问题》刊于《中华教育界》第 19 卷第 4 期。

赵廷为《我国教科书的现状及其今后的方针》刊于《中华教育界》第 19 卷第 4 期。

朱文叔《怎样使教科书适应儿童和社会的需要》刊于《中华教育界》第 19 卷第 4 期。

金兆梓《从教科书的编纂说到教科书的使用》刊于《中华教育界》第 19 卷第 4 期。

雷震清《乡土教材与教科书》刊于《中华教育界》第 19 卷第 4 期。

俞子夷《关于小学教科书的几点小意见》刊于《中华教育界》第 19 卷第 4 期。

韦息予《小学教科书的改善及其障碍》刊于《中华教育界》第 19 卷第 4 期。

吕伯攸《小学教科书的封面和插图》刊于《中华教育界》第 19 卷第 4 期。

张兆林《乡村小学的教科书问题》刊于《中华教育界》第 19 卷第 4 期。

张宗麟、梁士杰《幼稚园要不要有教科书》刊于《中华教育界》第 19 卷第 4 期。

曹刍《如何使用小学国语教科书和补充读物》刊于《中华教育界》第 19 卷第 4 期。

〔日〕田野义夫著，钱歌川译《现代教育之解剖》刊于《中华教育界》第 19 卷第 5 期。

郑励俭《关于中等学校外国地理教材排列次序的商榷》刊于《中华教育界》第 19 卷第 5 期。

〔日〕龙山义亮著，郑家璧译《教育改造运动及其特色》刊于《中华教育界》第 19 卷第 5 期。

〔日〕山根真柱著，潘文安译《作业教育与职业指导》刊于《中华教育界》第 19 卷第 5 期。

刘天予《教育与天性》刊于《中华教育界》第 19 卷第 5 期。

朱炳煦、姚绍华《宋代学制表略》刊于《中华教育界》第 19 卷第 5 期。

汤鸿翥《加法基本结合难易之分析实验》刊于《中华教育界》第 19 卷第 5 期。

Garrett 著，盛明若译《桑戴克之动物实验与学习律》刊于《中华教育界》第 19 卷第 5 期。

祝康《奥国革命后的幼稚教育》刊于《中华教育界》第 19 卷第 5 期。

曹刍《朗读教学法》刊于《中华教育界》第 19 卷第 5 期。

朱文浩《小学算术教具》刊于《中华教育界》第 19 卷第 5 期。

胡哲敷《历史教材的选择与配置》刊于《中华教育界》第 19 卷第 5 期。

蒋石洲《中大实校英语直接教学法试验报告》刊于《中华教育界》第 19 卷第 5 期。

张宗麟《给元的四封信》刊于《中华教育界》第 19 卷第 5 期。

黄敬思《实施职业教育的先决问题》刊于《中华教育界》第 19 卷第 6 期。

张绳祖《高级中学师范科实习课程暂行标准之商榷》刊于《中华教育界》第 19 卷第 6 期。

曹刍《教学上社性兴个性之平衡》刊于《中华教育界》第 19 卷第 6 期。

［日］山根真柱著，潘文安译《关于小学校的职业指导》刊于《中华教育界》第 19 卷第 6 期。

朱炳煦、姚绍华《元明学制表略》刊于《中华教育界》第 19 卷第 6 期。

朱镇泉《小学生年龄学级之研究》刊于《中华教育界》第 19 卷第 6 期。

祝康《奥国革命后的初等教育》刊于《中华教育界》第 19 卷第 6 期。

觉明译《战后欧美各国学校历史教育的目标及其内容》刊于《中华教育界》第 19 卷第 6 期。

潘保勤《新学校中的课程组织》刊于《中华教育界》第 19 卷第 6 期。

周复勉《谈谈经济的管理》刊于《教育研究汇刊》第 1 集。

龚启昌《儿童图画能力与智力相关之研究》刊于《教育研究汇刊》第 1 集。

陈鲁哲《美术教学上几点意见》刊于《教育研究汇刊》第 1 集。

徐允照《几个自然教学的实际问题》刊于《教育研究汇刊》第 1 集。

沈望之《怎样指导儿童野外观察和采集》刊于《教育研究汇刊》第 1 集。

赵新民《小学高级儿童阅读兴趣调查》刊于《教育研究汇刊》第 1 集。

钱兆隆、赵新民《小学高级社会教学的实际》刊于《教育研究汇刊》第 1 集。

华轶欧《怎样编造范字——中级习字教材》刊于《教育研究汇刊》第 1 集。

张若南《怎样训练儿童讲故事》刊于《教育研究汇刊》第 1 集。

须勃吾《谈谈中国新音乐的创造问题》刊于《教育研究汇刊》第 1 集。

张若南《儿童表演的真价值及其实例——环游地球》刊于《教育研究汇刊》第 1 集。

李晓农《日本农村副业概况》刊于《教育与农村》第 4—10 期。

储雄伯《再谈谈合作农事试验场》刊于《教育与农村》第 7 期。

谢泽人、储雄伯《创办农忙合作托儿所实施报告》刊于《教育与农村》第 8 期。

泽瘤《"农村改造"借鉴》刊于《教育与农村》第 9 期。

吕渭渔《本区丁卯小学社会组织报告》刊于《教育与农村》第 10 期。

吴慕先《江都县王家楼乡乡村改进试验区计画书》刊于《教育与农村》第 11 期。

张彰《上海县初步义务教育试验区简易初级小学报告》刊于《教育与农村》第 11 期。

江东山《教育中心农村生活的改造》刊于《教育与农村》第 12 期。

陈联衡《指导汤山农民生计教育的计划》刊于《教育与农村》第 12 期。

张安国《赛德尔的劳动学校论》刊于《教育杂志》第 23 卷第 1 期。

郑宗海《教育之新利器》刊于《教育杂志》第 23 卷第 1 期。

刘之介《文纳特卡(Winnetka)制概述(华虚朋 C. Washburne 著)》刊于《教育杂志》第 23 卷第 1 期。

孙为之《小学算术教学法的实际问题》刊于《教育杂志》第 23 卷第 1 期。

吴鉴如《介绍几种算术教具》刊于《教育杂志》第 23 卷第 1 期。

金嵘轩《学校儿童给食运动之现状及其趋势》刊于《教育杂志》第 23 卷第 1 期。

杨希明《奥德小朋友运动之实际与理论(V. Fadrus 著)》刊于《教育杂志》第 23 卷第 1 期。

柳其伟《德国青年运动之产生与发展(Alekander & Parker 著)》刊于《教育杂志》第 23

卷第1期。

　　郭相《中小学教职员待遇之调查与研究》刊于《教育杂志》第23卷第1期。

　　邬振甫《苛勒之完形心理学(P.C.Pratt著)》刊于《教育杂志》第23卷第1期。

　　李石岑《教育印象记》刊于《教育杂志》第23卷第1期。

　　蒋径三《反海尔巴脱主义者迪尔泰的教育思想》刊于《教育杂志》第23卷第2期。

　　吴泽霖《中国大学教育的改革》刊于《教育杂志》第23卷第2期。

　　钟鲁斋《华虚朋氏与文纳特卡制》刊于《教育杂志》第23卷第2期。

　　傅葆琛《我国乡村小学课程的几个缺点》刊于《教育杂志》第23卷第2期。

　　沈百英《小学国语教科书采用反复故事的研究》刊于《教育杂志》第23卷第2期。

　　任白涛《儿童之精神卫生(日本杉田直树原著)》刊于《教育杂志》第23卷第2期。

　　林仲达《德国新教育之哲学(T. Alexander&B. Parker原著)》刊于《教育杂志》第23卷第2期。

　　金嵘轩《最近德国的劳动教育学说与劳动学校组织》刊于《教育杂志》第23卷第2期。

　　张石樵《立达学园高中部农村教育科"工学"生活底试验》刊于《教育杂志》第23卷第2期。

　　丰子恺《破洋琴与大演奏家》刊于《教育杂志》第23卷第2期。

　　丰子恺《学校生活与艺术(日本小林佐源治作)》刊于《教育杂志》第23卷第2期。

　　丰子恺《美的教育(日本赤井米吉作)》刊于《教育杂志》第23卷第2期。

　　高觉敷《弗洛伊特及其精神分析的批判》刊于《教育杂志》第23卷第3期。

　　潘菽《意识的研究》刊于《教育杂志》第23卷第3期。

　　邰爽秋《教育调查中之地方社会状况调查》刊于《教育杂志》第23卷第3期。

　　袁哲《小学低年级各科教学法的基本原理(美R. Strang著)》刊于《教育杂志》第23卷第3期。

　　张匡《亚定氏算术练习片之绍介》刊于《教育杂志》第23卷第3期。

　　任白涛《儿童之精神卫生(续)(日本杉田直树著)》刊于《教育杂志》第23卷第3期。

　　钟鲁斋《近年来美国教育进步之几方面》刊于《教育杂志》第23卷第3期。

　　傅葆琛《美国最近乡村教育问题之推断》刊于《教育杂志》第23卷第3期。

　　陈一百译《鼠的悟解力之实验的研究(萧孝嵘著)》刊于《教育杂志》第23卷第3期。

　　丰子恺《可惊的记忆力——乐谱的话》刊于《教育杂志》第23卷第3期。

　　朱介民《涂尔干的社会学的教育学说》刊于《教育杂志》第23卷第4期。

　　潘菽《意识的研究(续)》刊于《教育杂志》第23卷第4期。

　　顾克彬《教学原理之两面观》刊于《教育杂志》第23卷第4期。

　　盛振声《小学算术诊断测验与补救教学》刊于《教育杂志》第23卷第4期。

　　沈百英《加减乘除式题的教法之研究》刊于《教育杂志》第23卷第4期。

　　朱文印《现代之儿童问题》刊于《教育杂志》第23卷第4期。

　　章光涛《现代德意志教育理论之鸟瞰》刊于《教育杂志》第23卷第4期。

　　陈子明《最近德国中等教育之发展(美H. H. Punke原著)》刊于《教育杂志》第23卷第4期。

　　吴昌孚《德国小学师资之训练》刊于《教育杂志》第23卷第4期。

丰子恺《以唱歌救国王的乐师》刊于《教育杂志》第 23 卷第 4 期。

蒋径三《斯普兰格的文化教育学》刊于《教育杂志》第 23 卷第 5 期。

王士略《心理学上狂性与狷性之研究》刊于《教育杂志》第 23 卷第 5 期。

唐庆增《经济学系在大学课程中之地位及其使命》刊于《教育杂志》第 23 卷第 5 期。

沈百英《指导儿童演讲故事的研究》刊于《教育杂志》第 23 卷第 5 期。

盛振声《小学算术诊断测验与补救教学(续)》刊于《教育杂志》第 23 卷第 5 期。

金嵘轩《学校虚弱儿童之保护设施》刊于《教育杂志》第 23 卷第 5 期。

章光涛《现代德意志教育理论之鸟瞰(续)》刊于《教育杂志》第 23 卷第 5 期。

杨希明《现代德意志初等教育之教则》刊于《教育杂志》第 23 卷第 5 期。

周廷珍《南洋英荷属华侨教育实况》刊于《教育杂志》第 23 卷第 5 期。

丰子恺《维多利亚女皇的害怕》刊于《教育杂志》第 23 卷第 5 期。

蒋径三《文化教育学者斯普兰格的构造心理学》刊于《教育杂志》第 23 卷第 6 期。

王士略《人格测量》刊于《教育杂志》第 23 卷第 6 期。

黄敬思《实施义务教育之商榷》刊于《教育杂志》第 23 卷第 6 期。

徐亚倩《小学默读练习的试验》刊于《教育杂志》第 23 卷第 6 期。

盛振声《小学算术诊断测验与补救教学(再续)》刊于《教育杂志》第 23 卷第 6 期。

林树艺《一九三〇年日本教育之回顾》刊于《教育杂志》第 23 卷第 6 期。

卫士生《一九三〇年的美国教育》刊于《教育杂志》第 23 卷第 6 期。

龙笑云《一九三〇年法国中等教育之改革(美 M. G. Demiashkevich 著)》刊于《教育杂志》第 23 卷第 6 期。

周廷珍《南洋英荷属华侨教育实况》刊于《教育杂志》第 23 卷第 6 期。

蒋径三《利脱的教育思想》刊于《教育杂志》第 23 卷第 7 期。

徐锡龄《教育播音的现况与问题》刊于《教育杂志》第 23 卷第 7 期。

史美煊《客观考试法概论》刊于《教育杂志》第 23 卷第 7 期。

葛承训《教室活动自评表之绍介》刊于《教育杂志》第 23 卷第 7 期。

郁树敏《小学儿童兴趣之调查与研究》刊于《教育杂志》第 23 卷第 7 期。

任白涛《婴儿教养院的特质及其价值》刊于《教育杂志》第 23 卷第 7 期。

林仲达译《弗西主义意大利教育之哲学》刊于《教育杂志》第 23 卷第 7 期。

黄敬思《四年来中国之乡村教育》刊于《教育杂志》第 23 卷第 7 期。

丰子恺《御赐的名乐器》刊于《教育杂志》第 23 卷第 7 期。

雷宾南《"远瞩未来"(成人教育的一个现代理论)》刊于《教育杂志》第 23 卷第 8 期。

王书林《成人教育之意义及实施时之各种问题》刊于《教育杂志》第 23 卷第 8 期。

郑一华《成人教育的几个基础观念》刊于《教育杂志》第 23 卷第 8 期。

瞿菊农《教育生活化与生活教育化》刊于《教育杂志》第 23 卷第 8 期。

郑一华《成人教育与社会科学》刊于《教育杂志》第 23 卷第 8 期。

郑一华《克柏屈之成人教育观》刊于《教育杂志》第 23 卷第 8 期。

郑一华《成人教育世界会议之经过》刊于《教育杂志》第 23 卷第 8 期。

金嵘轩《欧美各国劳动者教育运动概况》刊于《教育杂志》第 23 卷第 8 期。

郑一华《新俄成人的公民教育》刊于《教育杂志》第 23 卷第 8 期。

林仲达《德国之劳动民众大学》刊于《教育杂志》第 23 卷第 8 期。

金律和《六十年来德国成人教育运动》刊于《教育杂志》第 23 卷第 8 期。

雷宾南《瑞典成人教育概观》刊于《教育杂志》第 23 卷第 8 期。

雷宾南《北欧成人教育者轲勒》刊于《教育杂志》第 23 卷第 8 期。

林希旦《法国之成人教育》刊于《教育杂志》第 23 卷第 8 期。

陈表《英国的启导学级运动》刊于《教育杂志》第 23 卷第 8 期。

郑一华《美国大学教育之大众化》刊于《教育杂志》第 23 卷第 8 期。

金嵘轩《最近日本劳动者教育运动概观》刊于《教育杂志》第 23 卷第 8 期。

陈表《中国劳工成人教育实施之考察》刊于《教育杂志》第 23 卷第 8 期。

郑一华《成人教育书目六十种》刊于《教育杂志》第 23 卷第 8 期。

谢康《五十年来法国社会学之一瞥》刊于《教育杂志》第 23 卷第 9 期。

丘学训《社会的过程与教育（日本田制佐重著）》刊于《教育杂志》第 23 卷第 9 期。

程其保《初级中学课程标准之讨论》刊于《教育杂志》第 23 卷第 9 期。

许观光《小学簿籍研究》刊于《教育杂志》第 23 卷第 9 期。

吴一恒《算术网格表研究》刊于《教育杂志》第 23 卷第 9 期。

林树艺《儿童权运动之起源与发展（日本千叶龟雄著）》刊于《教育杂志》第 23 卷第 9 期。

杨希明《现代日本教育底解剖》刊于《教育杂志》第 23 卷第 9 期。

吴自强《日本教育制度的缺陷与劳动者的教育》刊于《教育杂志》第 23 卷第 9 期。

洪炎秋《日本帝国主义下的台湾教育》刊于《教育杂志》第 23 卷第 9 期。

丰子恺《十分钟作成的名曲》刊于《教育杂志》第 23 卷第 9 期。

郭一岑《苏俄科尼洛夫之心理学》刊于《教育杂志》第 23 卷第 10 期。

程其保《初级中学课程标准之讨论（续）》刊于《教育杂志》第 23 卷第 10 期。

杜佐周《小学教育方法的理论基础》刊于《教育杂志》第 23 卷第 10 期。

Williams S. Gray 著，徐锡龄译《近百年来读法教学的改进》刊于《教育杂志》第 23 卷第 10 期。

林树艺《儿童与法律（日本牧野英一原著）》刊于《教育杂志》第 23 卷第 10 期。

G. L. Lyford 著，林仲达译《欧洲八大都市之幼稚教育》刊于《教育杂志》第 23 卷第 10 期。

Sinaida Hoodnitzkay 著，陆景模译《苏俄之儿童及其学校》刊于《教育杂志》第 23 卷第 10 期。

丰子恺《雷声的伴奏》刊于《教育杂志》第 23 卷第 10 期。

丘学训《美国教育哲学之各倾向》刊于《教育杂志》第 23 卷第 11 期。

郭一岑《苏俄科尼洛夫之心理学说（续）》刊于《教育杂志》第 23 卷第 11 期。

李谊《平克微支之教育心理观》刊于《教育杂志》第 23 卷第 11 期。

姜琦《我国小学教育设施趋向之商榷》刊于《教育杂志》第 23 卷第 11 期。

王秀南《小学行政组织之新趋势》刊于《教育杂志》第 23 卷第 11 期。

林树艺《儿童与法律（日本牧野英一原著）（续）》刊于《教育杂志》第 23 卷第 11 期。

谢康《德国义务教育史略》刊于《教育杂志》第 23 卷第 11 期。

金嵘轩《丹麦的勤劳教育运动》刊于《教育杂志》第 23 卷第 11 期。

丰子恺《屠户的发的幸运——歌剧之话》刊于《教育杂志》第 23 卷第 11 期。

蒋径三《教育的价值论之建立》刊于《教育杂志》第 23 卷第 12 期。

赵轶尘《测验之一般理论》刊于《教育杂志》第 23 卷第 12 期。

李谊《平克微支之教育心理观（续）》刊于《教育杂志》第 23 卷第 12 期。

王秀南《一个小学校接办后之行政概要》刊于《教育杂志》第 23 卷第 12 期。

卢冠六《小学默读教学实施计划之尝试》刊于《教育杂志》第 23 卷第 12 期。

Carleton 著，唐现之译《自食其力的残废儿童之教育》刊于《教育杂志》第 23 卷第 12 期。

Garl Schietzal 著，陈耀之译《德国教师训练的新工作》刊于《教育杂志》第 23 卷第 12 期。

Harold H. Punke 著，林仲达译《德国教师之专业组织》刊于《教育杂志》第 23 卷第 12 期。

黄傍桂《厦大实小试行部颁小学课程暂行标准报告》刊于《教育杂志》第 23 卷第 12 期。

朱鸳馥《都市教育》刊于《教育季刊（上海）》第 1 期。

江鸿起《上海市区及乡区小学智力测验之比较》刊于《教育季刊（上海）》第 1 期。

周召南《上海市应积极推广小学教育》刊于《教育季刊（上海）》第 1 期。

葛子厚《上海私立学校之概况》刊于《教育季刊（上海）》第 1 期。

章益《分析教学上的功用》刊于《教育季刊（上海）》第 1 期。

朱惟杰《小学校及初学英文之教科书》刊于《教育季刊（上海）》第 1 期。

韦瑞卓、吴起之《高级自然科教材纲要》刊于《教育季刊（上海）》第 1 期。

鲁继曾《小学校长》刊于《教育季刊（上海）》第 1 期。

沈玉光《幼稚园的设备》刊于《教育季刊（上海）》第 1 期。

赵承预《什么是科学的教育实验法》刊于《教育季刊（上海）》第 1 期。

荀志亮《近十年来上海市小学教育之一瞥》刊于《教育季刊（上海）》第 1 期。

李伯俊、周法均《养正小学国语科教学概况》刊于《教育季刊（上海）》第 1 期。

和安小学《快乐的小朋友好少年好市民》刊于《教育季刊（上海）》第 1 期。

朱惟杰《大学教育》刊于《教育季刊（上海）》第 2 期。

郑初稔《实施儿童本位教育的商榷》刊于《教育季刊（上海）》第 2 期。

郭步陶《新农村的建设与乡村师范》刊于《教育季刊（上海）》第 2 期。

邵鸣九《学校各科视察之研究》刊于《教育季刊（上海）》第 2 期。

周召南《审查戏曲于社会教育之重要》刊于《教育季刊（上海）》第 2 期。

华立《上海市租界教育》刊于《教育季刊（上海）》第 2 期。

陈养蒙《上海教育整顿之意见》刊于《教育季刊（上海）》第 2 期。

葛子厚《上海私立学校概况（续）》刊于《教育季刊（上海）》第 2 期。

沈玉光《算术科解题指导》刊于《教育季刊（上海）》第 2 期。

孟知我《心算的重要及其价值》刊于《教育季刊（上海）》第 2 期。

朱镇荪译《高才儿童的实验教育》刊于《教育季刊（上海）》第 2 期。

葛祖兰译《儿童大学参观记》刊于《教育季刊（上海）》第 2 期。

赵承预《小学读法应养成的习惯》刊于《教育季刊(上海)》第2期。

沈漪《教育作用之理论化》刊于《教育季刊(上海)》第2期。

张希佑、赵启人《读法心理:理解的研究》刊于《教育季刊(上海)》第2期。

郑坦讲演,郑以纯笔记《中小学毕业生升学就业问题的商榷》刊于《教育季刊(上海)》第2期。

周法均、施家森、李伯俊《儿童误字研究》刊于《教育季刊(上海)》第2期。

葛志亮《今日教育之借镜》刊于《教育季刊(上海)》第2期。

胡敬熙《乐歌》刊于《教育季刊(上海)》第2期。

胡敬熙《本市市立学校校名图案》刊于《教育季刊(上海)》第2期。

郑洪年《抗日救国与各级教育设施之刍议》刊于《教育季刊(上海)》第3期。

王志成《爱国活动的目标和指导的方法》刊于《教育季刊(上海)》第3期。

赵启人《国难与今后的小学教育》刊于《教育季刊(上海)》第3期。

余文伟《救国声中教育上急应注意的几种事实》刊于《教育季刊(上海)》第3期。

周尚《不生产的新教育》刊于《教育季刊(上海)》第3期。

周家修《成人教育在中国目前之重要》刊于《教育季刊(上海)》第3期。

黄则民《教育上的两大病》刊于《教育季刊(上海)》第3期。

朱有瓛《大学生入学指导》刊于《教育季刊(上海)》第3期。

冯建维《对于体育上的小贡献》刊于《教育季刊(上海)》第3期。

谢循初讲,陆林孙记《学习心理》刊于《教育季刊(上海)》第3期。

江问渔讲,钱重天、徐迥千记《职业化的日本教育》刊于《教育季刊(上海)》第3期。

金宝贤讲,陆林孙记《会计纲要》刊于《教育季刊(上海)》第3期。

葛承训译《现代教育学说与客观心理学》刊于《教育季刊(上海)》第3期。

朱镇苏译《高才儿童历史的研究》刊于《教育季刊(上海)》第3期。

张希佑、赵启人译《读法心理:理解的研究》刊于《教育季刊(上海)》第3期。

陈养蒙《周代以前及周代之教育》刊于《教育季刊(上海)》第3期。

姚枝碧《增进效率的国文学习法》刊于《教育季刊(上海)》第3期。

徐步融《市立周湾小学校三个月来的教学做报告》刊于《教育季刊(上海)》第3期。

曹一华《二十年度务本女中教学计划》刊于《教育季刊(上海)》第3期。

林泽书《市立厂头小学环境调查报告》刊于《教育季刊(上海)》第3期。

傅葆琛《我们怎样才能达到人人识字的目的》刊于《民众教育季刊》第1卷第3期。

郑晓沧讲,鲍维湘记《文字的好处和学法》刊于《民众教育季刊》第1卷第3期。

尚仲衣《识字教学上的几种困难及其解决方法》刊于《民众教育季刊》第1卷第3期。

孟宪承《成人教育与儿童教育》刊于《民众教育季刊》第1卷第3期。

胡叔异《小学附设民众学校的商榷》刊于《民众教育季刊》第1卷第3期。

秦国献《参观法国佃农生活以后》刊于《民众教育季刊》第1卷第3期。

钟敬文《种族起源神话》刊于《民众教育季刊》第1卷第3期。

李蒸《积极的社会教育》刊于《民众教育季刊》第1卷第3期。

李石岑《教育与社会》刊于《民众教育季刊》第1卷第4期。

艾伟《汉字心理研究》刊于《民众教育季刊》第1卷第4期。

赵冕《成年补习教育的两种制度》刊于《民众教育季刊》第 1 卷第 4 期。

孟宪承《民众学校的三难》刊于《民众教育季刊》第 1 卷第 4 期。

尚仲衣《为儿童选择读物》刊于《民众教育季刊》第 1 卷第 4 期。

程与松《民众音乐教育之实施》刊于《民众教育季刊》第 1 卷第 4 期。

钟敬文《斗牛：一种民众娱乐》刊于《民众教育季刊》第 1 卷第 4 期。

张钟元《美国青年工人的三种特殊学校》刊于《民众教育季刊》第 1 卷第 4 期。

马祖武《英美民众教育刊物作三十种提要》刊于《民众教育季刊》第 1 卷第 4 期。

沈金相《江苏民众教育参观记》刊于《民众教育季刊》第 1 卷第 4 期。

叶维奏《集美各补助学校的视导问题》刊于《初等教育界》第 2 卷第 2 期。

梁士杰《值得代表闽南初等教育界的概况吗？》刊于《初等教育界》第 2 卷第 2 期。

徐址安《我对于闽南小学的一些意见》刊于《初等教育界》第 2 卷第 2 期。

廖苍然、林珠冶《参观江浙初等教育报告之一》刊于《初等教育界》第 2 卷第 2 期。

曾淑媛、叶宝球《参观江浙初等教育报告之二》刊于《初等教育界》第 2 卷第 2 期。

陈延庭《集美教育推广部概况》刊于《初等教育界》第 2 卷第 2 期。

叶维奏《闽南小学教育几个重要问题商榷》刊于《初等教育界》第 2 卷第 3 期。

陈延庭《南洋华侨遗送子弟回国求学的意义》刊于《初等教育界》第 2 卷第 3 期。

谢定邦《关于华侨教育的几个重要问题》刊于《初等教育界》第 2 卷第 3 期。

梁士杰《英荷属华侨小学教育概观》刊于《初等教育界》第 2 卷第 3 期。

集美小学《闽南小学低级常识中心问题大纲》刊于《初等教育界》第 2 卷第 3 期。

张宗麟《对于闽南初等教育的意见》刊于《初等教育界》第 2 卷第 3 期。

郑秉德《集小侨生的嗜好及行为的观察》刊于《初等教育界》第 2 卷第 3 期。

林琼新记《小学实际问题讨论汇录》刊于《初等教育界》第 2 卷第 3 期。

集美小学《健康教育实施计划》刊于《初等教育界》第 2 卷第 3 期。

蔡雁宾《体育科教学的几点小意见》刊于《小学教育》第 1 卷第 3 期。

杨拔英《小学算术科教材研究的理论和实际》刊于《小学教育》第 1 卷第 3 期。

曹懋唐《小学国语科成绩考查之商榷》刊于《小学教育》第 1 卷第 3 期。

刘百川《问答法之研究》刊于《小学教育》第 1 卷第 3 期。

邹翊风《初级儿童文学周报的研究》刊于《小学教育》第 1 卷第 3 期。

潘莘如《教员的技术》刊于《小学教育》第 1 卷第 3 期。

杨拔英《算术科方法原理的教学应用演译法与归纳法的比较实验报告》刊于《小学教育》第 1 卷第 3 期。

尚公小学《首都暨苏杭教育参观报告》刊于《小学教育》第 1 卷第 3 期。

程旭清、潘子瑜《估定短篇语体文背诵价值的比较实验报告》刊于《小学教育》第 1 卷第 3 期。

刘百川《一个好学生比赛会的试验》刊于《小学教育》第 1 卷第 3 期。

周组民、陆鸣珊《幼稚园课程研究报告》刊于《小学教育》第 1 卷第 3 期。

蔡元培《中华民族与中庸之道》刊于《中学生》第 11 号。

林语堂《学风与教育》刊于《中学生》第 11 号。

张梓生《一九三〇年之回顾（上）》刊于《中学生》第 11 号。

夏丏尊《关于国文的学习》刊于《中学生》第 11 号。

丰子恺《我的苦学经验》刊于《中学生》第 11 号。

胡仲持《从邮务生而新闻记者》刊于《中学生》第 11 号。

叶圣陶《过去随谈》刊于《中学生》第 11 号。

止敬《我的中学生时代及其后》刊于《中学生》第 11 号。

丰子恺《文学中的写生》刊于《中学生》第 11 号。

尢墨君《论造句》刊于《中学生》第 11 号。

赵景深《小说的观察点》刊于《中学生》第 11 号。

傅东华《诗的起源》刊于《中学生》第 11 号。

胡仲持《南极探险印象记（斐特南极探险团团员自述探险的见闻可使读者领略冰天雪地中的奇观）》刊于《中学生》第 11 号。

郑振铎《宋人话本》刊于《中学生》第 11 号。

张梓生《一九三〇年之回顾（上）》刊于《中学生》第 11 号。

徐调孚《十年来的中国文坛》刊于《中学生》第 11 号。

林语堂《汉字的拼音字》刊于《中学生》第 11 号。

王之觉《卫生谈话》刊于《中学生》第 11 号。

比金《不用油墨的印刷术》刊于《中学生》第 11 号。

小有《热带海底的天然色活动影片》刊于《中学生》第 11 号。

之觉《怎样可使身体强健》刊于《中学生》第 11 号。

秋子《法国中学校的男女同学》刊于《中学生》第 11 号。

子恺《经济的听讲》刊于《中学生》第 11 号。

水仙《谈"开本"》刊于《中学生》第 11 号。

陈三寿《中国民歌的价值》刊于《中学生》第 11 号。

舒新城《考试与文凭》刊于《中学生》第 12 号。

林语堂《读书的艺术》刊于《中学生》第 12 号。

张梓生《一九三〇年之回顾（下）》刊于《中学生》第 12 号。

刘薰宇《怎样学习数学》刊于《中学生》第 12 号。

丰子恺《文学中的写生（下）》刊于《中学生》第 12 号。

尢墨君《论用字》刊于《中学生》第 12 号。

小有《类人猿的知能和言语》刊于《中学生》第 12 号。

振之《赛跑计时新法》刊于《中学生》第 12 号。

甲卯《金星的盈亏》刊于《中学生》第 12 号。

鲁迅《关于〈唐三藏取经诗话〉（通讯）》刊于《中学生》第 12 号。

幼雄《译名的商榷》刊于《中学生》第 12 号。

松柏《莫扎尔德的镇魂曲》刊于《中学生》第 12 号。

朱璟《问题是原封不动地搁着》刊于《妇女杂志》第 17 卷第 1 号。

华君《男女职业心理的测验》刊于《妇女杂志》第 17 卷第 1 号。

杨东蓴《评中国十九年来的妇女运动》刊于《妇女杂志》第 17 卷第 1 号。

华君《老人健康比赛的创举》刊于《妇女杂志》第 17 卷第 1 号。

[美]Beatrice Forbes-Robertson Hale 原著,仲华译《转变中的妇女》刊于《妇女杂志》第17 卷第 1 号。

恽怡《作了母亲》刊于《妇女杂志》第 17 卷第 1 号。

殷琪《作了母亲》刊于《妇女杂志》第 17 卷第 1 号。

意红《作了母亲——连带想到了做了妻子》刊于《妇女杂志》第 17 卷第 1 号。

李君毅《当我们有了小孩的时候》刊于《妇女杂志》第 17 卷第 1 号。

昌群《作了父亲》刊于《妇女杂志》第 17 卷第 1 号。

止敬《作了父亲》刊于《妇女杂志》第 17 卷第 1 号。

郢生《作了父亲》刊于《妇女杂志》第 17 卷第 1 号。

谢宏徒《作了父亲》刊于《妇女杂志》第 17 卷第 1 号。

子恺《作了父亲》刊于《妇女杂志》第 17 卷第 1 号。

东华《作了父亲》刊于《妇女杂志》第 17 卷第 1 号。

李谊《作了父亲》刊于《妇女杂志》第 17 卷第 1 号。

雪渔《作了父亲》刊于《妇女杂志》第 17 卷第 1 号。

夏丏尊《作了父亲》刊于《妇女杂志》第 17 卷第 1 号。

调孚《作了父亲》刊于《妇女杂志》第 17 卷第 1 号。

华君《男女生活心理的测验(一)》刊于《妇女杂志》第 17 卷第 1 号。

李一之《女子教育的出路》刊于《妇女杂志》第 17 卷第 1 号。

华君《男女生活心理的测验(二)》刊于《妇女杂志》第 17 卷第 1 号。

章锡琛《穆勒的“妇女服从论”》刊于《妇女杂志》第 17 卷第 1 号。

华君《男女生活心理的测验(三)》刊于《妇女杂志》第 17 卷第 1 号。

[苏]高尔基著,蒙生译《妇女论》刊于《妇女杂志》第 17 卷第 1 号。

华君《英国早先历史中的卖妻故事》刊于《妇女杂志》第 17 卷第 1 号。

建人《妇女问题的复杂性》刊于《妇女杂志》第 17 卷第 1 号。

仲华《一九三零年几个东方国家的妇女》刊于《妇女杂志》第 17 卷第 1 号。

仲华《大马斯哥的东方妇女大会》刊于《妇女杂志》第 17 卷第 1 号。

仲华《美国妇女职业解放的近势》刊于《妇女杂志》第 17 卷第 1 号。

仲华《英国已嫁妇人从事职业的关系》刊于《妇女杂志》第 17 卷第 1 号。

仲华《新俄的婚姻道德制度》刊于《妇女杂志》第 17 卷第 1 号。

仲华《新大陆上的爱情买卖》刊于《妇女杂志》第 17 卷第 1 号。

华君《西洋妇女束胸与束腰的起源》刊于《妇女杂志》第 17 卷第 1 号。

赵景深《现代世界女文学家概观》刊于《妇女杂志》第 17 卷第 1 号。

黄石《托达人的婚制》刊于《妇女杂志》第 17 卷第 1 号。

华君《烟草对于妇女健康的影响》刊于《妇女杂志》第 17 卷第 1 号。

礼子恺《为妇女们谈音乐研究的态度》刊于《妇女杂志》第 17 卷第 1 号。

钱君匋《怎样写生》刊于《妇女杂志》第 17 卷第 1 号。

华君《南欧农民以裸体禳灾的迷信》刊于《妇女杂志》第 17 卷第 1 号。

自珍《现在的教育果真“全不是那么一回事”么》刊于《妇女杂志》第 17 卷第 1 号。

刘朗泉《婚姻法中妇女的地位》刊于《妇女杂志》第 17 卷第 2 号。

金仲华《霭理斯的"男与女"》刊于《妇女杂志》第 17 卷第 2 号。

［英］霭理斯著，仲华译《男女艺术冲动的比较》刊于《妇女杂志》第 17 卷第 2 号。

赵涵川《家庭的心理》刊于《妇女杂志》第 17 卷第 2 号。

周振韶《女学生爱读书籍的研究》刊于《妇女杂志》第 17 卷第 2 号。

瘄寐《自述读书经过书》刊于《妇女杂志》第 17 卷第 2 号。

华君《男女儿童文学嗜好的比较（一）》刊于《妇女杂志》第 17 卷第 2 号。

华君《男女儿童文学嗜好的比较（二）》刊于《妇女杂志》第 17 卷第 2 号。

杨昌溪、金梅筠《樊迪文夫人论妇女解放及儿童保护》刊于《妇女杂志》第 17 卷第 2 号。

王琬《意大利的女性》刊于《妇女杂志》第 17 卷第 2 号。

汪小谢《意大利女法西斯底》刊于《妇女杂志》第 17 卷第 2 号。

杨昌溪《美国与新俄底女工生活的比较》刊于《妇女杂志》第 17 卷第 2 号。

杨东蓴《产业合理化与妇女问题》刊于《妇女杂志》第 17 卷第 3 号。

华君《男女对于政治的趋向的比较》刊于《妇女杂志》第 17 卷第 3 号。

刘朗泉《我国女子取得财产继承权的经过》刊于《妇女杂志》第 17 卷第 3 号。

金仲华《居尔门夫人的"妇女与经济"》刊于《妇女杂志》第 17 卷第 3 号。

仲华《德国政治上的妇女》刊于《妇女杂志》第 17 卷第 3 号。

仲华《美国妇女参政的十年》刊于《妇女杂志》第 17 卷第 3 号。

仲华《女科学家潘宁登》刊于《妇女杂志》第 17 卷第 3 号。

仲华《英国工党议员提议女仆组织工会》刊于《妇女杂志》第 17 卷第 3 号。

黄石《女俗丛谈》刊于《妇女杂志》第 17 卷第 3 号。

达心《中国妇女的过去和将来》刊于《妇女杂志》第 17 卷第 4 号。

杨东蓴《产业合理化与妇女问题》刊于《妇女杂志》第 17 卷第 4 号。

金仲华《希里纳女士的"妇女与劳动"》刊于《妇女杂志》第 17 卷第 4 号。

丰子恺《为妇女们谈绘画的看法》刊于《妇女杂志》第 17 卷第 4 号。

周钝若《对于儿童教育的一点经验语》刊于《妇女杂志》第 17 卷第 4 号。

绮雨《朝鲜的妇人运动》刊于《妇女杂志》第 17 卷第 4 号。

仲华《瑞典婚姻法的特色》刊于《妇女杂志》第 17 卷第 4 号。

仲华《墨西哥的妇女》刊于《妇女杂志》第 17 卷第 4 号。

光墀《一个最低限度的教养计划》刊于《妇女杂志》第 17 卷第 4 号。

金仲华《从家庭到政治》刊于《妇女杂志》第 17 卷第 5 号。

华君《万国妇女参政平权大会对于各国妇女参政状况的调查书》刊于《妇女杂志》第 17 卷第 5 号。

白蒲《写给在海外的几个朋友的信》刊于《妇女杂志》第 17 卷第 5 号。

黄石《马可孛罗游记所纪的中国女俗》刊于《妇女杂志》第 17 卷第 5 号。

王春翠《一个虚无主义者》刊于《妇女杂志》第 17 卷第 5 号。

劳春华《浙东草帽业的女工》刊于《妇女杂志》第 17 卷第 5 号。

李徐性天《英国妇女之家庭生活》刊于《妇女杂志》第 17 卷第 5 号。

李谊《苏俄的卖淫问题》刊于《妇女杂志》第 17 卷第 5 号。

［日］安部矶雄著，赵徽素译《女权运动之史的发展》刊于《妇女杂志》第 17 卷第 6 号。

华君《千种压迫妇女的法律》刊于《妇女杂志》第 17 卷第 6 号。

陈康时《萧伯纳论妇女问题》刊于《妇女杂志》第 17 卷第 6 号。

达心《中国妇女的过去和将来》刊于《妇女杂志》第 17 卷第 6 号。

金仲华《产业革命与妇女劳动者》刊于《妇女杂志》第 17 卷第 6 号。

刘恒《一个暑期中家庭教学设施的经过》刊于《妇女杂志》第 17 卷第 6 号。

仲华《檀香山的职业妇女》刊于《妇女杂志》第 17 卷第 6 号。

仲华《柏林的妇女创作展览会》刊于《妇女杂志》第 17 卷第 6 号。

秉钧《东方民族的妇女运动》刊于《妇女杂志》第 17 卷第 6 号。

白卢《女工的情况——河南许昌女工的生活》刊于《妇女杂志》第 17 卷第 6 号。

花辰《女工的情况——一个女工的自述》刊于《妇女杂志》第 17 卷第 6 号。

叶祖洁《出了中等学校——未来的理想》刊于《妇女杂志》第 17 卷第 6 号。

金仲华《近世妇女解放运动在文学上的反映》刊于《妇女杂志》第 17 卷第 7 号。

曾觉之《妇女与文学》刊于《妇女杂志》第 17 卷第 7 号。

雪林《清代女词人顾太清》刊于《妇女杂志》第 17 卷第 7 号。

白蒲《华尔摩夫人》刊于《妇女杂志》第 17 卷第 7 号。

王春翠《中国妇女文学谭片》刊于《妇女杂志》第 17 卷第 7 号。

陈漱琴《朱淑贞生查子词辩诬》刊于《妇女杂志》第 17 卷第 7 号。

曾觉之《法国十九世纪的伟大女作家斯达埃夫人》刊于《妇女杂志》第 17 卷第 7 号。

润馀《赛维宜夫人及其尺牍》刊于《妇女杂志》第 17 卷第 7 号。

仲华《英国文学史中的白朗脱氏姊妹》刊于《妇女杂志》第 17 卷第 7 号。

润馀译《乔治桑之"我的生活史"》刊于《妇女杂志》第 17 卷第 7 号。

仲华《黑奴籲天录及其作者司都和夫人的故事》刊于《妇女杂志》第 17 卷第 7 号。

张叔愚译《现在俄国女作家自传》刊于《妇女杂志》第 17 卷第 7 号。

白蒲《勒蒲兰夫人》刊于《妇女杂志》第 17 卷第 7 号。

白蒲《罗霭伊夫人》刊于《妇女杂志》第 17 卷第 7 号。

仲华《一九三一年美国波立若奖金的获得者彭恩夫人》刊于《妇女杂志》第 17 卷第 7 号。

李君毅《从爱伦凯到柯伦泰》刊于《妇女杂志》第 17 卷第 7 号。

杨铨《大地的女儿序》刊于《妇女杂志》第 17 卷第 7 号。

林历星《人口问题与产儿制限》刊于《妇女杂志》第 17 卷第 8 号。

朱文印《胎教与优生学》刊于《妇女杂志》第 17 卷第 8 号。

竹中繁《日本民法及刑法的改正与女性权利的扩张》刊于《妇女杂志》第 17 卷第 8 号。

王浩英《在小朋友的队伍里》刊于《妇女杂志》第 17 卷第 8 号。

江之岛《写给母亲的信》刊于《妇女杂志》第 17 卷第 8 号。

曾觉之《德博脱华尔摩夫人及其诗》刊于《妇女杂志》第 17 卷第 8 号。

仲华《欧洲国家的妇女》刊于《妇女杂志》第 17 卷第 8 号。

鲁叠《印度妇女的不合作运动》刊于《妇女杂志》第 17 卷第 8 号。

金仲华《节制生育与妇人生理的解放》刊于《妇女杂志》第 17 卷第 9 号。

黄石《从母系到父权》刊于《妇女杂志》第 17 卷第 9 号。

胡耐秋《怎样做一个现代妇女》刊于《妇女杂志》第 17 卷第 9 号。

竹中繁《日本发娼问题》刊于《妇女杂志》第 17 卷第 9 号。

尹克明《投考学校的前前后后》刊于《妇女杂志》第 17 卷第 9 号。

竹中繁《日本全国高等女学校校长会议与公民教育》刊于《妇女杂志》第 17 卷第 9 号。

竹中繁《日本矿山劳动妇人》刊于《妇女杂志》第 17 卷第 9 号。

英华《女学士的出路问题》刊于《妇女杂志》第 17 卷第 9 号。

谢曼、吕献椒《妇女劳动问题》刊于《妇女杂志》第 17 卷第 10 号。

J. William Llyod 原著，黄石译《性妒与文化》刊于《妇女杂志》第 17 卷第 10 号。

朱文印《童话作法之研究》刊于《妇女杂志》第 17 卷第 10 号。

仲华《考古探险家安得罗夫妇的离婚消息》刊于《妇女杂志》第 17 卷第 10 号。

竹中繁《日本中等女教员联合与空前的大会》刊于《妇女杂志》第 17 卷第 10 号。

仲华《全亚洲妇女大会的决议案》刊于《妇女杂志》第 17 卷第 10 号。

仲华《世界网球女王海伦威尔斯的经验谈》刊于《妇女杂志》第 17 卷第 10 号。

程瀚章《儿童身心的发展与健康》刊于《妇女杂志》第 17 卷第 10 号。

高耘晖《婚姻之买卖与新妇女》刊于《妇女杂志》第 17 卷第 11 号。

朱霙梅《改进中国农工妇女生活的途径》刊于《妇女杂志》第 17 卷第 11 号。

谢颐年《儿童时期的重要与家庭的改造》刊于《妇女杂志》第 17 卷第 11 号。

竹中繁《日本农村妇人的副业》刊于《妇女杂志》第 17 卷第 11 号。

英华《斯干第那维亚半岛的新离婚律》刊于《妇女杂志》第 17 卷第 11 号。

竹中繁《日本女性的职业战线悲观》刊于《妇女杂志》第 17 卷第 11 号。

竹中繁《日本民法改正案全部脱稿后的女权》刊于《妇女杂志》第 17 卷第 11 号。

竹中繁《日本各妇人团体关于府县会议员总选举对策》刊于《妇女杂志》第 17 卷第 11 号。

金仲华《与妇女谈国事》刊于《妇女杂志》第 17 卷第 12 号。

蔡成玉《国难中妇女应有的觉悟》刊于《妇女杂志》第 17 卷第 12 号。

谢曼、吕献椒《妇女劳动法问题》刊于《妇女杂志》第 17 卷第 12 号。

刘朗泉《最近美国社会上的婚姻现象》刊于《妇女杂志》第 17 卷第 12 号。

华君《美国离婚率的步步增高》刊于《妇女杂志》第 17 卷第 12 号。

李珲石《广西风土与妇女生活》刊于《妇女杂志》第 17 卷第 12 号。

华君《纽约的女福尔摩斯》刊于《妇女杂志》第 17 卷第 12 号。

蔡育予《美国妇女获得完全公民权之经过》刊于《妇女杂志》第 17 卷第 12 号。

竹中繁《日本首都的职业妇人的调查》刊于《妇女杂志》第 17 卷第 12 号。

大圆《成周开国记》刊于《东方文化》第 2 卷第 2 期。

大圆《天下四大德之实行》刊于《东方文化》第 2 卷第 2 期。

尧友《慎术与慎学》刊于《东方文化》第 2 卷第 2 期。

大圆《德化主义实施论略》刊于《东方文化》第 2 卷第 2 期。

蒋逸雪《孔儒辨》刊于《东方文化》第 2 卷第 2 期。

方震《佛学之由来及其革命》刊于《东方文化》第 2 卷第 2 期。

大圆《新钱神论》刊于《东方文化》第 2 卷第 2 期。

大圆《讲武与学佛》刊于《东方文化》第 2 卷第 2 期。

尧友《今世教育改良略谈》刊于《东方文化》第 2 卷第 2 期。

倚云《东西文化之顺倒辨》刊于《东方文化》第 2 卷第 2 期。

超舜《顺天下早生圣人说》刊于《东方文化》第 2 卷第 2 期。

尧友《无相政府之建立》刊于《东方文化》第 2 卷第 2 期。

大圆《青年学佛行要》刊于《东方文化》第 2 卷第 2 期。

蒋逸雪《焚书不始于始皇始皇所焚为古文说》刊于《东方文化》第 2 卷第 2 期。

超舜《智慧非本具论》刊于《东方文化》第 2 卷第 2 期。

大圆《东方净土之新请愿》刊于《东方文化》第 2 卷第 2 期。

超舜《生与死之研究》刊于《东方文化》第 2 卷第 2 期。

演林记《念法之方便》刊于《东方文化》第 2 卷第 2 期。

顾安记《说识之四分》刊于《东方文化》第 2 卷第 2 期。

念如记《心外无实法》刊于《东方文化》第 2 卷第 2 期。

唐大圆《答友人问近日行持》刊于《东方文化》第 2 卷第 2 期。

法舫《对于三贤应有之认识（续）》刊于《东方文化》第 2 卷第 2 期。

笑如《寻宝源（续前）》刊于《频伽音随刊》第 3 期。

显慈《罪福报应经叙录》刊于《频伽音随刊》第 3 期。

沈登善《往生正因定论》刊于《频伽音随刊》第 3 期。

刘显亮《佛学初阶——五法界》刊于《频伽音随刊》第 3 期。

素诚《禅净双修》刊于《频伽音随刊》第 3 期。

王小徐《佛法之科学的说明》刊于《频伽音随刊》第 3 期。

显慈《旧事重提（六则）》刊于《频伽音随刊》第 3 期。

式如《述广东省佛教会筹备开始情形》刊于《频伽音随刊》第 3 期。

蒋特生《观音灵感述》刊于《频伽音随刊》第 3 期。

老僧《古寺重兴》刊于《频伽音随刊》第 3 期。

圣庆《止观释名内用相待绝待建立其义安在》刊于《弘慈佛学院》第 3 班第 3 期。

圣庆《三众同分之建立其义云何》刊于《弘慈佛学院》第 3 班第 3 期。

宝兴《所观色与空等能观色与盲等》刊于《弘慈佛学院》第 3 班第 3 期。

宝兴《贪欲即是道恚癡亦复然》刊于《弘慈佛学院》第 3 班第 3 期。

宝兴《论徧行五法中受心所之行相》刊于《弘慈佛学院》第 3 班第 3 期。

佛悦《一念心起能生所生无不即空论》刊于《弘慈佛学院》第 3 班第 3 期。

宝兴《唯此不信自相浑浊复能浑浊余心心所》刊于《弘慈佛学院》第 3 班第 3 期。

善波《六即中名字即菩提之行相》刊于《弘慈佛学院》第 3 班第 3 期。

佛悦《说明观自在之义》刊于《弘慈佛学院》第 3 班第 3 期。

圣庆《孔子言性近习远试阐其义》刊于《弘慈佛学院》第 3 班第 3 期。

圣庆《先后天卦位变易之理安在》刊于《弘慈佛学院》第 3 班第 3 期。

宝兴《春秋之制义法孰创其说孰衍其传》刊于《弘慈佛学院》第 3 班第 3 期。

行宽《中庸言性命之理多与佛旨相契合能证明之欤》刊于《弘慈佛学院》第 3 班第 3 期。

宝兴《圣人言礼乐关乎动静天地之间试释其义》刊于《弘慈佛学院》第 3 班第 3 期。

圣庆《王天下以寡过为要试发其义》刊于《弘慈佛学院》第 3 班第 3 期。

圣庆《温故而知新试发其义》刊于《弘慈佛学院》第 3 班第 3 期。

宝兴《遯之时义何以取象于天山》刊于《弘慈佛学院》第 3 班第 3 期。

前人《春秋之制法义孰创其说孰衍其传》刊于《弘慈佛学院》第 3 班第 3 期。

圣庆《子思解诗之说多神悟超妙能言之欤》刊于《弘慈佛学院》第 3 班第 3 期。

云庵《墨子染丝之喻试发明之》刊于《弘慈佛学院》第 3 班第 3 期。

宝兴《明哲保身之道试引历史证明之》刊于《弘慈佛学院》第 3 班第 3 期。

明心《相在尔室尚不愧于屋漏试说明其理由》刊于《弘慈佛学院》第 3 班第 3 期。

净朗《论撰著与集录之分》刊于《弘慈佛学院》第 3 班第 3 期。

保贤《论康成之学术》刊于《弘慈佛学院》第 3 班第 3 期。

圣庆《论内灾外患解救之策》刊于《弘慈佛学院》第 3 班第 3 期。

如性《论强国之本安在》刊于《弘慈佛学院》第 3 班第 3 期。

圣庆《与诸同学论文书》刊于《弘慈佛学院》第 3 班第 3 期。

圣庆《说明天下为公之义》刊于《弘慈佛学院》第 3 班第 3 期。

圣庆《辨郑玄买逵学术之同异》刊于《弘慈佛学院》第 3 班第 3 期。

宝兴《辨郭泰李膺处身涉世之同异》刊于《弘慈佛学院》第 3 班第 3 期。

俊荫《辨郑玄买逵学术之同异》刊于《弘慈佛学院》第 3 班第 3 期。

俊荫《东南各水灾甚钜应如何急筹赈济之策》刊于《弘慈佛学院》第 3 班第 3 期。

灵悟《妙法莲华经品题辑要》刊于《弘慈佛学院》第 3 班第 3 期。

灵悟《妙法莲华经序品第一》刊于《弘慈佛学院》第 3 班第 3 期。

灵悟《妙法莲华经方便品第二》刊于《弘慈佛学院》第 3 班第 3 期。

灵悟《妙法莲华经譬喻品第三》刊于《弘慈佛学院》第 3 班第 3 期。

灵悟《妙法莲华经信解品第四》刊于《弘慈佛学院》第 3 班第 3 期。

灵悟《妙法莲华经药草喻品第五》刊于《弘慈佛学院》第 3 班第 3 期。

灵悟《妙法莲华经授记品第六》刊于《弘慈佛学院》第 3 班第 3 期。

灵悟《妙法莲华经化城喻品第七》刊于《弘慈佛学院》第 3 班第 3 期。

灵悟《妙法莲华经五百弟子授记品第八》刊于《弘慈佛学院》第 3 班第 3 期。

灵悟《妙法莲华经授学无学人记品第九》刊于《弘慈佛学院》第 3 班第 3 期。

灵悟《妙法莲华经法师品第十》刊于《弘慈佛学院》第 3 班第 3 期。

灵悟《妙法莲华经见宝塔品第十一》刊于《弘慈佛学院》第 3 班第 3 期。

灵悟《妙法莲华经提婆达多品第十二》刊于《弘慈佛学院》第 3 班第 3 期。

灵悟《妙法莲华经持品第十三》刊于《弘慈佛学院》第 3 班第 3 期。

灵悟《妙法莲华经安乐行品第十四》刊于《弘慈佛学院》第 3 班第 3 期。

灵悟《妙法莲华经从地涌出品第十五》刊于《弘慈佛学院》第 3 班第 3 期。

灵悟《妙法莲华经如来寿量品第十六》刊于《弘慈佛学院》第 3 班第 3 期。

灵悟《妙法莲华经分别功德品第十七》刊于《弘慈佛学院》第 3 班第 3 期。

灵悟《妙法莲华经随喜功德品第十八》刊于《弘慈佛学院》第 3 班第 3 期。

灵悟《妙法莲华经法师功德品第十九》刊于《弘慈佛学院》第 3 班第 3 期。

灵悟《妙法莲华经常不轻菩萨品第二十》刊于《弘慈佛学院》第 3 班第 3 期。

灵悟《妙法莲华经如来神力品第二十一》刊于《弘慈佛学院》第3班第3期。

灵悟《妙法莲华经嘱累品第二十二》刊于《弘慈佛学院》第3班第3期。

灵悟《妙法莲华经药王菩萨本事品第二十三》刊于《弘慈佛学院》第3班第3期。

灵悟《妙法莲华经妙音菩萨品第二十四》刊于《弘慈佛学院》第3班第3期。

灵悟《妙法莲华经观世音菩萨普门品第二十五》刊于《弘慈佛学院》第3班第3期。

灵悟《妙法莲华经陀罗尼品第二十六》刊于《弘慈佛学院》第3班第3期。

灵悟《妙法莲华经妙庄严王本事品第二十七》刊于《弘慈佛学院》第3班第3期。

灵悟《妙法莲华经普贤菩萨劝发品第二十八》刊于《弘慈佛学院》第3班第3期。

应机《回顾佛教条件之感想》刊于《弘慈佛学院》第3班第3期。

太虚《由世界危机说到佛教救济》刊于《佛化随刊》第17期。

太虚《佛学的人生观》刊于《佛化随刊》第17期。

寄遥《怎样学佛》刊于《佛化随刊》第17期。

志真《陕西佛徒今后应有的责任》刊于《佛化随刊》第17期。

莲舌居士《减轻杀劫说》刊于《佛化随刊》第17期。

释妙阔《因明撮要（续）》刊于《佛化随刊》第17期。

李圆净《地藏菩萨灵感录（续）》刊于《佛化随刊》第17期。

寄遥《圆觉随笔（续）》刊于《佛化随刊》第17期。

慧国《法师小传》刊于《佛化随刊》第18期。

太虚《根本救灾在全国人心的悔悟》刊于《佛化随刊》第18期。

太虚《国民教育基础上之僧教育》刊于《佛化随刊》第18期。

太虚《佛教对于中国文化之影响》刊于《佛化随刊》第18期。

太虚《旧新思潮之变迁与佛学之关系》刊于《佛化随刊》第18期。

太虚《心理革命》刊于《佛化随刊》第18期。

太虚《大雄大力大无畏之佛法》刊于《佛化随刊》第18期。

太虚《心理建设》刊于《佛化随刊》第18期。

天愚《力学与救国》刊于《佛化随刊》第18期。

妙阔《因明撮要（续）》刊于《佛化随刊》第18期。

王骧陆《对于庙产兴学之意见》刊于《正觉杂志》第7期。

显慈《禅净同归谈》刊于《正觉杂志》第7期。

刘显亮《侵夺寺产即是消灭僧种说》刊于《正觉杂志》第7期。

刘显亮《说世界法治国之行政》刊于《正觉杂志》第7期。

路季裳《不杀生与放生》刊于《正觉杂志》第8—9期合刊。

刘显亮《青年僧侣之修养》刊于《正觉杂志》第8—9期合刊。

刘显亮《说菩萨的修行》刊于《正觉杂志》第10期。

上元生《浴佛节的起源》刊于《正觉杂志》第10期。

林坚之《中国佛教之变革》刊于《正觉杂志》第10期。

大愿《法语》刊于《正觉杂志》第10期。

宽静《自述学佛之缘起》刊于《正觉杂志》第10期。

宽静《求学之本愿》刊于《正觉杂志》第10期。

金刚乘人正明《大日经住心品讲》刊于《威音》第25期。

［日］小笠原宣秀《唐代僧侣及其活动》刊于《威音》第26期。

［日］岛村民藏《象徵艺术之佛像雕刻》刊于《威音》第29期。

常惺《读了〈庙产兴学促进会宣言〉后的疑问》刊于《佛教评论》第1卷第1号。

太虚《大乘渐教与进化论》刊于《佛教评论》第1卷第1号。

邓梦先《佛法与蒙藏》刊于《佛教评论》第1卷第1号。

台源《中日佛徒共同纪念善导大师的意义》刊于《佛教评论》第1卷第1号。

法舫《佛学思想之发展及其今日之新趋势》刊于《佛教评论》第1卷第1号。

宽融《北平全体佛教徒欢迎暹罗亲王纪胜》刊于《佛教评论》第1卷第1号。

知非《北平中日佛教徒联合纪念善导大师纪胜》刊于《佛教评论》第1卷第1号。

妙法《世界佛学苑设备处欢迎马古烈博士》刊于《佛教评论》第1卷第1号。

宽融《在近代思潮中所应用之佛法》刊于《佛教评论》第1卷第1号。

心真《求学之真义》刊于《佛教评论》第1卷第1号。

纯三《今日的我们》刊于《佛教评论》第1卷第1号。

雪烦《学佛必具的几个条件》刊于《佛教评论》第1卷第1号。

圆光《柏林佛学研究社改组世界佛学苑教理院的经过》刊于《佛教评论》第1卷第1号。

吕碧城《国际蔬食大会》刊于《佛教评论》第1卷第1号。

知非《中华佛学院的波折》刊于《佛教评论》第1卷第1号。

满智《中国佛教会有整理全国佛教之决心吗?》刊于《佛教评论》第1卷第2号。

学人克全记《创造人间净土》刊于《佛教评论》第1卷第2号。

智严女士《女子在佛法中之地位》刊于《佛教评论》第1卷第2号。

法舫《佛学思想之发展及其今日之新趋势》刊于《佛教评论》第1卷第2号。

黄健六《印度哲学导言》刊于《佛教评论》第1卷第2号。

黄攻素译、释宽融笔述《佛陀救世的精神》刊于《佛教评论》第1卷第2号。

韩清净居士《三时学会之问答》刊于《佛教评论》第1卷第2号。

常惺《与吕碧城女士佛法问答书》刊于《佛教评论》第1卷第2号。

聂云台《金刚经降伏其心章质疑》刊于《佛教评论》第1卷第2号。

刘显亮《我对于世界佛学苑成立以后之希望》刊于《佛教评论》第1卷第2号。

台源《和尚与居士》刊于《佛教评论》第1卷第3号。

太虚《上国民会议代表诸公意见书》刊于《佛教评论》第1卷第3号。

李满康《山东掖县海南寺明版大藏经被毁感言》刊于《佛教评论》第1卷第3号。

半僧《佛化建国刍议》刊于《佛教评论》第1卷第3号。

法舫《释迦牟尼的物质生活略谈》刊于《佛教评论》第1卷第3号。

HY《曼殊大师生平思想之我观》刊于《佛教评论》第1卷第3号。

吕碧城《烧与杀》刊于《佛教评论》第1卷第3号。

法舫《原始佛教之鸟瞰》刊于《佛教评论》第1卷第3号。

常惺《华北居士林植楂树记》刊于《佛教评论》第1卷第3号。

密林《华严宗教义始末记》刊于《佛教评论》第1卷第3号。

太虚《佛学与国术》刊于《佛教评论》第1卷第3号。

岫庐《有部宗的业感缘起论》刊于《佛教评论》第1卷第3号。

黄健六《为中国佛教会致各方大德书》刊于《佛教评论》第1卷第3号。

常惺《佛法的两性问题》刊于《佛教评论》第1卷第3号。

胡子笏《为中国佛教会对黄建六居士之商榷》刊于《佛教评论》第1卷第3号。

宽静《求学之经过和事后的感想》刊于《佛教评论》第1卷第3号。

苇舫《从佛法的本身说到僧伽再说到社会》刊于《佛教评论》第1卷第3号。

允学《研究佛学要不要文字为入手法门》刊于《佛教评论》第1卷第3号。

荷京来稿《记在荷京讲演中国与印度洲之历史关系》刊于《佛教评论》第1卷第3号。

太原来稿《天龙石刻今如何》刊于《佛教评论》第1卷第3号。

龙池特约讯《龙池佛学研究社概况》刊于《佛教评论》第1卷第3号。

宽融《纪照空法师在教理院讲演》刊于《佛教评论》第1卷第3号。

太虚《瑜伽菩萨戒本讲录（并序）》刊于《四川佛教月刊》第1年第1期。

太虚《瑜伽菩萨戒本讲录》刊于《四川佛教月刊》第1年第2期。

明江《多杰格西第一次开示录》刊于《四川佛教月刊》第1年第3期。

曾圣三《应宏佛法以救中国》刊于《四川佛教月刊》第1年第3期。

太虚《瑜伽菩萨戒本讲录》刊于《四川佛教月刊》第1年第3期。

太虚《纪念释迦牟尼佛》刊于《四川佛教月刊》第1年第3期。

明江记录《多杰格西第三次开学录》刊于《四川佛教月刊》第1年第4期。

太虚《瑜伽菩萨戒本讲录》刊于《四川佛教月刊》第1年第4期。

太虚《纪念释迦牟尼佛（续三期）》刊于《四川佛教月刊》第1年第4期。

大醒《讲习佛学需要的文学》刊于《四川佛教月刊》第1年第4期。

柏心《米荒感言》刊于《四川佛教月刊》第1年第5期。

宗月《读金刚经有感》刊于《四川佛教月刊》第1年第5期。

太虚《瑜伽菩萨戒本讲录》刊于《四川佛教月刊》第1年第5期。

永初《中国丧礼宜用佛法说》刊于《四川佛教月刊》第1年第5期。

太虚《瑜伽菩萨戒本讲录》刊于《四川佛教月刊》第1年第6期。

大醒《讲习佛学需要的文学》刊于《四川佛教月刊》第1年第6期。

广文《说然香并非自杀》刊于《四川佛教月刊》第1年第6期。

莲缘居士《劝集佛化青年会说》刊于《四川佛教月刊》第1年第6期。

大悲《日人侵掳东省感言》刊于《四川佛教月刊》第1年第7期。

太虚《瑜伽菩萨戒本讲录》刊于《四川佛教月刊》第1年第7期。

大醒《讲习佛学需要的文学》刊于《四川佛教月刊》第1年第7期。

黄性徹《劝礼法身佛文》刊于《四川佛教月刊》第1年第7期。

太虚《瑜伽菩萨戒本》刊于《四川佛教月刊》第1年第8期。

宽静《裴馥之女士生西事略》刊于《四川佛教月刊》第1年第8期。

太虚《瑜伽菩萨戒本讲录》刊于《四川佛教月刊》第1年第9期。

化成记《太虚大法师演讲词》刊于《四川佛教月刊》第1年第9期。

宽静《罗烈光居士一生念佛唯劝祇缘家念未空结果终成现在之赵五公子》刊于《四川佛教月刊》第1年第9期。

芝峰《整顿今日中国的僧制须自律仪院建设始》刊于《现代僧伽》第 4 卷第 1 期。

芝峰《律学之精神》刊于《现代僧伽》第 4 卷第 1 期。

芝峰《整顿今日中国的僧制须自律仪院建设始》刊于《现代僧伽》第 4 卷第 1 期。

太虚《闽南佛学院学僧修学纲宗》刊于《现代僧伽》第 4 卷第 1 期。

孤松《我们居士应应该怎样护法》刊于《现代僧伽》第 4 卷第 1 期。

大醒《讲习佛学需要的文学》刊于《现代僧伽》第 4 卷第 1 期。

默如《末那识与人生的关系》刊于《现代僧伽》第 4 卷第 1 期。

寄尘《"如是我闻"的肉身活佛》刊于《现代僧伽》第 4 卷第 1 期。

佛行《由"庙产兴学"谈到"七财圣"》刊于《现代僧伽》第 4 卷第 1 期。

觉道《金刚般若波罗密多经新疏》刊于《现代僧伽》第 4 卷第 1 期。

太虚《国际危机及其救济》刊于《现代僧伽》第 4 卷第 2 期。

芝峰《现代僧伽的职志》刊于《现代僧伽》第 4 卷第 2 期。

宝忍《佛教的真生活》刊于《现代僧伽》第 4 卷第 2 期。

戒德《净月第八识之俱有依》刊于《现代僧伽》第 4 卷第 2 期。

戒德《唯识四分学抉择》刊于《现代僧伽》第 4 卷第 2 期。

心道《心所有法之料简》刊于《现代僧伽》第 4 卷第 2 期。

朴亚义译《怎样来彻见人生之目的》刊于《现代僧伽》第 4 卷第 2 期。

芝峰《幸福之宝殿》刊于《现代僧伽》第 4 卷第 2 期。

芝峰《佛性研究》刊于《现代僧伽》第 4 卷第 2 期。

印顺《"不彻底之意义"中的"佛法与不彻底之意义"》刊于《现代僧伽》第 4 卷第 2 期。

觉道《评〈金刚般若波罗密经新疏〉引起一重有趣的公案》刊于《现代僧伽》第 4 卷第 2 期。

大醒《僧教育论》刊于《现代僧伽》第 4 卷第 3 期。

寄尘《现代佛教教育的问题》刊于《现代僧伽》第 4 卷第 3 期。

光熹《僧伽与佛教之关系及现代僧伽应革命之我见》刊于《现代僧伽》第 4 卷第 3 期。

芝峰《宗教信仰的选择》刊于《现代僧伽》第 4 卷第 3 期。

芝峰《唯识三十论讲话(续)》刊于《现代僧伽》第 4 卷第 3 期。

芝峰《罪恶与道德的矛盾》刊于《现代僧伽》第 4 卷第 3 期。

文涛《新旧的标准》刊于《现代僧伽》第 4 卷第 3 期。

文涛《基督教青年会不收佛教僧侣入学》刊于《现代僧伽》第 4 卷第 3 期。

度寰《评〈胡适的佛法与科学〉》刊于《现代僧伽》第 4 卷第 3 期。

芝峰《住持佛教论》刊于《现代僧伽》第 4 卷第 4 期。

印顺《论不立文字》刊于《现代僧伽》第 4 卷第 4 期。

坦怀《佛教兴世的意义》刊于《现代僧伽》第 4 卷第 4 期。

大醒《唐玄奘三藏法师翻译经律论目录表》刊于《现代僧伽》第 4 卷第 4 期。

芝峰《唯识三十论讲话(二续)》刊于《现代僧伽》第 4 卷第 4 期。

宝忍《佛教因明之历史及佛徒习因明所应持之态度》刊于《现代僧伽》第 4 卷第 4 期。

戒德《答小乘"处""时""相续""作用"四难》刊于《现代僧伽》第 4 卷第 4 期。

守志《全人类的互助先从我们僧伽做起》刊于《现代僧伽》第 4 卷第 4 期。

灯霞《现代青年僧伽的一位模范大师》刊于《现代僧伽》第 4 卷第 4 期。

普钦《略述大藏四次结集及其年代与场所》刊于《现代僧伽》第 4 卷第 4 期。

普钦《中国译佛典的三个时期说》刊于《现代僧伽》第 4 卷第 4 期。

范古农《心经龙树义》刊于《世界佛教居士林林刊》第 27 期。

范古农《六念义章》刊于《世界佛教居士林林刊》第 27 期。

范古农译《大乘佛教史论(续)》刊于《世界佛教居士林林刊》第 27 期。

黄茂林译《学佛因缘论》刊于《世界佛教居士林林刊》第 27 期。

古农译《以佛法为生活》刊于《世界佛教居士林林刊》第 27 期。

大圆等合记《太虚大师在长沙中山堂之演讲》刊于《世界佛教居士林林刊》第 27 期。

黄健六《远行篇》刊于《世界佛教居士林林刊》第 27 期。

卫礼贤《德文佛学院之成立》刊于《世界佛教居士林林刊》第 27 期。

靖如居士述《唯识二十颂略解》刊于《世界佛教居士林林刊》第 28 期。

兴慈《礼诵勿缺功德斯圆论》刊于《世界佛教居士林林刊》第 28 期。

范古农译《大乘佛教史论》刊于《世界佛教居士林林刊》第 28 期。

范古农录《兴慈法师本林开示》刊于《世界佛教居士林林刊》第 28 期。

刘因渠讲《矛盾》刊于《世界佛教居士林林刊》第 28 期。

古农《答金弘恕居士问三则》刊于《世界佛教居士林林刊》第 28 期。

古农《答慕西居士问二则》刊于《世界佛教居士林林刊》第 28 期。

王季同《答吕碧城问六则》刊于《世界佛教居士林林刊》第 28 期。

无无居士《金陵发现明初铜塔记》刊于《世界佛教居士林林刊》第 28 期。

李难裁《寿光园记》刊于《世界佛教居士林林刊》第 28 期。

罗傑《游九华山文殊茅蓬记》刊于《世界佛教居士林林刊》第 28 期。

黄茂林译述《英国佛教徒先进罗士军医官传》刊于《世界佛教居士林林刊》第 28 期。

袁智毅述《袁智纯居士行状并往生事略》刊于《世界佛教居士林林刊》第 28 期。

沈寐叟《杨仁山居士塔铭》刊于《世界佛教居士林林刊》第 28 期。

释圆瑛《放生文》刊于《世界佛教居士林林刊》第 28 期。

古农代圆明《杭州常寂光兰若佛七募愿疏》刊于《世界佛教居士林林刊》第 28 期。

潘对凫《拟致海内大居士弘法书》刊于《世界佛教居士林林刊》第 28 期。

吕碧城《普门品中英译文之比较》刊于《世界佛教居士林林刊》第 33 期。

古农草《圆觉经白话讲义》刊于《世界佛教居士林林刊》第 33 期。

古农译《大乘佛教史论》刊于《世界佛教居士林林刊》第 33 期。

台原《和尚与居士》刊于《世界佛教居士林林刊》第 33 期。

净严《答朱圆净居士》刊于《世界佛教居士林林刊》第 33 期。

古农《答慧元居士》刊于《世界佛教居士林林刊》第 33 期。

宝静《阅各处驳〈庙产兴学宣言〉之感言》刊于《弘法社刊》第 18 期。

谛闲《唯心论》刊于《弘法社刊》第 18 期。

明曦《僧伽论》刊于《弘法社刊》第 18 期。

圣一《涉世小言》刊于《弘法社刊》第 18 期。

张国威《佛教近代之过现未来形势之概观》刊于《弘法社刊》第 18 期。

邓次松《佛戒意恶论》刊于《弘法社刊》第 18 期。

张国威《佛教有根本息战之效果》刊于《弘法社刊》第 18 期。

邓次松《劝各处图书馆宜增置佛化书籍》刊于《弘法社刊》第 18 期。

宝静《摩诃止观述记》刊于《弘法社刊》第 18 期。

郑雪耕《中国的佛教》刊于《弘法社刊》第 18 期。

何慧昭《余姚佛学会宣讲念佛义趣》刊于《弘法社刊》第 18 期。

瑞生《起信论题体相用三大义》刊于《弘法社刊》第 18 期。

瑞生《圆音一演异类等解义》刊于《弘法社刊》第 18 期。

全德《逆流十心略解》刊于《弘法社刊》第 18 期。

林圣援《我对于皈依之讨论》刊于《弘法社刊》第 18 期。

张国威《阐明佛号之商榷》刊于《弘法社刊》第 18 期。

灵修《宝静法师史略》刊于《弘法社刊》第 18 期。

寂美《星洲转道上人历史》刊于《弘法社刊》第 18 期。

吴倩芗《李净悟居士往生记》刊于《弘法社刊》第 18 期。

智定《蔡夫人生西事略》刊于《弘法社刊》第 18 期。

胡天僕《大弘说》刊于《弘法社刊》第 18 期。

慧诚《将降大任说》刊于《弘法社刊》第 18 期。

邓次松《说圆》刊于《弘法社刊》第 18 期。

慧诚《浩劫心降说》刊于《弘法社刊》第 18 期。

钟鸣《读二心法门论书后》刊于《弘法社刊》第 18 期。

正安《原毁》刊于《弘法社刊》第 18 期。

圣圆《广州白德贞生西纪略》刊于《弘法社刊》第 18 期。

黄健六《印度哲学》刊于《弘法社刊》第 18 期。

四、学术著作

（汉）王充著，张衣萍标点《论衡》（上下册）由上海大东书局刊行。

（东晋）王羲之、王献之书《二王真迹》由味莼主人刊行，有跋。

（姚秦）鸠摩罗什译，（明）智旭、际明造论《金刚破空论》由上海佛学书局刊行。

（姚秦）鸠摩罗什译《法华经安乐行品科注》由上海佛学书局刊行。

（姚秦）鸠摩罗什译《法华经普门品科注》由上海佛学书局刊行。

（梁）刘勰著，（清）黄叔琳注《文心雕龙》由上海商务印书馆刊行。

（唐）不空译，王弘愿集释《大日经七支念诵法集释》由震旦密教重兴会刊行。

（唐）裴休等著《劝发菩提心文合刊》刊行。

（宋）陈瓘述，（明）真觉释《三千有门颂略解》由上海佛学书局刊行。

（宋）张商英述《护法论》由江苏苏州弘化社刊行。

（宋）陆游著《放翁家训》由上海聂氏家言社刊行。

（宋）陈彭年等著《广韵》（上下册）由上海商务印书馆刊行。

按：此书全称《大宋重修广韵》。原为增广《切韵》而作，收字二万六千余，注文十九万一千多字。内分5卷,其中平声2卷,上、去、入声各1卷,共206韵。附:双声叠韵法。

(明)宋濂等著《古书辨伪四种》由上海商务印书馆刊行。

(明)五岱舆著,(清)刘智注《正教真铨·清真大学·希真问答合印编》由中华书局刊行。

(明)王守仁著《王文成公训示八则》由江苏苏州弘化社刊行。

(明)程冲斗著《单刀法图说》由上海大东书局刊行,有马纯序。

(明)程冲斗著《少林棍法图说》由上海大东书局刊行,有汪以时等人序。

(明)冯琦编,(明)陈邦瞻纂辑《宋史纪事本末》由上海商务印书馆刊行。

(明)陈邦瞻著,臧懋循补辑《元史纪事本末》由上海商务印书馆刊行。

(明)朱载堉著《乐律全书》(1—36册)由上海商务印书馆刊行。

(清)黄宗羲著,缪天绶选注《明儒学案》由上海商务印书馆刊行。

(清)李渔著《一家言居室器玩部》由中国营造学社刊行。

(清)崔述(原题崔东壁)著,努力学社标点《孟子事实录》由北平文化学社刊行。

(清)纪昀节编,张虫天标点《史通削繁》(上下册)由上海大东书局刊行。

(清)永瑢、纪昀等编《四库全书总目提要》由上海商务印书馆刊行。

(清)王引之著,陈彬龢标点增注《经传释词》由上海商务印书馆刊行。

(清)王筠著《文字蒙求》由上海大东书局刊行。

(清)江藩著《汉书师承记》(上下册)由上海商务印书馆刊行。

(清)江藩著《宋学渊源记》由上海商务印书馆刊行。

(清)尹会一编《四鉴录》由上海商务印书馆刊行。

(清)韩锦云等著《白鹤轩集·至亲堂集》由海南书局刊行。

(清)王承烈等著《松溪小草·杨斋集》由海南书局刊行。

(清)刘智著《性理注释·五功释义·五更月歌三种》由上海中华书局刊行。

(清)罗聘著《正信录》由江苏苏州弘化社刊行。

(清)实贤著《省庵劝发菩提心文》由上海功德林佛经流通处刊行。

(清)史玉涵(洁理)著,聂其杰编《德育古鉴》由上海佛教净业社刊行。

(清)张之洞著《读书法》由文化学社刊行。

(清)俞樾著,张虫天标点《古书疑义举例》(上中下册)(国学门径丛书)由上海大东书局刊行。

(清)魏源著《老子本义》由上海商务印书馆刊行。

(清)孙诒让著《墨子间诂》由上海商务印书馆刊行。

蔡尚思著《中国学术大纲》由上海启智书局刊行。

按:作者认为,"国是一国,学是学术,国学便是一国的学术。其在中国,就叫做中国的学术"。

钱穆著《国学概论》(上下册)由上海商务印书馆刊行。

邹蕴真著《国学概论》由湖南省立第二中学刊行。

王韶生著《国学概要》由上海远东印务局刊行,有刘冕群序。

按:是书介绍我国哲学、文学史知识,同时涉及经学、史学、小学、目录学等。

金受申编《国故概要》由北平易社刊行。

徐畏潜编《国学纂要》由江苏南京书店刊行。

施章著《国学论丛》(第1集)由南京艺林社刊行。

顾荩丞编著《国学研究》(第3册子部)由上海世界书局刊行。

曹功济编《国学用书举要》由浙江省立图书馆刊行。

钱基博著《国学文选类纂》由上海商务印书馆刊行。

李时著《国学常识与技能》由君中书社刊行。

周予同著《群经概论》由上海商务印书馆刊行。

按：作者在书中说："经学的学派，大概可分为四派：一、西汉今文学派；二、东汉古文学派；三、宋学派；四、新史学派。"其中"新史学派可以说是产生于五四运动前后，到现在还不过十余年。这是超汉宋学、超今古文学而以历史的方法去研究经学的新学派。它一方接受历来经学学派的遗产，一方接受外来学术思想的影响，终于成为经学上的最后而且最新的一派。这派可再细分为三：一是以今文学为基础，摄取宋学之怀疑的精神，而辅以古文学之考证的方法，钱玄同先生即可视为这派的著名者；一是以古文学为基点，接受外来考古学的方法，寻求地下的实物以校正记载，王国维可视为这派的领袖；一是以外来的唯物史观为中心思想，以经学为史料，考证中国古代社会的真相，以为解决中国目前社会问题方案的初步，著《中国古代社会研究》的郭沫若可归隶于这一派。"

康有为著《新学伪经考》(上下册)由北平文化学社刊行。

按：是书分秦焚六经未尝亡佚考、《史记》经说是证伪经考等14卷，考证古文经系刘歆伪造，为王莽篡权服务，故称伪经。梁启超说："有为最初所著书曰《新学伪经考》。'伪经'者，谓《周礼》《逸礼》《左传》及《诗》之毛传，凡西汉末刘歆所力争立博士者。'新学'者，谓新莽之学。时清儒诵法许、郑者，自号曰'汉学'。有为以为此新之学，非汉代之学，故更其名焉。《新学伪经考》之要点：一、西汉经学，并无所谓古文者，凡古文皆刘歆伪作。二、秦焚书，并未厄及六经，汉十四博士所传，皆孔门足本，并无残缺。三、孔子时所用字，即秦汉间篆书，即以'文'论，亦绝无今古之目。四、刘歆欲弥缝其作伪之迹，故校中秘书时，于一切古书多所羼乱。五、刘歆所以作伪经之故，因欲佐莽篡汉，先谋湮乱孔子之微言大义。"(《清代学术概论》二三)

张东荪著《哲学》由上海世界书局刊行。

张东荪著《道德哲学》由上海中华书局刊行。

李石岑著《体验哲学浅说》由上海商务印书馆刊行。

按：是书介绍体验哲学的代表者丹麦哲学家克尔凯郭尔的生平、思想、流派以及他的心理学、伦理学等。

上海光华大学哲学会编《哲学研究》由上海中华书局刊行。

亦石著《哲学常识》由上海神州国光社刊行。

李石岑著《现代哲学小引》由上海商务印书馆刊行。

按：李石岑把现代西方哲学分为法意哲学、德奥哲学和欧美哲学三大块，简明扼要地指出了三种哲学的特点："法意人富于为生活而学习的态度，德奥人富于为学问而学问的态度，英美人富于为功利而学问的人生态度。"此书是人们了解现代西方哲学的一部通俗著作，共分5章：绪论，法意哲学，德奥哲学，英美哲学，结论。评介了拉维逊、勒努费、傅叶、居约、布特鲁、柏格森、克洛齐、洛兹、冯特、倭铿、李普士、尼采、文德尔班、格林、布拉德莱、詹姆斯、杜威、罗素等人的哲学思想。

李问渔著《哲学提纲(灵性学)》由上海土山湾印书馆刊行。

吕思勉编《理学纲要》由上海商务印书馆刊行，有自序。

按：是书介绍了理学之源流、派别，理学与先秦哲学、佛教哲学的关系，理学各派互相之间相承相矫及纷争合一的缘故，以及理学对社会风俗的影响，有关人物的哲学思想。全书分15篇：绪论，理学之原，理学源流派别，濂溪之学，康节之学，横渠之学，明道伊川之学，晦庵之学，象山之学，浙学，宋儒术数之学，阳明之学,王门诸子,有明诸儒,总论。

陈望道编著《因明学》由上海世界书局刊行。

石明著《论理学常识(大学及专门受验参考之部)》由上海神州国光社刊行。

贾丰臻著《易之哲学》由上海商务印书馆刊行。

钱基博著《周易解题及其读法》由上海商务印书馆刊行。

许舜屏辑注《易经语文解》(上下册)由上海锦章图书局刊行。

杨真如著《革命的周易简略说明》由上海圣德印社刊行。

刘其宣著《老子学案》刊行。

陈柱著《老子与庄子》由上海商务印书馆刊行。

孙思昉著《老子政治思想概论》由上海商务印书馆刊行。

汪震著《孔子哲学》由天津百城书局刊行。

杨大膺著《孔子哲学研究》由上海中华书局刊行。

按:是书分绪论、哲学溯源、政治哲学、人生哲学、教学哲学、方法论、孔子学说与实际生活、结论等章。

唐大圆著《论语释要》由东方文化集思社刊行。

胡远浚著《庄子诠诂》由上海商务印书馆刊行。

邓高镜编《墨经新释》由上海商务印书馆刊行。

冯振著《荀子讲记》由上海国立暨南大学出版部刊行。

熊公哲著《荀卿学案》由上海商务印书馆刊行

杨筠如著《荀子研究》由上海商务印书馆刊行。

李慎言著《孟子的政治思想及经济思想》由北平易社刊行。

顾实著《杨朱哲学》由江苏南京东方医学书局刊行。

罗根泽著《管子探源》由上海中华书局刊行。

按:是书共8章,作者参考先秦两汉各家书典及前人见解,对《管子》各篇进行考辨、论证,认为《管子》并非管仲所著,而是战国时人记述管仲言语之类而成,也不是出于一人之笔。

钱穆著《惠施公孙龙》由上海商务印书馆刊行。

陈柱辑注《中庸注参》由上海商务印书馆刊行。

按:《中庸注参自序》曰:"近为暨南大学及大夏大学两校讲《中庸》,乃以己意略注之,其别无新意者则仍采郑注,并略录各家之说,以备参考。而于近代戴震、康有为、马其昶及业师唐蔚之先生之说,录之尤众。"又曰:"昔讲学南洋大学时,曾著《中庸通义》,久已刊布,今匆匆十余年矣。虽不敢谓学有寸进,然治学之方,今则大异于昔。欲举而弃之,又有所不忍,别再版行世,以觇今吾故我之异焉。"

胡适著《淮南王书》由上海新月书店刊行。

刘文典著《淮南洪烈集解》(第1—6册)由上海商务印书馆刊行。

按:此书是近现代史上《淮南子》研究的代表作。胡适在为该书写的序言中说:"整理国故,约有三途:一曰索引式整理,一曰总账式整理,一曰专史式整理。典籍浩繁,钩稽匪易,虽有博闻强记之士,记忆力终有所穷。吾友刘叔雅教授新著《淮南鸿烈集解》,乃吾所谓总账式国故整理也。淮南五书,折衷周秦诸子,庞其自身,亦可谓结古代思想之总账也。"

张晶圻著《洙泗考信录评误》由上海商务印书馆刊行。

宋云彬(原题宋佩韦)著《王守仁与明理学》由上海商务印书馆刊行。

冯友兰著《中国哲学史》(上卷)由上海神州国光社刊行。

按：是书作为"清华大学丛书"之一。书后附有1930年6月陈寅恪作的《冯友兰〈中国哲学史〉审查报告》和金岳霖写的《冯友兰〈中国哲学史〉一书审查报告》。在审查报告中，陈寅恪说："窃查此书，取材谨严，持论精确，允宜列入清华丛书，以贡献于学界。""今欲求一中国古代哲学史，能矫附会之恶习，而具了解之同情者，则冯君此作庶几近之。"

按：1931年5月，张荫麟在《大公报·文学副刊》第176和177期上发表《评冯友兰中国哲学史上卷》文章，认为冯友兰《中国哲学史》的缺点在于："第一，是直用原料的地方太多，其中有好多应当移到附注或附录里去，……第二，书中既没有分时期的提纲挈领，而最可异者书中涉及诸人除孔子外，没有一个著明其生卒年代或约略年代（无论用西历或中国纪年），故此书的年历轮廓是模糊的，试拿此书与胡适的《中国哲学史大纲》和梁启超的《先秦政治思想史》或任一种西洋哲学史一比，便知道作者的'历史意识'之弱了。"（郑家栋编《解析冯友兰》，社会科学文献出版社2002年版）随后，冯友兰发表《中国哲学史中几个问题——答适之先生及素痴先生》一文，认为"有历史家的哲学史，有哲学家的哲学史。历史家的哲学史注重'谁是谁'。哲学家的哲学史注重'什么是什么'"。并针对张荫麟提出的疑问，逐一进行解答。（参见齐家莹编《清华人文学科年谱》，清华大学出版社1999年版）

李季著《胡适中国哲学史大纲批判》由上海神州国光社刊行。

朱升苹著《中国政治哲学史》（上卷）由上海著者刊行。

许啸天著《中国文史哲学讲座》（第1集）由上海红叶书店刊行。

黄方刚著《苏格拉底》由上海商务印书馆刊行。

李石岑著《希腊三大哲学家》由上海商务印书馆刊行，有自序、郭大力序。

按：是书作者认为，在西洋哲学史上，提出变化问题和进化问题最早的是赫拉克利特，提出感觉问题、主观问题最早的是普罗塔哥拉，提出唯物问题、幸福问题最早的是德谟克利特，这三个人是哲学的鼻祖，并形成了三个体系，而这三个体系的合流便产生新浪漫哲学。全书分8部分阐述这三个哲学体系的产生、内容、发展、影响，以及新浪漫哲学的产生及其特质等。

姚舜钦著《八大派人生哲学》由中华书局刊行，有自序和张东荪、廖世承、蒋维乔序。

按：是书将人生哲学分为八大派，即克己派（斯多亚、康德）、返朴派（老子）、出世派（佛陀、叔本华）、放纵派（杨朱、爱辟口罗斯）、功利派（边沁、弥儿）、进化派（达尔文、斯宾塞）、救世派（墨子、苏格拉底）、中和派（孔子、亚里士多德）。

吴惟平著《马克思学说批判》由北平东方学会筹备会刊行。

胡适等著，向真等译《今日四大思想家信仰之自述》由上海良友图书印刷公司刊行。

卢锡荣著《思想革命》由上海大夏大学刊行。

丘景尼著《心理学概论》由上海开明书店刊行。

余萍客著《催眠百大法》由上海心灵科学书局。

余萍客著《催眠术函授讲义》由上海中国心灵研究会刊行。

张耀翔编《心理学论文索引》由上海南新书局刊行。

周太玄著《动物心理学》由上海商务印书馆刊行。

中国心灵研究会编辑部编《心灵文化》上海编者刊行。

范寿康著《论理学》由上海开明书店刊行。

陈筑山著《相待逻辑根本律》由上海民友报刊行。

安若定著《大侠魂论》（卷上）（一名《大侠魂主义》）由江苏南京铸魂学社刊行。

张崇鼎、吴瑞书编《言词辩论规范》（1—4册）由上海中央书店刊行。

陈慧昶辑《青年修养箴言》由江苏苏州弘化社刊行。

陈筑山著《公民道德根本义》由北平中华平民教育促进会刊行。

陈筑山著《国族精神》由北平中华平民教育促进会刊行。

李圆净编《至情录》由上海佛学书局刊行。

潘文安著《青年服务指导》由上海大东书局刊行。

舒新城著《致青年书》由上海中华书局刊行。

汪慕庐、范铨、马兼善编《服务南针》(一名《青年向导》)由上海普益书局刊行。

上海机联会编辑部编《夫妇之道》由上海机制国货工厂联合会刊行。

高云池编《中学生日记》由上海南星书店刊行。

王焕章、周焕著《总理学说之研究》由宁波宁波市立商科职业学校出版部刊行。

吴擎天编《修齐治平语录》由上海启智书局刊行。

中西印书馆编辑部选辑《实验致富术》由上海中西印书馆刊行。

宋佩苇编《东汉宗教史》由商务印书馆刊行。

钱亦石著《通俗宗教论》(社会科学之部)由上海神州国光社刊行。

按:是书讨论宗教的本质、起源、进化、组织,以及宗教的结局等。

太虚讲《佛学概论》由上海佛学书局刊行。

王小徐著《佛法与科学》由上海佛学书局刊行。

王兆熊编《佛学之面面观》由上海佛学书局刊行。

李荣祥著《佛法导论》由上海佛学书局刊行。

李荣祥著《佛法导论》由上海功德林佛经流通处刊行。

李荣祥著《佛法导论》由上海国光印书局刊行。

慈忍室主人编,太虚审定《佛教传记》由上海佛学书局刊行。

慈忍室主人编,太虚审定《佛学历史》由上海佛学书局刊行。

按:是书分释尊传略,佛学源流及其新运动,现代佛教史料提议书等28篇。

佛学书局编辑部编《佛法说地》由上海佛学书局刊行。

佛学书局编辑部编《佛法谈天》由上海佛学书局刊行。

慈忍室主人编,太虚审定《禅宗》由上海佛学书局刊行。

慈忍室主人编,太虚审定《法相宗》由上海佛学书局刊行。

慈忍室主人编,太虚审定《经释》由上海佛学书局刊行。

慈忍室主人编,太虚审定《净土宗》由上海佛学书局刊行。

慈忍室主人编,太虚审定《律宗》由上海佛学书局刊行。

慈忍室主人编,太虚审定《天台宗》由上海佛学书局刊行。

慈忍室主人编,太虚审定《贤首宗》由上海佛学书局刊行。

慈忍室主人编,太虚审定《真言宗》由上海佛学书局刊行。

慈忍室主人编《在家学佛法》由上海佛学书局刊行。

慈忍室主任编,太虚审定《法性宗》由上海佛学书局刊行。

慈忍室主任编,太虚审定《论文集》(上下册)由上海佛学书局刊行。

佛学书局编辑部编《观音菩萨经藏》由上海编者刊行。

佛学书局编辑部编《世界成坏》由上海佛学书局刊行。

佛学书局编辑部编《外道》由上海佛学书局刊行。

白普仁著《自尊者开示录:三杯普被修行简便法说明·归依受戒与燃疤》由上海佛学书

局刊行。

班禅·曲吉尼玛讲,戴传贤记《六字真言法要》刊行。

陈达哉编《难度能度》由上海佛学书局刊行。

陈希夷编《增图相理衡真》由上海锦章图书馆刊行。

陈仰周、赖安利著《儿童宝笈》由上海广学会刊行。

陈虞铎著《虞铎笔记》由上海佛学书局刊行。

成达师范学校辑《斋月演词》由成达师范学校刊行部刊行。

谛闲讲,圆明记《教观纲宗讲录》由上海佛学书局刊行。

谛闲述《始终心要解略钞》由上海佛学书局刊行。

谛闲述疏《大佛顶首楞严经序指味疏》由上海佛学书局刊行。

谛闲述疏《谛闲讲录》由上海佛学书局刊行。

谛闲述疏《观经疏钞演义》由上海佛学书局刊行。

谛闲述疏《金刚般若波罗蜜经新疏》由上海佛学书局刊行。

谛闲述疏《圆觉经讲义》由上海佛学书局刊行。

谛闲著《省庵劝发菩提心讲义录要》由上海佛学书局刊行。

范古农著《观所缘缘论贯释》由上海佛学书局刊行。

梵行演述《老实话》(第 1 集)由上海世界佛教居士林刊行。

费鸿年著《迷信》由商务印书馆刊行。

冯承钧编《历代求法翻经录》由商务印书馆刊行。

佛教净业社编《佛教净业社流通部第一届出纳报告清册》由上海编者刊行。

福若瑟著《避静指南》由兖州天主堂刊行。

福书局编《小群诗歌(暂编本)》由上海编者刊行。

刚恒毅讲《宗座驻华代表刚大主教米郎大学的讲演》由北平公教教育联合会刊行。

刚恒毅讲《宗座驻华代表刚恒毅大主教讲演》刊行。

高观庐著,范古农校订《阿弥陀佛圣典》由上海佛学书局刊行。

韩宁镐著《恭敬圣若瑟的劝谕》由山东兖州府天主堂印书馆刊行。

韩宁镐著《问答释义》(第 5 卷)(坚振)由山东兖州天主堂印书馆刊行。

韩喻著《守瞻礼主日的本分》由山东兖州府天主堂印书馆刊行。

寒士子编《逍遥津》由上海道德书局刊行。

恒演记,太虚鉴定,范古农校阅《西藏佛教略记》由上海佛学书局刊行。

胡适辑《神会和尚遗集》由上海东亚图书馆刊行。

了然著《佛祖心镫贯注·禅净双勖合编》由江苏苏州弘化社刊行。

黎端甫著《贯通诸法大义》由上海佛学书局刊行。

李伯朝著《金刚经贯释》由上海佛学书局刊行。

江谦著《阳复斋诗偈集》由江苏苏州弘化社刊行。

江易园述,齐朝章笺《三字颂笺注》由上海佛学书局刊行。

静修著《教观纲宗科释》由上海佛学书局刊行。

恳治著,贾立言、冯雪冰译《叛逆的信仰》由上海广学会刊行。

苦行编《广长舌》(上册)由上海世界佛教居士林刊行。

苦行著《广长舌》（第 7 集）由上海世界佛教居士林刊行。

李圆净著《地藏大士圣迹》由上海佛学书局刊行。

李圆净著《谈空篇》由上海佛学书局刊行。

骆印雄述《净土三要述义》由上海佛学书局刊行。

满智著《反佛教声中之佛教辨——佛教由宗教之精神而无宗教之流弊》由上海佛学书局刊行。

善因编著《初等佛学教科书》（第 2 册）由上海佛学书局刊行。

善因编著《中等佛学教科书》（第 2 编上册）由上海佛学书局刊行。

善因编著《中等佛学教科书》（第 2 编下册）由上海佛学书局刊行。

沈则宽（原题沈容斋）编译《新史略》由上海土山湾印书馆刊行。

世界佛教居士林编《传授幽冥戒仪规》由上海佛学书局刊行。

世界佛教居士林编《授居家二象三皈仪规》由上海佛学书局刊行。

世界佛教居士林编《盂兰盆会仪规》由上海佛学书局刊行。

世界佛教居士林编《斋天仪规》由上海佛学书局刊行。

世界佛学苑设备处编《世界佛学苑筹备处报告书》由北平编者刊行。

太虚讲，胡继罗、胡继木、胡继欧记《能断金刚般若波罗蜜多经释》由北平华北居士林刊行。

太虚讲，胡继欧记《八识规矩颂讲录》由华北居士林刊行。

太虚讲《般若波罗蜜多心经讲录》由上海佛学书局刊行。

太虚讲《维摩诘所说不可思议经译》由上海佛学书局刊行。

太虚著《根本救灾在全国人心悔悟》由华北居士林刊行。

太虚著《金刚般若波罗蜜经讲录》由上海佛学书局刊行。

唐大圆选《唯识方便谭》（第 1 编、第 2 编）由上海佛学书局刊行。

唐振绪编《戒杀百事》由上海世界佛教居士林放生会刊行。

汪琴南编《命理集成》（3 卷）由上海文明书局刊行。

杨棣棠著《佛法万能中之科学化》由上海佛学书局刊行。

印光鉴定《江慎修先生放生杀生现报录·莲池大师戒杀放生文编》由江苏苏州弘化社刊行。

圆瑛讲《佛说阿弥陀经讲义》由上海佛学书局刊行。

支那内学院编《支那内学院概览》由江苏南京编者刊行。

芝峰讲，良定、雪生记《普贤行愿品讲座》由上海佛学书局刊行。

周克明著《经济学与佛学》由上海佛学书局刊行。

李美博等著，中华基督教教育会主编《（学生适用）人格课程》第 1—3 册由上海广学会刊行。

李问渔著《奉慈正义》由上海土山湾印书馆刊行。

华东基督教教育著《华东基督教教育会第十七届年会会刊》由江苏南京编者刊行。

季理斐、李路德著《约翰福音注释》由上海广学会刊行。

济南广智院编《济南广智院志略》由山东济南广智院刊行。

贾溥萌著《一个受训练的民族》由上海广学会刊行。

贾玉铭著《神道学》(第 2 册)由江苏南京灵光报社刊行。

力宣德著《美华圣经会在华百年事业大势》刊行。

刘良模编《时代的呼声(华东大学夏令会讨论演讲集)》由上海基督教青年会学生部刊行。

陆亨理著《赦罪的原委》由北平刊行。

罗司铎著《中华光荣》由山东兖州府天主堂印书馆刊行。

罗运炎著《罗运炎谈道文选》由上海广学会刊行。

南怀仁著《教要序论》由山东兖州府天主堂印书馆刊行。

庞迪我著《七克》由上海土山湾印书馆刊行。

溥常著《华严纲要浅说》由上海佛学书局刊行。

青年协会编《中华基督教青年会年鉴(1931 年)》由上海青年协会书局刊行。

王凯等编《进教初学》由上海广学会刊行。

吴契悲编《往生确证》由上海功德林佛经流通处刊行。

谢尔孟编《关于耶稣一生的记载》由重庆刊行。

谢受灵等著《圣道讲台》(卷 1)由中华信义会书报部刊行。

徐宗泽编著《圣事论》由上海圣教杂志社刊行。

徐宗泽编著《信望爱三德论》由上海圣教杂志社刊行。

训练委员会编《中华公教青年会辅仁大学支部章则及会员一览》由北平执委会出版股刊行。

亚尔风索著《仰合天主圣意》(5 版)由山东兖州府天主堂印书局刊行。

颜思回著《主之圣言》由香港公教报社刊行。

杨道荣编《传道经验》(第 3 集)由中华信义会书报部刊行。

杨道荣编《传道经验》(第 5 集)由中华信义会书报部刊行。

杨道荣编《传道经验》(第 6 集)由中华信义会书报部刊行。

杨时中著《五教指南》由上海世界和平法编译处刊行。

杨宗真编《简易经集》由北平诒清堂刊行。

伊光宇著《和平教》由太原晋新书社刊行。

张福良著《我为什么要加入教会》由上海广学会刊行。

张若谷编《佘山》由佘山天主堂刊行。

张心若编《西南和平法会特刊》由重庆西南和平法会刊行。

张亦镜著《驳陈焕章博士说教之谬》由中华浸会书局刊行。

张之江著《圣经之宝贵》由上海美华圣经会刊行,赵锡恩作序。

赵若望述《归元直指》由山东兖州天主堂刊行。

赵紫宸著《祈向》由上海广学会刊行。

中华基督会办公处编《中华基督会会录(1930.2—1931.8)》由上海编者刊行。

中华基督教女青年会编《中华基督教女青年会会务鸟瞰》由编者刊行。

中华基督教青年会全国协会编《中华基督教青年会全国协会工作报告(民国二十年)》由上海编者刊行。

中华基督教青年会全国总干事大会编《中华基督教青年会全国总干事大会会议记录

（二十年二月九日至十五日）》由上海编者刊行。

　　中华全国基督教协进会编《中华全国基督教协进会第八届年会报告》由上海编者刊行。

　　朱退愚著《八福真经》由上海广学会刊行。

　　朱退愚著《天父真经》由上海广学会刊行。

　　赫司铎著《光荣圣母》由山东兖州府天主堂印书馆刊行。

　　赫司铎著《守瞻礼之日》由山东兖州府天主堂印书馆刊行。

　　杨坤明著《中国姓名学》由天津中国命名社刊行。

　　按：是书分 7 章，讲述姓名与命运的关系。

　　杨成志编《云南罗罗族的巫师及其经典》由广东广州国立中山大学文史研究所刊行。

　　社会学讲座社著《社会学讲座》由上海平凡书局刊行。

　　孙本文著《社会学 ABC》由上海 ABC 丛书社刊行。

　　孙本文著《社会学的领域》由上海世界书局刊行。

　　孙本文著《社会学大纲》（上下册）由上海世界书局刊行。

　　按：李剑华在其所著《社会学史纲》一书中，曾系统地谈论中国社会学发展历史。他说："所谓科学的社会学，究竟还是西洋的东西。""西洋社会学的输入中国，约始于 1903 年，即上海文明编译局出版，严复译斯宾塞的《群学肄言》的那一年。""中国社会学的发展要以民国八年（1919）的五四运动为一重要时期。"（孙本文《社会学大纲》引）

　　陈翊林著《社会学概论》由上海中华书局刊行。

　　唐仁编《社会学纲要》由上海中华书局刊行。

　　余天休著《社会学大纲》由北平文化学社刊行。

　　张资平编《社会学纲要》由上海商务印书馆刊行。

　　按：是书分序论、本论两部分。介绍社会学的思想之发展、社会学的发生、社会学的释义、社会之方法生过程、社会之成立过程等。

　　高晶斋编《社会学原理》由中央陆军军官学校政治训练处刊行。

　　高希圣、郭真著《现代社会学大纲》由上海民意书店刊行。

　　按：是书包括绪论、社会论、文化论、唯物论、资本论、民族论、国家论、政党论、法律论、战争论、阶级论、人口论等 13 章。

　　李鹤鸣著《社会之基础知识》由上海新生命书局刊行。

　　吴景超著《社会组织》由上海世界书局刊行。

　　冯和法编《农村社会学大纲》（原名《中国农村社会研究》）由上海黎明书店刊行。

　　李安宅著《仪礼与礼记之社会学的研究》由上海商务印书馆刊行。

　　傅筑夫著《中国社会问题之理论与实际》由天津百城书局刊行。

　　陶希圣著《中国社会现象拾零》由上海新生命书局刊行。

　　张法尧著《社会保险要义》由上海华通书局刊行。

　　李剑华著《社会事业》由上海世界书局刊行。

　　祁森焕著《社会事业大纲》由北平博文社刊行。

　　李世勋著《社会事业纲要》由上海中华社会事业研究所刊行。

　　于恩德著《社会调查法》由北平文化学社刊行。

　　许仕廉著《一个市镇调查的尝试》由北平燕京大学社会学系刊行。

　　许仕廉著《中国北部人口的结构研究举例》由北平燕京大学社会学系刊行。

张折桂著《定县大王棉村人口调查》由北平燕京大学社会学系刊行。

香山著《君子之道本诸身》由著者刊行。

周一夔著《统计学概论》由上海民智书局刊行。

瞿世镇编《统计学》由上海三民图书公司刊行。

唐启贤著《统计学》由上海黎明书局刊行。

俞子夷编《测验统计法概要》由上海商务印书馆刊行。

社会调查所编《北平社会概况统计图》由北平编者刊行。

吴瓯主编《天津市社会局统计汇刊》由天津市社会局刊行。

青岛市政府秘书处编《青岛市行政统计汇编（十八年度上期）》由山东青岛编者刊行。

杨惠祥著《民俗学》由上海商务印书馆刊行。

按：是书包括绪论、信仰、习惯、故事歌谣及成语4章，介绍民俗的分类，民族学的研究法等。作者在书中指出：“研究民俗学第一须采集材料，其次则进而行理论研究。理论的研究可分为两种，一比较的研究法，二历史的研究法。”

杨希尧著《青海风土记》由上海新亚细亚书店刊行。

顾玉振编《苏州风俗谈》由西中市文新公司刊行。

卢作孚采集，林惠祥编述《猓猓标本图说》由江苏南京国立中央研究院社会科学研究所刊行。

归鸿著《欧洲之新生活写真》由上海自然书局刊行。

郭真著《恋爱论ABC》由上海世界书局刊行。

觉悟生编《两性的恋爱》由上海文艺书社刊行。

郭真著《结婚论ABC》由上海世界书局刊行。

罗敦伟著《中国之婚姻问题》由上海大东书局刊行。

马重淦编《结婚指导》由上海勤奋书局刊行。

陶希圣著《婚姻与家族》由上海商务印书馆刊行。

艾森编《婚姻问题》由上海现代问题丛书社刊行。

梁绍文著《家庭问题新论》由上海佛子书屋刊行。

王立明著《快乐家庭》由上海商务印书馆刊行。

陶绿萃编《少男少女》由上海长城书局刊行。

小江平编《男女的性别集》由女性社刊行。

方晓庵著《生活与生育》由北平文化学社刊行。

觉悟生编《妓女的生活》由上海青年书店刊行。

潘文安著《职业指导ABC》由上海ABC丛书社刊行。

邹敬芳著《政治学概论》由上海法学编译社刊行。

邹敬芳著《政治学原理》由上海法学编译社刊行。

高振青著《新政治学大纲》由上海经济学会刊行。

按：是书内分阶级、国家、政党、议会、财政、帝国主义、战争、革命等10篇，书前另有绪论2篇。

张慰慈编《政治学大纲》由上海商务印书馆刊行。

按：是书讲述政治学和国家学说的基本知识，并介绍当代的主要政治制度形式，包括英国式内阁制、美国式总统制、瑞士式委员会制、苏联式苏维埃。

朱敉春著《革命原理》由上海现代书局刊行。

杨熙时著《民主政治之思想与制度》由上海民智书局刊行。

钱亦石著《日帝国主义的政治状况》由上海昆仑书店刊行。

按:是书阐述日本政治的经济背景、政治势力的发展、国家组织的解剖、各派政党的活动、日本的国际关系以及日本帝国主义的前途等。

沈觐鼎编《日本官制官规之研究》刊行。

按:是书编者赴日考察报告。包括中央官制、地方官制、官规撮要和关于行政上的各种问题。

汪大燧编《欧洲各国警政考察录》由江苏省警官学校刊行。

陈易编《印度民族运动概论》由上海大东书局刊行。

按:是书分印度资本与英帝国主义,印度之民族改良主义与国民革命阵营,印度工人的现状,印度农民的现状,西门委员会与印度民族运动等8章。卷首有编者小言。

杨越夫编辑《日本与世界》由上海日本研究社刊行。

费福熊编著《英国文官考试制度》由上海民智书局刊行。

按:是书介绍英国文官考试制度的沿革,组织,考试方法,官吏升迁,酬恤办法,以及公民的权利、地位等。

陈继烈编《法国政党之研究》由编者刊行。

中国国民党青岛特别市执行委员会编《暴日之究竟》由山东青岛编者刊行。

严伯威、严伦魁著《中国政治史》由上海法政学院刊行。

张文烺编著《政治史讲义》刊行。

常乃德著《中国政治制度小史》由上海启智书局刊行。

按:是书介绍历史上政治权力的变迁及演进,中枢政权的播移,历代中央官制、地方官制、地方自治、参政制度、监政制度的变迁,财政、司法、教育、军事制度的演进等。有著者序。

庄心在著,陶希圣校《中国政治思想与政治制度》由上海卿云书局刊行。

敖士英编著《周官六官沿革表》由北平女子师范大学刊行。

章中如著《清代考试制度》由上海黎明书局刊行,有著者序。

曾纪蔚著《清代之监察制度论》由兴宁书店刊行。

顾敦鍒著《中国议会史》由江苏苏州木渎心正堂刊行。

按:是书详细记述了中国议会制度的创立和演变,资料非常翔实。

袁平凡编《中国民众运动之史的发展》刊行。

按:是书阐述自古代至1927年下半年的民众运动。分民众运动的概述、意义、原则、方法、发展过程等10章。

童致桢著,何炳松校《帝国主义史》由上海商务印书馆刊行。

国民党党史史料编纂委员会编《中国国民党第四次全国代表大会第三届中央执行委员会党史史料编纂委员会报告》由编者刊行。

甘乃光编《中山全集》由上海良友图书印刷公司刊行。

河北省教育厅编《三民主义常识》由河北省教育厅刊行。

王治心编《三民主义研究大纲》由上海中华书局刊行。

徐泽予著《三民主义理论的纲领》由上海黎明书局刊行。

周以禄、李葆森合编《三民主义讲授大纲》由陕西省警官学校刊行。

中国国民党中央执行委员会训练部编《总理遗教国民读本》由编者刊行。

邓文仪编,邵力子校阅,林春华速记《蒋总司令言论集》南京训练总监部政治训练处刊行。

钟贡勋编《中国国民党组织之研究》由浙江省警官学校刊行。

彭学沛著《政党》由上海商务印书馆刊行,有自序。

曾杰著《以党建国论》由广东广州民智书店刊行。

中国国民党中央执行委员会宣传部编《工人救国》由编者刊行。

丁作韶讲,楼桐茂记《抵抗主义》由广东广州中山大学中日问题研究会刊行。

孙中山著,中国国民党江苏省执行委员会编《中国之革命》由编者刊行。

吴昆吾著《条约论》由上海商务印书馆刊行。

中国国民党上海特别市第五区党部编《五月革命纪念册》由上海编者刊行。

陈潮中编述,史维焕校《中国童子军队组织法》由江苏南京五卅中学童子军团部刊行。

陈潮中编述《中国童子军团部管理法》由江苏南京五卅中学童子军团部刊行。

儿童世界社编《童子军智囊》(中下册)由上海商务印书刊行。

莫若强编著《劳工业余光明利用问题》由上海市社会局刊行。

按:是书有陶百川、潘公展序及著者弁言。

洪为法著《民族独立运动概论》由上海民智书局刊行。

按:是书论述民族的形成,民族问题的产生,民族独立运动的根本精神——民族自决,国际斗争中民族独立运动的地位,民族独立的障碍和民族国际,中国民族独立运动的世界性等。

饮血拟稿《民族斗争运动》由上海东方被压迫民族协会刊行。

罗敦伟著《现代民治的趋势》由上海大东书局刊行,有自序及校勘后记。

按:是书分14章。论述古代、中世纪、近世民主政治的历史发展,民治主义、民治制度的种类以及现代民主政治的趋势。

中国国民党中央执行委员会宣传部编《地方自治》由编者刊行。

林众可著《地方自治概论》由上海商务印书馆刊行,有著者序言。

杨天竞著《乡村自治》由北平大东书局刊行。

黄永伟编著《保甲运动之理论与实际》由江苏南京拔提书店刊行。

中国国民党浙江省执行委员会宣传部编《保甲运动丛刊》由杭州编者刊行。

朱清华著《自治区向立法院陈述自治意见书原文》由北平市筹备自治委员会刊行。

蒋锡曾辑《现行地方自治制度及地方自治实施法》刊行。

汕头各界庆祝双十节国庆筹备会编《国庆纪念宣传大纲》由编者刊行。

中华民国国民政府外交部编《九国间关于中国事件应适用各原则及政策之条约》由江苏南京编者刊行。

董修甲著《我国都市存废问题》由中华市政学会刊行。

吴拯寰编著,俞平湖校阅《市政论》(最新编订)由上海三民图书公司刊行。

张锐编《比较市政府》由上海华通书局刊行。

董修甲著《都市分区论》由上海大东书局刊行。

董修甲著《市政与民治》由上海大东书局刊行。

杨朝杰著《现代市制大纲》由上海民智书局刊行。

白敦庸著《市政举要》由上海大东书局刊行。

谢守恒著《县政建设》由上海神州国光社刊行。

安徽民政厅秘书处编《安徽全省治安会议特刊》由编者刊行。

《东北年鉴辑要》由辽宁沈阳东北文化社刊行,有创刊叙言,孙中山遗像遗嘱,蒋介石、张学良像。

东北文化社编《东北年鉴》由辽宁沈阳东北文化社刊行。

钟悌之编辑《东北移民问题》由上海日本研究社刊行。

华企云编《新疆问题》由上海大东书局刊行。

樊库等编,乔允中、孟世勋校阅,赵培远等制图《绥远省地方自治讲义》由北平绥远社会教育所刊行。

哈尔滨特别市市政局编纂《哈尔滨特别市市政局报告书》由哈尔滨编者刊行。

湖南省第三次全省代表大会秘书处编《中国国民党湖南省第三次全省代表大会一览》由编者刊行。

湖南省政府秘书处编《湖南省政府政治工作总报告》由编者刊行。

林翼中编《广东民政厅筹办地方自治实况》由广东省政府民政厅刊行。

林翼中编述《广州民运概况》由广东广州特别市党部民众训练委员会刊行。

山东省政府秘书处编《山东省政府委员会政务会议决案汇编》由编者刊行。

按:是书有韩复榘、李树春、王向荣、何思源、王芳亭等的像及序言。

汪慕庐等编《成功要览》由上海普益书局刊行。

邹炽昌编《公文处理法》由上海世界书局刊行。

鄞县县政府秘书处《鄞县第四次县行政会议专刊》由浙江鄞县县政府刊行。

浙江省党部宣传部编《我们当前的工作》由编者刊行。

浙江省清乡总部编《浙江省清乡汇刊》由编者刊行。

中国国民党广西党政研究所编《党所汇刊》由编者刊行。

按:是书介绍中国国民党广西党政研究所的筹备经过,另收办公细则及会议规程,各项会议纪要,各科科务纪要,训育设施方案,各项规章条例及李宗仁、白崇禧等讲演同。有李宗仁等序3篇。

中国国民党青海省党务特派员办事处编《青海省党务工作总报告》由编者刊行。

中国国民党浙江省党部编《二年来之浙江党务概况》由编者刊行。

中国国民党中央执行委员会训练部编《中国国民党军队党部训练工作实施纲领》由江苏南京编者刊行。

何汉文著《华侨概况》由上海神州国光社刊行。

首都华侨招待所编《首都华侨招待所概观》由江苏南京编者刊行。

吕家伟著《华侨运动之意义及其计划》上海国立暨南大学南洋文化事业部刊行。

中国国民党中央执监委员非常会议海外党务委员会编辑《华侨问题之研究》由广东广州编者刊行。

中央侨务委员会编《各国虐待华侨苛例辑要》由编者刊行。

中央侨务委员会编《华侨所受不平等待遇》由编者刊行,有弁言。

国民政府救济水灾委员会郑州办事处编《赈务实录》刊行。

河南省建设厅编《河南水灾》由编者刊行。

河南省赈务会编《二十年河南水灾报告书》由开封编者刊行。

河南省赈务会编《二十年河南水灾工赈方案汇辑》由编者刊行。

湖南省赈务会编《湘灾专刊》由编者刊行。

世界红十字会江北各分会联合办事处编《调查江北灾况报告书》由江苏编者刊行。

宋如海编《汉口大水写真》由湖北汉口自由西报馆刊行。

何甘露编《警务宝鉴》由上海世界书局刊行。

金国珍著《市公安》由上海商务印书馆刊行。

警察教练所编《警官训练班讲义》由编著刊行。

李腾等著《现代警察的新动向》由广东广州统计印刷所刊行，有朱雅正序。

瞿世镇编，孙塞迦校《地方警卫组织和训练》由上海三民公司刊行。

青岛市公安局编辑处编《青岛市公安局警犬教练法》刊行。

青岛市公安局编辑处编《青岛市公安局讯鸽教练法》由编者刊行。

阮光铭编述《警政概论》由上海商务印书馆刊行，有自序。

沈溥主编《警察研究》由杭州警察研究社刊行。

王恺如编《警士必携》由山东省会公安局刊行。

按：是书书前有编者任河南警务处长时勉致警界同人词及该书原序、再版自序。

胡承禄著《各国警察概要》由辽宁沈阳著者刊行。

沈君默著《现代女性》由上海良友图书印刷公司刊行。

徐宗泽著《妇女问题杂评》由上海圣教杂志社刊行。

杨熙时著《现代外交学》由上海民智书局刊行。

按：是书共11章。阐述外交的意义及外交权的限制，外交学的法律基础，外交史及现况；介绍外交机构、外交官、外交特权，国际条约与国际会议，以及有关政治犯、租借地、内河航行权等。附录：《中国海军礼节条例》等4篇。

刘彦著《最近三十年中国外交史》由上海太平洋书店刊行。

按：是书共23章。记述1900—1930年中国与帝国主义列强进行交涉的重大事件。附录：《中国国民党第三次全国代表大会外交报告及外交决议案》。

柳克述著《近百年世界外交史》由上海商务印书馆刊行，有自序。

张安世著《近代世界外交史》由上海中华书局刊行。

按：是书内容包括法国大革命、神圣同盟、独立和革命运动、东方问题、民族的统一运动、东欧的改造、大战前的欧洲和美日、战后的世界外交等。

国际劳工局中国分局编《国际劳工消息》由上海编者刊行。

华超著《世界和平运动》由上海商务印书馆刊行。

高鲁著《世界联邦论》由上海中华书局刊行。

伍朝光著《国际组织大纲》由上海朝岭学社刊行。

徐敦淳著《国际联盟理事会之剖视》由上海良友图书印刷公司刊行。

中华民国国民政府外交部编《国际联合会盟约》由江苏南京编者刊行。

张安世著《各国外交行政》由上海大东书局刊行。

张耀华著《国际关系之现状》由上海春申书店刊行。

郑元瑞等著《国际论文之一》由四川成都国民革命军第二十四军学友互助总社刊行。

中国国民党浙江省执行委员会训练部编《最近国际现势》由杭州编者刊行。

徐淑希著《杭州会议中的满洲问题》刊行。

《暴日侵略满蒙积极政策》由上海世界书局刊行。

《日本侵略满蒙之积极政策》由上海生活周刊社刊行。

陈器伯著《国难临头中对于"满蒙问题"最低限度的认识》由宁波个人刊行。

浙江省党部宣传部编《日本侵略我国满蒙积极政策的解剖》由杭州编者刊行。

钟悌之注释《日本田中侵略满蒙积极政策奏稿与注释》由上海日本研究社刊行。

中国国民党浙江省杭县第二区第二分部编辑《揭穿日本侵略中国满蒙的密谋》由编者刊行。

雪地著《日本帝国主义侵略满蒙概观》由上海明月书局刊行。

张树人著《日本大陆政策解剖》由上海最近之日本周刊社刊行。

储安平编《中日问题与各家论见》由上海新月书店刊行。

中国国民党浙江省党部编《对日作战必胜论》由编者刊行。

中国国民党浙江省党部《各国对日占东北之评论》由编者刊行。

龚德柏著《征倭论》由江苏南京日本研究会刊行。

上海法学编译社编《世界公约中外专约汇编》由上海法学编译社刊行。

社会与教育社编辑《我们的敌人日本》由上海新生命书局刊行。

孙鸣岐著,中国国民党上海特别市第三区执行委员会编《日本对华之阴谋及暴行》由上海编者刊行。

中国国民党衡阳县执行委员会编《抗日宣传汇刊》由编者刊行。

向绍轩著《中俄两国革命历史背景之研究》由著者刊行。

丁汉民编《新供罗斯考查记》由北平陆军大学刊行。

朱采真编《现代法学通论》由上海世界书局刊行。

按:是书介绍了法律的一般原理原则,包括什么是法学、法治论及法律的定义、渊源、体系、分类、成立、公布、施行、改废、解释、运用、制裁等,论述了权利和义务,介绍了当时的司法制度和现行的民法、刑法、诉讼法的要点。

毛家骐编著《法学通论》由江苏南京陆军军官学校政治训练处刊行。

按:是书分6章。前5章以三民主义为立论讲述法学、法律的普遍原理及现象;第6章讲述国民政府的司法制度、立法根据及当时施行的各法的要点。

欧阳溪著《法学通论》由上海法学编译社刊行。

按:是书分绪言论、总论、各论。前两论概述研究法学通论的意义、方法,叙述法学、法律、国家、权利义务的基本理论和内容;各论则对宪法法、行政法、刑法、民法、商法、诉讼法等部门法加以总括论述。

白鹏飞《法学通论》由民智书局刊行。

孙祖宏编《法学通论》由江苏省立教育学院刊行。

许藻镕著《法学论文集》由北平朝阳学院刊行。

赵琛编《法理学讲义》由上海法政学院刊行。

程树德著《比较国际私法》由上海华通书局刊行。

按:是书分总论和分论。总论9章,概述国际私法的研究方法、性质、名称、范围、术语、沿革等。本论分国籍及国籍之抵触、外国人之地位、法律之抵触、国际民法、国际商法、国际民事诉讼、国际破产等7篇。比较各国国际私法。

程树德著《比较宪法》由上海华通书局刊行。

黄公觉著《比较宪法》由北平好望书店刊行。

丘汉平编著《先秦法律思想》由上海光华书局刊行。

朱方著《中国法制史》由上海法政学社刊行。

汪煌辉编《中国宪法史》由上海世界书局刊行。

中华法政学社编《中华民国现行六法全书》由上海中华法政学社刊行。

张耀德编《现代宪法》由江苏南京南京市第六区党部刊行。

姜文佐编《民国宪法蓓蕾》由北平编者刊行。

陈允、应时著《罗马法》由上海商务印书馆刊行。

潘大逵编著《欧美各国宪法史》由上海大东书局刊行。

按：是书叙述英国、美国、法国、意大利、瑞士、德国、苏联7国的宪法史。

中国国民党天津特别市党务整理委员会编《约法之研究》由天津编者刊行。

中国国民党中央执行委员会编《中华民国训政时期约法》由江苏南京编者刊行。

商务印书馆编《国民会议法规》由上海商务印书馆刊行。

谢瀛洲编《国府组织法研究》由江苏南京司法行政部法官训练所刊行。

谢瀛洲编《国民政府组织法研究》由上海华通书局刊行。

冯震著《国民政府组织法研究》由江苏南京书店刊行。

朱章宝著《行政法总论》由上海商务印书馆刊行。

商务印书馆编《团体法规》由上海商务印书馆刊行。

考试院秘书处文书科编《考试院法规汇刊》由江苏南京编者刊行。

商务印书馆编《自治法规》由上海商务印书馆刊行。

内政部总务司第二科编《内政法规汇编》由江苏南京内政部公报处刊行。

湖南省政府秘书处编《湖南省现行法规汇编》由湖南长沙编者刊行。

李亚儒著《民法概论》由上海法学编译社刊行。

吴学义著《民事法论丛》由江苏南京法律评论社刊行。

周新民著《民法总论》由上海华通书局刊行。

欧阳溪著《民法总论》由上海法学编译社刊行。

刘陆民著《中华民法原理》由上海太平洋书店刊行。

文明书局编《中华民国民法》由上海文明书局刊行。

胡长清编《各国民法条文比较》由中央政治学校刊行。

余棨昌著《民法要论物权》由北平朝阳学院出版部刊行。

胡长清编著《民法债总论》由上海商务印书馆刊行。

胡长清著《契约法论》由上海商务印书馆刊行。

胡长清编著《中国婚姻法论》由江苏南京法律评论社刊行。

王去非著《商法原论》由上海著者刊行。

王去非编《公司法要论》由上海华通书局刊行。

杨鹏著《公司法新论》由辽宁沈阳东北大学法学院刊行。

王去非著《破产法论》由上海法学研究社刊行。

蒋学楷著《国际劳工立法》由上海大东书局刊行。

李葆森著《劳动保障法ABC》由上海ABC丛书社刊行。

陶百川著《中国劳动法之理论与实际》由上海大东书局刊行。

顾炳元编《中国劳动法令汇编》由上海法学编译社刊行。

按：是书辑入 1936 年 10 月底以前所颁有关法规 205 种。内分工会组织、工厂管理、劳资争议、惠工事业、海员保护、交通工人保护、矿工保护、劳动行政、国际劳动法令，共 9 编。各编再次分法规、解释、命令、布告 4 类。

郭卫著《刑法学总论》由上海会文堂新记书局刊行。

李剑华著《犯罪学》由上海法学编译社刊行。

按：是书共 7 章。讲述犯罪学的历史、任务、研究方法，以及犯罪的概念、分类、原因及对社会的影响，提出救治犯罪的方法、措施等。附录：犯罪学家及其文献。

周鲠生著《现代国际法问题》由上海商务印书馆刊行。

郑允恭编著《战时国际公法》由上海大东书局刊行。

徐传保编著《先秦国际法之遗迹》由编者刊行。

周敦礼编著《国际私法新论》由上海中华书局刊行。

按：是书分泛论和本论两部分。泛论介绍国际私法之概念、名称、定义、范围、性质、沿革、渊源等；本论介绍国籍住所及居所、外国人之地位、国际民法、国际商法等。

辜孝宽著《浙江省禁烟史略》由杭州著者刊行。

龚厥民编《军事学大意》由上海中华书局刊行。

按：是书分 6 章：总论、作战经过之概要、作战时战斗以外之军队行动、战斗、作战行动时之给养补充及卫生、特种兵战斗概要。各章均有图例及战例。附录 2 节：决心及地形判断之例、将来战。

徐旨乾著《军事哲理》由哈章印刷局刊行。

王保民著《军用辞典》由汉口武汉印书馆刊行，有刘峙、张学良、何应钦等人题词。

训练总监部编订《军制学概要》由编者刊行。

香棣方著《中国国防论》由上海民智书局刊行。

田西原著《国防建设刍议》由北平陆军大学校刊行，有朱培德、杨杰、鲍文越、周亚卫等序。

训练总监部军学编译处编《新战斗纲要详解》由江苏南京军用图书社刊行。

李锡珪著《考察列强海军报告书》刊行。

石铎著《欧美各国青年军事训练和国家总动员》由上海大东书局刊行。

陈汉平著《世界的石油战争》由上海商务印书馆刊行。

谢承瑞著《科学之军事(第 1 篇：海军篇)》由天津协成印刷局刊行。

蒋介石编著《革命军人须知》由陆海空军总司令部刊行。

陆海空军总司令部宪警处编《陆海空军总司令部宪警处宪警团士兵教育政治教程》。由编者刊行。

邱钟麟编，邱镜芙笺注《士兵识字课本》由北平撷华印书局刊行。

王寅生等著《中国北部的兵差与农民》由上海国立中央研究院社会科学研究所刊行。

陆军大学编《船舶输送应用作业》刊行。

中央军官学校编《教育学教程》由江苏南京军用图书社刊行。

文公直编《军事教育》由上海军政书局刊行。

瞿世镇编著《军事训练教范纲要》由上海三民公司刊行。

张振亚、韩志坚著《应用军事训练学》由上海新国民印书馆刊行。

厉尔康等著《青年军事训练教程》由上海中华书局刊行。

周亚卫著《兵役问题》刊行。

姚骧编《陆海空军惩罚法释义》由上海世界书局刊行。

姚骧编《陆海空军审判法释义》由上海世界书局刊行。

王钧安编《陆海空军审判法释义》由上海世界书局刊行。

沈善庆编《军事学大意》由浙江省地方自治专修学校刊行。

国民政府编，徐梦成校正《陆军惩罚令草案》由共和书局刊行。

吉明著《日本军备之急进观》由江苏南京拔提书局刊行。

钟梯之编《日本的军备》由上海日本研究社刊行。

张镜远著《新战术原则图示》由江苏南京共和书局刊行。

黄羽中编《步兵野外勤务摘要》由浙江省警官学校刊行。

徐世倬编《步兵野外勤务》由共和书局刊行。

郭久臻、陈寿人编《操场野外笔记续编》由黄埔中央陆军军官学校刊行。

黄翀编述《步兵操典》由浙江省警官学校刊行。

徐世倬编《劈刺教范草案》由共和书局刊行。

程定远著《步兵夜间战斗》由北平武学书局刊行。

陈同编《义勇军手册》由上海民智书局刊行

符岸坛著《如何解决中国今日之军事问题》由香港编者刊行。

江声煌编《十七年度北伐全军作战计划命令经过合编》由南京军用图书社南京总社刊行。

训练总监部工兵监校《架桥教范草案》由江苏南京军用图书社刊行。

训练总监部公布《坑道教范草案》由江苏南京军用图书社刊行。

军事委员会军训部颁行、训练总监部编《爆破教范草案（军事学校教科书）》由军用图书社刊行。

军政部陆军署军医司编《化学兵器学要览》由江苏南京军用公报社刊行。

林献炘编《鱼雷讲义》由海军部刊行。

训练总监部公布《野战炮兵驭法教范草案》由江苏南京军用图书社刊行。

军政部兵工署兵工常识演讲会编《兵工常识演讲集》由军政部兵工署刊行。

邝振翎编《经济学原理》由中央陆军军官学校政训处刊行。

陈豹隐著《经济学原理十讲》上册由北平好望书店刊行。

按：是书内容包括：经济学的意义、资本经济的意义、资本经济制度下的经济现象（营业与企业、市场组织、各种经济活动的相互关系）等5讲。

马哲民编著《社会经济概论》由上海大东书局刊行。

陈邦国编《世界经济概论》由上海神州国光社刊行。

按：是书基本上按苏联白郎斯基《经济地理》第一部分"世界经济纲要"主体编译。内容包括绪论、地理环境与人类经济、世界经济的发展与世界地理之分工、战前世界的分割、大战在世界经济中引起的变更5章，阐述经济地理与世界经济发展的关系及第一次世界大战对世界经济发展的影响。

朱通九著《劳动经济学》由上海黎明书局刊行。

按：是书分经济学的科学方法、劳动运动的背景、工业革命与劳动运动、基尔特制度与工厂制度、社会思潮与社会变迁、劳工与自由、阶级立法、劳工组织、劳资调协、工资原理、近代社会思潮等20章。附录：德国工厂会议法等法令6种及参考书目。

周宪文著《经济政策纲要》由上海中华书局刊行。

按:是书介绍经济思潮的变迁与经济政策的基础,分农业政策、工业政策、商业政策等5章。

黄通编《经济史概论》由上海中华书局刊行。

罗波克著《战后世界经济政治概论》由上海明日书店刊行。

漆树芬著《经济侵略下之中国》由上海光华书局刊行。

钱释云编,武葆岑校阅《社会和经济政策》由上海三民公司刊行。

严灵峰著《中国经济问题研究》由上海新生命书店刊行。

任曙编《中国经济研究绪论》由中国问题研究会刊行。

朱其华著《中国社会是经济结构》由上海新生命书店刊行。

陶希圣编《西汉经济史》由上海商务印书馆刊行。

潘吟阁著《史记货殖传新诠》由上海商务印书馆刊行。

按:潘吟阁曰:"《货殖传》一篇,讲的是种种社会的情形,且一一说明它的原理。所写的人物,又是上起春秋,下至汉代。所写的地理,又是北至燕、代,南至儋耳。而且各人有各人的脚色,各地有各地的环境。可当游侠读,可当小说读。读中国书而未读《史记》,可算未曾读书;读《史记》而未读《货殖传》,可算未读《史记》。美哉《货殖传》!"(《史记货殖列传新诠·编者弁言》)

王志瑞编《宋元经济史》由上海商务印书馆刊行。

冯锐著《创造中国新经济制度之计划》由广东省建设厅农林局刊行。

许阶平编《东北特产之价值》由东三省官银号经济月刊编辑处刊行。

连浚编著《东三省经济实况概要》由上海华侨实业社刊行。

实业部工商访问局编《日本在东三省经济势力概要》由上海编者刊行。

刘镇华著《开发西北计画书》刊行。

戴季陶等著《西北》由上海细亚学会刊行。

张振之编《西北之实况与其开发》由上海新亚细亚学会刊行。

郑学稼著《马先尔的经济学说》由上海神州国光社刊行。

侯厚培、吴觉农著《日本帝国主义对华经济侵略》由上海黎明书局刊行。

中国国民党浙江省党部编《日本在中国经济侵略一览》由编者刊行。

朱少轩著《日帝国主义与中国市场》由上海昆仑书店刊行。

施文杞编著《中国近代产业组织》由上海全民书局刊行。

白眉初著《最新物质建设精解》由北平建设图书馆刊行。

中央侨务委员会编《实业计划汇编》由编者刊行。

中国国民党上海特别市执行委员会编《实业计划浅说》由编者刊行。

蒋用宏、刘觉民编校《实业讲演集》由南京中央政治学校附设西康学生特别训练班刊行。

沈贯雷编著《世界经济危机与武装进攻苏联》由春耕书店刊行。

韩亮仙著《民生主义社会建设之路》由南京拔提书店刊行。

祝世康著《经济建设之途径》由新亚洲书局刊行。

戴传贤著《本年应做的建设工作》刊行。

曾庆锡著《生产建设》(政治建设的建议)由上海艺林书局刊行。

杨西孟著《生活费指数编制法》由社会调查所刊行。

嵇储英、程云桥编《初级会计学》由上海商务印书馆刊行。

嵇储英、程云桥编《簿记学》由上海商务印书馆刊行。

赵富华编《簿记学》由上海三民图书公司刊行。

黄凤铨著《预算概论》由南京京华印书馆刊行。

中国工商管理协会编《工商问题之研究》由编者刊行。

秦古温编著《实用经济统计学总论》由广州秦庆钧会计师事务所刊行。

杨汝梅著《近代各国审计制度》由上海中华书局刊行。

王伊曾编著《工商管理术》由上海世界书局刊行。

文公直编《区乡镇自治区合作制度》由东南新书店刊行。

中国国民党江苏省党务整理委员会编《怎样组织合作社》由编者刊行。

李干卿编述《陕西区长训练所合作讲义》由陕西区长训练所刊行。

卢守耕、吴耕民编《合作原论》由上海中华书局刊行。

按：是书分合作社之原义、种类、组织、设立、章程、社员、机关、合并、解散、清算、登记、监督、罚则，以及联络机关等14章。

中国合作学社编《合作浅说》由南京编者刊行

中国合作学社编《合作社的组织方法》由南京编者刊行。

洪孟博著《合作论》由上海法政学院刊行。

中国合作协社编《合作社的组织方法》由编者刊行。

中国合作学社编《合作的历史》由南京编者刊行。

薛仙舟著《中国合作化的方案》由上海中国合作学社刊行。

丁鹏翥著《什么是合作运动》由湖南长沙群益合作社华新羽绒公司刊行。

梁子美编《农村合作社设施法》由山东省立民众教育馆刊行部刊行。

侯哲莽著《农村合作运动》由上海黎明书局刊行。

秦含章著《中国农业经济问题》由上海新世纪书局刊行。

古梅编著《中国农村经济问题》由上海中华书局刊行。

按：是书阐述农业现状、农家经济状况、中国农村经济问题以及如何解决中国农村经济问题之途径。

唐启宇、宋希庠著《农村经济》由上海世界书局刊行。

按：是书论述农村经济的意义及性质、农业生产与土地利用、农业生产与劳力及资本的关系、农业贷款制度、农村的经营、运输与贩卖等。

童玉民著《农业经济学》由上海新学会社刊行。

严恒敬著《中国乡村合作实际问题》由南京中国合作学社刊行。

宋希庠著《农垦》由上海商务印书馆刊行。

万国鼎著《井田之谜》由南京金陵大学刊行。

费鸿年编《中外渔业概观》由上海商务印书馆刊行。

陆精治著《中国民食论》由上海启智书局刊行。

按：是书论述粮食增产的政策，粮食的统计，我国粮食生产状况，粮食贸易、物价、消费，粮食管理的设施，粮食营养，新粮食研究等内容，卷首有胡汉民、黄霖序。

曲直生著《河北棉花之出产于贩运》由上海商务印书馆刊行。

赵烈著《中国茶叶问题》由上海大东书局刊行。

尹良莹编著《中国蚕业史》由江苏南京国立中央大学蚕桑学会刊行。

王新命编辑《东北商租权问题》由上海日本研究社刊行。

中国国民党浙江省知行委员会《浙江省佃农二五租法规释例》由编者刊行。

瞿明宙著《台湾的租佃制度》由国立中央研究院社会科学研究所刊行。

广东省建设厅农林局编《广东农林》由编者刊行。

苏林著《东省林业》由辽宁沈阳中东铁路经济调查局刊行。

山东省政府实业厅编《山东农林报告》由编者刊行。

中央模范林区管理局编订《中央模范林区管理局暂订合作林场苗圃办法》由南京编者刊行。

中央模范林区管理局编订《强制造林办法》由南京编者刊行。

中央模范林区管理局编订《清理所属各林场营林区域内民地办法》由南京编者刊行。

中央模范林区管理局编订《中央模范林区管理局召集各县林务会议特刊》由南京编者刊行。

尹良莹编著《中国蚕业史》由南京中央大学蚕桑学会刊行。

江苏省农矿厅编《江苏省最近三年茧行状况》由编者刊行。

周纬编著《工厂管理法》由上海商务印书馆刊行。

按:是书分4编。首编总论20世纪工业发展趋势,工厂管理法的重要性及原则,欧美工业的特点及管理法之异同;次编详述工厂组织与管理法,内容包括工厂组织、工人与工资问题、考工、原料、货物、机械的管理、劳保与养老制度、劳资冲突及其解决办法;三编述及工厂的各种灾害事故及预防措施;末编辑入工厂法规27种,并有英、法、德、美、日各国法规。

陆思红编《工厂法问答》由上海市商会商业月报社刊行。

陈达(通夫)著《我国工厂法的施行问题》由上海中国工商管理协会刊行。

张连科著《国防与石油》由军政部兵工署刊行。

张延祥著《电业丛谈》由上海新中工程公司刊行。

丁振一著《工业政策》由上海商务印书馆刊行。

上海市煤业同业公会编《开滦煤矿之恨史》由编者刊行。

张世忠著《陕西煤矿述要》由陕西省建设厅刊行。

全国民营电业联合会编《法规专刊》由编者刊行。

恽震、王崇植编《中国各大电厂纪要》由建设委员会刊行。

浦东电气公司编《浦东电气公司开业十周年纪念刊》由编者刊行。

孙学悟著《考察四川化学工业报告》由中国科学社刊行。

《中国化学工业社二十周年纪念刊》由上海中国化学工业社刊行。

燕京大学经济学系编《河北省之陶业》由编者刊行。

吴瓯主编《火柴业调查报告》由天津市社会局刊行。

建设委员会调查浙江经济所编《浙江平阳矾矿概说》由编者刊行。

吴子光、陈举编《纺织业调查报告》由天津市社会局刊行。

方显廷编著《天津织布工业》由天津南开大学经济学院刊行。

方显廷编《天津针织工艺》由天津南开大学经济学院刊行。

实业部中央工业试验所编《发展中国酒精酱油工业计划》由编者刊行。

蔡镇瀛著《关于东北造纸事业之商榷》由北平大学刊行。

建设委员会调查浙江经济所编《浙江沿海各县草帽业》由编者刊行。

李国栋编《国民会议两湖水利案》刊行。

交通部总务司六科编《中华民国十七年交通部统计年报》由编者刊行。

章勃著《日本对华之交通侵略》由上海商务印书馆刊行。

交通部编《四年来交通职工待遇改良之概况》由编者刊行。

张心澂著《中国现代交通史》由上海良友图书印刷公司刊行。

铁道部联运处编《中日联运规章汇览》由编者刊行。

铁道部全国铁路商运会议办事处编《全国铁路商运会议会刊》由编者刊行。

铁道部编《铁道部全国商运会议各处意见说明》由编者刊行。

铁道年联运处编订《中华民国铁路国内联运规章》由江苏南京铁道部秘书厅图书室刊行。

铁道部联运处编《第十七次国内联运会计会议记录》由编者刊行。

张恪惟著《东北抗日的铁路政策》由上海良友图书公司刊行。

宁华庭著《日俄对峙中之中东铁路》由上海良友图书印刷公司刊行。

浩浩编辑，陈彬龢主编《南满铁路概论》由上海日本研究社刊行。

东北问题研究会编《中日铁路关系各问题》由北平编者刊行。

东北问题研究会编《新法铁路中日往复照会》由北平编者刊行。

吴山总纂《路市丛书》第 1 集由上海中华全国道路建设协会刊行。

西北公路工务局编《西北公路便览》由编者刊行。

江苏省公路局编《京杭公路》由编者刊行。

江苏省公路局编《京芜公路》由编者刊行。

江苏省公路局编《江苏省公路局组织规程》由编者刊行。

江苏省公路局编《江苏省公路局沿革及概况》由编者刊行。

王建平著《中国航权问题》由上海大东书局刊行。

广东建设厅编辑处编《航政特刊》由编者刊行。

陶叔渊编《一九三〇年中国航空》由上海飞行社刊行。

王柽著《邮政》由上海商务印书馆刊行。

王崇植、恽震著《无线电与中国》由南京编者刊行。

交通部编《四年来无线电之建设》由编者刊行。

交通部编《四年来有线电之整理与建设》由编者刊行。

方子卫编《方子卫无线电言论集》由中国无线电工程学校出版部刊行。

谢鄂常、张包子校编《中国邮戳纪略》由杭州新光邮票研究会刊行。

广州市社会局编《广州国货汇刊》由编者刊行。

王雨生编著《商业常识》由上海大东书局刊行。

吴拯寰编，秦瘦鸥校阅《商业学问答》由上海三民公司刊行。

罗宗善编著《商业学》由上海世界书局刊行。

黄中成编著，黄中允助编《禽产推销学》由上海德园家禽函授学校刊行。

苏上达著《广告学概论》由上海商务印书馆刊行。

刘荫生编《商业管理》由上海中华书局刊行。

按：是书主要叙述商业机构的人员管理、店房器具管理、业务管理等。

王澹如著《商业经营 ABC》由上海世界书局科学。

杨镜航著《商业预算》由上海商务印书馆刊行。

张彰编《最近世界贸易概况》由上海华通书局刊行。

金文恢著《抵货研究》由浙江省立民众教育馆教导部刊行。

实业部编《中日贸易之统计》由编者刊行。

中日贸易商品调查所编《化妆品》由上海编者刊行。

中日贸易商品调查所编《肥皂》由上海编者刊行。

中日贸易商品调查所编《棉织品》上篇由上海编者刊行。

经济救国研究社编《经济救国》由编者刊行。

江恒源编《中国关税史料》由上海中华书局刊行。

李权时著《李权时经济财政论文集》由上海商务印书馆刊行。

童蒙正编《瓦格涅财政学提要》由上海黎明书局刊行，有陈长蘅序。

按：是书汇辑瓦氏财政学的基本内容，提纲挈领地加以叙述。全书分上下两编。上编专论资本主义国有化问题；下编阐述瓦氏对资本主义租税政策的若干观点。卷首有陈长蘅序及编者序，介绍瓦格涅的生平。附录编者所著"社会政策与社会政策学会"及"瓦格涅的社会政策主张"二文。

金国珍著《中国财政论》由上海商务印书馆刊行。

吴拯寰著《财政学问答》由上海三民图书公司刊行。

赵祖抃著《现代财政学》由上海光华书局刊行。

卫挺生著《中国今日之财政》由上海世界书局刊行。

宋子文报告《中华民国十八年会计年度财政报告》刊行。

王先强著《中国地价税问题》由上海神州国光社刊行。

于去疾著《盐务稽核所问题》由南京著者刊行。

林振翰著《新盐法问题》由南京盐政讨论会刊行。

本白著《引票问题之研究》由南京盐政讨论会刊行。

陈元璋著《福建地方财政沿革概要》由福建远东书局刊行。

刘秉麟著《中国财政小史》由上海商务印书馆刊行。

王克宥讲述《中国财政史》由浙江财务人员养成所刊行。

曹恭诩编《历代财政学说》由编者刊行。

杨荫溥著《各国货币》由上海商务印书馆刊行。

杨荫溥著《杨著中国金融论》由上海黎明书局刊行。

王宗培著《中国之合会》由上海中国合作学社刊行。

盐政讨论会编《新盐法通过后舆论界之评论》由南京编者刊行。

盐政讨论会编《新盐法舆论之一斑》由南京编者刊行。

鄂岸淮盐业同业公会编《盐法之商榷》由编者刊行。

陈长蘅编《新盐法的起草经过及其内容说明》由南京盐政讨论会刊行。

左潜庵著《盐法改革问题之释疑与辟谬》由南京盐政讨论会刊行。

林振翰著《新盐法问答》由南京盐政讨论会刊行。

本白著《引票问题之研究》由南京盐政讨论会刊行。

潘子豪著《中国钱庄概要》由上海华通书局刊行。

施伯衍著《钱庄学》由上海商业珠算学社刊行。

侯树彤编著《东三省金融概论》由太平洋国际学会刊行。

丁裕长编著《最新上海金融论》由上海世界书局刊行。

张家骧、吴宗焘、童蒙正著《中国之币制与汇兑》由上海商务印书馆刊行。

天庐著《怎样做一个新闻记者》由上海联合书店刊行,有黄天鹏的跋。

刘光炎著《新闻写作研究》由军事委员会政治部刊行。

杜超彬著《新闻政策》由上海复旦大学新闻学会刊行,有谢六逸、戈公振、黄天鹏的序及自序。

陈醉云著《小朋友新闻》由上海北新书局刊行。

黄天鹏编《新闻学演讲集》(1)由上海现代书局刊行。

郭箴一著《上海报纸改革论》由上海复旦大学新闻学会刊行,有谢六逸、樊仲云等人的序、跋。

黄天鹏(原题黄粱梦)著《新闻记者外史》由上海光华书局刊行,有弘大法师的序及自序。

邓胥功著《教育学大纲》(上卷)由上海华通书局刊行。

范寿康著《教育概论》由上海开明书店刊行。

程其保编《教育原理》(师范小丛书)由上海商务印书馆刊行,有编者序。

李公凡编著《基础教育学》由上海联合书店刊行。

陆人骥著《教育哲学》(师范小丛书)由上海商务印书馆刊行。

雷通群著《教育社会学》(大学丛书原厦门大学教育学院丛书)由上海商务印书馆刊行。

朱兆萃著《实验主义与教育》(师范小丛书)由上海商务印书馆刊行。

程其保著《教育法概要》由上海商务印书馆出版。

孟宪承著《西洋古代教育》(师范小丛书)由上海商务印书馆刊行。

按:是书分绪论、希腊教育的前期及后期、罗马的教育、中古时代的教育等5章。

瞿世英编《西洋教育思想史》(上下册)(尚志学会丛书)由上海商务印书馆刊行。

按:是书上册分7章,介绍希腊、罗马时期教育上的大潮流,以及柏拉图、亚里士多德、西赛罗、弥尔登等人的教育思想下册分6章,介绍培根、洛克、卢梭、黑尔特、赫巴尔特等人的教育思想。

范锜著《最近欧美教育思潮》由上海开明书店刊行,有张嘉森序及著者序。

高卓著《现代教育思潮》(新时代史地丛书)由上海商务印书馆刊行。

黄炎培著《中国教育史要》(百科小丛书)由上海商务印书馆刊行。

徐式圭著《中国教育史略》由上海商务印书馆刊行。

刘炳藜编《教育史大纲》由上海北新书局刊行。

按:是书分7篇,包括前史时代的教育、古代的教育、中世的教育、过渡时期的西洋教育、近代西洋教育、最近的教育、近代中国的教育等。

王一鸿著《中国古代教育思潮》(国学小丛书)由上海商务印书馆刊行。

陈东原著《中国古代教育》(师范小丛书)由上海商务印书馆刊行。

按:是书分游牧与宗法的社会、商及周初的社会、东周社会之变乱、道家的思想与教育、书本教育与孔子学说、秦代的教育等18节。

庄俞、贺圣鼐编《最近三十五年之中国教育》(商务印书馆创立三十五年纪念刊)由上海商务印书馆刊行。

舒新城、孙承光编《中华民国之教育》由上海中华书局刊行。

周予同著《中国学校制度》(师范小丛书)由上海商务印书馆刊行。

姜琦著《中国教育哲学底派别及今后教育哲学者应采取底态度与观察点》由厦门大学刊行。

薛文蔚著《人文主义与教育》(师范小丛书)由上海商务印书馆刊行。

孟宪承编著《民众教育名著提要》由江苏教育学院刊行。

程其保编《教学法概要》(师范小丛书)由上海商务印书馆刊行。

戴洪恒编辑《基本教科书高小国语教学法》(1)由上海商务印书馆刊行。

郭鸣鹤编《现代教学法通论》(师范教本)由北平文化学社刊行。

陈云涛著《新教学法大纲》由上海光华书局刊行。

孙世庆编《教学之基本方法》由北平师范大学附属第二小学出版部刊行。

薛天汉编《最新实验设计教学法》(师范小丛书)由上海商务印书馆刊行,有孙贵定、俞子夷、编者序。

刘仁甫编《各科新教学法》由北平文化学社刊行。

高觉敷著《教育心理学大意》(师范小丛书)由上海商务印书馆刊行。

朱君毅编《教育心理学大纲》(教育丛书)由上海中华书局刊行,有编者序。

中华教育文化基金董事会编《中学英文教学之初步考察》(国立中央大学教育心理讲座研究报告)由江苏南京编者刊行。

华超著《教育测验概要》(师范小丛书)由上海商务印书馆刊行。

云南省教育会编《教育会法》由编者刊行。

仲靖澜等编《教育行政指导》(办学宝鉴之一)由上海世界书局刊行。

按:《办学宝鉴》一套书包括幼稚、小学、中学、社会教育指导及教育行政指导5册。

邰爽秋编《教育调查》(上卷)由上海教育印书合作社刊行。

浙江省教育厅编《怎样举行成绩展览会》(地方教育行政丛书)由编者刊行。

温仲良编《(增订)办学指导(卷上)》由广东广州思学社刊行。

程瀚章著《学校卫生论》(师范小丛书)由上海商务印书馆刊行。

上官悟尘著《学校卫生》(医学小丛书)由上海商务印书馆刊行。

麦克乐、胡宣明著《学生健康的检查》(中华教育改进社丛书)由上海商务印书馆刊行。

姜琦、邱椿著《欧战后之西洋教育》(师范小丛书)由上海商务印书馆刊行,有姜琦自序。

庄泽宣著《各国学制概要》(师范小丛书)由上海商务印书馆刊行。

朱有瓛著《义务教育 ABC》(ABC丛书)由上海 ABC 丛书社刊行。

张任天著《三民主义教育方法论》由杭州著者刊行。

中国国民党中央执行委员会训练部编《三民主义教育实施原则》由编者刊行。

舒新城著《中国教育建设方针》由上海中华书局刊行。

袁希涛著《义务教育》(百科小丛书)由上海商务印书馆刊行。

按:此书8月由商务印书馆出版。该书论述了义务教育之起源、范围、期限、经过及统计、师资、就学规则、施教准则等问题。（参见中央教育科学研究所编《中国现代教育大事记 1919—1949》，教育科学出版社 1988 年版）

《教皇庇护第十一世教育通牒》（光启杂录）由上海土山湾印书馆刊行。

福建省教育厅编《福建教育厅第二届暑期学校学术讲演集》由编者刊行，有程间煊序。

教育部编《教育部工作报告》（1—12 月）由编者刊行。

中华民国全国教育会议议决《全国教育方案》（上下册）由上海公民书局刊行。

东省特别区第一次国内教育考察团编《东省特别区第一次国内教育考察团报告书》由编者刊行。

天津市教育局编《督察汇刊》由天津编者刊行。

天津市教育局编《天津市十九年度教育统计表》由天津编者刊行。

河北省教育厅编《河北省教育统计表》（十九年八月至二十年七月）由编者刊行。

河北省教育厅编《教育厅十九年度施政纲要》由编者刊行。

河北省教育厅编《辽灾教学方案专号》（河北省教育公报）由编者刊行。

热河省教育厅编《热河现行教育法规汇编》由编者刊行。

热河省教育厅编《热河全省学生成绩展览会特刊》由编者刊行。

察哈尔省教育厅编《察哈尔全省教育行政会议特刊》（民国二十年度）由编者刊行。

察哈尔省教育厅编《察哈尔省教育统计表》（中华民国二十年度）由编者刊行。

涿鹿县教育局编《涿鹿教育年报》（第 2 期）由察哈尔涿鹿编者刊行。

东省特别区教育厅编《东省特别区十九年度教育年鉴》由哈尔滨编者刊行。

上海市教育局编《上海市教育统计》（中华民国十八年度）由上海编者刊行。

上海市教育局编《上海特别市教育局业务报告》（十九年一月至六月）由上海编者刊行。

上海市教育局编《上海市教育局业务报告》（十九年七月至十二月）由上海编者刊行。

山东省政府教育厅编《山东省政府教育厅视察报告》（第 2 集）由编者刊行。

张怀著《自动教育概论》由辅仁大学教育学院刊行。

山东省教育厅编《山东全省教育概况》（自民国十八年十月至二十年六月）由编者刊行。

山东省政府教育厅编《山东全省省立学校第二次行政会议报告》由编者刊行。

山东省政府教育厅编《山东省各县地方民国二十年度教育费预算册》由编者刊行。

山东省政府教育厅编《山东省地方民国二十年度预算书》（第 3 册）由编者刊行。

山东省政府教育厅编《山东实施义务教育计划》由编者刊行。

青岛市教育局编《青岛教育》由山东青岛大同印刷公司刊行。

胶济铁路局总务处公益课编《胶济铁路教育概况》由山东青岛编者刊行。

江苏省教育厅编《民国十九年度江苏省教育统计表》由编者刊行。

南京市社会局编《南京市教育概况统计》（十九年度）由江苏南京编者刊行。

上海县教育局编《上海县教育局年报》（十八年度）由上海编者刊行。

安徽省政府教育厅编《民国十九年之安徽教育》（上下册）由编者刊行。

浙江县教育厅编《省学区辅导方案之一例》（地方教育行政丛书）由编者刊行。

孙菽侯著《浙江教育史略》由浙江省教育厅刊行。

浙江嘉兴县第五学区教育办公处编《嘉兴县第五学区教育概况》（十九年度）由浙江嘉兴编者刊行。

浙江鄞县教育局编《鄞县教育年刊》(十八年度)由浙江鄞县编者刊行。

诏安县教育局编《诏安教育汇刊》(十九年九月至二十年九月)由福建诏安编者刊行。

河南省教育厅河南教育年鉴编辑委员会编《河南教育年鉴》(十九年度)由编者刊行。

河南省教育厅编《河南教育最近概况》由编者刊行。

广东省教育厅编《广东现行教育法令汇编》由编者刊行。

广东省教育厅编《改进全省地方教育行政方案》(广东省教育行政、中等教育会议议决案之二)由编者刊行。

金曾澄等编《广东全省教育代表大会会议录》(民国廿年十一月)由广东省教育会刊行。

杨树荣著,广东省政府教育厅编《民国以来广东教育行政制度沿革史》(广东教育史稿之一)由编者刊行。

云南省教育会编《云南省教育会第一次代表大会专刊》由编者刊行。

司徒义编《南大教育论文集》由广东广州岭南大学教育学会刊行。

冯品兰著《儿童研究》由上海商务印书馆刊行。

按:是书为著者在教学讲义基础上整理而成。全书约4万余字,分为十讲。内容涉及儿童时期对将来的意义、儿童的身体特征、儿童的模仿和被暗示性、游戏和玩具对儿童的影响、儿童的好奇心好问心、儿童的语言、思想、感情及儿童的记忆注意意志等方面。书后附有"儿童研究法""儿童研究略史"两章。该书内容通俗易懂,深受师范学生欢迎,出版后修订并重印两次。

刘钧著《特殊儿童》由天津百城书局刊行。

吕镜楼编,陶行知校《儿童的木工》(上下册)(儿童科学丛书)由上海儿童书局刊行。

冯顺伯著《保育法》由江苏南京书店刊行。

李康复编《儿童自治指导书》由上海世界书局刊行。

朱智贤编《儿童自治概论》由上海中华书局刊行。

按:是书论述儿童自治的意义、价值、目标、组织、活动与指导等。

张雪门编《幼稚园教育概论》由上海商务印书馆刊行。

按:是书第4版为新中学文库丛书。

张雪门编《幼稚园课程编制》(师范小丛书)由上海商务印书馆刊行。

张雪林、苏兆骧编《小朋友游戏》(上册)(小朋友丛书)由上海北新书局刊行。

陈庸声著《玩与吃》由上海晓星书名刊行。

仲靖澜、胡赞平等编《幼稚教育指导》(办学宝鉴之一)由上海世界书局刊行。

胡叔异编《英美德日四国儿童教育》由上海中华书局刊行,有编者序。

程其保编《小学教育》(师范丛书)由上海商务印书馆刊行。

仲靖澜等编《小学教育指导》(办学宝鉴之一)由上海世界书局刊行。

俞子夷著《小学教学漫谈》由上海中华书局刊行。

徐家鉴编《训育周实施新例》由上海儿童书局刊行。

刘百川著《小学训育法ABC》(ABC丛书)由上海世界书局刊行,有江恒源序。

朱智贤编《小学课程研究》由上海商务印书馆刊行。

马客谈、丁叔明主编《协动实验课程》(小学低级之部)由江苏南京书店刊行。

傅彬然著《小学教学法》(开明师范教本)由上海开明书店刊行。

赵廷为著《小学教学法》(上册)(高级中学师范科教科书)由上海商务印书馆刊行。

赵廷为编《小学教学法通论》由上海商务印书馆刊行。

童伯匋著《小朋友课外作业》（小朋友丛书）由上海北新书局刊行。

沈百英著《小学社会科教学法》（师范小丛书）由上海商务印书馆刊行。

上海中学实验小学编《高级日本研究教学大纲》（地方教育第五分区研究会丛刊）由上海编者刊行。

沈荣龄编《小学国语科教学法》由上海中华书局刊行。

按：是书分通论、语言教学论、阅读教学论、作文教学论、写字教学论、结论等 6 章。

徐锡龄编著《儿童阅读兴趣的研究》（国立中山大学教育学研究所丛书）由上海民智书局刊行，有庄泽宣序。

吴研因、王志瑞著《小学历史科教学法》（师范小丛书）由上海商务印书馆刊行。

张仲慎编《小学算术教学参考资料》（鄞县教育小丛书）由浙江鄞县教育局刊行。

王怀琪著《小学游戏科教学法》（师范小丛书）由上海商务印书馆刊行。

浙江省立第七中学附属小学编《抗日救国教材举例》（浙江省第七学区辅导丛刊）由浙江编者刊行。

刘维诘著《小朋友工艺》（小朋友丛书）由上海北新书局刊行。

陈伯吹著《小朋友卫生》（小朋友丛书）由上海北新书局刊行。

黄问白著《小朋友学校》由上海北新书局刊行。

杜佐周编《小学行政》由上海商务印书馆刊行。

俞子夷编《新中华小学行政》由上海新国民图书社刊行。

浙江省立第五中学附属小学编《小学学历编造法》由浙江编者刊行。

浙江省立三中附小地方教育辅导部编《抗日救国教育专刊》由浙江编者刊行。

宋春韶编《北师附小实施概况》由北平市立师范附属小学校刊行。

福建弘立集美女子小学校编《一个小学一年来的一事一物》（第 1 期）福建天马编者刊行。

夏丏尊、林语堂等著《中学各科学习法》（开明青年丛书）由上海开明书店刊行。

周郁年、马天放编《社会科学考试指南》由上海广益书局刊行。

孙树本演算，马文元校《代数学习题详解》由北平戊辰学会编辑部刊行。

王怀琪编《三段教材补编》由上海中国健学社刊行，有柳成烈等人序。

于澄编《各科投考常识》由上海实学研究社刊行。

陈宗明著《中学生问题》（中学生丛书）由上海中学生丛书社刊行。

仲靖澜、胡赞平、马兼善著《中学教育指导》（办学宝鉴之一）由上海世界书局刊行。

广东省教育厅编《改进全省中等学校教育方案》（广东省教育行政中等教育会议议决案之一）由编者刊行。

广西省教育厅编《广西省督学视察报告书》（二十年度）由广西邕宁编者刊行。

云南省教育厅地方教育专刊编辑委员会编《云南省中等教育概览》（云南省教育厅地方教育专刊之二）由编者刊行。

教育部普通教育司编《全国公私立中等学校名称及分布概况》由江苏南京编者刊行。

北平市第四中学校编《北平市立第四中学廿周年纪念刊》由北平编者刊行。

中法大学附属高级中学编《私立中法大学附属高级中学学则》由北平编者刊行。

北平艺文中学校编《道尔顿制实施概况》由北平编者刊行。

北平安徽中学编《北平安徽中学两年来实施概况》由北平编者刊行。

北平汇文神学校编《北平汇文神学校简章》由北平编者刊行。

天津法汉学校编《天津法汉学校章程》由天津编者刊行。

保定民生中学出版委员会编《民生中学校六周纪念特刊》由保定编者刊行。

潞河年刊编辑委员会编《潞河年刊》由河北通县私立潞河中学刊行。

私立潞河中学校编《私立潞河中学校详章》由河北通县编者刊行。

上海沪江大学附属中学编《沪江附中1931级年刊》(第1卷)由上海编者刊行。

上海爱国女子中学校编《上海爱国女子中学校现况概览》由上海编者刊行。

圣玛利亚女校编《圣玛利亚女校五十周年纪念特刊》由上海编者刊行。

江苏省立上海中学校教务处编《上中课程标准》由上海编者刊行。

熊子容著《职业教育》由上海黎明书局刊行,有邰爽秋序。

孟普庆著《德国职业补习教育发达史》由江苏南京国立中央大学新声社推广部刊行。

雷宾南著《成人教育丛论》(第1集)由无锡江苏省立教育学院研究实验部刊行。

教育部社会教育司编《民国十六年来之民众教育刊物》由编者刊行。

周德心编《民众教育应用标语集》(民众教育小丛书)由无锡江苏省立教育学院研究实验部刊行,有傅葆琛的“丛书编辑旨趣”。

周德之等编《民众教育问答》由无锡江苏省立教育学院研究实验部发行股刊行,有傅葆琛序。

甘豫源编《新中华民众教育》(高级中学师范科用)由上海新国民图书社刊行。

张椿年编《民众教育设备指南》由上海实学通艺馆刊行。

李蒸著《民众教育讲演辑要》由北平文化学社刊行。

朱智贤著《民众学校设施法》(民众教育丛书)由济南山东省立民众教育馆刊行部刊行。有董渭川序。

徐回千等编《民众珠算课本教授书》(第1册)由上海中华书局刊行。

中国国民党浙江省执行委员会宣传部编《识字运动丛刊》由浙江编者刊行。

张正藩著《识字运动之理论与实际》由湖北汉口著者刊行。

周天冲著《家庭设计与乡村教育》(教育小丛书)由上海中华书局刊行。

鲁世英著《乡村教育》由北平文化学社刊行。

江苏省立教育学院研究实验部编《各国成人教育概况》(第1辑)(民众教育丛书)由江苏省立教育学院刊行,有傅葆琛的“丛书编辑旨趣”和郑冠兆序。

江苏省立教育学院研究实验部编《各国成人教育概况》(第2辑)(民众教育丛书)由江苏省立教育学院刊行,有郑冠兆序。

广东省教育厅编《广东各县市教育行政报告汇刊》(中华民国十九年)由编者刊行。

首都第五届识字运动筹备委员会编《首都第五届识字运动特刊》由江苏南京编者刊行。

浙江省教育厅编《浙江省民众学校法规汇刊》由浙江编者刊行。

浙江省识字运动宣传委员会编《浙江省识字运动年报》(二十年度)由杭州编者刊行。

陈德徵著《天才儿童教育》(上海市教育局丛书)由上海商务印书馆刊行。

沈子善著《露天学校》(师范小丛书)由上海商务印书馆刊行。

仲靖澜、胡赞平、马兼善编《社会教育指导》(办学宝鉴之一)由上海世界书局刊行。

胡怀琛著《古书今读法》由上海世界书局刊行。

按：是书分何谓古书、古书与今日社会发生关系的实例、明古书源流、材料与工具等10章。

朱介民著《学生读书指导》（学生指导丛书）由上海光华书局刊行。

范寿康编《我们怎样读书》由上海白马社刊行。

金兆均著《体育行政》（体育丛书）由上海勤奋书局刊行，有著者序及小史。

章辑五著《世界体育史略》（体育丛书）由上海勤奋书局刊行，有著者小史及丛书序言。

王庚著《公共体育场》（民众教育丛书）由杭州浙江省立图书馆印行所刊行。

王壮飞著《体育场指南》（体育丛书）由上海勤奋书局刊行，有著者弁言及张伯苓的《体育丛书序言》。

王复旦著《运动场建筑法》（体育丛书）由上海勤奋书局刊行，有著者小史。

董守义著《田径赛术》由北平利华公司刊行。有著者序。

张恒著《田径赛训练法》（体育丛书）由上海勤奋书局刊行。

王复旦著《越野跑训练法》（体育丛书）由上海勤奋书局刊行，有丛书序。

王复旦著《田径赛裁判法》（体育丛书）由上海勤奋书局刊行。

白虹田径队编者《白虹田径队纪念刊》由上海神州国光社刊行，有沈嗣良弁言。

吴邦伟著《篮球训练法》（体育丛书）由上海勤奋书局刊行。

阮蔚村著《排球训练法》（体育丛书）由上海勤奋书局刊行，有著者小史。

吴邦伟著《足球训练法》由上海勤奋书局刊行，有著者小言。

马德泰著《网球训练法》（体育丛书）由上海勤奋书局刊行，有著者小史。

俞斌祺著《乒乓训练法》（体育丛书）由上海勤奋书局刊行，有洪尊三序。

潘知本编《棒球》（万有文库）由上海商务印书馆刊行。

姚苏凤编著《考尔夫训练法》（体育丛书）由上海勤奋书局刊行。

中央国术馆编《张之江先生国术言论集》由江苏南京编者刊行。

张之江编著《国术考试要览》刊行。

翁国勋、朱国福编《国术论丛》由上海大东书局刊行，有序。

金一明编《拳术教材》（国术丛编）由上海百新图书公司刊行。

吴志青编《教门潭腿图说》（尚武楼丛书）由上海大东书局刊行。

中央国术馆编，教育部审定《初级腿法》由上海大东书局刊行，有张之江题字和序言。

马永胜著，中央国术馆审定《新太极拳书》（国术丛书）由江苏苏州著者刊行。

吴图南著《科学化的国术太极拳》由上海商务印书馆刊行，有褚民谊、赵润涛序及著者自序。

吴志清编《赵门拳法炮拳图说》（尚武楼丛书）由上海大东书局刊行，书前有题字和编者序。

章启东编《形意连环拳图说》由上海中华书局刊行，有章明序。

刘钰编著《少林拳述选编》（体育丛书）由上海商务印书馆刊行。

赵连和授，陈铁生述《合战》（技击丛刊）由上海商务印书馆刊行。

吴志清编《少林正宗练步拳》（尚武楼丛书）由上海大东书局刊行，有编者自序。

赵连和授，陈铁生述《工力拳》（技击丛刊）由上海商务印书版刊行。

傅秀山编《捷拳图说》由上海大东书局刊行，有丁佑任等人题字、谌祖安序及编者序。

吴志青编《六路短拳图说》由上海大东书局刊行。

王怀琪编制《脱战拳全图》由上海中国健学社刊行。

程人骏著《大梨花枪图说》由上海大东书局刊行,有褚民谊等人序及著者序。

金倚天编《太极剑图说》由上海武侠社刊行,有夏明志序。

李芳宸口授,黄元秀编著《武当剑法大要》由上海商务印书馆刊行。

金一明编《君子剑》(国术丛编)由上海百新书店刊行,有编者自序。

大东书局编《射技图说》由上海大东书局刊行。

钱一勤著《游泳训练法》(体育丛书)由上海勤奋书局刊行,有著者小史。

王毋我编《交谊会游戏》由上海商务印书馆刊行。

郭沫若著《甲骨文字研究》由上海大东书局刊行。

郭沫若著《殷周青铜器铭文研究》由上海大东书局刊行。

容庚辑《秦汉金文录》由中央研究院历史语言研究所刊行。

按:此书当时秦汉金文之总汇,收录秦器86件,汉晋器749件。

刘复编《敦煌掇琐》上集作为"中央研究院历史语言研究所专刊之二"刊行。

按:《敦煌掇琐》是20世纪30年代以前敦煌文献收集的集大成者,"标志着我国敦煌文献辑佚整理工作进入一个新的阶段"。全书按写本性质分类排比,自行编号,编为上中下三集,"上集是文学史的材料,中集是社会史的材料,下集是语言文字的材料"。上集包括小说、杂文、小唱、诗、经典演绎、艺术等;中集收入有关家宅田地、社会契约、讼诉、官事、婚事、教育、宗教、历书、迷信、杂事等方面的材料;下集收有《刊谬补缺切韵》《字书》《字宝碎金》《俗务要名林》等。凡所辑录,都保持写本原貌,俗字也照样描出。书前蔡元培序云:"读是编所录一部分的白话文与白话文五言诗,我们才见到当时通俗文词的真相。就中如孟姜女、五更转等小唱,尤可以看出现今通行的小唱,来源独古。"又说:"就中如家宅图,可以见居室的布置;舞谱,可以见舞蹈的形式;各种借券,可以见借贷实物与罚去利息的习惯。"并肯定该书辑佚钩沉,网罗甚富,确为辑录敦煌遗书的重要专书。1925年10月28日,《北京大学国学门周刊》第1卷第3期刊发了《敦煌掇琐叙目》一文。该书中辑出版在1932年,下辑在1934年。1957年,中国科学院考古研究所编辑室重行补版刊刻1部6册,并附有校勘记1卷。(参见王学典《20世纪史学编年(1900—1949)》,商务印书馆2014年版)

罗常培著《敦煌写本守温韵学残卷跋·梵文颚音五母之藏汉对音研究》由北平国立中央研究院历史语言研究所刊行。

杨树达编《马氏文通刊误》由上海商务印书馆刊行。

按:是书分为10卷,为系统地纠正马书违误之处的专著,是作者多年经营的成果。作者在本书自序中说:"余自民国初元始读《文通》,颇持异议。八年秋冬之际,家居少事,创述是编,继是北游,续有所述。"此书在纠正马书的同时,阐述了自己的许多语法见解。

赵元任编著《反切语八种》由国立中央研究院历史语言研究所刊行。

顾荩丞编著《说文综合的研究》由上海世界书局刊行。

夏敬观著《音学备考》由上海商务印书馆刊行。

按:此书收中国音韵学论著3种:《古声通转例证》《经传师读通假例证》《今韵析》(4卷)。

贺凯著《中国文字学概要参考书》由北平文化学社刊行。

贺凯著《中国文字学概要》由北平文化学社刊行。

毕任庸著《文字学》由江苏苏州萃英中学刊行。

胡怀琛编《中国文字的过去与未来》由上海世界书局刊行。

按:此书为汉字和文法论文集。收《韵语的种类及其影响》《纵横文的内容及其影响》《论中国古代文字中的译音字》《改造文字的种种计划》《关于文法的种种问题》5篇。书前有序另附录《上大学院请规定国语及文法标准书》等4篇。

赵馀勋著《语言与缀法》(上下册)由上海北新书局刊行。

沈步洲著《言语学概论》由上海商务印书馆刊行。

按:此书分言语学的历史和言语的性质、起源、分类、变迁,以及印度日耳曼语词之构造、英语的沿革、中国语言的发展等16章,论述语言的起源、发展和各语系间的异同。

张世禄编《语言学原理》由上海商务印书馆刊行。

马宗霍著《音韵学通论》由上海商务印书馆刊行。

童斐著《虚字集解》由常州新群书社刊行。

按:是书收文言虚字82个,介绍其用法,并作解释。

白涤洲著《集韵声类考》由北平国立中央研究院历史语言研究所刊行。

白涤洲著《广韵声纽韵类之统计》由北平中国大辞典编纂处刊行。

白涤洲著《北音入声演变考》(中国大辞典编纂处报告1)由北平中国大辞典编纂处刊行。

陈介白编著《修辞学》由上海开明书店刊行。

薛祥绥编著《修辞学》由上海世界书局刊行。

按:是书分字法、句法、章法、篇法、总述5编。

胡怀琛编著《修辞的方法》由上海世界书局刊行。

按:是书分修辞的基本知识、修辞的方法、杂论3章。

方毅等编《辞源续编》由上海商务印书馆刊行。

赵荫棠著《康熙字典字母切韵要法考证》由北平国立中央研究院历史语言研究所刊行。

赵景源编《四角号码检字法教学法》由上海商务印书馆刊行。

按:此书分汉字的形体怎样、四角号码检字法是怎样发明的、取角时有哪几个原则、四角号码相同的字怎样、汉字的写法不一怎样应付等5个问题讲述。后附习题答案及四角号码检字法的应用。

杜定友著《中国检字问题》由编者刊行。

按:此书分中国检字法评略、检字研究、检字试验、改良康熙字典式的建议、新部首与旧部首等16部分。

马国英编《国语注音符号讲义》由上海商务印书馆刊行。

马国英编《国语注音符号发音指南》由上海商务印书馆刊行。

唐治沧编著《注音符号初步》由鄞县教育局刊行。

范祥善、陈和祥增订《(注音符号)学生国语字典》由上海世界书局刊行。

陆衣言编,方毅校《国语注音符号浅说》由上海商务印书馆刊行。

陆基、方宾观编《苏州注音符号》由上海商务印书馆刊行。

国语统一筹备委员会编辑《国语罗马字公布经过述略》由编者刊行。

陈光垚著《简字论集》由上海商务印书馆刊行。

胡怀琛编著《标点符号使用法》由上海世界书局刊行。

朱剑芒、陈霭麓编《初中国文指导书》(1—6册)由上海世界书局刊行。

周阆风著《小朋友应用文》由上海北新书局刊行。

中学生杂志社编《(19)中学生文艺》由上海开明书店刊行。

中学生读书会编《中学生作文指导》由上海中学生读书会刊行。

徐蘧轩编《现代学生书信》由上海世界书局刊行。

杨文安著《中学生日记》由上海中学生丛书社刊行。

杨文安编《中学生游记》由上海中学生书局刊行。

薛凤昌著《文体论》由上海商务印书馆刊行。

顾凤城著《实用作文法》由上海乐华图书公司刊行。

陈子展编《应用文作法讲话》由上海北新书局刊行。

谷凤田编著《文章作法讲话》(北平犛箓社丛书)由北平开明出版部刊行。

汪倜然编著《论辩文作法》由上海世界书局刊行。

宋文翰编《小学作文教学概论》由上海商务印书馆刊行。

许寿民编《中学生创作》(第1、2、3集)由上海中学生丛书社刊行。

陈和祥编辑《现代初中学生文范》(1—3册)由上海世界书局刊行。

胡怀琛编著《一般作文法》由上海世界书局刊行。

胡怀琛编著《抒情文作法》由上海世界书局刊行。

钱谦吾编《语体写景文作法》由上海南强书局刊行。

钱谦吾编《语体小品文作法》由上海南强书局刊行。

钱谦吾编《语体书信文作法及文范》由上海南强书局刊行。

钱谦吾编《语体日记文作法》由上海南强书局刊行。

钱俊民编《日用文件指导》由上海南星书店刊行。

马仲殊编《中学生小说作法》由上海中学生书局刊行。

邹炽昌编著《公文作法》由上海世界书局刊行。

张虚白编《陆海空军用新公文程式》由上海法政学社刊行。

张虚白编《国民政府公文程式大全》(1—4册)由上海大东书局刊行。

徐望之著《公牍通论》由上海商务印书馆刊行。

萧森编著《海陆空军公文程式》由上海精诚书店刊行。

按:介绍体例及令、训令、指令、布告等各类公文程序。书末附:启事、文告。

韦维清编《公文程式讲义》由上海法政学院刊行。

吴瑞书编《(现行实用)契约程式大全》由上海中央书店刊行。

费有容编《现代新函牍分类大全》由上海广益书局刊行。

时希圣著《应用礼帖程式》由上海广益书局刊行。

王子玉编《实用契据举例》由上海商务印书馆刊行。

董坚志编《实用契约全书》(1—4册)由上海春明书店刊行。

《(现行实用)契约程式大全》(1—3册)由上海中央书店刊行。

陈觉民编著《(国民政府)军用公文作法》由上海大东书局刊行。

按:包括公文程式条例、公文书专用词及令文、训令、指令、布告、呈文、咨文、公函等各类军用公文作法。

邰爽秋编著《中小学及地方教育行政公文书牍大全》由上海教育编译馆刊行。

戴淑清编《文学描写手册》由上海文艺书局刊行。

李廷壁、王起草拟,安徽省立第四中学校编辑委员会编《国文科教学纲要》由安徽省立第四中学校刊行。

吴耕萃著《国语文典》由上海广益书局刊行。

赵景深、姜亮夫选注《北新文选》（1—6 册）由上海北新书局刊行。

张莘荪主编《学生辞源》（上下册）由上海新华书局刊行。

于道泉编注，赵元任记音《（第六代达赖喇嘛）仓洋嘉措情歌》由北平国立中央研究院历史语言研究所刊行。

戴叔清编《语体文学读本》（上中下册）由上海文艺书局刊行。

崔俊夫编《（全国学校）国文成绩汇编》由上海大中华书局刊行。

圣约翰中学编《圣约翰中学国文成绩》由编者刊行。

王云五著《王云五小辞典》由上海商务印书馆刊行。

王艺编《最新应酬联文全书》由上海文明书局刊行。

汪怡著《汪怡国语速记学》由著者刊行。

孙寒冰、伍蠡甫编《西洋文学鉴赏》由上海黎明书局刊行。

沈觐鼎著《（修正增补）东文新教程》由上海著者刊行。

上海江北文艺社编《（散文甲选）中学文学读本》由上海民众图书公司刊行。

陆衣言编《商人国语会话》由上海世界书局刊行。

陆衣言编《交际国语会话》由上海世界书局刊行。

林峰著《林峰音义》由上海林峰书屋刊行。

林峰著《林峰新字》由上海林峰书屋刊行。

林峰记《林峰速记》由著者刊行。

李中昊编《文字历史观与革命论》由北平文化学社刊行。

黎锦熙著《三百篇主述倒文句例》由北平师范大学刊行。

黎锦熙编《（国语罗马字）国语模范读本》（首册）由上海中华书局刊行。

钱谦吾编《青年文学自修读本》（第 3 册）由上海湖风书局刊行。

钱谦吾编《青年文学自修读本》（第 2 册）由上海湖风书局刊行。

开明书店编译所编辑《开明语体文选类编》（第 6 册）由上海开明书店刊行。

开明书店编译所编辑《开明语体文选类编》（第 2 册）由上海开明书店刊行。

开明书店编译所编《开明古文选类编》（第 1—6 册）由上海开明书店刊行。

开明书店编辑，宋运彬注释《开明活叶文选注释》（第 2、4 册）由上海开明书店刊行。

江南文艺社编《现代中国散文乙选》（上下册）由上海江南文艺社刊行。

沪江大学中国语言文学系编选《文章轨范》由上海江大书店刊行。

洪超编，柳亚子校《中学生文学读本》（1—6 册）由上海开华书局刊行。

曹聚仁编《散文甲选》（中学文学读本第 2 种）由上海群众图书公司刊行。

何士骥著《整理说文之计划书》由著者刊行。

王静如著《中台藏缅数目字及人称代名词语源试探》由北平国立中央研究院历史语言研究所刊行。

何炳松等编，王云五主编《（英汉对照）百科名汇》由上海商务印书馆刊行。

葛传椝编著《英文文法精义》由上海开明书店刊行。

傅祺敏编著《日语汉译辞典》由上海中学生书局刊行。

陈肇绩编《英文同音异字同字异音表》由上海群众书社刊行。

陈昌盛、王翼廷编著《简明英文法》由上海中华书局刊行。

曹百川著《文学概论》由上海商务印书馆刊行。

戴叔清编《文学原理简编》由上海文艺书局刊行。

华胥社编《华胥社文艺论集》由上海中华书局刊行。

郭沫若著《文学评论》由上海爱丽书店刊行。

郭沫若著《文艺论集续集》由上海光华书局刊行。

戴叔清著《文艺方法总论》(上下册)由上海文艺书局刊行。

文学研究社编《文学论》由上海文光书局刊行。

思明著《文艺批评论》(文艺之部)由上海神州国光社刊行。

周毓英著《文学常识》(上下册)由上海神州国光社刊行。

陈彝荪著《文艺方法论》由上海光华书局刊行。

戴叔清编《文学术语辞典》由上海文艺书局刊行。

顾凤城等编《新文艺辞典》由上海光华书局刊行。

戴叔清编《文学家人名辞典》由上海文艺书局刊行。

胡寄尘编著《文艺丛书》(第 2 集)由上海商务印书馆刊行。

戴树清编著《写给青年创作家》由上海文艺书局刊行。

光华书局编辑部编《文艺创作讲座》(1—4 卷)由上海光华书局刊行。

钱畊莘著《民间文艺漫话》由杭州浙江省省立民众教育馆辅导部刊行。

陈怀著《中国文学概论》由上海中华书局刊行。

按:是书分绪论、文性、文情、文才、文学、文识、文德、文时、总论等 9 篇。

陈彬龢著《中国文学概论》由上海商务印书馆刊行。

谭正璧编著《中国文学史大纲》(改订本)由上海光明书局刊行。

陈冠同编著《中国文学史大纲》由上海民智书局刊行。

徐扬著《中国文学史大纲》(上下册)由上海神州国光社刊行。

胡寄尘(原题胡怀琛)编著《中国文学史概要》(上下册)由上海商务印书馆刊行。

陆侃如、冯沅君著《中国诗史》(上中下卷)由上海大江书铺刊行。

按:此书为第一部中国诗歌通史,也是 20 世纪经典学术史著作之一。

罗根泽著《乐府文学史》由北平文化学社刊行。

蒋善国著《三百篇演论》由上海商务印书馆刊行。

崔东璧著,努力学社标点《读风偶识》由北平文化学社刊行。

蒋梅笙编著《诗范》由上海世界书局刊行。

胡寄尘(原题胡怀琛)编著《诗的作法》由上海世界书局刊行。

刘铁冷编《作诗百法》(上下卷)由上海中原书局刊行。

洪为法著《曹子建及其诗》由上海光华书局刊行。

夏敬观著《词调渊源》由上海商务印书馆刊行。

陈登元辑注《词林佳话》由江苏南京书店刊行。

杨树达著《词诠》由上海商务印书馆刊行。

任中敏编《词曲通义》由上海商务印书馆刊行。

任中敏著《散曲丛刊》由上海中华书局刊行。

王易著《词曲史》由上海神州国光社刊行。

刘毓盘著《词史》由上海群众图书公司刊行。

顾佛影（原题顾宪融）编纂《填词百法》（上下册）由上海中原书局刊行。

鲁迅著《中国小说史略》由上海北新书局刊行。

按：阿英《作为小说学者的鲁迅》说："鲁迅先生的《中国小说史》，实际上不止是一部史，也是一部非常精确的'考证'书。于史的叙述之处，随时加以考释，正讹辨伪，正本清源。在一向不为士大夫所重视的中国，甚至小说作者的真姓名都不愿刻在书上，假借伪托，改窜更易，不如此实无法有'史'，即有亦不'信'。鲁迅先生以历史的，同时又是考据的态度，来从事整理，成'史'而又可'信'，这是在方法上最见卓识的地方。有时他不仅辨证真伪，且及于思想的来源。在体例上最见特色的，是鲁迅先生只注意于'蜕化的迹象'，而寻其发展，在必要时亦叙其对前人的拟作。于一体例的兴，也略述其根源，趋向，有时也说到发展的结果。所以，于史的部分，开始于上古的神话传说，继之以汉人小说，六朝鬼神志怪，然后是唐传奇，宋话本，元明讲史，再用于明清的章回小说。于重要之作，亦不惜巨大篇幅，评加编列，从作者、内容一直到版本的异同。论证方面其特点自不外考证精确与论断谨严。于每一体倾向，只涉及代表的作品，其评解又据价值影响而定。至定晚清小说为'谴责'，以别于'讽刺'的《儒林外史》，自然是由于其诊断的一贯谨严的标准而来。其论断一书优劣，水准之高，又自可见。于简略叙述中见繁复事态，于一二语中论断全文，简单中肯，往往而然，这也可以说《中国小说史》的优秀处。"（《民国学案》第四卷《阿英学案》）

樾公著《水浒传索隐》由上海文明书局刊行。

胡适著《醒世姻缘传考记》由上海亚东图书馆刊行。

李菊休编著《现代小说研究》由上海亚细亚书局刊行。

陈穆如编《小说原理》由上海中华书局刊行。

按：是书分小说的目的、种类、描写、结构、文体等14章。

蒋瑞藻著《小说枝谈》（上下卷）由上海商务印书馆刊行。

詹奇著《小说作法纲要》（文艺之部）由上海神州国光社刊行。

熊佛西著《佛西论剧》由上海新月书店刊行。

阿英（原题黎光炎）编《转变后的鲁迅》由北平东方书店刊行。

张若谷著《从嚣俄到鲁迅》由上海新时代书局刊行。

黄人影编《郭沫若论》由上海光华书局刊行。

韩起著《沉痛的曝露》（论文集）由江苏南京拔提书店刊行。

钱南铁编《虞社社友录》由江苏常熟虞社刊行。

郭沫若著《黑猫》由上海现代书局刊行。

陈洪著《绕圈集》由万人社刊行部刊行。

邹韬奋著《小言论》第一集由生活周刊刊行。

林语堂著《生活的艺术》由上海群益书社刊行。

张謇著，张孝若编《张季子九录》由上海中华书局刊行。

周梦蝶编《中外文学名著辞典》由上海乐华图书公司刊行。

余心著《欧洲近代戏剧》由上海商务印书馆刊行。

叶遇春编《西洋歌剧考略》由上海商务印书馆刊行。

金石声编《欧洲文学史纲》由上海神州国光社刊行。

吕天石著《欧洲近代文学思潮》由上海商务印书馆刊行。

张伯符著《欧洲近代文学思潮》由上海商务印书馆刊行。

按：是书分欧洲近代思潮的源流、浪漫主义的消长、写实主义和自然主义的运动、新浪漫主义的面面观、改造期的文艺思潮等5章。

曾仲鸣著《法国文学丛谈》由上海开明书店刊行。

万良睿、朱曼华著《西班牙文学》由上海商务印书馆刊行。

赵景深编《一九三〇年的世界文学》由上海神州国光社刊行。

河北省教育厅编绘《同舟共济》由编者刊行。

北京中国艺术协会编《燕都商榜图》由编者刊行，有序。

俞雍衡著《通俗讲演》由杭州浙江省立图书馆印行所刊行。

林文铮著《何谓艺术》由上海光华书局刊行，有自序。

李朴园著《中国艺术史概论》由上海良友图书印刷公司刊行，有林文铮的序及作者自序。

按：是书分原始社会、初期宗法社会、第一过渡期社会、初期混合社会、第二过渡期、社会主义社会、中国艺术之将来等11章。

万籁鸣编绘《人体表情美》由上海良友图书印刷公司刊行，有傅彦长、张若谷、梁得所等人的序。

丰子恺作，吴契悲编《光明画集》由江苏苏州弘化社刊行。

刘海粟著《中国绘画上的方法论》由上海中华书局刊行。

丰子恺著《西洋美术史》由开明书店出版。

丰子恺著《西洋名画巡礼》（少年美术读本）由上海开明书店刊行，有作者序。

丰子恺作《学生漫画》由上海开明书店刊行。

王凯成绘《凯成作品》第1集由绘画者刊行。

王济远编绘《王济远欧游作品展览会集》（1—2辑）由上海文华美术图书印刷公司刊行。

叶浅予编《漫画大观》由上海中国美术刊行社刊行，有叶浅予的序。

西湖一八艺社编《西湖一八艺术第六届展览会特刊》由杭州国立艺术专科学校刊行。

刘以祥著《色彩学》由上海商务印书馆刊行。

朱凤竹著《五彩活用广告画》由上海形象艺术社刊行。

何明斋编绘《中西图案画集》由上海世界书局刊行。

何香凝绘《何香凝画集》（第2辑）刊行，有柳亚子序。

好友艺术社编著《好友佳作集》由上海文化美术图书印刷公司刊行，有张亦庵的代序。

朱凤竹编绘，洪方竹助编《美术图案画》（上下册）由上海形象艺术社刊行。

艺苑研究所编《艺苑》（第2辑美术展览会专号）由上海文化美术图书印刷公司刊行。

卓宏谋编《巴园老人扇面册》（第2集）由编者刊行。

卓宏谋编《巴园老人墨迹》（第3集）由编者刊行。

蜜蜂画社编《当代名人画海》甲编由上海中华书局刊行，有朱孝臧等人的序和郑午昌的跋。

绿藤著《小朋友图画讲话》由上海北新书局刊行。

傅抱石编著《中国绘画变迁史纲》由江苏南京书店刊行，有编著者序。

中华图案研究会编《影绘》（第1集）由上海中华图案研究会刊行，有编者序。

周继善著《野外写生论》由上海民智书局刊行，有倪工序和作者自序。

俞寄凡著《色彩学 ABC》由上海 ABC 丛书社刊行。

美社选编《美社照片选刊》由上海良友图书印刷公司刊行。

徐谦著《笔法探微》由著者刊行。

陈彬龢、查猛济编著《中国书史》由上海商务印书馆刊行。

陈彬龢著《中国文字与书法》由上海商务印书馆刊行。

按：是书分文字源流、书体沿革、书法述评、书法研究等 4 编。书末附历代书法名家小传、重要碑目。书内有碑帖印样。

卓定谋著《用笔九法—章草》由北平国立北平研究院刊行。

卓定谋编《用笔九法是用科学方法写汉字》由北平国立北平研究院刊行。

王云阶、尹凡然著《书法执笔图说大观》由北平中国大学出版科、和记印书馆刊行，有王云阶、尹凡然的序。

许之衡著《中国音乐小史》由上海商务印书馆刊行。

许志豪、沈憬然合著《皮黄锣鼓秘诀》由上海大东书局刊行。

许志豪编《风琴胡琴京调曲谱大观》（1—4 集）由上海大东书局刊行。

王光祈著《音学》由上海启智书局刊行。

王光祈著《翻译琴谱之研究》由上海中华书局刊行。

王庆勋著《最新口琴吹奏法》由上海商务印书馆刊行，有自序。

朱稣典、徐小涛编《作曲法初步》由上海开明书店刊行。

朱稣典编《音乐的基础知识》由上海中华书局刊行。

按：是书用问答形式讲述音响学、乐典、唱歌法、和声学、乐器学、乐式学、作曲法、音乐史等。

李白英编《在野底歌曲》由上海光华书局刊行。

刘学书著《鼓号教程》由热河师范学校刊行。有著者自序及黄锡福等人的序。

赵紫宸歌，范天祥谱《民众圣歌集》由编者刊行，有作者序及范天祥的序。

柯政和编《钢琴独奏曲集》上编由北平中华乐社刊行。

傅彦长著《音乐常识问答百条》由上海三民公司刊行，有作者序。

裘梦痕、丰子恺合编《怀娥铃演奏法》由上海开明书店刊行。

丰子恺著《世界大音乐家与名曲》由上海亚东图书馆刊行。

按：是书分 12 讲，介绍舒曼、肖邦、李斯特、柏辽兹、瓦格纳、莫扎特、贝多芬、舒柏特、门德尔松、柴可夫斯基等 12 位名音乐家及其名曲。书前有作者序。

黎锦晖编《黎锦晖歌曲集》第 4 册由上海中华书局刊行。

潘玉书著《音乐故事》（上册）由上海儿童书局刊行。

蒲爱德、梅甦善编《儿童唱歌游戏》由上海广学书局刊行。

柳尧章编著《皮黄唱片谱》由上海文明书局刊行。

顾子仁编《海外心声》（第 1 集）由编者刊行。

钱君匋、陈啸空编《小朋友歌曲》由上海北新书局刊行。

罗级庵作歌，仇河清绘图，朱建侯述史《中国纪念仪式歌集》由江苏南京书店刊行。

周剑云编辑《歌女红牡丹特刊》由上海华威贸易公司刊行。

罗淑桢著《蝶酣花醉》由上海印书馆刊行。

浙江省识字运动宣传委员会编《歌词》由编者刊行。

邱望湘、张守方著《傻田鸡》由上海开明书店刊行。

邱望湘、张守方编《恶蜜蜂》由上海开明书店刊行。

华丽丝、青主著《音境》由上海商务印书馆刊行。

余心著《欧洲近代戏剧》由上海商务印书馆刊行。

沈明珍著《舞蹈入门》由上海勤奋书局刊行,有沈嗣良序。

刘亦筬编《精选名伶剧谱》由上海华通书局刊行。

方问溪著,张次溪校《梨园话》由北平中华印书局刊行,有谢苏生、林小琴等人的序及作者自序。

陈大悲著《戏剧 ABC》由上海 ABC 丛书社刊行。

苏焕园、乐文林编辑《亦宜社彩排特刊》由上海亦宜社票房刊行。

春雪著《戏剧艺术》由中文印书馆刊行。

阎哲吾(原题阎折梧)编《学校戏剧概论》由江苏镇江中央书店总代售。

袁牧之编著《戏剧化装术》由上海世界书局刊行。

周锦涛编著《学校剧导演法》由上海儿童书局刊行,有编著者自序。

上海市教育局第四科通俗教育股编《审查戏曲》由上海市教育局刊行。

仙逸学校宣传部编《仙逸学校援黑筹款演剧特刊》由广东中山县石岐民生中学刊行。

永兴国剧社编《(天津)永兴国剧社周年纪念册》由天津永兴国剧社刊行。

上海电报局电霞艺术会编《电霞艺术会五周纪念集》由编者刊行。

上海市电影检查委员会编《上海市电影检查委员会业务报告》(十八年九月至二十年六月)由编者刊行。

江苏省立教育学院研究实验部编《电影》由江苏无锡江苏省立教育学院刊行。

周世勋编《世界电影明星小史》由上海文华美术图书印刷公司刊行。

按:是书介绍胡蝶、珍妮·盖诺、珍妮·麦唐奈等100人生平事迹,并有照片。

陈克立摄《摄影集》刊行,有郎静山的序。

赵沄等编《复旦摄影年鉴》(二十年)由上海复旦摄影学会年鉴出版部刊行,有胡伯翔、朱寿仁的序。

赵吟秋著《史学通论》由上海大中书局刊行,有江亢虎、陈景新序。

按:是书分史的意义及其范围、史料之搜集、史料之鉴别、历史观的派别及其内容、历史的系统等5章。

罗元鲲编《史学概要》由湖北武昌亚新地学社刊行。

按:是书上编论史学之性质内容及研究方法,下编论中西史学演进之大概及教学方法。

张国仁著《世界文化史大纲》(上下册)由上海民智书局刊行。

邓初民著《社会进化史纲》由上海神州国光社刊行。

按:是书介绍社会的构成及进化的历程包括史先时代、原始共产社会、奴隶制的古代社会、农奴制的中世封建社会、近代资本主义社会、社会主义社会6编。

王心石著《西洋史》(上下册)由上海神州国光社刊行。

朱大公编著《世界亡国痛史》由上海时化书局刊行。

陈此生编《西洋最近五十年史》由上海北新书局刊行。

按：是书分帝国主义的均势维持时代、帝国主义的世界政策、帝国主义均势动摇时代、两帝国主义集团的大冲突、大战后的欧美等 5 章。

曹剑光编著《世界史表解》由枫林书店刊行。

陈逸编《西洋史表解》由上海商务印书馆刊行。

陈铎著《日本现代史》由上海商务印书馆刊行。

陈功甫编《日俄战争与辽东开放》由上海商务印书馆刊行。

杜殊密编《法国的革命》由江苏南京书店刊行。

常乃德著《法兰西大革命史》由上海中华书局刊行。

非耳格林、杨氏著，滕柱译《欧洲与不列颠》由上海商务印书馆刊行。

杨东莼著《本国文化史大纲》由上海北新书局刊行。

按：是书除卷首序言、绪论外，全书分三编：1. 经济生活之部，共 6 章，有：初民的生活状况、农业、土地制度与赋税制度、农业经济下的民生、商业货币杂税、工业等。2. 社会政治生活之部，计 10 章：中国社会之演进及其结构、政治制度之变迁、官制之演变、乡治制度之教育、参政、司法、兵制等制度的演进，并述其宗教、礼教等。3. 智慧生活之部，共 10 章，阐述先秦诸子、学术、清谈与玄学、佛学、理学、考据学时代、维新运动与新文化运动、文学与美术、科学等。

韦休编，朱仲翰校《中国史话》（第 1—4 册）由上海商务印书馆刊行。

按：是书为纪事本末体通史。自上古至北伐革命战争。共 80 节。每节之末对疑难之处均加注释，并列有研究问题。书中纪年以民国元年倒推法。全书共分 4 册，无明确断代概念。每册末附大事年表。

曹松叶编《中华民族的留痕》由上海商务印书馆刊行。

陈国强著《物现中国文化史》（社会科学之部）（上下册）由上海神州国光社刊行。

按：作者尝试用唯物史观研究中国文化史，强调文化"就是人类依其物质生活条件为基础而创造、而展开之精神生产的成果之总和"，因而"在叙述各时代文化发展的过程中，特别注意说明当时的社会生活和生产技术的发展阶段，使读者明了这两者间的适应关系"。（参见王学典《20 世纪史学编年（1900—1949）》，商务印书馆 2014 年版）

顾颉刚编《古史辨》（第 3 册）由北平朴社刊行。

冯承钧编撰《史地丛考》由上海商务印书馆出版。

按：此书辑译自伯希和、沙畹、冯承钧等人发表在《巴黎亚洲学报》《荷兰通报》和《河内远东学校校刊》上的西域历史地理论文集。1933 年 1 月商务印书馆又出版了冯承钧编译的《史地丛刊续编》。（参见王学典《20 世纪史学编年（1900—1949）》，商务印书馆 2014 年版）

孙曜著《春秋时代之世族》由上海中华书局刊行。

按：是书分世族之起源、形质与精神、世族之教育、世族制度下史官之地位、世族制度下经济状况之一斑、平民状况之推测、世族之衰因、各国世族之概略等。

时昭瀛著《春秋时代的条约》刊行。

梁宽、庄适选注《左传》由上海商务印书馆刊行。

张西堂著《谷梁真伪考》由北平和记印书馆刊行。

范文澜著《正史考略》由北平文化学社刊行。

王钟麒著《三国史略》由上海商务印书馆刊行。

王钟麒著《晋之统一与八王之乱》由上海商务印书馆刊行。

傅振伦著《刘知几之史学》由北平景山书社刊行。

王桐龄著《杨隋李唐先世系考》由北平女师大刊行。

汤中著《宋会要研究》由上海商务印书馆刊行。

陈怀著《清史要略》由上海中华书局刊行。

罗家伦著《研究中国近代史的意义和方法》由著者刊行。

孟世杰著《中国近百年史》(上下册)由天津百城书局刊行。

按:是书分上下册。上册为第1编"积弱时期",记鸦片战争至中日甲午战争;第2编"变政时期",记戊戌变法至清帝退位;下册为第3编"共和时期",记至北伐完成。

王钟麒著《太平天国革命史》由上海商务印书馆刊行。

按:是书分22节,记述太平天国兴起到灭亡的历史。卷末附录:官等表、诸王列侯表、大事年表及参考书目。

邱培豪著《日本侵略中国大事年表》由上海新声通讯社刊行。

沈熨若著《十九世纪之欧洲与中国》由北平中华印书局刊行。

蒋廷黻编《近代中国外交史资料辑要》(上中卷)由上海商务印书馆刊行,有自序。

按:作者在《自序》中说:"外交史,虽然是外交文,仍是历史。研究外交史,不是做宣传,也不是办外交,是研究历史。历史学自有其纪律。这纪律的初步,就是注重历史的资料。"这部书"上中两卷专论中日之战以前的历史;材料专来自中国方面"。"我编这本书的动机,不在说明外国如何欺压中国,不平等条约如何应当废除。我的动机全在要历史化中国外交史,学术化中国外交史。我更希望读者得此书后,能对中国外交史作一进步的研究"。孟史东在《近代中国研究的开山先驱蒋廷黻》一文中评价:"《近代中国外交史资料辑要》是一部巨著,是中国近代史研究的发展上一个纪念碑。资料排比的条理明晰,标题的新颖,剪裁去取的斟酌得体,犹其余事,重要的是蒋廷黻在每一章节前面长短不等的一段引论,这些引论提示了广博而深锐的剖析,往往有一针见血的精彩。"(朱传誉主编《蒋廷黻传记资料》,台北天一出版社1985年版)

良友图书印刷公司编辑部编《甲午中日战争摄影集》由上海良友图书印刷有限公司刊行。

管理中英庚款董事会事务所编《管理中英庚款董事会年刊》由江苏南京编者刊行。

管理中英庚款董事会订《英庚款保息办法》由江苏南京编者刊行。

辽宁东三省民报社编《中华民国十九年国内外大事记》由辽宁沈阳辽宁东三省民报社刊行。

周谷城著《中国社会之变化》(又名《现代中国社会变迁概论》)由上海新生命书局刊行。

华岗著《一九二五年至一九二七年的中国大革命史》(上中下册)由上海春耕书局刊行。

中国国民党中央执监委员非常会议编《国民会议的意义及其使命》由编者刊行。

和平促进会编《和平会议重要言论集》(附和会经过纪实)由编者刊行。

中国国民党驻美国总支部编《二十年和平运动之函电》由编者刊行。

中央宣传部编撰科编《中东路问题重要论文汇刊》由中央宣传部出版科刊行。

曾志陵著《中东路交涉史》由北平建设图书馆刊行。

孙几伊编《中俄交涉论》(1929年至1930年)由上海大东书局刊行。

马福祥编辑《蒙藏状况》由蒙藏委员会刊行。

按:是书分8章:蒙藏历史、蒙疆社会之组织、蒙古人民之衣食住及礼俗、蒙疆行政公署之组织、新疆概要、青海蒙古、西藏述略。

王勤堉著《满洲问题》由上海商务印书馆刊行。

严兴著《东北各省中的国际关系》由上海昆仑书店刊行。

陈经著《日本势力下二十年来的满蒙》由上海华通书局刊行。

程旨云著《东北事变之由来》由浙江省教育厅刊行。

朱剑白编《暴日侵略东北的研究》由上海北新书局刊行，

童瑜著《日帝国主义侵略东三省之概况》由上海昆仑书店刊行。

程旨云著《东北事变与日本》由上海东方舆地学社刊行。

王秘之著《日本侵占东北的必然性与其前途》由上海昆仑书店刊行。

张仲平编《中日关系主要实力图表》由广东广州编者刊行。

中国国民党中央执行委员会宣传部编《暴日蹂躏东北之真相》（上中册）由编者刊行。

周开庆著《暴日强占东三省之认识》由著者刊行。

徐钧溪、刘家壎著《万宝山事件及朝鲜惨案》由江苏南京日本研究会刊行。

国难记出版部编《中华民国国难记初集》由编者刊行。

罗隆基著《沈阳事件》由上海良友图书公司刊行。

温仲良等编《抗日救国研究宣传资料》（第1辑）由广东省教育会秘书处刊行。

观海时事分类月刊社编《暴日侵略东北专刊》由上海观海时事分类月刊社刊行。

东北编译社编《日本侵略我东北暴行之真相》由上海东北编译社刊行。

联友出版社编《暴日占据东北痛史》（第1奏）由上海编者刊行。

许啸天著《哭诉》（国难写真批评与报告）由上海红叶书店刊行。

中国国民党中央执委会宣传部编《日军侵占辽吉之经过及现状》由编者刊行。

虎口余生著《日军侵据东北记》由民众书局刊行。

倪文宙、张梓生编《东北事件》由上海长城书局刊行。

中国电讯社南京总社刊行部编辑部编《东北事件》（上册）由江苏南京编者刊行。

杨仲民编《日兵侵入后东三省惨祸》由编者刊行。

北宁铁路管理局编《日军侵占东北期间北宁铁路被扰纪要》由编者刊行。

中国国民党上海特别市执行委员会编《暴日入寇东北实录》由编者刊行。

国立中央大学商学院学生抗日救国会宣传股编《暴日侵占东省特刊》由国立中央大学商学院学生抗日救国会刊行。

中国国民党中央执行委员会编《从一切国际条约上判定日本对于东省事件之责任》由编者刊行。

胡愈之著《东北事变之国际观》由上海良友图书公司刊行。

辽宁教育厅编译处编《东北丛刊》（第1集上下卷）沈阳编者刊行。

黑白学会编，卞鸿儒校阅《研究中国东北参考书目》由辽宁沈阳辽宁省立图书馆刊行。

柯璜著《中华民国国民敬告日本帝国君臣士民书》刊行。

良友图书印刷公司编辑部编《日本侵略东北真相画刊》由上海良友图书印刷公司刊行。

王序著《日帝国主义进攻中国与国际联盟》由上海昆仑书店刊行。

中华民国国民政府外交部编《国联行政院关于东案之决议》（附各项声明）由江苏南京编者刊行。

梦蝶编《马占山龙江血战记》由编者刊行。

北平成达师范学校编《北平成达师范学校研究回教文化计划书》由编者刊行。

康天国著《西北最近十年来史料》由上海西北学会刊行。

绥远省通志馆编《绥远通志采访要点》由编者刊行。

郭道甫著《呼伦贝尔问题》由上海大东书局刊行。

宋蕴璞编辑《天津志略》由河北大兴蕴兴商行刊行。

朱士嘉编《中国地方志备征目》由北平燕京大学图书馆刊行。

洪业等编《历代同姓名录引得》由北平哈佛燕京学社引得编纂处刊行。

朱君毅著《中国历代人物之地理的分布》由厦门大学印刷所刊行。

按：作者在《弁言》中说："遗传与环境对于吾人之智慧或事业，究竟发生若何影响，本为教育心理学上一大问题。本研究之目的，一方面在解答此项问题于万一；又一方面在探求中国历代人物之地理分布及其移动之趋势，因而追寻数千年文化变迁之途径。盖人物与文化，彼此固有密切之关系也。稿成，蒙厦大教育学院院长孙贵定博士列为教育学院研究丛刊之一，并拨用中华教育文化基金董事会补助费刊印多本，以资赠送。今复承中华书局总编辑舒新城先生允由该局出版，无任铭感。又从事本篇研究时，先后得周君品瑛、张君庆隆、汪君养仁，及内子成言真女士各种统计上之襄助，附此志谢。朱君毅识于厦门大学。"

郑鹤声编著《司马迁年谱》由上海商务印书馆刊行。

潘吟阁著《〈史记货殖传〉新诠》由上海商务印书馆刊行。

郑鹤声编《班固年谱》由上海商务印书馆刊行。

洪为法著《曹子建及其诗》由上海光华书局刊行。

陆晶清著《唐代女诗人》由上海神州国光社刊行。

按：是书分引言、唐代女诗人与时代背景、唐代女诗人的代表作家、女诗人及其作品略考等4部分。

胡云翼编《浪漫诗人杜牧》由上海亚细亚书局刊行。

柯敦伯著《王安石》由上海商务印书馆刊行。

周予同著《朱熹》由上海商务印书馆刊行。

陈思著《稼轩先生年谱》由辽海书社刊行。

陈筑山著《王阳明年谱》由上海商务印书馆刊行。

王敏时著《戚继光》由上海儿童书局刊行。

闵尔昌著《王伯申年谱》由高邮王氏父子年谱本刊行。

杨钟健编《先严松轩府君年谱》由北平编者刊行。

罗继祖著《段懋堂先生年谱》由上虞罗氏朱程段三先生年谱本刊行。

罗继祖著《程易畴先生年谱》由上虞罗氏朱程段三先生年谱本刊行。

姚绍华著《崔东壁年谱》由上海商务印书馆刊行。

陶存煦著《姚海槎先生年谱》由快阁师石山房丛书本刊行。

谢国桢编《黄梨洲学谱》由上海商务印书馆刊行，书末附有《彭茗斋先生著述考》。

萧一山著《清代学者生卒及著述表》由北平文史政治学院刊行。

按：是书乃编者在北平文史政治学院教清代通史时的讲稿。将清代学者以生年的顺序排列，表述其著述名称、成书时间、卷册数等。

张孝若著《南通张季直先生传记》由上海中华书局刊行。

王惠三著《陈化龙》由上海儿童书局刊行。

李清悚著《邓世昌》由上海儿童书局刊行。

韦息予著《李鸿章》由上海中华书局刊行。

河北省教育厅编《孙中山先生的平民精神》由编者刊行。

伏志英编《茅盾评传》由上海现代书局刊行。

按:作者序说:"茅盾先生是一个富有时代性的作家,他以一九二六年的中国革命高潮的某一部分的现象,写作了《幻灭》《动摇》《追求》,时代反映的三部曲,而一鸣惊人的。他技巧的纯熟,观察的深刻,确能捉住那一时代的核心,如小资产阶级对于革命的幻灭与动摇,女性的脆弱,投机分子的丑态,以及病态的青年男女心理,表现得都有相当的成就。以后,继续写了一部《虹》,在结构上是不及前者,至于短篇,如《一个女性》,则为稀有的力作。自从他发表了《从牯岭到东京》,曾引起不少的回响,有的站在无产阶级的立场说他是只有灰暗沉重的现实,几乎再不能对他有什么希望了;而一般未能把握住时代意识者,亦以文艺'发展自我'的论调,强欲挽回颓运,见解虽各不同,但茅盾先生在中国文艺界的地位是怎样的重要,是可以想见的了。本书关于批评茅盾先生作品的,以及批评茅盾先生理论的文字都收集在这里,篇末并附茅盾先生的答辩式的文字,两相对照,读者藉此可窥见全豹。"

素雅编《郁达夫评传》由上海现代书局刊行。

按:是书收《郁达夫传》(素雅),《达夫代表作后序》(匡亚明),《达夫的三时期》(黎锦明),《创造社》(王独清)等评论文章17篇。附《郁达夫著译一览》。

樊荫南编纂《当代中国名人录》由上海良友图书印刷公司刊行。

国府警卫师编纂组编《忠勇录》由编者刊行。

国货事业出版社编辑部编《中国国货事业先进史略》由编者刊行。

慈忍室主人编《佛教传记》由佛学书局刊行。

余宗信著《革命伟人故事》由上海儿童书局刊行。

中国国民党浙江省执行委员会宣传部编《革命先烈传略集》由编者刊行。

按:是书收录陆皓东、史坚如、吴樾、刘道一、徐锡麟、秋瑾、熊成基等80余人的传略。

武南阳编《东北人物志》由大连满洲报社刊行。

刘炳藜编《社会科学家与社会运动家》由上海中华书局刊行。

按:是书内收16世纪中叶至20世初期的有重要影响的法学家、政治家、经济学家、社会学家、社会主义者及民族运动领袖小传,共38人。第一部分社会科学家,介绍洛克、孟德斯鸠、卢梭、亚当·斯密、马尔萨斯、李嘉图、斯宾塞、塔尔德等20人,后附教育家杜威等5人。第二部分是社会运动家,介绍圣西门、普鲁东、马克思、恩格斯、列宁、孙中山、甘地等13人。

梁得所辑《成功之路》(现代名人自述)由上海良友图书印刷公司刊行。

按:是书收录艺术家徐悲鸿的《悲鸿自述》、著述家邝富灼的《六十年之回顾》、医学家伍连德的《得之于人用之于世》、佛学家丁福保的《医道与佛法》、足球名将李惠堂的《从母胎到现在》、妇女运动者王立明的《由家庭到社会》、交际家黄警顽的《廿年交际经验淡》等7篇自述文章,文章曾在《良友》杂志连续发表过。

菲律宾名人史略编辑社编《菲律宾华侨名人史略》由上海大东书局刊行。

按:是书收录100位有成就的菲律宾华侨名人小传。

周曙山编《现代日本社会运动家及思想家略传》由上海民智书局刊行。

陈博文著《西洋十九世纪之教育家》由上海商务印书馆刊行。

按:是书介绍康德、裴斯塔洛齐、斐希特、士来厄马赫、黑格尔、札科托、赫尔巴特、福禄培尔、梅因、斯宾塞等11位外国教育家的生平及教育思想。卷首绪论部分概述西洋19世纪的教育思潮。

周阆风编《小朋友科学伟人》由上海北新书局刊行。

按:是书记述伽利略、牛顿、瓦特、贝尔、柯蒂斯等18位西方科学家的生平事略。

姜琦著《福勒伯尔》由上海商务印书馆刊行。

张星烺著《马哥孛罗》由上海商务印书馆刊行。

钱杏邨(阿英)著《安特列夫评传》由上海文艺书局刊行。

杨昌溪著《雷马克评传》由上海现代书局刊行。

李济著《俯身葬》由北平国立中央研究院历史语言研究所刊行。

冯承钧编《元代白话碑》由上海商务印书馆刊行。

叶启勋著《桂何隶释续评校》由江苏南京金陵大学学报社刊行。

闽侯县名胜古迹古物保存会编《闽侯县名胜古迹古物保存会第一次报告》由编者刊行。

四川古物保存会考察团编《考察团宣言书》由编者刊行。

潘筱楼、胡惟德著《柴周亚戟瓶器考》由编者刊行。

王献唐著《砖瓦图书为甚么要开会展览》由山东省立图书馆刊行。

王益崖著《地理学》由上海世界书局刊行。

按:是书分总论、自然地理、人文地理3编。自然地理编分天体、陆界、海洋、气界、生物地理学5篇;人文地理编分人类、政治、经济地理学3篇。

李次亮著《人文地理概观》由北平北京大学出版部刊行。

按:是书分绪论与本论两编。本论分人类原始、种族类别、人口问题、人类之文明与文化、语言与文字、风俗与宗教、国家之外延与内包、产业、交通、军备、教育等11章。

华北书店编《人文地理学》由北平华北书店刊行。

刘麟生编《中国沿革地理浅说》由上海商务印书馆刊行。

臧励龢主编《中国古今地名大辞典》由上海商务印书馆刊行。

按:此书上起远古,下迄现代,"凡吾国地名有为检查所需要者,均参考群书,调查甄录,于古则详其因革,于今则著其形要,上下纵横,古今悉备"。全书近四万条,二百多万字,是我国第一部规模宏大的地名词典。(参见王学典《20世纪史学编年(1900—1949)》,商务印书馆2014年版)

金是辉著《我们的华北》由上海杂志无限公司刊行。

傅恩龄编《东北地理教本》由编者刊行。

周志弊编《东三省概论》由上海商务印书馆刊行。

马鹤天编《东北考察记》由江苏南京新亚细亚学会刊行。

上海市立万竹小学编《龙华行》由上海万竹商店刊行。

江苏省民政厅编《江苏省各县概况一览》由江苏省民政厅刊行。

詹念祖编《江苏省一瞥》由上海商务印书馆刊行。

中国旅行社编《首都导游》由上海中国旅行社刊行。

唐幼峰主编《新上海》由上海印书馆刊行。

上海市立万竹小学校著《到苏州去》由上海万竹商店刊行。

上海市立万竹小学编《南翔行》由上海万竹商店刊行。

上海市立万竹小学编《昆山行》由上海万竹商店刊行。

易君左著《闲话扬州》由上海中华书局有限公司刊行。

按:此书出版,在扬州和上海引起轩然大波,甚至对簿公堂,最后易君左辞去在江苏省教育厅的职务,在《新江苏报》上刊登一则启事,事情才算结束:"敬启者:君左去年曾著《闲话扬州》一书,本属游记小品,其中见闻不周,观察疏略,对于扬州社会之批评颇多失实之处,以致激起扬州人士之公愤,引起纠纷。事后详加检点,亦自觉下笔轻率,实铸大错,抚躬自省,以明心志。荷蒙中委王茂如(柏龄)先生本息事宁人之善意,爱惜君左之苦心,不辞烦累,毅然出面斡旋;而扬州人士亦深喻君左自责之诚意,承蒙谅解,撤回诉讼。谨此公布,诸希鉴谅为幸!"

徐宝山编《浙江省一瞥》由上海商务印书馆刊行。

苏警予等编《厦门指南》由福建厦门新民书社刊行。

洪懋熙编《最新中华形势一览图》由上海东方舆地学社刊行。

苏甲荣编制《日本侵略我东北地图》由上海日新舆地学社刊行。

上海中学实验小学编《日本研究读本》由编者刊行。

王朝佑著《东游随感录》由著者刊行。

胡愈之著《莫斯科印象记》由新生命书店刊行。

潘仰尧著《从辽宁到日本》由上海新声通讯社刊行部刊行。

王志成著《南洋风土见闻录》由上海商务印书馆刊行。

黄泽苍编《缅甸》由上海商务印书馆刊行。

黄泽苍编《马来亚》由上海商务印书馆刊行。

廖稚泉编《荷属东印度地理》由上海国立暨南大学南洋美洲文化事业部刊行。

胡焕庸编《美国地志》由南京钟山书局刊行。

徐霞村著《巴黎游记》由光华书局刊行。

卢广绵述《丹麦游记》由东北商工日报馆刊行。

刘纪泽著《目录学概论》由上海中华书局刊行，有自序。

按：是书介绍目录学的起源、定义、体例、派别、功用等。

白寿彝编《朱子语录诸家汇辑叙目》由北平国立北平研究院刊行。

钱基博著《版本通义》由上海商务印书馆刊行。

按：是书考证、研究中国古代图书版本。内分原始、历史、读本、余记4编。

胡朴安、胡道静著《校雠学》由上海商务印书馆刊行。

按：是书分别论述校雠学定义、类别，校雠学发展史和校雠方法。1939年收入"万有文库"。

哈佛燕京学社引得编纂处编《白虎通引得》由北平哈佛燕京学社引得编纂处刊行。

哈佛燕京学社引得编纂处编《说苑引得》由北平哈佛燕京学社引得编纂处刊行。

杜定友著《图书馆学概论》由上海商务印书馆刊行。

刘澡著《图书之选购》由杭州浙江省立图书馆刊行。

陈独醒著《图书馆为什么要劝人读书》第2册由杭州私立浙江流通图书馆宣传部刊行，有蔡元培的序。

陈独醒著《怎样叫做流通图书馆》由杭州私立浙江流通图书馆宣传部刊行。

李钟履著《乡村图书馆经营法之研究》由湖北武昌文华图书科季刊社刊行，有著者序。

北平故宫博物院图书馆编《北平故宫博物院图书馆概况》由编者刊行。

无锡县立图书馆编《无锡县立图书馆概况》由编者刊行，有高阳序。

国学图书馆编《国学图书馆第四年刊》由编者刊行。

梁格编《分类编目与标题之方法》由国立中山大学图书馆刊行。

裘开明著《中国图书编目法》由上海商务印书馆刊行。

福建省立图书馆编《福建省立图书馆概况》由编者刊行。

浙江省立图书馆编《浙江省立图书馆概况》由编者刊行。

浙江省图书馆编《建筑浙江图书馆报告书》由编者刊行。

金云铭著《中国图书著者符号编列法之又一商榷》由福州福建协和大学刊行。

宜兴县立公共图书馆编《二年来之宜兴县立公共图书馆》由编者刊行。

刘阶平撰《杨氏海源阁藏书概略与劫后之保存》刊行。

徐旭著《民众图书馆图书分类法》由无锡江苏省立教育学院实验民众图书馆刊行,有著者序。

天津庸报社股份有限公司编《庸报新屋落成纪念增刊》由编者刊行。

上海市工务局编《整理档案纪要》由编者刊行。

朱希祖著《整理升平署档案记》由北京燕京大学刊行。

大东书局编《大东书局十五周年纪念册》由上海大东书局刊行。

华北公司同人会励群社编《华北公司平津同人欢迎罗总理纪念册》由编者刊行。

金骏编《金佳石好楼碑帖书籍目录》第一次由上海金佳石好楼刊行。

李博等著《知识与进步》由上海时兆报馆刊行。

北平图书馆编纂部索引组编《国学论文索引续编》由中华图书馆协会刊行。

杜联喆编《丛书书目续编初集》由震东印书馆刊行。

洪超编著《中学生百科辞典》由中学生书局刊行。

吴明浩编《青年宝鉴》(增订版)由上海中华书局刊行。

按:是书包括修身、作文、史地、算术等 11 科,供青年自修之用。

安徽省立图书馆编《安徽省立图书馆中文书目》(第 2 册)由编者刊行。

安徽省立图书馆编《安徽省立图书馆中文书目》(第 4 册)由编者刊行。

安徽省立图书馆编《安徽省立图书馆中文书目》(第 5 册)由编者刊行。

抱经堂书局编《杭州抱经堂书局第十三期临时书目》由编者刊行。

抱经堂书局编《杭州抱经堂书局第十四期临时书目》由编者刊行。

萃文书局编《萃文书局书目》由编者刊行。

大同大学图书馆编《大同大学图书馆中文图书目录》由编者刊行。

郭以牢编《中东铁路图书馆图书索隐》由广盛印书局刊行。

国立音乐专科学校编《国立音乐专科学校图书目录》(第 1 卷)由编者刊行。

金涛编《浙江省立图书馆书目提要》由浙江省立图书馆刊行。

经训堂书店编《杭州经训堂书店第五期书目》(上下集)由编者刊行。

上海开明书店编《开明活页文选总目》由编者刊行。

刘氏嘉业堂编《刘氏嘉业堂刊印书目》由嘉业藏书楼刊行。

日用便览编辑社编《日用便览》(第 4 期)由编者刊行。

商务印书馆编《图书汇报》(第 122 期)由编者刊行。

世界书局编《世界书局英文书提要》由编者刊行。

苏海若编《日用万事秘诀》(常识宝库)(1—4 册)由上海生记书局刊行。

唐敬杲编《新文化辞书》(5 版)由上海商务印书馆刊行。

陶兰泉编辑《陶涉园藏明板书目录》由编者刊行。

田久德等编《山西公立图书馆目录初编(中国图书旧籍类)》由山西公立图书馆刊行。

王云鹏编《廿七年前译文录》由国立北平大学医学院图书馆刊行。

张安世主编《世界年鉴》(上中下册)由上海大东书局刊行。

浙江地方银行总行编《日用便览(第 2 期)》由编者刊行。

中东铁路图书馆编《中东铁路图书馆图书目录》由编者刊行。

中华书局编《中华书局图书目录》由编者刊行。

中华职业教育社业余图书馆编《中华职业教育社业余图书馆图书目录》由编者刊行。

中央军校图书馆编《中央军校图书馆图书目录》由编者刊行。

朱树鉴编《中国国民党上海特别市第一区党部图书馆图书目录》由第一区党部图书馆刊行。

左洵编《宁波民国日报六周年纪念暨二十年国庆纪念合刊》由民国日报社刊行。

［日］松本悟郎著，唐开乾译《哲学问答》由上海商务印书馆刊行。

［日］淀野耀淳著，罗鞑青译《认识论之根本问题》由上海商务印书馆刊行。

［日］河上肇著，江半庵译《唯物辩证法者的理论斗争》由上海星光书店刊行。

［日］桑木崴翼著，谷神译《科学中之哲学方法》由上海商务印书馆刊行。

［日］小柳司气太著，陈彬龢译述《道教概说》由上海商务印书馆刊行。

［日］宫岛新三郎著，高明译《欧洲最近文学思潮》由上海现代书局刊行。

［日］高田保马著，伍绍恒译《社会学概论》由上海华通书局刊行。

按：是书分4编21章；第一编社会学，包括社会学、普遍化的文化科学之社会学、社会法则、社会之本质、社会学之问题5章；第二编社会之形成，包括社会之成立、社会之单纯分化、社会之复合分化、社会之分立、社会意识、社会组织、社会之绵延7章；第三编社会之相互关系，包括关于结合之一般的法则、分离之一般性质、诸社会之静的关系、基本社会之发达方向、分支社会之发达方向5章；第四编社会之结果，包括文化之发达、文化之发达过程、自由之增进、个性之形成4章。

［日］北泽新次郎著，周宪文译《社会政策论》由上海新生命书局刊行。

［日］加田哲二著，刘叔琴译《近世社会学成立史》由上海开明书店刊行。

按：是书论述社会学史的意义、近世初期的社会学思想、英德法三国的社会学思想等。

［日］平林初之辅著，许亦非译《近代社会思想史》由上海中华书局刊行。

［日］小泉信三著，张资平译《近世社会思想史纲》由上海大东书局刊行。

［日］高田保马著，杜季光译《社会构成论》由上海商务印书馆刊行。

［日］丘浅次郎著，上官垚登节译《人类之过去现在及未来》由上海商务印书馆刊行。

［日］加藤弘之著，王璧如译《自然界之矛盾与进化》由上海世界书局刊行。

［日］羽太锐治著，陆祖才译述《初夜的智识》由上海开业书局刊行。

［日］小野冢喜平次著，郑篪译《政治学》由上海商务印书馆刊行。

［日］恒山雅男著《（改订增补）统计通论》由上海商务印书馆刊行。

［日］河津暹著，洪涛译《经济政策纲要》由上海华通书局刊行。

［日］北泽直吉著，胡庆育译《日本政府纲要》由上海太平洋书店刊行，有译者序。

［日］美浓部达吉著，邹敬芳译《议会制度论》由上海华通书局刊行。

［日］高桥雄豺著，张仲英、刘大勋译《交通警察概论》由上海大东书局刊行。

［日］米田实著，佘任民译《世界的大势》由上海开明书店刊行。

［日］熊川千代喜著，刘百闵编译《世界各国之政治组织》由上海光华书局刊行。

［日］熊川千代喜著，项桂荪译《最近世界各国政治组织》由上海商务印书馆刊行。

［日］田中义一著《日本帝国主义阴谋下之满蒙》由北平各界扩大宣传联席会议刊行。

［日］田中义一著《日本田中内阁侵略满蒙之积极政策》由上海中国国民党上海特别市

执行委员会刊行。

〔日〕田中义一著《田中奏折》由金陵兵工厂刊行。

〔日〕高柳贤三著,张舆公译《法律哲学要论》由上海法学编译社刊行。

〔日〕小野清一郎编著,刘正杰译《法律思想史概说》由上海中华学艺社刊行。

〔日〕冈村司著,刘仁航、张铭慈译《民法与社会主义》由上海商务印书馆刊行。

〔日〕阿多俊介著,来伟良、孔蔼如译《孙子之新研究》刊行。

〔日〕铃木一马著,训练总监部军学编译处编译《国民军事通论》由江苏南京军用图书社刊行。

〔日〕工藤豪吉著,训练总监部军学编译处译《步兵排之战斗教练》由江苏南京军用图书社刊行。

〔日〕工藤豪吉著,训练总监部军学编译处译《步兵连之战斗教练》由江苏南京军用图书社刊行。

〔日〕工藤豪吉著,训练总监部军学编译处译《步兵营之战斗教练》由江苏南京军用图书社刊行。

〔日〕山本健儿讲述,训练总监部军学编译处编译《航空战术讲授录》由江苏南京军用图书社刊行。

〔日〕伊藤政之助著,王成斋译《世界战术与战史》由上海华通书局刊行。

〔日〕陆军航空部发布、训练总监部军学编译处译《日本航空兵照相教育暂行规则》由江苏南京军用图书社刊行。

〔日〕小林丑三郎著,上海法学编译社编著《经济学问答》由会文堂新记书局刊行。

〔日〕石滨知行著,施复亮、周白棣译《经济史纲》由上海大江书铺刊行。

〔日〕土田杏村著,查士骥译《现代社会经济思想问题》由上海大东书局刊行。

〔日〕增地庸治郎著,潘念之译《经营经济学》由上海中华书局刊行。

按:是书分经营经济学的发达,经营经济学的本质及体系,经营、企业的概念,企业形态,企业结合及合同企业,劳力论,财政论 7 章,详细论述经营经济学的理论与实践。

〔日〕高畠素之著,王亚南译《地租思想史》由上海神州国光社刊行。

〔日〕东川嘉一辑,立华译《世界往何处去》(最近各国经济现势确报)由上海良友图书公司刊行。

〔日〕高桥龟吉等著,查士骥译《六十年来日本经济发达史》由上海华通书局刊行。

〔日〕林癸未夫著,何环源译《劳工保护法》由上海新世纪书局刊行。

〔日〕田中忠夫著,李育文译,蓝梦九校《国民革命与农村问题》(上下册)由北平村治月刊社刊行。

〔日〕大岛与吉著,太平洋国际学会译《满蒙铁路网》由译者刊行。

〔日〕阿部贤一著,施复亮译《新财政学》由上海大江书铺刊行。

〔日〕田制佐重著,刘世尧译《教育社会学》由上海民智书局刊行,有译者序及原序。

〔日〕山下德治著,祝康译《新兴俄国教育》(教育丛书)由上海中华书局刊行。

按:是书内容包括新兴教育的产生及根本原理、苏维埃的教育方针、苏维埃教育行政机关及教育机关、教育方法等。

〔日〕朝日文彦著,吴承均译《儿童新教学》由上海儿童书局刊行。

〔日〕人见绢技著,刘家壎译《女运动员临阵以前》(体育丛书)由上海勤奋书局刊行。

〔日〕安藤正次著,雷通群译《言语学大纲》(新知识丛书)由上海商务印书馆刊行。

按:此书分5章。除概论外,分别论述世界言语的系别及言语的声音、本质、发展、变迁等。

〔日〕儿岛献吉郎著,隋树森译《中国文学》由上海世界书局刊行。

〔日〕小泉八云著,惟夫编译《文学讲义》由北平联华书店刊行。

按:是书分生活和性格之与文学的关系、最高艺术的问题、小说之超自然的价值、特殊散文之研究、文章论略、作文之研究、读书之研究、英国的歌谣、英国诗歌中的爱、英国诗歌中的雀鸟、拜伦、十九世纪前半英国小说、十九世纪后半英国小说、英文圣经之文学价值、托尔斯泰的艺术论、托尔斯泰的复活、文学社之弊害与效用、文学与民意、临别赠言等19节。前有编者序及介绍小泉八云生平与创作的文章一篇。

〔日〕升曙梦著,汪馥泉译《现代文学十二讲》由上海北新书局刊行。

按:是书分近代思想的种种相,自然主义的精神底解剖,晚近思想界底趋势,拟古主义、罗曼主义、自然主义、新罗曼主义文艺底勃兴,法国近代文学,南欧近代文学,德国近代文学,斯干狄那维亚近代文学,俄国近代文学,英美近代文学,世界文坛底现势等12讲,论及现代文学中的诸问题。

〔日〕夏目漱石著,张我军译《文学论》由上海神州国光社刊行。

按:是书分5编介绍文学内容的分类、文学内容的数量的变化、文学内容的特质、文学内容的相互关系等问题。

〔日〕小泉八云著,杨开渠译《文学十讲》由上海现代书局刊行。

〔日〕厨川白村著,夏绿蕉译《欧美文学评论》由上海大东书局刊行。

〔日〕木村毅著,高明译《小说底创作和鉴赏》由上海神州国光社刊行。

〔日〕武者小路实笃著,王古鲁、徐祖正译《四人及其他》由江苏南京书店刊行。

〔日〕谷崎润一郎著,白鸥译《富美子的脚》由上海晓星书店刊行。

〔日〕菊池宽著,黄凤仙译《菊池宽杰作集》由上海集成书局刊行。

〔日〕加藤武雄著,叶作舟译《她的肖像》由上海开花书局刊行。

〔日〕佐藤春夫著,查士元译《都会的忧郁》由上海华通书局刊行。

〔日〕江户川乱步著,黄洪铸译《蜘蛛男》由江苏南京书店刊行。

〔日〕松村武雄著,钟子岩译《欧洲的传说》由上海开明书店刊行。

〔日〕木村庄八著,洛三译《少年艺术史》(上下卷)由上海神州国光社刊行。

〔日〕板垣鹰穗著,萧石君译《美术的表现与背景》由上海开明书店刊行。

〔日〕板垣鹰穗著,许达译《法兰西近代画史》由上海文华美术图书印刷公司刊行,有作者、译者序。

〔日〕武内义雄著,王钟麟译《六国表订误及其商榷》由江苏南京金陵大学刊行。

〔日〕上田茂树著,施复亮译《世界史纲》由上海大江书铺刊行。

〔日〕大盐龟雄著,刘涅夫泽《德美殖民史》由上海星光书店刊行。

〔日〕大盐龟雄著,刘涅夫译《法国殖民史》由上海星光书店刊行。

〔日〕大盐龟雄著,王锡纶编译《近代世界殖民史略》由中华书局刊行。

〔日〕木宫泰彦著,陈捷译《中日交通史》(上下册)由上海商务印书馆刊行。

〔日〕重野安绎著《日本维新史》由上海华通书局刊行。

〔日〕高山林次郎等编,古同资译《日本维新卅年史》由上海华通书局刊行。

〔日〕林泰辅著,钱穆译《周公》由上海商务印书馆刊行。

〔日〕滨田耕作著,俞剑华译《考古学通论》由上海商务印书馆刊行。

按：是书分 5 编，论述考古学的基本内容及研究方法。第一编序论，分 5 章论述什么是考古学，其起源、语义、范围、研究的目的和考古学与其他学科的关系。第二编资料，分 4 章论述资料的性质、搜集、种类(遗物、遗址的种类)。第三编调查。第四编研究，论述了资料的整理及鉴别、资料的断代及考古文献。第五编后论，论述学术成果的出版，文物的保存与修整及博物馆工作。

　　[日]藤山雷太著，张铭慈译《南洋丛谈》由上海国立暨南大学南洋文化事业部刊行。

　　[美]杜伦著，詹文浒译《哲学概论》由上海开明书店刊行。

　　[美]杜兰著，王捷三译《哲学及社会问题》由江苏南京书局刊行。

　　[美]霍金著，瞿世英译《哲学大纲》由上海神州国光社刊行。

　　[美]斯塔斯著，庆泽彭译《批评的希腊哲学史》由上海商务印书馆刊行。

按：是书乃作者 1919 年在各大学演讲的基础上写成的。作者特别注意分析对近代有影响的古希腊哲学思想。全书分为 19 章，除哲学概说及希腊哲学之来源与进程外，分述了爱奥尼亚、毕达哥拉斯、埃利亚、赫拉克利特、恩培多克勒、原子论、阿那克撒哥拉、智者等学派，以及苏格拉底、柏拉图、亚里士多德和斯多葛、伊壁鸠鲁、怀疑论派、新柏拉图主义等。

　　[美]波伯尔著，刘天予译《唯物史观之批评研究》由上海大东书局刊行。

　　[美]巴特里克著，朱然藜译《心之新解释》由上海商务印书馆刊行。

　　[美]皮尔士堡(原题匹尔斯柏立)著，陈德荣译《心理学史》由上海商务印书馆刊行。

　　[美]鲁滨孙著，宋佳煌译《心理的改造》由上海商务印书馆刊行。

　　[美]铁钦乃著，金公亮译《心理学》由上海世界书局刊行。

　　[美]艾迪著，青年协会书报部译《近代名哲的宗教观》由上海青年协会书报部刊行。

　　[美]艾迪著，青年协会书报部译《现代的新信仰》由上海青年协会书报部刊行。

　　[美]艾迪著，青年协会书报部译《宗教与社会正义》由上海青年协会书报部刊行。

　　[美]戴怀仁著，易绍康述《基督徒要学解释》由湖北汉口中华信义会书报部刊行。

　　[美]G. H. Gerberding 著，陈建勋译《到得救之路》由湖北汉口中华信义会书报部刊行。

　　[美]贵玛利亚著，李汉铎译，美以美会宗教教育课程委员会审定《祈祷受托研究》由上海广学会刊行。

　　[美]赫士著《教义神学》(下册)由上海广学会刊行。

　　[美]俾耳德等著，于熙俭译《人类的前程》(一名《现代世界的文化》)由上海商务印书馆刊行。

　　[美]惠立著，贝厚德、朱薛琪瑛译述《我们理想的模范》由上海广学会刊行。

　　[美]希耳(原题海尔)著，胡霆锐、胡贻穀译《基督传》由上海青年协会书局刊行。

　　[美]宣达尔斯著，李一超译《美国佛学界之中国佛学史观》由上海佛学书局刊行。

　　[美]马克佛著，徐逸樵译述《社会科学》由上海世界书局刊行。

　　[美]顾素尔著，黄石译《家族制度史》(上下册)由上海开明书店刊行。

　　[美]卡尔味顿著，黄源、许天虹译《结婚的破产》由上海华通书局刊行。

　　[美]威廉·斐丁著，吴啸仙译《新结婚教程》由上海南强书局刊行。

　　[美]格特尔著，孙一中译《政治学》由上海大东书局刊行。

　　[美]但宁著，谢义伟译《政治学说史》(上中下册)由上海神州国光社刊行，有著者序和译者序。

　　[美]奥格著，张云伏译《英国政府及政治》由上海神州国光社刊行。

　　[美]艾迪著，青年协会书报部译《苏俄的真相》由上海青年协会书局刊行。

〔美〕庞德著，雷宾南译《法学史》由上海商务印书馆刊行。

〔美〕麦克本著，杜光埙译《宪政制度之新问题》由上海商务印书馆刊行。

〔美〕立宾科特著，刘君木译《最近世界实业通志》由上海民智书局刊行。

〔美〕尼林、弗里门著，析克述，陈汉平译《美帝国的金元外交》由上海商务印书馆刊行。

〔美〕斯特累脱夫著，张忠亮、李鸿寿译《会计学原理及实务》由上海黎明书局刊行。

〔美〕James W. Angell 著，曹盛德译《战后德意志之复兴》由上海神州国光社刊行。

〔美〕琴巴尔著，林光澂译《工业组织原理》由上海商务印书馆刊行。

〔美〕斯泰因麦兹著，陈章译《电力事业概论》由上海商务印书馆刊行。

〔美〕费雪著，金本基译《货币的购买力》由上海商务印书馆刊行。

〔美〕俾耳德著，于熙俭译述《现代世界的文化》由上海商务印书馆刊行。

〔美〕塞斯顿著，罗志儒译《教育统计学纲要》由北平文化学社刊行。

〔美〕巴格莱、〔美〕克玉书合著，林笃信译《教学概论》（现代教育名著）由上海商务印书馆刊行。

〔美〕里德著，水康民译《小学各科心理学》（师范丛书）由上海商务印书馆刊行。

〔美〕冯喜著，章柳泉译《教师之友》由江苏南京书店刊行。

〔美〕麦克乐著《个人田径赛运动成绩之测量》（中华教育改进社丛书）由上海商务印书馆刊行。

〔美〕聂克尔著，彭文余译《篮球裁判法》（体育丛书）由上海勤奋书局刊行。

〔美〕黎察士著，青年协会书局译《黎察士的网球射击法图解》由上海青年协会书局刊行。

〔美〕海伦文锐著，怀灵译述《海伦文锐女士游泳术图解》由上海青年协会书局刊行。

〔美〕欧·亨利著，张友松译注《最后的残叶》（英文小丛书）由上海北新书局刊行。

〔美〕杰克·伦敦著，傅东华译注《生火》（英文小丛书）由上海北新书局刊行。

〔美〕霍桑著，贺玉波译注《龙齿》（英文小丛书）由上海北新书局刊行。

〔美〕霍桑著，傅东华、石民译注《返老还童》（英文小丛书）由上海北新书局刊行。

〔美〕高兰德著，傅东华译注《一个兵士的回家》（英文小丛书）由上海北新书局刊行。

〔美〕奥瑞德等编《华语须知》由北平法文图书馆刊行。

〔美〕N. Hawthorne 著，V. Doherty 等注释《（英汉合注）述异记》（英文文学丛书第7种）由上海中华书局刊行。

〔美〕汉米尔顿著，张伯符译《戏剧论》由上海世界书局刊行。

按：是书分两篇，上篇"戏剧一般论"，包括戏剧是什么、剧场观众的心理、演剧者与作剧者、近代舞台之习惯、戏剧表演之注意力集中、戏剧之加重势力法、戏剧之四大类型、近代社会剧论等8章；下篇"戏剧批评之诸原理"，包括公众与剧作家、戏剧艺术与剧场营业、大团圆论、欣赏之范围、戏曲中之模仿与暗示、戏剧的主旨、戏剧给予观众之影响、想象之使命等14章。

〔美〕摩台尔著，钟子岩、王文川译《近代文学与性爱》由上海开明书店刊行。

〔美〕约翰·玛西著，胡仲持译《世界文学史话》由上海开明书店刊行。

按：是书分古代世界、中世纪、十九世纪以前的近代文学、十九世纪及现代等四部分，着重介绍西欧、北美文学，兼及中、日、印、阿拉伯等东方国家的古代文学。后附：图目和索引。

〔美〕格伯著，廖凡译《希腊民族的故事》由上海中华书局刊行。

〔美〕清洁理女士著《迭更斯著作中的男孩》由上海广学会刊行。

[美]奥尼尔著,古有成译《天外》由上海商务印书馆刊行。

[美]马克·吐温著,李兰译《夏娃日记》由上海湖风书局刊行。

[美]辛克莱著,彭芳艸译《都市》由上海神州国光社刊行。

[美]辛克莱著,曾广渊译《追求者》由上海联合书店刊行。

[美]辛克莱著,余慕陶译《波斯顿》由上海光明书局刊行。

[美]歌尔德著,杨昌溪译《无钱的犹太人》由上海现代书局刊行。

[美]馥德夫人著,梦中译《下场》由上海中华拒毒会刊行。

[美]馥德夫人著,梦中译《下场》(长篇小说)由上海西风社刊行。

[美]葛露妩斯著,笑世意译《一个女子恋爱的时候》由上海生活书店刊行。

[美]柏涅忒著,王学理译《小公子》由上海商务印书馆刊行。

[美]柏纳特著,孙立源译《小公子》由上海开明书店刊行。

[美]士披灵夫人著,L. S. Chow 译《孔戈的营火》由上海中华浸会书局刊行。

[美]提文著,徐应昶译《红猴》由上海商务印书馆刊行。

[美]杨格窝尔德著,蒋景德译《满洲国际关系》由上海神州国光社刊行。

[美]芮哈特著,王绥译《与西藏人同居记》由上海商务印书馆刊行。

[美]卡奔德著,罗方译《从开罗到乞斯曼》由上海商务印书馆刊行。

[美]卡奔德著,黄卓译《大洋洲及太平洋岛屿》由上海商务印书馆刊行。

[美]清洁理著《路易巴士特小传》由上海广学会刊行。

[美]卡奔德著,陈任生译《从坦支尔到的黎波里》由上海商务印书馆刊行。

[美]卡奔德著,鲍鸶如译《不列城三岛和波罗的海诸国》由上海商务印书馆刊行。

[美]卡奔德著,王勤堉译《从法兰西到斯干的那维亚》由上海商务印书馆刊行。

[英]杰文斯(原题隋文)著,王国维译《辩学》由北平文化书局刊行。

[英]斯宾塞(原题斯宾塞尔)著,饶孟任译《斯宾塞尔哲学爻言》由北平京华印书馆刊行。

[英]额略第著,刘奇译《近代科华与柏格森之迷妄》由上海商务印书馆刊行。

[英]麦尔兹著,伍光建译《十九世纪欧洲思想史》(第1编上下册)由上海商务印书馆刊行。

[英]司马特著,邹宗儒、何光尼译《价值论概要》由上海黎明书局刊行。

[英]泰罗(原题塔勒尔)著,刘国均(原题刘衡如)译《霍布士》由上海中华书局刊行。

[英]龚斯德著,陈德明、谢颂羔译《公开的基督》由上海广学会刊行。

[英]梅德立著,冯雪冰译《得胜者》由上海广学会刊行。

[英]梅益成编《回教杂记》由上海广学会刊行。

[英]司密氏著,[英]季理裴节译,李亚东述《使徒保罗言行录》由上海广学会刊行。

[英]罗素著,陶季良等译《科学的性道德》由上海商务印书馆刊行。

[英]波拉克著,张景琨译《政治学史概论》由上海商务印书馆刊行。

按:是书分政治学的初期,中世纪及文艺复兴时代,十八世纪及民约论,近代的主权论及立法原理4章。叙述自公元前3世纪以来的政治学史(以欧洲为代表)。

[英]贾德著,谢义伟译,谢厚藩校订《近代政治学说纲要》由上海商务印书馆刊行,有著者导言。

［英］麦克唐纳著，刘厚安译《议会与革命》由上海新生命书局刊行。

［英］蒲士著，刘英士译《妇女解放新论》由上海新月书店刊行。

［英］亚当·斯密著，郭大力、王亚南译《国富论》（上下卷）由上海神州国光社刊行。

［英］李嘉图著，陈作梁译《经济学及税之原理》由上海华通书局刊行。

［英］李嘉图著，郭大力、王亚南译《经济学及赋税之原理》由上海神州国光社刊行。

［英］乌尔兰著，谢义伟译《经济帝国主义论》由上海商务印书馆刊行。

［英］L. Woolf 著，骆笑帆译，粟豁蒙校《帝国主义经济侵略下的非洲和亚洲》由上海大东书局刊行。

［英］威特尔斯著，吴挹清译《货币学》由上海商务印书馆刊行。

［英］摩特蓝著，伍光建译《债票投机史》由上海神州国光社刊行。

［英］罗素著，吴献书译《科学之将来》由上海商务印书馆刊行。

［英］莫斯栖奥著，高祖武译《工业心理学浅讲》由上海商务印书馆刊行，书前有陈选善序。

按：是书作者认为工业心理学的主要贡献在于用科学方法考查个人能力，使人力得到最大的发展。

［英］司各德著，林纾、魏易译，沈德鸿校注《撒克逊劫后英雄略》（1、2）由上海商务印书馆刊行。

［英］贝灵著，梁镇译《俄罗斯文学》由上海商务印书馆刊行。

［英］Cecil J. Sharp 著，杨效让、徐瑞芝合译《土风舞》由上海女青年会全国协会编辑部刊行，有杨效让的序。

［英］罗素著，柳其伟译《罗素教育论》（师范丛书）由上海商务印书馆刊行。

［英］萧伯纳著，林语堂译注《卖花女》由上海开明书店刊行。

［英］斯惠夫特著，李宗汉译注《（原文）（附译文注释）海外轩渠录》（华英对照标准英文文学读本）由上海春江书局刊行。

［英］斯蒂文生著，丰子恺译《自杀俱乐部》由上海开明书店刊行。

［英］罗素著，梁遇春译注《一个自由人的信仰》（英文小丛书）由上海北新书局刊行。

［英］康拉德著，梁遇春译注《青春》（世界文学名著）由上海北新书局刊行。

［英］哈代著，钱歌川译注《（英汉对译）娱妻记》由上海开明书局刊行。

［英］哈代著，梁遇春译注《三个陌生人》（英文小丛书）由上海北新书局刊行。

［英］高尔斯华绥著，张友松译《稀奇的事情》（英文小丛书）由上海北新书局刊行。

［英］高尔斯华绥著，方光焘译注《（英汉对译）一场热闹》由上海开明书店刊行。

［英］W. Scott 著，W. V. Doherty 注释《（英汉合注）惊婚记》（英文文学丛书第 6 种）由上海中华书局刊行。

［英］Mrs Gaskell 著，梁遇春译注《老保姆的故事》（英文小丛书）由上海北新书局刊行。

［英］M. R. Mitfod 著，梁遇春译注《我们的乡村》（英文小丛书）由上海北新书局刊行。

［英］J. Hankin 著，梁遇春译注《忠心的爱人》（英文小丛书）由上海北新书局刊行。

［英］G. R. Gissing 著，梁遇春译注《诗人的手提包》（英文小丛书）由上海北新书局刊行。

［英］西塞罗著，梁秋实译《西塞罗文录》由上海商务印书馆刊行。

［英］笛福著，彭兆良译《鲁滨孙漂流记》（上下册）由上海世界书局刊行。

［英］狄福著，梁遇春译《荡妇自传》由上海北新书局刊行。

［英］歌士米著，伍光建译《维克斐牧师传》由上海商务印书馆刊行。

［英］培诺德著，沈步洲译《贪夫殉财记》由北平文化学社刊行。

［英］鲁意司·勃里格斯著，适夷译《灰姑娘》由上海开明书店刊行。

［英］查理斯·金斯莱著，王清谿译《水孩》由上海儿童书局刊行。

［英］罗金斯著，丁同力译《金河王》由上海世界书局刊行。

［英］巴栗原著，徐应昶译《彼得潘》由上海商务印书馆刊行。

［英］罗夫丁著，蒋学楷译《陶立德博士》由上海开明书店刊行。

［英］殷格兰姆著，唐道海译《奴隶制度史》由上海新生命书局刊行。

按：是书包括古代希腊的奴隶的奴隶制度、农奴制度之废除、非洲奴隶贸易及黑奴反抗、黑奴制度之废除、俄国及东方回教诸国之奴隶制度等9章。书后附录1为《古代埃及、叙利亚、波斯及中国的奴隶制度》等7篇文章。附录2为日本西山久荣的《中国奴隶制度》一文。

［英］古池著，黄公觉译《民族主义史》由北平文化学社刊行。

［英］麦根斯著《殷鉴》刊行。

［英］威尔斯著，谢颂羔、陈德明译《世界史要》由上海文华美术图书印刷公司刊行。

［英］威尔斯著，樊仲云译《简明世界史》由上海商务印书馆刊行。

［英］摩瓦特著，吴挹青译《西欧中古近代史要》由上海商务印书馆刊行。

［英］罗倍尔孙著，英善诚译《西欧近古史要》由上海商务印书馆刊行。

［英］布拉文著，吕金录译《荷属东印度见闻杂记》由上海商务印书馆刊行。

［英］非耳格林著，藤柱译《史地关系新论》由上海商务印书馆刊行。

［英］斐纳摩著，达节庵译《摩洛哥一瞥》由上海商务印书馆刊行。

［英］卓别麟（原题卓别灵）著，萧百新译《欧洲漫游记》由上海会文堂新记书局刊行。

［苏］德波林著，刘西屏译《辩证法的唯物哲学》由上海青阳书店刊行。

［苏］布哈林著，郭仕袤译《史的唯物论（社会学的体系）》由上海乐群书店刊行。

［苏］毕谪列夫斯基著，严灵峰译《历史唯物论入门》由上海新生命书局刊行。

［苏］波格丹诺夫（原题波格达诺夫）著，陈望道、施存统同译《社会意识学大纲》由上海大江书铺刊行。

［苏］列宁著，李竞仲译《俄国农民问题与土地政纲》由上海平凡书店刊行。

［苏］列宁著，章一元译《最后阶段的资本主义》由上海春潮书店刊行。

［苏］卢彬著，沈韵琴译《经济思想史》由上海新生命书局刊行。

［俄］波格丹诺夫著，施存统译《经济科学大纲》由上海大江书铺刊行。

按：是书除"绪论"概述经济学的定义和方法论外，其余分为"自然自足社会"（原始社会、封建社会）、商业社会（资本主义社会）、社会化的有组织的社会3编，论述不同社会经济制度的经济现象及其演进过程。

［苏］弗理契（原题佛理采）著，胡秋原译《艺术社会学》由上海神州国学社刊行，有白苇的序和译者序。

［苏］高尔基著，梁遇春译注《草原上》（英文小丛书）由上海北新书局刊行。

［俄］屠格涅夫著，傅东华译注《活尸》（英文小丛书）由上海北新书局刊行。

［俄］屠格涅夫著，丰子恺译《初恋》（开明英汉译注丛书）由上海开明书店刊行。

［俄］契诃夫著，张友松译注《歌女》（英文小丛书）由上海北新书局刊行。

［俄］契诃夫著，张友松译《盗马贼》（英文小丛书）由上海北新书局刊行。

［俄］朵斯退益夫斯基著，张友松译注《诚实的贼》（英文小丛书）由上海北新书局刊行。

［俄］克鲁泡特金著，郭安仁译《俄国文学史》由重庆重庆书店刊行。

［俄］屠介涅夫著，白棣、清野译《屠介涅夫散文诗》由上海北新书局刊行。

［苏］高尔基著，李谊译《夜店》由上海湖风书局刊行。

［俄］科罗连珂等著，丽尼选译《阴影》由上海新时代书局刊行。

［俄］都格涅夫著，效洵译《够了及其他》由上海亚东图书馆刊行。

［俄］屠格涅夫著，席涤尘译《一个虔敬的姑娘》由上海现代书局刊行。

［俄］杜思妥亦夫斯基著，何道生译《淑女》由上海商务印书馆刊行。

［俄］杜斯朵逸夫斯基著，刘尊棋译《死人之屋》由平化合作社刊行。

［俄］陀思妥夫斯基著，刘曼译《西伯利亚的囚徒》由上海现代书局刊行。

［俄］陀思妥夫斯基著，李雯野译《被侮辱与被损害的》由上海商务印书馆刊行。

［俄］妥斯退夫斯基著，洪灵菲译《地下室手记》由上海湖风书局刊行。

［俄］托尔斯泰著，郭沫若译《战争与和平》由上海文艺书局刊行。

［俄］柯洛涟科著，适夷译《恶党》由上海潮风书局刊行。

［俄］契诃夫著，蒯斯勋、黄列那译《关于恋爱的话》由上海金马书堂刊行。

［俄］绥拉菲摩维支著，曹靖华译《铁流》由上海三闲书屋刊行。

［苏］高尔基著，巴金译《草原故事》由上海马来亚书店刊行。

［苏］高尔基著，巴金译《草原故事》由上海新时代书局刊行。

［苏］高尔基著，陈小航译《幼年时代》由上海商务印书馆刊行。

［苏］高尔基著，杜畏之等译《我的大学》由上海湖风书局刊行。

［苏］高尔基著，麦耶夫译《四十年代》由上海联合书店刊行。

［俄］谢夫林娜著，穆木天译《维里尼亚》由上海现代书局刊行。

［俄］卡泰耶夫著，小莹译《盗用公款的人们》由上海南强书局刊行。

［苏］法捷耶夫著，隋洛文译《毁灭》由上海大江书铺刊行。

［苏］亚历山大·法捷耶夫著，鲁迅译《毁灭》由上海三闲书屋刊行。

［俄］M·唆罗诃夫著，贺非译《静静的顿河》由上海神州国光社刊行。

［俄］柴霍夫著，程万孚译《柴霍夫书信集》由上海亚东图书馆刊行。

［俄］托尔斯泰夫人著，李金发译《托尔斯泰夫人日记》由上海华通书局刊行。

［俄］陀罗雪维支著，胡愈之译《猪的故事》由上海开明书店刊行。

［俄］赖尔路顿著，易译述《俄罗斯儿童故事》由上海儿童书局刊行。

［俄］爱罗先珂著《幸福的船》由上海开明书店刊行。

［俄］伊林著，吴郎西译《五年计划的故事》由上海新生命书局刊行。

［苏］波克罗夫斯基（原题博克老夫斯）著，郁文译《俄国大革命前史》由上海海洋社刊行。

［俄］克鲁泡特金著，刘镜园译《法国大革命史》（上下册）由上海神州国光社刊行。

［法］拉法格著，张达译《社会与哲学的研究》由上海新生命书局刊行。

［法］法里士著，黄卓译《地理创造家》由上海商务印书馆刊行。

按：是书分“哥伦布时代以前”“从哥伦布到库克”“三个近代亚洲探险家”“非洲的五个男探险家和一

个女探险家""南美洲中心的探险家""奥洲的两个探险家""海洋秘密的研究""美洲探险家""南北两极的探寻"等9编。介绍世界各国地理探险家的故事。

　　[法]特维那著,徐蔚南编译《修养读本》由上海世界书局刊行。

　　[法]奥图尔著,英千里译《逻辑学(中英对照)》由北平辅仁大学文学院哲学系刊行。

　　[法]福禄贝尔著,吕亦士译《儿童心理的研究》由上海世界书局刊行,书前有张雪门序。

　　按:是书分关乎身的、关乎心的、关乎灵性的3部分。共9章:活动的本能或筋肉的训练,求知的本能或感官的训练,力的本能或情绪的训练,爱的本能或感情的训练,连续的本能或理解的训练,判断的本能或是非的训练,认识的本能或意识的训练,敬畏的本能或崇拜的训练,模仿的本能或信仰的训练。

　　[法]堵乐虚著,上海徐家汇小修道院编译《圣维亚纳传》(上下册)由上海徐家汇光启社刊行。

　　[法]辣柔尼著《奇年奇行》由上海土山湾印书馆刊行。

　　[法]莱维著,冯承钧译《大孔雀经药叉名录舆地考》由上海商务印书馆刊行。

　　[法]沙畹著《摩尼教流行中国考》由商务印书馆刊行。

　　[法]季特著,侯哲荪译《季特经济学纲要》由上海太平洋书店刊行。

　　[法]季特著,吴克刚译《俄国合作运动史》由上海商务印书馆刊行。

　　[法]季特著,吴克刚译《英国合作运动史》由上海商务印书馆刊行。

　　[法]季特著,郭竞武译《农业合作》由上海商务印书馆刊行。

　　[法]萨纳丁、罗亚逸著,归鸿译《德人之新生活写真》由上海自然书局刊行。

　　[法]孟代著,林兰译注《三个播种者》(英文小丛书)由上海北新书局刊行。

　　[法]波德莱尔著,石民译注《散文诗选》(上下册)(英文小丛书)由上海北新书局刊行。

　　[法]柏里华著,天均译《世界语史》由上海商务印书馆刊行。

　　[法]伊科微支译,沈起予译《艺术科学论》由上海现代书局刊行。

　　[法]洛里哀著,傅东华译《比较文学史》由上海商务印书馆刊行。

　　[法]保罗梵乐希著,梁宗岱译《水仙辞》由上海中华书局刊行。

　　[法]小仲马著,王了一译《半上流社会》由上海商务印书馆刊行。

　　[法]义特里著,李万居译《诗人柏兰若》由上海中华书局刊

　　[法]雨果著,柯蓬洲译《少年哀史》由上海世界书局刊行。

　　[法]雨果著,曾朴译《九十三年》由上海真善美书店刊行。

　　[法]弗罗贝尔著,李劼人译《萨郎波》由上海商务印书馆刊行。

　　[法]凡纳著,运生译《十五少年》由上海世界书局刊行。

　　[法]都德著,成绍宗、张人权译《磨坊文札》由上海乐华图书公司刊行。

　　[法]都德著,王了一译《沙弗》由上海开明书店刊行。

　　[法]莫泊桑著,李青崖译《蔷薇集》由上海北新书局刊行。

　　[法]莫泊桑著,李青崖译《蝇子姑娘集》由上海北新书局刊行。

　　[法]莫泊桑著,徐蔚南译《她的一生》由上海世界书局刊行。

　　[法]莫泊桑著,彭兆良译《爱焰》由上海中华新教育社刊行。

　　[法]普雷沃著,孔宪铿译《半处女》由上海华通书局刊行。

　　[法]畸德著,王了一译《少女的梦》由上海开明书店刊行。

　　[法]力喜腾堡格著,华堂等译《赎罪》由上海商务印书馆刊行。

　　[法]罗易·菲力伯著,查士骥辑译《法国代表平民短篇集》由上海大东书局刊行。

〔法〕莫洛怀著,李惟建译《爱俪儿》由上海中华书局刊行。

〔法〕戴丽戴夫人著,董家溁译《消逝的憧憬》由上海华通书屋刊行。

〔法〕陀尔诺夫人著,张昌祈译《绵羊王》由上海开明书店刊行。

〔法〕塞纽博(原题塞纽博斯)著,韩鸿庵译《西洋文明史》(上册)由北平女子师范大学图书出版委员会刊行。

〔德〕恩格斯著,吴黎平(原题吴理屏)译《反杜林论》由上海江南书店刊行。

〔德〕康德著,胡仁源译《纯粹理性的批判》由上海商务印书馆刊行。

〔德〕摩伊曼著,吕澂译《现代美学思潮》由上海商务印书馆刊行。

〔德〕布浪得耳著,杨霄青译《社会科学研究初步》由社会科学研究社刊行。

〔德〕发尔亭著,余志远译《男女特性比较论》由上海商务印书馆刊行。

〔德〕拿特布尔·格斯它著,徐苏中译《法律哲学概论》由上海法学编译社刊行。

〔德〕昔卑特著,刘家佺译《德国最新战斗指挥图解》由江苏南京军用图书社刊行。

〔德〕马克思著,郭沫若译《政治经济学批判》由上海神州国光社刊行。

按:是书卷首有马克思1895年1月写于伦敦的"序言",末附《政治经济学批判导论》,各章后均有注释。

〔德〕希法亭著,王伯平译《财政资本论》由上海神州国光社刊行。

〔德〕考茨基著,宗华译《近代农村经济的趋向》由上海国立中央研究院社会科学研究所刊行。

〔德〕卫中著,吴博文等编订《卫中博士新教育演讲集》(上海之部)(动的教育实验场丛书)由上海会文堂新记书局刊行。

〔德〕歌德著,罗牧译注《少年维特之烦恼》(世界文学名著丛书)由上海北新书局刊行。

〔德〕施笃谟著,罗念生、陈林率译《傀儡师保尔》由上海中华书局刊行。

〔德〕海里门著,徐培仁译《蓝天使》由上海正午书局刊行。

〔德〕里昂哈特·弗兰克著,盛明若译《卡尔与安娜》由上海中华书局刊行。

〔德〕雷马克著,袁文漳、马次行译《退路》(上册)由上海开华书局刊行。

〔德〕雷马克著,沈叔之译《战后》(上下册)由上海开明书店刊行。

〔德〕雷马克著,杨若思、王海波译《战后》由上海光华书局刊行。

〔德〕雷马克著,林疑今、杨昌溪译《西线归来》由上海神州国光社刊行。

〔德〕巴生著,周修任译《将来之世界大战》(军事预言小说)由江苏南京军学研究社刊行。

〔德〕格林著,章肇钧译《三羽毛》由上海开明书店刊行。

〔德〕卢特维喜著,伍光健译《俾斯麦》由上海商务印书馆刊行。

〔意〕艾儒略述《弥撒祭义》由上海土山湾印书馆刊行。

〔意〕托马斯·阿奎那著,利类思译《论人灵魂肉身》由公教教育联合会刊行。

〔意〕托马斯·阿奎那著,利类思译《论宰治》由公教教育联合会刊行。

〔意〕克罗齐(原题克罗斯)著,傅东华译《美学原论》由上海商务印书馆刊行。

〔意〕丹农雪乌著,查士元译《牺牲》由上海中华书局刊行。

〔意〕丹农雪乌著,伍纯武译《死的胜利》由上海中华书局刊行。

〔意〕亚米契斯著,柯蓬洲译《爱的学校》由上海世界书局刊行。

[意]墨索里尼著,佩萱、魏谷译《墨索里尼自传》由上海光明书局刊行。

[丹麦]韩申著,阎兴纲译《启示录话解》由湖北汉口中华信义书局刊行。

[丹麦]叶更生、[德]博乃希、[美]文慈著,刘健译《世界信义宗大势》由湖北汉口中华信义会书报部刊行。

[丹麦]贝脱勒等著,孟宪承译《丹麦的民众学校与农村》由上海商务印书馆刊行。

[丹麦]安徒生著,徐调孚译《母亲的故事》由上海开明书店刊行。

[丹麦]安徒生著,徐培仁译《安徒生童话全集》(第2卷)由上海儿童书局刊行。

[丹麦]安徒生著,徐培仁译《安徒生童话全集》(第3卷)由上海儿童书局刊行。

[丹麦]安徒生著,赵景深译《柳下》由上海开明书店刊行。

[匈牙利]裴多菲·山大著,孙用译《勇敢的约翰》由上海湖风书局刊行。

[匈牙利]拉茨科著,屠介如译《战中人》由北平北新书局刊行。

[匈]瓦尔加著,王林修译《世界农民运动之现状》由上海大东书局刊行。

[匈]马查著,武思茂译《西方艺术史》由上海开明书店刊行。

[挪威]哈列比著,[美]戴怀仁译,毛光仪述《圣洗》由湖北汉口中华信义会书报部刊行。

[挪威]哈列比著,戴怀仁译《圣灵充满的基督徒》由(汉口)中华信义会书报部刊行。

[挪威]哈列比著,殷深基译《圣灵与新生活》由中华信义会书报部刊行。

[西班牙]倍奈文德著,马彦祥译《热情的女人》由上海现代书局刊行。

[西班牙]塞万提斯著,贺玉波译《堂吉诃德先生》由上海开明书店刊行。

[比]齐尔著《自由哲学》由上海商务印书馆刊行。

[比]拉伊桑著,杨炳乾译《陇山血战记》由学友互助总社刊行。

[奥地利]阿德勒等著,刘钧译《特殊儿童》由天津百城书局刊行。

[奥地利]显尼志勒著,施蛰存译《妇心三部曲》由上海神州国光社刊行。

[瑞典]高本汉著,张世禄译《中国语与中国文》由上海商务印书馆刊行。

[南非]Oliver Schreiner著,林兰译注《沙场间的三个梦》(英文小丛书)由上海北新书局刊行。

[冰岛]司文松著,刘保华译《伊斯兰童子遇险记》由山东兖州府天主堂印书馆刊行。

[罗马尼亚]米耳卡·波嘉奇次著,鲁彦译《忏悔》由上海亚东图书馆刊行。

[保加利亚]伐佐夫著,孙用译《过岭记》由上海中华书局刊行。

[美]歌尔德著,史晚青译《垃圾堆上的恋爱》由上海乐华图书公司刊行

[加拿大]高士兰著,崔务实译《圣安多尼行实》由山东济南天主堂印书局刊行。

[阿拉伯]木海默第著,李廷相译《天方大化历史》由清真书报社刊行。

[印度]阿世格著,张中译《归真总义》刊行。

[印度]穆罕默德·阿黎著,追求学会译《穆罕默德》由北平清真书报社刊行。

[天竺]云慈著《观心十法界图说》由上海佛学书局刊行。

[泰]共丕耶达吗銮拉查奴帕著,王又申译《暹罗古代史》由上海商务印书馆刊行。

[缅甸]郎新著,陈毓泰译《爱的喜剧》由上海马来西亚刊行。

G. J. Josdan著,谢颂羔编译《宗教心理学》由上海广学会刊行。

J. F. Rutherford著,陈石言译《上帝国》由上海万国圣经研究会刊行。

P. J. besser著《天堂永福》由山东兖州府天主堂印书馆刊行,有自序。

W. O. carver 著,万应远、张涵江译《普世传福音的教训》由上海美华浸会书局刊行。Caarver

Leo Markun 著,张仕章译《欧美淫业史》由上海人生研究社刊行。

E. Ryerson 著,吕炯译《苏格兰》由上海商务印书馆刊行。

J. H. M. Abbott 著,吕金录译《美拉尼西亚一瞥》由上海商务印书馆刊行。

Wilder 著,曾虚白译《断桥》由上海中华书局刊行。

Hayter Preston、Henry Savage 著,古有成译《浮士德》由上海正午书局刊行。

Lamb 著,林纾、魏易译《吟边燕语》由上海商务印书馆刊行。

C. G. Bruce 著,陈锦实译《克什米尔一瞥》由上海商务印书馆刊行。

汤麦斯蒙著,张永想等译《帝国主义与世界政治》由上海新生命书局刊行。

泉哲原著,彭学沛编译《国际法概论》由上海神州国光社刊行。

按:是书分 5 编,第 1 编总论,概述国际法的概念、渊源、沿革及国际法上的人格等;第 2 编国家的国际的绝对权,论述国家的起源、领土权、国家对国境外的权利、对人民的权利、国家生存的权利等;第 3、5 两编为平、战时的国际关系,包括外交机关、领事、条约、纷争的解决、陆海空法规等;第 4 编则专介国际联盟组织。

国际劳工局著,上海市社会局译《美国住宅问题概观》由上海商务印书馆刊行。

纳米洛夫著,赵静译《女性之生物学的悲剧》由上海开明书店刊行。

施米德著,P. Ch. Ming 译《乞儿传》由河北献县张家庄天主堂刊行。

施米德著,P. Ch. Ming 译《儿童乐》由河北献县张家庄天主堂刊行。

施米德著,明嘉禄译《白玉鸟》由河北献县张家庄天主堂刊行。

施米德著,P. Ch. Ming 译《洋荸一枝》由河北献县张家庄天主堂刊行。

施米德著,P. Ch. Ming 译《打渔船》由河北献县张家庄天主堂刊行。

布·沙·马赫穆德著,王静斋编译《伟嘎业》第 1 集由天津伊光报社刊行。

邱多廉著,吴应枫译述《修院奇花秦秋芳修士小传》由上海土山湾印书馆刊行。

若瑟著,张润波译《圣物亚乃》(本堂司魏铎之模范传记)(卷上)由北平朴庵堂平寓刊行。

斯顾拔著,沈容斋译《地狱信证》由上海土山湾印书馆刊行。

苏梅克著,梅德立、傅方弼译《重生的基督徒》由上海广学会刊行。

安拉思夫人著,时兆报馆编译部编译《复临运动的故事》由上海时兆报馆刊行。

弗兰柔著,李安宅译《交感巫术》由上海商务印书馆刊行。

福克斯著,薄玉珍、于化龙译《儿童与宗教》由上海广学会刊行。

赫刻著,张仕章译,甘大新译述《苏俄治下的宗教》由上海新文社刊行。

康尔伯著,吕绍端译《我们为什么脱离天主教》由湖北汉口中华信义会书报部刊行。

洛德著,贾立言、冯雪冰译述《时代思潮下的基督徒》由上海广学会刊行。

麦志恩原著,胡簪云译述《中华最早的布道者梁发》由上海广学会刊行。

梅德立著,冯雪冰译《生活妙法》由上海广学会刊行。

狄亚著,杨堃译《法国现代社会学》由北平建设图书馆刊行。

米瑟尔著,孔宪铿译《政党与领袖》由上海华通书局刊行。

国际联合会编,郑毓旒译《国际联合会之目的及其组织》由上海商务印书馆刊行。

比多韦兹基著,张洪岛译《提琴演奏法》由北平中华乐社刊行,有译者序及作者序。

罗伯古德沙尔著,甘乃光编译《美术摄影大纲》由上海良友图书公司刊行,有郎静山、胡伯翔、梁得所的序及译者序。

史蒂文生著,顾均正译《宝岛》由上海开明书店刊行。

皮塞·滑依德著,彭兆良译《爱的微波》由上海中华新教育社刊行。

皮塞·滑依德著,彭兆良译《伯爵公主之烦恼》由上海中华新教育社刊行。

朱曼著,贺昌群译《荷兰一瞥》由上海商务印书馆刊行。

陈乃文著,张中楹英译《鸣鸾集》由上海著译者刊行。

何甲斯著,曹仪孔译《古代东方》由上海商务印书馆刊行。

刘涅夫、王凌世编译《世界十大思想家底著名解题》由上海星光书店刊行。

滁虑编译《心灵光》由上海中国心灵研究会刊行。

金殿桂译《穆士塔格》由北平成达师范学校刊行部刊行。

连普安译,麦邑山述《培灵故事》由上海广学会刊行。

隋树森编译《释迦生活》由上海世界书局刊行。

孙严顼编译《圣女小德肋撒成德懿范》(神修篇:4)由北平公教教育联合会刊行。

田文都译《炼狱圣月》刊行。

王完白译《青年镜(德育故事)》(4版)由上海广学书局刊行。

杨仲明译《古兰经集注》由北平伊斯兰译经同志会刊行。

张渔珊编译《圣女婴孩耶稣德肋撒传略》由上海土山湾印书馆刊行。

莫安仁、许善齐译述《著名基督徒》由上海广学会刊行。

蒋根源译《国际联盟之目的与组织》由上海大东书局刊行。

刘镜涵等译著《今日之国际问题》由天津百城书局刊行。

军需学校译《国家总动员概观》由译者刊行。

钟挺秀、李卓编译《近代政治思想史略》由上海中华书局刊行,有吴颂臬序和编者例言。

夏奇峰、李实译《欧洲合众国》由上海大东书局刊行。

张希渠编译《夫妇的姓生活》由上海卿云书局刊行。

训练总监部军学编译处译《战争与兵器之新智识》由南京军用图书社刊行。

罗戡氛等编译《欧战中之河川战》由北平陆军大学刊行。

罗戡氛等编译《在热地作战之概念》由北平陆军大学刊行。

曹鸿儒著,鲁宗尧译《中国农业经济之发展》由北平三民学社刊行。

杨景梅译《国际和平教育会议会场报告》(广州市市立世界语师范讲习所丛书)由广东广州市市立世界语师范讲习所刊行。

洪盛译《国际小史》由上海中华书局刊行。

韩希诚编译《苏俄一瞥》由苏俄研究丛书社刊行。

按:是书包括对俄观察的两极端、俄罗斯与其他资本主义国的差异、苏俄的国体及政体、苏维埃联邦统一的原因、苏联现状面面观、苏俄的致命伤等。

曲殿元译《英国的农工》由上海商务印书馆刊行。

按:是书分6章,概述自1300年至20世纪以来的英国乡村生活及农工状况。卷首有译者自序及译例,卷末附录参考书目。

伍光健译《拿破仑日记》由上海商务印书馆刊行。

按:《译者序》说:"今此日记之所记,有可信者,有不可尽信者,然而从其不可尽信者,亦未尝不可以窥见其当时之用心。顾读者之教育、环境、阅历、心理不能尽同,亦终不无见仁见智之别,其论断以殊难于一致,惟其非得自展转之耳食,亦不是故作违心之论,则亦可以自慰矣。"

陈绥荪、何环源编译《社会进化概论》由上海新世纪书局刊行。

按:是书包括原始社会、君主之魔术的起源、原始的财产制度、部族社会与文明社会、经济生活与政治生活的进化、资本主义社会6章。

骆笑帆译《社会学与其他科学之关系》由上海大东书局刊行。

吴孝侯编译《日本之农村都市》由上海大东书局刊行。

张世文等编译《(英汉对照)袖珍社会学词汇》由北平友联社刊行。

陈自明译《英国劳动党的真相》由上海商务印书馆刊行。

按:是书介绍英国工党的组织、目标、纲领、人物,与英帝国的关系,对外政策等。原著有德、英两种文本,本书据英文本译出。有译者序、著者原序及再版序言。

上海法学编译社编著《政治学问答》由上海会文堂新记书局刊行。

按:是书据日本小野冢喜平次的政治学讲义编写。

黄俊编译《罗马法》由北平震东印书馆刊行。

训练总监部军学编译处编译《各国军制要纲》由江苏南京军用图书社刊行。

阔次编,杜定德译《步兵班战斗之研究》由中央陆军军官学校刊行。

罗戡氛等编译《自动战车队之战斗》由北平陆军大学刊行。

罗戡氛编译《关于全九百十四年西方战场作战之评论》由北平陆军大学刊行。

罗戡氛等编译《开战后至千九百十五年末欧洲外交之一斑;自千九百十四年十月至千九百十五年一月关于土俄高加索作战之评论》由北平陆军大学刊行。

罗戡氛等编译《千九百十六年六月上旬"维尔登"要塞"佛克斯"堡垒陷落之情况》由北平陆军大学刊行。

罗戡氛等编译《自千九百十四年十一月至千九百十六年五月在"美索不达米亚"之英军苦战;英国概观》由北平陆军大学刊行。

罗戡氛等编译《千九百十七年七月三十一日对于"舍鲁里"高地附近法军阵地之德军步兵第十三师之攻击;欧洲战争梗概》由北平陆军大学刊行。

罗戡氛等编译《千九百十五年二月东普"马苏伦"地方之冬季作战》由北平陆军大学刊行。

罗戡氛等编译《千九百十七年十月二十三日"吗鲁灭左稳"法军之攻击》由北平陆军大学刊行。

罗戡氛等编译《千九百十五年由大局观察之世界战史》由北平陆军大学刊行。

罗戡氛等编译《开战前法军之作战计划及"马尔内"会战之研究其一》由北平陆军大学刊行。

罗戡氛等编译《开战前法军之作战计划及"马尔内"会战之研究其三》由北平陆军大学刊行。

罗戡氛等编译《千九百十四年八、九月俄奥第一会战奥军总司令部及第四军之行动》由北平陆军大学刊行。

罗戡氛等编译《大战间之英法俄联合作战》由北平陆军大学刊行。

罗戡氛等编译《对于"他大尼里"英法军之作战其一》由北平陆军大学刊行。

罗戡氛等编译《千九百十四年八月"列日""那慕尔"要塞之攻略》由北平陆军大学刊行。

训练总监部军学编译处编译《日本兵役法》由江苏南京军用图书社刊行。

训练总监部译《日本航空兵侦察记战斗原则》由江苏南京军用图书社刊行。

训练总监部译《日本航空兵射击教育暂行规则》由江苏南京军用图书社刊行。

训练总监部军学编译处译《日本航空兵侦察教育暂行规则》由江苏南京军用图书社刊行。

训练总监部军学编译处译《日本飞机队教练暂行规则》由江苏南京军用图书社刊行。

训练总监部军学编译处译《赤军野外教令》由江苏南京军用图书社刊行。

训练总监部骑兵监校译《德国骑兵操典草案》由江苏南京军用图书社刊行。

戴桂茂、金玉琪译述《炮兵战术图上研究》由北平武学书馆刊行。

训练总监部军学编译处编译《步兵炮班教练（射击操作）主要着眼表》由江苏南京军用图书社刊行。

训练总监部军学编译处编译《日本步兵学校战车讲话》由江苏南京军用图书社刊行。

罗戡氛等编译《千九百十四年由大局观察之世界战史》由北平陆军大学刊行。

夏承法、冯达夫编译《经济地理学大纲》由上海开明书店刊行。

曹云祥译《科学管理之实施》由中国工商管理协会刊行。

赵兰坪编译《日本经济概况》由上海黎明书店刊行。

宋易编译，陈之佛订《怎样教小孩子学画》由上海儿童书局刊行，有陈之佛的序。

中华乐社编译部编译《布格缪拉钢琴练习曲》由北平中华乐社刊行。

赵紫宸译诗，范天祥校乐《团契圣歌集》由燕大基督教团契刊行，有赵紫宸、范天祥的序。

柯政和译《何里马利提琴音阶练习本》由北平中华乐社刊行。

柯政和编译《（改订）拜耳钢琴教科书》由北平中华乐社刊行，有原序、译者序。

俞雍衡编译《现代幻术》由编者刊行。

陈德征编译《学生分组法》（上海市教育局丛书）由上海商务印书馆刊行。

郑冠兆编译《美国成人教育之面面观》由无锡中华印刷局刊行。

朱士方编译《球戏》由上海能强学社刊行，有殷之豫、陈鲲序。

吴谷民译《（言文对照、新式标点）幼学白话句解》（上下册）由上海碧梧山庄刊行。

梁遇春译注《情歌》（英文小丛书）由上海北新书局刊行。

袁家骅译注《英国散文选》由上海北新书局刊行。

余天韵编著《商业英文读本》（第 1—3 册）由上海中华书局刊行。

奚识之译注《（华英对照）天方夜谭》由上海春江书局刊行。

王文川译注《（英汉对译）英诗译注》由上海开明书店刊行。

韩侍桁译《英文法的研究》（英文研究丛书）由上海北新书局刊行。

顾仲彝译注《欧美演说文选》由上海北新书局刊行。

陈绍琳编译《（自修适用）日语文法》由国立暨南大学南洋文化事业部刊行。

谢六逸译《日本故事集》由上海世界书局刊行。

许达年译，朱文叔校《日本童话集》由上海中华书局刊行。

刘北茂译《印度寓言》由上海开明书店刊行。

陈逸飞、郦昭蕙译《天方千夜奇谈》由北平敬文书社刊行。

田汉译《欧洲三个时代的戏剧》由上海光华书局刊行。

汪今鸾译《余之西藏观》由上海商务印书馆刊行。

罗家伦选译《近代英文独幕名剧选》由上海商务印书馆刊行。

徐霞村辑译《现代法国小说选》由上海中华书局刊行。

庄建东编《法国短篇名著》由北平文化学社刊行。

成绍宗译《法国童话集》（第 2 册）由上海神州国光社刊行。

刘思训辑译《德国名家小说集》由上海中华书局刊行。

袁嘉华译注《文学家传记选》由上海北新书局刊行。

按：是书选编了约翰逊、塞缪尔、勃郎特、夏洛蒂、歌德、卢梭、斯塔尔夫人、托尔斯泰等人的传记。

韦漱园选译《最后的光芒》由上海商务印书馆刊行。

蓬子辑译《饥饿的光芒》由上海湖风书店刊行。

鲁迅等译《果树园》由上海现代书局刊行。

徐孔僧译《日本社会史》由上海华通书局刊行。

孙怀仁编译《日本现代人物论》由上海申报馆刊行。

赵景深编译《现代欧美作家》由上海良友图书印刷公司刊行。

按：是书介绍刘易士、劳伦斯、玛雅可夫斯基、恰彼克等 4 位作家的生平事迹和创作活动。

汪倜然译述《天才底努力》由上海良友图书印刷公司刊行。

按：是书收录《巴尔扎克底刻苦》《天才底努力》《柴霍甫怎样写小说》《安徒生之札记簿》《文坛怪杰邓南遮》《清教徒肖伯纳》《说到史文朋》《左拉氏魄力》《大仲马与爱伦坡》等 26 篇介绍作家生平及逸事的文章。

冯承钧编译《史地丛考》由上海商务印书馆刊行。

汪今鸾译《西藏风俗志》由北京编者刊行。

《（中西音合订）辅弥撒经》刊行。

《成德三径》由山东兖州府天主堂印书馆刊行。

《成婚新例》由山东兖州府天主堂印书局刊行。

《恭敬天主圣神》由山东兖州天主堂印书馆刊行。

《古新经史缘略说》由山东兖州天主堂保禄印书馆刊行。

《教训儿女》由山东兖州天主堂印书馆刊行。

《论孩子们初次开领圣体》由山东兖州天主堂印书馆刊行。

《古经集解》刊行。

《敬礼圣心分务》刊行。

《领圣体启应短诵》刊行。

《弥撒常经（汉文拉丁对照）》刊行。

《弥撒规程》由上海土山湾印书馆刊行。

《生无生论亲闻记》由江苏苏州弘化社刊行。

《省察规式》由上海土山湾印书馆刊行。

《圣安德肋行实》刊行。

《圣类思主日敬礼》刊行。

《圣路善工》刊行。

《圣母经》刊行。

《圣母经问题》刊行。

《圣女玛加利大传》由上海土山湾印书馆刊行。

《圣女则济利亚行实》由北平刊行。

《圣人列品祷文》由山东兖州府天主堂印书局刊行。

《圣师伯尔纳多行实》(上卷)由河北献县天主堂刊行。

《使徒行传》由上海美华圣经会刊行。

《书报员诗歌》由上海时兆报馆刊行。

《天主教传行中国考》由河北献县天主堂刊行。

《天主经》刊行。

《万应圣母像记略》由山东兖州天主堂印书馆刊行。

《新经合编》由河北献县耶稣会刊行。

《主日瞻礼圣经》刊行。

五、学者生卒

孙菊仙(1841—1931)。菊仙名濂,又名学年,号宝臣,天津人。早年常出入票房,36 岁后投师程长庚,成为专业京剧演员。1876 年在北京入嵩祝成班,后又搭三庆、四喜、天庆等班。1885 年接掌四喜班,任头牌老生。1886 年入为内廷供奉达 16 年。1902 年在上海与潘月樵、李春来合资开办天仙、春仙茶园,参与上海新舞台的创办。1906 年支持革命党人陈去病创办《二十世纪大舞台》杂志,提倡戏剧改革。代表剧目有《三娘教子》《四进士》《逍遥津》《完璧归赵》《鱼肠剑》《骂杨广》《胭粉记》等。

樊增祥(1846—1931)。增祥原名樊嘉、又名樊增,字嘉父,别字樊山,号云门,晚号天琴老人,湖北恩施人。1877 年进士,历任渭南知县、陕西布政使、护理两江总督。辛亥革命爆发,避居沪上。袁世凯执政时,官参政院参政。曾师事张之洞、李慈铭,为同光派的重要诗人。藏书楼名"樊园",藏书 20 余万卷。著有《樊山全集》。

胡国宾(1848—1931)。国宾名祥源,字殿臣,艺名杨林山人、黄柏山樵,安徽绩溪人。童年即在胡开文墨店从师学刻墨模,20 岁雕刻技巧趋向成熟,在墨界崭露头角,逐渐成为浮雕式、深立体雕刻和版面设计的高手。字画也精,擅正、草、隶、篆,能把金石篆刻艺术巧妙地移植到墨模上,集雕刻、书法、绘画于一体,所制墨模及墨雕均具有独特的艺术风格。有印谱 24 册,共集存自作的墨印拓片 318 幅。

邹弢(约 1850—1931)。弢字翰飞,又字瘦鹤,自号酒丐,别署司香旧尉、潇湘馆侍者、玉愁生等,江苏无锡人。早年曾游幕山东、湖南,因慕蒲松龄之名,尝至其墓前凭吊。又馆于苏州叶氏,课余与俞达、汪中、江建霞等诗酒唱和。后寓居上海,任教于启明女校达 17 年之久。编有《速成文诀》《尺牍课选》《课本菁华》等教材。曾一度兼任《苏报》编辑。著作已刊者有《三借庐集》《浇愁集》8 卷、《蘅香馆无题》1 卷、《吴门百艳图》1 卷、《三借庐赘谈》12 卷、《万国近政考》8 卷、《申江花月史》4 册；未刊者有《三借庐续赘谈》8 卷、《洋务管见》8 卷、散文 16 卷、尺牍 8 卷等。

宋育仁(1857—1931)。育仁字芸子，晚号道复，四川富顺人。肄业于成都尊经书院，为四川学政张之洞赏识。1886 年进士，授翰林院庶吉士。1889 年升翰林院检讨。1894 年至 1895 年出任英、法、意、比等国公使参赞。1897 年创办《渝报》。1898 年任尊经书院院长。民国期间任国史馆修纂、四川国学院主讲兼通志馆总纂。著有《说文部首注》《周礼十种》《时务论》《问琴阁丛书》等。

朱祖谋(1857—1931)。祖谋字藿生，又字孝藏，号古徽，别署沤尹、疆村，浙江归安人。1883 年进士，历任翰林院编修、侍讲、侍读、侍讲学士、内阁学士、礼部侍郎、广东学政、弼德院顾问大臣等职。入民国，隐居上海。著有《疆村丛书》《疆村语业》《疆村词》《疆村遗书》等。

朱淇(1858—1931)。淇字季箴，广东南海人。1877 年秀才。后与孙中山相识，加入兴中会。先后创办《岭学旬报》《岭海日报》《东华报》《通报》等，又在青岛办《胶州日报》，在北京办《北京日报》。1915 年起拒绝与袁世凯合污，退出政坛，闭门修道。

李详(1858—1931)。详字慎言，一字审言，号百药生，江苏兴化人。早年受知于王先谦，后结识缪荃孙、陈伯严等学者。1907 年应聘为江楚译书局分纂，与况周颐共同主其事。1910 年受安徽布政使曾植之聘，任安徽存古学堂教习。1912 年客居诗话，与沈曾植、郑孝胥、陈衍、赵熙等游，任东南大学国学教授及大学院特约纂述。1919 年纂修《兴化县志》。著有《学制斋文集》6 卷、《学制斋骈文》2 卷、《学制斋骈文续集》1 卷、《媿生丛录》2 卷、《世说小笺》《杜诗证选》《韩诗证选》《文心雕龙补注》《颜世家训补注》《汪容甫文笺》《文选萃精说义》等。

马吉樟(1859—1931)。吉樟字积生，号子诚，晚年号坚壮翁，河南安阳人。1883 年进士，选为庶吉士。曾任清末翰林院编修、国史馆协修、会典馆总校、侍讲、侍读、日讲起居注官、河北按察使等职。1905 年在北京创办豫学堂，自任监督。1906 年东渡日本，考察实务。1907 年回国任湖北按察使后，又选送 40 名湖北学子赴美留学。辛亥革命后，任袁世凯总统府内史、北洋政府总统府秘书等职。学识渊博，工于书法，去职后寓居北京，精研金石，潜心著述。著有《益坚壮斋稿》传世。

王式通(1864—1931)。式通又名王仪通，字书衡，山西汾阳人，原籍浙江绍兴。1898 年进士，历任编书局、学务处等职。1906 年赴日本考察教育。归国后任内阁中书，调任刑部山东司主事、安徽司员外郎、大理院推事、大理院少卿等职。1912 年 7 月任司法部次长，旋转任约法会议秘书。1914 年任袁世凯总统府内使。1915 年 10 月任政事堂机要局长。次年 5 月任国务院秘书长，6 月转任国务院参议。1917 年就任全国水利局副总裁。1925 年后任清史馆编修等职。著有《志盦诗文集》《刑法志》《邦交志》《弭兵古义》等。

刘尔炘(1865—1931)。尔炘字又宽，号晓岚、果斋、五泉山人，甘肃皋兰人。光绪进士，转庶吉士，授翰林院编修。历任五任书院讲席并主持院务、甘肃高等学堂总教习等职。曾创建兰州初高两等小学堂、陇石乐善书局、兰州学社和皋兰修学社。晚年致力于学术研究和著述。著有《果斋一隙记》《尚书哝经日记》《周易哝经日记》《诗哝经日记》《春秋哝经日记》《劝学迩言》《拙修子太平书》等。

罗师扬（1866—1931）。师扬名曜生，号师扬，晚号希山老人，广东兴宁人。1890年被推选入读广州广雅书院。1903年与兴宁县萧惠长、陈少岳等人倡导新学，创办兴民学堂，并聘请丘逢甲担任兴民学堂监督。1906年与邑人罗雅达等创办罗氏植基小学，首任校长，同时兼任兴民学堂校务及教学工作。1909年10月接丘逢甲之聘，到广州方言学堂任教习。1912年被推为广东省临时议会代议士。1913年任海南临高县知事时，发表《开发琼崖计划书》。1918年出任福建连城县知事时，发表《屯田策》等。1924年任兴宁县长。1925年3月受周恩来之命，为东征军筹措军饷2万元大洋。著有《国史概》《亚洲史》《革命先烈稽勋传》《东门罗氏族谱》及《洪畴传奇》等。其遗著已由幼子罗香林编成《希山丛书》。

张文开（1871—1931）。文开字鉴如，号亦镜，广西平乐人。1893年入浸信会，为基督徒。后赴广州，在教会担任文字工作，曾主《真光》杂志20余年。1917年任香港基督教徒所办的《大光报》主笔。著有《去荆锄》《与老学究语》《耶儒辨》等。

冯开（1873—1931）。开初名鸿墀，字阶青，又字君木，号木公，浙江慈溪人。由拔贡官丽水训导。文主汉、魏，诗宗杜、韩，词则出清真、梦窗。与陈训正、姚寿祁等结剡社。晚年讲学上海，与吴昌硕、况周颐、朱孝臧等交往密切，互有吟酬。著有《回风堂诗文集》。

苏源泉（1874—1931）。源泉字本如，江西会宁人。1894年与其兄苏耀泉同登甲午举榜，1904年二甲第49名进士，官授礼部主事。民国初年任民国政府审计院协审官，继调内务部佥事。擅长诗词，书法书路宽阔，不拘一格，真草隶篆，各有特色。著有《时敬斋诗草》4卷。

杨度（1875—1931）。度原名杨承瓒，字皙子，号虎公、虎禅，又号虎禅师、虎头陀、顼虎，湖南湘潭人。师从王闿运，光绪举人。先后参与或赞助清末公车上书、变法维新、洪宪帝制、张勋拥满清末帝溥仪复辟等活动。两次留学日本，参与创办《游学译编》。1904年任东京中国留学生会副会长。1906年组织宪政讲习会，次年创办《中国新报》。1914年任参政会参政。1915年参与组织筹安会，任理事长。1917年反对张勋复辟。1922年协助孙中山粉碎陈炯明叛乱。1927年营救李大钊。1930年加入中国自由大同盟。著有《杨度集》等。

毛乃庸（1875—1931）。乃庸字伯时，后字元征，别号剑客，江苏淮安人。1885年入县学，后被举荐应拔贡试，署第一人，因父丧而未应廷试。后任淮扬道江北查赈放赈员、江北师范教务长、江南高等学校教授、浙江旅宁公学教务长兼江南实业学校蚕桑分校监督、两江督练公所总文案、江苏通志局分纂等。辛亥革命后，就任山东巡警道署秘书长，后代理内务司司长。晚年寄居南京，借贷度日，仍坚持著述。著有《十国杂事诗》10卷、《十六国杂事诗》16卷、《后梁书》20卷、《北辽书》9卷、《辽进士考》2卷、《季明封爵考》1卷、《檀香山岛国志》19卷、《勺湖志》16卷。译著《安南史》《朝鲜近代史》《印度杂事》《彼得传》《泰西名家传略》若干卷。

丁世峄（1878—1931）。世峄初字桐生、息斋、芙缘，后字佛言，号迈钝，别号黄人、松游庵主、还仓室主，山东黄县人。19岁为县庠生员，补廪生。戊戌变法失败后，痛心疾首，趋向革新，自剪辫子，动员妻子放足，遭父训斥，负气出走，1904年就读于济南全省师范学堂。1905年8月官费东渡日本，入东京法政大学速成科学习，与沈钧儒同学。1907年5月学成归国。后执教于山东法政学堂。1908年参与同盟会领导的山东保矿会，反对德国侵占山东矿区。1909年当选山东省咨议局议员。1913年当选为北京临时参议院议员，为庶政委员会委员。正式国会成立后，被推举为第一届国会众议院议员。全程参与《天坛宪草》的起草工作。同年被选为进步党党务部长。旋脱离进步党，成立民宪党。主编《中华杂志》。1916年任黎元洪大总统府秘书长。1922 年参与制宪。1925 年为北平故宫博物院古物审查委员会委员。1930 年任国民大学文字学教授。著有《说文古籀补补》《续字说》《说文抉微》《还仓室述林》《古玺初释》《古陶初释》《说文部首启明》等。

黄炳言(1880—1931)。炳言字伯青，湖北沔阳人。日本早稻田大学毕业。历任湖北省立法政学校、北平政法大学、朝阳大学、中国大学、东北大学、河南大学法律系教授。曾与卢弼合译《法学通论》等书。

杨立诚(1888—1931)。立诚字以明，江西丰城人。1927 年任浙江省立图书馆馆长。1929 年与金步瀛合撰《中国藏书家考略》，后经常熟俞鸿寿(运之)补订 134 人，订正 200 余条。另著有《四库目略》《文澜阁书目索引》等。

袁克文(1890—1931)。克文字豹岑，一字抱存，号寒云，河南项城人。袁世凯次子。家世显赫，曾以巨资广购书、画。旅居上海多年，好研究金石和古钱币。工书法，能诗词。曾建书楼为"皕宋书藏"，所藏宋版书达 200 种。曾手写有《宋本二十八种提要》，贻其弟子俞逸芳。

刘天章(1893—1931)。天章字云汉，陕西高陵人。五四运动时任北京大学学生会负责人。1920 年参加组织马克思学说研究会。次年加入中国共产党，创办《共进》半月刊。1923年人反帝大同盟秘书，参加二七大罢工。后任《国民日报》社长，《天津商报》总编辑。1931年 11 月在山西太原被捕牺牲。

郭隆真(1894—1931)。隆真原名郭淑善，化名石衫、石珊、林一、林逸，河北大名人。回族。1909 年与父亲一起在自己家里开办女子小学。1913 年考入天津直隶第一女子师范学校。1919 年被选为天津女界爱国同志会演讲部部长。与周恩来、邓颖超等 20 余人发起成立觉悟社，出版《觉悟》刊物。1920 年 11 月与周恩来、张若名等人到法国勤工俭学。1923年经周恩来、尹宽介绍，加入中国社会主义青年团，同年转入中国共产党。1924 年秋与李富春、蔡畅等 15 人被中共旅欧支部派往苏联莫斯科东方大学进行短期学习。1925 年 5 月奉调回国，在共产党员和国民党左派领导的国民党特别市党部任妇女委员会委员，负责对城内外各大学校进行宣传并联系女学生的工作，主办进步刊物《妇女之友》。1930 年被选为中共满洲省委委员、满洲省委职工运动委员会书记。又奉命到青岛任宣传部长，负责重组党组织。先后创办《红旗报》《海光报》等革命刊物。1931 年 4 月 5 日被捕遇害。

蔡和森(1895—1931)。和森，上海人。1913 年进入湖南省立第一师范读书。1918 年 4月与毛泽东等人组织进步团体"新民学会"，创办《湘江评论》，参加五四运动。1919 年底赴法国勤工俭学，在法国勤学，拒绝俭工，并随身携带字典致力于翻译外文著作。1921 年 10月回国，在党的三大、四大上当选为中央局委员，参与中央领导工作。1922 年 5 月 5 日当选第一届团中央执行委员。会后为团中央主编机关报《先驱》。党的第二次全国代表大会以后，长期主办中共机关刊物《向导》，大力宣传党的民主革命纲领，反复阐明反帝反封建的革命思想。1927 年 5 月在中共五届一中全会上当选为中央政治局委员、常委，随后又兼任中共中央秘书长。1931 年在组织广州地下工人运动时遭叛徒出卖被捕。8 月牺牲于广州军政监狱酷刑之下。著有《社会进化史》等。2009 年被授予 100 位为新中国成立作出突出贡献的英雄模范人物。

杨贤江(1895—1931)，贤江字英甫(英父)，笔名李浩吾、李谊、江一、健夫、姚应夫、李洪康、牛犇、李膺扬、叶公朴、柳岛生、雁江等,浙江余姚人。1911年从诚意学堂毕业,留堂任教。1912年考入杭州浙江省立第一师范学校,师从经亨颐、李叔同、夏丏尊、胡公冕等。1917年师范毕业后,应聘到南京高等师范学校任学监处事务员。1918年加入少年中国学会,被选为南京分会书记,负责分会《少年世界》的编辑。1919年参加五四运动。1921年经朱元善推荐,被商务印书馆聘为《学生杂志》主编,任职六年。曾参与五卅运动和上海三次工人武装起义的组织工作。1923年7月在上海被选为国民运动微云会委员,协助恽代英编辑《中国青年》。1925年与沈雁冰等发起组织上海教职员救国同志会。1927年到武汉任北伐军总政治部《革命军日报》社社长兼总编辑。大革命失败后,转移到日本,在日本边进行革命活动边从事社会科学和教育科学的研究及翻译工作。1929年秘密回国,参加上海文委领导工作,并发起组织社会科学家联盟。著有《教育史ABC》《新教育大纲》《今日之世界》等。译著有《家族私有财产及国家之起源》《世界史纲》《青年的心理和教育》《苏维埃共和国新教育》《新兴俄国之教育》等。今有《杨贤江教育文集》。

恽代英(1895—1931)。代英又名遽轩,字子毅,原籍江苏武进人。中华大学毕业。学生时代积极参加革命活动,是武汉地区五四运动主要领导人之一。1920年创办利群书社,后又创办共存社,传播新思想、新文化和马克思主义。1921年加入中国共产党。1923年任上海大学教授。同年8月被选为中国社会主义青年团中央委员、宣传部部长,创办和主编《中国青年》。曾从事国共合作的统一战线工作,参与领导"五卅"运动。在黄埔军校任政治主任教官和中共党团干事;在武汉任政治总教官。在九江任中共中央前敌委员会委员,参与组织和发动南昌起义和广州起义;在上海任中共中央宣传部秘书长、组织部秘书长等职,曾主编中央机关刊物《红旗》。1930年5月6日在上海被国民党当局逮捕,1931年4月29日被杀害于南京。2009年被授予100位为新中国成立作出突出贡献的英雄模范人物。著有《恽代英教育文选》《殷代英文集》《恽代英日记》等。

按:1950年5月6日,周恩来总理在《中国青年》杂志上为纪念恽代英烈士殉难十九周年题词:"中国青年热爱的领袖——恽代英同志牺牲已经十九年了,他的无产阶级意识、工作热情、坚强意志、朴素作风、牺牲精神、群众化的品质、感人的说服力,应永远成为中国青年的楷模。"是年武昌中华大学筹建恽代英纪念馆,宋庆龄、董必武、叶剑英、林伯渠、吴玉章等党和国家领导人热忱题词,褒扬他的革命精神。宋庆龄的题词是:"代英烈士纪念,在伟大的革命中光荣地献身,他给青年们江流那样不断地追思。"董必武的题词是:"恽代英同志是我党最善于联系青年和劳动群众的领导人之一。他经常正确地反映青年和劳动群众的意见,引导他们前进,同时不断地向他们学会了许多东西。"叶剑英的题词是:"青年模范,人民英雄。"林伯渠的题词是:"伟大的中华民族最优秀的儿子中国共产党最卓越的领导者恽代英同志精神不死。"吴玉章的题词是:"革命青年的模范。"(李良明著《100位为新中国成立作出突出贡献的英雄模范人物　恽代英》引,北京工业大学出版社2011年版)

邓演达(1895—1931)。演达又名策成、仲密,字择生,化名石生登,广东归善人。早年加入中国同盟会。1919年毕业于保定陆军军官学校。第一次国共合作期间,拥护孙中山三大政策。1924年5月任黄埔军校训练部副主任,后任黄埔军校教育长。1926年1月当选为国民党候补中央执行委员。同年7月任国民革命军总政治部主任,随军北伐。1926年12月13日与宋庆龄、孙科等成立国民党中央执行委员会暨国民政府委员临时联席会议,暂时代行国民党中央和国民政府最高职权。曾被国民党二届三中全会选为中央执行委员、中央政治委员会委员、中央军委主席团成员和中央农民部部长。1927年大革命失败后,分别著文号召讨伐蒋介石、谴责汪精卫。同年11月1日与宋庆龄等在莫斯科以"中国国民党临时行动委员会"名义发表《对中国及世界革命民众宣言》，声明继承孙中山遗志，坚持反帝反封建。曾与毛泽东一起在武昌举办中央农民运动讲习所。1930年5月回国，8月在上海召开国民党临时行动委员会成立大会，任中央总干事，主编《革命行动》半月刊。1931年8月17日被捕。11月29日晚被秘密处死于南京麒麟门外沙子岗。

按：梅日新《深入研究邓演达的思想遗产，为祖国的和平统一作出贡献——在邓演达第二次国际学术研讨会上的开幕词》说："邓演达先生是孙中山新三民主义的忠实捍卫者和继承者，是中国民主革命的先驱和一代英杰。他一生以一个伟大爱国主义者的抱负，把祖国的繁荣富强，国家和民族的独立、民主自由和平，作为毕生的奋斗目标；他以一个伟大的民族主义者的气概，高举民族独立、民族自尊、民族自信和民族自强的旗帜，反对帝国主义及一切外来势力对中国革命和内政的侵略和干涉。他主张：中国人民内部的一切事情，只能由中国人民族自己来解决，不当外国势力的附庸；他以一个伟大的民权主义者的英姿，为广大平民大众争取社会的生存权，经济的发展权，政治的民主权和分配的平等权而斗争；他以一个伟大的社会主义者的理性，认识走向社会主义是人类社会发展的必然规律，是人类追求的崇高理想，更是他本人追求的崇高理想。"（梅日新、邓演朝编《邓演达研究新论》，华文出版社2001年版）

陶斯咏（1896—1931）。斯咏，女，名毅，字斯咏，湖南省湘潭人，后举家迁至长沙。1916年考入朱剑凡创办的周南女子中学师范二班，与向警予、蔡畅是同学，被称为"周南三杰"。毕业后留校工作。1918年由杨昌济推荐，与向警予一道加入新民学会，成为该会最早一批女会员。曾任湖南学生联合会与湖南各界联合会副会长，毛泽东任理事。又在上海、南京、长沙等地办女学，弟子有丁玲等。

杨匏安（1896—1931）。匏安原名麟焘，又名锦焘，笔名匏庵、王洪一，广东香山人。中学毕业后东渡日本横滨求学。归国后在广州时敏和道根中学任教，并兼任《广东中华新报》《东方杂志》记者。1919年11月在《广东中华新报》副刊连载《马克思主义》一文。这是华南地区最早系统地介绍马克思主义的文章。1921年加入中国共产党。1923年6月根据中共"三大"决定，以共产党身份加入国民党，并任共产党在国民党中的党团书记。1924年1月被推举为国民党中央组织部秘书长。1925年6月与邓中夏、苏兆征、杨殷等人先后到香港发动工人罢工，以支援上海"五卅"反帝爱国运动。11月在国民党广东省党部第一次代表大会上，被选为省党部三个常委之一兼组织部长。1926年1月在国民党第二次全国代表大会上，被选为中央委员兼常委。1927年出席中国共产党第五次全国代表大会，当选为中共中央监察委员。1929年编译《西洋史要》，是我国第一部用唯物史观叙述国际共产主义运动历史的著作。1931年7月被蒋介石政府逮捕，同年8月在上海龙华警务司令部英勇牺牲。

周逸群（1896—1931）。逸群字立风，贵州铜仁人。1913年入贵阳南明学校中学部读书，1919年前往日本留学。1924年初回国，在上海《新建设》上发表《革命与统一》等文，歌颂党的统一战线和孙中山的民主革命思想。同年5月创办《贵州青年》旬刊，宣传反帝反封建思想。10月投笔从戎，进入黄埔军校第二期。11月加入中国共产党，任中共黄埔军校特别支部宣传委员，成为周恩来的得力助手。北伐战争时，率宣传队到贺龙部队，任政治部主任。"八一"南昌起义时，任起义军二十军第三师师长。1928年与贺龙等人前往湖北、湖南边境，开拓湘鄂边苏区，5月创建洪湖赤卫队，后担任红六军政委。1930年7月任红二军团政委。9月任中共湘鄂西特委代理书记兼湘鄂西苏维埃联县政府主席。1931年5月在前往华容县视察工作时，遭到伏击，20日阵亡。2009年被评为100位为新中国成立作出突出贡献的英雄模范人物。

林育南（1897—1931）。育南，湖北黄冈人。1915年考入武昌中华大学中学部。1919

年与恽代英一起领导武汉的五四爱国运动，参与创办《新声》和《向上》杂志，鼓吹民主科学。1921年加入中国共产党，开始在武汉从事工人运动。1922年先后任武汉工团联合会和湖北全省工团联合会秘书主任，并与施洋一起创办湖北全省工团联合会机关报《真报》。1923年参与领导京汉铁路工人大罢工。1924年1月，国共合作形成后，任国民党汉口执行部青年部干事，继任《中国青年》杂志编辑、主编和团中央书记等职。1927年任湖北全省总工会宣传主任，先后领导出版《工人导报》《工人画报》《工人教育旬刊》等报刊。1930年与罗章龙一起主编中华全国总工会机关刊物《劳动》。1931年1月被国民党政府逮捕，2月7日被害于上海龙华。

徐志摩（1897—1931）。志摩原名章垿，字槱森，后改字志摩，浙江海宁人。出生于富裕家庭。1918年赴美国学习银行学。1921年入英国留学剑桥大学当特别生，研究政治经济学。回国后任中央大学教授等职。1931年11月19日因飞机失事罹难。倡导新诗格律，对中国新诗的发展作出重要的贡献。是新月派诗人。著有《徐志摩文集》。

按：高伟说："和同时代的其他知名文化人如胡适、梁启超、鲁迅等一样，徐志摩也不是一个专职翻译工作者，他同样身兼翻译家与创作作家两种身份，而且堪称他们的杰出代表。作为中国现代文学史上的著名诗人、'新月诗派'的灵魂人物，徐志摩以他独特的文学风格与人格魅力，成为中国现代文学史上的名家，他所倡导的'新月诗风'至今仍有人在不停地模仿。同时，作为创作作家，他的翻译活动对其自身创作也产生了很大的影响，启发他不断进行白话体新诗格律等方面的探索，从而在新诗创作方面达到极高的水准，取得了令人仰止的成就；启发他进行白话文话剧创作，为我国话剧创作作出很多开创性的贡献。因此，徐志摩在我国现代文学史上留下了浓墨重彩的一笔。"（高伟《翻译家徐志摩研究·绪论》，东南大学出版社2009年版）

何孟雄（1898—1931）。孟雄原名定礼，字国正，号梦雄，后改为孟雄，曾用名之君、为群等，湖南酃县人。1913年考入长沙岳云中学，结识毛泽东、蔡和森、张昆弟、罗章龙等人。1917年考入湖南公立工业专门学校学习。1918年夏与毛泽东、罗章龙等20余人为赴法勤工俭学而到北京，9月入北京法文专修馆学习，后改变留法念头，决定留在国内探求新生活。1919年3月入北京大学哲学系旁听，投身"五四"运动，6月3日在街头演讲时被捕，旋释放。1920年参与创办北京大学马克思主义学说研究活动，加入北京共产主义小组，后转为中国共产党党员。1921年4月代表北京社会主义青年团赴苏联出席远东各国共产党与民族革命团体第一次代表大会，途经黑龙江省满洲里时遭奉系军阀逮捕入狱，后经组织营救获释。是秋同缪伯英结婚，将住处充当中共北京党组织的联络点。同年10月任张家口铁路机厂工业研究所秘书。12月主编《工人周刊》。1923年2月参与领导京汉铁路北段的总罢工，领导北京学生和各界援助工人的群众运动，并在追悼二七烈士大会上讲演。6月赴广州出席中国共产党第三次全国代表大会。会后负责中共北方区委国民运动委员会工作，协助李大钊发展和建立北方十三个省区的国民党组织。7月至10月任中共北京区执行委员会兼北京地方执行委员会委员长。1924年3月至5月任中共北京区执行委员会兼北京地方执行委员会委员、国民运动委员会秘书。1925年北京大学毕业后去武汉，任中共湖北省委委员兼组织部长。1926年秋任中共湖北区委兼汉口市委组织部部长。大革命失败后，被调到上海，1927年9月至1928年1月任中共上海市沪西区委员会书记。1928年5月至10月任中共江苏省委员会兼上海市委员会候补委员。11月至1929年11月任中共中央农民运动委员会委员，参与领导江苏各地开展秘密的农民斗争。1930年6月任中共上海市沪中区委员会书记。7月起任上海市沪中区行动委员会书记、江苏省总行动委员会委员。1931

年1月列席中共六届四中全会,受到"左"倾领导的再次错误批判。1月17日因叛徒告密,在上海被国民党当局逮捕,2月7日就义。1945年4月中共六届七中全会通过《关于若干历史问题的决议》,充分肯定其"为党和人民做过很多有益的工作",予以平反,恢复名誉。后被追认为革命烈士。

任国桢(1898—1931)。国桢原名鸿锡,字子卿,曾用名任国藩,化名刘子厚,辽宁安东人。1914年考入安东县立中学。1918年考入北京大学俄文系。1919年五四运动爆发后,参加火烧赵家楼、痛打卖国贼章宗祥的爱国行动。1924年加入中国共产党。1925年8月任编辑翻译的《苏俄的文艺论战》一书正式出版。9月任奉天市中共党支部书记。随后被党派往哈尔滨,以《东北早报》编辑的身份开展工作。1929年2月任满洲省委候补委员,6月任候补常委,7月兼任哈尔滨市委书记。1930年3月任山东临时省委书记。11月调任中共北平市委书记。1931年10月任河北省委驻山西的特派员。由于叛徒出卖而被捕。11月13日在太原遇害。

蒋光慈(1901—1931)。光慈原名蒋儒恒,又名蒋侠僧,笔名光赤、光慈,安徽霍邱人。"五四"时期参加芜湖地区学生运动,为芜湖学生联合会副会长。1920年,经陈独秀介绍,至上海参加社会青年团。1921年赴苏联莫斯科东方大学学习。1924年回国后从事文学活动,曾任上海大学教授,与沈泽民等组织春雷文学社。1928年与阿英、孟超等人组织"太阳社",编辑《太阳月刊》《时代文艺》《新流》《拓荒者》等文学杂志,宣传革命文学。在《太阳月刊》创刊号上发表的论文《现代中国文学与社会生活》《关于革命文学》,曾引起创造社、太阳社与鲁迅之间的一场关于革命文学的论争。1929年11月因病赴日疗养期间,主持成立太阳社东京支部。回国后与鲁迅、柔石、冯雪峰等人组成中国左翼联盟筹备小组。1930年3月,"左联"成立时被选为候补常务委员。著有诗集《新梦》《哀中国》,小说《少年漂泊者》《野祭》《冲出重围的月亮》等。

按:蒋光慈逝世后,在当年9月15日出版的《文艺新闻》杂志上,为蒋光慈刊出"追悼号"。蒋光慈的老战友钱杏邨化名方英,撰写《在发展的浪潮中生长,在发展的浪潮中死亡》一文,其曰:"他生活了30年;在他的全部生命之中,他是以无限的精力献给了革命。他热烈地参加了伟大的五四。他不避艰险的走向国内战争激烈时代的苏联。回国后,是八年如一日的,不为任何所屈,从事于文艺运动,在十余年的创作生活之中,他写了近百万言的著作,开拓了中国文艺运动最先的路。他的创作所反映的意识形态,始终一贯的表现了革命的小资产阶级的倾向;创作的内容,虽然在很多的地方表现了空虚;在后期的创作里所采用的技术虽不免日渐的回头走向过去的旧的形式之路;但这些在广大的青年读者之中,是发生了巨大的作用。许多的青年,因着他的创作的鼓动,获得了对于革命的理解,走向革命。他虽然开拓了中国文艺运动,而又努力的使这一运动不断的展开;可是他也就死在这发展的浪潮之中,因为自1928年以后,他自己却是逐渐的停滞了。他的强固的个性,使他不能更深入的理解一切,因此,他对于文艺运动的认识,与其他的文艺运动者,在自我批判的斗争中,不断的冲突,对立起来,到最后,1930年秋,因为过不惯纪律的生活,他甚至切断了自己的政治生命。他觉得自己以全生命献给革命,自己的创作几全遭查禁,而同志还是如此的不理解。他感到了深刻的悲哀。他的生活状态,完全陷于孤独的境地,形成了他的内心的无限的苦闷。他几次的掼下笔来,想不再从事创作。……他的一生,以及他的创作,具有着不少的缺陷,但他的不断努力的精神,及发生的巨大的力量,却是永远的值得人们的怀念。"(马德俊《蒋光慈传》,安徽人民出版社2001年版)

邓恩铭(1901—1931)。恩铭又名恩明,字仲尧,贵州省荔波县人,水族。1918年考入济南省立第一中学。五四运动爆发后,被选为学生自治会领导人,组织学生参加罢课运动。

1920年11月与王尽美等组织励新学会,介绍俄国十月革命,抨击社会现状。1921年春参与发起建立济南的共产党早期组织。同年7月与王尽美代表山东共产党早期组织,赴上海出席中国共产党第一次全国代表大会。会后回济南建立中共山东区支部,任支部委员。1922年1月赴莫斯科参加远东各国共产党和民族革命团体第一次代表大会,受到列宁接见。同年底赴青岛创建党组织,先后任中共直属青岛支部书记、中共青岛市委书记。1927年4月赴武汉出席中共第五次全国代表大会,回山东后,任中共山东省执行委员会书记。1928年12月由于叛徒告密,在济南被捕。在狱中领导难友们同敌人进行斗争,并两次组织越狱,使部分同志冲出监狱脱险。1931年4月5日凌晨被国民党军警枪杀于济南纬八路刑场。2009年被授予100位为新中国成立作出突出贡献的英雄模范人物。

柔石(1902—1931)。石原名赵平复,化名少雄,浙江宁海人。1921年就读于杭州省立第一师范学校时,加入新文学团体晨光社。1923年开始文学创作活动。1928年到上海从事革命文学运动,曾任《语丝》编辑,并与鲁迅先生同办"朝华社"。1930年3月任中国左翼作家联盟执行委员、编辑部主任。同年5月以左联代表资格,参加全国苏维埃区域代表大会。1931年1月在上海被捕,同年2月7日与殷夫、欧阳立安等23位同志同被国民党反动派秘密杀害于上海龙华。牺牲后,鲁迅曾写《为了忘却的纪念》一文,追悼他和其他死难同志。遗著有《柔石选集》。

胡也频(1903—1931)。也频原名胡崇轩,祖籍江西新建,生于福建福州。早年读过私塾,当过学徒,后被家人送到天津大沽口海军学校学习机器制造。后又去北京考大学,但未录取,在北京、烟台等地过流浪生活,开始写小说。1924年与女作家丁玲结婚,任《京报》副刊《民众文艺周刊》编辑。1928年到上海主编《红与黑》杂志,次年与沈从文合编《红黑》月刊和《人间》月刊。1930年加入"左联",被选为执行委员,并任工农兵通讯委员会主席,出席全国苏维埃区域代表大会。1931年1月17日被国民党逮捕,2月8日在上海龙华被杀害,是"左联五烈士"之一。著有《胡也频小说选》《胡也频选集》《到莫斯科去》等。

李伟森(1903—1931)。伟森乳名伟生,学名国纬,字北平,笔名李求实,化名林伟,湖北武昌人。1917年考入武汉高等商业专科学校。1919年"五四"运动时,领导武汉学生运动。嗣后与恽代英等组成利群书社。1920年到黄陂北乡当小学教员。1921年加入中国社会主义青年团,1922年转入中国共产党。随恽代英到四川创办泸州联合师范学校。同年回武汉,在武昌高等师范学校读书,做共青团的工作,并主编《日日新闻》。1923年参加京汉铁路"二七"工人大罢工。因敌人通缉,到安源煤矿工作,任安源路矿俱乐部文书股股长。同年被选为共青团中央候补委员。曾主编《日日新闻》《少年先锋》《中国青年》,编辑《红旗日报》。1931年2月与胡也频、柔石、冯铿、殷夫等被龙华伪淞沪警备司令部秘密杀害。著有《杜思退也夫斯基评传》《小品文杂感集》《十月革命后俄国农业状况》等,译著有《朵思退夫斯基》《动荡中的新俄农村》等,编有《革命歌曲》等。

冯铿(1907—1931)。铿又名岭梅,广东潮州人。1926年毕业于汕头左联中学,在乡间小学任教。1929年春到上海,同年5月加入中国共产党,走上职业革命者的道路。1930年加入"左联",并于同年5月与柔石等代表"左联"参加中国苏维埃区域代表大会。1931年初与柔石、胡也频、李伟森、殷夫等人同时被捕,同年2月7日死于龙华狱中。著有《重新起来》。

殷夫(1909—1931)。夫原名徐伯庭,笔名殷夫、白莽等,浙江象山人。1927年加入太阳社。1928年被捕,出狱后从事共青团和工运工作。1929年参加反帝大同盟刊物《摩登青年》及共青团中央机关刊物《列宁青年》的编辑工作。1930年参加发起成立中国左翼作家联盟。1931年2月在上海被捕后遭到杀害。遗作收入《殷夫选集》《殷夫诗文选集》。

陈建(—1983)、黎林(—1988)、王毓芳(—1991)、徐无闻(—1993)、彭修文(—1996)、张光直(—2001)、徐通锵(—2006)、张守一(—2013)、裴汝成(—2013)、田大畏(—2013)、陈鸣树(—2014)、高涤陈(—2014)、夏甄陶(—2014)、杨鸿勋(—2016)生。

六、学术评述

本年度是第二次国内革命战争时期(1927年8月至1937年7月)的第五年。其间举世瞩目的重大历史事件是日本关东军制造的"九一八"事变,张学良东北军奉行蒋介石"不抵抗"命令,使日军很快占领辽宁、吉林、黑龙江三省。9月24日,沈阳《四库全书》被日本人劫去。11月,日军派土肥原等劫持在天津的清朝皇帝溥仪乘舰赴大连。"九一八"事变迅速激起了全国人民的抗日怒潮,并由此改变了中国的政治格局与历史进程。"九一八"事变这一多棱镜,清晰折射出当时的国际关系以及国内不同阶层、不同群体的分化、变化趋势与轨迹。日本之贸然发动"九一八"事变,实际上是其全面侵略中国的试探与预演,而对中国一方而言,则是抗日浪潮的提前爆发以及朝野不同政治力量的提前较量与重组,并在政治、经济、军事、文化、学术各个方面产生巨大、深刻而持久的影响,尤其是在强烈的救亡思潮冲击下,中国学术界的民族主义倾向越发强烈,从而重塑了中国学术研究的基本面貌与价值取向。

"九一八"事变之前,国民党对共产党的全面围剿继续同时在苏区与上海展开。4月1日,蒋介石调集18个师、3个旅共20万人的兵力,以军政部长何应钦为陆海空军总司令南昌行营主任,采取"稳扎稳打、步步为营"的作战方针,分四路对中央革命根据地进行第二次"围剿"。5月31日,中国工农红军在毛泽东、朱德指挥下,采取集中优势兵力、各个歼灭敌人的战略方针,取得了第二次反"围剿"胜利。7月,蒋介石调集30万兵力并亲任总司令,又对中央苏区发动了第三次"围剿"。9月15日,中国工农红军在毛泽东、朱德指挥下,仍采取"诱敌深入""避敌主力,打其虚弱"的战略方针,粉碎了国民党军的第三次"围剿"。在"九一八"事变之后,全国各地教育界抗日救国运动风起云涌,以师生为主体的大规模学潮再次集中爆发。对于日本侵略与反抗侵略运动,国共两党采取了截然不同的态度。9月20日,中共中央发表《为日本帝国主义强暴占领东三省事件宣言》,揭露了日本帝国主义发动"九一八"事变的根源,表明了坚决反对日本帝国主义侵略的鲜明立场。同日,中华苏维埃共和国中央工农革命委员会发表了《关于反对日本帝国主义强占满洲的宣言》。11月17日,国民党第四次全国代表大会通过《依据训政时期约法关于国民教育之规定确定其实施方针案》,强调"确立三民主义之信仰,实救国救民之唯一根本"。30日,顾维钧就任国民党政府外交部长,举行宣誓,蒋介石发表演说,宣称"攘外必先安内,统一方能御侮",首次明确提出"安内攘外"之论。12月10日,"国际联盟"派李顿(英人)为首的"调查团"来华,调查日军侵占我东北事件。此事曾给当时一批自由派知识分子带来希望,但最后不能不以再次失望而告终。当然,本年度也有一些体现正向效应的法规政策问世,诸如:3月20日,国民政府会议通过西北学术考察团计划大纲,决定对西北进行为期四年的地质、生物、人种等学术考察。

4月22日,教育部颁布《学位授予法》,对学士、硕士、博士三级学位的授予条件,作了具体说明。5月9日,国民政府行政院公布《地方教育经费保障办法》14条。14日,国民会议第六次会议通过设国立编译馆案。7月3日,国民政府颁布《古物保存法实施细则》,对文物考古等方面作出细致规定。8月11日,教育部训令各地搜集边疆史地材料。10月,教育部令饬各级学校:为应目前需要,每周加临时课专讲日本帝国主义侵略中国史。教育部令京沪各大学收容留日归国学生。12月23日,教育部公布《教育部奖状规程》8条,规定:教育部奖状分学术奖状、艺术奖状、教育奖状三种,分别授予对于学术、艺术有特殊贡献者和从事教育有确实成绩或特殊贡献者。这些法规、政策的出台,在总体上有利于教育学术的发展。

与往年一样,本年度继续呈现为五大板块结构。南京轴心中,蔡元培虽然年事渐高,但依然居于学坛领袖地位,不仅继续担任中央研究院院长,而且兼任社会科学研究所所长。不过由于蔡元培善于以"威望"驾驭,加之中央研究院总干事杨杏佛特别能干,至9月15日中央研究院社会科学研究所在南京钦天山东南麓的新大楼建成,该所已由上海福开森路378号旧址迁入南京新所舍。不久,蔡元培因事务繁忙,无暇兼顾所务,改由总干事杨杏佛兼任该所所长。所以蔡元培并没有将全部精力耗费在中央研究院,而是兼顾参与或主持国民党中央党政会议、中华教育文化基金董事会、中国科学社、中国经济学社、中国职业教育社、中国笔会、教育审查委员会、教育特种委员会、全国国语教育促进会、西陲学术考察团理事会、中国公学校董会、太平洋国际学会、北平图书馆等学术机构的重要活动。南京轴心的学术重镇中央大学,少壮派朱家骅接任南京中央大学校长之后,鉴于暑间北京大学与中华教育文化基金董事会签订"合作研究特款办法",提高研究教授的待遇,将中央大学教授曾昭抡、汤用彤等聘至北大,于是中央大学到处罗致教授,逐渐聘到顾毓琇、郭任远、沈刚伯、徐佩琨、颜德庆、伍俶(叔傥)、萧一山等。"九一八"事变后,中央大学成为全国各高校掀起抗日怒潮的中心。10月底,南京请愿学生涌进中央大学,围困教务长,少壮派校长朱家骅愤而辞职,不再到校。12月28日,中央政治会议决议朱家骅为教育部部长。就中央大学学术态势而言,依然以马寅初、汪东、黄侃、郑鹤声、柳诒徵、缪凤林、吴梅、徐悲鸿、杭立武、龚贤明等名家为支撑。因马寅初兼任立法院经济委员会委员,在经济立法方面发挥了重要作用,同时也提升了马寅初的学术地位与影响力。黄侃于9月20日获悉"九一八"事变消息,"眦裂血沸,悲愤难宣"。23日夜,与次子黄念田言今日之事,面对山河破碎,强寇入侵,黄侃再三悲呼:"呜呼!六载以来,民气尽矣。以组系颈,衔枚于口,始刺其肤,不能呼!刺肤次骨,不能呼!割刀于腹,不能呼!剖心挖肝,亦不能呼矣!痛夫!"黄侃此时特殊心境可谓代表了"九一八"事变后大部分爱国学者的沉痛感受。南京中央大学之外,值得重点关注的有:其一是罗家伦南下接任中央政治学校教务主任,兼代教育长,然后请辞国立清华大学校长。3月,罗家伦在武汉大学《社会科学季刊》第2卷第1号发表《研究中国近代史的意义和方法》,此文对鸦片战争以来的中国近代史的历史意义和方法的论述,可以视为提倡科学的中国近代史研究的标志,奠定了此后中国近代史研究的体系。其二是陈裕光时任金陵大学校长,于5月创办《金陵学报》半年刊。此后,《金陵学报》成为南京轴心的一个重要阵地。其三是南京古物保存所所长卫聚贤4月1日至5月15日与董光忠等人一起,联合山西国立图书馆、北平女子师范学院研究所和美国福利尔艺术陈列馆,在山西万泉县发掘山西万泉县荆村新石器仰韶文化遗址,出土了石器、骨器、粗陶器、彩陶、人骨等。卫聚贤发现了粟和有可能是高粱的壳皮,另外还有一件陶制的瓦管,上有数只小孔,他认为这是原始社会的瓦制乐器,名为"陶埙",是中国现存最早的乐器,后为考古界、音乐界所公认。

与南京轴心相比,北平轴心毕竟学术根基深厚,名师云集,名著迭出。居于学术领袖地位的除了胡适之外,尚有顾颉刚、陈垣、傅斯年、李济、冯友兰、钱穆。其中的最大变化,是胡适应北大蒋梦麟校长之邀出任文学院长,自此重新居于北平学坛领袖地位。"九一八"事变后,胡适凑集一批朋友,讨论东三省的问题,想要对时局有所主张。当时胡适参与组织一个团体,叫做"自觉救国会",宣言反对对日作战,反对对日绝交,提倡所谓"曲突徙薪之谋",盛称"甘地精神",正与蒋介石的不抵抗政策相吻合。11月,胡适写信给宋子文,主张接受日本的五项原则,以为交涉的基础。当时胡适与他的一群英美派的朋友正在研究对日让步的问题,既标示着胡适"自由"思想的重大转变,又彰显了"自由派"学者群体本质的软弱,缺乏对于帝国主义尤其是日本帝国主义的本质的深刻认识。胡适在学术方面的重要活动主要有:一是发起翻译莎士比亚著作的计划;二是关注钱穆与顾颉刚的"今古学"的讨论;三是为学生传授"不受人惑"的"法宝";四是继续关注中国文学的发展历程与趋势问题。北平轴心的高校,依然是北大、清华的"双子星座"并与燕京大学构成"三足鼎立"之势。蒋梦麟出任北京大学校长后,重点依托胡适与傅斯年为参谋。蒋梦麟聘请胡适就任北大文学院院长后,明确要求胡适等新任院长大胆改革,中兴北大,对各位院长表示:"辞退旧人,我去做;选聘新人,你们去做。"这让胡适等人很感动,以为"有理想,有魄力,有担当"。北大自此进入新的黄金时期。与北大复兴形成鲜明对比与反差的是清华大学。在罗家伦校长因学潮辞职获得批准后,行政院国务会议决定由吴南轩继任,结果再次引发清华师生驱吴风潮。5月28日,清华大学教授会举行临时会议,朱自清、金岳霖、陈寅恪、张奚若、吴有训、钱端升等48名教授联名发表《四十八教授态度坚决之声明》:"倘此问题不能圆满解决,定于下学年与清华脱离关系。"7月2日,吴南轩终于被迫离平南下。9月23日,行政院国务会议任命梅贻琦为国立清华大学校长。11月底,梅贻琦从美国回到国内,在南京稍事停留,便于12月3日北上莅校就职。是日,梅贻琦校长在大礼堂召开的全校大会上发表就职演说,谈了他的办学方针和施政纲领:1.办大学的目的,一是要研究学术,二是要造就人才。2.大学者,非有大楼之谓也,有大师之谓也。3.既要造就人才,更要利用人才。4.保持良好校风。5.经费使用力图撙节与经济。6.时刻不忘救国的责任。梅贻琦提出并力行的"所谓大学者,非有大楼之谓也,有大师之谓也"的办学方针,成为办好清华大学的秘密武器,也是为后学广泛引用的经典格言,富有警示和启示作用。清华大学由此进入了"梅贻琦时代",也是一个与蒋梦麟同时开创北大、清华"双子星座"的辉煌时期,真是风云际会,殊为难得,在中国现代教育史上留下了光辉的一页。燕京大学之居于北大、清华之后,并构成"三足鼎立"之势,除了顾颉刚的学术引领作用之外,犹有洪业、张东荪、张尔田、顾随、赵紫宸、郭绍虞等名家的支撑,又有张君劢、郑振铎等的加盟。在研究机构方面,北京轴心同时拥有中央研究院史语所与北平研究院。傅斯年继续主持史语所所务,兼任北京大学教授。本年度史语所的学术重心在李济为组长的殷墟考古发掘,在中国考古学史上第一次解决了新石器时代各文化间的相对年代问题。其中后冈的三迭层被誉为"打开中国史前年代序列的钥匙"。除了史语所这一中坚力量之外,北平轴心的相关学术机构尚有李石曾任院长的北平研究院,丁文江、翁文灏创办的地质调查所,陶孟和主持的北平社会调查所,胡先骕主持的静生生物所,易培基任院长的故宫博物院,袁同礼主持的北平图书馆等。裴文中继续任职于北京地质调查所,主持发掘周口店遗址的"鸽子堂"洞穴,首次发现大批人工打制的石英制品,又发现人类用火的痕迹,从而确认北京人文化遗存的存在,为周口店古人类遗址提供了考古学重要依据。

上海轴心的重要变化,是胡适北上加盟北大,但老一代学术领袖章炳麟依然潜居于上海。"九一八"事变后,章炳麟虽缄默如旧,但心情极愤怒,在通信中多次议论时事,对蒋介石、张学良拱手将奉、吉让予日本不满,也不满粤方乘机倒蒋,以为蒋为秦桧,粤则石敬瑭。10月5日,章炳麟作《与孙思昉论时事书一》云:"东事之起,仆无一言,以为有此总司令、此副司令,欲奉、吉之不失,不能也。东人睥睨辽东三十余年,经无数曲折,始下毒手,彼岂不欲骤得之哉,因伺衅而动耳! 欲使此畏葸怠玩者,起而与东人争,虽敝舌瘏口,焉能见听。所以默无一言也。今足下既发此问,亦姑与足下言,奉、吉固不可恢复,而宣战不得不亟,虽知其必败,败而失之,较之双手奉送,犹为有人格也。辽东虽失,而辽西、热河不可不守,虽处势危殆,要不得弃此屏障也。然此二者,亦不值为当道言,姑与足下私言之耳。""若夫调停宁、粤,此乃适召汉奸,断绝国交,而不能从事防御。则彼得随处侵轶,其祸又不止关东矣。"此后,章炳麟在11月7日《致马宗霍书》与12月28日《与孙思昉论时事书二》中再有论时事,表达了相近的观点。但与此同时,上海作为红色大本营又一次经历了腥风血雨:1月17日下午,柔石、殷夫、胡也频、冯铿等因叛徒告密而在旅社的31号房间被公共租界巡捕房逮捕,至2月7日深夜,柔石、殷夫、胡也频、冯铿、李伟森5位左翼作家和其他革命者共24人被上海龙华警备司令部秘密杀害。至4月29日中午,恽代英又被国民党杀害。当时周恩来、瞿秋白、秦邦宪(博古)等依然潜居上海。张闻天则于1月离莫斯科回国,赴上海任中央宣传部部长,并任中共中央机关报《红旗周报》主编。9月下旬,以博古为首的中共临时中央政治局成立,张闻天任临时中央政治局委员、中央常委,标志着张闻天在党内地位的提升。瞿秋白抱病转战革命文化战线之后,一度参与"文委"领导工作,在上海与鲁迅一起指导反抗国民党反动派文化"围剿"的斗争,推动左翼文化运动的发展。由中共联系和领导"左联"关键人物是冯雪峰。2月,冯雪峰调任"左联"党团书记。党团成员有夏衍、阿英、阳翰笙等。5月上旬,冯雪峰在茅盾家中第一次见到瞿秋白。瞿秋白通过他的联系,后来与鲁迅和"左联"发生了密切的关系。下旬,冯雪峰约见茅盾,请其担任"左联"的行政书记。夏,冯雪峰将瞿秋白介绍给鲁迅,促使鲁迅和瞿秋白共同领导左翼文化运动。"九一八"事变之后,上海文化界业已超越"左联"而结成更为广泛的统一战线,其标志性事件是"文化界反帝抗日联盟"的成立。9月28日,鲁迅、陈望道、郑伯奇、夏丏尊、胡愈之、郁达夫、叶圣陶等在上海《文艺新闻》第29号辟"日本占领东三省屠杀中国民众!!! 文化界的观察与意见"专栏刊登短文。12月19日,以左联作家为首的文艺界进步人士20余人在上海四川路青年会食堂举行谈话会,发起组织"文化界反帝抗日联盟"。28日,上海文化界反帝抗日联盟举行第一届执行委员会会议,推举执行委员9人,候补执委2人,他们是胡愈之、傅东华、周建人、夏丏尊、丁玲、姚蓬子、楼适夷、沈起予、袁殊、邓初民、钱啸秋。创办机关刊物《文化通讯》,楼适夷、郁达夫、丁玲、夏丏尊、叶圣陶任编辑。同日,《文艺新闻》第42号以《反帝!!! 抗日!!! 在侵略加紧中,在外交屈辱中,文化人的大联盟》为题,对上海文化界反帝抗日联盟的成立作了报道。上海轴心中的学术高地在高校。然时任上海市市长张群在2月4日教育局长宣誓就职典礼上致训辞时说,现在办教育有"六滥""四恶""三害"。这种极端化的批评不应出自一个国民党元老兼上海市市长之口。值得充分肯定的是,震旦大学创始人、年届92岁高龄的马相伯在"九一八"事变爆发后,改变自八十后"厌闻时事"的态度,积极宣

传抗日,出任上海支援东北抗日义勇军协会领袖。其所作《劝国人慰劳东北抗日军队》曰:
"中国睡狮,酷爱和平。马占山一爪耳,似醒觉,似发动。全体国民与国民政府何时醒,何时
动,全球之注视与裁判亦将随之而转移。敢问全体国民与华封九二老人同意慰劳东北之好
男儿否耶?"令人万分感佩。邵力子出任中国公学校长,处理因学潮引发的善后事宜。2月
19日下午,中国公学校董会开会,校董邵力子、潘公展、吴开先、朱应鹏、叶葵初、朱经农、王
云五、刘秉麟等到会,由蔡元培董事长主席,议决聘朱经农为副校长。8月1日,《申报·教
育消息》报道《中国公学新聘教职员》,其中文学系教授:林玉霖、傅东华、胡哲谋、郑业建、伍
蠡甫、周由屋、张守白、余楠秋、汪馥泉、顾仲彝、顾君义、郑振铎、李青崖、陈竺同、傅彦长、张
世禄、储皖峰。再就出版机构而论,值得重点关注的是商务印书馆系列丛书及重要工具书
的出版。3月14日,《申报》广告载,商务印书馆发行各学术团体丛书,分为19个类别,近
200种书。3月16日,《申报》广告载,商务印书馆出版各大学及专科学校丛书,分为《北京
大学丛书》《国立中山大学政治训育丛书》《国立武汉大学丛书》《武昌高等师范学校丛书》
《国立中央大学丛书》《东南大学丛书》《北京师范大学丛书》《燕京大学丛书》《南京高等师范
学校丛书》《厦门大学教育学院丛书》《大同大学丛书》《国立音乐专科学校丛书》《上海美术
专门学校丛书》14类。4月,商务印书馆出版《四库全书总目提要》40册。5月,臧励龢主编
《中国古今地名大辞典》由商务印书馆出版,所收地名,上自远古,下迄现代,历代疆域地志、
经史子集所涉地名及现代新起重要埠镇,均加搜罗。于古则详其因革,于今则著其形要、物
产等。全书收录古今省、府、州、郡、县、镇、保、皆、山川、名城、要塞、铁路、商港、名胜、古迹、
寺观、亭园等各类地名,凡4万余条,250万言。前有笔画检字表,编首列检字表,编末附全
国铁路表、全国商埠表、各县异名表、四角号码检字表等。

　　诸省市板块的学术动态也出现了一些变化。邻近首都南京的江苏,浙江大学所在的浙
江,中山大学所在的广东,成都大学所在的四川,武汉大学所在的湖北,青岛大学所在的山
东,南开大学所在的天津,东北大学所在的辽宁,都拥有一定的优势,充分彰显了大学汇聚
学者、催生成果的重要功能。其中继续居于前列的除了南开大学所在的天津,还有青岛大
学以及青岛所在的山东以及东北大学所在的辽宁。青岛与天津皆为当时的直辖市,杨振声
时任青岛大学校长,闻一多、梁实秋、沈从文、杜光埙、赵太侔、黄际遇、黄淬泊、邓仲纯、方令
孺、赵少侯、游国恩、杨筠如、梁启勋、沈从文、费鉴照等皆任教于此,一时人才济济。而东北
大学所在的辽宁之所以引人关注,主要在于张学良3月对东北大学的学校管理进行改革,
学校领导改为委员制。同月27日,东北大学校务委员会闭会,张学良及全体委员均到会,
"决定改进原则,经费不增,事务合理化,组织文、法、教育、理、工五专委会,推由章士钊、罗
文干、张伯苓等各任主任委员"。30日,东北大学委员会成立。张学良自任委员长,张伯苓、
臧士毅、王维宙、章士钊、汤尔和、宁恩承等11人为委员,宁恩承兼秘书长。凡属东北大学
重大兴革事宜,都必须经委员会认真讨论而后实行。金毓黻3月受聘为沈阳东北大学大学
委员会委员。5月,任辽宁省政府委员兼教育厅厅长。"九一八"事变爆发后,为日军拘捕,
被迫出任伪职,先后担任伪奉天公署参事官、伪奉天图书馆馆长、奉天通志馆主纂。11月4
日,因读唐晏所撰《渤海国志》有感而始纂《渤海国志长编》,又邀唐兰赴沈阳,协助其编纂
《东北丛书》。与上述两地密切相关的是梁漱溟。年初,梁漱溟在河南村治学院结束后,应
山东省政府主席韩复榘邀请到山东邹平继续未竟之志,梁漱溟与梁仲华等同人商议,不沿
用"村治"或"乡治"两词,提议用"乡村建设"一词,并改学院为研究院,此即"山东乡村建设

研究院"名称的由来。2月，晏阳初北返后又往沈阳，与张学良仔细讨论将沈阳划作实验区的计划。6月，山东乡村建设研究院正式成立，梁漱溟撰写《山东乡村建设研究院设立旨趣及办法概要》。9月，梁漱溟在《村治月刊》第2卷第5期发表《我们政治上第二个不通的路——俄国共产党的路》，这是继去年发表的《我们政治上第一个不通的路——欧洲近代民主政治的路》而写的政论文章，系统地阐明他当时对中国社会的认识和"第三条路"。

海外板块中，"出"的方面，郭沫若继续流亡日本。5月，郭沫若著《甲骨文字研究》由上海大东书局影印出版，线装，上下册。此书系作者近年来研究甲骨卜辞的论集，通过一批已识或未识的甲骨文字的考释，以阐述殷代的社会结构和意识形态，由此开辟了用马克思主义观点进行甲骨文研究的新途径。同月，郭沫若所译马克思《政治经济学批判》由上海神州国光社出版。又译马克思、恩格斯著《德意志意识形态》，并作《译者弁言》。杨贤江2月由于在日本工作繁重，生活困难，积劳成疾，经医院确诊患肾结核症。7月，病情恶化，出现血尿，由夫人姚韵漪陪同前往日本长崎就医。8月9日，杨贤江在日本医治无效，于长崎逝世。孙楷第9月受北平图书馆委派东渡日本访书。11月15日，孙楷第抵达北平，开始着手整理《日本东京所见小说书目》及《大连图书馆所见小说书目》，此二书为此行之最重要收获。王一亭、钱瘦铁、吴湖帆、孙雪泥、郑午昌、李祖韩4月25日乘"上海丸"赴日，参加4月28日在日本上野举行的中日第四次绘画展览会。在苏联，吴玉章是年春与林伯渠倡议，在党校成立中国问题研究室。5月19日，吴玉章将《中国拉丁化字母》交全苏新字母中央委员会举行的学术会讨论通过。9月，吴玉章与中共驻莫斯科代表团派来的萧三、苏联汉学家龙果夫等人，共同筹备"中国文字拉丁化第一次代表大会"。同月26—29日，吴玉章在海参崴主持召开中国文字拉丁化第一次代表大会，作新文字正字法则的专题报告。其和林伯渠、肖三、王湘宝、龙果夫等人制定的《中国汉字拉丁化的原则和规划》经讨论通过。"进"的方面，主要有：美国《新群众》杂志6月在第7卷第1期译载了左联发表的《为国民党屠杀同志致各国革命文学和文化团体及一切为人类进步而工作的著作家思想家书》；美国洛克菲勒基金会总裁、兼驻欧洲国际健康委员会及社会科学研究计划负责人之一塞斯卡·冈恩是年夏访问晏阳初平民教育基地定县；美国"纽约工人文化同盟"大会8月召开，有130个团体的200余名代表出席。鲁迅、高尔基、巴比塞等被选入名誉主席团。同月20日，苏联法捷耶夫、法国巴比塞、美国辛克莱等28位著名作家联合签名在《文学导报》第1卷第3期发表《革命作家国际联盟为国民党屠杀中国革命作家宣言》；国际联盟教育考察团应国民政府之请于9月30日到达上海，考察团成员有：柏林大学教授、前普鲁士教育部长柏刻，波兰教育部初等教育司长法尔斯基，法兰西大学教授郎吉梵，伦敦大学政治经济学院教授叩尼，并由国际联盟秘书长窝尔特兹协助。该团到我国后，又有国际文化合作社社长波内等二人参加。该团先后在我国上海、南京、天津、北平、河北定县、杭州、江苏无锡、苏州、镇江、广州等地考察教育。12月中旬，考察工作结束。国际联盟教育考察团在杭州进行考察后，认为中国教育违背经济原则，其问题为：一、注意大学教育之发展，忘却中小学校之普及；二、中学教育程度太差；三、应即尽量提倡职业教育以裕民生；四、一般学生训育欠佳。1932年12月，该团之考察报告中文译本《中国教育之改进》由国立编译馆翻译发行；世界革命作家联盟书记局11月15日在乌克兰哈尔科夫举行会议。会上追悼六个中国无产阶级作家，报告关于中国、日本、德国等的革命作家在压迫和囚禁之下从事拥护革命的活动的情况。

本年度的学术论争或讨论在延续中又有新的变化，现大致归纳为如下9个方面：

1.关于五四运动12周年的纪念与阐释。5月4日,《中央日报》在"党务"栏刊登消息《五四运动纪念》,又发表社评《五四运动与今后学生应努力之新途径》,一方面赞扬五四运动"为吾国政史上国民意识集合表现之一创端,同时亦为近年民族运动之一壮举",但同时又批判五四运动激进的游行、集会等直接行动的政治参与方式,呼吁学生安心回到学校课堂:"今后亟宜改途易辙,革去过去之旧习,转向新途径",并提出了四点希望:"(一)学生应努力求知,(二)生活应力求组织化与规律化,(三)确立个人人格,建设新社会伦理观念,(四)集中意志,为民族求生存,并谋国际间之自由平等是也。"社论乘势又宣扬"今日本党已统一全国,青年亟应统一意志,集中聪明材力于三民主义之下"。同在5月4日,罗家伦在南京五四运动纪念会上发表《新文化运动的时代和影响》的演讲。在此次从思想革命重评五四新文化运动的重要演讲中,罗家伦开宗明义提出其核心观点:"我们现在是处于国民革命时代。国民革命的产生,是由于一种思想的变化,一种思想的革命。思想的革命,差不多可以说是一切革命的先驱,因为人类感应得最快的是思想。思想有了变动,没有旁的力量可以压制他的。只有以正确的思想和主义才能领导。"据此,罗家伦将第一次鸦片战争以来至五四新文化运动的思想革命划分为四个时期,强调要用新的科学方法,来判断一切,来估定一切中国文化中国社会的本身价值,重点分析了新文化运动的三种特质:(一)新标准估量旧文化;(二)新文学表现新人生;(三)新态度促进新社会。然后引录孙中山对于新文化运动正确的评价:"此种新文化运动,在我国今日,诚思想界空前之大变动。"今日来看,这个"思想界空前之大变动"所发生的影响至少有以下四种:第一是为中国树立一个新的学术风气,为学术界开阔广大肥沃的田畴;第二是为新文学打下了理论的基础,为近代中国人提出了一种表现近代人生的工具;第三是批评旧的社会组织和风俗习惯,引起了社会里许多观念和机构的合理化;第四是加速国民革命运动。最后,罗家伦以五四新文化运动与西方文艺复兴与启蒙运动相比较。不过,罗家伦又强调:"新文化运动不过为近代中国做下了披草莱,斩荆棘的工作,开辟了一条思想的大路。至于整个的文化建设,决不能希望他于短促的期间完成。即如一般国民的新人生态度之确立,还得要有相当的时候。而且思想道路上的荆棘,是随时可以产生的,所以就以廓清工作而论,大家也还得继续努力!不知时不能论世。这是历史学上的名言。不知新文化运动产生的时代和环境,不能对新文化运动加以正确的批评。"值得注意的是茅盾系列文章对于"五四"的检讨与批评。8月5日,茅盾在《文学导报》第1卷第5期发表《"五四"运动的检讨——马克思主义文艺理论研究会报告》,此文是遵照瞿秋白建议写的探讨"五四"以来的文学运动和文学现象的文章之一。文中把"五四"界定为"是中国新兴资产阶级的运动""无产阶级运动崛起,时代走上了新的机运,'五四'埋葬在历史的坟墓里了"。其中还涉及对"五四"文学运动的评价。9月20日,茅盾在《北斗》创刊号发表《关于"创作"》。这是遵照瞿秋白的建议写的探讨"五四"以来的文学运动和文学现象的第二篇文章,文中谈到:"'五四'的旗号"是"打'孔家老店'"!为什么要打"孔家老店"?因为"孔家老店"的存在"不利于中国资产阶级"。"'五四'并没有完成它的历史使命","'五卅'爆发后宣告'五四'时代的正式告终"。全文纵论"五四"以来的文学现象和创作方法,是他试图总结"五四"以来文学创作发展道路的一个尝试。两文存在着过于贬低五四运动与五四文学的明显不足。

2.关于中西文化论争的延续。此与有关五四运动的论争息息相关,是一个此起彼伏、经久不息的老论题。1月1日,陈序经因在德国阅孙本文《中国文化研究刍议》一文,有感而作《东西文化观》一文初稿,后于4月刊于《社会学刊》第2卷第3期。文中开篇开宗明义提出:"研究所谓东西文化,而寻出一种办法,以为中国文化前途计的人,大约不出下面三个派别:(1)主张全盘接受西方文化的。(2)主张复返中国固有文化的。(3)主张折衷办法的。本篇的旨趣是将这三派的意见,来做一个比较的研究,而寻出哪一条途径,或是哪一种办法,是我们今后所应当行的途径,或是所必需行的途径。"作者借用西方社会学、人类学等基本理论,剖析中西文化异同,认为前两者都跑不通,因而明确提出"全盘西化"论。3月27日,潘光旦致信谈太平洋国际学会请胡适撰写《中国人对于接受西洋文化之态度》一文,催请动笔。12月30日,胡适在北大中文系讲演《中国文学的过去与未来》。这些都涉及五四新文学与新文化问题。此外,陈衡哲所编《中国文化论文集》10月由太平洋关系学会中国理事会联合在上海出版,其中所载丁文江《中国如何获得其文明》在简要考察了中国文明史后,在结论部分写道:"中国文明是4000年以来文化努力累积的产物,其生长是缓慢的,且不止一次被打断,但她从来没有丧失其生命力,而且从总体上说,比其他地方譬如说近代欧洲的进化,更具连续性。"此与陈序经、胡适的全盘西化论形成有趣的对比。

　　3. 关于"人权"与"民权"的论争。胡适、罗隆基等因在《新月》刊文倡导"人权",由新月书店出版《人权论集》,结果《新月》杂志被封,《人权论集》被查禁,罗章隆被捕。后经胡适等营救,罗章隆被释。4月9日,章渊若在上海《时事新报》发表《约法刍议》,首先发起对《中华民国训政时期约法》立法的讨论,认为"人权"二字不应在《约法》中出现,而应以"民权"代替之。罗隆基看到章渊若的文章后,即以"努生"为名在《新月》杂志第3卷第7期发表《人权,不能留在约法里?》,批驳章渊若的观点。5月23日,章渊若读到罗隆基的批驳文章以后,在《民国日报》上发表《论"人权"》一文,对罗氏的批驳作出了反驳。罗隆基读了章渊若的《论"人权"》一文后,感觉到要解决"民权"与"人权"之争,关键还在于对"人权"的理解,于是在《新月》第3卷第10期发表《"人权"释疑》一文进行回应。他主张人权的实质是人权先于国家、先于法律而存在,国家是保障人权得以实现的工具。7月,新月书店北平分店遭到当局干预。原因是《新月》3卷8期内又有讨论约法的文章触忌。罗隆基于8月6日致信胡适,问"新月书店北平分店事结果如何"即指此事。该信中说:"约法明明载着保护言论自由的条文,这次检查讨论约法的文章,的确是作法人犯法。法制绝望。"信中还提到,邵洵美与徐志摩等"为维持月刊营业计,主张《新月》今后不谈政治"。对此,罗隆基不以为然,觉得"向后转未免太快,……《新月》的立场,在争言论思想的自由。为营业而取消立场,实不应该"。同月,章渊若在读了罗隆基对人权的辨析以后,在《中央日报》上发表《再论"人权"》一文,对罗隆基的人权观点给予反驳。

　　4. 关于中国社会史的论争。由上年的注重中国社会性质论争转向中国社会史的论争,主要在以任曙、严灵峰为代表的"动力学派"与新崛起的以王礼锡与陆晶清、胡秋原为代表的"读书杂志派"之间展开,从莫斯科归国的中共张闻天以及"托派"陈独秀、刘仁静(刘镜园)也参与了论战。1月15日,既为中国托派组织"无产者社"主将又是"动力学派"的代表人物的任曙所著的《中国经济研究绪论》由中国经济研究会出版。作者以对外贸易的发展证明中国已进入资本主义阶段,从而得出中国社会已经进入资本主义的结论。6月30日,"动力学派"的另一代表人物严灵峰将其在《动力》上的两篇代表作《中国是资本主义的经济,还是封建制度的经济?》和《再论中国经济问题》,又加了一篇《我们的反批评》及《序言》,编成《中国经济问题研究》,由新生命书局出版。作者以马克思的经济观点来分析中国经济,认为在方法论上,"必要懂得辩证的科学方法之应用于实际的研究上,以及对于抽象的政治经济学基本知识的深刻了解"。而"动力学派"的上述观点同时受到托派内部与新崛起的"读书杂志派"的批评。先是从日本回沪的王礼锡与陆晶清、胡秋原等筹划的《读书杂志》4 月 1 日在上海创刊,然后以此为阵地,继续倡导展开中国社会史的讨论,由此形成"读书杂志派"。8 月 1 日,王礼锡、陆晶清编《读书杂志》第 1 卷第 4—5 期合刊"中国社会史的论战"专号为《中国社会史的论战》第 1 辑,由神州国光社出版。王礼锡为本辑撰写《序幕》,提供了一个研究指南,归纳研究中以几个需要解决的问题作为参考,同时还提供了一个论著目录,列举 37 种书籍,收集数十篇散见于各期刊中的论文。其中所载陈邦国《中国历史发展的道路》一文对郭沫若提出批评,朱新繁《关于中国社会封建性的讨论》主要是批评陶希圣的封建制度崩坏论,孙倬章《中国经济的分析》试图折衷调和"新思潮派"和任曙、严灵峰的主张。张闻天 6 月 15 日撰成长文《中国经济之性质问题的研究——评任曙君的〈中国经济研究〉》,从上海寄往东京,托友人返寄上海王礼锡主编、神州国光社出版的《读书杂志》,文末故意标明写于"日本东京",以遮人耳目。8 月 1 日,《读书杂志》第 1 卷第 4—5 期合刊及《中国社会史的论战》第 1 辑还载有张闻天《中国经济之性质问题的研究——评任曙君的〈中国经济研究〉》与刘仁静(刘镜园)的《评两本论中国经济的著作》,前文主要以任曙的《中国经济研究绪论》一书为对象,用论辩的写法,批驳当时流行的认为中国经济是资本主义占优势,中国已是资本主义社会,从而取消当时党正领导进行的土地革命和武装斗争,否定反封建的革命任务的错误观点;后文批评任曙《中国经济研究绪论》否认帝国主义妨碍中国工业发展,否认中国问题的中心是民族解放与土地革命,因此得出一些安那其(无政府主义)的结论。9 月 13 日,陈独秀撰《中国将往何处去》,在批判戴季陶以"三民主义"代替或冒充"社会主义"的观点的同时,也批判托派中任曙说的"中国经济已发展到可以实行社会主义的革命"的见解。此外,在暨南大学任教授兼历史社会系主任的周谷城是年秋也参与中国社会史的论战,所著《中国社会之变化》(又名《现代中国社会变迁概论》)由上海新生命书局出版。书中从革命的视角观察近代中国的变化,认为帝国主义的侵略逼出了中国的产业革命,而产业革命则引起了中国社会的根本之变。总体而论,在 1931—1933 年的社会史论战中,尽管由"动力学派"发起,但主要以《读书杂志》为引领。其间《读书杂志》先后刊出 4 辑"中国社会史论战专号",从而将中国社会史论战推向高潮。社会史论战主要集中于三个问题:第一,奴隶社会是不是人类必经的社会阶段,中国历史上是否存在奴隶社会? 第二,中国封建社会始于何时,终于何时? 有何特征? 第三,马克思所说的亚细亚生产方式是什么? 亚细亚生产方式在中国历史上是否出现过? 这些问题既是历史问题,也是理论问题;既是学术问题,也包含政治指向,因此需要理论与史料的高度融合,才能给出令人信服的答案。各种观点的论辩错综复杂,如果没有专门研究或了解,大概很难搞清楚其中的来龙去脉、是非曲直。

5. 关于对"民族主义文学"的后续批判。自上年 6 月开始,国民党当局纠合潘公展、荣应鹏、黄震遐、王平陵、范争波、傅彦长等党棍、特务、军官和反动文人,策划所谓"民族主义文学运动",出版《前锋月刊》《前锋周报》等刊物,大肆宣扬蕴含法西斯主义的"民族主义",反对以鲁迅为首的左翼文艺运动,反对中国共产党和当时社会主义的苏联,受到鲁迅等的严厉批判。延至本年,左翼阵营对于"民族主义文学运动"的高涨一开始并未予以应有的重视。1 月 23 日,鲁迅致李小峰信,谓"众口铄金,危邦宜慎,所以我现在也不住在旧寓里了"。

又谈到,昨天报纸"载搜索书店之事,而无现代及光华,可知此举正是'民族主义文学'运动之一,倘《北新》亦为他们出书,当有免于遭厄之望,但此辈有运动而无文学,则亦殊令出版者为难,盖官样文章,究不能令人自动购读也"。3 月 18 日,鲁迅将 2—3 月间所作《黑暗中国的文艺界的现状》交给史沫特莱,原来拟送美国进步刊物《新群众》刊登,文中指出,"属于统治阶级的所谓'文艺家',早已腐烂到连所谓'为艺术的艺术'以至颓废的作品也不能生产,现在来抵制左翼文艺的,只有诬蔑,压迫,囚禁和杀戮;来和左翼作家对立的,也只有流氓,侦探,走狗,刽子手了"。批判的矛头实际上是指向"民族主义文学"。7 月 20 日,鲁迅在社会科学研究会作《上海文艺之一瞥》的演讲,刊于本月 27 日和 8 月 3 日《文艺新闻》第 20—21 期。当时鲁迅还认定民族主义文学只"有运动而无文学",因而仅仅保持着蔑视与愤怒,并无重拳出击。然而事实并非如此,即从 2 月起,《前锋月刊》上陆续发表了黄震遐《陇海线上》《黄人之血》与万国安《国门之战》等民族主义文学代表作,而且尽管《前锋月刊》与《前锋周报》先后于 1931 年 4—5 月终刊,但民族主义文学脉息未断,且有健旺的趋势。《开展》《现代文学评论》等也发表了一些不无价值的作品,其中还有左联成员叶灵凤、周毓英、彭家煌、穆木天的创作或译作。于是"左联"逐渐意识到民族主义文学挑战的严重性,开始组织力量反击。4 月 25 日,文英在《前哨》第 1 卷第 1 期上发表《我们同志的死和走狗们的卑劣》,斥责"由刽子手、侦探、识字流氓而组织的民族主义文学"。8 月 5 日,《文学导报》第 1 卷第 2 期刊出《开除周全平、叶灵凤、周毓英的通告》,其中叶灵凤与周绩英就是因为"参加反动民族主义文艺运动"。20 日,瞿秋白在《文学导报》第 1 卷第 3 期发表《屠夫文学》(后改名《狗样的英雄》),批评民族主义的文学不过在那些四六电报宣言布告之外,替军阀添一种欧化文艺的宣传品,去歌颂这种中世纪式的战争,"叫几声'亲爱的同志',唱几句'咨尔多士,为民前锋'","这是不打自招的供状。他们民族主义的文学家自己认为是'客军'",而把中国民众当作被征服的殖民地人民看待。9 月 13 日,瞿秋白在《文学导报》第 1 卷第 4 期发表《青年的九月》,继续对"民族主义文学"开展批判。同期又发表茅盾的《"民族主义文艺"的现形》,文中驳斥国民党御用组织"民族主义文学"发表的《民族主义文艺运动宣言》的观点,从理论与创作两方面,彻底剥开"民族主义文学"的画皮,让它暴露出法西斯主义的本质。28 日,茅盾在《文学导报》第 1 卷第 5 期发表《〈黄人之血〉及其他》,以进一步揭露民族主义文艺"创作"的反动实质。10 月 15 日,"左联"执委会通过《告无产阶级革命作家及一切爱好文艺的青年》,抗议日本侵略,揭露国民党反动派的不抵抗政策,抨击"民族主义文学"主张,后刊于 23 日《文学导报》第 1 卷第 6—7 期合刊。23 日,鲁迅在《文学导报》第 1 卷第 6—7 期合刊发表重头檄文《"民族主义文学"的任务和运命》,这是深刻揭露所谓"民族主义文学"的著名论文。文中不仅彻底揭露了他们反共卖国的阶级本质,而且严正宣判他们必将到来的历史命运,从而为本年度的论争与批判划下句号。

6. 关于对"自由人""第三种人"的后续批判。胡秋原自称"自由人",苏汶自称"第三种人",统而言之,都可以称为"第三种人",广义的"第三种人"还可指同时反对国共而主张第三条道路的学者,包括以胡适为代表的"新月派"群体。10 月 26 日,鲁迅在《文艺新闻》第 33 号发表《鲁迅启事》,文中揭露"第三种人"苏汶等主办的现代书局利用广告编造的谎言,声明"我与现代书局毫无关系,更未曾为之选辑小说"。12 月 11 日,鲁迅主编的左联刊物《十字街头》创刊,鲁迅在创刊号上发表《知难行难》,以胡适先后被"宣统皇帝"和蒋介石召见的事实,说明"做皇帝做牢靠和做倒霉的时候,总要和文人学士扮一下相好","做牢靠的时候是'偃武修文',粉饰粉饰",做倒霉的时候是"病笃乱投医",以为他们真有"治国平天下"的大道。文中嘲讽新月派鼓吹"专家政治",急于投靠蒋介石的行径。25 日,胡秋原在《文化评论》创刊号发表社评《真理之檄》与论文《阿狗文艺论——民族文艺理论之谬误》。胡秋原自称"自由人",一方面批评"民族主义文学",一方面则对当时"左联"所领导的革命文学运动进行攻击,认为"将艺术堕落到一种政治的留声机,那是艺术的叛徒"。应该说,胡秋原的议论本来是针对民族主义文学而发,以文艺创作的自由为中心,反抗国民党的"政治霸权",在客观上起到了与"左联"共同抗衡文化"围剿"的作用。但同时胡秋原也否定文艺的阶级性,激烈声称,"艺术虽然不是'至上',然而也决不是'至下'的东西。将艺术堕落到一种政治的留声机,那是艺术的叛徒"。其反对文艺为政治服务的立场也就把自己推向了"左联"的对立面,立即引起了左翼作家鲁迅、瞿秋白、冯雪峰等的反击和批判,于是于次年进而形成"文艺自由问题"的论争。

7. 关于对顾颉刚"五德终始说"的商榷。商榷者主要是钱穆与冯友兰。4 月 13 日,钱穆在《大公报·文学副刊》第 170 期发表《评顾颉刚〈五德终始说下的政治和历史〉》一文,就顾颉刚上年发表的《五德终始说下的政治和历史》提出商榷,先是引用了胡适的《古史讨论的读后感》(《古史辨》第一集)作为讨论的前提,然后提出:"顾先生传说演进的古史观,一时新起,自不免有几许罅漏,自不免要招几许怀疑和批评。顾先生在此上,对晚清今文学家那种辨伪疑古的态度和精神,自不免要引为知己同调。所以古史辨和今文学,虽则尽不妨分为两事,而在一般的见解,常认其为一流;而顾先生也时时不免根据今文学派的态度和议论来为自己的古史观张目。这一点,似乎在《古史辨》发展的途程上,要横添许多无谓的不必的迂回和歧迷。"顾颉刚为钱穆这篇评论作跋语道:"我对于清代的今文家的话,并非无条件的信仰,也不是相信他们的微言大义,乃是相信他们的历史考证。"又向胡适推荐钱穆到北大历史学系任教授,则顾颉刚之学术领袖风范由此可见一斑。4 月 21 日,胡适致信钱穆,表示对钱穆与顾颉刚的"今古学"的讨论很有兴趣,谓"现在应该回到廖平的原来主张,看看他'创为今古学之分,以复西京之旧'的说法是否可以成立。不先决此大问题,便是日日讨论枝叶而忘却本根了。至于秦祠白帝之三畤,以民俗学眼光去看,绝无可疑"。24 日,钱穆复信胡适,摄其《国学概论》(时尚未印行)之要点,大意不赞成廖平的说法。认为从汉初的尚百家言到董仲舒立五经博士才是真正意义上的今古文之争。8 月 1 日,冯友兰在《史学年报》第 1 卷第 3 期发表《与颉刚论五行说的起原》,文中归纳其与顾颉刚论五行说起原(原文作"原"而非"源")之不同:"颉刚以为五行说是起于邹衍,他以前没有五行说,凡古书所记关于五行的话,都可以怀疑。我的意见是无论什么学术思想或文学种种,一定有个来源,起始是很简单的,很平常的,到后来因由适宜的条件,它才发达起来。自 A 变 B,自 B 变 C,……每变一次,对于旧者要保留一部分,新的方面则增加一部分,跟着变下去,本来面目愈远,甚而至于完全不像,然其起原却不能完全抹杀,根据这个式子,所以我对于五行起原说是这样:A. 原始阴阳说(夏以前)。C. 神化阴阳说(分二期:殷周之际为开发期,孔子以下为光大期)。B. 原始五行说(分二期:夏为创始期,殷为扩充期)。D. 神化五行说(分二期:孟子为开发期,邹衍为光大期)。"表面看来,钱穆与冯友兰主要质疑顾颉刚的"五德终始说",但实际上涉及古史辨派的史学观与方法论。

8. 关于对胡适《中国哲学史大纲》的批评。李季所著《胡适中国哲学史大纲批判》10 月再版。为此,李季又特意补撰了一篇短序,指出:"近十几年来,中国著述界发见一部万人赞赏的'大著作',即胡适博士的《中国哲学史大纲》。这部书的价值到底怎样,除梁启超一篇几千字的评论外,简直没有人作过有系统的详细的估计。所谓'万人赞赏',不过像戏院中捧场的朋友们,提起嗓子,一唱百和地叫几声'好,好,好'罢了！中国的所谓学者,尤其是所谓哲学家,对于这样一部风行全国和影响最大的著作,仅止于简单的叫好,而无详尽的批评,这不独对不起一般读者,并且也对不起作者,不独会使一般读者发生盲从的倾向,并且也会使作者发生矜夸的倾向,于是学术因磨砺而愈益进步的现象从此消灭了。"《序》中把"胡适热"的现象描画得入木三分,更对这一现象所产生的社会影响忧心忡忡。同时直截了当地说明了"反胡适"的理由,也说明了这部十万字的书评有何意义。李季特别强调其"不独对于胡博士的《哲学史》从头至尾,加以解剖,且处处提出我自己的见解,与之对抗。所以这不仅是一种消极的批评,并且还是一种积极的主张,尤其是对于春秋战国诸子的阶级性,都有一种明白的分析,使他们学说的背景显露无余,为中国著作界的创举,可以供全国人士的参考。故特将此章的开端略加修改,目录中的小题重行增订,先与世相见;并希望胡博士和读者不吝指教,共同起来作一番热烈的论战,则中国学术界的前途,也许能因此放一线光明了。"然后李季意气激昂地把他在德国留学期间学到的辩证唯物论的观点和辩证法的方法,用社会发展的观点和阶级分析的方法,兼以古籍考证的方式,逐章逐条批评胡适《中国哲学史大纲》。据此,形成了一个框架明确、巨细兼顾的批判总纲,以十一个章节的规模,搭建出"反胡适"体系,将胡适推上思想史的"手术台",剖析胡适思想,剔除时代弊病——李季手持辩证唯物论的"手术刀",完成了一次看似纯学术批评,实则价值观批判的"大手术"。手术效果如何,似乎"中国病人"们并未太多回应,至今都还少有人论及。但在唐德刚的《胡适杂忆》中称,胡适晚年曾提到"批评我的书,李季写的还比较好"。11月,李季自传《我的生平》完稿,于次年1月由亚东图书馆出版发行。《我的生平》一书是在民国时代不多见的,体系完整、论理清晰、价值观明确的自传。这部自传的三分之一内容是"反胡适",与《胡适中国哲学史大纲批判》内容相同。

9. 关于对冯友兰《中国哲学史》的评骘。冯友兰所著《中国哲学史》上卷作为"清华大学丛书"之一于2月由上海神州国光社出版。书后附陈寅恪1930年6月11日所作《审查报告》,金岳霖1930年6月26日作的《审查报告》,以及瞿世英《读冯著〈中国哲学史〉》。陈寅恪审查报告的核心观点是:"凡著中国古代哲学史者,其对于古人之学说,应具了解之同情,方可下笔。"由此感慨和批评"今日之谈中国古代哲学者,大抵即谈其今日自身之哲学者也;所著之中国哲学史者,即其今日自身之哲学史者也。其言论愈有条理统系,则去古人学说之真相愈远;此弊至今日之谈墨学而极矣"。然后充分肯定冯友兰《中国哲学史》"取材谨严,持论精确,允宜列入清华丛书,以贡献于学界","今欲求一中国古代哲学史,能矫附会之恶习,而具了解之同情者,则冯君此作庶几近之"。其中实乃暗含对冯友兰《中国哲学史》与胡适《中国哲学史》的比较以及对后者的批评。再至金岳霖的《审查报告》,明确提出:"写中国哲学史就有根本态度的问题,这根本的态度至少有两个:一个态度是把中国哲学当作中国国学中之一种特别学问,与普遍哲学不必发生异同的程度问题;另一态度是把中国哲学当作发现于中国的哲学。"然后在充分肯定冯友兰《中国哲学史》的同时,直言"胡适之先生的《中国哲学史大纲》就是根据于一种哲学主张写出来的"。瞿世英《读冯著〈中国哲学史〉》,认为此书"最重要之点,就是这是一部哲学家著的哲学史而不是历史家(尤其不是所谓客观的历史家)著的哲学史"。5月25日、6月1日,张荫麟在《大公报·文学副刊》第

176—177期发表《评冯友兰〈中国哲学史〉上卷》,则对冯友兰《中国哲学史》有所批评,认为"此书有两个普通的缺点:第一是直用原料的地方太多","第二书中既没有分时期的提纲挈领,而最可异者书中涉及诸人除孔子外,没有一个著明其生卒年代或约略年代(无论用西历或中国纪年),故此书的年历轮廓是模糊的,试拿此书与胡适的《中国哲学史大纲》和梁启超的《先秦政治思想史》或任一种西洋哲学史一比,便知道作者的'历史意识'之弱了"。6月8日,冯友兰在《大公报·文学副刊》第178期发表《中国哲学史中几个问题——答适之先生及素痴先生》。同期一并刊出胡适撰于上年3月20日夜的《与冯友兰先生论老子问题书》。后文因受到冯友兰寄赠所著的《中国哲学史讲义》而特就此书把《老子》年代归到战国时的作品提出质疑。冯友兰再作《中国哲学史中几个问题——答适之先生及素痴先生》,总体而论对胡适驳论的辨析不够有力。由于胡适提出的驳论未尝求得解决,所以后续进而聚焦为《老子》年代问题的专题探讨与论争。

其他还有一些值得关注的问题:比如张东荪对唯物辩证法的挑战,但还未形成论争;再如关于中国家制问题的论争,对"国家主义"的批判,潘光旦与《女声》半月刊的激烈辩论,刘朝阳对董作宾《卜辞中所见之殷历》的质疑,等等。时任青岛观象台研究员的刘朝阳12月在《燕京学报》第10期发表《殷历质疑》,对董作宾在《卜辞中所见之殷历》中提出的殷历的平年十二月闰年十三月且月份已有大小的区别之观点提出商榷意见,认为殷朝曾通用过两种不同的历法,一种是前期通用的每月都是三十日,一种是后期通用的已有大小月之分。因为过于专业,难以引发规模较大的论争。此外,《中华教育界》第19卷第3期刊出"中国教育出路问题"专号,舒新城为撰《写在中国教育出路问题专号之前》,同时还刊出何日平《中华民族之出路与中国教育之出路》、常乃惪《世界教育的新趋势与中国目前教育的出路》、李权时《中国国民经济与教育》、曹刍《从群众潜隐的形态中寻找中国教育之出路》、庄泽宣《中国今后教育出路的我见》、邱椿《中国小学教育之过去的错误与今后的出路》等文,则由当下面向未来,更具学术展望之意义。

除了上述学术论争之外,聚焦于重要学术论题的论著尚有:季廉(马全)《中国学术研究之转机》,陈寅恪《吾国学术之现状及清华之职责》,蔡尚思著《中国学术大纲》,邹蕴真著《国学概论》,王韶生著《国学概要》,金受申编《国故概要》,徐畏潜编《国学纂要》,施章著《国学论丛》(第1集),顾荩丞编著《国学研究》(第3册子部),张东荪著《哲学》《道德哲学》,李石岑著《现代哲学小引》《体验哲学浅说》,陈望道编著《因明学》,范寿康著《论理学》,顾实著《杨朱哲学》,罗根泽著《管子探源》,钱穆著《惠施公孙龙》,胡适著《淮南王书》,刘文典著《淮南洪烈集解》(第1—6册),慈忍室主人编《佛教传记》,宋佩苇编《东汉宗教史》,太虚讲《佛学概论》,李荣祥著《佛法导论》,慈忍室主人编、太虚审定《佛教传记》,慈忍室主人编、太虚审定《佛学历史》,恒演记、太虚鉴定、范古农校阅《西藏佛教略记》,杨成志编《云南罗罗族的巫师及其经典》,常乃德著《中国政治制度小史》,庄心在著、陶希圣校《中国政治思想与政治制度》,敖士英编著《周官六官沿革表》,顾敦鍒著《中国议会史》,董修甲著《我国都市存废问题》《都市分区论》,钟悌之编辑《东北移民问题》,杨熙时著《现代外交学》,刘彦著《最近三十年中国外交史》,柳克述著《近百年世界外交史》,张安世著《近代世界外交史》,高鲁著《世界联邦论》,伍朝光著《国际组织大纲》,龚德柏著《征倭论》,陈易编《印度民族运动概论》,费福熊编著《英国文官考试制度》,童致桢著、何炳松校《帝国主义史》,吴昆吾著《条约论》,陈豹隐著《经济学原理十讲》上册,陶希圣编《西汉经济史》,潘吟阁著《史记货殖传新诠》,戴季陶等著《西北》，尹良莹编著《中国蚕业史》，丁裕长编著《最新上海金融论》，孙本文著《社会学大纲》（上下册），张资平编《社会学纲要》，高希圣、郭真著《现代社会学大纲》，吴景超著《社会组织》，傅筑夫著《中国社会问题之理论与实际》，陶希圣著《中国社会现象拾零》，于恩德著《社会调查法》，许仕廉著《中国北部人口的结构研究举例》，社会调查所编《北平社会概况统计图》，杨希尧著《青海风土记》，卢作孚采集、林惠祥编述《猡猓标本图说》，陶希圣著《婚姻与家族》，程树德著《比较宪法》《比较国际私法》，朱方著《中国法制史》，汪煌辉编《中国宪法史》，潘大逵编著《欧美各国宪法史》，胡长清著《契约法论》《中国婚姻法论》，王去非著《商法原论》《破产法论》，杨鹏著《公司法新论》，白鹤飞著《比较劳动法学大纲》，陶百川著《中国劳动法之理论与实际》，郭卫著《刑法学总论》，李剑华著《犯罪学》，周鲠生著《现代国际法问题》，郑允恭编著《战时国际公法》，周敦礼编著《国际私法新论》，徐旨乾著《军事哲理》，香棣方著《中国国防论》，田西原著《国防建设刍议》，陈汉平著《世界的石油战争》，余楠秋《大学精神》，范寿康著《教育概论》，陆人骥著《教育哲学》，薛文蔚著《人文主义与教育》，雷通群著《教育社会学》，程其保著《教育法概要》，刘炳藜编《教育史大纲》，陈东原著《中国古代教育》，舒新城、孙承光编《中华民国之教育》，周予同著《中国学校制度》，瞿世英编《西洋教育思想史》（上下册），范锜著《最近欧美教育思潮》，高卓著《现代教育思潮》，黄炎培著《中国教育史要》，姜琦、邱椿著《欧战后之西洋教育》，高觉敷著《教育心理学大意》，舒新城著《中国教育建设方针》，袁希涛著《义务教育》，庄泽宣著《各国学制概要》，冯品兰著《儿童研究》，朱智贤编《儿童自治概论》，刘钧著《特殊儿童》，章辑五著《世界体育史略》，郭沫若著《甲骨文字研究》《殷周青铜器铭文研究》，容庚辑《秦汉金文录》，刘复（半农）编《敦煌掇琐》上集，罗常培著《敦煌写本守温韵学残卷跋·梵文颚音五母之藏汉对音研究》，赵元任编著《反切语八种》，顾荩丞编著《说文综合的研究》，夏敬观著《音学备考》，张世禄编《语言学原理》，马宗霍著《音韵学通论》，童斐著《虚字集解》，白涤洲著《集韵声类考》《广韵声纽韵类之统计》《北音入声演变考》，胡怀琛编著《修辞的方法》，赵荫棠著《康熙字典字母切韵要法考证》，国语统一筹备委员会编辑《国语罗马字公布经过述略》，于道泉编注、赵元任记音《（第六代达赖喇嘛）仓洋嘉措情歌》，黎锦熙著《三百篇主述倒文句例》，谭正璧编著《中国文学史大纲》（改订本），陆侃如、冯沅君著《中国诗史》（上中下卷），罗根泽著《乐府文学史》，钱振东著《建安诸子文学的通性》，汪辟疆著《唐人小说在文学上之地位》，夏敬观著《词调渊源》，杨树达著《词诠》，刘毓盘著《词史》，任中敏编《词曲通义》《散曲丛刊》，卫聚贤著《元代演剧的舞台》，南扬著《张协戏文中的两椿重要材料》，王易著《词曲史》，胡适著《醒世姻缘传考记》，阿英（原题黎光炎）编《转变后的鲁迅》，黄人影编《郭沫若论》，余心著《欧洲近代戏剧》，叶遇春编《西洋歌剧考略》，金石声编《欧洲文学史纲》，吕天石著《欧洲近代文学思潮》，张伯符著《欧洲近代文学思潮》，赵景深编《一九三〇年的世界文学》，李朴园著《中国艺术史概论》，刘海粟著《中国绘画上的方法论》，傅抱石编著《中国绘画变迁史纲》，丰子恺《西洋美术史》，陈彬龢、查猛济编著《中国书史》，陈彬龢著《中国文字与书法》，许之衡著《中国音乐小史》，许志豪、沈憬然合著《皮黄锣鼓秘诀》，王光祈著《音学》《翻译琴谱之研究》，丰子恺著《世界大音乐家与名曲》，周世勋编《世界电影明星小史》，卫聚贤著《历史统计学》，邓初民著《社会进化史纲》，杨东莼著《本国文化史大纲》，陈国强著《物现中国文化史》（社会科学之部）（上下册），雷海宗《殷周年代考》，顾颉刚编《古史辨》（第 3 册），孙曜著《春秋时代之世族》，张西堂著《谷梁真伪考》，范文澜著《正史考略》，王钟麒著《三国史略》《晋之统一与八王之乱》，傅振伦著《刘知几之史学》，王桐龄著《杨隋李唐先世系考》，罗家伦著《研究中国近代史的意义和方法》，蒋廷黻编《近代中国外交史资料辑要》（上中卷），孟世杰著《中国近百年史》（上下册），沈熜若著《十九世纪之欧洲与中国》，周谷城著《中国社会之变化》（又名《现代中国社会变迁概论》），华岗著《一九二五年至一九二七年的中国大革命史》（上中下册），曹剑光编著《世界史表解》，陈逸编《西洋史表解》，朱大公编著《世界亡国痛史》，常乃德著《法兰西大革命史》，邱培豪著《日本侵略中国大事年表》，张仲平编《中日关系主要实力图表》，罗隆基著《沈阳事件》，王勤堉著《满洲问题》，程旨云著《东北事变之由来》《东北事变与日本》，朱剑白编《暴日侵略东北的研究》，杨仲民编《日兵侵入后东三省惨祸》，胡愈之著《东北事变之国际观》，马福祥编辑《蒙藏状况》，郭道甫著《呼伦贝尔问题》，朱士嘉、顾颉刚《研究地方志的计划》，郑鹤声编著《司马迁年谱》《班固年谱》，周贞亮著《梁昭明太子年谱》，陆晶清著《唐代女诗人》，陈筑山著《王阳明年谱》，谢国桢编《黄梨洲学谱》，姚绍华著《崔东壁年谱》，萧一山著《清代学者生卒及著述表》，刘炳藜编《社会科学家与社会运动家》，菲律宾名人史略编辑社编《菲律宾华侨名人史略》，陈博文著《西洋十九世纪之教育家》，张星烺著《马哥孛罗》，李济著《俯身葬》，李次亮著《人文地理概观》，朱君毅著《中国历代人物之地理的分布》，臧励龢主编《中国古今地名大辞典》，马鹤天编《东北考察记》，易君左著《闲话扬州》，胡愈之著《莫斯科印象记》，胡焕庸编《美国地志》，苏甲荣编制《日本侵略我东北地图》，李济著《俯身葬》，黄文弼《新疆古物概要》，冯承钧编《元代白话碑》，叶启勋著《桂何隶释续评校》，闽侯县名胜古迹古物保存会编《闽侯县名胜古迹古物保存会第一次报告》，四川古物保存会考查团编《考察团宣言书》，潘筱楼、胡惟德著《柴周亚戟瓶器考》，王献唐著《砖瓦图书为甚么要开会展览》，刘纪泽著《目录学概论》，朱士嘉编《中国地方志备征目》，洪业等编《历代同姓名录引得》，白寿彝编《朱子语录诸家汇辑叙目》，钱基博著《版本通义》，胡朴安、胡道静著《校雠学》，杜定友著《图书馆学概论》，裘开明著《中国图书编目法》，朱希祖著《整理升平署档案记》，北平图书馆编纂部索引组编《国学论文索引续编》，杜联喆编《丛书书目续编初集》等等。季廉（马全）《中国学术研究之转机》"认定创立研究院，为中国学术研究之转机，清华大学，财力雄厚，环境优美，为全国最有希望最能发展之大学。提倡独立自由高深之研究，建设中国新兴之文化学术，责无旁贷。清华当局，应明了本身的使命与地位，勿吝惜小费，慨然规定津贴研究生每名每年五百元，按月发给。一方面研究的人，得以安心研究，另一方面，扩充设备，延聘硕学宿儒，从事研讨，行见中国学术界，结一硕果，放一异彩，斯不特全国人之幸，亦清华之荣。当仁不让，愿清华急起图之。"陈寅恪《吾国学术之现状及清华之职责》，提出振兴中国学术之重要主张，再次呼吁"学术独立"。文中开篇即以强烈的语气指出："吾国大学之职责，在求本国学术之独立，此今日之公论也。"陈寅恪接着从自然科学谈起，一直谈到人文学科的发展现状，一一痛下针砭。对史学文学思想艺术史的研究状况，多有批评。作者还表达了面对西方汉学突飞猛进的危机感，谓"东洲邻国以三十年来学术锐进之故，其关于吾国历史之著作，非复国人所能追步。今日国虽幸存，而国史已失其正统，若起先民于地下，其感慨如何？"蔡尚思著《中国学术大纲》具有重要的学术史价值。作者认为，"国是一国，学是学术，国学便是一国的学术。其在中国，就叫做中国的学术"。此书分"首部""中部""后部"三部分："首部"论"国学之定义""至底限度之国学书籍及其研究次序"；"中部"论"中国文字学""中国文学""中国史学""中国哲学"；"下部"论"四学大家之总比及其分比""中国文化与世界文化""字文史哲四学之比观"。书末附有"学术革命"述评。

蔡元培曾评介说："蔡君尚思精研国学，所著《中国学术大纲》一篇，内容丰富，且多新见解。"刘文典著《淮南洪烈集解》为近现代史上《淮南子》研究的经典之作。尹良莹编著《中国蚕业史》为我国第一部蚕业通史，填补了这方面的学术空白。郭沫若著《甲骨文字研究》《殷周青铜器铭文研究》皆为经典名著。陆侃如、冯沅君著《中国诗史》（上中下卷），罗根泽著《乐府文学史》，杨树达著《词诠》，都是经典名著。陆侃如、冯沅君著《中国诗史》（上中下卷）全书分古代诗史、中代诗史、近代诗史三卷，为自先秦至宋元的诗歌研究，是继王国维《宋元戏曲史》、鲁迅《中国小说史略》之后的又一部具有开拓意义的中国古典文学专著，为中国第一部也是唯一的一部中国诗歌通史之作，与《宋元戏曲史》《中国小说史略》同为20世纪文学史经典著作，在学术界产生了广泛而深远的影响。罗根泽著《乐府文学史》为我国第一部研究"乐府"这一文体发展史的专著。刘复（半农）编《敦煌掇琐》上集是为20世纪30年代以前敦煌文献收集的集大成者，"标志着我国敦煌文献辑佚整理工作进入一个新的阶段"。雷海宗《殷周年代考》采用新的研究方法，吸取其他科学的研究成果，考证《竹书纪年》所记"周元"和盘庚迁殷的年代"当为可信之历史记载"，即"周元"为公元前1027年、盘庚迁殷为前1300年，并认为即使有误差，"前后相差亦必无十年之多"，而"商元"只能定位公元前1600年左右。这一论断在当时引起广泛关注，至今渐成学界共识，著名史学家何炳棣认为，应称之为"雷海宗的年代"。顾颉刚编《古史辨》（第3册）上编讨论《周易》，下编考辨《诗经》。其中心思想是破坏《周易》的圣经地位，恢复其书卜筮的原貌；破坏《诗经》的圣经地位，恢复其乐歌的原貌，是为顾颉刚力推的古史辨派研究新成果。顾颉刚自序"有了许多的专门研究，再有几个人出来承受其结论而会通之，自然可以补偏救弊，把后来的人引上一条大道"。孙曜著《春秋时代之世族》分世族之起源、形质与精神、世族之教育、世族制度下史官之地位、世族制度下经济状况之一斑、平民状况之推测、世族之衰因、各国世族之概略等。罗家伦著《研究中国近代史的意义和方法》先于3月刊于武汉大学《社会科学季刊》第2卷第1号，堪称"是提倡科学的中国近代史研究的标志""奠定了此后中国近代史研究的体系"，随后又有单行本出版。蒋廷黻编《近代中国外交史资料辑要》（上中卷）更是被誉为近代中国外交史研究的一部巨著，资料排比的条理明晰，标题命名的新颖别致，剪裁去取的斟酌得体，皆可称道。而更为重要的是，蒋廷黻在每一章节前面长短不等的一段引论，这些引论提示了广博而深锐的剖析，往往有一针见血的精彩。华岗著《一九二五年至一九二七年的中国大革命史》是一部体系较为完整的马克思主义大革命史研究作品，在学术界产生重要影响，并对当时和以后的革命斗争起了很大鼓舞作用。朱君毅著《中国历代人物之地理的分布》之《弁言》谓"在探求中国历代人物之地理分布及其移动之趋势，因而追寻数千年文化变迁之途径"，是融合历史学、地理学与统计学新学科、新方法的成功案例。萧一山著《清代学者生卒及著述表》乃编者在北平文史政治学院教清代通史时的讲稿，将清代学者以生年的顺序排列，表述其著述名称、成书时间、卷册数等。

本年度聚焦于学术史的论著相对比较丰硕，主要有：钱穆著《国学概论》（上下册）、周予同著《群经概论》，钱基博所纂《国学文选类纂》，刘汝霖著《学术史料考证法》，冯友兰著《中国中古代哲学与经学之关系》，柳诒徵著《论近人讲诸子之学者之失》，李石岑著《希腊三大哲学家》，姚舜钦著《八大派人生哲学》，郑震著《宗教思想在中国文学上的影响》，唐庆增著《西洋经济思想最近之趋势》，梅汝璈著《现代法学的趋势》，姜琦著《中国教育哲学底派别及今后教育哲学者应采取底态度与观察点》，庄俞、贺圣鼐编《最近三十五年之中国教育》，陈科美著《西洋近代教育学术上之论战》,王汉章《殷墟甲骨纪略》《敦煌石室纪略》,陈子展著《最近所见之敦煌俗文学材料》,赵焕文著《中国文字学之历史观及今后研究之新途径》,胡怀琛编《中国文字的过去与未来》,范争波著《中国文坛之回顾》,张季平著《中国普罗文学的总结》,丁丁著《中国新诗之过去及今后》,顾仲彝著《中国新剧运动的命运》,汪倜然著《现代世界文坛新话》,赵景深译《英美小说之过去与现在》《英美小说之现在与将来》,胡秋原著《最近世界各国文坛之主潮》,李则纲著《新世纪欧洲文坛之转动》,张一凡著《未来派文学之鸟瞰》,谢康著《五十年来法国社会学之一瞥》,陈训慈著《清代浙东之史学》,齐思和著《最近二年来之中国史学界》,等等。钱穆著《国学概论》分从"孔子与六经""先秦诸子""嬴秦之焚书坑儒""两汉经生经今古文之争""晚汉之新思想""魏晋清谈""南北朝隋唐志经学注疏及佛典翻译""宋明理学""清代考据学""最近期之学术思想"十个方面来梳理国学。其中"最近期之学术思想"之总结最近十七年学术思想史,颇多参考价值,而全书总结"论先秦诸子为'阶级之觉醒',魏晋清谈为'个人之发现',宋明理学为'大我之寻证',则自此以往,学术思想之所趋,亦相'民族精神之发扬',与'物质科学之认识'是已。此二者,盖非背道而驰不可许进之说也。至于融通会合,发扬光大,以蔚成一时代之学风,则正有俟乎今后之努力耳。夫古人往矣,其是非得失之迹,与夫可镜可鉴之资,则昭然具在。后生可畏,来者难诬,继自今发皇蹈厉,开康庄,释回增美,以跻吾民族于无疆之休,正吾历古先民灵爽之所托凭也。学术不熄,则民族不亡。凡我华胄,尚其勉旃!"也不无启示意义。周予同著《群经概论》则将经学学派分为四派:一、西汉今文学派;二、东汉古文学派;三、宋学派;四、新史学派。其中"新史学派可以说是产生于五四运动前后,到现在还不过十余年。这是超汉宋学、超今古文而以历史的方法去研究经学的新学派。它一方接受历来经学学派的遗产,一方接受外来学术思想的影响,终于成为经学上的最后而且最新的一派。这派可再细分为三:一是以今文学为基础,摄取宋学之怀疑的精神,而辅以古文学之考证的方法,钱玄同先生即可视为这派的著名者;一是以古文学为基点,接受外来考古学的方法,寻求地下的实物以校正记载,王国维可视为这派的领袖;一是以外来的唯物史观为中心思想,以经学为史料,考证中国古代社会的真相,以为解决中国目前社会问题方案的初步,著《中国古代社会研究》的郭沫若可归隶于这一派"。钱基博所纂《国学文选类纂》在序中谓"新汉学"横扫学界之际,独有"丹徒柳诒徵,不询众好,以为古人古书,不可轻疑;又得美国留学生胡先骕、梅光迪、吴宓辈以自辅,刊《学衡》杂志,成言人文教育,以排难胡适过重知识论之弊。一时之反北大派者归望焉"。但作者也承认,自《学衡》创刊以迄于今,以"议论失据"及"东大内畔"之故。目前以"新汉学"派处于上风。钱基博又用"古典主义"与"人文主义"来判别"北大派"与"东大派",并力言"学衡派"的"人文主义"优于"北大派"的"古典主义",提出"'古典主义'者,国学之歧途;而'人文主义',则国学之正轨,未可以一时之盛衰得失为衡也!"但一般人仍认为"新汉学"才是"国学之正统"。钱基博最后感叹道:"'古典主义'者,特国学歧出之途,……论者乃以国学之正统目之,慎矣!"上述所论可以相互参看。冯友兰《中国中古代哲学与经学之关系》认为西洋哲学史分为上古、中古、近古三时期,三时期各有特别精神、特殊面目;中国哲学史可分为自孔子至淮南王之子学、自董仲舒至康有为之经学两个时期,后一时期之思想皆依傍经学,空无依傍之近古哲学尚未见萌芽。又认为中国中古、近古之经学可分为今文家之经学、古文家之经学、清谈家之经学、理学家之经学、考据家之经学、经世家之经学六派。李石岑著《希腊三大哲学家》认为,在西洋哲学史上,提出变化问题和进化问题最早的是赫拉克利特,提出感觉问题、主观问题最早的是普罗塔哥拉,提出唯物问题、幸福问题最早的是德谟克利特,这三个人是哲学的鼻祖,并形成了三个体系,而这三个体系的合流便产生新浪漫哲学。全书分8部分阐述这三个哲学体系的产生、内容、发展、影响,以及新浪漫哲学的产生及其特质等。姚舜钦著《八大派人生哲学》有自序和张东荪、廖世承、蒋维乔序。作者将人生哲学分为八大派,即克己派(斯多亚、康德)、返朴派(老子)、出世派(佛陀、叔本华)、放纵派(杨朱、爱辟口罗斯)、功利派(边沁、弥儿)、进化派(达尔文、斯宾塞)、救世派(墨子、苏格拉底)、中和派(孔子、亚里士多德)。庄俞、贺圣鼐编《最近三十五年之中国教育》,此书由蔡元培、朱经农、廖世承、何炳松、黄炎培、高践四、俞庆棠、汪亚尘、吴蕴瑞、黎锦熙、吴敬恒等分别撰文,概述35年来中国之小学教育、中学教育、职业教育、民众教育、女子教育、艺术教育、体育、教育行政、新文化、国语运动、音符运动等之发展情况。袁希涛著《义务教育》论述了义务教育之起源、范围、期限、经过及统计、师资、就学规则、施教准则等问题。陈科美《西洋近代教育学术上之论战》认为西洋教育学术上之冲突在希腊时代即已发生,而降至近代,则冲突极为露骨,大致可以分为三个时期。第一时期——人性善恶之战;第二时期——兴趣与训练之战;第三时期——科学与哲学之战。教育学术上之冲突促教育学术本身之进步,而尤促心理学等之进步,于是"昔日之抽象而空洞之教育学一变而为心理化上之教育学,教育之研究几同于心理之研究;甚者,谓心理学外无教育学,或谓教育学即应用心理学。此种极端之态度遂又引起教育学术上之大冲突,双方笔战,迄今已三十年,然犹方兴未艾,值得研究,育者特别注意也"。总之,"西洋近代教育学术之论战实明示吾人以西洋教育学术之演进——由神学之研究而进于科学之研究;而此学术之演进直接即示吾人西洋教育之演进——由宗教教育而进于科学教育,间接且示吾人以西洋生活之演进——由宗教生活而进于科学生活:哲学则周旋于此演进历程之中而督促之,一方反抗神学性恶之迷信,一方抵制科学垄断之偏狭,使教育学术之发展至于无限也"。陈训慈《清代浙东之史学》,内容包括"浙东史学之渊源""清代浙东史学之统系""黄梨洲之史学""万季野与明史""万氏考礼之学""全谢山文献之学""章实斋之论史与方志学""邵二云之史学""定海黄氏父子对古史之贡献""浙东史学之特色"等。此文被认为是清代史学史研究领域的重要论著之一,自此之后,"浙东史学"作为一个学术范畴被学术界接受。齐思和《最近二年来之中国史学界》认为"自所谓'新文化运动'发生以来,中国学术进步最速者殆莫过于文学与史学。以言夫文学,已自文学革命,经自然主义,浪漫主义,进化至革命文学。西方之经六七百年始跻此境界者,吾国于区区十年之中,已与之并驾齐驱,虽以时间短促,其所成就,或不若西方之阀深,然试一回忆其改革之猛,演变之速,宁不令人咋舌耶?以言夫史学,当民十胡适之、顾颉刚诸先生提倡新史学方法之时,举国哗然,目为狂悖,曾几何时,不惟胡、顾诸先生所提倡者,一一为学者所承认,且或有更激烈于是者,此殆大势所趋,不能徒以口舌争者欤?原夫新文化运动之目标,本在提倡科学,然十年以来,我国科学无显著之进步,新文化运动之成就,反在文学与史学,种瓜得豆,殆非提倡诸公预料所及矣。窃尝潜思其故,久之始以为文学史学,夙为我国所擅长,文学革命,史学革命云者,不过改革旧日之观念,至其要素,初无二致,故其改革也甚易。至于科学,原非中国所有,其思想之程序,研究之方法,在在与吾人夙昔之习惯相径庭,加以书籍之缺乏,仪器之不备,进步云云,谈何容易?此岂近十年来中国学术惟史学文学特别发达之原因欤?"此文属于典型的学术史论之作。(以上参见本书"学术背景""学术活动""学术著作""学者生卒"栏所引文献与出处,以及章恒忠、王亚夫主编《中国学术界大事记(1919—1985)》,上海社会科学出版社 1988 年版;中央教育科学研究所编《中国现代教育大事记 1919—1949》,教育科学出版社 1988 年版;王学典《20 世纪史学编年(1900—1949)》,商务印书馆 2014 年版;付喜祥《20 世纪前期中国文学史写作编年史》,北京师范大学出版社 2013 年版;中国大百科全书总编辑委员会编《中国大百科全书·考古学》,中国大百科全书出版社 2002 年版;王学珍等编《北京大学纪事(1898—1997)》,北京大学出版社 1998 年版;清华大学校史研究室编《清华大学一百年》,清华大学出版社 2011 年版;齐家莹编《清华人文学科年谱》,清华大学出版社 1999 年版;张玮瑛、王百强、钱辛波主编《燕京大学史稿》,人民中国出版社 2000 年版;北京师范大学党委办公室、北京师范大学校长办公室《北京师范大学纪事》,北京师范大学出版社 2012 年版;南京大学高教研究所编《南京大学大事记(1902—1988)》,南京大学出版社 1989 年版;沈卫威编《学衡派编年文事》,南京大学出版社 2015 年版;吴永贵《民国出版史编年:1912—1949》,社会科学文献出版社 2018 年版;张岂之主编《民国学案》,湖南教育出版社 2011 年版;文韬《"国故学"与"中国学术"的纠结——民国时期两种"国学"概念的争执及其语境》,《中山大学学报》2013 年 5 期;张广海《革命文学论争与阶级文学理论的兴起》,北京大学博士学位论文,2011 年;蔡凤书《中日近代考古学产生期的比较》,《华夏考古》2008 年第 1 期;谢辉元《十年内战时期的京沪马克思主义史学家群体》,《2018 年史学理论与史学史学术研讨会》,2018 年;陈峰《社会史论战与现代中国史学》,山东大学博士学位论文,2005 年;汤艳萍《马克思主义史家李季初探》,山东大学硕士学位论文,2012 年;徐斯雄《民国大学学术评价制度研究》,西南大学博士学位论文,2011 年;周韬《南京国民政府文化建设研究(1927—1949)》,湖南师范大学博士学位论文,2008 年;顾明远《教育大辞典》,上海教育出版社 1998 年版;秦弓《鲁迅对 20 世纪 30 年代民族主义文学的评价问题》,《南都学坛》2008 年第 3 期;张中良《论 1930 年代民族主义文学思潮》,《中国现代文学研究丛刊》2013 年第 1 期;燕世超《"革命人"与文学自由——革命文学论争视野下的文学主体论》,《中国文学理论学会第十二届年会暨"百年文学理论研究中的中国话语"学术研讨会》,2014 年;关爱和《陈寅恪的学术取向与文学研究(上)》,《东方论坛》2022 年第 3 期;陈峰《傅斯年、史语所与现代史学潮流关系之检讨》,中国社会科学院博士后论文,2009 年;张秀丽《反科学主义思潮下中国现代史学的人文指向——以"东南学派"为中心》,山东大学博士学位论文,2009 年;苏国安《南京国民政府时期学校教育政策研究》,河北大学博士学位论文,2010 年;王学典《新史学和新汉学:中国现代史学的两种形态及其起伏》,《史学月刊》2008 年第 6 期;欧阳哲生《纪念"五四"的政治文化探幽——一九四九年以前各大党派报刊纪念五四运动的历史图景》,《中共党史研究》2019 年第 4 期;商金林《几代人的"五四"(1919—1949)》,《新文学史料》2009 年第 3 期;吴海勇《1928 年至 1948 年〈中央日报〉对五四运动的评论》,《上海党史与党建》2009 年第 5 期;杨倩倩、刘玲《1928—1948 年〈中央日报〉对于五四运动的纪念话语》,《史海探迹》2019 年第 10 期)

1932 年　民国二十一年　壬申

一、学术背景

1 月 1 日,广州国民政府宣布撤销。

1 月 2 日,日军攻占锦州,中国东北三省全部沦陷。

1 月 8 日,美国国务卿史汀生宣布对于日本在中国东北的行为采取不承认主义。

1 月 9 日,中共临时中央发出《关于争取革命在一省与数省首先胜利的决议》,提出红军夺取"中心城市","争取湘鄂赣各省的首先胜利"。

> 按:决议要求红军夺取"中心城市",规定长江以南的红军努力求得"占取南昌、抚州、吉安等中心城市,来结合目前分散的苏维埃根据地,开始湘、鄂、赣各省的首先胜利"。决议把中间派别断定为中国革命的"最危险的敌人",强调"应该以主要的力量来打击"。决议还指出:"右倾机会主义仍然是目前主要的危险","应集中火力来反对右倾"。(参见中共中央文献研究室编撰、逢先知主编《毛泽东年谱(1893—1949)》,人民出版社、中央文献出版社 1993 年版)

1 月 13 日,章炳麟会同熊希龄、马相伯、张一麐、李根源、沈钧儒、章士钊、黄炎培等人联名通电,痛斥当局不抗日,要求"召集国民会议,产生救国政府"。

是日,北平大学校长及所属学院院长为教育经费积欠提出总辞职,各校教职员纷纷罢教。

是日,《中国论坛》英文周刊在上海创刊。

1 月中旬,毛泽东在江西瑞金叶坪主持召开中共苏区中央局会议,报告三次反"围剿"的情况和"九一八"事变后的全国形势,认为日本帝国主义灭亡中国的大举侵华,势必引起全国人民的抗日高潮,国内阶级关系必将发生变化。(参见中共中央文献研究室编撰、逢先知主编《毛泽东年谱(1893—1949)》人民出版社、中央文献出版社 1993 年版)

1 月 18 日,蒋介石与汪精卫在杭州西湖烟霞洞秘密会晤,决定共同入京主政。

1 月 20 日,《中国日报》在南京创刊,社长顾希平,总编辑邬绳武,总经理唐忍安。

1 月 21 日,汪精卫任国民政府行政院院长。

是日,中共中央机关刊物《斗争》在上海创刊。

1 月 23 日,中国经济学社理事会议决,与沪江大学合办上海经济图书馆。

1 月 28 日,日本侵略军在上海发动进攻,飞机连续轰炸闸北、江湾等地,被炸学校 238 所。国民党驻军第十九路军广大官兵在全国人民要求抗日的影响下,出于民族义愤,违抗国民党政府的命令,奋起抗战,淞沪抗战爆发,史称"一·二八"事变。

1月29日,日本集中轰炸上海商务印书馆总厂、编译所等。

是日,陈独秀以"中国共产党左派反对派"名义起草并发表《为"上海事变"第一次告民众书》。

1月30日,国民政府在《中央日报》上发表由林森与国民政府行政、立法、司法、监察、考试等五大院长共同签订的《迁都洛阳宣言》。

是日,国民政府教育部明定《施行学分制划一办法》,通令各省市遵行。

是日,陈独秀以"中国共产党左派反对派"名义起草并发表《第二次告民众书》。

1月31日,中共中央发表《为上海事变第二次宣言》,号召举行总同盟罢工,反对日本帝国主义占领上海,反对国民党出卖上海。

是日,中国新音乐研究会在上海成立,主要成员有聂耳、冼星海等。

是月,全国苏维埃代表大会通过《中国红军优待条例》,其中规定:"死亡战士之遗物应由红军机关或政府收集,在革命历史博物馆中陈列以表纪念。""死亡战士应由当地政府帮助红军机关收敛并立纪念碑。"

2月1日,中华苏维埃共和国临时中央政府发出《为帝国主义瓜分中国与帝国主义大战致全国的通电》,号召全国工人、农民、兵士、学生及一切劳苦民众,自动地组织义勇军,自动地武装起来,夺取国民党的武装,直接与帝国主义作战,驱逐日本及一切帝国主义侵略者出中国,反对帝国主义瓜分中国,反对帝国主义大战,建立全中国的民众苏维埃政权。

是日,日军纵火焚烧又焚毁商务印书馆所设东方图书馆。商务印书馆损失财产数千万元,图书五十余万册,包括三万多册善本书、二万五千多册地方志悉数化为灰烬。

是日,蔡元培与刘光华、邹鲁、蒋梦麟、王世杰、梅贻琦等国立大学校长联名致电国际联盟,要求"迅速采取有效方法,制止日军此类破坏文化事业及人类进步之残暴行为"。

是日,国民政府教育部、实业部会令公布《劳工教育实施办法大纲》24条。

2月2日,中共中央发表《中国共产党关于上海事件的斗争纲领》,提出总同盟罢工,反对日本帝国主义占领上海,反对上海设立中立区等8条意见,民众自动武装起来,驱逐日本及一切帝国主义海陆空军出境等8条意见。

是日,国民政府教育部公布李蒸主持拟订的《民众教育馆暂行规程》19条,规定省市及县市立民众教育馆应举办健康、文字、公民、生计、家事、社交休闲各种教育事业。

2月3日,英、法、美、德、意等国要求划上海为中立区。中国外交部同意,日本拒绝。

是日,鲁迅、茅盾、叶圣陶、郁达夫、丁玲、胡愈之、陈望道等43人署名发表《上海文化界告世界书》,抗议日本侵略之暴行。

按:《上海文化界告世界书》说:"全世界的无产阶级和革命的文化团体及作家们!日本帝国主义在上海的军事行动,迄今已经炸轰了上海华界的重要工业、文化机关和繁盛街市,中国民众死在日军炮火下者,已数千人。日本帝国主义现又倾其海军全力轰击长江沿岸及东南沿海各重要城市。同时英美法各帝国主义的军舰,亦已云集上海,瓜分中国的帝国主义战争,瞬将爆发。上海民众英勇的反日反帝斗争,已在严重的压迫下。我们坚决反对帝国主义瓜分中国的战争,反对加于中国民众反日反帝斗争的任何压迫,反对中国政府的对日妥协,以及压迫革命的民众。我们敬告全世界的无产阶级和革命的文化团体及作家们,立即起来运用全力,援助中国被压迫民众,反对帝国主义瓜分中国的战争,反对日本帝国主义惨无人道的屠杀,转变帝国主义战争为世界革命的战争。打倒日本帝国、国际帝国主义!反对瓜分中国的战争!保护中国革命!茅盾、鲁迅、叶圣陶、郁达夫、丁玲、胡愈之、陈望道、方光焘、周予同、郑伯奇、沈起予、穆木天、何畏、张天翼、孙师毅、何丹仁、周起应、白薇、姚蓬子、龚彬、胡秋原、田汉、叶秀夫、陆诒、楼建南、袁殊、钱杏邨、杨骚、翁毅夫、沈端先、叶华蒂、邓初民、任白涛、李易水、华汉、郑千里、杨柳丝、王达夫、赵铭彝、李兰、谢冰莹、陈正道、顾凤城。"（倪墨炎《鲁迅的社会活动》，上海人民出版社2006年版）

2月6日，故宫博物院协助会成立，选举熊希龄、司徒雷登为会长。

2月7日，鲁迅、茅盾、郁达夫、何丹仁（冯雪峰）、丁玲、田汉、谢冰莹、穆木天、郑伯奇、张天翼、孟超、顾凤城、戴平万等129位作家签名发表《中国著作者为抗议日军进攻上海屠杀民众宣言》，声讨日寇侵略中国、进攻上海的罪行，热情颂扬了十九路军英勇抗日的爱国行动。

2月8日，上海文化界戈公振、陈望道、丁玲、郑伯奇、王亚南、叶圣陶、胡愈之、郁达夫等组织中国著作家抗日会。大会推举戈公振、王礼锡、胡秋原、严灵峰、何畏、丁玲、梅龚彬、郑伯奇、施复亮、陈望道等17人组成执行委员，戈公振被推选为主席，陈望道为秘书长。

2月16日，筹建伪满洲国的"建国会议"在奉天召开，张景惠、熙洽、臧式毅、马占山等出席会议。

2月19日，中共苏区中央局发出《对目前政治形势的分析与苏区党的紧急任务》，指出：苏区党应利用目前极端有利的时机，发动和领导群众的革命斗争，夺取中心城市的革命斗争，夺取中心城市，扩大和贯通各苏区打成整个一片，配合和领导全中国反日反帝革命运动。

2月26日，中共中央作出关于"一·二八"事变的决议，主张由武装的工农成立革命军事委员会，领导抗日民族革命战争。

2月27日，"中国著作界抗日协会"发表《致全世界著作者及文化团体书》《致全世界被压迫民众书》。

是月，陈独秀与彭述之、罗汉三人共同署名，给中共中央一信，建议"合作抗日"。

是月，三民主义力行社在南京励志社举行成立典礼，蒋介石主持会议，任社长。

3月1—6日，国民党四届二中全会在洛阳召开，通过《国民政府军事委员会暂行组织大纲》，决定成立中央军事委员会；定洛阳为战时首都——行都，以西安为陪都。

3月3日，陈独秀起草《为日军占领淞沪告全国民众》的油印传单，以上海抗战失败，列数蒋介石国民党"纵敌卖国"六大罪状。

3月9日，伪"满洲国"在长春举行成立大典，溥仪为执政，郑孝胥任总理，年号"大同"，宣布与中华民国脱离关系。

是日，伪满执政溥仪发出通令："满洲国"境内不得悬挂中国地图，不得使用"中华"字样，不得使用中国教材。

3月13日，中国电影家协会在上海成立。

3月18日，蒋介石在洛阳就任国民党中央军事委员会委员长兼总参谋长，蒋委员长之称自此始。从此形成"汪主政，蒋主军"的格局。

3月20日，中国左翼新闻记者联盟在上海成立，大会通过《中国左翼新闻记者联盟斗争纲领》等决议。

按：中国左翼新闻记者联盟，其前身为中国新闻学研究会，盟员多为报社和通讯社的记者，少数是进步学生和印刷工人，在国内外发展盟友。成立大会通过《中国左翼新闻记者联盟斗争纲领》《开办国际通讯社传播革命消息》《广泛建立工农通讯员》等决议。先后创办国际新闻社、中华新闻社和出版《集纳批判》《华报》等。1936年6月自行停止活动。

3月22日，中华民族复兴社成立，蒋介石任社长，戴笠为特务处长。

3月25日，伪满国务院总理郑孝胥命令其民政部：各学校课程暂用四书、孝经，以崇礼教，废止"党义"教科书。

4月7—12日，国民政府在洛阳召开"国难会议"，议决"救灾、绥靖、御侮"方针。

4月14日，中共临时中央发出《为反对帝国主义进攻苏联瓜分中国给各苏区党部的信》，指出："右倾机会主义的危险是各个苏区党面前的主要危险"，强调目前苏区极端重要的任务是"进行坚决的革命的进攻"和对右倾"作最坚决无情的争斗"。

4月15日，中华苏维埃共和国临时中央政府主席毛泽东发表《对日战争宣言》，代表"中华苏维埃共和国临时中央政府特正式宣布对日战争，领导全中国工农红军和广大被压迫民众，以民族革命战争，驱逐日本帝国主义出中国，反对一切帝国主义瓜分中国，以求中华民族彻底的解放和独立"。

按：《宣言》指出："中华苏维埃共和国临时中央政府特正式宣布对日战争，领导全中国工农红军和广大被压迫民众，以民族革命战争，驱逐日本帝国主义出中国，反对一切帝国主义瓜分中国，以求中华民族彻底的解放和独立。苏维埃中央政府向全国工农兵及一切被压迫民众宣言：要真正实行民族革命战争，直接与日帝国主义作战，必须首先推翻帮助帝国主义压迫民族革命运动、阻碍民族革命战争发展的国民党反动统治。"（参见中共中央文献研究室编撰、逄先知主编《毛泽东年谱（1893—1949）》，人民出版社、中央文献出版社1993年版）

4月21日，国民政府行政院第22次会议决定，裁撤教育部编审处，成立编译馆，编审处原有人员移归编译馆。

是月，中国左翼教育工作者联盟在上海成立。

5月5日，国民政府与日本签订屈辱性的《淞沪停战协定》，协定规定中国军队在上海地区不能驻扎，上海为非武装区。

5月7日，国民政府教育部公布《国音常用字汇》，正式以北平音系为标准国音。

按：这本字汇原名《增修国音字典稿》，是1926年国音字典增修委员会推定由王璞、赵元任、钱玄同、黎锦熙、汪怡、白涤洲组成的起草委员会编定的。后加注国语罗马字拼音，按照教育家统计所得"常用字汇"增补字头。这本《国音常用字汇》是1949年以前整理现代汉字成果的集大成者，共收9920字（加上异体字、异读字共12219字）。字音明确以北京语音为标准（俗称"新国音"）。字形酌收通用的简体字形。字序按注音字母顺序排列。此后，《国音常用字汇》还陆续作过增修。（费锦昌编著《中国语文现代化百年记事（1892—1995）》，语文出版社1997年版）

5月9日，毛泽东与项英等发表《中华苏维埃共和国临时中央政府反对国民党出卖淞沪协定通电》，痛斥国民党政府的卖国行径，号召全国劳苦群众坚决地起来进行民族战争，反对日本帝国主义的走狗国民党政府，保卫中国的领土完整，求得中国的完全独立与解放。（参见中共中央文献研究室编撰、逄先知主编《毛泽东年谱（1893—1949）》，人民出版社、中央文献出版社1993年版）

5月10日，国民政府教育部公布《国立编译馆组织规程》13条，规定编译馆宗旨为"发展文化促进学术暨审查中等以下学校用图书"。

5月11日，苏区中央局作出《关于领导和参加反对帝国主义进攻苏联瓜分中国与扩大民族革命战争运动周的决议》。

5月15日，中央苏区瑞金县苏维埃工农兵第四次代表大会通过《瑞金县苏维埃政府工作报告的决议案》。

5月25日，全国商会联合会、上海市商会、银行公会和钱业公会联合通电全国，倡议发起废止内战运动。

5月30日,国民党中央在洛阳召开会议,通过《中央还都南京之后繁荣行都之计划》,蒋介石先率各部、院、委返回南京。

是月,江西省工农兵第一次代表大会通过《文化教育工作会议》,规定"各地方遇有新旧书籍,标本仪器,古物及革命的遗迹应由当地政府投送省文化部处理与保管"。

6月3日,中央苏区永新县苏维埃工农兵第四次代表大会通过《文化教育问题决议案》。

6月4日,国民政府教育部制定《各大学学院及专科学校招收留日学生投考及转学待遇办法》,通令施行。

是日,国民政府军队实行统一编制。

6月9日,蒋介石在庐山召开军事会议,宣布"攘外必先安内"为基本国策。

6月10日,中国左翼作家联盟机关刊物《文学月报》在上海创刊。先后由姚蓬子、周扬任主编。理论、创作、翻译并重。

6月14日,国立编译馆在南京正式成立,负责厘定学术名词、编辑各科丛书和图书、翻译西洋名著、审查教科书、编辑部定大学丛书、介绍中国文化、整理中国古籍、编译辞典、编译亚洲史志专著等,辛树帜、陈可忠、陈立夫、赵士卿先后任该馆馆长。

6月16日,蒋介石为亲任"剿共总司令",纠集63万兵力,发动对中央苏区的第四次军事"围剿"。

6月17日,国民党第四届中央执行委员会第24次常务会议通过《特种小学用国语读本编辑要点》。

按:同日国民党中央执委会秘书处致函国民政府教育部,大意谓:上述特种小学用国语读本之编辑,其目的在于抵消中国共产党领导的革命根据地及游击区所编行的小学教材的影响。(参见中央教育科学研究所编《中国现代教育大事记(1919—1949)》,教育科学出版社1988年版)

6月18日,根据《古物保存法》关于组织中央古物保管委员会的规定,国民政府公布《中央古物保管委员会组织条例》。

按:第一条 本条例依《古物保存法》第九条第二项制定之。第二条 中央古物保管委员会直隶于行政院,计划全国古物古迹之保管研究及发掘事宜。第三条 中央古物保管委员会依《古物保存法》第九条第一项之规定组织之,就委员中指定常务委员五人以一人为主席,本会事务之处理以主席及全体常务委员名义行之。第四条 中央古物保管委员会置左列各科:(一)文书科;(二)审核科;(三)登记科。第五条 文书科职掌如左:(一)关于文书撰拟、收发及保管事项;(二)关于典守印信事项;(三)关于本会庶务及会计事项;(四)关于本会会议事项;(五)不属于其他各科事项。第六条 审核科之职掌如左:(一)关于古物调查、鉴定及保管事项;(二)关于古物陈列、展览事项;(三)关于古物摄影、传布事项;(四)关于古物发掘及审核事项。第七条 登记科之职掌如左:(一)关于古物登记事项;(二)关于古物编号、公告事项;(三)关于登记簿册之保管事项;(四)关于古物统计事项。第八条 中央古物保管委员会应将所办事项编制、报告、统计,每年公告一次。第九条 中央古物保管委员会设科长三人,蒋任主席及常务委员之命分掌各科事务。第十条 中央古物保管委员会设科员八人至十二人,委任承长官之命佐理各科事务。第十一条 中央古物保管委员会因学术上之必要得延聘国内外专家为顾问。第十二条 中央古物保管委员会因缮写文件及其他事务得酌用雇员。第十三条 中央古物保管委员会之会议规则及办事规则由行政院定之。第十四条 本条例自公布日施行。(徐玲《留学生与中国考古学》附录,南开大学出版社2009年版)

6月24日,中共临时中央在上海召开北方各省委代表联席会议,通过《革命危机的增长与北方党的任务》,要求在山西、河南、河北,甚至东北三省通过发动兵变和工农运动,立即创造"北方苏维埃区域"。

6月25日,国民政府教育部颁发《第一期实施义务教育办法大纲》23条,推行义务教育政策。

是日,上海新闻记者联合会改为上海记者公会。

6月30日,中共决定八月一日为建军节。

7月1日,邹韬奋在胡愈之的协助下在上海创办生活书店。

按:随着《生活》周刊影响的逐渐扩大,胡愈之向邹韬奋建议创办生活书店,这样既可以出刊物,还可以出书;而且《生活》周刊已引起国民党政府的注意,随时有被封禁的可能,有了书店,刊物即使被封,阵地仍然存在,可以换个名字继续出版刊物。于是,邹韬奋在胡愈之的协助下,起草了生活书店的章程,做了许多具体的筹划工作。1932年7月,生活书店在当时代表全国出版中心的上海正式成立。生活书店成立后,到抗日战争全面爆发前夕,五年中出版了期刊十种、图书近四百种,在国民党实行反革命文化"围剿"的情况下,为进步文化工作者开辟了战斗的阵地,对形形色色反动思想进行了针锋相对的批判,广泛教育了群众,推动了抗日救亡运动的发展。……作者支持和帮助生活书店,可归纳为以下几种方式:一是直接加盟书店做编辑工作或参与领导,主要有张仲实、金仲华、钱俊瑞、钱亦石、杜重远、毕云程、艾寒松、王纪元、林默涵等人;二是在店外替书店编辑刊物和图书,主要有胡愈之、茅盾、郑振铎、傅东华、陈望道、黄源、沙千里等人;三是经常为书店的出版物撰稿并保持联系的,主要有鲁迅、夏衍、章乃器、夏征农、李公朴、沈志远、戈公振、艾思奇、柳湜、胡绳、薛暮桥,还有巴金、郁达夫、叶圣陶、老舍、张天翼、王任叔、黎烈文等,其中许多作家后来也加入生活书店负责编辑工作。(陈挥《100位为新中国成立作出突出贡献的英雄模范人物·邹韬奋》,吉林文史出版社2011年版)

是日,伪满在新京(长春)设立大同书院。以专门培养伪满高级文职官员,直属伪满国务院总理。

7月5日,伪满国务会议决定将民政部下设的文教司扩充为文教部。

7月6日,伪满国务会议任命图务总理郑孝胥兼文教部总长。文教部设总务司、学务司、礼教司。

7月8日,上海市教育局提出《上海市复兴战区教育计划》。

是日,中国教育电影协会在国民政府教育部举行成立大会,通过会章,选举蔡元培等7人为监委,段锡朋等21人为执委。该会以"研究利用电影,辅助教育,宣扬文化,并协助电影事业之发展"为宗旨。

按:该会经教育部指定为中国教育电影之代表机关。同年,被吸收为国际教育电影协会成员。(参见中央教育科学研究所编《中国现代教育大事记(1919—1949)》,教育科学出版社1988年版)

是日,《电影艺术》在上海创刊。

7月11—13日,国民政府教育部在南京举行国立专科以上学校校长会议。

按:会议议决各大学经费案、修正大学组织法案、注重农工医理学院案、在同一区域之国立大学应避免院系之重复案、各大学应如何培养国防建设人材案、各国立学院经费案、限制教员兼课案、大学毕业会考案、军事训练改善案、学校学风应如何整顿案、毕业生就业问题案等11案。(参见中央教育科学研究所编《中国现代教育大事记(1919—1949)》,教育科学出版社1988年版)

7月15—17日,全国高等教育问题讨论会在上海举行,议决成立中国各大学联合会。

按:此次讨论会由上海各大学联合会发起,通过了关于提高教职员待遇、学生出路、课程标准与增讲高等教育效能等提案24件。并议决成立中国各大学联合会,拟定该会章程,章程规定中国各大学联合会"以协谋发展高等教育为宗旨"。(参见中央教育科学研究所编《中国现代教育大事记(1919—1949)》,教育科学出版社1988年版)

7 月 16 日，国民政府教育部修正公布《民众学校办法大纲》。

7 月 22 日，国民政府行政院长汪精卫、教育部长朱家骅联合签署颁发《整顿教育令》。

按：令称政府"定以最大决心，励行整顿"。其主要内容为：宽筹经费，合理解决同一区内院系重复，慎重遴选教育行政人员与教师，对学生管理取严厉方针等。（参见中央教育科学研究所编《中国现代教育大事记(1919—1949)》，教育科学出版社 1988 年版）

7 月 30 日，第十届奥运会在美国洛杉矶举行，中国派出 6 人代表团首次参加奥运会，刘长春是唯一运动员，参加 100 米和 200 米比赛，未获名次。

8 月 1 日，商务印书馆上海总馆正式复业，《东方杂志》在停刊 8 个多月后，于本年 10 月 16 日刊出第 29 卷第 4 号。

按：在这期《东方杂志》的封面上，赫然印着"复刊号"，复刊号的出版意味着灾后《东方杂志》的新生，同时也体现了商务印书馆人在遭受日军野蛮轰炸后，在定期刊物上恢复出版的努力和策略。商务印书馆出版的定期杂志中，《教育杂志》《妇女杂志》与《小说月报》都有了多年的历史，在出版界也有相当地位。但是因为商务印书馆发行的几种大杂志，"除了《东方杂志》以外，一时都不能复刊，所以《东方杂志》除维持原状外，并须暂时作为商务印书馆别种刊物的代用品"。1932 年 29 卷 4 号的《东方杂志》复刊号在栏目和序例上面目一新，除设立"东方论坛"外，还添设了"教育""妇女与家庭"与"文艺"三专栏。"教育栏"是继承以前的《教育杂志》；"妇女与家庭栏"代替以前的《妇女杂志》；而"文艺栏"则为《小说月报》的后身。因为篇幅有限，所以"教育栏"和"妇女与家庭"两个栏目，每隔一期轮流刊登。"文艺栏"则附在每期《东方杂志》内。以专栏代专刊，可以说是商务印书馆在办刊极其困难的情形下，对办刊资源的有效整合和调整，其目的是"希望能够竭力保存这三种旧刊物的个性及其特长"。由于新增设了"教育""妇女与家庭"与"文艺"三专栏，所以在编辑队伍上，聘请前《妇女杂志》编辑金仲华先生担任"妇女栏"主编，前《小说月报》编辑徐调孚先生担任"文艺栏"主编，"教育栏"主编则为安徽大学哲学教育系教授赵廷为先生。至于原先三种刊物的前编辑人周予同、郑振铎先生等人，虽不担任正式职务，但经过《东方杂志》的努力，"都愿意和我们合作""仍允许常期为各专栏撰稿"。

8 月 4 日，中国化学会在南京成立，选举陈裕光为会长。以"联络国内外化学界同人，共图化学在中国之发展应用"为宗旨。

8 月 9 日，中华职业教育社第十二届社员大会及第十届全国职业教育讨论会在福州开幕。

按：会议议决农村改进、师资训练、青年指导、职业指导等议案 52 件。同时，举行第十届全国职业教育讨论会，并附办福建全省职业教育展览会。（参见中央教育科学研究所编《中国现代教育大事记(1919—1949)》，教育科学出版社 1988 年版）

8 月 16—21 日，教育部在南京召开全国体育会议，提出《国民体育实施方案》。

8 月 22 日，国民党中央民主运动指导委员会函北平当局查禁北平之《认识》《火星》《文艺新闻》《大众文艺》《大众周刊》《反帝特刊》《红旗》《红军》《北方青年》《河泉》《流星》《北平学生新闻》《评论周报》等革命进步刊物。

8 月 23 日，中国物理学会在清华大学举行成立大会，李书华任会长，聘请法国物理学家郎之万为学会名誉会员，创办《中国物理学报》（英、法、德三种文字），标志着我国物理学体制化发展的崭新阶段。

8 月 24—26 日，中国社会教育社在杭州举行第一届年会，议决《征集关于学制系统上社会教育地位之方案，整理研究，以备政府采行案》《建议各省市分别筹设高中程度之民教师资训练班级，以应急需案》《促进流动识字教学案》等。

8 月 27 日，废止内战大同盟在上海举行成立大会，团体与个人代表 400 多人出席，吴鼎昌、王晓籁等57人为常委,旨在消弭内战,共御外侮。

8月27日至9月15日,共产国际执委召开第十二次全会。会议认为中国"已出现革命的形势",中国共产党在反帝斗争中应"运用下层统一战线策略",进行革命的民族解放战争。

8月30日,蒙藏教育委员会在南京正式成立,白云梯为主任委员。

是月,伪满举行祭孔活动,并规定各学校于仲秋上丁祭日举行隆重仪式,讲演孔圣道德。

9月1日,中国政治学会在南京中央大学礼堂举行成立,杭立武任大会主席,由高一涵、王世杰、周鲠生、杭立武、梅思平、钱端升、钱昌照、张奚若、吴颂皋、张慰慈、刘师舜等人组成首届干事会。周鲠生、浦薛凤、钱端升、王世杰、杭立武任干事会常务理事,杭立武兼任总干事。

按:杭立武《中国政治学会成立刍言》说:"中国政治学会之发起,始于去夏。时愚在中央大学,初与政治系同事陶希圣、吴颂皋、刘师舜、梅思平、杨公达诸君言,皆表赞同。会暑期各地友人过京者,如张奚若、周鲠生、高一涵、皮皓白诸君等,与谈此事,感乐观速成,促即正式发起。经即通函各地,征求发起人,未匝月而京沪平津武汉青岛广州各校络绎赞同者,五十余人。足征研究政治学者之组织学会,实久具此需要,偶经提倡,竟群谋佥同也。惟以同志散居各地,召集非易,当与高一涵君等先拟会章草案,即以通信方法,征询各同志同意,并请推选筹备委员,共策进行。以东北事起,继以沪案发生,迟滞数月,至本年三月底,选举始告竣事。当选定周鲠生、高一涵、张奚若、梅思平、萧公权、刘师舜诸君及愚等七人,继续进行。遂于七月十三日在京举行第一次筹备会议,决议于九月一日召集全体发起人,开成立大会于南京,此本会筹备成立之经过也。"(孙宏云著《中国现代政治学的展开:清华政治学系的早期发展(一九二六至一九三七)》,生活·读书·新知三联书店2005年版)

按:根据会章,中国政治学会的事业分为以下几类:(一)阐明政治原理;(二)讨论政治问题;(三)设立分科研究会以进行政治科学范围内多种专门研究;(四)刊行政治学杂志;(五)编译政治学书籍。举行学术讲演,设置研究奖金等,虽未列入会章,但皆在拟议中,视将来事实上之需要与可能而酌定。会员分为三种,即个人会员、名誉会员、团体会员。依会章第5条规定:(一)凡曾受政治科学之专门教育者,得由会员三人介绍经干事会同意为本会正式会员;(二)凡对于政治科学或对于本会会务有特殊贡献者,得由干事会推举为本会名誉会员;(三)凡国内研究政治科学之团体与本会宗旨相合者得经干事会审定认为本会团体会员。学会的最高权力机构为会员大会,每年召开一次,是即"年会"。干事会办理会务,设干事11人,任期1年,由会员大会选举;干事会设总干事及副总干事各1人,由干事互推。另设书记、会计、编辑主任及出版主任各1人,由总干事提名,经干事会之同意于会员中推举,任期1年。应会务之需要,得由干事会推举会员,组织各种委员会;另得经干事会之议决,酌设分会,凡国外研究政治科学之团体而与本会宗旨相合者,经干事会之同意为本会联会。(孙宏云《中国现代政治学的展开:清华政治学系的早期发展(一九二六至一九三七)》,生活·读书·新知三联书店2005年版)

9月4日,中国社会学社第二次年会在北平燕京大学举行,选举陈达为理事,钱振亚为副理事,吴景超为书记。

9月5日,"中国共产党左派反对派"中央委员会理论机关报《火花》创刊。

9月6日,教育部颁布《教育部体育委员会规程》。

9月10日,教育部体育委员会成立,聘褚民谊、张之江、张伯苓、袁敦礼、郝更生等18人为委员。

按:9月19日,教育部体育委员会开会议决:一、审查中小学体育课程标准;二、设立教育部体育委员会各级学校课程讨论委员会;三、定于1933年双十节举行全国运动会;四、筹设中央体育学校。(参见中

央教育科学研究所编《中国现代教育大事记(1919—1949)》,教育科学出版社1988年版)

9月15日,《日满议定书》在长春签订。日本政府声明承认"满洲国",日军得驻扎满洲。

是月,文学杂志《论语》半月刊在上海出版,主编林语堂。该刊提倡幽默与闲适的小品文。

是月,国民政府教育部公布《国民体育实施方案》,令全国切实推行。

10月2日,以英、美、法、意、德五国代表组成,由(英)李顿(V. A. G. R. Lytton)任团长的调查团来华调查"九一八"事变结束,发布《李顿调查团报告书》,竟公然建议承认日本在东北的特殊利益,并建议在东北设立一个"自治政府",实行"国际共管"。此举激起全国人民的反对,遭到中国共产党及爱国人士的谴责。

10月3—8日,中共苏区中央局全体会议在江西宁都县境举行,史称"宁都会议",会议贯彻执行临时中央的"左"倾冒险主义的进攻路线,讨论红军应敌的行动方针问题。随后,解除毛泽东的红一方面军总政委和前委书记职务,中央军事委员会主席周恩来代行总政委。

按:10月12日,中革军委根据中共苏区中央局决定发布命令:"工农红军第一方面军兼总政治委员毛泽东同志,为了苏维埃工作的需要,暂回中央政府主持一切工作,所遗总政治委员一职,由周恩来同志代理。"26日,中共临时中央任命周恩来兼任红一方面军总政治委员。这实际上宣布撤销了毛泽东的军事领导职务。(参见中央文献研究室《周恩来年谱1898—1976》,中央文献出版社1998年版;中共中央文献研究室编撰、逄先知主编《毛泽东年谱(1893—1949)》,人民出版社、中央文献出版社1993年版)

10月15日,设在秘书谢少珊家的托派中央常委机关被国民党警探协同法租界捕房破获,正在开会的彭述之、宋逢春、罗世凡、濮一凡及谢少珊全部被捕。是日晚,因谢少珊供出地址,患病在家休息的陈独秀被捕。

按:10月16日,陈独秀与"同犯"彭述之等人坚决反对引渡给国民党当局。21日,被押往武汉。22日,国民党中央组织委员会派员赴汉,向蒋介石"报告捕获陈独秀经过,并携去捕获的各种重要文件,呈蒋审核"。(参见唐宝林、林茂生《陈独秀年谱》,上海人民出版社1988年版)

10月15—17日,第三届万国运动会在上海举行。来自中、美、英、日、苏五国的男女选手415人参加,英国获总分第一,中国第二。

10月16日,《大公报》发表国民政府教育部所拟《改革我国教育之倾向及其办法》。

10月24日,经蒋介石建议,国民党中常会决定将陈独秀交法院公开审判。

按:陈独秀被捕后,翁文灏、胡适、罗文幹(南京政府外交部长兼行政司法部长)致电蒋介石:"请将陈独秀案付司法审判",不由军法从事。蒋介石"复电照办"。(参见唐宝林、林茂生《陈独秀年谱》,上海人民出版社1988年版)

10月28日,国民政府颁布《法院组织法》,实行地方法院、高等法院和最高法院三级三审制度。

是日,国民政府令,教育部长朱家骅调任交通部部长,特任翁文灏为教育部长。翁文灏坚辞不就。

是月,国民政府教育部公布《小学课程标准》《幼稚园课程标准》。

11月1日,国民政府参谋本部国防设计委员会成立,由秘书长翁文灏、副秘书长钱昌照负责实际责任。

是日,上海《东方杂志》向全国各界人物发出"新年的梦想"征稿函,截至12月5日,共收到160多份来稿,其中142份如期刊登在第30卷第1号"新年梦想号"上。

11月4日,国民政府教育部颁发《中等学校教职员服务及待遇办法大纲》14条。

11月7日,中华苏维埃共和国临时中央政府成立一周年,临时中央政府向全体选民发出《工作报告书》。

11月8日,国民政府宣布将招商局收归国营,实现轮船航运业的国家垄断。

是日,行政院宣布"民族平等,信教自由",对伊斯兰教和穆斯林表示认可与维护。

11月17日,国民党中常会议决在洛阳设中央军事学校分校。

11月19日,国民政府仍令朱家骅兼理教育部部务。

11月20日,国民党中央正式决定:中央党部、国民政府及各院部委,于12月1日返回南京。

11月21日,国民党中央开中委谈话会,推举陈果夫、程天放、段锡朋、邵元冲、蔡元培为电影文化委员会委员。

是月,国民党中央宣传部公布《宣传品审查标准》增订版,凡是宣传共产主义,批评国民政府,要求民主与抗日的言论,一律严加禁止。

按:《宣传品审查标准》(节录):(一)适当的宣传:1.阐扬总理遗教者;2.阐扬本党主义者;3.阐扬本党政纲政策者;4.阐扬本党决议案者;5.阐扬本党现行法令者;6.阐扬一切经中央决定之党务政治策略者。(二)谬误的宣传:1.曲解本党主义政纲政策及决议者;2.误解本党主义政纲政策及决议者;3.思想怪僻或提倡迷信足以影响社会者;4.记载失实,足以淆惑观听者;5.对法律认可之宗教非从事学理探讨从事诋毁者。(三)反动的宣传:1.为其他国家宣传,危害中华民国者;2.宣传共产主义及鼓动阶级斗争者;3.宣传无政府主义,国家主义,及其他主义,而有危害党国之言论者;4.对本党主义政纲,政策,及决议,恶意诋毁者;5.对本党及政府之设施,恶意诋毁者;6.挑拨离间,分化本党危害统一者;7.诬蔑中央,妄造谣言,淆乱人心者;8.挑拨离间及分化民族间各部分者。(转录自申时电讯社编《申时电讯社创立十周年纪念特刊》,申时电讯社1934年版)

是月,国民政府教育部订颁初高中各科课程标准。

12月1日,国民政府举行了回京典礼,当即撤离洛阳,正式迁回南京。

是日,国民党中常会通过中外影片标准。

12月7日,中国世界语函授学社举办世界语展览会。

12月10日,教育部公布《中小学分年实施新颁课程标准办法》4条。

12月15—22日,国民党四届三中全会在南京召开。

12月17日,宋庆龄、蔡元培、杨杏佛、黎照寰、林语堂等在上海组织中华民权保障同盟,发表宣言,宋庆龄任会长,蔡元培任副会长,杨杏佛任总干事长。

按:《宣言》略谓:"中国民众,以革命的大牺牲所要求之民权,至今尚未实现,实为最可痛心之事。抑制舆论与非法逮捕、杀戮之记载,几为报章所习见,甚至男女青年有时加以政治犯之嫌疑,遂不免秘密军法审判之处分。虽公开审判,向社会公意自求民权辩护之最低限度之人权,亦被剥夺。我辈深知对此种状态欲为有效与充分之改革,惟有努力改造产生此种状况之环境;惟同时亦知各先进国家皆有保障民权之世界组织,由爱因斯坦、觉雷塞、杜威、罗素及罗兰之流为之领导,此种组织之主要宗旨,在保障人类生命与社会进化所必需之思想自由与社会自由。根据同一理由,我辈提议中国民权保障同盟之组织。"

是日,国民政府公布《师范学校法》17条、《职业学校法》96条。

按:《师范学校法》:第一条　师范学校,应遵照中华民国教育宗旨及其实施方针,以严格之身心训练,养成小学之健全师资。

第二条　师范学校得附设特别师范科、幼稚师范科。

第三条　师范学校,修业年限三年,特别师范科修业年限一年,幼稚师范科修业年限二年,或三年。

第四条 师范学校,由省或直隶于行政院之市设立之,但依地方之需要,亦得由县市设立,或两县以上联合设立之。

第五条 师范学校,由省市或县设立者,为省立、市立或县立师范学校,由两县以上联合设立者,为某某县联立师范学校。

第六条 师范学校之设立、变更及停办,由省或直隶于行政院之市设立者,应由省市教育行政机关,呈请教育部备案,由县市设立者,呈由省教育厅核准转呈教育部备案。

第七条 师范学校及其特别师范科、幼稚师范科之教学科目及课程标准实习规程,由教育部定之。师范学校应视地方需要,分别设置职业科目。

第八条 师范学校及其他特别师范科、幼稚师范科教科图书,应采用教育部编辑或审定者。

第九条 师范学校,得设附属小学,其附设幼稚师范科者,并得设幼稚园。

第十条 师范学校,设校长一人,总理校务。省立师范学校,由教育厅提出合格人员,经省政府委员会议通过任用之。直隶于行政院之市立师范学校,由市教育行政机关选荐合格人员,呈请市政府核准任用之。县市立师范学校,由县市政府选荐合格人员,呈请教育厅核准任用,除应担任本校教课外,不得兼任他职。前项师范学校校长之任用,均应由省市教育行政机关按期汇案,呈请教育部备案。

第十一条 师范学校教员由校长聘任之,应为专任,但有特别情形者,得聘请兼任教员,其人数不得超过教员总数四分之一。师范学校职员,由校长任用之,均应呈请主管教育行政机关备案。

第十二条 师范学校校长教员之任用规程,由教育部定之。

第十三条 师范学校,及其幼稚师范科,入学资格,须曾在公立或已立案之私立初级中学毕业。特别师范科入学资格,应曾在公立或已立案之私立高级中学或高级职业学校毕业,均应经入学试验及格。

第十四条 师范学校及其特别师范科、幼稚师范科学生修业期满,实习完竣,成绩及格,由学校给予毕业证书。

第十五条 师范学校及其特别师范科、幼稚师范科,均不征收学费。

第十六条 师范学校规程,及师范学校毕业生服务规程,由教育部定之。

第十七条 本法自公布日施行。(宋恩荣、章咸编《中华民国教育法规选编》(修订本),江苏教育出版社2005年版)

按:国民政府公布《职业学校法》规定:"职业学校应遵照中华民国教育宗旨及其实施方针以培养青年生活之知识与生产之技能。"职业学校分为初、高两级。初级职业学校招收小学毕业生,修业一年至三年;高级职业学校招收初中毕业生,修业五年或六年。职业学校之设立以单科为原则,但有特别情形时得设数科。还规定"职业学校得由省或直隶于行政院之市设立,也可由地方或团体、私人设立""职业学校应以不征收学费为原则"。(参见中央教育科学研究所编《中国现代教育大事记(1919—1949)》,教育科学出版社1988年版)

12月18日,苏俄研究社在南京成立,选举陈立夫、张冲、康泽等15人为干事,贺衷寒、邓文仪等5人为监事。

12月21日,国民党四届三中全会通过《关于教育之决议案》。

按:国民党四届三中全会通过《关于教育之决议案》提出:"此后普通教育,一方面应注重发扬民族精神,灌输民族思想,以及恢复人民之民族自信力,而达中华民族独立自由平等之目的;另一方面则应注重养成生产技能及劳动习惯,使学校毕业之学生均为社会分子,以矫正过去教育徒事空谈忽略实践之弊病。至人才教育,则重质不重量,对于现有之大学及中学应严加整顿,务使大学所造成者为真正之人才。"《决议案》规定:"中央及各省应各定一岁入之百分数为补助各县市扩充小学之用。"各省市应尽量扩充职业学校,就地方需要注重单科专设。师范学校应脱离中学单独设立,现有之师范大学应力求整理与改善。以别于普通大学。中学应提高程度充实内容并采取绝对严格训练主义。大学应由教育部严加整理,同一地方院系重复者力求归并。成绩太差学风嚣张者应即停办。各省市及私立大学或学院应以设立农工商医理各学院为限,不得添设文法学院,公私立大学、学院应由教育部酌情举行会考。(参见中央教育科学研究所编《中国现代教育大事记(1919—1949)》,教育科学出版社1988年版)

是日,中国经济学社第十届第三次理事会决定,与中国统计学社合并成立中国社会科学研究委员会,并公布章程和委员会名单。理事会同时决定与黎明书局合办《经济学字典》。

按:中国社会科学研究委员会委员名单为:中国经济学社的马寅初、张公权、吴达诠、黎曜生、何中流、李雨生、戴蔼庐、贾士毅、刘季陶;中国统计学社的盛灼三、金侣琴、蔡正雅、朱祖晦、林旭如、孙恭度等。1933年9月5日《中央日报》报道了中国社会科学研究委员会成立情况,原文如下:"社会科学之研究,年内渐为国内公私机关所注意,颇有相当之发展,惟对于分工合作一层,以缺乏联络之机关,尚未能十分贯彻。中国经济学社与中国统计学社,有鉴于此,因发起中国社会科学研究委员会,以促进全国社会科学之研究,及其分工合作之效能。计参加之团体除上述二社外,有中央研究院北平社会调查所、南开大学经济学院、国定税则委员会调查股、中国经济统计研究所、交通大学研究所、太平洋国际学会中国分会、中山文化教育馆研究部、岭南大学计政学院、军需学校计政特班等十余机关。该会委员24人……并经互推刘大钧为委员长,何廉为副委员长,盛俊为书记,徐新六为会计,复另聘周亚伯为干事。一面致函各研究机关,调查其已完成、在进行中及在计划中之工作,并征求各机关对于分工合作之建议等。至农村经济研究,因各机关多在进行,已经该会常务委员会直接调查其进行之状况,并将调查结果,报告于全体委员矣。"

12月24日,国民政府公布《小学法》14条、《小学法》18条。

是日,北平中华民主教育协进会成立,聘蔡元培、李石曾等为董事,推举蔡元培为董事长。

12月30日,中国民权保障同盟于在华安八楼招待中外新闻记者,主席宋庆龄因染感冒未到,临时致函声明,并致歉意,备有书面演说词,由副主席蔡元培先行代为宣读。中外记者对言论及出版自由发表意见,并提出问题,均由蔡副主席予以答复。

中国民权保障同盟在上海成立,其宗旨是保障国民自由权利。宋庆龄任主席,蔡元培任副主席。

是月,国民党中央组织委员会向四届三中全会提出《改革高等教育案》。三中全会上,经过争论,《改革高等教育案》未予通过。

12月,国联教育考察团报告书《中国教育之改进》由国立编译馆翻译出版。戴传贤、朱家骅分别为该书作序。

按:报告书认为中国的政治,经济状况,各地差异甚大。中国的教育家都深感教育改革的需要。实际上改革也在进行。但这种改革多在各校各机关中分别独立进行。尚未纳入有关社会问题的整个公共教育系统之中。外国文明对于中国之现代化是必要的,但机械的模仿却是危险的。

报告书对中国教育的改进提出了具体建议:一、于教育行政上,主张巩固教育部长的权威与力量,统一各级教育行政。二、于师资训练上,主张全国划一标准,厉行教师考试,稳定教师职业,按期发给俸给。三、于学校制度上,主张强迫初等教育,义务教育免费。中等教育,不应仅为升入大学之准备。高等教育应在质量上改良。职业教育必须注重,力求发展。四、于施教原则上,主张教师必须精通所教之功课。而不仅精于教授法。主张讲授钟点减少,不用外国文教材,须厘定科学译名,中国自制仪器设备。报告书提出了改革教育的初步方案。建议组织人员赴欧考察;首批义务教育应向民众作广泛宣传;着手草拟改革大学教育计划等等。报告书在教育界引起广泛注意。(参见中央教育科学研究所编《中国现代教育大事记(1919—1949)》,教育科学出版社1988年版)

是年,中央革命军事委员会编译委员会成立,主要任务是翻译苏联的军事政治书籍和外国的军事资料,译成中文后由军委出版局出版。

是年,上海出版界以商务印书馆为首,联合49家出版社,反对政府施行出版法,要求言论出版自由。

是年，中国社会教育学会第一届年会决定《全国各社会教育机关一致实施救国教育案》。

是年，中国科学化运动协会、中华医学会、中国化学会、中国微生物学会、中国细菌学会、中华全国理教会成立。

是年，《独立评论》《论语》《列宁青年》《列宁生活》《女星》《真话报》《文学》《现代文学》《文学月报》《电影艺术》《文化月报》《茶陵实话报》《特别通讯》《革命法庭》《红孩儿报》《红色中华》《实话》《党的建设》《万载红旗》《赣东战线》《艰苦斗争》《宁都实话》《反帝拥苏》《春荒斗争画报》《红报》《战斗日报》《红的江西》《工农战斗画报》《红色闽北》《前进报》《三师生活》《火线》《红光》《政治工作》《战士副刊》《中国工农红军》《红色战线》《医院小报》《猛进》《铁军旬刊》《苏区工人》《少年先锋》《反帝战线》《晨报》《救国日报》《市民日报》《江苏省报》《新江苏日报》《中外时事周报》《人民周报》《社会新闻》《现代》《复兴月刊》《申报月刊》《文学年报》《图书评论》《广西青年》《广州文艺》《之江学报》《科学世界》《中国近代经济史研究集刊》《青年评论》《新医药刊》《矛盾月刊》《中外问题》《无线电杂志》《国风》《民众生活周刊》《再生》《女声》《生活日报》《上海各大学教授抗日救国会会刊》《东北留平学生抗日特刊》《学生评论》《抗日旬刊》《抗日周刊》《抗日战线》《急进抗日》《冲锋》《上海各团体救国联合会三日刊》《上海各团体救国联合会旬刊》《国难专报》《决斗》《日本侵占东北真相画刊》《实践报》《抵抗》《国难半月刊》《大侠魂》《大晚报》《中华日报》《新京日报》《热河新报》《满鲜日报》《晓钟》《日本评论》《国民杂志》《东亚经济》《中央银行月报》《兴业邮乘》《新世界》《工业中心》《国民政府公报》《科学世界》《中国社会经济史研究集刊》《浙江民众教育》《北平邮工》《汉口邮工》《正信》《检验年刊》《寥中期刊》《中华国画杂志》《艺觳》《青春(艺术月刊)》《画学月刊》《艺术旬刊》《婆罗画刊(折扇号)》《文艺茶话》等报刊创刊。

二、学术活动

蔡元培1月8日因病未出席假上海礼查饭店举行的中华教育文化基金董事会第六次常会，由副董事长蒋梦麟代为主席。伍朝枢、胡适、赵元任、任鸿隽、司徒雷登、贝克、顾临、贝诺德等到会。会议通过结束该会所设科学教授席办法等议案，并通过蒋梦麟、赵元任辞去董事之职，选举徐新六、周诒春继任。15日，为王小徐(季同)著《佛法与科学比较之研究》一书作序。同月，蔡元培所讲《美育代宗教》刊出。2月1日，与各国立大学校长刘光华、邹鲁、蒋梦麟、王世杰、梅贻琦致电国际联盟，要求制止日军侵沪尤其是焚毁上海文化机关之暴行。同日，蔡元培发致美国著名的教育家、哲学家、科学家巴特勒、杜威及当时在美讲学的爱因斯坦等人电。

按：蔡元培等致国际联盟电文刊于2月1日南京《中央日报》，全文如下："日内瓦国联会文化合作委员会公鉴：日本陆战队及飞机二十余架，迭在上海之闸北、江湾等区域，横施暴行，并故意摧毁文化机关，即如中国最大出版事业商务印书馆、东方图书馆、暨南大学等，被焚毁殆尽。同人等谨代表中央研究院、中央大学、中山大学、北京大学、武汉大学、清华大学等，恳请贵会转请国际联合会行政院，迅速采取有效方法，制止日军此类破坏文化事业及人类进步之残暴行为。蔡元培、刘光华、邹鲁、蒋梦麟、王世杰、梅贻琦同叩。"

按：蔡元培致西方著名学者电文如下："请将蔡元培下面的电文分送尼古拉斯·巴特勒(Nicholas

Butler)、劳伦斯·娄厄尔(Lawrence Lowell)、约翰·杜威(John Dewey)、玛丽·伍尔西(Mary Wools-ley)、韦尔柏(Mount Holyoke Secretary Wilbur)、爱因斯坦(Albert Einstein)、米利肯(Millikan)、霍尔库姆(Arthur Holcomb),以及美国知识界、教育界其他著名领袖人士,并抄送驻华盛顿中国大使:日本军方在当前侵略中国的作战中,以大规模毁灭中国文化教育设施为目的,对上海滥施轰炸。迄今为止,文化教育机构,如商务印书馆(过去二十年来,全中国教科书的百分之七十五由该馆提供)连同它那无法以价值估算的东方图书馆,著名的国立暨南大学、同济大学、持志大学和中央大学医学院等已被夷为平地。凡日本军国主义武装力量所到之处,中国的文化教育机构在其狂轰滥炸下全被摧毁。即使在战争时期,也不容许蓄意摧毁文化教育机构。而日本政府一方面宣称并未进行侵华战争;另方面却在国际法明文规定保护文化设施的情况下,蓄意摧毁中国的文化教育设施。希望全世界的知识界领袖人士仗义而起,公开谴责日本军方毁灭中国文化教育机构的野蛮行为,并提出措施制止日本方面进一步采取这种行动。中央研究院院长蔡元培。南京。"

蔡元培3月15日致函刘鸿生、颜福庆、胡刚复、陈翰笙等,拟发起成立技术合作委员会,谓"兹为集中全国技术人才,计划御侮国防准备,特于京、平、沪等地设立技术合作委员会,并经上海常务委员会议推定先生为本会上海分会＊＊组委员,务希勿却为荷"。同月,蔡元培为技术合作委员会上海分会总务组主任代拟致函时在北平的技术合作委员会常务委员李石曾。4月30日,蔡元培为《申报》创立60周年题词。5月2日,国民党中央政治会议本日的会议,通过分组委员名单。教育组的委员:吴稚晖、李石曾、戴季陶、顾孟余、张道藩、陈布雷、叶楚伧、邵元冲、褚民谊、程天放。召集人:蔡元培、朱家骅。6日,中华职业教育社举行成立15周年纪念大会并举行所属中华职业学校添建校舍奠基典礼,到该社社员及职业学校师生2000余人。由蔡元培致开会词,黄炎培、杨卫玉、贾佛如报告创社、创校的经过,史量才、黄郛、穆藕初、黄伯樵、沈信卿等相继演说,末由钱新之致答词。

蔡元培5月24日乘"隆和"轮到达汉口。午后到武汉大学,应邀出席武汉大学全体教职员的茶点招待会,作题为《最近全世界之教育》的长篇演说。26日,出席武汉大学珞珈山新校舍落成典礼及本科第一届毕业典礼,由毕业生代表韩家学主持,校长王世杰报告新校舍设计、修建经过后,蔡元培代表行政院、李四光代表教育部讲话,何成濬、夏斗寅、贺国光等亦有演说。28日上午,蔡元培偕王世杰、李四光前往湖北省立高级中学参观,并应邀讲演。中午,应武汉北大同学会的午宴。下午3时,与王世杰、李四光同往中华大学,讲演《科学救国》,"讲时历举东北及上海战事为例"。随即,又往华中大学及文华图书馆专科学校,讲演《文理及教育学院之学制与欧洲古代学制结合》。同月,撰《中国建设》(化学专号续篇)序。6月10日,出席并主持上海中国公学校董会举行全体会议议决:(一)校长邵力子远在甘肃,来电辞职,只得接受,改选朱经农为校长。朱未到校前,暂由熊锦帆、但怒刚、杨杏佛三校董维持校务。(二)废止现行教务长、总务长、秘书长制度,改设注册、文书、庶务、会计四主任,受校长指挥。(三)推定于右任、王云五、朱经农、高一涵、但怒刚、刘秉麟、杨杏佛为常务校董。(四)设立中公复兴委员会,负计划和复兴本校之责,推熊锦帆、陈果夫、叶葵初、徐新六、张公权、杜月笙、王抟沙等为委员。(五)本校定下星期一(6月13日)起一律复课。6月25日,蔡元培、史量才、沈钧儒、唐文治、马相伯、马寅初、黄炎培、舒新城、何炳松、杨杏佛、王云五、王晓籁、徐新六、叶景葵、何德奎、孙科、黄郛等123人联名发起《筹建上海图书馆公启》,以及《筹备上海图书馆旨趣书》。

蔡元培6月30日上午11时9分所乘平浦车到达北平,胡适、蒋梦麟、任鸿隽、周诒春、陶孟和、袁同礼、金叔初、傅斯年,以及外交档案保管处长王承传、华北绥靖公署代表等100

余人到站欢迎,寓所为北海静心斋。7月1—2日,在北平主持在北平南长街该会会所举行的中华教育文化基金会董事会第八届年会,董事胡适、周诒春、金绍基、贝诺德、司徒雷登、贝克、任鸿隽等到会,列席者有教育部代表傅斯年、外交部代表王承传、美国公使馆代表安格特。3日下午5时15分,蔡元培乘平浦快车由平赴宁,胡适、蒋梦麟等教育界名流均到站送行。6日,行政院特设中央大学整理委员会,聘请蔡元培为委员长,顾孟余、李四光、周鲠生、俞大维、竺可桢、钱天鹤、张道藩、罗家伦、谭伯羽等为委员。8日,中国教育电影协会在教育部礼堂举行成立大会,蔡元培为主席,致开会词,郭有守报告筹备经过,中央党部代表杨栋林和教育部代表谢树英讲话。会议选举蔡元培、吴稚晖、汪精卫、朱家骅、陈果夫等7人为监察委员,郭有守、徐悲鸿、欧阳予倩、洪深、罗家伦、陈立夫、谢寿康、田汉、曾仲鸣、张道藩、钱昌照、方治等21人为执行委员。郭有守受教育部委派长期主持协会工作。10日,全国学术界蒋梦麟等32人,应汪精卫、蔡元培之请,来京研讨国难期中各项重大问题,大致分四项:(一)外交,(二)内政,(三)建设,(四)教育。外交分对日方针、中俄复交、国联会议、驻外使节等项,惟侧重对日方针。内政分自治、市政、民意机关、惩戒褒奖、土地等项。建设分财政、经济、币制等项,惟侧重于财政。教育分制度、经费、学则等项,惟侧重于制度及经费。每项内再分若干小问题,逐步讨论。八、九两日集会四次,由罗文幹出席报告政府外交方针。十日研究内政问题,由何应钦、宋子文出席报告。汪精卫请各专家尽量发表意见,"到会诸人次第发言,多有独到见地。席间言论绝对自由,全部录入速记"。

　　蔡元培7月11日根据7月7日国民党中央常务会议的推定,在中央留京办事处纪念周作报告,题为《钱币革命》。13日,蔡元培、汪精卫、蒋梦麟、朱家骅、段锡朋、钱昌熙、陶孟和、杨振声、顾孟余、曾仲鸣、褚民谊、彭学沛等50余人出席全国学术专家谈话会。上午起,讨论教育问题,到陶孟和、杨振声等及汪精卫、蔡元培、顾孟余、曾仲鸣、褚民谊、彭学沛等共五十余人。朱家骅、段锡朋、钱昌照报告最近教育详情,汪、蔡对教育亦有所论列。专家们对教育经费问题,谈论甚久。最后,汪精卫起立,谓各项重要问题,大致已交换意见。各位远道来京讨论,所获结果,极为美满,使政府得不少助益,非常感谢。嗣后希时时贡献意见,用资参考。会后,设宴于总理陵园,到全体专家及政府有关负责人。汪精卫和蔡元培均致感谢词,学术界公推蒋梦致答词。16日,蔡元培夫妇与钱新之、经亨颐、徐悲鸿、易大厂、王景岐、陆伯鸿、高鲁等数千人参加陈树人在上海世界社举办的个人绘画展览会开幕式。27日,江西省教育厅暑期教育学术讲演会开幕。蔡元培、杨杏佛、朱经农、顾树森、陶百川、邰爽秋等到会讲演,讨论教育学术问题。30日,蔡元培与李石曾、宋梧生任中比庚款委员会设立的教育基金委员会委员;31日,蔡元培与叶恭绰、梁漱溟、黄炎培、欧元怀、黎照寰、倪贻德、殷芝龄、李大超等出席中华学艺社在上海自建大厦落成典礼。

　　蔡元培8月6日在上海召开第一次柏林中国美术展览会筹备委员会会议,决定成立筹备处,附设于上海亚尔培路中央研究院出版品国际交换处内。此前6月间,经行政院会议通过,聘请中央研究院长、北平研究院长、教育部长、驻德公使,暨陈树人、叶恭绰、刘海粟、高奇峰、徐悲鸿等为该展览会筹备委员。本次会议推定蔡元培为主席,叶恭绰、陈树人、刘海粟、徐悲鸿等为常务委员。8月31日,蔡元培为熊十力的《新唯识论》一书作序。同月,所撰《六十年来之世界文化》一文刊出。9月14日,为《刘海粟游欧作品展览》撰序。10月23日,蔡元培为陈独秀被捕一事,与杨杏佛、柳亚子、林语堂等致电国民党当局请予宽释。30日,国民党南京市党部呈请中央依法惩办陈独秀等,不准保释,并通电全国,谓"蔡元培、杨铨等电请保释,系徇情蔽护,为反动张目。若中央俯如所请,将何以资炯戒而快人心。本会除呈请中央依法惩办外,特电请一致主张,以警奸邪,而伸国法"。11 月 12 日,甪直保圣寺古物馆修葺竣工,举行开幕典礼,由上海、镇江、南京等地前往参加观礼者甚众,到蔡元培夫妇、叶恭绰、杨杏佛、董修甲、舒石父、林彪、程汝继等五百余人。首由蔡夫人周养浩行开门礼,以钥投锁孔,锁启门开,群入寺内,即行开会。蔡元培主席,致开会词,继由叶恭绰报告修复(唐)杨惠之所塑各像之经过,次由江苏省政府代表、建设厅长董修甲,及中国佛教会会长圆瑛等演说。

蔡元培 11 月 21 日出席国民党中央开谈话会,叶楚伧、张继、吴稚晖、石瑛、居正、张道藩、余井塘等 20 余人到会。会上推定蔡元培、陈果夫、程天放、段锡朋、邵元冲为电影文化委员会委员。23 日,上海美术专科学校在该校大礼堂举行庆祝创校 20 周年纪念大会,到全校师生及来宾 1200 余人。由主席校董蔡元培主持,致开会词,继由校长刘海粟报告校史,副校长王济远报告该校现况,次由上海市政府代表徐佩璜、市党部代表毛霞轩以及来宾陈其采、曾今可等演说,教职员代表姜丹书及校友代表、学生代表祝词,末由校董代表叶恭绰致谢词。12 月 9 日,蔡元培得中研院化学、物理、工程三个研究所的所长王琎、丁燮林、周仁来函,附来他们会商拟定的中研院理工实验馆借与实业部参加美国芝加哥博览会筹备委员会暂用办法,认为"甚为妥洽",当即复函"自应照行"。10 日,《中国公学大学部校史》由三人接续写出,第一阶段由胡适撰写;第二阶段由马君武撰写;第三阶段由蔡元培撰写。15 日上午 9 时,蔡元培出席国民党四届三中全会开幕式,由于右任致开会词。下午 3 时,出席预备会议,推定蒋介石、孙科、于右任、顾孟余、丁惟汾、居正、戴季陶为主席团。并推定审查提案委员。教育组:朱家骅、周佛海、陈树人、苗培成、程天放、克兴额、段锡朋、李任仁、罗家伦、王祺、吴稚晖等委员,由蔡元培、经亨颐两委员召集。12 月 17 日,蔡元培与宋庆龄、杨杏佛、黎照寰、林语堂等在上海组织中华民权保障同盟,发表宣言,宋庆龄任会长,蔡元培任副会长,杨杏佛任总干事长。同日,四届三中全会教育组上、下午均开会,蔡元培主席,就国民党中央组织委员会所提改革高等教育案、程天放所提确定教育标准与改善制度案、陈果夫所提改革教育方案等案,进行详细的讨论。

蔡元培 12 月 20 日上午主持国民党四届三中全会各审查组开会,教育组在中央党部第一会议厅西预备室举行,继续审查各项提案。12 月 21 日上午,出席国民党四届三中全会的第四次大会,通过教育之标准及制度等案。22 日上午 9 时,蔡元培出席国民党四届三中全会的第六次大会,通过全会宣言。23 日,国民党中央政治会议举行第三三六次会议,会上蔡元培、陈立夫提议整理国乐案,决议:交教育组审查。26 日上午 10 时,中央研究院假上海亚尔培路中国科学社明复图书馆礼堂举行公开讲演会,到该院在沪研究人员及听众 300 余人,蔡院长主席,主讲者为该院历史语言研究所考古组主任李济,题为《河南考古最近之发现》,并将浚县出土的西周古物多件,陈列展览。30 日午后 4 时,中国民权保障同盟于华安八楼招待中外新闻记者,到各报及各通讯社记者 30 余人。主席宋庆龄因染感冒未到,临时致函声明,并致歉意,备有书面演说词,由副主席蔡元培先行代为宣读。接着,蔡元培自行发表演说。继由总干事杨杏佛报告该同盟筹组经过。中外记者随即先后起立,对言论及出版自由发表意见,并提出问题,均由蔡副主席予以答复,至 6 时许结束。(以上参见高平叔编著《蔡元培年谱长编》,人民教育出版社 1996 年版;陆阳《唐文治年谱》,上海三联书店 2013 年版;中央教育科学研究所编《中国现代教育大事记 1919—1949》,教育科学出版社 1988 年版)

杨杏佛 1 月 28 日在十九路军淞沪抗战期间与宋庆龄、何香凝等人积极筹划，在上海交通大学内创办了国民伤兵医院，有床位 300 张。专供医治抗战中受伤的十九路军将士用。医院由杨杏佛选址，他的考虑是：交大地处华界，伤兵可不经租界直达医院；交大又面临法租界海格路（今华山路），便于给养及医药用品接运。杨杏佛还与中央研究院庶务主任徐宽甫、中国科学社总干事杨孝述，组织技术合作委员会为十九路军设计防毒面具、防御工事、交通运输线路、电报电话通讯设备，以科技知识支援抗战。7 月 11 日，杨杏佛和宋庆龄、斯诺、史沫特莱等中外知名人士发起牛兰夫妇营救委员会。牛兰是国际泛太平洋产业同盟秘书，1931 年 6 月被上海公共租界英巡捕以"共产党嫌疑罪"逮捕，同时被捕的还有他的妻子。17 日，借同宋庆龄由沪赴南京，前往江宁地方法院看守所探望牛兰夫妇。经交涉，使牛兰夫妇得以具保就医。

杨杏佛与蔡元培、林语堂等人 10 月 23 日联合发表要求释放前共产党总书记陈独秀的呼吁书。11 月，林宜生所译史沫特莱所著《大地的女儿》中译本由上海湖风书店出版，杨杏佛为该书作序，指出男尊女卑的社会制度，和男女不平等的道德标准，不仅在老大的东方古国视为当然，便在号称进步的欧美也至今存在。私产制度和贞操观念，便是男子压服女子的两块大石头。几千年来中外古今的女子屈服蹂躏于男子铁蹄之下，冤沉海底，永无翻身之日，都是这两块大石头作祟。这两块大石头不拿去，女子的真正解放永不会实现，男女也永远不能平等。12 月 17 日，杨杏佛与宋庆龄，蔡元培、黎照寰、林语堂等人一起，以中国民权保障同盟筹备委员会名义致电蒋介石等，要求立即释放被警方非法拘禁的北平学校师生许德珩等人，以重民权而张公道。18 日，与宋、蔡、黎、林等共同发起中国民权保障同盟。同盟宣言通告争取民权的三个目标是：（一）为国内政治犯之释放与非法拘禁、酷刑及杀戮之废除而奋斗；（二）予国内政治犯以法律及其他之援助，并调查监狱状况，刊布关于压迫民权之事实，以唤起社会之公意；（三）协助为结社集会自由、言论自由、出版自由诸民权努力奋斗。29 日，中国民权保障同盟举行中外记者招待会。同盟副主席蔡元培致词并代表同盟主席宋庆龄对新闻界发表书面讲话。同盟总干事杨杏佛报告会务，并希望与会记者了解同盟宗旨和组织，以身作则踊跃入会。年末，杨杏佛兼任中央研究院社会科学研究所长。（参见许为民《杨杏佛年谱》，《中国科技史料》1991 年第 2 期；高平叔编著《蔡元培年谱长编》，人民教育出版社 1996 年版）

杨杏佛、蔡元培、胡纪常、陈翰笙、徐公肃、吴定良、凌纯声为中央研究院社会科学研究所专任研究员，蔡元培兼任所长，至年底由杨杏佛兼任所长。是年，科学研究所承担的研究项目主要有：蔡元培主持的《世界各民族之结绳记事》，凌纯声主持的《松花江下游赫哲民族之研究》，史图博主持的《海南岛黎人之研究》，芮逸夫主持的《中国民族的分布之研究》，陈翰笙主持的《上海工厂中包身制之研究》《宝山田产移转之研究》《无锡农村经济之研究》，杨端六主持的《商业经济之研究》，罗志儒主持的《生命表之研究》，丘瑾璋主持的《租借地之研究》，王德辉主持的《上海事件之国际法的研究》，凌纯声主持的《调查湘西苗族》。（参见樊洪业《中央研究院机构沿革大事记》，《中国科技史料》1985 年第 2 期；姚润泽《中央研究院在上海》，上海社会科学院硕士学位论文，2018 年）

竺可桢《南京之气候》1 月收于《科学的南京》。此文是以 1922 年发表于《科学》第 7 卷第 3 期上的同名文章为基础，略加删改而成，但新增添"天气之变动"一节。2 月 16 日，派测候员刘治华赴湖南建设厅接洽设立测候所事宜。17 日出席后方技术委员会会议。3 月 21 日到南京金陵大学演讲《从战争讲到科学的研究》，讲稿后发表于《科学》。5 月 20 日，主持气象所所务会议,议决与国际电台合作设立测候所办法。24 日,派胡振铎代理北平气象台主任。5 月,上书中华教育文化基金董事会,请资助购置仪器,以开展测候工作。6 月 25 日,主持中国气象学会理事会。报告气象所与国际电信局合作施行天气广播情形及与徐家汇天文台之关系。次由诸葛麒报告内政部呈请行政院颁布全国气象观测规程情形。7 月 1 日气象所地震仪安装竣事,开始记录。6 日,派测候员黄逢昌及测候生赵树声、罗月全赴泰山玉皇顶设立泰山测候所。泰山测候所于 8 月 1 日正式开始观测工作。同日派测候员胡振铎及测候生姜亚光、瞿遽理赴四川峨眉山千佛顶设立峨眉山测候所。胡振铎等于 7 月 30 日登达千佛顶,于 31 日成立峨眉山测候所,8 月 1 日开始观测。观测工作历时一年,于 1933 年 8 月 31 日结束。

竺可桢 7 月 11 日任国民政府主计处统计局专门顾问。16 日,为《气象年报》第 3 卷撰写"弁言"。8 月 1 日,聘黄厦千为特约研究员,主持风筝测候。8 月 13—20 日,中国科学社举行第十七次年会,任年会论文委员会委员长。当选为理事及编辑部编辑员。9 月 10 日,由教育部函聘为地理课程标准审查委员会委员。9 月 20 日,致函张其昀,劝其返中央大学任教。10 月 30 日,主持中国气象学会第八届年会并致开会词。继续当选为学会会长。演讲"一年来气象学之进步",后刊于《中国气象学会会刊》。同月,由商务印书馆聘为"大学丛书"委员会委员。函复该馆,对其编审委员会所拟"大学科目草案"提出意见。11 月 18 日,赴中央大学理学院演讲"高空之探测",其后发表于《申报月刊》。同日,赴国民党中央党部广播无线电台演讲"说云",其后刊于《国风半月刊》。12 月 3 日,派测候员郑子政赴山东泰山、曲阜孔林、北平天坛钻采古木年轮标本。10 日,为气象所在沪购置大批中文古书。27 日,由中国科学社理事会公推为下一年高女士纪念奖金论文审查委员会委员。同月,由教育部与国立编译馆先后合聘为天文名词编译委员会委员。是年,发表文章还有《天时对于战争之影响》。(参见李玉海编《竺可桢年谱简编》,气象出版社 2010 年版)

李四光继续任中央研究院地质研究所所长,专任研究员有李四光、叶良辅、李捷、孟宪民、李毓尧等。7 月 6 日被行政院聘为特设中央大学整理委员会副委员长。7 月 20 日,蔡元培致电李四光,促其速即离平来宁,负责甄别中大学生、聘任教授等事。8 月 4 日,李四光乘夜车由宁赴沪,向蔡元培报告整理中央大学近状,商讨进行方针。李四光并拟请蔡元培来宁,主持中大整理委员会会务。10 日,蔡元培致顾孟余、张道藩、竺可桢、钱天鹤、罗家伦等人函云:"中大整理方案,虽经开会议决,而近据李仲揆先生报告,实施甚为困难。李先生现已向行政院辞职,弟等亦除辞职外无他策,特缮辞函一通,弟已签名,请诸先生次第签名后,并代周鲠生、谭伯羽、俞大维三先生代行签名,即送行政院。周、谭、俞三先生处,弟容即致函说明决辞及代签之故,想必荷谅解也。如尊意不以为然,请示。"同日,蔡元培起草致行政院长汪精卫函,云:"径启者:委员等自承命为中央大学整理委员会委员以来,曾开会两次,议定整理方案;复承任李四光为副委员长兼代行校长职务,俾实施整理在案。现据李副委员长报告,困难太多,不能胜执行整理方案之任,已向钧院辞去副委员长及代行校长职务之职云云。凡李(副)委员长所感之困难,即整委会全体之困难。委员等实不能胜整理中大之任,谨辞整理委员之职,祈俯如所请,实为公便。"23 日,行政院举行第五十七次会议,讨论事项包括中大整理委员会委员蔡元培等函请辞去整委,又李四光请辞代行校长职务案,决议:分别准予辞职。任罗家伦为中央大学校长。24 日,李四光就辞去中央大学整理委员会副委员长兼代执行校务经过,发表谈话。

按：李四光发表谈话曰："余对教育行政向无经验，尤乏兴趣。此次行政院因中央大学风潮日恶，……故有整理委员会之设，并请蔡孑民先生任委员长，蔡先生年高事繁，犹冒暑出任艰巨，余何敢自逸，故亦勉任副委员长，并兼执行校务，冀为蔡先生稍分微劳。乃任事未及两星期，困难丛生，校内各部，意见复杂……整委会预定之计划，十未行一。当时欲为蔡先生分劳，出任此事；其结果，不特未分蔡先生之劳，且增蔡先生之忧，故决定辞去所任……之职，蔡先生及其他整委，因整委会原为咨询及计划机关，对校内行政，本不当过问，故亦决定全体辞职。……今行政院已准同人辞职，并任罗志希先生为校长，此后校务负责有人，诚中大前途之幸也。"

李四光9月主持地质研究所从上海迁至南京成贤街，次年秋迁至北极阁东麓。是年，地质研究所承担的研究项目主要有：李捷、朱森主持的《湖南武冈至广西柳州之地质》，李捷、丘捷主持的《广西三江至凌云之地质》，李毓尧、朱森、丘捷主持的《湖南长沙至宜章等处地质》，孟宪民、张更主持的《湘粤桂三省边境地质》，叶良辅、喻德渊主持的《淮南煤田地质简报》，喻德渊主持的《庐山之火成岩》。1928—1932年期间，地质研究所发表了大量论文，主要发表在地质研究所集刊和西文集刊、地质研究所专刊和丛刊上面，其中集刊论文24篇，西文集刊论文5篇，专刊1部，丛刊刊载8篇（2篇英文），其他刊物刊载1篇。赵国宾的《陕西泾洛两河下游之地质》、王恭睦的《浙江江山龙嘴洞之洞穴沉积》和舒文博的《浙江西部地质矿产》同时刊载在中央研究院地质研究所集刊和丛刊上。（参见樊洪业《中央研究院机构沿革大事记》，《中国科技史料》1985年第2期；姚润泽《中央研究院在上海》，上海社会科学院硕士学位论文，2018年；高平叔编著《蔡元培年谱长编》，人民教育出版社1996年版；中央教育科学研究所编《中国现代教育大事记1919——1949》，教育科学出版社1988年版）

许寿裳1月25日以章素民索书，成二绝，步原韵。29日，蔡元培致许寿裳函，略谓："上海已有战事，难免牵及南京，如有避难之必要时，务请转托邱长康君（邱曾与但氏同寓）为但采尔夫妇同样安排。又熊十力君来函，称收到九、十两月津贴后，十一月、十二月及一月的津贴尚未付，请向会计处一询。观紧缩计划中，有停付特别研究员垫款一条，熊君是否停津？亦期查示。来示为豫才（鲁迅）先生函告教育部，甚善。熊君亦受教部津贴，裁否亦请一探。"2月9日，蔡元培复许寿裳5日来函，论及"希望敌人以上海为鉴，不再蔓延，以增其生命之损失，则首都或可免于破坏耳。在沪同事，现在联合院外专门家及工艺机关，视军队所需要的科学工作而协力供给之"。2月，日军攻上海，毁闸北。许寿裳极为关注事态发展。国民政府通电迁洛阳，许寿裳不赞成，诗中有"京师双阙依然好，何事诸公走洛阳"之句。5月19日，蔡元培复许寿裳函，略谓："院中紧缩会议，经各所长及馆主任讨论，已定大纲，即日实施，会议录有油印本，想已荷览及矣。弟经雪艇、鲠生诸君多次函电之催促，拟偕仲揆往武汉大学一观，大约往返不过半个月。如有即须办理之事，请先生酌量行之。化学研究所玻璃工厂事，已交杏佛。谢王汝成函，已由此间径送（马）寅初转致，因寅初现寓交通大学也。"9月19日，许寿裳至惠罗公司购各国邮票一千枚，意欲集邮。10月11日，许寿裳开始学习太极拳。12月5日，许寿裳代表本院至中央党部参加肇和兵舰举义纪念。（参见倪墨炎、陈九英编《许寿裳文集》下及附录二《许寿裳先生年谱》，百花出版社2003年版；高平叔编著《蔡元培年谱长编》，人民教育出版社1996年版）

林语堂为国立中央研究院总办事处（设在南京成贤街48号）的"西文编辑主任"，通信处为"上海善钟路一〇〇弄四号"。同时任国立中央研究院历史语言研究所的兼任研究员。2月23日，林语堂在牛津大学和平会演讲"The Spirit of Chinese Culture"（《中国文化之精神》），后刊于6月30日《中国评论周报》第5卷第26期的"专论"栏目。正文前标注："1932

年2月23日在牛津大学和平会演讲稿"。2月27日,所撰《言语和中国文字二者起源的比较》刊于《清华周刊》第37卷第1期(总第528期,"特大号")。3月,新世纪函授学社在上海圆明园路29号三楼创办,章衣萍为社长,赖南天为教务长,柳亚子、樊仲云、黄天鹏、林语堂、孟寿椿与李小峰6人为董事。4月1日起开学。6月16日,所撰英文文章"On Political Sickness"(《论政治病》)刊于《中国评论周报》第5卷第24期的"小评论"专栏。正文前标注:"林语堂博士已从欧洲归国,本专栏今后将由林博士与全增嘏共同主编。"6月24日中午,林语堂应邀在太平洋联会于上海联华总会(Union Club)举行的一次会议上发表题为"The Chinese Humanist Temper"(《中国人的人文主义性情》)的演讲。同月,章克标等编译的《开明文学辞典》(Kaiming LiteraryDictionary))由上海开明书店出版。该辞典的编辑主干(即主编)为章克标,编辑者包括沈叔之、宋云彬、林语堂、徐调孚、夏丏尊、章克标、章锡琛、张梓生、黄幼雄、叶作舟、叶圣陶、顾均正与丰子恺。

　　林语堂自译的《中国文化之精神》刊于7月15日《申报月刊》第1期。7月28日,所撰英文公开信"An Open Letter to Chang Hsueh Liang"(《致张学良的公开信》)载《中国评论周报》第5卷第39期的"小评论"专栏。8月1—6日,国民政府教育部邀请49位教育界专家到教育部修订中小学课程标准。其中林语堂为中学课程标准修订委员之一。2日,国民政府教育部发布褒奖令,嘉奖国立中央研究院秘书林语堂发明中文打字机。25日,所撰英文文章"The Facts of the Ruegg Trial"(《牛兰事件之真相》)刊于《中国评论周报》第5卷第34期的"小评论"专栏。9月16日,林语堂主办的《论语》在上海创刊,所撰《缘起》载《论语》第1期,该文后改题为《论语缘起》,宣称该刊的"格式内容和孔夫子的《论语》差不多",提倡"幽默""闲适"的小品文,在当时的特定背景下,形成文艺上的一种不良倾向。《论语》第1期"群言堂"栏目刊登了一篇《"幽默"与"语妙"之讨论》。10月1日,所撰英文文章"A Note on Chinese and Western Painting"(《论中西绘画》)载汤良礼主编的《民众论坛》第3卷第5期。10月23日,蔡元培、杨杏佛、柳亚子、林语堂等上海学术界领袖致电南京国民党中央党部与国民政府营救陈独秀。11月3日,所撰英文文章"For a Civic Liberty Union"(《应当成立民权保障同盟》)载《中国评论周报》第5卷第44期"小评论"专栏。11月17日,蔡元培、徐新六、杨杏佛、王文伯、林玉堂、李青崖、潘光旦、张云海、全增嘏、章克标、邵洵美、郁达夫在《申报》第5版刊登《徐志摩先生逝世周年纪念公祭启事》,全文如下:"本月十九日为徐志摩先生逝世周年纪念之日,同人等拟于是日上午由沪乘九时十分特快车在硖石徐先生枢前致祭,下午五时四一分快车回沪。凡徐先生亲友愿参加公祭者,请准时乘车,在硖石车站聚齐同往。此启。发起人同启。"12月17日,宋庆龄、蔡元培、杨铨(杨杏佛)、黎照寰、林语堂等人在上海发起成立中国民权保障同盟,并且均担任中国民权保障同盟筹备委员会委员。随后,中国民权保障同盟致电国民党当局,要求释放许德珩等人。宋庆龄、蔡元培、杨铨(杨杏佛)、黎照寰、林语堂等人一同列名。18日,所撰《翻译之难》载本日《申报》第18版"自由谈"栏目。29日,中国民权保障同盟在上海华安大楼举行成立大会,并推选最高执行机关临时执行委员会。宋庆龄担任主席,蔡元培为副主席,杨杏佛为总干事,林语堂为宣传主任。同月,林语堂与夏丏尊等人合著的《中学各科学习法》由上海的开明书店出版,至1941年4月出至6版,列入"开明青年丛书"。是年,林语堂仍为中国太平洋国际学会会员。(参见郑锦怀《林语堂学术年谱》,厦门大学出版社2018年版;中央教育科学研究所编《中国现代教育大事记(1919—1949)》,教育科学出版社1988年版)

　　陈独秀 1 月 1 日以"中国共产党左派反对派"的名义,发表《告全党同志书》,刊于同月《火花》第 7 期。6 日,撰《中国民众应该怎样救国即自救》,刊于 1 月 23 日《热潮》第 6 期,文中认为日本占领满洲是一切帝国主义无形瓜分中国的序幕,亦即中国殖民地化的序幕,主张"在反日反国民党的高潮中涌现出一个和卖国的国民党政府对抗的国民会议",作为"全国民众反日斗争的总机关",组织武装,组织国家,以彻底反抗帝国主义,彻底肃清帝国主义的一切走狗。20 日,撰长文《一个紧急的政治问题》,刊于 1 月 28 日《火花》第 1 卷第 7 期。29 日和 30 日,以"中国共产党左派反对派"名义起草并发表《为"上海事变"第一次告民众书》《第二次告民众书》。同月,陈独秀与彭述之、罗汉三人共同署名,给中共中央一信,建议"合作抗日"。3 月初,陈独秀在上海亚东图书馆门口路遇曾猛,商定在建业里为曾租一间房子,作为托派中央机关报《火花》新的刻写、印刷、出版机构,曾负责全盘工作,托派中央为其提供房租及伙食费。据托派中央常委秘书长谢德盘当时对曾猛说,这些费用全由陈独秀一人提供。《火花》从第 4 期开始,继续出版。3 月 3 日,陈独秀起草并发表《为日军占领淞沪告全国民众》(油印传单),以上海抗战失败,列数蒋介石国民党"纵敌卖国"六大罪状,疾呼"全中国的革命民众们！要抗日救国首先要推翻纵敌卖国的国民党政府""自动地召集全权的国民会议"。

　　陈独秀 4 月 14 日撰《我们要怎样的民主政治》,批判汪精卫、胡汉民、孙科以及国家主义派、安福系、旧直系、上海救国联合会派、《申报》(史量才)等鼓吹的"民主政治"是"伪民主"。6 月 15 日,致函托洛茨基,汇报中国托派重整组织的情况,以及"九一八"事变后,托派中央采取的与左倾的小资产阶级、自由资产阶级、中国共产党领导的苏维埃"红军""义勇军"建立联合战线("共同行动")的政策,并请示国民会议等问题。7 月 28 日,在《火花》第 1 卷第 11 期发表《谁和怎样救中国》。9 月 22 日与 26 日,托洛茨基复函陈独秀托派中央,回答与"红军"联合抗日的问题。10 月 3 日,托洛茨基继续复函陈独秀托派中央,指示在目前反日反国民党的斗争中,"除了国民会议,不能够提出旁的中心政治口号"。10 月初,撰《谁能救中国,怎样救中国》,刊于 11 月 17 日托派北方区委机关报《先锋》第 4 期,认为"不但是恢复并且要提高国民经济,中国才有救",而帝国主义、国民党、别派资产阶级以及小资产阶级党派都不能救中国。"提高经济以救中国的责任,只有放在代表无产阶级及贫农利益的共产党双肩之上。"10 月 15 日,托派中央常委机关(秘书谢少珊家)被国民党警探协同法租界捕房破获,正在那里开会的彭述之、宋逢春、罗世凡、濮一凡及谢少珊全部被捕。同日晚,因谢少珊供出地址,患病(胃溃疡、盲肠炎)在家休息的陈独秀被捕。16 日,陈独秀与"同犯"彭述之等人坚决反对引渡给国民党当局。17 日,陈独秀在租界捕房受审,反对引渡被判"无效"。18 日,陈独秀与彭述之等人被引渡到国民党上海市公安局拘押。

　　陈独秀 10 月 19 日乘夜车被押往南京,在火车上鼾然大睡,处危不惊,被传为佳话。20 日晨 8 时,陈独秀被押到宁,经国民党中央党部接洽,拘押军法司,十余箱文件等运交中央党部检查。10 月 22 日,国民党中央组织委员会派员赴汉,向蒋介石"报告捕获陈独秀经过,并携去捕获的各种重要文件,呈蒋审核"。陈独秀被捕后,翁文灏、胡适、罗文幹(南京政府外交部长兼行政司法部长)致电蒋介石:"请将陈独秀案付司法审判",不由军法。蒋介石"复电照办"。23 日,蔡元培、杨杏佛、柳亚子、林语堂等 8 人快邮代电南京中央党部国民政府,营救陈独秀。随后,柏烈武、柳亚子、杨杏佛等人进行了营救活动。26 日,陈独秀与彭述之二人,被解往江宁地方法院,住犯人病室。10 月 28 日,《大公报》发表短评《营救陈独秀》。

30 日,陈独秀受江苏高等法院传询,表示:"愿尊重国家法律,望政府秉承大公,不参加个人恩怨,法律判我是罪有应得者,当亦愿受。"同日,北京大学校长蒋梦麟赴地方法院探视陈独秀,并赠书籍、水果。中央研究院历史语言研究所所长傅斯年发表文章,希望政府将此事交付法院,公开审判,不妨依据法律进行特赦运动。11 月 1 日,国民党南京市党部书面警告蔡元培、杨铨,谓其"请宽释陈独秀"之电,是"徇于私情,曲加庇护,为反动张目,特予警告"。

陈独秀 11 月 3 日接见来访的段锡朋(国民党教育部政务处长),托其致函胡适,谓:"辩护事已委托章行严先生及另一位彭先生",不宜烦请律师过多;谢绝蔡元培、胡适推荐的律师。此前,章士钊、张耀曾、董康、郑毓秀、彭望邺、吴之屏、汪有龄、郭蔚然等都自告奋勇愿做陈独秀的义务辩护人。陈独秀决定委托老友章士钊、彭望邺做他的辩护律师。12 月 1 日,陈独秀致函胡适,谓:"此次累及许多老朋友奔走焦虑,甚为歉然。"想要几本书和纸笔"做点东西";要求存在胡适处的"拼音文字稿"早日出版;认为中国字"实是教育普及的大障碍","新制拼音文字,实为当务之急,甚望先生能够拿出当年提倡白话文的勇气,登高一呼",并劝胡适从著不从政。又道及段书诒(段锡朋)"常来此探视",并代为转信。22 日,陈独秀致函高语罕:"自传一时尚未能动手写,写时拟分三、四册陆续出版,有稿当然交老友处印行(指汪孟邹)。如老友不能即时印行,则只好给别家。自传和《文存》是一样的东西,倘《文存》不能登报门售,自传当然也没有印行可能。若写好不出版,置之以待将来,则我一个字也写不出来。"冬,吴静如(郑超麟妻刘静贞的假名)按陈独秀嘱咐,到南京探望。从此,陈独秀委派吴静如作交通,建立了与其他托派尤其是上海托派领导机关的联系,有时一两个月一次,传进上海托派临委的文件、刊物和书信,带出陈独秀的文章、意见和书信。(以上参见唐宝林、林茂生《陈独秀年谱》,上海人民出版社 1988 年版;耿云志编《胡适年谱》,福建教育出版社 2012 年版;高平叔编著《蔡元培年谱长编》,人民教育出版社 1996 年版)

胡汉民 1 月 18 日获知蒋汪实行合作,公开表示反对。30 日,支持十九路军将士抗日,提出武装抗日四项要求。8 月,由 1927 年后之演讲选编而成的《革命理论与革命工作》一书在上海出版。10 月 13 日,发表《对国际联盟调查报告书意见》,批评调查团在日本侵略东北问题上的偏见。是年,邹鲁等人联络各方反对蒋介石的军政势力,组成政治团体(一般人称为"新国民党"),与南京对立。自任领袖,以邹鲁为委员长,以抗日、"剿共"、反蒋为三项政治主张。(参见陈红民、方勇编《中国近代思想家文库·胡汉民卷》及附录《胡汉民年谱简编》,中国人民大学出版社 2015 年版;高平叔编著《蔡元培年谱长编》,人民教育出版社 1996 年版;耿云志编《胡适年谱》,福建教育出版社 2012 年版)

戴季陶 3 月 31 日由浙江吴兴赴南京。4 月 1 日主持新亚细亚学会成立仪式,发行《新亚细亚》月刊。14 日出席中央常委会,报告三年来考试院情况,并请辞院长职,未获准。与何应钦被推为中国童子军总会副会长。是月 18 日至 5 月 25 日赴西北考察。10 月 12 日所提建设西北专门教育的建议在中央政治会议通过,并与于右任被推为建设西北专门教育筹备委员会常务委员。12 月 14 日召开建设西北农林专科学校筹备委员会第一次会议,通过章程。(参见桑兵、朱凤林编《中国近代思想家文库·戴季陶卷》及附录《戴季陶年谱简编》,中国人民大学出版社 2015 年版;高平叔编著《蔡元培年谱长编》,人民教育出版社 1996 年版)

吴稚晖因"一·二八"淞沪抗战爆发,国民政府决定迁都洛阳,于 3 月 1 日赴洛阳参加国民党四届二中全会,拟定救国纲领意见。5 月,参与审定的《国音常用字汇》由教育部正式公布。是年,吴稚晖到北京看望张相文,并转达蒋介石欲请他任立法委员,被张相文拒绝。(参见金以林、马思宇《中国近代思想家文库·吴稚晖卷》之《导言》及附录《吴稚晖年谱简编》,中国人民大学出版社 2015 年版；高平叔编著《蔡元培年谱长编》，人民教育出版社 1996 年版；中央教育科学研究所编《中国现代教育大事记(1919—1949)》，教育科学出版社 1988 年版)

张继在"一·二八"事变后，引国民党政府迁都洛阳，以西安为陪都，出任西京筹委会委员长。9 月 11 日，张继言今之治国学者，自言以科学方法整理，而实奉外域之人言为圭臬，案上无不有倭书，甚且攘倭虏之言为己有。12 月，张继任立法院长。(参见司马朝军、王文晖合撰《黄侃年谱》，湖北人民出版社 2005 年版)

陈果夫 5 月提出《改革教育方案》10 条。《方案》认为，二三十年来学校课程偏重文法，忽视农、工、医，形成畸形发展，文法人材过剩，农工医人材缺乏，失业者逐年增加，造成社会上种种不安，这种教育上之病态亟应纠正。《方案》提出：自本年度起，十年内全国各大学及专科学院一律停招文法艺术等科学生；各中学一律加重与农工医科有关之基本学科；派遣留学生一律以农、工、医等实用科学为限。该《方案》后经国民党中央政治会议函准。7 月 8 日，陈果夫出席假教育部礼堂召开的中国教育电影协会成立大会，与蔡元培、吴稚晖、汪精卫、朱家骅等 7 人当选监察委员。9 月，《中华教育界》连续发表《关于改革教育方案的提议及其商讨》的文章，对陈果夫于 5 月所提《改革教育方案》展开讨论。罗廷光认为，大学教育，关系全国文化隆替，其影响不只一端，亦不只一代；若只顾其一，而忽略其他，其遗害必有不可胜言者。中学教育，亦自有它的特殊职能，它既不是完全准备升学的，也不单单是农、工、医三科的预备学校。程其保认为：中国现状是百废待兴，应谋多方发展，以适应社会需要，若专注农、工、医而忽视其他，实属失当。刘廷芳认为："停办文科，专办农工医三科，是反教育之教育。"(参见中央教育科学研究所编《中国现代教育大事记 1919—1949》，教育科学出版社 1988 年版；高平叔编著《蔡元培年谱长编》，人民教育出版社 1996 年版)

王正廷时任中华全国体育协进会会长，因第十届奥运会将于 7 月 30 日在美国洛杉矶举行，遂向南京政府教育部呈送要求参加的参赛报告书，结果以"时间仓促，准备不及"未获应准。当时日满正在谋划派遣东北大学学生、全国百米纪录保持者刘长春代表"伪满洲国"参加奥运会，王正廷、张伯苓及东北大学体育系主任郝更生等人建议，让刘长春、于希渭组成中国代表队参加奥运会。6 月 25 日，外交部从国际奥会总部得到的消息，伪满州国申请参加奥运未得国际奥会批准。获国际奥委会认可为中国国家奥委会的中华全国体育协进会急电要求通融报名。6 月 26 日，接获筹备会答复，同意我国报名的刘长春和于希渭两位选手。王正廷利用自己国际奥委会委员的身份，和张伯苓一起在极短的时间内为刘长春办好了参赛手续。7 月 8 日，刘长春等自上海搭乘邮轮，出发前往美国洛杉矶，展开中国奥运首航，上海新闻界、体育界及团体、民众将近 2000 人为刘长春钱行。中华全国体育协进会会长王正廷为刘长春授旗，其训词是："我国此次派君参加世界运动大会，为开国以来第一次，实含有无穷之意义。余今以至诚之心，代表中华全国体育协进会授旗于君，愿君用其奋斗精神，发扬于洛杉矶市奥林匹克运动场中，使中华民国之国旗，飘扬于世界各国之前，是乃无上光荣。"刘长春的答词是："我此次出席奥运会，受全国同胞之嘱托，深知责任重大，当尽我本能在大会中努力奋斗！"刘长春成为中国参加奥运会第一人，实现了中国人参加奥运会的零的突破。

按：1931 年召开国际奥委会会议通过一项决议，承认"中华全国体育协进会"为中国的国家奥委会，中国开始成为国际奥委会大家庭中的一员。王正廷以国际奥委会"大使"的身份，出任中国国家奥委会即中华全国体育协进会会长。

按：1931 年日本侵占东北三省，成立"伪满洲国"，但国际社会均不承认伪满洲国的地位，于是日本企图从奥运赛事入手,派遣东北籍运动员刘长春代表"伪满洲国"参加奥运会,变相使国际社会承认"伪满洲国"。一时社会舆论哗然,王正廷等人决定釜底抽薪,由中华全国体育协进会以中国名义派遣刘长春代表中国参赛,粉碎了日满阴谋,也实现了中国人参加奥运会的零的突破。(参见高荣伟《"中国奥运之父"——王正廷》,《云南档案》2020年第4期)

褚民谊时任国民卫生建设委员会委员长。8月8日,蔡元培致函褚民谊,略谓:"柏林中国美术展览会筹备处,现已成立,弟被推为常务委员之一。兹欲刻图记一方,其大小尺度,拟参照执事前赴比国博览会所用图记式样。特此函询,甚望拨冗即予示复,不胜感荷。"12月16日,褚民谊出席国民党四届三中全会的第一次大会,提出《开发西北案》,认为开发西北以解除吾民之痛苦,增进国家之富力,实为今日刻不容缓之图,并附陈《开发西北之计划大纲》一件。蔡元培、张继、李石曾、吴稚晖、蒋作宾5委员均为此案的"附议人"。(参见高平叔编著《蔡元培年谱长编》,人民教育出版社1996年版)

高一涵继续担任国民政府监察院委员。汪精卫出任国民政府行政院院长兼内政部长后,于5月5日签订了屈辱的《淞沪停战协定》,激起全社会公愤。监察委员高友唐提出《弹劾行政院院长汪兆铭(精卫)对上海停战协定不交立法院议决遽行签字案》,由高一涵与刘三、乐景涛负责审查并提交审查报告书。报告称:"查国民政府组织法规定:凡宣战媾和及其他重要国际事项,立法院有议决之权。此次淞沪停战协定,虽与宣战媾和不同,但为国际重要事项,则无疑义。行政院不交立法院议决,遽行签字,其为违法,彰彰明甚。且事变无常,将来对外援例,随意协定,危险何可胜言?为此佥认高委员申请惩戒行政院长汪兆铭,实为允当。"监察院于5月21日向中央党部监察委员会正式提交对汪精卫弹劾文。6月8日,高一涵与监察委员田炯锦、刘莪青提交弹劾外交部长王正廷一案质问书。"去年9月先后弹劾外交部长王正廷一案,政府对于迭次弹劾案已无形消灭,依法提出质问。请转呈迅将原弹劾各案交付惩处,勿再延压。"魏憕批示:"拟查案复。"9月1日,高一涵出席在南京中央大学礼堂举行的中国政治学会成立大会,会议推定高一涵与周鲠生、王世杰、杭立武、钱昌照、卢锡荣、陶希圣、萧公权等22人为候补当选人。(参见高大同《高一涵先生年谱》,上海文化出版社2011年版)

朱家骅任教育部长仍未到职。1月1日,行政院长孙科就职,发布教育部长朱家骅未就职以前,由政务次长段锡朋代理部务。同月,平津地区教育界纷纷索讨欠薪。5日,平津国立各大学教职员联合会议决派代表赴南京坐索积欠。19日,北平中学校长会、小学校长会、中学教职员会、小学教职员会四团体组织索薪团,赴南京坐索欠款。13日,为教育经费积欠,北平大学校长及所属学院院长提出总辞职,各校教职员纷纷罢教。27日,国民政府教育部根据行政院训令抄发《依据训政时期约法关于国民教育之规定确定其实施方针案》,通令所属机关学校遵办。29日,中央召开紧急会议,行政院改组,汪精卫接替孙科任行政院院长,宋子文任副院长兼财政部长,朱家骅为教育部长。同日,国民政府宣布迁都洛阳办公。朱家骅到京后,首次与汪精卫见面,又赴徐州去见蒋介石。2月20日,朱家骅到部接事,仍以段为锡朋政务次长。23日,朱家骅以教育部长电慰商务等文化机关云:商务印书馆、东方图书馆、中国公学、持志学院、暨南大学、劳动大学、同济大学、中大医学院均鉴。日寇乘洪水横流,赤氛煽焰,中央力图统一,社会秩序未臻安宁之时,背弃国际一切公约,侵占我土地,残杀我同胞,并摧残我文化机关,致令贵馆学院,亦罹横祸,闻讯之余,痛愤交并,除由部力筹善后外,先此电慰,尚希公鉴。月底,朱家骅与宋子文商议教育经费。开始研究普通教育司长顾树森草拟的课程标准。此后数月,着手厘定小学法、中学法以及职业教育、专科教育、师范教育等法规。4月7日,赴洛阳出席"国难会议",讨论安内攘外方案。4月9日,蔡元培分致朱家骅、段锡朋、钱昌照及汪精卫四人函,谓"艺术人才,非经长期之训练,不能养成,音乐尤甚。各国美术学校及音乐学校,多与大学同等。吾国旧以学院名之,与专科大学相埒,修业年限亦同,毕业各生,尚有程度太低之感。近年改名专科学校,限三年毕业,试验数年,甚感困难。国立三校,现正呈请复院,务请再加考察,修改条文,提出立法院及政治会议通过,以便刻期实行。专此奉商"。5月初,各机关从洛阳迁回南京。10日,国民政府教育部公布《国立编译馆组织规程》13条。《规程》规定编译馆宗旨为"发展文化促进学术暨审查中等以下学校用图书"。26日,国民政府教育部公布《中小学毕业会考暂行规定》13条。30日,国民政府教育部提请行政院准予设立平津高等教育经费保管委员会。6月4日,国民政府教育部制定《各大学学院及专科学校招收留日学生投考及转学待遇办法》,通令施行。鉴于"九一八"事变后中国留日学生纷纷归国,此办法准其投考与转学国内相当学校,在日本原校已修毕之各科成绩,均予承认。14日,国立编译馆正式成立,辛树帜任馆长,其职能是审查教科书,翻译重要的划时代的名著,以及编译"科学名词"等。16日,蔡元培致朱家骅函,略谓:"北平大中公学,系本党同志所办,蒙大部月给八百元之补助;兹因补助费积至六个月未发,该校困苦万状,难以支持。特此代为函达,还希即予核发,俾得周转,不胜感荷。"22日,国民政府教育部颁发《今后中小学训育上应注意之事项》。25日,国民政府教育部颁发《第一期实施义务教育办法大纲》23条。29日,国民政府教育部颁发《短期小学或短期小学班课程标准》。7月11—13日,国民政府教育部在南京举行国立专科以上学校校长会议。16日,国民政府教育部修正公布《民众学校办法大纲》。

朱家骅7月22日以国民政府教育部长与行政院长汪精卫联合签署颁发《整顿教育令》。此令称政府"定以最大决心,励行整顿"。其主要内容为:宽筹经费,合理解决同一区内院系重复,慎重遴选教育行政人员与教师,对学生管理取严厉方针等。同月,国民政府教育部训令:经行政院会议议决,北平师范大学及北平大学(农、工、医三学院除外)本届停止招生。22日,两校发表宣言,反对教育部停止招生令。师大并组成护校委员会、校务整理委员会,草拟《国立北平师范大学整理计划书》,提出整理的方针与原则为"充分表现师大之特性,即师大之组织、课程、训育、教法等,必与其他大学显有不同"。8月1—5日,国民政府教育部召集中小学课程标准修订会议,中、小学教育专家四十余人参加。会议修正通过幼稚园、小学及初高中各科课程标准与初高中各学期、各科教学时数表。同在8月1—5日,国民政府教育部在南京举行化学讨论会。16—21日,朱家骅主持国民政府教育部在南京举行第一次全国体育会议。会议以《国民体育实施草案》为中心展开了讨论。20日,《申报》载教育部通令各校采用商务印书馆教科书。28日,《申报》载教育部通令全国学校一体采用商务印书馆国难后出版各级学校教科书。9月6日,国民政府教育部公布《教育部体育委员会规程》。同月,国民政府教育部公布《国民体育实施方案》,令全国切实推行;教育部通令中央、北京、中山、清华、武汉各大学筹设国防化学讲座。10月,国民政府教育部公布《小学课程标准》《幼稚园课程标准》;教育部体育委员会成立。同月28日,国民政府令教育部长朱家骅调任交通部部长,特任翁文灏为教育部长,翁文灏坚辞不就。11月4日,国民政府教育部颁发《中等学校教职员服务及待遇办法大纲》14条。19日,国民政府仍令朱家骅兼理教育部部务。

朱家骅11月25日以国民政府教育部长发表《教育部九月来整理全国教育之说明》,指出："今日全国教育,其发展关系,失其均衡,而其实际内容,复流于空虚,高等教育又苦于浮滥,而初等教育,尚艰于推广,文法科教育,苦于骈设,而实科教育,尚艰于发展,中学日事推广,而职业与师资之训练,反形阙如,学校集于城市而缺于乡村,此全国教育发展关系之失其均衡也。各级学校专事铺张,开支浪费,纷设课程,而不重其基本,缺乏设备,而不重其充实,教学不良,致学生程度日低,训育不良,致学校风纪日堕,此全国教育实际内容流于空虚也。"又指出："欲返此积重,惟有厉行整理,调节其发展,使有缓急先后,充实其内容,使能切实有效。"同月,国民政府教育部订颁初高中各科课程标准。各地教育界索欠之声再起。12月9日,国民政府教育部发布《改革大学文法等科设量办法》,要求现有文法等科办理不善者,限令停止招生或取消立案,分年结束嗣后除边远省分为养成法官及教师准设文法科外,一律暂不新设。10日,教育部公布《中小学分年实施新颁课程标准办法》4条。17日,国民政府公布《师范学校法》17条、《职业学校法》96条。21日,国民党四届三中全会通过《关于教育之决议案》。24日,国民政府公布《中学法》14条、《小学法》18条。同月,国民党中央组织委员会向四届三中全会提交《改革高等教育案》;国联教育考察团报告书《中国教育之改进》由国立编译馆翻译出版,戴传贤、朱家骅分别为该书作序。(以上参见胡颂平《朱家骅先生年谱》,台北传记文学社1969年版;高平叔编著《蔡元培年谱长编》,人民教育出版社1996年版;中央教育科学研究所编《中国现代教育大事记:1919—1949》,教育科学出版社1988年版;吴永贵《民国图书出版史编年:1912—1949》中册,社会科学文献出版社2018年版)

翁文灏10月28日致函行政院长宋子文请辞教育部长一职。近日,南京政府改组行政院,宋子文出任院长,并任命翁文灏为教育部部长。此事事先并未征得翁文灏同意,翁闻讯之后即致函宋子文坚决请辞。10月30日,自南京返抵北平同日,在《独立评论》第24期上发表一篇名为《舆论》的短文,文中表示,政府一方面要尊重舆论,但也不可只盲从舆论。大政治家不应消极听众舆论,而是要积极地引导舆论,甚至"宁使个人受千古之冤枉,勿使国家蒙百年之损失"。同月,翁文灏致函蒋介石,报告"关于国防设计委员会最近商议及进行情形"并请示人员组织、关防、经费及调查项目等有关事宜。其中谈及,隶属问题经与钱昌照与何应钦等面商,认为隶属参谋本部为妥。11月1日,国防设计委员会成立,任秘书长。该委员会为国民政府参谋本部所属非公开机构,对外称南京三元巷二号。委员长由兼任参谋本部参谋总长的蒋介石亲任,副秘书长为钱昌照。29日,《国防设计委员会组织条例》由蒋介石呈报国民政府备案。文称："值兹国难当前,国防机务,万端待理,为集中人才,缜密设计起见,特设国防设计委员会,以期确定计划,从事建设。"国民政府12月8日指令准予备案。

按:该组织条例规定:"国防设计委员会直隶国民政府参谋本部。其职权为:一、拟制全国国防之具体方案。二、计画以国防为中心之建设事业。三、筹拟关于国防之临时处置。设委员长一人,总理全会事务;委员三十六人至四十八人,由委员长聘任,并以行政院各部会长为当然委员。委员会设:军事、国际关系、经济及财政、原料及制造、运输及交通、文化、土地及粮食各组,分任国防设计事宜。委员会置秘书厅,设秘书长、副秘书长各一人,承委员长之命,赞裏会务,负责一、关于国防事业之调查事项,二、关于国防事业之统计事项,三、关于文书之收发、分配、撰拟、保管事项,四、关于会议记录事项,五、关于职员之进退、考核事项,六、关于典守印信事项,七、关于会计、庶务事项,八、关于图书仪器等之购置、征集、保管事项。前项第一、第二两款之职掌应置调查处、统计处专司之。设调查主任、统计主任各一人,专员三十人至五十人。"

翁文灏接宋子文11月2日电,促请赴南京就教育部长职,以免职务久悬。5日,翁文灏致函钱昌照,谈辞教育部长事及国防设计委员会工作。翁文灏称暂代教育部长职务的朱家骅日前又来电催其就任,未知行政院是否已另定办法。对于国防设计委员会事,请钱先为主持进行,以免耽误。翁文灏提出目前秘书厅工作宜先注重搜集各种建设计划之材料,以备于相当时期内草拟具体计划,并具体建议。11月9日,翁文灏因继母病故,遂在家守孝,后并扶灵回籍安葬。本日致函钱昌照,感谢蒋介石所送奠仪,并请钱代向蒋辞教育部长职,表示:"实以此时于整理教育毫无可以贡献""不如专心学术,以振作士气及学风,或反可有间接之效也"。12日,翁文灏致函钱昌照,再坚辞教育部长职。15日,致函钱昌照,请报销为国防设计委员会事垫付的款项,并表示自己在国防设计委员会不领兼薪,如有费当实报实销。16日,致函钱昌照,告知12日函及寒电均于今晚接到,正为国防设计会联系相关专家。20日,致电宋子文,通报钱昌照转示宋同意其任教育部长至国民党三中央全会之意已知,表示如必须,愿"当即来暂时维持,但至十二月底,无论有无替人,当即辞职离京"。但实际上翁此后一直未到任,次年4月21日正式免去教育部长职务。(参见李学通《翁文灏年谱》,山东教育出版社2005年版;潘云唐《翁文灏年谱》,《中国科技史料》第10卷[1989]第4期)

桂崇基1月8日经国民政府任命为中央大学校长。中央大学学生发起拒桂运动,桂崇基辞职获准。同日,江苏省政府会议通过教育厅厅长周佛海的提议案:于1932年1月起停付国立中央大学协助经费,以全数拨充省教育经费。11日,中央大学教授开会反对江苏省教育厅长周佛海提议停拨中央大学经费的决定。12日,行政院第三次会议议决。中央大学经费维持前案,132万元由江苏教育经费管理处支给。25日,中央大学教授会向国民政府行政院、教育部、财政部及江苏教育经费管理处交涉发清欠款,否则全体总辞职。是日起开始罢教。(参见高平叔编著《蔡元培年谱长编》,人民教育出版社1996年版;薛玉坤《汪东年谱》,河南文艺出版社2016年版;中央教育科学研究所编《中国现代教育大事记:1919—1949》,教育科学出版社1988年版)

任鸿隽1月26日为国民政府任命为中央大学校长,力辞不就。2月3日,行政院第十二次会议议决:中央大学经费自本年二月起,每月由财政部一并拨发16万元。14日,中大全体教授停课索薪。夏,蔡元培致朱家骅函,谓"顷接中华教育文化基金董事会周诒春、金绍基、胡适等留平诸董事来电称:'政府任命叔永兄为中大校长,为事择贤,至堪钦佩。惟叔永兄久主会务,职责重要,中道去职,势必影响本会前途,我公切商教部转陈政府,另选中大校长,俾叔永兄得专力本会事业,不胜盼祷。除径电外,特闻。诒春、绍基、适。'云云。培亦该会董事之一,深知非任君专心服务,会务必受影响,如蒙别选中大校长,俾任君专理会务,不胜感荷。专此奉商。"(参见樊洪业、潘涛、王勇忠编《中国近代思想家文库·任鸿隽卷》及附录《任鸿隽年谱简编》,中国人民大学出版社2015年版;高平叔编著《蔡元培年谱长编》,人民教育出版社1996年版;薛玉坤《汪东年谱》,河南文艺出版社2016年版;中央教育科学研究所编《中国现代教育大事记:1919—1949》,教育科学出版社1988年版)

段锡朋时任教育部政务次长。6月29日,行政院委派段锡朋到中央大学任代理校长,到校时遭学生殴辱,引起风潮。30日,行政院令:"中央大学除在沪之商医两学院外,着即暂行解散,听候整理,所有教职员重行任聘,学生重行甄别。"同日,中央大学学生自治会发来致蔡元培、吴稚晖两先生电,略谓:"生校校长久悬,经费支绌,学校行政,陷于绝境。一年以来,同学奔走呼号,冀政府早日解决,俾中大早上轨道。讵政府不能体谅中大学生苦心,致发生二十九晨全体同学驱逐段锡朋之不幸事件。今者政府明令解散学校,前途异常暗淡。生校同学,素仰先生等为国元老,学界先进,务恳爱护教育之热忱,出任调解,吾全体同学必乐愿接受也。"7月6日,行政院特设中央大学整理委员会,聘请蔡元培为委员长,顾孟余、李四光、周鲠生、俞大维、竺可桢、钱天鹤、张道藩、罗家伦、谭伯羽等为委员。7日,南高、东大、中大毕业同学会推派傅况麟等五代表,到成贤街中央研究院谒见蔡元培先生,蔡元培表示:中央大学整理委员会委员长事,经汪精卫院长面治,已允担任。对该毕业同学会所提要求,答:(一)远道不能离校学生,当设法不使被迫离校;(二)优良教授,当设法不使离校他就;(三)经费问题,当从长计议;(四)该毕业同学会所希望之校长人选标准,当设法,谅可达到。9日晨,中央大学整理委员会在教育部开会,到顾孟余、周生、竺可桢、钱天鹤、张道藩及教育部的朱家骅、段锡朋等,蔡元培主席,关于学校经费及学生甄别办法,讨论甚久,明日再继续开会商议。10日,中央大学整理委员会继续在教育部开会,仍由蔡元培主席。商定:(一)整委会为咨询的组合,对整理中大方案,虽决定原则,但须经行政院决定。(二)解散学校为最后办法,倘经解散仍不得彻底解决,则教育破产,不堪设想。(三)中大风潮为钱与人两问题,政府决定自八月起,十足发放,经费稳定,再谈人选。(四)校长人选,内定与党政关系较少之纯学者,整委会征求同意后,由行政院决定发表。(五)整委会工作已毕,无必要不再续会。12日,中央大学整理委员会已将中大应行整理事项,分别决定,当日午间,由蔡元培委员长领衔,汇送行政院,经院会一致通过。(参见高平叔编著《蔡元培年谱长编》,人民教育出版社1996年版;中央教育科学研究所编《中国现代教育大事记1919——1949》,教育科学出版社1988年版)

　　罗家伦1月7日被国民党中央政治会议推举为国难会议筹备委员。3月7日,中国国民党第四届中央执行委员会第11次常会推举罗家伦为中央宣传委员会副主任委员。7月6日,行政院聘请罗家伦为中央大学整理委员会委员。9日,作《读标准的书籍写负责的文字》,刊于9月1日《图书评论》创刊号,文中承认鲁滨逊的贡献在于西洋中古史,"在中国最出名的便要算鲁滨孙",然对他用差不多的材料不断编辑出版的历史课本,认为"值不得我们什么崇拜"。8月23日,行政院举行第五十七次会议,讨论事项:中大整理委员会委员蔡元培等函请辞去整委,又李四光请辞代行校长职务案,决议:分别准予辞职。任罗家伦为中央大学校长。罗家伦知情后即上书请辞,未准。9月5日,罗家伦就任中央大学校长。10月4日,罗家伦为《图书评论》杂志撰写《中国若要有科学,科学应当先说中国话》一文,明确指出,用中国的语言文字发展中国自己的科学事业。11日,中央大学复课,罗家伦校长在学校正式上课之日发表演讲,阐述办学理想及治校方针,提出国立大学之所以重要,就在于它是"民族文化乃民族精神的表现",是"民族文化之寄托"。因此,"创造有机体的民族文化为本大学的使命",为实现这一目标,必须养成新的学风。罗家伦将中央大学的新学风概括为"诚、朴、雄、伟"四字,以"安定、充实、发展三时期以进"的治校方针,推动学校的建设和发展。10月24日,罗家伦演讲题为《中央大学之使命》,刊于《中央周报》第229期。

　　按:罗家伦《中央大学之使命》阐释"诚、朴、雄、伟"四字新学风曰:
　　我们要养成新的学风,尤须从矫正时弊着手,兄弟诚恳的提出"诚朴雄伟"四字,来和大家互相勉励。所谓诚,即谓对学问要有诚意。不以为升官发财的途径,不以为文饰资格的工具。对于我们的使命更要有诚意,不作无目的的散漫动作,坚定地守着认定的目标走去。要知道从来成大功业成大学问的人莫不是备尝艰苦,锲而不舍地做出来的。我们对学问如无诚意,结果必至学问自学问,个人自个人。现在一般研究学术的都很少诚于学问。看书也好,写文章也好,都缺少对学问负责的态度,试问学术界气习如此,文化焉得而不堕落?做事有此习气,事业焉得而不败坏?所以我们以后对于学问事业应当一本诚心去做,至于人与人间之应当以诚相见,那更用不着说了。

其次讲到朴。朴就是质朴和朴实的意思。现在一般人皆以学问做门面作装饰,尚纤巧,重浮华,很难看到埋头用功,不计功利,而在实际学问上作远大艰苦的努力者。在出版界,我们只看到一些时髦的小册子、短文章,使青年的光阴虚耗在这里,青年的志气也消磨在这里,多可痛心。从前讲朴学的人,每著一书,往往费数十年;每举一理,往往参证数十次。今日做学问的和著书的,便不同了。偶有所得,便惟恐他人不知,即无所得,亦欲强饰为知。很少肯从笃实笨重上用功的。这正是庄子所谓"道隐于小成,言隐于荣华"的弊病。我们以后要体会"几何中无王者之路"这句话。须知一切学问之中皆无"王者之路",崇实而用笨功,才能树立起朴厚的学术气象。

第三讲到雄。今日中国民族的柔弱萎靡,非以雄字不能挽救。雄就是"大雄无畏"的雄。但是雄厚的气魄,非经相当时间的培养蕴蓄不能形成。我们看到好斗者必无大勇,便可觉悟到若是我们要雄,便非从"善养吾浩然之气"着手不可。现在中国一般青年,每每流于单薄脆弱,这种趋势在体质上更是明白地表现出来。中国古代对于民族体质的赞美很可以表现当时一般的趋向。譬如《诗经》恭维男子的美便说他能"祖裼暴虎,献于公所",或是"赳赳武夫,公侯干城"。恭维女子的美便说他是"硕人颀颀"。到汉朝还找得出这种审美的标准。唐朝龙门的造像,也还可以表现这种风尚。不知如何从宋朝南渡以后,受了一个重大的军事打击,便萎靡不振起来。陆放翁的"老子犹堪绝大漠,诸君何至泣新亭",虽强作豪气,却早已成强弩之末。此后讲到男子的标准,便是"有情芍药含春泪,无力蔷薇卧晓枝"一流的人。讲到女子的标准,便是"帘卷西风,人比黄花瘦"一流的人。试问时尚风习至此,民族焉得而不堕落衰微?今后吾人总要以"大雄无畏"相尚,挽转一切纤细文弱的颓风。男子要有丈夫气,女子要无病态。不作雄健的民族,便是衰亡的民族。

第四讲到伟。说到伟便有伟大崇高的意思。今日中国人做事,往往缺乏一种伟大的意境,喜欢习于小巧。即论文学的作风,也从没有看见谁敢尝试大的作品,如但丁的《神曲》,歌德的《浮士德》,只是以短诗小品文字相尚。我们今后总要集中精力,放开眼光,努力做出几件伟大的事业,或是完成几件伟大的作品。至于一般所谓门户之见,尤不应当。到现在民族危亡的时候,大家岂可不放开眼光,看到整个民族文化的命运,而还是故步自封,怡然自满?我们只要看到整个民族存亡的前途,一切狭小的偏见都可消灭,我们切不可褊狭纤巧,凡事总从伟大的方向做去,民族方有成功。

按:陈钟凡《我所知道的罗家伦》云:"一九三二年春,中央大学学生反对校长朱家骅,教育部派段锡朋代理,也被学生拒绝,学校暂时停顿,暑后由教育部组织'中央大学整理委员会',派蔡元培为主任委员,朱家骅为副主任委员,李四光、段锡朋、罗家伦为委员。该会决议,提请教育部任命李四光为校长。李再三推辞不得,勉强暂就,而教育部长朱家骅又提出几项条件,要李接受,李不肯答应,表示坚辞。正当这青黄不接之时,罗家伦表示愿接受条件,遂通过行政会议,任命他为中央大学校长。及至正式发表后,他忽又表示辞谢,教部惟有劝驾,结果以无条件到职,朱家骅只有自认倒霉。罗家伦九月初到校,十月初开学上课……罗家伦在中大任职十年,其办事的精神和能力是值得他自己吹嘘的。罗家伦对中大虽有这些贡献,但由于他那'两眼官势钱'的态度,依然积习难除,非一般人所堪忍受。就同学的孙本文,由他聘充教务长,时常和他接洽,也受不了他那狂妄自大,拒人千里之外的熏天气焰,特请人书"忍庐"两字的横额,贴在座前,坐下来就对着叹气。文系教授黄侃,原是他北大的老师,才敢对他说:'校长和教授职权不同,地位不分高低,你凭什么藐视所有的教员?'他勉强点头,唯唯称是,算是为大家出了一口怨气。"(参见刘维开《罗家伦先生年谱》,中国国民党中央委员会党史委员会1996版;张晓京编《中国近代思想家文库·罗家伦卷》及附录《罗家伦年谱简编》,中国人民大学出版社1015年版;高平叔编著《蔡元培年谱长编》,人民教育出版社1996年版;司马朝军、王文晖《黄侃年谱》,湖北人民出版社2005年版;王学典《20世纪史学编年(1900—1949)》,商务印书馆2014年版)

黄侃1月10日致潘重规信,函云:"来书说诗序义至妙,或真状竟如此。左疏文义尤富,愿先领纳后再推求耳……"2月1日,日舰停泊下关,闻将向南京城内开炮。是日凌晨,思避兵之策:一则藏书过多,费数年心力,始将有用书籍搜罗完备,一旦离去,难以割舍。二则人口较多,全家七人,必须以一己之力营护,惟恐有失。念宗礼祀之重,知危不去,又难逃不孝不慈之罪。于是决计避兵北上。令妻清点行装,令子出购车票。下午渡江,至浦口登车。上车前至肆中觅食,食未竟,江中炮声猝发,轰然一声,市内电灯全灭。急从泥泞中奔赴车站,两次迷路,才摸进站门。此刻火车汽笛急鸣,似急欲开出者。心急足颤,暗中得车,叩门不开。……是时江中炮声齐鸣,探照灯来回照射,车中人无不屏息,不敢出声。不久,车开出站,行数里则一返,每一返则心为之一碎。至浦镇时,已是黎明时分。炮声久息,去江已远,虎口脱险,心始稍安。2月4日午后4时,黄侃抵北京,至十一妹家。夜出访汪荣宝,久谈。5日,弟子陆宗达、骆鸿凯及友人林损来访。6日,为壬申年正月初一,陆宗达、骆鸿凯来拜年。7日,见报载,南京美领事令其侨民离京,略称京沪路、江路、津浦路南段交通均有中断之势,益以举家得从炮火中出险来北京为天幸。9日,赴汪荣宝之宴,胡适、黄秋岳、孙润宇、夏仁虎、丁文江等人作陪,畅谈。客散后,荣宝留观其《法言义疏》稿本。15日,陆宗达请讲学。20日,致王献唐信。21日,胡文玉、黄文弼来访。25日,闻章太炎昨晨由济南北上。28日,汤用彤来访,久谈。29日,阅报后非常烦闷。黄侃致国民政府电文云:"此数日中,万不可休战;即败,愈于受欺。《易》曰:'不恒其德,或承之羞。'惟裁省。"

　　黄侃3月1日接待汪荣宝来访,应邀同至银行公会,赴国难会议会员公宴,座有陈公博、张学良、熊希龄、载涛等。旋偕汪荣宝至花园饭店谒章太炎,章太炎以二十号自上海仓猝避兵来。2日,与吴承仕、马裕藻、钱玄同、朱希祖从章太炎游南海,食于大陆春,饭后送章太炎回寓。太炎从容语及受学俞、谭二君往事及两君学术文章大概。同日,钱玄同言将手抄敦煌本《唐韵》上去入三声目录下载有沿革者见赠。3日,诸生来听讲学。新来者有鄢荣爵、谢震亨、沈仁坚、汪绍楹、骆鸿凯、陆宗达、朱家济、周复、任化远皆昔已从游者。4日,至章太炎处,讨论明儒之学。太炎详细询问治学诲人之法。刘文典坚邀章太炎食于同和居,陪同前往。同日黄文弼来访。六时赴黄文弼约,食于东兴楼,同座有林损、张煦、郑天挺。7日,符定一来访,久谈,留其《联绵字典》稿,索《古今声类表》稿去。8日,应汤用彤之招,午至玉华台宴饮。坐间晤胡步曾、徐悲鸿等人,久谈,四时始还。11日晚,赴熊希龄及左舜生、王造时招,同座有李璜、余家菊、谷钟秀、王填五、刘馥等人,章太炎随后亦到。诸人对于国难问题有所商订。12日,与钱玄同吵架。20日,朱师辙来访,赠送《传经室文集》二册。22日,赴民国学院听章太炎讲代议制改良之说,以常说重宣之。28日,赴中国学院听章太炎说治国学之根本知识,为之重宣一过。同日,赴杨树达之招,索《词诠》《汉书札记》。31日,收到杨树达所赠著书三册。同月,《黄季刚鬻文》刊于《国学丛编》第五册。

　　按:章炳麟曰:"蕲春黄侃季刚弱冠即从学于余,经训文字之学,能得乾嘉诸老正传,而文章又自有师法,研精彦和文心,施之实事,为文单复兼施,简雅有法,不涉方、姚、恽、张之藩,亦与汪、李殊流。至其朴质条达,虽与之异趣,亦无间言。顷在中央大学施教,讲课之余,时作笔论,人亦求为记序碑传等文,以授学烦劳,日不暇给,为代订润例如左。"

　　黄侃4月6日应杨树达、陈垣、伦明、周叔迦、余嘉锡之招,赴丰盛胡同谭赞卿宅,章太炎亦在座,肴馔殊精。11日,金毓黻自沈阳令其子金长佑来,求为其新著《渤海国志长编》24卷题端。12日,往平民大学听章太炎讲学。章太炎说今学者之蔽:一、好尚新奇;二、专恃智慧;三、倚赖他人;四、偏听偏信。13日,谢国桢、刘盼遂招饮同和居,陪章太炎剧谈,至子夜始返。15日,徐鸿宝来访。16日午间,赴同和居徐鸿宝招,陪章太炎。饭后从章太炎至北平图书馆,见宋装书、《永乐大典》《四库全书》(文津阁本)、敦煌写经等。同日,遇杨树达,以其《汉书札记》首册见赠。21日,金长佑来,因作一书,令寄其父金毓黻,勉其保其珲美。

23 日午饭后,雨中往熊希龄宅,与诸人商量民宪协进会事。29 日,至章太炎处,为言小学、易学、诗学、《礼记》、《汉书》凡数十事,章太炎多称善。又论人事及今日传学之方,语尤深。5 月 1 日,杨树达、余嘉锡来访,杨树达令其侄伯峻从学。6 日,赴东北大学讲学,前后共讲六次。14 日,吴承仕来访,说《清史稿·礼志》之谬。16 日,赵在翰辑《七纬》,求之数年,陆宗达见于厂肆书贾架上,径挈以出,奔至而来,为之狂喜,展玩弥日。18 日,至章太炎处,劝其回苏州。吴承仕在座,遂共纵谈及经学、理学。太炎对于杨简、林春之学极为称道。19 日,暮游龙树院,同游者柴化周、朱家济、谢震亨、周复、戴明扬、陆宗达、杨伯峻、任化远、沈仁坚、汪绍楹等 13 人。同日,诸生拟结社讲习,即以今日为始。取《学记》语,名曰"兴艺"。26 日,托骆绍宾向杨树达道意,认为杨于《汉书》有发疑正读之功。30 日,黄侃返宁。同日,以《汉唐玄学论》付黄焯抄录。31 日,有《与陆宗达书》,以"刻苦为人,殷勤传学"八字相勉。同日,有《与兴艺社诸子书》。

　　按:《汉唐玄学论》论述中古时期玄学的源流和派别,认为玄学起于西汉末,渐盛于东汉,极盛于魏晋,至唐而衰歇。这是黄侃系统论述哲学史的大文字,文成之后,得到汤用彤的赞赏。

　　按:《与兴艺社诸子书》云:"兴艺社诸君子均鉴:辟寇燕中,得与群贤结契,朝夕谈燕以忘旋愁。虽赵邠卿之遇孙宾硕,不是过也。飘蓬当风,忽焉判袂,驿亭告别,涕既陨之。昨抵旧庐,琴书无恙。誓将劢志故籍,以穷形寿。上不负先民,下不辱友生,如斯而已。昔年筮《易》得《贲》之三,圣训昭然,恩真罔极,愿与诸君交勉之也。社聚之乐,惜不获常预。倘有佳作,即望付邮。建康山水,亦足娱人。千里相思,噬肯适我。"

　　黄侃 6 月 10 日致陆宗达信,论治古文字学之方法,主张"宁阙毋妄,潜心谨守"。11 日,收到章太炎来信,令黄侃代为符定一《联绵字典》作序。19 日,致符定一信,附寄《联绵字典序》。7 月 11 日,黄侃至金陵大学补课,讲训诂学。12 日,致陆宗达快信,论治古文字学之方法。16 日,致信陆宗达,催寄《三古图》,并索《古本韵书目》。19 日,收到章太炎 16 日来信,论治金石学方法。20 日,致陆宗达信,示以章太炎昨日信中所言治学之法。22 日,今日专治一书,所读特多,发现"刚日读经柔日读史"之法未为良法。27 日,已允就中央大学校长李四光及教育次长段锡朋来访。28 日,回访李四光、段锡朋。8 月 10 日,致陆宗达信,论敦煌韵书韵目之价值。28 日,收到章太炎来信,论治《尚书》之法。30 日,论治学之道:"发见一,推明二,改善三,钩沉四,扶微五,阐中六。学术之事,尽此六道矣。"9 月 3 日,致章太炎信。李四光、汪东来访。6 日,以新分声类五十一之说告汪东。9 日,罗家伦晨间来访,未值。下午,黄建中偕罗复来。18 日,"九一八"事变一周年,作《书愤》诗。

　　黄侃 10 月 13 日论晚明文风:"杨升庵病当时文字益趋益下,互相标榜,大言不惭,造作名字,掩灭前辈,可为世道慨。"14 日,汪东与吴梅谈黄侃藏书被窃事。16 日,论讲书之味:"东坡言范淳夫为讲官第一,言简而当,无一冗字,无一长语,义理明白,而成文粲然,乃得讲书之味。"11 月 12 日,被聘为重庆大学文学教授兼文学院院长。22 日,赴罗家伦家宴,吴梅、居正、谢无量、刘三在座。12 月 7 日,借张继校本小板《日知录》。14 日,读胡培翚《仪礼正义》。自 5 月 4 日开卷,至此始将胡疏读毕。21 日,应罗家伦之邀,与伯希和同进午餐。席间与伯希和畅谈。24 日,自清晨至子夜,《大射仪疏》三卷圈点完毕。25 日,向张继借其抄本《日知录》,中如《素夷狄行乎夷狄》一条,诸本有目无文,此本文全。同日晚,黄侃偕汪东赴上海,26 晨 8 时抵达,至章太炎寓所,为章太炎贺寿。31 日,黄侃欲入蜀就重庆大学聘,被中央大学国文系 5 位代表劝阻。是年,熊十力《新唯识论》文言本由浙江省立图书馆出版发行,黄侃批评熊十力《新唯识论》"阳释阴儒"。(以上参见司马朝军、王文晖《黄侃年谱》,湖

北人民出版社2005年版）

　　汪东1月9日在苏州参加三九诗社雅集,作诗钟之戏。1月28日,日军向上海闸北中国驻军发动进攻,"淞沪抗战"爆发。黄侃旋避乱北京,5月底始返宁。避乱期间,与汪东多有书信往还。2月28日,在苏州往访吴梅,谈中央大学经费窘状及黄侃近况。4月21日,应聘为文学院院长,仍兼中文系主任。同月,汪东弟汪楚宝因参加中国共产党遭捕,汪东曾往探视。后经多方设法始被释放。出狱后,汪东即亲送其回苏州。春,中央大学词选课沈祖棻填《浣溪沙》词,为汪东激赏,沈祖棻由是始专力倚声。沈祖棻此前一年方由中央大学上海商学院转学至南京中央大学文学院中国文学系。6月5日,汪东与中央大学毕业生合影。7、8月间,有北京之行。9月7日,被聘为中央大学甄别考试委员,曾极力反对按教育部部长朱家骅所开列名单开除学生。同月,又被国民党中央党部聘为党史史料名誉编纂。(参见薛玉坤《汪东年谱》,河南文艺出版社2016年版)

　　杭立武继续任中央大学政治系教授、系主任,因上年"九一八"事变与是年"一·二八"事变,筹备中国政治学会迟滞数月。3月底,选举始告竣,选定杭立武、周鲠生、高一涵、张奚若、梅思平、萧公权、刘师舜等7人,继续进行。7月13日,第一次筹备会议在南京举行,决议举行成立大会等事项。9月1日,中国政治学会在南京中央大学礼堂举行成立大会,杭立武、高一涵、刘师舜、杨杏佛、陈逸凡、陈石孚、萨孟武、梅思平、田炯锦、钱昌照、谭绍华、程天放、端木恺、杨公达、李迪俊、马约、陈经远、马文焕、雷震、向理澜、李圣五、刘迺诚、周鲠生、王世杰、时昭瀛、皮皓白、卢锡荣、罗隆基、吴颂皋、远道丰、唐良礼、章澜若、刘崇本、陈希孟、张奚若、钱端升、萧公权、陶希圣、张慰慈、吴之椿、浦薛凤、徐俶希、梁朝威、张忠绂、傅坚白等45人出席,可说网罗了中国政治学界的精英。由杭立武担任大会主席,推定高一涵、周鲠生、王世杰、杭立武、钱昌照、卢锡荣、陶希圣、萧公权等22人为候补当选人。10月,再由各发起人用通信的方式选定11人,组成中国政治学会干事会。最后成为首届干事会成员的有杭立武、高一涵、王世杰、周鲠生、梅思平、钱端升、钱昌照、张奚若、吴颂皋、张慰慈、刘师舜等11人。由周鲠生、浦薛凤、钱端升、王世杰及杭立武担任常务理事,并由杭立武兼任总干事,负责会务的推动。(参见刘思祥《杭立武传略》,《江淮文史》2001年第1期;高大同《高一涵先生年谱》,上海文化出版社2011年版)

　　杨公达主编、张其昀为发行人的《时代公论》周刊4月1日在南京中央大学创刊,由萨孟武、梅思平、杨公达、杭立武等创办,王庸、王焕镳、胡焕庸等38人为特约编辑。为刊物写文章的主要是中央大学法学院政治系、法律系和中央政治学校的教授;专门的经济和教育问题,也由学有专长的教授执笔;历史、地理、杂著和文艺创作多是文学院的教授。三年间出现在刊物上最有实力的文艺创作者却是工学院院长顾毓琇。刊物的主要作者有杨公达、萨孟武、杭立武、陶希圣、梅思平、何浩若、武增干、朱家骅、楼桐孙、雷震、傅筑夫、田炯锦、张其昀、阮毅成、王礼锡、叶元龙、曹翼远、马存坤、胡长清、许恪士、罗廷光、刘英士、马寅初、庄心在、崔宗埙、李熙谋、崔载阳、程其保、柳诒徵、缪凤林、景昌极、黄侃、汪东、汪辟疆、王易、向达、汪懋祖、龚启昌、邵祖恭、伍纯武,约六分之一的成员是原《学衡》作者,同时也是《国风》的作者。个别人员如陶希圣随后北上流动到北京大学,多数还留在南京。

　　按:《时代公论》重在探讨中国政治出路问题,认为在中国政治未上轨道之时,造就一个可以"决断"和有能力的政治力量,是中国政治的关键,于是主张国民党的"党治"独裁。《时代公论》对抗战与统一的呼吁,体现了1930年代初期国民党体制内知识分子在"九一八"事变后的救亡理念。《时代公论》创刊三年后,即1935年3月22日出版第155与156合刊后停办。(参见沈卫威《学衡派编年文事》,南京大学出

版社 2015 年版;黄民文《〈时代公论〉抗战救国思想研究》,中国社会科学院研究生院博士学位论文,2012
年)

按:30 年代有四个比较有影响的刊物,一是《独立评论》,二是《再生杂志》,三是《复兴月刊》,四是《时
代公论》。这四种刊物分别代表了四种不同的政治力量及其主张。《独立评论》是胡适等人创办的,代表
的是非党派的自由主义学人及其主张;《再生杂志》是张君劢、张东荪等国社党人创办的,代表的是介于国
共之间的中间党派的自由主义学人及其主张;《复兴月刊》是以黄郛为会长的中国建设学会创办的,代表
的是国民党内不当权的老国民党人(很多是老同盟会会员)及其主张;《时代公论》是杨公达、萨孟武、梅思
平等国民党中央政治大学的教授创办的,代表的是国民党内不当权的知识分子及其主张。(参见郑大华
《报刊与民国思想史研究》,《史学月刊》2011 年第 2 期)

罗廷光任中央大学教授兼教育社会学系主任及该校实验学校(含中、小学)校长。5 月,
在《时代公论》第 8 号上发表《什么是中国教育目前最需要的》一文,认为中国目前最需要的
是确立中国教育理论的体系和厘定中国教育实施的方案。10 月,罗廷光著《教育科学研究
大纲》由中华书局出版,此书列为中央大学教育学院丛书之一。分绪论、教育科学研究发达
略史、教育科学研究的普通程序、教育科学研究的特殊方法 4 编,共 18 章。是年,罗廷光著
《教育研究指南》由国立中央大学教育学院教育研究所刊行。(参见中央教育科学研究所编《中
国现代教育大事记 1919—1949》,教育科学出版社 1988 年版)

柳诒徵继续任教于南京中央大学,并任江苏省立国学图书馆馆长。3 月,柳诒徵在《学
衡》杂志第 75 期发表《自由教学法》。8 月,柳诒徵赴杭州出席社会教育联合会年会。同月,
柳诒徵与张其昀、缪凤林、倪尚达等筹办《国风》半月刊,柳诒徵撰写《发刊词》。9 月 1 日,
《国风》半月刊在南京中央大学正式创刊,由钟山书局出版,柳诒徵任《国风》社社长,张其
昀、缪凤林、倪尚达为编辑委员,体例分为通论、历史、科学、地理、文学、教育、诗词、文献杂
著,同时有不定期的"特刊"专号。该刊宗旨为:一、发扬中国固有之文化;二、昌明世界最新
之学术。此宗旨与《学衡》宗旨"昌明国粹,融化新知"相同。创刊号刊有柳诒徵《正义之
利》、张其昀《热河省形势论(上)》、缪凤林《日本开化论》、张钰哲《天文与人生》、倪尚达《极
短波无线电之回顾》、范存忠《谈谈我国大学的外国文学课程》、李行之《甘肃学派(通
讯)》等。

按:柳诒徵撰写《发刊词》曰:张、缪诸子倡为《国风》半月刊,属余为发刊辞。余曰:呜呼噫嘻! 吾侪
今日尚能强颜持吾国之风而鸣于世耶! 淞、沪之血未干,榆、热之云骤变;鸡林马訾,莫可究诘;仰列强之
鼻息,茹仇敌之揶揄。此何时,此何世,尚能强颜持吾国之风而鸣于世耶! 辽事初作,或疾首蹙额谓余,惧
为季宋晚明之续。余曰:君何言之奢? 今犹能为季宋晚明耶? 宋明之衰,惟衔北虏,战伐媾和,蒙尘割地,
一切自主,不谋于人;存固吾自存,亡亦吾自亡,曷尝伈伈伣伣于列辟而乞命耶? 受螫蜂虿,而告哀虎狼,
有史以来无此奇耻! 即春秋之宋、郑,惟晋、楚之命是听;然彼大国犹能执牛耳,抗义声,不恤以兵车为玉
帛之卫。今之世其有晋、楚否耶? 犹有进者,女真、蒙古能夺吾族之主权,不能夺吾族之文教;腥膻陋俗,
虽凭陵华夏,每相顾而内惭。吾之士民可杀,可屠,可虏,可笞,而不可使之举声名文物挫折而从夷狄。今
何如乎? 始以欲知四国之为,继则自忘一齐之傅,食马肝而效捧心,遂若吾国甫产猱狂,罔知五十,一切尽
弃所有,惟恐其肤黄发直,不齿于人。傅会文明,颠倒缁白,乱名改作,欲海沸腾。于是国族本根,斩于寻
斧,寿陵之步,沦胥以铺。虽以总理遗教,昭示大经,欲复民族之精神,盛倡政治之哲学;而丧心病狂者,依
然莫之或革,社会之震撼,风化之污浊,直欲同人道于禽兽;而一饰以异域之所尝有,遂莫之敢非。

呜呼,此岂独宋明之季无之,即六代、五季之冥梦溃乱,亦不能逮今日之万一! 使然牛渚之犀,以照兹
世,第可绘写奴风妖风,乌睹所谓《国风》者耶? 虽然,基玛尔必产于土,墨索里尼必产于意,甘地必产于印
度,有血胤焉,有脑系焉,此内因也;有水土焉,有名言焉,此外因也。合内外之因,而无键钥以导之,则圉

郁而莫可求也；启之，辟之，灌之，植之，以炎黄胄裔之悠久，拥江河山岳之雄深，宁遂无奋发自强为吾国一雪此耻者乎？闻诸子言，斯刊职志，本史迹以导政术，基地守以策民瘼，格物致知，择善固执；虽不囿于一家一派之成见，要以隆人格而升国格为主。呜呼，诸子好为之！今日为此言，虽涉强颜，而国徽犹被暨南朔，凡吾侪胸中坟起潮汹，欲一泄以告吾胞与者，凭恃时机，殆尚未晚。失今不图，恐更非吾所忍言矣！

按：《国风》从创刊至1936年12月停刊，共出版8卷85期，发表文章900余篇。（参见孙文阁、张笑川编《中国近代思想家文库·张尔田、柳诒徵卷》及附录《柳诒徵年谱简编》，中国人民大学出版社2015年版；沈卫威《学衡派编年文事》，南京大学出版社2015年版）

张其昀、缪凤林等8月筹办《国风》半月刊，9月1日，《国风》半月刊在南京中央大学正式创刊，张其昀、缪凤林为编辑。创刊号刊有张其昀《热河省形势论（上）》、缪凤林《日本开化论》。16日，《国风》第2号出版发行，刊有张其昀《热河省形势论（中）》、缪凤林《一位留学中国的日本诗人》。28日，《国风》第3号（圣诞特刊）出版发行，刊有缪凤林《谈谈礼教》与《如何了解孔子》《明伦》，张其昀《教师节》。10月1日，《国风》第4号出版发行，刊有张其昀《热河省形势论（下）》。8日，张其昀应南京中央军官学校学术研究会演讲《兴安区屯垦工作》，后刊于《国风半月刊》第6号。10日，《国风》第5号（国防特刊）出版发行，刊有张其昀《太平洋上之二线》、缪凤林《中日战争与日本军备》。16日，《国风》第8号出版发行，刊有张其昀《〈方志月刊〉卷头语》，因《地理杂志》自创刊以来，至1932年春，"校潮随国难而生，三月号出版后，迄未续印"，故至此将《地理杂志》改名为《方志月刊》，并改由"中国人地学会"编辑。张其昀在此文中认为"中国人地学之前途，应从事两种工作，一曰方志学，一曰国势学，可称为人地学之双轨。方志学乃纯粹研究之性质，国势学则以方志学为基础，而注重于中外实际问题之研究"。《地理杂志》改名为《方志月刊》，"其宗旨即在于此"。24日，《国风》第9号（刘伯明先生纪念号）出版发行，刊有缪凤林《刘先生论西洋文化》、张其昀《教育家之精神修养》与《刘伯明先生逝世纪念日》。

按：缪凤林《刘先生论西洋文化》"提要"曰："盖先生于西方文化，惟取其对于人生有永久之贡献，而又足以补吾之缺者。与时人主以浅薄之西化代替中国文化者迥异。其于雅典市民自由贡献之共和精神，希腊学者穷理致知，不计功利之科学精神，基督教之仁博之爱，及中国文化之人道人伦之精髓。其于自然，力求融和无间之态度，足以满足人类最高意欲之要求，而又可以相互调和，相互补救。"

按：张其昀《刘伯明先生逝世纪念日》"提要"曰："吾校有一最大之教室，曰伯明堂。数年之间，校长郭秉文先生奔走不遑，而刘先生为全校重心所寄。上溯江源，下穷岭海，四方学子，闻风来集，皆信服刘先生之精神，而相与优游浸渍于其间。'愿得观贤人之光耀，闻一言以自壮。'先生以劳瘁逝世，学校遽失重心。自南京高师成立以来，北大南高隐然为中国高等教育之二大重镇。时人有北大重革新，南高重保守之语，其说盖起于胡适之，刘先生尝闻此言，根本上加以否定。先生谓真正之学者，当有自由之心。'吾人生于科学昌明之世，苟冀为学者，必于科学有适当之训练而后可。所谓科学精神，其最要者曰唯真是求，凡搜集证据，考核事实皆是也。唯真是求，故其心最自由，不主故常。盖所谓自由之心，实古今新理发现之条件也。'"（参见沈卫威《学衡派编年文事》，南京大学出版社2015年版）

缪凤林9月所著《中国通史纲要》第1册由南京钟山书局出版。本册共分四编：一、导论，略述史学通义及史上之民族年代与地理；二、历代史略，以说明各时代之重要潮流为主旨；三、政治制度；四、学术文化与宗教。作者提出该书"有所征引，多因仍旧文，鲜加润饰，略如读史要录之例"，凡所叙述，皆先通其大，标立节目，次就编者一已涉猎之正史、"通鉴""通考"，与百家传记之书旁及中东时彦论著，扼要汇录。缪凤林反对历史主要叙述与民族、民权、民生相关的内容，以服膺"党义"。他认为，只能说三民主义植根于中国历史；但是绝不能根据三民主义去剪裁中国历史："言党义者，当奉历史为中心，不当削通史以就党义"

"高中与大学普通科之国史,以说明古今各方面之重要潮流,示国家民族社会文化政治演进构成之真相为主"。

　　按:全书共3册,第2册1933年2月出版,第3册于1935年8月出版,然仅及第二篇隋唐五代章止,共80余万言,第4册为第二篇宋元时代章,原拟于1937年秋改定付印,后因抗战而中辍。柳诒徵序称该书"是编条理明晰,本末赅备,先儒精粹及近人钩索辩难之文,大略在是"。田义生则批评此书:1.全书一半引录历史原料或他人意见。2.正文非常简略。3.仅将他人意见生吞活咽。4.无自己意见。5.流为史料读本。后改题为《中国通史要略》,抗战期间多次印刷,仅在文字上有些许变动。该书后来被国民政府列为部颁教材。(参见王学典《20世纪史学编年(1900—1949)》,商务印书馆2014年版)

　　宗白华仍任教于中央大学哲学系。3月21日、28日和4月4日,在天津《大公报》文学副刊第220—222期连载《歌德之人生启示》。3月28日,又在该报第221期发表译作比学斯基(Bielschowsky)的《歌德论》。"译者前言"说:"比学斯基的《歌德论》两大本,是德文歌德传记中最美丽最流行的一部。他书中第一篇描写分析歌德的个性,尤为深刻。"9月28日,宗白华向《国风》半月刊推荐唐君毅《孔子与歌德》一文。缪凤林在编后记中说:"今年3月22日是歌德的百年忌,我们在平津出版的报章杂志中读了不少有价值的纪念歌德的文字,尤其是宗白华先生的《歌德之人生启示》,令人感无穷兴味。现在我们纪念孔子,宗先生又以唐君此文惠登,我们读之非常感佩。"10月1日,在《图书评论》月刊第1卷第2期发表《介绍两本关于中国画学的书并论中国的绘画》。又在《国风》半月刊第4期,发表《徐悲鸿与中国绘画》,指出中西绘画根本不同点,从宇宙观及技术工具之观点比较,中国画以笔墨写出物之神态意境,画面中处处虚灵,多有空白,若一刻画,便有匠气,而西画则用透视法刻画手可捉摸之立体,有明显之立体凹凸与阴影。同月,又作《歌德的〈少年维特之烦恼〉》《歌德释勒订交时两封讨论艺术家使命的信》,译《释勒和歌德三封通讯》。11月19日,作《借〈浮士德〉中诗句吊志摩》,刊于《诗刊》(志摩纪念号)第4期,上海新月书店诗社1932年出版。12月5日,作《〈歌德之认识〉附言》。所著《歌德之认识》一书由南京钟山书局出版。(参见林同华《宗白华生平及著述年表》,载《宗白华全集》第四卷附录,安徽教育出版社1994年版)

　　黄文山年初在北京大学和北平师范大学任教。1月,在广州国民党中央执监委非常会议出版的机关刊物《中央导报》上发表了《中国革命与文化改造》一文,从国民党的意识形态出发,阐述其对中国文化的基本看法,指出中国社会当时所处的病态,在于文化的失调。中国革命的意义,就是要建立新的文化系统,革命是实行主动的文化变革,"是文化转向的唯一因子"。"一·二八"事变后,南下广州,任国立中山大学社会学系教授。中山大学社会学系于1931年成立,该系成立对于"文化学"的相关课程开设多有推动。中日间局势稳定后,黄文山赴南京改任国立中央大学社会学系主任,并获选制宪国民大会代表。9月,所著《西洋知识史纲要》由华通书局出版。该书全面叙述了从古希腊到近代的政治、经济、宗教、哲学、科学、技术、教育等方面的发展情况。

　　按:此书原系讲义稿,黄文山在北京大学、北京师范大学、暨南大学、上海劳动大学、中央大学讲授过此课。此书共有七章:知识发展史的背景,希腊文化及其传入罗马帝国,后罗马帝国构成的中古的知识遗产,中古大学之兴起与中古化的亚里士多德之流行,经院治学之没落,现代科学精神的诞生,现代知识生活的主要新元素。作者认为所谓"西洋知识发展史"应该是将思想史、科学史、技术史合一炉而冶之,"这种根据西洋近来所谓'新史学'的精神和方法来建设的'史学综合',总可以说是西方学术界对于史学最鲜明而又最有价值的贡献"。全书虽只是一个纲要,但内容丰富,包罗万象。其子参考借鉴最多的是鲁滨逊学派的论作,如鲁滨逊、巴恩斯、海斯、桑戴克和肖特韦尔等人的著述。(参见赵立彬编《中国近代思想家文库·黄文山卷》及附录《黄文山年谱简编》,中国人民大学出版社2013年版;王学典《20世纪史学编年(1900—1949)》,商务印书馆2014年版)

吴梅继续任教于南京中央大学。在"一·二八"事变中,上海商务印书馆涵芬楼被炸毁,《奢摩他室曲丛》底本毁27种,三集、四集刻板亦焚,自此不再印行。《瞿安读曲记》,共计41种曲跋,连载于是年《珊瑚》半月刊第1、3、5、7、11期与次年第18、20、22、24、25、34、35、36期及1934年第37、38、39、40、41、42、43、44、46、47、48期。3月9日,为避战事,乘船经嘉兴,转乘火车,于11日至上海。27日,始应王伯元邀,馆其家,课二子。4月,作《双金榜·跋》。5月,作《牟尼合·跋》《春灯谜·跋》《燕子笺·跋》。6月21日,为卢前作《饮虹簃曲刊·序》。同月,作《麒麟蜀·跋》。9月15日,作《天随愿·跋》。10月5日,返南京,复任中央大学课,仍住大石桥十九号。《辽金元文学史》在"一·二八"事变中被焚,商务印书馆委托重撰,吴梅约顾巍成代作。11月5日,作《霜厓三剧歌谱·序》。12日,南京紫霞曲社推吴梅为社长。同日,作《霜厓三剧·序》。同月,所著《霜厓三剧歌谱》木刻本问世。12月6日,作《养园酬唱录·序》。同月,所著《词学通论》由商务印书馆出版。(参见《吴梅全集·日记卷上》及附录王卫民《吴梅年谱》,河北教育出版社2002年版)

汪辟疆10月15日在中央大学诗歌史班演讲,由南昌章璠笔记。后以《编述中国诗歌史的重要问题》为题刊于《国风半月刊》第7号。文中提出:要编述一部《中国诗歌史》,必定要有一定正确的"诗歌史"观念。对于诗歌史是什么? 汪辟疆做了如下的答复:"1.诗歌史就是文学史中的一部分。我们欲编撰一部分比较完善《中国文学史》,必先要努力文学史上的局部研究,使局部文学,归于细密的,正确的,然后就局部研究所得的结果,提出纲要,以从事于《中国文学史》的撰述。故《中国诗歌史》,就是治《中国文学史》的初步。2.文学本来包括了歌诗,小说,和戏曲,其他一部分富有情感的骈散文或小品。个人因为嗜好不同的缘故,不能遍治文学各体,定然本其性之所近,认定文学中的一体,为研究的对象。若非有专学史,为之指示其源流,启发其途径,必至茫无头绪。故《中国诗歌史》,就是专学史的一种。在专门研究中国诗歌的人们,不可不加以深切注意。"是年,汪辟疆著《唐人小说》由神州国光社出版。(参见《汪辟疆文集》,上海古籍出版社1988年版)

梅光迪从美国回南京中央大学讲学。一度出任国立南京中央大学艺术与科学系系主任、教授。后又返美,任中文副教授。9月28日,梅光迪在《国风》第3号(圣诞特刊)发表《孔子之风度》,其内容提要:孔子以多艺闻于当时。他除有最深之道德修养外,更富于艺术兴味,故其发于外者,不为矜严踟蹰之道学家,而为雍容大雅之君子。孔子多情,多情者必多恨。他恨贪官蠹吏,恨自命放达,玩世不恭,而实一无所长者。11月24日,载《国风》第9号(刘伯明先生纪念号)发表《九年后之回忆》。(参见沈卫威《学衡派编年文事》,南京大学出版社2015年版)

徐悲鸿继续任中央大学教授。1月,徐悲鸿等9位校董呈上海市教育局陈请准予新华艺术师范学校校董事会立案。6月,与蔡元培、叶恭绰、陈树人、高奇峰、刘海粟等12人经行政院第四十二次会议被聘为柏林中国现代绘画展览会筹备委员。7月,陈树人个人绘画展览会在上海开幕,徐悲鸿在沪参观陈树人画展,并与上海名流及艺术家叶恭绰、刘海粟、张善孖、黄宾虹、王济远、陈之佛等欢迎陈树人。9月,在上海新华艺专演讲《绘画上的派别及其精神》。11月1日,曾今可在《新时代》第3卷第3期中发表《刘海粟欧游作品展览会序》中说:"国内名画家如徐悲鸿、林风眠……等,都是他的学生。"徐悲鸿阅后大为不满。3日,徐悲鸿在《申报》刊登《徐悲鸿启事》称:"不识刘某亦此野鸡学校中人否?"5日,刘海粟在《申报》也刊登《刘海粟启事》曰:"惟彼日以'艺术绅士'自期,故其艺沦于'官学派'而不能自拔。"9日,徐悲鸿对刘海粟的启事,再次登启事反驳,徐悲鸿这次启事见报后,刘海粟未再辩下去。是年,徐悲鸿自编《悲鸿画集》,由中华书局发行,收有《雄鸡》《顽牛》《德京旧梦》《伯乐》等21幅。编成《徐悲鸿选画范》三种,其序题为《新七法》,体现了他绘画教学体系的基本精神,是学习他关于绘画基本练习法的宝贵经验的资料。其新七法是:一、位置得宜;二、比例正确;三、黑白分明;四、动态天然;五、轻重和谐;六、性格毕现;七、传神阿堵。(参见土豆宝宝《徐悲鸿年谱》,《大观(收藏)》2019年第3期)

陶行知继续为撤销通缉令而努力。1月25日,国民政府指令行政院"转行将陶行知通缉案撤销,并将该学校(指晓庄学校)全部发还"。28日,在《申报·斋夫自由谈》上发表《国难会议与名人会议》。指出行政院公布的国难会议被聘会员名单都是名人,国难会议只可算是名人会议。名单的根本错误不在所有而在所无——在不应无者尽无:"中华民国的主人翁之绝大多数是农民与工人。"《斋夫自由谈》一共写了104篇,全部刊登在《申报》的《自由谈》栏目,分刊120天。今由该报汇集成册,取名《斋夫自由谈》,于4月30日出版。封面为马相伯题署书名。5月19日,晓庄学校被军警进占,马侣贤等6名教师被强令限期离开晓庄。21日,在《申报·教育消息》上发表《古庙敲钟录》。用小说体裁宣扬自己的教育主张,把生活教育的理论与实践形象地反映出来,更易为人接受和理解。6月23日,创办的儿童科学通讯学校正式开学。

陶行知6月撰写《乡村工学团试验初步计划说明书》,筹备创立"将工场、学校、社会打成一片"的工学团,并以不建新校舍为原则,尽量利用庙宇、公共场所或租用民房办学。文中论述乡村工学团的培养方法与传统方法根本不同。8月30日,在上海沪江大学演讲《国难与教育》,提出:"不能解决问题的,不是真教育;不能解决国难问题的,尤其不是真教育。"9月4日,南京佘儿岗儿童自动学校成立,农民做校董,古庙做教室,胡同炳、陈银森等10人任"小先生",教82名小学生。写诗祝贺:"有个学校真奇怪,小孩自动教小孩。七十二行皆先生,先生不在学如在。"15日,时值中秋节,在江苏宝山县大场地区与上海郊区孟家桥创办山海工学团,以实践其以学校为中心,改良农村的理想,并普及教育。马侣贤任团长。此后,陆续组成大场、江湾、梵王渡、漕河泾等乡村工学团与沪西报童晨更工学团。同月,陈鹤琴、张宗麟、陶知行合著的《幼儿教育论文集》由上海儿童书局总店出版。10月1日,出席大场孟家木桥山海工学团成立大会。主张"工以养生,学以明生,团以保生",开始推行普及教育运动。同月,陶知行自己编选的《教学做合一讨论集》由上海儿童书局出版。秋,陶知行应光华大学廖茂如之请,为该校开设乡村教育讲座。11月28日,陶知行在国立暨南大学教育学系所作的题为《目前中国教育的两条路线》的演讲词刊于《教育周刊》。陶知行在演讲中提出:"我们要挽回国家的危亡,必须打破传统的教育而寻生路。我觉得目前中国的教育只有两条路线可以走得通:(1)教劳心者劳力——教读书的人做工;(2)教劳力者劳心——教做工的人读书。"(参见江苏省陶行知研究会、南京晓庄师范学校编《陶行知文集》及附录《陶行知生平年表》,江苏教育出版社2008年版;余子侠编《中国近代思想家文库·陶行知卷》附录《陶行知年谱简编》,中国人民大学出版社2015年版;中央教育科学研究所编《中国现代教育大事记1919—1949》,教育科学出版社1988年版)

曾昭抡、康辛元、丁嗣贤、郑贞文、陈裕光等40余人1月5日出席国民政府教育部在南京举行的化学讨论会。讨论会提出请教育部设立国防化学讲座、各大学及学术机关自筹国防化学研究、请政府举办国防化工等案。会后成立中国化学会,陈裕光等19人当选为理

事。(参见中央教育科学研究所编《中国现代教育大事记:1919—1949》,教育科学出版社1988年版)

张北海为总干事的中国科学化运动协会11月在南京成立。编辑《中国科学化运动协会会报》《科学的中国》等,出版《中国科学化运动协会应用科学丛书》等。吴承洛、张其昀、顾毓琇为常务董事,陈立夫、张北海、陈果夫、邹树文、余井塘、徐恩曾、谭熙鸿、陈有丰、胡博渊、魏学仁、张道藩、吴保丰为董事。孟广照为编辑委员会总编辑,皮作琼、李学清、倪则埙、张钰哲、张其昀、许应期、邹树文、侯澄潘、钱天鹤、戴安邦、魏学仁为编辑委员。

按:《中国科学化运动协会发起旨趣书》说:"我们集合了许多研究自然科学和实用科学的人,想把科学知识送到民间去,使它成为一般人民的共同智慧,更希冀这种知识散播到民间之后,能够发生强烈的力量,来延续我们已经到了生死关头的民族寿命,复兴我们日渐衰败的中华文化,这样,才大胆地向社会宣告开始我们中国科学化运动的工作。文化是民族生命的样式。各种民族,因为环境不同,问题各别,所以文化的演进就不期然而然的发生差等的阶段。西方现代文化的发端,远者可以溯源于300年前哥白尼、费文浩、牛顿、加利里奥、卡柏拉等创造的物理科学,近者可说是渊源于一百数十年前约翰卡之发明'飞梭',瓦特之创造汽机引起的'工业革命'。假使西方社会不经过十八世纪的急剧的转变,把整个社会的经济基础由农业的转向工业的,则他们的知识和物质文化,恐怕未必比我们中华民族有任何的超越!有人相信社会转变的原动力是由于经济,我们却认定经济制度的变动,是基于科学和机械的发明与创造,但一切科学和机械发明的原动力却又在于生存欲望的努力。没有经济的转变,固然不会造就近代的文化,没有科学和机械的发明与创造,更何从肇端今日世界艳异的文明,然而今日世界的文明都是人类为生存而奋斗的直接与间接的结果。从本国历史看来,我国人并非不懂得输入西方科学对于改变社会结构和历程的重要,不过已往输入的途径,每每邻于盲目的,片面的,既不能从小处下手大处着眼,又乏通盘筹算又有目的之整个计划为之指导,所以浅尝而辄止。300年前徐光启、李之藻等之翻译天算农工诸书,本可以追踪欧洲当时新兴之物理科学,而却误于前清统治者之愚昧与高压。七八十年前曾国藩、李鸿章之设制造局、造船厂,本来对物质文化上不无贡献,乃一方又有许多食古不化的腐儒,认为奇技淫巧,诸多阻挠,实为现代中国科学不能发展的重要原因之一。'五四运动'非无人注意于所谓'赛恩斯'的探究,但又因主角诸君方集中精力于国语文的提倡,国故学的新诂,遂卒无余力以及于自然科学之阐扬和倡导。当然我们对于在过去十几年来中国科学社所领导的中国科学运动是十分同情和赞美的。我们鉴于已往的陈迹,知道过去西方文化输入的途径,太迂迥浪费,所以要另觅较敏捷的途径,决定较经济的路线。我们不要从远处的理想而发动,却要从眼前的问题而迈进,我们眼前的问题是社会的'贫''陋',与人民的'愚''拙'。换句话讲,我们的目的在解决中国的经济问题,政治问题,教育问题,文化问题,不但在我们进行中感到工具上的困难,我们的问题原来就在一般工具的缺乏与窳败,也原来就在科学知识的浅薄。在科学知识只有国内绝对少数的科学家所领有而未尝普遍化社会化,未尝在社会上发生过强烈的力量。我们假使今日还不敢提出我们的问题,坚忍勇猛地在死里求生,亡里求存,而想躲闪逃避,放任偷懒,从枝节上做工夫,从玄学里讨生活,纵有结果,其结果必至有若无,实若虚,迨病入膏肓,虽华、扁复生,亦将见而却步!所以我们坚决地相信科学在今日文化上占着重要地位,尤其坚决地承认科学在今日中国社会的演变上占着无上重要的位置。知识就是能力,而科学是系统的知识,所以科学也就是有组织的能力,只有社会进于有组织的能力,而后精神与物质的力量,乃直接总操于社会,间接分操于社会各个分子,如是才可免除一切祸患,求得一切福利,亦唯有如是,然后'贫陋'可去,'愚拙'可袪,所以我们的目标,简直地说,只有十个大字,即'科学社会化,社会科学化'。我们对于这种运动采取的方法,固然条理万端,而具体地说来:其一是注重宣传,印发各种刊物,引起民众的注意;其二是注重编译和整理的工作,把西方关于科学的材料,作有系统有计划的输入。并把中国固有的科学材料,用科学方法整理起来,以达到中国科学化之目的。我们再把我们的态度分三方面来说明:(一)对过去的态度。以科学的方法,整理中国固有文化,使一般人于最短期间及普通知识范围内,得以窥见过去中国的一切科学材料,共起而光大之。(二)对现在的态度。以科学方法解释一切生活状态及自然现象,使一般人的生活渐入于科学化,而迷信观念日渐消灭的。惟对于前人最合于科学的社会上遗传习惯,往往以神道设教出之,其本质应加以科学的解释,不应以其手段之不合时宜而并其目的亦弃置之。(三)对将来的态度。引导国人趋于科学的研究,利用科学以求得全人类的福利,并否定以科学为杀人的利器,导世人向共存共进之前途,而冀有共登大同之域之一日。我们现在集合起来,想对中国科学化运动作种种推选,并且感觉科学已不是各个独立的了,科学的研究和发明,有相互的关系,某种科学的进步,可以影响其他科学的变迁,其他科学的新方法之发见,亦可支配某种科学的前途,所以希望各门专家共同合作,尤愿把我们的同志范围日渐扩大,共同起来在各地分担这种科学化运动的重任。我们深切地相信,惟有把这种正其谊而不谋其利的互助精神,圆满地运用,方能使中国文化由衰败而复兴。本会同人更誓竭至诚,唤起全国同胞注意,希望大家起来向着中国科学化运动努力猛进!(原载1933年1月1日《科学的中国》第1卷第1期)

杨家骆继续任中国辞典馆和中国学术百科全书编辑馆馆长。9月,杨家骆著《四库大辞典》上、下册由南京中国图书大辞典编辑馆出版。该书例言第七条云:"本辞典之出版,赖高梦旦、张菊生、王岫庐、高瑾轩、周庶咸诸先生之赞助。著者于此,谨致最诚恳之谢意。"王云五撰序。书前刊有张元济题辞手迹:"杨家骆著《四库大辞典》,若网在纲,有条而不紊。海盐张元济题。"全书收录词条1700余条,共250余万字。

按:吴永贵《民国图书出版史编年:1912—1949》中册(社会科学文献出版2018年版)以此书出版于1931年11月,此以张人凤、柳和城编著《张元济年谱长编》(上海交通大学出版社2011年版)为准。

刘国钧续任金陵大学图书馆馆长。11月24日,在《国风》第9号(刘伯明先生纪念号)发表《学风——为纪念刘伯明先生而作》,提出思想的混乱和浅薄恐怕是现在学风的最大缺点。医治这种毛病,自然最好莫过于论理的思想,科学的方法与养成对于无论什么事都要求充足证据的习惯。要使国家能重兴,民族能得救,必定要从养成诚朴笃实,艰苦卓绝的学风起。(参见沈卫威《学衡派编年文事》,南京大学出版社2015年版)

陈恭禄继续任教于金陵大学历史系。10月3日,陈恭禄在《大公报·文学副刊》第248期撰文评萧一山《清代通史》下卷。文中认为萧一山该书在取材上多为转手材料,即所谓"次料"而非"原料",并列举《清代通史》下卷"事实错误十例"。萧一山起而辩难,于11月3日《大公报·文学副刊》第252期发表《答陈恭禄君评拙著〈清代通史〉》。至次年及1934年连续发表答文,双方唇枪舌战,轰动一时。

按:1933年2月7日,陈恭禄又在《大公报·文学副刊》第269期发表《为〈清代通史〉下卷答萧一山君》。萧一山再作《为"清代通史"卷下第一二册批评事再致大公报文学副刊编者吴宓君》,刊于1934年7月7、14、21、28日《大公报·图书副刊》第34—37期,并见《国风》1934年第4卷第11、12期。吴宓为萧一山答文加按语说:"清代通史似为有价值而可赞许之书,像(一)肖君书综括一代之政治经济学术典制等,材料丰赡,而(二)肖君国学具有根柢,文字流利畅达,在今皆极不易得者。""若论其书之缺点,似在革命之意味过重。""至清室私事,如(一)太后下嫁摄政王多尔衮,(二)顺治出家等,则张尔田君《清史后妃传稿》等书辨之已详。章炳麟跋王阉运圆明园词有曰:'余见清季人士,喜述宫廷狎亵之情''其言绝秽,心甚恶之,夫衽席幽昧,谁所明睹。'所言极是。"(参见王学典《20世纪史学编年(1900—1949)》,商务印书馆2014年版)

王钟麟(古鲁)任教于金陵大学。5月,在《金陵学报》第2卷第1期发表《最近日本各帝大研究中国学术之概况》。此文是《最近日人研究中国学术之一斑》第一章中有关学校的部分内容。《最近日本人研究中国学术之一斑》一书计划系统梳理介绍研究中国学术的日本学校、与中国学术有关系之学术机关及图书馆、因政治经济因素成立的各种协会、利用庚子赔款设立的文化事业、日本学界关于中国考古学的研究等。此文主要介绍了东京帝大、京都帝大等日本国立大学研究中国学术的学人、学术机构等。作者希图对日本研究中国学术情况的详细介绍,能供给国人参考的资料。(参见王学典《20世纪史学编年(1900—1949)》,商务印书馆 2014 年版)

张慰慈 10 月至次年 1 月转而从政,担任铁道部秘书,并代行购料委员会调查主任。是年,张慰慈参与创办中国政治学会,成为南京国民政府的重要幕僚。该会由杭立武、高一涵等人发起创办,是民国历史上最重要的学术与资政社团。后张慰慈长期连任前几届干事和理事,为政治学会的历届年会做出了重要贡献。(参见李源编《中国近代思想家文库·张慰慈卷》,中国人民大学出版社 2015 年版)

王维骃等组设中外学术研究社,以"研究学术、发扬文化"为宗旨,曾编印《近代名人言论集》等书。最近扩大组织,加强调查工作。7 月 15 日,敦请蔡元培、郑洪年等为董事。(参见高平叔编著《蔡元培年谱长编》,人民教育出版社 1996 年版)

李平衡、梅哲元、张毅、汤登波、张梁任为董事的中国劳动问题研究社 12 月 10 日成立,以"根据三民主义阐发劳动问题之理论,并谋增进劳动者福利,促成社会进步"为宗旨。

刘英士主编的《图书评论》9 月 1 日在南京创刊,由图书评论社主办。至 1934 年 8 月出至 2 卷 12 期。(参见吴永贵《民国图书出版史编年:1912—1949》中册,社会科学文献出版社 2018 年版)

邓飞黄、朱子帆、范苑声等人 10 月 10 日在南京成立中国经济研究会,以"研究经济科学"为宗旨。出版《中国经济月刊》。

艾善浚、赵铄、孙乃湛为常务理事的中国法治厉行社 7 月 17 日在南京成立,以"努力提倡厉行法律,实现民治,而尽国民应负之责任"为宗旨。编辑出版《法治旬刊》。

陈剑翛、杨亮功、郑通和、许恪士、陈礼江等 11 月在南京发起成立中国教育学会。

王陆一等发起组织文社于南京,以"研究诗文金石书画、小说及其他文艺,发扬国光"为宗旨。

辛树帜任国立编译馆馆长,郑贞文被聘为专任编审兼自然科学部主任和译名审查委员会主任。是年底,郑贞文回乡任福建省教育厅长。

周连宽应聘赴南京任国民政府内政部图书馆主任。

刘敦桢任中国营造学社文献部主任。

周建人参加中国民权保障同盟筹备工作,任该盟中央调查员。

张知本任民众训练委员会主任,因与蒋介石主张不和,愤然辞职。

杨杰任陆军大学校长,王泽民任教育长。

刘英士任国立编审馆编审、《图书评论》主编。

朱君毅任立法院编译处处长。

刘揆一任中国国民党党史编纂委员会纂修。

陈树人被任命为民国政府侨务委员会委员长。又被聘为柏林"中国美术展览会筹备委员会"委员。

萧同兹 5 月任国民党中央通讯社社长。

龚德柏创办并任社长兼主编的《救国日报》8 月 16 日在南京创刊,陶镕卿经理,贺子骞、萧韩渠、曹吟龙、李鲁子等编辑。

康泽 1 月 20 日在南京创办《中国日报》,顾希平任社长,邬绳武任总编辑。

李平衡、陈公博、祝世康等为主要撰稿的《劳工月刊》4 月在南京创刊。

安若定主编的《大侠魂》创刊于南京,是中国铸魂学社刊物。

严楚江获芝加哥大学哲学博士学位。同年回国后任南京中央大学教授。

唐君毅由南京中央大学毕业后,先返成都教中学,不久即回到母校任助教。

马大浦2月大学毕业,被当时兼任江苏省教育林总场(今南京老山林场)场长的李寅恭教授派到该林场当技务员,兼第一分场第一区主任。8月,回到中央大学农学院森林系当助教并兼管校内林场。

程千帆升入金陵大学。受业于黄侃、吴梅、陈恭禄、虎臣、胡小石(光炜)、刘衡如(国钧)、刘确杲(继宣)、胡翔冬(俊)、汪辟疆、商承祚、林公铎(损)、汪旭初(东)、王晓湘(易)、陈登原、王绳祖诸师。

欧阳竟无10月编成《中庸读》和《大学王注读》。其中《中庸读》对《中庸》作了逐句注解、逐节提要。12月,欧阳竟无编成《孟子十篇读》,并作有叙文。此书将《孟子》一书中的"孟子曰"(孟子语录)摘录出来,按内容和论题编为十篇:气第一,节第二,民第三,义利王霸第四,仁政第五,孝弟第六,君臣朋友第七,学第八,非彼第九,自宗第十。他认为,国民之气节是天下大本,今天下危机,外患不足畏,最可怕的是上上下下都失去了气节。因而认为"振聋聩于今日者,其唯孟子乎?"同月,欧阳竟无为刘衡如《破新唯识论》作叙,批评熊十力"逞才智"妄非圣言,"乳臭牖窥,惟非尧舜、薄汤武是事"。(参见徐清祥《欧阳竟无评传》及附录一《欧阳渐学术行年简表》,百花洲文艺出版社2010年版;徐清祥编《欧阳竟无先生学术年表》,载欧阳竟无《欧阳竟无内外学》,商务印书馆2017年版)

胡适1月8日到沪参加中基会第六次常会。12日,林森以国民政府主席名义颁发聘书,聘胡适为全国财政委员会委员。23日,复聘胡适参加国难会议,胡适没有参加此会。2月13日,胡适与他的朋友们所组织的独立社聚餐讨论内政问题。中心论题是"怎样建设一个统一的国家"。3月3日,袁昌英致信胡适,谓武汉妇女界为东北义勇军缝制背心一千件,请胡适在北平打听确切可以交付的机关和经手人。同月,胡适在平津国难会议会员会中领衔提出《国难期中一致御侮案》。此案由罗隆基起稿,主要内容:争取的目标是收回东北失地,肃清淞沪敌踪。达此目标之前,一切政党停止争政权的活动,国民党机关亦应停止干涉一切政务。在不违上项目标前提下,一切政治结社自由。胡适又为筹办一个"周报",写信给王卓然,请他看到公安局鲍局长时"问问要何手续"。信中告以"此报由我出名,同人为丁在君、蒋廷黻、傅孟真、翁咏霓、任叔永、陈衡哲诸人"。随后又致信公安局长鲍玉麟正式申请立案办报,定名为《独立评论》。17日,胡适致信给丁文江,附一篇为《独立评论》第1期写的稿子,请丁文江切实批评。信中说:"总觉此次办报没有《努力》时代的意兴之十分之一。怎么好?"

胡适收到杨尔瑛4月26日信,与胡适辩论唯物史观的问题。27日,胡适回信说:"我不赞成一元论的史观,因为我没有见着一种一元史观不走上牵强附会的路子的。凡先存一个门户成见去看历史的人,都不肯实事求是,都要寻事实来证明他的成见。有困难的时候,他就用'归根到底'的公式来解围。"28日,杨尔瑛再致信,指出胡适把一元史观作为"成见"看待是完全错误的。5月3日,顾颉刚致信钱玄同,并请他转告胡适,他在杭州发现了姚际恒的《礼经通论》,主张迅即着手出版姚际恒的遗著。胡适得此消息后于5月10日写信给钱玄同说:"颉刚的信使我很高兴。姚立方的遗著的发现,是近代学术思想史上的一件重要事。不单是因为姚氏的主张有自身的价值,并且这事可以表示近年中国学术界一个明显的倾向,这倾向是'正统'的崩坏,'异军'的复活。在思想方面,李觏、王安石、颜元、崔述、姚际恒等人的抬头,与文学方面的曹雪芹、吴敬梓的时髦是有同一意义的。"5月7日,胡适撰于上年3月17日的《与钱穆先生论老子问题书》刊于《清华周刊》第37卷第9—10期"文史专号",主要针对钱穆刊于1930年12月《燕京学报》第8期的《关于〈老子〉成书年代之一种考察》所论"《老子》书已断当出孔、墨之后"提出反驳。

按:现摘录《与钱穆先生论老子问题书》主要观点如下:

去年读先生的《向歆父子年谱》,十分佩服。今年在《燕京学报》第七期(实为第八期)上读先生的旧作《关于〈老子〉成书年代之一种考察》,我觉得远不如《向歆父子年谱》的谨严。其中根本立场甚难成立。我想略贡献一点意见,请先生指教。

此文的根本立场是"思想上的线索"。但思想线索实不易言。希腊思想已发达到很"深远"的境界了,而欧洲中古时代忽然陷入很粗浅的神学,至近千年之久。后世学者岂可据此便说希腊之深远思想不当在中古之前吗? 又如佛教的哲学已到很"深远"的境界,而大乘末流沦为最下流之密宗,此又是最明显之例。试即先生所举各例,略说一二事。如云:

《说卦》"帝出于震"之说,……其思想之规模、条理及组织,盛大精密,皆逊《老子》,故谓其书出《老子》后,袭《老子》也。以下推断率仿此。

然先生已明明承认《大宗师》已有道先天地而生的主张了。"仿此推断",何不可说"其书出《老子》后,袭《老子》语也"呢?

又如先生说:

以思想发展之进程言,则孔、墨当在前,老、庄当在后。否则老已发道为帝先之论,孔、墨不应重为天命天志之说。何者? 思想上之线索不如此也。

依此推断,老、庄出世之后,便不应有人重为天命天志之说了吗? 难道二千年中之天命天志之说,自董仲舒、班彪以下,都应该排在老、庄以前吗? 这样的推断,何异于说"几千年来,人皆说老在庄前,钱穆先生不应说老在庄后,何者? 思想上之线索不如此也?"先生对于古代思想的几个重要观念,不曾弄明白,故此文颇多牵强之论。如天命与天志当分别而论。天志是墨教的信条,故墨家非命;命是自然主义的说法,与尊天明鬼的宗教不能并存(后世始有"司命"之说,把"命"也做了天鬼可支配的东西)。

当时思想的分野:老子倡出道为天地先之论,建立自然的宇宙观,动摇一切传统的宗教信仰,故当列为左派。孔子是左倾的中派,一面信"天何言哉? 四时行焉,百物生焉"的自然无为的宇宙论,又主"存疑"的态度,"知之为知之,不知为不知""未能事人,焉能事鬼",皆是左倾的表示;一面又要"祭如在,祭神如神在",则仍是中派。孔、孟的"天"与"命",皆近于自然主义;"莫之为而为,莫之致而致",皆近于老、庄。此孔、孟、老、庄所同,而尊天事鬼的宗教所不容。墨家起来拥护那已动摇的民间宗教,稍稍加以刷新,输入一点新的意义,以天志为兼爱,明天鬼为实有,而对于左派中派所共信的命定论极力攻击,这是极右的一派。

思想的线索必不可离开思想的分野,凡后世的思想线索的交互错综,都由于这左、中、右三线的互为影响。荀卿号为儒家,而其《天论》乃是最健全的自然主义。庄子蔽于天而不知人,其《大宗师》一篇已是纯粹宗教家的哀音,已走到极右的路上去了。

《老子》书中论"道",尚有"吾不知其名,字之曰道,强为之名曰大"的话,是其书早出最强有力之证,这明明说他初得着这个伟大的见解,而没有相当的名字,只好勉强叫他做一种历程——道——或形容他叫做"大"。这个观念本不易为多数人的了解,故直到战国晚期才成为思想界一部分人的中心见解。但到此时期,——如《庄子》书中,——这种见解已成为一个武断的原则,不是那"强为之名"的假设了。我并不否认"《老子》晚出"之论的可能性。但我始终觉得梁任公、冯芝生与先生诸人之论证无一可使我心服。若有充分的证据使我心服,我决不坚持《老子》早出之说。

胡适5月8日撰成《上海战事的结束》一文,这是为《独立评论》创刊号准备的稿子。文中指出:上海抗战事件,发现了我国民的抵抗力,增高了民族的自信心。同时,也稍稍引起了政府负责任的态度。"九一八"以来,"政府应该利用激昂的民气和国际的舆论,来争外交上的胜利。但政府一味敷衍民众,高唱'抵抗到底'而实无抵抗的准备,高唱'兼用外交'而实无外交的方针"。22日,胡适与丁文江、傅斯年、蒋廷黻、翁文灏、任鸿隽、陈衡哲等筹办的《独立评论》创刊。胡适在发刊的《引言》中说:"我们叫这个刊物做《独立评论》,因为我们都希望永远保持一点独立的精神,不倚傍任何党派,不迷信任何成见,用负责任的言论来发表我们各人思考的结果,这是独立的精神。"撰稿者多为留学欧美的学者。《独立评论》自1932年5月创刊至1937年7月停刊,共出版发行244期,以"讨论国家与社会问题"为宗旨,涉及外交、政治、经济、社会、文化、军事等各个方面,共刊发各类文章1309篇,主流作者多属《独立评论》社内"胡适派学人群"的高校教师;在占文章总数55%的外稿中,作者亦为各类学者与学生。可以说,《独立评论》代表着30年代体制内主流知识精英的思想与观念。而在对社会问题的探讨中,社会症结、社会结构、社会阶层与群体、社会重心等问题则是其必须考察与思考的基本问题。由此形成以胡适为核心的"独立评论派"。胡适借助《独立评论》平台发表政见与学术观点,继续倡导"自由主义"立场与"全盘西化"主张。月底,胡适所著《中国中古思想小史》出版。

胡适6月2日被聘为普鲁士国家学院哲学史学部通讯会员。德国普鲁士国家学院是一个在国际上享有很高声誉的科学研究机关,与英国皇家学会齐名。该学院会员皆为世界著名之权威学者,柏林大学教授佛郎克近在该学院提议,通过选举胡适博士为会员,实为东亚第一人,也是第一次聘请中国会员。所以此项消息在报上发表后,一时甚为轰动,各界函电相贺者甚多,教育部长朱家骅代表中国学术界致电申谢。17日,胡适在起草给该学院的信中,以非常谦卑的口气表示谢意。信中说:"这是在世界学术界的最大的荣誉之一种。我这个浅学的人很少贡献,这回接受贵会这样奖掖,真使我十分感谢又十分惶恐。在敝国的历史上有一个大政治家羊祜曾对客称赞他的一只能舞的鹤,但是这只鹤见着他的客人却不肯再舞了。我很盼望这回接受贵会的奖励能鼓舞我努力在学术上多做出一点有价值的贡献,免得在贵会里做一只不舞之鹤,有玷贵会知人之明。"6月13日,胡适撰成《论对日外交方针》,刊于《独立评论》第5号,主张在承认日本上年提出的五项原则的基础上,谈判解决中日关系问题。日本的五项原则是:一、否认相互之侵略政策与行动。二、尊重中国领土之保全。三、彻底地取缔妨害相互之通商自由及煽动国际的憎恶之念的有组织的运动。四、对满洲各地之日本帝国臣民之一切和平的业务,予以有效的保护。五、尊重日本帝国在满洲之条约上的权益。18日,张季鸾、吴鼎昌致信胡适,赞其《论对日外交方针》稿,引为"同调",谓"五个月前,曾合伙花了四十块银元,拍了一个四百多字的电报送与汪、蒋两先生,竟如石沉大海,一无回响"。表示"以后或尚有机会,当随同先生努力"。

> 按:胡适《论对日外交方针》提议:1.承认日本的五项原则为交涉基础。2.仿华盛顿会议之例,可在国联或友邦斡旋之下,在国联,或在中国,或在中立地点开始交涉。3.目标是取消满洲伪国,恢复领土行政主权之完整。4.恢复东三省主权后,声明使东三省政治组织尽量现代化。5.不妨自动地主张东三省解除军备,中、日皆不得在东三省驻兵。6.东三省现驻关内之军队实行编遣。7.铁路争议交由两国专家会议解决。8.在政治改良与司法改革条件下,日本臣民在东三省不得享有领事裁判权。9.缔结新约,建立共存共荣的基础。

胡适接汪精卫6月18日信,邀其南下参加7月5日开始的学界名流聚谈会。21日,胡适在顾颉刚处得识顾廷龙。顾廷龙以所作《吴愙斋年谱》请正。胡适告以其先父曾在吴幕中多年。22日,顾廷龙往借得胡适所藏吴大澂致胡传信札。顾廷龙告谓其外叔祖王胜之(同愈)曾与胡适的先父同在吴幕中且极契洽。王氏见廷龙借得的函札,即为作《题记》。24日,李大钊夫人赵纫兰致信胡适,谈北大给大钊家属的恤金事,探问每月款额能否增加,时间能否延长,希望胡适帮忙办理此事。7月1日,胡适出席中基会第八次年会。3日,胡适在《独立评论》第7号上发表《赠与今年的大学毕业生》,要他们学习法国的巴斯德,"在国家蒙奇辱大难的时候,绝不肯抛弃他的显微镜与试验室",矢志"科学救国"。9日,胡适在北平青年会读书互助会上讲演《治学方法》时,又发挥了这个意思,当场受到质问。结果在一片喊声中结束讲演。10日,胡适在《独立评论》第8号上发表《所谓教育的法西斯蒂化》,指责进步学生对国民党政府的抨击,说:"所谓'打倒教育法西斯蒂化',只不过是一班无心求学有意捣乱的学生信口编造出来的一种名词新戏法而已。"文中建议国民党当局,要采取诱导的方法使学生脱离革命,而不可单靠禁止政治活动的办法。

胡适8月7日在《独立评论》第12号上发表《领袖人才的来源》一文。文章认为,在近代,那些能担起国家和社会的责任的领袖人物,只能来源于良好的大学教育。他说:"欧洲之有今日的灿烂文化,差不多全是中古时代留下的几十个大学的功劳。"但在中国,"一千年来差不多没有一个训练领袖人才的机关"。"五千年的古国,没有一个三十年的大学!"又说:"在今日的中国,领袖人物必须具备充分的现代见识,必须有充分的现代训练,必须有足以引起多数人信仰的人格。这种资格的养成,在今日的社会,除了学校别无他途。""我们应当深刻地认清只有咬定牙根来彻底整顿教育、稳定教育、提高教育的一条狭路可走。如果这条路上的荆棘不扫除,虎狼不驱逐,奠基不稳固,如果我们还想让这条路去长久埋没在淤泥水源之中,——那么,我们这个国家也只好长久被一班无知识无操守的浑人领导到沉沦的无底地狱里去了。"约在同日,胡适致函张学良,因见报载汪精卫辞职通电有责备张学良的话,颇觉汪精卫此举"有失政体"。但为顾全"统一"的大局计,他劝张学良此时应决心去职,以免外间误会其有抗拒中央之意。11日,张学良复信,谓"高论同愚见甚相符合","拟于今晚或明日过贵宅一访"。8月26日,周作人致信商谈由北大旧人捐款购下李大钊所遗书籍,一以补其家用,一以充实学校图书馆。9月11日夜,胡适作《惨痛的回忆与反省》,刊于9月18日《独立评论》第18号,旨在纪念"九一八"事变一周年。文中认为"九一八的事件,不是孤立的,不是偶然的,不是意外的,他不过是五六十年的历史原因造成的一个危险局面的一个爆发点","四十年的奇耻大辱,刺激不可谓不深;四十年的救亡运动,时间不可谓不长。然而今日大难当前,三百六十五个昼夜过去了,我们还是一个束手无策。这是我们在这个绝大纪念日所应该深刻反省的一篇惨史,一笔苦账"。

按:作者提出:"我们应该自己反省:为什么我们这样不中用?为什么我们的民族自救运动到于今还是失败的?'七年之病求三年之艾',这固然是今日的急务;然而还有许多人不信我们的民族国家是有病的,也还有许多人不肯相信我们生的是七年之病,也还有一些人不肯费心思去诊断我们的病究竟在那里。我说的'反省',就是要做那已经太晚了的诊断自己。"认为"这六七十年追求一个社会政治重心而终不可得的一段历史,我认为最值得我们的严重考虑。我以为中国的民族自救运动的失败,这是一个最主要的原因"。那么,"为什么六七十年的历史演变不曾变出一个社会重心来呢?这不是可以使我们深思的吗?我们的社会组织和日本和德国和英国都不相同。我们一则离开封建时代太远了,二则对于君主政体的信念已被那太不像样的满清末期完全毁坏了,三则科举盛行以后社会的阶级已太平等化了,四则人民太贫穷了没有一个有势力的资产阶级,五则教育太不普及又太幼稚了没有一个有势力的智识阶级:有这五个原因,我们可以说是没有一个天然候补的社会重心。既然没有天然的重心,所以只可以用人功创造一个出来。这个可以用人功建立的社会重心,依我看来,必须具有这些条件:第一,必不是任何个人,而是一个大的团结。第二,必不是一个阶级,而是拥有各种社会阶级的同情的团体。第三,必须能吸收容纳国中的优秀人才。第四,必须有一个能号召全国多数人民的感情与意志的大目标:他的目标必须是全国的福利。第五,必须有事功上的成绩使人民信任。第六,必须有制度化的组织使他可以有持续性"。"我们此时应该自觉的讨论这种社会重心的需要,也许从这种自觉心里可以产生一两个候补的重心出来。这种说法似乎很迂缓。但是我曾说过,最迂缓的路也许倒是最快捷的路。"

胡适10月9日在《独立评论》第21号上发表《一个代表世界公论的报告》,宣称李顿领导的国联调查团对于东北问题的调查报告是"公平的判断",表示感谢这个调查团"为国际谋和平的热心"。这个国联调查团是在征得日本同意之下进行调查的,其成员全都是长期从事殖民活动和侵略活动的英、美、德国的官员和将领。他们所提出的报告,实际是一种近似"国际共管"东三省的方案,这是中国人民决然不能接受的。但国民党政府却训令驻国联中国代表,原则上接受《报告书》所提方案。当时各界舆论对《报告书》多持严厉批评的态度,对胡适的文章亦颇多不满。16日,外交部长罗文干致信胡适谓,读过《一个代表世界公论的报告》,以为"胆大妄言,至所钦佩"。信中盼胡适最好南下,"我等可多谈,多研究,大胆做下去","请兄不必仍做处女,须知兄已失身,何妨又来偷欢一次?"18日、19日,胡适在协和大学讲《哲学是什么》。24日,胡适去天津。25日,在南开大学讲演《中国问题的一个诊察》,宣扬他在1930年所写的《我们走哪条路》一文中的基本观念,即认为中国的病患在于贫穷,疾病、愚昧、贪污和纷乱。治好这些病只有靠自己反省,虚心向西方学习。27日,唐有壬致信胡适,告托人带交密电码一本。

胡适、翁文灏等请求国民党当局将10月15日被捕的陈独秀案早日由军法当局移交司法审判。22日,蒋介石致电翁文灏,并转胡适、丁文江、任鸿隽、傅斯年等人,告陈独秀案"已电京移交法院公开审判"。事后,陈独秀曾有信感谢旧友为他的事奔走。但谈到审判的后果,他说:"久徒实等于大辟",因正式监狱的生活远不如看守所里自由。他还请胡适帮他找几本书,并表示很想出版他的《拼音文字》稿。29日,胡适在北京大学讲演《陈独秀与文学革命》,认为陈独秀对于文学革命运动的重大贡献有三:(一)由学术性的讨论变成了一种革命,变成三大主义。(二)把伦理、道德、政治的革命与文学革命合成一个大运动。(三)他的一往无前的精神,使得文学革命在短时期里取得了很大的收获。同月,商务印书馆组织大学丛书委员会,着手编印"大学丛书",胡适与蔡元培、顾颉刚、冯友兰、傅斯年、马寅初、何炳松、马君武、傅运森、姜立夫等56人被聘为丛书委员会委员;郭湛波著,胡适、嵇文甫校《先秦辩学史》由北平中华印书局出版。11月3日,段锡朋致信胡适,告陈独秀已委章行严同另一位彭先生辩护,蔡元培亦为请到律师。故胡适所请律师可以不用了。11月10日,胡适在《新月》第4卷第4期登出《四十自述》的第五章《我怎样到外国去》。28日,全国经济委员会发聘书,聘胡适为该会内的教育专门委员会委员。

胡适11月底赴武汉。12月1日,在武汉大学政治学会讲演《谈谈中国政治思想》,提出四个问题来讨论:一、天与人,即自然与人。自然是无为的,因此又涉及无为与有为。这是历代政治家经常争论的问题。二、本与末。传统历来以农为本,以商为末,重农抑商。有时有人替商辩护,因而展开斗争。三、法与人。即法治与人治。古代法治思想一派本有虚君宪政的理想。但君主有为,必导致专制,必归于人治一条路。四、君与民。认为中国古代有重民的思想,但并无民权的思想。同日讲的另一个题目是《中国历史的一个看法》。在武汉住六日后去长沙。12月6日,胡适在长沙中山纪念堂讲演《我们所应走的路》,基本意思是:

（1）为己而后可以为人，要青年人先把自己铸造成器，即走易卜生式个人奋斗的路。（2）求学而后可以救国，即走"学术救国"的路。此次在两湖共讲演11次，除一次在国民党的党、政、军扩大的总理纪念周讲演外，其余都是在学校里讲演。在武汉时，胡适曾面见蒋介石，将其《淮南王书》一册赠蒋。12月22日，胡适在北平培英女子中学讲演《中国文学史的一个看法》。秋冬间，王敬方有长信致胡适，对其《四十自述》中有关中国公学的叙述有所辨正。12月19日夜，胡适作《国联新决议草案的重大意义》，刊于12月25日《独立评论》第32号。文中充分肯定了《国联新决议草案》的重大意义，"是一大进步，是我们可以接受的。我的理由是：如果调解成立，我们可以在国际调处之下试作一度外交上的解决。这总比现在这种不战不和不死不活的局势强一点。如果调解不成立，或调解成立而交涉中间决裂，那么，依国联盟约第十五条的程序，自然走到了那一条的第四项与第六项，国联如果还想谋自身的存在，也不能不被逼上第十六条的裁制之路，那也是比现在的僵局进了一步，虽然我是决不愿望这个世界同我们一齐走上地狱之路的"。是年，梁启超、胡适的《梁任公胡适之先生审定研究国学书目》一书由上海大中书局出版。后亚洲书局再版。（以上参见耿云志编《胡适年谱》，福建教育出版社2012年版；耿云志编《中国近代思想家文库·胡适卷》及附录《胡适年谱简编》，中国人民大学出版社2014年版；刘集林《20世纪30年代知识精英的社会群体观——以〈独立评论〉为中心》，《天津师范大学学报》2012年第5期；齐家莹编《清华人文学科年谱》，清华大学出版社1999年版；王学典《20世纪史学编年（1900—1949）》，商务印书馆2014年版）

　　傅斯年主持史语所所务，兼任北京大学教授。3月9日，伪"满洲国"在长春成立之际，傅斯年特撰写《满洲傀儡剧主人公溥仪》一文，刊于《良友》第65期，旨在戳穿这场傀儡剧的把戏。4月2日，傅斯年致函蔡元培，谓"一月末战起，斯年等为之奋发，以为先生膺国民之重望，当出以共济艰难，殊不知政府中人，仍是故态，彼时以为已经改心革面者，稍迟乃悟其并无如此希望。先生出来，恐亦无补，诚如尊示所云。……大患在己，不在人也。吾等只好活一天做一天工耳"。5月22日，傅斯年与丁文江、胡适、蒋廷黻等在北平合办的《独立评论》周刊创刊。傅斯年屡屡在《独立评论》发表文章，鼓吹抗日。6月5日，《邮政罢工感言》一文刊于《独立评论》第3号。12日，《监察院与汪精卫》一文刊于《独立评论》第4号。19日，《中国现在要有政府》一文刊于《独立评论》第5号，认为在当时的形势下，"虽有一个最好的政府，中国未必不亡；若根本没有了政府，必成亡种之亡"。而"此时的中国政治若离了国民党便没有了政府""此时国民党之中心人物，能负国家之责任者，已经很少了""今日国民党的领袖，曰胡、曰汪、曰蒋。他们三人之有领袖地位，自然不是无因的"，鲜明地表达了拥护和维护中央政府的政治倾向。

　　按：自当时有关民主与独裁问题的讨论中，以胡适为代表的民主派与以丁文江、蒋廷黻为代表的新式独裁论或开明专制派展开论争，两方各执己见。傅斯年发表此文，明确表达了他的意见，也就是对现有政府的维护。

　　傅斯年《法德问题一勺》一文7月10日刊于《独立评论》第8号。17日，《教育崩溃之原因》一文刊于《独立评论》第9号。直陈教育崩溃的原因有五项：第一，学校教育仍不脱士大夫教育的意味；第二，政治之不安定；第三，一切的封建势力，部落思想，工具主义，都乘机充分发挥；第四，哥伦比亚大学的教师学院毕业生给中国教育界一个最学好的贡献；第五，青年人之要求，因社会之矛盾而愈不得满足。一石激起千层浪，引发了傅斯年与当时教育学者对教育学术价值的一场激烈论战。文中质疑哥伦比亚大学毕业生的办学能力、批判教育学的学术性以及情绪性的批判字眼所引发教育学者的反唇相讥势在必然。时任北平师范大学的教育学教授邱椿读完傅斯年发表的《教育崩溃之原因》后，可谓是大为光火，随即写了一封表面上是给胡适，实则是给他与傅斯年二人的论战公开信——《教育崩溃的一个责任问题》。10月16日，傅斯年北大的同事杨亮功在《独立评论》第22号上也发表了《读了孟真先生"再谈几件教育问题"以后》的评论，驳斥傅斯年的言论。综观两位教育学者的反击，可分为二个部分：（一）教育成效失败的责任归属问题；（二）批驳"教育学不适于大学场所"。31日，《教育改革中几个具体事件》《教育崩溃的一个责任问题——答邱椿先生》两文刊于《独立评论》第11号。其中后文是对邱椿批评的回应。8月14日，《日寇与热河平津》一文刊于《独立评论》第13号。28日，傅斯年在《独立评论》第14号发表《改革高等教育中几个问题》。文中主要观点有：第一，大学教育不能置之一般之教育系统中，而应有其独立之意义。第二，大学之构造，要以讲座为小细胞，研究室（或研究所）为大细胞，而不应请上些教员，一无附着，如散沙一般。第三，大学以教授之胜任与否为兴亡所系，故大学教授之资格及保障皆须明白规定，严切执行。最后的结论显得比较悲观："既澄清了大学教员界，然后学术独立、学院自由，乃至大学自治，皆可付给之。如在未澄清之先，先付此项权利于大学教授，无异委国家学术机关于学氓、学棍之手，只是一团糟，看他们为自身的利益而奋斗，而混乱而已。"9月18日，傅斯年在《独立评论》第18号发表《"九一八"一年了》。文中认为"'九一八'是我们有生以来最严重的国难，也正是近百年中东亚史上最大的一个转关，也正是二十世纪世界史上三件最大事件之一"，然后客观分析了当前的国内外形势，得出为傅斯年认知的"两点论"："今天若把事情浅看出来，我们正是无限的悲观，至于绝望；若深看出来，不特用不着悲观，且看中国民族之复兴正系于此。"之所以失望，第一失望是在如此严重的国难之下，统治中国者自身竟弄不出一个办法来；第二失望是人民仍在苟安的梦中而毫无振作的气象；第三失望是世界上对此事件反应之麻木；第四失望是中国的政治似乎竟没有出路。再从深一步看，"中华民族自有其潜藏的大力量，三千年的历史告诉我们，中华民族是灭不了的，而且没有今日天造草昧之形势，民族是复兴不来的"，最为关键的是，"中国人不是一个可以灭亡的民族。历史上与中国打来往的民族，如匈奴、鲜卑、突厥、契丹、女真、蒙古等，固皆是一世之雄，而今安在？中国人之所以能永久存立者，因其是世界上最耐劳苦的民族，能生存在他人不能生存的环境中，能在半生存的状态中进展文化。这或者就是中国人不能特放异彩，如希腊人如犹太人的原故，然而这确是中国人万古长存的原故"。作者最后总结道："浅看来是绝望，深看来是大有希望。这希望不在天国，不在未来，而在我们的一身之内。我们若以民族的希望为宗教的信仰，以自身之勤勉工作各尽其职业为这信仰之行事，则大难当前，尽可处之泰然，民族再造，将贡一份助力。宋明的道学先生尚能以四书五经养其浩然之气，我们不能以近代知识养我们的浩然之气吗？"10月2日，傅斯年《再谈几件教育问题》一文刊于《独立评论》第20号。12日，傅斯年致蔡元培、杨杏佛函，谓"北大马叔平（马衡）先生赴京，运动什么北平设为'文化城'。此事初发起时，斯年即表示不赞成。盖沈阳设治安会于日军入城以后，北平的'学者'将欲划北平为中立区于日军压境之先；而为此事图谋者，偏偏正是平日最反对外国人者，斯年实为中国读书人惭愧也。今马君南去，难免谓赞助者多人，故斯年有向院声明之必要。此事（史语）研究所同人绝未与之有任何之关系，特以环境关系，未便在此明白宣言反对，私下劝告，他们皆不听也"。

　　按：《独立评论》在对日关系问题上出现了主和与主战的两派。一派以胡适、蒋廷黻、丁文江为代表的主和派，他们希望通过推迟中日全面战争的发生，为中国赢得必要的战备时间和国际上的支持。另一派是以傅斯年为代表的强硬派。30年代曾在北大历史系读书的吴相湘于《傅斯年学行并茂》(载《民国百人传》第一册传记文学出版社1982年版)中对傅斯年的立场有详细评说:自"九一八"以后,傅斯年为唤起国魂抵抗侵略,时在《独立评论》及《大公报》撰文,表现异常积极抗日态度。民国二十一年十月,北大教授马衡等企图划北平为中立的"文化城"以苟且偷安。傅斯年闻讯曾加劝阻,不听,乃寄信蔡元培院长表示反对:"斯年实为中国读书人惭愧!"民国二十二年五月,《塘沽停战协定》签订,傅斯年极表反对。六月四日,胡适在《独立评论》发表《保全华北的重要》的重要专文,认为在政府无力收复失地的情况下,应当赞成华北停战。傅先生对此勃然大怒。坚决要求退出《独立评论》社,胡适为此非常伤感。嗣经丁文江寄长信消退社原意。然积极抗日主张则持之益坚,力言退让应有限度。国二十四年冬,日本策动"华北特殊化"。由宋哲元幕中的亲日分子萧振瀛邀集北平教育界人士座谈,傅斯年也应邀出席,萧振瀛企图劝说就范。傅斯年闻之即挺身而起,当面斥责萧。表示坚决反对态度、誓死不屈精神。于是北平整个混沌气为之一变。

傅斯年《国联调查团报告书一瞥》10月16日刊于《独立评论》第22号。鉴于李顿调查团报告发表以后,国内外舆论纷扰,傅斯年认可其为"含糊之杰作"。不过,他以为"中国政府既不可抹杀此报告,以分日本之谤,也不便绝无说明不附条件地欣然承认,以陷自己之地位,只好加之以严重之保留,辅之以详尽之宣言,而接受之"。同月,傅斯年著成并出版《东北史纲》初稿第一卷。针对日本军国主义分子为了使占领的中国东北"满洲国",傅斯年为了驳斥日人这种谬论,增进国人对东北历史的了解,于是日以继夜,奋笔疾书,赶在10月出版所著《东北史纲》第一卷,以不容置疑的历史事实证明了东北自古就是中国的领土。作者在卷首引言写道:"就历史论,渤海三面皆是中土文化发祥地。辽东一带,永为中国郡县;白山黑水,久为中国之藩封。永乐奠基东北,直括今俄领东海滨阿穆尔省。满洲本大明之臣仆,原在职贡之域,亦即属国之人。就此二三千年之历史看,东北之为中国,与江苏、福建之为中国又无二致也。"同时强调指出:"国人不尽无耻之人,中国即非必亡之国。"显示了他对"不抵抗主义"者的痛恨!此书经李济节译成英文,送交国际李顿调查团(Lytton Commission)以为参考,甚受重观,并于报告书中表示东北是中国领土,"满洲国"乃日本武力造成的结果。故《东北史纲》是傅斯年"书生报国"的一次尝试和具体实践。

按:《东北史纲》第1卷为古代之东北,由傅斯年执笔;第2卷为隋至元末之东北,由方壮猷执笔;第3卷为明清之东北,由徐中舒执笔。此外,萧一山、蒋廷黻还撰写了清代部分,除第1卷外,其余各卷因故未出版。这是一部具有政治意义的学术著作。劳幹评论说:"《东北史纲》一书,除去对于古代民族的演变有一个正确的整理之外,并且对于东北一地对中国有深切的关系,尤其有一个精详的阐发。"陈槃也说:"这部用民族学、语言学的眼光和旧籍的史地知识,来证明东北原是我们中国的郡县,我们的文化种族和这一块土地有着不可分割的关系,这种史学方法和史识,是最现代的、科学的。"

傅斯年10月30日在《独立评论》第24号发表《陈独秀案》一文,称陈独秀是"中国革命史上光焰万丈的大彗星",主张处置陈案,应"考虑陈氏一生行迹,及近二十年来中国革命历史""能够(一)最合法;(二)最近情;(三)看得到中国二十年来革命历史的意义;(四)及国民党自身的革命立场。我希望政府将此事交付法院,公开审判,……不妨依据法律进行特赦运动"。同月,商务印书馆组织大学丛书委员会,着手编印"大学丛书",傅斯年与蔡元培、胡适、顾颉刚、冯友兰、马寅初、何炳松、马君武、傅运森、姜立夫等56人被聘为丛书委员会委员。秋,傅斯年自北平赴安阳及浚县检查考古发掘。12月11日,《多言的政府》一文刊于《独立评论》第30号。18日,《这次的国联大会》一文刊于《独立评论》第31号。是年,傅斯年在《历史语言研究所集刊》第2本第4分发表《明成祖生母记疑》。傅斯年从《枣林杂俎》《陶庵梦忆》《明诗综》《蒙古源流》等文献中所载材料,推测明成祖生母为元顺帝所遗高丽妃子——硕妃。

按：朱希祖阅傅斯年的文章后，乃撰写《明成祖生母记疑辩》一文，刊于 1933 年 10 月 5 日《文史学研究所月刊》第 2 卷第 1 期，对傅斯年观点提出疑义，明成祖生母问题论辩由此展开。再至 1936 年 3 月，吴晗在《清华学报》第 10 卷第 3 期发表《明成祖生母考》，李晋华在同年 3 月《历史语言研究所集刊》第 6 本第 1 分发表《明成祖生母问题汇证》，均支持傅斯年的看法，驳朱希祖之说。稍后朱希祖又作《再驳明成祖生母为硕妃说》。刊于 6 月 16 日《东方杂志》第 33 卷第 12 号，运用了更多史料，特别是新发现的碑文，并对吴晗、傅斯年、李晋华所使用的史料的可靠性进行了辨析。他将汉文与蒙古文、高丽文相比较，指出明成祖生母是硕妃的说法不成立，并考明明成祖生母为洪吉喇氏、瓮妃、碩妃三说的先后顺序，认为三说同出一源，只是在文字音译过程中出现了差异。由于当时日本对中国的侵略逐渐加深，此问题的讨论还具有一定的现实意义。朱希祖在《再驳明成祖生母为硕妃说》一文的引言中写道：“今学者不信洪吉喇氏及瓮妃为明成祖生母，而仍信碩妃为明成祖生母，则究其源，仍为元顺帝之子而已。此与李唐为胡姓之说，同为诬辱之尤，混淆种族，颠倒史实，杀国民自强之心，助眈眈者以张目，此不可不重为辩驳者也。”（以上参见韩复智编《傅斯年先生年谱》，《台大历史学报》1996 年第 20 期；欧阳哲生编《中国近代思想家文库·傅斯年卷》及附录《傅斯年年谱简编》，中国人民大学出版社 2015 年版；高平叔编著《蔡元培年谱长编》，人民教育出版社 1996 年版；唐宝林、林茂生《陈独秀年谱》，上海人民出版社 1988 年版；胡春光《教育学是否为一门独立学科？——傅斯年与教育学者的一场论战》，《西华师范大学学报》2009 年第 5 期；王学典《20世纪史学编年(1900—1949)》，商务印书馆 2014 年版）

丁文江等 1 月 23 日接国民政府主席林森签署聘书，被聘为国难会议会员。5 月 10 日，受朋友邀约，丁文江、胡适、陶孟和与来访的费正清餐叙。15 日，日本首相犬养毅遇刺。丁文江于次日撰《犬养被刺与日本政局的前途》一文。23 日，丁文江撰《日本的新内阁》。27 日，丁文江撰《所谓北平各大学合理化的计划》。29 日，丁文江发表《日本的财政》一文。6 月 5 日，在《独立评论》第 3 号发表《所谓北平各大学合理化的计划》。26 日，丁文江发表《所谓剿匪问题》。6 月，丁文江在《远东时报》发表他和曾世英合著的《川广铁道路线初勘报告》。7 月 31 日，丁文江在《独立评论》第 11 号发表《中国政治的出路》。文中开篇提出：“凡改革政治无论在甚么时代，在甚么国家，不外乎两条路：一是用武力革命，在短时期内推翻原有的政府；二是用和平的手段，经过长期的奋斗，来取得政权。”然后综合各种原因，得出结论：“在今日的中国，武力革命是极不容易走得通的一条狭路。所以我们只好用和平的手段，长期的奋斗，来改革中国的政治。”一方面是对政府提出要求：第一，我们要求国民政府绝对的尊重人民的言论思想自由。这是和平改革政治最重要的条件。第二，我们要求国民政府停止用国库支出来供给国民党省县市各党部的费用。第三，我们要求国民政府明白规定政权转移的程序。这可以说包括实行宪政，设立民意机关种种提案在内。作者提出：“从实际政治上讲，我并不希望以上的要求，立时实行于全国，但是至少在南京政府权力所及到的地方，要努力的实现。我们应该在不用武力革命范围以内，督促它，劝导它，使这几个最低限度的条件能早日实现。在这种条件之下，我们可以尽力与国民党合作，一致的拥护政府。”

丁文江 7 月在《中国地质学会志》第 11 卷第 4 期发表《丁氏石燕与谢氏石燕宽高率差之统计学研究》。自是年暑期开始，赵丰田开始协助丁文江编纂《梁启超年谱》。8 月 14 日，丁文江发表《假如我是张学良》，作者明确反对张学良辞职，谓：“张学良可以不必辞职，汪精卫也决不可辞职，中华民国也许还有一线的希望！”9 月 25 日，丁文江发表《抗日剿匪与中央的政局》。10 月 5 日，丁文江等 7 人联名在中国地质学会第九届年会上提出对会章(1931)第三条关于会员种类的规定进行修改,建议于会员、名誉会员、通信会员和会友等四种外,增加机关或团体会员。23日,丁文江发表《自杀》,就国联调查团的报告书和国人的反应发表评论,明确赞成傅斯年的观点。此处的"自杀"是一种比喻说法,文中最后说:"个人自杀是卑怯的,国家自杀不但卑怯而且是疯狂。个人自杀,还可以一死了之。国家自杀,人民仍然是不了。国家公法不比得大清律例,没有威逼自尽的条文。我们向日本国上吊,不但不能得到世界的同情,而且要遭世界的笑骂。我们的口号应该是'宁为瓦全,不为玉碎!'因为碎的玉变为尘土,一个钱不值;全的瓦还可以建筑新屋,为我们民族谋将来的生存。"24日,丁文江出席北京大学研究院第三次筹备委员会会议。31日,丁文江当选为北京大学校务会议代表。11月6日,丁文江在《独立评论》第25号发表《废止内战的运动》。文中先引录一些学者的观点对"内战"定义作出如下释义:"就是凡有以武力反抗政府,或是不得政府命令,自相火并,都是内战。同时中央政府以武力讨伐叛乱不在废止之列。然则废止内战运动,事实上不能不拥护现在的政府;至少反对任何人以武力来推翻现在的政府。"并解释道:"我赞成的原因不是因为我对于现在的政府比较满意,是因为在外患危急的时候,我们万万不可以没有政府。"因为用武力来推翻现在的政府,不但最后结果未必良好,而且目前政局先要混乱,国家立刻要丧失一切自卫的能力,或者竟丧失国际发言的权利。于是作者又进一步提出"和平割据"的主张,并声称他"这种主张不但适用于国民党旗帜之下的势力,就是共产党也应该受同样的待遇。只要共产党肯放弃它攻城略地的政策,我们不妨让它占据一部分的土地,做它共产主义的试验"。25日,丁文江出席北京大学研究院第一次院务会议。(参见宋广波编《中国近代思想家文库·丁文江卷》及附录《丁文江年谱》,中国人民大学出版社2014年版;胡宗刚《胡先骕先生年谱长编》,江西教育出版社2007年版)

翁文灏1月13日所呈报的地质调查所上年11月份工作报告获部令嘉奖。实业部长陈公博在部令中称:"该所关于西南地质调查暨其他各项工作,均属努力,至堪嘉许。"并命此后所有各种调查研究的结果,仍陆续编订呈部,藉备参考。1月23日被国民政府聘为国难会议会员。本日国民政府发出聘书,聘翁文灏等188名各界代表人士为国难会议会员。27日,翁文灏与丁文江、胡适联合宴请出席国难会议的傅斯年、任鸿隽、周诒春、李石曾、周作民、汤尔和、蒋廷黻等,并与大家交换了意见。翁文灏等认为,"会议不当只限于讨论中日问题,但也不应对国民党再取敌对态度,当以非革命的方法求得政治的改善"。同月,与胡适、丁文江、傅斯年、蒋廷黻、任鸿隽、陈衡哲等酝酿办一个周报。

按:据翁文灏回忆,其20年来,殚心学术,不问政治,在其担任的地质调查所务与研究工作中,首重倡导研究精神,奠定调查基础,同时培养继任所长人才,预备一俟继任得人,便辞卸所任,改任大学教授,辅助后进,以此终身。但"九一八"事变后东北沦陷,内心极为震惊,而且日本的侵略方兴未艾,在北平更常见日军种种活动,深恐大好河山竟归破裂,为国家前途,忧从中来,难安癔寐。因而与多有同感的北平友人胡适、丁文江、周炳琳、蒋廷黻、吴景超、傅斯年、吴宪、竹垚生等商议创办《独立评论》周刊,以唤起人心,共保国土,反对放弃华北,半壁自安的政策。对于国家前途,翁文灏主张实行民主政治,致力经济建设,以发扬国力,保卫疆土。对于日本,则认为地处近邻,中日不宜隔阂,因此特别注意在刊物上著文介绍日本的情况。

翁文灏4月7日出席在洛阳西宫广寒大楼举行的国难会议开幕式。会议于8—12日正式举行,在通过了救灾、绥靖、国防、经济等各要案后结束。5月14日,将地质调查所曾世英等新绘中国地形图呈报实业部,本日获部令嘉奖,表彰该图"测绘方法较从前所有地图更为精确,亦甚适用,足征该技师等努力工作,殊堪嘉许"。18日,出席中国地质学会及纪念赵亚曾先生研究补助金委员会联席会议。会议决定将该补助金1200元，授予地质调查所调查员黄汲清。22日，在《独立评论》创刊号发表《日本如何取得铁矿砂的供给》一文，介绍日本近代以来对中国铁矿砂的争夺情形，认为对于近代国家富强的一个最重要的条件是铁矿的开发。意在激励国人开发中国铁矿。30日，出席并主持在地质调查所举行的中国地质学会特别会，由袁复礼讲新疆考古学研究；王曰论讲云南之地质构造。6月5日，在《独立评论》第3期上发表《中国人口分布与土地利用》一文。19日，在《独立评论》第5期上发表《建设与计划》一文。翁文灏在文中批评当局空言建设，空谈计划，但内容往往离事实甚远，其原因是不问实际情况，草率计划，机构屡变。翁文灏强调"七年之病必求三年之艾""五年建设，必须先有五年的测量调查和研究"。7月18日，国民政府公布《实业部直辖地质调查所组织条例》。24日，翁文灏在《独立评论》上以《一个打破烦闷的方法》为题，公开回复几位青年读者的来信。8月12日，翁文灏出席在怀仁堂西四所召开的北平研究院地质矿产研究奖金审查委员会第4次会议。28日，在《独立评论》第15期上发表《我的意见不过如此》一文。文中认为要紧是要认识实际的总是去解决他。针对丁文江、胡适等人关于民主与独裁的争论，翁文灏强调，这种实际总是的研究和解决比什么"独裁"、"民主"、"宪政"等等名词的争辩更为重要。

翁文灏是年夏应邀赴庐山会晤蒋介石，并为其讲学。牯岭晤见时，蒋介石首先向翁表示：中国失败之由在于历来工作，只对内而不对外，以致内部事多而对外力弱，彼返躬自省，当以保全国家为己责，欲尽此责，深愿物色全国贤才，竭其所能，同心戮力，而当实行之时，则不宜与他人虚争政权而在自身确尽责任。愿以三日时间请翁当面为陈说。翁文灏颇感佩慰，表示"国家必需建设，建设须有目标，标的既定，则力能集中而功效加速，方法适当则进行顺利而绩效可期。至全国人才，则因历来政局变迁，出身经历不能一致，但外侮迫切，爱国心同，故用人之际，应以保国兴国之目标，振奋其志气，不宜过以政党之界限，限制其范围。欧西各国，每逢国事紧急时代，往往组设联合一致之内阁，苟能同心救国，即宜开诚相交"。翁文灏并就国家建设须要认识具体基础，庶免空中楼阁，分别区域介绍了我国矿产资源，水土丰瘠情形。至于延揽人才问题，翁文灏向蒋提出胡适、张伯苓、丁文江、顾振、徐新六、吴鼎昌、张嘉璈、蒋廷黻、周炳琳、蒋梦麟、周鲠生、卢作孚、范旭东诸人。蒋介石表示均愿随时延见，以谋借重。蒋介石并提出拟成立国防设计委员会，彼自为长，由翁文灏任秘书长。翁文灏即以地质调查所艰苦有年，继任所长之人选尚在准备，其不宜半途而去，且此所设于北平，兼顾为难，同意担任委员，但对秘书长一职表示推辞。几经商酌，蒋介石坚持以翁为秘书长，而以钱昌照为副秘书长负责具体事务。据李思浩回忆，蒋介石曾对他说，任命翁文灏为秘书长是缘于《大公报》主笔张季鸾的推荐。10月5—9日，出席并主持在地质调查所举行的中国地质学会第9届年会。22日，蒋介石致电并请转告胡适、丁文江、任鸿隽、傅斯年等人，"陈独秀案已电京移交法院公开审判"。

翁文灏11月21日致函钱昌照，通报已将有关国防的矿产调查报告抄送给国防设计委员会。同月，翁文灏与钱昌照致函蒋介石，报告所选首批39名国防设计委员会委员名单。12月14日，翁文灏致函钱昌照，认为国防设计委员会"工作范围宜扼要而不宜宽泛，宜具体而避免笼统"。翁文灏具体提出四大工作目标：一、外交及国际调查；二、国防科学的研究；三、拟订国防经济建设计划；四、策划临时应变措施。翁文灏指示，外交的调查研究工作，尤其是要注意列强在中国的政治及经济利益，研究各国党派政策之异同。对日本各党派外交政策尤要详加考察,尽量联络对华持友好态度的人士。国防科学研究,要注意搜集国外最新发明的情报,引导国内学术机关从事研究,并给予必要的补助和提倡。翁文灏要求设计会应力争在一二年内制定一个全面、平衡进行,让各部分皆有产销、供求及运输等连带关系的经济建设计划。面对日本日益暴露的侵华野心,翁文灏提出应着重在军事、原料和交通三个方面加强策划临时应变措施。28日,翁文灏致函钱昌照,告已与陶孟和、丁文江商谈国防设计委员会开会事,认为会议日期最好定在2月1日左右。关于赴苏联考察事,因明年七八月太平洋学术会议在加拿大举行,翁文灏本人与丁文江又被邀参加在美国举行的国际地质学大会,故陶、丁欲于明年夏赴美后再赴苏联。翁文灏告知,其本人拟于明年1月下旬设计会开会前五六天到南京。是年,国防设计委员会成立不久,即提出《国防工业初步计划(草案)》。该计划分:钢铁工业、国防冶金业、燃料工业和化学工业四部分。就兵工之需要,提出各工业发展的具体计划。(参见李学通《翁文灏年谱》,山东教育出版社2005年版;潘云唐《翁文灏年谱》,《中国科技史料》1989年第4期)

任鸿隽3月参与由胡适、丁文江主导的《独立评论》筹办活动。5月初,为政府缓付庚款而影响中基会工作事,南下与政府部门商洽。随后从上海沿长江至武汉,沿途视察中基会赞助单位的事业发展情况。5月4日,致函胡适,后以《庚款与教育(通信)》刊于5月29日《独立评论》第2号。5月初,任鸿隽为政府缓付庚款而影响中基会工作事,南下与政府部门商洽。随后从上海沿长江至武汉,沿途视察中基会赞助单位的事业发展情况。22日,《独立评论》正式创刊。任鸿隽为其主要撰稿人之一,论题主要在科学和教育方面,但也广泛涉及与时局紧密相关的政治、军事、外交、文化和社会问题。6月5日,在《独立评论》上发表《党化教育是可能的吗》,公然而明确地批评国民党政府的"党化教育"政策,一是在学校课程中灌输国民党的主义或主张,二是教育事业完全受国民党的指挥。是年,国民政府请其担任中央大学校长,辞谢未允。8月22日,作《为张学良进一言》,刊于8月28日《独立评论》第15号。9月25日,在《独立评论》第19号发表《为新入学的学生讲几句话》,提出:"读书即是救国,救国必须读书。"

任鸿隽10月9日在《独立评论》第21号发表《农业教育与改良农业(一)》。10月10日,在《独立评论》第23号发表《农业教育与改良农业(二)》。11月3日,作《如何解决四川问题》刊于12月25日《独立评论》第32号。11月21日,作《教育改革声中的师范教育问题》,刊于11月27日《独立评论》第28号。29日,作《对于三中全会的希望》刊于2月4日《独立评论》第29号。文中提出:"在目前党治制度之下,三中全会掌有全国政治上无上的大权。可是权与责是对待的。三中全会既对于党国的大计,握着左右可否的大权,同时就对于国家的前途,负了不容旁贷的责任。这在平时是如此,在国难严重,危急存亡的时候,尤其是如此。"批评"在上海战事紧急,国难最为严重的时候,四届中央执行委员们又曾在洛阳开过一次二中全会。但此次可以说是一个党内的国难会议,除了发表宣言及打电慰勉抗日将士外,并无甚么可记的地方"。然后对于此次的三中全会,提出两个希望:"第一,我们希望三中全会对于党的地位与能力,有一个彻底的认识。第二,我们希望三中全会对于现下的国势有一个真切的了解。"12月18日,任鸿隽作《民间疾苦》,刊于《独立评论》第31号。(参见樊洪业、潘涛、王勇忠编《中国近代思想家文库·任鸿隽卷》及附录《任鸿隽年谱简编》,中国人民大学出版社2015年版;胡宗刚《胡先骕先生年谱长编》,江西教育出版社2007年版)

陈衡哲3月参与胡适等同仁创办《独立评论》。5月22日,《独立评论》创刊,每逢星期日出版,到北平沦陷时停刊,共出243期,陈衡哲在该刊上发表过多篇文章。8月,陈衡哲在《文学月报》第11卷第4期发表《关于"暴风雨中的七个女性"——陈衡哲先生致丁玲先生的信》。是年,陈衡哲在《独立评论》第10号发表《中国文化的崩溃》。(参见杨同生《陈衡哲年谱》,《中国文学研究》1991年第3期)

蒋廷黻1月4日讲演纪略,以《英美舆论界对于东北事件之态度》为题刊于《国立清华大学校刊》。2月8日,举行"总理纪念周"活动,蒋廷黻讲演《国难会议之使命》,讲演词刊于2月12日《国立清华大学校刊》。文中简要介绍了相关人士四次讨论国难的情况,提出:"根据我们在北平的经验,我可以说。国难会议如果开成了,他的最大的使命是利用国人此刻的觉悟来谋国家的进一步的统一。"同月,蒋廷黻为姚薇元《鸦片战争史事考》作序,此书由贵阳文通书局出版。3月,蒋廷黻参与胡适等同仁创办《独立评论》。4月18日,举行纪念周活动,蒋廷黻作讲演,内容为历史研究中的有关问题。5月7日,蒋廷黻《道光朝筹办夷务始末之史料的价值》刊于《清华周刊》第37卷第9、10期合刊。5月22日,《独立评论》创刊,蒋廷黻在创刊号发表《参加国难会议的回顾》,尽管作者对国难会议不抱希望,但还是为政府作了辩护:"凭良心说,国民政府虽不好,日本占据东三省不是因此而起的。再凭良心说,政府虽不好,政府人员的平均道德和知识也不在在野人士平均道德和知识之下。政府为政府计,能对外得一胜利,它的权威也就加高了。政府苦于没有办法,而其所以没有办法因为力量不够:所谓心有余而力不足。增加政府的力量;最低限度,为政府壮胆:这是国难会议可有的使命。"作者另对汪精卫心怀希望:"政府对国难会议的态度全不一致,连行政院本身就不一致,外交部,军政部,财政部,倘以它们对会议的报告为标准,显然是无诚意的。汪精卫先生则又当别论。他的人品和演说就是诚恳的象征。他是天生的民众领袖。长期抵抗的战争一开始,他就是我们的Gambetta(法兰西第三共和国缔造者莱昂·甘必大)。"6月26日,蒋廷黻《鲍罗廷时代之苏俄远东政策》刊于《独立评论》第6号。同月,蒋廷黻书评"Mc Cordock,British Far Eastern Policy"刊于《清华学报》第7卷第2期。7月10日,蒋廷黻《东北外交史中的日俄密约》刊于《独立评论》第8号。10月10日,蒋廷黻《外交史及外交史料》刊于《大公报·文学副刊》。12月4日,蒋廷黻《中国社会科学的前途》刊于《独立评论》第29号。同月,蒋廷黻《最近三百年来东北外患史》(附图)刊于《清华学报》第8卷第1期。是年,蒋廷黻在《独立评论》及《大公报》《北京晨报》等刊物上发表60余篇时事述评,阐述对时局的主张。(齐家莹编《清华人文学科年谱》,清华大学出版社1999年版)

顾颉刚1月1日作《顾颉刚答张福庆书》,讨论"九族"问题。同月,任燕大、北大两校"尚书研究"课,授"尧典"。又为郝立权《陆世衡诗注》作序。21日,顾颉刚赴杭省亲,以淞沪抗战,交通阻隔,留杭四个月。在杭为燕大图书馆购书,于一藏书家处发现姚际恒《仪礼通论》钞本,乃借钞之。其间两校课程由唐兰代。1—3月,顾颉刚整理《崔东壁遗书》,将其中六种寄亚东图书馆。又作此书序,未毕。3月11日,致函郑德坤,论救国事。12日,致函洪业,向哈佛燕京学社请款编印《尚书研究讲义》,并论编民族史事,认为"改造中国历史,即可以改造一般民众的历史观念。第一部史应为民族史"。18日,致函牟润孙,论蕃姓与汉姓。4月,作《从〈吕氏春秋〉推测〈老子〉之成书年代》,刊于《史学年报》第1卷第4期。文中认为,老子当在杨朱、宋钘之后,成书在秦汉之间。4、5月间,辑"太一"资料,并提供与钱宝琮,嘱他撰成《太一考》,刊于《燕京学报》第12期。5月上旬,分别致函钱穆、钱玄同,讨论老子其人与《老子》,为陈漱琴《诗经情诗今译》作序。21日,作《周汉风俗和传说琐拾——读〈吕氏春秋〉及〈淮南子〉笔记》，刊《民俗学集隽》。25 日，为娄子匡《西藏恋歌集》作序。29 日，为樊漱圃《拜魁纪公斋丛书》作序。

顾颉刚 6 月 1 日离杭抵沪。3 日，抵苏。8 日，离苏北行。10 日，返回北平。24 日，作《顾颉刚本年工作报告》。7 月，编本年在杭时与履安信五十余封，成三册。7 月，作《〈古史辨〉（第四册）序》，未毕。年内又校此书稿。7、8 月间，经洪业介绍住妙峰山金仙庵，作《三皇考》《两汉州制考》，均未毕。9 月，在燕大、北大授"中国古代地理沿革史"课，讲《禹贡》，编讲义，至 1934 年。又任北大"中国通史"课，讲神话中的古史、秦汉宗教等。9 月，经与张文理、洪业、马鉴、容庚、盛成等筹备组织建设研究社，拟定该社简章。30 日，修改北平史学会缘起。10 月 16 日，顾颉刚等在中山公园水榭召开北平史学会成立大会。该会由各大学史学系教授及学生发起，当天到会者百余人，极一时之盛。26 日下午，该会召开第一次执行委员会，由谭其骧主席，会议议决执行委员会组织法，文书股由谢兴尧（北大）、谭其骧（燕京）、丁迪豪（北师大）担任，事务股由柴德赓（北师大）、陈均、张德昌（清华）、戴邦伟担任，出版股由吴晗（清华）、朱士嘉（燕京）、邓嗣禹（燕京）、李树新担任。决定出版会刊，拟聘陈寅恪、陈受颐、陈垣、顾颉刚、邓之诚、陶希圣、陆懋德、洪业、胡适等 18 人担任编辑委员会委员，由执委会派邓嗣禹、吴晗为代表，出席编委会，计划 1933 年元旦出版会刊创刊号。从职员构成看，燕京大学历史学会的成员在其中占有较大比例。北平史学会的主体是各校学生而非教师，但并未能真正将北平的史学系学生聚合起来，有计划有组织地开展学术活动。会刊也未如期出版。同月，商务印书馆组织大学丛书委员会，着手编印"大学丛书"，顾颉刚与蔡元培、胡适、冯友兰、傅斯年、马寅初、何炳松、马君武、傅运森、姜立夫等 56 人被聘为丛书委员会委员。11 月 28 日，为北京师范大学《充实杂志》作《发刊词》。12 月，修改郑德坤《研究经济地理计划刍议》，刊于《东方杂志》；作《新年的梦想》，刊于《东方杂志》。是年，顾颉刚与钱穆、王庸、唐兰等讨论治古史与考地之关系；据燕大《中国上古史研究讲义》所论三皇部分，始撰写《三皇考》；记笔记《郊居杂记》第十至十三册。（以上参见顾潮编著《顾颉刚年谱》，中国社会科学出版社 1993 年版；顾潮编《中国近代思想家文库·顾颉刚卷》及附录《顾颉刚年谱简编》，中国人民大学出版社 2015 年版；王学典《20 世纪史学编年（1900—1949）》，商务印书馆 2014 年版）

陈垣收到莫伯骥 1 月 1 日来函："目编成已有六百种，稍俟就绪，当寄呈左右削正壹是耳。"2 月 3 日，孙楷第来函，评价《元典章校补释例》。4 月 6 日，陈垣、尹炎武、伦明、余嘉锡、杨树达等在谭宗浚宅宴请章炳麟。30 日，福开森来函，询问《畿辅通志》张留孙碑中天历年月是否为后人所填。5 月 1 日，陈垣复福开森函，指出《畿辅通志》张留孙碑跋语之五处错误。7 月 1 日，杨树达来函，推荐吴其昌入辅仁大学。同月，北京大学研究院成立，原国学所改为研究院文史部，研究方向也略有改变，陈垣不再担任文史部导师，转任史学系教授。在《辅仁学志》第 3 卷第 2 期发表《雍乾间奉天主教之宗室》。此文分上下两编，上编述考苏努诸子的世系略历、获罪原因、治罪详情等。下编述考简亲王德沛之世系略历、奉天主教之由来、德沛之相关学说等。此文旨在考辨雍乾间清宗室奉天主教之情况，并指正诸书记载之错误及其根源。此文被认为是运用档案补充文献不足并纠正文献错误的范例，发表后受到学界重视，被视为陈垣的重要论著之一。但也有研究者指出，作者未能利用西方传教士方面的档案资料等。此文发表后，曾有人在《大公报》文学副刊发表商榷文章，陈垣又撰写《从雍乾间奉天主教之宗室说到石老娘胡同当街庙》。10 月 22 日，朱希祖来函，报告安抵广州。冬，撰《窥园图记跋》。是年，陈垣编《元典章校补释例》6 卷由北平国立中央研知院历史语言研究所刊行,胡适作序。(参见刘乃和、周少川、王明泽《陈垣年谱配图长编》,辽海出版社 2000 年版;王学典《20 世纪史学编年(1900—1949)》,商务印书馆 2014 年版)

陈寅恪《莲花色尼出家因缘跋》1 月刊于《清华学报》第 7 卷第 1 期。2 月 2 日,陈寅恪与浦江清通电话。23 日下午,陈寅恪讲"中国中古哲学"课。3 月 10 日,夏承焘有答陈寅恪文。3 月 13 日,老同学王作求约请陈寅恪在吴雨僧师藤影荷声馆东客厅接见王光祥、陈新民、陈宗仁等。陈寅恪表示不参加国难会议。4 月 23 日,陈寅恪《高鸿中明清和议条陈残本跋》刊于《清华周刊》第 37 卷第 8 期。6 月,陈寅恪《禅宗六祖传法偈之分析》刊于《清华学报》第 7 卷第 2 期。7 月 30 日,清华大学夏考新生入学开始考试。陈寅恪拟定国文试题,一为作文题《梦游清华园》,一为对子题"孙行者",结果被认为是向"新文化"发起挑战,引发学术界"对对子"风波。8 月 7—19 日,北平《世界日报》"读者论坛"陆续刊出读者来信,对陈寅恪所拟清华大学国文试题进行讨论,为期两周,多有批判指责之言。为此,陈寅恪分别于 8 月 15 日、17 日在《世界日报》与《清华暑期周刊》上发表谈话,回应所拟国文考题引发争议,解释出题因由是要"测验考生国文文法及对中国文字特点之认识"。9 月 5 日,天津《大公报·文学副刊》刊发陈寅恪《与刘叔雅论国文试题书》一文,正式行文回应社会各界批评,侧重学理说明,并感慨其国文出题"不过藉以说明对偶确为中国语文特性之所在","徒遭流俗之讥笑"。

　　按:王震邦《孙行者/胡适之——陈寅恪的"对对子"争议》(台湾中正大学历史研究所博士论文)曰:"报纸上的读者投书,或要求提供标准答案,或批判出题者有复古心态。北平《世界日报》在两个星期内,即间歇刊出十四篇投书。这是民国以来第一桩因大学入学考题引发的媒体争论。出题者陈寅恪几番作出回应,并顺势提出一大套西方历史语言学和辩证法的大道理,不仅在于澄清出题的意义,且欲反守为攻,惟拒绝提供标准答案。对陈寅恪的'答辩',非但有读者不领情,其所提出的西学理论,以及藉此要'摧陷廓清'国文或说汉语文法照搬西方文法硬套的'格义'观念,也未获学界正面回应。此一双重挫折,在三十余年后,陈寅恪重编《金明馆丛稿》时,另写了一篇《附记》。'孙行者'的'标准答案'竟然就是'胡适之'。这应是上个世纪三十年代民国学界的一大公案。"

陈寅恪《南岳大师立誓愿文跋》10 月刊于《中央研究院历史语言研究所集刊》第 3 本第 3 分册。文中认为天台宗创造者慧思所作《誓愿文》,"取本人一生事迹,依年岁编列。其书不独研求中古思想史者应视为重要资料,实亦古人自著年谱最早者之一。故与吾国史学之发展殊有关系"。该文旨在先判定《誓愿文》之真伪,并对"其所表现思想之特征略加解释"。作者认为该文并非伪作,此文中"求长生丹药一事"显示,"天台宗内由本体之同质,外受环境之习熏,其思想之推演变迁遂不期而与道家神仙之学说附会","天台原始之思想虽不以神仙为极诣,但视为学佛必经之历程"。此文显示陈氏治学渐由语言比较转向思想比较。12 月 16 日,陈寅恪《与刘叔雅论国文试题书》一文刊于《青鹤》第 1 卷第 3 期,前有"编者识":"义宁陈寅恪先生,为散原老人第五子,学问淹博,久任清华大学教授,尝以对联为国文试题,一时群起诘难,先生未辨也。顷友人抄得其致刘叔雅书,复录以视余。刘为是校国学系主任,曾属(嘱)先生拟试题者。此书于命题之旨,颇多发挥,殊有兴趣也。"同月,郑振铎《插图本中国文学史》第三册由朴社出版部出版,景山书社发行。其中第四十章《戏文的起源》中,言及陈寅恪鉴定古写本梵文印度名剧《沙恭达罗》(郑本译作《梭康特拉》)事。(参见卞僧慧纂《陈寅恪先生年谱》,中华书局 2010 年版;章玉政编著《刘文典年谱》,安徽大学出版社 2011 年版;高平叔编著《蔡元培年谱长编》,人民教育出版社 1996 年版;齐家莹编《清华人文学科年谱》,清华大学出版社 1999 年版;王学典《20 世纪史学编年(1900—1949)》,商务印书馆 2014 年版)

李济4月1日主持中央研究院历史语言研究所对安阳殷墟进行第6次发掘,至5月31日止。参加者有董作宾、吴金鼎、王湘、刘屿霞、周英学、石璋如等。此次发掘重点是对殷墟遗址的探寻,发现了屡经改造的殷代王宫建筑、墓葬等。10月19日,李济继续主持中央研究院历史语言研究所对安阳殷墟进行第7次发掘,至12月15日止。参加者有董作宾、石璋如、李光宇、马元材等。此次发掘,发现了殷人宗庙宫室所在,得出土物品百余箱,并发现有毛笔墨书的"祀"字。12月26日上午10时,中央研究院假上海亚尔培路中国科学社明复图书馆礼堂举行公开讲演会,到该院在沪研究人员及听众三百余人,蔡元培院长主席,由该院历史语言研究所考古组主任李济讲演《河南考古最近之发现》,并将浚县出土的西周古物多件,陈列展览。(参见岱峻《李济传》,江苏文艺出版社2009年版;中国大百科全书总编辑委员会《中国大百科全书·考古学》,中国大百科全书出版社2002年版;王学典《20世纪史学编年(1900—1949)》,商务印书馆2014年版;高平叔编著《蔡元培年谱长编》,人民教育出版社1996年版)

董作宾4月1日、10月19日参与了中央研究院历史语言研究所对安阳殷墟的第6、7次发掘。9月,董作宾编著《甲骨文论著目录》由北京大学作为讲义刊印,后刊于1933年4月《读书月刊》第2卷第7期。秋冬之季,董作宾与郭沫若相识,寄赠摹录殷墟陶文。郭沫若书题七绝一首答谢董作宾,云:"清江使者出安阳,七十二钻礼成章。赖君新有余且网,令人长忆静观堂。"郭沫若得董作宾书信,知其有甲骨文断代研究之作,分世系、称谓、贞人、坑位、方国、人物、事类、文法、字形、书体等10项。以其体例綦密,原有意于《卜辞通纂》书成后,附以卜辞断代表,遂决定"不复论列"。其《卜辞通纂·序》谓"大抵卜辞研究自罗王而外以董氏所获为多。董氏之贡献在与李济之博士同辟出殷墟发掘之新纪元,其所为文如《大龟四版考释》(见《安阳发掘报告》第三期)及《甲骨年表》(《集刊》二·二)均有益之作也"。12月下旬,郭沫若得中央研究院历史语言研究所董作宾、李济以"《新获卜辞》之拓墨"及安阳殷墟第二次发掘所得"大龟四版"拓片"惠假""并蒙特别允许其选录"。即选录《新获卜辞》22片及大龟四版辑入《卜辞通纂·别录之一》(《卜辞通纂·述例》)。是年,董作宾发表《甲骨文断代研究例》,提出甲骨断代的10项标准,对甲骨学研究有重要的推进。(参见中国大百科全书总编辑委员会《中国大百科全书·考古学》,中国大百科全书出版社2002年版;林甘泉、蔡震主编《郭沫若年谱长编》,中国社会科学出版社2017年版;王学典《20世纪史学编年(1900—1949)》,商务印书馆2014年版)

容庚4月作《宋代吉金书籍述评》一文,至8月成,刊于《蔡元培先生六十五岁庆祝论文集》。6月,著《武英殿彝器图录》稿。7月,著《殷契卜辞》稿,由学生瞿润缗协助编写。同月15日,郭沫若致信容庚,谓"大札奉悉。住友氏藏铜鼓已函询梅原氏,据复其器下方有大穴,上部无口,认为尊类完全无理云云。原函奉上,请一阅"。12月12日,郭沫若致信容庚:"信悉。岂明先生'好好先生'之评,诚惶诚恐,实则先生之好好真好好也,我则虚有其表而已。鼎能以照片见示否?色气质量如何?乞详。"(参见东莞市政协编《容庚容肇祖学记》,广东人民出版社2004年版;林甘泉、蔡震主编《郭沫若年谱长编》,中国社会科学出版社2017年版)

郭宝钧4月16日主持浚县辛村西周时期卫国贵族墓地发掘,5月26日结束。系由中央研究院与河南省政府合组河南古迹研究会联合发掘,参加者有刘耀等。1932年10月21日至12月6日、1933年4月1日至5月24日又分别进行第二次、第三次发掘。又由刘耀、吴金鼎等发掘浚县大赍店新石器时代遗址。辛村的发掘收获,后由郭宝钧撰写为《浚县辛村》,至1964年出版。(参见中国大百科全书总编辑委员会《中国大百科全书·考古学》,中国大百科全书出版社2002年版;王学典《20世纪史学编年(1900—1949)》,商务印书馆2014年版)

王静如致力于西夏语言文字的研究,所著《西夏研究》作为"中央研究院历史语言研究所专号之八"出版。此书极富学术价值,深得国内外学者的一致称赞,一直是从事西夏研究的中外学者必备的参考书。《西夏研究》与次年由中央研究院历史语言研究所出版的《西夏研究》第2辑、第3辑形成《西夏研究》三辑,对西夏语作了多方面的探索与论述,辨识了4000多个西夏文字;对西夏语音中的尾鼻音和浊辅音、鼻冠音等作出了科学论断;系统研究并详细论述了西夏文的佛经雕版;逐字对译了4部西夏文佛经,并列有汉、藏两种文字对照;反驳了美国学者的学说,评述了苏联学者的观点,为西夏研究提供了丰富的档案资料。是为王静如西夏研究最重要的代表作。苏联西夏学家克恰诺夫说:"王静如教授所发表的论文,他的专辑《西夏研究》,是所有希望认识西夏文学和语言的人真正可资利用的教材。"

按:王静如以《西夏研究》三辑于1936年获得法国院士会授予的东方学"茹莲(S. Julien)奖金",他也被推荐为法国巴黎语言学会会员。他是中国个人获得此奖金的第一个人。(参见王学典《20世纪史学编年(1900—1949)》,商务印书馆2014年版)

梁思永10月在《历史语言研究所集刊》第4本第1分发表《昂昂溪史前遗址》。此文是1930年9月梁思永在辽宁昂昂溪遗址主持考古发掘的发掘报告,内容包括"东三省及附近各地的石器时代遗存""挖掘""墓葬""墓葬里的人骨架""文化遗存""石器""骨器""角器""陶器"等。同期还刊载了庞新民《广西瑶山调查杂记》、姜哲夫等《拜王》(广东北江瑶山瑶人风俗之一)等文。(参见王学典《20世纪史学编年(1900—1949)》,商务印书馆2014年版)

徐旭生6月受李石曾、李书华邀请任北平研究院史学研究会编辑,后改任研究员。未几任北平研究院史学研究会考古组主任,同时兼任北京大学哲学系教授兼研究所国文导师。自此完成了从哲学与教育事业向考古与历史研究的转变。是年起,徐旭生基于对三代文明起源与发展的关注,开始探索中华民族的形成问题,专心研究中国古史传说,研究重点从西北边疆转向中原腹地,并开始筹划陕西的周秦故都考古工作,与中央研究院的殷墟考古相呼应,为后来著成《中国古史的传说时代》这一名著奠定基础。(参见《徐旭生小传》,载徐旭生著、罗宏才注释《徐旭生陕西考古日记:1933年2月11日—1935年6月14日》,陕西师范大学出版总社2017年版)

陶孟和继续任北平社会调查所所长。6月30日上午11时9分,蔡元培所乘平浦车到达北平,陶孟和与胡适、蒋梦麟、任鸿隽、周诒春、袁同礼、金叔初、傅斯年等100余人到站迎接。7月13日上午,陶孟和、杨振声等及汪精卫、蔡元培、顾孟余、曾仲鸣、褚民谊、彭学沛等共50余人出席全国学术专家谈话会,讨论教育问题。11月,陶孟和、汤象龙主编《中国近代经济史研究集刊》半年刊创刊,北平社会调查所负责出版,此为中国第一份以经济史命名的学术期刊,以研究经济问题,带动其他社会科学的研究和发展为宗旨。其发刊词说:"在我们认识经济在人类生活上的支配力并且现代生活占据个人、民族、国际的重要地位的时候,我们便不得不说历史的大部分应该为经济史的领域。"创刊号刊载了罗玉东《厘金制度之起源及其理论》、周益湘《道光以后中琉贸易的统计》、陈文进《清代之总理衙门及其经费》、张德昌《胡夏米货船来华经过及其影响》等文。《集刊》系一专攻社会经济史的刊物。最初自许"以讨论中国近代各种经济问题及现象,并介绍各种重要经济史料书籍为目的",且称"此种刊物的发行要为中国学术界研究近代经济史的创举"。后来研究范围逐渐扩展,在时间上已突破近代之限,领域也不再止于经济史,而是涉及到更为广阔的社会史。它所研究的内容涵盖了赋税制度、盐务、货币、国际贸易、铁路、兵制、度牒等,尤其对中国社会经济史研究做出了开拓性贡献。

按:1934年7月,北平社会调查所与中央研究院社会科学研究所合并,所址分设于北平和南京。1935年第三卷起改由南京国立中央研究院社会科学研究所出版。每年出版一卷两期。1936年5月迁往南京出版,后来在1937年3月第5卷第1期出版后,更名为《中国社会经济史集刊》,并以季刊形式出版。自第1卷第1期(1932年11月出版)至第4卷第1期(1936年5月出版)由陶孟和、汤象龙主编。第5卷第1期(1937年3月出版)起改名为《中国社会经济史集刊》,编辑委员会由朱庆永、谷霁光、吴晗、吴铎、夏鼐、孙毓棠、张荫麟、梁方仲、汤象龙、刘隽、罗尔纲组成。强调注重政治史、社会史、经济史的专门研究。抗日战争爆发后,南京沦陷,社会科学研究所内迁四川南溪。第6卷于1939年6月和12月在昆明出版。自第7卷第1期(1944年6月出版)起,编辑事宜改由社会科学研究所负责,主编陶孟和、梁方仲,重申注重经济史、社会史、政治史方面的专门研究。抗日战争胜利后,社会科学研究所迁回南京,出版了第7卷第2期(1946年7月)和第8卷第1期(1949年1月)。此后该刊停办,共出8卷16期。萧一山说:此刊论文,根据实际材料,多有足取,将来成就,当可观也。台湾学者刘翠溶则指出,此为第一份以经济为名的学术刊物,创刊时间比美国经济史学会出版的Journal of History(1941年5月)还要早,这份刊物实为导致今日研究中国经济史和社会史之嚆矢。不过时人陈啸江也指出此刊的不足,"该杂志的作者多不注意历史理论的修养和运用",偏于政府财政而很少注意社会经济,其实际影响不大。(参见智效民《中国社会学的奠基者——陶孟和》,《文史月刊》2015年第10期;庾向芳《汤象龙经济史学思想探析》,杨共乐《史学理论与史学史学刊》2020年上卷,社会科学文献出版社2020年版;高平叔编著《蔡元培年谱长编》,人民教育出版社1996年版;王学典《20世纪史学编年(1900—1949)》,商务印书馆2014年版)

谢家荣继续任职于地质调查所,其留欧时期的煤岩学与地相学成果继续得到国际学界的高度评价。1月8日,煤岩学先驱之一、芝加哥大学地质系教授费歇尔(J. Fisher)致信谢家荣,称读到了煤的侵蚀结构的文章,非常精彩,希望得到煤岩学研究新方法和北票煤的煤岩学研究的文章。2月25日,美国学者特纳(H. G. Turner)致信谢家荣,感谢寄去的煤岩学文章,特别对使用油浸法和偏光显微镜研究煤的方法感兴趣,表示如果偏光能够区分丝炭和镜质组,一定会对煤组分的解释有莫大的帮助。在《普通煤岩学概论》首次提出"煤岩学"作为一个科学术语的德国著名学者波托涅(R. Potonie)也对谢家荣的相关文章给予高度评价。7月下旬,谢家荣、王竹泉受翁文灏委派各带调查员一人,前往陕北考察石油地质。计划所经地点为:山西柳林—陕西绥德—清涧—延川—延长,然后分路:一路经宜川—韩城—合阳—富平;一路经肤施—甘泉—鄜县、洛川中部宜君同官耀等。12月,谢家荣1930年春在德国完成了长篇论文"A Preliminary Report on the Microstructure of Chinese Coal"(《华煤显微结构的初步研究报告》),部分内容以《华煤中之植物组织及其在地质上之意义》为题刊于《中国地质学会志》第11卷第3期。(参见张立生《谢家荣:成就辉煌的访学之旅》,《中国科学报》2019年9月20日;李学通《翁文灏年谱》,山东教育出版社2005年版;潘云唐《翁文灏年谱》,《中国科技史料》第10卷[1989]第4期)

杨钟健致力于古哺乳动物学和第四纪地质研究,成为中国哺乳类化石和新生代(特别是第四纪)地质研究的奠基人。是年,所著《周口店第二第七第八地点之脊椎动物化石》列入《中国古生物志》丙种第7号第3册、《周口店第一地点之偶蹄类化石》列入《中国古生物志》丙种第8号第2册,由地质调查所印行。所撰论文《戈壁侵蚀面之研究》刊于《中国地质学会志》第11卷第2期;《绥远西部之恐龙化石》刊于《中国地质学会志》第11卷第3期;《云南哺乳动物化石》刊于《中国地质学会志》第11卷第4期。(参见王仰之《杨钟健年谱》,《西北大学学报》1983年第2期)

胡先骕继续任职于静生生物调查所。2月,静生生物调查所组织云南生物采集团由北平出发,该队由蔡希陶率领,成员有陆清亮、常麟春等。在宜昌,邱炳云也来加入。先入川,在川滇交界处采集,后至昭通,入云南。得云南省教育厅相助,进行了为期三年的采集,所得至为丰富。3月8日,汤用彤招饮来平之黄侃,胡先骕、徐悲鸿等陪席,座谈久之。4月5日,介绍其侄德煌向黄侃问学。同日,复函陆文郁,告在商务印书馆所出《中国植物图谱》第三、第四册毁于战火等事,至堪痛恨,幸图稿尚存。5月,卢前校刊《巢经巢逸诗》,曾赠胡先骕一册,请为正讹。3日,致函胡适,推荐陈清华之经济学著作于中基会编译委员会。6日,致函中央研究院,答复关于参加第五次太平洋科学会议各代表机关筹垫旅费,云"因敝所无法筹垫,只有暂不出席,好在尚有其他代表出席,人数不妨略减"。20日招饮黄侃于同和居,汤用彤、萧纯锦等在座。21日,蔡希陶有函来,汇报途中情形。

胡先骕6月15日列席在南长街中基会事务所举行的静生所委员会第九次会议,任鸿隽任会议主席,报告:"秉农山君因须在南京中国科学社生物所施行研究,对于本所所长一职不能兼顾,故于去年迭请辞去兼任所长职务,并推荐胡步曾君自代。嗣经中基会第四十四次执行委员会议决定照准,并决定以本年元旦为新旧所长交替日期。"10月,请范罕等为《忏庵诗稿》作序。11月16日,在《国风》半月刊第1卷第8号发表《政府任命翁文灏为教育部长感言》。24日,《国风》半月刊第1卷第9号为"刘伯明先生纪念号",胡先骕发表《今日救亡所需之新文化运动》,继续批判五四运动。

> 按:《今日救亡所需之新文化运动》曰:兼弱攻昧,古有明训。夫今日之中国,弱极矣,昧极矣。弱犹可说,昧则不可说也。苟吾国民仍酣嬉蒙昧如昔,而无大彻大悟之觉醒,则亡国可立待。盖以中国今日之现状,即令吾国与强邻易地而处,亦必兼之攻之,断无反顾也。
>
> 吾国国势所以至此者有三要因:一则晚清之际,秉国钧者无精忠体国之诚,与洞彻内外治道之识,故不能救清室之覆亡。二则由于辛亥以还之革命,但知求治体上之革新,而不知着眼于淑世心理之改造。而最大之原因,厥为五四运动以还,举国上下,鄙夷吾国文化精神之所寄,为求破除旧时礼俗之束缚,遂不惜将吾国数千年社会得以维系,文化得以保存之道德基础,根本颠覆之。夫如是求其政治不窳败,人心不浇漓,国本不动摇者,未之有也。
>
> 夫政治与经济等制度固为立国之根本,然徒法不足以自行,苟人心浇漓,则一切良法美意,皆等于空论。溯吾国自庚子乱后,政权曾由预备君主立宪一变而为代议制之共和,再变而为国民党一党专政之党治,所未尝试者,共产主义与棒喝主义式之专政而已。自政治理想而言,各尽所能各取所需,或为最高尚之治体,然英美法诸大邦,在代议制之共和政体下,治绩亦远非吾国之可比。至苏俄共产主义政制空前之大成功,与意大利棒喝党之挽回国家之颓势,尤为吾人所望尘莫及者也。一治一乱所以有霄壤之隔者,则由于吾国人心之浇漓。以中国如此之人心,即使共产党一旦能夺得政权,苏俄式建设之大成功亦必不可期,而国之元气将摧毁无遗,吾民族亦将陷于万劫不复之境矣。
>
> 吾国立国之精神,大半出于孔子之学说。老庄佛氏之学虽与之异,而时有以匡翼之。盖孔子学说为中国文化泉源,与基督教之为欧美文化之泉源相若。然其所以较基督教为优者,则因其无迷信之要素,无时代性,行之百世而无弊也。孔子之道曰正心修身,曰忠恕,曰言忠信、行笃敬,曰无欲则刚,曰贫而乐、富而好礼,此无论在何等政治经济制度之下皆为人立身之大本也。苟尽人能如此,则在君主立宪政体之下,国亦可强盛,如今日之英国是也。在代议制共和政体之下国亦可强盛,如今日法美是也。在独裁政体之下国亦可强盛,如今日意大利、苏俄是也。今日中国之大病,则在士君子阶级不能正心修身,言不忠信,行不笃敬,多欲而不能安贫。故居要津者贿赂公行,殖产多至千万,穷奢极欲,匪夷所思,同时复不能忠于其职,惟知结党以固位。甚至居清要之人师地位者,其卑鄙营苟与官僚相若,其恶影响之所及,由大学而中学,中学而小学,其毒中人之深,几至言语道断,夫如是求不亡国灭种可乎?
>
> 吾人试一观五四运动之结果,在政治上,虽助成北洋军阀之颠覆,与国民党之执政,而军阀势力并未铲除,政治毫未改善。徒使共产党徒造成闽赣式之大屠杀,而并不能组成有纪律有计划有施为之左党,以

守法之方法争夺政权。在文化上，虽造成白话文之新文体，对于普及教育并无若何之贡献，而文学上之成就，尤不足数。虽诱起疑古运动，对于历史考古训诂诸学有不少新事实之发明。然于吾国文化之精神，并无发扬光大之处，反因疑古而轻视吾国固有之文化，以诅咒自国为趋时。虽尽量介绍欧美之思潮，然于欧西文化之精粹，并无真确之认识，哺糟啜醨，学之而病。提倡新教育而反使人格教育日趋于破产。高等教育，已近于不可救药，中小学教育亦每况愈下。日言社会改革，而为社会基础之家庭先为之破坏，自由恋爱之说流行，而夫妇之道苦，首受其祸者厥为女子。此种文化运动之结果，真使人有始作俑者，百世之下，虽起其白骨而鞭之，犹不足以蔽其辜之感焉。

差幸今日秉国钧者，已有此路不通之感。溯自北伐军兴，曾左诸人之祠庙，几摧毁而无遗，洪杨之徒，认为革命之先进。曾几何时，曾胡治兵语录，已为军人之典范矣。革命之初，孔子像屡经异以游街示众，今则以巨币修孔林矣。昔日之宗列宁而祖马克思者，今日则几言必称尧舜矣。吾非谓在今日之中国，有吴佩孚式之道德救国，便可挽狂澜于既倒。吾且主张对于政治经济，须取彻底之社会主义式之改造，使吾国不致重蹈资本主义、帝国主义之覆辙。高尚之自由恋爱，吾亦认为在今日之中国亟应提倡。然根本之要图，为一种较五四运动更新而与之南辕北辙之新文化运动，所谓苟日新，日日新，又日新者，以革新人心，使知人与禽兽几希之辨，即在禽兽之行为，纯为自然律所支配；而人则不为自然律之奴隶，另须遵循得以生存于文明社会之人的规律。凡食色争夺之兽性，必须有所节制，而另求理智上道德上之安慰与愉乐。一方对于吾国文化有背于时代性之糟粕固须唾弃，而其所以维护吾民族生存至四千年之久之精神，必须身体力行，从而发扬光大之。则今日之弊政可以廓清，政法经济上重要之改革，亦可施行而无阻。所谓可使制梃以挞秦楚之坚甲利兵，岂徒救亡云乎哉！（以上参见胡宗刚《胡先骕先生年谱长编》，江西教育出版社 2007 年版）

朱启钤所著《岐阳世家文物考述》5 月由中国营造学社出版。7 月，中国营造学社搬到天安门内西朝房办公。是年，单士元、邵力工、莫宗江、陈明达、刘致平等先后加入学社。中国营造学社在北平市政府主持下，与各文化机关共同组成圆明园遗址保管委员会，共同议决保管章程 14 条，交工务局执行。中国营造学社调查大同云冈石窟。（参见中国大百科全书总编辑委员会《中国大百科全书·考古学》，中国大百科全书出版社 2002 年版）

梁思成任中国营造学社法式组主任，中央研究院历史语言研究所通讯研究员及兼任研究员。在杨文起、祖鹤州两位老匠人的帮助下，读懂了清工部《工程做法》，又深入研究整理了学社收集的大量民间做法抄本，于 3 月著成《清式营造则例》，至 1934 年出版。此书为我国第一部以现代科学技术的观点方法总结中国古代建筑构造做法的著作。作者通过对比清工部《工程做法则例》和《营造法式》，发现清代建筑与宋以前的建筑存在明显差异。想要参破《营造法式》的奥秘，掌握中国古建筑内在的逻辑，亟须对宋以前建筑进行实地考察和测量，梁思成由此开启了田野考察之旅。4 月，梁思成开始对河北蓟县独乐寺辽代建筑进行调查，并写出详细的报告，论证独乐寺建于辽代，这是当时所知道最古的一座木构殿堂，也是我国第一次用现代科学的方法调查测绘古建筑的调查报告，在国际学术界引起重视。

按：梁思成撰写了《蓟县独乐寺观音阁山门考》《正定古建筑调查纪略》《赵县大石桥》《晋汾古建筑预查纪略》《曲阜孔庙之建筑及修葺计划》等 10 余篇论文和报告，将一座座从汉唐、宋辽到明清各式的古建筑珍宝展现在人们面前。其中《蓟县独乐寺观音阁山门考》发表在《中国营造学社汇刊》第 3 卷第 2 期，是我国第一篇用科学方法描述和分析中国古建筑的报告，曾引起中外学术界的瞩目。自 1932 年到 1941 年的 10 年期间，梁思成与营造学社的同仁们一共调查了 2700 多处古建筑，足迹遍及 190 县市，自宫殿、寺庙、石窟到园林、民居，从唐代古建到清代建筑，它们给研究中国建筑发展史提供了充足的资料。梁思成与林徽因对其中大多数建筑进行了精细测绘，在此基础上得以大致廓清了中国古代建筑的发展脉络。很多古建筑也通过他们的考察得到了世界、全国的认识，从此加以保护。

梁思成 6 月调查河北宝坻县广济寺三大士殿，并发表调查报告。这是继蓟县独乐寺之后发现的又一座辽代建筑。应聘为国民政府中央研究院历史语言所通讯研究员并兼任研究员。是年,梁思成、刘敦桢、蔡方荫受故宫博物院委托,拟定文渊阁楼面修理计划,并按计划进行修葺;又为故宫博物院南董殿拟定维修计划,为内城仅存之东南角楼拟定修葺计划;梁思成与林徽因合写《平郊建筑杂录》;梁思成结识后来成为著名汉学家的费正清夫妇,与他们建立了亲密的友谊,直至1949年中美断交后失去联系。

按:1971年美国乒乓球队访华后,收到费正清夫人费慰梅来信,请梁思成协助他们申请访华,不幸在费氏夫妇到达北京前几个月,梁思成去世,最终未能见面。(参见林洙、楼庆西、王军《梁思成年谱》,《建筑史学刊》2021年第2期"梁思成及营造学社前辈纪念专刊";《梁思成全集》第九卷《梁思成年谱》,中国建筑工业出版社2001年版)

刘敦桢与梁思成、蔡方荫受故宫博物院委托,拟定文渊阁楼面修理计划,并按计划进行修葺。刘敦桢《法隆寺与汉、六朝建筑式样之关系补注》刊于《中国营造学社汇刊》第3卷第1期;《北平智化寺如来殿调查记》刊于《中国营造学社汇刊》第3卷第3期;《大壮室笔记》刊于《中国营造学社汇刊》第3卷第4期。

易培基续任北京故宫博物院院长。1月,故宫博物院编纂的《清代外交史料》(嘉庆朝、道光朝)陆续出版。该书所收资料始于1796年,迄于1831年,主要为军机处存档中有关对外关系的谕旨、奏议、照会、书札等。各件按年月日排列,不分类。它是研究清代外交史的重要资料。是年,故宫博物院编辑出版《清光绪朝中日交涉史料》88卷。此书资料汇编分线装44册,所辑档案文件全部选自清军机处档册或月折包、编者对所收各件加拟标题、编号,并按收文时间先后依次编排。前74卷收录谕旨、奏折、电报、函札、照会、条约等5592件(另有附件803件),比较系统地反映了光绪元年十二月(1876年1月)至三十四年十二月(1908年12月)期间的中日关系及有关交涉事宜。卷75至卷88,为有关日俄战争的"东事收电档"和"东事发电档",共收入光绪二十九年十二月至光绪三十一年十二月期间的有关电报1892件。8月31日,鉴于中日两国之间的战争一触即发,"北平政务会议"议决方案:1.呈请中央拍卖故宫古物购飞机500架;2.令故宫停止处分物品;3.派员到院查看处分物品全案并查询院存基金数目。10月4日,经院长易培基等多方努力、上下奔走,国民党中央政治会议议决保护故宫办法,拍卖文物一案被否决。(参见王学典《20世纪史学编年(1900—1949)》,商务印书馆2014年版)

马衡继续任故宫博物院理事会理事兼古物馆副馆长。1月6日,收到顾颉刚所赠《古史辨》第三册(乙)。14日,赴北京大学,晤钱玄同。18日,与容庚等在中兴楼聚餐,拟成立以金石学社,定名"述社"。24日上午,出席孔德学校董事会。3月12日,随马裕藻与钱玄同访章炳麟。同月,据西北科学考查团所取得汉笔考证并命名居延笔,撰《记汉居延笔》以铭于世。4月30日,黄鹏霄、王作宾作《明陵、长城调查报告》交付马衡。5月14日,王作宾作《昌平县车站石器调查报告》交付马衡。22日,王作宾作《二次昌平县车站石器调查报告》交付马衡。月底,马衡起草古物保护委员会呈行政院呈文。6月8日,故宫博物院理事长李石曾正式提出辞职。9日,王作宾作《刘瑾坟墓调查报告》交付马衡。12日,马衡与易培基、江翰、俞同奎、沈兼士、李宗侗、张继等8人出席故宫博物院理事会在平理事会议。13日,王作宾、傅一清作《长陵园调查报告》交付马衡。15日,钱玄同访马衡,并晤唐兰。22日,马衡赴唐兰玉华台宴,同席有顾颉刚、徐森玉、刘盼遂、吴子馨、钱穆、容庚等。7月2日午间,赴今雨轩吴子馨宴。午后北大同人及学术界举行欢迎蔡元培会。当晚,赴欧美同学会公宴蔡元培。8日,北京大学研究所国学门改为国立北京大学研究院文史部,马衡、钱玄同、魏建功负责甲骨文研究。8月17日,圆明园遗址保管委员会成立,推马衡起草保管整理方案,送交市政府再行定期召集会议。20日,马衡出席故宫博物院理事会在平理事会第三次会议。9月21日,古物保护委员会举行会议,议决将北平划为"文化城"。22日,马衡出席北平市圆明园遗址保管委员会第一次临时会议,议决并通过圆明园遗址保管整理办法草案。11月,郭沫若接马衡信,谓"《新郑古器图录》(关百益编)一书至不可信",古器中"莲鹤方壶"壶盖上所立之鹤不可靠。因马氏在古器出土时曾"亲往参观",遂信其说。在《新郑古器》(收入《古代铭刻汇考》)一文中亦自承"谬误"。12月11日午后,马衡与陈垣、李宗侗、徐炳旭、顾颉刚、常惠至北平研究院出席《北平志》编纂委员会会议。30日午间,马衡赴法国公使欢迎伯希和宴,翁文灏、蒋梦麟、胡适、傅斯年、陈寅恪、刘半农等30余人出席。(参见马思猛《马衡年谱》,故宫出版社2021年版;方遥《马衡:中国近代考古学奠基人》,《中国社会科学报》2021年3月10日第2122期;林甘泉、蔡震主编《郭沫若年谱长编》,中国社会科学出版社2017年版)

　　袁同礼收到顾颉刚1月6日所赠《古史辨》第三册。1月10日下午,在平馆出席北平图书馆协会,当选为协会执行委员。同月,公开《永乐大典》搜集成果,有疑似四库馆臣查存底册《永乐大典》存目,袁同礼作跋文。2月5日,整理《永乐大典》研究成果,作《近三年来发见之〈永乐大典〉》,刊于《国立北平图书馆读书月刊》第1卷第6期。16日,在平出席平馆委员会会议,与会者有周诒春、任鸿隽、孙洪芬、刘半农、傅斯年、陈垣,周诒春为会议主席。春间,经胡适、陶孟和介绍,袁同礼认识赴北平撰写牛津大学论文的费正清。6月7日,蒋复璁来函,讨论"西夏文专号",并告在国外近况。9日,在平出席平馆委员会会议,与会者有任鸿隽、周诒春、傅斯年、孙洪芬、陈垣,周诒春任会议主席。30日下午,在中央研究院,遇顾颉刚等。7月2日,赴欢迎蔡元培晚宴,蔡元培、周诒春、马叙伦、傅斯年、严济慈、顾颉刚共51人出席。

　　袁同礼与陶孟和、丁文江、蒋廷黻等编辑的英文版《中国社会及政治学报》(The Chinese Social and Political Science Review)第16卷第2期7月出版。该刊中文名由胡适题签。袁同礼与丁文江为1934年部分执行编委(executive council)。夏,馆员严文郁在美国哥伦比亚大学图书馆作交换馆员,服务期满,改派馆员汪长炳赴美接替严文郁。9月21日,在北平出席平馆委员会会议,与会者有马叙伦、傅斯年、孙洪芬、陈垣、任鸿隽、周诒春、刘半农。委员改选中马叙伦任满后落选,新选胡适为委员。同月,撰《〈观海堂书目〉序》,刊于次年3月南京《图书馆学季刊》第7卷第1期;所撰《关于〈图书集成〉之文献》一文,刊于同月南京《图书馆学季刊》。10月29日,袁同礼缺席平馆委员会谈话会,与会者周诒春、陈垣、胡适、任鸿隽。12月24日,在北平出席平馆委员会会议,并为会议记录员,与会者有陈垣、任鸿隽、胡适、傅斯年、刘半农。胡适为会议主席。会议决定编印《宋会要》:(1)用刘承干编定付印,以徐松底本供校勘上之参考;(2)组织《宋会要》编印委员会,推定陈垣、傅增湘、章钰、余嘉锡、叶渭清、徐鸿宝、赵万里7人为委员,并推陈垣为委员长,由委员长聘请之。同月,整理《永乐大典》研究,所撰《永乐大典现存卷目表》刊于次年1—2月《国立北平图书馆馆刊》第7卷第1号,共觅得《大典》349册663卷。

　　按:袁同礼所撰跋文如下:"《永乐大典》为有明一代巨制;天壤间罕见之书,多赖之以传。今全书已散佚,然余历年足迹所至,于海内外公私藏家所见,殆不下350册。已先后载其目与《学衡杂志》《图书馆协会会报》《北海图书馆月刊》中。今秋复排比前目,益以最近所闻见者,实得349册,然尚不及全书百分之三耳。至其他残存之数,故当倍徙于此,海内外学人有以所藏所见卷数见示者,余日望之矣。二十一年十二月袁同礼识。"(以上参见张光润《袁同礼研究(1895—1949)》,华东师范大学博士学位论文,2018年)

　　傅增湘1月3日寄朱英刊《宋史》二十册目录于张元济。1月8日至2月5日间,见朝鲜古刻本《李商隐诗集十卷》,明写本《危太仆云林集二卷》;借校明刊本《蚓窍集十卷》;阅旧写本《三孔先生清江文集四十卷》,此本卷末王蓮跋各家钞本都不存,尤为贵。2月4日,藏园祭书,袁同礼携宋刊《汉隶字源》来,留置案头,取汲古阁本校勘。此日张元济致信:总厂、东方全毁,商馆在沪部分决定全停。6日,撰《影洪武本蜕庵诗跋》,此洪武原刻本在1912年和1913年间从景朴孙手中所收,为意园旧藏,后董康爱惜索去,后归陶兰泉并影印,即此本。12日,撰《影宋本松陵集序》,此本为陶兰泉影缪荃孙旧藏宋本,以此本校汲古阁本,并参阅顾广圻校本,毛本荆榛尘秽尽扫,并对陶兰泉给予高度评价。3月1日,撰《宋刊本方言跋》,叙与此书之缘,此书之传授源流,并附诸人之跋于后。17日,张元济告:所借《太平御览》《册府元龟》、黄善夫本《史记》底片均存,《衲史》校本幸存;涵芬楼善本存五千余册。30日,撰《校十洲记跋》,忆及多次校勘《古今逸史》本,以明钞《云笈七笺》本为最善。同月,托藏张元济处的淳熙小字本《通鉴纪事本末》,由赵万里相携北归,千金重宝终于完然入于双鉴楼。4月2日,撰《明龙川精舍钞本刘子跋》,曾以此本校程荣《汉魏》本,纠缪补脱甚多,后以明活字本和黄荛圃校宋本考订,断为此本出于宋刊。13日,张元济归还所借之书共142册。20日,向张元济索烬余目录,以便行文纪其略。

　　傅增湘5月13日相偕周息庵、江翼云、江叔海、胡馨吾和陈一甫,夜登车出发开始入陕游程。14日,抵郑州,赵际吾、牛月村、刘亮侪、金颂甸迎于车站,于右任遣秘书高兰亭从洛阳赶来相会,张溥泉偕刘守中来晤。15日,游苗圃后登陇海通车西行。16日,抵陕州后换常行车,听站长史梦兰介绍州城形势;过函谷关时登关门眺视;潼关少歇,观华阴庙、云台观,冒雨登万寿阁,一睹华山真面目。17日,抵青柯坪,攀千尺幢、百尺峡、媪神洞、犁沟、云台峰诸险。18日,登擦耳岩、攀苍龙岭、穿金锁关、上落雁峰、礼金天宫、下南天门。19日,发中峰下山,道游聚仙台、仙姑庵。夜写三联与陈璧如。20日,陈一甫和江翼云东归;其余游伴路经华阴县,抵临潼县,观华清宫。21日,与华清宫主事者孟邕谭探讨始皇陵、坑儒谷之历史,抵西安,拜访宋芝栋,观大雁塔。22日,观建章宫遗址、武士护墓、周文王陵,夜观秦腔剧。23日,途经韦曲观杜工部祠、赏樊川胜景,归途观大兴善寺,在僧房得观宋刻残本《华严经》三部,观荐福寺,杨虎城副官慕哲夫相陪游碑林,赴宋芝栋之邀,并受赠所著《海棠仙馆诗集》和《还读斋杂述》两种。

　　傅增湘7月18日撰《洪武本宋学士文萃跋》,此残本刊刻精湛,可与宋元本等量齐观,并借莫楚生所藏全帙,嘱世好乔大壮、王麟伯和书记各写一卷,补成完璧,并叙历代名家善工书写之例录郑济跋于后。29日,撰《宋淳熙刊小字本通鉴纪事本末跋》,经考订,宋时小字本有四:一为淳熙初刻本,一为端平重修本,一为淳祐重刻本,一为宋末元初重写刊刻本。此淳熙本为袁枢教授严州时,开版刊刻,所以世称严州本。此近八百年古刻罕见著录,唯《平津馆鉴藏记》和《思适斋集》有记,其它无闻。宋本宋印,海内无二,与双鉴楼之兴文署本、宋百衲本鼎列而三,成为书林佳话。8月13日,陈垣与余嘉锡来,商量印《四库》事。11月19日,见明万历太玄书室刊《盐铁论十卷》,详记其行款、序次、封面和书签,于1930年所见郭彤伯所藏相合,印证黄荛圃所称太玄书室本佳胜之论。28日,撰《宋本新刊诸儒批点古文集成跋》,此书为宋刊孤本,《四库》著录即此本,但窜改严重,跋记此书传授源流,《四库》窜改举要,附杨守敬、沈曾植、缪荃孙、莫楚生和张菊生题识于跋后。又致信陈垣,于《式古堂书画考》中得徐光启书札三首。是年,陈垣研究《元史地理学》,傅致信张元济,从涵芬楼借出钞本《元朝秘史》，供陈垣勘正，由此也躲过"藏涵芬楼遭轰炸"之一劫。章钰从吴至都，携顾鹤逸所藏洪武本《苏州府志》，顾请傅增湘以其所藏琢堂本校勘补正；在文友堂遇明内府写本《翰苑群书》，以重金收之。（以上参见孙爱《傅增湘年谱》，河北大学硕士学位论文，2012年；张光润《袁同礼研究（1895—1949）》，华东师范大学博士学位论文，2018年）

谢国桢编纂《晚明史籍考》8月由北平图书馆出版。全书20卷，附通检。作者搜集明万历以后至崇祯，清初至康熙平定三藩时期有关明末以及南明弘光、唐王、桂王时期各种稗乘野史1140余种，未见书目620余种。书名虽为晚明史籍，实际上大部是清朝统治时期的历史载籍。由于清初对涉及南明及与清朝史籍大部分予以封禁，谢国桢以五年时间遍寻全国各大图书馆和藏书楼将当时所能查到的有关史籍予以著录，仿照朱彝尊《经义考》方法，标举书名，确定作者，罗列版本，开载庋藏，说明内容，叙述其史料价值。凡关于明末清初的史料，此书中皆有明确线索，为研究明清史提供了莫大便利，是一本价值很高的资料工具书。孟森为此书撰写序言。

按：谢国桢在该书《自序》中谓，他草撰此书开始于侍先师梁启超饮冰室讲席。又说，"自属稿之时，以迄纂辑成册"，"费时阅四年，而稿始成"。序末署时为民国二十年（1931）四月。综合推算，此书的编纂当始于民国十六年，即1927年。先生尽阅梁启超的有关藏书，犹嫌不足，又通过梁的介绍阅览了朱希祖、伦明、傅增湘等藏书家的晚明野史。据先生说，"犹忆桢初草此稿时，梁启超先生尚无恙，每草一篇，必呈师席。（先生）为之点定，指示矩矱，至无舛谬而后已"。《（初版）增订晚明史籍考》卷首《自序》，中华书局上海编辑所1964年。1981年上海古籍出版社出版的《（二版）增订晚明史籍考》中《自序》已无此段文字。该序虽作于1931年，但在1964年出版的《（初版）增订晚明史籍考》和1981年出版的《（二版）增订晚明史籍考》时皆有改动。可见，先生最初撰写的晚明文献解题还得到了业师梁的亲自批点。特别是自供职于北平图书馆后，先生恣读馆中藏书，还就便阅读了故宫博物院图书馆、东方文化会、孔德学校图书馆和马廉（字隅卿）等公私藏书，"凡藏书之地无不亟往求之，如是者二年"。1930年（庚午）秋，"复远游江浙、北上沈阳，冀得窥江南塞北之遗书、乡邦遗老之传说"。前后阅书不辍，不断增补，历时四载，完成初稿。（《（二版）增订晚明史籍考》卷首《自序》）

按：孟森序言称赞《晚明史籍考》，用《经义考》之例，多载序文凡例，以启发人阅读之趣，海内学人，留念此事者甚多，谢君先为指津，使人执此以考其书，有事半功倍之乐，何其幸也"。此书出版后赢得学界一致认可，朱希祖认为它使人"一扩耳目，增益知识"。柳亚子则誉为"研究南明史料一个钥匙"。1963年作者又将其修订改名为《增订晚明史籍考》。

谢国桢12月在《清华学报》第8卷第1期发表《明季奴变考》，为谢国桢早年所作的一篇有影响的论文。文中分别从"明代奴仆制度之所以发生""豪奴放纵的情形及奴变的主因""奴变的状况"，来回答"为什么明代会发生奴仆的情势""明代卖身投靠，和豪奴放纵之风，与社会经济上发生什么关系""奴变和卖身契的事，是不是民族阶级的运动"三个问题，最后得出奴变是"一种阶级运动"的结论。文后附孟森《读明季奴变考》一文，对谢国桢认为明季奴变是阶级斗争的观点提出了质疑。同月，谢国桢所撰《黄梨洲学谱》由上海商务印书馆出版。是年，谢国桢应朱启钤（桂辛）之邀，加入中国营造学社，任校理。

按：《黄梨洲学谱》初版后附有谢国桢所作的有关明末遗民彭孙贻作品考实的《彭茗斋著述考》。1956年5月上海商务印书馆重版时，其内容作了某些修改，后面所附的《彭茗斋著述考》也被删去。

按：谢国桢在《明清之际党社运动考》的《自序》中说："朱桂辛先生又约我到营造学社编营造书目。"当时朱启钤（桂辛）任社长，下设总干事、校理若干人。（以上参见牛建强《谢国桢先生年谱》，《明史研究》2010年第1期；王学典《20世纪史学编年（1900—1949）》，商务印书馆2014年版）

孙楷第1月25日致函陈垣，品评宇内名流。2月3日，孙楷第致函陈垣，评价其《元典章校补释例》，略谓："《元典章释例》捧阅再三，体大思精，盖为绝学，读之忻惊无似！清儒校勘最精，从无开示体例如公之此书所为者，唯王念孙《读书杂志》之校《淮南》例及引之先生《述闻》后之通例，俞曲园之《疑义举例》，差为系统之作。然彼乃泛论，所示人者校古书之通例而已，其于条理，不无缺然。若先生此书所示者，乃元人之语言常例及关于名物制度之特别用语，为后人所不能辨不能知者。此真卓然为专门之学，其有裨于读元人书治元人学者，盖至宏矣。往岁杨遇夫先生作《汉书释例》，然其所释者或通于各史，若先生兹编乃至足贵也。"6月，孙楷第编《日本东京所见中国小说书目提要》与《大连图书馆所见小说书目》由北平国立北平图书馆暨中国大辞典编纂处刊行，由胡适作序。两书是现代较早问世的小说书目专书。对于现代小说研究、中国古典小说目录学，都有开创意义。胡适在序言中对孙楷第的评价很高："过去中国没有小说书目，孙先生本意不过是要编一部小说书目，而结果却是建立了科学的中国小说史学，而他自己也因此成为中国研究小说史的专门学者。"胡适还曾评述孙楷第学术活动的基本特点："他的成就之大，都由于他的方法之细密。他的方法，无他巧妙，只是用目录之学作基础而已。"是年，孙楷第开始以朱笔校勘臧懋循之《元曲选》，用三四年的时间校了四五遍。（参见于飞《孙楷第先生年谱简编》，载王京州编《河北近现代学者年谱辑要》，国家图书馆出版社2017年版；刘乃和、周少川、王明泽《陈垣年谱配图长编》，辽海出版社2000年版）

王重民留意清代学者的辑佚工作，撰写《清代两个辑佚书家评传》，拟编辑《辑佚书目》，为辑佚书进行一次总结，《书目》写定后，因想再行增补，未即出版，现已遗失。王重民又留意清代学者集外集的编辑，辑《孙渊如外集》5卷，次年出版。所编《陈奂集》及《陈仲鱼集》当时未出版，后亦散佚。索引组除已出版的"国学""文学"两种索引及继续编"续编""三编"外，还编有《石刻题跋索引》《清耆献类征索引》《碑传集、续集、集补索引》《国朝先正事略索引》等工具书，其中有的已正式出版。是年，刘修业到北平图书馆索引组工作，在王重民领导下，编《文学论文索引》续编及《国学论文索引》三编。（参见刘修业《王重民教授生平及学术活动编年》，载王京州编《河北近现代学者年谱辑要》，国家图书馆出版社2017年版）

蒋梦麟、伍朝枢、胡适、赵元任、任鸿隽、司徒雷登、贝克、顾临、贝诺德等1月8日出席假上海礼查饭店举行的中华教育文化基金董事会第六次常会。蔡元培董事长因病未能出席，由副董事长蒋梦麟代为主席。通过结束该会所设科学教授席办法等议案，并通过蒋梦麟、赵元任辞去董事之职，选举徐新六、周诒春继任。23日，蒋梦麟受聘为"国难会议"委员。28日下午，原计划由沪乘火车北返，因"一·二八抗战"受阻，遂居于租界旅馆。2月1日，与蔡元培、刘光华、邹鲁、王世杰、梅贻琦等大学校长联名致电国际联盟，要求迅速采取有效方法，制止日军破坏文化事业及人类进步之残暴行为。4月7日，在洛阳出席国难会议，12日，会议结束后返回北平。6月，蒋梦麟亲自主持起草《国立北京大学组织大纲》正式公布，规定北京大学的职志为：（一）研究高深学术；（二）养成专门人才；（三）陶融健全品格。学校置校长一人，综理学校事务，校长由国民政府任命；改评议会议为校务委员会，校务会议由校长、秘书长、课业长、图书馆长、各院院长、各系主任以及全校教授、副教授所选出的若干人组成，以校长为主席。必要时可延聘专家列席，但人数不得超过全体人数的五分之一。《国立北京大学组织大纲》在政府加强对高校控制的背景下，将蔡元培校长主张的"教授治校"发展为"教授治学、学生求学、职员治事、校长治校"，建立了新的校内治理体制，尽力维系学术自由的局面。

按:湛中乐、康骁《通过"校内法"保障学术自由——以1912—1937年的北京大学为研究对象》(《首都师范大学学报》2018年第3期)就《国立北京大学组织大纲》作了如下评述:在学校层级,变化主要表现在三个方面:其一,校务会议取代评议会,校长地位上升。校务会议的职权与评议会类似,负责审议"一、大学预算;二、学院学系之设立及废止;三、大学内部各种规程;四、校务改进事项;五、校长交议事项"。其二,校长控制所有校内部门,几乎独占校内人事权。校长担任校务会议、行政会议和教务会议的主席。院长、秘书长、课业长、图书馆长都由校长任命,系主任的任命亦须经校长同意。各委员会主席和委员由校长提名,校务会议决定。其三,设立课业处和秘书处,协助校长处理行政事务。课业处下设注册组、军事训练组和体育组。秘书处下设庶务组、出版组、文牍组、会计组、仪器组和卫生组。事务会议由秘书长及所辖各组主任组成,审议如下事项:"一、关于事务之进行及改良事项;二、关于秘书处与本校其他各机关联络事项;三、关于秘书处各组间联络事项;四、建议提出校务会议之事项。"在学院层级,院长综理院务。院长与系主任组成院务会议,计划学院教学事项,审议学院一切教务事宜。就学系层级而言,系主任主持各系教学实施计划。系主任、教授、副教授组成系务会议,计划本系教学事项。此外,设立研究院。

就校内治理民主化程度而言,《国立北京大学组织大纲》的民主程度远远低于《国立北京大学内部组织试行章程》。首先,人事任命自上而下,不经民主程序。除教授、副教授选举的校务会议代表外,课业长、秘书长、图书馆长、各学院院长、各学系主任等其他人员都不经民主程序产生。而《国立北京大学内部组织试行章程》则规定,学系主任由学系教授会选举产生,教务长由各学系主任互选产生。行政会议成员与各行政委员会委员虽由校长推荐,但是这些人员的任命仍须经评议会通过。其次,校内最高机关校务会议的民主程度降低。全体教授、副教授虽有权选举校务会议成员,但是校长任命的秘书长、课业长、图书馆长、各学院院长、各学系主任属于校务会议的当然成员。再次,取消任期限制。民主化程度降低的另一面是校长和具有行政职务的教授在校内治理中的地位上升。民主化程度降低和校长地位上升的制度安排与南京国民政府加强对大学的管理是一致的,也有助于北京大学迅速扭转20世纪20年代末以来的混乱与颓势。

虽然校内治理体制的民主程度降低,但是蒋梦麟校长仍然尽力坚持学术自由原则。首先,教授仍然主导校内权力系统。课业长、秘书长、图书馆长、各学院院长、各学系主任、各委员会主席与委员均由教授担任,教授在校务会议中仍然占据重要地位。其次,教务会议与行政会议二分,行政会议不得干涉教学和科研的传统得到保持。再次,课业处、秘书处和事务会议的设置使得教授们摆脱繁杂琐碎的行政事务,专注于学术研究。

总之,《国立北京大学内部组织试行章程》和《国立北京大学组织大纲》在设计校内治理体制时,都以保障学术自由为原则。两者相同的制度安排有二:其一,教授主导校内权力系统;其二,行政权力与学术权力分立,行政权力不得干预教学和科研。区别在于,《国立北京大学内部组织试行章程》建立的校内治理体制民主化程度较高,而《国立北京大学组织大纲》建立的校内治理体制民主化程度较低。

蒋梦麟等学术界32人7月10日应汪精卫、蔡元培之请,来京研讨国难期中各项重大问题,大致分四项:(一)外交,(二)内政,(三)建设,(四)教育。外交分对日方针、中俄复交、国联会议、驻外使节等项,惟侧重对日方针。内政分自治、市政、民意机关、惩戒褒奖、土地等项。建设分财政、经济、币制等项,惟侧重于财政。教育分制度、经费、学则等项,惟侧重于制度及经费。每项内再分若干小问题,逐步讨论。8—9日集会四次,由罗文干出席报告政府外交方针。10日研究内政问题,由何应钦、宋子文出席报告。汪精卫请各专家尽量发表意见,到会诸人次第发言,多有独到见地。席间言论绝对自由,全部录入速记。

蒋梦麟主持制定并公布《国立北京大学研究院规程》《国立北京大学学则》,改组北京大学研究院,改研究所国学门为研究院文史部,另为研究院设立自然科学、社会科学两部。《国立北京大学研究院规程》规定院务会议由院长、各所主任、大学本科课业长及秘书长组成。遇必要时,得请各系主任或教授出席。院长并于院务委员中推举常务委员若干人提经院务委员会通过担任之,任期1年。常务委员会负责处理研究院的常务工作及执行院务委员会决议事项。各研究所的所务会议,由所主任及各系主任组成,遇必要时,得请相关各系之教授出席。这时的北大研究院开始走向正规化,有入学考试,有论文答辩,有学位设置等等。10月,研究院正式招收25名研究生,当时导师指导的研究课题有:马裕藻的古声韵学,马衡的金石学,叶瀚的雕刻瓷器之研究,沈兼士的文字学,刘复(半农)的语音学、方言研究,朱希祖的明清史,陈垣的中国基督教史研究、元史研究、元典章之语体文研究、由元典章所见之元代社会风俗,徐炳昶的中国古代哲学(至东汉),钢和泰的宗教史、宗教美术,黄节的汉魏六朝诗,周作人的中国歌谣,钱玄同的音韵沿革研究、说文研究,沈尹默的唐诗研究,许之衡的词典研究等等。从上述阵容看,这些教授确实都是当时中国第一流的学者,这个阵容不仅为北大的中兴做出了巨大的贡献,而且为中国的科学事业做出了划时代的贡献;不仅是北大百年历史上少有的阵容,也是中国一百年来最为整齐、个体及整体实力都最强的阵容。(以上参见马勇、黄令坦编《中国近代思想家文库·蒋梦麟卷》及附录《蒋梦麟年谱简编》,中国人民大学出版社2015年版;马勇《蒋梦麟传》,河南文艺出版社1999年版;高平叔编著《蔡元培年谱长编》,人民教育出版社1996年版)

钱穆继续在北大任教。与胡适、唐兰、冯友兰、张季同、顾颉刚等人开展《老子》成书时代的讨论。当时胡适任文学院院长,治哲学,然北大此时历史学风甚炽。在学术上与胡适多有切磋。关于老子年代问题,胡适主早于孔子,钱穆则主晚于孔子,且在庄周后。两人曾多次讨论。钱穆曾谓胡适:君讲先秦哲学史,主张思想必有时代背景。中国人所谓知人论世,即此义。惟既主老子早于孔子,则老子应在春秋时代,其言亦当根据当时之时代背景而发。君书何乃上推之《诗经》,即就《诗经》来论时代背景。亦不当泛泛分说乐天派、悲观派等五种人生观,认为乃老子思想之起源。当知乐天、悲观等分别,历代皆有,唐诗宋词中何尝无此等分别。即如最近世,亦复有此五等分别。何以老子思想独起于春秋时代,仍未有所说明。且如老子以下,孔子、墨子各家思想,亦各有其时代背景。君书自老子以下,即以思想承思想,即不再携各家思想之时代背景,又何故?胡适谓钱穆:君之《刘向歆父子年谱》未出一时误于今文家言,遂不敢信用《左传》,此是当时之失。然对钱穆第二个问题,则未回答。

钱穆5月在北京大学《哲学论丛》发表《再论〈老子〉成书年代》。同月,所著《老子辨》一书由上海大华书局出版。此书包括四篇论文,即《关于〈老子〉成书年代之一种考察》《再论〈老子〉成书年代》《孔子与南宫敬叔适周问礼老子辨》《老子杂辨》。前两篇后收入联经《全集》第七册《庄老通辨》书中,已摘要见前。后两篇则收入《先秦诸子系年》。6月,《秦三十六郡考》刊于《清华周刊》第37卷第9—10合期《文史专号》。其中附篇《秦三十六郡考补》刊于《禹贡半月刊》第7卷第6—7合期。同月,钱穆《周官著作时代考》刊于《燕京学报》第11期。文中认为何休"《周官》乃六国阴谋之书"的观点较认为《周官》系刘歆伪造或"周公制作"的观点要"遥为近情",乃从"祀典""刑法""田制""军制"等方面"考其著作时代,藉明真相"。钱氏认为《周礼》成书当在战国晚期,汉代以前,既不可能是周公致太平之书,也不可能是刘歆伪造。由于此文论证基础坚实,发表后进步动摇了当时学界对康有为《新学伪经考》的肯认,对钱玄同、顾颉刚等人皆有影响。

按:余英时指出,自钱穆《刘向歆父子年谱》和《周官著作时代考》两文刊布后,学界"大体倾向于接受《周礼》成于战国晚期的论断",并且逐渐放弃对《周礼》作者是周公还是刘歆问题的追问,这种转变"是现代历史考证学在观念上的一个很重要的进步,即对于考证方法的内在限制已有高度的自觉"。

　　按:此文后与《刘向歆父子年谱》《两汉博士家法考》《孔子与春秋》三文合编为《两汉经学今古文平议》一书,1958年由新亚研究所印行。

　　钱穆12月在《燕京学报》第12期发表《古三苗疆域考》。文中指出古三苗疆域"夹黄河为居,西起蒲潼,东达荥、郑,不出今河南北部、山西南部广运数百里间"。钱穆自认其说可"为治古史考古代民族地理者作商榷"。后饶宗颐撰写《魏策吴起论三苗之居辨误》一文对钱穆论点进行质疑。是年,钱穆在北大所开选修课"近三百年学术史",为时一年,拟改为"中国政治制度史",所编授课讲义,后成《中国历代政治得失》一书印行。(以上参见韩复智编著《钱穆先生学术年谱》,中央编译出版社2012年版;王学典《20世纪史学编年(1900—1949)》,商务印书馆2014年版)

　　陶希圣2月在《社会与教育》第3卷第13期发表《作战是惟一的路》。4月1日,在《时代公论》第1期发表《国民战与国民代表大会》,提出今日中国对日本帝国主义,只有两条路:和或战。以政府现实情形而论,和既不可,战又难能,其结果是陷于半和半战的状态。半和半战,终于受日本帝国主义的抑制而终于和议。要打破半和半战的状态,而从事战争,必须取如下的途径。这就是国民战。8日,在《时代公论》第2期发表《为什么争言论集会自由?》,认为此次事变使国家民族陷入空前的危机之中,根源在于中国社会衰败和政治解纽,因此必须实行政治上的改良,当下最可行的是国民要争取言论集会自由。"国民在今日没有行使政权的合法地方,与行使政权的合法手段。当外交严重之今日,国民所赖以监督政府者,只是言论。在言论发展的时候,政府的行动自受拘束。"同月,陶希圣与蒋梦麟、胡适、周炳琳等人南下参加国民政府洛阳国难会议。与蒋梦麟、王世杰、皮宗石、钱端升、周炳琳诸人提出在五院体制之下召开国民参政会。5月25日,所著《中国政治思想史》第1册由新生命书局出版。陶希圣在完成了社会史的一系列研究之后,开始思想史探讨。第1册"绪言"称"思想不能决定存在,反之,存在乃决定思想。社会之经济构造变迁,政治制度及政治思想相随变迁"。指出:"中国社会的变化有可寻的法则,与欧洲社会是一样的。但是欧洲社会与中国并不是同一的,也并不是始终相类,到处相类的。……中国社会发达过程很难捺进欧洲社会发达过程的铜模之内。"陶希圣还在第4册"小序"中提出:"我以为历史是社会科学家的任务。"此书将中国历史划为三个时期,即神权时期、贵族统治时期、王权时期。商代为神权时代,西周至春秋为贵族统治时代,战国至清为王权时代;在王权时代中,战国是由贵族统治至王权统治的过渡期,秦至唐末为王权建立期,宋至清为王权成熟期。被誉为"国内的唯物辩证法叙述古代政治思想史发展概况及各派主张之详细内容者,本书实首屈一指"。

　　按:《中国政治思想史》本为陶希圣在北京大学授课的讲义,共4册,至1935年1月出齐。1942年,重庆南方印书馆再版该书。《民国丛书》第5编收录该书。1933年,刘节在《图书评论》第1卷第12期撰文《陶希圣著〈中国政治思想史〉》,批评他运用方法的不当。以此"整理史料则可,若用之以排比事实,求一贯之因果,则尚不足。盖历史进化,决非事实之积聚乃各种事象之交辅发展。求其一鳞一爪,皆属片面理由。何况概括与统亡二法,尚不能脱离形式逻辑中求同求异之理,且系考证家所常用之方法至于抽象法,则所寓之危险更大,一有不慎,必至抹杀证据而后已","陶君之所以采用此三法者,因其胸中预存唯物史观之理论"。

　　陶希圣在胡适于5月22日创刊《独立评论》之后,开始与胡适等人一道,以《独立评论》为平台对一党专政、开放党禁等民主政治议题展开更深入的讨论。6月10日,陶希圣在《时代公论》第 11 期发表《中国的法西斯蒂》，批评中国的法西斯蒂"是买办法西斯蒂。他是对外软弱而对内强硬的运动。他是无组织无计划以维持那银行交易所投机资本主义的"，"他算不得法西斯蒂，他是一种无理智的暴力。他是商人资本地主阶级本能的冲动。他是掊击异己以争国税的"。8 月 1 日，陶希圣在《读书杂志》第 2 卷第 7—8 期合刊发表《中国社会形式发达过程的新估定》，再次申述中国社会的性质与分期，强调指出："一、唯物史观固然和经验一元论不同，但决不抹杀历史的事实。我希望论中国社会史的人不要为公式而牺牲材料。二、论战已有四年之久，现在应当是逐时代详加考察的时期。我希望有志于此者多多从事于详细的研究。……我希望短篇论文减少，多来几部大书，把唯物史观的中国史在学术界打一个强固的根基。"10 月 2 日，陶希圣在《独立评论》第 20 期发表《一个时代错误的意见——评〈时代公论〉杨公达先生的主张》，重点就杨公达提出组织清一色政府的观点提出异议，"所谓清一色，乃是国民党中最有力的一派"，"如果果真有一派能够救国，真能够解放中国的大众，我是赞成一派专政的。但是我们应当知道，苏俄及意大利的一派所以可以专政，是因为这一派能够集中社会里有力的群众的力量。一派专政不是由于他有钱有兵，乃是由于他有政策有计划有民众的拥护。尤其是由于他能够解决国家和民众的迫切问题。民众没有服从一派的义务。民众只跟随那能够帮助自己解决问题的人"，"两派政府也不能救中国，一派政府也不能救中国。中国的得救，只有一条路，这便是集中国民的权力以自救"，"两派分沾政权也不能集中国民的力量，一派独占政权也不能集中国民的力量。只有国民行使政权，才能是国民集中力量来救国"，"如果我替国民党最有力的一派打算"，"我决不上一派专政的万言书。我要劝他把政权向国民开放，我劝他不要以天下人为仇敌"。陶希圣继续反对国民党一党一派独裁，认为应该开放政权于国民。（以上参见陈峰编《中国近代思想家文库·陶希圣卷》及附录《陶希圣年谱简编》，中国人民大学出版社 2014 年版；王学典《20 世纪史学编年（1900—1949）》，商务印书馆 2014 年版）

马叙伦 1 月被聘为"国难会议"会员。3 月，章太炎为抗日事宜赴北平活动，前往访晤，并设宴接风。4 月，洛阳"国难会议"议决救灾、绥靖、御外三方针。章太炎、黄炎培拒绝与会。5 月，《文心雕龙黄注补正》发表于《文学月报》第 3 卷第 1 期。6 月 1 日，余绍宋回复。7 月 2 日，应欧美同学会之约赴宴。因蔡元培先赴张学良之宴，9 时半始来，故席散已 11 时。当晚同席之客：蔡元培、任叔永、陈通伯、金叔初、周诒春；同席之主：王烈、王承传、王访渔、李四光、李方桂、李宗侗、李济、李麟玉、何基鸿、汪敬熙、沈尹默、沈兼士、秉志、周炳琳、胡先骕、徐炳昶、徐中舒、徐鸿翼、唐钺、孙洪芬、袁复礼、袁同礼、翁文灏、梅贻琦、马衡、马叙伦、马裕藻、陈垣、张颐、张准、黄文弼、陶孟和、冯友兰、傅斯年、裴善元、杨亮功、樊际昌、刘树杞、刘复、蔡乐生、黎锦熙、钱玄同、卢于道、谢寿康、罗常培、严济慈、顾颉刚。8 月，撰《杭州西溪厉樊榭先生祠堂记》。9 月 4 日，余绍宋作复。17 日，余绍宋作复。同日，杨度病故。挽以联语："功罪且无论，自有文章惊海内；霸王成往迹，我倾河海哭先生。"

按：夏衍《续杨度同志二三事》（夏衍《天南海北谈》，花城出版社 1992 年版）点评："在当时，应该说是很难得的。一九四七年在香港，宋云彬同志和我谈起这副对联，问我杨晳子晚年是不是加入过共产党？谈话时潘汉年也在座，我们就作了肯定的回答。"

马叙伦 10 月 1 日接待清华大学文学院院长冯友兰、国文系主任朱自清来访，言选修课无人报名。11 月 5 日，为永嘉同门刘景晨母陈太夫人撰书《刘太夫人七十序》。12 月 3 日，余绍宋又为马画扇。6 日，余绍宋回复。21 日，余绍宋来函。是年，次子马克强获布鲁塞尔大学经济学硕士学位归国，任实业部商业司专员。五子马龙翔考入天津北洋工学院。（以上

参见卢礼阳《马叙伦年谱》,浙江古籍出版社 2021 年版)

刘半农 1 月 25 日作《诗体展览》,刊于 1 月 29 日《世界日报·副刊》第 5 卷第 29 号,次日续载。2 月,刘半农在北京作论文《释"来去"》,刊于 3 月 2 日《世界日报·国语周刊》第 24 期,系"习语笔记外篇之二"。3 月 10 日,作《刘复致函张继·关于西安建陪都事有所指摘》,刊于同月 11 日《世界日报·教育界》发表,次日续载。文中就大敌当前而国民党当局拟建陪都于西安事,发表看法,一针见血地指出国民党政府实行不抵抗政策的原因是:"政府诸公之不肯战,盖有二因:保全实力,备将来内战时攫取地盘,一也。政府诸公之私财,多存于日本银行,一旦开战,恐惧收没,二也。"3 月,在国立北京大学《国学季刊》第 3 卷第 1 号上发表论文《释"一"》。4 月 18 日晚,赴马裕藻家,拜望章太炎。在座还有朱希祖、钱玄同、沈兼士、俞平伯、胡适、周作人等。5 月,编著《中国俗曲总目稿》由国立中央研究院历史语言研究所印行,署名刘复、李家瑞合编。内收《中国俗曲总目稿序》,该序于同年 3 月 17 日撰于北京,谓"我们从民国十七年冬季开始工作,一面编目,一面采访搜集,到现在排印完毕出版,共费了三年多功夫"。此书所收的俗曲共有 6000 多种,流行的区域共有 10 省。6 月 30 日,《磐石杂志》创刊,刘半农为之题写刊名。同月,在国立北京大学《国学季刊》第 3 卷第 2 号发表论文《天坛所藏编钟编磬音律之鉴定》。

刘半农 7 月 2 日晚与陈垣、徐炳昶等 46 人,共同欢宴蔡元培到京。7 月 8 日,作《"女性"代"女人"根本不通》,刊于 8 月 4 日《世界日报·妇女界》,副题是《给〈世界日报〉"妇女界"记者的一封信》。7 月 28 日,为报载沈尹默致函教育部推荐其继任北大校长一事,向记者发表谈话,表明自己事先并不知晓,而且志在学术,无意担任学校任何行政工作。8 月 4 日,作《再论"女性根本不通"——致秉英》,刊于 8 月 6 日《世界日报·妇女界》。8 月 11 日,作《结束"女性"问题》,刊于 8 月 17 日《世界日报·妇女界》,文中谓"我并不反对外国名词之输入,但必须是中国所需要而且是原来所没有的才可以接受;若既有'小姐''姑娘''女士'等称,还要输入一个'密司',那就太无聊"。接着他从三个方面又一次详尽地论证了"女性"代"女人"之不通,并说:"我只反对以'女性'代'女人'一种用法,其余的'女性',如'富于女性''女性观'等,我并不反对。"16 日,作《刘复致秉英信》,刊于 18 日《世界日报·妇女界》。

按:从 8 月 7 日起至 18 日止,在《世界日报·妇女界》上就这一问题进行讨论,并辟"讨论'女性'问题特刊"。先后发表了署名官畅、晓霞、云、雷敢、宜楼、梅焕藻、龚白雪、施彦、邵式馄、白木、宣永光、周径溪、环兽、铭、秉英、清华等人的文章 10 余篇,臧否不一。

刘半农是夏赴上海,曾会见北新书局主人李小峰,应约代编一部中小学生所用的字典。9 月 7 日,北大校务会议议决:北大成立研究院,下设自然科学、文史、社会科学三部。刘半农后被任命为文史部主任。16 日,林语堂主编的《论语》杂志创刊,被聘为"长期撰稿员"。21 日,由于日寇入侵日深,华北危机严重,北京文教界江瀚、徐炳昶、马衡、刘半农等 30 余人,集会商讨,决定向南京政府上呈定北京为不设防的文化城的意见书。江瀚领衔,刘半农拟稿。10 上旬,送交南京政府。9 月,在国立北京大学《国学季刊》第 3 卷第 8 号上发表《北平方音析数表》。同月,所著《中国文法讲话》由上海北新书局出版,有自序。该书仅系上册,后未及续写。上册分"总说""名词及代词"两部分。体例与作者的《中国文法通论》大体相同。书中对《马氏文通》和语言学研究中"修正派"的个别著作虽在某些地方有所批评,但因该书是为高中学生所写,全书基本上采取了当时比较通行的说法。秋,开始编纂《中小字典》。应北京星云堂主人刘敏斋约请,着手编辑《半农杂文》。翻捡查抄半年有余,后因日寇侵略加剧而中辍。

刘半农10月31日在北大校务会议教授代表改选中,再次被推选为文学院教授代表。11月6日,翻译剧本《茶花女》,由北京小剧院排演,导演余上沅。同日,作《因〈茶花女〉之公演而说几句话》。北京《晨报·剧刊》《世界日报·蔷薇》,天津《北洋画报》《益世报·戏剧与电影》等报刊,皆发表评论文章,甚至出了专刊。署名柏森、包乾元、君珊、钟辛茹、赵狂云、赵独匀、林含英、顾曼侠、林雪江、许君远、马彦祥、上沅、伊凉、婴君、司徒古、芒芒、顾一樵、汪莉玲等人,发表了评论文章20余篇。8日,刘半农会见美国学者来维思,后共进餐。后为其所撰《词律研究》一书作序。17日,《茶花女》在北京正式公演。译者"看此剧前后凡三次,就是化妆试演的一次,和公演的第一第三两次",他深感"这是一本极难演的戏",但演出还是令其满意的。20日,作《甘苦之商——看〈茶花女〉公演后写》,刊于11月23日在天津《益世报·戏剧与电影》第3期。11月28日,作《北平俗曲略序》,认为《北平俗曲略》"是我们中国人研究民间文艺以来第一部比较有系统的叙述"。又说:"全稿付印之前,我又把叙述部分都仔细看过,在文辞上及材料上,都有相当的校改,这是我可以帮着李君负一部分责任的。"

刘半农11月29日在北京教育界《对于国联调查团报告意见宣言》上签名。30日下午,出席北大本学年度首次校务会议。讨论并通过各系课程、各委员会委员名单,被聘任为北大出版委员会委员长、北大仪器委员会委员、北大图书委员会委员。12月1日,在《北洋画报》发表《再写几句》,文中模拟观众的口吻,写了三段对于《茶花女》一戏公演后的议论和影响,隐晦地抨击了当时一些观众的麻木和无知。8日,作《辅仁大学的现在和将来·后语》,文中叙述了他曾担任辅仁大学教务长一职的原因和后来辞职的经过。14日下午,出席北大本学年度第2次校务会议。讨论并通过了《北京大学学则》。16日下午,在北大做《音标与音谱》的演讲。27日下午,出席北大第3次校务会议。讨论了研究生奖学金规划草案等事宜。28日,作《初期白话诗稿序目》,文中回忆了当时复古派的顽固和政治形势的险恶:"黄侃先生还只是空口闹闹而已,卫道的林纾先生却要于作文反对之外借助于实力——就是他的'荆生将军',而我们称为小徐的徐树铮。这样文字之狱的黑影,就渐渐的向我们头上压迫而来,我们就无时无日不在栗栗危惧中过活……"31日,在《世界日报·国语周刊》第67期上发表《词律研究序》,此序系为美国学者来维思著《词律研究》而作。同月,刘半农在国立北京大学《国学季刊》第3卷第4号上发表论文《两汉时代的日晷》。文中运用现代科学方法对所见到的日晷进行了测量研究,认为日晷在秦汉时期已经出现,同时进行了社会史的探讨。是年,张恨水创办北平美术专科学校,聘刘半农为该校董事。曾出席该校董事会,讨论教育、行政诸事宜;在国立中央研究院历史语言研究所集刊外编《蔡元培先生六十五岁庆祝论文集》上发表论文《十二等律的发明者朱载堉》,内收作于1931年12月的序言和作于1932年8月7日的跋语。文分上编:"朱载堉及其十二等律之发明。"中编:"朱载堉之他种研究。"下编:"朱载堉之家世及生平。"(以上参见徐瑞岳编《刘半农年谱》,中国矿业大学出版社1989年版;曹波、万兵《刘半农小说著译学术年谱(1913—1920)》,《广西社会科学》2020年第1期)

周作人1月11日编定《看云集》,寄给开明书店。24日往孔德学校参加董事会会议。28日,编定《儿童文学小论》,于次日寄给上海儿童书局。本书共收1913年至1924年所写的有关儿童文学方面的论文及讲演稿共11篇。2月15日,作《儿童文学小论·序》,寄给上海儿童书局张一渠。25日下午,应沈兼士之约往辅仁大学作第一次讲演,讲演总题为《中国新文学的源流》,共讲8次,由辅仁大学学生邓恭三记录。29日下午,应马裕藻之邀往北京大学二院国文系讲演《关于通俗文学》,由翟永坤记录,刊于年4月《现代》第2卷第6期,文中提出:"文学的范围是很大的,可以分为三部分:即是1.民间文学,2.通俗文学,3.纯文学。""通俗文学与民间文学略有相同","要讲文学史,非从这一方面去找不可,如鲁迅的《中国小说史略》专搜集这种下等小说的材料"。必须"先整理下等东西,才可以再去从事纯文学的研究","通俗文学不但可以表现国民性,它还可以表现一切思想"。3月3日下午,往辅仁大学作第二次讲演。10日下午,往辅仁大学作第三次讲演。17日下午,往辅仁大学作第四次讲演。31日下午,往辅仁大学作第五次讲演。同月,所著《儿童文学小论》由上海儿童书局出版。4月14日下午,周作人往辅仁大学作第六次讲演。15日,往北京大学讲演。

周作人4月18日晚7时往西板桥,应马裕藻之约,见章太炎,到者尚有朱希祖、钱玄同、沈兼士、俞平伯、刘半农、张天行、胡适、蒋梦麟共11人。20日下午,至北京大学研究所,听章太炎讲所著《广论语骈枝》。因章太炎讲浙语,由钱玄同为翻译。晚往德国饭店,陪北京大学校长蒋梦麟宴章太炎,到者共20余人。21日下午,往辅仁大学作第七次讲演。22日下午4时,至北京大学研究所,继续听章太炎讲所著《广论语骈枝》。28日下午,往辅仁大学作第八次讲演。12日,编《周作人散文钞》目录,寄给上海开明书店章锡琛。15日晚,设家宴招待章太炎。到者有魏建功、钱玄同、朱希祖、沈兼士、俞平伯等。章太炎为书条幅一纸,系陶渊明《饮酒》诗之十八。16日,赴朱希祖招宴,到者章太炎、钱玄同、马裕藻、沈兼士、刘半农、魏建功等。6月10日,刘天华去世,周作人往刘天华宅吊唁。翌日送去所撰挽联,挽联云:"广陵散绝于今日,王长史不得永年。"11日,周作人抄所译《希腊拟曲》稿,并于15日将稿交胡适。17日,校阅邓恭三记录的在辅仁大学所讲《中国新文学的源流》记录稿。24日,作《希腊拟曲》"例言"及"序"。27日,收胡适之送还之《希腊拟曲》稿,为《希腊拟曲》稿作注。28日,以《希腊拟曲》全稿交胡适之。7月10日,周建人致信周作人,说《申报月刊》主编俞仲华想向周作人约稿。12日,叶公超、梁实秋来访。21日,作《〈新年风俗志〉序》。23日,作《〈日本近代史〉序》。24日,重校《中国新文学的源流》稿。次日交邓恭三。26日,作《中国新文学的源流·小引》,寄给杨晦。"小引"中说明了这部讲稿成书的原因。同日,作致胡适信,收《胡适来往书信选》中册。信中谈到李大钊遗书的出卖事。同月,章锡琛编《周作人散文钞》由上海开明书店出版。9月1日,周作人往成达学校参加开学典礼并讲演。6日,作《近代散文抄·新序》。10日,周作人所著《中国新文学的源流》9月由北平人文书局出版。该书对中国新文学运动的源流、经过和它的意义进行了一些探索。

按:《近代散文抄·新序》称道沈启无编刊的这部明清时代的小品文集,其一是将"向来不大看重或者简直抹杀的"公安竟陵两派的成绩——即其作品和文学意见结集在一处,对于那些讲中国文学的朋友供给一种材料,于事不无小补;其二是编者将明人文集"精密选择,录成两卷,各家菁华悉萃于此,不但便于阅读,而且使难得的古籍,久湮的妙文,有一部分通行于世",使读者有"共赏的机会"。另外在这篇序文中还提出:"公安竟陵一路的文是新文学的文章,现今的新散文实在还沿着这个系统。"

按:《中国新文学的源流》共分五讲:第一讲,关于文学的诸问题;第二讲,中国文学的变迁;第三讲,清代文学的反动(上)——八股文;第四讲,清代文学的反动(下)——桐城派古文;第五讲,文学革命运动。并将周作人的《论八股文》与沈启无选辑的《近代散文抄》目录,收为附录。这部讲稿中认为文学"从宗教脱出之后",在文学领域内"又有两种不同的潮流",即言志派与载道派。"这两种潮流的起伏,便造成了中国的文学史",并以这一观点论述了中国历代文学的发展历史。他还特别推崇明末公安、竟陵派所提倡的文学运动。说:"那一次的文学运动,和民国以来的这次文学运动很有些相像的地方,两次的主张和趋势,几乎都很相同"，"有许多作品也都很相似"。并反复论证"五四"以后的新文学运动"其根本方向和明末的文学运动完全相同"。

周作人10月8日往东兴楼，赴朱自清夫妇之招宴，同座有杨金甫、徐霞村、黄晦闻等多人。20日，同家人往广通寺祭女儿若子三周年忌，并将若子下葬于北京西郊板井村坟地。25日，为俞平伯的散文集作《〈杂拌儿之二〉序》。26日，为会稽范寅（啸风）编著《越谚》作《〈越谚〉跋》。冬，李大钊的女儿李星华以其母赵纫兰之名从乐亭汤家河寄信给周作人，希望他帮助出售李大钊遗书，以解决生活的窘迫。是年8月间，李星华已为卖书事找过周作人，并找过胡适和北大校长蒋梦麟。（以上参见张菊香、张铁荣主编《周作人年谱》，南开大学出版社1985年版）

钱玄同仍任职于北京大学。上海"一·二八"事变发生后，章太炎、黄侃同来北平。3月31日，北平师大的历史科学门及文学院的国文系和历史系合请章炳麟作学术讲演《清代学术之系统》。4月20日，北京大学研究所请章炳麟作学术讲演，讲演的内容，以他所著的《广论语骈枝》为主。因为听讲的学生多北方人，听不懂章太炎的浙江话，特由钱玄同为翻译或作板书。章、钱师徒协作，国语重译，传为佳话。章炳麟在师大的讲演辞《清代学术之系统》由柴德赓的记录稿，经过钱玄同修改，刊于1934年出版的《师大月刊》第10期。其间，黄侃有一次在章炳麟面前责备钱玄同不继续研究音韵学，要弄注音字母、白话文。钱玄同大怒，表示："我就是要弄注音字母！要弄白话文！"并且说了一句骂人的话。章炳麟急忙从中调停。5月7日，教育部正式公布《国音常用字汇》，同时废止民国九年公布的《国音字典》。黎锦熙在《钱玄同先生传》中说："这部《国音常用字汇》，从民十二到民二十一，整整的经过十年才成功，可以说是钱先生一手编定的。卷首有一长篇例言，题为《本书的说明》，也是钱先生一手做成的，这篇东西是他近年最精细、简明、切实之作，不可忽视；他还有一篇《国音说略》，也是要附在这《国音常用字汇》卷尾的，可惜没有做成，只发表了一段《'币'韵的说明》在我和白涤洲先生编的《佩文新韵》中。"

按：《国音常用字汇》卷首的《本书的说明》，没有作者的署名，只题"教育部国语统一筹备委员会"，黎锦熙先生在课堂上，在许多文章里都称赞这是钱玄同先生写的一篇深入浅出的极好的文章。

钱玄同6月在《国学季刊》第3卷第2号发表《重论经今古文学问题》。此文是为方国瑜标点康有为《新学伪经考》所作的序，文中引用崔适"字字精确，自汉以来未有能及之者"高度赞赏康有为此书，并认为"这是一部治国故的人们必读的一部要籍"。作者逐一分析了康书中"精当的和错误的部分"，认为最重大的发明是"秦焚六经未尝亡却""河间献王及鲁共王无得古文经之事"。但今文经实为周秦间儒生集合而成之书，西汉时尚有加入之篇，其间既有真史真书，亦有伪史伪书，需"一一分析，疏证明白，方能作古代种种史料之用"，要以"实事求是"的精神，破除"师说""家法"的陋见，"多与过去的一切笺、注、解、疏，不管它是今文说或古文说，汉儒说或宋儒说或清儒说，正注或杂说，都可以资我们的参考及采取"。是年，钱玄同所撰《国音声符略说》刊于《国语周刊》第37期；《评赵荫棠的中原音韵研究》（即《中原音韵研究审查书》）刊于《国语周刊》第52期；《述几段古书的今译》刊于《国语周刊》54期；《古音无"邪"纽证》刊于《师大国学丛刊》第1卷第3期，此文是钱玄同对黄侃古音十九纽说的修正。其拟定的古音是十四组，认为"邪"纽字古非归"心"，而是归"定"。此为这是钱玄同的创见。又致书魏天行，讨论《中州音韵》的内容及作者问题。（以上参见曹述敬《钱玄同先生年谱（上、中、下）》，《北京师范大学学报》1982年第5—6期、1983年第1期；曹述敬《钱玄同先生年谱》，齐鲁书社1986年版；王学典《20世纪史学编年（1900—1949）》，商务印书馆2014年版）

熊十力1月25日致函国民政府主席林森,指陈抗日救国大计,主张对日寇不宣而战。1月28日,日军进攻上海,十九路军将士英勇抵抗。熊十力专程赶往上海慰问陈铭枢和将士。10月,熊十力的哲学代表作《新唯识论》(文言文本)在杭州自印行世。马一浮题签作序。是书标志熊十力营造了十年的哲学体系正式确立起来。马序和蔡元培序予以很高评价。蔡元培序撰于8月31日,略谓:"现今学者,对于佛教经论之工作,则又有两种新趋势:其一,北平钢和泰、陈寅恪诸氏,求得藏文、梵文或加利文之佛经,以与中土各译本相对校,胪举异同,说明其故;他日整理内典之业,必由此发轫。……其二,欧阳竟无先生之内学院,专以提倡相宗为主。相宗者,由论理学、心理学以求最后之结论,与欧洲中古时代之经院哲学相类似。……当此之时,完全脱离宗教家窠臼,而以哲学家之立场提出新见解者,实为熊十力先生之《新唯识论》。"11月,熊十力重返北大讲授唯识学。住梁漱溟先生家崇文门文外缨子胡同16号,与学生云颂天、谢石麟共住。牟宗三得列门墙。12月,南京内学院《内学》第6辑发表刘定权《破新唯识论》批评熊十力,欧阳竟无大师作序。(参见郭齐勇编《中国近代思想家文库.熊十力卷》及附录《熊十力年谱简编》,中国人民大学出版社2014年版;高平叔编著《蔡元培年谱长编》,人民教育出版社1996年版)

魏建功在北大中文系开"古音系研究"课。5月10日午,魏建功与周作人、俞平伯在德国饭店小酌。15日下午,周作人设家宴款待章太炎,俞平伯与马幼渔、钱玄同、朱希祖、沈兼士、魏建功等应邀作陪,并在庭院中合影留念。是年,所撰《唐宋两系韵书体制之演变》《上兼士师论右文研究书》刊于《国学季刊》等刊物。所著《中国古音研究上些个先决问题》《陆法言〈切韵〉以前的几种韵书——吕静、夏侯咏、阳休之、李季节、杜台卿五家韵目考》由北平国立北京大学刊行。《中国古音研究上些个先决问题》为国立北京大学《国学季刊》第3卷第4号抽印本。分引论、分论、结论3部分。引论包括解释题中"古"字之范围、古音之难点、古音研究之将来等3节;分论包括声变重于韵变、主要元音重于等呼等14节。(参见曹达《魏建功年谱》,《文教资料》1996年第4期;孙玉蓉编《俞平伯年谱》,天津人民出版社2006年版)

孟森治学尤其重视工具书。年初到北京大学任教得见《清史稿》,即开始编辑《清史传目通检》,在叙言中说:"今年始得读《清史稿》,偶翻列传,竟无朱竹君(筠)、杭堇甫(世骏)、翁覃溪(方纲)诸传,检清国史传则有之。"于是编辑通检,意在使对读二书,明其"互有去取之故与互有详略之不同",提供治清史者研究异同之助。并将坊间所刻《满汉名臣传》、东方学会《国史列传》、中华书局《清史列传》收入。《清史传目通检》,始刊于4月《国立北平图书馆馆刊》第6卷第2号,第3号连载。10月,所撰《清世祖布库里英雄考》刊于《中央研究院历史语言研究所集刊》。12月,《建州卫地址变迁考》《〈清史稿〉应否禁锢之商榷》《辽碑九种跋尾》刊于北京大学《国学季刊》。(参见孟森《明清史讲义》下册附录贾浩《孟森先生学术年表》、商鸿逵《述孟森先生》,商务印书馆2011年版)

汤用彤2月重撰的中国佛教史讲义汉魏两晋南北朝部分的第三稿写成,于讲义前自注云:"民国二十一年二月十六日三稿草竣。"在继《汉魏两晋南北朝佛教史》第三稿完成后,《隋唐佛教史稿》铅印本也印出。3月,《竺道生与涅槃学》发表于《国学季刊》第3卷第1号。暑期,汤用彤南下庐山,在佛教圣地东林寺左近写《大林书评》。12月24日,汤用彤在《国风》1932年第9期发表《〈四十二章经〉跋》。此文后经汤氏增补成为"The Editions of the Ssu-Shin-Erh-Chang-Ching"。该文主体内容收入《汉魏两晋南北朝佛教史》第三章的一部分。(参见汤一介、赵建永编《中国近代思想家文库·汤用彤卷》及附录《汤用彤年谱简编》,中国人民大学出版社2015年版;沈卫威《学衡派编年文事》,南京大学出版社2015年版)

　　贺麟被北京大学聘为副教授,兼清华大学讲师。应北京大学学生会邀请,作题为《论意志自由》的演讲。讲稿后以《我之意志自由观》为名,发表于《大公报》现代思潮专栏第 36、38 期。2 月 8 日,在《大公报·文学副刊》第 213 期续载《德国三大伟人处国难时之态度》。5 月 9 日,在《大公报·文学副刊》第 227 期续载《德国三个伟人处国难时之态度》。夏,贺麟路过南京,与柳诒徵、郭斌龢、范存忠、景昌极诸人餐饮,并由景昌极陪同,至支那内学院拜见欧阳竟无。11 月,《大公报·文学副刊》为纪念斯宾诺莎诞生三百周年,连载贺麟相关论文。14 日,刊出贺麟所译《斯宾诺莎与奥登堡论学书札二通》与所撰《斯宾诺莎像赞》。21 日,刊出《斯宾诺莎的生平及其学说大旨》。(参见高全喜编《中国近代思想家文库·贺麟卷》及附录《贺麟年谱简编》,中国人民大学出版社 2014 年版;沈卫威《学衡派编年文事》,南京大学出版社 2015 年版)

　　唐兰 2 月在《国立北平图书馆馆刊》第 7 卷第 1 期发表《(兮)羌钟考释》。春,代顾颉刚在北京大学、燕京大学讲授《尚书》。6 月,《获白兕考》刊于《史学年报》第 1 卷第 4 期。7 月,写竟《作册令尊及作册令彝铭考释》,刊于 1934 年北京大学《国学季刊》第 4 卷第 1 号。秋,先后在北京大学、辅仁大学、清华大学、中国大学、师范大学任讲师,讲授金文、古籍新证及诗、书、三礼,旋又代董作宾讲授甲骨文字。(参见韩军《唐兰的金文研究》附录二《唐兰先生学术年谱简编》,山东大学博士学位论文,2009 年)

　　胡厚宣一众学子随钱穆赴齐鲁故地,于济南游大明湖,至曲阜观孔府,再到泰安登泰山。其间途遇燕京大学众学子,燕大学子的西装革履与北大学子的长衫布鞋形成鲜明对比,对此先生颇为感慨。是年,胡厚宣译日本日名静一著《卜法管见》刊于《德音》第 1 卷第 1 期。(参见何林英《胡厚宣年谱》,载王京州编《河北近现代学者年谱辑要》,国家图书馆出版社 2017 年版)

　　梅贻琦在清华建成气象台,从 1 月 1 日起,逐日在图书馆前公布本地观测所得之外埠各地天气状况。每天按时报告本地直接观测所得之气压、气温、湿度、风、云、降水量、能见度、天气状况等各一次。本校各方面有需用本地及外埠各地气象正式记录者,可到气象台抄录。该台根据用无线电收录所得之各地资料,按时用国际通行之气象符号绘制在《东亚地图》上备用。同月 4 日,梅贻琦出席"总理纪念周行礼如仪"会议并讲话,由钱稻孙讲演,题为《日本政党之变化》。讲演词刊于 1 月 8 日《国立清华大学校刊》。14 日下午 4 时,梅贻琦主持第二十次评议会,审议研究院章程施行细则及各系学生刊物津贴案。22 日下午 3 时,梅贻琦主持之第十九次校务会议。又召集对日委员会会议,决定为慰劳辽西战役后来平伤兵向教职员发起募捐。28 日,梅贻琦主持第二十二次评议会,会议决定下学年起设立法律学系、机械工程学系、电机工程学系、工学院。又议决社会人类学系改称社会学及人类学系。2 月 8 日,举行"总理纪念周"活动,先由梅贻琦致词,继而由蒋廷黻讲演《国难会议之使命》。讲演词刊于 2 月 20 日《国立清华大学校刊》。25 日,清华评议会第二十四次通过《国立清华大学建筑委员会章程》。29 日,举行总理纪念周活动,梅贻琦首先致词,继尔由刘文典讲演《东邻野心侵略之计划》。4 月 28 日下午,梅贻琦主持第三十一次评议会,在会上报告:政府将缓付庚款一年,梅拟与基金会任鸿隽赴南京向教育、外交两部部长面商一切,离校期内评议会及校务会议由张子高教务长召集。5 月,《清华大学一览(1932—1933 年度)》出版。

　　梅贻琦 6 月初出席并主持教授会,与会共 41 人。大会选举下学年评议员及各学院院长候选人,冯友兰(34 票)、蒋廷黻(23 票)当选为文学院院长候选人,叶企孙、吴之椿当选为理学院院长候选人,陈岱孙、萧蘧当选为法学院院长候选人。会后,梅贻琦聘冯友兰为文学院院长,叶企孙为理学院院长,陈岱孙为法学院院长,任期二年。8月23日,李书华、梅贻琦、吴有训、萨本栋、叶企孙等人在清华大学举行中国物理学会成立大会,并专设中国物理学报编辑委员会、物理学名词审查委员会、物理学教学委员会、应用物理学汇刊编辑委员会,编辑出版《中国物理学报》等。李书华任会长。9月,梅贻琦在清华大学开学典礼上发表讲话,再次阐述"所谓大学者,非谓有大楼之谓也,有大师之谓也"的思想:"凡一校精神所在,不仅仅在建筑设备方面之增加,而实在教授之得人。本校得有请好教授之机会,故能多聘好教授来校。这是我们非常可幸的事。从前我曾易'四书'中两语:'所谓大学者,非谓有大楼之谓也,有大师之谓也。'现在吾还是这样想,因为吾认为教授责任不尽在指导学生如何读书,如何研究学问。凡能领导学生做学问的教授,必能指导学生如何做人,因为求学与做人必是两不相关联的。凡能真诚努力做学问的,他们做人亦必不取巧,不偷懒,不作伪,故其学问事业终有成就。"同月22日,梅贻琦、冯友兰、叶企孙、戴学儒、何清儒、陈通夫、赵忠尧、章晓初、涂奇峦等9人组成成府小学教育委员会。28日,清华大学第44次评议会通过了《研究院考试细则》。是年,梅贻琦呈准教育部,添设机械工程学系、电机工程学系,合原设之土木工程学系,成立工学院,现在以工学院之设备而言,则有土木工程馆、机械工程馆、电机工程馆、水利实验馆、航空工程馆,以及一切教学应用之仪器、机械,大体均甚完备。又先后应聘来校的国内外名师(包括一些当时即已崭露头角的新秀)有闻一多、雷海宗、萧公权、许维遹、庄前鼎、刘仙州、章名涛、赵凤喈、顾毓琇等。至此,清华的大学构架与师资优势已基本形成。(以上参见黄延复、钟秀斌《一个时代的斯文:清华校长梅贻琦》,九州出版社2011年版;蔡仲德编撰《冯友兰先生年谱长编》,中华书局2014年版;齐家莹编《清华人文学科年谱》,清华大学出版社1999年版)

冯友兰1月22日下午3时出席梅贻琦主持之第十九次校务会议。又召集对日委员会会议,决定为慰劳辽西战役后来平伤兵向教职员发起募捐。晚,草拟此募捐启事。2月27日,在《清华周刊》第38卷第1期发表《法藏〈金师子章〉释义》,后收入《中国哲学史》下册。3月2日,冯友兰出席教职员公会大会。会上全体赞同对日委员会倡议,决定致电国民政府,反对撤兵、妥协、设立中立区,并请出兵收复东北失地,会后即拟电稿。4月18日,举行纪念周活动,冯友兰作了讲演,内容为哲学要义及哲学系概况。21日,出席第三十次评议会,讨论《国立清华大学教师服务及待遇规程》草案。同月,在《中国社会学政治学评论》第16期发表《中国历史上儒家的位置》。5月7日,在《清华周刊》第37卷第9—10期合刊发表《韩愈李翱在中国哲学史中之地位》。文中认为韩愈推尊孟子,特引《大学》,提出"道统"说,李翱重视《中庸》与《易·系辞》,讲"性命之道"与修养方法,凡此种种均深刻影响宋明,说明"宋明新儒家之学之基础与轮廓,韩愈、李翱已为之确定。二人在中国哲学史中之地位,不可谓不重要也"。此文15次出现"宋明新儒家"一词,值得注意。12日,冯友兰、张子高、叶企孙、陈岱孙、蒋廷黻任清华大学本学年毕业生成绩审查委员。26日,冯友兰出席第三十五次评议会,会议通过《国立清华大学教授服务规程》。31日,《人生哲学》由商务印书馆出国难后一版。

冯友兰6月初出席教授会,当选为文学院院长。同月,在《清华学报》第7卷第2期发表《朱熹哲学》。全文包括7部分,即理、太极、气、天地人物之生成、人物之性、道德及修养方法、政治哲学,对于佛家之评论。是时,冯友兰仍任《清华学报》编委。8月3日,朱自清自南方返回清华,来访,冯友兰请朱任中文系主任,朱辞,冯友兰仍坚持。9月3日,在《大公报·世界思潮》副刊发表《新对话(一)》,9月10日连载。14日,出席第四十二次评议会。会议审议新教职员住宅承包案,通过《国立清华大学图书馆规则》。18日上午10时,出席全校国难("九一八")纪念会并讲演。22日下午3时,主持教职员公会新旧干事联席会。会议决定以冯友兰及梅贻琦、叶企孙、戴学儒、何清儒、陈通夫、赵忠尧、章晓初、涂奇峦共9人组成成府小学教育委员会,以冯友兰及杨武之、章晓初、马约翰、郑桐荪、蓝夫人组成成志小学教育委员会。30日,所著《人生哲学》由商务印书馆出国难后三版。

　　冯友兰10月8日在《大公报·世界思潮》副刊续载《新对话(二)》。10日,《校刊》第442期公布二十一年度清华大学教师一览表,其中文学院部分如下:院长冯友兰。中国文学系主任朱自清;教授陈寅恪、杨树达、刘文典、俞平伯、闻一多;专任讲师浦江清、刘盼遂、王力;讲师黄节、郭绍虞;教员许维遹;助教余冠英、安文倬。外国语文系主任王文显;教授毕莲、陈福田、吴宓、温德、钱稻孙。哲学系主任冯友兰;教授金岳霖、邓以蛰、张崧年;讲师林志钧、贺麟、李翊灼、张颐、张东荪;助教李濂。历史学系主任蒋廷黻;教授刘崇鋐、陈寅恪、孔繁需、钱稻孙、雷海宗、噶邦福;讲师张星烺、黎东方、钱穆、陶希圣;助教杨凤岐。社会学及人类学系主任陈达;教授史禄国、吴景超。中旬,对日委员会改选,冯友兰及叶企孙、章晓初、萧遽、蒋廷黻、张子高、吴有训、浦薛凤、何清儒、王化成、钱端升等11人当选为委员。改选后第一次委员会会议仍选冯友兰为主席。冯友兰报告救济东北难民捐款经过后,会议决定建议学校日用品尽量购用国货。11月4日,《校刊》453期公布清华常设委员会一览表,冯友兰任校务委员会、评议会、聘任委员会、招考委员会、出版委员会、图书馆委员会、大学一览委员会委员。同月,张岱年《评冯著〈中国哲学史〉》刊于《新月》第4卷第5期。

　　冯友兰12月1日出席第三次教授会。会上梅贻琦指派冯友兰等9人讨论大学一年级是否分系问题。3日,张荫麟《代戴东原灵魂致冯芝生先生书》刊于《大公报·世界思潮》。此文就《新对话》(一)、(二)与冯友兰商榷,认为"我们的经验,无论关于自然界及人事界,是有秩序的,这秩序只存于在时空里的个体之中,并不是超乎时空之外"。12月8日,在《大公报·世界思潮》副刊续载《新对话(三)》。同月,在《清华学报》第8卷第1期发表《宋明道学中理学心学二派之不同》。此文认为朱熹与陆象山、王阳明之根本不同不在前者偏重道问学,后者偏重尊德性,而在前者为理学,后者为心学,前者所见之实在有二世界,一不在时空,一在时空,后者所见之实在则只有一个世界,即在时空者,而此世界即与心为一体,故"依朱子之系统,理之离心而独存,虽无此事实,而却有此可能。依阳明之系统,则在事实上与逻辑上,无心即无理"。傅斯年赠其与方壮猷、徐中舒、萧一山、蒋廷黻共编之《东北史纲初稿》第一卷《古代之东北》。是年,所著《中国哲学史》上卷由神州国光社再版。商务印书馆的大学丛书编委会成立,聘冯友兰任委员。(以上参见蔡仲德编撰《冯友兰先生年谱长编》,中华书局2014年版;齐家莹编《清华人文学科年谱》,清华大学出版社1999年版)

　　金岳霖所撰《思想律与自相矛盾》1月刊于《清华学报》第7卷第1期。是年,离美回国,在北京大学兼课,讲授符号逻辑。搬到城内东总布胡同住,与梁思成、林徽因夫妇是前后院,交往甚密,结下了永恒的友谊。在金岳霖的客厅形成了"星六聚会",各路好汉纷纷来此,谈天说地。陈岱荪、张奚若、周培源夫妇等多在其中。当时正在北京的费正清也常来访。(参见王中江编《中国近代思想家文库·金岳霖卷》及附录《金岳霖年谱简编》,中国人民大学出版社2014年版;齐家莹编《清华人文学科年谱》,清华大学出版社1999年版)

　　吴宓继续任教于清华大学。1月11日,方玮德在《大公报·文学副刊》发表《再谈志摩——并质吴宓先生》。18日,吴宓《论诗之创作:答方玮德君》《诗韵问题之我见》刊于《大公报·文学副刊》。25日,吴宓《徐志摩与德国表现派》刊于《大公报·文学副刊》。2月8日,吴宓《中华民族在抗敌苦战中所应持之信仰及态度》刊于《大公报·文学副刊》。15日,吴宓《道德救国论》,载《大公报·文学副刊》。4月11日,吴宓在清华大学纪念周讲演,题为《外国文学系课程编制大旨》,刊于4月27日《国立清华大学校刊》第398号。文中对该系学程表及学程总则的补充说明。5月23日,吴宓《白屋诗人吴芳吉逝世》刊于《大公报·文学副刊》,5月30日、6月6日连载。吴芳吉于1911年与吴宓同时考入清华学校,编入一个班。后吴芳吉为同学何鲁受美籍教师所辱一事打抱不平,遭学校开除学籍。吴宓殊为同情感伤,两位同学遂订生死之交。后吴芳吉在吴宓鼓励下从事诗歌创作,曾作名传一时的《婉容词》。二吴均为诗人,为终生不渝的朋友。5月9日,忙于抗日救国宣传的吴芳吉,因积劳成疾,不幸去世。吴宓为怀念故友,还写下《碧柳挽诗》与《吴芳吉传》等。9月19日,吴宓《余生诗话》,载《大公报·文学副刊》。26日,吴宓《中国新文学的源流》《孔诞小言》,载《大公报·文学副刊》。(参见沈卫威《学衡派编年文事》,南京大学出版社2015年版;齐家莹编《清华人文学科年谱》,清华大学出版社1999年版)

　　俞平伯1月1日参与《中学生》月刊第21期在《贡献给今日的青年》总题目下的笔谈。17日,作《读〈妇女解放新论〉书后》。1月29日,作《代拟吾庐约言草稿》。"吾庐"是俞平伯与志趣相同的两个表弟许宝驹、许宝骙自然组成的一个小团体。他们共同约定了要好好活着的四个要点,即自爱、平和、前进、闲适。他说他们的小团体"是一种思想的意志的结合,进德修业之谓;更是一种感情的兴趣的结合,藏修息游之谓。生命至脆也,吾身至小也,人世至艰也,宇宙至大也,区区的挣扎,明知是沧海的微沤,然而何必不自爱,又岂可不自爱呢"。31日,俞平伯致周作人信,谈及"沙变甚亟出人意表外,闻涵芬楼一炬,尤可惜。我的《救国论》大约也毁于炸弹下了。此足为书生之一棒喝!"2月4日,俞平伯收到周作人3日来信,代沈兼士询问俞平伯是否可以到辅仁大学任教。即复信。7日,收到周作人6日来信,续谈沈兼士请俞平伯到辅仁大学去教新文学之事。即复信。13日,致周作人信,谈北京大学连维持费亦不能准发,生活拮据。29日,清华《文学月刊》第2卷第3期出版,该期的《卷头语》为俞平伯所作。同月,将周作人1930年9月至1932年2月的来信74封装裱成《春在堂藏苦雨翁书札》第三册,请周作人题词。周作人于本月15日作了题跋。

　　俞平伯3月1日作《致国民政府并二中全会快邮代电》,发表在3月15日天津《大公报》,题为《北平清华大学教授俞平伯致国民政府并二中全会快邮代电》。信中将去年"九一八"事变以来作者"所怀之疑虑数端"质直上陈。他说:"鄙人未隶任何党籍,供职国立学校,以不敢放弃国民之天责,故质直布其诚烟,如何措施,则在位者之责矣。"4月15日下午,访周作人,随后往北京大学文学院演讲《诗体之变迁》。18日晚,应马裕藻之约,往西板桥拜访章太炎,周作人、朱希祖、钱玄同、沈兼士、刘半农、胡适等俱在。5月7日,应马裕藻之招,前去聚会。周作人、叶公超、胡适、郑振铎、徐耀辰、许宝驹、刘文典等在座。8日午,周作人宴请梁宗岱,俞平伯与沈尹默、徐耀辰、江绍原、许地山等应邀作陪。15日下午,周作人设家宴款待章太炎,俞平伯与马幼渔、钱玄同、朱希祖、沈兼士、魏建功等应邀作陪,并在庭院中合影留念。当晚,章太炎应嘱为俞平伯书写条幅,录《论语》"敏而好学,不耻下问"一节。6月25日,散文家梁遇春病逝。俞平伯与蒋梦麟、周作人、胡适、叶公超、废名等人发起追悼会。

同月,据清华大学第四级年刊部出版的《国立清华大学年刊》载,俞平伯是本年刊部的顾问。7月2日上午,访周作人。中午与周作人同往北京饭店,为蒋梦麟宴请蔡元培作陪。9日上午,至北京大学二院礼堂参加梁遇春追悼会。

俞平伯9月上旬新学年(即1932至1933年度)开学之际,被清华大学中国文学系聘为教授,讲授南唐二主词、《清真词》和"词"习作课,另外讲授戏曲和小说。15日收到周作人14日来信及寄赠《中国新文学的源流》一本,即复信。19日,俞平伯作《〈尚书·金滕〉中的几个问题》成,以示陈寅恪。10月9日,俞平伯于《后记》中记陈寅恪意见。13日,俞平伯应嘱读朱自清新作散文《给亡妇》。14日晚,俞平伯与朱自清等出席清华中国文学会迎新大会,并在会上讲演《诗的歌与诵》。讲稿整理后,刊于1933年1月1日《东方杂志》第30卷第1期。10月15日向朱自清谈读后感,认为:"《给亡妇》一文太浓,如作回忆口气当较淡。"11月3日,作《广亡征!》,刊于次年2月1日《论语》半月刊第1卷第10期。文中者对"九一八"事变以来的不抵抗政策极为愤慨,在作品中历数国家将亡的各种征兆,以此向世人敲响警钟。8日,致朱自清信,谈北平将被变成文化城之事。(以上参见孙玉蓉编《俞平伯年谱》,天津人民出版社2006年版;章玉政编著《刘文典年谱》,安徽大学出版社2011年版;齐家莹编《清华人文学科年谱》,清华大学出版社1999年版)

朱自清7月8日在旅欧一年后,由意大利港埠布林迪西登"拉索伯爵"号邮轮起程回国。与柳无忌夫妇、朱偰夫妇、赫英举夫妇等同船。27日,朱自清在新加坡中国学校的学生所举行的欢迎会上作简短讲话。31日,抵达上海,王礼锡、胡秋原以及陈竹隐等到码头迎接。8月1日下午,晤叶圣陶、方光焘、王伯祥。3日,偕方光焘夫妇赴江湾,访匡互生、丰子恺、刘熏宇。4日晚,偕陈竹隐在杏花楼酒家举行婚宴。6日,偕陈竹隐乘船赴普陀度蜜月。16日,返抵上海。访王礼锡、陆晶清夫妇。17日,访柳无忌夫妇,见柳亚子,并赴觉林应柳亚子邀午宴。下午,赴开明书店晤夏丏尊。晚,赴聚丰园宴客,在座有方光焘夫妇、叶圣陶夫妇、夏丏尊、徐调孚、胡愈之、王伯祥、章锡琛。19日,陈望道来访并约稿。晚,赴梁园应胡愈之邀宴,在座有茅盾等。20日晚,返抵扬州家中。21日,致电清华辞代理中文系主任职。下午,应余冠英夫妇邀,携全家游瘦西湖。28日,抵南京。

朱自清9月3日下午抵清华。访冯友兰,力辞代理中文系主任职,不获同意。暂借居余冠英宅。8日,进城访友,遇闻一多。时闻一多辞青岛大学教职,始任清华大学中文系教授。此为闻、朱二人共事论学之始。14日,在清华作访英游欧演说,内容有三点:一、提倡国货;二、西方人对中国人的态度;三、纯粹艺术论。同日,清华大学1932年度第一学期开始上课。本学年朱自清开设"古今诗选""歌谣""中国新文学研究",以及"大一国文"课等。20日,就代理中文系主任职。10月1日下午,访周作人等。3日晚,应郑振铎邀在燕京大学国文学会讲演。同日,浦江清来访,谈中国语言文学的特点和比较文学史问题。6日下午,出席清华教授会,听清华陕西实业考察团报告陕西贫困荒凉的景象。7日晚,赴天津南开大学作"中国诗之出路"讲演。宿柳无忌家。8日午,在东兴楼邀宴黄节、周作人、杨振声、徐霞村等。11日,应徐调孚约作散文《给亡妇》。刊于次年1月1日《东方杂志》第30卷第1号。

按:《给亡妇》回忆了亡妻武钟谦生前全心全意照料丈夫和孩子的种种往事,对亡妻表示了深切的怀念。该文语言质朴而情深意长,在读者中影响甚大。李广田《最完整的人格——哀念朱自清先生》(1948年9月4日《观察》第5卷第2期)说:"据一位教过女子中学的朋友说,她每次给学生讲这篇文字,讲到最后,总听到学生中间一片欷歔声,有多少女孩子且已暗暗把眼睛揉搓得通红了。"朱自清《〈你我〉自序》谈到此文在写法上,"想试用不欧化的口语,但也没有完全如愿"。

朱自清 10 月 13 日听胡适作《东西方文化冲突问题》讲演。14 日晚,朱自清出席清华中国文学会迎新大会,作为新任系主任首先被邀讲话,谈伦敦读诗会事,还谈了参观名人故居、英国的过年风俗等。同时讲话的还有俞平伯等。15 日晚,赴正阳楼应徐中舒邀宴。16日,作书评《论白话——读〈南北极〉与〈小彼得〉的感想》,刊于 10 月 24 日《清华周刊》第 38 卷第 4 期"文艺专号"。《南北极》和《小彼得》分别为穆时英和张天翼所著短篇小说集。文中论述了白话文学在语言上的努力和上述两位作者在使用活的"北平话"方面的追求,呼吁作家"多采用北平话的句法和成语"。19 日,确定研究范围,读书计划,并决定开始学习日文,以为下次休假时赴日本访学作准备。20 日晨,陈梦家、方玮德来访,谈诗歌改造与诗的音节等问题。午间,应冯友兰邀宴。25 日,确定每周工作、读书安排时间表。

朱自清 11 月 2 日下午接待浦江清、钱稻孙来访。4 日下午,梁宗岱、郑振铎来访。9日,听郑振铎在清华作《明清时代的短剧》讲演。10 日,进城访江绍原、严既澄等。晚应雷洁琼邀宴。15 日,叶公超来访,谈中西文学的差异问题等。11 月 19 日下午,进城访徐中舒。24 日上午,持清华中国文学会请柬进城请因探母病来北平的鲁迅去清华讲演,被谢绝。下午,再访鲁迅,请讲演,又未允。12 月 10 日晚,观昆曲《三醉》《思凡》《小宴》《骂曹》等。其妻陈竹隐亦登台演出。11 日,郑振铎、赵万里来访。又为浦江清作伐。同日,听傅斯年作《上古东北之民族》讲演。23 日,听闻一多作《新诗问题》讲演。24 日晚,邀宴余冠英夫妇。年底,中国文学系教授会通过了《中国文学系改定必修选修科目案》,于下年起施行。这个方案除继续保留新文学方面的课程和外文课程,还开始偏重于古典文学的研究,新开设"国学要籍"一类课程,并将全部课程大致分为中国文学与中国语言文字两类,以培养古典文学研究人才和语言文字学研究人才。是年,增作《歌谣的历史》《歌谣的修辞》二章,与此前《歌谣发凡》四章合并,更名为《中国歌谣》,为"歌谣"课铅印本讲义。(以上参见姜建、吴为公编《朱自清年谱》,安徽教育出版社 1996 年版;齐家莹编《清华人文学科年谱》,清华大学出版社 1999 年版)

刘文典 2 月 29 日上午应梅贻琦校长邀请在清华大学举行总理纪念周作主题演讲,题为《东邻野心侵略之计划》。演讲稿后以《日本并吞各国之推进机——黑龙会》为题刊于 3月 11 日《国立清华大学校刊》。同日,章太炎赴北京游说张学良坚定抗日信念。抵达后,特意召刘文典进城见面,夸赞他痛骂蒋介石之举。离京前,章太炎抱病赠联给刘文典:"养生未羡嵇中散,疾恶真推祢正平。"3 月 4 日晚,刘文典在同和居宴请章太炎等人。5 日,《清华周刊》第 37 卷第 2 期"校闻"栏目刊登消息,介绍刘文典 2 月 29 日在清华纪念周上的演讲。4 月 11 日,刘文典在清华大学纪念周以《清华大学国文系的特点》为题进行演讲。演讲词刊于 5 月 6 日《国立清华大学校刊》。5 月 1 日,刘文典在清华中国文学会会刊《文学月刊》第 3卷第 1 号上发表《最容易读错的几个成语》。7 日,刘文典与胡适、周作人、叶公超、俞平伯等人参加马裕藻宴请。刘文典与闻一多往来,当始于此时。

刘文典与陈寅恪、吴宓等 6 月联合担任《清华学报》编委。7 月 30 日,清华大学夏考新生入学开始考试,刘文典邀请陈寅恪拟定国文试题,一为作文题"梦游清华园",一为对子题"孙行者",结果引发轩然大波。8 月 20 日,《独立评论》刊登《荒木政策与我们的态度》,向国人介绍日本陆军大臣荒木贞夫的对华谋略。后来刘文典曾专门翻译荒木著作,以警醒国人。9 月 20 日,因朱自清休假回国复职,刘文典卸任清华大学中国文学系代理系主任。9

月 25 日、10 月 2 日，刘文典在《独立评论》第 19、20 号上连载发表《日本侵略中国的发动机》，提醒国人日本"举国一致，定要吞并中国和亚细亚洲，以尽大和民族的天职，实现'王道正直'的大理想"。11 月 13 日，刘文典在《独立评论》第 26 号上发表《日本侵略政策的历史背景》，"举出日本（明治）维新以前，德川氏锁国时代几位维新先进的著作为证"，印证日本侵略中国的野心由来已久。（以上参见章玉政编著《刘文典年谱》，安徽大学出版社 2011 年版；齐家莹编《清华人文学科年谱》，清华大学出版社 1999 年版）

张申府继续在清华与北大任教。5 月 14 日，所撰《新哲学书》刊于《清华周刊》第 37 卷第 11 期，连载该刊 5 月 24 日第 12 期。6 月，张申府书评"Wagemann, Economic Rythm"刊于《清华学报》第 7 卷第 2 期。9 月，张申府受天津《大公报》总编辑张季鸾邀请主编该报《大公报·世界思潮》副刊。1 至 2 周 1 期，共出版 88 期。其中发表了张申府署名或不署名的文章若干篇。该刊上大力张扬新思想、新理论、新哲学、新科学、新人物、新事、新物、新书、新期刊，因宣传马克思主义受南京国民党政府严厉谴责，被指危害国民政府，于 1934 年被迫停刊。11 月 21 日，张申府《罗素论西洋文明》刊于《清华周刊》第 38 卷第 7、8 期合刊。（参见郭一曲著《现代中国新文化的探索——张申府思想研究》及附录一《张申府年谱简编》，广东人民出版社 2002 年版；雷颐编《中国近代思想家文库·张申府卷》及附录《张申府年谱简编》，中国人民大学出版社 2015 年版；齐家莹编《清华人文学科年谱》，清华大学出版社 1999 年版）

闻一多 8 月应聘为国立清华大学中国文学系教授。学校本拟聘他任系主任，但他经过武汉大学、青岛大学两次经验，不肯应允。9 月 7 日，清华大学开学，14 日正式上课。闻一多担任四年级"文学专家研究"课程，讲授"王维及其同派诗人"，每周两小时，"在讲授王维诗外，并取孟浩然、綦毋潜、王昌龄、崔国辅、储光羲、裴迪、祖咏、常建等十数家代表作品比较研究之，以期说明盛唐时期一般的作风"。又讲授"先秦汉魏六朝诗"，每周三小时，主要内容为"诗经及楚辞中之《九歌》"。同时还与刘文典、俞平伯、刘盼遂、许维遹、浦江清共同讲授"大一国文"，每周三小时，"欲使学者窥见各时代模范作品之大要，并时时督之练习作文，以启发其思想，磨炼其技术"。从此时起，闻一多全力转入古典文学的研究。8 日，闻一多在城里见到朱自清，当时朱自清刚自欧洲休假观光回国，9 月 3 日返回清华大学。20 日，朱自清正式就任代理中文系主任之职。12 月 26 日，闻一多与朱自清谈诗的模印理论。（以上参见闻黎明、侯菊坤《闻一多年谱长编》（增订版），上海交通大学 2014 年版；姜建、吴为公编《朱自清年谱》，安徽教育出版社 1996 年版）

钱端升 4 月 7—11 日出席国民政府在洛阳召开的"国难会议"。6 月，任《清华学报》编委。9 月 1 日，由杭立武等发起的中国政治学会在南京中央大学礼堂举行成立大会。该会宗旨为：（一）促进政治科学之发展；（二）谋贡献于现实政治；（三）帮助后学示以研究方法。与周鲠生、浦薛凤、王世杰、杭立武一起当选为学会常务干事。9 月，与萧淑娴女士登报离婚。11 月 17 日，在清华大学教授会上被选举为第六届校务会议教授代表。（参见孙宏云编《中国近代思想家文库·钱端升卷》及附录《钱端升年谱简编》，中国人民大学出版社 2014 年版）

杨树达《马氏文通刊误》一书 1 月由商务印书馆印行。本书分为 10 卷，为系统地纠正马书违误之处的专著，是多年经营的成果。作者在本书自序中说："余自民国初元始读《文通》，颇持异议。八年秋冬之际，家居少事，创述是编，继是北游，续有所述。"此书在纠正马的同时，阐述了自己的许多语法见解。5 月 23 日，杨树达因受非议，致函刘文典，提出辞职。刘文典立即回函称，校方允许其休假，但不许辞职。12 月，杨树达《汉代丧葬制度考》刊于《清华学报》第 8 卷第 1 期，文中分别探讨了汉代丧葬中的"沐浴饭舍""衣衾""棺椁""发丧受吊""送葬""从葬之物""葬期""坟墓""归葬""合葬""附葬""改葬""膊赠""护丧""丧期"
"上冢"等情况。该文是民国时期研究中国丧葬文化的代表作之一,后扩充为《汉代婚丧礼
俗考》一书。(参见齐家莹编《清华人文学科年谱》,清华大学出版社 1999 年版;王学典《20 世纪史学编
年(1900—1949)》,商务印书馆 2014 年版;章玉政编著《刘文典年谱》,安徽大学出版社 2011 年版)

　　吴景超《两汉寡妇再嫁之俗》5 月 7 日刊于《清华周刊》第 37 卷第 9—10 期合刊。6 月,
吴景超"Tawney, Equality""Briffault, The Matriarchal Theory"刊于《清华学报》第 7 卷第 2
期。10 月 17 日,吴景超《霍尔等编的〈失业的个案研究〉》刊于《清华周刊》第 38 卷第 3 期。
11 月 21 日,吴景超《增加中国农民收入的途径》刊于《清华周刊》第 38 卷第 7—8 期合刊。
(参见齐家莹编《清华人文学科年谱》,清华大学出版社 1999 年版)

　　陈达 4 月 25 日在总理纪念周上讲演,内容为社会学之范围及性质。讲演词刊于 5 月 9
日《国立清华大学校刊》。是年,陈达编著的《人口问题》由上海商务印书馆出版。清华大学
社会学系更名为社会人类学系,陈达任系主任,其担任的课程:(1)社会机关参观及社会调
查;(2)人口问题;(3)劳工问题。社会学系有教授傅尚霖、史禄国,讲师吴文藻。(参见田彩凤
《陈达先生年谱》,《清华大学学报》1995 年第 2 期;齐家莹编《清华人文学科年谱》,清华大学出版社 1999
年版)

　　雷海宗 5 月在《金陵学报》第 2 卷第 1 期发表《孔子以前之哲学》,认为普通研究中国哲
学的,都看孔、老为最早的哲学家,前此毫无哲学思想可言。然而凡稍明哲学进化的人都可
看出孔、老的思想是哲学已到成熟时代的思想,在他们背后一定还有悠久的历史,并且决不
止是宗教信仰史,乃是真正的思想发达史。很多人以为把殷周间的宗教信仰作为前提,就
可解释孔、老思想的构成。岂知这只能解释孔、老思想的一部分,且是不重要的一小部分;
其大部分则与宗教信仰并无直接的关系。孔、老以前哲学史料的缺乏是无可讳言的事实。
但侥幸还有《尚书》与《周易》两部书能帮助我们寻出西周与春秋时代思想进化的线索。此
文由法国支那学者、现任法兰西学院教授的马斯伯劳(Henri Maspero)出版于 1827 年的《中
国古代史》(La Chine Antique)获得启示,从《书》《易》两经追溯与还原孔子以前之哲学。7
月,雷海宗辞去武汉大学教职。9 月,进入清华大学任教,为历史学系教授。适逢此时清华
大学历史系主任蒋廷黻正推行"历史学和社会科学并重,历史之中西方史与中国史并重,中
国史内综合与考据并重",力求使清华历史系与国际一流大学接轨。雷海宗讲授中国通史、
中国上古史、西洋史、史学方法等课程。汇编了近 90 万字的《中国通史选读》,串联史学原
典,亲撰简明评述,体现其注重时代文化的总体特征、不拘于朝代更迭的治史风格。(参见马
瑞洁、江沛《雷海宗年谱简编》,载王京州编《河北近现代学者年谱辑要》,国家图书馆出版社 2017 年版;江
沛、刘忠良编《中国近代思想家文库·雷海宗、林同济卷》及附录《雷海宗年谱简编》,中国人民大学出版社
2014 年版)

　　郭斌龢是年春被聘为清华大学外文系教授。5 月,郭斌龢译《柏拉图语录之五·斐德罗
篇》刊于《学衡》杂志第 76 期,系续第 69 期。9 月 28 日,在《国风》第 3 号(圣诞特刊)发表
《孔子与亚里士多德》,郭斌龢原注说《孔子与亚里士多德之人文主义》英文稿载美国 1931
年 3 月号 Bookman 杂志。文中主旨是谈孔子与亚里士多德伦理学说的重要相似点。其学
说的相似实由于其人生观之相似。盖皆能以稳健平实之态度,观察人生之全体。孔子与亚
氏对于人性有同一之见解—性相近而习相远。意志自由,道德选择的自由表现在中唐之道
上。中庸的标准,亚氏曰理,孔子曰道。具体表示为亚氏曰"庄严之人""心胸伟大之人"。
孔子说"君子"。而君子之德为仁。孔子与亚氏重视个人修养,同时强调人不能脱离政治社

会。11月3日,在《大公报·文学副刊》第252期发表《曾文正公与中国文化》。12月5日,在《大公报·文学副刊》第257期发表《读梁漱溟近著〈中国民族自救运动之最后觉悟〉》。(参见沈卫威《学衡派编年文事》,南京大学出版社2015年版)

张奚若6月在清华大学毕业典礼上代表教授会向学生致辞,谓"现在的青年学生最喜欢的是新奇的学说,最不喜欢的是陈腐的理论。本人没有什么新奇的学说,只有很少的陈腐的理论……现在诸位要踏上社会的旅途了,我就本着临别赠言的意思,向诸位说几句过来人的经验之谈吧",然后提出三点意见:"奋斗、续学、耐劳"。

浦薛凤仍任《清华学报》编委会总编,同任编委者还有冯友兰、王文显、吴宓、吴景超、金岳霖、施嘉炀、陈达、陈寅恪、陈桢、陈岱孙、孙国华、张奚若、张准、叶企孙、叶崇智、熊庆来、赵人儁、蒋廷黻、钱端升、钱稻孙、刘文典、谢家荣等。(参见蔡仲德编撰《冯友兰先生年谱长编》,中华书局2014年版)

浦江清1月10日与在清华大学的"学衡派"成员向达、王庸商议,同时得到了钱穆的赞同,欲办一个名为《逆流》的杂志,"以打倒高等华人,建设民族独立文化为目的","逆流者,逆欧化之潮流也"。这个动议中的刊物没有出台。(参见沈卫威《学衡派编年文事》,南京大学出版社2015年版)

刘盼遂在清华大学国文系任教。4月,《跋〈隋渡辽将军上柱国普安公司兵参军事杨畅墓志铭〉》《跋〈大同前承务郎行赵州赞皇县主簿刘含故李夫人墓志铭〉》刊于《北平图书馆馆刊》第6卷第2号。同月,经师黄侃引见,拜见章太炎先生(太炎先生是年从上海到北京)。太炎先生以"好奇莫采华山剑,嗜古休遵犊鼻裈"一联相赠。5月,《王充〈论衡〉篇数残佚考》刊于《学文》第1卷第5期(后收录于《古史辩》第四册)。6月,《段玉裁先生年谱》刊于《清华学报》第7卷第2期。10月,《〈诗·蝃蝀〉篇远兄弟父母韵说》发表于北平中国大学《国学丛编》第2期第1册。同月,作《〈论衡集解〉自序》(后收录于《古史辩》第四册)。12月,《中国文法复词中偏义例续举》刊于《燕京学报》第12期。(参见之远、章增安《刘盼遂先生学术年谱简编》,《华北水利水电学院学报》2011年第6期)

钱稻孙1月4日在举行"总理纪念周行礼如仪"时讲演《日本政党之变化》,讲演词刊于1月8日《国立清华大学校刊》。3月12日,钱稻孙《"流求"——台湾? 琉球?》刊于《清华周刊》第37卷第3期。(齐家莹编《清华人文学科年谱》,清华大学出版社1999年版)

吴晗任《清华周刊》文史栏主任。1月30日写信给胡适,表达对日本帝国主义侵略和国民党卖国的愤怒和自己的痛苦心情。2、3月,在《清华周刊》上发表杂文《过去种种》与诗《感事》,反映他在日本侵略我国东北时,对国民党的不抵抗政策的不满和矛盾心情。上半年,作《胡惟庸党案考》,后发表于《燕京学报》第15期。5月7日,《清华周刊》将第37卷第9—10期合并为"文史专号"出版,封面署"清华历史学会、清华周刊社合编",《清华周刊》,实际主要是由《清华周刊》"学术栏"主任吴晗组织编辑。该号刊载冯友兰《韩愈李翱在中国哲学史中之地位》,蒋廷黻《道光朝筹办夷务始末之史料的价值》,陆侃如《论卦爻辞的年代》,商承祚《殷商无四时说》,吴其昌《殷代人祭考》,吴景超《西汉寡妇再嫁之俗》,李峻之《周代西方民族之东殖》,千家驹《东印度公司之解散与鸦片战争》,华芷荪《对华门户开放主义之起源》,胡适《与钱穆先生论老子问题书》,顾颉刚、张福庆《九族问题》,余嘉锡《水浒传宋江平方腊考》,西谛(郑振铎)《西厢记的本来面目是怎样的》,辰伯《〈清明上河图与金瓶梅的故事及其演变〉补记》《两浙藏书家史略》,钱穆《秦三十六郡考》,王以中(王庸)《明代海防图籍录》,祁延霈《帕米尔史地考》,陈寅恪《敦煌本维摩诘经问疾品演义书后》等文。

按:该专号多篇论文都产生了较大影响,如商承祚批驳董作宾等的《殷商无四时说》,以及吴其昌的《殷代人祭考》、蒋廷黻的《道光朝筹办夷务始末之史料的价值》、钱穆的《秦三十六郡考》、顾颉刚和张福庆的《九族问题》、吴景超的《西汉寡妇再嫁之俗》等。署名"凡"在《国立北平图书馆读书月刊》第1卷第9号发表《书评〈清华周刊文史专号〉》,评论北平文史学界的风尚说"近今学术上考据之风大盛,即研究文学艺术者,亦惟以训诂历史相尚,而于文艺本身之价值反不甚注意。各大学国文系课程,往往文字训诂为重;其关于文学史之课程,内容亦多考证文人之生卒,诗文之目录,及其文法章句名物故事之类,而于文学批评与美术之品鉴忽焉"。且谓学界的这种风气,皆研究者受"时代之影响"所致。(参见苏双碧、王宏志《吴晗传》及附录《吴晗生平活动简表》,上海人民出版社1998年版;王学典《20世纪史学编年(1900—1949)》,商务印书馆2014年版)

陈梦家3月底参加过上海抗战后来到青岛大学做闻一多的助教。遂将自己淞沪战争时期的诗结集为《陈梦家作诗在前线》。4月25日陈梦家给胡适信中说:"我于二月末到南翔投军,三月底回南京即转来青岛,现在青岛大学文学院做些小事。""关于《诗刊》的事现在没有决定续编还是暂停,孙大雨先生颇主暂停,一多先生现在努力开掘唐代文化,未有意见。"闻一多对陈梦家十分器重。是夏,考入燕京大学宗教学院研究神学,并攻读古文字学。(参见闻黎明、侯菊坤《闻一多年谱长编》(增订版),上海交通大学2014年版)

钱钟书书评"A Book Note"1月16日刊于《清华周刊》第36卷第11期。10月1日,钱钟书《一种哲学的纲要》刊于《新月月刊》第4卷第3期;《为什么人要穿衣》刊于《大公报·文学副刊》。10月15日,钱钟书《大卫·休谟》刊于《大公报·文学副刊》。11月1日,钱钟书书评《中国新文学的源流》(周作人著)刊于《新月月刊》第4卷第4期。后收入陶明志编《周作人论》北新书局1934年12月版。5日,钱钟书《休谟的哲学》刊于《大公报·文学副刊》。7日,钱钟书《鬼话连篇》刊于《清华周刊》第38卷第6期。14日,钱钟书《英译千家诗》刊于《大公报·文学副刊》。12月1日,钱钟书书评《美的生理学》(Arthur Sewell著)刊于《新月月刊》第4卷第5期。12月14日,钱钟书"On Old Chinese Poetry"刊于《中国书评》(The Chinese Crilic)第6卷第50期。22日,钱钟书《纪德的自传》刊于《大公报·文学副刊》。是年,杨绛毕业于苏州东吴大学,考入清华大学研究院外国语文研究生。钱钟书在清华大学古月堂前结识杨绛。(参见齐家莹编《清华人文学科年谱》,清华大学出版社1999年版)

洪业继续主持燕京大学引得编纂处。1月,编印《四库全书总目及未收书目引得》。该引得"分两巨册,上册为《书名引得》,下册为《人名引得》。不仅采辑无漏,且凡一书而有二称,二人而同一名,伪书之假托,数人之合著,笺注之另有其人,附刊之别为一书,往往分作专条,排成易检,手此二册,则总目二百卷,加以《未收书目》五卷,绝无难检之病矣。引得据大东书局影印本,卷首有卷页内容表及推算公式,凡有其他版本者亦可用此引得"。燕京大学引得编纂处同年出版的引得还有《仪礼引得附郑注及贾疏引书引得》《全上古三代秦汉三国六朝文作者引得》《三十三种清代传记综合引得》。

洪业6月30日在《史学年报》第1卷第4期发表《驳景教碑出土于盩厔说》,对法国人夏鸣雷《西安府圣教碑》一文中认为大秦景教流行中国碑出土于盩厔的观点进行批驳,认为应出土于长安大秦寺旧址。12月,洪业在《燕京学报》第12期发表《所谓修文殿御览者》。文中对敦煌"唐人抄本类书残卷""汇校一番",并考订罗振玉所谓此书为"修文殿御览残卷""格格而不合",主张"与其称残卷为'修文御览'也者,不如号之为'华林遍略'"。同月,洪业《引得说》由燕京大学引得编纂处出版。此书分"何为引得""中国字庋撷法""引得编纂法"三篇,其中,第一篇概说索引理论,第二篇论述索引排检方法,第三篇论述索引编制方法。

为作者创办哈佛燕京学社引得编纂处及编辑《汉学引得丛刊》实践经验的总结,被学界誉为我国近代索引研究的开山之作。(参见王学典《20 世纪史学编年(1900—1949)》,商务印书馆 2014 年版)

张君劢 1 月 5 日在《北平晨报·北晨学园》第 222 期上发表《关于黑格尔哲学答张真如先生》一文。18 日,撰写《黑格尔之哲学系统及其国家哲学历史哲学》一文。此文载于 1933 年 7 月《哲学评论》第 5 卷第 1 期。1 月 19 日,为梁启超逝世三周年纪念日,梁启超生前友人特发起公祭大会,仪式在北海松坡图书馆之蔡公祠中举行,典礼于下午 3 时开始,参加者皆 40 岁以上学者,计有周大烈、张东荪、丁文江、张君劢、江庸、冯耿光、杨遇夫等 40 余人。先由丁文江演讲,后由张君劢致词。

　　按:张君劢说:"认识梁启超是在 1905 年,然二十年之友谊从未相处过三月,惟互相过从,作友谊之间谈。惟任公处处表现真性情,待人接物,莫不如此,其对于政治之见解,则在保持国家元气。任公一生,最主张择手段,曾谓不择手段,必鲜好结果,故欲图中国之强,非先择手段不可。"

张君劢 1 月下旬自北平返沪与弟张公权晤面。因上次路经沈阳未能与公权见面,故寒假回沪与其见面,略谈国内外形势。25 日,在申报馆与黄炎培长谈。26 日,与黄炎培、黄郛畅谈。27 日,中社全国国难会黄炎培等招待各大学教授,并请张君劢演讲。3 月 22 日,歌德逝世百周年纪念日,德国驻北平使馆,举办纪念晚会,一请张君劢演讲歌德的人生观,郑寿麟做现场记录,郑的记录稿于 24 日在平津两地的大报上登出。此外,张君劢与郑寿麟合编《歌德纪念特刊》,张君劢主持德文,郑寿麟主持汉文,全部作为天津《中华日报》之专刊。4 月 16 日,与张东荪等研究系成员在北平北海公园内的松坡图书馆(观雪堂)秘密召开"国家社会党"筹建会议,建立"再生社"。参加成立大会的有二三十人。由于当时党禁甚严,为了避免引起国民党的注意,与会者分批,三三两两前往,人到齐后,立即宣读宣言,随即散会,又三三两两离去。随后有西南之行,由安南入云南,并去两广,仍返北平。5 月 20 日,《再生》杂志在北平创刊发行,明确以"中华民族复兴"作为办刊宗旨。张君劢在创刊号发表《我们所要说的话》《再与张真如先生论黑格尔哲学》《我之俄国观》三篇文章。

　　按:《再生》杂志创刊号所刊登的启事说:"我中华民族国家经内忧外患已濒绝地,惟在此继续之际未尝不潜伏有复生之潮流与运动。本杂志愿代表此精神,以具体方案,谋真正建设,指出新途径,与国人共商榷,因定名曰《再生》。"

　　按:《我们所要说的话》,是该杂志创刊号的第一篇文章,是一篇鸿篇巨制,全文分二十七部分,文长三万余言,署名记者,实由张君劢、张东荪、胡石青三人合作,主要由张君劢撰写。于 2 月 28 日写成,文章重点阐述政治、经济、教育等方面的基本主张。此文在 1938 年 4 月重新印发时,改称为《中国国家社会党宣言》。

张君劢 6 月 20 日在《再生》第 1 卷第 2 期上发表《国家民主政治与国家社会主义》(上)和《国民党党政之新歧路》两文。7 月 13 日,张君劢与张东荪、梁秋水、陈博生、胡子笏等在东安市场森隆素餐部招待黄炎培。下午 3 时半,至汤芗铭家出席国家社会党会议。张君劢主席,张东荪、梁秋水、陈博生、证刚、胡子笏、博沙、瞿菊农、黄方刚、黄炎培述近今工作及意见。7 月 20 日,在《再生》第 1 卷第 3 期上发表《国家民主政治与国家社会主义》(下)和《菲希德〈对德意志国民演讲〉摘要》两文。8 月 20 日,在《再生》第 1 卷第 4 期上发表《中华民族之立国能力》和《菲希德〈对德意志国民演讲〉摘要》(续)两文。前文提出"以前种种譬如昨日死,以后种种譬如今日生",其结论是:"故所以挽回目前之浩劫者,其工甚大,其理甚简,曰敌国外患之驱除,以国家内部之安定为前提,国家内部之安定,以各人智情意之发于真诚为前提。西方之政制虽新颖,其为精神之产物一也。吾国而诚能如是,何患国家之灭亡?苟不然者,至新之主义,至高尚之运动,名为救国,而实驱人民于陷阱,此世之惟一老民族,且继埃及、安息、罗马、希腊之后,而长埋地下矣。"9月20日,在《再生》第1卷第5期上发表《我之俄国观》(续)和《菲希德〈对德意志国民演讲〉摘要》(再续)两文。10月20日,在《再生》第1卷第6期上发表《国联调查团对于中华民国国格之判断》《我之俄国观》和《〈大学中之教授与学生〉序》三文。《国联调查团对于中华民国国格之判断》开篇即谓:"自国联调查团报告书发表后,国内外各方赞成反对之言不下千百种。此一篇和事老之文,各方自皆有所不满,以曲归之日本,而无所以矫正之者,以直归之吾国,而又无所以保障之者,盖国联之性质,本为政治上之调停机构,而非评判曲直之法庭也。"然后纵论内政、外交问题,提出"依赖与排外二者之俱非",最后归结于"建设近世国之大决心":"吾国今后之出路,惟有一途,曰以德哲菲希德接受铁尔雪条约之心,以意大利建国伟人玛志尼接受梅特涅对于意大利之判决者,而接受此报告书而已。国人惟一任务惟一目标,曰造成吾国为民族国为近世国。"11月20日,在《再生》第1卷第7期上发表《我之俄国观》(续)和《斯宾诺沙之政治哲学》两文。12月20日,在《再生》第1卷第8期上发表《我之俄国观》和《〈社会所有之基本原则〉序》两文。(以上参见李贵忠《张君劢年谱长编》,中国社会科学出版社2016年版;贺翁凯编《中国近代思想家文库·张君劢卷》附录《张君劢年谱简编》,中国人民大学出版社2015年版)

张东荪和张君劢等人4月16日在北平北海内的松坡图书馆秘密集会,发起成立再生社。5月20日,张东荪与张君劢等人在北平创办了《再生》杂志。张东荪在创刊号上发表了自己执笔起草并经张君劢、胡石青等人讨论审定的国家社会党政治宣言《我们所要说的话》,全面阐述了"修正的民主政治"主张。6月20日,张东荪在《再生》第1卷第2期上发表《生产计划与生产动员》,除了对唯物史观进行批评外,着重对国民党一党专政理论进行抨击。7月20日,张东荪在《再生》第1卷第3期上发表《党的问题》,对国民党内外政策进行抨击。8月20日,张东荪在《再生》第1卷第4期上发表《阶级问题》,集中阐述了批评马克思主义阶级和阶级斗争、无产阶级专政理论的观点。9月,张东荪在青年会所设的读书互助会演讲会上演讲《辩证法的各种问题》,继续批评唯物辩证法。他将《条理范畴与设准》一文加以修改补充,以《认识论的多元论》为名在《大陆杂志》第1卷第3、4、5期上发表,公开提出了"认识论的多元主义"。10月20日,张东荪在《再生》第1卷第6期上发表《为国家计与为国民党计》,解释严厉批评国民党的原因。11月20日,张东荪在《再生》第1卷第7期上发表《民主与专政是不相容的么》,讨论民主与专政的关系问题。12月20日,张东荪在《再生》第1卷第8期上发表《国民无罪——评国民党内的宪政论》,继续揭露国民党训政理论的虚伪性。(参见左玉河编《张东荪年谱》,群言出版社2014年版;左玉河编《中国近代思想家文库·张东荪卷》及附录《张东荪年谱简编》,中国人民大学出版社2015年版)

张尔田是夏校补沈曾植《蒙古源流事证》。1月18日,在《大公报·文学副刊》第210期发表《与〈大公报·文学副刊〉编者书》。8月,沈曾植著、张尔田校补《蒙古源流笺证》8卷刊行。沈、张二人从正史、方志、佛典等搜集资料,对《蒙古源流》一书的人名、地名、史迹等进行考辨、疏证、注释,系研究中国北方历史、地理等问题的重要参考资料。11月,张尔田应夏孙桐及龙榆生之请,撰《彊村遗书序》。夏承焘致函先生,请作彊村语业卷三序,先生复信,二人订交,此后长期通信论学。是年,《蒙古源流笺证》屡守斋校补本出版,署名沈曾植笺证、张尔田校补,海日楼遗书之一。(参见孙文阁、张笑天编《中国近代思想家文库·张尔田、柳诒徵卷》及附录《张尔田年谱简编》,中国人民大学出版社 2015 年版;沈卫威《学衡派编年文事》,南京大学出版社 2015 年版;王学典《20 世纪史学编年(1900—1949)》,商务印书馆 2014 年版)

　　吴文祺是年夏赴北平,任教于燕京大学。7 月 30 日,吴文祺致信胡适,告已来北平,谓"我这次到北平来,主要的目的自己想多读一点书。一因北方的学者较多,可以随时请益;二因在此地看书及买书都较上海方便;三因在北方研究学问的人比较切实,不像上海那样有一种学时髦的风气"。又谈到他个人受到胡适的影响时说:"先生是一个开风气的人。单就我个人说,受先生的影响真不小。十三四年前,我因家庭的环境关系,终日埋头读《说文解字注》《尔雅义疏》和《广雅疏证》一类的书。对于当时的新文化运动简直是莫名其妙。后来读了先生及仲甫、启明、鲁迅诸先生的文章,才渐渐懂得新文化运动是什么一回事。尤其是先生的文章,篇篇都是内容丰富,条理分明,议论透辟,使我佩服得五体投地。因此我的思想也转变了方向。……我的文章大抵是受了先生的启发而作的。所以不但在内容上受先生的影响很大,即在形式上也受先生的影响不小。那时我对于先生,好像基督徒之对于上帝一样。"此信很可反映出当时胡适在学界的影响。(参见耿云志编《胡适年谱》,福建教育出版社 2012 年版)

　　谭其骧年初由其叔父谭新嘉(志贤)介绍,到北平图书馆供职,在中文编目组汇编馆藏方志目录。谭其骧在平馆供职三年,其叔父谭新嘉为平馆中文编目组老组长。6 月 30 日,谭其骧在《史学年报》第 1 卷第 4 期发表《中国内地移民史——湖南篇》。此文系作者在燕京大学历史系攻读研究生的毕业论文,认为中国内地移民史具有三大价值,一是"于民族史为不可缺之主文",二是"于经济史为不可缺之旁证",三是"于人种学于优生学为不可缺之论据";研究移民史主要应该依据氏族志表、族谱序等文字等。因"研究湖南较之研究他省为易",故先从湖南始。(参见张光润《袁同礼研究(1895—1949)》,华东师范大学博士学位论文,2018 年;王学典《20 世纪史学编年(1900—1949)》,商务印书馆 2014 年版)

　　顾随在燕京大学,兼任北平大学课,又在中法大学上课,至 1941 年该校南迁。授楚辞、历代诗、词选、曲选、小说选。6 月 3 日,《大公报·文艺副刊》刊载吴宓长文《评顾随〈无病词〉〈味辛词〉》。(参见闵军《顾随年谱新编》,载王京州编《河北近现代学者年谱辑要》,国家图书馆出版社 2017 年版)

　　朱士嘉获燕京大学硕士学位,留校任图书馆中文编目部主任,兼任辅仁大学历史系讲师。同时,与燕京大学研究生谭其骧、北京师范大学研究生黄现璠等及清华、北大等校一些历史系同道,发起组织北平史学会。在中山公园召开成立大会,邀请顾颉刚、陈垣、邓之诚、萧一山等史学名流参加,连同会员 100 多人。会议由谭其骧任主席,黄现璠、朱士嘉为记录。并拟聘陈垣、陈寅恪、陈受颐、顾颉刚、邓之诚、陶希圣、洪业、胡适等 18 人组成编辑委员会,定于 1933 年元旦出版会刊。(参见《朱士嘉自传》,《文献》1980 年第 3 期)

　　费孝通本应在本年暑期毕业,因上年患肺炎缺课一个多月而使本学期学分作废,不得不多修一年。因祸得福,在秋季开学后适逢芝加哥社会学派创始人派克(Robert Ezra Park)来燕京大学作访问教授,授课三个月,讲授"集体行为"和"社会学研究"讨论课,燕大社会学系吴文藻教授亦随班听课。派克时已 68 岁,颇得学生敬畏,他强调应当从生活的具体事实去取得对社会的知识,对生活中看到的事实要经过分析和归类,进一步理解其意义,这对于打破中国传统的读死书死读书习惯具有很大的冲击力。费孝通晚年重温派克老师的教诲,认为不能不承认这为他一生的学术经历开出了一条新路子,而且"不仅我这一个人,凡是和我一起听派克老师这门课程的同学,多多少少在灵魂上震动了一下,而且这一震动,实实在在地改变了其后几十年里的学术生活,说不定多少也影响了中国社会学前进的道路"。

按:1933年为纪念派克教授的这次讲学活动,燕大社会学会出版《派克社会学论文集》,除了5篇派克的文章或讲课记录、派克著述简目外,尚有燕大师生研习派克社会学的7篇文章,其中费孝通分担的是《派克及季亭史二家社会学学说几个根本的分歧点》。(参见吕文浩编《中国近代思想家文库·费孝通卷》及附录《费孝通年谱简编》,中国人民大学出版社2015年版)

沈尹默1月13日以学校经费稍欠严重,北平大学七院长提出总辞职,特呈文教育部也提出辞职。21日,国民政府行政院公布国难会议委员名单,沈尹默为会员之一。3月1日,《大公报》刊登消息,称北平大学等四所国立大学将召开校务讨论会。4月9日,教育部长朱家骅访问北平大学校长沈尹默,商讨教育经费及教职员罢教等问题。17日,教育部长朱家骅偕罗家伦、萧同兹,搭乘平浦通车离平返京,蒋梦麟、沈尹默等到车站送行。6月10日,因北平大学风潮扩大,沈尹默致电教育部,呈请辞职。13日,再次致电教育部请求辞职,并要求派代理校长负责校务。15日,教育部派次长段锡朋赴北平,调查学潮真相。7月2日,与王烈、顾颉刚等在欧美同学会宴请蔡元培、任鸿隽等。11日,赴南京出席教育部召集的国立专科以上校长会议。8月1日,教育部长朱家骅来电,同意给沈尹默病假一个月,在此期间北平大学校长职务由该校女子文理学院院长夏元瑮暂代。9月2日,《大公报》刊登消息,称教育部同意沈尹默续假一月,北平大学校长职务由徐诵明暂代。9月14日,徐诵明正式到北平大学主持校务,并复电教育部报告。10月17日,沈尹默赴南京向国民政府教育部长朱家骅报告北平大学事务,并面辞校长职务。12月30日,赴法国公使馆参加欢迎伯希和宴会。年底,移居上海环龙路(今南昌路)90号,任中法文化交换出版委员会主任,兼孔德图书馆馆长。(参见郝千明编著《沈尹默年谱》,上海书画出版社2018年版)

李达2月被暨南大学当局解聘。4月,与熊得山合译的《政治经济学教程》(拉比拉斯等著)一书,由上海笔耕堂书店出版,全书长达31万字,是李达译著中篇幅最长的一本,对于推动马克思主义政治经济学在中国的传播有着重要的意义。5月,受中共党组织委托,应冯玉祥邀请,李达、白鹏飞、陈豹隐到山东泰山讲学,为期两个月。李达给冯玉祥讲授列宁主义和唯物辩证法,白鹏飞讲政治学,陈豹隐讲《资本论》。8月,应聘担任北平大学法商学院教授,兼任经济系主任,讲授社会学、社会进化史、社会问题和英文政治学选读等课程。同月,李达在上海创立笔耕堂书店。书店以李达夫人王啸鸥的名义向租界当局注册,李达自己筹钱、自己托人印刷,实际上并无店址。先后出版了许多马克思主义理论书籍。9月,与雷仲坚合译的《辩证法唯物论教程》(西洛可夫等著)一书,由上海笔耕堂书店出版,该书三分之二由李达所译。这是一部系统阐述辩证唯物主义的教材,对中国思想界影响深远,在中国传播辩证唯物主义过程中,起了重大的历史作用。据说该书是毛泽东"批注文字最多"的一本著作,毛泽东曾致信中央研究组及高级研究组,建议将该著第六章"唯物辩证法与形式论理学"作为理论学习和研究思想方法的参考材料。(参见宋俭、宋景明编《中国近代思想家文库·李达卷》及附录《李达年谱简编》,中国人民大学出版社2015年版;吴永贵《民国图书出版史编年:1912—1949》中册,社会科学文献出版社2018年版;章恒忠、王亚夫主编《中国学术界大事记(1919—1985)》,上海社会科学院出版社1988年版)

吕振羽1月经翦伯赞介绍认识谌小岑,并应邀为谌小岑创办的天津《丰台》旬刊撰稿,谌小岑为社长,翦伯赞为主编。以后介绍郑侃、杨刚、穆雨君等也在该刊发文。2月4日,吕振羽为谭丕模著《新兴文学概论》作序,此书于8月由北平文化学社出版。27日,《中日问题批判》一书完稿。3 月，《中日问题之经济解释》刊于《丰台》旬刊 7、17 日第 1 卷 2、3 期；《中国革命问题研究》《评陶希圣"作战是唯一的出路"》刊于上刊 27 日第 1 卷 4 期。4 月，《今年劳动节和劳动失业问题》刊于《丰台》旬刊 27 日第 1 卷 7 期。5 月，《日本农业恐慌的极端化》刊于《丰台》旬刊 17 日第 1 卷 9 期；译文《苏俄五年计划的一九三二年度》刊于上刊 27 日第 1 卷 10 期；所著《最近之世界资本主义经济》（上）一书完稿。7 月，译文《本年世界经济恐慌的进展》（一）刊于《丰台》旬刊 1 日第 1 卷 11 期；《一九三一年的苏俄对外贸易》刊于上刊 10 日第 1 卷 12 期。20 日，所著《最近之世界资本主义经济》（上）作为《青年出版合作社经济丛书》由北平书局出版，北平春秋书局发行。此书出版不久，即遭国民党中宣部查禁没收。8 月，《评萨孟武"统一中国的力在那里"》刊于《丰台》旬刊 1 日第 1 卷 13、14 期合刊；所著《中日问题批判》由导群书店出版。李达来北平，初任北平大学法学院教授，后兼中国大学经济系主任。师生再度相逢，自此在李达指导下，从事学术研究。秋，吕振羽曾与何民魂等参与筹组热河抗日义勇军，并亲去热河进行活动。后又去张家口与抗日同盟军联系，并为革命青年作报告。回北平后，为躲避国民党追捕抗日同盟军人员去济南进行学术研究，与山东图书馆长、考古学家王献唐相识，并得到王献唐不少帮助。在济时期，得靳云鹏之助，还探索了博山煤矿、鲁丰纱厂的资本性质及同外资关系。后因闻国民党中宣部禁书名单已到山东，其中有《中日问题批判》，故立即离济返平。（参见吕坚《吕振羽生平著述活动年表》，《吕振羽全集》第十卷，人民出版社 2014 年版）

侯外庐初春抵北平，住前门左府胡同 1 号。应聘担任北平大学法学院教授，主讲授经济学等课，在经济学课上主要讲授马克思主义政治经济学，在社会学课上讲授唯物史观。并在北平师范大学和中国大学兼课，教授历史哲学，后公开使用"唯物史观"名称。北平大学法学院院长是白鹏飞，经济系主任是李光忠，该校教授先后有李达、陈启修、陈翰笙、许德珩、章友江等。侯外庐到北平师范大学不久，经陈翰笙介绍，中法大学教授王思华到家中拜访，见面两三次后，两人商定合译《资本论》，并立即着手从头开始翻译。重译过程中，侯外庐与王思华请教财政史专家崔敬白，后又查阅《清史稿》《王侍郎奏议》等，最终确定《资本论》中的 Wan—Mao—in 就是王茂荫。暑期，侯外庐每天到南河沿欧美同学会的王思华住所翻译《资本论》，并在该处第一次见到范文澜。由王思华出面，李大钊的族侄、时为北平地下党负责人李白余（即李乐光、李兆瑞）通过党组织把先生留在柏林的二十章译稿安全运回，大大加快了重译的进程。9 月，侯外庐与王思华合译《资本论》第一卷上册（1—7 章）由北平国际学社出版，署名"王慎明、侯外庐合译"。

按：此书《译者的话》云："这部名著的翻译，是开始于我们旅欧时代（一九二六—一九三〇）的期间，到了一九二八年的春间，我们已译至本书第一卷第二十章。当时因为译文不敢十分自信，仅把这部分初稿搁置于德国者，凡二载有余。本年二月间翻译该书的动机复发，我们经过严密的商榷后，便又开始第二次的初稿了。到本年八月间，在第一卷前部的初稿告成时，我们第一次的初稿经友人李白余君的帮助，从德国寄回。在覆稿的工作中，因为我们得以比对两次的初稿，使我们得到意外的收获。""我们的译文是根据恩格斯的德文第四版，理由是：考茨基的平民版，虽然有些地方在校勘上实有不少的贡献，但是否有如第四版成为定本的价值，现尚未为各国所公认。复次，我们因原文须有各国文字比对的必要，所以在技术上亦不能不根据第四版。不过关于少数单字的校正，认为有必要时，亦采用考茨基版。""Moore and Aveling 的英译本，虽为恩格斯所校阅，后来又为 Untermann 按照第四版所修正与补足，然而与原文仍有出入；Eden and Cedar Paul 的新英译本，有些地方虽较忠实，然亦不免有失原意处。Molitor 的法译，在各国译本中为最忠实而通畅者，然遗字漏句误笔，时有所见。但对于以上三种译本我们都酌量参考。日译本中高畠本,是根据第四版译的,我们自然也要参考。但对于河上宫川译本对于高畠本的改正处,以及二氏最近改造社版对于严波文库版的自己的许多改正处,我们亦斟酌采用。老实说,在中国译书界不采用日译的用语的,实在鲜有,驯至大多数专门用语,都已日本化了。所以我们的翻译在便利上以及惯用上,都得求助于日译,甚而至于应该改正的名词,亦沿用一般的借用语,如'相对的价值形态'与'等价形态',本可译为'价值的见分'与'价值的相分'。但我们为通俗计,仍沿用着前者。"

　　侯外庐是秋与到北平大学法学院任教的李达相识。仅半年交往,便终生师事,彼此在一起讨论过社会史论战中存在的许多理论缺陷。又由李达介绍,侯外庐认识吕振羽,其时吕振羽开始用唯物史观探讨中国古代社会的最初阶段,与侯外庐对社会史论战的注意点相近。12月5日,《世界日报》第7版报道《平大法学院昨又发生纠纷——公开讲演未成,学生被捕三人》:"平大法学院政治学会,原定昨天上午十时,敦请许德珩、侯外庐、鲁克明等,在该处作公开讲演,届时听众前往甚多,但事先公安局已得有报告,……经劝阻散去,有三人押军警机关而去。"12月11日晨,侯外庐被国民党宪兵三团秘密逮捕。此前10日夜马哲民被捕,13日许德珩亦被捕,是为"许、侯、马事件"。侯外庐被捕后,王思华继续坚持《资本论》的翻译工作。14日,《世界日报》第7版报道《北京大学及平大法学院教授许德珩、侯外庐、马哲民三人,忽于前昨两日被捕》。15日,北平大学法学院发出"法学院全体教授定于今日下午五时,在一院商讨营救办法",接着北大、师大、中国大学、民国大学等院校学生会也相继在报上刊出营救消息。20日,《平大法学院院报》登载民国大学校长雷殷致电法学院院长白鹏飞:"侯玉枢君,前在哈法大任教授,对马克思学说颇有研究,但尚未运动宣传情事,闻因讲演受嫌被捕,请公加意营救。"12月,侯外庐等被捕的消息传到上海后,宋庆龄、蔡元培、鲁迅、杨杏佛等领导的"中国民权保障同盟"极为关心,立即派杨杏佛到北平营救,许德珩被释放,而侯外庐与马哲民仍被监禁。"北大教授许德珩、师大教授马哲民及平大教授侯外庐,突被逮捕。""宋庆龄、蔡元培等组织中国民权保障同盟,并电蒋中正、宋子文、于学忠,望即释放许德珩等。"是年,侯外庐在《世界日报》发表杂谈《资本论》翻译过程的文章。郭沫若读到此文后,曾托人向王茂荫在安徽的家族做调查,进一步核对先生的考证。(参见杜运辉《侯外庐先生学谱》,中国社会科学出版社2013年版)

　　范文澜是年秋受聘为北平大学女子文理学院国文系教授兼主任。11月24日下午,范文澜陪同鲁迅往女子文理学院讲演《革命文学与遵命文学》。晚,范文澜在晾果厂小取灯胡同7号家里设宴,为赴北京讲学的鲁迅洗尘,同席8人。此为鲁迅第一次跟北平左翼文化团体的人士见面,鲁迅谈话最多的是关于上海左联的情况,怎样坚持斗争,内部反关门主义的问题,"一·二八"后上海工厂文艺活动和"工农兵通讯"活动的情况;同时也非常关心北平学生运动和文艺界的情况,饶有兴味地倾听北平方面的介绍,谈至深夜方散。(参见范文澜《中国通史简编(上、下册)》附录《范文澜先生学术年表》,商务印书馆2010年版;鲁迅博物馆、鲁迅研究室编《鲁迅年谱》,人民文学出版社1981年版)

　　李蒸继续任教育部社会教育司司长。6月,行政院会议通过教育部长朱家骅请任命李蒸为师大校长的呈文。随后教育部公布对李蒸的任命书:"派李蒸为国立北平师范大学校长,业经行政会议通过,仰即先行到校视事。"7月,因教育部任命李蒸出任师大校长,学生产生拒、迎两派意见,辩论激烈,并一度封闭自治会办公室。同月,李蒸到校视事履职。李蒸到校敦请各院长、主任复职,并决定召开教务会议,讨论招生及教育发展问题。同月,校务整理委员会召开成立大会,李蒸、李顺卿、柯政和、袁敦礼、赵进义、刘拓、黎锦熙、张贻惠、陆懋德、李建勋、罗昌、刘玉峰、易价等作为委员出席会议。会议通过了《国立北平师范大学校务整理委员会简章》,草拟《国立北平师范大学整理计划书》。

按:《计划书》提出了整理的方针和原则:今后的师大,要"充分表现师大之特性,即师大之组织、课程、训育、教法等,必与其他大学显有不同",同时要"保持其固有之精神"。师大办学的目的是:"(1)造就中等学校良好师资;(2)造就行政人才;(3)培养教育学术专家。"在训育方面,"力求训练之严格,以养成整肃勤朴之学风,庶能奉公守法,以身作则"。在教法方面,"教学法力求理论与实际之联合","学术科教员,应随时指示学生,注意中等学校之教材与教法"。学校把研究院仍改称研究所,其任务是:"(1)研究教育实际问题;(2)培养教育学术专家;(3)研究高深教育学术及有关教育之专门学术;(4)为其他大学毕业有志教育事业者,施以短期间训练。"研究所章程去掉(3)、(4)两项任务,另以"归集整理并编纂各科教材"作为第三项任务。全校的整理分教务、训育、事务三个方面进行。

李蒸校长8月返回北平,回答记者提问时说教育部向他再次重申了行政院议决北师大停止本年招生的两个理由。同月,校务整理委员会开会,李蒸报告赴京的情况。李蒸复函毕业同学,说明不能采纳自动招生的理由,指出教育部已撤销改组学校计划,并同意下年度招收艺术教育等专修科学生。校务整理委员会开会,决议成立教务委员会、训育委员会和事务委员会,教务委员会由李顺卿、李建勋、黎锦熙、刘拓、钱玄同、赵进义、刘玉峰组成,训育委员会由李蒸、黎锦熙、李顺卿、李建勋、刘拓、马哲民、罗昌组成,事务委员会由袁敦礼、李顺卿、张贻惠、陆懋德、柯政和、易价组成;制订整理方针及办学目的为培养和造就中等学校的良好教师、教育行政人才、教育学术专家;学校组织原则必须突出师大特性;讨论学校组织、各系课程、学校预算等问题。9月,学校举行新学期始业典礼。李蒸报告就职两月的概况,李建勋就师大制度是否有存在的必要发表演讲。

李蒸校长10月遵照中央行政院、教育部训令,校长李蒸拟定学校整理方案,并修订学校组织大纲,呈报教育部。同月,李蒸再次赴南京、上海、杭州三地,与教育部官员接洽,争取国民党内高层、教育官员(陈布雷、程天放等人)的援助。11月,教授会召开紧急会议,议决内容是:(1)通过教授会大纲,其宗旨为"敦睦友谊,研究教育"。(2)呈文教育部,反对改变学校组织,说明学校存在的必要:中等师资、中等师范师资特别训练的必要,师大课程与其他大学同等,但性质绝对不同,以及造就教育环境,延长训练时间的重要等(呈文推举刘拓、杨立奎、袁敦礼负责起草)。(3)发起组织师范教育研究会,选举常道直、邱椿、潘企莘、杨立奎、刘雪崖、赵希三、刘拓、黎锦熙、李建勋为委员。(4)指定委员收集国外师资材料,准备文章用。同月,《师大月刊》第1期出版,李蒸发表"发刊词";李蒸抵沪后会见朱家骅,教育部无实行变更学校组织的计划;学生自治会致函李蒸,要求取消研究院及收回学生记过成命;李蒸函学校,报告在京接洽经过,已与多方商讨,解释师大与其他大学之不同,当局已经谅解,改制已成过去;李蒸回校接受记者访问,对进京结果表示满意,明年起继续招收新生;李蒸报告南下结果,朱家骅建议取消社会科学系,为解决各大学毕业生出路问题,将在各大学设师范教育班,进行一年训练。双方商定,师大学制不变,仍准各省选送学生。校务整理委员会所拟改革计划,教育部将批准。学生对李蒸报告不满,认为只有口头协议,学校前途仍无保证;李蒸答复学生代表,寒假期间不招收新生,扩大周年纪念将从长计议等。

李蒸校长12月上报教育部《国立北平师范大学整理计划书》。同月,李蒸在建校33周年纪念活动上致辞,指出师范教育的意义,以及师范大学在教育上的地位。陈宝泉,毕业生、学生代表致贺词;因国民党中央组织委员会向四届三中全会提出的《改革高等教育案》中涉及"国立北平师范大学应即停办"的内容,李蒸起程赴京,向三中全会陈述意见,请保留现行师范制度;李蒸就学生请学校于寒假自动招生一事发表谈话,认为招生问题由教育部批准、经费预算、学年衔接等诸多因素组成,寒假招生事实上很难做到;程天放、朱家骅分别致电李蒸,说明中组委已取消停办师大提案,师大仍独立设置;李蒸致电学校,说明中组委停办师大提案已由审查会予以取消;李蒸返校后召开联席会议,报告三中全会关于停办师大案撤销经过,说明中央对师大共产党组织活动的注意,及密令开除32名学生问题,对开除的学生表示惋惜。(参见北京师范大学校史编写组编《北京师范大学校史》,北京师范大学出版社1982年版;《北京师范大学纪事(1902—2011)》,北京师范大学出版社2012年版)

黎锦熙继续任国立北平师范文学院院长。7月,教务长李顺卿、教育学院院长李建勋、理学院院长刘拓、文学院院长黎锦熙、研究院主任钱玄同到校复职。同月,李蒸、李顺卿、柯政和、袁敦礼、赵进义、刘拓、黎锦熙、张贻惠、陆懋德、李建勋、罗昌、刘玉峰、易价等作为委员出席校务整理委员会成立大会。8月,黎锦熙任教务委员会、训育委员会委员。10月,钱玄同、黎锦熙撰写《师大研究院历史科学门一年之经过及今后"教材纂辑工作"之计划》。11月1日,北平师范大学主办《师大月刊》创刊,由黎锦熙、钱玄同、马哲民等人组成的师大月刊编辑委员会负责编辑出版工作,计划每学期出版四册,每册分别为"文学院专号""理学院专号"等。创刊号刊载了黎锦熙《研究所略史》、周书舱《书院制度之研究》、王亚权《义和团事件的政治背景同中国民族运动的关系》等史学论文。同月,黎锦熙、常道直、李建勋对教育部意图变更学校组织问题分别发表谈话,阐述师范教育的重要,认为学制关系全国教育命脉,要充分发挥师大的精神和它的特性;王桐龄、李建勋、邱椿、马哲民、钱玄同、黎锦熙等38位教授为中央停办师大一事向教育部长呈文,列举五项理由,说明师大学制不能更改,指出师范大学具有特殊任务,是普通大学所不能代替的。12月,教育部公布由"国语统一筹备会"议定、由钱玄同主持修订和审定并有黎锦熙、白涤洲参加意见的《国音常用字汇》,计9920字,加上异体异音,共12220字,首次采用以北平地方的现代音系为标准音,使"字有定音,音有定调",并收录了几百个简化字,"以示提倡"。这些在当时都是创举。其中对国语运动已往成就的总结、继承和今后的发展都有重要意义。是年,黎锦熙还发表了《"将"论》《说"把"》等专论。(参见黎泽渝《黎锦熙先生年谱》,《汉字文化》1995年第2期;刁晏斌主编《黎锦熙先生诞辰120周年纪念暨学术思想研讨会论文集》,中华书局2011年版;王学典《20世纪史学编年(1900—1949)》,商务印书馆2014年版;《北京师范大学纪事(1902—2011)》,北京师范大学出版社2012年版)

吴承仕3月28日宴请抵北平的章太炎,邀杨树达作陪。3—5月,吴承仕在《国学丛编》第1期第5、6册发表的论文有《新出伪熹平石经尚书残碑两段》《新出伪熹平石经尚书残碑疏证》以及札记《检斋读书记》。同时撰写《亲属名物》一书。是年,北师大国文系学生王志之以"含沙"笔名写作了揭露国民党九师反动当局镇压学生罪行的小说《风平浪静》,无法出版。吴承仕知道后慷慨相助,出资帮助他在西单附近的人文书店出版。未几,又帮助他在北平开设进步书店"新文艺书店"。(参见庄华峰编纂《吴承仕研究资料集》,黄山书社1990年版;姚奠中、董国炎著《章太炎学术年谱》,山西古籍出版社1996年版)

高步瀛继续任北平师大教授。年初,日寇陷榆关,因国立大学经费无着,三个月未能发放,北平各校教职员工大多殆业,高步瀛独抱学术救亡之旨而教授不辍。是年,高步瀛在《国学丛编》第1卷第5期发表《获鹿张君墓表》,此文是高步瀛先生为张佑卿先生写的墓志铭,记述了张佑卿的家世渊源、生平事迹等情况。(参见赵成杰《高步瀛学术年谱简编》,载王京州编《河北近现代学者年谱辑要》,国家图书馆出版社2017年版)

刘汝霖继续任职于北平师大研究所。2月,刘汝霖编《汉晋学术编年》第1册由北平著者书店出版。为其在北平师大研究所任职时计划编撰《中国学术编年》6集(汉至西晋、东晋南北朝、隋唐五代、宋、元明、清、民国)的第1集。作者试图从纷繁的典籍中搜寻资料,试图将官私学术活动、成果及学人成就活动等进行考证排比,为学术史书写打下了较坚实的基础,由此开创了中国学术编年这一体例,即用编年体的形式记述中国学术发展的历史及演变。

按:《汉晋学术编年》起自汉高祖元年(公元前206年),迄于晋愍帝建兴四年(公元316年),共7卷。书中将各项学术事件,分志于各年之内,后附出处、考证,注明史料出处,考证学者身世;又有附录一项,载各种图表,说明学者传授次第、著述、各派学术系统、优劣异同、各派学说内容和特点;并在书末后附有人名索引和分类索引。征引庞博,考证严谨,对研究东晋及南北朝时期的学术思想有不可忽视的参考价值。1933年4月出版第2册。1936年1月,商务印书馆出版其《东晋南北朝学术编年》后,未见再有续刊。可见原先编纂《中国学术编年》6集的最初构想并未实现。(参见王学典《20世纪史学编年(1900—1949)》,商务印书馆2014年版)

罗根泽1月在北京师范大学编成《诸子丛考》,并持之请顾颉刚审查,顾颉刚遂邀请将该书作为《古史辨》第4册出版,至1933年3月由北平朴社出版。同月,罗根泽作《诸子概论》,经铅印,未出版。春,罗根泽代郭绍虞在清华大学教授中国文学批评史,开始中国文学批评史研究,并调整了文学史类编计划。

按:罗根泽1935年的《研究中国文学史的计划》中陈述:"原先分为歌谣、乐府、词、戏曲、诗、小说、骈文、散文八类(见拙撰《乐府文学史》的序)。歌谣、乐府、词及诗四类已大致写讫,后来感觉到歌谣是诗词乐府的生母,而本身变化则极少。又以文学批评虽不一定也算创作,但确是创作的导师,在文学史上的地位极高。由是将歌谣散入诗词及乐府,而添入批评,仍是八类。"

罗根泽所撰《墨子引经考》刊于1932年6月《北平图书馆月刊》第3号,后收入《诸子考索》,改题《由墨子引经推测儒墨两家与经书之关系》。同月,《中国诗歌之起源》刊于《学文》第5期。7月15日,校对《管子探源跋》。8月10日,据旧稿《诸子概论讲义》补充改写成《"孔丛子"探源》。13日,补充旧稿《诸子概论识丛》为《荀卿游历考》。同月,《孟子评传》由商务印书馆出版。编成《诸子丛考》,列为《古史辨》第4册。9月18日,撰《老子及"老子"书的问题》一文。文末云:"日军占沈阳之周年,在北平。"10月,撰《跋金德建先生〈战国策作者之推测〉》,后刊发于《诸子续考》《〈关于老子年代的一假定〉跋》载于《诸子丛考》。11月,《孟子传论》由上海商务印书馆出版,次年8月即又再版刊行。此书为罗根泽就读清华研究院的毕业论文。同月,罗根泽在厦门重订《战国策作者之推测》。(参见马强才《罗根泽先生年谱简编》,载王京州编《河北近现代学者年谱辑要》,国家图书馆出版社2017年版;王学典《20世纪史学编年(1900—1949)》,商务印书馆2014年版)

施存统(复亮)所著《中国现代经济史》4月由良友印刷出版公司刊行,作者在"自序"中对自己1928年来所发表的政治见解和经济认识错误及参加"中间路线"的失败,作了深刻的反思。5月10日,译著《苏俄政治制度》作为"新生命丛书"甲种由新生命书局出版第4版。8月,离开上海赴北平,在北平大学和民国大学任教,讲授《资本论》。9月18日,在北平大学举行的"九一八"事变一周年集会上,施存统作了慷慨激昂的演讲,猛烈抨击国民政府的不抵抗政策,号召全国人民奋起抗日。10月,在国立北平师范大学任教,讲授政治经济学。年底,因讲授《资本论》,宣传马克思主义,并四处演讲,抨击当局不抵抗政策,呼吁抗日救国,引起了当局的密切注意,赖北大学生沈鲁山及时通知才免遭劫难。是年,译日本山川均著《辩证法与资本主义制度》由新生命书局再版;译日本山川均著《新经济学讲话》由大江书铺出版;译德国考茨基著《社会革命》由社会科学研究所出版;又与钟复光合译日本永田广志著《唯物辩证法讲话》由大江书铺出版;与陈望道合译苏联波格丹诺夫(原题波格达诺

夫)著《社会意识学大纲》由上海大江书铺刊行。(参见何民胜编著《施复亮年谱》,商务印书馆
2019年版)

张岱年8月与傅继良合译的杜威《教育科学之源泉》(The Sources of A Science of Edu-
cation)由北平人文书店出版。9月10日、17日,《先秦哲学中的辩证法》连载于《大公报·
世界思潮》第2、3期。此文在中国现代哲学史上较早地论述了中国哲学中的辩证思想,认
为"讲中国的辩证法,切忌随便引用西洋辩证法的种种来附会。对中国辩证法与西洋之同
与异,必须同等重视"。21日,对谢扶雅《人生哲学》一书的评论《高中师范科教本:人生哲
学》,刊于《图书评论》第1卷第3期。10月15日,《唯我论》刊于《大公报·世界思潮》第7
期。17日,作《哲学概论》,刊于《清华周刊》1932年第3期,系对张如心《哲学概论》之评论。
22日、29日,译英国浩格本(Hoghon)《苏俄的哲学》刊于《大公报·世界思潮》第8、9期。
27日,作《"问题"》,刊于《犬公报·世界思潮》第10期。此文颇得金岳霖之赏识。11月12
日、19日和12月15日,《秦以后哲学中的辩证法》连载于《大公报·世界思潮》第11、12、16
期。11月26日,《斯辟诺萨三百年诞生纪念》刊于《大公报·世界思潮》第13期。本月,《评
冯著〈中国哲学史〉》刊于《新月》1932年第4卷第5期"书报春秋"栏目。12月1日,《胡适的
新著:〈淮南王书〉》刊于《图书评论》第1卷第4期。22日,《知识论与客观方法》刊于《大公
报·世界思潮》第17期。24日,作《辩证法与生活》刊于《大公报·世界思潮》第18期。是
年,张岱年深喜自学,读西方哲学名著,因学分不足而未能毕业。熊十力看到张岱年发表的
文章后,对其兄张申府说:"我想和你弟弟谈谈。"《十力语要》卷一载《答张季同》1篇、《与张
季同》1篇及《与张君》3篇,共5篇。《与张君》第一篇云:"昨承枉过,深觉贤者有笃厚气象,
至为欣慰。"(参见杜运辉《张岱年先生年谱简编》,载王京州编《河北近现代学者年谱辑要》,国家图书馆
出版社2017年版)

沈兼士继续任辅仁大学代理校长,在辅仁大学教授文字学课,用朱宗莱《文字学形义
篇》作讲义。又任北京大学国文学系名誉教授,讲授"文字学概要"和"《说文解字》研究",
学生中有周祖谟等。3月,北京大学《国学季刊》第3卷第1号出版发行,沈兼士为该刊编
辑委员会委员之一。3、4月,沈兼士出面邀请北京大学教授周作人到辅仁大学,为该校大
学生讲授"中国新文学的源流"。7月2日,与王烈、顾颉刚等在北平欧美同学会宴请蔡元
培、任鸿隽等。9月,由沈兼士题签,周作人讲校的《中国新文学的源流》由北平人文书店
印行。此书是周作人应沈兼士之邀,在辅仁大学的几次讲演集印而成。10月24日,沈兼
士与蒋梦麟、刘复、马裕藻、周作人等共12人为营救陈独秀事,联名致电蔡元培、吴稚晖
等。11月22日,沈兼士邀请鲁迅到辅仁大学演讲《今春的两种感想》,并在东兴楼设晚宴
招待,临别赠鲁迅书6册。11月26日,托台静农转赠鲁迅《考古学论丛》《辅仁学志》等书
籍。12月30日,沈兼士赴法国公使馆参加欢迎法籍汉学家伯希和午宴,同席有胡适、李书
华、刘半农、蒋梦麟、陈垣、顾颉刚等,共约30余人。(参见郦千明、汪素梅《沈兼士年谱简编》,
《湖州师范学院学报》2021年第3期)

余嘉锡继续任教于辅仁大学。1月,余嘉锡在《辅仁学志》第3卷第1期发表《晋辟雍
碑考证》。此文认为洛阳出土的晋辟雍碑"所叙之事,有可以补正史传者,有可以考证经义
者,今辄上征经史,旁参群籍,为之疏通证明之",并"兼考辟雍之兴废"。牟润孙指出,此文
"论述西晋太学所立各家经学博士,考汉晋的辟雍与太学不在一地,都能贯穴群书,独创新
说,足与乾嘉经学名家的著作并驾齐驱"。6月,撰《王西庄先生窥园图记卷子跋》。9月,

兼任国文系主任,卸他校兼职。(参见余子侠、郑刚编《中国近代思想家文库·余家菊卷》及附录《余家菊年谱简编》,中国人民大学出版社 2013 年版;王学典《20 世纪史学编年(1900—1949)》,商务印书馆 2014 年版)

常乃惪 4 月因国民党政府召集国难会议,邀请中国青年党 9 人为代表出席,常乃惪为其中之一。因为国民党没有取消党治的意思,中国青年党代表拒绝赴会。夏,中国青年党在北平召开第七届全国代表大会。有代表突然提议改制:委员长由全代会选举,中央委员则由委员长推荐。陈启天等人认为不合民主原则,起而反对,引起激烈争论。李璜出面调停,主张旧干部均退出中央,另选新干部继任。于是曾琦、李璜、左舜生、余家菊、陈启天、常乃惪等人放弃被选举权,改选少壮同志任职于中央。此后纠纷迭起,青年党中央在北平无法维持,迁至香港,不到一年,中央党部宣告停止活动,自行离散。是年,所著《中国文化小史》由中华书局出版。

按:陈启天称:"民国二十一、二年间,是中青内部多事之秋。"作《翁将军歌》,吴宓评论说:"统观辛未、壬申、癸酉间南北各地佳篇,应以常乃惪之《翁将军歌》为首选。此歌气格高古,旨意正大。深厚而沉雄,通体精炼,无懈可击。"(参见查晓英编《中国近代思想家文库·常乃惪卷》及附录《常乃惪年谱简编》,中国人民大学出版社 2014 年版)

辛树帜任教育部编审处处长。5 月 6 日,为教育部任命为编译馆馆长,着手筹办。6 月 12 日,教育部正式公布裁撤编审处,设立国立编译馆决议。14 日,国立编译馆正式成立。该馆的职责主要是编译、审查图书及审定学术名辞,以教科书和学术书籍为主,如编译《近代欧洲政治社会史》(汉斯著、曹绍濂译)、《广东十三行考》(梁嘉彬著)、《中华民族拓殖南洋考》等,编纂《近世中西史日对照表》(郑鹤声编)、《黄河志》(胡焕庸、郑鹤声等主编),将《史记》《资治通鉴》《中国戏剧史》翻译为英文等。

按:1938 年 2 月,国立编译馆迁往重庆。1942 年,教育部规定全国小学及中学公民、国文、历史、地理四科必须使用编译馆所编之书。(参见王学典《20 世纪史学编年(1900—1949)》,商务印书馆 2014 年版)

王树枬居京师,注《春秋经传》。5 月 2 日,老友廖平卒。7 月 7 日,好友高增爵卒,年七十,为撰《墓志铭》。(参见江合友《王树枬先生年谱简编》,载王京州编《河北近现代学者年谱辑要》,国家图书馆出版社 2017 年版)

李景汉 11 月 21 日在《清华周刊》第 38 卷第 7—8 期合刊上发表《社会调查在今日中国之需要》,认为社会调查"是以有系统的方法从根本上来革命","是要实现以科学的程序改造未来的社会,是为建设新中国的一个重要工具,是为中国民族找出路的前部先锋"。

杨堃任北京《鞭策周刊》杂志主编之一,在《鞭策周刊》第 1 卷第 3—4 期上发表《中国现代社会学之派别及趋势》,论述了文化学派、马克思主义派、法国社会学派的特点,认为中国现代社会学之一般的趋势,即是外国社会学之中国化,即是采用外国社会学之理论与方法来开垦中国社会学的园地。

按:作者说:"马克思主义派社会学之在中国,与其说是一种社会学派,不如说是一种社会思潮较为恰当。本来社会学与社会主义不同。社会学是一门科学,而社会主义则是一种主义。如说得更详细一点,则社会学是客观的、叙述的、比较的、纯粹理智的、事实之判断的、绝不带任何色彩的。它在现在尚是一门极幼稚的科学,仅有些片段的综合,与局部的假设,尚谈不到整个的社会学之法则或定律。社会主义则是说明的、演绎的、辩证法的、偏重于情感的、价值之判断的、多少总带有革命或反抗之色彩的。尤其是马克思主义。它在马克思与恩格斯两人的著作内,早已完成,并已自成体系。固然,社会主义之发生及其演进,亦都是社会事实,而为社会学者所应研究之资料,同时我们亦不否认,在马克思主义内,亦确有些社会学的假设,尚有待于社会学者之研究与证实。然社会学与社会主义,究是两件不同的东西,不可混为一谈。不幸思想落后的中国人,竟往往拿此两种不同的东西当作一物,殊深遗憾。"(杨堃著《杨堃民族研究文集》,民族出版社1991年版)

燕客12月18日在《独立评论》第31号上发表《如何改造中国的社会科学》,认为所谓中国社会科学界的工作不外下列三种:一、讲授外国的教科书,二、抄袭外国的著作变成教科书或讲义,三、将外国书译成汉文。

郑寿麟与北大德籍教授洪涛生(Hundhausen)合办《歌德纪念特刊》(Dem Andenken Goethes)3月22日刊于天津《德华日报》(Deutsch-Chinesische Nachrichten)副刊,本日为歌德逝世百年纪念日。郑寿麟、袁同礼以北平图书馆认购200份的方式与之合作,解决了郑氏等"债务的负累"问题。(参见张光润《袁同礼研究(1895—1949)》,华东师范大学博士学位论文,2018年)

南述云任中华工商教育协会总干事。1月,中华工商教育协会在北京成立。该会以提倡并促进工商教育之普及,提高工商人士知识,图工商业之发展为宗旨。(参见中央教育科学研究所编《中国现代教育大事记(1919—1949)》,教育科学出版社1988年版)

梁遇春6月25日病逝,俞平伯、蒋梦麟、周作人、胡适、叶公超、废名等人发起追悼会,拟于7月上旬举行。

陈彦之、卞宗孟、白公烈、陈述言、杨涵章、金鼎铭、王宾如、赵配天、傅时衡、刘文言、于雪年等为理事的东北行健会在北平成立,创办《行健月刊》,编辑出版《行健丛书》等。

顾毓琇、吴承洛、张其昀、钱天鹤、张钰哲等人发起成立科学化运动协会,并创办刊物、广播演讲、编辑书报、通俗科学展览,开展科学普及工作。

施今墨与陈宜城、魏建宏等年末在北京合作创办华北国医学院,任校长,陈宜城为董事长,并在中央国医馆立案。

杨仲子任北平艺术学院院长、教育部音乐教育委员会主任。

张景钺从欧洲回国后,任北京大学生物系教授兼系主任。

罗庸从广州回到北京,任北京大学文科教授,并在故宫博物院兼职。

罗香林与北京协和医学院教授许文生受燕京大学委派,前往粤东调查人种。

王力暑假后从巴黎返回清华大学,任中国文学系专任讲师,讲授"普通语言学"和"中国音韵学"。(齐家莹编《清华人文学科年谱》,清华大学出版社1999年版)

许维遹8月应聘任清华大学中国文学系教员。

陆懋德任北平师范大学事务委员会委员。

宋之的参加北平左翼戏剧家联盟,主编盟刊《戏剧新闻》。

溥雪斋发起组织并兼主持人松风画会成立,由居住北京的满族宗室画家组成,会员都起有带"松"字的别号,每周举办一次书画交流活动。

王肇民、杨澹生、沈福文、汪占非等发起组织北平木刻研究会。王、杨、沈、汪原是"国立杭州艺术院"的学生,因参加进步艺术团体"一八艺社"而被开除,后转学北平大学艺术学院,为开展北京地区的木刻运动,成立该社。

徐北汀在北京中山公园举办个人画展。

胡蛮等发起组织北平左翼美术家联盟。

王肇民因参加"一八艺社"被"斥令退学",由林风眠、王青芳介绍,转学国立北平大学艺术学院。

刘修业在北平图书馆工作,编制国学、文学等索引。

尹达从河南大学毕业后到中央研究院历史语言研究所考古组工作。

马哲民应北平学生之请,讲"陈独秀和中国革命",因涉及时政而被捕,判刑两年半,经保释出狱。

李文瀛等5人6月从清华大学中国文学系毕业;张大伦等11人从外国语文学系毕业;方淳模1人从哲学系毕业;宋迪夏等6人历史学系毕业;陈志安1人从社会人类学系毕业。(齐家莹编《清华人文学科年谱》,清华大学出版社1999年版)

丁声树毕业于北京大学中国文学系,进入中央研究院历史语言研究所,先后任助理员、编辑员、副研究员。

杨伯峻毕业于北京大学中文系。

徐迟1月入燕京大学借读。在5月号《燕大月刊》发表散文处女作《开演之前》,同时写出一些短诗。

白寿彝获得燕京大学国学研究所哲学史硕士学位。

端木蕻良暑假后考入清华大学历史系。

范长江考入北京大学哲学系。

蒋南翔考入清华大学中文系。

周祖谟考入北京大学中国语言文学系,从罗常培学音韵学。

史念海考入北平辅仁大学历史系学习。

覃子豪到北平就读于中法大学。

潘絜兹考入北京京华美术学院,师事吴光宇、徐燕荪,专攻工笔重彩人物画。

李元庆入北平京华美术学院音乐系学习。

章炳麟对国事长期沉默之后,忍无可忍,1月13日,会同熊希龄、马相伯、张一麐、李根源、沈钧儒、章士钊、黄炎培等人联名通电,痛斥当局不抗日,要求"召集国民会议,产生救国政府"。6天之后再次通电,要求抗日救国。2月23日,章炳麟北上,在北京会见张学良,劝其抗日。又会见吴佩孚及很多将领,恳切动员抗日爱国,产生了积极影响。上海"一·二八"事变发生后,2月29日,章炳麟、黄侃同来北平。3月24日,章炳麟在燕京大学讲《论今日切要之学》,批评明代知识分子知今而不能通古,更批评清代知识分子通古而不知今,只能考证枝叶,不能通晓大体,缺少处理实际事务的能力。号召青年学子既要学习历史,也要学习实用的本领。这篇讲演稿载《中法大学月刊》第5卷第5期。31日,北师大研究院的历史科学门、文学院的国文系和历史系,共请章炳麟讲学。讲题为《清代学术之系统》。章炳麟对清代的诗、词、古文,评价均不高,认为清代文化之特长,就在于学术著述,清代小学、经学、史学、算学、地理学等,都很有成绩,并分别作了讲述。这次讲演由柴德赓记录,经钱玄同修改,刊于1934年出版的《师大月刊》第10期。

章炳麟4月20—22日,在北京大学国文研究所讲《广论语骈枝》,分三日讲完。因为听讲的学生多北方人,听不懂章太炎的浙江话,特由钱玄同为翻译或作板书。章炳麟的这几次讲演是当时北平学术界的盛举,听讲的人有许多专家学者,章、钱师徒协作,国语重译,传为佳话。讲演记录稿由王联曾整理,刊于《中法大学月刊》第3卷第2期。1933年钱玄同、吴承仕等章门弟子出资刊刻的《章氏丛书续编》中,收入此文,但颇有增动。道章太炎在北大时,前去拜见的,除当年及门弟子外,还有马叙伦、俞平伯、刘半农、胡适等人。章炳麟这次北行,黄侃陪同。黄侃、钱玄同曾因学术观点分歧,在章炳麟面前激烈争论。章炳麟当时做了调停,并强调说,国难当头,快要被迫学习日本话了,还有什么可吵!5月29日,章炳麟在青岛大学讲演,发挥"行己有耻,博学于文"意。这次讲演,《申报》《大公报》均有报道,对培养当地文人和学生的爱国心及人格修养,作用很大,但未见记录成文。

按:章太炎在京期间,其弟子及好友亦纷纷邀宴。据桑兵《章太炎晚年北游讲学的文化象征》(《晚清民国的学人与学术》中华书局 2008 年版)考证,以宴请论,所知除最早 3 月 1 日是由吴承仕、朱希祖、马裕藻、黄侃共同做东外,以后分别由吴承仕(3 月 4 日午)、刘文典(3 月 4 日晚)、林损(6 日)、尹炎武(7 日)、熊希龄、左舜生、王造时(11 日)、尹炎武(22 日)、黄侃的学生汪绍楹、陆宗达、骆鸿凯、朱家齐、周复、沈仁坚、殷孟伦、谢震孚等八人(29 日)做东,然后是 4 月 6 日陈垣、尹炎武、伦明、余嘉锡、杨树达等以京都名席公宴于谭祖任家,谢国桢、刘盼遂(4 月 13 日)、徐森玉(16 日)等人亦分别宴请,北大弟子邀宴,已在 4 月中旬以后。

章炳麟 6 月 24 日作《与吴承仕论春秋答问作意书》。章炳麟春季在北京,将《章氏丛书续编》稿交吴承仕、钱玄同,令校勘梓行。其中有《春秋左氏疑义答问》,吴承仕曾请教此书作意。章炳麟有书札多通,论《春秋左氏疑义答问》,可能起于吴承仕问学。《与吴承仕论春秋答问作意书》对早年所作《春秋左传读》颇有修正,与《刘子政左氏说》也很不同。章炳麟对此书极为重视,信函中谈到,治《春秋》已 40 年,而《春秋左氏疑义答问》为 30 年精力所聚之书。信中又告吴承仕说:"原稿在季刚处,此本乃潘重规所手录者。手录以后,又增入数条。"因吴承仕连复两书,讨论"《春秋》作意",章太炎 7 月 14 日又作《与吴缄斋书》,论思想变迁之迹,也即成书过程和此著主要特点。

按:《与吴缄斋书》曰:"仆治此经,近四十年。始虽知《公羊》之妄,乃于《左氏》大义,犹宗刘、贾。后在日本东京,燕闲无事,仰屋以思,乃悟刘、贾诸公,欲通其道,犹多附会《公羊》,心甚少之。亟寻杜氏《释例》,文直辞质,以为六代以来,重杜氏而屏刘、贾,盖亦有因。独其矫枉过正之论,不可为法,因欲改定《释例》而未能也。民国以来,始知信向太史,盖耕当问奴,织当问婢,《春秋》本史书,故尽汉世之说经者。终不如太史公为明白。观《十二诸侯年表序》,则知孔子观周,本以事实辅翼鲁史,而非以剟定鲁史之书。又知《左氏春秋》,本即孔子史记,虽谓经出鲁史、传出孔子,可也。简练其义,成此《答问》,虽大致略同杜氏,然亦王取背、贾,以存大义。刘、贾有得,亦不敢轻弃焉。"

章炳麟秋季在苏州讲学,当时金松岑、陈衍、李根源、张一麐等人在苏州发起讲学,由金松岑致书章太炎,请赴苏讲学。章炳麟先后在公园县立图书馆和沧浪亭讲学数次。已刊、未刊讲演稿有:《记太炎先生讲儒行要旨》,诸祖耿记录,刊于 10 月《苏中校刊》第 67 期;《记太炎先生讲大学大义》,诸祖耿记录,刊于 10 月《苏中校刊》第 68 期;《经义与治事》,吴大琨记录,诸祖耿校,刊于 10 月《苏中校刊》第 68 期;《记太炎先生讲文章源流》,诸祖耿记录,刊于《苏中校刊》第 69 期。另有朱学浩记录《尚书大义》与潘承弼记录《诗经大义》。10 月 3 日、10 月 11 日,有《致潘景郑书》两通,是在苏州讲学毕回到上海后写的。10 月 6 日,有《与徐哲东论春秋书》,对自己治《春秋》的经过及观点作了极简要概括:"《春秋左传读》乃仆少作。其时滞于汉学之见,坚守刘、贾、许、颖旧义,以与杜氏立异;晚乃知其非。近作《春秋左氏疑义答问》,惟及经传可疑之说;其余尽汰焉,先汉贾太傅、太史公所述《左氏》古文旧说,间一及之,其《刘子政左氏说》,先已刻行,亦间牵掫《公羊》,于心未尽慊也。"

按:桑兵《章太炎晚年北游讲学的文化象征》(《晚清民国的学人与学术》,中华书局 2008 年版)认为:

"1932年章太炎北游讲学,故都各校的趋新弟子执礼谨然,其余各派学人也纷纷请益问学。这似乎象征着五四以后学术文化界新旧南北之间的冲突离合,经历长期调适,重归以平实而致博大的轨道。被新文化派判为过时守旧的章太炎,依然稳坐国学大师的宝座,其针对民国以来中国学术文化时趋的种种批评,不仅有补偏救弊的意义,而且包含许多至理名言。北游后章氏重开学会,强调学有根柢,端正学风,养育新人之外,更为后进指示轨辙,成为聚合南北学人的一面旗帜。"(以上参见姚奠中、董国炎著《章太炎学术年谱》,山西古籍出版社 1996 年版;汤志钧编《章太炎年谱长编(增订本)》,中华书局 2013 年版;曹述敬《钱玄同先生年谱(上、中、下)》,《北京师范大学学报》1982 年第 5、6 期、1983 年第 1 期;曹述敬《钱玄同先生年谱》,齐鲁书社 1986 年版;章玉政编著《刘文典年谱》,安徽大学出版社 2011 年版)

马相伯 1 月 13 日会同章炳麟、熊希龄、张一麟、李根源、沈钧儒、章士钊、黄炎培等人联名通电,痛斥当局不抗日,要求"召集国民会议,产生救国政府"。28 日,在"一·二八"事变爆发后,马相伯发起中国民治促成会、江苏省国难会、不忍人会等组织,主张"民治救国",动员上海民主力量参与抗日运动。8 月 29 日,废止内战大同盟成立,马相伯、段祺瑞、胡适、虞洽卿、吴鼎昌、林康侯、刘湛恩、张伯苓等任名誉委员和常务委员。12 月 17 日,马相伯加盟由宋庆龄、蔡元培、杨杏佛等人发起的中国民权保障同盟。是年,马相伯有《提议实施民治促成宪政以纾国难案》,"谨告国难人民,实行民治,重建民国"。(参见李天纲编《中国近代思想家文库·马相伯卷》及附录《马相伯年谱简编》,中国人民大学出版社 2015 年版)

章士钊 1 月 13 日与章太炎、熊希龄、马相伯等组织了中华民国国难救济会,并发表通电。4 月 6 日,沈钧儒、章士钊、史量才等 60 余人联名致电全国及即将召开的国事会议,提出:"凡民族争存于世,以合作为最重要条件","要求国民党政府"化除杜绝合作之党治,"以民主求国家的统一"。10 月 15 日,章士钊的好友陈独秀在上海被托派内部叛徒谢少珊出卖,国民党警探协同法租界巡捕房以"危害民国"的罪名逮捕了他。同他一起被捕的还有梁有光、王晓春、王小平、何阿芳、王鉴党,引起了国内外的广泛关注。10 月 17 日,陈独秀被押到江苏高等法院第二分院。在公开审判陈独秀之前,记者问他有谁做你的辩护律师呢? 他回答说:"如欲请人辩护,亦须有钱才行,但我系一穷措大,没钱请人辩护。"陈独秀没钱请律师,这个消息传出后,便有许多名律师,如章士钊、张耀曾、董康、郑毓秀、彭望邺、吴之屏、汪有龄、郭蔚然等都自告奋勇愿做他的义务辩护人。陈独秀决定委托老友章士钊、彭望邺做他的辩护律师。陈独秀遇难,章士钊挺身而出,自愿为陈辩护,并受陈聘任。当时有人说:"顾章与陈之政见,绝不相容,一旦急难,居然援手于不测之渊,斯亦奇矣!"10 月 24 日,上海《申报》登载的由蔡元培、柳亚子、杨杏佛、林语堂、潘光旦、董任坚、全增嘏、朱少屏合著的《快邮代电》。12 月 1 日,章士钊所撰《湘产濒毁记》,刊于《青鹤》第 1 卷第 2 期。12 月 16 日,所撰《钧本戚伯著碑跋》,刊于《青鹤》第 1 卷第 3 期。(参见袁景华《章士钊先生年谱》,吉林人民出版社 2001 年版;郭双林编《中国近代思想家文库·章士钊卷》及附录《章士钊年谱简编》,中国人民大学出版社 2015 年版)

黄炎培在 1 月 28 日淞沪抗战发生后,与各界代表人物组织上海市民地方维持会,支援前线供应、维持地方秩序和市面金融。后改为上海地方协会。同月,参与张君劢等秘密筹建"国家社会党"。1 月 25 日,黄炎培在申报馆与张君劢长谈。26 日,张君劢与黄炎培、黄郛畅谈。2 月 3 日,在沪郊漕河泾创办农学团,以培养农村专业骨干为目的。16 日,黄炎培乘胡石青离沪返北平之机,托其捎信给张君劢。5 月 1 日,黄炎培复张君劢长信。5 月 6 日,中华职业教育社成立十五周年纪念,到会报告立社之旨趣及艰难缔造之经过。27 日,参加上海各界追悼"一·二八"沪战抗日阵亡将士。并于归后作七律二首以作纪悼。7 月 11

日,黄炎培来北平,午后偕黄方刚访张君劢,长谈至晚 10 时。13 日,黄炎培出席张君劢与张东荪、梁秋水、陈博生、胡子笏等在东安市场森隆素餐部招待。下午 3 时半,张君劢在汤铸新(汤芗铭)家主持国家社会党筹备会,黄炎培与张东荪、梁秋水、陈博生、证刚、胡子笏、博沙、瞿菊农、黄方刚述近今工作及意见。14 日,黄炎培、罗隆基到张君劢家长谈并午餐。16日,黄炎培接待张君劢与梁秋水、汤铸新(汤芗铭)等来访。随后,黄炎培、陈博生、梁秋水等至张君劢家进晚餐。17 日,黄炎培乘车离北平,到站送行。(参见余子侠编《中国近代思想家文库·黄炎培卷》附录《黄炎培年谱简编》,中国人民大学出版社 2015 年版;李贵忠《张君劢年谱长编》,中国社会科学出版社 2016 年版)

邹韬奋继续主持《生活》周刊社工作。1 月 9 日,《我们最近的思想和态度》刊于《生活》周刊第 7 卷第 1 期。中旬,国民党派胡宗南"约请"邹韬奋谈话,施加压力,双方辩论达四个小时。主要是辩论抗日问题和《生活》周刊的主张问题。最后又谈到抗日问题,胡宗南要求邹韬奋"拥护政府抗日"。邹韬奋回答:我们"只拥护抗日'政府'。不论从哪一天起,只要'政府'公开抗日,我们便一定拥护。在'政府'没有公开抗日之前,我们便没有办法拥护。这是民意。违反了这种民意,《生活》周刊便站不住,对于'政府'也没有什么帮助。"2 月 5日,《痛告全市同胞》《几个紧急建议》《沪案与整个的国难问题》刊于《生活》周刊紧急临时增刊、第 2 号、第 3 号。3 月初,和戈公振、毕云程、杜重远、李公朴等发起筹办《生活日报》。5日,在《生活》周刊第 7 卷第 9 期上发表《创办〈生活日报〉之建议》,号召读者集资认股办报。3 月 23 日晚,功德林会餐,商量政治与教育政策。黄炎培、江问渔、杨卫玉、邹恩润等六人参加。同月,在史量才寓所有一次长达三小时的谈话。除史量才外,参加者还有黄炎培、邹韬奋和马荫良。谈话范围极广,国际国内形势,中国新闻界情况,中国新闻工作者的努力方向,大家认识一致。

按:据马荫良《怀念戈公振兄》载:"最动人的是韬奋最后的一段话,他说:'《生活日报》是一支轻骑兵,《申报》是大部队;将来《生活日报》打前哨战,《申报》打阵地战,互相配合,为共同的政治目的奋斗。'这时,史量才第一次同意《申报》同事兼任其他新闻单位工作,也是他生平唯一的一次,给我印象极深。于是韬奋在 1932 年 4 月 2 日在《生活》周刊公布《生活日报》干部姓名。"

邹韬奋与上海多界知名人士史量才、俞寰澄、钱新之等 5 月 25 日发起组织"废止内战大同盟",并公布《废止内战大同盟章程》。6 月 18 日,《中大教潮中的一段纠纷》刊于《生活》周刊第 7 卷第 24 期。7 月 1 日,将书报代办部改组为生活书店,正式挂牌成立生活书店,地点设在华龙路(今南昌路)环龙别业(今南昌别业)2 号生活周刊社原址。同月初,生活出版合作社成立,经全体社员大会选举邹韬奋、徐伯昕、杜重远、王志莘和毕云程五人为理事,并由第一次理事会选举邹韬奋为总经理,徐伯昕为经理,毕云程为常务理事。8 月 13日,黄炎培为"生活"事偕邹韬奋访钱新之。16 日,黄炎培为《生活》周刊事在觉林会餐,到者有蔡元培、钱新之等。18 日,黄炎培得悉《生活》周刊将由禁止邮递而发封,中央党部公文已到市政府。10 月 14 日,国民党政府市公安局复市党部封禁《生活》周刊,奉令依照出版法办理。19 日,黄炎培至邹韬奋万宜坊寓所,商谈对策。22 日,读者热烈响应集资办《生活日报》,短短几个月,集得资金 16 万元,后因受国民党政府压迫,中途作罢;在《生活》周刊第 7卷第 42 期发表《〈生活日报〉宣告停办发还股款启事》,将所收股款和利息,全部发还给 2000余股东。11 月,《人物评述》《事业与修养》两书由生活书店出版。(参见邹嘉骊编著《邹韬奋年谱长编》,上海交通大学出版社 2015 年版)

张元济 1 月 7 日接待赵万里来访。9 日,复傅增湘书。20 日,再复傅增湘书。28 日,日军进攻上海闸北,制造"一·二八事变"。29 日清晨,日军飞机多架由黄浦江中航空母舰起飞,向闸北空际盘旋示威。7 时许天大明,实施轰炸。10 时许,日机接连向宝山路商务印书馆总馆投弹 6 枚,炸毁商务印书馆总管理处、总厂 4 个印刷所、各栈房及尚公小学。30 日午后,张元济赶赴胶州路高梦旦寓所,主持商务印书馆董事会紧急会议。王云五报告日机轰炸情形,约定次日下午续议。2 月 1 日,日本浪人纵火烧毁东方图书馆及商务印书馆编译所,张元济精心收辑庋藏的大批珍本古籍与其他中外图书计 50 万册大部分化为灰烬,商务印书馆损失达 1600 万元。灰烬与纸片随大火冲天而起,飘满上海天空,有的被东北大风吹向沪西地区,飘落到极司非而路先生寓所花园。张元济面对满天纸灰,悲愤异常,对许夫人叹曰:"工厂机器、设备都可重修,唯独我数十年辛勤搜集所得的几十万册书籍,今日毁于敌人炮火,是无从复得,从此在地球上消失了。""这也可算是我的罪过。如果我不将这五十多万册搜购起来、集中保存在图书馆中,让它仍散存在全国各地,岂不可避免这场浩劫!"同日下午,张元济赴高梦旦寓所主持商务印书馆董事会紧急会议,续议公司及同人善后事。2 日,《申报》载蔡元培电国联文化合作委员会,谨代表中央研究院、中央大学、中山大学、清华大学等,请贵会转请国际联合会行政院,迅速采取有效方法,制止日军此类破坏文化事业及人类进步之残暴行为。2 月 5 日,商务印书馆董事会通告上海职工全体停职,发资遣散。同时呈国民政府文:"呈为呈报被毁情形,请予迅向日本抗议,并保留赔偿要求,仰祈鉴核施行;窃敝公司印刷制造总厂及编译所、东方图书馆、尚公小学等,向设上海宝山路。"同日,商务印书馆编译所同人为东方图书馆被暴日炸毁发表《宣言》。

> 按:《宣言》曰:"自去年九月十八日,日寇无故侵占沈阳以来,得寸进尺,肆虐未已,锦州方被掠夺,上海又复告警。近数日间,日本飞机叠向绝无防御之闸北,乱掷炸弹,野战大炮,更向人烟稠密之区域狂轰不息;并自发动以来,逐日指使便衣浪人,从事于虐杀良民,屠戮妇孺,迄今未止,其无人道无忌惮之疯狂行动,已足使国人为之痛愤,诸友邦为之震惊。更因商务印书馆及东方图书馆,为远东有数之文化机关,蓄意破坏,竟为日机掷弹之主要标的,而首供其牺牲。按文化机关,即在战争时代,亦应受战时公法之特别保护。今中国并未宣战,而东方图书馆即已遭袭击,化为灰烬。夫东方图书馆已有三十五载之历史,其收藏之富,在远东尤为罕见,图书总额在六十万册以上。其中中国书籍,尤为珍秘难得,有中国最古之南北宋版本图书百余种,有木刻之重要著名书本二万余册,所藏中国省府县志,为中国最大之史地书库,至元明清之精刻书本重要者,更难屈指以数;又欧文书籍,历年亦设备甚多,足与著名之马利逊文库相匹敌。此包罗重要文献、珍贵无比之宝藏,今乃无故被毁于日机狂暴轰炸之下,此种人类文化之损失,宁有恢复之可能? 呜呼! 我国人,我友邦,我爱护人类文化之世界学术团体,对于日人此类罪恶行为,其能默尔而息软? 苟正义犹存,公理未泯,我知必将群起诘责此种无理性无国格强暴之日本,摧残无余。同人等悲痛之余,一方面当要求政府责令赔偿,一方面当就绵薄所及,力图恢复。兹将事实经过贡诸国人及世界各友邦之前,惟希鉴察!"

张元济 2 月 6 日主持商务印书馆董事会会议,讨论王云五之提议。8 日,商务印书馆董事会特别委员会正式成立,并于四川路青年会设立善后办事处。16 日,《申报》载商务印书馆备文分呈国民党中央党部、国民政府行政院、实业部、外交部、教育部、上海市党部、市政府及市社会局,并函致上海市商会及书业同业公会,请求迅向日本提出严重抗议,并声明保留赔偿损失要求。3 月中旬,经商务善后办事处详加查勘,依据实在情形,将全部损失数目造具清册呈报政府。4 月 4 日,张元济电告黄炎培,同意列名联署致国民政府电,声明不参加国难会议理由。5 日,张元济与张耀曾、黄炎培、史量才、张嘉璈、穆湘玥、孙洪伊、温宗尧、狄葆贤等 65 人联署致电国民政府。5 月,张元济为涵芬楼藏宋刊本《周易要义》撰跋。6 月初，因病赴庐山疗养。6月下旬，自庐山返沪。25日，由蔡元培、史量才、沈钧儒、唐文治、马相伯、马寅初、黄炎培、穆藕初、舒新城、何德奎、杨杏佛、王晓籁、徐新六、孙科、黄郛等文教、工商及政界著名人士123人联名发起《筹建上海图书馆公启》，以及《筹备上海图书馆旨趣书》。署名发起者中商务印书馆人员有王云五、何炳松、李宜龚、夏鹏、高梦旦、盛同孙、叶景葵，郑贞文，鲍庆林等。

　　按：《公启》曰："上海为东方一大市场，物质之奢靡，建筑之巍峨，交通之便利，学校之林立，商旅之辐辏，市场之繁荣，以观世界各大都市，其相去盖亦极仅，独于文化则瞠乎人后，文盲载道，而关于文化之建设尤不为人所注意。举例而言，以如此繁盛，市民多至三百余万之通商大埠，竟无一大规模之图书馆，以供市民之阅览，而歌台舞榭，栉比林立，唯此深关民智之文化设备，则付阙如，此诚为上海市民之大耻，亦即我国家之大耻也。曩者商务印书馆于清末建立涵芬楼于闸北，蜕化而成东方图书馆。二十余年来苦心经营，藏书逾五十万册，其在上海，尤为硕果晨星，弥足珍贵。惜自'一·二八'祸变突起，此一大文化机关及江湾吴淞一带公私立大学及私家所藏图籍，竟全部牺牲，其可悲可痛，诚无可以言宣。同人等认恢复上海文化机关，实为目前急务，而创设一规模较大之图书馆，尤为首要。顾以力量绵薄，莫克促其实现，抑且兹事体大，非群策群力，决难望其成功。爰敢征求发起，尚恳社会各方共促其成。涓滴之水，可成江河，尘埃之粒，可成泰岳。果能共起进行，则他日黄浦江头，崇楼高耸，琅玕罗列，汗牛充栋，要自可期，是则不仅为上海市民之福利，实即我国家之荣光也。素仰台端热心文化事业，务恳加入发起，鼎力提倡，不胜盼祷之至。"

　　张元济7月10日赴上海市商会议事厅参加商务印书馆股东常会。先由董事会报告本馆被难及处理善后情况，次报告1931年度营业状况。会议最后选举董事、监察人。夏鹏、高凤池、鲍庆林、张元济、王云五、李拔可、张蟾芬、丁榕、高梦旦、刘湛恩、叶景葵、郭秉文、黄汉梁等13人当选新一届董事；徐善祥、徐寄顾、周辛伯等3人为监察人。8月1日，商务印书馆总馆复业。9月4日，赴上海市商会议事厅主持商务印书馆临时股东会。股东童世亨、秦慕瞻、王康生、许峻山、许新基、郁厚培、张叔良、张石麟、何柏丞、杨介仁联署提出《修正商务印书馆减少资本办法案》。10月20日，赴庐山松树路松门别墅贺陈三立80寿辰。11月6日，赴上海市商会议事厅主持商务股东会第二次临时会，续议《修正商务印书馆减少资本办法案》及修改公司章程案。经投表表决，一致通过。17日，复中华图书馆协会《图书馆学季刊》编辑部书，谓"容将《涵芬楼烬余书录》数通写呈教正"。11月2日，《申报》载《四部丛刊》全书323种发售单行本。（以上参见张人凤、柳和城编著《张元济年谱长编》，上海交通大学出版社2011年版；高平叔编著《蔡元培年谱长编》，人民教育出版社1996年版）

　　张闻天主编的中共中央机关报《斗争》1月21日创刊，系油印十七开不定期刊物。写"卷头话"，说明发刊缘由：铅印的《红旗周报》"因为种种印刷上的困难始终不能按期出版，以至有很多比较重要的或带有时间性的论文，不能很快的及时的和读者相见"，为补救这一缺点，曾发行《红旗周报》附刊，《斗争》就是取代《红旗周报》附刊的。这样刊物"更有经常性与秩序性"；关于党内问题的讨论，也将在《斗争》上发表。5月15日，作《论中国革命的工农民主专政》，开始发表于《红旗周报》第40期，第41、48期续完。文中依据共产国际关于中国问题的指示和列宁主义学说，针对托陈取消派对工农民主专政及其策略的攻击，阐明中国革命的工农民主专政的性质、特点、策略与前途。6月1日，译文译自《国际通信》第12卷第5期的《印度民众革命的发展》刊于《红旗周报》第43期。8月10日，《取消派刘镜园的中国经济新论》刊于《红旗周报》第47期。在中国社会性质论战中，取消派理论家任曙、严灵峰等的理论遭到马克思主义者科学的批评而破产，刘仁静在《读书杂志》上接连发表《评两本论中国经济的著作》《中国经济的分析及其前途之预测》，以批评任、严的姿态出现，宣传取消派的基本观点，张闻天文章集中力量对刘仁静的所谓"中国经济新论"进行批驳。

　　按：文章指出，刘镜园(即刘仁静)与任、严不同，他承认了帝国主义是阻碍中国经济发展的原素，然而他又只认为"关税的不自主，是中国工业不发达的一最大原因"，否认帝国主义占据了中国经济的命脉，这样势必导致仅仅将要求关税自主当做反帝国主义斗争的最高目标。刘仁静虽然指出中国还"保存着落后关系"，但他说的落后关系都不是封建关系。在他看来，在中国，封建势力早已不存在了，农村存在的乃是中国资产阶级所用的封建剥削形式。军阀不是根据于封建制度，但又妨害资产阶级的发展。刘仁静的这种逻辑混乱是出于他对中国社会性质认识，他不能否认中国农村"封建与半封建关系是强有力的"，但同时他又认为"中国今日的社会是资本主义关系占统治地位""中国现在不是一封建社会，而是一资本主义社会——落后的资本主义社会"。文章指出马克思主义者对中国社会经济性质的分析同取消派根本不同之处在于，"一方面承认帝国主义在中国经济中所占的经济地位，与帝国主义同中国封建势力的联系，以及封建的剥削关系在中国乡村中还占着优势，而同时承认中国工业资本主义的相当发达，虽是这种发达是为帝国主义与封建势力的联合压迫而遭到停滞，并且发生了极大恐慌与破产"。

　　文章又指出，取消派之所以造成这种落后的资本主义(或商业资本主义)的新的社会形式，其目的"无非是想曲解中国革命的性质与动力"。虽然刘仁静承认了中国革命目前还是资产阶级民主革命，但谈到中国的土地革命时，刘仁静却认为就是中国无产阶级反对资产阶级的革命，同中国的地主与农民没有丝毫关系。因此无所谓无产阶级领导农民进行反帝国主义与土地革命问题，也就无所谓工农民主专政。无产阶级的领导作用，中国农民的革命作用，刘仁静是完全看不到的。唯一可靠的力量是资产阶级。所以，其实，刘仁静的观点是取消当前的资产阶级民主革命。

张闻天8月18日作《上海废止内战大同盟的代表会议与巴黎反战争的代表会议》，刊于8月19日《斗争》第23期。文中认为上海商会将于8月27日召开的废止内战大同盟代表会议是散布和平幻想，反对民族革命战争和国内革命战争的，必须派人到会上去"揭破它的假面具和一切欺骗"。10月13日，从《斗争》第28期开始，在刊物上展开关于"反对日本帝国主义承认'满洲国'"这一口号的讨论。约在26日，因叛徒告密，张闻天住地爱文义路(今北京路)平和里27号团中央机关被抄，同居者被捕。乃离开中央日常工作，在摩律斯新村(今重北公寓)一个中央机关内匿居一个多月。31日，作《文艺战线上的关门主义》，刊于11月3日《斗争》第30期，此文针对左翼文艺批评家在"文艺自由论辩"和"文艺大众化"讨论中存在的"左"倾关门主义错误而发，批评了策略上的宗派主义和理论上的机械论，指出："使左翼文艺运动始终停留在狭窄的秘密范围内的最大障碍物，却是'左'的关门主义。"这种关门主义，"第一，表现在'第三种人'与'第三种文学'的否认"，"第二，表现在文艺只是某一阶级'煽动的工具'"，"'政治的留声机'的理论"，认为小资产阶级的文学家是我们的同盟者，对于他们要进行"忍耐的解释、说服与争取"、要执行"广泛的革命的统一战线"。文章还说："在有阶级的社会中间，文艺作品都有阶级性，但决不是每一文艺作品都是这一阶级利益的宣传鼓动的作品。甚至许多文艺作品的价值，并不是因为它们是某一阶级利益的宣传鼓动品，而是因为它们描写了某一时代的真实的社会现象。"对于"文艺大众化"讨论中出现的否定"五四"文学新形式的倾向，也提出了不同的看法。此文后经删改，又刊于次年1月15日出版的《文化月报》第2期(该期《文化月报》刊名用《世界文化》)。在张闻天指导下，"文艺自由论辩"趋于结束，"促使左翼文艺运动从狭窄的、秘密的，走向广泛的、半公开的与公开的方面去"。12月16日，作《论中俄复交的实现》，刊于《斗争》第33期，又载次年1月10日《红旗周报》第54期。12月底，要求去中央苏区。博古意欲派他去北方。意见不得统一，乃致电共产国际请示。复电决定临时中央政治局全部迁入中央苏区。遂离开上海，乘

海轮取道汕头,大埔赴江西瑞金。(以上参见张培森主编《张闻天年谱》,中共党史出版社2000版)

　　瞿秋白3月5日作《大众文艺的问题》。30日,修改杨之华小说译稿《一天的工作》《岔道夫》。同月,参加丁玲、田汉、叶以群、刘风斯等人入党仪式;约见夏衍、阿英、郑伯奇,指示进入上海明星电影公司,夺取电影阵地。4月初,将杨之华创作小说《豆腐阿姐》送鲁迅修改。4月25日,瞿秋白撰于上年10月25的《普洛大众文艺的现实问题》刊于《文学》半月刊第1卷第1期。文中认为"普洛大众文艺的斗争任务,是要在思想上武装群众,意识上无产阶级化",希望革命作家"一批一批的打到那些说书的,唱小唱的,卖胡琴笛子的,摆书摊的里面去,在他们中间谋一个职业",以茶馆、工房、街头为活动场所,"去观察,了解,体验那工人和贫民的生活和斗争,真正能够同着他们一块儿感觉到另外一个天地"。6月10日,瞿秋白《大众文艺的问题》刊于《文学月报》创刊号。文中认为革命作家不能轻视旧形式,"革命的先锋队不应当离开群众的队伍","革命的大众文艺在开始的时候必须利用旧的形式的优点——群众读惯的看惯的那种小说诗歌戏剧,——逐渐地加入新的成分养成群众的新的习惯,同着群众一块儿去提高艺术的程度"。最后所定的目标是:"现在是要非大众的革命文艺大众化,同时继续在智识青年的小资产阶级群众之中进行反对一切反动的欧化文艺的斗争;而在大众之中创造出革命的大众文艺出来,同着大众去提高文艺的程度,一直到消灭大众文艺和非大众文艺之间的区别,就是消灭那种新文言的非大众的文艺,而建立'现代中国文'的艺术程度很高而又是大众能够运用的文艺。"同日,瞿秋白致函鲁迅,谈中国文学史的整理。6月20日致函鲁迅,称"亲爱的同志"。夏初,邀彭玲协助研究拉丁化新文字。

　　瞿秋白7月作《文艺的自由和文学家的不自由》,刊于10月《现代》第1卷第6期。文中首先引录《列宁全集》第7卷上册:"资产阶级的著作家,艺术家,演剧家的自由,只是戴着假面具(或者伪善的假面具),去接受钱口袋的支配,去受人家的收买,受人家的豢养。我们,社会主义者,暴露这种伪善,揭穿这种虚伪的招牌,——并不是为着要弄出什么无阶级的文学和艺术(这只有到了社会主义的无阶级的社会里方才可能),而是为着要把真正自由的公开和无产阶级联系着的文学,去和伪善的自由的而事实上联系着资产阶级的文学对立起来。"以此作为自己立论的理论依据,引出对方核心观点:"最近,文艺理论的研究似乎又引起了社会的注意。胡秋原先生曾经写过一些文章,说起文化运动,而尤其是文艺问题(见《文化评论》和《读书杂志》);而苏汶先生也就发表了《关于"文新"与胡秋原的文艺论辩》(《现代》第三期)。胡秋原先生,据说是从普列汉诺夫、弗理契出发的文艺理论家;而苏汶先生自己说是死抱着文学不肯放手的文学家。他们两方面都是文艺的护法金刚,他们都在替文艺争取自由。可是,究竟这些自由对于他们有什么用处呢?"作者主要从"万华撩乱"的胡秋原、"难乎其为作家"的苏汶两个方面展开驳论。8月,瞿秋白在《文学月报》第1卷第3期发表《再论大众文艺答止敬》,对7月10日茅盾(署名止敬)刊于《文学月报》第1卷第2号的《问题中的大众化》一文作出回应。同月,由冯雪峰陪同,往访鲁迅。9月1日鲁迅、许广平携海婴来访。9月14日与杨之华同赴北川公寓拜访鲁迅。9月25日,鲁迅校阅杨之华译文,并交上海良友图书公司出版。10月24日,鲁迅买《文始》等书赠瞿秋白。下旬,瞿秋白到鲁迅寓所避难。11月10日,瞿秋白作《并非浪费的论争》,系作者与冯雪峰商量后代冯执笔,刊于次年1月1日《现代》第2卷第3期,主要针对胡秋原刊于《现代》第2卷第2期的《浪费的论争》,以此列出胡秋原的五个主要观点一一予以批驳。其中第四点涉及文艺大众化问题,强调"普罗革命文学运动是工农贫民无产阶级大众的文学运动,应当竭力的使其和大众连结起来,竭力的使大众参加到里面来,我们的运动应当是大众本位的,应当使其成为大众本位的,不应当停留在智识阶级上,不应当是智识阶级本位的。这是问题的根本点。从前关于大众文化运动的问题,我们和胡秋原先生的争论就在这一点上"。12 月 11 日,瞿秋白在鲁迅家,与鲁迅夫妇、冯雪峰、周建人共进晚餐。中旬陈云(史平)到鲁迅家接走瞿秋白夫妇,转移新址。12 月 28 日,鲁迅收到瞿秋白来函及手书七绝诗。同月,译就《高尔基论文选集》《高尔基创作选集》;作《新中国文草案·绪言》。年底,作《马克斯、恩格斯和文学上的现实主义》,刊于次年 4 月 1 日《现代》第 2 卷第 6 期,是作者译著《现实马克斯主义文艺论文集》首篇。是年,瞿秋白写就一组有关语言文字的文章 6 篇。(参见陈铁健编《中国近代思想家文库·瞿秋白卷》及附录《瞿秋白年谱简编》,中国人民大学出版社 2015 年版)

冯雪峰 1 月 17 日在南市公共体育场参加由反日大同盟举行的上海各界人民抗日大会,代表左联作了观点鲜明、立场坚定的发言。20 日,所撰《关于新的小说的诞生——评丁玲的〈水〉》刊于《北斗》月刊第 2 卷第 2 期。28 日,"一·二八"事变在上海发生,冯雪峰在战争期间曾多次上前线慰劳抗日将士。2 月 3 日,冯雪峰与鲁迅、茅盾、叶圣陶、郁达夫、丁玲、胡愈之、陈望道、郑伯奇、周扬、田汉、阳翰笙、楼适夷、夏衍、胡秋原、谢冰莹等 40 余人联名发表《上海文化界告世界书》,控诉日本帝国主义的战争罪行,要求全世界的无产阶级和革命的文化团体及作家们援助中国被压迫民众,反对帝国主义瓜分中国的战争,反对日本帝国主义惨无人道的屠杀。8 日,冯雪峰参加发起组织"中国著作界抗日协会",被选为执行委员。上海著作者抗日会会员达 200 余人,其中属于左联系统的左翼作家就占了一半以上。左联作家是抗日会的主导力量,他们在各项活动中发挥了骨干作用。为加强中共对这一团体的领导,冯雪峰还派了 35 名党团员、左翼作家加入其中,包括周扬、丁玲、石凡、楼建南、钱杏邨、袁殊、谢冰莹等。9 日,冯雪峰出席执委会,当选该会编辑委员会委员。

冯雪峰 3 月调任中共中央宣传部文化工作委员会(简称"文委")书记。"文委"成员有杜国庠、祝伯英、阳翰笙等。4 月 1 日,在中国妇女文艺研究会作报告《论文学的大众化》,刊于 4 月 25 日《文学》半月刊第 1 卷第 1 期。5 月 20 日,所撰《民族革命战争的五月》刊于《北斗》月刊第 2 卷第 2 期,文中提出了"创造民族的革命战争文学""把五四以来的文化革命的领导权完全确保在无产阶级的手里"的问题。5 月 29 日,冯雪峰(洛扬)撰《"阿狗文艺"论者的丑脸谱》,刊于 6 月 6 日《文艺新闻》第 58 号,作者敏感地觉察胡秋原《阿狗文艺论》是"为了反普罗革命文学而攻击钱杏邨","公开地向普罗文学运动进攻"。秋冬之间,冯雪峰与朱镜我等陪同在上海治伤的红军干部陈赓会见鲁迅。12 月,冯雪峰与鲁迅、茅盾、柳亚子等 55 人发表《中国作家为中苏复交致苏联电》。同月,冯雪峰调任中共上海中央局宣传部干事,管理一个对外提供宣传资料的通讯社和"文委"。当时,上海中央局的宣传部长是朱镜我。(参见包子衍《雪峰年谱》,上海文艺出版社 1985 年版;朱晓进《政治化思维与三十年代中国文学论争》,《中国社会科学》2002 年第 6 期)

鲁迅由于坚持反对国民党反动派的立场,也从未给国民党教育部做过任何工作,由蔡元培推荐担任的大学院特约著作员的职位,从 1 月起被国民党教育部裁撤。2 月 3 日,鲁迅与茅盾、叶圣陶、郁达夫、丁玲、胡愈之、陈望道、方光焘、周予同、郑伯奇、沈起予、穆木天、何畏、张天翼、孙师毅、何丹仁(冯雪峰)、周起应、白薇、姚蓬子、龚彬、胡秋原、田汉、叶秀夫、陆诒、楼建南、袁殊、钱杏邨、杨骚、翁毅夫、沈端先(夏衍)、叶华蒂、邓初民、任白涛、李易水、华汉、郑千里、杨柳丝、王达夫、赵铭彝、李兰、谢冰莹、陈正道、顾凤城等 43 位左翼作家和进步文化人发表《上海文化界告世界书》，抗议日本侵略之暴行，并庄严宣告："我们坚决反对帝国主义瓜分中国的战争，反对强加于中国民众的任何压迫，反对中国政府的对日妥协，以及压迫革命的民众。"呼吁全世界无产阶级、革命文化团体和作家们"运用全力，援助中国被压迫民众，反对帝国主义瓜分中国的战争，反对日本帝国主义惨无人道的屠杀，转变帝国主义战争为世界革命的战争"。《上海文化界告世界书》刊于《文艺新闻》的战时特刊《烽火》第 2 期，上海的其他部分报刊也曾转载。6 日，即农历正月初一下午，鲁迅一家和周建人一家，俱迁避上海三马路英租界内山书店支店。7 日，鲁迅、茅盾、郁达夫、何丹仁（冯雪峰）、丁玲、田汉、谢冰莹、穆木天、郑伯奇、张天翼、孟超、顾凤城、戴平万等 129 位作家在此宣言上签名发表《中国著作者为抗议日军进攻上海屠杀民众宣言》，声讨日寇侵略中国、进攻上海的罪行，热情颂扬了十九路军英勇抗日的爱国行动。3 月 2 日，鲁迅致许寿裳信，谈到被裁去大学院特约著作员的职务时说："被裁之事，先已得教部通知，蔡先生（即蔡元培）如是为之设法，实深感激。"信中还谈到商务印书馆被炸后，人员俱被停职，周建人生活困难，请许寿裳转请蔡元培代为设法，谋求商务"蝉联"或"续聘"。

鲁迅 3 月 7 日下午往北新书局，遇冯雪峰，同往三马路一茶店谈话。4 月 14 日夜，鲁迅开始编《三闲集》和《二心集》。16 日，开始校阅林克多《苏联闻见录》，至 22 日阅毕，至 11 月由上海光华书局出版。20 日，作《林克多〈苏联闻见录〉序》，刊于 6 月 10 日《文学月报》创刊号。4 月，国际革命作家同盟为抗议日本侵略中国，发表《告全世界革命作家书》。同月 26 日夜，鲁迅编《二心集》，并作《序言》。29 日，作《鲁迅译著书月》。春末夏初一天，在寓所接待瞿秋白和夫人杨之华。这是鲁迅和瞿秋白的第一次会面。到夜幕催人，瞿秋白夫妇才离去。5 月 6 日，鲁迅作《我们不再受骗了》，刊于 5 月 20 日《北斗》第 2 卷第 2 期，这是鲁迅维护列宁、斯大林领导的社会主义苏联的一篇重要文章。9 日，致增田涉信，批评日本汉学家节山先生（即盐谷温）宣扬"满洲国"以孔孟之道立国的说法。16 日，开始翻译苏联 D. 孚尔玛诺夫的小说《革命的英雄们》，30 日译完。同月，鲁迅被美国约翰·李特俱乐部举行的全国代表大会推举为主席团名誉委员。同时被推举为名誉委员的，还有高尔基、古久里等国际著名人士。

鲁迅 7 月 5 日致曹靖华信，告知已寄上日译本《铁流》一本，请转送作者。7 月 10 日，鲁迅与茅盾、陈望道、郁达夫等 36 人联名致电国民党政府，要求释放牛兰夫妇。12 日上午，鲁迅接待来访的外国友人、上海《中国论坛》的编者伊赛克。夏秋之间，鲁迅在寓所秘密会见红军将领陈赓。8 月 15 日，鲁迅致台静农信，谈到郑振铎的治学方法，说他的《中国文学史》"乃文学史资料长编，非'史'也。但倘有具史识者，资以为史，亦可用耳"。还谈到自己的《中国小说史略》及其改定本。27 日，鲁迅译完日本上田进的《苏联文学理论及文学批评的现状》，刊于 11 月 15 日《文化月报》第 1 卷第 1 期。9 月 1 日，鲁迅与许广平携海婴再访瞿秋白夫妇，在他家里午餐。这是鲁迅夫妇与瞿秋白夫妇的又一次见面。谈话的主题是瞿秋白所写的文字改革方案。25 日，为了纪念高尔基发表第一篇小说《巧加尔·丘特拉》四十周年，鲁迅与茅盾、曹靖华等 7 人联名发表《高尔基的四十年创作生活——我们的庆祝》，载 11 月 15 日《文化月报》第 1 卷第 1 期。文中高度评价高尔基的创作对于革命事业的伟大意义。10 月 10 日，作《论"第三种人"》，刊于 11 月 15 日《文化月报》第 1 卷第 1 期与同月《现代》第 2 卷第 1 期，本文对胡秋原、苏汶的思想观点进行了有力的批判。

　　按：鲁迅的《论"第三种人"》以马克思主义的阶级论，首先撕下胡秋原的伪装，指出这种人是"在指挥刀的保护之下，挂着'左翼'的招牌，在马克思主义里发见了文艺自由论，列宁主义里找到了杀尽'共匪'说的论客"。接着驳斥苏汶对左翼文艺运动的责难，说明左翼作家尽管有"左而不作"，或"由左而右"甚至嬗变为敌人的人，"然而这些讨厌左翼文坛了的文学家所遗下的左翼文坛，却依然存在，不但存在，还在发展，克服自己的坏处，向文艺这神圣之地进军"。鲁迅揭露他们妄图破坏左联与广大作家关系的阴谋，指出左翼作家还在受着"压迫，禁锢，杀戮"，并未动不动便指别人为"资产阶级的走狗"，排斥"同路人"、"他不但要那同走几步的'同路人'，还要招致那站在路旁看看的看客也一同前进"。文章驳斥苏汶所谓作家可以超阶级的谬论："生在有阶级的社会里而要做超阶级的作家，生在战斗的时代而要离开战斗而独立，生在现在而要做给予将来的作品，这样的人，实在也是一个心造的幻影，在现实世界上是没有的。要做这样的人，恰好用自己的手拔着头发，要离开地球一样"。文章还批驳了苏汶对文艺大众化运动的嘲笑，指出连环图画可以产生伟人的画手，唱本说书里也"可以产生托尔斯泰、弗罗培尔"。对"自由人""第三种人"的批判，是左联时期一次重大而复杂的文艺论争。鲁迅这篇文章以强烈的战斗性和高度的科学性给论敌以有力的批判，并提出了在坚持文艺战线的思想斗争中不断整顿、改造，扩大左翼文艺队伍的重要任务。

　　鲁迅 10 月 25 日作《"连环图画"辩护》，刊于 11 月 15 日《文学月报》第 1 卷第 4 期，文中列举了中外绘画史上的大量事实，批驳苏汶抹杀"连环图画"，说它是"低级的形式"的观点。指出事实"证明了连环画不但可以成为艺术，并且已经坐在'艺术之宫'的里面了"，以此揭露苏汶对于艺术史的无知。31 日，鲁迅编排《两地书》完毕，共分三集。11 月 9 日夜，周建人来，交北平来电，云母病速归。11 日上午 9 时半，从上海乘车赴北平。11—19 日，鲁迅为母亲请盐泽博士诊治，并会见在北平的朋友宋紫佩、台静农、李霁野、常维钧、沈兼士、范文澜、魏建功、马裕藻等人。22 日下午，鲁迅由台静农陪同，往北京大学第二院演讲 40 分钟，事前鲁迅曾要求听众只限于国文系，学校在讲演前三小时才贴出布告，结果礼堂还是挤满了听众，多达七八百人。讲题是《帮忙文学与帮闲文学》，有柯桑记录稿，载是年 12 月《电影与文艺》创刊号。鲁迅在讲演中指出："大凡要亡国的时候，皇帝无事，臣子谈谈女人，谈谈酒"，这就是帮闲文学；"开国的时候，这些人便做诏令，做敕，做宣言，做电报"，这就是帮忙文学。他还认为中国文学"可以分为廊庙文学、山林文学两大类"，并批评当时的"为艺术而艺术"派，说他们已经"不但没有反抗性，而且压制新文学的发生"，也变成了帮忙加帮闲了。至于"现代评论"派，他们专骂"骂人"的人，"正如杀杀人的一样——他们是刽子手"。这是鲁迅在"'现代'派拜帅"的北平放出的第一枪。同日，在北大二院讲演完后，稍事休息，又赶赴辅仁大学演讲《今春的两种感想》，历时 40 分钟，听众 1200 人。有吴昌曾、邢新镛记录稿，刊于本月 30 北平《世界日报》"教育"栏。24 日上午，鲁迅婉言谢绝朱自清约赴清华讲演的邀请。下午，同范文澜往女子文理学院讲演《革命文学与遵命文学》，历时约 40 分钟，听众约 300 人。讲演通过对叶灵凤、张资平等作家的剖析，说明不能只看牌子，不看实质，虽然他们所讲的十分高超，但其实是替统治阶级服务的"遵命文学"。鲁迅再次强调作家必须具有无产阶级的立场和意识，才能成为无产阶级的忠实代言人。讲完后，学生又请教了许多问题，鲁迅当场作答。同日，鲁迅应范文澜邀请，到他家吃晚饭，同席 8 人。这是鲁迅第一次跟北平左翼文化团体的人士见面，是以洗尘宴会的形式进行的。

　　鲁迅 11 月 25 日晚间答允师范大学代表王志之、张松如、谷万川三人的邀请，约定星期日前往讲演，再次批判"在指挥刀保护"下的民族主义文学家们和所谓"第三种人"等。26 日晚上，鲁迅在北海后门西皇城根 79 号参加中共北平地下党所组织的一次欢迎会。出席的有左翼各文化团体的代表以及反帝、互济会的代表共 20 余人。鲁迅介绍了上海文艺界的斗争,对作家参加政治斗争、接近工农、改造思想等问题发表了意见。最后,强调"要好好办一个刊物"。由于鲁迅的热情推动,后来又不断给予支持,北平相继出版了《文学杂志》《文艺月刊》《文学通讯》《北国》《冰流》《北方文艺》《创作与批评》等进步刊物。27 日,鲁迅应北师大文艺研究社邀请,到师大讲演,大批同学蜂拥而来,但学校当局却早将休息室和一切办公室上了锁,讲演的地点临时改在风雨操场。鲁迅演讲《再论"第三种人"》,指出:"第三种人"说,文学是"镜子",没有阶级性,其实不对。就说"镜子"吧,它所照的也由于实物的不同而各异,何况阶级社会里的人,决不是一面镜子。因为阶级的背景不同,每个人的这面镜子早就涂上了不同的色彩,他怎能超阶级呢? 他们又说文艺是属于将来的,要创造为将来的永久的文艺,象托尔斯泰那样。这话也不对。托尔斯泰写东西,是写他那时的现在,并不是写将来的。如果他写作脱离了现实,就失掉了价值,不成东西了。鲁迅又说,新兴艺术的发展,是时代的必然趋势。我们要接近工农大众,不怕衣裳沾污,不怕皮鞋染土。知识者的事业只有同群众相结合,他的存在,才不是单为自己了。鲁迅讲完,又被群众拥入学生自治会休息,大家向他提出各种愿望和问题。28 日,鲁迅应中国大学时代读书会的邀请午前往西城二龙坑口袋胡同为该会讲演《文艺与武力》,约 20 分钟,这是鲁迅在北平的最后一天。

鲁迅 11 月 28 日晚 5 时 17 分搭车离开北平回沪。30 日下午 6 时,返抵上海,雇车回寓。随后,鲁迅第一次接待瞿秋白、杨之华到北四川路底的寓中避难,到年末之前他们才离开。鲁迅同他们一起住了将近一个月。其间,中共地下党组织经常派人与瞿秋白晤谈。12 月 10 日,鲁迅作《辱骂和恐吓决不是战斗》(致《文学月报》编辑部的一封信),刊于本月 15 日《文学月报》第 5、6 期合刊。《文学月报》发表这封信时,编者加了按语,肯定鲁迅的意见,认为"这是尊贵的指示,我们应该很深刻地来理解的"。12 月 14 日,鲁迅应上海天马书店之约,编选《鲁迅自选集》,至夜完成,并作《自序》。15 日,鲁迅与柳亚子、茅盾等 57 人联名发表《中国著作家为中苏复交致苏联电》,刊于《文学月报》第 1 卷第 5、6 期合刊(延期出版)。电文热情赞扬斯大林领导下苏联社会主义建设的伟大成就,指出一年来的事实证明,"只有苏联是被压迫民族的真正朋友! 这次中苏复交就是中国民众热烈期望的结果","在庆贺中苏两国人民从此更能增进友谊这当儿,从事文化工作的我们更热烈地盼望中苏两国的作家以及一切文化工作者在反对帝国主义文化的战线上亲密地携手"。16 日,鲁迅作《〈两地书〉序言》。20 日前后,送走在寓所避难将近一个月的瞿秋白夫妇。30 日,鲁迅作《祝中俄文字之交》,刊于本月 15 日《文学月报》第 1 卷第 5、6 期合刊(延期出版)。(以上参见鲁迅博物馆、鲁迅研究室编《鲁迅年谱》,人民文学出版社 1981 年版;陈其强《郁达夫年谱》,浙江大学出版社 1989 年版)

茅盾 1 月 1 日在《中学生》第 21 期发表《贡献给今日的青年》。同月,《北斗》杂志征文,遂作文应征。应征者还有鲁迅、郁达夫、张天翼等 23 位作家;所著《子夜》一章,以《夕阳》为题发表于《小说月报》23 卷新年号。2 月 4 日,与鲁迅等 43 人联署发表《上海文化界告世界书》(宣言),刊于《文艺新闻》战时特刊《烽火》第 2 期及《申报》等报刊。7 日,与鲁迅等一道联合 129 名爱国人士联署《为抗议日军进攻上海屠杀民众宣言》,刊于《文艺新闻》战时特刊《烽火》第 2 期及《申报》等报刊。5 月 2 日,茅盾在《文艺新闻》第 53 号发表《"五四"与民族革命文学》,略谓:"'五四'运动并未完成它的任务:反封建与反帝国主义的斗争。'五四'虽然以'反封建'为号召,但旋即与封建势力为各种方式的妥协,对封建势力为各种方式的屈服! 至如反帝国主义,则'五四'始终未曾有过明显的表示!"因而指出"'五四'期的文学没有完成了反封建与反帝国主义的任务;反帝国主义的作品简直没有产生"。这是一篇富有创见的、振聋发聩的论文,见解深刻。同月,乐华编辑部发表《茅盾传略》,载《当代小说读本》上册,乐华图书公司出版。

茅盾6月1日在《中学生》第25号发表《高尔基》。18日,写完《林家铺子》,刊于7月15日《申报月刊》第1卷第1期。此系根据作者在"一·二八"事变后,回乡所见所闻创造的,讲述了上海附近一个小镇上的小商店在帝国主义经济侵略以及战争的影响下,虽再三苦苦挣扎,但仍生意萧条,最终破产的故事,真实再现了中国20世纪30年代初那个民族危亡、经济衰落、人心惶惶的黑暗社会,具有很高的艺术价值和社会现实意义。同月,茅盾所著小说《路》由光华书局初版。7月10日,茅盾在《文学月报》第1卷第2号发表《问题中的大众化》,文中针对瞿秋白的"五四"白话文是"新文言",并且不如旧小说的观点,提出了不同看法。此文发表后,瞿秋白就写了答辩文章《再论大众文艺答止敬》,刊于《文学月报》等3期。对于瞿秋白这篇文章没有继续争论下去,因为发现两人是从不同的前提来争论的,即对文艺大众化的概念理解不同。茅盾认为"文艺大众化就要是指作家们要努力使用大众的语言创作人民大众看得懂、听得懂,能够接受的、喜闻乐见的文艺作品"。而瞿秋白则认为,文艺大众化"主要是指由大众自己来写文艺作品"。同月,国际工联牛兰夫妇在南京狱中绝食,茅盾与鲁迅等进行营救,并电南京政府立即释放。9月18日,茅盾为纪念"九一八"事变,作《九一八周年》,刊于《文学月报》第1卷第3号。25日,茅盾为莫斯科举行高尔基创作四十年纪念庆祝会,与鲁迅、曹靖华等7人联合撰文《高尔基的四十年创作生活——我们的庆祝》,刊于《文化月报》第1卷第1期。文章对于高尔基在无产阶级文艺事业上的成就作了高度评价。11月,胡愈之来访,茅盾看到胡撰写的《介绍〈子夜〉》一文,认为文中对《子夜》的"透视可谓入木三分,只是溢美之词多了"。胡愈之说明此文是"看不惯有些批评家的理论"要"替这本巨著""说几句公道话"。同月29日,作《我们这文坛》刊于《东方杂志》第30卷第1号。

按:《我们这文坛》指出:"我们这文坛是一个百戏杂陈的'大世界'。有'洪水猛兽',也有'鸳鸯蝴蝶';新时代的'前卫'唱粗犷的调子,旧骸骨的'迷恋者'低吟着平平仄仄;唯美主义者高举艺术至上的大旗,人道主义者效猫哭老鼠的悲叹,感伤派喷出轻烟似的微哀,公子哥儿沉醉于妹妹风月。"这些流派,正在"擂台摆开阵势",都想得到"看客"的欢心,然而,"谁能紧紧地抓住了看客他们的心弦,弹出了他们的苦痛,他们的需求,鼓动他们的热血,指示了他们的出路,谁就将要独霸这文坛的'擂台',任何欺骗,任何威胁,任何麻醉,都奈何他不得"。

茅盾长篇小说《子夜》历经8个月的创作,至12月全部脱稿,作《〈子夜〉跋》,后改题为《后记》,介绍《子夜》的创作经过。12月9日,作《"连环图画小说"》,刊于《文学月报》第1卷第5—6期合刊。文中对1932年的文艺大众化的讨论发表意见,认为上海的"连环图画小说"小书摊,是最受欢迎的活动图书馆,并且也是最厉害最普遍的"民众教育"工具,这种文图并茂的形式很可以采用,因为那连环图画的部分不但可以引诱识字不多的读者,并且可以作为帮助那识字不多的读者渐渐"自习"地看懂了那文字部分的梯阶。这一种形式,如果剔除其有毒的内容,"很巧妙地运用起来,一定将成为大众文艺的最有力的作品。无论在那图画方面,在那文字的说明方面(记好,这说明部分本身就是独立的小说),都可以演进成为'艺术品'!""我这最后一句话,也是回答苏汶、胡秋原他们的,因为苏、胡那时正写文章诬蔑大众文艺,连环图画没有艺术价值。"13日,作《封建的小市民文艺》,刊于《东方杂志》第30卷第3号,认为一九三〇年中国武侠小说盛极一时的现象不是偶然的,"一方面,这是封建的小市民要求'出路'的反映,而另一方面,这又是封建势力对于动摇中的小市民给的一碗迷魂汤"。15日,茅盾与鲁迅、柳亚子等57人联署发表《中国作家为中苏复交致政府电》,刊于《文学月报》第1卷第5—6期合刊(延期出版)。18日,茅盾喜悦于沙汀的《法律外的航线》的出版,作《〈法律外的航线〉读后感》,刊于《文学月报》第1卷第5—6期合刊,指出这个短篇集中的多数作品,不同于数年前的"革命文学",没有公式主义的结构,没有脸谱式样的人物。这位新的青年作家都有他自己的风格。他用写实的手法,很精细地描写出真实的生活。他的人物的对话是活生生的四川话,是活的农民和小商人的话。他的农民和小商人嘴里没有别的作家硬捉来的那些知识分子的长篇大论以及按着逻辑排得很整齐的有训练的辞句。22日,作《〈茅盾自选集〉后记》,原题为《自选集后记》。25日,作《徐志摩论》,刊于《现代》第2卷第4期,这是第一篇全面地、精辟地论述天才诗人徐志摩的重要论文,影响很大。

按:此文旨在透过具有代表性的诗人看到文学历史发展的必然性。文中将徐志摩的作品放于他所生活的时代及其阶级背景下加以分析,认为徐志摩是"代表的布尔乔亚诗人""是中国布尔乔亚'开山'的同时,又是'末代'的诗人"。茅盾指出:"诗这东西,也不仅是作家个人感情的抒写,而是社会生活通过作家的感情意识之综合的表现。"徐志摩诗情的枯窘和生活有关,他对面前的生活不能了解,且不愿意去了解。尽管如此,作者仍以为"新诗人中间的志摩最可以注意,因为他的作品是足供我们研究。他是布尔乔亚的代表诗人"。然而,毕竟是"百年来的布尔乔亚文学已经发展到最后一阶段,除了光滑的外形和神秘缥缈的内容而外,不能开出新的花来了!这悲哀不是志摩一个人的"!据作者晚年所撰《我走过的道路》(中)自述:"《徐志摩论》是我写的第三篇作家论,也是从日本回国后写的第一篇。""他的死,引起了人们对于他的文学活动的两种截然对立的评价,一种称颂他为中国'五四'以来的'诗圣',另一种则将他的诗贬得一无可取。我的这篇论文,既为纪念亡友,也为了对于诗人徐志摩的盖棺论定发表一点意见。"(以上参见唐金海、刘长鼎主编《茅盾年谱》,山西高校联合出版社1996年版;邓一帆《上海文化界抗日统一战线先行者》,《联合时报》2020年3月24日)

陈望道1月11日在《文艺新闻》第44号发表《关于著作者协会——一个具体而简要的建议》一文。2月3日,与茅盾、鲁迅、叶圣陶、郁达夫、丁玲、胡愈之、何丹仁(冯雪峰)、田汉、沈端先等43人,就日本侵略上海的"一·二八"事变,联名发表《上海文化界告世界书》。8日,同鲁迅、叶圣陶、戈公振、郑伯奇、王礼锡等发起成立"中国著作家抗日会"。9日,在中国著作家抗日会第一次执行委员会会议上被推选为秘书长。6月6日,为营救被国民党拘捕的国际革命组织泛太平洋产业联盟的牛兰夫妇,与李达、丁玲、汪馥泉等17人发表宣言。7月11日,为营救绝食八日危在旦夕的牛兰夫妇,与柳亚子、郁达夫、茅盾、鲁迅、方光焘等32人联名致电国民党当局,要求释放被害者。11月,陈望道(陈雪帆)在《现代》第2卷第1期发表《关于理论家的任务速写》,指出:"我们不应把这对于理论或理论家的不满,扩大作为对中国左翼文坛不满,甚至扩大作为对于无产阶级文学不满,把理论家向来不切实不尽职的地方暗暗地躲避了不批判。而将来还是来的那一套,以致理论永无进展。"12月15日,同鲁迅、柳亚子、茅盾、胡愈之、叶圣陶、沈端先、周起应等55人签署《中国作家为中苏复交致苏联电》,祝贺中苏复交。是年,陈望道所著《修辞学发凡》按上下册分别于4月、8月在大江书铺出版;又在《中学生》发表《贡献给今日的青年——答〈中学生〉杂志编者问》《关于恋爱》;在《微音》发表《说飞白》《说跳脱与节缩》;在《女青年》发表《说回文》等。(参见上海鲁迅纪念馆编《陈望道先生纪念集》,复旦大学出版社2006年版;朱晓进《政治化思维与三十年代中国文学论争》,《中国社会科学》2002年第6期)

阳翰笙任左联党团书记。1月,由钱杏邨接任。2月3日,阳翰笙与茅盾、鲁迅、郁达夫等43人联名发表《上海文艺界告世界书》,反对日本帝国主义侵占上海和国民党的不抵抗主义。5月,撰《〈地泉〉重版自序》。10月,写成中篇小说《义勇军》。是年,阳翰笙与田汉等"文总"各团体负责人共同筹划,抽调如金山、赵丹等"剧协"成员,聂耳、吕骥、贺绿汀等音乐人先后转战电影战线,扩大了的电影战线拍摄进步电影,成为左翼文化运动的重心。(参见周家磊《阳翰笙生平创作活动大事年表》,《当代电影》2012年第12期)

钱杏邨1月接替阳翰笙担任左联党团书记。年初,撰写《一九三一年文坛之回顾》,刊于《北斗》杂志第2卷第1期。2月3日,与以茅盾、鲁迅为首的43人就"一·二八"事变联名发表《上海文化界告世界书》。23日,文化界抗日反帝联盟举行扩大会议,决议扩大组织,发宣言,出刊物,慰劳前线,救济难民。3月1日夜,随十九路军到苏州。鼓励参加义勇军的工人写稿,帮助修改,发表于《北斗》等刊物。4月,编辑我国第一部署名为报告文学集的《上海事变与报告文学》,由上海南强书店出版,并以"南强编辑部"名义写了代序。其中收录了《大晚报》《时事新报》《大美晚报》《时报》等报刊发表的关于"一·二八"淞沪战役的报告文学近30篇,包括左联作家夏衍、丁玲、楼适夷、白薇等深入前线所写战地报道,真实地反映了日本军国主义者的残暴罪行,歌颂了上海军民英勇杀敌、保家卫国的英雄气概。29日,钱杏邨参加左联(第一次)全体盟员大会。

钱杏邨5月找到夏衍,谈了明星公司事,并向党组织作了汇报。经瞿秋白同意,决定由他和夏衍、郑伯奇加入明星公司,担任特邀编剧,并参加公司每周一次的编委会,讨论修改剧本,编写进步电影剧本。29日,参加左联(第二次)全体盟员大会。同月,《创作与生活》出版。下半年,因忙于其他任务,丁玲接替他担任左联党团书记。8月4日,钱杏邨参加左联执行委员会。鲁迅杂文集《二心集》于4月底编成后,钱杏邨应冯雪峰和鲁迅委托,找合众书店联系,出版《二心集》和瞿秋白翻译的高尔基几个短篇小说。为此,曾在内山书店与鲁迅面谈二三次。为占领电影阵地,钱杏邨和夏衍等通过各种渠道,把上海各主要报刊的副刊争取过来,开辟了影评园地,并经"文委"同意,于7月成立了"影评人小组"。其间,撰写不少述评。钱杏邨和夏衍等还利用这些副刊,大量宣传介绍苏联革命影片,起到极大的宣传鼓动作用。又把进步的导演、演员等,通过各种途径,输送到电影界,进入一些主要电影公司,不断培养新人,扩大革命活动阵地。12月,五十多人联名致电苏联人民委员会,祝贺恢复中苏邦交。钱杏邨诗集《荒土》被禁。冬,钱杏邨为了编《现代中国文学史》,将在故乡存放的新文化运动初期的书报、杂志,全部运到了上海。是年,认识于伶。(以上参见钱厚祥整理《阿英年谱(上)》,《新文学史料》2005年第4期;邓一帆《上海文化界抗日统一战线先行者》,《联合时报》2020年3月24日)

姚蓬子主编的左联机关刊物《文学月报》6月10日在上海创刊,光华书局发行。9月,从《文学月报》第3期开始,由周扬(周起应)接替姚蓬子任该刊主编。《文学月报》为左联继《北斗》之后比较大型的机关刊物,辟有论文、诗、创作和翻译小说、戏剧、书评、文艺情报、通讯、插画、现代中国作家自传、"一·二八"事变的回忆、"九一八"周年专栏等。注重文学创作、文艺理论研究及翻译介绍,注意培养新作家,为无产阶级文学作品的创作和无产阶级文学运动的开展做出了努力。文艺问题的讨论方面,有鲁迅、瞿秋白讨论翻译的文章,瞿秋白(宋阳)、茅盾(止敬)、方光焘、李长夏等人讨论文艺大众化问题的文章,鲁迅、茅盾、周扬(绮影)、胡风(谷冰)等人,与"自由人""第三种人"论战的文章。在庆祝高尔基创作生活40周年时,发表高尔基的作品及庆祝高尔基创作活动的文章。12月15日,《文学月报》第5、6期合刊出版后被国民党政府查禁,共出版6期。(参见周扬《周扬集》附录"周扬生平年表""周扬著译书目",中国社会科学出版社2000年版)

周扬从下半年起担任中共左联党团书记。7月20日,周扬(周起应)《关于文学大众化》刊于《北斗》第2卷第3—4期合刊,文中认为形式固然是实现大众化的"先决问题","最要紧的是内容",指出"我们要尽量地采用国际普罗文学的新的大众形式,如……报告文学,群众朗读剧等",并明确提出了"到大众中去,从大众学习"。9月,周扬(周起应)从《文学月报》第3期开始接替姚蓬子任主编。10月,周扬(周起应)在《现代》第1卷第6期发表《到底是谁不要真理,不要文艺?》,针对苏汶《现代》第1卷第3期的《关于〈文新〉与瞿秋白的文艺论辩》批评左翼作家说:"他们现在没有功夫来讨论什么真理不真理,他们只看目前的需要,是一种目前主义。"周扬提出反驳:"我们承认客观真理的存在,但我们反对超党派的客观主义。"12月,周扬(署名绮影)《文学月报》第1卷第5—6号合刊发表《自由人文学理论检讨》,文中开篇这样写道:"跟着目前中国革命危机的深入,和政治上的社会民主党,取消派相应,文学领域内的社会法西斯蒂也穿起'自由人'的衣裳,高揭'马克思主义文学理论之拥护'的旗帜,昂然阔步地登上中国的文坛了。这里我们可以举出《读书杂志》的重要论客,自由主义的马克思主义文学理论家胡秋原来。这位理论家是以口头上拥护马克思主义甚至列宁主义,来曲解,强奸,阉割马克思列宁主义,以口头上同情中国普洛革命文学,来巧妙地破坏中国普洛革命文学的。如果不认清这种社会法西斯蒂的政策和把戏的多方面的形式之具体的实质,我们是没有方法认识这位'阿狗文艺论者'的'丑脸谱'的。"作者指出,胡秋原《阿狗文艺论》"文学与艺术至死是自由的,民主的",这就是胡秋原对于文艺的根本见解。然而"这种见解不但和马克思主义毫无共同之点,而且这正是百分之百的资产阶级的见解"。

按:周扬在左联时期靠写文章和翻译的稿费维持生活。介绍美国的辛克莱、杰克·伦敦、迈克·果尔德和约翰·里德俱乐部,写《巴西文学概观》,评果戈里的《死魂灵》,介绍《铁流》的作者绥拉菲摩维奇,编写《十五年来的苏联文学》;翻译出版了《伟大的恋爱》《果尔德短篇杰作选》《苏俄文学中的男女》《大学生私生活》《安娜·卡列尼娜》等。在左联组织的文艺大众化讨论中,撰写《关于文学大众化》,代表左联党团发表意见。在与"自由人"和"第三种人"的辩论中,先后发表《到底是谁不要真理,不要文艺? ——读〈关于文新与胡秋原的文艺论辩〉》《自由人文学理论检讨和文学的真实性》。发表《关于"社会主义的现实主义与革命的浪漫主义"——"唯物辩证法的创作方法"之否定》等,在中国文坛第一个比较系统地介绍了社会主义现实主义的创作方法,批判了苏联"拉普"的"唯物辩证法的创作方法"的错误。以《现实主义试论》和《典型与个性》等文,与胡风讨论典型问题。(参见周扬《周扬集》附录《周扬生平年表》《周扬著译书目》,中国社会科学出版社2000年版)

夏衍5月应明星公司之邀与钱杏邨、郑伯奇3人化名为黄子布、张凤梧、席耐芳,担任了该公司的编剧顾问。6月18日,在《晨报·每日电影》副刊一周年之际,与郑伯奇、阿英、洪深等15人联名发表《我们的陈诉:今后的批判是"建设的"》的通启,署名蔡叔声。7月,成立"剧联"领导的"影评人小组"。译普多夫金(苏联)著的《电影导演论》,连载于1932年1月28日的《晨报·每日电影》,后与《电影脚本论》(席耐芳译)合为上下编由上海晨报社1933年出版。9月,文学论著《高尔基传》由上海良友图书印刷公司出版。同月,任中共宣传部直属的文化委员会(简称"文委")成员。秋,突接潘汉年的特殊指令,接替蔡叔厚赴日晤陆久之(特科成员)。是年,编写电影剧本《狂流》《上海二十四小时》《时代的儿女》,改编茅盾的《春蚕》等。(参见夏衍《夏衍全集》附录《夏衍年表》,浙江文艺出版社2005年版)

　　田汉年初由北四川路底兴业坊迁至江湾乡村居住，与吴似鸿为邻。经历"一·二八"事变后，散失不少书籍和文稿、资料。同月，"剧联"音乐小组领导的"中国新音乐研究会"成立，田汉与聂耳、冼星海、安娥、吕骥、张曙、任光等为其成员。2月1日，在《文艺新闻》发表《敬告〈田汉戏曲集〉读者》的声明。3日，田汉与鲁迅、茅盾、叶圣陶、郁达夫、丁玲、胡愈之、陈望道等42人联名发出《上海文化界告世界书》。同月，带领话剧演员和音乐工作者赴上海抗战前方慰问伤兵，用活报剧、歌唱等文艺武器，去鼓舞士气。3月23日，致信友人（S兄），谈日本作家谷崎润一郎及其作品。3、4月间，田汉加入中国共产党，与丁玲、叶以群等在上海南京路大三元酒家一起参加由"文委"负责人潘梓年主持的入党仪式，瞿秋白代表中央宣传部出席。5月2日，在《文艺新闻》发表为上海《文艺新闻》创刊一周年写的贺词，赞扬一年来该报"比较能代表勤劳阶级的利益以是获得广大文化青年的拥护"，希望它"随着革命之发展更尖锐而坚强的担负文化斗争上之阶级的任务"。19日，撰成《谷崎润一郎评传》，除评述其生平外，还穿插提及了自己同他的一些交往。6月初，田汉在"文委"碰头会上，赞成夏衍、郑伯奇、钱杏邨3人接受明星影片公司邀请出任该公司编剧顾问。17日，作《戏剧大众和大众化戏剧》一文。

　　田汉6月为"第三国际"牛兰夫妇在南京被捕入狱事，与鲁迅、柳亚子、茅盾、丁玲、陈望道、郁达夫等30余人集议营救事，并致电南京司法院院长居觉生，要求将牛兰夫妇释放。夏，"五月花"剧社在杭州被反动派查封，刘保罗等遭迫害。与阳翰笙一道同该剧社部分转移前来上海的成员商量后在上海重组"春秋剧社"，并予指导。9月15日，剧集《暴风雨中的七个女性》一书由上海湖风书局出版。10月12日，为《田汉戏曲集》第一集写《自序》，对所收剧本作说明。同月，应放弃武侠片制作而想拍"较有时代意义的戏"的查瑞龙和彭飞之约请，开始与他们合作拍摄抗日题材影片《民族生存》。11月2日，致信现代书局叶灵凤，说自己正忙于改编高尔基的《母亲》和托尔斯泰的《复活》，并告知金焰打算与自己合办《舞台与银幕》杂志的计划。7日，为纪念高尔基创作40年纪念，将高尔基的同名长篇小说改编成话剧《母亲》。24日，为《田汉戏曲集》第二集撰写《自序》。12月中旬，"剧联"发动30多个业余和学校的剧团开始在上海新世界游乐场举行为期一个多月的为东北义勇军募捐公演。同月与鲁迅、茅盾、柳亚子、叶圣陶、郁达夫等106人联名签署《中国著作家为中苏复交致苏联电》，盛赞社会主义的苏联，表示"热烈盼望中苏两国的作家以及一切文化工作者在反对帝国主义文化的战线上亲密地携手"，刊于本月《文学月报》第1卷5—6期合刊。（以上参见张向华编《田汉年谱》，中国戏剧出版社1992年版；鲁迅博物馆、鲁迅研究室编《鲁迅年谱》，人民文学出版社1981年版）

　　胡风（谷非）12月15日在《文学月报》第1卷第5—6期合刊发表《粉饰，歪曲，铁一般的事实——用〈现代〉第1卷的创作做例子，评第三种人论争中的中心问题之一》，文中涉及巴金在《现代》第一卷中发表的《罪与罚》和《海底梦》，谓《罪与罚》的作者努力想证明法律和'人性'的冲突，"这个证明是徒劳的"，作者是"多少受了主观的歪曲"，认为《海底梦》"故事写得很冗长"；是政治上"错误"和艺术上"失败"的作品，因为，只有"抽象的'对于自由、正义以及一切的合理的东西的渴望'"，没有"从现实生活出发的统一了感性和理智的实践情绪"，"把梦境当作了真实"。（参见唐金海、张晓云《巴金年谱》，四川文艺出版社1989年版）

　　胡愈之1月1日在《东方杂志》第29卷第1号上发表《现代的危机》一文。3日，《文艺新闻》第43号报道"上海文化界反帝抗日联盟"首次集议消息："一、通过章程；二、推邓初民、钱啸秋二人起草宣言,宣言内容依据纲领及共同决议之要点;三、推举傅东华、胡愈之、姚蓬子三人组成常务委员会;四、出版机关志,推楼适夷、郁达夫、丁玲、夏丏尊、叶绍钧五人负责出版事宜;五、进行反帝抗日大规模演讲,推邓初民等数人筹备……"同月,胡愈之在《中学生》总第21号发表《一九三二年的展望》一文。"一·二八"事变前几天,因得重病回上虞老家治疗。其间,与邹韬奋、郁达夫、丁玲、冯雪峰、周扬、叶圣陶等43人签名发表《上海文化界告全世界书》,后又在43人的基础上联合129名爱国人士发表了《为抗议日军进攻上海屠杀民众宣言》。5月,胡愈之病愈回上海。因商务印书馆已被炸毁、停业。不久进入法国驻上海哈瓦斯新闻通讯社任中文部编辑。9月,茅盾获悉胡愈之拟复刊《东方杂志》并任主编,"把《东方杂志》办成一个宣传进步思想的刊物","我与愈之本是商务编译所的老同事、老朋友、又是老战友,义不容辞要支持他。所以在他主编《东方杂志》的五个半月中,给他写了九篇文章"。

胡愈之10月16日任本日复刊的《东方杂志》主编,并在《东方杂志》第29卷第4号"复刊号"发表《李顿报告书的分析和批评》。鉴于《教育杂志》停刊后久未复刊,《东方杂志》复刊后开辟"教育专栏",以补此不足。11月1日,《东方杂志》以"梦想未来中国和个人生活"为主题,向全国各界知名人士发出约400多份征稿函。胡愈之在信中说:"在这昏黑的年头,莫说东北三千万人民,在帝国主义的枪刺下活受罪,便是我们的整个国家、整个民族也都沦陷在苦海之中。我们诅咒今日,我们却还有明日。假如白天的现实生活是紧张而闷气的,在这漫长的冬夜里,我们至少还可以做一二个甜蜜的舒适的梦。梦是我们所有的神圣权利啊!"同月,胡愈之访茅盾,茅盾见其撰写的《介绍〈子夜〉》一文,认为文中对《子夜》的"透视可谓入木三分,只是溢美之词多了"。胡愈之说明此文是"看不惯有些批评家的理论"要"替这本巨著""说几句公道话"。12月12日,胡愈之与柳亚子、鲁迅、茅盾、叶圣陶、夏丏尊、郁达夫等57名作家及进步人士联名发出《中国著作家为中苏复交致苏联电》,重申了"只有苏联是被压迫民族的真正朋友"的观点。29日,宋庆龄、蔡元培、杨杏佛、黎照寰等发起成立"中国民权保障同盟"。宋庆龄为主席,蔡元培为副主席,杨杏佛为总干事。(以上参见朱顺佐、金普森《胡愈之传》,杭州大学出版社出版1991年版;葛晓燕、何家炜编著《夏丏尊年谱》,中国文史出版社2012年版;唐金海、刘长鼎主编《茅盾年谱》,山西高校联合出版社1996年版)

郁达夫1月7日应邀前往暨南大学发表题为《文学漫谈》的讲演。讲演分四部分:一、文学是宣传;二、文学是革命的先驱;三、文学是进化的;四、结论。讲演着重阐明文学的本质和作用,强调在祖国到了"内忧外患,一时俱集"的时候,就"要用文学来作宣传",唤醒本国的群众反抗帝国主义,要用文学来作水门汀,"使中国和全世界"被压迫群众都能联合起来,站在一条战线上,同时也"要用文学鼓起世界革命","用文学来促成最合理最进步的新社会的实现"。后刊于10月20日《青年界》月刊第2卷第8号。同月,郁达夫将部分著作版权益赠与王映霞。所作《现代小说所经历的路程》刊于6月1日《现代》月刊第1卷第2期。文中以中国和欧洲近代及现代小说分类、发展情况,论述了现代小说发展之历程。2月3日为寻找鲁迅,在《申报》临时专刊"脱险与失踪"栏刊载《寻找鲁迅的启事》。4日,前往四川中路铃木洋行内山书店分店二楼,与鲁迅会面。5日,郁达夫与鲁迅、茅盾、叶圣陶、胡愈之等43人签名发表《上海文艺界人士告世界书》,刊于《文艺新闻》"战时特刊"《烽火》第2期。8日,任中国著作家抗日协会编辑委员和国际宣传委员。25日,接待鲁迅、周建人来访。鲁迅、周建人对达夫在战争期间给予他们全家的关心,表示感谢。29日下午,访鲁迅,并赠干鱼、风鸡、腊鸭。同月,与戈公振、陈望道等35人组织中国著作家抗日协会。

郁达夫是春开始去吴淞中国公学兼课。此间,在上海嘉禾里住宅客厅正中悬挂龚自珍诗"避席畏闻文字狱,著书都为稻粱谋"一条幅。此条幅请蔡元培书就。3月3日、7日,郁达夫与王映霞同访鲁迅。15日,郁达夫得鲁迅信,知悉其即将结束避难生活回寓。5月17日下午,与王映霞同访鲁迅,并赠《她是一个弱女子》一册。同月,作随感《沪战中的生活》,记述"一·二八"日本侵略者入侵上海之战争。6月,作《〈永嘉长短句〉序》。又作序文《关于黄仲则》。简述清乾隆时期青年诗人黄仲则(1749—1783)一生穷愁潦倒的困境及其壮年客死黄河东岸的悲剧。7月5日,作《文艺论的种种》,系为光华《读书月刊》3卷5期"文艺论战"一栏提出的三个问题而作,刊于12月20日《读书月刊》第8卷第5期。文中对革命文学与普罗文学的区别、基础;文学有否阶级性;文学应否大众化;大众化后是否妨碍文学本身的尊严以及具体办法等作了论述。10日,发起举行部分著作者茶话会,讨论如何营救在南京狱中绝食的泛太平洋产业同盟上海办事处秘书牛兰夫妇等问题。会后,与鲁迅、茅盾、陈望道、柳亚子、丁玲、田汉等32人联名致电国民党南京当局提出抗议,要求立即释放牛兰夫妇,"以重人道"。12日,接待鲁迅来访。17日,致函鲁迅,就鲁迅16日来信要求解答增田涉在翻译《二诗人》时所遇到的问题作复。10月2日上午,访鲁迅,鲁迅相赠《铁流》《三闲集》《毁灭》各一册。11月7日,与钱潮、马巽伯同访佛学研究者马一浮。12月15日,郁达夫与鲁迅、柳亚子、茅盾、陈望道、周起应、沈端先、胡愈之等55人联名发表《中国著作家当为中苏复交致苏联电》。21日,作《说翻译和创作之类》,刊于1933年1月1日《论语》半月刊第8期。30日下午,访鲁迅,请鲁迅为《申报·自由谈》撰稿。同月,作《达夫自选集·序》。(以上参见陈其强《郁达夫年谱》,浙江大学出版社1989年版)

夏丏尊1月1日翻译日本田中九一《满洲事变与各国对华政策》,刊于《中学生》第21号。21日夜,走章雪村所宴,同坐叶圣陶、郑振铎、王伯祥、徐调孚、宋云彬、刘叔琴、方光焘等,谈至10时散。24日上午,王伯祥访叶圣陶,遇夏丏尊、章雪村、顾均正,同在叶宅午餐。1月28日,"一·二八"淞沪抗日战事发生,因对形势缺乏全面分析,事先没有安排疏散计划,开明书店在闸北、虹口的厂房、机器、纸版均毁于炮火。《中学生》杂志侥幸未遭损,经编者努力,停刊不久后照常出版。同月,与叶圣陶、章雪村等发起创办开明书店函授学校,成立开明中学讲义社。夏丏尊任社长,讲师有王钟麒、沈乃启、宋云彬、邵力子、林语堂、林幽、韦息予、倪文宙、唐鸣诗、张梓生、章克标、陈望道、傅彬然、程祥荣、叶圣陶、刘薰宇、刘叔琴、邓启东、薛德燝、薛德焴、缪维水、谢似颜、丰子恺。又赴杨树浦圣心医院探视病中的刘大白。2月,避难上虞白马湖。同月,闻刘大白于本月13日病逝杭州,在白马湖平屋写下《白屋杂忆》一文以示悼念。

夏丏尊与章锡琛、叶圣陶等停战后重建开明书店。6月,《开明文学词典》由开明书店出版,署编辑主干章克标,编辑者沈叔之、宋云彬、林语堂、徐调孚、夏丏尊、章锡琛、张梓生、黄幼雄、叶作舟、叶圣陶、顾均正、丰子恺。7月13日夜,赴开明书店聚丰园之约,到者有叶圣陶、章雪村、王伯祥、范允臧、周予同、方光焘、宋云彬,9时许散。7月31日夜,赴梁园豫崇馆胡愈之之约,藉饮畅谈,到者有叶圣陶、章雪村、王伯祥、方光焘、徐调孚、宋云彬、胡仲盐、黄幼雄等,9时散。9月11日,开明书店假绍兴同乡会召开股东常会,最后选举董事及监察人,夏丏尊、章锡珊、杜海生、朱兆萃、胡愈之、章锡琛、林语堂、姚慧尘、章守宪9人当选为董事,夏质均、舒新城、陈济诚3人当选为监察人。10月30日,与叶圣陶、王伯祥、宋云彬在王宝和午餐。下午到宝山路凭吊战迹。12月12日，夏丐尊与柳亚子、鲁迅、茅盾、叶圣陶、郁达夫、胡愈之等57名作家及进步人士联名发出《中国著作家为中苏复交致苏联电》。16日，在夏丐尊的指导下，《立达》半月刊复刊。是年，教育部请夏丐尊、周予同、顾均正等审核《课程标准》。（以上参见葛晓燕、何家炜编著《夏丐尊年谱》，中国文史出版社2012年版；吴永贵《民国图书出版史编年：1912—1949》中册，社会科学文献出版社2018年版）

叶圣陶任开明书店编辑。"一·二八"战争爆发，先后避难于松筠别墅、多福里，停战后迁至人安里。开明书店被"一·二八"战火焚毁。后由董事邵力子为筹得二三万元，得不致陷于绝境。2月3日，鲁迅、茅盾、叶圣陶、郁达夫、丁玲、胡愈之、陈望道、沈起予、何丹仁、周起应等43人签名发表《上海文化界发告世界书》，抗议日本帝国主义侵略中国，制造"一·二八"事变的暴行。7日，鲁迅、茅盾等联合129名爱国人士签名发表《为抗议日军进攻上海屠杀民众宣言》，叶圣陶在宣言上签名。6月，《开明文学辞典》由开明书店初版发行。同月，叶圣陶与夏丐尊发起创办私立开明书店函授学校，成立函授学校出版社，主编《开明函授学校季刊〈学员俱乐部〉》。12月，国民党在人民舆论压迫下与苏联复交。柳亚子、鲁迅、茅盾、叶圣陶、夏丐尊、郁达夫、胡愈之等55人签署《中国著作家为中苏复交致苏联电》，刊于《文学月报》第5—6号合刊。（参见商金林编《叶圣陶年谱》，江苏教育出版社1986年版）

任钧、穆木天、杨骚、蒲风、白曙、艾芜等9月在上海发起成立左翼中国诗歌会，目的是研究诗歌理论，创作诗歌作品，倡导诗歌的大众化，介绍进步的诗歌理论和作品，以推进新诗歌运动，同时致力于中国民族解放，保障诗歌权力为宗旨。出版刊物有《新诗歌》《诗歌季刊》《中国诗坛》等。（参见鲁迅博物馆、鲁迅研究室编《鲁迅年谱》，人民文学出版社1981年版）

王彬4月在"社联"《研究》月刊创刊号发表《社会科学任务》，提出："应用唯一正确的社会科学的方法论——史的唯物论，来研究中国社会历史的过程这件事，在认识中国现实社会上，实有万分必要。在中国，这也成为社会科学的一项任务。""中国社会科学家必须运用新兴的社会科学理论所给予的武器——唯一正确的方法论，把他们所已建立的一般的理论，运用到中国的现实的社会——不问过去或现在——上去，给予它的种种的现实问题以应有的解答，同时在实践上去证实这些解答的真理性。""必须这样，我们才能担负起历史所赋予的任务，使社会科学在中国完成它应该完成的任务。"（参见王学典《20世纪史学编年（1900—1949）》，商务印书馆2014年版）

袁殊等主办的《文艺新闻》周刊是中国左翼作家联盟的外围刊物，自2月3日起专门发行战时新闻特刊《烽火》，逐日报道战事实况。该特刊共发行13期，是"一·二八"淞沪抗战期间号召力很强的刊物。《文艺新闻》编辑部还编辑出版了如实记录日本帝国主义在沪暴行和十九路军英勇抗日事迹的《上海的烽火》等书。（参见邓一帆《上海文化界抗日统一战线先行者》，《联合时报》2020年3月24日）

戈公振、陈望道、冯雪峰、胡秋原、王礼锡、乐嗣炳等人在上海的"一·二八"抗战爆发后，联络上海许多思想进步和富有爱国心的著作家，计划发起组建一个更大规模的抗日救国团体"中国著作界抗日协会"。2月8日，经过多方筹备，上海"中国著作界抗日协会"举行成立大会，会员达200余人，标志着一个以反帝抗日为纽带的上海文化界抗日统一战线组织正式形成。大会推举戈公振、王礼锡、胡秋原、严灵峰、何畏、丁玲、梅龚彬、郑伯奇、施复亮、陈望道等17人组成执行委员，戈公振被推选为主席，陈望道为秘书长。3月，戈公振以记者身份随国联调查团从上海到东北调查日军侵华真相，三进沈阳城，亲临"九一八"发生地北大营,调查到第一手材料,曾遭日伪警宪的逮捕。后经国联调查团营救,得以获释。9日下午2时,戈公振、王礼锡、胡秋原、严灵峰、何畏、丁玲、梅龚彬、郑伯奇、施复亮、陈望道、王亚南、陈代青、汪馥泉、沈起予、樊仲云、乐嗣炳等十余人出席执行委员会首次会议,戈公振主持会议。抗日会下设组织、宣传、总务三个部,总务部正副部长为汪馥泉、戈公振,组织部正副部长为乐嗣炳、樊仲云,宣传部正副部长为王礼锡、施复亮,并由秘书长及各部正副部长7人组成常务委员会,执行日常会务。组织部下设立民众运动委员会,是抗日会活动的中心,丁玲任主任,委员有薛铁珊、陆晶清、蔡慕晖、钟复光、漆琪生等35人,其中党团员和左翼作家占了大多数,负责联络各团体,组织全国民众抗日机关。宣传部下设立国际宣传委员会,委员有郑伯奇、郁达夫、梅龚彬、樊仲云、彭芳艸、何畏、陈代青、魏以新、方天白、穆木天、袁持中、胡仲持等十余人,负责征集上海战事资料,并设法扩大国际宣传。总务部下设立经济委员会,委员有戈公振、潘光旦、李石岑、叶绍钧、陆晶清、乐嗣炳等人,负责筹募经费及物品。各委员会分别执行会务,开展抗日支前活动。27日,在国际宣传委员会的会议上,通过了由郑伯奇起草的《致全世界著作者及文化团体书》和施复亮起草的《致全世界被压迫民众书》。在《致全世界著作者及文化团体书》中,上海著作者抗日会作为"文化机关"向世界各国文化界揭露了日军"利用大炮、机关枪、飞机、炸弹及军舰等新锐武器攻击中国军队,同时对于一切都市设施及文化事业极力破坏","对毫无抵抗之人民,肆行杀戮,虽妇女孺子老人病夫,均不能免其毒手"的滔天罪行,号召"全世界民众一致起来,反对日本帝国主义侵略中国……拥护中国革命",并"以最热烈之诚意,要求全世界著作者、思想家、文学家及一切文化团体一致兴起,共同奋斗"。《致全世界著作者及文化团体书》和施复亮起草的《致全世界被压迫民众书》与2月7日发表的《为日军进攻上海屠杀民众宣言》三大宣言,表达了上海著作者抗日会坚定的爱国主义立场和政治主张,号召全国人民团结起来与日本帝国主义作战争。宣言还被翻译成英、法、德、日、俄等国文字,向海外揭露日本侵略中国的罪行,寻求全世界爱好和平的人们对中国抗战的支持。7月1日,生活书店在上海开业,系由生活周刊社书报代办部扩大改组而成。戈公振、邹韬奋等以《生活》周刊为阵地,发表了大量宣传主张团结抗日的文章,在社会上引起强烈反响。《生活》周刊也因此成为全国著名的抗日救国刊物。(参见吴永贵《民国图书出版史编年:1912—1949》中册,社会科学文献出版社2018年版;邓一帆《上海文化界抗日统一战线先行者》,《联合时报》2020年3月24日)

　　王礼锡继续主编神州国光社《读书杂志》。1月30日,《读书杂志》第2卷第1期刊载李季《辩证法在马克思主义中所占的位置》《"辩证法还是实验主义?"序言》,彭适之《哲学论战(评胡适之的实验主义与改良主义)》,胡秋原《文艺论战(钱杏邨理论之清算与民族文学理论之批评)》,孙倬章《中国社会史论战(中国土地问题)》,其中既有对胡适哲学思想的继续批判,又持续推进发起中国社会史论战。2月8日,王礼锡出席上海"中国著作界抗日协会"成立大会,与戈公振、胡秋原、严灵峰、何畏、丁玲、梅龚彬、郑伯奇、施复亮、陈望道等17人组成执行委员。3月1日,《读书杂志》第2卷第2—3期合刊"中国社会史的论战"专号第2辑出版。王礼锡所撰《论战第二辑序幕》谓"这中国社会史的问题所以能引起全社会的兴趣,就因为它不仅是一个要了解的问题,而且是解决行动问题的前提"。专号第2辑刊载了王宜昌《中国社会史论史》,李季《对于中国社会中论战的贡献与批评》,刘镜园《中国经济的分析及其前途之预测》,杜畏之《古代中国研究批判引论》,田中忠夫《中国社会史研究上之若干理论问题》,朱其华《动力派的中国社会观的批判》《关于中国社会史论战的一封公开信》,张横《评陶希圣的历史方法论》,孙伟章《秋原君也懂马克思主义吗?》,胡秋原《略覆孙倬章君并略论中国社会之性质》,任曙《关于"中国经济的研究和批判"》等文。

按:《读书杂志》第2卷第2、3期合刊"中国社会史的论战"专号第2辑所载主要观点如下:

王宜昌发表《中国社会史论史》,对中国社会史研究尤其是社会史论战进行了初步总结。他将1925—1927前后的中国社会史研究分为三个阶段:1927年以前是神学的中国社会史论,1927年以后"回想"时期属于玄学阶段。从"研究"期到"论战"期属于科学阶段。

李季的长文《对于中国社会中论战的贡献与批评》认为,论战的主要问题是:一是如何认识中国有史以来的封建制度或封建势力,二是如何认识当前中国社会性质。要解决上述问题必须具备三个条件:(一)深切了解马克思主义,(二)深切了解西洋的经济发展史和社会形态发展史,(三)深切了解中国的经济发展史和社会形态发展史。李季提出一套与众不同的历史分期方案,主张"亚细亚生产方式"是与奴隶制并行的、前封建的一种社会形态。

胡秋原在《略覆孙倬章君并略论中国社会之性质》中提出:"奴隶社会只是封建社会末期,商业资本发展所形成的一种特殊社会形态(在海岸国家则达其发展之极致),不是一个社会必经的过程。"

杜畏之《古代中国研究批判引论》总结古史研究的各派别,关于胡适和顾颉刚,他说:"汉学帮助了他们,汉学也限制了他们,他们的优越点造成了他们的终结点,他们止于校勘家了。"他称陶希圣等新生命派为社会学家,认为他们"把握了欧洲资产阶级社会学与经济学的方法,涉猎了西方的社会史,转以这些知识来考察古代中国的社会",而且他们是"第一批用社会学的眼光来研究古史的人"。杜畏之断言中国历史上根本就没有什么"亚细亚生产方式","中国没有划然的奴隶社会一阶段,更无东方社会一阶段。在氏族的丘墟上产生了封建社会"。

张横《评陶希圣的历史方法论》说:"陶希圣是现在国内有相当威信的历史学者",并痛斥陶氏的"封建制度崩坏论"。对于陶氏的春秋战国以来士大夫阶级统治的判断也不以为然,士大夫阶级并非是超阶级并代表各阶级的利益。他最后指出,"陶的历史著作有一个最让人感觉到的地方,便是它的矛盾性",即内容与形式的矛盾,叙述与结论的矛盾等。

朱其华的《动力派的中国社会观的批判》,对严灵峰运用统计资料表示怀疑。(参见邓一帆《上海文化界抗日统一战线先行者》,《联合时报》2020年3月24日;王学典《20世纪史学编年(1900—1949)》,商务印书馆2014年版)

王礼锡主编《读书杂志》第2卷第7—8期合刊"中国社会史的论战"专号第3辑8月1日出版,刊有王礼锡《中国社会形态发展史中之"谜的时代"》,陶希圣《中国社会形式发达过程的新估定》,李季《对于中国社会史论战的贡献与批评》,任曙《怎样切实开始研究中国经济问题的商榷》,钟恭《对镜园的中国经济新论》,陈邦国《"关于社会发展分期"并评李季》,胡秋原《亚细亚生产方式与专制主义》,严灵峰《关于任曙、朱新繁及其他》,周谷城《现代中国经济变迁概论》,王伯平《中国古代社会研究之发轫》,熊得山《中国商业资本的发生之研究》,梁园东《中国社会各阶段的讨论》,白英《中国经济问题之商榷》,王宜昌《中国奴隶社会史——附论》,学稼《资本主义发展之中国农村》。王礼锡《中国社会形态发展中之"谜的时代"》把秦以后两千来年的历史称作中国社会形态发展中之"谜的时代"。文中用"专制主义"解开这个历史之"谜",认为"专制主义政权的建立,是地主资本与商业资本的结合"。

按:王伯平的《中国古代社会研究之发轫》中说:"奴隶的发生,在氏族社会末期就有的现象,……不过奴隶在社会上成为一个严重现象乃是封建社会中才有可能。奴隶制度不能列作一个社会进化的独立阶段。"

陈邦国发表《"关于社会发展分期"并评李季》。由于李季在《对于中国社会论战的贡献与批判》中批评陈邦国的历史分期主张,陈撰文回击认为李的批评几乎全是无中生有、无的放矢。

梁园东的《中国社会各阶段的讨论》认为,自春秋战国封建制度崩溃以后,"既不能看作完全的封建社会,也不能看作完全的商业资本主义社会"。他确认"中国秦汉后是一个'半封建社会',或称'农村商业社会'"。

王礼锡9月在《读书杂志》第2卷第9期发表《九一八周年的清算》。12月,《读书杂志》第2卷第11—12期合刊刊载胡秋原《专制主义论》、李麦麦《中国封建制度之崩溃与专制君主制之完成》等文。是年,王礼锡所著《战时日记》是一部生动记录"一·二八"战争的散文集。该书以日记形式真实、形象地记录了作者自战事发生的第二天1月29日到3月4日中日双方宣布停战为止的所见所闻和思考,文笔生动而犀利。(参见邓一帆《上海文化界抗日统一战线先行者》,《联合时报》2020年3月24日;王学典《20世纪史学编年(1900—1949)》,商务印书馆2014年版)

胡秋原自称"自由人"。上海"一·二八"事变发生后,胡秋原等为鼓舞士气和民心,决定由《读书杂志》《文化评论》两社合作赶印《紧急号外》,并印行《抗日战争号外》《抗日救国号外》《军中日报》等抗日宣传品,及时报道了十九路军奋勇抗击日军侵略的战斗和取得的胜利,揭露日本侵略者的罪行,批评南京当局的妥协退让态度,宣传全民抗日。1月30日,数万份《抗日战争号外》在上海公开发售,市民们争相购阅。同日,胡秋原在《读书杂志》第2卷第1期发表《钱杏邨理论之清算与民族主义文学理论之批判——马克思主义文艺理论之拥护》《并非闲情》。前文对"左联"钱杏邨理论与民族主义文学理论左右开弓,同时展开批判。2月8日,胡秋原出席上海"中国著作界抗日协会"成立大会,与戈公振、王礼锡、严灵峰、何畏、丁玲、梅龚彬、郑伯奇、施复亮、陈望道等17人组成执行委员。3月1日,胡秋原在《读书杂志》第2卷第2、3期合刊"中国社会史的论战"专号第2辑发表《略覆孙倬章君并略论中国社会之性质》,参与中国社会史论战。

胡秋原4月在《文化评论》第4期反驳《勿侵略文艺》,认为"普罗文艺"中有"主观地过剩"的"政治主张",并一再声称,并不反对普罗文学,"承认普罗文学存在的权利",但胡秋原从《阿狗文艺论》到《勿侵略文艺》,竭力宣扬"文艺自由论",指责左翼文艺运动,所以并没有得到同样信仰马克思主义的左翼作家的认可。11月,胡秋原在《现代》第2卷第2期发表《浪费的论争》,再次表明自己的所谓"自由人"的政治立场:"我所谓'自由人'者,是指一种态度而言,即是在文艺或哲学的领域,根据马克思主义的理论来研究,但不一定在政党的领导之下,根据党的当前实际政纲和迫切的需要来判断一切"。同时针对6月6日冯雪峰刊于《文艺新闻》第58号的《"阿狗文艺"论者的丑脸谱》认为这是"为了反普罗革命文学而攻击钱杏邨","公开地向普罗文学运动进攻",辩解道:"我除了批评钱杏邨君以外,就没有碰过左翼文坛,然而钱杏邨先生是否就可以代表左翼文坛?"

胡秋原8月1日在《读书杂志》第2卷第7—8期合刊发表《亚细亚生产方式与专制主义》,继续参与中国社会史论战。文中主张:亚细亚生产方法不过是"亚洲之先资本制"。它"既不是与封建主义不同的特殊的生产方法,也不是什么前封建的、与奴隶制并存的生产方法"。"中国东周的封建主义,因商品经济之分解,发生变质而为资本主义","在封建主义与资本主义之间,有专制主义时期的存在"。中国"自秦至清末,就在这一阶段"。9月,胡秋原辑译《远东战争与帝国主义列强之支配太平洋的争?》刊于《读书杂志》第2卷第9期。10月,胡秋原《介绍陈著修辞学发凡》刊于《读书杂志》第2卷第10期。12月,胡秋原《专制主义论》刊于《读书杂志》第2卷第11—12期合刊。同期刊载有胡秋原、贺费陀合译《希腊文学概论(下)》;费陀译、秋原校《卢那卡尔斯基艺术理论批判(Matsa著)》。(参见朱晓进《政治化思维与三十年代中国文学论争》,《中国社会科学》2002年第6期;邓一帆《上海文化界抗日统一战线先

行者》,《联合时报》2020年3月24日）

苏汶（杜衡）、施蛰存5月1日在上海创办《现代》月刊。创刊号上刊载苏汶《读〈三人行〉》,指出作品中"对话时常是论文、是演说,或甚至是诗。而且替每一桩事情都给配上一个关于所谓思想这一类东西的特写的那种努力,是一步也没有放松过的"。以为作品中的三个人物"似乎还缺少点连环性"。当左翼作家正在对胡秋原的论点进行驳斥时,自称"第三种人"的苏汶又出来与胡秋原唱和。7月,苏汶在《现代》第1卷第3期发表《关于〈文新〉与胡秋原的文艺论辩》,继续鼓吹超阶级和非功利的文艺观,非难左翼文艺运动,批评左翼作家说:"他们现在没有功夫来讨论什么真理不真理,他们只看目前的需要,是一种目前主义。"文中也谈到胡秋原与左翼作家之间"两种马克思主义是愈趋愈远,几乎背道而驰了"。10月,苏汶在《现代》第1卷第6期发表《"第三种人"的出路——论作家的不自由并答复易嘉先生》,指责左翼文坛常常"借革命来压服人",拒绝"中立的作品",把文学内容限制到"无可伸缩的地步",等等。（参见朱晓进《政治化思维与三十年代中国文学论争》,《中国社会科学》2002年第6期;唐金海、刘长鼎主编《茅盾年谱》,山西高校联合出版社1996年版;鲁迅博物馆、鲁迅研究室编《鲁迅年谱》,人民文学出版社1981年版）

王亚南2月参与发起成立"中国著作界抗日协会"。同月9日下午2时,王亚南等十余人出席执行委员会首次会议。是年,与郭大力合译的李嘉图的《经济学及赋税之原理》由上海神州国光社出版。所著《经济学史》（上卷）由上海民智书局刊行。与郭大力合译亚当·斯密《国富论》（下卷）由上海神州国光社出版。

按:该书由北京商务印书馆于1972年10月刊行上卷,1974年6月刊行下卷,并按原著全称,更名为《国民财富的性质和原因的研究》。（参见夏明方、杨双利编《中国近代思想家文库·王亚南卷》及附录《王亚南年谱简编》,中国人民大学出版社2015年版）

巴金1月1日在日记中"为自己""写下悲痛的自白"。约中旬,偕一个安徽朋友到匡互生家。28日,日本海军陆战队占领天通庵车站,并向北战、江湾、吴淞等地进攻,制造了"一·二八"事件。日军轰炸炮击,闸北大火,商务印书馆被焚毁,巴金的中篇小说《新生》与《小说月报》社一同化为灰烬。2月8日,出席上海著作家抗日会成立大会,选举戈公振为主席。10日,应索非之约,为他编辑的抗日报纸的副刊撰稿,写完《从南京回上海》,刊于7月1日上海《大陆杂志》第1卷第1期。上旬在《中国著作者为日本进攻上海屠杀民众宣言》上签名。在该宣言上签名的还有戈公振、丁玲、陈望道等129人。4月,作《〈家〉后记》,刊于5月22日上海《时报》,自谓这部长篇是写"正在崩坏的资产阶级的家庭底全部悲欢离合的历史","高家正是一个这类家庭底典型","各地都可以找到和这相似的家庭";声明不是自传,"大部分是出于虚构",不过自己是"从和这相似的家庭出来的",并"借了两三个我认识的人来作模特儿";因为作品"主人翁是从家庭走进到社会里面去了",所以还将"写一个社会底历史",第二部"题名便是《群》"。6月1日,巴金在《中学生》第25号发表《克鲁泡特金》。9月初,到青岛,是在朋友沈从文那里作客,大约住了一星期。同旬,在沈从文处看到新寄来的《现代》9月号,上面载有施蛰存批评巴金短篇小说集《复仇》的文章,不及细看,杂志被别人拿走了。不久,巴金离开青岛,经济南到北平。同旬,巴金到北平,在缪崇群家住了几天。在天津,购到《现代》第1卷第5期,仔细读了两遍施蛰存的文章。13日,发表《我的自剖——给〈现代〉编者的信》,刊于10月1日《现代》第1卷第6期,题为《作者的自剖》,对施蛰存的批评作出回应。10月上旬,从天津回到上海。12月9日,作《我的写作生活》,刊于1933年1月1日《读书杂志》第3卷第1期。（参见唐金海、张晓云《巴金年谱》,四川文艺出版社

1989年版)

章乃器在"一·二八"事变后参加了上海各界组织各民众团体救国联合会,动员人力、物力支援第十九路军抗战,并不断发表文章公开揭露帝国主义侵略和连年内战和灾害对社会生产力造成巨大破坏。3月,章乃器与上海金融界陈其鹿、施博群、杨荫溥、祝仰辰、资耀华等开始筹办国内合作信用调查机构——中国征信所。4月20日,章乃器参与宋庆龄、何香凝等各界人士1779人签名、以"中华民族武装自卫委员会筹备会"发表《中国人民对日作战的基本纲领》。6月,中国征信所在上海正式成立,公推章乃器为董事长。征信所的组织采用会员制,会员按不同标准交纳会费和调查费。

柳亚子1月28日在沪战爆发后,以所寓恒庆里迫近南市,避居英租界大马路一品香旅社。事定,迁居法租界辣斐德路424号。同月,参加上海文艺界爱国人士何香凝等举办之救国画展会,义卖书画,为题诗。5月,为第三国际牛兰夫妇在南京被捕入狱事,宋庆龄发表宣言,要求国民党政府释放。柳亚子偕鲁迅暨丁玲、茅盾、田汉、洪深、陈望道、姚蓬子、郁达夫等联名发电营救,与宋庆龄为抙鼓之应。同月,辑《礼蓉招桂龛缀语》1卷,载《时事新报》,为张应春作。7月,上海市通志馆成立,设法租界萨坡赛路291号。柳亚子被聘任馆长,朱少屏为副馆长。下设编辑、总务两部,朱少屏兼总务事宜,徐蔚南为编纂主任。任编纂者尚有胡寄尘、吴静山、蒯斯曛、席涤尘、胡道静(寄尘子)、蒋慎吾、郭孝先、李纯康。通志馆主要任务,为编修《上海通志》。一切文字,悉用白话。8—9月,自撰简传(《柳亚子自传》)成,刊于《文艺茶话》。10月,郁达夫邀宴聚平园。主客鲁迅,为柳亚子书一条幅,有句:"运交华盖欲何求,未敢翻身已碰头。"又云:"横眉冷对千夫指,俯首甘为孺子牛。"同月,在报上发表《国难救护队后方理事会募捐启》。双十节前后,以何香凝自白马湖函招,柳亚子偕佩宜夫人,暨经颐渊、朱少屏、徐蔚南,自沪乘海轮赴甬(宁波),游天童、阿育王二寺。赴上虞(绍兴),晤何香凝于白马湖,留宿经颐渊之长松山房三夕。旋往绍兴轩亭口,吊秋瑾成仁纪念碑。欲游东湖、兰亭、禹穴,以天雨不果。取道杭州,抵西湖苏曼殊墓塔下,访徐仟慧于秋社,遂返上海。12月12日,柳亚子与胡愈之、鲁迅、茅盾、叶圣陶、夏丏尊、郁达夫等57名作家及进步人士联名发出《中国著作家为中苏复交致苏联电》。(参见柳无忌编《柳亚子年谱》,中国社会科学出版社1983年版)

谢无量《中国古田制考》11月由商务印书馆出版。该书共六章,内容主要有"土地制度之起源及其成立""什一取民制度之研究""周礼中之土地制度""土地制度与军赋制度之关系"等。年底,谢无量参与上海爱国进步人士宋庆龄、蔡元培、鲁迅、杨杏佛、李公朴等发起组织的"中国民权保障同盟",主张全民抗日,反对投降,营救爱国政治犯,反对迫害进步人士,争取人民言论、出版、集会、结社自由。(参见刘长荣、何兴明《谢无量年谱》,《文教资料》2001年第3期;王学典《20世纪史学编年(1900—1949)》,商务印书馆2014年版)

陈乐夫主编《文化月报》11月在上海创刊,为中国左翼文化界总同盟的机关刊物。内容主要是分析当时国际和国内的形势、批判反动的文化思想及介绍苏联文化建设情况等,并有文艺、时事述评、文化情报等栏。但仅出1期,即被国民党政府查禁。次年1月出版的第2期改名为《世界文化》,旋即被迫停刊。(参见王学典《20世纪史学编年(1900—1949)》,商务印书馆2014年版;唐金海、刘长鼎主编《茅盾年谱》,山西高校联合出版社1996年版)

贺玉波10月发表《巴金论》,载上海大光书局同月出版的《现代中国作家论》第2卷。论文驳斥、批评巴金鼓励"复仇","作品是安那其主义,人道主义,虚无主义的结晶"等,认为《灭亡》中的杜大心"是个热血的激进的革命家",《灭亡》的中心思想是"不革命的和革命的全部都要灭亡",这"多少带有点虚无主义的气氛",对作品的"技巧""满意","写得很细腻","文字也很美丽动人",虽然"枝节太多",但有"时代性","是近来文坛上不可多得的作品";《死去的太阳》"思想……比较《灭亡》进一步","技巧……及不上",写革命"还有着新的希望",不都是"趋于灭亡",技巧上,写"男女恋爱的心理",写"群众运动",写"杀头""火烧"等也是"擅长的";《复仇》的特点,是"富有异国的情调"、"结构采用故事的叙述体"、"用第一人称的写法"、"美丽的故事"中充满"感伤悲哀的气氛"。认为不足是作品"有儿女气","感伤悲哀",缺少"生气"和"力量","这种思想虽说不是属于虚无主义,而是近于虚无主义的"。(参见唐金海、张晓云《巴金年谱》,四川文艺出版社1989年版)

瑞民12月20日在《读书月刊》第3卷第5期发表《茅盾底〈路〉》,指出"茅盾始终捉住了小资产阶级的意识形态而渐进的着笔",并认为在现在的社会下,这样的作品对于大众的要求是不够的;而"描写大众生活苦痛的情状和斗争(如丁玲的《水》)及描写在这社会下的小资产阶级而近乎无产阶级的生活的苦痛缩影(如冰莹的《抛弃》)的作品,是比较更迫切着的"。(参见唐金海、刘长鼎主编《茅盾年谱》,山西高校联合出版社1996年版)

蒋百里出狱后,自号淡宁。时十九路军参谋长张襄及淞沪警备司令部参谋长林建铭等,都是蒋百里执掌保定军校时的学生。"一·二八"事变发生后,他们拜访蒋百里请教,蒋百里用民族大义来勉励他们。之后他们向蒋百里咨询战略,蒋百里也乐于指导。淞沪战争停止后,蒋百里受中日签订《淞沪停战协定》的刺激,潜心研究国防理论与现实问题,写成《以政治控制军事》等论文及《国防论》部分篇章。(参见皮明勇、侯昂好编《中国近代思想家文库·蒋百里、杨杰卷》,中国人民大学出版社2014年版)

余家菊是年春继续在北平师范大学任教。4月7日,南京国民政府在洛阳正式召开国难会议。因对汪精卫主持的中央政治会议不满,故拒绝赴会。暑假,应上海《申江日报》之聘,任编辑。和中华书局订立编书之约,开始着手翻译《道德学》《简易国文法》等。秋,译成杜威《道德学》。是年,将家由北京迁往上海。(参见余子侠、郑刚编《中国近代思想家文库·余家菊卷》及附录《余家菊年谱简编》,中国人民大学出版社2013年版)

丁福保虽停医业,然仍有旧时病人,坚欲治疗。冬,每日译改各种医学稿颇勤苦。著《临床内分泌病学》于三月内成书。(参见高毓秋《丁福保年表》,《中华医史杂志》2003年第3期)

叶恭绰1月辞交通部长。同月6日,参与《上海画报》主办的"何香凝主办救济国难书画展特刊"。7月15日,李石曾在上海福开森路393号世界社设宴欢迎陈树人,叶恭绰与蔡元培夫妇、刘海粟、张善孖、黄宾虹等作陪。16日,陈树人个人绘画展览会在上海福开森路393号世界社开幕,与众人到会参观。8月3日,谛闲法师圆寂,叶恭绰与王一亭、张寿镛(伯颂)等发起劝募印送谛闲法师讲录。6日,柏林中国美术展览会筹备委员在上海召开第一次会议,被推为常务委员,并筹办展览会三万马克准备金。决定成立筹备处,在上海亚尔培路中央研究院出版品国际交换处内,推蔡元培为主席,叶恭绰、陈树人、刘海粟、徐悲鸿等为常务委员。18日,蔡元培复函叶恭绰,就叶恭绰询问立张百熙铜像于北京大学事作出回复,谓"此事非仅纪念个人,而于北大的整个布置有关系,不得不请现在之学校当局斟酌",并提出三种办法:(一)立像于北大门前。(二)作半身像,陈列于大礼堂。(三)以铜版刻像,并附小传,而嵌于大礼堂之壁间。10月9日,与狄平子、王震、闻汉章共同参加上海市佛教会借佛教净业社召开之第二届代表大会。15日,出席由上海市政府主办的刘海粟欧游作品展览会,在湖社英士纪念堂开幕。26日下午7时,上海市长吴铁城为刘海粟画展,柬邀孙科、史量才(家修)、王济远、潘序伦、王晓籁、杜月笙、严慎予、黄庆澜(涵之)等数十人至该展览会会场湖社二楼,设宴招待,由胡铁城引导来宾浏览全部画作,致欢迎词后,即请蔡元培、王一亭、杨铨(杏佛)、钱永铭(新之)、吴经熊(德生)、叶恭绰相继演说,均对刘海粟的艺术成就倍加赞许。11月12日,甪直保圣寺古物馆修葺竣工,举行开幕典礼。叶恭绰与蔡元培夫妇、杨铨、董修甲(鼎三)、舒石父、程汝继等五百余人到场。蔡元培主席,致开会词,继而叶恭绰报告修复唐杨惠之所塑各像之经过。11月,冒广生来访,还《巢南诗钞》稿本,并在封面题诗。同月,与冒广生到甪直看唐塑。12月17日,陈天啸(野鹤)国难展开幕,为题颂词,并与王一亭等人到会参观。(参见杨雨瑶《叶恭绰先生艺文年谱》(上),《艺术工作》2019年第1期;高平叔编著《蔡元培年谱长编》,人民教育出版社1996年版)

夏敬观1月8日以贺年片寄夏承焘。1月28日,“一·二八”事变爆发,龙榆生以彊村遗稿副本存夏敬观处保存。3月10日始,夏敬观与林葆恒、梁鸿志及子承诗往游华山。3月14日,宿华山下玉泉寺。15日,自西谷入山。返途过洛阳,游伊阙佛龛。同月,冒广生自如皋经扬州来上海,夏敬观与冒广生、陈祖壬赴梁鸿志家,观看宋牧仲尺牍及其祖梁蕉林寿诗册。4月,夏敬观与叶恭绰、易孺、吴梅、赵尊岳、夏承焘等人助龙榆生筹办《词学季刊》。此后,开始为之撰写《忍古楼词话》连载。5月24日,龙榆生偕吴梅来访,观夏敬观自商务印书馆假得之毛钞宋本《稼轩词》。是时吴梅寓上海,馆王伯元家,与夏敬观已近三十年未见矣。9月,夏敬观以评点冒广生三子景璠诗稿寄还。11月15日,陈濂一主编之《青鹤》杂志创刊,延夏敬观为特约撰述。(参见陈谊《夏敬观年谱》,黄山书社2007年版)

陈鹤琴与丁柱中主编的《儿童科学丛书》6册3月由上海儿童书局出版,至1933年4月出齐。6月27日,陈鹤琴、刘湛恩、韦悫、欧元怀等发起的上海国际教育社在八仙桥青年会举行成立会议,沪上各大中学校教职员及中外著名教育界到会者共50余人,公推韦悫为主席。请美国哥伦比亚大学教授罗格博士讲演,大意为国际教育社之工作有两种意义:一为上海教育界与外埠教育界及国际教育界之锁链;二为上海中外教育者联络感情、共同研究之机关,表示对于此次盛会具有非常兴趣云。到会者还推选中、英、美、德、法筹备委员,发起者之一的陈鹤琴为中国籍筹备委员。上海国际教育社的成立是为了交流经验、相互观摩目的,特邀集在上海的各国教育人士,参加成员包括中、英、美、德、法五国大学、中学校长、教务主任和懂英文的教师。首任会长由圣约翰大学校长卜舫济担任,以后刘湛恩、韦悫分别担任过会长,陈鹤琴担任书记。每学期,该组织都要组织几次常会,或参观学校,了解教育情况,或邀请教育专家作专题报告,曾请罗格等多位国内外名家演讲。7月17—20日,中国测验学会在北平燕京大学举行第一次年会,到会代表50余人。杜元载、艾伟、陆志韦等作学术报告。艾伟、陈鹤琴、陆志韦、廖世承等11人当选为理事。22日,国民政府教育部聘孙良工、陈鹤琴、陈鹤声、周昌寿、周毓莘、李贻燕等49人为中小学课程标准修订委员会委员。9月,陈鹤琴、张宗麟、陶知行合著的《幼儿教育论文集》由上海儿童书局总店出版。11月13日,中华儿童教育社在南京举行第三次年会,陈鹤琴、马客谈、李清悚、郑晓沧、罗廷光、黄建中、吴研因等204人参加。讨论中心为“健康教育”。议决健康教育、小学课程教材教科书研究等案。(参见中央教育科学研究所编《中国现代教育大事记(1919—1949)》,教育科学出版社1988年版)

邵力子任中国公学校长。4月,赴任甘肃省政府主席。6月10日,上海中国公学校董会举行全体会议,由蔡元培董事长主席,议决校长邵力子远在甘肃,来电辞职,只得接受,改选朱经农为校长。朱经农未到校前，暂由熊锦帆、但怒刚、杨杏佛三校董维持校务。推定于右任、王云五、朱经农、高一涵、但怒刚、刘秉麟、杨杏佛为常务校董。设立中公复兴委员会，负计划和复兴本校之责，推熊锦帆、陈果夫、叶葵初、徐新六、张公权、杜月笙、王博沙等为委员。（参见晨朵《邵力子生平大事纪要》，《浙江师范学院学报》1983 年第 1 期；高平叔编著《蔡元培年谱长编》，人民教育出版社 1996 年版）

姜亮夫继续任教于上海中国公学。1 月，"一·二八事变"爆发之际，存于上海闸北寓所的书籍、稿件均毁于兵燹。同月，撰写东西民族对"己"字形音义的研究论文。3 月，奔祖母丧，南归。4 月月末至家，扫墓 4 日。石印《诗骚联绵字考》100 部，送至上海装帧，并分寄国内学人 70 册，日本 20 册，欧美 10 册，年底得日人小岛佑马、青正木儿等人的答谢书。8 月，返上海。9 月，《夏殷民族考》5 卷撰成。《甲骨文字小笺》著成，共 3 卷。本月以来，撰《名原抉脉》《释傩》，初写成《屈原赋校注》。12 月，作《〈家〉之来源》上篇。同月，如愿为章太炎门生。（参见林家骊《姜亮夫先生年谱简编》，《职大学报》2012 年第 4 期）

李登辉继续任私立复旦大学校长。1 月 25 日，"一·二八"事变前，战争乌云笼罩上海，复旦地处双方交战前线地带。为做好战前准备工作，校务会议于本日决定将学校重要文件、仪器转移至安全地方寄放，同时向国华中学校商借校舍，供寒假留校同学寄住。3 日后，日军大举进攻上海，淞沪战争爆发。复旦大学校园第一次被日军占领，不久撤离。28 日，"一·二八"事变爆发。李登辉随后参加"东北社""时社""战时工作研究会"等以抗日救国为中心的各种座谈会。20 日，日军第二次侵占复旦，派宪兵把守大门，在图书馆设指挥所。子彬院一、二楼和女生宿舍、饭堂均被占用。22 日，李登辉主持召开校务会议。议决事项如下：一、本校开学须待 3 月内战事有停止可能再行定期，4 月 1 日开学。二、1 月份教薪及学生请求退费事可酌量办理。1 月以后之教薪则待开学后再议。本校职员除酌留办公人员数人月支生活费外，余均留职停薪，在危急时留校之工人可加给工资半月或 1 月，以资奖励。三、本校学生除本学期应毕业者外，其他年级学生得转学或寄读他校，其在各该校所得学分，在回校时可予承认。3 月 3 日，日军撤离复旦。20 日，日军第三次占领复旦大学。这次占领时间最长，房屋破坏亦最严重，直到 5 月 5 日签订《淞沪停战协定》后才撤走。

李登辉在 5 月 28 日复旦大学开始从徐家汇搬回江湾后主持召开校务会议，决定调整课程：《中国近百年史》《欧洲近世史》列为必修课，全校学生必须选修其中一门；《教育通论》为全校必修课；增设《家庭经济》课，全校女生必修。11 月 26 日，主持召开校务会议，决定奖励淞沪战争时护视校舍有功员工。庶务主任齐云督同校工，于 2 月间沪战激烈时冒险护视校产，忠勇可嘉，由学校赠给银盾一座，盾上铸铭文如下："民国二十一年一月二十八日，日本兵寇上海，本校校舍于二月二十日被占，至五月二十八日收回。庶务主任齐景贤先生不避艰险，备着勤劳，特赠银章，以嘉忠勇。复旦大学校长李登辉。"12 月 30 日，主持召开校务会议，决定：一、为发展高等教育、利用业余时间救济失学青年起见，复旦在城中区分设夜校。专授商业、法律及工业化学三种课程。夜校为复旦大学一部分，程度与日校相同，行政、经济由校务会议决定，并请教育部备案。二、原则通过发行公债、增造宿舍。（参见钱益民《李登辉传》及附录四《李登辉年谱简编》，复旦大学出版社 2005 年版；《复旦大学百年志》编纂委员会编《复旦大学百年志（1905—2005）》，复旦大学出版社 2005 年版）

郑洪年继续任暨南大学校长。1 月，日军侵略上海，本校沦为战区。3 月，真如校舍被日军占领。暨大分三处办学：校本部设在上海，分两院，第一院在赫德路，第二院在新闻路。

暨大驻苏州中学部,借工学院附属职业学校一部分教室和宿舍,开始授课;暨大驻广州办事处借中山大学文学院课堂以及广州市立师范学校的小学部教室上课。5 月,中日《淞沪停战协定》签字。沦陷 76 天之久的暨南园受到严重破坏。战后整理委员会对劫后校园迅速开展修复工作,努力复兴,并革新校务。9 月,驻沪、粤、苏三处学生迁回真如校园上课。奉教育部令压缩院系,撤销教育学院和法学院。保留下来的文、理、商三学院,亦略有调整。历史学系与社会学系合并为一个系,生物系因标本散失殆尽而暂撤销。调整后,文学院设中文、外文、政经、历史社会、教育五个学系,理学院设数学、物理、化学三个学系,商学院设会计、银行、国贸、铁道管理四个学系。(参见张晓辉、夏泉主编《暨南大学史(1906—2016)》,暨南大学出版社 2016 年版)

　　陈中凡仍在暨大主持文学院。1 月,发生"一·二八"事变。感慨十九路军奋起抗敌,闻而壮之,赋诗以志。3 月,去广州筹办暨南大学临时分校,并在中山大学兼课。至 7、8 月间,随暨大广州临时分校返回上海真如。夏,与陈衍往复通书数函,商量荐请陈衍担任粤省新通志总纂事;接李达复信二,叙旧而外,兼答陈所询关于社会学派的问题;接顾颉刚、张星烺复信各一通,俱关于答谢拟荐请往中山大学任教事。9 月,文学院各系主任有所调整。院人事安排为:院长陈钟凡。中文系主任龙沐勋,外文系主任洪深,历史社会学系主任张凤(兼校图书馆馆长),政治经济系主任孙寒冰(政治组温崇信、经济组区克定),教育学系主任郭一岑(教育组李石岑,心理组张耀翔,师专科陈科美)。12 月,应暨大《南风》文社约,撰成一文以报命。年底,接蔡元培荐蔡尚思信。(参见姚柯夫编著《陈中凡年谱》,书目文献出版社 1989 年版)

　　沈钧儒继续任上海私立法学院教务长。1 月 14 日,为律师公会起草致南京国民政府电,申述"果自政府能痛自省责,消除瓜豆之争,明定办法,以一致抵御外侮为目标"。1 月17—19 日,与郭卫、赵臻代表上海律师公会出席中华民国律师协会(简称全国律师协会)临时执行委员及各律师公会代表大会。被推为修改刑法刑诉法典修改委员会委员,并为会议设计拟制调查全国各地司法状况的表格。28 日晚,"一·二八"事变发生。上海法学院师生在沈钧儒领导及支持下,与其他院校师生组织学生义勇军,上前线救护伤兵,慰劳将士。沈钧儒本人亦多次亲临前线视察慰问,与红十字会开始有了联系。30 日 上海律师公会召集临时紧急执监委员联席会议,讨论支援十九路军抵抗日寇侵略事宜。2 月 7 日,出席上海律师公会抗日救国宣传组、军事组、经济组、督促组紧急联席会议。议决组成经济委员会,实行总动员筹募捐款,以充前敌军需。中旬,与褚辅成、李时蕊、殷汝骊、俞寰澄、李文杰、俞钟骆等发起组织"上海各团体救国联合会"。淞沪抗战期间,国民党政府仍坚持不抵抗政策,为控制舆论,查封了"世界与中国社",逮捕其编辑陈高傭(暨南大学教授)及校对程仲文,沈钧儒受"互济会"委托,与林庚白、柳亚子策划营救。由刚从法国回来的政法学院方面律师李辛阳以及郑毓秀出面保释,陈高傭等遂得于秋季被保释出狱。

　　沈钧儒 4 月与张耀曾、史量才、黄炎培、荣宗敬、刘鸿生等组织"国难会",并联名发表宣言,反对国民党政府对日不抵抗政策和拒绝实施宪政。5 月 8 日下午,沈钧儒参加上海各大学教授抗日会会员大会,改选理事。与谢遁初、王造时、章益、左舜生、盛振为、鲁继曾、吴泽霖、郑通和、黄仲苏、金通等人当选。会议最后通过下列各案:反对内战;发表宣言反对上海停战协定;力争英国庚子赔款,恢复上海各大学教育;发起上海市民公祭抗日阵亡将士及殉难烈士;起草全国救亡教育方针。8、9 月间,受胡愈之所著《莫斯科印象记》影响,特邀胡到上海法学院作报告,遂相识。对胡所介绍苏联法律及监狱情况甚为满意。11月14日,出席全国律师协会在上海召开的临时执委会,议决:对外发表《宣言》,通电国联和国内各公团,揭破国联调查团对伪满洲国问题所作报告中的矛盾,予以驳斥。12月16日,全国律师协会常务会议议决:推沈钧儒及严荫武、李时蕊接洽有关创办《法学丛刊》问题。(参见沈谱、沈人骅编《沈钧儒年谱》,中国文史出版社1990年版)

马寅初1月发表《浙江营业税之现状》。4月,在《银行周报》16卷12期发表《读徐青甫先生"国难期间经济之设计"书后》,在《银行周报》16卷16期发表《国难期间之上海银行业联合准备制》。5月5日,国民党政府与日本签订了屈辱的《淞沪停战协定》。针对蒋介石的不抵抗主义,马寅初在《时事月报》6号发表《长期抵抗的准备》,指出上海事件后,日本帝国主义积极准备侵略全中国,中国应做好"长期抗战的准备"。7月,在《交大经济周刊》58期发表《国难期间世界经济大势》《废两改元问题》。9月,任上海交通大学教授,并主持交通大学研究所工作。同月,在《银行周报》17卷16期发表《我对于中国新式金融业之观察》(上);《马寅初演讲集》(四册)由商务印书馆出版发行(国难后一版)。10月4日,在《银行周报》16卷38期发表《劳资争议处理法之沿革及内容》。12月,《马寅初经济论文集》(第一集)由商务印书馆出版发行。(参见徐斌、马大成编著《马寅初年谱长编》,商务印书馆2012年版;彭华《马寅初年谱简编》,《淮阴师范学院学报》2005年第1期)

蒋维乔仍任教于上海光华大学。1月,蒋维乔编著《中国近三百年哲学史》由中华书局出版。作者认为清代以来的哲学可分为"复演古来学术之时期""吸收外来思想之时期",并对近三百年间哲学的主要学派及其代表性人物进行了梳理。李长之批评该书"与其说是一本哲学史,不如说是一本中国三百年来几个学者的治学概要与处世态度记"。5月18日,蔡元培收到蒋维乔函,为黄星若所著《易学探源》一书,拟集资付印,请蔡先生参与发起。同日,蔡元培复函蒋维乔,谓"嘱列贱名于发起人中,谨当如命"。(参见于凌波《中国近现代佛教人物志》下编《居士学者篇》,宗教文化出版社1995年版;高平叔编著《蔡元培年谱长编》,人民教育出版社1996年版;王学典《20世纪史学编年(1900—1949)》,商务印书馆2014年版)

吕思勉在"一·二八"事变后,因光华延未开学者数月,欠薪甚多,实难支持。适安徽大学开办,光华旧同事孔肖云任职其中,该校介之来相延,言明决不欠薪。遂向光华辞职,光华相留,改为请假,由陈守实君代课。4—6月,吕思勉往安庆省立安徽大学短期讲学。8月,复回光华大学。5月16日,《申报》刊有安徽大学续聘教职员消息,吕思勉亦列于其中。27日,吕思勉在《安大周刊》第87期发表《来皖后两点感想》。11月14日,在《光华大学半月刊》第1卷第3期发表《六艺》。12月5日,《光华大学半月刊》第1卷第4期发表《六经之传说记》。是年,吕思勉日记名曰《顺事记》,谓"道莫大乎顺,《记》曰:事大积焉而不蕴,并行而不缪,细行而不失,深而通,茂而有间,连而不相及也,动而不相害也,此顺之至也。至矣。然而曰礼时为大,顺次之者,审于时所以达顺也。明王不兴,孰能体信以达顺,所以自处者,敢忘斯义乎?乾称父,坤称母,藐焉中处,存吾顺事,所以立命也"。(参见李永圻、张耕华编撰《吕思勉先生年谱长编》,上海古籍出版社2012年版)

曹聚仁是夏随暨大中学部避难苏州(当时任暨大中学部主任),移居苏州网师园。淞沪协定订立,十九路军指挥部从昆山一带移驻苏州,军中友人徐名鸿曾住真如新木桥头曹屋舍,嘱士兵爱惜曹的藏书,被曹称为知音。秋,回沪,住花园坊107号。10月15日,《涛声》复刊。力主抗日,被当局忌恨,遭暨南大学无理解聘。冬,离开暨大,任教复旦大学。兼教大夏、中公、持志等大学。(参见曹雷《曹聚仁年谱》,《曹聚仁先生纪念集》,上海市政协文史资料编辑

部 2000 年版)

卫聚贤暑假后返回上海,先后在暨南大学教授《历史研究法》,后又在持志学院讲授考古学课程,还曾在中国公学任教。7月,卫聚贤编《新中国史》在太原刊行。此书探讨了社会组织进化的阶段、生活、工具进化的阶段、中国的民族等问题。(参见赵换《卫聚贤学术研究》,华东师范大学硕士学位论文,2010年;王学典《20世纪史学编年(1900—1949)》,商务印书馆 2014 年版)

刘海粟继续任上海美专校长。6月,刘海粟与蔡元培、叶恭绰、陈树人、高奇峰、徐悲鸿等 12 人经行政院第四十二次会议被聘为柏林中国现代绘画展览会筹备委员。8 月 1 日,刘海粟与倪贻德、王济远、傅雷、庞薰琹、张若谷等 6 人在上海发起成立摩社,以"发扬固有文化,表现时代精神"为宗旨,会员以上海美专为中心,摩社最早的社员有刘海粟、王济远、张弦、王远勃、关良、刘狮、傅雷、李宝泉、黄莹、倪贻德、吴茀之、张辰伯、周多、段右平、张若谷、潘玉良、周瘦鹃、庞薰琹等 18 人。后在此基础上成立闻名全国的"决澜社"。6 日,柏林中国美术展览会筹备委员在上海召开第一次会议,决定成立筹备处,附设于上海亚尔培路中央研究院出版品国际交换处内,推定蔡元培为主席,叶恭绰、陈树人、刘海粟、徐悲鸿等为常务委员。同月,所编世界名画集第一集《特朗》、第二集《刘海粟》(傅雷编)由中华书局出版;聘王济远为副校长,同时开办绘画研究所,容纳本校及同等学校之毕业生,及一般有基础的画家入所研究;所撰《石涛的艺术及其艺术论》刊于《画学月刊》第 1 卷第 1 期。9 月 1 日起,摩社编辑发行《艺术旬刊》。刘海粟所撰《梵高的热情》刊于《艺术旬刊》创刊号。

刘海粟《海粟丛刊·西画苑》上下两册 9 月由中华书局出版。10 月 9 日,决澜社在上海法租界爱麦虞限路(今绍兴路)中华学艺社举行第一次画展,至 16 日结束。11 日,《艺术旬刊》第 1 卷第 5 期刊载《决澜社宣言》。15 日,上海特别市政府主办之刘海粟游欧作品展览会在北京路湖社英士纪念堂举行开幕典礼,蔡元培夫妇、李济琛、叶恭绰、荣宗敬、王晓籁、钱新之、史量才、吴经熊、程霖生、吴凯声、王一亭、朱家骅、杨杏佛、本市各大学校长、各国驻沪领事等三千余人出席。市长吴铁城主持,并作长篇的开幕词。同日,蔡元培为《刘海粟游欧作品展览》撰序。

按:蔡元培《刘海粟游欧作品展览序》曰:"刘海粟先生,渊源家学,博览古名画家手迹,性之所近,尤在南宗。放笔为之,不拘拘于形似,而以气韵生动为准。乃兼治油画,则亦不受欧洲各国画院派之拘束,而焕发色采,表现个性,有自成一家之气概。游欧以后,博观意、法、德诸国古今名作,且与当代美术家上下其议论,知往日所指之涂辙,与现今世界美术之趋势,正相符合,遂益以坚其自信心,而精进不息。留欧三年,游踪所及,图画而外,凡夫新奇之风景,复杂之社会,整洁之都市,崇闳之建筑,伟大之音乐,不朽之雕刻,均足以枨触善画者之神感,而提高其兴会。刘先生当此应接不暇之期,犹复聚精会神,选题作画,三年之中,积三百余幅,其勤敏至可佩也。此等作品,曾在各国展览,且有为法国国立美术馆所购藏者,其价值可以想见。而邦人士乃未得为先睹之快,爰于十月间,在英士纪念堂展览。吾知观者对于刘先生取多用宏之著作,必能引起特殊之美感焉。"

刘海粟游欧作品展览会继续在上海举行画展。10 月 16 日,《上海画报》为到海粟欧游作品展览会出版特刊。21 日,《艺术旬刊》第 1 卷第 6 期为到海粟画展出版特刊。10 月 31 日,刘海粟游欧画展闭幕,展览 17 天,参观者约十一万人。蔡元培夫妇及周养浩夫人之兄弟周成、周仁等复于最后一日再往观赏。11 月 5 日,在《申报》发表启事,与徐悲鸿论战。23 日,上海美术专科学校在该校大礼堂举行庆祝创校二十周年纪念大会,全校师生及来宾一千二百余人出席。由主席校董蔡元培主持,致开会词,继由校长刘海粟报告校史,副校长王济远报告该校现况,次由上海市政府代表徐佩璜、市党部代表毛霞轩、来宾陈其采、曾今可等演说，教职员代表姜丹书及校友代表、学生代表祝词，最后由校董代表叶恭绰致谢词。12月13日，刘海粟在中华基督教青年会讲演《中西美术之异同》。（以上参见袁志煌、陈祖恩编著《刘海粟年谱》，上海人民出版社1992年版；高平叔编著《蔡元培年谱长编》，人民教育出版社1996年版）

黄宾虹2月在刘海粟对上海美衍专科学校重加整饬、添聘教授后邀入任国画理论教授。3月，《古画微》由商务印书馆发行国难后第一版。夏，黄宾虹游上虞白马湖，与张大千等在经亨颐长松山房写白马湖实景。6月22日，与经亨颐、张善孖、王一亭等画友重组寒之友社，举办寒花展览会。7月9日，参观王济远"一·二八"事变淞沪战区遗迹展览会。15日，陈树人个人绘画展在沪举行，上海艺术家举行欢迎会，与叶恭绰、徐悲鸿、张善孖等赋诗作画以贺。7月20日，黄宾虹与吴湖帆、吴待秋、张善孖、张大千、胡若思、郑午昌、俞剑华等数十名家在上海五马路合众商场举办合众书画展览会。8月1日，黄宾虹参加中华学艺社新所落成纪念美术展览会。10日，在中华学艺社配以幻灯演讲东方美术。9月1日，《画学月刊》创刊，任主编，撰《弁言》刊其上。秋，应四川艺术专科学校赴川讲学之请，与上海美术专科学校毕业生吴一峰入蜀，经夔巫、三峡至重庆，旋由泸叙往嘉州，登峨眉，观雪山，11月底到达成都，下榻陈泽霈之别墅"一庐"。时当军阀混战，不久发生巷战，一夜数惊。战后房屋毁坏、平民伤亡严重，市场萧条，学校停课。11月6日，四川艺术专科学校聘为该校校董，兼中国画系主任。12月22日冬至日，与方旭、龚道耕等在林山腴霜柑阁作劫余岁寒雅集。（参见王中秀编著《黄宾虹年谱》，上海书画出版社2005版）

张大千3月7日应黄宾虹弟子顾飞之邀，与兄善孖偕黄宾虹、谢玉岑等赴浦东周浦黑桥（现名虹桥）顾氏桃园观桃花。在顾家留住一宿，各画山水、花卉、人物等图十余幅，多由谢玉岑题记。5月6日，张大千寿辰之日作自画像。徐悲鸿、郎静山、吴湖帆、谢稚柳、李祖韩、李秋君、郑曼青、吴一峰等人前往西门路宅寓为张大千祝寿，并纷纷在张大千34岁自画像上加题。冬，为宣传华夏悠久文化，提高中国国际地位，徐悲鸿积极筹备中国近代绘画展品赴欧展出。张大千积极支持，精心绘制《金荷》《江南山水图》等多幅作品交徐赴展。是年，张大千收章述亭、刘力上、曹逸如等为大风堂弟子。（参见李永翘《张大千年谱》，四川省社会科学院出版社1987年版）

傅雷在"一·二八"事变后因美专停课半年，入哈瓦斯通讯社（法新社前身）担任笔译。9月1日起，傅雷与倪贻德合编摩社《艺术旬刊》，由上海美专出版。9月21日，傅雷在《艺术旬刊》第1卷第3期发表《刘海粟论》。同月，筹备并主持"决澜社"第三次画展，即庞薰琹个人画展。又为庞薰琹个人画展写短文《薰琹的梦》，刊于同月《艺术旬刊》第1卷第3期。10月，译George Lecomte文章《世纪病》，刊于同月28日《晨报》。10月至次年5月为《时事新报》"星期学灯"专栏，撰写《现代法国文艺思潮》《研究文学史的新趋向》《乔治·萧伯纳评传》《从"工部局中国音乐会"说到中国音乐与戏剧底前途》和《现代青年的烦闷》等文，并翻译《高尔基文学生涯四十周年》《精神被威胁了》和《一个意想不到的美国》三篇。为《艺术旬刊》撰写《现代中国艺术之恐慌》《文学对于外界现实底追求》等文。（参见傅敏、罗新璋《傅雷年谱》，《新文学史料》1984年第1期；袁志煌、陈祖恩编著《刘海粟年谱》，上海人民出版社1992年版）

陈树人个人绘画展览会7月16日在上海福开森路393号世界社开幕。到会参观者有蔡元培夫妇、钱新之、经亨颐、徐悲鸿、易大厂、王景岐、陆伯鸿、高鲁等数千人。昨日晚间，李石曾在该社设宴欢迎陈树人，席间对陈氏的艺术造诣，备极推重；作陪者为蔡元培夫妇及叶恭绰、刘海粟、张善孖、黄宾虹等人。（参见高平叔编著《蔡元培年谱长编》，人民教育出版社1996

年版）

王云五仍任商务印书馆总经理。1月31日，向董事会提交善后办法。2月1日下午，王云五与张元济等赴高梦旦寓所主持商务印书馆董事会紧急会议，续议公司及同人善后事。会议讨论王云五1月31日向董事会提交的善后办法，最后议定：（一）上海总务处、编译所、印刷所、发行所、研究所、虹口西门两分店一律停业。（二）总经理及两经理辞职均照准。（三）由董事会组织特别委员会，办理善后事宜。推定丁榕、王云五、李拔可、高凤池、高梦旦、夏鹏、张元济、叶景葵、鲍庆林为委员；王云五、夏鹏、鲍庆林为常务委员；张元济为委员长；王云五为主任。（四）总馆各同人薪水除已支至本年1月底为止外，每人另发薪水半个月。（五）同人活期存款，其存数在50元以下者，得全数提取；51元以上者，除得提50元外，并得提取超过50元以上款数四分之一，其余四分之三及同人特别储蓄容另筹分期提取办法。（六）各分馆支馆分局暂时照常营业，但应极力紧缩。

王云五之提议2月6日提交商务印书馆董事会会议讨论，补充决议下列事项：（一）设立善后办事处，由特别委员会主持之。（二）酌留人员，办理善后。（三）留办善后人员月支津贴，照原有薪水折扣。50元以下者七折，51元至百元者六折，101元至300元者五折，301元以上者四折。（四）分支馆方面同人暂定101元以上者八折，100元以下者九折，并酌量裁减人员。7月10日下午，商务印书馆假上海市商会议事厅开二十年度股东常会，夏鹏、高翰卿、鲍庆林、张元济、王云五、李拔可、张蟾芬、丁榕、高梦旦、刘湛恩、叶景葵、郭秉文、黄汉梁、鲍庆甲、王康生、张廷桂当选董事。12日，商务印书馆召开新选举的董事会，定于8月1日复业。王云五仍为总经理，李拔可、夏鹏为经理。8月1日，鲁迅致许寿裳信，谈到商务印书馆总经理兼编译所所长王云五时，说他"胆怯"如鼠，"不特可哂，且亦可怜，忆自去秋以来，众论哗然，而商务馆刊物，不敢有抗日字样，关于此事之文章，《东方杂志》只作一附录，不订入书中，使成若即若离之状。但日本不察，盖仍以商务馆为排日之大本营，馆屋早遭炸焚，王公之邸宅，亦沦为妓馆，……倘有三闾大夫欤，必将大作《离骚》，而王公则豪兴而小心如故，此一节，仍亦甚可佩服也"。同日，商务印书馆复业。

　　按：总经理王云五君兼任生产部部长，经理李拔可君兼任营业部部长，经理夏筱芳君兼任供应部部长，协理鲍庆林君兼任审核部部长，秘书处由何柏丞、庄百俞、刘聪强、张蟾芬、黄仲明等五君担任秘书，并以何柏丞君为首席秘书兼任人事委员会主任。此外，上海发行所所长由夏筱芳君兼任，副所长二人由刘聪强、孔士谔两君担任。又筹设制版与印刷两厂，以李伯嘉、郁厚培两君分任两厂厂长，赖彦于、殷明禄两君分任副厂长。总管理处各部之下，分设出版、分庄、推广、进货、栈务、会计、出纳、检查、考工、人事等科，由李伯嘉、庄百俞、张叔良、郭梅生、王康生、潘光迥、朱诵盘、张雄飞、鲍庆甲、史久芸诸君分任科长，该馆原有编译所现已改为编审委员会，隶属于生产部，由王云五君主持之，并已请定刘秉麟、傅运森、段育华诸君为专任编审；李拔可、何柏丞、庄百俞、李伯嘉诸君为兼任编审员。

王云五编《王云五大辞典》9月25日发售袖珍本，同日《申报》载："商务印书馆出版之《王云五大辞典》，不但因采用四角号码为编次，使检查速度，突破一切汉文辞典之纪录，即取材之充分适宜，解释之精当明晰，以及附录之科目完备，亦不能不推独步，学者已早称便。该馆自遭国难后，复将此书印成袖珍本，售价仅及原数之半。现已大批出书，作为该馆复业后之一贡献。"吴稚晖先生称此书省去万千学子之时间，自袖珍本行世，更可使学子节省无数金钱矣。27日《申报》载商务印书馆《东方杂志》《英语周刊》《儿童世界》《儿童画报》四大杂志复刊。9月，商务印书馆开始编印"国学基本丛书"。该丛书内容包括目录学、读书指南、哲学、政法、礼制、字书、文法、数学、农学、工学、医学、书画金石、音乐、诗文、词曲、小说、文学批评、历史、传记、地理、游记共 21 个门类,分为两集,初集 100 种,二集 300 种,共 400 种。所收书籍是参考了 13 种"国学入门书目"之后选定的,供中等文化程度以上学生参考或阅读的国学基本书籍。编者在初集说明中指出,该丛书是"中等以上学生必须参考或阅读之国学基本书",而初集一百部是以"最低限度为准"来选择的,其字数约五千万。是年,商务印书馆推出"汉译世界名著"丛书。此丛书是商务印书馆最有影响的大型学术丛书之一,系由 1920 年蔡元培、胡适、蒋梦麟、陶孟和等主编的"世界丛书"发展而来,从 1932 年至 1950 年陆续编辑出版"汉译世界名著"250 种(分为两集,初集 100 种,二集 150 种),涉及文学、史学、哲学、心理学、社会学、政治学、经济学、法律学、教育学、自然科学、地理等学科。

按:1982 年,商务印书馆将"汉译世界名著"丛书改名为"汉译世界学术名著",分辑印行,并不断扩充。(参见张人凤、柳和城编著《张元济年谱长编》,上海交通大学出版社 2011 年版;鲁迅博物馆、鲁迅研究室编《鲁迅年谱》,人民文学出版社 1981 年版;王学典《20 世纪史学编年(1900—1949)》,商务印书馆 2014 年版)

何炳松仍任职于商务印书馆。1 月 29 日,商务印书馆被日机炸毁。随后,馆方缩小组织机构,设立总管理处负责所有事务,下设生产、营业、供应、主计、审核五部及秘书处、人事委员会。任首席秘书和人事委员会主任。6 月至 7 月,因拟花三四年时间专心翻译西籍,故向王云五先后 6 次上辞呈,并曾不再上班以示去意已决。但因王云五先后 7 次到寓劝驾而被挽留。8 月 1 日,商务印书馆复业。10 月,在《东方杂志》第 29 卷第 4 号发表《商务印书馆被毁纪略》。商务印书馆组织大学丛书委员会,公布出版"大学丛书"计划,何炳松与蔡元培、胡适、顾颉刚、冯友兰、傅斯年、马寅初、马君武、傅运森、姜立夫等 56 人被聘为丛书委员会委员。至抗战军兴,大学丛书已按计划出版了三分之二,共二百余种。此外还有一些其他领域的史学类著作也入选,如胡适《中国哲学史大纲》(上)、冯友兰《中国哲学史》、钱穆《中国近三百年学术史》、郭绍虞《中国文学批评史》(上)、潘天寿《中国绘画史》等。11 月,何炳松在《图书评论》第 1 卷第 3 期发表《刘英士著的〈欧洲的向外发展〉》。12 月,何炳松所著《浙东学派溯源》由商务印书馆出版。

按:入选"大学丛书"且在 1937 年 9 月已出版的史学类作品有何炳松《新史通义》、董之学译《新史学与社会科学》、章嵚《中华通史》、邓之诚《中华二千年史》、梁思成等译《世界史纲》、何炳松编《中古欧洲史》、王绳祖《欧洲近代史》、夏曾佑《中国古代史》、萧一山《清代通史》、陈恭禄《中国近代史》、钱端升译《英国史》、伍光健译《法国大革命史》、魏野畴译《美国史》、冯雄译《世界文化史》、朱基俊译《近代意大利史》、葛绥成译《最新世界殖民史》、陈捷译《中日交通史》。入选名单但未能出版的有何炳松译《新史学》、李思纯译《史学原论》、姚名达《中国史学史》、何炳松译《西方史学史》、张君劢编著《历史哲学》、杨筠如编著《中国中古史》、冯承钧译《多桑蒙古史》、何炳松编《近世欧洲史》、周新译《俄国史》、胡荣铨译《新印度》、罗家伦编著《意大利史》、姚名达编著《南洋史》、李季谷编著《日本通史》、杨筠如编著《中国文化史》、胡肇椿编著《考古学教程》、刘朝阳编著《年历学》、罗香林编著《中国民族史》等。(参见鑫亮《忠信笃敬:何炳松传》,浙江人民出版社 2006 年版;王学典《20 世纪史学编年(1900—1949)》,商务印书馆 2014 年版)

陆费逵继续任中华书局总经理。2 月 9 日,中华书局总局自 9 日至 15 日,暂定工作半天,给全薪,并公布临时紧缩办法。3 月 19 日,《申报》载陆费逵启事:"病经年,近虽稍愈,仍在假中,极少外出,以致外间消息隔膜殊甚。近据中华书局同人见告,谓有人来询所办某校添请教员情形,以为偶尔误会,亦一笑置之。乃日前又有人来询,殊深诧异。仆以职业与教育界关系密切,未便有亲疏之分,时间经济两乏,又无可以赞助之处。故一切学校,均为良友,而从不发生特种关系,自己更无力创办学校。中华书局曾于民五开办中华小学校,民六以经济困难中辍,近年与任何学校均无关系,恐滋误会,特此声明。"9月15日,《申报》载,中华书局新课程标准适用小学国语读本征文。(参见吴永贵《民国图书出版史编年:1912—1949》中册,社会科学文献出版社2018年版)

伍联德继续任职良友图书印刷公司。9月15日,良友图书印刷公司组织良友全国摄影旅行团离沪,目的在于"遍游全国,采取壮丽的山川,醇美的风俗,以及种种新的建设,都收之于印画,宣示世界,以为文字宣传的佐证"。该摄影旅行团由良友画报总编辑梁得所,摄影师欧阳璞、张沅恒、司徒荣组成。自上海出发,先行北上,由西北折向华中,沿长江入四川而至西南诸省,然后取海道于1933年5月返回上海,全程共摄得照片1万余张。良友图书印刷公司从该摄影旅行团所摄照片中选取约2000幅,于1934年4月出版画册《中华景象》,由伍联德主编。该公司后来还从这1万多张照片中选出有关中国传统美术的作品,分别出版《中国建筑》《中国雕刻美》《中国风景美》等画册,又以《全国猎影集》为名,分册出版《桂林山水》《西北一瞥》《圣地巡礼》《泰山圣迹》等画册。秋,伍联德另辟文艺书出版部,聘赵家璧主其事。(参见吴永贵《民国图书出版史编年:1912—1949》中册,社会科学文献出版社2018年版)

赵家璧在上海光华大学英国文学系毕业后,进良友图书印刷公司任编辑、主任。其间,结识鲁迅、郑伯奇等左翼作家。

邹韬奋主办"生活书店"7月1日在上海创立,系由《生活》周刊读者代办部扩建而成。邹韬奋任理事长,徐伯昕协助。继由胡愈之、张仲实、张友渔、胡绳主持。先后编辑出版《生活》《新生》《大众生活》《世界知识》《太白》《译文》《妇女生活》《全民抗战》《文艺阵地》《理论与实践》等近30种刊物。

按:生活书店曾出版《反杜林论》《共产党宣言》《新哲学人生观》《新经济学大纲》《青年自学丛书》《创作文库》《世界文库》《中国的一日》等。在国内外设有50多个分店。抗战时期总店迁武汉、重庆。1941年1月后国内分店被国民政府查封或勒令停业,一度由另设机构如文林、峨嵋、骆驼等出版社出版图书。1947年年底总店迁香港。1948年10月与读书出版社、新知书店合并,成为三联书店。

康普时任上海工部局教育处代理处长。11月3日,上海国际教育社成立,以"发展教育,研究学术,联络国际感情"为建社目的。社员130人,分属8个国籍。继任社长为交通大学黎照寰。(参见中央教育科学研究所编《中国现代教育大事记1919—1949》,教育科学出版社1988年版)

傅式说、马宗荣等筹设的中华学艺社7月31日下午3时在上海爱麦虞限路购地自建三层社所大厦举行落成典礼,蔡元培、叶恭绰、梁漱溟、黄炎培、欧元怀、黎照寰、倪贻德、殷芝龄、李大超等及该社社员200余人出席。首由主席傅式说报告开会宗旨,马宗荣报告该社历史,继请蔡元培、梁漱溟等演说,"对该社词多勉励"。(参见高平叔编著《蔡元培年谱长编》,人民教育出版社1996年版)

王维驷等组设中外学术研究社,以"研究学术,发扬文化"为宗旨,曾编印《近代名人言论集》等书。最近扩大组织,加强调查工作。7月15日,敦请蔡元培、郑洪年等为董事。(参见高平叔编著《蔡元培年谱长编》,人民教育出版社1996年版)

刘季平、丁华等筹建上海教育工作者联盟(又名新兴教育社)。4月17日,在上海八仙桥基督教青年会举行成立大会。教联的任务是,发展革命势力,在教育界开展革命活动。同时,对革命教育进行研究,对反动教育展开批判。(参见中央教育科学研究所编《中国现代教育大事记1919—1949》,教育科学出版社1988年版)

邵洵美主办的时代印刷有限公司9月1日正式成立,它是国人经营的第一家采用影写

版印刷技术的印刷公司。（参见吴永贵《民国图书出版史编年：1912—1949》中册，社会科学文献出版社 2018 年版）

沈西苓、陆小洛编辑《电影艺术》7 月 8 日在上海创刊，红叶书店代理发行，为左翼电影理论刊物。（参见唐金海、刘长鼎主编《茅盾年谱》，山西高校联合出版社 1996 年版）

俞颂华任主编，凌其翰、黄幼雄等编辑的《申报月刊》7 月 15 日在上海创办，由申报馆编辑、出版、发行，史量才为发行人。

按：1935 年 12 月《申报月刊》出至第 4 卷第 12 期，改名为《申报周刊》。1943 年 1 月起又恢复为《申报月刊》，1945 年 6 月出至新第 3 卷第 6 期停刊。

黎烈文是春与妻子严冰之学成回国。由巴黎老师的推荐，任法国哈瓦斯通讯社上海分社的法文编辑。12 月 1 日，黎烈文应《申报》总经理史量才之聘，任该报副刊《自由谈》主编，改变过去周瘦鹃编辑时期的内容和形式。

按：至 1934 年 5 月 9 日，黎烈文在《自由谈》上登载与该刊脱离关系启事后，该刊才改由张梓生接编。（参见鲁迅博物馆、鲁迅研究室编《鲁迅年谱》，人民文学出版社 1981 年版）

周瘦鹃 4 月因《申报》创刊 60 周年，在《自由谈》编发大型的 60 周年纪念专刊。12 月 1 日辞去《自由谈》副刊主编，由黎烈文接任主编。

武堉干在 10 月 10 日的上海《申报》上发表《实施统制经济》一文，最早明确主张实施统制经济。

廖茂如《为全国中学校请命》12 月连载于《申报》一文，认为教职员服务待遇办法大纲所规定的工作量，负担过重。（参见中央教育科学研究所编《中国现代教育大事记 1919—1949》，教育科学出版社 1988 年版）

张竹平 2 月 12 日创刊《大晚报国难特刊》于上海，4 月 15 日改名为《大晚报》。

曾虚白在上海创办《大晚报》，任总经理兼总主笔。

应修人主编的《大中报》4 月 20 日创刊于上海。

来岚声创办的《时代日报》7 月 1 日在上海创刊，钟吉宇、朱惺公、卢谥芳编撰。

林柏生在上海创办《中华日报》。

陆蠡到上海文化生活出版社工作。

艾思奇到上海，参加共产党领导下的革命工作，开始从事马克思主义的宣传活动。

陈白尘参加反帝大同盟和中国共产主义青年团，9 月被捕入狱。

邓拓参加上海纪念"广州暴动"五周年游行时被捕。

陈荒煤参加武汉左翼戏剧家联盟，是秋赴上海从事左联活动。

沈西苓与他人合作创办最早的左翼电影理论刊物《电影艺术》。

严春堂为资助影星查瑞龙和门徒彭飞，出资筹建艺华影片公司，邀请左翼文人田汉、夏衍等为公司创作剧本。

沙汀在《文艺日报》上发表处女作《码头上》，同年参加中国左翼作家联盟。

吕骥在上海加入中国左翼戏剧家联盟。

何家槐加入左翼作家联盟。

聂绀弩经胡风介绍加入左翼作家联盟东京分盟。

艾青回国，在上海加入中国左翼美术家联盟，从事革命文艺活动，不久被捕，在狱中写了不少诗。

艾芜加入中国左翼作家联盟，开始发表小说。在上海期间，出版有短篇小说集《南国之夜》《南行记》《山中牧歌》《夜景》和中篇小说《春天》《芭蕉谷》以及散文集《漂泊杂记》等。

周立波因参加工人罢工被捕入狱。

陈铎联络原商务印书馆的制图人员陆震平、葛烺、马绍良等人,在上海成立上海舆地学社,自任社长和总编辑,并与开明书店签订合约,所编地图交予该店出版发行。

按:上海舆地学社中的制图人员尚有沙辙君、刘德良、陆先鉴、陈春阳、马吉升、陈祝三、陈继光、李秉田、张泳如、刘思源、朱剑霞、金振宇、计冠亚、曹庆森、陈鸿英等,又培养了金擎宇、凌大夏、刘寅年、章成、沈荫庭、卢怀远、金竹安、陈际斌等地图编绘技术人才。

朱斯煌为总务理事的中国金融研究会 4 月 24 日在上海成立,以"联络感情,研究金融及改进中国金融组织"为宗旨。

楼相孙、张忠道、褚一飞、陈耀东、杨公达为理事的中华政治经济学会 8 月在上海成立,以"研究政治及经济学术"为宗旨。

黄郛 6 月到上海,与寰澄、刘正平、孙几伊、寿宇等倡议组织新中国建设学会,发行《复兴月刊》,并编辑出版《新中国建设学会丛书》多种。

潘飞声、胡朴安、胡君复、王甡峰、王蕴章、陈方恪、郑师许、胡寄尘、林岳威等上海私立正风文学院教员偕学生杨恺龄、蒋廷猷、江克农、唐克浩、武瑞方、卓芷馨、李清怡、戴锡嘏等人在上海成立因社,诗词唱和,有《因社集》存世。

彭家煌因商务印书馆毁于战火,被迫离开上海去宁波,编辑当地的《民国日报》副刊,年底返回上海,参加叶紫等筹建的无名文艺社,并出版《无名文艺》。

韦作民、张彬人在上海创办文社。

胡道静参加柳亚子主持的上海通志馆工作,分编新闻、文化、竞技、交通、宗教诸部。

钱亚新任上海大夏大学图书馆编目组长。

郭维屏在上海同济大学任训导长,兼任西北问题研究会干事与《西北问题季刊》主编。

陆抑非由朱屺瞻介绍任上海美术专科学校花鸟教授,前后 15 年。

吴茀之、潘天寿、诸闻韵、张书旂、张振择 5 人组织"白社"画会,从事诗、书、画的研究,在沪、苏、宁、杭等地举办白社画展,出版白社画集。

钱瘦铁、孙雪泥、吴湖帆、陈小蝶等人作品 50 余件 12 月 26 日在救济东北难民游艺会举办书画展览会上展出。

钟步清、邓起帆等发起组织 MK 木刻研究会于上海,曾先后举办 4 次木刻作品展览会,影响颇大。1934 年 5 月遭上海法租界工部局破坏而解散。

陈卓坤、黄定山、顾鸿江丰等共同发起组织春地画会。遭查封后,遂发起组织野风画会,曾受到鲁迅资助和指导。陈烟桥、何白涛、于海等发起组织上海木刻研究会,为"春地画会"下属的木刻小团体。

陈烟桥、陈铁耕、何白涛、程沃渣发起组织野穗木刻社,社址在上海新华艺专内,社员也多是该校学生。

庞薰琹在上海举行第一次个人画展,以后又举行广告画展览。

赵宏本到上海民众书局投师学画连环画。

黎锦晖、张锦光、张簧、张弦、王人美、王人艺、黎莉莉、聂耳为执委的明月歌剧社正式成立。后聂耳与黎锦晖发生矛盾而离开明月歌剧社。

聂耳在上海发起组织中国新音乐研究会,开展革命音乐活动。

吴晓邦在上海建立晓邦舞蹈学校。

司徒慧敏进入天一影片公司任布景师，并在家中设置电影录音技术研究室。

朱石麟任联华影业公司编译部主任兼代经理，导演《慈母曲》等近十部影片。

金焰被观众选为"影帝"。

舒绣文加入艺华影业公司。

欧阳予倩赴英、法、苏、日考察戏剧，回国后担任电影导演。

唐长孺毕业于上海大同大学文科。

向隅考入上海国立音乐专科学校师范科，主修小提琴，并从黄自学习和声、作曲。

陈国符进入上海中山医学院学习医学，后因病休学。

周而复高中尚未毕业就考入河南大学中文系，后因未取得高中文凭而被学校要求退学。经河南大学卢前教授帮助，转读上海建国中学。

能海法师从西藏返回上海，先后在重庆长安寺、成都文殊佛学院、上海佛教净业社讲经，继赴五台山广济茅蓬闭关译经，并讲《基本三学》《盂兰盆经》。

陈撄宁1月28日夜，日本侵略者进攻上海闸北，"淞沪抗战"爆发，受战事影响，陈撄宁等人在上海寓所进行的外丹烧炼再告失败，"驯至药材散失、同志流亡"。之后，其寓所也由民国路搬迁到南成都路，因新屋空间不大，故未再于家中设立乩坛。（参见郭武编《中国近代思想家文库·陈撄宁卷》及附录《陈撄宁年谱简编》，中国人民大学出版社2014年版）

丁镇南、庞俊岭、马寿山等人11月在上海发起成立中国回教文化促进会，以"在三民主义指导之下促进内地回教文化，使合于世界潮流；使甘新青宁回族化除汉回私见，本三民主义五族共和之旨加以指导，使其对于教育有相当接受思想，有相当贡献，以发扬其民族精神"为宗旨。

吴耀宗在"一·二八"事变发生后，投入难民救济工作。发表《中国的基督教往哪里去》《上海事件与唯爱的主张》《非战运动与民意的总动员》《东北的义勇军与我们》《我们今日的使命》等文章。（参见赵晓阳编《中国近代思想家文库·吴耀宗卷》及附录《吴耀宗年谱简编》中国人民大学出版社2014年版）

邹鲁1月19日在胡汉民力荐下为国民政府任命为中山大学校长，以实现"研究高深学问，培植专门人才，发展社会文化"的办学宗旨。邹鲁发挥其纵横捭阖的管理才能，为中大的前进注入强劲的动力，相继引进陈焕镛、梁伯强、丁颖、朱洗、斯行健、乐森、孙云铸、杨遵仪、商承祚、朱谦之、高剑父、罗香林、朱希祖、吴康、古直等，皆是一时之俊彦。2月9日，蔡元培分致广东省教育厅长许崇清、福建省教育厅长程时烽、广州中山大学校长邹鲁，以及时在广州的伍朝枢等人函，略谓："本院历史语言研究所，现请美国研究人种学专家许文生君（美国协和大学教授）与中国学者合作，研究中国人种问题，著文发表。兹欲研究粤东之客家、闽浙之畲民、海南之黎人、潮汕之土著种族，南来调查。许君此行，希望能于每种得一百人以上之测验。特为函介来谒，还希面洽一切，并予以保护，俾能从容调查，得有测验效果，裨益文化，实为万幸。"5月19日，广州的"教育专家"在中山大学召开了一次讨论大学教育方针的会议。会上达成了一个议决案。其中第一条即是：停办文法科，或减少数量，同时多设职业学校，以适应社会生活之需要。5月21日，广州《民国日报》以《教育专家昨日召开会议》为题作了报道。随后，邹鲁校长表示，不久即将中山大学的文法科停办。上述议决案出台后,在广州《民国日报》"现代青年"栏引发了长达一个月的讨论。(参见高平叔编著《蔡元培年谱长编》,人民教育出版社1996年版;张太原《20世纪30年代的文实之争》,《近代史研究》2005年第6期;曹金祥《20世纪30年代独立评论派的大学教育观》,《现代大学教育》2011年第6期)

朱希祖9月被中山大学校长邹鲁聘为史学系文史研究所主任。10月1日,钱玄同、吴承仕、沈兼士、马裕藻(马节代表)、马竞荃、周作人等公宴朱希祖,为其钱行。5日,朱希祖自北平启程。7日晨,朱希祖抵南京,下榻中央大学教员宿舍。访考院秘书长陈百年,后马衡亦来。与马衡同访教育部长朱家骅,马衡建议北平为文化城,撤退驻军,以避日军进攻。朱希祖认为此举无疑与虎谋皮。午间陈百年宴朱希祖及马衡等。下午与长子朱偰参观中央研究院气象研究所,所长竺可桢陪同参观。8日,参观龙蟠里国学图书馆,访柳诒徵未遇。在龙蟠里图书馆选稀见善本书《石匮书续编》《大明宝通义》《皇明末造录》《闽幕纪略》《安南弃守本末》等五种,托馆觅人代抄。12日,乘英国邮船日本皇后号赴广州。15日晨抵广州。上午,中山大学校长邹鄂鲁派教务主任及秘书来接。至校,见校长及文学院院长吴康(敬轩),始知学校因开课已久,史学系主任一职已另聘朱谦之担任,遂专任教授。当时《广东通志》已归中山大学编纂,邹鲁当即聘朱希祖为编纂委员会委员。朱谦之来接洽课务。晚,朱谦之宴朱希祖。

朱希祖10月18日在文德路古香书店以广银36元赚得《宋宰辅编年录》20卷18册,为之狂喜。21日,迁入原校长戴季陶、朱家骅所住之所,同住者为文学院院长吴康、图书馆主任邹善群及社会学系教授何思敬。22日,任中山大学文学院专刊编辑委员会副主任。同日,分别致信伦哲如、陈垣、陆永沂、徐森玉、赵万里。23日,致吴寄荃、朱自清、马裕藻、钱玄同、沈兼士、周作人、吴承仕、马衡等信。26日,开始至中山大学授课。11月3日,出席中山大学文学院教授会议,讨论文科研究院规程。16日,与中山大学教授容肇祖、李沧萍,岭南大学博物馆主任洗洗玉清访广州藏书家莫天一,观其藏书,精美绝伦,莫天一有"藏书甲广州"之誉。11日,出席中山大学成立八周年纪念活动,并赴校长宴。16日,吴康来谈,拟聘朱希祖为学院文史研究所主任。17日,为罗香林所藏《嘉应三诗人墨迹》作题跋,三诗人为黄公度、胡曦、邱逢甲。19日,邹鲁校长聘朱希祖为文史研究所主任。21日,在文学院院长吴康陪同下,至文史研究所参观考古、民俗、编辑三室,取文史研究所概览一册,辑刊第一卷一、二两册,并问内部办事人及经费情形。24日,致信北平好友,托其将《金开国前三世与高丽和战年表》刊于《燕京学报》。12月28日,在文史研究所与罗香林等人商量编辑《文史研究所月刊》事。

按:朱希祖任广州中山大学教授,先后撰写《南明之国本与政权》《南明广州殉国诸王考》《中国最初经营台湾考》《屈大均传》《明广东东林党传》等数十篇论文,成为研究南明史的权威。(以上参见朱元曙、朱乐川《朱希祖先生年谱长编》,中华书局2013年版)

朱谦之迁至北平,完成《历史哲学大纲》。8月,应中山大学教授之聘南下广州,发表《南方文化运动》一文,认为南方文化是科学、产业的文化,是振兴民族文化的希望。9月,在广州市立一中讲演《南方文化之创造》,在培英中学讲《中国文化的现阶段》。任中山大学历史学系主任,12月,开始自费筹办《现代史学》杂志,开展"现代史学运动"。

按:朱谦之初到中山大学任教授,8月接受广州《市民日报》社长梁水弦约谈,并邀其为《南方月刊》杂志撰稿,朱谦之提出欲在当地发起"南方文化运动"的设想。朱谦之说:"谦之此次南来讲学,实抱有坚定的决心,就是愿尽一己所有能力,和南方的朋友们,从事南方的文化运动。自'九一八事变'以来,日帝国主义者所给我们的侮辱,使谦之时常感觉一己的生存是可耻的。我自沪而平,又自平而粤,处处触目惊心,眼见得中华民族已经一步步走向灭亡的路上。总而言之,在反抗强权的战线上,北方已经绝望了,中部富于妥协性质,亦不足以见我民族抵抗的能力,中华民族复兴的唯一希望,据我观察,只有南方,只在南方。南方文化虽未成熟,然实为未来中国兴亡存续之一大关键,如南方无望则中国亦无望,我们生存的努力,都等于无意义了。"(朱谦之《奋斗二十年》,1946年中山大学史学研究会出版的单行本,收入《朱谦之文集》第一卷,福建教育出版社2002年版)由朱谦之发起的南方文化运动,给广东文化界以很大的影响,陈啸江、叶汇、王兴瑞、谢富礼、黄有琚、何绛云等人分别在《现代史学》《中山日报》《广州民国日报》等刊物上撰文,与朱氏相呼应。(参见黄夏年编《中国近代思想家文库·朱谦之卷》及附录《朱谦之年谱简编》,中国人民大学出版社2015年版)

陈啸江由厦门大学转学到中山大学历史系,并加入中大史学研究会。8月,朱谦之发起南方文化运动,陈啸江、叶汇、王兴瑞、谢富礼、黄有琚、何绛云等人分别在《现代史学》《中山日报》《广州民国日报》等刊物上撰文,与朱氏相呼应。12月,陈啸江参与朱谦之发起的"现代史学"运动,但并未脱离唯物史观的学术路径,而是"严格恪守辩证法底唯物论的方法"。

容肇祖因岭南大学经费出现困难,重新回到中山大学,初在国文系,因反对读经的复古课程,改在历史系任教。10月,朱希祖来到中山大学。12月,出任中山大学文史研究所(即原语言历史学研究所)主任,随即劝说容肇祖复办《民俗周刊》。(参见施爱东《容肇祖三进三出中山大学》,载东莞市政协编《容庚容肇祖学记》,广东人民出版社2002年版)

杨成志等人在广州成立国立中山大学西南研究会,以"唤醒政府及民众注意西南边疆问题与设施计"为宗旨。

李泰棻被聘为国立中山大学教授,任职不足一月,就辞职北上。所著《中国史纲》由中华书局出版。

按:是年,著名画家、学者王森然所著《近代二十家评传》,称李泰棻与康有为、章炳麟、王国维、胡适、陈独秀、郭沫若等名家同列其中。

陈序经在岭南大学开设中国政治思想史,在中山大学主讲政治学。1月,应卢观伟要求,完成8万余字的揭橥"全盘西化"的纲领性著作《中国文化的出路》一书。4月26日,与美国哥伦比亚教育学院勒克教授及中外学者40余人,聚岭大文理科学院院长梁敬敦府上,共同讨论改造中国的问题。6月1、2日,陈序经在《广州民国日报》"现代青年"栏发表《对于现代大学教育方针的商榷》,针对5月19日广州"教育专家"在中山大学召开的讨论大学教育方针的会议上所达成的议决案首先发难,断然反对停办或减少文法学科的观点,指出"这种教育方针和政策,于国家的前途影响甚大,实在不容轻议妄动,而一般从事教育事业的人,则更不能轻轻放过"。他认为主张停办文法科的人,"最大的错误是他们不懂大学的目的,和人生需要的原则";"大学教育的目的是求知,为学问而研究学问",而"职业教育的目的是求应用","求知固未必为了应用,然而要有所应用,则不能不求知",废除文法学科,实是国人"只务目前的苟安与生活,而不愿做彻底的研究"的"最大的病弊"的体现。针对"文法科"学生"太多"的指责,陈序经引了许多外国的大学为例来反驳,"哈佛大学学生人数不过数千,而听讲哲学的人已有六七百之多。一间仅三千人的德国的Kiel大学,去年学法科的有六七百人,以土地人民颇象德国的广东中山大学所有法科学生,再加上岭南大学的文科的学生。也比不上德国最小的大学Kiel……合中山、岭南两大学的文科学生,尚不及哈佛哲学一系的人数。然而我们还是大声疾呼,文科法科学生太多了,诚不知有何根据"。

陈序经6月11日在《民国日报·现代青年》发表《对于勒克(H. Rugg)教授莅粤的回忆

与感想——续谈现代大学教育的方针》,强调"求知的范围是包括了智识的全部。所以一间称为完备的大学,是对于研究全部智识的各方面的设备上",他的意思是强调求知"即研究学问,而无论研究都应有尽有"。7月29日,陈序经在《民国日报·现代青年》发表《敬答对于拙作〈对于现代大学教育方针的商榷〉的言论》,文中在说明文法科是大学的必备科目时,再次引了外国大学的情况作为参照依据:"我们试考察世界上所称大学者,除了少数的专科大学外,未有没有文理科的。至于我们所谓法科里的政治、经济、社会,及一般普通和根本的法律学等科,在美国各大学,却是通通隶属于文科。德国的大学里的文科理科多名为哲学科,然法科医科均为一般普通所谓大学的基本科目,而加以有历史上关系的神学科。法国巴黎大学分为法科、文科、理科、医科及药科……这样看起来,文、法、理三科简直是大学教育的基础部分。"批评对立派不了解大学教育"究竟是什么东西",指出"20世纪世界,好多重要的世界问题,已变成中国的问题了;同时,好多重要的中国问题,也成了世界的问题"。中国办教育也需向西方学习。"对于事物的探求解释,能有精神的判断",最终改变整个民族不求甚解的痼疾。

按:30年代初关于教育的论争涉及两方面:教育的中国化还是现代化问题和大学教育的目的问题。前者可视为陈序经"全盘西化"论的一个方面,即他主张教育要彻底的现代化,所谓"中国化的教育"很容易沦为教育上的复古运动。后者与1932年5月19日广州一次教育会议提出的"停办文法科或减少数量,同时多设职业学校,以适应社会生活之需要"这一议案有关,支持者有当时中山大学校长邹鲁、岭南大学校长钟荣光。陈序经对停办或减少文法学科持断然反对态度,陈宗岳对此表示赞同,而梁宽则提出商榷意见。随后,论争扩展到《独立评论》等全国性报刊。(参见田彤编《中国近代思想家文库·陈序经卷》,中国人民大学出版社2014年版;张太原《20世纪30年代的文实之争》,《近代史研究》2005年第6期)

陈宗岳6月3日在《民国日报·现代青年》发表《由专家会议说到中国教育》,同样反对停办文法科的陈宗岳所根据的也是大学的"使命",与陈序经的论证理路相同,文中认为,"一个大学必须负起以下几个重要的使命:(1)训练民族各种主要生活底领袖;(2)促进知识底综合化;(3)促进学术底自由化;(4)促进学问底深究化。用以上整个的标准去测验一个大学的真伪如果是确当的,那么,大学各科系之应该应有尽有和各科系之应该尽量地自由地发展,当可不烦言而喻了"。同样对"停办文法科或减少数量"之议持反对态度的还有:丘启薰《教育与职业》刊于6月1日《民国日报·现代青年》;陈安人《中国现代大学教育的趋势》,刊于6月7日《民国日报·现代青年》;铁士《我也谈谈大学教育》,刊于7月15日《民国日报·现代青年》。(参见张太原《20世纪30年代的文实之争》,《近代史研究》2005年第6期;曹金祥《20世纪30年代独立评论派的大学教育观》,《现代大学教育》2011年第6期)

梁宽时任岭南大学教授。6月9日,在《民国日报·现代青年》发表《大学教育问题——就正于陈序经教授》,与陈序经的观点展开辩论,文中对"停办文法科或减少数量"的议决案推崇备至:"中国一线命脉所寄之教育,实利赖之矣";"中国大学教育之症结亦多矣,究其大者,则在文法科大学量之过多,及质之过劣也"。同时,他还以教育是否专门来衡量大学,"中国大学质之所以未优,以专门教育而不专门故……抑大学教育以求知为目的,知而不专,与无知同。虽然,既知矣,而所知所专者,又为腐朽不适用之物,则不如不知不专尚不至废其精神财力也"。认为陈序经引外国大学的情况,"此未通中国社会情形之论也。他邦上下有纪,学符所用,以政府位置之能广用人才,以商业之发扬孟晋,则无一文法人才而不获其所,虽多何害,且以外国国民经济之裕,即令文法学生,投身社会而学非所用,或即便流为高等游民,则彼邦之经济情形实许之"。6月16日,梁宽在《民国日报·现代青年》发表《现代教育诸问题》，认为在中国，"最不适应现代社会的，为文法两科"，"停办或减少文法科，适足以造益于中国整个大学教育前途，不特无害，而且有益"，提出中国学者致力的目标，不在与外人一起向新的学术来研究，而在把外人已得的结果运输过来，中国的大学，不在养成能做研究功夫的人才，而在养成能运输学术的人才。梁宽和陈序经虽然都是"全盘西化"论者，但陈序经所着眼的不是"运输"，而是"要把西洋创造文化的精神吸取过来"，"含有创造新文化的意义"。不过恰是主张"运输"的梁宽考虑到了"中国社会情形"，而主张"创造"的陈序经则纯粹与外国相比照。（参见张太原《20世纪30年代的文实之争》，《近代史研究》2005年第6期；曹金祥《20世纪30年代独立评论派的大学教育观》，《现代大学教育》2011年第6期）

伍锐麟、陈序经3月在岭南大学创设社会研究所，作为教员和学生联合组织，以研究社会实在状况为主旨，伍锐麟任所长。6月，伍锐麟、陈序经组织岭南大学社会学系学生雷砺琼、王贤爱、余比薇、陈迈曹、叶息机、黄恩怜、刘春华、梁锡辉、李藉赐、余炳墉等对沙南疍民进行调查，由陈序经、伍锐麟共同主理婚姻、礼俗、娱乐、宗教、家庭生活、道德观念等24种调查，举凡疍民之人口问题、经济情形、职业状况、健康程度等等无不详细查询而详加分析之。最后形成《沙南疍民调查》报告，发表在《岭南学报》第3卷第1期。

按：1937年春，岭南大学社会研究所改名为西南社会调查所，仍由伍锐麟所长。1938年冬，广州沦陷，岭南大学播迁香港、曲江等地，伍氏离校，所长由文学院院长庄泽宣兼代，旋因战时种种困难，工作遂告停顿。（以上参见田彤编《中国近代思想家文库·陈序经卷》及附录《陈序经年谱简编》，中国人民大学出版社2014年版）

谢伯英主持"广州黄花考古学院"。1月15日，黄花考古学院编辑《考古学杂志》在广州创刊，谢英伯在《黄花考古学院的组织和使命》一文中，认为"客观的实证的新方法"帮助社会学、经济学和历史学"开辟了一新纪元"，使"远古文化史逐渐成为一新信史"，这种新方法正是从考古学得来，在考古学方面，史语所安特生等的实地发掘也"颇足为我国上古文化史开一新纪元"。创刊号刊载胡肇椿《考古学研究热潮中现在考古学者应取之态度与方法》、曾传辂《南越朝台残瓦考》、蔡守《广东古代木刻文字录存》等。胡肇椿《考古学研究热潮中现在考古学者应取之态度与方法》一文中指出考古学者"肩负着综合调和人文科学和自然科学两者之间，而去研究人类已往的一切物质的遗物，令我们对已往的文化有一个更明了的认识的使命"，并在文中探讨了考古学的态度、道德、方法等问题。（王学典《20世纪史学编年（1900—1949）》，商务印书馆2014年版）

何干之到广州，受聘为国民大学教授兼经济系主任。由于宣传马克思主义，被当局通缉。

蔡哲夫、谈月色发起组织艺觳社于广州，为专门研究中国书画的文物的团体。

林励儒兼广东省立广州师范学校校长。

罗香林任广东通志馆纂修。

陈洪、马思聪创办广州音乐院。

杨东莼等3人年初在白崇禧作战室主任参谋、杨东莼的同乡同窗刘斐的陪同下，到南宁与李宗仁、白崇禧相见。春，杨东莼应周谷城之邀，受广东中山大学校长许崇清聘请，担任社会科学系教授，讲授社会主义史和唯物论。此时，李宗仁、白崇禧等从巩固自身统治地位出发，决定创办广西师范专科学校，他们把这件事交给新桂系民主派、白崇禧的老师、时任广西省教育厅厅长的李任仁具体落实。刘斐极力向白崇禧和李任仁推荐杨东莼担任校长一职，白崇禧和李任仁表示同意。杨东莼被定为广西师专校长，刘斐旋即给杨东莼写信通知此事。3月20日,杨东莼在《青年界》杂志第2卷第1期发表文章《一九三一年国际情势概观》。6月,杨东莼与宁敦伍合译的恩格斯的一部重要论著《费尔巴哈论》(又名《机械论的唯物论批判》)在上海昆仑书店出版。8月,杨东莼根据刘斐的来信嘱咐,从上海来到桂林。当即由刘斐等陪同,从桂林到南宁,与李宗仁、白崇禧见面。在见面时,白崇禧叮嘱杨东莼办好广西师专,为广西培养更多的人才。此后,杨东莼在南宁与刘斐相处一个多月。10月12日,杨东莼就任广西省立师范专科学校首任校长,在开校典礼上发表讲话《在师专开校典礼上的答词》,强调教育不能脱离政治,国难当头,读书不忘救国。讲话记录稿载于《师专校刊》第7期开校特刊。20日,在《青年界》杂志第2卷第3期发表文章《从读书谈到青年的出路问题》。

　　按:杨东莼接任广西省立师范专科学校首任校长以后,表面上适应桂系提出的口号,实际上则把师专办成了宣传马克思主义的重要阵地和培养广西革命青年的摇篮。在办学思想方面明确地提出了两条方针,就是学习上提倡自由研究的学风,生活上主张养成集体主义的作风。先后聘请了许多思想进步、学有专长的学者到校任教,如经济学家薛暮桥、语文学家陈望道、历史学家邓初民、哲学家马哲民以及左翼作家夏征农、沈起予、杨潮等,培养了一批致力于广西革命运动的忠勇战士和广西中等教育的一批骨干力量。

　　杨东莼所著《中国学术史讲话》11月由上海北新书局初版,依次论述了学术思想的萌芽、学术思想的解放与分野、学术思想的混合与儒家的独尊、道教的兴起及其变革、自然主义的特盛、佛教的输入及其在中国的发展与影响、理学未兴前学术思想界的倾向、儒学的大转变——理学、西学东渐、朴学、今文学与维新运动、新文化运动等,共计12讲,下置94个小题,分别对中国学术史上的每一重大时期、重要思潮、重要学派、重要人物、重要著作以及它们所产生的重要影响,进行了简洁晓畅的叙述和深中肯綮的论衡。此书具有两个显著特色:一是作者对头绪纷繁、浩瀚若海的中国学术史料,进行了爬梳整理,做到了详略恰当,巨细不捐,这种博以返约、厚积薄发的严谨学风,反映了作者学养的深湛和驾驭史料的功力;二是作者在初步掌握了马克思主义的基本观点以后,对中国文化传统及其思想资料进行了"取其精华,去其糟粕"的实事求是的分析评价。12月20日,在《青年界》杂志第2卷第5期发表文章《世界恐慌中的日本资本主义》。(参见周洪宇等著《杨东莼大传》之《杨东莼生平年表》,华中师范大学出版社2014年版;杨慎之《杨东莼传略》(上),《广西师范大学学报》,1991年第3期)

　　罗尔纲任广西贵县小学教师,同时兼任贵县修志局特约编纂,担任太平天国史部分编纂工作。8月2日,罗尔纲从广西贵县的家乡写信给胡适,报告离开北平归乡以来的情况。罗尔纲于1930年在上海中国公学毕业后,便跟从胡适受学和帮助胡适做书记兼家庭教师的工作。1931年冬回乡省亲,以家事一时未即返回北平,在当地一所中学教书,业余时间作历史考证。信中告称,近得《梦阑琐笔》,其中有可补正《醒世姻缘传》的材料,特写寄给胡适。(参见耿云志编《胡适年谱》,福建教育出版社2012年版)

　　华秀升继续任东陆大学代理校长。9月20日,云南省政府第304次会议议决,准予华秀升辞去东陆大学代理校长职务,遗职以该校工学院院长何瑶暂行兼代。从华秀升呈云南省政府的辞职报告中,也可略知这一时期错综复杂的情景。是年,云南省政府议决:"整理云南高等教育案。"这个方案基本是依据1929年7月国民政府公布《大学组织法》及8月公布的《大学规程》的要求制定的。这两个文件规定须具备3个学院以上者,才能称大学,具3个学院必须包括理学院或农、工、医各学院之一,不足者称为独立学院。当时省立东陆大学仅有文学院和工学院,其设立尚未经教育部核准。为此,云南省政府决定将云南省立师范学院并入省立东陆大学,扩充为教育学院,以勉强凑足 3 个学院之数,又决定文学院扩充为文理学院,计划添办理科学系。工学院暂时维持现状。同时,筹设医学院,但因师资缺乏,难于短期内成立,乃议定先行设立医学专修科,以为将来设立医学院打下基础。医学专修科以四年为修业期限。(参见《云南大学志》编审委员会《云南大学志》第 2 卷《大事记(1915 年—1993年)》,云南大学出版社 1993 年版)

　　唐文治仍任无锡国专校长。1 月 2 日,无锡国专召开校董会会议,出席者有顾述之、唐保谦(唐星海代)、蔡兼三、钱基博、孙家复、穆藕初(唐星海代)、钱孙卿(钱基博代)、高阳、陆仁寿、蔡其标等人,议决国难之时应请校长、教职员竭尽心力指导学生从事积极救国工作,切实求学,为国储才,万不可随波逐流,消极罢课,趋于自杀。10 日,交通大学工程馆(恭绰馆)竣工。唐文治应校长黎照寰之邀作《上海交通大学工程馆记》。23 日,国民政府发出国难会议会员聘书,聘 188 人为国难会议会员,唐文治列名其中。1 月 30 日,续聘 38 人为国难会议会员。2 月 22 日,美国飞行员劳勃脱·萧特(Robert Short)单人驾机在苏州上空与日本作战,寡不敌众而坠机牺牲。唐文治有感于此,作《义士美国人肖特传》以志。24 日,无锡国专开校。因沪战的影响,学生到校仅三四十人,不及半数。3 月 23 日,同乡救济会成立,唐文治被推举为会长。24 日,唐文治致函史量才、黄炎培、王晓籁、杜月笙诸人,请在上海地方维持会中拨捐款项。4 月 6 日,应校长沈庆鸿之请,唐文治赴南洋模范中学演讲。7日,国难会议在洛阳开幕,到会国难会员 151 人,上海会员张耀曾、黄炎培、史量才、唐文治等 66 人拒绝出席,并联名电国民政府,陈述不参加会议的理由。10 日,上海会员针对国民政府的连电催促,再次联名通电,申述两项主张。6 月 25,唐文治参与蔡元培、史量才、沈钧儒、唐文治、马相伯、马寅初、黄炎培、舒新城、何炳松、杨杏佛、王云五、王晓籁、徐新六、叶景葵、何德奎、孙科、黄郛等 123 人联名发起《筹建上海图书馆公启》,以及《筹备上海图书馆旨趣书》。6 月,举行第八班第八届学生毕业礼,毕业吴毓麟、陶存煦等 25 人。8 月 27 日,唐文治与马相伯、胡适、李石曾等出席废止内战大同盟在上海召开的第一次全国代表大会,一千余人出席。是年,唐文治为杨章甫、杨味云、杨翰西同编《治平统鉴》作序;唐文治邀陈中凡应到无锡国专作《中国近三十年学术史》的学术讲座;所撰《新六国论》刊于《南洋友声》第17 期。(参见陆阳《唐文治年谱》,上海三联书店 2013 年版)

　　钱基博 7 月受唐文治委托,在上海参加全国高等教育问题讨论会,并向大会提交"尊崇孔教,以正人心"的提案,被与会者认为提案不成立。12 月,钱基博《现代中国文学史长编》由无锡国专排印出版。(参见王玉德《钱基博学术年谱简编》,载舒大刚主编《儒藏论坛》第 3 辑,四川大学出版社 2009 年版;陆阳《唐文治年谱》,上海三联书店 2013 年版)

　　李素伯任教于南通。1 月,所著《小品文研究》由新中国书局出版。此书分 5 编,论述小品文的特点和作法,中国现代小品文发达的原因,以及鲁迅、朱自清、叶绍钧、郭沫若、郑振铎等 18 位现代小品文作家和他们的作品,第一次较为全面、系统、深入地论述了"五四"以来小品文创作和研究的特点和成绩,为中国现代文学史上第一部小品文研究的专著,首开中国现代散文研究先河。出版后受到文学界和广大读者的欢迎。李素伯也因此而获得了"小文学家"的称誉。第四编第三章《朱自清俞平伯》对朱、俞二人的散文作了细致分析,说:"同是细腻的描写,俞先生的是细腻而委婉,朱先生的是细腻而深秀;同是缠绵的情致,俞先生的是缠绵里满蕴着温熙浓郁的氛围,朱先生的是缠绵里多含有眷恋悱恻的气息。如用作者自己的话来仿佛,则俞先生的是'朦胧之中似乎胎孕着一个如花的笑',而朱先生

的是'仿佛远处高楼上渺茫的歌声似的'"。(参见李宁《中国现代小品文概观》,中国广播电视出版社 1990 年版)

陈白尘年初参加吴觉等淮阴旅外学生所组织的国难剧社,任导演及演员。3 月由共青团淮盐特委书记宋振鼎介绍参加反帝大同盟,任江苏淮阴分盟负责人之一。9 月与宋振鼎、方超、王葆华等同时被捕。

王昆仑与孙翔风、华方增等人在江苏无锡创办《人报》。2 月 26 日《人报》正式出版发行。王昆仑用"大鱼""戳天"等笔名,为该报撰写《问无锡青年》《对抗日到底,对内争取自由》《朝鲜的光荣与中国的耻辱》等文章。

胡乔木在江苏盐城加入中国共产党,并在党的领导下从事宣传组织活动,主编《海霞》等进步文艺刊物。

裴熙元主编的《体育研究与通讯》12 月由江苏镇江体育场创办。

恽铁樵身体过于劳累,渐感不支,应章太炎邀请,恽氏曾到苏州章氏寓所休养。

朱季海 16 岁时师从章炳麟,为章炳麟最小的弟子,因聪明过人而十分用功,深为章太炎器重,称其为"千里驹"。

张渊扬受江苏省教育厅委派负责筹办省立清江民众教育馆。

范烟桥受聘到东吴大学讲授小说课程,编有讲义《民国旧派小说史略》。

俞庆棠赴无锡省立教育学院任教授兼研究实验部主任。

吴似兰在苏州发起成立娑罗画社,以"发扬国粹,提倡风雅"为宗旨,抗战爆发后停止活动。

颜文梁任私立苏州美术专科学校校长。

李可染回徐州私立美术专科学校任教。

郑宗海、舒新城、马宗荣、尚仲衣、钮永建、彭百川等 98 人 8 月 24—26 日出席在杭州举行的中国社会教育社第一届年会。议决《征集关于学制系统上社会教育地位之方案,整理研究,以备政府采行案》《建议各省市分别筹设高中程度之民教师资训练班级,以应急需案》《促进流动识字教学案》等。(参见中央教育科学研究所编《中国现代教育大事记 1919—1949》,教育科学出版社 1988 年版)

程天放任浙江大学校长。7 月,浙江大学公布新订《组织规程》28 条。该校为简化行政层次,提高效率,集中行政权于秘书处、军训部、体育部,三部直隶校长,废除训育处代之以生活指导员。这一做法,引起各校注意。(参见中央教育科学研究所编《中国现代教育大事记1919—1949》,教育科学出版社 1988 年版)

陈训慈出任浙江图书馆馆长。在此后的 10 年任职中,推行普及社会教育与提高学术研究相兼顾的办馆方针,实行通年全日开放制度,又先后创办《文澜学报》《浙江图书馆馆刊》《图书展望》《读书周报》等。

杜亚泉年初仍居上海。"一·二八"事变发生,商务印书馆被日军炮火所毁,杜亚泉在闸北的住所也未能幸免,遂携家眷返乡避难。由于时间仓促,所带无几,以变卖田产艰难维持生计。5 月,杜亚泉返回上海,正值商务印书馆撤销编译所,故被迫退休回乡。其与子侄及几位商务印书馆博物部的同仁组织千秋编译社,继续从事著译事业,70 余万字的《小学自然科词书》就是在此期间编纂完成的。所著《化学工艺宝鉴》由商务印书馆出版。秋,在乡间抨击豪强,革新教育。每周去绍兴县稽山中学义务演讲一次,内容涉及政治、经济和自然科学等(参见周月峰编《中国近代思想家文库·杜亚泉卷》及附录《杜亚泉年谱简编》,中国人民大学出版社 2014 年版;吴永贵《民国图书出版史编年:1912—1949》中册,社会科学文献出版社 2018 年版)。

马一浮为熊十力撰《〈新唯识论〉序》并题签。9—10 月,数次与熊十力往来书信,讨论熊十力印行、售书相关事宜并为其修改售书广告。因其印书之事,先生求助于余越园、工辅之、高野侯。亦有一通论学书,探讨熊十力来信所举论转变、论轮回义、论体用、三善根论仁、论染净等问题。10 月,马一浮为刘仲夷所藏《伊墨卿字卷》题跋,认为"书虽艺事,实关妙悟"。(参见张雨晴《马一浮学术年谱整理(1911—1949)及其儒学践履活动研究》,贵州大学硕士学位论文,2019 年;郭齐勇编《中国近代思想家文库·熊十力卷》及附录《熊十力年谱简编》,中国人民大学出版社 2014 年版)

钟敬文、娄子匡编辑《民俗学集镌》8 月出版第二辑。10 月,钟敬文、娄子匡编辑的《民间》月刊 10 月以中国民俗学会的名义创刊。

太虚 10 月应蒋介石之邀,主持奉化雪窦寺。12 月,辞去南普陀寺住持。(参见于凌波《中国近现代佛教人物志》上编《一代佛教领袖太虚大师》,宗教文化出版社 1995 年版)

周恩来 1 月 7 日主持中共苏区中央局会议,检讨中央苏区肃反工作的历史和现状,并在会上作了报告。2 月 7 日,出席在瑞金召开的闽赣两省工人代表大会,当选为大会名誉主席,并在会上代表中共苏区中央局致词。9 日,撰写《帝国主义大战的危机与党的目前紧急任务》一文,刊于在中共苏区中央局机关报《实话》第 1 期。19 日,中共苏区中央局发出《对目前政治形势的分析与苏区党的紧急任务》。20 日,上海的《时报》《新闻报》《时事新报》《申报》等自二月中旬以来,连日登载国民党特务机关伪造的所谓《伍豪等脱离共党启事》。对此,在上海的中共临时中央当即采取措施进行反击。同日,中共临时中央机关报《斗争》发表《伍豪启事》,指出这是"国民党造谣诬蔑的新把戏!""一切国民党对共产国际中国共产党与我个人自己的造谣诬蔑,绝对不能挽救国民党于灭亡。"4 月 15 日,中华苏维埃共和国临时中央政府发布关于动员对日作战的训令,正式宣布对日战争,号召全国工农兵及一切劳苦群众,在苏维埃的旗帜之下,积极参加和进行革命战争,以民族革命战争,驱逐日本帝国主义出中国,反对一切帝国主义瓜分中国,彻底争得中华民族的独立与解放。同日,中共苏区中央局也发出《关于红五月运动中实行对日宣战的动员决议》。8 月 1 日,中央苏区中国共产青年团中央发布《关于苏区少先队的决议》。5 日,在中共苏区中央局机关刊物《实话》第 7 期发表《帝国主义国民党的四次"围剿"与中国工农红军当前的任务》一文。10 月 12 日,因毛泽东暂回中央政府主持一切工作,由周恩来代理总政治委员一职。26 日,中共临时中央任命周恩来兼任红一方面军总政治委员。12 月 1 日,周恩来和朱德发布关于加强无线电通讯工作的密令,指出无线电已成为苏区红军主要通讯工具,在粉碎敌人大举进攻的目前,必须使电队之组织与工作更加健全起来,切勿以其为技术人员而加以丝毫的忽略。(参见中央文献研究室《周恩来年谱 1898—1976》,中央文献出版社 1998 年版)

毛泽东 1 月下旬遵照中共苏区中央局的决定,去瑞金城郊东华山古庙休养。养病期间,起草了《对日战争宣言》。4 月 15 日,中华苏维埃共和国临时中央政府主席毛泽东发表《对日战争宣言》。5 月 3 日,毛泽东将入漳后收集的上海、香港、汕头报刊的新闻摘要十六条,报中共苏区中央局、临时中央政府和中革军委。9 日,毛泽东与项英等发表《中华苏维埃共和国临时中央政府反对国民党出卖淞沪协定通电》,痛斥国民党政府的卖国行径,号召全国劳苦群众坚决地起来进行民族战争,反对日本帝国主义的走狗国民党政府,保卫中国的领土完整,求得中国的完全独立与解放。15 日,中央苏区瑞金县苏维埃工农兵第四次代表大会通过《瑞金县苏维埃政府工作报告的决议案》。同月,中央苏区江西省苏维埃工农兵第一次代表大会通过《文化教育工作决议》。6 月 3 日,中央苏区永新县苏维埃工农兵第四次代表大会通过《文化教育问题决议案》。8 月 8 日,中革军委主席朱德,副主席王稼祥、彭德怀发布通令,宣布奉中央政府命令,特任毛泽东同志为红军第一方面军总政治委员。9 月,中央苏区永新县苏维埃发出《关于学校经费与扩大列宁小学的通令》。10 月 12 日,中革军委主席朱德,副主席王稼祥、彭德怀发布通令:工农红军第一方面军兼总政治委员毛泽东,为了苏维埃工作的需要,暂回中央政府主持一切工作,所遗总政治委员一职,由周恩来代理。11 月 7 日,中华苏维埃共和国临时中央政府成立一周年,临时中央政府向全体选民发出《工作报告书》。其中指出:"对于教育行政的建立,规定小学校制度,创办各乡小学校,并积极进行小学教员的培养,创立列宁师范,这都有相当的成绩,但对于成年教育识字运动还未集中大的力量来进行,还未普遍的发展起来,这是一个很大的缺点。"（参见中共中央文献研究室编撰、逄先知主编《毛泽东年谱（1893—1949）》,人民出版社、中央文献出版社 1993 年版;中央文献研究室编《周恩来年谱 1898—1976》,中央文献出版社 1998 年版）

徐特立继续任中华苏维埃共和国临时中央政府教育人民委员部代部长。2 月 6 日,临时中央政府第六次常委会议决:批准中央教育部教育初步计划及教师生活费的标准。3 月 1 日,临时中央政府第八次常委会议决:通过中央区列宁师范学校的经费预算,委任徐特立为校长;通过《政府工作人员要加紧学习》的命令,调徐特立来中央代理教育部长。6 月 13 日,临时中央政府第 16 次常委会决定:在中央教育部组织编审委员会,以徐特立为主任,关蕴秋、施红光、蔡乾为委员,编审委员会设瑞金叶坪乡洋溪村,负责制订文化教育图书编印规划,统一苏区的教材,开展教育图书的编纂、审定工作,并代行对文化艺术图书的编审工作;由中央创办列宁师范学校,以徐特立为校长。8 月 17 日,临时中央政府召开第 22 次常委会,讨论中央列宁师范的组织、课程及教职员之规定,委任徐特立、何叔衡等 5 人为该校管理委员会委员。9 月 20 日,临时中央政府召开第 24 次常委会,讨论教育部目前的中心工作,议决即日起起草教育部组织纲要,同时决定再办中央苏维埃工作人员训练班。10 月,创办国立高级列宁师范学校,校址设在闽瑞师范,以培养初级师范、短期师范和中等普通学校、职业学校教员。年底,国立高级列宁师范学校校长改由罗欣然担任。（参见《徐特立年谱》编纂委员会编《徐特立年谱》,人民出版社 2017 年版;吴永贵《民国图书出版史编年:1912—1949》中册,社会科学文献出版社 2018 年版）

董必武 3 月根据党中央的决定,离莫斯科回国。途经海参崴时,为寻找入境关系,停留两个月,喜遇正在远东工人列宁主义学校任教的吴玉章,相互交谈了国内外形势的发展和变化。6 月,到达上海。先后同刘少奇、陈潭秋、潘康时等相晤,经他们介绍,对蒋介石发动的几次反革命"围剿"等情况有了初步了解。不久,经中共临时中央同意,到中央革命根据地工作。7、8 月间,由上海出发,经汕头、大埔、长汀,在中秋节前后到达瑞金,被分配到红军大学任上干队政委。不久,身患重病,入冬病未痊愈,就又开始工作。（参见《董必武年谱》编辑组编《董必武年谱》,中央文献出版社 1991 年版）

吴亮平到江西瑞金,任中华苏维埃共和国临时中央政府国民经济部部长。

廖平 2 月改订《六译馆丛书目录》。同月 29 日,孙宗伯等为廖平设觞祝寿。廖平撰 80 自寿文。又撰《六变记》。4 月 10 日赴成都,先至嘉定。6 月 5 日,廖平在从井研赴成都途中病逝,享年 81 岁。廖平著作众多,凡一百数十种,以在 1900 年后由存古书局等刊刻的经史著作为主体,如《谷梁春秋经传大义》《王制集说》《周礼郑注商榷》《公羊补正》《群经大义》《群经总义讲义》《周礼今证》《左氏古经学》《汉志源历表》《文学源流考》等。廖平病逝后,其弟子将大部分论著编入《六译馆丛书》。(参见廖幼平编《廖季平年谱》,巴蜀书社1985年版;王学典《20世纪史学编年(1900—1949)》,商务印书馆2014年版)

吴虞2月16日接向仙乔送来聘书,聘他为国立四川大学文学院专门部教员,每周讲授诸子4小时。4月17日,吴虞作四川大学法学院文预科一组《〈毕业同学录〉序》。5月2日,王宏实就川大校长职。15日,吴虞作《〈成都大学本科同学录〉序》。6月6日,廖平在返井研途中逝世。7月20日10时,吴虞至川大文学院,开追悼廖平筹备会。8月5日,作《六译老人遗像赞》。8月24日,东南大学毕业生黄毓荃,以所撰《屈原之人生观》一文示吴虞,吴虞为作《黄毓荃文序》。10月9日,廖平追悼会在南城川大举行,吴虞午后至追悼会,与之上香。11月18日,二十九军与二十四军开战,吴虞正房二梁被打断。21日,为避战火,吴虞与曼君、柚、植等人翻墙过织布厂,经奎星楼,由长顺街至槐树街。(参见朱玉、孙文周《吴虞年谱简编》,《吴虞诗词研究与整理》附录一,河南文艺出版社2016年版)

张澜继续在南充(县立)中学任校长。为达到学用结合的目的,推行教育改革,加强实业教育,将南充(县立)中学与南充县立初级实业中学合并,分设农业、工业、乡村师范、普通中学等科。冬,因张澜倾力在南充推行教育改革,经常发表抨击军阀政治的讲话,经常掩护进步人士和中共地下党员的活动,因而遭到当时驻防南充的军阀杨森之仇恨,常借故对张澜刁难。逼张澜交出县立中学与教育局的大权,由杨森派亲信掌管。同时,还散布流言,攻击张澜"通匪",罗织罪名意图加害。张澜在城内不能住,回到南充县南溪口家中,但仍常受骚扰。(参见谢增寿编著《张澜年谱》,群言出版社2013年版)

卢作孚在上海"一·二八"事变爆发后,与弟卢子英组织"北碚抗日义勇军",在渝组成"重庆救国分会"。辞去峡防局局长一职,由其弟卢子英接任。卢作孚致函蔡元培,略谓:"为科学馆征求标本问题,尚有请助于先生者:(一)拟征求吴淞水产学校之水产标本;(二)拟征求中央大学医学院之生理病理标本;(三)拟征求江苏、浙江昆虫局之昆虫标本;(四)拟与浙江博物院交换陈列品。拟请先生赐函绍介于其主持全局之人,以便与之面商,感纫无既。"5月7日,蔡元培接卢作孚函后,当即致函中央大学医学院等处为卢作孚介绍,亲自草拟函稿。(参见王果编《中国近代思想家文库·卢作孚卷》及附录《卢作孚简编》,中国人民大学出版社2015年版;高平叔编著《蔡元培年谱长编》,人民教育出版社1996年版)

唐君毅毕业于南京中央大学哲学系。返四川成都任教于中学,讲授伦理学、人生哲学及国文等课。在《建国月刊》发表《英德法哲学之比较观》《真伪问题》《中国哲学对中国文学之一般影响问题》等文。在《国风月刊》发表《孔子与歌德》一文,在《西南评论》发表《西南的夷人与诸葛孔明》。(参见单波编《中国近代思想家文库·唐君毅卷》及附录《唐君毅年谱简编》,中国人民大学出版社2014年版)

葛维汉到华西大学任文化人类学和考古课教师、博物馆馆长,对四川广汉县月亮湾遗址进行试掘。此为三星堆遗址发现之开端。(参见中国大百科全书总编辑委员会《中国大百科全书·考古学》,中国大百科全书出版社2002年版)

巨赞至四川重庆汉藏教理院任教。是年,由周少猷介绍到南京支那内学院,跟随欧阳竟无学习佛法,居住数月。(参见黄夏年编《中国近代思想家文库·巨赞卷》及附录《巨赞年谱简编》,中国人民大学出版社2015年版)

王世杰继续任武汉大学校长。2月1日,与蔡元培及国立几所大学的校长联名发致国际联盟、请其制止日军侵沪暴行的电报。3月26日,王世杰由南京致函蔡元培略谓:"日前由鄂启程来京时,曾上一函,计邀察览。武大同事多人,均切盼先生及蔡夫人能于四月半惠临,一则可以聆听教益;一则春节长江旅行,足供先生及蔡夫人之休养。杰并已另约仲揆、适之、叔永、楚青诸人,届时或有一番欢聚,无任延企之至! 日来与精卫先生晤谈,其怀念先生之情,至为深切! 国事至此,教育亦复衰乱不可名状,精卫先生几以一身当冲,则其怀念我公,自属情所必至。未审先生可否于赴鄂时,在都略留数日,与精卫先生一晤? 并此奉询,统乞裁示。杰在京交涉校款,约尚有五日留。"5月25日午后,应邀出席武汉大学全体教职员的茶点招待会,作《最近全世界之教育》的长篇演说。26日,蔡元培出席武汉大学珞珈山新校舍落成典礼及本科第一届毕业典礼,由毕业生代表韩家学主持,校长王世杰报告新校舍设计、修建经过后,蔡元培代表行政院、李四光代表教育部讲话,何成潜、夏斗寅、贺国光等亦有演说。28日上午,王世杰、李四光陪同蔡元培前往湖北省立高级中学参观,蔡元培应邀讲演。下午3时,蔡元培离开武汉,由王世杰陪同,前往九江,登庐山游览。(参见高平叔编著《蔡元培年谱长编》,人民教育出版社1996年版)

成仿吾继续任省委宣传部长兼省苏维埃文化委员会主席。5月,在鄂豫皖革命根据地主持起草了《鄂豫皖省苏维埃文化委员会决议案(草案)》。该《决议案(草案)》指出文化和教育是一种有力的武器,我们工农劳苦群众也要拿起这个武器来加强我们自己的战斗力。工农劳苦群众在得到了经济政治解放之后,必须要实现文化上的完全解放。我们今天应当百倍地努力进行文化教育工作。《决议案(草案)》列举了社会文化教育工作和学校教育工作方面的重要任务,如开展识字运动、办工农演讲所、建立读报班、发展艺术教育和俱乐部工作,解决学校的教材、教师、组织管理等问题。(参见中央教育科学研究所编《中国现代教育大事记1919—1949》,教育科学出版社1988年版)

吴其昌任武汉大学历史系教授。1月,所撰《来纽明纽古复辅音通转考》刊于《清华学报》第7卷第1期。10月,吴其昌在《国立北平图书馆馆刊》第6卷第5号发表《金文疑年录》,第6号连载。(齐家莹编《清华人文学科年谱》,清华大学出版社1999年版;王学典《20世纪史学编年(1900—1949)》,商务印书馆2014年版)

周予同去年12月因岳父逝世,陪妻子回乡,行前将《中国现代教育史》书稿及相关材料寄存于商务印书馆编译所办公室。是年1月26日,携其子登船出发。28日下午抵沪。当晚,"一·二八"事变爆发。商务印书馆总管理处、总厂及编译所、东方图书馆、尚公小学被炸焚毁,被迫停业,解雇全部职工;所存文稿亦毁于战火。周予同遂回乡任教于温州中学。同月,在《编辑者》第5期发表《商务同人消费合作社结束感言》。3月20日,在上海与叶圣陶、王伯祥、陈乃乾、丁晓先等友人饮酒畅谈。5月,致信王伯祥,欲发动教育界抵制商务印书馆。6月,演讲辞《甲骨的发现与甲骨学的演进》刊于《浙江省立第十中学月刊》第2、3期。致书王伯祥,告以7月中将往安徽大学一行。9月2日,于上海晤王伯祥。15日,《燕京大学图书馆报》刊发太玄《读周予同经学历史注释》。同月,周予同赴安徽大学任教,担任"中国教育史"课程。10月,《忆〈教育杂志〉》《实施教育合理化政策之先决问题》二文刊于《东方杂志》第29卷第4号。11月16日,作书答复舒新城、倪文宙。同月,《学潮与出路》刊于《东方杂志》第29卷第6号。12月,《教育者的路》刊于《东方杂志》第29卷第8号。年底,周予同任安徽大学中文系主任、文学院院长。于安徽大学演讲"我们往那里去",讲词刊于《中学生》第29期。(参见成棣《周予同先生年谱》,《传统中国研究集刊》第20辑,上海社会科学院出版社2019年版)

曾友豪时任安徽省高等法院院长。6月15、16日,在《中央日报》发表《改革教育与提高学术》,以业内人士的身份说明,断言十年内不招收文法科学生,不会使法政专门人才发生断层现象,甚至认为,十年内的法政人才仍"绰绰有余"。是年,所著《清朝刑法》出版。是年,调任甘肃省高等法院院长,兼任兰州大学教授。(参见张太原《20世纪30年代的文实之争》,《近代史研究》2005年第6期)

陈东原时任安徽省立图书馆馆长。6月29日,刘文典致函陈东原,表示愿意将珍藏的望溪手稿借给安徽图书馆抄录或摄影。7月12日,陈东原回函,委托刘文典雇人影抄望溪手稿。8月15日,安徽省立图书馆馆刊《学风》刊登《极可珍贵之望溪手稿》,为刘文典与陈东原关于方苞手稿来往函各一封(前文已录)。此手稿后来还引出一段藏书佳话。11月5日,刘文典致函陈东原,再谈影钞方苞手稿之事。此影钞本后寄赠安徽省立图书馆。12月15日,藏书大家傅增湘为刘文典所藏方苞手稿题跋,刊于安徽省立图书馆馆刊《学风》上,并附编者按。(参见章玉政编著《刘文典年谱》,安徽大学出版社2011年版)

范寿康任安徽大学文学院院长。11月,范寿康所著《教育史》一书由商务印书馆出版,列为现代师范教科书。(参见中央教育科学研究所编《中国现代教育大事记1919—1949》,教育科学出版社1988年版)

郑贞文6月为南京国民政府成立编译馆馆长辛树帜聘为专任编审兼自然科学部主任和译名审查委员会主任。年底,郑贞文回乡任福建省教育厅长。

林文庆继续任厦门大学校长。2月27日,厦大教职员捐款1000元汇往上海,犒劳"一·二八"在淞沪英勇抗敌的19路军。6月25日,举行第七届毕业典礼,各系毕业生共31人。7月16日,与中华教育文化基金会联合举办第三次"暑期生物研究会"。12月9日,厦门各界人士发起组织"厦门大学协进会",以物质上、精神上协助厦大为宗旨,由厦门中国银行行长黄伯权任主席。(参见洪永宏编著《厦门大学校史》(第一卷),厦门大学出版社1990年版)

傅衣凌3月与陈啸江、庄为玑等人在校内成立厦门大学历史学会,该会以联络感情,互相砥砺,研究史学为旨趣,下设总务、文书、会计、研究、出版五股。

梁漱溟继续在邹平从事乡村建设运动。7月31日下午3时,与蔡元培、叶恭绰、黄炎培、欧元怀、黎照寰、倪贻德、殷芝龄、李大超出席中华学艺社在上海爱麦虞限路举行落成典礼,首由主席傅式说报告开会宗旨,马宗荣报告该社历史,继请蔡元培、梁漱溟等演说。9月,梁漱溟所著《中国民族自救运动之最后觉悟》一书由北京村治月刊社出版,收入《主编本刊之自白》等16篇文章,全书约25万字。继续主编《村治月刊》,社址设于北京旧刑部街。10月,《中华教育界》发表《梁漱溟先生述山东乡村建设研究院工作》。12月,应邀参加国民党内政部召集的全国第二届内政会议,这次会议讨论地方自治问题。同月,南京市政府公报发表梁漱溟在会上的发言《地方自治问题》。(参见高平叔编著《蔡元培年谱长编》,人民教育出版社1996年版)

杨振声时任青岛大学校长。5月5日,在南京教育部请领教育经费,未得,是日"以中央批准之预算迄今一文未发,虽地方协款按时拨给,但开支颇巨,杯水车薪,实难维持",电呈国民政府教育部辞职,遂至北平。25日,青岛大学学生自治会成立,要求修改学则。同日,致函校长杨振声,提出其议决五条。主要为:请求免收宿费以减轻学生负担;取消学校当局4月4日颁布的《青岛大学学则》中第四十三条,即"学生全年学程有三种不及格或必修学程二种不及格者,令其退学";图书馆购买书籍应不分派别。此信还要求"务请于三日内赐复"。杨振声接信后,允本学期内答复,学生不满,提出速开校务会议讨论。杨振声未允,学生又分头敦请闻一多等,亦未有效。遂开全体学生大会,议决罢课,并组织非常学生自治会,散发通电宣言,于是酿成"大风潮"。6月4日,经闻一多与杜光埙为代表青岛大学校务联席会议赴北平劝驾,杨振声校长回到青岛。旋即参加校务会议,杨振声报告赴南京请领经费及辞职经过,表示在中央经费未解决前,辞意仍未打消。22日,青岛大学学生为反对学分淘汰制,宣布罢课,理由为:一、学校经费问题;二、修改学则;三、反对新月派把持校务。24日晨,青岛大学布告开除罢考9名学生,学生召集会议并至杨振声住宅请愿,要求解决学校经费、恢复原学则、辞退先生,并收回开除学生之成命。

　　杨振声6月24日为罢课事电教育部,再次提出辞职。25日,青岛大学校务会议议决修改学则第四十三条为:"学生全年所修学程有二分之一或三种不及格者,令其退学。学生全年所修学程有三分之一或两种不及格者,留级一年,但不得留级两次。半年学程以每两种作一种记。"对开除之9名学生改为令其休学一年,同时同意闻一多辞职。学生方面认为修改之学则仍与前相似、休学之举亦不可取、宿费问题未答复,于是仍坚持罢课。26日,全体学生大会议决请求恢复旧学制、取消宿费、收回对9名学生处分之决定,并谓不达目的就全体请求休学一年。同日下午,学生代表要求会见杨振声,杨振声拒绝,学生请秘书长将议决转交校长,限次日午前正式答复。学校亦采取强硬措施,于27日中午布告准201名学生休学一年。当时该校正式学生230余人,加已令9人休学,几乎所剩无几。当晚,学生再开大会,否认学校一切无理处置,否认杨振声为校长,驱逐教务长赵太侔、图书馆馆长梁实秋。29日,杨振声因青岛大学发生罢考风潮赴南京辞职。青岛大学顿成无政府状态,一切事宜无形停顿。同日,青岛大学非常学生会印发《青岛大学全体学生否认杨振声校长并驱逐赵畸梁实秋宣言》。文中云杨振声"滥用私人(如闻一多之子弟费鉴照等学识浅薄,讲解错误,独复高据坛席,屡黜不去)""不顾数百同学之苦衷,惟信闻一多、梁实秋、赵畸等之潜计""遽以闻、梁少数人之意见,非法开除学生九人""遽令全体同学一致休学,开全国大学之创例,陷青大前途于绝境,置数百青年于死地"。7月3日,国民政府行政院议决解散青岛大学,听候整理。随后,教育部令该校学生限期离校,教师重聘,并派蒋梦麟、丁惟汾等组成整理委员会。该委员会议决:青岛大学改名国立山东大学;变更院系组织,设文理学院、农工学院。杨振声离开青岛至北平,受教育部委托主编《高小实验国语教科书》《中学国文教科书》。(参见蓬莱市历史文化研究会主编、季培刚编注《杨振声编年事辑初稿》,黄河出版社2007年版;闻黎明、侯菊坤《闻一多年谱长编》(增订版),上海交通大学2014年版;中央教育科学研究所编《中国现代教育大事记1919—1949》,教育科学出版社1988年版)

　　闻一多2月21日接待山东省立图书馆馆长王献唐来访。24日,青岛市市长沈鸿烈来青岛大学视察,闻一多陪同谈话、参观。3月30日,闻一多出席青岛大学第四十三次校务会议,被推定为招生考试委员会委员。春,因方令儒讲授《昭明文选》,遇到问题经常向闻一多请教,闻一多也教她一些写诗的方法,于是引起某些好事者的流言,闻一多决定夫人携诸子来青岛,认为把妻子接来,流言便可不辟自灭。4月8日,闻一多出席青岛大学出版委员会会议,通过图书馆提出之林斯德编纂的《全唐诗文引得今编》付印案。该书编纂过程中,得到闻一多的多次指导与帮助。5月7日,青岛大学举行全校体育运动会,闻一多担任运动会副会长。11日上午,出席青岛大学校务联席会议,讨论杨振声辞职问题,一致议决:一、分别致电教育部及杨振声,恳切慰留;二、推理学院院长黄际遇为临时主席,负责暂代校务;三、派闻一多与杜光埙为代表赴北平劝驾。会后,闻一多即乘胶济路火车赴济南,12日晚,转乘平浦路202次火车赴北平。抵北平后,闻一多遂往米粮库一号力劝杨振声返青岛维持校务。同日,闻一多与丁淮汾等至山东省立图书馆晤王献唐。26日,国民政府教育部电谓青岛大学教务经费已与财政部接洽中。同日,闻一多等由北平发电,谓"杨校长因校费有着,有打消辞意,定日内由平赴济,与何厅长(山东省政府教育厅长何思源)商洽一切,即返校主持校务"。

闻一多6月4日与杨振声校长回到青岛大学。16日,闻一多致饶孟侃信,信中流露出对校务的灰心。22日下午,闻一多出席青岛大学校务会议,决议23日照常举行考试,如学生不参加考试,则再照校章办理。23日,闻一多出席青岛大学校务会议。因昨日学生拒绝考试,会议决议开除钟朗华、曹高龄等9名同学,并布告提前放假,补考于9月12日开学后进行。学生闻讯,于下午召开会议讨论对策,把愤怒泄于闻一多,谓之"把持教务不良教授",并以非常学生自治会名义通知闻一多,请"急速离校,以免陷误青大前途于不可收拾"。24日下午3时,闻一多出席校务会议。同时,学生非常自治会亦召开记者招待会,由代表钟朗华报告罢课经过及全体学生之主张,其第四项主张即"校方须容纳撤换文学院长闻一多之要求",并谓此四项要求不达目的不能复课。面对此种形势,闻一多向校方提出辞职。25日,闻一多出席青岛大学校务会议,议决修改学则第四十三条。随着这次学潮的继续高涨,学生矛头首先对着闻一多。当时学生们还包围了闻一多住宅,"青岛市政府派来四名兵士护卫"。29日,闻一多与赵太侔、梁实秋及学校诸重要职员同日相继离校。7月19日,青岛大学甄别委员会聘闻一多为委员。但闻一多辞职之志已决,未应聘。8月,闻一多应聘为国立清华大学中国文学系教授。(以上参见闻黎明、侯菊坤《闻一多年谱长编》(增订版),上海交通大学2014年版)

游国恩仍任教于青岛大学,青岛大学停办后改名为山东大学,游国恩继续研究楚辞和撰写关于楚辞的论文。开始编纂《楚辞讲疏长编》。先就《离骚》《天问》两卷辑录了王逸以下的大量旧注,分条排列,末加表明自己观点的按语,油印成册,作为讲义发给学生参考,并准备日后加以补充修订。同时,搜集《九歌》《九章》《远游》《招魂》各编的材料,准备日后以同样形式编纂。8月,闻一多离开青岛去清华大学任教。此后至1936年,两人常有书信往来,讨论学问,并互寄文稿。

按:《闻一多全集》第12卷(湖北出版社1993年版)载有这一时期闻先生写给先生的8封信。(参见游宝谅《游国恩先生年谱》,《淮阴师范学院学报》2002年第1期)

王献唐任山东省立图书馆(山东金石保存所)馆长、山东古迹研究会委员兼秘书。1月,汉画堂、罗泉楼正式对外开放。始撰《金契石友小谱》。2月21日,王献唐赴青岛大学访闻一多与赵太侔、黄淬泊,遂同至顺兴楼午餐。饭后诸人及赵孝陆至青岛港政局检看代购之古剑一柄、铜佛一座、镜子三面、古泉四串等古物。事毕,同至赵孝陆宅,赵出示其所藏书籍字画,欢谈至5时半。同月,王献唐赴泰安访古,与丁惟汾游泰山,钞拓、统计经石峪石刻。3月,赴青岛,胶海关查获古物,奉命前往查验。6月,获河南扶沟柳堂藏书。7月,为教育人员训练班授课。8月,赴潍县,查验陈氏藏砖瓦陶器。购得清康熙泰山徐氏真合斋磁版印本清张尔岐《蒿庵闲话》上卷。9月,收购潍县陈氏砖瓦石刻。始记《太平十全之室日记》(1932年9月12日至1934年12月22日)。12月,至齐鲁大学讲授"目录学""版本学"。是年,辑有《齐鲁陶文》,与编藏部同仁编《山东省立图书馆分类法》,撰成《洛神赋十三行考证》6卷、《昧印典录》8卷、《艺术品的真伪鉴别》等。(参见张书学、李勇慧撰《王献唐年谱长编》,华东师范大学出版社2017年版;闻黎明、侯菊坤《闻一多年谱长编》(增订版),上海交通大学出版社2014年版)

　　老舍1月10日所译Humbert Wolte原著《我发明的死》刊于《齐大月刊》第2卷第4期。28日,"一·二八"事件发生后,老舍送交商务印书馆排印的长篇小说《大明湖》原稿在闸北大火中被焚毁。4月10日,所译Elizabeth Nitehie原著《文学批评》之第一章《批评与批评者》刊于《齐大月刊》第2卷第7期。6月10日,在第2卷第8期续完。5月23日,应山东省立第一中学之约,去该校讲演,后刊于《齐大旬刊》1932年第2卷第25期。8月,回北平度假。9月16日,《论语》半月刊创刊,老舍、刘半农、郁达夫、俞平伯、陆晶清、孙伏园等被列为长期撰稿员。11月,被聘为《齐大年刊》编辑出版顾问。同月,受命于《齐大年刊》委员会而作《〈齐大年刊〉发刊词》,简介了该刊的筹办经过和宗旨。12月,所译Elizabeth Nitchie原著《文学批评》之第2章《文学与作家》刊于《齐大季刊》第1期。(参见甘海岚编《老舍年谱》,书目文献出版社1989年版)

　　明义士《商代文化》、吴广治《近代政治思想三大潮流》等11月刊于齐鲁大学主办《齐大季刊》创刊号。(参见王学典《20世纪史学编年(1900—1949)》,商务印书馆2014年版)

　　崔嵬在山东青岛参加左联戏剧活动。

　　金克木离开北平,前往山东德县师范教国文。

　　关松坪、关友声兄弟发起组织国画学社于山东济南,是画会兼国画讲习班的综合团体。

　　蒙文通任教河南大学,究心秦史,作《天问本事》,刊于《河南日报》。6月5日,蒙文通师廖平在乐山逝世,于是作《井研廖师与近代今文学》,刊《学衡》第97期,又刊《大公报》文学副刊;作《廖季平先生与清代汉学》,刊《国风》半月刊第1卷第4期;作《井研廖师与汉代今古文学》,刊《新中华》第1卷第12期。是年,蒙文通为河南大学同事张仲琳《西洋近世史》作序。(参见王承军《蒙文通先生年谱长编》,中华书局2012年版)

　　张伯苓1月2日接天津市政府知会,经国府聘任为国难会议会员。开会之期甚迫,应即早赴京,共纾国难。1月15日,邀请天津《益世报》主笔罗隆基来南开大学演讲《我为什么反对一党专政》。同时,张伯苓在会上简单致辞。21日,邀请国际教育考察团意大利人沙笛在南开中学演讲,并放映意大利国家电影公司及沙笛在上海所摄新闻影片。26日,北平东北外交研究委员会来函,请其撰拟供国联调查的材料。该会由张学良发起成立,顾维钧、汤尔和、章士钊等为委员。2月6日,张伯苓为天津《体育周报》创刊号撰写《今后之中国体育》一文。3月17日,与章炳麟、张君劢、张东荪、左舜生、徐佛苏、王造时、熊希龄、任鸿隽、刘哲等人联署《拟向国难会所提内政外交议案》,内容包括对日抵抗到底;收复东北失地;结束党治,实行民治;讨论出版及政治结社自由,不得限制等。3月31日,画家徐悲鸿南下路过天津,约为南开大学作《世界美术之趋势与中国美术之前途》的演讲。同月,南开大学成立应用化学研究所,任命张克忠博士为所长。5月16日,张伯苓当选全国斐陶斐学会第二届董事会会长,副会长为陈裕光(金陵大学)、司徒雷登(燕京大学),总干事钱存典(金陵大学),委员黎照寰(上海交通大学)、吴贻芳(金陵女子大学)、陈荣捷(岭南大学)、李书田(北洋大学)、刘湛恩(沪江大学)、杨永清(东吴大学)、李迪云(圣约翰大学)、罗忠忱(唐山交通大学)、魏学仁(金陵大学)、方叔轩(华西大学)、胡经甫(燕京大学)。

　　张伯苓5月19日邀请美国驻华商务参赞朱利安(Julien Arnalb)来南开大学演讲《中国之重要经济问题》。同日张彭春在南开大学演讲《苏俄教育状况》,此前其已作演讲为《在苏俄所见的、听的、想到的》《共产主义的哲学背景》。26日,吴鼎昌等为发起废止内战大同盟致电胡适、丁文江、张伯苓、马相伯、黄炎培、杜月笙、史量才等人。次日,张伯苓发表谈话,认为废止内战为全国人民之公意。6月2日,与天津各界人士80余人致电上海废止内战大同盟,谓"提倡废止内战运动,真全国民意所寄,鄙人等均愿参加发起,共同进行"。7月初,响应张学良关于组织参加洛杉矶奥运会的电示,坚持刘长春等参赛的决定,并以中华全国体育协进会名义致电国际奥委会为刘长春报名。7月5日,应邀在河北省基督徒学生团体联合会演讲《中国民族之弱点及改造》。7月7日教育部聘请张伯苓为出席全国体育会议专家。7月8日,应汪精卫邀参加在国民党中央政治会议大礼堂举行的学术家谈话会,根据严重时局,讨论中国的外交问题。应邀参加会议的还有胡适、陶孟和、蒋梦麟、陶希圣、傅斯年、李书华、翁文灏、任鸿隽、杨振声、吴鼎昌、王世杰、王星拱、童冠贤、马寅初、高一涵、罗家伦、陈布雷、顾孟余、朱家骅、钱昌照、段锡朋、褚民谊等50余人。9日开预备会。下午,开正式会,各学者就外交问题研究讨论,各人发表意见。11日,第三次会议,谈内政问题。13日,本次会议为教育问题。20日,天津各界参加全国废止内战大同盟筹备会召开第一次大会,由张伯苓主席。大会决议四项办法。

张伯苓7月29日至8月1日出席北平政务委员会全体委员大会,参加会议的还有张学良、张继、李石曾、韩复榘、徐永昌、汤玉麟、傅作义、商震、宋哲元、庞炳勋、张作相、蒋伯诚、万福麟、于学忠、门致中、刘哲、孙殿英、方本仁、周作民、吴鼎昌、鲁荡平、熊希龄、王树翰等,中央委员张群列席。会上,张伯苓"对团结救国一层多所阐发"。会议通过发表大会宣言,提出改善内政为根本之图,整理军政责无旁贷等两项切实实行的方针。8月16日至21日,出席在南京召开的第一次全国体育会议。22日,出席在南开大学举行的中国工程师学会第二届年会开幕典礼。应邀演讲,慨叹东西各国强盛,皆因能以科学方法生产,而我国政治不良,一切不上轨道,工程师空负所学,竟致英雄无用武之地。希望工程师学会团结联合,振作精神,在所从事的建设中,给国人以振奋,为中国创一新生命。8月30日任国民政府教育部体育委员会委员。同日,得悉被推为废止内战大同盟会常委,决定出席于9月6日在上海召开的常务会议。9月28日,应国立青岛大学之邀,演讲废战运动。并促青岛设立废止内战大同盟会分会。29日,由青岛去济南,市长沈鸿烈及南开校友多人到车站送行。在青岛车站接受《大公报》记者采访。10月2日,张伯苓、李琴湘、林墨青、赵元礼、陈宝泉等十余人联名为严修敬铸铜像发表"征启"。5日,第十六届华北运动会在开封举行,张伯苓任总裁判长。10日,主持废止内战大同盟天津分会成立大会,各界人士200多人出席。张伯苓任主席并讲话。会议选举张伯苓、卞白眉等为赴沪参加全国大会的代表。11日外交部罗文干电告张伯苓,"将来国联开会讨论《李顿报告书》时,拟请兄赴日内瓦任华北民众代表"。

张伯苓10月19日至20日出席教育部召开的体育委员会会议,审定中小学体育课程标准;设立教育部体育委员会,学校体育课程讨论委员会;举行全国运动会;筹设中央体育学校等案。21日,在上海中学演讲。23日,在上海惠中旅社与新声社记者谈胶东战事。同日,在上海务本女中建校纪念会演讲。25日,废止内战大同盟总会举行在沪常委委员谈话会,出席会议的有王晓籁、李登辉、李公朴、杜月笙、潘公展、张啸林、陈立廷、潘序伦等20余人。张伯苓报告赴山东调解韩复榘、刘珍年战事经过。30日,列席南开校董会,报告章瑞廷捐款经过。董事会补选胡适为校董。11月2日,主持废止内战大同盟会天津分会常委会议。12月16日因令《南中学生》停刊,遭到学生会反对,引发学潮。20日,将与学潮有关学生陈国新等20余人暂时停学。同日,报告教育部朱家骅部长:"敝校中学部学生会出版之

《南中学生》因有色彩，着令停刊，数学生假学生会名义起而反对，当令该会亦暂停止活动。"21日，又召集南中全体师生谈话表示，"我对于学生会一定提倡，我要帮助诸生有真正组织会之能力。至于此次破坏秩序之少数学生，若说其另有背景，则余意以为非是。并盼望大家以后不要厚诬他人"。是年商务印书馆编印《大学丛书》，组成有张伯苓参加的共54人的《大学丛书》编委会。（以上参见龚克主编《张伯苓全集》第十卷附编《张伯苓年谱》，南开大学出版社2015年版）

吴鼎昌时任天津《大公报》社长。1月11日，《大公报》隆重推出"六十年来中国与日本"专栏。1931年"九一八"事变爆发3天后，吴鼎昌同张季鸾、胡政之召开会议，针对当时国内外形势，讨论今后的编辑方针。张季鸾宣布两项决策，其中之一是"明耻"，即尽快开辟一个专栏，记载自1871年签订《中日修好条规》至1931年"九一八"事变的中日关系史料，介绍"九一八"之祸的由来。栏目定名为"六十年来中国与日本"，并指定王芸生专任其事。

王芸生在《大公报》连载《六十年来中国与日本》，长达两年半之久，无一日中断，在中国国内的一些大学引起强烈反响。北平的燕大、清华和上海的复旦等，分别邀请王芸生演讲日本问题。4月，《大公报》将已经连载了三个多月的《六十年来中国与日本》专栏文章结集出版。此后又连续出版了第2—7卷（时间范围原为1871—1931年，第7卷只写到1919年），最终形成七册巨著，仍定名为《六十年来中国与日本》。此书是一部集中日关系史料与研究于一体的专著，其中不仅涉及中日两国关系，而且以六十年来远东国际关系为经，以中日两国关系为纬，以原始记载和档案资料为依据，勾勒出中日关系的来龙去脉。

按：王芸生在回忆这段往事时道："日本帝国主义进攻沈阳的炮声响了。《大公报》总编辑张季鸾因念国家之可危可耻，提议在报上辟一个专栏，每日刊载一段中日关系史料，以为警醒国人之助，并推我担任主编。我当时只是一员编辑，对历史并无研究。但亦义不容辞，率尔操觚，实甚浅陋。由于符合读者的感情和需要，谬邀传通，陆续得到历史学者和当代外交家的热心帮助，或予指教，或供史料，逐步得到先辈学者的重视，博得一些虚声，实非编者之功。"当时许多学者和外交家、前清遗老为王芸生提供了不少资料。例如曾任驻日公使的李盛铎将其保存的中国驻俄使馆档案中关于中俄东三省交涉的珍贵史料，都交与王芸生收录书中。

按：王芸生在《六十年来中国与日本》首篇"前言"中说："吾人试考六十年来之中日外交关系，当可了然于强弱进退之所由来。语云：前事不忘，后事之师。爰自同治十年中日订约，以迄最近之日本侵华经过，搜辑政书，分纪始末，使一般国民，咸知国耻断非突发，自反乃能自强，明耻教战，或非无裨。""迨甲午一战，中国遂大暴露，赔款割地，自是日本渐为强国，中国则日衰。庚子后，日人在华之势力，亦日益伸张。迄今又三十余年，日本着着进步，窥伺之计无穷，而中国则积弱之势，每况愈下，迄今东北三省复又不战而失守，谁实为之，孰令致之，览兹篇者，庶知耻而怀奋焉。"

按：《六十年来中国与日本》汇编成书后迅即流传到日本，引起日本政界、军界、学术界的注意。有日本人指出，中国一份具有悠久历史的全国性大报，如此大规模地宣传中国屈辱的外交史，是在唤起中国民众对日的不满情绪。日本学术界迅即组织专家翻译此书。1933年3月，波多野乾一和长野熏合以《日支外交六十年史》为题翻译该书（只译出第一至四卷）。内田康哉在为此日译本撰写的序言中指出，该书"得资料于中国之秘库，旁征博引，略近所期之完璧。盖辛亥革命后二十年，以往藏于清舍、不出库外之档案，亦陆续公开之际，不迟滞地利用之，足见本书之价值"；末广重雄在为此日译本撰写的序言中认为日本"实以对支外交最为紧密重要，虽无须赘言，但许多外交专著中，惟专论日支外交者极少，而如本书详审精密者，殆可谓皆无。如此论著，首先于他国出版，乃不堪惭愧且当惊异之大事。本书深采资料于前清朝廷秘库，军机处、外交部、执政者密柜，且广泛涉猎编纂内外文献，实乃理当推崇之伟业"。1957年王芸生开始修订此书，并于中日关系正常化之后再版。1980年3月，新版八卷本的第一卷由三联书店出版。2005

年,该书又再版。1987年7月,日本龙溪书局也再版此书。(参见王学典《20世纪史学编年(1900—1949)》,商务印书馆2014年版)

翦伯赞1月到天津,住意租界,主编《丰台》旬刊(谌小岑创办),宣传"抗日救国",反对"妥协投降",并参与中国社会性质与社会史论战。2月27日,在《丰台》旬刊第1卷第1期发表《世界资本主义最高发展中日帝国主义者的暴行》,开始连续发表宣传抗日的论著。3月7日,同刊第2期发表《世界的两方面——资本主义与社会主义》。17日,同刊第3期发表《踏进反帝国主义的最后阶段》。还从第三国际出版的《国际通讯》英文版中翻译了许多文章发表。8月,在意租界被捕。不久,被"驱逐出境",《丰台》旬刊亦被迫停止。8月,《最近之世界资本主义经济》(1931—1932)一书由北平的北平书店出版,下册为翦伯赞著,上册为吕振羽著。(参见张传玺《翦伯赞传》及附录张怡青《翦伯赞大事年表》,北京大学出版社1998年版)

马彦祥任天津《益民报》副刊主编。

陈乐如发起创办兼主持天津画社,社员多为女性。

晏阳初1月继续在河北定县高头村。高头村平民学校学生自动举办村单位改造的研究实验,成立高头村消费合作社。7月,鉴于日本帝国主义侵华行动日渐扩大,空前国难来临,平教总会决定加速推行平教运动,将十年计划改为六年。分三期,每期二年。第一期以村为基本工作,第二期以分区为基本工作,第三期为全县实施的实验工作。将文艺、生计、卫生、公民四项基本的教育与改造工作,自始即联环进行,以整个生活为对象,无所偏重。六年计划提出五项研究实验的原则:(1)切合农民生活。(2)四大教育联环进行,相辅相成。(3)教育与改造连贯一起。(4)农民自动的必要。(5)科学化与制度化的实践。秋,由李景汉编著的《定县社会概况调查》出版。12月10日,第二次内政会议在南京举行,晏阳初、梁漱溟等应邀参加。会议通过八大项议案,其中三项来自定县实验。通过"县政改革方案",拟将定县原则推广于中国。(参见杜学元、郭明蓉、彭雪明《晏阳初年谱长编》,上海交通大学出版社2017年版;宋恩荣编《中国近代思想家文库·晏阳初卷》附《晏阳初年谱简编》,中国人民大学出版社2015年版)

贺昌群继续任教于津河北女子师范大学任教。12月,贺昌群在《燕京学报》第12期发表《近年西北考古的成绩》。该文"略述近三十年来东西探险家在我国西北考古的经过,及各国学者在这方面努力的深浅",为总结研究西北考古较早的论著之一。(参见王学典《20世纪史学编年(1900—1949)》,商务印书馆2014年版)

缪钺任保定河北省立第六中学高中国文教员,兼保定私立培德中学国文教员。2月22日,在《文学副刊》第215期发表《曹植杜甫诞生纪念》。5月,在《文学月刊》第3卷第1期发表《鲍明远年谱》。同月30日,在《文学副刊》第230期发表《龚自珍诞生百四十年纪念》。(参见缪元朗《缪钺先生生平编年(1904年—1978年)》,《魏晋南北朝史论文集——中国魏晋南北朝史学会第八届年会暨缪钺先生百年诞辰国际学术研讨会论文集》,2004年)

范成至山西赵城县广胜寺发现《赵城藏经》,但有散失,经向村民回收,共得4957轴。

张恒寿从北京师范大学历史系毕业,拟在山西平定办一所私立中学,因家庭财务状况不佳而作罢。(参见杜志勇《张恒寿先生年谱》,载王京州编《河北近现代学者年谱辑要》,国家图书馆出版社2017年版)

凌鸿勋、胡庶华、胡博渊、周仁、朱其清、胡厥文、冯景兰等中国工程师学会会员参加由陇海铁路局、铁道部及陕西省政府组织的"陕西实业考察团",历时一个多月,沿途经过三十余县,考察陕西省南北各地农林、矿产、水利、工商、交通、经济状况。

金毓黻继续编纂《渤海国志长编》。1月9日,撰《渤海文征》毕。得诗词杂文115首。

10—19 日,撰《渤海考异》。1 月 22 日,辑《册府元龟》载渤海事。26—28 日,撰《渤海后纪》。29—30 日,撰《渤海年表》。31 日,补撰《渤海总略》。2 月 1 日,撰《渤海总略》。14—16 日,补撰《渤海国志长编·总略》。18—23 日,补撰《渤海世纪》。2 月 26 日,始撰《渤海诸臣列传》。3 月 7 日,补撰《渤海属部列传》。8—15 日,补撰《渤海孑遗列传》毕,改称《遗裔列传》。17 日,补撰《渤海职官考》毕。18 日,补撰《渤海族俗考》。22—23 日,改撰《渤海礼俗考》。25—31 日,撰《渤海食货考》,已成多半。4 月 4—6 日,撰《渤海族俗考》,拟改为三篇。8—9 日,撰《渤海丛考》毕。12 日,撰《渤海余录》。16 日,撰《渤海国志长编叙例》,又辑《目录》。22 日,补撰《渤海余录》。26 日,撰《渤海丛考》数条。30 日,撰《渤海征引书录》,凡 95 种。5 月 3 日,撰《渤海交通五道考》,附于地理考中。6 日,撰《渤海世纪》《列传》诸论。11 日,撰《渤海国志》诸论及序。15 日,补撰《渤海余录》。6 月 1 日,辑日本史籍中所纪渤海事毕。7 月 7 日,补撰《渤海世纪》。25 日,撰《渤海列传》粗毕,增入 20 余人。8 月 12—17 日,撰《渤海丛考》。19—20 日,撰《渤海日本交聘表》。28 日,撰《渤海丛考》数条。夏,金毓黻为臧式毅保释后,任伪满奉天公署参事官。9 月 23 日,撰《渤海丛考》毕,《渤海职官考》亦毕。24 日,补撰《渤海地理考》。26 日,补撰《渤海族俗考》。10 月 3 日,补撰《渤海年表》。4 日,补撰《渤海国志》。至此,《渤海国志长编》初稿大致已竟。11 月 8 日,撰《研究渤海国史之价值》。12 月 9—11 日,撰《渤海国志长编解题》,盖此书即将付印,以此代广告之用。冬,改任伪满奉天图书馆副馆长。(参见牟哥《金毓黻先生著述考》,东北师范大学硕士学位论文,2017 年)

楚图南 9 月撰写了《〈看哪这人〉译序》,写道:"在中国,一切正在变动之中,介绍或研究尼采,亦只能强调了尼采对于时代的叛逆性、革命性乃至进步性。"10 月,在狱中写就的《没有仇恨和虚伪的国度》《一双马靴的故事》《同一条最小最美最毒的蛇做情人》《钟馗和他的妹妹》《生命的奇迹》《歌声》《提琴》等 7 篇文章,陆续由探监的朋友带出,经朋友陈翔鹤与杨晦的帮助,将其结集,交北平人文书店出版,书名《没有仇恨和虚伪的国度》。(参见麻星甫编著《楚图南年谱》,群言出版社 2008 年版)

华岗 9 月任中共满洲特委书记,化名刘少陵,于赴任途中被捕,判刑 5 年,关押山东第一监狱。

罗振玉 3 月参加溥仪就任伪满洲国执政典礼,并代溥仪向外宾致答词。伪政权任命他为参议府参议,后改为临时赈务督办。(参见罗继祖《永丰乡人行年录(罗振玉年谱)》,江苏人民出版社 1980 年版)

郭沫若 1 月 3 日与来访的日本朋友谈论中国文艺及鲁迅,读到鲁迅在《上海文艺界之一瞥》中对于创造社的批评,对鲁迅以揶揄讽刺口吻谈及创造社的人和事以及对他们冠以的"才子加珂罗茨基"(即"才子加流氓")十分不满。于是决定动笔撰写《创造十年》,以创造社发起人的身份来记叙这一社团的历史。6 日,复信《榴花诗刊》,刊于《榴花诗刊》7 月第 2 期。10 日,《两周金文辞大系》由日本东京文求堂书店影印出版。同月,得渡部义通的著作赠书《日本母系时代之研究》。3 月 30 日,"写定"《金文韵读补遗》并作序。序谓:"就金文以求古韵,其有专书者始于王氏国维之《两周金石文韵读》,所收录金文凡三十又七器,石文乃石鼓文也。金文之所收者多未备,而王氏所谱亦间有错误者。今就其遗者补之,辑为兹编,它日续有所得,当再辑补。"春,成《金文余释》1 卷。5 月底,《金文丛考》录成。6 月 6 日夜,作《金文丛考·跋尾》。23 日夜,作《魔芳钟铭考释·追记》。7 月 21 日,作《金文丛考·追记二》。8月1日，所著《金文丛考》由日本东京文求堂影印出版，线装4册。

按：作者自述：当时怀抱着"挑战的意识"，即"向搞旧学问的人挑战，特别是想向标榜'整理国故'的胡适之流挑战"。书中收录《两周金文辞大系》之外的零散的金文研究著述11篇，与《两周金文辞大系》为姊妹篇，在金文研究史上产生重要影响。

郭沫若9月11日校读《创造十年》后作《作者附白》。20日，《创造十年》由上海现代书局出版发行。记述了1918年至1923年在九州帝国大学读书期间往返国内，酝酿组织文学社团创造社，参与创办《创造》季刊、《创造周报》等创造社前期活动的经历。夏秋之交，在东京地区探访流入日本的殷墟出土甲骨，以为编纂《卜辞通纂》所用。先后寻访了东京帝国大学考古学教室、上野博物馆、东洋文库，以及中村不折、中岛壕山、田中庆太郎等诸家所藏甲骨总计两千余片。秋，得见明锡山安国十鼓斋旧藏北宋拓本最古本之石鼓文照片，"即存研究心事"。秋冬之季，与董作宾相识，得其寄赠摹录殷墟陶文。10月上旬，《金文余释之余》集成，并作"引言"，谓"本编所录，曩草余释时曾在意念中，今思之稍觉圆熟，爰录出以为余释之余，恐继之者或尚有之余之余也"。又作《答〈两周金文辞大系〉商兑》，该文为北平图书馆刘节所作，刊于《北平图书馆馆刊》第6卷第3号，对于《两周金文辞大系》一书"有所指正"。14日，寄文求堂《〈金文丛考〉再勘误》。11月6日，《金文余释之余》由日本东京文求堂书店影印出版，线装，1册。附录《答〈两周金文辞大系商兑〉》。

郭沫若11上旬访京都大学考古学教室，得见该室所藏甲骨四五十片，并结识主持该考古学教室的内藤虎次郎（湖南），及滨田青陵、梅原末治等人。拜访内藤虎次郎（湖南）于恭仁山庄，得见其所藏甲骨20余片，并与其交谈对于甲骨文研究的见解。在富冈君扮处得见甲骨七八百片。同月，得马衡信，谓"《新郑古器图录》（关百益编）一书至不可信"，古器中"莲鹤方壶"壶盖上所立之鹤不可靠。因马氏在古器出土时曾"亲往参观"，遂信其说。在《新郑古器》（收入《古代铭刻汇考》）一文中亦自承"谬误"。郭沫若后来见过古器壶盖顶有立鸟者，又想起此案，特致信当年参加新郑古器发掘者郭宝钧询问。郭宝钧告以"莲鹤方壶"的详情并寄五图片，郭沫若确信原说是正确的，当年"于马说则未免轻信"，复作《新郑古器中"莲鹤方壶"的平反》一文（1952年10月26日），附录于《殷周青铜器铭文研究》。下旬得中央研究院历史语言研究所董作宾、李济以"《新获卜辞》之拓墨"及安阳殷墟第二次发掘所得"大龟四版"拓片"惠假""并蒙特别允许其选录"。即选录《新获卜辞》22片及大龟四版辑入《卜辞通纂·别录之一》。又得何叙甫寄示其所藏甲骨拓本，选录16片，辑入《卜辞通纂·别录之一》。是年，在文求堂初次见到增田涉。多次致函田中庆太郎论学。（以上参见林甘泉、蔡震主编《郭沫若年谱长编》，中国社会科学出版社2017年版；彭林祥《〈创造十年〉问世后的臧否之声》，《平顶山学院学报》2013年第4期）

胡风仍在日本。在国内的《文学月报》及《综合》上发表了《粉饰、歪曲、铁一般的事实》及《论主题积极性和对第三种人的批判等》。冬，回国抵沪，向文总汇报日本反战同盟拟召开远东反战会议之事和新兴文化研究会的事情。首次见到冯雪峰、丁玲、周扬等。组织上决定派楼适夷到东京去参加远东反战会议。遂与楼适夷同船去东京。（参见晓风《胡风年表简编》，《新文学史料》1986年第4期）

马士伟去天津日租借活动，将一心堂改名为一心天道龙华圣教会，自任会长。

张友渔再次去日本，考察研究日本新闻事业。

黎雄才得到高剑父资助，赴日本留学，入东京美术学校学习日本画。

吴玉章年初与由莫斯科派往海参崴职工国际太平洋秘书处主编刊物的杨松（吴绍镒）

常相往来。2月，出席远东群众声援淞沪抗战的集会并发表讲话，指出"中国人都深恨日寇九一八以来的横暴，只要有人起来抗战，大家都应欢迎"。春，作《论中国土地和农民问题》。上半年，在远东工人中组织反日大运动。夏，伯力共产主义大学中国部与苏兆征中国党校合并，成立远东边疆中国高级列宁学校。继续在校中任教。应苏联教师波兹涅耶娃之邀，准备合写《中国近代史》。秋，和林伯渠一起，转为联共（布）正式党员。接中共驻共产国际代表团信，嘱和林伯渠一道去莫斯科。因《中国新文字的新文法》一书未完成，加之即将召开中国文字拉丁化第二次代表大会之故，未去莫斯科。送林伯渠单独成行。10月，组织召开中国拉丁化新文字第二次代表大会。会议就新文字方案作了修改，确定以中国北方话为基础，同时就新文字书籍的出版、新文字教学问题作了深入讨论。冬，开办拉丁化新文字学习班，培养新文字骨干；改订出版与林伯渠合编的《拉丁化中文词典》；编写就《拉丁化中国字初学课本》；校订张成功所编《什么是新文宁》；应邀至许多单位作新文字学术报告。（参见刘文耀、杨世元《吴玉章年谱》，四川人民出版社1998年版）

　　曹靖华与鲁迅、茅盾9月联名撰文祝贺高尔基文学创作生活40年。是年，曹靖华与鲁迅通信十几封，收鲁迅信11封，现存6封。译剧本《粮食》（苏·凯尔升作），寄鲁迅，当时拟在期刊发表，被反动派查禁。《铁流》在上海、北平及苏联远东国家出版局分别出版。曹靖华在苏联期间，受鲁迅之托搜集了许多木刻珍品。有《死魂灵》《聪明误》《城与年》《俄罗斯民间故事》等书的插图精本；有《苏联书籍封面集》《天方夜谭》彩色精印插图本；《苏联作家像集》；有整函的巨幅古典名画集等。（参见冷柯（执笔）、毛粹《曹靖华年谱简编》，《河南大学学报》1984年第5期）

　　王光祈1月1日在柏林撰《战机尚未成熟》一文，后刊于上海《生活周刊》第7卷第12期。2日，在柏林撰《御武之武力》一文，后刊于上海《生活周刊》第7卷第13期。2月25日，在柏林图书馆完成《西洋话剧指南》一书，至1939年由上海中华书局印行。3月31日，致函中华书局舒新城，痛感强敌压境，困难当头，拟编译一套《国防丛书》，以备国人抵御侵略之参考。4月22日，在柏林图书馆完成《空防要览》一书的翻译工作，至1935年3月由中华书局出版。5月，上海中华书局编辑所所长舒新城给王光祈去信，介绍了国内各方面的情形，并多次提起王光祈从事社会事业的旧念，认为他应回国为国家社会服务，入中华书局任事。王光祈因"拟编辑《国防丛书》非在德国再住一二年，不能竣事"的原因，婉辞了朋友的邀请。其时，王光祈已开始着手《国防丛书》的编辑工作，很多时间都在柏林图书馆查阅、搜集资料。由于国内资料缺乏，为工作计，王光祈未能回国。同月4日，王光祈在柏林写成《国防问题》一文，后刊于上海《生活周刊》第7卷第26期。7月7日，在柏林图书馆译《经济战争与战争经济》毕，此书译自海尔法里耶所著之《世界大战》一书，至1933年2月由中华书局出版。18日，邵循正在《大公报·文学副刊》对王光祈译著《西藏外交文件》一书中引述乾隆御制《十全武功记》的错讹，提出批评。8月1日，王光祈在柏林撰《防空组织》一文，后刊于上海《生活周刊》第7卷第4期。31日，王光祈在柏林致函邵循正，谓"仆之专业系在研究音乐历史，惟以国命危殆之故，间亦拨冗翻译外交史料七种，以供国人参考"，"译述之时，系在柏林图书馆中……非如国内编著之能多得材料，详细斟酌者可比。更加当时个人处于经济万分压迫之下，健康十分受损之际，疏误之处，势所难免"，"仆生平为人，最喜笨干，近又不自量力，为中华书局编译《国防丛书》，此种不度德、不量力之勇气，势将更使先生齿冷。虽然仆宁愿饱受他人'齿冷'之辱，而不愿自己陷于血冷之境也。国难方殷，尚希为国珍重！"

后刊于天津《大公报》。9月27日,邵循正在北平致信王光祈,谓"先生著作甚富,脍炙人口,瑕不匿瑜,疵不掩醇。《文副》编者谓先生学行之笃,远非时辈所及,仆聆之神往……编译《国防丛书》,亦当务之急,何日脱稿,先读为快,深望为学珍重,敬候起居不一!"后刊于天津《大公报》。11月1日,王光祈受聘波恩大学东方学院,担任中国文艺讲座,并在该校旁听席德迈尔教授的课程。(参见四川音乐学院、成都市温江区人民政府编《王光祈文集》,巴蜀书社2009年版)

冯至1月11日致信杨晦等,告知学习了一点法文。3、4月间,由朱偰介绍,由城内迁到郊外,一个名叫爱西卡卜的居民区,与之为邻。5月,徒步旅行,从柏林至撒克逊邦入捷克边境。原拟访里尔克的故乡布拉格,因旅费不足而返。6月6日,致信杨晦,主张姚可崑来德;重新认识了歌德。15日、16日,致信杨晦夫妇,告知游撒克逊群山。18日,致信杨晦,请求同意姚可崑来德。夏,朱自清路过柏林,邀约到住处。几天后又陪他到波茨坦的无忧宫游玩。某日,李健吾来访。约在8月,到吕根岛旅行,排遣梁遇春之死的哀思。10月17日,到威尼斯迎接姚可崑。从此,经常在一起散步、留下了终生美好的印象。译文片断《布拉格随笔》(里尔克著)刊于《沉钟》半月刊第14期。11月15日,译里尔克诗作《豹》刊于《沉钟》半月刊第15期。17日,致信姚可崑,谈《沉钟》、自己以前的诗、读歌德的体会和与姚可崑相处等情况。12月30日,译文《论山水》(里尔克著)刊于《沉钟》半月刊第18期。(参见周棉《冯至年谱》,载王京州编《河北近现代学者年谱辑要》,国家图书馆出版社2017年版)

陈铨在德国基尔大学留学。8月22日,陈铨《歌德与中国小说》刊于《大公报·文学副刊》。因该校亚克布教授很希望能得到来自中国的第一手皮影戏资料,于是竭尽所能,并托人在成都购买有关灯影戏的道具以及川剧本子,令亚克布教授如入宝山,欣喜莫名,相约与陈铨一起研究灯影戏,由此也开启了陈铨的戏剧生涯,并为日后创作轰动朝野的《野玫瑰》埋下了丰厚伏笔。11月,陈铨收到四弟陈咏南从成都寄来的一套灯影戏,决定自己导演皮影戏,并将四弟陈咏南寄来的《打金枝》《借伞》两部戏的故事翻译为德语演出,此为陈铨第一次出任导演。(参见陈铨《中德文学研究》之《德国学者对于中国灯影戏的研究》,德国基尔大学文学博士论文,1934年;沈卫威《学衡派编年文事》,南京大学出版社2015年版)

严文郁9月受北平图书馆委派赴德,德方派西门华德博士(Dr. Walt Simon)来馆,此为平馆与德国普鲁士国立图书馆交换馆员项目。(参见张光润《袁同礼研究(1895—1949)》,华东师范大学博士学位论文,2018年)

沙学浚在德国留学,先入莱比锡大学研读地理专攻地图学,后又在柏林入德国最著名之印刷学校,实习印图技术。

朱自清1月1日与清华大学校友在新华味斋聚餐。4日,从罗宾森夫人家迁至歇卜士太太家,与柳无忌同寓。7日,偕柳无忌赴吉尔福特大街18号访林语堂,听他介绍他的中文打字机设计。8日,赴托林顿广场观俄国文学展览。29日,得悉上海"一·二八"淞沪抗战爆发。在日记中写道:"无线电广播说日本人占领了上海,商务印书馆和北火车站被炸成一片火海。这真是人类文化的浩劫。我耽心东方图书馆是否还幸存着!"午间,赴新粤酒家应林语堂邀宴。2月15日,购留声机一台和《哥伦比亚音乐史》一书。在此前后努力钻研西方音乐史。27日,赴上海楼参加北大校友聚餐,并听林语堂作"中国文化的时代精神"讲演。3月13日,赴米尔斯旅馆晤从巴黎来的李健吾和秦善鋆。4月5日,为朱光潜的《谈美》《文艺心理学》作序。4月7—10日,参观不列颠博物馆。5月2日,偕柳无忌等参观牛津大学等地。5月4日,偕柳无忌等访莎士比亚诞生地、故居、读书的中学和墓地等。观莎士比亚剧作《凯撒大帝》和《第十二夜》。6日,偕柳无忌等赴剑桥参观。7日,偕陈麟瑞访皇家学院、圣约翰学院和三一学院等。8日,偕柳无忌等返回伦敦。

朱自清5月13日晚偕友人赴巴黎。由此,朱自清开始了为期两个月的游览英国和欧洲各国的旅途。21日,偕李健吾、吴达元访拉歇斯公墓,见萧邦、圣皮埃尔、王尔德等人的墓。31日,为李健吾剧本《老王和他的同志们》作序。未刊。6月3日,游国家图书馆和格雷维因博物馆。8日,游里克斯博物馆和皇宫等。晚离荷兰赴德国。10日游大教堂、亚历山大广场、地铁中央站、动物园等。与柳无忌夫妇重逢。12日,游国家美术馆等。遇蒋复璁夫妇等,结识冯至。14日,访国家图书馆的东方部藏书。应冯至邀参加茶会。17日,偕冯至游腓德烈大帝博物馆等。19日,偕蒋复璁、冯至赴波茨坦。24日,偕友人访歌德故居。29日,游国际联盟和艺术、历史博物馆等。晚,抵意大利米兰。7月1日,再遇柳无忌夫妇等。3日午后抵佛罗伦萨。访但丁故居、彼特拉克故居等。4日晚赴罗马。6日,游圣彼得教堂、万神殿和古罗马圆形剧场。又遇柳无忌夫妇。7日,偕柳无忌夫妇游济卑古城。7月8日在意大利港埠布林迪西登“拉索伯爵”号邮轮启程返国。与柳无忌夫妇,朱偰夫妇、赫英举夫妇等同船。(以上参见姜建、吴为公编《朱自清年谱》,安徽教育出版社1996年版)

朱光潜继续在英国留学,将大部分时间用于撰写英文博士论文《悲剧心理学》。3月,撰写《文艺心理学》的“缩写本”——《谈美》。夏,《谈美》完稿。(参见宛小平《朱光潜年谱长编》,安徽大学出版社2019年版)

程其保、杨廉、郭有守、李熙谋、杭立武6月18日受国民政府教育部派赴欧洲考察教育。(参见中央教育科学研究所编《中国现代教育大事记1919—1949》,教育科学出版社1988年版)

顾维钧任东北收复失地委员会委员长,代表中国政府参加国联李顿调查团,曾向调查团提出有关日本侵华之祸备忘录。同年出任驻法国公使,并任中国政府出席国联大会代表。

杨成志带着云南调查所获资料,赴法国巴黎大学人类学院攻读博士学位,跟随法国巴黎大学及民族学研究所民族学教授Mauss、民族学研究所主任兼教授Rivet、人类学院实验室主任兼社会学教授Papillant学习人类学和民族学课程。求学期间,还加入国际人类学会及民族志博物馆友谊会,并成为英国伦敦皇家人类学院的研究员。

张竞生继续在法国从事学术研究。12月,所撰《写在〈精神分析学与艺术〉之尾巴!》刊于《读书杂志》第2卷第11—12期合刊。

冯沅君、陆侃如考取巴黎大学文学博士班,专事古典词曲的研究,并获得博士学位。

戴望舒10月赴法国留学,施蛰存、刘呐鸥、杜衡、穆时英为之送行。

曾竹韶3月在巴黎与冼星海、郑志声、李俊昌、季继仁等5人组织成立“巴黎中国留法音乐学会”。他们相约回国后在上海共同创办一所音乐学校,由冼星海先行回国做准备,后因抗战爆发而未果。

赵紫宸赴英国牛津大学进修,并教授中国诗歌,受到热烈欢迎。发表《我们的十字架就是我们的希望》《宗教教育者应如何应付国难》《燕大基督教团契述略》《基督教与中国的心理建设》等文章。(参见赵晓阳编《中国近代思想家文库·赵紫宸卷》及附录《赵紫宸年谱简编》,中国人民大学出版社2014年版)

秦宣夫与同学李健吾同赴伦敦,参观英国皇家艺术学院主办的“法兰西艺术1200—1900大展览会”。

　　蒋丙然被意大利气象学会聘为名誉副会长,成为中国有史以来获此殊荣的第一人。同时还担任国际天文联合会委员。

　　黄汲清由中华教育文化基金会选派到瑞士留学,先入伯尔尼大学地质系,旋转入浓霞台大学。

　　萧一山受教育部委派,赴欧美考察。在欧美期间,除考察研究外,他特别留意太平天国史料的搜集。

　　赵少昂作品入选在莫斯科、巴黎、柏林举办的中国艺术展览。

　　赵元任1月由国民政府教育部令派为国立清华大学留美学生监督。1月4—11日到上海参加中华教育基金会会议。8日,在第六次常会上,赵元任、蒋梦麟辞职。过南京办理出国护照,预订赴美船票。19日,完成有关语调的文章"A Preliminary Study of English Intonation (with American variants)and its Chinese Equivalent"。2月上半月,校《走到镜子里》末校校样;继续翻译高本汉著《中国音韵学的研究》。2月21日,赵元任偕妻女赴华盛顿,继梅贻琦后,任最后一位清华学生监督处监督,任期半年。3月2日,看到闸北熊熊烈火,后来才知上海商务印书馆也在这次大火中被毁;辛辛苦苦花了一年多功夫翻译的《走到镜子里》的未校样,也一并被大火吞没,只剩下手头残缺不全的手稿。4日,乘美国海轮"林肯总统"号赴美。驶出黄浦江时,沿岸被烧毁的房屋建筑历历在目。22日,抵达美国旧金山,清华留美学生张汇文、林同济等6人到码头迎接。23—25日,到加州大学柏克莱和斯丹福大学会晤清华留美学生,并和他们座谈,这正是监督处主任的分内工作。赵元任1919年获博士学位后,曾来加州大学柏克莱进修半年,一别十几年了,这次带着全家旧地重游,完全没有料到1947年以后竟在这里度过了自己的余生。3月25日,乘火车横穿美国大陆,向东驶去。29日子夜(mid-night)抵达美国首都华盛顿。自2月21日离开北平,3月29日抵达华盛顿,行程一个多月。余俊吉、何培元、王文山来车站迎接,并送到2645 Connecticut Avenue(楼上住家,楼下办公),从而开始了在华盛顿一年半清华留美学生监督处主任的工作及生活。

　　赵元任4月4日,到办公室正式上班。监督处工作人员不多,除元任外只有刘廷藩一个人。后来刘也去上学了,监督处日常工作靠清华留美学生帮忙,何培元、王慎名、苏宗固、陈之迈、张汇文、缪经田、林维英等都先后来帮过忙。5月,跟王慎名轮流开车到纽约,为史语所订购语音实验室用仪器。7月17—24日,开车带全家到波士顿地区参加东方学术讨论会(Oriental Studies Seminar),并在会上讲"Some Aspects of Chinese Music"(中国音乐的某些方面)。7月,在哈佛大学参加中国科学社美国分会会议,研究讨论年会有关事宜。带全家拜访自己的老师Woods教授及Hocking教授,并在Hocking教授的白山别墅(White Mountains)住一晚。8月20—24日,与夫人开车到纽约参加《第三届国际优生学报告会和展览会》。8月29—30日,参加在波士顿召开的中国科学社美国分会年会,并主持闭幕式。分会选择这个时间和地点是给大家一个机会看日全蚀,赵元任生平第一次看到日全蚀,非常兴奋。9月27日,赵元任开车到纽约,拜访Ogden教授,共同讨论基本英语(Basic English)问题,之后到Fairchild公司联系订购录音设备事宜。11月中旬,到纽约哥伦比亚大学讲"National Language Movement"(国语运动)。12月9日,在康奈尔大学讲《中国音乐》,听众中有赵元任的老师。是年,所撰"A Preliminary Study of English Intonation (with AmericanVariants)and its Chinese Equivalent",刊于《中研院史语所集刊》外编《庆祝蔡元培

先生六十五岁论文集》。（以上参见赵新那、黄培云编《赵元任年谱》，商务印书馆 1998 年版；齐家莹编
《清华人文学科年谱》，清华大学出版社 1999 年版；中央教育科学研究所编《中国现代教育大事记(1919—
1949)》，教育科学出版社 1988 年版）

　　张荫麟继续在美国留学。1 月 4 日，《大公报·文学副刊》第 208 期发表《评郭沫若〈中
国古代社会研究〉》。作者以人类学理论评价郭沫若的《中国古代社会研究》，认为郭著的一
个突出贡献就在于“例示研究古史的一条大道”，“那就是拿人类学上的结论去爬梳古史的
材料”，文中又列举了这条研究古史的路径的三种优点，并提出此一路径“是值得后来史家
的遵循的”。鉴于在当时的上古史研究中，盛行的是“疑古辨伪”的方法，是史料考订的方
法，而张荫麟却将郭沫若的跨学科方法提示出来，表明他对这一路径的认同。但同时张荫
麟对郭沫若的方法运用又提出尖锐批评：“穆尔纲的《古代社会》，那已经成了人类学史上的
古董，其中的结论多半已被近今人类学者所揿弃，……穆尔纲和他同时许多人类学先驱者
的根本错误在以为社会的演化，有一定之程序与方式，为各个社会所必经。”郭先生“竟无条
件地承受了那久成陈迹的，十九世纪末年的‘一条鞭式’社会进化论，并担任用中国史来证
明它，结果弄出许多穿凿牵强的地方”。7 月 25 日，张荫麟在《大公报·文学副刊》第 238 期
发表《历史之美学价值》。12 月 3 日，张荫麟《代戴东原灵魂致冯芝生先生书》刊于《大公
报·世界思潮》。此文就冯友兰《新对话》（一）（二）与其商榷，认为“我们的经验，无论关于
自然界及人事界，是有秩序的，这秩序只存在于在时空里的个体之中，并不是超乎时空之
外”。26 日，张荫麟在《大公报·文学副刊》第 260 期发表《龚自珍诞生百四十年纪念》。（参
见沈卫威《学衡派编年文事》，南京大学出版社 2015 年版；王学典《20 世纪史学编年（1900—1949）》，商务
印书馆 2014 年版）

　　余日章赴美国治病时，曾面见美国国务卿史汀生，“劝导”美国对侵华有所遏制。

　　司徒赞 2 月在新加坡创办《新侨周报》，10 月任《时报》主编。

　　法国知名汉学家、探险家保罗·伯希和 3 月专函中研院院长蔡元培，略谓：“考古与文
学研究院每年准备一千五百佛郎之奖金，赠与在过去一年中关于中国语言、历史等学最完
美之著作。此项奖金名为于里安奖金。予因中央研究院历史语言研究所各种出版品之报
告书，尤因李（济）先生所著安阳发掘古物之报告，特提议赠与该所，此予所欣喜而欲告知先
生者。然此仅为予等对于中国博学者极微薄的钦佩之表示，同时予等欲在中国极感困难时
借此向中国博学者表示同情。”月底，蔡元培复函伯希和，表示“本院历史语言研究所考古组
稍有发现，竟承嘉许，为提出考古与文学研究院，得领于里安奖金，深感先生提倡盛意。本
所同人当益益勉力，以副期望。敝国以水灾及兵事之影响，经济困难，敝院亦感竭蹶；然一
切研究工作，均仍积极进行，安阳发掘，亦继续工作，敬希勿念”。年底，伯希和为调查近年
中国文史学的发展，并为巴黎大学中国学院采购普通应用书籍，经香港、上海到达北平。在
北平期间，伯希和考察了中国古迹及美术，并参观各著名学术机关，因对史语所各种出版品
之报告书尤其是李济等人所编著安阳殷墟发掘报告印象深刻，乃建议法国考古与文学研究
院将本年度“于里安奖金”授予中央研究院史语所。随后，傅斯年向蔡元培汇报史语所工作
时说：“此时对外国已颇可自豪焉。”蔡元培则复函勉励：“‘中国学’之中心点已由巴黎而移
至北平，想伯希和此时亦已不能不默认矣。”12 月 17 日，杨杏佛致函蔡元培，谓“伯希和来院
见访，已约于星一参观沪院，午间聚餐，由各所长及（宋）梧生兄等作陪，渠星一晚入京”。（参
见高平叔编著《蔡元培年谱长编》，人民教育出版社 1996 年版；王学典《20 世纪史学编年（1900—1949）》，
商务印书馆 2014 年版）

美国学者费正清(John K. Fairbank)春间来华。5月10日,费正清首次接触胡适、陶孟和等中国学界名流。又经胡适、陶孟和介绍,认识北平图书馆副馆长袁同礼。袁同礼在平馆辟有专室,协助外国学者使用中文文献。稍后,费正清又拜访了蒋廷黻,并师从蒋廷黻学习研究中国历史。为帮助费正清在华期间撰写博士论文《中国海关的起源》,蒋廷黻又安排费正清在清华大学兼课。11月,费正清离华,并于次年1月获得牛津大学博士学位。

按:费正清的博士论文修改后以《中国沿海的贸易与外交(1842—1854)》为题出版(1953)。1939年起,费正清开始在哈佛大学开设东亚文明课程。(参见张光润《袁同礼研究(1895—1949)》,华东师范大学博士学位论文,2018年;王学典《20世纪史学编年(1900—1949)》,商务印书馆2014年版)

美国哥伦比亚大学教授罗格博士6月26日来华考察南北教育数月。近日到沪,即将赴欧,出席国际新教育会议。上午11时,世界社特请其在福开森路393号该社大礼堂讲演《中国教育问题》,到蔡元培夫妇、高鲁、王景岐、杨肇烷、张忠道、吴蕴斋等400余人。李石曾致介绍词后,罗格即就其在各地考察所得,作长篇讲述,提出若干建议,由朱懋澄翻译。末由大同乐会演奏古乐。至下午1时始散。(参见高平叔编著《蔡元培年谱长编》,人民教育出版社1996年版)

德国佛兰克福中国学院欧特曼博士等人致函蔡元培,告以该院所设友谊联合会的情况,并推蔡元培为名誉会员。11月10日,蔡元培接信后当即复函表示:"遵示列名,并尽相当助力,共策进行。"(参见高平叔编著《蔡元培年谱长编》,人民教育出版社1996年版)

三、学术论文

马衡《记汉"居延笔"》刊于《国学季刊》第3卷第1期。

刘盼遂《〈诗·螮蝀〉篇远兄弟父母韵说》刊于《国学丛编》第2期第1册。

马衡《记汉"居延笔"(西北科学考查团短篇论文之一)》刊于《国立北京大学国学季刊》第3卷第1号。

黄文弼《高昌疆域郡城考(西北科学考查团短篇论文之一)》刊于《国立北京大学国学季刊》第3卷第1号。

汤用彤《竺道生与涅槃学》刊于《国立北京大学国学季刊》第3卷第1号。

朱希祖《郑延平王受明官爵考》刊于《国立北京大学国学季刊》第3卷第1号。

刘复《释"一"》刊于《国立北京大学国学季刊》第3卷第1号。

魏建功《唐宋两系韵书体制之演变(敦煌石室存残五代刻本韵书跋)》刊于《国立北京大学国学季刊》第3卷第1号。

陆宗达《王石臞先生韵谱合韵谱遗稿跋》刊于《国立北京大学国学季刊》第3卷第1号。

傅振伦《燕下都发掘报告》刊于《国立北京大学国学季刊》第3卷第1号。

刘复《天坛所藏编钟编磬音律之鉴定》刊于《国立北京大学国学季刊》第3卷第2号。

方壮猷《鞑靼起源考》刊于《国立北京大学国学季刊》第3卷第2号。

魏建功《陆法言切韵以前的几种韵书》刊于《国立北京大学国学季刊》第3卷第2号。

钱玄同《重论经今古文学问题(重印新学伪学考序,方国瑜标点本)》刊于《国立北京大学国学季刊》第3卷第2号。

刘文兴《刘端临先生年谱》刊于《国立北京大学国学季刊》第3卷第2号。

孟森《辽碑九种跋尾》刊于《国立北京大学国学季刊》第 3 卷第 3 号。

赵荫棠《中原音韵研究》刊于《国立北京大学国学季刊》第 3 卷第 3 号。

黄文弼《"兽形足"盆形像考释》刊于《国立北京大学国学季刊》第 3 卷第 3 号。

刘复《北平方音析数表》刊于《国立北京大学国学季刊》第 3 卷第 3 号。

孟森《建州卫地址变迁考》刊于《国立北京大学国学季刊》第 3 卷第 4 号。

厉鼎煃《热河契丹国书碑考》刊于《国立北京大学国学季刊》第 3 卷第 4 号。

刘复《西汉时代的日晷》刊于《国立北京大学国学季刊》第 3 卷第 4 号。

魏建功《中国古音研究上些个先决问题》刊于《国立北京大学国学季刊》第 3 卷第 4 号。

孟森《清史稿应否禁锢之商榷》刊于《国立北京大学国学季刊》第 3 卷第 4 号。

林语堂《汉字中之拼音字》刊于《历史语言研究所集刊》第二本第四分册。

朱希祖《吴三桂周王纪元释疑》刊于《历史语言研究所集刊》第二本第四分册。

朱希祖《劫灰录跋》刊于《历史语言研究所集刊》第二本第四分册。

陈寅恪《西夏文佛母孔雀明王经考释序》刊于《历史语言研究所集刊》第二本第四分册。

傅斯年《明成祖生母记疑》刊于《历史语言研究所集刊》第二本第四分册。

罗常培《中原音韵声类考》刊于《历史语言研究所集刊》第二本第四分册。

罗常培《释重轻(等韵释词之三)》刊于《历史语言研究所集刊》第二本第四分册。

罗常培《戴东原续方言稿序》刊于《历史语言研究所集刊》第二本第四分册。

唐虞《儿(ɚ)音的演变》刊于《历史语言研究所集刊》第二本第四分册。

徐中舒《宋拓石本历代钟鼎彝器款识法帖残本再跋》刊于《历史语言研究所集刊》第二本第四分册。

庞新民《广东北江猺山杂记》刊于《历史语言研究所集刊》第二本第四分册。

金岳霖《思想律与自相矛盾》刊于《清华学报》第 7 卷第 1 期。

陈寅恪《莲花色尼出家因缘跋》刊于《清华学报》第 7 卷第 1 期。

吴其昌《来纽明纽古复辅音通转考》刊于《清华学报》第 7 卷第 1 期。

萧公权《拉斯基政治思想之背景》刊于《清华学报》第 7 卷第 2 期。

陈寅恪《禅宗六祖传法偈之分析》刊于《清华学报》第 7 卷第 2 期。

冯友兰《朱熹哲学》刊于《清华学报》第 7 卷第 2 期。

刘盼遂《段玉裁先生年谱》刊于《清华学报》第 7 卷第 2 期。

张德昌《明代广州之海舶贸易》刊于《清华学报》第 7 卷第 2 期。

浦薛凤《美法革命之政治思想》刊于《清华学报》第 7 卷第 2 期。

蒋廷黻《最近三百年来东北外患史》刊于《清华学报》第 8 卷第 1 期。

冯承钧《王玄策事辑》刊于《清华学报》第 8 卷第 1 期。

冯友兰《宋明道学中理学心学二派之不同》刊于《清华学报》第 8 卷第 1 期。

杨树达《汉代丧葬制度考》刊于《清华学报》第 8 卷第 1 期。

王信忠《福州船厂之沿革》刊于《清华学报》第 8 卷第 1 期。

谢国桢《明季奴变考》刊于《清华学报》第 8 卷第 1 期。

浦薛凤《英国功利主义派之政治思想》刊于《清华学报》第 8 卷第 1 期。

西谛《〈西厢记〉的本来面目是怎样的》刊于《清华周刊》第 37 卷第 9、10 期。

钱穆《周官著作时代考》刊于《燕京学报》第 11 期。

郑德坤《层化的河水流域地名及其解释》刊于《燕京学报》第 11 期。

闻宥《上代象形文字中目文之研究》刊于《燕京学报》第 11 期。

刘节《汉熹平石经周易残字跋》刊于《燕京学报》第 11 期。

马彦祥《秦腔考》刊于《燕京学报》第 11 期。

钱宝琮《太一考》刊于《燕京学报》第 12 期。

钱穆《古三苗疆域考》刊于《燕京学报》第 12 期。

洪业《所谓"修文殿御览"者》刊于《燕京学报》第 12 期。

夏承焘《白石歌曲旁谱辨》刊于《燕京学报》第 12 期。

刘盼遂《中国文法复词中偏义例续举》刊于《燕京学报》第 12 期。

何观洲《牂柯江考》刊于《燕京学报》第 12 期。

侯堮《觉罗诗人永忠年谱》刊于《燕京学报》第 12 期。

贺昌群《近年西北考古的成绩》刊于《燕京学报》第 12 期。

访秋《近代文人取名多得自〈楚辞〉》刊于《师大国学丛刊》第 1 卷第 3 期。

访秋《纳兰性德所爱好之词家》刊于《师大国学丛刊》第 1 卷第 3 期。

王云渠《古代中国文法上的"予""我""吾"》刊于《师大国学丛刊》第 1 卷第 3 期。

许安本《永明竟陵八友》刊于《师大国学丛刊》第 1 卷第 3 期。

崔宪家《浪漫主义的诗人李白》刊于《师大国学丛刊》第 1 卷第 3 期。

于丙离《帝王文学论》刊于《师大国学丛刊》第 1 卷第 3 期。

王正已《中国古代哲学思想的发生》刊于《师大国学丛刊》第 1 卷第 3 期。

叶廷岩《学术与救国》刊于《现代学术》第 2 卷第 5 期。

按：是文曰："学术是一向被中国人糊涂地尊崇的东西。一般愚弄读书人的帝王，纵然在他'马上取天下'的时候，亦曾溺儒冠，辱儒生；一旦得了天下，为着粉饰太平与消弭隐患起见，都不惜分点余沥。用各种名位爵禄，把那些所谓'学者'羁縻起来。一般白面书生，亦乐得与帝王勾结，以眩惑农工商贾，于是亦帮着宣传'宰相须用读书人'一类的鬼话。因此，学术遂永远与治国平天下，有了一种莫名其妙的关系。……我要正式申明的，我并不反对任何人，用任何目的，去研究任何学术乃至任何东西。世界上必须有种种色色的人，乃能成一个世界；这种事谁能够反对呢？我的意思，不过我们今日第一件事，希望真有些人能救国；因此希望真有些人能研究救国的学术。我第一是要指明，别的学术与救国没有甚么直接的关系。靠别的学术救国，是靠不住的。第二是要指明，要救国仍非研究救国的学术不可，从前那种凭直觉盲动，是太热心而没有结果的事。"

　　上述的观点，并不是作者要否定学术与救国之间的关系，而是"一，我以为要投身作救国运动的，应当对于救国的学术下一番切实的研究功夫。我们决不只是发传单，打通电，开会，游行；闹了一阵，究竟闹不出甚么结果来，便可以心满意足的，我们必须要研究。然而我们在研究之外，在合当的时候，用发传单，打通电，开会，游行乃至于其他活动，以求达到一种目的，自然亦是应当的事情，这正如学理化的人必须进实验室，是一样的事。二，我以为我们定要打破任何学术可以救国的谬想。我们要研究救国的问题，不可信靠我们自己数理，文学的知识，亦不可信靠那些大数理学，大文学家的议论。我们最好是自己能多少研究些救国的学术，而且从有这种研究的人那里，去得着相当的指导。""一切学术，都可以七湾八转的使他与救国发生关系，这是我承认的。但是没有救国的学术，而只有别的东西，终究永远不能收救国的成效。倘若我们为研究救国的切实方略，一切学术都可以供给我们一些基本的资料；但是这不是说，我们应去研究一切学术，这是说，我们应研究而接受他们，应用他们以解决社会问题的人，我看这与救国，终究是风马牛不相及呢！所以便令我们承认一切学术，都可以供给救国方略的资料；然而说一切学术都可以救国，然而说，中国人研究一切学术，是一样的急切而重要，终究是靠不住的话。"

余天休《学术救国》刊于《国立劳动大学劳动周刊》第 1 卷第 19 期。

按：是文认为，"学术救国也就是主张养成这种应变的人材使之将来应付我们的一切问题"。之所以要提倡"学术救国"，是因为如果我们能够成功培养应变的人才的话，"那末，我们国家内部的变化，或是外来的伤害，都能有法消减或抵御了"。所谓外来的变化，"第一种就是天灾，如水灾、旱灾、火灾、风灾、地震等"，"第二种是外国的侵略"。至于内部的变迁大概是有三种："第一种是由外变而促进的"，"第二种是由于学术发达而产生变迁"，"第三种是由人口过剩而产生的"。而"中国固有的学术，四书五经之类的东西，和讲义式的新教育，是不能应变的。所以我们目前所见的乱局非有精通的学和术是再无法收拾的了"，"中国现在一般的读书人还是受着士大夫式的教育思想所支配。他们求学还是抱着做官为目的，所以一出校门便把书本放下而谋做官去，以后也不再谈学问了，结果只成为社会上的通材而已。这种人没有什么成绩以贡献于国家的。……所以我们应预定每人专门研究一种学术，定出一种作人和救国的方针，并且实行一种计划，改进人生和补救国家的弊病。若果我们大家都肯这样费十年或二十年的功夫去研究一种专门的学术，我想一定可以达到救国的目的。……我们若果要以学术为救国的目的，必须抱定终身研究的宗旨，不管我们将来作什么职业，总要努力不辍的研究，和实行，完成我们的事业，决不要因为我们的职业而把事业抛弃了"。

刘盼遂《跋〈隋渡辽将军上柱国普安公司兵参军事杨暘墓志铭〉》刊于《北平图书馆馆刊》第 6 卷第 2 号。

黄子通《康德论本体》刊于《国立武汉大学文哲季刊》第 2 卷第 2 号。

谭戒甫《墨辩轨范(续)》刊于《国立武汉大学文哲季刊》第 2 卷第 2 号。

朱东润《述钱牧斋之文学批评》刊于《国立武汉大学文哲季刊》第 2 卷第 2 号。

张沅长《莎学》刊于《国立武汉大学文哲季刊》第 2 卷第 2 号。

方重《十八世纪的英国文学与中国(续)》刊于《国立武汉大学文哲季刊》第 2 卷第 2 号。

吴其昌《金文历朔疏证续补》刊于《国立武汉大学文哲季刊》第 2 卷第 2 号。

刘赜《古声同纽之字义多相近说》刊于《国立武汉大学文哲季刊》第 2 卷第 2 号。

潘重规《〈说文〉借体说》刊于《国立武汉大学文哲季刊》第 2 卷第 2 号。

郭嵩焘《读管札记(续)》刊于《国立武汉大学文哲季刊》第 2 卷第 2 号。

唐迪风遗著《孟子大义》刊于《学衡》第 76 期。

郭斌和译《柏拉图语录之五斐德罗篇(续第六十九期)》刊于《学衡》第 76 期。

李翊灼《我执实相观》刊于《学衡》第 76 期。

刘永济《天问通笺》刊于《学衡》第 77 期。

曾运乾《读敖士英关于研究古音的一个商榷》刊于《学衡》第 77 期。

郭斌和《柏拉图之埃提论》刊于《学衡》第 77 期。

赵恩赐《中国酒底化学分析》刊于《岭南学报》第 2 卷第 3 期。

乃尼《昆虫与人类健康之关系》刊于《岭南学报》第 2 卷第 3 期。

容肇祖《明冯梦龙生平及著作续考》刊于《岭南学报》第 2 卷第 3 期。

容肇祖《西陲木简中所记的"田章"》刊于《岭南学报》第 2 卷第 3 期。

谢扶雅《邵雍先天学新释》刊于《岭南学报》第 2 卷第 3 期。

黄仲琴《嵩园读书记[(一)齐桓公之一事(二)五官(三)佛教入中国诸说(四)重刊古周易订诂]》刊于《岭南学报》第 2 卷第 3 期。

陈澧《遗稿》刊于《岭南学报》第 2 卷第 3 期。

何格恩《陈亮的生平订正》刊于《岭南学报》第 2 卷第 3 期。

胡鉴民《科学与中国社会改造》刊于《大陆》第1卷第2期。

碧遥《浙江学术源流考》刊于《大陆》第1卷第2期。

按：是文认为："浙江省在本部中区中，开化较晚，《禹贡》属于扬州东境，春秋时分属于吴越，后来又都归越国。它的位置僻处海滨，离诸夏文明民族很远。……下而北宋一代，浙籍人才辈出。至于南宋，王室南迁，衣冠文物，集在临安，同时外人互市，以广州、泉州、宁波、杭州为四大埠，浙省适得其二。外来商贾，以阿拉伯人为多，带来回教佛教依兰等国的文化，接触渲染，进步自速，故南宋之世，历史人物，依丁文江氏之统计，浙省实居全国的百分之二十二有奇，自此以后，浙江常握文化中心"。故是文主要论述的"即自南宋以及近代，浙省学术演进的一般形态"。

是文曰："宋代理学特盛，周程张朱，在中华哲学史上大放异彩。……民间私立学校，名曰书院，宋时有白鹿洞、岳麓、应天、嵩阳，四大著名的书院，不著名者不知其数。学者自由择师，自由问答。加以刻书事业，已渐推行，学者得书甚易，学术渐普及于社会。理学虽因上述佛教及环境的关系，在北宋时即已酝酿孕育，但到南宋，始克大昌。……南宋的朱熹、陆九渊，实集理学的大成。朱为安徽人，陆为江西人，……但他们的学说，都流传于浙江。"而"南宋学潮，与朱陆鼎足而三者，则有永嘉学派。此派由郑景望、薛艮斋二人首倡于前，陈止斋、陈龙川、叶水心三人杰出于后，而水心的功最大。这派鉴于北宋人士，言理言性，无济于用，故转而以经济事功为主，对于史学，都特别注重，实在是经济历史方面的学者"。"陈龙川名亮字同甫，永康人，与朱熹友善，对于经世之论，时常有所讨论。其学以经世事功为主，一切理性之学，目为疏空，故很推重王充""叶水心永嘉人，是永嘉学派中的生力军。他起而批评朱程所依的典籍，说《周易》中的十翼，非孔子所作，乃周敦颐欲以此抗佛老，殊不知由此转陷入佛老，而失却儒家本旨。此语异常中的，致使宋儒的本体观，受他的打击，同时以十翼非孔子所作的怀疑精神。更进而怀疑其他的古籍，实开清学的端绪。南宋中叶反朱熹的虽众，但都不能完全得胜。南方各省，到处有朱氏的门人弟子，而浙省更盛。当时有所谓金华系，义乌系，四明系等派。其中金华系，以黄干为始，干为朱熹女婿，干传何基，以至于王柏、金履祥、许谦世称'金华四先生'。到元朝则有柳贯、黄溍、吴莱，明则有宋濂、方孝儒，一脉相承，延至四百年之久。陆九渊之学，不及朱门之盛。但在浙东方面，实为其大本营，最得力的为杨简、袁溉、舒璘、沈焕，世称'甬上四先生'，其中以杨袁二氏为最。到南宋末年，有徐霖者，大倡陆学，陆学为之一盛；元朝有陈苑、赵偕等人继传不绝。"

"宋代在思想方面，发为理学，而在文学方面，则发为词学""南宋之末，浙闽一带，商业经济，愈盛发达，以往门第的差别，虽归衰落，而新兴的资本阶级，或为地主，或为显宦，又自成一新贵族，此辈安富居荣，国家的沦亡，种族的被辱，非其所计，惟日趋于文雅典丽，以自矜炫。当时词风，专尚雕琢，一切通俗的习语，避而不用，以与平民绝缘。昔日柳永、黄庭坚辈所谓'有井水饮处无不知歌'的盛况，不可得见；词之本身，遂日趋于沦没。这时温州一带，已有杂剧流行，词曲浅近，称为民间文学，是为南曲之祖；金元而后，日渐发展，杂剧遂代词章而兴。"以陆游、卢祖皋、高观国、吴文英、陈亮、吕本中、赵孟坚、朱淑贞家等为代表的南宋浙省词人，"其地理的分布，大抵以永嘉、金华、宁波、会稽为盛，浙西反有逊色。盖宁波、永嘉为沿海要港，当时海舶东来，必须寄碇，又两港的周围，都有三角洲平原，人烟稠密，陆上复有宁福官路，直通福建，故商业自盛。会稽当杭甬运河的中心，海舶畏钱塘江的潮汐，多由宁波溯姚江，易小舟浮运河，以达杭州，故会稽为航运必经之地。而其地河湖棋布，土质肥沃，且开化甚早，人口稠密，手工业异常发达，故经济地位，甚为优越。而金华右婺港，左衢港，颇多沃野，闽赣交通以此为冲要；东有温州大路，台州大路，当瓯越入京（临安）之会，故也商旅活动，经济裕如，上述诸地，比较浙西的农业地带，自有不同，学术遂由此而发展。"

至元代，"元代待士人既苛刻，同时种族思想，充溢社会，又恰当梵剧易于接触之期；于是士人为迎合社会的需求，取宋金以来的传说，以新的技术，作为明显易解的杂剧。汉人的前言往行，务求保存；借古人的嬉笑怒骂，以发挥胸中的不平牢骚。而蒙人乘百胜之余威，渐涉足于娱乐，杂剧不深涩难解，而又多趣，为所欢迎。以此诸故，元曲得以盛行。其时作家辈出，不遑枚举，今据《录鬼簿》所载，得八十九人，而浙省居二十有余。永嘉高则诚，所作《琵琶记》，与王实甫的《西厢记》，共称南北双璧"。"小说亦由元朝而始盛,是盖社会变化,文学日渐平民化的必然现象,其时钱塘罗贯中(一说施耐庵)所作的《水浒传》,可称千古奇书,至今家喻户晓,称为不刊之典。自此书出,开明代《西游记》《后水浒》《三国演义》的先河,实学术上一大变化。"

至明代,由于"明太祖起自布衣,虑平民势力的增长,政局尚严酷。屡兴文字之狱,以抑士气;更用科举取士,以束缚人智力,在此专制状况之下,思想界对于政治经济等方面,自然不能发展,于是复返于宋儒理性之学。开国之初,文豪宋濂,即起而提倡理学;濂为金华朱学嫡系,门人方孝孺(宁海人),亦有程朱复出之誉。在明中叶以前,实为程朱之理学世界。然此迂阔陈腐之学,终不足以餍人心,而更新之局以成。新会陈白沙,余姚王守仁,各树一帜,而为晚明之二派别""王守仁字伯安,学者称为阳明先生。主张绝对的唯心论,以为离心即无物理,无物象。谓朱子的事事物物穷理致知,为劳而无益的死学,心之外别无事物的存在""阳明本此物心一如的理论,以心为唯一的理,于是唱'良知'之说。在朱学迂拘难达的时候,实有一种清新气象。王学及其身后,偏于南方,门下后杰之士辈出,传至明末不绝。徐爱(余姚)、王畿(山阴)、钱绪山(余姚)诸人,则浙中之秀出者。"

"明代戏曲小说小说都盛,传奇为其特色。中国文学史上所谓的唐诗宋词元曲明传奇,以其各开一时代,各极其灿烂辉煌。传奇为南方产物,以江浙为最多,江西次之;其他山东、河南、直隶等省,前为杂剧盛行区域,作家甚多,到传奇时代,则只一二人而已,据王国维《曲录》所举,传奇作家,出于江苏的三十四人,出于浙江的四十七人。其中高濂(钱塘人)的《玉簪记》,为将民间的情史,填入文艺的杰作。汪镀的《春芜记》,也很有名。小说则有长兴吴承恩的《西游记》,为我国唯一的寓意神仙谭。"

"下至清代,思想方面,由理学转而为经道,这是一个大大的复古期。上述南宋理道德的兴盛,其一理由,为学者欲振儒抑佛。然其时社会多变故,佛老的遁世哲学,正在盛行,一旦想尽抹煞,势所难能;故周程之学,实所谓儒表佛里,而不是汉儒的儒学,至清代异族之祸日烈,于是无论政治上学术上,攘夷存汉的思想也日深,经学因是兴起。清初,昆山顾炎武唱经学即理学之说,对于宋明之学,攻击不遗余力,尤以刘明学为甚","与顾氏同时,而树立清初一大学统者,则有黄宗羲。黄字太冲,号梨洲,浙江余姚人,所著《明儒学案》,为中国学术史上最初的评论著作。他的史学造诣之深,和王船山相伯仲。《易学象数论》六卷,和胡渭的《易图明辨》互有发明,辨河洛方位之非,很多创说。其《新律义》二卷,开乐律研究的端绪。至于他的天算学,又为梅文鼎天算学的先导。黄氏反抗明儒疏空的理学,崇尚六经的思想,与顾氏相同"。黄宗羲博学勉励,至八十而读书不废,"弟子中最杰出者,则有鄞县万斯同。斯同精修史学,以唐朝以后的史书,都是官家设局分修,非常愤慨,因独力著成《明史稿》,论者称他是司马迁、班固以后唯一的人物。其后斯同的同县有全祖望,亦私淑宗羲,研究文献之学的以他为宗,所著以《宋元学案》百卷为最著。祖望人格俊伟,明清之交,宁波为浙东遗民会集的地方,举兵抗清、为国捐躯的人非常多。……其后会稽章学诚,著《文史通义》,其价值可比刘知几的《史通》,为中国史学评论的第二部名书"。

"清代帝室方针,在缄天下学者的口,编纂浩瀚的书籍,使天下的学者,无暇肆其言论,而惟尽力于考据。雍乾以后,在野学者,因朝廷压迫言论,屡兴文字狱,也就借此学以遁世,故考据学大兴,当时号为汉学。惟浙东有特殊的学风,不立汉宋门户,研究史学,保持民族主义,故浙江汉学流入甚晚。咸同之乱,江浙受祸最大,文献荡然无存,百学中落。其后阮元任浙江学政,创立诂经精舍,提创汉学大家戴震之学,浙人始渐习考据。当时造就最深者,则有俞樾、黄以周、孙诒让三人","文学方面,清初,明遗老钱谦益、吴梅村俱以诗名,稍后则有王士祯、朱彝尊,世称朱王。乾隆时代有袁枚,也长于诗"。"戏曲小说,发胚于元,至清而余势甚炽。清初文人,也偶尔作戏曲,如王船山、吴梅村、毛西河(名奇龄,萧山人)等,皆有所作,尤悔庵也很著名。世俗所流行者,则无过李笠翁的《十种曲》,孔尚任的《桃花扇》。"

"综上所述,浙省已往学术的隆盛,使人无限欣慰。盖自东晋南北朝以来,江南膏腴的土地,已大开发。至于北宋中叶以后,货币经济,逐渐抬头;各地经济的不平均程度,逐渐加大。江南的商业资本与国际贸易,已高度发达,而江北尚有不用货币的地方。至于汉族与西北东北的民族,经济差别尤大,汉族南部的商业资本已凌驾土地资本而支配之,而女真及蒙古民族,尚在于狩猎游牧经济,以此学术形势,当也南胜于北。近人皮锡瑞所著《经学历史》,竟发出'尤可异者,隋平陈而南并于北,经学乃北反并于南;元平宋而南并于北,经学亦北反并于南。论兵力之强,北常胜南;论学力之盛,南常胜于北。隋元前后遥遥一辙,是岂优胜劣败之理然欤? 抑报复循环之道如是欤?'的疑问,这是太想入玄妙! 武力可以在经济落后的民族中产出,而学术必定发生于丰裕安定的环境之中;一切思想文艺,都随经济势力,由北南移,岂独经术一项,南胜于北? 南方商业资本区域中,浙省复以其他地位地形上的优胜,故学术也常执全国之牛耳。然自清末以来,海航日趋于大舰主义,上海、广州、天津,俱为沿海大埠。而浙省则杭州湾自明时即已淤浅;宁波受上海开埠影响,商业日替,温州港口既不佳,而邻近之台湾,复割于日,帆影绝迹;又海运兴而陆道废,严衢昔为闽赣孔道,俱日渐萧条。商业既如此衰竭,而农工业则外有丝茶销售无地,内有水旱虫匪等患,乡村经济,全然破坏,人民生计日蹙,遑问学问事业? 今日浙省教育,远不及苏燕,而将来的隐忧,犹有未可言者。"

　　贾士毅《税制与民生》刊于《经济学季刊》第3卷第1期。

　　邓易园《金贵银贱之研究》刊于《经济学季刊》第3卷第1期。

　　李权时《介绍研究苏俄五年计划的五本英文书》刊于《经济学季刊》第3卷第1期。

　　李权时《介绍吕吉生著国际经济休战》刊于《经济学季刊》第3卷第1期。

　　章植《评李权时著财政学原理》刊于《经济学季刊》第3卷第1期。

　　侯厚培《日本对华企业投资及其内容之解剖》刊于《经济学季刊》第3卷第1期。

　　吴宗焘《海关关平银改折国币办法意见书》刊于《经济学季刊》第3卷第1期。

　　严燮《宁波过账制度之研究》刊于《经济学季刊》第3卷第1期。

　　李鸿寿《投资债券溢价及折价之处理》刊于《经济学季刊》第3卷第1期。

　　王宗培《中国沿海之渔民经济》刊于《经济学季刊》第3卷第1期。

　　李炳焕《日本对东北的经济侵略》刊于《经济学季刊》第3卷第2期。

　　章植《沪变之经济的观察》刊于《经济学季刊》第3卷第2期。

　　李权时《生产力之研究》刊于《经济学季刊》第3卷第2期。

　　王海波《中国古代的经济思想》刊于《经济学季刊》第3卷第2期。

　　徐之潮《江苏之财政》刊于《经济学季刊》第3卷第2期。

　　李权时《介绍劳夫林著货币信用与物价新解》刊于《经济学季刊》第3卷第2期。

　　朱斯煌《现今世界经济衰颓与中国》刊于《经济学季刊》第3卷第2期。

　　唐庆增《三千年来西洋经济思想之总观察》刊于《经济学季刊》第3卷第3期。

　　邹枋《真德秀救荒论纲领》刊于《经济学季刊》第3卷第3期。

　　唐庆增《经济学与现代文明》刊于《经济学季刊》第3卷第3期。

　　王雨桐《日本侵略东北之经济原因的解剖》刊于《经济学季刊》第3卷第3期。

　　李权时《中国应提倡国际复本位》刊于《经济学季刊》第3卷第3期。

　　董修甲《都市行政费与事业费》刊于《经济学季刊》第3卷第3期。

　　李权时《评徐青甫著经济革命救国论》刊于《经济学季刊》第3卷第3期。

　　张公权《中国经济目前之病态及今后之治疗》刊于《经济学季刊》第3卷第4期。

　　韩祖德《应付国难应有之经济政策》刊于《经济学季刊》第3卷第4期。

　　江礼璪《国难时期之金融问题及其解决方法之管见》刊于《经济学季刊》第3卷第4期。

　　李馥荪《回到繁荣之路》刊于《经济学季刊》第3卷第4期。

　　按:是文为李馥荪先生在1932年9月16日上午10时出席中国经济学社在杭州浙江省党部举行的第九届年会开幕大会的演讲词。

　　王雨桐《国难时期之金融问题》刊于《经济学季刊》第3卷第4期。

李云良《我国水陆交通之现状及其迫切问题》刊于《经济学季刊》第 3 卷第 4 期。

朱斯煌《中日贸易之研究》刊于《经济学季刊》第 3 卷第 4 期。

陈伯庄《经济政策与经济发展的关系》刊于《经济学季刊》第 3 卷第 4 期。

章湘伯《评朱通九著〈劳动经济学〉》刊于《经济学季刊》第 3 卷第 4 期。

章直《民国二十一年(第一季、第二季)贸易报告》刊于《经济学季刊》第 3 卷第 4 期。

刘大钧《世界经济潮流与我国国难》刊于《经济学季刊》第 3 卷第 4 期。

何浩若《中国经济演进的阶段及其发展的途径》刊于《经济学季刊》第 3 卷第 4 期。

姚庆三《世界经济恐惧之性质与中国经济之出路》刊于《经济学季刊》第 3 卷第 4 期。

苏明仁《白仁甫年谱》刊于《文学年报》第 1 期。

止静《问题中的大众文艺》刊于《文学月报》第 2 期。

傅永孝《〈西厢记〉底演变》刊于《学风》第 2 卷第 10 期。

刘盼遂《王充〈论衡〉篇数残佚考》刊于《学文》第 1 卷第 5 期。

悔庐《剧学月刊发刊词》刊于《剧学月刊》第 1 卷第 1 期。

按:1935 年第 4 卷第 1 期《本刊启事》,更是对《剧学月刊》的办刊宗旨作了详尽的说明。"本刊编行,其义有二:(一)本科学精神,对于中西戏剧音乐之原理原则,及话剧乐剧等之组织,于技术上诸问题,作深刻之探讨,谋解决之途径,俾各尽其长,各得其所。(二)用科学方法,对于中国原有之戏剧,作系统之整理,尽忠实之贡献,俾逐步发展,立足于世界艺术之林。"从第 3 卷第 7 期起,改由世界书局刊行。

凌霄《补充悔庐的话》刊于《剧学月刊》第 1 卷第 1 期。

凌霄《剧学月刊述概》刊于《剧学月刊》第 1 卷第 1 期。

悔庐《南京戏曲音乐院成立之经过》刊于《剧学月刊》第 1 卷第 1 期。

石曾《戏曲之我观》刊于《剧学月刊》第 1 卷第 1 期。

砚秋《我之戏剧观》刊于《剧学月刊》第 1 卷第 1 期。

守鹤《论作剧》刊于《剧学月刊》第 1 卷第 1 期。

泊生《中国乐剧进一步的办法(附图)》刊于《剧学月刊》第 1 卷第 1 期。

颖陶《北剧音韵考》刊于《剧学月刊》第 1 卷第 1 期。

邵茗生《杭州戏剧杂曲记》刊于《剧学月刊》第 1 卷第 1 期。

悔庐《南京戏曲音乐院北平分院研究所研究大纲》刊于《剧学月刊》第 1 卷第 2 期。

石曾《重印夜未央剧本序文》刊于《剧学月刊》第 1 卷第 2 期。

颖陶《论务头》刊于《剧学月刊》第 1 卷第 2 期。

泊生《舞台艺术第一讲》刊于《剧学月刊》第 1 卷第 2 期。

程砚秋、刘守鹤合摄《女起解图二》刊于《剧学月刊》第 1 卷第 2 期。

罗小宝、刘蕊林合摄《秦腔女起解图》刊于《剧学月刊》第 1 卷第 2 期。

凌霄《说女起解》刊于《剧学月刊》第 1 卷第 2 期。

王瑶卿、陈墨香口述,邵茗生笔记《女起解沿革派别记》刊于《剧学月刊》第 1 卷第 2 期。

墨香、瑶卿、守鹤、砚秋《孔雀东南飞说明及剧本》刊于《剧学月刊》第 1 卷第 2 期。

凌霄《戏台与戏剧(附图十二幅)》刊于《剧学月刊》第 1 卷第 2 期。

晓桑、墨香、心泉、瑶卿《徐小香专记(附图二幅)》刊于《剧学月刊》第 1 卷第 2 期。

金悔庐《编辑大纲》刊于《剧学月刊》第 1 卷第 3 期。

王泊生《舞台艺术第二讲》刊于《剧学月刊》第 1 卷第 3 期。

刘守鹤《论面部化装(附图四)》刊于《剧学月刊》第1卷第3期。

王瑶卿《论历年旦角成败的原因》刊于《剧学月刊》第1卷第3期。

邵茗生《古乐器考(一)》刊于《剧学月刊》第1卷第3期。

谭鑫培,王瑶卿合摄《汾河湾图二》刊于《剧学月刊》第1卷第3期。

徐凌霄《汾河湾的一部分说明》刊于《剧学月刊》第1卷第3期。

徐凌霄《中剧的第一个立场》刊于《剧学月刊》第1卷第3期。

程砚秋《致梨园公益会书(附图二)》刊于《剧学月刊》第1卷第3期。

萧标肃《致荀慧生评飘零泪书》刊于《剧学月刊》第1卷第3期。

荀慧生《答肃标肃评飘零泪书(附图一)》刊于《剧学月刊》第1卷第3期。

那廉君《越缦堂日记中之清末戏剧》刊于《剧学月刊》第1卷第3期。

张舜九《上李石曾先生书》刊于《剧学月刊》第1卷第3期。

吴瑞燕《国剧之将来》刊于《剧学月刊》第1卷第5期。

刘守鹤《确定演剧的人生观》刊于《剧学月刊》第1卷第5期。

曹心泉《剧韵新编》刊于《剧学月刊》第1卷第5期。

颖陶《玉霜簃藏曲提要》刊于《剧学月刊》第1卷第5期。

邵茗生《古乐器考(三)》刊于《剧学月刊》第1卷第5期。

徐凌霄《定计化缘之说明》刊于《剧学月刊》第1卷第5期。

王泊生《关于创造新歌剧的计划》刊于《剧学月刊》第1卷第5期。

徐凌霄《我们为甚么亦要纪念沙士比亚》刊于《剧学月刊》第1卷第6期。

王泊生《从译剧的演法说到日本的剧艺(附图一)》刊于《剧学月刊》第1卷第6期。

曹心承《剧韵新编(续)》刊于《剧学月刊》第1卷第6期。

杜颖陶《玉霜簃藏曲提要(续)》刊于《剧学月刊》第1卷第6期。

邵茗生《古乐器考(四)》刊于《剧学月刊》第1卷第6期。

徐凌霄《说钓金龟并悼龚云甫》刊于《剧学月刊》第1卷第6期。

刘守鹤《胡喜禄专记》刊于《剧学月刊》第1卷第6期。

陈墨香《墨香剧话》刊于《剧学月刊》第1卷第6期。

刘守鹤《汾河湾在历史上之转变(续)》刊于《剧学月刊》第1卷第6期。

吴瑞燕《从记谱说到其他》刊于《剧学月刊》第1卷第7期。

王泊生《论宁武关》刊于《剧学月刊》第1卷第7期。

邵茗生《宋邵康节先生响盏乐器考》刊于《剧学月刊》第1卷第7期。

刘守鹤《音乐赏鉴论》刊于《剧学月刊》第1卷第7期。

王泊生《我对新乐谱的观感》刊于《剧学月刊》第1卷第7期。

徐凌霄《戏…曲…音乐》刊于《剧学月刊》第1卷第7期。

陈墨香《汉魏乐府综论》刊于《剧学月刊》第1卷第7期。

金悔庐《旧剧本整理概要(二)》刊于《剧学月刊》第1卷第8期。

景隽《俄罗斯的戏剧概要》刊于《剧学月刊》第1卷第8期。

马彦祥《戏剧与人生》刊于《剧学月刊》第1卷第8期。

曹心泉《剧韵新编(续)》刊于《剧学月刊》第1卷第8期。

邵茗生《古乐器考(五)附图二》刊于《剧学月刊》第1卷第8期。

徐凌霄《敲骨求金附图一》刊于《剧学月刊》第1卷第8期。

那廉君《越缦堂日记中之清末戏剧补》刊于《剧学月刊》第1卷第8期。

刘守鹤《戏剧(二)》刊于《剧学月刊》第1卷第9期。

曹心泉《剧韵新编(续)》刊于《剧学月刊》第1卷第9期。

邵茗生《古乐器考(六)》刊于《剧学月刊》第1卷第9期。

徐凌霄《戏剧词典释例》刊于《剧学月刊》第1卷第9期。

陈墨香《墨香剧话》刊于《剧学月刊》第1卷第9期。

哈熨秋《熨秋谈剧》刊于《剧学月刊》第1卷第9期。

林晓初《易卜生戏剧综论》刊于《剧学月刊》第1卷第10—11期。

刘守鹤《戏剧(三)》刊于《剧学月刊》第1卷第10期。

王泊生《戏剧意识》刊于《剧学月刊》第1卷第10期。

张敬明《记中华戏曲专科学校附图十一》刊于《剧学月刊》第1卷第10期。

杜璟《新国剧问题》刊于《剧学月刊》第1卷第10期。

徐凌霄《戏剧词典释例(二)》刊于《剧学月刊》第1卷第10期。

曹心泉《剧韵新编(续)》刊于《剧学月刊》第1卷第10期。

刘守鹤《时小福传记附图一》刊于《剧学月刊》第1卷第10期。

陈墨香《墨香剧话》刊于《剧学月刊》第1卷第10期。

心泉《入声尖团两念》刊于《剧学月刊》第1卷第10期。

夏子聪《欧美各国戏剧的新趋势》刊于《剧学月刊》第1卷第12期。

夏子聪《将来的戏剧》刊于《剧学月刊》第1卷第12期。

杜璟《中国戏剧之价值》刊于《剧学月刊》第1卷第12期。

刘守鹤《戏剧(四)》刊于《剧学月刊》第1卷第12期。

王泊生《戏剧意识(续)》刊于《剧学月刊》第1卷第12期。

刘守鹤《戏剧(五)》刊于《剧学月刊》第1卷第12期。

扬铎《汉剧十门脚色及各项伶工》刊于《剧学月刊》第1卷第12期。

林晓初《易卜生戏剧综论(续)》刊于《剧学月刊》第1卷第12期。

陈光垚《最近西安之戏剧》刊于《剧学月刊》第1卷第12期。

徐凌霄《戏剧词典释例(三)》刊于《剧学月刊》第1卷第12期。

邵茗生《古乐器考(七)》刊于《剧学月刊》第1卷第12期。

徐凌霄《打城隍附图二》刊于《剧学月刊》第1卷第12期。

扬铎《汉剧十门脚色及各项伶工(续)》刊于《剧学月刊》第1卷第12期。

刘守鹤《谈鑫培传记附图一》刊于《剧学月刊》第1卷第12期。

徐凌霄《戏剧词典释例(四)》刊于《剧学月刊》第1卷第12期。

程砚秋《自柏林致本所同人书》刊于《剧学月刊》第1卷第12期。

陈墨香《墨香剧话》刊于《剧学月刊》第1卷第12期。

杜璟《知见音乐书草目》刊于《剧学月刊》第1卷第12期。

愈之《现代的危机》刊于《东方杂志》第29卷第1号。

朱偰《急转直下之世界经济》刊于《东方杂志》第29卷第1号。

张明养《向右转的英国政治》刊于《东方杂志》第29卷第1号。

颂华《东北事件之国际舆论》刊于《东方杂志》第 29 卷第 1 号。

若《苏联的民间音乐》刊于《东方杂志》第 29 卷第 1 号。

［德］鲁滨斯坦著，武思茂译《未来世界大战论》刊于《东方杂志》第 29 卷第 1 号。

微知《各国的元旦》刊于《东方杂志》第 29 卷第 1 号。

樊仲云《英美日三国在太平洋的新形势》刊于《东方杂志》第 29 卷第 1 号。

李圣五《国际仲裁与国际纠纷》刊于《东方杂志》第 29 卷第 1 号。

周建人《道德的生物学观察》刊于《东方杂志》第 29 卷第 1 号。

池田一郎《今日的满洲问题》刊于《东方杂志》第 29 卷第 2 号。

张明养《英印圆桌会议与印度独立运动的将来》刊于《东方杂志》第 29 卷第 2 号。

海维谅《两圆桌会议中的印度》刊于《东方杂志》第 29 卷第 2 号。

若《捷克电影事业的新发展》刊于《东方杂志》第 29 卷第 2 号。

宇《国际通用语问题之再提》刊于《东方杂志》第 29 卷第 2 号。

凌坚《德意志的电影艺术》刊于《东方杂志》第 29 卷第 2 号。

德佑《扬子江泛滥及洪水的传说》刊于《东方杂志》第 29 卷第 2 号。

王振一《最近抵制日货运动的效果及日方的对策》刊于《东方杂志》第 29 卷第 2 号。

《国联巴黎决议案的批评及国民对于调查委员团应取的态度》刊于《东方杂志》第 29 卷第 3 号。

按：是文主要刊登了汪馥炎、陈韩笙、龚德柏、李景泌、张恪惟、于能模、王造时、袁道丰、陈彬龢、王世杰、陶希圣、武堉干、丘汉平、李圣五、吴颂皋、徐公肃、周还、周鲠生、张志让、刘秉麟、何其伟、燕树棠、高鲁等人的评论。

张明养《喀麦隆独立运动》刊于《东方杂志》第 29 卷第 3 号。

方光焘《新西班牙的新文学》刊于《东方杂志》第 29 卷第 3 号。

黄馥《论犬养内阁》刊于《东方杂志》第 29 卷第 3 号。

何炳松《商务印书馆被毁纪略》刊于《东方杂志》第 29 卷第 4 号"复刊号"。

按：1932 年 1 月 28 日晚 11 时，日军发动入侵上海的"一·二八"事变，日本陆战队突然侵犯闸北，我十九路军奋起自卫。1 月 29 日凌晨，日机从停泊在黄浦江上的航空母舰上起飞轰炸闸北华界，以后接连数天，日军轰炸机向商务印书馆及东方图书馆投掷炸弹，房屋全部被毁，损失重大。是文对商务印书馆被毁后的势态及损失情况作了说明。

（一）大量设备被毁。商务印书馆当时各种设备十分完善，应有尽有，"在远东尤无其匹"，"其重要者有滚筒机、胶版机、米利机、铝板机、大号自动装订机、自动切书机、世界大号照相机等，总数达一千二百余架之多"。但在 1932 年 1 月 29 日 10 时许，日机接连向商务印书馆投下 6 枚炸弹，第一枚就弹中印刷部。由于商务印书馆厂屋及设备全部被毁，一时不能全部恢复。

（二）办刊资料被毁殆尽。东方图书馆当时为亚洲最大的私人图书馆，藏书超过 30 万册。在这场浩劫中也被大火"焚毁一空"，"三十年来继续搜罗所得之巨量中外图书，极大部分之旧四部各善本，积累多年之全部中外杂志报章，全套各省府厅州县志，以及编译所所藏各项参考书籍及文稿，至是尽化为劫灰"。在这次事变中，商务印书馆编译所存稿大部分被毁。由于东方图书馆被炸毁，"一切编辑方面参考的材料书籍，都得重新设法罗致。单就《东方画报》这方面说，本社历年积存的国内外时事照片千余张，尽付一炬"。《东方杂志》旧编辑部由于是在东方图书馆楼下，所以也损失惨重，日军撤退后，"只剩下了钢骨水泥的屋梁和墙壁，依然屹立着。烧残的纸灰，经过雨淋化成了泥泞，积得有三四尺高。此外就找不到什么了"。

（三）专业人员的流失。由于商务总管理处、总厂、编译所、东方图书馆、尚公小学被日军炮火焚烧，损失巨大,所以商务印书馆董事会决定停业,解雇全体职工。这虽然是当时的无奈之举,但在客观上也造成了商务馆多年来培养和积累的印刷、编辑等专业人才的流失。可以说,在侵华日军制造的这一惨烈的文化劫难中,商务印书馆遭受重创。

愈之《本刊的新生》刊于《东方杂志》第29卷第4号"复刊号"。

按:《东方杂志》在停刊8个多月后,于1932年10月16日刊出第29卷第4号。在这期《东方杂志》的封面上,赫然印着"复刊号",复刊号的出版意味着灾后《东方杂志》的新生,同时也体现了商务印书馆人在遭受日军野蛮轰炸后,在定期刊物上恢复出版的努力和策略。

在《东方杂志》复刊号上,新任主编胡愈之撰写了《本刊的新生》一文,这是其作为主编的身份第一次在《东方杂志》上发表文字。其内容表明了新生《东方杂志》的办刊宗旨:"从兵灾后的灰烬瓦砾中竭力挣扎,重新振作,创造本刊的新生,创造民族的新生,这是本志复刊的一点小小的——也许是过分夸大的——愿望。"虽然不能单靠文字救国,但"现代的民族斗争和社会斗争,都用着非常复杂的方式,没有文字和理论来作指导,断没有决胜的把握",所以应"以文字作分析现实指导现实的工具,以文字作民族斗争社会斗争的利器,我们将以此求本刊的新生,更以此求中国智识者的新生。我们不敢相信一定可以达到我们的标的,但是能做到几分,我们就做几分"。这一办刊旨趣的确定,使《东方杂志》带上了"救国求新生"的色彩,符合了当时国民的时代诉求,更容易得到读者的认可和共鸣。

仲逸《乐观论与悲观论》刊于《东方杂志》第29卷第4号"复刊号"。

有心《困难与经济》刊于《东方杂志》第29卷第4号"复刊号"。

作舟《东北关税的移征》刊于《东方杂志》第29卷第4号"复刊号"。

明养《英国自由主义的没落》刊于《东方杂志》第29卷第4号"复刊号"。

胡愈之《李顿报告书的分析和批评》刊于《东方杂志》第29卷第4号"复刊号"。

江公怀《印度的下贱等级与民族运动》刊于《东方杂志》第29卷第4号"复刊号"。

张金鉴《美国大总统竞选之现势及预测》刊于《东方杂志》第29卷第4号"复刊号"。

樊仲云《最近德国政治之动向》刊于《东方杂志》第29卷第4号"复刊号"。

杜若《史汀生主义的穷途》刊于《东方杂志》第29卷第4号"复刊号"。

谅夫《法西斯蒂主义之国际化》刊于《东方杂志》第29卷第4号"复刊号"。

啸秋译《一九三二上半年之世界经济》刊于《东方杂志》第29卷第4号"复刊号"。

三立《散布全世界的白俄》刊于《东方杂志》第29卷第4号"复刊号"。

塚寒译《苏俄到底是什么》刊于《东方杂志》第29卷第4号"复刊号"。

亦英《哲学中的主观律与客观律》刊于《东方杂志》第29卷第4号"复刊号"。

哲生《现代知识阶级的危机》刊于《东方杂志》第29卷第4号"复刊号"。

安娜《风靡世界的爵士音乐》刊于《东方杂志》第29卷第4号"复刊号"。

周宇同《忆教育杂志》刊于《东方杂志》第29卷第4号"复刊号"。

天行《实施教育合理化政策之先决问题》刊于《东方杂志》第29卷第4号"复刊号"。

赵廷为《谈谈我国学校的训育问题》刊于《东方杂志》第29卷第4号"复刊号"。

蒋径三《现象学者谢勒尔的教育观》刊于《东方杂志》第29卷第4号"复刊号"。

范寿康《关于苏俄教育新原理的检讨》刊于《东方杂志》第29卷第4号"复刊号"。

林仲达《奥国新教育哲学上之个人的和社会的教育原理》刊于《东方杂志》第29卷第4号"复刊号"。

金仲华《妇女劳动之生物学的见解》刊于《东方杂志》第29卷第4号"复刊号"。

孟如《目前中国之婚姻纠纷》刊于《东方杂志》第29卷第4号"复刊号"。

少芳《科学与往的问题之将来》刊于《东方杂志》第 29 卷第 4 号"复刊号"。

仲华《女性与生育的艺术》刊于《东方杂志》第 29 卷第 4 号"复刊号"。

马文元《天空中的妇女》刊于《东方杂志》第 29 卷第 4 号"复刊号"。

络纬《女人与著作家》刊于《东方杂志》第 29 卷第 4 号"复刊号"。

华君《美国当代女诗人米莱》刊于《东方杂志》第 29 卷第 4 号"复刊号"。

伯衍《水国儿童的教育训练》刊于《东方杂志》第 29 卷第 4 号"复刊号"。

俞瘦仙《世界经济恐慌之分析》刊于《东方杂志》第 29 卷第 5 号。

江公怀《中国经济路向的转变》刊于《东方杂志》第 29 卷第 5 号。

张明养《德国联邦议会选举之前夕》刊于《东方杂志》第 29 卷第 5 号。

难宾译《印度藏金的流出》刊于《东方杂志》第 29 卷第 5 号。

谭云山《甘地访问记》刊于《东方杂志》第 29 卷第 5 号。

亦英《均衡律与矛盾律》刊于《东方杂志》第 29 卷第 5 号。

孟如《家事社会化》刊于《东方杂志》第 29 卷第 5 号。

文玉《目前中国之奴婢解放问题》刊于《东方杂志》第 29 卷第 5 号。

仲华《女性与美容》刊于《东方杂志》第 29 卷第 5 号。

千友《东方各国劳动妇女之近状》刊于《东方杂志》第 29 卷第 5 号。

仲逸《理想家与现代政治》刊于《东方杂志》第 29 卷第 6 号。

周建人《质的道德和量的道德》刊于《东方杂志》第 29 卷第 6 号。

亦英《认识论中之形式论理与矛盾论理》刊于《东方杂志》第 29 卷第 6 号。

张明养《不列颠帝国之向心与离心的动向》刊于《东方杂志》第 29 卷第 6 号。

平鸣《国联调查团报告书之研究》刊于《东方杂志》第 29 卷第 6 号。

谅夫译《美国的远东外交政策》刊于《东方杂志》第 29 卷第 6 号。

难宾译《日本的财政危机与政治危机》刊于《东方杂志》第 29 卷第 6 号。

天行《学潮与出路》刊于《东方杂志》第 29 卷第 6 号。

陈东原《中国教育之历史研究的重要》刊于《东方杂志》第 29 卷第 6 号。

郝耀东《测验运动与定命论》刊于《东方杂志》第 29 卷第 6 号。

赵廷为《再谈谈我国学校的训育问题》刊于《东方杂志》第 29 卷第 6 号。

吴觉农《我国今日之粮食问题》刊于《东方杂志》第 29 卷第 7 号。

姜解生《一九三二年中国农业恐慌底新姿态——丰收成灾》刊于《东方杂志》第 29 卷第 7 号。

董汝舟《中国农村经济的破产》刊于《东方杂志》第 29 卷第 7 号。

江公怀《现代农业机械化的倾向》刊于《东方杂志》第 29 卷第 7 号。

娄立斋《世界农业恐慌概观》刊于《东方杂志》第 29 卷第 7 号。

叔和《日本的农业恐慌》刊于《东方杂志》第 29 卷第 7 号。

胡愈之《美德两国的选举》刊于《东方杂志》第 29 卷第 7 号。

亦英《论矛盾诸规律》刊于《东方杂志》第 29 卷第 7 号。

林仲达《国难声中之儿童教养问题》刊于《东方杂志》第 29 卷第 7 号。

金仲华《家庭的将来》刊于《东方杂志》第 29 卷第 7 号。

蔡慕晖《职业与家务》刊于《东方杂志》第 29 卷第 7 号。

黄华节《染指甲的艺术》刊于《东方杂志》第29卷第7号。

伯珩《音乐的新力》刊于《东方杂志》第29卷第7号。

明养《战债与美国外交》刊于《东方杂志》第29卷第8号。

愈之《苏联和平外交的进展》刊于《东方杂志》第29卷第8号。

作舟《国府重行南迁》刊于《东方杂志》第29卷第8号。

有心《再论官营事业》刊于《东方杂志》第29卷第8号。

平鸣《一年来的中国经济》刊于《东方杂志》第29卷第8号。

樊仲云《东省事件之回顾与前瞻》刊于《东方杂志》第29卷第8号。

朱偰《德国国会二次选举后之政治经济问题》刊于《东方杂志》第29卷第8号。

张金鉴《美国国际贸易政策与世界经济》刊于《东方杂志》第29卷第8号。

赵镜元《波兰和但泽的纠纷》刊于《东方杂志》第29卷第8号。

瀛洲译《世界经济的乐观和悲观》刊于《东方杂志》第29卷第8号。

谅夫译《战债之决算》刊于《东方杂志》第29卷第8号。

王鍂《斯宾诺莎之有定论》刊于《东方杂志》第29卷第8号。

严绂葳《世界两大法系之辩证的转换》刊于《东方杂志》第29卷第8号。

天行《教育者的路》刊于《东方杂志》第29卷第8号。

张安国《凡人主义的教育》刊于《东方杂志》第29卷第8号。

蒋径三《教育哲学的本质及其重要性》刊于《东方杂志》第29卷第8号。

林仲达《奥国初等教育的原理与实施》刊于《东方杂志》第29卷第8号。

静山《苏联教育劳动者的组织》刊于《东方杂志》第29卷第8号。

傅东华《般生百年诞》刊于《东方杂志》第29卷第8号。

李季《辩证法在马克思主义中所占的位置》刊于《读书杂志》第2卷第1期。

澄宇《国难期间青年应读什么书和怎样读书?》刊于《读书杂志》第2卷第1期。

彭述之《哲学论战(评胡适之的实验主义与改良主义)》刊于《读书杂志》第2卷第1期。

胡秋原《文艺论战(钱杏邨理论之清算与民族文学理论之批评)》刊于《读书杂志》第2卷第1期。

孙倬章《中国社会史论战(中国土地问题)》刊于《读书杂志》第2卷第1期。

彭学沛《一九三一年的中国政治》刊于《读书杂志》第2卷第1期。

刘镜园《一九三一年的中国经济》刊于《读书杂志》第2卷第1期。

梅龚彬《一九三一年的国际经济》刊于《读书杂志》第2卷第1期。

彭芳艸《一九三一年的国际政治》刊于《读书杂志》第2卷第1期。

朱云影《一九三一年的日本文坛》刊于《读书杂志》第2卷第1期。

朱云影《中国农民诗集序》刊于《读书杂志》第2卷第1期。

李季《"辩证法还是实验主义?"序言》刊于《读书杂志》第2卷第1期。

秋原《并非闲情》刊于《读书杂志》第2卷第1期。

礼锡《论战第二辑序幕》刊于《读书杂志》第2卷第2—3期合刊。

王宜昌《中国社会史论史》刊于《读书杂志》第2卷第2—3期合刊。

李季《对于中国社会史论战的贡献与批评》刊于《读书杂志》第2卷第2—3期合刊。

刘镜园《中国经济的分析及其前途之预测》刊于《读书杂志》第2卷第2—3期合刊。

杜畏之《古代中国研究批判引论》刊于《读书杂志》第 2 卷第 2—3 期合刊。

田中忠夫《中国社会史研究上之若干理论问题》刊于《读书杂志》第 2 卷第 2—3 期合刊。

朱其华《动力派的中国社会观的批判》刊于《读书杂志》第 2 卷第 2—3 期合刊。

张横《评陶希圣的历史方法论》刊于《读书杂志》第 2 卷第 2—3 期合刊。

孙伟章《秋原君也懂马克思主义吗?》刊于《读书杂志》第 2 卷第 2—3 期合刊。

胡秋原《略复孙倬章君并略论中国社会之性质》刊于《读书杂志》第 2 卷第 2—3 期合刊。

任曙《关于"中国经济的研究和批判"》刊于《读书杂志》第 2 卷第 2—3 期合刊。

朱其华《关于中国社会史论战的一封公开信》刊于《读书杂志》第 2 卷第 2—3 期合刊。

杨建平《日本的独占资本与沪战》刊于《读书杂志》第 2 卷第 4 期。

陈铭枢《沪战文献(密电入通)》刊于《读书杂志》第 2 卷第 4 期。

李季《暴日侵沪期中一个文字劳动者脱险的经过与感想》刊于《读书杂志》第 2 卷第 4 期。

陈望道《对于上海事变的感想》刊于《读书杂志》第 2 卷第 4 期。

镜园《沪战中生活之回忆》刊于《读书杂志》第 2 卷第 4 期。

赵景深《战时生活》刊于《读书杂志》第 2 卷第 4 期。

芳艹《沪战期中的感受》刊于《读书杂志》第 2 卷第 4 期。

钱君匋《反日民族战的交响诗》刊于《读书杂志》第 2 卷第 4 期。

孙福熙《光荣的纪念》刊于《读书杂志》第 2 卷第 4 期。

曾今可《在战乱中》刊于《读书杂志》第 2 卷第 4 期。

陆晶清《喘息在炮声弹雨中》刊于《读书杂志》第 2 卷第 4 期。

王礼锡《战时日记》刊于《读书杂志》第 2 卷第 4 期。

胡秋原《马克斯主义所见的歌德》刊于《读书杂志》第 2 卷第 4 期。

彭芳艹译《歌德论(Wlttfogel 著)》刊于《读书杂志》第 2 卷第 4 期。

余生《歌德的生平及其作品》刊于《读书杂志》第 2 卷第 4 期。

胡雪译《歌德之艺术观》刊于《读书杂志》第 2 卷第 4 期。

段可情译《歌德的死(德国赫寇尔著)》刊于《读书杂志》第 2 卷第 4 期。

张竞生《歌德随军笔记》刊于《读书杂志》第 2 卷第 4 期。

方天白译《论歌德"少年维特之烦恼"(G. Brandes 著)》刊于《读书杂志》第 2 卷第 4 期。

周曙山《歌德的几个女朋友》刊于《读书杂志》第 2 卷第 4 期。

澄宇译《歌德和希勒(路德维喜著)》刊于《读书杂志》第 2 卷第 4 期。

王灵皋《两个思想方法的对照》刊于《读书杂志》第 2 卷第 5 期。

李石岑《辩证法与形式逻辑》刊于《读书杂志》第 2 卷第 5 期。

杜畏之《唯物论的防御战》刊于《读书杂志》第 2 卷第 5 期。

汪辟疆《南仓读书记》刊于《读书杂志》第 2 卷第 5 期。

高承元《法律学根本改造论》刊于《读书杂志》第 2 卷第 5 期。

张显之译《一百年后的实业(伯金赫德伯爵著)》刊于《读书杂志》第 2 卷第 5 期。

小白译《怎样写剧本?（拉夫里涅夫著)》刊于《读书杂志》第 2 卷第 5 期。

赵景深《读书杂记》刊于《读书杂志》第 2 卷第 5 期。

镜园译《我看俄德将有战争(托罗茨基著)》刊于《读书杂志》第 2 卷第 5 期。

天波《日本学生思想激化的考察》刊于《读书杂志》第 2 卷第 5 期。

王亚南《历史学派经济学名著》刊于《读书杂志》第 2 卷第 5 期。

郭大力《经济学上的阶级观》刊于《读书杂志》第 2 卷第 6 期。

王亚南《关于经济学之几个别号的诠释》刊于《读书杂志》第 2 卷第 6 期。

镜园《拜轮的生活思想与性格》刊于《读书杂志》第 2 卷第 6 期。

胡秋原译《精神分析学与艺术》刊于《读书杂志》第 2 卷第 6 期。

陈邦国《辩证法与逻辑学》刊于《读书杂志》第 2 卷第 6 期。

彭芳艸译《世界政治中心的日帝国主义(E. Varga 著)》刊于《读书杂志》第 2 卷第 6 期。

漆琪生《一九三二年世界经济之透视》刊于《读书杂志》第 2 卷第 6 期。

张显之译《一百年后的日常生活(伯金赫德伯爵著)》刊于《读书杂志》第 2 卷第 6 期。

李麦麦《评郭沫若的"中国古代社会研究"》刊于《读书杂志》第 2 卷第 6 期。

张竞生《两度旅欧回想录》刊于《读书杂志》第 2 卷第 6 期。

汪馥泉《中国农民的"生活线"》刊于《读书杂志》第 2 卷第 6 期。

汪辟疆《丛书之源流类别及其编索引法》刊于《读书杂志》第 2 卷第 6 期。

王灵皋《两个思想方法的对照(续)》刊于《读书杂志》第 2 卷第 6 期。

张竞生《自然派学理及实行纲要》刊于《读书杂志》第 2 卷第 6 期。

王礼锡《国际经济政治年报序》刊于《读书杂志》第 2 卷第 6 期。

陈铁光《汕头文化 Sketch》刊于《读书杂志》第 2 卷第 6 期。

王礼锡《中国社会形态发展史中之"谜的时代"》刊于《读书杂志》第 2 卷第 7—8 期合刊。

陶希圣《中国社会形式发达过程的新估定》刊于《读书杂志》第 2 卷第 7—8 期合刊。

李季《对于中国社会史论战的贡献与批评》刊于《读书杂志》第 2 卷第 7—8 期合刊。

任曙《怎样切实开始研究中国经济问题的商榷》刊于《读书杂志》第 2 卷第 7—8 期合刊。

钟恭《对镜园的中国经济新论》刊于《读书杂志》第 2 卷第 7—8 期合刊。

陈邦国《"关于社会发展分期"并评李季》刊于《读书杂志》第 2 卷第 7、8 期合刊。

胡秋原《亚细亚生产方式与专制主义》刊于《读书杂志》第 2 卷第 7—8 期合刊。

严灵峰《关于任曙、朱新繁及其他》刊于《读书杂志》第 2 卷第 7—8 期合刊。

周谷城《现代中国经济变迁概论》刊于《读书杂志》第 2 卷第 7—8 期合刊。

王伯平《中国古代社会研究之发轫》刊于《读书杂志》第 2 卷第 7—8 期合刊。

熊得山《中国商业资本的发生之研究》刊于《读书杂志》第 2 卷第 7—8 期合刊。

梁园东《中国社会各阶段的讨论》刊于《读书杂志》第 2 卷第 7—8 期合刊。

白英《中国经济问题之商榷》刊于《读书杂志》第 2 卷第 7—8 期合刊。

王宜昌《中国奴隶社会史——附论》刊于《读书杂志》第 2 卷第 7—8 期合刊。

学稼《资本主义发展之中国农村》刊于《读书杂志》第 2 卷第 7—8 期合刊。

王礼锡《九一八周年的清算》刊于《读书杂志》第 2 卷第 9 期。

胡秋原辑译《远东战争与帝国主义列强之支配太平洋的争斗》刊于《读书杂志》第 2 卷

第9期。

彭芳艸《军缩会议及其国际关系》刊于《读书杂志》第2卷第9期。

芳艸《国际政治参考辞汇》刊于《读书杂志》第2卷第9期。

胡秋原译《朴列汗诺夫与艺术之辩证法的发展问题》刊于《读书杂志》第2卷第9期。

张我军译《法国自然派的文学评论》刊于《读书杂志》第2卷第9期。

胡雪《战后中欧文学概观》刊于《读书杂志》第2卷第9期。

汪辟疆《我所认识的徐志摩》刊于《读书杂志》第2卷第9期。

余慕陶《中国社会与中国文学讲话》刊于《读书杂志》第2卷第9期。

丁迪豪《九歌的研究》刊于《读书杂志》第2卷第9期。

汪馥泉《中国农业人口与耕地》刊于《读书杂志》第2卷第9期。

廷泰《读陈译资本论》刊于《读书杂志》第2卷第9期。

刀斯《欧游回想录》刊于《读书杂志》第2卷第9期。

王灵皋《两个思想方法的对照(续)》刊于《读书杂志》第2卷第9期。

朱云影等《通讯四通》刊于《读书杂志》第2卷第9期。

王亚南《法西主义运动与浪漫主义经济学》刊于《读书杂志》第2卷第10期。

澄宇译《托罗斯基论苏俄革命与国际形势》刊于《读书杂志》第2卷第10期。

白草译《史达林与苏俄》刊于《读书杂志》第2卷第10期。

胡秋原、贺费陀合译《希腊文学概论》刊于《读书杂志》第2卷第10期。

天白译《文艺批评的新基准》刊于《读书杂志》第2卷第10期。

孙立元《日本文坛女角一瞥》刊于《读书杂志》第2卷第10期。

彭芳艸《军缩会议及其国际关系(二)》刊于《读书杂志》第2卷第10期。

陈邦国《辩证法与哲学》刊于《读书杂志》第2卷第10期。

徐翔译《最近苏联之文学哲学与科学》刊于《读书杂志》第2卷第10期。

陈立夫《萧著法西斯党及其政治序》刊于《读书杂志》第2卷第10期。

胡秋原《介绍陈著修辞学发凡》刊于《读书杂志》第2卷第10期。

张季同《评李季的"我的生平"及"胡适中国哲学史大纲批判"》刊于《读书杂志》第2卷第10期。

胡秋原《专制主义论》刊于《读书杂志》第2卷第11—12期合刊。

李麦麦《中国封建制度之崩溃与专制君主制之完成》刊于《读书杂志》第2卷第11—12期合刊。

沙民苏《中国经济研究》刊于《读书杂志》第2卷第11—12期合刊。

陈邦国《中国历史发展的道路(续)》刊于《读书杂志》第2卷第11—12期合刊。

苏华《胡适中国哲学史大纲批判的批判》刊于《读书杂志》第2卷第11—12期合刊。

汪静之、符竹因《文章模范》刊于《读书杂志》第2卷第11—12期合刊。

礼锡《小鹿的第二部散文集》刊于《读书杂志》第2卷第11—12期合刊。

汪静之《"十年后"的恋爱哲学》刊于《读书杂志》第2卷第11—12期合刊。

李应元《评勃克夫人的"佳壤"》刊于《读书杂志》第2卷第11—12期合刊。

朱企霞《评〈伟大的恋爱〉》刊于《读书杂志》第2卷第11—12期合刊。

张竞生《写在〈精神分析学与艺术〉之尾巴!》刊于《读书杂志》第2卷第11—12期合刊。

　　胡秋原、贺费陀合译《希腊文学概论(下)》刊于《读书杂志》第2卷第11—12期合刊。

　　费陀译、秋原校《卢那卡尔斯基艺术理论批判(Matsa著)》刊于《读书杂志》第2卷第11—12期合刊。

　　衣萍《不亦乐斋随笔》刊于《读书杂志》第2卷第11—12期合刊。

　　赵景深《所罗门与包拯》刊于《读书杂志》第2卷第11—12期合刊。

　　彭芳艸译《帝国主义与白卫军》刊于《读书杂志》第2卷第11—12期合刊。

　　魏心苏译《甄阿忠(杰克伦敦著)》刊于《读书杂志》第2卷第11—12期合刊。

　　杜龙城《谈李石岑童蕴珍以外的问题》刊于《读书杂志》第2卷第11—12期合刊。

　　张显之译《一百年后的安慰娱乐(伯金赫德著)》刊于《读书杂志》第2卷第11—12期合刊。

　　同光《中日纠葛事件》刊于《北辰杂志》第4卷第1号。

　　云水《苏维埃政府的真相与及它的期待》刊于《北辰杂志》第4卷第1号。

　　逸飞《东北铁道现状》刊于《北辰杂志》第4卷第1号。

　　半芜《社会道德学(续)》刊于《北辰杂志》第4卷第1号。

　　冬烘《谈论失业经济危机暨武备扩张的教宗通谕》刊于《北辰杂志》第4卷第1号。

　　逸飞《东北铁道现状(续)》刊于《北辰杂志》第4卷第2号。

　　顺《苏俄教育的破产》刊于《北辰杂志》第4卷第2号。

　　半芜《社会道德学(续)》刊于《北辰杂志》第4卷第2号。

　　吴怀瑞《哲学概论》刊于《北辰杂志》第4卷第2号。

　　同光《国联行政院特别会议录》刊于《北辰杂志》第4卷第2号。

　　逸飞《事变前东省农业概况》刊于《北辰杂志》第4卷第3号。

　　同光《化学战争》刊于《北辰杂志》第4卷第3号。

　　半芜《社会道德学(续)》刊于《北辰杂志》第4卷第3号。

　　顺《苏联是怎样统治的?》刊于《北辰杂志》第4卷第3号。

　　福《科学怎样产生了现代的文化》刊于《北辰杂志》第4卷第4号。

　　沫《一法国人于三月廿五日在Andria所看见的圣迹》刊于《北辰杂志》第4卷第4号。

　　逸飞《事变前东省农业概况》刊于《北辰杂志》第4卷第4号。

　　云水《该自由抑该强制?》刊于《北辰杂志》第4卷第4号。

　　云水《苏俄的五年计画》刊于《北辰杂志》第4卷第4号。

　　Bulletin Quotidien原著,海译《苏联经济最近的状况》刊于《北辰杂志》第4卷第4号。

　　吴怀瑞《心理学概论》刊于《北辰杂志》第4卷第4号。

　　同光《国联的新动作》刊于《北辰杂志》第4卷第4号。

　　云水《中国抵制日货的运动》刊于《北辰杂志》第4卷第4号。

　　逸飞《近年各国金货之移动及其出产》刊于《北辰杂志》第4卷第9号。

　　清译《中国共产党最近状况之一般》刊于《北辰杂志》第4卷第9号。

　　山《都柏林圣体大会盛况》刊于《北辰杂志》第4卷第9号。

　　云水《唐代大诗人杜甫》刊于《北辰杂志》第4卷第9号。

　　青士《我国农村破产之状态及其原因》刊于《北辰杂志》第4卷第10号。

　　逸飞《东省之林矿》刊于《北辰杂志》第4卷第10号。

若木《天主教会对于资本主义和社会主义的理论》刊于《北辰杂志》第 4 卷第 10 号。

若木《苏俄集中生产的失败》刊于《北辰杂志》第 4 卷第 10 号。

山《里耳城公教工艺职业学院》刊于《北辰杂志》第 4 卷第 10 号。

清《里耳公教大学区内社会政治学校》刊于《北辰杂志》第 4 卷第 10 号。

山《演讲术》刊于《北辰杂志》第 4 卷第 10 号。

清《东省事件纠纷期中国联行政院开会之经过》刊于《北辰杂志》第 4 卷第 10 号。

独立评论《引言》刊于《独立评论》第 1 号。

按:《独立评论》是中国现代政论杂志,1932 年 5 月 22 日创刊于北平,胡适任主编,主要编辑人有丁文江、傅斯年、翁文灏等 10 余人。《引言》可看做《独立评论》杂志的发刊词,是文曰:"我们八九个朋友在这几个月之中,常常聚会讨论国家和社会的问题,有时候辩论很激烈,有时候议论居然颇一致。我们都不期望有完全一致的主张,只期望个人都根据自己的知识,用公平的态度,来研究中国当前的问题。所以尽管有激烈的辩争,我们总觉得这种讨论是有益的。我们现在发起这个刊物,想把我们几个人的意见随时公布出来,做一种引子,引起社会上的注意和讨论。我们对读者的期望,和我们对自己的期望一样:也不希望得着一致的同情,只希望得着一些公心的,根据事实的批判和讨论。我们叫这刊物作《独立评论》,因为我们都希望永远保持一点独立的精神。不依傍任何党派,不迷信任何成见,用负责任的言论来发表我们个人思考的结果:这是独立的精神。我们几个人的知识见解是很有限的,我们的判断主张是难免错误的。我们很诚恳的请求社会的批判,并且欢迎各方面的投稿。"《独立评论》以志同道合之"同人"为办刊主体,不倚傍任何党派,不迷信任何所见,用负责的言论发表个人思考的结果,以适应新闻节奏和大众阅读的手法发表评论,使《独立评论》这份"同人期刊",显示出其独有的特色。该刊内容具有自由主义倾向,提供西方民主政治,反对独裁专制和文化复古主义。最高发行数达 1.3 万份。1936 年底因著论反对日本策划"华北政权特殊化",一度被迫停刊。1937 年 4 月复刊,同年 7 月 18 日终刊,共出 244 期。

丁文江《犬养被刺与日本政局的前途》刊于《独立评论》第 1 号。

胡适《宪政问题》刊于《独立评论》第 1 号。

适之《上海战争的结束》刊于《独立评论》第 1 号。

蒋廷黻《参加国难会议之回忆》刊于《独立评论》第 1 号。

翁文灏《日本人如何取得铁矿砂的供给》刊于《独立评论》第 1 号。

湛然《中国的包工制》刊于《独立评论》第 1 号。

丁文江《日本的新内阁》刊于《独立评论》第 2 号。

姚森《财政部整理内债办法的分析》刊于《独立评论》第 2 号。

丁文江《日本的财政》刊于《独立评论》第 2 号。

吴宪《吾国人的吃饭问题》刊于《独立评论》第 2 号。

哲《掀天动地的苏俄革命》刊于《独立评论》第 2 号。

叔永《庚款与教育》刊于《独立评论》第 2 号。

胡适《废止内战大同盟》刊于《独立评论》第 3 号。

孟真《邮政罢工感言》刊于《独立评论》第 3 号。

丁文江《所谓北平各大学合理化的计划》刊于《独立评论》第 3 号。

翁文灏《中国人口分布与土地利用》刊于《独立评论》第 3 号。

叔永《党化教育是可能的吗?》刊于《独立评论》第 3 号。

孟真《监察院与汪精卫》刊于《独立评论》第 4 号。

蒋廷黻《陈果夫先生的教育政策》刊于《独立评论》第 4 号。

叔永《停付庚款事件》刊于《独立评论》第 4 号。

翁文灏《中国人口分布与土地利用(续)》刊于《独立评论》第 4 号。

涛鸣《定县见闻杂录》刊于《独立评论》第 4 号。

胡适《论对日外交方针》刊于《独立评论》第 5 号。

孟真《中国现在要有政府》刊于《独立评论》第 5 号。

咏霓《建设与计划》刊于《独立评论》第 5 号。

丁文江《所谓"剿匪"问题》刊于《独立评论》第 6 号。

何廉《中国农业生产要素之概况》刊于《独立评论》第 6 号。

蒋廷黻《鲍罗廷时代之苏俄远东政策》刊于《独立评论》第 6 号。

胡适《赠与今年的大学毕业生》刊于《独立评论》第 7 号。

周炳琳《对日新方针与讨伐伪国》刊于《独立评论》第 7 号。

经农《结束训政的时间问题》刊于《独立评论》第 7 号。

何容《定县见闻杂录正误》刊于《独立评论》第 7 号。

孟真《法德问题一勺》刊于《独立评论》第 8 号。

叔永《再论党化教育》刊于《独立评论》第 8 号。

适之《所谓教育的法西斯蒂化》刊于《独立评论》第 8 号。

衡哲《论鸦片公卖》刊于《独立评论》第 8 号。

蒋廷黻《东北外交史中的日俄密约》刊于《独立评论》第 8 号。

孟真《教育崩溃之原因》刊于《独立评论》第 9 号。

臧晖《论学潮》刊于《独立评论》第 9 号。

胡适《英庚款的管理》刊于《独立评论》第 9 号。

翁文灏《一个打破烦闷的方法》刊于《独立评论》第 10 号。

孟真《教育改革中几个具体事件》刊于《独立评论》第 10 号。

一之《废两改元问题》刊于《独立评论》第 10 号。

尹及《上海战争的印象》刊于《独立评论》第 10 号。

衡哲《中国文化的崩溃》刊于《独立评论》第 10 号。

丁文江《中国政治的出路》刊于《独立评论》第 11 号。

蒋廷黻《对共产党必需的政治策略》刊于《独立评论》第 11 号。

何廉《废两改元问题》刊于《独立评论》第 11 号。

奥哈根原著,道邻译《一九三一年中苏俄的农业》刊于《独立评论》第 11 号。

邱椿、孟真《教育崩溃的一个责任问题》刊于《独立评论》第 11 号。

左律《〈中国农业生产要素之概况〉勘误》刊于《独立评论》第 11 号。

适之《领袖人才的来源》刊于《独立评论》第 12 号。

孟森《论士大夫》刊于《独立评论》第 12 号。

汪敬熙《中国今日之生物学界》刊于《独立评论》第 12 号。

擘黄《三个亡国性的主义》刊于《独立评论》第 12 号。

章元善《国难中救灾问题》刊于《独立评论》第 12 号。

胡适《汪精卫与张学良》刊于《独立评论》第 13 号。

丁文江《假如我是张学良》刊于《独立评论》第 13 号。

傅斯年《日寇与热河平津》刊于《独立评论》第13号。

叶叔衡《废两用元问题的背景》刊于《独立评论》第13号。

孟真《改革高等教育中几个问题》刊于《独立评论》第14号。

高梦旦《废两为元后处理辅币的小问题》刊于《独立评论》第14号。

庐逮曾《改革旧戏问题》刊于《独立评论》第14号。

余上沅《白话与戏剧》刊于《独立评论》第14号。

《荒木政策与我们的态度》刊于《独立评论》第15号。

叔永《为张学良进一言》刊于《独立评论》第15号。

汪振儒《读了〈中国今日之生物学界〉以后》刊于《独立评论》第15号。

胡先骕《与汪敬熙先生论中国今日之生物学界》刊于《独立评论》第15号。

汪敬熙《答汪振儒先生和胡先骕先生》刊于《独立评论》第15号。

胡适《内田对世界的挑战》刊于《独立评论》第16号。

叶叔衡《现在要集中全国的知识能力来解决国防问题》刊于《独立评论》第16号。

钱实甫《中国农业的劳动不足》刊于《独立评论》第16号。

杭立武《英庚款的管理——答胡适先生》刊于《独立评论》第16号。

胡适《英庚款的管理——答杭立武先生》刊于《独立评论》第16号。

胡适《中国政治出路的讨论》刊于《独立评论》第17号。

翁文灏《中国地下富源的估计》刊于《独立评论》第17号。

叔永《故宫博物院的迷》刊于《独立评论》第17号。

吴世昌《改革高等教育的讨论》刊于《独立评论》第17号。

吴嵩庆《也谈谈辅币问题》刊于《独立评论》第17号。

秋水《北戴河有什么》刊于《独立评论》第17号。

孟真《"九一八"一年了！》刊于《独立评论》第18号。

胡适《惨痛的回忆与反省》刊于《独立评论》第18号。

蒋廷黻《"九一八"的责任问题》刊于《独立评论》第18号。

费彝民《看人家怎样应付国难》刊于《独立评论》第18号。

胡适《究竟那一个条约是废纸》刊于《独立评论》第19号。

丁文江《抗日"剿匪"与中央的政局》刊于《独立评论》第19号。

汪敬熙《论中国今日之科学杂志》刊于《独立评论》第19号。

刘叔雅《日本侵略中国的发动机》刊于《独立评论》第19号。

浮萍、丁文江《误人的地图》刊于《独立评论》第19号。

陶希圣《一个时代错误的意见》刊于《独立评论》第20号。

孟真《再谈几件教育问题》刊于《独立评论》第20号。

刘叔雅《日本侵略中国的发动机（续）》刊于《独立评论》第20号。

赵迺抟《消费信用》刊于《独立评论》第20号。

衡哲《皮尔德的美国文化史》刊于《独立评论》第20号。

胡适《一个代表世界公论的报告》刊于《独立评论》第21号。

邱昌渭《美国大总统选举的竞争》刊于《独立评论》第21号。

何思源《中国教育危机的分析》刊于《独立评论》第21号。

叔永《农业教育与改良农业(一)》刊于《独立评论》第 21 号。

孟真《国联调查团报告一瞥》刊于《独立评论》第 22 号。

蒋廷黻《国联调查团所指的路》刊于《独立评论》第 22 号。

杨亮功《读了孟真先生〈再谈几件教育问题〉以后》刊于《独立评论》第 22 号。

庄生《又是一桩私运烟土的大案》刊于《独立评论》第 22 号。

蒋明谦《西方文化的侵入与中国的反应》刊于《独立评论》第 22 号。

翁文灏《中国煤矿业的厄运——经济战的一个例》刊于《独立评论》第 23 号。

叔永《农业教育与改良农业(二)》刊于《独立评论》第 23 号。

叶良才《银的地位》刊于《独立评论》第 23 号。

傅斯年《陈独秀案》刊于《独立评论》第 24 号。

陶希圣《谈东北义勇军》刊于《独立评论》第 24 号。

翁文灏《中国的燃料问题》刊于《独立评论》第 24 号。

董时进《如何救济农民》刊于《独立评论》第 24 号。

丁文江《废止内战的运动》刊于《独立评论》第 25 号。

旭生《教育罪言(一)》刊于《独立评论》第 25 号。

达《行政机关改革的必要》刊于《独立评论》第 25 号。

蒋廷黻《提倡国货的治本办法》刊于《独立评论》第 25 号。

湛然《日煤倾销的情形》刊于《独立评论》第 25 号。

叔永《如何解决四川问题》刊于《独立评论》第 26 号。

杨振声《也谈谈教育问题》刊于《独立评论》第 26 号。

汪敬熙《提倡科学研究最应注意的一件事——人材的培养》刊于《独立评论》第 26 号。

一之《从对外贸易观察目前中国经济的危机》刊于《独立评论》第 26 号。

刘叔雅《日本侵略政策的历史背景》刊于《独立评论》第 26 号。

蒋廷黻《又一个罗斯福进白宫》刊于《独立评论》第 27 号。

胡适《侮辱回教事件及其处分》刊于《独立评论》第 27 号。

旭生《教育罪言》刊于《独立评论》第 27 号。

刘咸《赫胥黎"不善言辞"?》刊于《独立评论》第 27 号。

袁昌英《庄士皇帝与赵阎王》刊于《独立评论》第 27 号。

胡适《统一的路》刊于《独立评论》第 28 号。

叔永《教育改革声中的师范教育问题》刊于《独立评论》第 28 号。

吉云《关中见闻纪要(上)》刊于《独立评论》第 28 号。

叔永《关于三中全会的希望》刊于《独立评论》第 29 号。

劲扶《国民党的内部团结问题》刊于《独立评论》第 29 号。

衡哲《人才与政治》刊于《独立评论》第 29 号。

蒋廷黻《中国社会科学的前途》刊于《独立评论》第 29 号。

吉云《关中见闻纪要(下)》刊于《独立评论》第 29 号。

江绍源《对于〈侮辱回教事件〉一文的抗议》刊于《独立评论》第 29 号。

孟真《多言的政府》刊于《独立评论》第 30 号。

丁文江《日本的财政》刊于《独立评论》第 30 号。

旭生《教育罪言(三)》刊于《独立评论》第 30 号。

侯德封《东三省矿产在东亚的地位(一)》刊于《独立评论》第 30 号。

蒋廷黻《南京的机会》刊于《独立评论》第 31 号。

孟真《这次的国联大会》刊于《独立评论》第 31 号。

叔永《"民间疾苦"》刊于《独立评论》第 31 号。

燕客《如何改造中国的社会科学》刊于《独立评论》第 31 号。

侯德封《东三省矿产在东亚的地位(二)》刊于《独立评论》第 31 号。

江绍原《关于〈侮辱回教事件〉的讨论》刊于《独立评论》第 31 号。

胡适《国联新决议草案的重大意义》刊于《独立评论》第 32 号。

蒋廷黻《中俄复交》刊于《独立评论》第 32 号。

杨振声《女子的自立与教育》刊于《独立评论》第 32 号。

衡哲《女子教育的根本问题》刊于《独立评论》第 32 号。

何淬廉《谈〈中国社会科学的前途〉》刊于《独立评论》第 32 号。

侯德封《东三省矿产在东亚的地位(三)》刊于《独立评论》第 32 号。

沈有乾《哲学,理论学和心理学上的新发现》刊于《论语半月刊》第 2 期。

邵洵美《旧剧革命》刊于《论语半月刊》第 2 期。

韩幕孙《志摩与我》刊于《论语半月刊》第 3 期。

宰予《拟某名流为李顿报告发表谈话意见》刊于《论语半月刊》第 3 期。

岂凡《国难期间停止国庆说》刊于《论语半月刊》第 3 期。

萧伯纳原著,林幽译《革命家箴言》刊于《论语半月刊》第 3 期。

全受仲《新匡谬正俗》刊于《论语半月刊》第 3 期。

罗杰士原著,全增嘏译《论中国之内战》刊于《论语半月刊》第 3 期。

岂凡《中华全国道路建筑协会十二周年纪念展览游艺大会参观记》刊于《论语半月刊》第 4 期。

全增嘏《废止内战的方法》刊于《论语半月刊》第 4 期。

语堂《尊禹论》刊于《论语半月刊》第 4 期。

公冶长《陈独秀不知何许人》刊于《论语半月刊》第 4 期。

竹人寸《学而新解及其他》刊于《论语半月刊》第 4 期。

老舍《祭子路岳母文》刊于《论语半月刊》第 4 期。

阿囊《关于哲学家》刊于《论语半月刊》第 4 期。

岂凡《观市政府主办刘海粟欧游作品展览会记》刊于《论语半月刊》第 5 期。

王道成《上海市政府主办刘海粟欧游作品展览会目录读后感》刊于《论语半月刊》第 5 期。

全增嘏《神圣的爱与世俗的爱》刊于《论语半月刊》第 5 期。

孟斯根《中国人》刊于《论语半月刊》第 5 期。

U. J. Tallone《教育中国化刍议》刊于《论语半月刊》第 6 期。

毛妦原著,潘光旦译《亨德生》刊于《论语半月刊》第 6 期。

李青崖《小猪八戒案给我们的教训》刊于《论语半月刊》第 6 期。

萧伯纳原著,林幽译《革命家箴言(续)》刊于《论语半月刊》第 6 期。

符蒂《国货巧克谑糖》刊于《论语半月刊》第6期。

语《脸与法治》刊于《论语半月刊》第7期。

语《新旧文学》刊于《论语半月刊》第7期。

孟斯根《我所见的朱霁青》刊于《论语半月刊》第7期。

郁达夫《论语诗钞》刊于《论语半月刊》第7期。

李青崖《史达林的语妙》刊于《论语半月刊》第7期。

全增嘏《儿童中心教育》刊于《论语半月刊》第7期。

派克《撒木讷氏社会观》刊于《社会学界》第6卷。

万树庸《黄土北店村社会调查》刊于《社会学界》第6卷。

周叔昭《北平一百名女犯的研究》刊于《社会学界》第6卷。

关瑞梧《妾制研究》刊于《社会学界》第6卷。

王树林《清代灾荒:一个统计的研究》刊于《社会学界》第6卷。

张中堂《一个村庄几种组织的研究》刊于《社会学界》第6卷。

潘玉稞《一个村镇的农妇》刊于《社会学界》第6卷。

黄迪《五四以来之中国学潮》刊于《社会学界》第6卷。

欧阳纯献《苏联的农村社会》刊于《社会学界》第6卷。

洪业《驳景教碑出土于盩厔说》刊于《史学年报》第4期。

顾颉刚《从吕氏春秋推测老子之成书年代》刊于《史学年报》第4期。

谭其骧《中国内地移民史——湖南篇》刊于《史学年报》第4期。

冯家升《契丹祀天之俗与其宗教神话风俗之关系》刊于《史学年报》第4期。

唐兰《获白兕考》刊于《史学年报》第4期。

奉宽《元虎贲军百户印考释》刊于《史学年报》第4期。

郑德坤《山海经及其神话》刊于《史学年报》第4期。

傅振伦《清史稿之评论(下)》刊于《史学年报》第4期。

朱士嘉《中国地方志统计表》刊于《史学年报》第4期。

沈维钧《商书今译之一——汤誓》刊于《史学年报》第4期。

那珂通世著,于式玉译《考信录解题》刊于《史学年报》第4期。

罗玉东《厘金制度之起源及其理论》刊于《中国近代经济史研究集刊》第1卷第1期。

周益湘《道光以后中琉贸易的统计》刊于《中国近代经济史研究集刊》第1卷第1期。

陈文进《清代之总理衙门及其经费》刊于《中国近代经济史研究集刊》第1卷第1期。

张德昌《胡夏米货船来华经过及其影响》刊于《中国近代经济史研究集刊》第1卷第1期。

刘隽《盐法通志及其清盐法志》刊于《中国近代经济史研究集刊》第1卷第1期。

汤象龙《达衷集》刊于《中国近代经济史研究集刊》第1卷第1期。

汤象龙《谕摺汇存及华制存考》刊于《中国近代经济史研究集刊》第1卷第1期。

柳诒徵《发刊词》刊于《国风半月刊》创刊号。

按:是文曰:"斯刊职志,本史迹以导政术,基地守以策民瘼,格物致知,择善固执;虽不囿于一家一派之成见,要以隆人格而升国格为主。"民国二十一年(1932年),柳翼谋、缪凤林、张其昀等人,以倡导"发扬中国固有之文化和昌明世界最新之学术"为己任,在南京结为国风社(社长由柳诒徵担任),并开办《国风》

学刊,《国风》杂志主持编辑为张其昀、缪凤林、倪尚达,由钟山书局发行。"国风"一词,源出《诗经》,国风学人以其寓意中国之风。《国风》的主要作者多为学衡派在南京的基本成员。在原《学衡》作者群的基础上,人文社会学术领域新增的作者有章太炎、朱希祖、胡小石、任二北、范存忠、卢冀野、唐圭璋、钱钟书、唐君毅、贺昌群、钱南扬、滕固、谢国桢、萧一山、萧公权、陈诒绂、李源澄、朱偰等人。此外,一批科学家为刊物撰稿,包括秉志、翁文灏、胡敦复、竺可桢、胡先骕、熊庆来、戴运轨、谢家荣、张江树、严济慈、钱昌祚、顾毓琇、凌纯声、卢于道等人。

当时正值沈阳"九一八"事变之后,国风学人于国难非常时期,投身公众领域,提出了人文与科学并重的救亡主张,以尽到学术界"对于国家之应尽责任"。《国风》被视为《学衡》的继续,在保持发扬中国文化之使命的基础上,强化了抗敌保国的民族主义思想情感。《国风》和中国史学会刊行《史学杂志》、中国科学社刊行《科学》杂志亦存在密切联系。学术渊源上,国立中央大学与其前身国立东南大学(东南学派)、南京高师(南高学派,其中以南高史地学派为代表)一脉相承。

柳诒徵《正义之利》刊于《国风半月刊》创刊号。

张其昀《热河省形势论》刊于《国风半月刊》创刊号。

缪凤林《日本开化论》刊于《国风半月刊》创刊号。

张钰哲《天文与人生》刊于《国风半月刊》创刊号。

范存忠《谈谈我国大学的外国文学课程》刊于《国风半月刊》创刊号。

徐近之《自渭北寄江东的一封信》刊于《国风半月刊》创刊号。

李行之《甘肃学脉(通讯)》刊于《国风半月刊》创刊号。

按:此文主要针对张其昀在《时代公论》第15号发表的《教师节与新孔学运动》一文所论述的孔子学派"七十二人之中,……秦国二人,……观其教化所被,……西至山陕,……",认为"西至山陕"使用的是今名,应该是专言陕西,未曾包括甘肃。

张其昀《热河省形势论(中)》刊于《国风半月刊》第2号。

柳诒徵《张蔚西南园丛稿序》刊于《国风半月刊》第2号。

缪凤林《一位留学中国的日本诗人》刊于《国风半月刊》第2号。

按:日本人留学中国,盛于唐,根据日本青山延光《国史纪事本末》记载,日本在唐时派遣唐使共19次,除了送迎唐使、入唐使,及任命后停止来唐,或中途发生意外外,名副其实的遣唐使,共13次。随遣唐使来华的研究生,现在可考的不下数十人。"留学中国最久,中国文学造诣最深,与唐代文人学士交游最广,并受相当的礼遇的,则首推学生阿倍仲麻吕。"上文中的"日本诗人"正是"阿倍仲麻吕"。

倪尚达《中国人的短距离赛跑》刊于《国风半月刊》第2号。

戴运轨《相对性原理浅说》刊于《国风半月刊》第2号。

梅光迪《孔子之风度》刊于《国风半月刊》第3号圣诞特刊。

柳诒徵《孔学管见》刊于《国风半月刊》第3号圣诞特刊。

缪凤林《谈谈礼教》刊于《国风半月刊》第3号圣诞特刊。

郭斌龢《孔子与亚里士多德》刊于《国风半月刊》第3号圣诞特刊。

按:此文原先是以英文刊登在美国的 Bookman 杂志 1931 年 3 月号,《国风》杂志以 9 月 28 日为孔子诞生日,拟出纪念特刊。是文作者应《国风》杂志编辑要求,将此文译成中文。

范存忠《孔子与西洋文化》刊于《国风半月刊》第3号圣诞特刊。

按:"孔子学说的传入西洋,都是靠十七八世纪耶稣教士之力。利玛窦、金尼阁、鲁德照、栢应理等等,带了耶稣到东方来,预备把中国征服。但是,他们到了中国,在思想上,几乎被中国征服。他们总不免为中国宣传,为中国的孔子宣传。"根据艾儒略《大西利先生行迹》:"利子(利玛窦)尝将中国四书译以西文,寄回本国之人读之。"可见,耶稣传教士介绍、翻译孔子学说远在 17 世纪以前。但是,那时所翻译、所介绍的,大概是零碎的、片断的东西。过了60多年(1661年以后),郭纳爵、殷铎泽、柏应理等,陆续将《大学》《中庸》《论语》译成拉丁文,最后由柏应理把译稿带到巴黎,于1687年出版。所以,在1687年——康熙二十六年,孔子学说正式输入西洋。那一年,是中西文化史上最可纪念的一年。

景昌极《孔子的真面目》刊于《国风半月刊》第3号圣诞特刊。

唐君毅《孔子与歌德》刊于《国风半月刊》第3号圣诞特刊。

缪凤林《如何了解孔子》刊于《国风半月刊》第3号圣诞特刊。

柳诒徵《明伦》刊于《国风半月刊》第3号圣诞特刊。

张其昀《教师节》刊于《国风半月刊》第3号圣诞特刊。

按:此文载于《时代公论》第13及第15号,《国风半月刊》第3号以"附录"形式转摘。

宗白华《徐悲鸿与中国绘画》刊于《国风半月刊》第4号。

按:宗白华先生写此文目的,是因徐悲鸿先生国画集将在柏林、巴黎刊行,写此文,是为了将徐悲鸿先生"介绍于西人"。在论文结尾处,极为精到地总结了徐悲鸿先生的艺术成就:"徐君以二十年素描写生之努力,于西画写实之艺术已深入堂奥;今乃纵横其笔意以写国画,由巧而返于拙,乃能流露个性之真趣,表现自然之理趣。昔画家徐鼎尝自跋其画云:'有法归于无法,无法归于有法:乃为大成。'徐君现已趋向此大成之道。中国文艺不欲复兴则已;若欲复兴,则舍此道无他途矣。"

张钰哲《万古之奔波》刊于《国风半月刊》第4号。

张其昀《热河省形势论(下)》刊于《国风半月刊》第4号。

蒙文通《廖季平与清代汉学》刊于《国风半月刊》第4号。

卢于道《神经解剖学自序》刊于《国风半月刊》第4号。

郑晓沧《小妇人译者序》刊于《国风半月刊》第4号。

柳诒徵《辽鹤厄言》刊于《国风半月刊》第5号国防特刊。

欧阳渐《中庸读叙》刊于《国风半月刊》第5号国防特刊。

竺可桢《天时对于战争之影响》刊于《国风半月刊》第5号国防特刊。

丁嗣贤《化学与国防》刊于《国风半月刊》第5号国防特刊。

顾毓琇《工程与国防》刊于《国风半月刊》第5号国防特刊。

钱昌祚《航空与国防》刊于《国风半月刊》第5号国防特刊。

倪尚达《电气与国防》刊于《国风半月刊》第5号国防特刊。

朱炳海《九一八以前之东北》刊于《国风半月刊》第5号国防特刊。

缪凤林《中日战争与日本军备》刊于《国风半月刊》第5号国防特刊。

欧阳渐《大学王注读叙》刊于《国风半月刊》第6号。

王焕镳《明孝陵志》刊于《国风半月刊》第6号。

张其昀《兴安区屯垦工作》刊于《国风半月刊》第6号。

按:是文为"民国二十一年十月八日应南京中央军官学校学术研究会演讲","屯垦"二字见于《清会典》,设立"屯垦",是"寓兵于农之义",屯垦自西汉赵允国以来,不胜枚举。国民政府在这一时期东北的建设上,有两件大事引起中外人士关注:其一是葫芦岛筑港,其二便是"兴安区屯垦"。"兴安区屯垦"建设以"开发利用巩固边防"八个字为宗旨,始于民国十七年秋冬之交,屯垦督办为奉军精锐之炮兵司令邹作华。

张鹏一《河套图志序》刊于《国风半月刊》第6号。

竺可桢《国际云图节略序》刊于《国风半月刊》第6号。

何兆清《科学原理与方法绪论》刊于《国风半月刊》第6号。

罗廷光《实验教育发达略史》刊于《国风半月刊》第6号。

张树森《地球之形状》刊于《国风半月刊》第6号。

徐近之《乌兰察布盟横过记》刊于《国风半月刊》第6号。

柳诒徵《江都文献·毛元徵传》刊于《国风半月刊》第6号。

戴运轨《伽利略——近世自然科学的始祖》刊于《国风半月刊》第7号。

华林一译《迭更生之东西文化比较论》刊于《国风半月刊》第7号。

按:根据"译者附志"的说明,可知此文"乃英儒迭更生(G. Lowes Dickinson)所著 Appearances 一书之末章也"。这本书是狄更生在东方及美国的游记,分印度、中国、日本、美国四部。"末章以印度中日三国文化与西方文化比较,谓中日文化与西方文化相近,较梁漱溟先生之视中日文化介于西洋与印度之间者,更进一步矣。"末章原名"结论",上文是按照末章的内容经过改动而成。

汪辟疆《编述中国诗歌史的重要问题》刊于《国风半月刊》第7号。

按:此文为民国二十一年10月15日,汪辟疆先生在中央大学诗歌史班的演讲,由南昌章璠笔记。要编述一部《中国诗歌史》,必定要有一定正确的"诗歌史"观念。对于诗歌史是什么? 上文做了如下的答复:"1.诗歌史就是文学史中的一部分。我们欲编撰一部分比较完善《中国文学史》,必先要努力文学史上的局部研究,使局部文学,归于细密的,正确的,然后就局部研究所得的结果,提出纲要,以从事于《中国文学史》的撰述。故《中国诗歌史》,就是治《中国文学史》的初步。2.文学本来包括了歌诗,小说,和戏曲,其他一部分富有情感的骈散文或小品。个人因为嗜好不同的缘故,不能遍治文学各体,定然本其性之所近,认定文学中的一体,为研究的对象。若非有专学史,为之指示其源流,启发其途径,必至茫无头绪。故《中国诗歌史》,就是专学史的一种。在专门研究中国诗歌的人们,不可不加以深切注意。"

宗受于《对于导淮委员会发布入江计画之意见》刊于《国风半月刊》第7号。

张其昀《同江富锦之役回顾谈》刊于《国风半月刊》第7号。

景昌极《道德与社会革命》刊于《国风半月刊》第7号。

马一浮《新唯识论序》刊于《国风半月刊》第7号。

翁文灏《西北的剖面序》刊于《国风半月刊》第7号。

程训正《慈豁文献·冯君木先生》刊于《国风半月刊》第7号。

翁文灏《读故宫博物院重印内府舆图记》刊于《国风半月刊》第8号。

按:北平故宫博物院文献馆于民国十四年5月点查故宫造办处存物,发现地图铜板104方,整理次序后,重印公世。翁文灏先生看到后,认为"此图与中国地图之沿革极有关系,乃追考往史,就所闻知",加以阐释,写成此文。

刘咸《人种学观点下之东北》刊于《国风半月刊》第8号。

欧阳渐《大学王注读》刊于《国风半月刊》第8号。

胡先骕《政府任命翁君文灏为教育部长感言》刊于《国风半月刊》第8号。

王焕镳《明孝陵志(续第六期)》刊于《国风半月刊》第8号。

朱偰《金陵览古(上)》刊于《国风半月刊》第8号。

徐昂《音学四种自序》刊于《国风半月刊》第8号。

洪允祥《自怡堂诗集序》刊于《国风半月刊》第8号。

张其昀《方志月刊卷头语》刊于《国风半月刊》第8号。

按:民国十七年秋,竺可桢先生职掌"国立中央大学",作为弟子的张其昀追随期间,适逢其旧友胡肖唐刚从欧洲游学归来,遂共同发起了《地理杂志》办刊事宜。自创刊以来,到1932年,已有5卷出版。1932年春,"校潮随国难而生,三月号出版后,迄未续印"。故改由"中国人地学会"编辑,并将《地理杂志》改名为《方志月刊》。在此文中,张其昀认为"中国人地学之前途,应从事两种工作,一曰方志学,一曰国势学,可称为人地学之双轨。方志学乃纯粹研究之性质,国势学则以方志学为基础,而注重于中外实际问题之研究"。《地理杂志》改名为《方志月刊》，"其宗旨即在于此"。

阮毅成《旅欧读书日记摘录》刊于《国风半月刊》第8号。

刘伯明遗著《共和国民之精神》刊于《国风半月刊》第9号"刘伯明先生纪念号"。

刘伯明遗著《论学风》刊于《国风半月刊》第9号"刘伯明先生纪念号"。

刘芬资《悼先夫伯明先生》刊于《国风半月刊》第9号"刘伯明先生纪念号"。

刘经邦《悼先兄伯明先生》刊于《国风半月刊》第9号"刘伯明先生纪念号"。

梅光迪《九年后之回忆》刊于《国风半月刊》第9号"刘伯明先生纪念号"。

胡焕庸《忆刘师伯明》刊于《国风半月刊》第9号"刘伯明先生纪念号"。

胡先骕《今日救亡所需之新文化运动》刊于《国风半月刊》第9号"刘伯明先生纪念号"。

刘国钧《学风》刊于《国风半月刊》第9号"刘伯明先生纪念号"。

汤用彤《四十二章经跋》刊于《国风半月刊》第9号"刘伯明先生纪念号"。

缪凤林《刘先生论西洋文化》刊于《国风半月刊》第9号"刘伯明先生纪念号"。

张其昀《教育家之精神修养》刊于《国风半月刊》第9号"刘伯明先生纪念号"。

张其昀《刘伯明先生逝世纪念日》刊于《国风半月刊》第9号"刘伯明先生纪念号"。

郭秉文《刘伯明先生事略》刊于《国风半月刊》第9号"刘伯明先生纪念号"。

刘咸《赫胥黎与科学》刊于《国风半月刊》第10号。

竺可桢《说云》刊于《国风半月刊》第10号。

胡渊如《老庄通义》刊于《国风半月刊》第10号。

宗受于《论导淮》刊于《国风半月刊》第10号。

林文英《淮河的黄昏》刊于《国风半月刊》第10号。

朱偰《金陵览古（中）》刊于《国风半月刊》第10号。

顾一樵《西施及其他序》刊于《国风半月刊》第10号。

阮毅成《旅欧读书日记摘抄》刊于《国风半月刊》第10号。

张靖远《初学自然科学应行之途径》刊于《科学世界》创刊号。

李锐夫《人类之将来》刊于《科学世界》创刊号。

屠祥麟《毒气个人防御法》刊于《科学世界》创刊号。

杨浪明《水的生理作用》刊于《科学世界》创刊号。

李秀峰《毒气战争历史的演进》刊于《科学世界》创刊号。

杨浪明《细菌发光的现象》刊于《科学世界》创刊号。

徐萱苏《中国底哺乳类动物》刊于《科学世界》第2号。

朱炳海《天文与气象》刊于《科学世界》第2号。

方文培《中国植物学发达史略》刊于《科学世界》第2号。

高行健《游戏数学小问答》刊于《科学世界》第2号。

杨裕芬《战后之暨南与南洋华侨》刊于《南洋研究》第4卷第3期。

刘士木《南洋华侨之危机》刊于《南洋研究》第4卷第3期。

林有壬《为华侨教育敬告侨胞》刊于《南洋研究》第4卷第3期。

陈其英《南洋大事述评》刊于《南洋研究》第4卷第3期。

郑洪年《国难与华侨》刊于《南洋研究》第4卷第3期。

陈福璿《帝国主义统治下之南洋》刊于《南洋研究》第4卷第3期。

洪警民《日本人最近南进鸟瞰》刊于《南洋研究》第4卷第3期。

褚凤仪《荷属东印对外贸易统计》刊于《南洋研究》第4卷第3期。

李长傅《南洋通史》刊于《南洋研究》第4卷第3期。

中等算学研究会拟《部颁高初中算学课程标准意见书》刊于《中华教育界》第19卷第7期。

［日］田制佐重著，钱歌川译《学校教育与社会进步》刊于《中华教育界》第19卷第7期。

葛承训《教学方法评论》刊于《中华教育界》第19卷第7期。

曹刍千《变态心理学在教育上的价值》刊于《中华教育界》第19卷第7期。

朱炳煦、姚绍华《清代学制表略》刊于《中华教育界》第19卷第7期。

汤鸿鹬《小学算学四则能力之实验研究》刊于《中华教育界》第19卷第7期。

杨效春《中学教师生活——生活教育实施报告之一》刊于《中华教育界》第19卷第7期。

赵欲仁《几种比较合用的写字工具》刊于《中华教育界》第19卷第7期。

觉明译《战后欧美各国小学校历史教育的方法和程序》刊于《中华教育界》第19卷第7期。

祝康《俄国苏维埃学校的社会工作》刊于《中华教育界》第19卷第7期。

罗廷光《教育之比较的研究》刊于《中华教育界》第19卷第7期。

杜威《环境与儿童的重要》刊于《中华教育界》第19卷第7期。

古梅《中国教育革命运动》刊于《中华教育界》第19卷第8期。

丁柱中《小学教师与科学实验》刊于《中华教育界》第19卷第8期。

凌琴如《学级及学校的新组织问题》刊于《中华教育界》第19卷第8期。

钱歌川《高第希的教育学说》刊于《中华教育界》第19卷第8期。

朱炳煦、姚绍华《民国学制表略》刊于《中华教育界》第19卷第8期。

雷通群《德国的妇农教育运动》刊于《中华教育界》第19卷第8期。

觉明译《苏联小学校的历史教育》刊于《中华教育界》第19卷第8期。

董树敏《小学教室简便用桌之创制》刊于《中华教育界》第19卷第8期。

郑西谷《中学校长与教职员》刊于《中华教育界》第19卷第8期。

朱迈伦《小学训育与小学生不良行为之裁制》刊于《中华教育界》第19卷第8期。

叶心符《怎样指导小学生升学和就业》刊于《中华教育界》第19卷第8期。

罗廷光《教育之比较的研究》刊于《中华教育界》第19卷第8期。

陈翊林《政治与教育》刊于《中华教育界》第19卷第9期。

胡哲敷《传记与社群在中小学历史教材上的地位》刊于《中华教育界》第19卷第9期。

古梅《为什么现在的教育不适合中国的社会经济背景》刊于《中华教育界》第19卷第9期。

钱歌川《拿托普的教育学说》刊于《中华教育界》第19卷第9期。

钱歌川《贫苦儿童的物质状态》刊于《中华教育界》第19卷第9期。

罗廷光《美国师范教育近况及趋势一般》刊于《中华教育界》第19卷第9期。

觉明译《法国中等学校的历史教育》刊于《中华教育界》第19卷第9期。

朱迈伦《小学生善良行为的培育》刊于《中华教育界》第19卷第9期。

朱浩文《小学算术教具(下)》刊于《中华教育界》第 19 卷第 9 期。

罗廷光《教育之历史的研究》刊于《中华教育界》第 19 卷第 9 期。

钱歌川《学校与国家》刊于《中华教育界》第 19 卷第 10 期。

胡哲敷《历史学科在教育上的价值》刊于《中华教育界》第 19 卷第 10 期。

雷震清《故事教学概论》刊于《中华教育界》第 19 卷第 10 期。

古梅《为什么现在的教育不是民众的》刊于《中华教育界》第 19 卷第 10 期。

钱歌川《克欣斯泰奈的教育学说》刊于《中华教育界》第 19 卷第 10 期。

钱歌川《三个女教育论者的教育观》刊于《中华教育界》第 19 卷第 10 期。

W. Kohler 著,重立译《完整心理学几个要解决的问题》刊于《中华教育界》第 19 卷第 10 期。

吕镜楼《小学教师对于理科应有的技能》刊于《中华教育界》第 19 卷第 10 期。

戴自俺《乡村幼稚导师要怎样做的》刊于《中华教育界》第 19 卷第 10 期。

陈徵玉《指导儿童作日记的经过》刊于《中华教育界》第 19 卷第 10 期。

傅葆琛《对于中国乡村教育的一点意见》刊于《中华教育界》第 19 卷第 11 期。

陈翊林《社会学与教育》刊于《中华教育界》第 19 卷第 11 期。

[日]田制佐重著,萧灑译《社会中心的学校》刊于《中华教育界》第 19 卷第 11 期。

古梅《为什么现在的教育没有功效》刊于《中华教育界》第 19 卷第 11 期。

钱歌川《摩伊曼的教育学说》刊于《中华教育界》第 19 卷第 11 期。

艾伟《中学国文理解程度之研究》刊于《中华教育界》第 19 卷第 11 期。

程其保《初中国语教材之研究》刊于《中华教育界》第 19 卷第 11 期。

陆景模《苏俄的学校前教育》刊于《中华教育界》第 19 卷第 11 期。

罗廷光《新兴教育的特征及其评价》刊于《中华教育界》第 19 卷第 12 期。

太仓中学实小《江苏省的实小和附小问题评议》刊于《中华教育界》第 19 卷第 12 期。

姜琦《从欧美日本的教育研究方法说到中国的教育研究法的现状与趋势》刊于《中华教育界》第 19 卷第 12 期。

曹刍《小学教育应教的是些什么知识》刊于《中华教育界》第 19 卷第 12 期。

钱歌川《奥夏的教育论》刊于《中华教育界》第 19 卷第 12 期。

顾克彬《法美中等教育之差异》刊于《中华教育界》第 19 卷第 12 期。

雷通群《中日德三国师范教育比较观》刊于《中华教育界》第 19 卷第 12 期。

Kamm 夫人原著,金晓晚译《一岁婴儿的教育》刊于《中华教育界》第 19 卷第 12 期。

衡忱《苏俄的儿童及其读物》刊于《中华教育界》第 19 卷第 12 期。

刘恒《地理教学上几种应用图表的绘制法》刊于《中华教育界》第 19 卷第 12 期。

周宪文《日本教育的宗旨与政策》刊于《中华教育界》第 20 卷第 1 期"日本教育专号(上)"。

朱有瓛《日本之学制及课程》刊于《中华教育界》第 20 卷第 1 期"日本教育专号(上)"。

周宪文《六十年来日本教育之改进及其今后之趋向》刊于《中华教育界》第 20 卷第 1 期"日本教育专号(上)"。

李季谷《日本之国势及其与教育之关系》刊于《中华教育界》第 20 卷第 1 期"日本教育专号(上)"。

张民生《日本军事教育之设施》刊于《中华教育界》第 20 卷第 1 期"日本教育专号（上）"。

陈作樑《日本之拓殖教育》刊于《中华教育界》第 20 卷第 1 期"日本教育专号（上）"。

漆琪生《日本在殖民地之教育设施》刊于《中华教育界》第 20 卷第 1 期"日本教育专号（上）"。

陈作樑《日本之师资》刊于《中华教育界》第 20 卷第 1 期"日本教育专号（上）"。

马宗荣《六十年来日本社会教育的进步》刊于《中华教育界》第 20 卷第 1 期"日本教育专号（上）"。

刘家动《日本现代之教育行政》刊于《中华教育界》第 20 卷第 2 期"日本教育专号（下）"。

钱歌川《日本的新学校》刊于《中华教育界》第 20 卷第 2 期"日本教育专号（下）"。

施仁夫《日本小学教学的实际》刊于《中华教育界》第 20 卷第 2 期"日本教育专号（下）"。

鲍国樑《日本职业教育的设施》刊于《中华教育界》第 20 卷第 2 期"日本教育专号（下）"。

唐志杰《日本之民众与教育》刊于《中华教育界》第 20 卷第 2 期"日本教育专号（下）"。

金荣轩《日本健康教育之设施》刊于《中华教育界》第 20 卷第 2 期"日本教育专号（下）"。

熊寿文《日本教育界之领袖人物》刊于《中华教育界》第 20 卷第 2 期"日本教育专号（下）"。

吴自强《日本教育出版界》刊于《中华教育界》第 20 卷第 2 期"日本教育专号（下）"。

丁生《狂人的子弟》刊于《中华教育界》第 20 卷第 2 期"日本教育专号（下）"。

陈翊林《家庭与教育》刊于《中华教育界》第 20 卷第 3 期。

夏雨农《私塾与地方教育》刊于《中华教育界》第 20 卷第 3 期。

冯祖荫《怎样改进我国乡村小学教师》刊于《中华教育界》第 20 卷第 3 期。

R. S. Woodworth 原著，曹仞千译《格式塔心理学之鸟瞰》刊于《中华教育界》第 20 卷第 3 期。

李锡珍译《学校成绩与智力年龄的关系》刊于《中华教育界》第 20 卷第 3 期。

邰爽秋《学童年龄计算方法之研究》刊于《中华教育界》第 20 卷第 3 期。

邰爽秋《地方学校校舍之调查与报告》刊于《中华教育界》第 20 卷第 3 期。

杨劢春《劳作教育的理论与实施》刊于《中华教育界》第 20 卷第 3 期。

徐德春《杭江铁路设计教学做计划》刊于《中华教育界》第 20 卷第 3 期。

章益《普通教育与职业教育》刊于《中华教育界》第 20 卷第 4 期。

田制佐重作，凌琳如译《学校科目之社会化》刊于《中华教育界》第 20 卷第 4 期。

曹仞千译《格式塔心理学之鸟瞰（续完）》刊于《中华教育界》第 20 卷第 4 期。

蒋石洲译《怎样测量人类的才能》刊于《中华教育界》第 20 卷第 4 期。

贻昌《英文手写印刷体的研究》刊于《中华教育界》第 20 卷第 4 期。

邰爽秋《地方学校校舍之调查与报告（续完）》刊于《中华教育界》第 20 卷第 4 期。

C. H. Abad 原著，文宙译《意大利的法西斯教育》刊于《中华教育界》第 20 卷第 4 期。

[日]佐佐木秀一著,钱歌川译《日本现代教育之根本缺陷》刊于《中华教育界》第20卷第4期。

姚绍华《介绍说苑引得》刊于《中华教育界》第20卷第4期。

章绳以《谈谈今日中等学校的训育》刊于《中华教育界》第20卷第5期。

阮真《国文科考试之目的及方法》刊于《中华教育界》第20卷第5期。

鲁继曾《关于学校课程的几个问题》刊于《中华教育界》第20卷第5期。

汤鸿礵《读物印刷的卫生问题》刊于《中华教育界》第20卷第5期。

倪文宙译《过去二十年中美国教育的诸般发展》刊于《中华教育界》第20卷第5期。

钱选青,宋学文《新课程的国语科标准之实施》刊于《中华教育界》第20卷第5期。

杨效春《从乡村教育的观点看山东乡村建设研究院》刊于《中华教育界》第20卷第5期。

董任坚《计拟中的一个中学校》刊于《中华教育界》第20卷第5期。

程天放《改革中国学校教育刍议》刊于《中华教育界》第20卷第5期。

雷通群《教学做合一的新原理》刊于《中华教育界》第20卷第6期。

钱歌川《敏斯特堡的教育学说》刊于《中华教育界》第20卷第6期。

杜佐周《学习之经济的心理基础》刊于《中华教育界》第20卷第6期。

陆景模《儿童几种概念的发展》刊于《中华教育界》第20卷第6期。

邵苇一译《初期儿童应怎样学习》刊于《中华教育界》第20卷第6期。

鲁继曾《关于学校课程的几个问题(续完)》刊于《中华教育界》第20卷第6期。

杨效春《从乡村教育的观点看山东乡村建设研究院(续完)》刊于《中华教育界》第20卷第6期。

曹惠芳《两篇自然教材》刊于《中华教育界》第20卷第6期。

程天放《改革中国学校教育刍议(续完)》刊于《中华教育界》第20卷第6期。

左幹臣《求学与受罪》刊于《中华教育界》第20卷第6期。

罗廷光《教育实验的方法》刊于《教育研究汇刊》第2集。

郑明东《民族独立运动与军国民教育》刊于《教育研究汇刊》第2集。

龚启昌《近代的新教育运动及其原理》刊于《教育研究汇刊》第2集。

徐允昭《对于编辑教科书和教授书的意见》刊于《教育研究汇刊》第2集。

蒋石洲《怎样测量人类的才能》刊于《教育研究汇刊》第2集。

钱兆隆《中学地理教学漫谈》刊于《教育研究汇刊》第2集。

孟谦之《关于初中历史教学的几个问题和意见》刊于《教育研究汇刊》第2集。

龚启昌《文纳特卡制中的初步读法教学》刊于《教育研究汇刊》第2集。

张若南《低级儿童最喜欢的几种读法游戏》刊于《教育研究汇刊》第2集。

龙毓莹《小学教师对学生健康应负之责任》刊于《教育研究汇刊》第2集。

过瑶圭《儿童剧本〈好男儿〉及其编造经过》刊于《教育研究汇刊》第2集。

青士《直接经验与间接经验》刊于《教育与职业》第140期。

问渔《农村教育与农村改进》刊于《教育与职业》第140期。

卫玉《教育界应除之恶习》刊于《教育与职业》第140期。

文汉《上海市的职教空气》刊于《教育与职业》第140期。

潘宗柏《农村教育谈片》刊于《教育与农村》第 13 期。

孙枋《汤山推广改良棉作经过和将来的设计》刊于《教育与农村》第 13 期。

锡胤《天灾人祸后的农村教育》刊于《教育与农村》第 15 期。

姜旭东《乡村教育调查的研究》刊于《教育与农村》第 15 期。

弥济昌《办理农村教育应有的工作》刊于《教育与农村》第 16 期。

蒋希益《农村抗日展览会的设计》刊于《教育与农村》第 16 期。

姜旭东《乡村教育调查的研究（续）》刊于《教育与农村》第 16 期。

储子润《农村经济衰落与地方教育》刊于《教育与农村》第 17 期。

朱智贤、朱懋贤《到农村去》刊于《教育与农村》第 17 期。

储子润《农村经济衰落与地方教育（续）》刊于《教育与农村》第 18 期。

晓农《短期小学和短期小学班设施方案》刊于《教育与农村》第 18 期。

储子润《农村经济衰落与地方教育（续完）》刊于《教育与农村》第 19 期。

金颂颐《江苏省会议教试验区简易小学训教实施报告》刊于《教育与农村》第 19 期。

朱慰元《吴县善人桥农村改进会概况》刊于《教育与农村》第 19 期。

晓农《美国的月夜学校》刊于《教育与农村》第 19 期。

弥济昌《与友人讨论几个农村教育实际问题》刊于《教育与农村》第 20 期。

陆叔昂《农村改进事业实施大纲》刊于《教育与农村》第 20 期。

张逸少《今后农村教育的革进》刊于《教育与农村》第 20 期。

徐承溥《农民离村问题的商榷》刊于《教育与农村》第 20 期。

吴伯明《农村衰落和农村教育问题》刊于《教育与农村》第 21 期。

倪式会《社会活动应有的觉悟》刊于《教育与农村》第 21 期。

秦柳芳《黄巷实验区的现况和展望》刊于《教育与农村》第 22 期。

吕渭渔《农村教师应具的几种本领》刊于《教育与农村》第 22 期。

李晓农《农村育儿的研究》刊于《教育与农村》第 23 期。

金幽桥《办理农村教育应有的认识》刊于《教育与农村》第 23 期。

吕渭渔《本区普及儿童教育计划》刊于《教育与农村》第 23 期。

杨冲一《农村小学的急切问题》刊于《教育与农村》第 24 期。

眭希周《农村小学的推广事业》刊于《教育与农村》第 24 期。

曹增祺《农村教育的新感悟》刊于《教育与农村》第 25 期。

伯黍《发展农村教育的我见》刊于《教育与农村》第 25 期。

陈洪范《办理农村民教的一个经历》刊于《教育与农村》第 26 期。

张彰《简易小学的留生问题》刊于《教育与农村》第 26 期。

王承式《农村民众学校教育实施法》刊于《教育与农村》第 27 期。

戴敏时《改进农村小学的意见》刊于《教育与农村》第 27 期。

沈鸿绪《复兴农村经济运动中的农村教育问题》刊于《教育与农村》第 28 期。

李纯仁《介绍一个改进私塾的计划》刊于《教育与农村》第 28 期。

戴敏时《改进农村小学的意见（续完）》刊于《教育与农村》第 28 期。

陶知行讲，王学典、王浩英记《棉花与教育》刊于《教育与农村》第 29 期。

陈联衡《农村生产教育实施的我见》刊于《教育与农村》第 29 期。

褚挺如《指导农民最经济的制肥除虫法》刊于《教育与农村》第 29 期。

巴玲《怎样办理简易小学》刊于《教育与农村》第 29 期。

毛礼锐《劳动生产教育在三民主义教育中的地位》刊于《江西教育旬刊》第 4 卷第 2 期。

彭声明《小学自然科利用实物教学的商榷》刊于《江西教育旬刊》第 4 卷第 2 期。

柳藩国《江西省教育厅一年来工作概况》刊于《江西教育旬刊》第 4 卷第 2 期。

黎含坤《江西教育讨论会第二次会议纪要》刊于《江西教育旬刊》第 4 卷第 2 期。

吴自强《现代教育上之二大运动》刊于《江西教育旬刊》第 4 卷第 3 期。

熊世琳《与小学教师谈心理学》刊于《江西教育旬刊》第 4 卷第 3 期。

卜允新《农村学校之社会中心运动》刊于《江西教育旬刊》第 4 卷第 3 期。

蒋善国《文学和时代》刊于《朝华月刊》第 3 卷第 1 期。

郭鸣鹤《最近三十五年来之中国师范教育》刊于《朝华月刊》第 3 卷第 1 期。

于鹤年《汉代政治制度之初步研究》刊于《朝华月刊》第 3 卷第 1 期。

曾浩然《梁沈约四声谱唐释神珙五音九弄图释》刊于《朝华月刊》第 3 卷第 1 期。

贺昌群译《昆曲的演变与皮黄调的繁兴》刊于《朝华月刊》第 3 卷第 1 期。

张洪岛《儿童的歌喉》刊于《朝华月刊》第 3 卷第 1 期。

李恩科《研究声乐的途径》刊于《朝华月刊》第 3 卷第 1 期。

余上沅《历史剧的语言》刊于《新月月刊》第 4 卷第 3 号。

赵少候《十七世纪的法国沙龙》刊于《新月月刊》第 4 卷第 3 号。

顾一樵《西施(续完)》刊于《新月月刊》第 4 卷第 3 号。

李敬远《〈独立评论〉〈时代公论〉〈鞭策周刊〉》刊于《新月月刊》第 4 卷第 3 号。

棠臣《小品文研究》刊于《新月月刊》第 4 卷第 3 号。

胡适《我怎样到外国去》刊于《新月月刊》第 4 卷第 4 号。

方玮德《关于诗人歌德之死》刊于《新月月刊》第 4 卷第 4 号。

费鉴照《纪念司高脱》刊于《新月月刊》第 4 卷第 4 号。

卞之琳《魏尔伦与象征主义》刊于《新月月刊》第 4 卷第 4 号。

陈梦家《纪念志摩》刊于《新月月刊》第 4 卷第 5 号。

傅仲涛《松尾芭蕉俳句评译》刊于《新月月刊》第 4 卷第 5 号。

李冬辰译《我们为何和如何写小说》刊于《新月月刊》第 4 卷第 5 号。

梁实秋《论翻译的一封信》刊于《新月月刊》第 4 卷第 5 号。

顾敦鍒《东北问题》刊于《之江学报》第 1 卷第 1 期。

李笠《由字形考察未有语言文字以前人类表情之姿势》刊于《之江学报》第 1 卷第 1 期。

唐庆永《现代欧美两大货币对抗学说》刊于《之江学报》第 1 卷第 1 期。

熊文敏《教育的研究竟可用函问法么?》刊于《之江学报》第 1 卷第 1 期。

铁钟山《读庄偶记》刊于《之江学报》第 1 卷第 1 期。

夏承廉《词籍考辨》刊于《之江学报》第 1 卷第 1 期。

胡继瑗译《近时经济学教科书及其趋势》刊于《之江学报》第 1 卷第 1 期。

朱桂曜遗稿《史记孔子世家补证——(特载)》刊于《之江学报》第 1 卷第 1 期。

刘敦桢译注《法隆寺与汉六朝建筑式样之关系(滨田耕作著)》刊于《中国营造学社汇刊》第 3 卷第 1 期。

梁思成《我们所知道的唐代佛寺与宫殿》刊于《中国营造学社汇刊》第3卷第1期。

瞿兑之《旧京发现岐阳王世家文物纪事》刊于《中国营造学社汇刊》第3卷第1期。

林徽因《论中国建筑之几个特征》刊于《中国营造学社汇刊》第3卷第1期。

梁思成《蓟县独乐寺观音阁山门考》刊于《中国营造学社汇刊》第3卷第2期。

梁思成《蓟县观音寺白塔记》刊于《中国营造学社汇刊》第3卷第2期。

刘敦桢、吴鲁强译《日本古建筑物之保护（关野贞讲）》刊于《中国营造学社汇刊》第3卷第2期。

刘敦桢《北平智化寺如来殿调查记》刊于《中国营造学社汇刊》第3卷第3期。

梁思成译《大唐五山诸堂图考（田边泰著）》刊于《中国营造学社汇刊》第3卷第3期。

瞿兑之《社长朱桂辛先生周甲寿序》刊于《中国营造学社汇刊》第3卷第3期。

刘敦桢《大壮室笔记》刊于《中国营造学社汇刊》第3卷第3期。

梁思成《宝坻县广济寺三大士殿》刊于《中国营造学社汇刊》第3卷第4期。

龙非了《开封之铁塔》刊于《中国营造学社汇刊》第3卷第4期。

蔡方荫、刘敦桢、梁思成《故宫文渊阁楼面修理计划》刊于《中国营造学社汇刊》第3卷第4期。

梁思成、林徽因《平郊建筑杂录》刊于《中国营造学社汇刊》第3卷第4期。

刘敦桢《大壮室笔记》刊于《中国营造学社汇刊》第3卷第4期。

梁思成《伯希和先生关于敦煌建筑的一封信》刊于《中国营造学社汇刊》第3卷第4期。

朱启钤、刘敦桢校释《梓人遗制元（薛景石著）》刊于《中国营造学社汇刊》第3卷第4期。

潘大逵《"大同盟"能"废止内战"吗?》刊于《主张与批评》第1期。

金通艺《木屐儿的门罗主义》刊于《主张与批评》第1期。

彭文应《国联的功绩》刊于《主张与批评》第1期。

范定九《义勇军后有追兵》刊于《主张与批评》第1期。

彭文应《资本主义之路不通》刊于《主张与批评》第2期。

金通艺《日俄打得起来吗》刊于《主张与批评》第2期。

张培均《内政的出路》刊于《主张与批评》第2期。

潘大逵《农民的痛苦与救济》刊于《主张与批评》第3期。

魏寒铁《言论自由的请求》刊于《主张与批评》第3期。

金通艺《美国对满的外交政策》刊于《主张与批评》第3期。

王英生《日本对国联的政策》刊于《主张与批评》第3期。

刘大杰《新文化运动的生路》刊于《主张与批评》第3期。

王造时《复兴新文化运动》刊于《主张与批评》第3期。

孙翼平《教育出发点错了》刊于《主张与批评》第3期。

潘大逵《对国民政府组织的批评》刊于《主张与批评》第4期。

彭文应《社会主义之路比较可通》刊于《主张与批评》第4期。

徐瑗《收复东北的方针》刊于《主张与批评》第4期。

薛迪靖《对于招商局国营的意见》刊于《主张与批评》第4期。

陈选善《虚伪的教育》刊于《主张与批评》第4期。

金通艺《世界军缩的无望》刊于《主张与批评》第4期。

王造时《怎样打倒贪污?》刊于《主张与批评》第4期。

陈瀛一《本志出世之微旨》刊于《青鹤》第1卷第1期。

按:陈赣一在1928年离开政界,在京津以教书写作为业。"九一八"事变后,到上海创办《青鹤》杂志,历时五年。除主政《青鹤》外,著述尚有《新语林》《睇向斋随笔》《睇向斋闻见录》《睇向斋秘录》《辛亥和议之秘史》《历史人物观》等。《青鹤》杂志于1932年11月15日创刊于上海,每月出版二期(半月刊)。《青鹤》之名,出于《拾遗记》的记述:"幽州之墟,羽山之北,有善鸣之禽名青鹤。"《世说新语》内云:"青鹤鸣,时太平。"刊物取名"青鹤",主办者一则期待这本杂志能似"青鹤之善鸣","藉是吉祥之禽之名,唤醒并世士大夫之迷梦"。二则表示创办者与"天下之人皆同"的"期待太平之心"。

自五四新文化运动以来,"欧风东响",中国传统学术受到巨大冲击,《青鹤》的创办,可以看作旧派文人"挽狂澜于既倒"的一个举措。是文曰:"夫人皆知学无中外古今,果吾国数千年仍世相传之学术当废,何解于西方图书馆之累累汉书,东邻积学家之人人求古。彼皆知重,我独自轻,孰智孰愚,宁俟繁言而解","本志之作,新旧相参,颇思于吾国固有之声名文物,稍稍发挥,而于世界思想潮流,亦复融会贯通,勤求理论,不植党援,不画畛域,不纳货利,不阿时好。定例曰评论、曰专载、曰中外大事记、曰名著、曰丛录、曰文荟、曰词林、曰考据、曰杂纂、曰谐作、曰小说"。《青鹤》是一份典型的同人刊物,基本不依靠外界的自由来稿。五年之间《青鹤》共连载各式著述逾二百种。从版式来看,《青鹤》是一本典型的旧派文人的刊物,但用历史的眼光来审评,的确是为后世留下了一份宝贵的文化遗产。

宏农《纠正报告书发表后之时论》刊于《青鹤》第1卷第1期。

孙诒让《白虎通校补》刊于《青鹤》第1卷第1期。

陈三立《散原精舍文存》刊于《青鹤》第1卷第1期。

夏敬观《清世说新语》刊于《青鹤》第1卷第1期。

夏映庵《忍古楼画说》刊于《青鹤》第1卷第1期。

樊增祥《樊山谐文》刊于《青鹤》第1卷第1期。

半解居士《芝醴同芳记》刊于《青鹤》第1卷第1期。

章行严《湘产濒毁记》刊于《青鹤》第1卷第2期。

费守纶《内外债原始》刊于《青鹤》第1卷第2期。

孙诒让《白虎通校补》刊于《青鹤》第1卷第2期。

陈三立《散原精舍文存》刊于《青鹤》第1卷第2期。

夏敬观《清世说新语》刊于《青鹤》第1卷第2期。

祁景颐《兰亭独孤本并跋残字记》刊于《青鹤》第1卷第2期。

陈瀛一《文化与北平》刊于《青鹤》第1卷第3期。

宏农《恋爱与生活》刊于《青鹤》第1卷第3期。

陈寅恪《与刘叔雅论国文试题书》刊于《青鹤》第1卷第3期。

孙诒让《白虎通校补》刊于《青鹤》第1卷第3期。

陈三立《散原精舍文存》刊于《青鹤》第1卷第3期。

夏敬观《清世说新语》刊于《青鹤》第1卷第3期。

陆志韦、吴定良《心理学史》刊于《心理杂志选存》第5编。

黄公觉《近代两大心理学家詹姆斯文德史略》刊于《心理杂志选存》第5编。

杜里舒《近代心理学之变迁》刊于《心理杂志选存》第5编。

夏维松译,姚以齐记《俄国心理学最近之发展》刊于《心理杂志选存》第5编。

谢循初《佛洛德传略及其思想之进展》刊于《心理杂志选存》第 5 编。

余天休《佛洛德学说及其批评》刊于《心理杂志选存》第 6 编。

卫中《男女新分析心理学》刊于《心理杂志选存》第 6 编。

梁启超《佛教心理学浅测》刊于《心理杂志选存》第 6 编。

余家菊《荀子心理学》刊于《心理杂志选存》第 6 编。

陆志韦《一种矫正几何错觉的试验》刊于《心理杂志选存》第 7 编。

张士一《研究注音字母四声标法的一个试验》刊于《心理杂志选存》第 7 编。

艾伟《中学数学的心理》刊于《心理杂志选存》第 7 编。

赵迺传《习练之移转》刊于《心理杂志选存》第 7 编。

沈有乾《诵读时眼球跳动之观察》刊于《心理杂志选存》第 7 编。

张耀翔《智学测验缘起》刊于《心理杂志选存》第 8 编。

廖世承《智力测验的历史》刊于《心理杂志选存》第 8 编。

陈鹤琴《智力测验的用处》刊于《心理杂志选存》第 8 编。

张耀翔《识字试验》刊于《心理杂志选存》第 8 编。

廖世承《读法测验》刊于《心理杂志选存》第 8 编。

程俊英《汉魏时代之心理测验》刊于《心理杂志选存》第 8 编。

萧树棠《字相学》刊于《心理杂志选存》第 9 编。

曾作忠《人类应用数字之选择》刊于《心理杂志选存》第 9 编。

罗志儒《出名与命名的关系》刊于《心理杂志选存》第 9 编。

陈小蝶《中国画之将来？》刊于《画学月刊》第 1 期。

贺天健《理法论》刊于《画学月刊》第 1 期。

刘海粟《石涛的艺术及其艺术论》刊于《画学月刊》第 1 期。

俞寄凡《洋画之科学的研究》刊于《画学月刊》第 1 期。

黄宾虹《画学常识》刊于《画学月刊》第 1 期。

张孟嘉《淞滨谈画录》刊于《画学月刊》第 1 期。

胡君强《据梧室画语》刊于《画学月刊》第 1 期。

经颐渊《风尘中题画》刊于《画学月刊》第 1 期。

谛老法师《学佛论》刊于《弘法社刊》第 19 期。

藉因则明《教观总持论》刊于《弘法社刊》第 19 期。

鹤林《发展本社之我谈》刊于《弘法社刊》第 19 期。

指南《佛教之根本办法》刊于《弘法社刊》第 19 期。

倓虚《唯梦谈》刊于《弘法社刊》第 19 期。

湛然尊者《止观大意》刊于《弘法社刊》第 19 期。

宝静《摩诃止观述记》刊于《弘法社刊》第 19 期。

宝静《释大乘起信论题》刊于《弘法社刊》第 19 期。

谛闲《宝静法师主席观宗柬请各界证明帖》刊于《弘法社刊》第 19 期。

孙乐《陈古逸先生传》刊于《弘法社刊》第 19 期。

朱士登等《范古农先生传》刊于《弘法社刊》第 19 期。

愿满《广州白德贞居士生西记》刊于《弘法社刊》第 19 期。

叶照空《叶久诚居士生西事略》刊于《弘法社刊》第19期。

光林《福田大师传》刊于《弘法社刊》第19期。

黄健六《印度哲学》刊于《弘法社刊》第19期。

张学智《喜庆戒杀不食血肉说》刊于《弘法社刊》第19期。

正安《出家因缘及来社旨趣》刊于《弘法社刊》第19期。

镜空《宝公主讲主席观宗之感想》刊于《弘法社刊》第19期。

正安《宝主讲主席观宗之感想》刊于《弘法社刊》第19期。

惟度《释观宗宏法研学社名义》刊于《弘法社刊》第19期。

张国威《读瑞士宪法第二十五条以后》刊于《弘法社刊》第19期。

宝静《香海念佛莲社缘起》刊于《弘法社刊》第19期。

黄健六《皖垣佛学研究社缘起》刊于《弘法社刊》第19期。

杨心泉等《佛教居士林缘起》刊于《弘法社刊》第19期。

鉴莹《佛法的马克思主义观(二续)》刊于《正信半月刊》第1卷第8期。

吕九成《救国之根本问题》刊于《正信半月刊》第1卷第8期。

周观仁《说几句良心话》刊于《正信半月刊》第1卷第8期。

太虚《佛乘宗要论(续)》刊于《正信半月刊》第1卷第8期。

大愿《无量寿法会发起的意义是什么?》刊于《正信半月刊》第2卷第3期。

随缘《中国佛教新的展望》刊于《现代佛教》第5卷第1期。

象贤《国际的道德与法律》刊于《现代佛教》第5卷第1期。

随缘《中国和平统一须人民有一致的觉悟》刊于《现代佛教》第5卷第1期。

象贤《国难当前僧伽应有的态度》刊于《现代佛教》第5卷第1期。

大醒《现代僧伽与现代佛教》刊于《现代佛教》第5卷第1期。

芝峰《现代佛教与现代中国》刊于《现代佛教》第5卷第1期。

度寰《佛教在宗教上的地位》刊于《现代佛教》第5卷第1期。

虞愚《现代佛学与现代哲学》刊于《现代佛教》第5卷第1期。

冯宝瑛《天眼通原理》刊于《现代佛教》第5卷第1期。

芝峰《唯识三十论讲话(三续)》刊于《现代佛教》第5卷第1期。

印顺《抉择三时教》刊于《现代佛教》第5卷第1期。

灯霞《色之研究》刊于《现代佛教》第5卷第1期。

守志《说三宝》刊于《现代佛教》第5卷第1期。

智严《说慈悲喜捨四无量心》刊于《现代佛教》第5卷第1期。

大醒《致全国学僧的公开信》刊于《现代佛教》第5卷第1期。

象贤《日人所唱的大亚细亚主义》刊于《现代佛教》第5卷第2期。

随缘《国民政府局势的转变》刊于《现代佛教》第5卷第2期。

随缘《常州天宁寺黑幕的暴露》刊于《现代佛教》第5卷第2期。

太虚《佛教对于中国文化之影响》刊于《现代佛教》第5卷第2期。

芝峰《新时代新道德的标准》刊于《现代佛教》第5卷第2期。

默如《论出世思想》刊于《现代佛教》第5卷第2期。

大醒《中国佛教大事年表》刊于《现代佛教》第5卷第2期。

芝峰《唯识三十论讲话（四续）》刊于《现代佛教》第 5 卷第 2 期。

印顺《共不共四句的研究》刊于《现代佛教》第 5 卷第 2 期。

坦怀《经典怎样成立的》刊于《现代佛教》第 5 卷第 2 期。

文渊《说六波罗密多》刊于《现代佛教》第 5 卷第 2 期。

芝峰《平克鲁泡特金人生哲学》刊于《现代佛教》第 5 卷第 2 期。

象贤《日本佛教徒应一致觉悟起来》刊于《现代佛教》第 5 卷第 3 期。

随缘《上海事件为中华民族生存图强之转机》刊于《现代佛教》第 5 卷第 3 期。

默如《国难中僧伽应尽之义务》刊于《现代佛教》第 5 卷第 3 期。

太虚《因辽沪事件为中日策安危》刊于《现代佛教》第 5 卷第 3 期。

大醒《现代社会的佛教观》刊于《现代佛教》第 5 卷第 3 期。

芝峰《新时代新道德的需要（下篇）》刊于《现代佛教》第 5 卷第 3 期。

大醒《中国佛教大事年表（续）》刊于《现代佛教》第 5 卷第 3 期。

芝峰《唯识三十论讲话（五续）》刊于《现代佛教》第 5 卷第 3 期。

印顺《三论宗二谛与中道之研究》刊于《现代佛教》第 5 卷第 3 期。

普钦《藏经之组织及其印刻》刊于《现代佛教》第 5 卷第 3 期。

慧童《说古今诸家之判教》刊于《现代佛教》第 5 卷第 3 期。

智光《说二谛》刊于《现代佛教》第 5 卷第 3 期。

芝峰《读〈修养问题的研究〉》刊于《现代佛教》第 5 卷第 3 期。

芝峰《关于僧礼居士与密宗传法之商榷》刊于《现代佛教》第 5 卷第 3 期。

太虚《世界佛学苑汉藏教理院缘起》刊于《现代佛教》第 5 卷第 3 期。

象贤《国难是谁的责任》刊于《现代佛教》第 5 卷第 4 期。

随缘《国联调查团的使命》刊于《现代佛教》第 5 卷第 4 期。

警公《要中国佛教会做什么？》刊于《现代佛教》第 5 卷第 4 期。

大雷《论今日中国佛教之十大病》刊于《现代佛教》第 5 卷第 4 期。

智光《佛教的宇宙观》刊于《现代佛教》第 5 卷第 4 期。

恒宝《佛教的女性观》刊于《现代佛教》第 5 卷第 4 期。

大醒《中国佛教大事年表》刊于《现代佛教》第 5 卷第 4 期。

太虚《评印顺共不共研究》刊于《现代佛教》第 5 卷第 4 期。

默如《俱舍论中"中有"之述评》刊于《现代佛教》第 5 卷第 4 期。

智光《略说蕴界处》刊于《现代佛教》第 5 卷第 4 期。

岫庐《南山律学院昙花一现记》刊于《现代佛教》第 5 卷第 4 期。

随缘《中日战争协定》刊于《现代佛教》第 5 卷第 5 期。

觉迷《忠告日本佛教联合会》刊于《现代佛教》第 5 卷第 5 期。

芝峰《戴季陶氏兴复白马寺》刊于《现代佛教》第 5 卷第 5 期。

印顺《理想中的偶像——耶稣》刊于《现代佛教》第 5 卷第 5 期。

胜济《论太虚大师的行解》刊于《现代佛教》第 5 卷第 5 期。

灯霞译《人间禅》刊于《现代佛教》第 5 卷第 5 期。

寂颖译《唯识三十论讲话（六续）》刊于《现代佛教》第 5 卷第 5 期。

寂颖译《六祖大师的证悟与中心思想的研究》刊于《现代佛教》第 5 卷第 5 期。

戒德《似宗九过诸合中四句之推算》刊于《现代佛教》第5卷第5期。

守志《善取空与恶取空》刊于《现代佛教》第5卷第5期。

甘悲佛《庙产兴学运动》刊于《现代佛教》第5卷第5期。

守志《成实论概要》刊于《现代佛教》第5卷第6期。

随缘《佛教美术——两晋之遗迹》刊于《现代佛教》第5卷第6期。

又信《真实义品述义》刊于《现代佛教》第5卷第6期。

慈舫《十二门论概要》刊于《现代佛教》第5卷第6期。

静明《解深密经述要》刊于《现代佛教》第5卷第6期。

松月《摄论大意》刊于《现代佛教》第5卷第6期。

普钦《中国佛教十宗略纪》刊于《现代佛教》第5卷第6期。

太虚《正信救国》刊于《四川佛教月刊》第10期。

太虚《瑜伽菩萨戒本讲录》刊于《四川佛教月刊》第10期。

黄性徹《礼法身佛文(续前)》刊于《四川佛教月刊》第10期。

太虚《瑜伽菩萨戒本讲录》刊于《四川佛教月刊》第11期。

八指头陀《在家二众不应剃度收徒说》刊于《四川佛教月刊》第11期。

宽静《从新僧革命说到国民革命》刊于《四川佛教月刊》第11期。

广文《新都宝光寺第一次礼塔法会记》刊于《四川佛教月刊》第11期。

广文《与留学德国之杨毅论佛学书》刊于《四川佛教月刊》第1期。

太虚《瑜伽菩萨戒本讲录》刊于《四川佛教月刊》第13期。

张若瑟《天主教教士对于中国近代学术之影响》刊于《圣教杂志》第21卷第10期。

按:对于中国近代学术是否受过天主教教士的影响这个问题,梁启超在《中国近三百年学术史》中曾说:"中国知识线和外国知识线相接触,晋唐间的佛学,为第一次;明末的历算学,便是第二次。在这种新环境之下,学界空气,当然变换,后此清朝一代学者,对于历算学,都有兴味,而且最喜欢谈经世致用之学,大概受利、徐(利玛窦、徐光启)诸人影响不小。"是文认为:"我国近代学术的主潮,就是有清一代的考证学,……考证学启蒙、发达、蜕化的时候,也正是天主教的教士,与中国思想界接触的时候。"是文在总结中国近代学术发展变迁大势的基础上,肯定了天主教教士对于中国近代学术之影响,并主要谈了"天主教与王学",以及"天主教与汉学"的关系。

四、学术著作

(汉)司马迁著,(宋)裴骃集解,(唐)司马贞索隐,(唐)张守节正义《史记》由上海商务印书馆刊行。

(汉)王充著《(新式标点)论衡》(上下册)由上海启智书局刊行,有虞淳熙《论衡序》。

(梁)刘勰著,侯毓珩标点《文心雕龙》(上下册)由上海大东书局刊行。

(梁)刘勰著,冰心主人标点《文心雕龙》由上海大中书局刊行。

(明)张居正著《大学中庸集注直解》由山东济南闻承烈刊行。

(清)刘智著《天方典礼》由上海回教书籍流通处刊行。

(清)卧松子编《乐生集》由上海世界佛教居士林刊行。

(清)江藩编著,方国瑜校点《经解入门》由北平文化学社刊行。

(清)杭世骏撰,赵贞信校《诸史然疑校订》(附引得)由北平燕京大学哈佛燕京学社引得编纂处刊行。

（清）胡林翼著，蒋介石纂《（新编）胡林翼军政语录》由江苏南京力行要览发行所刊行。

王易著《国学概论》由上海神州国光社刊行。

顾荩丞编著《国学研究》（第4册：集部）由上海世界书局刊行。

高苏垣编《国学菁华》（上下册）由天津百城书局刊行。

杨东莼著《中国学术史讲话》由上海北新书局刊行。

按：是书系统地论述中国从原始社会至"五四"新文化运动各个时期的学术思想、代表人物与代表著作。全书分为：学术思想的萌芽，学术思想的解放与分野，学术思想的混合与儒家的独尊，道教的兴起及其变革，自然主义的特盛，佛教的输入及其在中国的发展与影响，理学未兴前学术思想界的倾向，儒学的大转变——理学，西学东渐，朴学，今文学与维新运动，新文化运动，凡20讲。

孙其敏著《中国学术思想史》由上海世界书局刊行。

按：全书共十二章，其中包括"学术思想与学术思想史""治学术之方法与困难""中国学术思想之地位与特色""中国学术思想史鸟瞰"等。（参见章恒忠、王亚夫主编《中国学术界大事记（1919—1985）》，上海社会科学院出版社1988年版）

刘汝霖编《汉晋学术编年》由北平著者书店刊行。

按：此书为刘汝霖在北平师大研究所任职时计划编撰《中国学术编年》6集（汉至西晋、东晋南北朝、隋唐五代、宋、元明、清、民国）的第1集，由此开创了中国学术编年这一体例。

何炳松著《浙东学派溯源》由上海商务印书馆刊行。

按：是书从原始资料出发，详加考订，认为程派学说流入浙东，演化为"浙东学派"，为第一部浙东学派学术史，自此"浙东学派"这一概念为学界所接受。

景幼南著《哲学新论》由上海南京书店刊行。

张如心著《哲学概论》由上海昆仑书店刊行。

卢昂著《马克思主义世界观》由北平旭光社刊行。

李煜瀛著《和平之哲学观》由北平世界社刊行。

刘剑横著《史的唯物论之伦理哲学》由上海亚东图书馆刊行。

按：此书为较早应用唯物史观研究伦理学的专著，主要论述了"道德观念根植于社会经济的生产关系之影响与变化"的唯物史观，也阐述了社会主义与伦理道德的关系。（参见章恒忠、王亚夫主编《中国学术界大事记（1919—1985）》，上海社会科学院出版社1988年版）

张如心著《辩证法与唯物论》由上海光华书局刊行。

文东著《通俗哲学思潮》由上海神州国光社刊行。

王特夫著《什么叫做物质》由上海辛垦书店刊行。

李季著《辩证法还是实验主义》由上海神州国光社刊行。

范扬、陈瑛编《逻辑学》由杭州浙江省警官学校刊行。

陈大齐著《理则学大意》由江苏南京中央政治学校刊行。

何兆清著《论理学大纲》由江苏南京钟山书局刊行。

康叔仁编《论理学大纲》由北平文化学社刊行。

张希之编著《论理学纲要》由北平文化学社刊行。

章衣萍编《新论理学》由上海儿童书局刊行。

按：是书分为论理学的范围及发展，思想律，思想历程，演绎法，归纳法5章。

朱章宝、冯品兰编《论理学纲要》由上海华通书局刊行。

张东荪著《现代伦理学》由上海新月书店刊行。

傲人著《形而上学之战线》由上海开明书店刊行。

王钧初著《辩证法的美学十讲》由上海长城书店刊行。

高拱元著《易大象集全》由上海张英云刊行。

沈仲涛著《易卦与代数之定律》由上海中华新教育社刊行。

陈全三述《(古本)大学述义》由上海大成印书社刊行。

国学编辑社语译注释《(广注)孟子读本》(上中下册)由上海世界书局刊行。

安西华辑《百子精华类钞》由北平中华印书局刊行。

嵇文甫著《先秦诸子政治社会思想述要》由北平开拓社刊行。

邵乐安著《孔子之互助学》(上下册)由北平世界社刊行。

张纯一编著《墨子集解》由上海医学书局刊行。

罗根泽著《孟子评传》由上海商务印书馆刊行。

郭湛波著,胡适、嵇文甫校《先秦辩学史》由北平中华印书局刊行。

　　按:作者认为胡适的《先秦名学史》"有两个根本缺点,一是没有把'辩学'的系统弄清,二是所叙述的出了'辩学'的范围以外",故撰此书。书中论述了邓析、惠施、公孙龙、《墨辩》和荀子的"辩学(逻辑)思想"。作者认为中国的哲学方法只有自古至先秦是"辩学",汉至明末则为"因明",明末至现在则是"逻辑",而因明和逻辑都属舶来品。还认为名家(辩学)的起源,始于邓析;孔子的"正名",老子的"名学"均非辩学,墨翟、杨朱也非辩学,荀子的"正名"则是辩学的。又认为中国的论理学是辩学,公孙龙是集"辩学"之大成,辩学至墨辩始成为完善的学说,精密的完善的方法,但到荀子以后辩学中断,成了绝学,所以中国辩学只有先秦可讲。本书是一本集中研究先秦逻辑思想的学术专著,对名学的论述,尤其是对先秦名学的评述更为突出,这在近代对中国逻辑思想的研究史上是有一定意义的。(周云之编《中国逻辑史资料选》现代卷(下),甘肃人民出版社1991年版)

顾颉刚著《从吕氏春秋推测老子之成书年代》刊行。

刘节著《汉熹平石经周易残字跋》由北平燕京大学刊行。

冯友兰著《宋明道学中理学心学二派之不同》由北平国立清华大学刊行。

邵乐安著《互助学在中国哲学上之研究》(第12册)由北平世界社刊行。

蒋维乔编著《中国近三百年哲学史》由上海中华书局刊行。

　　按:是书叙述清康熙初年以来近三百年学术思想变迁的历史。全书分复演古代学术之时期、吸收外来思想之时期2编,叙述了程朱学派、陆王学派、朱王折衷派、关洛闽学派、考证派、实用派、公羊派等学术派别以及有关人物:顾炎武、陆世仪、陆陇其、黄宗羲、康有为、谭嗣同、梁启超、严复等人生平、学术思想和著述。

邓熙著《中山人生思想探源》由上海亚东杂志社刊行。

谷正伦著《总裁思想之特征》刊行。

姜琦著《论嬗变与突变》由福建厦门大学刊行

林履信著《希庄学术论丛(第1辑)》由厦门广福公司刊行部刊行。

李煜瀛著《我之互助观》由北平世界社刊行。

卢毅安著《人相学之新研究》由上海人生研究社刊行。

刘定权著《破新唯识论》由江苏南京支那内学院刊行。

刘东侯著《释仁》由北平著者刊行。

伍非百著《名学丛著序》刊行。

安若定著《大侠魂主义问答》由江苏南京铸魂学社刊行。

崔崇斌著《修齐韵言》由北平万国道德总会刊行。

倪儒范编《格言录》由上海土山湾印书馆刊行。

朱光潜著《谈美——给青年的第十三封信》由上海开明书局刊行。

李石岑著《希腊三大哲学家》由上海商务印书馆刊行，有著者自序、郭大力序。

黄健六著《印度哲学总论》由上海佛学书局刊行。

沈志远著《黑格尔与辩证法》由上海笔耕堂书店刊行，有作者绪论《从黑格尔到伊利奇》。

按：作者在序中指出："马克思把唯物的辩证法应用于资本主义底研究，发现了资本主义底内在法则……他又证明资本主义所赖以生存的直接生产者的被剥夺，必然要为剥夺者底被剥夺——即无产阶级独裁——所代替。"（参见章恒忠、王亚夫主编《中国学术界大事记(1919—1985)》，上海社会科学院出版社1988年版）

黄子通著《康德论本体》由北平燕京大学哲学系刊行。

黄文山（原题黄凌霜）编《西洋知识发展史纲要》由上海华通书局刊行。

按：是书据几部关于文化史的美国专著编辑而成。从古希腊一直讲述到20世纪20年代。全书分7章：知识发展史的背景，希腊文化及其传入罗马帝国，后罗马帝国构成的中古的知识遗产，中古大学之兴起和中古化的亚里士多德之流行，经院哲学之没落，现代科学精神之诞生，现代知识生活的主要新元素。

刘剑横著《唯物的宗教观》由上海亚东图书馆刊行。

按：是书分绪论、宗教之起源、灵魂观念之进化等7章，阐述唯物主义的宗教观。

徐雉笔记《宗教与人生》由上海青年协会书局刊行。

佛学书局编辑部编《阿那律富楼那》由上海佛学书局刊行。

佛学书局编辑部编《阿难迦旃延》由上海佛学书局刊行。

佛学书局编辑部编《布施波罗蜜》由上海佛学书局刊行。

佛学书局编辑部编《禅定波罗蜜》由上海佛学书局刊行。

佛学书局编辑部编《持戒波罗蜜》由上海佛学书局刊行。

佛学书局编辑部编《大乘宗要》由上海佛学书局刊行。

佛学书局编辑部编《大迦叶优波离》由上海佛学书局刊行。

佛学书局编辑部编《佛典之结集》由上海佛学书局刊行。

佛学书局编辑部编《观音菩萨典要》由上海佛学书局刊行。

佛学书局编辑部编《精进波罗蜜》由上海佛学书局刊行。

佛学书局编辑部编《罗睺罗须菩提》由上海佛学书局刊行。

佛学书局编辑部编《目犍连事迹》由上海佛学书局刊行。

佛学书局编辑部编《忍辱波罗蜜》由上海佛学书局刊行。

佛学书局编辑部编《释慈传》由上海佛学书局刊行。

佛学书局编辑部编《祇树给孤独园》由上海佛学书局刊行。

佛学书局编辑部编《智慧波罗蜜》由上海佛学书局刊行。

满智编《唯识学》由上海佛学书局刊行。

陈让之编《入道阶梯》由上海经书流通处刊行。

陈寅恪著《安慜度学说考》刊行。

慈忍室主人编《诗选》由上海佛学书局刊行。

谛闲演讲《普贤行愿品辑要疏》由上海佛学书局刊行。

冯宝瑛编《天眼通原理》由上海佛学书局刊行。

广州解行学社编《解行精舍第一次特刊》由广东广州编者刊行。

江谦著,印光审定《正学启蒙三字颂注·阳复斋诗偈集合编》由江苏弘化社刊行。

蒋维乔疏注《大乘广五蕴论注》由上海佛学书局刊行。

蒋维乔述《五蕴大意》由上海佛学书局刊行。

季圣一纂述《般若波罗蜜多心经新疏白话浅说合编》由江苏苏州弘化社刊行。

陈垣讲,叶德禄记《佛教能传布中国的原因》由北平辅仁社夏令会刊行。

胡超伍著《科学与佛学》由上海新声书局刊行。

按:是书阐述佛学与科学的关系,分科学、佛学、纯粹佛学、应用佛学、物理化学与佛学、生理学与佛学、心理学与佛学等14章。另附"佛心经亦大随求陀罗尼六印"。

王季同著《佛法与科学之比较研究》由上海国光印书局刊行,有蔡元培、胡适序。

蒋维乔著《佛教浅测》由上海佛学书局刊行。

太虚讲,罕月、莘野记《什么是佛学》由上海佛学书局刊行。

班禅·曲吉尼玛讲,戴传贤记《班禅国师开示录》刊行。

南怀仁著《教要序论》由河北献县张家庄刊行。

瞿胜东编《佛教日用文件大全》由上海佛学书局刊行。

时轮金刚法会编《时轮金刚法会殿言》由北平编者刊行。

时轮金刚法会编《时轮金刚法会摄要(征信录)》由编者刊行。

守培著《佛教本来面目》由上海佛学书局刊行。

宋玉如著《孩童宝训》刊行。

太虚讲,法舫记《大乘宗地图释》二册由上海佛学书局刊行。

太虚著《金刚般若波罗蜜经讲录》由上海佛学书局刊行。

太虚著《居家士女学佛程序》由上海佛学书局刊行。

太虚著《演说集》(上下册)由上海佛学书局刊行。

太虚著《哲学》由上海佛学书局刊行。

太虚著《自由史观》由上海佛学书局刊行。

谈文灯编《处世梯航》由上海谢文益书部刊行。

覃寿公著《哲学新因明论》由湖北汉口覃寿公刊行。

汤用彤著《竺道生与涅槃学》由北京大学刊行。

天曦著《天曦佛化答问》由上海佛学书局刊行。

印光著《印光法师文钞》(上下册)由上海佛学书局刊行。

许止净著《佛学救劫编》(3卷)由江苏苏州弘化社刊行。

圆瑛讲《妙法莲花经弘传传序讲义》由上海佛学书局刊行。

慧圆著《因明入正理论讲义》由上海佛学书局刊行。

王博谦辑述《学佛浅说·助觉管见·初机学佛摘要合编》由江苏苏州弘化社刊行。

王慧观编著《释尊之历史与教法》由上海佛慈犬药厂刊行。

徐雍编《张三丰道术武术汇宗》由上海武侠社刊行。

养心坛编《巴溪仙坛诗钞》由江苏苏州明心坛刊行。

金再之、马少家著《朝觐纪略》由北平清真书报社刊行。

马善亭著《说回教》由北平清真书报社刊行。

马善亭著《说斋戒》由北平清真书报社刊行。

中国耶稣教自立会全国总会编《圣报》（追悼余公宗周专号）由上海编者刊行。

中华公教教育联合会编《中华公教进行会组织大纲》由北平编者刊行。

中华基督教女青年会全国协会编《中华基督教女青年会全国协会第一次全国大学女生代表大会记录》由编者刊行。

中华基督教青年会全国干事联合会编《中华基督教青年会第六届全国干事大会报告书》由北平编者刊行。

中华基督教总价教育促进会主日课程编辑委员会编著《我们帮天父的忙》由上海广学会刊行。

中华圣公会书籍委办编《坚振礼》（十二简课）由北平中华圣公会书籍委办刊行。

中国圣学讨论会编《圣学底介绍书》第 1 册由道德专书刊筹备处刊行。

傅理明、赵乐天著《耶稣要传》由上海广学会刊行。

管宜穆著《圣教要理问答注解》由上海土山湾印书馆刊行。

广州基督教青年会编《百年树人》由广东广州编者刊行。

郭中一编《贺川丰彦》由上海广学会刊行。

韩宁镐著《问答释义》（第 4 卷）（圣体）由山东兖州天主堂印书馆刊行。

韩宁镐著《问答释义》（第 5 卷）（坚振）由山东兖州天主堂印书馆刊行。

茅本荃编著《青暘圣母史略》由上海土山湾印书馆刊行。

吴冠勋著《魔鬼的挣扎》由湖北汉口中华信义会书报部刊行。

胡本德著《耶稣小传》由上海广学会刊行。

华西教育会编著《使徒言行录》由四川成都华英书局刊行。

吉惠丽著《新约妇女浅说》由上海美华浸会印书馆刊行。

李美博等著，中华基督教教育会主编《人格课程》（第 5 册）由上海广学会刊行。

李友兰著《避静神工》由河北献县天主堂刊行。

曹博萌著《基督教初入西方概述》由上海广学会刊行。

聂高莱、愈恩嗣编《中华圣公会概论》由北平中华圣公会书籍委员会刊行。

青年协会编《中华基督教青年会年鉴（1932 年）》由上海青年协会书局刊行。

阮福德夫人编《旧约儿童故事（第一册）》由上海广学会刊行。

沙勿略顾著《七克真训》（6 版）由上海土山湾印书馆刊行。

上海时兆报馆编《基督徒为何当纳十分之一》由上海编者刊行。

尚司铎著《神修引领》（1—4 卷）由山东济南华洋印书局刊行。

沈礼门编著《圣依纳爵传略》由上海土山湾印书馆刊行。

苏慕华著《现在或将来》由中华浸会书局刊行。

孙勉之、高尔翔编《欲海慈航》由上海明善书局刊行。

王树亭著《醒世箴言》由上海广学会刊行。

王颂棠著《提摩太前后书释义》由上海广学会刊行。

吴怀赤著《瓯圣行演》由河北献县天主堂刊行。

吴应枫著《敬礼圣类思默想九则》由上海土山湾印书馆刊行。

信义会礼拜仪式委员会编订《中华信义会礼拜与圣事仪式简本》由湖北汉口中华信义

会书报部刊行。

王明道著《受苦有益》由北平灵食季刊社刊行。

朱昧腴著《葡萄园》由上海广学会刊行。

朱宗元著《答客问》由上海土山湾印书馆刊行。

赫德明编著《教理问答》由山东兖州天主堂印书馆刊行。

赫神父著《善怠神修篇》由山东兖州天主堂印书馆刊行。

赫司铎著《孝敬父母》由山东兖州天主堂刊行。

普体德著，袁访赉校阅《一个伟大的问题》由上海真光杂志社刊行。

徐宗泽编著《天主降生救赎论》由上海圣教杂志社刊行。

张志一著《下会宣讲》（卷上下）由青岛天主堂印书局刊行。

杨镜秋编《中华民国二十一年中华监理公会第一次大议会记录》刊行。

徐允希著《苏州致命纪略》由上海土山湾慈母堂刊行。

于斌著《公教进行的意义》由北平公教教育联合会刊行。

汪震著《普遍心理学》由北平文化学社刊行。

魏肇基编著《心理学概论》由上海世界书局刊行。

林德华著《心理训练》由上海新月出版社刊行。

沈履编《青年期心理学》由上海商务印书馆刊行。

陶烈著《心理生理学序论》由上海中华学艺社刊行。

王逸民著《欲的研究》由江苏南京天一书局刊行。

予且著《谈心病》由上海良友图书印刷公司刊行。

张耀翔编《心理杂志选存》（上下册）由上海中华书局刊行。

按：是书分普通心理、儿童心理、社会心理、态度心理、心理学史、各家心理、教育心理、智学测验、杂著等9编。

钟鲁斋著《两性学习差异的调查与研究》由福建厦门大学刊行。

谢泽如著《发情期之教育的研究》由上海儿童书局刊行。

葛承训著《一个女孩子的心理》由上海儿童书局刊行，有顾静仁序、著者自序。

潘文安、陆凤石著《青年成功指导》由上海大东书局刊行。

生活周刊社编《事业与修养》由上海生活书店刊行。

朱雨尊著《小朋友辩论术》由上海北新书局刊行。

孙寒冰主编《社会科学大纲》由上海黎明书局刊行。

萧玉著《社会科学概论》由上海中学生书局刊行。

科学研究会著《新兴社会科学研究大纲》由北平科学研究会刊行。

按：是书分绪论——怎样研究社会科学、马克思列宁主义的体系、史的知识、实际问题（中国经济及政治的性质等）、临时问题等。

陈豹隐著《社会科学研究方法论》由北平好望书店刊行。

按：是书上篇为绪论，包含社会科学在科学体系上所占的地位，社会科学研究方法论的意义和内容；下篇为唯物辩证法，包含当做认识基础论看的辩证法唯物论等5章。

顾凤城著《社会科学问答》由上海文艺书局刊行。

刘剑横著《自然科学与社会科学的关系》由上海亚东图书馆刊行。

常乃德编《社会学要旨》由上海中华书局刊行。

李圣悦著《现代社会学理论大纲——唯物史观的社会学的基础理论》由上海光华书局刊行。

陈翊林著《社会学概论》由上海中华书局刊行。

邓深泽著《社会学要论》(上卷)由江苏南京新京书店刊行。

按：是书包括序论、本论两部分。本论又分三篇：社会(3章)，社会内之含有物——文化(5章)，各社会间之相互关系(3章)。

吴泽霖编《(新中华)社会学及社会问题》由上海中华书局刊行。

杨堃著《社会学是什么》由北平百科杂志社刊行。

应成一著《社会学原理》(上册)由上海民智书局刊行。

孙本文著《社会的文化基础》由上海世界书局刊行。

黄国璋著《社会的地理基础》由上海世界书局刊行。

孙本文著《社会问题》由上海世界书局刊行。

张琴抚讲授，郭逸樵笔记《社会问题大纲》由上海乐华图书公司刊行。

刘炳藜编《社会问题纲要》由上海中华书局刊行。

邝震鸣著《现代社会问题》由北平文化学社刊行。

按：是书包括社会问题之意义及其种类、法国革命与人类解放运动、工业革命与自由主义、资本制度之发生及其弊害、劳动组合之起源及其概况、同盟罢工之意义及其种类等14章。

诸青来著《社会改造问题》由上海启智书局刊行。

李景汉、李柳溪著《社会调查专号》刊行。

严灵峰著《追击与反攻》由上海神州国光社刊行。

按：是书作为中国社会史论战丛著第三种出版。

冯义康著《社会学史要》由社会评论社刊行。

浦薛凤著《十八世纪后半叶欧洲之社会思想》刊行。

王培元著《新国家社会政策概论》由天津白河社刊行。

杨一帆编《中国社会的解剖》由编者刊行。

吴泽霖著《现代种族》由上海新月书店刊行。

冯和法编《农村社会学大纲》(原名《中国农村社会研究》)由上海黎明书店刊行。

杨开道著《农村问题》由上海世界书局刊行。

杨开道著《农村组织》由上海世界书局刊行。

杨开道著《农村政策》由上海世界书局刊行。

杨开道著《农村调查》由上海世界书局刊行。

王正雄编《东北的社会组织》由上海中华书局刊行。

唐启贤著《统计学》由上海黎明书局刊行。

寿毅成(原题寿景伟)著《应用统计》由上海商务印书馆刊行。

河北省建设所编《统计概览》由河北编者刊行。

罗志如著《统计表中之上海》由江苏南京中央研究院社会科学研究所刊行。

青岛市政府秘书处编《青岛市行政统计汇编》由山东青岛编者刊行。

管又新编《宜俗新编》(上下册)由广东梅县启新书局刊行。

国务院文教部礼教司宗教科编《祀孔参考》由编者刊行。

谭纫就编著《中国离婚的研究》由上海中华基督教女青年会全国协会刊行。

张克祥编《婚姻生活》由上海世界书局刊行。

薛轶群编《女学生结婚指导》由上海开华书局刊行。

潘文安、陆伯羽著《青年婚姻指导》由上海大东书局刊行。

何景文编《中学生婚姻指导》由上海中学生书局刊行。

范铨编《婚姻宝鉴》(法律指导)由上海普益书局刊行。

何清儒著《现代职业》由上海新月书店刊行。

潘文安著《青年职业指导》由上海大东书局刊行。

吴耀麟著,龚贤明校《社会保险之理论与实际》由上海大东书局刊行。

李葆森著《劳动保障法 ABC》由上海 ABC 丛书社刊行。

林仲达编《儿童保护事业与法律》由上海新中国书局刊行。

梁绍文著《五十个强盗(浙江省第二监狱犯罪调查之分析)》由佛子书屋刊行。

曹云祥著《大同教的贡献》由上海大同教社刊行。

青岛市公安局警士教练所编《户口要义》由山东青岛编者刊行。

中国社会学社编《中国人口问题》由上海世界书局刊行。

傅宇芳著,吕梦南校订《马克思主义政治学教程》由上海长城书店刊行。

按:是书分 3 编。上编政治科学概论,讲述政治科学的涵义、方法和政治理论与实践问题;中编国家论,讲述国家的性质、构成及社会发展规律等;下编政治运动,讲述政治运动的意义、路线、程序及方式等。

邓初民著《政治学》(《新政治学大纲》)由北京新时代出版社刊行。

黄开山著《政治学的诸重要问题》由上海神州国光社刊行,有著者序。

李圣五编《政治学浅说》由上海商务印书馆刊行。

萨孟武编著《政治学概论》由上海世界书局刊行。

按:是书论述政党原理、政党政治,并介绍英、美、法、德 4 国政党概况。

陶希圣著《中国政治思想史》由上海新生命书局刊行。

王德周著《近代政治思想史大纲》由北平西北书局刊行。

陈安仁编著《中国政治思想史大纲》由上海商务印书馆刊行,有编著者序。

按:是书分 4 编论述中国上古(秦以前)、中古(两汉至唐)、近世(宋、元、明、清)、现代(清末至民国)各历史时期的政治思想。

许桂馨编《自卫与觅食之政治观》由江苏南京书店刊行。

按:是书研究当时中国人的衣、食、住、行与国家安全防卫等问题,并提出解决这些问题的办法。介绍了一些有关"觅食"与"自卫"的重要事件。

梁冠群著《人本政治》由著者刊行。

按:是书是著者未完成的遗著,原计划共五编,第三编第二章以后和第四、五编未完成。

互助周刊社编《政治问理之二》由学友互助社总社刊行。

杨公达著《政党概论》由上海神州国光社刊行。

博古、思美等著《民众革命与民众政权》由出版委员会刊行。

陆达节编《孙中山先生外集》由上海中华书局刊行。

梁耀南编《新主义辞典》由上海阳春书局刊行。

李宗武、徐逸橡合编《三民主义》由军需学校刊行。

柳国宾编述《三民主义的基础理论》由三民主义研究会刊行。

张蓬舟、区怀白编《三民主义译词解说》由江苏南京书店刊行。

中国国民党广州特别市执行委员会编《双十书国庆纪念专刊》由编者刊行。

徐照著《政论集》由江苏省印刷局刊行。

罗隆基著《政治论文》由上海新月书店刊行。

汪精卫著《汪精卫文集》(全4册)由上海中山书店刊行。

邓演达著《邓演达先生遗著》由香港著者刊行。

中国国民党福建党务指导委员会宣传部编《蒋介石先生两月以来言论汇刊》由编者刊行。

杨大膺编《徐庆誉先生学术讲演稿》(第1集)由湖南长沙世界学会长沙分会刊行。

按:是书收录徐庆誉1927年至1931年间所做的讲演稿,分文化、政治、哲学、青年4编,其中有《机械工业与文化》《三民主义在现代政治思想中的地位》《孔子与中山先生》《青年的烦闷及其补救》等22篇。

胡适等著《中国问题》由上海新月书店刊行,书前有潘光旦引言。

孙倬章著《怎样干——中国革命问题批判》由社会科学研究社刊行。

晚庵著《中国只有此一条生路》由民铎社刊行。

石醉六著《中国今后三十年》由上海太平洋书店刊行。

王海波编《东北移民问题》由上海中华书局刊行。

陈绍新编《在反日运动中我们的出路是什么》由上海时代图书社刊行。

何浩若著《民族的前途》由江苏南京钟山书局刊行。

梁漱溟著《中国民族自救运动之最后觉悟》由北平村治月刊社刊行。

梁心著《中国必亡论》由上海日新舆地学社刊行。

陆军第三十八军特别党部编《抗日军声社论选刊》由编者刊行。

龚德柏著《征倭论续集》由江苏南京救国日报社刊行。

吴惟平著,国民备战促进会编《对日主战论文集》由北平编者刊行。

朝晖社编《抗日之准备》由广东广州朝晖社刊行。

人民周报社著《反日运动之理论与实际》由上海人民周报社刊行。

马骧修正,马隆骥、马援斌校对《日本并吞满蒙之秘密计划》刊行。

尹寿松编,王卓然校订《中日条约汇纂》由东北外交究委员会刊行。

中日条约研究会编《中日条约全辑》由编者刊行。

中国国民党浙江省党部编《日本违法悬案之一部》由编者刊行。

东北问题研究会编《日本欺诈外交》由编者刊行。

霍维周著《日本对华外交政策》由东北民众抗日救国会刊行。

许宅仁编述《中日的旧恨与新仇》由上海中华书局刊行。

按:是书讲述日本帝国主义在军事、外交、实业、教育、交通等方面侵略中国的历史,并结合东北人民所感受的痛苦揭露日本帝国主义的罪行。

中央大学社会科学研究会编《对日问题研究》由江苏南京书店刊行。

唐庆增著《唐庆增抗日救国言论集》由上海社会科学书店刊行。

王昌杰述《救世实言》由上海明善书局刊行。

卢广绵编《前进,共赴国难》刊行。

马相伯著《国难言论集》刊行,有徐景贤小引。

董时进著《董时进论文及演说词》由北平文化学社刊行。

陈彬龢著《申报评论选》由上海申报馆刊行。

中国国民党浙江省党部编《总理对地方自治遗教及地方自治法规辑要》由杭州编者刊行。

陈天海著《中国地方自治》由广东广州镜台书屋刊行,有何学骧序和自序等。

乔万选编著《比较地方自治》由上海大陆书局刊行。

谈仁伯著《地方自治及其关系问题》由上海南汇南汇县第九区万南乡乡公所刊行。

袁良编述《保甲制度讲演录》由江西南昌江西省保安处刊行。

野史编《河南党务纪实》由编者刊行。

中国国民党中央执行委员会西南执行部秘书处编《西南党务法规汇刊》由编者刊行。

贵州民政厅秘书室编辑《贵州省政府民政厅出巡汇刊》由贵州民政厅第一科刊行。

广东省政府民政厅编《广东救济失业回国华侨概况》由广东广州中山印务局刊行。

第二次全国内政会议秘书处编《第二次全国内政会议报告书》由江苏南京内政部刊行。

国民外交协会国民外交杂志社编《国民外交特刊》由江苏南京国民外交协会国民外交杂志社刊行。

国民政府救济水灾委员会财务组编《国民政府救济水灾委员会财务组采办股事工经过报告书》由编者刊行。

萧家点编《吴兴县工赈修堤特刊》由浙江吴兴吴兴县水灾救济委员会刊行。

金陵大学农学院农业经济系编《水灾区域之经济调查》由江苏南京编者刊行。

黄心勉著《中国妇女的过去和将来》由上海女子书店刊行。

钟贵阳著《中国妇女劳动问题》由上海女子书店刊行。

陈学昭著《时代妇女》由著者刊行。

姚舜生著《中国妇女大事年表》由上海女子书店刊行。

孙移新、赵慰祖编《童子军中级课程》由上海少年用品供应社刊行。

杨克敬编述《童子军教育原理》由编者刊行。

儿童书局编辑部编《儿童节纪念册》由上海儿童书局刊行。

国立浙江大学文理学院教育系编《第一儿童节纪念刊》由编者刊行。

奉天省公署警务厅编辑《奉天省警务辑览》由编者刊行,有臧式毅、三谷清序。

邵清淮著《警察效用》由天津大公报社刊行。

陈杖、邵心淘编《外务警察学》由上海世界书局刊行。

青岛市公安局警士教练所编《警察学》由编著刊行。

青岛市公安局警士教练所编《勤务章程要则》由编著刊行。

陈杕、尤一鹤编著《卫生警察学》由上海世界书局刊行。

余晋龢编《码头警察服务要则》由山东青岛青岛市公安局警士教练所刊行。

曾炳钧著《国际劳工组织》由北平社会调查所刊行。

徐敦璋编《国际联合会与国际纷争》由北平平津学术团体刊行。

时兆报馆编译部编《现代之纷争》由上海时兆报馆刊行。

徐景薇著《非战公约与世界和平》由江苏南京外交评论社刊行。

张肇融著《国际问题》由上海新生命书局刊行。

樊仲云著《现代国际问题》由上海中华书局刊行。

按：是书概述第一次欧战以后国际间政治、经济、社会诸问题。

邓梅羹编著《资本主义与世界殖民问题》由北平神州国光社刊行

林伯修著《美俄会联合战日否》由上海良友图书印刷公司刊行。

曹重三著《日本最近政情之演变》由北平知彼社刊行。

刘庄著《日本政治制度》由江苏南京日本研究会刊行。

按：是书介绍日本明治维新前后变法的经过，近代宪法的创制及议会、内阁、元老院、枢密院等组织机构。有沈觐鼎序言。附录日本宪法。

文公直著《日本之实况》由上海民智书局刊行。

杨伟昌著《日本法西斯蒂运动之研究》由亚东杂志社刊行。

伊武编《日本法西斯运动之展望》由江苏南京日本评论社刊行。

郑虚舟著《日本的泛系运动》由上海良友图书公司刊行。

按：是书简述日本法西斯运动的社会根源，法西斯理论及政治纲领，并指出日本法西斯掌权后挑起世界大战的可能性。

黄珙君著《美日战云》由上海中国国际宣传社营业部刊行。

余汉华著《英美日斗争下之太平洋》由上海华风书店刊行。

按：是书评述列强在太平洋割据的形势，英、美、日在太平洋斗争中的政治手段，未来太平洋战争及中国危机等。有著者序。

葛绥成编《太平洋问题之解剖》由上海中华书局刊行。

按：是书介绍太平洋区域的形势，列强间的相互关系，中国在太平洋的地位以及第二次世界大战是否发生在太平洋等问题，有编者赘言。

刘邦绂编著《远东现势与太平洋问题》由湖北汉口白鹤印刷公司刊行。

刘驭万编辑《最近太平洋问题》由上海中国太平洋国际学会刊行。

赵云弢编辑《太平洋之风云》由上海新文艺书店刊行。

胡蘧然著《帝国主义之研究》由上海启智书局刊行。

余汉华著《战后复兴之德意志》由上海华风书店刊行。

按：是书有德国之统一与发展、威廉第二之霸图与世界大战、巴黎和约之缔结、赔偿问题、罗加诺协定之成立、战后之政治、战后外交之概势、德国之将来等。

董霖、佩萱著《法西斯主义与新意大利》由上海黎明书局刊行。

按：是书介绍欧战前后的意大利，墨索里尼的身世，法西斯理论及其统治下的意大利概况等。

余汉华著《霸气消沉之英帝国》由上海华风书店刊行。

按：是书评述英国的构成，英国与欧战，战后世界霸权的衰落，议会政治，英国与远东各国的关系。有著者编辑小言。

大东书局编辑所编辑《国际联盟盟约与开洛格非战公约全文》由上海大东书局刊行。

葛宇心、尉迟浩著《伦敦会议记》由北平中华印书局刊行。

费福熊著《英国政治组织》由上海生活书店刊行。

浦薛凤著《美法革命之政治思想》刊行。

浦薛凤著《英国功利主义派之政治思想》由国立清华大学刊行。

钱啸秋著《苏联的新妇女》由上海良友图书印刷公司刊行。

储寒著《苏联的机构》由上海良友图书印刷公司刊行。

余葆贞著《印度革命与圆桌会议》由上海大东书局刊行,有著者序言。

朱贞白著《最新法学通论》由上海法政学社刊行。

欧阳谿著《法学通论》由上海法学编译社刊行。

梅汝璈编著《现代法学》由上海新月书店刊行。

按:是书分现代法学的背景、起源、历史和派别、现代法学的趋势4章。叙述希腊、罗马的法理思想和现代法学起源于12世纪的历史过程,介绍自然法学派、历史派、玄学派、分析派、社会哲学派、社会功利派、新康德派、新黑格尔派、法国新自然法派、经济史观派、社会学派等的主要观点,探讨法学研究、法律应用、法律观念等方面的趋势。

阮毅成著《政法论丛》由江苏南京时代公论社刊行。

丁元普著《法律思想史》由上海法学编译社刊行。

郭卫编《六法全书》由上海法学编译社刊行。

朱德武编《民法总则讲义》由天津法律专科函授学校刊行。

朱采真编著《现代行政法总论》由上海世界书局刊行。

湖北省政府民政厅编《湖北民政法规汇编》由湖北编者刊行。

江西省政府编《江西省现行法规汇编》由江西南昌编者刊行。

广西省政府秘书处编《广西省现行法规汇编》由广西桂林编者刊行。

实业部商标局编《商标法》由江苏南京编者刊行。

唐纪翔著《民法总论》由北平开明书局刊行。

李宜琛编著《民法要论总则》由北平著者书店刊行。

钟洪声编著《物权新论》由上海大东书局刊行。

刘绍基编《典权要论》由上海南京书店刊行。

沈锷著《夫妻财产制之研究》由上海新学会社刊行。

徐恩达著《离婚法论》由北平青年书店刊行。

按:是书共7部分,介绍各种离婚学说,阐明中国离婚法的精神及各国离婚法主要内容,搜集各国理论例案、离婚轶闻等。

胡长清著《中国继承法论》由江苏南京法律评论社刊行。

王孝通编《中国公司法论》由上海世界书局刊行。

王孝通著《保险法论》由上海法学编译社刊行。

石志泉著《新民事诉讼法评论》由北平国立北平大学法学院出版课刊行。

周还编著《国际公法》由上海世界书局刊行。

按:是书除导言概述国际公法的产生、渊源外,分9章。前5章讲述国家,包括国家存在的要素、类别、组成领域、变更、灭亡,以及国家的权利与义务、国籍问题等;第6章讲述国际间交往的代表、元首、外交官等;余各章讲述国际间的法律行为及国际间纷争和解决的方法、手段。编者对国际法下的定义是:规定国家与国家在相互邦交中权利与义务的规则总体。

汪馥炎著《国际公法论》由上海法学编译社刊行。

周鲠生著《国际法大纲》由上海商务印书馆刊行。

按:此书曾经是日本东京帝国大学法学部国际法科的指定参考书。全书分导言和本论。概述国际法的定义、性质、历史、根据、渊源、划分,以及国际法的主客体,国际交涉、国际争议及其解决手段、战争概说等。

王化成著《现代国际公法》由上海新月书店刊行。

裴祖谟编著《国际私法概要》由上海法政学社刊行。

陈顾远著《国际私法本论》由上海法学编译社刊行。

余正东主编《法律政治经济大辞典》由上海长城书局刊行。

陈玖学评注《评注七子兵略》由北平武学书馆刊行。

许有成编注《孙子与现代》由杭州健社刊行。

蒋介石编《增补曾胡治兵语录注释》由军事委员会政治部刊行。

中央陆军军官学校编《军制学教程》刊行。

杨杰著《国民军事必读》(第1—3册)由南京大陆印书馆刊行。

训练总监部编《战斗纲要草案》由江苏南京军用图书社刊行。

谢承瑞编《科学之军事(第2篇:陆军篇)》由天津大公报社刊行。

陆为震著《中国国防十年计划》由上海良友图书印刷公司刊行。

徐阶平、杨汝熊著《国防教育之实施》由上海汗血书店刊行。

曹让尊编《国防论讲义》由广西省会公安局警士教练所刊行。

宋人杰著《西南国防论》刊行。

吴光杰著《国防刍议》刊行。

黎卧夫著《步兵是主要的兵种》由军事研究社刊行。

唐宝镐编《海战史》由海军部海军编译处刊行。

蒋中正制《抗战手本》由军用图书社刊行。

蒋介石著《军队政治工作的复兴》由江苏南京国民政府军事委员会政治训练部刊行。

骆德等编著《军人精神教育》由军委会特务团政训处刊行。

中华平民教育促进会平民文学部编《士兵千字课自修用本》由北平中华平民教育促进会刊行。

吴汲明编述《作战给养》由军需学校刊行。

何伟业编述《营缮经理教程》由军需学校刊行。

军政部审定《兵器被服名称及保存要领》由江苏南京军用图书社刊行。

黎天才著《帝国主义炮火下之中国国防问题》由北平北方公论社刊行。

胡三杰编述《军队教育讲义》由江苏南京共和书局刊行。

吴衡皋编《新军事教育之研究》由上海中原书局刊行。

王俊编《陆军步兵学校筹备经过汇报》由陆军步兵学校刊行。

军政部编《军政法规汇编》(第1辑)由上海军政书局刊行。

军政部编《军政法规汇编》(第2辑)由上海军政书局刊行。

军政部编《军政法规汇编》(第3辑)由江苏南京军政部陆军署法司刊行。

庄心在编《日本军备的检讨》由江苏南京书店刊行。

承季厚著《日本联队日记》由江苏南京军用图书社刊行。

李国良编著《应用战术》由江苏南京军用图书社刊行。

王志文编《游击战术》由湖北汉口青年评论社刊行。

王俊讲《陆军步兵学校第一期学员图上战术讲授录》刊行。

训练总监部审定《陆军礼节条例》由江苏南京军用图书社刊行。

李刚译《步哨斥候传令联络兵勤务之参考》由江苏南京军用图书社刊行。

训练总监部编《步兵操典新草案》由江苏南京军用图书社刊行。

训练总监部炮兵监编《炮兵须知》由江苏南京军用图书社刊行。

李国良编《步兵炮战术》由江苏南京军用图书社刊行。

周修仁编《战车之防御》由江苏南京军学研究社刊行。

吴石著《最新军事航空述要》由北平军用图书社刊行。

王祖文编《各级军官对空军与空防必具之常识》由上海大中书局刊行。

赵慰祖编《实用测量学·军用制图学》由少年用品供应社刊行。

李向荣编《地形学》(上卷)由军需学校刊行。

邱荣祥编著《军鸽小史》由南京拔提书店刊行。

沈福海、华士鉴著《军用电报浅说》由技术合作委员会上海分会电气组刊行。

陶凤山著《架设军用电线浅说》由上海技术合作委员会上海分会刊行。

训练总监部军学编译处编《工兵基本作业参考书(植桩之部)》由江苏南京军用图书社刊行。

训练总监部军学编译处编《工兵基本作业参考书(连接之部)》由江苏南京军用图书社刊行。

范凤源著《可怕的死光与毒瓦斯》由上海大东书局刊行。

孟心如著《军用毒气》由上海中国科学图书仪器公司刊行。

孟心如著《军用毒气、毒气中毒及其防护》由上海中国科学社刊行。

罗心夫编,新中国建设学会编译《军事航空》由上海编译者刊行。

海军部编订《海军舰炮操典》(上下册)由京华印书馆刊行。

军事教导队编《步兵迫击炮射击教范草案》由北平武学书馆刊行。

中央军官学校编《炮兵射击教范讲授录》由北平武学书馆刊行。

军官学校编《机关枪操法》由北平武学书馆刊行。

李国良编《机关枪战术》由江苏南京军用图书社刊行。

李叔明著《化学战争》刊行。

华汝成编《毒气战争与防御法》由上海中华书局刊行。

毕新生著《经济建国论》由上海生活书店刊行。

施复亮著《中国现代经济史》由上海良友图书印刷公司刊行。

潘肃编辑,吕梦南校订《中国经济论战》由上海长城书店刊行。

朱其华著《中国经济危机及其前途》由上海新生命书局刊行。

宋海楼著《经济救国新策》由著者刊行。

徐青甫著《救济国难期间经济之设计》由著者刊行。

徐青甫著《经济革命救国论》由浙江经济学会刊行。

徐青甫著《经济革命论的要旨》由浙江经济学会刊行。

徐青甫著《徐青甫先生演讲集》(第2册)由浙江财务人员养成所刊行。

李道南编《中国工商业近年发展之概况》由上海国华银行调查部刊行。

胡式编《日本侵略下之工商地志》由上海华风书店刊行。

赵毅民编《日本对华经济侵略之检讨》由北平朝野书店刊行。

王一新著《日本侵略东北之新经济政策》由北平中华国风社刊行。

徐嗣同编《日本帝国主义侵略下东北的产业》由上海中华书局刊行。

许兴凯编《日本政治经济研究》由天津百城书局刊行。

周宪文编《日本社会经济发达史》由上海民智书局刊行。

杨定宇著《近代经济思想之三大派别》由上海南京书店刊行。

朱通九、金天锡著《近代经济思想史》由上海黎明书局刊行。

按：是书分古典学派或正统学派、社会主义学派、历史学派、界限效用学派或澳大利亚学派4章，介绍了自亚当·斯密起至30年代初各经济学派产生的历史背景、演变源流、主要代表人物的生平与经济思想。

金天锡著《通俗经济思想史要》由上海神州国光社刊行。

曾广勋编著《世界经济与产业合理化》由上海社会书店刊行。

按：是书除"序论"泛论30年代初期的若干世界经济问题（经济恐慌、关税政策等）外，主要内容分"世界经济之转变"及"产业合理化"两编，分析第一次世界大战后各国经济发展之变迁、列强在远东的竞争、资本主义国家"产业合理化"的本质和内容、汽车工业之金融资本化与国际人造丝工业的市场争夺等问题。

郑学稼著《庞巴卫克的经济学说——正资本论及资本及利息》由上海黎明书局刊行。

戴蔼庐著《最近世界经济恐慌真相》由上海良友图书印刷公司刊行。

雷声洪编《美国经济之解剖》由上海华风书店刊行。

吕振羽著《最近之世界资本主义经济》（上卷）由北平书店刊行。

翦伯赞著《最近之世界资本主义经济》（下卷）由北平书店刊行。

李含章编著《战后世界资本主义与苏联经济的比较研究》上册由北平导群书店刊行。

樊仲云著《一九三二年之国际政治经济》由上海新生命书局刊行。

雷用中编著《苏联经济之史的发展、其现况及其前途》由北平导群书店刊行。

王印川著《苏联五年计划奋斗成功史》由天津大公报承印股刊行。

张毓宾著《苏俄积极建设论》由长春著者刊行。

蔡大训编著《簿记与税律》由中国簿记研究社刊行。

陈林编《物品会计法》由上海世界书局刊行。

胡善恒编《预算与财务》由中央政治学校刊行。

余任民著《美国农工苦况》由上海华风书店刊行。

马质夫著《劳动法总论及劳动契约法》由世界法政学社刊行。

焦雨亭、刘光炎编《合作事业》由上海世界书局刊行。

广东建设厅农林局经济系编《合作社是什么》由广东建设厅农林局推广课宣传股刊行。

陈果夫著《中国之合作运动》由上海中国合作学社刊行。

顾树森著《丹麦农业生产合作》由上海中华书局刊行。

顾树森编《苏俄农业生产合作》由上海中华书局刊行。

刘光华著《农业政策》由江苏南京书店刊行。

张心一著《中国农业概况估计》由南京金陵大学农业经济系刊行。

雷男编著《台湾农业考察记》刊行。

刘竞渡著，钱天范校《孙总理整个的土地政策》由南京东南印刷所刊行。

谢无量著《中国古田制考》由上海商务印书馆刊行。

按：是书内分6章，研究了中国土地制度的起源、"什一取民"制度、周礼中的土地制度、土地制度与军赋制度的关系等内容。

万国鼎著《金元之田制》由金陵大学大学刊行。

宋斐如著《土地政策研究》由北平西北书局刊行。

按:是书介绍各国推行这种政策的具体办法,内分6章。其中第2、3章为"直接自由创定主义"与"直接强制创定主义",介绍罗马尼亚在第一次世界大战前与战后的土改政策;第4章为"间接自由创定主义",介绍普鲁士在战前的国内殖民政策;末两章为"间接强制创定主义",介绍爱尔兰的自耕农创定政策及大战后德国国内殖民政策。

陈登元著《中国土地制度》由上海商务印书馆刊行。

按:是书论述了历代土地制度与农民的关系,私有制度与土地改革,土地制度与工业化、移民垦殖的关系等内容。

张霄鸣著《中国历代耕地问题》由上海新生命书局刊行。

曹慎修著,唐启宇校《中国土地问题之研究》由南京明日书店刊行。

任峰编《垦殖政策实施运动》由编者刊行。

石华严编《绥远垦务计划》由编者刊行。

安汉著《西北垦殖论》由江苏南京国华印书馆刊行。

郑学稼著《地租论》由上海黎明书局刊行。

青岛市农林事务所编《青岛农林》由编者刊行。

张心一著《中国粮食问题》由中国太平洋国际学会刊行。

孙恩麟著《改良推广中国棉作应取之方针论》由国立东南大学农科刊行。

浙江省建设厅编《棉的用途》由编者刊行。

俞海清著,吴觉农校《江西之茶叶》由上海实业部商品检验局刊行。

云峰编《中国革命的根本问题》第1辑由中外研究学会刊行。

刘泮珠编述《实业计划之解说》由上海江南美术印刷公司刊行。

江苏省实业厅编《江苏省主要实业实施方案》由编者刊行。

江西省建设厅编《江西省企业图概要》由编者刊行。

江西省建设厅编《江西省建设三年计划》由编者刊行。

周宪文编《苏俄五年计划概论》由上海中华书局刊行。

苏联研究社编《两个五年计划》由上海春申书店刊行。

莫若强著《科学管理的意义与价值》由上海商务印书馆刊行。

钱承绪著《钱承绪工业经济论文》刊行。

吴半农著《铁煤及石油》由北平社会调查所刊行。

朱行中著《河北各矿概要》由江苏南京中国矿冶工程学会刊行。

侯德封编《东三省的矿产问题》由编者刊行。

谭炳训著《初步国防工业建设计划大纲》由著者刊行。

谢家荣、朱敏章著《外人在华矿业之投资》由中国太平洋国际学会刊行。

马韵珂著《中国矿业史略》由上海开明书店刊行。

按:是书概述我国自史前至清末、民国时期的矿业史。

侯德封编《中国矿业纪要》(第四次,民国十八年至二十年)由实业部地质调查所刊行。

张廷玉著《浙江省宣平县弄坑村银矿报告书》由浙江省矿产事务所刊行。

陈谷声著《中国的钢铁问题》由上海美华印刷所刊行。

张连科著《军用重要金属材料之自给与发展计划大纲》由南京军政部兵工署刊行。

黄金涛著《奉派赴欧美审定钢铁厂价格及商定钢铁厂设计报告书》刊行。

建设委员会编《中国电厂统计》由编者刊行。

袁文奎编《港沪化学工业考察记》由广东广州国立中山大学刊行。

张子丰、张英甫著《河南火硝土盐之调查》由黄海化学工业研究社刊行。

上海民丰纱厂编《民丰纱厂第一次报告》由编者刊行。

梁宗鼎著《日本侵略东北矿产之野心》由中国矿冶工程学会刊行。

施裕寿、刘心铨编著《山东中兴煤矿工人调查》由北平社会调查所刊行。

中原股份有限公司秘书科编《中原股份有限公司二十年度工作报告》由河南焦作中原股份有限公司总务科刊行。

董昌言编《天津面粉工业状况》由河北省立工业学院工业经济学会刊行。

刘基汉、周金铭等编，吴瓯主编《天津市面粉业调查报告》天津市社会局刊行。

烟台张裕酿酒有限公司编辑《烟台张裕酿酒公司四十周年纪念册》由编者刊行。

青岛市社会局统计室编《青岛市手工业统计》由编者刊行。

李定焕编《南满工场调查记》由编者刊行。

屠哲隐编《东三省之工业》由上海南京书店刊行。

何躬行编《上海之小工业》由上海中华国货指导所刊行。

刘光华著《交通政策》由上海南京书店刊行。

郭侣桐编《世界的交通》由上海新中国书局刊行。

交通部统总务司六科编《中华民国十八年交通部统计年报》由编者刊行。

东北交通研究会编《中国东北路电述要》由编者刊行。

郑宝照著《铁路问题之管窥》由编者刊行。

王道荣著《铁路站账》由中华印务公司刊行。

金士宣编《中国东北铁路问题汇论》由天津大公报馆刊行。

黄文焘著，杨仁昌校《中日俄竞争下之东北铁路网》由江苏南京书店刊行。

魏承先编《满铁事业的暴露》由上海中华书局刊行。

西山著，嵩汀校订《九一八事变后日本铁蹄下之东北铁路》由东北问题研究会刊行。

王余杞著《北宁铁路之黄金时代》由北平星云堂书店刊行。

汉平铁路管理委员会编《汉平年鉴》由编者刊行。

詹文忠著《英国铁路最近经济政策》由江苏南京印刷公司刊行。

江西公路处编《公路一览》由编者刊行。

湖南公路局编《湖南公路辑览》由编者刊行。

鲍明钤著《外人在华沿岸及内河航行权》由中国太平洋国际学会刊行。

按：是书为中国太平洋国际学会丛书之一。

李国杰编《整理招商局之蠡见》由编者刊行。

周宪文编《新中华商业概论》由新国民图书社刊行。

刘葆儒著《广告学》由上海中华书局刊行。

按：是书叙述广告学一般理论及常识。

李培恩编著《商业事务常识》由上海商务印书馆刊行。

孙雪窗编《经商方略》由商业研究社刊行。

顾树森编《德国农业信用合作》由上海中华书局刊行。

中国国民党平绥铁路特别党部筹备委员会宣传科编《消费合作运动之理论与实践》由北平编者刊行。

于树德著《消费合作社之理论与实际》由上海中华书局刊行。

按：是书分消费合作社之理论、经营、应用规程及书类等3编。

武堉干编著《中国国际贸易概论》由上海商务印书馆刊行。

魏铭编《东北的贸易》由上海中华书局刊行。

按：是书为东北研究丛书之一。

郑行巽编著《中国商业史》由上海世界书局刊行。

宋子文报告《中华民国十九年及二十年两会计年度财政报告》刊行。

湖北财政厅编辑股编《湖北田赋概要》由编者刊行。

徐绍真著《财政概要》由浙江财务人员养成所刊行。

雷辑辉著《北平税捐考略》由北平社会调查所刊行。

熊道瑞编《湖北税务概要》由湖北财政厅事务股刊行。

徐钧溪编著《货币论》由上海世界书局刊行。

按：是书分8章。分述货币之职能、制度、数量、价值、对外价值，以及第一次世界大战中及战后各国货币制度之变迁和我国货币问题等。附录：1.精琦之"中国新圆法条议"；2.卫斯林之建议要点译文；3.国币条例；4.国币条例实施细则；5.中国逐渐采行金本位币制法草案译文及参考书目。

冯世范著《有利流通券与金融信用》刊行。

陈度编《中国近代币制问题汇编》由编者刊行。

何孝怡编《东北的金融》由上海中华书局刊行。

杨汝梅著《新中华会计及审计》由上海新国民图书社刊行。

按：是书参照教育部颁布的高中商科课程暂行标准编辑。内分"会计"和"审计"两部分。"会计"部分包括：总论、商工会计提要、公司会计、官厅会计大要4编；"审计"部分包括：总论、各种账表的分析审查、官厅审计大要3编。卷首有编辑大意。各章末均附有练习题。

李锦华、李仲诚编《新闻言论集》由广州新启明印务公司刊行，有冯节的序。

吴定九著《新闻事业经营法》由上海现代书局刊行。

袁殊著《学校新闻讲话》由上海湖风书局刊行，有任白涛的序。

按：学校新闻指学校里的新闻事业，如校刊、级刊、壁报等。是书分11章，介绍英、美、日等国学校新闻概况，并讲述与学校新闻有关的问题。

宁波商报编《宁波商报诞生特刊》由编者刊行。

赵敏恒著《外人在华新闻事业》由中国太平洋国际学会编译刊行。

季达(毅生)著《宣传学与新闻记者》由上海国立暨南大学文化事业部刊行。

燕京大学新闻学系编《中国报界交通录》(新闻学研究第2号)由编者刊行。

燕京大学新闻学系编《新闻学研究》由编者刊行，有黄宪昭及马丁的序。

金民天著《小朋友壁报》由上海北新书局刊行。

朱智贤著《通俗讲演设施法》由山东省立民众教育馆刊行部刊行。

刘鉴泉著《动与植》由种族学研究社刊行。

梁深编《世界奇观》由上海良友图书印刷公司刊行。

梁淑存编《趣味小科学》(上册)由上海新中国书局刊行。

邓胥功编著《教育通论》由上海世界书局刊行。

朱兆萃著《教育学》由上海世界书局刊行。

陈科美著《新教育学纲要》由上海开明书店刊行。

按:是书泛论教育,其目的在于习教育者一普泛而正确之教育观,以助其进修各种教育学科,而为研究教育之基础,故措辞浅显,内容涵盖以期便利初学。在展示教育学"简略图"的同时,也展示作者研究教育学的真知灼见和改造教育学的一些尝试。它可作为初次接触教育学的后学的一本率真的启蒙读物,也能为研究教育学的学者提供有益的滋养。

庄泽宣编《新中华教育概论》由上海新国民图书社刊行。

罗廷光著《教育科学研究大纲》由上海中华书局刊行。

按:是书为中央大学教育学院丛书之一。分绪论、教育科学研究发达略史、教育科学研究的普通程序、教育科学研究的特殊方法4编,共18章。

罗廷光著《教育研究指南》由国立中央大学教育学院教育研究所刊行。

常导之编著《比较教育》由新国民图书社刊行,有编者弁言。

沈冠群、吴同福编著《教育社会学通论》(中国教育研究社丛书)由江苏南京书店刊行。

张安国编《体验主义教育原理》(新中国教育丛书)由上海新中国书局刊行。

丘景尼编《教育伦理学》由上海世界书局刊行。

蔡衡溪著《教育论丛》(第1集)由著者刊行。

丁汝仁编《教育问答》(光启杂录)由上海土湾印书馆刊行。

毛邦伟编述《中国教育史》由北平文化学社刊行。

按:是书分5章。介绍上古至元、明、清等各时期的教育情况。附:中华民国教育部普通教育暂行办法通令。

姜琦编《教育史》(高级中学师范科教科书)由上海商务印书馆刊行。

孟宪承编《新中华教育史》(高级中学师范科用)由上海新国民图书社刊行。

王慕宁编著《教育哲学思潮概论》(现代西洋各派)(哲学丛书)由上海华风书店刊行。

章中如著《清代考试制度》由上海黎明书局刊行。

福建省教育厅编《第三届暑期学校讲演集》由编者刊行。

陆景模著《动作技艺之构合与分析》(教育问题研究之一教育心理类)由杭州国立浙江大学文理学院教育学系刊行。

中华教育文化基金董事会编《测验学上对减错计算法之研究》(国立中央大学教育心理讲座研究报告)由江苏南京编者刊行。

中华教育文化基金董事会编《中学国文理解程度之研究》(国立中央大学教育心理讲座研究报告)由江苏南京编者刊行。

中华教育文化基金董事会编《英语教学问题》(国立中央大学教育心理讲座研究报告)由江苏南京编者刊行。

胡毅著《知觉距及其与学级年龄之关系》(阅读实验之一)由广东广州国立中山大学教育学研究所刊行。

廖世承编《新中华教育测验与统计》由上海新国民图书社刊行。

潘之赓编《教育测验与统计》(世界新教育丛书)由上海世界书局刊行。

余楠秋著《学生问题》由上海新月书店刊行。

夏承枫著《现代教育行政》(中央大学教育学院丛书)由上海中华书局刊行。

按:是书介绍教育行政的意义、教师与教育行政、教育与经费、教育制度、教育行政组织等。

邰爽秋编《教育图示法》由河南开封教育印书合作社刊行。

温仲良编《实用学校组织及行政》由广东广州蔚兴印刷厂印刷。

屠镇川编著《健康教育》(世界新教育丛书)由上海世界书局刊行。

胡定安、何焕奎编《新中华健康教育》由上海新国民图书社刊行。

内政部卫生署编《学校健康教育》由江苏南京编者刊行。

按:是书分健康的意义及要素、学校卫生概要、传染病的预防、学校环境卫生的设备、健康教育等9章。附:北京市教育局卫生教育委员会章程等10种。

薛德焴著《健康教育》由上海新亚书店刊行。

浙江海宁县教育局编《几件可以自制的教具图说》由浙江海宁编者刊行。

程天放著《改革中国学校教育刍议》由杭州国立浙江大学秘书处刊行。

涂闻政编《教育公牍与教育法规》由江西省立图书馆文化服务部刊行。

朱家骅著《九个月来教育部整理全国教育之说明》由教育部刊行。

广东省教育厅编《现行教育法令汇编》由广东广州编者刊行。

方蔚编《(增订)办学指南》由武汉亚新地学社刊行。

河北省教育厅编《河北省教育厅施政纲要》(中华民国二十年七月一日起至二十一年六月底止)由编者刊行。

陆志韦等编著《中国儿童的无限制联想》(燕京大学心理学研究专刊)北平燕京大学心理学系刊行。

马静轩编著《儿童与教育》由上海儿童书局刊行,有李清悚序。

戴自庵著《从儿童的队伍里来》由上海儿童书局刊行,有方与严、易铁夫序。

陈鹤琴、陶行知等著《幼稚教育论文集》(晓庄丛书)由上海儿童书局刊行。

张宗麟编《新中华幼稚教育》由上海新国民图书社刊行。

梁士杰著《怎样做幼稚园教师》由上海儿童书局刊行,有张宗麟序。

杜佐周著《小学教育问题》(初等教育丛书)由上海儿童书局刊行。

按:是书为著者二三年来所发表教育论文的一部分,共计十六篇。著者欲使从事小学教育者得一本比较系统的参考资料。其中包括《现代小学教育的趋势》《智力测验浅说》《普通考试方法之科学化》等。

李云杭编《三级小学训育法》由湖南长沙编者刊行。

赵廷为著《新课程标准与新教学法》由上海开明书店刊行。

孙钰编著《小学教材研究》由北平文化学社刊行。

朱翊新编著《小学教材研究》(世界新教育丛书)由上海世界书局刊行。

吴研因、吴增芥编《新中华小学教学法》由上海新国民图书社刊行。

张瑞策编《小学教学法》由北平文化学社刊行。

吴兴县教育局第二课编《假期作业指导》(吴兴教育小丛书)由浙江吴兴县教育局刊行。

浙江省吴兴县教育局编《儿童成绩考查法》由浙江吴兴编者刊行。

鄞县县教育局编《小学各科教学过程及实例》(鄞县教育小丛书)由浙江鄞县编者刊行。

王骏声编著《小学各科教学法》由上海世界书局刊行。

俞子夷著《小学算术科教学法》(师范小丛书)由上海商务印书馆刊行。

姜丹书编《小学教师应用工艺》由上海中华书局刊行。

朱稣典编《小学教师应用音乐》由上海中华书局刊行。

按：是书内容包括乐理、声乐、乐器的常识和练习，以及关于音乐教材及教育方法等。

陈奎生著《小学体育之理论与方法》（体育丛书）由上海勤奋书局刊行。

李白英著《小学生的信》由上海新中国书局刊行。

周轶群、施家森、徐回千编《小学会考升学指导》（第 3 册自然之部）由江苏南京晨光图书社刊行。

吕镜楼编《重心作用的把戏》（儿童科学丛书）由上海儿童书局刊行。

朱有瓛编《小学校长》由上海世界书局刊行。

朱智贤编《小学行政新论》由上海儿童书局刊行。

陈剑恒编著《实际的小学行政》由上海儿童书局刊行。

杨保和、张乃璇编《中心小学区制的理论和实际》由上海三民公司刊行，有吴研因、程时煃、杨乃康等人序。

李清悚等编《实验中小学课程》由江苏南京市立中区实验学校刊行。

胡哲敷著《历史教学法》（教育丛书）由上海中华书局刊行。

葛绥成编《地理教学法》由上海中华书局刊行。

朱庭茂编《生物学提要》（中学生升学准备丛书）由江苏南京书店刊行。

萧季英著《中学教师服务之状况》（师范大学研究院教育科学门专刊）由国立北平师范大学出版课刊行。

河北省教育厅编《河北省中学、师范、职业教育委员会联席会议报告专号》（河北省教育公报第 5 年第 16、17、18 期，第 111、112、113 号合刊）由编者刊行。

察哈尔教育厅编译处编《察哈尔教育厅现行法规辑要》由编者刊行。

察哈尔省教育厅编《察哈尔全省教育行政会议特刊》（民国二十一年度）由编者刊行。

察哈尔省教育厅编《察哈尔三年教育实施计划》由编者刊行。

涿鹿县教育局编《涿鹿教育年报》（第 3 期）由察哈尔涿鹿编者刊行。

山西省教育厅编辑处编《冀厅长百日工作报告》由编者刊行。

上海市教育局编《上海市教育统计》（中华民国十九年度）由上海编者刊行。

上海市教育局编《上海市教育局业务报告》（二十年一月至六月）由上海编者刊行。

上海市教育局编《上海市教育局业务报告》（二十年七月至二十一年六月）由上海编者刊行。

上海市教育界救国联合会编《上海市教育界救国联合会会务报告》由上海编者刊行。

山东省政府教育厅编《山东省地方教育改进问题》由编者刊行。

山东省教育厅编《山东各县教育款产一览》（二十年度）（1—4 册）由编者刊行。

山东省政府教育厅编《山东省各县市十九年度教育年报》（1—4 册）由编者刊行。

山东省义务教育委员会编《山东省义务教育委员会二十年度工作概况》由编者刊行。

禹城县教育局编《禹城县教育局十个月工作回顾》由山东禹城编者刊行。

蒲台县教育局编《蒲台县教育法规汇编》由山东蒲台编者刊行。

周佛海著《江苏教育三年计划草案》刊行。

江苏省教育厅编《江苏教育概览》由编者刊行。

南京市社会局编《南京市教育文化概览》(民国二十一年度第一学期)由江苏南京编者刊行。

无锡县教育局编《无锡教育最近概况报告》由江苏无锡编者刊行。

杨迥等著《宝山教育》(视察指导报告专号)由江苏宝山县教育局刊行。

萧县教育局编《一年来之萧县教育》(二十年度)由安徽萧县编者刊行。

浙江省教育厅编《浙江省教育法规汇编》由编者刊行。

浙江省教育厅编《浙江省教育统计图表》(民国十九年度)由编者刊行。

浙江省教育厅编《三年来浙江教育行政概况》由编者刊行。

鄞县教育局编《鄞县教育年刊》(十九年度)由浙江鄞县编者刊行。

鄞县教育局编《鄞县教育事业五年计划》由浙江鄞县编者刊行。

鄞县教育局编《鄞县二十一年度地方教育辅导方案》由浙江鄞县刊行。

江西一中护校委员会编《请看江西教育厅长陈剑修之政绩》由江西南昌编者刊行。

江西南城县教育局编《南城县教育局现行教育法规汇编》(上册)由江西南城编者刊行。

福建省教育厅编《福建现行教育法规汇编》由编者刊行。

福建省教育厅编《福建省教育统计》(民国十九年度)由编者刊行。

河南省政府教育厅法令编辑委员会编《河南教育法令汇编》由编者刊行。

湖北省政府教育厅编《湖北省政府教育厅现行规章》(湖北教育丛刊)由编者刊行。

湖北省教育厅编《湖北教育最近概况》(湖北教育丛刊)由编者刊行。

湖北省教育厅编《最近湖北教育一览》由编者刊行。

中山县教育局编《教育汇刊》由广东中山编者刊行。

国立中央大学实验学校出版部编《国立中央大学实验学校教育研究汇刊》(第2集)由江苏南京编者刊行。

梁士杰著《一个实验生活教育的学校》由上海儿童书局刊行。

广东省政府教育厅编《广东全省中等教育报告汇刊》(十九年度)由编者刊行。

北平市市立第三中学校编《北平市市立第三中学校概览》由北平编者刊行。

艺文中学校编《艺文中学校七周纪念刊》由北平编者刊行。

北平文治中学抗日救国会宣传股编《文治中学抗日特集》由北平编者刊行。

北平尚志中学校编《北平私立尚志中学校概览》由北平编者刊行。

方镜予编《洞头教育》由福建长乐洞头小学校刊行。

育才学校编《湖南私立育才学校概况》由湖南编者刊行。

新会县第十一区私立平山小学校编《平山概况》由广东新会编者刊行。

寿价藩编著《私塾指导》由上海世界书局刊行。

国立北平大学附属高级中学编《国立北平大学附属高级中学概览》由编者刊行。

天津广东中小学校编《私立旅津广东学校十周年纪念特刊》由天津编者刊行。

育德中学编《保定私立育德中学校规则》由保定编者刊行。

上海清心中学壬申级编《清心中学壬申级毕业纪念刊》由上海编者刊行。

上海南洋中学校友会编《南洋中学三十五周纪念特刊》由上海编者刊行。

上海私立爱群女子中学校编《上海市私立爱群女子中学校简章》由上海编者刊行。

江苏省立上海中学出版委员会编《初中学生生活》(江苏省立上海中学五周年纪念特刊

之七)由上海编者刊行。

江苏省立上海中学出版委员会编《新五年计划》(江苏省立上海中学五周年纪念特刊之五)由上海编者刊行。

江苏省立上海中学出版委员会编《中学概况》(江苏省立上海中学五周纪念特刊之一)由上海编者刊行。

山东省检定小学教员委员会编《山东省检定小学教员委员会第二次工作报告》由济南山东省教育厅刊行,有何思源序。

浙江省教育厅编《三年来浙江初等教育概况》由浙江编者刊行。

江苏省立上海中学出版委员会编《实小概况》(江苏省立上海中学五周年纪念特刊之三)由上海编者刊行。

江苏省立南京女子中学实验小学编《江苏省立南京女子中学实验小学现况要览》(行政丛刊)由江苏南京编者刊行。

吴江县黎里女子小学校编《吴江县黎里女子小学校行政概况》(二十一年一月)由江苏吴江编者刊行。

龚雁秋编《低级部设计教学实况》(海中实小教育丛刊)由江苏省立东海中学实验小学刊行。

杨敬舆、朱佩华编《行政规程》(清波丛刊)由浙江省立杭州师范学校附属清波小学刊行。

上海市北中学编《上海市北中学被毁记略》由上海编者刊行。

南京市立中区实验学校编《南京市立中区实验学校概况》由江苏南京编者刊行。

私立南京中学校编《南京中学校概览》由江苏南京编者刊行。

江苏省立苏州中学编《江苏省立苏州中学行政总则》由江苏苏州编者刊行。

江苏省立苏州中学教务处编《江苏省立苏州中学教学概况》由江苏苏州编者刊行。

江苏省立学教务处编《江苏省立苏州中学学则》由江苏苏州编者刊行。

江苏省立苏州中学编《江苏省立苏州中学训育规程》(二十一年十一月修订)由江苏苏州编者刊行。

董任坚著《大学教育论丛》由上海新月书店刊行,有著者弁言。

按:是书收《为什么进大学》《大学的几个重要问题》《几种大学的新趋势和大学教务》《怎样改进大学的教务》《什么是大学的学术自由》《支配大学经费应有什么标准》等7篇论文。

韩贵青编《民众周报辑要》由开封河南省立民众教育馆编辑部刊行。

傅葆琛著《民众教育研究与评论》由北平文化学社刊行。

朱智贤著《民教活动设施法》由济南山东省立民众教育馆刊行部刊行。

徐锡龄著《中国文盲问题》(教育丛书)由上海南国书社刊行。

张宗麟编著《(高中师范教本)乡村教育》(世界新教育丛书)由上海世界书局刊行。

卢绍稷著《乡村教育概论》由上海大东书局刊行。

郭人全著《农村教育》(黎明乡村教育丛书)由上海黎明书局刊行,有程时煃、杜佐周的序。

叶少农编《普通化学问题详解》(中学生升学准备丛书)由上海南京书店刊行。

赵质宸著《乡村教育概论》由北平著者书店刊行。

按:是书分乡村教育概论、乡村学校式教育、乡村社会式教育3编,共20章。

蔡衡溪著《农民教育实施法》(河南教育月刊号外)由开封河南教育厅编辑处刊行。

张宗麟著《乡村教育经验谈》(世界新教育丛书)由上海世界书局刊行。

山东乡村建设研究院编《乡农学校专号》由山东邹平编者刊行。

察哈尔省教育厅编译处编《察哈尔省农村教育资料汇编》(第1辑)由张家口编者刊行。

首都第八届识字运动筹备委员会编《首都第八届识字运动特刊》由江苏南京编者刊行。

中华全国基督教协会编《父母教育》由上海编者刊行。

开仁编《怎样自修》由上海南强书局刊行。

张腾蛟著《实用修学法》由上海青年协会书局刊行。

杨村人著《青年读书方法论》(青年文学自修丛书)由上海湖风书局刊行。

徐学文著《小朋友读书》(小朋友丛书)由上海北新书局刊行。

阮蔚村著《运动卫生》(体育丛书)由上海勤奋书店刊行,有著者序。

陆翔千著《竞走训练法》(体育丛书)由上海勤奋书局刊行。

王怀琪、吴洪兴编译《十分钟简易强身术》(健学社丛书)由上海大东书局刊行。

陈奎生、金兆均著《早操与课间操》(体育丛书)由上海勤奋书局刊行。

董守义著《(最新)篮球术》由天津体育周报社刊行。

宋君复著《女子篮球训练法》(体育丛书)由上海勤奋书局刊行。

张之江著《国术与国难》刊行,有李济深等5人题词及纽惕生序。

张之江著《国术与体育》刊行,有序。

李影尘著《国术史》由杭州浙江省国术馆刊行。

王怀琪编《对打谭腿图解》由上海中国健学社刊行。

王怀琪编《单练谭腿图解》由上海中国健学社刊行。

陈子明著,中央国术馆、河南省国术馆审定《陈氏世传太极拳术》由上海中国武术学会刊行。

褚民谊著《太极操》由上海大东书局刊行,有蔡元培等人的题字、李煜瀛等6人跋。

吴志清编《查拳图说》由上海大东书局刊行,有张之江的"国术教范弁言"及王用宾的"国术教范序"。

金一明著《少林拳》由上海新亚书店刊行。

青岛市国术馆著,尹玉章演述,王芹塘编《八卦掌简编》由山东青岛著者刊行,有引言及胡若愚等3人序。

金一明著《六通短打图说》由上海大东书局刊行,有吴承煊等3人题词和序、编者小言。

金一明著《单戒刀》由上海新亚书店刊行,卷首有芮禹成序。

金一明著《龙形剑》由上海新亚书店刊行,有吴治、董文华、童耀宗的序和作者自序。

金一明著《风波棍》由上海新亚书店刊行,有常子田序。

郭粹亚著《虎头沟》由上海新亚书店刊行,有曹云章序及著者序。

徐畏三口述,金倜生笔记《擒拿法真传秘诀》由上海武侠社刊行,有弁言。

金倜生编《点穴法真传秘诀》由上海武侠社刊行。

许霭厚著《罗汉行功法》由北平国术馆刊行,有吴佩孚题字及著者自序。

萨列文著,袁访赉译《游泳术》由上海青年协会书局刊行。

周柱国著《毽子比赛法》(体育丛书)由上海勤奋书局刊行,有著者小史。

来裕恂编纂《汉文典》由上海商务印书馆刊行。

郭沫若著《金文丛考》由日本东京文求堂书店刊行。

郭沫若著《金文余释之余》由日本东京文求堂书店刊行。

王静如著《西夏研究》(第1辑)(国立中央研究院历史语言研究所单刊甲种8)由北平国立中央研究院历史语言研究所刊行。

闻宥著《上代象形文字中目文之研究》由北平燕京大学刊行。

魏建功著《中国古音研究上些个先决问题》由北平国立北京大学刊行。

按:此书为国立北京大学《国学季刊》3卷4号抽印本。分引论、分论、结论3部分。引论包括解释题中“古”字之范围、古音之难点、古音研究之将来等3节;分论包括声变重于韵变、主要元音重于等呼等14节。

魏建功著《陆法言切韵以前的几种韵书——吕静、夏侯咏、阳休之、李季节、杜台卿五家韵目考》由北平国立北京大学刊行。

赵荫棠著《中原音韵研究》由北平国立北京大学刊行。

陈垣编《元典章校补释例》6卷由北平国立中央研知院历史语言研究所刊行,有胡适的序。

按:是书在1959年由中华书局重印时,改名《校勘学释例》,陈垣撰《后记》说:“《校勘学释例》本名《元典章校补释例》。余昔为同学讲校勘学,要举例说明,欲广引群书,则检对不易。欲单引一书,则例子不多。例子多就是错误多,错误多未必是好书,未必是重要的书。要找一本好而又重要又错误多的书,莫如沈刻《元典章》。《元典章》系一部内存丰富又极通俗的书。通俗的书难得版本好、写刻精。沈刻《元典章》不然,写刻极精,校对极差,错漏极多,最合适为校勘学的反面教材。一展卷而错误诸例悉备矣。同人以为便于初学,因特重印以广其传。”

按:胡适在《校勘学方法论——序陈垣先生的〈元典章校补释例〉》中,对该书在中国校勘学上的贡献作出很高的评价:“我和援庵先生做了几年的邻居,得读《释例》最早,得益也最多。他知道我爱读他的书,所以要我写篇《释例》的序。我也因为他这部书是中国校勘学的一部最重要的方法论,所以也不敢推辞。”“陈援庵先生校《元典章》的工作,可以说是中国校勘学的第一伟大工作,也可以说是中国校勘学第一次走上科学的路。前乎此者,只有周必大、彭叔夏的校勘《文苑英华》差可比拟。我要指出援庵先生的《元典章校补》及《释例》有可以永久作为校勘学的模范者三事:第一,他先搜求善本,最后得了元刻本。然后用元人的刻本来校元人的书;他拼得用极笨的死功夫,所以能有绝大的成绩。第二,他先用最古刻本对校,标出了所有的异文。然后用诸本互校,广求证据,定其是非,使我们得一个最好的、最近于祖本的定本。第三,他先求得了古本的根据,然后推求今本所以致误之由,作为‘误例’四十二条。所以他的‘例’都是已证实的通例:是校后归纳所得的说明,不是校前所假定的依据。此三事都足以前无古人,而下开来者。”“我们庆贺援庵先生校补《元典章》的大工作的完成,因为我们承认他这件工作是‘土法’校书的最大成功,也就是新的中国校勘学的最大成功。”(黄保定、季维龙选编《胡适书评序跋集》,岳麓书社1987年版)

赵荫棠著《清初审音家赵绍箕及其贡献》由北平辅仁大学辅仁学志编辑会刊行。

张世禄著《音韵学》由上海商务印书馆刊行。

按:此书分音韵学总论、关于广韵的研究、古音学上的问题、等韵学的内容、国音字母和国音系统等5篇。篇后附有主要参考书目。

何仲英编著《文字学纲要》由上海民智书局刊行。

杜定友拟《中国形声字母商榷》由上海交通大学刊行。

傅景良首创《注音音符》由著者刊行。

崔骧编《方言考》由中华图书馆协会刊行。

按：是书收历代 47 种方言书的名家序跋、自序、凡例、提要等，是治方言学的一部目录专书。

赵元任编《注音符号总表》由北平国语统一筹备委员会刊行。

萧迪忱著《国语罗马字入门》由北平国语罗马字促进会刊行。

张冰等编《新国音一九学生字典》由上海文华美术图书公司刊行。

按：此书收字八千多个。有注音符号和罗马字拼音两种注音。用"笔画编号法"编排。供中小学生及一般读者用。附：号码笔顺检字表。

刘复著《释"一"》由北平北京大学刊行。

刘半农(原题刘复)著《北平方音析数表》由北平北京大学刊行。

刘半农(原题刘复)著《中国文法讲话》(上册)由上海北新书局刊行。

按：是书分总说、名词及代名词两部分。

刘半农(原题刘复)著，赵景深编著《中国文法讲话》(下册)由上海北新书局刊行。

穆修德编《国语发音及文法》由北平文化学社刊行。

马国英编《注音符号》由上海大上海书店刊行。

颜仪民编著《最新标点符号》由北平戊辰学社刊行。

杜定友著《汉字形位排检法》由上海中华书局刊行。

按：对汉字单字或词组进行排序，以便查检的方法。又称汉字检字法。

U—X 编著，许树德校订《自然国音学》由山东烟台大华书局刊行。

金兆梓著《实用国文修辞学》由上海中华书局刊行。

陈望道著《修辞学发凡》由上海大江书铺刊行，刘大白作序。

按：是书 12 篇，分别讲述修辞学的各方面，是中国第一部系统的修辞学著作，创立了中国第一个科学的修辞学体系，开拓了修辞研究的新境界。

赵宗预编辑《应用文》由上海世界书局刊行。

周定枚编述《公文程式详论》由上海法学编译社刊行。

张虚白著《新式公文程式》(上下册)由上海广益书局刊行。

姚啸秋编《(新式标点)新公文程式》(上下册)由上海大光明书局刊行。

上海政法公牍研究社编纂部编录《国民政府现行模范公文程式》由上海政法公牍研究社刊行。

徐蘧轩编著《应用文作法》由上海世界书局刊行。

胡怀琛编《说明文作法》由上海世界书局刊行。

光华读书会编《学生作文指导》(学生指导丛书第 4 种)由上海光华书局刊行。

光华读书会编《学生创作选》(乙集)由上海光华书局刊行。

郭坚白编《中学生作文典》由上海文艺书局刊行。

顾凤城编《中学生作文典》由上海文艺书局刊行。

谷凤田编著《文章作法讲话》由北平震东印书馆刊行。

胡云翼、谢秋萍编著《文章作法》(文学基本丛书 2)由上海亚细亚书局刊行。

李君实编《模范语体文评选》(第 1—6 册)由上海南强书局刊行。

瞿世镇编著，朱径农校《中学新作文指导》由上海三民图书公司刊行。

章衣萍著《书信讲话》由上海沪江书店刊行。

杨德辉著《现代书信》由上海南强书局刊行。

周乐山编《少年书信》由上海北新书局刊行。

谢曼编著《青年白话书信》由上海青年书店刊行。

金老佛编《日用文件写作大全》由上海中西书店刊行。

胡怀琛编著《(高中大学适用)最新应用文》由上海世界书局刊行。

黄一德编著《儿童应用文》由上海儿童书局刊行。

中国国民党天津特别市党务指导委员会宣传部编《革命联语》由中国国民党热河省党务指导委员会刊行。

石苇编著《小品文讲话》由上海光明书局刊行。

张慎伯、丁广平、桂绍盱编《现代短篇小说选》(1、2集)由上海中华书局刊行。

杨质夫编《藏汉小辞典》由北平菩提学会刊行。

杨践形编《国文法句式举例》由编者刊行。

蒋镜芙编《标准国语应用会话新教本》由上海中华书局刊行。

韦息予等编著《开明国语课本教学法》(第1—8册)由上海开明书店刊行。

邱钟麟编,蒋镜芙笺注《军人识字三字经》由北平撷华印书馆刊行。

钱谦吾编《青年创作辞典》由上海光明书局刊行。

陆鲁一著《中学生演说》(中学生丛书)由上海中学生书局刊行。

按:此书结合当时中学生急于认识的“关于文学”“救国运动”“青年切身事件”等三个方面的问题,具体指出练习演说的方法。分我们的新校长、全校演说竞赛会、女同学的讲演会、抗日演说等4部分。

乐华编辑部编《当代散文读本》由上海乐华图书公司刊行。

会文堂新记书局编《商业浅近尺牍》(上下册)由上海会文堂新记书局刊行。

黄之根编辑《文字精华》由湖北汉口东璧书社刊行。

梁就明编著《世界高中英文选》(1—3册)由上海世界书局刊行。

黄敬云编《白话文百日通》(1—4册)由上海广益书局刊行。

洪超主编《新名词辞典》由上海开华书局刊行。

贺群上编《应用礼帖程式》由上海广益书局刊行。

朱维杰编《英文粹》(1—6册)由上海中国科学图书仪器公司刊行。

朱士方、胡尚新编《实用体育会话》由上海体育书店刊行。

权伯华编《初中国文实验教学法》由上海中华书局刊行。

王养怡编《(最新)法文法独修》由北平立达书局刊行。

周越然著《初级外国语科教学法》(师范小丛书)由上海商务印书馆刊行。

张在新编《(订正)汉英辞典》由上海商务印书馆刊行。

张我军编著《日本语法十二讲》(北平日文学会丛书)由北平人文书店刊行。

张慎伯编《简易英华会话》由上海中华书局刊行。

香港兴记书庄编《(无师自通)英语指南针》由香港兴记书庄刊行。

石民编《(初级中学)北新英文法》由上海北新书局刊行。

柳影云、奚识之译注《(原文)(附译文注释)伊尔文见闻杂记》由上海春江书局刊行。

钟宪民编著《(自修教科适用)世界语捷径》由江苏南京中国世界语出版社刊行。

李泺编《世界语丛谈》由广东广州市立世界语师范讲习所刊行。

乐嘉宣编《世界语初级讲义》由上海中国世界语函授学社刊行。

瞿重福编《瞿氏汉英字典》由编者刊行。

范允臧编著《英文法初步》由上海白马社刊行。

东亚书局编选《活页文选》(1—16册)由北平东亚书局刊行。

陈篆编《(增订)法文文牍程式大全》(上卷)由上海商务印书馆刊行。

桂慈编注《(附国文释义)魔侠传》(初级英文丛书第10种)由上海中华书局刊行。

陈介白编著《文学概论》由北平协和印书局刊行。

按:是书分文学的本质、文学的流变、文学的分论、文学的批评及创作、文学与道德等5编。

陆永恒编《中国新文学概论》由广东广州克文印务局刊行。

陈伯吹(原题陈北鸥)著《新文学概论》由北平立达书局刊行。

按:是书分文学的本质、文学的社会方面、文学的类别、文学的批评等4编,介绍文学的定义、特质、要素、形式、起源等基本理论,讨论文学与社会、时代、经济等方面的关系,同时论及诗歌、戏剧、小说和文学批评诸问题。

谭丕模编著《新兴文学概论》由北平文化学社刊行。

按:是书分14章。依次论述文学中的唯心论及唯物论,文学的本质、机能,文学与生活、经济、革命,文学的永久性与时代性、普遍性与阶级性,文学与个性等文学理论问题,并详细叙述了诗歌、发展、流派等问题。末附《关于电影艺术》及参考书目。

赵景深编著《文学概论》由上海世界书局刊行。

按:是书分别论述文学的定义、特质、分类、起源以及文学与想象、情感、思想、个性、语言、时代、道德、鉴赏之间的关系问题。

赵景深著《文学讲话》由上海亚细亚书局刊行。

阿英(原题钱杏邨)著《创作与生活》由上海良友图书印刷公司刊行。

陈璧如等编《文学论文索引》由中华图书馆协会刊行。

哈佛燕京学社引得编纂处编《全上古三代秦汉三国六朝文作者引得》由北平燕京大学哈佛燕京学社引得编纂处刊行。

胡云翼著《新著中国文学史》由上海北新书局刊行。

按:此书《自序》对之前文学史的写作作了较为系统的梳理与批评,认为"过去的文学史所偏重于死板的静物叙述,只知记叙作家的身世,批评其作品"。因此,他要在《新著中国文学史》中"要把各时代散漫的材料设法统率起来;在可能的范围内,要把各种文体,各种文派,作家作品,寻出它们相互间的联络的线索出来,作为叙述的间架;同时,我注意各个时代文学思潮的形态及其优点与缺点,注意各种文体的发展及其流变"。由此,本书有一个特点,即叙述历代文学时,先纵观其文学思潮、文学运动,然后分述文体流变。尽管尚未真正做到使本书"成为一部活的脉络一致的文学史",但是他这种认识和主观努力,预示着中国文学史写作已发展到了自觉追求述史体例变革的阶段。(参见付祥喜《20世纪前期中国文学史写作编年研究》,北京师范大学出版社2013年版)

刘麟生编著《中国文学史》由上海世界书局刊行。

胡行之著《中国文学史讲话》由上海光华书局刊行。

许啸天著《中国文学史解题》由上海群学社刊行。

陆侃如、冯沅君著《中国文学史简编》由上海大江书铺刊行。

按:是书分两编,共20讲,讲述自先秦至近代的中国文学史。上编自"中国文学的起源"至"戏剧小说的雏形";下编首讲为"中国文学的新局面",末讲为"文学与革命"。是继两人合著《中国诗史》之后的又一中国文学史名著。

郑振铎著《插图本中国文学史》(1—4册)由北平朴社刊行部刊行。

按:是书分古代文学、中世文学、近代文学三个时期共82章,详细叙述中国古代至清代的文学史。书中还收有100多幅精美的插图。是年8月15日,《鲁迅致台静农信》曾批评"此乃文学史资料长编,非'史'也"。但学界对此书通常予以高度评价,朱星元《中国文学史通论》(天津利华书局1939年版)对本书推崇有加,认为"它确是目前文学史中最好的一部"。并且,总结出本书的四个特点:一是定义确定,范围确定;二是态度忠实;三是有系统;四是多所发现。朱星元认为,本书在编法(即著述体例)方面也有四个其他史书没有的体制:参考书目、年表、索引、插图。这四个"体制",尽管并非全是郑振铎在本书中首创,但在此后的中国文学史写作中逐渐常见,对于文学史写作的规范化所起到的作用,是显而易见的。(参见付祥喜《20世纪前期中国文学史写作编年研究》,北京师范大学出版社2013年版)

梁乙真著《中国妇女文学史纲》由上海开明书店刊行。

按:是书叙述自周至清代的妇女文学史。内分古代妇女文学之渊源、汉代妇女作家之盛、魏晋六朝平民文学之勃兴、唐代妇女文学之转变、五代宋辽妇女文学之中衰、元明妇女文学之复兴、清代妇女文学之极盛等7章。

周作人讲校、邓恭三记录《中国新文学的潮流》由北平人文书店刊行。

按:此书原是1932年3月至4月间周作人应沈谦士之邀在辅仁大学所作的演讲稿。周作人事先没有写提纲和讲稿,事后根据邓恭三(邓广铭)的听讲记录整理成书。该书把中国文学史视为"言志"和"载道"两派互相起伏的运动,其实际是主张循环论文学史观,曾在学术界产生重大影响,为中国现代最有代表性的新文学史著作之一。(参见付祥喜《20世纪前期中国文学史写作编年研究》,北京师范大学出版社2013年版)

钱基博著《现代中国文学史长编》由江苏无锡国专学生会刊行。

张弓著《中国文学鉴赏》由北平文化学社刊行。

沈达材著《建安文学概论》由北平朴社刊行。

孙俍工编《唐代底劳动文艺》由上海亚东图书馆刊行。

王泽浦著《诗学研究》由著者刊行。

俞念远编著《诗歌概论》由上海汉文正楷印书局刊行。

按:是书分诗歌的起源、什么是诗歌、诗歌里的感情、诗歌里的韵节等8章,介绍诗歌的基本理论。

徐昂著《诗经形释》由著者刊行。

张希鲁辑《顾侠君手批古诗源迻录》由辑者刊行。

吴梅著《词学通论》由上海商务印书馆刊行。

胡云翼编《词选》由上海亚细亚书局刊行。

夏承焘著《白石歌曲旁谱辨》由北平燕京大学燕京学报社刊行。

冯三昧著《小品文作法》由上海大江书辅刊行。

李素伯编《小品文研究》由上海新中国书局刊行。

按:是书分5编,论述小品文的特点和作法,中国现代小品文发达的原因,以及鲁迅、朱自清、叶绍钧、郭沫若、郑振铎等18位现代小品文作家和他们的作品。

李何林编《小说概论》由北平文化学社刊行。

赵景深著《小说原理》由上海商务印书馆刊行。

汪佩之编著《小说作法》由上海世界书局刊行。

青山仙农编著《红楼梦广义》由上海中西书局刊行。

孙楷第编《日本东京所见中国小说书目提要》由北平国立北平图书馆暨中国大辞典编纂处刊行。

刘复、李家瑞编《中国俗曲总目稿》(上下册)由北平国立中央研究院历史语言研究所刊行。

朱肇洛编著《戏剧论集》由北平文化学社刊行。

按:是书收熊佛西《戏剧究竟是什么》、梁实秋《戏剧艺术辩证》、朴园《作和演》、马修士著,陈治策译《三一律》、叶沉《戏剧与时代》、马彦祥《戏剧与民众》、西滢《新剧与观众》、恒诗峰《明清以来戏剧的变迁》、顾颉刚《九十年前的北京戏剧》、洪深《从中国的新戏说到话剧》、余上沅《中国戏剧的途径》、怡墅《悲剧泛论》《喜剧泛论》《元曲泛论》、胡伯尔著,亦觉华人译《论独幕剧》、熊佛西《何谓戏剧诗人》、余上沅《论戏剧批评》、赵太侔《光影》、余上沅《表演》、韩廷让《表演艺术家》等论文31篇。

周明泰《都门纪略中之戏曲史料》由光明印刷局代印刊行。

按:本书为"几礼居丛书第一种",刘半农题签。其内容从各种版本的《都门纪略》中辑出戏曲史料,按各种版本分戏班、角色等编辑成书,具有文献价值。因周明泰,别号几礼居主人,故名为"几礼居丛书"。

刘半农、周明泰《五十年来北平戏剧史材》线装六册刊行。

按:为"几礼居丛书第二种",北平商务印书馆、直隶书局代售,石印和铅印混合。

周明泰《道咸以来梨园系年小录》线装铅印一册刊行。

按:为"几礼居丛书第三种",胡适题写内封。

程砚秋著《和平主义的戏剧运动》由北平世界社刊行。

马彦祥著《戏剧讲座》由上海现代书局刊行。

王显恩编《中国民间文艺》由上海广益书局刊行。

朱雨尊编《民间谜语全集》由上海世界书局刊行。

周作人著《儿童文学小论》由上海儿童书局刊行。

陈伯吹著《儿童故事研究》由上海北新书局刊行。

介子岑编《中国新兴文学中的几个具体的问题》由保定群玉山房刊行。

阿英(原题钱杏邨)著《现代中国文学作家》(第2卷)由上海亚东图书局刊行。

阿英(原题钱杏邨)著《批评六大文学作家》由上海亚东图书局刊行。

按:是书收对鲁迅、郭沫若、郁达夫、蒋光慈、徐志摩、茅盾等6位作家的评论文章各一篇(即泰东版同名书第1卷的全部及第2卷中的后两篇)。

草野著《现代中国女作家》由北平人文书店刊行。

按:是书评介谢冰心、黄庐隐、绿漪、冯沅君、丁玲、黄白薇等6位作家,每篇末附作品一览表。

贺玉波著《中国现代女作家》由上海现代书局刊行。

按:是书评述冰心、庐隐、淑华、丁玲、绿漪、沅君、沉樱、学昭、白薇和衡哲等10人的生平与作品。

黄人影编《文坛印象记》由上海乐华图书公司刊行。

郑振铎著《海燕》由上海新中国书局刊行。

阿英著《麦穗集》由上海落时书店刊行。

余慕陶著《朝阳集》由上海光华书局刊行。

潘力山著《力山遗集》由上海法学院刊行。

邓演达著《邓演达先生遗稿》刊行。

黄人影编《创造社论》由上海光华书局刊行。

王独清著《独清文艺论集》由上海光华书局刊行。

燕京大学国文学会编《文学年报》（第1期）由北平燕京大学国文学会刊行。

余慕陶编著《世界文学史》（上下册）由上海乐华图书公司刊行。

赵景深编著《现代世界文学》由上海现代书局刊行。

赵景深著《一九三一年的世界文学》由上海神州国光社刊行。

谭丕模著《文艺思潮之演进》由北平文化学社刊行。

按：是书分8章，论述文艺思潮与物质变动问题，依次介绍欧洲古典主义、浪漫主义、写实主义、新浪漫主义、未来主义、新写实主义等文艺思潮的发生和发展。

孙席珍编《近代文艺思潮》由北平人文书店刊行。

按：是书分近代的精神、文艺复兴、古典主义、浪漫主义、自然主义、新浪漫主义诸相、新理想主义及其他、新写实主义等8章，介绍欧美近代的文艺思潮。

李则纲编述《欧洲近代文艺》由上海华通书局刊行。

按：是书分萌芽时代、拟古时代、解放时代、唯物思潮澎湃时代、反唯物主义的时代、新世纪欧洲文学鸟瞰等6编，叙述欧洲的文艺思潮及作家概况。

郑振铎著《英国的神话故事》由上海新中国书局刊行。

邢鹏举著《布莱克》由上海中华书局刊行。

黄仲苏著《近代法兰西文学大纲》由上海中华书局刊行。

按：是书分古典主义、近代法兰西文学之先觉者、浪漫主义、写实主义、戏剧之革新等10章。

曾仲鸣著《法国文学论集》由上海黎明书局刊行。

按：是书收《法国大革命前民主精神的文学》《百年前的浪漫主义》《新浪漫主义》《梅希默传》《谭奈的生日百年纪念》《美尔博的略传》《女诗家狄希洛夫人》《女诗人德斯波华模尔传》等8篇论文。

张掖编著《法兰西文学史概观》由编者刊行。

顾凤城编《中外文学家辞典》由上海乐华图书公司刊行。

顾凤城等编《新文艺辞典》由上海开华书局刊行。

谢冰莹等编著《中学生文学辞典》由上海中学生书局刊行。

俞寄凡编著《艺术概论》由上海世界书局刊行。

徐朗西著《艺术与社会》由上海现代书局刊行，有作者自序。

胡秋原著《唯物史观艺术论——朴列汗诺夫及其艺术理论之研究》由神州国光社刊行。

上海市政府《刘海粟游欧作品展览会》由编者刊行。

刘海粟撰辑《西洋画苑》（上下册）由上海中华书局刊行，有刘海粟的序。

傅雷编《刘海粟》由上海中华书局刊行，有赖鲁阿的序。

马国亮作《国亮抒情画集》（附装饰画图案字）由上海良友图书公司刊行。

丰子恺作《儿童生活漫画》由上海儿童书局刊行，有作者序。

丰子恺作《儿童漫画》由上海开明书店刊行。

史岩编《色彩学》由上海中华书局刊行。

按：是书论述"色彩学的原理与应用""分色与光的关系""光带""色影的感觉""色的配合与调和"等15章。

朱孔阳编《辛未书画集》由杭州基督教青年会刊行。

邱祖深绘编《儿童生活影画》由上海儿童书局刊行，有作者序。

陈少鹿著《陈少鹿首创回文梅花画册》由著者刊行，有张文桓的序。

陈树人绘《陈树人桂林山水写生集》由上海和平社刊行，有汪兆铭、蔡元培的序。

钱君匋编《(新时代)图案文字集》由上海新时代书局刊行。

姚渔湘编著《中国画讨论集》由北平立达书局刊行。

按：是书收29篇论文，其中有《中国画的特色》《文人画的价值》《国画在美术上的价值》《论国画创作》《国画上题诗问题》《中国画之解剖》《中国画改良论》《中国的绘画思想》《新的国画》《国画之新的研究》《中国山水画气韵的研究》《中国山水谈》《国画漫谈》《顾恺之以前的画论》《中国绘画之派别及其变迁》《论四王与清代画界之关系》《唐画之变迁》《书画同源论》《绘画源于实用说》《气韵生动略辨》《论王石谷》等。

钱病鹤编绘《学画初步》由上海大东书局刊行。

缪凤林著《中国通史纲要》(第1册)由南京钟山书局刊行。

张光宇著《近代工艺美术》由上海中国美术刊行社刊行，有作者序。

南通费氏编《澹远楼图》(第1册)由编者刊行。

金荫湖编订《金陶陶女士画册》由北平湖社画会刊行。

刘海粟编《特朗》由上海中华书局刊行。

郑祖纬绘《郑祖纬遗作集》由杭州西湖艺术出品社刊行，有林风眠的序。

王海龙编著《汉字书法大纲》(上卷)由著者刊行。

中华乐社编《书谱目录》由编者刊行。

向培良编著《戏剧导演术》由上海世界书局刊行，有著者序。

大兴居士选辑《京调工尺戏曲大观合刊》由北平瑞文书局刊行。

齐如山编《国剧脸谱图解》刊行。

按：是书系近代脸谱研究的第一部著作，具有开创意义。全书对脸谱进行系统研究，考证起源、划分类别、指明不同图案所蕴含的意义。

刘复著《天坛所藏编钟磬音律之鉴定》由北平国立北京大学刊行。

丰子恺著《西洋音乐楔子》由上海开明书店刊行，有作者序。

丰子恺编选《风琴名曲选》(西洋名曲集)由上海开明书店刊行。

丰子恺编选《怀娥铃名曲选》由上海开明书店刊行。

丰子恺著《洋琴名曲选》由上海开明书店刊行。

中国国民党浙江省党部编《抗日救国歌曲集》(反日宣传歌曲集之一)由编者刊行。

永兴国剧社编《永兴二周年年刊》由天津永兴国剧社刊行。

圣神会修女辑《歌曲汇钞》(适用于中小学校)由山东兖州府天主堂印书馆刊行。

梁得所编《音乐辞典》由上海良友图书印刷公司刊行。

杜庭修编《仁声歌集》由江苏南京仁声印书局刊行。

李抱忱编《混声合唱曲集》(第1、2集)由北平中华乐社刊行，有编者序。

张秀山、张洪岛著《唱歌作曲法》由北平中华乐社刊行，有张洪岛的序。

陈彭寿编，张亦庵校《现代学生唱歌集》由上海文华美术图书公司刊行。

知非编《农歌十曲》由江苏如皋县农业改良场刊行。

钱君匋编《口琴名曲新集》由上海国光神州社刊行。

黎锦晖著《爱国歌曲》第1集由上海文明书局刊行。

停云社编《停云曲集》(一名《粤曲集》)由编者刊行。

陈易编著《历史动力论》由上海大东书局刊行。

缪凤林著《中国通史纲要》(第1册)由南京钟山书局刊行。

黄现璠、刘镛著《中国通史纲要》(上中下册)由北平文化学社刊行。

按:是书上册自先秦至南北朝。中册隋至元末。下册明至清末。各朝代均有专节论述其制度、文化、民生状况、风俗等。

王坚壁著《中国史》由上海社会科学研究会刊行。

王坚壁著《中国新史纲》由上海社会科学研究会刊行。

卫聚贤编《新中国史》由山西太原编者刊行。

按:是书分有社会组织进化的阶段、生活进化的阶段、工具进化的阶段、中国的民族、人类的意识等5章。

柳诒徵著《中国文化史》(上下册)由江苏南京钟山书局刊行。

按:是书依上古、中古、近世文化史分三编。对各朝代政治制度、生产水平、宗教、学术、文化情况详细论述,对于先秦文化史记载尤详。记史至清末止。

王礼锡、陆晶清编《中国社会史的论战》(第1—4辑)由上海神州国光社刊行。

按:是书第4辑包括《中国社会史论战序幕》(王礼锡)、《关于中国社会之封建性的讨论》(朱新繁)、《中国经济的分析》(孙卓章)、《中国历史发展的道路》(陈邦国)、《中国社会形式发达过程的新估定》(陶希圣)、《现代中国经济变迁概论》(周谷城)、《对于中国社会史论战的贡献与批评》(李季)、《古代中国研究批判引论》(杜畏之)、《评陶希圣的历史方法论》(张横)等50篇。

臧进巧著《社会进化简史》由中央军事政治学校第一分校刊行。

赵万里著《两宋诸史监本存佚考》由北平刊行。

谢无量著《中国古田制考》由上海商务印书馆刊行。

邹鲁、张煊著《汉族客福史》由广东广州中山大学出版部刊行。

傅斯年等著《东北史纲》(初稿)(第1卷古代之东北)由著者刊行。

按:是书指出:"近年来考古学者、人类学者在中国北部及东北之努力,已证明史前时代中国北部与中国东北在人种上及文化上是一事",由这一事实而扩展为"人种的,历史的,地理的,皆足说明东北在远古即是中国之一体"。因此,作者发出了"东北在历史上永远与日本找不出关系也。史学家不能名白以黑,指鹿为马,则亦不能谓东北在历史上不是中国矣"的呼声。

方壮猷著《鞑靼起源考》刊行。

姜哲夫著《记广东北江猺山荒洞猺人之建醮》由北平中央研究院历史语言研究所刊行。

庞新民编《广东北江猺山杂记》由北平中央研究院历史语言研究所刊行。

姜哲夫等编《拜王》由北平中央研究院历史语言研究所刊行。

朱士嘉编《中国地方志统计表》由北平燕京大学史学年报社刊行。

伦明著《建文逊国考疑》由北平辅仁大学辅仁学志编辑会刊行。

李晋华编《明代敕撰书考》(附引得)由北平燕京大学哈佛燕京学社引得编纂处刊行。

万国鼎著《明代屯田考》由江苏南京金陵大学刊行。

谢国桢著《明季奴变考》由北平清华大学刊行。

张鸿翔著《明外族赐姓考》由北平辅仁大学辅仁学志编辑会刊行。

朱希祖编著《后金国汗姓氏考》由北平编者刊行。

孟世杰编《中国近世史纲》由天津百城书局刊行。

邢鹏举著《中国近百年史》(上册)由上海世界书局刊行。

杨幼炯讲演,王逢辛笔述《近世革命史纲》由上海中华书局刊行。

李次民编《鸦片战后的八十年》由梧州文化公司刊行。

张霄鸣著《太平天国革命史》由上海神州国光社刊行。

按:是书分太平天国运动发生的原因、革命之前声、兴起与衰败、太平天国与清政府两方之阶级分析、太平天国之政策、运动失败的原因等6章。

蒋恭晟著《中国近百年史》(上册)由上海金城书店刊行。

夏晋麟著《上海租界问题》由中国太平洋国际学会刊行。

刘衍编《中华民国二十年来大事记》由上海五洲协记书局刊行。

马伯援著《我所知道的国民军与国民党合作史》由上海商业公司刊行部刊行。

广东陆军庚戌首义同志纪念会编《广东桂军庚戌首义同志纪念会第一次特刊》由编者刊行。

陈乃勋、杜福堃著《新京备乘》(上中下卷)由北平清秘阁南京分店刊行。

刘家驹著《西藏政教史略》由中国边疆学会刊行。

李温民著《日本侵略中国史纲》由北平国民外交研究会刊行。

按:是书分3编。上编7章,介绍日本立国、明治维新以后的强盛,对外关系及著者对日本的认识。中编为日本侵略中国之事实经过,共40章。下编为日本侵略中国之下幕,共8章,并论述中国应取的立场。附录:《日本侵略中国各种统计》。

梁又铭著《日本侵略中国史画》(上册)刊行。

李蔚岩编《日本侵华痛史》由上海律师公会刊行。

屠哲隐著《日本在南满》由江苏南京书店刊行。

高伯时著《日本侵略东三省之实况》由上海文艺书局刊行。

袖风著《平津至山海关各国驻兵问题之研究》由东北问题研究会刊行。

东北问题研究会编《日本利用匪首凌印清扰乱东北实录》由北平编者刊行。

郭继润著《中日铁路竞争问题之真相》刊行。

叶景莘纂述《中日之冲突》由北平中国国际联盟同志会刊行。

吴瀚涛著《东北与日本之法的关系》由北平东北问题研究会刊行。

张余生编著,周天步校阅《倭制满洲国》由北平东北问题研究会刊行。

谭秀峰著《今日之满洲问题》由广东广州刊行。

中国国民党浙江省党部编《日军铁蹄蹂躏下之血迹》由编者刊行。

范任宇著《二十年来列强环伺下之东北问题》由上海民智书局刊行。

周宪文著《东北与日本》由上海中华书局刊行。

华东编译社编《日本侵略上海战记》(第1册)由华东编译社刊行。

国难会议编《国难会议记录》由江苏南京编者刊行。

陈觉编《九一八后国难痛史资料》由东北问题研究会刊行。

救国奋斗社编《奋斗》由江苏南京编者刊行。

陈觉编《九一八后国难痛史》(第1—5册)由北平东北问题研究会刊行。

曾宗孟著《九一八周年痛史》(上卷:东北沦陷纪实)由北平九一八学社刊行。

东北问题研究会编《国难须知》由北平文化学社刊行。

国立北京大学非常学生会编《北京大学示威运动专刊》由编者刊行。

吴雪生著《东北沦亡血泪记》由郑州抗日救国会刊行。

东北问题编辑委员会编《东北问题》(第1集)由北平东北大学刊行。

东北问题编辑委员会编《东北问题》(第2集)由北平东北大学刊行。

徐淑希著,中国太平洋国际学会编《东北问题》由中国太平洋国际学会刊行。

胡崑、丁宪勋编《东北条约研究》由上海中华书局刊行。

陈叔兑编《东北与列强》由上海中华书局刊行。

按：是书记述帝国主义列强争夺我国东北的经过。

何西亚著《东北视察记》由上海现代书局刊行。

华企云著《满洲与蒙古》由上海黎明书局刊行。

蓝孕欧编《满蒙问题讲话》由江苏南京书店刊行。

国立中山大学文学院史学系编《抗日方策》（第1集）由编者刊行。

吉黑救国义勇军军事委员会驻北平办事处编《血染白山黑水记》由北平编者刊行。

东北民众救国军军政委员会编《血染白山黑水记》（续刊）由北平编者刊行。

好运道书局编《东北战地集影》（第1集）由上海好运道书局刊行。

良友图书印刷公司编辑部编《锦州战事画刊》由上海良友图书印刷有限公司刊行。

葛文烈著《东北一瞥》由北平东北民众抗日救国会刊行。

东北民众抗日救国会编《东北义勇军概况》由编者刊行。

东北民众救国军委员会编辑部编《东北民众救国军》由北平东北民众救国军委员会刊行。

陈彬龢编《东北义勇军》（第1集）由上海日本研究社刊行。

李季著《辽宁民众自卫军起义救国详记》由东北民众抗日救国会、辽宁民众自卫军驻平办事处刊行。

上海东北难民救济会编《东三省义民血战记》由上海编者刊行。

关博彦著《辽宁民众自卫军第六路抗日实录》（第1集）刊行。

马占山著《马占山痛告国人书》（九一八国难周年纪念日）由上海黑龙江驻沪通讯处刊行。

抗日急进会编《十九路军血战抗日之真相》由编者刊行。

高慎行编《十九路军血战全史》由上海远东编译社刊行。

张励编《十九路军六十一师百廿一旅淞沪抗日战记》由一百二十一旅司令部刊行。

高中电讯社编《沪案真相》（初编、二编）由江苏苏州小说林书社刊行。

上海律师公会编《国难特刊》（第1册）由上海编者刊行。

徐怡、刘异编《淞沪御日战史》由上海民族教育社刊行。

徐怡等编《淞沪御日战史》（续编）由上海民族教育馆刊行。

何天言著《上海抗日血战史》由上海现代书局刊行。

詹宝光编《淞沪抗日之血痕》由伤兵管理委员会刊行。

觉民编辑社编《血染淞沪》由觉民编辑社刊行。

《淞沪血战经过》由上海中国国际宣传社刊行。

爱华编《淞沪血战初集》由香港聚珍印务书楼刊行。

费敬仲编《淞沪御侮记》（第1集）由上海国权编辑社刊行。

李剑翁著《上海抗日血战记》由上海军事新闻社总部刊行。

楼产文编《上海血战抗日记》由上海互助出版社刊行。

韦息予、王臻郊著，李尊庸摄影《沪战纪实》由上海开明书店刊行。

淞沪抗日阵亡将士追悼委员会编《淞沪抗日阵亡将士追悼大会会刊》由江苏苏州文新

印刷公司刊行。

中华民国国民政府外交部编《中日上海停战及日方撤军协定》(白皮书第22号)由江苏南京编者刊行。

吴宏等编《上海撤兵区域接管实录》由上海撤兵区域接管委员会刊行。

上海市民地方维持会编《上海市民地方维持会报告书》由上海市地方协会刊行。

李尊庸编《战地摄影》(日军暴行集)由上海好运道书局刊行。

第五军抗日画史编委会编《国民革命军第五军淞沪抗日画史》由国民革命军第五军司令部刊行。

梁雪清、徐伯雄编《淞沪御日血战大画史》由上海文华美术图书公司刊行。

陆军第八十八师特别党部编《醒我国魂——陆军第八十八师淞沪抗日血战画集》由编者刊行。

新新美术社编《中日战区真相画刊》(第1集)由上海编者刊行。

许乃悟编《上海战事画报》由上海国际时事画报馆刊行。

中央宣传委员会艺术会编《国军抗日写真》(第1集)由江苏南京中央宣传委员会总务科刊行。

陈丽娟著《战地遇险记》由上海好运道书局刊行。

国联调查团编《国际联合会调查团报告书》由河北书局刊行。

外论编译社编《国际联合会中日争议调查团报告书节要》(附第九第十两章全文)由上海外论编译社刊行。

上海明社刊行部编《国际联盟调查团报告书》由上海明社刊行部刊行。

国是社编《国联调查团报告书》(附事变后之中国地图及世界各国人士评论)由上海编者刊行。

申社编《国联调查团报告书》(附世界各国人士之意见)由上海编者刊行。

申社编《国联调查团报告书》(中英文合刊本)由上海编者刊行。

读书杂志社、经济政治批判会合编《国联调查团报告书》(国联中国调查团报告书全文并批判)由上海神州国光社刊行。

中日问题研究社编《国联调查团报告书》(附事变后之中国地图及世界各国人士评论)由上海光明书局刊行。

国际联盟调查团编《国际联盟调查团报告书全文》由湖南长沙涵德学校印刷部刊行。

《国际联合会调查团报告书概要》由四川成都大同晚报社刊行。

《国际联合会调查团详细报告书》由中外编译部刊行。

《参与国际联合会调查委员会中国代表处说帖》由上海商务印书馆刊行。

王造时著《国际联盟与中日问题》由上海新月书店刊行。

杨炯光编《一年中国际联盟处理中日纠纷之经过》由中国国民党北宁铁路特别党部筹备委员会刊行。

中日问题研究社编《李顿报告书批判》由上海光明书局刊行。

管理中英庚款董事会事务所编《管理中英庚款董事会半年刊》由江苏南京编者刊行。

张仲琳编著《西洋近世史》(上册)由北平著者刊行。

李温民编《世界近世史》由北京文化学社刊行。

按：是书分自由主义时代、正统主义时代、民族主义时代、帝国主义时代和社会主义萌芽时代等 6 编，论述法国大革命至 20 世纪 20 年代初的世界近代史。

朱少轩著《洛桑会议评价》由上海良友图书印刷公司刊行。

何思敬著《第二次世界大战》由上海良友图书印刷公司刊行。

林希谦编《最近十年世界大势》由上海中华书局刊行。

按：是书主要介绍当时世界各国的形势，内容有江河日下的英国、惴惴不安的法国、虽败不忝的德国、世界之谜的苏俄、黄金洪水的美国、物资贫弱的日本、曙光已现的中国等。

许毅编《世界近百年史》（上下册）由天津百城书局刊行。

夏文运著《土耳其复兴史》刊行。

卓宏谋编《西洋中国东洋对照史表》由北平编者刊行。

胡寄尘著《孔子》由上海商务印书馆刊行。

罗根泽著《孟子评传》由上海商务印书馆刊行。

杜连喆、房兆楹编《三十三种清代传记综合引得》由北平燕京大学哈佛燕京学社引得编纂处出版。

闵尔昌编著《碑传集补》由北平燕京大学国学研究所刊行。

黄山散人编《近代名人轶事》由上海新民书局刊行。

按：是书收录于右任、吴稚晖、蔡元培、胡适之、马君武、唐少川、孔祥熙、康有为等国内近代知名人士 34 人的传略。

生活书店编译所编辑《人物评述》由上海生活书店刊行。

按：是书选集《生活周刊》第 3 卷至第 7 卷登载过的人物评述 85 篇，其中有《孙中山先生的生平》《苏维埃共和国的创造者》《拯救土耳其于危亡中的凯末尔》《精神感动全印度的甘地》《创制中国电风扇的杨济川君》《创制味精的吴蕴初君》等中外名人的传略。

林思进著《华阳人物志》16 卷由成都美华林刊行。

胡宗懋著《永康人物记》由梦远楼丛稿本刊行。

陈登原著《蜀汉后主刘禅评》由南京金陵大学刊行。

汪闿编著《明清蟫林辑传》由中华图书馆协会刊行。

按：是书收录明代藏书家 247 人、清代藏书家 574 人，对明清两代的私家图书出版、公私藏书、图书整理及目录学方面史料研究和搜集颇为精致，是研究藏书家的早期文献之一。

德菱公主著，张国藩译《溥仪传》由上海良友图书印刷公司刊行。

朱锦江著《丁汝昌》由上海儿童书局刊行。

许敬武著《清代金石学家列传稿》出版。

孙嘉会编著《冯玉祥小传》由北平戊辰学社刊行。

李霖编《郭沫若评传》由上海现代书局刊行。

按：是书收《郭沫若传》（李霖），《论郭沫若》（沈从文），《〈女神〉之时代精神》（闻一多），《〈瓶〉附记》（郁达夫），《郭沫若与王实甫》（赵景深）等 31 篇评论文章，其中包括郭沫若的《答孙铭传君》一文。

田汉著《郭沫若评传》由上海现代书局刊行。

傅润华著《郭沫若评传》由上海现代书局刊行。

冯乃超著《郭沫若评传》由上海现代书局刊行。

黄伯钧著《郭沫若评传》由上海现代书局刊行。

史秉慧编《张资平评传》由上海现代书局刊行。

曲滢生著《韦庄年谱》由北平我辈语丛书社刊行。

夏承焘著《张子野年谱》由杭州著者刊行。

季柔编著《朱元璋》由上海抗战编辑社刊行。

谢国桢著《黄梨洲学谱》由上海商务印书馆刊行。

蒋天枢著《全谢山先生年谱》由上海商务印书馆刊行。

侯堮著《觉罗诗人永忠年谱》由北平燕京大学燕京学报社刊行。

陈定祥著《黄陶楼先生年谱》由江苏省立苏州图书馆刊行。

中央党史史料编纂委员会编《总理年谱长编初稿》由江苏南京编者刊行。

徐用仪著《五千年来中华民族爱国魂》由天津大公报社刊行。

香山教育图书馆编《国贼殷鉴》由北平香山慈幼院刊行。

王稚庵编《中国儿童史》(1—4 册)由上海儿童书局刊行。

按:是书分智、仁、勇三部分,介绍中国历代名人儿童时代的故事 1018 则,按照时代先后排列。

支伟成著《吴王张士诚载记》由上海泰东图书局刊行。

无名氏编《杨椒山(杨继盛)先生言行录》由江苏苏州弘化社刊行。

周延年著《庄氏史案考》由著者刊行。

按:此书用庄氏家谱、庄氏史案的杂史、清人有关日记、文集、杂记、县志等资料,考证顺治年间庄廷鑨修明史一案。

陈启天著《胡曾左平乱要旨》由上海大陆书局刊行。

中国国民党中央执行委员会西南执行部编《孙大总统广州蒙难十周年纪念专刊》由编者刊行。

中国国民党中央直属国立中山大学区党部筹备委员会编《总理诞辰纪念号》由编者刊行。

中国国民党北平特别市党务整理委员会宣传科编《总理诞辰纪念特刊》由编者刊行。

中国国民党中央执行委员会西南执行部编《总理诞辰纪念专刊》由编者刊行。

中国国民党中央执行委员会党史史料编纂委员会编《总理史料目录汇刊》(第 1、2 集)由编者刊行。

叶圣陶编《汪精卫言行录》(上下)由上海广益书局刊行。

陈训慈著《丁松生与浙江文献》由杭州浙江省立图书馆刊行。

按:丁丙字松生,号松存,浙江杭州人。晚清藏书家,有八千卷藏书楼。文澜阁《四库全书》散佚后,曾多方搜集抄补。著有《善本书室藏书志》,辑刊《武林掌故丛编》。

浙江省立图书馆编辑《丁松生先生百年纪念集》由杭州浙江省立图书馆刊行。

中国国民党中央执行委员会西南执行部编《朱执信先生殉国十二周年纪念专刊》由编者刊行。

冯承钧编著《王玄策事辑》由北平国立清华大学刊行。

胡局长鸿基追悼会编《胡局长鸿基博士纪念册》由上海编者刊行。

蔡元培著,约翰编《蔡元培先生言行录》由上海广益书局刊行。

李季著《我的生平》由上海亚东图书馆刊行。

按:是书自述其生平事迹,以及与胡适、梁启超等人讨论先秦诸子学术问题。

王独清著《我在欧洲的生活》由上海光华书局刊行。

章衣萍著《衣萍书信》由上海北新书局刊行。

陶建华编《中国名人年鉴》由上海中国名人年鉴社刊行。

戴叔清编《文学家人名辞典》由上海文艺书局刊行。

顾凤城编《中外文学家辞典》由上海乐华图书公司刊行。

艾华编著《古代希腊三大教育家》由北平立达书局刊行。

施宏告著《诺贝尔文学奖金与历届获得者》由北平人文书店刊行。

按：是书介绍1901—1932年间33位诺贝尔文学奖金获得者的事迹。

夏訔著《世界名人小传》由著者刊行。

按：是书收录221位中外古今名人小传。

徐国栋等著《世界昆虫学家传略》（第1集）由浙江省立植物病虫害防治所刊行。

杜牺民编著《美国的四杰》由中华平民教育促进会刊行。

按：四杰指华盛顿、林肯、佛兰克林、艾迪生。

胡本德著《耶稣小传》由上海广学会刊行。

黄锦涛编《托尔斯泰印象记》由上海南强书局刊行。

黄锦涛编《高尔基印象记》由上海南强书局刊行。

沈端先著《高尔基评传》由上海良友图书印刷公司刊行。

袁道丰编《希特勒与德国》由上海大陆书局刊行。

刘虎如编《麦哲伦》由上海商务印书馆刊行。

张家泰编《卢骚生活》由上海世界书局刊行。

银光社编《卓别麟——其生平及其艺术》由上海编者刊行。

朱君毅著《中国历代人物之地理的分布》由上海中华书局刊行。

韩道之著《政治地理学》由北平著者书店刊行。

张粒民著《国际地理》由上海新中国书局刊行。

葛绥成编《最近中外地名更置录》由上海中华地理研究社刊行。

招奇伟编《外国地理问答》刊行。

郑昶编《新中华外国地理》由上海新国民图书社刊行。

张其昀著《人地学论丛》（第1集）由江苏南京钟山书局刊行。

黄文弼编《高昌疆域郡城考》由北京大学国学季刊社刊行。

吉鸿昌、孟宪章编《环球视察记》由北平东方学社刊行。

孟宪章著《三万里海程见闻录》由北平东方学社刊行。

何健民编《旅古概观》由上海民智书局刊行。

马鹤天著《内外蒙古考察日记》由江苏南京新亚细亚学会刊行。

李安唐编《屯留地名典》由北平北平民社刊行。

王金绂编《西北地理》由北平立达书局刊行。

沈厥成编《南洋奇观》由上海良友图书印刷有限公司刊行。

罗井花著《南洋旅行记》由上海中华书局刊行。

褚民论著《欧游追忆录》由上海中国旅行社刊行。

林克多著《苏联闻见录》由上海光华书局刊行。

王定九编《上海门径》由上海中央书店刊行。

韦息予著《上海》由上海大江书铺刊行。

上海信托股份有限公司编辑部编《上海风土杂记》由上海编者刊行。

程旨云编《上海刘河间形势图》由浙江省立民众教育实验学校刊行。

李清悚、蒋恭晟编《我们的首都》（教学大纲）由上海儿童书局刊行。

陈日章编《京镇苏锡游览指南》由上海禹域社刊行。

雨花社编《旅京必携》由上海南京书店刊行。

李矛一编《崖山指南》由江苏苏州崖山县民众教育馆刊行。

秦山僧著《九江指南》由九江指南社刊行。

王幼侨著《河南方舆人文志略》由北平西北书局刊行。

吴翰青、赵耕莘著《开封城市一瞥》由河南审美书局刊行。

吴尊任著《梧州市概况调查》由广西省政府秘书处刊行。

徐金源著《川边游记》由著者刊行。

中国营造学社编辑《岐阳世家文物考述》由北平编辑者刊行。

瞿兑之著《明岐阳王世家文物纪略》由北平营造学社刊行。

傅振伦著《燕下都发掘报告》由北平国立北京大学国学季刊行。

洪业编《驳景教碑出土于盩厔说》由北平史学年报社刊行。

孟森编《辽碑九种》由北平国立北京大学国学季刊社刊行。

董光忠著《山西万泉县阎子疙瘩汉汾阴后土祠遗址之发掘》由山西公立图书馆、美国华盛顿福尔艺术陈列馆刊行。

贺昌群著《近年西北考古的成绩》由燕京大学燕京学报社刊行。

华南圭著《何者为北平文化之灾》刊行。

黄炎培著《七年以来之人文社》刊行。

林之棠编《学术文》由华盛书社刊行。

曹功济编《国学用书举要》由浙江省立图书馆刊行。

黄筱兰等编《国学问答》由汉文正楷印书局刊行。

蹇先艾编《国学常识二百问答》由华新印书馆刊行。

梁启超、胡适编《梁任公胡适之先生审定研究国学书目》由上海大中书局刊行。

傅增湘著《藏园群书题记》（1—4集）由大公报刊行。

何多源编《馆藏善本图书题识》由岭南大学图书馆刊行。

金骏编《金佳石好楼碑帖书籍目录》（第二次）由上海金佳石好楼刊行。

唐敬杲编《新文化辞书》（国难后第1版）由上海商务印书馆刊行。

袁同礼录《永乐大典现存卷目表》由北京图书馆刊行。

杨家骆著《四库大辞典》由中国图书大辞典编辑馆刊行。

按：是书以《四库全书总目》所列书名及其著者为词条，依四角号码排列。

建设委员会图书馆编《建设委员会图书馆中日文图书目录》由编者刊行。

蒋锡恩编《通俗讲演纲要》（第1辑）由浙江省立民众教育馆刊行。

申秉珠编著《学艺歌诀汇览》由编著者刊行。

陈子彝编《江苏省立苏州图书馆图书目录》（第1期）由江苏省立苏州图书馆刊行。

二酉书店编《二酉书店目录》（第1期）由编者刊行。

国立北平图书馆编《国立北平图书馆现藏中国官书目录》(第2辑:国民政府之部)由编者刊行。

经训堂书店编《杭州经训堂书店第六期书目》由编者刊行。

经训堂书店编《杭州经训堂书店第七期书目》由编者刊行。

萨士武编《私立福建学院乌山图书馆图书目录(第2期上册:中日文书目)》由乌山图书馆刊行。

商务印书馆编《四部丛刊单行本目录》由上海商务印书馆刊行。

商业日报社编《商业新年鉴》由编者刊行。

受古书店编《受古书店旧书目录》由编者刊行。

西泠印社编《西泠印社第三十期书目》由编者刊行。

新生命书局编《新生命书局图书目录》由编者刊行。

新中国建设学会编《新中国建设学会图书目录》由编者刊行。

赵传家编《中学图书馆最低限度书目》由华东和中华基督教教育委员会刊行。

振新书社编《苏州振新书社书目》由编者刊行。

中华书局编《中华书局图书目录》由编者刊行。

中国科学社编《科学首十五卷总索引》由编者刊行。

按:该目录索引是按照专业将《科学》杂志前15卷所刊登的文章分类整理而成。文章内容包括通论、科学史、传记、算学、天文、物理、化学、气象、地学、生物学、农林、医学、生理、卫生、工业、机械工程、电机工程、土木工程、化学工业、矿冶、航空、无线电、人学、哲学、社会科学、教育及科学教育、心理、科学名词、科学咨询、书评、社闻、杂件、插图共33类。

哈佛燕京学社引得编纂处编《仪礼引得》(附郑注及贾疏引书引得)由北平编者刊行。

洪业等编《引得说》(引得特刊之四)由北平燕京大学图书馆引得编纂处刊行。

李小缘编《英国国立图书馆藏书源流考》由北平中华图书馆协会刊行。

杜定友编《图书管理学》由上海中华书局刊行。

按:是书阐述图书馆各种管理方法及参考书的用法。

吴县图书馆编《吴县图书馆第六次报告》由编者刊行。

陈子彝编《江苏省立苏州图书馆馆刊》(第三号)由江苏省立苏州图书馆刊行。

陈独醒著《怎样办理流通图书馆》(第4册)由杭州私立浙江流通图书馆宣传部刊行,有自序。

国学图书馆编《国学图书馆第五年刊》由编者刊行。

赵为容编《民众图书馆设施法》由济南山东省立民众教育馆刊行部刊行。

桂质柏编《(国立)中央大学图书馆概况》由国立中央大学图书馆刊行。

浙江省立图书馆编《浙江省立图书馆大学路总馆开幕纪念册》由编者刊行。

商务印书馆善后办事处编《上海商务印书馆被毁记》由编者刊行。

[日]渡边海旭述《日本行政与佛教》由上海佛学书局刊行。

[日]贺川丰彦著,明灯报社编译《魂之雕刻》由上海广学会刊行。

[日]杉山荣著,温盛光译《社会科学十二讲》由上海乐华图书公司刊行。

[日]林癸未夫著,周宪文译《社会政策新原理》由上海中华书局刊行。

[日]河上肇著,郭沫若译《社会组织与社会革命》由嘉陵书店刊行。

[日]羽太锐治著,黄孤马风译《性爱研究及初夜的智识》由上海启智书局刊行。

[日]羽太锐治著,华纯甫编译《性欲常识》由上海文明书局刊行。

[日]今中次麿著,万青选译《现代独裁政治学概论》(第一卷)由上海华通书局刊行。

[日]五来欣造原著,陈配德摘译《儒教之国家观念》刊行。

[日]佐藤清胜著,宋达樵、郝商隐校译《东北两地与日本军阀的大陆政策》由上海时事编译社刊行。

[日]朝日新闻社编,黄伦芳译《满蒙问题》刊行。

[日]佐佐木一雄著,北平晨报编辑处译述《苏俄军备与日俄战争》由北平晨报编辑处刊行。

[日]关根郡平等著,北平晨报编译《日美战争》(第2卷日美可战乎)由北平晨报书品部刊行。

[日]石丸藤太著,北平晨报编辑处译《日美战争》(第3卷日美果战乎)由北平晨报书品部刊行。

[日]石丸藤太著,方治、陶芳新合译《日美战争与中国》由上海神州国光社刊行。

[日]匝瑳胤次著,杨敬慈译述《日本军人眼中之日美危机》由天津大公报社刊行。

[日]今中次麿著,查士骥译《法西斯蒂主义运动论》由上海中华书局刊行。

[日]北一辉著,艾秀峰译《支配日本少壮军人思想之日本改造法案》由天津大公报社刊行部刊行。

> 按:是书阐述著者的法西斯主张,包括天皇、私有财产限度、土地分配、劳动者的权利、对外扩张、国家的权力等方面。有译者序言。

[日]山内一雄著,王锡纶译《苏俄之政治经济社会》由上海新生命书局刊行。

[日]高柳贤三著,汪翰章译《法律哲学原理》由上海大东书局刊行。

[日]牧野英一著,张蔚然译《法律之矛盾与调和》由北平春秋书店刊行。

[日]小野清一郎著,何建民译《法律思想史概说》由上海民智书局刊行。

[日]森武夫编著《给养史讲授录》由军需学校刊行。

[日]川并著,训练总监部军学编译处译《通信概说》刊行。

[日]仓冈彦助著,张一梦译《日本军备论》由天津白河社刊行。

[日]金谷范三著《日本参谋本部满蒙国防计划意见书》由北平东北问题研究会刊行。

[日]中井良太郎著,训练总监部军学编译处译《日本兵役法纲要》刊行。

[日]教育总监部编,训练总监部军学编译处译《初级战术讲座》由江苏南京军用图书社刊行。

[日]陆军步兵学校编,训练总监部军学编译处译《机关枪夜间教练》由江苏南京军用图书社刊行。

[日]陆军步兵学校编,训练总监部军学编译处译《战斗班教练》由江苏南京军用图书社刊行。

[日]陆军步兵学校编,训练总监部军学编译处译《基本班教练》由江苏南京军用图书社刊行。

[日]高桥龟吉著,霍本一译《日本现代经济史论》由北平求是学社刊行。

〔日〕高桥龟吉著,刘家銎译《日本资本主义发达史》由上海大东书局刊行。

〔日〕神原周平著,潘文安、殷师竹译《日本经济与中国东北问题》由上海文艺书局刊行。

〔日〕中野正永等著,新中国建设学会编译《日人对我东北言论集》由上海新中国建设学会出版科刊行。

〔日〕神原周平著,潘文安、殷师竹译《日本最近之经济》由上海文艺书局刊行。

〔日〕稻村隆一、稻田顺三著,艾秀峰编译《日本的农业恐慌》由天津大公报社刊行社刊行。

〔日〕安部矶雄著,张知本译《土地公有论》由上海华通书局刊行。

〔日〕长野郎著,强我译《中国土地制度的研究》由上海神州国光社刊行。

按:是书论述了中国土地制度、设计土地分配及所有权问题、土地整理问题、土地课税问题与佃种制度等内容,卷首有著者序。

〔日〕竹内二谦著,吕一鸣译《世界各国贸易政策底趋势》由北平世界编译所刊行。

〔日〕上田贞次郎著,郑诚译《产业革命史》由上海中华书局刊行。

〔日〕木村增太郎著,中国太平洋国际学会译《中国的财政改良与公债整理问题》由上海译者刊行。

〔日〕牧野辉智著,徐文波译《金融论》由上海民智书局刊行。

〔日〕山下德治著,朱一民译《苏俄新兴教育》由上海黎明书局刊行。

〔日〕松井三雄著,肖百新译《儿童体育心理》(新中国教育丛书)由上海新中国书局刊行。

〔日〕中岛孤岛述,汪馥泉译《北欧神话》由上海中华书局刊行。

〔日〕芳贺矢一著,商务印书馆编译所译《日本文典》由上海商务印书馆刊行。

〔日〕本间久雄著,李自珍译《文学研究法》由北平星云堂书店刊行。

〔日〕田中湖月著,孙俍工译《文艺赏鉴论》由上海中华书局刊行。

按:是书分绪论、观照、美的享乐、美的判断等4章。

〔日〕夏目漱石著、章克标选译《夏目漱石集》由上海开明书店刊行。

〔日〕正宗白鸟著,方光焘译《正宗白鸟集》由上海开明书店刊行。

〔日〕村山知义著,袁殊译《最初欧罗巴之旗》由上海湖风书局刊行。

〔日〕菊池宽著,周伯棣译《新珠》由上海大陆书局刊行。

〔日〕林房雄著,石儿译《都会双曲线》由上海神州国光社刊行。

〔日〕林芙美子著,崔万秋译《放浪记》由上海新时代书局刊行。

〔日〕广癞彦太著,哈汉仪译述《潜水舰的大活动》(海军军事小说)由天津海事编译局刊行。

〔日〕藤川淡水选辑,冯亨嘉译述《童话世界》由上海世界书局刊行。

〔日〕小川未明著,张晓天译《红雀》(小川未明童话集)由上海新中国书局刊行。

〔日〕小川未明著,张晓天译《鱼与天鹅》(小川未明童话集)由上海新中国书局刊行。

〔日〕小川未明著,张晓天译《雪上老人》由上海新中国书局刊行。

〔日〕小泉八云著,孙席珍译《英国文学研究》由上海现代书局刊行。

〔日〕箭内亘著,陈捷、陈清泉译《元代蒙汉色目待遇考》由上海商务印书馆刊行。

〔日〕田保桥洁著,王仲廉译《甲午战前日本挑战史》由江苏南京书店刊行。

[日]大盐龟雄著,刘涅夫译《日本殖民史》由上海星光书店刊行。

按:此书为著者《最新世界殖民史》中的一部分。

[日]滨田耕作著,孟世杰译《东亚文化之黎明》由北平文化学社刊行。

[日]滨田耕作著,汪馥泉译《东亚文化之黎明》由上海黎明书局刊行。

[日]田中秀著,沈钟灵译《东北之交通》由东北问题研究社刊行。

[日]佐野学著,陈公培译《物观日本史》由上海神州国光社刊行。

[日]长谷川如是闲著,彭信威译《以世界为背景的日本现代史》由上海神州国光社刊行。

[日]伊藤政之助著,徐世倬译《名将拿破仑之战略与外交》由江苏南京共和书局刊行。

[苏]西洛可夫等著,李达、雷仲坚译《辩证法唯物论教程》由上海笔耕堂书店刊行。

[苏]史托里雅诺夫著,任白戈译《机械论的批判》由上海辛垦书店刊行。

[苏]陶波尔考夫著,彭苇森译《辩证逻辑之基本理论》由上海春秋书店刊行。

按:是书作者指出辩证法是关于外部世界与人类思维活动的一般规律的学说。本书研究思维活动的规律,指出形式逻辑的缺欠,揭示辩证法如何进行观察、认识及判断。全书分7章:矛盾,概念,论断,历史主义,具体的思想,辩证法与实际,判断。

[苏]布哈林著,许楚生译《唯物史观社会学》由北平北新书局刊行。

按:是书分8章,主要论述辩证法的唯物论、社会、社会与自然之间的均衡,社会诸要素间的均衡等。书后附对于唯物史观的理论问题之几个简短的附注。

[苏]布哈林著,许楚生译《唯物史观与社会学》由上海社会问题研究社刊行。

[苏]波格丹诺夫(原题波格达诺夫)著,陈望道、施存统同译《社会意识学大纲》由上海大江书铺刊行。

[苏]里昂齐夫、吉仁采著,柳明译《列宁主义初步》由北国图书公司刊行。

[苏]布若布软斯基著,陈文瑞译《资本主义之结构》由上海启新书店刊行。

[苏]布若布软斯基著,陈文瑞译《资本主义之解剖》由社会科学研究社刊行。

[苏]列宁著《国家论》由上海浦江书店刊行。

[苏]波波夫著,刘明泰译《论革命转变》由中外研究会刊行。

[苏]法尔佛洛默夫著,黥布译《军队的参谋工作》由上海军学研究社刊行。

[苏]卢彬(原题鲁平)著,陶达译《新经济思想史》由北平好望书店刊行。

按:是书分"重商主义""重农学派""亚当·斯密""李嘉图""古典派的崩溃"5编。卷末附名词、地名索引和简要参考书目和人名表等。

[俄]柯伦泰著,方纪生译《妇人与家庭制度》由北平星云堂书店刊行。

[苏]拉比托斯等著,李达、熊得山译《政治经济学教程》由上海笔耕堂书店刊行。

[苏]马札亚尔著,陈代清、彭桂秋译《中国农村经济研究》由神州国光社刊行。

按:此书于1928年在苏联出版,作者自谓"本书之结构的方法,即从整个中国农村经济之特征为出发,以至于土地关系,阶级分化,市场及帝国主义影响等分析"。即以亚细亚生产方法来观察东方和中国社会,内容从水利、黄土层、垦殖区等地理条件开始,到土地分配形势与性质,农业和手工业,最后到帝国主义和农村阶级。作者以为,"现代中国社会,是亚细亚生产方法进入资本主义的过渡期"。中国及东方社会经历了一个漫长的特殊的"亚细亚生产方法"时代。这就是说,中国及东方国家,自原始社会解体以后,就进入了一个既不同于奴隶制社会也不同于封建社会的、完全特殊的亚细亚生产方式的时代。它延续了几千年,直至帝国主义的侵入将它打破。此书出版后,苏联"中国问题科学研究院"就马札亚尔的《中

国农村经济研究》一书写了长篇《编辑者序言》,称赞此书"可算是中国现代土地关系之马克思主义分析之
第一个有力的尝试",但更提出不少批评意见,认为中国历史上虽然有过以土地国有的亚细亚生产方
式,但是商业资本的发展早已使这种生产方式解体。然后由此断言帝国主义入侵以前,中国是一个封建
社会。马札亚尔说亚细亚社会的特点是人工灌溉、官僚制度、土地国有,但中国问题科学研究院只同意地
租采取赋税形式,是亚细亚生产方法的特质。马札亚尔以为中国的租佃关系,是永佃制,而中国问题科学
研究院说永佃制不是支配的形态,这一现象只是农奴制的特质,并不是亚细亚社会的特有形式。此书的
主要观点在苏联、日本和中国引起了广泛注意,从而展开关于亚细亚生产方式的激烈争论。(参见王学典
《20世纪史学编年(1900—1949)》,商务印书馆2014年版)

〔俄〕米哈·柴霍甫著,陆立之译《柴霍甫评传》由上海神州国光社刊行。

〔苏〕高尔基著,鲁迅编《高尔基文集》由上海光华书局刊行。

〔俄〕托尔斯泰著,李藻译《我的生涯》由上海商务印书馆刊行。

〔俄〕丹青科著,茅盾译《文凭》由上海现代书局刊行。

〔俄〕绥拉菲摩维支著,曹靖华译《铁流》由上海光华书局刊行。

〔苏〕高尔基著,华蒂、森堡译《隐秘的爱》由上海湖风书局刊行。

〔苏〕高尔基著,穆木天译《初恋》由上海现代书局刊行。

〔苏〕高尔基著,史铁儿译《不平常的故事》由上海合众书店刊行。

〔苏〕高尔基著,钱谦吾译《劳动的音乐》由上海合众书店刊行。

〔苏〕高尔基著,李兰译《胆怯的人》由上海湖风书局刊行。

〔俄〕伊凡诺夫著,侍桁译《铁甲列车》由上海神州国光社刊行。

〔俄〕伊凡诺夫著,戴望舒译《铁甲车》由上海现代书局刊行。

〔俄〕沙发诺夫著,李俚人、刘隐译《中国社会发展史》由上海新生命书局刊行。

按:《中国社会发展史》估定周以前是原始社会时代,周以后是封建社会,秦汉时代插入一个"封建奴
隶私有制",始终没有奴隶社会的位置。沙发洛夫认为中国的封建制度从周朝开始。周代的军事封建组
织,是由于征服者强迫农业种族或氏族为农奴,由于强大的种族或氏族,和弱小种族或氏族内社会分化的
结果,而成立的。后来周朝"原始组织的封建制",经过了自春秋开始的诸侯混战的"封建的无政府时期"
的"危机",由于"官僚的提拔",而完成了秦的统一。三国两晋南北朝时向自然经济回归,明代封建制度复
兴,后来由于高利贷资本的发展和外国资本主义的入侵,封建制度终于崩解了。陈啸江评曰:"全史一类
的著作有俄国人沙发诺夫的《中国社会发展史》一书,该书原本是专门研究阶级斗争史,有关社会经济史
的许多方面都没有论述,但有关中国历史分期的一些主张在社会史论战中却有较大影响。例如王宜昌、
陶希圣等人的对于魏晋时期中国社会性质的看法,都受到该书的影响。"(参见王学典《20世纪史学编年
(1900—1949)》,商务印书馆2014年版)

〔俄〕顾米列夫斯基著,周起应、立波译《大学生私生活》由上海现代书局刊行。

〔苏〕托罗茨基著,韩起译《列宁传》由江苏南京国际译报社刊行。

〔俄〕米哈·柴霍甫著,陆立之译《柴霍甫评传》由上海神州国光社刊行。

按:米哈·柴霍甫是契诃夫的弟弟。

〔德〕恩格斯著,青骊译《(英汉合璧)费尔巴哈论》由上海社会主义研究社刊行。

〔德〕恩格斯著,杨东莼、宁敦伍译《机械论的唯物论批判》由上海昆仑书店刊行。

〔德〕费希特著,张君劢译《菲希特高德意志国民演讲》刊行。

〔德〕黑格尔著,王灵皋译《历史哲学纲要》由上海神州国光社刊行。

〔德〕考茨基著,汤治、叶肩芳译《基督教之基础》由上海神州国光社刊行。

〔德〕马丁路德著,何士谦、陈建勋译《基督徒的自由》由湖北汉口中华信义会书报部

刊行。

　　[德]亚尔邦著,李若翰译《天主经》(第4求)由山东兖州府天主堂刊行。

　　[德]叶道胜著《真道疑难讲演录》由中华信义会书报部刊行。

　　[德]格尔拉哈著,郭寿华译《德国的社会政策》由上海民众运动月刊社刊行。

　　[德]克鲁格编,中央陆军军官学校编译《(德译)坑道战之研究》刊行。

　　[德]可亨豪逊著,杜沄译《(德译)军队指挥》由中央陆军军官学校刊行。

　　[德]哈拜兹著,中央陆军军官学校编《(德译)通信勤务》刊行。

　　[德]魏科波斯克著,赵天锡译、吴光杰校《航空学教程》由江苏南京中央陆军军官学校
刊行。

　　[德]齐默来著,吴剑泉等译《兵器学》由中央陆军军官学校刊行。

　　[德]麦次纳讲授,曾石虞译《化学讲义》由陆军军官学校刊行。

　　[德]步起、吴蕴瑞著《田径运动》由著者刊行,有吴蕴瑞序。

　　[德]席勒尔著,叶定善译《奥里昂的女郎》由上海安国栋刊行。

　　[德]丰席勒尔著,胡仁源译《瓦轮斯丹》由上海商务印书馆刊行。

　　[德]霍普特曼著,孙博译《沉钟》由上海开明书店刊行。

　　[德]歌德著,郭沫若译《少年维特之烦恼》由上海现代书局刊行。

　　[德]歌德著,达观生译《少年维特之烦恼》由上海世界书局刊行。

　　[德]歌德著,余文炳译《迷娘》由上海现代书局刊行。

　　[德]苏德曼著,周颂棣译《快乐的人们》由上海中华书局刊行。

　　[德]路易林著,袁持中译《战争》由上海世界书局刊行。

　　[德]格莱赛著,黄源译《一九〇二年级》由上海新生命刊行。

　　[德]格林著,张昌祈译《雷婆婆》由上海开明书店刊行。

　　[德]格林著,陈骏译《跛老人》由上海开明书店刊行。

　　[美]马尔腾著,曹孚译《励志哲学》由上海开明书店刊行。

　　[美]郭斐蔚著,俞恩嗣译《诗篇释义》由上海光学会刊行。

　　[美]福斯特著,杨荫浏译《决断性》由上海广学会刊行。

　　[美]何令渥斯夫著,徐侍峰译《青年心理》由北京著者书店刊行。

　　[美]皮尔士堡著,王光祥译《心理学史》由北平文化学社刊行。

　　[美]沃尔登著,夏斧心译《比较心理学大纲》由北平星云堂书店刊行。

　　[美]都孟高、黄叶秋著《箴言新释》由北平中华圣公会书籍委员会刊行。

　　[美]龚斯德著,英安仁、连警斋合译《五旬节与灵化》由上海广学会刊行。

　　[美]麦克平夫人著,基督复临安息日会中华总会教育部译《(第七年级用圣经读本)福
音传遍天下(卷1:使徒行传)》由上海时兆报馆刊行。

　　[美]韦德尔著,[美]易德文、[中]吕绍端译《新约圣经神学》上册由汉口中华信义会书
报部刊行。

　　[美]亚西卫著,裘金译《作基督徒的重要问题》由上海美华浸会印书馆刊行。

　　[美]怀爱伦著,梅忠达译《教会证言》(卷九)由上海时兆报馆刊行。

　　[美]爱尔乌德著,赵作雄译《社会学及现代社会问题》由上海商务印书馆刊行。

　　[美]加累特著,刘乃敬译《实用统计学》由江苏南京书店刊行。

〔美〕辛克莱著，钱歌川译《现代恋爱批判》由上海神州国光社刊行。

〔美〕卜龙飞著，王文培译《青年职业指导》由上海中华书局刊行。

〔美〕L. D. Herrold 著，李汉荪、华文煜编译《实用广告学》由天津新中国广告社刊行。

〔美〕哈利生著，华企云译《亚洲之再生》由上海新亚细亚学会刊行。

按：是书评述第一次世界大战后，在欧洲列强侵入和亚洲民族运动兴起的形势下，亚洲各国的政局变化，包括土耳其、波斯、阿富汗、叙利亚、伊拉克、印度、暹罗、越南、日本、朝鲜、中国等国家的情况，有译者序。

〔美〕伯尔曼著，王斐荪译述《劳工运动之理论》由江苏南京民众运动月刊社刊行。

〔美〕达威士著，北平晨报编辑处译《日美战事》（第 1 卷可怕的日本）由北平晨报书品部刊行。

〔美〕巴得生著，胡庆育译《比较法理学发凡》由上海太平洋书店刊行。

按：是书分绪论、法理学之各学派、结论 3 篇。比较叙述分析派、历史学派、哲学派、比较派、社会学派的主要观点。因内容简要且对各派的主张与其优缺点比较叙述恰当，故译者将书名改为现名。

〔美〕威里斯、爱德华著，李伟超译《银行业务总论》由上海黎明书局刊行。

按：是书初稿为美国哥伦比亚大学商学院教本。内容分交换、商业银行、非商业银行、银行制度 4 编。除阐述银行学、信用制度、银行业的各种基本概念外，还述及各类银行的组织、经营管理及各种业务，并旁及政府与银行、货币制度与银行等内容。书中实例主要取材于欧美。

〔美〕美 B. H. Bode 著，孟宪承译《教育哲学大意》由商务印书馆刊行。

〔美〕杜威著，张岱年、付继良译《教育科学之源泉》由北平人文书店刊行，有邱椿跋。

〔美〕S. C. Parker 著，俞子夷译述《普通教学法》由商务印书馆刊行。

〔美〕斯吹尔、挪尔斯窝斯撰，陈礼江译《普通教学法》（国立中山大学教育学研究所丛书）由上海民智书局刊行。

〔美〕威尔铿斯著，郑若谷译《大学教育新论》由北平著者书店刊行，有著者序和译者序。

〔美〕华生著，徐侍峰译《行为主义的儿童心理》由北平著者书店刊行。

〔美〕派克著，浙江省教育厅编《读书开始教学法》（小学教育丛书）由浙江编者刊行。

〔美〕鲍尔逊著，蒋衡译《儿童的世界》（春、夏、秋、冬）由上海现代书局刊行。

〔美〕毕德曼著，赵叔愚译《乡村教学经验谭》（新中学文库）由上海商务印书馆刊行。

〔美〕约翰生著，谢颂羔、吴口力编译《学生们的问题》由上海广学会刊行。

〔美〕马迪等著，吴福同译《世界网球名家获胜秘诀》（体育丛书）由上海勤奋书局刊行。

〔美〕培利著，穆女译《抒情诗之研究》由北平文化学社刊行。

〔美〕库尼兹著，周起应译《新俄文学中的男女》由上海现代书局刊行。

〔美〕霍桑著，吴锦森注释《霍桑氏故事选录》（英文文学丛书第 12 种）由上海中华书局刊行。

〔美〕A. Patri 著，徐亚倩译《续木偶奇遇记》由上海儿童书局刊行。

〔美〕果尔德著，周起应译《果尔德短篇杰作选》由上海辛垦书店刊行。

〔美〕L. M. Alcott 著，郑晓沧译《小妇人》由译者刊行。

〔美〕辛克莱著，王宜化译《罗马的假日》由上海实现社刊行。

〔美〕刘易士著，白华译《大街》由天津大公报馆刊行部刊行。

〔美〕范达痕著，程小青译《贝森血案》由上海世界书局刊行。

〔美〕范达痕著，程小青译《金丝雀》由上海世界书局刊行。

　　[美]范达痕著,程小青译《姊妹花》由上海世界书局刊行。

　　[美]史沫特列著,林宜生译《大地的女儿》由上海湖风书局刊行。

　　[美]巴克夫人著,伍蠡甫译《福地述评》由上海黎明书局刊行。

　　[美]巴克夫人著,伍蠡甫译《儿子们》由上海黎明书局刊行。

　　[美]施密丝著,李言三译《一个美国女子堕落的自述》由上海良友图书印刷公司刊行。

　　[美]F. Eliot 著,刘华式译《美英日大战争》由天津海事编译局刊行。

　　[美]贾克·伦敦著,邱韵铎译《深渊下的人们》由上海光明书局刊行。

　　[美]马克·吐温著,月祺译《汤姆沙耶》由上海开明书店刊行。

　　[美]山兜·马修著,曹文楠、于在春译《狗的自述》由上海开明书店刊行。

　　[美]E. S. Eells 著,王焕章译《巴西童话》由上海商务印书馆刊行。

　　[美]佛里门著,周扬(原题周起应)译《苏联的音乐》由上海良友图书印刷公司刊行。

　　[美]班兹著,雷震编译《西洋史学进化概论》由北平文化学社刊行。

　　[美]富兰克林著,桂绍盱注释《富兰克林自传》(英文文学丛书第 5 种)由上海中华书局
刊行。

　　[英]罗素著,严既澄译《怀疑论集》由上海商务印书馆刊行。

　　[英]罗素著,于熙俭译《快乐的心理》由上海商务印书馆刊行。

　　[英]J. T. Merz 著、伍光健译《十九世纪欧洲思想史》由上海商务印书馆刊行。

　　[英]葛楼福编,[英]莫安仁口译《基督精义》由上海广学会刊行。

　　[英]龚斯德著,陈德明、谢颂羔译《公开的基督》由上海广学会刊行。

　　[英]龚斯德著,应远涛、沈秋宾译《山上的基督》由上海青年协会书局刊行。

　　[英]龚斯顿·洛恩著,梅德立、冯雪冰译《无双的耶稣》由上海广学会刊行。

　　[英]赫伯特·司泰德著,莫安仁译《暗导》由上海广学会刊行。

　　[英]马司登著,董景安译《印度回民信道记》由穆民交际会刊行。

　　[英]林辅华著,夏明如译《(根据于历史的)以赛亚书释义》由上海广学会刊行。

　　[英]瑞爱德等著,江绍原编译《现代英吉利谣俗及谣俗学》由上海中华书局刊行。

　　[英]卫斯特马克(原题卫斯忒马克)著,岑步文译《婚姻》由上海商务印书馆刊行。

　　[英]克洛特著,俞松笠译《世界幼稚时代》由上海商务印书馆刊行。

　　[英]哥得著,董霖、佩萱合译《什么是法西斯主义》由上海良友图书印刷公司刊行。

　　[英]约翰戴白氏著,叶春墀译《下次之太平洋战争》(一名《可怕之日本》)由山东青岛青
岛中华书局刊行。

　　[英]白华德著,杨历樵译《日美太平洋大战》由天津大公报社刊行。

　　[英]鲍瓦特著,郎醒石、吴鹏飞译《太平洋大战》由上海民智书局刊行

　　[英]亚搭尔·葆尼著,沈光沛、李宗文译《近世欧洲经济史》由上海民智书局刊行。

　　[英]哈洛培克著,曲直生译《农业的起源》由南京近代出版社刊行。

　　[英]亨保罗著,李百强译述《苏俄最近实况》由上海新声通讯社刊行部刊行。

　　[英]道加拉士纳布著,詹文忠译《铁路经济大纲》由江苏南京印刷公司刊行。

　　[英]班恩著,陈长津译《贸易》由上海商务印书馆刊行。

　　[英]披谷著,陈汉平译《财政学研究》由上海神州国光社刊行。

　　[英]J. C. Parke 著,彭绍网译《实用网球术》由上海青年协会书局刊行。

〔英〕克罗守（原题克劳则尔）著，潘谷神译《苏俄科学巡礼》由上海开明书店刊行。

〔英〕罗素著，钱星海译《幼儿之教育》由个人刊行。

〔英〕雪莱等著，丘瑞曲选译《英文情诗选》由上海光华书局刊行。

〔英〕沃兹沃斯著，张则之、李香谷译《（英汉合璧）沃兹沃斯诗集》由北平建设图书馆刊行。

〔英〕迭更司著，沈步洲等译《（英汉合注）块肉余生述》（英文文学丛书第3种）由上海中华书局刊行。

〔英〕埃斯基拉著，杨晦译《被幽囚的普罗密修士》（希腊悲剧）由北平人文书局刊行。

〔英〕金斯莱著，王永棠译《英雄》由北平人文书店刊行。

〔英〕王尔德著，林超真译《理想良人》由上海神州国光社刊行。

〔英〕巴蕾著，熊适逸译《我们上太太们那儿去吗》由北平星云堂书店刊行。

〔英〕笛福著，李嫘译《（语体）鲁滨孙漂流记》由上海开明书店刊行。

〔英〕斯威佛特著，吴景新译《大人国游记》由上海世界书局刊行。

〔英〕威斯佛特著，吴景新译《飞岛游记》由上海世界书店刊行。

〔英〕乔治·爱罗特著，〔美〕亮月乐中译《乱世女豪》（社会小说）由上海广学会刊行。

〔英〕哀利奥特著，梁实秋译《织工马南传》由上海新月书店刊行。

〔英〕霍尔曼著，姚志伊译《璇富艳史》由上海良友图书印书公司刊行。

〔英〕李师尔著，陈庆仁译《桂冠》由上海开明书店刊行。

〔英〕嘉莱尔著，曾虚白译《英雄与英雄崇拜》由上海商务印书馆刊行。

〔英〕J. H. Beith 著，唐演译《前线十万》由上海大东书局刊行。

〔英〕维代尔著，适夷译《穷儿苦狗记》由上海儿童书局刊行。

〔英〕王尔德著，由宝龙译《王尔德童话集》由上海世界书局刊行。

〔英〕梅益盛著，周云路译述《马礼逊传》（国外布道英雄集第四册）由上海文华书局刊行。

〔英〕福林谑著，徐锡蕃译述《丹第小传》由上海中华书局刊行。

〔法〕拉法格著，刘初鸣译《思想起源论》由上海辛垦书店刊行。

按：是书分6编：马克思的历史方法，抽象思想的起源，正义思想的起源，善的思想的起源，灵魂思想的起源和进化，上帝的信仰。书末有附录：《普洛米修斯的神话》及附记。

〔法〕倍松著，胡愈之译《图腾主义》由上海开明书店刊行。

〔法〕忙答郎伯著《匈国圣妇依撒伯尔传》由河北献县天主堂刊行。

〔法〕季特、李士特著，陈汉平、于锡来译《欧美经济学说史》（上下册）由上海神州国光社刊行。

〔法〕拉法格著，杨伯恺译《财产之起源与进化》由上海辛垦书店刊行。

〔法〕胡锡崖著，章桐译《现代大实业》由江苏南京书店刊行。

〔法〕都德等著，李青崖辑译《俘虏》由上海开明书店刊行。

〔法〕勃莱浮著，彭兆良译《情与罚》由上海中华新教育社刊行。

〔法〕罗曼·罗兰著，静子译《安戴耐蒂》由保定群玉山房刊行。

〔法〕莫洛怀著，盛明若、王家械译《爱底氛围》由上海中华书局刊行。

〔法〕毕耶尔·洛谛著，允若译《庚子外记》由江苏南京正中书局刊行。

[法]陀尔诺夫人著,张昌祈译《黄矮人》由上海开明书店刊行。

[法]福耳著,伍光渔译《拿破仑论》由上海商务印书馆刊行。

[意]艾儒略著《万物真原》由山东兖州府天主堂印书馆刊行。

[意]托马斯·阿奎那著,利类思译《论天主降生》由公教教育联合会刊行。

[意]邓南遮著,芳信译《死的胜利》由上海大光书局刊行。

[挪威]哈利伯著,戴怀仁、毛光仪译《神迹论》由汉口中华信义会书报部刊行。

[挪威]哈列比著,[美]戴怀仁译,毛光仪述《圣餐》由湖北汉口中华信义会书报部刊行。

[匈牙利]缪伦著,钱歌川译《缪伦童话集》由上海中华书局刊行。

[匈牙利]巴基著,巴金译《秋天里的春天》由上海开明书店刊行。

[奥地利]显尼支勒著,刘大杰译《苦恋》由上海中华书局刊行。

[奥]斯班著,区克宣译《经济学说史》由上海大东书局刊行。

按:是书乃流行较广的西方经济学说史。原著写于1912年,到1929年重版19次。译本据1926年16版翻译。30年代时,国内曾作为大学教本。全书分12章和"绪论",历述重商主义以前的经济思想到晚近的新历史学派、新自由主义派等派别的学说、人物和著述。书末附"经济科学名著择录"。

[希腊]伊索著,孙立源译《伊索寓言》由上海开明书店刊行。

[比利时]德可乐利著,崔载阳译《新教育法》(教育丛书)由上海中华书局刊行,有程时煊叙言和编者序。

[爱尔兰]弗朗士·勃朗著,赵馀勋译《祖母的奇椅》由上海春秋书社刊行。

[波兰]J. Korczak著,索菲译《小国王》由上海开明书店刊行。

[丹麦]安徒生著,顾均正译《水莲花》由上海开明书店刊行。

[罗马尼亚]伊斯特拉谛著,贺文林译《舅舅昂格尔》由上海中华书局刊行。

[天竺三藏]求那跋陀罗译《胜鬘狮子吼一乘大方便方广经》由上海功德林佛经流通处刊行。

[泰]曼谷日日邮报著,王又申译《暹罗现代史》由上海商务印书馆刊行。

A. S. Eddington著,曹亮译,吴耀宗校订《科学看不见的世界》由上海青年协会书局刊行。

Albrand MEP.著《圣教理证》由山东兖州天主堂保禄印书馆刊行。

S. T. Fraser著,赵鸿祥译《静露》由上海广学会刊行。

Chinook Hattori原著,中国太平洋国际学会编译《汉字之优点与缺点》由编者刊行。

R. A. Lewis著,李兴贤译《寻求快乐》由上海中华浸会书局刊行。

A. L. Strong著,董绍明、蔡泳棠译《苏维埃式的现代农场》由上海良友图书印刷公司刊行。

林栢著,吕绍端译《末世预言阐微》由湖北汉口中华信义书报部刊行。

牧若马著,刘健译《火热的心》由中华信义会书报部刊行。

彼理察著,连普安译,麦邑山笔述《上帝特别眷顾信徒》由上海广学会刊行。

勃罗斯著,浦尔曹雅译《人类的超性特恩》由上海土山湾印书馆刊行。

亚尔风索著,主徒会修士译《爱主实行》由北平公教教育联合会刊行。

浦安娜著,姜贯一编译《圣经地理》由中华浸会书局刊行。

西门士著,王雪华译《美国社会势力发展史》由上海神州国光社刊行。

　　日本朝日新闻社著,李仲公译著《日本帝国主义的满蒙观与我们的驳议》由江苏南京印副公司刊行。

　　蒂巴尔著,马质夫译述《中欧土地制度之改革》由上海世界书局刊行。

　　国联教育考察团著,国立编译馆译《中国教育之改进》由江苏南京教育部刊行。

　　国联教育考察团著,国立编译馆译《中国教育之改进》由全国经济委员会筹备处刊行。

　　阿柏尔著,黄凌霜译《德国系统的社会学》由上海华通书局刊行。

　　慕惠廉著,王臻善译《美国慕翟事略》由上海广学会刊行。

　　雍守正著,袁承斌译《爱国论》由北平公教教育联合会刊行。

　　盖尔多耶拉著,陆一远译《文学史方法论》由上海乐华图书公司刊行。

　　塞米诺夫等著,傅东华辑译《饥饿及其他》由上海新生命书局刊行。

　　都娜著,陈骏译《都娜童话集》由上海世界书局刊行。

　　箭内亘著,陈捷、陈清泉译《蒙古史研究》由上海商务印书馆刊行。

　　曹云祥、日藤崎著,大同教社译《大同教之在中国·我为什么信仰大同教》由上海大同教社刊行。

　　施友忠编译《哲学问题浅说》由上海中华书局刊行。

　　曾春编译《布哈林及其机械唯物论批判》由上海时潮书店刊行。

　　范光夏译《崇修学的概念》由山东济南华洋印书局刊行。

　　冯秉正编译《圣年广益》(下卷)由上海土山湾印书馆刊行。

　　罗金声编译,汪其天述文《欧洲大陆基督教更正史》由江苏南京金陵神学院教会历史部刊行。

　　蔡振华选译,聂高莱、潘书卿参校《基督教会史略》由北平中华圣公会刊行。

　　萧若瑟译《圣教史略》由河北献县张家庄胜世堂刊行。

　　胡寄尘译《百喻经浅说》由上海佛学书局刊行。

　　王静斋译注《古兰经译解》由北平中国回教俱进会刊行。

　　魏继晋译《圣若望枭穆传》由上海土山湾印书馆刊行。

　　张中译《四篇要道》由上海回教书籍流通处刊行。

　　李天德译《礼拜仪式》由湖北汉口福音道路德会刊行。

　　刘赖孟多编译《退思录》(上下卷)由河北献县张家庄天主堂刊行。

　　刘美丽编译《我的主耶稣》由上海广学会刊行。

　　罗司铎述《善望弥撒》由山东兖州府天主堂印书馆刊行。

　　山西大同总大修道院译《耶稣婴孩圣女德肋撒神婴师表》由北平公教教育联合会刊行。

　　孙维德、艾年三编译《什一捐的理论与实施》由湖北汉口中华信义会书报部刊行。

　　亚尔方骚·利高烈著《申尔福解》由上海土山湾印书堂刊行。

　　孟亚丰素述《圣召指南》献县天主堂刊行。

　　张东荪译著《创化论》由上海商务印书馆刊行。

　　王英生译《政治学概论》由上海新月书店刊行。

　　按:是书分10章。讲述政治学概念,近代国家起源及发展,代议制度,一院制与两院制以及议会制度的各种修正等;分析研究政治生活与自然环境、政治组织与社会环境的关系,现代政治的实质和国际政治的各种现象。附:专门名词中英对照表。

王光祈译《库伦条约之始末》由上海中华书局刊行。

中国太平洋国际学会编译《夏威夷之华侨》由编译者刊行。

钮先铮译《希特勒与德国法西斯运动》由天津白河社刊行。

按:是书介绍希特勒略历和在法西斯运动中的地位,国粹主义及德国国粹社会党的政纲宣传方法等。附录德国国粹社会党的十诫等2种,有译者序。

徐羽冰译著《日本的新满蒙狂》由天津大公报社刊行。

训练总监部军学编译处译《日本辎重勤务之参考》由江苏南京军用图书社刊行。

训练总监部编译《日本陆军演习令》由江苏南京军用图书社刊行。

训练总监部军学编译处译《步兵团教育计划》由江苏南京军用图书社刊行。

训练总监部军学编译处译《日本步兵操典改正理由书》由江苏南京军用图书社刊行。

吴光杰、刘家伕译《联合兵种之指挥与战斗》由中央陆军军官学校刊行。

训练总监部辎重兵监校译《德国辎重兵操典草案》由江苏南京军用图书社刊行。

训练总监部骑兵监校译《法国骑兵操典》由江苏南京军用图书社刊行。

训练总监部军学编译处译《法国步兵操典》由江苏南京军用图书社刊行。

关根郡平著,吕一鸣译《美国在太平洋上的根据地》北平世界编译所刊行。

训练总监部骑兵监校译《骑兵阵中要务教育之参考》由江苏南京军用图书社刊行。

李恒编译《警察常识》由警官高等学校刊行。

周氏编译《海外军事写真》由广东广州九曜坊真平印书局刊行。

刘漱石译《民法总则新释》由江苏南京书店刊行。

焦志坚等译《战斗纲要研究记事(续)》刊行。

唐天闲译《步兵操典研究上之问答》(上下卷)由江苏南京军用图书社刊行。

训练总监部军学编译处译《空地连和演习必携》由江苏南京军用图书社刊行。

首都宪兵司令部译述《宪兵教育参考书》刊行。

王冠三编译,李念瑚绘图、校阅《新战术原则图表解》由北平武学书局刊行。

李刚译《战术问答一千题》由江苏南京军用图书社刊行。

唐天闲译著《关于敌前渡河之研究》由江苏南京军用图书社刊行。

中央陆军军官学校编译《(德译)筑城教范》(第一、三卷)刊行。

训练总监部军学编译处译《机关枪、步兵炮教练之参考》由江苏南京军用图书社刊行。

魏益三编述《新兵器讲演集》由北平武学书局刊行。

钟光琳译《兵器学之参考》由江苏南京军用图书社刊行。

训练总监部军学编译处译《炮兵情报及射击之要具》由江苏南京军用图书社刊行。

刘莹编译《人类社会发展史》由上海春秋书店刊行。

按:是书分上下两编,上编为人类社会发展史;下编讨论现代国际局势、苏联问题、民族解放运动、劳工运动等。

力人编译《苏维埃经济与世界经济》由华兴书店刊行。

纪眉译《英日美对华经济侵略实况》由北平著者书店刊行。

李含章、雷用中译《生产力与生产关系》由北平导群书店刊行。

戴蔼庐编译《最近货币金融学说》由上海黎明书局刊行。

按：是书论述第一次世界大战后各种货币金融学说。分为货币数量说、战后之汇兑学说、金本位废弃论、金本位恢复论、通货政策之归趋、商业循环论、国际银行论、银行及信用国有论8章。

戴蔼庐译《银行员银行家座右铭》由上海黎明书局刊行。

梁子青译《苏维埃文化建设五年计划》由北平文化学社刊行。

训练总监部军学编译处译《第二次随时检阅受检计划》由江苏南京军用图书社刊行。

训练总监部军学编译处译《列强之国民教育》由江苏南京军用图书社刊行。

唐现之译《美国乡村小学标准》（教育小丛书）由上海中华书局刊行。

按：是书包括塔格塞省乡村小学标准、塔格塞省乡村学校说明书。

巴狄德水编《儿童崇拜的研究》由上海广学会刊行。

赵馀勋编译《太阳的孩子》由上海儿童书局刊行。

中国体育社编译《最新注释排球规则》（新时代体育丛书）由上海三民公司刊行。

中国体育社编译《（最新注释）棒球规则》（新时达体育丛书）由上海三民公司刊行。

梁遇春译注《（英汉译注）英国小品文选》（开明英汉译注丛书）由上海开明书店刊行。

章克标等编译《开明文学辞典》由上海开明书店刊行。

张则之编译《（汉英对照翻译类纂）文学与诗歌》由北平文化学社刊行。

钱歌川、凌丽荼编译《世界名歌选》由上海中华书局刊行。

胡秋原编译《唯物史观艺术论——朴列汉诺夫及其艺术理论之研究》由上海神州国光社刊行。

傅东华编译《诗歌与批评》由上海新中国书局刊行。

孙百刚辑译《先生的坟》由上海开明书店刊行。

刘小蕙译《朝鲜民间故事》由上海女子书店刊行。

徐蔚南编译《印度童话集》由上海世界书局刊行。

陈梦家译《歌中之歌》由上海良友图书印刷公司刊行。

马彦祥译《学生与艺术》由上海光华书局刊行。

丰子恺译著《艺术教育》由上海大东书局刊行，有作者序。

柯政和译《哈农六十钢琴练习曲集》（第1、2卷）由北平中华乐社刊行。

徐傅霖译《生育节制论》由上海中华书局刊行。

谢颂羔译《十二件难事》（希腊神话）由上海开明书店刊行。

胡伯琴译《希腊的故事》由上海新中国书局刊行。

穆木天辑译《青年烧炭党》由上海湖风书局刊行。

沈志坚、敖弘德编译《匈牙利故事》由上海新中国书局刊行。

黄秋萍编译《高尔基研究》由上海现代书局刊行。

郭沫若译《黄金似的童年》由上海新文艺书店刊行。

适夷译《苏联童话集》由上海良友图书印刷公司刊行。

徐霞村辑译《近代意大利小说选》由北平立达书局刊行。

徐霞村辑译《近代西班牙小说选》由北平立达书局刊行。

许子由辑译《最后底一叶》（世界文学名著译丛）由上海湖风书局刊行。

吕碧城编译《（完本）欧美之光》由上海开明书店刊行。

鲍德澂编译《国联处理中日事件之经过》由江苏南京书店刊行。

中华民国国民政府外交部译《国际联合会调查团报告书》(白皮书第 24 号)(1932 年 9 月 4 日在北平签字)由江苏南京译者刊行。

大同山人编纂《朝鲜亡国惨史》由上海道路月刊社刊行。

唐幼峰编译《外国史纲要》由上海重庆书店刊行。

张忆梅译《少年发明家的故事》由上海北新书局刊行。

彭启忻编译《白里安》由上海良友图书印刷公司刊行。

黄秋萍编译《高尔基研究》由上海现代书局刊行。

熊式一译《佛兰克林自传》由上海商务印书馆刊行。

楼桐茂译《上海都市地理研究》由广东省立勷勤大学教育学院博地系刊行。

《祷文摘要》由河北献县张家庄印书馆刊行。

《方济后学圣母传教修女会记》由湖北武昌天主堂刊行。

《分辨教会教产教士》由上海土山湾印书馆刊行。

《礼仪篇》由北平公教教育联合会刊行。

《太上感应篇注解》由仁寿堂刊行。

《默想宝鉴》刊行。

《七伴圣事略说》由山东兖州天主堂印书馆刊行。

《新经像解》由北平刊行。

《要经略解》刊行。

《圣教歌选》刊行。

《圣教要理问答》由山东兖州府天主堂刊行。

《圣教要理选集》由上海土山湾印书馆刊行。

《圣若望宗徒的行实》由北平刊行。

《天津圣典大全》由上海明善书局刊行。

《童贞指南》由山东兖州天主堂印书馆刊行。

《吾乐之缘》由山东青岛天主堂印书局刊行。

《新经简要注讲》(全 4 册)由山东兖州天主堂印书馆刊行。

《义宗颂主圣诗简本(附乐谱与仪式)》刊行。

《致命圣人史略》(上下册)由山东兖州天主堂刊行。

五、学者生卒

廖平(1852—1932)。平原名登廷,字旭陔,旋改名平,字季平,四川井研人。1876 年以秀才身份参加科试,得张之洞矜赏,被选调尊经书院学习,享受公费待遇。1889 年中进士,钦点湖北某县知事,以母年老请改教职,任龙安府教谕。后历署射洪县训导,绥定府教授、尊经书院襄校和嘉定九峰书院、资州艺风书院、安岳凤山书院院长等职。1898 年与宋育仁、杨道南、吴之英等人在成都创办《蜀学报》,宣传变法维新思想。1911 年任《铁路月刊》主笔,鼓吹"破约保路"。四川军政府成立,受聘任枢密院院长,后长四川国学院及任成都高等师范、华西大学教授。在经学研究中,学术多变,自称一生凡六变,影响极大。著有《四益馆经学丛书》，后增益为《六译馆丛书》。廖次山编有《经学家井研廖季平年谱》；廖幼平著有《廖季平年谱》。

　　按：梁启超《论中国学术思想变迁之大势》说："自是群经今文说皆出，而湘潭王壬秋，壬秋弟子井研廖季平集其大成。廖氏受师说而附益之。""最后乃以今文为小统，古文为大统，其最后说则戊戌以后惧祸而支离之也。早岁实有所心得，俨然有开拓千古，推倒一时之概。""晚节至乃牵合附会，摭拾六经字面上碎文支义，以此比附泰西之译说，至不足道。虽然，固集数十年来今学之大成者，好学深思之誉，不能没也。"（上海古籍出版社2006年版）

　　按：冯友兰说："廖平之学，实为经学最后之壁垒。就时间言，就其学之内容言，皆可以结经学时代之局者也。"（冯友兰著《中国哲学史》下册，商务印书馆2011年版）

　　按：廖平去世后，侯堮在1932年8月1日《大公报》文学副刊上发表《廖季平先生评传》的纪念文章，对廖平评价说："先生（廖平）在中国经学史上既具相当地位，而在晚清思想史上，亦握有严重转捩之革命的力量！由先生而康南海，而梁新会，而崔解甫，迄至今日，如疑古玄同、马幼渔、顾颉刚诸先生，均能倡言古文学之作伪，更扩大为辨伪的新运动，……回忆四十年来之中国思想界，类似霹雳一声者，为康南海之《孔子改制考》《新学伪经考》等等，而廖先生则此霹雳前之特异的电子！"

　　按：赵沛说："廖平是清代末年著名的经学家，被称为中国儒学史上'最后一个儒家学派的最后一位思想家'。他所在的时代是儒家经学作为政治的意识形态正在走下神坛的时代，即经学终结的时代。廖平的经学正见证和完成了这一终结。当代著名的中国哲学史家冯友兰先生就曾多次指出，中国经学开始于董仲舒，终结于近代经学大师廖平。廖平的经学思想前后六变，愈变愈玄，为后人所病诟。相对于同时代的几位经学大师，如康有为、魏源、龚自珍等，廖平经学在学术上的影响以及学者对廖平经学的研究都要远为逊色。廖平的经学六变，实际上可以归纳为其经学思想的两大转变：一是由经学史研究到经学理论建构的转变，二是经学理论从现实向空幻的转变。从平分今古到尊今抑古，廖平对经学史上今古之争的千年聚讼的梳理，可谓独树一帜。其平分今古的见解，发前人所未发，在经学史研究上有极为重要的地位，被梁启超先生誉为'俨然有开拓千古、推倒一时之概'。至于他的经学理论，从大小、天人经学到孔经天人哲学的建构，则矜奇炫异、穿凿附会，终于愈变愈奇、不知所云，成为近代历史上的经学畸人。"（赵沛《廖平春秋学研究》第一章"廖平经学研究述评"，巴蜀书社2007年版）

　　谛闲（1858—1932）。谛闲名古虚，号卓三，俗姓朱，浙江黄岩人，天台宗重要传人。自幼习儒，后随舅父学医，因疑医病不能医命之理，遂生出家普度众生之志。未几，妻、子、母相继亡故。20岁时至临海白云山出家，几年后又到天台山国清寺受具戒，成为天台宗人。26岁时在平湖福臻寺从敏曦学《法华》，未及终卷，已悟一心三观之旨。28岁升座讲经，以后两度闭关，坚持禅观。出关则应各禅林之邀，讲《法华》《楞严》《弥陀》诸经，法席遍于南北，信众日广，声誉日增。1912年任天台名刹——宁波观宗寺主持。1919年在此创办观宗学舍，培养天台学僧。1915年应邀赴京讲经，名公巨卿多列席肃听，袁世凯特以宏阐南宗的匾额相赠。1917、1918又两次赴京讲经。年逾古稀之时，还远赴哈尔滨极乐寺主持传戒大会。著有《大佛顶首楞严经序指味疏》《圆觉经讲义》《金刚经新疏》《教观纲宗讲录》《华严经普贤行愿品辑要疏》《八识规矩颂讲义》《省庵劝发菩提心文讲义录要》《水忏申义疏》等，由弟子整理成《谛闲大师全集》行世。

　　李桐轩（1860—1932）。桐轩名良才，字桐轩，号莲舌居士，陕西蒲城人。早年肄业于三原宏道书院。1905年参加陕西同盟会。民国后被聘为陕西修史局总纂、省长署顾问、省政府顾问，全国语音统一会会员。1912年与孙仁玉等发起创立易俗社，被推选为第一任社长。1913年主持《易俗白话杂志》，注重对旧戏曲进行改良。著有《一字狱》《天足会》《牛肉案》《豚尾记》《银蜡台》《贺家坟》《孝子金》《董华妻》《亡国痛》《泗林湖》《兴善庵》《文山殉国》《双刀记》《双诟记》《元宝精》《中牟摘印》《鲁相拔葵》《人伦鉴》《鬼教育》《强项令》《闹督院》《万变图》《如皋狱》等。

程颂万(1865—1932)。颂万字子大,号鹿川,又号田文,晚号十发居士,湖南宁乡人。曾捐职湖北通判,后为张之洞抚属文案、湖北自强学堂提调等。著有《石巢诗集》《鹿川诗文集》等。

吕调元(1865—1932)。调元原名景丰,字权予,号燮甫,安徽太湖人。1903年中进士。历任直隶隆平、献县、吴桥、南宫知县。1909年署清苑知县,调署天津知县。1912年升任天津知府,调署保定知府,旋升豫南观察使。1913年任湖北民政长,后为巡按使。1914年任袁世凯总统府警卫军参谋。1918年成为"安福国会"的参议院议员。1919年任安徽省长。曾通令各县修志,以备省志甄录,并自任太湖志局总裁。1926年转投广东国民政府,任国民革命军援东北军总司令。

庄蕴宽(1866—1932)。蕴宽字思缄,号抱闳,晚年称无碍居士,江苏常州人。历任浔阳书院主讲,百色厅同知,梧州府知府、太平思顺兵备道兼广西龙州边防督办等职。并先后在平南设武城学堂,广州设武备学堂、创梧州中学堂,龙州设女学和图书社等,并邀钮永建、蔡锷赴桂林协办陆军干部学堂。辛亥革命后,曾出任江苏都督,后上京任审计院院长,其间又是故宫博物院早期领导人之一。北伐后,回故里任《江苏通志》总编纂直至病逝。

孟步云(1867—1932)。步云字履青,山西祁县人。1894年试中举。在祁县城内成立天足禹会,自任会长。1905年在隰州任学正时,创立全省第一所州立女子学堂,规定只收未缠足幼女。1907年调山西省农林学堂任算学教习,成立山西省妇女天足总会,并自筹经费,于省城创办山西省第一所女子速成师范及第一所私立光华女子小学,自任校长。1910年被山西省教育总署任命为太原官立女子师范学堂校长,从教30多年,桃李满天下。著有《天文图表详解》《北天一览时表》《北天时表浅释》《中天时表》《南天时表》《通用天表图说》《北极表浅说》《数学简便歌诀》等。

刘廷琛(1867—1932)。廷琛字幼云,号潜楼老人,江西德化人。光绪进士。1907年任京师大学堂总监督,学部副大臣等职。1911年辛亥革命后,辞去大学堂职务,多次参与策划复辟清王朝的活动。1917年7月张勋复辟后,任内阁议政大臣。复辟失败后,避居青岛。著有《刘廷琛奏议》。

袁吉六(1868—1932)。吉六又名袁仲谦,字吉六,湖南隆回县人。毛泽东的老师。1897年中丁酉科拔贡。1913年任湖南省第四师范国文教员。1914年随第四师范并入第一师范。反对校长张干准备开除毛泽东等17名一师学生,张干被迫收回成命。先后任教于北京高等师范学堂(现北京师大)、湖南第一师范、省立一中、明德中学、长郡中学。1917年与胡元炎一起参加湖南大学的筹建工作,并任该校教师,直到1930年退休。著有《文字源流》《文学史》《书法必览》《分类文法要略》《国文讲义》等。

程先甲(1871—1932)。先甲字鼎丞,一夔,室名千一斋,江苏江宁人。历任江苏教育总会、南京国学专修馆教席。著有《选雅》《广续方言·拾遗》等。

王朝俊(1875—1930)。朝俊字黉一,别号鸿一,山东濮县人。1902年考取秀才,旋被选送到济南山东高等学堂攻读。1904年与丁惟汾等公费赴日本留学,肄业于宏文学院师范科。留学期间,加入同盟会。1906年归国后,在曹州成立自新学堂。后又创办私立普通中学和桑园女校。1908年任山东提学司学务公所视学员。辛亥武昌首义后,在曹州成立革命团体——尚志社。后任山东提学使。辞职回菏泽担任省立第六中学校长。袁世凯称帝失败后,当选为山东省议会议长,同时兼任省立第一中学校长。后移居北京,创办《中华日报》。

马福祥(1876—1932)。福祥字云亭,回族,世居临夏县韩集阳洼山,为马千龄四子。1896年赴省参加武举考试,以乡试第二名考中武举人。1897年春义和团起,随董福祥进京,驻防蓟州。1899年6月统率马步七营,驻防山海关。1901年补为甘肃靖远协副将,奉命回靖远驻防。1903年调任甘肃庄浪协镇守使,1904年调任陕甘督标中协。1905年升任西宁镇总兵,又兼阿尔泰护军使。1909年任步兵第二标标统。清帝退位,联名通电承认共和,任甘肃临时议会议员。1912年为西宁镇总兵。1918年起在宁夏各县倡办回民小学59所。1919秋创办蒙回师范学校。1930年1月被任命为青岛市长。旋调任蒙藏委员会委员长。主修《朔方道志》32卷,捐资刊印《大化总归》《四典会要》等以及《环球名人德育宝鉴》《昭元秘诀》《黄石公素书》《军箴》等古籍,并题签作序。

夏月润(1878—1932)。月润原名昌泗,字云础,安徽安庆人。夏月珊之弟,谭鑫培女婿。自幼习京剧,工武生更擅红生戏。演关公戏宗王鸿寿。20岁后曾被上海《同立报》评为"菊榜第一"。1908年参与创办上海新舞台,编演时装新戏《黑籍冤魂》《潘烈士投海》等。辛亥光复上海之役,与其兄及潘月樵等率领伶界商团,协同革命军攻打制造局,救出陈其美,受到孙中山表彰。1912年上海伶界联合会成立,任会长。

李西(1879—1932)。西又名耿昌,字东园,自号石竹山人,又号少白、南北散人,辽宁金州人,原籍山东福山。自幼喜好书画,其"四笔画驴"被传为佳话。曾以国学生选翰林院待诏。

刘大白(1880—1932)。大白原名金庆,字伯贞,号清斋,浙江绍兴人。1913年东渡亡命日本,在日本东京加入同盟会。1915年公开发表反对卖国的二十一条条约的文章,受到日本警视厅的监视,又不得不离开东京,转赴南洋,先后到过新加坡、苏门答腊等地,在那些地方应当地华侨学校的聘请,教授国文。1916年回国,在《杭州报》任职。1920年先后在崇文、安定、春晖等中学任教。1919年应经亨颐之聘在浙一师与陈望道、夏丏尊、李次九一起改革国语教育,被称为"四大金刚"。1924年加入以柳亚子为首的新南社,同年加入文学研究会上海分会,同时出版第一部诗集《旧梦》。经邵力子的推荐,受聘于上海复旦大学任大学部文科教授。任教期间与徐蔚南、陈望道等教员负责编辑《黎明》周刊。1928年1月任国立浙江大学秘书长。1929年8月15日被教育部长蒋梦麟任为教育部常任次长。著有《中国文学史》《文字学概论》《故事的坛子》《白屋遗诗》《中诗外形律评说》《旧诗新话》《白屋说诗》《白屋文话》《五十世纪中国历年代编》等。

按:陈望道《大白先生的不死之处》说:"大白先生是一个极其忠于学术,同时也于学术很有贡献的人。他的晚年暂时离开研究工作去执掌他所不大擅长的教育行政,已经是中国学术界的一个大损失,他的死更不能不说是中国学术界的大损失。……总计大白先生一生最可使人纪念者约有下列几端:一,公而忘私:例如大白先生的旧文学实际比他的新文学好很多:他于诗词歌赋八股策论乃至楹联尺牍,几乎没有一样不精。但他从参加文学革命以后,就不肯把这些东西拿出来发表。有些浅薄的人,看他只写些白话诗文,竟说他'一知半解';他也宁愿受'一知半解'的讥评,不肯乘机显出些古色古香来给他们看看。这比之现在本来一知半解的,却要勉强摹古,而且美其名曰解放,其贤不肖之相去岂可以道里计耶?二,刚强勇猛:他既参加文学革命,即为革命努力作战,不再存丝毫的妥协心。如《白屋文话》,后面附有胡适的信,便是真正文学革命者和那冒充革命的改良者对照的一幅绝好的画图。三,勤奋精进：他对于一切事都不肯苟且,对于一点毛细的问题都要和别人争论了几日几夜;在争论的时候,宁可闹伤了感情,不肯稍稍地迁就。在我的眼中,他便是这样一个大白,这样不断地和人争论,不断地看书观察来开拓自己路径的人,所以他于学术能够有独到的地方。"(原载 1933 年 2 月 13 日上海《时事新报》"刘大白先生周年祭专号")

朱剑凡(1883—1932)。剑凡曾名周家纯,湖南宁乡人。王稼祥、萧劲光岳父。1902 年东渡日本,入学弘文学院师范。留学期间,结识黄兴、陈天华等,参加留日学生的革命活动。1904 年回国,在湖南宁乡速成师范担任教员。1905 年毁家兴学,以私家园林"蜕园"改办周南女子学堂。1910 年将女校改名为周南女子师范学堂,任校长。1912 年至 1913 年先后任湖南省立第一女子师范、长沙师范校长和长沙市小学校董会会长。1916 年周南改办普通中学,正式定名为湖南私立周南女子中学,仍任校长。1918 年与徐特立等组成"健学会",又支持学生办杂志《女界钟》。1919 年投入五四运动,参加驱逐军阀张敬尧的斗争,资助毛泽东创办文化书社。1920 年选为省议员,参加国民党"一大"。1923 年兼任长沙师范校长,后赴广东追随孙中山先生,致力于北伐准备工作。在广州任中央政治训练班教务主任、国民革命军第二顾问。1926 年返长沙,任国民党长沙市党部常务委员,并任长沙市市政筹备处处长兼长沙市公安局局长,市政府成立后任市长。"四一二"后,组织省城声讨蒋介石反革命罪行大会,担任大会主席。1928 年东渡日本,1929 年回国。1930 年随宋庆龄、鲁迅等发起组织自由运动大同盟。曾在周南创办《周南教育》(湖南省最早教育类刊物)《周南教导》《周南学生》等刊物,编写《教育学》《儿童心理学》等讲义。

林振翰(1884—1932)。振翰字永修,号蔚文,宁德城关人。13 岁入福州格致书院,18 岁应试补弟子员,以优异成绩毕业于鳌峰、智用书院。又以高才生被选送京师译学馆深造。1911 年译学馆毕业后回福州,任《群报》主笔,鼓吹并支持民主革命。1912 年任福建省临时议会议员。1914 年赴四川盐务稽核所任一等课员,从此毕生研究中国盐政。1915 年川盐分南北两稽核所,升为南所会计。1918 年升首席主任兼代经理。1922 年调任宁波支所助理。1926 年调运圩支所,代理扬州、松江两分所经理。1929 年实授松江经理。不久调川南,后复调总所任秘书。著有《浙盐纪要》《淮盐纪要》《中国盐政辞典》《中国盐政史》《全国精盐调查录》等。

查光佛(1885—1932)。光佛名能,字竞生,湖北蕲州人。1908 年参与组织群治学社,并以蕲春学社为联络点。1910 年长沙抢米风潮兴,与黄申芗拟谋起事,未果。1911 年在文学社和共进会联合大会上被推为起义政治筹备员。武昌起义后,任湖北军政府秘书。任职战时总司令部,主拟文电。1912 年南京临时政府成立,被聘为稽勋委员及同盟会鄂支部交际处长。后出任湖北军政府教育部副部长。1914 年加入中华革命党,任湖北总司令部秘书长及驻汉特派员。后任护法军政府总裁机要秘书、广州大本营秘书。1926 年后历任江汉宣抚使参议、《中央日报》总编辑、国民党汉口市党部宣传部长等。1931 年任中央党史编纂委员会编纂兼秘书。著有《武汉阳秋》。

邝振翎(1885—1932)。振翎字摩汉,号石谿,别署石谿词客,江西寻乌人。早年加入同盟会,参加南昌光复、武昌起义、滦州起义,为辛亥革命功臣。1915 年秋与顾息疚、何海鸣、简梦萍、贾分强、蔡少黄、毛西河、徐痴魂、尹梨公等 20 余人,在上海成立护法讨袁的文艺组织,取名"心社"。1917 年 1 月在北京与何海鸣一道创办《寸心》月刊,任编辑。1918 年赴日本东京帝国大学研究社会经济。1921 年初由日本返国,先后在国立北京政法大学等公私大学担任教授,并在报馆任主笔,积极参与新文化运动。并与胡鄂公、熊得山、汪剑农、彭泽湘等人组建中国共产主义同志会,成为国内早期马列政党的创建者,也是中共的早期党员。1922年2月15日在北京与胡鄂公、熊得山联合创办《今日》杂志。1924年1月列宁逝世后,组织和参加在北京的追悼大会,并与李春涛、杜国庠合编《列宁逝世纪念册》,撰写《列宁与世界》与《苏俄革命的特质》二文。同年又与李春涛、谭平山等人创办《社会问题》杂志。1925年前后创办北京文化大学,担任校长。1927年初出任中央军事政治学校武汉分校教官,同时兼任国立武昌中山大学经济系主任,被荐为校务委员会主席。著有《唯物的中国史观》《用唯物史观解释中国各种思想之变迁》《社会主义总论》《经济概论》《中国经济概况》《经济学原理》《石溪词》等。

沈步洲(1886—1932)。步洲,江苏武进人。早年毕业于东吴大学,后赴英国伯明翰大学留学,获硕士学位。曾在英国迦诺克火药厂任职,系英伦三岛化学会会员。回国后历任中华书局英文编辑主任,后任明德大学、北京大学、北京高等师范学校讲师,中国大学教授,教育部专门教育司司长、教育部参事兼代次长,农商部技正,欧洲留学生监督,教育部编译馆馆长,图书审定委员会委员长和国立北平大学、女子师范学院讲师等职。著有《高等英文法》《言语学概论》等。

刘天华(1895—1932)。天华原名寿椿,江苏江阴人。清末秀才刘宝珊之子,与诗人刘半农、音乐家刘北茂是兄弟。自幼受到家乡丰富的民间音乐熏陶。辛亥革命爆发后,回到江阴参加"江阴反满青年团",执掌军号。1912年随兄刘半农去上海,工作于开明剧社,业余加入万国音乐队,并学习钢琴和小提琴,开始接触西洋作曲理论。1915年至1922年在江阴、常州等地中小学任音乐教师,并学习民间音乐。1922年被聘为北京大学附设音乐传习所国乐导师。其后在北京女子高等师范学校音乐体育科、北京艺术专门学校音乐系教授琵琶、二胡。1927年发起成立国乐改进社,编辑出版《音乐杂志》。在京期间,曾师从俄籍教授托诺夫学习演奏小提琴。1931年在林文浦的帮助下,在高亨公司灌制二胡曲《病中吟》及《空山鸟语》、琵琶曲《歌舞引》及《飞花点翠》的唱片。1932年6月8日因猩红热病逝于北京。作有十首二胡曲:《病中吟》《月夜》《苦闷之讴》《悲歌》《空山鸟语》《闲居吟》《良宵》《光明行》《独弦操》《烛影摇红》。今有《刘天华创作曲集》。

柳直荀(1898—1932)。直荀,湖南长沙人。1912年考入长沙广益中学,后考入雅礼大学预科。其间结识进步人士杨昌济,以及毛泽东、何叔衡、张昆弟等人,在毛泽东等人影响下开始学习和研究马克思主义。1920年10月加入中国社会主义青年团。1924年2月经何叔衡等人介绍加入中国共产党。1926年任湖南省农民协会秘书长,参加过南昌起义。1928年9月任中共顺直省委秘书长,参加周恩来主持的中共顺直省委扩大会议。1929年冬调任中共湖北省委书记,又任中共中央长江局秘书长和中央军委特派员。1930年4月受命到洪湖革命根据地工作,任红二军团政治部主任、军团前敌委员会委员兼红六军政委。1931年3月任红三军政治部主任和前委委员。早年参加新民学会。1932年月在湖北监利因肃反扩大化被错杀。1945年4月被中共中央平反昭雪,追认为革命烈士。

按:李淑一在1957年2月把她写的纪念柳直荀的一首《菩萨蛮》词寄给毛泽东主席。1957年5月11日,毛泽东复信柳直荀夫人李淑一,并附《蝶恋花·答李淑一》词一首,其中有"我失骄杨君失柳,杨柳轻飏直上重霄九",表达了毛泽东对柳直荀的怀念之情。

韦素园(1902—1932)。素园又作韦漱园,安徽霍邱人。未名社主要成员。在家乡读完小学后就读于阜阳师范学校。1920年进安徽法政专门学校。在驱逐皖系军阀马联甲的斗争中,被推举到省学生联合会担任领导工作。1921年初被上海社会主义青年团选派为代表之一去莫斯科参加列宁主持召开的共产国际第三次代表大会,会后进莫斯科东方劳动大学学习。1922年回国,考入北京俄文法政专门学校。1925年结识鲁迅,并由鲁迅推荐月由鲁迅推荐到当时在北京创办的《民报》任副刊编辑。与鲁迅、台静农、李霁野、曹靖华、韦丛芜等创办未名社,并主持社务。1926年鲁迅离京去厦门后,接编《莽原》半月刊。著有散文小品集《西山朝影》,新旧诗歌集《山中之歌》等。

白崇易(—1984)、师日新(—1990)、孔伯容(—2002)、梁从诫(—2010)、陈汝斌(—2012)、李文海(—2013)、章伯锋(—2013)生。

六、学术评述

本年度是第二次国内革命战争时期(1927年8月至1937年7月)的第六年。其间最重大的事件是"一·二八"事变。1月28日,日本侵略军在上海发动进攻,飞机连续轰炸闸北、江湾等地,被炸学校238所。国民党第十九路军广大官兵在全国人民要求抗日的影响下,出于民族义愤,违抗国民党政府的命令,奋起抗战,淞沪抗战爆发,史称"一·二八"事变。这是日本帝国主义继1931年"九一八"事变之后对中国的再次公开侵略。面对这一关乎国家存亡的重大事变,国共之间以及国共内部的矛盾冲突进一步激化,各种政治力量重组进一步加速,而学者群体的分化与转向也因此进一步明朗。在"一·二八"事变之前,日军先于1月2日攻占锦州,中国东北三省全部沦陷。8日,美国国务卿史汀生宣布对日本在中国东北的行为采取不承认主义。2月3日,英、法、美、德、意等国要求划上海为中立区。中国外交部同意,日本拒绝。3月9日,伪"满洲国"在长春举行成立大典,溥仪为执政,郑孝胥任总理,年号"大同",宣布与中华民国脱离关系。9月15日,《日满议定书》在长春签订。日本政府声明承认"满洲国",日军得以驻扎满洲。10月2日,以英、美、法、意、德五国代表组成,由(英)李顿(V. A. G. R. Lytton)任团长的调查团来华调查"九一八"事变结束,发布《李顿调查团报告书》,竟公然建议承认日本在东北的特殊利益,并建议在东北设立一个"自治政府",实行"国际共管",由此激起全国人民的反对,遭到中国共产党及爱国人士的谴责。值此"一·二八"事变发生之际,国民党内部也在多方冲突中进行全面调整。一是国民党内部的妥协;二是制定"攘外必先安内"基本国策;三是签订卖国协定,即《淞沪停战协定》;四是发动对中央苏区的第四次军事"围剿";五是继续推进文化"围剿";六是建立特务组织,包括三民主义力行社、中华民族复兴社,标志着蒋介石依靠特务组织与力量铲除异己、暗杀左派时代的正式开始。上述归根到底,都是由"攘外必先安内"的基本国策所决定的。

从"九一八"事变到"一·二八"事变以及国民党与蒋介石以"攘外必先安内"作为对待和处理危局的基本国策,不仅助长了日本侵略全中国的野心,同时也加速了不同政治力量的左右分化与重组,以及教育文化政策的调整,后者主要有:1月30日,教育部明定《施行学分制划一办法》5点,通令各省市遵行。2月1日,教育部、实业部会令公布《劳工教育实施办法大纲》24条。2日,教育部公布李蒸主持拟订的《民众教育馆暂行规程》19条,规定省市及县市立民众教育馆应举办健康、文字、公民、生计、家事、社交休闲各种教育事业。4月21日,行政院第22次会议决定,裁撤教育部编审处,成立编译馆,编审处原有人员移归编译馆。5月7日,教育部公布《国音常用字汇》,正式以北平音系为标准国音。5月10日,教育部公布《国立编译馆组织规程》13 条,规定编译馆宗旨为"发展文化促进学术暨审查中等以下学校用图书"。6 月 4 日,教育部制定《各大学学院及专科学校招收留日学生投考及转学待遇办法》,通令施行。6 月 14 日,国立编译馆在南京正式成立,负责厘定学术名词、编辑各科丛书和图书、翻译西洋名著、审查教科书、编辑部定大学丛书、介绍中国文化、整理中国古籍、编译辞典、编译亚洲史志专著等。6 月 17 日,国民党第 4 届中央执行委员会第 24 次常务会议通过《特种小学用国语读本编辑要点》。6 月 18 日,根据《古物保存法》关于组织中央古物保管委员会的规定,国民政府公布《中央古物保管委员会组织条例》。7 月 15—17 日,全国高等教育问题讨论会在上海举行,议决成立中国各大学联合会。16 日,教育部修正公布《民众学校办法大纲》。22 日,国民政府行政院长汪精卫、教育部长朱家骅联合签署颁发《整顿教育令》。8 月 16—21 日,教育部在南京召开全国体育会议,提出《国民体育实施方案》。8 月 22 日,国民党中央民主运动指导委员会函北平当局查禁北平之《认识》《火星》《文艺新闻》《大众文艺》《大众周刊》《反帝特刊》《红旗》《红军》《北方青年》《河泉》《流星》《北平学生新闻》《评论周报》等革命进步刊物。9 月 6 日,教育部颁布《教育部体育委员会规程》。10 月,教育部体育委员会成立,聘褚民谊、张之江、张伯苓、袁敦礼、郝更生等 18 人为委员。是月,教育部公布《国民体育实施方案》,令全国切实推行。10 月 16 日,《大公报》发表教育部所拟《改革我国教育之倾向及其办法》。11 月 4 日,教育部颁发《中等学校教职员服务及待遇办法大纲》14 条。11 月 8 日,行政院宣布"民族平等,信教自由",对伊斯兰教和穆斯林表示认可与维护。19 日,国民政府仍令朱家骅兼理教育部部务。同月,国民党中央宣传部公布《宣传品审查标准》增订版,凡是宣传共产主义,批评国民政府,要求民主与抗日的言论,一律严加禁止。12 月 17 日,国民政府公布《师范学校法》17 条、《职业学校法》96 条。12 月 24 日,国民政府公布《小学法》14 条、《小学法》18 条。同月,国民党中央组织委员会向四届三中全会提出《改革高等教育案》。三中全会上,经过争论,《改革高等教育案》未予通过;国联教育考察团报告书《中国教育之改进》由国立编译馆翻译出版。戴传贤、朱家骅分别为该书作序。以上各种要素与变数都对本年度学术产生不同程度的影响。

就整体学术版图而言,依然呈现为五大板块结构。先就南京轴心观之,学界领袖蔡元培除了常规性工作之外还发起和参与了一些新的学术组织及活动,比如出席并主持国民党四届三中全会教育组并审议与出台教育决策;发起《筹建上海图书馆公启》以及《筹备上海图书馆旨趣书》;被行政院聘为中央大学整理委员会委员长;发起成立技术合作委员会;发起成立中国教育电影协会;等等。但蔡元培的最大变化是积极参与抗日救国与民主同盟活动,其政治立场明显向"左"转向,包括 2 月 1 日与刘光华、邹鲁、蒋梦麟、王世杰、梅贻琦等国立大学校长联名致电国际联盟,要求"迅速采取有效方法,制止日军此类破坏文化事业及人类进步之残暴行为",并以中央研究院院长个人名义发致美国著名的教育家、哲学家、科学家巴特勒、杜威及当时在美讲学的爱因斯坦等人电,希望全世界的知识界领袖人士仗义而起,公开谴责日本军方毁灭中国文化教育机构的野蛮行为,并提出措施制止日本方面进一步采取这种行动;5 月 28 日下午 3 时与王世杰、李四光同往中华大学,讲演《科学救国》;7 月 10 日与汪精卫邀请学术界蒋梦麟等 32 人来京研讨国难期中各项重大问题;10 月 23 日与杨杏佛、柳亚子、林语堂等 8 人快邮代电南京中央党部国民政府,营救陈独秀;12 月 17 日与宋庆龄、蔡元培、杨杏佛、黎照寰、林语堂等在上海组织中华民权保障同盟,发表宣言,其矛头直接指向国民党特务机构与蒋介石。而后至次年便有蒋介石授意暗杀中华民权保障同盟总干事长杨杏佛,以此作为对蔡元培的回击与警告。在南京轴心中,教育部长与中央大学校长的难产尤为引人注目。后者直接关乎中央大学这一学术重镇的稳定与发展。几经波折,终至9月5日由罗家伦出任中央大学校长。10月11日,罗家伦校长在学校正式上课之日发表演讲,阐述办学理想及治校方针,提出国立大学之所以重要,就在于它是"民族文化之寄托"。因此,"创造有机体的民族文化为本大学的使命",为实现这一目标,必须养成新的学风。罗家伦将中央大学的新学风概括为"诚、朴、雄、伟"四字,以"安定、充实、发展三时期以进"的治校方针,推动学校的建设和发展。10月24日,罗家伦校长上述演讲以《中央大学之使命》刊于《中央周报》第229期,此为罗家伦对中央大学的最新定位,也是其履行中央大学校长职责的自我期许。南京中央大学内部,新产生的两刊一会成为重要的学术思想阵地:一是杨公达主编、张其昀为发行人的《时代公论》周刊4月1日在南京中央大学创刊。《时代公论》重在探讨中国政治出路问题,认为在中国政治未上轨道之时,造就一个可以"决断"和有能力的政治力量,是中国政治的关键,于是主张国民党的"党治"独裁。《时代公论》对抗战与统一的呼吁,体现了1930年代初期国民党体制内知识分子在"九一八"事变、"一·二八"事变后的救亡理念。二是张其昀、缪凤林等筹办的《国风》半月刊9月1日在南京中央大学正式创刊,由钟山书局出版,柳诒徵任《国风》社社长,张其昀、缪凤林、倪尚达为编辑委员,柳诒徵撰写《发刊词》,强调"一·二八"事变后的亡国危局与爱国情怀。该刊宗旨为:一、发扬中国固有之文化;二、昌明世界最新之学术。此宗旨与《学衡》宗旨"昌明国粹,融化新知"相近。三是杭立武、高一涵等发起的中国政治学会9月1日在南京中央大学礼堂正式成立,几乎网罗了中国政治学界的精英。10月,再由各发起人用通信的方式选定11人,组成中国政治学会干事会。最后成为首届干事会成员的有杭立武、高一涵、王世杰、周鲠生、梅思平、钱端升、钱昌照、张奚若、吴颂皋、张慰慈、刘师舜等11人。由周鲠生、浦薛凤、钱端升、王世杰及杭立武担任常务理事,并由杭立武兼任总干事,负责会务的推动。

北平轴心中,学坛领袖胡适继续以"自由派"的身份角色发声,但已呈向"右"转的倾向,正与蔡元培的向"左"转形成鲜明对比。总体而论,胡适依然坚持自由主义立场,并与丁文江、傅斯年、蒋廷黻、翁文灏、任鸿隽、陈衡哲等着手筹备更好发表自由主义观点的重要刊物《独立评论》。5月22日,《独立评论》在北京正式创刊,胡适在发刊的《引言》中说:"我们叫这个刊物做《独立评论》,因为我们都希望永远保持一点独立的精神,不倚傍任何党派,不迷信任何成见,用负责任的言论来发表我们各人思考的结果,这是独立的精神。"该刊撰稿者多为留学欧美的学者,继续倡导"全盘西化"主张,发表自由主义观点,其中广泛涉及内政、外交与学术。胡适等精心筹办的《独立评论》在北京的创刊,既契合了以其为首的一批"自由派"学者及时发表政见与学术观点的需要,同时也在国难日深、政见益乱的特定背景下借此形成新的政治—学术团体,不妨称之为"独立评论派",其核心成员即发起者丁文江、傅斯年、翁文灏、蒋廷黻、任鸿隽、陈衡哲等。从这份杂志当时在中产阶级与知识分子群体当中颇有影响来看,现代知识分子群体在中国已经具有了一定的力量。由于《独立评论》较为鲜明地带有极强中国特色的自由主义立场,它也因此成为当代民国史研究中的重点。然而在"独立评论派"内部,无论是政见还是学术都存在着明显的差异。大致而言,对内形成新式独裁论或开明专制派两派;对外形成主和与主战的两派。然后至10月9日,胡适在《独立评论》第21号上发表《一个代表世界公论的报告》,宣称李顿领导的国联调查团对于东北问题的调查报告是"公平的判断",表示感谢这个调查团"为国际谋和平的热心"。这个国联调查团所提出的报告,实际是一种近似"国际共管"东三省的方案,这是中国人民决然不能接受的。但国民党政府却训令驻国联中国代表,原则上接受《报告书》所提方案。当时各界舆论对《报告书》多持严厉批评的态度,对胡适的文章亦颇多不满。在学术上,胡适于6月2日被聘为德国普鲁士国家学院哲学史学部通讯会员,实为东亚第一人,当然也是普鲁士国家学院第一次聘请中国会员。所以此项消息在报上发表后,一时甚为轰动,为其带来了巨大的荣誉。当时各界函电相贺者甚多,教育部长朱家骅代表中国学术界致电申谢,胡适本人也致函普鲁士国家学院表达谢意。关于北平轴心的学术格局,大致延续以往的研究机构与高等学校的二分天下之势。高等学校方面,也是继续维持北大、清华"双子星座"及其与燕京大学"三足鼎立"之总体格局。北大校长蒋梦麟主持起草的《国立北京大学组织大纲》6月正式公布,将蔡元培校长主张的"教授治校"发展为"教授治学、学生求学、职员治事、校长治校",建立了新的校内治理体制,尽力维系学术自由的局面。随后蒋梦麟校长又主持制定并公布《国立北京大学研究院规程》《国立北京大学学则》,改组北京大学研究院,改研究所国学门为研究院文史部,另为研究院设立自然科学、社会科学两部,此时的北大研究院开始走向正规化。研究院的教授确实都是当时中国第一流的学者,也是北大百年历史上少有的强大阵容,为北大的中兴作出了重大贡献。关于北大,还要说到当时已经名满天下的顾颉刚却能慧眼识"英雄",极力向胡适推荐与自己观点颇不一致的钱穆至学者如云的北大任教授。钱穆在北大历史学系第一年,开设"中国上古史"与"秦汉史",以及自定选修"近三百年学术史",后成为《中国近三百年学术史》这一学术经典名著。而中国诗坛的不幸事件,则是11月19日徐志摩乘飞机自南京飞北平,在济南白马山附近因飞机触山,机毁人亡。徐志摩遇难后,胡适及徐志摩生前的好友们都异常伤悼,他们频频通信商量纪念亡友的办法。12月3日,胡适撰写《追悼志摩》一文,谓"志摩走了,我们这个世界里被带走不少的云彩。他在我们这些朋友之中,真是一片最可爱的云彩,永远是温暖的颜色,永远是美的花样,永远是可爱"。在清华大学,梅贻琦校长也在大刀阔斧地推进学校改革与建设。6月初,聘冯友兰为文学院院长,叶企孙为理学院院长,陈岱孙为法学院院长。9月,梅贻琦在清华大学开学典礼上发表讲话,再次阐述"所谓大学者,非谓有大楼之谓也,有大师之谓也"的思想。是年,梅贻琦呈准教育部,添设机械工程学系、电机工程学系,合原设之土木工程学系,成立工学院,现在以工学院之设备而言,则有土木工程馆、机械工程馆、电机工程馆、水利实验馆、航空工程馆,以及一切教学应用之仪器、机械,大体均甚完备。其间,先后应聘来校的国内外名师(包括一些当时即已崭露头角的新秀)有闻一多、雷海宗、萧公权、许维遹、庄前鼎、刘仙州、章名涛、赵凤喈、顾毓琇等。至此,清华的大学构架与师资优势已基本形成。北大、清华之外,燕京大学也是人才济济,汇聚了顾颉刚、洪业、张君劢、张东荪、张尔田、吴文祺、谭其骧、顾随等著名学者。4月16日,张君劢、张东荪等研究系成员在北平北海公园内的松坡图书馆(观雪堂)秘密召开"国家社会党"筹建会议,建立"再生社"。5月20日,《再生》杂志在北平创刊发行,明确以"中华民族复兴"作为办刊宗旨。张君劢等在创刊号发表《我们所要说的话》,重点阐述政治、经济、教育等方面的基本主张。10月16日,顾颉刚等在中山公园水榭召开北平史学会成立大会,同时决定出版会刊,拟聘陈寅恪、陈受颐、陈垣、顾颉刚、邓之诚、陶希圣、陆懋德、洪业、胡适等18人担任编辑委员会委员,由执委会派邓嗣禹、吴晗为代表,出席编委会,计划1933年元旦出版会刊创刊号。此外,北平大学的沈尹默、李达、侯外庐、范文澜,北平师范大学的徐旭生、黎锦熙、吴承仕、高步瀛、刘汝霖、罗根泽、张岱年,辅仁大学的陈垣、余嘉锡,都是北平轴心的中坚力量。在研究机构中,中央研究院历史语言研究所依然是主力军。针对日本军国主义分子为了长期占领中国东北的"满洲国",傅斯年日以继夜,奋笔疾书,赶在10月出版《东北史纲》第一卷,以不容置疑的历史事实证明了东北自古就是中国的领土。故《东北史纲》实乃傅斯年"书生报国"的一次尝试和具体实践,具有某种示范作用与效应。总体而论,历史语言研究所的主要成果还是在考古。李济4月1日主持中央研究院历史语言研究所对安阳殷墟进行第6、7次发掘,成果卓著。12月26日上午10时,中央研究院假上海亚尔培路中国科学社明复图书馆礼堂举行公开讲演会,到该院在沪研究人员及听众300余人,蔡元培院长主席,由该院历史语言研究所考古组主任李济讲演《河南考古最近之发现》,并将浚县出土的西周古物多件,陈列展览。研究机构中,有陶孟和任所长的北平社会调查所,丁文江、翁文灏创办的地质调查所,胡先骕主持的静生生物调查所,梁思成任职的中国营造学社,易培基任院长的北京故宫博物院,袁同礼主持的北平图书馆。陶孟和、汤象龙主编的《中国近代经济史研究集刊》半年刊11月创刊,北平社会调查所负责出版,此为中国第一份以经济史命名的学术期刊,尤其对中国社会经济史研究作出了开拓性贡献。

上海轴心在国难危局中同样经历了一次大洗牌、大分合,但远比南京、北平轴心剧烈与复杂,何况"一·二八"事变即发生在上海,由此产生的冲击力也甚于"九一八"事变。一是章炳麟、熊希龄、马相伯、张一麐、李根源、沈钧儒、章士钊、黄炎培等人1月13日联名通电,痛斥当局不抗日,要求"召集国民会议,产生救国政府"。6天之后再次通电,要求抗日救国。2月23日,章炳麟北上,在北京会见张学良,劝其抗日。又会见吴佩孚及很多将领,恳切动员抗日爱国,产生了积极影响。马相伯时年93岁,在"一·二八"事变爆发后,还发起中国民治促成会、江苏省国难会、不忍人会等组织,主张"民治救国",动员上海民主力量参与抗日运动,被尊称为"爱国老人"。二是商务印书馆总馆被炸与东方图书馆被焚。1月29日上午10时许,日军接连向宝山路商务印书馆总馆投弹6枚,炸毁商务印书馆总管理处、总厂4个印刷所、各栈房及尚公小学。2月1日,日本浪人纵火烧毁东方图书馆及商务印书馆编译所,张元济精心收辑庋藏的大批珍本古籍与其他中外图书计50万册大部分化为灰烬。面对满天纸灰,张元济悲愤异常,对许夫人叹曰:"工厂机器、设备都可重修,唯独我数十年辛勤搜集所得的几十万册书籍,今日毁于敌人炮火,是无从复得,从此在地球上消失了。""这也可算是我的罪过。如果我不将这五十多万册搜购起来、集中保存在图书馆中,让它仍散存在全国各地,岂不可避免这场浩劫!"一石激起千重浪,2月2日,《申报》载蔡元培电国联文化合作委员会,谨代表中央研究院、中央大学、中山大学、清华大学等,请其转请国际联合会行政院,迅速采取有效方法,制止日军此类破坏文化事业及人类进步之残暴行为。2月5日,商务印书馆编译所同人为东方图书馆被暴日炸毁发表《宣言》。16日,《申报》载商务印书馆备文分呈国民党中央党部、国民政府行政院、实业部、外交部、教育部、上海市党部、市政府及市社会局,并函致上海市商会及书业同业公会,请求迅向日本提出严重抗议,并声明保留赔偿损失要求。6月25日,由蔡元培、史量才、沈钧儒、唐文治、马相伯、马寅初、黄炎培、穆藕初、舒新城、何德奎、杨杏佛、王晓籁、徐新六、孙科、黄郛等文教、工商及政界著名人士123人联名刊发发起上海图书馆公启,以及《筹备上海图书馆旨趣书》。三是发表《上海文化界告世界书》。2月3日,鲁迅、茅盾、叶圣陶、郁达夫、胡愈之、陈望道、何丹仁(冯雪峰)、丁玲、田汉、袁殊、沈端先(夏衍)、顾凤城、郑伯奇、穆木天、沈起予等43位左翼作家和进步文化人发表《上海文化界告世界书》，抗议日本侵略之暴行，并庄严宣告："我们坚决反对帝国主义瓜分中国的战争，反对强加于中国民众的任何压迫，反对中国政府的对日妥协，以及压迫革命的民众。"呼吁全世界无产阶级、革命文化团体和作家们"运用全力，援助中国被压迫民众，反对帝国主义瓜分中国的战争，反对日本帝国主义惨无人道的屠杀，转变帝国主义战争为世界革命的战争"。四是发表《中国著作者为抗议日军进攻上海屠杀民众宣言》。3月7日，鲁迅、茅盾、郁达夫、何丹仁（冯雪峰）、丁玲、田汉、谢冰莹、穆木天、郑伯奇、张天翼、孟超、顾凤城、戴平万等129位作家签名发表《中国著作者为抗议日军进攻上海屠杀民众宣言》，声讨日寇侵略中国、进攻上海的罪行，热情颂扬了十九路军英勇抗日的爱国行动。五是成立上海"中国著作界抗日协会"。2月8日，经过多方筹备，上海"中国著作界抗日协会"举行成立大会，会员达200余人。大会推举戈公振、王礼锡、胡秋原、严灵峰、何畏、丁玲、梅龚彬、郑伯奇、施复亮、陈望道等17人组成执行委员，戈公振被推选为主席，陈望道为秘书长。9日下午2时，戈公振、王礼锡、胡秋原、严灵峰、何畏、丁玲、梅龚彬、郑伯奇、施复亮、陈望道、王亚南、陈代青、汪馥泉、沈起予、樊仲云、乐嗣炳等十余人出席执行委员会首次会议，戈公振主持会议。抗日会下设组织、宣传、总务三个部，由此结成了以"左联"为主体、以抗日救亡为纽带的更为广泛的上海文化界抗日统一战线。27日，在"中国著作界抗日协会"国际宣传委员会会议上，通过了《致全世界著作者及文化团体书》《致全世界被压迫民众书》，连同上述《中国著作者为抗议日军进攻上海屠杀民众宣言》三大宣言，表达了上海著作者抗日会坚定的爱国主义立场和政治主张，号召全国人民团结起来与日本帝国主义作战争。宣言还被翻译成英、法、德、日、俄等国文字，向海外揭露日本侵略中国的罪行，寻求全世界爱好和平的人们对中国抗战的支持。7月1日，生活书店在上海开业，系由生活周刊社书报代办部扩大改组而成。戈公振、邹韬奋等以《生活》周刊为阵地，发表了大量宣传主张团结抗日的文章，在社会上引起强烈反响。《生活》周刊也因此成为全国著名的抗日救国刊物。六是发表《中国人民对日作战的基本纲领》。4月20日，宋庆龄、何香凝、章乃器等各界人士1779人签名、以"中华民族武装自卫委员会筹备会"发表《中国人民对日作战的基本纲领》。七是废止内战大同盟成立。5月25日，全国商会联合会、上海市商会、银行公会和钱业公会联合通电全国，倡议发起废止内战运动。吴鼎昌、徐寄顾、林康侯、张公权、刘湛恩等上海商业界人士开始筹备"废止内战大同盟"。8月27日，废止内战大同盟在上海举行成立大会，团体与个人代表400多人出席，吴鼎昌、王晓籁等57人为常委，旨在消弭内战，共御外侮。八是成立"中国民权保障同盟"。12月17日，宋庆龄、蔡元培、杨杏佛、黎照寰、林语堂等在上海组织中华民权保障同盟，发表宣言，宋庆龄任会长，蔡元培任副会长，杨杏佛任总干事长。上海轴心的学术研究，既有延续以往的有关中国社会史、"文艺大众化"的论争以及对"自由人""第三种人"的批判，也有新的论著问世。而在出版方面，商务印书馆一边处理善后事宜，一边继续刊印大型丛书，丝毫没有懈怠。一是"国学基本丛书"。内容包括21个门类，分为两集，初集100种，二集300种，共400种，总字数约5000万。二是"大学丛书"。至抗战军兴，"大学丛书"已按计划出版了三分之二，共200余种。此外还有一些其他领域的史学类著作也入选，如胡适《中国哲学史大纲》（上）、冯友兰《中国哲学史》、钱穆《中国近三百年学术史》、郭绍虞《中国文学批评史》（上）、潘天寿《中国绘画史》等。三是"汉译世界名著"。商务印书馆是年重点推出"汉译世界名著"丛书，系由1920年蔡元培、胡适、蒋梦麟、陶孟和等主编的"世界丛书"发展而来，从1932年至1950年陆续编辑出版"汉译世界名著"250种(分为两集,初集100种,二集150种),涉及文学、史学、哲学、心理学、社会学、政治学、经济学、法律学、教育学、自然科学、地理等学科,后来成为商务印书馆最有影响的大型学术丛书之一。在此,还要特别提及的是《东方杂志》关于"梦想未来中国和个人生活"的大型征文活动。10月16日,胡愈之任停刊8个多月后复刊的《东方杂志》主编,同日刊出第29卷第4号,在这期《东方杂志》的封面上,赫然印着"复刊号",复刊号的出版意味着灾后《东方杂志》的新生,同时也体现了商务印书馆人在遭受日军野蛮轰炸后在定期刊物上恢复出版的努力和策略。新任主编胡愈之为此撰写了《本刊的新生》一文,刊于《东方杂志》复刊号上,其内容表明了新生《东方杂志》的办刊宗旨:"从兵灾后的灰烬瓦砾中竭力挣扎,重新振作,创造本刊的新生,创造民族的新生,这是本志复刊的一点小小的——也许是过分夸大的——愿望。"虽然不能单靠文字救国,但"现代的民族斗争和社会斗争,都用着非常复杂的方式,没有文字和理论来作指导,断没有决胜的把握",所以应"以文字作分析现实指导现实的工具,以文字作民族斗争社会斗争的利器,我们将以此求本刊的新生,更以此求中国智识者的新生。我们不敢相信一定可以达到我们的标的,但是能做到几分,我们就做几分"。这一办刊宗旨的确定,使《东方杂志》带上了"救国求新生"的色彩,契合了当时国民的时代诉求,更容易得到读者的认可和共鸣。11月1日,胡愈之以"梦想未来中国和个人生活"为主题,向全国各界知名人士发出约400多份征稿函。胡愈之在信中说:"在这昏黑的年头,莫说东北三千万人民,在帝国主义的枪刺下活受罪,便是我们的整个国家、整个民族也都沦陷在苦海之中。我们诅咒今日,我们却还有明日。假如白天的现实生活是紧张而闷气的,在这漫长的冬夜里,我们至少还可以做一二个甜蜜的舒适的梦。梦是我们所有的神圣权利啊!"这一活动至次年圆满收官。

各省市板块中,以中山大学所在广东居于前列。邹鲁1月19日在胡汉民力荐下由国民政府任命为中山大学校长。为实现"研究高深学问,培植专门人才,发展社会文化"的办学宗旨,邹鲁发挥其纵横捭阖的管理才能,为中大的前进注入强劲的动力,相继引进陈焕镛、梁伯强、丁颖、朱洗、斯行健、乐森、孙云铸、杨遵仪、商承祚、朱谦之、高剑父、罗香林、朱希祖、吴康、古直等,皆是一时之俊彦。朱谦之8月发表《南方文化运动》一文,认为南方文化是科学、产业的文化,是振兴民族文化的希望。此文给广东文化界以很大的影响,陈啸江、叶汇、王兴瑞、谢富礼、黄有琚、何绛云等人分别在《现代史学》《中山日报》《广州民国日报》等刊物上撰文,与朱文相呼应。12月,朱谦之开始自费筹办《现代史学》杂志,开展"现代史学运动",也得到了陈啸江等的响应。又有杨成志等在广州成立国立中山大学西南研究会,以"唤醒政府及民众注意西南边疆问题与设施计"为宗旨。而在岭南大学,陈序经1月应卢观伟要求,完成8万余字的揭橥"全盘西化"的纲领性著作《中国文化的出路》一书。伍锐麟、陈序经6月组织岭南大学社会学系学生雷砺琼、王贤爱、余比薇、陈迈曹、叶息机、黄恩怜、刘春华、梁锡辉、李藉赐、余炳塘等对沙南疍民进行调查,由陈序经、伍锐麟共同主理婚姻、礼俗、娱乐、宗教、家庭生活、道德观念等24种调查项目,举凡疍民之人口问题、经济情形、职业状况、健康程度等等无不详细查询而详加分析之,最后形成《沙南疍民调查》报告。谢伯英主持"广州黄花考古学院",由黄花考古学院编辑的《考古学杂志》1月15日在广州创刊,谢英伯在《黄花考古学院的组织和使命》一文中提出"客观的实证的新方法"帮助社会学、经济学和历史学"开辟了一新纪元",使"远古文化史逐渐成为一新信史",这种新方法正是从考古学得来,在考古学方面,史语所安特生等的实地发掘也"颇足为我国上古文化史开一新纪元"。此外,杨东莼上半年在广州中山大学执教。夏,因广西教育厅厅长、白崇禧的老师李任仁推荐,杨东莼转赴广西担任广西师范专科学校首任校长。杨东莼接任以后,表面上适应桂系提出的口号,实际上则把师专办成了宣传马克思主义的重要阵地和培养广西革命青年的摇篮。11月,杨东莼的重要学术史专著《中国学术史讲话》由上海北新书局出版。再看江浙区域,江苏陶行知所在的晓庄学校、唐文治所在的无锡国专,依然是邻近首都南京的两大亮点。陶行知6月撰写《乡村工学团试验初步计划说明书》,筹备创立"将工场、学校、社会打成一片"的工学团,并以不建新校舍为原则,尽量利用庙宇、公共场所或租用民房办学。文中论述乡村工学团的培养方法与传统方法根本不同。8月30日,陶行知在上海沪江大学演讲《国难与教育》,提出:"不能解决问题的,不是真教育;不能解决国难问题的,尤其不是真教育。"11月28日,陶知行在国立暨南大学教育学系所作的题为《目前中国教育的两条路线》的演讲词刊于《教育周刊》,文中提出:"我们要挽回国家的危亡,必须打破传统的教育而寻生路。我觉得目前中国的教育只有两条路线可以走得通:(1)教劳心者劳力——教读书的人做工;(2)教劳力者劳心——教做工的人读书。"这从一个方面反映了抗日救国业已成为教育的主题。由江苏而浙江,郑宗海、舒新城、马宗荣、尚仲衣、钮永建、彭百川等98人8月24—26日出席在杭州举行的中国社会教育社第一届年会。议决《征集关于学制系统上社会教育地位之方案,整理研究,以备政府采行案》《建议各省市分别筹设高中程度之民教师资训练班级,以应急需案》《促进流动识字教学案》等。此外,程天放任浙江大学校长,陈训慈出任浙江图书馆馆长,杜亚泉因"一·二八"事变发生,商务印书馆被日军炮火所毁,其在闸北的住所也未能幸免,遂携家眷返回家乡绍兴避难,后又因商务印书馆撤销编译所,故被迫退休回乡。在乡间抨击豪强,革新教育,并继续从事翻译工作。而且每周去绍兴县稽山中学义务演讲一次,内容涉及政治、经济和自然科学等。马一浮9—10月间数次与熊十力往来书信,讨论熊十力印行、售书相关事宜并为其修改售书广告。钟敬文、娄子匡编辑《民俗学集镌》,8月出版第二辑。10月,钟敬文、娄子匡编辑的《民间》月刊10月以中国民俗学会的名义创刊。所以浙江本地的学术在区域版图中也占有一席之地。在长江以北地区,作为区域学术高地的是山东与天津。天津与山东青岛皆为当时的直辖市,青岛办有国立青岛大学,杨振声时任校长,但因发生学潮而辞职。7月3日,国民政府行政院议决解散青岛大学,听候整理。随后,教育部令该校学生限期离校,教师重聘,并派蒋梦麟、丁惟汾等组成整理委员会。该委员会议决:青岛大学改名国立山东大学,变更院系组织,设文理学院、农工学院,杨振声离开青岛至北平。6月29日,闻一多与赵太侔、梁实秋及学校诸重要职员同日相继离校。8月,闻一多应聘为国立清华大学中国文学系教授。经此学潮之后,山东大学受到明显的影响。山东的另一亮点是梁漱溟在邹平从事乡村建设运动。9月,梁漱溟所著《中国民族自救运动之最后觉悟》一书由北京村治月刊社出版。天津的高地仍然主要源于张伯苓创办的南开大学。5月16日,张伯苓当选全国斐陶斐学会第二届董事会会长,副会长为陈裕光(金陵大学)、司徒雷登(燕京大学),总干事钱存典(金陵大学),委员黎照寰(上海交通大学)、吴贻芳(金陵女子大学)、陈荣捷(岭南大学)、李书田(北洋大学)、刘湛恩(沪江大学)、杨永清(东吴大学)、李迪云(圣约翰大学)、罗忠忱(唐山交通大学)、魏学仁(金陵大学)、方叔轩(华西大学)、胡经甫(燕京大学)。斐陶斐即希腊字母 Phi Tau Phi 之音译,用以代表哲学(Philosophia)、工学(Techologia)及理学(Physiologia),斐陶斐学会为民国时期最重要的学术团体之一,以"选拔贤能、奖励学术研究、崇德敬业、共相劝勉、俾有助于社会之进步"为宗旨。由此可见张伯苓在全国高校中的重要地位。在天津,还得益于《大公报》。1月11日,时任《大公报》社长吴鼎昌隆重推出"六十年来中国与日本"专栏,连续刊载相关文章长达两年半之久,无一日中断,在中国国内的一些大学引起强烈反响。4月,《大公报》将已经连载了三个多月的《六十年来中国与日本》专栏文章结集出版。此后又连续出版了第2—7卷(时间范围原为1871—1931年,第7卷只写到1919年),最终形成七册巨著,仍定名为《六十年来中国与日本》。此书是一部集中日关系史料与研究于一体的专著,其中不仅涉及中日两国关系,而且以六十年来远东国际关系为经,以中日两国关系为纬,以原始记载和档案资料为依据,勾勒出中日关系的来龙去脉。许多学者和外交家、前清遗老为此提供了不少资料,甚为珍贵。此外,北方重要学术事件尚有:晏阳初1月继续在河北定县高头村平民学校举办村单位改造的研究实验,成立高头村消费合作社。7月,鉴于日本帝国主义侵华行动日渐扩大,空前国难来临,平教总会决定加速推行平教运动,将十年计划改为六年。金毓黻10月完成编纂《渤海国志长编》。11月8日,撰《研究渤海国史之价值》。12月9—11日,撰《渤海国志长编解题》,盖此书即将付印,以此代广告之用。

　　海外板块中,"出"的方面,郭沫若继续流亡日本。1月3日,郭沫若与来访的日本朋友谈论中国文艺及鲁迅,在读到鲁迅在《上海文艺界之一瞥》中对于创造社的批评后,决定动笔撰写《创造十年》。9月20日,《创造十年》由上海现代书局出版发行。此书记述了1918年至1923年,郭沫若在九州帝国大学读书期间往返国内,酝酿组织文学社团创造社,参与创办《创造》季刊、《创造周报》等创造社前期活动的经历。郭沫若重要的学术著作有:1月10日,《两周金文辞大系》由日本东京文求堂书店影印出版;3月30日,"写定"《金文韵读补遗》,并作序;8月,《金文丛考》由日本东京文求堂书店据作者手迹影印出版;11月6日,《金文余释之余》由日本东京文求堂书店影印出版,线装1册。附录《答〈两周金文辞大系商兑〉》。吴玉章是夏应苏联教师波兹涅耶娃之邀,准备合写《中国近代史》。10月,组织召开中国拉丁化新文字第二次代表大会。会议就新文字方案作了修改,确定以中国北方话为基础,同时就新文字书籍的出版、新文字教学问题作了深入讨论。王光祈3月31日致函中华书局舒新城,痛感强敌压境,国难当头,拟编译一套《国防丛书》,以备国人抵御侵略之参考。4月22日,在柏林图书馆完成《空防要览》一书的翻译工作,至1935年3月由中华书局出版。5月,王光祈已开始着手《国防丛书》的编辑工作,很多时间都在柏林图书馆查阅、搜集资料。由于国内资料缺乏,为工作计,王光祈未能回国。同月4日,王光祈在柏林写成《国防问题》一文,后刊于上海《生活周刊》第7卷第26期。朱光潜继续在英国留学,将大部分时间用于撰写英文博士论文《悲剧心理学》。3月,撰写《文艺心理学》的"缩写本"——《谈美》。赵元任1月由国民政府教育部令派为国立清华大学留美学生监督。3月4日,乘美国海轮"林肯总统"号赴美,从而开始了在华盛顿一年半的清华留美学生监督处主任的工作及生活。张荫麟继续在美国留学。1月4日,《大公报·文学副刊》第208期发表《评郭沫若〈中国古代社会研究〉》,以人类学理论评价郭沫若的《中国古代社会研究》。12月3日,张荫麟《代戴东原灵魂致冯芝生先生书》刊于《大公报·世界思潮》。此文就冯友兰《新对话》(一)(二)与其商榷。再看"进"的方面,主要有:一是法国知名汉学家、探险家保罗·伯希和建议法国考古与文学研究院将"于里安奖金"(儒莲奖)授予中央研究院史语所。先是在3月,伯希和专函中研院院长蔡元培:"予因中央研究院历史语言研究所各种出版品之报告书,尤因李(济)先生所著安阳发掘古物之报告,特提议赠与该所。"月底,蔡元培复函伯希和致谢。年底,伯希和为调查近年中国文史学的发展,并为巴黎大学中国学院采购普通应用书籍,经香港、上海到达北平。伯希和在北平期间,因对史语所各种出版品之报告书尤其是李济等人所编著安阳殷墟发掘报告印象深刻,乃建议法国考古与文学研究院将本年度"于里安奖金"授予中央研究院史语所。随后,傅斯年向蔡元培汇报史语所工作时说:"此时对外国已颇可自豪焉。"蔡元培则复函勉励:"'中国学'之中心点已由巴黎而移至北平,想伯希和此时亦已不能不默认矣。"二是美国学者费正清春间来华。5月10日,费正清首次接触胡适、陶孟和等中国学界名流。又经胡适、陶孟和介绍,认识北平图书馆副馆长袁同礼。袁同礼在平馆辟有专室,协助外国学者使用中文文献。稍后,费正清又拜访了蒋廷黻,并师从蒋廷黻学习研究中国历史。美国哥伦比亚大学教授罗格博士6月26日来华考察南北教育数月。上午11时,世界社特请其在福开森路393号该社大礼堂讲演《中国教育问题》,蔡元培夫妇、高鲁、王景岐、杨肇烆、张忠道、吴蕴斋等400余人出席。

本年度的学术论争头绪纷繁,既有延续上年的旧论题,也有另行开辟的新战场,而且往往是学术与政见纠缠在一起,令人眼花缭乱。兹大致归纳为如下11个论题。

1.关于"学术救国"讨论的勃兴。余天休1月在《国立劳动大学劳动周刊》第1卷第19期发表《学术救国》一文,认为"学术救国也就是主张养成这种应变的人材使之将来应付我们的一切问题"。之所以要提倡"学术救国",是因为如果我们能够成功培养应变的人才的话,"那末,我们国家内部的变化,或是外来的伤害,都能有法消减或抵御了"。所谓外来的变化,第一种就是天灾,第二种是外国的侵略。至于内部的变迁大概是有三种:"第一种是由外变而促进的""第二种是由于学术发达而产生变迁""第三种是由人口过剩而产生的""所以我们应预定每人专门研究一种学术,定出一种作人和救国的方针,并且实行一种计划,改进人生和补救国家的弊病。若果我们大家都肯这样费十年或二十年的功夫去研究一种专门的学术,我想一定可以达到救国的目的。……我们若果要以学术为救国的目的,必须抱定终身研究的宗旨,不管我们将来作什么职业,总要努力不辍的研究,和实行,完成我们的事业,决不要因为我们的职业而把事业抛弃了"。与此观点有所不同,叶廷岩1月在刊于《现代学术》第2卷第5期的《学术与救国》一文中认为,"学术救国"终究是靠不住的。作者首先"正式申明的,我并不反对任何人,用任何目的,去研究任何学术乃至任何东西。世界上必须有种种色色的人,乃能成一个世界;这种事谁能够反对呢? 我的意思,不过我们今日第一件事,希望真有些人能救国;因此希望真有些人能研究救国的学术。我第一是要指明,别的学术与救国没有甚么直接的关系。靠别的学术救国,是靠不住的。第二是要指明,要救国仍非研究救国的学术不可,从前那种凭直觉盲动,是太热心而没有结果的事。"在此,作者并不是要否定学术与救国之间的关系,而是强调:一是"我以为要投身作救国运动的,应当对于救国的学术下一番切实的研究功夫"。二是"我以为我们定要打破任何学术可以救国的谬想""我们最好是自己能多少研究些救国的学术,而且从有这种研究的人那里,去得着相当的指导"。"没有救国的学术,而只有别的东西,终究永远不能收救国的成效。倘若我们为研究救国的切实方略。一切学术都可以供给我们一些基本的资料""然而说一切学术都可以救国,然而说,中国人研究一切学术,是一样的急切而重要,终究是靠不住的话"。此外,胡适12月6日在长沙中山纪念堂讲演《我们所应走的路》,基本意思是:(1)为己而后可以为人,要青年人先把自己铸造成器,即走易卜生式个人奋斗的路。(2)求学而后可以救国,即走"学术救国"的路。与余天休《学术救国》观点相近。

2.关于五四运动13周年的纪念与阐释。本年度官方对于五四运动意外沉默,但学界却依然如期进行。5月2日,茅盾在《文艺新闻》第53号发表《"五四"与民族革命文学》,反思"'五四'运动并未完成它的任务:反封建与反帝国主义的斗争。'五四'虽然以'反封建'为号召,但旋即与封建势力为各种方式的妥协,对封建势力为各种方式的屈服! 至如反帝国主义,则'五四'始终未曾有过明显的表示!"因而指出"'五四'期的文学没有完成了反封建与反帝国主义的任务;反帝国主义的作品简直没有产生"。这是一篇富有创见的、振聋发聩的论文,见解深刻。20日,冯雪峰所撰《民族革命战争的五月》刊于《北斗》月刊第2卷第2期,文中提出了"创造民族的革命战争文学""把五四以来的文化革命的领导权完全确保在无产阶级的手里"的问题。然后至10月24日,胡先骕在《国风》半月刊第1卷第9号"刘伯明先生纪念号"发表《今日救亡所需之新文化运动》,继续批判五四运动,略谓:"吾人试一观五四运动之结果,……在文化上,虽造成白话文之新文体,对于普及教育并无若何之贡献,而文学上之成就,尤不足数。虽诱起疑古运动,对于历史考古训诂诸学有不少新事实之发明。然于吾国文化之精神,并无发扬光大之处,反因疑古而轻视吾国固有之文化,以诅咒自国为趋时。虽尽量介绍欧美之思潮,然于欧西文化之精粹,并无真确之认识,哺糟啜醨,学之而病。提倡新教育而反使人格教育日趋于破产。高等教育,已近于不可救药,中小学教育亦每况愈下。日言社会改革,而为社会基础之家庭先为之破坏,自由恋爱之说流行,而夫妇之道苦,首受其祸者厥为女子。此种文化运动之结果,真使人有始作俑者,百世之下,虽起其白骨而鞭之,犹不足以蔽其辜之感焉。"与茅盾反思"五四"运动不足不同的是,胡先骕更多是站在旧道德的维度对于"五四"运动的否定。这里还要说到胡适《陈独秀与文学革命》与傅斯年的《陈独秀案》。10月15日陈独秀被捕后,蔡元培、胡适、翁文灏、丁文江、任鸿隽、傅斯年、章士钊等极力营救。同月29日,胡适在北京大学讲演《陈独秀与文学革命》,刊于10月30—31日北平《世界日报》。文中充分肯定了陈独秀对于文学革命有三个大贡献:一、由我们的玩意儿变成了文学革命,变成三大主义。二、由他才把伦理、道德、政治的革命与文学合成一个大运动。三、由他一往直前的精神,使得文学革命有了很大的收获。30日,傅斯年在《独立评论》第24号发表《陈独秀案》一文,从文学革命、伦理改革、社会主义肯定陈独秀的历史贡献,最后称颂陈独秀是"中国革命史上光焰万丈的大彗星"。以上两文虽然不是为纪念五四而作,但肯定了五四运动领袖陈独秀,也就间接肯定了五四运动。此外,陈衡哲刊于《独立评论》第10号的《中国文化的崩溃》也涉及新文化运动问题;《国风》第9号(刘伯明先生纪念号)的《刘先生论西洋文化》与华林一所译刊于《国风半月刊》第7号的《迭更生之中西文化比较论》也可参看。

3.关于中国社会史论争的延续。王礼锡继续主编神州国光社《读书杂志》,持续推进发起中国社会史论战。1月30日,孙倬章在《读书杂志》第2卷第1期发表《中国社会史论战(中国土地问题)》。3月1日,《读书杂志》第2卷第2—3期合刊"中国社会史论战"专号第2辑出版。王礼锡所撰《论战第二辑序幕》谓"这中国社会史的问题所以能引起全社会的兴趣,就因为它不仅是一个要了解的问题,而且是解决行动问题的前提"。专号第2辑刊载了王宜昌、李季、刘镜园、杜畏之、田中忠夫、朱其华、张横、胡秋原、任曙等人的文章。王宜昌《中国社会史论史》对中国社会史研究尤其是社会史论战进行了初步总结。他将1925—1927前后的中国社会史研究分为三个阶段:1927年以前是神学的中国社会史论;1927年以后"回想"时期属于玄学阶段;再从"研究"期到"论战"期属于科学阶段。李季《对于中国社会中论战的贡献与批评》归纳论战的主要问题是：一是如何认识中国有史以来的封建制度或封建势力，二是如何认识当前中国社会性质。要解决上述问题必须具备三个条件：(一)深切了解马克思主义，(二)深切了解西洋的经济发展史和社会形态发展史，(三)深切了解中国的经济发展史和社会形态发展史。李季还提出一套与众不同的历史分期方案，主张"亚细亚生产方式"是与奴隶制并行的、前封建的一种社会形态。杜畏之《古代中国研究批判引论》辨析古史研究的各派别，断言中国历史上根本就没有什么"亚细亚生产方式""中国没有划然的奴隶社会一阶段，更无东方社会一阶段"。8月1日，《读书杂志》第2卷第7—8期合刊"中国社会史的论战"专号第3辑出版，刊有王礼锡、陶希圣、李季、任曙、钟恭、陈邦国、胡秋原、严灵峰、周谷城、王伯平、熊得山、梁园东、白英、王宜昌、学稼等人的文章。陶希圣《中国社会形式发达过程的新估定》含有某种学术总结的意味，提出两点意见："一、唯物史观固然和经验一元论不同，但决不抹杀历史的事实。我希望论中国社会史的人不要为公式而牺牲材料。二、论战已有四年之久，现在应当是逐时代详加考察的时期"。鉴此，他"希望有志于此者多多从事于详细的研究""希望短篇论文减少，多来几部大书，把唯物史观的中国史在学术界打一个强固的根基"。胡秋原《亚细亚生产方式与专制主义》主张：亚细亚生产方法不过是"亚洲之先资本制"，它"既不是与封建主义不同的特殊的生产方法，也不是什么前封建的、与奴隶制并存的生产方法""中国东周的封建主义，因商品经济之分解，发生变质而为资本主义""在封建主义与资本主义之间，有专制主义时期的存在"。中国"自秦至清末，就在这一阶段"。陈邦国《"关于社会发展分期"并评李季》一文系对李季《对于中国社会论战的贡献与批判》中批评陈邦国历史分期主张的回击，认为李季的批评几乎全是无中生有、无的放矢。梁园东《中国社会各阶段的讨论》认为，自春秋战国封建制度崩溃以后，"既不能看作完全的封建社会，也不能看作完全的商业资本主义社会"。他确认"中国秦汉后是一个'半封建社会'，或称'农村商业社会'"。8月10日，张闻天《取消派刘镜园的中国经济新论》刊于《红旗周报》第47期，重在批判托派刘仁静的"中国经济新论"。是年，除了任曙之外，托派另一位理论家、时任托派临时中央委员会委员、宣传部长的严灵峰等也继续参与中国社会史论战，所著《追击与反攻》作为中国社会史论战丛著第三种由上海神州国光社刊行。总的来看，在这场中国社会性质论战中，托派理论家任曙、严灵峰等的理论遭到马克思主义者科学的批评而逐渐失声，刘仁静在《读书杂志》上接连发表了《评两本论中国经济的著作》《中国经济的分析及其前途之预测》，以批评任、严的姿态出现，宣传取消派的基本观点，张闻天此文集中力量对刘仁静的所谓"中国经济新论"进行批驳。12月，《读书杂志》第2卷第11—12期合刊刊载胡秋原《专制主义论》、李麦麦《中国封建制度之崩溃与专制君主制之完成》等文，为本年度的中国社会史论争划下句号。

4.关于《老子》年代的讨论。早在1930年3月20日，胡适初阅冯友兰寄赠的《中国哲学史》上卷后，当晚致信冯友兰讨论老子问题，不赞成此书将老子认作战国时人，而坚持自己先行出版的《中国哲学史》老子先于孔子的观点。同年12月，钱穆所撰《关于老子成书年代之一种考察》刊于《燕京学报》第8期，此文的基本结论是："以思想史之进程言，《老子》书已断当出孔、墨之后。至庄子论道，实为孔、老中间之过渡。故谓老出庄后，其说顺；谓老居庄先，其义逆。即此以观，《老子》成书年代，其较庄尤晚出，已居然可见。"这一观点与冯友兰《中国哲学史》相近，而与胡适《中国哲学史》及其1930年3月20日所作《与冯友兰先生论老子问题书》不同。然后至1931年3月17日，胡适作《与钱穆先生论老子问题书》，后刊于

1932年5月7日《清华周刊》将第37卷第9—10期"文史专号"。文中对钱穆刊于1930年12月《燕京学报》第8期的《关于〈老子〉成书年代之一种考察》所论"《老子》书已断当出孔、墨之后"提出反驳,其总体评价是:钱穆《关于〈老子〉成书年代之一种考察》远不如《向歆父子年谱》的谨严。钱穆"此文的根本立场是'思想上的线索'。但思想线索实不易言。希腊思想已发达到很'深远'的境界了,而欧洲中古时代忽然陷入很粗浅的神学,至近千年之久。后世学者岂可据此便说希腊之深远思想不当在中古之前吗? 又如佛教的哲学已到很'深远'的境界,而大乘末流沦为最下流之密宗,此又是最明显之例"。胡适先引钱穆"以思想发展之进程言,则孔、墨当在前,老、庄当在后。否则老已发道为帝先之论,孔、墨不应重为天命天志之说。何者? 思想上之线索不如此也",然后反问:"依此推断,老、庄出世之后,便不应有人重为天命天志之说了吗? 难道二千年中之天命天志之说,自董仲舒、班彪以下,都应该排在老、庄以前吗?"又说:"《老子》书中论'道',尚有'吾不知其名,字之曰道,强为之名曰大'的话,是其书早出最强有力之证,这明明说他得着这个伟大的见解,而没有相当的名字,只好勉强叫他做一种历程——道——或形容他叫做'大'。"胡适最后总结道:"我并不否认'《老子》晚出'之论的可能性。但我始终觉得梁任公、冯芝生与先生诸人之论证无一可使我心服。若有充分的证据使我心服,我决不坚持《老子》早出之说。"概而言之,关于老子年代问题,胡适主早于孔子,钱穆则主晚于孔子,且在庄周后。从上述胡适与钱穆以及冯友兰的论争中,显然以胡适具有更强的学理依据与逻辑力量。此外,顾颉刚也特别关注《老子》年代问题。4月,顾颉刚作《从〈吕氏春秋〉推测〈老子〉之成书年代》,刊于《史学年报》,后又有单行本出版。文中由《吕氏春秋》所引文献认定老子当在杨朱、宋銒之后,成书在秦汉之间,所断时代更晚于钱穆所论,明显带有"古史辨派"的疑古特征。5月上旬,顾颉刚分别致函钱穆、钱玄同,讨论老子其人与《老子》。而后钱穆与胡适、唐兰、冯友兰、张岱年、顾颉刚等人开展《老子》成书时代的讨论。同月,钱穆在北京大学《哲学论丛》发表《再论〈老子〉成书年代》,所著《老子辨》一书由上海大华书局出版。此书包括四篇论文:(1)《关于〈老子〉成书年代之一种考察》。(2)《再论〈老子〉成书年代》。(3)《孔子与南宫敬叔适周问礼老子辨》。(4)《老子杂辨》。前两篇后收入台湾联经出版事业公司《钱穆全集》第七册《庄老通辨》书中;后两篇则收入《先秦诸子系年》。钱穆依然坚持原先的观点。

　　5. 关于孔子思想的讨论。9月28日,南京《国风半月刊》第3号推出"圣诞特刊",首页有孔子像、曲阜孔林照片各一幅,所刊论文有梅光迪《孔子之风度》、柳诒徵《孔学管见》、缪凤林《谈谈礼教》、郭斌龢《孔子与亚里士多德》、范存忠《孔子与西洋文化》、景昌极《孔子的真面目》、唐君毅《孔子与歌德》、缪凤林《如何了解孔子》、柳诒徵《明伦》以及张其昀《教师节》等,从各个不同维度对孔子展开学术讨论,甚至展开中西比较。梅光迪《孔子之风度》认为孔子以多艺闻于当时。他除有最深挚道德修养外,更富于艺术兴味,故其发于外者,不为矜严跼蹐之道学家,而为雍容大雅之君子。孔子多情,多情者必多恨。他恨贪官蠹吏,恨自命放达,玩世不恭,而实一无所长者。柳诒徵《孔学管见》针对打孔家店、康有为、陈独秀等人的言论而发。缪凤林《谈谈礼教》就何为礼、礼之缘起、礼之大用——防人恶而导人善,对于非礼者作出解答。郭斌龢《孔子与亚里士多德》原注释说《孔子与亚里士多德之人文主义》英文稿载美国Bookman杂志1931年3月号,此文主旨是谈孔子与亚里士多德伦理学说的重要相似点。其学说的相似实由于其人生观之相似。盖皆能以稳健平实之态度,观察人生之全体。孔子与亚氏对于人性有同一之见解——性相近而习相远。意志自由。道德选择的自由表现在中庸之道上。中庸的标准,亚氏曰理,孔子曰道。具体表示为亚氏曰"庄严之人""心胸伟大之人",孔子说"君子",而君子之德为仁。孔子与亚氏重视个人修养,同时强调人不能脱离政治社会。范存忠《孔子与西洋文化》提出孔子学说之影响西方思想,大概在政治与道德两方面。18世纪,孔子学说对于西洋思想的影响,不但在政治与道德,就在宗教上,也有相当的影响,即"礼教之争"——中西宗教的冲突。景昌极《孔子的真面目》认为孔子是集中国古代文化的大成,并且承前启后的一个人。孔子是个极好学又极肯教人的人,兼为古代的大学问家和大教育家。孔子是个通权达变,最能适应时势,改造时势,而又不是随波逐流的人。孔子在古代伟大人物中,是个最平易近人,而丝毫无神学意味和玄学意味的人。现代反孔人的理由:孔子把君臣一伦太看重了,有助长专制的嫌疑;把男女间恋爱的神圣太看轻了,养成所谓吃人的礼教。唐君毅《孔子与歌德》概括为:1.生活之极端肯定;2.生活之各方面化;3.乐观;4.生活的和谐;5.现实主义的人间世的;6.泛神的宗教。缪凤林为此文加有"附识"。南京《国风半月刊》第3号之所以推出"圣诞特刊",实则通过"孔子"来表达这一作者群的崇中抑西的文化观。在此补充一下,张其昀在《时代公论》第15号发表《教师节与新孔学运动》,此文在论述孔子学派所及之地时,有"七十二人之中,……秦国二人,……观其教化所被,……西至山陕,……。"9月1日,李行之《国风半月刊》创刊号发表《甘肃学脉(通讯)》,认为张其昀的说法存在问题,谓:"先生既阐新孔学,当不忍其门弟子湮没无闻,姑就所知,举正于右。"

6.关于教育方针与改革的论争。教育始终是一个热点问题,而且会不断出现新的热点问题。本年度的论争主要涉及两大问题:一是有关教育方针的论争。点燃这场论争的第一把火是5月19日广州的"教育专家"在中山大学召开了一次讨论大学教育方针的会议,会上达成了一个议决案,其中第一条即是:"停办文法科,或减少数量,同时多设职业学校,以适应社会生活之需要。"5月21日,广州《民国日报》以《教育专家昨日召开会议》为题作了报道。随后,中山大学校长邹鲁、岭南大学校长钟荣光对上述议决案表示支持;广州《民国日报》"现代青年"栏刊出系列文章,引发了长达一个月的讨论。首先起来发难的是岭南大学陈序经。6月1—2日,陈序经在《广州民国日报》"现代青年"栏发表《对于现代大学教育方针的商榷》,断然反对停办或减少文法学科的观点,指出"这种教育方针和政策,于国家的前途影响甚大,实在不容轻议妄动,而一般从事教育事业的人,则更不能轻轻放过"。他认为主张停办文法科的人,"最大的错误是他们不懂大学的目的,和人生需要的原则","大学教育的目的是求知,为学问而研究学问",而"职业教育的目的是求应用","求知固未必为了应用,然而要有所应用,则不能不求知",废除文法学科,实是国人"只务目前的苟安与生活,而不愿做彻底的研究"的"最大的病弊"的体现。针对"文法科"学生"太多"的指责,陈序经引了哈佛等西方名校的大学为例来反驳。6月11日、7月29日,陈序经又在《民国日报·现代青年》发表《对于勒克(H. Rugg)教授莅粤的回忆与感想——续谈现代大学教育的方针》《敬答对于拙作〈对于现代大学教育方针的商榷〉的言论》,后文再次引了外国大学的情况作为参照依据,批评对立派不了解大学教育"究竟是什么东西",指出"20世纪世界,好多重要的世界问题,已变成中国的问题了;同时,好多重要的中国问题,也成了世界的问题"。中国办教育也需向西方学习。"对于事物的探求解释,能有精神的判断",最终改变整个民族不求甚解的痼疾。陈序经作为"全盘西化论"的代表,上述诸文所论涉及教育的中国化与现代化问题的根本问题,可视为陈序经"全盘西化"论的一个重要组成部分,即他主张教育要彻底的现代化,所谓"中国化的教育"很容易沦为教育上的复古运动。陈序经上述观点获得了陈宗岳、丘启薰、陈安人、铁士等的支持,主要有:丘启薰《教育与职业》,刊于6月1日《民国日报·现代青年》;陈宗岳《由专家会议说到中国教育》,刊于6月3日《民国日报·现代青年》;陈安人《中国现代大学教育的趋势》,刊于6月7日《民国日报·现代青年》;铁士《我也谈谈大学教育》,刊于7月15日《民国日报·现代青年》。陈宗岳《由专家会议说到中国教育》所根据的是大学的"使命",与陈序经的论证理路相同。而持相反意见的除了中山大学校长邹鲁、岭南大学校长钟荣光之外,在学界则以岭南大学教授梁宽为代表。6月9日、16日,梁宽在《民国日报·现代青年》发表《大学教育问题——就正于陈序经教授》《现代教育诸问题》,对"停办文法科或减少数量"的议决案推崇备至,并与陈序经的观点提出展开辩论。点燃这场论争第二把火的是5月30日陈果夫向国民党中央政治会议提出《改革教育方案》10条,中央政治会议议决交教育组审查,其中第二条内容为:"自本年度起,全国各大学及专门学院一律停止招收文法艺术等科学生,暂定以十年为限。"如果说点燃第一把火的论争主要局限于广州,那么这第二把火进而超越始发地广州而带到高层,带向全国。天津《大公报》、北京《独立评论》、南京《中央日报》、天津《益世报》、《中华教育界》等先后纷纷发声,或赞同,或反对,或作理性分析。至年底,陈序经又作《教育的中国化和现代化》,刊于次年3月26日《独立评论》第43号,作者因读《独立评论》第38号发表的徐旭生《教育罪言》及蒋廷黻译陶因《中国的政治》,生出失望,爰发此文,依然重点批判新教育的"中国化",提出"新的时代的中国,也要有新的教育。换句话来说,就是中国的教育的新时代化,或是现代化",最终则归结于陈序经的"全盘西化论"。二是关于高等教育改革的论争。"独立评论派"的傅斯年出于对教育现状的严重不满,连续发表了多篇批评教育论文,主要有《教育崩溃之原因》《教育改革中几个具体事件》《教育崩溃的一个责任问题——答邱椿先生》《改革高等教育中几个问题》《再谈几件教育问题》,全部刊于《独立评论》,言辞比较激烈。傅斯年的上述文章引来了北平师范大学邱椿教授与北大杨亮功教授的反驳。此外,《独立评论》先后刊出丁文江《所谓北平各大学合理化的计划》(《独立评论》第3号),叔永(任鸿隽)《党化教育是可能的吗?》(《独立评论》第3号)、《再论党化教育》(《独立评论》第8号)、《教育改革声中的师范教育问题》(《独立评论》第28号),杨振声《也谈谈教育问题》(《独立评论》第26号),衡哲(陈衡哲)《中国文化的崩溃》(《独立评论》第10号),大多与由傅斯年引发的教育改革论争相关。曹金祥《20世纪30年代独立评论派的大学教育观》(《现代大学教育》2011年第6期)作了如下归纳:20世纪30年代,在严重国难的背景下,如何整顿和发展中国的高等教育并进而实现中国教育的现代化,成为国内各界关注的焦点问题。立身于教育领域的胡适、傅斯年、丁文江等自由主义知识分子以《独立评论》为话语平台,从实用主义的角度,对大学的学科布局、培养宗旨、指导思想以及大学的社会职能等问题,发表了自己的见解和主张,认为大学文科与实科应平衡发展、求知与应用并行不悖、党化与教育势不两立、学术与救国互通并重等,这些主张推动了中国高等教育的改革和发展。由"独立评论派"开辟的另一场教育论争,与陈序经发起的教育论争既有区别,又有呼应。在陈序经作于是年的《教育的中国化和现代化》开篇即引录《独立评论》第11号登载邱椿讨论《关于教育崩溃的一个责任问题》的通讯里的一段话,可以视为对上述论争的呼应,而且此文刊于次年3月26日《独立评论》第43号,更可以视为以上两场教育论争的交集。

7. 关于对"自由人""第三种人"的后续批判。胡秋原自称"自由人",苏汶(杜衡)则自称

"第三种人"。1月30日,胡秋原在《读书杂志》第2卷第1期发表《钱杏邨理论之清算与民族主义文学理论之批判——马克思主义文艺理论之拥护》,对"左联"钱杏邨理论与民族主义文学理论左右开弓,同时展开批判。4月,胡秋原在《文化评论》第4期反驳《勿侵略文艺》,认为"普罗文艺"中有"主观地过剩"的"政治主张",并一再声称,并不反对普罗文学,"承认普罗文学存在的权利",但胡秋原从《阿狗文艺论》到《勿侵略文艺》,竭力宣扬"文艺自由论",指责左翼文艺运动,所以并没有得到同样信仰马克思主义的左翼作家的认可。5月1日,施蛰存、苏汶(杜衡)在上海创办《现代》月刊。此后,《现代》月刊"自由人""第三种人"的重要阵地。7月,苏汶在《现代》第1卷第3期发表《关于〈文新〉与胡秋原的文艺论辩》,继续鼓吹超阶级和非功利的文艺观,非难左翼文艺运动,批评左翼作家说:"他们现在没有功夫来讨论什么真理不真理,他们只看目前的需要,是一种目前主义。"文中也谈到胡秋原与左翼作家之间"两种马克思主义是愈趋愈远,几乎背道而驰了"。10月,苏汶在《现代》第1卷第6期发表《"第三种人"的出路——论作家的不自由并答复易嘉先生》,指责左翼文坛常常"借革命来压服人",拒绝"中立的作品",把文学内容限制到"无可伸缩的地步"等等。11月,胡秋原在《现代》第2卷第2期发表《浪费的论争》,再次表明自己的所谓"自由人"的政治立场,同时针对6月6日冯雪峰刊于《文艺新闻》第58号的《"阿狗文艺"论者的丑脸谱》认为这是"为了反普罗革命文学而攻击钱杏邨""公开地向普罗文学运动进攻",辩解道:"我除了批评钱杏邨君以外,就没有碰过左翼文坛,然而钱杏邨先生是否就可以代表左翼文坛?"左翼阵营参与继续批判"自由人""第三种人"的主要有冯雪峰、瞿秋白、周扬、鲁迅、茅盾等。5月29日,冯雪峰撰《"阿狗文艺"论者的丑脸谱》,刊于6月6日《文艺新闻》第58号,重点对胡秋原的《阿狗文艺论》进行回击。10月,周扬(周起应)在《现代》第1卷第6期发表《到底是谁不要真理,不要文艺?》,针对苏汶《现代》第1卷第3期的《关于〈文新〉与瞿秋白的文艺论辩》批评左翼作家说:"他们现在没有功夫来讨论什么真理不真理,他们只看目前的需要,是一种目前主义。"周扬提出反驳道:"我们承认客观真理的存在,但我们反对超党派的客观主义。"同月10日,鲁迅作《论"第三种人"》,刊于11月15日《文化月报》第1卷第1期与11月《现代》第2卷第1期,此文对胡秋原、苏汶的思想观点进行了有力的批判,并批驳了苏汶对文艺大众化运动的嘲笑。11月10日,瞿秋白作《并非浪费的论争》,系作者与冯雪峰商量后代冯执笔,刊于次年1月1日《现代》第2卷第3期,主要针对胡秋原的《浪费的论争》,依次列出胡秋原的五个主要观点一一予以批驳。22日下午,鲁迅由台静农陪同,往北京大学第二院演讲《帮忙文学与帮闲文学》,刊于12月《电影与文艺》创刊号。鲁迅在讲演中说到"现代评论"派,他们专骂"骂人"的人,"正如杀杀人的一样——他们是刽子手"。这是鲁迅在"'现代'派拜帅"的北平放出的第一枪。25日晚间,鲁迅答允师范大学代表王志之、张松如、谷万川三人的邀请,约定星期日前往讲演,再次批判"在指挥刀保护"下的民族主义文学家们和所谓"第三种人"等。27日,鲁迅应北师大文艺研究社邀请,到师大讲演《再论"第三种人"》,重点批驳"第三种人"关于文学是"镜子"没有阶级性的观点。12月,周扬(署名绮影)在《文学月报》第1卷第5—6号合刊发表《自由人文学理论检讨》,作者强调指出,胡秋原《阿狗文艺论》"文学与艺术至死是自由的,民主的",这就是胡秋原对于文艺的根本见解。然而"这种见解不但和马克思主义毫无共同之点,而且这正是百分之百的资产阶级的见解"。对"自由人""第三种人"的批判,是左联时期一次重大而复杂的文艺论争,鲁迅这篇文章以强烈的战斗性和高度的科学性相统一而给予苏汶有力的批判,并提出了在坚持文艺战线的思想斗争中不断整顿、改造,扩大左翼文艺队伍的重要任务。

8.关于"左联"内部的分歧与论争。论争先在鲁迅与继续流亡日本的郭沫若之间展开。1月3日,郭沫若与来访的日本朋友谈论中国文艺及鲁迅,当读到鲁迅在《上海文艺界之一瞥》中对于创造社的批评,对鲁迅以挪揄讽刺口吻谈及创造社的人和事以及对他们冠以的"才子加珂罗茨基"(即"才子加流氓")十分不满,于是决定撰写《创造十年》,以创造社发起人的身份来记叙这一社团的历史,包括1918年至1923年在九州帝国大学读书期间往返国内,酝酿组织文学社团创造社,参与创办《创造》季刊、《创造周报》等创造社前期活动的经历。9月20日,《创造十年》由上海现代书局出版发行,后作《作者附白》。而在上海"左联"内部,由于受"左"倾冒险主义的影响,存在着严重"关门主义"的倾向。为此,张闻天于10月31日作《文艺战线上的关门主义》,刊于11月3日《斗争》第30期,此文针对左翼文艺批评家在"文艺自由论辩"和"文艺大众化"讨论中存在的"左"倾关门主义错误而发,批评了策略上的宗派主义和理论上的机械论。文章还说:"在有阶级的社会中间,文艺作品都有阶级性,但决不是每一文艺作品都是这一阶级利益的宣传鼓动的作品。甚至许多文艺作品的价值,并不是因为它们是某一阶级利益的宣传鼓动品,而是因为它们描写了某一时代的真实的社会现象。"11月24日下午,范文澜陪同鲁迅往北平女子文理学院讲演《革命文学与遵命文学》。当晚,范文澜在晾果厂小取灯胡同七号家里设宴,为赴北京讲学的鲁迅洗尘,同席8人。此为鲁迅第一次跟北平左翼文化团体的人士见面,鲁迅谈话最多的是关于上海左联的情况,怎样坚持斗争,内部反关门主义的问题,"一·二八"后上海工厂文艺活动和"工农兵通讯"活动的情况。12月10日,鲁迅作《辱骂和吓决不是战斗》(致《文学月报》编辑部的一封信),刊于本月15日《文学月报》第5—6期合刊。针对《文学月报》第4期发表署名芸生的一首装腔作势、借以吓人的长诗《汉奸的供状》,鲁迅在信中批评了这首诗所表现的恶劣文风,指出它"有辱骂,有恐吓,还有无聊的攻击:其实是大可不必作的"。《文学月报》发表鲁迅这封信时,加了编者按语,肯定鲁迅的意见,认为"这是尊贵的指示,我们应该很深刻地来理解的"。鲁迅的信受到"左联"许多同志和广大读者的支持,但是由于受当时"左"倾思想的影响,祝秀侠化名首甲,与方萌、郭冰若、丘东平联名,在次年2月《现代文化》第1卷第2期发表《对鲁迅先生的〈辱骂和恐吓〉有言》,指责鲁迅"带上了极浓厚的右倾机会主义色彩"。鲁迅后来在1935年4月28日致萧军信中曾尖锐指出:"同道中人,却用假名夹杂着真名,印出公开信来骂我,……我提出质问,但结果是模模糊糊,不得要领。"

9.关于"文艺大众化"论争的延续。"文艺大众化"论争第一次兴起于1930—1931年之交。然后至1931年下半年,"文艺大众化"问题再次引起"左联"的高度重视。尤其是11月25日由冯雪峰起草、左联执委会通过的《中国无产阶级革命文学的新任务》(刊于《文学导报》第1卷第8期)明确提出,今后的文学,必须以"属于大众,为大众所理解、所爱好为原则",明确规定"文学的大众化"是建设无产阶级革命文学的"第一个重大的问题"。此为1931—1932年之交再次兴起"文艺大众化"问题讨论的直接动因。至是年3月15日,"左联"秘书处扩大会议作出《关于"左联"目前具体工作的决议》(《秘书处消息》第1期),再次把实现文艺大众化放在首要地位。此后,《北斗》《文艺新闻》发起征文,《文学导报》、《文学》(半月刊)、《文学月报》等刊物也相继发表文章,连续不断地讨论了文艺大众化问题。对此推动最力的是瞿秋白。在此前的3月5日,瞿秋白即已撰写了《大众文艺的问题》。然后至4月25日,瞿秋白在《文学》半月刊第1卷第1期发表《普洛大众文艺的现实问题》。文中将

"普洛大众文艺问题"归纳为五个方面:第一,用什么话写?第二,写什么东西?第三,为着什么而写?第四,怎么样去写?第五,要干些什么?该刊同期还刊载了冯雪峰4月1日在中国妇女文艺研究会所作的报告《论文学的大众化》。6月10日,瞿秋白《大众文艺的问题》刊于《文学月报》创刊号,作者最后所定的目标是:"在大众之中创造出革命的大众文艺出来,同着大众去提高文艺的程度,一直到消灭大众文艺和非大众文艺之间的区别,就是消灭那种新文言的非大众的文艺,而建立'现代中国文'的艺术程度很高而又是大众能够运用的文艺。"7月10日,茅盾(署名止敬)在《文学月报》第1卷第2号发表《问题中的大众化》,文中针对瞿秋白的"五四"白话文是"新文言",并且不如旧小说的观点,提出了不同看法。此文发表后,瞿秋白就撰写了答辩文章《再论大众文艺答止敬》,刊于8月《文学月报》第1卷第3期,对茅盾《问题中的大众化》一文作出回应。瞿秋白特别重视文学语言问题,针对新文学作品的语言还相当严重地脱离群众,主张推行"俗话文学革命运动",强调从人民口头语言中吸取、提炼文学语言,可以视为1934年大众语讨论的前奏。然而茅盾对瞿秋白这篇文章没有继续争论下去,因为发现彼此是从不同的前提来争论的,即对文艺大众化的概念理解不同。茅盾认为"文艺大众化主要是指作家们要努力使用大众的语言创作人民大众看得懂、听得懂,能够接受的、喜闻乐见的文艺作品"。而瞿秋白则认为,文艺大众化"主要是指由大众自己来写文艺作品"。周扬、张闻天等也参与了"文艺大众化"的论争。11月3日,张闻天《文艺战线上的关门主义》刊于《斗争》第30期,此文针对左翼文艺批评家在"文艺自由论辩"和"文艺大众化"讨论中存在的"左"倾关门主义错误而发,批评了策略上的宗派主义和理论上的机械论。文中对于"文艺大众化"讨论中出现的否定"五四"文学新形式的倾向,也提出了不同的看法。此文后经删改,又刊于次年1月15日出版的《文化月报》第2期(该期《文化月报》刊名用《世界文化》)。从1929—1934年的三次"文艺大众化"讨论来看,以本次声势最大,历时最久,论题最广。此外,本年"文艺大众化"讨论与批判"自由人""第三种人"有交集。7月,苏汶在《现代》第1卷第3期发表《关于〈文学〉与胡秋原的文艺论辩》,针对"左联"作家提倡大众化,要求为群众创作通俗读物如连环图画和唱本,心怀恶意地反问:"这样低级的形式还生产得出好的作品吗?"为此,鲁迅、茅盾分别先后发表《"连环图画"辩护》《"连环图画小说"》予以反驳。

10. 关于胡适"实验主义"的论争。1月30日,彭述之在《读书杂志》第2卷第1期发表《哲学论战(评胡适之的实验主义与改良主义)》,认为胡适的言论行动是"一贯"的,有系统的,都是源于他那根本出发点的实验主义而来的,所以文中集中批判胡适的实验主义的"根本谬误":(一)实验主义是狡猾的多元的唯心论;(二)实验主义根本否认客观的真理;(三)实验主义是"美国式的"改良主义。4月26日,胡适收到杨尔璜信,与胡适辩论唯物史观的问题。27日,胡适回信说:"我不赞成一元论的史观,因为我没有见着一种一元史观不走上牵强附会的路子的。凡先存一个门户成见去看历史的人,都不肯实事求是,都要寻事实来证明他的成见。有困难的时候,他就用'归根到底'的公式来解围。"28日,杨尔璜再致信胡适,指出胡适把一元史观作为"成见"看待是完全错误的。10月,张季同(张岱年)《评李季的"我的生平"及"胡适中国哲学史大纲批判"》刊于《读书杂志》第2卷第10期。12月,苏华《胡适中国哲学史大纲批判的批判》刊于《读书杂志》第2卷第11—12期合刊。上述两文,皆因上年李季猛烈批判胡适《胡适中国哲学史大纲》而为胡适辩护。

11. 关于萧一山《清代通史》的论争。这次论争延续到1934年。萧一山的史学名著《清代通史》出版后，在学术界赢得了广泛声誉。10 月 3 日，任教于金陵大学历史系的陈恭禄在《大公报·文学副刊》第 248 期撰文评萧一山《清代通史》下卷，认为萧一山此书在取材上多为转手材料，即所谓"次料"而非"原料"，并列举《清代通史》下卷"事实错误十例"。萧一山起而辩难。11 月 3 日，萧一山在《大公报·文学副刊》第 252 期发表《答陈恭禄君评拙著〈清代通史〉》。次年 2 月 7 日，陈恭禄又在《大公报·文学副刊》第 269 期发表《为〈清代通史〉下卷答萧一山君》。吴宓为萧一山答文加按语说："清代通史似为有价值而可赞许之书，像（一）萧君书综括一代之政治经济学术典制等，材料丰赡，而（二）萧君国学具有根柢，文字流利畅达，在今皆极不易得者。""若论其书之缺点，似在革命之意味过重。""至清室私事，如（一）太后下嫁摄政王多尔衮，（二）顺治出家等，则张尔田君《清史后妃传稿》等书辨之已详。章炳麟跋王闿运圆明园词有曰：'余见清季人士，喜述宫廷狎亵之情''其言绝秽，心甚恶之，夫衽席幽昧，谁所明睹。'所言极是。"7 月 7、14、21、28 日，萧一山在《大公报·图书副刊》第 34—37 期连载《为〈清代通史〉卷下第一二册批评事再致大公报文学副刊编者吴宓君》，并见《国风》1934 年第 4 卷第 11—12 期，双方唇枪舌战，轰动一时。

本年度论争的热点还包括国难问题、战和问题、党化教育问题、《国联报告书》问题，也都是《独立评论》所重点关注的问题，由此可见"独立评论派"内部的分化与分合，具有某种风向标或者说示范性意义。但严格地说，这些问题都不是纯粹的学术论题，首先是严肃的政治论题，故略而不论。本年度还出现了"郭沫若热"，仅评传即有李霖编《郭沫若评传》、田汉著《郭沫若评传》、傅润华著《郭沫若评传》、冯乃超著《郭沫若评传》、黄伯钧著《郭沫若评传》等五种著作出版，堪称一大奇观，可见郭沫若当时的影响力。另有张荫麟 1 月 4 日（署名素痴）在《大公报》发表《评郭沫若〈中国古代社会研究〉》，作者以人类学理论评价郭沫若的《中国古代社会研究》。此外，还值得关注的论争有：一是张东荪在《大公报》副刊《现代思潮》上发表《我亦谈谈辩证法的唯物论》，挑起了 30 年代唯物辩证法论战（又称"哲学论战"），这一论战至次年全面展开，并持续了两年多。二是刘半农发起的两场论争：其一是 7 月在《世界日报·妇女界》上有关"女性"与"女人"的讨论。从 8 月 7 日起至 18 日止，在《世界日报·妇女界》上就这一问题进行讨论，并辟"讨论'女性'问题特刊"。先后发表了署名宫畅、晓霞、云、雷敢、宜楼、梅焕藻、龚白雪、施彦、邵式馄、白木、宣永光、周径溪、环猷、铭、秉英、清华等人的文章 10 余篇，臧否不一。其二是 11 月因翻译剧本《茶花女》公演而引发的论争。11 月 6 日，刘半农翻译剧本《茶花女》，由北京小剧院排演，导演余上沅。同日，刘半农作《因〈茶花女〉之公演而说几句话》。北京《晨报·剧刊》《世界日报·蔷薇》，天津《北洋画报》《益世报·戏剧与电影》等报刊，皆发表评论文章，甚至出了专刊。署名柏森、包乾元、君珊、钟辛茹、赵狂云、赵独匀、林含英、顾曼侠、林雪江、许君远、马彦祥、上沅、伊凉、婴君、司徒古、芒芒、顾一樵、汪莉玲等人，发表了评论文章 20 余篇。三是留居德国的王光祈正在着手编译《国防丛书》，邵循正 7 月 18 日在《大公报·文学副刊》对译著《西藏外交文件》一书中引述乾隆御制《十全武功记》的错讹提出批评。后双方有书信往还探讨。还有一些刊物专号的讨论，主要有《中华教育界》第 20 卷第 1—2 期推出"日本教育专号（上、下）"，刊载周宪文《日本教育的宗旨与政策》、周宪文《六十年来日本教育之改进及其今后之趋向》等文，对日本教育的不同方面展开系列研究。

除了上述学术论争之外，聚焦于重要学术论题的论著尚有：孙寒冰主编《社会科学大纲》，萧玉著《社会科学概论》，科学研究会著《新兴社会科学研究大纲》，陈豹隐著《社会科学研究方法论》,刘剑横著《自然科学与社会科学的关系》,胡鉴民著《科学与中国社会改造》,陈寅恪著《吾国学术之现状及清华之职责》,王易著《国学概论》,卢昂著《马克思主义世界观》,景幼南著《哲学新论》,李煜瀛著《和平之哲学观》,刘剑横著《史的唯物论之伦理哲学》,张如心著《辩证法与唯物论》,范扬、陈瑛编《逻辑学》,陈大齐著《理则学大意》,张东荪著《现代伦理学》,傲人著《形而上学之战线》,王钧初著《辩证法的美学十讲》,朱光潜著《谈美——给青年的第十三封信》,嵇文甫著《先秦诸子政治社会思想述要》,郭湛波著、胡适、嵇文甫校《先秦辩学史》,罗根泽著《孟子评传》,刘节著《汉熹平石经周易残字跋》,钱玄同著《重论经今古文学问题》,冯友兰著《宋明道学中理学心学二派之不同》,蒋维乔编著《中国近三百年哲学史》,李石岑著《希腊三大哲学家》,黄健六著《印度哲学总论》,沈志远著《黑格尔与辩证法》,黄子通著《康德论本体》,刘剑横著《唯物的宗教观》,满智编《唯识学》,陈寅恪著《安愍度学说考》,陈垣讲、叶德禄记《佛教能传布中国的原因》,胡超伍著《科学与佛学》,王季同著《佛法与科学之比较研究》,太虚讲、法舫记《大乘宗地图释》,太虚著《金刚般若波罗蜜经讲录》,覃寿公著《哲学新因明论》,汤用彤著《竺道生与涅槃学》,王颂棠著《提摩太前后书释义》,傅宇芳著、吕梦南校订《马克思主义政治学教程》,邓初民著《政治学》(《新政治学大纲》),黄开山《政治学的诸重要问题》,萨孟武编著《政治学概论》,梁冠群著《人本政治》,杨公达著《政党概论》,陶希圣著《中国政治思想史》,胡适等著《中国问题》,何浩若著《民族的前途》,梁漱溟著《中国民族自救运动之最后觉悟》,马骧修正、马隆骧、马援斌校对《日本并吞满蒙之秘密计划》,中央大学社会科学研究会编《对日问题研究》,马相伯著《国难言论集》,国立中山大学文学院史学系编《抗日方策》(第1集),陈觉编《国难痛史》(第1—5册),曾宗孟著《九一八周年痛史》(上卷:东北沦陷纪实),吴雪生著《东北沦亡血泪记》,东北问题编辑委员会编《东北问题》(第1集、第2集),胡崑、丁宪勋编《东北条约研究》,范任宇著《二十年来列强环伺下之东北问题》,周宪文著《东北与日本》,陈叔兑编《东北与列强》,曹重三著《日本最近政情之演变》,刘庄著《日本政治制度》,杨伟昌著《日本法西斯蒂运动之研究》,伊武编《日本法西斯运动之展望》,郑虚舟著《日本的泛系运动》,余汉华著《英美日斗争下之太平洋》,王造时著《国际联盟与中日问题》,杨炯光编《一年中国际联盟处理中日纠纷之经过》,中日问题研究社编《李顿报告书批判》,胡蘧然著《帝国主义之研究》,余汉华著《战后复兴之德意志》,浦薛凤著《美法革命之政治思想》《英国功利主义派之政治思想》,刘大钧著《世界经济潮流与我国国难》,张公权著《中国经济目前之病态及今后之治疗》,施复亮著《中国现代经济史》,周宪文编《日本社会经济发达史》,杨定宇著《近代经济思想之三大派别》,朱通九、金天锡著《近代经济思想史》,金天锡著《通俗经济思想史要》,吕振羽著《最近之世界资本主义经济》(上卷),翦伯赞著《最近之世界资本主义经济》(下卷),李含章编著《战后世界资本主义与苏联经济的比较研究》,樊仲云著《一九三二年之国际政治经济》,雷用中编著《苏联经济之史的发展、其现况及其前途》,王印川著《苏联五年计划奋斗成功史》,潘肃编辑、吕梦南校订《中国经济论战》,徐青甫著《经济革命论的要旨》《经济革命救国论》,王一新著《日本侵略东北之新经济政策》,徐嗣同编《日本帝国主义侵略下东北的产业》,谢无量著《中国古田制考》,万国鼎著《金元之田制》,陈登元著《中国土地制度》,张霄鸣著《中国历代耕地问题》,曹慎修著、唐启宇校《中国土地问题之研究》,郑学稼著《地租论》,马韵珂著《中国矿业史略》,鲍明钤著《外人在华沿岸及内河航行权》,武堉干编著《中国国际贸易概论》,郑行巽编著《中国商业史》,徐钧溪编著《货币论》,刘葆儒著《广告学》,常乃德编《社会学要旨》，李圣悦著《现代社会学理论大纲——唯物史观的社会学的基础理论》，邓深泽著《社会学要论》（上卷），孙本文著《社会问题》，张琴抚讲授、郭逸樵笔记《社会问题大纲》，刘炳藜编《社会问题纲要》，邝震鸣著《现代社会问题》，李景汉、李柳溪著《社会调查专号》，冯义康著《社会学史要》，浦薛凤著《十八世纪后半叶欧洲之社会思想》，杨一帆编《中国社会的解剖》，陈寅恪《李唐氏族之推测》，吴泽霖著《现代种族》，中国社会学社编《中国人口问题》，朱贞白著《最新法学通论》，欧阳谿著《法学通论》，梅汝璈编著《现代法学》，丁元普著《法律思想史》，朱采真编著《现代行政法总论》，徐恩达著《离婚法论》，胡长清著《中国继承法论》，王孝通著《保险法论》，周还编著《国际公法》，周鲠生著《国际法大纲》，王化成著《现代国际公法》，陆为震著《中国国防十年计划》，宋人杰著《西南国防论》，唐宝镐编《海战史》，赵敏恒著《外人在华新闻事业》，陈科美著《新教育学纲要》，罗廷光著《教育科学研究大纲》《教育研究指南》，常导之编著《比较教育》，沈冠群、吴同福编著《教育社会学通论》，张安国编《体验主义教育原理》，毛邦伟编述《中国教育史》，王慕宁编著《教育哲学思潮概论》（现代西洋各派），章中如著《清代考试制度》，夏承枫著《现代教育行政》，程天放著《改革中国学校教育刍议》，董任坚著《大学教育论丛》，陈鹤琴、陶行知等著《幼稚教育论文集》，杜佐周著《小学教育问题》，赵质宸著《乡村教育概论》，李影尘著《国术史》，来裕恂编纂《汉文典》，李济等《安阳发掘报告》第3期，郭沫若《甲骨文字研究》《金文丛考》《金文余释之余》，王静如著《西夏研究》（第1辑），闻宥著《上代象形文字中目文之研究》，魏建功著《中国古音研究上些个先决问题》《陆法言切韵以前的几种韵书——吕静、夏侯咏、阳休之、李季节、杜台卿五家韵目考》，赵荫棠著《中原音韵研究》，张世禄著《音韵学》，何仲英编著《文字学纲要》，杜定友拟《中国形声字母商榷》，傅景良首创《注音音符》，崔骥编《方言考》，赵元任编《注音符号总表》，刘半农（原题刘复）著《释"一"》《北平方音析数表》《中国文法讲话》（上册），陈望道著《修辞学发凡》，杨质夫编《藏汉小辞典》，胡云翼著《新著中国文学史》，刘麟生编著《中国文学史》，陆侃如、冯沅君著《中国文学史简编》，郑振铎著《插图本中国文学史》（1—4册），梁乙真著《中国妇女文学史纲》，沈达材著《建安文学概论》，孙俍工编《唐代底劳动文艺》，周作人讲校、邓恭三记录《中国新文学的潮流》，钱基博著《现代中国文学史长编》，吴梅著《词学通论》，夏承焘著《白石歌曲旁谱辨》，李何林编《小说概论》，赵景深著《小说原理》，孙楷第编《日本东京所见中国小说书目提要》，刘复、李家瑞编《中国俗曲总目稿》（上下册），周明泰《道咸以来梨园系年小录》，王显恩编《中国民间文艺》，朱雨尊编《民间谜语全集》，周作人著《儿童文学小论》，陈伯吹著《儿童故事研究》，草野著《现代中国女作家》，贺玉波著《中国现代女作家》，赵景深著《一九三一年的世界文学》，谭丕模著《文艺思潮之演进》，孙席珍编《近代文艺思潮》，李则纲编述《欧洲近代文艺》，郑振铎著《英国的神话故事》，黄仲苏著《近代法兰西文学大纲》，徐朗西著《艺术与社会》，贺昌群著《敦煌佛教艺术之系统》，傅雷编《刘海粟》，史岩编《色彩学》，张光宇著《近代工艺美术》，王海龙编著《汉字书法大纲》（上卷），向培良编著《戏剧导演术》，齐如山编《国剧脸谱图解》，刘复著《天坛所藏编钟磬音律之鉴定》，陈易编著《历史动力论》，柳诒徵著《中国文化史》（上下册），徐中舒著《殷周文化之蠡测》，卫聚贤编《新中国史》，王稚庵编《中国儿童史》（1—4册），谢无量著《中国古田制考》，邹鲁、张煊著《汉族客福史》，傅斯年等著《东北史纲》（初稿）（第1卷古代之东北），方壮猷著《鞑靼起源考》，姜哲夫著《记广东北江猺山荒洞猺人之建醮》，朱士嘉编《中国地方志统计表》，赵万里著《两宋诸史监本存佚考》，朱希祖编著《后金国汗姓氏考》，李晋华编《明代敕撰书考》（附引得），万国鼎著《明代屯田考》，谢国桢著《明季奴变考》，孟森著《清史稿应否禁锢之商榷》，孟世杰编《中国近世史纲》，杨幼炯讲演、王逢辛笔述《近世革命史纲》，李温民著《日本侵略中国史纲》，高慎行编《十九路军血战全史》，张励编《十九路军六十一师百廿一旅淞沪杭日战记》，李温民编《世界近世史》，何思敬著《第二次世界大战》，夏文运著《土耳其复兴史》，卓宏谋编《西洋中国东洋对照史表》，闵尔昌编著《碑传集补》，林思进著《华阳人物志》16卷，胡宗懋著《永康人物记》，汪闇编著《明清蟬林辑传》，许敬武著《清代金石学家列传稿》，谢国桢著《黄梨洲学谱》，蒋天枢著《全谢山先生年谱》，侯堮著《觉罗诗人永忠年谱》，陈定祥著《黄陶楼先生年谱》，中央党史史料编纂委员会编《总理年谱长编初稿》，史秉慧编《张资平评传》，周延年著《庄氏史案考》，翁文灏《中国北方河流的沉积物及其地质意义》（英文），朱君毅著《中国历代人物之地理的分布》，韩道之著《政治地理学》，张粒民著《国际地理》，葛绥成编《最近中外地名更置录》，郑昶编《新中华外国地理》，张其昀著《人地学论丛》（第1集），黄文弼编《高昌疆域郡城考》，孟宪章著《三万里海程见闻录》，上海信托股份有限公司编辑部编《上海风土杂记》，程旨云编《上海刘河间形势图》，王幼侨著《河南方舆人文志略》，中国营造学社编辑《岐阳世家文物考述》，瞿兑之著《明岐阳王世家文物纪略》，洪业编《驳景教碑出土于盩厔说》，孟森编《辽碑九种》，董光忠著《山西万泉县阎子疙瘩汉汾阴后土祠遗址之发掘》，华南圭著《何者为北平文化之灾》，陈垣编《元典章校补释例》，梁启超、胡适编《梁任公胡适之先生审定研究国学书目》，傅增湘著《藏园群书题记》（1—4集），袁同礼录《永乐大典现存卷目表》，杨家骆著《四库大辞典》，中华书局编《中华书局图书目录》，商务印书馆善后办事处编《上海商务印书馆被毁记》，中国科学社编《科学首十五卷总索引》，洪业等编《引得说》（引得特刊之四），哈佛燕京学社引得编纂处编《仪礼引得》（附郑注及贾疏引书引得），杜连喆、房兆楹编《三十三种清代传记综合引得》，李小缘编《英国国立图书馆藏书源流考》，杜定友编《图书管理学》等等。科学研究会著《新兴社会科学研究大纲》分绪论——怎样研究社会科学、马克思列宁主义的体系、史的知识、实际问题（中国经济及政治的性质等）、临时问题等。陈豹隐著《社会科学研究方法论》上篇为绪论，包含社会科学在科学体系上所占的地位，社会科学研究方法论的意义和内容；下篇为唯物辩证法，包含当做认识基础论看的辩证法唯物论等5章。陈寅恪《吾国学术之现状及清华之职责》为陈寅恪振兴中国学术之重要主张，文中再次呼吁"学术独立"，同时为清华大学更为高远的学术使命与目标定位。郭湛波著，胡适、稽文甫校《先秦辩学史》是一本集中研究先秦逻辑思想的学术专著，系因胡适的《先秦名学史》而作，作者认为《先秦名学史》"有两个根本缺点，一是没有把'辩学'的系统弄清，二是所叙述的出了'辩学'的范围以外"，故撰此书。郭湛波认为哲学思想有印度、西洋和中国三支，哲学方法（逻辑学）也有印度"因明"、西洋"逻辑"、中国"辩学"三支。先秦时期中国的逻辑学方法是"辩学"，先秦荀子以后"辩学"亡绝，汉至明末则为"因明"，明末至20世纪30年代则是"逻辑"。他还认为中国"辩学"不起于孔子、老子，而起于邓析，至惠施而盛，至公孙龙而集其大成，构成系统学说。书中对名学的论述，尤其是对先秦名学的评述更为突出，这在近代对中国逻辑思想的研究史上具有一定的意义。钱玄同《重论经今古文学问题》是为方国瑜标点康有为《新学伪经考》所作的序。钱玄同认可康有为和崔适对于古文经为伪经的论证结论，强调指出，"今文经对于古文经而言，固然是真经。但今文经实为周秦间儒生集合而成之书，西汉时尚有加入之篇"，其间既有真史真书，亦有伪史伪书，需"一一分析，疏证明白，方能作古代种种史料之用"，并进一步指出要以"实事求是"的精神，破除

"师说""家法"的陋见,"过去的一切笺、注、解、疏,不管它是今文说或古文说,汉儒说或宋儒说或清儒说,正注或杂说,都可以资我们的参考及采取"。陈寅恪《李唐氏族之推测》认为李唐为后魏拓跋氏弘农太守李初古拔之后裔,但李唐自称西凉王李暠李重耳后裔,由此引发有关李唐氏族的论争。李济等《安阳发掘报告》第3期刊载了董作宾发现"贞人"的《大龟四版考释》及《卜辞中所见之殷历》、李济《俯生葬》、徐中舒《再论小屯与仰韶》、秉志《河南安阳之龟壳》等文。董作宾《大龟四版考释》提出了"贞人说",对甲骨文断代有重要的意义。徐中舒《再论小屯与仰韶》第一次将古史传说与田野考古成果相结合,提出了仰韶文化可能即是夏文化的推想,从此揭开了夏文化研究的序幕。王静如著《西夏研究》(第1辑)涉及西夏语言、文字、文献诸方面的而研究,为我国西夏学研究的奠基之作。陈望道著《修辞学发凡》凡12篇,分别讲述修辞学的各方面,是中国第一部系统的修辞学著作,创立了中国第一个科学的修辞学体系,开拓了修辞研究的新境界。胡云翼著《新著中国文学史》,刘麟生编著《中国文学史》,陆侃如、冯沅君著《中国文学史简编》,胡行之著《中国文学史讲话》,郑振铎著《插图本中国文学史》(1—4册),梁乙真著《中国妇女文学史纲》,周作人讲校、邓恭三记录《中国新文学的潮流》,钱基博著《现代中国文学史长编》,皆为中国文学史研究的代表作。郑振铎著《插图本中国文学史》(1—4册)分古代文学、中世文学、近代文学三个时期共82章,详细叙述中国古代至清代的文学史。书中还收有100多幅精美的插图。本书的著述体例包括参考书目、年表、索引、插图方面的四个"体制",向为学界所称道,也为此后的中国文学史所继承。周作人《中国新文学的潮流》把中国文学史视为"言志"和"载道"两派互相起伏的运动,其实际是主张循环论文学史观。此书曾在学术界产生重大影响,为中国现代最有代表性的新文学史著作之一。孙楷第编《日本东京所见中国小说书目提要》为古代小说目录学经典名著。周明泰《都门纪略中之戏曲史料》与刘半农、周明泰《五十年来北平戏剧史材》以及周明泰《道咸以来梨园系年小录》三书具有文献价值。贺昌群《敦煌佛教艺术之系统》对六朝佛教艺术产生的原因、敦煌与云冈石窟的关系、敦煌开凿年代等问题进行论述,为此后的敦煌艺术研究开拓了新路。齐如山编《国剧脸谱图解》对脸谱进行系统研究,考证起源、划分类别、指明不同图案所蕴含的意义,系近代脸谱研究的第一部著作,具有开创意义。柳诒徵著《中国文化史》(上下册)依上古、中古、近世文化史分三编,对各朝代政治制度、生产水平、宗教、学术、文化情况详细论述,对于先秦文化史记载尤详,为中国文化史研究的经典名著。徐中舒《殷周文化之蠡测》对《从古书中推测之殷周民族》提出的殷周似属两种民族的观点继续深化论证,显然也是得益于考古发现的新探索。傅斯年等著《东北史纲》是作者坚决抗日立场与意志的集中体现,也是傅斯年"学术抗日"的一种尝试。汪闿编著《明清蟫林辑传》收录明代藏书家247人、清代藏书家574人,对明清两代的私家图书出版、公私藏书、图书整理及目录学方面史料研究和搜集颇为精致,是研究藏书家的早期文献之一。翁文灏《中国北方河流的沉积物及其地质意义》是他从政前最后一篇颇具分量的地质学与地理学论文,黄汲清称赞这篇文章"是一篇研究华北平原沉积作用的杰作,即在今天它还有参考价值"。朱君毅著《中国历代人物之地理的分布》融合历史学、地理学与统计学,是历史地理研究的创新性成果。陈垣编《元典章校补释例》6卷,胡适作序,对该书在中国校勘学上的贡献作出很高的评价,谓"这部书是中国校勘学的一部最重要的方法论""可以说是中国校勘学的第一伟大工作,也可以说是中国校勘学第一次走上科学的路"。

本年度聚焦于学术史的论著成果丰硕。其中学术著作即有杨东莼著《中国学术史讲话》、孙其敏著《中国学术思想史》、刘汝霖编《汉晋学术编年》、何炳松著《浙东学派溯源》、黄文山（原题黄凌霜）编《西洋知识发展史纲要》等相继出版。杨东莼著《中国学术史讲话》系统地论述中国从原始社会至"五四"新文化运动各个时期的学术思想、代表人物与代表著作。此书具有两个显著特色：一是作者对头绪纷繁、浩瀚若海的中国学术史料，进行了爬梳整理，做到了详略恰当，巨细不捐，这种博以返约、厚积薄发的严谨学风，反映了作者学养的深湛和驾驭史料的功力；二是作者在初步掌握了马克思主义的基本观点以后，对中国文化传统及其思想资料进行了"取其精华，去其糟粕"的实事求是的分析评价。孙其敏著《中国学术思想史》全书共12章，其中包括"学术思想与学术思想史""治学术之方法与困难""中国学术思想之地位与特色""中国学术思想史鸟瞰"等，较之杨东莼著《中国学术史讲话》更侧重于思想史的梳理与研究。刘汝霖编《汉晋学术编年》第1册由北平著者书店出版，为其在北平师大研究所任职时计划编撰《中国学术编年》6集（汉至西晋、东晋南北朝、隋唐五代、宋、元明、清、民国）的第1集。作者试图从纷繁的典籍中搜寻资料，试图将官私学术活动、成果及学人成就活动等进行考证排比，为学术史书写打下了较坚实的基础，由此开创了中国学术编年这一体例，即用编年体的形式记述中国学术发展的历史及演变。何炳松著《浙东学派溯源》从原始资料出发，详加考订，认为程派学说流入浙东，演化为"浙东学派"，为第一部浙东学派学术史，自此"浙东学派"这一概念为学界所接受。黄文山（原题黄凌霜）编《西洋知识发展史纲要》据几部关于文化史的美国专著编辑而成。从古希腊一直讲述到20世纪20年代。全书分7章：知识发展史的背景、希腊文化及其传入罗马帝国、后罗马帝国构成的中古的知识遗产、中古大学之兴起和中古化的亚里士多德之流行、经院哲学之没落、现代科学精神之诞生、现代知识生活的主要新元素。相关论文则有：章炳麟《清代学术之系统》、碧遥《浙江学术源流考》、王钟麟《最近日本各帝大研究中国学术之概况》、贺昌群《近年西北考古的成绩》、傅振伦《燕下都发掘报告》、黄炎培《七年以来之人文社》、张若瑟《天主教教士对于中国近代学术之影响》、徐翔所译《最近苏联之文学哲学与科学》、唐庆增《三千年来西洋经济思想之总观察》等等。章炳麟2月29日在北平师范大学演讲《清代学术之系统》，经柴德赓记录、钱玄同审定，后刊于《师大月刊》第10期。文中认为"清代学术，方面甚广，然大概由天才而得者少，由学力而成者多"，小学、经学、史学、算学、地理学等，均甚有成绩，理学由于"半赖学力、半赖天才的，清代于此亦不甚高明"。章氏分别简要梳理了地学、算学、史学、小学、经学的系统，并分从汉宋角度重点梳理了清代经学。章氏将清代汉学分为苏州学派、扬州学派、常州学派、四明学派几个重要学派。碧遥《浙江学术源流考》刊于《大陆》第1卷第2期，认为："浙江省在本部中区中，开化较晚，禹贡献于扬州东境，春秋时分属于吴越，后来又都归属越国。他的位置僻处海滨，离诸夏文明民族很远。……下而北宋一代，浙籍人才辈出。至于南宋，王室南迁，衣冠文物，集在临安，同时外人互市，以广州、泉州、宁波、杭州为四大埠，浙省适得其二。外来商贾，以阿拉伯人为多，带来回教佛教依兰等国的文化，接触渲染，进步自速，故南宋之世，历史人物，依丁文江氏之统计，浙省实居全国的百分之二十二有奇，自此以后，浙江常握文化中心。"故是文主要论述的"即自南宋以及近代，浙省学术演进的一般形态"，文中强调"武力可以在经济落后的民族中产出，而学术必定发生于丰裕安定的环境之中；一切思想文艺，都随经济势力，由北南移，岂独经术一项，南胜于北？南方商业资本区域中，浙省复以其他地位地形上的优胜，故学术也常执全国之牛耳"。贺昌群《近年西北考古的成绩》12月刊于《燕京学报》第12期，文中"略述近三十年来东西探险家在我国西北考古的经过,及各国学者在这方面努力的深浅",以 1906 年为敦煌发现的关键节点,系总结研究西北考古较早的论著之一。王钟麟《最近日本各帝大研究中国学术之概况》5 月刊于《金陵学报》第 2 卷第 1 期,为作者《最近日人研究中国学术之一斑》中第一章的有关学校的部分内容。《最近日本人研究中国学术之一斑》一书计划系统梳理介绍研究中国学术的日本学校、与中国学术有关系之学术机关及图书馆、因政治经济因素成立的各种协会、利用庚子赔款设立的文化事业、日本学界关于中国考古学的研究等。此文主要介绍了东京帝大、京都帝大等日本国立大学研究中国学术的学人、学术机构等。作者希图对日本研究中国学术情况的详细介绍,能供给国人参考的资料。而其选择食物视角为以前所未注意,所以具有日本中国学专题研究至学术史价值。张若瑟《天主教教士对于中国近代学术之影响》在总结中国近代学术发展变迁大势的基础上,肯定了天主教教士对于中国近代学术之影响,并主要谈了"天主教与王学",以及"天主教与汉学"的关系。此文重在学术影响研究,也是广义的比较学术史论之作。(以上参见本书"学术背景""学术活动""学术著作""学者生卒"栏所引文献与出处,以及章恒忠、王亚夫主编《中国学术界大事记(1919—1985)》,上海社会科学出版社 1988 年版;中央教育科学研究所编《中国现代教育大事记 1919—1949》,教育科学出版社 1988 年版;王学典《20 世纪史学编年(1900—1949)》,商务印书馆 2014 年版;付喜祥《20 世纪前期中国文学史写作编年史》,北京师范大学出版社 2013 年版;中国大百科全书总编辑委员会编《中国大百科全书·考古学》,中国大百科全书出版社 2002 年版;王学珍等编《北京大学纪事(1898—1997)》,北京大学出版社 1998 年版;清华大学校史研究室编《清华大学一百年》,清华大学出版社 2011 年版;齐家莹编《清华人文学科年谱》,清华大学出版社 1999 年版;北京师范大学党委办公室、北京师范大学校长办公室《北京师范大学纪事》,北京师范大学出版社 2012 年版;南京大学高教研究所编《南京大学大事记(1902—1988)》,南京大学出版社 1989 年版;张玮瑛、王百强、钱辛波主编《燕京大学史稿》,人民中国出版社 2000 年版;沈卫威编《学衡派编年文事》,南京大学出版社 2015 年版;吴永贵《民国出版史编年:1912—1949》,社会科学文献出版社 2018 年版;张岂之主编《民国学案》,湖南教育出版社 2011 年版;张广海《革命文学论争与阶级文学理论的兴起》,北京大学博士学位论文,2011 年;胡春光《教育学是否为一门独立学科?——傅斯年与教育学者的一场论战》,《西华师范大学学报》2009 年第 5 期;何兴阳《梅贻琦教育交往研究(1931—1948)》,华中师范大学硕士学位论文,2022 年;湛中乐、康骁《通过"校内法"保障学术自由——以 1912—1937 年的北京大学为研究对象》,《首都师范大学学报(社会科学版)》2018 年第 3 期;桑兵《二十世纪前半期的中国史学会》,《历史研究》2004 年第 5 期;肖光畔《亚东图书馆之研究》,北京大学硕士学位论文,2005 年;刘立德《商务印书馆与中国近代教育(1897—1937)》,北京师范大学博士学位论文,2008 年;邓一帆《上海文化界抗日统一战线先行者》,《联合时报》2020 年 3 月 24 日;姜辉《出版与救国——神州国光社研究》,山东师范大学硕士学位论文,2015 年;吴民祥《中国近代大学教师流动研究》,浙江大学博士学位论文,2005 年;钟晨音《抗战时期商务印书馆被毁后的办刊策略——以〈东方杂志〉复刊为视角》,《南华大学学报(社会科学版)》2011 年第 2 期;金燕、彭泽平《民国时期中国斐陶斐励学会考述》,《教育与教学研究》2022 年第 2 期;王爱云《当代中国文字改革研究》,武汉大学博士学位论文,2014 年;周雷鸣《中央研究院与民国时期中外学术交流研究(1928—1949)》,南京大学博士学位论文,2009 年;王新春《中国西北科学考查团考古学史研究》,兰州大学博士学位论文,2012 年;陈峰《傅斯年、史语所与现代史学潮流关系之检讨》,中国社会科学院博士后论文,2009 年;冯兵《知行合一:五四新文化运动的时代意义与当代价值》,《兰州学刊》2016 年第 8 期;胡芮《〈国风〉(1932—1936)伦理思想研究》,东南大学博士学位论文,2016 年;陈峰《社会史论战与现代中国史学》,山东大学博士学位论文,2005 年;陈园园《陶希圣与"食货"学派研究》,南京师范大学博士学位论文,2011 年;向燕南、尹静《中国社会经济史研究的拓荒与奠基——陶希圣创办〈食货〉的史学意义》,《北京师范大学学报(社会科学版)》2005 年第 3 期;宗杨涛《"孔老先后"聚讼与现代学术的兴起》,曲阜师范大学硕士学位论文,2014 年;陈勇、杨俊楠《钱穆与老子其人其书的考证——兼论与胡适的争论》,《厦门大学学报(哲学社会科学版)》2018 年第 1 期;沈卫威《民族危机与文化认同——从〈国风〉看中央大学的教授群体》,《安徽大学学报(哲学社会科学版)》2005 年第 2 期;张太原《20 世纪 30 年代的文实之争》,《近代史研究》2005 年第 1 期;曹金祥《20 世纪 30 年代独立评论派的大学教育观》,《现代大学教育》2011 年第 6 期)